Jesch/Striegel/Boxberger
Rechtshandbuch Private Equity

Rechtshandbuch Private Equity

Herausgegeben von

Dr. Thomas A. Jesch, LL. M.

Dr. Andreas Striegel, LL. M.

Lutz Boxberger

Bearbeitet von

RA Adrian Aldinger, Arendt & Medernach SA, Luxemburg; *Pierre Beissel,* Avocat à la Cour, Arendt & Medernach, Luxemburg; *RA Dr. Ernst-Albrecht von Beauvais, LL. M. (Berkeley),* Taylor Wessing, Düsseldorf; *RA Dr. Iris Benedikt-Buckenleib,* Gleiss Lutz, München; *RA Andreas Bothe,* Hogan Lovells International LLP, Hamburg; *RA, StB Lutz Boxberger,* Golding Capital Partners, München; *RA Dr. Ingo Brinker,* Gleiss Lutz, München; *Dr. Sebastian Egger,* Notarassessor, München; *RA Alexander Fischer,* Deutsche Telekom AG, Bonn; *RA Dr. Gottfried M. Freier,* Arnold & Porter Kaye Scholer LLP, Frankfurt am Main; *RA Dr. Volker Geyrhalter,* Hogan Lovells International LLP, München; *RA Dr. Anna Katharina Gollan,* P+P Pöllath + Partners, Berlin; *RA, StB Dr. Marcus Helios,* Ernst & Young AG, Frankfurt am Main; *Dr. Peter Hellich,* Taylor Wessing, München; *RA, StB Dr. Klaus Herkenroth, LL. M. (Michigan),* Ashurst LLP, Frankfurt am Main; *RA, StB Daniel Hiemer,* Kirkland & Ellis International LLP, München; *RA Dr. Benedikt Hohaus,* P+P -Pöllath + Partners, München; *RA Dr. Thomas Ingenhoven, LL. M. (Cambridge),* Milbank LLP, Frankfurt am Main; *RA Dr. Michael Inhester,* P+P Pöllath + Partners, München; *RA Dr. Thomas A. Jesch, LL. M. Taxation (Georgetown),* Bund Institutioneller Investoren e. V., Frankfurt am Main; *RA, StB Dr. Tobias Klass,* Latham & Watkins LLP, Hamburg; *Stephan Klier,* Commerzbank AG, Frankfurt am Main; *RA Dr. Lars Kloster,* UBS Europe SE, Frankfurt am Main; *Martin Kuzmicki,* Commerzbank AG, Frankfurt am Main; *RA, StB Dr. Henrik Lay,* AHB Rechtsanwälte Steuerberater Arends Hofert Bergemann, Hamburg; *RA Dr. Philipp Lehmann,* Freshfields Bruckhaus Deringer LLP, Hamburg; *RA Lennart Lorenz, LL. M.,* Schnittker Möllmann Partners, Hamburg; *RA Dr. Hans-Peter Löw,* Hogan Lovells International LLP, Frankfurt am Main; *RA Christina Lung,* CMS Hasche Sigle, Stuttgart; *RA Sacha Lürken,* Kirkland & Ellis International LLP, München; *RA Edgar M'Bangui,* Golding Capital Partners, München; *RA Markus Muhs,* Clifford Chance Partnerschaftsgesellschaft, Frankfurt am Main; *RA Dr. Markus Nauheim, LL.M. (Duke),* Gibson Dunn & Crutcher LLP, München; *RA Dr. Peter Nussbaum,* M. C. J. (NYU), Milbank LLP, München; *Eric Olmesdahl,* Debevoise & Plimpton LLP, London; *Marc Rauner,* Deloitte, Düsseldorf; *StB Alexander Reiter,* Ernst & Young GmbH, München; *RA Dr. Andreas Richter, LL. M. (Yale),* P+P Pöllath + Partners, Berlin; *RA Dr. Christoph Rothenfußer,* Milbank LLP, München; *RA Adrian M. Schell,* Nobel Biocare Holding AG, Zürich; *RA Prof. Dr. Michael Schlitt,* Hogan Lovells International LLP, Frankfurt am Main; *RA Dr. Tobias Schneider,* CMS Hasche Sigle, Stuttgart; *RA, StB Dr. Mathias Schönhaus,* Hogan Lovells International LLP, Düsseldorf; *RA, StB Dr. Oliver von Schweinitz, LL. M. (Duke),* Master of Law and Finance (Goethe), LPA-GGV, Hamburg; *RA Dr. Jens Steinmüller, LL. M. (Boston),* P+P Pöllath + Partners, Berlin; *RA Dr. Arndt Stengel,* Milbank LLP, Frankfurt am Main; *RA, StB Dr. Andreas Striegel, LL. M. (Miami),* mainfort Rechtsanwälte, Frankfurt am Main; *StB Dr. Vassil Tcherveniachki,* Flick Gocke Schaumburg, Bonn; *Gerwin Theiler,* capiton AG, Berlin; *Nicholas Tomlinson,* Gibson Dunn & Crutcher LLP, London; *RA Dr. Niklas Ulrich,* Schnittker Möllmann Partners, Hamburg; *RA Patricia Volhard, LL. M.,* Debevoise & Plimpton LLP, Frankfurt am Main; *RA Dr. Michael Wiesbrock,* Flick Gocke Schaumburg, Frankfurt am Main; *Richard Wilmes,* Golding Capital Partners, München; *RA Dr. Nikolas Zirngibl,* Hogan Lovells International LLP, München.

2. Auflage 2020

C.H.BECK

www.beck.de

ISBN 978 3 406 69392 2

Wilhelmstraße 9, 80801 München
Druck und Bindung: Beltz Bad Langensalza GmbH
Am Fliegerhorst 8, 99947 Bad Langensalza
Satz: Druckerei C. H. Beck Nördlingen
(Adresse wie Verlag)

CO_2 *neutral*
chbeck.de/nachhaltig

Gedruckt auf säurefreiem, alterungsbeständigem Papier
(hergestellt aus chlorfrei gebleichtem Zellstoff)

Vorwort

Private Equity ist mehr denn je ein unverzichtbarer Baustein jeder langfristig angelegten institutionellen Anlagestrategie.

Ungelöste Schuldenprobleme in Europa sowie eingetrübte globale Konjunkturaussichten werden weiterhin für Unruhe an den Finanzmärkten sorgen. Die jüngsten geldpolitischen Beschlüsse des EZB-Rates im Herbst 2019 lassen eine Normalisierung der Geldpolitik in immer weitere Ferne rücken. Nach Einschätzung der Auguren sind damit positive Zinsen in der ersten Hälfte der 2020er-Jahre, wenn nicht sogar für die gesamte kommende Dekade, so gut wie ausgeschlossen. Diese mögliche „Zementierung" der Niedrigzinspolitik und die ungewissen Aussichten am Aktienmarkt erschweren es institutionellen Investoren, ihre Renditeziele mit einem angemessenen Risikobudget zu erreichen. Mit den vermeintlich sicheren Anleiheportfolien vergangener Jahre sind die Renditevorgaben der institutionellen Investoren nicht mehr zu erwirtschaften. Aktienanlagen zur Renditesteigerung setzen das Portfolio wiederum den rasch wechselnden Marktstimmungen aus. Bei institutionellen Investoren, die ihre Renditeziele nachhaltig und bei angemessenem Risiko erreichen wollen, wächst daher seit Jahren die Erkenntnis, dass sie (alternative) Anlageformen benötigen. Sie suchen verstärkt Kapitalanlagen, die Schwankungen an der Börse ausgleichen können, einen gewissen Inflationsschutz bieten und nachweislich stabile Renditen über mehrere Konjunkturzyklen erbracht haben. Die konsequente Folge ist eine stetig steigende Allokation in alternative Investments, allen voran in Private Equity. Zudem ist eine gewisse Verschiebung der Gravitationsschwerpunkte hin zu Private-Debt-Strategien wahrnehmbar.

Private-Equity-Fonds investieren in Sachwerte, im Gegensatz zu den Zahlungsversprechen am Rentenmarkt. Sie sind in der Lage, die Leistungsfähigkeit ihrer Unternehmen fundamental zu steigern und durch unternehmerisches Handeln Mehrwert für ihre Investoren zu schaffen. Die Fonds erreichen dies vor allem über eine verbesserte Corporate Governance, die Beteiligung des Managements sowie die konsequente Professionalisierung bestehender Strukturen. In Krisenzeiten kann das Fondsmanagement flexibel reagieren und notwendige Kostensenkungen und Restrukturierungen schnell umsetzen. Gezielte Arbeit am Portfoliounternehmen vermindert die Risiken der Investition. Innovative Produktstrukturen und eine vielfältige Investmentlandschaft erlauben die Entwicklung individueller Private-Equity-Strategien, die konsequent auf die Anforderungen institutioneller Anleger ausgerichtet sind. Investoren können von diesen strukturellen Vorteilen durch ein kontinuierliches Engagement in der Anlageklasse profitieren. Der richtige Einstiegszeitpunkt ist dabei angesichts einer Investitionsdauer von meist über zehn Jahren eher ein zweitrangiges Kriterium. Denn vor allem in wirtschaftlichen Schwächephasen aufgelegte Top-Fonds haben in der Vergangenheit besonders gute Renditen erzielt, da sie günstige Beteiligungen eingehen konnten, um anschließend die Unternehmen durch die Krise zu steuern und auf die folgende Wachstumsphase vorzubereiten. Krisenzeiten wären demnach gute Zeiten für den Einstieg in die Anlageklasse – ein positives Vorzeichen auch für zukünftige Fondsjahrgänge und ihre Investoren. Das Rechtshandbuch Private Equity stellt auch in der 2. Auflage in jeder Marktphase ein wertvolles Kompendium für die Finanzindustrie dar, in dem die versammelte Autorenschaft dem geneigten Leser das rechtliche Rüstzeug für die Anlageklasse Private Equity skizziert.

Der Aufbau eines Private-Equity-Portfolios stellt stets eine langfristige, strategische Entscheidung dar. Ein sinnvoller Weg, den Aufbau einer definierten Private-Equity-(Fonds) Allokation zu erreichen, sind regelmäßige jährliche Zeichnungen. Diese führen nach einigen Jahren zu einem stabilen Ausschüttungsprofil und zu einer konstanten Summe gebundenen Kapitals. Weitere Vorteile regelmäßiger Zeichnungen sind der diversifizierte

Zugang zu unterschiedlichen Fondsjahrgängen über verschiedene Markt- und Konjunkturphasen hinweg. Ein kontrollierter Aufbau der Zielallokation wird normalerweise etwa sechs bis acht Jahre in Anspruch nehmen. Eine Beschleunigung dieses Aufbaus ist durch den gezielten Einsatz von *Secondary Investments* möglich, also durch den Erwerb bestehender Private-Equity-Portfolios von anderen institutionellen Investoren. Aus einem Nischensegment hat sich mit diesem Sekundärmarkt in den vergangenen Jahren ein etablierter Teil des Private-Equity-Marktes mit einer Vielzahl an differenzierten Käufern und regelmäßigen Verkäufern entwickelt, der gezielt zur aktiven Portfoliosteuerung genutzt wird. Auch insoweit hat das vorliegende Werk die Zeichen der Zeit erkannt und erläutert in einem neuen Kapitel die rechtlichen Rahmenbedingungen dieser sog. *Secondaries.*

Neben der Auswahl der aussichtsreichsten Fonds muss ein professionelles Investmentmanagement allerdings mehr denn je gewährleisten, dass die umfangreichen regulatorischen und steuerrechtlichen Vorgaben an den Fondsmanager, die Fonds sowie Portfoliounternehmen und vor allem an die Investoren erfüllt werden. Die Zeiten des grauen Kapitalmarktes, bei dem Privatmarktplatzierungen für überschaubare regulatorische Anforderungen sorgten, sind spätestens seit der europäischen AIFM-Richtlinie endlich Geschichte. Mit der vollumfänglichen Managerregulierung ging eine notwendige Professionalisierung der Finanzmarktteilnehmer und der Fondsdokumentation einher. Im Fall einer heterogenen Investorenbasis haben Fondsmanager nunmehr die gesamte Klaviatur von AIFMD, *Capital Requirements Regulation* – CRR, Mindestanforderungen an das Risikomanagement (MaRisk) über das Versicherungsaufsichtsgesetz (VAG) nebst Anlageverordnung (AnlV) bis zur Solvency II-Verordnung und deren bevorstehende Novelle zu bespielen. Institutionelle Investoren legen in diesem Zusammenhang verstärkt Wert auf ein entsprechendes anlegerspezifisches regulatorisches Reporting, das eine im Hinblick auf die erforderliche Eigenkapitalunterlegung optimiertes Investment ermöglicht. Zwei große Investmentsteuerreformen in den vergangenen fünf Jahren und die gefühlte Dauerschleife „Brexit" komplettieren die rechtlichen Herausforderungen an sämtliche Branchenteilnehmer. Das im Rechtshandbuch gebündelte hohe Maß an Fachwissen dürfte Investoren als verlässlicher Kompass in regulatorisch zunehmend schwierigeren Gewässern dienen.

Schließlich werden zukünftig *Environmental, Social and Governance,* kurz ESG-Aspekte, mehr und mehr den Rahmen für Private-Equity-Anlagen abstecken. Institutionelle Investoren legen zunehmend Wert darauf, mit ihren Investitionen neben einer attraktiven Rendite auch einen positiven sozialen Effekt für Gesellschaft und Umwelt zu erzielen. Die Private-Equity-Branche darf sich dem wachsenden Konsens über die entscheidende Rolle des Privatkapitalmarkts bei der Förderung von Industrialisierung, Wachstum und nachhaltiger Entwicklung nicht verweigern können. Verantwortungsbewusstes Investieren gewinnt an Bedeutung, geht über die Optimierung der Corporate Governance hinaus und lässt sich in einem Anlageportfolio realisieren, indem der Risikomanagementprozess unter Berücksichtigung von ESG-Kriterien optimiert wird. Unsere Verantwortung gegenüber der Gesellschaft bedeutet, dass entsprechende ESG-Aspekte bereits jetzt in In- und Desinvestitionsentscheidungen integriert werden sollten. Ein entsprechendes EU-einheitliches und sodann rechtlich bindendes Regelwerk (Stichwort Taxonomie) steht unmittelbar vor dem Abschluss und dürfte maßgeblichen Einfluss auf alle Marktakteure haben. Ich bin überzeugt davon, dass dies nicht nur hilft, der gesellschaftlichen Rolle aller Finanzmarktteilnehmer gerecht zu werden, sondern auch zu einem verbesserten Risikomanagement sowie einer erweiterten Identifikation von Wertsteigerungspotentialen in Investments führt. Langfristiges und verantwortliches Handeln muss unverrückbar zum unternehmerischen Selbstverständnis eines jeden Investmentmanagers gehören. Die Anlagestrategie *Impact Investing* geht dabei noch einen Schritt weiter: Sie investiert explizit in Unternehmen, Organisationen, Anlagevehikel und Fonds, die die Absicht haben, neben einer finanziellen Rendite auch messbare soziale und ökologische Auswirkungen zu erzielen, um damit die Brücke zwischen positiven sozialen Effekten und privatem Investitionskapital zu schlagen.

Investoren, die über wenig Erfahrung mit der Anlageklasse Private Equity und/oder begrenzte personelle Kapazitäten verfügen, sind auf die Unterstützung eines professionellen Partners angewiesen. Es empfiehlt sich daher, die professionelle Betreuung der Private-Equity-Investments, die Einhaltung der regulatorischen und steuerrechtlichen Vorgaben einschließlich Reporting einem professionellen Investmentmanager zu übertragen. Möge den Herausgebern und Autoren dieser 2. Auflage viel Erfolg und uns allen gutes Gelingen in Bezug auf unsere langfristigen und verantwortlichen Investments beschieden sein.

Jeremy P. Golding
Gründer und Geschäftsführer der Golding Capital Partners GmbH,
einer führenden Investmentmanagementgesellschaft mit Fokus auf Private Equity,
Infrastruktur und Private Debt.

Dankeswort der Herausgeber

2010 machten sich die seinerzeit zunächst im geographischen Umkreis von 500 qm nebeneinander in Frankfurt am Main tätigen Herausgeber daran, eine Lücke zu füllen: es gab damals keine zusammenfassende Darstellung, welche die rechtlichen und steuerlichen Besonderheiten der Assetklasse Private Equity in ihrer Gesamtheit – also für Fonds- und Transaktionsebene – thematisierte.

In den vergangenen zehn Jahren ist nahezu Revolutionäres geschehen: Mit AIFM-Richtlinie und Kapitalanlagegesetzbuch besteht nun seit gut fünf Jahren ein detaillierter rechtlicher Rahmen für Private Equity Investments sowohl auf Fonds- wie Transaktionsseite. Auch kristallisierten sich wirtschaftlich viele neue Spielarten und Schwerpunkte der Assetklasse heraus, welche naturgemäß noch nicht literarisch bearbeitet waren.

Dies haben Verlag und Herausgeber zum Anlass genommen, die zweite Auflage des im Markt freundlich aufgenommenen Werkes zum (Steuer-)Recht der Assetklasse Private Equity zu besorgen.

Die überwiegende Zahl der Autoren der ersten Auflage konnte hierfür gewonnen werden. Wo Lücken zu füllen waren, gelang dies zeitnah und in hervorragender Weise.

Was ist anders? Vom Grundsatz her nichts Revolutionäres. Die Anzahl der Länderkapitel wurde reduziert, um konzentriert jene Jurisdiktionen darzustellen, welche auf Fonds- oder Transaktionsebene wirtschaftlich und/oder vom anwendbaren Recht her weltweit wie aus deutscher Perspektive entscheidend sind. Diverse neue Hauptkapitel kamen hinzu, keines fiel weg.

Die Herausgeber sind vielfach zu Dank verpflichtet: Verlag und Lektorat und hier insbesondere Rechtsanwältin Astrid Stanke für Nerven aus Stahl und eine perfekte Bearbeitung des wie stets erst zu langsam und dann auf einmal eruptiv eingehenden Stoffes. Den Autoren für eine ebenfalls reichlich strapazierte Geduld und trotzdem gründlich und teilweise gänzlich neu bearbeitete Themen. Unter den Autoren darf Dr. Niklas Ulrich hervorgehoben werden, der zusätzlich die Koordination des Gesamtprojektes „2. Auflage" übernommen hat.

Nicht zuletzt danken die Herausgeber den Lesern der ersten Auflage: ihr Zuspruch allein hat die zweite Auflage möglich gemacht, ihre Anregungen haben maßgeblich zu deren Neuerungen beigetragen.

Mögen die Leser das Werk auch zukünftig wohlwollend-kritisch begleiten – dann muss bis zur 3. Auflage kein Jahrzehnt vergehen. Anregungen sind eine Freude, bitte an thomas@jesch.org.

Frankfurt am Main und München, im Dezember 2019

Thomas A. Jesch *Andreas Striegel* *Lutz Boxberger*

Inhaltsübersicht

7. Teil. Spezielle Beteiligungsformen

8. Teil. Länderberichte

Inhaltsverzeichnis

2. Teil. Fondsstrukturierung

3. Teil. Due Diligence

4. Teil. Beteiligungsstrukturierung

5. Teil. Exit-Strukturierung

Abkürzungsverzeichnis

aA	anderer Ansicht
ABl.	Amtsblatt der Europäischen Union
ABS	Asset Backed Securities
ADRs	American Depositary Receipts
AEAO	Anwendungserlass zur Abgabenordnung
AEUV	Vertrag über die Arbeitsweise der Europäischen Union
AEOI	Automatic Exchange of Information
AFIC	Association Française des Investisseurs en Capital
AG	Aktiengesellschaft
AG	Die Aktiengesellschaft (Zeitschrift)
AIF	Alternativer Investmentfonds
AIFM	Alternative Investment Fund Manager
AIFMD	Alternative Investment Fund Manager Directive
AktG	Aktiengesetz
ALM	Asset-Liability-Management
AMA	Anti-Monopoly Act (shiteki dokusen no kinshi oyobi kôsei torihiki no kakuho ni kansuru hôritsu)
AMF	Autorité des Marches Financiers
AnfG	Anfechtungsgesetz
Angebots-VO	Angebotsverordnung
AnlV	Anlageverordnung
AO	Abgabenordnung
AOA	Authorized OECD Approach
ArbEG	Arbeitnehmererfindungsgesetz
ArbGG	Arbeitsgerichtsgesetz
ARUG	Gesetz zur Umsetzung der Aktionärsrechterichtlinie
AStG	Außensteuergesetz
ATAD	Anti Tax Avoidance Directive
AuA	Arbeit und Arbeitsrecht (Zeitschrift)
AVCO	Dachorganisation der österreichischen Beteiligungskapitalindustrie
AWG	Außenwirtschaftsgesetz
AWV	Außenwirtschaftsverordnung
BaFin	Bundesanstalt für Finanzdienstleistungsaufsicht
BAG	Bundesarbeitsgericht
BAGE	Entscheidungen des Bundesarbeitsgerichts (Zeitschrift)
BAV	Bundesaufsichtsamt für das Versicherungswesen
BayObLG	Bayerisches Oberstes Landesgericht
BB	Betriebs-Berater (Zeitschrift)
BBodSchG	Bundesbodenschutzgesetz
BDSG	Bundesdatenschutzgesetz
BEPS	Base Erosion and Profit Shifting
BetrVG	Betriebsverfassungsgesetz
BeurkG	Beurkundungsgesetz
BewG	Bewertungsgesetz
BGB	Bürgerliches Gesetzbuch
BGBl.	Bundesgesetzblatt

BGH	Bundesgerichtshof
BGHZ	Entscheidungen des Bundesgerichtshofs in Zivilsachen
BilMoG	Bilanzrechtsmodernisierungsgesetz
BilRUG	Bilanzrichtlinie-Umsetzungsgesetz
BIP	Bruttoinlandsprodukt
BITC	Belgian Income Tax Code
BKartA	Bundeskartellamt
BKR	Bank- und Kapitalmarktrecht (Zeitschrift)
BMF	Bundesministerium der Finanzen
BMVBS	Bundesministerium für Verkehr, Bau und Wohnungswesen
BörsG	Börsengesetz
BörsZulV	Börsenzulassungs-Verordnung
BSE	Bombay Stock Exchange
BStBl.	Bundessteuerblatt
BStBl.	Bundessteuerblatt (Zeitschrift)
BT-Drucks.	Bundestagsdrucksache
B. V.	Besloten Vennootschap met beperkte aansprakelijkheid
BVCA	British Venture Capital Association
BVerfG	Bundesverfassungsgericht
BVI	Bundesverband Investment und Asset Management
BVK	Bundesverband Deutscher Kapitalbeteiligungsgesellschaften
BWG	Bankwesengesetz
BZRG	Bundeszentralregistergesetz
BZSt	Bundeszentralamt für Steuern
Capex	Capital Expenditure
CAPM	Capital Asset Pricing Model
CC	Competition Commission
CCI	Controller of Capital Issues
CFATF	Caribbean Financial Action Task Force
CFC	Controlled Foreign Corporations
CFIUS	Committee on Foreign Investment in the United States
CHF	Schweizer Franken
CIMA	Cayman Islands Monetary Authority
CIS	Collective Investment Schemes
CLN	Credit Linked Notes
CMBOR	Center for Management Buy-out Research
CNMV	Comisión Nacional del Mercado de Valores
COMI	Center of Main Interest
CPECs	Convertible Preferred Equity Certificates
CRD IV	Capital Requirements Directive
CRR	Capital Requirements Regulation
CSSF	Commission de Surveillance du Secteur Financier
CVA	Company Voluntary Arrangement
CV	Closed Limited Partnership
DB	Der Betrieb (Zeitschrift)
DBA	Doppelbesteuerungsabkommen
DBJ	Development Bank of Japan (nippon seisaku tôshi ginkô)
DCF	Discounted Cash-Flow
DesignG	Designgesetz

DGCCRF	Direction Générale de la Concurrence, de la Consommation et de la Répression des Fraudes
Difu	Deutsches Institut für Urbanistik
DNotZ	Deutsche Notar-Zeitschrift
D&O	Directors & Officers
DOJ	US Department of Justice
DPMA	Deutsches Patent- und Markenamt
DrittelbG	Drittelbeteiligungsgesetz
DSGVO	Datenschutz-Grundverordnung
DStJG	Deutsche Steuerjuristische Gesellschaft
DStR	Deutsches Steuerrecht (Zeitschrift)
DStRE	DStR-Entscheidungsdienst (Zeitschrift)
DTTP	Double Taxation Treaty Passport
DVFA	Deutsche Vereinigung für Finanzanalyse und Asset Management
DVO	Durchführungsverordnung
DZWIR	Deutsche Zeitschrift für Wirtschafts- und Insolvenzrecht
EA	Enterprise Act 2002
ebda.	ebenda
EBIT	Earnings before Interest and Taxes
EBITDA	Earnings before Interest, Taxes, Depreciation and Amortization
EBRD	Europäische Bank für Wiederaufbau und Entwicklung
ECI	Effectively Connected Income
ECN	European Competition Network
EFAMA	European Fund and Asset Management Association
EFG	Entscheidungen der Finanzgerichte (Zeitschrift)
EG	Europäische Gemeinschaft
EGV	EG-Vertrag
EGBGB	Einführungsgesetz zum Bürgerlichen Gesetzbuch
EGInsO	Einführungsgesetz zur Insolvenzordnung
EHUG	Gesetz über elektronische Handelsregister und Genossenschaftsregister sowie das Unternehmensregister
EIF	European Investment Fund
EK	Eigenkapital
EKEG	Eigenkapitalersatz-Gesetz
ELP	Exempted Limited Partnership
ELTIF	European Long-Term Investment Fund
EPA	Europäisches Patentamt
EPÜ	Europäisches Patentübereinkommen
ErbStR	Erbschaftsteuerrichtlinien
ERISA	Employee Retirement Income Security Act of 1974
ESMA	European Securities and Markets Authority
ESG	Environmental, Social and Governance
EStDV	Einkommensteuerdurchführungsverordnung
EStG	Einkommensteuergesetz
ESUG	Gesetz zur weiteren Erleichterung der Sanierung von Unternehmen
EU	Europäische Union
EuG	Gericht der Europäischen Union
EuGH	Europäischer Gerichtshof
EuGVVO	Verordnung des Rates über die gerichtliche Zuständigkeit und die Anerkennung und Vollstreckung von Entscheidungen in Zivil- und Handelssachen

EuInsVO	EU-Insolvenzverordnung
EURIBOR	European Interbank Offered Rate
EuSEF	European Social Entrepreneurship Fund
EuVECA	European Venture Capital Fund
EVCA	European Private Equity & Venture Capital Association
EWR	Europäischer Wirtschaftsraum
EWS	Europäisches Wirtschafts- und Steuerrecht (Zeitschrift)
FATCA	Foreign Account Tax Compliance Act
FATF	Financial Action Task Force
FB	Finanz Betrieb (Zeitschrift)
FCP	Fonds Commun de Placement
FCPE	Fonds Commun de Placement d'Entreprise
FCPI	Fonds Commun de Placement dans l'Innovation
FCPR	Fonds Commun de Placement à Risque
FG	Finanzgericht
FIAR	Fonds d'Investissement Alternatif Réservé
FIEL	Financial Instruments and Exchange Law (kin'yû shôhin torihiki hô)
FIP	Fonds d'Investissement de Proximité
FIPB	Foreign Investment Promotion Board
FIRPTA	U. S. Foreign Investment in Real Property Tax Act
FIS	Fonds d' Investissement Spécialisé
FKVO	Verordnung (EG) Nr. 139/2004 des Rates über die Kontrolle von Unternehmenszusammenschlüssen (EG Fusionskontrollverordnung)
FMFC	French Monetary and Financial Code
FR	Finanz-Rundschau (Zeitschrift)
FRR	Fonds de Reserve pour les Retraites
FSA	Financial Services Agency (kin'yû chô)
FSMA	Financial Services and Markets Act 2000
FStrPrivFinG	Fernstraßenbauprivatfinanzierungsgesetz
FTC	Federal Trade Commission
FTC	Fair Trade Commission (kôsei torihiki iinkai)
FWB	Frankfurter Wertpapierbörse
GAAP	Generally Accepted Accounting Principles
gAG	geschlossene Aktiengesellschaft
GBO	Grundbuchordnung
GbR	Gesellschaft bürgerlichen Rechts
GDV	Gesamtverband der Deutschen Versicherungswirtschaft
GebrMG	Gebrauchsmustergesetz
GenG	Genossenschaftsgesetz
GewStG	Gewerbesteuergesetz
GFTT	Gruppenfreistellungsverordnung
GG	Grundgesetz
GGV	Gemeinschaftsgeschmacksmuster
GHS	Gewerbesteuer-Hebesatz
gInvKG	geschlossene Investmentkommanditgesellschaft
GmbH	Gesellschaft mit beschränkter Haftung
GmbHG	Gesetz betreffend Gesellschaften mit beschränkter Haftung
GmbHG-E	Entwurfsfassung des GmbHG gem. MoMiG
GmbHR	GmbH-Rundschau (Zeitschrift)
GmbH-StB	Der GmbH-Steuer-Berater (Zeitschrift)

GMG	Guidelines Monitoring Group
GoA	Grundsätze ordnungsmäßiger Abschlußprüfung
GoB	Grundsätze ordnungsgemäßer Buchführung
GP	General Partner
GP	General Partnership
GrESt	Grunderwerbsteuer
GrEStG	Grunderwerbsteuergesetz
GRUR	Gewerblicher Rechtsschutz und Urheberrecht (Zeitschrift)
GU	Gemeinschaftsunternehmen
GuV	Gewinn- und Verlustrechnung
GVO-TT	Technologietransfer-Gruppenfreistellungsverordnung
GWB	Gesetz gegen Wettbewerbsbeschränkungen
GwG	Geldwäschegesetz
HFA	Hauptfachausschuss
HGB	Handelsgesetzbuch
HMRC	Her Majesty's Revenue and Customs
HR B	Handelsregister, Abteilung B
HRV	Handelsregisterverordnung
HSR	Hart-Scott-Rodino Antitrust Improvement Act of 1976
IAS	International Accounting Standards
IBO	Institutional Buy-Out
ICN	International Competition Network
IdW	Institut der Wirtschaftsprüfer
IFD	Initiative Finanzstandort Deutschland
IFRS	International Financial Reporting Standards
IG	Bundesgesetz für Investmentgesellschaften
IML	Institut Monétaire Luxembourgois
InsO	Insolvenzordnung
InvAG mfK	Investmentaktiengesellschaft mit fixem Kapital
InvFG	Investmentfondsgesetz
InvG	Investmentgesetz
InvStG	Investmentsteuergesetz
IOSCO	International Organization of Securities Commissions
IoT	Internet of Things
IPEV	International Private Equity and Venture Capital Valuation Board
IPO	Initial Public Offering
IRC	Internal Revenue Code
IRS	Internal Revenue Service
IRR	Internal Rate of Return
IStR	Internationales Steuerrecht (Zeitschrift)
IWB	Internationale Wirtschafts-Briefe (Zeitschrift)
KapErhG	Kapitalerhöhungsgesetz
KAPrüfbV	Kapitalanlage-Prüfungsberichte-Verordnung
KapSt	Kapitalertragsteuer
KARBV	Kapitalanlage-Rechnungslegungs- und -Bewertungsverordnung
KartG	Kartellgesetz
KG	Kommanditgesellschaft
KGaA	Kommanditgesellschaft auf Aktien
KK	Joint Stock Corporation (kabushiki kaisha)

KMG .... Kapitalmarktgesetz
KMU .... Kleine und mittlere Unternehmen
KonTraG .... Gesetz zur Kontrolle und Transparenz im Unternehmensbereich
KoR .... Zeitschrift für internationale und kapitalmarktorientierte Rechnungslegung
KostO .... Kostenordnung
KöR .... Körperschaften des öffentlichen Rechts
KSchG .... Kündigungsschutzgesetz
KStG .... Körperschaftsteuergesetz
KSzW .... Kölner Schrift zum Wirtschaftsrecht
KVG .... Kapitalverwaltungsgesellschaft
KWG .... Kreditwesengesetz

LBO .... Leveraged Buy-Out
LG .... Landgericht
LIBOR .... London Interbank Offered Rate
LLC .... Limited Liability Company
LLC .... Japanese Limited Liability Company (gôdô kaisha)
LLP .... Limited Liability Partnership
LLP .... Japanese Limited Liability Partnership (yûgensekinin jigyô kumiai)
LMA .... Loan Market Association
LMBO .... Leveraged Management Buy-Out
LMESM .... Ley 3/2009, de 3 de abril, de Modificaciones Estructurales de las Sociedades Mercantiles
LMV .... Ley 24/1988, de 28 de julio, del Mercado de Valores
LOI .... Letter of Intent
LP .... Limited Partner
LP .... Limited Partnership
LPA .... Limited Partnership Agreement
LPAC .... Limited Partner Advisory Committee
LPS .... Limited Liability Partnership for Investment (tôshi jigyô yûgen sekinin kumiai)
LSA .... Ley de Sociedades Anónimas
LSRL .... Ley 2/1995 de Sociedades de Responsibilidad Limitada, de 23 de marzo
LSTA .... Loan Syndications and Trading Association
LTIBR .... Long-Term Interest Bearing Receivables
Ltd. .... Private Limited Company

MAC .... Material Adverse Change
MAR .... Market Abuse Regulation
MaRisk .... Mindestanforderungen an das Risikomanagement
MarkenG .... Markengesetz
MBO .... Management Buy-Out
MCR .... Minimum Capital Requirement
METI .... Ministry of Economy, Trade and Industry (keizai sangyô shô)
MEP .... Management Equity Program
MFN .... Most-Favoured Nation Clause
MiFiG .... Mittelstandsfinanzierungsgesellschaft
MitbestG .... Mitbestimmungsgesetz
MMA .... Madrider Markenabkommen
MOFCOM ...... Ministry of Commerce of the People's Republic of China

MoMiG .... Entwurf eines Gesetzes zur Modernisierung des GmbH-Rechts und zur Bekämpfung von Missbräuchen
MoRaKG .... Gesetz zur Modernisierung der Rahmenbedingungen für Kapitalbeteiligungen
MoU .... Memorandum of Understanding
MPP .... Management Participation Program
MSP .... Matching Stock Program
MTV .... Manteltarifvertrag
MüKo .... Münchener Kommentar

NCDR .... National Commission for Development and Reform
NCSD .... Nordic Central Securities Depository
NDA .... Non-Disclosure Agreement
NFFE .... Non-Financial Foreign Entity
NGM .... Nordic Growth Market
NK .... General Partnership (nin'i kumiai)
NJW .... Neue Juristische Wochenschrift (Zeitschrift)
NSE .... National Stock Exchange
N. V. .... Naamloze Vennootschap
NVwZ .... Neue Zeitschrift für Verwaltungsrecht
NZA .... Neue Zeitschrift für Arbeitsrecht
NZG .... Neue Zeitschrift für Gesellschaftsrecht
NZI .... Neue Zeitschrift für Insolvenzrecht

OECD-MA .... OECD-Musterabkommen
OFD .... Oberfinanzdirektion
OFT .... Office of Fair Trading
OGAW .... Organismus für gemeinsame Anlagen in Wertpapieren
oHG .... offene Handelsgesellschaft
OID .... Original Issue Discount
OLG .... Oberlandesgericht
OMX AB .... Aktiebolaget Optionsmäklarna/Helsinki Stock Exchange
ÖPP .... Öffentlich-Private Partnerschaft
OWiG .... Gesetz über Ordnungswidrigkeiten

PatG .... Patentgesetz
PD .... ÖPP Deutschland AG – Partnerschaften Deutschland
PE .... Private Equity
PECs .... Preferred Equity Certificates
PE Funds .... Private Equity Funds
PEIGG .... Private Equity Industry Guidelines Group
PFKapAV .... Pensionsfonds-Kapitalanlageverordnung
PFLP .... Private Fund Limited Partnership
PIF .... Anteilsinvestmentfonds (paewoj inwesticionnyj fond)
PIK .... Payment in Kind
PIPE .... Private Investment in Public Equity
PMMA .... Madrider Protokoll
PPM .... Private Placement Memorandum
PPP .... Public Private Partnership
PRICAF Privée/
Private PRIVAK . Closed Private Collective Investment Vehicle for Private Equity Purposes

PRICAF Publique/Publieke PRIVAK ... Closed Public Collective Investment Vehicle for Private Equity Purposes
ProspektVO ... Prospektverordnung
PTP ... Publicly Traded Partnership
PublG ... Publizitätsgesetz

RAIF ... Reserved Alternative Investment Fund
RBC ... Risk Based Capital
RBI ... Reserve Bank of India
RdF ... Recht der Finanzinstrumente (Zeitschrift)
RechVersV ... Verordnung über die Rechnungslegung von Versicherungsunternehmen (Versicherungsunternehmens-Rechnungslegungsverordnung)
REIT ... Real Estate Investment Trust
REITG ... REIT-Gesetz
REOC ... Real Estate Operating Company
RETT ... Real Estate Transfer Tax
RFH ... Reichsfinanzhof
RIW ... Recht der Internationalen Wirtschaft (Zeitschrift)
RMB ... Renminbi
ROFR ... Right of First Refusal
RStBl. ... Reichssteuerblatt
RSU ... Restricted Stock Unit

S. A. ... Sociedad Anónima
S. A. ... Société Anonyme
SA/NV ... Joint Stock Company
SAIC ... State Administration for Industry and Commerce
S.à r. l. ... Société à responsabilité limitée
SCA/CVA ... Partnership limited by Shares
SchVG ... Schuldverschreibungsgesetz
SCR ... Sociedad de Capital Riesgo
SCR ... Solvency Capital Requirement
SCS ... Société en commandite simple
SCSp ... Société en commandite spéciale
SE ... Societas Europaea
SEBI ... Securities and Exchange Board of India
SEC ... U. S. Securities and Exchange Commission
SEAG ... Gesetz zur Ausführung der Verordnung (EG) Nr. 2157/2001 des Rates vom 8. Oktober 2001 über das Statut der Europäischen Gesellschaft (SE)
SEStEG ... Gesetz über steuerliche Begleitmaßnahmen zur Einführung der Europäischen Gesellschaft und zur Änderung weiterer steuerrechtlicher Vorschriften
SE-VO ... Verordnung (EG) Nr. 2157/2001 des Rates über das Statut der Europäischen Gesellschaft (SE)
SGB ... Sozialgesetzbuch
SGECR ... Sociedad Gestora de Entidades de Capital Riesgo
SGIIC ... Sociedad Gestora de Instituciones de Inversión Colectiva
SICAR ... Société d'Investissement en Capital à Risque
SICAV ... Société d'Investissement à Capital Variable

SIEF .... Significant Impediment to Effective Competition
S. L. .... Sociedad de Responsibilidad Limitada
SMRJ .... Organization for Small & Medium Enterprises and Regional Innovation (dokuritsu gyôsei hôjin chûshôkigyô kiban seibi kikô)
SOPARFI .... Société de Participations Financières
SoS .... Secretary of State for Business, Enterprise and Regulatory Reform
SOX .... Sarbanes-Oxley Act
SPA .... Share Purchase Agreement
SPAC .... Special Purpose Acquisition Company
SPRL/BVBA ..... Limited Liability Company
SPV .... Special Purpose Vehicle
SSNIP .... Small but Significant Non-transitory Increase in Price
Stabilisierungs-VO .... Verordnung (EG) Nr. 2273/2003 der Kommission vom 22. Dezember 2003
StGB .... Strafgesetzbuch
StiftG .... Stiftungsgesetz
StSenkG .... Gesetz zur Senkung der Steuersätze und zur Reform der Unternehmensbesteuerung

TK .... Silent Partnership (tokumei kumiai)
TSX .... Toronto Stock Exchange
TVG .... Tarifvertragsgesetz

Ubg .... Die Unternehmensbesteuerung (Zeitschrift)
UBG .... Unternehmensbeteiligungsgesellschaft
UBGG .... Gesetz über Unternehmensbeteiligungsgesellschaften
UBTI .... Unrelated Business Taxable Income
UMV .... Unionsmarkenverordnung
UmwG .... Umwandlungsgesetz
UmwStG .... Umwandlungssteuergesetz
UR .... Urkundenrolle
UrhG .... Urhebergesetz
UStAE .... Umsatzsteuer-Anwendungserlass
UStG .... Umsatzsteuergesetz
UStR .... Umsatzsteuerrichtlinien
usw. .... und so weiter
uU .... unter Umständen
UWG .... Gesetz gegen den unlauteren Wettbewerb

VAG .... Versicherungsaufsichtsgesetz
VCOC .... Venture Capital Operating Company
VersR .... Zeitschrift für Versicherungsrecht
V-Modell .... Verfügbarkeitsmodell
VorstOG .... Vorstandsvergütungs-Offenlegungsgesetz

WACC .... Weighted Average Cost of Capital
WAG .... Wertpapieraufsichtsgesetz
Wft .... Wet op het financieel btoezicht
WIPO .... World Intellectual Property Organization
WiSt .... Wirtschaftswissenschaftliches Studium (Zeitschrift)
WKBG .... Wagniskapitalbeteiligungsgesetz

WM	Wertpapier-Mitteilungen (Zeitschrift)
WPg	Die Wirtschaftsprüfung (Zeitschrift)
WpPG	Gesetz über die Erstellung, Billigung und Veröffentlichung des Prospekts, der beim öffentlichen Angebot von Wertpapieren oder bei der Zulassung von Wertpapieren zum Handel an einem organisierten Markt zu veröffentlichen ist
WPÜG	Wertpapiererwerbs- und Übernahmegesetz
WuB	Entscheidungsanmerkungen zum Wirtschafts- und Bankrecht (Zeitschrift)
WuW/E	Zeitschrift für deutsches und europäisches Wettbewerbsrecht
ZBB	Zeitschrift für Bankrecht und Bankwirtschaft
ZGB RF	Zivilgesetzbuch der Russischen Föderation
ZHR	Zeitschrift für das gesamte Handels- und Wirtschaftsrecht
ZInsO	Zeitschrift für das gesamte Insolvenz- und Sanierungsrecht
ZIP	Zeitschrift für Wirtschaftsrecht
ZPO	Zivilprozessordnung
ZVEI	Zentralverband Elektrotechnik- und Elektronikindustrie

Literaturverzeichnis (Buchbeiträge, Aufsätze, Monographien)

Ahlberg, Hartwig/Götting, Horst-Peter (Hrsg.): Beck'scher Online-Kommentar Urheberrecht, 23. Edition, München 2019

Ahrweiler, Sonja/Börner, Christoph J.: Neue Finanzierungswege für den Mittelstand [Finanzierungswege]: Ausgangssituation, Notwendigkeit und Instrumente, in: Kienbaum, Jochen/Börner, Christoph (Hrsg.), Neue Finanzierungswege für den Mittelstand, Wiesbaden 2003, S. 3 ff.

Allmendinger, Christoph/Dorn, Friederike/Lang, Thomas/Lumpp, Stephanie/Steffek, Felix (Hrsg.): Corporate Governance nach der Finanz- und Wirtschaftskrise, Tübingen 2011

Altmeppen, Holger: „Upstream-loans", Cash Pooling und Kapitalerhaltung nach neuem Recht, ZIP 2009, S. 49 ff.

Ambacher, Bettina: Incentivierung bei IPOs Private Equity-finanzierter Unternehmen, in Venture Capital Magazin Sonderbeilage 8/9, S. 18

Angerer, Lutz/Geibel, Stephan/Süßmann, Rainer (Hrsg.): Wertpapiererwerbs- und Übernahmegesetz (WpÜG), 3. Auflage, München 2016

Angerer, Peter: Genussrechte bzw. Genussscheine als Finanzierungsinstrument, DStR 1994, S. 41 ff.

Angerer, Peter: Ausschüttungen auf Genussrechte als Betriebsausgaben, DStR 1994, S. 651 ff.

Apfelbacher, Gabriele/Metzner, Manuel: Das Wertpapierprospektgesetz in der Praxis – Eine erste Bestandsaufnahme, BKR 2006, S. 81 ff.

Arbeitskreis zum „Deutsche Telekom III-Urteil" des BGH: Thesen zum Umgang mit dem „Deutsche Telekom III-Urteil" des BGH vom 31.5.2011, NJW 2011, S. 2719 bei künftigen Börsengängen, CFL 2011, S. 377 ff.

Arbter, Robert/Skowronek, Thomas: Rückstellungen für virtuelle Mitarbeiterbeteiligungsmodelle nach HGB: Hinweise für die Praxis, in BC 2014, S. 138 ff.

Arhold, Christoph: Beihilfenrückforderung nach Unternehmensveräußerung – Zugleich Anmerkung zum Urteil des Gerichts in erster Instanz in der Sache T-324/00 – CDA, EuZW 2006, S. 42 ff.

Arnold, Michael/Aubel, Stephan: Einlagenrückgewähr, Prospekthaftung und Konzernrecht bei öffentlichen Angeboten von Aktien, ZGR 2012, S. 131 ff.

Arnsfeld, Thorsten/Müller, Julia: Hybridkapital als Eigenkapitalsurrogat — Anerkennungspraktiken der Ratingagenturen und Konsequenzen für bankinterne Ratingverfahren, Finanz Betrieb 2008, S. 326 ff.

Ascheid, Reiner/Preis, Ulrich/Schmidt, Ingrid: Kündigungsrecht Großkommentar, 5. Auflage, München 2017

Assmann, Heinz-Dieter/Pötzsch, Thorsten/Schneider, Uwe H.: WpÜG, 2. Auflage, Köln 2013

Assmann, Heinz-Dieter/Schneider, Uwe H./Mülbert, Peter O.: Wertpapierhandelsrecht, 7. Auflage, Köln 2019

Assmann, Heinz-Dieter/Schütze, Rolf A. (Hrsg.): Handbuch des Kapitalanlagerechts, 4. Auflage, München 2015

Assmann/Heinz-Dieter/Wallach, Edar/Zetsche, Dirk A.: Kapitalanlagegesetzbuch, Kommentar, Köln 2019

Bader, Hanspeter: Private Equity als Anlagekategorie: Theorie, Praxis und Portfoliomanagement für institutionelle Investoren, Bern 1996

Baeck, Ulrich/Diller, Martin: Arbeitsrechtliche Probleme bei Aktienoptionen und Belegschaftsaktien, in DB 1998, S. 1405 ff.

Baetge, Jörg/Brüggemann, Benedikt: Ausweis von Genussrechten auf der Passivseite der Bilanz des Emittenten, DB 2005, S. 2146 ff.

Baetge, Jörg/Niemeyer, Kai/Kümmel, Jens/Schulz, Roland: „Darstellung der Discounted Cashflow-Verfahren (DCF-Verfahren) mit Beispiel", in: Peemöller, Volker H. (Hrsg.): Praxishandbuch der Unternehmensbewertung, 6. Auflage, NWB Verlag, Herne, 2015, S. 353 ff.

Baetge, Jörg/Winkeljohann, Norbert/Haenelt, Timo: Die Bilanzierung des gesellschaftsrechtlichen Eigenkapitals von Nicht-Kapitalgesellschaften nach der novellierten Kapitalabgrenzung des IAS 32 (rev. 2008), DB 2008, S. 1518 ff.

Bain & Company (Hrsg.): Global Private Equity Report 2017, Boston 2017

Baker, Harold Kent/Filbeck, Greg/Kiymaz, Halil: Private Equity – Opportunities and Risks, New York 2015

Bälz, Kilian: Islamische Aktienfonds in Deutschland?, BKR 2002, S. 447 ff.

Bärenz, Uwe /Buge, Ronald: Beteiligungen an Mezzanine Fonds, Steuerrechtliche Aspekte dieser modernen Beteiligungsform, NWB DokID: LAAAB-42447, BBV Nr. 2 v. 2. Februar 2005

Bärenz, Uwe/Steinmüller, Jens: Verschärfung der Anforderungen an Kapitalanlagen von Pensionskassen und Versorgungswerken bei Beteiligungen an geschlossenen Fonds, RdF 2017, S. 122 ff.

Bärenz, Uwe/Veith, Amos: Das BMF-Schreiben zur Abgrenzung zwischen privater Vermögensverwaltung und gewerblicher Tätigkeit bei Private-Equity-Fonds, BB 2004, S. 251 ff.

Battke, Jörg-Dieter: Der Ausschluss von Gesellschaftern aus der GmbH, GmbHR 2008, S. 850 ff.

Bauer, Andreas/Gemmecke, Thomas: Zur einkommensteuerlichen Behandlung von Venture Capital und Private-Equity-Fonds nach dem BMF-Schreiben vom 16.12.2003, DStR 2004, S. 579 ff.

Baumbach, Adolf/Hopt, Klaus: Kommentar zum Handelsgesetzbuch, 38. Auflage, München 2018

Baumbach, Adolf/Hueck, Alfred: GmbHG, Kommentar, 21. Auflage, München 2017

Baums, Theodor: Zur Offenlegung von Vorstandsvergütungen, in ZHR 169 (2005), S. 299 ff.

Baums, Theodor: Recht der Unternehmensfinanzierung, München 2017

Baums, Theodor/Sauter, Maike: Anschleichen an Übernahmeziele mit Hilfe von Aktienderivaten, ZHR 2009, S. 454 ff.

Baums, Theodor/Thoma, Georg F.: WpÜG, Loseblattsammlung, Köln 2016

Baur, Jürgen/Tappen, Falko (Hrsg.): Investmentgesetze, Großkommentar, Erster Band, §§ 1–272 KAGB, 3. Auflage, Berlin/München/Boston 2015

Baur, Michael/Kantowsky, Jan/Schulte, Axel (Hrsg.): Stakeholder Management in der Restrukturierung. Wiesbaden 2012

Bebchuk, Lucian/Fried, Jesse: Pay without Performance – The unfulfilled promise of executive compensation, Cambridge (USA) and London (UK) 2004

Bechtold, Rainer/Bosch, Wolfgang: GWB, 9. Auflage, München 2018

Bechtold, Rainer/Bosch, Wolfgang/Brinker, Ingo: EU Kartellrecht, 3. Auflage, München 2014

Becker, Ralph: Gesellschaftsrechtliche Probleme der Finanzierung von Leveraged-Buy-Outs, DStR 1998, S. 1429 ff.

Beckmann, Klaus/Scholtz, Rolf-Detlev/Vollmer, Lothar: Investment, Ergänzbares Handbuch für das gesamte Investmentwesen, Kommentar zu den Rechtsvorschriften, einschließlich der Steuerrechtlichen Regelungen, Erläuterungen und Materialien der Kapitalverwaltungsgesellschaften und der Unternehmensbeteiligungsgesellschaften, Berlin 2016

Beck'scher Bilanz-Kommentar, hrsg. von Bernd Grottel, Stefan Schmidt, Wolfang J. Schubert und Norbert Winkeljohann, 10. Auflage, München 2016

Beermann, Albert (Begr.)/Gosch, Dietmar/Hoyer Andreas (Hrsg.): Abgabenordnung, Finanzgerichtsordnung, Kommentar, Köln (Stand: Februar 2019)

Beisel, Daniel/Andreas, Friedhold E.: Beck'sches Mandatshandbuch, Due Diligence, 3. Auflage, München 2017

Beisel, Wilhelm/Klumpp, Hans-Hermann: Der Unternehmenskauf, Gesamtdarstellung der zivil- und steuerrechtlichen Vorgänge, 7. Auflage, München 2016

Bendlinger, Stefan/Görl, Maximilian/Paaßen, Karl-Heinz/Remberg, Meinhard: Neue Tendenzen der OECD zur Ausweitung des Betriebsstättenbegriffs und deren Beurteilung aus Sicht des Maschinen- und Anlagenbaus, IStR 2004, S. 145 ff.

Benke, Holger: Ziele und Organisation der Vermögensanlage in gemeinnützigen Stiftungen, Stiftung&Sponsoring 2/1999, S. 13 ff.

Berens, Wolfgang/Brauner, Hans U./Strauch, Joachim: Due Diligence bei Unternehmensakquisitionen, 7. Auflage, Stuttgart 2013

Berger, Klaus Peter: Fremdkapitalnahe Mezzanine-Finanzierungen, Vertragsrechtliche Risiken, Rating, Finanzierungsfolgenverantwortung, ZBB 2008, S. 92 ff.

Bertelsmann Stiftung (Hrsg.): Handbuch Stiftungen, Wiesbaden 2003

Best, Michael/Waitz, Benjamin/Fischer, Nico: 2. P+P White Paper, Risiken bei Restrukturierungsbeiträgen von Private-Equity-Fonds, September 2009, abrufbar unter https://www.pplaw.com/sites/default/files/publications/2009/09/mbe-bwa-nfi-risiken-bei-restrukturierungsbeitraegen.pdf (zuletzt abgerufen am 11.2.2017)

Betsch, Oskar/Groh, Alexander/Lohmann, Lutz: Corporate Finance, München 1998

Beutel, David/Oppel, Florian: Mehr Fragen als Antworten nach dem neuen BMF-Schreiben zu § 50d Abs. 3 EStG, DStR 2018, S. 1469 ff.

Bienz, Carsten /Thorburn, Karin S./Walz, Uwe: Coinvestment and risk taking in private equity funds, SAFE Working Paper No. 126, Frankfurt am Main 2016

Binz, Mark K./Sorg, Martin H.: Manager-Beteiligung auf Zeit – ein unzulässiger Etikettenschwindel?, in: GmbHR 2005, 893 ff.

Birk, Dieter (Hrsg.): Transaktionen Vermögen Pro Bono, Festschrift zum zehnjährigen Bestehen von P+P Pöllath und Partners, München 2008

Birkemeyer, Claas / Meyer, Linus, Rückforderungslage beim Widerruf einer Subventionsbewilligung im Rahmen der Insolvenz, NJW 2015, S. 2300 ff.

Bisle Michael: Die steuerliche Behandlung von Genussrechten, SteuK 2016, 381 ff.

Bitter, Georg/Lutter Marcus/Priester, Hans-Joachim/Schön, Wolfgang/Ulmer, Peter (Hrsg.): Festschrift für Karsten Schmidt, Köln 2009

Bitter, Georg/Rauhut Tilman: Zahlungsfähigkeit wegen nachrangiger Forderungen, insbesondere aus Genussrechten, ZIP 2014, S. 1005 ff.

Blecher, Christian: Zur Bilanzierung von realen und virtuellen Aktienoptionsprogrammen aus ökonomischer Sicht, in WPg 2011, S. 625 ff.

Blechmann, Wolfgang: Die Zuleitung des Umwandlungsvertrags an den Betriebsrat, NZA 2005, S. 1143 ff.

Bloß, Henning: Managementbeteiligungen bei Private-Equity Transaktionen, – Zivil- und steuerrechtliche Aspekte –, GmbHR 2016, S. 104 ff.

Blumenberg, Jens/Neumann, Steffen: Sanierungssteuerrecht – aktuelle Herausforderungen für die Beratungspraxis (Teil I), Ubg 2016, S. 181 ff.

Blumers, Wolfgang: DBA-Betriebsstätten-Zurechnungen in der jüngsten BFH-Rechtsprechung, DB 2008, S. 1765 ff.

Blumers, Wolfgang/Weng, Björn: Betriebsstätte bei Einschaltung einer Managementgesellschaft, Anmerkungen zum BFH-Urteil vom 24.8.2011, I R 46/10, DStR 2012, S. 551 ff.

Blümich, Walter (Begr.)/Heuermann, Bernd/Brandis, Peter (Hrsg.): Blümich, Einkommensteuergesetz, Körperschaftsteuergesetz, Gewerbesteuergesetz, Kommentar, Stand: Dezember 2018

BNA Tax Management Portfolios: Private Equity Funds, 2004, 735, A-27 ff.

Bock, Volker: Steuerliche und bilanzielle Aspekte mezzaniner Nachrang-Darlehen, DStR 2005, S. 1067 ff.
Böcking, Hans-Joachim/Castan, Edgar/Heymann Gerd/Pfitzer, Norbert/ Scheffler, Eberhard (Hrsg.): Beck'sches Handbuch der Rechnungslegung, Band 1, München 2017
Bödecker, Carsten/Kuhn, Harald: Neue Anlageverordnung für Versicherungen, RdF 2015, S. 203 ff.
Bodmer, Adriana/Cheridito, Yves/Welti, Andreas/Iacobacci, Mauro: Bewertung von Private Equity Anlagen aus der Perspektive einer Bank – Das Beispiel: UBS Capital, Working Paper, Institut für schweizerisches Bankenwesen, Universität Zürich, 1999
Boos, Karl-Heinz/Fischer, Reinfrid/Schulte-Mattler, Hermann (Hrsg.): KWG, CRR-VO, Kommentar zu Kreditwesengesetz, VO (EU) Nr. 575/2013 (CRR) und Ausführungsvorschriften, Band 1, 5. Auflage, München 2016
Borchardt, Klaus-Dieter: Die Rückforderung zu Unrecht gewährter staatlicher Beihilfen beim Verkauf von Vermögenswerten des Beihilfenempfängers durch den Insolvenzverwalter, ZIP 2001, S. 1301 ff.
Bork, Reinhard: Sanierungsrecht in Deutschland und England, Köln 2011
Bork, Reinhard: Genussrechte und Zahlungsfähigkeit, ZIP 2014, S. 997 ff.
Bork, Udo: Ausschüttungsbemessung des Stiftungsunternehmens, ZSt 2003, S. 14 ff.
Bormann, Jens: Kreditreorganisationsgesetz, ESUG und Scheme of Arrangement – Insolvenzrechtliche Neuerungen im Spannungsverhältnis zwischen erleichterter Unternehmenssanierung und Beschneidung von Gläubiger- und Gesellschafterrechten, NZI 2011, S. 892 ff.
Born, Alexander: Aktuelle Steuerfragen im Zusammenhang mit Debt-Equity-Swap-Transaktionen, BB 2009, S. 1730 ff.
Born, Manfred/Ghassemi-Tabar, Nima/Gehle, Burkhard (Hrsg.): Münchener Handbuch des Gesellschaftsrechts, Band 7, 5. Auflage, München 2016
Boruttau, Ernst Paul/Fischer, Peter/Loose, Matthias/Meßbacher-Hönsch, Christine/Viskorf, Hermann-Ulrich: Grunderwerbsteuergesetz, Kommentar, 19. Auflage, München 2019
Bösl, Konrad/Sommer, Michael (Hrsg.): Mezzanine-Finanzierung, Betriebswirtschaft, Zivilrecht, Steuerrecht, Bilanzrecht, München 2006
Böttcher, Lars: Verpflichtung des Vorstands einer AG zur Durchführung einer Due Diligence, NZG, 2005, S. 49 ff.
Böttcher, Lars/Blasche, Sebastian: Die Grenzen der Leitungsmacht des Vorstands, NZG 2006, S. 569 ff.
Boxberger, Lutz: Vertretungsbefugnis einer externen Kapitalverwaltungsgesellschaft, GWR 2016, 1
Boxberger, Lutz/Klebeck, Ulf, Anforderungen an die Vergütungssysteme von AIF-Kapitalverwaltungsgesellschaften, BKR 2013, S. 441 ff.
Brand, Oliver/Baroch Castellvi, Manuel (Hrsg.): Versicherungsaufsichtsgesetz, Baden-Baden 2018
Braun, Eberhard (Hrsg.): Insolvenzordnung (InsO), 7. Auflage, München 2017
Braun, Reiner/Jenkinson, Tim/Schemmerl, Christoph: Adverse Selection and the Performance of Private Equity Co-Investments, Research Paper, München 2018
Braunschweig, Philipp von: Steuergünstige Gestaltung von Mitarbeiterbeteiligungen in Management-Buy-Out-Strukturen, in DB 1998, S. 1831 ff.
Brecht-Heitzmann, Holger: Verhinderung von Betriebsstilllegungen durch Sozialtarifvertrag?, NJW 2007, S. 3617 ff.
Bremer, Jürgen: GmbH-Beratung – Herausgabe von Informationen im Rahmen einer Due Diligence, GmbHR 2000, S. 176 ff.
Brems, Michael/Croonenbrock, Sophia: Die (rechtzeitige) Unterrichtung des Wirtschaftsausschusses beim Unternehmenskauf, DB 2017, S. 1513 ff.
Breuninger, Gottfried/Prinz, Ulrich: Ausgewählte Bilanz- und Steuerrechtsfragen von Mezzaninefinanzierungen, DStR 2006, S. 1345 ff.

Briese, André: Der GmbHR-Kommentar zu BFH, Urt. v. 15.4.2015 – I R 44/14, GmbHR 2015, S. 884 ff.

Briese, André: Forderungsverzicht gegen Besserungsschein sowie qualifizierter Rangrücktritt in Handels- und Steuerbilanz, DStR 2017, S. 799 ff.

Briese, André: Zur Auflösung von Verbindlichkeiten bei Überschuldung, Ergänzende Anmerkungen zu *Oser* DStR 2017, 1889, DStR 2017, S. 2832 ff.

Brinkmann, Moritz: Zum Anschleichen bei schuldenbasierten Übernahmen – Ein Plädoyer für die Einführung von Transparenzregeln im Hinblick auf Loan-to-own-Strategien –, WM 2017, S. 1033 ff.

Brockhaus, Henning/Thiessen, Alexander: Unverbriefte Darlehensforderungen – seit der KAGB-Änderung eine attraktive Anlageklasse?, RdF 2017, S. 31 ff.

Brockhoff, Klaus: Optimierung der Vermögensanlage einer Stiftung, in: Walz/Hüttemann/Rawert/Schmidt (Hrsg.), Non Profit Law Yearbook 2002, Köln (u. a.) 2003, S. 221 ff.

Bron, Jan-Frederik: Betriebsbegriff und beschränkte Steuerpflicht im Rahmen der Zinsschrankenregelung der §§ 4h EStG und 8a KStG, IStR 2008, S. 14 ff.

Bron, Jan Frederik: Geänderte Besteuerung von gewerblichen Immobilieneinkünften beschränkt Steuerpflichtiger, DB 2009, S. 592 ff.

Bronger, Björn/Scherer, Peter: Das neue europäische Prospektrecht – (Geplante) Änderungen und ihre Auswirkungen, WM 2017, S. 460 ff.

Brüggemann, Benedikt/Lühn, Michael/Siegel Mikosch: Bilanzierung hybrider Finanzinstrumente nach HGB, IFRS und US-GAAP im Vergleich (Teil II), KoR 2004, S. 390 ff.

Brünkmans, Christian: Die Unternehmensakquisition über einen Kapitalschnitt im Insolvenzplanverfahren, ZIP 2014, S. 1857 ff.

Brünkmans, Christian/Thole, Christoph (Hrsg.): Handbuch Insolvenzplan, Köln 2016

Brunsbach, Stefan/Mock, Oliver: Die sachliche Entlastungsberechtigung des § 50d Abs. 3 EStG für Dividendenausschüttungen aus Deutschland in Theorie und Praxis, IStR 2013, S. 653 ff.

Buchalik, Robert/Schröder, Katrin: Kann der eigenverwaltende Schuldner auch gegen seinen Willen verpflichtet werden einen M&A-Prozess einzuleiten und zu finanzieren?, ZInsO 2016, S. 189 ff.

Buchna, Johannes/Leichinger, Carina/Seeger, Andreas/Brox, Willhelm: Gemeinnützigkeit im Steuerrecht, 11. Auflage, Achim 2015

Bücker, Thomas/Petersen, Sven: Kapitalmarkttransparenz bei Restrukturierungen – Loan-to-own-Strategien im Lichte des derzeit geltenden Melderegimes, ZGR 2013, S. 802 ff.

Bühren, Lars: Auswirkungen des Insiderhandelsverbots der EU-Marktmissbrauchsverordnung auf M&A-Transaktionen, NZG 2017, S. 1172 ff.

von Bülow, Christoph/Bücker, Thomas: Abgestimmtes Verhalten im Kapitalmarkt- und Gesellschaftsrecht, ZGR 2004, S. 669 ff.

von Bülow, Christoph/Stephanblome, Markus: Acting in Concert und neue Offenlegungspflichten nach dem Risikobegrenzungsgesetz, ZIP 2008, S. 1797 ff.

Bunjes, Johann/Geist, Reinhold (Begr.): Umsatzsteuergesetz, Kommentar, 16., neubearbeitete Auflage, München 2017

Busack, Michael/Kaiser, Dieter (Hrsg.): Handbuch Alternative Investments, Wiesbaden 2006

Busche, Jan/Röhling, Andreas: Kölner Kommentar zum Kartellrecht, Band 1: Deutsches Kartellrecht, Köln 2017

Buth, Andrea K./Hermanns, Michael (Hrsg.): Restrukturierung, Sanierung, Insolvenz, 4. Aufl., München 2014

Bütter, Michael/Tonner, Martin: Sittenwidrigkeit der Übertragung und bedingten Rückübertragung eines Gesellschaftsanteils, in BB 2005, S. 283 ff.

Cahn, Andreas: Kredite an Gesellschafter – zugleich Anmerkung zur MPS-Entscheidung des BGH, ILF Working Paper Series No. 98

Cahn, Andreas/Simon, Stefan/Theiselmann, Rüdiger: Forderungen gegen die Gesellschaft als Sacheinlage?, Corporate Finance Law 2010, S. 238 ff.

von Campenhausen, Axel Frh./Richter, Andreas (Hrsg.): Stiftungsrechts-Handbuch, 4. aktualisierte und ergänzte Auflage, München 2014

Canaris, Claus-Wilhelm: Handelsrecht, 24. Auflage, München 2006

Canellos, George S./Pater, Joshua R.: Federal Courts Consider SEC's Strategy in PIPE Cases, New York Law Journal, vol. 238, no. 120, Dec. 21, 2007

Cannivé, Klaus: Die Legal Vendor Due Diligence – Marktstandard oder Modeerscheinung?, ZIP 2009, S. 254 ff.

Carli, Winfried M./Weissinger, Matthias: Das Scheme of Arrangement, Neue Einsatzmöglichkeiten für deutsche Kreditnehmer, DB 2014, S. 1474 ff.

Carstensen, Carsten: Vermögensverwaltung, Vermögenserhaltung und Rechnungslegung gemeinnütziger Stiftungen, Frankfurt am Main 1996

Carstensen, Carsten: Vorgaben für die Vermögensverwaltung der Stiftung nach Gesetz, Satzung und Rechtsprechung, ZSt 2005, S. 90 ff.

Cascante, Christian/Topf, Cornelia: „Auf leisen Sohlen"? – Stakebuilding bei der börsennotierten AG, AG 2009, S. 53 ff.

Cloer, Adrian/Hagemann, Tobias/Lichel, Andreas/Schmitt, Gerhard: Änderungen für Einkünfte mit Bezug zu deutschem Grundbesitz im Rahmen der beschränkten Steuerpflicht – Entwurf eines Jahressteuergesetzes 2008 – Teil I, BB 2018, S. 1686 ff.

Cranshaw, Friedrich L.: Sanierungsunterstützende Maßnahmen des Kreditgebers außerhalb der „klassischen" Kreditgewährung, ZInsO 2008, S. 421 ff.

Cranshaw, Friedrich L./Paulus, Christoph G./Michel, Nicole (Hrsg.): Bankenkommentar zum Insolvenzrecht, Bank 1, 3. Auflage, Heidelberg 2016

Cranshaw, Friedrich L./Paulus, Christoph G./Michel, Nicole (Hrsg.): Bankenkommentar zum Insolvenzrecht, Bank 2, 3. Auflage, Heidelberg 2016

Crezelius, Georg: Aktuelle Steuerrechtsfragen in Krise und Insolvenz, März/April 2015, NZI 2015, S. 459 ff.

Dahl, Michael: Der Tatbestand der Überschuldung nach § 19 InsO, NJW-Spezial 2008, Heft 4, S. 117 ff.

Dahl, Michael/Kortleben, Justus: Überbrückungskredite in der Insolvenz, NJW-Spezial 2017, S. 21 ff.

Damodaran, Aswath: Damodaran on Valuation, John Wiley & Sons, Hoboken, NJ, USA, 2006

Dannecker, Gerhard/Knierim, Thomas C./Hagemeier, Andrea: Insolvenzstrafrecht, 2. Auflage, Heidelberg 2012

Däubler, Wolfgang/Kittner, Michael/Klebe, Thomas/Wedde, Peter (Hrsg.): Betriebsverfassungsgesetz, 16. Auflage, Frankfurt am Main 2018

Dautel, Ralph: Steueroptimierte Finanzierungsstrukturen bei Private Equity, FB 2004, S. 475 ff.

Denkhaus, Stefan/Ziegenhagen, Andreas: Unternehmenskauf in Krise und Insolvenz, 3. Auflage, Köln 2016

Derleder, Peter/Knops, Kai-Oliver/Bamberger, Heinz Georg: Deutsches und europäisches Bank- und Kapitalmarktrecht, Band 1, 3. Auflage, Berlin Heidelberg 2017

Deutsche Vereinigung für Finanzanalyse und Asset Management (DVFA): Mezzanine Finanzierungsformen und Bilanzrating in DVFA-Finanzschriften Nr. 05/2007

Diehl, Oliver/Bozicevic, Falko: Dual Track-Prozesse – Die bevorzugte Exitalternative für Finanzinvestoren, AG-Report 2006, S. R 493 f.

Diem, Andreas: Akquisitionsfinanzierungen, Kredite für Unternehmenskäufe, 3. Auflage, München 2013

Ditz, Xaver/Quilitzsch, Carsten: Aktuelle Entwicklungen im Hinblick auf die Definition der Betriebsstätte, FR 2012, S. 493 ff.

Donle, Christian: Gewerbliche Schutzrechte im Unternehmenskauf, DStR 1997, S. 74 ff.

Doralt, Werner: KODEX des internationalen Rechts, Internationale Rechnungslegung Stand. 1.1.2017, Wien 2017

Dörfler, Harald/Vogl, Andreas: Unternehmenssteuerreform 2008: Auswirkung der geplanten Zinsschranke anhand ausgewählter Beispiele, BB 2007, S. 1084 ff.

Dörr, Ingmar/Fehling, Daniel: Gestaltungsmöglichkeiten zum Öffnen der Zinsschranke, Ubg 2008, S. 345 ff.

Dörscher, Martin: Mezzanine Capital als Wachstumskapital für KMU — Ein Fallbeispiel, Finanz Betrieb 2004, S. 161 ff.

Dötsch, Ewald/Pung, Alexandra/Möhlenbrock, Rolf (Hrsg.): Die Körperschaftsteuer, Kommentar, 89. Ergänzungslieferung, Stuttgart (Stand: Februar 2019)

Dötsch, Franz: Bilanzierung von Verbindlichkeiten bei Rangrücktritt: Tilgung aus Bilanzgewinn und Liquidationsüberschuss, jurisPR-SteuerR 24/2017 Anm. 1

Dreier, Thomas/Schulze, Gernot: Urheberrechtsgesetz, Kommentar, 6. Auflage, München 2018

Dreyer, Gerhard/Herrmann, Harald: Die Besteuerung von Aktien-, Wandel- und Umtauschanleihen, BB 2001, S. 705 ff.

Drouven, Ralph: Neue Wege: „Reverse Debt-to-Equity-Swap", ZIP 2009, S. 1052 ff.

Drouven, Ralph/Jesko, Nobiling: Reverse Debt-Equity-Swaps – Auch steuerlich eine Alternative?, DB 2009, S. 1895 ff.

Drukarczyk, Jochen/Schüler, Andreas: Unternehmensbewertung, Verlag Franz Vahlen, München 2016

Ecker, Martina: Investmentstrategien von Finanzinvestoren, M&A Review 2006, S. 483 ff.

Egbers, Bernd/Loff, Detmar: Kreditfonds, ZBB 2017, S. 309 ff.

Ehlermann, Christian/Köhler, Stefan: US-Steuerreform leitet neue Runde im globalen Steuerwettbewerb ein, ISR 2018, S. 37 ff.

Eichmann, Helmut/Kühne, Marcus/Vogel von Falckenstein, Roland (Hrsg.): Designgesetz, Gesetz über den rechtlichen Schutz von Design, Kommentar, 5. Auflage, München 2015

Eichmann, Helmut/Kur, Annette (Hrsg.): Praxishandbuch Designrecht, 2. Auflage, Baden-Baden 2016

Eidenmüller, Horst: Private Equity, Leverage und Effizienz des Gläubigerschutzes, ZHR 171 (2007), S. 644 ff.

Eidenmüller, Horst/Engert, Andreas: Reformperspektiven einer Umwandlung von Fremd- in Eigenkapital (Debt-Equity-Swap) im Insolvenzplanverfahren, ZIP 2009, S. 541 ff.

Eidenmüller, Horst/Frobenius, Tilmann: Die internationale Reichweite eines englischen Scheme of Arrangement, WM 2011, S. 1210 ff.

Eidenmüller, Horst/Frobenius, Tilmann/Prusko, Wolfram: Regulierungswettbewerb im Unternehmensinsolvenzrecht: Ergebnisse einer empirischen Untersuchung, NZI 2010, S. 545 ff.

Eidenmüller, Horst/van Zweiten, Kristin: Restructuring the European Business Enterprise: The EU Commission Recommendation on a New Approach to Business Failure and Insolvency, European Corporate Governance Institute (ECGI), Law Working Paper No. 301/2015 (September 17, 2015); Oxford Legal Studies Research Paper No. 52/2015

Eilers, Stephan: Zinsschrankenerfahrungen – Sub-prime crisis; Reaktionsgestaltungen; Private Equity Strukturen –, Ubg 2008, S. 197 ff.

Eilers, Stephan/Koffka, Nils Matthias/Mackensen, Marcus/Paul, Markus (Hrsg.): Private Equity, 3. Auflage, München 2018

Eilers, Stephan/Rödding, Adalbert/Schmalenbach, Dirk (Hrsg.): Unternehmensfinanzierung, Gesellschaftsrecht, Steuerrecht, Rechnungslegung, 2. Auflage, München 2014

von Einem, Christoph/Schlote, Andrea: Neue rechtliche Rahmenbedingungen für Private Debt Fonds, WM 2015, S. 1925 ff.

Eisele, Patrick: Wann wir schreiten Seit' an Seit', portfolio institutionell, Ausgabe Nr. 4, April 2017, S. 17 ff.

Eitelwein, Oliver/Bender, Martina/Gerstberger, Oliver/Messing, Johannes/Ritter, Rubin: Private Equity-Controlling – Was Konzerncontroller von Private-Equity-Gesellschaften für das eigene Beteiligungsmanagement lernen können, in: Weber, Jürgen/Vater, Hendrik/

Schmidt, Walter/Reinhard, Hartmut/Ernst, Edgar: Die neue Rolle des Controllers: Aufgaben, Anforderungen, Best Practices, Stuttgart 2008, S. 119 ff.

Ekkenga, Jens: Neuerliche Vorschläge zur Nennwertanrechnung beim Debt-Equity-Swap – Erkenntnisfortschritt oder Wiederbelebungsversuche am untauglichen Objekt?, DB 2012, S. 331 ff.

Elfring, Claus: Legal Due Diligence Reports, JuS-Beilage 2007, S. 3 f.

Ellrott, Helmut/Förschle, Gerhart /Hoyos, Martin/ Winkeljohann, Norbert: Beck'scher Bilanzkommentar, Handels- und Steuerbilanz, 11. Auflage, München 2018

Emmerich, Gerhard: Zur Behandlung von Genußrechten im Jahresabschluß von Kapitalgesellschaften, WPg 1994, S. 677 ff.

Engelhardt, Clemens: Gesellschafterbeschluss zur Durchführung einer Due Diligence, GmbHR 2009, S. 237 ff.

Engelmeyer, Cäcilie: Die Informationsrechte des Betriebsrats und der Arbeitnehmer bei Strukturänderungen, DB 1996, S. 2542 ff.

Engert, Andreas: Drohende Subordination als Schranke einer Unternehmenskontrolle durch Kreditgeber, Zugleich zum Regelungszweck der Subordination von Gesellschafterdarlehen, ZGR 2012, 835 ff.

Erhart, Gabriele/Lücke, Oliver: Vorstandsbezüge als verdeckte Gewinnausschüttung? Der Aufsichtsrat als Filter der Angemessenheitsprüfung, in BB 2007, S. 183 ff.

Ernst, Markus/Farinato, Enrico/Würstlin, Tim: Ist § 50d Abs. 3 EStG auch in Drittstaatsfällen am Ende?, IStR 2019, S. 6 ff.

Ernst & Young (Hrsg.): Deutscher Biotechnologie-Report 2017

Ernst & Young (Hrsg.): Körperschaftsteuergesetz, Kommentar, Bonn (Stand: November 2018)

Eschbach, Werner: Management Buy-Out und Ausgabe von Stock Options, BB 1999, S. 2484 ff.

Fahrholz, Bernd: Neue Formen der Unternehmensfinanzierung, Unternehmensübernahmen, Big-Ticket-Leasing, Asset Backed- und Projektfinanzierungen, München 1998

Falk, Lee I./Kleinman, Daniel R.: What to do if your fund becomes subject to ERISA, The Investment Lawyer, Jan 2002, S. 2 ff.

Fama, Eugene F./Jensen, Michael C.: Separation of ownership and control, Journal of Law & Economics (1983), 301 ff.

Fang, Lily/Ivashina, Victoria/Lerner, Josh, The Disintermediation of Financial Markets: Direct Investing in Private Equity, Research Paper, Cambridge, MA 2014

Farinato, Enrico: Gesetzgeber scheitert erneut am EuGH – was wird aus § 50d Abs. 3 EStG?, jM 2019, S. 68 ff.

Farkas-Richling, Dirk/Fischer, Thomas R./Richter, Andreas (Hrsg.): Privat Banking und Family Office, 2. überarbeitete und aktualisierte Auflage, Stuttgart 2012

Feldhaus, Heiner/Veith, Amos (Hrsg.): Frankfurter Kommentar zu Private Equity, Frankfurt am Main 2010

Felsenstein, Oliver/Müller, Laurent: Die Pflichten von Private-Equity-Fonds nach dem Kapitalanlagegesetzbuch bei Erwerb einer Mehrheitsbeteiligung an einem nicht börsennotierten Unternehmen, KSzW 2016, S. 55 ff.

Fenn, Patrick/Goldstein, David: Tax considerations in structuring US-based private equity funds, International Financial Law Review, Private Equity and Venture Capital 2002 Supplement

Fischer, Michael: Europarecht und Körperschaftsteuerrecht, DStR 2006, S. 2281 ff.

Fischer, Nicolai: Gesellschafterdarlehen in Personen- und Kapitalgesellschaften als erlaubnispflichtige Bankgeschäfte?, WM 2014, S. 1709 ff.

Fischer, Hardy/Wagner, Thomas: Das BMF-Schreiben zur Zinsschranke – Überblick/Bewertung/Verbleibende Gestaltungen, BB 2008, S. 1872 ff.

Fitting, Karl/Engels, Gerd/Schmidt, Ingrid/Trebinger, Yvonne/Linsenmaier, Wolfgang: Betriebsverfassungsgesetz, 29. Auflage, München 2018

Fitzner, Uwe/Lutz, Reimund/Bodewig, Theo (Hrsg.): Beck'scher Online-Kommentar Patentrecht, 11. Edition, München 2019

Fleischer, Holger: Informationspflichten der Geschäftsleiter beim Management Buyout im Schnittfeld von Vertrags-, Gesellschafts- und Kapitalmarktrecht, in AG 2000, S. 309 ff.

Fleischer, Holger: Zum Begriff des öffentlichen Angebots im Wertpapiererwerbs- und Übernahmegesetz, ZIP 2001, S. 1653 ff.

Fleischer, Holger: Das Vorstandsvergütungs-Offenlegungsgesetz, in DB 2005, S. 1611 ff.

Fleischer, Holger: Handbuch des Vorstandsrechts, München 2006

Fleischer, Holger: Umplatzierung von Aktien durch öffentliches Angebot (Secondary Public Offering) und verdeckte Einlagenrückgewähr nach § 57 Abs. 1 AktG, ZIP 2007, S. 1969 ff.

Fleischer, Holger/Schmolke, Klaus Ulrich: Kapitalmarktrechtliche Beteiligungstransparenz nach §§ 21ff WpHG und „Hidden Ownership", ZIP 2008, S. 1501 ff.

Fleischer, Holger/Thaten, Marlen: Einlagenrückgewähr und Übernahme des Prospekthaftungsrisikos durch die Gesellschaft bei der Platzierung von Altaktien, NZG 2011, S. 1081 ff.

Flick, Hans F. W./Wassermeyer, Franz/Baumhoff, Hubertus/Schönfeld, Jens (Hrsg.): Außensteuerrecht, Kommentar, Köln (Stand: August 2017)

Florstedt, Tim: Der Aufbau von Fremdkapitalpositionen mit dem Ziel einer schuldenbasierten Unternehmensübernahme – eine kapitalmarktrechtliche Beurteilung des Distressed-Debt Takeover nach geltendem Recht und de lege ferenda, ZIP 2015, S. 2345 ff.

Franken, Lars/Schulte, Jörn: Fairness Opinions nach IDW, S 8, IDW Verlag, Düsseldorf 2014

Freitag, Robert/Korch, Stefan: Gedanken zum Brexit – Mögliche Auswirkungen im Internationalen Insolvenzrecht, ZIP 2016, S. 1849 ff.

Frey, Johannes/Schmid, Florian: Besteuerung von Exit-Boni im Kontext der neueren Rechtsprechung zu Managementbeteiligungen", in DStR 2015, S. 1094 ff.

Fritz, Daniel Friedemann: Die Neufassung der Europäischen Insolvenzverordnung: Erleichterung bei der Restrukturierung in grenzüberschreitenden Fällen? (Teil 1), DB 2015, S. 1882 ff.

Frystatzki, Christian: Die steuerbilanzielle Behandlung von Rangrücktrittsvereinbarungen nach BGHZ 204, 231, DStR 2016, S. 2479 ff.

Fuchs, Andreas: Wertpapierhandelsgesetz, 2. Auflage, München 2016

Funken, Arndt P.: Nachhaltige Vermögensverwaltung mit nachhaltigen Kapitalanlagen, Stiftung&Sponsoring 2/2002, S. 24 ff.

Funnemann, Carl-Bernhard: Ausgliederung von Zweckbetrieben, DStR 2002, S. 2013 ff.

Ganter, Hans Gerhard: Rechtliche Risiken der Mezzanine-Finanzierung, WM 2011, S. 1585 ff.

Garbs Holger: Der Trade Sale als neuer Königsweg? in VentureCapital Magazin, Ausgabe 1|2–2016, S. 16 ff.

Gassner, Ulrich M./Braun Michael Josef: Die Failing Company Defense in der deutschen, europäischen und US-amerikanischen Fusionskontrolle, RiW 2004, S. 891 ff.

Gaul, Björn/Otto, Björn: Unterrichtungsanspruch und Widerspruchsrecht bei Betriebsübergang und Umwandlung, DB 2002, S. 634 ff.

Gebbers, Harald: Betriebsstätte bei Grundstücksvermietung oder –verpachtung, RIW 1975, S. 876 ff.

Gebler, Olaf: Ausländische Insolvenzverfahren zur Sanierung deutscher Unternehmen, NZI 2010, S. 665 ff.

Gebler, Olaf/Dorothée Stracke: Anerkennung des US-Chapter 11-Verfahrens als Insolvenzverfahren, NZI 2010, S. 13 ff.

Gehrlein, Markus: Banken – vom Kreditgeber zum Gesellschafter – neue Haftungsfallen? (Debt-Equity-Swap nach ESUG), NZI 2012, S. 257 ff.

Geimer, Reinhold/Schütze Rolf A.: Europäisches Zivilverfahrensrecht, 3. Auflage, München 2010

Gerhard, Frank: Private Investments in Public Equity (PIPEs) – A Closer Look at PIPE Transactions in Switzerland, European Company and Financial Law Review, vol. 5, no. 3, September 2008, S. 305 ff.

Gerig, Gunnar/Meller, Johannes/Nientkewitz, Christopher: Wiederherstellung des Eigenkapitals als Anforderung einer nachhaltigen Sanierung, ZIP 2017, S. 2029 ff.

Geserich, Stephan: Die steuerliche Behandlung von Aktienüberlassungen und Aktienoptionen, in DStR-Beihefter 2014, S. 53 ff.

Geurts, Matthias: Reichweite des Look-Through-Prinzips aus aufsichtsrechtlicher Sicht, RdF 2018, S. 284 ff.

Geurts, Matthias/Jacob, Friedhelm: Französische SICAV: Ansässigkeit nur bei Steuerpflicht – und was ist mit dem deutschen REIT?, IStR 2007, S. 737 ff.

Geyrhalter, Volker/Zirngibl, Nikolas/Strehle, Christopher: Haftungsrisiken aus dem Scheitern von Vertragsverhandlungen bei M&A-Transaktionen, DStR 2006, S. 1559 ff.

Glanegger, Peter/Güroff, Georg: Kommentar zum Gewerbesteuergesetz, 6. Auflage, München 2006

Glanegger, Peter/Güroff, Georg: Kommentar zum Gewerbesteuergesetz, 9. Auflage, München 2017

Goette, Wulf/Habersack, Matthias/Kalss, Susanne: Münchener Kommentar zum Aktiengesetz, 2. Band, 5. Auflage, München 2019

Golland, Frank/Gehlhaar, Lars/Grossmann, Klaus/Eickhoff-Kley, Xenia/Jänisch, Christian: Mezzanine-Kapital, BB-Beilage Nr. 5, 1 (zu BB 2005 Heft 13)

Goodburn, Matthew: Avoiding the pitfalls, Private Equity International, December 2016/ January 2017, S. 34 ff.

Görgemanns, Thomas: Tracking Stocks bei der Joint Venture GmbH, in GmbHR 2004, S. 170 ff.

Görgemanns, Thomas/Menke, Thomas: Müssen M&A-Verträge betreffend Geschäftsanteile „ausländischer GmbH's" beurkundet werden? M&A Review 2005, S. 154 ff.

Gosch, Dietmar: Ausschluss der Kapitalertragsteuererstattung gem. § 50 d Abs. 1 a EStG 1990 i. d. F. des StMBG, BFH/PR 2008, S. 296

Gosch, Dietmar: Über das Treaty Overriding, Bestandsaufnahme – Verfassungsrecht – Europarecht, IStR 2008, S. 413 ff.

Gosch, Dietmar: Die Zwischengesellschaft nach „Hilversum I und II", „Cadburry Schweppes" und den JStG 07 und 08, Festschrift Reiß, 2008, S. 597 ff.

Gosch, Dietmar (Hrsg.): Körperschaftsteuergesetz, Kommentar, 4. Auflage, München 2019

Gosch, Dietmar: Notwendiges Sonderbetriebsvermögen und Abkommensrecht, BFH/PR 2008, S. 328

Gottschalg, Oliver/Kreuter, Bernd/Phalippou, Ludovic: Kostenstrukturen von Private-Equity-Fonds, AbsolutReport 4/2007, S. 48 ff.

Götz, Cornelius: Auskunftserteilung durch GmbH-Geschäftsführer im Rahmen der Due Diligence beim Beteiligungserwerb, ZGR 1999, S. 202 ff.

Götze, Cornelius/ Nartowska, Urszula: Aktienrechtsnovelle 2014, in NZG 2015, S. 298 ff.

Gradl, Christoph/Kiesewetter, Michael: Das Mehrseitige Übereinkommen (Multilaterales Instrument) zur Umsetzung abkommensbezogener Maßnahmen aus dem OECD/G20-BEPS-Projekt und dessen voraussichtliche Auswirkungen auf die deutschen Doppelbesteuerungsabkommen, IStR 2018, S. 1 ff.

Graf von Westphalen, Friedrich: 30 Jahre AGB-Recht – Eine Erfolgsbilanz, ZIP 2007, S. 149 ff.

Gräf, Thomas: Der Funke scheint übergesprungen, VentureCapital Magazin 7/8–2015, S. 14 ff.

Graf-Schlicker, Marie Luise: Der Aktionsplan zur Schaffung einer Kapitalmarktunion, ZIP 2016, S. 21 ff.

Graf-Schlicker, Marie Luise/Prütting, Hanns/Uhlenbruck, Wilhelm (Hrsg.): Festschrift für Heinz Vallender zum 65. Geburtstag, Köln 2015

Gran, Andreas: Abläufe bei Mergers & Acquisitions, NJW 2008, S. 1409 ff.
Graumann, Mathias: Controlling – Begriff, Elemente, Methoden und Schnittstellen, Düsseldorf 2008
Gray, Richard M./Mehta, Suhrud: The market disruption clause, IFLR/December/January 2009, S. 88 f.
Greene, Daid/Clark, Barton/Coe, Cheryl/FitzGerald, Dean/Kowalczyk, Nancy/Kestenbaum, Adam/Valdez, Yvette/Weeks, Ashley: Marketing non-US private equity funds in the United States: a roadmap through the various regulations and tax implications, Journal of Investment Compliance, Vol. 18 (2017), S. 92 ff.
Greiner, Uli: Dringlichkeitserfordernis bei der Vollziehung einstweiliger Verfügungen, GRUR-Prax 2017, S. 477 ff.
Greven, Tobias: Der Umgang mit Gesellschafterdarlehen bei M&A-Transaktionen, BB 2014, S. 2309 ff.
Groh, Alexander: Risikoadjustierte Performance on Private Equity-Investitionen, Wiesbaden 2004
Groh, Manfred: Eigenkapitalersatz in der Bilanz, BB 1993, S. 1882 ff.
Gronemeyer, Achim/Slobodenjuk, Dimitri: Die 9. GWB-Novelle – Ein Überblick, DB 2017, S. 1010 ff.
Groß, Wolfgang: Kapitalmarktrecht, 6. Auflage, München 2016
Grotherr, Siegfried: Außensteuerrechtliche Bezüge im Jahressteuergesetz 2007, RIW 2006, S. 898 ff.
Grotherr, Siegfried: Erschwerung von Gestaltungen zur Vermeidung des Betriebsstättenstatus durch das Multilaterale Instrument (Teil I), Ubg 2017, S. 125 ff.
Grotherr, Siegfried: Erschwerung von Gestaltungen zur Vermeidung des Betriebsstättenstatus durch das Multilaterale Instrument (Teil II), Ubg 2017, S. 188 ff.
Grottel, Bernd/Schmidt, Stefan/Schubert, Wolfgang J./Winkeljohann, Norbert (Hrsg.): Beck'scher Bilanz-Kommentar, Handels- und Steuerbilanz, §§ 238 bis 339, 342 bis 342e HGB, 10., neubearbeitete Auflage, München 2016
Grunewald, Barbara: Ausschluss aus Freiberuflersozietäten und Mitunternehmergesellschaften ohne besonderen Anlass, in DStR 2004, S. 1750 ff.
Grunewald, Barbara/ Schlitt, Michael: Einführung in das Kapitalmarktrecht, 3. Auflage, München 2014
Gullifer, Louise/Payne, Jennifer: Corporate Finance Law – Principles and Policv, Second Edition, Oxford 2015
Günkel, Manfred/Lieber, Bettina: Ausgewählte Zweifelsfragen im Zusammenhang mit der verschärften Holdingregelung in § 50d Abs. 3 EStG i. d. F. des JStG 2007, Ubg 2008, S. 383 ff.
Haag, Maximilian/Richter, Andreas: Rechtliche Maßstäbe für die Kapitalanlage von Stiftungen in Hedge Fonds nach deutschem und US-amerikanischem Recht, in: Walz/Hüttemann/Rawert/Schmidt (Hrsg.), Non Profit Law Yearbook 2006, Köln (u. a.) 2007. S. 97 ff.
Haas, Ulrich: Mehr Gesellschaftsrecht im Insolvenzplanverfahren – Die Einbeziehung der Anteilsrechte in das Insolvenzverfahren, NZG 2012, S. 961 ff.
Habersack, Mathias: Die erfolgsabhängige Vergütung des Aufsichtsrats und ihre Grenzen, ZGR 2004, S. 721 ff.
Habersack, Mathias: Aufsteigende Kredite im Lichte des MoMiG und des „Dezember"-Urteils des BGH, ZGR 2009, S. 347 ff.
Habersack, Mathias/Mülbert, Peter O./Schlitt, Michael: Handbuch der Kapitalmarktinformation, 2. Auflage, München 2013
Habersack, Mathias/Mülbert, Peter O./Schlitt, Michael: Unternehmensfinanzierung am Kapitalmarkt, 4. Auflage, Köln 2019
Habersack, Mathias/Verse, Dirk A.: Rechtsfragen der Mitarbeiterbeteiligung im Spiegel der neueren Rechtsprechung, in ZGR 2005, S. 451 ff.

Hachenburg, Max: GmbH-Gesetz Großkommentar, Band 2., 8. Auflage, Berlin 2002

Häck, Nils: Abkommensrechtliche Zuordnung von Beteiligungen zu Betriebsstätten nach BFH, OECD und Finanzverwaltung, IStR 2015, S. 113 ff.

Häger, Michael/Elkemann-Reusch, Manfred (Hrsg.): Mezzanine Finanzierungsinstrumente, 2. Auflage, Berlin 2007

Haisch, Martin/Bühler, Timo: Loan Origination Funds im Spannungsfeld von Aufsichts- und Steuerrecht, BB 2015, S. 1986 ff.

Haisch, Martin/ Helios, Marcus (Hrsg.): Rechtshandbuch Finanzinstrumente, München 2011

Halász, Christian/Kloster, Lars: Abgestimmtes Verhalten im Sinne des § 30 Abs. 2 WpÜG im Zusammenhang mit einem Debt-Equity-Swap, WM 2006, S. 2152 ff.

Hamada, Robert S.: The Effect of the Firm's Capital Structure on the Systematic Risk of Common Stocks, The Journal of Finance, Vol. 27, No. 2,1972, S. 435 ff.

Hamann, Hartmut/Sigle, Axel: Vertragsbuch Gesellschaftsrecht, 2. Auflage, München 2012

Hannes, Frank: „Die Rechtsprechung zur Unternehmensbewertung", in: Peemöller, Volker H. (Hrsg.): Praxishandbuch der Unternehmensbewertung, 6. Auflage, NWB Verlag, Herne, 2015, S. 1383 ff.

Hanten, Mathias/von Tiling, Annke: Kreditfonds, WM 2015, S. 2122 ff.

HarbourVest (Hrsg.): Accessing Co-Investment Deals, Boston 2017

HarbourVest (Hrsg.): The Mechanics of Co-Investing, Boston 2017

Haritz, Detlef/Menner, Stefan (Hrsg.): Umwandlungssteuergesetz, 4., völlig neu bearbeitete Auflage, München 2015

Harrer, Herbert (Hrsg.): Mitarbeiterbeteiligungen und Stock-Option-Pläne, 2. Auflage, München 2004

Harrer, Herbert/Janssen, Ulli/Halbig, Uwe: Genussscheine – Eine interessante Form der Mezzanine Mittelstandsfinanzierung, Finanz Betrieb 2005, S. 1 ff.

Harte-Bavendamm, Henning/Henning-Bodewig, Frauke: Gesetz gegen den unlauteren Wettbewerb (UWG), Kommentar, 4. Auflage, München 2016

Harz, Michael/Bornmann, Martina/Conrad, Günther/Ecker, Tobias: Zahlungsunfähigkeit, drohende Zahlungsunfähigkeit und Überschuldung – eine Betrachtung aus wirtschaftsforensicher Praxis, NZI 2015, S. 737 ff.

Hasselblatt, Gordian (Hrsg.): Münchener Anwalts Handbuch Gewerblicher Rechtsschutz, 5. Auflage, München 2017

Hauschka, Christoph E./Moosmayer, Klaus/Lösler, Thomas: Corporate Compliance, Handbuch der Haftungsvermeidung im Unternehmen, 3. Auflage, München 2016

Häuselmann, Holger: Wandelanleihen in der Handels- und Steuerbilanz des Emittenten, BB 2000, S. 139 ff.

Häussermann, Roland/Rengier, Christian: Die InvStG-Ausnahme des § 50 d Abs. 3 EStG: Fortgeltung des materiellen Investmentbegriffes für Immobilienfonds, IStR 2008, S. 679 ff.

Heidbrink, Alfried: Zum Wiederaufleben von Sicherheiten nach Insolvenzanfechtung, NZI 2005, S. 363 ff.

Heimbürger, Hans-Joachim: Aufwandswirksame Buchung von Stock Options, in WPg 2008, S. 117 ff.

Heinrichs, Joachim/Schlotter, Carsten: Körperschaftssteuerliche Behandlung von Genussrechten, DB 2016, S. 2072 ff.

Heinze, Meinhard: Arbeitsrechtliche Probleme bei der Umstrukturierung von Unternehmen, DB 1998, S. 1861 ff.

van Helvoirt, Joost/Cornet, Christiaan/Hopka, Arnold: Niederlande:Gesetzesänderungen und Entwicklungen 2018, IStR-LB 2017, S. 94 ff.

Hemeling, Peter: Gesellschaftsrechtliche Fragen der Due Diligence beim Unternehmenskauf, ZHR 169 (2005), S. 275 ff.

Henssler, Martin/Habersack, Mathias/Wicke, Hartmut (Hrsg.): Beck'scher Online-Großkommentar Zivilrecht, München 2018

Herrler, Sebastian/Reymann, Christoph: Die Neuerungen im Aktienrecht durch das ARUG – Unter besonderer Berücksichtigung der Neuregelungen zur Hauptversammlung und zur Kapitalaufbringung bei der AG (Teil 1 und Teil 2), DNotZ 2009, S. 815 ff. und 914 ff.

Herrmann, Carl/Heuer, Gerhard/Raupach, Arndt: Einkommensteuer- und Körperschaftsteuergesetz: EStG KStG, Köln, Stand 1. September 2017

Hertz-Eichenrode, Albrecht/Illenberger, Stephan/Jesch, Thomas A./Harald Keller/Ulf Klebeck/Rocholl, Jörg: Private-Equity-Lexikon, Stuttgart 2011

Herzig, Norbert: Steuerliche und bilanzielle Probleme bei Stock Options und Stock Appreciation Rights, in DB 1999, S. 1 ff.

Hess, Daniela: Implikationen der US-Steuerreform auf Investitionen in die USA, IStR 2019, S. 11 ff.

Hess, Harald (Hrsg.): Kölner Kommentar zur Insolvenzordnung, Band 2, Mainz 2016

Hettler, Stephan/Startz, Rolf-Christian/Hörtnagel, Robert (Hrsg.): Beck'sches Mandats Handbuch Unternehmenskauf, 2. Auflage, München 2013

Heuer, Dennis/Schütt, Jonas: Auf dem Weg zu einer europäischen Kapitalmarktunion, BKR 2016, S. 45 ff.

Hidalgo, Martina/Rid, Claudia: Wie flexibel können Zielbonussysteme sein?, in BB 2005, S. 2686 ff.

Hirte, Heribert/Möllers, Thomas M.J.: Kölner Kommentar zum WpHG, 2. Auflage, Köln 2014

Hirte, Heribert/Mülbert, Peter O./Roth, Markus: Aktiengesetz, Band 1, Einleitung, §§ 1–22, 5. Auflage, Berlin 2017

Hof, Hagen/Bianchini-Hartmann, Maren/Richter, Andreas: Stiftungen, 2. Auflage, München 2010

Hofert, Sebastian/Möller, Christian: GmbH-Finanzierung: Debt Mezzanine Swap – der bessere Debt Equity Swap für Unternehmen in der Krise, GmbHR 2009, S. 527 ff.

Hoffmann, Guide: Financial Covenants bei Akquisitionskrediten – Eine Bestandsaufnahme, ZBB 2007 S. 413 ff.

Hoffmann, Wolf-Dieter: Die Zinsschranke bei mitunternehmerischen Personengesellschaften, GmbHR 2008, S. 113 ff.

Hoffmann, Wolf-Dieter: Anmerkung zu BFH, Urt. v. 15.4.2015 – I R 44/14, DStR 2015, S. 1554

Hoffmann-Becking, Michael: Boni für Manager aus zivilrechtlicher Sicht, in Verdient – unverdient, Unternehmerische Arbeit und Vermögen – Recht und Steuern, Köln 2008, S. 91 ff.

Hoffmann-Becking, Michael: Münchener Handbuch des Gesellschaftsrechts – Aktiengesellschaft Band IV, 4. Auflage, München 2015

Hofmann, Ruth/Hofmann, Gerda: Grunderwerbsteuergesetz, Kommentar, 11. Auflage, Herne 2017

Hofmann, Sandra: Einwilligung zur Abtretung und Befreiung von Bankgeheimnis in AGB der Bank, BKR 2008, S. 241 ff.

Hohaus, Benedikt: Die „Treuhandlösung“ bei Mitarbeiterdirektbeteiligungen – Steuerrechtliche Grundsätze, in DB 2002, S. 1233 ff.

Hohaus, Benedikt: Aktuelles zu Managementbeteiligungen in Private Equity-Transaktionen, in BB 2005, S. 1291 ff.

Hohaus, Benedikt: Recht der Gesellschafterversammlung zur Hinauskündigung eines Gesellschafters bei Beendigung eines Kooperationsvertrages – Urteilsanmerkung zu BGH vom 14.3.2005 – II ZR 153/03, in DB 2005, S. 939 ff.

Hohaus, Benedikt/Inhester, Michael: Rahmenbedingungen von Management-Beteiligungen, in DStR 2003, S. 1765 ff.

Hohaus, Benedikt/Kaufhold, Tim: Garantien des Managements bei Private Equity-Transaktionen, in BB 2015, S. 709 ff.

Hohaus, Benedikt/Koch-Schulte, Barbara: Manager in Private Equity-Transaktionen; in Transaktionen, Vermögen, Pro Bono – Festschrift zum zehnjährigen Bestehen von P+P Pöllath + Partners, München 2008, S. 93 ff.

Hohaus, Benedikt/Weber, Christoph: Aktuelle Rechtsprechung zum Gesellschafterausschluss und Managementbeteiligungen in Private Equity-Transaktionen, in NZG 2005, S. 961 ff.

Hohaus, Benedikt/Weber, Christoph: Aktuelles zu Managementbeteiligungen in Private Equity-Transaktionen 2005/2006, in BB 2006, S. 2089 ff.

Hohaus, Benedikt/Weber, Christoph: Aktuelles zu Managementbeteiligungen in Private Equity-Transaktionen 2006/2007, in BB 2007, S. 2582 ff.

Hohaus, Benedikt/Weber, Christoph: Aktuelles zu Managementbeteiligungen in Private Equity-Transaktionen 2007/2008, in BB 2008, S. 2358 ff.

Hohaus, Benedikt/Weber, Christoph: Vereinbarung von Managementbeteiligungen in Private Equity-Transaktionen, in Beraterbrief Vermögen 06/2005, S. 11 ff.

Hohenstatt, Klaus-Stefan/Eva, Günther-Gräff: Schicksal von Betriebsvereinbarungen und Tarifverträgen bei Unternehmenskauf und Umstrukturierung, DStR 2001, S. 1980 ff.

Hölscher, Luise/Nestler, Anke/Otto, Ralf: Handbuch Financial Due Diligence: Professionelle Analyse deutscher Unternehmen bei Unternehmenskäufen, Weinheim 2007

Hölters, Wolfgang: Handbuch des Unternehmens- und Beteiligungskaufs, Teil VII, 9. Auflage, Köln 2019

Holzapfel, Hans-Joachim/Pöllath, Reinhard: Der Unternehmenskauf in Recht und Praxis, 15. Auflage, München 2017

Holzer, Florian/Mantke, Felix T./Stenzel, Roman: Handbuch für Managementbeteiligungen, München 2017

Hölzle, Gerrit/Beyß, Caroline: Gesellschaftsrechtliche Zweifelsfragen im Insolvenzplanverfahren, ZIP 2016, S. 1461 ff.

Hopt, Klaus J.: Die Schaffung einer Kapitalmarktunion in Europa – langwierig und schwierig, aber notwendig, EuZW 2015, S. 289 ff.

Hopt, Klaus J./Seibt, Christoph H.: Schuldverschreibungsrecht, Hamburg 2017

Hopt, Klaus J./Wiedemann, Herbert: Großkommentar zum Aktiengesetz, §§ 53a-75 und §§ 76–94, 4. Auflage, Berlin 2004

Horváth, Péter: Controlling, 12. Auflage, München 2011

Huber, Herwart: Unternehmenskrise und die besonderen Anforderungen der Rechtsprechung für eine Kreditgewährung, NZI 2015, S. 447 ff.

Huber, Herwart: Der Überbrückungskredit – ein Kredit für maximal drei Wochen?, NZI 2016, S. 521 ff.

Huber, Herwart: Erforderlichkeit einer Abschlussbestätigung für das Ende der Sanierung?, NZI 2017, S. 913 ff.

Hübschmann, Walter/Hepp, Ernst/Spitaler, Armin (Begr.): Abgabenordnung und Finanzgerichtsordnung, Kommentar, Köln (Stand: März 2019)

Hüffer, Uwe/Koch, Jens: Beck'scher Kurz-Kommentar zum Aktiengesetz, Band 53, 13. Auflage, München 2018

Huschke, Christian/Hartwig, Sybille: Das geplante Jahressteuergesetz 2009. Auswirkungen auf Vermietungseinkünfte beschränkt steuerpflichtiger Kapitalgesellschaften, IStR 2008, S. 745 ff.

Hüttemann, Rainer: Der Grundsatz der Vermögenserhaltung im Stiftungsrecht, in: Jacobs/Picker/Wilhelm (Hrsg.), Festgabe für Werner Flume zum 90. Geburtstag, Berlin (u. a.) 1998, S. 59 ff.

Hüttemann, Rainer: Gemeinnützigkeit- und Spendenrecht, 3. neu bearbeitete Auflage, Köln 2014

Hüttemann, Rainer: Stiftungs- und gemeinnützigkeitsrechtliche Rahmenbedingungen der Vermögensanlage steuerbegünstigter Stiftungen – Teil I, WM 2016, S. 625 ff.

Hüttemann, Rainer: Stiftungs- und gemeinnützigkeitsrechtliche Rahmenbedingungen der Vermögensanlage steuerbegünstigter Stiftungen – Teil II, WM 2016, S. 673 ff.

Hüttemann, Rainer/Herzog, Rainer: Steuerfragen bei gemeinnützigen nichtrechtsfähigen Stiftungen, DB 2004, S. 1001 ff.

Hüttemann, Rainer/Rawert, Peter: Der Modellentwurf eines Landesstiftungsgesetzes, ZIP 2002, S. 2019 ff.

Hüttemann, Rainer/Richter, Andreas/Weitemeyer, Birgit: Landesstiftungsrecht, Köln 2011

Hüttemann, Rainer/Schön, Wolfgang: Vermögensverwaltung und Vermögenserhaltung im Stiftungs- und Gemeinnützigkeitsrecht, München 2007

IDW Praxishinweis: Beurteilung einer Unternehmensplanung bei Bewertung, Restrukturierungen, Due Diligence und Fairness Opinion (IDW Praxishinweis 2/2017), Institut der Wirtschaftsprüfer in Deutschland e. V., Düsseldorf 2017

Ilk, Thomas: Eine Gesamtbetrachtung von Initial Public Offering, München 2012

Immenga, Ulricht/Mestmäcker, Ernst-Joachim: Wettbewerbsrecht, Bd. 1, 5. Auflage, München 2012

Immenga, Ulricht/Mestmäcker, Ernst-Joachim: Wettbewerbsrecht, Bd. 2, 5. Auflage, München 2014

Ingerl, Reinhard/Rohnke, Christian: Markengesetz, Gesetz über den Schutz von Marken und sonstigen Kennzeichen, Kommentar, 3. Auflage, München 2010

Institutional Limited Partners Association (Hrsg.): Private Equity Principles, Version 2.0, Toronto 2011

IPEV: International Private Equity and Venture Capital Valuation Guidelines, IPEV Board, London 2015

Isert, Dietmar/Schaber, Mathias: Die Bilanzierung von Einlagen in Personenhandelsgesellschaften, Mezzanine- Kapital und anderen Finanzinstrumenten nach IFRS — Ein Vergleich zwischen IAS 32 (rev. 1998) und IAS 32 (rev. 2003), Teil I, DStR 2005, S. 2050 ff.; Teil II, DStR 2005, S. 2097 ff.

Jacobs, Otto H.: Internationale Unternehmensbesteuerung, München 2002; 8. Auflage, München 2016

Jänisch, Christian/Moran, Kevin/Waibel, Nicole: Mezzanine-Finanzierung — Intelligentes Fremdkapital und deutsches Steuerrecht, DB 2002, S. 2451 ff.

Jansen, Thomas/Lakenbrink, Markus/Mammen, Andreas: Die erweiterte gewerbesteuerliche Kürzung bei der Veräußerung des letzten Grundstücks, FR 2018, S. 153 ff.

Jensen, Michael C./Meckling, William H.: Theory of the firm: managerial behavior, agency costs and ownership structure, 3 Journal of Financial Economics (1983), S. 305 ff.

Jesch, Thomas A.: Private-Equity-Beteiligungen, Wiesbaden 2004

Jesch, Thomas A./Härtwig, Stephan: Darlehensfonds – regulatorische Optionen und steuerliche Strukturierungsüberlegungen, DStR 2015, S. 2312 ff.

Jesch, Thomas A./von Raven, Philipp/Wischermann, Anja: Der Beteiligungsvertrag, Heidelberg 2005

Jessen, Lars/Lohbeck, Anna-Katharina/Strüber, Malte: Der Handel mit Kreditportfolios in Deutschland vor dem Hintergrund aktueller Rechtsprechung und Marktentwicklungen, Corporate Finance Law 2012, S. 183 ff.

Jones, Barbara A./Hurlock, Matthew H./Henry, Pamela R.: Structuring PIPE Transactions in Key European Jurisdictions, Int'l L. 37 (2003) S. 23 ff.

Joost, Detlev: Arbeitsrechtliche Angaben im Umwandlungsvertrag, ZIP 1995, S. 976

Josenhans, Michael/Danzmann, Max: Unitranche – Kreditfonds und Banken als neue Finanzierungspartner, RdF 2017, S. 38 ff.

Josenhans, Michael/Danzmann, Max: Rechtfertigungsgründe für eine Überschreitung des EZB-Leverage-Ratio-Grenzwerts, BKR 2018, S. 401 ff.

Juchem, Nikolai/Linnartz, Anke: Dual-Track-Verfahren ist eine Herausforderung, Börsen-Zeitung v. 19. Mai 2007, Sonderbeilage, S. B 4

Jüchser, Alexander: Und sie haften doch – Zur Haftung des Erwerbers für die Rückzahlung rechtswidriger Beihilfen beim Unternehmenserwerb im Wege des Asset-Deals, Anm. zu Europäische Kommission, Entsch. v. 15.10.2014 – C (2014) 7359, NZI 2015, S. 596 ff.

Kahlert, Günter: Steuerbilanzielle Behandlung des Rangrücktritts nach dem Konzept des IX. Senats des BGH, DStR 2015, S. 734 ff.

Kahlert, Günter: Anmerkung zu BFH, Urt. v. 15.4.2015 – I R 44/14, ZIP 2015, S. 1389 ff.

Kahlert, Günter: Bilanzierung des qualifizierten Rangrücktritts – Erwiderung zu W. Müller, BB 2016, 491, BB 2016, S. 878 f.

Kahlert, Günter: Aktuelle Rechtsfragen von Rangrücktrittsvereinbarungen – Anmerkung zu *Helios/Kröger* DStR 2015, 2478, Zugleich Anmerkung zum BFH-Urteil v. 15.4.2015 (I R 44/14, DStR 2015, 1551), DStR 2016, S. 209 ff.

Kamp, Andreas /Solmecke, Henrik: Mezzanine-Kapital: Ein Eigenkapitalsubstitut für den Mittelstand?, Finanz Betrieb 2005, S. 618 ff.

Kania, Thomas: Tarifeinheit bei Betriebsübergang?, DB 1994, S. 529

Kaserer, Christoph/Diller, Christian: Investitionen in Private Equity – Grundlagen, Ertragsprofile und Erfolgsfaktoren, Technische Universität München, 2007

Käshammer, Daniel/Schümmer, Markus: Gestaltungen zur Vermeidung des § 50d Abs. 3 EStG bei Ausschüttungen, IStR 2011, S. 410 ff.

Kästle, Florian/Heuterkes, Katja: Leaver-Klauseln in Verträgen über Management-Beteiligungen im Lichte der neuesten OLG-Rechtsprechung, in NZG 2005, S. 289 ff.

Kawka, Lukas/Vocke, Maximilian/L'habitant, Benno: Zivil- und schenkungsteuerrechtliche Behandlung von (Rück-)Übertragungsverpflichtungen bei Mitarbeiterbeteiligungsprogrammen („Vesting"), in BB 2017, S. 1694 ff.

Kayser, Godehard: Eingriffe des Richtlinienvorschlags der Europäischen Union in das deutsche Vertrags-, Insolvenz- und Gesellschaftsrecht, ZIP 2017, S. 1393 ff.

Kayser, Godehard/Smid, Stefan/Riedemann, Susanne (Hrsg.): Festschrift für Klaus Pannen zum 65. Geburtstag, München 2017

Kenyon, Geoffrey/Carmichael, Martin: Distributing private equity funds to US investors, International Financial Law Review, Supplement Jan 2002, S. 6 ff.

Kersting, Christian/Podzun, Rupprecht: Die 9. GWB-Novelle, München 2017

Kessel, Christian/Jüttner, Andreas: Der Vorbehalt der Individualabrede im unternehmerischen Geschäftsverkehr, BB 2008, S. 1350 ff.

Kessler, Wolfgang/Eicke, Rolf: Neue Gestaltungshürden in der Anti-Treaty-Shopping-Regelung des § 50d Abs. 3 EStG, DStR 2007, S. 781 ff.

Kessler, Wolfgang/Eicke, Rolf: Ausschluss der Kapitalertragsteuererstattung gemäß § 50d Abs. 1a EStG 1990 für „Briefkasten"-Gesellschaften – Anmerkung zu BFH, Urteil vom 29.1.2008, I R 26/06, IStR 2008, S. 364 ff.

Kessler, Wolfgang/Müller, Michael A.: Ort der Geschäftsleitung einer Kapitalgesellschaft nach nationalem und DBA-Recht – Bestandsaufnahme und aktuelle Entwicklungen, IStR 2003, S. 361 ff.

Kessler, Alexander/Rühle, Thomas: Die Restrukturierung von Anleihen in Zeiten des SchVG 2009 – Anmerkung zu OLG Schleswig – 2 W 82/13 und OLG Zweibrücken – 3 W 9/13, BB 2014, S. 907 ff.

Kiethe, Kurt: Vorstandshaftung aufgrund fehlerhafter Due Diligence beim Unternehmenskauf, NZG 1999, S. 976 ff.

Kilgus, Stefan: Auswirkungen der Finanzkrise auf das Konsortialkreditgeschäft, BKR 2009, S. 181 ff.

Kirchhain, Christian: Zum maßgeblichen Zeitpunkt für die gemeinnützigkeitsrechtliche Beurteilung einer Mittel(fehl)verwendung – Dargestellt am Beispiel der Gewährung und Besicherung von Darlehen, DStR 2012, S. 2313 ff.

Kirchhof, Paul (Hrsg.): EStG, Kommentar, 16. Auflage, Heidelberg 2017

Kleinmanns, Florian: Genussrechte in Handelsbilanz und Steuerbilanz: Zinsen nicht mehr steuerlich abzugsfähig?, BB 2016, S. 2543 ff.

Klesse, Hans-Jürgen: Tabularasa-Politik, in WirtschaftsWoche Nr. 32 v. 4.8.2008, S. 62 f.

Klupsch, Tobias/Schulz, Patrick: Der Vorschlag der EU-Kommission für eine Richtlinie zu präventiven Restrukturierungsrahmen, EuZW 2017, S. 85 ff.

Knauer, Thorsten/Herrmann, Fabian/Wagener, Sebastian: Status quo der Due Diligence in Deutschland, WPg 21.2017 S. 1274 ff.

Knecht, Thomas C./Hommel, Ulrich/Wohlenberg, Holger (Hrsg): Handbuch Unternehmensrestrukturierung, Band 1, 2. Auflage, Wiesbaden 2017

Knecht, Thomas C./Hommel, Ulrich/Wohlenberg, Holger (Hrsg): Handbuch Unternehmensrestrukturierung, Band 2, 2. Auflage, Wiesbaden 2017

Kneip, Christoph/Jänisch, Christian: Tax Due Diligence, Steuerrisiken und Steuergestaltungen beim Unternehmenskauf, 2., völlig neubearbeitete Auflage, München 2010

Knobbe-Keuk, Brigitte: Bilanz- und Unternehmenssteuerrecht, 9. Auflage, Köln 1993

Knoll, Leonhard: Kumulative Nutzung von bedingtem Kapital und Aktienrückkauf zur Bedienung von Aktienoptionsprogrammen – sind 10% nicht genug?, in ZIP 2002, S. 1382 ff.

Koblenzer, Thomas: Management Buy-Out (MBO) und Management Buy-In (MBI) als Instrumente der Unternehmensnachfolgeplanung, ZEV 2002, S. 350

Koch-Schulte, Barbara: Veräußerungsgewinne aus Managementbeteiligungen sind Einkünfte aus Kapitalvermögen und kein Arbeitslohn – Anmerkung zu FG Köln vom 20.5.2015 – 3 K 3253/11, DB 2015, S. 2166 ff.

Kocher, Dirk: Die Einzelfallausnahme beim kapitalmarktrechtlichen Acting in Concert, Der Konzern 2010, S. 162 ff.

Köchling, Marcel/Schalast, Christoph (Hrsg.): Grundlagen des NPL-Geschäfts, Frankfurt 2013

Koenig, Ulrich (Hrsg.): Abgabenordnung, §§ 1 bis 368, Kommentar, 3., völlig neubearbeitete Auflage, München, 2014

Koenig, Christian/Wetzel, Julia: Beihilfenrückforderung nach einer Neuvergabe der Betriebsführung, EuZW 2006, S. 653 ff.

Kolaschnik, Helge/Haase, Florian: Risiken schuldrechtlicher Hinauskündigungsklauseln bei Gesellschafter-Geschäftsführern, in Stbg 2004, S. 574 ff.

Kollruss, Thomas: Steueroptimale Gewinnrepatriierung unter der verschärften Anti-Treaty-Shopping-Regelung des § 50 d Abs. 3 EStG i. d. F. JStG 2007 unter Berücksichtigung der Zinsschranke, IStR 2007, S. 870 ff.

Kondring, Jörg: Die Bestimmung des sachlichen Anwendungsbereichs des EuGVÜ im Urteils- und Vollstreckungsverfahren, EWS 1995, S. 217 ff.

Könen, Daniel: Die Passivlegitimation des Kartellschadensersatzes nach der 9. GWB-Novelle, NZKart 2017, S. 15 ff.

Koppensteiner, Hans-Georg: GmbH-rechtliche Probleme des Management Buy-Out, ZHR 155 (1991), S. 97 ff.

Körber, Torsten: Geschäftsleitung der Zielgesellschaft und Due Diligence bei Paketerwerb und Unternehmenskauf, NZG 2002, S. 263 ff.

Kordes, Tobias: Problemfälle der GmbH-Manager-Beteiligungsmodelle, in GmbH-StB 2007, S. 21 ff.

Korn, Klaus/Carlé, Dieter/Stahl, Rudolf/Strahl, Martin (Hrsg.): Einkommensteuergesetz, Kommentar, Bonn (Stand: November 2017)

Korn, Klaus/Strahl, Martin: Hinweise zum Jahreswechsel 2007/2008, kösdi 2017, S. 15783 ff.

Körner, Sandra/Rendels, Dietmar: Zur Bestimmtheit und Vollstreckbarkeit des Insolvenzplans sowie zur Nachzüglerproblematik, EWiR 2017, S. 23 ff.

Kowalski, Andre/Bormann, Michael: „(Manager-)Beteiligung auf Zeit – ein Fall der Sittenwidrigkeit?, in GmbHR 2004, S. 1438 ff.

Kraft, Gerhard/Dombrowski, Martin: Die praktische Umsetzung des „Authorized OECD Approach" vor dem Hintergrund der Betriebsstättengewinnaufteilungsverordnung, FR 2014, S. 1105 ff.

Kraft, Gerhard/Ungemach, Markus: Abkommensrechtliche Zuordnung von Kapitalgesellschaftsbeteiligungen zu einer geschäftsleitenden Holding-Betriebsstätte, DStZ 2015, S. 716 ff.

Krämer, Lutz/Gillessen, Benedikt/Kiefner, Alexander: Das „Telekom III"-Urteil des BGH – Risikozuweisungen an der Schnittstelle von Aktien- und Kapitalmarktrecht, CFL 2011, S. 328 ff.

Kreft, Michael/Schmitt-Homann, Fabian: Der Rückgriff als schädliche Gesellschafterfremdfinanzierung unter der Zinsschranke, BB 2008, S. 2099 ff.

Krolop, Kaspar: Zur Anwendung der MoMiG-Regelungen zu Gesellschafterdarlehen auf gesellschaftsfremde Dritte, GmbHR 2009, S. 397 ff.

Krömker, Michael: Der Anspruch des Paketaktionärs auf Informationsoffenbarung zum Zwecke der Due Diligence, NZG 2003, S. 418 ff.

Kröner, Ilse/Bolik, Andreas: Die Anwendung der Zinsschranke bei vermögensverwaltenden und gewerblichen Personengesellschaften, DStR 2008, S. 1308 ff.

Kropff, Bruno/Semler, Johannes (Hrsg.): Münchener Kommentar zum Aktiengesetz, Band 7, §§ 222 – 277, 2. Auflage, München 2001

Kropholler, Jan/von Hein, Jan: Europäisches Zivilprozessrecht, 9. Auflage, Frankfurt am Main 2011

Krüger, Ulrich: Portfolios stärker diversifizieren, Mezzanine Loans: Eine bislang zu Unrecht unterrepräsentierte Kapitalanlageart, VW 2007, S. 166 ff.

Krüger, Wolfgang/Rauscher, Thomas (Hrsg.): Münchener Kommentar zur Zivilprozessordnung, Band 3, 5. Auflage, München 2017

Kübler, Bruno M./Prütting, Hanns/Bork, Reinhard (Hrsg.): Kommentar zur Insolvenzordnung, Band I, Köln 2017, Stand: November 2017

Kübler, Bruno M./Prütting, Hanns/Bork, Reinhard (Hrsg.): Kommentar zur Insolvenzordnung, Band IV, Köln 2017, Stand: November 2017

Kümpel, Siegfried/Wittig, Arne: Bank- und Kapitalmarktrecht, 4. Auflage, Köln 2011

Kuntz, Thilo: Die Auslegung von Material Adverse Change (MAC)-Klauseln in Unternehmenskaufverträgen, DStR 2009, S. 377 ff.

Küpper, Hans-Ulrich/Friedl, Gunther/Hofmann, Christian/Hofmann, Yvette/Pedell, Burkhard: Controlling. Konzeption, Aufgaben, Instrumente, 6. Auflage, Stuttgart 2013

Kur, Annette/v. Bomhard, Verena/Albrecht, Friedrich (Hrsg.): Beck'scher Online-Kommentar Markenrecht, 17. Edition, München 2019

Kußmaul, Heinz/Pfirmann, Armin/Meyering, Stephan/Schäfer, René: Ausgewählte Anwendungsprobleme der Zinsschranke, BB 2008, S. 135 ff.

Kußmaul, Heinz/Ruiner, Christoph/Schappe, Christian: Ausgewählte Gestaltungsmaßnahmen zur Vermeidung der Anwendung der Zinsschranke, GmbHR 2008, S. 505 ff.

Küting, Karlheinz/Dürr, Ulrike L.: Mezzanine-Kapital – Finanzierungsentscheidung im Sog der Rechnungslegung, DB 2005, S. 1529 ff.

Küting, Karlheinz /Kessler, Harald /Harth, Hans-Jörg: Genussrechtskapital in der Bilanzierungspraxis, Eine empirische Untersuchung zur Resonanz der HFA-Stellungnahme 1/1994 unter Berücksichtigung bilanzpolitischer Gesichtspunkte, Beilage 4 zu Heft 8, BB 1996, S. 1 ff.

Labbé, Marcus/Rudolph, Jens: Debt-Equity-Transaktionen im Insolvenzplanverfahren: Eine unterschätzte Sanierungschance, FB 2008, S. 97 ff.

Lachner, Constantin M./von Heppe, Rafael: Die prospektfreie Zulassung nach § 4 Abs. 2 Nr. 1 WpPG (10%-Ausnahme) in der jüngsten Praxis, WM 2008, S. 576 ff.

Lademann, Fritz Edgar: EStG Kommentar, Losebl., Stuttgart 2018

Langen, Eugen/Bunte, Hermann-Josef: Kartellrecht, 13. Auflage, München 2018

Langenbucher, Katja/Bliesener, Dirk H./Spindler, Gerald (Hrsg.): Bankrechts-Kommentar, 2. Auflage, München, 2016

Längsfeld, Alexander: (Un-)Wirksamkeit von Change-of-Control-Klauseln – Zum neuen § 225a IV 3 InsO, NZI 2014, S. 734 ff.

Längsfeld, Alexander M. H.: Zum Verbot des Asset Strippings (§ 292 KAGB), NZG 2016, S. 1096 ff.
Längsfeld, Alexander/Lürken, Sacha: Financial Institutions und Finanzinstitute – Zur Auslegung von Übertragungsvorschriften in Kreditverträgen, WM 2019, S. 999 ff.
Längsfeld, Alexander/Meyer-Löwy, Bernd/Nardi, Wolfgang: Neue Anforderungen an Überbrückungskredite? – Anmerkung zu KG WM 2016, 1073 –, WM 2016, S. 1269 ff.
Laudenklos, Frank/Sester, Peter: Mezzanine-Kapital als wirtschaftliches Eigenkapital im Ratingverfahren – Eine rechtliche Gestaltungsaufgabe, WM 2004, S. 2417 ff.
Lehmann, Philipp: Kartellrechtliche Grenzen markenrechtlicher Abgrenzungsvereinbarungen, MarkenR 2017, S. 241 ff.
Leichinger, Carina: Vermögensverwaltung und Erhaltung des Grundstockvermögens aus Sicht der Verwaltung, npoR 2015, S. 237 ff.
Leitzen, Mario: Die analoge Anwendung von § 179a AktG auf Gesellschaften mit beschränkter Haftung und Personengesellschaften in der Praxis, NZG 2012, S. 491 ff.
Leleux, Benôit/van Swaay, Hans van/Megally, Esmeralda: Private Equity 4.0, Chichester 2015
Lembke, Mark: Die Ausgestaltung von Aktienoptionsplänen in arbeitsrechtlicher Hinsicht, in BB 2001, S. 1469 ff.
Lenski, Edgar/Steinberg, Wilhelm/Sarrazin, Viktor: Kommentar zum Gewerbesteuergesetz, Loseblattsammlung, Köln (Stand: 126. Ergänzungslieferung März 2019)
Lenzen, Wolfram: Behavioral Finance und die Bedeutung für M&A-Transaktionen, in: Birk, D., Pöllath, R., Saenger, I. (Hrsg.), Forum Unternehmenskauf 2005, Baden Baden 2006, S. 411 ff.
Leopold, Günter/Frommann, Holger/Kühr, Thomas: Private Equity – Venture Capital, Eigenkapital für innovative Unternehmer, 2. Auflage, München 2003
Leuering, Dieter/Simon, Stefan: Neue Anforderungen an die Gestaltung eines Rangrücktritts, NJW-Spezial, Heft 7/2004, S. 315 ff.
Levedag, Christian: Kapitalbeteiligungen von Arbeitnehmern zwischen Lohn und Einkünften aus Kapitalvermögen, in RdF 2015, S. 144 ff.
Lieber, Bettina/Wagner, Thomas: Inbound-Investitionen in deutsches Immobilienvermögen aus steuerlicher Sicht, Ubg 2012, S. 229 ff.
Liese, Jens/Theusinger, Ingo: Gestattung eines Due Diligence-Verfahrens erfordert einen einstimmigen Gesellschafterbeschluss, BB 2009, S. 186 ff.
Lingemann, Stefan/Diller, Martin/Mengel, Anja: Aktienoptionen im internationalen Konzern – ein arbeitsrechtsfreier Raum?, NZA 2000, S. 1191 ff.
Lingemann, Stefan/Gotham, Meike: Freiwilligkeits-, Stichtags- und Rückzahlungsregelungen bei Bonusvereinbarungen – was geht noch?, in NZA 2008, S. 509 ff.
Linker, Anja/Zinger, Georg: Rechte und Pflichten der Organe einer Aktiengesellschaft bei der Weitergabe vertraulicher Unternehmensinformationen, NZG 2002, S. 497 ff.
Linn, Alexander: Die US-Steuerreform und ihre Auswirkungen auf das deutsche Unternehmensteuerrecht, DStR 2018, S. 321 ff.
Lischek, Jan/Mahnken, Volker: Vertragsverhandlungen zwischen Unternehmen und AGB – Anmerkungen aus der Sicht der Praxis, ZIP 2007, S. 158 ff.
van Lishaut, Ingo/Schumacher, Andreas/Heinemann, Peter: Besonderheiten der Zinsschranke bei Personengesellschaften, DStR 2008, S. 2341 ff.
Littmann, Eberhard (Begr.)/Bitz, Horst/Pust, Hartmut (Hrsg.): Das Einkommensteuerrecht, Kommentar, Stuttgart (Stand: Oktober 2017)
Loewenheim, Ulrich/Meesen, Karl/Riessenkampff, Alexander/Kersting, Christian/Meyer-Lindemann, Hans Jürgen: Kartellrecht, 3. Auflage, München 2016
Löffler, Christoph: Tax Due Diligence beim Unternehmenskauf, Analyse und Berücksichtigung steuerlicher Risiken und Chancen, Düsseldorf 2002
Löhnert, Peter G./Böckmann, Ulrich J.: „Multiplikatorverfahren in der Unternehmensbewertung", in: Peemöller, Volker H. (Hrsg.): Praxishandbuch der Unternehmensbewertung, 6. Auflage, NWB Verlag, Herne, 2015, S. 785 ff.

Löhr, Dirk: Grundsteuerreform: Abschaffung der Umlagefähigkeit?, BB 2019, S. 91 ff.

Lohse, W. Christian/Zanzinger, Dieter: Rechtsprechungsänderungen des BFH bei Ertragsteuern und bei der Umsatzsteuer im Jahre 2015, DStR 2016, S. 1241 ff.

Louven, Christoph/Böckmann, Tobias: Ausgewählte Rechtsprobleme bei M&A-Auktionen, ZIP 2004, S. 445 ff.

Löw, Hans-Peter: Der Tarifsozialplan, AuA 8/2007, S. 463 ff.

Löw, Hans-Peter: Arbeitsrechtliche Regeln im Risikobegrenzungsgesetz, DB 2008, S. 758 ff.

Löwisch, Manfred/Rieble, Volker: Tarifvertragsgesetz, 4. Auflage, München 2017

Lübbehüsen, Thomas/Kahle, Holger: Brennpunkte der Besteuerung von Betriebsstätten, Herne 2016

Lüdenbach, Norbert/Hoffmann, Wolf-Dieter: Der IFRS-Konzernabschluss als Bestandteil der Steuerbemessungsgrundlage für die Zinsschranke nach § 4h EStG-E, DStR 2007, S. 636 ff.

Lüdicke, Jürgen: Anmerkung zu BMF Schreiben vom 10.7.2007 IV B 1 – S 2411/07/0002 – Entlastungsberechtigung ausländischer Gesellschaften (§ 50d Abs. 3 EStG) bei mehrstufigen Beteiligungsstrukturen, IStR 2007, S. 555 f.

Lüke, Wolfgang/Scherz, Alexander: Zu den Wirkungen eines Solvent Scheme of Arrangement in Deutschland, ZIP 2012, S. 1101 ff.

Lürken, Sacha: Totgesagte leben länger – Neuer Anstoß aus Brüssel für die Einführung eines vorinsolvenzlichen Sanierungsverfahrens, NZI 2015, S. 3 ff.

Lutter, Marcus: Zur Bilanzierung von Genussrechten, DB 1993, S. 2441 ff.

Lutter, Marcus: Due Diligence des Erwerbers beim Kauf einer Beteiligung, ZIP 1997, S. 613 ff.

Lutter, Marcus: Letter of Intent, 3. Auflage, Köln 1998

Lutter, Marcus/Hommelhoff, Peter: GmbH-Gesetz Kommentar, 19. Auflage, Köln 2016

Lutter, Marcus/Scheffler, Eberhard/Schneider, Uwe H. (Hrsg.): Handbuch der Konzernfinanzierung, Köln 1998

Lyons, William/Hill, Franco, R.: Allocating and substantiating income and expenses for tax-exempt organizations, Journal of Taxation of Exempt Organizations, November/December 1996

Madaus, Stephan: Das Insolvenzverfahren der Lehman Brothers Holding Inc. – ein in jeder Hinsicht besonderes Reorganisationsverfahren, NZI 2008, S. 715 ff.

Madaus, Stephan: Vorinsolvenzliche Sanierungsverfahren – Perspektiven einer europäisch geprägten Rechtsentwicklung, KSzW 2015, S. 183 ff.

Madaus, Stephan: Einstieg in die ESUG-Evaluation – Für einen konstruktiven Umgang mit den europäischen Ideen für einen präventiven Restrukturierungsrahmen, NZI 2017, S. 329 ff.

Mäder, Detlef/Schlieper, Patrick: Gewerbliche Schutzrechte als Gegenstand von Transaktionen, GRUR-Prax 2017, S. 420 ff.

Mäger, Thorsten: Europäisches Kartellrecht, 2. Auflage, Baden-Baden 2011

Mäger, Thorsten/von Schreitter, Florian: Die kartellrechtliche Bußgeldhaftung nach der 9. GWB Novelle – Überblick und Kritik, NZKart 2017, S. 264 ff.

Maidl, Johannes: Bedingtes Kapital für Mitarbeiterbeteiligung bis zu 50% des Grundkapitals?, in NZG 2007, S. 495 ff.

Maier, Daniel: Die praktische Wirksamkeit des Schemes of Arrangement in Bezug auf englischrechtliche Finanzierungen, NZI 2011, S. 305 ff.

Maitzen, Jörg/Ebel, Tobias: Urteilsanmerkung – LG Köln: Zur Durchführung einer Käufer-Due Diligence bei einer GmbH ist einstimmiger Beschluss der Gesellschafterversammlung erforderlich, FD-MA 2008, 270121

Mallon, Christopher/Waisman, Shai Y.: The Law and Practice of Restructuring in the UK and US, New York 2011

Mankowski, Peter: Anerkennung englischer Solvenz Schemes of Arrangement in Deutschland, WM 2011, S. 1201 ff.

Mankowski, Peter: Die Grundbegriffe der Richtlinie – Zu Art. 1 und 2 des Richtlinienvorschlags der Europäischen Kommission vom 22.11.2016, COM(2016) 723 final, NZI-Beilage 2017, S. 15 ff.
Marquart, Christian: Leitlinien zum Zufluss und zur Einkünftequalifizierung bei Mitarbeiterkapitalbeteiligungen, in FR 2013, S. 980 ff.
Marsch-Barner, Reinhard/Schäfer, Frank A.: Handbuch börsennotierte AG, 4. Auflage, Köln 2018
Mäsch, Gerald: The Opera Ain't Over Till the Fat Lady Sings – ein englisches „scheme of arrangement" vor dem BGH, IPRax 2013, S. 234 ff.
Maschmann, Rainer/Sieg, Frank: Unternehmensumstrukturierung aus arbeitsrechtlicher Sicht, 2. Auflage, München 2010
Matenaer, Sebastian: Passivierungsverbot für Darlehen nach Rangrücktritt kann durch Ansatz einer verdeckten Einlage ausgeglichen werden, GWR 2015, S. 330 ff.
Mayer, Stefan/Wagner, Johann: Bilanzierung von Verbindlichkeiten bei Rangrücktritt in der Liquidationsschlussbilanz – Finanzverwaltung schafft doppelt Klarheit, DStR 2017, S. 2025 ff.
McKinsey & Company (Hrsg.): The rise and rise of private markets, McKinsey Global Private Markets Review, New York 2018
Meincke, Eberhard: Geheimhaltungspflichten im Wirtschaftsrecht, WM 1998, S. 749 ff.
Meitner, Matthias/Streitferdt, Steffen: „Die Bestimmung des Betafaktors", in: Peemöller, Volker H. (Hrsg.): Praxishandbuch der Unternehmensbewertung, 6. Auflage, NWB Verlag, Herne, 2015, S. 521 ff.
Menke, Thomas: „Dual Track" – das neue Zauberwort im Private Equity, in M&A-Review 2005, S. II f.
Mensching, Oliver: Neufassung des § 49 Abs. 1 Nr. 2 Buchst. f EStG durch das Jahressteuergesetz 2009 – Auswirkungen auf beschränkt steuerpflichtige Investoren, DStR 2009, S. 96 ff.
Mensching, Oliver/Tyarks, Marco: Grunderwerbsteuerrechtliche Einführung einer Konzernklausel durch das Wachstumsbeschleunigungsgesetz, BB 2010, S. 87 ff.
Mertens, Kai: Die Information des Erwerbers einer wesentlichen Unternehmensbeteiligung an einer Aktiengesellschaft durch deren Vorstand, AG 1997, S. 541 ff.
Mes, Peter: Patentgesetz Gebrauchsmustergesetz, Kommentar, 4. Auflage, München 2015
Meyer, Heinrich/Degener, Jan-Moritz: Debt-Equity-Swap nach dem RegE-ESUG, BB 2011, S. 846 ff.
Meyer, Justus/Ludwig, Sören: Aktienoptionen für Aufsichtsräte ade?, in ZIP 2004, S. 940 ff.
Meyer-Löwy, Bernd/Poertzgen, Christoph/Eckhoff, Lars: Einführung in das US-amerikanische Insolvenzrecht, ZInsO 2005, S. 735 ff.
Meyer-Sparenberg, Wolfgang/Jäckle, Christof: Beck'sches M&A-Handbuch, München 2017
Meyn, Christian/ Richter, Andreas/ Koss, Claus/Gollan, Anna Katharina: Die Stiftung, 3. überarbeitete und ergänzte Auflage, Freiburg 2013
Michalski, Lutz/Heidinger, Andreas/Leible, Stefan/Schmidt, Jessica: Kommentar zum GmbHG, 3. Auflage, München 2017
Mietzsch, Andreas (Hrsg.): Biotechnologie Jahrbuch 2018, Berlin 2018
Mittendorfer, Roland: Praxishandbuch Akquisitionsfinanzierung, Erfolgsfaktoren fremdfinanzierter Unternehmensübernahmen, Wiesbaden 2017
MJ Hudson (Hrsg.): Private Equity Co-Investments, London 2017
Mock, Sebastian: Das künftige (harmonisierte) Insolvenzrecht – Entwurf einer Richtlinie zum Unternehmensinsolvenzrecht, NZI 2016, S. 977 ff.
Möhlenkamp, Andreas: Beihilfen für Unternehmen in Schwierigkeiten – Die neuen Leitlinien der EU-Kommission im System des europäischen Beihilfenrechts, ZIP 2014, Beilage zu Heft 44, S. 1 ff.
Monk, Ashby/Sharma, Rajiv/Sinclair, Duncan L.: Reframing Finance, New Models of Long-Term Investment Management, Stanford, CA 2017

Moritz, Joachim/Klebeck, Ulf/Jesch, Thomas A.: Frankfurter Kommentar zum Kapitalanlagerecht, Band 1: KAGB, Frankfurt am Main 2016

Mückl, Norbert: Der Debt-Equity-Swap als Sanierungsinstrument im Steuerrecht, FR 2009, S. 497 ff.

Mühling, Moritz Johannes/Klemm, Theresa Katharina: Bilanzierung von Verbindlichkeiten bei Rangrücktritt: Tilgung aus Bilanzgewinn und Liquidationsüberschuss, NJ 2015, S. 527 f.

Mülbert, Peter O./Leuschner, Lars: Aufsteigende Darlehen im Kapitalerhaltungs- und Konzernrecht – Gesetzgeber und BGH haben gesprochen, NZG 2009, S. 281 ff.

Müller, Klaus J.: Gestattung der Due Diligence durch den Vorstand der Aktiengesellschaft, NJW 2000, S. 3452 ff.

Müller, Welf: Bilanzierung des qualifizierten Rangrücktritts, BB 2016, S. 491 ff.

Müller, Welf/Rödder, Thomas (Hrsg.): Beck'sches Handbuch der AG, 2. Auflage, München 2009

Müller-Glöge, Rudi/Preis, Ulrich/Schmidt, Ingrid (Hrsg.): Erfurter Kommentar zum Arbeitsrecht, 18. Auflage, München 2018

Münchener Handbuch des Gesellschaftsrechts, hrsg. von Stefan Leible und Jochem Reichert, Band 6, 4. Auflage, München 2013

Münchener Kommentar zum Aktiengesetz, hrsg. von Wulf Goette und Mathias Habersack, Band 1, 5. Auflage, München 2019

Münchener Kommentar zum Aktiengesetz, hrsg. von Wulf Goette und Mathias Habersack, Band 5, 4. Auflage, München 2015

Münchener Kommentar zum Aktiengesetz, hrsg. von Wulf Goette und Mathias Habersack, Band 6, 4. Auflage, München 2017

Münchener Kommentar zum Bilanzrecht, hrsg. von Joachim Hennrichs, Detlef Kleindiek und Christoph Watrin, Band 2, München 2013

Münchener Kommentar zum Bürgerlichen Gesetzbuch, hrsg. von Franz Jürgen Säcker, Roland Rixecker, Hartmut Oetker und Bettina Limpberg, Band 3, 8. Auflage, München 2019

Münchener Kommentar zum Bürgerlichen Gesetzbuch, hrsg. von Franz Jürgen Säcker, Roland Rixecker, Hartmut Oetker und Bettina Limpberg, Band 4, 8. Auflage, München 2019

Münchener Kommentar zum Europäischen und Deutschen Wettbewerbsrecht (Kartellrecht), hrsg. von Günter Hirsch, Frank Montag und Franz Jürgen Säcker, I. Band, Europäisches Wettbewerbsrecht, 2. Auflage, München 2015

Münchener Kommentar zum Europäischen und Deutschen Wettbewerbsrecht (Kartellrecht), hrsg. von Günter Hirsch, Frank Montag und Franz Jürgen Säcker, II. Band, 2. Auflage, München 2015

Münchener Kommentar zum Gesetz betreffend die Gesellschaften mit beschränkter Haftung (GmbHG), hrsg. von Holger Fleischer und Wulf Goette, Band 1, 3. Auflage, München 2018

Münchener Kommentar zum Handelsgesetzbuch, hrsg. von Karsten Schmidt, Band 3, 3. Auflage, München 2012

Münchener Kommentar zum Handelsgesetzbuch, hrsg. von Karsten Schmidt und Werner F. Ebke, Band 4, 3. Auflage, München 2013

Münchener Kommentar zur Insolvenzordnung, hrsg. von Hans-Peter Kirchhof, Horst Eidenmüller und Rolf Stürner, Band 2, 3. Auflage, München 2013

Münchener Kommentar zur Insolvenzordnung, hrsg. von Hans-Peter Kirchhof, Horst Eidenmüller und Rolf Stürner, Band 3, 3. Auflage, München 2013

Münchener Kommentar zur Insolvenzordnung, hrsg. von Hans-Peter Kirchhof, Horst Eidenmüller und Rolf Stürner, Band 4, 3. Auflage, München 2013

Münchener Vertragshandbuch, hrsg. von Rolf A. Schütze, Lutz Weipert und Markus S. Rieder, Band 4, Wirtschaftsrecht III, 8. Auflage, München 2018

Münchow, Wolfgang/Striegel, Andreas/Jesch, Thomas A.: Management Buy-Out (MBO), Beck'sche Musterverträge, Band 59, München 2008

Muscheler, Karlheinz: Die Verbrauchsstiftung, in: Saenger/Bayer/Koch/Körber (Hsrg.), Gründen und Stiften – Festschrift zum 70. Geburtstag von Olaf Werner, Baden-Banden 2009

Mutter, Stefan: Darf's ein bisschen mehr sein? – Überlegungen zum zulässigen Gesamtvolumen von Aktienoptionsprogrammen nach dem KonTraG, in ZIP 2002, S. 295 ff.

Muzilla, Kevin/Siebens, Tom: European Second Lien – the maturing of a new product, European International Debt Capital Markets Yearbook 2006, S. 5 ff.

Neu, Heinz: Anmerkung zum Urteil des FG Düsseldorf vom 19. August 2003, in EFG 2004, 291 ff.

Neuhof, Rudolf: Sanierungsrisiken der Banken: Die Vor-Sanierungsphase, NJW 1998, S. 3225 ff.

Neumann, Kay-Uwe/Ogorek, Markus: Das aktienrechtliche Entsenderecht auf dem Prüfstand der Kapitalverkehrsfreiheit – Überlegungen anlässlich der Entscheidung des OLG Hamm v. 31.3.2008 – ThyssenKrupp, NZG 2008, S. 892 ff.

Niehaus, Maco: Umwandlung notleidender Darlehensforderungen in Eigenkapital unter Einsatz von Zweckgesellschaften, M&A Review 2009, S. 538 ff.

Niesert, Burkhard/Hohler, Anne: Übertragende Sanierung vor Insolvenzantragstellung unter besonderer Berücksichtigung strafrechtlicher Aspekte, NZI 2010, S. 127 ff.

Nietsch, Michael: Einstweiliger Rechtsschutz bei Beschlussfassung in der GmbH-Gesellschafterversammlung, GmbHR 2006, S. 393 ff.

Nobbe, Gerd: Der Verkauf von Krediten, ZIP 2008, S. 97 ff.

Nodoushani, Manuel: Contingent Convertible Bonds – Eine Bestandsaufnahme –, WM 2016, S. 589 ff.

Nolting-Hauff, Willhelm: Hedge-Fund-Investments aus stiftungsrechtlicher Sicht, AbsolutReport 10/2002, S. 46 ff.

Nussbaum, Peter: Besicherung durch die Aktiva der Zielgesellschaft im Leveraged Buyout, München 1996

Obermüller, Manfred: Lösungsklauseln im Bankgeschäft, ZinsO 2013, S. 476 ff.

Obermüller, Manfred/Kuder, Karen/Obermüller, Martin: Insolvenzrecht in der Bankpraxis, 9. Auflage, Köln 2016

Oechsler, Jürgen: Acting in Concert beim Aktienerwerb (§ 30 Abs. 2 WpÜG), ZIP 2011, S. 449 ff.

Oelke, Herbert/Wöhlert, Helge-Torsten/Degen, Stephan: Debt Mezzanine Swap – Königsweg für die Restrukturierungsfinanzierung?, BB 2010, S. 299 ff.

Ohly, Ansgar: Der Geheimnisschutz im deutschen Recht: heutiger Stand und Perspektiven, GRUR 2014, S. 1 ff.

Oppenländer, Frank: Grenzen der Auskunftserteilung durch Geschäftsführer und Gesellschafter beim Verkauf von GmbH- Geschäftsanteilen, GmbHR 2000, S. 535 ff.

Orth, Manfred: Finanzierung und Mittelverwendung gemeinnütziger Organisationen, DStJG 26 (2003), S. 177 ff.

Orth, Manfred: Verluste gemeinnütziger Stiftungen aus Vermögensverwaltung, DStR 2009, S. 1397 ff.

Oser, Peter: Anmerkung zu BFH, Urt. v. 15.4.2015 – I R 44/14, BB 2016, S. 1906

Oser, Peter: Auflösung von Verbindlichkeiten mit Rangrücktritt in Handels- und Steuerbilanz, Zugleich Anmerkungen zum BGH-Urteil v. 5.3.2015 – IX ZR 133/14, DStR 2017, S. 1889 ff.

Ottersbach, Jörg H.: Praxishandbuch Unternehmensbeteiligung, München 2003

o. V.: The importance of being active, Interview mit Florian Kreitmeier, Private Equity International, November 2016, S. 58 f.

Pahlke, Armin/Koenig, Ulrich: Abgabenordnung, §§ 1 bis 368 – Kommentar, 2. Auflage, München 2009

Palandt, Otto (Begr.): Bürgerliches Gesetzbuch, 78. Auflage, München 2019

Pape, Gerhard: Die Insolvenzzweckwidrigkeit von Rechtshandlungen des vorläufigen und des endgültigen Insolvenzverwalters/Sachwalters, ZInsO 2016, S. 2149 ff.

Pape, Gerhard: Anfechtungsfeste Leistungen im Rahmen eines ernsthaften Sanierungsversuchs des Schuldners, ZInsO 2017, S. 114 ff.

Paschos, Nikolaos/Fleischer, Holger: Handbuch Übernahmerecht nach dem WpÜG, München 2017

Paul, Wolfgang: Die Berechnung des für Anlagen geschlossener AIF zur Verfügung stehenden Kapitals, GWR 2016, S. 224 ff.

Paul, Wolfgang: Gesellschaftsrechtliche Folgen fehlender Erfüllung geldwäscherechtlicher Sorgfaltspflichten in der Investmentkommanditgesellschaft, ZIP 2018, 1571

Paulus, Christoph G.: Das englische Scheme of Arrangement – ein neues Angebot auf dem europäischen Markt für außergerichtliche Restrukturierungen, ZIP 2011, S. 1077 ff.

Peemöller, Volker H./Beckmann, Christoph: „Der Realoptionsansatz", in: Peemöller, Volker H. (Hrsg.): Praxishandbuch der Unternehmensbewertung, 6. Auflage, NWB Verlag, Herne, 2015, S. 1445 ff.

PEIGG: Updated US Private Equity Valuation Guidelines, Private Equity Industry Guidelines Group, PEIGG Board, 2007

Perridon, Louis/Steiner, Manfred/Rathgeber, Andreas W.: Finanzwirtschaft der Unternehmung, 17. Auflage, München 2017

Petrovic, Radmila: Die rechtliche Anerkennung von Solvent Schemes of Arrangement in Deutschland – Eine Chance für die Restrukturierungspraxis, ZInsO 2010, S. 265 ff.

Pezzer, Heinz-Jürgen: KG-Beteiligung als wirtschaftlicher Geschäftsbetrieb einer gemeinnützigen Stiftung, FR 2001, S. 837 ff.

Pfaar, Michael/Welke, Gernot: Steuerliche Fragen bei der Beteiligung privater Anleger an ausländischen Private Equity und Venture Capital Fonds, IWB Fach 3 Gruppe 3, S. 1317 ff.

Pfeifer, Alex: Venture Capital als Finanzierungs- und Beteiligungsinstrument, BB 1999, S. 1665 ff.

Pfirrmann, Volker/Rosenke, Torsten/Wagner, Klaus J. (Hrsg.): Beck´scher Onlinekommentar AO, 2. Edition, Stand: 1.7.2017

Picot, Gerhard (Hrsg.): Handbuch Mergers & Acquisitions. Planung, Durchführung, Integration, 5., überarbeitete und erweiterte Auflage, Stuttgart 2012

Picot, Gerhard: Unternehmenskauf und Restrukturierung, 4. Auflage, München 2013

Picot, Gerhard/Mentz, Alexander/Seydel, Eberhard: Die Aktiengesellschaft bei Unternehmenskauf und Umstrukturierung, München 2003

Picot, Gerhard/Schnitker, Elmar: Arbeitsrecht bei Unternehmenskauf und Restrukturierung, München 2001

Plankensteiner, Dirk/Rehbock, Tobias: Die Bedeutung von Mezzanine-Finanzierungen in Deutschland, Zeitschrift für das gesamte Kreditwesen, 2005, S. 790 ff.

Plath, Kai-Uwe: Pfandrechte an Software, CR 2006, S. 217 ff.

Pöllath, Reinhard: Corporate Governance und Unternehmenskauf, in Festschrift für Hans-Jochem Lüer zum 70. Geburtstag, München 2008, S. 571 ff.

Pöllath, Reinhard: Selbstbetroffenheit bei Entscheidungen – Erfolgsabhängige Vergütung vs. Unternehmens- und Vermögensertrag, in Verdient – unverdient, Unternehmerische Arbeit und Vermögen – Recht und Steuern, Köln 2008, S. 49 ff.

Pöllath, Reinhard/Rodin, Andreas/Wewel, Uwe (Hrsg.): Private Equity and Venture Capital Fonds, München 2018

Pomp, Thomas: Praxishandbuch Financial Due Diligence, München 2015

Pöschke, Moritz: Bilanzierung und Besteuerung von Forderungserlass und Rangrücktritt zur Sanierung von Kapitalgesellschaften, NZG 2017, S. 1408 ff.

Preis, Ulrich/Richter, Marcus: Grenzen der normativen Fortgeltung von Betriebsvereinbarungen beim Betriebsübergang, ZIP 2004, S. 925 ff.

Preqin (Hrsg.): Preqin Special Report: Private Equity Co-Investment Outlook, London 2015

Priester, Hans-Joachim: Debt-Equity-Swap zum Nennwert?, DB 2010, S. 1445 ff.

Priester, Hans-Joachim: „Sanieren oder Ausscheiden" im Recht der GmbH, ZIP 2010, S. 497 ff.

Prinz, Ulrich: Mittelstandsfinanzierung in Zeiten der Zinsschranke, FR 2008, S. 441 ff.

Prinz, Ulrich/Schürner, Carl Thomas: Tracking Stocks und Sachdividenden – ein neues Gestaltungsinstrument für spartenbezogene Gesellschaftsrechte?, in DStR 2003, S. 181 ff.

Prinz, Ulrich/Winkeljohann, Norbert (Hrsg.): Beck'sches Handbuch der GmbH, 5. Auflage, München 2017

Privcap (Hrsg.): The Co-investment Era, Privcap Reports, New York 2014

Probitas Partners (Hrsg.): Private Equity Institutional Investor Trends for 2019 Survey Results, San Francisco 2018

Prölss, Erich R./Dreher, Meinrad: Versicherungsaufsichtsgesetz mit Nebengesetzen, 13. Auflage, München 2018

Prusko, Wolfram: Die Gesellschafterstellung in der Insolvenz, München 2013

Prütting, Hanns u. a. (Hrsg.): Festschrift für Wilhelm Uhlenbruck zum 70. Geburtstag, Köln 2000

Prütting, Hanns/Gehrlein, Markus: Zivilprozessordnung, 10. Auflage, Köln 2018

Pulz, Fabian: Personalbindung mit Aktienoptionen, in BB 2004, S. 1107 ff.

Quardt, Gabriele: Beihilferechtliche Risiken bei einem Verkauf aus der Insolvenz, ZInsO 2014, S. 20 ff.

Quiry, Pascal/Dallocchio, Maurizio/Le Fur, Yann/Salvi, Antonio: Leveraged Buyouts, in: Handbook of Finance, hrsg. Von Frank J. Fabozzi, Volume 2, 2008

Rätke, Bernd: Beständigkeit und Wandel beim Rangrücktritt, Anmerkungen zum BFH-Urteil vom 15.4.2015 – I R 44/14, StuB 2015, S. 771 ff.

Rau, Günter/Dürrwächter, Erich/Flick, Hans/Geist, Reinhold (Begr.): Kommentar zum Umsatzsteuergesetz, Köln (Stand: September 2017)

Rawert, Peter: Die Stiftung auf Zeit – insbesondere die Verbrauchsstiftung – in der zivilrechtlichen Gestaltungspraxis, npoR 2014, S. 1 ff.

Redeker, Rouven: Kontrollerwerb an Krisengesellschaften: Chancen und Risiken des Debt-Equity-Swap, BB 2007, S. 673 ff.

Reiche, Felix/Kroschewski, Robert: Akquisitionsfinanzierungen nach Einführung der Zinsschranke – erste Empfehlungen für die Praxis, DStR 2007, S. 1330 ff.

Reichert, Jochem: Mitwirkungsrechte und Rechtsschutz der Aktionäre nach Macroton und Gelatine, AG 2005, S. 150 ff.

Renger, Stefan: Substanzanforderungen des BFH an Zwischengesellschaften erfordern neue Gestaltungen – Anmerkung zu BFH Urteil vom 29.1.2008 – Az.: I R 26/06, BB 2008, S. 1379 f.

Requenez, Arturo/Shuman, Timothy S.: U. S. private equity funds making cross-border investments – primary tax considerations, Journal of Taxation, June 2007, S. 349 ff.

Reul, Adolf/Heckschen, Heribert/Wienberg, Rüdiger (Hrsg.): Insolvenzrecht in der Gestaltungspraxis, 2. Auflage, München 2018

Reuter, Dieter: Die Haftung des Stiftungsvorstands gegenüber der Stiftung, Dritten und dem Fiskus, in: Walz/Hüttemann/Rawert/Schmidt (Hrsg.), Non Profit Law Yearbook 2002, Köln (u. a.) 2003, S. 157 ff.

Reuter, Dieter: Stiftungsrechtliche Vorgaben für die Verwaltung des Stiftungsvermögens, NZG 2005, S. 649 ff.

Reymann, Christoph: Die Verpfändung von GmbH-Geschäftsanteilen, DNotZ 2005, S. 425 ff.

Rhein, Tilman: Der Interessenkonflikt der Manager beim Management Buy-out, München 1996

Richter, Andreas: Rechtsfähige Stiftung und Charitable Corporation: Überlegungen zur Reform des deutschen Stiftungsrechts auf der Grundlage einer historisch-rechtsvergleichenden Untersuchung der Entstehung des modernen deutschen und amerikanischen Stiftungsmodells (Diss), Berlin 2000

Richter, Andreas: Stiftungsrechtsreform und Novellierung der Landesstiftungsgesetze, in: Bundesverband Deutscher Stiftungen e. V., 59. Jahrestagung, Berlin 2003, S. 44 ff.

Richter, Andreas/Wachter, Thomas (Hrsg.): Handbuch des internationalen Stiftungsrechts, Angelbachtal 2007

Richter, Nicholas Peter: Möglichkeiten und Grenzen des Distressed Debt Investing in Deutschland, Wiesbaden 2006

Richter, Stefan: Aktienoptionen für den Aufsichtsrat?, in BB 2004, S. 949 ff.

Ristelhuber, Johannes: Sanierende Unternehmensübertragung und Fusionskontrolle, ZIP 2003, S. 378 ff.

Rittmeister, Maximilian: Due Diligence und Geheimhaltungspflichten beim Unternehmenskauf – die Zulässigkeit der Gestattung einer Due Diligence durch den Vorstand oder die Geschäftsführer der Zielgesellschaft, NZG 2004, S. 1032 ff.

Rock, Hermann: Management-Beteiligungen in Private Equity Strukturen, in M&A-Review 2005, S. 64 ff.

Rödder, Thomas/Herlinghaus, Andreas/Neumann, Ralf (Hrsg.): Körperschaftsteuergesetz – KStG, Köln 2015

Rödder, Thomas/Hötzel, Oliver/Müller-Thuns, Thomas: Unternehmenskauf, Unternehmensverkauf, zivilrechtliche und steuerrechtliche Gestaltungspraxis, München 2003

Rödding, Adalbert: Umsatzsteuerliche Behandlung des Verkaufs zahlungsgestörter Forderungen – zugleich Besprechung des BMF-Schreibens v. 2.12.2015, DStR 2016, S. 97 ff.

Rodin, Andreas: Private Equity – eine Anlageklasse in der Vermögensverwaltung, ein Segment des Kapitalmarkts, eine Anlageform für gemeinnützige Investoren, in: Birk, Dieter (Hrsg.), Transaktionen, Vermögen, Pro Bono – Festschrift zum zehnjährigen Bestehen von P+P Pöllath + Partners, München 2008, S. 541 ff.

Rodin, Andreas/Veith, Amos: Zur Abgrenzung zwischen privater Vermögensverwaltung und gewerblicher Tätigkeit bei Private Equity-Pools, DB 2001, S. 883 ff.

Ronneberger, Thomas/König, Juliane: Bilanzierung von Verbindlichkeiten bei Rangrücktritt: Tilgung aus Bilanzgewinn und Liquidationsüberschuss, SteuK 2015, S. 347

Roschmann, Christian/Frey, Johannes: Geheimhaltungsverpflichtungen der Vorstandsmitglieder von Aktiengesellschaften bei Unternehmenskäufen, AG 1996, S. 449 ff.

Roth, Günter H./Altmeppen, Holger: Kommentar zum GmbHG, 9. Auflage, München 2019

Rowedder, Heinz/Schmidt-Leithoff, Christian (Hrsg.): GmbHG, Kommentar, 5. Auflage, München 2013

Rubner, Daniel/Pospiech, Lutz: „Scale" – das neue Marktsegment der Deutsche Börse AG für KMU, NJW-Spezial 2017, S. 143 ff.

Rudolph, Bernd: Funktionen und Regulierung der Finanzinvestoren, ZGR 2008, S. 161 ff.

Rusch, Konrad/Brocker, Till: Debt Mezzanine Swap bei Unternehmensfinanzierungen – rechtliche und steuerliche Rahmenbedingungen, ZIP 2012, S. 2193 ff.

Säcker, Franz Jürgen/Rixecker, Roland/Oetker, Hartmut/Limperg, Bettina: Münchener Kommentar zum Bürgerlichen Gesetzbuch, Band I, 7. Auflage, München 2015

von Saucken, David/Keding, Sebastian: Der Handel von Schuldverschreibungen im laufenden Insolvenzverfahren – Wege aus der Insiderfalle, NZI 2015, S. 681 ff.

Sax, Stefan/Ponseck, Joachim/Swierczok, Artur M.: Ein vorinsolvenzliches Restrukturierungsverfahren für europäische Unternehmen, BB 2017, S. 323 ff.

Sax, Stefan/Swierczok, Artur M.: Das englische Scheme of Arrangement – ein taugliches Sanierungsinstrument für deutsche Unternehmen!, ZIP 2016, S. 1945 ff.

Schäfer, Carsten: Vereinbarungen bei Aktienemissionen, ZGR 2008, S. 455 ff.

Schäfer, Horst/Hillesheim, Christiane: Die Gesellschafterstellung auf Zeit im Rahmen eines Geschäftsführerbeteiligungsmodells (Managermodells), in DStR 2003, S. 2122 ff.

Schaffner, Petra: Haftungsbeschränkungen im Managementletter, in BB 2007, S. 1292 ff.

Schanz, Kay-Michael: Schaeffler/Continental: Umgehung von Meldepflichten bei öffentlichen Übernahmen durch Einsatz von derivativen Finanzinstrumenten, DB 2008, S. 1899 ff.

Schanz, Kay-Michael: Börseneinführung, 4. Auflage, München 2012

Schaper, Hanno/Stauber, Peter: Ausgewählte Themen des neuen Kartellschadensersatzrechts – Schadensersatz, Abwälzung, Gesamtschuld und Innenausgleich, NZKart 2017, S. 279 ff.

Schauhoff, Stephan: Handbuch der Gemeinnützigkeit, 3. Auflage, München 2010

Schauhoff, Stephan: Verlust der Gemeinnützigkeit durch Verluste?, DStR 1998, S. 701 ff.

Schaumburg, Harald (Hrsg.): Unternehmenskauf im Steuerrecht, 3. Auflage, Stuttgart 2004

Schaumburg, Harald/Rödder, Thomas (Hrsg.): Unternehmenssteuerreform 2008, München 2007

Schell, Matthias/Schrade, Jörg: Wiedereinlagevereinbarungen und tatsächliche Durchführung von Gewinnabführungsverträgen iSd § 14 Abs. 1 S. 1 Nr. 3 S. 1 KStG, DStR 2017, S. 86 ff.

Scheunemann, Marc P./Socher, Oliver: Zinsschranke beim Leveraged Buy-out, BB 2007, S. 1144 ff.

Schickerling, Falco/Blunk, Andreas: Auswirkungen des MoMiG auf die gesellschaftsrechtliche Due Diligence im Vorfeld eines Geschäftsanteilskaufs, GmbHR 2009, S. 337 ff.

Schiessl, Maximilian: Auf der Suche nach dem „Ankeraktionär“ – „PIPE“-Transaktionsmodelle und Organpflichten, AG 2009, S. 385 ff.

Schiller, Christof: Zehn Jahre Chapter 15 in den USA – Praktischer Umgang mit der Anerkennung ausländischer Insolvenzverfahren in den USA, NZI 2015, S. 744

Schimansky, Herbert/Bunte, Hermann-Josef/Lwowski, Hans Jürgen: Bankrechts-Handbuch, 5. Auflage, München 2017

Schindler, Ambros: Vermögensanlage von Stiftungen im Zielkonflikt zwischen Rendite, Risiko und Erhaltung der Leistungskraft, DB 2003, S. 297 ff.

Schlitt, Michael: Die neuen Marktsegmente der Frankfurter Wertpapierbörse, AG 2003, S. 57 ff.

Schlitt, Michael/Grüning, Eyke: Exit von Private Equity Investoren über die Börse – IPO als Alternative zu Trade Sale and Secondary Buyout, CFL 2010, S. 68 ff.

Schlitt, Michael/Ries, Christian: Preisbestimmungsverfahren bei Aktienemissionen, Festschrift Schwark, S. 241 ff.

Schlitt, Michael/Schäfer, Susanne: Auswirkungen der Umsetzung der Transparenzrichtlinie und der -Finanzmarktrichtlinie auf Aktien- und Equity-Linked-Emission, AG 2007, S. 227 ff.

Schlitt, Michael/Schäfer, Susanne: Drei Jahre Praxis unter dem Wertpapierprospektgesetz – eine Zwischenbilanz, AG 2008, S. 525 ff.

Schlitt, Michael/Schäfer, Susanne/Basnage, John M.: Aktuelle rechtliche Entwicklungen und Gestaltungen in der Praxis bei Equity- und Equity-linked-Transaktionen, CFL 2013, S. 49 ff.

Schlitt, Michael/Singhof, Bernd/Schäfer, Susanne: Aktuelle Rechtsfragen und neue Entwicklungen im Zusammenhang mit Börsengängen, BKR 2005, S. 251 ff.

Schlosser, Peter F./Hess, Burkhard: EU-Zivilprozessrecht, 4. Auflage, München 2015

Schluck-Amend, Alexandra/Meyding, Thomas: Der Unternehmenskauf in Krise und Insolvenz, Stuttgart 2012

Schmeisser, Wilhelm/Clausen, Lydia: Mezzanines Kapital für den Mittelstand zur Verbesserung des Ratings, DStR 2008, S. 688 ff.

Schmidt, Christian/Dendorfer, Wilhelm: Beteiligungen an US-amerikanischen Immobilienfonds – Doppelbesteuerung von Zinserträgen aufgrund von Qualifikationskonflikten, IStR 2000, S. 46 ff.

Schmidt, Holger: Market Disruption, BKR 2009, S. 490 ff.

Schmidt, Karsten: Handelsrecht, 6. Auflage, Köln u. a. 2014

Schmidt, Karsten (Hrsg.): Insolvenzordnung, Kommentar, 19. Auflage, München 2016

Schmidt, Karsten: Der unspezifizierte Rangrücktritt: unerfüllte Bringschuld des Insolvenz- und des Steuerrechts, BB 2016, S. 2 ff.

Schmidt, Karsten/Lutter, Marcus: Kommentar zum Aktiengesetz, 3. Auflage, Köln 2015

Schmidt, Ludwig (Begr.)/ Weber-Grellet, Heinrich (Hrsg.): Einkommensteuergesetz, Kommentar, 38. Auflage, München 2019

Schmidt, Mario/Schlitt, Michael: Debt Equity Swap – Eine attraktive Form der Restrukturierung?, Der Konzern 2009, S. 279 ff.

Schmidt, Michael Johannes: Benachteiligung einer Partei durch unterschiedliche Qualifikation eines Rechtsstreits als Konkurssache i. S. des EuGVÜ durch Gerichte zweiter Mitgliedstaaten, EWS 1993, S. 388 ff.

Schmidt, Thomas: Vertragsgestaltung bei Beteiligungsfinanzierung durch Venture Capital Investoren, in Birk, D., Pöllath, R., Saenger, I. (Hrsg.), Forum Unternehmenskauf 2005, Baden Baden 2006, S. 203 ff.

Schmitz-Herscheidt, Fabian: Zinsschranke und Gesellschafterfremdfinanzierung bei nachgeordneten Mitunternehmerschaften, BB 2008, S. 699 ff.

Schniepp, Steffen/Gieseke, Cordula: Virtuelle Anteile und AGB, in NZG 2017, S. 128 ff.

Schnitger, Arne: Einlage bei Verbindlichkeiten i. S. d. § 5 Abs. 2a EStG – Analyse des BFH-Urteils vom 15.4.2015 (I R 44/14, DB 2015 S. 1633) –, DB 2015, S. 1989 ff.

Schnitger, Arne: Urteil in den Rs. Deister Holding und Juhler Holding – das Ende des § 50d Abs. 3 EStG, IStR 2018, S. 169 ff.

Schnitger, Arne/Bildstein, Christoph: Praxisfragen der Betriebsstättenbesteuerung, Ubg 2008, S. 444 ff.

Schnittker, Helder/Best, Michael: Verdeckte Gewinnausschüttung bei unüblicher Tantieme – Vereinbarung mit Gesellschafter-Geschäftsführer – Welche Rolle spielt die Höhe der Beteiligung, in GmbHR 2002 S. 565 ff.

Schnittker, Helder/Steinbiß, Timo: Gewerblichkeit oder Vermögensverwaltung bei PE/VC-Fonds – Folgerungen aus dem Urteil des BFH v. 24.8.2011, FR 2016, S. 1069 ff.

Schockenhoff, Martin: Die befristete Unternehmensbeteiligung des GmbH-Geschäftsführers, in ZIP 2005, S. 1009 ff.

Scholz, Franz: GmbHG Kommentar, Band 2, 11. Auflage, Köln 2014

Schönfeld, Jens: Anmerkung zu BFH, Beschluss v. 19. Dezember 2007, I R 66/06, IStR 2008, S. 370 ff.

Schönhaus, Mathias: Gesetzesentwurf zur Lizenzschranke: Begrenzung steuereffizienter IP-Strukturen, GRUR-Prax 2017, S. 93 ff.

Schöwerling, Christian: Die Geheimhaltungsvereinbarung: (K)ein Auslaufmodell?, GRUR-Prax 2015, 52 ff.

Schriever, Frank: Stiftungsfinanzierung im Niedrigzinsumfeld, npoR 2017, S. 111 ff.

Schröder, Oliver/Falter, Michael: Die Unterrichtung des Wirtschaftsausschusses bei Unternehmensübernahmen nach Inkrafttreten des Risikobegrenzungsgesetzes, NZA 2008, S. 1097 ff.

Schröder, Oliver/Rahn, Alexander, Das KAGB und Private-Equity-Transaktionen – Pflichten für Manager von Private Equity Fonds und deren Verwahrstellen, GWR 2014, S. 49 ff.

Schroeder, Ulrich: Darf der Vorstand einer Aktiengesellschaft dem Aktienkäufer eine Due Diligence gestatten?, DB 1997, S. 2161 ff.

Schüler, Andreas: Zur Unternehmensbewertung mit Multiplikatoren, WPg 2014, S. 1146 ff.

Schüler, Julia: Die Biotechnologie-Industrie, Berlin 2016

Schulte, Christof: Corporate Finance, München 2006

Schulz, Dietmar: Apcoa – Grenzen der Anerkennung des Scheme of Arrangement nach Änderung der Rechtswahlklausel, ZIP 2015, S. 1912 ff.

Schulz, Stephan: Die Reform des Europäischen Prospektrechts – Eine Analyse der geplanten Prospektverordnung und ihrer Praxisauswirkungen, WM 2016, S. 1417 ff.

Schulze-Osterloh, Joachim: Rangrücktritt in der Handelsbilanz zwischen BGH und BFH, BB 2017, S. 427 ff.

Schümmer, Markus/Leusder, Johannes/Weinrich, Arndt: Implikationen der US-Steuerreform auf die Hinzurechnungsbesteuerung nach dem AStG, IStR 2018, S. 397 ff.

Schüppen, Matthias/Tretter, Alexandra: Aktienrecht 2015 – Jubiläum, Restposten und Reform, WPg 2015, S. 643 ff.

Schwark, Eberhard/Zimmer, Daniel: Kapitalmarktrechtskommentar, 4. Auflage, München 2010

Schwarz, Bernhard/Pahlke, Armin (Hrsg.): AO/FGO Kommentar, Abgabenordnung, Finanzgerichtsordnung, Stand: 177. Aktualisierung, Juli 2017

Schwedhelm, Rolf: Die steuerliche Angemessenheit von Bezügen für als Vorstand tätige Anteilseigner, in AG 2006, S. 626 f.

von Schweinitz, Oliver: Abschreibungen zwischen Aufwands- und Subventionstatbestand, Europarechtliche und verfassungsrechtliche Grenzen von Abschreibungstatbeständen, Berlin 2005

von Schweinitz, Oliver: Rating Agencies, Their Business, Regulation and Liability under US, UK and German Law, Bloomington 2007

Schwintowski, Hans-Peter: Bankrecht, 5. Auflage, Köln 2018

Seeliger, Daniela/Gürer, Kaan: Kartellrechtsrisiken in M&A-Transaktionen – neuere Entwicklungen, BB 2017, S. 195 ff.

Seeliger, Daniela/de Crozals, Dorothee: Zukunftsweisend: Die 9. GWB-Novelle, ZRP 2017, S. 37 ff.

Seibt, Christoph H.: Grenzen des übernahmerechtlichen Zurechnungstatbestandes in § 30 Abs. 2 WpÜG (Acting in Concert), ZIP 2004, S. 1829 ff.

Seibt, Christoph H./Reiche, Felix: Unternehmens- und Beteiligungskauf nach der Schuldrechtsreform, DStR 2002, S. 1135 ff.

Seibt, Christoph H./Wunsch, Oliver: Managementgarantien bei M & T-Transaktionen, in ZIP 2008, S. 1093 ff.

Seibt, Christoph/Wunsch, Oliver: Investorenvereinbarungen bei öffentlichen Übernahmen, Der Konzern 2009, S. 195 ff.

Semler, Johannes/ Stengel, Arndt: Umwandlungsgesetz, 4. Auflage, München 2017

Semler, Johannes/Volhard, Rüdiger: Arbeitshandbuch für Unternehmensübernahmen, Band 1., München 2001

Semler, Johannes/Volhard, Rüdiger/Reichert, Jochem: Arbeitshandbuch für die Hauptversammlung, 4. Auflage, München 2018

Seppelt, Michael: BB-Kommentar „Die Rechtslage dürfte für die nähere Zukunft entschieden sein" zu BFH, Urt. v. 10.8.2016 – I R 25/15, BB 2017, 1009

Sigle, Walter: Zur Beteiligung familienfremder Manager an Familien-Personengesellschaften, in: Festschrift für Johannes Semler zum 70. Geburtstag am 28. April 1993, Berlin 1993, S. 767 ff.

Smid, Stefan/Rattunde, Rolf/Martini, Torsten: Der Insolvenzplan, 4. Auflage, Stuttgart 2015

Sonndorfer, Tobias: Private Equity in Deutschland, Darstellung und Analyse unter besonderer Berücksichtigung des Exits, Saarbrücken 2007

Sontheimer, Jürgen: Die steuerliche Behandlung von Genussrechten, Beilage 19/1984 zu BB 30/1984, S. 1 ff.

Sosnitza, Olaf: Rückerwerb der Geschäftsanteile von Gesellschafter-Geschäftsführern, in DStR 2005, S. 72 ff.

Speechley, Tom: Acquisition Finance, Second Edition, Haywards Heath 2015

Spindler, Gerald: Das Gesetz über die Offenlegung von Vorstandsvergütungen – VorstOG, in NZG 2005, S. 689 ff.

Spirtos, John B.: Advising pension plans and other tax-exempt entities on investments in partnerships, Journal of Partnership Taxation, Fall 1997

Stadler, Wilfried (Hrsg.): Venture Capital und Private Equity, Köln 2000

Stahlschmidt, Michael: Die Rücklagenbildung einer gemeinnützigen Körperschaft, FR 2002, S. 1109 ff.

v. Staudinger, Julius (Begr.): Kommentar zum Bürgerlichen Gesetzbuch, Buch 2, §§ 488–490; 607–609 (Darlehensrecht), hrsg. Von Heinz-Peter Mansel, Robert Freitag und Peter O. Mülbert, Berlin 2015

Steffan, Bernhard: Sanierungskonzepte qou vadis?, ZIP 2016, S. 1712 ff.

Stein, Friedrich/Jonas, Martin/Kern, Christoph: Stein/Jonas Kommentar zur Zivilprozessordnung, Band 12, 23. Auflage, Tübingen 2017

Steinmüller, Jens: Neues Kapitalanlagerundschreiben veröffentlicht: Erleichterung für Private-Equity-Fonds – Gewissheit für Kreditfonds?, RdF 2018, S. 117 ff.

Stelkens, Paul/Bonk, Heinz Joachim/Leonhardt, Klaus (Begr.): Verwaltungsverfahrensgesetz, 9. Auflage, München 2018

Stief, Marco/Bromm, Boris: Vertragshandbuch Pharma und Life Sciences, München 2015

Stöber, Michael: Die Aktienrechtsnovelle 2016, DStR 2016, S. 611 ff.

Stoschek, Uwe/Protzen, Peer Daniel: Gewinne aus Private-Equity-Fonds als nicht steuerbare Vermögensmehrungen – insbesondere zur Besteuerung von Beteiligungsveräußerungen, FR 2001, S. 816 ff.

Streck, Michael: Zur Besteuerung von Management-Entgelten bei Private Equity-Investitionen, AG 2008, S. 321 f.

Strittmatter, Marc/Held, Jürgen: Umgang mit IP und IT in der Unternehmenstransaktion, FuS 2015, S. 226 ff.

Strunk, Günther/Haase, Florian: Die tatbestandliche Erfassung von Genussrechten als Anteile an Kapitalgesellschaften bei der Hinzurechnungsbesteuerung, BB 2007, S. 17 ff.

Stupp, Alexander/Mucke, Jörg: Die Auswirkung kreativer „Zins"-Vereinbarungen auf die ordentlichen Kündigungsmöglichkeiten des Darlehensnehmers, BKR 2005, S. 20 ff.

Süß, Stefan/Mayer, Stefan, Was bleibt vom Private-Equity-Erlass? Anmerkung zum Urteil des BFH v. 24.8.2011, I R 46/10, DStR 2011, S. 2276 ff.

von Sydow, Christian/Beyer, Oliver: Erwerb von notleidenden Krediten und anschließende Kapitalerhöhung mit Sacheinlage, AG 2005, S. 635 ff.

Technau, Konstantin: Rechtsfragen bei der Gestaltung von Übernahmeverträgen („Underwriting -Agreements") im Zusammenhang mit Aktienemissionen, AG 1998, S. 445 ff.

Tetzlaff, Christian: Verwertung von Pfandrechten an Unternehmensbeteiligungen durch eine öffentliche Versteigerung und freihändige Veräußerung, ZInsO 2007, S. 478 ff.

Thaeter, Ralf/Guski, Roman: Shareholder Activism: Gesellschafts-rechtliche Schranken aktiven Aktionärsverhaltens, AG 2007, S. 301 ff.

Theiselmann, Rüdiger: Praxishandbuch des Restrukturierungsrechts, 3. Auflage, Frankfurt am Main 2016

Thiel, Jochen: Die zeitnahe Mittelverwendung – Aufgabe und Bürde gemeinnütziger Körperschaften, DB 1992, S. 1900 ff.

Thiel, Jochen: Die gemeinnützige GmbH, GmbHR 1997, S. 10 ff.

Thiele, Stefan: Das Eigenkapital im handelsrechtlichen Jahresabschluß, Düsseldorf 1998

Thiermann, Christoph: Beschränkungen von Leveraged Buy-Outs durch das Asset Stripping Verbot des § 292 KAGB?, NZG 2016, S. 335 ff.

Thole, Christoph: Sanierung mittels Scheme of Arrangement im Blickwinkel des Internationalen Privat- und Verfahrensrechts – Zugleich ein Beitrag zur internationalen Reichweite des Schutzschirmverfahrens (§ 270b InsO n. F.) und von Mehrheitsbeschlüssen nach SchVG, ZGR 2013, S. 109 ff.

Thole, Christoph: Die Restrukturierung von Schuldverschreibungen im Insolvenzverfahren, ZIP 2014, S. 293 ff.

Thole, Christoph: Der Debt Equity Swap bei der Restrukturierung von Anleihen, ZIP 2014, S. 2365 ff.

Thole, Christoph: Der Richtlinienvorschlag zum präventiven Restrukturierungsrahmen, ZIP 2017, S. 101 ff.

Thom, Matthias/Dürre, Pia: Venture Debt: Gewährung von Gelddarlehen durch Investmentfonds nach dem KAGB – ein Erfolgsrezept?, WM 2018, S. 502 ff.

Thomas, Heinz/Putzo, Hans: Zivilprozessordnung, 40. Auflage, München 2019

Thum, Rainer: Neue Spielregeln für die Zwischenschaltung von Transfergesellschaften?, BB 2013, S. 1525 ff.

Thüsing, Gregor: Das Gesetz über die Offenlegung von Vorstandsvergütungen, in ZIP 2005, S. 1389 ff.

Thüsing, Gregor: Beteiligungsrechte von Wirtschaftsausschuss und Betriebsrat bei Unternehmensübernahmen, ZIP 2008, S. 106 ff.

Tipke, Klaus/Kruse, Heinrich Wilhelm: Abgabenordnung, Finanzgerichtsordnung, Loseblattsammlung, Köln (Stand: 155. Ergänzungslieferung März 2019)

Tipke, Klaus/Lang, Joachim: Steuerrecht, 22. neu bearbeitete Auflage, Köln 2015

Töben, Thomas: Private-Equity-Fonds: Ausländische Beteiligungserträge deutscher und ausländischer Personengesellschaften mit ausländischen Gesellschaftern, ISR 2013, S. 350 ff.

Töben, Thomas/Lohbeck, Allit/Fischer, Hardy: Aktuelle steuerliche Fragen im Zusammenhang mit Inbound-Investitionen in deutsches Grundvermögen, FR 2009, S. 151 ff.

Tokarevich, Jegor/Jüttner, Dario: Strukturierung von Alternativen Investments zur Reduktion der aufsichtsrechtlichen Kapitalanforderung unter Beachtung des Look-Through-Ansatzes von Solvency II, RdF 2017, S. 187 ff.

Tonner, Martin: Zulässigkeit und Gestaltungsmöglichkeiten von Tracking Stocks nach deutschem Aktienrecht, IStR 2002, S. 317 ff.

Triebel, Volker: Mergers & Acquisitions, Strategie-Steuern-Recht, Teil II, Heidelberg 2004

Tseng, Arthur J: M & A Transactions: Financial Due Diligence from Zero to Professional. Create Space Independent Publishing Platform, North Charleston 2013

Uhlenbruck, Wilhelm u. a. (Hrsg.): Insolvenzordnung, 14. Auflage, München 2015

Ulmer, Peter/Habersack, Mathias/Loebbe, Marc (Hrsg.): Gesetz betreffend die Gesellschaften mit beschränkter Haftung (GmbHG), Großkommentar, Band I, Einleitung, §§ 1 – 28, 2. Auflage, Tübingen 2013

Ulmer, Peter/Habersack, Mathias/Loebbe, Marc (Hrsg.): Gesetz betreffend die Gesellschaften mit beschränkter Haftung (GmbHG), Großkommentar, Band II, §§ 29 – 52, 2. Auflage, Tübingen 2014

Ulrich, Niklas: Private Equity (LBO) vor und nach Inkrafttreten des KAGB, Berlin 2018

Urlaub, Jasmin/Kamp, Britta: Die Vermeidung der Bankenhaftung bei der Vergabe von Sanierungskrediten, ZIP 2014, S. 1465 ff.

Vater, Hendrik: Bilanzielle und körperschaftsteuerliche Behandlung von Stock Options, in DB 2000, S. 2177 ff.

Vater, Hendrik: Stock Options – Bewertung, steuerrechtliche Aspekte und Rechnungslegung sowie Alternativen, Berlin 2004

Vetter, Eberhard: Stock Options für Aufsichtsräte – ein Widerspruch?, in AG 2004, S. 234 ff.

Vogel, Klaus/Lehner, Moris (Hrsg.): Doppelbesteuerungsabkommen (DBA) der Bundesrepublik Deutschland auf dem Gebiet der Steuern vom Einkommen und Vermögen, 6. Auflage, München 2015

Vögele, Alexander/Borstell, Thomas/Engler, Gerhard: Verrechnungspreise, Betriebswirtschaft, Steuerrecht, 4., vollständig neubearbeitete Auflage, München 2015

Vogt, Gabriele: Die Due Diligence – ein zentrales Element bei der Durchführung von Mergers & Acquisitions, DStR. 2001, S. 2027 ff.

Vogt, Volker/Bedkowski, Dorothea: Risikobegrenzungsgesetz – Arbeitsrechtliche Auswirkungen auf M&A-Transaktionen, NZG 2008, S. 725 ff.

Volk, Gerrit: Mezzanine Capital: Neue Finanzierungsmöglichkeiten für den Mittelstand?, BB 2003, S. 1224 ff.

Voll, Otto/Störle, Johann: Bayrisches Stiftungsgesetz (BayStG), 6. Auflage, Stuttgart 2016

Volmer, Michael: Vertragspaternalismus im Gesellschaftsrecht? – Neues zu Abfindungsklauseln, in DB 1998, S. 2507 ff.

Wachter, Thomas: Rechtliche Fragen bei der Anlage von Stiftungsvermögen, Beilage zu Stiftung&Sponsoring 6/2002, 1 ff.

Wachter, Thomas: Die englische private limited company im deutschen Steuerrecht (Teil 1), FR 2006, S. 358 ff.

Wacker, Roland: Zu den steuerbilanziellen Folgen eines Rangrücktritts nach der jüngeren Rechtsprechung des I. BFH-Senats, DB 2017, 26 ff.

Wagner, Thomas/Fischer, Hardy: Anwendung der Zinsschranke bei Personengesellschaften, BB 2007, S. 1811 ff.

Wagner, Thomas/Fischer, Hardy: Ausschluss der Kapitalertragssteuererstattung gemäß § 50d Abs. 1a EStG 1990 i. d. F. des StBMG; Durchleitung inländischer Einnahmen durch eine ausländische Basisgesellschaft; Gestaltungsmissbrauch, FR 2008, S. 672 ff.

Wagner, Wolfgang/Russ, Wolfgang: „Due Diligence Untersuchungen“, in: IDW (Hrsg.): Wirtschaftsprüfer-Handbuch 2002, Handbuch für Rechnungslegung, Prüfung und Beratung, Band II, 12. Auflage, Düsseldorf 2002, S. 997 ff.

Waldburg, Oliver: Überbrückungskredite und Sanierungskredite, ZInsO 2014, S. 1405 ff.

Wallenhorst, Rolf/Halaczinsky, Raymond (Hrsg.): Die Besteuerung gemeinnütziger und öffentlich-rechtlicher Körperschaften, 7. völlig neu bearbeitete Auflage, München 2017

Wand, Peter/Tillmann, Tobias/Heckenthaler, Stephan: Aufsteigende Darlehen und Sicherheiten bei Aktiengesellschaften nach dem MoMiG und der MPS-Entscheidung des BGH, AG 2009, S. 148 ff.

Ward, Sarah M./Darley, Mark L.: A Comparison of Key Provisions in U. S. and European Leveraged Loan Agreements, in: The International Comparative Legal Guide to Lending & Secured Finance 2017

Wassermeyer, Franz: Anmerkung zu BFH, Urteil vom 24.8.2011 – I R 46/10, IStR 2011, S. 925 ff.

Watrin, Christoph/Leukefeld, Robert: § 50d Abs. 3 EStG i. d. F. des BeitrRLUmsG ist unionsrechtswidrig – Überarbeitungsbedarf bei der deutschen Anti-Treaty-Shopping Vorschrift (§ 50d Abs. 3 EStG), FR 2018, S. 813 ff.

Watrin, Christoph/Lühn, Michael: Besteuerung von Genussrechten deutscher Emittenten mit im Ausland ansässigen Inhabern, IWB Nr. 21 v.8. November 2006, S. 483 ff.

Watrin, Christoph/Gocksch, Sebastian: Problembereiche der Besteuerung inländischer Private-Equity-Fonds, DB 2002, S. 341 ff.

Weber, Christoph: Transaktionsboni für Vorstandsmitglieder: Zwischen Gewinnchance und Interessenkonflikt, Berlin 2006

Weber, Christoph: Gesamtabgeltungsklauseln auf dem Prüfstand – Zulässigkeit und Vollstreckbarkeit von Insolvenzplänen mit dynamischer Quote, ZInsO 2017, S. 255 ff.

Weber, Christoph/Meckbach, Anne: Finanzielle Differenzgeschäfte – Ein legaler Weg zum „Anschleichen“ an die Zielgesellschaft bei Übernahmen?, BB 2008, S. 2022 ff.

Weber, Theo/Hohaus Benedikt: Buy-outs: Funktionsweise, Strukturierung, Bewertung und Umsetzung von Unternehmenstransaktionen, Schäffer-Poeschel, Stuttgart 2010

Weber-Grellet, Heinrich: BB-Rechtsprechungsreport zu 2015 veröffentlichten bilanzsteuerrechtlichen BFH-Urteilen, BB 2016, S. 43 ff.

Weber-Grellet, Heinrich: Rangrücktritt im Bilanzsteuerrecht, BB 2015, S. 2667 ff.

Weidert, Stefan/Lux, Herwig/Klüßendorf, Barbara: Die IP/IT-Due Diligence – Herangehensweise und typische Risiken, AnwBl 3/2013, S. 163 ff.

Weiß, Daniel M.: Aktienoptionspläne für Führungskräfte, Köln 1999

Weis, Ditmar u. a. (Aut.): Problematische Firmenkundenkredite: Krise – Sanierung – Insolvenz, 3. Auflage, Heidelberg 2010

Weitemeyer, Birgit/ Wrede, Kathrin: Zeitgemäße Verwaltung des Stiftungsvermögens im zinslosen Umfeld, npoR 2017, S. 91 ff.

Weitnauer, Manuel: Das neue Börsensegment „Scale" der Deutsche Börse AG: Neue Finanzierungs- und Exit-Möglichkeiten für KMUs?, GWR 2017, S. 235 ff.
Weitnauer, Wolfgang: Geldwäscherechtliche Compliance-Anforderungen an Investments von Beteiligungsgesellschaften, GWR 2019, 275
Weitnauer, Wolfgang: Rahmenbedingungen und Gestaltung von Private-Equity-Fonds, FB 2001, S. 258 ff.
Weitnauer, Wolfgang: Der Rangrücktritt – Welche Anforderungen gelten nach aktueller Rechtsprechung?, GWR 2012, S. 193 ff.
Weitnauer, Wolfgang (Hrsg.): Management Buy-Out, Handbuch für Recht und Praxis, 2. Auflage, München 2013
Weitnauer, Wolfgang: Der rechtssichere Weg zum Exit: „10 Lehren" für einen erfolgreichen M&A-Prozess, GWR 2016, S. 413 ff.
Weitnauer, Wolfgang: Handbuch Venture Capital, Von der Innovation zum Börsengang, 6. Auflage, München 2019
Weitnauer, Wolfgang/Boxberger, Lutz/Anders, Dietmar (Hrsg.): KAGB, Kommentar zum Kapitalanlagegesetzbuch und zur Verordnung über Europäische Risikokapitalfonds mit Bezügen zum AIFM-StAnpG, München 2014
Weitnauer, Wolfgang/Boxberger, Lutz/Anders, Dietmar (Hrsg.): KAGB, Kommentar zum Kapitalanlagegesetzbuch und zur Verordnung über Europäische Risikokapitalfonds mit Bezügen zum AIFM-StAnpG, 2. Auflage, München 2017
Weitnauer, Wolfgang/Mennenöh, Henning: Life Science Agreements in Germany, München 2014
Welfonder, Julian/Bensch, Tino: Status Quo der Unternehmensbewertungsverfahren, CORPORATE FINANCE, Nr. 07–08, 2017, S. 175 ff.
Wengel, Torsten: Die handelsrechtliche Eigen- und Fremdkapitalqualität von Genurrechtskapital, DStR 2001, S. 1316 ff.
von Werder, Andreas/König, Andreas: Rechtliche, steuerliche und praktische Aspekte eines „Dual Track-Exits" durch einen LBO-Fund, CFL 2011, S. 241 ff.
von Werder, Andreas/Lei, Xianbei: Aktuelle Entwicklungen bei Managementbeteiligungsprogrammen im Rahmen von Leveraged Buy Outs, BB 2013, S. 1736 ff.
Wessels, Peter: Unternehmenskauf im Vorfeld der Verkäuferinsolvenz, ZIP 2004, S. 1237 ff.
Westpfahl, Lars/Goetker Uwe/Wilkens, Jochen: Grenzüberschreitende Insolvenzen, Köln 2008
Westpfahl, Lars/Knapp, Marvin: Die Sanierung deutscher Gesellschaften über ein englisches Scheme of Arrangement, ZIP 2011, S. 2033 ff.
Westpfahl, Lars/Knapp, Marvin: Scheme of Arrangement über Restrukturierung durch Übertragung der Vermögenswerte einer Gesellschaft auf einen neuen Unternehmensträger und Erwerb von dessen Anteilen nur durch erstrangige Kreditgeber („IMO / Carwash"), EWiR 2010, S. 167 ff.
Widmann, Siegfried/Mayer, Dieter: Umwandlungsrecht Kommentar, 171. Aktualisierung, Bonn Stand 2018
Wiedemann, Gerhard: Handbuch des Kartellrechts, 3. Auflage, München 2016
Wieneke, Laurenz/Hoffmann, Thomas: Der Erhalt der Börsennotierung beim echten und unechten Debt Equity Swap in der Insolvenz der börsennotierten AG, ZIP 2013, S. 697 ff.
Wiesbrock, Michael R.: Rechtsfragen der Befreiung vom Pflichtangebot nach WpÜG in Sanierungsfällen, NZG 2005, S. 294 ff.
Wiese, Götz/Klass, Tobias: Einkommensteuerliche Behandlung von Private Equity und Venture Capital Fonds, FR 2004, S. 324 ff.
Wiese, Götz Tobias/Leo, Hubertus: Die Ausgestaltung von Management-Beteiligungsmodellen, in GmbHR 2017, S. 690 ff.
Wiese, Götz/Süß, Stefan: Verschärfungen bei Kapitalertragsteuer-Entlastung für zwischengeschaltete ausländische Kapitalgesellschaften, GmbHR 2006, S. 972 ff.

Wight, Richard/Bellucci, Michael J./McCluskey, Jerome/Cooke, Warren/Gray, Richard: The LSTA's Complete Credit Agreement Guide, Second Edition, 2016

Wilhelm, Sebastian: Das Schicksal virtueller Mitarbeiterbeteiligungen bei Abspaltung und Ausgliederung, in NZG 2013, S. 121 ff.

Wilken, Oliver/Schaumann, Michael/Zenker, Michael: Anleihen in Restrukturierung und Insolvenz, 2. Auflage, Köln 2017

Willemsen, Heinz Josef: Die Beteiligung des Betriebsrats im Umwandlungsverfahren, RdA 1998, S. 23 ff.

Willemsen, Heinz Josef/Hohenstatt, Klaus-Stefan/Schweibert. Ulrike/Seibt, Christoph H.: Umstrukturierung und Übertragung von Unternehmen, 5. Auflage, München 2016

Wimmer, Klaus (Hrsg.): FK-InsO – Frankfurter Kommentar zur Insolvenzordnung, 9. Auflage, Berlin 2017

Windsor, Jo/Nüller-Seils, Carsten O./Burg, Michael: Unternehmenssanierung nach englischem Recht – Das Company Voluntary Arrangement, NZI 2007, S. 7 ff.

Winkler, Hartmut/Käshammer, Daniel: Betrieb und Konzern im Sinne der Zinsschranke (§ 4h EStG) – Überlegungen zur Abgrenzung des für die Zinsschranke relevanten Konsolidierungskreises (§ 4h EStG), Ubg 2008, S. 478 ff.

Winter, Willi: Steuerliche Behandlung von Genussrechten, GmbHR 1993, S. 31 ff.

Wittenstein, Patrick: Eine aktuelle Momentaufnahme zur Steuergestaltung mit hybriden Finanzinstrumenten: „Luxembourg Leaks" und neue Gesetze(-svorhaben) in Europa, IStR 2015, S. 160 ff.

Wittig, Arne: Beseitigung der Insolvenzgründe mit Bankenbeiträgen als Voraussetzung der freien Unternehmensfinanzierung, NZI 1998, S. 49 ff.

Wochner, Georg: Die Stiftungs-GmbH, DStR 1998, S. 1835 ff.

Wöhe, Günter: Bilanzierung und Bilanzpolitik, 9. Auflage, München 1997

Wollny, Christoph: Der objektivierte Unternehmenswert, Herne 2008

Wollny, Paul: Unternehmens- und Praxisübertragungen, 8. Auflage, Herne u. a. 2015

Wood, Philip: Law and Practice of International Finance, 2008

Worzalla, Michael: Neue Spielregeln bei Betriebsübergang – Die Änderungen des § 613a BGB, NZA 2002, S. 353 ff.

Wright, Sue: The Handbook of International Loan Documentation, Second Edition, 2014

Zander, Georg: Einführung von Kreditfonds durch das OGAW-V-Umsetzungsgesetz – Zugleich Überblick über die wesentlichen Neuregelungen –, DB 2016, S. 331 ff.

Zentes, Uta/Glaab, Sebastian (Hrsg.): GwG, Geldwäschegesetz, Geldtransferverordnung, relevante Vorgaben aus KWG, VAG, StGB und AO, Frankfurt am Main 2018

Zetzsche, Dirk Andreas: Verordnung über europäische langfristige Investmentfonds (ELTIF-VO) – Langfristigkeit im Sinne der Kleinanleger?, ZBB 2015, S. 362 ff.

Zetzsche, Dirk Andreas/Marte, Thomas: Kreditfonds zwischen Anleger- und Systemschutz, RdF 2015, S. 4 ff.

Zetzsche, Dirk Andreas/Preiner, Christina: Was ist ein AIF?, WM 2013, S. 2191 ff.

Ziebe, Jürgen: Rechtsnatur und Ausgestaltung von Genussrechten, DStR 1991, S. 1594 ff.

Ziegler, Ole: „Due Diligence" im Spannungsfeld zur Geheimhaltungspflicht von Geschäftsführern und Gesellschaftern, DStR 2000, S. 249 ff.

Ziemons, Hildegard: Die Weitergabe von Unternehmensinterna an Dritte durch den Vorstand einer Aktiengesellschaft, AG 1999, S. 492 ff.

Zirngibl, Nikolas: Die Due Diligence bei der GmbH und der Aktiengesellschaft – Die Geschäftsführungsorgane im Konflikt zwischen Geheimhaltung und Informationsoffenlegung, Berlin 2003

Zöller, Richard (Begr.): Zivilprozessordnung, 32. Auflage, Köln 2018

Zöllner, Wolfgang/Noack, Ulrich (Hrsg.): Kölner Kommentar zum Aktiengesetz, Band 4/ Teil 5, §§ 179–182 AktG, 3. Auflage, Köln 2019

Zweigert, Konrad/Kötz, Hein: An Introduction to Comparative Law, Third Edition, 1998

1. Teil. Investoren

§ 1 Stiftungen als Investoren

Übersicht

Literaturverzeichnis

Bärenz, Uwe/Veith, Amos: Das BMF-Schreiben zur Abgrenzung zwischen privater Vermögensverwaltung und gewerblicher Tätigkeit bei Private-Equity-Fonds, BB 2004, S. 251 ff.

Bauer, Andreas/Gemmeke, Thomas: Zur einkommensteuerlichen Behandlung von Venture Capital und Private-Equity-Fonds nach dem BMF-Schreiben vom 16.12.2003, DStR 2004, S. 579 ff.

Benke, Holger: Ziele und Organisation der Vermögensanlage in gemeinnützigen Stiftungen, Stiftung&Sponsoring 2/1999, S. 13 ff.

Bertelsmann Stiftung (Hrsg.): Handbuch Stiftungen, Wiesbaden 2003

Bork, Udo: Ausschüttungsbemessung des Stiftungsunternehmens, ZSt 2003, S. 14 ff.

Brockhoff, Klaus: Optimierung der Vermögensanlage einer Stiftung, in: *Walz/Hüttemann/Rawert/Schmidt (Hrsg.),* Non Profit Law Yearbook 2002, Köln (u. a.) 2003, S. 221 ff.

Buchna, Johannes/Leichinger, Carina/Seeger, Andreas/Brox, Willhelm: Gemeinnützigkeit im Steuerrecht, 11. Auflage, Achim 2015

Busack, Michael/Kaiser, Dieter (Hrsg.): Handbuch Alternative Investments, Wiesbaden 2006

Carstensen, Carsten: Vermögensverwaltung, Vermögenserhaltung und Rechnungslegung gemeinnütziger Stiftungen, Frankfurt am Main 1996

Carstensen, Carsten: Vorgaben für die Vermögensverwaltung der Stiftung nach Gesetz, Satzung und Rechtsprechung, ZSt 2005, S. 90 ff.

Dautel, Ralph: Steueroptimierte Finanzierungsstrukturen bei Private Equity, FB 2004, S. 475 ff.

Eilers, Stephan/Koffka, Nils/Mackensen, Marcus/Paul, Markus (Hrsg.): Private Equity, 3. Auflage, München 2018

Farkas-Richling/Fischer/Richter (Hrsg.): Privat Banking and Family Office, 2. überarbeitete und aktualisierte Auflage, Stuttgart 2012

Feldhaus, Heiner/Veith, Amos (Hrsg.): Frankfurter Kommentar zu Private Equily, Frankfurt am Main 2010

Funken, Arndt P.: Nachhaltige Vermögensverwaltung mit nachhaltigen Kapitalanlagen, Stiftung&Sponsoring 2/2002, S. 24 ff.

Funnemann, Carl-.Bernhard: Ausgliederung von Zweckbetrieben, DStR 2002, S. 2013 ff.

Gottschalg, Oliver/Kreuter, Bernd/Phalippou, Ludovic: Kostenstrukturen von Private-Equity-Fonds, Absolut-Report 4/2007, S. 48 ff.

Haag, Maximilian/Richter, Andreas: Rechtliche Maßstäbe für die Kapitalanlage von Stiftungen in Hedge Fonds nach deutschem und US-amerikanischem Recht, in: *Walz/Hüttemann/Rawert/Schmidt (Hrsg.),* Non Profit Law Yearbook 2006, Köln (u. a.) 2007. S. 97 ff.

Hüttemann, Rainer: Gemeinnützigkeit- und Spendenrecht, 4. neu bearbeitete Auflage, Köln 2018

Hüttemann, Rainer: Stiftungs- und gemeinnützigkeitsrechtliche Rahmenbedingungen der Vermögensanlage steuerbegünstigter Stiftungen – Teil I, WM 2016, S. 625 ff.

Hüttemann, Rainer: Stiftungs- und gemeinnützigkeitsrechtliche Rahmenbedingungen der Vermögensanlage steuerbegünstigter Stiftungen – Teil II, WM 2016, S. 673 ff.

Hüttemann, Rainer: Der Grundsatz der Vermögenserhaltung im Stiftungsrecht, *in: Jacobs/Picker/Wilhelm (Hrsg.),* Festgabe für Werner Flume zum 90. Geburtstag, Berlin (u. a.) 1998, S. 59 ff.

Hüttemann, Rainer/Herzog, Rainer: Steuerfragen bei gemeinnützigen nichtrechtsfähigen Stiftungen, DB 2004, S. 1001 ff.

Hüttemann, Rainer/Rawert, Peter: Der Modellentwurf eines Landesstiftungsgesetzes, ZIP 2002, S. 2019 ff.

Hüttemann, Rainer/Andreas, Richter/Weitemeyer, Birgit: Landesstiftungsrecht, Köln 2011

Hüttemann, Rainer/Schön, Wolfgang: Vermögensverwaltung und Vermögenserhaltung im Stiftungs- und Gemeinnützigkeitsrecht, München 2007

Hof, Hagen/Bianchini-Hartmann, Maren/Richter, Andreas: Stiftungen, 2. Auflage, München 2010

Kirchhain, Christian: Zum maßgeblichen Zeitpunkt für die gemeinnützigkeitsrechtliche Beurteilung einer Mittel(fehl)verwendung – Dargestellt am Beispiel der Gewährung und Besicherung von Darlehen, DStR 2012, S. 2313 ff.

Leichinger, Carina: Vermögensverwaltung und Erhaltung des Grundstockvermögens aus Sicht der Verwaltung, npoR 2015, S. 237 ff.

Meyn, Christian/ Richter, Andreas/ Koss, Claus/ Gollan, Anna Katharina: Die Stiftung, 3. überarbeitete und ergänzte Auflage, Freiburg 2013

Muscheler, Karlheinz: Die Verbrauchsstiftung, in: Saenger/Bayer/Koch/Körber (Hsrg.), Gründen und Stiften – Festschrift zum 70. Geburtstag von Olaf Werner, Baden-Banden 2009

Nolting-Hauff, Willhelm: Hedge-Fund-Investments aus stiftungsrechtlicher Sicht, AbsolutReport 10/2002, S. 46 ff.

Orth, Manfred: Finanzierung und Mittelverwendung gemeinnütziger Organisationen, DStJG 26 (2003), S. 177 ff.

Orth, Manfred: Verluste gemeinnütziger Stiftungen aus Vermögensverwaltung, DStR 2009, S. 1397 ff.

Pezzer, Heinz-Jürgen: KG-Beteiligung als wirtschaftlicher Geschäftsbetrieb einer gemeinnützigen Stiftung, FR 2001, S. 837 ff.

Pfaar, Michael/Welke, Gernot: Steuerliche Fragen bei der Beteiligung privater Anleger an ausländischen Private Equity und Venture Capital Fonds, IWB Fach 3 Gruppe 3, S. 1317 ff.

Pfeifer, Alex: Venture Capital als Finanzierungs- und Beteiligungsinstrument, BB 1999, S. 1665 ff.

Rawert, Peter: Die Stiftung auf Zeit – insbesondere die Verbrauchsstiftung – in der zivilrechtlichen Gestaltungspraxis, npoR 2014, S. 1 ff.

Reuter, Dieter: Die Haftung des Stiftungsvorstands gegenüber der Stiftung, Dritten und dem Fiskus, in: *Walz/Hüttemann/Rawert/Schmidt (Hrsg.),* Non Profit Law Yearbook 2002, Köln (u. a.) 2003, S. 157 ff.

Reuter, Dieter: Stiftungsrechtliche Vorgaben für die Verwaltung des Stiftungsvermögens, NZG 2005, S. 649 ff.

Richter, Andreas: Rechtsfähige Stiftung und Charitable Corporation: Überlegungen zur Reform des deutschen Stiftungsrechts auf der Grundlage einer historisch-rechtsvergleichenden Untersuchung der Entstehung des modernen deutschen und amerikanischen Stiftungsmodells (Diss), Berlin 2000.

Richter, Andreas (Hrsg.): Stiftungsrecht, München 2019

Richter, Andreas: Stiftungsrechtsreform und Novellierung der Landesstiftungsgesetze, in: Bundesverband Deutscher Stiftungen e. V., 59. Jahrestagung, Berlin 2003, S. 44 ff.

Richter, Andreas/Wachter, Thomas (Hrsg.): Handbuch des internationalen Stiftungsrechts, Angelbachtal 2007

Rodin, Andreas:, Private Equity – eine Anlageklasse in der Vermögensverwaltung, ein Segment des Kapitalmarkts, eine Anlageform für gemeinnützige Investoren, in: *Birk, Dieter (Hrsg.),* Transaktionen, Vermögen, Pro Bono – Festschrift zum zehnjährigen Bestehen von P+P Pöllath + Partners, München 2008, S. 541 ff.

Rodin, Andreas/Veith, Amos: Zur Abgrenzung zwischen privater Vermögensverwaltung und gewerblicher Tätigkeit bei Private Equity-Pools, DB 2001, S. 883 ff.

Säcker, Franz Jürgen/Rixecker. Roland/Oetker, Hartmut/Limperg,Bettina: Münchner Kommentar zum Bürgerlichen Gesetzbuch, Band I, 8. Auflage, München 2018
Schauhoff, Stephan: Handbuch der Gemeinnützigkeit, 3. Auflage, München 2010
Schauhoff, Stephan: Verlust der Gemeinnützigkeit durch Verluste?, DStR 1998, S. 701 ff.
Schindler, Ambros: Vermögensanlage von Stiftungen im Zielkonflikt zwischen Rendite, Risiko und Erhaltung der Leistungskraft, DB 2003, S. 297 ff.
Schriever, Frank: Stiftungsfinanzierung im Niedrigzinsumfeld, npoR 2017, S. 111 ff.
Stahlschmidt, Michael: Die Rücklagenbildung einer gemeinnützigen Körperschaft, FR 2002, S. 1109 ff.
Stoschek, Uwe/Protzen, Peer Daniel: Gewinne aus Private-Equity-Fonds als nicht steuerbare Vermögensmehrungen – insbesondere zur Besteuerung von Beteiligungsveräußerungen, FR 2001, S. 816 ff.
Thiel, Jochen: Die zeitnahe Mittelverwendung – Aufgabe und Bürde gemeinnütziger Körperschaften, DB 1992, S. 1900 ff.
Thiel, Jochen: Die gemeinnützige GmbH, GmbHR 1997, S. 10 ff.
Voll, Otto/Störle, Johann: Bayrisches Stiftungsgesetz (BayStG), 6. Auflage, Stuttgart 2016
Wachter/Thomas: Rechtliche Fragen bei der Anlage von Stiftungsvermögen, Beilage zu Stiftung&Sponsoring 6/2002, S. 1 ff.
Wallenhorst, Rolf/Halaczinsky, Raymond (Hrsg.): Die Besteuerung gemeinnütziger und öffentlich-rechtlicher Körperschaften, 7. völlig neu bearbeitete Auflage, München 2017
Watrin, Christoph/Gocksch, Sebastian: Problembereiche der Besteuerung inländischer Private-Equity-Fonds, DB 2002, S. 341 ff.
Weitemeyer, Birgit/ Wrede, Kathrin: Zeitgemäße Verwaltung des Stiftungsvermögens im zinslosen Umfeld, npoR 2017, S. 91 ff.
Weitnauer, Wolfgang: Rahmenbedingungen und Gestaltung von Private-Equity-Fonds, FB 2001, S. 258 ff.
Wochner, Georg: Die Stiftungs-GmbH, DStR 1998, S. 1835 ff.

A. Einleitung

Private Equity hat sich in Deutschland schon länger durchgesetzt. Gerade auch für Stiftungen ist diese alternative Anlageklasse von Interesse.[1] Während im Ausland Stiftungen, Trusts und Endowments als regelmäßige und professionelle Anleger zur typischen Zielgruppe von Private-Equity-Fonds zählen, erschließt sich dieses Feld für Stiftungen in Deutschland erst in den letzten Jahren[2] Die wirtschaftliche Bedeutung von Private Equity als wichtigem Vertreter der alternativen Investments hat in den vergangenen Jahren deutlich zugenommen. Dieser Trend dürfte sich gerade im derzeitigen Niedrigzinsumfeld auch für Stiftungen weiter fortsetzen. Diese sind mehr und mehr gezwungen ihre bisherigen Anlagestrategien zu überdenken und ertragreichere Investitionsmöglichkeiten in Erwägung zu ziehen, um ihre bisherige Ertragskraft zu wahren.[3] Gleichzeitig ist ein starker Zuwachs an Stiftungsneugründungen zu verzeichnen,[4] der das Augenmerk der Investmentbranche vermehrt auf die Bedürfnisse dieser Kundengruppe lenkt.[5] 1

Bei der Stiftung kommt dem Wesenselement Vermögen eine Schlüsselfunktion zu, da sie ihren Zweck durch die Verwendung der Vermögenserträge verwirklicht.[6] Voraussetzung dafür ist einerseits die Vermögensausstattung und andererseits die Vermögensverwaltung. Die Stiftung muss bereits bei der Gründung derart mit Vermögenswerten ausgestattet sein, 2

1 Vgl. *Rodin* in Birk, Transaktionen, Vermögen, Pro bono, FS P+P Pöllath + Partners, 2008, 541 (547 ff., 560 ff.). Zur Eignung Alternativer Investments für Stiftungen vgl. *Richter/Sturm* in Richter/Wachter, Handbuch des internationalen Stiftungsrechts, § 7; *Haag/Richter* in Kötz/Rawert/Schmidt/Walz Non Profit Law Yearbook 2006, 97 ff. Zur Vermögensanlage in Private Equity vgl. *Panse/Bär* in Richter/Wachter, Handbuch des internationalen Stiftungsrechts, § 6 Rn. 48 ff.

2 Die Volkswagenstiftung investiert beispielsweise in einen breiten Anlagenmix, in dem auch Alternative Investments (Private Equity und Hedge Fonds) enthalten sind, vgl. Pressemitteilung der Volkswagenstiftung vom 11.4.2008 und AbsolutReport vom 23.7.2008.

3 Vgl. *Weitemeyer/Wrede* npoR 2017, 91 f.; *Schriever* npoR 2017, 111 f.

4 Die Zahl der neu gegründeten rechtsfähigen Stiftungen bürgerlichen Rechts wuchs im Jahr 2018 um 554 auf nunmehr 22.743, vgl. Bundesverband Deutscher Stiftungen, „Stiftungen in Zahlen", www.stiftungen.org.

5 Vgl. *Preuß/Karow,* FondsDISCOUNT.de vom 31. Mai 2019, „Beyond Staatsanleihe – Stiftungen entdecken Investmentfonds", www.fondsdiscount.de/magazin/news/stiftungen-entdecken-investmentfonds-3852/.

6 Siehe zB → Rn. 15; Art. 6 Abs. 2 BayStG; § 6 Abs. 3 S. 1 HessStifG.

dass die dauerhafte und nachhaltige Erfüllung des Stiftungszwecks gesichert erscheint.[7] Bei der Bewirtschaftung des Stiftungsvermögens durch die Stiftungsorgane müssen diese stiftungsrechtliche und steuerrechtliche Vorschriften beachten. Allein die 15 größten deutschen Stiftungen verfügen über ein Gesamtvermögen nach Buchwerten von rund 61,8 Mrd. Euro.[8]

3 Die wachsende Bedeutung von Stiftungen als Investoren einerseits und Private Equity als alternativer Anlageklasse anderseits geben Anlass dazu, den Rechtsrahmen von Kapitalanlagen durch Stiftungen in Private Equity zu skizzieren. In diesem Beitrag sollen nach einer einführenden Darstellung und Definition der Stiftung die allgemeinen rechtlichen Rahmenbedingungen der Vermögensverwaltung durch Stiftungen dargestellt werden. Dabei wird neben dem Stiftungszivilrecht auch auf das Gemeinnützigkeitsrecht einzugehen sein, das für annähernd 96 % aller Stiftungen von Relevanz ist. Abschließend soll untersucht werden, welche rechtliche und steuerliche Behandlung die Vermögensanlage in Private-Equity-Fonds durch Stiftungen erfährt.

B. Stiftungen als Anleger

I. Rechtsformen

4 Da der Firmenbestandteil „Stiftung" nicht geschützt ist,[9] existieren „Stiftungen" in verschieden Formen. Neben Stiftungen bürgerlichen Rechts können rein schuldrechtlich treuhänderische bzw. unselbständige Stiftungen errichtet oder Stiftungs-GmbHs und Stiftungs-Vereine gegründet werden. Tritt der Staat als Stifter auf, so kann er sich dieser Rechtsformen bedienen oder eigenes Organisationsrecht schaffen.

5 Aufgrund ihrer zahlenmäßig überragenden Bedeutung soll in diesem Beitrag die gemeinnützige Stiftung bürgerlichen Rechts im Mittelpunkt der Betrachtung stehen. Die gemeinnützigkeitsrechtlichen Vorgaben, denen sie unterliegt, lassen sich allerdings auf andere gemeinnützige Stiftungs-Formen übertragen.

1. Die rechtsfähige Stiftung bürgerlichen Rechts

6 Die rechtsfähige Stiftung bürgerlichen Rechts ist nicht gesetzlich definiert. Nach dem Leitbild des Gesetzes in §§ 80 ff. BGB und nach allgemeiner Auffassung handelt es sich bei einer Stiftung um eine Einheit der drei Wesenselemente Vermögen, Zwecksetzung und nichtverbandsmäßige Eigenorganisation.[10] Die rechtsfähige Stiftung wird auch als selbstständige Stiftung bezeichnet. Nach ihrer Zweckrichtung lassen sich rechtsfähige Stiftungen zur Verfolgung altruistischer Zwecke oder zugunsten privatnütziger Zwecke unterscheiden. Erstere werden auch als öffentliche Stiftungen bezeichnet. Sie werden in den meisten Fällen gemeinnützig und damit steuerbefreit sein. Bei der so genannten Familienstiftung als häufigstem Fall der privatnützigen Stiftung handelt es sich nicht um eine Rechtsform, sondern um eine Anwendungsform der Stiftung.[11] Der Stiftungszweck besteht regelmäßig in Zuwendungen aus dem Vermögensertrag an eine bestimmte Personengruppe. Nicht anerkennungsfähig hingegen ist die sogenannte Selbstzweckstiftung, deren Zweck sich in der Verwaltung ihres Vermögens erschöpft.[12] Die Stiftung muss einen Zweck verfolgen, der außerhalb ihrer selbst liegt.

[7] Vgl. § 80 Abs. 2 BGB.

[8] Basierend auf Zahlen des Bundesverbands deutscher Stiftungen für das Jahr 2017, vgl. www.stiftungen.org.

[9] Vgl. OLG Stuttgart Beschl. v. 12.2.1964 – 8 W 229/63, NJW 1964, 1231.

[10] Statt vieler v. *Campenhausen/Stumpf* in Richter, Stiftungsrecht, § 1 Rn. 6 ff. mwN.

[11] Vgl. *Richter* in Richter, Stiftungsrecht, § 11 Rn. 2; *Richter* in Meyn/Richter/Koss/Gollan, Die Stiftung, Rn. 96 ff.

[12] Vgl. *Stumpf* in Richter, Stiftungsrecht, § 4 Rn. 73.

Die rechtsfähige Stiftung unterliegt der staatlichen Stiftungsaufsicht, die sich nach den Landesstiftungsgesetzen richtet.[13] In den meisten Bundesländern ist sie für privatnützige Stiftungen stark eingeschränkt. Die Landesstiftungsgesetze enthalten neben den Regeln über die Aufsicht auch Vorschriften zur Vermögensverwaltung von Stiftungen.[14] 7

2. Die nichtrechtsfähige Stiftung

Bei der sog. nichtrechtsfähigen oder auch treuhänderischen bzw. unselbstständigen Stiftung handelt es sich um ein zweckgebundenes Sondervermögen, das von einem Träger (Treuhänder) im Auftrag des Stifters auf der Grundlage und nach Maßgabe einer vertraglichen Vereinbarung verwaltet wird.[15] Träger kann eine natürliche oder – häufiger – juristische Person sein, die nicht mit dem Stifter identisch sein darf. Die treuhänderische (fiduziarische) Stiftung wird auch als nichtrechtsfähige oder unselbstständige Stiftung bezeichnet. Sie kann als gemeinnützige Stiftung von der Körperschaftsteuer befreit sein.[16] Einer staatlichen Aufsicht sowie den Regelungen der Landesstiftungsgesetze unterliegt sie nicht. 8

3. Die Stiftungs-GmbH

Die Stiftungsnatur der Stiftungs-GmbH ergibt sich (nur) aus der konkreten Ausgestaltung des Gesellschaftsvertrags bzw. der Satzung. Von einer erwerbswirtschaftlichen GmbH unterscheidet sich die Stiftungs-GmbH durch eine fremdnützige Zielsetzung, durch ein auf Dauer gewidmetes und zu erhaltendes Stiftungsvermögen und durch eine Organisationsstruktur, die die dauerhafte Bindung des Vermögens an den Stiftungszweck sicherstellen soll und Entscheidungen über die Verwendung der Gesellschaftsmittel für den Stiftungszweck ermöglicht.[17] In aller Regel ist die Stiftungs-GmbH gemeinnützig und kann dann den Rechtsformzusatz „gGmbH“ tragen (vgl. § 4 S. 2 GmbHG). Sie unterliegt nicht der Stiftungsaufsicht. 9

4. Der Stiftungs-Verein

Kennzeichnend für den Verein sind die körperschaftliche Struktur und die Festlegung eines gemeinsamen Zweckes, der nachhaltig verfolgt werden soll. Beim Verein als Grundform der Mitgliederorganisation sind ähnlich wie bei der Stiftungs-GmbH Zweck und Existenz nach der gesetzlichen Regelung völlig dem jeweiligen Willen der Mitglieder unterworfen. In der Satzung eines stiftungsförmig ausgestalteten Vereins müssen daher Vorkehrungen zur dauerhaften Vermögens-Zweck-Bindung getroffen werden.[18] Während Vereine keinen eigenen Vermögensstock benötigen und ihre Aufgaben häufig aus laufenden Einnahmen, insbesondere aus Mitgliedsbeiträgen und Spenden, finanzieren, bestehen umgekehrt auch keine Bedenken, Vereine mit Vermögen auszustatten. 10

Der Stiftungs-Verein zeichnet sich also funktionell dadurch aus, dass ein Vermögen dauerhaft zur Erfüllung eines Zwecks gewidmet wird.[19] Ähnlich wie die Gesellschafter bei der Stiftungs-GmbH nehmen die Mitglieder des Stiftungs-Vereins ihre mitgliedschaftlichen Rechte als Treuhänder des Stifterwillens wahr und verzichten weitgehend auf eine auto- 11

[13] Vgl. § 8 Abs. 1 StiftG BW; Art. 10 Abs. 1 S. 1 BayStG; § 7 StiftG Bln.; § 6 Abs. 1 StiftG Bbg.; § 11 S. 1 BremStiftG; § 5 Abs. 1 HambStiftG; § 10 Abs. 1 S. 2 HessStiftG; § 4 Abs. 1 S. 1 StiftG M-V; § 10 Abs. 1 S. 1 NStiftG; § 6 Abs. 1 StiftG NRW; § 9 Abs. 1 S. 1 StiftG RhPf.; § 10 Abs. 1 SaarlStiftG; § 6 Abs. 1 SächsStiftG; § 10 StiftG LSA; § 8 Abs. 1 StiftG SchlH.; *Fischer* in Richter, Stiftungsrecht, § 8; *Meyn* in Meyn/Richter/Koss/Gollan, Die Stiftung, Rn. 630 ff.

[14] Vgl. dazu unten Rn. 31 ff., 56 f., 66 f. und *Godron* in Richter, Stiftungsrecht, § 7 Rn. 21 ff.

[15] Vgl. dazu *Meyn* in Meyn/Richter/Koss/Gollan, Die Stiftung, Rn. 54 ff., 216 ff.

[16] Zu den Voraussetzungen vgl. *Hüttemann/Herzog* DB 2004, 1001 ff.

[17] Vgl. *Meyn* in Meyn/Richter/Koss/Gollan, Die Stiftung, Rn. 73, 238 ff.; *Wochner* DStR 1998, 1835 ff.; *Thiel* GmbHR 1997, 10 ff.

[18] Vgl. *Meyn* in Meyn/Richter/Koss/Gollan, Die Stiftung, Rn. 81, 277 ff.

[19] Zur Verwendung des Bestandteils „Stiftung“ im Vereinsnamen vgl. BayOLG Beschl. v. 25.10.1972 – BReg 2 Z 56/72, NJW 1973, 249.

nome Willensbildung. Beispiele für Stiftungs-Vereine sind vor allem die parteinahen Stiftungen oder die Studienstiftung des deutschen Volkes. Einer Stiftungsaufsicht unterliegt der Stiftungs-Verein nicht.

5. Stiftungen der öffentlichen Hand

12 Auch der Staat kann Stiftungen errichten. Dazu kann er sich der Rechtsformen des bürgerlichen Rechts bedienen. Beispiele für staatlich errichtete Stiftungen in zivilrechtlicher Form sind die Volkswagenstiftung und die Alexander von Humboldt-Stiftung sowie die Landesstiftung Baden-Württemberg gGmbH in Form der gemeinnützigen Stiftungs-GmbH.

13 Daneben kann der Staat auch spezifisch eigenes Organisationsrecht schaffen, nämlich durch die Errichtung einer Stiftung öffentlichen Rechts. Mangels rechtlich verbindlicher Vorgaben wird jede dieser Stiftungen ausschließlich durch ihren Errichtungsakt und ihre Satzung definiert; der stiftende Staat erfindet so jeweils das Stiftungsrecht neu. Dabei lehnt er sich in der Regel an existierende Strukturen an. So haben die meisten öffentlich-rechtlichen Stiftungen einen Vorstand und ein Kontrollorgan, ein Stiftungsvermögen und einen dauerhaften Stiftungszweck.

II. Allgemeine rechtliche Grundlagen der Vermögensanlage für Stiftungen

14 Die rechtlichen Grundlagen der Vermögensanlage von Stiftungen hängen neben der Rechtsform und der übrigen stiftungszivilrechtlichen Ausgestaltung auch vom steuerrechtlichen Status der Stiftung ab.

1. Zivilrechtliche Rahmenbedingungen für die Vermögensanlage

15 Das Bürgerliche Gesetzbuch enthält keine explizite Aussage zur Vermögensverwaltung der Stiftung. Aus stiftungsrechtlicher Sicht sind Stiftungen daher grundsätzlich in der Auswahl der Anlage ihres Vermögens frei.[20] Auch Kapitalanlagen in Private-Equity-Beteiligungen sind insofern prinzipiell zulässig und bei vielen größeren Stiftungen üblich.[21] Allerdings sind in den Landesstiftungsgesetzen zwei Grundsätze geregelt, die miteinander in Einklang zu bringen sind. Zum einen sind Stiftungen im Anwendungsbereich der Landesstiftungsgesetze verpflichtet, die Erträge des Stiftungsvermögens ausschließlich für den Stiftungszweck einzusetzen (Ertragsverwendungsgebot).[22] Zum anderen ist das Stiftungsvermögen in seinem Bestand ungeschmälert zu erhalten (Bestandserhaltungsgebot).[23]

16 Stiftungszivilrechtlich bestehen bei der Ausfüllung dieser Grundprinzipien grundsätzlich Spielräume. Das Stiftungszivilrecht ist vom Grundsatz der Privatautonomie geprägt. Grundsätzlich bestimmt der Stifter den Wirkungskreis der Stiftung.[24] Er kann unter Beachtung der allgemeinen stiftungsrechtlichen Grundsätze insbesondere ein Vermögenserhaltungs-

[20] Vgl. *Brockhoff* in Kötz/Rawert/Schmidt/Walz Non Profit Law Yearbook 2002, 221; Hüttemann/Schön, Vermögensverwaltung und Vermögenserhaltung, S. 8 f.; *Wachter* Stiftung & Sponsoring 6/2002, Beilage Die Roten Seiten, 5.

[21] Vgl. AbsolutReport vom 22.7.2008: „Deutsche Stiftungen wollen Allokation in Alternative Investments erhöhen"; *Koenen,* Handelsblatt vom 23.6.2008, „Stiftungen sind treue Anleger – Vermögensverwalter investieren unverändert in Fonds für Beteiligungen".

[22] Vgl. Art. 6 Abs. 3 BayStiftG; § 7 Abs. 3 S. 1 BremStiftG; § 4 Abs. 3 S. 1 HambStiftG; § 6 Abs. 3 HessStiftG; § 6 Abs. 2 S. 1 NStiftG; § 4 Abs. 3 StiftG NRW; § 7 Abs. 3 S. 1 StiftG RhPf.; § 6 Abs. 2 S. 1 SaarlStiftG; § 4 Abs. 3 S. 1 StiftG SchlH, § 8 Abs. 3 ThürStiftG.

[23] Vgl. § 7 Abs. 2 StiftG BW, Art. 6 Abs. 2 BayStiftG; § 3 StiftG Bln.; § 7 Abs. 1 S. 1 BremStiftG; § 4 Abs. 2 S. 3 HambStiftG, § 6 Abs. 1 HessStiftG; § 6 Abs. 1 S. 1 NStiftG; § 4 Abs. 2 S. 1 StiftG NRW; § 7 Abs. 2 S. 1 StiftG RhPf.; § 6 Abs. 1 S. 1 SaarlStiftG; § 4 Abs. 3 SächsStiftG; § 4 Abs. 2 S. 1 StiftG SchlH; §§ 1 Abs. 2, 8 Abs. 2 ThürStiftG.

[24] Vgl. Hüttemann FG Flume, 1998, 59 (68 ff., 74); Hüttemann/Schön, Vermögensverwaltung und Vermögenserhaltung, S. 32 ff.; *Schindler* DB 2003, 297 (300).

konzept festlegen. Aus dem Willen des Stifters lässt sich daher erkennen, wie Ertragsverwendung und Vermögenserhaltung zu erfolgen haben.[25]

Es setzt sich die Ansicht durch, dass ein einheitliches Vermögensbewirtschaftungskonzept nicht existieren kann. Dies wird aus der Tatsache gefolgert, dass es dem Stifter frei steht, mit welchen Vermögensgegenständen er die Stiftung ausstattet.[26] Dabei lassen sich zwei Grundtypen der Vermögensausstattung unterscheiden: Kapitalstiftung und Anstaltsstiftung. Während die Kapitalstiftung ihre Zweckverwirklichung mit Hilfe der aus dem Stiftungsvermögen erwirtschafteten Erträge finanziert, erreicht die Anstaltsstiftung dies durch den direkten Einsatz ihres Stiftungsvermögens.[27] **17**

Neben der Vermögensausstattung bestimmt der Stifter die Richtlinien der Vermögenserhaltung.[28] Dies kann in Extremfällen einerseits dazu führen, dass anfänglich sämtliche Erträge zu thesaurieren sind, um die Leistungskraft der Stiftung zunächst einmal aufzubauen. Grenze bildet hier lediglich das Verbot der Selbstzweckstiftung, wonach die Stiftung nicht ausschließlich zur Ansparung von Vermögenswerten errichtet werden darf.[29] Andererseits kann der Stifter bestimmen, dass selbst das Stiftungsvermögen angegriffen werden soll, wenn eine Zweckverwirklichung durch die Erträge nicht mehr sinnvoll erfolgen kann. Derartige Verbrauchsstiftungen sind grundsätzlich anerkennungsfähig, solange die Stiftung eine gewisse Dauer und Beständigkeit aufweist.[30] Mit dem Ehrenamtsstärkungsgesetz vom 28.3.2013 hat nunmehr auch der Gesetzgeber die Verbrauchsstiftung als zulässig anerkannt. [31] Eine zeitbefristete Verbrauchsstiftung ist nunmehr nach § 80 Abs. 2 S. 2 BGB jedenfalls dann anerkennungsfähig, wenn sie für einen im Stiftungsgeschäft festgelegten Zeitraum von mindestens zehn Jahren bestehen soll. Für zweckbefristete Verbrauchsstiftungen bleibt es hingegen bei der alten Rechtslage, da § 80 Abs. 2 S. 2 BGB keine Anwendung findet. [32] **18**

Für Fälle, in denen der Wille des Stifters nicht eindeutig zum Ausdruck kommt, wird im Allgemeinen davon ausgegangen, dass Sachmittel, welche selbst die Grundlage für Stiftungserträge bzw. für die Zweckverwirklichung bilden sollen, gegenständlich zu erhalten sind.[33] Dies kann zB bei Mietshäusern, Unternehmensbeteiligungen und auch Kunstgegenständen der Fall sein. Wurden dagegen Kapitalwerte wie Bargeld oder Wertpapiere gestiftet, setzt die Vermögenserhaltung nicht voraus, dass die Vermögensgegenstände gegenständlich erhalten bleiben. Vielmehr kommt es dann auf die Sicherstellung der Ertragskraft des Stiftungsvermögens an.[34] **19**

2. Gemeinnützigkeitsrechtliche Rahmenbedingungen für die Vermögensanlage

Gemeinnützige Stiftungen haben bei der Vermögensverwaltung neben den zivilrechtlichen Grundsätzen auch und vor allem steuerrechtliche Aspekte zu beachten. Das Gemeinnützigkeitsrecht enthält verbindliche Vorgaben für die Vermögensverwaltung und die Verwen- **20**

---

[25] Aus diesem Grund wird im „Modellentwurf eines Landesstiftungsgesetzes" von Hüttemann und Rawert die gesetzliche Normierung des Grundsatzes der Vermögenserhaltung für entbehrlich gehalten, vgl. *Hüttemann/Rawert* ZIP 2002, 2019 (2022); *Richter* in Bundesverband Deutscher Stiftungen eV, 59. Jahrestagung, Berlin 2003, S. 44, 55.

[26] So insbesondere *Hüttemann* FG Flume, 1998, 59 (69, 74); Hüttemann/Schön, Vermögensverwaltung und Vermögenserhaltung, S. 28 ff.; aA *Reuter* in Kötz/Rawert/Schmidt/Walz Non Profit Law Yearbook 2002, 157 (161 f.). Kritisch Richter, Rechtsfähige Stiftung und Charitable Corporation, S. 343 ff., 358 ff.

[27] Vgl. *Schauhoff* in Schauhoff, Handbuch der Gemeinnützigkeit, § 3 Rn. 25.

[28] Vgl. *Hüttemann* FG Flume, 1998, 59 (74); kritisch *Reuter* NZG 2005, 649 (651 ff.).

[29] Siehe oben Rn. 6 und *Hüttemann* FG Flume, 1998, 59 (88); kritisch dazu *Reuter* in Kötz/Rawert/Schmidt/Walz Non Profit Law Yearbook 2002, 157 (163). Diese Aussage ist für gemeinnützige Stiftungen zu modifizieren, weil das Gemeinnützigkeitsrecht weitere Vorgaben macht. Vgl. unten Rn. 20 f.

[30] Vgl. Richter, Rechtsfähige Stiftung und Charitable Corporation, S. 416 f.; aA *Muscheler* FS Werner, 2009, 129 ff.

[31] Vgl. *Rawert* npoR 2014, 1 (2).

[32] Vgl. *Rawert* npoR 2014, 1 (2 ff.); *Weitemeyer* in MüKoBGB § 80 Rn. 138.

[33] Vgl. *Schauhoff* in Schauhoff, Handbuch der Gemeinnützigkeit, § 3 Rn. 63.

[34] Vgl. *Hüttemann* FG Flume, 1998, 59 (61 f.).

dung von Erträgen aus der Vermögensverwaltung (§§ 51–68 AO). Besonderes Augenmerk ist auf die Grundsätze der Selbstlosigkeit, der Auschließlichkeit und der zeitnahen Mittelverwendung sowie das Verbot der unbeschränkten Bildung von Rücklagen zu richten. Verstößt das Stiftungsmanagement (zB durch Vermögenserhaltungsmaßnahmen) gegen diese Vorgaben, gerät der steuerbegünstigte Status der Gemeinnützigkeit in Gefahr.[35] Zwischen dem stiftungszivilrechtlichen Gebot der Bestandserhaltung und dem Gemeinnützigkeitsrecht besteht insoweit ein Zielkonflikt.

21 Die steuerrechtliche Betrachtung dürfte auch auf die stiftungszivilrechtliche Beurteilung zurückwirken. Hat der Stifter die Gemeinnützigkeit in seinen Willen und in die Stiftungssatzung aufgenommen, so ist regelmäßig zu unterstellen, dass er im Rahmen des für die Erhaltung der Gemeinnützigkeit Erforderlichen gemeinnützigkeitsrechtlichen Anforderungen (zB der zeitnahen Ertragsverwendung für die Zweckerfüllung) Vorrang gegenüber anderen aus der Stiftungsverfassung ableitbaren Zielen (zB Bestandserhaltung) gegeben hat.[36]

C. Charakteristika von Private-Equity-Fonds

22 Unter Private Equity versteht man Beteiligungen an Unternehmen, die in der Regel bei Erwerb an keiner Wertpapierbörse gehandelt werden.[37] Investoren stellen voll haftendes Eigenkapital zur Verfügung, für das kein Rückzahlungsanspruch besteht.[38] Anlagen in Private Equity sind somit Risikoanlagen. Investoren müssen stets mit einem Totalverlust rechnen.

23 Private-Equity-Anlagen zeichnen sich dadurch aus, dass sie in der Regel nicht nur erworben, gehalten und wieder veräußert werden. Vielmehr betreuen Private-Equity-Investoren die Zielunternehmen für die Dauer des Engagements. Ziel der Betreuung ist es, ein schnelles Wachstum des Zielunternehmens herbeizuführen, um zum Zeitpunkt des Ausstiegs *(exit)* einen möglichst hohen Gewinn zu erzielen.[39] Zu diesem Zweck werden häufig Mehrheitsbeteiligungen oder bedeutende Minderheitsbeteiligungen erworben, die einen Eintritt in die unternehmerische Entscheidungs- und Verantwortungssphäre erlauben.[40] Nach einer mittleren bis langen Haltedauer, während der die genannten Maßnahmen zur Wertsteigerung durchgeführt werden, werden die Beteiligungen wieder veräußert.[41]

24 In Private-Equity-Fonds, die von Private-Equity-Gesellschaften gegründet werden, schließen sich Kapitalanleger zur Finanzierung junger Unternehmen, der Förderung des Wachstums mittelständischer Unternehmen, der Ausgliederung von Unternehmensteilen oder der Unternehmensnachfolge zusammen. Die Initiatoren und das Management des Private-Equity-Fonds dienen dabei als Vermittler zwischen Kapitalanlegern und den finanzierten Unternehmen. Sie bringen neben ihrem Kapital regelmäßig immaterielle Beiträge (Erfahrungen, Kontakte, Netzwerke) ein. Nach Erreichen des durch die Finanzierung

---

35 Vgl. *Richter* in Richter, Stiftungsrecht, § 27 Rn. 46 ff.

36 Vgl. *Hüttemann* FG Flume, 1998, 59 (91).

37 Vgl. *Rodin/Veith* DB 2001, 883; *Feldhaus* in Feldhaus/Veith, Frankfurter Kommentar zu Private Equity, Kap. 1, Rn. 1 ff.; *Eilers/Koffka* in Eilers/Koffka/Mackensen/Paul, Private Equity, Einl. Rn. 2; *Farkas-Richling* in Farkas-Richling/Fischer/Richter, Private Banking and Family Office, S. 417 ff.

38 Vgl. *Weitnauer* FB 2001, 258; *Watrin/Gocksch* DB 2002, 341.

39 Vgl. *Pfeifer* BB 1999, 1665 (1669); *Eilers/Koffka* in Eilers/Koffka/Mackensen/Paul, Private Equity, Einl. Rn. 10 f.

40 Vgl. *Pfaar/Welke,* IWB, Fach 3, Gruppe 3, S. 1317; *Stoschek/Protzen* FR 2001, 816; *Eilers/Koffka* in Eilers/Koffka/Mackensen/Paul, Private Equity, Einl. Rn. 17; vgl. *Veith* in Feldhaus/Veith, Frankfurter Kommentar zu Private Equity, Kap. 1, Rn. 4.

41 Vgl. *Bärenz/Veith* BB 2004, 251 f.; *Bauer/Gemmeke* DStR 2004, 580; *Dautel* FB 2004, 475; *Rodin/Veith* DB 2001, 883; *Stoscheck/Protzen* FR 2001, 816; *Feldhaus* in Feldhaus/Veith, Frankfurter Kommentar zu Private Equity, Kap. 1, Rn. 289.

beabsichtigten Ziels sollen die Anteile an den Gesellschaften gewinnbringend wieder veräußert werden.[42]

Private-Equity-Fonds treten je nach Jurisdiktion und wirtschaftlicher Ausrichtung in unterschiedlichen rechtlichen Strukturen in Erscheinung. Obwohl das deutsche Recht besondere Vehikel für Private Equity kennt (zB die Unternehmensbeteiligungsgesellschaft oder die Wagniskapitalbeteiligungsgesellschaft), werden Private-Equity-Fonds meist noch immer in Form einer Kommanditgesellschaft (GmbH & Co. KG) gegründet. Die Komplementär-GmbH ist dabei meist nicht am Vermögen der KG beteiligt. Die Anleger beteiligen sich ebenso wie die Initiatoren als Kommanditisten an den Fonds. Ausländische Private-Equity-Fonds verfügen über vergleichbare Strukturen. Die am häufigsten anzutreffende Rechtsform ist dabei die der Kommanditgesellschaft ähnliche *limited partnership.* Daneben finden sich Organisationsformen, die den Besonderheiten der jeweiligen Länder Rechnung tragen, in denen das Fondsmanagement seinen Sitz hat.[43] **25**

Private-Equity-Fonds sind in aller Regel als geschlossene Fonds ausgestaltet, bei denen die Anleger kein Recht auf Rückgabe ihres Fondsanteils und Auszahlung des Geldwertes haben. Vielmehr ist das eingesetzte Kapital entweder bis zur Ausschüttung von Realisierungsgewinnen oder bis zur Liquidation des Fonds gebunden.[44] Die Laufzeit der meisten Private-Equity-Fonds beträgt sieben bis zehn Jahre, wobei vielfach Verlängerungsmöglichkeiten um bis zu drei Jahre vorgesehen sind.[45] Die Laufzeit ist meist in eine Investitionsperiode und eine Deinvestitionsperiode unterteilt, wobei Neuanlagen grundsätzlich nur während der Investitionsperiode getätigt werden dürfen. **26**

Die laufende Geschäftsführung wird typischerweise von einer hinsichtlich Private-Equity-Beteiligungen über besondere Kenntnisse verfügenden Management-Gesellschaft als Kommanditist mit Geschäftsführungsbefugnis (geschäftsführender Gesellschafter) wahrgenommen. Zur laufenden Geschäftsführung zählen die Prüfung von Beteiligungsmöglichkeiten, die Verhandlung der Beteiligungsverträge, die spätere Überwachung der Beteiligungen, das Berichtswesen, die Kapitalabrufe und die Betreuung der Investoren. **27**

Hinsichtlich der Vergütung der Initiatoren von Private-Equity-Fonds haben sich im Markt zwei Elemente herausgebildet: ein Gewinn-Vorab, den der Fonds leistet, um die laufenden Kosten des Fondsmanagements abzudecken *(Management Fee)* sowie eine kapitaldisproportionale Gewinnbeteiligung *(Carried Interest),* die die Initiatoren des Fonds für ihre letztverantwortlichen Anlageentscheidungen und sonstigen immateriellen Beiträge unmittelbar oder mittelbar über eine separate Gesellschaft erhalten. **28**

Die *Management Fee* wird in der Regel in Höhe eines Prozentsatzes des gezeichneten oder investierten Kapitals auf jährlicher Basis vom Fonds gezahlt. Verbreitet ist ein jährlicher Betrag in Höhe von 2 bis 3 % des Gesamtzeichnungsbetrages während der Investitionsperiode und danach ein Betrag in Höhe von 2 bis 3 % der Buchwerte der Portfoliobeteiligungen des Fonds.[46] **29**

Der *Carried Interest* wird häufig erst nach Rückführung der Kapitaleinlagen der als Investoren beteiligten Gesellschafter zuzüglich einer Vorzugsrendite *(Preferred Return)* ausgezahlt. Der Vorzugsrendite wird in der Regel ein jährlicher Zinssatz zwischen 6 % und 8 % *(Hurdle Rate)* zugrunde gelegt.[47] **30**

---

42 Vgl. *Rodin/Veith* DB 2001, 883; *Feldhaus* in Feldhaus/Veith, Frankfurter Kommentar zu Private Equity, Kap. 1, Rn. 289.
43 Vgl. *Veith* in Feldhaus/Veith, Frankfurter Kommentar zu Private Equity, Kap. 1, Rn. 60 ff.
44 *Veith* in Feldhaus/Veith, Frankfurter Kommentar zu Private Equity, Kap. 1, Rn. 146.
45 Vgl. *Feldhaus* in Feldhaus/Veith, Frankfurter Kommentar zu Private Equity, Kap. 1, Rn. 165.
46 Vgl. *Feldhaus* in Feldhaus/Veith, Frankfurter Kommentar zu Private Equity, Kap. 1, Rn. 163.
47 Zu Vergütungsstrukturen bei Private-Equity-Fonds siehe ausführlich *Gottschalg/Kreuter/Phalippou* Absolut-Report 4/2007, 48 ff.

D. Rechtliche Fragestellungen im Zusammenhang mit der Anlage von Stiftungen in Anteile an Private-Equity-Fonds

31 Eine Anlage von Stiftungsvermögen in Private Equity wirft verschiedene stiftungs- und gemeinnützigkeitsrechtliche Fragen auf. Erstens ist fraglich, ob ein Verlustrisiko der Anlage entgegensteht und wie sich mögliche Verluste auswirken (1.). Zweitens ist eine Abgrenzung von steuerfreien Einkünften aus der Vermögensverwaltung und steuerpflichtigen Einkünften aus wirtschaftlichem Geschäftsbetrieb vorzunehmen (2.). Die Illiquidität der Anlageklasse führt dazu, dass keine laufenden Erträge für die Zweckverwirklichung zur Verfügung stehen (3.) und die Kostenstrukturen von Private-Equity-Fonds könnten dem Gebot der Sparsamkeit widersprechen (4.).[48]

I. Verlustrisiko

32 Vorbehalte gegen Anteile an Private-Equity-Fonds als Portfoliobestandteile für gemeinnützige Stiftungen werden teils mit den Verlustrisiken begründet, die diese Anlageklasse mit sich bringt. Anlagen in Private Equity sind regelmäßig mit dem Risiko eines Totalverlusts verbunden. Isoliert betrachtet könnten Private-Equity-Anlagen aufgrund dieses Risikos gegen den landesstiftungsrechtlichen Grundsatz der sicheren Vermögensanlage verstoßen und überdies gemeinnützigkeitsschädlich sein.

1. Stiftungsrechtliches Gebot der sicheren Vermögensanlage

33 Risikoanlagen wie Private-Equity-Beteiligungen werfen im Hinblick auf die Verlustrisiken die Frage nach ihrer grundsätzlichen Zulässigkeit auf. Die meisten Landesstiftungsgesetze sehen vor, dass das Stiftungsvermögen in seinem Bestand ungeschmälert zu erhalten ist.[49] Das Stiftungsvermögen darf grundsätzlich nicht verbraucht, sondern lediglich zur Erzielung von Erträgen genutzt werden. Der Umfang des Gebots der Bestandserhaltung ist in den Landesstiftungsgesetzen nicht näher bestimmt.[50] Inwieweit das Vermögen in seiner ursprünglichen Substanz erhalten bleiben muss oder etwaige Wertverluste auszugleichen sind, wird kontrovers diskutiert. Substanzerhaltung, Inflationsausgleich, nominale oder reale Werterhaltung lauten einige Schlagworte dieser Diskussion.[51] Während früher in den Landesstiftungsgesetzen eine mündelsichere Anlage vorgeschrieben wurde, gilt heute der Grundsatz einer sicheren und wirtschaftlichen Vermögensanlage.[52] Daraus lässt sich ein Abrücken von der rein substanz- oder nominalwerterhaltenden Vermögensanlage ableiten.

34 Soweit der Grundsatz der Bestandserhaltung auf den Realwert bezogen wird, ergibt sich im Hinblick auf die Abwägung zwischen sicherer und ertragreicher Anlage, dass ein Teil der Nominalerträge aus der Vermögensverwaltung für den realen Bestandserhalt benötigt wird. Denn Kapitalvermögen verliert regelmäßig inflationsbedingt an Wert.[53] So ist das

---

[48] Vgl. zu diesen Fragen am Beispiel der Anlage von Stiftungsvermögen in Hedge Fonds auch *Kayser/Richter* in Busack/Kaiser, Handbuch Alternative Investments, Band 2, S. 597 ff.

[49] Siehe zB Art. 6 Abs. 2 BayStG; § 3 S. 1 StiftG Bln.; § 6 Abs. 1 S. 1 HessStiftG.

[50] Kritisch dazu *Richter,* Stiftungsrechtsreform und Novellierung der Landesstiftungsgesetze in Bundesverband Deutscher Stiftungen eV, 59. Jahrestagung, Berlin 2003, S. 44, 45. Zu den Auslegungsansätzen vgl. Richter, Rechtsfähige Stiftung und Charitable Corporation, S. 362 ff.

[51] Vgl. Carstensen, Vermögensverwaltung, Vermögenserhaltung und Rechnungslegung gemeinnütziger Stiftungen, S. 43 f.; *Hüttemann* FG Flume, 1998, 59 (61 ff.) mwN; *Hüttemann/Schön,* Vermögensverwaltung und Vermögenserhaltung im Stiftungs- und Gemeinnützigkeitsrecht; *Reuter* in Kötz/Rawert/Schmidt/Walz (Hrsg.) Non Profit Law Yearbook 2002, 157 (160 ff.); *Reuter* NZG 2005, 649 ff.; *Schindler* DB 2003, 297 (300 ff.).

[52] So ausdrücklich Art. 6 Abs. 1 S. 1 BayStG; vgl. auch *Schauhoff* in Schauhoff, Handbuch der Gemeinnützigkeit, § 3 Rn. 138.

[53] Vgl. *Brockhoff* in Kötz/Rawert/Schmidt/Walz (Hrsg.) Non Profit Law Yearbook 2002, 221 (222); *Schauhoff* in Schauhoff, Handbuch der Gemeinnützigkeit, § 3 Rn. 128.

Stiftungsvermögen bei Stiftungen, in denen der Stifter eine Bareinlage geleistet hat, häufig in festverzinslichen Wertpapieren investiert, weil diese traditionell als verhältnismäßig risikoarm und ertragreich angesehen wurden.[54] Da diese aber bei ihrer Endfälligkeit zum Nominalwert getilgt werden, weisen sie in der Regel keine Wertsteigerungen auf.[55] Untersuchungen ergaben, dass Stiftungen mit festverzinslichen Kapitalanlagen in den zurückliegenden Jahrzehnten 45 % des Ertrages dem Vermögen hätten zuführen müssen, um eine real gleichbleibende Stiftungsleistung zu gewährleisten.[56] Da dies aber im Falle einer gemeinnützigen Stiftung gemäß § 62 Abs. 1 Nr. 3 AO nur begrenzt möglich ist, führt eine derartige Anlageform zu einem Verstoß gegen den Grundsatz der (realen) Vermögenserhaltung. Dagegen sind die Substanzwerte Aktien und Immobilien auf lange Sicht infolge von Wertsteigerungen inflationsresistenter.[57] Bei allen Anlageentscheidungen ist auch der Grundsatz einer ertragreichen Vermögensanlage zu beachten.

Erforderlich ist daher eine Mischung aus Renten, Aktien und Immobilien.[58] Professio- **35**
nelle Vermögensverwalter empfehlen häufig, neben den Barreserven ca. 60–80 % des verbleibenden Stiftungsvermögens in Renten und ca. 20–40 % in Aktien anzulegen.[59] 2017 gaben ein Drittel der befragten Stiftungen und Family Offices an, mehr als 20 % ihres Portfolios in Private Equity zu investeieren.[60] Dennoch stammten im Jahr 2007 insgesamt 8,3 % europäischer Private-Equity-Investitionen aus Stiftungen und von vermögenden Familien. Nur eine solche, diversifizierende Anlagestrategie bietet demnach die Möglichkeit, das Stiftungsvermögen wertbeständig und laufend ertragreich anzulegen.

Ein Teil der nominal erzielten Erträge kann dann zum Ausgleich von realen Wertver- **36**
lusten verwendet werden. Auch die insoweit bestehenden Möglichkeiten sind strikt geregelt. Im Hinblick auf die Geldentwertung durch Inflation kann die Stiftung Rücklagen bilden. Gemeinnützigen Stiftungen ist dies aber nur im Rahmen des § 62 Abs. 1 Nr. 3 AO gestattet.[61] Für den Fall weiterer Wertminderungen,[62] etwa durch Kursverluste, ist zB in Art. 17 des Bayerischen Stiftungsgesetzes geregelt, dass – auf Anordnung der Stiftungsaufsicht – die Vermögenserträge so lange ganz oder teilweise anzusammeln sind, bis die Stiftung wieder leistungsfähig geworden ist. Die Herstellung der Leistungskraft muss allerdings auf absehbare Zeit möglich sein.[63] Dieses sog. Admassierungsgebot kann sich aufgrund des gemeinnützigkeitsrechtlichen Gebots der zeitnahen Mittelverwendung als steuerschädlich erweisen. Darüber hinaus gilt auch im Stiftungszivilrecht, dass der Grundsatz der Vermögenserhaltung nicht zum Selbstzweck werden darf.[64] Somit muss die Stiftung gegebenenfalls Vermögensumschichtungen vornehmen. Letztlich muss die Stiftung genügend Erträge erwirtschaften, um den Stiftungszweck erfüllen und allen laufenden Zahlungsverpflichtungen nachkommen zu können. Insofern müssen die Stiftungsorgane im Gespräch mit den zuständigen Behörden praktikable Lösungen finden.

Neben dem Werterhalt durch Nominalerträge stehen die Stiftungsorgane bei der Anlage **37**
des Stiftungsvermögens auch aus einem anderen Grund in der Verantwortung, das Stiftungsvermögen nicht nur wertbeständig (im Sinne des Gebots der Bestandserhaltung),

---

54 Vgl. *Schindler* DB 2003, 297 (298).

55 Zu den Folgen eines vorwiegend in Renten investierten Stiftungsvermögens vgl. *Panse/Bär* in Richter/Wachter, Handbuch des internationalen Stiftungsrechts, § 6 Rn. 38 ff.; *Carstensen* in Bertelsmann Stiftung, Handbuch Stiftungen, S. 535, 545.

56 Vgl. *Carstensen* in Bertelsmann Stiftung (Hrsg.), Handbuch Stiftungen, S. 535, 548.

57 Vgl. *Carstensen* in Bertelsmann Stiftung (Hrsg.), Handbuch Stiftungen, S. 535, 545.

58 Vgl. *Benke* Stiftung & Sponsoring 2/1999, 13.

59 Vgl. *Nolting-Hauff* AbsolutReport 10/2002, 46 (49).

60 Vgl. mcp PEi Studie, www.montana-partners.ev.

61 Siehe unten Rn. 58 f. Dagegen sind rein privatnützige Stiftungen nur den stiftungsrechtlichen Admassierungsverboten unterworfen. Dabei ist in erster Linie auf den Willen des Stifters abzustellen, der in seiner Zielrichtung lediglich durch das Verbot der Selbstzweckstiftung beschränkt wird, vgl. *Hüttemann* FG Flume, 1998, 59 (88).

62 Vgl. *Carstensen* in Bertelsmann Stiftung, Handbuch Stiftungen, S. 535, 538.

63 Vgl. Voll/Störle, Bayerisches Stiftungsgesetz, Art. 17 Rn. 1.

64 Vgl. *Hüttemann* FG Flume, 1998, 59 (88).

sondern ertragreich anzulegen. Durch die Vermögensanlage muss nämlich das Erzielen angemessener laufender Erträge sichergestellt werden, aus denen eine Erfüllung des Stiftungszwecks möglich ist.[65] In der Literatur wird andererseits zutreffend darauf hingewiesen, dass wirtschaftlich kein Ertrag vorliegt, solange das Vermögen nicht erhalten ist. Der Ertrag ist nichts anderes als die Vermögensmehrung. Strittig kann daher nicht sein, ob Ertrag oder Erhaltung anzustreben ist, sondern nur, welches Erhaltungskonzept der Ertragsermittlung zugrunde zu legen ist.[66] Alleine die Möglichkeit des Totalverlustes eines gewissen Teils des Portfolios, steht dem Gebot des Erhalts des Stiftungskapitals demnach nicht entgegen, solange das Portfolio insgesamt ausreichend diversifiziert ist.[67]

38 Letztlich muss zwischen einer möglichen Steigerung der Erträge und dem damit verbundenen Risiko für die Substanz des Stiftungsvermögens abgewogen werden.[68] Wie diese Abwägung im Einzelfall zu erfolgen hat, ist nicht abschließend geklärt.[69] Maßgeblich sollte stets die Rendite-Risiko-Struktur des gesamten Stiftungsportfolios sein.[70] In Bezug auf das Gesamtportfolio wird der Stiftungsvorstand regelmäßig einen planbaren und regelmäßigen Vermögensertrag anstreben. Da jeder Anleger eigene Maßstäbe zur Beurteilung ansetzt, was eine sichere und ertragreiche Anlage ist, ist eine allgemeine Regelung nicht möglich, was das Fehlen entsprechender gesetzlicher Vorgaben erklärt. Soweit die Landesstiftungsgesetze überhaupt Aussagen treffen, werden lediglich Kosten- und Risikoerwägungen (Sparsamkeit, Wirtschaftlichkeit, Ordnungsmäßigkeit) genannt.[71] Oberste Richtschnur muss daher auch hier der Wille des Stifters sein.[72] Dieser kann durch spezielle Anlagerichtlinien für Eindeutigkeit und Klarheit sorgen. Dadurch kann das Haftungsrisiko des Stiftungsvorstandes verringert und Flexibilität gewährleistet werden.[73] Fehlen Vorgaben des Stifters, kann der Stiftungsvorstand ein Kapitalerhaltungskonzept ausarbeiten und ggf. förmlich beschließen.[74] Teilweise ist für die Umsetzung oder Ausarbeitung von Kapitalerhaltungsrichtlinien auch ein eigenes Organ (Anlageausschuss, Kuratorium) zuständig.[75] Möglich – und bei fehlender Fachkenntnis des Vorstands sogar geboten – ist auch die Einschaltung eines externen Anlageberaters.[76] Ein solcher ist dann allerdings nicht an die stiftungsrechtlichen Vorgaben gebunden. Diese zu überwachen bleibt Aufgabe des Vorstands.[77]

---

[65] Siehe dazu auch unten Rn. 57. Vgl. *Hüttemann* WM 2016, 673 (678 f.); *Orth* DStJG 2003, 177 (194 f.); FG Münster Urt. v. 11.12.2014 – 3 K 323/12 Erb, EFG 2015, 739.

[66] Vgl. *Schindler* DB 2003, 297.

[67] Vgl. für die Anlage in geschlossene Immobilienfonds OLG Frankfurt a. M. Urt. v. 21.6.2017 – 17 U 160/16, BKR 2017, 380; aA wohl OLG Frankfurt a. M. Urt. v. 28.1.2015 – 1 U 32/13, BKR 2015, 292; *Stürner* BKR 2015, 294 nur wenn als ausdrücklich zulässig in der Satzung aufgenommen; hierzu kritisch *Hüttemann* WM 2016, 673 (675 f.).

[68] Vgl. *Wachter* Stiftung & Sponsoring 6/2002, Beilage Die Roten Seiten, 5. Zu Abwägungsgesichtspunkten vgl. Hüttemann/Schön, Vermögensverwaltung und Vermögenserhaltung, S. 32 ff.; FG Münster Urt. v. 11.12.2014 – 3 K 323/12 Erb, EFG 2015, 739.

[69] Vgl. zu den Grundsätzen einer gemeinnützigkeitsrechtlich zulässigen Anlagestrategie aus Sicht der Finanzverwaltung *Leichinger* npoR 2015, 237 (239).

[70] Vgl. *Hüttemann* WM 2016, 673 (676).

[71] Vgl. *Schindler* DB 2003, 297; Art. 6 Abs. 1 S. 1 BayStG.

[72] Vgl. *Hüttemann* WM 2016, 625 (626).

[73] Vgl. *Schindler* DB 2003, 297 (299); *Wachter* Stiftung & Sponsoring 6/2002, Beilage Die Roten Seiten, 12.

[74] Vgl. *Schriever* npoR 2017, 111 (112).

[75] Vgl. *Meyn* in Meyn/Richter/Koss/Gollan, Die Stiftung, Rn. 160.

[76] Vgl. zur Haftung des Vorstands wegen unsachgerechter Anlageentscheidung und fehlerhaften Überwachung OLG Oldenburg Urt. v. 8.11.2013 – 6 U 50/13, npoR 2014, 134 mAnm *Hüttemann/Kampermann*, npoR 2014, 143.

[77] OLG Dresden Beschl. v. 10.2.2004 – 8 U 2225/03, ZIP 2004, 1498; OLG Frankfurt a. M. Urt. v. 21.6.2017 – 17 U 160/16, BKR 2017, 380; *Hüttemann* WM 2016, 673 (675); aA OLG Frankfurt a. M. Urt. v. 28.1.2015 – 1 U 32/13, BKR 2015, 292.

2. Gemeinnützigkeitsrechtliches Gebot der Selbstlosigkeit

Erwirtschaftet eine gemeinnützige Stiftung Verluste, so ist dies nach Auffassung der Finanzverwaltung grundsätzlich gemeinnützigkeitsschädlich.[78] Die Mittel einer gemeinnützigen Körperschaft dürfen nur für satzungsmäßige Zwecke verwendet werden (§ 55 Abs. 1 Nr. 1 S. 1 AO). Das Ziel der zweckmäßigen Mittelverwendung ist nach Rechtsprechung und Finanzverwaltung verfehlt, wenn die Stiftung einen Verlust im Bereich der Vermögensverwaltung erzielt. Denn der Ausgleich eines Verlustes aus der Vermögensverwaltung erfolgt mit Mitteln des ideellen Tätigkeitsbereichs und ist daher eine Mittelfehlverwendung. Ein solcher Verlust soll grundsätzlich im Jahr der Verlusterzielung zur Aberkennung der Gemeinnützigkeit führen.[79] Ein Vermögensverlust ist anzunehmen, wenn mit hoher Wahrscheinlichkeit eine Veräußerung zum Anschaffungswert auf Dauer nicht mehr möglich ist.[80] 39

Sollte es zum Verlust eines in Private-Equity-Fonds investierten Teils des Stiftungsvermögens kommen, so führt dies allein jedoch nicht zum Verlust der Gemeinnützigkeit. Es kommt grundsätzlich auf das Gesamtergebnis der Vermögensverwaltung an, während die Ergebnisse einzelner Anlagen nur insoweit von Belang sind, als sie das Gesamtergebnis beeinflussen. Ein Verlust in dem hier maßgeblichen Sinn setzt voraus, dass die gesamte Vermögensverwaltung der Stiftung in einem Jahr insgesamt einen Verlust erzielt. Für die Vermögensverwaltung sollen die Regelungen über den Ausgleich von Verlusten aus dem wirtschaftlichen Geschäftsbetrieb entsprechend gelten.[81] Dort ist für das Vorliegen eines Verlustes das Ergebnis des *einheitlichen* wirtschaftlichen Geschäftsbetriebes nach § 64 Abs. 2 AO maßgeblich. Für die Verwendung von Mitteln des ideellen Bereichs für den Ausgleich von Verlusten bedeutet dies, dass Verluste eines einzelnen Geschäftsbetriebs unschädlich sind, soweit der Verlust bereits im Entstehungsjahr mit Gewinnen anderer steuerpflichtiger wirtschaftlicher Geschäftsbetriebe verrechnet werden kann.[82] Damit kommt es für die Vermögensverwaltung nicht darauf an, ob in einzelnen Bereichen der Vermögensverwaltung negative Ergebnisse erzielt werden, sondern ausschließlich darauf, ob die Vermögensverwaltung insgesamt zu Verlusten führt. Wenn Verluste aus einzelnen Anlagen nicht für sich zu einer Aberkennung der Gemeinnützigkeit führen, dann gilt dies erst recht für das Eingehen einzelner Anlagen, bei denen zwar das Risiko eines Totalverlustes besteht, dieser sich aber noch nicht realisiert hat. 40

Nach einer im Vordringen begriffenen Ansicht soll selbst ein Verlustausgleich aus Mitteln des ideellen Bereichs nicht gegen § 55 Abs. 1 Nr. 1 AO verstoßen, wenn die Investition aus der Perspektive ex ante wirtschaftlich vertretbar war.[83] 41

Etwas anderes gilt erst, wenn hochspekulative Anlagen getätigt werden. Diese werden zum Teil für gänzlich unzulässig gehalten.[84] Damit wären Verluste hieraus stets als gemeinnützigkeitsschädliche Mittelfehlverwendung anzusehen, auch wenn diese durch das Gesamtportfolio aufgefangen werden.[85] 42

Für die Frage, ob ein Finanzprodukt „hochspekulativ" ist, dürfte es indessen an handhabbaren allgemeingütigen Kriterien fehlen. Die Beurteilung im Einzelfall lässt sich losgelöst von der konkreten Rendite-Risiko-Struktur des Gesamtportfolios auch nur schwer 43

---

78 Vgl. AEAO Nr. 9 zu § 55. Zu Recht aA Hüttemann, Gemeinnützigkeits- und Spendenrecht, Rn. 6.21 f.; Hüttemann/Schön, Vermögensverwaltung, S. 56 ff., 68.

79 Vgl. BFH Urt. v. 13.11.1996 – I R 152/93, BStBl. II 1998 S. 711; AEAO Nr. 4 ff. zu § 55.

80 Vgl. *Schindler* DB 2003, 297 (299).

81 Vgl. AEAO Nr. 9 zu § 55.

82 Vgl. AEAO Nr. 4 S. 2 und 3 zu § 55.

83 Vgl. Hüttemann, Gemeinnützigkeits- und Spendenrecht, Rn. 6.21 f.; Hüttemann/Schön, Vermögensverwaltung, S. 56 ff., 68; *Schauhoff* DStR 1998, 701 ff.; *Orth* DStR 2009, 1397 (1403); ähnlich *Kirchhain* DStR 2012, 2313; Buchna/Leichinger/Seeger/Brox, Gemeinnützigkeit im Steuerrecht, S. 143. Auch Vertreter der Finanzverwaltung haben sich dem grundsätzlich angeschlossen: *Leichinger* npoR 2015, 237 (238 f.).

84 Vgl. FG Münster Urt. v. 11.12.2014 – 3 K 323/12 Erb, EFG 2015, 739; *Leichinger* npoR 2015, 237 (239).

85 Vgl. Buchna/Leichinger/Seeger/Brox, Gemeinnützigkeit im Steuerrecht, S. 140.

beantworten. Ein für sich gesehen risikobehafteter Vermögensbestandteil kann bei geringer Korrelation mit den anderen Bestandteilen nämlich gerade zu einer Verringerung des Risikos für das Gesamtportfolio führen.[86] Da sich bei spekulativem Einsatz des Stiftungsvermögens das Verlustrisiko dennoch extrem erhöhen kann, sollte – wenn entsprechende Anlagen in Erwägung gezogen werden – eine verbindliche Auskunft der Finanzverwaltung eingeholt werden. Dasselbe gilt, wenn sich Vermögensanlagen – wie Private Equity – erst nach mehreren Jahren rechnen.[87]

3. Gemeinnützigkeitsrechtliches Gebot der Ausschließlichkeit

44 Das Ausschließlichkeitsgebot des § 56 AO verpflichtet gemeinnützige Körperschaften, keine (verdeckten) satzungsfremden Zwecke zu verfolgen. Die Vermögensverwaltung und auch das Unterhalten eines steuerpflichtigen wirtschaftlichen Geschäftsbetriebs müssen daher aus der Sicht des Gemeinnützigkeitsrechts um des steuerbegünstigten Zwecks willen erfolgen, indem sie der Beschaffung von Mitteln zur Erfüllung der steuerbegünstigten Aufgabe dient. Ist die Vermögensverwaltung dagegen nicht dem steuerbegünstigten Zweck untergeordnet, sondern ein davon losgelöster Zweck oder gar Hauptzweck der Betätigung der Körperschaft, so scheitert deren Steuerbegünstigung nach Auffassung der Finanzverwaltung.[88] Damit führen Verluste, wenn sie auf der Verfolgung nicht gemeinnütziger Nebenzwecke beruhen, also von vornherein nicht die Ertragserzielung, sondern beispielsweise die Förderung eines Unternehmens im Vordergrund steht, zu einem Verstoß gegen das Gebot der Ausschließlichkeit und gefährden so zusätzlich die Gemeinnützigkeit der Körperschaft als solche.

II. Beteiligung an gewerblichen Private-Equity-Fonds

45 Bei Anlageentscheidungen im Zusammenhang mit Private-Equity-Fonds sollte immer geprüft werden, ob eine Beteiligung gewerbliche Einkünfte vermittelt.[89] Je nach steuerlichem Status der Stiftung hat die Gewerblichkeit unterschiedliche Auswirkungen.

46 Davon zu trennen ist die Besteuerung auf Ebene des Fonds: Ein als Personengesellschaft konzipierter Private-Equity-Fonds mit Betriebsstätte in Deutschland wird im Falle der Gewerblichkeit selbst zum Gewerbesteuersubjekt. Die von ihm aus den Portfoliogesellschaften oder durch deren Veräußerung bezogenen Einkünfte (Veräußerungsgewinne, Dividenden und Zinsen) werden auf Fondsebene zur Gewerbesteuer herangezogen.

1. Folgen der Gewerblichkeit für steuerpflichtige Stiftungen

47 Für am Fonds beteiligte steuerpflichtige Stiftungen als Körperschaftsteuersubjekte ist die Belastung mit Gewerbesteuer auf Fondsebene definitiv. Auf Ebene der am Fonds beteiligten steuerpflichtigen Stiftungen sind Veräußerungsgewinne des Fonds im Rahmen des Beteiligungsprivileg effektiv zu 5 % steuerpflichtig (§ 8b Abs. 2, Abs. 3 S. 1, Abs. 6 S. 1 KStG).

2. Folgen der Gewerblichkeit für gemeinnützige Stiftungen

48 Auch die Beteiligung an einem gewerblichen Fonds durch eine gemeinnützige Stiftung hat auf der Ebene der Stiftung Konsequenzen.

49 Die Stiftung bezieht auf der Seite der Mittelerzielung Einkünfte aus unterschiedlichen gemeinnützigkeitsrechtlichen Sphären: Im ideellen Bereich erzielt sie etwa Einnahmen aus Spenden und im Bereich der Vermögensverwaltung insbesondere Kapitaleinkünfte. In beiden Sphären ebenso wie im sog. Zweckbetrieb (zB aus dem Betrieb eines Kindergartens

---

[86] Vgl. *Richter* in Hüttemann/Richter/Weitemeyer, Landesstiftungsrecht, Rn. 15.50 f. mwN

[87] Vgl. *Richter* in Richter, Stiftungsrecht, § 27 Rn. 166.

[88] Vgl. AEAO Nr. 1 S. 3 f. zu § 56.

[89] Vgl. zum Ganzen auch → § 22 Rn. 9.

oder eines Krankenhauses) sind die Einkünfte steuerfrei. Soweit eine Stiftung allerdings Einnahmen aus der Sphäre eines steuerpflichtigen wirtschaftlichen Geschäftsbetriebs gem. §§ 64, 14 S. 1 AO erzielt, unterliegen diese der Besteuerung. Diese gesetzgeberische Konzeption lässt erahnen, dass eine klare und abstrakt vorhersehbare Trennung zwischen steuerfreiem Bereich und gewerblichem Bereich – also zwischen den Sphären der gemeinnützigen Mittelerzielung – nicht immer gelingen kann. So ist es neben der Art auch die Intensität der wirtschaftlichen Betätigung, welche nach ihrem Gesamtbild im Einzelfall über die Zuordnung entscheidet, da ein wirtschaftlicher Geschäftsbetrieb gerade dadurch gekennzeichnet ist, dass er den Rahmen der Vermögensverwaltung verlässt.

Ob eine an einer Personengesellschaft beteiligte steuerbegünstigte Körperschaft gewerb- **50**
liche Einkünfte bezieht und damit einen wirtschaftlichen Geschäftsbetrieb (§ 14 S. 1 und 2 AO) unterhält, wird im einheitlichen und gesonderten Gewinnfeststellungsbescheid der Personengesellschaft bindend festgestellt.[90]

Vermögensverwaltung liegt gemäß § 14 S. 3 AO in der Regel vor, wenn Vermögen **51**
genutzt wird. Nach Ansicht des BFH ist das der Fall, wenn sich die Betätigung noch als Nutzung im Sinne einer Fruchtziehung aus zu erhaltenden Substanzwerten darstellt.[91] Das sollte indes bei einer (langfristigen) Anlage in aus steuerlicher Sicht vermögensverwaltende Fonds regelmäßig der Fall sein. Demgegenüber wird ein wirtschaftlicher Geschäftsbetrieb iSd § 14 S. 1 AO mit der Ausnutzung substanzieller Vermögenswerte durch Umschichtungen gleichgesetzt.[92]

Handelt es sich bei dem Fonds um eine vermögensverwaltende Personengesellschaft, **52**
stellen die Gewinnanteile Einkünfte aus Vermögensverwaltung dar. Ist die Personengesellschaft dagegen gewerblich tätig, so sind die daraus bezogenen Gewinnanteile Einkünfte des Gesellschafters aus Gewerbebetrieb, womit stets ein wirtschaftlicher Geschäftsbetrieb gegeben ist.[93] Ist ein Private-Equity-Fonds originär gewerblich, so führt dies auf Ebene der beteiligten Investoren zum Bezug von Einkünften aus Gewerbebetrieb (§ 15 EStG) und bei einer gemeinnützigen Stiftung zu steuerpflichtigen Einkünften aus einem wirtschaftlichen Geschäftsbetrieb.

Auch wenn sich eine steuerbefreite Körperschaft an einer gewerblich tätigen Personenge- **53**
sellschaft „nur" als Kommanditistin beteiligt, ohne dass durch die Beteiligung ein Einfluss auf die Geschäftsleitung ermöglicht wird, begründet dies nach der Rechtsprechung einen wirtschaftlichen Geschäftsbetrieb.[94] In der Literatur wird die Einordnung einer Kommanditbeteiligung als wirtschaftlicher Geschäftsbetrieb kritisiert. Ein Kommanditist unterhalte – wie auch der Gesellschafter einer Kapitalgesellschaft – nur dann einen wirtschaftlichen Geschäftsbetrieb, wenn er Einfluss auf die laufende Geschäftsführung nehme oder nehmen könne.[95]

Die Beteiligung an einer gewerblich geprägten vermögensverwaltenden Personengesell- **54**
schaft hingegen stellt nach neuerer Rechtsprechung des BFH nicht ohne Weiteres einen wirtschaftlichen Geschäftsbetrieb iSv § 14 AO dar.[96]

§ 14 AO sieht anders als § 15 Abs. 3 Nr. 2 EStG nämlich gerade keine Gewerblichkeits- **55**
fiktion vor. Einkünfte aus einer gewerblich geprägten Personengesellschaft, welche rein

---

[90] Vgl. AEAO Nr. 3 zu § 64 Abs. 1.

[91] BFH Urt. v. 19.2.1997 – XI R 1/96, BStBl. II 1997 S. 399 (402).

[92] Bundesministerium der Finanzen: Schreiben v. 20.12.1990 – IV B 2-S 2240-61/90, BStBl. I 1990 S. 884 (885 f.); *Richter* in Richter, Stiftungsrecht, § 27 Rn. 164 ff.; *Richter* in Meyn/Richter/Koss, Die Stiftung, Rn. 825 ff.

[93] Vgl. zur Abgrenzung von Vermögensverwaltung und Gewerblichkeit bei Private-Equity-Fonds Bundesministerium der Finanzen: Schreiben v. 16.12.2003 – IV a 6 – S 2240 – 153/03, DStR 2009, 181; vgl. dazu *Rodin,* Private Equity – eine Anlageklasse in der Vermögensverwaltung, ein Segment des Kapitalmarkts, eine Anlageform für gemeinnützige Investoren in Birk, Transaktionen, Vermögen, Pro bono, FS P +P Pöllath + Partners, 2008, 541 (545 ff.); auch ausführlich → § 22 Rn. 8 ff.

[94] BFH Urt. v. 27.3.2001 – I R 78/99, BStBl. II 2001 S. 449 (450).

[95] Vgl. *Pezzer* FR 2001, 837 f.; *Funnemann* DStR 2002, 2013 (2018).

[96] BFH Urt. v. 25.5.2011 – I R 60/10, BStBl. II 2011 S. 858 BFH, Urt. v. 18.2.16, DStR 2016, 1264; vgl. auch AEAO Nr. 3 zu § 64 Abs. 1; *Boxberger/Jesch* npoR 2011, 126.

vermögensverwaltend tätig wird, stehen einer Steuerbefreiung bei der Stiftung somit nicht entgegen.[97]

Der BFH ließ jedoch offen, ob dies auch für gewerblich infizierte Einkünfte im Sinne des § 15 Abs. 3 Nr. 1 EStG gelte. Er führt aus, dass ihrer Natur nach vermögensverwaltende Tätigkeiten auf der Ebene der mitunternehmerisch beteiligten steuerbefreiten Körperschaft dem steuerpflichtigen wirtschaftlichen Geschäftsbetrieb zuzuordnen sein können.[98] Dieser Zuordnung gewerblich infizierter Einkünfte zum wirtschaftlichen Geschäftsbetrieb schloss sich das FG Düsseldorf an.[99]

Es besteht somit insbesondere für Dachfondsstrukturen das Risiko, dass der Dachfonds durch einen gewerblich tätigen Zielfonds gemäß § 15 Abs. 3 Nr. 1 EStG gewerblich infiziert wird. Dadurch könnte die Beteiligung der Stiftung an diesem Dachfonds dem steuerpflichtigen wirtschaftlichen Geschäftsbetrieb zuzuordnen sein. Dieses Risiko lässt sich etwa durch die Zwischenschaltung eines Abschirmwirkung entfaltenden Investmentvehikels entschärfen.[100]

III. Illiquidität von Anlagen in Private-Equity-Fonds

56 Anlagen in Private-Equity-Fonds sind in hohem Maße illiquide. Oft vergehen Jahre, bis aus einer solchen Anlage Erträge erzielt werden können. In der Zwischenzeit folgt aus dem Charakter als geschlossener Fonds, dass eine Rückgabe von Fondsanteilen vor Ablauf der Laufzeit, die meist über zehn Jahre beträgt, nicht möglich ist. In diesem Zusammenhang stellt sich die Frage nach der Vereinbarkeit mit dem stiftungszivilrechtlichen Gebot der ertragreichen Vermögensanlage und dem gemeinnützigkeitsrechtlichen Gebot der zeitnahen Mittelverwendung.

1. Gebot der ertragreichen Vermögensanlage

57 Die Vermögensverwaltung einer Stiftung muss grundsätzlich Überschüsse (zB Zinsen, Dividenden oder Mieterträge) erzielen, die dem ideellen Bereich zugeführt werden können.[101] Hingegen darf die Stiftung Erträge nicht übermäßig dem Stiftungsvermögen zuführen *(thesaurieren)*.[102] Ziel ist, dass die Stiftung aus der Vermögensanlage kontinuierliche Erträge erzielt, die zur Erfüllung des Stiftungszwecks auf konstant hohem Niveau ausreichen.[103] Andernfalls kann die Verpflichtung zur Ertragsverwendung verletzt sein. In diesem Zusammenhang können solche Anlageformen problematisch sein, die wie Private-Equity-Fonds keinen laufenden Ertrag generieren. Entscheidend ist jedoch nicht, dass jede einzelne Kapitalanlage laufende Erträge abwirft, sondern dass die Vermögensanlage insgesamt laufende Erträge hervorbringt. Insoweit sollte auf das Anlageverhalten der Stiftung als Ganzes abgestellt werden. Nur eine derartige Gesamtschau wird dem Grundsatz der sicheren und ertragreichen Vermögensanlage gerecht. Denn keine Anlageklasse kann sowohl Wertbeständigkeit als auch laufende Erträge auf höchstem Niveau sichern. Solange nur ein Teil des Stiftungsvermögens keine laufenden Erträge generiert, liegt daher kein Verstoß gegen das Stiftungsrecht vor.

---

97 Buchna/Leichinger/Seeger/Brox, Gemeinnützigkeit im Steuerrecht, S. 290 f.; *Wallenhorst* in Wallenhorst/Halaczinsky, Besteuerung gemeinnütziger Vereine, Stiftungen und der juristischen Personen des öffentlichen Rechts, Kap. F Rn. 44a.

98 BFH, Urt. v. 25.5.2011, I R 60/10, mAnm *Kraft* DStR 2011, 1460.

99 FG Düsseldorf, Urt. v. 17.9.2013, 6 K 2430/13 K, EFG 2013, 1958.

100 *Boxberger/Jesch* npoR 2011, 126.

101 Vgl. *Meyn* in Meyn/Richter/Koss/Gollan, Die Stiftung, Rn. 151; *Bork* ZSt 2003, 14 f.; Art. 6 Abs. 3 BayStG; § 6 Abs. 3 S. 1 StiftG Hess.

102 Vgl. *Godron* in Richter, Stiftungsrecht, § 7 Rn. 24 ff.

103 Vgl. *Benke* Stiftung & Sponsoring 2/1999, 13; *Funken* Stiftung & Sponsoring 2/2002, 24; *Orth* DStJG 2003, 177 (194 f.).

2. Gebot der zeitnahen Mittelverwendung

Aus dem Selbstlosigkeitsgebot folgt gemäß § 55 Abs. 1 Nr. 5 AO auch die Pflicht, 58
Stiftungsmittel grundsätzlich zeitnah und in voller Höhe für die satzungsgemäßen Zwecke zu verwenden. Eine bis zum Ende des auf die Vereinnahmung der entsprechenden Mittel folgenden Veranlagungszeitraums erfolgende Verwendung ist „zeitnah". „Mittel" iSd § 55 Abs. 1 Nr. 5 AO sind grundsätzlich alle Vermögenswerte einer gemeinnützigen Stiftung. Das Grundstockvermögen unterliegt allerdings nicht der Pflicht zur zeitnahen Verwendung.[104]

Das Gebot der zeitnahen Mittelverwendung hat zur Folge, dass die Admassierung von 59
Vermögenserträgen nicht unbegrenzt zulässig ist. Eine steuerlich unschädliche Rücklagenbildung gewährleistet lediglich § 62 Abs. 1 Nr. 3 AO. Dabei ist zwischen unterschiedlichen Arten von Rücklagen zu unterscheiden, die erheblich von den Möglichkeiten der stiftungszivilrechtlichen Regelungen abweichen und gelegentlich den Interessen der Stifter widersprechen können. Im Bereich der Vermögensanlage ist vor allem die so genannte freie Rücklage von Interesse (§ 62 Abs. 1 Nr. 3 AO). Die freie Rücklage ermöglicht die Thesaurierung von Vermögenserträgen zur Sicherung oder Steigerung der Ertragskraft von gemeinnützigen Körperschaften. Sie ist weder an eine bestimmte Maßnahme gebunden noch unterliegt sie der zeitnahen Mittelverwendung. In ihrer Höhe wird sie allerdings begrenzt. Zum einen darf höchstens ein Drittel des Überschusses der Vermögensverwaltung der freien Rücklage zugeführt werden. Zum anderen können maximal 10 % der übrigen nach § 55 Abs. 1 Nr. 5 AO zeitnah zu verwendenden Mittel in die Rücklage eingestellt werden.[105]

In Bezug auf Anlagen in Private Equity stellt sich die Frage, ob die der Stiftung 60
zugeflossenen Erträge dem Gebot der zeitnahen Mittelverwendung unterliegen und bei fehlender Ausschüttung ein Verstoß gegen die Regeln zulässiger Rücklagenbildung vorliegt.

Zurückgewährte Einlagen oder ein Liquidationsgewinn müssen nicht zeitnah verwendet 61
werden. Nicht zu den zeitnah zu verwendenden Mitteln im Sinne des § 55 Abs. 1 Nr. 5 AO zählen nämlich Vermögenswerte, die zum Vermögensstock gehören, sowie die Surrogate des Vermögensstocks, die durch Umschichtungen entstanden sind.[106] Dies trifft auf die geleisteten Einlagen und einen etwaigen Liquidationsgewinn zu.

Die Anlage in Private-Equity-Dachfonds über ein körperschaftliches Anlagevehikel wi- 62
derspricht nicht schon deshalb dem Grundsatz der zeitnahen Mittelverwendung, weil das Vehikel, die Dachfonds und die Einzelfonds, in welche die Dachfonds investiert sind, ihre Erträge thesaurieren oder die Geschäftsführung des Vehikels zugeflossene Erlöse in weitere Anlagen in Private-Equity-Dachfonds oder Einzelfonds reinvestiert. Die Partizipation an der Wertentwicklung von Private-Equity-Dachfonds über Schuldverschreibungen widerspricht ebenfalls nicht dem Grundsatz der zeitnahen Mittelverwendung, weil ein Ertrag erst am Ende der Laufzeit zufließt.

Das Gebot der zeitnahen Mittelverwendung umfasst vielmehr nur solche Beträge, die der 63
Stiftung am jeweiligen Veranlagungsstichtag bereits zugeflossen sind.[107] Es kommt nicht darauf an, welche Erträge auf der Dachfondsebene oder der Einzelfondsebene zugeflossen sind. Die Thesaurierung auf den Fondsebenen und auf der Ebene des Vehikels ist unschädlich. Nur solche Erträge, die bei Endfälligkeit der Schuldverschreibungen der Stiftung zugeflossen sind, müssen zeitnah verwendet werden.

Verstößt somit eine Anlage von Stiftungsvermögen in Private-Equity-Fonds isoliert 64
betrachtete nicht gegen den Grundsatz der zeitnahen Vermögensanlage, so darf doch die

[104] Vgl. *Römer* in Richter, Stiftungsrecht, § 19 Rn. 453.
[105] Vgl. *Stahlschmidt* FR 2002, 1109 (1110 f.); *Römer* in Richter, Stiftungsrecht, § 19 Rn. 505, 508.
[106] Vgl. AEAO Nr. 29 zu § 55.
[107] Vgl. *Orth* DStJG 2003, 177 (219); *Schauhoff* in Schauhoff, Handbuch der Gemeinnützigkeit, § 8 Rn. 73; *Thiel* DB 1992, 1900 (1901).

gewählte Anlagestrategie nicht zu einer völligen Umgehung des Gebotes der zeitnahen Mittelverwendung führen. Eine solche liegt vor, wenn das Vermögen so anlegt wird, dass für die gegenwärtige Zweckverwirklichung praktisch keine laufenden Erträge mehr zur Verfügung stehen.[108] Insoweit decken sich das Stiftungszivilrecht und das Gemeinnützigkeitsrecht.[109] Darüber hinaus werden in der Literatur weitere gemeinnützigkeitsrechtliche Grenzen aus der „Ein-Drittel-Regelung" des § 62 Abs. 1 Nr. 3 AO diskutiert.[110] Unbedenklich wäre demnach eine Anlagestrategie, welche sich an diesem Maßstab der freien Rücklagenbildung orientiert. Hierzu wäre zunächst in einer Parallelrechnung zu ermitteln, wie viel zeitnah zu verwendende Erträge zur Verfügung ständen, wenn das zulässige Vermögen verzinslich angelegt und eine Rücklage in Höhe von einem Drittel der Zinserträge gebildet worden wäre. Erwirtschaftet die Stiftung durch ihr tatsächliches Investment auf eine mittlere Frist von fünf bis zehn Jahren Erträge in dieser Höhe, so soll der Grundsatz der zeitnahen Mittelverwendung jedenfalls gewahrt sein.[111]

65 Wird ein Beteiligungsfonds als vermögensverwaltend im steuerlichen Sinn konzipiert, so unterliegt er dem Grundsatz des Reinvestitionsverbots von Erlösen aus den Private-Equity-Beteiligungen. Von diesem Grundsatz hat das BMF im Schreiben vom 16.12.2003 zur Besteuerung von Private-Equity-Fonds[112] enge Ausnahmen zugelassen (erstmalige Investition von Erlösen in Höhe der aus Kapitaleinzahlungen finanzierten Kosten und des Ergebnis-Vorab für die Geschäftsführung; Nachfinanzierungen in Höhe von maximal 20 % des Zeichnungskapitals bei bestehenden Portfoliobeteiligungen). Werden Erlöse vom Beteiligungsfonds nicht ausgeschüttet, sondern in den Grenzen des BMF-Schreibens vom 16.12.2003 reinvestiert, fehlt es auf der Ebene der Stiftung insoweit an einem Zufluss; die Reinvestition durch den Beteiligungsfonds begründet deshalb keinen Verstoß gegen das Gebot der zeitnahen Mittelverwendung.

IV. Kostenstrukturen von Private-Equity-Fonds

66 Verglichen mit anderen Anlageklassen ist die Anlage von Vermögenswerten in Private Equity mit relativ hohen Kosten verbunden. Dies hindert gemeinnützige Stiftungen indes nicht an einer Investition.

1. Stiftungsrechtliche Vorgaben beim Einsatz von Vermögensverwaltern

67 Zivilrechtlich ist vielfach in den Landesstiftungsgesetzen eine „sparsame" oder „ordnungsgemäße" Wirtschaftsführung vorgesehen.[113] Allen Begriffen ist gemeinsam, dass nur im jeweiligen Einzelfall entschieden werden kann, wann ein angemessener Rahmen überschritten ist. Die im Markt gebräuchliche Vergütungsstruktur für Private-Equity-Fonds motiviert aufgrund der hohen Eigenbeteiligung das Management-Team, eine hohe absolute Rendite zu erzielen. Sie bedingt einen weitgehenden Gleichlauf der Interessen von Investoren und Management-Team. Insgesamt macht diese Kostenstruktur Private-Equity-Fonds allerdings zu einem relativ teuren Investment.

68 Die Verwaltungskosten für Private-Equity-Fonds stehen dem stiftungsrechtlichen Gebot der Sparsamkeit – welches nur in Extremfällen justitiabel ist[114] – in der Regel nicht ent-

---

108 Vgl. Hüttemann, Gemeinnützigkeits- und Spendenrecht, Rn. 5.162.

109 Vgl. soeben die Ausführungen unter → Rn. 57.

110 Vgl. Hüttemann, Gemeinnützigkeits- und Spendenrecht, Rn. 5.162.

111 Vgl. Hüttemann, Gemeinnützigkeits- und Spendenrecht, Rn. 5.162.

112 Vgl. BStBl. I 2004 S. 40. Vgl. dazu *Rodin* in Birk, Transaktionen, Vermögen, Pro bono, FS P+P Pöllath + Partners, 2008, 541 (546); auch ausführlich → § 22 Rn. 10 ff.

113 Vgl. Art. 7 BayStiftG; § 7 Abs. 1 S. 1 StiftG BW; § 6 Abs. 1 S. 2 BremStiftG; § 8 S. 1 HesssStiftG; § 6 Abs. 3 NiedStiftG; § 5 Abs. 1 S. 2 SaarlStiftG; § 4 Abs. 1 SächsStiftG; § 7 Abs. 1 S. 1 StiftG LSA; § 8 Abs. 1 ThürStiftG.

114 Vgl. *Reuter,* Die Haftung des Stiftungsvorstands gegenüber der Stiftung, Dritten und dem Fiskus in Kötz/Rawert/Schmidt/Walz (Hrsg.) Non Profit Law Yearbook 2002, 157 (164).

gegen. Man muss berücksichtigen, dass minimale Kosten als Zielvorgabe nur dann rational sind, wenn sie auf einen bestimmten Ertrag bezogen werden. Ansonsten wäre die Alternative 6% Bruttoertrag bei 0,6% Aufwand, somit 10% Aufwandsquote, der Alternative 13% Bruttoertrag bei 1,5% Aufwand, somit 11,5% Aufwandsquote, vorzuziehen, obwohl zusätzlich 6,1%-Punkte und damit mehr als doppelt so viele Mittel für Satzungszwecke eingesetzt werden könnten[115].

2. Gemeinnützigkeitsrechtliches Begünstigungsverbot

Auch ein Verstoß gegen das gemeinnützigkeitsrechtliche Begünstigungsverbot als Ausfluss des Gebots der Selbstlosigkeit wird in aller Regel nicht vorliegen. Werden Vermögensverwalter eingesetzt, so darf die Stiftung diese nicht durch unverhältnismäßig hohe Vergütungen begünstigen (vgl. § 55 Abs. 1 Nr. 3 AO). Die Ausgaben für die allgemeine Verwaltung einer Stiftung dürfen einen „angemessenen Rahmen" nicht übersteigen.[116] Unangemessen sind danach solche Vergütungen, die ihrer Höhe nach nicht dem entsprechen, was für eine vergleichbare Tätigkeit oder Leistung auch von nicht steuerbegünstigten Einrichtungen gezahlt wird.[117] Vergleichsmaßstab ist das Vergütungsniveau für vergleichbare Private-Equity-Fonds. Solange sich die Vergütungsstruktur im Rahmen des für eine solche Anlagestruktur Üblichen bewegt, ist es unschädlich, dass die zu zahlenden Vergütungen in der Regel höher sind als die für klassische Investmentfonds üblichen Vergütungen. 69

E. Zusammenfassung

Anlagen in Private-Equity-Fonds bieten gute Möglichkeiten, eine breite Risikodiversifikation zu erzielen und neue Renditechancen zu erschließen. Hierfür besteht bei gemeinnützigen wie steuerpflichtigen Stiftungen (zB Familienstiftungen) hoher Bedarf. Stiftungszivilrechtlich und gemeinnützigkeitsrechtlich sind Anlagen in Private-Equity-Fonds insbesondere bei größeren Stiftungsvermögen – allerdings vorbehaltlich besonderer Vorgaben des Stifters zB in der Stiftungssatzung – zulässige und mehr und mehr auch übliche Formen der Vermögensanlage. Für kleinere Stiftungsvermögen ist die Investition in Private Equity indessen weniger zu empfehlen. Relativ hohe Schwellen für eine Beteiligung können mit dem Erfordernis der Diversifikation des Stiftungsvermögens zur Minimierung der Verluste in Konflikt geraten. Auch die verhältnismäßig hohen Kosten im Zusammenhang mit Beteiligungen an Private-Equity-Fonds werden für kleinere Stiftungsvermögen in der Regel nicht zu rechtfertigen sein. 70

[115] Vgl. *Kayser/Richter* in Busack/Kaiser, Handbuch Alternative Investments, Band 2, S. 597, 603; aA wohl *Carstensen* ZSt 2005, 90 (92) („[…] eine Vermögensanlage in Segmenten, die ausschließlich auf Wertsteigerungen setzt, aber keinen laufenden Ertrag bringt, […] ausscheidet.").

[116] Vgl. AEAO Nr. 18 zu § 55.

[117] Vgl. Buchna/Leichinger/Seeger/Brox, Gemeinnützigkeit im Steuerrecht, S. 145.

§ 2 Versicherungsunternehmen und Pensionskassen als Investoren

Übersicht

Literaturverzeichnis (Buchbeiträge, Aufsätze, Monographien)

Pöllath, Reinhard/Rodin, Andreas/Wewel, Uwe (Hrsg.): Private Equity und Venture Capital Fonds, München 2018

Weitnauer, Wolfgang/Boxberger, Lutz/Anders, Dietmar (Hrsg.): KAGB, Kapitalanlagegesetzbuch Investmentsteuergesetz EuVECA-VO, EuSEF-VO und ELTIF-VO, 2. Aulfage, München 2017

Steinmüller, Jens, Neues Kapitalanlagerundschreiben veröffentlicht: Erleichterung für Private-Equity-Fonds – Gewissheit für Kreditfonds?, RdF 2018, S. 117 ff.

Bärenz, Uwe/Steinmüller, Jens, Verschärfung der Anforderungen an Kapitalanlagen von Pensionskassen und Versorgungswerken bei Beteiligungen an geschlossenen Fonds

Prölss, Erich R./Dreher, Meinrad, Versicherungsaufsichtsgesetz mit Nebengesetzen, 13. Auflage, München 2018

Geurts, Matthias, Reichweite des Look-Through-Prinzips aus aufsichtsrechtlicher Sicht, RdF 2018, 284 ff.

Bödecker, Carsten/ Kuhn, Harald, Neue Anlageverordnung für Versicherungen, RdF 2015, 203 ff.

Tokarevich, Jegor/Jüttner, Dario, Strukturierung von Alternativen Investments zur Reduktion der aufsichtsrechtlichen Kapitalanforderung unter Beachtung des Look-Through-Ansatzes von Solvency II, RdF 2017, 187 ff.

Brand, Oliver/ Baroch Castellvi, Manuel (Hrsg.): Versicherungsaufsichtsgesetz, Baden-Baden 2018

A. Einleitung

Anleger der Versicherungsbranche stellen in Deutschland eine wichtige, aber nicht unbedingt pflegeleichte Anlegergruppe für Private-Equity-Fonds dar. Das Versicherungswesen unterliegt umfangreichen aufsichtsrechtlichen Vorgaben, deren Einhaltung durch die Bundesanstalt für Finanzdienstleistungsaufsicht (BaFin) laufend überwacht wird. Es gilt unter anderem sicherzustellen, dass die Verpflichtungen gegenüber den Versicherten und Anspruchsberechtigten erfüllt werden können, selbst wenn das Versicherungsunternehmen in die Insolvenz rutscht. Hierzu ist eine für die Abdeckung künftiger Ansprüche reservierte Vermögensmasse (Sicherungsvermögen § 130 VAG) zu bilden. Diese Vermögensmasse wird auch durch gesetzliche Vorschriften über die geeignete Vermögensanlage geschützt. Traditionell gab § 54 VAG aF eine Anlage in bestimmte sichere, liquide und rentable Vermögensanlagen vor. Die aufgrund dieser Vorschrift erlassene Anlageverordnung (AnlV) beschrieb die erwerbbaren Anlageklassen, verbotene Anlagen und Diversifizierungsvorschriften im Einzelnen. Noch detailliertere Vorgaben fanden sich im zur Anlageverordnung erlassenen Kapitalanlagerundschreiben der BaFin.[1] Diese Vorschriftenkaskade etablierte einen Erwerbbarkeitstest, den jede Anlage der reservierten Vermögensmasse passieren musste. Mit Umsetzung der Solvency II-Richtlinie (Solva II-RL) durch das Gesetz zur Modernisierung der Finanzaufsicht über Versicherungen (VFAMoG) zum 1.1.2016 und mit der hierzu erlassenen Delegierten Verordnung (EU) Nr. 35/2015 (Solva II-DVO) fand für die meisten Versicherungsunternehmen ein Paradigmenwechsel statt. Für kleine Versicherungsunternehmen unterhalb der De-minimis-Schwelle der Solva II-RL findet das alte Aufsichtsregime allerdings weiterhin Anwendung. Auch nach Landesrecht regulierte berufsständische Versorgungswerke nehmen weiterhin hierauf Bezug. Versicherungsunternehmen iSd Solva II-RL müssen nun die ihrem Geschäftsbetrieb innewohnenden Risiken mit Eigenmitteln unterlegen, um mögliche Verluste abzufangen und die Zahlungsfähigkeit sicherzustellen (Solvabilitätskapitalanforderungen). Die Vorschriften zur Vermögensanlage wurden auf ein prinzipienbasiertes Modell umgestellt, das die schematische Abprüfung von vorgegebenen Kriterien bei den Einzelanlagen ersetzt. Die Versicherung muss anhand von vorgegebenen Prinzipien und Grundsätzen Anlagerichtlinien für das Gesamtportfolio in Eigenverantwortung erstellen, die verhältnismäßig und auf ihr Geschäftsmodell zugeschnitten sind.[2] Die Vorgaben zur Vermögensanlage von Pensionsfonds und -kassen, für die auf europäischer Ebene die Pensionsfondsrichtlinie (EbaV II-RL) greift, nehmen eine Zwischenstellung ein. 1

In diesem Kapitel werden die für Private-Equity-Fonds relevanten Aspekte der Versicherungsaufsicht näher beleuchtet. Es ist insbesondere bei internationalen Fondsanbietern nicht immer möglich, die Anforderungen gleichermaßen zu erfüllen und erfordert eine Abwägung. Die im Folgenden dargestellten Anforderungen sind häufig Gegenstand der Verhandlungen über die Fondsdokumente und Side Letter. 2

B. Versicherungsunternehmen

Die Solva II-RL kann in drei ineinandergreifende Regelungsthematiken, sog. Säulen, aufgeteilt werden, die alle Auswirkungen auf die Vermögensanlagen des Versicherungsunternehmens haben. Hierbei handelt es sich um die Kapitalausstattung (erste Säule), die 3

[1] Aktuell Rundschreiben 11/2017 (VA) – Hinweise zur Anlage des Sicherungsvermögens von Erstversicherungsunternehmen, auf welche die Vorschriften für kleine Versicherungsunternehmen (§§ 212–217 VAG) Anwendung finden, sowie von inländischen Pensionskassen und Pensionsfonds (Kapitalanlagerundschreiben), VA 25–I 3201-2016/0002, Stand 12.12.2017.

[2] BaFin, Auslegungsentscheidung zum Grundsatz der unternehmerischen Vorsicht (Prudent Person Principle, PPP), Stand: 1.1.2016, Ziff. 4.

Geschäftsorganisation einschl. Risikomanagement (zweite Säule) und das Berichtswesen (dritte Säule).

I. Kapitalausstattung

1. Einführung

4 Im Rahmen der ersten Säule müssen Versicherungsunternehmen über ausreichend anrechenbare Eigenmittel verfügen, ihre Kapitalanforderungen zu erfüllen. Die Solvabilitätskapitalanforderungen sind gemäß §§ 96 ff. VAG zu bestimmen. Sie sollen sicherstellen, dass die Wahrscheinlichkeit, dass das Versicherungsunternehmen im nächsten Jahr seine Verbindlichkeiten nicht erfüllen kann, nicht über 0.5% liegt. Die Berechnung kann mit Hilfe der Standardformel erfolgen, die die Solva II-DVO zur Verfügung stellt. Alternativ kann das Versicherungsunternehmen ein eigenes internes Modell erarbeiten, dass einer Genehmigung der BaFin bedarf (§ 111 VAG). Die Berechnungsmodelle sollen alle quantifizierbaren Risiken berücksichtigen, denen ein Versicherungsunternehmen ausgesetzt ist.[3] Hierzu gehört natürlich auch das Marktrisiko im Zusammenhang mit den Anlagetätigkeiten des Versicherungsunternehmens.

2. Marktrisikomodul

5 In der Standardformel werden die mit Vermögensanlagen verbundenen Risiken insbesondere im Marktrisikomodul (§§ 104 ff. VAG) abgebildet. Das Marktrisikomodul setzt sich zusammen aus den Untermodulen für Zins-, Aktien-, Spread-, Immobilien-, Wechselkurs und Konzentrationsrisiko. Der Wertverlust, den die Anlage in einem fiktiven Stressszenario erleiden würde, findet Eingang in die Berechnung der Solvabilitätkapitalanforderungen. Die jeweils relevanten Stressszenarien werden in der Solva II-DVO vorgegeben. Aufgrund von Wechselwirkungen der verschiedenen Faktoren und Diversifizierungseffekten ist es allerdings nicht möglich, nur anhand der Einzelanlage zu bestimmen, um welchen Betrag sich die Solvabilitätskapitalanforderungen eines bestimmten Versicherungsanlegers bei Anlage in einen Fonds ändern werden.[4]

3. Aktienrisiken

6 Besonders relevant für Anlagen in Private-Equity-Fonds ist das Aktienrisikomodul (§ 106 VAG iVm Art. 168f Solva II-DVO). Hier finden sich Anlagen in Unternehmensbeteiligungen wieder. Das Modul nimmt den Marktwert der Beteiligung als Ausgangspunkt und ermittelt den Wertverlust durch Multiplikation mit einem Stressfaktor. Unterschieden wird zwischen Typ 1-Aktien mit einem Stressfaktor von 39% und Typ 2-Aktien mit einem Stressfaktor von 49%. Typ 1-Aktien sind Aktien, die an einem geregelten Markt[5] im EWR oder der OECD notiert sind (Art. 168 Abs. 2, 169 Abs. 1 Buchst. c Solva II DVO). Typ 2-Aktien sind Aktien, die an anderen Märkten notiert sind und nicht notierte Unternehmensbeteiligungen. Außerdem werden als Auffangtatbestand alle Anlagen erfasst, die keinem anderen Modul des Marktrisikos zugeordnet werden können. Fondsanteile, bei denen keine Durchschau (→ Rn. 8 ff.) möglich ist, werden ebenfalls als Typ 2-Aktie behandelt (Art. 168 Abs. 3, 169 Abs. 2 Buchst. c Solva II DVO).

7 Zuordnungsschwierigkeiten können sich bei hybriden bzw. Mezzanine-Instrumenten ergeben, die sowohl Fremdkapital- als auch Eigenkapitalcharakteristika aufweisen. Hier käme neben dem Aktienrisiko- bspw. auch das Spreadrisikomodul in Betracht, in dem sich Darlehen und Anleihen wiederfinden. Das Versicherungsunternehmen kann sich nicht einfach auf die zivilrechtliche Einordnung berufen. Setzt sich die Anlage aus voneinander

[3] Vgl. § 97 Abs. 1 S. 1 VAG.

[4] Vgl. eingehend *Ellenbürger/Dotterweich/Hammers* in Prölss/Dreher, VAG § 104 Rn. 6 ff.

[5] Hierbei handelt es sich um einen organisierter Markt iSd § 2 Abs. 11 WpHG.

trennbaren Eigenkapital- und Fremdkapitalbestandteilen zusammen, sollen die Bestandteile dem jeweils einschlägigen Risikomodul zugeordnet werden. Eine Anleihe mit fester Laufzeit, die während ihrer Laufzeit in eine bestimmte Zahl von Stammaktien des Emittenten gewandelt werden kann, könnte bspw. als Anleihe mit Call-Option auf Aktien betrachtet werden. Die beiden Komponenten könnten dann den jeweils einschlägigen Risikomodulen zugeordnet werden.[6] Ist das nicht möglich, entscheidet, welche Eigenschaften bei Betrachtung der wirtschaftlichen Substanz überwiegen.[7]

4. Look-Through-Ansatz

Ziel der Solva II-DVO ist nach dem Grundsatz „Substance over Form" die Erfassung der tatsächlichen wirtschaftlichen Risiken. Hierzu dient der Look-Through-Ansatz. Er kommt bei Bestimmung der relevanten Anlagegegenstände und der einschlägigen Risikomodule zum Tragen. Investiert das Versicherungsunternehmen in einen Investmentfonds, ist nicht der Fonds relevant. Vielmehr werden die Kapitalanforderungen für Anlagen in Investmentfonds anhand aller Vermögenswerte im Portfolio des Investmentfonds bestimmt. Der Look-Through-Ansatz wird, abgesehen von den ausdrücklich erwähnten Investmentvermögen, auch auf andere indirekte Marktpositionen angewendet (Art. 84 Abs. 1 und 2 Solva II-DVO). Hier kommen bspw. Zweckgesellschaften in Betracht. Die Durchschau ist so oft zu wiederholen, bis (bspw. bei Dachfonds) alle relevanten Risiken erfasst sind[8]. Hierzu benötigt das Versicherungsunternehmen alle relevanten Informationen über das Portfolio des Investmentvermögens (und bspw. der Zielfonds). Ist eine Durchschau nicht möglich, wird die Beteiligung am Investmentvermögen selbst als Aktienrisiko behandelt (Art. 168 Abs. 3 Solva II-DVO). 8

Der Look-Through-Ansatz ermöglicht bspw. durch einen Debt-Fonds auf die Darlehen und Anleihen im Portfolio durchzuschauen, die im Spread- und Zinsrisikomodul abgebildet werden (Art. 176 ff. Solva II-DVO). Die relevanten Stressfaktoren des Spreadrisikomoduls bestimmen sich nach der Duration und, falls vorhanden, dem externen Rating einer anerkannten Ratingagentur.[9] Falls kein Rating vorliegt, können ggf. unter bestimmten Voraussetzungen vorhandene Sicherheiten berücksichtigt werden. Das führt oft zu deutlich günstigeren Ergebnissen als das Aktienrisikomodul. 9

Stehen die erforderlichen Informationen nicht zur Verfügung, aber eine Zielallokation des Investmentfonds in ausreichender Detailtiefe, um alle relevanten Risikomodule zu berechnen, und wird diese Zielallokation strikt befolgt, kann die Durchschau auch auf dieser Grundlage vorgenommen werden. Ist die Zielallokation nicht bekannt, kann wo angemessen, auf die letzte vom Investmentfonds gemeldete Allokation abgestellt werden (Art. 84 Abs. 3 Solva II-DVO). 10

An dem Grundsatz der Durchschau ändert auch der Umstand nichts, dass ein Investmentvermögen Hebelfinanzierung einsetzt. EIOPA hat sich dahingehend geäußert, dass bei Fremdkapitalaufnahme auf Fondsebene auch eine Durchschau auf das Portfolio erfolgt. Allerdings sind die Verbindlichkeiten des Investmentfonds aus der Fremdkapitalaufnahme im Rahmen des Zins- und ggf. Währungsrisikomoduls zu beachten.[10] Die praktische Auswirkung von Hebelfinanzierung auf die Eigenmittelanforderungen folgt insbesondere aus der Vergrößerung des Portfolios. Fremdfinanzierung erlaubt dem Fonds zusätzliche Vermögensgegenstände zu erwerben, die er alleine mit seinen Kapitalzusagen nicht hätte finanzieren können. Bei einem Hebel von 2:1 kann sich der Bruttoinventarwert des Fonds 11

6 EIOPA, Final Report on Public Consultation No. 14/036 on Guidelines on the treatment of market and counterparty risk exposures in the standard formula, EIOPA-BoS-14/174, S. 14.

7 EIOPA, Leitlinien zum Umgang mit Markt- und Gegenparteirisikopositionen in der Standardformel, EIOPA-BoS-14/174 DE, Ziff. 1.16 ff.

8 EIOPA, Leitlinien bezüglich des Looks-Through-Ansatzes, EIOPA-BoS-14/171, Ziff. 1.10.

9 Vgl. Verordnung (EG) Nr. 1060/2009 über Ratingagenturen.

10 EIOPA, Q and A on Regulation, ID 1212, abrufbar unter: https://eiopa.europa.eu/Pages/Guidelines/Q-and-A-on-Regulation-Answers-Delegated-Regulation.aspx, aufgerufen am 30.3.2019.

verdoppeln. Da der Fonds im Rahmen der Durchschau transparent ist, verdoppelt sich damit auch die Basis für die Berechnung der Eigenmittelanforderungen. Das wirkt sich nachteilig auf das Verhältnis der erforderlichen Eigenmittel zur Kapitalzusage aus.[11]

12 In diesem Zusammenhang stellt sich die Frage, inwieweit das Versicherungsunternehmen eine Durchschau vornehmen muss oder ob es wählen kann, darauf zu verzichten. Stehen dem Versicherungsunternehmen alle erforderlichen Informationen zur Verfügung, sollte der Look-Through-Ansatz grundsätzlich Vorrang haben. Dieser Vorrang sollte aber zum einen unter dem Vorbehalt der Verhältnismäßigkeit stehen, für den Fall, dass der zusätzliche Risikoerkenntnisgewinn nicht im Verhältnis zum Verwaltungsaufwand steht. Zum anderen ist die Durchschau nur so oft zu wiederholen, bis alle relevanten Risiken erfasst sind, nicht notwendigerweise so oft, wie es technisch möglich wäre.[12] In abgewandelter Form stellt sich die Frage bei Verhandlungen der Fondsdokumentation im Investmentprozess. Sind Versicherungsunternehmen verpflichtet, im Rahmen der Verhandlungen das erforderliche Solvency II-Reporting (→ Rn. 29) einzufordern und stellt eine Weigerung des Fondssponsors ein Anlagehindernis dar oder haben Versicherungsunternehmen die Option, den Investmentfonds stattdessen im Aktienrisikomodul abzubilden. Die Kommission scheint davon auszugehen, dass die Anwendung des Look-Through-Ansatzes grundsätzlich erforderlich ist.[13] Der Grundsatz der unternehmerischen Vorsicht spricht dafür, im Regelfall eine Durchschau zu ermöglichen.[14] Auch hier sollte aber berücksichtigt werden, ob die Durchschau verhältnismäßig und zur Identifizierung aller relevanten Risiken erforderlich ist. Nicht jeder (insbesondere Dach-)Fondssponsor wir in jedem Falle das Reporting (auch für jeden Zielfonds) sicherstellen können. Hier sollte ein Investment nach Risikoabwägung im Einzelfall dennoch möglich sein.

13 Die Frage der Durchschau stellt sich auch, wenn Fondsanteile verbrieft werden. Ergibt sich aus den Bedingungen der erworbenen Wertpapiere keine relevante Änderung der wirtschaftlichen Substanz, liegt hier eine Durchschau auf den Fonds bzw. dessen Portfolio nahe.[15] Etwas anderes wird bei einer Änderung der wirtschaftlichen Substanz, bspw. durch Festverzinsung, gelten.

5. Privilegierte Aktienrisiken

14 Die Solva II-DVO sieht Privilegierungen für bestimmte im Folgenden beschriebene Aktienrisiken (und auch Spreadrisiken) sowie Aktienrisiken im Portfolio bestimmter Investmentfonds vor. Das beruht auf empirischen Untersuchungen, in denen sich bestimmte Anlagen als weniger volatil erwiesen haben, aber auch auf politischen Bestrebungen, bestimmte Anlagen zu fördern. Die Privilegierung erfolgt durch Zuordnung günstigerer Stressfaktoren oder Umqualifizierung von Typ 2-Aktien zu Typ 1-Aktien.

15 **a) Privilegierte Investmentfonds.** Investiert das Versicherungsunternehmen in bestimmte Investmentfonds, kann es im Rahmen der Eigenmittelunterlegung von einer Vorzugsbehandlung profitieren. Der Look-Through-Ansatz findet weiterhin Beachtung. Unternehmensbeteiligungen, die eigentlich Typ 2-Aktien sind und im Portfolio eines privilegierten Fonds gehalten werden, werden in Typ 1-Aktien umqualifiziert und wie börsennotierte Aktien behandelt. Der Stressfaktor von 39 % anstatt 49 % wird angewendet. Ist die Durch-

[11] Vgl. auch EIOPA, aaO (Fn. 11), ID 1286.

[12] So auch *Tokarevich/Jüttner* RdF 2018, 187 (188 f.).

[13] Die Begründung des Entwurfs der Delegierten Verordnung (EU) 2019/981 vom 8. März 2019 zur Änderung der Deligierten Verordnung (EU) 2015/35 zur Ergänzung der Richtlinie 2009/138/EG des Europäischen Parlaments und des Rates betreffend die Aufnahme und Ausübung der Versicherungs- und der Rückversicherungstätigkeit (Solvabilität II) bezeichnet die Berechnung der erforderlichen Eigenmittel anhand der Zielallokation oder letzten gemeldeten Allokation als Ausnahmen zur andernfalls obligatorischen Anwendung des Look-Through-Ansatzes auf Investmentfonds, vgl. C(2019) 1900 final, S. 2.

[14] *Steinmüller* in Pöllath/Wewel/Rodin,§ 29 Rn. 8.

[15] Vgl. auch eingehend *Geurts* RdF 2018, 284.

schau nicht möglich, ist auch hier auf den Anteil am Fonds abzustellen. Der wird ebenfalls zur Typ 1-Aktie umqualifiziert.

Art. 168 Abs. 6 Solva II DVO privilegiert folgende Investmentfonds: **16**

- Europäische Risikokapitalfonds (EuVECA)
- Europäische Fonds für soziales Unternehmertum (EuSEF)
- Europäische langfristige Investmentfonds (ELTIF)
- Geschlossene, nicht hebelfinanzierte alternative Investmentfonds mit Sitz in der EU[16]

Gerade der letzte Punkt wirft in der Praxis einige Fragen auf.

aa) Nicht hebelfinanzierter EU-AIF. Die Solva II-DVO hat sich zunächst nicht dazu geäußert, was unter Hebelfinanzierung zu verstehen ist. Der Solva II-DVO-E soll nun klarstellen, dass Hebelfinanzierung im Sinne der AIFM-RL, berechnet nach der Commitment-Methode (Art. 8 AIFM-DVO), gemeint ist. Das heißt, ein Investmentfonds ist hebelfinanziert, wenn der Investitionsgrad durch Kreditaufnahme, Wertpapier-Darlehen, in Derivate eingebettete Hebelfinanzierungen oder auf andere Weise erhöht wird (§ 1 Abs. 19 Nr. 25 KAGB). Kurzfristige Fremdkapitalaufnahme, die von Kapitalzusagen gedeckt ist, wird daher für die Frage, ob der Investmentfonds Hebelfinanzierung einsetzt, nicht berücksichtigt (Art. 6 (4) AIFM-DVO). Private-Equity-Fonds, deren Anlagestrategie im Wesentlichen darin besteht, Kontrolle über Unternehmen zu erlangen, müssen bei Bestimmung der Hebelfinanzierung auch Fremdfinanzierung, die auf Ebene des Portfoliounternehmens oder der Zweckgesellschaften über die das Unternehmen erworben wird, nicht beachten. Voraussetzung ist, dass der Private-Equity-Fonds nicht über den Verlust seiner anfänglichen Investition hinaus für die Rückzahlung haftet (Art. 6 (4) AIFM-DVO).[17] Kann ein Dachfonds sich auf die Privilegierung berufen und die Durchschau durch den Zielfonds ist – wie in der Regel der Fall – nicht möglich, so wird der Anteil am Zielfonds als Aktienrisiko behandelt. Wenn aber der Dachfonds die Voraussetzungen der Privilegierung erfüllt, so sollte der Anteil am Zielfonds als Typ 1-Akteinrisiko behandelt werden können, nach der hier vertretenen Auffassung unabhängig davon, ob der Zielfonds selbst die Voraussetzungen erfüllt. Schließlich handelt es sich bei dem Anteil am Zielfonds um ein Aktienrisiko im Portfolio des privilegierten (Dach-)Fonds. **17**

Unseres Erachtens sollte das gleiche gelten, wenn die Durchschau auf die Portfoliounternehmen der einzelnen Private Equity-Zielfondsmöglich ist. Auch dann sind unseres Erachtens diese Beteiligungen als Typ 1-Aktien zu behandeln. Die Eigenkapitalanlage wird (mittelbar) im Portfolio eines Fonds gehalten, der europäischem Recht unterliegt. Dem durch Hebelfinanzierung auf Zielfondsebene erhöhten Risiko wird bereits dadurch Rechnung getragen, dass die zusätzlichen, mit Fremdfinanzierung erworbenen Anlagegegenstände des Zielfonds ebenfalls mit Eigenmitteln unterlegt werden müssen (→ Rn. 11). Solange der Dachfonds nicht über seine Kapitalzusage hinaus für die Fremdfinanzierung des Zielfonds haftet, wird das Marktrisiko des Dachfonds als Ganzes nicht erhöht.[18] Sollte es dem Zielfonds nicht gelingen, die aufgenommene Fremdfinanzierung zurückzuführen, wird das übrige Portfolio des Dachfonds nicht in Mitleidenschaft gezogen. Es handelt sich um die Hebelfinanzierung eines einzelnen (Zielfonds-)Investments, nicht aber des Dachfondsportfolios. Insofern sollte die privilegierende Wirkung des Dachfonds für alle unmittelbar und mittelbar in seinem Portfolio gehaltenen Aktienrisiken erhalten bleiben. Außerdem bestände ein Wertungswiderspruch, wenn der Anteil am dem hebelfinanzierten Zielfonds (als Aktienrisiko im Portfolio des privilegierten Dachfonds) als Typ 1-Aktie behandelt würde, falls die Durchschau nicht möglich ist, die Eigenkapitalanlagen im **18**

---

[16] Ebenfalls privilegiert sind Drittstaaten-AIF, die über den Drittstaatenvertriebspass in der EU vertrieben werden. Solange die Drittstaatenpässe noch nicht eingeführt sind, ist das gegenstandslos. Zulässiger Vertrieb nach deutschem Recht (§§ 329 f. KAGB) reicht jedenfalls nicht aus.

[17] Vgl. auch ESMA, Questions and Answers – Application of the AIFMD, ESMA34-32-352, Section VII Q1.

[18] Vgl. auch *Steinmüller* in Pöllath/Wewel/Rodin, § 29 Rn. 18.

Portfolio des Zielfonds aber als Typ 2-Aktien behandelt würden, falls die Durchschau möglich ist. Dasselbe sollte im umgekehrten Fall gelten, wenn der Dachfonds nicht privilegiert ist, aber der Zielfonds.

19 **bb) Verwaltungsgesellschaft.** Die Solva II-DVO erwähnt die Verwaltungsgesellschaft mit keinem Wort. Zum Beispiel in Luxemburg und dem Vereinigten Königreich aufgelegte Fonds können, anders als in Deutschland, auch von Drittstaatenverwaltungsgesellschaften verwaltet werden. Ob diese Fonds, wie der Wortlaut nahelegt, ebenfalls von der Privilegierung profitieren können, ist noch nicht abschließend geklärt. Nicht erforderlich ist jedenfalls, dass die AIF-Verwaltungsgesellschaft über eine Erlaubnis im Sinne von Art. 6 AIFM-RL bzw. § 20 KAGB verfügt. Ebenfalls privilegiert sind AIF, die von gemäß § 44 KAGB registrierten „kleinen" Kapitalverwaltungsgesellschaften verwaltet werden.[19]

20 **b) Qualifizierte Infrastrukturanlagen.** Qualifizierte Infrastrukturanlagen genießen eine Vorzugsbehandlung. Es handelt sich um Aktienrisiken oder Fremdkapitalanlagen in Infrastrukturgesellschaften, also Gesellschaften oder Unternehmensgruppen, die eine deutliche Mehrheit ihrer Einnahmen aus Eigentum, Finanzierung, Entwicklung oder Betrieb von Infrastrukturanlagen erzielen. Der Stressfaktor für Aktienrisiken in Infrastrukturprojektgesellschaften wird auf 30 % reduziert. Die Stressfaktoren für Fremdkapitalanlagen reduzieren sich um ca. 1/3. Bei qualifizierten Infrastrukturunternehmen reduziert sich der Stressfaktor für Aktienrisiken immerhin noch auf 36 % bzw. bei Fremdkapitalanlagen um ca. ¼. Dank des Look-Through-Ansatzes können hiervon auch Infrastrukturfonds profitieren. Allerdings sind strikte Qualitätsmerkmale einzuhalten. Außerdem werden besondere Anforderung an die Einstufung als qualifizierte Infrastrukturanlage und das laufende Risikomanagement durch das Versicherungsunternehmen gestellt (Art. 261a Solva II-DVO).[20] Das Versicherungsunternehmen muss der BaFin gegenüber belegen, dass es Fremdkapitalanlagen bis zur Fälligkeit halten kann. Investiert das Versicherungsunternehmen nicht direkt, sondern über einen Infrastrukturfonds, ist hierzu die Kooperation der Verwaltungsgesellschaft erforderlich. Bereits vor Zeichnung sollte die Aufgabenzuweisung und der Informationsfluss thematisiert werden.

21 Auch wenn es sich formalrechtlich nicht um ein SPV handeln muss, zielen doch die erforderlichen Merkmale für Infrastrukturprojektgesellschaften auf eine SPV-Projektfinanzierungsstruktur ab. Die Infrastrukturprojektgesellschaft muss vorhersehbare Cashflows produzieren, die ausreichen, um allen finanziellen Verpflichtungen in Stressszenarien nachzukommen, der regulatorische oder vertragliche Rahmen muss Investoren ein hohes Maß an Schutz bieten und die Gesellschaft über ein Investment-Grade-Rating einer anerkannten Ratingagentur verfügen. Steht kein Rating zur Verfügung, müssen Gesellschaft und Infrastrukturanlagen im EWR oder der OECD liegen und weitere Merkmale hinsichtlich des Sponsor, des Projekts und der Kapitalstruktur vorliegen (Art. 164a Solva II-DVO). Können die Anforderungen nicht alle erfüllt werden, ist unter bestimmten Voraussetzungen noch eine Einordnung als Infrastrukturunternehmen möglich, wenn die Gesellschaft die deutliche Mehrheit der Einnahmen aus Infrastrukturvermögenswerten im EWR oder der OECD erzielt, vorhersehbare Cashflows produziert und, falls kein oben beschriebenes Rating vorliegt, weitere Merkmale hinsichtlich der Kapitalstruktur erfüllt und bereits drei Jahre in Betrieb ist (Art. 164b Solva II-DVO).

---

[19] EIOPA wurde in einem Briefwechsel mit ESMA zur Bedeutung von „Hebelfinanzierung" und „EU AIF" darauf hingewiesen, dass „EU AIF" auch von registrierten AIF-Verwaltungsgesellschaften verwaltete AIF erfasst, abrufbar unter: https://www.esma.europa.eu/press-news/esma-news/esma-responds-eiopa-questions-aifmd. Der anschliessend neu gefasste Art. 168 (6) Buchst. c Solva II-DVO enthält eine Klarstellung zum Begriff „Hebelfinanzierung" nicht jedoch zum Begriff „EU AIF". Das wäre aber zu erwarten gewesen, wenn von registrierten AIF-Verwaltungsgesellschaften verwaltete Fonds nicht privilegiert sein sollten. Insofern ist die Bezugnahme auf „fund manager authorised in the EEA" in Erwägungsgrund (27) der Verordnung (EU) 2019/981 wohl eine Ungenauigkeit.

[20] Vgl. auch BaFin, Auslegungsentscheidung zu Infrastrukturinvestitionen – Behandlung von Risiken im Rahmen des Grundsatzes der unternehmerischen Vorsicht, Stand: 23.8.2018.

c) Qualifizierte nicht notierte Aktienrisiken. Ein Versicherungsunternehmen kann ein Portfolio von nicht börsennotierten Unternehmensbeteiligungen als Typ 1-Akten behandeln, wenn sie hinsichtlich ihrer Volatilität mit Typ 1-Aktien vergleichbar sind (Art. 168 Abs. 6 Buchst. e, 168a Solva II-DVO). Hierzu wird anhand der vorgegebenen Formel das Beta des Portfolios berechnet. Vorausgesetzt wird außerdem, dass es sich um Stammaktien von Unternehmen außerhalb des Finanzsektors handelt, die nicht an einem geregelten Markt gehandelt werden. Die Unternehmen müssen ihren Hauptsitz und mehr als 50% ihrer Mitarbeiter in dem EWR haben und mehr als 50% des Umsatzes wird in Währungen des EWR oder der OECD erzielt. Außerdem darf keines der Unternehmen mehr als 10% des gesamten Portfolios darstellen und muss während den letzten drei Jahre mindestens einen der drei Schwellenwerte von 50 Mitarbeitern, 10 Mio. EUR Jahresumsatz oder 10 Mio. EUR Bilanzsumme überschritten haben. 22

d) Langfristige Aktieninvestitionen. Versicherungsunternehmen können auch ein Portfolio von Aktienrisiken wie strategische Beteiligungen behandeln und einen Stressfaktor von 22% anwenden, wenn bestimmte Voraussetzungen vorliegen. Es muss sich um eine Untergruppe der Aktienrisiken des Versicherungsunternehmens handeln, die folgende Voraussetzungen Art. 171a Solva II-DVO erfüllt: 23

- Die betroffenen Aktienrisiken und ihre Haltedauer werden eindeutig identifiziert und gehören zu einem Portfolio von Vermögenswerten, das einem oder mehreren, eindeutig identifizierten Geschäftsbereichen des Versicherungsunternehmens zur Abdeckung von deren Versicherungs- und Rückversicherungsverpflichtungen zugeordnet ist, für die Dauer dieser Verbindlichkeiten zugeordnet bleibt und nicht zur Deckung von Verlusten aus anderen Tätigkeiten herangezogen werden kann.
- Das Vermögensportfolio und die zugeordneten Verbindlichkeiten werden getrennt von den übrigen Geschäftstätigkeiten des Versicherungsunternehmens organisiert und verwaltet, auch mit Blick auf die Vermeidung von Notverkäufen aus dem Vermögensportfolio über die nächsten 10 Jahre.
- Es handelt sich um Aktienrisiken, die im EWR notiert sind, oder gegenüber nicht börsennotierten Unternehmen mit Sitz im EWR.
- Die durchschnittliche Haltedauer der Aktienrisiken in diesem Vermögensportfolio liegt über fünf Jahren.

Werden die Aktienrisiken mittelbar über einen privilegierten Investmentfonds gehalten (→ Rn. 15) reicht es aus, wenn diese Voraussetzungen auf Ebene des Fonds erfüllt werden (Art. 171a Abs. 2 Solva II-DVO). Die Möglichkeit, auf den Fonds abzustellen wurde spät im Entwurfsprozess der erst kürzlich erfolgten Überarbeitung der Solva II-DVO durch Verordnung 2019/981 ergänzt. Die bis dahin vorgeschlagenen, an Direktinvestments orientierten Kriterien waren im Hinblick auf Private-Equity-Fonds praktisch nicht umsetzbar. Es bleibt abzuwarten, ob EIOPA durch Stellungnahmen oder im Rahmen von Q&As weiter Klarheit zur Erfüllung der Kriterien auf Fondsebene geben wird. Bei wortlautgetreuer Beachtung der Vorschrift könnten nicht hebelfinanzierte, geschlossene EU-Investmentfonds mit einer Laufzeit von über fünf Jahren selbst dann unter die Privilegierung fallen, wenn die Anlagestrategie nicht auf langfristige Eigenkapitalanlagen im EWR ausgerichtet ist. 24

II. Grundsatz der unternehmerischen Vorsicht

Als Bestandteil der Vorgaben zur Geschäftsorganisation (zweite Säule) muss das Versicherungsunternehmen bei seinen Anlagetätigkeiten den Grundsatz der unternehmerischen Vorsicht (§ 124 VAG) beachten. Dabei handelt es sich um eine Abkehr von gesetzlich vorgeschriebenen Anlageklassen und -quoten.[21] Vielmehr müssen Versicherungsunterneh- 25

[21] Vgl. *Küppers/Ingwersen* RdF 2015, 180 (182).

men in eigener Verantwortung Anlagerichtlinien erarbeiten, die zu ihrem individuellen Risikoprofil passen und laufend an geänderte Gegebenheiten anpassen. Dabei ist der Grundsatz der Proportionalität (§ 296 VAG) anhand der Wesensart, des Umfangs und der Komplexität der mit der Geschäftstätigkeit einhergehenden Risiken zu beachten. Versicherungsunternehmen dürfen nur in Anlagen investieren, deren Risiken sie hinreichend identifizieren, bewerten, überwachen, steuern, kontrollieren, in ihre Berichterstattung einbeziehen und bei der Beurteilung ihres Solvabilitätsbedarfs gemäß § 27 Abs. 2 Nr. 1 VAG[22] hinreichend berücksichtigen können (§ 124 Abs. 1 S. 2 Nr. 1 VAG).

1. Anlageprinzipien

26 Versicherungsunternehmen müssen ihr gesamtes Vermögen, also nicht nur das Sicherungsvermögen (so noch § 54 VAG aF[23]) so anlegen, dass hinsichtlich der direkt und indirekt gehaltenen Anlagen der vom Versicherungsunternehmen angestrebte Grad an Sicherheit, Liquidität, Rentabilität und Qualität auf Portfolioebene erfüllt wird. Nicht erforderlich ist, dass jede einzelne Anlage jeden Grundsatz erfüllt, solange die Merkmale von dem Portfolio als Ganzes erfüllt werden. Wenn das gewährleistet bleibt, sind auch Einzelanlagen zulässig, die eines oder mehrere Merkmale deutlich unterschreiten. Solche Anlagen müssen aber auf ein vorsichtiges Niveau beschränkt bleiben.[24] Nach Belegenheit der Vermögenswerte soll ihre Verfügbarkeit gewährleisten sein. Hier sind zum Beispiel Rechtsrisiken, Realisierungs- und Verfügungsmöglichkeiten und -hindernisse, ggf. Umstände der Depotverwahrung relevant. [25]

27 Wenn die Grundsätze Sicherheit, Rentabilität und Liquidität erfüllt sind, sollte auch das Merkmal der Qualität erfüllt sein. Eine eigenständige Bedeutung neben den anderen bereits in § 54 VAG aF aufgezählten Prinzipien ist nicht ersichtlich.[26] Eine explizite Aussage der BaFin dahingehend in der Vorbereitungsphase zur Solva II-RL[27] wurde zwar nicht in das Auslegungsschreiben zur unternehmerischen Vorsicht übernommen, findet sich allerdings nun im Kapitalanlagerundschreiben mit Blick auf Pensionskassen, die ebenfalls § 124 VAG beachten, wieder.[28] Die Übertragbarkeit gerade auch von Vermögenswerten, die nicht zum Handel an einem geregelten Markt zugelassenen sind, ist grundsätzlich sicherzustellen (zB durch eine unbeschränkte Abtretungsmöglichkeit, → Rn. 48 f.).[29] Konkrete Vorgaben macht der Gesetzgeber zur Einhaltung der Anlagegrundsätze nicht. EIOPA gibt allenfalls schlagwortartig Aspekte vor, die jedenfalls zu beachten sind.[30]

28 Insofern hat auch die AnlV für Versicherungsunternehmen noch immer eine gewisse Indizwirkung. Vor Umsetzung der Solva II-RL durch das VFAMoG mussten Versicherungsunternehmen bereits die Prinzipien der Sicherheit, Rentabilität und Liquidität beachten. Einzelheiten hierzu regelte die AnlV. Ausweislich der Gesetzesbegründung sollten die bisherigen Sicherheitsstandards nicht gelockert werden, Versicherungsunternehmen sollten nur anstelle von konkreten Vorgaben mehr Flexibilität und Eigenverantwortung bei der Umsetzung erhalten.[31] Hinzu kommt, dass Versicherungskonzerne, zu denen oftmals auch Pensionskassen gehören (→ Rn. 60), die gelegentlich auch zusammen mit den Versicherungsunternehmen investieren, durch Orientierung an Aspekten der AnlV eine gewisse Vereinheitlichung ihrer Anlagerichtlinien erzielen können.

[22] Unternehmens Risiko- und Solvabilitätsbeurteilung (ORSA).
[23] Noch zum Sicherungsvermögen und sonstigen gebundenen Vermögen. Der Begriff des gebundenen Vermögens wurde aufgegeben.
[24] BaFin, Auslegungsentscheidung zum Grundsatz der unternehmerischen Vorsicht (Prudent Person Principle), Stand: 1.1.2016, Ziff. 36 ff.
[25] EIOPA, Leitlinien zum Governance-System, EIOPA-BoS-14/253 DE, Ziff. 1.68.
[26] *Lipowsky* in Prölss/Dreher, VAG § 124 Rn. 13.
[27] BaFin, aaO (Fn. 2), Ziff. 32.
[28] BaFin, aaO (Fn. 1), Ziff. B.1.
[29] BaFin, aaO (Fn. 2), Ziff. 62.
[30] Vgl. iE EIOPA, aaO (Fn. 26), Ziff. 1.68.
[31] BT-Drs. 18/2956, 267.

2. Diversifizierung

Wo die AnlV noch feste Quoten vorgesehen hatte, muss das Versicherungsunternehmen nun in Eigenverantwortung Anlagerichtlinien erarbeiten, die eine ausreichende Mischung ebenso sicherstellen wie die Streuung nach Emittenten. Es darf keine übermäßige Abhängigkeit von einem bestimmten Vermögenswert oder Emittenten bzw. Unternehmensgruppe oder einem geographischen Raum entstehen. Eine übermäßige Risikokonzentration im Portfolio als Ganzem soll vermieden werden. Anlagen und Vermögenswerte, die nicht zum Handel an einem geregelten Finanzmarkt zugelassen sind, sind aufgrund der eingeschränkten Liquidier- und Übertragbarkeit auf einem vorsichtigen Niveau zu halten (§ 124 Abs. 1 S. 2 Nr. 6–8 VAG). 29

III. Berichtswesen

Versicherungsunternehmen müssen erhebliche aufsichtsrechtliche Berichtspflichten (dritte Säule) erfüllen[32], unter anderem hinsichtlich der von ihnen gehaltenen Anlagen unter Anwendung des Look-Through-Ansatzes. Um diese Berichtspflichten zu erfüllen, benötigen Versicherungsunternehmen Informationen über die Investmentfonds, in die sie investieren, nicht zuletzt über die Portfoliozusammensetzung. Input der Fondssponsoren ist auch erforderlich, um die erforderlichen Solvabilitätskapitalanforderungen zu errechnen und die Anlagen im Risikomanagement abbilden zu können. Als Marktstandard hat sich das Solvency II Tripartite Data Exchange Template der European Fund and Asset Management Association (EFAMA) in Zusammenarbeit mit nationalen Verbänden, bspw. dem BVI, etabliert. Versicherungsunternehmen werden Fondssponsoren in der Regel in Side Letter-Verhandlungen dazu auffordern, das Datenblatt regelmäßig auszufüllen und zur Verfügung zu stellen. 30

IV. Treuhändersperrvermerk

Für Lebensversicherungen und bestimmte andere Versicherungsunternehmen muss ein Treuhänder für das Sicherungsvermögen bestellt werden (§ 128 VAG). Über das Sicherungsvermögen soll nur mit Zustimmung des Treuhänders verfügt werden können. Um den Zustimmungsvorbehalt des Treuhänders bei Beteiligung des Versicherungsunternehmens an einem geschlossenen Fonds sicherzustellen, ist in den Gesellschaftsvertrag eine Klausel aufzunehmen, die die Übertragung der Beteiligung von der Zustimmung des Treuhänders abhängig macht (sog. Treuhändersperrvermerk).[33] Häufig wird der Treuhändersperrvermerk auch stattdessen in einem Side Letter vereinbart. 31

C. Kleine Versicherungsunternehmen

Kleine Versicherungsunternehmen sind Direktversicherungsunternehmen, die unterhalb der Schwellenwerte der De-minimis-Ausnahme der Solva II-RL liegen. Ihre jährlichen verbuchten Bruttoprämieneinnahmen dürfen ua derzeit 5 Mio. EUR und die gesamten versicherungstechnischen Rückstellungen 25 Mio. EUR nicht übersteigen (§ 211 VAG). Der Grundsatz der unternehmerischen Vorsicht findet keine Anwendung (§ 215 Abs. 2 32

[32] Vgl. BaFin, Hinweise zum Solvency-II-Berichtswesen für Erst- und Rückversicherungsunternehmen und Versicherungsgruppen, Stand: 4.2.2019.

[33] Vgl. BaFin, Rundschreiben 03/2016 (VA) – Treuhänder zur Überwachung des Sicherungsvermögens, Stand: 25.6.2016, Ziff. 3.5.4.3; zur Formulierung des Treuhändersperrvermerks und Mustertextbaustein in BAV VerBAV 2002, 103 (104 f.). BaFin, FAQ zum Rundschreiben 3/2016 (VA) vom 7.12.2018 erlaubt eine Änderung des Treuhändersperrvermerks um einen Eilverkauf innerhalb von 5 Bankarbeitstagen ohne Zustimmung zu ermöglichen. Das ist im Zusammenhang mit geschlossenen Private-Equity-Fonds aber praktisch kaum umsetzbar.

Nr. 5 VAG) und die Solvabilitätsanforderungen richten sich nach der KapAusstV, unabhängig von der Art der Anlagen. Das Sicherungsvermögen ist nach den Prinzipien der Sicherheit, Rentabilität und Liquidität in enumerativ aufgezählte Anlageklassen anzulegen (§ 215 VAG). Anders als unter der Solva II-DVO sind diese Grundsätze nicht global auf Gesamtportfolioebene (→ Rn. 1), sondern einzeln, Anlage für Anlage zu erfüllen. Detailliertere Vorschriften zur Umsetzung dieser Grundsätze finden sich in der Anlageverordnung (AnlV). Hierzu gilt es auch das Kapitalanlagerundschreiben (vgl. § 1 Abs. 5 AnlV) zu beachten. In diesem Rundschreiben hat die BaFin sich mit der Auslegung der AnlV auseinandergesetzt und ihre Verwaltungspraxis hierzu bekanntgemacht. Zum Treuhänder → Rn. 30.

33 Die Anlageverordnung sieht 18 verschiedene Anlageklassen vor, die ihrerseits teilweise Unterkategorien vorsehen. Die AnlV nennt die Voraussetzungen, unter denen ein Anlagegegenstand einer der Anlageklassen zuzuordnen ist. Auch wenn eine Anlage die geschriebenen Voraussetzungen einer Anlagekategorie erfüllt, ist sie nicht automatisch für das Sicherungsvermögen geeignet. Die Anlage ist außerdem darauf zu überprüfen, ob sie sicher, profitabel und liquide ist. Hieraus ergeben sich zusätzliche Voraussetzungen, auf die die BaFin im Kapitalanlagerundschreiben genauer eingeht. Schließlich sind die Anlagen Mischungs- und Streuungsquoten zuzuordnen (§§ 3, 4 AnlV), um eine ausreichende Diversifizierung des Sicherungsvermögens zu gewährleisten. Außerdem ist im Rahmen der „Kongruenz" gemäß § 5 AnlV sicherzustellen, dass dem Sicherungsvermögen zu mindestens 80 % Vermögensgegenstände in derselben Währung zugeführt werden, auf die die Verpflichtungen des Versicherungsunternehmens lauten. Erleichterungen gelten für Verpflichtungen in anderen EWR-Währungen als Euro.

34 Die Öffnungsklausel stellt 5 % des Sicherungsvermögens für Anlagen zur Verfügung, die nicht in § 2 Abs. 1 AnlV aufgeführt sind, die dort genannten Anforderungen nicht erfüllen oder spezielle Mischungsquoten (→ Rn. 53) überschreiten (§ 2 Abs. 2 iVm § 3 Abs. 2 Nr. 4 AnlV). Die Grundsätze der Sicherheit, Rentabilität und Liquidität sind aber auch für die Öffnungsklausel zu beachten. Bestimmte Anlagen können aber auch dieser Quote nicht zugeführt werden (bspw. Betriebsmittel- oder Konsumentenkredite, vgl. § 2 Abs. 4 AnlV). Daher sind bspw. Anleihen mit einer Bonität schlechter als „Speculative Grade" nicht geeignet, da das Prinzip der Sicherheit nicht gewährleistet ist. Versicherungsunternehmen werden Vorbehalte haben, eine Anlage mit Blick auf die Öffnungsklausel zu erwerben. Die Klausel dient als Puffer und erlaubt Anlagen, die nachträglich ihre Eignung gem. § 2 Abs. 1 AnlV verloren haben oder Quoten verletzen, weiterhin im Sicherungsvermögen zu halten und wird daher wohl sehr ungern zielgerichtet belastet werden.

I. Zuordnung zu den Anlageklassen

35 Anteile an Private-Equity-Fonds können dem Sicherungsvermögen gem. § 2 Abs. 1 Nr. 13 Buchst. b AnlV zugeführt werden, wenn es sich um einen geschlossenen Investmentfonds handelt, der direkt oder indirekt in Unternehmensbeteiligungen, eigenkapitalähnliche Instrumente sowie andere Instrumente der Unternehmensfinanzierung investiert und von einer Kapitalverwaltungsgesellschaft verwaltet wird, die über eine Erlaubnis nach § 20 Abs. 1 KAGB verfügt oder nach § 44 KAGB registriert ist oder von einer Verwaltungsgesellschaft mit Sitz in einem Staat des EWR oder in einem Vollmitgliedstaat der OECD, die zum Schutz der Anleger einer öffentlichen Aufsicht unterliegt und über eine vergleichbare Erlaubnis oder eine Registrierung verfügt.

1. Geschlossenes Investmentvermögen

36 Das Versicherungsunternehmen muss sich zunächst an einem Investmentvermögen (§ 1 Abs. 1 KAGB) beteiligen. Die Erwerbbarkeit von Beteiligungen an operativen Unternehmen und Holdinggesellschaften ist nach § 2 Abs. 1 Nr. 13 Buchst. a AnlV zu beurteilen.

Ein Investmentfonds ist dann geschlossen, wenn die Anteile vor Beginn der Liquidations- oder Auslaufphase nicht auf Ersuchen der Anleger direkt oder indirekt aus den Vermögenswerten des Investmentfonds mit nach der im einschlägigen Vertragswerk vorgesehenen Häufigkeit nach dem dort geregelten Verfahren zurückgekauft oder zurückgenommen werden (§ 1 Abs. 4 und 5 KAGB iVm Art. 1 der DVO (EU) Nr. 694/2014 KAGB). Eine Kapitalherabsetzung des Investmentfonds im Zusammenhang mit Ausschüttungen aufgrund eines Anleger-/Gesellschafterbeschlusses nach Maßgabe des einschlägigen Vertragswerks ist ebenso wenig eine Rücknahme wie die Übertragung eines Anteils. Wird bestimmten Anlegern ein Rückgaberecht aus wichtigem Grund zugestanden, bspw. wenn der Anleger aufgrund einer Änderung für ihn einschlägiger Gesetze oder Vorschriften nur unter Inkaufnahme erheblicher Nachteile Anleger bleiben kann, handelt es sich nicht um eine oben beschriebene Rücknahme im Sinne dieser Vorschrift. Ausweislich der Begründung der Anlageverordnung[34] finden § 1 Abs. 4 und 5 KAGB für Zwecke der AnlV (bzgl. § 2 Abs. 1 Nr. 13–17 AnlV) außerdem in der bis zum 19.7.2014 gültigen Fassung Anwendung. [35] Das Investmentvermögen wäre bereits dann geschlossen, wenn Anleger nicht mindestens jährlich einen Anspruch auf Rücknahme bzw. Rückkauf haben. Private-Equity-Fonds werden typischerweise geschlossen in diesem Sinne sein.

Das Investmentvermögen muss dem Recht eines Staats des EWR oder eines Vollmitgliedsstaates der OECD unterliegen. Insofern bestehen für Private-Equity-Fonds weniger strenge Anforderungen als für andere Investmentfonds gemäß § 2 Abs. 1 Nr. 14 Buchst. c bis Nr. 17 AnlV. Dort muss es sich um einen EWR-Fonds halten. Auf den Sitz der Portfoliogesellschaften kommt es nicht an. Weder EWR- noch OECD-Staat sind bspw. die bei U. S. Private Equity-Sponsoren beliebten Cayman Islands, nach derzeitiger Auffassung der BaFin aber wohl auch nicht die britische Kronbesitzungen Guernsey und Jersey. 37

2. Anlagestrategie

Versicherungsunternehmen können gemäß § 2 Abs. 1 Nr. 13 Buchst. b AnlV geschlossene Private-Equity-Fonds einschließlich EuVECA- und EuSEF-Fonds erwerben. Die Anlagestrategie eines Private-Equity-Fonds umfasst die mittelbare oder unmittelbare Anlage in Unternehmensbeteiligungen (vgl. § 261 Abs. 1 Nr. 4 KAGB), eigenkapitalähnliche Instrumente und andere Instrumente der Unternehmensfinanzierung. Hierzu gehören auch nachrangige Forderungen, Genussrechte und Aktien, die zum Handel an der Börse zugelassen oder an einem anderen organisierten Markt zugelassenen oder in diesen einbezogen sind (vgl. § 2 Abs. 1 Nr. 9 und Nr. 12 AnlV). Zwar enthält das Kapitalanlagerundschreiben, anders als zu § 2 Abs. 1 Nr. 13 Buchst. a AnlV, keine dahingehende Klarstellung, dennoch sollte der Private-Equity-Fonds im Einklang mit der bisherigen Verwaltungspraxis auch in Beteiligungen an Infrastrukturgesellschaften investieren können. Gleiches gilt für Immobiliengesellschaften, die operativ tätig sind. [36] 38

Nach früherer Verwaltungspraxis zur AnlV aF durften Private-Equity-Fonds unter gewissen Voraussetzungen auch in Darlehen oder Fremdkapitalinstrumente investieren, die nicht nachrangig sind. Laut Verordnungsbegründung ist die Vergabe von Darlehen unter bestimmten Voraussetzungen in Fortführung der bisherigen Verwaltungspraxis eine zulässige Anlagetätigkeit für Private-Equity-Fonds. Laut Verwaltungspraxis, die hier fortgeschrieben werden sollte, konnten Private Debt-Fonds unter derselben Anlageklasse wie Private-Equity-Fonds erworben werden. Private Debt-Fonds vergeben Darlehen an Unternehmen statt Beteiligungen zu erwerben, verhalten sich ansonsten aber ähnlich wie Private-Equity-Fonds. Sie unterziehen also die Darlehensnehmer/Portfoliounternehmen einer umfassenden Due Diligence unter Prüfung nicht öffentlicher Informationen, halten die Darlehen 39

[34] Begründung der Verordnung zur Änderung der Anlageverordnung und der Pensionsfonds-Kapitalanlagenverordnung vom 24.5.2015, S. 2.
[35] Vgl. auch BaFin, aaO (Fn. 1), B.2.6ii) und B.11.
[36] So auch *Bärenz/Steinmüller* RdF 2018, 122 (125 ff.).

langfristig und überwachen sie dabei laufend und aktiv. Laut Verordnungsbegründung ist das reine Halten von Darlehen, das sich in reiner Kreditverwaltung erschöpft, grundsätzlich für Private-Equity-Fonds nicht zulässig. Sie können aber Darlehen vergeben, wenn jede Darlehensvergabe individuell geprüft und überwacht wird.[37] Das Kapitalanlagerundschreiben geht hierauf nicht explizit ein. Es führt vielmehr abschließend als einzig zulässige Vermögensgegenstände Unternehmensbeteiligungen, Aktien, Genussrechte und nachrangige Verbindlichkeiten auf. Die laut AnlV ausdrücklich zugelassenen „anderen Instrumente der Unternehmensfinanzierung" bezieht es auf nachrangige Verbindlichkeiten. Es erwähnt allerdings, dass Private-Equity-Fonds in Unternehmen investieren können, die unter den oben aufgeführten Voraussetzung Darlehen vergeben. Fraglich ist daher, ob man von der bisherigen Verwaltungspraxis abweichen wollte. Unserer Auffassung nach sind andere vom Fondsvehikel selbst vergebene, nicht nachrangig Darlehen zulässige Anlagen des Private-Equity-Fonds.[38] Wenn das Kapitalanlagerundschreiben Investitionen in Unternehmen, die Darlehen vergeben, erwähnt, sollten unserer Auffassung nach jedenfalls auch vom Investmentfonds gehaltene Zweckgesellschaften gemeint sein. Für deutsche Private Debt-Fonds wäre das derzeit ohne Bedeutung, da Spezial-AIF nach Auffassung der BaFin Darlehen iSd § 285 KAGB nicht mittelbar über Zweckgesellschaften vergeben dürfen. In anderen Rechtsordnungen handelt es sich aber um eine verbreitete Strukturierungsform von Private Debt-Fonds. Ein Private-Equity-Fonds dürfte jedenfalls Gesellschafterdarlehen gewähren, selbst wenn sie nach einschlägigem Recht nicht nachrangig sind. Das ergibt sich aus dem Zusammenhang mit der Eigenkapitalbeteiligung.

40 Ausweislich des Kapitalanlagerundschreibens können im geringen Umfang liquide Mittel sowie Derivate zu Absicherungszwecken eingesetzt werden.[39] Unklar ist, was „geringer Umfang" bedeutet. Der Private-Equity-Fonds sollte sich jedenfalls immer dann im Rahmen des Erlaubten halten, wenn der Einsatz liquider Mittel einem Hilfszweck dient, selbst wenn es sich um einen nicht unerheblichen Betrag handelt. Das ist immer dann der Fall, wenn der Private-Equity-Fonds keine Kapitalabrufe vornimmt oder auf Ausschüttungen verzichtet, mit dem Ziel, durch die Anlage in liquide Mittel Gewinn zu erzielen, sondern liquide Mittel nur zur vorübergehenden Anlage von Vermögen genutzt werden, dass der Fonds aus anderen Gründen hält. Dabei kann es sich bspw. um abgerufenes Kapital handeln, dass auf seinen Einsatz wartet, oder um notwendige Reserven für Kosten und andere Verbindlichkeiten oder um Gewinne in Erwartung der Ausschüttung oder ggf. Reinvestition. Trotz der etwas zweideutigen Formulierung ist nur der Einsatz liquider Mittel, nicht aber der Einsatz von Derivaten auf einen „geringen Umfang" beschränkt. Voraussetzung für den zulässigen Einsatz von Derivaten ist, dass sie zu Absicherungszwecken eingesetzt werden, bspw. von Währungs- oder Zinsrisiken.

3. Aufsicht über die Verwaltungsgesellschaft

41 Der Fonds muss von einer Kapitalverwaltungsgesellschaft verwaltet werden, die über eine Erlaubnis gem. § 20 Abs. 1 KAGB verfügt, oder gem. § 44 KAGB registriert ist. Es kann sich aber auch um eine Verwaltungsgesellschaft mit Sitz im EWR oder einem Vollmitgliedsstaat der OECD handeln. Dann muss sie einer öffentlichen Aufsicht zum Schutz der Anleger unterliegen und über eine Erlaubnis oder Registrierung verfügen, die mit einer deutschen Erlaubnis oder Registrierung vergleichbar ist.[40] Davon kann das Versicherungsunternehmen wegen des einheitlichen Rechtsrahmens der AIFM-RL ausgehen. Bei Ver-

[37] AaO (Fn. 35), S. 4.

[38] So auch *Waldkirch* in Brand/Baroch Castellvi, VAG § 215 Rn. 53; *Steinmüller* in Pöllath/Wewel/Rodin, § 30 Rn. 10; *Bödecker/Kuhn* RdF 2015, 203 (204 f.).

[39] *Bödecker/Kuhn* RdF 2015, 203 (204).

[40] Auch hier gelten weniger strenge Anforderungen als für andere Investmentfondskategorien des § 2 Abs. 1 AnlV, deren Verwaltungsgesellschaft einen Sitz im EWR und eine Erlaubnis gemäß oder vergleichbar mit § 20 Abs. 1 KAGB haben muss.

waltungsgesellschaften außerhalb des EWR muss das Versicherungsunternehmen die Vergleichbarkeitsprüfung in eigener Verantwortung durchführen und dokumentieren.[41]

Hierzu muss das Versicherungsunternehmen zunächst die Verwaltungsgesellschaft identifizieren. Weicht das Heimatrecht der OECD-Verwaltungsgesellschaft von der AIFM-RL ab und die Verwaltungsgesellschaft ist nicht auf den ersten Blick zweifelsfrei identifizierbar, sollte dem Sinn und Zweck der Vorschrift nach darauf abgestellt werden, wer praktisch-funktional die Funktion der Verwaltungsgesellschaft übernimmt. Bei einem U. S.-Fonds sollte bspw. auf den Investment Adviser abgestellt werden. Er prägt die Anlagestrategie und bei ihm befindet sich alles Personal und alle Substanz, obwohl die vom Adviser vorbereiteten Anlageentscheidungen formal vom Komplementär (General Partner) der Fonds-Limited Partnership getroffen werden. Nach unserer Auffassung kann das Versicherungsunternehmen auch die aufsichtsrechtlichen Anforderungen berücksichtigen, die die Verwaltungsgesellschaft gem. § 330 KAGB zu beachten hat. Für die Aufsicht zum Schutz der Anleger kann es keinen Unterschied machen, durch welche Behörde die Verwaltungsgesellschaft beaufsichtigt wird und ob die Aufsicht sich nur aus dem Vertrieb in Deutschland ergibt. Unabhängig vom Wert der von der Verwaltungsgesellschaft verwalteten Vermögensgegenstände reicht es aus, wenn die Heimataufsicht über die Verwaltungsgesellschaft mit einer Registrierung gemäß § 44 KAGB vergleichbar ist. § 2 Abs. 1 Nr. 13 Buchst. b bb AnlV fordert nicht, dass eine OECD Verwaltungsgesellschaft, die Vermögensgegenstände oberhalb des Schwellenwertes gemäß § 2 Abs. 4 KAGB bzw. Art. 3 Abs. 2 AIFM-RL verwaltet, über eine Erlaubnis vergleichbar mit § 20 Abs. 1 KAGB verfügt. **42**

Unterliegt das Vehikel, in das das Versicherungsunternehmen investiert, keiner investmentrechtlichen Aufsicht, bedeutet das nicht, dass es gar nicht nach § 2 Abs. 1 AnlV erworben werden kann. Die Erwerbbarkeit nach § 2 Abs. 1 Nr. 13a AnlV ist zu prüfen. Andererseits sind Investmentvermögen mit beaufsichtigter Verwaltungsgesellschaft, die nicht nach § 2 Abs. 1 Nr. 13 Buchst. b AnlV erworben werden können, etwa weil die Verwaltungsgesellschaft ihren Sitz außerhalb des EWR und der OECD hat, auch nicht für Nr. 13 Buchst. a geeignet.[42] **43**

4. Private Equity-Dachfonds

Private Equity-Dachfonds können laut Kapitalanlagerundschreiben auch in Zielfonds investieren, wenn der Fonds und die Verwaltungsgesellschaft ihren Sitz außerhalb des EWR und der OECD haben.[43] Das sollte ebenfalls für den Master-Fonds einer Master-Feeder Struktur gelten.[44] Das Kapitalanlagerundschreiben selbst zieht den Vergleich zur Holdinggesellschaft iSv § 2 Abs. 1 Nr. 13 Buchst. a AnlV, über die Unternehmen außerhalb der OECD gehalten werden können. [45] Dort macht es keinen Unterschied, ob die Holdinggesellschaft mehrere oder nur ein Unternehmen hält. Die BaFin könnte allerdings unter Umgehungsgesichtspunkten einen anderen Standpunkt einnehmen. **44**

Die Anforderungen an Zielfonds sollten grundsätzlich im Lichte des von der BaFin postulierten Umgehungsverbotes[46] betrachtet werden.[47] Investmentfonds sollen nicht als Zielfonds eines Private Equity-Dachfonds nach § 2 Abs. 1 Nr. 13 Bucht. b AnlV erworben **45**

[41] BaFin, aaO (Fn. 1), Ziff. B.4.9.b.

[42] *Bödecker/Kuhn* RdF 2015, 203 (204 f.).

[43] BaFin, aaO (Fn. 1), Ziff. B.4.9.b. Das Kapitalanlagerundschreiben erwähnt ausdrücklich nur die AIF-Verwaltungsgesellschaft. Für den Fonds muss aber dasselbe gelten. Das Kapitalanlagerundschreiben verweist zur Begründung auf die gleichgelagerte Situation bei Unternehmensbeteiligungen iSd § 2 Abs. 1 Nr. 13a AnlV verweist. Versicherungen können sich nur an Unternehmen mit Sitz im EWR oder der OECD beteiligen. Werden Unternehmen über eine Holdinggesellschaft gehalten, gilt dies nur für die Holdinggesellschaft, nicht für die Zielunternehmen. Der Vergleich macht nur Sinn, wenn auch das Fondsvehikel, das von dem Dachfonds gehalten wird, seinen Sitz außerhalb der OECD haben kann.

[44] So auch *Steinmüller* in Pöllath/Wewel/Rodin,§ 30 Rn. 12.

[45] BaFin, aaO (Fn. 1), Ziff. B.4.9.a.

[46] Vgl. BaFin, aaO (Fn. 1), Ziff. B.4.9.b.

[47] AaO (Fn. 35), S. 4.

werden, wenn sie eigentlich anderen Anlageklasse zuzuordnen sind. Zielfonds sollten aber nicht alle Anforderungen an Direktinvestments in Private-Equity-Fonds 1:1 erfüllen müssen. Die Grenze ist vielmehr erreicht, wenn der Zielfonds so von der Anlagestrategie eines als Direktinvestment geeigneten Private-Equity-Fonds im Sinne der AnlV abweicht, dass der Zielfonds seinen Charakter ändert und eine Umgehungsgefahr besteht. Dementsprechend findet sich zu Private-Equity-Fonds auch anders als bei Immobilienfonds[48] kein Hinweis, dass Zielfonds (vorbehaltlich des Sitzes) selbst gem. § 2 Abs. 1 Nr. 13 Buchst. b AnlV für das Sicherungsvermögen geeignet sein müssen.[49] Andernfalls würde das Versicherungsunternehmen in der Praxis vor kaum zu überwindende Hürden gestellt. Das Versicherungsunternehmen müsste bspw. mit einem global investierenden Dachfondsmanager nicht nur die Beachtung der Anforderungen der AnlV aushandeln, sondern ihm auch noch aufoktroyieren, selbst mit jedem Zielfonds Verhandlungen zur Beachtung dieser Anforderungen zu führen.

46 Das Kapitalanlagerundschreiben verwehrt sich unter Umgehungsgesichtspunkten gegen den indirekten Erwerb von Fonds, die einer anderen Anlageklasse zuzuordnen sind als Zielfonds von Private Equity-Dachfonds (bspw. Immobilienfonds iSd § 2 Abs. 1 Nr. 14c AnlV). Das ist im Lichte des engen Immobilienbegriffs der Nr. 14c zu verstehen. Ein Fonds, der bspw. in Projektentwicklungsgesellschaften investiert, die aufgrund ihres operativen Charakters nicht mit Immobiliengesellschaften iSd § 235 KAGB vergleichbar sind, ist wohl als geeigneter Private Equity-(Ziel-)Fonds anzusehen.

47 Anders als bei direkt investierende Private-Equity-Fonds setzt das Kapitalanlagerundschreiben der Fremdkapitalaufnahme von Dachfonds eine Grenze. Der Dachfonds darf Fremdkapital nur kurzfristig bis zur Höhe von 10 % des Wertes des Dachfonds aufnehmen. Der Wert, der in Bezug genommen wird sollte, anders als bspw. gemäß § 199 KAGB,[50] nicht der Nettoinventarwert des Dachfonds sein. Anleger von Private Equity-(Dach-)Fonds zahlen ihren Zeichnungsbetrag nicht bei Zeichnung der Anteile ein, sondern die Verwaltungsgesellschaft ruft den Betrag nach und nach bei Bedarf ab. Das ist hier zu berücksichtigen. Teilweise wird vertreten, dass auf den gesamten Zeichnungsbetrag des Fonds abzustellen ist.[51] Nach hier vertretener Auffassung sollte auf die Summe des Nettoinventarwertes und der noch abrufbaren Kapitalzusagen abgestellt werden. Die Verwaltungsgesellschaft kann den Nettoinventarwert jederzeit bis zur Summe der ausstehenden Kapitalzusagen durch Abruf erhöhen und abrufbare Kapitalzusagen stehen zur Rückführung der Fremdfinanzierung zur Verfügung. Andernfalls wäre es dem Dachfonds verwehrt, am Anfang der Investitionsphase Fremdkapital aufzunehmen, um bspw. Kapitalabrufe der Zielfonds bei Verzug eines Anlegers rechtzeitig zu bedienen.

48 Unserer Ansicht nach sollte die 10 % Grenze nicht für solche Fonds gelten, die neben Zielfonds auch direkte Anlagen in Unternehmensbeteiligungen machen können.[52] In der Praxis handelt es sich hierbei oft um direkte Co-Investments gemeinsam mit den Verwaltungsgesellschaften der Zielfonds.

II. Allgemeine Anlagegrundsätze

49 Kleine Versicherungsunternehmen müssen das Sicherungsvermögen gemäß § 215 Abs. 1 VAG unter Beachtung der Anlageprinzipien der Sicherheit, Rentabilität und Liquidität anlegen. Vermögensanlagen müssen rentabel sein und einen nachhaltigen Ertrag erzielen. Hierbei kann das Versicherungsunternehmen die Marktlage (bspw. die derzeitige Niedrigzinsphase) ebenso berücksichtigen wie die Anforderungen an Sicherheit und Liquidität. Da Private-Equity-Fonds typischerweise zu den renditestärkeren Anlagen von Versiche-

[48] BaFin, aaO (Fn. 1), B.2.10.f).
[49] AaO (Fn. 35), S. 4.
[50] Vgl. *Bahr* in Weitnauer/Boxberger/Anders, KAGB § 199 Rn. 15.
[51] *Steinmüller* RdF 2108, 117 (125).
[52] So auch *Steinmüller* RdF 2108, 117 (125).

rungsunternehmen gehören, sollte dieser Grundsatz einem Erwerb nicht im Wege stehen. Der Gesamtbestand der Anlagen muss liquide oder leicht liquidierbare Anlagen vorhalten, so dass fällige Zahlungsverpflichtungen unverzüglich erfüllt werden können.[53] Hier spielt die im Rahmen des Sicherheitsgrundsatzes im Folgenden angesprochene freie Veräußerbarkeit (→ Rn. 48) auch für die Liquidität des Gesamtbestands eine Rolle. Grundsätzlich dürfte das Versicherungsunternehmen die erforderliche Liquidität eher mit anderen Anlageklassen abbilden. Priorität räumt die BaFin dem Grundsatz der Anlagesicherheit ein.[54] Aus diesem Grundsatz hat die BaFin unter anderem eine Reihe von konkreten Anforderungen entwickelt, die Einzelanlagen erfüllen müssen, um dem Sicherungsvermögen zugeführt werden zu können.

1. Freie Übertragbarkeit

Das Versicherungsunternehmen muss den Anteil an einem Private-Equity-Fonds frei übertragen können. Die Übertragung des Fondsanteils darf nicht von der Zustimmung Dritter, bspw. des Komplementärs oder der Verwaltungsgesellschaft des Fonds abhängen.[55] Die Fondsdokumente werden aber in der Regel einen Zustimmungsvorbehalt vorsehen, um der Verwaltungsgesellschaft die Überprüfung des Erwerbers und Abwägung der Konsequenzen für den Fonds und die verbleibenden Anleger zu ermöglichen. Insofern muss eine Ausnahme für Versicherungsanleger in den Fondsdokumenten vorgesehen oder in einem Side Letter vereinbart werden. Das Kapitalanlagerundschreiben verweist hier auf Musterbeispiele, die bereits vom BaFin-Vorgänger, dem Bundesamt für das Versicherungswesen bereitgestellt wurden.[56] 50

Der Kreis der Erwerber kann allerdings eingeschränkt werden, solange dies anhand von objektiven Kriterien erfolgt, der Kreis der potentiellen Erwerber ausreichend umfangreich ist und einen Markt nachbildet, der typischerweise vorhandene Investoren umfasst. Das Versicherungsunternehmen muss auf ausreichend potentielle Erwerber treffen können. Der Kreis der möglichen Erwerber kann zum Beispiel auf Finanzintermediäre und institutionelle Investoren wie andere Versicherungen, Pensionsfonds, Kapitalanlagegesellschaften, Sozialversicherungsträger, Stiftungen und Kreditinstitute beschränkt werden. Die Übertragung an bestimmte Erwerber kann auch ausgeschlossen werden (Negativliste). Hier können Erwerber ausgeschlossen werden, die nach einschlägigem Recht keine geeigneten Anleger für den Fonds sind. Auch sollte es möglich sein, bestimmte Erwerbergruppen auszuschließen, deren Eintritt in den Fonds zu einer aufsichtsrechtlichen Umqualifizierung des Fonds, ggf. mit zusätzlicher Erlaubnis oder Registrierungspflichten, oder einer wesentlichen nachteiligen Änderung der anwendbaren Steuervorschriften führen. Es kann auch ein Vorkaufsrecht bei Übertragung durch das Versicherungsunternehmen vorgesehen werden, solange die Fristen die Übertragung nicht über Gebühr verzögern. 51

Nach Übertragung soll jede (subsidiäre) Haftung des Versicherungsunternehmens für ausstehende Kapitaleinzahlungen enden. Hierauf ist auch zu achten, wenn die Verwaltungsgesellschaft noch abrufbare Kapitalzusagen der Anleger als Sicherheit gegenüber Darlehensgebern nutzen kann. 52

2. Beschränkte Haftung

Der Sicherheitsgrundsatz erfordert, dass der Verlust des Versicherungsunternehmens auf den Wert des Engagements beschränkt und eine Nachschusspflicht ausgeschlossen ist.[57] Hierbei sollte es sich um die Kapitalzusage des Anlegers bei Zeichnung und ggf. weitere vorhersehbare, bei Zeichnung zugesagte Beträge handeln. Das sukzessive Abrufen bereits 53

53 BaFin, aaO (Fn. 1) Ziff. B.3.2 f.
54 BaFin, aaO (Fn. 1.), Ziff. B.3.1.
55 BaFin, aaO (Fn. 1), Ziff. B.4.9.b.
56 BAV VerBAV 2002, 103 f.
57 BaFin, aaO (Fn. 1), Ziff. B.2.6.a und B.4.9 b.

der bei Zeichnung getätigten Kapitalzusage stellt ebenso wenig eine Nachschusspflicht dar, wie Erstattungsansprüche für Kosten des Fonds, die von Anlegern individuell verursacht wurden, etwa Kosten einer Anteilsübertragung oder Steuernachteile.[58] Sehen die Fondsdokumente vor, dass der Fonds bestimmte Ausschüttungen an die Anleger zurückrufen kann, etwa zur Reinvestition oder weil der Betrag zuvor für ein Anlagevorhaben abgerufen wurde, das sich im letzten Moment zerschlagen hat, sollte kein Verstoß gegen den Sicherheitsgrundsatz vorliegen.[59] Das Versicherungsunternehmen durfte nicht darauf vertrauen, die Ausschüttungen behalten zu dürfen und kann unter dem Strich nicht mehr verlieren als die Kapitalzusage.

3. Sachausschüttungen

54 Versicherungsunternehmen sollen von Investmentfonds keine Sachausschüttungen erhalten, obwohl von Verordnungsbegründung und Kapitalanlagerundschreiben im Zusammenhang mir Private-Equity-Fonds nicht ausdrücklich erwähnt. Andernfalls könnte das Versicherungsunternehmen mit Anlagegegenständen konfrontiert werden, ohne über die erforderliche Kompetenz zu verfügen, sie auch angemessen zu verwalten. Sieht die Fondsdokumentation die Möglichkeit von Sachausschüttungen ohne Wahlrecht des Anlegers vor, kann das Problem dadurch gelöst werden, dass die Verwaltungsgesellschaft in einem Side Letter zustimmt, die auszuschüttenden Vermögensgegenstände auf Kosten der Versicherung zu veräußern und den Erlös auszuschütten.

III. Mischung und Streuung

55 Anlagen in Private-Equity-Fonds werden auf die Risikokapitalquote von 35 % des Sicherungsvermögens und, innerhalb dieser Quote, mit anderen nicht notierten Eigenkapitalbeteiligungen und eigenkapitalähnlichen Anlagen (§ 2 Abs. 1 Nr. 9 Buchst. a und Nr. 13 Buchst. a AnlV) auf die Beteiligungsquote von 15 % des Sicherungsvermögens angerechnet (§ 3 Abs. 3 AnlV). Außerdem muss das Versicherungsunternehmen seine Anlage ausreichen streuen. Im Allgemeinen können Versicherungsunternehmen bis zu 5 % des Sicherungsvermögens bei demselben Aussteller anlegen. Bei Anlagen in Private-Equity-Fonds gilt eine reduzierte Streuungsquote von 1 % des Sicherungsvermögens, das in denselben Fonds angelegt werden kann (§ 4 Abs. 1 S. 1 und Abs. 4 S. 1 AnlV).

56 Investiert das Versicherungsunternehmen in einen Dachfonds, der in geeignete Zielfonds (hierzu → Rn. 43 ff.) investiert, kann das Versicherungsunternehmen durch den Dachfonds durchschauen und die Streuungsgrenze auf die Zielfonds anwenden. Durchschau durch einen direkt investierenden Fonds ist laut BaFin, anders als bei nach Nr. 13 Buchst. a erworbenen Holdinggesellschaften, nicht vorgesehen, selbst, wenn der Private-Equity-Fonds die Anforderungen des Holdingprivilegs gemäß § 4 Abs. 2 S. 2 AnlV erfüllt.[60]

IV. Kapitalanlage- und Risikomanagement

57 Um zu gewährleisten, dass die Anlagegrundsätze bei Tätigung einer Anlage gewahrt sind und während der Laufzeit gewahrt bleiben, muss das Versicherungsunternehmen die Anlagen vor Erwerb einer eingehenden Prüfung und anschließend einer laufenden Kontrolle unterziehen. Die Prüfung umfasst nicht nur die Fondsdokumente und Anlagestrategie, sondern auch die Verwaltungsgesellschaft, ihre Risikomanagement und Bewertungsverfahren, Track Record und externen Dienstleister. Zur laufenden Kontrolle der Investmentfonds, aber auch deren Portfolioanlagen, benötigt das Versicherungsunternehmen eine eingehende und regelmäßige Berichterstattung von der Verwaltungsgesellschaft über den

---

[58] Vgl. auch *Paul* in Weitnauer/Boxberger/Anders, § 152 Rn. 24.

[59] So auch *Steinmüller* in Pöllath/Wewel/Rodin, § 30 Rn. 23.

[60] BaFin aaO (Fn. 1), Ziff. B.5.3.e; aA *Steinmüller* in Pöllath/Wewel/Rodin, § 30 Rn. 16.

Fonds und die Portfolioanlagen. Die ist ebenso erforderlich, um die aufsichtsrechtlichen Berichtspflichten gegenüber der BaFin zu erfüllen. Bei Private Equity- Fonds benötigt das Versicherungsunternehmen im Bereich Unternehmensbeteiligungen ein ausreichend qualifiziertes Anlagemanagement, die Qualität der Anlage und das ihr innewohnendes Risiko richtig einordnen zu können.[61] Rechtsrisiken sind ebenfalls risikoorientiert zu prüfen. Das gilt insbesondere für rechtliche und politische Risiken im Hinblick auf Anlagen außerhalb des EWR und der OECD, aber auch auf andere Anlagen, die ihrerseits wesentlich außerhalb des EWR und der OECD investieren.[62]

V. Spezial-AIF mit festen Anlagebedingungen

Versicherungsunternehmen investieren in der Praxis häufig indirekt über Spezial-AIF mit **58** festen Anlagebedingungen iSd § 284 KAGB. Das Versicherungsunternehmen kann den Spezial-AIF über die Anlageklasse des 2 Abs. 1 Nr. 16 AnlV dem Sicherungsvermögen zuführen, wenn die im Kapitalanlagerundschreiben vorgesehenen Beschränkungen beachtet werden. Diese Spezial-AIF können unter anderem in OGAW-fähige Wertpapiere, offenen Investmentvermögen und bis zu 20% ihres Wertes in Beteiligungen an nicht gelisteten Unternehmen investieren (§ 284 Abs. 2 Nr. 2 Bucht. a, g und i, Abs. 3 KAGB). Das Kapitalanlagerundschreiben stellt klar, dass Private-Equity-Fonds als Unternehmensbeteiligung erwerbbar sind. Andernfalls müssen Zielfonds offen und für das Sicherungsvermögen qualifiziert sein.[63] Nicht erwerbbar sind also geschlossene Zielfonds iSv § 2 Abs. 1 Nr. 17 AnlV. Bisher ist nicht abschließend geklärt, ob die Aussage des Kapitalanlagerundschreibens hier nur die Voraussetzungen der Anlageklasse „offene Investmentvermögen" (§ 284 Abs. 2 Nr. 2 Buchst. g KAGB) wiedergibt oder auch eine Sperrwirkung für OGAW-fähige Wertpapiere entfaltet. Geschossene Investmentfonds können als OGAW-fähiges Wertpapier (§ 284 Abs. 2 Nr. 2 Bucht. a KAGB iVm § 193 KAGB) qualifiziert werden, wenn sie eine Reihe von Voraussetzungen erfüllen.[64] Nach hier vertretener Auffassung sollte der Spezial-AIF aus versicherungsaufsichtsrechtlicher Sicht auch Anteile an geschlossenen Zielfonds erwerben können, die nicht als Private-Equity-Fonds qualifizieren, vorausgesetzt, es handelt sich um OGAW-fähige Wertpapiere. Laut Kapitalanlagerundschreiben kann ein offener Spezial-AIF mit festen Anlagebedingungen, der zur Anlage des Sicherungsvermögens geeignet ist, in Wertpapiere iSd § 193 KAGB investieren. § 193 Abs. 1 S. 1 Nr. 7 KAGB nennt ausdrücklich geschlossene Fonds. Außerdem sieht das Kapitalanlagerundschreiben keine vergleichbare Beschränkung für OGAW iSd § 2 Abs. 1 Nr. 15 AnlV vor. Es ist nicht ersichtlich, weshalb der Anlagehorizont von Spezial-AIF in dieser Hinsicht enger sein sollte als der von ebenfalls zur Anlage des Sicherungsvermögens geeignete OGAW. Daher sollte die Aussage des Kapitalanlagerundschreibens, Zielfonds müssten ebenfalls offen sein, als Hinweis darauf zu verstehen sein, dass Fonds, die nicht als OGAW-fähige Wertpapiere oder Private-Equity-Fonds qualifizieren, offen sein müssen. Das entspricht der Liste der geeigneten Anlagegegenstände in § 284 KAGB.

D. Einrichtungen betrieblicher Altersversorgung

Pensionsfonds und -kassen unterliegen nicht der Solva II-RL sondern der EbaV II-RL. Auf **59** Pensionskassen werden grundsätzlich die Vorschriften für kleine Versicherungen angewendet, sofern das Gesetz keine abweichende Regelung vorsieht, für Pensionsfonds gelten unter demselben Vorbehalt wiederum die Vorschriften für Pensionskassen. Die Solvabilitätkapitalanforderungen berechnen sich unabhängig von der Art der Kapitalanlagen. Für

61 BaFin, aaO (Fn. 1), Ziff. B.4.9.c.
62 BaFin, aaO (Fn. 1), Ziff. B.2.3.c.
63 BaFin, aaO (Fn. 1), Ziff. B.4.13.
64 Vgl. hierzu Art. 2 Abs. 2 Buchst. a und b RL 2007/16/EG.

Pensionskassen gilt §§ 234g, 235 Abs. 1 Nr. 1 VAG iVm 17 ff. KapAusstV und für Pensionsfonds §§ 238, 240 S. 1 Nr. 9 VAG iVm §§ 25 ff. PFAV. Zum Treuhänder → Rn. 30.

I. Pensionsfonds

60 Pensionsfonds sind externe Versorgungsträger, die ein Arbeitgeber zur Durchführung betrieblicher Altersversorgungszusagen nutzt. Der Pensionsplan beschreibt das Produkt des Pensionsfonds und regelt unter anderem die Grundsätze der Kapitalanlage. Pensionsfonds sind freier bei der Kapitalanlage, wodurch höhere Renditechancen, aber auch höhere Risiken ermöglicht werden. Natürlich kann der jeweilige Pensionsplan auch vorsehen, dass die Anlagegrundsätze für Versicherungen zu beachten sind, wenn mehr Wert auf Sicherheit gelegt wird.[65]

61 Pensionsfonds haben bei Anlage ihres Vermögens ebenfalls den Grundsatz der unternehmerischen Vorsicht (→ Rn. 42 ff.) zu beachten (§ 237 Abs. 1 iVm §§ 124, 234h VAG). Die Anlageprinzipien der Sicherheit, Liquidität, Rentabilität und Qualität sind für den einzelnen Pensionsplan sicherzustellen, nicht für jeden einzelnen Vermögensgegenstand.[66] Wie bei Pensionskassen ist die Anlage des Sicherungsvermögens zusätzlich in einer Rechtsverordnung geregelt (§§ 239, 240 S. 1 Abs. 1 Nr. 8 VAG), der Pensionsfonds-Aufsichtsverordnung (PFAV). Soweit kann grundsätzlich auf unsere Ausführungen zu kleinen Versicherungsunternehmen verwiesen werden (→ Rn. 31 ff.). Die Anlageklassen sind in § 17 PFAV im Wesentlichen wie in § 2 Abs. 1 AnlV geregelt. Pensionsfonds müssen bestimmte Mischungs- und Streuungsvorschriften (§ 18 f. PFAV) sowie Währungkongruenz (§ 20 PFAV) beachten. Hier ergeben sich, gerade hinsichtlich der Mischung, erhebliche Unterschiede zur AnlV. Pensionsfonds haben weit mehr Spielraum als kleine Versicherungsunternehmen. Die Mischung richtet sich insbesondere nach dem jeweiligen Pensionsplan und der Risikotragfähigkeit des Pensionsfonds.[67]

II. Pensionskassen

62 Pensionskassen sind rechtlich selbständige Lebensversicherungsunternehmen iSd 232 VAG, deren Zweck die Absicherung wegfallenden Erwerbseinkommens wegen Alters, Invalidität oder Todes ist. Das Sicherungsvermögen ist unter Beachtung der AnlV (→ Rn. 31 ff.) anzulegen (§§ 215, 234j, 235 Abs. 1 Nr. 10 VAG iVm AnlV). Allerdings gilt ebenso wie für Pensionsfonds der Grundsatz der unternehmerischen Vorsicht (§ 124 iVm § 234h VAG).

III. Nachhaltigkeit

63 Im Rahmen der Umsetzung der EbaV II-RL wurden ESG-Aspekte *(environmental, social, governance)* ausdrücklich in die Vorschriften für Pensionsfonds und -kassen aufgenommen. Sie müssen im Rahmen der Verhältnismäßigkeit in ihrem Risikomanagement gemäß § 234c VAG ökologische und soziale Risiken sowie die Unternehmensführung betreffende Risiken abdecken, soweit sie mit dem Anlageportfolio und dessen Verwaltung in Verbindung stehen. Gemeint ist das Risiko, dass ein Ereignis oder eine Bedingung aus den Bereichen Umwelt, Soziales oder Unternehmensführung infolge einer nachteiligen Wirkung auf Umwelt-, Sozial- und Arbeitnehmerbelange, die Achtung der Menschenrechte und die Bekämpfung von Korruption und Bestechung erhebliche negative Auswirkungen auf den Wert der Investition haben könnte.[68] Zum Beispiel ist bei der Anlage in ein

[65] Vgl. eingehender *Weigel* in Prölss/Dreher, VAG § 234 Rn. 1 ff.
[66] *Weigel* in Prölss/Dreher, VAG § 239 Rn. 13.
[67] § 16 Abs. 4 PFAV iVm BaFin, aaO (Fn. 1), Ziff. C.
[68] Vgl. Art. 2 (t) Legislative Entschließung des Europäischen Parlaments vom 18.4.2019 zu dem Vorschlag für eine Verordnung des Europäischen Parlaments und des Rates über die Offenlegung von Informationen

umweltschädliches Unternehmen zu berücksichtigen, ob zukünftige Regulierung oder Verbote die Anlage entwerten könnten. Man kann sich allerdings fragen, ob das nicht bisher auch ohne ausdrückliche Regelung schon erforderlich war. Im Rahmen des Grundsatzes der unternehmerischen Vorsicht können auch möglichen langfristigen Auswirkungen auf ökologische, soziale und die Unternehmensführung betreffende Belange Rechnung getragen werden (§ 234h VAG). Weitergehende Vorgaben zur Nachhaltigkeit wurden nicht gemacht, um den laufenden Entwicklung der europäischen Finanzmarktregulierung nicht vorzugreifen.[69] Hier ist besonders mit zusätzlichen Offenlegungspflichten zu rechnen. Eine ähnliche Entwicklung vollzieht sich im Übrigen bei Versicherungsunternehmen. EIOPA bereitet bereits entsprechende Änderungen der Solva II-DVO vor.[70]

E. Versorgungswerke

Versorgungswerke und der aufsichtsrechtliche Rahmen, in dem sie sich bewegen, ist nicht **64**
im VAG geregelt sondern richtet sich nach dem jeweiligen Landesrecht. Dementsprechend erfolgt die Aufsicht durch die zuständigen Landesbehörden, die sich jedoch an der Verwaltungspraxis der BaFin orientieren dürften.[71] Die aufsichtsrechtlichen Vorgaben zur Vermögensanlage ergeben sich in der Regel aus einem Verweis auf die Anlageverordnung (→ Rn. 31 ff.). Es bestehen aber insoweit Unterschiede, als teilweise dynamische und teilweise statische Verweise auf bestimmte frühere Fassungen der Anlageverordnung vorgesehen sind.[72] Hier ist insbesondere zu beachten, dass die Anlageverordnung erst mit Änderungsverordnung vom 7.3.2015 an die grundlegende Neufassung des Investmentrechts durch das KAGB angepasst wurde.

über nachhaltige Investitionen und Nachhaltigkeitsrisiken sowie zur Änderung der Richtlinie (EU) 2016/2341 (COM(2018)0354 – C8–0208/2018 – 2018/0179(COD)), P8_TA-PROV(2019)0435. Bei Redaktionsschluss ist die Richtlinie noch nicht verabschiedet.

[69] BT-Drs. 19/4673, 42.

[70] EIOPA, Consultation Paper on Technical Advice on the integration of sustainability risks and factors in the delegated acts under Solvency II and IDD, EIOPA-BoS-18/483.

[71] So hat das Finanzministerium NRW mit Erlass v. 30.11.2018 angeordnet, dass Versorgungswerke unter seiner Aufsicht das Kapitalanlagerundschreiben mit bestimmten Abweichungen zu beachten haben.

[72] Vgl. bspw. § 3 Abs. 2 S. 3 VAG NRW, § 7 Abs. 2 VersAufsVO NRW.

§ 3 Dachfonds als Investoren

Übersicht

A. Vorbemerkung[1]

Von „Private Equity" spricht man, wenn das zur Verfügung gestellte Eigenkapital („Equity") – in Abgrenzung zu Fremdkapital – nicht über den Kapitalmarkt („Public Equity") eingeworben wird, sondern aus „privaten" Quellen stammt. Private Equity bedeutet also die (zeitweilige) Bereitstellung von Eigenkapital für in der Regel nicht börsennotierte Unternehmen mit dem Ziel der Wertsteigerung. Bei einem Investment in Private Equity wird das Kapital regelmäßig in Fonds zusammengeführt. Primäres Ziel sind überdurchschnittlich hohe Renditen. 1

Private Equity darf aber nicht nur als Beteiligungskapital aus Sicht des zu finanzierenden Unternehmens verstanden werden, sondern stellt eine eigene Anlageklasse („Asset"-Klasse) dar.[2] Private Equity zählt zur Anlageklasse der „Alternative Investments", welche das Spektrum „traditioneller" Asset-Klassen wie Aktien und Anleihen ergänzen und dadurch Möglichkeiten für eine Diversifikation von Anlagestrategien schaffen. 2

Bei Private Equity handelt es sich um eine risikoreiche Anlageklasse. Dies lässt Private-Equity-Dachfonds für Investoren besonders attraktiv erscheinen, da bei einer solchen Struktur eine hohe Streuung der Risiken erzielt wird, weil die Investoren in einen Fonds einzahlen, der regelmäßig nicht direkt in einzelne Beteiligungsunternehmen, sondern seinerseits in verschiedene Private-Equity-Fonds investiert, deren Vermögen aus einzelnen Beteiligungsunternehmen besteht. Private-Equity-Dachfonds bieten damit also aufgrund ihrer Struktur einen hohen Diversifizierungseffekt bei attraktivem Risikoprofil. Dieser Befund wird bestätigt durch die Studie „The Risk Profiles of Private Equity" von *Weidig/Mathonet.*[3] *Weidig/Mathonet* haben die Risikoprofile von Private Equity-Direktinvestments mit Fonds- und Dachfondsinvestments verglichen und festgestellt, dass die Asset-Klasse Private Equity als solche zwar durchaus riskant ist, aber Anlagen in dieser Anlagekategorie sogar ein Totalverlustrisiko von nahezu Null aufweisen können, wenn über einen Dachfonds investiert wird. Die Autoren weisen nach, dass die Wahrscheinlichkeit eines Totalverlustes bei einem Direktinvestment in nicht börsennotierte Beteiligungen 30 Prozent beträgt. Bei einem Investment in Private-Equity-Fonds mit einem Portfolio von nicht börsennotierten Beteiligungen beträgt dieses Risiko nur 1 Prozent. Ein Private-Equity-Dachfonds, der in eine Vielzahl von Private-Equity-Fonds mit einigen hundert Einzelengagements investiert, kann dieses Risiko faktisch auf Null absenken. 3

Vor diesem Hintergrund ist davon auszugehen, dass die Bedeutung von Dachfonds als Investmentvehikel in Private Equity in Zukunft weiter zunehmen wird. Hierfür sprechen auch die Herausforderungen denen sich insbesondere institutionelle Investoren wie zB 4

---

[1] Besonderer Dank gilt den Autoren der Vorauflage *von Kuhlberg/Seidel* für die Urheberschaft des Manuskriptes, das in einem sehr großen Umfang als Basis dieses Beitrags diente.

[2] ZB *Dahmann,* Zur volkswirtschaftlichen Bedeutung von Private Equity und Venture Capital, BVK, Jahrbuch Berlin 2004, 45 (55).

[3] *Weidig/Mathonet,* The Risk Profiles of Private Equity, Januar 2004, abrufbar im Internet unter http://ssrn.com/abstract=495482, S. 2 u. 6.

Banken, Versicherungen oder Versorgungswerke in einem seit Jahren anhaltenden Niedrigzinsumfeld konfrontiert sehen. So ergab eine Umfrage der Deutschen Bundesbank und der Bundesanstalt für Finanzdienstleistungsaufsicht (BaFin) zur Ertragslage und Widerstandsfähigkeit deutscher Kreditinstitute im Niedrigzinsumfeld, dass dieses die kleinen und mittelgroßen Kreditinstitute in Deutschland weiterhin erheblich belastet. Hierzu wurden rund 1.500 kleine und mittelgroße deutsche Kreditinstitute, die unmittelbar unter nationaler Aufsicht stehen befragt welche rund 88 % aller Kreditinstitute in Deutschland umfassen.[4]

B. Dachfonds als Investoren

I. Struktur eines Private-Equity-Dachfonds („Fund-of-Funds")

5 Private-Equity-Investoren bieten sich grundsätzlich drei Möglichkeiten für ein Private-Equity-Investment: (1) Direktinvestments, (2) Einzelfonds und (3) Dachfonds.

6 Bei Direktinvestments beteiligt sich der Investor direkt an kapitalsuchenden Unternehmen. Der Investor übernimmt damit Aufgaben wie ein Private-Equity-Fondsmanager. Dies erfordert viel Know-how und einen ausgezeichneten Zugang zu Investmentmöglichkeiten (sog. „Dealflow").

7 Bei Fondsinvestments beteiligt sich der Investor an Private-Equity-Fonds. Private-Equity-Fonds investieren ihrerseits in einzelne Portfoliounternehmen. Die Mindestzeichnungssummen liegen dabei in aller Regel bei fünf Millionen Dollar oder Euro. Der zuständige Fondsmanager betreut das Portfoliounternehmen in der Regel bis zum Exit und unterstützt die Beteiligung in Bezug auf Fragen der Finanzierung, der Strategie oder auch in Bezug auf Personalentscheidungen.

8 Demgegenüber beteiligen sich Investoren bei Investments in Dachfonds an einem dem Private-Equity-Fonds übergeordneten Fonds.

II. Multi-Fonds-Strategie oder Feeder Fund

9 Ein Dachfonds investiert das von seinen Investoren zur Verfügung gestellte Kapital gemäß einer vorher formulierten Strategie. Sie kann zB in der Herstellung eines bestimmten Verhältnisses von Buyout- und Venture-Capital-Fonds bestehen, das gegebenenfalls über Investmentphasen und geographischer Ausrichtung diversifiziert sein kann. In der Regel investieren Dachfonds im Rahmen einer so genannten „Multi-Fonds-Strategie" in bis zu 25 Fonds, die ihrerseits jeweils eine Zahl von 15 bis 50 Portfoliounternehmen erwerben können. Im Einzelfall kann ein Dachfondsinvestor auf diese Weise mittelbar an mehr als 1.000 Portfoliounternehmen beteiligt sein. Damit erzielt der Dachfondsinvestor durch die hohe Portfoliogranularität eine beträchtliche Diversifikation der idiosynkratischen Einzelrisiken seiner Anlage. Dachfonds zeichnen sich also in der Regel durch attraktive Rendite-Risikoprofile aus, wobei das Risiko bei Investments in Dachfonds auf ein Minimum „wegdiversifiziert" wird.[5]

10 Im Gegensatz zu einer Multi-Fonds-Strategie bündelt ein sog. „Feeder-Fonds" eine Vielzahl von Investoren, die dann in einen „Master-Fonds" investieren. Regelmäßig werden solche „Feeder-Fonds" im Retail-Segment eingesetzt, um viele „kleinteilige" Zeichnungsbeträge zu bündeln, um so die Mindestzeichnungssumme des Master-Fonds, der ebenfalls ein Dachfonds sein kann, zu erreichen. Ein Feeder-Fonds kann aber auch als steuerliches Strukturierungsmittel eingesetzt werden, wenn beispielsweise der Master-Fonds vermögensverwaltend strukturiert ist, der Anleger aber ein gewerbliches Vehikel benötigt.

[4] Gemeinsame Pressenotiz der Bundesanstalt für Finanzdienstleistungsaufsicht und der Deutschen Bundesbank zu den Ergebnissen der Niedrigzinsumfrage 2017 vom 30.8.2017, abrufbar unter: https://www.bundesbank.de/de/presse/pressenotizen/ergebnisse-der-niedrigzinsumfrage-2017-665430.

[5] Vgl. dazu zB *Perridon/Steiner,* Finanzwirtschaft der Unternehmung, S. 281 ff.

Ferner kommt auch eine Verwendung von Feeder-Fonds als aufsichtsrechtliches Strukturierungsmittel in Betracht, um den Anforderungen bestimmter Investorengruppen (zB Investoren, die dem Versicherungsaufsichtsgesetz bzw. der Anlageverordnung unterliegen) Rechnung zu tragen.

III. Blind Pool- oder Pre-Commitment-Strategie

Private-Equity-Dachfonds sind meist als so genannte „Blind Pools" konzipiert. Dies bedeu- **11**
tet, dass der Investor im Zeitpunkt der Zeichnung des Dachfondsanteils noch nicht weiß, in welche Zielfonds und gegebenenfalls in welche anderen zulässigen Vermögenswerte der Private-Equity-Dachfonds nach Maßgabe der dezidiert festgelegten Anlagestrategie investiert. Für die Investoren ergibt sich daraus eine gewisse Intransparenz hinsichtlich des zukünftigen Portfolios, das so genannte Blind Pool-Risiko, das von Fall zu Fall unterschiedlich zu gewichten ist. Dem Blind Pool-Risiko wird dadurch begegnet, dass den Investoren möglichst umfassende Informationsmöglichkeiten geboten werden. Dazu gehören ausführliche Beratungsgespräche über die geplanten Investitions- und Anlagekonzepte, detaillierte Angebotsunterlagen wie zB der Verkaufsprospekt des Dachfonds sowie eine Darstellung der Chancen und Risikokennzahlen. Erfahrene Dachfondsmanager mit beständigen Investmentstrategien können das Blind Pool-Risiko darüber hinaus erheblich dadurch reduzieren, dass sie über meist langjährige Verbindungen zu Zielfonds verfügen und so in der Lage sind, dem (potenziellen) Dachfondsinvestor das zukünftige Portfolio hinreichend präzise mittels einer „Deal-Pipeline" zu skizzieren. Dies alles führt dazu, dass erfahrene Dachfondsmanager ihren Investoren trotz der Blind Pool-Struktur einen hohen Transparenzgrad bieten können.

Den Gegensatz zum Blind Pool stellt die so genannte Pre-Commitment-Strategie dar, **12**
die auch als „Warehousing"-Strategie bezeichnet wird. Sie ist im Bereich der Private-Equity-Dachfonds allerdings eher untypisch. Im Rahmen dieser Strategie zeichnet die Managementgesellschaft bereits frühzeitig auf eigene Rechnung Zielfonds, die sie zunächst in ihrem eigenen Investitionsportfolio zusammenfasst und verwaltet, um sie dann erst in einem zweiten Schritt in den neu aufgelegten Dachfonds einzubringen. In einem solchen Dachfonds sind damit im Gegensatz zu den üblichen Blind-Pool-Konstruktionen bereits ab Platzierungsbeginn Investitionen getätigt. Der Vorteil dieser Strategie liegt insbesondere darin, dass damit für Investoren bereits in einem frühen Platzierungsstadium Klarheit darüber besteht, welche Investitionen für das Portfolio des Dachfonds getätigt werden; zudem ist in diesen Fällen mit einem frühen Liquiditäts- bzw. Kapitalrückfluss zu rechnen.

IV. Private-Equity-Allokationen über Dachfonds

Private Equity stellt eine Alternative zu traditionellen Anlageinstrumenten dar. Die Gründe **13**
für Engagements in dieser Anlageklasse sind im Wesentlichen die Faktoren Anlagediversifikation und Anreicherung des Investmentportefeuilles um renditestarke Anlagen in Zeiten anhaltend niedriger Zinsen.[6] Besonders institutionelle Investoren wie zB Versicherungen stehen angesichts einerseits volatiler Aktienmärkte und andererseits vergleichsweise geringer Renditen von Rentenpapieren, die meist keine ausreichende Rendite erwirtschaften, vor der Herausforderung, gewisse Mindestverzinsungen[7] zu gewährleisten. Die durch die Beimischung von Private Equity zum Portfolio ausgehende Risikoreduktion ergibt sich aus der niedrigen Korrelation von Private Equity zu anderen Anlageklassen. Die

[6] Vgl. *Khan/Olm,* Private-Equity-Beteiligungskapital für den Mittelstand: Motive und -Bedeutung von Investoren in Private Equity, M&A Review 6/1999, 257 (263); *H. Schmidt,* Venture-Capital-Märkte in Europa, Kredit und Kapital 1984, 281 (282 f.).

[7] Die gesetzliche Mindestverzinsung bei kapitalbildenden Lebens- und Rentenversicherungen wird in Deutschland durch die DckRV festgelegt und beträgt seit 1.7.2016 0,9 Prozent (zum Vergleich betrug diese bis zum 30.6.2000 noch 4 Prozent).

Beimischung von Private Equity trägt zur Portfoliodiversifikation bei und führt so zu höheren Renditen bei gleichem Risiko oder gleichen Renditen bei niedrigerem Risiko. Private-Equity-Investments können somit das Risiko-/Rendite-Profil eines Portfolios verbessern.[8] Darüber hinaus werden schon aufgrund der von Private-Equity-Fonds geforderten Mindestzeichungssummen von mehreren Millionen US-Dollar bzw. Euro Private-Equity-Investments in hinreichend diversifizierter Form oftmals erst durch Dachfonds möglich. *Jugel*[9] geht noch einen Schritt weiter und ist der Meinung, dass Privatanleger zu dieser Asset-Klasse „sinnvoll Zugang nur über Dachfonds" erhalten, denn es ist „ein Markt für Kenner" „in einem intransparenten Umfeld".[10]

14 Alles in Allem können die wesentlichen Gründe für Investments in Private-Equity-Dachfonds wie folgt zusammengefasst werden:

(1) Möglichkeit des Aufbaus eines Private-Equity-Portfolios, das die übrigen Anlagen ergänzt und insbesondere mit der individuellen Risikotragfähigkeit im Einklang ist.

(2) Erzielung einer Überrendite als Primärziel bei gleichzeitiger Diversifikation von Risiken. Der Investor erwartet eine Anlage, die hinreichend breit abgestützt ist, um ihn vor systematischen Risiken zu schützen.

(3) Private-Equity-Dachfonds sind ein geeignetes Instrument dafür, Zugang zu den so genannten „Top Quartile-Funds" der besten Fondsmanager zu erlangen. Wichtig ist dies aus Investorensicht, denn nur die besten Manager von Private-Equity-Fonds sind regelmäßig erfolgreich.

V. Dachfondskonzepte für private und institutionelle Investoren

1. Diversifizierte „Retail"-Produkte für private Investoren

15 Über die am Markt angebotenen Publikums- bzw. „Retail"-Private-Equity-Dachfonds können sich nunmehr auch Privatanleger mit geringen Private-Equity-Kenntnissen und relativ kleinen Anlagebeträgen in diesem Segment engagieren. Demgegenüber war die Asset-Klasse Private Equity bis vor wenigen Jahren aufgrund der hohen Mindestzeichnungssummen weit überwiegend institutionellen Anlegern vorbehalten. Ein „Retail"-Dachfonds bündelt relativ kleine Zeichnungsbeträge (üblicherweise unter 50.000 Euro) und investiert diese dann unter Beachtung der hohen Mindestzeichnungssummen in Private-Equity-(Ziel-) Fonds (sog. „Losgrößentransformation").[11]

16 „Retail"-Private-Equity-Dachfonds verfolgen meist eine diversifizierte Investmentstrategie. Ziel ist es, dem Anleger ein Produkt (Fonds) anzubieten, mit dem dieser das gesamte Private-Equity-Spektrum abdecken kann. In der Regel setzen sich daher die ausgewählten Zielfonds aus einer Kombination von Buyout- und Venture-Capital-Fonds zusammen, wobei der Buyout-Anteil überwiegt. So wird eine breite Diversifikation mit einem möglichst niedrigen Risikoprofil erreicht.

17 Die am Markt vorhandenen Produkte zeichnen sich alle durch – im Vergleich zu Dachfonds für institutionelle Investoren – hohe Kosten aus, welche die Netto-Rendite für den Anleger erheblich schmälern. Die Kosten setzten sich zusammen aus den einmaligen Kosten, zu denen Prospektierungs-, Rechts- und Steuerberatungskosten sowie Strukturierungs- und Vertriebskosten zählen. Darüber hinaus fallen laufende Kosten wie beispielsweise -Verwahrstellengebühr, Komplementärvergütungen, Jahresabschlusskosten, Kosten des Reportings sowie Management-Fees an.

---

[8] Vgl. auch *Kreuter,* Kriterien für die Fondsauswahl, in Jugel, Private-Equity-Investments, 2003, S. 91, 93 mwN. S. a. *Markowitz,* Portfolio Selection, Journal of Finance 1952, 77 (91) zur Portfoliotheorie.

[9] *Höfling,* Interview mit Stefan Jugel, „Ein Markt für absolute Kenner", WELT am SONNTAG 2004, 44.

[10] Vgl. dazu die Aussage von Branchenkenner Detlev Mackewicz in der WELT am SONNTAG (*Höfling,* Aufschwung neben der Börse, WELT am SONNTAG 2004, 44) sowie → Rn. 5 ff. zu „Retail"-Fonds.

[11] Vgl. zB *Weitnauer,* Rahmenbedingungen und Gestaltung von Private-Equity-Fonds, FB 2001, 258 (269).

2. Spezialisierte Konzepte für institutionelle Investoren

Besonders gut geeignet ist Private Equity für Investoren, die einen langfristigen Anlagehorizont verfolgen. Im Wesentlichen handelt es sich daher um institutionelle Investoren, die sich in dieser Asset-Klasse engagieren.[12] Solche institutionellen Investoren verfügen regelmäßig über gute Kenntnisse im Bereich von Alternative Assets und sind vielfach bereits Anleger im Private-Equity-Bereich. Zu den bedeutendsten Investorengruppen, die Private-Equity-Investments über Private-Equity-(Dach-) Fonds tätigen, zählen Versicherungsgesellschaften, Pensionsfonds, Versorgungswerke, Sparkassen und Genossenschaftsbanken, private Stiftungen sowie „Family Offices". Vor allem solche Strukturen, die der Altersvorsorge dienen und für ihre Kunden und Beitragszahler qualifizierte Anlagemöglichkeiten suchen, sind in hohem Maße an einem möglichst breiten Spektrum von Anlagemöglichkeiten interessiert. Hierzu zählen in zunehmendem Maße auch Private-Equity-Dachfondsanlagen. Sie erscheinen geeignet, die gegenwärtig überschaubaren Renditeaussichten konventioneller Vermögensanlagen mit überdurchschnittlichen Gewinnchancen bei vertretbarem Risiko anzureichern.[13] So zeigte eine im Juli 2017 durchgeführte Befragung des BVK unter 45 institutionellen deutschen Investoren, dass die beiden wichtigsten Gründe für ein Engagement in Private Equity Renditechancen (93 %) und die Diversifizierung des Anlageportfolios (86 %) seien sowie, dass 55 % der Befragten innerhalb der nächsten ein bis zwei Jahre eine Erhöhung ihrer Private Equity-Allokation planten.[14] 18

Institutionelle Investoren sind in der Regel sehr „gebührensensitiv". „Retail"-Fonds sind für sie daher meist völlig uninteressant. Da institutionelle Investoren bereit sind, höhere Beträge, meist mehrere Millionen Euro bzw. US-Dollar, zu investieren, setzen sich Dachfonds für diese Investorengruppe aus einer insgesamt kleinen Anzahl von Investoren zusammen, für die die höheren Mindestzeichnungssummen solcher Dachfonds (in der Regel ab fünf Millionen Euro) keine Schwierigkeit darstellen. Die geringere Zahl von Investoren führt aus Sicht des Fondsmanagers zu einem im Vergleich zu „Retail"-Produkten spürbar geringeren Verwaltungsaufwand mit der Folge, dass sie eine dementsprechend günstigere Vergütungsstruktur anbieten können. 19

Auch für institutionelle Investoren werden unterschiedliche Konzepte angeboten. Diese reichen von diversifizierten bis hin zu spezialisierten Produkten. Als „Daumenregel" bezüglich des nachgefragten Spezialisierungsgrades gilt: Je mehr Private-Equity-Expertise beim institutionellen Investor vorhanden ist, umso spezialisiertere Produkte wird er nachfragen. Da institutionelle Investoren häufig ein aktives Asset-Management betreiben, fragen sie erfahrungsgemäß meist Spezialprodukte nach, die geeignet sind, ihr bestehendes Portfolio zu komplettieren. Abgesehen davon investieren institutionelle Investoren im Gegensatz zu Privatanlegern nicht nur höhere Summen, sondern verfügen auch oft über speziell für die Vermögensanlage geschaffene Vehikel (zB Spezial-Investmentfonds im Sinne des InvStG 2018 aber auch konzerneigene Beteiligungs-GmbHs). Bei institutionellen Investoren kann davon ausgegangen werden, dass diese jederzeit in der Lage sind, ihren Einzahlungsverpflichtungen nachzukommen. 20

---

[12] Vgl. zB *Jesch/Kreuter,* Private Equity: Investitionsmöglichkeiten für Versicherungsunternehmen und Pensionsfonds aus wirtschaftlicher und rechtlicher Sicht, Finanz Betrieb 2002, 407 (409); *Leitinger/Strohbach/Schöfer/Hummel,* Venture Capital und Börsengänge, 2000, S. 117; *Leopold,* Venture Capital – Das Eigenkapitalgeschäft mit kleinen und mittleren Unternehmen, DStR 1999, 470 (470); *Kußmaul/Richter,* Betriebswirtschaftliche Aspekte von Venture-Capital-Gesellschaften und ihre Bedeutung im Hinblick auf Existenzgründungen: Zeitlicher Ablauf und öffentliche Finanzierungsprogramme, DStR 2000, 1195 (1204). Daneben kommen als Investoren zB noch Stiftungen, „Family Offices", öffentlich-rechtliche Kapitalbeteiligungsgesellschaften und Corporate Venture-Capital-Gesellschaften in Frage.

[13] *Zimmerer,* BVK, Konferenzband zum 7. Deutschen Eigenkapitaltag 2004, 46.

[14] Bundesverband Deutscher Kapitalbeteiligungsgesellschaften eV, Private Equity als Anlageklasse für institutionelle Investoren und Family Offices, Ergebnisse einer Befragung von institutionllen Investoren in Deutschland (Juli 2017), abrufbar im Internet unter: https://www.bvkap.de/sites/default/files/press/20170630_bvk_studie_pe-investoren_public.pdf.

VI. Typische Merkmale für die Strukturierung von Private-Equity-Dachfonds

21 In der Praxis kommen viele verschiedene Fondstypen vor, die sich in ihrer Strukturierung zum Teil deutlich voneinander unterscheiden. So weist ein Buyout-Fonds meistens andere Strukturen als ein Venture-Capital-Fonds auf. Einfluss auf die Strukturierungsmerkmale eines Private-Equity-Dachfonds kann auch die Zielgruppe der betreffenden Investoren haben: Ein (Dach-)Fonds, der sich im Wesentlichen an institutionelle Investoren richtet, wird niedrigere Konzeptions- und Verwaltungsentgelte verlangen als etwa ein Fonds, der hauptsächlich kleinere Einzahlungstranchen von Privatinvestoren annimmt. Insgesamt geht es jedoch bei der Strukturierung eines (Dach-)Fonds nicht so sehr nur um technische Fragen; Ziel ist es vielmehr, für beide Seiten (Management bzw. „General Partner“ einerseits und Investoren bzw. „Limited Partner“ andererseits) ausgewogene und zufriedenstellende Konditionen zu schaffen. Nur so ist es entsprechend dem Wunsch der meisten Fondsmanager möglich, eine stabile Investorenbasis mit langfristigen Beziehungen aufzubauen.[15]

22 Trotz der Detailvielfalt der Strukturierungsmöglichkeiten finden sich bei fast allen Private-Equity-Fonds einige grundlegende Strukturierungsmerkmale, auf die nachfolgend näher eingegangen werden soll.

1. Trennung von Vermögensanlage und Vermögensverwaltung

23 Fondskonzepte zeichnen sich durch eine „immanente Trennung von Vermögensanlage und Vermögensverwaltung“ aus. Diese Trennung spiegelt sich auch in der Organisation der Fondsverwaltung wider, die zwischen dem Fondsmanagement auf der einen Seite und den Investoren auf der anderen Seite unterscheidet.[16] In diesem Zusammenhang stellt sich in Bezug auf die Gestaltung des Fonds die organisatorische Frage, ob das Fondsmanagement direkt durch die Fondsgesellschaft selbst dargestellt werden soll (sog. intern verwalteter Alternativer Investmentfonds – AIF) oder ob das Fondsmanagement auf der Grundlage eines Management- bzw. Geschäftsbesorgungsvertrages auf eine eigenständige Gesellschaft ausgegliedert werden soll (sog. extern verwalteter AIF). Die Bestellung einer separaten (Management-) Gesellschaft (Alternativer Investment Fonds Manager (AFIM) oder Kapitalverwaltungsgesellschaft (KVG)) ist nicht nur ab einer gewissen Größe der Assets under Management (AuM) aufsichtsrechtlich geboten, sondern auch aus Gründen der Haftungsbeschränkung sinnvoll. Der externe AIFM ermöglicht auch den (gleichzeitigen) Aufbau mehrerer Fonds unter einer einheitlichen Leitung. Er ermöglicht ferner auch die kontinuierliche Betreuung des Fonds vom Stadium des Fundraising bis zum Zeitpunkt der Liquidation des Fonds.

2. Vergütungsstrukturen

24 Im Falle einer solchen institutionellen Trennung von Vermögensanlage und Vermögensverwaltung übernimmt die Managementgesellschaft (AIFM) unter anderem das (Dach-) Fondsmanagement, die Akquisition von Zielfonds einschließlich der Führung von Vertragsverhandlungen, die laufende Verwaltung der (Dach-)Fonds und die Exit-Gestaltung für die Zielfonds, mithin das Portfoliomanagement und das Risikomanagement. Dafür zahlt der (Dach-)Fonds der Managementgesellschaft eine pauschale Tätigkeitsvergütung. Diese so genannte Management-Fee wird üblicherweise prozentual nach dem Fondsvolumen berechnet und beträgt regelmäßig 1,5 bis 2,5 Prozent p. a. des Fondsvolumens. Bei Dachfonds ist die Management-Fee meist etwas geringer.

---

15 Vgl. *Thomson,* Vive La Difference, in Private Equity International, April 2005, in Sonderheft Fund Structures, S. 3.

16 *Herzig/Gocksch,* Die steuerliche Behandlung von Übergewinnanteilen für Sponsoren inländischer Private-Equity-Fonds, DB 2002, 600.

Die Management-Fee ist eine feste Vergütung und muss von den Investoren unabhängig von der Performance des Fonds gezahlt werden. Im Regelfall ist allerdings vereinbart, dass sie sich nach Beendigung der Investmentperiode reduziert, die meist vier bis fünf Jahre beträgt (auch als „Step Down" oder „Scale Down" bezeichnet). Diese Regelung findet ihre Rechtfertigung darin, dass die Managementgesellschaft nach Abschluss des letzten Neuinvestments „nur" noch mit der Betreuung und zum Ende der Fondslaufzeit schließlich „nur" noch mit der „Abwicklung" des Portfolios beschäftigt ist. Zudem erzielt die Managementgesellschaft in diesem Stadium oftmals bereits „Fee"-Einkommen aus Nachfolgefonds. -Technisch kann diese Regelung entweder durch Reduzierung des Prozentsatzes der Tätigkeitsvergütung zB um jährlich 10 Prozent oder alternativ durch Reduzierung der Bemessungsgrundlage bei unverändertem Prozentsatz umgesetzt werden. Im letzteren Fall kann die Tätigkeitsvergütung dann nicht mehr auf das **„Committed Capital"**, sondern nur noch auf das **„Invested Capital"** bezogen werden, bei dem abgeschriebene und bereits veräußerte Investments außer Betracht bleiben. 25

Bei sog. Publikums-/„Retail"-Dachfonds kommt – neben den vergleichsweise hohen anfänglichen Einmalkosten für Gründung bzw. Fondskonzeption, Vermittlung des Eigenkapitals nebst Agio, Prospektierung/Marketing und Berater – in der Regel noch die Vergütung für den Treuhandkommanditisten hinzu.[17] 26

Der sog. „Carried Interest" (oder kurz: „Carry")[18] stellt einen zum Kapitalanteil am Fonds disproportionalen Gewinnanteil dar. Im Gesellschaftsvertrag wird daher meist festgelegt, dass die Gewinnverteilung nicht nur nach Kapitalanteilen[19] zu erfolgen hat, sondern dass die Carry-Berechtigten zusätzlich zu dem auf ihren Kapitalanteil entfallenden Gewinnanteil disproportional noch einen Übergewinnanteil erhalten.[20] Dieser Carried Interest wird unter den Fondsmanagern aufgeteilt und stellt damit – ganz im Sinne der Investoren – einen wichtigen Erfolgsfaktor für den Fonds dar. Mit Hilfe des Carry wird erreicht, dass das Fondsmanagement nicht nur dieselben Interessen wie die Investoren des Fonds verfolgt, sondern darüber hinaus auch hinreichend motiviert wird, die Investmentziele des Fonds mit maximalem Einsatz über die Laufzeit des Dachfonds zu verwirklichen.[21] Die Anleger, die ihre Anlageentscheidung wesentlich vom Managementteam des Fonds abhängig machen, gestehen den Fondsmanagern damit im Ergebnis einen höheren Anteil an den erzielten Gewinnen zu. Dafür erwarten sie aber im Gegenzug auch, dass die Fondsmanager ihr Engagement für den Fonds mit einer eigenen Kapitalbeteiligung unterlegen.[22] Bei direkt investierenden Fonds verlangt das Management meist einen Carried Interest von 20 Prozent. Es gibt allerdings auch einige Fonds, bei denen das Management einen Carried Interest von bis zu 30 Prozent beansprucht.[23] Demgegenüber berechnen Dachfonds – 27

---

[17] Vgl. zB EVCA, EVCA Special Paper: Why and How to Invest in Private Equity, 2004, S. 12; Weitnauer, aaO, S. 270.

[18] Vgl. zB *Birk/Pöllath/Rodin,* Kapitalbeteiligungs-Gesellschaften (Private-Equity-Fonds) und ihre steuerliche Behandlung, 2001, S. 3, Glossar „Carried Interest" oder Bundesministerium der Finanzen: Schreiben v. 16.12.2003 – IV A 6 – S 2240 – 153/03, BStBl. I 2004 S. 40 Rn. 3.

[19] Das Fondsmanagement tätigt ein Investment von regelmäßig einem Prozent des Fondsvolumens.

[20] Zur gesellschaftsrechtlichen Gestaltung vgl. zB *Möller,* Rechtsformen der Wagnisfinanzierung: Eine rechtsvergleichende Studie zu den USA und zu Deutschland, 2003, S. 211 f.

[21] Vgl. *Herzig/Gocksch,* aaO, S. 601; *Pöllath/Rodin* Privately Placed Closed-End Funds for Crossboarder Investments From and Into Germany – German Legal and Tax Issues of Private Equity, Venture Capital, LBO, Real Estate or Other Specialized Funds or Pools in Breuninger/Müller/Strobl-Haarmann, Steuerrecht und europäische Integration, FS Rädler, 1999, 487 ff. (501 (Fn. 18)); *Schüppen/Ehlermann,* Corporate Venture Capital, 2000, S. 59. Private-Equity-Fonds sind auf die Erzielung absoluter Renditen ausgerichtet und daher wird die erfolgsorientierte Vergütung der Manager nicht im Vergleich mit einer Branchenbenchmark bestimmt, sondern ergibt sich direkt aus den erzielten Gewinnen; vgl. *Kreuter,* aaO, S. 95.

[22] Vgl. *Weitnauer,* aaO, S. 271; *Schüppen/Ehlermann,* aaO, Rn. 189, 190.

[23] Vgl. zB *Gompers/Lerner,* The Venture Capital Cycle, 2004, S. 91 f. Gem. der empirischen Untersuchung von Feinendegen/Schmidt/Wahrenburg, Die Vertragsbeziehung zwischen Investoren und Venture-Capital-Fonds: Eine empirische Untersuchung des europäischen Venture-Capital-Marktes, Center for Financial Studies, CFS Working Paper No. 2002/01, S. 21 f., werden bei europäischen Venture-Capital-Fonds in 90 Prozent der Fälle 20 Prozent Carry berechnet. Bei US-amerikanischen Venture-Capital-Fonds werden

ähnlich wie auch in Bezug auf die Management-Fee – einen niedrigeren Carried Interest, der sich meist in einer Größenordnung von fünf bis zehn Prozent bewegt.

3. Weitere typische Fondsstrukturierungsmerkmale

28 Ergänzend zu den vorstehend genannten Fondsstrukturierungsmerkmalen gibt es eine Vielzahl weiterer Regelungen, die regelmäßig in die Platzierungsdokumente eingearbeitet werden. Als Beispiele sollen an dieser Stelle die folgenden Regelungen erwähnt werden:

- *Festlegung der Mindestzeichnungssumme („Minimum Commitment"):* In der Regel liegt das Minimum Commitment bei Venture-Capital-Fonds bei fünf Millionen US-Dollar oder Euro. Bei Buyout-Fonds kann diese Grenze in Abhängigkeit von der Fondsgröße deutlich höher liegen.
- *Investmentperiode („Investment Period"):* Sie bezeichnet den Zeitraum, in dem der Fonds Neuinvestments tätigt. Nach Ablauf der Investmentperiode werden im Wesentlichen nur noch Folgeinvestments („Follow-on Investments") gewährleistet.
- *„Key Person Clause":* Eine „Key Person"-Klausel trägt dem Umstand Rechnung, dass die Rendite eines (Dach-) Fonds ganz wesentlich von den Fähigkeiten und Erfahrungen der einzelnen (Dach-) Fondsmanager abhängt. Im Rahmen einer solchen Klausel wird deshalb vereinbart, dass sich ganz bestimmte Fondsmanager, die aus Sicht der Investoren den Schlüssel zum Erfolg darstellen, zum Bleiben verpflichten müssen. Gehen sie dennoch vorzeitig, erfolgt idR eine Suspendierung der Investmentperiode und ggf. eine Reduzierung der Managementgebühr bis geeignete Nachfolger bestimmt worden sind. Geregelt werden muss in diesem Zusammenhang auch, ob diese Rechtsfolgen automatisch eintreten oder ob hierzu eine Abstimmung unter den Investoren notwendig ist.
- *„Recycling"* erlaubt dem Fondsmanagement, Exit-Erlöse zu reinvestieren, statt diese an die Investoren auszuschütten. Der Vorteil einer solchen Regelung liegt für die Investoren darin, dass das Fondsmanagement auf diese Weise mehr Kapital verwaltet und anlegt, ohne dafür mehr Management-Fee zu erhalten. Nachteilig ist, dass die Investoren aus einem Exit vorerst keine Ausschüttung erhalten.[24] Üblicherweise werden in diesem Zusammenhang allerdings Grenzen festgelegt, die bestimmen, bis zu welchem Grad ein Recycling von Exit-Erlösen erfolgen darf. In der Praxis wird vielfach vereinbart, dass zumindest die Entgelte wiederangelegt werden sollen, so dass 100 Prozent des Fondsvolumens auch tatsächlich für Investments genutzt werden kann. Manche Fondsregularien erlauben sogar ein „Over-Commitment" bis zu 120 Prozent des Fondsvolumens.

VII. Erfolgsfaktoren eines Private-Equity-Dachfonds

1. Risikoreduktion durch Diversifikation

29 Eine professionelle Vorgehensweise beim Aufbau und der Zusammenstellung des Portfolios eines (Dach-) Fonds ist Voraussetzung für die Erzielung der überdurchschnittlichen Renditen, die mit Private-Equity-Investments zu erzielen sind. Hierbei trägt vor allem eine durchdachte Commitment-Strategie zur Reduktion der mit Investments in dieser Asset-Klasse verbundenen Risiken bei.

30 Der Prozess der Portfoliozusammenstellung erfolgt in mehreren Stufen. Auf der ersten Stufe wird noch keine Entscheidung für die einzelnen Zielfonds, sondern nur über den Diversifikations- bzw. Spezialisierungsgrad getroffen. Erst wenn hierüber entschieden ist, erfolgt in der zweiten Stufe die eigentliche Zielfondsauswahl. Im Rahmen der Zielfondsauswahl müssen die Fonds identifiziert werden, die als Zielfonds für die gewählte Strategie in Frage kommen. In diesem Zusammenhang wird beispielsweise entschieden, in welche

in knapp 80 Prozent der untersuchten Fälle 20 Prozent Carry berechnet, 15 Prozent verlangen 25 Prozent und 5 Prozent erwarten 30 Prozent Carry.

[24] Vgl. *Thomson,* aaO, S. 5.

Art von Fonds wie zB Buyout-Fonds oder Venture-Capital-Fonds, in welche Branchen oder in welche Regionen investiert werden soll. Anschließend muss der Zugang zu diesen Fonds geprüft werden. Vor jedem Investment ist eine sorgfältige Due Diligence Prüfung durchzuführen, die sämtliche für die Investment-Entscheidung wesentlichen Punkte zu berücksichtigen hat. Im Rahmen des Prozesses der Portfoliozusammenstellung muss insbesondere berücksichtigt werden, dass eine Diversifikation und die damit einhergehende Risikoreduktion vor allem für Dachfonds entscheidende Kriterien für den Erfolg des Investments sind. Ziel des Dachfonds muss also die Zusammenstellung eines Portfolios aus verschiedenen geeigneten Zielfonds sein, die nicht oder jedenfalls nicht in selben Umfang dieselbe Investmentstrategie und denselben Investmentfokus verfolgen. Die Diversifikation eines Private-Equity-(Dach-) Fonds kann durch folgende, sein Risiko-/Rendite-Profil beeinflussende Maßnahmen erreicht werden:

- Streuung über verschiedene Sektoren bzw. Phasen der Unternehmensentwicklung (zB kleinere/mittlere und größere Buyouts oder Venture-Capital-Fonds mit Fokus auf Seed-, Early Stage-, Late Stage-Investments);
- Streuung über unterschiedliche Branchen;
- Streuung über Regionen (zB USA und Europa);
- Abdeckung mehrerer „Vintage"-Jahre;
- Streuung über verschiedene Fondsmanager;
- Diversifikation über verschiedene Währungen.

2. Qualität des Managements

Private Equity ist eine so genannte „Alpha"-orientierte Anlageklasse. Die Kennziffer Alpha reflektiert inwieweit die Wertentwicklung des Private-Equity-Fonds gegenüber der Entwicklung der verwendeten Vergleichsgröße (Benchmark) abweicht. Sie beziffert das Ausmaß, in dem sich der Fonds besser oder schlechter entwickelt hat als die Benchmark, lies der Private Equity-Vergleichsmarkt. Dabei misst das Alpha den Teil der Rendite, der nicht mit der allgemeinen Marktentwicklung zu erklären ist, sondern auf der Auswahl von Portfoliounternehmen (Direktfonds) respektive Fondsmanager (Dachfonds) innerhalb dieses Marktes beruht. Ein positives Alpha indiziert ein erfolgreiches Fondsmanagement. Dies bedeutet, dass der „Manager Selection" sowohl auf Dachfonds- als auch auf Zielfondsebene entscheidende Bedeutung für den Rendite-Erfolg zukommt. Klassenziel jedes Fondsmanagers ist die Entwicklungen am Vergleichsmarkt zu übertreffen, mithin das Alpha positiv zu gestalten, und sich nachhaltig zumindest im *„top quartile"* zu bewegen. 31

Die Prüfung des Dachfonds durch den Dachfondsinvestor sollte daher vor allem ergeben, dass das Management des Dachfonds bei der Zielfondsauswahl erfahren ist und außerdem über den Zugang zu renommierten Fonds, den Spitzenfonds verfügt. Dies ist vor allem deshalb von Bedeutung, weil der Aufbau eines diversifizierten Portfolios aus qualitativ hochwertigen Fonds in möglichst kurzer Zeit eine große Herausforderung darstellt, die nicht von allen Fondsmanagern bewältigt wird. Der Zugang zu solchen Spitzenfonds gestaltet sich für viele Fondsmanager in der Praxis sehr schwierig, weil solche Fonds meist über langjährige Investorenbeziehungen verfügen und daher oftmals keine neuen Investoren aufnehmen. Dieses auch als „Closed shop"-Problematik bezeichnete Phänomen stellt für das Management eines Private-Equity-Dachfonds eine der wesentlichen Herausforderungen dar. Dies gilt umso mehr deshalb, weil die Gruppe derjenigen (Ziel-) Fondsmanager, die kontinuierlich herausragende Renditen erzielen, vergleichsweise klein ist. Nur solche Dachfondsmanager, die über eine hohe Professionalität sowie über Jahre aufgebaute und gepflegte Beziehungsnetzwerke verfügen, sind in der Lage, ihren Investoren Zugang zu den gewünschten attraktiven Zielfonds zu verschaffen. 32

„Private Equity is all about people". Abgesehen vom Zugang zu Spitzenfonds sind auch die sonstigen Qualifikationen des Dachfondsmanagement für den Erfolg eines (Dach-)Fonds von entscheidender Bedeutung. So müssen Fondsmanager auf Dachfondsebene über ex- 33

zellente Marktkenntnisse sowie über ein tiefgreifendes Verständnis der weltweiten Private-Equity-Märkte verfügen. Ferner müssen gute Dachfondsmanager in der Lage sein, die Qualität der Zielfondsmanager zu prüfen und richtig einzuschätzen. In der Regel wird dazu eine detaillierte Due Diligence-Liste verwendet. Auf Zielfondsebene sollten besonders Qualifikationen wie Managementerfahrung und die Fähigkeit zur Erbringung von „Value Add" für die Portfoliounternehmen vorhanden sein. Der persönliche „Track Record" der Teammitglieder ist ebenfalls von großer Bedeutung bei der Prüfung und Auswahl der Fondsmanager. Auch insoweit gilt also, dass das Management des Private-Equity-Dachfonds die Performance eines Dachfonds durch die Auswahl geeigneter und renommierter Zielfonds(-Manager) entscheidend beeinflussen kann.

3. Kontinuität

34 Für die Beurteilung der Qualität eines Dachfonds ist die Kontinuität und damit die Dauer der Zusammenarbeit des gesamten Managementteams ein weiteres wichtiges Kriterium. Im Vergleich zu einem neu formierten Team weist ein über einen langen Zeitraum eingespieltes Team ein deutlich niedrigeres Managementrisiko auf, weil die Arbeitsprozesse, Rollen- und Kompetenzverteilung hier in aller Regel besser organisiert und eingespielt sind. Viele Investoren vermeiden aus diesem Grund „First time"-Fonds. Ist es zu Veränderungen im Managementteam gekommen, müssen die Gründe hierfür näher untersucht werden, bevor die Investmententscheidung getroffen wird. In diesem Zusammenhang ist allerdings ein veränderter Investmentfokus und das damit zusammenhängende Ausscheiden von Teammitgliedern, die sich mit der neuen Investmentstrategie nicht identifizieren können, in der Regel weniger kritisch. In einem solchen Fall dürften weniger die Gründe für das Ausscheiden von Teammitgliedern als mehr die Begründung für den Strategiewechsel sowie die Qualität der neuen Strategie untersucht und nachvollzogen werden. Ohne weitere Prüfung nachzuvollziehen ist regelmäßig auch das Ausscheiden von Teammitgliedern aus Altersgründen, wobei jedoch geprüft werden sollte, ob und inwieweit das Ausscheiden eines oder mehrerer Teammitglieder aus Altersgründen den weiteren Erfolg des (Dach-) Fonds zu beeinflussen geeignet ist. Weitere Gründe für Teamveränderungen können persönliche oder familiäre Gründe, aber auch Erfolglosigkeit des einzelnen Fondsmanagers sein.

35 Im Rahmen der Due Diligence gilt es herauszufinden, welche Rolle das ausscheidende Teammitglied im Managementteam innehatte und welchen Anteil das betreffende Teammitglied am Erfolg oder Misserfolg des (Dach-) Fonds in der Vergangenheit hatte. Ferner wird bezogen auf die Zukunft einzuschätzen sein, welche Auswirkungen auf den zukünftigen Erfolg des (Dach-) Fonds in Folge des Ausscheidens des betreffenden Teammitglieds zu erwarten sind.

36 Schließlich sind auch Mechanismen wie zB „Carry"- und „Vesting"-Regelungen, die eine Bindung einzelner Teammitglieder an den Fonds bewirken sollen, für den Erfolg des (Dach-) Fonds regelmäßig von entscheidender Bedeutung. Eine Erfolgsbeteiligung (Anteil am „Carried Interest") der Fondsmanager gewährleistet eine hohe variable Vergütung im Erfolgsfall. Es muss dabei jedoch sichergestellt werden, dass Teammitglieder, die einen Carried-Interest-Anteil erhalten, dem Team auch längerfristig zur Verfügung stehen und nicht nach einem frühzeitigen, sehr erfolgreichen Exit ihren Carry-Anteil erhalten und dann das Team verlassen. So genannte „Vesting"-Regelungen, die Teammitgliedern für die Zukunft gewisse finanzielle Anrechte oder sonst Vorteile gewähren, sollen bewirken, dass die Mitglieder des Managementteams langfristig an den (Dach-) Fonds gebunden werden.

4. Track Record

37 Sowohl auf Dachfonds- als auch auf Zielfondsebene ist der jeweils erzielte „Track Record", dh die Reihe der Erfolge in der Vergangenheit, wohl einer der am meisten beachteten Due Diligence-Aspekte und damit eines der wesentlichen Kriterien für die Beurteilung der

Erfolgsaussichten des betreffenden Fonds. In der Regel wird der Track Record retrospektiv mit einer „Benchmark" verglichen.[25] Wichtig ist jedoch, dass der vergangenheitsbezogen festgestellte Track Record naturgemäß keine Garantie für zukünftige Erfolge bietet. Er kann lediglich als Indiz für das Performancepotential des neuen Fonds bzw. als „Auswahlfilter" bei der Investmententscheidung herangezogen werden, um gestützt darauf Voraussagen über die Renditeerwartung für den aktuellen bzw. nächsten Fonds dieses Managementteams zu treffen.

5. Commitment-Struktur

Bei der Beurteilung der Qualität von Private-Equity-Dachfondsprogrammen wird meist auf die Fähigkeit zu einer geschickten Fondsauswahl abgestellt. Eine möglichst optimale Commitment-Struktur eines Dachfonds wird nicht nur durch eine im Hinblick auf Diversifikation und Risikostruktur geeignete Portfoliostruktur, sondern auch durch ein professionelles Allokations-, Liquiditäts- und gegebenenfalls Abweichungsmanagement erreicht, welches dazu führt, dass das Commitment des Dachfondsinvestors möglichst vollständig abgerufen und renditeoptimierend angelegt wird, das Geld also „arbeitet". **38**

Ein gutes Allokationsmanagement sollte dafür sorgen, dass die Abweichung zwischen angestrebter Commitment-Höhe im Segment Private Equity und tatsächlichem Allokationsgrad möglichst gering ist. Die für Private Equity vorgesehenen Mittel sollten tatsächlich in diesem Segment angelegt werden, um so eine Renditeverwässerung zu vermeiden. In der Regel ist dazu eine Überallokation („Over-Commitment") notwendig. Im Rahmen eines guten Allokationsmanagements kann – soweit dies möglich ist – durch Beimischung von Secondaries ein schnellerer Liquiditätsrückfluss erreicht und damit der so genannte „J-Curve"-Effekt[26] abgeschwächt werden. **39**

Die Verwässerung der Rendite eines (Dach-) Fonds kann ferner über ein entsprechendes Liquiditätsmanagement reduziert werden. Sofern – wie es in der Regel bei „Retail"-Dachfonds der Fall ist – der Dachfonds die von den Zielfonds nicht abgerufenen Mittel anzulegen hat, muss ein gutes Liquiditätsmanagement vor allem auf eine Optimierung der Zahlungsströme des Dachfonds gerichtet sein. Außerdem ist dafür zu sorgen, dass die kurzfristige Geldanlage der nicht abgerufenen Mittel zu möglichst guten Konditionen erfolgt. **40**

Die professionelle Allokation der Mittel eines (Dach-) Fonds sollte schließlich über ein entsprechendes Abweichungsmanagement oder Controlling überwacht werden. Bei signifikanten Abweichungen von der Investment-Strategie des Fonds müssen geeignete Maßnahmen zur Wiederherstellung der optimalen Commitment-Struktur ergriffen werden. Als Steuerungsmöglichkeiten bieten sich beispielsweise der Verkauf von eingegangenen Com- **41**

---

[25] Die Performance der besten 25 Prozent der Fonds (sog. „Top Quartile") ist wesentlich besser als der Durchschnitt, wobei der Unterschied zwischen den „Outperformern" und den „Nachzüglern" sehr groß ist.

[26] Die „J-Curve" beschreibt den Verlauf, den die Wertentwicklung eines Private-Equity-Portfolios regelmäßig nimmt – nämlich eine j-förmige Kurve. Dieser Verlauf ist wie folgt begründet: Die Investmentperiode eines Fonds beträgt in der Regel drei bis vier Jahre. Dabei variiert die Haltedauer der Investments in Abhängigkeit von Fokus und Exit-Rahmenbedingungen zwischen zwei und sieben Jahren. Während der ersten Investmentphase ist die Fondsperformance daher in den meisten Fällen negativ, weil den anfänglichen Einzahlungen in einen Private-Equity-Fonds in den ersten Jahren regelmäßig kein Portfolio mit einem Marktwert („Fair Value") in gleicher Höhe gegenübersteht. Neben den Entgelten, die der Private-Equity-Fonds in Rechnung stellt, liegt dies vor allem daran, dass sich nicht alle Investments des jeweiligen Private-Equity-Fonds wunschgemäß entwickeln. Erst nach drei bis fünf Jahren haben die potentiellen Stars im Portfolio den „Wertverzehr" im Portfolio wettgemacht. Zudem werden Wertsteigerungen bei den Portfoliounternehmen erst ausweisbar, wenn diese zB über eine neue Finanzierungsrunde zu einer höheren Bewertung „objektivierbar" sind, oder der „Exit" erfolgt ist. Verdeutlicht man nun diese Wertentwicklung graphisch, indem der „Fair Value" des Portfolios auf der Y-Achse über die Fondslaufzeit (X-Achse) abgetragen wird, ergibt sich für die ersten Jahre ein zunehmend negativer Verlauf, der sich in der Regel nach zwei bis vier Jahren umkehrt, um dann wieder die „Nulllinie" zu schneiden und stetig weiter zu wachsen. Dieser Verlauf ähnelt einem „J" und ergibt die sog. „J-Curve".

mitments oder der zusätzliche Erwerb von Secondary-Opportunitäten an (aktives Portfoliomanagement siehe § 7 Secondary Investments). Darüber hinaus müssen Maßnahmen zur künftigen Verhinderung solcher Abweichungen ergriffen werden. Es muss erreicht werden, dass es weder zu einer weiteren Überallokation, die aus dem Dachfondsvolumen nicht bedient werden kann, noch zu einer weiteren Unterallokation kommt, die zu einer Verwässerung der Rendite führt.

6. Weitere Erfolgsfaktoren

42 Neben den oben genannten Erfolgsfaktoren kann auch die Fondsgröße für den Erfolg eines Private-Equity-Dachfonds von einiger Bedeutung sein und sollte dementsprechend bei der Due Diligence betrachtet werden. Die Fondsgröße ist eine Funktion aus der Investmentopportunität und den Managementressourcen. Sowohl zu große als auch zu kleine Fonds – betrachtet im Verhältnis zu den Managementkapazitäten und dem Investmentfokus – wirken sich meist negativ auf die Performance aus.

43 Erheblichen Einfluss auf den Erfolg eines Private-Equity-Dachfonds haben im Übrigen regelmäßig auch die Kosten des Fonds. Erfahrungsgemäß gilt: Je niedriger die Kosten des Fonds ausfallen, desto höher fällt in der Regel auch seine Investitionsquote aus. Je mehr investiert wird, desto höher ist die Chance auf eine attraktive Rendite. Im Allgemeinen bieten Fonds für institutionelle Investoren hinsichtlich Fondskosten und Investitionsquote attraktivere Konditionen als dies bei „Retail"-Fonds der Fall ist.

44 Abgesehen von den Kosten und den übrigen oben genannten Punkten sollte eine sorgfältige Due Diligence ferner folgende Punkte berücksichtigen:

- Gesellschaftsstruktur und deren steuerliche und aufsichtsrechtliche Konsequenzen;
- Kontinuität in der Investmentstrategie;
- Geplanter Investmentzeitraum;
- Anlagegrundsätze;
- Investorenbasis;
- Investorenschutz;
- Governance;
- Anlagebeirat;
- Potentielle Interessenskonflikte;
- Reporting.

C. Rechtsformen von Private-Equity-Dachfonds

45 Die Beendigung des sog. grauen Kapitalmarktes determiniert die zulässige Rechtsform von Private-Equity-Dachfonds. Vor Inkrafttreten der AIFM-Richtlinie waren auf europäischer Ebene nur die sog. Organismen für gemeinsame Anlagen in Wertpapiere (OGAW) und deren Verwaltungsgesellschaften reguliert. Bei OGAW handelte es sich in Deutschland unter dem Investmentgesetz vom 15.12.2003 (InvG) um die richtlinienkonformen Sondervermogen gemaß §§ 46 ff. InvG oder um richtlinienkonforme Investmentaktiengesellschaften.[27] Hierzu hatte das InvG für inländische Investmentfonds einen formellen Investmentfondsbegriff zugrunde gelegt. Das heißt, Organismen für gemeinsame Anlagen, welche die Anforderungen des InvG erfüllten, unterfielen dem InvG. Fonds, die den Anforderungen des InvG nicht entsprachen, waren dennoch zulässig und unterfielen entweder Teilausschnitten anderer Gesetze, zB dem VermAnlG oder dem Tatbestand des Finanzkommissionsgeschäfts oder der Anlageverwaltung nach dem KWG, oder waren unreguliert.

46 Die AIFM-Richtlinie folgt nicht dem Model der OGAW-Richtlinie und des ehemals geltenden InvG, welche sowohl die Kapitalanlagegesellschaften (KAG) (sog. Managerregu-

[27] *Dornseifer/Jesch/Klebeck/Tollmann,* AIFM-Richtlinie, Rn. 1.

lierung) als auch den Investmentfonds (sog. Produktregulierung) regulierten. Stattdessen reguliert die AIFM-Richtlinie lediglich den Manager.[28] Die AIFM-Richtlinie ist am 21.7.2011 in Kraft getreten und wurde durch das Gesetz zur Umsetzung der AIFM-Richtlinie vom 4.7.2013 mit Wirkung zum 22.7.2013 in nationales Recht umgesetzt (AIFM-UmsG). Kernstück des AIFM-UmsG ist das Kapitalanlagegesetzbuch (KAGB), das an die Stelle des InvG trat.

Im Gegensatz zum formellen Investmentfondsbegriff des InvG legt das KAGB einen materiellen Investmentfondsbegriff zugrunde und differenziert hinsichtlich der Investmentvermögen in OGAW und Alternative Investmentfonds (AIF). Das heißt, jeder Organismus für gemeinsame Anlagen der nach Maßgabe des § 1 Abs. 1 KAGB von einer Anzahl von Anlegern Kapital einsammelt, um es gemäß einer festgelegten Anlagestrategie zum Nutzen dieser Anleger zu investieren und der kein operativ tätiges Unternehmen außerhalb des Finanzsektors ist, qualifiziert unabhängig von seiner Rechtsform als Investmentvermögen und muss dementsprechend stets den Anforderungen des KAGB genügen. Entsprechen Investmentvermögen diesen Anforderungen nicht, sind sie unzulässig und die Verwaltung stellt ein unerlaubtes Investmentgeschäft dar.[29] Das KAGB sieht grundsätzlich vor, dass Investmentvermögen nur als Sondervermögen, als Investmentaktiengesellschaft mit veränderlichem bzw. fixem Kapital oder als offene bzw. geschlossene Investmentkommanditgesellschaft aufgelegt werden können.[30] 47

I. Die Investmentkommaditgesellschaft in der Rechtsform einer GmbH & Co. KG

Private-Equity-Fonds, die mit ihrem Management in Deutschland tätig sind, sind auch als Dachfonds sehr häufig in der Rechtsform einer Investmentkommanditgesellschaft als GmbH & Co. KG strukturiert. Einer der wesentlichen Gesichtspunkte für diese Wahl ist die steuerliche Transparenz der in dieser Rechtsform strukturierten (Dach-) Fondsgesellschaft. Von Bedeutung ist neben weiteren Gesichtspunkten[31] auch die beschränkte Haftung der Investoren für die Verbindlichkeiten der Gesellschaft. 48

1. Allgemeine steuerliche Gesichtspunkte für die Wahl der Rechtsform einer GmbH & Co. KG

Das zum 1.1.2018 eingeführte Investmentsteuergesetz (InvStG 2018) führte zu einem Wechsel des Besteuerungssystems von Investmentfonds. Den Grundfall bildet hierbei ein intransparentes Besteuerungssystem, bei welchem zwischen der Ebene des Investmentfonds und der Ebene der Investoren unterschieden wird. Daneben wird für Spezial-Investmentfonds unter den gleichen Voraussetzungen wie bisher das semi-transparente Besteuerungsverfahren fortgeführt.[32] Der Besteuerung des InvStG 2018 unterliegen grundsätzlich sämtliche Kapitalanlagevehikel, die auch aufsichtsrechtlich durch das KAGB geregelt werden. Personengesellschaften unterliegen hingegen von vornherein nicht dem Anwendungsbereich des InvStG (vgl. § 1 Abs. 3 Nr. 2 InvStG). Insoweit bleibt der bereits in der Vergangenheit geltende Status-quo beibehalten, dh Besteuerung auf Investorenebene und 49

[28] *Dornseifer/Jesch/Klebeck/Tollmann,* AIFM-Richtlinie, Rn. 24.

[29] *Weitnauer/Boxberger/Anders,* KAGB 2. Aufl. 2017, Einleitung.

[30] Der Rechtsformzwang gilt allerdings nicht für Investmentvermögen, deren Kapitalverwaltungsgesellschaften lediglich registriert werden müssen. Gleiches gilt zB für geschlossene AIF, die unter die Übergangsregelung des § 353 Abs. 4 KAGB fallen (vgl. auch BaFin Auslegungsschreiben vom 14.6.2013).

[31] So kann die innere Verfassung einer Personengesellschaft in der Rechtsform der GmbH & Co. KG sehr flexibel ausgestaltet und genau an die Bedürfnisse der Initiatoren und Investoren angepasst werden, siehe hierzu *Sohbi/von Beauvais,* Corporate Governance von Private-Equity-Fonds in Deutschland in Jugel, Private Equity Investments: Praxis des Beteiligungsmanagements, S. 236 ff.

[32] Vgl. Gesetzentwurf der Bundesregierung zum Gesetz zur Reform der Investmentbesteuerung (InvStRefG), BT-Drs. 18/8045, 54 ff.

steuerliche Gleichstellung mit Direktinvestments. Aus Investorensicht ist diese Wahrung der Steuertransparenz oder Steuerneutralität des Dachfonds einer der wesentlichen Gesichtspunkte dafür, den Dachfonds als Personengesellschaft in der Rechtsform einer GmbH & Co. KG zu strukturieren. Durch die Rechtsform der Personengesellschaft wird erreicht, dass die auf den einzelnen Investor entfallenden Anteile an den Erträgen des Dachfonds ertragsteuerlich nicht auf Ebene der Dachfondsgesellschaft, sondern ausschließlich auf Ebene der Investoren zu versteuern sind. Die Besteuerung der Investoren erfolgt in ihrem jeweiligen Domizilstaat und nach ihren individuellen Besteuerungsmerkmalen.

2. Steuerliche Gesichtspunkte für die Wahl der Rechtsform einer GmbH & Co. KG bei einkommensteuerpflichtigen Investoren

50 Erreicht werden kann das Ziel der Steuerneutralität des Dachfonds bei natürlichen inländischen Personen, die die Dachfondsbeteiligung im Privatvermögen halten nur, wenn die Tätigkeit der Dachfondsgesellschaft steuerlich als private Vermögensverwaltung zu qualifizieren ist. Etwaige Veräußerungsgewinne werden dann zwar im Rahmen einer einheitlichen und gesonderten Feststellung auf Ebene der Dachfondsgesellschaft ermittelt, zum Zwecke der Besteuerung aber den Gesellschaftern zugerechnet. Im Kern bedeutet dies, dass insbesondere Veräußerungsgewinne aus Wertpapieren bzw. Beteiligungen in Form von Anteilen an einer Kapitalgesellschaft für Investoren, die als natürliche Personen in Deutschland unbeschränkt steuerpflichtig sind und ihre Beteiligung an der Dachfondsgesellschaft nicht in einem Betriebsvermögen halten, bis zur Einführung der Abgeltungssteuer einkommensteuerfrei waren, wenn die Beteiligungsquote – bezogen auf den jeweiligen Investor – weniger als ein Prozent betrug und die Spekulationsfrist von einem Jahr überschritten wurde. Die §§ 17, 23 EStG waren in diesen Fällen nicht anwendbar. Dagegen unterlagen laufende Erträge wie zB Zinsen und Dividenden der Besteuerung.

51 Allerdings führte die Einführung der Abgeltungsteuer mit Wirkung zum 1.1.2009 aus Investorensicht bei Investments im Rahmen einer vermögensverwaltenden Personengesellschaft zu einer substanziellen Steuererhöhung und daher zu einer verringerten Nachsteuerrendite. Veräußerungsgewinne aus Anteilen an Kapitalgesellschaften können hiernach auch dann, wenn die Beteiligung nicht in einem Betriebsvermögen gehalten wird, nicht mehr steuerfrei vereinnahmt werden. Sie werden vielmehr mit einem pauschalen Steuersatz von 25 Prozent zuzüglich eines Solidaritätszuschlags von 5,5 Prozent (und ggf. Kirchensteuer) belastet.

52 Erzielt hingegen die Dachfondsgesellschaft aufgrund einer gewerblichen Tätigkeit oder infolge einer gewerblichen Prägung oder Infektion Einkünfte aus Gewerbebetrieb, so ist die gewerbliche Mitunternehmerschaft ein eigenes Gewerbesteuersubjekt, § 5 Abs. 1 S. 3 GewStG. Hat die Dachfondsgesellschaft ihren Sitz in der Bundesrepublik Deutschland, so unterliegen ihre Einkünfte der deutschen Gewerbesteuer.[33]

53 Darüber hinaus gehören Veräußerungsgewinne aus Anteilen an Kapitalgesellschaften ebenso wie Dividenden zu den laufenden Einkünften aus Gewerbebetrieb (§ 15 Abs. 1 S. 1 Nr. 2 S. 1 EStG), die anders als die in vollem Umfang steuerpflichtigen Zinseinkünfte im Rahmen des Teileinkünfteverfahrens besteuert werden. Dies führt dazu, dass 60 Prozent dieser Erträge mit dem progressiven Steuertarif von bis zu 47,475 % einkommensteuerpflichtig (inkl. Solidaritätszuschlag) sind, was zu einer definitiven Steuerbelastung in Höhe von 28,485 % führen kann.

[33] Im Falle einer ausländischen Dachfondsgesellschaft besteht mangels eines inländischen (= deutschen) Anknupfungspunktes keine Gewerbesteuerpflicht.

3. Erfordernis der Abgrenzung zwischen privater Vermögensverwaltung und gewerblicher Tätigkeit

Diese aus Investorensicht praktisch bedeutsamen ertragsteuerlichen Auswirkungen machen eine möglichst eindeutige Abgrenzung zwischen privater Vermögensverwaltung und einer gewerblichen Tätigkeit erforderlich. Im Grundsatz geht die Dachfondsgesellschaft keiner originär gewerblichen, sondern einer Tätigkeit im Rahmen der privaten Vermögensverwaltung nach. Nach ständiger Rechtsprechung des Bundesfinanzhofes (BFH) wird allerdings die Grenze zwischen privater Vermögensverwaltung und Gewerbebetrieb dann überschritten, wenn nach dem Gesamtbild der Betätigung und unter Berücksichtigung der Verkehrsauffassung die Ausnutzung substanzieller Vermögenswerte durch Umschichtung gegenüber der Nutzung im Sinne einer Fruchtziehung aus zu erhaltenden Substanzwerten entscheidend in den Vordergrund tritt.[34] 54

Ob und unter welchen Voraussetzungen dies der Fall ist, wird durch das BMF-Schreiben vom 16.12.2003[35] konkretisiert.[36] Auch wenn Dachfonds bei wörtlicher Auslegung nicht unmittelbar in den Anwendungsbereich dieses BMF-Schreibens einbezogen sind, weil sie allenfalls im Ausnahmefall unmittelbar Beteiligungen an Portfoliogesellschaften erwerben, so wird wohl im Rahmen einer vorsichtigen Betrachtungsweise davon auszugehen sein, dass auch Dachfonds, die als Personengesellschaften strukturiert sind, ebenso wie deren Investoren nach den Grundsätzen des BMF-Schreibens vom 16.12.2003 steuerlich eingestuft und behandelt werden. 55

In Anwendung der BMF-Schreiben vom 16.12.2003 zu entnehmenden Grundsätze ist eine gewerbliche Einstufung der Dachfondsgesellschaft unter Berücksichtigung des Gesamtbildes ihrer Betätigung dann zu erwarten, wenn sie beispielsweise aufgrund einer weitgehenden Einflussnahme des Managements auf die Zielfonds gewerblich handelt oder wenn sie nach Maßgabe der allgemeinen Grundsätze gewerblich geprägt oder gewerblich infiziert ist. 56

Die Dachfondsgesellschaft ist gewerblich geprägt, wenn ausschließlich eine oder mehrere Kapitalgesellschaften persönliche haftende Gesellschafter sind und nur diese oder solche Personen, die nicht Gesellschafter sind, zur Geschäftsführung befugt sind, § 15 Abs. 3 Nr. 2 EStG. Die gewerbliche Prägung nach § 15 Abs. 3 Nr. 2 EStG kann demnach durch entsprechend ausgestaltete Geschäftsführungsbefugnisse zugunsten eines oder mehrerer Kommanditisten vermieden werden.[37] 57

Eine gewerbliche Infizierung der Dachfondsgesellschaft ist gegeben, wenn in deren Portfolio auch nur eine einzige (mitunternehmerische) Beteiligung an einer gewerblich tätigen oder gewerblich geprägten Personengesellschaft gehalten wird, § 15 Abs. 3 S. 1 EStG. In diesem Falle färbt die gewerbliche Tätigkeit der Untergesellschaft in vollem Umfang auf die Obergesellschaft ab.[38] 58

Problematisch erweist sich dieses Verständnis insbesondere auch bei Dachfonds in der Rechtsform einer Personengesellschaft mit Beteiligungen an gewerblichen Zielfonds in der Rechtsform einer in- oder ausländischen Personengesellschaft (zB KG oder Limited Partnership angelsächsischen Rechts). Entscheidend ist in diesen Fällen die Qualifikation der Einkünfte der Zielgesellschaft bzw. des Zielfonds. Aufgrund der damit verbundenen Abgrenzungsschwierigkeiten, die oftmals auch weder durch eine Due Diligence noch durch gesellschaftsvertragliche Vereinbarungen ausgeräumt werden können, kann in der Praxis eine nicht erwünschte gewerbliche Infektion des gesamten Dachfonds durch Zwischen- 59

[34] BFH Beschl. v. 3.7.1995 – GrS 1/93, BB 1995, 1827 ff. (1828).
[35] Bundesministerium der Finanzen: Schreiben v. 16.12.2003 – IV A 6 – S 2240 – 153/03, BStBl. I 2004 S. 40.
[36] Siehe hierzu *Rodin,* Steuerliche Aspekte bei der Strukturierung von Private-Equity und Venture-Capital-Fonds in Jugel, aaO, S. 184 ff.
[37] Abschnitt R 15.8 Abs. 6 EStR 2012.
[38] AA *Ernst,* Private-Equity-Fonds zwischen Gewerblichkeit und Vermögensverwaltung, BB 2005, 2213 ff. (2218) im Einklang mit BFH Urt. v. 6.10.2004 – IX R 53/01, BB 2004, 2614.

schaltung einer Kapitalgesellschaft, einer so genannten Blockergesellschaft, vermieden werden.

60 Mit § 15 Abs. 3 Nr. 1 EStG ist diese Verwaltungsauffassung gesetzlich normiert worden. Danach erzielt die vermögensverwaltend tätige Personengesellschaft, zu deren Gesamthandvermögen auch nur eine Beteiligung an einer gewerblich tätigen Personengesellschaft gehört, in vollem Umfang gewerbliche Einkünfte. Für natürliche inländische Investoren, die die Dachfondsbeteiligung im Privatvermögen halten, ist demnach darauf zu achten in Dachfonds zu investieren, die zur Vermeidung einer gewerblichen Infektion des gesamten Dachfonds eine Blockergesellschaft zwischenschalten, bzw. in den Dachfonds ihrerseits mit einer korporativ ausgestalteten Gesellschaft investieren. Andere Investorengruppen, wie zB natürliche inländische Personen die die Dachfondsbeteiligung im Betriebsvermögen halten oder bestimmte inländische institutionelle Investoren, können von der gewerbesteuerlichen Kürzung nach Maßgabe des § 9 Nr. 2 S. 1 GewStG Gebrauch machen, sodass auf deren Ebene in Bezug auf aktive Einkünfte (Veräußerungsgewinne und Dividenden) keine wesentliche steuerlich negative Auswirkungen entstehen (hierzu nachfolgend → Rn. 63) sollten.

4. Steuerliche Gesichtspunkte für die Wahl der Rechtsform einer GmbH & Co. KG bei körperschaftsteuerpflichtigen Investoren

61 Bei nicht von der Körperschaftsteuer befreiten institutionellen Investoren wie zB Sparkassen, Genossenschaftsbanken und Pensionsfonds unterliegen die Einkünfte aus der Beteiligung an einem Private Equity-Dachfonds im Allgemeinen der Körperschaftsteuerpflicht. Dies gilt ebenso für Gewinne aus der Veräußerung von Anteilen am Private Equity-Dachfonds. Der Körperschaftsteuersatz beträgt derzeit 15 % zzgl. Solidaritätszuschlag in Höhe von 5,5 % der festgesetzten Körperschaftsteuer. Sind in den Einkünften aus den Anteilen an einem Private Equity-Dachfonds Gewinne aus der Veräußerung von Anteilen an Kapitalgesellschafften enthalten, findet die Steuerbefreiung gemäß § 8b Abs. 2 KStG Anwendung. Hierbei werden 5 % der Veräußerungsgewinne nach § 8b Abs. 3 S. 1 KStG als nicht abziehbare Betriebsausgaben behandelt und somit bleiben im Ergebnis 95 % der erzielten Veräußerungsgewinne steuerfrei. Gleiches gilt nach § 8b Abs. 1 S. 1, Abs. 4 S. 1 und 4 KStG für in den Einkünften aus dem Private Equity-Dachfonds enthaltene Dividenden von Kapitalgesellschaften, insoweit der Investor seit Beginn des Kalenderjahres, in dem die Dividendenzahlung vereinnahmt wurde, zu mindestens 10 % am Grund- oder Stammkapital an der ausschüttenden Kapitalgesellschaft beteiligt war. Maßgeblich hierbei ist die mittelbar über den Dachfonds durchgerechnete Beteiligungsquote des Investors. Im Rahmen von mehrstufigen Beteiligungsstrukturen über Personengesellschaften wird die gesamte Beteiligungskette berücksichtigt. Auch hier gelten 5 % der Dividenden nach § 8b Abs. 5 KStG wiederrum als nicht abziehbare Betriebsausgaben, sodass effektiv 95 % der Dividendenerträge nicht der Körperschaftsteuer unterliegen.

62 Für Lebens -und Krankenversicherungen, bei welchen der Anteil an dem Dachfonds den Kapitalanlagen zuzurechnen ist, sowie für steuerbefreite Pensionsfonds gilt gemäß § 8b Abs. 8 KStG die Steuerbefreiung für Veräußerungsgewinne und Dividenden nicht.

5. Steuerliche Gesichtspunkte für die Wahl der Rechtsform einer GmbH & Co. KG bei gewerbesteuerpflichtigen Investoren

63 Hält der Investor die Anteile an einem Dachfonds in einem deutschen Gewerbebetrieb, unterliegen die dem Investor zuzurechnenden Einkünfte aus dem Dachfonds grundsätzlich der Gewerbesteuer. Jedoch kann der Anleger in bestimmten Fällen von der gewerbesteuerlichen Kürzung für Gewinnanteile aus Mitunternehmerschaften profitieren. Nach § 9 Nr. 2 S. 1 GewStG sind Anteile am Gewinn einer in- oder ausländischen offenen Handelsgesellschaft, einer Kommanditgesellschaft oder einer anderen Gesellschaft, bei der die Gesellschafter als Unternehmer (sog. Mitunternehmer) des Gewerbebetriebs anzusehen

sind, bei der Ermittlung des Gewerbeertrags des Investors zu kürzen. Sofern es sich bei einem Dachfonds demnach um eine gewerblich tätige, gewerblich geprägte oder gewerblich infizierte in- oder ausländische Personengesellschaft und dementsprechend um eine Mitunternehmerschaft im Sinne des § 9 Nr. 2 S. 1 GewStG handelt, findet die gewerbesteuerliche Kürzung entsprechend Anwendung. In diesem Falle ist eine gewerbesteuerliche Belastung von aktiven Einkünften, namentlich Veräußerungsgewinnen und Dividenden (quasi) „aufgehoben", sodass die gewerbliche Tätigkeit, bzw. die gewerbliche Prägung oder Infektion eines Dachfonds bei bestimmten Anlegergruppen, wie zB Sparkassen oder Genossenschaftsbanken keine negativen Auswirkungen hat. Vielmehr ist die gewerbliche Tätigkeit, bzw. die gewerbliche Prägung oder Infektion des Dachfonds in diesem Falle von Vorteil, da eine entsprechende Kürzungsvorschrift im GewStG für vermögensverwaltende Personengesellschaften gerade nicht vorgesehen ist.

Für Lebens- und Krankenversicherungen sowie für nicht steuerbefreite Pensionsfonds **64** hingegen findet die Kürzungsvorschrift gemäß § 9 Nr. 2 S. 2 Hs. 1 GewStG keine Anwendung. Bei den entsprechenden Investoren unterliegen die vom Dachfonds zugewiesenen Gewinnanteile damit in vollem Umfang der Gewerbesteuer.

6. Steuerliche Gesichtspunkte für deutsche steuerbefreite Investoren

Bei bestimmten deutschen steuerbefreien Investoren kann die Beteiligung als Mitunterneh- **65** mer an einer gewerblich tätigen Mitunternehmerschaft zu einem Verlust ihrer subjektiven Steuerbefreiung führen. Das gilt im Besonderen für deutsche steuerbefreite Pensions-, Sterbe-, Kranken- und Unterstützungskassen im Sinne des § 5 Abs. 1 Nr. 3 KStG. Für entsprechende Investoren kann es demnach sinnvoll sein sich über geeignete Investitionsvehikel wie zB Feeder-Fonds, die nicht als Mitunternehmerschaften ausgestaltet sind, an dem Dachfonds zu beteiligen.

Eine Beteiligung öffentlich-rechtlicher Versorgungswerke im Sinne des § 5 Abs. 1 Nr. 8 **66** KStG an gewerblich tätigen Mitunternehmerschaften hingegen ist laut BFH-Rechtsprechung weiterhin steuerbefreit.[39] Gleiches sollte für mildtätig, gemeinnützig oder kirchlich tätige Investoren im Sinne des § 5 Abs. 1 Nr. 9 KStG für deren Einkünfte aus gewerblich geprägten Mitunternehmerschaften gelten.[40] Insoweit unterliegen auf der Ebene dieser Investoren gemäß § 5 Abs. 2 Nr. 1 KStG lediglich Dividendenzahlungen aus Anteilen an inländischen Kapitalgesellschaften der Körperschaftsteuerpflicht mittels Kapitalertragsteuerabzug; dieser kann allerdings nach Maßgabe des § 44a Abs. 7 und 8 EStG nicht bzw. nur reduziert vorzunehmen sein.

II. Haftungsrechtliche Gesichtspunkte für die Wahl der Rechtsform einer GmbH & Co. KG

Für die Strukturierung eines Dachfonds als Personengesellschaft in der Rechtsform der **67** GmbH & Co. KG spielen neben den jedenfalls bislang entscheidenden steuerlichen Gesichtspunkten auch haftungsrechtliche Aspekte eine wichtige Rolle. Die Investoren, die in dieser Rechtsform die Stellung von Kommanditisten einnehmen, haften den Gläubigern der Gesellschaft nur bis zur Höhe ihrer Einlage, wobei eine unmittelbare Haftung ausgeschlossen ist, soweit die Einlage geleistet ist (§ 171 Abs. 1 HGB). Eine Nachschusspflicht besteht nicht. Die Höhe der Einlage wird durch den im Handelsregister eingetragenen Betrag bestimmt (§ 172 Abs. 1 HGB).

Anders als die Kommanditisten haftet die GmbH als Komplementär den Gläubigern der **68** Gesellschaft unmittelbar, persönlich, unbeschränkt und unbeschränkbar (§§ 161 Abs. 2,

[39] Vgl. BFH Urt. v. 9.2.2011 – I R 47/09, BStBl. 2012 S. 601.
[40] Vgl. BFH Urt. v. 25.5.2011 – I R 60/10, BStBl. II 2011 S. 858; BFH Urt. v. 18.2.2016 – V R 60/13, BStBl. II 2017 S. 251.

128 HGB), wobei die Haftung der Komplementär-GmbH auf ihr Gesellschaftsvermögen beschränkt ist (§ 13 Abs. 2 GmbHG).

III. Gesellschafterstruktur eines Dachfonds in der Rechtsform der GmbH & Co. KG

1. Komplementärin

69 Komplementärin der Dachfondsgesellschaft ist eine regelmäßig von den Initiatoren zu diesem Zweck eingesetzte Gesellschaft mit beschränkter Haftung. Als Komplementärin haftet die GmbH unbeschränkt für die Verbindlichkeiten der Kommanditgesellschaft, wobei sie für diese Verbindlichkeiten nur mit ihrem Gesellschaftsvermögen einzustehen hat. Die Komplementär-GmbH ist häufig weder am Kapital noch am Vermögen der Gesellschaft beteiligt.

2. Gründungskommanditisten

70 In der Struktur einer GmbH & Co. KG beteiligt sich der Initiator regelmäßig als einer von mehreren Gründungskommanditisten an dem von ihm aufgelegten Dachfonds. Er übernimmt die Leistung eines Teils des Zeichnungskapitals und erhält dafür einen Kapitalanteil. Darüber hinaus wird der Initiator vielfach verpflichtet sein, seine Expertise sowie Netzwerke, mithin immaterielle Gesellschafterbeiträge in die Gesellschaft einzubringen.

71 Neben dem Initiator gibt es im Rahmen der Gründung noch den Gründungskommanditisten. Aus Haftungsgründen wird der Gründungskommanditist in der Regel eine rechtlich selbständige, meist von dem Initiator eingesetzte Kapitalgesellschaft sein. Wie bereits erörtert, stellt sich in diesem Zusammenhang in Bezug auf die Gestaltung des Fonds die organisatorische Frage, ob das Fondsmanagement direkt durch die Fondsgesellschaft selbst dargestellt werden soll (sog. intern verwalteter AIF) oder ob das Fondsmanagement auf der Grundlage eines Management- bzw. Geschäftsbesorgungsvertrages auf eine eigenständige Gesellschaft übertragen werden soll (sog. extern verwaltete AIF). In beiden Fällen ist es dem Fondsmanager, im Terminus des KAGB der Kapitalverwaltungsgesellschaft (KVG) ohne die Erlaubnis oder Registrierung der BaFin, verboten, seine Geschäfte zu betreiben, dh seine (Dach-) Fonds zu verwalten. Gemäß § 17 Abs. 1 S. 2 KAGB bedeutet Verwaltung eines AIF mindestens die Erbringung der Portfolioverwaltung oder des Risikomanagements für den Dachfonds. Die Übertragung der Managementfunktion auf eine KVG im Rahmen eines extern verwalteten AIF ermöglicht den (gleichzeitigen) Aufbau mehrerer (Dach-) Fonds unter einer einheitlichen Leitung. Möglich wird dadurch auch, die Betreuung einschließlich des Pre-Marketings bereits vor der offiziellen Gründung des (Dach-) Fonds beginnen zu lassen, um sie dann bis zu der Liquidation des Dachfonds fortzuführen. Die Geschäftsführungsbefugnis der KVG beschränkt sich auf das Gesellschaftsvermögen. Neben der Portfolioverwaltung und dem Risikomanagement kann sie beispielsweise auch investorenbezogene Angelegenheiten wie etwa Kapitalabrufe und Kapitalrückzahlungen, das Berichtswesen sowie die Betreuung der steuerlichen Angelegenheiten der Dachfondsgesellschaft umfassen.

72 Zu den Gründungskommanditisten kann ferner auch ein Treuhandkommanditist gehören, bei dem es sich aus Haftungsgründen ebenfalls häufig um eine rechtlich selbständige, von den Initiatoren eingesetzte Kapitalgesellschaft handelt. Treuhandkommanditisten sind in der Regel im Retail-Segment anzutreffen, wenn es darum geht, eine Vielzahl von Investoren an der Dachfondsgesellschaft zu beteiligen.

3. Investoren als Kommanditisten

73 Die Beteiligung der Investoren an der Dachfondsgesellschaft erfolgt ebenfalls auf Kommanditistenseite. Die Beteiligung kann je nach Strukturvariante entweder direkt oder mittelbar

über die Treuhandkommanditistin erfolgen. Der Beitritt der Investoren zu der Dachfondsgesellschaft erfolgt jeweils durch Vertrag, der durch den so genannten Zeichnungsschein dokumentiert wird. Vertragspartner sind die Gesellschafter. Aufgrund seiner Beitrittserklärung verpflichtet sich der Investor zur Leistung der Pflichteinlage in bestimmter Höhe. Die Höhe der Pflichteinlage entspricht mindestens dem im Gesellschaftsvertrag geregelten Mindestzeichnungsbetrag. Der Abruf des einzuzahlenden Betrages erfolgt in der Regel auf Abruf in bestimmten Teilbeträgen je nach Kapitalbedarf aufgrund der Kapitalabrufe durch die Zielfonds. Der Beitritt des Investors zur Dachfondsgesellschaft wird im Außenverhältnis erst mit seiner Eintragung in das Handelsregister wirksam, wobei die in das Handelsregister eingetragene Hafteinlage regelmäßig nur einen Bruchteil (häufig ein Prozent) der vom Investor gezeichneten Kapital- bzw. Pflichteinlage darstellt. Diese Gestaltung wird aus haftungsrechtlichen Gründen gewählt, weil der Umfang der Haftung des Investors im Verhältnis zu den Gläubigern der Gesellschaft ausschließlich durch den in der Handelsregistereintragung angegebenen Betrag bestimmt wird (§ 172 Abs. 1 HGB). Im Innenverhältnis der Gesellschafter wird der Investor bereits ab dem Zeitpunkt der Annahme seiner Beitrittserklärung durch die KVG wie ein Kommanditist behandelt.

Sollen Investoren an der Dachfondsgesellschaft nur mittelbar beteiligt werden, so wird im **74** Gesellschaftsvertrag eine so genannte Vollrechtstreuhand vereinbart. Diese Struktur ist dadurch gekennzeichnet, dass sie dem Treuhänder im Außenverhältnis gegenüber Dritten ein Mehr an Rechten überträgt, als er sie nach Maßgabe der gleichzeitig mit dem Treugeber getroffenen schuldrechtlichen Abrede gegenüber dem Treugeber ausüben darf.[41] Im Falle der Vollrechtstreuhand erhöht die Treuhandkommanditistin ihre Kommanditbeteiligung im Auftrag des betreffenden Investors im eigenen Namen, aber für dessen Rechnung um einen bestimmten Betrag. Sie verwaltet sodann ihre insoweit erhöhte Kommanditbeteiligung treuhänderisch für den Investor. Im Außenverhältnis stehen die Rechte und Pflichten eines Kommanditisten für die Dauer des Treuhandverhältnisses auch hinsichtlich der erhöhten Kommanditbeteiligung allein der Treuhandkommanditistin zu.[42] Damit wird der nur mittelbar beteiligte Investor für die Dauer der Vollrechtstreuhand nur im Innenverhältnis der Gesellschafter untereinander wie ein unmittelbar beteiligter Kommanditist behandelt. Steuerlich wird die Kommanditbeteiligung nicht der Treuhandkommanditistin, sondern allein dem jeweiligen Investor zugerechnet, der auch wirtschaftlich das Risiko aus der erhöhten Kommanditbeteiligung wie ein im Handelsregister eingetragener Kommanditist trägt.

Sollen hingegen einzelne Investoren als weitere Kommanditisten unmittelbar Gesellschaf- **75** ter der Dachfondsgesellschaft werden, so wird der Gesellschaftsvertrag hierfür nicht selten die Möglichkeit einer so genannten uneigennützigen Verwaltungstreuhand vorsehen. Bei der uneigennützigen Verwaltungstreuhand (auch „unechte" Treuhand genannt) ist der jeweilige Investor selbst Inhaber aller einem Kommanditisten zustehenden Rechte und Pflichten.[43] Er erwirbt unter Berücksichtigung der vereinbarten Mindestzeichnungssumme die Kommanditbeteiligung im eigenen Namen und für eigene Rechnung.

Aus Gründen der Vereinfachung der Geschäftsführung und Verwaltung der Dachfonds- **76** gesellschaft erteilt allerdings der betreffende Investor der Treuhandkommanditistin eine (Register-) Vollmacht, ihn unter Befreiung von den Beschränkungen des § 181 BGB gegenüber dem Handelsregister zu vertreten und bestimmte Handelsregisteranmeldungen vorzunehmen. Hierzu zählen etwa der Eintritt und das Ausscheiden von persönlich haftenden Gesellschaftern, der Eintritt und das Ausscheiden von Kommanditisten einschließlich des Treugebers selbst, die Änderung der Beteiligungsverhältnisse und des Kapitals der Gesellschaft, die Änderung von Firma, Sitz und Zweck der Gesellschaft einschließlich aller weiteren eintragungsfähigen und –pflichtigen gesellschaftsvertraglichen Bestimmungen so-

[41] *Heinrichs/Ellenberger* in Palandt BGB Überbl. v. § 104 Rn. 25.
[42] *Bassenge* in Palandt BGB § 903 Rn. 37.
[43] *Bassenge* in Palandt BGB § 903 Rn. 34.

wie die Liquidation der Gesellschaft. Explizit ausgenommen wird hingegen regelmäßig die Erhöhung der Kommanditeinlage des Investors. Der Treuhandkommanditist, wie auch alle anderen Kommanditisten bevollmächtigen wiederrum den Komplementär oder die KVG die besagten Anmeldungen vorzunehmen. Weitere Einzelheiten des jeweiligen Treuhandverhältnisses können im Rahmen eines gesonderten Treuhand- und Verwaltungsvertrages geregelt werden.

IV. Sondervermögen

77 Sondervermögen sind gemäß § 1 Abs. 10 KAGB Investmentvermögen in Vertragsform, die von einer Verwaltungsgesellschaft für Rechnung der Anleger nach Maßgabe des KAGB und den Anlagebedingungen, nach denen sich das Rechtsverhältnis der Verwaltungsgesellschaft zu den Anlegern bestimmt, verwaltet werden. Die Definition im KAGB erfolgte in Anlehnung an die entsprechende Definition des § 2 Abs. 2 InvG.

78 Nach § 1 Abs. 3 S. 2 iVm § 1 Abs. 2 InvStG 2018 qualifizieren Sondervermögen als Investmentfonds womit das InvStG 2018 grds. Anwendung auf diese findet.[44] Je nach Ausgestaltung des Sondervermögens gelten unterschiedliche Kapitel des InvStG 2018. Dabei ist zwischen Investmentfonds im engeren Sinne, auf welche das Kapitel 2 des InvStG Anwendung findet, und Spezial-Investmentfonds, auf welche Kapitel 3 des InvStG Anwendung findet, zu unterscheiden.

79 Zunächst qualifizieren alle Investmentvermögen nach § 1 Abs. 1 KAGB als Investmentfonds. Hierbei sollte man sich von den ähnlichen Begrifflichkeiten des KAGB (Investmentvermögen) und des InvStG 2018 (Investmentfonds) nicht beirren lassen. Investmentfonds, die zudem noch die Voraussetzungen für eine Gewerbesteuerbefreiung nach § 15 Abs. 2 und 3 und die Anlagebestimmungen des § 26 InvStG 2018 erfüllen, qualifizieren als Spezial-Investmentfonds. Nachfolgend aufgezählte Anlagebestimmungen nach § 26 InvStG 2018 sind kumulativ zu erfüllen, damit der steuerliche Status als Spezial-Investmentfonds gewahrt wird:

- der Investmentfonds oder dessen Verwalter ist in seinem Sitzstaat einer Aufsicht über Vermögen zur gemeinschaftlichen Kapitalanlage unterstellt, § 26 Nr. 1 InvStG 2018,
- die Investoren haben ein jährliches Rückgaberecht für ihre Anteile, § 26 Nr. 2 InvStG 2018,
- die Anlage erfolgt nach dem Grundsatz der Risikomischung, § 26 Nr. 3 InvStG 2018,
- die Anlage des Fondsvermögens erfolgt zu mindestens 90 % in bestimmte Vermögensgegenstände wie zB Wertpapiere iSd §§ 193, 198 KAGB, Geldmarktinstrumente, Derivate, Bankguthaben, Grundstücke sowie grundstücksgleiche Rechte, Beteiligungen an Immobilien-Gesellschaften, Investmentanteile an OGAW sowie offene Investmentfonds, Spezial-Investmentanteile, unverbriefte Darlehensforderungen und Beteiligungen an Kapitalgesellschaften, § 26 Nr. 4 InvStG 2018,
- die Anlagegrenzen nach § 26 Nr. 5 und 6 InvStG 2018 werden eingehalten,
- die Kreditgrenzen nach § 26 Nr. 7 InvStG 2018 werden eingehalten,
- Einhaltung von Anlegerhöchstzahlen von maximal 100 Anlegern nach § 26 Nr. 8 InvStG 2018,
- Sonderkündigungsrecht des Spezial-Investmentfonds, wenn die zulässige Anlegerzahl überschritten wird oder Personen beteiligt sind, die nicht die Voraussetzungen der Nummer 8 Satz 2 erfüllen und
- Hervorgehen der Anlagebestimmungen aus den Anlagebedingungen, § 26 Nr. 10 InvStG 2018.

80 Den Grundfall für die Besteuerung von Investmentfonds bildet ein intransparentes Besteuerungssystem, bei welchem zwischen der Ebene des Investmentfonds und der Ebene der Anleger unterschieden wird.

[44] Das gilt auch für korporativ ausgestaltete Investmentvermögen, zB eine Investmentaktiengesellschaft.

81 Auf Ebene eines Dachfonds-Sondervermögens in der Form eines Investmentfonds entsteht nach der abschließenden Aufzählung in § 6 Abs. 2 S. 1 InvStG 2018 deutsche Körperschaftsteuer in Höhe von 15 % zzgl. Solidaritätszuschlag (im Fall der Kapitalertragsteuer allerdings 15 % inklusive Solidaritätszuschlag, § 7 Abs. 1 S. 3 InvStG 2018, jedoch nur soweit das Sondervermögen (deutsche) Beteiligungseinnahmen, Immobilienerträge und sonstige inländische Einkünfte im Sinne des § 6 Abs. 2 InvStG 2018 mittelbar über steuerlich transparente Zielfonds erzielt.[45] Demnach unterliegen nicht von § 6 Abs. 2 InvStG 2018 erfasste Einkünfte nicht der Körperschaftsteuer auf Ebene des Investmentfonds.

82 Hingegen normiert § 16 InvStG 2018 die Besteuerung des Anlegers in einem inländischen oder ausländischen Investmentfonds. Hierzu regelt § 16 Abs. 1 InvStG 2018, welche Erträge im Grundsatz steuerlich zu erfassen und steuerpflichtig sind und definiert diese als Investmenterträge. Im Einzelnen sind Investmenterträge demnach Ausschüttungen des Investmentfonds nach § 2 Abs. 11 InvStG 2018 (§ 16 Abs. 1 Nr. 1 InvStG 2018), Vorabpauschalen nach § 18 InvStG 2018 (§ 16 Abs. 1 Nr. 2 InvStG 2018) und Gewinne aus der Veräußerung von Investmentanteilen nach § 19 InvStG (§ 16 Abs. 1 Nr. 3 InvStG 2018). Die Investmenterträge werden bei natürlichen Personen, die ihre Anteile im Privatvermögen halten den Einkünften aus Kapitalvermögen im Sinne des § 20 Abs. 1 Nr. 3 EStG zugeordnet und unterliegen der Abgeltungsteuer (§ 32d EStG). Bei natürlichen Personen, die ihre Anteile im Betriebsvermögen halten, unterliegen die Einkünfte entsprechend der Einkommensteuer nach deren persönlichen Steuersatz. Im Rahmen der Beteiligung von Körperschaften an dem Investmentfonds, unterliegen die Investmenterträge auf deren Ebene der Körperschaftsteuer. Zudem kann auf deren Ebene noch Gewerbesteuer anfallen. § 16 Abs. 3 InvStG 2018 schließt die Anwendung von § 3 Nr. 40 EStG (Teileinkünfteverfahren) sowie die Steuerbefreiung von § 8b KStG auf Investmenterträge aus.[46] Für den Fall, dass das Dachfonds-Sondervermögen in der Form eines Investmentfonds keine oder nur geringe Ausschüttungen vornimmt, wird eine sog. Vorabpauschale nach Maßgabe des § 18 InvStG auf Ebene der Anleger des Sondervermögens besteuert. Die Vorabpauschale greift grundsätzlich immer dann, wenn im Kalenderjahr die Ausschüttungen des Sondervermögens den sog. Basisertrag eines Kalenderjahres nicht erreichen. Zur Ermittlung des Basisertrags wird derzeit ein Zinssatz von 0,364 % auf den Wert der Anteile des Sondervermögens zu Beginn des Kalenderjahres angesetzt.[47] Die Vorabpauschale ist auf den Wertzuwachs der Anteile des Sondervermögens zuzüglich Ausschüttungen innerhalb des Kalenderjahres begrenzt. Damit möchte der Gesetzgeber unliebsame Thesaurierungseffekte verhindern.

83 § 20 InvStG 2018 gleicht als zentrale Vorschrift des intransparenten Besteuerungssystems für Sondervermögen in der Form von Investmentfonds die Körperschaftsteuervorbelastung auf (Dach-) Fondsebene auf Ebene der Anleger des Investmentfonds wieder aus (sog. Teilfreistellung).[48] Die Nutzbarmachung der Teilfreistellungen nach Maßgabe des § 20 InvStG 2018 setzt jedoch voraus, dass das Sondervermögen fortlaufend mindestens 51 % (Aktienfonds) bzw. mindestens 25 % (Mischfonds) ihres Wertes in Kapitalbeteiligungen im Sinne des § 2 Abs. 8 InvStG 2018, dh in Anteile an Kapitalgesellschaften anlegen würde. So sind im Rahmen von Aktienfonds bei natürlichen Personen, die ihre Anteile im Privatvermögen halten 30 % der Erträge, bei natürlichen Personen, die ihre Investmentanteile im Betriebsvermögen halten, sogar 60 % der Erträge steuerfrei (Aktienteilfreistellung). Bei Anlegern, die dem Körperschaftsteuergesetz unterliegen, beträgt die Aktienteilfreistellung 80 %. Ausweislich einer unter dem 21.5.2019 ergangenen Verlautbarung des Bundesfinanz-

[45] Soweit in einen Investmentfonds bestimmte steuerbefreite Anleger investiert haben, kann der Investmentfonds gemäß § 8 InvStG eine Befreiung seiner Einkünfte von der Körperschaftsteuer erlangen.

[46] *Blümich/Wenzel* InvStG 2018 § 16 Rn. 1–9.

[47] Vgl. BMF-Schreiben Basiszins zur Berechnung der Vorabpauschale gemäß § 18 Abs. 4 InvStG vom 9.1.2019, IV C 1 – S 1980 –1/14/10001:038, BStBl. I S. 58.

[48] *Blümich/Mann* InvStG 2018 § 20 Rn. 1–9.

ministeriums zu Anwendungsfragen zum InvStG 2018[49] bleiben hierbei Kapitalbeteiligungen, die nur mittelbar über Zielfonds in der Rechtsform von Personengesellschaft gehalten werden, für Zwecke des § 2 Abs. 8 InvStG unberücksichtigt.

84 Daneben besteht für Sondervermögen in Form von Spezial-Investmentfonds ein semitransparentes Besteuerungsverfahren. Spezial-Investmentfonds sind von der Körperschaftsteuer und der Gewerbesteuer befreit. Die Besteuerung erfolgt grundsätzlich auf Ebene der Anleger. Modifikationen werden insbesondere bei der Besteuerungstechnik für Dividenden und andere Beteiligungseinnahmen vorgenommen.[50] So sind nach § 29 Abs. 1 InvStG 2018 die Vorschriften der §§ 6 und 7 InvStG 2018 für die Besteuerung von Investmentfonds auf Spezial-Investmentfonds anzuwenden, sodass sowohl Investmentfonds als auch Spezial-Investmentfonds grundsätzlich im gleichen Umfang der partiellen Körperschaftsteuerpflicht unterliegen. Daher unterliegen auch auf Ebene von Spezial-Investmentfonds lediglich die inländischen Beteiligungseinnahmen, die inländischen Immobilienerträge und die sonstigen inländischen Einkünfte der Körperschaftsteuer und es wird Kapitalertragsteuer auf die Beteiligungseinnahmen auf Ebene der entsprechenden Beteiligung einbehalten. Anders als bei Investmentfonds besteht die Steuerpflicht nach § 29 Abs. 1 InvStG 2018 jedoch nur insoweit, wie in den nachfolgenden Vorschriften keine abweichenden Regelungen getroffen werden. Derartige Abweichungen ergeben sich insbesondere aus den §§ 30 und 33 InvStG 2018, die unter bestimmten Voraussetzungen eine Steuerbefreiung des Spezial-Investmentfonds vorsehen.[51] Im Ergebnis kann das Sondervermögen in Form eines Spezial-Investmentfonds bei inländischen Dividendenerträgen gegenüber dem zur Entrichtung der Kapitalertragsteuer Verpflichteten unwiderruflich erklären, dass der Abzug und die Abführung der Kapitalertragsteuer zugunsten der Anleger des Spezial-Investmentfonds bescheinigt werden soll (sogenannte Transparenzoption). Die Steuerbescheinigungen werden dann zugunsten der Anleger des Spezial-Investmentfonds ausgestellt. Eine einbehaltene Kapitalertragsteuer gilt als Steuer der Anleger und berechtigt diese gemäß § 31 Abs. 3 InvStG 2018 zur Anrechnung auf ihre Einkommen- oder Körperschaftsteuer.

85 Hingegen normiert § 34 InvStG 2018 die Besteuerung des Anlegers in einem inländischen oder ausländischen Spezial-Investmentfonds. Hierzu regelt § 34 Abs. 1 InvStG 2018, welche Erträge im Grundsatz steuerlich zu erfassen und steuerpflichtig sind und definiert diese als Spezial-Investmenterträge. Im Einzelnen sind Spezial-Investmenterträge demnach ausgeschüttete Erträge des Spezial-Investmentfonds nach § 35 InvStG 2018, dh Erträge die dieser zur Ausschüttung iSd § 2 Abs. 11 InvStG 2018 verwendet (§ 34 Abs. 1 Nr. 1 InvStG 2018), ausschüttungsgleiche Erträge nach § 36 Abs. 1 InvStG 2018 (§ 34 Abs. 1 Nr. 2 InvStG 2018) und Gewinne aus der Veräußerung von Spezial-Investmentanteilen nach § 49 InvStG 2018 (§ 34 Abs. 1 Nr. 3 InvStG 2018). Die Spezial-Investmenterträge werden bei natürlichen Personen, die ihre Anteile im Privatvermögen halten (namentlich Risikoträger im Sinne des § 37 KAGB) den Einkünften aus Kapitalvermögen im Sinne des § 20 Abs. 1 Nr. 3a EStG zugeordnet, wobei die Abgeltungssteuer keine Anwendung findet (§ 34 Abs. 2 S. 1 InvStG 2018). Für den betrieblichen Anleger sind sie Betriebseinnahmen (§ 20 Abs. 8 EStG).[52] Im Rahmen der Beteiligung von Körperschaften an dem Investmentfonds, unterliegen die Spezial-Investmenterträge auf deren Ebene der Körperschaftsteuer. Zudem kann auf deren Ebene noch Gewerbesteuer anfallen. § 34 Abs. 2 S. 2 InvStG 2018 schließt die Anwendung von § 3 Nr. 40 EStG (Teileinkünfteverfahren) sowie die Steuerbefreiung von § 8b KStG auf Investmenterträge aus.

86 In der Praxis sind Zielfonds meist in der Rechtsform von Personengesellschaften zB Delaware, Cayman oder Englische Limited Partnerships (L. P.) oder Luxemburgischen Société en Commandite Simples (SCS) bzw. Société en Commandite Spéciale (SCSp)

---

[49] BMF-Schr. v. 21.5.2019, Az. IV C 1 – S 1980 – 1/16/10010:001, BStBl. I S. 527, Tz. 2.33.
[50] Vgl. Gesetzesbegründung zum Entwurf eines Gesetzes zur Reform der Investmentbesteuerung, BT-Drs. 18/8045, 55.
[51] *Blümich/Wenzel* InvStG 2018 § 16 Rn. 1–9 und § 29 Rn. 1 und 10.
[52] *Weitnauer/Boxberger/Anders/Mann* InvStG 2018 § 34 Rn. 1–4.

ausgestaltet. Ferner kommen Zielfondsbeteiligungen jedoch auch in vertraglicher, sowie körperschafsrechtlicher Form vor. Sowohl in den Fällen der personenrechtlich als auch in den Fällen der vertraglich bzw. körperschaftsrechtlich ausgestalteten Zielfondsvehikel muss den Besonderheiten der investmentsteuerlichen Besteuerung im Rahmen von Beteiligungen über einen Dachfonds Beachtung geschenkt werden.

Auch in Fällen, in denen ein Investor an einem als Personengesellschaft ausgestalteten 87 Dachfonds beteiligt ist, ist unter gewissen Umständen das InvStG 2018 zu berücksichtigen. Sofern Zielfondsvehikel vertraglich, wie zB der Luxemburgische Fonds Commun de Placements (FCP), der Französische Fonds Professionnel de Capital-Investissement (FPCI) oder der Italienische Fondo Chiuso bzw. körperschaftsrechtlich, wie zB die Luxemburgische Société en Commandite par Actions (S. C. A.) ausgestaltet sind, sowie als Investmentvermögen iSd § 1 Abs. 1 KAGB qualifizieren, qualifizieren diese auch als Investmentfonds iSd InvStG 2018. Die entsprechenden Ausschüttungen von diesen als Investmentfonds qualifizierenden Zielfonds sind aufgrund der transparenten Rechtsform des Dachfonds, steuerlich nach § 16 Abs. 1 Nr. 1 iVm § 2 Abs. 11 InvStG 2018 bzw. nach § 34 Abs. 1 Nr. 1 iVm § 35 Abs. 1 und § 2 Abs. 11 InvStG 2018 als Einnahmen auf Ebene des Investors zu erfassen. Der Begriff der Ausschüttung umfasst hierbei gemäß § 2 Abs. 11 InvStG die dem Investor tatsächlich gezahlten oder gutgeschriebenen Beträge. Irrelevant ist es nach dem Gesetzwortlaut und der Intention des Gesetzgebers jedoch, ob in der Ausschüttung eine Kapitalrückzahlung des entsprechenden Zielfonds enthalten ist.[53] Eine Unterscheidung zwischen steuerpflichtigen Erträgen und sonstigen Ausschüttungsbestandteilen (Substanz) findet demensprechend nicht statt.[54] Entsprechendes gilt bei einer mittelbaren mehrstufigen Beteiligung des Investors über transparent ausgestaltete Dachfonds- und Zielfonds-Vehikel an einem Investmentfonds. In entsprechenden Fällen sollte der AIFM des Dachfonds darauf achten, dass sichergestellt wird, dass Substanzrückführungen entsprechender (Zielfonds-)Vehikel nicht durch Ausschüttungen, sondern durch die Rücknahme von Anteilen an den Vehikeln erfolgen. Im Ergebnis kann auf diesem Wege im Rahmen einer Gesellschaftsvertragsklausel oder Nebenvereinbarung eine Substanzbesteuerung verhindert werden.

V. Investmentaktiengesellschaft in der Rechtsform der Aktiengesellschaft

Investmentvermögen können nach § 1 Abs. 11 KAGB neben der Investmentkommandit- 88 gesellschaft auch in der Rechtsform einer Investmentaktiengesellschaft ausgestaltet werden. Dabei handelt es sich um Aktiengesellschaften im Sinne des Aktiengesetzes (AktG), womit im Grundsatz das AktG Anwendung findet.[55] In Fällen in welchen die spezialgesetzlichen Regelungen des KAGB Anwendung finden, sind einzelne Vorschriften des AktG jedoch nicht anwendbar. Im Rahmen der Beteiligung an der Investmentaktiengesellschaft wird der Investor stets Aktionär und damit Gesellschafter der Beteiligungsgesellschaft. Die Verwaltung wird typischerweise auf eine KVG ausgelagert.

Neben umfangreichen Regelungen zur Rechnungslegung und Offenlegungspflichten 89 sehen die anwendbaren Vorschriften aus dem AktG ebenfalls vor, dass die Investmentaktiengesellschaft auch Hauptversammlungen durchführen muss und zwingend einen Aufsichtsrat einrichten muss. Dies bietet den Investoren auf der einen Seite zwar ein Mehr an Einflussmöglichkeiten gegenüber der Investmentkommanditgesellschaft und dem Sondervermögen. Auf der anderen Seite kann dies zu höheren Verwaltungskosten führen, die die Verwaltungskosten der Investmentkommanditgesellschaft oder des Sondervermögens übersteigen.

---

[53] *Blümich/Wenzel* InvStG 2018 § 2 Rn. 8–32.
[54] *Helios/Mann* DB-Sonderausgabe 1/2016, 13.
[55] §§ 108 Abs. 1, § 140 Abs. 1 KAGB.

90 Die Investmentaktiengesellschaft stellt ein Investmentvermögen nach § 1 Abs. 1 KAGB dar und qualifiziert damit als Investmentfonds iSd § 1 Abs. 2 InvStG 2018. Damit findet das InvStG 2018 Anwendung. Je nach Ausgestaltung der Investmentaktiengesellschaft gelten unterschiedliche Kapitel des InvStG 2018. Dabei ist zwischen Investmentfonds im engeren Sinne, auf welche das Kapitel 2 des InvStG Anwendung findet, und Spezial-Investmentfonds, auf welche Kapitel 3 des InvStG Anwendung findet, zu unterscheiden. Hinsichtlich der steuerlichen Behandlung der Investmentaktiengesellschaft und deren Investoren wird daher auf → Rn 77 ff. verwiesen.

91 In der Praxis dominiert seit Inkrafttreten des KAGB im Juli 2013 die Investmentkommanditgesellschaft. Es bleibt daher abzuwarten, wie das Pendant zur Luxemburgischen SICAV S. A. sich künftig entwickeln wird. Das Mehr an Einbringungsmöglichkeiten durch die Investoren und die gleiche steuerliche Behandlung wie das Sondervermögen lassen die Investmentaktiengesellschaft auch als Dachfondsvehikel attraktiver erscheinen als ihre Zulassungszahlen dies vermuten lassen.

D. Andere Beteiligungsformen

I. Wagniskapitalbeteiligungsgesellschaft

92 Als Folgeänderung zu Kapitel 5 des Kapitalanlagegesetzbuchs wurde durch das AIFM-StAnpG vom 18.12.2013 das Wagniskapitalbeteiligungsgesetz (WKBG) aufgehoben. Durch die EU-Verordnung Nr. 345/2013 vom 17.4.2013 über Europäische Risikokapitalfonds und die entsprechende Anpassung des nationalen Rechts an die Verordnung in Kapitel 5 des KAGB existiert ein EU-einheitliches Regelwerk für Risikokapital. Das WKBG hat darüber hinaus nie Praxisrelevanz erhalten, da die Europäische Kommission die ursprünglich mit diesem Gesetz verbundenen steuerrechtlichen Vorteile aus beihilferechtlichen Gründen als nicht genehmigungsfähig angesehen hat. Vor diesem Hintergrund wurde kein Antrag auf Anerkennung einer Wagniskapitalbeteiligungsgesellschaft gestellt.

II. Unternehmensbeteiligungsgesellschaft

93 Eine Beteiligungsform im Bereich des Wagniskapitalgeschäfts ist die Unternehmensbeteiligungsgesellschaft,[56] die durch das am 1.1.1987 in Kraft getretene *Gesetz über Unternehmensbeteiligungsgesellschaften* (UBGG)[57] geregelt wird.[58]

[56] Unternehmensbeteiligungsgesellschaft im Sinne des UBGG ist nur die Gesellschaft, die von der zuständigen Behörde als solche anerkannt wurde. Auch hier gilt Bezeichnungsschutz, § 20 Abs. 2 UBGG. Die zuständige Behörde für die Anerkennung und auch die laufende Beaufsichtigung der Gesellschaft ist nicht die BaFin, sondern das Wirtschaftsministerium des Landes, in dem die Unternehmensbeteiligungsgesellschaft ihren Sitz hat. Eine Unternehmensbeteiligungsgesellschaft darf, soweit sich nichts anderes aus den Vorschriften des KAGB ergibt, in der Rechtsform der Aktiengesellschaft, der Gesellschaft mit beschränkter Haftung, der Kommanditgesellschaft und der Kommanditgesellschaft auf Aktien betrieben werden (§ 2 Abs. 1 UBGG). Ihr Unternehmensgegenstand darf vorbehaltlich einiger gesetzlicher Sonderregelungen ausschließlich in dem Erwerb, dem Halten sowie der Verwaltung und Veräußerung von Unternehmensbeteiligungen bestehen (§ 2 Abs. 2 S. 1 UBGG). Sie muss ihren Sitz und ihre Geschäftsleitung in Deutschland haben (§ 2 Abs. 3 UBGG). Ihr Stammkapital muss mindestens eine Million Euro betragen. Die Einlagen müssen voll geleistet sein (§ 2 Abs. 4 UBGG).

[57] Zuletzt geändert durch Art. 24 Abs. 20 des zweiten FinanzmarktnovellierungsG vom 23.6.2017.

[58] Das UBGG lässt auf der Grundlage einer entsprechenden gesellschaftsvertraglichen Regelung neben der so genannten offenen Unternehmensbeteiligungsgesellschaft auch den Typus der integrierten Unternehmensbeteiligungsgesellschaft zu. Offene Unternehmensbeteiligungsgesellschaften sind Unternehmensbeteiligungsgesellschaften, die ihre Geschäfte unter Beachtung des § 7 Abs. 1–5 UBGG betreiben (§ 1a Abs. 2 S. 1 UBGG) und daher Beschränkungen im Hinblick auf den Gesellschafterkreis unterliegen. Demgegenüber zeichnen sich integrierte Unternehmensbeteiligungsgesellschaften dadurch aus, dass sie gemäß § 7 Abs. 1–6 UBGG von der Möglichkeit Gebrauch machen, von den Vorschriften des § 7 Abs. 1 –5 UBGG abzuweichen (§ 1a Abs. 2 S. 2 UBGG). Damit unterliegen nur offene Unternehmensbeteiligungsgesellschaften dem Konzernierungsverbot gemäß § 7 Abs. 1 UBGG. Integrierte Unternehmens-

Unternehmensbeteiligungsgesellschaften unterliegen bestimmten Investitionsvorschriften. Taugliche Anlageobjekte sind nicht nur Wagniskapitalbeteiligungen, sondern ganz generell Unternehmensbeteiligungen. Zum Kreis der tauglichen Anlageobjekte zählen explizit auch offene Handelsgesellschaften, Gesellschaften bürgerlichen Rechts sowie Gesellschaften vergleichbarer ausländischer Rechtsformen. Darüber hinaus spricht § 1a Abs. 3 UBGG hinsichtlich der tauglichen Anlageobjekte nicht mehr nur von Aktien und Geschäftsanteilen (§ 1a Abs. 2 UBGG aF), sondern verwendet nunmehr den weiter gehenden Begriff der Eigenkapitalbeteiligungen. Durch diese Formulierung werden all diejenigen mezzaninen Finanzierungsformen erfasst, die als Eigenkapital im Sinne des § 272 HGB oder vergleichbarer ausländischer Vorschriften qualifiziert werden können.[59] 94

Auch Unternehmensbeteiligungsgesellschaften haben die in § 4 UBGG geregelten Anlagegrenzen beispielsweise im Hinblick auf die Risikostreuung (§ 4 Abs. 1 UBGG) oder Investments in außereuropäische Beteiligungen (§ 4 Abs. 5 UBGG) zu beachten. Nach § 4 Abs. 4 UBGG können integrierte Unternehmensbeteiligungsgesellschaften auch in Gesellschaften in der Rechtsform einer GmbH & Co. KG investieren. Soweit diese Gesellschaften Unternehmensbeteiligungen nur an Unternehmensbeteiligungen erwerben dürfen, bei denen mindestens einer der zur Geschäftsführung Berechtigten eine natürliche Person ist, die (un-) mittelbar mit mindestens 10 Prozent an den Stimmrechten des Unternehmens beteiligt ist (§ 4 Abs. 4 S. 1 UBGG), gilt diese Voraussetzung bei einer GmbH & Co. KG als erfüllt, wenn ein Geschäftsführer der Komplementär-GmbH an der Kommanditgesellschaft beteiligt ist und über mindestens 10 Prozent an den Stimmrechten der Kommanditgesellschaft verfügt (§ 4 Abs. 4 S. 2 UBGG). Darüber hinaus lässt § 4 Abs. 4 S. 1 UBGG in Bezug auf integrierte Unternehmensbeteiligungsgesellschaften auch mittelbare Beteiligungen zu, wenn die Höhe der Beteiligung einer direkten Beteiligung von 10 Prozent entspricht und das Risiko des Missbrauchs von Holdingstrukturen nicht besteht. 95

Wird eine Gesellschaft als Unternehmensbeteiligungsgesellschaft anerkannt, so qualifiziert diese gemäß § 1 Abs. 3 Nr. 3 InvStG 2018 nicht als Investmentfonds im Sinne des InvStG 2018 und genießt das Privileg, gemäß § 3 Nr. 23 GewStG von der Gewerbesteuer befreit zu sein. Ferner ist die Unternehmensbeteiligungsgesellschaft sowie ein an ihr beteiligter Gesellschafter gemäß § 24 UBGG von der insolvenzrechtlichen Nachrangigkeit befreit. § 39 Abs. 1 Nr. 5 InsO ist insoweit unanwendbar. Dieses Zurechnungsprivileg gilt auch für die Unternehmensbeteiligungsgesellschaft selbst, weshalb auch die Unternehmensbeteiligungsgesellschaft Portfoliounternehmen im Rahmen der zulässigen Grenzen mit (Gesellschafter-) Darlehen versorgen kann, ohne befürchten zu müssen, im Insolvenzfall bis zur Höhe der Darlehenssumme in Anspruch genommen zu werden. 96

Alles in Allem dürfte jedoch die Beteiligungsform der Unternehmensbeteiligungsgesellschaft nach wie vor nur für bestimmte Gruppen von Private-Equity-Fonds in Betracht kommen. Sie eignet sich wegen der bestehenden Anlagegrenzen nicht für Private-Equity-Fonds mit regionalem Anlagefokus außerhalb Europas, denn sie darf nur maximal 30 Prozent ihrer Bilanzsumme außerhalb der Staaten des Europäischen Wirtschaftsraumes investieren. 97

Im Übrigen erscheint zweifelhaft, ob Dachfonds, soweit sie ihrerseits hauptsächlich in Private-Equity-Fonds investieren, überhaupt als Unternehmensbeteiligungsgesellschaft anerkannt werden können. Zwar verlangt § 2 Abs. 2 UBGG hinsichtlich des Unternehmensgegenstandes nicht das Halten und Verwalten von Wagniskapitalbeteiligungen, sondern steckt hier den Handlungsrahmen durch Verwendung des Begriffes der Unternehmensbeteiligung deutlich weiter, doch dürfte der Fokus der Unternehmensbeteiligungsgesellschaft eher auf unmittelbaren Beteiligungen denn auf Private-Equity-Fonds liegen. Es wird sich also noch zu erweisen haben, ob die Unternehmensbeteiligungsgesellschaft zukünftig 98

beteiligungsgesellschaften dürfen von diesem Verbot abweichen, wenn sie die Anlagegrenzen des § 4 Abs. 4 UBGG beachten.

[59] Begründung zum Entwurf des MoRaKG, BT-Drs. 16/6311, 25.

eine größere praktische Bedeutung erlangen wird, als dies in der Vergangenheit der Fall gewesen ist.

III. Strukturen nach Luxemburgerischen Recht

99 Der Standort Luxemburg bietet für die Private-Equity-Branche im Vergleich zu Deutschland ein interessantes und konkurrenzfähiges Umfeld. Neben attraktiven steuerlichen und rechtlichen Rahmenbedingungen bietet das Großherzogtum Luxemburg stabile politische, wirtschaftliche, soziale, pragmatische und insbesondere aufeinander abgestimmte gesetzliche Rahmenbedingungen und verfügt gerade im Finanzsektor über eine hervorragende Infrastruktur. Die Luxemburger Finanzaufsichtsbehörde, die *Commission de Surveillance du Secteur Financier* (CSSF), genießt international einen exzellenten Ruf. Sie gilt nicht nur als unabhängig und kompetent, sondern auch als kundenfreundlich und flexibel in der Handhabung von Zulassungsfragen sowie pragmatisch in der Auslegung aufsichtsrechtlicher Bestimmungen. Luxemburg bietet ferner als Vertragspartner einer großen Zahl von Doppelbesteuerungsabkommen zahlreiche steuerlich begünstigte Strukturlösungen. Schließlich unterliegen Luxemburgische Fondsvehikel regelmäßig keiner nennenswerten Besteuerung. Gleichfalls unterliegen Ausschüttungen keiner Quellenbesteuerung in Luxemburg und Vergütungen für das Management unterliegen keiner Umsatzsteuer.

100 Als Folge der Finanzkrise hat die Europäische Kommission die AIFM-Richtlinie eingeführt, um einen europaweit einheitlichen regulatorischen Standard für alternative Investmentfonds zu schaffen. In Luxemburg wurde die AIFM-Richtlinie mit dem Gesetz über die Verwalter alternativer Investmentfonds vom 12.7.2013 („Gesetz von 2013") umgesetzt. Bis zu diesem Zeitpunkt waren für Private Equity Investitionen hauptsächlich das Gesetz vom 15.6.2004 betreffend die Investmentgesellschaft zur Anlage in Risikokapital („Gesetz von 2004"), das Gesetz über spezialisierte Investmentfonds (Fonds d'Investisement Spécialisé – FIS) vom 13.2.2007 („Gesetz von 2007") und das Gesetz vom 17.12.2010 über Organismen für gemeinsame Anlagen („Gesetz von 2010") maßgeblich. Im Folgenden soll an dieser Stelle auf den FIS, die *Société d'Investissement à Capital variable* (SICAV), die *Société d'Investissement en Capital à Risque* (SICAR), sowie den Fonds d'Investissement Alternatif Réservé eingegangen werden.[60] Jede dieser Strukturlösungen lässt die für Private-Equity-Investments wichtige steuerlich neutrale (transparente) Gestaltungen zu.

1. Société d'Investissement à Capital Variable (SICAV)

101 Als Investmentgesellschaft mit variablem Kapital im Sinne des Teil II des Gesetzes von 2010, sprich SICAV, gilt nur eine Gesellschaft, deren ausschließlicher Zweck darin besteht, die ihr zur Verfügung stehenden Mittel nach dem Grundsatz der Risikostreuung in Vermögenswerte anzulegen und das Ergebnis der Verwaltung ihrer Vermögenswerte ihren Anteilinhabern zuteilwerden zu lassen, deren Anteile zum Vertrieb im Wege eines öffentlichen Angebots oder einer Privatplatzierung bestimmt sind und deren Satzung bestimmt, dass ihr Kapital zu jeder Zeit dem Wert des Nettovermögens der Gesellschaft entspricht.[61] SICAV können entweder als Organismen für gemeinsame Anlagen in Wertpapiere (OGAW), als Organismus für gemeinsame Anlagen (OGA) in der Form von FIS oder als Fonds d'Investissement Alternatif Réservé (FIAR) aufgelegt werden. Dadurch, dass Private Equity Dachfonds als AIF, und damit als OGA aufgelegt werden, können diese sowohl intern als auch extern verwaltet werden. In diesem Falle richtet sich die Verwaltung der SICAV nach dem Gesetz von 2013.[62] Je nach Ausgestaltung der SICAV (FIS oder FIAR) unterliegt die SICAV einem Genehmigungserfordernis durch die Luxemburgische Aufsichtsbehörde

[60] Für Private-Equity-Investments kommen auch die eher selten anzutreffende, aufsichtsrechtlich nicht regulierten Finanzbeteiligungsgesellschaften (Société de Participation Financière – SOPARFI) in Betracht.
[61] Art. 93 Gesetz von 2010.
[62] Art. 95 Abs. 2 des Gesetzes von 2010.

CSSF.[63] Insoweit gelten die jeweiligen Sonderregelungen der Gesetze von 2007, 2010 und 2013.

102 Gemäß Art. 25 des Gesetzes von 2007 bzw. Art. 23 des Gesetzes vom 23.7.2016 über Reservierte Alternative Investmentfonds (Gesetz von 2016) kann die SICAV in der jeweiligen Form eines FIS oder eines FIAR eine von sechs Rechtsformen annehmen. Jedoch kommt sie in der Praxis am häufigsten in der Rechtsform einer Kommanditgesellschaft (als Société en Commandite Simple – SCS oder als Société en Commandite Spéciale – SCSp), einer Kommanditgesellschaft auf Aktien (als Société en Commandite par Actions – SCA) sowie in der Rechtsform der Aktiengesellschaft (Société Anonyme – S. A.) vor. Lediglich der Sitz und die Geschäftsleitung der SICAV müssen sich in Luxemburg befinden (Art. 93 des Gesetzes von 2010, Art. 3 des Gesetzes von 2016). Das Gesellschaftskapital der SICAV muss mindestens 1,25 Mio. Euro betragen sowie bei SICAV in der Ausgestaltung als SIF innerhalb von sechs Monaten[64] oder bei SICAV in der Ausgestaltung als FIAR innerhalb von zwölf Monaten[65] gerechnet vom Datum der Zulassung einbezahlt sein (Art. 94 des Gesetzes von 2010).

Sowohl in der Form eines FIS als auch in der Form eines FIAR unterliegt die SICAV in Luxemburg außer einer Taxe d'Abonnement in Höhe von 0,01 % p. a., welche vierteljährlich auf Basis des letzten verfügbaren Nettoinventarwertes zahlbar ist, und einer einmaligen pauschalen Kapitalsteuer, die bei der Gründung erhoben wird, keinen weiteren Steuern.

103 Aufgrund ihrer vollen Flexibilität hinsichtlich ihrer rechtlichen Strukturierung und der steuerlichen Struktur, erscheint die SICAV in der Praxis als Struktur erster Wahl und ist laut Statistik der CSSF und des Branchenverbandes Association of the Luxembourg Fund Industry seit 2012 die beliebteste Luxemburgische Struktur. So machte sie bis Ende März 2016 55,8 % der insgesamt aufgelegten Fonds aus, verglichen mit 43,1 % beim FCP.[66] In der Praxis sieht man SICAV mehrheitlich in der Form der SICAV-FIS SCS oder der SICAV-FIS SCSp.

2. Fonds d'Investissment Spécialisés (FIS)

104 Der spezialisierte Investmentfonds *(Fonds d'Investissment Spécialisés – FIS)* ist ein reguliertes, operativ flexibles und fiskalisch effizientes Mehrzweck-Investmentfondsregime für eine internationale institutionelle und qualifizierte Anlegerbasis. Die Einführung dieses Vehikels erfolgte mit dem Gesetz von 2007 und wurde mit dem Gesetz von 2013 an die Anforderungen der Umsetzung der AIFM-Richtlinie angepasst. Insofern unterteilt sich das Gesetz von 2007 nunmehr in einen allgemeinen Teil, der für alle FIS gilt und einen speziellen Teil, der für FIS gilt, die als Alternative Investmentfonds qualifizieren. Ein FIS kann als FCP (Fonds Commun de Placement), dh als Fonds in Vertragsform oder als *Société d'Investissement à Capital Variable* (SICAV), dh als Investmentgesellschaft mit variablem Kapital, aufgelegt werden.

105 Während der FCP, wie das deutsche Sondervermögen, keine eigene Rechtspersönlichkeit besitzt, kann die SICAV eine von sechs Rechtsformen annehmen.[67] Am häufigsten kommt sie in der Praxis jedoch in der Rechtsform einer Kommanditgesellschaft (als *Société en Commandite Simple – SCS oder als Société en commandite spéciale – SCSp,* wobei letztere ebenfalls keine eigene Rechtspersönlichkeit besitzt), einer Kommanditgesellschaft auf Aktien (als *Société en Commandite par Actions – SCA*) sowie in der Rechtsform der Aktiengesellschaft (*Société Anonyme – S. A.*) vor. Insoweit gelten – vorbehaltlich der Sonderregelungen

[63] Die SICAV unterliegt in diesem Falle nur in der Ausgestaltung als SICAV-FIS der unmittelbaren Regulierung durch die CSSF.

[64] Art. 94 des Gesetzes von 2007.

[65] Art. 25 des Gesetzes von 2016.

[66] Siehe hierzu ALFI Statistik: Luxembourg is a Global Player, abrufbar unter: http://rapport.alfi.lu/en/statistics-luxembourg-global-player

[67] Art. 25 des Gesetzes von 2007.

der Gesetze von 2007 und von 2010 – die allgemeinen Bestimmungen des Luxemburger Gesetzes vom 10.8.1915 über Handelsgesellschaften.

106 Das Nettovermögen eines FIS muss mindestens 1,25 Millionen Euro betragen. Dieser Mindestbetrag muss innerhalb von einer Frist von zwölf Monaten nach der Zulassung des FIS erreicht werden.[68] Als reguliertes Vehikel unterliegt der FIS ferner einem Genehmigungserfordernis durch die Luxemburgische Aufsichtsbehörde CSSF. FIS, die als AIF qualifizieren, müssen überdies einen AIFM bestellen, der in Luxemburg, einem anderen EU-Mitgliedstaat oder in einem Drittstaat ansässig sein kann.

107 Ein Vorteil der FIS liegt auch darin, dass diese keiner Steuer in Luxemburg unterliegen. Zudem unterliegen Ausschüttungen keiner Quellenbesteuerung in Luxemburg. Lediglich unterliegen diese einer Zeichnungssteuer (taxe d'abonnement) in Höhe von 0,01 % ihres Nettoinventarwertes. Darüber hinaus unterliegen Dividendenausschüttungen eines FIS an dessen Gesellschafter ebenso wenig wie Veräußerungsgewinne und Liquidationserlöse der Quellensteuer. Vergütungen für das Management des FIS sind von der Umsatzsteuer befreit.

Jedoch besteht die Möglichkeit, dass Dividenden und Zinszahlungen, die ein FIS aus seiner Investitionstätigkeit erzielt, im Ausland einer entsprechenden Quellensteuer unterliegen. Eine Reduktion einer eventuellen Quellenbesteuerung kommt in Betracht sofern ein entsprechendes Doppelbesteuerungsabkommen („DBA") einschlägig ist. Da die Zielfonds von Private Equity-Dachfonds meist in der Rechtform von Personengesellschaften aufgelegt sind (zB Delaware, Cayman oder angelsächsische Limited Partnerships, Luxemburgische Kommanditgesellschaften, etc.) und damit auch für doppelbesteuerungsabkommensrechtliche Belange regelmäßig als transparent anzusehen sind, kommt es für die Anwendbarkeit eines Doppelbesteuerungsabkommens sowohl auf die Rechtform des FIS als auch auf die Zieljurisdiktion des Investments in welchen der Zielfonds investiert an.

In diesem Zusammenhang haben FCP keine eigene Rechtspersönlichkeit und unterfallen damit grds. nicht unter ein DBA. Je nach Zieljurisdiktion sind FCP, wie auch die SICAV in der Rechtsform einer Kommanditgesellschaft, als steuerlich transparent anzusehen, sodass für die Anwendbarkeit des DBA auf die Anleger des Private Equity-Dachfonds abgestellt werden kann. Hingegen werden SICAV in der Rechtsform einer Aktiengesellschaft als in steuerlicher Hinsicht in Luxemburg ansässige Personen betrachtet und können demnach grds. von den Vorteilen eines DBA profitieren. Dennoch schließen bestimmte DBA explizit steuerbefreite Holdings und/oder juristische Personen, die Gegenstand vergleichbarer Steuersysteme sind, aus. In welchem Umfang SICAV als vergleichbar mit steuerbefreiten Gesellschaften anzusehen sind, ist eine Einzelfrage und verschiedene Rechtssysteme können hierbei unterschiedliche Standpunkte einnehmen. Je nach Investorenbasis und deren Abkommensberechtigung kann demnach für Private Equity Dachfonds die Verwendung einer SICAV-FIS in der Rechtform der SCS oder der SCSp vorteilhaft sein.

3. Société d'Investissement en Capital à Risque (SICAR)

108 Die *Société d'Investissement en Capital à Risque* (SICAR) wird geregelt durch das Gesetz von 2004, welches im Oktober 2008 geändert und durch das Gesetz von 2013 an die Vorgaben der AIFM-Richtlinie angepasst wurde. Insofern unterteilt sich das Gesetz von 2004 nunmehr in einen allgemeinen Teil, der für alle SICAR gilt und einen speziellen Teil, der für SICAR gilt, die als Alternative Investmentfonds qualifizieren. Der Sitz und die Geschäftsleitung der SICAR müssen sich in Luxemburg befinden (Art. 1 Abs. 3 des Gesetzes von 2004). Wie die FIS ist auch die SICAR eine aufsichtsrechtlich regulierte und hinsichtlich ihrer Geschäftstätigkeit der Beaufsichtigung durch die CSSF unterliegende Investmentgesellschaft.[69]

[68] Art. 21 und Art. 27 des Gesetzes v. 2007.

[69] Auch in Bezug auf die SICAR gilt Bezeichnungsschutz, Art. 33 des Gesetzes v. 15.6.2004.

109 Der Status einer SICAR wird durch eine entsprechende Erklärung in der Satzung sowie durch Zulassung der CSSF erlangt. Die Rechtsform kann frei gewählt werden. Es besteht volle Flexibilität hinsichtlich ihrer rechtlichen Strukturierung. Die SICAR kann also Personenhandels- oder Kapitalgesellschaft sein, wobei häufig die Rechtsform einer Aktiengesellschaft (*S. A.* oder *S. C. A.*), nicht selten aber auch die Rechtsform einer *Société à Responsabilité Limitée* (S.à r.l.) gewählt wird.[70] Im Hinblick auf die jeweilige Rechtsform gelten für die SICAR – vorbehaltlich der spezialgesetzlichen Bestimmungen des Gesetzes von 2004 – die allgemeinen Bestimmungen des Gesetzes vom 10.8.1915 über die Handelsgesellschaften (Art. 3 des Gesetzes von 2004).

110 Das Grund- oder Stammkapital der SICAR muss mindestens eine Million Euro betragen und innerhalb von zwölf Monaten gerechnet vom Datum der Zulassung einbezahlt sein (Art. 4 Abs. 1 des Gesetzes von 2004). In Abweichung von den allgemeinen Bestimmungen des Gesetzes vom 10.8.1915 über die Handelsgesellschaften, wonach (bei einer Aktiengesellschaft) mindestens ein Viertel des Nennwerts jeder Aktie eingezahlt werden muss, hat das Kapital einer SICAR vollständig gezeichnet zu sein. Dabei muss jeder Anteil in Höhe von mindestens fünf Prozent durch Barzahlung oder durch eine andere Einlage eingezahlt sein (Art. 5 Abs. 2 des Gesetzes von 2004). Bei Wahl einer entsprechenden Rechtsform wie zB der *Société Anonyme* kann das Kapital – wie bei einer SICAV – variabel in Höhe des jeweiligen Nettoinventarwertes ausgestaltet werden (Art. 4 Abs. 2 des Gesetzes von 2004). Die Ermittlung des Nettovermögens[71] sowie die Voraussetzungen und das Verfahren der Ausgabe neuer Aktien bzw. Anteilscheine können bei einer SICAR in der Satzung geregelt werden und unterliegen im Übrigen abgesehen von Art. 5 Abs. 2 des Gesetzes von 2004 keinen weiteren gesetzlichen Beschränkungen. Neben der vollen Flexibilität in Bezug auf Kapitaleinzahlungen besteht auch gemäß Art. 6 des Gesetzes von 2004 keine Verpflichtung zur Bildung einer gesetzlichen Rücklage. Dividendenzahlungen unterliegen außer etwaigen satzungsmäßigen Bestimmungen keinerlei gesetzlichen Restriktionen, wobei jedoch das Mindestkapital von einer Million Euro nach Einzahlung zu keinem Zeitpunkt unterschritten werden darf.

111 Der gesetzlich definierte Unternehmensgegenstand legt nahe, dass die SICAR speziell für den Private-Equity-Markt entwickelt wurde. Gemäß Art. 1 Abs. 1 des Gesetzes von 2004 besteht der Unternehmensgegenstand in der Aufbringung von Risikokapital und dessen Management mit dem Ziel, das erwirtschaftete Ergebnis im Ausgleich für das in Kauf genommene Risiko an sachkundige Anleger, die Gesellschafter der SICAR, zu verteilen. Der Begriff des Risikokapitals wird in Art. 1 Abs. 2 des Gesetzes von 2004 konkretisiert: Unter Risikokapital wird die direkte oder indirekte Einbringung von Mitteln in Anlageobjekte zum Zwecke ihrer Markteinführung, ihrer Entwicklung oder ihrer Börseneinführung verstanden. Abgesehen von der Beschränkung, ausschließlich in Risikokapital investieren zu dürfen, unterliegt eine SICAR im Übrigen weder besonderen gesetzlichen Anlagebestimmungen noch irgendwelchen Anforderungen in Bezug auf eine Risikostreuung. Ferner gelten weder Beschränkungen in Bezug auf eine Fremdfinanzierung von Investments noch bestehen besondere Vorgaben für Debt/Equity-Ratios. Eine SICAR kann daher auch von Pool-Investoren zum Zweck der Investition in ein einziges Investment genutzt werden. Möglich ist auch die Konzentration auf eine einzige Branche oder eine einzige geografische Region. Die SICAR kommt auch für Dachfonds in Betracht. Voraussetzung ist allerdings, dass die jeweiligen Zielfonds als Risikokapital im Sinne des Art. 1 Abs. 2 des Gesetzes von 2004 qualifiziert werden können.

112 Abgesehen von der Einschränkung, ausschließlich in Risikokapital investieren zu dürfen, unterliegt die SICAR nur noch der Beschränkung, dass sie auf Investorenseite keinen Privatanlegern, sondern ausschließlich so genannten „sachkundigen Anlegern“ *(investisseurs*

[70] Siehe im Übrigen die sonst in Art. 1 des Gesetzes v. 15.6.2004 genannten Rechtsformen.
[71] Die Bewertung erfolgt nach dem „Fair Value“-Prinzip.

averties) offensteht.[72] Darunter fallen gemäß Art. 2 des Gesetzes von 2004 in erster Linie institutionelle sowie professionelle Anleger.[73] Dennoch können auch nicht-institutionelle und nicht-professionelle Anleger als „sachkundige Anleger" qualifiziert werden. Voraussetzung ist allerdings, dass ein solcher Anleger schriftlich bestätigt, als „sachkundiger Anleger" behandelt werden zu wollen. Er muss ferner mindestens 125.000 Euro in die SICAR investieren sowie über eine schriftliche Bestätigung eines Kreditinstitutes, eines Finanzdienstleistungsinstitutes oder eines sonstigen professionellen Teilnehmers des Finanzsektors im Sinne des Art. 2 des Gesetzes von 2004 verfügen, aus der hervorgeht, dass der betreffende Anleger über ausreichende Kenntnisse und Erfahrungen verfügt, um die erhöhten Risiken aus Anlagen in Risikokapital angemessen beurteilen zu können.

113 Ebenso wie die SICAV in der Ausgestaltung als FIS bedarf auch die SICAR einer Zulassung durch die CSSF.[74] Mit der Umsetzung der AIFM-Richtlinie in Luxemburg durch das Gesetz von 2013, wurde das SICAR-Gesetz, wie erwähnt in zwei Teile unterteilt: (i) allgemeine Bestimmungen für alle SICARs und (ii) spezifische Bestimmungen für SICARs, die als Alternative Investment Funds (AIF) qualifizieren und von einem zugelassenen (AIFM) verwaltet werden müssen. Sofern SICAR als AIF qualifizieren und demnach von einem AIFM verwaltet werden, gelten die spezialgesetzlichen Regelungen des Gesetzes von 2013.[75]

114 Über die Zulassung wird im Rahmen eines vereinfachten Verfahrens entschieden (Art. 12 des Gesetzes von 2004). Im Rahmen des Zulassungsverfahrens prüft die CSSF lediglich die Gründungsunterlagen und die Wahl der Verwahrstelle.[76] Ein Promoter bzw. Sponsor ist nicht erforderlich. Die CSSF prüft auch die fachliche und persönliche Eignung des Managements, die durch geeignete und aussagekräftige Dokumente nachzuweisen ist. Das Management sowie etwaige Mitarbeiter müssen zur Überzeugung der CSSF in der Lage sein, die Geschäfte der SICAR angemessen zu führen. Die entsprechenden Substanzanforderungen erstrecken sich auch auf eine angemessene Vergütung von Management und Mitarbeitern. Ferner muss nachgewiesen werden, dass sich die Geschäftsführung tatsächlich in Luxemburg befindet. Erforderlich ist die Unterhaltung eines Büros in Luxemburg mit einer unter Berücksichtigung des Unternehmenszwecks der SICAR angemessenen Ausstattung sowie einer Festlegung von Höchstgrenzen für Verwaltungsmandate.[77] Nach Erteilung der Zulassung durch die CSSF erfolgt die Eintragung der SICAR in das offizielle SICAR-Register. SICAR, die als AIF qualifizieren, müssen einen AIFM bestellen, der in Luxemburg, einem anderen EU-Mitgliedstaat oder in einem Drittland niedergelassen sein kann. Insoweit gilt für diese SICAR das gleiche wie für die FIS.

115 Folge der Zulassung einer Gesellschaft als SICAR sollte die Erzielung einer hohen Steuereffizienz sein. So unterliegt eine SICAR weder der Vermögensteuer noch der Abonnementsteuer. Eine SICAR in Form einer Aktiengesellschaft gilt nicht als Handelsgesellschaft. Sie unterliegt daher in Luxemburg nicht der Körperschaftsteuer. Wird hingegen eine SICAR als Handelsgesellschaft gegründet, so unterliegt sie in Luxemburg zwar der Körperschaftsteuer, doch stellen Einnahmen, die sich aus dem Verkauf, der Einbringung oder der Liquidation von Anteilen aus dem Vermögen der SICAR ergeben, kein körperschaftsteuerpflichtiges Einkommen dar. Dies gilt auch für liquide Guthaben, sofern solche Guthaben innerhalb von zwölf Monaten in Risikokapital im Sinne des Gesetzes von 2004 investiert

---

[72] Art. 2 des Gesetzes v. 15.6.2004. Das Erfordernis zur Anlage durch „sachkundige" Anleger besteht auch im Rahmen der Ausgestaltung als SICAV-FIS (siehe hierzu Art. 2 des Gesetzes von 2007) oder SICAV-FIAR (siehe hierzu Art. 2 des Gesetzes von 2016).

[73] Vgl. Auslegung der CSSF gemäß Gesetz v. 19.7.1991, Gesetz v. 30.3.1988 und Gesetz v. 20.12.2002 über OGA.

[74] Anders die SICAV in der Form des FIAR, die nicht der unmittelbaren Aufsicht durch die Luxemburgische CSSF und damit keinem Genehmigungsverfahren unterliegt.

[75] Art. 2 des Gesetzes von 2004.

[76] Art. 12 Abs. 2 des Gesetzes von 2004.

[77] Vgl. CSSF-Rundschreiben 18/698 vom 23.8.2018, Teil II und III.

werden. Ein eventuell verbleibender Ertrag unterliegt jedoch der ordentlichen Körperschaftsteuer.[78]

Dividendenausschüttungen der SICAR an ihre Gesellschafter unterliegen ebenso wenig wie Veräußerungsgewinne und Liquidationserlöse der Quellensteuer. Vergütungen für das Management zu Lasten der SICAR sind von der Umsatzsteuer befreit. 116

Im Hinblick auf die gesetzliche Definition von Risikokapital im Sinne des Art. 1 Abs. 2 des Gesetzes von 2004 ist eine SICAR allerdings nur für Anlagen geeignet, die die direkte oder indirekte Einbringung von Vermögenswerten in Unternehmen im Hinblick auf ihre Geschäftsaufnahme, ihre Entwicklung oder ihren Börsengang vorsehen. 117

Diese vergleichsweise restriktive Definition von Risikokapital und die sich daraus ergebenden Beschränkungen der Anlagepolitik dürften für Dachfondsstrukturen eher weniger geeignet sein. Im Übrigen schließen sie eine Vielzahl von Private Equity-Investments wie zB die meisten Buy-Outs oder Later Stage Capital im Rahmen einer SICAR-Struktur aus und entsprechen daher nicht den Bedürfnissen der Private Equity-Industrie. Aus diesen Gründen dürfte im Ergebnis eine SICAR-Struktur für Private Equity-(Dach-)Fonds in vielen Fällen nicht als die Struktur erster Wahl erscheinen. Auch aus diesen Gründen sieht man die SICAR in der Praxis äußerst selten als Dach-Fonds-Vehikel. 118

4. Fonds d'Investissement Alternatif Réservé (FIAR)

Das Vehikel Fonds d'Investissement Alternatif Réservé (FIAR), welches häufig auch mit seiner englischen Bezeichnung Reserved Alternative Investment Fund (RAIF) benannt wird, kombiniert die Merkmale von FIS und SICAR. Der FIAR wurde mit dem Luxemburger Gesetz vom 23.7.2016 („Gesetz von 2016“) eingeführt und das luxemburgische Parlament schuf damit die Voraussetzungen für eine neue Anlageform für Alternative Investmentfonds. 119

Hinsichtlich der zulässigen Vermögenswerte des FIAR gibt es, wie beim FIS, keine Einschränkungen. Lediglich unterliegt er dem Grundsatz der Risikomischung. Ferner entspricht die Rechtsformwahl ebenfalls der im Rahmen des Auflegens eines FIS. Demnach kann der FIAR in Form eines FCP oder als Investmentgesellschaft, sprich SICAV-FIAR aufgelegt werden. Wie die SICAV-FIS kann auch die SICAV-FIAR eine von sechs Rechtformen annehmen. Ebenso wie im Rahmen der SICAF-FIS kommt die SICAV-FIAR in der Praxis am häufigsten in der Rechtsform einer Kommanditgesellschaft (als Société en Commandite Simple – SCS oder als Société en commandite spéciale – SCSp), einer Kommanditgesellschaft auf Aktien (als Société en Commandite par Actions – SCA) sowie in der Rechtsform der Aktiengesellschaft (Société Anonyme – S. A.) vor. Das Nettovermögen des FIAR muss nach Art. 20 des Gesetzes von 2016 mindestens 1,25 Millionen Euro betragen und innerhalb von 12 Monaten nach Zulassung erreicht werden. Lediglich 5 % müssen mittels Barzahlung oder sonstiger Einlage eingezahlt werden. (Art. 26 Abs. 3 des Gesetzes von 2016). 120

Entscheidender Unterschied zu FIS und SICAR ist die Tatsache, dass der FIAR nicht der Genehmigung durch die CSSF unterliegt. Um dennoch einen ausreichenden Schutz und eine mittelbare Regulierung sicherzustellen, können FIAR ausschließlich von nach dem Gesetz von 2013 zugelassenen externen luxemburgischen oder entsprechend in einem anderen EU-Mitgliedstaat zugelassenen externen AIFM verwaltet werden (Art. 4 Abs. 1 des Gesetzes von 2016). Somit verzichtet der FIAR auf die Doppelregulierung von AIF und AIFM und beschränkt sich auf die Regulierung des AIFM.[79] Damit wird die bis zum Vertriebsstart benötigte Zeit, die sog. Time-to-Market, deutlich reduziert und die Wettbewerbsfähigkeit gegenüber Offshore-Strukturen erhöht. 121

---

[78] Siehe hierzu ALFI-Schreiben SICAR – Investmentgesellschaft für Risikokapital, abrufbar unter: http://www.alfi.lu/setting-luxembourg/alternative-investment-funds/sicar.

[79] Vgl. auch *Hoor/Medler* IStR 2017, 401.

122 Auch für die FIAR gelten die gleichen Besteuerungsregelungen wie für FIS, dh der FIAR unterliegt einer jährlichen Taxe d'Abonnement in Höhe von 0,01 % auf den Nettoinventarwert des Fonds (Art. 46 Abs. 1 des Gesetzes von 2016). Einkommens- oder Vermögenssteuern unterliegt der FIAR nicht. Dividendenausschüttungen eines FIAR an dessen Gesellschafter unterliegen ebenso wenig wie Veräußerungsgewinne und Liquidationserlöse der Quellensteuer. Vergütungen für das Management des FIAR unterliegen nicht der Umsatzsteuer.

123 Aufgrund seiner Flexibilität und der guten Time-to-Market Möglichkeiten, ist der FIAR auch für Pivate Equity-Dachfonds äußerst attraktiv. Auch als Beleg für die Vorteile des FIAR können die steigenden Zulassungszahlen gesehen werden. Seit dessen Einführung wurden insgesamt über 366 FIAR registriert, davon 280 im Jahr 2017. Im Gegensatz hierzu wurden in 2017 lediglich 89 neue FIS aufgelegt, wobei diese im Vorjahr noch 193 Mal aufgelegt wurden.[80]

124 In der Praxis kommt der FIAR bislang am häufigsten in der Rechtsform der SCS oder der SCSp vor. Wesentlicher Unterschied zwischen der SCS und der SCSp ist, dass die SCSp, im Gegensatz zur SCS, keine eigene Rechtspersönlichkeit hat.

125 Ein gemeinsamer Unterschied von in der Rechtform der SCS bzw. SCSp aufgelegten SICAV, SIF, SICAR oder aber auch FIAR zu regulären SCS bzw. SCSp, besteht in der gewerbesteuerlichen Behandlung der Regime. Am 9.1.2015 veröffentlichten die luxemburgischen Steuerbehörden das Tax Circular LIR Nr. 14/4 (14/4 Rundschreiben) über die luxemburgische steuerliche Behandlung von Einkünften aus in der Rechtsform der SCS oder der SCSp ausgestalteten Vehikeln. Das 14/4 Rundschreiben beschäftigt sich hauptsächlich mit der Frage der Gewerblichkeit einer SCS bzw. SCSp. Dies liegt daran, dass die für SCS bzw. SCSp grundsätzlich geltende einkommensteuerlich Steuertransparenz nicht für die kommunale Gewerbesteuer *(Impôt Commercial Communal)* gilt, die daher auf Ebene von SCS bzw. SCSp anfallen kann, sofern diese in Luxemburg ein Gewerbe ausüben. Die kommunalen Gewerbesteuersätze variieren je nach Gemeinde, in der SCS bzw. SCSp ansässig sind. In Luxemburg-Stadt fällt die kommunale Gewerbesteuer in Höhe von 6,75 % an. In diesem Zusammenhang regelt das 14/4 Rundscheiben, dass eine SCS bzw. eine SCSp welche als AIF qualifiziert, ein Gewerbe dann nicht ausübt und damit nicht der Luxemburgischen Gewerbesteuer unterliegt, soweit der Komplementär einen Anteil von weniger als 5 % an der SCS bzw. der SCSp hält.

126 Allerdings gilt diese Regelung nicht für SCS bzw. SCSp, die in der Form von FIAR, SICAV, FIS oder SICAR ausgestaltet sind, da im Zuge des Vorrangs der spezialgesetzlichen Regelung der Gesetze von 2004, 2007, 2010 und 2016 diese vorgehen.[81] Während der Dachfonds also im Zuge der Zeichnung einer unregulierenden SCS bzw. SCSp auf die Beachtung der Beteiligung des Komplementärs einer SCS bzw. SCSp grundsätzlich darauf zu achten hat, dass der Zielfondsmanager die entsprechende Anteilshöhe von 5 % an der SCS bzw. der SCSp seit deren Gründung einhält,[82] entfällt eine entsprechende potentielle Gefährdung der Gewerblichkeit des Zielfonds nebst Prüfungspflicht im Fall einer SCS bzw SCSp in Form eines SICAV, einer FIS, einer SICAV oder eines FIAR.

E. Erlaubnispflicht

I. Erlaubnispflicht nach dem Kreditwesengesetz

127 Einer Erlaubnis gemäß § 32 Abs. 1 S. 1 KWG bedarf, wer im Inland gewerbsmäßig oder in einem Umfang, der einen in kaufmännischer Weise eingerichteten Geschäftsbetrieb

[80] ALFI Statistik, abrufbar unter: http://www.alfi.lu/statistics-figures/luxembourg.
[81] Art. 45 des Gesetzes von 2016.
[82] Die Prüfung kann entweder durch die Durchsicht der Gründungsdokumente des Zielfonds oder durch Einholen einer Bestätigung des Zielfondsmanagers im Gesellschaftsvertrag oder in einer Nebenvereinbarung erfolgen.

erfordert, Bankgeschäfte im Sinne des § 1 Abs. 1 S. 2 KWG betreibt oder Finanzdienstleistungen im Sinne des § 1 Abs. 1a S. 2 KWG erbringt. Ist eine Erlaubnis im Sinne des § 32 Abs. 1 KWG erforderlich, dürfen Eintragungen in das Handelsregister nur vorgenommen werden, wenn dem Registergericht die Erlaubnis nachgewiesen ist (§ 43 Abs. 1 KWG).

Dies ist insbesondere in dem gebräuchlichen Dachfonds-Set-Up zwischen Asset-Management-Gesellschaft, Verwaltungsgesellschaft und Investmentfonds relevant. Üblicherweise erfolgen durch die Asset-Management-Gesellschaft Monitoring sowie wirtschaftliche Prüfung der Zielfonds, welche die Asset-Management-Gesellschaft der Verwaltungsgesellschaft des Zielfonds vorschlägt bzw. empfiehlt. Die letztendliche Entscheidung darüber ob der Zielfonds gezeichnet wird obliegt dabei der Verwaltungsgesellschaft, die als Manager die Portfolioverwaltung des Investmentfonds innehat. Hierbei können die Aufgaben der Asset-Management-Gesellschaft der Erlaubnispflicht nach § 32 Abs. 1 S. 1 KWG unterliegen. **128**

Mit der Einführung des KAGB im Juli 2013 wurde § 2 Abs. 1 Nr. 3b KGB neu gefasst und nimmt Kapitalverwaltungsgesellschaften iSv § 17 KAGB sowie extern verwaltete Investmentgesellschaften iSv § 1 Abs. 11 und 13 KAGB von der Aufsicht aus, soweit sie kollektive Vermögensverwaltung iSv § 1 Abs. 19 Nr. 24 KAGB oder die in § 20 Abs. 2 und 3 KAGB aufgeführten Dienstleistungen erbringen. Die Bereichsausnahme dient der Vermeidung von Doppelbeaufsichtigungen, da diese Unternehmen bereits nach dem KAGB der Aufsicht unterliegen.[83] Gleiches gilt für Verwaltungsgesellschaften mit Sitz in einem anderen Mitgliedstaat der Europäischen Union oder einem anderen Vertragsstaat des Abkommens über den Europäischen Wirtschaftsraum gemäß § 2 Abs. 1 Nr. 3c und 3d KWG. In diesem Kontext hat der deutsche Gesetzgeber mit dem OGAW-V-Umsetzungsgesetz zudem Regeln zur Darlehensvergabe durch alternative Investmentfonds (AIF) eingeführt, wonach AIF-KVG – nicht jedoch OGAW – unter bestimmten Voraussetzungen für Rechnung von geschlossenen Spezial-AIF Gelddarlehen vergeben können, also nicht nur Gesellschafterdarlehen vergeben sondern auch „Kreditfonds" auflegen können. **129**

II. Erlaubnispflicht nach dem Kapitalanlagegesetzbuch

Die AIFM-Richtlinie ist am 21.7.2011 in Kraft getreten und wurde durch das Gesetz zur Umsetzung der AIFM-Richtlinie vom 4.7.2013 mit Wirkung zum 22.7.2013 in nationales Recht umgesetzt (AIFM-UmsG). Kernstück des AIFM-UmsG ist das KAGB, das an die Stelle des InvG trat, das gem. Art. 2a AIFM-UmsG zum 21.7.2013 vollständig aufgehoben wurde. Das KAGB knüpft demnach, wie von der AIFM-Richtlinie vorgegeben, an die Regulierung des Managers und nicht an die Regulierung des Investmentfonds an. Ohne Erlaubnis oder Registrierung der BaFin ist es dem Fondsmanager, im Terminus des KAGB der Kapitalverwaltungsgesellschaft, verboten, seine Geschäfte zu betreiben.[84] Es handelt sich dabei um ein Tätigkeitsverbot mit Erlaubnis- bzw. Registrierungsvorbehalt.[85] Die für die Zulassung einer KVG erforderlichen Regelungen sind in den §§ 17–25 KAGB enthalten. Um eine Erlaubnis zu erhalten, müssen die Kapitalverwaltungsgesellschaften je nach Ausgestaltung unter anderem mindestens 300.000 Euro beziehungsweise 125.000 Euro Anfangskapital nachweisen. Außerdem müssen sie über eine angemessene Organisation und eine zuverlässige und fachlich geeignete Geschäftsleitung verfügen. Das Marktverhalten der Kapitalverwaltungsgesellschaften wird ebenfalls nach dem KAGB überwacht (Marktaufsicht). **130**

Bei Investmentfonds, die in Deutschland aufgelegt werden, nimmt die BaFin auch die Produktaufsicht wahr. So genehmigt sie beispielsweise die Anlagebedingungen von Publi- **131**

[83] *Schwennicke* in Schwennicke/Auerbach, KWG § 2 Rn. 8.
[84] Weitnauer/Boxberger/Anders/*Winterhalder* KAGB § 17 Rn. 1–4.
[85] *Boxberger* GWR 2013, 415.

kumsfonds. Außerdem haben Kapitalverwaltungsgesellschaften eine Reihe von Anlagevorschriften zu beachten. Darüber hinaus prüft die BaFin auf der Grundlage des KAGB die Vertriebsanzeigen inländischer und ausländischer Investmentfonds, die in Deutschland auf den Markt gebracht werden sollen. Sie kann den Vertrieb auch untersagen, wenn ein geplanter Investmentfonds die Voraussetzungen nicht oder nicht mehr erfüllt.[86]

F. Vertragsdokumentation

132 Ein Private-Equity-(Dach-) Fonds erfordert eine Vertragsdokumentation, auf deren Bestandteile im Folgenden kurz eingegangen werden soll.

I. Gesellschaftsvertrag/„Limited Partnership Agreement"

133 Die Beziehung zwischen dem Gesellschafter – im angelsächsischen Raum als „Limited Partner"[87] bezeichnet – eines Private-Equity-Fonds und der den Fonds verwaltenden Management-Gesellschaft – im angelsächsischen Raum als „General Partner" bezeichnet – wird im Gesellschaftsvertrag bzw. „Limited Partnership Agreement (LPA)" geregelt. Das Verständnis sowie gegebenenfalls die Verhandlung der Vertragsklauseln und Konditionen ist für den potentiellen Investor des Fonds ein aufwändiger und komplexer Prozess, der jedoch von eminenter Bedeutung zur Absicherung seiner Interessen gegenüber dem General Partner ist.[88] Im LPA werden alle schon im Private Placement Memorandum („PPM") dargestellten Fondsmerkmale und Eckdaten des Fonds verbindlich festgelegt. Das LPA wird in der Regel erst im Entwurf an die potentiellen Investoren ausgehändigt und kurz vor dem ersten Zeichnungsschluss – gegebenenfalls unter Berücksichtigung von Änderungswünschen seitens der Investoren – fertig gestellt. Zu den wichtigsten Bestandteilen des Gesellschaftsvertrages bzw. LPA gehören die Formulierung der Anlagegrundsätze, die Festlegung des Fondsvolumens, die Bestimmungen zur laufenden Vergütung und zur Gewinnbeteiligung der Managementgesellschaft. Des Weiteren finden sich hier Regelungen zur Fondslaufzeit ebenso wie zur Frage, ob und wie das Team persönlich in den Fonds investiert. Bestandteile des Gesellschaftsvertrages bzw. LPA sind schließlich auch die „Key Person Clause", etwaige Ausstiegsklauseln, Wettbewerbsverbote oder Rücktrittsrechte.[89]

II. Managementvertrag

134 Die Leistungen der Managementgesellschaft oder des Managements können Gegenstand eines Managementvertrages sein. Der Managementvertrag hat die Rechtsnatur eines entgeltlichen Geschäftsbesorgungsvertrages im Sinne der §§ 675 ff., 662 BGB.

135 Die Managementgesellschaft übernimmt auf der Grundlage des Managementvertrages insbesondere das Beteiligungsmanagement, die Akquisition von Beteiligungen einschließlich der Führung von Vertragsverhandlungen, die laufende Verwaltung der Beteiligungen und die Exit-Gestaltung für die Beteiligungen. Hierfür erhält die Managementgesellschaft eine laufende, von der Performance unabhängige Tätigkeitsvergütung, die so genannte Management-Fee. Die Performance anhängige Gewinnbeteiligung des Fondsmanagements („Carried Interest") ist hingegen Bestandteil des LPA und wird dort regelmäßig im Rahmen der Gewinnverteilungsklauseln einschließlich Distribution Waterfall geregelt.

136 Mit Inkrafttreten des KAGB am 22.7.2013 muss nunmehr der Geschäftsbetrieb einer Managementgesellschaft, die offene oder geschlossene Fonds verwaltet, die sogenannte

86 §§ 311, 314 KAGB.
87 Entspricht der Kommanditistenstellung in einer Kommanditgesellschaft.
88 Vgl. *Mackewicz & Partner,* Institutionelle Investoren und deren Aktivitäten im Hinblick auf die alternative Anlageklasse Private Equity, 2004, S. 22 f.
89 Vgl. *Mackewicz & Partner.*

Kapitalverwaltungsgesellschaft, grundsätzlich eine schriftliche Erlaubnis der BaFin erhalten.[90] Gemäß § 17 Abs. 1 S. 2 KAGB bedeutet Verwaltung, wenn mindestens die Portfolioverwaltung oder das Risikomanagement für einen oder mehrere Fonds erbracht wird. Um eine Erlaubnis zu erhalten, müssen die Kapitalverwaltungsgesellschaften je nach Ausgestaltung unter anderem mindestens 300.000 Euro beziehungsweise 125.000 Euro Anfangskapital nachweisen. Außerdem müssen sie über eine angemessene Organisation und eine zuverlässige und fachlich geeignete Geschäftsleitung verfügen. Das Marktverhalten der Kapitalverwaltungsgesellschaften wird ebenfalls nach dem KAGB überwacht (Marktaufsicht).[91]

III. Zeichnugsunterlagen

Der Beitritt von Anlegern zu einem Fonds erfolgt über den Abschluss einer Beitrittserklärung (Zeichnungsvereinbarung) mit der Kapitalverwaltungsgesellschaft des Fonds bzw. bei intern verwalteten Fonds mit der Fondsgesellschaft selbst. In der Regel befindet sich dieser Zeichnungsschein unter den durch die Kapitalverwaltungsgesellschaft übermittelten Unterlagen, entweder als Einzeldokument oder als eine Anlage zum Prospekt des Fonds. Neben der Höhe der Zeichnung werden im Zeichnungsschein unter anderem auch die Anlegereigenschaft, Hinweise zu Vertraulichkeit, Datenschutz, Geldwäsche, Name, Anschrift und Bankverbindung des Anlegers sowie ggf. steuerliche Bestimmungen oder Risikohinweise festgehalten, welche mit dem Investment eingegangen werden. 137

Rechtlich betrachtet ist der Zeichnungsschein ein Angebot seitens des Anlegers an die Kapitalverwaltungsgesellschaft bzw. die Fondsgesellschaft selbst. Nimmt diese den Antrag an und bestätigt dies schriftlich, ist die Beteiligung rechtskräftig erfolgt. Die Annahme der Kapitalverwaltungsgesellschaft erfolgt in der Regel im Rahmen eines sogenannten „Closings", dh einem Zeitpunkt zu dem die Kapitalverwaltungsgesellschaft spätestens Zeichnungsscheine annimmt. Bestimmte Closings, zB solche zu einem frühen Zeitpunkt des Fundraisings (Einsammlung des Kapitals) bringen unter Umständen etwaige Vorteile mit sich, wie zB einen Rabatt auf die Management Fee, um zB Frühzeichner (sogenannte „Firstmover") zu einer frühzeitigen Investition in den Fonds zu motivieren. 138

IV. Prospekt und weitere Informationspflichten

Nach dem KAGB hat die Kapitalverwaltungsgesellschaft, die über eine Erlaubnis verfügt, darüber hinaus auch eine Pflicht für die von ihr verwalteten Investmentfonds ein Verkaufsprospekt zu erstellen.[92] Allerdings ist die Erstellung eines Prospekts nur für diejenigen AIF erforderlich, die sich nicht an professionelle[93] oder semiprofessionelle Anleger[94] richten (sogenannte Publikums-AIF). Für AIF, die sich entsprechend an professionelle und semiprofessionelle Anleger richten (sogenannte Spezial-AIF) gilt keine Prospektpflicht. Jedoch verlangen die Vertriebsvorschriften in § 307 KAGB die Erfüllung von umfangreichen Informationspflichten, sodass zumindest die Aufstellung eines prospektähnlichen Doku- 139

[90] Gemäß § 44 iVm § 2 Abs. 4 KAGB bestehen von der Erlaubnispflicht bestimmte Ausnahmen. Diese Kapitalverwaltungsgesellschaften müssen sich entsprechend registrieren lassen und für sie gelten zum Teil geringere Anforderungen.

[91] Zur Abgrenzung der Kompetenzen zwischen Komplementär, geschäftsführendem Kommanditist und Managementgesellschaft, dh Kapitalverwaltungsgesellschaft siehe *Boxberger* GWR 2016, 136.

[92] Im Gegensatz hierzu müssen registrierte Kapitalverwaltungsgesellschaft zum Teil geringeren Anforderungen genügen als voll erlaubnispflichtige, siehe §§ 44 KAGB ff.

[93] Nach § 1 Abs. 19 Nr. 32 KAGB ist professioneller Anleger jeder Anleger, der im Sinne von Anhang II der Richtlinie 2014/65/EU als professioneller Kunde angesehen wird oder auf Antrag als ein professioneller Kunde behandelt werden kann (zB Kreditinstitute, Wertpapierfirmen, beaufsichtigte Finanzinstitute, Versicherungsgesellschaften, Pensionsfonds und ihre Verwaltungsgesellschaften).

[94] Nach § 1 Abs. 19 Nr. 32 KAGB ist semiprofessioneller Anleger jeder Anleger, der sich ua verpflichtet mindestens 200.000 Euro zu investieren, sich der Risiken bewusst ist und dessen Sachverstand von der Verwaltungsgesellschaft bewertet wird.

ments nicht vermeidbar erscheint. Je nach Investorengruppen der Investmentfonds müssen noch wesentliche Anlegerinformationen erstellt werden.[95] Die wesentlichen Anlegerinformationen unterliegen wie der Prospekt und die Informationspflichten nach § 307 KAGB der Prospekthaftung.

140 Ziel der Prospektpflicht, der Verpflichtung zur Erstellung der wesentlichen Anlegerinformationen und der Informationspflichten nach § 307 KAGB ist es, zu gewährleisten, dass die Investoren in den Stand versetzt werden, ihre Investitionsentscheidung qualifiziert, dh auf einer fundierten Grundlage treffen zu können. In diesem Sinne darf der Investor erwarten, ein zutreffendes Bild über das Beteiligungsobjekt zu erhalten. Der Verkaufsprospekt muss den Investor deshalb über alle Umstände, die für seine Entscheidung von wesentlicher Bedeutung sind oder sein können, sachlich richtig und vollständig unterrichten. Die Fondsanlage bietet dem Investor aufgrund ihres kollektiven Charakters, mit Ausnahme der Wahrnehmung seiner Gesellschafterrechte, keine individuellen Einflussmöglichkeiten auf die Vermögensverwaltung. Er kann im Wesentlichen seine Anteile nur kaufen oder ggf. verkaufen. Um diese Entscheidungen zu treffen, bedarf er vollständiger und richtiger Informationen über den Fonds. Der Verkaufsprospekt ist neben den wesentlichen Anlegerinformationen bzw. der Informationen nach § 307 KAGB und den periodischen Berichten zentrales Informationsmedium für den Investor. Die detaillierten Regelungen zu Inhalt und Gestaltung des Verkaufsprospektes werden flankiert von Regelungen zu der Zur-Verfügung-Stellung der Unterlagen (§ 297) und der Prospekthaftung (§ 306) und bilden damit eine der wesentlichen Stützen des dem KAGB zugrunde liegenden Gedanken des Anlegerschutzes.[96]

141 Neben den bereits genannten Pflichten müssen seit dem 1.1.2018 Investoren für verpackte Anlageprodukte für Kleinanleger und Versicherungsanlageprodukte sogenannte Basisinformationsblätter gemäß der EU-Verordnung Nr. 1286/2014 über Basisinformationsblätter für verpackte Anlageprodukte für Kleinanleger und Versicherungsanlageprodukte (PRIIPs-VO) erhalten; AIF in Form von Private-Equity-Fonds fallen in den Anwendungsbereich der PRIIPs-VO. Kleinanleger sind hierbei Anleger, die keine professionellen Anleger im Sinne der MiFID II-Richtlinie sind. Insbesondere sind auch semiprofessionelle Anleger im Sinne des KAGB erfasst, die entweder vorgenannte wesentliche Anlegerinformationen oder das Basisinformationsblatt rechtzeitig vor Zeichung erhalten müssen (§ 307 Abs. 5 KAGB). Damit sind Kapitalverwaltungsgesellschaften betroffen, deren Anlageprodukte semiprofessionelle Anleger haben. Die Regelungen der PRIIPs-Verordnung ermöglichen damit weitgehend Vergleiche zwischen verschiedenen Anlageformen auf der Grundlage einheitlicher Berechnungsansätze und werden durch die Delegierte EU-Verordnung Nr. 2017/653 (Delegierte Verordnung) konkretisiert.

142 Das Basisinformationsblatt darf maximal drei DIN-A4 Seiten lang sein, sowie präzise, redlich und klar abgefasst werden. Der Inhalt des Basisinformationsblatts muss eine Beschreibung des Risiko-/Renditeprofils, eines Gesamtrisikoindikator, sowie verschiedene Performance-Szenarien enthalten. Darüber hinaus soll aufgeklärt werden, ob ein Sicherungssystem vorhanden ist, welches eingreift wenn die Kapitalverwaltungsgesellschaft nicht in der Lage ist eine entsprechende Auszahlung vorzunehmen. Eine Mustervorlage ist in Anhang I der Delegierten Verordnung enthalten.

143 Um in Deutschland einen Drittstaaten-Fonds vertreiben zu dürfen, werden überdies hinaus an ausländische Managementgesellschaften, dh Managementgesellschaften aus Nicht-EU-Mitgliedstaaten im Rahmen von § 330 abhängig von den anzusprechenden Anlegern Anforderungen hinsichtlich der Einhaltung der Vorschriften des KAGB gestellt.[97] Hierzu gehört, dass die ausländische Managementgesellschaft dazu verpflichtet ist, dem

[95] Eine Pflicht zur Erstellung von wesentlichen Anlegerinformationen besteht zB nach § 164 KGB für offene Publikumsinvestmentvermögen sowie nach § 307 Abs. 5 KAGB in Bezug auf semiprofessionelle Anleger.

[96] *Polifke* in Weitnauer/Boxberger/Anders, KAGB § 165 Rn. 1–2.

[97] *Boxberger* et al., Vertrieb von Offshore- und kleinen EU-Spezialfonds an deutsche institutionelle Investoren, Absolutreport, 5–2014, S. 66; / *Zeidler* in Weitnauer/Boxberger/Anders, KAGB § 330 Rn. 1.

Investor vor dessen Zeichnung bestimmte im Einzelnen in § 307 KAGB aufgeführte Informationen zur Verfügung zu stellen. Je nach Investorenbasis (professionelle oder semiprofessionelle Investoren) des ausländischen Fonds, sind die Informationspflichten mehr oder weniger umfangreich. Diese Informationen werden dem Investor, sprich dem Anleger des Dachfonds, oder auf der Investitionsseite des Dachfonds dem Dachfonds selbst, in der Regel in einem Supplement zum Prospekt bzw. PPM zur Verfügung gestellt (sogenannter „EU-Wrapper").

V. Treuhandvertrag

Bei „Retail"-Dachfonds in Gestalt einer GmbH & Co. KG regelt der Treuhandvertrag die Einzelheiten des Rechtsverhältnisses zwischen dem Treuhandkommanditisten (Treuhänder) und dem jeweiligen Investor (Treugeber), welcher der (Dachfonds-)Gesellschaft nach Maßgabe der Bestimmungen des Gesellschaftsvertrages und der im Zeichnungsschein dokumentierten Beitrittserklärung entweder mittelbar im Rahmen einer Vollrechtstreuhand oder unmittelbar im Rahmen einer Verwaltungstreuhand beitritt. **144**

Für Investoren, die in Bezug auf ihre unmittelbar gehaltene Kommanditbeteiligung eine Verwaltungstreuhand vereinbart haben, gilt der Treuhandvertrag mit der Maßgabe, dass sich dieser Vertrag nur auf die treuhänderische Verwaltung der Kommanditbeteiligung des Investors und der Wahrnehmung seiner sich daraus ergebenden Gesellschafterrechte bezieht. **145**

Soweit der Treuhandkommanditist demgegenüber Kommanditbeteiligungen einzelner Investoren auf der Grundlage einer Vollrechtstreuhand im eigenen Namen aber für Rechnung der betreffenden Investoren erwirbt, besteht nach Maßgabe des Treuhandvertrages die Verpflichtung, das Treugut vom eigenen Vermögen des Treuhandkommanditisten getrennt zu halten und insoweit auch getrennt zu verwalten. Dem entspricht die Regelung, dass der Treuhandkommanditist einem Investor alles herauszugeben hat, was er aufgrund seiner Rechtsstellung als Treuhänder und in Ausübung des Treuhandvertrages erlangt hat. Umgekehrt ist jeder Investor verpflichtet, den Treuhandkommanditisten von allen Verpflichtungen und Verbindlichkeiten im Zusammenhang mit dem Erwerb und der Verwaltung der betreffenden Beteiligung frei zu halten und bereits geleistete Zahlungen zu erstatten. Es sollte im Interesse des Treuhandkommanditisten ausdrücklich vereinbart sein, dass die Erstattung auf erstes Anfordern zu erfolgen hat. **146**

Sowohl bei der Vollrechtstreuhand als auch bei der Verwaltungstreuhand übt der Treuhandkommanditist im Rahmen seines Auftrags die dem betreffenden Investor zustehenden Mitgliedschaftsrechte grundsätzlich selbst aus. Dieses Recht des Treuhandkommanditisten bezieht sich insbesondere auf das Teilnahme-, das Rede-, das Antrags- und das Stimmrecht im Rahmen von Gesellschafterversammlungen. Der Treuhandkommanditist hat diese Mitgliedschaftsrechte jeweils nach pflichtgemäßem Ermessen sowie unter Berücksichtigung der berechtigten Belange der betreffenden Investoren auszuüben. Der Treuhandvertrag kann vorsehen, dass die Investoren – widerruflich – bevollmächtigt sind, das Stimmrecht, soweit es dem Treuhandkommanditisten zusteht, anteilig und damit entsprechend der Stimmkraft seiner durch das Treuhandverhältnis begründeten wirtschaftlichen Beteiligung an der Dachfondsgesellschaft auch während des Treuhandverhältnisses selbst auszuüben. **147**

In dem Treuhandvertrag darf im Hinblick auf die Anerkennung des Treuhandverhältnisses eine Regelung nicht fehlen, welche den Investor berechtigt, dem Treuhandkommanditisten Weisungen hinsichtlich der Ausübung des Stimmrechts bei der Fassung von Gesellschafterbeschlüssen zu erteilen.[98] Dieses Weisungsrecht des Investors darf nicht eingeschränkt werden. Der Treuhandkommanditist muss seinerseits verpflichtet werden, die ihm von dem Investor erteilten Weisungen jedenfalls insoweit zu beachten, als sie nicht gegen die Interessen der (Dachfonds-)Gesellschaft verstoßen. In der Regel findet sich in diesem **148**

[98] So auch *Jesch*, Private-Equity-Beteiligungen, S. 155.

Zusammenhang auch die Regelung, dass der Treuhandkommanditist berechtigt ist, nach eigenem pflichtgemäßem Ermessen zu handeln, zu entscheiden und abzustimmen, wenn es nicht möglich war, rechtzeitig Weisungen des jeweiligen Investors einzuholen.

G. Fazit

149 Als Folge der Finanzkrise hat die Europäische Kommission die AIFM-Richtlinie eingeführt, um einen europaweit einheitlichen regulatorischen Standard für Manager alternativer (Dach-)Investmentfonds zu schaffen und damit zu gewährleisten, dass für den Umgang damit einhergehender Risiken für Investoren und Märkte innerhalb der Europäischen Union ein kohärentes Vorgehen erfolgt. Märkte und Investoren sowie die nunmehr regulierten Manager haben sich in der Zwischenzeit der Regulierung angepasst und insbesondere der Standort Luxemburg profitiert nach wie vor von seinen attraktiven konsistenten und abgestimmten steuerlichen und rechtlichen Rahmenbedingungen. Neuerliche Umfragen zeigen auf, dass die Nachfrage an Private Equity-Investitionen künftig voraussichtlich nicht nachlassen wird. Insbesondere institutionelle deutsche Investoren, wie zB Versicherungsunternehmen, Pensionsfonds, Versorgungswerke, Sparkassen und Genossenschaftsbanken, private Stiftungen sowie „Family Offices" sind gut beraten, vor dem Hintergrund der Herausforderungen des seit Jahren anhaltenden Niedrigzinsumfelds, die weiterhin guten Renditechancen sowie die mit der Diversifizierung von Anlageportfolien im Rahmen von Private Equity-Dach-Fonds einhergehenden Vorteile zum Anlass zu nehmen, innerhalb der nächsten Jahre weitere Erhöhungen der Private Equity-Allokationen vorzunehmen. Der Investor kann den aufgezeigten komplexen Herausforderungen mit einer Beteiligung an einem Private Equity-Dachfonds grundsätzlich gerecht werden. Zum einen besteht die Möglichkeit über eine Beteiligung an einem Private Equity-Dachfonds von einem bei der Zielfondsauswahl erfahrenen Manager sowie von dessen etablierten Beziehungen zu profitieren. Dies ermöglicht dem Dachfondsinvestor einerseits den Zugang zu „Top-„ bzw. Spitzenfonds die seinen Renditeanforderungen gerecht werden können. Andererseits ermöglicht die „Multi-Fonds-Strategie" des Dachfonds dem Dachfondsinvestor zudem die gewünschte Diversifikation der idiosynkratischen Einzelrisiken seiner Anlage. Insofern stellt der Private-Equity-Dachfonds auch weiterhin einen attraktiven Bestandteil im Rahmen der Portfoliozusammenstellungdurch institutionelle Investoren.

2. Teil. Fondsstrukturierung

§ 4 Inländische Fondsstrukturen

Übersicht

A. Einleitung

Seit der Vorauflage dieses Handbuches aus dem Jahr 2010 hat sich für den Fondsstandort Deutschland viel geändert. Von der Frage der Standortattraktivität zu trennen ist die Frage nach den rechtlichen Vorgaben für inländische Strukturen. Hier spielt die in der Vorauflage erwähnte, aber zu diesem Zeitpunkt noch nicht verabschiedete AIFM-RL eine große Rolle. Die Richtlinie 2011/61/EU über Verwalter alternativer Investmentfonds (AIFM-RL) hat erstmalig Manager alternativer Investmentfonds (kurz: AIFM) einer Regulierung unterworfen. In Deutschland ist die AIFM-RL im Wesentlichen durch das **Kapitalanlagegesetzbuch** (KAGB) aus dem Jahr 2013 umgesetzt worden. Mit der Managerregulierung sind auch Implikationen für die Strukturierung inländischer alternativer Investmentfonds (AIF) verbunden. Das Aufsichtsrecht ist seither zu einem wesentlichen Faktor im Rahmen der Fondsstrukturierung avanciert. 1

Zum besseren Verständnis des Aufsichtsrechts sind einige Begrifflichkeiten vorab zu klären: 2
In der Terminologie des KAGB ist ein **AIFM** eine sog. AIF-Kapitalverwaltungsgesellschaft. Das sind Kapitalverwaltungsgesellschaften gemäß § 17 KAGB, die mindestens einen AIF verwalten oder zu verwalten beabsichtigen (§ 1 Abs. 16 KAGB). Eine Kapitalverwaltungsgesellschaft (KVG) ist ein Unternehmen mit satzungsmäßigem Sitz und Hauptverwaltung im Inland, deren Geschäftsbetrieb darauf gerichtet ist, inländische Investmentvermögen, EU-Investmentvermögen oder ausländische AIF zu verwalten (§ 17 Abs. 1 S. 1 KAGB). Investmentvermögen ist jeder Organismus für gemeinsame Anlagen, der von einer Anzahl von Anlegern Kapital einsammelt, um es gemäß einer festgelegten Anlagestrategie zum Nutzen dieser Anleger zu investieren und der kein operativ tätiges Unternehmen außerhalb des Finanzsektors ist (§ 1 Abs. 1 S. 1 KAGB). Private-Equity-Fonds sind regelmäßig AIF.[1] Eine

[1] Ausführlich *Ulrich,* Private Equity (LBO) vor und nach Inkrafttreten des KAGB, S. 87 ff. Pooling-Vehikel können aber auch so strukturiert werden, dass für sie das KAGB nicht gilt. Dies etwa dann, wenn den

Verwaltung eines Investmentvermögens liegt vor, wenn mindestens die Portfolioverwaltung oder das Risikomanagement für ein oder mehrere Investmentvermögen erbracht wird (§ 17 Abs. 1 S. 2 KAGB).

3 Ein AIF kann entweder extern durch einen externen AIFM oder intern verwaltet werden. Ein externer AIFM ist ein solcher, der vom AIF bestellt ist und aufgrund dieser Bestellung für die Verwaltung des AIF verantwortlich ist (§ 17 Abs. 2 Nr. 1 KAGB). Ein interner AIFM ist der AIF selbst, wenn die Rechtsform eine interne Verwaltung zulässt und die Geschäftsführung des AIF entscheidet, keinen externen AIFM zu bestellen (§ 17 Abs. 2 Nr. 2 KAGB).

4 Daneben sind das Steuer- und das Gesellschaftsrecht für die Strukturierung von Fonds relevant. In diesem Rahmen ist auch ein Blick auf das **Investmentsteuergesetz 2018** zu werfen. Nachfolgend sollen daher die zurzeit wesentlichen Parameter (aufsichtsrechtlich, gesellschaftsrechtlich, steuerrechtlich) für die Strukturierung inländischer Private-Equity-Fonds überblicksartig dargestellt werden.

B. Strukturierung nach dem KAGB

I. Rechtsformzwang nach dem KAGB

5 Das KAGB enthält konkrete Vorgaben dazu, welche Rechtsform ein inländischer AIF haben muss, damit er von einem AIFM verwaltet werden darf. Dabei ist zwischen **erlaubnispflichtigen und (bloß) registrierungspflichtigen AIFM** zu differenzieren. In beiden Bereichen wird in der Praxis jedenfalls auf geschlossene Fondsstrukturen zurückgegriffen. Hintergrund ist, dass Unternehmensbeteiligungen illiquide Anlagen sind und deshalb eine Fristeninkongruenz vermieden werden soll.[2] Geschlossen ist ein Fonds vereinfacht gesprochen dann, wenn er seine Anteile vor Beginn der Liquidations- oder Auslaufphase auf Ersuchen eines Anteilseigners nicht zurücknimmt.[3]

1. Erlaubnispflichtige AIFM

6 Der Geschäftsbetrieb einer KVG ist erlaubnispflichtig (§ 20 Abs. 1 S. 1 KAGB). Wer das Geschäft einer KVG ohne Erlaubnis betreibt, wird mit Freiheitsstrafe bis zu fünf Jahren oder mit Geldstrafe bestraft (§ 339 Abs. 1 Nr. 1 KAGB). Will eine erlaubnispflichtige AIF-KVG einen geschlossenen Fonds auflegen, stehen ihr nur die folgenden Rechtsformen für geschlossene Fondsvehikel zur Verfügung (§ 139 KAGB):

- Investmentaktiengesellschaft mit fixem Kapital (InvAG mfK), und
- geschlossene Investmentkommanditgesellschaft (gInvKG).

7 Beide Rechtsformen sind dem nationalen Gesellschaftsrecht entlehnt. Sie sind jedoch aufgrund investmentrechtlicher und praktischer Bedürfnisse modifiziert. Bei diesen Gesellschaften handelt es sich um sog. Investmentgesellschaften (§ 1 Abs. 11 KAGB). Für diese Gesellschaften bestehen ua besondere Regelungen zur Corporate Governance, für die Anlagebedingungen und zur Rechnungslegung (§§ 140 ff. KAGB).

8 Für den Bereich Private Equity ist es **selten,** dass ein AIFM über eine **Vollerlaubnis** verfügt. In der Regel werden AIFM in der Praxis so strukturiert, dass sie unter die bloße Registrierungspflicht fallen. Hier liegt auch der Fokus dieses Beitrags.

Anlegern eine unmittelbare und kontinuierliche Entscheidungsgewalt über operative Fragen in Bezug auf das investierte Vermögen zukommt, vgl. hierzu BaFin vom 8.4.2016, Antwort auf BAND-Anfrage.

[2] *Ulrich,* Private Equity (LBO) vor und nach Inkrafttreten des KAGB, S. 113 f.

[3] Näheres bei § 1 Abs. 5 KAGB iVm Art. 1 Abs. 2 der Delegierten Verordnung (EU) Nr. 694/2014.

2. Registrierungspflichtige AIFM

Unter bestimmten Voraussetzungen müssen sich AIFM nur registrieren lassen. Für den Bereich Private Equity geht es dabei um die Registrierung nach §§ 2 Abs. 4, 44 KAGB. Die Registrierung erhält ein AIFM relativ schnell innerhalb von zwei Wochen ab Einreichung einer vollständigen Anzeige (behördliche Bearbeitungszeit). Es fallen zurzeit BaFin-Gebühren iHv 5.625 EUR an. Die Registrierung hat den Vorteil, dass bloß eine **Regulierung „light“** gilt. So entfallen verschiedene Anforderungen, die an einen erlaubnispflichtigen AIFM gestellt werden (zB Eigenmittelvorgaben, organisatorische Vorgaben, Verwahrstellenerfordernis, Vertriebsvorschriften, etc). Ein Nachteil jedoch ist, dass ein grenzüberschreitender Vertrieb des Fonds unter Nutzung des EU-Passports nicht möglich ist. **9**

Die Voraussetzungen für eine solche Registrierung sind: **10**

1. der AIFM verwaltet entweder direkt oder indirekt über eine Gesellschaft, mit der der AIFM über eine gemeinsame Geschäftsführung, ein gemeinsames Kontrollverhältnis oder durch eine wesentliche unmittelbare oder mittelbare Beteiligung verbunden ist, ausschließlich Spezial-AIF,
2. die verwalteten Vermögensgegenstände der verwalteten Spezial-AIF
   a) überschreiten einschließlich der durch den Einsatz von Leverage erworbenen Vermögensgegenstände insgesamt nicht den Wert von 100 Millionen Euro oder
   b) überschreiten insgesamt nicht den Wert von 500 Millionen Euro, sofern für die Spezial-AIF kein Leverage eingesetzt wird und die Anleger für die Spezial-AIF keine Rücknahmerechte innerhalb von fünf Jahren nach Tätigung der ersten Anlage ausüben können, und
3. die AIF-Kapitalverwaltungsgesellschaft hat nicht beschlossen, sich dem KAGB in seiner Gesamtheit zu unterwerfen.

In der aufsichtsrechtlichen Beratung ist darauf zu achten, dass die AIFM unter die **500 Mio. EUR Schwelle** fallen. Hierfür muss der AIF so konzipiert sein, dass (i) die Anleger für einen Zeitraum von fünf Jahren keine Rücknahmerechte ausüben können, (ii) der Fonds kein Leverage iSd KAGB iVm der Private Equity-Ausnahme in Art. 6 Abs. 3 der Delegierten Verordnung (EU) Nr. 231/2013 aufnimmt, und (iii) der AIF nur Anlegern zugänglich ist, die die Qualifikation des AIF als sog. Spezial-AIF ermöglichen. Tauglicher Anlegerkreis hierfür sind professionelle und semiprofessionelle Anleger iSd KAGB (§ 1 Abs. 6 KAGB). Für außenstehende Anleger, die als semiprofessionelle Anleger zu qualifizieren sind, ist damit eine Kapitalzusage von mind. 200.000 EUR verbunden. **11**

Im Anwendungsbereich dieser Registrierung dürfen AIF nur in einer der folgenden Rechtsformen verwaltet werden (§ 44 Abs. 1 Nr. 7 KAGB): **12**

- einer juristischen Person, und
- einer Personenhandelsgesellschaft, bei der persönlich haftender Gesellschafter ausschließlich eine AG, eine GmbH oder eine KG ist, bei der persönlich haftender Gesellschafter ausschließlich eine GmbH ist.

In jedem Fall muss die **Nachschusspflicht** der Anleger **ausgeschlossen** sein. Werden bereits geleistete Ausschüttungen, die der AIF(M) zu Zwecken der Reinvestition hätte thesaurieren können, wieder vom AIF(M) eingefordert, entsteht hierdurch keine Nachschusspflicht. Es handelt sich schlicht um eine Ausschüttung unter Vorbehalt. Eine Nachschusspflicht entsteht auch nicht, wenn die abrufbare Kapitalzusage der Anleger dadurch erhöht wird, dass neu eintretende Anleger einen etwaigen Ausgleichsbetrag an bereits bestehende Anleger zahlen. Durch diesen Ausgleichsbetrag und die damit verbundene Erhöhung der Kapitalzusage der bisherigen Anleger soll lediglich sichergestellt werden, dass beim Final Closing letztlich von allen Anlegern pro rata die gleichen Beträge zum Abruf bereitstehen. **13**

14 Diese Gesellschaften sind nach der KAGB-Terminologie **keine Investmentgesellschaften.** Die BaFin nimmt jedoch eine semantisch trennscharfe Unterscheidung nicht vor und spricht auch bei diesen Gesellschaften von AIF-Investmentgesellschaften.[4]

15 In der Praxis ist zu beobachten, dass Private-Equity-Fonds in der Rechtsform einer **GmbH & Co. KG** aufgelegt werden.[5] Diese Rechtsform war bereits vor dem KAGB vorherrschend. Die Rechtsform der KG bietet sich an, weil sie eine flexible Kapitalstruktur gewährleistet. Der Fonds kann das bei Zeichnung nur zugesagte Kapital der Anleger bei Bedarf einfach abrufen. Auch ist eine Rückführung von freier Liquidität bei der KG einfacher als bei Kapitalgesellschaften. Die unbeschränkte Haftung des Komplementärs wird auf das Gesellschaftsvermögen der Komplementär-GmbH begrenzt. Der Rückgriff auf eine GmbH als geschäftsführender Gesellschafter (Komplementär oder geschäftsführender Kommanditist) erlaubt zudem den Einsatz von Fremd-Geschäftsführern. Eine KG ist zudem schnell errichtet, weil kein Formerfordernis besteht. Gleichwohl sei erwähnt, dass im Anwendungsbereich von §§ 2 Abs. 4, 44 KAGB auch ausländische Rechtsformen verwendet werden können.

16 Der AIFM kann sich allerdings auch **freiwillig** im registrierungspflichtigen Bereich dafür entscheiden, den AIF als Investmentgesellschaft in der Rechtsform der InvAG mfK. oder der gInvKG aufzulegen (Opt-up). In diesem Fall sind die für diese Rechtsform geltenden Vorschriften anzuwenden (§ 44 Abs. 1 Nr. 7 S. 3 KAGB). Hiervon wird im Private Equity Segment unseres Erachtens kein Gebrauch gemacht. Dies hängt auch damit zusammen, dass bei Wahl einer gInvKG als Fondsvehikel zB auch das Sonderbeteiligungsrecht der §§ 287 ff. KAGB (ua Anti Asset Stripping) Anwendung findet (§ 150 Abs. 2 S. 1 Nr. 2 KAGB).

II. Gesellschafterstruktur

1. Komplementär

17 Als Komplementär des Fonds wird aus haftungsrechtlichen Gründen regelmäßig eine GmbH aus dem Umfeld des AIFM eingesetzt. Der Komplementär dient allein als Haftungsvehikel und wird hierfür vergütet. Anders als im HGB vorgesehen, nimmt der Komplementär in inländischen Fondsstrukturen dann regelmäßig keine Geschäftsführungsaufgaben wahr. Seine organschaftliche Vertretungsbefugnis bleibt davon unberührt.

2. Geschäftsführender Kommanditist

18 Die Geschäftsführung übernimmt ein Kommanditist. Als geschäftsführender Kommanditist des Fondsvehikels wird der externe **AIFM** selbst eingesetzt.

19 Für AIFM besteht ebenso ein **Rechtsformzwang.** Im erlaubnispflichtigen Bereich sind externe AIFM nur in der Rechtsform der AG, der GmbH oder der KG, bei der persönlich haftender Gesellschafter ausschließlich eine GmbH ist, zulässig (§ 18 Abs. 1 KAGB). Im registrierungspflichtigen Bereich müssen AIFM juristische Personen oder Personenhandelsgesellschaften sein (§ 44 Abs. 1 Nr. 6 KAGB).

20 Der AIFM ist aufsichtsrechtlich allein für den AIF verantwortlich (§ 17 Abs. 3 KAGB). Kraft Gesetzes umfasst seine Tätigkeit die Portfolioverwaltung, das Risikomanagement, administrative Tätigkeiten, den Vertrieb von eigenen Investmentanteilen sowie bei AIF Tätigkeiten im Zusammenhang mit den Vermögensgegenständen des AIF (§ 1 Abs. 19 Nr. 24 KAGB). Mit der Bestellung des externen AIFM wird die Geschäftsführungsbefugnis für die **kollektive Vermögensverwaltung** auf den externen AIFM übertragen.[6] Eine

[4] BaFin v. 21.12.2017, Auslegungsentscheidung zu den Tätigkeiten einer Kapitalverwaltungsgesellschaft und der von ihr extern verwalteten AIF-Investmentgesellschaft, Abschn. I.

[5] *Schwarz van Berk/Euhus* in Pöllath/Rodin/Wewel, Private Equity and Venture Capital Fonds, § 2 Rn. 3: mind. 90 %.

[6] BaFin v. 21.12.2017, Auslegungsentscheidung zu den Tätigkeiten einer Kapitalverwaltungsgesellschaft und der von ihr extern verwalteten AIF-Investmentgesellschaft, Abschn. II.1.

gesetzliche Vertretungsbefugnis folgt hieraus nicht.[7] Dem externen AIFM ist aber nach der BaFin eingedenk seiner exklusiven aufsichtsrechtlichen Verantwortung eine entsprechende rechtsgeschäftliche Vertretungsmacht einzuräumen.[8]

3. Carry-KG

An der Fondsgesellschaft ist regelmäßig eine Carry-KG beteiligt. Der Zweck der Beteiligung besteht in der nach § 18 Abs. 1 Nr. 4 EStG steuervergünstigen Vereinnahmung des Carried Interest.[9] Die BaFin geht davon aus, dass die Beteiligung der Carry-KG unter gewissen Umständen **nicht zu Anlagezwecken** erfolgt. Die Carry-KG muss nach der BaFin[10] dann nicht die Anforderungen an einen **semiprofessionellen Anleger iSd KAGB** erfüllen, wenn 21

- der Zweck der von der Carry-KG eingebrachten Einlage in der Vereinnahmung von Ergebnisanteilen besteht, die sie für die Förderung des Zwecks des AIF erhält,
- der Anspruch auf den Carried Interest unter der Voraussetzung eingeräumt geworden ist, dass die Anleger ihr eingezahltes Kapital vollständig zurückerhalten haben, und
- eine Steuerberatungs-, Wirtschaftsprüfer- oder Rechtsanwaltskanzlei der BaFin bestätigt, dass diese Voraussetzungen im konkreten Fall erfüllt sind.

Demnach dürfen an der Carry-KG nur solche Personen beteiligt sein, die zur **Förderung des Zwecks des AIF** beitragen. Die Einlage einer solchen Carry-KG muss gering sein und darf keine Anlage darstellen (zB 100 EUR). 22

Wird über die Carry-KG auch das **Commitment des Teams** des AIFM im weiteren Sinne (dh auch Berater oder weitere Personen, die nicht zum AIFM gehören) eingebracht, müssen allerdings die Anforderungen an einen semiprofessionellen Anleger erfüllt werden. Teilweise ist das im registrierungspflichtigen Bereich angesichts der Zeichnungssumme von mind. 200.000 EUR nicht möglich. Die Anforderungen an semiprofessionelle Anleger können dann eingehalten werden, wenn zwei verschiedene Gesellschaften nach folgender Maßgabe eingesetzt werden: In der einen Gesellschaft organisieren sich die Teammitglieder des AIFM (im engeren Sinne) und das einzubringende Kapital zum Zwecke der Anlage wird über diese Gesellschaft eingebracht. In der anderen Gesellschaft werden alle Carry-Berechtigten gebündelt, ohne dass diese Gesellschaft eine Kapitalzusage gegenüber dem Fonds abgibt.[11] 23

Wird das Carry-Vehikel für die Kapitalzusagen des Teams eingesetzt, ist es zwar als Anleger, **nicht** aber **als AIF** zu qualifizieren. Im Regelfall wird kein externes Kapital eingesammelt oder es gilt die Bereichsausnahme für Arbeitnehmerbeteiligungssysteme (§ 2 Abs. 1 Nr. 6 KAGB). Damit gilt auch kein Rechtsformzwang für das Carry-Vehikel. Die Rechtsformwahl erfolgt allein steuerlich getrieben. Der Bezug des Carried Interest selbst unterliegt im registrierungspflichtigen Bereich nicht einer Vergütungsregulierung (§ 37 Abs. 2 KAGB iVm Anhang II AIFM-RL ist nicht anwendbar). 24

4. Anleger / Anlegerbeirat

Anleger sind am Fondsvehikel als **Kommanditisten ohne Geschäftsführungsbefugnis** beteiligt. Mit der Beteiligung als Kommanditist geht eine Haftungsbeschränkung auf die Hafteinlage einher (§ 171 Abs. 1 HGB). 25

---

[7] *Boxberger* GWR 2016, 1; OLG München, Urt. v. 1.10.2015 – 23 U 1570/15 u. Urt. v. 29 U 2093/15.

[8] BaFin v. 21.12.2017, Auslegungsentscheidung zu den Tätigkeiten einer Kapitalverwaltungsgesellschaft und der von ihr extern verwalteten AIF-Investmentgesellschaft, Abschn. II.1, frühzeitig *Boxberger* GWR 2016, 1.

[9] Ausführlich *Ulrich,* Private Equity (LBO) vor und nach Inkrafttreten des KAGB, S. 153 ff. mwN.

[10] BaFin v. 12.11.2014, Häufig gestellte Fragen zum KAGB, S. 6 f.

[11] Ausführlich *Ulrich,* Private Equity (LBO) vor und nach Inkrafttreten des KAGB, S. 232 f.; *Euhus* in Pöllath/Rodin/Wewel, Private Equity and Venture Capital Fonds, § 20 Rn. 12.

26 Üblicherweise existiert zudem ein **Anlegerbeirat.** Nur wenige Anleger haben Zugang zu diesem Gremium. Die Auswahl richtet sich in erster Linie nach der Höhe der jeweiligen Kapitalzusage oder dem strategischen Mehrwert.[12]

27 Auf einen Treuhandkommanditisten wird idR nicht zurückgegriffen. Der Rückgriff auf einen Treuhandkommanditisten ist für **erlaubnispflichtige AIFM** bei Nutzung einer gInvKG als Fondsvehikel ohnehin nur möglich, wenn der Fonds auch für das Publikum eröffnet ist, dh nicht nur professionelle oder semiprofessionelle Anleger investiert sind (§ 152 Abs. 1 S. 2 KAGB).

28 Für den **registrierungspflichtigen Bereich** sieht § 44 KAGB keine vergleichbare Einschränkung für die GmbH & Co. KG vor. Ein Treuhandkommanditist wird im Bereich der Spezial-AIF aber nur selten eingesetzt. Die im Publikums-Bereich erreichbare Reduzierung des Verwaltungsaufwands durch Rückgriff auf einen Treuhandkommanditisten ist für Spezial-AIF nicht ausschlaggebend. In den Zeichnungsunterlagen des Fonds wird regelmäßig eine Handelsregistervollmacht (§ 12 HGB) zur Eintragung des Anlegers in das Handelsregister erteilt.

29 Sollte im registrierungspflichtigen Bereich doch ein Treuhandkommanditist eingesetzt werden, ohne dass das Fondsvehikel als gInvKG unter Geltung des § 152 Abs. 1 S. 2 KAGB aufgelegt wird, stellt dies unseres Erachtens aufsichtsrechtlich **kein unzulässiges „Cherry-Picking"** dar. Der Gedanke an das vermeintliche Cherry-Picking kommt auf, weil man sich im registrierungspflichtigen Bereich mit dem Treuhandkommanditisten einer Möglichkeit bedient, die speziell für die gInvKG im Publikumsbereich vorgesehen ist, nicht jedoch in § 44 KAGB. Für die Feststellung, dass kein Cherry-Picking vorliegt, spielen zwei Aspekte eine Rolle.

30 Zum einen enthält § 44 KAGB abschließende Vorgaben in gesellschaftsrechtlicher Hinsicht für das Fondsvehikel. Ein Verbot des Einsatzes eines Treuhandkommanditisten im registrierungspflichtigen Bereich ist nicht geregelt.[13] Zum anderen ist der Rückgriff auf einen Treuhandkommanditisten kein Privileg, welches konstitutiv nur im erlaubnispflichtigen Bereich bzw. im Sondergesellschaftsrecht für die Investmentgesellschaften (wie die gInvKG) bereitgestellt wird und daher für den registrierungspflichtigen Bereich unzugänglich ist. Insoweit gilt etwas anderes als bei der Einrichtung von Anteilklassen. Die Nutzung verschiedener Anteilklassen ist für eine gInvKG möglich (§§ 149 Abs. 2, 96 Abs. 1 KAGB), nicht jedoch für eine normale KG im registrierungspflichtigen Bereich.[14] Das Privileg der Anteilklassen liegt für Personen(handels)gesellschaften darin, dass eine Anlegergleichbehandlung (bzw. faire Behandlung aller Anleger, § 26 Abs. 2 Nr. 6 KAGB) nur im Rahmen der eingerichteten Anteilklassen zu gewährleisten ist. Anders als die Nutzung von Anteilklassen ist der Einsatz eines Treuhandkommanditisten ohne weiteres gesellschaftsrechtlich anerkannt. Es wäre vor diesem Hintergrund unverständlich, wieso die Strukturierung über einen Treuhandkommanditisten nur bei Nutzung der gInvKG möglich sein soll.

III. Vertrieb

31 Sollen auch **Anleger aus anderen Mitgliedstaaten der EU** eingeworben werden, ist das für einen AIFM nach § 2 Abs. 4 KAGB teilweise nur schwer zu bewerkstelligen. Im registrierungspflichtigen Bereich gibt es keinen EU-Vertriebspass. Der AIFM müsste stets nach dem *Private Placement Regime* des Zielstaates vertreiben. Das ist jedoch nicht für jeden Mitgliedstaat möglich. Eine Vertriebsmöglichkeit kann im Einzelfall die Reziprozitätsnorm des § 330a KAGB eröffnen. Will ein registrierter EU/EWR-AIFM seinen verwalteten AIF im Inland vertreiben, ist das nach Maßgabe von § 330a KAGB möglich, sofern auch der

[12] *Euhus* in Pöllath/Rodin/Wewel, Private Equity and Venture Capital Fonds, § 20 Rn. 23.

[13] *Schade* in Pöllath/Rodin/Wewel, Private Equity and Venture Capital Fonds, § 20 Rn. 55 geht ohne weiteres von der Zulässigkeit des Einsatzes eines Treuhandkommanditisten aus.

[14] *Landauer* Zulässigkeit von Darlehensfonds nach deutschem Aufsichtsrecht, Folien zum WM-Seminar am 5.12.2018, S. 37.

Herkunftsmitgliedstaat des Verwalters einen entsprechenden Vertrieb gestattet und nicht an strengere Voraussetzungen als § 330a KAGB knüpft.[15] Ein Vertriebskonzept, das ausschließlich auf erlaubnisfreier *Reverse Solicitation* beruht, ist hingegen nicht zielführend.

IV. EuVECA

In Fällen, in denen ein europaweiter Vertrieb beabsichtigt ist, kann in der Regel der Rückgriff auf das Fonds-Label „EuVECA" (European Venture Capital) nach der EuVECA-VO der richtige Weg sein (§§ 2 Abs. 6. 337 KAGB).

Die Mindestzeichnungssumme für einen EuVECA beträgt 100.000 EUR (Art. 6 EuVECA-VO). Das EuVECA-Label steht Fonds von registrierten und zugelassenen AIFM offen (Art. 2 EuVECA-VO). Die Registrierung erhält ein AIFM innerhalb von zwei Monaten (behördliche Bearbeitungszeit). Für die Registrierung als EuVECA-Manager fallen zurzeit BaFin-Gebühren iHv 7.235 EUR an. Ein Doppelregistrierungserfordernis nach KAGB und EuVECA besteht nicht mehr (Art. 14 Abs. 5 EuVECA-VO). Außerdem sind Anfangskapital- und Eigenmittelanforderungen einzuhalten (Art. 10 EuVECA-VO). Das Anfangskapital beträgt 50.000 EUR. Die Eigenmittel müssen mindestens ein Achtel der fixen Gemeinkosten betragen, die dem AIFM im vorangegangenen Jahr entstanden sind. Ist der AIFM noch nicht ein Jahr tätig, beträgt die Anforderung ein Achtel der laut dem Geschäftsplan erwarteten fixen Gemeinkosten vorbehaltlich einer behördlichen Anpassung. Schärfere Anforderungen bestehen, wenn das Portfolio 250 Mio. EUR übersteigt. 32

Daneben bestehen Produktregeln sowie diverse Verhaltens- und Organisationsanforderungen. In der Beratung ist zu klären, ob die Produktregeln für den jeweiligen Private-Equity-Fonds passen. Ein EuVECA muss mindestens 70 Prozent seines, vereinfacht gesagt, Anlagekapitals in qualifizierte Anlagen investieren. Hierunter fallen insbesondere Eigenkapital- oder eigenkapitalähnliche Instrumente. Geeignete Zielunternehmen können solche Unternehmen sein, die zum Zeitpunkt der Erstinvestition (i) nicht an einem geregelten Markt oder multilateralen Handelssystem iSd MiFID II zugelassen sind und bis 499 Personen beschäftigen oder (ii) KMUs iSd MiFID II sind, die an einem KMU-Wachstumsmarkt iSd MiFID II notiert sind. Ein Verwahrstellenerfordernis besteht nicht. Die EuVECA-VO macht jedoch keine Vorgaben für zulässige Fondsstrukturen. Es gelten die obigen Ausführungen zu den Rechtsformen des nationalen Rechts. 33

C. Strukturierung nach dem UBGG

Initiatoren können sich dafür entscheiden, Fonds als sog. Unternehmensbeteiligungsgesellschaften (UBG) nach dem UBGG aufzulegen. **UBG bedürfen der Anerkennung** der zuständigen Behörde (jeweilige oberste Landesbehörde am Sitz der UBG). Ein Opt-In für das UBGG geht mit verschiedenen Anforderungen insbesondere an die Rechtsform (§ 2 UBGG) und die zulässigen Geschäfte (§ 3 UBGG) bzw. Anlagegrenzen (§ 4 UBGG) einher. Das Grund- oder Stammkapital der UBG muss mind. 1 Mio. EUR betragen (§ 2 Abs. 4 UBGG). 34

Die Regulierung nach dem **KAGB** kann **neben dem UBGG** bestehen. Hier ist im Einzelfall zu prüfen, ob nicht das Konzernprivileg nach § 2 Abs. 3 KAGB greift (zB bei sog. integrierten UBG nach § 2 Abs. 2 S. 2 UBGG). Ist das KAGB anwendbar, ist der Rechtsformzwang nach dem KAGB einzuhalten. Andernfalls darf eine inländische UBG in der Rechtsform der AG, der GmbH, der KG und der KGaA betrieben werden (§ 2 Abs. 1 UBGG). Auf Kontrollerlangung an nicht börsennotierten Unternehmen gerichtete Buy-Out-Strategien lassen sich mittlerweile auch im Rahmen des Majorisierungsverbots 35

[15] Detailliert und instruktiv *Boxberger* in Weitnauer/Boxberger/Anders, KAGB, 2. Aufl., § 330a Rn. 1 ff.; Boxberger/Schatz, Absolutreport 5-2014, S. 66.

umsetzen (§ 4 Abs. 3 S. 2 UBGG). Die Kontrollbeteiligung muss jedoch innerhalb von acht Jahren auf maximal 49 % der Stimmrechte zurückgeführt werden (§ 4 Abs. 3 S. 3 UBGG).

36 Die **Vorteile der UBG** liegen im Wesentlichen in der Gewerbesteuerbefreiung (§ 3 Nr. 23 GewStG) und in dem fehlenden insolvenzrechtlichen Nachrang von Gesellschafterdarlehen der UBG oder eines Gesellschafters der UBG an ein Portfoliounternehmen (§ 24 UBGG). Da inländische Private-Equity-Fonds in aller Regel vermögensverwaltende Personengesellschaften und damit keine Steuersubjekte sind, wird der Vorteil der Gewerbesteuerbefreiung praktisch nivelliert. Der fehlende Nachrang im Insolvenzverfahren ist ebenso kein schlagendes Argument. Denn Gesellschafterdarlehen werden nicht stets vergeben. Die Insolvenz eines Portfoliounternehmens ist zudem kein Planszenario.

D. Die Steuerstrukturierung

I. Die vermögensverwaltende GmbH & Co. KG

37 Die Strukturierung eines Fonds richtet sich vor allem auch nach steuerlichen Parametern. Fondsstrukturen sollen grundsätzlich steuerlich neutral sein, dh der Fonds unterliegt nicht der Ertragsteuer und ist insoweit kein Steuersubjekt **(sog. steuerliche Transparenz),** sondern nur Subjekt der Einkünfteermittlung. Die den Gesellschaftern zuzurechnenden Ergebnisanteile unterliegen bei der Besteuerung den jeweiligen persönlichen Besteuerungsmerkmalen. Überschusseinkünfte des Fonds können daher uU auf Ebene der Anleger in gewerbliche Einkünfte umqualifiziert werden. Ausländische Anleger unterliegen im Regelfall nicht allein auf Grund ihrer Beteiligung am Fonds einer Besteuerung im Ansässigkeitsstaat des Fonds.

38 Personengesellschaften sind grundsätzlich ertragsteuerlich transparent. Sie sind aber Gewerbesteuersubjekt (§ 5 Abs. 1 S. 3 GewStG), sofern sie nicht als vermögensverwaltende Personengesellschaft zu qualifizieren sind. **Um diese gesamtsteuerliche Transparenz nicht zu verlieren, ist darauf zu achten,** dass der Fonds nicht originär gewerblich tätig ist, nicht gewerblich infiziert wird und nicht gewerblich geprägt ist (§ 15 EStG).

39 Die Praxis orientiert sich für die tätigkeitsbezogene Abgrenzung von **Vermögensverwaltung** und Gewerbebetrieb noch immer an dem BMF Schreiben v. 16.12.2003 (IV A 6-S 2240-153/03).[16] Hier ist ua zu beachten, dass der Fonds nicht unternehmerisch in den Portfolio-Gesellschaften tätig wird, Veräußerungserlöse nicht reinvestiert (mit gewissen Ausnahmen) und keine eigene umfangreiche Organisation unterhalten darf. Letzteres kann allenfalls im erlaubnispflichtigen Bereich relevant werden, wo der AIFM aufsichtsrechtliche Anforderungen an die eigene Organisation einzuhalten hat (§§ 28, 29 KAGB iVm Delegierte Verordnung (EU) Nr. 231/2013). Eine Zurechnung der Organisation des AIFM an den AIF ist steuerlich denkbar. Der BFH hat in der Vergangenheit bereits die Organisation einer Managementgesellschaft einer Fondsgesellschaft zugerechnet.[17]

40 Eine **gewerbliche Infizierung** tritt bei einer Beteiligung an einer Kapitalgesellschaft nicht ein (bzw. lässt sich über eine solche verhindern, sog. Blockergesellschaft).

41 Eine **gewerbliche Prägung** lässt sich vermeiden, indem in Abweichung von § 164 HGB auf einen geschäftsführenden Kommanditisten als Geschäftsführung zurückgegriffen wird. Dies ist in aller Regel der AIFM (s. o.).

42 Das **InvStG 2018** ist insoweit ohne Einfluss auf die steuerliche Transparenz des Fondsvehikels. AIF in der Rechtsform einer Personengesellschaft sind keine Investmentfonds iSd InvStG 2018, sofern es sich nicht um OGAW oder um Altersvorsorgevermögenfonds nach § 53 InvStG 2018 handelt (§ 1 Abs. 3 S. 1 Nr. 2 InvStG 2018). Auch UBG fallen nicht unter das InvStG 2018 (§ 1 Abs. 3 S. 1 Nr. 3 InvStG 2018).

[16] Trotz des kritischen obiter dictum bei BFH Urt. v. 24.8.2011 – I R 46/10, DStR 2011, 2085 (2088).
[17] BFH Urt. v. 24.8.2011 – I R 46/10, DStR 2011, 2085 (2089).

Die vermögensverwaltende GmbH & Co. KG als Fondsgesellschaft ermöglicht zudem – vorbehaltlich der Erfüllung weiterer Kriterien – einen **steuervergünstigten Bezug von Carried Interest** (§ 18 Abs. 1 Nr. 4 EStG). Demgegenüber ist umstritten, ob nicht auch Carried Interest im Fall von gewerblichen Fondsgesellschaften von dem Steuerprivileg erfasst ist.[18] Der BFH hat sich jüngst dagegen entschieden.[19] Er ist der Auffassung, dass es sich insoweit um einen disproportionalen Ergebnisanteil handele. **43**

II. Steuerintransparente Strukturen

Bislang wird nur ausnahmsweise in Deutschland auf intransparente Strukturen in Form von **Kapitalgesellschaften** (insbesondere der GmbH) zurückgegriffen. Der Carried Interest wird dann über Vorzugsaktien/-geschäftsanteile ausgeschüttet. Fondskapitalgesellschaften im Bereich Private Equity sind sog. (einfache) Investmentfonds iSd InvStG 2018. Denn schon aufgrund ihrer geschlossenen Struktur können sie die an einen sog. Spezial-Investmentfonds gestellten Anlagebestimmungen des § 26 InvStG 2018 nicht einhalten. Die Besteuerung der Investmentfonds erfolgt sowohl auf Ebene des Fonds (§§ 6–15 InvStG 2018) als auch auf Ebene der Anleger (§§ 16–22 InvStG 2018). **44**

Soweit keine Steuerbefreiung auf **Fondsebene** aufgrund der Beteiligung steuerbefreiter Anleger (§§ 8 ff. InvStG 2018) möglich ist, unterliegt der Fonds mit seinen inländischen Beteiligungseinnahmen (§ 6 Abs. 3 InvStG 2018), dh insbesondere inländischen Dividenden, der Körperschaftsteuer (§ 6 Abs. 1 S. 1 InvStG 2018). Veräußerungsgewinne sind keine Beteiligungseinnahmen. Das Schachtel-Privileg aus § 8b KStG ist ausgeschlossen (§ 6 Abs. 6 InvStG 2018), um eine Gleichstellung des Fonds mit anderen Anlegern mit Streubesitzbeteiligungen zu erreichen.[20] Das ist dann unverständlich, wenn der Fonds bei Portfoliounternehmen die Beteiligungsschwelle von mind. 10 % überschreitet. Für eine Gewerbesteuerbefreiung muss der objektive Geschäftszweck des Fonds auf die Anlage und Verwaltung seiner Mittel für gemeinschaftliche Rechnung der Anteils- oder Aktieninhaber beschränkt sein und der Fonds darf seine Vermögensgegenstände nicht in wesentlichem Umfang aktiv unternehmerisch bewirtschaften (§ 15 Abs. 2 InvStG 2018). UBG sind ohnehin gewerbesteuerbefreit (s. o.). **45**

Das intransparente Besteuerungsregime nach dem InvStG 2018 kann insbesondere wegen der für die **Anleger** eingreifenden Teilfreistellungen vorteilhaft sein. Relevant sind hier die Teilfreistellungen für Aktienfonds (§ 20 Abs. 1 iVm 2 Abs. 6 InvStG 2018), dh Investmentfonds, die gemäß den Anlagebedingungen fortlaufend mehr als 50 Prozent ihres Aktivvermögens in Kapitalbeteiligungen anlegen. Vorteile ergeben sich hier für natürliche Personen als Anleger. Steuerfrei sind 30 % der Erträge oder, falls die Investmentanteile im Betriebsvermögen gehalten werden, sogar 60 %. Für Anleger nach dem KStG ist das Regime in der Regel nachteilig, weil sie nur eine 80%ige Freistellung nutzen können (im Gegensatz zu den 95 % nach § 8b KStG). Weder § 3 Nr. 40 EStG noch § 8b KStG sind auf die Investmenterträge (§ 16 Abs. 1 InvStG 2018) der Anleger anwendbar (§ 16 Abs. 3 InvStG 2018). **46**

Der Umgang mit der Besteuerung des **Carried Interest** hinterlässt in der Praxis noch offene Fragen. Noch nicht geklärt ist, ob körperschaftliche Investmentfonds als „Gesellschaft" unter § 18 Abs. 1 Nr. 4 EStG fallen können und ob für den Carried Interest eines Initiators § 18 Abs. 1 Nr. 4 EStG oder § 20 Abs. 1 Nr. 3, 3a EStG gilt. **47**

---

18 *Veith* in Pöllath/Rodin/Wewel, Private Equity and Venture Capital Fonds, § 11 Rn. 117 ff.
19 BFH Urt. v. 11.12.2018 – VIII R 11/16.
20 BT-Drs. 18/8045, 75.

§ 5 Fondsstrukturen (Inbound)

Übersicht

Literatur (Buchbeiträge, Aufsätze, Monographien)

Bälz, Kilian: Islamische Aktienfonds in Deutschland?, BKR 2002, S. 447 ff.

Bauer, Andreas F./Gemmecke, Thomas: Zur einkommensteuerrechtlichen Behandlung von Venture Capital und Private-Equity-Fonds nach dem BMF-Schreiben v. 16.12.2003, DStR 2004, S. 579 ff.

Blumers, Wolfgang: DBA-Betriebsstätten-Zurechnungen in der jüngsten BFH-Rechtsprechung, DB 2008, S. 1765 ff.

Blumers, Wolfgang/Weng, Björn: Betriebsstätte bei Einschaltung einer Managementgesellschaft, Anmerkungen zum BFH-Urteil vom 24.8.2011, I R 46/10, DStR 2012, S. 551 ff.

BNA Tax Management Portfolios – Private Equity Funds, 2004, 735, A-27 ff.

Brunsbach, Stefan/Mock, Oliver: Die sachliche Entlastungsberechtigung des § 50d Abs. 3 EStG für Dividendenausschüttungen aus Deutschland in Theorie und Praxis, IStR 2013, S. 653 ff.

Ditz, Xaver/Quilitzsch, Carsten: Aktuelle Entwicklungen im Hinblick auf die Definition der Betriebsstätte, FR 2012, S. 493 ff.

Eilers, Stephan: Zinsschrankenerfahrungen – Subprime crisis; Reaktionsgestaltungen; Private Equity Strukturen –, Ubg 2008, S. 197 ff.

Falk/Kleinman, What to do if your fund becomes subject to ERISA, The Investment Lawyer, Jan 2002, S. 2 ff.

Fenn, Patrick/Goldstein, David; Tax considerations in structuring US-based private equity funds, International Financial Law Review, Private Equity and Venture Capital 2002 Supplement

Fischer, Michael: Europarecht und Körperschaftsteuerrecht, DStR 2006, S. 2281 ff.

Geurts, Matthias/Jacob, Friedhelm: Französische SICAV: Ansässigkeit nur bei Steuerpflicht – und was ist mit dem deutschen REIT?, IStR 2007, S. 737 ff.

Gosch, Dietmar: Ausschluss der Kapitalertragsteuererstattung gem. § 50 d Abs. 1 a EStG 1990 i. d. F. des StMBG, BFH/PR 2008, S. 296

Gosch, Dietmar: Die Zwischengesellschaft nach „Hilversum I und II", „Cadburry Schweppes" und den JStG 07 und 08, Festschrift Reiß, 2008, S. 597 ff.

Gosch, Dietmar: Notwendiges Sonderbetriebsvermögen und Abkommensrecht, BFH/PR 2008, S. 328

Gradl, Christoph/Kiesewetter, Michael: Das Mehrseitige Übereinkommen (Multilaterales Instrument) zur Umsetzung abkommensbezogener Maßnahmen aus dem OECD/G20-BEPS-Projekt und dessen voraussichtliche Auswirkungen auf die deutschen Doppelbesteuerungsabkommen, IStR 2018, S. 1 ff.

Grotherr, Siegfried: Erschwerung von Gestaltungen zur Vermeidung des Betriebsstättenstatus durch das Multilaterale Instrument (Teil I), Ubg 2017, S. 125 ff.

Grotherr, Siegfried: Erschwerung von Gestaltungen zur Vermeidung des Betriebsstättenstatus durch das Multilaterale Instrument (Teil II), Ubg 2017, S. 188 ff.

Günkel, Manfred/Lieber, Bettina: Ausgewählte Zweifelsfragen im Zusammenhang mit der verschärften Holdingregelung in § 50 d Abs. 3 EStG i. d. F. des JStG 2007, Ubg 2008, S. 383 ff.

Häck, Nils: Abkommensrechtliche Zuordnung von Beteiligungen zu Betriebsstätten nach BFH, OECD und Finanzverwaltung, IStR 2015, S. 113 ff.

Häussermann, Roland/Rengier, Christian: Die InvStG-Ausnahme des § 50d Abs. 3 EStG: Fortgeltung des materiellen Investmentbegriffes für Immobilienfonds, IStR 2008, S. 679 ff.

Huschke, Christian/Hartwig, Sybille: Das geplante Jahressteuergesetz 2009: Auswirkungen auf Vermietungseinkünfte beschränkt steuerpflichtiger Kapitalgesellschaften, IStR 2008, S. 745 ff.

Jacobs, Otto H.: Internationale Unternehmensbesteuerung, München 2002; 8. Auflage, München 2016

Jansen, Thomas/Lakenbrink, Markus/Mammen, Andreas: Die erweiterte gewerbesteuerliche Kürzung bei der Veräußerung des letzten Grundstücks, FR 2018, S. 153 ff.

Kenyon, Geoffrey/Carmichael, Martin: Distributing private equity funds to US investors, International Financial Law Review, Supplement Jan 2002, S. 6 ff.

Kessler, Wolfgang/Müller, Michael A.: Ort der Geschäftsleitung einer Kapitalgesellschaft nach nationalem und DBA-Recht – Bestandsaufnahme und aktuelle Entwicklungen, IStR 2003, S. 361 ff.

Kollruss, Thomas: Steueroptimale Gewinnrepatriierung unter der verschärften Anti-Treaty-Shopping-Regelung des § 50d Abs. 3 EStG i. d. F. JStG 2007 unter Berücksichtigung der Zinsschranke, IStR 2007, S. 870 ff.

Kraft, Gerhard/Dombrowski, Martin: Die praktische Umsetzung des „Authorized OECD Approach“ vor dem Hintergrund der Betriebsstättengewinnaufteilungsverordnung, FR 2014, S. 1105 ff.

Kraft, Gerhard/Ungemach, Markus: Abkommensrechtliche Zuordnung von Kapitalgesellschaftsbeteiligungen zu einer geschäftsleitenden Holding-Betriebsstätte, DStZ 2015, S. 716 ff.

Lübbehüsen, Thomas/Kahle, Holger: Brennpunkte der Besteuerung von Betriebsstätten, Herne 2016

Lyons, William/Hill, Franco, R.: Allocating and substantiating income and expenses for tax-exempt organizations, Journal of Taxation of Exempt Organizations, November/December 1996

Scheunemann, Marc P./Socher, Oliver: Zinsschranke beim Leveraged Buy-out, BB 2007, S. 1144 ff.

Schmidt, Christian/Dendorfer, Wilhelm: Beteiligungen an US-amerikanischen Immobilienfonds – Doppelbesteuerung von Zinserträgen aufgrund von Qualifikationskonflikten, IStR 2000, S. 46 ff.

Schnitger, Arne: Urteil in den Rs. Deister Holding und Juhler Holding – das Ende des § 50d Abs. 3 EStG, IStR 2018, S. 169 ff.

Schnitger, Arne/Bildstein, Christoph: Praxisfragen der Betriebsstättenbesteuerung, Ubg 2008, S. 444 ff.

Schnittker, Helder/Steinbiß, Timo: Gewerblichkeit oder Vermögensverwaltung bei PE/VC-Fonds – Folgerungen aus dem Urteil des BFH v. 24.8.2011, FR 2016, S. 1069 ff.

Schönfeld, Jens: Anmerkung zu BFH, Beschluss v. 19. Dezember 2007, I R 66/06, IStR 2008, S. 370 ff.

Spirtos, John B.: Advising pension plans and other tax-exempt entities on investments in partnerships, Journal of Partnership Taxation, Fall 1997

Süß, Stefan/Mayer, Stefan, Was bleibt vom Private-Equity-Erlass? Anmerkung zum Urteil des BFH v. 24.8.2011, I R 46/10, DStR 2011, S. 2276 ff.

Töben, Thomas: Private-Equity-Fonds: Ausländische Beteiligungserträge deutscher und ausländischer Personengesellschaften mit ausländischen Gesellschaftern, ISR 2013, S. 350 ff.

Requenez, Arturo/Shuman, Timothy S.: U. S. private equity funds making cross-border investments – primary tax considerations, Journal of Taxation, June 2007, S. 349 ff.

Wachter, Thomas: Die englische private limited company im deutschen Steuerrecht (Teil 1), FR 2006, S. 358 ff.

Wassermeyer, Franz: Anmerkung zu BFH, Urteil vom 24.8.2011 – I R 46/10, IStR 2011, S. 925 ff.

Wiese, Götz/Klass, Tobias: Einkommensteuerliche Behandlung von Private Equity und Venture Capital Fonds, FR 2004, S. 324 ff.

Wiese, Götz/Süß, Stefan: Verschärfungen bei Kapitalertragsteuer-Entlastung für zwischengeschaltete ausländische Kapitalgesellschaften, GmbHR 2006, 972.

Verwaltungsanweisungen:

Bundesanstalt für Finanzdienstleistungsaufsicht (BaFin): Auslegungsschreiben zum Anwendungsbereich des KAGB und zum Begriff des „Investmentvermögens“ v. 14.6.2013, geändert am 9.3.2015 – Q 31-Wp 2137-2013/0006, abrufbar unter www.bafin.de; Bundesministerium der Finanzen (BMF): Schreiben betr. DBA Ungarn: Beteiligung an einer ungarischen vermögensverwaltenden GmbH & Co. KG v. 24.9.1999 – IV D 3 – S 1301 Ung – 5/99, IStR 2000, 627; BMF: Schreiben betr. Grundsätze der Verwaltung für die Prüfung der Aufteilung der Einkünfte bei Betriebsstätten international tätiger Unternehmen (Betriebsstätten-Verwaltungsgrundsätze) v. 24.12.1999 – IV B 4-S 1300-111/99, BStBl. I S. 1076; BMF: Schreiben betr. einkommensteuerliche Behandlung von Venture Capital und Private-Equity-Fonds; Abgrenzung der privaten Vermögensverwaltung vom Gewerbebetrieb, v. 16.12.2003 – IV A 6 – S 2240 – 153/03, DStR 2004, 181; BMF: Schreiben betr. Grundsätze zur Anwendung des Außensteuergesetzes v. 14.5.2004 – IV B 4 – S 1340 – 11/04, BStBl. II Sonder-Nr. 1/2004, S. 3; BMF: Schreiben betr. die steuerliche Einordnung der nach dem Recht der Bundesstaaten der USA gegründeten Limited Liability Company v. 19.3.2004 – IV B 4 – S 1301 USA – 22/04, BStBl. I S. 411; BMF: Schreiben betr. Änderungen bei der Besteuerung steuerlicher Organschaften durch das Steuervergünstigungsabbaugesetz – StVergAbG v. 10.11.2005 – IV B 7 – S 2770 – 24/05, BStBl. I 2005, 1038; BMF: Schreiben betr. Entlastungsberechtigung ausländischer Gesellschaften (§ 50d Abs. 3 EStG) v. 24.1.2012 – IV B 3 – S 2411/07/10016, BStBl. I S. 171; BMF: Grundsätze für die Anwendung des Fremdvergleichsgrundsatzes auf die Aufteilung der Einkünfte zwischen einem inländischen

Unternehmen und seiner ausländischen Betriebsstätte und auf die Ermittlung der Einkünfte der inländischen Betriebsstätte eines ausländischen Unternehmens nach § 1 Abs. 5 des Außensteuergesetzes und der Betriebsstättengewinnaufteilungsverordnung (Verwaltungsgrundsätze Betriebsstättengewinnaufteilung – VWG BsGa) v. 22.12.2016 – IV B 5 – S 1341/12/10001-03, BStBl. I 2017 S. 182; BMF: Schreiben betr. Anwendung der Doppelbesteuerungsabkommen (DBA) auf Personengesellschaften v. 26.9.2014 – IV B 5 – S 1300/09/10003, BStBl. I S. 1258; OFD Rheinland und OFD Münster: Verfügung v. 9.10.2008 – S 1301 – St 123 (09/2008) (Rheinland), S 1301 – 51 – St 45 -31 (Münster), IStR 2008, 779; OFD Münster: Verfügung v. 24.7.2008 – S 1300 – 169 – St 45-32, GmbHR 2008, 1007; OFD Nordrhein-Westfalen: Verfügung betr. steuerliche Behandlung von nach ausländischem Recht gegründeten grundstücksverwaltenden Körperschaften und von vermögensverwaltenden gewerblich geprägten Personengesellschaften mit ausländischen Gesellschaftern ab dem VZ 2009 v. 5.9.2017 – S 1300–2010/0007-St 122, DB 2017, 2384.

A. Einleitung

1 Im Rahmen der Strukturierung von Private-Equity-Fonds sowie der Gestaltung ihrer Investmentstrukturen im Inland steht grundsätzlich das Prinzip der Steuerneutralität im Vordergrund. Die Investoren von Private-Equity-Fonds erwarten nicht nur, dass auf Ebene des Private-Equity-Fonds als Pooling Vehikel keine zusätzliche Steuerbelastung auftritt, sondern auch, dass in der Zieljurisdiktion, dh in der Jurisdiktion, in der das Zielinvestment sich befindet bzw. steuerlich verhaftet ist, keine oder zumindest eine möglichst geringe zusätzliche Steuerbelastung ausgelöst wird. Die im Rahmen eines Private Equity Investments erzielten Erträge sollen also vom Ansatz her möglichst nur einmal, und zwar auf Ebene der Investoren, der Besteuerung unterliegen. Damit die Besteuerung auf Investorenebene ausschließlich nach den persönlichen Besteuerungsmerkmalen bzw. dem jeweiligen persönlichen Steuerregime im Ansässigkeitsstaat erfolgt, soll die Besteuerung der Erträge aus dem Private-Equity-Fonds auf Ebene der Investoren in ihrem Ansässigkeitsstaat zudem weder durch die Struktur des Private-Equity-Fonds noch durch die Gestaltung der Investmentstruktur in der Zieljurisdiktion, hier also im Inland, beeinflusst werden. Nur wenn diese Vorgaben im Rahmen der konkreten Fondsstruktur erfüllt werden, wird dem Prinzip der Steuerneutralität genügt.

2 Im Folgenden sollen vor diesem Hintergrund zum einen die wesentlichen deutschen ertragsteuerlichen Gesichtspunkte für die Gestaltung sog. Inbound-Investmentstrukturen von Private-Equity-Fonds, also die ertragsteuerliche Behandlung von Inlandsinvestitionen durch Steuerausländer, sowie zum anderen wichtige ausländische, insbesondere US-amerikanische Anforderungen erörtert werden, die typischerweise Einfluss auf die Gestaltung von Inbound-Investmentstrukturen haben.

3 Aus deutscher Sicht sind insoweit typisierend im Wesentlichen drei unterschiedliche Fondsstrukturen zu unterscheiden, die für die inländische Gestaltung der jeweiligen Inbound-Investmentstruktur unterschiedliche steuerliche Problemschwerpunkte haben. Dies sind US Private-Equity-Fonds, sog. *Offshore* Private-Equity-Fonds, die üblicherweise in Jurisdiktionen wie den Cayman Islands oder den Kanalinseln aufgesetzt werden, und EU Private-Equity-Fonds, also Fondsvehikel in der Rechtsform einer Kapital- oder einer Personengesellschaft aus einer Jurisdiktion der Europäischen Union. Auf deutscher Seite wird das Gestaltungsfeld durch die Rechtsform der Zielgesellschaft bzw. das Zielobjekt abgesteckt. Folgendes Schaubild veranschaulicht den typischen gestalterischen Rahmen von Inbound-Investmentstrukturen:

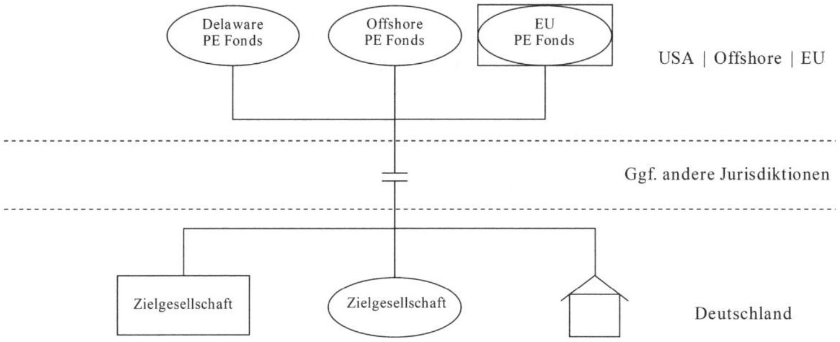

B. Ertragsteuerliche Behandlung von Inlandsinvestitionen durch Steuerausländer

Für Inlandsinvestitionen von Steuerausländern hat neben der laufenden Besteuerung im Inland insbesondere die steuereffiziente Repatriierung von Gewinnen Bedeutung. Die steuerlichen Anknüpfungspunkte im Inland geben insoweit den Rahmen für die Gestaltung der Inbound-Investmentstruktur eines Private-Equity-Fonds vor. 4

I. Grundlagen

1. Steuersubjekte und Abkommensberechtigung

Nicht in Deutschland ansässige natürliche Personen sind nach § 1 Abs. 4 EStG in Deutschland dann beschränkt steuerpflichtig, wenn sie inländische Einkünfte iSd § 49 EStG erzielen. Nach § 2 Nr. 1 KStG gilt dies auch für Körperschaften, Personenvereinigungen und Vermögensmassen, die weder ihren Sitz noch ihre Geschäftsleitung im Inland haben. Entsprechend dem im deutschen Steuerrecht geltenden Transparenzprinzip unterfallen Personengesellschaften, die selbst nicht Subjekt der Einkommen- und Körperschaftsteuer sind, nicht der beschränkten Steuerpflicht. Abzustellen ist vielmehr auf die hinter der Personengesellschaft stehenden Gesellschafter. Bei Inlandsinvestitionen ausländischer Private-Equity-Fonds kommt als Steuersubjekt damit grundsätzlich der Fonds selbst, wenn er als Körperschaft iSd Körperschaftsteuerrechts qualifiziert wird, oder die hinter dem als Personengesellschaft zu qualifizierenden Fonds stehenden Investoren in Betracht. 5

a) Typenvergleich. Ob ein ausländischer Private-Equity-Fonds als Personengesellschaft oder Körperschaft zu qualifizieren ist, beantwortet sich regelmäßig nach dem von der Rechtsprechung[1] entwickelten Typenvergleich. Hierbei wird danach gefragt, ob die Fondsgesellschaft rechtlich und wirtschaftlich mit einer Personen- oder Kapitalgesellschaft deutschen Rechts vergleichbar ist. Ausgangspunkt ist der ausländische Rechtsrahmen, dh es ist eine Gesamtwürdigung der maßgebenden ausländischen Bestimmungen über die Organisation und Struktur der Gesellschaft vorzunehmen. Lässt der ausländische Rechtsrahmen, zB durch ein hohes Maß an Flexibilität bei der gesellschaftsvertraglichen Ausgestaltung, keine generell-abstrakte Aussage über die Einordnung zu, ist gegebenenfalls im Rahmen einer individuell-konkreten Betrachtungsweise auf die vertragliche Ausgestaltung der Gesellschaft abzustellen.[2] 6

1 Vgl. RFH Urt. v. 12.2.1930 – VI A 899/27, RStBl. 1930 S. 444; Urt. v. 18.12.1930 – VI A 899/30, RStBl. 1931 S. 200; BFH Urt. v. 23.6.1992 – IX R 182/87, BStBl. II S. 972.

2 *Rengers* in Blümich KStG § 1 Rn. 143.

7 Der auf diese Weise vorzunehmende Typenvergleich lässt sich relativ einfach durchführen, wenn die Organisationsform der Fondsgesellschaft im Inland eine zivilrechtliche Parallele findet. Als regelmäßig unproblematisch erweist sich daher etwa die Nutzung einer luxemburgischen *S.à r. l.* als Fondsgesellschaft, da die *S.à r. l.* anerkanntermaßen das Pendant zur deutschen GmbH darstellt und damit typischerweise als Kapitalgesellschaft zu qualifizieren ist.[3] Auch im Hinblick auf *offshore*-LP Strukturen oder UK/US LP-Strukturen, die strukturell einer deutschen Personengesellschaft entsprechen, lässt sich der Typenvergleich in der Regel vergleichsweise einfach durchführen, so dass bei der Strukturierung insoweit das Transparenzprinzip zugrunde zu legen ist. Schwierig erweist sich der Typenvergleich allerdings dann, wenn sich die ausländische Rechtsform strukturell keiner der im Inland vorhandenen zivilrechtlichen Rechtsformen zuordnen lässt. Insbesondere im Hinblick auf die Einordnung von US Private Fonds in der Rechtsform einer Delaware LLC haben die von der Finanzverwaltung[4] aufgestellten Kriterien hier allerdings für ein erhöhtes Maß an Rechtssicherheit gesorgt.

8 **b) Abkommensberechtigung.** Die Einordnung ausländischer Gesellschaften für deutsche Besteuerungszwecke hat grundsätzlich allein aus deutscher Sicht zu erfolgen. Dies gilt jedoch nicht unbedingt auch für die Zwecke eines Doppelbesteuerungsabkommens (DBA).

9 Besteht mit dem Domizilstaat des Private-Equity-Fonds ein DBA, stellt sich zunächst die Frage, ob der Private-Equity-Fonds selbst abkommensberechtigt ist. Üblicherweise umfasst der persönliche Anwendungsbereich eines DBA „Personen, die in einem Vertragsstaat oder in beiden Vertragsstaaten ansässig sind", vgl. Art. 1 OECD-MA. Personen sind nach der Definition in Art. 3 Abs. 1 lit. a OECD-MA natürliche Personen, Gesellschaften und alle Personenvereinigungen. Jedoch muss die Person in einem der Vertragsstaaten ansässig sein. Gemäß Art. 4 Abs. 1 OECD-MA ist eine Person in einem Vertragsstaat ansässig, wenn sie eines der in der Vorschrift genannten steuerpflichtbegründenden Merkmale im Sinn einer Inländerbesteuerung erfüllt.[5]

10 Hieraus folgt, dass ein Private-Equity-Fonds jedenfalls dann nicht abkommensberechtigt ist, wenn dieser sowohl aus Sicht des deutschen Steuerrechts als auch aus Sicht des Steuerrechts des Sitzstaates als steuerlich transparente Personengesellschaft zu qualifizieren ist. Zwar stellt eine Personengesellschaft grundsätzlich eine Person im abkommensrechtlichen Sinn dar.[6] Da der Personengesellschaft aufgrund ihrer Transparenz aber die Steuersubjekteigenschaft fehlt, ist sie nicht ansässig iSd Art. 4 Abs. 1 OECD-MA. Für Zwecke der Abkommensberechtigung ist daher in einem solchen Fall auf die hinter der Personengesellschaft stehenden Gesellschafter abzustellen, was allerdings im Rahmen der Strukturierung von Private-Equity-Fonds häufig nicht praktikabel ist.

11 Wird der Private-Equity-Fonds dagegen sowohl aus Sicht des deutschen Steuerrechts als auch aus Sicht des Steuerrechts des Sitzstaates als Kapitalgesellschaft qualifiziert, erfüllt er das Merkmal der Ansässigkeit iSd Art. 4 Abs. 1 OECD-MA und ist dementsprechend berechtigt, die Abkommensvorteile in Anspruch zu nehmen. Auf die hinter dem Fonds stehenden Gesellschafter ist – jedenfalls aus abkommensrechtlicher Sicht – nicht abzustellen.[7] Unterliegt der Private-Equity-Fonds in seinem Sitzstaat aufgrund eines speziellen Steuerregimes nicht der Besteuerung, stellt sich in diesem Fall allerdings die Frage, wie sich

3 *Wachter* FR 2006, 358, hält einen Typenvergleich für EU-Kapitalgesellschaften für entbehrlich. Kritisch auch *Fischer* DStR 2006, 2281.

4 BMF: Schreiben betr. die steuerliche Einordnung der nach dem Recht der Bundesstaaten der USA gegründeten Limited Liability Company v. 19.3.2004 – IV B 4 – S 1301 USA – 22/04, BStBl. I S. 411. Auf die hier aufgestellten Kriterien nimmt auch der BFH Urt. v. 20.8.2008 – I R 34/08, BFH/NV 2008, 2123, ausdrücklich Bezug.

5 Dies ist im Sinne einer unbeschränkten Steuerpflicht zu verstehen. Die beschränkte Steuerpflicht reicht nicht aus. Umkehrschluss aus Art. 4 Abs. 1 S. 2 OECD-MA. Vgl. *Lehner* in Vogel/Lehner, DBA, 6. Auflage, Art. 4 Rn. 77.

6 AA *Kaminski* in Strunk/Kaminiski/Köhler MA Art. 4 Rn. 18.

7 Dieses Prinzip wird vielfach durch nationale Missbrauchsvermeidungsregeln *(treaty override)* durchbrochen. Vgl. hierzu › Rn. 100.

dieses spezielle Steuerregime auf die Ansässigkeit iSd Art. 4 Abs. 1 OECD-MA auswirkt. Die tatsächliche Besteuerung ist allerdings nicht erforderlich ist, um die Ansässigkeit zu begründen. Ausreichend ist es vielmehr, dass die in Frage stehende Person diejenige Beziehung zum Sitzstaat aufweist, die zur (unbeschränkten) Steuerpflicht führen kann (abstrakte persönliche Steuerpflicht). Eine etwaige sachliche Steuerbefreiung ist unbeachtlich.[8] Der BFH[9] hat sich dieser Auffassung mittlerweile zu Recht angeschlossen.

Kommt es dagegen zu einem Qualifikationskonflikt zwischen dem deutschen Steuerrecht **12** und dem Steuerrecht des Sitzstaates des Private-Equity-Fonds, stellt sich die Frage, wie dieser aufzulösen ist.[10] Für Inbound-Investments ausländischer Private-Equity-Fonds spielt diese Frage indes dann keine Rolle, wenn ein oder mehrere (nicht substanzschwache) Vehikel zwischen den Fonds und das inländische Zielinvestment geschaltet werden.

2. Beschränkte Steuerpflicht

Im Ausland steuerlich ansässige Investoren eines für deutsche steuerliche Zwecke trans- **13** parenten Private-Equity-Fonds bzw. ein im Ausland ansässiger, für deutsche steuerliche Zwecke intransparenter Private-Equity-Fonds sind im Rahmen der beschränkten Steuerpflicht nur mit den Einkünften in Deutschland steuerpflichtig, für die § 49 EStG einen besonderen Inlandsbezug statuiert.

a) Gewerbliche Tätigkeit und Betriebsstätte. Ob dieser Inlandsbezug für die Einkünfte **14** eines Private-Equity-Fonds besteht, beurteilt sich insbesondere danach, ob es sich bei den erzielten Einkünften um Einkünfte aus Gewerbebetrieb handelt. Ist dies der Fall, ist in einem nächsten Schritt zu prüfen, ob für diese Einkünfte eine Betriebsstätte oder ein ständiger Vertreter im Inland unterhalten wird (§ 49 Abs. 1 Nr. 2 lit. a EStG).

aa) Gewerbebetrieb. Ein Private-Equity-Fonds in der Rechtsform einer ausländischen **15** Personengesellschaft erzielt gewerbliche Einkünfte, wenn er gewerblich geprägt ist (sog. gewerbliche Prägung). Bei einer gewerblich geprägten Personengesellschaft gilt deren Tätigkeit infolge der einkommensteuerlichen Fiktion des § 15 Abs. 3 Nr. 2 S. 1 EStG als Gewerbebetrieb, auch wenn sie keine originär gewerblichen Einkünfte erzielt. Nach § 15 Abs. 3 Nr. 2 S. 1 EStG setzt diese Fiktion voraus, dass ausschließlich eine oder mehrere Kapitalgesellschaften persönlich haftende Gesellschafter sind und nur diese oder Personen, die nicht Gesellschafter sind, zur Geschäftsführung befugt sind, wobei bei doppelstöckigen Personengesellschaften eine gewerblich geprägte Personengesellschaft ihrerseits einer Kapitalgesellschaft gleichsteht. Eine gewerblich geprägte Personengesellschaft liegt daher nicht vor, wenn ein nicht persönlich haftender Gesellschafter zur Geschäftsführung befugt ist. Dies gilt unabhängig davon, ob der zur Geschäftsführung befugte Gesellschafter eine natürliche Person oder eine Kapitalgesellschaft ist, und auch dann, wenn der beschränkt haftende Gesellschafter neben dem persönlich haftenden Gesellschafter zur Geschäftsführung befugt ist.[11] Die Fiktion eines Gewerbebetriebs gemäß § 15 Abs. 3 Nr. 2 S. 1 EStG gilt auch bei einer ausländischen Personengesellschaft, wenn sie nach ihrem rechtlichen Aufbau und ihrer wirtschaftlichen Gestaltung einer inländischen Personengesellschaft entspricht.[12] Dabei ist eine ausländische Kapitalgesellschaft, die nach ihrem im Ausland geregelten rechtlichen Aufbau und ihrer wirtschaftlichen Gestaltung einer inländischen Kapitalgesellschaft entspricht, ohne weitere Einschränkungen geeignet, die ausländische Per-

---

[8] Vgl. Art. 4 Ziff. 8.6 OECD-MK; *Wassermeyer* in Wassermeyer MA Art. 1 Rn. 23; *Lehner* in Vogel/Lehner, DBA, 5. Auflage, Art. 4 Rn. 82.

[9] BFH Urt. v. 6.6.2012 – I R 52/11, BStBl. II 2014 S. 240. AA allerdings FG Niedersachsen Urt. v. 29.3.2007 – 6 K 514/03, IStR 2007, 755 zu einer SICAV französischen Rechts in der Rechtsform einer société anonyme (S. A.); hiergegen *Geurts/Jacob* IStR 2007, 737 ff.

[10] Vgl. zur Typenqualifikation auch BFH Urt. v. 20.8.2008 – I R 34/08, DStR 2008, 2151.

[11] Vgl. R 15.8 (6) EStR. AA aber *Wacker* in Schmidt, EStG, 27. Auflage, § 15 Rn. 222.

[12] Vgl. BFH Urt. v. 14.3.2007 – XI R 15/05, BStBl. II 2007 S. 924; BFH Urt. v. 17.12.1997 – I R 34/97, BStBl. II S. 296; *Wacker* in Schmidt, EStG, 27. Auflage, § 15 Rn. 215 mwN.

sonengesellschaft gewerblich zu prägen.[13] Im Hinblick auf die gewerbliche Prägung ist also bei einem ausländischen Private-Equity-Fonds in der Rechtsform einer Personengesellschaft in einem ersten Schritt zu prüfen, ob die Binnenverfassung Anlass dazu gibt, von einer Gewerblichkeit kraft Prägung ausgehen zu müssen. Typischerweise wird dies bei Private-Equity-Fonds angelsächsischer Prägung ohne Berücksichtigung der deutschen steuerlichen Besonderheiten der Fall sein.[14]

16 Aber auch wenn die Gewerblichkeit kraft Prägung vermieden werden kann, ist zu prüfen, ob die Tätigkeit eines Private-Equity-Fonds in der Rechtsform einer ausländischen Personengesellschaft originär gewerblichen Charakter iSd § 15 Abs. 1 Nr. 1 S. 1, Abs. 2 EStG hat. Insoweit erhält auch für ausländische Private-Equity-Fonds, die im Inland investieren, die Abgrenzung der privaten Vermögensverwaltung vom Gewerbebetrieb entscheidende Bedeutung. Nach wie vor ist diese Abgrenzung schwierig und teilweise höchst umstritten. Die Praxis orientiert sich bei dieser Frage am sog. Private-Equity-Erlass des BMF vom 16.12.2003,[15] der verschiedene Kriterien benennt, bei deren Vorliegen der jeweilige Fonds als vermögensverwaltend und damit nicht als originär gewerblich iSv § 15 Abs. 1 Nr. 1 S. 1, Abs. 2 EStG anerkannt wird.

17 Nach dem Private-Equity-Erlass liegt eine private Vermögensverwaltung vor, wenn sich die Betätigung des Fonds noch als Nutzung von Vermögen im Sinne einer Fruchtziehung aus zu erhaltenden Substanzwerten darstellt und die Ausnutzung substanzieller Vermögenswerte durch Umschichtung nicht entscheidend in den Vordergrund tritt. Ein Gewerbebetrieb ist dagegen anzunehmen, wenn eine selbstständige nachhaltige Betätigung mit Gewinnerzielungsabsicht unternommen wird, die sich als Beteiligung am allgemeinen wirtschaftlichen Verkehr darstellt und über den Rahmen einer Vermögensverwaltung hinausgeht. Zur Präzisierung dieser Grundsätze gibt das BMF in Anlehnung an die von der Rechtsprechung entwickelten Merkmale, die für einen gewerblichen Wertpapierhandel und den Handel mit GmbH-Beteiligungen sprechen, acht Kriterien vor, die, wenn sie kumulativ vorliegen, eine gewerbliche Tätigkeit des Private-Equity-Fonds regelmäßig ausschließen. Diese Kriterien sind:[16]

- Der Fonds muss seine Beteiligungen an den Portfolio-Gesellschaften im Wesentlichen aus Eigenmitteln finanzieren.
- Der Fonds muss seine Beteiligungen mindestens mittelfristig, dh drei bis fünf Jahre halten.
- Erzielte Veräußerungserlöse dürfen nicht reinvestiert, sondern müssen ausgeschüttet werden.
- Der Fonds darf in den Portfolio-Gesellschaften nicht unternehmerisch tätig werden.
- Der Fonds darf für die Verwaltung des Fonds-Vermögens keine umfangreiche eigene Organisation unterhalten.
- Der Fonds darf sich nicht eines Marktes bedienen und auf fremde Rechnung unter Einsatz beruflicher Erfahrungen tätig werden.

---

[13] Vgl. BFH Urt. v. 14.3.2007 – XI R 15/05, BStBl. II 2007 S. 924; BFH Urt. v. 17.12.1997 – I R 34/97, BStBl. II S. 296; BMF: Schreiben betr. DBA Ungarn: Beteiligung an einer ungarischen vermögensverwaltenden GmbH & Co. KG v. 24.9.1999 – IV D 3 – S 1301 Ung – 5/99, IStR 2000, 627; OFD Nordrhein-Westfalen: Verfügung betr. steuerliche Behandlung von nach ausländischem Recht gegründeten grundstücksverwaltenden Körperschaften und von vermögensverwaltenden gewerblich geprägten Personengesellschaften mit ausländischen Gesellschaftern ab dem VZ 2009 – S 1300–2010/0007-St 122 Rn. II. 2, DB 2017, 2384; *Wassermeyer* in Wassermeyer MA Art. 7 Rn. 85; *Oenings* in Wassermeyer/Richter/Schnittker, Personengesellschaften im Internationalen Steuerrecht, 2. Auflage, Köln 2015, Rn. 10.28.

[14] Abkommensrechtlich erzielt eine nach deutschem Recht lediglich gewerblich geprägte, aber nicht originär gewerblich tätige Personengesellschaft jedoch keine Unternehmensgewinne. Vgl. BMF-Schreiben v. 26.9.2014 – IV B 5 – S 1300/09/10003, BStBl. I 2014 S. 1258 Rn. 2.3.3.

[15] Bundesministerium der Finanzen: Schreiben betreffend einkommensteuerliche Behandlung von Venture Capital und Private-Equity-Fonds; Abgrenzung der privaten Vermögensverwaltung vom Gewerbebetrieb, v. 16.12.2003 – IV A 6 – S 2240 – 153/03, DStR 2004, 181.

[16] Vgl. zu den Einzelheiten zB *Wiese/Klass* FR 2004, 324, *Bauer/Gemmeke* DStR 2004, 579.

- Der Fonds darf Beteiligungen an den Portfolio-Gesellschaften nicht gegenüber der breiten Öffentlichkeit anbieten.
- Bei dem Fonds darf es sich nicht um einen Gewerbebetrieb kraft gewerblicher Prägung handeln.[17]

Mit Urteil vom 24.8.2011 hat auch der BFH erstmals zu den Kriterien des Privat-Equity-Erlasses Stellung bezogen. Der Finanzverwaltung hat der BFH an dieser Stelle hinsichtlich der Abgrenzung der Vermögensverwaltung von der Gewerblichkeit eine „sehr großzügige Praxis" attestiert.[18] Zwar hat der BFH in dem Urteil teilweise die Kriterien des Private-Equity-Erlasses aufgegriffen, die Gewerblichkeit aber letztlich anhand eigener Maßstäbe beurteilt und damit zahlreiche Fragen offengelassen. Ob und inwieweit bei der Strukturierung auf die Kriterien des Private-Equity-Erlasses zurückgegriffen werden kann oder ob die vom BFH aufgestellten Maßstäbe ergänzend oder anstelle der Kriterien des Private-Equity-Erlasses heranzuziehen sind, ist derzeit ungeklärt. Dies gilt insbesondere, weil die Finanzverwaltung das Urteil des BFH im Jahr 2014 im Bundessteuerblatt veröffentlicht hat.[19] In zwei kürzlich ergangenen Urteilen qualifiziert nun – wie zuvor schon der BFH – auch das FG Münster einen englischen Private-Equity-Fonds als originär gewerblich tätig und bescheinigt der Finanzverwaltung „eher in Richtung Vermögensverwaltung tendierende Merkmale" für die Abgrenzung zwischen Vermögensverwaltung und Gewerblichkeit. Zwar vermeidet es das FG Münster, die Kriterien des Private-Equity-Erlasses ausdrücklich in Frage zu stellen. Allerdings lässt die Entscheidung des FG Münster Interpretationsspielraum dahingehend zu, dass den von der Finanzverwaltung aufgestellten Kriterien nicht vollumfänglich zu folgen sein könnte. Ungeachtet dessen kann sich der Steuerpflichtige gegenüber der Finanzverwaltung natürlich auf den Private-Equity-Erlass berufen, so lange dieser nicht für ungültig erklärt wird. Möglicherweise halten entsprechende Strukturen einer gerichtlichen Überprüfung aber nicht stand. Insoweit hat der Private-Equity-Erlass als verlässliche Grundlage für die Strukturierung von Private-Equity-Fonds eine gewisse Einschränkung erfahren. **18**

bb) Betriebsstätte iSv § 12 AO. Ist der Private-Equity-Fonds als Gewerbebetrieb zu qualifizieren, sei es aufgrund gewerblicher Prägung oder originär gewerblicher Tätigkeit[20], sind der Fonds selbst bzw. seine Investoren mit ihren Einkünften allerdings nur insoweit beschränkt steuerpflichtig, als gemäß § 49 Abs. 1 Nr. 2 lit. a EStG für den Gewerbetrieb eine inländische Betriebsstätte unterhalten wird oder ein ständiger Vertreter im Inland bestellt ist. **19**

Gemäß § 12 S. 1 AO ist eine Betriebsstätte jede feste Geschäftseinrichtung oder Anlage, die der Tätigkeit eines Unternehmens dient. Auch die Stätte der Geschäftsleitung ist eine Betriebsstätte (sog. Geschäftsleitungsbetriebsstätte), vgl. § 12 S. 2 Nr. 1 AO. In aller Regel verfügen Private-Equity-Fonds nicht über eine feste Geschäftseinrichtung oder eine entsprechende Anlage. Sie haben keine eigenen Büroräume, da üblicherweise die gesamte Geschäftstätigkeit des Fonds über seine Managementgesellschaft bzw. ihm zuarbeitende verbundene Unternehmen abgewickelt wird. **20**

Feste Geschäftseinrichtungen von Managementgesellschaften begründen in der Regel aber keine Betriebsstätte für den Fonds selbst. Eine Einrichtung kann nach allgemeinen Grundsätzen nämlich nur eine Betriebsstätte iSv § 12 S. 1 AO sein, wenn der Unternehmer über sie eine nicht nur vorübergehende Verfügungsmacht besitzt. Dies bedeutet, dass er eine Rechtsposition innehaben muss, die ihm nicht ohne weiteres entzogen und die ohne **21**

---

[17] Vgl. hierzu unter → Rn. 62.
[18] Krit. hierzu zB *Süß/Mayer* DStR 2011, 2276 ff.
[19] Vgl. *Schnittker/Steinbiß* FR 2016, 1069, nach denen die Veröffentlichung vor allem aufgrund der international-steuerlichen Aspekte der Entscheidung erfolgte.
[20] Zu beachten ist, dass bei ausländischen Kapitalgesellschaften die Gewerblichkeitsfiktion des § 8 Abs. 2 KStG nicht greift.

seine Mitwirkung nicht ohne weiteres verändert werden kann.[21] Zwar muss die Verfügungsbefugnis über fremde Räumlichkeiten nicht ausdrücklich vereinbart werden, jedoch ist erforderlich, dass die Umstände der Nutzung auf eine örtliche und zeitliche Verfestigung bzw. „Verwurzelung“ der Tätigkeit des Unternehmers in den Räumlichkeiten schließen lassen.[22] Da der Private-Equity-Fonds üblicherweise keine Verfügungsmacht über die Büroräume seiner Managementgesellschaft hat bzw. dort nicht hinreichend in zeitlicher und räumlicher Hinsicht „verwurzelt“ ist, können ihm die Büroräume unter Zugrundelegung dieser Rechtsprechung nicht zugerechnet werden.

22 Nichts anderes folgt aus dem Urteil des BFH vom 24.8.2011, in dem der BFH festgestellt hat, dass die Räumlichkeiten einer eingeschalteten Managementgesellschaft eine eigene Betriebsstätte eines Fonds sein können, wenn die Fondsgesellschaft mittels der vertraglichen Überantwortung von Aufgaben und dadurch mittels eines entsprechenden sachlichen und personellen „Apparats“ in der Lage sei, ihrer unternehmerischen Tätigkeit operativ nachzugehen.[23] Der BFH begründet zwar die Zugriffsmöglichkeit in Gestalt einer Verfügungsmacht über die Räumlichkeiten der Managementgesellschaft mit dem Umfang der vertraglich übertragenen Aufgaben.[24] Ob der BFH damit wirklich von dem Kriterium der „räumlichen und zeitlichen Verwurzelung“ Abstand nehmen wollte, erscheint allerdings zweifelhaft.[25] In einem kurz zuvor ergangenen Urteil vom 23.2.2011[26], auf das der BFH in seiner Urteilsbegründung verweist, hatte der BFH nämlich noch festgestellt, dass die Betriebsstätte eines Subunternehmers nur dann zugleich als Betriebsstätte des Hauptunternehmers angesehen werden könne, wenn dieser die Tätigkeit des Subunternehmers im Rahmen der jeweiligen Einrichtung überwache. Dies gelte auch, wenn die fortlaufende Überwachung durch eine Identität der Leitungsorgane ersetzt werde.[27] Auch in einer jüngeren Entscheidung geht der BFH unter Bezugnahme auf seine Urteile vom 24.8.2011 und 23.2.2011 von einem Verfügungsrecht des Fonds aufgrund der Identität der Leitungsorgane aus.[28]

23 Hieraus folgt zugleich, dass die bloße Übertragung von Geschäftsleitungsaufgaben auf eine Managementgesellschaft grundsätzlich nicht ausreicht, um eine Betriebsstätte eines Fonds zu begründen.[29] Dies gilt jedenfalls dann, wenn die Leitungsorgane des Fonds[30] und der Managementgesellschaft nicht identisch besetzt sind. In diesem Fall lässt sich eine Verfügungsmacht des Fonds über die Räumlichkeiten der Managementgesellschaft nicht begründen.

24 **cc) Ständiger Vertreter iSv § 13 AO.** Wenn eine inländische Betriebsstätte des Fonds nach den oben stehenden Ausführungen nicht gegeben ist, kann nach § 49 Abs. 1 Nr. 2 lit. a EStG die beschränkte Steuerpflicht aber auch durch einen ständigen Vertreter iSv § 13 AO im Inland entstehen.

25 Nach § 13 S. 1 AO ist ein ständiger Vertreter eine Person, die nachhaltig die Geschäfte eines Unternehmens besorgt und dabei dessen Anweisungen unterliegt. Ständige Vertreter

---

21 Ständige Rechtsprechung des BFH etwa Urt. v. 11.10.1989 – I R 77/88, BFHE 158, 499 und Urt. v. 3.2.1993 – I R 80–81/91, DStR 1993, 680.

22 BFH Urt. v. 4.6.2008 – I R 30/07, BStBl. II S. 922.

23 BFH Urt. v. 24.8.2011 – I R 46/10, BStBl. II 2014 S. 764.

24 Krit. daher *Wassermeyer* IStR 2011, 931; *Blumers/Weng* DStR 2012, 551; *Ditz/Quilitzsch* FR 2012, 493 (500).

25 So stellt *Gosch* BFH-PR 2012, 34, in seiner Entscheidungsbesprechung klar, dass es auch weiterhin auf diese Voraussetzung für die Begründung einer Betriebsstätte ankommt.

26 BFH Urt. v. 23.2.2011 – I R 52/10, BeckRS 2011, 95635.

27 Die Identität der Leitungsorgane ist somit die stärkste Form der Überwachung, vgl. *Blumers/Weng* DStR 2012, 551 (552).

28 BFH Beschl. v. 8.6.2015 – I B 3/14, BFH/NV 2015, 1553; so auch FG Münster Urt. v. 28.4.2017 – 10 K 3435/13 F, BeckRS 2017, 113311; siehe auch *Luckhaupt* ISR 2016, 133 (134).

29 Vgl. *Luckhaupt* ISR 2016, 133 (134); *Ditz/Quilitzsch* FR 2012, 493 (500).

30 Dies sind regelmäßig die Geschäftsführer des General Partners der ausländischen Fondspersonengesellschaft.

können natürliche und juristische Personen sowie Personengesellschaften sein.[31] Eine Geschäftsbesorgung in diesem Sinne ist jede Tätigkeit wirtschaftlicher Art im Interesse des Unternehmens und umfasst auch rein tatsächliche Handlungen[32] sowie Hilfs- und Nebentätigkeiten.[33] Anders als für Zwecke des § 12 AO ist es nicht erforderlich, dass der Vertretene über die Geschäftseinrichtung des ständigen Vertreters eine gewisse, nicht nur vorübergehende Verfügungsgewalt hat.[34] Ein gleichzeitig bestehendes Eigeninteresse an der Ausführung der Geschäfte, auch im Rahmen eines eigenen Betriebs, ist unschädlich.[35] Einer Vollmacht oder anderweitigen Vertretungsbefugnis bedarf es nicht.[36]

Aufgrund dieser sehr weiten Definition besteht schon bei relativ geringer Aktivität von **26**
Managern und Beratern des Fonds das Risiko, dass die Managementgesellschaft oder andere Berater nach § 13 AO als ständige Vertreter anzusehen sind. Entscheidend ist deshalb – vorbehaltlich einer möglicherweise abweichenden Behandlung aufgrund eines einschlägigen DBA –, dass diese Personen ihre Tätigkeiten nicht im Inland ausüben.

dd) Ggf. abweichende Behandlung im Abkommensrecht. Anders verhält es sich **27**
unter Umständen, wenn der Fonds bzw. seine Investoren den Schutz eines DBA genießen. Grund hierfür ist, dass der DBA-Betriebsstättenbegriff enger ist als der inländische Begriff, weil die von Deutschland abgeschlossenen Abkommen regelmäßig entsprechend Art. 5 Abs. 4 OECD-MA einen Negativkatalog für eine Reihe von Tätigkeiten enthalten, die nicht als Betriebsstätte gelten. Dies gilt insbesondere für vorbereitende und Hilfstätigkeiten, die nach rein nationalem Recht grundsätzlich ausreichend für die Begründung einer Betriebsstätte wären. Das deutsche Recht wird durch das DBA-Recht insoweit verdrängt, als zwar im Ausgangspunkt eine beschränkte Steuerpflicht nach § 49 Abs. 1 Nr. lit. a EStG iVm § 12 AO aufgrund von Betriebsstättenmerkmalen des nationalen Rechts begründet ist, das Besteuerungsrecht aufgrund des einschlägigen DBA aber mangels der Begründung einer abkommensrechtlichen Betriebsstätte nach Art. 7 Abs. 1 OECD-MA dem Ansässigkeitsstaats des Fonds bzw. der Investoren zugewiesen wird.[37] Zu beachten sind in diesem Zusammenhang die Auswirkungen des OECD-BEPS-Projektes in Bezug auf die Verhinderung der künstlichen Umgehung des Betriebsstättenstatus (Aktionspunkt 7) auf die deutschen DBA durch die Umsetzung des Mehrseitigen Übereinkommens (Multilaterales Instrument).[38] Für die hier entscheidende Frage der Zurechnung der Betriebsstätte einer Managementgesellschaft zu der Fondsgesellschaft dürften die Auswirkungen freilich gering sein.[39]

---

31 *Drüen* in Tipke/Kruse AO/FGO AO § 13 Rn. 2; BFH Urt. v. 14.9.1994 – I R 116/93, BStBl. II 1995 S. 238.

32 BFH Urt. v. 14.7.1971 – I R 127/68, BStBl. II S. 776.

33 *Koenig* in Koenig AO § 13 Rn. 4; *Buciek* in Beermann/Gosch AO/FGO AO § 13 Rn. 5; *Musil* in Hübschmann/Hepp/Spitaler AO/FGO AO § 13 Rn. 8; aA *Drüen* in Tipke/Kruse AO/FGO AO § 13 Rn. 4.

34 BFH Urt. v. 28.6.1972– I R 35/70, BStBl. II S. 785.

35 BFH Urt. v. 28.6.1972 – I R 35/70, BStBl. II S. 785.

36 BFH Urt. v. 12.4.1978 – I R 136/77, BStBl. II 1978 S. 494; *Drüen* in Tipke/Kruse AO/FGO AO § 13 Rn. 3; Schaumburg, Internationales Steuerrecht, Rn. 6.178.

37 Vgl. nur *Reimer* in Blümich EStG § 49 Rn. 66 mwN.

38 Mehrseitiges Übereinkommen zur Umsetzung steuerabkommensbezogener Maßnahmen zur Verhinderung der Gewinnverkürzung und Gewinnverlagerung (eine deutsche unverbindliche Übersetzung ist abrufbar unter http://www.oecd.org/tax/treaties/beps-multilateral-instrument-text-translation-german.pdf). In Bezug auf die Erweiterung des abkommensrechtlichen Betriebsstättenstatus erlaubt das Mehrseitige Abkommen den Unterzeichnerstaaten zwischen verschiedenen Optionen auszuwählen. Diese werden jedoch nur durch die Unterzeichnerstaaten in den jeweiligen DBA umgesetzt, wenn das jeweilige DBA zwischen zwei Unterzeichnerstaaten übereinstimmend von diesen als ein unter das Übereinkommen fallendes DBA benannt wurde und zugleich die verschiedenen Optionen übereinstimmend ausgeübt wurden.

39 Deutschland hat sich in Übereinstimmung mit dem OECD-MA-Entwurf 2017 zu einer Option entschieden, nach der die ausdrücklich vom Betriebsstättenbegriff ausgenommen Tätigkeiten nur dann die Begründung einer Betriebsstätte vermeiden, wenn die durch die feste Geschäftseinrichtung ausgeübte Tätigkeit bloß vorbereitender Art ist oder eine Hilfstätigkeit darstellt. Im Ergebnis werden 15 deutsche

28 Zudem ist zu berücksichtigen, dass das Abkommensrecht den ständigen Vertreter als einen Unterfall der Betriebsstätte (sog. Vertreterbetriebsstätte) betrachtet und ihn wesentlich enger als das nationale Recht definiert. Nach Art. 5 Abs. 5 und 6 OECD-MA ist zunächst zwischen abhängigen und unabhängigen Vertretern zu unterscheiden, für deren Qualifikation als ständige Vertreter sodann unterschiedliche Kriterien anzulegen sind. Ein unabhängiger Vertreter ist gemäß Art. 5 Abs. 6 OECD-MA ständiger Vertreter, wenn er für seinen Geschäftsherrn Tätigkeiten ausführt, die außerhalb seines gewöhnlichen Geschäftsbetriebs liegen. Dagegen wird nach Art. 5 Abs. 5 OECD-MA ein abhängiger Vertreter als ein ständiger Vertreter angesehen, wenn ihm sein Geschäftsherr eine Vollmacht erteilt, für den Geschäftsherrn Verträge abzuschließen, und er diese auch ausübt. Dabei ist auch die faktische Vertretung ausreichend, bei der die jeweilige Abschlusshandlung formalzivilrechtlich zwar durch die Unternehmensleitung vorgenommen wird, die wesentlichen Tätigkeiten in kaufmännisch-wirtschaftlicher Hinsicht (insbesondere das Aushandeln des Vertragsinhalts) bis zu dem Vertragsschluss aber von dem faktischen Vertreter vorgenommen werden.[40] Ob eine Person (davon sind natürliche Personen, Gesellschaften und andere Personenvereinigungen umfasst, vgl. Art. 3 Abs. 1 lit. a OECD-MA) von dem durch sie vertretenen Unternehmen abhängig oder unabhängig ist, bestimmt sich danach, welche Pflichten sie gegenüber dem Unternehmen hat.[41] Eine sachliche Abhängigkeit aufgrund Weisungsgebundenheit allein genügt noch nicht für die Abhängigkeit iSv Art. 5 Abs. 5 OECD-MA. Vielmehr muss hinzukommen, dass der Vertreter von dem Unternehmen persönlich abhängig ist. Dies ist stets der Fall bei Personen, die zu dem vertretenen Unternehmen in einem Arbeitsverhältnis stehen. Unabhängig sind damit stets selbstständige Kaufleute, die unter eigener Firma und Verantwortung auftreten und aufgrund einer Rechtsbeziehung für ein Unternehmen tätig sind, die weder juristisch noch wirtschaftlich eine dem Arbeitsverhältnis vergleichbare Abhängigkeit vermittelt.[42] Entscheidend ist letztlich also die persönliche Selbstständigkeit des Vertreters gegenüber dem vertretenen Unternehmen.[43] Auch in diesem Zusammenhang sind stets die Auswirkungen des OECD-BEPS-Projektes auf den Begriff der Vertreterbetriebsstätte insbesondere im Hinblick auf die Erschwerung von Kommissionärsmodellen und ähnlichen Strategien zu beobachten.[44]

29 **ee) Folgerungen für die Fondsstrukturierung.** Die soeben dargestellten Grundsätze sind bei der Integration der Management- und Beratungsgesellschaften in die Struktur eines Private-Equity-Fonds zu beachten, um eine beschränkte Steuerpflicht des Fonds bzw. seiner Investoren nach § 49 Abs. 1 Nr. 2 lit. a EStG zu vermeiden.

30 Zur Vermeidung einer inländischen Betriebsstätte iSv § 12 AO ist nach den oben stehenden Ausführungen zu beachten, dass die Leitungsorgane der Fondsgesellschaft und der Managementgesellschaft nicht mit identischen Personen besetzt sind. In diesem Fall

---

DBA entsprechend angepasst, siehe näher *Gradl/Kiesewetter* IStR 2018, 1 (7 f.). Die Änderung wird sich vor allem auf Lagertätigkeiten auswirken, die künftig nur dann keine Betriebsstätte begründen, wenn die Lagertätigkeit vorbereitender Art ist oder eine Hilfstätigkeit darstellt. Die Tätigkeiten einer Managementgesellschaft sind regelmäßig als „andere Tätigkeiten" iSv Art. 5 Abs. 4 lit. e OECD-MA/Deutsche Verhandlungsgrundlage zu qualifizieren, die schon vorher unter diesem Vorbehalt standen.

[40] Vgl. Art. Ziff. 32.1 S. 2 und 3 OECD-MK; *Görl* in Vogel/Lehner, DBA, 6. Auflage, Art. 5 Rn. 145; *Wassermeyer/Kaeser* in Wassermeyer DBA OECD-MA Art. 5 Rn. 204; *Hruschka* in Schönfeld/Ditz DBA OECD-MA Art. 5 Rn. 134; auch die Finanzverwaltung hat sich einer wirtschaftlichen Betrachtungsweise angeschlossen, siehe BMF: Schreiben betr. Grundsätze der Verwaltung für die Prüfung der Aufteilung der Einkünfte bei Betriebsstätten international tätiger Unternehmen (Betriebsstätten-Verwaltungsgrundsätze) v. 24.12.1999 – IV B 4-S 1300-111/99 Rn. 1.2.2, BStBl. I S. 1076; aA *Rehfeld* in Gosch/Kroppen/Grotherr DBA OECD-MA Art. 5 Rn. 137; *Grotherr* Ubg 2017, 125 (131).

[41] Art. 5 Ziff. 38 OECD-MK.

[42] *Görl* in Vogel/Lehner, DBA, 6. Auflage, Art. 5 Rn. 145.

[43] BFH Urt. v. 30.4.1975 – I R 152/73, BStBl. II S. 626 f.

[44] Deutschland hat nicht für eine Anwendung des Art. 12 des Mehrseitigen Übereinkommens optiert, so dass die darin vorgesehene Verschärfung des Begriffs der Vertreterbetriebsstätte im Hinblick auf Kommissionärsmodelle und ähnliche Gestaltungen zunächst nicht in den deutschen DBA umgesetzt wird, siehe *Gradl/Kiesewetter* IStR 2018, 1 (7 f.).

sollte bereits die Begründung einer inländischen Betriebsstätte nach nationalem Recht verhindert werden können, so dass es auf die ggf. abweichende Definition im Abkommensrecht nicht weiter ankommt.[45]

Möglicherweise wird eine inländische Managementgesellschaft aber als ständiger Vertreter des Fonds iSv § 13 AO zu behandeln sein, so dass im Ausgangspunkt ein personeller Anknüpfungspunkt für eine beschränkte Steuerpflicht des Fonds bzw. seiner Investoren im Inland bestehen könnte. In diesem Fall kann eine Beratungsgesellschaft mandatiert werden, die in begrenztem Umfang Beratungsleistungen erbringt. Entscheidend ist dabei, dass sich die in Deutschland tätigen Mitarbeiter der Beratungsgesellschaft sowohl im Innen- als auch im Außenverhältnis auf beratende Tätigkeiten für den Fonds beschränken müssen. In praktischer Hinsicht ist darauf zu achten, dass sämtliche Schritte beim Aufbau, der Verwaltung und der Veräußerung von Beteiligungen entweder dem Bereich Verwaltung oder dem Bereich Beratung korrekt zugeordnet werden. Zu dieser Abgrenzung existieren weder explizite Verwaltungsanweisungen noch unmittelbar einschlägige Rechtsprechung. Im Regelfall sind aber bei einer inländischen Beratungsgesellschaft ua folgende Punkte zu berücksichtigen: **31**

- Die von dem Fonds mandatierte Beratungsgesellschaft und die Berater dürfen keinerlei Befugnis haben, die mit dem Fonds verbundene Managementgesellschaft oder die Fondsgesellschaft selbst im Rechtsverkehr zu vertreten oder irgendwelche rechtsgeschäftlichen Erklärungen für diese abzugeben. Auch eine nur faktische Vertretung ist schädlich.
- Der Beratungsgesellschaft sollte kein Verhandlungsmandat übertragen werden (weder ein rechtlich bindendes noch ein tatsächliches).
- Die Tagesgeschäfte, dh der gewöhnliche Betrieb und die gewöhnliche Verwaltung der Gesellschaft, sind ausschließlich von der im Ausland ansässigen Managementgesellschaft durchzuführen.

Besteht dagegen ein DBA mit dem Ansässigkeitsstaat des Fonds bzw. der Investoren, kommt es darauf an, ob nach den oben genannten Grundsätzen eine Vertreterbetriebsstätte iSv Art. 5 Abs. 5 OECD-MA begründet wird. Da ein Abhängigkeitsverhältnis zwischen der Managementgesellschaft und dem Fonds regelmäßig nicht auszuschließen ist, kommt es für die Vermeidung einer abkommensrechtlichen Vertreterbetriebsstätte entscheidend darauf an, dass der Managementgesellschaft und ihren Mitarbeitern keine Vollmacht erteilt wird, für den Fonds Verträge abzuschließen (keine Abschlussvollmacht), und wesentlichen Tätigkeiten in kaufmännisch-wirtschaftlicher Hinsicht (insbesondere das Aushandeln des Vertragsinhalts) im Vorfeld des Vertragsschlusses nicht von der Managementgesellschaft ausgeübt werden (keine faktische Abschlussvollmacht). **32**

b) Inlandsbezug sonstiger Einkünfte (insbesondere im Fall des Exits). Auch wenn der Private-Equity-Fonds die Voraussetzungen eines Gewerbebetriebs, der im Inland eine Betriebsstätte bzw. einen ständigen Vertreter unterhält, nicht erfüllt, gibt es freilich noch weitere Anknüpfungspunkte für eine beschränkte Steuerpflicht in Deutschland. Von besonderer Relevanz im Rahmen der Strukturierung von Inbound-Investments sind diese für den Exit.[46] Aufgrund der Realisierung der Wertsteigerungen birgt der Exit die größte potentielle Steuerlast im Rahmen der Investition. Auch hier ist generell zwischen der Besteuerung nach nationalem Recht und der Besteuerung nach Abkommensrecht zu **33**

[45] Dies hängt freilich davon ab, dass auf Grundlage der oben dargestellten Rechtsprechung des BFH zur Zurechnung einer Betriebsstätte der Managementgesellschaft zur Fondsgesellschaft die Konturen des Kriteriums der „räumlichen und zeitlichen Verwurzelung" der Tätigkeit in der fraglichen Geschäftseinrichtung nicht weiter verwischt werden, dazu → Rn. 66.

[46] In Betracht kommt hierbei eine Vielzahl von Strategien für die Beendigung des Investments, beispielsweise durch Veräußerung des Unternehmens als Ganzes oder in Teilen, dessen vollständige Abwicklung, die Rückzahlung von Vorzugsanteilen oder Darlehen an den Fonds sowie die Veräußerung der Portfolio-Gesellschaft an andere Finanzinvestoren, an strategische Investoren, an Finanzinstitute und im Wege öffentlicher Zeichnungsangebote (einschließlich Börsengang), vgl. hierzu ausführlicher §§ 18–20.

unterscheiden. Darüber hinaus spielt regelmäßig die Mutter-/Tochterrichtlinie[47] eine wesentliche Rolle bei den Strukturüberlegungen.

34 **aa) Nationales Recht.** Zu nennen sind insbesondere § 49 Abs. 1 Nr. 2 lit. e sowie § 49 Abs. 1 Nr. 5 lit. a EStG. Nach § 49 Abs. 1 Nr. 2 lit. e EStG sind auch solche Einkünfte aus Gewerbebetrieb inländische Einkünfte, die unter den Voraussetzungen des § 17 EStG erzielt werden, wenn es sich bei den veräußerten Anteilen um Anteile an einer Kapitalgesellschaft handelt. § 17 Abs. 1 EStG setzt weiter voraus, dass der Steuerpflichtige Anteile an einer Kapitalgesellschaft veräußert, an deren Kapital er innerhalb der letzten fünf Jahre unmittelbar oder mittelbar zu mindestens 1 % beteiligt war. Aber auch wenn der Exit im Wege der Auflösung einer Kapitalgesellschaft, der Kapitalherabsetzung und gleichzeitigen Zurückzahlung des Kapitals oder der Ausschüttung oder Zurückzahlung von Beträgen aus dem steuerlichen Einlagenkonto iSd § 27 KStG erfolgt, handelt es sich im Falle qualifizierter Beteiligungen um inländische Einkünfte nach § 49 Abs. 1 Nr. 2 lit. e EStG (§ 17 Abs. 4 EStG).

35 Der gemäß § 49 Abs. 1 Nr. 2 lit. e iVm § 17 EStG erzielte Veräußerungsgewinn unterliegt bei natürlichen Personen dem Teileinkünfteverfahren, also nach § 3 Nr. 40 S. 1 und 2 EStG einer Steuerfreistellung in Höhe von 40 %. Dies gilt unabhängig davon, ob der Private-Equity-Fonds bzw. seine Investoren die Anteile im Betriebs- oder im Privatvermögen halten.[48] Ist die Fondsgesellschaft aufgrund des Rechtstypenvergleich als Kapitalgesellschaft zu qualifizieren,[49] wird der Veräußerungsgewinn gemäß § 8b Abs. 2 KStG vollständig freigestellt. Nach der jüngsten BFH-Rechtsprechung, die mittlerweile im Bundessteuerblatt veröffentlicht wurde, greift die Fiktion nichtabziehbarer Betriebsausgaben in Höhe von 5 % nach § 8b Abs. 3 KStG nicht ein, wenn die veräußernde Kapitalgesellschaft im Inland über keine Betriebsstätte und keinen ständigen Vertreter verfügt.[50]

36 Ist mit dem Exit eine Veräußerung von Kapitalgesellschaftsanteilen verbunden, die nicht unter § 49 Abs. 1 Nr. 2 lit. e iVm § 17 EStG fällt (zB weil die den im Ausland steuerlich ansässigen Investoren eines für deutsche steuerliche Zwecke transparenten Private-Equity-Fonds zuzurechnenden Anteile nicht die Schwelle von 1 % erreichen), sind etwaige Gewinne aus der Veräußerung nicht steuerbar. Insbesondere unterliegt die Veräußerung nicht der sog. Abgeltungssteuer nach § 20 Abs. 2 S. 1 Nr. 1 iVm 32d EStG, da § 49 EStG keine entsprechende Besteuerungsnorm für beschränkt Steuerpflichtige enthält. Mangels Steuerbarkeit fällt auch keine Kapitalertragsteuer nach § 43 Abs. 1 S. 1 Nr. 9 EStG an.

37 Erfolgen Dividendenzahlungen einer inländischen Kapitalgesellschaft,[51] sind diese Ausschüttungen nach § 49 Abs. 1 Nr. 5 lit. a EStG für ausländische Investoren ebenfalls inländische Einkünfte, mit denen sie im Inland nach nationalem Recht beschränkt steuerpflichtig sind.

[47] Richtlinie 90/435/EWG über das gemeinsame Steuersystem der Mutter- und Tochtergesellschaften verschiedener Mitgliedstaaten v. 23.7.1990 (ABl. 1990 L 225, S. 6, ber. ABl. 1990 L 266, S. 20, ABl. 1997 L 16, S. 98), zuletzt geändert durch Art. 9 Abs. 1 ÄndRL 2011/96/EU v. 30.11.2011 (ABl. 2011 L 345, S. 8).

[48] Dies wurde klargestellt durch den Verweis auf § 17 EStG im Klammerzusatz von § 49 Abs. 1 Nr. 2, denn § 17 EStG differenziert in seinem Tatbestand nicht zwischen Privat- und Betriebsvermögen, vgl. *Loschelder* in Schmidt, EStG, 36. Auflage, § 49 Rn. 48; *Frotscher* in Frotscher EStG § 49 Rn. 161. Besonderheiten gelten freilich bei inländischen Investoren.

[49] Sofern es sich bei der Portfolio-Gesellschaft um eine operativ tätige Personengesellschaft handelt, begründet diese regelmäßig eine Betriebsstätte im Inland, so dass sich die beschränkte Steuerpflicht schon aus § 49 Abs. 1 Nr. 2 lit. a EStG ergibt.

[50] BFH Urt. v. 31.5.2017 – I R 37/15, BStBl. II 2018 S. 144. In DBA-Fällen ergibt sich die vollständige Freistellung des Veräußerungsgewinns bereits aus Art. 13 Abs. 5 OECD-MA. Das BFH-Urteil ist somit vor allem in Nicht-DBA-Fällen relevant oder wenn eine DBA-Freistellung nicht erfolgt, weil eine Art. 13 Abs. 4 OECD-MA entsprechende Regelung besteht.

[51] Im Rahmen des Exits kommen diese insbesondere nach der Veräußerung des Zielinvestments durch eine inländische Kapitalgesellschaft in Betracht.

bb) Abkommensrecht und Mutter-/Tochterrichtlinie. Abkommensrechtlich wird das Besteuerungsrecht des Quellenstaates in den DBA regelmäßig eingeschränkt, wobei sich der Umfang der Einschränkung nach der zugrundeliegenden abkommensrechtlich zu bestimmenden Einkunftsart richtet. Die Einordnung auf der Abkommensebene weicht teilweise von den im EStG vorgesehenen Einkunftsarten ab. So werden anders als im deutschen Recht zB Veräußerungsgewinne vom DBA als eigene Einkunftsart erfasst, vgl. Art. 13 OECD-MA. Die DBA weisen das Besteuerungsrecht für Gewinne aus der Veräußerung von Beteiligungen nach § 17 EStG regelmäßig dem Ansässigkeitsstaat des Veräußerers zu (vgl. Art. 13 Abs. 5 OECD-MA). Ausnahmsweise besteuert der Staat, in dem die Kapitalgesellschaft Sitz und/oder Geschäftsleitung hat, so zB in der EU nach den DBA mit Tschechien oder der Slowakei.[52] Darüber hinaus kann ein DBA vorsehen, dass bei einer Veräußerung von Anteilen an einer Grundstücksgesellschaft derjenige Staat den Veräußerungsgewinn besteuert, in dem die Grundstücke belegen sind.[53] In der Regel ist aber dann, wenn der Private-Equity-Fonds bzw. die Investoren abkommensberechtigt sind, das deutsche Besteuerungsrecht ausgeschlossen. 38

Auf Abkommensebene ist zudem das Betriebsstättenprinzip zu berücksichtigen. Hiernach wird das Besteuerungsrecht grundsätzlich dem Betriebsstättenstaat insoweit zugewiesen, als der Betriebsstätte Gewinne zugerechnet werden können.[54] Da die DBA-Vorschriften die Quellenbesteuerung in unterschiedlichem Umfang beschränken, ist stets eine präzise Zuordnung der Einkünfte zu einer der abkommensrechtlichen Einkunftsarten erforderlich. So können Einkünfte, die als Unternehmensgewinne qualifiziert werden, gleichzeitig die Voraussetzungen einer weiteren Verteilungsnorm des DBA erfüllen. Für diese Fälle regelt Art. 7 Abs. 7 OECD-MA, dass die Vorschriften über Unternehmensgewinne bei Einkünften, die in anderen Artikeln des Abkommens behandelt werden, subsidiär sind. Etwas anderes gilt nach dem sog. Betriebsstättenvorbehalt allerdings dann, wenn die Einkünfte aus einem Vermögenswert stammen, der „tatsächlich" zu der Betriebsstätte im Quellenstaat gehört, wenn also zB die Dividende aus einer Beteiligung fließt, die von der Betriebsstätte selbst gehalten wird.[55] Für diese Fälle enthalten die Art. 10 Abs. 4, Art. 11 Abs. 3 etc OECD-MA eine Rückverweisung auf Art. 7 OECD-MA, so dass sie als Unternehmensgewinne besteuert werden. 39

Sind Dividenden keiner inländischen Betriebsstätte zuzuordnen, verbleibt regelmäßig das Recht des Ansässigkeitsstaates der ausschüttenden Gesellschaft, die Dividenden (in der Regel zu einem ermäßigten Steuersatz) zu besteuern. Werden Dividenden an eine in der EU ansässige Gesellschaft ausgeschüttet, geht die Mutter-/Tochterrichtlinie über den Regelungsgehalt vieler Doppelbesteuerungsabkommen hinaus, indem der Quellenstaat auf die Dividende überhaupt keine Steuer erheben darf. Die Mutter-/Tochterrichtlinie ist durch § 43b EStG in nationales Recht umgesetzt worden. Hiernach wird auf Antrag die Kapitalertragsteuer auf Gewinnausschüttungen nicht erhoben, die einer in einem anderen Mitgliedstaat der Europäischen Union ansässigen Gesellschaft oder deren Betriebsstätte von ihrer unbeschränkt körperschaftsteuerpflichtigen Tochtergesellschaft zufließen. Voraussetzung für die Inanspruchnahme ist allerdings, dass die Gesellschaft als Muttergesellschaft im Sinn der Mutter-/Tochterrichtlinie qualifiziert und nicht von der Steuer befreit ist.[56] Zudem muss die Beteiligung mindestens 10% betragen und mindestens 12 Monate un- 40

[52] Vgl. im Übrigen *Reimer* in Vogel/Lehner, DBA, 6. Auflage, Art. 13 Rn. 225.

[53] Art. 13 Abs. 4 OECD-MA. In einer Vielzahl der von der Bundesrepublik Deutschland abgeschlossenen Doppelbesteuerungsabkommen findet sich eine Regelung, die dem Belegenheitsstaat des Vermögens das Besteuerungsrecht zuweist, wenn das Aktivvermögen der Gesellschaft überwiegend aus unbeweglichem Vermögen besteht, vgl. die Übersicht bei *Reimer* in Vogel/Lehner, DBA, 6. Auflage, Art. 13 Rn. 149.

[54] Art. 7 OECD-MA „Unternehmensgewinne". Vgl. zu den verschiedenen Betriebsstättenbegriffen ausführlich → Rn. 66.

[55] Vgl. hierzu auch → Rn. 109. Das Erfordernis der tatsächlichen Zugehörigkeit besteht im Übrigen auch, wenn der Wortlaut des abkommensrechtlichen Betriebsstättenvorbehalts dies nicht ausdrücklich verlangt, vgl. BFH Beschl. v. 19.12.2007 – I R 66/06, IStR 2008, 367, II. 1. c) cc) bbb).

[56] Vgl. Anlage 2 zum EStG.

unterbrochen bestehen.[57] Zu beachten ist, dass die Tochtergesellschaft gemäß § 50d Abs. 2 EStG von dem Abzug der Kapitalertragsteuer nur absehen darf, wenn die die Ausschüttung empfangende Gesellschaft eine Freistellungsbescheinigung vorlegt.[58] Dies gilt auch für den Fall der Inanspruchnahme der Vergünstigungen eines DBA (vgl. § 50d Abs. 1 S. 1 EStG).

41 **c) Sonderfall Immobilieninvestitionen.** Insbesondere für sog. Real Estate Private-Equity-Fonds gelten darüber hinaus Besonderheiten. Bei Immobilieninvestitionen sind laufende Vermietungseinkünfte als inländische Einkünfte aus Vermietung und Verpachtung nach § 49 Abs. 1 Nr. 6 EStG und Veräußerungsgewinne innerhalb der sog. Spekulationsfrist von zehn Jahren nach § 49 Abs. 1 Nr. 8 EStG beschränkt steuerpflichtig. Soweit allerdings die Veräußerung, zB aufgrund gewerblichen Grundstückshandels, oder seit dem 1.1.2009 auch die Vermietung und Verpachtung der Betätigungsart nach als gewerblich zu qualifizieren sind, richtet sich die beschränkte Steuerpflicht nach § 49 Abs. 1 Nr. 2 lit. f EStG. Dies gilt unabhängig von der Betätigungsart des Veräußerers bzw. Vermieters oder Verpächters, wenn es sich bei dem Veräußerer bzw. Vermieter oder Verpächter um eine Körperschaft iSd § 2 Nr. 1 KStG handelt, die mit einer Kapitalgesellschaft oder sonstigen juristischen Person iSd § 1 Abs. 1 Nr. 1–3 KStG vergleichbar ist, also zB für eine vermögensverwaltende luxemburgische SICAV-SIF in der Rechtsform einer *S.à r. l.*[59] Insoweit ordnet § 49 Abs. 1 Nr. 2 lit. f S. 3 EStG eine Gewerblichkeitsfiktion an. Ist eine Personengesellschaft Eigentümerin der inländischen Vermögensgegenstände, gilt die Erweiterung des Satzes 3 nur insoweit, als Gesellschafter dieser Personengesellschaft Körperschaften sind, die nach dem Typenvergleich einer der genannten Körperschaften entsprechen.[60] Auch im Falle einer gewerblich geprägten Personengesellschaft ohne inländische Betriebsstätte erzielen die ausländischen Gesellschafter bei der Veräußerung inländischen Grundbesitzes gewerbliche Einkünfte nach § 49 Abs. 1 Nr. 2 lit. f S. 1 lit. bb EStG, ohne dass es dafür der isolierenden Betrachtungsweise des § 49 Abs. 2 EStG bedarf.[61] Handelt es sich um Veräußerungen von im Privatvermögen gehaltenen Grundstücken, kann sich eine beschränkte Steuerpflicht aus § 49 Abs. 1 Nr. 8 EStG ergeben, wenn der Zeitraum zwischen Anschaffung und Veräußerung weniger als zehn Jahre beträgt. Wird nicht das inländische Grundstück, sondern die Beteiligung an einer grundbesitzenden Personengesellschaft veräußert, so ist auch dies ab dem Veranlagungszeitraum 2017 ein Fall der beschränkten Steuerpflicht nach § 49 Abs. 1 Nr. 2 lit. f S. 1 lit. bb EStG. Der Gesetzgeber hat dies aufgrund eines eingefügten Verweises auf § 23 Abs. 1 S. 4 EStG sichergestellt, wonach die Veräußerung einer unmittelbaren oder mittelbaren Beteiligung an einer Personengesellschaft als (anteilige) Veräußerung der gehaltenen Wirtschaftsgüter gilt.[62]

[57] Wird der Beteiligungszeitraum erst nach dem Entstehen des Kapitalertragsteuer erfüllt, kommt eine Freistellung von der Erhebung der Kapitalertragsteuer nicht in Betracht; vielmehr wird der Steuerpflichtige gemäß § 43b Abs. 2 S. 5 EStG auf das Erstattungsverfahren nach § 50d EStG verwiesen.

[58] Die Freistellungsbescheinigung ist bei dem Bundeszentralamt für Steuern zu beantragen. Für Einzelheiten vgl. § 50d Abs. 2 EStG.

[59] Bis 2009 galt diese Fiktion nur für den Veräußerungsfall. Für den Vermietungsfall fanden die im Ausland verwirklichten Besteuerungsmerkmale aufgrund der in § 49 Abs. 2 EStG angeordneten isolierenden Betrachtungsweise keine Berücksichtigung, vgl. OFD Münster: Verfügung v. 24.7.2008 – S 1300 – 169 – St 45-32, GmbHR 2008, 1007.

[60] *Peffermann* in Herrmann/Heuer/Raupach EStG/KStG EStG § 49 Rn. 618.

[61] Vgl. OFD Nordrhein-Westfalen: Verfügung v. 5.9.2017 – S 1300–2010/0007-St 122, DB 2017, 2384, unter II.2.

[62] Siehe auch OFD Nordrhein-Westfalen: Verfügung v. 5.9.2017 – S 1300–2010/0007-St 122, DB 2017, 2384, unter II.1. Auf der Grundlage von FG München Urt. v. 29.7.2013 – 7 K 190/11, IStR 2013, 963 konnte zuvor noch argumentiert werden, dass im Falle der Veräußerung einer Beteiligung an einer vermögensverwaltenden Personengesellschaft oder einer gewerblich geprägten Personengesellschaft ohne inländische Betriebsstätte nach einer rein zivilrechtlichen Betrachtungsweise bloß eine Beteiligung und nicht (anteilig) inländisches unbewegliches Vermögen iSv § 49 Abs. 1 Nr. 2 lit. f S. 1 lit. bb EStG veräußert wird.

Da auch in einem DBA-Fall das Besteuerungsrecht regelmäßig bei dem Belegenheitsstaat des Grundstücks verbleibt, wird das inländische Besteuerungsrecht nicht ausgeschlossen, so dass die dargestellten Besteuerungsfolgen auch in einem solchen Fall eintreten. **42**

II. Steuereffiziente Repatriierung von Gewinnen

Die oben dargestellten steuerlichen Regelungen geben den Rahmen für die Gestaltung der Investmentstruktur vor. Innerhalb dieses Rahmens ist dafür Sorge zu tragen, dass Gewinne aus dem Investment steuereffizient repatriiert werden können. Es bietet sich eine Vielzahl von Strukturierungsmöglichkeiten. Für einige davon sollen im Folgenden grundlegende Eckpunkte dargestellt werden. **43**

Ausgangspunkt der Überlegungen ist die Akquisitionsstruktur. Typischerweise werden Akquisitionen durch Private Equity Investoren als sog. Leveraged-Buy-Outs (LBOs) durchgeführt, bei dem ein Teil des Kaufpreises durch Fremdkapital finanziert wird. Das Fremdkapital wird hierbei durch ein neu zu gründendes Akquisitionsvehikel in der Rechtsform einer Kapitalgesellschaft (*NewCo* oder *AcquiCo*) aufgenommen. Zusammen mit den von dem Private-Equity-Fonds (als Eigen- oder weiteres Fremdkapital) zur Verfügung gestellten Mitteln erwirbt diese dann die Zielgesellschaft. In der Regel wird es sich bei der Akquisitionsgesellschaft um eine unbeschränkt steuerpflichtige Kapitalgesellschaft handeln, um eine Konsolidierung der auf die Akquisitionsfinanzierung gezahlten Zinsen mit den operativen Gewinnen der Zielgesellschaft zu erreichen.[63] **44**

Alternativ kann die Zielgesellschaft aber auch von einer im Ausland ansässigen Akquisitionsgesellschaft erworben werden. Eine solche Struktur bietet sich beispielsweise dann an, wenn es sich bei der Zielgesellschaft um eine Personengesellschaft handelt. Da die auf Ebene der Akquisitionsgesellschaft anfallenden Finanzierungsaufwendungen als Sonderbetriebsausgaben im Inland grundsätzlich steuerlich abziehbar sind,[64] kann auf diese Weise trotz des grenzüberschreitenden Sachverhalts ein Konsolidierungskreis zwischen der Akquisitionsgesellschaft und der Zielgesellschaft hergestellt werden.[65] Ein Abzug der Finanzierungsaufwendungen als Sonderbetriebsausgabe scheidet aber ab dem Veranlagungszeitraum 2017 nach § 4i EStG grundsätzlich aus, soweit diese auch die Steuerbemessungsgrundlage in einem anderen Staat mindern.[66] Zu beachten ist weiterhin, dass die Akquisitionsgesellschaft aufgrund der durch die Zielpersonengesellschaft vermittelten Betriebsstätte gemäß § 49 Abs. 1 Nr. 2 lit. a EStG im Inland beschränkt steuerpflichtig ist. Dieser Betriebsstätte sind grundsätzlich auch Gewinne aus der Veräußerung der Beteiligung an der Zielpersonengesellschaft, die als (anteiliger) *Asset Deal* hinsichtlich der der Betriebsstätte zuzuordnenden Wirtschaftsgüter zu qualifizieren ist, zuzuordnen. Aus steuerlicher Sicht ist daher die Veräußerung oberhalb der Akquisitionsgesellschaft vorzugswürdig, wobei darauf hinzuweisen ist, dass sich die Einbindung einer ausländischen Akquisitionsgesellschaft gegebe- **45**

---

63 Zu den Auswirkungen der Zinsschranke auf die Finanzierung bei Private Equity Strukturen und LBOs vgl. *Eilers* Ubg 2008, 197 ff. sowie *Scheunemann/Socher* BB 2007, 1144 ff.

64 Nach dem BFH Urt. v. 17.10.2007 – I R 5/06, BFH/NV 2008, 869, konnte dies in Frage gestellt werden. Der BFH hat entgegen der Verwaltungsauffassung (vgl. BMF Schreiben v. 24.12.1999 – IV B 4 – S 1300 – 111/99, BStBl. I 1999 S. 1076 Rn. 1.2.3) entschieden, dass an einen ausländischen Gesellschafter einer inländischen Personengesellschaft gezahlte Zinsen abkommensrechtlich als Zinsen zu qualifizieren sind und nicht zu den Unternehmensgewinnen gehören. Hieraus ist von *Schnitger/Bildstein* Ubg 2008, 444 (450), gefolgert worden, dass Sonderbetriebsausgaben dann nach § 3c EStG nicht mehr abziehbar seien. Zweifelhaft ist allerdings, ob eine solche Sichtweise richtig ist. Schließlich unterliegt der ausländische Gesellschafter im Übrigen mit seinem Gewinnanteil der inländischen Besteuerung. Durch § 50d Abs. 10 EStG hat sich diese Diskussion indes erledigt, da hier angeordnet wird, dass Sondervergütungen eines Mitunternehmers für abkommensrechtliche Zwecke grundsätzlich als Unternehmensgewinne zu qualifizieren sind. Sondervergütungen an einen ausländischen Gesellschafter einer inländischen Gesellschaft unterliegen damit regelmäßig der inländischen Besteuerung, so dass § 3c EStG nicht einschlägig ist.

65 Bei der Zielgesellschaft in Form einer Kapitalgesellschaft scheidet ein grenzüberschreitender Konsolidierungskreis, zB in Form einer Organschaft, regelmäßig aus.

66 Vgl. dazu *Gosch* in Kirchhof, EStG, 17. Auflage, EStG § 4i Rn. 2a ff.

nenfalls als Hindernis erweisen kann, insbesondere wenn die Zielgesellschaft später an einen strategischen inländischen Investor verkauft werden soll.

1. Direktbeteiligung

46 Handelt es sich bei der Akquisitionsgesellschaft um eine inländische Kapitalgesellschaft, kann die Akquisitionsstruktur schlank gehalten werden, wenn der Private-Equity-Fonds aus deutscher steuerlicher Sicht eine transparente Gesellschaft ist und jeder der Investoren[67] zu weniger als 1 % am Vermögen des Fonds und damit mittelbar am Kapital der Akquisitionsgesellschaft beteiligt ist. Unterhalten der Fonds bzw. aufgrund der anteiligen Zurechnung die Investoren keine Betriebsstätte im Inland und ist im Inland kein ständiger Vertreter bestellt, sind die Investoren mit den Veräußerungsgewinnen dann weder über § 49 Abs. 1 Nr. 2 lit. a EStG noch über § 49 Abs. 1 Nr. 2 lit. e iVm § 17 EStG beschränkt steuerpflichtig.

47 Hinzuweisen ist darauf, dass es sich strukturell als vorteilhaft erweisen kann, im Inland eine doppelstöckige Struktur zu implementieren. Hierdurch kann gegebenenfalls dem Interesse der Banken an lokaler Besicherung Rechnung getragen werden. Außerdem bietet eine solche Doppelstockstruktur einen breiteren Gestaltungsspielraum (zB im Hinblick auf einen später beabsichtigten Börsengang der Zielgesellschaft), ohne die Struktur insgesamt zu verkomplizieren.

48 Bei einer Direktbeteiligung ist allerdings zu bedenken, dass sich die Repatriierung von Gewinnen insbesondere in Form von Gewinnausschüttungen schwierig gestalten kann. Grund hierfür ist, dass der hinter dem (transparenten) Private-Equity-Fonds stehende Investor mit den Gewinnausschüttungen im Inland gemäß § 49 Abs. 1 Nr. 5 lit. a iVm § 20 Abs. 1 Nr. 1 EStG beschränkt steuerpflichtig ist. Die im Wege des Steuerabzugs erhobene Steuer hat gemäß § 50 Abs. 2 EStG für die Investoren grundsätzlich abgeltende Wirkung. Für etwaige Ausschüttungen bedeutet dies – vorbehaltlich eines etwaigen aufgrund eines DBA niedrigeren Steuersatzes[68] – einen Steuernachteil in Höhe von 26,375 % der Gewinnausschüttung. In der Regel scheidet die Repatriierung von Gewinnen in Form von Gewinnausschüttungen daher bei einer Direktbeteiligung des Private-Equity-Fonds an der Akquisitionsgesellschaft aus.

49 Gleichwohl bieten sich verschiedene Möglichkeiten, die Repatriierung steuereffizient zu gestalten. Ein probates Gestaltungsmittel ist die Ausstattung der Gesellschaft mit verzinslichen Gesellschafterdarlehen. Weder für die Zinszahlungen noch für die Rückzahlungen des Darlehens gibt es einen steuerlichen Anknüpfungspunkt im Inland, so dass diese Zahlungen ohne Kapitalertragsteuerabzug vorgenommen werden können. Voraussetzung für den Kapitalertragsteuerabzug wäre nämlich die zumindest beschränkte Steuerpflicht des Darlehensgebers. Zu beachten ist allerdings, dass 25 % der auf das Gesellschafterdarlehen gezahlten Zinsen auf Ebene der Akquisitionsgesellschaft gemäß § 8 Nr. 1 lit. a GewStG gewerbesteuerlich wieder hinzuzurechnen sind. Da es zu einer Hinzurechnung nur kommt, wenn die Zinsen bei der Ermittlung des Gewinns abgesetzt wurden, ergibt sich allerdings dann kein gewerbesteuerlicher Nachteil, wenn der Zinsabzug durch die Regelungen der Zinsschranke ohnehin nicht oder nur eingeschränkt möglich ist. Insoweit wirkt sich die Zinsschranke vor dem Hintergrund einer steuereffizienten Gewinnrepatriierung ausnahmsweise positiv aus.[69]

---

[67] Handelt es sich bei dem Investor um einen Dachfonds, ist – sofern er steuerlich transparent ist – auf die hinter diesem Fonds stehenden Gesellschafter zurückzugreifen.

[68] Sofern ein Investor berechtigt sein sollte, die Vergünstigungen eines DBA in Anspruch zu nehmen, wird dies allerdings in vielen Fällen aus praktischen Gründen ausscheiden.

[69] Zu beachten ist freilich, dass die Zinseinkünfte gegebenenfalls auf Ebene des Investors zu versteuern sind. In diesem Fall ist die Zwischenschaltung einer ausländischen Zwischenholding geboten, auf deren Ebene durch eine hybride Finanzierungsstruktur steuerliche Nachteile vermieden werden.

2. Indirekte Beteiligung

Oft stellt sich die indirekte Beteiligung des Private-Equity-Fonds an der Akquisitionsgesellschaft durch Zwischenschaltung einer internationalen Zwischenholding allerdings als vorzugswürdig dar. Die Steuerneutralität des Investments gibt auch hier die Rahmenbedingungen für die Wahl des optimalen Standorts der Zwischenholding vor, wobei neben der steuerlichen Behandlung der Zwischenholding in ihrem Ansässigkeitsstaat sowohl das Verhältnis zwischen dem Ansässigkeitsstaat der Zielgesellschaft und dem Ansässigkeitsstaat der Zwischenholding sowie das Verhältnis zwischen dem Ansässigkeitsstaat der Zwischenholding und dem Ansässigkeitsstaat des Private-Equity-Fonds bzw. der Investoren zu berücksichtigen sind. **50**

a) Keine Besteuerung im Inland. Wie im Fall der Direktbeteiligung des Fonds gilt es auch hier, eine Besteuerung der Zwischenholding im Inland im Rahmen der beschränkten Steuerpflicht zu vermeiden. Dies kann durch die gezielte Nutzung der oben dargestellten DBA-Vergünstigungen[70] sowie der Mutter-/Tochterrichtlinie erreicht werden. **51**

aa) Keine Basisgesellschaft. Die Zwischenholding darf freilich nicht als bloße Basisgesellschaft zu qualifizieren sein, die steuerlich nicht anerkannt wird (§ 42 AO). Dies wäre dann der Fall, wenn für die Errichtung der Zwischenholding wirtschaftliche oder sonst beachtliche Gründe fehlen und keine eigene wirtschaftliche Tätigkeit entfaltet wird.[71] Beachtliche Gründe in diesem Sinn können beispielsweise die Errichtung einer Finanzierungsgesellschaft für Tochtergesellschaften oder die Wahrnehmung von Managementfunktionen sein. Darüber hinaus ist zu beachten, dass die Zwischenholding mit einem gewissen Maß an Mindestsubstanz ausgestattet ist, diese also gemessen an ihrem Geschäftszweck über eine angemessene finanzielle, administrative und personelle Ausstattung in Form von Büroräumen, Personal und Kommunikationsmitteln verfügen kann.[72] Nach der Verschärfung des § 50d Abs. 3 EStG[73] reicht allein dieses Mindestmaß an Substanz zwar nicht mehr aus, um die durch ein DBA bzw. die Mutter-/Tochterrichtlinie gewährten Vorteile hinsichtlich der Reduzierung des Kapitalertragsteuerabzugs in Anspruch zu nehmen. Einer auf diese Weise ausgestatteten Zwischengesellschaft wird man aber nicht die Abkommensberechtigung versagen können, wenn es darum geht, die nach dem einschlägigen Doppelbesteuerungsabkommen gewährte Steuerfreistellung von Veräußerungsgewinnen in Anspruch zu nehmen. **52**

---

[70] Vgl. → Rn. 88.

[71] Vgl. zB BFH Urt. v. 19.8.1999 – I R 77/96, BStBl. II 2001 S. 43 mwN Zum Begriff der Basisgesellschaft vgl. ausführlich auch *Fischer* in Hübschmann/Hepp/Spitaler AO/FGO AO § 42 Rn. 282 ff. sowie *Gosch* FS Reiß, 597.

[72] Zwar hat der BFH Urt. v. 31.5.2005 – I R 88/04, IStR 2005, 701 – Hilversum II das Substanzerfordernis hinter dem Vorliegen sonstiger beachtlicher Gründe zurücktreten lassen. In Anlehnung an die *Cadbury Schweppes* Entscheidung des EuGH (Urt. v. 12.9.2006 – C-196/04, IStR 2006, 670) macht der BFH in seinem Urt. v. 29.1.2008 – I R 26/06, IStR 2008, 364 aber deutlich, dass rein künstlichen, jeder wirtschaftlichen Realität baren Gestaltungen die Anerkennung zu versagen ist. Von einer solchen Gestaltung ist auszugehen, wenn die ausländische Gesellschaft keinerlei greifbare Substanz aufweist, also weder über Büroräume oder Personal noch über Kommunikationsmittel verfügt, und es an objektiven, von Dritter Seite nachprüfbaren Anhaltspunkten fehlt, die Rückschlüsse auf ein „greifbares Vorhandensein" der ausländischen Gesellschaft und für eine „wirkliche" eigenwirtschaftliche Tätigkeit zulassen.

[73] In Reaktion auf die „Hilversum II"-Entscheidung des BFH hatte der Gesetzgeber § 50d Abs. 3 EStG ab dem Veranlagungszeitraum 2007 dahingehend verschärft, dass die sachliche Entlastungsberechtigung zu versagen war, wenn alternativ (i) für die Einschaltung der ausländischen Gesellschaft wirtschaftliche oder sonst beachtliche Gründe fehlten, (ii) die ausländische Gesellschaft nicht mehr als 10 % ihrer gesamten Bruttoerträge aus eigener Wirtschaftstätigkeit erzielt oder (iii) die ausländische Gesellschaft nicht mit einem angemessen eingerichteten Geschäftsbetriebs am allgemeinen wirtschaftlichen Verkehr teilnimmt. In der ab dem Veranlagungszeitraum 2012 geltenden Fassung wurde aufgrund europarechtlicher Bedenken die starre 10 %-Grenze aufgegeben. Die Entlastung wird nunmehr in dem Umfang („soweit") gewährt, in welchem die erzielten Bruttoerträge der Gesellschaft aus eigener Wirtschaftstätigkeit stammen (näher sogleich unter → Rn. 100).

53 **bb) Anti-Treaty-/Anti-Directive-Shopping.** Um im Hinblick auf etwaige Dividenden die Vergünstigungen eines DBA oder der Mutter-/Tochterrichtlinie in Anspruch nehmen zu können, müssen über die eben genannten Anforderungen hinaus die erhöhten Substanzanforderungen der Anti-Treaty-/Directive-Shopping-Regel des § 50d Abs. 3 EStG erfüllt sein.[74] Der EuGH hat entschieden, dass die Regelung in der für die Veranlagungszeiträume 2007 bis 2011 geltenden Fassung sowohl gegen die Mutter-/Tochterrichtlinie als auch gegen die Niederlassungsfreiheit nach Art. 49 AEUV verstößt[75] und damit den in der Literatur vielfach geäußerten Vorwurf der Europarechtswidrigkeit dieser Vorschrift[76] bestätigt. Das BMF hat auf diese Entwicklung mit Schreiben vom 4.4.2018 reagiert und vor allem seine bisher verlangten Substanzanforderungen an vermögensverwaltende ausländische Gesellschaften herabgesetzt.[77] Kurz darauf hat der EuGH allerdings auch die ab dem Veranlagungszeitraum 2012 geltende Fassung für europarechtswidrig erklärt,[78] ohne dass die Finanzverwaltung darauf bislang reagiert hat. Jüngst hat der EuGH Hinweise dazu gegeben, wann aus seiner Sicht eine Zwischenholding über so wenig Substanz verfügt, dass ihre Einschaltung für die Inanspruchnahme der Vorteile aus der Mutter-/Tochterrichtlinie missbräuchlich sein kann,[79] nämlich wenn

(i) objektive Umstände vorliegen, aus denen abgeleitet werden kann, dass trotz formaler Einhaltung aller Anforderungen der Mutter-/Tochterrichtlinie ihr Zweck nicht erreicht wird und
(ii) in subjektiver Hinsicht die Absicht vorliegt, von ihren Vorteilen durch künstliche Erfüllung ihrer Anforderungen zu profitieren.

Eine künstliche Durchleitungsgesellschaft ohne reale wirtschaftliche Tätigkeit ist für den EuGH missbräuchlich, was etwa Gesellschaften betreffe, die lediglich Dividenden erhalten und weiterleiten, ohne darüber verfügen zu dürfen. Bei der Bestimmung einer realen wirtschaftlichen Tätigkeit seien „sämtliche relevanten Umstände zu berücksichtigen, insbesondere die Geschäftsführung, die Bilanz, die Kostenstruktur, die tatsächlichen Ausgaben, die Beschäftigten, die Geschäftsräume und die Ausstattung der betreffenden Gesellschaft". Diese Parameter dürften zukünftig bei der Auslegung von § 50d Abs. 3 S. 1 EStG eine Rolle spielen, wenngleich eine Stellungnahme der Finanzverwaltung noch aussteht. Insgesamt ist zu erwarten, dass der Gesetzgeber einen erneuten Anlauf zur Neuordnung des § 50d Abs. 3 EStG in absehbarer Zeit unternehmen wird."

54 **(1) Versagung der Abkommens-/Richtlinienvergünstigung.** Die Versagung des Entlastungsanspruchs aufgrund eines DBA oder der Mutter-/Tochterrichtlinie nach § 50d Abs. 1 und 2 EStG wird gemäß § 50d Abs. 3 S. 1 EStG in drei Stufen geprüft:

i) Fehlende persönliche Entlastungsberechtigung der an der Zwischenholding beteiligten Gesellschafter,
ii) Nichtvorliegen von Erträgen aus eigener Wirtschaftstätigkeit und
iii) Fehlende beachtliche Gründe für die Einschaltung der Gesellschaft (§ 50d Abs. 3 S. 1 Nr. 1 EStG) oder das Nichtvorliegen eines für ihren Geschäftszweck angemessen eingerichteten Geschäftsbetriebs (§ 50d Abs. 3 S. 1 Nr. 2 EStG).

---

[74] § 50d Abs. 3 EStG gilt entsprechend auch im Rahmen des § 44a Abs. 9 EStG. Hiernach können beschränkt steuerpflichtige Körperschaften iSd § 2 Nr. 1 KStG eine Erstattung von zwei Fünfteln der einbehaltenen und abgeführten Kapitalertragsteuer beantragen, wodurch im Ergebnis die Kapitalertragsteuer auf das inländische Körperschaftsteuerniveau von 15 % abgesenkt wird. Diese vor dem Hintergrund des Typenvergleichs sachgerechte Regelung wird durch die Anwendbarkeitserklärung des § 50d Abs. 3 EStG in europarechtswidriger Weise konterkariert.

[75] EuGH Urt. v. 20.12.2017 – C-504/16, C-613/16, C-504/16, C-613/16, DStR 2018, 119.

[76] Vgl. nur *Gosch* BFH/PR 2008, 296; *Wiese/Süß* GmbHR 2006, 972.

[77] BMF-Schreiben betr. Entlastung vom Steuerabzug vom Kapitalertrag bei ausländischen Gesellschaften (§ 50d Abs. 3 EStG) v. 4.4.2018 – IV B 3 – S 2411/07/10016-14, BStBl. I 2018, 589.

[78] EuGH Beschl. v. 14.6.2018 – C-440/17, DStR 2018, 1479.

[79] EuGH Urt. v. 26.2.2019 – C-115/16, C-118/16, C-119/16, C-299/16, IStR 2019, 308.

Danach steht der Zwischenholding der geltend gemachte Entlastungsanspruch gemäß § 50d Abs. 3 EStG nur zu, soweit an ihr Gesellschafter beteiligt sind, denen ein Entlastungsanspruch zustünde, wenn sie die Dividende unmittelbar erhalten hätten (Prüfungsschritt 1). Für jeden Gesellschafter der ausländischen Zwischenholding ist daher zunächst gesondert zu prüfen, inwiefern ihm ein – fiktiver – Entlastungsanspruch bezogen auf das DBA zwischen Deutschland und dem Ansässigkeitsstaat dieses Gesellschafters oder aufgrund der Mutter-/Tochterrichtlinie zustünde.[80] Der Entlastungsanspruch der Zwischenholding ergibt sich sodann aus der Summe aller fiktiven Entlastungsansprüche der Gesellschafter.[81] Wie oben schon angemerkt, erweist es sich bei einer steuerlich transparenten Private Equity Struktur häufig als wenig praktikabel, auf die Abkommens- bzw. Richtlinienberechtigung der (Vielzahl an) Investoren abzuzielen.[82] **55**

Auch wenn die persönliche Entlastungsberechtigung nicht gegeben ist bzw. aus praktischen Gründen nicht nachgewiesen werden kann, käme eine Entlastung der Zwischenholding gleichwohl in Betracht, soweit ihre im betreffenden Wirtschaftsjahr erzielten Bruttoerträge aus eigener Wirtschaftstätigkeit stammen.[83] An einer eigenen wirtschaftlichen Tätigkeit fehlt es nach § 50d Abs. 3 S. 3 EStG, soweit die ausländische Gesellschaft ihre Bruttoerträge aus der Verwaltung von Wirtschaftsgütern erzielt oder ihre wesentliche Geschäftstätigkeit auf Dritte überträgt. Dementsprechend qualifiziert das zu § 50d Abs. 3 EStG ergangene BMF-Schreiben vom 24.1.2012 die bloß passive Beteiligungsverwaltung ebenso als schädlich wie die Auslagerung von (wesentlichen) Funktionen auf Management-, Beratungs- oder ähnliche Gesellschaften.[84] Da sich die Tätigkeit der Zwischenholding regelmäßig auf die bloß passive Beteiligungsverwaltung beschränkt und keine geschäftsleitenden Funktionen gegenüber der Portfoliogesellschaft wahrgenommen wird, erzielt die Zwischenholding typischerweise keine Einkünfte aus eigener Wirtschaftstätigkeit, so dass es entscheidend auf den dritten Prüfungsschritt ankommt. **56**

Im Rahmen des dritten Prüfungsschrittes genügt es für eine Versagung des Entlastungsanspruchs, wenn eine der beiden in § 50d Abs. 3 S. 1 Nr. 1 und Nr. 2 EStG genannten Voraussetzungen nicht erfüllt ist. Positiv formuliert müssen für die Gewährung der Entlastung kumulativ sowohl in Bezug auf die passiven Bruttoerträge wirtschaftliche oder sonst beachtliche Gründe für die Zwischenschaltung der ausländischen Gesellschaft bestehen (Nr. 1) als auch die ausländische Gesellschaft mit einem für ihren Geschäftszweck angemessen eingerichteten Geschäftsbetrieb am allgemeinen wirtschaftlichen Verkehr teilnehmen (Nr. 2). In Reaktion auf das EuGH-Urteil vom 20.12.2017 zur Unionsrechtswidrigkeit des § 50d Abs. 3 EStG aF soll nach dem BMF-Schreiben vom 4.4.2018 die Stand-alone-Betrachtung nach § 50d Abs. 3 S. 2 EStG nicht mehr anwendbar sein und somit für das **57**

---

[80] Bei mehr als dreistufigen funktionsschwachen Beteiligungsketten sind die Voraussetzungen des § 50d Abs. 3 EStG grundsätzlich auf jeder einzelnen (mittelbaren) Beteiligungsstufe zu prüfen. Vgl. BMF: Schreiben betr. Entlastungsberechtigung ausländischer Gesellschaften (§ 50d Abs. 3 EStG) v. 24.1.2012 – IV B 3 – S 2411/07/10016, BStBl. I 2012 S. 171 Rn. 4.2.

[81] BMF: Schreiben betr.- Entlastungsberechtigung ausländischer Gesellschaften (§ 50d Abs. 3 EStG) v. 24.1.2012 – IV B 3 – S 2411/07/10016, BStBl. I 2012 S. 171 Rn. 12; vgl. auch *Günkel/Lieber* Ubg 2008, 383 f. Die Feststellungslast bezüglich des Nichtvorliegens der Voraussetzungen des § 50d Abs. 3 EStG liegt bei der die Entlastung beanspruchenden Gesellschaft, also bei der ausländischen Holding (vgl. BMF: Schreiben betr. Entlastungsberechtigung ausländischer Gesellschaften (§ 50d Abs. 3 EStG) v. 24.1.2012 – IV B 3 – S 2411/07/10016, BStBl. I 2012 S. 171 Rn. 13). Hierfür hält das BZSt einen Fragebogen bereit. Anhand der beantworteten Fragen wird ermittelt, ob und in welcher Höhe einer ausländischen Gesellschaft ein Entlastungsanspruch zusteht.

[82] Dies gilt auch, wenn steuerlich per se nicht transparente, aber funktions- oder substanzschwache Gesellschaften zwischengeschaltet werden.

[83] Erzielt die ausländische Gesellschaft sowohl aktive als auch passive Bruttoerträge, ergibt sich die Entlastungsberechtigung aus dem Verhältnis von aktiven Bruttoerträgen zu den Gesamtbruttoerträgen, wobei an sich schädliche passive Bruttoerträge wiederum als unschädlich qualifiziert werden, wenn in Bezug auf diese Erträge kumulativ die beiden Funktionsvoraussetzungen des dritten Prüfungsschrittes erfüllt sind. Siehe iE *Brunsbach/Mock* IStR 2013, 653.

[84] Vgl. BMF: Schreiben betr. Entlastungsberechtigung ausländischer Gesellschaften (§ 50d Abs. 3 EStG) v. 24.1.2012 – IV B 3 – S 2411/07/10016, BStBl. I 2012 S. 171 Rn. 5.2 u. 5.4.

Vorliegen wirtschaftlicher oder sonst beachtlicher Gründe für die Einschaltung der Gesellschaft auch Verhältnisse des Konzernverbundes herangezogen werden können.[85] An einem beachtlichen Grund in diesem Sinne soll es aber fehlen, wenn sich aus einer Gesamtwürdigung der Umstände des Einzelfalls ergibt, dass mit der Einschaltung der ausländischen Gesellschaft im Wesentlichen nur ein steuerlicher Vorteil bezweckt wird. Weiterhin nimmt nach dem BMF-Schreiben eine ausländische Gesellschaft, welche die von ihr gehaltenen Beteiligungen lediglich passiv verwaltet, am allgemeinen wirtschaftlichen Verkehr teil, wenn sie ihre Rechte als Gesellschafterin tatsächlich ausübt. Im Gegensatz zu der noch im Schreiben vom 24.1.2012 vertretenen Auffassung setzt ein angemessen eingerichteter Geschäftsbetrieb einer vermögensverwaltenden Gesellschaft nicht zwingend voraus, dass die Gesellschaft im Ansässigkeitsstaat ständig sowohl geschäftsleitendes als auch anderes Personal beschäftigt.

58 Ob die Zwischenholding die von § 50d Abs. 3 S. 1 Nr. 2 EStG verlangten Anforderungen an die Mindestsubstanz im Hinblick auf qualifiziertes Personal, Geschäftsräume und technische Kommunikationsmittel erfüllt, hängt von den personellen und sachlichen Ressourcen im Einzelfall ab. In der Private Equity Praxis werden zwischengeschaltete Holdinggesellschaft häufig mit einer eher geringen Substanz ausgestattet, so dass die Beteiligten bisher regelmäßig nicht von einem Entlastungsanspruch der Zwischenholding ausgegangen sind.[86] Zwar hat das BMF nunmehr die Substanzanforderungen im Vergleich zu seinem Schreiben vom 24.1.2012 herabgesetzt. Der Schwerpunkt der Prüfung hat sich nach den Kriterien des BMF aber nun zu der Frage hin verschoben, ob für die Einschaltung der Zwischengesellschaft beachtliche Gründe ggf. unter Heranziehung von Konzernverhältnissen angeführt werden können und die Einschaltung nicht „im Wesentlichen" nur einen steuerlichen Vorteil bezweckt.

59 **(2) Geschäftsleitende Holding.** Ein Ausweg bietet sich jedoch über die Qualifikation der Zwischenholding als sog. geschäftsleitende Holding im Sinn einer aktiven Beteiligungsverwaltung. Erfüllt die ausländische Zwischengesellschaft die Voraussetzungen einer aktiven Beteiligungsverwaltung, wird diese nämlich als eigene Wirtschaftstätigkeit und werden die ansonsten passiven Erträge in Form von Dividenden und Zinsen als aktive Einkünfte anerkannt, so dass die Gesellschaft Bruttoerträge aus eigener Wirtschaftstätigkeit erzielt. [87] Nach Auffassung des BMF[88] setzt eine aktive Beteiligungsverwaltung voraus, dass die ausländische Gesellschaft Beteiligungen von einigem Gewicht erworben hat, und zwar an mindestens zwei Gesellschaften[89], und gegenüber den Gesellschaften geschäftsleitende Funktionen wahrgenommen werden. Besteht die Holdingeigenschaft der Zwischengesellschaft zunächst nur in Bezug auf eine Beteiligung, kann eine mehrfache Beteiligung gegebenenfalls durch die Entflechtung der Zielgruppe erreicht werden.

60 Die von der Zwischenholding wahrgenommenen Funktionen müssen hierbei geschäftsleitend sein, wobei die tatsächliche Einflussnahme auf das Geschäft der Beteiligungsgesell-

---

[85] Vgl. BMF-Schreiben betr. Entlastung vom Steuerabzug vom Kapitalertrag bei ausländischen Gesellschaften (§ 50d Abs. 3 EStG) v. 4.4.2018 – IV B 3 – S 2411/07/10016-14, BStBl. I 2018, 589.

[86] Das Mindestmaß an Substanz, welche nach den Grundsätzen der BFH-Rechtsprechung zu Basisgesellschaften zu fordern und maßgeblich für die Abkommensberechtigung der Zwischenholding in Bezug auf Veräußerungsgewinne ist, ist aber regelmäßig gegeben. Hierzu → Rn. 99.

[87] Vgl. BMF: Schreiben betr. Entlastungsberechtigung ausländischer Gesellschaften (§ 50d Abs. 3 EStG) v. 24.1.2012 – IV B 3 – S 2411/07/10016, BStBl. I 2012 S. 171 Rn. 5.2.

[88] Vgl. BMF: Schreiben betr. Entlastungsberechtigung ausländischer Gesellschaften (§ 50d Abs. 3 EStG) v. 24.1.2012 – IV B 3 – S 2411/07/10016, BStBl. I 2012 S. 171 Rn. 5.2.

[89] Diese Voraussetzung betonen auch BFH Urt. v. 15.4.1970 – I R 122/66, BStBl. II S. 554 sowie FG Köln Urt. v. 16.3.2006 – 2 K 1139/02, EFG 2006, 896. Krit. *Frotscher* in Frotscher EStG § 50d Rn. 75. Nicht ganz eindeutig ist, ob die Finanzverwaltung die Beteiligung an mindestens zwei *inländischen* Gesellschaften verlangt (so verstehen *Gosch* in Kirchhof EStG § 50d Rn. 28d und *Klein/Hagena* in Herrmann/Heuer/Raupach EStG/KStG EStG § 50d Rn. 55a die Ausführungen im BMF-Schreiben) oder ob die Beteiligung an einer inländischen und einer ausländischen Gesellschaft ausreichend ist. Der Sinn einer solchen Einschränkung würde indes im Dunkeln bleiben. Eine Klarstellung durch die Finanzverwaltung wäre gleichwohl wünschenswert.

schaft entscheidend ist. Geschäftsleitende Funktionen werden durch strategische Führungsentscheidungen ausgeübt, die sich durch ihre langfristige Natur, Grundsätzlichkeit und Bedeutung für die Portfoliogesellschaften auszeichnen.[90] Diese sind schriftlich zu dokumentieren, da rein mündlich ergangene Entscheidungen zum Nachweis der (tatsächlich wahrgenommenen) geschäftsleitenden Funktion nicht anerkannt werden.[91] Gegebenenfalls bietet es sich auch an, auf Ebene der Zwischenholding weitere Funktionen (zB Rechts-, Steuer-, Unternehmensberatung, Finanz- und Rechnungswesen, etc) anzusiedeln, die zwar weniger strategischer Natur sind, die aber typischerweise von einer geschäftsleitenden Holding erbracht werden.[92]

Bei der Strukturierung ist zudem darauf zu achten, dass weder die ausländische Zwi- **61** schenholding eine inländische Geschäftsleitungsbetriebsstätte noch die inländische Portfoliogesellschaft eine ausländische Geschäftsleitungsbetriebsstätte begründet. Es ist daher insbesondere dafür Sorge zu tragen, dass Entscheidungen des Tagesgeschäfts dort getroffen werden, wo die jeweilige Gesellschaft ansässig ist und solche Entscheidungen auch nicht von der Portfoliogesellschaft auf die Zwischenholding übertragen werden.

cc) Alternativstrukturen. Unverkennbar ist, dass die Implementierung einer geschäfts- **62** leitenden Auslandsholding personelle und sachliche Ressourcen sowie die Erfüllung von Dokumentationspflichten in erheblichem Umfang erfordert. Soll die Struktur des Private Equity Investments indes schlank gehalten werden, ist eine Versagung der Quellensteuerentlastung nach § 50d Abs. 3 EStG kaum zu vermeiden. Allerdings versagt § 50d Abs. 3 EStG lediglich die Erstattung oder die Befreiung von der Kapitalertragsteuer im Kapitalertragsteuerabzugsverfahren, sie unterbindet aber nicht deren Anrechnung auf Dividenden einer deutschen Tochterkapitalgesellschaft im Rahmen einer inländischen Veranlagung (vgl. § 32 Abs. 1 Nr. 2 KStG, § 50 Abs. 2 S. 2 Nr. 1, § 36 Abs. 2 Nr. 2 EStG). Insofern stellt sich die Frage, ob dies gestalterisch nutzbar gemacht werden kann.

Denkbar ist die Zwischenschaltung einer inländischen Personenholdinggesellschaft (zB in **63** Form einer GmbH & Co. KG). Die durch die Personengesellschaft vermittelte Betriebsstätte der ausländischen Zwischenholding führt nämlich prinzipiell gemäß § 49 Abs. 1 Nr. 2 lit. a EStG zur beschränkten Steuerpflicht der ausländischen Zwischenholding. Ist diese als Kapitalgesellschaft zu qualifizieren,[93] wären von der Personengesellschaft vereinnahmte Dividendeneinkünfte dann zwar im Inland grundsätzlich steuerpflichtig, gemäß § 8b Abs. 1 und 5 jedoch zu 95 % steuerbefreit, vorausgesetzt dass die ausländische Kapitalgesellschaft eine durchgerechnete Beteiligung von mind. 10 % an der Portfoliogesellschaft hält (§ 8b Abs. 4 KStG). Die von der Tochterkapitalgesellschaft einbehaltene Kapitalertragsteuer wäre im Veranlagungsverfahren anzurechnen bzw. zu erstatten (§§ 31 Abs. 1, 32 Abs. 1 Nr. 2 KStG, § 36 Abs. 2 Nr. 2 EStG). In diesem Fall würde die Entlastung auf § 8b KStG und nicht auf § 43b EStG beruhen, so dass § 50d Abs. 3 EStG nicht anzuwenden wäre.[94]

Hinzuweisen ist in diesem Zusammenhang auf die Rechtsprechung des BFH,[95] der sich **64** zur Betriebsstätten-Zurechnung im DBA-Fall geäußert hat. Der BFH macht deutlich, dass

[90] Vgl. BMF: Schreiben betr. Entlastungsberechtigung ausländischer Gesellschaften (§ 50d Abs. 3 EStG) v. 24.1.2012 – IV B 3 – S 2411/07/10016, BStBl. I 2012 S. 171 Rn. 5.3. Ein Katalog möglicher Führungsaufgaben findet sich bei *Schönfeld* in Flick/Wassermeyer/Baumhoff, Außensteuerrecht Kommentar, Band IV, EStG § 50d Abs. 3 Rn. 188 ff.

[91] Vgl. BMF: Schreiben betr. Entlastungsberechtigung ausländischer Gesellschaften (§ 50d Abs. 3 EStG) v. 24.1.2012 – IV B 3 – S 2411/07/10016, BStBl. I 2012 S. 171 Rn. 5.3.

[92] Diese Leistungen können von der Zwischenholding zB im Rahmen von Management-Verträgen erbracht werden. Hierbei ist darauf zu achten, dass die Zwischenholding auch über die entsprechenden Ressourcen verfügt und der Vertrag dem Fremdvergleich standhält.

[93] Auch hier darf die ausländische Zwischenholding keine Basisgesellschaft sein.

[94] Vgl. *Frotscher* in Frotscher EStG § 50d Rn. 156.

[95] BFH Urt. v. 9.8.2006 – II R 59/05, BFH/NV 2006, 2326; Urt. v. 17.10.2007 – I R 5/06, BFH/NV 2008, 869; Beschl. v. 19.12.2007 – I R 66/06, BStBl. II 2008 S. 510; Urt. v. 13.2.2008 – I R 63/06, BFH/NV 2008, 1250.

es für die abkommensrechtliche Zuweisung des Besteuerungsrechts für die Einkünfte einer Betriebsstätte auf eine tatsächlich-funktionale Betrachtungsweise ankommt.[96] Die Zuordnung zur Betriebsstätte erfolgt demnach, wenn das Wirtschaftsgut in einem funktionalen Zusammenhang zu der in der Betriebsstätte ausgeübten Wirtschaftstätigkeit steht.[97] Der willentlichen Zuordnung einer Beteiligung zu einer in- oder ausländischen Betriebsstätte wird damit eine Absage erteilt. In ähnlicher Weise nimmt der in Art. 7 Abs. 2 OECD-MA umgesetzte „Authorized OECD Approach" (AOA), wonach die grenzüberschreitende Betriebsstättengewinnermittlung auf der Basis einer Selbstständigkeitsfiktion der Betriebsstätte erfolgen soll, eine Zuordnung von Beteiligungen auf der Basis einer Funktions- und Risikoanalyse anhand der maßgeblichen Personalfunktionen vor.[98] Der Grundgedanke ist dabei, dass sich die Zuordnung nach den in der jeweiligen Betriebsstätte ausgeübten Personalfunktionen bestimmt, die die Chancen und Risiken hinsichtlich des Erwerbs, des Verkaufs oder der Verwaltung der Beteiligung zu tragen hat.[99] Der AOA ist mittlerweile in die für die Gestaltungsberatung interessanten Doppelbesteuerungsabkommen mit Luxemburg und der Niederlande aufgenommen worden.[100]

65 Der deutsche Gesetzgeber hat mit § 1 Abs. 5 AStG den AOA mit Wirkung vom Veranlagungszeitraum 2013 an auch in innerstaatliches Recht umgesetzt und durch die gemäß § 1 Abs. 6 AStG ergangene Betriebsstättengewinnaufteilungsverordnung (BsGaV) näher konkretisiert.[101] Entsprechend der BFH-Rechtsprechung stellt § 7 Abs. 1 S. 2 BsGaV auf die funktionale Nutzung der Beteiligung ab, dh die Nutzung ergibt sich aus dem funktionalen Zusammenhang zur Geschäftstätigkeit der Betriebsstätte. Dabei sind vorrangig qualitative Gesichtspunkte maßgebend, dh es kommt darauf an, in welcher Betriebsstätte die Personalfunktion ausgeübt wird, der die größte Bedeutung für die mit der Beteiligung verbundenen Chancen und Risiken zukommt.[102] Nach der Auffassung der Finanzverwaltung bestimmt sich auch die abkommensrechtliche Zuordnung innerhalb der Betriebsstättenvorbehalte nach den AOA-Kriterien. Demnach sind Wirtschaftsgüter einer Personengesellschaft dem Betriebsvermögen der im anderen Staat gelegenen Betriebsstätte der Personengesellschaft zuzuordnen, wenn sie nach § 1 Abs. 5 AStG zu der Betriebsstätte gehören.[103]

66 Für die steuereffiziente Gestaltung der Repatriierung von Gewinnen in Private Equity Strukturen bedeutet dies, dass es auf Grundlage der BFH-Rechtsprechung und des AOA jedenfalls dann, wenn sich die Beteiligung an der inländischen Kapitalgesellschaft im Gesamthandsvermögen einer als geschäftsleitenden Holding ausgestaltenden inländischen Personengesellschaft befindet, möglich erscheint, die Anwendung des § 50d Abs. 3 EStG zu vermeiden.

67 Zu beachten ist allerdings, dass sich die Finanzverwaltung bisher nur ausdrücklich zur Anwendung des funktionalen Ansatzes auf die abkommensrechtliche Zuordnung von Wirtschaftsgütern zu Betriebsstätten geäußert hat. Nicht abschließend geklärt ist hingegen, wie

---

[96] Vgl. hierzu *Blumers* DB 2008, 1765 ff.; *Kraft/Ungemach* DStZ 2015, 716 (718 f.); *Kahle/Kindich* in Lübbehüsen/Kahle, Brennpunkte der Besteuerung von Betriebsstätten, Rn. 4.393.

[97] BFH Beschl. v. 19.12.2007 – I R 66/06, BStBl. II 2008 S. 510; vgl. auch jüngst FG Münster Urt. v. 15.12.2014 – 13 K 624/11 F, EFG 2015, 704.

[98] Vgl. *Kahle/Kindich* in Lübbehüsen/Kahle, Brennpunkte der Besteuerung von Betriebsstätten, Rn. 4.392; *Häck* ISR 2015, 113 (116).

[99] *Häck* ISR 2015, 113 (119); *Kraft/Dombrowski* FR 2014, 1105 (1110).

[100] Siehe zu dem steueroptimalen Standort der Zwischenholding sogleich die Ausführungen unter → Rn. 118.

[101] Siehe auch BMF: Schreiben betr. Grundsätze für die Anwendung des Fremdvergleichsgrundsatzes auf die Aufteilung der Einkünfte zwischen einem inländischen Unternehmen und seiner ausländischen Betriebsstätte und auf die Ermittlung der Einkünfte der inländischen Betriebsstätte eines ausländischen Unternehmens nach § 1 Abs. 5 des Außensteuergesetzes und der Betriebsstättengewinnaufteilungsverordnung (Verwaltungsgrundsätze Betriebsstättengewinnaufteilung – VWG BsGa) v. 22.12.2016 – IV B 5 – S 1341/12/10001-03, BStBl. I 2017 S. 182 Rn. 102 ff.

[102] BMF: Verwaltungsgrundsätze Betriebsstättengewinnaufteilung (VWG BsGa) v. 22.12.2016 – IV B 5 – S 1341/12/10001-03, BStBl. I 2017 S. 182 Rn. 104.

[103] BMF: Schreiben betr. Anwendung der Doppelbesteuerungsabkommen (DBA) auf Personengesellschaften v. 26.9.2014 – IV B 5 – S 1300/09/10003, BStBl. I S. 1258.

sich die innerstaatlichen Zuordnungskriterien für Zwecke der §§ 49 Abs. 1 Nr. 2 Buchst. a, 50 Abs. 2 S. 2 Nr. 1 EStG und § 32 Abs. 1 Nr. 2 KStG bestimmen[104], die für die Frage der inländischen Veranlagung der Dividendeneinkünfte entscheidend sind. Für die innerstaatliche Zuordnung gilt das Veranlassungsprinzip, das sich im Kern an wirtschaftlichen Gesichtspunkten ausrichtet und mit dem tatsächlich-funktionalen Zuordnungsmaßstab des AOA im Regelfall übereinstimmen dürfte.[105] Der BFH hat jüngst die Zuordnungsprüfung nach § 32 Abs. 1 Nr. 2 KStG anhand wirtschaftlicher Kriterien in einem Nicht-DBA-Fall vorgenommen, in dem eine inländische gewerblich geprägte Personengesellschaft zwischengeschaltet wurde.[106] Die Zweifel an einem kongruenten Zuordnungskonzept im Abkommensrecht und im rein innerstaatlichen Recht dürften aber weiterhin bestehen, weil die Finanzverwaltung auch nach Umsetzung des AOA in nationales Recht bisher nicht ausdrücklich von der Zentralfunktion des Stammhauses im Hinblick auf die dem Gesamtunternehmen dienenden Beteiligungen in ihren Betriebsstätten-Verwaltungsgrundsätzen[107] Abstand genommen hat, so dass nicht auszuschließen ist, dass in der Betriebsprüfungspraxis weiterhin die Zentralfunktion des Stammhauses herangezogen wird.[108]

Bejaht man auch für innerstaatliche Zwecke eine Zuordnung nach funktionalen Krite- **68** rien, wird man in jedem Fall an die Ausstattung der geschäftsleitenden Holding prinzipiell die gleichen Anforderungen stellen müssen, wie sie nach der Auffassung der Finanzverwaltung hinsichtlich einer ausländischen geschäftsleitenden Holding für Zwecke des § 50d Abs. 3 EStG gelten, um eine funktionale Zuordnung der Beteiligung an der Portfoliogesellschaft zu der inländischen Geschäftsleitungsbetriebsstätte zu gewährleisten.[109]

Aufgrund der beschriebenen Unsicherheiten wird sich zurzeit eine solche Struktur nicht **69** ohne ein gewisses Maß an Rechtsunsicherheit etablieren lassen.[110] Nicht auszuschließen ist insbesondere, dass der wirtschaftliche Veranlassungszusammenhang verneint und die Beteiligung nicht der durch die inländische Holdingpersonengesellschaft vermittelten Betriebsstätte, sondern der ausländischen Zwischenholding zugeordnet wird.[111]

Etwas anderes gilt freilich dann, wenn der funktionale Zusammenhang anders dargestellt **70** werden kann. Zu denken ist hier insbesondere an die Gründung eines Joint Ventures mehrerer Investoren unter Ansiedlung weiterer Funktionen auf Ebene der (Holding-) Personengesellschaft.

b) Steueroptimaler Standort der Zwischenholding. Auf Ebene der Zwischenholding **71** selbst sollte es ebenfalls zu keiner wesentlichen steuerlichen Belastung der Mittelrückflüsse in Form von Dividenden, Zinsen oder Veräußerungsgewinnen kommen. Gleiches gilt für die Repatriierung von Gewinnen von der Zwischenholding an den Fonds bzw. die hinter dem Fonds stehenden Investoren. In Europa bieten insoweit insbesondere die Niederlande und Luxemburg Besteuerungsregelungen für Holdinggesellschaften, die eine steuerliche (Zusatz-)Belastung weitgehend ausschließen. Oftmals werden Zwischenholdings daher in diesen Staaten angesiedelt.[112] So sind zum Beispiel auf Ebene einer zwischengeschalteten

[104] Vgl. *Töben* ISR 2013, 350 (353 f.).

[105] Vgl. *Gosch* in Kirchhof EStG § 49 Rn. 15.

[106] BFH Urt. v. 29.11.2017 – I R 58/15, DStR 2018, 657.

[107] BMF: Schreiben betr. Grundsätze der Verwaltung für die Prüfung der Aufteilung der Einkünfte bei Betriebsstätten international tätiger Unternehmen (Betriebsstätten-Verwaltungsgrundsätze) v. 24.12.1999 – IV B 4 – S 1300 – 111/99, BStBl. I 1999 S. 1076 Rn. 2.4. Auch das BMF-Schreiben zur Anwendung der DBA auf Personengesellschaften (v. 26.9.2014 – IV B 5 – S 1300/09/10003. BStBl. I 2014 S. 1258) verweist in Rn. 2.2.3 auf die Zentralfunktionsthese der Betriebsstätten-Verwaltungsgrundsätze in Rn. 2.4.

[108] Vgl. *Kahle/Kindich* in Lübbehüsen/Kahle, Brennpunkte der Besteuerung von Betriebsstätten, Rn. 4.403.

[109] Vgl. *Kraft/Ungemach* DStZ 2015, 716 (721 f.); *Schönfeld* in Schönfeld/Ditz DBA OECD-MA Art. 10 Rn. 204.

[110] Vgl. auch den Risikohinweis bei *Frotscher* in Frotscher EStG § 50d Rn. 156.

[111] Ob es hier eines Rückgriffs auf § 42 AO bedarf, erscheint fraglich. In diese Richtung aber *Frotscher* in Frotscher EStG § 50d Rn. 150.

[112] Allerdings bieten auch andere Staaten attraktive Besteuerungsregelungen für Holdinggesellschaften. Insbesondere im Verhältnis zu den USA sind die Niederlande und Luxemburg – auch aufgrund der bestehenden Infrastruktur sowie des stabilen politischen Umfelds – allerdings bevorzugte Standorte.

Kapitalgesellschaft nach Luxemburger Recht Dividenden von einer in einem anderen EU-Mitgliedstaat ansässigen Kapitalgesellschaft steuerbefreit, wenn die Beteiligung mindestens 10% beträgt oder die Anschaffungskosten der Beteiligung mindestens 1,2 Mio. EUR betragen und die Beteiligung für einen ununterbrochenen Zeitraum von mindestens 12 Monaten gehalten wird. Unter den gleichen Voraussetzungen sind Veräußerungsgewinne von der Steuer befreit, vorausgesetzt die Anschaffungskosten der Beteiligung haben 6 Mio. EUR betragen. Aufwendungen, die im Zusammenhang mit einer solchen Beteiligung stehen, sind in dem Umfang abziehbar, wie sie steuerfreie Erträge übersteigen, unterliegen aber einer Nachversteuerung im Fall des Erzielens steuerfreier Veräußerungsgewinne aus der Beteiligung.[113] Da im Übrigen eine unbeschränkte Verrechenbarkeit gewährleistet ist, kann unter anderem das sog. *Onlending* zur Optimierung der Repatriierung von Gewinnen genutzt werden.[114]

72 Neben den Ertragsteuern können zudem weitere steuerliche Kosten bei der Zwischenschaltung einer Holdinggesellschaft zu beachten sein.

3. Sonderfall Immobilieninvestment

73 Tätigen ausländische Real Estate Private-Equity-Fonds Immobilieninvestments in Deutschland, kann sich bei der Strukturierung insbesondere im Hinblick auf die Gewerbesteuer ein erhöhtes Gestaltungspotenzial ergeben. Eine Gewerbesteuerpflicht nach § 2 Abs. 1 GewStG kommt nämlich nur in Betracht, wenn die Gesellschaft im Inland eine Betriebsstätte unterhält.[115] Die im Inland belegenen Grundstücke der Gesellschaft stellen regelmäßig keine Betriebsstätte dar.[116] Die in § 49 Abs. 1 Nr. 2 lit. f S. 3 EStG angeordnete Gewerblichkeitsfiktion begründet nicht zugleich eine fiktive inländische Betriebsstätte.[117] Vor diesem Hintergrund kann es sich daher anbieten, Immobilieninvestitionen so zu strukturieren, dass eine im Ausland ansässige Grundstücksgesellschaft *(PropCo)* die inländische Immobilie erwirbt. Wenn auch sonstige eine Betriebsstätte begründenden Tatbestände vermieden werden können, unterliegen weder die laufenden Vermietungseinkünfte noch die Gewinne aus der Veräußerung der inländischen Grundstücke der Gewerbsteuer.[118] Um eine Doppelbesteuerung in dem Ansässigkeitsstaat der Grundstücksgesellschaft zu vermeiden, sollte diese in einem DBA-Staat ansässig sein. Sowohl die laufenden Vermietungseinkünfte als

---

[113] Vgl. *Steichen* in Wassermeyer DBA Luxemburg Anh. Rn. 106.

[114] Generell erhebt Luxemburg keine Quellensteuer auf Zinszahlungen mit der Ausnahme von solchen aus partiarischen Darlehen. Allerdings verlangt die Luxemburger Finanzverwaltung ein maximales Verhältnis von Eigenkapital zu Fremdkapital von 15:85 sowie die Vereinbarung eines fremdvergleichsgerechten Zinssatzes, damit die Zinszahlung nicht in eine Dividende umqualifiziert wird. Zur Bestimmung der Höhe des Zinssatzes wird regelmäßig eine Verrechnungspreisstudie zu empfehlen sein. Auch sollte auf Ebene der Zwischenholding ein angemessener *Spread* verbleiben. Die Finanzierungsstruktur wird daher regelmäßig durch hybride Finanzierungsinstrumente optimiert. Zu nennen sind etwa *Preferred Equity Certificates („PECs")* oder *Convertible Preferred Equity Certificates („CPECs"),* die regelmäßig im Verhältnis zu den USA genutzt werden. Weitere weit verbreitete Gestaltungsmittel auf Ebene einer Luxemburger Zwischengesellschaft sind Implementierung von *Tracking Stocks* sowie die Teilliquidation, wodurch die Gewinnrepatriierung sehr flexibel gestaltet werden kann. Wird die Struktur in den Niederlanden aufgesetzt, bietet insbesondere die *coöperatie* ein interessantes Vehikel im Rahmen der Private Equity Strukturierung. Aus deutscher steuerlicher Sicht kann neben der Abkommens- und Richtlinienberechtigung der Zwischenholding auch die Finanzierungsgestaltung – beispielsweise im Rahmen der Zinsschranke bei der Akquisitionsstrukturierung – von besonderer Relevanz sein.

[115] Auf das Vorhandensein eines ständigen Vertreters kommt es für die Gewerbesteuerpflicht nicht an.

[116] Vgl. auch BMF: Schreiben betr. Grundsätze der Verwaltung für die Prüfung der Aufteilung der Einkünfte bei Betriebsstätten international tätiger Unternehmen (Betriebsstätten-Verwaltungsgrundsätze) v. 24.12.1999 – IV B 4-S 1300-111/99, BStBl. I S. 1076 Rn. 1.2.1.1.

[117] OFD Nordrhein-Westfalen, Verfügung betr. steuerliche Behandlung von nach ausländischem Recht gegründeten grundstücksverwaltenden Körperschaften und von vermögensverwaltenden gewerblich geprägten Personengesellschaften mit ausländischen Gesellschaftern ab dem VZ 2009 v. 5.9.2017 – S 1300–2010/0007-St 122, DB 2017, 2384; *Roser* in Lenski/Steinberg GewStG § 9 Nr. 1 Rn. 122.

[118] Die in § 49 Abs. 1 Nr. 2 lit. f S. 3 EStG angeordnete Umqualifikation von Einkünften beschränkt Steuerpflichtiger aus Vermietung und Verpachtung in gewerbliche Einkünfte ändert daran nichts, vgl. *Huschke/Hartwig* IStR 2008, 745 (749).

auch die Veräußerungsgewinne unterliegen dann nach Art. 6 und Art. 13 OECD-MA der Einkommen- bzw. Körperschaftsteuer in Deutschland als Belegenheitsstaat; in dem Ansässigkeitsstaat sind die Einkünfte entsprechend freizustellen. Zu bedenken ist allerdings, dass sich die Ansässigkeit der Grundstücksgesellschaft im Ausland bei einer späteren Veräußerung des Investments als *Share Deal* auf potentielle Investoren als Hindernis auswirken könnte.

Als Alternative kommt eine Gestaltung mit einer inländischen Grundstückgesellschaft in **74** Betracht. Zwar entstünde in diesem Fall grundsätzlich mit der nach § 2 Abs. 1 GewStG begründeten Gewerbesteuerpflicht ein Steuerverlust. Dieser kann jedoch mit der Inanspruchnahme der erweiterten Gewerbesteuerkürzung nach § 9 Nr. 1 S. 2 GewStG vermieden werden. Liegen die Voraussetzungen für die erweiterte Gewerbesteuerkürzung vor, ist die Bemessungsgrundlage um den Teil des Gewerbeertrags zu kürzen, der auf die Verwaltung und Nutzung des eigenen Grundbesitzes entfällt.[119] Unter anderem setzt die erweiterte Gewerbesteuerkürzung voraus, dass die Grundstücksgesellschaft nur eigenen Grundbesitz oder neben eigenem Grundbesitz eigenes Kapitalvermögen verwaltet.[120] Dies gilt in zeitlicher Hinsicht für den gesamten Erhebungszeitraum. Daher ist es bei einem *Asset Deal* schädlich, wenn die Grundstücksgesellschaft sich nach der Veräußerung ihres einzigen und letzten Grundstücks auf die Verwaltung des hieraus erzielten Kapitalvermögens beschränkt.[121] Unschädlich ist dagegen der Verkauf zum Ende eines Wirtschaftsjahres.[122] Dies ist im Rahmen der Exit-Strukturierung, gegebenenfalls durch Umstellung des Wirtschaftsjahres, zu berücksichtigen.[123]

Bei einem *Asset Deal* stellt sich bei Nutzung einer inländischen Grundstücksgesellschaft **75** in Form einer Kapitalgesellschaft allerdings wieder die Frage nach der steuereffizienten Gewinnrepatriierung. Im Grunde gilt das oben Gesagte hier entsprechend.[124] Hinzuweisen ist aber auf eine Besonderheit: Gemäß § 50d Abs. 3 S. 5 EStG gelten die Anforderungen dieser Vorschrift nicht für ausländische Gesellschaften, die börsennotiert sind oder für die die Vorschriften des Investmentsteuergesetzes gelten. Während die Ausnahme für börsennotierte Gesellschaften im Rahmen von Private Equity Investments eine untergeordnete Rolle spielt, könnte die zweite Ausnahmeregelung insbesondere bei Immobilieninvestments einen Gestaltungsspielraum eröffnen. Von dem reformierten, mit Wirkung ab dem 1.1.2018 geltenden InvStG[125] sind Investmentvermögen iSv § 1 Abs. 1 KAGB erfasst, es sei denn, es greifen die in § 1 Abs. 2–4 InvStG geregelten, von der aufsichtsrechtlichen Definition abweichenden Ausnahmen. Zur Auslegung des Begriffs des Investmentvermögens kann nach der Auffassung der Finanzverwaltung auf die Auslegungsschreiben der Bundesanstalt für Finanzdienstleistungsaufsicht[126] zurückgegriffen werden.[127] Anlagevehikel, die aufsichtsrechtlich als Organismus für gemeinsame Anlagen in Wertpapieren (OGAW) oder als Alternativer Investmentfonds (AIF) zu qualifizieren sind, werden daher

---

119 Dies umfasst grundsätzlich auch den Veräußerungsgewinn als letzten Teil der Fruchtziehung.

120 In diesem Zusammenhang ist insbesondere auf schädliche Nebentätigkeiten und die (Mit-)Vermietung von Betriebsvorrichtungen zu achten. Vgl. zur erweiterten Gewerbesteuerkürzung eingehend *Gosch* in Blümich GewStG § 9 Rn. 40 ff.

121 BFH Urt. v. 20.1.1982 – I R 201/78, BStBl. II 1982 S. 477; Urt. v. 26.2.2014 – I R 6/13, BFH/NV 2014, 1400.

122 BFH Urt. v. 11.8.2004 – I R 89/03, BStBl. II 2004 S. 1080; H 9.2 Abs. 1 GewStR.

123 Bei einem vom Kalenderjahr abweichenden Wirtschaftsjahr kommt es auf die ausschließliche Verwaltung eigenen Grundbesitzes im Gewinnermittlungszeitraum an, vgl. *Roser* in Lenski/Steinberg GewStG § 9 Nr. 1 Rn. 131; *Gosch* in Blümich GewStG § 9 Rn. 76. Zur Umstellung des Wirtschaftsjahres in diesen Fällen siehe *Jansen/Lakenbrink/Mammen* FR 2018, 153 (155 f.).

124 → Rn. 98.

125 InvStG in der durch das StUmgBG v. 23.6.2017 (BGBl. 2017 I S. 1682) ergänzten Fassung des InvStRefG v. 19.7.2016 (BGBl. 2016 I S. 1730).

126 Auslegungsschreiben der Bundesanstalt für Finanzdienstleistungsaufsicht (BaFin) v. 14.6.2013, zuletzt geändert am 9.6.2015 – Q 31-Wp 2137-2013/0006, abrufbar unter www.bafin.de.

127 So der Entwurf des BMF-Schreibens zu Anwendungsfragen zum InvStG idF des InvStRefG v. 11.8.2017 – IV C 1 – S 1980-1/16/10010, DStR 2017, 2736 Rn. 2.

regelmäßig vom InvStG erfasst[128] und können sich folglich auf den Ausnahmetatbestand des § 50d Abs. 3 S. 5 EStG berufen. Zu beachten ist, dass Investmentvermögen in der Rechtsform einer Personengesellschaft oder einer vergleichbaren ausländischen Rechtsform[129] gemäß § 1 Abs. 3 S. 1 Nr. 2 InvStG grundsätzlich nicht vom InvStG erfasst sind.[130] Wegen der Herausnahme von Personengesellschaften aus dem persönlichen Anwendungsbereich des InvStG ist der Ausnahmetatbestand des § 50d Abs. 3 S. 5 EStG für Private-Equity-Fonds, die als ausländische Personengesellschaft mit beschränkter Haftung konzipiert sind (zB Delaware LP oder Luxemburger SCS/SCSp), daher nicht relevant.

C. US-amerikanische Vorgaben für Inlandsinvestitionen durch Steuerausländer

76 Bei Inbound-Investments sind für die Besteuerung auf der Investorenebene in der Praxis neben den oben dargestellten inländischen Vorgaben vor allem auch Vorgaben des US-amerikanischen Rechts von Bedeutung. Dies ist darauf zurückzuführen, dass zum einen US-amerikanische Pensionsfonds und andere *Tax Exempt Entities,* also nach amerikanischem Recht steuerbefreite Gesellschaften, die wichtigsten Kapitalgeber im Private Equity Bereich darstellen, darüber hinaus aber auch die größten und bedeutendsten Private Equity Gesellschaften in den USA ansässig sind.[131] Um die Besteuerung der in den USA ansässigen Investoren sowie der ausländischen (im Sinne von nicht US-amerikanischen) Investoren, die an US-amerikanischen Private-Equity-Fonds beteiligt sind, gering zu halten, müssen auch Inbound-Investments so gestaltet werden, dass sie möglichst keine zusätzlichen Anknüpfungspunkte für eine Besteuerung nach US-amerikanischem Recht bieten. Typischerweise gilt es in diesem Zusammenhang, eine Hinzurechnungsbesteuerung über *Controlled Foreign Corporations* („CFC"), die Entstehung von *Effectively Connected Income* („ECI") bei nicht in den USA ansässigen Investoren und von *Unrelated Business Taxable Income* („UBTI") bei *Tax Exempt Entities* zu vermeiden.

77 Neben diesen Besteuerungstatbeständen spielt bei der Fondsstrukturierung immer wieder der *Employee Retirement Income Security Act of 1974* („ERISA") eine Rolle, der die finanzielle Integrität von Kapitalanlagen der *US Corporate Pension Plans,* also US-amerikanischen Pensionskassen, gewährleisten soll. ERISA normiert ua besonders strenge Sorgfaltspflichten mit entsprechenden Haftungsfolgen für Manager und verbietet bestimmte Arten von Transaktionen. Diese Beschränkungen gelten nicht nur – wie man zunächst vermuten könnte – für Pensionskassen selbst, sondern können grundsätzlich alle US-amerikanischen Fonds treffen, an denen die Pensionskassen wesentliche Beteiligungen halten.[132] Zwar kann ein Private-Equity-Fonds grundsätzlich auch „ERISA-compliant" tätig werden, jedoch kollidieren die ERISA-Vorgaben oftmals mit der gewöhnlichen Geschäftstätigkeit eines Fonds. Daher ist es das Bestreben der meisten Private-Equity-Fonds, einen der normierten Aus-

[128] Vgl. *Link* in Herrmann/Heuer/Raupach EStG/KStG InvStG § 1 Rn. 6.

[129] Die Einordnung einer ausländischen Personengesellschaft richtet sich nach dem Rechtstypenvergleich. Nach Auffassung der Finanzverwaltung kann dieser anhand der Kriterien im BMF-Schreiben zur Einordnung von US-LLCs (v. 19.3.2004 – IV B 4 – S 1301 USA – 22/04, BStBl. I 2004 S. 411) unter Berücksichtigung der Tabellen 1 und 2 der Betriebsstätten-Verwaltungsgrundsätze (v. 24.12.1999 – IV B 4 – S 1300 – 111/99, BStBl. I 1999 S. 1076) vorgenommen werden, siehe Entwurf des BMF-Schreibens zu Anwendungsfragen zum InvStG idF des InvStRefG v. 11.8.2017 – IV C 1 – S 1980-1/16/10010, DStR 2017, 2736 Rn. 12.

[130] Zu Ausnahmen siehe *Link* in Herrmann/Heuer/Raupach EStG/KStG § 1 InvStG

[131] Daneben können freilich auch die Vorgaben anderer Jurisdiktionen im Einzelfall maßgeblichen Einfluss auf die inländische Gestaltung haben; dies gilt auch für Vorgaben des islamischen Rechts nach Maßgabe der *Schari'a,* deren Bedeutung für die Fondsstrukturierung durch die stetig wachsende Zahl muslimischer Investoren in letzter Zeit stark gewachsen ist. Hier sind insbesondere das allgemeine Zinsverbot *(ribâ),* das Verbot der Unbestimmtheit *(gharar)* und das Verbot von Investitionen in Geschäftsbereichen, die gemäß der *Schari'a* als nicht ethisch einzustufen sind *(haraam),* zu nennen. Vgl. zu islamischen Aktienfonds auch *Bälz* BKR 2002, 447.

[132] Es handelt sich um eine sog. *„look-through"-Rule.*

nahmetatbestände zu erfüllen. Die dazu erforderlichen Strukturierungen betreffen nicht nur die Ebene des Private-Equity-Fonds, sondern verlangen regelmäßig die Mitwirkung der inländischen Portfolio-Gesellschaft. Die folgende Darstellung soll dem deutschen Rechtsanwender lediglich einen ersten überblicksartigen Einstieg in die komplexen US-amerikanischen Regelungen bieten und Verständnis für die allfälligen Rückkopplungen bei der inländischen Gestaltung wecken.

I. US-amerikanische Besteuerungstatbestände auf Investorenebene

1. Hinzurechnungsbesteuerung/CFC-Rules

Die US-amerikanische Hinzurechnungsbesteuerung ist in Subpart F des IRC, Sec. 951–964 geregelt. Nach der Legaldefinition in Sec. 957 IRC ist eine *Controlled Foreign Corporation* („CFC") eine ausländische Körperschaft, deren Stimmrechte oder deren Gesamtanteilswert an irgendeinem Tag im Wirtschaftsjahr unmittelbar oder mittelbar zu mehr als 50% von US-Anteilseignern gehalten werden. Diesen Anteilseignern werden, sofern ihnen jeweils mehr als 10% der Stimmrechte oder jeweils mehr als 10% des Gesamtanteilswertes zuzurechnen sind,[133] die passiven Einkünfte der CFC als *Subpart F Income* anteilig zugerechnet.[134] Seit der Ende 2016 in Kraft getretenen *US Tax Reform* wirken sich die *CFC-Rules* auch etwa auf Fälle aus, in denen eine deutsche Personengesellschaft (unter Beteiligung von US-Anteilseignern) sowohl Muttergesellschaft einer *US-Corporation* als auch einer weiteren ausländischen Gesellschaft ist. Unter dem *Global Intangible Low Tax Income*-Regime („GILTI") wird nunmehr fingiert, dass die US Corporation Eigentümerin ihrer ausländischen Schwestergesellschaft ist. Dadurch wird die Schwestergesellschaft zur *CFC* mit der Folge, dass US-Anteilseigner in der Beteiligungskette unter den oben genannten Bedingungen der *Subpart F*-Hinzurechnungsbesteuerung unterliegen. Nach Sec. 956 IRC wird unter Umständen auch eine Sicherheitenstellung der Schwestergesellschaft zugunsten der *US-Corporation* einkommensteuerrelevant. 78

Sofern der Anteil oder die Stimmrechte der in den USA ansässigen Investoren des Private-Equity-Fonds die 50%-Grenze überschreiten, besteht aus Sicht dieser Investoren das Bedürfnis, die amerikanische Hinzurechnungsbesteuerung zu vermeiden. Da sich die *CFC-Rules* nur auf Körperschaften beziehen, kann dies in einem ersten Schritt durch eine Rechtsformgestaltung erreicht werden, die typischerweise nicht die Portfolio-Gesellschaft selbst betrifft, sondern durch die Zwischenschaltung eines (bei Inbound-Investments in der Regel ebenfalls in Deutschland ansässigen) Akquisitionsvehikels erfolgt, das Vermögensgegenstände außerhalb der USA erwirbt. Für diese Akquisitionsgesellschaft wird eine Rechtsform gewählt, die nach den amerikanischen *Check-the-Box*-Regelungen als transparente Gesellschaft behandelt werden kann und damit nicht unter die *CFC-Rules* fällt.[135] Es ist jedoch darauf zu achten, dass eine Rechtsform gewählt wird, die nicht als *„Per-se"-Corporation* gilt.[136] Zu den *„Per-se"-Corporations* gehört zB die deutsche AG, nicht aber die deutsche GmbH. Im zweiten Schritt ist darauf zu achten, dass die Kette der transparenten Gesellschaften nicht bis zu den in den USA ansässigen Investoren reicht, da die US-Anteilseigner ansonsten (unter Anrechnung der im Ausland bereits gezahlten Steuern) ihre Einkünfte regulär gemäß den für transparente Gesellschaften geltenden Vorschriften versteuern müssten. 79

---

[133] Sec. 951 (b) IRC.

[134] Sec. 951 (a) IRC.

[135] Das *Check-the-Box*-Verfahren kann zur Einordnung ausländischer Unternehmen für US-steuerliche Zwecke herangezogen werden. Es räumt dem Steuerpflichtigen ein Wahlrecht ein, eine Gesellschaft unabhängig von ihrer gesellschaftlichen Rechtsform entweder als Körperschaft oder als transparente Personengesellschaft bzw. Betriebsstätte zu behandeln.

[136] Die *Regulations* zu Sec. 7701 IRC enthalten eine Auflistung ausländischer Gesellschaftsformen, die für US-steuerliche Zwecke zwingend als Kapitalgesellschaften besteuert werden *(„Per-se"-Corporations)*.

2. ECI/UBTI

80 **a) Allgemeines.** Ausländische und US-amerikanische steuerbefreite Investoren unterliegen mit ihren Zinseinkünften, Dividenden und dem Großteil ihrer Veräußerungsgewinne in den USA grundsätzlich nicht der Besteuerung. Ausländische Investoren erreichen diese Steuerfreiheit, indem sie tatsächlich nur „investieren", also keine Tätigkeit ausüben, die als *US trade or business* anzusehen ist.[137] Steuerbefreite Investoren sind hingegen per Gesetz grundsätzlich von der Besteuerung dieser Einkünfte ausgenommen.[138] Dementsprechend zahlen diese Investoren auch auf Ausschüttungen eines Private-Equity-Fonds in den USA keine Steuern, solange sich die Kapitalerträge des Fonds auf Zinsen, Dividenden und Veräußerungsgewinne beschränken.[139]

81 Problematisch ist es jedoch, wenn der Private-Equity-Fonds Erträge generiert, die bei seinen ausländischen Investoren als *Effectively Connected Income* („ECI") oder bei seinen steuerbefreiten Investoren als *Unrelated Business Taxable Income* („UBTI") der Besteuerung unterliegen.

82 Ein wirtschaftlicher Zusammenhang mit einer US-Tätigkeit, der bei ausländischen Investoren zu einer ECI-Besteuerung führt, ist anzunehmen, wenn Einkünfte unmittelbarer Ausfluss geschäftlicher Aktivitäten in den USA sind.[140] Dies setzt nicht voraus, dass der ausländische Investor selbst und unmittelbar geschäftliche Aktivitäten in den USA unterhält. Denn sofern eine Personengesellschaft *(partnership)* einen Handel oder Geschäftsbetrieb *(trade or business)* in den USA betreibt, wird jeder ihrer Gesellschafter so behandelt, als sei er selbst an diesem Geschäft beteiligt.[141] Dies gilt unabhängig davon, wie viele Zwischengesellschaften die Beteiligung des ausländischen Gesellschafters an der aktiven Gesellschaft vermitteln, sofern es sich bei den Zwischengesellschaften um *Flow-through Entities,* also transparente Gesellschaften, handelt.

83 Ähnlich verhält es sich mit der Entstehung von UBTI. Nach der Definition in Sec. 512 (a)(1) IRC handelt es sich bei UBTI um das Bruttoeinkommen, das einem Handel oder Geschäftsbetrieb zuzuordnen ist, der in keinem wesentlichen Zusammenhang mit dem von der steuerbefreiten Gesellschaft verfolgten Zweck steht. Wiederum muss die steuerbefreite Gesellschaft die aktiven Einkünfte nicht selbst erzielt haben, sondern diese werden ihr – gegebenenfalls auch über mehrere Zwischengesellschaften – entsprechend der Höhe ihrer Beteiligung zugerechnet.[142]

84 **b) Entstehungstatbestände.** Die Entstehung von ECI und UBTI hängt von der Tätigkeit sowohl des Private-Equity-Fonds, an dem die Investoren beteiligt sind, als auch der inländischen Portfoliogesellschaft ab.

85 Typischerweise entstehen ECI oder UBTI aus

- Investitionen des Private-Equity-Fonds in eine transparente Portfolio-Gesellschaft, die – unmittelbar oder mittelbar – aktive Einkünfte aus einem *US trade or business* bezieht.

---

[137] Die Rechtsprechung definiert *„investing"* als das Kaufen, Halten und Verkaufen von Aktien und Wertpapieren zur Erzielung laufender Erträge und langfristiger Wertsteigerungen, *„trading"* als das Kaufen und Verkaufen von Wertpapieren in kurzen Abständen, um von kurzfristigen Marktschwankungen zu profitieren, vgl. BNA Tax Management Portfolios – Private Equity Funds, 2004, 735 A-27.

[138] Sec. 512 (b) IRC.

[139] Ausländische Investoren, die keinen Abkommensschutz genießen, müssen US-Quellensteuer in Höhe von 30% auf dort angefallene Dividenden und bestimmten Arten von Zinseinkünften abführen, vgl. Fenn/Goldstein, International Financial Law Review, Private Equity and Venture Capital 2002 Supplement. Zu den Ausnahmen siehe Sec. 871(h) und 881(c) IRC.

[140] Dies wird für passive Einkünfte (zB Zinsen, Dividenden) mittels des *„Business-activity-test"* bzw. des *„Asset-use-test"* festgestellt, vgl. *Schmidt/Dendorfer* IStR 2000, 46 f.

[141] Sec. 875(1) IRC; siehe auch Sec. 702(b) IRC; Regs. Sec. 1.702-1(b) IRC.

[142] Sec. 512(c)(1) IRC, vgl. auch *Kenyon/Carmichael*, International Financial Law Review, Supplement Jan 2002, 6.

UBTI setzt voraus, dass diese Einkünfte nicht in einem wesentlichen Zusammenhang[143] mit dem steuerbefreiten Zweck der Investorgesellschaft stehen.

- Entgelten für vom Fonds gegenüber der Portfolio-Gesellschaft erbrachte Serviceleistungen[144], wie zB Management- und Überwachungsvergütungen, Bereitstellungs- und Vermittlungsprovisionen, Haftungsvergütungen und andere mit der Transaktion verbundene Zahlungen.
- Erträgen fremdfinanzierter Investitionen. Diese werden allerdings nur als UBTI besteuert,[145] auf die Entstehung von ECI hat eine Fremdfinanzierung keinen Einfluss.[146]

c) Vermeidungsstrategien. Die Strategien zur Vermeidung von Steuerbelastungen durch ECI oder UBTI sind überaus vielfältig und können unmittelbar Einfluss auf die konkrete Strukturierung im Inland nehmen, so dass grundlegende Kenntnisse hierzu auch für den deutschen Rechtsanwender zweckmäßig sind. Die zu wählende Variante ist jeweils davon abhängig, durch welche Konstellation oder Tätigkeit eine ECI- oder UBTI-Besteuerung hervorgerufen wird. **86**

Sofern sie – wie oben dargestellt – aufgrund aktiver Tätigkeit des Private-Equity-Fonds oder der Portfolio-Gesellschaft in einem *US trade or business* entsteht, ist der in der Praxis am häufigsten gewählte Weg der Einsatz einer sog. *Blocker Corporation.* Es handelt sich dabei um eine Körperschaft, die in der Gesamtstruktur zwischen die Investoren und die Portfolio-Gesellschaft eingefügt wird[147] und die die Zurechnung der aktiven Einkünfte von der Portfolio-Gesellschaft über den Fonds zu dessen Investoren verhindert.[148] Zwar tragen die Investoren des Private-Equity-Fonds auch bei dieser Gestaltung noch eine indirekte Steuerlast, da auch die *Blocker Corporation* die ihr zuzurechnenden Einkünfte zu versteuern hat, und zwar seit der *US Tax Reform* mit lediglich 21 %.[149] Gleichzeitig entfällt jedoch die ECI- oder UBTI-Steuerlast. Inwiefern sich die Gesamtsteuerbelastung des Investments mit der Zwischenschaltung einer *Blocker Corporation* letztlich verändert, hängt von der gewählten Strukturierung ab, also insbesondere davon, an welcher Position der *Blocker* eingefügt wird und ob er alle oder nur einen Teil der Fonds-Investments hält. Soll die *Blocker Corporation* auch dazu dienen, etwa aufgrund niedriger Zinslast Leverage-Effekte auszunutzen, ist zu beachten, dass in den USA mit der Steuerreform 2017 eine Zinsschranke eingeführt wurde, die ab 30 % einer dem EBITDA (ab 2022: dem EBIT) angenäherten Kenngröße greift. **87**

II. ERISA

1. Voraussetzungen der „Plan Assets Regulation"

Die für Private-Equity-Fonds relevanten Bestimmungen im Zusammenhang mit dem *Employee Retirement Income Security Act of 1974* („ERISA") ergeben sich im Wesentlichen aus **88**

143 Vgl. zu diesem Tatbestandsmerkmal *(„not substantially related")* ausführlich *Lyons/Hall* Journal of Taxation of Exempt Organizations, Nov/Dec 1996.

144 Sec. 864(b) IRC für ECI; sie setzt voraus, dass der Fonds die Serviceleistungen in den USA erbringt. UBTI entsteht, weil die Serviceleistungen nicht in einem wesentlichen Zusammenhang *(„substantially relate to")* mit dem steuerbefreiten Gesellschaftszweck stehen, vgl. Sec. 513 IRC.

145 Sec. 514 IRC *(Unrelated Debt Financed Income);* siehe dazu auch Spirtos, Journal of Partnership Taxation, Fall 1997.

146 Häufig tritt diese Form des UBTI im Rahmen von Zwischenfinanzierungen eines Private-Equity-Fonds auf, wenn der Fonds gezwungen ist, eine Investmentmöglichkeit wahrzunehmen, bevor seine Investoren ihre Kapitaleinlagen für das Investment vollständig erbracht haben.

147 Die *Blocker Corporation* kann sowohl oberhalb, unterhalb des Fonds oder parallel zum Fonds eingefügt werden. Vgl. ausführlich zu den verschiedenen Gestaltungsmöglichkeiten *Requenez/Shuman* Journal of Taxation, Jun 2007, Exhibit 2.

148 Eine Analogie zu Sec. 875 IRC ist ausgeschlossen. Eine Zurechnung könnte allenfalls noch in Betracht kommen, wenn der *Internal Revenue Service* (IRS) die *Blocker Corporation* nicht anerkennt, vgl. BNA Tax Management Portfolios – Private Equity Funds, 2004, 735 A-35.

149 Je nachdem, ob die *Blocker Corporation* in den USA oder Offshore ansässig ist, muss sie in den USA ihre gesamten Einkünfte oder nur das auf sie entfallende ECI versteuern, vgl. Sec. 11, 11(d), 882(a)(1) IRC.

der *Plan Assets Regulation* des *US Department of Labor.* Die *Regulation*[150] konkretisiert, unter welchen Voraussetzungen die *Assets* eines Fonds als *Plan Assets* gelten und der Fonds damit den strengen Rechtsfolgen des ERISA ausgesetzt ist. Dies ist regelmäßig der Fall, wenn[151]

- das Investment der Pensionskasse als *„Equity Interest"* einzuordnen ist (ein *„Equity Interest"* ist jeder Anteil an einer Gesellschaft außer einem Wertpapier, das nach geltendem Recht als Schuldtitel zu behandeln ist und keine substantiellen Eigenkapital-Merkmale aufweist[152]),
- das Investment keine öffentlich angebotenen Wertpapiere betrifft,
- der Emittent keine gemäß dem *Investment Company Act of 1940* eingetragene Investmentgesellschaft ist,
- der Emittent kein aktives Geschäft betreibt, und
- die *„Benefit Plan Investors"*[153] eine wesentliche Kapitalbeteiligung halten. (Die Anzahl der *Benefit Plan Investors* ist im August 2006 mit dem *Pension Protection Act* stark reduziert worden. Nach der neuen Regelung gehören immer noch Pensionskassen, die vom ERISA erfasst werden, zu diesen Investoren, außerdem Fonds, die diesen Bestimmungen zufolge selbst *Plan Assets* halten; ausgenommen sind außerhalb der USA ansässige Pensionskassen sowie staatliche und kirchliche Kassen.)

2. Rechtsfolgen des ERISA

89 Sofern eine Fondsgesellschaft im Sinne der genannten Kriterien *Plan Assets* hält, ist sie von den umfangreichen Rechtsfolgen des ERISA betroffen. Dies bedeutet im Wesentlichen:[154]

- Die General Partner des Fonds und ihnen gleichgestellte Personen haben bezüglich aller *Plan Assets* eine Treuhänderstellung inne.
- Für die von dem Fonds getätigten Investitionen gelten die nach ERISA vorgegebenen strengeren Sorgfaltsmaßstäbe und sonstigen Anforderungen an die Treuhänderstellung wie zB Regelungen für Interessenkonflikte. Diese Bestimmungen ziehen auch ein strengeres Haftungsregime nach sich.
- Transaktionen, die der Fonds im Rahmen seiner üblichen Geschäftstätigkeit abschließen würde, können unter Umständen als nach ERISA sowie Sec. 4975 IRC verbotene Tranksaktionen einzuordnen sein. Dies betrifft vor allem Geschäfte zwischen den *Benefit Plan Investors* und den Fondspartnern oder ihnen gleichgestellte Personen, die eine Treuhänderstellung innehaben[155].
- Ein General Partner oder Manager eines Private-Equity-Fonds darf keinen *Carried Interest,* also keine Gewinnbeteiligung an dem Fonds halten.

3. Vermeidungsstrategien

90 Es gibt jedoch Strukturierungsmöglichkeiten für Private-Equity-Fonds, die dazu führen, dass der Fonds von den ERISA-Bestimmungen ausgenommen ist:

91 **a) Wesentliche Beteiligung der „Benefit Plan Investors".** Eine Gestaltung zielt auf die Ausnahme der *Plan Assets Regulation* ab, derzufolge ein Fonds von den ERISA-Bestimmungen befreit ist, wenn die *Benefit Plan Investors* nicht eine wesentliche Beteiligung an dem Fonds halten. Eine Beteiligung gilt als wesentlich, wenn sie mindestens 25 % des Gesamtanteilswerts beträgt.[156] ERISA Sec. 3(42) spezifiziert diese Regelung dahingehend,

[150] Die *Regulation* bezieht sich auf *subtitle A, parts* 1 und 4 des *subtitle B,* auf *title I* des ERISA sowie auf Sec. 4975 IRC.

[151] DOL Reg. Sec. 2510.3–101(a)(2); siehe zu den Einzelheiten auch *Falk/Kleinman* The Investment Lawyer, Jan 2002, 2 ff.

[152] DOL Reg. Sec. 2510.3–101(b)(1).

[153] Katalog in Sec. 3(42) ERISA.

[154] Vgl. zu den Einzelheiten auch *Spirtos* Journal of Partnership Taxation, Fall 1997.

[155] „Party-in-interest" (ERISA) bzw. „disqualified persons" (Sec. 4975 IRC).

[156] DOL Reg. Sec. 2510.3–101(f)(1).

dass die Beteiligung schon als wesentlich gilt, wenn die *Benefit Plan Investors* 25 % oder mehr an der jeweiligen *Equity Class* halten. In dem Fall ist es unbeachtlich, wenn die Gesamtbeteiligung am Eigenkapital unter 25 % liegt. Nicht als *Benefit Plan Investors* gelten (und bleiben in der Berechnung entsprechend unberücksichtigt) Personen, die auf direkte oder indirekte Weise Entscheidungsermessen oder sonstige Kontrolle bezüglich des Fondsvermögens ausüben können sowie Personen, die gegen direkt oder indirekt gewährtes Entgelt Investment-Beratungen tätigen. Weiterhin wird fingiert, dass der Fonds nur zu dem Anteil *Plan Assets* hält, zu dem die *Benefit Plan Investors* am Eigenkapital beteiligt sind. Die Möglichkeit des *25 Percent Test* wird in der Praxis am häufigsten gewählt, um dem ERISA-Regime zu entgehen. Dies gilt insbesondere seit dem Inkrafttreten des *Pension Protection Act*. Dieser hat nicht nur größere Freiheiten durch die Reduzierung des Katalogs der *Benefit Plan Investors* geschaffen, sondern im Rahmen des *25 Percent Test* auch die Berechnung des Beteiligungsanteils von Fonds, die selbst *Plan Assets* halten und damit *Benefit Plan Investors* sind, liberalisiert[157].

b) Fonds als VCOC/REOC. Für Inbound-Investitionen sind vor allem die Fälle relevant, in denen sich die Überschreitung der 25 %-Grenze nicht vermeiden lässt und der zweite Ausnahmetatbestand in Betracht gezogen werden muss, demzufolge eine Gesellschaft jedenfalls keine *Plan Assets* hält, wenn sie eine *Operating Company* ist. 92

Als *Operating Company* muss die Gesellschaft hauptsächlich eine aktive Tätigkeit, dh Herstellung oder Verkauf eines Produkts oder Dienstleistungserbringung (in Abgrenzung zu reiner Vermögensverwaltung), ausüben. Für Private-Equity-Fonds wird dies kaum in Betracht kommen. Ein Fonds kann sich aber als *Operating Company* qualifizieren, indem er – auch ohne selbst eine aktive Tätigkeit auszuüben – die Form einer *Venture Capital Operating Company* („VCOC") bzw. einer *Real Estate Operating Company* („REOC") annimmt.[158] 93

Voraussetzung eines VCOC-Fonds bzw. eines REOC-Fonds (nachfolgend nur: VCOC-Fonds) ist, dass der Fonds mindestens 50 % seiner *Assets*[159] in *Operating Companies,* also in aktiv tätige Gesellschaften (nicht VCOCs!), bzw. in Grundstücke investiert, die ihm vertragliche Management-Rechte einräumen *(50 Percent Test)*.[160] Diese Rechte muss der VCOC-Fonds im Rahmen seiner gewöhnlichen Geschäftstätigkeit in mindestens einer der Portfolio-Gesellschaften bzw. in Bezug auf mindestens ein Grundstück einmal jährlich ausüben.[161] Die Management-Rechte müssen es dem Investor erlauben, sich an der Geschäftsleitung/dem Management der Portfolio-Gesellschaft wesentlich zu beteiligen oder wesentlichen Einfluss darauf zu nehmen[162] bzw. sich wesentlich und direkt an den Management- und Entwicklungsaktivitäten für diese Grundstücke zu beteiligen[163]. Als vertraglich einzuräumende Management-Rechte zugunsten des VCOC-Fonds kommen (auch in Kombination) zB in Betracht 94

- das Recht, ein Mitglied des Vorstands der Portfolio-Gesellschaft zu benennen, 95
- das Recht, in die Unterlagen der Portfolio-Gesellschaft Einsicht zu nehmen und Abschriften anzufertigen, ihre Vermögensgegenstände zu prüfen und sich Bilanzen vorlegen zu lassen,

[157] Ein Basisfonds, der die 25 %-Beteiligungsschwelle kalkuliert, muss nunmehr Investitionen von *Plan Assets* haltenden Fonds nur noch zu dem Anteil berücksichtigen, zu dem diese Fonds selbst von *Benefit Plan Investors* gehalten werden, vgl. *Falk/Kleinman* The Investment Lawyer, Jan 2007, 3.

[158] DOL Reg. Sec. 2510.3–101(c)(1). Diese Option besteht nicht für Fund-of-Funds/Dachfonds.

[159] *„Valued at cost"*, wobei die *Regulation* den Begriff *„cost"* nicht spezifiziert. Auf der Grundlage der *Preamble* zur *Plan Assets Regulation* wird jedoch angenommen, dass die Anschaffungskosten zzgl. etwaiger weiterer Kosten, die unmittelbar im Zusammenhang mit dem Investment entstanden sind, abzgl. einer etwaigen (anteiligen) Verminderung der Kostenbasis im Zusammenhang mit der (teilweisen) Veräußerung eines Investments, zugrunde zu legen sind.

[160] DOL Reg. Sec. 2510.3–101(d)(i) bzw. (e)(1).

[161] DOL Reg. Sec. 2510.3–101(d)(ii) bzw. (e)(2).

[162] DOL Reg. Sec. 2510.3–101(d)(3)(ii). Vgl. dazu auch *Kenyon/Carmichael,* International Financial Law Review, Supplement Jan 2002, 6.

[163] DOL Reg. Sec. 2510.3–101(e)(1).

- das Recht, einen stimmrechtslosen Beobachter des Vorstands zu benennen,
- die Verpflichtung der Portfolio-Gesellschaft, regelmäßig Vorstandsmitglieder freizustellen, die mit Vertretern des VCOC-Fonds Rücksprache über die Geschäftstätigkeit der Portfolio-Gesellschaft halten,
- die Einwilligung der Portfolio-Gesellschaft, den VCOC-Fonds über alle größeren oder wichtigen Kapitalmaßnahmen der Gesellschaft zu informieren und sich diesbezüglich von ihm beraten zu lassen.

96 Entscheidend für die Qualifizierung als VCOC-Fonds und damit die Befreiung von den ERISA-Beschränkungen ist, dass die genannten Voraussetzungen zum Zeitpunkt des ersten *Long term-Investments* und einmal jährlich während der festgesetzten Prüfzeit (*Annual Valuation Period,* ein 90-tägiger Zeitabschnitt während eines Jahres, der von der Fondsgesellschaft vor der ersten Prüfung festgesetzt wird und danach nur noch in Ausnahmefällen geändert werden kann) erfüllt sind.[164] Während der *Distribution Period,* dh zwischen der Ausschüttung der Gewinne an die Investoren und der Vornahme eines neuen Portfolio-Investments[165], ist der VCOC-Fonds vom *50 Percent Test* befreit.[166]

97 Es ist zu berücksichtigen, dass die genannten Strukturveränderungen, die der *„Operating Company"*-Ausnahmetatbestand verlangt, oftmals mit organisationsrechtlichen Zielen und Vorstellungen des Fonds und seiner Investoren kollidieren. Auch die Konsequenzen der Gestaltung für die Besteuerung des Fonds nach US-amerikanischem Recht und/oder deutschem Recht sowie gesellschaftsrechtliche Überlegungen dürfen nicht außer Acht gelassen werden. Ob eine Befreiung von den ERISA-Bestimmungen tatsächlich erstrebenswert ist, bedarf daher in jedem Einzelfall einer sorgfältigen Abwägung, in die auch die inländischen Gestaltungsüberlegungen einzubringen sind.

164 DOL Reg. Sec. 2510.3–101(d)(1)(i) bzw. (e)(1).
165 Definition in DOL Reg. Sec. 2510.3–101(d)(2)(iii).
166 DOL Reg. Sec. 2510.3–101(d)(2)(i).

§ 6 Fondsstrukturen (Outbound)

Übersicht

A. Einleitung

1 Das Interesse institutioneller Investoren, Private-Equity-Investitionen einzugehen, basiert einerseits auf dem Wunsch nach einer gegenüber traditionellen Anlagearten höheren Rendite und andererseits insbesondere auf dem Erfordernis der „Asset Allocation", das heißt, das Vermögen diversifiziert in verschiedene Vermögensklassen anzulegen. Des Weiteren wird häufig angeführt, dass Private Equity eine geringe Korrelation zu den Wertentwicklungen an den Aktienmärkten aufweise und deshalb helfe, deren Schwankungen etwas abzufedern. Aufgrund des anhaltenden Niedrigzinsumfeldes der letzten Jahre kann diese Anlageklasse aufgrund des attraktiven Rendite/Risiko-Profils ungebrochen viel Zuspruch verzeichnen.

2 Zwecks Optimierung der Fondsinvestition für deutsche Investoren sind hinsichtlich jeder Investorengruppe, seien es natürliche Personen (Family Offices), steuerpflichtige institutionelle Investoren (Versicherungsunternehmen und Kreditinstitute, insbesondere Sparkassen und Genossenschaftsbanken) oder steuerbefreite institutionelle Investoren (genannt seien Pensionskassen, berufsständische Versorgungskassen und Stiftungen) besondere Anforderungen und Wünsche zu berücksichtigen. Oberste Prämisse einer jeden Private-Equity-Fondsstruk-

tur[1] ist die Wahrung des Grundsatzes der Steuerneutralität. Die gewählte Fondsstruktur sollte sicherstellen, dass die Private-Equity-Investoren, welche über ein Fondsvehikel investieren, nicht schlechter gestellt werden als bei einem unmittelbaren Direktinvestment in die Portfolio-Unternehmen. Die zur „Poolung" der Investoren zwischengeschalteten Vehikel (inklusive etwaige Feeder-Vehikel oder Spezialfondsvehikel der Investoren) müssen also, so weit als möglich, transparent und steuerneutral sein (*vulgo* sog. steuerliches Transparenzprinzip).

3 Weitere zwingende Zielvorgabe bei steuerbefreiten Investoren ist zudem der Schutz des nationalen Status der Steuerbefreiung oder bei mittelbaren Investitionen über einen Spezialfonds dessen Spezialfondsstatus. Zu beachten ist ferner, dass die Interessen der Sponsoren und die der (deutschen) Fondsinvestoren nicht immer gleichlaufend sind, so dass es erforderlich sein kann, dass zwischengeschaltete Vehikel außerhalb der eigentlichen Jurisdiktion des Hauptfonds aufgesetzt werden oder Treuhandlösungen respektive Parallelfondslösungen gefunden werden müssen, um beide Seiten zufrieden zu stellen.

4 Schließlich hat der aufsichtsrechtliche Regulierungseifer der letzten Jahre die Fondsstrukturierung beeinflusst. Von den mannigfaltigen Neuregelungen seien exemplarisch die europäische AIFM-Richtlinie 2011/61/EU vom 8.6.2011 über die Verwalter alternativer Investmentfonds („AIFM-RL")[2] sowie das nationale Gesetz zur Umsetzung der AIFM-Richtlinie vom 22.7.2013 („AIFM-UmsG")[3] genannt. Mit dem AIFM-UmsG wurde das InvG aufgehoben und durch das Kapitalanlagegesetzbuch („KAGB") ersetzt. Das KAGB ist das maßgebliche geschlossene Regelungswerk für sämtliche Investmentvermögen und ihre Verwalter, mithin auch für Private-Equity-Fonds und insbesondere deren Manager (bzw. Kapitalverwaltungsgesellschaften). Versorgungswerke sehen sich mit der Novelle der Anlageverordnung („AnlV")[4] und das (zum Teil wenig trennscharfe) BaFin-Rundschreiben 11/2017 zu Kapitalanlagen von Versicherern („Kapitalanlagerundschreiben")[5] konfrontiert. Versicherungsunternehmen wiederum unterliegen dem umfangreichen sog. Solvency II-Regelungswerk[6] und KWG-Investoren finden das Pendant in der europäischen Kapitaladäquanzrichtlinie (*Capital Requirement Directive* – CRD IV)[7] und der dazugehörigen Verordnung (*Capital Requirement Regulation* – CRR I),[8] zusammen unter dem Schlagwort Basel III bekannt, deren deutsche Umsetzung durch das CRD-IV-Umsetzungsgesetz[9] erfolgte. Dieser gesetzliche Rahmen enthält strenge Anforderungen an Solvabilität, Liquidität sowie besondere Meldepflichten die Banken und Finanzdienstleistungsinstitute erfüllen müssen, auch und gerade soweit sie in Fonds investieren. Die Novelle der CRR hält möglicherweise Verschärfungen parat, so dass die weitere Entwicklung aufmerksam verfolgt werden sollte.

---

[1] Nachfolgend auch Alternative Investmentfonds oder AIF genannt.

[2] RICHTLINIE 2011/61/EU DES EUROPÄISCHEN PARLAMENTS UND DES RATES vom 8.6.2011 über die Verwalter alternativer Investmentfonds und zur Änderung der Richtlinien 2003/41/EG und 2009/65/EG und der Verordnungen (EG) Nr. 1060/2009 und (EU) Nr. 1095/2010, ABl. 2011 L 174, S. 1 ff.

[3] Gesetz zur Umsetzung der Richtlinie 2011/61/EU über die Verwalter alternativer Investmentfonds (AIFM-Umsetzungsgesetz – AIFM-UmsG) v. 4.7.2013, BGBl. I S. 1981.

[4] Verordnung über die Anlage des Sicherungsvermögens von Pensionskassen, Sterbekassen und kleinen Versicherungsunternehmen (Anlageverordnung – AnlV) vom 18.4.2016, BGBl. I S. 769.

[5] BaFin-Rundschreiben 11/2017 (VA) v. 12.12.2017 zu Kapitalanlagen von Versicherern.

[6] Richtlinie 2009/138/EG des Europäischen Parlaments und des Rates vom 25.11.2009 betreffend die Aufnahme und Ausübung der Versicherungs- und der Rückversicherungstätigkeit (Solvabilität II), v. 17.12.2009, ABl. L 12, S. 335 und die Delegierten Verordnungen (EU) 2015/35 v. 10.10.2014, (EU) 2016/467 v. 30.9.2015, ABl. L 85, S. 6 und (EU) 2017/1542 v. 8.6.2017, ABl. L 236, S. 14.

[7] RICHTLINIE 2013/36/EU DES EUROPÄISCHEN PARLAMENTS UND DES RATES v. 26.6.2013 über den Zugang zur Tätigkeit von Kreditinstituten und die Beaufsichtigung von Kreditinstituten und Wertpapierfirmen, zur Änderung der Richtlinie 2002/87/EG und zur Aufhebung der Richtlinien 2006/48/EG und 2006/49/EG, ABl. L 176, S. 338.

[8] VERORDNUNG (EU) Nr. 575/2013 DES EUROPÄISCHEN PARLAMENTS UND DES RATES v. 26.6.2013 über Aufsichtsanforderungen an Kreditinstitute und Wertpapierfirmen und zur Änderung der Verordnung (EU) Nr. 648/2012, ABl. L 321, S. 6.

[9] Das Gesetz zur Umsetzung der Richtlinie 2013/36/EU über den Zugang zur Tätigkeit von Kreditinstituten und die Beaufsichtigung von Kreditinstituten und Wertpapierfirmen und zur Anpassung des Aufsichtsrechts an die Verordnung (EU) Nr. 575/2013 über die Aufsichtsanforderungen an Kreditinstitute und Wertpapierfirmen v. 28.8.2013, BGBl. 2013 I S. 3395.

In Ansehung einer typischerweise heterogenen Investorenbasis und der damit einhergehenden unterschiedlichen Zielvorgaben sollen im Folgenden ausgewählte aufsichtsrechtliche und steuerrechtliche Strukturerwägungen und probate Outbound-Fondsstrukturen (inklusive Fondsvehikel) erläutert werden, die diesen Erfordernissen der unterschiedlichsten Investorengruppen Rechnung tragen, ohne dabei die steuerrechtlichen Bedürfnissen der Fondssponsoren zu vernachlässigen. Die Struktur einer typischen Outbound Private-Equity-Fondsstruktur soll dabei wie folgt analysiert werden: Ein von ausländischen Sponsoren gemanagter Private-Equity-Fonds soll in operative Unternehmen (sog. Portfolio-Unternehmen) vornehmlich außerhalb Deutschlands investieren und zielt hinsichtlich der Investitionsmittelbeschaffung insbesondere auf institutionelle Investoren aus Europa, inklusive Deutschland, ab. Als Ausgangspunkt werden zunächst beispielhaft häufige ausländische Fondsstrukturen anhand von Strukturbildern dargestellt, auf denen aufbauend die aufsichtsrechtlichen und steuerrechtlichen Strukturerwägungen für deutsche Investoren erläutert werden. 5

I. Typische Outbound-Fondsstruktur: US-Fonds

Vorab lässt sich konstatieren, dass sich in der Praxis als probates ausländisches Fondsvehikel in erster Linie die Rechtsform der Limited Partnership, vergleichbar der deutschen GmbH und Co. KG, beispielsweise nach dem Recht des US Bundesstaates Delaware, dem Recht der Cayman Islands und bei Fondsvehikeln mit europäischem Investmentfokus auch nach dem Recht Schottlands oder Englands sowie Luxemburgs durchgesetzt hat. Die Rechtsform der Personengesellschaft wird von vielen Jurisdiktionen als steuerlich transparent angesehen, so dass das Klassenziel der Vermeidung einer zusätzlichen Besteuerungsebene auf Ebene des Fondsvehikels regelmäßig erzielt werden kann. 6

Vereinfachte Struktur US-Fonds

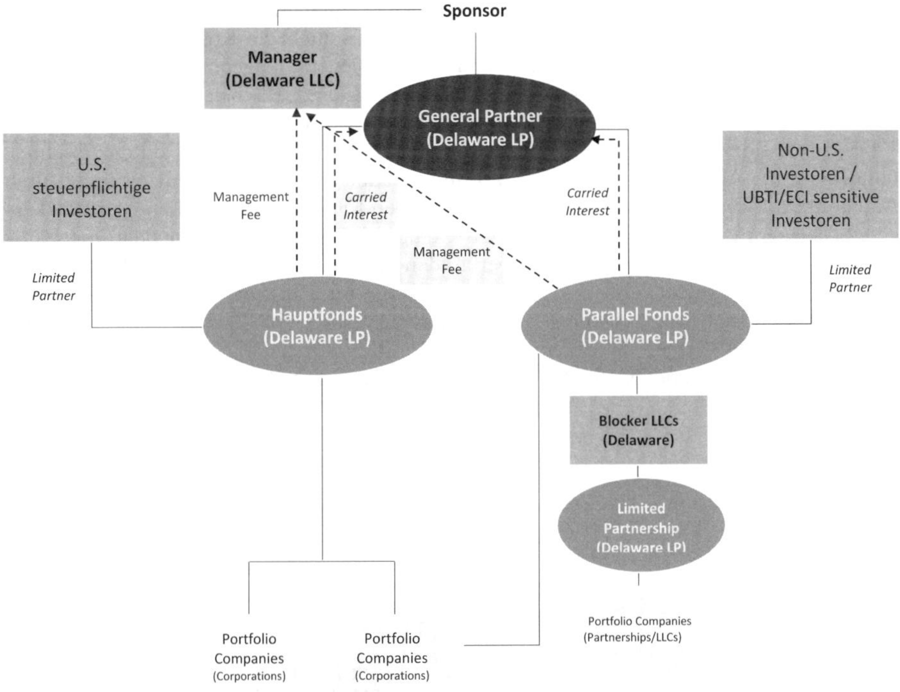

7 Private-Equity-Fonds mit U. S. amerikanischer Provenienz tragen ihrer heterogenen Anlegerbasis typischerweise dadurch Rechnung, dass zusätzlich zum Hauptfonds (Mainfund) Parallelfonds- respektive Feederfondsvehikel für unterschiedliche Anlegerklassen als Zugangsvehikel angeboten werden. Insbesondere in den Fällen, in denen steuerbefreite U. S.-Investoren oder sog. Non-U. S. Investoren im Fundraising adressiert werden sollen, etablieren Fondsmanager regelmäßig Parallelvehikel, die als sog. „Blocker-Funds" ausgestaltet werden. Steuerbefreite U. S. Investoren streben typischerweise die Reduzierung von *unrelated business taxable income* (UBTI) an.[10] Non-U. S.-Investoren wiederum streben vielfach die Vermeidung von Steuererklärungspflichten in den USA an, die infolge von sog. *effectively connected income* (ECI)[11] aufgrund der Investition in steuerlich transparente Portfoliounternehmen in der Rechtsform einer Limited Partnership oder Limited Liability Company (LLC) über steuerlich transparente (Haupt)Fondsvehikel anfallen könnten. Zu beachten ist in diesem Zusammenhang, dass etwaige Steuererklärungspflichten nicht nur auf Federal-Ebene, sondern auch in den einzelnen U. S.-Bundesstaaten einschlägig werden können.

8 Die Fondsdokumentation der Blocker-Funds (Parallelfonds) sieht für den Fall von geplanten UBTI/ECI-Investments vor, dass diese im Gegensatz zum Hauptfonds nicht direkt, sondern über eine sog. „Blocker-Gesellschaft" getätigt werden. Dabei handelt es sich typischerweise um Delaware LLCs, die nach Maßgabe der U. S. *Entity Classification Election* (*vulgo* Check-the-Box-Verfahren) steuerrechtlich als Kapitalgesellschaften behandelt werden. Durch diese Klassifikation „blocken" die zwischengeschalteten Gesellschaften etwaiges UBTI/ECI von den entsprechend sensitiven Parallelfondsinvestoren. Durch die steuerliche Behandlung als Kapitalgesellschaft wird damit eine zusätzliche Besteuerungsebene eingezogen, denn die Blockergesellschaft unterliegt grundsätzlich mit ihren Erträgen einer U. S.-Körperschaftsteuer in Höhe von derzeit 21 % zuzüglich etwaiger Steuern in den Bundesstaaten. Dieses Tax Leakage würde den disproportionalen Gewinnanteil der Fondssponsoren reduzieren mit der Folge, dass die Gewinnallokation bereits auf Ebene einer Delaware Limited Partnership erfolgt, die zwischen die Blockergesellschaft und das UBTI/ECI-Investment strukturiert wird. Jegliches Tax Leakage als auch die Kosten der Etablierung einer Blockerstruktur wird somit den Parallelfondsanlegern aufgebürdet. Typischerweise wird für jedes UBTI/ECI-Investment eine separate Blockergesellschaft gegründet, da damit bereits die Möglichkeit eines Exitkanals mittels Share-Deal angelegt wird.

9 Das zuvor skizzierte Tax Leakage kann im Buyout-Segment zum Teil durch Abschreibungen auf die Anschaffungskosten des Portfolios reduziert werden, vereinzelt auch durch Aufnahme von Fremdkapital und den entsprechenden Kapitaldienst auf Ebene der Blockergesellschaft. Aufgrund der auch in den USA eingeschränkten Abzugsfähigkeit von Zinsaufwand,[12] einer Mindestbesteuerung verbunden mit dem Fokus auf den Exiterlös im Private Equity-Segment sind solche *Levered Blocker* im Fall von Private-Equity-Fonds allerdings weniger häufig ausgeprägt als im Infrastrukturbereich. Blockergesellschaften von Infrastrukturfonds können die laufenden Erträge, mithin die steuerliche Bemessungsgrundlage unterjährig durch den laufenden Zinsaufwand zum Großteil reduzieren.

---

[10] → § 5 Rn. 127 hinsichtlich UBTI.

[11] Siehe § 864(c) Internal Revenue Code und weitergehend zu ECI § 5 Rn. 127.

[12] Maximal 30 % des EBITDA bis 2021 und max. 30 % des EBIT ab 2022, siehe Internal Revenue Code – IRC Section 163(j).

II. Typische Outbound-Fondsstruktur: Pan-Europäische Fonds

Vereinfachte Struktur Pan-Europa 10

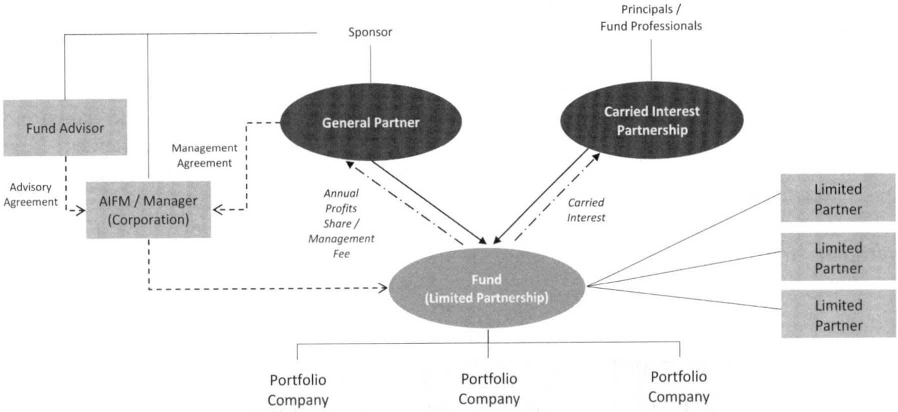

Im Fall von Private-Equity-Fonds mit Investitionsfokus Europa ist den meisten dieser Strukturen gleich, dass wiederum eine Limited Partnership als Fondsvehikel fungiert. In südeuropäischen Ländern sind zudem Sondervermögen in Vertragsform, namentlich der französische FPCI *(Fonds Professionnel de Capital Investissement),* der spanische F. C. R. *(Fondo de Capital Riesgo)* und der italienische *Fondo Chiuso* anzutreffen. Sofern Feedervehikel für spezielle Anlegergruppen benötigt werden, spielt auch der luxemburgische FCP *(Fonds commun de placement)* eine Rolle. Vorgenannte Fondsvehikel in Vertragsform qualifizieren vielfach als Investmentfonds unter dem InvStG 2018 und erfordern daher spezielle Vereinbarungen mit den Fondsmanagern im Hinblick auf die Kapital- und Gewinnrepatriierung.

Infolge der Umsetzung der AIFM-RL[13] in den EU-Mitgliedstaaten, bedarf es eines sog. 11
Alternative Investment Fund Manager („AIFM") der über eine Erlaubnis der für ihn zuständigen Finanzaufsichtsbehörde verfügt. Der AIFM übernimmt das Portfolio- und Risikomanagment und hat insoweit die Letztentscheidungsbefugnis inne. Der AIFM kann vielfach auf die Anlageberatung eines Anlageberaters zurückgreifen.

Der disproportionale Gewinnanteil der Fondsmanager, der den Interessengleichlauf zwi- 12
schen Investoren und Fondsmanagement sicherstellen soll, wird typischerweise über eine separate Personengesellschaft an die Fondsmanager allokiert.

B. Aufsichtsrechtliche Strukturerwägungen

In der Praxis stellen Versicherungsunternehmen einschließlich Pensionskassen und Ver- 13
sorgungswerke den wesentlichen Teil der deutschen Geldgeber für Private-Equity-Fonds dar. Möchte der Offshore-Fonds auch diese institutionellen, dem Aufsichtsrecht unterliegenden, Investoren gewinnen, hat er zwingend die deutschen aufsichtsrechtlichen Hürden mittels entsprechenden Anlagestrukturen zu überwinden.

---

[13] RICHTLINIE 2011/61/EU DES EUROPÄISCHEN PARLAMENTS UND DES RATES vom 8.6.2011 über die Verwalter alternativer Investmentfonds und zur Änderung der Richtlinien 2003/41/EG und 2009/65/EG und der Verordnungen (EG) Nr. 1060/2009 und (EU) Nr. 1095/2010, ABl. 2011 L 174, S. 1 ff.

I. Solvency II

14 Das VAG macht großen Versicherungsunternehmen bestimmte Vorgaben an die Kapitalanforderungen.[14] Diese sog. Solvatibilitätskapitalanforderungen (*Solvency Capital Requirements* – SCR) stammen aus der europäischen Solvency II-Richtlinie[15] und deren Durchführungsverordnung.[16] Das SCR kann durch eine Standardformel oder durch ein internes (von der BaFin zu genehmigendes) Modell des Versicherungsunternehmens ermittelt werden.[17] Neben der SCR-Ermittlung sind Versicherungsunternehmen darüber hinaus zu einem Reporting gegenüber der BaFin verpflichtet. Die europäischen Fondsverbände haben ein EU-Fondsdatenblatt für das Solvency-II-Reporting erstellt. Das EU-Fondsdatenblatt (sog. Tripartite Template) erleichtert den Versicherungsunternehmen die SCR-Berechnung nach der Standardformel und das BaFin-Reporting. Offshore-Fonds, die Anlagegelder europäischer Versicherungsunternehmen einsammeln wollen, müssen sich vor diesem Hintergrund vermehrt mit entsprechenden Anfragen in Bezug auf ein TPT-Reporting auseinandersetzen.

II. VAG und Anlageverordnung

15 Versorgungswerke und kleinere Versicherungsunternehmen sowie Pensionskassen unterliegen bzgl. ihres sog. „gebundenen Vermögens" (früher als Deckungsstock bekannt) Beschränkungen, die sich aus dem Versicherungsaufsichtsgesetz („VAG"), einer aufgrund des VAG erlassenen Rechtsverordnung[18] (der sog. Anlageverordnung „AnlV") sowie erläuternden Rundschreiben der Bundesanstalt für Finanzdienstleistungsaufsicht („BaFin")[19] und ihrer Vorgängerbehörde, dem Bundesaufsichtsamt für Versicherungswesen („BAV"), ergeben.[20] Soweit Versicherungsunternehmen mit ihrem freien Vermögen in den Fonds investieren (was durchaus vorkommt), finden die Einschränkungen des § 124 VAG in Verbindung mit der Anlageverordnung hingegen keine Anwendung.

16 Für Pensionsfonds im Sinne des § 236 VAG gelten vergleichbare Regelungen; auch diese unterstehen der Versicherungsaufsicht, die von der Allfinanzbehörde BaFin wahrgenommen wird.[21] Darüber hinaus sind vielfach berufsständische Versorgungswerke hinsichtlich ihrer Vermögensanlagen an die Vorgaben der § 124 VAG gebunden.[22] Für diese gelten daher grundsätzlich die folgenden Ausführungen gleichermaßen.[23]

17 Anlagen in Private-Equity-Fonds fallen in der Regel unter die zulässige Anlageklasse gemäß § 2 Abs. 1 Nr. 13 lit. b AnlV bzw. § 17 Abs. 1 Nr. 13 lit. b PFAV, das heißt den

---

14 § 89 Abs. 1 S. 1 VAG.

15 RICHTLINIE 2009/138/EG DES EUROPÄISCHEN PARLAMENTS UND DES RATES vom 25.11.2009 betreffend die Aufnahme und Ausübung der Versicherungs- und der Rückversicherungstätigkeit (Solvabilität II), ABl. 2009 L 335, S. 1.

16 DELEGIERTE VERORDNUNG (EU) 2015/35 DER KOMMISSION vom 10.10.2014 zur Ergänzung der Richtlinie 2009/138/EG des Europäischen Parlaments und des Rates betreffend die Aufnahme und Ausübung der Versicherungs- und der Rückversicherungstätigkeit (Solvabilität II), ABl. 2015 L 12, S. 1.

17 Vgl. → § 2 Rn. 4.

18 Verordnung über die Anlage des Sicherungsvermögens von Pensionskassen, Sterbekassen und kleinen Versicherungsunternehmen (Anlageverordnung – AnlV) v. 18.4.2016 (BGBl. I S. 769), die zuletzt durch Artikel 13 des Gesetzes vom 25.3.2019 (BGBl. I S. 357) geändert worden ist, S. 3278.

19 Insbesondere das BaFin-Rundschreiben 11/2017 (VA) v. 12.12.2017.

20 Mit diesen besonderen Vorschriften für das Sicherungsvermögen und das sonstige gebundene Vermögen soll sichergestellt werden, dass durch die Vermögensanlage die dauernde Erfüllbarkeit der Versicherungsverträge nicht beeinträchtigt wird.

21 Für Pensionsfonds gilt eine weitestgehend identische Verordnung betreffend die Aufsicht über Pensionsfonds und über die Durchführung reiner Beitragszusagen in der betrieblichen Altersversorgung (Pensionsfonds-Aufsichtsverordnung PFAV) v. 18.4.2016 (BGBl. I S. 842), die zuletzt durch Artikel 14 des Gesetzes vom 25.3.2019 (BGBl. I S. 357) geändert worden ist.

22 Vgl. zB § 13 des Gesetzes über das Versorgungswerk der Rechtsanwälte in Baden-Württemberg, § 33 Abs. 2 der Satzung des Versorgungswerkes der Rechtsanwälte im Lande Hessen.

23 Siehe darüber hinaus weitergehend die Ausführungen unter § 2.

Beteiligungen in Form von Anteilen und Aktien an geschlossenen ausländischen Investmentvermögen, die dem Recht eines Staates des EWR oder eines Vollmitgliedstaates der OECD unterliegen, die in Vermögensgegenstände nach § 261 Abs. 1 Nr. 4 KAGB,[24] eigenkapitalähnliche Instrumente sowie andere Instrumente der Unternehmensfinanzierung investieren und von einer Gesellschaft verwaltet werden, die über eine Erlaubnis oder Registrierung verfügt, die mit einer Erlaubnis nach § 20 KAGB bzw. einer Registrierung nach § 44 KAGB vergleichbar ist. Die Sicherungsvermögensfähigkeit kann in der Praxis bei etwaigen Zweifeln, im Vorhinein der beabsichtigten Anlage mit der BaFin im Rahmen eines schriftlichen Verfahrens abgestimmt werden.

1. Mischung

Anlagen in Private-Equity-Fonds im Sinne des § 2 Abs. 1 Nr. 13 AnlV werden auf die Risikokapitalquote des § 3 Abs. 3 S. 1 AnlV (35% des Sicherungsvermögens) und innerhalb dieser Quote außerdem auf die Beteiligungsquote des § 3 Abs. 3 S. 3 AnlV (15% des Sicherungsvermögens) angerechnet. Sollten Private-Equity-Fonds infolge ihrer Anlagestrategie vereinzelt den alternativen Anlagen im Sinne des § 2 Abs. 1 Nr. 17 AnlV („AIF-Quote") zuzuordnen sein, beträgt die anwendbare Mischungsquote lediglich 7,5% (§ 3 Abs. 2 Nr. 2 VAG). 18

2. Schuldnerbezogene Beschränkungen (Streuung)

Sofern es sich bei der Investition des Versicherungsunternehmens betragsmäßig um ein derart großes „Ticket" handelt, dass absehbar ist, dass dieses beispielsweise mehr als 10% an dem (Dach-)Fondsvehikel halten würde, könnte die schuldnerbezogen Beschränkung des § 4 Abs. 4 AnlV problematisch werden. Dieser begrenzt die maximale Anlage in ein und dieselbe Beteiligungen nach ua § 2 Abs. 1 Nr. 13 und 17 VAG auf 1% des Sicherungsvermögens. 19

Hierzu gibt es eine in der Praxis wichtige Ausnahme: Bei Anteilen an einem Unternehmen, dessen **alleiniger** Zweck das Halten der vorgenannten Anlagen ist (also insbesondere Anlagen im Sinne des § 2 Abs. 1 Nr. 13 VAG, sog. Beteiligungsholdinggesellschaften), bezieht sich die 1%-Grenze auf die durchgerechneten Anlagen des VAG-Anlegers (§ 4 Abs. 4 S. 2 AnlV). Die BaFin führt in ihrem Rundschreiben 11/2017 weiter aus, dass bei Anteilen und Aktien an geschlossenen Investmentvermögen nach § 2 Abs. 1 Nr. 13 Buchstabe b oder Nr. 17 AnlV grundsätzlich die 1% Grenze gilt,[25] es sei denn, die Investmentvermögen investieren in geeignete Zielfonds (sog. Dachfondsprivileg). Im Fall vorgenannter Dachfonds bezieht sich die 1%-Grenze nicht auf die Dachfonds, sondern im Wege der Durchrechnung auf die gehaltenen Zielfonds. 20

III. Beschränkungen von Fremdwährungsengagements

Neben den obigen Beschränkungen sehen die sog. Kongruenzregeln in § 5 VAG in Verbindung mit Tz. B.7. des KapitalAnlRS noch vor, dass im Hinblick auf Wechselkursrisiken das gebundene Vermögen der Versicherungsunternehmen grundsätzlich in derselben Währung zu bedecken sind, auf die ihre Verpflichtungen laufen. Danach dürfen maximal 20% der Vermögensanlagen, welche Teil des gebundenen Vermögens sind, inkongruent bedeckt sein, also in Fremdwährungsengagements erfolgen. Entsprechend der Praxis der BaFin wird dabei auf das unmittelbare Investment (früher „die Holdinggesellschaft") des VAG-Anlegers abgestellt, dh es erfolgt insoweit „keine Durchschau". In Bezug auf Anteile an paneuropäischen (Dach)Fonds dürfte vielfach § 5 Nr. 3 AnlV (Tz. B.7 lit. c KapitalAnlRS) einschlägig 21

[24] Beteiligungen an Unternehmen, die nicht zum Handel an einer Börse zugelassen oder in einen organisierten Markt einbezogen sind.

[25] Siehe auch Begründung der Verordnung zur Änderung der Anlageverordnung und Pensionsfonds-Kapitalanlageverordnung v. 24. März 2015.

sein. Dieser sieht vor, dass nicht in einem organisierten Markt einbezogene Aktien/Anteile als in der Währung des Landes angelegt gelten, in dem der Aussteller (lies Fondsvehikel) der Wertpapiere/Anteile seinen Sitz hat. In der Praxis hat dieses Kriterium jedoch kaum Bedeutung, weil die VAG-Anleger meist erheblich unter diesem Schwellenwert bleiben.

IV. Anlagesicherheit: Monitoring

22 Die aufsichtsrechtliche Praxis hält es für erforderlich, dass VAG-Anleger das Risiko von Private-Equity-Engagements einschätzen können. Es sei daher erforderlich, dass bei Erwerb von Anteilen an Private-Equity-Fondsgesellschaften, die ihrerseits unmittelbar oder mittelbar in nicht börsennotierte Unternehmen investieren, der VAG-Anleger eine eigene Expertise, also auch ein insoweit versiertes Anlagemanagement mit einem hinreichenden Wissen über das Unternehmensbeteiligungsgeschäft vorhalten kann. In der Praxis könnte dem beispielsweise Genüge getragen werden, indem auf Ebene des (Dach)Fonds ein Beirat/Advisory Committee eingerichtet wird, in dem Vertreter des VAG-Anlegers vertreten sein können. Damit werden die entsprechenden Anleger in die Lage versetzt entsprechend den formalen Vorgaben durch die AnlV, ihre Private-Equity-Anlagen kontinuierlich zu überwachen, in institutionalisierter Form sicherzustellen und zu dokumentieren.

V. Fungibilität/Treuhändersperrvermerk

23 Im Rahmen der Strukturierung ist ferner der Umstand im Auge zu behalten, dass Versicherungsunternehmen und VAG-Anleger imstande sein müssen, die Fondsanteile frei zu übertragen, was Beteiligungen an Private-Equity-Fonds grundsätzlich zuwider läuft, da diese infolge des illiquiden Portfolios überwiegend als geschlossene Fondsvehikel ausgestattet sind, die ihren Anlegern keine Rückgaberechte hinsichtlich der Fondsanteile gewähren.

24 In der Praxis sind bestimmte mit der BaFin und insbesondere dem früheren Bundesaufsichtsamt für das Versicherungswesen (VerBAV) abgestimmte Musterformulierungen zum Ausschluss von Verfügungsbeschränkungen[26] gebräuchlich, die in den Gesellschaftsvertrag der Fonds-Vehikel aufgenommen werden. Weiter muss ein sog. „Treuhändersperrvermerk" typischerweise in den Gesellschaftsvertrag des Fonds-Vehikels, teilweise auch bilateral in Nebenabreden mit dem Fondsinitiator, aufgenommen werden, wonach Verfügungen über den Anteil nur mit Zustimmung des Treuhänders vorgenommen werden dürfen (§ 129 Abs. 1 VAG). Im Fall der Strukturierung internationaler Fonds ist eine strenge Orientierung an den Musterformulierungen erforderlich. Ferner ist darauf zu achten und unverzichtbar, dass das betreffende ausländische Recht die Wirksamkeit solcher Verfügungsbeschränkungen anerkennt.[27]

VI. Aufsichtsrechtlich probate Dachfonds-Vehikel

25 Sofern eine Direktinvestition in einen Hauptfonds mit Sitz außerhalb des EWR oder der OECD ausscheidet, kannn ein Dachfonds-Vehikel innerhalb der EU/EWR oder eines Mitgliedstaates der OECD etabliert werden. Der Sitz des Dachfonds kann irgendwo in der EU/EWR oder in einem Mitgliedstaat der OECD gelegen sein, es muss sich nicht um Deutschland handeln. Gebräuchlicher sind Limited Partnerships nach luxemburgischen,

[26] Siehe Veröffentlichungen des Bundesaufsichtsamtes für das Versicherungs- und Bausparwesen (VerBAV) 4/2002, 103 (104 f.).

[27] Weniger aufsichtsrechtlich denn unternehmenspolitisch motiviert sind in der Praxis schließlich Nebenabreden zum eigentlichen Gesellschaftsvertrag, wonach der General Partner des Fondsvehikels die Zustimmung einer Übertragung des Fondsanteils innerhalb (klar definierter und abgegrenzter) verbundener Unternehmen des Investors nicht verweigern darf. Das gilt insbesondere hinsichtlich der Übertragung des Anteils innerhalb verschiedener Anlagevehikel desselben Investors, die Vermögen anlegen mit dem Ziel, Pensionsverbindlichkeiten zu decken, für die Pensionsrückstellungen gebildet wurden.

englischem oder schottischem Recht und insbesondere für steuerbefreite Investoren, Kapitalgesellschaften nach Luxemburger Recht, insbesondere nach dem luxemburgischen aufsichtsrechtlichen RAIF- oder SICAV-Regime.

C. Steuerrechtliche Strukturerwägungen

Es wurde bereits ausgeführt, dass die Zielvorgabe einer jeden Private-Equity-Investition ist es, dass die Private-Equity-Investoren nicht schlechter gestellt werden als bei einem unmittelbaren Direktinvestment in die Portfolio-Unternehmen. Die zur „Poolung" der Investoren zwischengeschalteten Vehikel als auch etwaige Feeder-Vehikel müssen also so weit als möglich transparent und steuerneutral sein. Dieser Wunsch nach steuerlicher Transparenz führt bei steuerbefreiten Investoren zu Interessengegensätzen, da diese Investorengruppe zwecks Vermeidung der Erzielung von gewerblichen Einkünften aus dem Investment vielfach ein intransparentes Feeder-Vehikel benötigen (vgl. diesbezüglich nachfolgende Ausführungen unter → Rn. 52). **26**

I. Verfahrensrecht

1. Erhöhte Anzeige- und Erklärungspflichten bei Auslandssachverhalten

Die Finanzbehörden sind grundsätzlich gehalten, den Sachverhalt von Amts wegen zu ermitteln. Bei Auslandssachverhalten, namentlich der Beteiligung deutscher Investoren an ausländischen Private-Equity-Fonds, kommen den Investoren gemäß § 90 Abs. 2 AO dabei erhöhte Mitwirkungspflichten zu, die den vorgenannten Amtsermittlungsgrundsatz ergänzen. Damit soll die rechtzeitige steuerliche Erfassung (Stichwort Vollzugsdefizit) und Überwachung grenzüberschreitender Sachverhalte gewahrt werden. Daraus folgend sind im Inland steuerpflichtige Investoren grundsätzlich verpflichtet, gemäß § 138 Abs. 2 Nr. 2 AO jeglichen Erwerb, die Aufgabe oder die Veränderung einer Beteiligung an ausländischen Personengesellschaften als auch nach Maßgabe des § 138 Abs. 2 Nr. 3 AO[28] den Erwerb oder die Veräußerung von Beteiligungen an ausländischen Körperschaften, Personenvereinigungen oder Vermögensmassen ihrem gemäß §§ 18–20 AO zuständigen Finanzamt mitzuteilen. Mitteilungen sind zusammen mit der Einkommensteuer- oder Körperschaftsteuererklärung für den Besteuerungszeitraum, in dem der mitzuteilende Sachverhalt (mithin zB die Zeichnung eines Fondsanteils) verwirklicht wurde, spätestens jedoch bis zum Ablauf von 14 Monaten nach Ablauf dieses Besteuerungszeitraums, nach amtlich vorgeschriebenem Datensatz über die amtlich bestimmten Schnittstellen zu erstatten.[29] Diese Frist ist nicht nach § 109 AO verlängerbar, da es sich weder um eine behördlich bestimmte Frist noch um eine Steuererklärungsfrist handelt.[30] Die Finanzverwaltung lässt es unbeanstandet, wenn die Mitteilungspflicht von der ausländischen Personengesellschaft (sprich dem Fonds respektive dessen Manager), einem Treuhänder oder einer anderen die Interessen der inländischen Beteiligten vertretenden Person wahrgenommen wird.[31] Die Mitteilungspflicht gilt im Übrigen auch für deutsche Carried-Interest-Berechtigte. Die Mitteilungspflicht umfasst zunächst lediglich die Angabe genereller Daten betreffend die Fondsbeteiligung (Höhe der Beteiligung), persönliche Daten des Investors inklusive der Steuernummer des Wohnsitzfinanzamtes und Identifikationsnummer sowie das Eintritts- **27**

[28] BMF v. 18.7.2018 – IV B 5 – S 1300/07/10087, BStBl. I 2018 S. 815.

[29] § 138 Abs. 5 S. 1 AO; zu beachten ist, dass eine etwaige Erklärungspflicht gemäß § 18 Abs. 3 AStG daneben bestehen bleibt, vgl. nachfolgend → Rn. 74.

[30] Siehe zu Form und Frist der Mitteilungen grundsätzlich Rn. 1.5 des BMF-Schreibens v. 5.2.2018 – IV B 5 – S 1300/07/10087, IV A 3 – S 0303/17/10001, BStBl. I 2018 S. 289.

[31] BMF v. 5.2.2018 – IV B 5 – S 1300/07/10087, IV A 3 – S 0303/17/10001, BStBl. I 2018 S. 289 (DStR 2018, 356).

oder Austrittsdatum (also Zeichnungsdatum oder Datum des etwaigen Abverkaufs), jedoch (zumindest in diesem Stadium) keinesfalls die Übersendung der Fondsunterlagen.[32]

28 Deutsche Investoren in Private-Equity-Fonds als auch deutsche Carried-Interest-Berechtigte müssen diesen Mitwirkungspflichten nachkommen. Andernfalls kann das Finanzamt hieraus nachteilige Schlüsse ziehen, insbesondere die Besteuerungsgrundlagen gemäß § 162 Abs. 2 und 3 AO schätzen. Unter Umständen kann sogar eine Beweislastumkehr zu Lasten der Steuerpflichtigen eintreten.[33] Ferner kann die vorsätzliche oder leichtfertige Nichtanzeige als Ordnungswidrigkeit in Form einer Steuergefährdung gemäß § 379 Abs. 2 Nr. 1 AO (und sofern die Handlung nicht nach § 378 AO geahndet werden kann) mit einer Geldbuße bis zu 25.000 EUR geahndet (§ 379 Abs. 7 AO) und die Anzeigepflicht mit Zwangsmitteln nach § 328 AO durchgesetzt werden.

29 In diesem Zusammenhang ist der Vollständigkeit halber auf die Novelle der Amtshilferichtlinie[34] hinzuweisen, die europaweit Anzeigepflichten für bestimmte grenzüberschreitende Steuergestaltungen vorsieht und deren innerstaatliche Kodifizierung durch Einführung der §§ 138d–138k AO nF vorgesehen ist.[35] Inwieweit davon die Strukturierung von Private-Equity-Fonds infolge der angestrebten Steuerneutralität umfasst werden, bleibt abzuwarten und die weitere Entwicklung gilt es aufmerksam zu verfolgen.

2. Steuererklärungspflichten (§§ 179, 180 AO)

30 Sobald mehr als ein im Inland unbeschränkt steuerpflichtiger Investor an einem ausländischen Fondsvehikel in Form einer Personengesellschaft beteiligt ist, sind die Einkünfte gemäß § 180 Abs. 1 Nr. 2 lit. a AO gesondert und einheitlich festzustellen, da die Einkünfte der deutschen Investoren aus dem Private-Equity-Fonds vorbehaltlich der Anwendung von Doppelbesteuerungsabkommen (DBA)[36] grundsätzlich infolge des Welteinkommensprinzips der deutschen Besteuerung unterliegen.

31 In der Praxis gestatten jedoch die meisten DBA die Berücksichtigung der nach DBA in Deutschland steuerfreien Einkünfte im Rahmen des Progressionsvorbehalts gemäß § 32b EStG mit der Folge, dass trotz ausschließlichem Besteuerungsrecht des Sitzstaates, die ausländischen Einkünfte zum Zwecke des Progressionsvorbehalts gesondert und einheitlich festzustellen sind (§ 180 Abs. 5 Nr. 1 AO). Gleiches gilt im Übrigen auch hinsichtlich der Feststellung etwaig anrechenbarer ausländischer Steuer (§ 180 Abs. 5 Nr. 2 AO).[37]

32 Ausdrücklich keine gesonderte und einheitliche Feststellung erfolgt, sofern nur ein inländischer Steuerpflichtiger an einer ausländischen Personengesellschaft beteiligt ist, § 180 Abs. 3 Nr. 1 AO. In diesem Fall hat das Wohnsitzfinanzamt des inländischen Steuerpflichtigen im Sinne des § 19 AO die erforderlichen Ermittlungen vorzunehmen, nichtsdestotrotz treffen den deutschen Investor die erhöhten Mitwirkungspflichten bei Auslandssachverhalten (§ 90 Abs. 2 AO) und Anzeigepflichten gemäß § 138 Abs. 2 AO. Auf das entsprechende BMF-Schreiben zur örtlichen Zuständigkeit für die gesonderte und einheitliche Feststellung der Gewinne ausländischer Personengesellschaften, an denen inländische Gesellschafter beteiligt sind wird verwiesen.[38]Darüber hinaus gibt es Sonderzuständigkeiten

---

[32] Zu weiteren Details siehe ferner BMF v. 5.2.2018 – IV B 5 – S 1300/07/10087, IV A 3 – S 0303/17/10001, BStBl. I 2018 S. 289.

[33] BFH Beschl. v. 6.6.2006 – XI B 162/05, BFH/NV 2006, 1785.

[34] Richtlinie (EU) 2018/822 des Rates vom 25.5.2018 zur Änderung der Richtlinie 2011/16/EU bezüglich des verpflichtenden automatischen Informationsaustauschs im Bereich der Besteuerung über meldepflichtige grenzüberschreitende Gestaltungen, ABl. 2018 L 139 v. 5.6.2018, S. 1.

[35] Siehe BMF-Referentenentwurf vom 26.9.2019 eines Gesetzes zur Einführung einer Pflicht zur Mitteilung grenzüberschreitender Steuergestaltungen.

[36] Siehe *Boxberger* in Striegel/Wiesbrock/Jesch, Kapitalbeteiligungsrecht, Kommentar, „Das Recht der Doppelbesteuerungsabkommen/OECD-MA" zu DBA-spezifischen Fragen in Zusammenhang mit Private Equity.

[37] Siehe Rn. 6.1. des BMF-Schreibens betr. Anwendung der Doppelbesteuerungsabkommen (DBA) auf Personengesellschaften v. 26.9.2014 – IV B 5 – S 1300/09/10003, BStBl. I S. 1258.

[38] Vgl. das BMF-Schreiben vom 26.1.2016, BStBl. I S. 155.

der Länder für die Beteiligung an ausländischen Personengesellschaften, die es zu beachten gilt.[39]In der Praxis wird die tatsächliche Erstellung und Abgabe der Feststellungserklärung sehr unterschiedlich gehandhabt. Grundsätzlich erfolgt vor Zeichnung eines Private-Equity-Fondsanteils die Abstimmung der praktischen Vorgehensweise mit dem General Partner des jeweiligen Fonds. Häufig erklärt sich der General Partner in Nebenabreden zum Gesellschaftsvertrag (Side Letter) dazu bereit, auf Kosten der deutschen Investoren die Erstellung der Feststellungserklärung vorzunehmen, was aus Sicht der Fondsinitiatoren in gewissen Konstellationen vorteilhaft sein kann. Teilweise verpflichtet sich der General Partner zumindest die für eine Feststellungserklärung essentiellen Informationen nach deutschem Steuerrecht aufgearbeitet zur Verfügung zu stellen. Schließlich sieht man auch Fälle, in denen der deutsche Investor mit dem insgesamt größten Anteil am jeweiligen Fondsvehikel die Abgabe der Feststellungserklärung übernimmt.[40]

Diese Nebenvereinbarungen gehen über die üblichen Steuerinformations-Klauseln des Gesellschaftsvertrages hinaus. Anmerkend sei erwähnt, dass die Information der US-amerikanischen K-1-Erklärung alleine den deutschen Anforderungen an eine Feststellungserklärung keinesfalls Genüge trägt. Diese kann lediglich als Ausgangspunkt für eine Überleitungsrechnung zwecks Erstellung der Feststellungserklärung gemäß §§ 179, 180 AO dienen. 33

II. Besteuerung der Investoren

Weder bei Investoren, die infolge des aufsichtsrechtlichen Korsetts gezwungen sind, über ein Dachfondsvehikel zu investieren, noch bei Investoren, die ein Direktengagement in den Private-Equity-Fonds eingehen können, dürfen weder durch das Pooling der Investments in einem Fondsvehikel noch durch die etwaige Zwischenschaltung eines Dachfonds-Vehikels zusätzlichen Steuern ausgelöst werden. Dieses absolute Ziel der Steuerneutralität erreicht man in der Regel mit Personengesellschaften. Im betreffenden Heimatstaat der Personengesellschaft (beispielsweise Luxemburg, Cayman Islands, Delaware/USA oder Großbritannien) fallen bei richtiger Strukturierung keine nennenswerten Steuern an. 34

Die zum 1. Januar 2018 in Kraft getretene und nachfolgend unter → Rn. 66 beschriebene Investmentsteuerreform[41] nimmt folgerichtig Investmentvermögen in Form von inländischen Personengesellschaften oder vergleichbaren ausländischen Rechtsformen grundsätzlich aus dem Anwendungsbereich des InvStG heraus. Private-Equity-Fonds in der Rechtsform einer Personengesellschaft stellen nach Maßgabe des § 1 Abs. 3 S. 1 Nr. 2 InvStG somit keine Investmentfonds im investmentsteuerrechtlichen Sinne dar. Vielmehr werden die Einkünfte den Anlegern nach den allgemeinen steuerrechtlichen Regeln direkt zugerechnet und sind auf deren Ebene grundsätzlich zu versteuern. Die unter dem AIFM-StAnpG[42] eingeführten Personen-Investitionsgesellschaften, deren „Besteuerungsregime" ebenfalls eine Anwendung der allgemeinen steuerrechtlichen Regeln vorsah, ist damit obsolet. Die allgemeinen steuerrechtlichen Regeln werden maßgebend vom jeweiligen Steuerstatus des Anlegers determiniert und nachfolgend kurz skizziert. 35

[39] Siehe Rn. 6.1. des BMF-Schreibens betr. Anwendung der Doppelbesteuerungsabkommen (DBA) auf Personengesellschaften v. 26.9.2014 – IV B 5 – S 1300/09/10003, BStBl. I S. 1258.

[40] Letzteres entspricht auch den Regeln über die örtliche Zuständigkeit für die Feststellungserklärung von Einkünften ausländischer Personengesellschaften gemäß § 18 Abs. 1, 2 AO, vgl. Bundesministerium der Finanzen: Schreiben v. 26.1.2016, BStBl. I 2016, 155.

[41] Gesetz zur Reform der Investmentbesteuerung (InvStRefG) vom 19.7.2016, verkündet am 26.7.2016 (BGBl. I S. 1730).

[42] Gesetz zur Anpassung des Investmentsteuergesetzes und anderer Gesetze an das AIFM-Umsetzungsgesetz (AIFM-StAnpG) vom 18.12.2013, BGBl. I S. 1266.

1. Steuerpflichtige Institutionelle Investoren

36 **a) Veräußerungsgewinne.** Veräußerungsgewinne aus dem Verkauf von Anteilen an Portfolio-Unternehmen können ungeachtet der Zwischenschaltung eines steuerlich transparenten Fondsvehikels wie bei einem Direktengagement von institutionellen Investoren effektiv zu 95 % steuerfrei vereinnahmt werden (§ 8b Abs. 2 KStG). Das gilt gemäß § 8b Abs. 6 KStG auch dann, wenn die Anteile an den veräußerten Portfolio-Unternehmen nicht direkt gehalten wurden, sondern die Veräußerungsgewinne dem jeweiligen Steuerpflichtigen im Rahmen des Gewinnanteils aus einer Mitunternehmerschaft (also dem Private-Equity-Fonds) zugerechnet werden. Das gilt insbesondere auch bei ausländischen Mitunternehmerschaften.[43]

37 Für Lebens- und Krankenversicherungsunternehmen sowie Pensionsfonds gilt die Veräußerungsgewinnbefreiung allerdings generell nicht (§ 8b Abs. 8 KStG), andererseits verschlechtert sich deren Situation durch diese Zwischenschaltung einer Personengesellschaft auch nicht. In der Praxis investieren diese vereinzelt über konzerneigene (§ 8b KStG privilegierte) Kapitalgesellschaften, so dass ausschließlich im Verhältnis dieser zum Versicherungsunternehmen § 8b Abs. 8 KStG Anwendung findet.

38 Die Regelung des § 8b Abs. 2 KStG ist ferner nicht anzuwenden, soweit die Anteile von Finanzunternehmen im Sinne des KWG oder Finanzunternehmen mit Sitz in einem anderen Mitgliedsstaat der EU oder des EWR mit dem Ziel der kurzfristigen Erzielung eines Eigenhandelserfolges erworben wurden (§ 8b Abs. 7 S. 2 und S. 3 KStG). Veräußerungsgewinne aus Anteilen an Kapitalgesellschaften und anderen Körperschaften unterliegen in diesem Fall der regulären Besteuerung auf Ebene des Anteilseigners. Die Finanzverwaltung steht jedoch im Hinblick auf Private-Equity-Fonds auf dem Standpunkt, dass diese keine Finanzunternehmen im Sinne des KWG sind.[44] Daraus folgt, dass § 8b Abs. 7 S. 2 KStG nur noch auf Ebene des betreffenden Investors Anwendung finden kann. Die Investoren halten ihre Fondsbeteiligung üblicherweise im Anlagevermögen.[45] Inwieweit bei sog. KWG-Investoren (Sparkassen- und Genossenschaftsbanken) die zukünftige CRR[46]-Novelle eine Zuordnung zum Handelsbuch führt, bleibt abzuwarten.[47]

39 Für Gewerbesteuerzwecke sollten 100 % der Veräußerungsgewinne steuerfrei sein, wenn das Feeder-Vehikel oder bei Direktinvestments der Hauptfonds gewerblich qualifiziert,[48] andernfalls unterliegen entsprechend 5 % der Veräußerungsgewinne bei institutionellen Investoren der Gewerbesteuer.

40 **b) Dividenden.** Hinsichtlich Dividendenausschüttungen gilt für die Körperschaftsteuer gleichfalls die 95%ige Befreiung (wiederum mit der Ausnahme für Lebens- und Krankenversicherungsunternehmen, KWG-Anlegern mit Beteiligungen im Handelsbuch sowie Pensionsfonds), vorausgesetzt die Beteiligung hat zu Beginn des Kalenderjahres unmittelbar 10 Prozent oder mehr des Grund- oder Stammkapitals betragen (§ 8b Abs. 4 KStG). Andernfalls, mithin im Fall von sog. Streubesitzdividenden, sind die Dividenden bei der Ermittlung des Einkommens in voller Höhe zu berücksichtigen. Sofern ein Grund- oder Stammkapital nicht vorhanden, ist die Beteiligung an dem Vermögen maßgebend. Zu beachten ist im Kontext von Private-Equity-Fonds, dass Beteiligungen über eine Mitunternehmerschaft dem Mitunternehmer (lies Anleger) anteilig zuzurechnen sind (siehe

---

[43] *Dötsch/Pung* KStG § 8b nF Rn. 58a.

[44] Rn. 18 des Schreibens des Bundesministeriums der Finanzen: zur einkommensteuerlichen Behandlung von Venture Capital und Private-Equity-Fonds v. 16.12.2003 – IV A 6-S 2240-153/03, BStBl. I 2004 S. 40, ber. I 2006 S. 632.

[45] Vgl. diesbezüglich auch die Ausführungen in BFH Urt. v. 14.1.2009 – I R 36/08, DStR 2009, 635.

[46] Verordnung (EU) Nr. 575/2013 Des Europäischen Parlaments und des Rates vom 26.6.2013 über Aufsichtsanforderungen an Kreditinstitute und Wertpapierfirmen und zur Änderung der Verordnung (EU) Nr. 648/2012, ABl. 2013 L 321, S. 6.

[47] Siehe weitergehend den Standard des Basler Ausschusses vom 14.1.2019, *„Minimum capital requirements for market risk"*, https://www.bis.org/bcbs/publ/d457.htm.

[48] Vgl. Ausführungen unter → Rn. 45 ff.

auch § 15 Abs. 1 S. 1 Nr. 2 S. 2 EStG). Folglich gilt eine dem Mitunternehmer (Anleger) danach zugerechnete Beteiligung für die Anwendung des Beteiligungsprivilegs auf Dividenden als unmittelbare Beteiligung. Für Zwecke dieses Absatzes gilt der Erwerb einer Beteiligung von mindestens 10 Prozent als zu Beginn des Kalenderjahres erfolgt.

Eine weitere Komplexität erfahren Dividendenausschüttungen in Bezug auf die Gewerbesteuer in Deutschland. Grundsätzlich erzielen Private-Equity-Fonds ihren Ertrag in Form von Veräußerungsgewinnen und gerade nicht über Dividendenausschüttungen. Es können jedoch vereinzelt mangels Exit-Alternativen auch Dividendenstrategien in den Blickpunkt der Investoren rücken. Insofern ist diese Frage nicht lediglich theoretischer Natur. **41**

Bei entsprechender Strukturierung sollte sich jedoch auch für Dividenden Gewerbesteuerfreiheit in Deutschland erreichen lassen, nämlich dadurch, dass die ausländische Personengesellschaft aus deutscher Sicht als originär gewerblich tätig oder gewerblich geprägt anzusehen ist (was allerdings den Interessen von steuerbefreiten Pensionskassen, individuellen Anlegern und nicht zuletzt in Deutschland steuerpflichtigen Carried-Interest-Empfängern zuwiderläuft, vgl. Ausführungen unter → Rn. 91 ff.). Die Erträge aus dem Fonds sollten in diesem Fall vom deutschen Gewerbeertrag gemäß § 9 Nr. 2 GewStG zu kürzen sein. Auf die seit Veranlagungszeitraum 2017 anzuwendende Novelle des § 9 Nr. 2 S. 2 durch das BEPS-UmsG[49] und die damit einhergehende Nichtanwendbarkeit der Kürzung auf die Fälle des im gleichen Zuge geschaffenen § 7 S. 8 GewStG wird nachfolgend unter Rn. 45 ff. noch einzugehen sein. **42**

aa) Originäre Gewerblichkeit. Das Bundesministerium der Finanzen (BMF) hat in seinem vorgenannten sog. Private Equity-Erlass[50] die einkommensteuerliche Behandlung von Private-Equity-Fonds zusammengefasst und diverse Kriterien zur Abgrenzung zwischen privater Vermögensverwaltung und Gewerblichkeit eines Private-Equity-Fonds herausgearbeitet.[51] Dabei ist zu beachten, dass diese Kriterien in einer Würdigung des Gesamtbildes der Fondstätigkeit zu berücksichtigen sind. Ausschließlich die sklavische Beachtung sämtlicher Kriterien des BMF-Erlasses durch das Fondsmanagement führt dazu, dass die Tätigkeit des Fonds keine originäre Gewerblichkeit begründet. In der Praxis dürfte die in einer Vielzahl der Fondsverträge vorgesehene Möglichkeit der Kreditaufnahme sowie der Stellung von Sicherheiten durch den Fonds sowie die Übernahme von aktiven Managementfunktionen oftmals Indizien für eine originäre Gewerblichkeit des Fonds sein.[52] **43**

bb) Gewerbliche Prägung. Sofern in der Praxis eine homogene institutionelle Investorenbasis vorzufinden ist, wird man sich nicht auf die Gesamtwürdigung der Tätigkeit des Fonds auf Basis des vorgenannten BMF-Erlasses beschränken wollen, um die gewünschte Gewerblichkeit zu erzielen. Vielmehr wird man durch eine gewerbliche Prägung des Fondsvehikels eine Gewerblichkeit gezielt strukturieren. Diese gewerbliche Prägung ist der typischen Grundstruktur einer Vielzahl ausländischer Private-Equity-Fondsvehikel (insbesondere angelsächsischen Limited Partnerships) von Anbeginn immanent, da ausschließlich Kapitalgesellschaften (beispielsweise eine Limited Company) persönlich haftende Gesellschafter sind und nur diese zur Geschäftsführung befugt sind. Eine ausländische Kapitalgesellschaft, die nach dem sog. Rechtstypenvergleich einer inländischen Kapitalgesellschaft entspricht, kann eine Personengesellschaft prägen und zu einer Mitunternehmerschaft machen.[53] Dabei kann die gewerbliche Prägung bei ausländischen als auch inländischen **44**

---

[49] Gesetz zur Umsetzung der Änderungen der EU-Amtshilferichtlinie und von weiteren Maßnahmen gegen Gewinnkürzungen und -verlagerungen vom 20.12.2016, (BGBl. 2016 I S. 3000).

[50] Bundesministerium der Finanzen: Schreiben v. 16.12.2003 – IV A 6 – S 2240 – 153/03, BStBl. I 2004 S. 40.

[51] Vgl. insoweit detaillierte Erläuterungen der Kriterien bei *Herkenroth/Striegel/Wiesbrock,* § 22, Steuerrechtliche Fragestellungen.

[52] In diese Richtung geht auch das BFH Urt. v. 24.8.2011 – I R 46/10, BStBl. II 2014 S. 764, siehe GWR 2011, 534.

[53] BFH Urt. v. 14.3.2007 – XI R 15/05, BStBl. II 2007 S. 924.

Personengesellschaften auf die Komplementärstellung einer ausländischen Kapitalgesellschaft zurückzuführen sein.[54]

45 In diesem Fall greift die sog. „Geprägetheorie" (§ 15 Abs. 3 Nr. 2 EStG) und das Fondsvehikel erzielt kraft Gesetzes gewerbliche Einkünfte.[55] Diese unterliegen sodann beim inländischen Investor (mit Ausnahme von Lebens- und Krankenversicherungsunternehmen sowie Pensionsfonds) gemäß § 9 Nr. 2 GewStG nicht in Deutschland der Gewerbesteuer.[56] Die Anwendung der Kürzungsvorschrift des § 9 Nr. 2 S. 1 GewStG ist dagegen ausgeschlossen, wenn es sich um Einkünfte im Sinne des § 7 S. 8 GewStG handelt (§ 9 Nr. 2 S. 2 GewStG). Danach gelten Einkünfte im Sinne des § 20 Abs. 2 S. 1 AStG als in einer inländischen Betriebsstätte erzielt mit der Folge, dass hinsichtlich sog. „passiver" Einkünfte in einer ausländischen Betriebsstätte des Steuerpflichtigen die Steuerbefreiung eines DBA keine Anwendung findet, wenn diese ungeachtet des § 8 Abs. 2 AStG steuerpflichtig wären. Der Ausschluss der gewerbesteuerlichen Kürzung dient dazu, eine inländische Gewerbesteuerbelastung von den der Hinzurechnungsbesteuerung gem. §§ 7 ff. AStG unterliegenden Einkünften zu sichern.[57]

46 Die Regelung des § 7 S. 8 GewStG erfasst Fälle, in denen der Fondsanleger Zwischeneinkünfte im Sinne der §§ 7 ff. AStG nicht über eine ausländische Zwischengesellschaft, sondern unmittelbar über eine ausländische Betriebsstätte (lies Private-Equity-Fonds) erzielt und die Zwischeneinkünfte im Inland einer Besteuerung unterlägen, wenn sie über eine Zwischengesellschaft erzielt würden.[58] Davon sind insbesondere Zinserträge und andere Einkünfte mit Kapitalanlagecharakter der Private-Equity-Fonds im Sinne des § 7 Abs. 6a AStG erfasst, allerdings nicht von Fonds vereinnahmte Gewinnausschüttungen von Kapitalgesellschaften (§ 8 Abs. 1 Nr. 8 AStG) und Gewinne aus der Veräußerung von Anteilen an bestimmten aktiv tätigen Kapitalgesellschaften (§ 8 Abs. 1 Nr. 9 AStG).

47 Vielfach werden allerdings nachfolgende Gründe gegen eine Anwendung der Ausnahmevorschrift des § 7 S. 8 iVm § 9 Nr. 2 S. 2 GewStG auf Private-Equity-Fonds sprechen, mithin das grundsätzliche Risiko, dass gewerbesteuerpflichtige Fondsanleger zuzurechnende Einkünfte aus Fonds nicht vollständig der Kürzung gemäß § 9 Nr. 2 S. 1 GewStG und damit der Gewerbesteuer unterliegen, minimieren. Die Anwendung der vorstehend dargestellten Ausnahmeregelung des § 7 S. 8 GewStG ist ausgeschlossen, soweit die Voraussetzungen des § 8 Abs. 2 AStG erfüllt sind (§ 7 S. 9 GewStG). Danach ist eine in einem Mitgliedstaat der EU/EWR ansässige Gesellschaft für außensteuerrechtliche Zwecke grundsätzlich nicht als Zwischengesellschaft anzusehen, wenn der Anleger nachweist, dass die Gesellschaft (in Bezug auf die relevanten „passiven" Einkünfte) einer tatsächlichen wirtschaftlichen Tätigkeit in ihrem Ansässigkeitsstaat nachgeht und dass bestimmte internationale Amtshilfe- und Informationsaustauschvoraussetzungen erfüllt werden (§ 8 Abs. 2 S. 2 AStG). Selbst wenn der jeweilige Fonds selbst (mangels entsprechender Personal- und Sachausstattung) diese Voraussetzungen nicht erfüllen sollte, dürfte die tatsächliche wirtschaftliche Tätigkeit der Verwaltungsgesellschaft der Fonds (AIFM) den Fonds für Zwecke der Prüfung der Voraussetzungen des § 8 Abs. 2 AStG zuzurechnen sein.[59] Darüber hinaus könnte das Verhältnis der Fiktion in § 20 Abs. 2 S. 1 AStG zu § 7 Abs. 7 AStG dazu

[54] OFD Münster Vfg. v. 24.7.2008 – S 1300 -169 St 45- 32, GmbHR 2008, 1007.

[55] Es ist anerkannt, dass die Geprägetheorie auch „über die Grenze" Anwendung findet, BFH Urt. v. 14.3.2007 – XI R 15/05, NZG 2007, 479.

[56] Die Kürzungsvorschrift setzt ferner voraus, dass der inländische Investor als Mitunternehmer im Sinne der H 15.8 (1) der Einkommensteuerrichtlinien anzusehen ist, was typischerweise der Fall ist, da der jeweilige Investor fraglos Mitunternehmerrisiko infolge seiner Beteiligung am Gewinn und Verlust des Fonds hat und – wenn auch eingeschränkt – Mitunternehmerinitiative ausübt, da ihm Gesellschafterrechte zustehen, die einem deutschen Kommanditisten vergleichbar sind (Einsichts-, Informations-, und gewisse Widerspruchs- und Stimmrechte).

[57] Vgl. Gesetzesbegründung des sog. BEPS-UmsG, BT-Drs. 18/9536, 61.

[58] Vgl. BT-Drs. 18/9536, 60.

[59] Bejahend zur Anwendung der außensteuerrechtlichen Hinzurechnungsbesteuerung in Bezug auf Versicherungsgeschäfte vor Einführung der Regelung des § 8 Abs. 2 AStG vermutlich BFH Urt. v. 13.10.2010 – I R 61/09, BStBl. II 2011 S. 249.

führen, dass Fonds, die entsprechend der Fiktion in § 20 Abs. 2 S. 1 AStG als eine ausländische Gesellschaft klassifiziert würden, als Investmentfonds im Sinne des § 1 Abs. 2 InvStG anzusehen wären, mit der Folge, dass die Voraussetzungen des § 7 Abs. 7 AStG erfüllt und damit etwaige „passive" Einkünfte des Fonds nicht unter § 20 Abs. 2 S. 1 AStG fallen würden.

2. Private Investoren

Vor Einführung des Abgeltungsteuerregimes zum 1.1.2009 profitierten private Investoren, sofern der Fonds als vermögensverwaltend qualifizierte. Veräußerungsgewinne waren außerhalb der einjährigen „Spekulationsfrist" des § 23 EStG vollständig nicht steuerbar. Fälle des § 17 EStG konnten mangels Erreichens der durchgerechneten Mindestbeteiligungshöhe von 1% ausgeschlossen werden. Selbst Dividenden profitierten vom so genannten Halbeinkünfteverfahren, wonach lediglich 50% der Dividenden mit dem persönlichen Steuersatz des Steuerpflichtigen in Höhe von maximal 47,5% (inklusive Solidaritätszuschlag) mithin einem maximalen Steuersatz von 23,75% unterlagen. Gewerbesteuer fiel nicht an. 48

Soweit das mit dem Geschäftsmodell des Fonds vereinbar ist, versucht man daher vereinzelt, die in der Mehrzahl der Fondsverträge vorzufindenden schädlichen Kriterien, insbesondere die Möglichkeit der Kreditaufnahme sowie der Stellung von Sicherheiten auszuschließen, um den Interessen der individuellen Anleger und insbesondere den Carried Interest-Berechtigten gerecht zu werden. Vereinzelt verpflichtet sich das Fondsmanagement daher in einem sog. *Reliance Letter,* sämtliche Kriterien des BMF-Schreibens zu beachten und von der Gebrauchnahme der im Fondsvertrag grundsätzlich eingeräumten schädlichen Befugnisse Abstand zu nehmen. Zusätzlich beherzigt man das Modell der sog. Entprägung des Fondsvehikels, in dem man einen Kommanditisten mit Geschäftsführungsbefugnis ausstattet. 49

Für Fondsinvestoren, die nach dem 31.12.2008 ein Investment eingegangen sind, findet auf Veräußerungsgewinne und Dividenden aus einem vermögensverwaltenden Fondsvehikel gleichermaßen die max. 26,375%tige Abgeltungsteuer (inklusive Solidaritätszuschlag) Anwendung. Veräußerungsgewinne aus einem gewerblichen (geprägten) Fondsvehikel hingegen würden dem Teileinkünfteverfahren unterliegen, mit anderen Worten, -lediglich 60% der Veräußerungsgewinne und Dividenden würde mit dem individuellen Steuersatz des Anlegers in Höhe von maximal 47,5% besteuert, was einer effektiven Steuerlast von 28,5% entspricht. 50

In Anbetracht dieser marginalen Differenz in Höhe von 2,125% bezogen auf die Abgeltungsteuer ist die Präferenz privater Anleger indifferent. Die Gewerblichkeit des Fonds kann für private Investoren von Vorteil sein, sofern diese beabsichtigen, ihre Beteiligung zu refinanzieren, da Betriebsausgaben zumindest in Höhe von 60% abzugsfähig bleiben (§ 3c Abs. 2 S. 1 EStG). Unter dem Abgeltungsteuerregime hingegen finden etwaige Refinanzierungskosten oder andere Werbungskosten keinerlei Berücksichtigung, da gemäß § 20 Abs. 9 EStG der Abzug der tatsächlichen Werbungskosten ausgeschlossen ist (siehe zur Carried Interest-Thematik nachfolgend unter → Rn. 101). Der effektive Steuersatz nach Berücksichtigung etwaiger Betriebsausgaben dürfte also die Präferenz entscheidend beeinflussen. 51

3. Steuerbefreite Investoren

Es wurde bereits ausgeführt, dass ein nicht unerheblicher Teil der insgesamt in Private-Equity-Fonds investierten Mittel von steuerbefreiten, institutionellen Investoren, insbesondere **Pensionskassen** und **berufsständische Versorgungseinrichtungen,** stammt. Pensionskassen sind abzugrenzen von den durch Gesetz per 2002 geschaffenen „Pensionsfonds" im Sinne von §§ 236ff. VAG, für die ganz andere Regelungen gelten, insbesondere sind diese steuerpflichtig und werden daher im Folgenden nicht näher beleuchtet. Die unter 52

→ Rn. 13 ff. genannten aufsichtsrechtlichen Strukturierungsanforderungen sind im Einklang mit denen für normale Versicherungsunternehmen. Das gilt indes nicht für die steuerrechtlichen Strukturierungsanforderungen.

53 Insbesondere Pensions- und Unterstützungskassen unterliegen hinsichtlich der Steuerfreiheit verschärften Anforderungen gemäß § 5 Abs. 1 Nr. 3 lit. c KStG, um ihre Steuerfreiheit nicht zu gefährden. Erforderlich ist die „ausschließliche und unmittelbare" Verwendung des Vermögens und der Einkünfte der Kasse für die begünstigten Zwecke. Dies wird dahingehend interpretiert, dass keinerlei gewerbliche Betätigung zulässig ist, sondern dass sich die Anlage des Vermögens vielmehr im Rahmen der „Vermögensverwaltung" halten muss. Ein (auch nur versehentlicher) Verstoß hiergegen führt zum vollständigen und nicht nur partiellen Verlust des steuerfreien Status.[60]

54 Das Gleiche galt bisher grundsätzlich auch für berufsständische Versorgungseinrichtungen im Sinne des § 5 Abs. 1 Nr. 8 KStG.[61] Allerdings hat der BFH in einem jüngeren Urteil klargestellt, dass öffentlich-rechtliche Versorgungseinrichtungen (lies berufsständische Versorgungswerke) auch mit denjenigen gewerblichen Einkünften von der Körperschaft und Gewerbesteuer befreit sind, die sie aus den gesetzlich erlaubten Anlagen ihres Vermögens erzielen.[62] Diese erfreuliche Rechtsprechung ermöglicht somit grundsätzlich auch berufsständischen Versorgungswerken die direkte Beteiligung an gewerblichen Private-Equity-Fonds nach Maßgabe ihrer Anlagerichtlinien.

55 Im Fall von gemeinnützigen (§§ 51–68 AO) und gemäß § 5 Nr. 9 KStG steuerbefreiten Körperschaften, Personenvereinigungen und Vermögensmassen (insbesondere **Stiftungen**) führt eine gewerbliche, mithin wirtschaftliche Betätigung (sog. wirtschaftlicher Geschäftsbetrieb, § 5 Nr. 9 S. 2 KStG) nicht per se dazu, dass die gesamte Körperschaft ihre Steuervergünstigung aus der Gemeinnützigkeit verliert. Dennoch haben gemeinnützige Körperschaften grundsätzlich dasselbe Interesse wie Pensions- bzw. Unterstützungskassen an der Vermeidung gewerblicher Einkünfte. Insofern gelten die folgend dargestellten Grundsätze allgemein.

56 Gewerblich geprägte ausländische Personengesellschaften, wie sie von steuerpflichtigen institutionellen Investoren aufgrund an anderer Stelle erörterten Gründen (Gewerbesteuerkürzung) bevorzugt werden, sind daher für die vorgenannten Investorengruppen gleichsam tabu. Denn die Beteiligungen steuerbefreiter Körperschaften als Mitunternehmer an gewerblichen Personengesellschaften werden stets als schädliche gewerbliche Betätigung (wirtschaftlicher Geschäftsbetrieb) angesehen.[63]Selbst wenn keine gewerbliche Prägung vorliegt, kann angesichts der Rechtsprechung des BFH zum gewerblichen Beteiligungshandel[64] sowie der wenig trennscharfen Abgrenzungskriterien im BMF-Erlass[65] zur vermögensverwaltenden Tätigkeit von Private-Equity-Fonds nicht hinreichend sicher darauf vertraut werden, dass eine Beteiligung an einem Private-Equity-Fonds vermögensverwaltender Natur ist.

57 Steuerbefreite institutionelle Investoren werden daher regelmäßig darauf bestehen, dass sie ihr Engagement über eine zwischengeschaltete ausländische oder deutsche Gesellschaft halten, die aus deutscher steuerrechtlicher Sicht als Kapitalgesellschaft qualifiziert (Rechtstypenvergleich) und somit Abschirmwirkung entfaltet (neudeutsch „Blocker Corporation" genannt).

58 Beteiligungen an Kapitalgesellschaften sind lediglich unter sehr engen Voraussetzungen schädlich, nämlich nach der Rechtsprechung und Literatur nur dann, wenn mit der

[60] BFH Urt. v. 17.10.1979 – I R 14/76, BStBl. II 1980 S. 225 (226).

[61] Weniger restriktiv aber bereits das in der Vorauflage zitierte FG Düsseldorf Urt. v. 12.5.2009 – 6 K 3127/06 K, G, F (rev. BFH I R 47/09), EFG 2009, 1593.

[62] BFH Urt. v. 9.2.2011 – I R 47/09, BStBl. II 2012 S. 601 und DStR 2011, 1074 (Vorinstanz FG Düsseldorf Urt. v. 12.5.2009 – 6 K 3127/06 K,G,F, EFG 2009, 1593).

[63] BFH Urt. v. 27.3.2001 – I R 78/99, BStBl. II 2001 S. 449.

[64] BFH Urt. v. 25.7.2001 – X R 55/97, BStBl. II 2001 S. 809 und Anmerkung *F. Hey* BB 2002, 870.

[65] Bundesministerium der Finanzen: Schreiben v. 16.12.2003 – IV A 6 – S 2240 – 153/03, BStBl. I 2004 S. 40.

Beteiligung an der Kapitalgesellschaft tatsächlich ein entscheidender Einfluss auf die laufende Geschäftsführung der Kapitalgesellschaft ausgeübt wird.[66] Die bloße Möglichkeit der Einflussnahme soll hingegen nach in der Literatur geäußerten Ansichten selbst dann nicht ausreichen, wenn eine Mehrheitsbeteiligung besteht.[67]

Im Rahmen der Strukturierung sollte darauf geachtet werden, dass kein steuerbefreiter Investor allein oder mit verbundenen Unternehmen eine Mehrheitsbeteiligung an der Blocker-Kapitalgesellschaft eingeht (Verbot der mehrheitlichen Einflussnahme). Gleichfalls sollte die Geschäftsführung satzungsgemäß nicht von den steuerbefreiten Investoren wahrgenommen werden. Vielmehr sollten die Geschäftsführer in vollem Umfang selbst für die Führung der Geschäfte verantwortlich zeichnen. Es sollte nicht vorgesehen sein, dass die Gesellschafter (Investoren) in die laufenden Tagesgeschäfte der Blocker-Kapitalgesellschaft eingreifen. Gewisse auf bestimmte grundlegende Maßnahmen beschränkte Mitspracherechte der steuerbefreiten Investoren über einen etwaigen Beirat dürften hingegen unschädlich sein, da es sich nicht um die Einflussnahme auf die laufende Geschäftsführung handeln dürfte. Beherzigt man diese Vorgaben, sollte man ausschließen können, dass die steuerbefreiten Investoren „vermittels einer zwischengeschalteten Kapitalgesellschaft" aktiv am wirtschaftlichen Geschäftsverkehr teilnehmen. Die Beteiligung an der Kapitalgesellschaft dürfte vielmehr im Rahmen der normalen unschädlichen Vermögensverwaltung bleiben. **59**

Aus Renditegesichtspunkten ist für steuerbefreite institutionelle Investoren von Bedeutung, dass die zwischengeschaltete Blocker-Kapitalgesellschaft keiner nennenswerten -Besteuerung unterliegt. Eine Luxemburger SOPARFI ist dafür grundsätzlich geeignet, da deren steuerliche Belastung in Luxemburg bei entsprechender Strukturierung durch Fremdfinanzierungsaufwand auf ein Minimum reduziert werden kann. Auch eine Luxemburger SICAV (SIF) bzw. FCP-RAIF, beides auf Private Equity zugeschnittene Luxemburger Vehikel zeichnen sich dadurch aus, dass keine nennenswerte steuerliche Belastung auf Ebene der Vehikel anfällt.[68] Gleiches gilt für das sog. Luxemburger Securitisation Vehicle (Verbriefungsgesellschaft). **60**

In der Gestaltungspraxis hat sich bei US-Fonds zudem die Delaware Limited Liability Company („LLC") als probates Blocker-Vehikel herausgestellt.[69] Die Strukturierung einer LLC birgt jedoch gewisse Fallstricke, denn die steuerliche Einordnung der LLC aus deutscher Sicht kann sowohl als Personen- wie auch als Kapitalgesellschaft erfolgen. Allein im Fall der Ausgestaltung als Kapitalgesellschaft aus deutscher steuerrechtlicher Sicht kann die LLC als Blocker-Vehikel fungieren. **61**

Die zum 1.1.1997 eingeführten check-the-box-rules ermöglichen US-Gesellschafen für Besteuerungszwecke zwischen der Klassifikation als Kapitalgesellschaft oder Personengesellschaft durch Ankreuzen der erwünschten Klassifikation auf dem Steuererklärungsformular *(„check the box")* zu wählen. Entsprechend der im US-Steuerrecht einschlägigen Standardklassifikation wird eine LLC grundsätzlich als Personengesellschaft behandelt,[70] sofern sie nicht von der Wahlmöglichkeit der Behandlung als Kapitalgesellschaft Gebrauch macht und unterliegt somit keiner eigenen Besteuerung in den USA. **62**

Aus deutscher Sicht bestimmt sich die Einordnung grundsätzlich nach dem sog. Rechtstypenvergleich, unter spezieller Berücksichtigung der dafür vom BMF im so genannten LLC-Schreiben aufgestellten Kriterien.[71] Zwecks Erreichen des Klassenziels einer intrans- **63**

---

[66] BFH Urt. v. 30.6.1971 – I R 57/70, BStBl. II 1971 S. 753; BFH Urt. v. 27.3.2001 – I R 78/99, BStBl. II 2001 S. 449; *Wallenhorst* DStR 2009, 717 (719).

[67] Vgl. aus jüngerer Zeit *J. Alvermann* FR 2006, 262 selbst für den Fall einer 100%igen Beteiligung, mit weiteren Literaturnachweisen.

[68] Die jährliche Steuer in Höhe von 0,01 % des Nettovermögenswertes des Fonds (sog. taxe d'abonnement) mal ausgenommen.

[69] Vgl. diesbezüglich Boxberger in Striegel/Wiesbrock/Jesch, Kapitalbeteiligungsrecht, Kommentar, „Das Recht der Doppelbesteuerungsabkommen", Einf. OECD-MA Rn. 101 ff.

[70] *Flick/Heinsen* IStR 2008, 781.

[71] Bundesministerium der Finanzen: Schreiben v. 19.3.2004 – IV B 4 – S 1301 USA – 22/04, BStBl. I 2004 S. 411; BFH Urt. v. 20.8.2008 – I R 34/08, BStBl. II 2009 S. 263.

parenten Einordnung der LLC aus deutscher steuerrechtlicher Sicht, muss die Strukturierung zwingend anhand der im LLC-Erlass genannten Merkmale erfolgen.[72] Entspricht die LLC nach dem Gesamtbild der in den Gesellschaftsstatuten enthaltenen Merkmale dem Typus einer Kapitalgesellschaft, kann diese als Blocker-Vehikel dienen.

64 Colorandi causa sei angemerkt, dass in der Private-Equity-Fondsstrukturierung von Fall zu Fall mittels check-the-box auch ganz bewusst zu einer US-amerikanischen Besteuerung der LLC als Körperschaft optiert wird. Das kann der Fall sein, sobald bei einem Investment durch den Private-Equity-Fonds die Gefahr einer beschränkten Steuerpflicht und damit einhergehender unliebsamer Steuererklärungspflichten der ausländischen Investoren droht (siehe dazu die Ausführungen unter → Rn. 7). Das wäre beispielsweise der Fall, wenn der Private-Equity-Fonds bei Investitionen in (transparente) Portfolio-Unternehmen originär gewerbliche Einkünfte generieren würde, die bei den ausländischen Investoren als sog. *effectively connected income* (ECI) oder auf Ebene der U. S. steuerbefreiten Investoren als *unrelated business taxable income* (UBTI) der Besteuerung unterliegen würden. Gleiches gilt bei Immobilientransaktionen, die unter den sog. Foreign Investment in Real Property Tax Act (sog. FIRPTA rules) fallen.

65 Der US LLC-Blocker wird in diesen Fällen zwischen das eigentliche Fondsvehikel und das Portfolio-Unternehmen „gehängt" und soll damit die Zurechnung dieser aktiven gewerblichen Einkünfte des Portfolio-Unternehmens über den (transparenten) Fonds zu dessen Investoren verhindern („blocken"). Das hat für die ausländischen Investoren den Vorteil, dass ihre ECI-Steuerlast und ihre Steuererklärungspflichten entfallen. Andererseits tragen die Investoren wie oben skizziert jedoch eine indirekte Steuerlast, denn nunmehr sind auf Ebene der Blocker-LLC die ihr zuzurechnenden Einkünfte zu versteuern, was bei der Berechnung der Gesamtsteuerbelastung zu berücksichtigen ist.

III. Investmentsteuerrecht / Investmentsteuerreform 2018

66 Das Investmentsteuergesetz 2018[73] trat zum 1.1.2018 in Kraft und konfrontierte die Marktteilnehmer nur knapp drei Jahre nach Inkrafttreten des AIFM-StAnpG und der damit einhergehenden Einführung von drei separaten Besteuerungsregimen von Investmentvermögen mit einem neuerlichen Paradigmenwechsel. In Ansehung der typischerweise längeren Laufzeiten von zehn (im Fall von Dachfonds mitunter 15) Jahren bedeuten zwei Steuerreformen innerhalb kürzester Zeit eine Herausforderung nicht nur für Strukturierungspraktiker, sondern auch für die investierten Fondsanleger.[74]

67 Vor der Investmentsteuerreform wurden Fondsanleger im Wesentlichen wie Direktanleger behandelt: Nur der Anleger wurde besteuert, allerdings im Grundsatz nicht der Fonds. Die über viele Jahrzehnte bestehenden Eckpfeiler der Investmentbesteuerung, nämlich dass die Fondsanlage nicht schlechter gestellt wird als die Direktanlage, dass Fonds daher steuerlich transparent sind und die Anlegerbesteuerung im Grundsatz an realisierte Erträge anknüpft, wurden über Bord geworfen. Das InvStRefG sieht eine Einführung von zwei voneinander unabhängigen Besteuerungssystemen vor. Mit der Einführung eines intransparenten Besteuerungssystems für (Publikums-)Investmentfonds kombiniert mit einer pauschalierten Besteuerung der Anleger (Vorabpauschale) wird eine neue Besteuerungsebene bei der Kapitalanlage über Fondsvehikel etabliert. Ausschließlich für sog. Spezial-Investmentfonds und deren institutionelle Anleger wird das bisherige transparente Besteuerungssystem mit Modifikationen beibehalten.

[72] Merkmale sind die zentralisierte Geschäftsführung und Vertretung, beschränkte Haftung, freie Übertragbarkeit der Anteile, Gewinnzuteilung, Kapitalaufbringung, unbegrenzte Lebensdauer der Gesellschaft, Gewinnverteilung und formale Gründungsvoraussetzungen.

[73] Investmentsteuergesetz (InvStG) v. 19.7.2016, BGBl. I S. 1730, geänd. durch Gesetz v. 20.12.2016, BGBl. I S. 3000 und Gesetz v. 23.6.2017, BGBl. I S. 1682.

[74] Zu den Hintergründen und gesetzgeberischen Zielen der Investmentsteuerreform siehe instruktiv WBA/*Mann* InvStG Rn. 1 ff.

Der Gesetzgeber war angetreten ein „einfaches, leicht administrierbares und gestaltungssicheres Besteuerungssystem“[75] für Investmentfonds zu etablieren. Das BMF-Auslegungsschreibens zum InvStG vom 21.5.2019[76] lässt allerdings befürchten, dass eine Vereinfachung mit diesem Paradigmenwechsel bis auf Weiteres nicht einhergehen dürfte. Nicht unerwähnt darf in diesem Zusammenhang bleiben, dass das InvStG noch vor dessen Inkrafttreten durch das StUmgBG[77]bereits „Reparaturen“ im Zusammenhang mit Einkünften aus inländischen Immobilienerträgen in Dach- und Zielfondskonstruktionen (§ 33 InvStG) und den umfangreichen Übergangsregelungen für Investmentfonds und Spezial-Investmentfonds (§ 56 InvStG) widerfahren hatte. **68**

Das InvStG ist auf Investmentfonds und deren Anleger anzuwenden, § 1 Abs. 1 InvStG. Es differenziert in zwei voneinander unabhängige Besteuerungssystemen: Investmentfonds (§§ 6–23) und Spezial-Investmentfons (§§ 25, 51). Einen „steuerneutralen“ Wechsel zwischen den vorgenannten Besteuerungssystemen schließt das Gesetz aus (§§ 24 und 52 InvStG). Das erst mit dem AIFM-StAnpG[78] eingeführte System für Investitionsgesellschaften (§§ 18–20 InvStG 2004) wurde ersatzlos gestrichen. Bisher steuerrechtlich als Kapital-Investitionsgesellschaft einzuordnende Investmentvermögen (§ 19 InvStG 2004), beispielsweise luxemburgische FCPs, französische FPCIs, der italienische Fondo Chiuso oder der spanische Fondo de Capital de Riesgo, allesamt Sondervermögen in Vertragsform, dürften zukünftig unter dem InvStG 2018 als Investmentfonds zu klassifizieren sein. Personen-Investitionsgesellschaften (§ 18 S. 1 InvStG 2004) werden im Ergebnis weiterhin nach den allgemeinen Vorschriften für Personengesellschaften besteuert. Bisher folgte dies aus § 18 S. 3 InvStG 2004.[79] Nunmehr qualifizieren Investmentvermögen in der Rechtsform einer Personengesellschaft oder einer vergleichbaren ausländischen Rechtsform nicht als Investmentfonds im Sinne des InvStG und unterliegen somit nicht dessen Anwendungsbereich (§ 1 Abs. 3 S. 1 Nr. 2 InvStG). Folglich sind die tradierten Private-Equity-Fondsstrukturen in der Rechtsform deutscher GmbH & Co. KGs, angelsächsischer Limited Partnerships und Luxemburger SCS/SCSp nicht vom Anwendungsbereich erfasst. **69**

1. Investmentfonds

Das neue (intransparente) Besteuerungssystem für Investmentfonds bildet das grundlegende (Regel-)Besteuerungssystem für alle kollektiven und korporativ ausgestalteten Kapitalanlagevehikel einschließlich Sondervermögen in Vertragsform. **70**

Investmentfonds sind Investmentvermögen nach § 1 Absatz 1 KAGB. Auch sog. Einanlegerfonds gelten investmentsteuerrechtlich als Investmentfonds, § 1 Abs. 2 InvStG. Für die grundsätzlich auf private Anleger ausgerichteten (Publikums)Investmentfonds entfällt nunmehr die Ermittlung und Veröffentlichung von Besteuerungsgrundlagen (§ 5 InvStG 2004), mithin auch die Strafbesteuerung gemäß § 6 InvStG im Fall der Missachtung des § 5 InvStG 2004. Vielmehr werden die Besteuerungsgrundlagen auf die Höhe der Ausschüttung, den Anteilswert am Jahresanfang, den Anteilswert am Jahresende und die Art des Investmentfonds (namentlich Aktien-, Misch-, Immobilienfonds oder sonstiger Investmentfonds) reduziert. **71**

Diesem Besteuerungssystem sollen zukünftig mit Ausnahme besagter Personengesellschaften zunächst alle Investmentvermögen unabhängig von ihrer rechtlichen Ausgestaltung oder ihrem Anlegerkreis (Privatanleger versus professioneller bzw. semiprofessioneller Anleger) unterfallen. Es basiert auf einer getrennten Besteuerung von Investmentfonds und Anlegern. Mit bestimmten Einkünften unterliegt der Investmentfonds selbst der KSt (und ggf. der GewSt). Das bisherige Thesaurierungsprivileg (§ 1 Abs. 3 Nr. 1 InvStG 2004) **72**

[75] BT-Drs. 18/8045, 53.
[76] BStBl. I S. 527.
[77] Steuerumgehungsbekämpfungsgesetz, BT-Drs. 18/12127.
[78] BGBl. 2013 I S. 4318.
[79] Näher Blümich/*Mann* InvStG 2004 § 18 Rn. 19 ff.

entfällt. Es wird durch eine Vorabpauschale (§ 18) ersetzt. Das zusätzliche Tax Leakage auf Fondsebene soll auf Ebene des Anlegers typisiert über eine sog. Teilfreistellung (§§ 20–22) eliminiert werden.[80]

2. Spezial-Investmentfonds

73 Bei auf institutionelle Investoren ausgerichteten Spezial-Investmentfonds (§§ 25 ff. InvStG) behält das InvStG 2018 auf ausdrücklichen Wunsch der Wirtschaft das eingeschränkte Transparenzprinzip bei (einschließlich eines „reduzierten" Thesaurierungsprivilegs). Das setzt unter anderem voraus, dass Spezial-Investmentfonds einen Katalog von Anlagebestimmungen erfüllen (§ 26 InvStG).[81]

IV. Außensteuergesetz (AStG)

74 Bei Private Equity-Strukturen kann die Anwendbarkeit des AStG grundsätzlich nicht ausgeschlossen werden. Zwar ist nach derzeitiger Lesart im Anwendungsbereich des InvStG 2018 das AStG nicht einschlägig (siehe § 7 Abs. 7 AStG). Allerdings sind jüngere Fondsgenerationen überwiegend als Personengesellschaften ausgestaltet und fallen somit – wie ausgeführt – nicht unter den Anwendungsbereich des InvStG (§ 1 Abs. 3 Nr. 2 InvstG).[82]Zudem sollte die Hinzurechnungsbesteuerung auf das Gros der durch den Private-Equity-Fonds generierten Einkünfte keine Anwendung finden, da Dividenden und Veräußerungsgewinne aus dem Katalog der zur Hinzurechnung führenden passiven Einkünfte explizit ausgenommen sind (§ 8 Abs. 1 Nr. 8 und 9 AStG). Ferner dürften die Portfolio-Unternehmen regelmäßig aktiv tätig sein, sodass die Ausnahmeregelung, die § 8 Abs. 1 Nr. 9 AStG für Anteile an bestimmten passiven Gesellschaften vorsieht, nicht eingreift (vorausgesetzt ein entsprechender Aktivitätsnachweis wird erbracht).

75 Infolge der häufig mehrstufigen Strukturen (vgl. obige Schaubilder) und in Abhängigkeit der finanziellen Ausstattung der Akquisitionsvehikel unterhalb des eigentlichen *Off-shore*-Hauptfonds (insbesondere bei Investitionen von US-Fonds in europäische Portfolio-Unternehmen über diverse Layer von Luxemburger Kapitalgesellschaften) ist die Anwendbarkeit des AStG auf einen Teil der Einkünfte eines Private-Equity-Fonds jedoch wahrscheinlich.

76 Im Falle einer Anwendung des AStG unterliegen in Deutschland unbeschränkt steuerpflichtige Investoren der sog. Hinzurechungsbesteuerung gemäß § 7 ff. AStG. Passive Einkünfte (vornehmlich Zinsen) des Private-Equity-Fonds aus niedrig besteuerten Holding- oder Akquisitionsvehikeln werden im sog. Hinzurechnungsbetrag erfasst und den Investoren steuerlich zugerechnet.[83] Der Hinzurechnungsbetrag unterliegt ungemindert der Besteuerung, zB § 8b KStG (einschließlich der GewSt, siehe § 7 S. 7 GewStG idF des BEPS-UmsG v. 23.12.2016, BGBl. 2016 I S. 3000)[84] oder § 32d EStG (Abgeltungsteuer) finden keine Anwendung. Dies gilt grundsätzlich unabhängig davon, ob eine Ausschüttung der passiven Einkünfte an die in Deutschland unbeschränkt steuerpflichtige Person erfolgt (sog. *phantom income* oder *dry taxable income*).

77 Schließlich legt das AStG den deutschen steuerpflichtigen Investoren umfangreiche Mitwirkungs- und Nachweispflichten auf. Die Finanzverwaltung kann insbesondere die Beibringung weiterer Informationen und Unterlagen verlangen, was ebenfalls mit erheblichem Aufwand für den Investor verbunden sein kann. Sind mehrere in Deutschland unbeschränkt

[80] Siehe ausführlich WBA/Boxberger, § 6 ff. InvStG 2018.
[81] Siehe WBA/*Mann,* § 26 InvStG 2018.
[82] Es kann jedoch in diesen Fällen zu einer Zurechnungsbesteuerung gemäß § 14 AStG an das ausländische Investmentvermögen in Betracht kommen.
[83] Damit die niedrig besteuerten Einkünfte von einer ausländischen Zwischengesellschaft nicht der deutschen Hinzurechnungsbesteuerung unterliegen muss der Anleger einen sog. Gegenbeweis nach Maßgabe des § 8 Abs. 2 AStG führen; zu den kumulativ vorliegenden Voraussetzungen siehe statt aller Blümich/Vogt AStG § 8 Rn. 157–179.
[84] Siehe Blümich/Vogt AStG § 10 Rn. 60–65.

steuerpflichtige Personen beteiligt, besteht nach § 18 AStG eine Verpflichtung zur Abgabe einer Erklärung zur gesonderten und ggf. einheitlichen Feststellung der Besteuerungsgrundlagen für die Hinzurechnungsbesteuerung für diese Steuerpflichtigen.

Deshalb verlangen Investoren von den Fondsinitiatoren für den Fall, dass ein Vehikel in der Fondsstruktur als Zwischengesellschaft qualifizieren und dieses passive Einkünfte generieren sollte, regelmäßig in Nebenvereinbarungen (Side Letter), dass den Investoren die notwendigen Informationen über etwaige passive Einkünfte im Sinne des AStG nach deutschem Steuerrecht aufbereitet zur Verfügung gestellt werden. Damit sollen diese in die Lage versetz werden, ihrer etwaigen Verpflichtung zur Abgabe einer Feststellungserklärung gemäß § 18 Abs. 3 AStG nachzukommen. In der Regel wird dem General Partner dabei gestattet, auf Kosten der deutschen Investoren die Hilfe eines deutschen Steuerberaters zu Rate zu ziehen. **78**

V. Steuerliches Einlagekonto (§ 27 Abs. 8 KStG)

Ausschüttungen eines inländischen Portfolio-Unternehmens gehören nicht zu den inländischen steuerbaren Einnahmen, soweit hierfür Beträge aus dem steuerlichen Einlagekonto im Sinne des § 27 KStG als verwendet gelten (§ 20 Abs. 1 S. 3 EStG), so genannte steuerneutrale Kapitalrückzahlung. Die Beträge gelten grundsätzlich als aus dem steuerlichen Einlagekonto verwendet, soweit sie den auf den Schluss des vorangegangenen Wirtschaftsjahres ermittelten ausschüttbaren Gewinn übersteigen (§ 27 Abs. 1 S. 3 KStG). **79**

1. EU-Gesellschaften

Das sog. SEStEG[85] hat mit § 27 Abs. 8 KStG eine Regelung betreffend die Möglichkeit der **steuerneutralen Einlagenrückgewähr** durch in der EU ansässige Gesellschaften eingeführt (steuerneutrale Repatriierung von Einlagen). **80**

Die Regelung sieht vor, dass der als Einlagenrückgewähr zu berücksichtigende Betrag aufgrund eines amtlich vorgeschriebenen Antrags durch das (Portfolio-)Unternehmen in der Regel bei dem Bundeszentralamt für Steuern (BZSt) für den jeweiligen Veranlagungszeitraum gesondert festgestellt wird. Der Antrag ist bis zum Ende des Kalenderjahres zu stellen, das auf das Kalenderjahr folgt, in dem die Leistung erfolgt ist (§ 27 Abs. 8 S. 4 KStG). Soweit keine gesonderte Feststellung erfolgt, gelten die Leistungen als Gewinnausschüttungen, die beim Anteilseigner zu Einnahmen gemäß § 20 Abs. 1 Nr. 1 oder Nr. 9 EStG (Gewinnausschüttung) führen. **81**

Die Vorschrift ist von großer Relevanz, da in der Praxis die Finanzverwaltung oft die Steuerneutralität verneint und es somit zu einer Besteuerung des eingesetzten Kapitals kommen kann (Stichwort Substanzbesteuerung). Das gilt auch für Fondsinvestoren mit der Folge, dass in der Praxis Fondsinitiatoren aufgefordert werden, für eine derartige gesonderte Feststellung Sorge zu tragen. Das bedeutet, dass der Fonds als Gesellschafter auf die Portfolio-Unternehmen einwirken bzw. eine entsprechende Feststellung der Einlagenrückgewähr aus dem Fondsvehikel sicherstellen muss, sofern dieses als Kapitalgesellschaft strukturiert sein sollte. **82**

Im Feststellungsantrag hat das Portfolio-Unternehmen, die für die Berechnung der Einlagenrückgewähr erforderlichen Umstände darzulegen (§ 27 Abs. 8 S. 7 KStG).[86] Grundsätzlich dürfte gelten, dass die Entwicklung des steuerlichen Einlagekontos seit dem Zeitpunkt, ab dem Einlagen erbracht wurden (also typischerweise mit dem Erwerb des Portfolio-Unternehmens respektive der Gründung des Akquisitionsvehikels) entsprechend der deutschen Steuerrechtsnormen nachzuweisen ist, also in Form von Jahresabschlüssen **83**

[85] Gesetz über steuerliche Begleitmaßnahmen zur Einführung der Europäischen Gesellschaft und zur Änderung weiterer Vorschriften v. 7.12.2006, BGBl. 2006 I S. 2782.

[86] Vgl. das Informationsblatt des BZSt zur Antragstellung nach § 27 Abs. 8 KStG vom 16.12.2014 (aktualisiert am 24.3.2016), IStR 2015, 36.

mit Überleitungsrechnung ins deutsche Steuerrecht in analoger Anwendung des § 60 EStDV.[87] Holdinggesellschaften, die üblicherweise „zwischengeschaltet" werden, sollten in der Lage sein, diese Anforderungen zu erfüllen.

84 Mit Verlautbarung vom 16.12.2014 auf der Homepage des BZSt wurden diese Grundsätze des § 27 Abs. 8 KStG auf Nennkapitalrückzahlungen, die von Körperschaften oder Personenvereinigungen erbracht werden, die in einem anderen Mitgliedstaat der EU oder des EWR, der unbeschränkten Steuerpflicht unterliegen, erweitert. Zuvor wurden Anträge gemäß § 27 Abs. 8 KStG im Zusammenhang mit Nennkapitalrückzahlungen regelmäßig vom BZSt abgelehnt. Infolge des unglücklichen Verlautbarungszeitraums dieser Änderung der Verwaltungspraxis, insbesondere im Hinblick auf im Veranlagungszeitraum 2013 erfolgte Nennkapitalrückzahlungen, deren Antragsfrist grundsätzlich am 31.12.2014 abgelaufen war, verlautbarte das BMF eine Billigkeitsregelung, wonach es nicht beanstandet wurde, wenn Nennkapitalrückzahlungen, die von Gesellschaften im Sinne des § 27 Abs. 8 KStG vor dem 1.1.2014 erfolgten und für die ein Antrag nach § 27 Abs. 8 KStG abgelehnt wurde, nicht als Gewinnausschüttungen behandelt wurden.[88]

85 Vor diesem Hintergrund sehen sich Fondsinitiatoren regelmäßig mit Forderungen deutscher institutioneller Investoren konfrontiert, wonach sich der General Partner in Nebenvereinbarungen zu den Fondsverträgen (sog. Side Letter) verpflichten soll, auf eine Feststellung gemäß § 27 Abs. 8 KStG (ausschließlich) auf Ebene der ersten Gesellschaft unmittelbar unterhalb des Fondsvehikels, die als Kapitalgesellschaften im Sinne des deutschen Steuerrechts qualifiziert, hinzuwirken.

86 Die vorgenannten Grundsätze finden gleichermaßen auf (Dach-)Fondsvehikel Anwendung, die als Kapitalgesellschaft strukturiert sind (zB luxemburgische SICAV-Strukturen, die in der Vergangenheit auch als S. A. strukturiert wurden). In diesem Zusammenhang ist zu beachten, dass die Bearbeitung der Anträge auf die gesonderte Feststellung der Einlagenrückgewähr nach § 27 Abs. 8 KStG derartiger Antragsteller, seit Längerem vom BZSt zurückgestellt ist. Das BZSt gibt als Grund vor, dass grundlegende offene Rechtsfragen bezüglich der Antragsberechtigung und Berechnung der Einlagenrückgewähr bei Antragstellern mit Fondsstrukturen zur Abstimmung und Klärung an das BMF berichtet wurden. Da nicht auszuschließen ist, dass zum Bearbeitungszeitpunkt teilweise Aufbewahrungsfristen für die zur Antragsbearbeitung erforderlichen Unterlagen abgelaufen sein könnten, beginnt das BZSt in jüngster Zeit die entsprechenden Nachweise von den Antragstellern mit Verweis auf die Mitwirkungspflichten der Antragsteller nach Maßgabe des § 90 Abs. 1 AO anzufordern. Dieser verwaltungsinterne „Limbo" ist sehr kritisch zu sehen, da die Nichtbearbeitung bereits mehrere Veranlagungszeiträume erfasst, die vermehrt Gegenstand von Betriebsprüfungen sind. In diesen kommt es vielfach zu kontroversen Diskussionen mit der Finanzverwaltung in Bezug auf den Wortlaut des § 27 Abs. 8 S. 9 KStG und die fehlende (weil seitens des BZSt zurückgestellte) gesonderte Feststellung der Einlagenrückgewähr. Gründe die Antragsberechtigung und Berechnung der Einlagenrückgewähr bei Antragstellern mit Fondsstrukturen anders zu behandeln sind nicht ersichtlich, so dass insoweit eine zeitnahe Klarstellung des BMF im Interesse aller wünschenswert wäre.

2. Drittstaaten- (und EWR-)Gesellschaften

87 Die nicht steuerbare Einlagenrückgewähr durch eine in einem Drittstaat oder dem EWR ansässige Gesellschaft[89] ist gesetzlich nicht explizit geregelt.

88 Mit Verweis auf die amtliche Gesetzesbegründung, wonach sich § 27 Abs. 8 KStG ausdrücklich auf den EU-Raum beschränke und eine weltweite Ausdehnung nicht administrierbar gewesen wäre, wird teilweise vertreten, dass Leistungen einer in einem Dritt-

[87] Vgl. Informationsblatt des BZSt.

[88] BMF Schreiben v. 4.4.2016 – IV C 2 – S 2836/08/10002, BStBl. I S. 468.

[89] *Sedemund/Fischenich* BB 2008, 1656 (1660) sprechen hinsichtlich der Nichterwähnung von EWR-Gesellschaften von einem „Redaktionsversehen" des SEStEG-Gesetzgebers.

staat ansässigen Körperschaft bei dem inländischen Investor nicht als steuerfreie Einlagenrückgewähr behandelt werden könne.[90]

Dieses Wortlautargument der Gesetzesbegründung sollte jedoch aus folgenden Gesichtspunkten nicht verfangen. Laut BFH ist immer dann eine Kapitalrückzahlung gegeben, wenn das Personal- und Gesellschaftsstatut des Sitzstaats der ausländischen Körperschaft eine Kapitalrückzahlung annimmt.[91] Im Übrigen sollte ausweislich der Empfehlung des Finanzausschusses des Bundestages dieses Richterrecht im Fall von Einlagenrückzahlungen von Körperschaften aus Drittstaaten außerhalb der EU weiter Anwendung finden.[92] Dieser Auffassung des Finanzausschusses wurde im Gesetzgebungsverfahren – soweit ersichtlich – nicht widersprochen. Nach der an dieser Stelle bereits frühzeitig vertretenen Auffassung dürfte daher auch eine Einlagenrückgewähr von Nicht-EU-Kapitalgesellschaften steuerneutral möglich sein (einen Nachweis der Umstände vorausgesetzt).[93] **89**

Diese Rechtsauffassung wurde vom BFH mittlerweile höchstrichterlich bestätigt. Nach Auffassung des BFH ist § 20 Abs. 1 Nr. 1 S. 3 EStG unter Fortführung der Rechtsprechung des BFH-Urteils vom 20.10.2010[94]unionsrechtskonform dahingehend auszulegen, dass eine Einlagenrückgewähr auch von einer Gesellschaft getätigt werden kann, die in einem Drittstaat ansässig ist und für die kein steuerliches Einlagekonto im Sinne des § 27 KStG geführt wird.[95] Zur Begründung führt der BFH aus, dass die Grundsätze seiner Rechtsprechung zur Annahme einer Einlagenrückgewähr durch Drittlandsgesellschaften auch nach Übergang vom Anrechnungs- zum Halbeinkünfteverfahren weiter anzuwenden sind, da eine Nichtanwendung mit Art. 3 Abs. 1 GG unvereinbar wäre und die unionsrechtliche Kapitalverkehrsfreiheit verletzen würde an der die Regelung (in Abgrenzung zur Niederlassungsfreiheit) zu messen sei.[96] Bei der Feststellung ob es sich um eine Einlagenrückgewähr handelt ist eine rechtsvergleichende Qualifikation der ausländischen Einkünfte nach inländischem Recht vorzunehmen; nach Auffassung des BFH reicht ein Gutachten zur Rechtslage nach dem US-amerikanischen Recht nicht aus.[97] **90**

VI. Carried Interest

Unter Carried Interest versteht man die erfolgsabhängige Vergütungskomponente der Fondsinitiatoren, auch Sponsoren genannt und der Fondsprofessionals (so genannte *Carry Holder*).[98] Diese sind in unterschiedlichster Weise in geringem Umfang am Fonds beteiligt. Sie können beispielsweise über eine ausländische Management-Kapitalgesellschaft oder aber auch eine Initiatoren-Personengesellschaft beteiligt sein.[99] **91**

---

[90] Dötsch/Dötsch/Jost/Pung/Witt KStG § 27 Rn. 267 mit Verweis auf BT-Drs. 16/2710, 32.

[91] BFH Urt. v. 14.10.1992 – I R 1/91, BStBl. II 1993 S. 189; BFH Urt. v. 27.4.2000 – I R 58/99, BStBl. II 2001 S. 168.

[92] BR-Drs. 542/1/06, 2.

[93] So auch *Sedemund* IStR 2009, 579.

[94] BFH Urt. v. 20.10.2010– I R 11708, BFH/NV 2011, 669 und DStR 2011, 412; eine Entscheidung, die zur alten Rechtslage, mithin vor der Neuregelung des § 27 KStG durch das StSenkG und das SEStEG ergangen ist.

[95] BFH Urt. v. 13.7.2016 – VIII R 47/13, BFH/NV 2016, 1831 und DStR 2016, 2395. Zur Vorinstanz FG Nürnberg Urt. v. 12.6.2013 – 5 K 1552/11, siehe *Boxberger* in GWR 2014, 272 und BFH Urt. v. 10.4.2019 – I R 15/16, DStR 2019, 1917.

[96] BFH Urt. v. 13.7.2016 – VIII R 47/13, BFH/NV 2016, 1831 und DStR 2016, 2395.

[97] BFH Urt. v. 13.7.2016 – VIII R 73/13, BFH/NV 2016, 1827.

[98] Daneben erhalten die Fondsprofessionals zusätzlich eine jährliche, erfolgsunabhängige, Vergütungskomponente in Form der so genannten Management Fee in Höhe von 1,0 % bis 2,0 % des Fondsvolumens, wobei diese oftmals in der (kostenintensiveren) Investitionsphase des Fonds höher ausfällt als in der Desinvestitionsphase. Diese beiden Vergütungskomponenten (erfolgsunabhängige Management Fee und erfolgsabhängiges Carried Interest) haben in der Private Equity-Community das Modewort two and twenty geprägt. Diese Management Fee kann entweder als Gewinnvorab (priority profit share) oder als Managementgebühr *(management fee)* ausgestaltet sein.

[99] Zudem kommt es häufig vor, dass die Fondsmanager neben den Managern der Portfolio-Unternehmen im Rahmen von Co-Investmentmöglichkeiten eigene Anteile an den Portfolio-Unternehmen überneh-

92 Die *Carry Holder* erhalten für ihre Anlageentscheidungen und die Bereitstellung ihrer Expertise, Branchenkenntnisse sowie Netzwerke eine Vergütung, die nicht im proportionalen Verhältnis zu ihrem Kapitalanteil steht. Im Gesellschaftsvertrag des Fonds (Limited Partnership Agreement) wird der Carried Interest im Rahmen einer disproportionalen Gewinnverteilungsabrede (so genannter *distribution waterfall*) geregelt. Dem General Partner oder alternativ dem eigenständigen Carry Vehikel, welches als Limited Partner an der Fondsgesellschaft beteiligt ist, werden abweichend von der erwähnten minimalen Kapitalbeteiligung ein Gewinnanteil in Höhe von häufig 20 % der Fondserträge nach Rückzahlung des Anlagekapitals zuzüglich einer Mindestverzinsung dieses Anlagekapitals in Höhe von 8 %, (so genannten *hurdle rate*) an die Investoren, zugewiesen.

93 Bei entsprechender Strukturierung des Fonds als auch der Carry-Vehikel als vermögensverwaltend, unterlag der Carried Interest für in Deutschland unbeschränkt steuerpflichtiger *Carry Holder*[100] seit Inkrafttreten des Gesetzes zur Förderung von Wagniskapital[101] lediglich zu 50 % dem persönlichen Steuersatz des Fondsinitiators oder Fondsmanagers in Höhe von maximal 47,475 % einschließlich Solidaritätszuschlag (§ 18 Abs. 1 Nr. 4 EStG in Verbindung mit § 3 Nr. 40a EStG).[102] Diese Regelung findet weiterhin Anwendung auf Venture-Capital- und Private-Equity-Fonds, die nach dem 31.3.2002, jedoch vor dem 1.1.2009 gegründet worden sind.[103]

94 Das Gesetz zur Modernisierung der Rahmenbedingungen für Kapitalbeteiligungen (MoRaKG)[104] führte zu einer Reduzierung dieser 50-%tigen Steuerbefreiung um 10 Prozentpunkte auf eine Steuerfreistellung von lediglich 40 %, was einer Steuererhöhung für die betreffenden deutschen Carry Holder von 20 % gleichkam.[105]

1. Übergangsregelung unter MoRaKG

95 Diese erhöhte Besteuerung ist erstmals auf Carried Interest-Vergütungen anzuwenden, wenn die vermögensverwaltend tätige Gesellschaft oder Gemeinschaft, namentlich der Private-Equity-Fonds nach dem 31.12.2008 gegründet wurde (§ 52 Abs. 4c EStG). Bei

---

men, damit diese auch ein ureigenes Interesse an der Wertsteigerung dieser haben und unmittelbar am Risiko eines Wertverlustes partizipieren müssen (landläufig „skin in the game" genannt). Das Co-Investment der Fondsmanager soll also einen Interessengleichlauf mit den Fondsanlegern herstellten. Diese Co-Investmentvereinbarungen beinhalten im Rahmen einer so genannten Leaver-Klausel eine Call-Option des Fonds auf den vom Manager gehaltenen Anteil für den Fall seines vorzeitigen Ausscheidens. In diesem Zusammenhang stellte sich die Frage, ob bereits mit der Vereinbarung einer solchen Call-Option das wirtschaftliche Eigentum an diesen Anteilen auf den Fonds übergeht, das heißt ein Realisationstatbestand im Sinne des § 17 EStG auf Ebene des Fondsmanagers zu verzeichnen ist. Das hat der BFH in einem Urteil verneint, BFH Urt. v. 4.7.2007 – VIII R 68/05, BStBl. II 2007 S. 937.

[100] In diesem Zusammenhang darf nicht unerwähnt bleiben, dass auch für deutsche Carry Holder die erhöhten Mitwirkungspflichten bei Auslandssachverhalten gemäß § 90 Abs. 2 AO und die Anzeigepflicht gemäß § 138 AO gelten, sobald diese ihren Anteil am Carry-Vehikel gezeichnet haben und sei es auch nur über Treuhandkonstellationen (vgl. diesbezüglich detaillierte Ausführungen unter → Rn. 27 ff.).

[101] BGBl. 2004 I S. 2013.

[102] Zu dem „faulen" Kompromiss der dieser systemwidrigen Gesetzesregelung zugrunde liegt und dem Meinungsstreit zur steuerrechtlichen Behandlung und der unterschiedlichen Praxis der Länderfinanzverwaltungen im Zeitraum vor Geltung dieser gesetzlichen Regelung (nicht Steuerbarkeit der disproportionalen Carried Interest Vergütung sofern aus Veräußerungsgewinnen außerhalb der §§ 17, 23 EStG gespeist versus voll steuerpflichtige Einnahmen aus selbständiger respektive gewerblicher Tätigkeit in Form eines Dienstleistungsentgelts) vgl. Striegel/Herkenroth/Wiesbrock § 22. Dort werden auch detailliert die konkreten Voraussetzungen für die Privilegierung gemäß §§ 18 Abs. 1 Nr. 4, 3 Nr. 40a EStG erläutert, so dass im Folgenden lediglich die Tatbestandsmerkmale erwähnt werden, die bei Strukturierungsfragen von Bedeutung sind. Vgl. zudem *Behrens* FR 2004, 1211 und *Altfelder* FR 2005, 6.

[103] Siehe Boxberger in Frankfurter Allgemeine Zeitung v. 13.8.2008, 21.

[104] BGBl. 2008 I S. 1672.

[105] Diese Steuererhöhung wurde offiziell als Gegenfinanzierungsmaßnahme für das MoRaKG dargestellt, trug jedoch sicher auch der seinerzeit intensiv und über die Grenzen Deutschlands hinaus kontrovers geführten Diskussion über die Opportunität dieser Privilegierung von Fondsprofessionals Rechnung, vgl. zu entsprechenden Entwicklungen in den USA und Großbritannien, *Anzinger/Jekerle* IStR 2008, 821.

vermögensverwaltend tätigen Fonds, die bis zum 31.12.2008 gegründet wurden, gilt hingegen noch das günstigere Halbeinkünfteverfahren.[106] Diese *Grandfathering*-Regelung stellt somit explizit auf die Fondsgründung ab. Auf den Zahlungszeitpunkt des Carried Interest oder auf den Beitritt des Fondsprofessionals stellt diese Vertrauensschutzregelung jedoch ausdrücklich nicht ab. Sofern also vor dem 1.1.2009 Fondsvehikel nebst Carry-Vehikel gegründet, diese Fonds- respektive Carry-Vehikel mit einem Mindestmaß an Geschäftstätigkeit und Substanz ausgefüllt wurden, beispielsweise mit dem Fundraising begonnen wurde oder sogar erste Kapitalabrufe getätigt wurden spricht nichts dagegen, dass auch Professionals, die erst nach diesem Datum ihre minimale (mittelbare oder unmittelbare) Kapitalbeteiligung gezeichnet haben, in den Genuss der *Grandfathering*-Regel kommen sollten.[107]

2. Vermögensverwaltung des Fonds

Die (deutsche) steuerrechtliche Privilegierung des Carried Interest setzt ein vermögens- **96**
verwaltendes Fondsvehikel voraus. Die Tätigkeit des Fondsvehikels, mithin des Fondsmanagements, muss nach Maßgabe des sog. Private Equity-Erlasses,[108] der Kriterien zur einkommensteuerlichen Behandlung von Private-Equity-Fonds und insbesondere zur Abgrenzung der privaten Vermögensverwaltung vom Gewerbebetrieb beinhaltet, vermögensverwaltend sein. Eine eventuelle gewerbliche Prägung oder Infektion war für die Einstufung eines Fondsvehikels als vermögensverwaltend im Sinne des § 18 Abs. 1 Nr. 4 EStG nach hiesiger Auffassung bisher unbeachtlich.[109] Ein etwaiges Carry-Vehikel konnte seit Einführung der Carry-Privilegierung jedenfalls originär gewerblich oder gewerblich infiziert bzw. geprägt sein (§ 18 Abs. 1 Nr. 4 letzter Halbsatz EStG).[110] Das bisherige Halbeinkünfteverfahren bei Altfällen (Stichwort *Grandfathering*) bzw. das Teileinkünfteverfahren gemäß § 3 Nr. 40a ist selbst in den Fällen anzuwenden, in denen der Empfänger des Carried Interest eine (deutsche) Kapitalgesellschaft ist.[111]

Das Erfordernis eines vermögensverwaltenden Fondsvehikels steht im Interessenwider- **97**
streit zur generellen Präferenz institutioneller deutscher Investoren, die infolge der gewerbesteuerlichen Kürzung gemäß § 9 Nr. 2 GewStG, eine gewerbliches Fondsvehikel bevorzugen (vgl. → Rn. 42 ff.). Man trägt diesem Interessenwiderstreit bisher in der Praxis dadurch Rechnung, dass der Hauptfonds in Form einer ausländischen Personengesellschaft durch einen Kommanditisten mit Co-Geschäftsführungsbefugnis *(designated limited partner)* entprägt wird und die deutschen institutionellen Anleger in diesen Hauptfonds über eine separate gewerblich geprägte Feeder-Limited Partnership investieren. In diesem Zusammenhang sei erwähnt, dass eine Infizierung des Hauptfonds durch diesen gewerblichen Feeder (also quasi von „oben nach unten") der deutschen Infektionsnorm des § 15 Abs. 3

---

[106] Diese Vertrauensschutzregelung sah sich im Gesetzgebungsverfahren harscher Kritik des Bundesrats ausgesetzt, der die Vertrauensschutzregelung nicht auf den Zeitpunkt der Fondsgründung abstellen wollte, sondern auf den Erwerbszeitpunkt der Beteiligung aus deren Veräußerungserlösen das Carried Interest gespeist würde. Die Bundesregierung lehnte aber das Vorbringen der Länderkammer ab, da die Privilegierung auf den Gesamterfolg des Fonds abstelle und nicht auf das einzelne erfolgreiche Investment eines Fonds in Portfoliogesellschaften, vgl. BT-Drs. 16/6648, 7 und 9.

[107] Vgl. bereits frühzeitig Boxberger, in Frankfurter Allgemeine Zeitung v. 13.8.2008, 21.

[108] BMF Schreiben v. 16.12.2003 – IV A 6 – S 2240 – 153/03, BStBl. I 2004 S. 40.

[109] So auch FG Hessen Urt. v. 7.12.2015 – 7 K 2482/10, EFG 2018, 569 in Bezug auf eine gewerbliche Prägung des Fondsvehikels a. A. BFH Urt. v. 11.12.2018 – VIII R 11/16, DStR 2019, 1136.

[110] Schmidt/*Wacker* § 18 Rn. 287.

[111] So explizit die Gesetzesbegründung zum Gesetz zur Förderung von Wagniskapital, BT-Drs. 15/3336, 5. Davon zu unterscheiden ist allerdings der Sachverhalt, der einer Verlautbarung des LfSt Bayern v. 29.8.2008 (IStR 2009, 108) zugrunde lag. Danach stellt der von einer Wagniskapitalgesellschaft in der Rechtsform einer Kapitalgesellschaft gezahlte Carried Interest beim Empfänger (Initiator) **keine** dem Halbeinkünfteverfahren unterliegenden Einkünft aus Kapitalvermögen (in Form einer steuerlich anzuerkennenden inkongruenten Gewinnausschüttung) dar, sondern eine **voll steuerpflichtige Tätigkeitsvergütung,** die im zu entscheidenden Einzelfall Einkünfte aus Gewerbebetrieb im Sinne des § 15 EStG führten.

Nr. 1 letzter Halbsatz EStG fremd ist,[112] denn der Hauptfonds *bezieht* vom Feeder keine gewerblichen Einkünfte im Sinne dieser Vorschrift. Vielmehr *bezieht* der Feeder Einkommenskomponenten des Hauptfonds, die erst auf Ebene des Feeder in gewerbliche Einkünfte umqualifiziert werden (sog. Ping-Pong-Verfahren).

98 Der BFH hat im jüngsten Urteil[113] klargestellt, dass Carried Interest aus gewerblich geprägten bzw. infizierten Fondsvehikeln nicht von der Privilegierung des § 18 Abs. 1 Nr. 4 EStG umfasst ist. Entgegen der Auffassung der Vorinstanz,[114] bezieht sich der Ausschluss des § 15 Abs. 3 EStG nur auf die Initiatorengesellschaft und nicht auch auf die Fondsgesellschaft als Quelle der Vergütungen mit der Folge, dass diese infolge einer eventuellen gewerblichen Prägung im Hinblick auf den disproportionalen Gewinnanteil gewerbliche Einkünfte und keine selbständigen Einkünfte, die § 18 Abs. 1 Nr. 4 EStG unterfallen, vermittelt.[115]Gleiches gilt auch für gewerblich „infizierte" Fondsvehikel, beispielsweise Dachfonds, die in gewerbliche Zielfonds investieren und infolge Abfärbewirkung im Sinne von § 15 Abs. 3 Nr. 1 EStG ohne eine originäre gewerbliche Tätigkeit qua Gesetz als Gewerbebetrieb fingiert werden.

99 Der BFH entschied ferner, dass Carried Interest bei gewerblichen Private-Equity-Fonds keine (verdeckte) Tätigkeitsvergütung, sondern einen disproportionalen Gewinnanteil darstellt mit der Folge, dass das Teileinkünfteverfahren gelte, soweit in dem Carried Interest Veräußerungsgewinne oder Dividenden enthalten seien. Das gelte für gewerblich geprägte oder gewerblich infizierte Private-Equity-Fonds gleichermaßen. Bei Vereinnahmung des Carried Interest durch eine Kapitalgesellschaft sollte damit auch die 95 %-Steuerbefreiung nach § 8b KStG einschlägig sein, soweit sich der Carried Interest aus Veräußerungsgewinnen speist. Allerdings ist das BFH-Urteil zum Zeitpunkt des Redaktionsschlusses noch nicht im Bundessteuerblatt veröffentlicht und damit für die Finanzverwaltung noch nicht bindend, so dass die weitere Entwicklung, insbesondere die Positionierung durch die Finanzverwaltung, zu verfolgen ist.

3. Auszahlungs- und Zuflusszeitpunkt

100 Die Privilegierung des Carried Interest aus steuerrechtlicher Sicht setzt zudem voraus, dass der Anspruch auf den Carried Interest unter der Voraussetzung eingeräumt worden ist, dass allen Anlegern ihr eingezahltes Kapital vollständig (eventuell zuzüglich einer 8 %tigen rechnerischen Mindestverzinsung –*hurdle rate*-) zurückerhalten haben (§ 18 Abs. 1 Nr. 4 EStG). Hinsichtlich des Ausschüttungszeitpunkts des Carried Interest findet man in der Vertragspraxis zwei Modelle, einerseits das bei Offshore-Fonds (insbesondere US-Fonds) vereinzelt anzutreffende *deal-by-deal*-Konzept und andererseits das im Europäischen Kontext gängige *fund-as-a-whole*-Konzept.[116]

101 In diesem Zusammenhang ist zu beachten, dass nach kontrovers diskutierter Auffassung der Finanzverwaltung Carried Interest für die Tätigkeit des Initiators *aus* den zugewiesenen Gewinnen der Gesellschafter (Fondsanleger) gezahlt wird. Folg man dieser Auffassung, bekommen die Gesellschafter (Fondsanleger) einen Gewinnanteil auf ihrem Kapitalkontogutgeschrieben und von diesem wird sodann im Wege des verkürzten Zahlungswegs Carried Interest abgezogen und an die Initiatoren gezahlt. Im privaten Einkünftebereich ist nach Auffassung der Finanzverwaltung der steuerpflichtige Gewinnanteil der Gesellschafter (Fondsanleger) nicht um den Carried Interest zu mindern, da er eine Gewinnverwendung

---

112 Im Gegensatz zur gewerblichen Prägung, die ausschließlich von „oben nach unten" wirkt, vgl. H. 15.8 (6) der Einkommensteuer-Hinweisen zu den EStR mit Verweis auf BFH Urt. v. 8.6.2000 – IV R 37/99, BStBl. II 2001 S. 162.

113 BFH Urt. v. 11.12.2018 – VIII R 11/16, DStR 2019, 1136, Vorinstanz FG Hessen Urt. v. 7.12.2015 – 7 K 2482/10, EFG 2018, 569.

114 FG Hessen Urt. v. 7.12.2015 – 7 K 2482/10, EFG 2018, 569.

115 BFH Urt. v. 11.12.2018, a. a. O.

116 Vereinzelt findet man auch das (zumindest in Europa) exotische Ausschüttungsmodell return-all-commitments-first.

darstelle. Darüber hinaus könne die Zahlung des Carried Interest bei privaten Fondsanlegern aufgrund der Abgeltungsteuer auch nicht als Werbungskosten abgezogen werden. Nur soweit Carried Interest auf einen steuerpflichtigen Veräußerungsgewinn entfalle, könne er als Veräußerungskosten in Abzug gebracht werden.

a) Deal-by-Deal (US-Modell). Das Deal-by-Deal-Modell sieht vor, dass nach Abverkauf jedes einzelnen Portfolio-Unternehmens *(Exits)* eine Zuweisung des Carried Interest nach Maßgabe der Gewinnverwendungsklausel des Gesellschaftsvertrages des Fonds erfolgt (die im Übrigen vielfach ihrerseits lediglich auf bereits erwähnten *distribution waterfall,* also die Ausschüttungsklausel referenziert). Der *distribution waterfall* sieht üblicherweise vor, dass die Investoren vom Nettoveräußerungserlös zunächst ihr anteilig auf das entsprechende Portfolio-Unternehmen eingesetzte Kapital vollständig zurückerhalten. Zusätzlich erhalten die Investoren vorab die bereits erwähnte Mindestverzinsung ihres insoweit eingesetzten Kapitals (*hurdle-rate* oder *preferred return*). Vom verbleibenden Nettoerlös werden sodann an den General Partner respektive an das Carried-Interest-Vehikel zunächst 25 % der Mindestverzinsung ausgeschüttet (so genannte *catch-up*). Das *catch-up* stellt sicher, dass in der Retrospektive bei Liquidation des Fonds tatsächlich sämtliche Erlöse nach Maßgabe der gängigen 80/20-Formel aufgeteilt wurden. Abschließend erfolgt eine Verteilung des Restgewinns in Form des eigentlichen Carried Interest in Höhe von häufig 20 % an den General Partner (respektive das Carry Vehikel) und 80 % an die Investoren. 102

Es liegt auf der Hand, dass Investoren im Fall des Deal-by-Deal-Modells Gefahr laufen, im Fall von Totalausfällen oder zumindest verlustbringenden Portfolio-Unternehmen am Ende der Laufzeit des Fonds nicht ihr vollständig eingezahltes Kapital vollständig zurückerhalten, da es vorher für Carried-Interest-Ausschüttungen aufgezehrt wurde. Das birgt vor dem Hintergrund des Gesetzeswortlauts des § 18 Abs. 1 Nr. 4 EStG[117] zudem die Gefahr für deutsche *Carry Holder,* dass ihre Privilegierung verlustig geht.[118] Dennoch sind nach ganz herrschender Meinung diese systemimmanenten Abschlags- oder Vorauszahlungen zulässig, sofern diese unter einem gesellschaftsvertraglich vor der ersten Auszahlung vereinbarten Rückgewährvorbehalt stehen, so genannter *claw-back,* der seinerseits wiederum vielfach durch eine Garantie des Sponsors abgesichert wird.[119] 103

Der Rückgewährvorbehalt ist eine in der Vertragspraxis gängige Klausel in den Fondsverträgen, der grundsätzlich dem Schutz der Investoren dient, jedoch zusätzlich auch oben genannte positive Nebenwirkung für deutsche Carry Holder hat. Dieser Rückgewährvorbehalt besagt, dass Carried-Interest-Ausschüttungen für bereits erfolgte *Exits* insoweit zurückzuzahlen sind, als das für die vollständige Rückzahlung des **gesamten**[120] Kapitals zuzüglich Mindestverzinsung an den Investor am Ende der Fondslaufzeit notwendig wird, sofern nachfolgende *Exits* verlustbringend oder Totalausfälle sind. Diese Rückzahlungsverpflichtungen beinhalten regelmäßig so genannte *net-of-taxes*-Klauseln, wonach die Rückzahlung des erhaltenen Carried Interest um etwaig bereits darauf gezahlte Steuern gemindert ist. 104

Ferner existiert in der Praxis das Treuhandmodell, eine so genannte *escrow account* Klausel, die vorsieht, dass den Fondsinitiatoren das Carried Interest nur teilweise ausgezahlt wird und der restliche Betrag (häufig 25 %) auf ein Treuhandkonto überwiesen wird. Im Fall etwaiger Überzahlungen der Fondsinitiatoren nach Beendigung des Fonds erhalten die Investoren ihre noch nicht ausbezahlten Kapitalanteile aus diesem Treuhandkonto zurückbezahlt. 105

[117] Danach setzt die Begünstigung des § 18 Abs. 1 Nr. 4 EStG voraus, dass „die Gesellschafter ihr eingezahltes Kapital vollständig **zurückerhalten haben**"; so auch Schmidt/Wacker Rn. 286 zu § 18 EStG.

[118] Vgl. *Behrens* FR 2004, 1211.

[119] HHR/Brandt EStG § 18 Rn. 286; Korn Rn. 103.10 zu § 18 EStG, Littmann/Güroff Rn. 392 zu § 18 EStG und *Behrens* FR 2004, 1211 (1218).

[120] Nicht ausreichend für das deutsche Carried-Interest-Regime dürfte es hingegen sein, sofern das claw-back lediglich die (teilweise) Rückzahlung des Carried Interest zur Sicherung der Rückzahlung der Kapitaleinlage nebst Mindestverzinsung des Investors betreffend einzelner Portfolioinvestment umfasst, nicht jedoch auf die vollständige Kapitalrückzahlung des gesamten Kapitaleinlagen abstellt, so auch *Behrens* FR 2004, 1211 (1218).

106 **b) Fund-as-a-whole-Konzept (Europäisches Modell).** Bei diesem bei den meisten Europäischen (inklusive deutschen) Fonds gängigen Modell erfolgt die Auszahlung des Carried Interest nebst oben genanntem *catch-up* erst am Ende der Laufzeit des Fonds nachdem die Investoren die Rückzahlung des Kapitalanteils zuzüglich Mindestverzinsung erhalten haben. Vereinfacht gesprochen wird also durch Saldierung sämtlicher Erlöse und Verluste aus *Exits* der Nettoerlös des Fonds ermittelt und nach Maßgabe der oben geschilderten Gewinnverteilungsabrede auf die Investoren (80 %) und Fondsinitiatoren (20 %) ausgeschüttet *(distribution waterfall)*. Das europäische Modell entspricht somit exakt dem Wortlaut der deutschen Carried Interest Regelung.

4. Lohnsteuerrechtliche Aspekte

107 Aus lohnsteuerrechtlichen Gründen (Lohnsteuerabzugsverpflichtung bezüglich eines etwaigen geldwerten Vorteils, der durch den Arbeitgeber dem Fondsprofessional zugewandt wurde) sollte der deutsche Fondsprofessional den minimalen Anteil am Carry Vehikel wie unter fremden Dritten üblich, zu Verkehrswerten des Anteils erwerben.

108 Der Carried Interest stellt ein Entgelt für die originäre Dienstleistung im Sinne der mittelbar oder unmittelbar am Fonds beteiligten Fondsprofessionals zugunsten der Mitgesellschafter des Fonds dar.[121] Folglich ist er nicht durch das etwaige Arbeitsverhältnis der Fondsprofessionals mit den Fondsinitiatoren veranlasst, sondern fließt diesen von den übrigen Gesellschaftern des Fonds aufgrund ihrer gesellschaftsrechtlichen Rechtsbeziehung zu den Fondsprofessionals zu und stellt daher keine Einkünfte aus nichtselbständiger Arbeit im Sinne des § 19 EStG sondern vielmehr solche aus selbständiger Arbeit gemäß § 18 Abs. 1 Nr. 4 EStG dar.

109 Aus Haftungsgesichtspunkten (§ 42d EStG) besteht die Möglichkeit eine Anrufungsauskunft gemäß § 42e EStG dahingehend einzuholen, dass der Carried Interest nicht der deutschen Lohnsteuer unterliegt, mithin als Einkünfte aus selbständiger Arbeit gemäß § 18 Abs. 1 Nr. 4 EStG qualifiziert.[122]

D. Fazit

110 Es ist unschwer zu erkennen, dass es eine Outbound-Struktur getreu dem Motto „one size fits all“ nicht geben kann. Vorausgesetzt das Fondsvolumen insgesamt und das der einzelnen Investorengruppen ist groß genug, sollten Master-Feeder- und parallele Strukturen unter Einschaltung von „Blocker-Kapitalgesellschaften“ (zB für steuerbefreite Investoren) ermöglicht werden. Falls der Aufwand zu groß wird, so werden einige Investoren Kompromisse eingehen müssen. Letztendlich ist ausschlaggebend, ob sich die Rendite nach Steuern im Vergleich zu anderen Anlagemöglichkeiten rechnet. In praktischer Hinsicht sollte auch berücksichtigt werden, dass einfache Strukturen den Charme haben, über die lange Laufzeit von Private-Equity-Fonds gesehen weniger anfällig für Änderungen des rechtlichen Rahmens zu sein und von den mit der Verwaltung betrauten Mitarbeitern leichter verwaltet und an sich verändernde Umstände angepasst werden können. Auch hier gilt das Motto: „the simpler the better“. Die Strukturbilder geben lediglich beispielhafte Strukturen wider und sind nicht als Muster für alle Fälle zu verstehen. In der Praxis sind abgestimmt auf die Bedürfnisse des Einzelfalls vielfältige Strukturierungen anzutreffen.

[121] Bundesministerium der Finanzen: Schreiben v. 16.12.2003, BStBl. I 2004 S. 40 Rn. 24.

[122] Wohl wissend, dass sich eine solche verbindliche Anrufungsauskunft auf das Lohnsteuer-Abzugsverfahren beschränkt und nicht auf das Einkommensteuerveranlagungsverfahren des deutschen Fondsprofessionals erstreckt (vgl. BFH Urt. v. 9.10.1992 – VI R 97/90, BStBl. II 1993 S. 166); es geht also allein um den Lohnsteuerhaftungsausschluss der Initiatorengesellschaften.

§ 7 Secondary Investments

Übersicht

A. Einleitung

Private-Equity-Fonds sind grundsätzlich eine illiquide Beteiligungsform, dh den Anlegern wird regelmäßig kein Rückgaberecht in Bezug auf Ihre Anteile eingeräumt. Das liegt in der Natur der zugrundeliegenden Investitionen (regelmäßig nicht börsennotierte Unternehmensbeteiligungen im Sinne des § 261 Abs. 1 Nr. 4 KAGB), die nicht jederzeit an einem organisierten Wertpapiermarkt frei veräußerbar sind. Private-Equity-Fonds werden deshalb in der Regel mit einer Laufzeit von ca. 10 Jahren und mit unterschiedlich ausgestalteten Verlängerungsoptionen aufgelegt, wobei Ausschüttungen jeweils erst durch Liquiditätsevents auf Ebene der zugrundeliegenden Investitionen (Portfolio-Unternehmen) erzielt werden. In Ermangelung einer Rücknahmeverpflichtung halten Private-Equity-Fonds deshalb auch keine nennenswerten Liquiditätsreserven respektive Geldmarktinstrumente bereit, die beispielsweise im offen Fondssegment (zB OGAW) in Ansehung etwaiger Rücknahmeverlangen der Anleger üblich sind. Im Gegensatz zu offenen Fonds (zB OGAW) ist der Anleger im Fall von geschlossenen (Private-Equity-)Fonds daher grundsätzlich über den gesamten Lebenszyklus eines Fonds in seinem aktivem Liquiditätsmanagement eingeschränkt. 1

Bereits frühzeitig in der Entwicklung des Private-Equity-Marktes bildeten sich deshalb Ansätze heraus, Fondsgesellschaftern welche im Rahmen der Zeichnungsperiode des jeweiligen geschlossenen Fonds im Rahmen der Erstausgabe Fondsanteile gezeichnet hatten, 2 auch bereits während der Laufzeit des Fonds die Möglichkeiten zu bieten, über die Veräußerung der Fondsanteile Liquidität zu generieren. Diese landläufig als sog. *Fund Secondaries* bezeichneten Transaktionen,[1] auf die sich die nachfolgenden Ausführungen fokussieren, wurden jedoch lange Zeit nur sehr selektiv und oftmals zu hohen Abschlägen auf den Buchwert der Beteiligung gehandelt. Über die Jahre hat sich dieser privat organisierte institutionelle Sekundärmarkt jedoch signifikant gewandelt. Aus einem Nischensegment hat sich ein etablierter Teil des Private-Equity-Marktes mit einer Vielzahl an differenzierten Käufern und regelmäßigen Verkäufern entwickelt und aus einer reinen Liquiditätsoption für „Notfälle" ist eine Möglichkeit geworden mit der alle Marktteilnehmer in unterschiedlichen Konstellation aktiv ihr Portfolio steuern können.

B. Marktübersicht

3 Erste bekannte Sekundärmarkttransaktionen und Fonds mit dieser Investitionsstrategie wurden Mitte der 1980er-Jahre aufgelegt, während sehr große Transaktionen in Milliardenhöhe in den frühen 2000er-Jahren das Marktsegment nachhaltig etablierten. Derzeit unterliegt der Markt weiterhin rapiden Entwicklungen, scheint aber strukturell für die Zukunft robust aufgestellt, um auch weiterhin einen wichtigen Beitrag zur Gesamtattraktivität der Anlageklasse Private Equity zu leisten. Mit einem Rekordtransaktionsvolumen von ca. USD 70 Mrd. in 2018[2] sind Secondaries aus dem Private-Equity-Marktgeschehen nicht mehr wegzudenken.

I. Marktgröße und Meilensteine

4

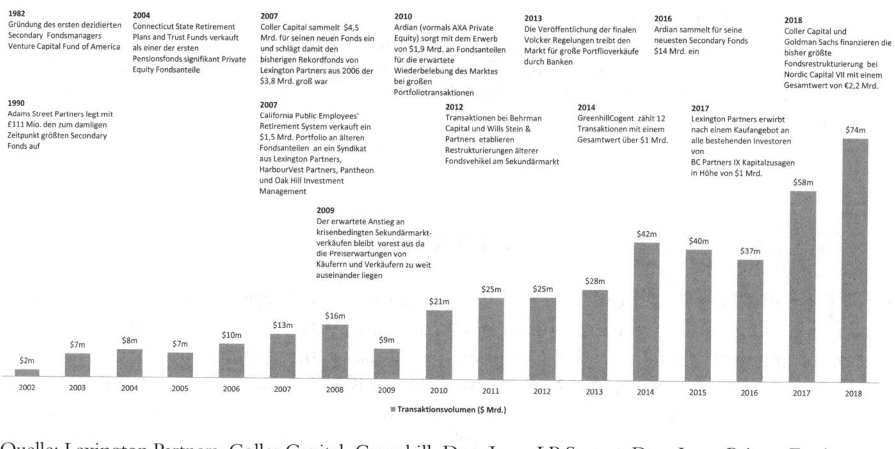

Quelle: Lexington Partners, Coller Capital, Greenhill, Dow Jones LP Source, Dow Jones Private Equity Analyst, Preqin Secondary Market Monitor

II. Preisentwicklung

5 Die signifikanten Abschläge zum Buchwert, die lange Zeit Verkäufer dazu antrieben, einen Verkauf nur in Ausnahmefällen, zB bei akutem Liquiditätsbedarf, bilanziellen oder regulatorischen Zwängen in Erwägung zu ziehen, gehören weitestgehend der Vergangenheit an.

[1] Insbesondere in Abgrenzung zur Definition von Secondaries im Bereich der Direktinvestments, also dem Verkauf eines Unternehmens durch einen Private-Equity-Fonds an einen anderen Private-Equity-Fonds sowie dem Bereich der Secondary Directs, dem Erwerb und der Veräußerung eines Portfolios von Direktbeteiligungen an operativen Portfolio-Unternehmen.

[2] Greenhill Global Secondary Market Trends & Outlook – January 2019.

Im Durchschnitt werden insbesondere im Bereich Buyout seit einigen Jahren Anteile nahe am Buchwert gehandelt, wobei sich hinter diesen Durchschnittszahlen in Abhängigkeit der Attraktivität des Fondsbeteiligung sehr große individuelle Unterschiede auftun, sodass sowohl signifikante Abschläge (sog. „Discounts") als auch zweistellige Prämien auf den Buchwert keinen Seltenheitswert haben. Zudem indiziert die sehr breit gefächerte Zusammensetzung bei Verkäufern, dass sich die Preisfindung im Markt auf einem angemessenen Niveau eingependelt hat, bei dem es einen relativ hohen Anteil an „Wiederholungstätern" und spezialisierten Sekundärmarktspielern gibt, die den Markt als Verkäufer aktiv zu Portfoliomanagementzwecken nutzen (vgl. auch nachfolgend → Rn. 8 Verkäufer und ihre Beweggründe).

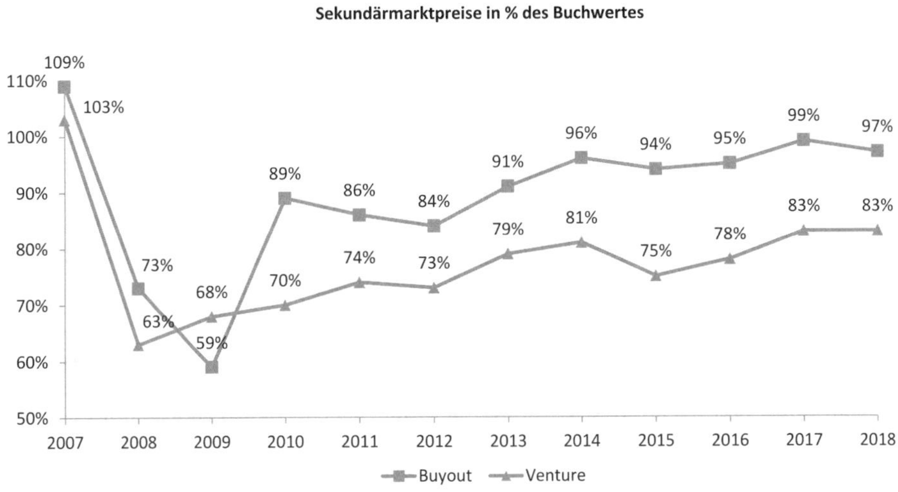

Quelle: Greenhill

III. Fondsstrategien

Die geographische und strategische Zusammensetzung des Sekundärmarktes folgt naturgemäß der des Private-Equity-Markts, mit einer Vorreiterstellung von US-amerikanischen Buyout- Transaktionen. 6

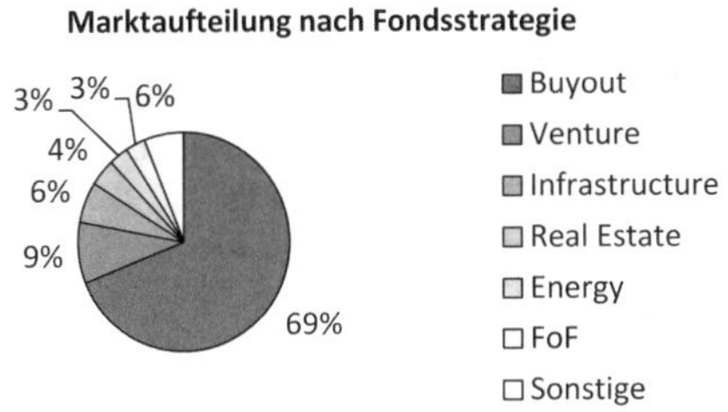

Quelle: Evercore (nach Transaktionsvolumen 2018)

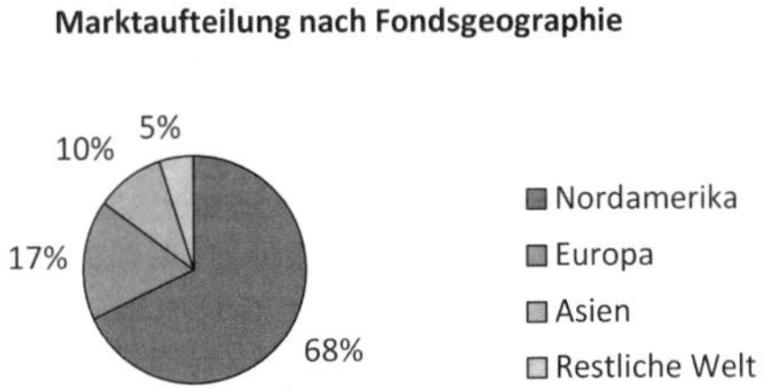

Quelle: Greenhill Global Secondary Market Trends & Outlook – Jan. 2018 (nach Transaktionsanzahl 2018)

IV. Transaktionsgrößen

Auch wenn das Marktvolumen und beispielsweise die daraus resultierenden durchschnittlichen Preise in weiten Teilen von einigen großen dominierenden Marktteilnehmern (vgl. 7

auch nachfolgend → Rn. 9. Die größten Käufer im Markt) und Transaktionen getrieben sind, versteckt sich hinter diesen Gesamtmarktzahlen weiterhin ein sehr aktiver und intransparenter Markt kleinerer Transaktionen und Marktteilnehmer, welche sich mit hohem Spezialisierungsgrad in Bezug auf Strategien oder Transaktionsarten in unterschiedlichen Nischen fest etabliert haben.

Marktaufteilung nach Transaktionsgrößen

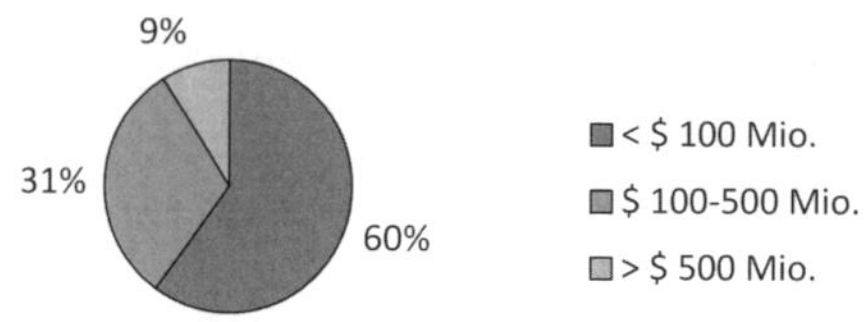

Quelle: Greenhill

V. Verkäufer und ihre Beweggründe

8 Die Verkaufsmotivation kann ganz unterschiedlicher Natur sein und bezieht sich im aktuellen Marktumfeld nur noch selten auf den ursprünglichen Markttreiber im Sinne eines akuten Liquiditätsbedarfs. Auch bilanzielle oder regulatorischer Zwänge, insbesondere die US-amerikanische Volcker Rule[3] sowie die europäischen Kapitaladäquanzrichtlinie (Capital Requirement Directive – **CRD IV**)[4] und die dazugehörigen Verordnung (Capital Requirement Regulation – CRR I),[5] zusammen besser bekannt unter dem Schlagwort **Basel III,** deren deutsche Umsetzung durch das CRD-IV-Umsetzungsgesetz[6] erfolgte, welche in der Vergangenheit eine Reihe von Kreditinstituten zum Verkauf ihrer Private-Equity-Portfolien veranlassten, spielen aktuell nur eine untergeordnete Rolle. Inwiefern solche Beweggründe erneut in den Vordergrund rücken, beispielsweise durch die mögliche anstehende CRR-Novelle bleibt abzuwarten. Wesentlich stärker im Fokus stehen derzeit Portfolio Management Themen (vgl. auch nachfolgend → Rn. 12 LP Transaktionen).

Marktaufteilung nach Verkaufsgrund

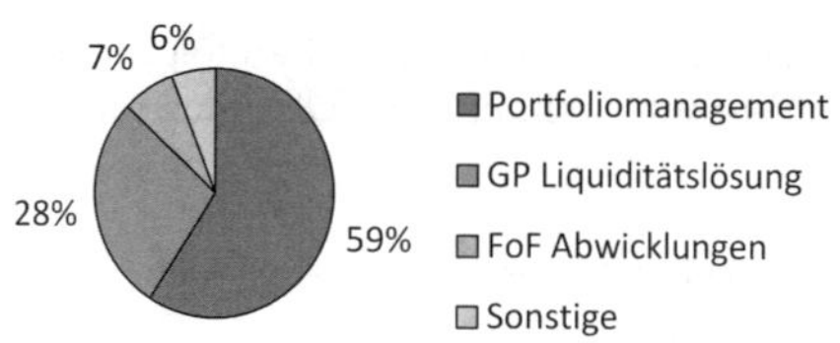

Marktaufteilung nach Verkäufertypus

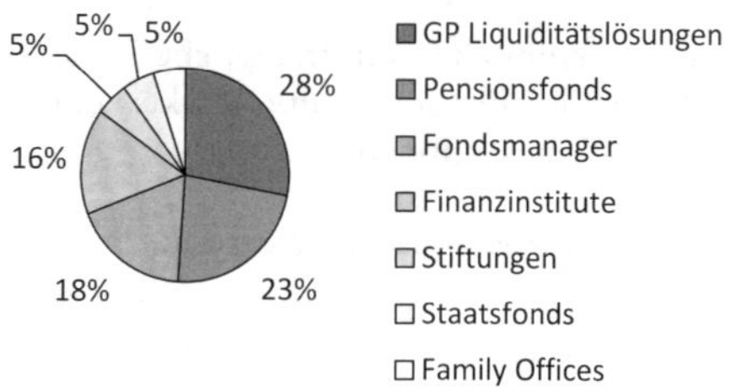

Quelle: Evercore (nach Transaktionsvolumen 2018)

[3] Teil des *Dodd–Frank Wall Street Reform and Consumer Protection Act.*

[4] Richtlinie 2013/36/EU Des Europäischen Parlaments und des Rates v. 26.6.2013 über den Zugang zur Tätigkeit von Kreditinstituten und die Beaufsichtigung von Kreditinstituten und Wertpapierfirmen, zur Änderung der Richtlinie 2002/87/EG und zur Aufhebung der Richtlinien 2006/48/EG und 2006/49/EG, ABl. L 176, S. 338.

[5] Verordnung (EU) Nr. 575/2013 Des Europäischen Parlaments und des Rates v. 26.6.2013 über Aufsichtsanforderungen an Kreditinstitute und Wertpapierfirmen und zur Änderung der Verordnung (EU) Nr. 648/2012, ABl. L 321, S. 6.

[6] Das Gesetz zur Umsetzung der Richtlinie 2013/36/EU über den Zugang zur Tätigkeit von Kreditinstituten und die Beaufsichtigung von Kreditinstituten und Wertpapierfirmen und zur Anpassung des Aufsichtsrechts an die Verordnung (EU) Nr. 575/2013 über die Aufsichtsanforderungen an Kreditinstitute und Wertpapierfirmen v. 28.8.2013, BGBl. 2013 I S. 3395.

VI. Die größten Käufer im Markt

Fondsmanager	Fundraising 2013–2018 (USD Mrd.)
Ardian	28.3
Lexington Partners	16.6
Goldman Sachs Asset Management	15.1
HarbourVest Partners	13.7
Blackstone Strategic Partners	13.7
Partners Group	13.2
Landmark Partners	12.4
Alpinvest Partners	12.4
LGT Capital Partners	8.9
Coller Capital	7.9

9

Quelle: Secondariesinvestor

VII. Die wichtigsten Intermediäre im Markt

Intermediär	Transaktionsvolumen 2018 (USD Mrd.)
Greenhill	18.2
Evercore	13.1
Park Hill Group	12.0
Campbell Lutyens	8.3
Credit Suisse	3.0
Rede Partners	2.0
Eaton Partners	1.2
Mercury Capital Advisors	0.8

10

Quelle: Secondariesinvestor

C. Transaktionsformen

Im Zuge der Weiterentwicklung des Private-Equity-Sekundärmarktes haben sich auch die Transaktionsformen weiterentwickelt. Neben den von Investoren in den Beteiligungsfonds forcierten Veräußerungen ihrer Fondsbeteiligungen und dem Bereich der *Direct Secondaries,* der als kleineres Segment durchaus dem Bereich der Direktinvestitionen zugeordnet werden kann,[7] hat sich in den letzten Jahren insbesondere der Bereich der durch Fondsmanager (General Partner – GP) getriebenen Transaktionen entwickelt, die heute bereits ein gutes Viertel des Marktes ausmachen. 11

[7] *Secondary Directs* bezeichnet den gleichzeitigen Verkauf mehrerer zugrundeliegenden Unternehmensbeteiligungen durch den Fondsmanager an einen Dritten. Diese haben in ihrer Zielsetzung, namentlich der gegenüber dem Einzelverkauf der Unternehmensbeteiligungen schnelleren Liquiditätserzielung, eine gewisse Nähe zu GP-Transaktionen. Der Eintritt eines neuen Eigentümers auf Ebene der Transaktion zieht jedoch wesentliche ökonomische und praktische Unterschiede nach sich. Ferner entsteht in der Beziehung zum Unternehmen ein Wechsel, der bei GP-Transaktionen (nachfolgend → Rn. 14) nicht stattfindet. Insofern werden diese Transaktionen trotz gewisser Nähe zum Sekundärmarkt im Folgenden eher dem klassischen Private-Equity-Segment zugerechnet und daher nicht weiter erörtert.

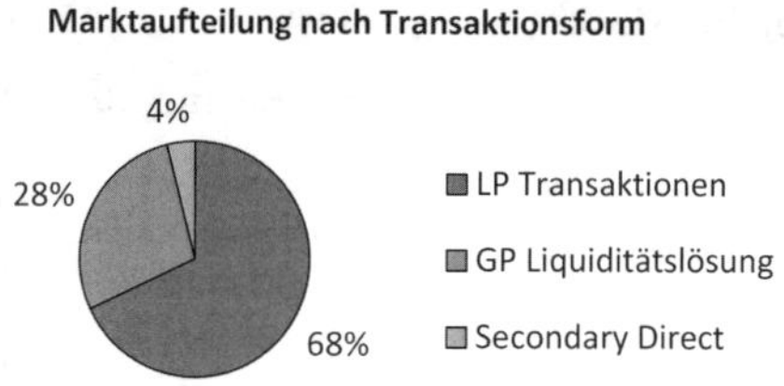

Quelle: Evercore (nach Transaktionsvolumen 2018)

I. LP-Transaktionen

12 Transaktionen von einzelnen Fondsbeteiligungen oder Portfolien von Fondsbeteiligungen repräsentieren die Ursprünge des Sekundärmarktes, bei dem ein Investor beabsichtigt, sich von (Teilen) seines Beteiligungsportfolios zu trennen. Der verkaufswillige Investor wird regelmäßig mit Hilfe eines Transaktionsberaters eine Auswahl an möglichen Käufern ansprechen, um auf diesem Wege Preisangebote einzuholen und mögliche Transaktionsstrukturen zu eruieren. Häufige Beweggründe von LP-Transaktionen sind im aktuellen Marktumfeld vor allem aktives Portfoliomanagement in Form von:

- opportunistischen Verkäufen bei attraktiv erscheinenden Bewertungen;
- Umschichtung des Portfolios in andere Strategien, Regionen oder Größensegmente;
- Abbau der Portfoliokomplexität durch Reduzierung der Anzahl von präferierten Fondsmanagern; oder
- Abverkauf von älteren Beteiligungen deren Restwert oftmals nach mehr als 10–15 Jahren wenig verbleibendes Potential verspricht.

13 In Abhängigkeit der Beweggründe des Verkaufs ist ein reiner Cash-Verkauf nicht notwendigerweise der optimierende Weg und verschiedene strukturierte Lösungen sind am Markt geläufig. Diese Lösungen können, falls unmittelbare Liquidität kein wesentliches Transaktionsziel ist, zB in Form von individuell gestalteten verzögerten Kaufpreiszahlungen für Käufer und Verkäufer attraktiv sein oder als Earn-out-Lösungen bei unterschiedlichen Erwartungen auf das verbleibende Potential der Assets die Brücke zwischen den Preiserwartungen von Käufer und Verkäufer schlagen.

II. GP-Transaktionen

14 Im Gegensatz zu LP Transaktionen bei denen der Investor als Treiber der Transaktion auftritt, sind sogenannte GP-Transaktionen eine neuere Entwicklung der vergangenen Jahre. Dieses Marktsegment hat seine Ursprünge in sogenannten „Zombie-Fonds"-Restrukturierungen, also Fonds und Fondsmanager ohne realistische Aussicht auf Erreichen der Vorzugsrendite und somit der disproportionalen Gewinnbeteiligung oftmals gepaart mit sehr überschaubaren Expektanzen auf die Auflage neuer Fondsgenerationen. In den letzten zwei bis drei Jahren konnte diese Transaktionenart jedoch ihr ursprünglich negatives Stigma überwinden, sodass auch sehr erfolgreiche Fondsmanager darauf zurückgreifen und das Segment mittlerweile (wie oben visualisiert) ein gutes Viertel des Marktgeschehens ausmacht und sich trotz der Individualität der einzelnen Transaktionen doch ein paar typische Situationen heraus kristallisieren.

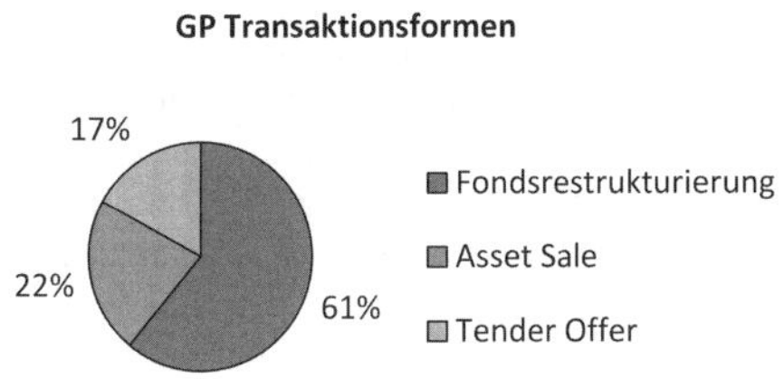

Quelle: Greenhill Global Secondary Market Trends & Outlook – Jan. 2018 (nach Transaktionsvolumen 2018)

1. Fondsrestrukturierung

15 Bei diesen Transaktionen tritt der Fondsmanager als federführende Kraft auf, um im Interesse der Investoren beispielsweise gegen Ende der Grundlaufzeit der von ihm verwalteten Fonds Liquidität zu schaffen und dabei oftmals auch zusätzliche strukturelle Vorteile zu erreichen. Ziele sind zumeist eine wirtschaftliche Verlängerung der Fondslaufzeit, um dem zugrundeliegenden Portfolio mehr Zeit zu geben erkennbares Wertpotenzial zu erreichen. Soweit das Heben von Wertpotential möglicherweise zusätzliches Kapital für Wachstumsinvestitionen oder Zukäufe erfordert, kann das ebefalls Teil der Restrukturierung sein. Meist geht mit der Fondsrestrukturierung auch eine Neudefinition der Fondsdokumentation und Incentivierungsstruktur zwischen Investor und Fondsmanager (GP) einher. Zusammen mit externen Transaktionsberatern werden individuelle Lösungen erarbeitet, die auch der Verpflichtung des Fondsmanagers im Sinne einer fairen Lösung für alle bestehenden Investoren Rechnung tragen. Diese Transaktionen beinhalten daher meist eine Optionalität für Bestandsinvestoren in Form von:

- Verkaufsoption der zugrundeliegenden Beteiligungen an ein Nachfolgefondsvehikel und damit erreichen von Liquidität zu einem fairen Marktpreis, der in einem kompetitiven Bieterverfahren zwischen Sekundärmarktkäufern etabliert wurde, sowie
- sogenannte Roll-over-Optionen für Altinvestoren welche vorsehen, dass Investoren, welche im Grunde ohne Veränderung ihrer wirtschaftlichen Position investiert bleiben wollen, dazu auch die Möglichkeit haben und ihre Erlöse aus der Transaktion vollständig und ohne Verwässerung zu (fast) unveränderten Bedingungen, allerdings im neuen rechtlichen „Kleid" des Nachfolgevehikels, investieren können.

2. Asset Sale

16 Dabei handelt es sich um eine an die Fondsrestrukturierung angelehnte Transaktionsform zu einem früheren Zeitpunkt im Lebenszyklus des Fonds mit dem Ziel zu attraktiven Preisen Liquidität zu erzielen ohne durch einen klassischen Verkauf vollständig von der künftigen Wertentwicklung abgeschnitten zu sein. Durch eine gezielte Auswahl der die Transaktion umfassenden Portfoliobeteiligungen oder Teilen dieser Beteiligungen wird das Risikoprofil des Fonds positiv beeinflusst.

3. Tender Offer

17 Aus den wachsenden Portfoliomanagementaktivitäten einzelner Bestandsinvestoren im Bereich der LP-Transaktionen entwickelte sich auch die Tender-Offer-Transaktion, eine Transaktionsform welcher auch künftig im breiterem Maße Potential eingeräumt wird. Fondsmanager haben die Chance erkannt, pro-aktiv den Sekundärmarkt zu nutzen, um verkaufsinteressierten Bestandsinvestoren einen einheitlichen von einem Secondary-Käufer gestellten Kaufpreis und Transaktionsdokumentation zu vermitteln. Dieses offene und freiwillige Angebot an Bestandsinvestoren ermöglicht Investoren ohne eigenen pro-akti-

ven Ressourcenaufwand eine Liquiditätsoption zu einem fairen Marktpreis. Die Fondsstruktur bleibt dabei unverändert für alle Investoren (insbesondere für Investoren ohne Verkaufsinteresse), sodass diese Transaktionen als zusätzlicher „Service“ des Fondsmanagers verstanden werden kann und zusätzlich dem Fondsmanager die Möglichkeit gibt die Beziehung zu Käufern als potentielle Neuinvestoren für künftige Fondsgenerationen zu stärken. In einigen Fällen werden solche Tender-Offer-Transaktionen auch formell als sog. Staple-Transaktion, also mit der Verpflichtung für den Käufer eine vordefinierte Primärfondszeichnung in der nächsten Fondsgeneration des Fondsmanagers vorzunehmen, verknüpft.

D. Transaktionsprozess

18 Naturgemäß unterscheiden sich einzelne Transaktionsprozesse im Privatmarkt, getrieben durch Transaktionstypen, -ziele, -voraussetzungen und Käuferpräferenzen stark voneinander. Allerdings lässt sich insbesondere für LP-Transaktionen durchaus ein idealtypischer Verlauf in Bezug auf Prozessschritte skizzieren, während bei GP-Transaktionen die relativ stark benötigte situative Flexibilität eher eine Darstellung der übergeordneten kritischen Themenfelder und den Umgang mit diesen nahe legt.

I. Transaktionsprozess bei LP-Transaktionen

19 Die Umsetzung von Transaktionen bedarf im ersten Schritt einiger Vorkenntnisse und vorbereitender Schritte seitens des Verkäufers die oftmals in Zusammenarbeit mit Transaktionsberatern durchgeführt werden. Die vertraglichen Regelungen zu Fondsanteilen sehen in der Regel vor, dass Fondsmanager einem Weiterreichen von Fondsunterlagen an mögliche Käufer und einem Verkauf von Anteilen grundsätzlich zustimmen müssen. Zusätzlich sehen Fondsdokumentationen in einigen Fällen unterschiedlich ausgestaltete Vorkaufsrechte (sog. *Right of First Refusal* – ROFR) für bestehende Fondsinvestoren vor und letztlich können auch Verkäufe steuer- und aufsichtsrechtliche Probleme auslösen. Vor dem Hintergrund dieser Herausforderungen kann es aus Verkäufersicht sinnvoll sein in der Entscheidung über präferierte Angebote auch qualitative Aspekte einfließen zu lassen, welche die Komplexität und das Risiko der Transaktionsumsetzung minimieren können (zB langjährig etablierte Käufer, die bereits bestehende Investoren mit guten Beziehungen zu den Fondsmanagern der zu verkaufenden Fondsanteile sind).

Auswahl Berater

- Auswahl Intermediär sowie Rechts- und Steuerberater
  - wirtschaftliche Entscheidung
  - Engagement Letter

Transaktionsvorbereitung

- Wirtschaftliche Aspekte
  - Zusammenstellung relevanter Daten in einem elektronischen Datenraum
  - Definition des anzusprechenden Käuferkreises
  - Definition erwünschter Kaufpreismodalitäten
  - Kommunikation der Verkaufsabsichten an die Fondsmanager
  - Aufsetzen Verkaufsmemo
- Rechtliche und steuerliche Aspekte
  - Zusammenstellung relevanter rechtlicher Unterlagen
  - Analyse Zielfondsdokumentation in Bezug auf Übertragungseinschränkungen
  - Erstellung Kaufvertragsentwurf
  - Analyse (quellen-)steuerlicher Themen

Bieterprozess

- Vertraulichkeitserklärung
- Oftmals zweistufiger Prozess zur Preisfindung:
  - Erste Bieterrunde und unverbindlichen Angebote auf Basis der bestehenden Datenlage
  - Finale verbindliche Bieterrunde mit den attraktivsten Käufern auf Basis zusätzlicher Due Diligence Meetings mit den Fondsmanagern
- LOI Unterzeichnung

Verhandlung des Kaufvertrages

- Kaufpreismechanismus
- Zahlungsmodalitäten
- Gewährleistungen
- Covenants
- Indemnities
- Liabilities
- Kosten
- Steuerrisiken
- Excluded Obligations

Übertragungsprozess

- Übertragungsdokumente
- Potentielle ROFR Fristen
- Steuerzertifikate
- Closing Timing

1. Vertraulichkeitsvereinbarungen

Das Weiterreichen wirtschaftlicher Unterlagen, in der Regel aktuelle Finanzberichte zum Anlagevermögen des Fonds und den zugrundeliegenden Beteiligungen sowie die rechtliche Fondsdokumentation, setzt in jedem Fall individuelle Vertraulichkeitsvereinbarungen mit den interessierten Käufern voraus. Idealerweise lassen sich hier Back-to-Back-Lösungen zwischen Verkäufer (oder einem möglichen Berater des Verkäufers) und den Käufern etablieren, um bei großen Portfolien nicht durch direkt etablierte Verpflichtungen zwischen Fonds und potentiellen Käufern eine Vielzahl von Vertraulichkeitsvereinbarungen, sog. Non Disclosure Agreements – NDAs, etablieren zu müssen. Bei kleineren Einzeltransaktionen in bekannteren Fondspositionen entfällt oftmals der Bedarf an Vertraulichkeitsvereinbarungen, weil es einen ausreichend aktive Anzahl an Käufern gibt, welche durch ein bestehendes Investitionsverhältnis im Besitz von ausreichend Informationen sind, um ohne zusätzliche Käuferdetails verbindliche Preisangebote abzugeben. Diese Entwicklung zusammen mit der strukturellen Informationsüberlegenheit zu historischer Fondsentwicklung bietet etablierten Käufern einen signifikanten strukturellen Vorteil. **20**

2. Zustimmungsvorbehalte

Die Fondsdokumentation (Gesellschaftsverträge, Verwaltungsreglement etc.) sieht regelmäßig vor, dass die Übertragung einer Fondsbeteiligung der Zustimmung des Fondsmanagers bedarf. Darüber hinaus wird dort typischerweise festgelegt, welche Anzeigefristen gegenüber dem Fondsmanager einzuhalten sind, in welcher Form der Übertragungswunsch geäußert und schließlich welche erforderlichen Informationen und Nachweise der potentielle Erwerber zur Verfügung stellen muss. In einigen Fällen ist entweder im Fondsvertrag oder in Nebenvereinbarungen zum Fondsvertrag (sog. Side Letter) festgelegt, dass die Übertragung an klar definierte verbundene Unternehmen des Veräußerers (beispielsweise an andere von diesem verwaltete Fondsvehikel) ohne Zustimmung erfolgen kann respektive diese nicht ohne Grund vom Fondsmanager verweigert werden kann. Ferner tragen pan- **21** europäische Fonds mit deutscher Investorenbasis zumindest in Nebenvereinbarungen häufig dem deutschen Aufsichtsrecht dahingehend Rechnung, dass die Übertragung im Fall von Versicherungsunternehmen nach Maßgabe des BaFin-Kapitalanlagerundschreibens[8] und der dort referenzierten Musterbeispiele, die vom früheren Bundesamt für das Versicherungswesen bereitgestellt wurden,[9] ohne Zustimmung des Fondsmanagers möglich ist bzw. diese bei der beabsichtigten Übertragung auf einen vorher festgelegten Erwerberkreis als erteilt gilt bzw. nicht ohne Grund verweigert werden kann, dazu → § 2 Rn. 2a. Schließlich enthält die Fondsdokumentation regelmäßig Ausschlussgründe, bei denen eine Zustimmung zur Übertragung von Fondsmanager per se nicht erteilt wird, beispielsweise sofern rechtliche oder aufsichts- und steuerrechtliche Nachteile für den Fonds und die Gesamtheit der Fondsanleger drohen. Bei der Zustimmungspflicht wird der Fondsmanager neben dem Schutz der verbleibenden Investoren im Sinne ökonomischer, steuerlicher und aufsichtsrechtlicher Risiken, oftmals auch individuelle Präferenzen in die Entscheidung einfließen lassen. Es kommt in diesem Zusammenhang durchaus vor, dass Fondsmanager das Universum genehmer Käufer auf ihren bestehenden Investorenkreis beschränken, was insbesondere bei großen Portfoliotransaktionen zu komplexeren Preiskombinationen auf Teilportfolien mit mehreren Käufern führen kann. Aus Verkäufersicht ist deshalb eine gute persönliche Beziehung zum Fondsmanager wertvoll, um die Zustimmung aller Fondsmanager für das attraktivste Preisangebot zu sichern.

3. Vorkaufsrechte

22 Vereinzelt beinhalten Fondsverträge Vorkaufsrechte, sog. *Right of First Refusal* – ROFR. Diese sehen vor, dass entweder andere Anleger des Fonds oder der Fondsmanager selbst den zur Veräußerung stehenden Fondsanteil erwerben darf und zunächst diesen angeboten werden muss. Das in diesem Fall einzuhaltende Prozedere ist unterschiedlich und regelmäßig im Fondsvertrag beschrieben. Nicht zu einem Vorkaufsrecht erstarken etwaige Absichtserklärungen der Fondsmanager in Nebenvereinbarungen, wonach diese ihren Fondsanlegern über veräußerungswillige Fondsanleger informieren.

4. Preisfindung

23 Der Preis von Fondsbeteiligungen für den Sekundärmarkt wird durch eine Vielzahl an Faktoren auf Ebene der Portfoliounternehmen, des Fonds und des Fondsmanagers beeinflusst, welche schlussendlich als Ergebnis eines sehr ausführlichen Bewertungsprozesses stark vereinfacht als Abschlag (neudeutsch Discount) oder Prämie zum Buchwert ausgedrückt werden.

24 **a) Due-Diligence-Unterlagen.** Die Aussagekraft und der Umfang der zur Verfügung gestellten Unterlagen sind ein maßgeblicher Treiber des Kaufpreises. Im Allgemeinen werden zumindest die letzten verfügbaren Quartalsberichte sowie ein testierter Jahresbericht und die aktuelle Fondsdokumentation nebst ihrer lückenlosen Entwicklung als wirtschaftliche Elemente zur Verfügung gestellt. Es empfiehlt sich auch die Steuererklärungen und -bescheide der letzten drei Jahre anzufordern.[10] Die sich daraus ergebende Informationslage ist dennoch meist sehr heterogen, da es in der formellen Berichterstattung der Fondsmanager weiterhin sehr große individuelle Ausprägungen gibt. Deshalb ist die Bereitschaft des Fondsmanagers potentiellen Käufern über die regelmäßigen Mindeststandards der Finanzberichte hinaus zusätzlich Informationen in Form von koordinierten

[8] BaFin-Rundschreiben 11/2017 (VA) – Hinweise zur Anlage des Sicherungsvermögens von Erstversicherungsunternehmen, auf welche die Vorschriften für kleine Versicherungsunternehmen (§§ 212–217 VAG) Anwendung finden, sowie von inländischen Pensionskassen und Pensionsfonds (Kapitalanlagerundschreiben), VA 25-I 3201-2016/0002, Stand 12.12.2017, Ziff. B.4.9.b.

[9] BAV VerBAV 2002, 103 f.

[10] Beispielsweise das US-amerikanische Schedule K-1 (Form 1065).

Managementpräsentationen oder individuellem Austausch jeweils zur Entwicklung der zugrundeliegenden Beteiligungen zur Verfügung zu stellen, oft ein wesentlicher Hebel zur Preisoptimierung.

b) Wertansatz. Auf Basis der zur Verfügung gestellten oder bereits verfügbaren proprietären Daten werden Käufer die künftige Ertragskraft der zugrundeliegenden Beteiligungen und somit das Ausschüttungspotential der einzelnen Fondsbeteiligung beurteilen. Die verbleibenden noch nicht abgerufenen Einzahlungsverpflichtungen gehen im Normalfall vollumfänglich an den Käufer über, sodass dieser auch eine Einschätzung über deren wirtschaftliche Auswirkung einfließen lassen muss. Dieser Preis wird dann im Allgemeinen als Prozentsatz (Abschlag oder Premium) zum Fondsbuchwert an einem bestimmten Stichtag, meist dem letzten verfügbaren Quartals- oder Halbjahreswert, ausgedrückt, wobei Anpassungen für Fondsausschüttungen und –abrufe zwischen dem gewählten Stichtag und der rechtlichen Übertragung in der Regel zum Geldwert vorgenommen werden. Beliebte zusätzliche individuell veränderte Rahmenbedingungen mit Auswirkungen auf den Kaufpreis sind verzögerte Kaufpreiszahlungen die entweder aus Portfoliorückflüssen oder vom Käufer bedient werden sowie unterschiedliche Modelle zur Verteilung künftiger Rückflüsse zwischen Käufer und Verkäufer, beispielsweise in Form von Earn-outs oder Vorzugsrenditen. 25

c) Steuerrecht. Steuerrechtliche Aspekte der Vorerwerbsprüfung umfassen neben der Prüfung der bisherigen Tax Compliance des Fondsmanagers insbesondere auch die Prüfung eines etwaigen *Tax Leakage* beispielsweise im Rahmen der Gewinnrepatriierung oder im Fall des Fondserwerbs. Es gilt zu klären, ob durch die Sekundärmarkttransaktion etwaige Verkehrs- und/oder Quellensteuern ausgelöst werden könnten und wie diese minimiert respektive im Rahmen der Kaufpreisfindung berücksichtigt werden können (Stichwort *Tax Gross-up*-Klauseln und *Tax Indemnities*). 26

In diesem Zusammenhang sind insbesondere die zum Jahresanfang 2018 mit dem US-amerikanischen sog. *Tax Cuts and Jobs Act 2017* neu in Kraft getretene Quellensteuer-Einbehaltungsvorschriften bei Verkauf, Übertragung oder Verfügung eines Anteils an einer Personengesellschaft (mithin auch an einem Fonds in der Form einer Limited Partnership) durch einen in den USA beschränkt steuerpflichtigen Ausländer nach Maßgabe von Section 1446(f) des Internal Revenue Code (IRC) zu beachten. 27

Ein sog. Revenue Ruling der US-amerikanischen Finanzbehörde (Internal Revenue Service – IRS), sah lange Zeit vor, dass Gewinne oder Verluste eines ausländischen Gesellschafters bei der Veräußerung seiner Beteiligung an einer Personengesellschaft, die Geschäfte in den USA durch eine dortige feste Niederlassung respektive Betriebsstätte ausübte, in den USA steuerverhaftet waren.[11]In einem jüngeren Urteil des U. S. Tax Court,[12] folgte das US-Steuergericht dieser IRS-Auffassung nicht und entschied, dass der Gewinn einer ausländischen Kapitalgesellschaft aus dem Verkauf einer Beteiligung an einer in den USA gewerblich tätigen Personengesellschaft nicht als gewerbliche Einkünfte in den USA steuerverhaftet seien und folglich keine US-Einkünfte darstellten. Daraus folgte im Urteilsfall, dass der Veräußerungsgewinn aus dem Verkauf der Beteiligung in den USA nicht steuerpflichtig war. Diesem Urteil entgegnet der US-amerikanische Gesetzgeber nunmehr im Rahmen des *Tax Cuts and Jobs Act 2017* und stellt Gewinne aus dem Verkauf oder der Übertragung einer Beteiligung an einer Personengesellschaft nunmehr für einen beschränkt steuerpflichtigen Ausländer in den USA einkommensteuerpflichtig. Der Gewinn/Verlust entspricht dabei dem gewerblichen Gewinn/Verlust, den diese Personengesellschaft erzielt hätte, würde diese ihr gesamtes Vermögen zum Verkehrswert am Tag des Verkaufs oder der Übertragung verkaufen. Der Gewinn/Verlust ist dabei nach den allgemeinen Gewinnver- 28

11 Revenue Ruling 91-32.
12 *Grecian Magnesite Mining, Industrial & Shipping Co.*, (2017) 149 TC Nr. 3.

teilungsvorschriften der Personengesellschaft auf die Gesellschafter regelmäßig pro rata zu verteilen.

29 Bei Verkäufen, Übertragungen und Verfügungen nach dem 31.12.2017 verpflichtet das Gesetz den Erwerber (Käufer) des Anteils an einer Personengesellschaft zudem, 10 Prozent Quellensteuer des Verkaufspreises oder Übertragungswertes einzubehalten, falls der Veräußerer (Verkäufer) nicht bestätigt, dass er kein in den USA beschränkt steuerpflichtiger Ausländer bzw. keine ausländische Gesellschaft ist. Diesen Nachweis kann der US-amerikanische Veräußerer mittels eines sog. Form W-9 oder eines sog. Certificate of nonforeign status, das man bereits im Zusammenhang mit FIRPTA-Quellensteuereinbehalten kennt, vornehmen.[13] Ausländische Veräußerer können sich durch ein sog. Seller Certificate oder ein Partnership Certificate exkulpieren.[14]

30 Vor diesem Hintergrund sehen sich Veräußerer im Falle eines Verkaufs oder einer Übertragung von Anteilen an Personengesellschaften mit US-Nexus verstärkt entsprechenden Nachweisbegehren der potentiellen Erwerber konfrontiert, wonach diese nachweisen müssen, dass sie keine in den USA beschränkt steuerpflichtigen Ausländer bzw. ausländischen Gesellschaften sind. Erwerberseitig sollte eine solche Bestätigung standardmäßig angefordert werden und gegebenenfalls im Rahmen des Kaufs oder der Übertragung 10 Prozent Quellensteuer einbehalten werden, falls der Veräußerer diesen Nachweis schuldig bleibt. Die weitere Entwicklung der Usancen im Zusammenhang mit dieser neuen Anforderung gilt es aufmerksam zu verfolgen.

5. Kaufvertrag (Sale and Purchase Agreement – SPA)

31 Im Kaufvertrag wird neben dem wirtschaftlich wichtigsten Faktor, der Definition des Kaufpreises und Zahlungsbedingungen, der zu übergebenden Fondsanteil im Sinne der rechtlichen Definition etabliert und Zusicherungen abgeben. Ferner wird vom Veräußerer versichert, dass der zu veräußernde Fondsanteil frei jedweder Belastungen und nicht verpfändet ist. Außerdem gibt es Haftungshöchstgrenzen und Klauseln zum Umgang mit wirtschaftlich relevanten Entscheidungen zum Fondsanteil für die Periode zwischen Unterzeichnung des Kaufvertrages und der rechtlichen Übertragung des Eigentums sowie eine Allokation wirtschaftlicher Tail-end-Risiken, insbesondere rückwirkende Steuerrisiken und Rückforderungen aus historischen Ausschüttungen über die Excluded Obligations. Insgesamt fallen dem Thema Steuern ein relevanter Teil des Kaufvertrages zu, wobei die grundsätzlich Logik der jeweiligen Steuerallokationen schlagend ist und in Bezug auf US amerikanische Steuern, insbesondere Quellensteuereinbehalte im Zusammenhang mit ECI (→ Rn. 29), FIRPTA und FATCA, sowie UK Stamp Duty zusätzliche Regelungen getroffen werden müssen.

32 **a) Formalien.** Beim SPA handelt es sich um einen schuldrechtlichen Vertrag, der von der sachenrechtlichen Übertragung mittels des noch näher zu erläuternden Übertragungsvertrags *(Transfer and Assignment Agreement)* zu trennen ist. Das SPA ist im Grundsatz regelmäßig formfrei, wobei sich je nach Rechtsform bzw. anwendbarem Recht Ausnahmen von diesem Grundsatz ergeben können. Der Grundsatz der Vertragsautonomie gilt auch in Bezug auf die Wahl des anwendbaren Rechts, das die Vertragsparteien grundsätzlich autonom und insbesondere losgelöst vom anwendbaren Recht des Fondsvertrages oder Übertragungsvertrages bestimmen können. [15]

33 **b) Parteien des Kaufvertrages.** Neben Verkäufer und Käufer können noch zusätzliche Beteiligte, beispielsweise als Garantiegeber, in den Kaufvertrag aufzunehmen sein. Regelmäßig wird das angezeigt sein, wenn beispielsweise der Verkäufer zeitnah nach Abverkauf der Beteiligung liquidiert werden soll oder sofern es sich bei Verkäufer bzw. Käufer um sog.

---

[13] Siehe dazu das Auslegungsschreiben des IRS vom 2.4.2018, Notice 2018-29.
[14] Zu den Einzelheiten siehe Notice 2018-29.
[15] Vgl. *Mardini* in Pöllath/Rodin/Wewel, § 37 Rn. 47.

Special Purpose Vehikel handelt, deren Substanz nach Dafürhalten der anderen Vertragspartei nicht ausreichend für einen etwaigen Haftungsfall erscheint. Denn mit (der noch näher zu skizzierenden) Übertragung tritt der Käufer in sämtliche Rechte und Pflichten in Bezug auf den zu übertragenden Fondsanteil (einschließlich etwaiger offener Zeichnungsverpflichtungen des Veräußerers) ein. Üblicherweise vereinbaren Veräußerer und Käufer eine hälftige Kostenteilung der durch den Kaufvertrag entstehenden Kosten (zB Kosten externer Berater des Fonds im Zusammenhang mit der Übertragung). Allerdings trägt jede Partei die Kosten der eigenen externen Rechts- und Steuerberater selbst. Klarstellend sie erwähnt, dass der Fondsmanager bzw. der General Partner des Fonds, dessen Fondsanteil übertragen werden soll, im Gegensatz zum Übertragungsvertrag keine Partei des Kaufvertrages ist.

c) Kaufgegenstand. Der Kaufgegenstand im Fall der Fondsanteile ist abhängig von der **34**
rechtlichen Ausgestaltung der Fondsvehikel. Eine Vielzahl der Private-Equity-Fonds ist in der Rechtsform einer Limited Partnership (Delaware, Cayman Islands, luxemburgische SCS), mithin einer Personengesellschaft, vergleichbar der GmbH & Co. KG aufgelegt. Darüber hinaus existieren Private-Equity-Fonds in der Rechtsform einer Aktiengesellschaft (zB einer luxemburgischen S. A.). In beiden Fällen werden Gesellschaftsanteile zusammen mit den sich daraus ergebenden Gesellschafterrechten (Gewinnbezugsrechte, etwaige offene Zeichnungsverpflichtungen etc.) übertragen, mithin handelt es sich um einen Rechtskauf.[16] Vereinzelt und überwiegend in südeuropäischen Ländern sind zudem Sondervermögen in Vertragsform, namentlich der französische FPCI *(Fonds Professionnel de Capital Investissement),* der spanische F. C. R. *(Fondo de Capital Riesgo)* und der italienische *Fondo Chiuso* anzutreffen. In diesen Fällen werden lediglich vertragliche Anteile ohne gesellschaftsrechtliche Ausgestaltung (sog. Units oder Anteile) auf den Erwerber übertragen. Allerdings handelt es sich auch in diesen Fällen um einen Rechtskauf.

d) Kaufpreismechanismus. Grundsätzlich ist es den Vertragsparteien freigestellt einen **35**
individuellen Mechanismus zu definieren, wobei die etablierte Marktpraxis ein fester Kaufpreis *(Gross Puchase Price)* zu einem definiertem Stichtag ist. Der bei Closing zu zahlende Kaufpreis *(Net Purchase Price)* ist in der Folge abhängig von Kaufpreisanpassungen für Kapital- sowie Ertragsausschüttungen des Fonds zwischen Stichtag und Closing (Abzugsposition zum Geldwert) sowie Kapitaleinzahlungen (Zurechnungsposition zum Geldwert) als auch eventueller Kaufpreisstundungen über das Closing hinaus. Zusätzliche Klarstellungen hinsichtlich Kursschwankungen bis zum Closing sind nötig soweit mehrere Fondsbeteiligungen mit unterschiedlichen Fondswährungen verkauft werden und Teilzahlungen in unterschiedlichen Währungen vermieden werden wollen. Naturgemäß gilt es darüber hinaus flexible zusätzliche oder abweichende Mechanismen rechtlich abzubilden (vgl. dazu → Rn. 23 oben Preisfindung).

e) Gewährleistungen *(Reps & Warranties).* In diesem Teil des SPA werden die Zusiche- **36**
rungen des Verkäufers geregelt, die dieser in Form eines selbständigen und verschuldensunabhängigen Garantieversprechens abgibt.[17] Die Zusicherungen umfassen die Eigentümerstellung des Veräußerers, die Lastenfreiheit des zu veräußernden Fondsanteils, wirksame Existenz des Veräußerers (generell Rechtsverhältnisse der Beteiligten), etwaige Rechtstreitigkeiten in Bezug auf den Fondsanteil, zum Verzug des Veräußerers, ferner Zusicherungen zur Fondsdokumentation und ursprünglichen und etwaig offenen (und damit zu übernehmenden) Zeichnungsverpflichtungen.

f) Handlungspflichten *(Covenants).* Üblicherweise vergeht zwischen Unterzeichnung **37**
des Kaufvertrages (Signing) und dessen Vollzug (Closing) eine gewisse Zeit, in der die Vertragsparteien zu gewissen Handlungen verpflichtet werden, sog. Covenants. Diese

[16] Vgl. *Mardini* in Pöllath/Rodin/Wewel, § 37 Rn. 50.
[17] Vgl. Wewel/*Mardini* in Pöllath/Rodin, § 37 Rn. 56.

umfassen Rechtshandlungen und Informationspflichten, beispielsweise die bereits erwähnten Nachweise (Certificates) im Zusammenhang mit US-amerikanischer ECI oder FIRPTA-Quellensteuer.

38 **g) Freistellungen *(Indemnities)*.** Im Kaufvertrag als auch Übertragungsvertrag ist regelmäßig vorgesehen, dass der Käufer im Sinne einer Einzelrechtsnachfolge in die Rechtsposition des Veräußerers tritt, mithin sämtliche Rechte und Pflichten im Zusammenhang mit dem Fondsanteil übernimmt. Allerdings wird der Käufer darauf hinwirken, dass Rückzahlungs- und Haftungsrisiken (zB Limited Partner Clawback, dh die Rückerstattung erhaltener Ausschüttungen), die auf Ereignissen vor dem Übertragungsstichtag (bzw. dem Bewertungsstichtag) beruhen, zB Ausschüttungen, durch den Verkäufer zu tragen sind. Das wird grundsätzlich durch Freistellungsansprüche des Käufers für sog. Excluded Obligations im Kaufvertrag abgebildet. Dazu können auch bestimmte Steuerrisiken für abgelaufene Veranlagungszeiträume gehören.

39 **h) Haftungsregime *(Liabilites)*.** Im Rahmen der Haftungsregime werden die Rechtsfolgen bei Verstößen gegen die vorgenannten Gewährleistungen und Covenants festgelegt, denn regelmäßig sind die gesetzlichen Haftungsregime, soweit rechtlich zulässig, ausgeschlossen. Das Haftungsregime in einem SPA ist relativ standardisiert und umfasst neben der Bezeichnung des Schadenersatzes, Haftungsausschlüsse und -beschränkungen, Mindest- und Haftungshöchstbeträge, Freibeträge sowie Aussagen zur Verjährung der Schadenersatzansprüche.

40 **i) *Closing* Mechanismus.** Im Kaufvertrag wird schließlich das Prozedere des Kaufvertragsvollzugs *(Closing)* geregelt, dh insbesondere die sog. Closing Conditions. Danach muss der Erwerber regelmäßig die Fondsdokumentation erhalten haben, die Zustimmung des Fondsmanagers/General Partners muss vorliegen, ggf. muss im Fall von ROFR ein Verzicht (Waiver) vorliegen und die Parteien müssen bestätigen, dass die gemachten Zusicherungen zum Zeitpunkt des Closings weiterhin Gültigkeit haben (sog. *Closing Certificate*). Schließlich werden Ort und Datum, gegebenenfalls Besonderheiten im Fall der (sukzessiven) Übertragung von Fondsportfolien, Kaufpreisüberweisung sowie etwaiger Quellensteuereinbehalt und Unterzeichnung und Austausch des Transfer und Assignment Agreements (Übertragungsvertrag) geregelt.

6. Rechtliche Übertragung (Transfer and Assignment Agreement)

41 Der Übertragungsvertrag *(Transfer and Assignment Ageement)* regelt die Form und den Umfang der zu übertragenden Rechtsposition und wird typischerweise vom Fondsmanager zur Verfügung gestellt, so dass der Verhandlungsspielraum für Veräußerer und Käufer überschaubar ist.

42 Regelmäßig ist im Übertragungsvertrag vorgesehen, dass der Käufer im Sinne einer Einzelrechtsnachfolge in die Rechtsposition des Veräußerers tritt, mithin sämtliche Rechte und Pflichten im Zusammenhang mit dem Fondsanteil übernimmt, einschließlich einer etwaigen offenen Zahlungsverpflichtung gegenüber dem General Partner des Fonds. Der Übertragungsvertrag enthält regelmäßig entsprechende Zusicherungen des Erwerbers dahingehend. Ferner die Bereitstellung von Informationen in Bezug auf den steuerlichen Status des Erwerbers, die regelmäßig erforderliche Zustimmung des General Partners und vereinzelt das Bemühen des General Partners auf den Übertragungsstichtag Zwischenbilanzen zwecks entsprechender Gewinnallokation zu erstellen. Der relativ „schlanke" Übertragungsvertrag regelt das Dreiecksverhältnis zwischen Veräußerer, Erwerber und General Partner und ist vom eigentlichen Kaufvertrag zwischen Veräußerer und Erwerber zu unterscheiden, der das bilaterale und zwischen diesen Parteien maßgebende Vertragswerk darstellt und den der General Partner üblicherweise nicht zu sehen bekommt.

43 Im Fall von (Fonds-)Portfoliotransaktionen bedarf es für jede einzelne Fondsbeteiligung eines Übertragungsvertrages (im Gegensatz zum Kaufvertrag, der in einem Dokument eine

Vielzahl von Fondsanteilen als Kaufgegenstand vorsehen kann). Die Herausforderung in diesen Portfoliotransaktionen ist die Koordination mit einer Vielzahl von General Partnern respektive deren Rechtsberatern, deren Motivationslage sehr unterschiedlich geartet sein kann, die allerdings alle zusammen in Ansehung des oder der Closings (Vollzug der Übertragung) über die „Ziellinie" gebracht werden müssen. Im Gegenzug bieten (Fonds-) Portfoliotransaktionen für den Veräußerer die Möglichkeit auch weniger attraktive Fondsbeteiligungen im Paket mit zu veräußern, die gegebenenfalls *stand alone* nicht veräußerbar wären.

In diesem Zusammenhang ist zu beachten, dass die Fondsdokumente (insbesondere der Gesellschaftsvertrag) regelmäßig vorsehen, dass etwaige bilaterale Nebenvereinbarungen des Veräußerers mit dem General Partner *(sog. Side Letter)* nicht auf den Erwerber übergehen. Ganz vereinzelt kann der Erwerber mit dem General Partner eine neue Nebenvereinbarung abschließen. **44**

Die rechtlichen Übertragungen der Fondsanteile werden aus praktischen, vor allem buchhalterischen und steuerlichen, Gründen oftmals nur zum Quartals- oder Halbjahreswechsel durchgeführt und die dazu gehörigen Übertragungsdokumente werden entsprechend dieser Zeitschiene ausgearbeitet. **45**

Bei US-amerikanischen Fondsanteilen sind außerdem die sogenannten PTP *(„Publicly Traded Partnership")*[18] Einschränkungen und dazugehörigen Safe Harbour Provisions zu beachten. Diese können insbesondere bei älteren Fonds bei denen üblicherweise die Verkaufsaktivität höher ist, zu Verzögerungen bei Übertragungen führen. Wie oben erörtert gilt es solche Übertragungsverzögerungen frühzeitig im Rahmen der Due Diligence auszuschließen. In der Zwischenzeit können synthetische Cashflow basierte Lösungen eine wirtschaftliche Übertragung nachbilden oder vergleichbar einer verzögerten Kaufpreiszahlung antizipiert werden. **46, 47**

II. Transaktionsprozesse für GP Transaktionen

Die Transaktionsprozesse und insbesondere die rechtliche Umsetzung bei GP Transaktionen sind deutlich individueller ausgestaltet als bei LP Transaktionen. Neben der wirtschaftlichen Einschätzung zu den einzelnen Beteiligungen gilt es die künftige wirtschaftliche und rechtliche Struktur des Nachfolgevehikels zu etablieren, eine faire Kommunikation mit dem Advisory Board des Fonds und den einzelnen Bestandsinvestoren zu führen sowie über das bestehende M&A-Know-how des Fondsmanagers den Verkauf der einzelnen Beteiligungen an das Nachfolgevehikel zu strukturieren. Insbesondere gilt es im gesamten Prozess die inhärenten Interessenskonflikte des Fondsmanagers zu beachten. Diesbezüglich hat insbesondere die globale Interessensvertretung der Private Equity Investoren ILPA kürzlich einen wesentlichen Beitrag durch die Veröffentlichung einer grundlegenden „Best Practice" Richtlinie geleistet,[19] welche die grundlegende Prinzipien Transparenz, Vermeidung von Interessenskonflikten und Optionalität für Bestandsinvestoren in den Vordergrund rückt ohne jedoch detaillierte praktische Handlungsempfehlungen zu etablieren um die benötigte situative Flexibilität dieser Transaktionsform nicht einzuschränken. **48**

E. Attraktivität für Investoren

Investoren in Private Equity-Sekundärmarkttransaktionen bietet sich ein historisch sehr attraktives Rendite-Risiko-Profil sowie einige zusätzlich interessante Charakteristika wie ua **49**

[18] § 1.7704-1 CFR, die vereinfacht zusammengefasst die Behandlung der Limited Partnership als eigenes Steuersubjekt (Sec. 7704 IRC) vorsehen mit etwaig entsprechend nachteiligen Konsequenzen für die (Fonds-)Gesellschafter.

[19] https://ilpa.org/wp-content/uploads/2019/04/ILPA-Guidance-on-GP-Led-Secondary-Fund-Restructurings-Apr-2019-FINAL.pdf

ein bestehendes Portfolio aus Beteiligungen, welche das Blindpool Risiko reduzieren, die Möglichkeit selber Einfluss auf die Investitionsgeschwindigkeit und Markttiming zu nehmen, als auch die Chance durch gezielte Zukäufe unter Berücksichtigung des verfügbaren Dealflows die Diversifikation im Portfolio zu steuern.

50 Hierzu ist jedoch eine Voraussetzung, dass Investoren eigene hausinterne Kompetenzen für Sekundärmarkttransaktionen aufbauen und eine kontinuierliche Marktbeobachtung und ein entsprechendes Sourcing betreiben. Die Ressourcenintensität dieser Aufgabe führt dazu, dass für viele Investoren der Weg über Sekundärmarktfonds eine präferierte Lösung darstellt. Diese Fonds können neben der Chance auf eventuell besonders attraktive Einkaufspreise im Portfolioaufbau im Vergleich zu einem Portfolio aus Primärzeichnungen schneller ein diversifiziertes Portfolio aufbauen. Abhängig davon, ob der Investor Diversifikation und Portfolioaufbaugeschwindigkeit oder zusätzliche Renditechancen als Hauptziel seines Investments betrachtet, bieten sich Sekundärmarktfonds mit unterschiedlichen Strategien an, die entweder mit sehr großen Fonds und Teams in der Lage sind, Transaktionen im Milliardenbereich mit sehr breit diversifizierten Portfolien von an die Hundert oder mehr Fondsbeteiligungen zeitnah zu analysieren und zu erwerben, während andere Secondary-Fondsmanager sich auf bestimmte Regionen, Transaktionsgrößen, Strategien in weniger bekannten Fondsbeteiligungen oder GP Transaktionen und Secondary Directs fokussieren, um ihre kompetitiven Vorteile geltend zu machen.

F. Fazit

51 „Every primary is a secondary to happen“ – durch das starke Wachstum des Private Equity Marktes und den Wunsch der Investoren Liquidität in die strukturell illiquide Anlageklasse zu bringen ist das Wachstum des Sekundärmarkt eine natürliche Konsequenz. Die rapiden Entwicklungen in Bezug auf Nachfrage, Kapital, Marktteilnehmern und Transaktionen leisten langfristig einen wichtigen Beitrag zur Gesamtattraktivität der Anlageklasse und sind als Segment in diesem Bereich nicht mehr wegzudenken. Es wurde aufgezeigt, dass das Marktsegment die Ziele aller Marktteilnehmer auf attraktive Art und Weise bedienen kann – sei es die mannigfaltigen Ziele der Verkäuferseite im Sinne von aktiven Portfoliomanagement, Liquidität und steuer- und aufsichtsrechtlichen Zwängen, der GPs im Sinne einer aktiveren Gestaltung ihrer Investorenbeziehungen und Voraussetzungen für die Wertentwicklung einzelner Portfoliounternehmen, sowie im Sinne attraktiver Investitionsmöglichkeiten für Investoren. Dennoch dürfte es auf Sicht ein kaum standardisiertes und für Außenstehende intransparentes Marktsegment bleiben, welches tendenziell an durch Flexibilität und Individualität getriebener Komplexität zunimmt.

§ 8 Co-Investments[1]

Übersicht

[1] Der Verfasser dankt Andrew Beaton, Dr. Peter Nussbaum und Dr. Niklas Ulrich für wertvolle Hinweise.

Literaturverzeichnis

Bain & Company (Hrsg.): Global Private Equity Report 2017, Boston 2017

Bienz, Carsten /Thorburn, Karin S./Walz, Uwe: Coinvestment and risk taking in private equity funds, SAFE Working Paper No. 126, Frankfurt am Main 2016

Boxberger, Lutz/Klebeck, Ulf, Anforderungen an die Vergütungssysteme von AIF-Kapitalverwaltungsgesellschaften, BKR 2013, 441 ff.

Braun, Reiner/Jenkinson, Tim/Schemmerl, Christoph: Adverse Selection and the Performance of Private Equity Co-Investments, Research Paper, München 2018

Eilers, Stephan/Koffka, Nils Matthias/Mackensen, Marcus/Paul, Markus (Hrsg.), Private Equity, 3. Auflage, München 2018

Eisele, Patrick: Wann wir schreiten Seit' an Seit', portfolio institutionell, Ausgabe Nr. 4, April 2017, S. 17 ff.

Fang, Lily/Ivashina, Victoria/Lerner, Josh, The Disintermediation of Financial Markets: Direct Investing in Private Equity, Research Paper, Cambridge, MA 2014

Goodburn, Matthew: Avoiding the pitfalls, Private Equity International, December 2016/January 2017, S. 34 ff.

Gräf, Thomas: Der Funke scheint übergesprungen, VentureCapital Magazin 7/8–2015, 14 ff.

Greene, Daid/Clark, Barton/Coe, Cheryl/FitzGerald, Dean/Kowalczyk, Nancy/Kestenbaum, Adam/Valdez, Yvette/Weeks, Ashley, Marketing non-US private equity funds in the United States: a roadmap through the various regulations and tax implications, Journal of Investment Compliance, Vol. 18 (2017), S. 92 ff.

HarbourVest (Hrsg.), Accessing Co-Investment Deals, Boston 2017

HarbourVest (Hrsg.), The Mechanics of Co-Investing, Boston 2017

Hertz-Eichenrode, Albrecht/Illenberger, Stephan/Jesch, Thomas A./Keller, Harald/Klebeck, Ulf/Rocholl, Jörg, Private-Equity-Lexikon, Stuttgart 2011

Institutional Limited Partners Association (Hrsg.), Private Equity Principles, Version 2.0, Toronto 2011

Institutional Limited Partners Association (Hrsg.), ILPA Principles 3.0: Fostering Transparency, Governance and Alignment of Interest for General and Limited Partners, Washington, DC/Torento 2019

Jensen, Michael/Meckling, William, Theory of the firm, Journal of Financial Economics, Vol. 3 (1976), S. 305 ff.

Jesch, Thomas A., Private-Equity-Beteiligungen, Wiesbaden 2004

Jesch, Thomas A./von Raven, Philipp/Wischermann, Anja: Der Beteiligungsvertrag, Heidelberg 2005

Leleux, Benôit/van Swaay, Hans van/Megally, Esmeralda: Private Equity 4.0, Chichester 2015

McKinsey & Company (Hrsg.), Private markets come of age, New York 2019

McKinsey & Company (Hrsg.), The rise and rise of private markets, McKinsey Global Private Markets Review, New York 2018

MJ Hudson (Hrsg.), Private Equity Co-Investments, London 2017

Monk, Ashby/Sharma, Rajiv/Sinclair, Duncan L., Reframing Finance, New Models of Long-Term Investment Management, Stanford, CA 2017

Moritz, Joachim/Klebeck, Ulf/Jesch, Thomas A.: Frankfurter Kommentar zum Kapitalanlagerecht, Band 1: KAGB, Frankfurt am Main 2016

Münchow, Wolfgang/Striegel, Andreas/Jesch, Thomas A., Management Buy-Out (MBO), Beck'sche Musterverträge, Band 59, München 2008

oV: The importance of being active, Interview mit Florian Kreitmeier, Private Equity International, November 2016, S. 58 f.

Pöllath, Reinhard/Rodin, Andreas/Wewel, Uwe (Hrsg.): Private Equity und Venture Capital Fonds, München 2018

Preqin (Hrsg.), Preqin Special Report: Private Equity Co-Investment Outlook, London 2015

Privcap (Hrsg.), The Co-investment Era, Privcap Reports, New York 2014

Probitas Partners (Hrsg.), Private Equity Institutional Investor Trends for 2019 Survey Results, San Francisco 2018

Schröder, Oliver/Rahn, Alexander, Das KAGB und Private-Equity-Transaktionen – Pflichten für Manager von Private-Equity-Fonds und deren Verwahrstellen, GWR 2014, 49 ff.

Ulrich, Niklas: Private Equity (LBO) vor und nach Inkrafttreten des KAGB, Berlin 2018

Weitnauer, Wolfgang/Boxberger, Lutz/Anders, Dietmar, KAGB, 2. Auflage, München 2017

A. Wirtschaftliche Ausgangsüberlegung

1 Co-Investments wurden schon als „the Wild West of the private equity industry" bezeichnet, womit die relative Uneinheitlichkeit der entsprechenden Strukturen umschrieben werden soll.[2] Nicht nur dies ist Grund genug, ein entsprechendes Kapitel in die 2. Auflage dieser Werker aufzunehmen.

[2] *MJ Hudson,* Private Equity Co-Investments, S. 3.

Kanada 2

Kanadischen Pensionsfonds wird die Vorreiterrolle zugeschrieben, was sog. Co-Investments und deren globale Professionalisierung anbelangt. Diese waren schon Vorreiter, was Direktinvestments anbelangt: Selbst in Deutschland ist bekannt, dass man als Assetmanager zB im Immobilienbereich kanadische Pensionsfonds wie CPP Investment Board oder Ontario Teachers regelmäßig als Co-Investoren außerhalb jeglicher Fondsstrukturen an Bord holen kann, da diese über ein großes Team mit entsprechender Sektorexpertise verfügen.

Abb. 1: Canada Pension Plan Investment Board vollzieht einen Wechsel hin zu mehr Direktinvestments.

CPPIB's direct private equity and natural resources investment value, in Canadian dollars

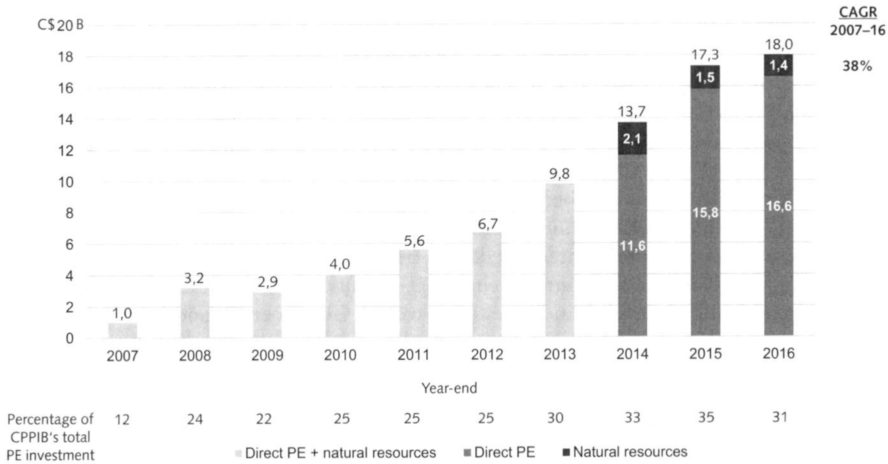

Notes: For fiscal year ending March 31; prior to 2014, only the combined value of direct PE and natural resources was reported

Quelle: CPPIB annual reports / Global Private Equity Report 2017 (Bain & Company)

Asien und die USA 3

Anfang der 2000er-Jahre begannen institutionelle Investoren, sich der Vorteile von Co-Investments stärker bewusst zu werden. Die großen Staatsfonds des Mittleren Ostens (ADIA, Qatar) und die asiatischen Staatsfonds (GIC Private, Temasek) waren wegweisend. Die Pensionsfonds begannen sich zu engagieren, als sie versuchten, ihr Engagement bei alternativen Vermögenswerten in Bezug auf einen Prozentsatz der Gesamtallokation zu steuern. Als die Aktienmarktbewertungen stiegen, fanden diese Investoren heraus, dass Co-Investments eine gute Möglichkeit sind, ihr Engagement in Private Equity zu erhöhen, ohne eine 10-jährige Verpflichtung gegenüber einem Fonds eingehen zu müssen – und so ihr prozentuales Engagement in Private Equity wie vorgeschrieben aufrechtzuerhalten. Dies bedeutete natürlich eine höhere Wahrscheinlichkeit, Transaktionen zu tätigen, wenn die Bewertungen an den öffentlichen Märkten hoch waren – was Cambridge Associates als „Prozyklizität" bezeichnen. Natürlich wurden die Märkte kurz vor der Finanzkrise ziemlich mitgerissen, wobei eine Reihe von sehr schlechten Geschäften abgeschlossen wurden.

2003 gründete Brett Fisher Fisher Lynch Capital. Er hatte zuvor bei GIC Private eine profitable Co-Investment-Praxis kennengelernt.[3] 2006 gewannen Fisher Lynch Capital die 4

[3] *Privcap,* The Co-investment Era, S. 6.

Pensionsfonds der US-Bundesstaaten Oregon und Washington als Limited Partners (LPs) für einen 500 Mio. US-Dollar schweren Co-Investment-Fonds. Einige Jahre später kam zB GE Capital als *early corporate adopter* hinzu, hierzu sogleich.

5 *Europa*

Ein weiterer Vorreiter bei Co-Investments in Europa wie den USA war Andrew Beaton (3i, GE Capital). Bei größeren Transaktionen suchte 3i nach Syndizierungspartnern, die sich typischerweise bei 3i, Citicorp Venture Capital (jetzt CVC), CIN Ventures (jetzt Cinven), Prudential (jetzt Silverfleet), County NatWest Bank (jetzt Bridgepoint) und Schroder Ventures (jetzt Permira) fanden. Es traten weitere Co-Investoren auf den Markt, aber niemand hatte einen großen, dedizierten Fonds, wie sie heute existieren.[4] Somit gab es bei jedem Deal einen Lead- und mehrere Co-Investoren. Der größte Teil des Kapitals wurde zu diesem Zeitpunkt in der eigenen Bilanz abgebildet. Einer nach dem anderen begannen diese Institutionen, selbst Kapital einzuwerben, und schließlich bildeten sich doch dedizierte Teams aus, als der Markt immer anspruchsvoller wurde und Captive-Einheiten als weniger wünschenswert angesehen wurden.

6 Als das Private-Equity-Geschäft wuchs und die Transaktionen größer wurden, als zudem die frühen Fonds allein finanzieren konnten, begannen diese Gruppen und andere, Allianzen zu bilden und „Club Deals" durchzuführen, bei denen sich zwei oder drei eigenständige Gruppen zusammenschlossen und gemeinsam einen Deal finanzierten. Dieser Prozess führte allerdings zu Problemen mit einigen größeren Deals in den Abschwungphasen der späten 90er-Jahre und erneut während der Finanzkrise von 2007 bis 2009. Wenn Private-Equity-Fonds unterschiedliche Bewertungen desselben Vermögens, unterschiedliche Zeitpläne für die Mittelbeschaffung und unterschiedliche Situationen in ihren Fonds hatten (einige konnten eine Investition wegen Gewinnen an anderer Stelle in ihren Portfolios abschreiben, während andere zumindest der Meinung waren, dass sie es nicht konnten), konnten sie sich oft nicht einigen, wie sie Problemdeals refinanzieren sollten.[5] Manchmal führte dies zur Insolvenz des Portfolio-Unternehmens. In jedem Fall führte es dazu, dass Club Deals nunmehr als problematisch angesehen wurden.

7 Bei GE Capital begann man Anfang bis Mitte der 90er-Jahre mit Co-Investitionen, da man über begrenztes Eigenkapital verfügte, aus bilanziellen Gründen nicht mehr als 50 Prozent aller Transaktionen tätigen wollte und in Europa auch nicht das letzte Vertrauen hatte, Deals ohne einen lokalen Partner abschließen zu können. GE Capital hat in Private-Equity-Fonds investiert, um Allianzen zu bilden und Co-Investitionen zu tätigen. Es gab relativ wenige reine Co-Investoren und größere Deals wurden noch als Club Deals strukturiert, wenn der Lead Investor das Ganze nicht finanzieren konnte. GE Capital bevorzugte es, die finale Investitionsentscheidung bei sich zu behalten und so funktionierte das Co-Investment-Modell bis zu einem gewissen Grad. GE Capitals Motivation war nicht, Geld zu sparen – sondern mehr Kontrolle auszuüben.[6]

8 Mittlerweile hat ein respektabler Anteil institutioneller Investoren eine dedizierte Co-Investment-Strategie, welche sich auch in entsprechenden Transaktionen niederschlägt.[7] Der Wachstumstrend bei den Co-Investments hält an.[8] Es wurde bereits vermutet, dass

[4] E-Mail Andrew Beaton vom 15.2.2019.

[5] E-Mail Andrew Beaton vom 15.2.2019.

[6] E-Mail Andrew Beaton vom 15.2.2019.

[7] Eine von Probitas Partners im Oktober 2013 durchgeführte Umfrage ergab, dass von 137 institutionellen Investoren 35 Prozent über eine Co-Investment-Strategie im Bereich Private Equity verfügen – gegenüber 25 Prozent bei einer zwei Jahre zuvor durchgeführten Umfrage. Laut der Palico Marketplace-Datenbank kamen Co-Investments bei mehr als 20 Prozent aller in der Fünf-Jahres-Periode seit 2009 durchgeführten US-Buy-Out-Transaktionen zum Einsatz – gegenüber 5 Prozent für eine vergleichbare Fünf-Jahres-Periode bis 2008, zit. n. *Monk/Sharma/Sinclair,* Reframing Finance, S. 79.

[8] *McKinsey & Company,* The rise and rise of private markets, S. 3. 89 Prozent aller großen institutionellen Investoren in einer Probitas Partners-Umfrage verfolgen aktiv Co-Investments, vgl. *Probitas Partners,* Private Equity Institutional Investor Trends for 2019 Survey Results, S. 37.

mehr als 5 Prozent aller weltweiten Private-Equity-Aktivitäten auf Co-Investments entfallen.[9] Auch Staatsfonds haben diese Spielart mittlerweile für sich entdeckt.[10]

Ranking	**Name**	**Land**	**Total Assets (Mrd. US-Dollar)**	**Est. PE Co-Invest Allocation (as % of Total Assets)**
1	ADIA	UAE	627,0	2
2	CIC	VR China	575,2	7
3	SAFE	VR China	567,9	0,5
4	KIA	Kuwait	386,0	0,3
5	ABP	Niederlande	372,9	1,2
6	NPS	Südkorea	368,5	0,1
7	HKMA	VR China	326,7	k. A.
8	GIC	Singapur	285,0	k. A.
9	CalPERS	USA	281,7	5
10	CPPIB	Kanada	188,9	2,5

(Top 10 der Private-Equity-Co-Investoren 2014, nach *Privcap* (Hrsg.), The Co-investment Era, S. 14)

Worum geht es? Co-Investments können ein Mittel sein, um der Principal-Agent-Pro- 9
blematik[11] zu begegnen: Der General Partner (GP) eines Private-Equity-Fonds könnte geneigt sein, seine Vergütung schlicht dadurch zu erhöhen, dass er per se mehr Kapital einsammelt, um eine höhere Management Fee[12] zu generieren. Auch könnte der GP verführt werden, frühzeitig Exits zu vollziehen, um ein weiteres Fundraising zu erleichtern.[13] Dem könnte man teilweise begegnen, indem den bestehenden LPs die Möglichkeit eingeräumt wird, zusätzlich außerhalb des Fondsvehikels in Transaktionen zu investieren. Das würde das Augenmerk des GPs stärker auf den Erfolg der einzelnen Transaktionen fokussieren.

I. Begriffliche Abgrenzung und Zielszenario

Unter Co-Investments[14] versteht man grundsätzlich gemeinsame Investitionen von Finanz- 10
und strategischen Investoren in Portfolio-Unternehmen außerhalb einer bestehenden Fondsstruktur. Dies geschieht idR parallel mit dem Fonds zu gleichem Zeitpunkt und grundsätzlich gleichen Bedingungen (anteiliger Kaufpreis) wie die Beteiligung des Fonds.[15] Nicht gemeint sind Direktinvestments (Solo Investments), ohne dass ein Fonds überhaupt

[9] Cambridge Associates, zit. n. *Braun/Jenkinson/Schemmerl,* Adverse Selection and the Performance of Private Equity Co-Investments, S. 37.

[10] *McKinsey & Company,* The rise and rise of private markets, S. 5.

[11] Vgl. hierzu umfassend *Jensen/Meckling,* Theory of the firm, Journal of Financial Economics, Vol. 3 (1976), 305 ff.

[12] Vgl. die Ausführungen unter → Rn. 1.2.

[13] *Fang/Ivashina/Lerner,* The Disintermediation of Financial Markets: Direct Investing in Private Equity, 2014, S. 2.

[14] Vgl. hierzu bereits *Jesch,* Private-Equity-Beteiligungen, S. 65 ff.

[15] *Mardini/Nabavi/Biagi* in Rodin/Pöllath/Wewel, Private Equity und Venture Capital Fonds, Glossar, Begriff „Co-Investment". Vgl. auch *Hertz-Eichenrode/Illenberger/Jesch/Keller/Klebeck/Rocholl,* Private-Equity-Lexikon, S. 38.

eine Rolle spielt; Direktinvestments sind noch relativ selten.[16] Allerdings taucht der Begriff auch bei Investitionen aus dem Team eines Private-Equity-Fonds heraus auf, sodass zumindest diese beiden Konstellationen zunächst begrifflich auseinander zu halten sind. Strukturell nicht eingegangen wird vorliegend auf (i) dezidierte Co-Investment Funds, welche Geld poolen, um sodann anderen Fonds zu der Möglichkeit zu verhelfen, weitere Transaktionen zu stemmen[17] und (ii) Parallelfonds (zB für US- und Nicht-US-Investoren, zwischen denen regelmäßig eine Co-Investment-Vereinbarung besteht, wonach die Parallelfonds ihre Investitionen jeweils anteilig nach Höhe ihres Zeichnungskapitals tätigen und sie auch zeitlich gleichzeitig wieder veräußern).[18]

1. Team Co-Investments (§ 2 Abs. 1 Nr. 6 KAGB)

11 Fondsmanager sind idR aufgefordert, über ein nicht unerhebliches eigenes finanzielles Engagement *(skin in the game)* zu signalisieren, dass sie zuversichtlich hinsichtlich der Renditeaussichten der ausgewählten Portfolio-Unternehmen sind. Auch insoweit spricht man von Co-Investments[19], genauer gesagt von Team Co-Investments. Diese können in Deutschland direkt oder zB über eine eigene GmbH & Co. KG dargestellt werden – ggf. auch über das Carry-Vehikel.[20] Wird das Carry-Vehikel für diesen Anlagezweck eingesetzt, ist es ein Anleger. Im Rahmen sog. Spezial-AIF nach dem KAGB müsste das Carry-Vehikel dann grundsätzlich zumindest die Voraussetzungen für semiprofessionelle Anleger iSd KAGB erfüllen (zB mindestens 200.000,00 Euro Kapitalzusage).

12 Die entsprechenden Managementbeteiligungsprogramme können von der Bereichsausnahme zum Investmentvermögen nach § 2 Abs. 1 Nr. 6 KAGB erfasst sein, wenn sie einen hinreichenden Zusammenhang zu einem Beschäftigungsverhältnis aufweisen.[21]

13 Co-Investments sind nicht Bestandteil der Vergütung der Mitarbeiter, sofern die Rendite im Verhältnis zum investierten Kapital nicht über der Rendite der Anleger liegt (dh pro rata auf das investierte Kapital erfolgt).[22] Hierzu muss aber tatsächlich eine Kapitalinvestition vorliegen, dh es müssen eigene Mittel der Mitarbeiter sein, eine Vorfinanzierung seitens der KVG bis zur Rückzahlung der Investition wäre schädlich.[23]

14 Die BaFin sieht Co-Investments der Fondsmanager durchaus positiv, da sich der Fondsmanager im Zweifelsfall zusätzlich anstrengt, wenn er selbst investiert ist. Allerdings seien solche Team Co-Investments iRd jährlichen Abschlussprüfungen auf mögliche Interessenkonflikte zu überprüfen.[24]

---

[16] *McKinsey & Company,* The rise and rise of private markets, S. 24. Während deren Zahlen 2012 – 2017 einen weltweiten Anstieg bei den Co-Investments von etwa 45 Mrd. US-Dollar auf 104 Mrd. US-Dollar zeigen, verharren die Direktinvestments bei ca. 30 Mrd. US-Dollar.

[17] *Eisele,* Wann wir schreiten Seit' an Seit', portfolio institutionell, Ausgabe Nr. 4, April 2017, S. 17. Co-Investment-Vehikel wurden 2015 ff. ua aufgesetzt von Adams Street Partners (Adams Street Co-Investment Fund IV, 2018); Ardian (Ardian Co-Investment Fund V, 2017); Capital Dynamics (Mid-Market Direct IV, 2017); Golding Capital Partners (Golding Infrastructure Co-Investment 2016, 2016); Hamilton Lane (Hamilton Lane Co-Investment Fund III, 2015); HarbourVest (HarbourVest Partners Co-Investment IV, 2017); Industry Ventures (Industry Ventures Direct, 2016, 2016); Lexington Partners (Lexington Co-Investment Partners IV, 2017).

[18] *Schwarz van Berk* in Rodin/Pöllath/Wewel, Private Equity und Venture Capital Fonds, § 13 Rn. 9.

[19] So verwenden zB *Bienz/Thorburn/Walz,* Coinvestment and risk taking in private equity funds, SAFE Working Paper No. 126, 2016, S. 1, den Begriff. Vgl. auch *Ulrich,* Private Equity (LBO) vor und nach Inkrafttreten des KAGB, S. 143.

[20] *Ulrich,* Private Equity (LBO) vor und nach Inkrafttreten des KAGB, S. 232.

[21] *von Livonius/Riedl* in Moritz/Klebeck/Jesch, Frankfurter Komm KapAnlR, Band 1: KAGB, 2016, KAGB § 2 Rn. 22.

[22] ESMA/2013/232 Vergütungsleitlinien, Rn. 12; *Boxberger* in Weitnauer/Boxberger/Anders KAGB § 37 Rn. 22; *Boxberger/Klebeck* BKR 2013, 441 (447); *Gottschling* in Moritz/Klebeck/Jesch, Frankfurter Komm KapanlR, KAGB § 37 Rn. 88.

[23] ESMA/2013/232 Vergütungsleitlinien, Rn. 12.

[24] Zit. n. *Graf,* Der Funke scheint übergesprungen, VentureCapital Magazin 7/8–2015, 14 (15).

Die (bis Mitte 2019 einschlägigen) ILPA-Prinzipien 2.0 sahen im Zusammenhang mit Team Co-Investments vor, dass der Interessengleichlauf zwischen Fondsmanager und Anleger dadurch gefördert wird, dass Fondsmanager Beschränkungen hins. selektiver Co-Investments unterliegen, um ein entsprechendes Rosinenpicken zu vermeiden.[25] In den nunmehr einschlägigen ILPA-Prinzipien 3.0 ist dieser Grundgedanke ebf. abgesichert.[26] **15**

2. LP-Co-Investments

Bei Co-Investments[27] spricht der GP im Falle eines attraktiven, aber für den Private-Equity-Fonds allein zu voluminösen Assets, die bestehenden LPs des Private-Equity-Fonds bzw. Teile von diesen daraufhin an, ob diese zudem direkt in eine bestimmte Zielgesellschaft investieren wollen.[28] Weitere Gründe für eine solche Anfrage können das Erreichen bzw. Überschreiten einer maximalen Zielallokation nach Geographien oder Branchen sein – bzw. die Tatsache, dass ein sonstiger Kapitalabruf zeitweise oder gar nicht mehr möglich ist (Auslaufen der Investmentperiode). **16**

Bei Co-Investments beteiligt sich der LP aktiv in der Phase vor oder kurz nach dem initialen Erwerb – eine aktive Begleitung des Portfolio-Unternehmens durch den LP in der Halte- und Exitphase findet nicht statt. **17**

Bereits dies wirft zB die Frage auf, welche Rolle dem Co-Investor zB bei Add-On-Akquisitionen des Portfolio-Unternehmens während der Haltephase zukommt. Hier könnte man zB vereinbaren, dass beide proportional zur Beteiligungshöhe weitere Mittel zur Verfügung stellen. **18**

Während der Exitphase kommt es immer wieder zu Differenzen zwischen Finanz- und strategischem Investor, was Exitzeitpunkt, Bewertung etc anbelangt. Hier sollten entsprechende Konsens-Mechanismen vorhanden sein, inkl. Drag-along-Pflichten bzw. Tag-along-Rechten.[29] Drag-along-Pflichten sind Mitveräußerungspflichten, meist aus Sicht der Neu- bzw. Minderheitsanteilseigner, Tag-along-Rechte betreffen Mitveräußerungsrechte, meist aus Sicht der Alt- bzw. Mehrheitsanteilseigner.[30] **19**

Welchen Mehrwert bieten LP-Co-Investments aus Sicht des Kommanditisten bzw. LPs? Sie erlauben, Qualitäten des Initiator-Komplementärs bzw. GP viel genauer kennen zu lernen als aus der Sicht des bloß passiven LP.[31] Zudem bieten sie wirtschaftlich eine Ersparnis bei Management Fee und ggf. Carried Interest. **20**

Aus Sicht des GP geht es darum, möglichst langfristige und verlässliche Co-Investoren unter den LPs ausfindig zu machen.[32] LPs, die aus einem Herdentrieb heraus auch einmal Co-Investments angehen wollen – um dann bei ersten Problemen mit der ersten Zielgesellschaft abzuspringen, gehören naturgemäß nicht dazu. **21**

3. Co-Investments iSd §§ 287 KAGB

Für die Frage der Kontrollerlangung nach § 287 KAGB könnte man auch auf Co-Investments abstellen und zB in einem Fall, wo sich vier verschiedene AIF(M)s zu gleichen Teilen an einer Zweckgesellschaft beteiligen in der Satzung der Zweckgesellschaft eine Verein- **22**

[25] Institutional Limited Partners Association, Pivate Equity Principles Version 2.0, S. 6.
[26] Institutional Limited Partners Association, ILPA Principles 3.0, S. 14, 26.
[27] *Ulrich* spricht insoweit von „unechten Co-Investments", vgl. ders., Private Equity (LBO) vor und nach Inkrafttreten des KAGB, S. 40.
[28] *Eisele,* Wann wir schreiten Seit' an Seit', portfolio institutionell, Ausgabe Nr. 4, April 2017, S. 17.
[29] Vgl. bereits *Jesch/von Raven/Wischermann,* Der Beteiligungsvertrag, passim.
[30] *Münchow/Striegel/Jesch,* Management Buy-Out (MBO), S. 147.
[31] *oV:* The importance of being active, Private Equity International, November 2016, S. 58.
[32] *oV:* The importance of being active, Private Equity International, November 2016, S. 59. Dies geschieht regelmäßig im Wege eines frühzeitigen Pre-Qualifying, vgl. Institutional Limited Partners Association, ILPA Principles 3.0, S. 26.

barung iSd § 287 Abs. 1 Nr. 2 KAGB sehen.[33] Abgesehen von der problematischen Frage einer horizontalen wie vertikalen Zurechnung dem Wortlaut nach, haben diese Co-Investments für die vorliegende Begriffsklärung keine Relevanz. Im Folgenden sind vielmehr Co-Investments als LP-Co-Investments zu verstehen.

4. Co-Investments vs. Solo Investments

23 Bei Solo Investments vollzieht ein institutioneller Investor, der typischerweise auch in Private-Equity-Fonds investiert, eine Transaktion allein.[34] Co-Investments hingegen werden an der Seite eines Private-Equity-Fonds vollzogen.

5. Co-Investments vs. Club Deals

24 Nicht zu verwechseln sind Co-Investments mit Club Deals.[35] Bei Club Deals schließen sich entweder (i) mehrere Private-Equity-Gesellschaften über ihre jeweils aktiven Fondsgenerationen[36] oder (ii) mehrere, einander oftmals bekannte Investoren idR ohne ein dezidiertes Pooling von Kapitalmitteln zusammen, um eine bestimmte Transaktion durchzuführen. Co-Investments stehen durchaus in Konkurrenz zu Club Deals, wenn es um die Kapitalbeschaffung für größere Transaktionen geht.[37] In jüngster Zeit scheinen die Co-Investments die Club Deals weitestgehend verdrängt zu haben.[38]

6. LP-Co-Investment eines deutschen Family Office bei einem Sponsor Fund (Limited Partnership)

25 Strukturell soll vorliegend für die weitere Analyse vom LP-Co-Investment eines deutschen Family Office in der Rechtsform der GmbH bei einem Sponsor Fund (Limited Partnership) ausgegangen werden.

26 Die Grundstruktur möge sich für die indirekte (eigenes Co-Invest-Vehikel) wie direkte Beteiligung (direkt an der Zielgesellschaft, wenn auch über eine „Holding Company") wie folgt darstellen:

33 *Ulrich,* Private Equity (LBO) vor und nach Inkrafttreten des KAGB, S. 529.

34 *Fang/Ivashina/Lerner,* The Disintermediation of Financial Markets: Direct Investing in Private Equity, Cambridge, 2014, S. 1.

35 S. hierzu *Zetzsche* in Assmann/Wallach/Zetzsche KAGB § 1 Rn. 95.

36 Hier gilt es, ggf. kartellrechtliche Beschränkungen zu beachten, vgl. *Braun/Jenkinson/Schemmerl,* Adverse Selection and the Performance of Private Equity Co-Investments, S. 4.

37 *Goodburn,* Avoiding the pitfalls, Private Equity International, December 2016/January 2017, S. 34, 40.

38 McKinsey & Company, Private markets come of age, S. 37.

Abb. 2: Indirekte Co-Investments

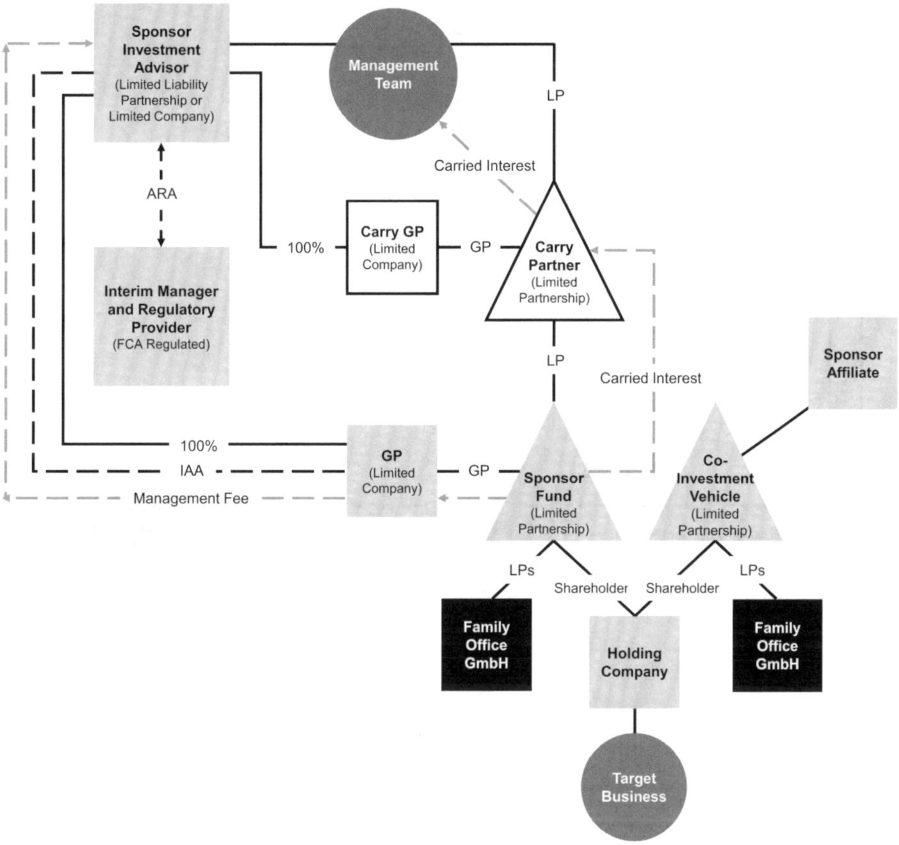

Quelle: In Anlehnung an MJ Hudson (2017): Private Equity Co-Investments, S. 21.

Abb. 3: Direkte Co-Investments

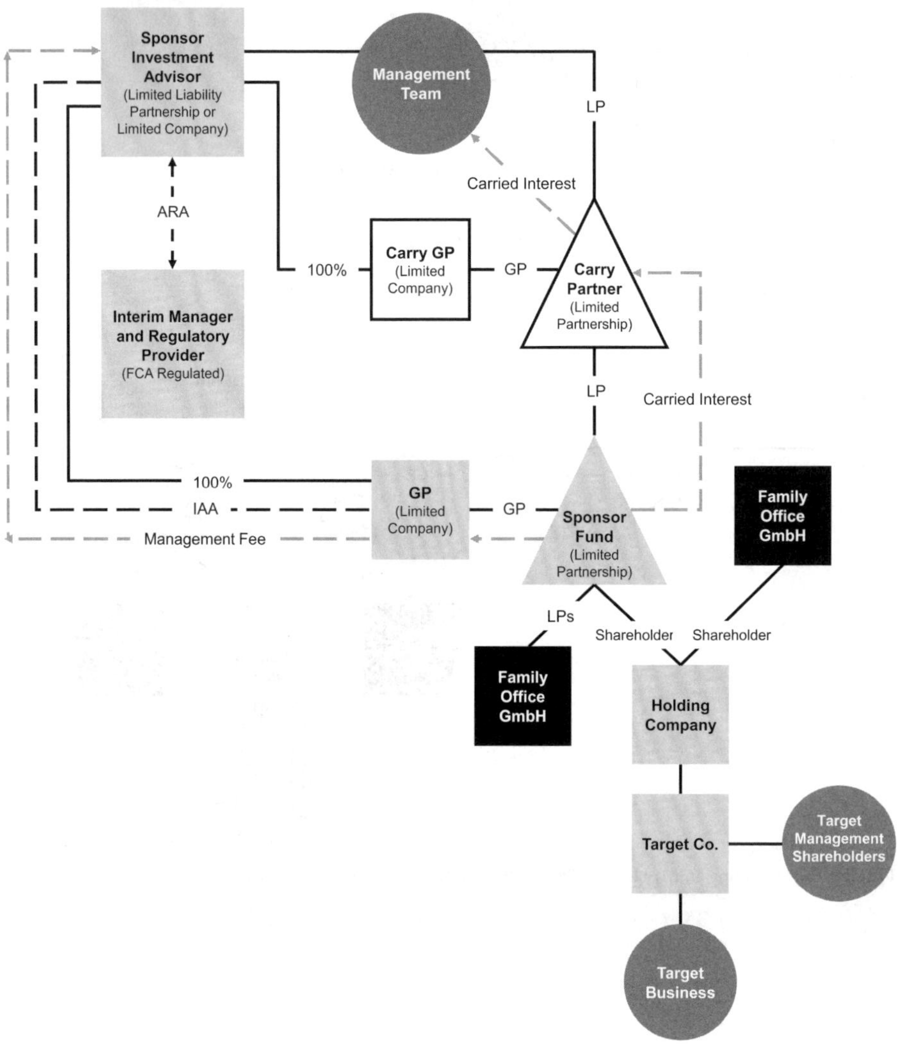

Quelle: In Anlehnung an MJ Hudson (2017): Private Equity Co-Investments, S. 23.

27 Eigene Co-Investment-Vehikel können selbst Investmentvermögen iSd KAGB darstellen.[39] Diesbezüglich ist relevant, ob die Investoren des Co-Investment-Vehikels exklusiv aus dem Gesellschafterkreis des Fonds rekrutieren und ob sie die Konditionen ihrer Beteiligung am Co-Investment-Vehikel aktiv miteinander aushandeln. Ist letzteres der Fall, dürfte es am Kriterium des Kapitaleinsammelns fehlen. Ein Kapitaleinsammeln ist jedenfalls auch fraglich, wo der Investor aktiv zusätzliches Kapital bereitstellt.[40] Wird ein Co-Investment-

[39] *El-Qalqili/Volhard* in Rodin/Pöllath/Wewel, Private Equity und Venture Capital Fonds, § 4 Rn. 43; *Ulrich,* Private Equity (LBO) vor und nach Inkrafttreten des KAGB, S. 292.

[40] So weiter differenzierend nach Co-Investoren-Zusage vs. Co-Investoren-Anwerbung *Ulrich,* Private Equity (LBO) vor und nach Inkrafttreten des KAGB, S. 234.

Vehikel nur für einen Investor strukturiert, so scheidet es aus dem Begriff der Kollektivanlage aus.[41] Dagegen dürfte eine Qualifikation als Investmentvermögen in Frage kommen bei Anwerbung externer Co-Investoren oder wenn ein echter Co-Investment-Fonds für eine Vielzahl von Transaktionen aufgelegt wird.[42] In den USA hat vor geraumer Zeit die SEC daran aufsichtsrechtlichen Anstoß genommen, dass Anleger oftmals nicht ausreichend über Co-Investments in Fondsobjekte informiert seien.[43]

Co-Investment-Vehikel können aus Gründen der steuerlichen Optimierung als reine Holdinggesellschaften zB in Irland, Luxemburg oder den Niederlanden strukturiert werden („direkte Investitionsstruktur"). Diese Holdinggesellschaften halten dann – ggf. über mehrere Zwischengesellschaften – die Anteile der Co-Investoren an der eigentlichen operativen Zielgesellschaft.[44] Diese direkte Investitionsstruktur bietet sich an, wo Co-Investoren eine relativ aktive Rolle – auch iRe Mehrheitsbeteiligung – spielen wollen und ggf. selbst über hinreichende Due-Diligence-Kapazitäten verfügen.[45] **28**

Hierbei handelt es sich idR um Körperschaften/Kapitalgesellschaften, welche sich in steuerlicher Hinsicht durch eine Blockerfunktion auszeichnen, dh gewerbesteuerlich unschädliche Einkünfte aus Kapitalvermögen vermitteln. Diese körperschaftlichen Strukturen kennen weder Management Fee noch Carried Interest.[46] **29**

Im angelsächsischen Bereich finden *sich co-investment partnerships* in der Rechtsform der *closed-ended limited partnerships* (zB Jersey/Guernsey, „indirekte Investitionsstruktur").[47] Diese Co-Investment-Vehikel werden regelmäßig in der gleichen Jurisdiktion wie das Haupt-Fonds-Vehikel aufgesetzt.[48] Über diese indirekte Investitionsstruktur können ein oder mehrere Portfolio-Unternehmen gehalten werden.[49] Indirekte Investitionsstrukturen geben regelmäßig dem GP ein Mehr an Kontrolle, für die Co-Investoren ist keine aktive Rolle vorgesehen.[50] Die Co-Investment-Vehikel können aus Sicht deutscher institutioneller Investoren zB über offene inländische Spezial-AIF mit festen Anlagebedingungen adressiert werden. **30**

Die Co-Investment-Vehikel verfügen nicht notwendigerweise über eine feste Laufzeit. Wird eine solche gleichwohl festgelegt, beschränkt sich die Laufzeit regelmäßig auf 7–10 Jahre nach dem First Closing. Eine eigene Investitionsperiode hat das Co-Investment-Vehikel nicht, da Anteile an den Portfolio-Unternehmen regelmäßig schon vom Haupt-Fonds-Vehikel erworben wurden und sodann an das Co-Investment-Vehikel weitergegeben werden („Warehousing"). **31**

Wichtig ist, dass die Gründungskosten für das Co-Investment-Vehikel entweder direkt von den LPs getragen oder zumindest getrennt abgerechnet werden und am Ende nicht beim Fonds selbst auflaufen.[51] **32**

II. Übliche Vergütungsstrukturen

Eines steht fest: Der GP erhält iRv Co-Investments eine signifikant niedrigere Vergütung als für Investments innerhalb der Fondsstruktur. Sowohl Management Fee (üblicherweise 2 Prozent auf das *committed capital*) wie Carried Interest (20 Prozent) entfallen im Extremfall **33**

[41] *Ulrich*, Private Equity (LBO) vor und nach Inkrafttreten des KAGB, S. 234 mwN.
[42] *Ulrich*, Private Equity (LBO) vor und nach Inkrafttreten des KAGB, S. 234.
[43] *Gräf*, Der Funke scheint übergesprungen, VentureCapital Magazin 7/8–2015, 14 (15).
[44] *Koffka* in Eilers/Koffka/Mackensen/Paul, Private Equity, Kap. III. 3., Rn. 13; *Ulrich*, Private Equity (LBO) vor und nach Inkrafttreten des KAGB, S. 291 Fn. 280.
[45] *MJ Hudson*, Private Equity Co-Investments, S. 24.
[46] *MJ Hudson*, Private Equity Co-Investments, S. 25.
[47] *MJ Hudson*, Private Equity Co-Investments, S. 17.
[48] *MJ Hudson*, Private Equity Co-Investments, S. 34.
[49] *MJ Hudson*, Private Equity Co-Investments, S. 20.
[50] *MJ Hudson*, Private Equity Co-Investments, S. 22.
[51] *Gräf*, Der Funke scheint übergesprungen, VentureCapital Magazin 7/8–2015, 14 (18).

komplett. Eine gesonderte Management Fee für den GP würde auch dessen Fokus zu Lasten der Fondsinvestments zu sehr auf die Co-Investments lenken.[52]

34 Das Angebot zu Co-Investments wird in Zeiten umkämpfter Management Fees auch als bedingter Discount angesehen, der anders als eine von vornherein reduzierte Management Fee nicht unbedingt liquiditätswirksam wird.[53] Dezidierte Co-Investment Funds rufen jährliche Management Fees von 0,8 Prozent und einen Carried Interest von 10 Prozent auf.[54]

III. Investoren mit signifikantem Zeichnungsanteil, eigener Sachkenntnis und Deal-Origination-Potential

35 Die eigene Sachkenntnis sollte auch Ausfluss einer intensiven und frühzeitig begonnenen Due Diligence[55] seitens des LP sein – hierin liegt ein Schlüssel zur Renditesteigerung.[56] In die Due Diligence für ein mögliches Co-Investment wird der LP zumindest dann regelmäßig einbezogen werden, wenn er über sektorspezifisches Know-how verfügt.[57] Dies macht natürlich nur Sinn, wenn der LP ein eigenes Deal Team vorhalten kann. Insbesondere, was Bewertungsfragen anbelangt, dürfte der LP ansonsten ins Hintertreffen geraten.

36 Neben der Sachkenntnis meist in Sektorensicht kann eine regionale Expertise des LP den GP zB auch hinsichtlich der lokalen regulatorischen Rahmenbedingungen unterstützen, wenn kein GP-Büro in der Region besteht.[58]

IV. Empirische Betrachtung: Verbreitung von Co-Investments nach Fonds- und Investorenart

1. Fondsart

37 **a) Small/Mid-Cap Buy-Out.** Um eine Transaktion in diesem Bereich zeiteffizient über die Bühne zu bringen, suchen GPs teilweise Co-Investoren, um eine Finanzierungslücke zu überbrücken, ohne dass diese eine weitergehende Funktion wie zB als Co-Underwrite/Co-Sponsor (vgl. hierzu sogleich unter → Rn. 80) einnehmen.[59] Man teilt sich die Due-Diligence- bzw. schlechtestenfalls auch die Broken-Deal-Kosten. Bei Buy-Outs insgesamt ist für Co-Investments ein Portfolio von ca. zehn Transaktionen notwendig, um eine Netto-Outperformance gegenüber Fondsinvestments zu erzielen.[60]

38 **b) Growth.** Erfahrene Co-Investoren sind bei der Zurverfügungstellung von Growth Equity gefragt. Sie sind ggf. selbst gefragt, wenn es um die Verhandlung von Kaufpreisen und sonstigen Vertragsklauseln geht.[61] Co-Investoren, welche Growth Equity zur Verfügung stellen, agieren regelmäßig als Co-Lead (vgl. hierzu sogleich unter → Rn. 81). Die benötigten finanziellen Ressourcen sind im Vergleich zu Engagements im Bereich Small/Mid-Cap Buy-Out regelmäßig geringer.

---

52 Insofern sehen die ILPA Principles 3.0 vor, dass die Priorität grundsätzlich den Fondsinvestments zu gelten hat, vgl. dortselbst, S. 26.

53 *Goodburn,* Avoiding the pitfalls, Private Equity International, December 2016/January 2017, S. 34, 35.

54 So Berater Detlef Mackewicz von Mackewicz & Partner lt. *Eisele,* Wann wir schreiten Seit' an Seit', portfolio institutionell, Ausgabe Nr. 4, April 2017, S. 18.

55 Die Due Diligence vor Beteiligungserwerb gehört beim GP/AIFM auch nach Art. 19 Abs. 1 lit. d AIFM-VO zum materiellen Pflichtprogramm, vgl. *Schröder/Rahn* GWR 2014, 49 (49 f.).

56 *oV,* The importance of being active, Private Equity International, November 2016, S. 59.

57 *MJ Hudson,* Private Equity Co-Investments, S. 9.

58 Ein Beispiel unter vielen war das regionale Know-how, welches ATP bei Bain Capitals Erwerb von Nets für Dänemark beisteuern konnte.

59 *HarbourVest,* Accessing Co Investment Deals, S. 2.

60 *Braun/Jenkinson/Schemmerl,* Adverse Selection and the Performance of Private Equity Co-Investments, S. 8.

61 *HarbourVest,* Accessing Co-Investment Deals, S. 2.

c) Distressed/Turnaround. Schreibt man das Auseinanderdriften der Anforderungen an spezifische Fähigkeiten (mehr) und finanzielle Ressourcen (weniger) weiter fort, so landet man bei Co-Investments im Bereich Distressed/Turnaround. Neben wirtschaftliche Überlegungen tritt auf Seiten potentieller Co-Investoren regelmäßig auch jene nach der Außenwirkung eines solchen Engagements. Wie kommt es in der Öffentlichkeit an, wenn ein Portfolio-Unternehmen, an dem ein deutscher Pensionsfonds beteiligt ist, in die Pleite rutscht? Insofern sind indirekte Beteiligungen über Co-Investment-Fonds allerdings unverdächtig.[62] **39**

2. Investorenart

Es gibt zB im Kreis der Family Offices solche, welche 50 Prozent ihrer „Fondsinvestments" über Co-Investments bestreiten.[63] Die Studie von *Braun* et al. findet allerdings keine Unterschiede in den erzielten Renditen, was die Investorenart (zB Versicherungsunternehmen, Pensionsfonds resp. *pension funds* oder Stiftungen) anbelangt.[64] Allerdings erzielen danach – wenig überraschend – Investoren mit vorheriger Co-Investment-Erfahrung höhere Renditen.[65] Auch haben (wohl US-) Pensionsfonds den längsten und von der Transaktionsanzahl her umfangreichsten Track Record.[66] **40**

V. Vor- und Nachteile aus LP-Sicht

1. Höhere Renditen

Ob sich über Co-Investments belastbar höhere Renditen erzielen lassen[67], ist empirisch noch nicht nachgewiesen.[68] Preqin hat 2014 eine Umfrage unter LPs durchgeführt, wonach sich bei 2/3 die Erwartung an bessere Renditen über Co-Investments erfüllt haben.[69] Laut einer jüngeren Preqin-Studie haben 46 Prozent der LPs eine Outperformance gegenüber den Fondsinvestments von mehr als 5 Prozent (wohl Prozentpunkte) realisieren können, nur 3 Prozent verzeichneten eine Underperformance.[70] **41**

Schematisch kann man zB davon ausgehen, dass bei einer Transaktion eines Private-Equity-Fonds, die einen Brutto-Multiple von 2,4x ausweist, der entsprechende Netto-Multiple bei 1,8x liegt. Bei einem Co-Investment Fund würde der Netto-Multiple dagegen bei etwa 2,0x liegen.[71] Auch die auf umfangreichem Datenmaterial beruhende Studie von *Braun* et al. bestätigt eine Netto-Outperformance von Co-Investments gegenüber Fondsinvestments.[72] Diese sei signifikant bei Portfolios einer vernünftigen[73] Größenordnung. So falle das Risiko eines Verlusts bei einem Co-Investment-Portfolio von 12 Positionen auf **42**

---

[62] *Privcap,* The Co-investment Era, S. 7.

[63] Jean-Francois Le Ruyet, Partner bei Quilvest Private Equity, gehört offenbar dazu, zit. bei *Eisele,* Wann wir schreiten Seit' an Seit', portfolio institutionell, Ausgabe Nr. 4, April 2017, S. 18.

[64] *Braun/Jenkinson/Schemmerl,* Adverse Selection and the Performance of Private Equity Co-Investments, S. 7, 26.

[65] *Braun/Jenkinson/Schemmerl,* Adverse Selection and the Performance of Private Equity Co-Investments, S. 8.

[66] *Braun/Jenkinson/Schemmerl,* Adverse Selection and the Performance of Private Equity Co-Investments, S. 43. Zu deren Regulierung im Bereich der Private-Equity-Investitionen vgl. *Greene/Clark/Coe/FitzGerald/Kowalczyk/Kestenbaum/Valdez/Weeks* Journal of Investment Compliance Vol. 18 (2017), 92 (99 f.).

[67] Dies vermuten *Leleux/Swaay/Megally,* Private Equity 4.0, S. 226.

[68] *Monk/Sharma/Sinclair* beschreiben die bisherigen Forschungsresultate in dieser Hinsicht als „mixed", vgl. Reframing Finance, S. 78.

[69] Zit. bei *Eisele,* Wann wir schreiten Seit' an Seit', portfolio institutionell, Ausgabe Nr. 4, April 2017, S. 19.

[70] *MJ Hudson,* Private Equity Co-Investments, S. 9.

[71] So wiederum Berater Detlef Mackewicz von Mackewicz & Partner in einem Rechenbeispiel, vgl. *Eisele,* Wann wir schreiten Seit' an Seit', portfolio institutionell, Ausgabe Nr. 4, April 2017, S. 19.

[72] *Braun/Jenkinson/Schemmerl,* Adverse Selection and the Performance of Private Equity Co-Investments, S. 35 ff.

[73] Vgl. hierzu → Rn. 47.

1:50.[74] Das Problem einer *adverse selection* seitens der offerierenden GPs stelle sich tatsächlich nicht.

43 Allerdings wurde andererseits vermutet, dass ein Pool aller den LPs eines Fonds angebotenen Co-Investments gegenüber den reinen Fondsinvestments – korrigiert um Fees – eine leichte Underperformance aufweist.[75] Dies macht die Fähigkeit zur Selektion seitens des LPs essentiell, insbesondere bei im Vergleich zu den reinen Fondsinvestments signifikant größeren Transaktionen (um den Faktor 2x–3x). Eine entsprechende Sektorexpertise des GP kann hier wiederum als Risikoversicherung wirken.

44 Wie könnte sich eine Underperformance erklären lassen? Zum einen könnten GPs letztlich doch dazu neigen, nicht eben die erfolgversprechendsten Zielgesellschaften auch über Co-Investments zu finanzieren.[76] Sodann könnten die für diese Co-Investments allokierten zeitlichen Ressourcen ebenfalls hinter denen für die erfolgversprechendsten Zielgesellschaften zurückstehen.[77]

2. Niedrigere Gebühren

45 GPs erhalten im Fall von Co-Investments eine signifikant reduzierte bzw. überhaupt keine Management Fee.[78] Zudem, was für die Motivation der GPs noch schwieriger sein dürfte, wird auch nur ein signifikant reduzierter bzw. überhaupt kein Carried Interest gewährt. Aus Sicht der LPs ist dies zunächst positiv, niedrigere Gebühren schlagen sich grundsätzlich in einer höheren Netto-Rendite nieder.

3. Erhöhtes Risiko

46 Für den LP weisen Co-Investments ein gegenüber den Fondsinvestments erhöhtes Risiko auf. Zum einen dahingehend, ob für jede Transaktion der richtige Lead Investor agiert. Zum anderen, was die Qualität der Transaktion selbst anbelangt.[79] Es zeigt sich gelegentlich, dass LPs sehr nervös werden, wenn bei Co-Investment-Transaktionen die Zielgesellschaft zB Covenants bricht und innerhalb kürzester Zeit eine weitere Liquiditätszufuhr notwendig wird. Manch LP steigt dann aus und überlässt spätere Renditen den verbleibenden Co-Investment LPs.[80]

4. Geringere Diversifikation

47 Co-Investments erhöhen die Konzentration auf einzelne Vermögensgegenstände, was grundsätzlich risikoerhöhend wirkt. Dies um so mehr, wenn dem Co-Investor Mehrheitsanteile an der Zielgesellschaft angeboten werden, was generell als ungewöhnlich gelten darf.[81]

5. Fehlende Unabhängigkeit des Advisory Board

48 Dort wo sich das Advisory Board des Private-Equity-Fonds überwiegend oder sogar vollständig aus aktiven Co-Investoren zusammensetzt, wird deren Augenmerk und Engagement regelmäßig auch überwiegend den Co-Investments gelten. Damit würde deren

[74] Zit. n. McKinsey&Company, Private markets come of age, S. 86.

[75] *Goodburn,* Avoiding the pitfalls, Private Equity International, December 2016/January 2017, S. 34, 35. So auch das Ergebnis von *Fang/Ivashina/Lerner,* The Disintermediation of Financial Markets: Direct Investing in Private Equity, Cambridge, 2014, S. 3 f., insbesondere für den Venture-Capital-Bereich.

[76] Die ILPA Principles 3.0 erlauben aber die Erhebung einer „Co-Investment Fee", vgl. dortselbst S. 13".

[77] *Monk/Sharma/Sinclair,* Reframing Finance, S. 79.

[78] Das Problem der *adverse selection* wird aber mittlerweile als vernachlässigenswert gesehen, vgl. *McKinsey&Company,* Private markets come of age, S. 4, 34.

[79] *Goodburn,* Avoiding the pitfalls, Private Equity International, December 2016/January 2017, S. 34, 36.

[80] *Goodburn,* Avoiding the pitfalls, Private Equity International, December 2016/January 2017, S. 34, 36.

[81] *MJ Hudson,* Private Equity Co-Investments, S. 10.

Unabhängigkeit in Frage gestellt, was die Vertretung der Interessen sämtlicher LPs anbelangt.[82]

VI. Vor- und Nachteile aus GP-Sicht

1. Erhöhte Liquidität

Vertragliche Restriktionen, Leverage-Beschränkungen im einschlägigen Vertragswerk oder **49**
nicht im ausreichenden Maße verfügbares Fremdkapital können den GP bei Transaktionen vor Herausforderungen stellen. Co-Investoren können gleichwohl die Durchführung der Transaktion sicherstellen. Dies sollte aber nicht zu großzügig zum Vernachlässigen der Konzentrationslimite für den Private-Equity-Fonds selbst verführen.[83]

2. Beschleunigtes Fundraising

In Zeiten, wo das Fundraising sich selbst bei einigen eingeführten Private-Equity-Marken **50**
über zwei oder mehr Jahre hinzieht, müssen zB die First-Timer unter den GPs für ihre Strukturen besonders attraktive Konditionen anbieten. Das Anbieten von Co-Investment-Rechten kann insoweit das Fundraising beschleunigen.

3. Verbesserte LP-GP-Beziehungen

Ein *alignment of interests* kann bei Co-Investments leichter als über Fondsinvestitionen **51**
dargestellt werden. Die hier gewonnene Augenhöhe sollte sich auch positiv auf das langfristige Verhältnis und damit ein Zusammenwirken in- und außerhalb zukünftiger Fondsgenerationen auswirken.

4. Vier-Augen-Prinzip

Gerade für die erwähnten First-Timer dürfte es äußerst wertvoll sein, wenn Co-Investoren **52**
mit einem eigenen spezifischen Track Record ihre Kenntnisse iRd Due Diligence und darüber hinaus einbringen. Dies gleicht im Zweifelsfall eine fehlende/reduzierte Management Fee aus, kann man doch insoweit eigene Ressourcen ggf. schonen.

5. Erhöhter Aufwand

Co-Investments erfordern einen erhöhten Koordinierungsaufwand zwischen den beteilig- **53**
ten Parteien. Co-Investoren verlangsamen damit auch den Transaktionsprozess.[84] Dies ist insbesondere der Fall, wenn (i) verschiedenen LPs gleichartige Co-Investment-Rechte eingeräumt wurden und parallel zu klären ist, wer in welchem Umfang beteiligt wird und (ii) als Bestandteil dieser Entscheidung sich seitens der Co-Investoren aufwändige interne Genehmigungsprozesse hinsichtlich der Zurverfügungstellung des Kapitals anschließen.

6. Niedrigere Gebühren

Was für den LP (bis zu einem gewissen Grad) positiv ist, ist für den GP zunächst einmal **54**
rechnerisch negativ: Für das Co-Investment wird keine oder nur eine reduzierte Management Fee vereinnahmt. Allerdings werden auch die Co-Investoren ein Interesse daran haben, den GP hier sprichwörtlich „auf seine Kosten" kommen zu lassen, da anderenfalls

---

[82] *MJ Hudson,* Private Equity Co-Investments, S. 11.

[83] Hier sind die Commitments je Transaktion regelmäßig auf 10–20 Prozent des Fondskapitals beschränkt, vgl. *Leleux/Swaay/Megally,* Private Equity 4.0, S. 226.

[84] Dies ergab eine 2014 von Preqin unter GPs durchgeführte Umfrage, zit. n. *Monk/Sharma/Sinclair,* Reframing Finance, S. 81. 58 Prozent der befragten GPs nannten diese Verzögerung als Hauptnachteil von Co-Investments.

das Co-Investment vernachlässigt werden könnte. Außerhalb von Management Fees kann dies zB über Acquisition und Monitoring Fees geschehen.

B. Rechtliche Strukturierung

55 Wo und wie schlagen sich die entsprechenden direkten oder indirekten Investitionsstrukturen vertraglich nieder?

I. Vereinbarung im Limited Partnership Agreement

56 Wenn allen LPs Co-Investments angeboten werden, so geschieht das im Limited Partnership Agreement („LPA")[85] auf einer Pro-rata-Basis bezogen auf das *committed capital.*

57 Die entsprechenden Ausgangsformulierungen im LPA können zB folgendermaßen aussehen:

Co-Investment

Subject to the foregoing, if the General Partner determines that the Fund will not participate in a portion of an Investment (e. g., due to legal, regulatory or diversification considerations), the General Partner may, in its sole discretion, give certain Persons (other than the General Partner, its Affiliates and their employees), including Limited Partners or other third parties, an ***opportunity to co-invest*** *in particular Investments alongside the Partnership and any Parallel Funds if it determines that such allocation is in the best interest of the Partnership;*

provided, that when the Limited Partners are given an opportunity to co-invest it shall generally be offered ***pro rata*** *(based upon their participation in the Investment through the Partnership) in an Investment, unless the General Partner determines in good faith that a different allocation is in the best interest of the Partnership, and on the same terms as the Partnership;*

provided further, that the General Partner and its Affiliates shall be permitted to invest in such Investment ***on the same terms*** *as set forth in paragraph X to the extent the Limited Partners do not take advantage of all of their co-investment rights referred to above.*

The ***terms*** *of any such co-investment shall be negotiated by the General Partner and the potential co-investor on a case-by-case basis in their respective sole and absolute discretion;*

provided, that ***no carried interest or management fees*** *shall be charged to the Limited Partners by the General Partner and its Affiliates on any co-investment.*

In the case of co-investment offered to Limited Partners: generally (either generally pursuant to this paragraph Y or specifically pursuant to paragraph Z), all participating Limited Partners shall ***enter and exit all Investments at the same time and on the same terms*** *as the Partnership, and such Investments may be required to be held through a Co-Investment Vehicle.*

Notwithstanding the foregoing, in connection with any co-investment opportunity offered to the Limited Partners (including those pursuant paragraph X. Y. Z), the ***General Partner shall not be obligated*** *to offer such co-investment opportunity to any Partner whose Aggregate Capital Commitment (taken together with the Aggregate Capital Commitments of Partners with which such Partner is affiliated or under common investment management) does not equal or exceed USD 10 million.*

II. Vereinbarung im Side Letter

58 Sollen Co-Investment-Rechte nur selektiv zB bestimmten Cornerstone-Investoren angeboten werden, so wird das mit einzelnen LPs regelmäßig iRd sog. Side Letter vereinbart.[86] Grundsatz ist allerdings, dass allen LPs Co-Investment-Rechte angeboten werden sollen, sodass dann eine Vereinbarung im Side Letter nicht naheliegt.[87]

59 Generell kommt aber auch eine Erwähnung von Co-Investment-Rechten im LPA sowie deren Konkretisierung zB hinsichtlich der Allokation im Side Letter in Betracht.[88] Co-

---

[85] So auch Veith zit. n. *Gräf,* Der Funke scheint übergesprungen, VentureCapital Magazin 7/8–2015, 14 (15).

[86] Teilweise werden LPA und Side Letter gemeinsam als Vertragsgrundlage genannt, vgl. *MJ Hudson,* Private Equity Co-Investments, S. 7.

[87] *Privcap,* The Co-investment Era, S. 12.

[88] *MJ Hudson,* Private Equity Co-Investments, S. 8.

Investment-Rechte werden hierbei seitens des GP regelmäßig jenen LPs eingeräumt, welche (i) einen schlanken Entscheidungsprozess haben, (ii) über sektorspezifische Expertise und (iii) Co-Investment-Expertise verfügen.[89]

Zeitlich sollte der LP regelmäßig in 1–2 Wochen in der Lage sein, das Co-Investment zu bestätigen und das entsprechende Kapital zur Verfügung zu stellen. 3–4 Wochen werden als zu lang betrachtet.[90] **60**

In den USA lässt sich Form ADV-Broschüren entnehmen, ob ein Sponsor im Rahmen seiner Fondsstrukturen Co-Investment-Rechte vorsieht.[91] **61**

III. Inhalte von Term Sheet bzw. Co-Investment Agreement

In dem Moment, in dem einem Investor Sonderkonditionen geboten werden, müssen diese offengelegt werden. Ein Limited Partner, der die Hälfte seines investierten Kapitals nicht über das Fondsvehikel, sondern über ein Co-Investment bestreitet, spart ggf. 50 Prozent an Management Fee und Carried Interest. **62**

Praktisch kann nicht allen LPs ein Co-Investment-Recht bei allen Fondsinvestments eingeräumt werden, sodass entsprechende *priority rights* im Side Letter gewährt werden können[92], die an sachliche Differenzierungsgründe anknüpfen. Dies kann auch einen fixen Prozentsatz an eingegangenen Co-Investments betreffen. **63**

Das (rechtlich überwiegend unverbindliche) Term Sheet bzw. das verbindliche Co-Investment Agreement enthalten als letzte Stufe der konkretisierenden Fortschreibung von LPA und Side Letter regelmäßig die folgenden Klauseln: **64**

1. Key Person

Key Person Clauses tragen dem Sachverhalt Rechnung, dass einzelne Individuen für den Großteil des Erfolges eines Private-Equity-Fonds verantwortlich zeichnen. Diese Tatsache wird evident, wenn sog. First-Time Funds zur Kapitaleinwerbung an den Markt treten. Haben die Initiatoren in Person einen erfolgreichen Track Record, so fällt die Kapitaleinwerbung leicht – anderenfalls verblassen der kollektive Track Record des vorherigen Arbeitgebers wie auch ein gelungener Werbeauftritt. Entsprechende Key Person Clauses finden sich nicht grundsätzlich in der Co-Investment-Dokumentation. Zuweilen werden diese parallel zu den Key Person Clauses in der Sponsor-Fonds-Dokumentation formuliert. Bei Einschlägigkeit des auslösenden Tatbestandes werden zB Follow-On Investments zunächst ausgesetzt bzw. der GP (hier in personalistischer Hinsicht) und/oder der Investment Adviser des Co-Investment-Vehikels ersetzt.[93] **65**

2. For Cause Removal of GP

Eine Ersetzung des GP (wiederum in personalistischer Hinsicht/ggf. als Kopf der gleichnamigen Management-Einheit) kann auch außerhalb einer Key Person Clause erfolgen, zunächst wenn hierfür ein triftiger Grund vorliegt. Ein solcher Grund kann zunächst in der durch ein Gericht bestätigten Kündigung des GP liegen. Ein Vertragsbruch der Zielgesellschaft, zB was *covenants* iRe Finanzierung anbelangt, kann ebenfalls zur Ablösung des GP führen. Die Fristen zur Wirksamwerdung einer solchen Entlassung liegen typischerweise zwischen 10 Tagen und 3 Monaten.[94] Pekuniär ist dem GP gestattet, alle bisher vereinnahmten Vergütungen zu behalten – zukünftige Management und Transaction Fees werden **66**

[89] *MJ Hudson,* Private Equity Co-Investments, S. 14.
[90] *Goodburn,* Avoiding the pitfalls, Private Equity International, December 2016/January 2017, S. 34, 37.
[91] Die ILPA Principles 3.0 legen ene entsprechende Disclosure in den wesentlichen Fund Formation Documents, also LPA, PPM, Form ADV-Broschüren u. ä. nahe, vgl. dortselbst, S. 14.
[92] *MJ Hudson,* Private Equity Co-Investments, S. 10.
[93] *MJ Hudson,* Private Equity Co-Investments, S. 35.
[94] *MJ Hudson,* Private Equity Co-Investments, S. 35.

aber nicht bzw. nur noch teilweise ausgezahlt. Über die Person GP hinaus kann auch der Carried Interest für alle Berechtigten reduziert oder sogar komplett verwirkt werden, wenn der GP abgesetzt wird.

3. No Fault Divorce

67 Grundsätzlich jedes LPA enthält eine sog. No Fault Divorce Clause, nach der die Abberufung des GP (wiederum in personalistischer Hinsicht) ganz unabhängig von einem spezifischen auslösenden Ereignis erfolgen kann. Hierfür ist aber eigentlich immer das Einverständnis (der Mehrheit[95]) der Investoren erforderlich. Einige LPAs erlauben eine No Fault Divorce erst nach einer „Einarbeitungsphase" von zB 2 Jahren.[96] Für die Wirksamwerdung einer solchen Abberufung liegen die Fristen wiederum typischerweise zwischen 10 Tagen und 3 Monaten. Was die Vergütung betrifft, erhält der GP zB noch 1 weiteres Jahr die auf ihn entfallende Management Fee oder zB 3 weitere Jahre Transaction/Monitoring Fees. Die übrigen Carried-Interest-Berechtigten haben für den Fall der No Fault Divorce keine Beschneidung ihrer Vergütung zu befürchten.

4. Anti-Dilution/Co-Investor Protection

68 Das Co-Investment soll materiell im Gleichlauf zum Fonds-Investment stehen. Insofern ist sicherzustellen, dass das Co-Investment-Vehikel immer zeitlich und inhaltlich gleichgerichtet einen Anteil an der Zielgesellschaft erwirbt, die damit verbundenen Rechte tatsächlich ausübt und die Anteile am Portfolio-Unternehmen auch wieder veräußert.[97]

69 Zuweilen findet sich eine explizite Regelung in LPA oder Side Letter, wonach ihr Anteil in Co-Investment-Vehikel wie indirekt am Portfolio-Unternehmen nicht durch die Beteiligung weiterer Investoren verwässert werden darf.[98]

70 Grundsätzlich werden dem Co-Investment-Vehikel alle Transaktionen des Fonds angeboten und der einzelne sich beteiligende Co-Investor kann sodann seinen Pro-rata-Anteil am Co-Investment-Vehikel erhöhen. Was einen möglichen Exit des Portfolio-Unternehmens betrifft, werden die Drag-along-/Tag-along-Regelungen des Beteiligungsvertrages[99] ebf. auf Ebene des Co-Investment-Vehikels gespiegelt, um zB einen finanziell attraktiveren Verkauf der Anteilsmehr- oder Gesamtheit abzusichern.

5. Co-Investor Disclosure and Information Rights

71 Co-Investoren sollen informationsseitig nicht hinter den Fonds-Investoren zurückstehen. Insoweit erhalten sie Quartalsberichte zur Performance des Co-Investment-Vehikels und zusätzlich idR monatliche Informationen zur Entwicklung auf Ebene der Portfolio-Unternehmen.[100]

72 Um den Co-Investor noch weitergehend informiert zu halten, wird – auch in Abhängigkeit von der indirekten Beteiligungshöhe – diesem zuweilen ein Sitz in einem Aufsichtsbzw. Kontrollgremium des Portfolio-Unternehmens eingeräumt. Zusätzliche Informationen können auch die Finanzierung oder Bewertung des Portfolio-Unternehmens betreffen.

73 Für den Fall, dass Co-Investoren selbst Fonds- oder Investmentvehikel sind, lassen sie sich zuweilen unter Akzeptanz entsprechender Vertraulichkeitsregelungen Veröffentlichungsrechte hinsichtlich von Finanzdaten in Bezug auf ihre eigenen Investoren einräumen.[101]

---

[95] Nach den Private Equity Principles der ILPA eine 2/3-Mehrheit, vgl. Institutional Limited Partners Association, ILPA Principles 3.0, S. 20.
[96] *MJ Hudson,* Private Equity Co-Investments, S. 35.
[97] *MJ Hudson,* Private Equity Co-Investments, S. 36.
[98] Vgl. hierzu *Inhester* § 14 Rn. 36.
[99] Vgl. insoweit ebfalls die Ausführungen von *Inhester* § 14 Rn. 60 ff.
[100] *MJ Hudson,* Private Equity Co-Investments, S. 37.
[101] *MJ Hudson,* Private Equity Co-Investments, S. 37.

6. Admission of Further Investors

Die Zulassung weiterer Investoren wird immer an das Einverständnis bestehender Investoren geknüpft werden. Einige LPAs enthalten weitere Beschränkungen und lassen weitere Investoren nur zu, wenn (i) ein Follow-On Investment in ein bestehendes Portfolio-Unternehmen anliegt oder (ii) ein Erwerb von *warehoused assets* des Fonds erfolgen soll.[102] 74

Bei der Zulassung weiterer Investoren ist wiederum sicherzustellen, dass auf der einen Seite der GP seinen ungeschmälerten Carried Interest erhält und auf der anderen Seite der Co-Investor nicht in seinem Anteilsbesitz „verwässert“ wird. 75

7. Follow-On Investments

Wie bei den unter → Rn. 68 ff. erläuterten Anti-Dilution-Regelungen wird auch für Follow-On Investments ein Regelungsgleichlauf mit dem Fonds angestrebt. Hierbei ist zu betonen, dass Follow-On Investments aus Gründen der Diversifikation, wie der Konzentration auf die vielversprechendsten Portfolio-Unternehmen, regelmäßig strengeren Kontrollen als die Erstengagements unterliegen.[103] 76

Die soeben beschriebenen grundsätzlichen vertraglichen Regelungen erfahren dahingehend Modifikationen, dass Co-Investor nicht gleich Co-Investor ist. Unterschiede bestehen zB hinsichtlich Aktivitätsgrad und finanzieller Haftung des Co-Investors. 77

IV. Selective Follower

Der Co-Investor als Selective Follower betreibt selbst in nennenswertem Maß eine zeitlich nachgelagerte aber eigenständige Due Diligence, was die Zielgesellschaft anbelangt.[104] Er entscheidet auf einer Deal-by-Deal-Basis, ob er sich an der jeweiligen Transaktion beteiligt. Der Selective-Follower-Ansatz dürfte der am weitesten verbreitete unter den Co-Investment-Spielarten sein.[105] 78

V. Passive Follower

Passive Follower werden vom GP zum Co-Investment eingeladen, nachdem dieser das Portfolio-Unternehmen bereits erworben hat. Für die angeschlossene High-Level Due Diligence stehen dann maximal noch einige Wochen zur Verfügung.[106] 79

VI. Co-Underwrite/Co-Sponsor

Co-Investoren können sich dazu entschließen, zudem als Co-Underwrite/Co-Sponsor (in der Literatur synonym verwendet) an einer Transaktion zu partizipieren.[107] In dieser Spielart arbeitet der GP idR mit einem einzelnen Co-Investor zusammen. Der Co-Investor in seiner Funktion als Co-Sponsor erfordert von diesem LP ein hohes Maß an Due Diligence in einer frühen Phase der Transaktion.[108] Der Co-Underwrite-Markt ist kontinuierlich gewachsen, zusammen mit den Erfahrungen der LPs. Als besonders herausfordernd gelten PIPE-Transaktionen.[109] 80

---

[102] *MJ Hudson,* Private Equity Co-Investments, S. 37.
[103] *MJ Hudson,* Private Equity Co-Investments, S. 37.
[104] *Preqin,* Preqin Special Report: Private Equity Co-Investment Outlook, S. 9.
[105] 2015 standen die „Selective Follower“ für 59 Prozent aller Co-Investment-Spielarten, vgl. *Preqin,* Preqin Special Report: Private Equity Co-Investment Outlook, S. 9.
[106] *oV:* The importance of being active, Private Equity International, November 2016, S. 59.
[107] *HarbourVest,* The Mechanics of Co-Investing, S. 3.
[108] McKinsey/Company, Private markets come of age, S. 34.
[109] Vgl. hierzu den von *Nussbaum/Rothenfußer* bearbeiteten § 27 in diesem Werk.

VII. Co-Lead

81 Co-Investoren, die sich zudem für einen Co-Lead entscheiden, stellen die Minderheit dar. Sie sind schon im Stadium der Deal Origination tätig, was nur Sinn macht, wenn ein strategischer oder Finanzinvestor in seiner dedizierten Nische aktiv wird. Auch werden die Fondsinitiatoren nur Interesse an einem derart gestärkten Co-Investor haben, wenn er auch klaren strategischen Zusatznutzen darstellen kann.[110]

C. Steuerliche Überlegungen

I. Strukturierung

82 Bei der indirekten Investitionsstruktur ist darauf zu achten, dass die Intermediation nicht zu einer zusätzlichen steuerlichen Belastung führt. Dies kann zB die Gewerbesteuer und die Umsatzsteuer betreffen. Insofern ist grundsätzlich Co-Investment-Vehikeln der Vorzug zu geben, welche steuerlich als transparent behandelt werden. Dies gilt steuerlich zumindest immer, so lange kein Investor droht, steuerliche Qualifikationsmerkmale, insbesondere eine Steuerbefreiung, zu verlieren, wenn er gewerbliche Einkünfte aus der Co-Investment-Struktur vermittelt erhält. Dann würde man eine Blocker-Körperschaft zwischenschalten. Der Co-Investor würde aus dieser Blocker-Körperschaft Dividenden erhalten, welche für seine steuerliche Qualifikation unschädlich sind.

II. Einkunftsbestandteile

83 Welche Einkünfte fließen dem Co-Investor „Family Office GmbH" im Fall eines direkten Co-Investments (vgl. Abb. 3) regelmäßig zu? Laufend dürften dies Dividenden und ggf. Zinseinkünfte sein, bei Veräußerung entsprechende, derzeit steuerlich privilegierte Veräußerungserlöse.

1. Besteuerung von Zinsen oder Dividenden

84 Schüttet die deutsche Holding Company an die Family Office GmbH Dividenden aus, so unterliegen diese bei der Family Office GmbH der Besteuerung in Deutschland. Nach den Regeln des § 8b Abs. 1 KStG iVm § 20 Abs. 1 Nr. 1, Abs. 3 EStG fällt die Körperschaftsteuer aber nur auf 5 Prozent des Gewinns der Holding Company an. Gewerbesteuerlich gilt Vergleichbares über §§ 7 S. 4, 9 Nr. 2a GewStG.

85 Zahlt die deutsche Holding Company Zinsen an die Family Office GmbH, fällt grundsätzlich Körperschaftsteuer und Gewerbesteuer in voller Höhe an.

2. Besteuerung von Veräußerungserlösen

86 Veräußert die Family Office GmbH ihre Beteiligung an der deutschen Holding Company, so greift derzeit noch § 8b Abs. 2, 5 KStG und 95 Prozent der Veräußerungserlöse sind von der Körperschaftsteuer befreit. Diese Privilegierung überträgt § 7 S. 4 GewStG auch auf die Gewerbesteuer.

III. Zusammenfassung

87 Co-Investments setzen sich langsam durch: Was seine Wurzel im Bereich der nordamerikanischen Pensionsfonds hat, ist mittlerweile zum globalen Phänomen unter institutionellen Investoren geworden. In Europa haben insbesondere Vertreter in den nordischen Ländern aktiv entsprechende Teams aufgebaut. In Deutschland besteht noch Raum für Wachstum,

[110] *Preqin*, Preqin Special Report. Private Equity Co-Investment Outlook, S. 9 f.

allerdings muss sich das Vorhalten eines dedizierten Teams auch in Relation zu den eigenen Assets under Management rechtfertigen.

Der Co-Investment-Markt ist in den letzten Jahren mit zunehmender Erfahrung der **88** Investoren gewachsen. Viele Pensionsfonds stehen unter viel größerer Kontrolle hinsichtlich der Gebühren, die sie an die Fondsmanager zahlen, und so ist die Co-Investition zu einer Möglichkeit geworden, diese Gebühren zu senken und gleichzeitig problematische Club Deals zu vermeiden. Die Anleger sind sich der Probleme der „Prozyklizität" bewusst und verwalten ihre Engagements mit mehr Spielraum, um dies zu vermeiden. Insgesamt niedrigere Aktienrenditen der letzten Jahre (und niedrigere Renditen an den Fremdkapitalmärkten) haben die Anleger dazu veranlasst, sich auf die gezahlten Management Fees zu konzentrieren und gleichzeitig zu mehr Co-Investitionen geführt. Außerdem mussten die Gebühren, die von Dachfonds-Anbietern erhoben werden, sinken, was zu Dienstleistungen mit höherem Mehrwert, einschließlich Co-Investitionen, führte.

Rechtlich finden sich die entsprechenden Regelungen international agierender Private- **89** Equity-Fonds im LPA und/oder dem Side Letter. In ihren Grundzügen wurden sie hier dargestellt und kommentiert.

Steuerlich weisen die entsprechenden Strukturen aus Sicht eines deutschen institutionel- **90** len Investors keine Besonderheiten auf, welche einem entsprechenden Engagement hinderlich wären. Die Nachbarn in den Niederlanden (zB ABP und PFZW) machen vor, was im Bereich Private Equity Co-Investments – natürlich auch unter den dortigen regulatorischen Rahmenbedingungen – möglich ist.

§ 9 Fund Reporting, Fund Compliance und Fund Governance

Übersicht

A. Einleitung

1 Dieser Beitrag soll das Pflichten- und Interessengefüge im Kontext der praktisch relevanten Gebiete des Fund Reportings, der Fund Compliance und der Fund Governance erhellen. **Fund Reporting** betrifft die Informationsmitteilung an den steuer- und aufsichtsrechtlichen Schnittstellen von einerseits Kapitalverwaltungsgesellschaften („KVGen") bzw. Private-Equity-Fonds und andererseits Aufsichtsbehörde, Finanzverwaltung bzw. Anleger. Der Übergang zu **Fund Compliance** ist fließend. Unter Compliance versteht man, vereinfacht ausgedrückt, das Vorhalten von Aufbau- und Ablaufstrukturen, einschließlich Verfahren, zum Einhalten von gesetzlichen Regeln sowie unternehmensinternen Vorgaben. Dies ist eine Selbstverständlichkeit, erfordert aber Breiten- und Detailwissen, insbesondere mit Blick auf grenzüberschreitende Strukturen. **Fund Governance** schließlich betrifft die Regeln zu guter Unternehmensführung (Corporate Governance), angewandt auf kollektive Anlageformen. In aller Regel geht es um *best practices.*

2 Im Folgenden soll die Begriffstrias des Kapitels nicht isoliert, sondern holistisch betrachtet werden. Es bietet sich an, zunächst Handels- und Steuerrecht thematisch zu behandeln. Das Aufsichtsrecht folgt im Anschluss. Hierbei wechselt der Darstellungsschwerpunkt von Fund Reporting/Fund Compliance hin zu Fund Governance.

B. Handels- und steuerrechtliche Compliance

3 Private-Equity-Fonds müssen vielfältige handels- und steuerrechtliche Compliance-Themen abdecken. Im Folgenden sollen die wesentlichen Aspekte erläutert werden. Leitbild ist der deutsche Private-Equity Fonds als **vermögensverwaltende GmbH & Co. KG,** an der sich professionelle und semiprofessionelle Anleger iSd KAGB beteiligen (sog. Spezial-AIF iSd KAGB). Nur bei einer KVG mit einer Erlaubnis nach § 20 ff. KAGB besteht die Notwendigkeit, auf die speziellen KAGB-Fondsvehikel (vor allem die geschlossene Investmentkommanditgesellschaft, §§ 139 ff. KAGB) zurückzugreifen. Vgl. dazu ausführlich → § 4 Rn. 5 ff.

I. Rechnungslegung und Bewertung

1. HGB

4 Die Rechnungslegung und Bewertung nach HGB gilt für einen Private-Equity-AIF bzw. einen EuVECA in der Rechtsform einer GmbH & Co. KG nur, wenn er von einer registrierten KVG nach §§ 2 Abs. 4, 44 KAGB bzw. §§ 2 Abs. 6, 337 KAGB verwaltet wird. Eine solche KVG hat für ihre Fonds den Gesamtwert der verwalteten Vermögenswerte jährlich nach HGB sowie ggf. vertraglichen Regelungen zu bewerten (Art. 2 Abs. 6 Delegierte Verordnung (EU) Nr. 231/2013). Die KVG bestimmt einen Stichtag, den sie regelmäßig im Registrierungsantrag festlegt.

5 Die **Aufstellungspflicht** für den Jahresabschluss der deutschen GmbH & Co. KG richtet sich grundsätzlich nach dem HGB. Der Jahresabschluss ist in den ersten drei Monaten des neuen Geschäftsjahres aufzustellen (§ 264 Abs. 1 S. 3 HGB). Gerade im Buy-Out Segment und den dort typischen Mehrheitsbeteiligungen ist weiter zu prüfen, ob nicht auch ein Konzernabschluss aufgestellt werden muss. Ein Konzernabschluss müsste in den ersten fünf Monaten des Konzerngeschäftsjahres aufgestellt werden (§ 290 Abs. 1 S. 1 HGB). Ggf. greift jedoch eine größenabhängige Befreiung (§ 293 HGB). Die Geschäftsführer der Komplementär-GmbH (§ 264a Abs. 2 HGB) müssen den Jahresabschluss grundsätzlich um einen Anhang erweitern sowie einen Lagebericht aufstellen (§ 264 Abs. 1 S. 1 HGB). Das HGB hält zwar größenabhängige Erleichterungsmöglichkeiten wie den Verzicht auf Lagebericht oder Anhang bereit (siehe § 264 Abs. 1 S. 4 und 5 iVm § 264a Abs. 1 HGB). Diese Erleichterungsmöglichkeiten treffen auf Private-Equity Fonds mangels Umsatzerlösen und Mitarbeiter idR auch zu (Kleinstgesellschaften, §§ 267a, 264a HGB). Hiervon wird aber zugunsten der Investoren idR kein Gebrauch gemacht. Auch ist eine Prüfpflicht zwar regelmäßig nicht kraft Gesetzes erforderlich (§ 316 HGB), aber gesellschaftsvertraglich vorgesehen.

6 Der durch die Gesellschafter festgestellte Jahresabschluss und die weiteren Unterlagen sind grundsätzlich spätestens ein Jahr nach dem Bilanzstichtag **offenzulegen** (§ 325 Abs. 1a HGB). Erforderlich ist eine Einreichung beim Bundesanzeiger Verlag und die sich unverzüglich anschließende Bekanntmachung (§ 325 Abs. 2 HGB). IdR machen Private-Equity Fonds hier von einer größenabhängigen Erleichterung Gebrauch, sodass nur die Bilanz einzureichen ist (§ 326 Abs. 2 S. 1 HGB). Für einen Konzernabschluss gilt die gleiche Frist (§ 325 Abs. 3 HGB), eine Erleichterung kommt aber nicht in Betracht. Das Bundesamt für Justiz geht durchaus auch gegen Private-Equity Fonds vor, die Konzernabschlüsse nicht offenlegen.

2. KAGB / KARBV

7 Für AIFs, die als Investmentkommanditgesellschaften (InvKG) strukturiert sind, kommen die Vorschriften des KAGB und der **Kapitalanlage-Rechnungslegungs- und Bewer-**

tungsverordnung (KARBV) zur Anwendung. Die Änderung der KARBV ist zurzeit (Stand: September 2019) immer noch in der Konsultation bei der BaFin.

8 Dies führt ua zu den folgenden **Abweichungen** gegenüber den HGB-Regelungen:

- Bewertung mit dem Verkehrswert und Anwendung besonderer Bewertungsverfahren (§ 168 KAGB, §§ 26 ff. KARBV);[1]
- abweichende Bilanzgliederung (§ 21 Abs. 4 KARBV);
- Ausweis eines unrealisierten Ergebnisses in der GuV („Zeitwertänderung") (§ 22 Abs. 3 KARBV); und
- Darstellung einer (Ergebnis-)Verwendungsrechnung (§ 24 KARBV).

9 Wertmaßstab für die Bewertung ist hier der **Verkehrswert.** Das ist der Betrag, zu dem der jeweilige Vermögensgegenstand in einem Geschäft zwischen sachverständigen, vertragswilligen und unabhängigen Geschäftspartnern ausgetauscht wird (§ 2 Nr. 4 KARBV). Zur Bestimmung des Verkehrswertes der Vermögensgegenstände ist das jeweilige gesetzliche oder marktübliche Verfahren zugrunde zu legen (§ 168 Abs. 1 S. 3 KAGB). Gefordert sind anerkannte Grundsätze für die Unternehmensbewertung (§§ 32 Abs. 1 S. 1, 34 Abs. 2 KARBV). Laut der BaFin kommen insbesondere das Ertragswertverfahren oder ein geeignetes Discounted-Cash-Flow-Verfahren in Betracht.[2] Anwendungsempfehlungen halten die IPEV Valuation Guidelines aus Dezember 2018 bereit,[3] denen auch der europäische Branchenverband Invest Europe folgt.

10 Für die **geschlossene Investmentkommanditgesellschaft** ist spätestens sechs Monate nach Ende des Geschäftsjahres ein Jahresbericht zu erstellen (§§ 158 S. 1, 135 Abs. 1 S. 1 KAGB). Dieser beinhaltet einen Jahresabschluss, einen Lagebericht, eine schriftliche Versicherung der gesetzlichen Vertreter und eine Bestätigung des Abschlussprüfers. Die geschlossene Investmentkommanditgesellschaft hat zwingend einen Lagebericht aufzustellen (§§ 158 S. 1, 135 Abs. 2 S. 2 KAGB, 23 Abs. 1 KARBV). Auch eine Abschlussprüfung ist zwingend vorgesehen (§§ 158 S. 1, 136 Abs. 1 S. 1 KAGB). Für einen Spezial-AIF in der Rechtsform einer geschlossenen InvKG ist keine Offenlegungspflicht vorgesehen. Auch erfolgt insoweit kein Verweis auf das HGB (§§ 158 S. 1, 135 Abs. 2 S. 1 KAGB). Eine Offenlegungspflicht besteht nur für Publikums-AIF in der Rechtsform einer geschlossenen InvKG (§ 160 Abs. 1 KAGB).

II. Steuerliche Mitwirkungs- und Erklärungspflichten

1. Erhöhte Mitwirkungspflichten bei Auslandssachverhalten (§ 90 Abs. 2 AO)

11 Der Pflicht zur Amtsermittlung der Finanzbehörde (sog. Untersuchungsgrundsatz, § 88 AO) steht die Mitwirkungspflicht der Beteiligten nach § 90 AO gegenüber. Bei **Auslandssachverhalten** im Allgemeinen sowie der Beteiligung an ausländischen Fonds im Besonderen gelten erhöhte Mitwirkungspflichten des Steuerpflichtigen (des Anlegers) im Steuer- und Finanzgerichtsverfahren (§§ 90 Abs. 2 AO, 76 Abs. 1 S. 4 FGO). Grund für diese gesteigerten Mitwirkungspflichten ist, dass die Finanzbehörde im Ausland nicht hoheitlich tätig werden darf (Territorialitätsprinzip) und sich allenfalls mühsam auf dem Weg der zwischenstaatlichen Rechts- und Amtshilfe nach § 117 AO behelfen kann.

12 Die **erhöhte Mitwirkungspflicht** betrifft die Pflicht zur Sachverhaltsaufklärung und zur Beschaffung von Beweismitteln (§ 90 Abs. 2 S. 1 AO). Die Beteiligten haben alle für sie bestehenden rechtlichen und tatsächlichen Möglichkeiten auszuschöpfen (§ 90 Abs. 2 S. 2 AO). Der Steuerpflichtige kann sich nicht darauf berufen, dass der Sachverhalt nicht

---

[1] Das gilt unseres Erachtens auch bei Nutzung der geschlossenen InvKG im registrierungspflichtigen Bereich. § 168 Abs. 8 KAGB als Ermächtigungsgrundlage für die Bewertung nach KARBV wird zwar nie explizit in Bezug genommen. Es gelten aber die Verweisketten nach §§ 158 S. 1, 135 Abs. 3 S. 2 iVm § 101 Abs. 1 S. 3 Nr. 1 KAGB sowie §§ 158 S. 1, 135 Abs. 11 KAGB iVm § 21 Abs. 3 KARBV.

[2] BaFin vom 22.7.2013, Begründung zur KARBV zu § 32.

[3] Abrufbar unter www.privateequityvaluation.com/Valuation-Gudelines.

aufzuklären sei oder Beweismittel nicht beschafft werden können, wenn er sich nach Lage des Falles bei der Gestaltung seiner Verhältnisse die Möglichkeit dazu hätte beschaffen oder einräumen lassen können (§ 90 Abs. 2 S. 4 AO).

§ 90 Abs. 2 S. 3 AO bürdet dem Steuerpflichtigen, der möglicherweise Kapitalvermögen in sog. **Steueroasen** angelegt hat, eine erhöhte Mitwirkung bei Ermittlung des Sachverhalts auf (eidesstattliche Versicherung durch den Steuerpflichtigen und Bevollmächtigung der Finanzbehörde zur Geltendmachung von Auskunftsansprüchen). **13**

2. Anzeigepflichten bei Auslandsbeteiligungen (§ 138 Abs. 2 AO)

Konkret bestehen auch **Anzeigepflichten** für inländische Steuerpflichtige (Anleger) gegenüber dem Finanzamt bei **Auslandsbeteiligungen** (§ 138 Abs. 2 AO), um die zutreffende Besteuerung von ausländischen Einkünften sicherzustellen. Inländische Steuerpflichtige sind (natürliche und juristische) Personen, die ihren Wohnsitz, ihren gewöhnlichen Aufenthalt oder die Geschäftsleitung bzw. den Sitz im Geltungsbereich der AO haben. Relevant sind vor allem folgende Tatbestände: **14**

Anzuzeigen ist der Erwerb, die Aufgabe oder die Veränderung einer Beteiligung an **ausländischen Personengesellschaften** (§ 138 Abs. 2 Nr. 2 AO). Ob es sich um eine (ausländische) Personengesellschaft handelt, ist aus deutscher Perspektive zu beurteilen. Die Meldepflicht kann auch von der ausländischen Personengesellschaft, einem Treuhänder oder einer anderen die Interessen der inländischen Beteiligten vertretenden Person wahrgenommen werden, wenn sich mehrere Steuerpflichtige an ausländischen Personengesellschaften beteiligen und die Einkünfte für alle inländischen Beteiligten gem. § 180 Abs. 5 AO einheitlich und gesondert festzustellen sind.[4] Wird der Meldepflicht nicht nachgekommen, treffen jedoch gleichwohl den inländischen Steuerpflichtigen die Rechtsfolgen. **15**

Mitteilungspflichtig ist auch der Erwerb oder die Veräußerung von Beteiligungen an einer **Körperschaft,** Personenvereinigung oder Vermögensmasse mit Sitz und Geschäftsleitung außerhalb des Geltungsbereichs der AO, wenn (i) damit eine Beteiligung von mind. 10 % am Kapital oder am Vermögen erreicht wird oder (ii) die Summe der Anschaffungskosten aller Beteiligungen mehr als 150.000 EUR beträgt. Unmittelbare und mittelbare Beteiligungen sind zusammenzurechnen. Dies ist uE so zu verstehen, dass es einen Erwerbsvorgang durch den deutschen Steuerpflichtigen selbst geben muss.[5] **16**

Die Mitteilung ist grundsätzlich zusammen mit der Einkommensteuer- oder Körperschaftsteuererklärung für den Besteuerungszeitraum, in dem der mitzuteilende Sachverhalt verwirklicht wurde, zu erstatten, **spätestens jedoch bis zum Ablauf von 14 Monaten nach Ablauf dieses Besteuerungszeitraums** (§ 138 Abs. 5 S. 1 AO). Die Frist für die Steuererklärung läuft bereits sieben Monate nach Ablauf des Kalenderjahres ab (§ 149 Abs. 2 S. 1 AO). Die Mitteilungen sollen über den amtlich vorgeschriebenen Datensatz erfolgen. Bis zur Schaffung der technischen Voraussetzungen hierfür sind die Mitteilungen nach dem amtlich vorgeschriebenen Vordruck (BZSt 2) zu erstatten. Auf den Internetseiten des BMF und des BZSt wird darüber informiert, wenn die technischen Voraussetzungen für den Datensatz geschaffen worden sind. **17**

Um ihren Verpflichtungen nachzukommen, sollten Anleger vor Erwerb der Fondsbeteiligung über einen **Side Letter** zum Gesellschaftsvertrag sicherstellen, dass sie alle steuerlich nötigen Informationen vom Fondsmanager erhalten. **18**

---

[4] BMF vom 5.2.2018 – IV B 5 – S 1300/07/10087, BStBl. U 2018, 289, Mitteilungspflichten bei Auslandsbeziehungen nach § 138 Abs. 2 und § 138b AO idF des StUmgBG, Abschn. 1.2.

[5] *Rätke* in Klein, AO, 14. Aufl., S 138 Rn. 15.

3. Feststellung nach § 27 Abs. 8 KStG bei Einlagenrückgewähr und Nennkapitalrückzahlungen

19 Eine unbeschränkt steuerpflichtige Kapitalgesellschaft hat die nicht in das Nennkapital geleisteten Einlagen am Schluss jedes Wirtschaftsjahrs auf dem sog. steuerlichen Einlagekonto auszuweisen (§ 27 Abs. 1 S. 1 KStG). Eine Rückzahlung an die Anteilseigner von diesem Konto ist eine nicht steuerbare **Einlagenrückgewähr** (§ 20 Abs. 1 Nr. 1 S. 3 EStG). Sie mindert die Anschaffungskosten des Anteilseigners und stellt keine Gewinnausschüttung dar.

20 Ausländische Gesellschaften können grundsätzlich nicht zur Führung eines steuerlichen Einlagekontos verpflichtet werden. Beteiligt sich ein Private-Equity-AIF an **EU-/EWR-Körperschaften,** muss der Umweg über eine gesonderte Feststellung einer nicht steuerbaren Einlagenrückgewähr beschritten werden (§ 27 Abs. 8 KStG). Der Antrag auf Feststellung ist von der jeweiligen ausländischen Körperschaft nach amtlich vorgeschriebenem Vordruck (KSt 1-F 27(8)) bis zum Ende des Kalenderjahrs zu stellen, das auf das Kalenderjahr folgt, in dem die Leistung erfolgt ist (§ 27 Abs. 8 S. 4 KStG). Erfolgt keine Feststellung, gilt die Leistung als Gewinnausschüttung (§ 27 Abs. 8 S. 9 KStG). Nennkapitalrückzahlungen von EU-/EWR-Körperschaften gelten ebenso als Gewinnausschüttungen, wenn sie nicht auf gleichem Wege gesondert festgestellt werden.[6] Bei einem vermögensverwaltenden Fonds sind die Anleger daher gut beraten, zB durch einen Side Letter die gesonderte Feststellung der Einlagenrückgewähr bzw. Nennkapitalrückzahlung sicherzustellen. Der Fonds gerät allerdings bei Minderheitsbeteiligungen an der Portfoliogesellschaft an seine Grenzen.

21 Für **Drittstaaten-Körperschaften** ist § 27 Abs. 8 KStG nicht anwendbar. Der BFH hat aber im Jahr 2016 klargestellt, dass eine nicht steuerbare „Einlagenrückgewähr auch von einer Gesellschaft getätigt werden kann, die in einem Drittstaat ansässig ist und für die kein steuerliches Einlagekonto iSd § 27 KStG geführt wird. Dies gilt auch dann, wenn für Gesellschaften aus Drittstaaten ein formelles Feststellungsverfahren für das steuerliche Einlagekonto nach § 27 Abs. 1 bzw. Abs. 8 KStG fehlt"[7]. Diese Rechtsprechung hat der BFH im Jahr 2019 bestätigt.[8] Die Umsetzung durch die Finanzverwaltung bleibt abzuwarten. Selbst im September 2019 wurde die Rechtsprechung noch nicht im BStBl. veröffentlicht.

4. Gesonderte und einheitliche Feststellung von Besteuerungsgrundlagen (§§ 179, 180 AO)

22 Grundsätzlich bildet die Feststellung der Besteuerungsgrundlagen einen nicht selbständig anfechtbaren Teil des Steuerbescheids (§ 157 Abs. 2 AO). **Gesondert festgestellt** hingegen werden die **Einkünfte** und mit ihnen im Zusammenhang stehende andere Besteuerungsgrundlagen, wenn an den Einkünften mehrere Personen beteiligt sind und die Einkünfte diesen Personen steuerlich zuzurechnen sind (§ 180 Abs. 1 S. 1 Nr. 2 lit. a AO). Dies trifft auf Private-Equity-AIF in Gestalt einer vermögensverwaltenden Personengesellschaft zu. Werden die Einkünfte nicht gemeinschaftlich von mehreren Beteiligten erzielt, scheidet eine gesonderte Feststellung aus. Bei mehrstufigen Beteiligungen von Personengesellschaften ist ein mehrstufiges Feststellungsverfahren durchzuführen.[9]

23 **Erklärungspflichtig** ist derjenige, dem der Gegenstand der Feststellung ganz oder teilweise zuzurechnen ist. Adressiert sind die Anteilseigner (§ 181 Abs. 2 S. 2 Nr. 1 AO), aber auch die gesetzlichen Vertreter des Fonds (§ 181 Abs. 2 S. 2 Nr. 4 iVm § 34 AO). Nur einer der Adressaten muss eine Erklärung zur gesonderten Feststellung abgeben (§ 181 Abs. 2 S. 3 AO). Dies ist eine ganz erhebliche Erleichterung im Vergleich zum Regime der

[6] BMF vom 4.4.2016 – IV C 2 – S 2836/08/10002, BStBl. I 2016, 468, Gesonderte Feststellung von Nennkapitalrückzahlungen bei ausländischen Kapitalgesellschaften (§ 27 Abs. 8 KStG).
[7] BFH Urt. v. 13.7.2016 – VIII R 47/13, DStR 2016, 2395 Rn. 28.
[8] BGH Urt. v. 10.4.2019 – I R 15/16, DStR 2019, 1917.
[9] BFH Urt. v. 24.7.2013 – I R 57/11, DStR 2014, 199 Rn. 18, BStBl. II 20116, 633.

Hinzurechnungsbesteuerung (→ Rn. 26). In der Praxis erfolgt die Erklärung regelmäßig durch die gesetzlichen Vertreter des Fonds.

Ist der **ausländische Private-Equity-AIF** als Personengesellschaft strukturiert, hat eine gesonderte und einheitliche Feststellung zu erfolgen, wenn mindestens zwei Steuerinländer am Fonds beteiligt sind (§ 180 Abs. 3 Nr. 1 AO).[10] Die Steuerinländer sind dann erklärungspflichtig, nicht jedoch die Vertreter des ausländischen AIF. In einem Side Letter sollten daher die Zuständigkeit für die Erklärung und der notwendige Informationsfluss geregelt sein. Zur Bestimmung der örtlichen Zuständigkeit für die gesonderte und einheitliche Feststellung von Einkünften ausländischer Personengesellschaften, an denen inländische Gesellschafter beteiligt sind, ist zu prüfen, ob ein Anknüpfungsmerkmal iSd § 18 Abs. 1 AO gegeben ist (Abschn. 13 Nr. 6 AEAO zu § 18 AO). Ist dies der Fall, ist das dort genannte Finanzamt zuständig. Fehlt dagegen ein solches Anknüpfungsmerkmal, ist idR das Finanzamt zuständig, in dessen Bezirk die Beteiligten mit den insgesamt höchsten Anteilen ansässig sind (Abschn. 13 Nr. 6 lit. b AEAO zu § 18 AO). Die inländischen Beteiligten können aber auch eine Person bestellen, die die Interessen der inländischen Beteiligten vertritt. Dann ist das Finanzamt zuständig, in dessen Bezirk die Person ansässig ist. Sowohl eine Bevollmächtigung iSd § 80 AO als auch eine Empfangsbevollmächtigung iSd § 183 AO reichen für sich allein für die Annahme einer die Interessen der inländischen Beteiligten vertretenden Person nicht aus (Abschn. 13 Nr. 6 lit. b AEAO idF v. 31.1.2019 zu § 18 AO). 24

5. Hinzurechnungsbesteuerung (§ 18 AStG)

Eine **Hinzurechnungsbesteuerung** nach dem AStG kommt in Betracht, wenn (i) ein Steuerinländer an einer ausländischen Gesellschaft zu mehr als der Hälfte beteiligt ist *(foreign controlled corporation),* (ii) die Einkünfte dieser Gesellschaft einer niedrigen Besteuerung unterliegen (unter 25 %) und (iii) durch die Gesellschaft passive Einkünfte iSd § 8 AStG vermittelt werden (zB Zinsen). Eine solche Mehrheitsbeteiligung ist nicht erforderlich bei Zwischeneinkünften mit Kapitalanlagecharakter iSd § 7 Abs. 6a AStG. Bei der ausländischen Gesellschaft kann es sich auch nur um eine nachgeschaltete Zwischengesellschaft handeln, die an einer anderen ausländischen Gesellschaft beteiligt ist (§ 14 AStG). 25

Die Besteuerungsgrundlagen für die Hinzurechnung bei Beteiligung mehrerer Steuerinländer werden ihnen gegenüber **gesondert und einheitlich festgestellt** (§ 18 Abs. 1 S. 1 und 2 AStG). Es ist allerdings umstritten, wen die Erklärungspflicht trifft, wenn die Beteiligung an der ausländischen Gesellschaft über eine inländische Personengesellschaft gehalten wird. Im Gesetz heißt es, jeder der an der ausländischen Gesellschaft beteiligten unbeschränkt Steuerpflichtigen und erweitert beschränkt Steuerpflichtigen hat eine Erklärung zur gesonderten Feststellung abzugeben (§ 18 Abs. 3 S. 1 AStG). Eine „Erleichterung" besteht nur in der Möglichkeit der Abgabe einer gemeinsamen Erklärung (§ 18 Abs. 3 S. 2 AStG). Eine vergleichbare Befreiung wie in § 181 Abs. 2 S. 3 AO ist im AStG nicht vorgesehen. Hiervon ausgehend wird entweder der einzelne Gesellschafter oder aber die Personengesellschaft bzw. ihre Geschäftsführung für erklärungspflichtig gehalten. Da die Zwischeneinkünfte der inländischen Personengesellschaft hinzuzurechnen sind,[11] ist unseres Erachtens diese auch erklärungspflichtig. Für eine ausländische Personengesellschaft besteht keine Erklärungspflicht. 26

[10] Abgelehnt zB bei BFH, Urt. v. 11.12.2018 – VIII R 11/16, BeckRS 2018, 43499, Rn. 26.

[11] BMF v. 14.5.2004 – IV B 4 – S 1340 – 11/04, BStBl. I 2004, S. 3, Grundsätze zur Anwendung des Außensteuergesetzes, Rn. 7.3, 18.1.1.2.

III. FATCA/CRS

1. FATCA

27 Der US-amerikanische Foreign Accounting Tax Compliance Act („FATCA") dient der Bekämpfung der Steuerflucht aus den USA und der Erhöhung des Steueraufkommens. Zu diesem Zweck schafft FATCA ein System für den **Austausch von US-steuerrelevanten Informationen** über meldepflichtige Konten. Werden die Informationen über US-Steuerpflichtige in ausländischen Strukturen nicht von den ausländischen Finanzinstituten *(Foreign Financial Institutions, FFIs)* an die US-Bundessteuerbehörde, den *Internal Revenue Service – IRS,* weitergegeben, unterliegen Erträge aus US-Quellen einem 30-prozentigen Quellensteuerabzug. Da eine Meldung direkt gegenüber dem IRS nicht praktikabel ist, hat Deutschland am 31.5.2013 bilateral mit den USA ein sog. Model I-IGA (Intergovernmental Agreement) geschlossen (FATCA-Abkommen).[12] Das FATCA-Abkommen sieht vor, dass die Meldung gegenüber einer Behörde im Inland erfolgt und diese die Informationen an den IRS weitergibt. In Deutschland ist das Bundeszentralamt für Steuern (BZSt) zuständig. Zur Umsetzung des FATCA-Abkommens wurde am 23.7.2014 gem. § 117c AO die FATCA-USA-UmsV erlassen. Zur Auslegung in der Praxis kann auf das BMF-Schreiben „Standard für den automatischen Austausch von Finanzinformationen in Steuersachen" vom 1.2.2017 zurückgegriffen werden.[13]

28 Verpflichtet sind sog. **meldende deutsche Finanzinstitute.** Hierunter fallen auch deutsche KVGen und extern verwaltete Investmentgesellschaften.[14] Fonds in der Rechtsform einer GmbH & Co. KG sind damit erfasst.

29 Für meldende deutsche Finanzinstitute, die US-amerikanische meldepflichtige Konten oder Konten nicht teilnehmender Finanzinstitute führen, besteht zunächst (gleichwohl) die Pflicht, sich **beim IRS** zu **registrieren** und eine sog. Global Intermediary Identification Number (GIIN) zu beantragen (§ 7 Abs. 1 FATCA-USA-UmsG).

30 Der Fonds muss ferner Identifizierungs- und Sorgfaltspflichten einhalten (§ 5 FATCA-USA-UmsG). Erforderlich ist die Identifizierung US-amerikanischer Konten und Konten nicht teilnehmender Finanzinstitute. Die für das damit verbundene **Screening** nötigen Informationen werden in den Zeichnungsunterlagen des Fonds eingeholt. Bei **natürlichen Personen** ist abzufragen, ob diese Person in den USA steuerlich ansässig ist. Ist das der Fall, muss vom Investor eine Selbstauskunft mit seiner US-amerikanischen Steueridentifikationsnummer eingeholt werden (IRS Form W-9).

31 Bei **Gesellschaften** muss das Finanzinstitut feststellen, ob es sich bei dem Kontoinhaber (Anleger) um eine (i) spezifizierte Person der Vereinigten Staaten, (ii) ein deutsches Finanzinstitut oder ein Finanzinstitut eines anderen Partnerstaats, (iii) ein teilnehmendes ausländisches Finanzinstitut, ein FATCA-konformes ausländisches Finanzinstitut oder einen ausgenommenen wirtschaftlich Berechtigten iSd einschlägigen Ausführungsbestimmungen des Finanzministeriums der Vereinigten Staaten, oder (iv) einen aktiven NFFE oder passiven NFFE *(non-financial foreign entity)* handelt. Für diese Begrifflichkeiten bestehen umfangreiche Definitionen im FATCA-Abkommen bzw. für (iii) gibt es Erläuterungen im oben genannten BMF-Schreiben.[15] Unter (iii) fallen zB kleine Finanzinstitute mit lokalem Kundenstamm und bestimmte Organismen für gemeinsame Anlagen. Aktive NFFEs sind, vereinfacht gesagt, operative Unternehmen, passive NFFEs eher Anlagegesellschaften. FATCA-Compliance ohne Hinzuziehung der Definitionen im Einzelfall ist nicht möglich. Im Fall eines passiven NFFE müssen die beherrschenden Personen identifiziert und zu einer

---

[12] BGBl. II 2013, S. 1362.
[13] BStBl. I 2017, S. 305.
[14] BMF v. 1.2.2017 – IV B 6 – S 1315/13/10021:044, BStBl. I 2017, S. 305, Standard für den automatischen Austausch von Finanzinformationen in Steuersachen, Rn. 31.
[15] BMF v. 1.2.2017 – IV B 6 – S 1315/13/10021:044, BStBl. I 2017, S. 305, Standard für den automatischen Austausch von Finanzinformationen in Steuersachen, Rn. 74 ff.

Selbstauskunft angehalten werden. Es soll letztlich geprüft werden, ob es sich bei der beherrschenden Person um einen Staatsbürger der USA handelt oder ob sie in den USA ansässig ist. Die Ermittlung der beherrschenden Personen richtet sich dabei nach den Empfehlungen der FATF.[16] Konten spezifizierter Personen und solcher passiver NFFE, bei denen zumindest eine beherrschende Person ein Staatsbürger der USA oder in den USA ansässig ist, sind meldepflichtig.

Die Meldungen in Bezug auf die meldepflichtigen Konten (zum Umfang, vgl. § 8 FATCA-USA-UmsV) zum Stichtag 31.12. des jeweiligen Kalenderjahres sind bis zum **31. Juli** des folgenden Kalenderjahres nach amtlich vorgeschriebenem Datensatz im Wege der Datenfernübertragung an das BZSt zu übermitteln (§ 8 Abs. 3 FATCA-USA-UmsV). Hierfür stehen mit dem BZStOnline-Portal zur händischen Erfassung der Daten (Einzeldatenübermittlung) und dem Datenaustausch über die ELMA-Schnittstelle im XML-Format (Massendatenübermittlung) zwei verschiedene Datenübermittlungswege zur Verfügung. Für die ELMA-Schnittstelle ist eine vorherige Freischaltung erforderlich (hierzu gehört eine registrierte BZSt-Nummer (beginnend mit BZ oder BX), eine Anmeldung für das Verfahren FATCA im BZSt und eine Freischaltung zur elektronischen Übermittlung von Massendaten für FATCA im BZStOnline-Portal). 32

2. CRS

Der **Common Reporting Standard (CRS)** der OECD ist der globale Standard zum automatischen Austausch von Informationen über Finanzkonten in Steuersachen. Dieser globale Standard lag der in Berlin von der Bundesrepublik Deutschland und 50 weiteren Staaten unterzeichneten mehrseitigen Vereinbarung vom 29.10.2014 zwischen den zuständigen Behörden über den automatischen Austausch von Informationen über Finanzkonten zugrunde. Zusätzlich wurde dieser globale Standard am 9.12.2014 in die EU-Amtshilferichtlinie (RL 2014/107/EU) übernommen. Der CRS wurde durch das Gesetz zum automatischen Austausch von Informationen über Finanzkonten in Steuersachen vom 21.12.2015 (Finanzkonteninformationsaustauschgesetz – „FKAustG") in deutsches Recht transformiert. Zur Auslegung in der Praxis kann auf das BMF-Schreiben „Standard für den automatischen Austausch von Finanzinformationen in Steuersachen" vom 1.2.2017 zurückgegriffen werden.[17] Eine jährlich aktualisierte Liste der teilnehmenden Staaten ist auf der Homepage des BZSt einsehbar. Darunter befinden sich auch Offshore-Fondsjurisdiktionen wie die Cayman Islands und die Britischen Jungferninseln. 33

Verpflichtet sind, wie bei dem FATCA-Abkommen, **meldende deutsche Finanzinstitute.** Investmentunternehmen wie Investmentfonds sind erfasst. Eine Registrierung bei einer Behörde eines ausländischen Staates ist (anders als bei FATCA) nicht erforderlich. 34

Das **CRS-Screening** ist ähnlich wie das FATCA-Screening. Das Screening ist Ausdruck der Sorgfaltspflichten. Das FKAustG stellt insoweit klar, dass Finanzinstitute zur Wahrung der Melde- und Sorgfaltspflichten zu den von ihnen geführten Konten die steuerliche Ansässigkeit des Konteninhabers zu erheben und seinem Konto zuzuordnen haben, unabhängig davon, ob es sich bei dem Kontoinhaber oder dem sonstigen Kunden um eine meldepflichtige Person iSd Melde- und Sorgfaltspflichten nach dem FKAustG handelt (§ 6 Abs. 1 S. 1 FKAustG). Insoweit gelten die von den Finanzinstituten geführten Konten als Konten, für die die Melde- und Sorgfaltspflichten nach dem FKAustG einzuhalten sind; dies schließt auch die Erhebung der Steueridentifikationsnummer ein (§ 6 Abs. 1 S. 2 FKAustG). 35

Bei **natürlichen Personen** ist die steuerliche Ansässigkeit des Kontoinhabers abzufragen. Ist der Kontoinhaber in einem meldepflichtigen Staat steuerlich ansässig, muss die Selbst- 36

[16] FATF, International Standards on Combating Money Laundering and the Financing of Terrorism & Proliferation, The FATF Recommendations, Stand Juni 2019.

[17] BStBl. I 2017, S. 305.

auskunft des Investors auch die Steueridentifikationsnummer und das Geburtsdatum enthalten (§ 13 Abs. 3 FKAustG).

37 Bei **Gesellschaften** muss das Finanzinstitut feststellen, ob das Konto von (i) einer meldepflichtigen Person oder (ii) passiven NFEs *(non-financial entities)* mit einer oder mehreren beherrschenden Personen, die meldepflichtige Personen sind, gehalten wird (§ 16 Abs. 2 FKAustG). Meldepflichtige Personen sind alle Personen eines meldepflichtigen Staates mit Ausnahme eines bestimmten Kataloges an Rechtsträgern (Katalogbeispiele: börsennotierte Kapitalgesellschaften oder ein Finanzinstitut) (§ 19 Nr. 36 FKAustG). NFEs sind Rechtsträger, die kein Finanzinstitut sind. Im Übrigen verläuft die Unterscheidung zwischen aktiven und passiven NFEs analog zum FATCA-Abkommen. Für den Begriff der beherrschenden Personen ist abermals auf die FATF-Empfehlungen abzustellen.

38 Für die CRS-Meldungen gilt der gleiche Zeitrahmen wie bei der FATCA-Meldung (**31.7.** eines jeden Jahres) (§§ 6 Abs. 3, 27 Abs. 2 FKAustG). Die Technik ist ebenso gleich (BZStOnline-Portal oder ELMA). Eine vorherige Anmeldung beim BZSt ist erforderlich.

IV. Ausblick: DAC-6-Richtlinie

39 Mit der Richtlinie (EU) 2018/822 vom 25.5.2018 wurde die EU-Amtshilferichtlinie erneut geändert **(DAC-6-Richtlinie).** Die Erwägungsgründe der Richtlinie geben Aufschluss über Ziel und Mittel der Richtlinie:

40 Erklärtes Ziel ist, dass die Steuerbehörden der Mitgliedstaaten umfassende und relevante **Informationen über potenziell aggressive Steuergestaltungen** erhalten. Steuerbehörden sollen so in die Lage versetzt werden, zeitnah gegen schädliche Steuerpraktiken vorzugehen. Die meisten potenziell aggressiven Steuerplanungsgestaltungen würden grenzüberschreitend stattfinden. Insoweit sei ein Informationsaustausch wertvoll. Der deutsche Gesetzgeber kann die Vorschriften aber auch auf rein inländische Vorgänge ausdehnen.

41 Der Unionsgesetzgeber nimmt mit der Richtlinie **Intermediäre in die Pflicht,** die Steuerbehörden über bestimmte grenzüberschreitende Gestaltungen zu informieren, die möglicherweise für aggressive Steuerplanung genutzt werden könnten. Alle Akteure, die normalerweise an der Konzeption, Vermarktung, Organisation oder Verwaltung der Umsetzung einer meldepflichtigen grenzüberschreitenden Transaktion beteiligt sind, sowie alle, die Unterstützung oder Beratung leisten, sollen zur Meldung verpflichtet sein. Ist eine Meldung aufgrund einer gesetzlichen Verschwiegenheitspflicht nicht durchsetzbar, soll die Meldepflicht auf den Steuerpflichtigen verlagert werden, der von der Gestaltung profitiert. Was unter einer aggressiven Steuerplanungsgestaltung zu verstehen ist, soll sich anhand eines Kennzeichenkatalogs bestimmen. Bereits das Vorliegen eines der Kennzeichen führt dazu, dass es sich um eine meldepflichtige Gestaltung handeln kann.

42 Die Auswirkungen der DAC-6-Richtlinie werden im Bereich Private Equity auf sämtlichen Ebenen relevant sein, dh sowohl bei der Aufsetzung des Fonds als auch bei der Strukturierung von Transaktionen. Die Richtlinie ist bis zum 31.12.2019 umzusetzen.

C. Aufsichtsrechtliche Compliance

43 Weitere Compliance-/Reportingpflichten für eine KVG im Zusammenhang mit der Verwaltung eines AIF ergeben sich aus dem KAGB, dem GwG, dem Datenschutzrecht und dem AWG.

I. Allgemeine Anzeige- und Meldepflichten für Kapitalverwaltungsgesellschaften gegenüber der BaFin

44 Eine **erlaubnispflichtige KVG** unterliegt bestimmten Anzeigepflichten gegenüber der BaFin (§ 34 KAGB).

Jährlich hat die KVG der BaFin mitzuteilen (§ 34 Abs. 4 KAGB): 45

- den Namen und die Anschrift ihrer bedeutend beteiligten Inhaber[18] sowie die Höhe ihrer Beteiligung,
- die Errichtung, Verlegung oder Schließung einer inländischen Zweigstelle, und
- die Begründung, Änderung oder die Beendigung einer engen Verbindung[19].

Eine Sammelanzeige ist möglich, Stichtag ist nach bestehender Verwaltungspraxis der 31. Dezember.[20] 46

Daneben sind der BaFin **wesentliche Änderungen** der Voraussetzungen für die Erlaubniserteilung vor Umsetzung der Änderung mitzuteilen (§ 34 Abs. 1 KAGB). Weitere Ereignisse (zB Bestellung/Ausscheiden eines Geschäftsleiters, Änderung der Firma, etc) sind unverzüglich mitzuteilen (§ 34 Abs. 3 KAGB). 47

Geschäftsleiter einer KVG haben der BaFin unverzüglich mitzuteilen (§ 34 Abs. 5 KAGB): 48

- die Aufnahme und die Beendigung einer Tätigkeit als Geschäftsleiter oder als Aufsichtsrats- oder Verwaltungsratsmitglied eines anderen Unternehmens, und
- die Übernahme und die Aufgabe einer unmittelbaren Beteiligung (dh mind. 25 Prozent Kapitalanteil) an einem Unternehmen sowie Veränderungen in der Höhe der Beteiligung.

Eine **erlaubnispflichtige KVG** hat die BaFin über die wichtigsten Märkte und Instrumente zu unterrichten, auf beziehungsweise mit denen sie für Rechnung der von ihr verwalteten AIF handelt (§ 35 Abs. 1 S. 1 KAGB iVm Art. 110 Abs. 3 lit. d Delegierte Verordnung (EU) Nr. 231/2013). Das **Reporting** erfolgt im Bereich Private Equity bei nicht hebelfinanzierten AIF (vgl. Art. 6 Abs. 3 der Delegierten Verordnung (EU) Nr. 231/2013) **jährlich.** Referenzzeitpunkt ist das Datum der Erlaubniserteilung. Die Meldepflicht beginnt dann ab dem ersten Quartal nach dem Referenzzeitpunkt. Stichtag ist der 31. Dezember. Die Berichte müssen bis Ende Januar des Folgejahres eingereicht sein (Art. 110 Abs. 1 UAbs. 2 Delegierte Verordnung (EU) Nr. 231/2013). Ist der AIF ein Dachfonds, verlängert sich dieser Zeitraum um 15 Tage. Die KVG hat dabei Informationen zu den wichtigsten Instrumenten, mit denen sie handelt, zu den Märkten, in denen sie Mitglied ist oder am Handel aktiv teilnimmt, sowie zu den größten Risiken und Konzentrationen jedes von ihr verwalteten AIF vorzulegen (§ 35 Abs. 1 S. 2 KAGB). Die einzelnen Informationen ergeben sich aus § 35 Abs. 2 KAGB. Die Kriterien zur Konkretisierung der Meldepflichten ergeben sich aus Art. 110 sowie Anhang IV der Delegierten Verordnung (EU) Nr. 231/2013. Leitlinien zum Reporting (ESMA/2014/869) nebst Q&A (ESMA/2015/11) und weitere, technische Einzelheiten hat die ESMA auf ihrer Website veröffentlicht. Daneben hat die BaFin ein Merkblatt zu den Meldepflichten (mit Mustern) veröffentlicht.[21] Die Meldungen sind über das MVP-Portal der BaFin im XML-Format abzugeben, müssen 49

---

[18] Eine bedeutende Beteiligung besteht (§ 1 Abs. 19 Nr. 6 KAGB), wenn unmittelbar oder mittelbar oder im Zusammenwirken mit anderen Personen oder Unternehmen mindestens 10 Prozent des Kapitals oder der Stimmrechte einer Verwaltungsgesellschaft im Eigen- oder Fremdinteresse gehalten werden oder wenn auf die Geschäftsführung einer Verwaltungsgesellschaft ein maßgeblicher Einfluss ausgeübt werden kann. Für die Berechnung des Anteils der Stimmrechte gelten § 34 Abs. 1 und 2, § 35 Abs. 1 und 2 iVm der Rechtsverordnung nach Abs. 6 und § 36 WpHG entsprechend. Die mittelbar gehaltenen Beteiligungen sind den mittelbar beteiligten Personen und Unternehmen in vollem Umfang zuzurechnen.

[19] Eine enge Verbindung besteht (§ 1 Abs. 19 Nr. 10 KAGB), wenn eine KVG oder eine extern verwaltete Investmentgesellschaft und eine andere natürliche oder juristische Person verbunden sind.
a) durch das unmittelbare oder mittelbare Halten durch ein oder mehrere Tochterunternehmen oder Treuhänder von mind. 20 Prozent des Kapitals oder der Stimmrechte oder.
b) als Mutter- und Tochterunternehmen, durch ein gleichartiges Verhältnis oder als Schwesterunternehmen.
Mutter- und Tochterunternehmen sind solche iSd § 290 HGB.

[20] *Steffen* in Baur/Tappen, Investmentgesetze, KAGB § 34 Rn. 30.

[21] BaFin vom 16.7.2014, Merkblatt zu den Meldepflichten von AIF-Verwaltungsgesellschaften, zuletzt geändert am 5.3.2015.

zuvor aber in das.gz-Format komprimiert werden. Eine vorherige Registrierung für das Meldeportal ist nötig. Die Meldung umfasst eine XML-Datei für die AIFM-Meldungen sowie eine XML-Datei, in der sämtliche AIF-Meldungen zusammengefasst werden. Die Übermittlung einer einzelnen XML-Datei für jeden AIF ist nicht zulässig.

50 Auch eine **registrierte KVG** muss **jährlichen Meldepflichten** nachkommen (Art. 5 Abs. 5 Delegierte Verordnung (EU) Nr. 231/2013). Diese umfassen Angaben über die wichtigsten Instrumente, mit denen sie handeln und die größten Risiken und die Konzentrationen der von ihnen verwalteten AIF (§ 44 Abs. 1 Nr. 4 KAGB). Für eine registrierte KVG gelten ebenso die inhaltlichen Vorgaben aus Art. 110 Abs. 1 iVm Anhang IV der Delegierten Verordnung (EU) Nr. 231/2013 (Art. 5 Abs. 3 Delegierte Verordnung (EU) Nr. 231/2013) sowie der oben genannte Referenzzeitpunkt und Stichtag. Die KVG muss außerdem den Gesamtwert der verwalteten Vermögenswerte laufend überwachen. Vorübergehende Überschreitungen (bis zu 3 Monate) der § 2 Abs. 4 KAGB-Schwellen (100 bzw. 500 Mio. Euro) sind der BaFin zu melden. Dauerhafte Überschreitungen lösen eine Erlaubnispflicht aus.

II. Transparenz-, Offenlegungs- und Berichtspflichten nach §§ 289 ff. KAGB

51 Teil der laufenden Compliance im Bereich Private Equity ist die Einhaltung des **Sonderbeteiligungsrechts in den §§ 287 ff. KAGB.** §§ 287 ff. KAGB sind als Produktregeln für geschlossene inländische Spezial-AIF ausgestaltet. Darüber hinaus sind diese Vorschriften von KVGen für geschlossene inländische Publikums-AIF (§ 261 Abs. 7 KAGB) sowie offene inländische Spezial-AIF (§ 282 Abs. 3 KAGB) zu beachten. Im registrierungspflichtigen Bereich gelten die Normen jedoch nur, wenn der Fonds als KAGB-Investmentgesellschaft aufgelegt wird (§§ 142 Nr. 2, 150 Abs. 2 Nr. 2 KAGB). In der Praxis besteht ein großer Anwendungsbereich bei Drittstaaten-AIFM, die AIF im Inland an professionelle und semiprofessionelle Anleger vertreiben (§§ 330 Abs. 1 Nr. 1 lit. a KAGB). Auch ein Vertrieb an Privatanleger ist nur zulässig, wenn die Produktregeln eingehalten werden (§ 317 Abs. 1 Nr. 7 lit. c KAGB).

52 Zu unterscheiden sind **Mitteilungspflichten** (§ 289 KAGB), **Offenlegungspflichten** (§ 290 KAGB) und **besondere Vorschriften hinsichtlich des Jahresabschlusses und des Lageberichts** (§ 291 KAGB). Während für die Mitteilungspflichten zwischen dem Kontrollerwerb und dem Erwerb einer Minderheitsbeteiligung zu unterscheiden ist, greifen die anderen Pflichten nur beim Kontrollerwerb. Kontrolle bedeutet die Erlangung von mehr als 50 Prozent der Stimmrechte des nicht börsennotierten Unternehmens. Die besonderen Regeln für Emittenten sollen hier nicht weiter beleuchtet werden (§§ 287 Abs. 4, 288 Abs. 3 KAGB).

53 Maßgebliche Schwellen für die **Mitteilungspflichten** sind 10, 20, 30, 50 und 75 Prozent der Stimmrechte (§ 289 Abs. 1 KAGB). Die Meldung hat gegenüber der BaFin zu erfolgen. Erlangt ein AIF allein oder gemeinsam mit anderen AIF die **Kontrolle** über ein nicht börsennotiertes Unternehmen, hat die KVG die folgenden Stellen über den Kontrollerwerb zu informieren (§ 289 Abs. 2 KAGB):

- das nicht börsennotierte Unternehmen, wobei sich die KVG dafür einzusetzen hat, dass die Meldung über die Geschäftsleitung des Unternehmens auch an die Arbeitnehmer/Arbeitnehmervertreter gelangt,
- die Anteilseigner (so die Möglichkeit besteht), und
- die BaFin.

54 Die Mitteilung enthält die folgenden zusätzlichen Angaben (§ 289 Abs. 3 KAGB):

- die sich hinsichtlich der Stimmrechte ergebende Situation,
- die Bedingungen, unter denen die Kontrolle erlangt wurde (wie beteiligte Anteilseigner, Stimmvertreter und Beteiligungskette), und
- das Datum, an dem die Kontrolle erlangt wurde.

Die KVG hat für die Mitteilungspflichten maximal **zehn Arbeitstage** nach erfolgter Stimmrechtsverschiebung (§ 289 Abs. 5 KAGB). 55

Bei Kontrollerlangung greift zudem die **Offenlegungspflicht** gegenüber den bereits oben genannten Adressaten (Unternehmen, Anteilseigner, BaFin) (§ 290 Abs. 1 KAGB). Folgende Informationen sind vorzulegen (§ 290 Abs. 2 KAGB): 56

- die Identität der KVG,
- die Grundsätze zur Vermeidung und Steuerung von Interessenkonflikten (insbesondere für *arm's length*-Vereinbarungen mit dem Unternehmen), und
- die Grundsätze für die externe und interne Kommunikation in Bezug auf das Unternehmen.

Das Gesetz hält die KVG jedoch **nicht** ausdrücklich dazu an, entsprechende **Grundsätze aufzustellen.** Die Offenlegung, dass derartige Grundsätze nicht bestehen, ist demnach unseres Erachtens zulässig und per se ein Informationsgehalt mit Mehrwert für die Informationsbegünstigten.[22] Ohnehin sieht das Gesetz keinen Detaillierungsgrad vor. 57

Unternehmen (sowie über die Geschäftsleitung auch die Arbeitnehmer/Arbeitnehmervertreter, s. o.) und **Anteilseigner** sind zusätzlich zu informieren über (§ 290 Abs. 4 KAGB): 58

- die Absichten des AIF hinsichtlich der zukünftigen Geschäftsentwicklung des nicht börsennotierten Unternehmens, und
- die voraussichtlichen Auswirkungen auf die Beschäftigung.

Für die Absichten ist ein hinreichender Grad an Konkretisierung notwendig, ohne dass bereits etwas beschlossen sein muss. Diese post-akquisitorische Offenlegung fungiert, anders als die Angebotsunterlage nach dem WpÜG, nicht als Grundlage für eine konkrete Entscheidung. 59

Schließlich sind der BaFin und den Anlegern **Angaben zur Finanzierung des Erwerbs** vorzulegen (§ 290 Abs. 5 KAGB). Es sind die Angaben zu machen, die für die Beurteilung eines Vorgehens nach § 215 KAGB erforderlich sind (wie Angaben zum Verhältnis Eigen-/Fremdkapital, etwaige Haftung des Fondsvermögens für die Akquisitionsfinanzierung). 60

Die besonderen Vorschriften hinsichtlich des **Jahresabschlusses und des Lageberichts** bezwecken die Herstellung von Transparenz über die Entwicklungen in den Portfoliogesellschaften. Die KVG kann zwischen zwei Medien wählen, in denen die Informationen aufzunehmen sind: entweder der Jahresabschluss/Lagebericht des Portfoliounternehmens oder der Jahresbericht des AIF (§ 291 Abs. 1 KAGB). Dieses Medium soll dann, vereinfacht gesagt, die tatsächlichen Verhältnisse in der Portfoliogesellschaft, einen Zwischenstand nach Abschluss des Geschäftsjahres sowie eine Zukunftsprognose wiedergeben (§ 291 Abs. 2 KAGB). Je nach Medium ist dieses dann entweder den Arbeitnehmern/Arbeitnehmervertretern über die Geschäftsleitung der Portfoliogesellschaft oder den Anlegern innerhalb einer Frist (regelmäßig § 158 KAGB) zuzuleiten (§ 291 Abs. 3 KAGB).[23] 61

III. Bundesbank-Reporting

Die Deutsche Bundesbank ist berechtigt, zur Erfüllung ihrer Aufgabe **Statistiken auf dem Gebiet des Bank- und Geldwesens** bei allen Kreditinstituten, KVGen und extern verwalteten Investmentgesellschaften anzuordnen und durchzuführen (§ 18 S. 1 BBankG). Es sind alle KVGen und Investmentvermögen nach § 1 KAGB erfasst, dh auch Fonds, die nicht als Investmentaktiengesellschaft oder Investmentkommanditgesellschaft strukturiert sind.[24] Im Unterschied zum regelmäßigen Reporting nach KAGB iVm Anhang IV der Delegierten Verordnung (EU) Nr. 231/2013 ist damit auch der AIF selbst meldepflichtig. 62

[22] Ausführlich zum Streitstand *Ulrich,* Private Equity (LBO) vor und nach Inkrafttreten des KAGB, S. 545 ff.

[23] Ausführlich zu den Details siehe *Ulrich,* Private Equity (LBO) vor und nach Inkrafttreten des KAGB, S. 553 ff.

[24] Bundesbank vom 10.12.2013 – Rdschr. Nr. 73/2013, S. 1 f.

63 Es ist zwischen einmaligen und regelmäßigen Meldungen zu unterscheiden. Zunächst sind **einmalige Meldungen** mit allgemeinen Angaben zur meldenden Gesellschaft einzureichen (Vordruck 10389). Dies hat unverzüglich nach Gründung einer Gesellschaft (Eintragung im Handelsregister) zu erfolgen. Weiter sind einmalige Meldungen mit allgemeinen Angaben für das einzelne Investmentvermögen (zB Typ des Investmentvermögens, Art der Anteilinhaber, etc) einzureichen (Vordruck 10390). Dies hat unverzüglich nach Auflegung oder Änderung eines Investmentvermögens zu erfolgen. In Zweifelsfällen gilt als Datum der Auflegung das Beitrittsdatum des/der ersten Anleger. Änderungsmeldungen für beide Formulare können zusammen mit den regelmäßig einzureichenden monatlichen Meldungen abgegeben werden.

64 Laufend sind **monatliche Meldungen** für Investmentvermögen, insbesondere zur Zusammensetzung des Fondsvermögens und zum Anteilsabsatz und zur Ertragsausschüttung, einzureichen (Vordruck 10391). Außerdem sind monatliche Meldungen für Investmentvermögen bei Bereinigungen in Folge Neubewertung einzureichen (Vordruck 10392). An der gesetzlich vorgeschriebenen Häufigkeit der Bewertung ändern die Meldepflichten nichts.[25] Die laufenden Meldungen müssen jeweils bis zum 5. Geschäftstag des Monats folgen, der dem Berichtsmonat unmittelbar folgt.

65 **Technisch** muss sich jede meldepflichtige Gesellschaft zunächst bei der Bundesbank registrieren und eine BBk-Instituts-ID beantragen. Die KVG kann bei der Registrierung als sog. Dritteinreicher für den Fonds angegeben werden. Die Meldungen der Statistik über Investmentvermögen sind elektronisch über das Bundesbank-ExtraNet im Datenaustauschformat XML zu erstatten. Meldungen für mehrere Investmentvermögen können in einer XML-Datei zusammengefasst werden. Die einmaligen Meldungen können grundsätzlich auch manuell über das Allgemeine Meldeportal Statistik (AMS) eingereicht werden. Monatliche Meldungen für Investmentvermögen können nur dann über das AMS eingereicht werden, wenn der Anlageschwerpunkt des AIF in nichtfinanziellen Vermögensgegenständen liegt und jede Meldeposition maximal zehn Unterpositionen erfasst (wie im Bereich Private Equity üblich).

66 Neben dem Reporting nach § 18 BBankG besteht noch die Pflicht zum **Millionenkredit-Reporting** gegenüber der Bundesbank bei Gewährung eines Gelddarlehens oder Erwerb einer unverbrieften Darlehensforderung für Rechnung eines AIF (§ 34 Abs. 6 KAGB), → § 17 Rn. 129. Auch eine bloß registrierte KVG unterfällt dieser Pflicht (§ 2 Abs. 4 S. 1 Nr. 4 KAGB).

IV. GwG-Compliance

67 Das deutsche Gesetz über das Aufspüren von Gewinnen aus schweren Straftaten (Geldwäschegesetz – „GwG") basiert auf der Umsetzung der **4. Geldwäscherichtlinie der EU** (RL 2015/849/EU). Es wurde am 23.6.2017 einer Generalrevision unterzogen. Neue Änderungen durch die 5. Geldwäscherichtlinie der EU (RL 2018/843) stehen an.

68 Geldwäscherechtliche Prüfungen haben primär die Bekämpfung von Geldwäsche und Terrorismusfinanzierung zum Ziel. Die Financial Action Task Force (FATF) der OECD mit ihren Empfehlungen und Einschätzungen ist international die treibende Kraft, was die Erarbeitung globaler Abwehrstandards anbelangt. Daneben spielt im europäischen Raum auch der Expertenausschuss des Europarates für die Bewertung von Maßnahmen gegen Geldwäsche und Terrorismusfinanzierung (MONEYVAL) eine große Rolle. Er bewertet ua die Einhaltung internationaler Standards in Mitgliedstaaten, die nicht der FATF angehören.[26] Die Internationalität des Private Equity-Geschäfts kann einschlägige Risiken wie die Verschleierung der Herkunft der Gelder bergen, die adressiert werden müssen. **Verdachtsfälle** der Geldwäsche sind der Zentralstelle für Finanztransaktionsuntersuchungen (FIU)

[25] Bundesbank, Statistik über Investmentvermögen, FAQs (Stand: August 2018), S. 9 Frage 1.
[26] Russland und Israel werden daneben auch von der FATF bewertet.

beim Zoll zu **melden** (§ 43 GwG). Die Meldung hat grundsätzlich elektronisch zu erfolgen (§ 45 Abs. 1 S. 1 GwG). Hierfür steht das Meldeportal goAML bereit, für dessen Nutzung eine vorherige Registrierung erforderlich ist. Meldungen können entweder über das Webformular eingegeben werden oder über via XML-Upload.

Kapitalverwaltungsgesellschaften (KVGen) sind **Verpflichtete** im Sinne des GwG (§ 2 **69**
Abs. 1 Nr. 9 GwG).[27] Auch bloß registrierte KVGen sind erfasst. Unseres Erachtens ist ein extern verwalteter AIF, gleich ob im registrierungs- oder erlaubnispflichtigen Bereich des KAGB, hingegen nicht Verpflichteter iSd GwG. Einschlägig könnte allenfalls der Tatbestand für Finanzunternehmen nach § 1 Abs. 3 KWG sein (§ 2 Abs. 1 Nr. 6 GwG).[28] Finanzunternehmen können aber nur Unternehmen sein, die keine extern verwalteten Investmentgesellschaften sind. Die Gesetzesbegründung stellt für den Begriff der Investmentgesellschaften auf § 1 Abs. 13 KAGB ab.[29] Danach wären AIF in der Rechtsform einer GmbH & Co. KG nicht als Investmentgesellschaften einzuordnen. Denn eine GmbH & Co. KG ist keine Investmentaktiengesellschaft oder Investmentkommanditgesellschaft iSd § 1 Abs. 13 KAGB. Folglich wäre die GmbH & Co. KG vom GwG erfasst. Selbst die BaFin verzichtet aber in einem anderen Zusammenhang auf eine sprachliche Differenzierung: So könnten auch andere Rechtsformen im registrierten Bereich als AIF-Investmentgesellschaften in Betracht kommen.[30] Auch im Rahmen des Bundesbank-Reportings (→ Rn. 62) wird davon ausgegangen, dass die Fondsgesellschaften im registrierungspflichtigen Bereich von § 18 BBankG als extern verwaltete Investmentgesellschaften erfasst sind. Ebenso geht die BaFin auch im Rahmen der Bereichsausnahme des § 2 Abs. 1 Nr. 3b KWG davon aus, dass AIF in der Rechtsform der GmbH & Co. KG unter den Begriff der „extern verwalteten Investmentgesellschaft" subsumiert werden können. Im Übrigen ist es unverständlich, wieso Investmentgesellschaften iSd § 1 Abs. 13 KAGB (gleich ob im erlaubnis- oder registrierungspflichtigen Bereich nach § 44 Abs. 1 S. 3 KAGB) nicht Verpflichtete sein sollen, sonstige Fondsvehikel im registrierungspflichtigen Bereich (wie die GmbH & Co. KG) aber schon. Denn allein durch die Rechtsformwahl ändert sich nichts an dem Geschäftsmodell des Fonds, insbesondere dem adressierten Anlegerkreis. Ausweislich des am 31. Juli 2019 veröffentlichten **Regierungsentwurfes** zur Umsetzung der Änderungsrichtlinie (EU) 2018/843 zur Änderung der 4. Geldwäscherichtlinie ist geplant, den geldwäscherechtlichen Begriff der **Finanzunternehmen** vom KWG zu entkoppeln und eigens in § 1 Abs. 24 GwG-E zu definieren.[31] Hintergrund sei, dass sich die KWG-Definition nicht als zweckdienlich erwiesen habe, da im Rahmen der banken- und wertpapierrechtlichen Vorgaben des KWG geldwäscherechtliche Belange keine angemessene Berücksichtigung fänden.[32] Nach dieser Definition könnten auch extern verwaltete Investmentgesellschaften zum Kreis der Verpflichteten gehören.[33] Es ist unklar, ob dieses Vorgehen ein redaktionelles Versehen ist. Hierfür spricht, dass die Regierungsbegründung auf die mögliche Erweiterung des Kreises der Verpflichteten um extern verwaltete Investmentgesellschaften nicht eingeht. Es steht außerdem zu befürchten, dass die Regierungsbegründung implizit davon ausgeht, extern verwaltete Investmentgesellschaften seien Verpflichtete nach § 2 Abs. 1 Nr. 9 GwG. Es heißt dort: „Geschlossene Investmentvermögen unterliegen als Kapitalverwaltungsgesellschaften nach § 2 Absatz 1 Nummer 9 den Vorgaben des Geldwäschegesetzes"[34] – eine Aussage, die für den Bereich der externen Verwaltung Fragezeichen aufwirft. Es ist letztlich die finale Fassung abzuwarten und sodann eine

27 Obwohl die 4. EU-Geldwäscherichtlinie Organismen für gemeinsame Anlagen als Verpflichtete nennt.

28 Bejahend *Kaetzler* in Zentes/Glaab, GwG § 2 Rn. 100; ablehnend *Schade* in Pöllath/Rodin/Wewel, Private Equity and Venture Capital Fonds, § 12 Rn. 6.

29 BT-Drs. 17/12294, 314.

30 BaFin vom 21.12.2017, Auslegungsentscheidung zu den Tätigkeiten einer Kapitalverwaltungsgesellschaft und der von ihr extern verwalteten AIF-Investmentgesellschaft, Abschn. I.

31 Abrufbar unter www.bundesfinanzministerium.de

32 Regierungsbegründung, Seite 75.

33 Ebenso *Weitnauer* GWR 2019, 275 f.

34 Regierungsbegründung, Seite 76.

Neubewertung der Auswirkungen auf die Private Equity-Branche vorzunehmen. Gerade im Hinblick auf die Einwerbung der Investorengelder besteht für eine Einordnung des AIF als Verpflichteter kein Bedürfnis: Die externe KVG ist typischerweise als (geschäftsführender) Gesellschafter an dem AIF beteiligt und wird damit Vertragspartner der anderen Investoren unter dem Gesellschaftsvertrag, sodass ein Ansatzpunkt für die Sorgfaltspflichten besteht.[35] Die Investoren wollen das Produkt „Verwaltung des AIF" unmittelbar in Anspruch nehmen (§ 1 Abs. 4 GwG). Die interne KVG ist selbst der AIF und begründet mit Eintritt der Investoren eine auf mitgliedschaftsrechtlichen Rechten und Pflichten beruhende Beziehung.[36] § 2 Abs. 1 Nr. 9 GwG, der AIF nicht als Verpflichtete einordnet, ist jedenfalls lex specialis gegenüber § 2 Abs. 1 Nr. 6 GwG (bzw. GwG-E).

70 Selbst wenn der extern verwaltete AIF Verpflichteter iSd GwG sein sollte, dann wäre unseres Erachtens **tatsächlicher Adressat der geldwäscherechtlichen Pflichten in Bezug auf den AIF aufgrund seiner Eigenschaft als bloß fremdgeführter Anlageorganismus stets die externe KVG,** ohne dass es sich hierbei um eine Auslagerung an einen Dritten iSd §§ 6 Abs. 7, 17 Abs. 1 GwG handelte. Dritter kann nach unserem Verständnis nur eine Person sein, die aufsichtsrechtlich nicht zur Geschäftsführung berufen ist. Die KVG ist insoweit kein „Dritter". Nach der BaFin würde mit Bestellung der externen KVG die „Geschäftsführungsbefugnis für die kollektive Vermögensverwaltung auf die externe KVG übertragen"[37]. Auch wenn diese Auffassung gesellschaftsrechtlich fragwürdig ist (Abspaltungsverbot), stellt sie aufsichtsrechtlich jedenfalls den maßgeblichen Rahmen. Hat die externe KVG insoweit die Geschäftsführungsbefugnis des AIF, kann sie kein Dritter sein. Das gilt vor allem dann, wenn die externe KVG, wie im Regelfall, als geschäftsführender Kommanditist eingesetzt und im Gesellschaftsvertrag als externe KVG bestellt wird. Die KVG ist im Übrigen auch kraft Gesetzes allein für die Wahrnehmung der kollektiven Vermögensverwaltung zuständig (§§ 1 Abs. 19 Nr. 24, 17 Abs. 3 KAGB). Hierunter fällt auch die Überwachung der Einhaltung der Rechtsvorschriften für den AIF (Anhang I Nr. 2 lit. a iv) AIFM-RL). Eine der Geschäftsführung eines Fonds kraft Gesetzes auferlegte Zuständigkeit kann aber keine rechtsgeschäftliche Auslagerung sein.

71 Im Rahmen der Geldwäscheprüfung hat die KVG über ein **wirksames Risikomanagement** als Ausdruck eines risikobasierten Vorgehens zu verfügen (§ 4 GwG). Die Verantwortung hierfür muss bei einem Mitglied der Leitungsebene liegen. Das Risikomanagement muss zum einen eine Risikoanalyse des eigenen Geschäfts (§ 5 GwG) umfassen. Die Risikoanalyse ist anhand der Kundenstruktur, der angebotenen Produkte und Dienstleistungen sowie der Transaktionsrisiken durchzuführen, zu dokumentieren und auf Verlangen der BaFin vorzulegen. Zum anderen müssen interne Sicherungsmaßnahmen vorgesehen sein (zB Ausarbeitung von internen Grundsätzen, Überprüfung der Mitarbeiter auf ihre Zuverlässigkeit durch geeignete Maßnahmen, Schulung der Mitarbeiter, etc) (§ 6 GwG). Als Teil der internen Sicherungsmaßnahmen muss zudem die Möglichkeit geschaffen werden, dass Beschäftigte intern Verstöße gegen geldwäscherechtliche Vorschriften vertraulich melden können *(„whistle blowing")* (§ 6 Abs. 5 GwG).

72 Die KVG muss vor allem verschiedene **Sorgfaltspflichten in Bezug auf Kunden** bei Begründung einer Geschäftsbeziehung einhalten (§§ 10 ff. GwG). In der Praxis werden die Sorgfaltspflichten vornehmlich im Rahmen der Anteilszeichnung durch die Investoren des AIF relevant. Aber auch auf Transaktionseben können sich Anwendungsfälle ergeben, was jedoch einer sorgfältigen Prüfung bedarf. Zu den Sorgfaltspflichten gehören

– die Identifizierung von Vertragspartnern und der für sie auftretenden Personen (einschließlich Berechtigungsprüfung),

[35] *Paul* ZIP 2018, 1571 (1579).
[36] *Paul* ZIP 2018, 1571 (1573).
[37] BaFin vom 21.12.2017, Auslegungsentscheidung zu den Tätigkeiten einer Kapitalverwaltungsgesellschaft und der von ihr extern verwalteten AIF-Investmentgesellschaft, Abschn. II.1.

- die Abklärung von wirtschaftlich Berechtigten (wB) und (falls es wB gibt) deren Identifizierung,
- die Einholung und Bewertung von Informationen über den Zweck / die Art der Geschäftsbeziehung (idR nicht nötig, da Anlagezweck offensichtlich), und
- die Abklärung des Status als politisch exponierte Person **(PeP).**

Wer **wirtschaftlich Berechtigter** ist, ergibt sich aus § 3 GwG. Bei Gesellschaften (außer rechtsfähigen Stiftungen) sind dies natürliche Personen, die unmittelbar oder mittelbar mehr als 25% der Kapitalanteile halten oder mehr als 25% der Stimmrechte kontrollieren oder auf vergleichbare Weise Kontrolle ausüben. In mehrstufigen Beteiligungsstrukturen gilt auf der zweiten Beteiligungsebene nicht mehr der 25%-Schwellenwert. Es ist zu prüfen, ob die entsprechenden Gesellschaften auf der zweiten Beteiligungsebene von einer natürlichen Person unmittelbar oder mittelbar kontrolliert werden. Maßgeblich ist insoweit, ob mehr als 50% der Kapitalanteile gehalten oder mehr als 50% der Stimmrechte kontrolliert werden oder beherrschender Einfluss (§ 290 Abs. 2–4 HGB) ausgeübt werden kann (§ 3 Abs. 2 S. 3 u. 4 GwG).[38] In Zweifelsfällen gilt als wirtschaftlich Berechtigter der gesetzliche Vertreter, geschäftsführende Gesellschafter oder Partner des Vertragspartners (§ 3 Abs. 2 S. 5 GwG). **73**

Die **Identifizierung** muss den Anforderungen nach § 11 GwG genügen. Hierfür werden in den Zeichnungsunterlagen des Fonds verschiedene Informationen abgefragt und (zT notariell beglaubigte) Ausweisdokumente angefordert (vgl. auch § 17 Abs. 1 S. 2 Nr. 1 GwG). Es gelten Aufzeichnungs- und Aufbewahrungspflichten (§ 8 GwG). **74**

Daneben ist als **weitere Sorgfaltspflicht** auf risikoorientierter Grundlage eine kontinuierliche Überwachung der Geschäftsbeziehung einschließlich der Transaktionen zu gewährleisten (periodisch und anlassbezogen) (§ 10 Abs. 1 Nr. 5 GwG). Bei einem „normalen Risiko" muss eine Aktualisierung spätestens nach zehn Jahren erfolgt sein.[39] **75**

Verstärkte Sorgfaltspflichten sind insbesondere einzuhalten, wenn es sich bei einem Vertragspartner oder einem wirtschaftlich Berechtigten um eine PeP handelt oder eine solche, die in einem Drittstaat mit hohem Risiko niedergelassen ist (§ 15 Abs. 3 Nr. 1 GwG). Zum Redaktionsschluss stehen 23 Länder auf der „schwarzen Liste" (so auch Saudi-Arabien und Panama).[40] **76**

Eine KVG muss grundsätzlich einen **Geldwäschebeauftragten** (GwB) auf Führungsebene und einen Stellvertreter bestellen (§ 7 Abs. 1 S. 1 GwG). Der GwB ist für die Einhaltung der geldwäscherechtlichen Vorschriften zuständig (§ 7 Abs. 1 S. 2 GwG).[41] Er muss seine Tätigkeit im Inland ausüben (§ 7 Abs. 5 S. 1 GwG). Eine Bestellung auf Ebene der Geschäftsleitung kommt nur dann in Betracht, wenn der Verpflichtete weniger als 15 Vollzeitäquivalente hat.[42] Eine **Befreiung** von der Verpflichtung zur Bestellung eines GwB (§ 7 Abs. 2 GwG) ist nur unter engen Voraussetzungen möglich. Eine Befreiung scheidet regelmäßig ua in Unternehmensgruppen oder dann aus, wenn Verpflichtete mehr als 15 Mitarbeiter haben.[43] Eine Auslagerung der Funktion des GwB und seines Stellvertreters auf einen Dritten ist möglich, muss sich aber innerhalb der rechtlichen Grenzen bewegen (§§ 6 Abs. 7, 7 Abs. 5 GwG). Hier ist Vorsicht zu walten, weil bereits die Wahrnehmung von Aufgaben durch eine ausländische Muttergesellschaft oder Hauptniederlassung eine Auslagerung darstellt.[44] **77**

Das aufgrund der Geldwäscherichtlinie geschaffene **Transparenzregister** (www.transparenzregister.de) dient der Erfassung und Zugänglichmachung von Angaben über wirt- **78**

---

[38] BaFin, Auslegungs- und Anwendungshinweise zum GwG (Stand: Dezember 2018), S. 43.
[39] BaFin, Auslegungs- und Anwendungshinweise zum GwG (Stand: Dezember 2018), S. 55.
[40] Siehe die Pressemitteilung mit weiteren Informationen: http://europa.eu/rapid/press-release_IP-19-781_en.htm.
[41] Im Detail BaFin, Auslegungs- und Anwendungshinweise zum GwG (Stand: Dezember 2018), S. 18 f.
[42] BaFin, Auslegungs- und Anwendungshinweise zum GwG (Stand: Dezember 2018), S. 16.
[43] BaFin, Auslegungs- und Anwendungshinweise zum GwG (Stand: Dezember 2018), S. 21.
[44] BaFin, Auslegungs- und Anwendungshinweise zum GwG (Stand: Dezember 2018), S. 20.

schaftlich Berechtigte. Vereinigungen, dh juristische Personen des Privatrechts und eingetragene Personengesellschaften, müssen die Angaben zum wirtschaftlich Berechtigten (§ 19 GwG) einholen, aufbewahren, auf aktuellem Stand halten und der registerführenden Stelle (Bundesanzeiger Verlag) mitteilen (§ 20 Abs. 1 GwG). Die Meldepflicht gilt als erfüllt, wenn sich die einzureichenden Daten bereits aus einem öffentlichen Register ergeben (zB Handelsregister, Vereinsregister) (§ 20 Abs. 2 GwG). Das ist einzelfallabhängig zu prüfen. Abweichungen können sich bei Stimmbindungsverträgen mit weiteren Gesellschaftern ergeben. Auch lassen sich mangels Eintragungsfähigkeit der Geschäftsführungsbefugnis eines Kommanditisten die fiktiven wirtschaftlich Berechtigten einer KG regelmäßig nicht dem Handelsregister entnehmen.

V. Datenschutz-Compliance

79 Beim Fundraising und der sonstigen Verwaltung des Fonds erhält die KVG bzw. der Fonds personenbezogene Daten. Die verantwortlichen Stellen müssen dabei das **Datenschutzrecht** einhalten, nicht zuletzt mit Blick auf die empfindlichen Rechtsfolgen von Verstößen.

80 Maßgebliche Rechtsquellen sind die Datenschutz-Grundverordnung (DSGVO) und das Bundesdatenschutzgesetz (BDSG). Die DSGVO gilt seit dem 25.5.2018. Das BDSG findet keine Anwendung, soweit die DSGVO unmittelbar gilt (§ 1 Abs. 5 BDSG). Soweit die DSGVO Öffnungsklauseln enthält, kann das BDSG relevant werden. Das Datenschutzrecht enthält Vorschriften zum **Schutz natürlicher Personen** bei der Verarbeitung personenbezogener Daten. Die maßgeblichen Vorschriften gelten auch, soweit die Verarbeitung durch einen EU-Verantwortlichen (oder EU-Auftragsverarbeiter) außerhalb der Union stattfindet (Art. 3 Abs. 1 DSGVO). Richten sich Nicht-EU-Verantwortliche (bzw. Auftragsverarbeiter) mit ihrem Angebot an Dienstleistungen an Personen aus der Union, gelten die Vorschriften nach dem Marktortprinzip ebenso (Art. 3 Abs. 2 DSGVO). In diesem Fall ist ein Vertreter in der Union zu benennen (Art. 27 Abs. 1 DSGVO).

81 Die datenschutzrechtlichen Vorschriften knüpfen an die Tätigkeit der **Verarbeitung** personenbezogener Daten an. Der Begriff der Verarbeitung ist ausgesprochen weit und umfasst zB das Erheben, die Speicherung, das Auslesen, das Abfragen und die Offenlegung durch Übermittlung von personenbezogenen Daten. Typischerweise erfolgt eine Verarbeitung personenbezogener Daten während des Fundraisings im Hinblick auf die Anlegerdaten, aber auch nachgelagert hierzu bei der laufenden Fondsverwaltung (zB Reporting). Daneben werden personenbezogene Daten im Hinblick auf eigene Angestellte verarbeitet. Auch im Zuge einer Due Diligence können personenbezogene Daten verarbeitet werden. Dies ließe sich mit einer Anonymisierung verhindern, die eine Re-Identifizierung ausschließt. Ist das nicht umsetzbar/gewollt, ist penibel auf die Einhaltung des Datenschutzes zu achten.

82 Pflichtenadressaten sind sog. Verantwortliche (bzw. deren Vertreter oder Auftragsverarbeiter). **Verantwortlicher iSd DSGVO** ist die „natürliche oder juristische Person, […] die allein oder gemeinsam mit anderen über die Zwecke und Mittel der Verarbeitung von personenbezogenen Daten *entscheidet*" (Art. 4 Nr. 7 DSGVO). Dies ist unseres Erachtens allein die KVG. Nur ihr obliegt die kollektive Vermögensverwaltung (§ 1 Abs. 19 Nr. 24 KAGB) des AIF (zB Vertrieb), für die sie zudem ausschließlich zuständig ist. Laut BaFin wird die Geschäftsführungsbefugnis auf die externe KVG übertragen.[45] Nur soweit gesetzlich noch einzelne Aufgaben dem AIF zugewiesen werden, muss ggf. der gesetzliche Vertreter des AIF die Aufgaben selbst wahrnehmen (zB Aufstellung des Jahresabschlusses). Insoweit erfolgt keine Verarbeitung personenbezogener Daten, jedenfalls aber keine eigenständige Entscheidung über die Zwecke und Mittel der Verarbeitung von personenbezogenen Daten. Es liegt damit unseres Erachtens kein Fall der sog. Joint Control (Art. 26 DSGVO) vor. Dies gilt auch, wenn in den Zeichnungsunterlagen ggf. von einer gemein-

[45] Hierzu bereits → § 4 Rn. 20.

samen Stellung als Verantwortliche die Rede ist. Eigens gewählte Formulierungen dürfen nicht über die tatsächliche Lage hinwegtäuschen.[46] Faktisch liegt auch bei einer Deklaration als gemeinsam Verantwortliche eine alleinige Verantwortlichkeit der KVG vor. Da insoweit noch keine Rechtssicherheit herrscht, verlangt die anwaltliche Vorsicht jedoch eine andere Bewertung, sodass bis zur Erlangung von Rechtssicherheit auch sämtliche datenschutzrechtlichen Anforderungen im Zusammenhang mit der Joint Control einzuhalten sind.

Die Verantwortlichen müssen die übergeordneten Grundsätze für die Verarbeitung per- **83** sonenbezogener Daten einhalten (insbesondere die Zweckbindung, Datenminimierung und Speicherbegrenzung) (Art. 5 Abs. 1 DSGVO). Die Verantwortlichen sind zur Einhaltung der Grundsätze verantwortlich und rechenschaftspflichtig (Art. 5 Abs. 2 DSGVO; vgl. aber Art. 28 Abs. 10 DSGVO). Eine Datenverarbeitung (zB Erhebung oder Übermittlung an Dritte) ist nur zulässig, wenn sie sich auf einen entsprechenden **Rechtmäßigkeitstatbestand** stützen kann (Art. 6 DSGVO).[47] In der Praxis der KVG geht es hier idR um die Einwilligung der betroffenen Person, die Ermöglichung der Vertragsdurchführung, die Erfüllung rechtlicher Pflichten oder die Wahrung berechtigter Interessen. Selbstverständlich wird hierdurch die Einholung personenbezogener Daten (zB Adressen oder Ausweiskopien) in den Zeichnungsunterlagen des Fonds aus aufsichtsrechtlichen Gründen (GwG) ermöglicht. Die übergeordneten Grundsätze für die Verarbeitung personenbezogener Daten sind daher auch vor dem jeweiligen aufsichtsrechtlichen Hintergrund der Datenverarbeitung zu lesen. Übermittlungen personenbezogener Daten an Drittländer oder an eine internationale Organisation sind nur zulässig, wenn die zusätzlichen Anforderungen nach den Art. 44 ff. DSGVO eingehalten werden (angemessenes Schutzniveau attestiert durch einen Beschluss der EU-Kommission nach Art. 45 DSGVO oder geeignete Garantien wie verbindliche interne Datenschutzvorschriften nach Art. 46 und 47 DSGVO). Ggf. reicht eine Einwilligung der betroffenen Person aus (Art. 49 DSGVO).

Erfolgt eine Verarbeitung im Auftrag des Verantwortlichen durch einen Auftragsver- **84** arbeiter, wird eine in diesem Rahmen stattfindende Übermittlung von personenbezogenen Daten privilegiert. Ein Rechtmäßigkeitstatbestand ist nicht erforderlich.[48] Es sind aber detaillierte Anforderungen an die Auftragsverarbeitung, insbesondere an den Vertrag mit dem **Auftragsverarbeiter,** einzuhalten (Art. 28 DSGVO). Dies kann letztlich für eine Vielzahl von ausgelagerten Diensten relevant werden, soweit die Auslagerung mit einer Verarbeitung personenbezogener Daten im Auftrag des Verantwortlichen einhergeht (zB DV-technische Arbeiten für Abrechnungen und Outsourcing personenbezogener Datenverarbeitung im Rahmen von Cloud-Computing).

Die neuen **Informationspflichten der Art. 12–14 DSGVO** müssen in den Zeich- **85** nungsunterlagen des Fonds, der sonstigen Vertragsdokumentation und generell im Zuge der verschiedenen Verarbeitungstätigkeiten (zB Due Diligence) eingehalten werden. Hierbei ist zwischen der Direkterhebung durch den Verantwortlichen (Art. 13 DSGVO) und der Dritterhebung mit nachfolgender Offenlegung gegenüber dem Verantwortlichen (Art. 14 DSGVO) zu unterscheiden. Auch der Verantwortliche einer Direkterhebung kann zur Mitteilung gemäß der Dritterhebung verpflichtet sein (Art. 14 Abs. 3 lit. c DSGVO).[49] Sowohl bei der Direkt- als auch bei der Dritterhebung sind insbesondere die Zwecke der Verarbeitung, ihre jeweilige Rechtsgrundlage, die Rechte (zB Auskunft, Berichtigung,

---

[46] DSK, Kurzpapier Nr. 16, S. 3.

[47] Auf Art. 9 DSGVO kommt es im Fondskontext idR selbst bei Anforderung von (beglaubigten) Ausweiskopien im Rahmen der Zeichnung nicht an. Die Qualifikation von Gesichtsbildern als sensitive Daten in Form von biometrischen Daten hängt davon ab, ob sie mit einem speziellen technischen Verfahren zur Identifizierung der natürlichen Person erstellt wurden. Dies ist bei bloßen (beglaubigten) Ausweiskopien uE nicht der Fall.

[48] Der Auftragsverarbeiter ist nicht Dritter iSd DSGVO. Zwar stellt die Definition von „Verarbeitung" (Art. 4 Nr. 2 DSGVO) nicht auf die Übermittlung an einen „Dritten" ab. Dass aber nur die Übermittlung an einen Dritten gemeint sein kann, ist in der Literatur anerkannt, *Martini* in Paal/Pauly DS-GVO BDSG Art. 28 Rn. 8 ff. mwN; s. a. DSK, Kurzpapier Nr. 13, S. 2.

[49] DSK, Kurzpapier Nr. 10, S. 1.

Löschung) der betroffenen Person und die ggf. beabsichtigte Übermittlung an ein Drittland mitzuteilen. Erhebt der Investor personenbezogene Daten (zB über seine Vertreter oder wirtschaftlich Berechtigte) und teilt diese dem Fonds bzw. der KVG im Zuge der Anteilszeichnung mit, handelt es sich um eine Dritterhebung. Die DSGVO verlangt in diesen Fällen, dass der Verantwortliche der betroffenen (natürlichen) Person die spezifischen Informationen über die Dritterhebung mitteilt. Unseres Erachtens dürfte aber der Ausnahmetatbestand nach Art. 14 Abs. 5 lit. c DSGVO eingreifen, soweit die Offenlegung der personenbezogenen Daten gesetzlich gefordert ist.

86 Der Schutz vor unrechtmäßiger Verarbeitung personenbezogener Daten muss durch geeignete **technische und organisatorische Maßnahmen** (sog. TOMs) gewährleistet sein (Art. 24 und 25 DSGVO). Gefordert ist ein risikobasierter Ansatz. Die DSGVO fordert ausdrücklich *Privacy by Design* (Datenschutz durch Technik) und *Privacy by Default* (Datenschutz durch datenschutzfreundliche Voreinstellungen) (Art. 25 DSGVO), um die übergreifenden Datenschutzgrundsätze umzusetzen. Die Verantwortlichen müssen sich daher bereits bei der Beschaffung und/oder Ausgestaltung ihrer IT-Systeme/Software gut überlegen, wann, in welchem Umfang und zu welchem Zweck sie Daten abfragen oder sonst verarbeiten. In organisatorischer Hinsicht ist ein Verzeichnis von Verarbeitungstätigkeiten zu führen (Art. 30 DSGVO). Dieses dient letztlich auch als Grundlage für Datenschutzerklärungen.

87 Der Verantwortliche muss weiter über geeignete technische und organisatorische Maßnahmen verfügen, um die **Sicherheit personenbezogener Daten** zu gewährleisten (zB Pseudonymisierung und Verschlüsselung, Anforderungen an die IT, etc) (Art. 32 DSGVO). Datenschutzverletzungen sind grundsätzlich **innerhalb von 72 Stunden** gegenüber der Aufsichtsbehörde zu **melden** (Art. 33 DSGVO). Hiervon gilt eine Ausnahme, wenn voraussichtlich keinerlei Risiko für Rechte und Freiheiten der betroffenen natürlichen Personen droht. Besteht umgekehrt diesbezüglich ein hohes Risiko, hat eine Anzeige der Datenschutzverletzung auch gegenüber der natürlichen Person zu erfolgen (Art. 34 DSGVO).

88 Die KVG hat einen **Datenschutzbeauftragten** jedenfalls dann zu benennen, soweit sie in der Regel mindestens zehn Personen ständig mit der automatisierten Verarbeitung von Daten beschäftigt (§ 38 Abs. 1 BDSG). Ein Datenschutzbeauftragter kann darüber hinaus auch auf freiwilliger Basis benannt werden, allerdings ohne Teildispens hinsichtlich des regulären Pflichtenkreises. Der Datenschutzbeauftragte kann Beschäftigter des Verantwortlichen (oder des Auftragsverarbeiters) sein oder auf Grundlage eines Dienstleistungsvertrages tätig werden (Art. 37 Abs. 6 DSGVO). Die Kontaktdaten des Datenschutzbeauftragten sind zu veröffentlichen und mit der Aufsichtsbehörde zu teilen (Art. 37 Abs. 7 DSGVO). Daneben sind die Daten ua in den entsprechenden Datenschutzerklärungen aufzunehmen (Art. 13 und 14 DSGVO). Der Datenschutzbeauftragte berichtet unmittelbar der höchsten Managementebene des Verantwortlichen (oder des Auftragsverarbeiters) (Art. 38 Abs. 3 S. 3 DSGVO).

VI. AWG-Compliance

89 **Meldepflichten im Außenwirtschaftsverkehr** werden über § 11 Abs. 2 AWG iVm §§ 63 ff. AWV statuiert. Es handelt sich um rein statistische Meldevorschriften gegenüber der Deutschen Bundesbank, die hier aufgrund ihres Auslandsbezugs gesondert erörtert werden sollen. Die Meldungen dienen der Erstellung der Zahlungsbilanz und des Auslandsvermögensstatus der BRD und der Statistik der Direktinvestitionsbestände. Die Meldepflichten sind insbesondere für inländische AIF relevant.

90 Zu unterscheiden sind **Zahlungsmeldungen** (§ 67 AWV) und **Bestandsmeldungen** (§§ 64 ff. AWV). Ausgehende und eingehende Zahlungen von mehr als 12.500 EUR sind elektronisch (Vordruck Z 4) bis zum 7. Kalendertag des auf die Zahlungen folgenden Monats einzureichen (§ 71 Abs. 7 AWV). Bei den Bestandsmeldungen sind solche einer seits über Auslandsforderungen und -verbindlichkeiten (§ 66 AWV) und andererseits über Unternehmensbeteiligungen (§ 64 AWV) zu unterscheiden. Forderungen und Verbindlichkeiten gegenüber Ausländern sind grundsätzlich zu melden, wenn die Summe der Forderungen oder Verbindlichkeiten bei Ablauf eines Monats mehr als 5 Mio. EUR beträgt. Ausgenommen sind jedoch Investmentaktiengesellschaften und KVGen bezüglich ihrer Investmentfonds. Grenzüberschreitende Unternehmensbeteiligungen sind zu melden, wenn der Anteil am Kapital oder der Stimmrechte 10% oder mehr beträgt und das Investitionsobjekt eine Bilanzsumme von 3 Mio. EUR übersteigt. Die Meldung ist über die Formulare K3 und K4 spätestens bis zum letzten Werktag des sechsten auf den Bilanzstichtag des Melders folgenden Monats abzugeben.

D. Compliance/Governance

I. ESG-Compliance

ESG steht für „Environmental, Social, Governance". Die Erreichung von ESG-Zielen steht zurzeit im Mittelpunkt der internationalen Staatengemeinschaft. Mit dem Pariser Klimaschutzübereinkommen und der UN-Agenda 2030 mit ihren 17 Sustainable Development Goals (SDGs) aus dem Jahr 2015 (zB sauberes Wasser, nachhaltige Städte, nachhaltiger Konsum, Klimaschutz, Leben unter Wasser, Leben an Land, hochwertige Bildung, Geschlechtergleichheit, etc) soll ein **nachhaltiger Weg für unseren Planeten und unsere Wirtschaft** beschritten werden. 91

Das Thema ESG ist im Asset Management Markt durchaus als Aspekt der Renditeoptimierung und des Risikomanagements akzeptiert. Viele Fondsverwalter greifen etwa als Selbstregulierung mit jährlichen Reportingpflichten auf die United Nations Principles of Responsible Investment („UNPRI") zurück. Davon unabhängig verlangen Investoren (zB staatsnahe Investoren wie der European Investment Fund oder Staatsfonds, aber auch kirchliche Stiftungen) eine Berücksichtigung von ESG. Interne Richtlinien der KVG werden im Fundraising mit den ESG-Anforderungen von Investoren abgeglichen (zB mit dem Due Diligence Fragebogen von Invest Europe). Grundsätzlich wird man Aussagen zu den eigenen ESG-Kriterien, deren Überwachung und hinsichtlich des eigenen Reporting-Ansatzes erwarten dürfen. Trotz dieses praktischen Ansatzes wird auf EU-Ebene für Europa ein jährlicher Investitionsrückstand von fast 180 Mrd. Euro zur Finanzierung der gesetzten EU-Klima- und Energieziele festgemacht.[50] 92

Die EU will daher den Kapitalmarkt für nachhaltige Investitionen sowie Transparenz und Langfristigkeit nutzbar machen. Hierzu hat die Europäische Kommission im März 2018 einen **Aktionsplan zur Finanzierung nachhaltigen Wachstums** aufgestellt.[51] Das zehn Maßnahmen starke Programm umfasst insbesondere die Festlegung eines EU-einheitlichen Klassifikationssystems („Taxonomy"), um beurteilen zu können, ob ein Finanzprodukt (wie ein AIF) nachhaltig ist. Weiter sollen Finanzmarktteilnehmer, wie AIFM iSd AIFM-RL (dh KVGen), zu mehr Transparenz darüber angehalten werden, wie sie Nachhaltigkeitsrisiken bei ihren Investmentscheidungen berücksichtigen (hier genannt: ESG-Transparenzverordnung). Veröffentlichungsmedien sind hier die Website, die vorvertraglichen Informationen nach Art. 23 AIFM-RL (dh regelmäßig das PPM) sowie der Jahresbericht nach Art. 22 AIFM-RL. Nachhaltigkeitsrisiken sind dabei solche ESG-Risiken, die wesentliche, nachteilige Auswirkungen auf den Wert der verwalteten Vermögensgegenstände nehmen können (die genaue Definition bleibt abzuwarten). Die ESG-Transparenzverordnung wird aller Voraussicht nach auch für bloß registrierte AIFM Anwendung finden. Daneben ist geplant, die Delegierte Verordnung (EU) Nr. 231/2013 zur AIFM-RL zu ändern, um erlaubnis- 93

[50] https://ec.europa.eu/info/business-economy-euro/banking-and-finance/sustainable-finance_en.

[51] Europäische Kommission vom 8.3.2018, Aktionsplan: Finanzierung nachhaltigen Wachstums, COM (2018) 97 final.

pflichtige AIFM zur Einbeziehung von Nachhaltigkeitsrisiken im Rahmen der Investmententscheidungen zu verpflichten. In diesem Zuge werden auch die internen Kontrollmechanismen und das Monitoring des AIFM anzupassen sowie die Qualität der Informationen zur Beurteilung der Nachhaltigkeitsrisiken sicherzustellen sein. ESG spielt damit (wie aber auch bisher) während der Haltephase der Portfoliogesellschaft eine große Rolle. Der Gesetzgebungsprozess ist durch die Europawahl 2019 in Stocken geraten. Zum Zeitpunkt der Veröffentlichung dieses Handbuches werden aber wohl bereits erste Maßnahmen dieses Aktionsplans beschlossen und ggf. veröffentlicht sein. Die Europäische Kommission hat sich im Übrigen klar dazu bekannt, dass die Berücksichtigung von ESG-Faktoren im Interesse der Anleger liegt (dh Gegenstand der treuhänderischen Pflichten des Verwalters ist).[52] Das verwundert angesichts der vermögensbezogenen Relevanz von ESG nicht, ist aber im internationalen Umfeld umstritten.

94 Für die ESG-Compliance sind zunächst die gesetzlichen Vorgaben einzuhalten (zB ArbSchG). **Vertragliche ESG-Vorgaben** werden entweder im Fondsvertrag oder in einem Side Letter mit dem Investor vereinbart. Dabei kann die Investmentstrategie entweder positiv unter Berücksichtigung der ESG-Vorgaben oder negativ mit verschiedenen Ausschluss-ESG-Vorgaben (zB keine Investitionen in Alkohol, Gentechnik, etc) formuliert werden. Hier ist Präzision geboten, da sonst jeder noch so entfernte Zusammenhang mit den Ausschlusskriterien Compliance-Fragen aufwirft. Im Fall eines Private-Equity-Fonds kann auf zwei Arten eine „ESG-schädliche" Investition vermieden werden. Entweder die Investition wird für den Fonds insgesamt untersagt oder der einzelne, betroffene Investor muss die Investition nicht mitfinanzieren *(Excused Investor)*. Beide Lösungen haben je nach Perspektive Vor- und Nachteile und sind daher im Fundraising sorgfältig zu diskutieren.[53] Während viele Investoren ein Problem mit der Blockadestellung einzelner Investoren haben dürften, wird ein Investmentausschluss für den gesamten Fonds im Interesse öffentlicher Geldgeber liegen. Fallen einzelne Investoren für ein Investment weg, ergeben sich komplizierte, separate Rechnungskreise unter den Investoren und die prozentuale Beteiligung der finanzierenden Investoren an dem einzelnen Investment steigt.

II. ILPA-Prinzipien

95 Fallen Eigentum und Verwaltung auseinander, bestehen Interessenkonflikte und Informationsasymmetrien (sog. Prinzipal-Agent-Konflikt). Dieses Phänomen gilt unverändert im Fondskontext im Verhältnis Investoren/Fondsmanager. Da Private-Equity-Fonds als geschlossene Strukturen aufgelegt werden, bei denen keine Anteilsrückgabe möglich ist, müssen die unterschiedlichen Interessen sorgfältig austariert werden. Dies geschieht über die **Fund Governance.** Während der rechtliche Rahmen der Fund Governance durch das Gesellschafts- und Investmentrecht gesetzt wird, dient die Gestaltung des Fondsvertrags (LPA) als Grundlage eines Interessenausgleichs. Die Gestaltung des Fondsvertrags folgt regelmäßig *best practice*-Empfehlungen. Die *Institutional Limited Partners Association* (ILPA) aus den USA hat einen dahingehenden Katalog an Private Equity Principles herausgegeben.[54] Diese Prinzipien erheben zwar den Anspruch an einen Marktstandard, dienen letztlich jedoch vorrangig den Anlegerinteressen. Fondsmanager sind, insbesondere im Niedrigzinsumfeld, auch trotz der ILPA-Prinzipien in der Lage, abweichende Positionen auszuhandeln. Es gibt damit nicht „den" marktüblichen Fondsvertrag. Die ILPA-Prinzipien haben jedoch zu einer wesentlichen Professionalisierung der Investoren auch für den europäischen Markt beigetragen. Im Folgenden soll ein kurzer Überblick über diese Prinzipien gegeben werden. Version 3.0 ist im Juni 2019 veröffentlicht worden.

52 Europäische Kommission vom 24.5.2018, Entwurf für die ESG-Transparenzverordnung, COM(2018) 354 final, S. 2 f.

53 *Eberius/Euhus* in Pöllath/Rodin/Wewel, Private Equity and Venture Capital Fonds, § 24 Rn. 21 ff.

54 Abrufbar auf der Homepage der ILPA www.ilpa.org.

Übergeordnete Ziele der ILPA-Prinzipien sind: **96**
- Interessengleichlauf,
- Governance, und
- Transparenz.

Der **Interessengleichlauf** von Fondsmanager (GP) und Anleger (LP) zielt insbesondere auf ausbalancierte Vergütungsregeln und eine Eigenkapitalbeteiligung des Fondsmanagers („skin in the game"). Im Hinblick auf die variable Vergütungskomponente in Gestalt des Carried Interest spricht sich die ILPA für das *Whole-of-Fund-Carry*-Modell aus. Dieses ist dadurch gekennzeichnet, dass die Investoren im Waterfall zunächst Ausschüttungen in Höhe ihrer geleisteten Kapitaleinzahlungen plus Hurdle Rate (berechnet auf den Zeitpunkt der Abrufung des Kapitals) erhalten. Erst danach kommt es zu einer Zahlung von Carried Interest (einschließlich Catch-Up) in Höhe des vertraglich festgelegten Prozentsatzes. Bemessungsgrundlage ist der Nettoüberschuss nach Steuern. Überbezahlungen an Carried Interest sollten möglichst vermieden werden (zB durch einen „all capital back"-Wasserfall), jedenfalls aber durch einen Clawback effektiv (dh auch zeitlich während der Liquidationsphase des Fonds) rückholbar sein. Erfolgsunabhängige Management Fees schmälern die Rendite der Investoren und sollen daher in ihrer Höhe angemessen und transparent sein. Je nach Konstellation sei auch die Budgetplanung offenzulegen. Alle gängigen GP Kosten sollen mit der Management Fee abgedeckt sein. GPs sollen im Übrigen einen wesentlichen Eigenkapitalanteil am Fonds, eingezahlt in Cash, haben. Ein Rosinenpicken einzelner Co-Investments soll damit ausgeschlossen werden. **97**

Bei den Regelungen zur **Governance** des Fonds ist zu berücksichtigen, dass sich die Anleger für ein bestimmtes Team an Personen entscheiden, die den Fonds managen. Dem Anlegerschutz wird insbesondere durch sog. Key-Person Clauses zur Durchsetzung verholfen, wonach das Ausscheiden oder Fehlverhalten bestimmter Teile des Fondsmanagements zur automatischen Aussetzung der Investitionsperiode resp. Benennung eines neuen Fondsmanagements führen kann. Anleger entscheiden sich aber auch für ein bestimmtes Fondsprodukt mit Anlagestrategie. Diese sollte daher klar definiert sein und nicht zu Klumpenrisiken führen. Da die laufende Verwaltung des Fonds im alleinigen, diskretionären Verantwortungsbereich des Managers steht, ist eine treuhänderische Bindung des Managers sicherzustellen. Eine institutionalisierte Form des Anlegerschutzes bietet insoweit die ILPA-Empfehlung zur Schaffung eines *Limited Partners Advisory Committee* (LPAC). Das LPAC soll bei Interessenkonflikten vermitteln, über ein konstruktives Zustimmungsrecht bei bestimmten Investitionen besitzen und die Entwicklung von Bewertungsmethoden fördern. Auch sollte eine qualifizierte Mehrheit an Investoren (zB 75 %) in der Lage sein, den GP verschuldensunabhängig auszuschließen oder den Fonds aufzulösen. Unabhängige Dritte (wie Wirtschaftsprüfer) sollten etwa Bewertungen und die Höhe der Ausschüttungen prüfen. **98**

Transparenz wollen die ILPA-Prinzipien durch Vorgaben für das Berichtswesen (Jahres- und Vierteljahresberichte, Berichte über die Portfoliogesellschaften), den Kapitalabruf und Auszahlungsmitteilungen schaffen. Sämtliche Gebühren und Einkünfte des Fondsmanagements sind offenzulegen. Der GP soll sogar vierteljährliche Schätzungen für Kapitalabrufe und Ausschüttungen mitteilen. Außerdem sollen verschiedene Ereignisse bei Eintritt offengelegt werden (zB behördliche Untersuchungen, Verletzung des LPA, etc). **99**

3. Teil. Due Diligence

§ 10 Legal Due Diligence

Übersicht

A. Die Due Diligence als Bestandteil einer Unternehmenstransaktion

I. Einordnung der Due Diligence in den Transaktionsprozess

1 Die im Rahmen einer Due Diligence vorgenommene Prüfung eines Unternehmens ist fester Bestandteil jeder Unternehmenstransaktion.[1] Die Due Diligence hat die primären Funktionen, den Käufer über das Unternehmen als Kaufgegenstand zu informieren, ihm die Bewertung des Unternehmens zu erleichtern und eine Einschätzung der mit der Transaktion verbundenen Risiken zu ermöglichen.[2] Der Käufer und seine Berater untersuchen das Unternehmen in der Regel unter allen betriebswirtschaftlichen und rechtlichen Aspekten.

2 Eine Due Diligence kann auf verschiedene Weise ablaufen und in verschiedenen Stadien eines Transaktionsprozesses eine Rolle spielen. Bei einer Grobeinteilung eines Transaktionsprozesses in eine Vorbereitungsphase, eine Verhandlungsphase bis zur Unterzeichnung des Kaufvertrags und eine Vollzugsphase, kann die Due Diligence in allen drei Phasen relevant werden. Der Verkäufer kann die Due Diligence zur Vorbereitung der Transaktion bereits in der Vorbereitungsphase als sog. *Vendor Due Diligence*[3] durchführen. Die Due Diligence-Prüfungen durch den Käufer unterscheiden sich dadurch, ob sie in der Verhandlungsphase oder erst in der Vollzugsphase stattfinden. Am weitesten verbreitet ist die *(Purchaser) Due Diligence* durch den Käufer in einem relativ frühen Stadium der Verhandlungsphase.[4] Von einer *Confirmatory Due Diligence* spricht man, wenn bestimmte Informationen erst zur Bestätigung zuvor getroffener Annahmen kurz vor oder sogar nach Abschluss des Kaufvertrags offengelegt werden. Wird die Due Diligence insgesamt erst nach Vollzug des Kaufvertrags durchgeführt, liegt eine sog. *Post Acquisition Due Diligence* vor.[5] Das nachfolgende Schaubild verdeutlicht diese zeitliche Einordnung:

---

1 *Mueller-Thuns* in Rödder/Hötzel/Mueller-Thuns, Unternehmenskauf, § 3 Rn. 34; *Dietzel* in Semler/Volhard UÜ-HdB, § 9 Rn. 59, 60; *Beisel* in Beisel/Andreas, Due Diligence, § 1 Rn. 7 ff.

2 *Dietzel* in Semler/Volhard UÜ-HdB, § 9 Rn. 61.

3 Die Terminologie ist insoweit nicht einheitlich, es werden auch – mit teilweise Differenzierung nach dem verfolgten Zweck – Presale Due Diligence und Vendorside Due Diligence verwendet.

4 *Nawe/Nagel* in Berens/Brauner/Strauch, Due Diligence bei Unternehmensakquisitionen, S. 839.

5 Dann ggf. Abschluss des Kaufvertrags unter der aufschiebenden Bedingung, dass die Due Diligence zur Zufriedenheit des Käufers ausfällt, vgl. *Beisel* in Beisel/Klumpp, Unternehmenskauf, Kap. 2, Rn. 30; *Dietzel* in Semler/Volhard UÜ-HdB, § 9 Rn. 104.

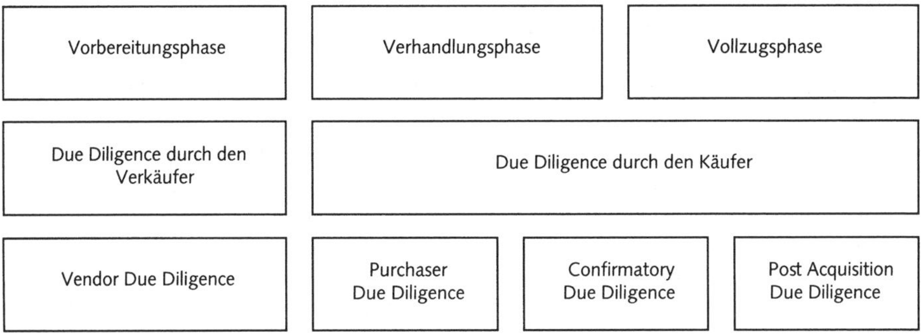

Abbildung 1: Einordnung der Due Diligence im Transaktionsprozess

II. Wechselwirkung von Due Diligence und Vertragsgestaltung

Die Due Diligence dient in erster Linie der Identifikation möglicher mit dem Unterneh- 3
men und damit der Transaktion verbundener **Risiken.**[6] Der Käufer möchte schließlich nicht die sprichwörtliche „Katze im Sack" erwerben.[7] Die im Rahmen der Due Diligence identifizierten Risiken können unterschiedliche Auswirkungen auf die Transaktion haben.[8] Schwerwiegende Risiken können dazu führen, dass der Kaufinteressent von dem möglichen Erwerb des Unternehmens Abstand nimmt ***(Deal Breaker).*** Im Übrigen können sich die Risiken in verschiedener Weise auf die weiteren Verhandlungen auswirken: Zunächst ist denkbar, dass dem Verkäufer die Heilung des Risikos vor dem Vollzug der Transaktion auferlegt wird und die entsprechende Heilungsmaßnahme als **Vollzugsbedingung** *(Closing Condition)* in den Kaufvertrag aufgenommen wird. Soweit die finanzielle Tragweite eines Risikos bereits feststeht, kann der Käufer dieses Risiko im Rahmen seiner Unternehmensbewertung berücksichtigen und den Kaufpreis entsprechend reduzieren. Insoweit kann das Risiko **Kaufpreisrelevanz** haben. Ist der Sachverhalt hinsichtlich eines Risikos nicht abschließend geklärt und eine weitere Sachverhaltsaufklärung auch nicht möglich, kann sich der Käufer mit einer **Garantie** des Verkäufers gegen das Risiko absichern (Relevanz der Due Diligence für die Gewährleistung des Verkäufers). Mit einer Garantie wird das Risiko der Richtigkeit bestimmter Annahmen auf den Verkäufer verlagert. Schließlich ist der dritte Fall denkbar, dass der Sachverhalt abschließend geklärt ist und lediglich unklar ist, inwieweit sich das Risiko finanziell bei dem Unternehmen auswirkt. Richtigerweise kann der Verkäufer in diesem Fall keine Garantie übernehmen, da Garantien nur bei Sachverhaltsunsicherheiten eine Risikoverteilung zulasten des Verkäufers erreichen können. Das mögliche finanzielle Risiko ist in diesem Fall vielmehr durch eine **Freistellung** des Käufers durch den Verkäufer abzudecken (Relevanz der Due Diligence für die Freistellungen).

Schließlich kann die Due Diligence bereits der **Vorbereitung der Fortführung des** 4
Unternehmens durch den Käufer dienen: Der Käufer erhält einen umfassenden, in den verschiedenen Due Diligence Berichten schriftlich dokumentierten Überblick über das Unternehmen und kann diese Informationen auch für die Fortführung des Unternehmens und etwaige Restrukturierungsmaßnahmen nutzen.[9]

[6] Zu der Risikoermittlungsfunktion und den weiteren Funktionen der Due Diligence vgl. auch *Beisel* in Beisel/Klumpp, Unternehmenskauf, Kap. 2, Rn. 4f.; *Beisel* in Beisel/Andreas, Due Diligence, § 1 Rn. 33ff.; *Mueller-Thuns* in Rödder/Hötzel/Mueller-Thuns, Unternehmenskauf, § 3 Rn. 33; *Dietzel* in Semler/Volhard UÜ-HdB, § 9 Rn. 61.

[7] *Müller* NJW 2000, 3452 (3454); *Böttcher* NZG 2005, 49.

[8] *Beisel* in Beisel/Andreas, Due Diligence, § 1 Rn. 58; *Andreas* in Beisel/Andreas, Due Diligence, § 2 Rn. 32; → § 11 Rn. 9ff.

[9] *Felsenstein/Meyding* in Triebel, Mergers & Acquisitions, Teil II, Kap. 2, Rn. 666; *Andreas* in Beisel/Andreas, Due Diligence, § 2 Rn. 33.

B. Zulassung einer Due Diligence

I. Die Due Diligence im Spannungsverhältnis von Informationsoffenlegung und Geheimhaltung

5 Vor der Durchführung einer Due Diligence stellt sich regelmäßig die Frage, wer über die Zulassung der Due Diligence entscheiden kann. Für die Beurteilung dieser Frage und ihre materielle Bedeutung ist es hilfreich, sich zunächst das einer Due Diligence immanente Spannungsverhältnis von Informationsoffenlegung und Geheimhaltung vor Augen zu führen.

6 Üblicherweise findet die Due Diligence durch den Käufer in einem frühen Stadium des Transaktionsprozesses und damit zu einem Zeitpunkt statt, zu welchem das Zustandekommen der Transaktion noch nicht feststeht. Im Zuge einer Due Diligence gibt es daher immer ein **Spannungsverhältnis von Informationsoffenlegung und Geheimhaltung.**[10] Die umfassende Offenlegung von Informationen über das Unternehmen ist für das Unternehmen insbesondere dann mit Risiken verbunden, wenn im Zuge der Due Diligence auch vertrauliche Informationen und Betriebsgeheimnisse offengelegt werden sollen. Wenn der Käufer ein Wettbewerber des Unternehmens ist, ist das Geheimhaltungsinteresse besonders groß. Das Spannungsverhältnis reduziert sich aber nicht auf das Interesse des Käufers an der Informationsoffenlegung und das korrespondierende Geheimhaltungsinteresse des Verkäufers und des Unternehmens. Auch auf Seiten des Verkäufers und des Unternehmens können begründete Interessen an einer Offenlegung von Informationen im Rahmen einer Due Diligence bestehen.

7 Auf Seiten des **Käufers** besteht grundsätzlich ein vorrangiges Interesse an der umfassenden Offenlegung von Informationen: Er benötigt die Informationen für die Unternehmensbewertung und damit die Ermittlung eines angemessenen Kaufpreises. Risiken des Unternehmens sollen identifiziert und in angemessener Weise im Rahmen der Transaktion abgedeckt werden. Rechtfertigen nicht besondere Umstände ausnahmsweise ein anderes Vorgehen, handelt die Geschäftsführung nicht mit der ihr im Rahmen der Business Judgement Rule obliegenden Sorgfalt eines ordentlichen Geschäftsmannes, wenn die mit dem Erwerb eines anderen Unternehmens verbundenen Risiken in Kauf genommen werden und die Entscheidung über die Transaktion ohne die Durchführung einer Due Diligence und damit ohne die für die Entscheidung erforderliche hinreichende Informationsgrundlage getroffen wird.[11] Eine Pflicht zur Durchführung einer Due Diligence bei Anlagen in illiquide Assets besteht für Verwalter alternativer Investmentfonds außerdem aus aufsichtsrechtlicher Warte.[12] Zwar schadet dem Käufer nach der gesetzlichen Konzeption der Gewährleistungshaftung die Kenntnis von den haftungsbegründenden Umständen (vgl. § 442 BGB).[13] Da die Reichweite dieser Bestimmung im Rahmen des vertraglichen Gewährleistungsregimes des Unternehmenskaufvertrags regelmäßig neu verhandelt wird, steht dieser (grundsätzliche) Nachteil einer Due Diligence dem Überwiegen des Informationsinteresses auf Seiten des Käufers aber nicht entgegen.

8 Der **Verkäufer** hat in der Regel ebenfalls ein Interesse an einer umfassenden Information des Käufers: Er möchte Kaufpreisabschläge wegen unzureichender Information des Käufers vermeiden und seine Garantiehaftung reduzieren. Die Durchführung einer umfassenden Due Diligence liefert dem Verkäufer bei der Verhandlung der Garantien gute Argumente, bestimmte Garantien nicht abzugeben.

---

[10] *Beisel* in Beisel/Klumpp, Unternehmenskauf, Kap. 2, Rn. 20.

[11] *Beisel* in Beisel/Klumpp, Unternehmenskauf, Kap. 2, Rn. 27 ff.; *Beisel* in Beisel/Andreas, Due Diligence, § 7 Rn. 30; *Becker* in Picot/Mentz/Seydel, AG Unternehmenskauf, Teil II, Rn. 14 ff.; *Fritzsche/Griese* in Berens/Brauner/Strauch, Due Diligence bei Unternehmensakquisitionen, S. 505 f.

[12] Art. 19 Abs. 1 lit. d Delegierte Verordnung (EU) Nr. 231/2013; dazu *Ulrich,* Private Equity (LBO) vor und nach Inkrafttreten des KAGB.

[13] *Mueller-Thuns* in Rödder/Hötzel/Mueller-Thuns, Unternehmenskauf, § 3 Rn. 53; *Elfring* JuS-Beil. 2007, 3 (12).

Auf Seiten des **Unternehmens** steht hauptsächlich das Geheimhaltungsinteresse im Vordergrund: Betriebs- und Geschäftsgeheimnisse müssen vor einem möglichen Missbrauch Dritter, insbesondere von Wettbewerbern, geschützt werden.[14] Zudem kann eine Due Diligence den Geschäftsbetrieb erheblich beeinträchtigen.[15] Dem können strategische Interessen des Unternehmens am Zustandekommen der Transaktion gegenüberstehen, die auch auf Seiten des Unternehmens für eine Förderung der Transaktion und die Zulassung einer Due Diligence streiten können.[16] 9

Die Interessenkonflikte sind bei Asset und bei Share Deal unterschiedlich: Ist die Gesellschaft bei einem **Asset Deal** selbst als Verkäufer von Einzelwirtschaftsgütern des Unternehmens als Partei an der Transaktion beteiligt, fallen bei der Gesellschaft die Interessen von Unternehmen und Verkäufer zusammen. Bei einem **Share Deal** sind die Interessen des Unternehmens und des Verkäufers dagegen nicht gleichläufig. 10

Die nachfolgenden Schaubilder verdeutlichen die widerstreitenden Interessen in Zwei-Parteien-Konstellationen bei Asset Deals und in Drei-Parteien-Konstellationen bei Share Deals: 11

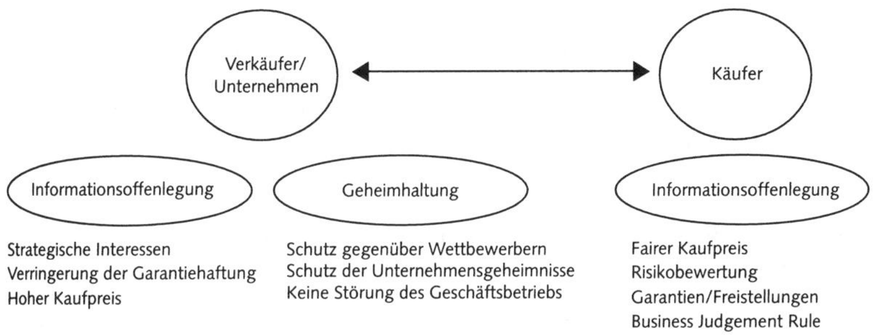

Abbildung 2: Interessenskonflikte beim Asset Deal (Zwei-Parteien-Konstellation)

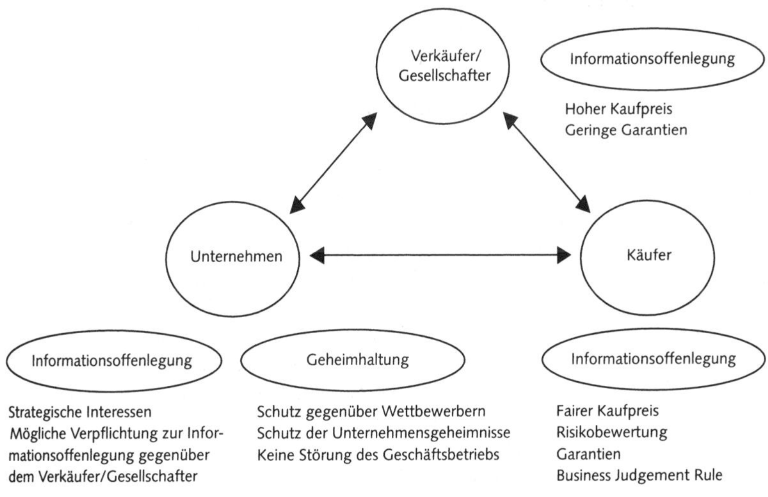

Abbildung 3: Interessenskonflikte beim Share Deal (Drei-Parteien-Konstellation)

---

14 *Beisel* in Beisel/Klumpp, Unternehmenskauf, Kap. 2, Rn. 18; *Dietzel* in Semler/Volhard UÜ-HdB § 9 Rn. 64.

15 *Dietzel* in Semler/Volhard UÜ-HdB § 9 Rn. 67.

16 *Becker* in Picot/Mentz/Seydel, AG Unternehmenskauf, Rn. 27; *Schroeder* DB 1997, 2161 (2162).

II. Materieller Inhalt der Entscheidung über die Zulassung der Due Diligence

12 Mit einer Due Diligence ist die umfassende Offenlegung von Informationen über das Unternehmen einschließlich sensibler Informationen der Gesellschaft in Form von Betriebs- oder Geschäftsgeheimnissen an den Kaufinteressenten verbunden. Die Due Diligence birgt für das Unternehmen daher stets das Risiko, dass die Informationen nicht nur für den mit der Due Diligence eigentlich verfolgten Zweck, sondern – insbesondere bei einem Scheitern der Transaktion – durch den Kaufinteressenten missbräuchlich verwendet werden und der Gesellschaft daraus ein materieller oder immaterieller Schaden entsteht oder die Wettbewerbsfähigkeit oder das Ansehen oder Vertrauen in die Gesellschaft beeinträchtigt wird. Evident ist dieses Risiko auch bei Auktionsprozessen mit mehreren Bietern, wenn bereits feststeht, dass ein Teil der Kaufinteressenten nicht zum Zug kommt und die Informationen jedenfalls nicht im weiteren Zusammenhang mit der Transaktion nutzen kann. Materiell geht es bei der Entscheidung über die Zulassung der Due Diligence daher letztlich um die **Offenlegung von Betriebs- und Geschäftsgeheimnissen** gegenüber gesellschaftsfremden Dritten.

13 Für die Geschäftsführung von Personen- und Kapitalgesellschaften, die Ziel einer Unternehmenstransaktion sind, stellt sich daher regelmäßig die Frage, ob und unter welchen Voraussetzungen sie die Durchführung einer Due Diligence zugunsten des Käufers zulassen darf oder sogar muss. Diese Frage ist für die verschiedenen Gesellschaftsformen unterschiedlich zu beantworten.

III. Entscheidung über die Zulassung einer Due Diligence bei der Aktiengesellschaft

1. Formelle Zuständigkeit für die Entscheidung

14 Die der Durchführung der Due Diligence zugrunde liegenden Entscheidung auf Seiten des Unternehmens stellt eine Geschäftsführungsangelegenheit dar.[17] Die Zuständigkeit für diese **Geschäftsführungsentscheidung** ist nach der allgemeinen Kompetenzverteilung bei der maßgeblichen Gesellschaft zu beurteilen. Vorbehaltlich besonderer statutarischer Bestimmungen ist die Zuständigkeitsfrage für Aktiengesellschaften wie folgt zu beurteilen:

15 **a) Beschlussfassungen in Vorstand und Aufsichtsrat.** Nach der gesetzlichen Konzeption des Aktiengesetzes ist der Vorstand einer Aktiengesellschaft umfassend und nahezu ausschließlich zur Geschäftsführung berufen (vgl. §§ 76, 77 AktG).[18] Die Geschäftsführung obliegt dem Vorstand auch in außergewöhnlichen Geschäftsführungsfragen.

16 Soweit weder die Geschäftsordnung des Vorstands noch der auf seiner Grundlage erlassene Geschäftsverteilungsplan im Hinblick auf die Offenlegung von Informationen der Gesellschaft etwas anderes bestimmen, verbleibt es bei der allgemeinen Regelung des § 77 AktG, nach der sämtliche Vorstandsmitglieder gemeinschaftlich zur Geschäftsführung befugt sind und somit der Gesamtvorstand den entsprechenden Beschluss zu fassen hat.[19] Schon die Entscheidung über die Vorbereitung des Datenraums betrifft die Gesellschaft als solche und erfordert eine ressortübergreifende Regelung der Organisation und Koordination der Zusammenstellung der für den Datenraum relevanten Unterlagen und des Einsatzes der für die Vorbereitung abzustellenden Mitarbeiter, so dass sie sinnvoll nur vom Gesamtvorstand der Gesellschaft getroffen werden kann. Erst recht gilt dies für die für die Gesellschaft noch gravierendere Entscheidung über die eigentliche Zulassung der Due Diligence, die ebenfalls einen Beschluss des Gesamtvorstands erfordert.

[17] *Zirngibl,* Die Due Diligence bei der GmbH und der Aktiengesellschaft, S. 143.
[18] *Koch* in Hüffer/Koch, § 77 Rn. 5.
[19] *Dietzel* in Semler/Volhard UÜ-HdB, § 9 Rn. 76; *Becker* in Picot/Mentz/Seydel, AG Unternehmenskauf, Teil II, Rn. 30; *Müller* NJW 2000, 3452 (3455); *Linker/Zinger* NZG 2002, 497 (498).

Merke:
Im Rahmen eines Due Diligence-Prozesses sind bei einer Aktiengesellschaft in der Regel gesonderte Beschlüsse des Gesamtvorstands für folgende Maßnahmen erforderlich: 17
- Zusammenstellung der Unterlagen über das Unternehmen für einen Datenraum
- Zulassung der einzelnen Bieter zu der Due Diligence

Zudem wird vielfach die Herbeiführung eines Aufsichtsratsbeschlusses gefordert.[20] Soweit sich das Erfordernis eines Aufsichtsratsbeschlusses nicht aus der Satzung der Gesellschaft oder der Geschäftsführung des Vorstands ergibt (vgl. auch § 111 Abs. 4 S. 2 AktG), dürfte ein Vorstandsbeschluss allerdings ausreichen.[21] Selbst wenn Satzung oder Geschäftsführung einen Zustimmungsvorbehalt des Aufsichtsrats für die Due Diligence vorsehen, müssen auch die unter diesen Zustimmungsvorbehalt fallenden Maßnahmen vom Vorstand getätigt und umgesetzt werden, eine Delegation von Geschäftsführungsaufgaben vom Vorstand auf den Aufsichtsrat ist mit dem Zustimmungsvorbehalt nicht verbunden. Dem Aufsichtsrat können Maßnahmen der Geschäftsführung gemäß § 111 Abs. 4 S. 1 AktG nämlich grundsätzlich nicht übertragen werden. 18

Praxistipp:
Wenngleich ein Aufsichtsratsbeschluss grundsätzlich rechtlich nicht erforderlich sein mag, sollte ein entsprechender Beschluss jedenfalls dann eingeholt werden, wenn er unbürokratisch erlangt werden kann. Er ist in jedem Fall geeignet, dem Vorstand den Rücken zu stärken und den Aktionären gegenüber zum Ausdruck zu bringen, dass die Entscheidung von der Gesamtheit der Unternehmensführung getragen wird. 19

Anders als bei der GmbH sind also nicht die Gesellschafter zur Entscheidung berufen, es sei denn der Vorstand legt die Entscheidung über die Zulassung zur Due Diligence nach § 119 Abs. 2 AktG der Hauptversammlung zur Entscheidung vor.[22] Eine Verpflichtung des Vorstands zur Vorlage an die Hauptversammlung dürfte in der Regel nicht vorliegen: Nach der Rechtsprechung des BGH in den Entscheidungen **Holzmüller**[23] und **Gelatine**[24] setzt die Pflicht des Vorstands zur Vorlage von Geschäftsführungsmaßnahmen an die Hauptversammlung schwerwiegende Eingriffe in die Rechte und Interessen der Aktionäre durch die angestrebte Maßnahme voraus, die die Verfassung der Gesellschaft berühren und von ihrer Bedeutung her einer Satzungsänderung gleichkommen müssen. Nicht ausreichend ist dagegen eine Beteiligungsveräußerung, wenn die Beteiligung an dem Tochterunternehmen nicht das gesamte Vermögen der veräußernden Gesellschaft iSd § 179a AktG ausmacht.[25] Die Entscheidungen über die Vorbereitung eines Datenraumes und die Offenlegung von sensiblen und vertraulichen Informationen der Gesellschaft gegenüber Dritten im Rahmen eines Due Diligence Verfahrens erreichen die Schwelle für die Hauptversammlungszuständigkeit in der Regel nicht, da sie als die Transaktion vorbereitende Maßnahmen die Entscheidung über den Verkauf noch nicht präkludieren.[26] 20

---

20 *Linker/Zinger* NZG 2002, 497 (499); siehe auch *Vogt* DStR 2001, 2027 (2033).
21 *Müller* NJW 2000, 3452 (3455); *Rittmeister* NZG 2004, 1032 (1035); s. a. *Spindler* in MüKoAktG, § 93 Rn. 157.
22 *Mueller-Thuns* in Rödder/Hötzel/Mueller-Thuns, Unternehmenskauf, § 3 Rn. 72.
23 BGH Urt. v. 25.2.1982 – II ZR 174/80, BGHZ 83, 122 ff., NJW 1982, 1703, ZIP 1982, 568 ff. – Holzmüller.
24 BGH Urt. v. 26.4.2004 – II ZR 155/02, BGHZ 159, 30 ff., DStR 2004, 922 ff., NJW 2004, 1860 ff., NZG 2004, 571 ff. – Gelatine I sowie BGH Urt. v. 26.4.2004 – II ZR 154/02, NZG 2004, 575 ff., ZIP 2004, 1001 ff. – Gelatine II.
25 BGH Beschl. v. 20.11.2006 – II ZR 226/05, ZIP 2007, 24, DStR 2007, 586 f.
26 *Roschmann/Frey* AG 1996, 449 (451); *Körber* in Fleischer VorstandsR-HdB § 10 Rn. 19; die Notwendigkeit eines Hauptversammlungsbeschlusses bejahend für den Fall der Veräußerung des gesamten Geschäftsbetriebs nach § 179a AktG jedoch *Ziemons* AG 1999, 492 (499).

21 **b) Zulassung der Due Diligence auf Veranlassung eines Aktionärs.** Der einzelne veräußerungswillige Aktionär hat keinen Anspruch auf Zulassung einer Due Diligence.[27] Auch der gesetzliche Informationsanspruch des Aktionärs gemäß § 131 AktG ist nicht geeignet, die für eine Due Diligence Prüfung erforderlichen Informationen von der Gesellschaft herauszuverlangen.[28]

22 Die Mehrheit der Aktionäre kann den Vorstand nicht per se zur Zulassung einer Due Diligence anweisen. Mit Ausnahme im Vertragskonzern haben die Aktionäre kein Weisungsrecht gegenüber dem Vorstand in Geschäftsführungsangelegenheiten.[29] Faktisch können Mehrheitsaktionäre freilich über ihren Einfluss auf den Aufsichtsrat und damit mittelbar auf den Vorstand Geschäftsführungsentscheidungen entsprechend steuern, so dass der Vorstand dem Verlangen eines Mehrheitsaktionärs – auch ohne entsprechende rechtliche Verpflichtung – folgen wird.[30]

2. Maßgebliche Entscheidungskriterien

23 Die Entscheidung über die Vorbereitung eines Datenraumes und die Zulassung einer Due Diligence ist vom Vorstand – wie jede andere Entscheidung im Rahmen der Geschäftsführung auch – mit der Sorgfalt eines ordentlichen und gewissenhaften Geschäftsleiters am Maßstab des objektiven Gesellschaftsinteresses zu treffen.[31] Der Vorstand einer Aktiengesellschaft ist gemäß § 93 Abs. 1 S. 3 AktG grundsätzlich verpflichtet, vertrauliche Angaben und Betriebs- oder Geschäftsgeheimnisse der Gesellschaft geheim zu halten. Die **Geheimhaltungspflicht** ist Teil der organschaftlichen Treuepflicht des Vorstands gegenüber der Gesellschaft und verbietet es dem Vorstand, sensible Informationen gegenüber Dritten offen zu legen.[32] Die Geheimhaltungspflicht ist gemäß § 404 Abs. 1 Nr. 1 AktG auch strafbewehrt.

24 Die Geheimhaltungspflicht gilt jedoch nicht absolut, sondern findet ihre Grenze dann, wenn die Weitergabe der Informationen gerade im Interesse der Gesellschaft liegt.[33] Der Vorstand hat dabei insbesondere die Folgen beider Entscheidungsalternativen zu ermitteln und das Geheimhaltungsinteresse der Gesellschaft gegen die berechtigten Interessen an der Informationsoffenlegung abzuwägen.[34]

25 Ist die Gesellschaft selbst Veräußerer (in den Asset Deal Konstellationen), hat der Vorstand vor allem zu berücksichtigen, dass die Gesellschaft mit der Informationsoffenlegung keinen Selbstzweck verfolgt, sondern die Informationsoffenlegung für Zwecke der Durchführung einer Due Diligence unmittelbar der Veräußerung des Unternehmens an den Kaufinteressenten dient und diese Veräußerung ohne die Durchführung der Due Diligence nicht oder nur zu einem durch Risikoabschlag verringerten Preis möglich wäre.[35] Da in den meisten Fällen der Erfolg einer Unternehmenstransaktion von der Durchführung einer für den Kaufinteressenten zufrieden stellenden Due Diligence des Zielgesellschaft abhängt, kann

[27] *Mueller-Thuns* in Rödder/Hötzel/Mueller-Thuns, Unternehmenskauf, § 3 Rn. 78; *Dietzel* in Semler/Volhard UÜ-HdB, § 9 Rn. 73; *Weber* in Hölters, HdB des Unternehmenskaufs, Kap. 9, Rn. 73; aA bei einer unternehmerischen Beteiligung: *Beisel* in Beisel/Klumpp, Unternehmenskauf, Kap. 2, Rn. 24 – Informationsrecht des unternehmerisch beteiligten Aktionärs analog § 51a GmbHG; *Beisel* in Beisel/Andreas, Due Diligence, § 7 Rn. 17.

[28] *Linker/Zinger* NZG 2002, 497 (502).

[29] Allg. Meinung, s. nur *Spindler* in MüKoAktG § 76 Rn. 22.

[30] *Weber* in Hölters, HdB des Unternehmenskaufs, Kap. 9, Rn. 73.

[31] Vgl. *Holzapfel/Pöllath,* Unternehmenskauf, Rn. 73 ff.; *Körber* NZG 2002, 263 (269); *Beisel* in Beisel/Andreas, Due Diligence, § 7 Rn. 15.

[32] Vgl. *Koch* in Hüffer/Koch § 93 Rn. 29; *Becker* in Picot/Mentz/Seydel, AG Unternehmenskauf, Teil II, Rn. 22.

[33] *Linker/Zinger* NZG 2002, 499; *Weber* in Hölters, HdB des Unternehmens- und Beteiligungskauf, Kap. 9, Rn. 73.

[34] *Müller* NJW 2000, 3452 (3453); *Mueller-Thuns* in Rödder/Hötzel/Mueller-Thuns, Unternehmenskauf, § 3 Rn. 72.

[35] *Spindler* in MüKoAktG § 93 Rn. 154.

die Offenlegung von sensiblen und vertraulichen Informationen der Gesellschaft und die dafür erforderliche Vorbereitung in ihrem eigenen strategischen Interesse liegen.[36]

In Share Deal Konstellationen können sowohl die Interessen der Gesellschaft als auch berechtigte Interessen des veräußernden Aktionärs relevant werden. Auf Seiten der Gesellschaft kann die Person des Kaufinteressenten für die Entscheidung von Bedeutung sein: Zwar hat jedenfalls eine Publikumsgesellschaft grundsätzlich kein schutzwürdiges Interesse daran, auf die Zusammensetzung ihres Aktionärskreises Einfluss zu nehmen.[37] Etwas anderes gilt aber dann, wenn die Beteiligung eines bestimmten Aktionärs an einer Gesellschaft in ihrem eigenen Interesse liegt, weil sie **strategische Vorteile** durch die Übermittlung von Know-How, Geschäftsbeziehungen oder Kapital mit sich bringt.[38] Der Vorstand hat daher zu bewerten, welche Chancen der Erwerb von Anteilen an der Gesellschaft durch den konkreten Kaufinteressenten für die Gesellschaft bietet und welche neuen Perspektiven sich mit dem neuen Gesellschafter sowohl aus finanzieller Hinsicht als auch aus strategischer Sicht für die Gesellschaft ergeben. 26

Gerade wenn die Veräußerung eines Aktienpakets faktisch nur bei Durchführung einer Due Diligence möglich ist, erlangen die Aktionärsinteressen als Ausdruck der Durchsetzung des Mitgliedschaftsrechts der freien Veräußerung der Aktien zunehmende Bedeutung. Dann hat der Vorstand neben den Gesellschaftsinteressen an Geheimhaltung und Offenlegung auch die – berechtigten – Interessen des veräußerungswilligen Aktionärs an der Informationsoffenlegung zu berücksichtigen. 27

Oberster Maßstab ist das Unternehmensinteresse, in das sich alle Einzelinteressen einzuordnen haben.[39] Dies zeigt auch, dass sich eine allgemeingültige Aussage, ob eine Due Diligence zuzulassen ist oder nicht, verbietet. Vielmehr bleibt bei der Entscheidung ein **unternehmerischer Ermessensspielraum,** in dessen Rahmen unter Abwägung des Geheimhaltungsinteresses der Gesellschaft gegen die Offenlegungsinteressen eine Einzelfallentscheidung zu fällen ist.[40] 28

3. Abwägung der verschiedenen Interessen

Ein besonderes strategisches Interesse der Gesellschaft am Zustandekommen der Transaktion sowie berechtigte Veräußerungsinteressen des veräußerungswilligen Aktionärs können für eine Zulassung der Due Diligence Prüfung sprechen, soweit der Due Diligence Prozess in professioneller Weise durchgeführt und das Risiko des Missbrauchs der offen gelegten Informationen durch den Erwerbsinteressenten durch die besondere Gestaltung der Due Diligence hinreichend gewahrt wird.[41] 29

Insbesondere die folgenden Kriterien sind bei der Abwägung der Interessen zu berücksichtigen und können helfen, das Spannungsverhältnis von Geheimhaltungs- und Offenlegungsinteressen aufzulösen: 30

a) Wie groß ist das strategische Interesse der Gesellschaft an der Transaktion? Je wichtiger das Zustandekommen der Transaktion für die Gesellschaft ist, desto mehr treten Geheimhaltungsinteressen der Gesellschaft gegenüber den Offenlegungsinteressen im Sinne des überwiegenden Unternehmensinteresses zurück.[42]

---

[36] *Ziegler* DStR 2000, 249 (253); *Müller* NJW 2000, 3452 (3453).

[37] *Linker/Zinger* NZG 2002, 497 (500); *Oppenländer* GmbHR 2000, 535 (536).

[38] *Hemeling* ZHR 169 (2005), 274 (280); *Rittmeister* NZG 2004, 1032 (1034); *Becker* in Picot/Mentz/Seydel, AG Unternehmenskauf, Teil II, Rn. 27.

[39] *Müller* NJW 2000, 3452 (3453).

[40] *Wiesner* in MHdB GesR IV, § 25 Rn. 48; *Rittmeister* NZG 2004, 1032 (1034).

[41] HM, vgl. *Becker* in Picot/Mentz/Seydel, AG Unternehmenskauf, Teil II, Rn. 26, 27; *Roschmann/Frey* AG 1996, 449 (452); *Mertens* AG 1997, 541 (546 f.); *Schroeder* DB 1997, 2161 (2163); *Ziegler* DStR 2000, 249; *Kiethe* NZG 1999, 976 (977); nach anderer Ansicht soll die Offenlegung nur zulässig sein, wenn die Existenz der Gesellschaft gefährdet ist und nur durch den Erwerb durch den Kaufinteressenten gesichert werden kann, *Lutter* ZIP 1997, 613 (617).

[42] *Hemeling* ZHR 169 (2005), 274 (280).

b) Wie hoch ist die Wahrscheinlichkeit des Zustandekommens der Transaktion? Je verfestigter die Erwerbsabsicht und je sicherer der Abschluss der Transaktion ist, desto geringer ist das (abstrakte) Missbrauchsrisiko sensibler Informationen. Insoweit ist es für die Gesellschaft regelmäßig von Vorteil, wenn der Kaufinteressent und Verkäufer einen Letter of Intent abgeschlossen haben und die Durchführung einer für den Kaufinteressenten zufrieden stellenden Due Diligence die einzige wesentliche Hürde für das Zustandekommen der Transaktion darstellt.[43] In Share Deal Konstellationen ist es nicht erforderlich, dass auch die Gesellschaft selbst Partei des Letter of Intent ist.

c) Wie hoch ist das konkrete Missbrauchsrisiko bei den offengelegten Informationen durch den jeweiligen Informationsempfänger? Soweit Informationen ohnehin öffentlich bekannt sind oder nicht wettbewerbssensibel sind, ist die Offenlegung unkritisch.[44] Aber auch bei wettbewerbsrelevanten Informationen überwiegt nicht per se das Geheimhaltungsinteresse. Vielmehr ist hier zu überlegen, ob das Schutzbedürfnis der Gesellschaft nicht auf andere Weise sichergestellt werden kann. Insoweit kommen in Frage:
   (1) Abschluss einer Geheimhaltungsvereinbarung mit der Gesellschaft;[45] im Idealfall sollte die Geheimhaltungsvereinbarung eine Vertragsstrafenklausel enthalten.[46] Da Vertragsstrafen in Geheimhaltungsvereinbarungen von Kaufinteressenten nur selten akzeptiert werden, kann die Vereinbarung einer Vertragsstrafe aus praktischen Gesichtspunkten nicht als Voraussetzung für die Zulässigkeit der Informationsoffenlegung gesehen werden.
   (2) Besonders sensible Informationen sollten im Rahmen einer gestuften Informationsoffenlegung erst dann offengelegt werden, wenn die Wahrscheinlichkeit des Zustandekommens der Transaktion weiter gestiegen ist und das Risiko des Informationsmissbrauchs weiter sinkt (gestufte Due Diligence).[47] Insbesondere bei Auktionsverfahren haben sich gestufte Due Diligence Prüfungen etabliert: in einem frühen Stadium und bei einem größeren Bieterkreis werden sensible Informationen noch zurückgehalten. Erst in einem fortgeschrittenen Stadium und bei einem, infolge des verkleinerten Bieterkreises geringeren Missbrauchsrisikos, werden die sensibleren Informationen offengelegt.

d) Schließlich ist bei der Entscheidung auch zu berücksichtigen, dass die Informationen dem Bieter nicht unqualifiziert zur Verfügung gestellt werden, sondern in einem geordneten und überwachten Due Diligence Prozess.[48] Für diesen Zweck werden üblicherweise Datenraumregeln mit besonderen Verhaltensregeln aufgestellt und die Geheimhaltungsvereinbarung zwischen dem Kaufinteressenten und der Gesellschaft auf alle Berater, welche Zugang zu dem Datenraum bekommen, erstreckt. Zudem kann durch eine Datenraumaufsicht sichergestellt werden, dass die Informationen nicht in unzulässiger Weise aus dem physischen Datenraum entfernt werden.

e) In der Literatur wird noch vorgeschlagen, besonders sensible Informationen nur einer beruflichen Verschwiegenheitsverpflichtung unterliegenden Beratern (dh Steuerberatern, Wirtschaftsprüfern und Rechtsanwälten) zugänglich zu machen, die die Informationen auswerten und lediglich das Untersuchungsergebnis dem Kaufinteressenten mitteilen dürfen.[49] Schon aus praktischen Gesichtspunkten ist diese Forderung aber ab-

---

43 *Müller* NJW 2000, 3452 (3455); *Mueller-Thuns* in Rödder/Hötzel/Mueller-Thuns, Unternehmenskauf, § 3 Rn. 75; *Dietzel* in Semler/Volhard UÜ-HdB, § 9 Rn. 76; *Becker* in Picot/Mentz/Seydel AG Unternehmenskauf, Teil II, Rn. 31.

44 *Mueller-Thuns* in Rödder/Hötzel/Mueller-Thuns, Unternehmenskauf, § 3 Rn. 65 und Rn. 73.

45 *Müller* NJW 2000, 3452 (3454); *Beisel* in Beisel/Klumpp Unternehmenskauf, Kap. 2, Rn. 18 ff.; *Dietzel* in Semler/Volhard UÜ-HdB, § 9 Rn. 65 und Rn. 76; *Becker* in Picot/Mentz/Seydel, AG Unternehmenskauf, Teil II, Rn. 32; *Beisel* in Beisel/Andreas, Due Diligence, § 7 Rn. 51 ff.

46 *Schlitt* in Semler/Volhard UÜ-HdB, § 6 Rn. 20 ff.

47 *Hemeling* ZHR 169 (2005), 274 (280).

48 *Beisel* in Beisel/Andreas, Due Diligence, § 7 Rn. 54.

49 *Lutter* ZIP 1997, 613 (615); *Mueller-Thuns* in Rödder/Hötzel/Mueller-Thuns, Unternehmenskauf, § 3 Rn. 75, *Dietzel* in Semler/Volhard UÜ-HdB, § 9 Rn. 66 schlägt vor, dass die Berater von beiden Parteien

zulehnen, da die Verkäufer keinerlei Kontrolle darüber haben, welche Informationen die Berater tatsächlich an den Kaufinteressenten weiterleiten.[50] Aus rechtlicher Sicht ist fraglich, ob die aus dem Mandatsverhältnis zwischen dem Kaufinteressenten und seinen Beratern begründete Berufsverschwiegenheitspflicht überhaupt geeignet ist, den Verkäufer vor einer Informationsweiterleitung zu schützen.

f) Die Vorbereitung eines Datenraums bindet bei der Gesellschaft regelmäßig nicht unerhebliche Mitarbeiterressourcen. Dieser Nachteil für die Gesellschaft dürfte aber hinter die vorrangigen Interessen der Gesellschaft am Zustandekommen der Transaktion zurücktreten.

Praxistipp:
Es empfiehlt sich, den Vorstandsbeschluss über die Zulassung sorgfältig zu dokumentieren und dabei alle entscheidungserheblichen Kriterien und ihre Gewichtung im Rahmen der durchgeführten Abwägung aufzunehmen. Der Vorstand bietet auf diese Weise für den Fall einer etwaigen Auseinandersetzung wenig Angriffsfläche und kann sich nach der sorgfältig dokumentierten Entscheidungsfindung auf den ihm verbleibenden unternehmerischen Ermessensspielraum im Rahmen der Business Judgement Rule berufen. 31

4. Zurückhaltung bestimmter Informationen aufgrund besonderer Verpflichtungen

Soweit die grundsätzliche Entscheidung für die Zulassung einer Due Diligence gefallen ist, 32 ist noch im Einzelnen zu prüfen, ob bestimmte Informationen aufgrund gesetzlicher oder vertraglicher Beschränkungen nicht offengelegt werden dürfen.

Bei personenbezogenen Daten über Mitarbeiter kann aus datenschutzrechtlichen Aspek- 33 ten eine Offenlegung verboten sein.[51] In diesem Fall ist sicherzustellen, dass diese Daten vor der Offenlegung für eine Due Diligence entsprechend anonymisiert werden.[52]

Vertraulichkeitsvereinbarungen in Verträgen können deren Offenlegung für eine Due 34 Diligence verbieten. Hier ist im Einzelfall zu prüfen, ob die Zustimmung des Vertragspartners zur Offenlegung eingeholt werden kann[53] oder ob der Vertrag so durch Schwärzungen anonymisiert werden kann, dass die Offenlegung keine Verletzung der Vertraulichkeitsvereinbarung darstellt.

IV. Entscheidung über die Zulassung einer Due Diligence bei der GmbH

1. Gesellschafterbeschluss über die Zulassung der Due Diligence

Die Entscheidung über die Zulassung einer Due Diligence dürfte in der Regel als außerge- 35 wöhnliche Geschäftsführungsmaßnahme nicht in den Zuständigkeitsbereich der Geschäftsführer fallen, sondern einen Beschluss der Gesellschafterversammlung erfordern.[54] Geschäftsführer, die eine Due Diligence ohne entsprechenden Gesellschafterbeschluss zulassen, verletzen die ihnen gemäß § 43 Abs. 1 GmbHG obliegende und nach § 85 GmbHG strafbewehrte Geheimhaltungspflicht.[55]

---

beauftragt werden, um die Neutralität zu gewährleisten; *Beisel* in Beisel/Andreas, Due Diligence, § 7 Rn. 15.

[50] *Becker* in Picot/Mentz/Seydel, AG Unternehmenskauf, Teil II, Rn. 27.

[51] *Beisel* in Beisel/Andreas, Due Diligence, § 7 Rn. 45.

[52] Näher *Dietzel* in Semler/Volhard UÜ-HdB, § 9 Rn. 94.

[53] *Dietzel* in Semler/Volhard UÜ-HdB § 9 Rn. 92.

[54] *Mueller-Thuns* in Rödder/Hötzel/Mueller-Thuns, Unternehmenskauf, § 3 Rn. 59; *Götze* ZGR 1999, 202 (226); *Meincke* WM 1998, 749 (752); *Körber* NZG 2002, 263 (268); *Koppensteiner* ZHR 165 (1991), 97 (101); *Bremer* GmbHR 2000, 176; *Oppenländer* GmbHR 2000, 535 (539).

[55] *Dietzel* in Semler/Volhard UÜ-HdB, § 9 Rn. 78.

36 Es ist umstritten, welche Mehrheit der Gesellschafterbeschluss über die Zulassung einer Due Diligence erfordert.

37 Nach einem Urteil des Landgerichts Köln vom 26.3.2008 soll für den Beschluss die Zustimmung sämtlicher Gesellschafter erforderlich sein.[56] Eine andere Ansicht fordert für diesen Beschluss eine qualifizierte Mehrheit.[57] Richtig ist sicherlich, dass der Alleingesellschafter oder die Gesellschafter durch einstimmigen Beschluss den Geschäftsführer zur Zulassung einer Due Diligence anweisen können, ohne dabei auf etwaig entgegenstehende Geheimhaltungsinteressen der Gesellschaft Rücksicht nehmen zu müssen.[58] Die Gesellschafter sind in ihrer Gesamtheit Herr der Unternehmensgeheimnisse und können über diese verfügen.

38 Im Übrigen ist ein Erfordernis der Zustimmung aller Gesellschafter dem GmbH-Recht fremd und es ist nicht ersichtlich, weshalb für die Zulassung einer Due Diligence eine solche Mehrheit erforderlich sein sollte. Vielmehr sieht das GmbH-Recht zum Schutz der Minderheitsgesellschafter für Maßnahmen, die besonders gravierend in die Mitgliedschaft eingreifen, ausnahmsweise eine qualifizierte Mehrheit vor. Soweit sich eine höhere Mehrheit nicht aus dem Gesellschaftsvertrag ergibt, sollte eine einfache Mehrheit grundsätzlich ausreichen.[59] Die Zulassung einer Due Diligence stellt nämlich nicht per se eine mit strukturändernden Maßnahmen vergleichbare Situation dar, bei denen nach der gesetzlichen Konzeption eine qualifizierte Mehrheit zwingend erforderlich ist.

39 Der veräußerungswillige Gesellschafter ist bei der Beschlussfassung nach herrschender Meinung nach dem allgemeinen Grundsatz des Verbots des Richtens in eigener Sache vom Stimmrecht ausgeschlossen.[60]

Praxistipp:

40 Diese Fragen sind nicht akademischer Natur, sondern können schnell von praktischer Relevanz werden, wenn nur ein Teil der Gesellschafter seine Geschäftsanteile verkaufen möchte und die übrigen Gesellschafter eine Offenlegung von Informationen zugunsten außenstehender Dritter verhindern möchten. Die Geschäftsführer stehen hier zwischen den Fronten der streitenden Gesellschafter und müssen eine eigene Entscheidung treffen, welche Mehrheiten sie bei den maßgeblichen Beschlussfassungen für ausreichend erachten. Wenngleich das Urteil des Landgerichts Köln in der Literatur auf Kritik gestoßen ist,[61] so ist der Praxis anzuraten, bis auf Weiteres von dem Erfordernis eines einstimmigen Gesellschafterbeschlusses auszugehen. Zur Absicherung des eigenen Sorgfaltsmaßstabs ist die Geschäftsführung zudem gut beraten, selbst Rechtsrat zu diesen Fragen einzuholen.

2. Maßgebliche Entscheidungskriterien

41 Die Gesellschafter müssen bei ihrer Entscheidung die widerstreitenden Interessen der Gesellschaft an der Geheimhaltung und der Informationsoffenlegung abwägen.[62] In Share

[56] LG Köln Urt. v. 26.3.2008 – 90 O 11/08, GmbHR 2009, 261 = BeckRS 2008, 21808; ebenso: *Kleindiek* in Lutter/Hommelhoff GmbHG, § 43 Rn. 21; *Schneider* in Scholz GmbHG, § 43 Rn. 118a; *Haas* in Baumbach/Hueck GmbHG, § 85 Rn. 11; *Altmeppen* in Roth/Altmeppen § 43 Rn. 25; *Ziemons* in MHLS, § 43 Rn. 309.

[57] *Oppenländer* GmbHR 2000, 535 (540).

[58] *Beisel* in Beisel/Klumpp, Unternehmenskauf, Kap. 2, Rn. 22; *Dietzel* in Semler/Volhard UÜ-HdB § 9 Rn. 78; *Weber* in Hölters HdB des Unternehmenskaufs Kap. 9, Rn. 71; *Fritzsche/Hitter* in Berens/Brauner/Strauch, Due Diligence bei Unternehmensakquisitionen, S. 503; *Beisel* in Beisel/Andreas, Due Diligence, § 7 Rn. 5.

[59] *Götze* ZGR 1999, 202 (229 ff.); *Körber* NZG 2002, 263 (268); *Koppensteiner* ZHR 165 (1991), 97 (101); *Zirngibl,* Die Due Diligence bei der GmbH und der Aktiengesellschaft, S. 163 f.; iErg auch für einfache Mehrheit: *Fleischer* in MüKoGmbHG, § 43 Rn. 208.

[60] *Mueller-Thuns* in Rödder/Hötzel/Mueller-Thuns, Unternehmenskauf, § 3 Rn. 60; *Körber* NZG 2002, 263 (268); *Oppenländer* GmbHR 2000, 535 (540); *Götze* ZGR 1999, 202 (230); aA *Zirngibl,* Die Due Diligence bei der GmbH und der Aktiengesellschaft, S. 163 f.

[61] *Liese/Theusinger* BB 2009, 186; *Maitzen/Ebel* FD-MA 2008, 270121.

[62] *Mueller-Thuns* in Rödder/Hötzel/Mueller-Thuns, Unternehmenskauf, § 3 Rn. 60.

Deal Konstellationen ist zudem das berechtigte Interesse des Gesellschafters an der Veräußerung seines Geschäftsanteils zum vollen wirtschaftlichen Wert zu berücksichtigen. Im GmbH-Recht ist das dieses Gesellschafterinteresse tragende Mitgliedschaftsrecht der freien Veräußerlichkeit in § 15 Abs. 1 GmbHG sogar gesetzlich normiert. Zwar haben die Gesellschafter bei ihrer Entscheidung einen **weiten unternehmerischen Entscheidungsspielraum,** jedoch lassen sich die maßgeblichen Entscheidungskriterien im Ergebnis auf die bereits bei der Aktiengesellschaft dargestellten reduzieren. Bei einem strategischen Interesse an der Transaktion oder dem berechtigten Interesse eines Gesellschafters an der Veräußerung seines Anteils kann die Due Diligence in der Regel so gestaltet werden, dass die Geheimhaltungsinteressen der Gesellschaft hinreichend geschützt werden und damit hinter die Offenlegungsinteressen der Gesellschaft und/oder des Gesellschafters zurücktreten.

3. Pflicht zur Zulassung der Due Diligence durch die Geschäftsführung aufgrund Informationsanspruchs des Gesellschafters

Soweit bei Beschlussfassungen über die Zulassung einer Due Diligence die für erforderlich **42** erachteten Mehrheiten der Gesellschafterversammlung nicht erreicht werden, ist fraglich, ob die Gesellschaft aufgrund des sich aus § 51a GmbHG ergebenden Informationsanspruchs des veräußerungswilligen (Minderheits-)Gesellschafters zur Zulassung einer Due Diligence verpflichtet sein kann.

Restriktive Auffassungen nehmen hier an, dass die Geschäftsführung die Herausgabe von **43** Informationen verweigern kann und einen entsprechenden Gesellschafterbeschluss herbeiführen muss, wenn die Weitergabe von Informationen durch den Gesellschafter an Dritte zu befürchten ist. Insoweit soll eine Verwendung zu gesellschaftsfremden Zwecken vorliegen.[63]

Neuere Auffassungen wollen die Herausgabe für Zwecke der Due Diligence zulassen, da **44** die Due Diligence zur Vorbereitung des Verkaufs der Geschäftsanteile in Ausübung des Mitgliedschaftsrechts der freien Veräußerlichkeit der Geschäftsanteile geschehe und damit keine Verwendung zu gesellschaftsfremden Zwecken vorliegen könne.[64]

Auch nach diesen neueren Auffassungen führt ein Informationsbegehren nicht dazu, dass **45** die Geschäftsführer eine Due Diligence uneingeschränkt zuzulassen hätten: Der Informationsanspruch des Gesellschafters wird nämlich durch die Treuepflicht des Gesellschafters begrenzt, so dass im Ergebnis die Interessen der Gesellschaft an der Geheimhaltung von Informationen gegen die Interessen des Gesellschafters an der Veräußerung seiner Geschäftsanteile abzuwägen seien.[65] Im Rahmen dieser Abwägung kann auf die bereits dargestellten Kriterien zurückgegriffen werden, nach welchen die Due Diligence dann zuzulassen ist, wenn die Geheimhaltungsinteressen der Gesellschaft aufgrund einer bestehenden Geheimhaltungsvereinbarung und der konkreten Gestaltung und Organisation der Due Diligence hinreichend gewahrt werden können und auf diese Weise ein Ausgleich der widerstreitenden Interessen gefunden werden kann.

V. Entscheidung über die Zulassung einer Due Diligence bei Personenhandelsgesellschaften

Für Personenhandelsgesellschaften wurde die Rechtslage bislang weniger untersucht als für **46** Kapitalgesellschaften. Das dürfte zum einen an der vergleichsweise geringeren Bedeutung

---

[63] *Lutter* ZIP 1997, 613; *Bayer* in Lutter/Hommelhoff GmbHG § 51a Rn. 32; *Hüffer/Schürnbrand* in Hachenburg GK-GmbHG, § 51a Rn. 11.

[64] *Götze* ZGR 1999, 202 (207–212); *Mueller-Thuns* in Rödder/Hötzel/Mueller-Thuns, Unternehmenskauf, § 3 Rn. 63; *Dietzel* Semler/Volhard UÜ-HdB, § 9 Rn. 82; *Becker* in Picot/Mentz/Seydel, AG Unternehmenskauf, Teil II, Rn. 21; *Beisel* in Beisel/Andreas, Due Diligence, § 7 Rn. 8.

[65] *Beisel* in Beisel/Andreas, Due Diligence, § 7 Rn. 8.

von Personenhandelsgesellschaften als Zielgesellschaften von Unternehmenstransaktionen und zum anderen daran liegen, dass wegen des dispositiveren Gesetzesrechts in geringerem Umfang einheitliche Strukturen vorzufinden sind, die allgemeingültige Aussagen zulassen.[66]

47 Außergewöhnliche Geschäftsführungsentscheidungen bedürfen bei oHG gemäß § 116 Abs. 1 und 2 HGB und bei KG gemäß § 161 Abs. 2 iVm § 116 Abs. 1 und 2 HGB eines zustimmenden Gesellschafterbeschlusses, dies gilt auch für die Zulassung von Due Diligence Prüfungen.[67] Nach der gesetzlichen Konzeption bedürfen Gesellschafterbeschlüsse grundsätzlich der Einstimmigkeit. In diesem Fall ist es den Gesellschaftern unbenommen, unter Missachtung etwaiger Geheimhaltungsinteressen der Gesellschaft Due Diligence Prüfungen zuzulassen. Soweit der Gesellschaftsvertrag – wie in der Regel – Mehrheitsbeschlüsse zulässt, sind die Gesellschafter durch ihre Treuepflicht gebunden, bei der Entscheidungsfindung die Geheimhaltungsinteressen der Gesellschaft gegen die Offenlegungsinteressen der Gesellschaft und des veräußerungswilligen Gesellschafters abzuwägen. Dann helfen die bei der Aktiengesellschaft dargestellten Kriterien, dieses Spannungsverhältnis aufzulösen.

48 Ungeklärt ist auch die Frage, ob ein veräußerungswilliger Gesellschafter ihm zustehende Informationsansprüche nutzen kann, die für die Due Diligence benötigten Informationen von der Gesellschaft herauszuverlangen. Die gesetzlichen Informationsrechte (vgl. §§ 118 Abs. 1, 166 Abs. 1 HGB) sind reine Kontrollrechte und als solche nicht geeignet, exzessive Informationsverlangen des Gesellschafters für Zwecke einer Due Diligence zu rechtfertigen.[68] Zwar wird insoweit vertreten, dass die gesetzlichen Rechte zu eng seien und Gesellschaftern analog § 51a GmbHG ein weiter Informationsanspruch zustehe.[69] Dabei ist aber zu beachten, dass auch nach § 51a GmbHG ein Informationsbegehren präventiv verweigert werden kann, wenn eine Verwendung der Information zu gesellschaftsfremden Zwecken zu befürchten ist (§ 51a Abs. 2 GmbHG).[70] Eine Verwendung zu gesellschaftsfremden Zwecken soll selbst nach den neueren Auffassungen nur dann nicht vorliegen, wenn die Due Diligence zur Vorbereitung der berechtigten Veräußerung von Geschäftsanteilen und damit in Ausübung des Mitgliedschaftsrechts der freien Veräußerung durchgeführt werden soll. Die Gesellschaftsanteile an Personengesellschaften sind – anderes als bei den Kapitalgesellschaften – im Grundsatz aber gerade nicht frei veräußerlich, so dass ein Gesellschafter nur dann ein berechtigtes Interesse an der Veräußerung seines Geschäftsanteils haben kann, wenn der Gesellschaftsvertrag die freie Veräußerung ausnahmsweise zulässt oder die übrigen Gesellschafter der Veräußerung zustimmen.[71]

C. Vorbereitung der Due Diligence

49 Schon vor der eigentlichen Durchführung der Due Diligence ist diese sowohl für den Verkäufer als auch den Käufer mit erheblichem Vorbereitungsaufwand verbunden.

I. Vorbereitung durch den Verkäufer

1. Aufbereitung der Information entsprechend der Due Diligence Request List

50 Dem Verkäufer obliegt zunächst die Einrichtung eines Datenraums mit allen für die Due Diligence wesentlichen Informationen.[72] Üblicherweise übermittelt der Kaufinteressent

[66] *Dietzel* in Semler/Volhard UÜ-HdB, § 9 Rn. 88.
[67] *Mueller-Thuns* in Rödder/Hötzel/Mueller-Thuns, Unternehmenskauf, § 3 Rn. 68; *Dietzel* in Semler/Volhard UÜ-HdB, § 9 Rn. 89.
[68] Vgl. BGH Urt. v. 23.3.1992 – II ZR 128/91, NJW 1992, 1891 (1892); *Mueller-Thuns* in Rödder/Hötzel/Mueller-Thuns, Unternehmenskauf, § 3 Rn. 69; *Lutter* ZIP 1997, 613 (619).
[69] *Mueller-Thuns* in Rödder/Hötzel/Mueller-Thuns, Unternehmenskauf, § 3 Rn. 69.
[70] *Mueller-Thuns* in Rödder/Hötzel/Mueller-Thuns, Unternehmenskauf, § 3 Rn. 69.
[71] *Beisel* in Beisel/Klumpp, Unternehmenskauf, Kap. 2, Rn. 25; *Beisel* in Beisel/Andreas, Due Diligence, § 7 Rn. 25.
[72] *Dietzel* in Semler/Volhard UÜ-HdB, § 9 Rn. 112.

dem Verkäufer hierfür eine Liste aller Dokumente, die er für seine Due Diligence Prüfung einsehen möchte *(Due Diligence Request List)*. Soweit der Datenraum für einen Veräußerungsprozess mit mehreren Bietern *(Auction Sale)* vorbereitet wird, wird der Umfang des Datenraums von dem Verkäufer selbst (ggf. zusammen mit der den Auction Sale beratenden Investment Bank oder anderen Corporate Finance Beratern) festgelegt.

Praxistipp:
Aufgrund der Vielzahl der für den Datenraum erforderlichen Informationen kann die Geschäftsführung die Informationen nicht vollständig selbst bereitstellen, sondern ist auf die Mithilfe verschiedener Spezialabteilungen des Unternehmens angewiesen. Dabei ist es in einem frühen Stadium des Transaktionsprozesses in der Regel nicht gewollt, die Mitarbeiter über die mögliche Unternehmenstransaktion zu informieren. Um Spekulationen im Mitarbeiterkreis vorzubeugen, sollte daher eine einheitliche Sprachregelung gefunden werden, für welchen Zweck die Informationen benötigt werden (etwa Kreditrating der Hausbank). 51

2. Einrichtung eines Datenraums

Nach dem Sammeln der Informationen sind diese für einen Datenraum *(Data Room)* zusammenzuführen. 52

a) Physischer vs. Virtueller Datenraum. Von dem Verkäufer ist dabei zunächst zu entscheiden, ob ein physischer oder ein virtueller Datenraum eingerichtet werden soll. Bei einem **physischen Datenraum** findet die Due Diligence in einem von dem Verkäufer kontrollierten Raum auf dem Betriebsgelände des Unternehmens oder extern, in einer Kanzlei oder einem Hotel, statt, in welchem die Informationen dem Kaufinteressenten und seinen Beratern zur Verfügung gestellt werden. In der Regel wird es sich empfehlen, den physischen Datenraum nicht auf dem Betriebsgelände einzurichten, da die Besuche der verschiedenen Due Diligence Teams die „Gerüchteküche" über eine bevorstehende Transaktion anheizen dürften. 53

Bei einem **virtuellen Datenraum** werden die Informationen dem Käufer für die Due Diligence online zur Verfügung gestellt. Die Nutzer des Datenraums können den Datenraum von jedem beliebigen Standort über Internetverbindungen einsehen. Verschiedene Anbieter haben die Einrichtung und den Betrieb virtueller Datenräume entsprechend professionalisiert. Soweit die in den virtuellen Datenraum eingestellten Informationen nicht bereits als Dateien zur Verfügung stehen, entbindet auch ein virtueller Datenraum den Verkäufer nicht davon, zunächst alle Informationen physisch aufzubereiten, damit diese von dem Datenraumprovider eingescannt und als Datei in den Datenraum eingespielt werden können. 54

Ein virtueller Datenraum bringt für den Verkäufer und den Käufer sowohl Vor- als auch Nachteile mit sich. Zunächst ist ein virtueller Datenraum mit Kosten des Datenraumproviders verbunden, die üblicherweise von dem Verkäufer getragen werden. Andererseits spart sich der Verkäufer die Aufwendungen für die Überwachung eines physischen Datenraums durch Datenraumaufsichten. Bei einem virtuellen Datenraum ist die Due Diligence nicht zwangsläufig in größerem Maße der Kontrolle entzogen als bei einem physischen Datenraum: Es ist technisch möglich, die Zugriffsberechtigung auf die verschiedenen Dokumente unterschiedlich zu gestalten und etwa den Ausdruck von sensiblen Informationen zu unterbinden. Der Verkäufer ist aufgrund der von dem Datenraumprovider erstellten Protokolle genau in der Lage zu sehen, wer welche Informationen eingesehen hat. 55

Praxistipp:
Virtuelle Datenräume haben insoweit einen weiteren Vorteil: Aus den Protokollen über die Aktivitäten der einzelnen Datenraumnutzer lassen sich wertvolle Informationen für den Verkäufer über das grundsätzliche Interesse eines Bieters und dessen Prüfungsschwerpunkte ableiten. 56

57 Ein virtueller Datenraum ermöglicht des Weiteren die parallele Durchführung der Due Diligence durch mehrere Kaufinteressenten, weshalb sich virtuelle Datenräume gerade bei Auktionsprozessen als Standard durchgesetzt haben. Der Verkäufer kann sich allerdings nicht davor schützen, dass die Informationen nicht auch von Dritten eingesehen werden, da nicht gewährleistet werden kann, dass die Zugangsdaten ausschließlich von dem tatsächlich berechtigten Nutzer verwendet werden oder Dritte die Informationen am Bildschirm des Berechtigten einsehen.

58 Für den Käufer hat ein virtueller Datenraum den Vorteil, dass die Due Diligence am üblichen Arbeitsplatz durchgeführt werden kann. Der Käufer erspart sich dadurch ggf. Reisekosten und ist bei der Due Diligence auch nicht durch Öffnungszeiten eines physischen Datenraums begrenzt. Soweit der Verkäufer den Zugriff auf die Daten sehr restriktiv gestaltet und den Ausdruck weitgehend beschränkt, kann sich die Due Diligence am Bildschirm für den Käufer allerdings als mühsam erweisen.

59 **b) Erstellung eines Datenraumindex.** Sobald der Datenraum erstellt ist, werden die Dokumente üblicherweise indiziert.[73] Der Datenraumindex dient dabei nicht nur als Inhaltsverzeichnis des Datenraums, sondern kann auch als Nachweis der offengelegten Informationen weitere Verwendung finden: Soweit die im Zuge der Due Diligence offengelegten Informationen etwa im Rahmen der vertraglichen Gewährleistungshaftung des Verkäufers Bedeutung erlangen, kann im Kaufvertrag auf die gemäß dem Datenraumindex zur Verfügung gestellten Informationen Bezug genommen werden.

3. Erstellung von Datenraumregeln, Q&A-Process, Data Request Forms

60 Der Verkäufer kann für die Nutzung des Datenraums Datenraumregeln aufstellen. Neben organisatorischen Regelungen hinsichtlich der zulässigen Nutzung des Datenraums (zugelassene technische Hilfsmittel, Kopierverbote, Öffnungszeiten) können die Datenraumregeln dem Nutzer auch eine vertragliche Vertraulichkeitsbindung auferlegen. Hier bietet es sich an, die für die Zwecke der Transaktion abgeschlossene Vertraulichkeitsvereinbarung auf jeden Nutzer des Datenraums zu erstrecken. Durch Gegenzeichnung der Datenraumregeln erkennt der Nutzer diese vertragliche Verpflichtung als eigene an.

61 Des Weiteren kann der Verkäufer bereits Vorkehrungen für einen geordneten Ablauf der Due Diligence schaffen und Formblätter für Fragen der Datenraumbesucher, Kopieanfragen oder Anfragen nach weiteren Informationen vorbereiten.

4. Vorbereitung der Management Presentation

62 Soweit als Teil der Due Diligence eine Präsentation des Unternehmens durch die Geschäftsführung *(Management Presentation)* geplant ist, sollte diese ebenfalls frühzeitig vorbereitet werden. Verschiedene Marketingagenturen haben sich auf Transaktionsberatung spezialisiert und bieten zur Vorbereitung der Management Presentation auch spezielle Coachingprogramme an. Das Management Team kann auf etwaige kritische Fragen der Käufer vorbereitet werden und es können Sprachregelungen zu sensiblen Themen abgestimmt werden.

II. Vorbereitung durch den Käufer

1. Vorüberlegungen

63 Zur Vorbereitung der Due Diligence sollte sich der Käufer zunächst überlegen, welche Ziele mit der Transaktion verfolgt werden und welche Schwerpunkte für die Due Diligence festgelegt werden.[74] Die für die Due Diligence relevanten Prüfungsschwerpunkte können

[73] *Dietzel* in Semler/Volhard UÜ-HdB, § 9 Rn. 150.

[74] *Andreas* in Beisel/Andreas, Due Diligence, § 8 Rn. 16.

sich unterscheiden, je nachdem ob der Käufer das Unternehmen unter strategischen Gesichtspunkten oder lediglich als Finanzbeteiligung erwirbt oder ob der Käufer die selbständige Fortführung des Unternehmens *(stand alone)* oder die Eingliederung in eigene Strukturen plant. Die Due Diligence kann insoweit nicht nur für eine Bestandsaufnahme der Ist-Situation genutzt werden, sondern auch der vorbereitenden Prüfung für die spätere Durchführung von Restrukturierungsmaßnahmen dienen.

2. Erstellen einer Due Diligence Request List und Übermittlung an den Verkäufer

In Abhängigkeit des so ermittelten Prüfungsmaßstabs bereitet der Käufer sodann die Due Diligence Request List vor, mit welcher der Käufer die vom ihm für die Due Diligence benötigten Informationen bei dem Verkäufer abfragt.[75] **64**

Praxistipp:
Berater verfügen insoweit über vorbereitete Standard Due Diligence Request Lists, die alle denkbaren Themen abdecken. Dabei sollte aber darauf geachtet werden, dass die angeforderten Informationen nach Art und Umfang im Hinblick auf die Transaktion angemessen erscheinen. **65**

3. Aufstellung des Due Diligence Teams

Sodann wird der Käufer sein Due Diligence Team aufstellen, das sich üblicherweise aus eigenen Mitarbeitern des Käufers und externen Beratern zusammensetzt.[76] Zwischen den verschiedenen internen und externen Teams sollte – ggf. in einem Kick-off Meeting[77] – eine klare Abgrenzung der Kompetenzen stattfinden, um einerseits zu vermeiden, dass bestimmte für relevant erachtete Aspekte von keinem der Teams geprüft werden oder eine (unbeabsichtigte) Doppelprüfung durch verschiedene Teams stattfindet. **66**

Zugleich sollten alle Teammitglieder nochmals auf die Prüfungsschwerpunkte und die vom Käufer mit der Transaktion verfolgten Ziele hingewiesen werden. **67**

4. Festlegen der Reportingstandards

Schließlich hat der Käufer mit seinen Beratern abzustimmen, in welcher Form die Ergebnisse der Due Diligence aufbereitet werden. Schon aus Kostengesichtspunkten verzichten Käufer häufig auf ausführliche Due Diligence Berichte *(Full Report)*, die die bereitgestellten Informationen sehr deskriptiv wiedergeben. In der Regel wird sich der Due Diligence Report daher auf die Darstellung der transaktionsrelevanten Risiken beschränken *(Exceptions Only Report)*. Geht es dem Käufer nur um die Identifikation von Deal Breakern, kann sich der Report auch auf die Darstellung solcher Risiken beschränken, die die Transaktion als solche in Frage stellen *(Red Flag Report)*. Ferner sollten dem Due Diligence Team vom Käufer bestimmte wertmäßige Aufgreifschwellen für zu prüfende Sachverhalte vorgegeben werden, um die Zielrichtung der Prüfung zu optimieren. **68**

D. Durchführung der Due Diligence

I. Nutzung aller verfügbaren Informationsquellen

Die eigentliche Due Diligence Prüfung beschränkt sich nicht auf die Prüfung aller im Datenraum bereitgestellten Unterlagen. Vielmehr sollten alle verfügbaren Informationsquellen genutzt werden: Oft lassen sich auf diese Weise nicht nur (unbeabsichtigt) fehlende **69**

[75] *Dietzel* in Semler/Volhard UÜ-HdB, § 9 Rn. 111.
[76] *Dietzel* in Semler/Volhard UÜ-HdB, § 9 Rn. 111, 128 ff.; *Andreas* in Beisel/Andreas, Due Diligence, § 8 Rn. 21.
[77] *Andreas* in Beisel/Andreas, Due Diligence, § 8 Rn. 7.

Unterlagen von dem Käufer selbst beschaffen, sondern auch weitere von dem Verkäufer (beabsichtigt) zurückgehaltene Informationen erlangen. Schon vor der Öffnung des Datenraums kann der Käufer auf **öffentlich zugängliche Informationsquellen** zurückgreifen und eigene Recherchen im Internet (einschließlich der Webpage des Unternehmens) durchführen und – soweit relevant – alle verfügbaren Unterlagen aus öffentlichen Registern, etwa Handels-, Marken-, Patentregister oder dem Grundbuch anfordern.[78]

70 Bei Auktionsprozessen ist zudem das von der Investmentbank für den Verkäufer erstellte **Informationsmemorandum** eine gute Informationsquelle, sich einen ersten Überblick über das Unternehmen zu verschaffen.[79]

71 Soweit sich der Datenraum hinsichtlich einzelner Themengebiete als unvollständig erweist oder der Käufer einzelne Dokumente zur Erleichterung der Aufnahme der Informationen kopieren oder eine elektronische Kopie erhalten möchte, kann der Käufer die entsprechenden Anfragen mit einem entsprechenden ***Copy* oder *Data Request*** an den Verkäufer stellen.[80]

72 Ergeben sich während der Due Diligence Fragen, werden diese in der Regel über vorbereitete Formulare dem Verkäufer zugeleitet und von diesem schriftlich beantwortet ***(Q&A-Process).*** Oft finden auch sog. ***Expert Sessions*** statt, in welchen der Käufer und seine verschiedenen Berater besondere Themen mit den zuständigen Mitarbeitern des Verkäufers, des Unternehmens oder sogar externen Beratern besprechen können. Soweit die Informationen während der Due Diligence nicht schriftlich, sondern mündlich erteilt werden, sollte aus Sicht des Verkäufers darauf geachtet werden, dass jede Auskunft an den Käufer schriftlich dokumentiert wird. Nur so kann später der Nachweis geführt werden, ob der Käufer über den entsprechenden Umstand informiert war und ein entsprechender Garantieanspruch deshalb gegebenenfalls ausgeschlossen ist.

73 Bei größeren Transaktionen haben sich auch ***Management Presentations*** etabliert, bei welchen die Geschäftsführung des Unternehmens sich und das Zielunternehmen vorstellt.[81]

74 Schließlich kann dem Käufer als Teil seiner Due Diligence das Betriebsgelände gezeigt werden ***(Site Visit).***[82] Ist die mögliche Unternehmenstransaktion noch nicht im Unternehmen bekannt, sollte dabei allerdings darauf geachtet werden, dass die Besichtigung keine Unruhe im Unternehmen stiftet und entsprechende Spekulationen innerhalb der Belegschaft herbeiführt. Gegebenenfalls ist zu überlegen, ob die Besichtigung außerhalb der Betriebszeiten durchgeführt wird. Anderenfalls sollte eine entsprechende Sprachregelung gegenüber der Belegschaft gefunden werden.

II. Kommunikation während der Due Diligence

75 Im Zuge der Vorbereitung der Due Diligence sollte der Käufer eine Kommunikationsstrategie festgelegt haben, die den Informationsfluss und -austausch zwischen den verschiedenen Due Diligence Teams sicherstellt. Soweit die verschiedenen Due Diligence Teams bei einer physischen Due Diligence ohnehin alle zusammentreffen, kann der Informationsaustausch etwa bei einem täglichen Treffen aller Teammitglieder stattfinden.

76 In jedem Fall ist darauf zu achten, dass die Erkenntnisse aus der Due Diligence dem Käufer nicht erst nach deren Abschluss und bei Abgabe des Due Diligence Reports mitgeteilt werden, sondern wichtige Informationen ***(Key Findings)*** regelmäßig und mögliche ***Deal Breaker*** sofort kommuniziert werden.[83]

[78] *Dietzel* in Semler/Volhard UÜ-HdB, § 9 Rn. 113ff.; *Andreas* in Beisel/Andreas, Due Diligence, § 8 Rn. 5f.

[79] *Andreas* in Beisel/Andreas, Due Diligence, § 8 Rn. 7.

[80] *Dietzel* in Semler/Volhard UÜ-HdB, § 9 Rn. 125.

[81] *Dietzel* in Semler/Volhard UÜ-HdB, § 9 Rn. 116.

[82] *Dietzel* in Semler/Volhard UÜ-HdB, § 9 Rn. 117; *Andreas* in Beisel/Andreas, Due Diligence, § 8 Rn. 11.

[83] *Andreas* in Beisel/Andreas, Due Diligence, § 8 Rn. 14, § 10 Rn. 3.

III. Erstellung der Due Diligence Reports

1. Aufbau

Legal Due Diligence Reports werden üblicherweise nach folgendem Schema aufgebaut:[84] **77**

In einer ***Executive Summary*** werden die wesentlichen Erkenntnisse der Due Diligence sowie ihre jeweilige Auswirkung auf die Transaktion zusammengefasst und dem Due Diligence Bericht vorangestellt.[85] Dabei sollte darauf hingewiesen werden, dass die Executive Summary nur einen Auszug und eine verkürzte Darstellung der Ausführungen enthält und für das vollständige Bild unbedingt der gesamte Report gelesen werden sollte.[86] **78**

Der Executive Summary folgt die eigentliche **Einleitung** zu dem Report. In ihr werden üblicherweise der Adressatenkreis[87] (auch im Hinblick auf die Haftung) eingegrenzt, die Grenzen der durchgeführten Due Diligence beschrieben und bestimmte Annahmen *(Assumptions)* getroffen. Schließlich enthält die Einleitung oft noch Regelungen zur vereinbarten Haftungsbeschränkung. **79**

Nach der Einleitung kommt der eigentliche **Berichtsteil,** der je nach der vereinbarten Ausführlichkeit Ausführungen zu den verschiedenen untersuchten Themengebieten enthält. **80**

Es hat sich als besonders praktikabel erwiesen, **Anlagen** zu dem Berichtsteil zu erstellen, in welcher umfangreichere Informationen besonders übersichtlich dargestellt werden können.[88] So können etwa die gesellschaftsrechtliche Struktur in einem Organigramm grafisch abgebildet werden, die wesentlichen gesellschaftsrechtlichen Grundinformationen in einer entsprechenden Tabelle für alle Gruppengesellschaften zusammengefasst werden oder wesentliche Verträge mit ihren jeweiligen Vertragsbedingungen aufbereitet werden. **81**

2. Darstellung

Besonders bei der Darstellung im Berichtsteil ist darauf zu achten, dass sich der Bericht auf den vereinbarten Rahmen beschränkt. Dies gilt vor allem für den Umfang der Darstellung. **82**

Bei der Darstellung von Problemen sollte dem jeweiligen Adressatenkreis ein besonderes Augenmerk geschenkt werden: Rechtsausführungen zu einzelnen Problemen sind bei den Entscheidungsträgern in der Regel nicht gewünscht, die sich vielmehr für die wirtschaftlichen Auswirkungen des jeweiligen Problems auf die Transaktion interessieren. Die Darstellung kann sich daher auch nicht auf die Beschreibung identifizierter Risiken beschränken, sondern sollte bereits Vorschläge unterbreiten, wie dem Risiko im Zuge der Transaktion begegnet werden kann.[89] Ein guter Legal Due Diligence Bericht soll sich nicht auf die bloße Darstellung der rechtlichen Fakten eines Unternehmens beschränken, sondern auch eine kommerzielle Bewertung von möglichen rechtlichen Risiken enthalten. Hierfür ist es zwingend, dass die beteiligten Rechtsanwälte die „Eckpfeiler“ des Geschäftsbetriebes der Zielgesellschaft und die zukünftige Strategie eines Käufers verstehen. Nur so kann der Legal Due Diligence Bericht den Entscheidungsträgern des Käufers bei den zu treffenden Entscheidungen helfen. **83**

---

[84] *Dietzel* in Semler/Volhard UÜ-HdB, § 9 Rn. 162.
[85] *Andreas* in Beisel/Andreas, Due Diligence, § 10 Rn. 5.
[86] *Dietzel* in Semler/Volhard UÜ-HdB, § 9 Rn. 164.
[87] *Andreas* in Beisel/Andreas, Due Diligence, § 10 Rn. 8 f.
[88] *Dietzel* in Semler/Volhard UÜ-HdB, § 9 Rn. 166.
[89] *Dietzel* in Semler/Volhard UÜ-HdB, § 9 Rn. 165; *Andreas* in Beisel/Andreas, Due Diligence, § 11 Rn. 2.

E. Sonderfall Vendor Due Diligence

I. Vor- und Nachteile

84 Bei einer Vendor Due Diligence führt der Verkäufer noch vor dem Käufer selbst eine Due Diligence durch.[90] Die Vendor Due Diligence ist mit verschiedenen Vor- und Nachteilen verbunden, wobei die Vorteile (vorbehaltlich hoher Kosten) üblicherweise überwiegen dürften:

85 Zunächst verschafft sich der Verkäufer selbst einen umfassenden Überblick über das zum Verkauf stehende Unternehmen. Insbesondere in Share Deal Konstellationen erlangt die Vendor Due Diligence besondere Bedeutung, wenn der Verkäufer als Gesellschafter keine Detailkenntnis von dem Unternehmen besitzt. Der Verkäufer muss sich jedenfalls einen Überblick über das Unternehmen verschaffen, um dem Käufer, der das Unternehmen nach der Due Diligence relativ gut kennt, bei den Vertragsverhandlungen nicht strukturell unterlegen zu sein und das Risiko der von dem Verkäufer abzugebenden Garantien einschätzen zu können.[91] Soweit das Unternehmen bestimmte Risiken birgt, ist es auch aus Sicht des Verkäufers unabdingbar, diese vor dem Käufer zu kennen, ihnen gegebenenfalls abzuhelfen und auf diese Weise den Kaufpreis zu steigern und jedenfalls „böse Überraschungen" während der Due Diligence des Käufers zu vermeiden.[92]

86 Besondere Bedeutung kann eine Vendor Due Diligence auch bei besonders komplexen oder komplizierten Vorgängen haben: dem Käufer wird die eigene Due Diligence erleichtert, wenn ihm ein entsprechender Vendor Due Diligence Bericht komplexe Sachverhalte verständlich aufbereitet. So hat es sich etwa bei komplexen Vertragswerken als hilfreich erwiesen, dem Käufer diese entsprechend zusammenzufassen und nicht mit der Lektüre umfangreicher Vertragsdokumentation alleine zu lassen.

87 Die Vendor Due Diligence ist insoweit auch geeignet, den Due Diligence Aufwand des Käufers zu reduzieren und damit die Dauer der Transaktion zu verkürzen.

88 Für den Verkäufer ist die Vendor Due Diligence natürlich mit zusätzlichen Kosten verbunden. Der Verkäufer sollte daher vor der Vendor Due Diligence abwägen, ob die erwarteten Vorteile der Vendor Due Diligence die Kosten rechtfertigen. Bei zahlreichen im Rahmen eines Auktionsverfahrens durchgeführten Transaktionen wurden in den letzten Jahren Vendor Due Diligence Berichte erstellt, um die Verfahren zu optimieren.

Praxistipp:

89 Insbesondere wenn der Verkäufer selbst keine Kenntnis von dem Unternehmen hat, sollte unbedingt eine wie auch immer geartete Vendor Due Diligence durchgeführt werden. Anderenfalls kann sich der Verkäufer nicht auf Augenhöhe mit dem Käufer bewegen und den Unternehmenskaufvertrag nicht interessengerecht verhandeln.

II. Nutzen des Vendor Due Diligence Report für den Käufer

90 Eine Vendor Due Diligence kann die eigene Due Diligence des Käufers aber kaum ersetzen. Zwar ist es durchaus üblich, dem Käufer den Vendor Due Diligence Report zugänglich zu machen. Sind weder der Verkäufer noch seine Berater bereit, die Verantwortung für die Richtigkeit des Vendor Due Diligence Report gegenüber dem Käufer mit einem Reliance Letter zu übernehmen, muss der Käufer noch eine eigene Due Diligence durchführen, will

[90] Zu terminologischen Unklarheiten und Abgrenzungen vgl. *Nawe/Nagel* in Berens/Brauner/Strauch, Due Diligence bei Unternehmensakquisitionen, S. 839 ff.

[91] *Nawe/Nagel* in Berens/Brauner/Strauch, Due Diligence bei Unternehmensakquisitionen, S. 851 f.; *Andreas* in Beisel/Andreas, Due Diligence, § 2 Rn. 19.

[92] *Dietzel* in Semler/Volhard UÜ-HdB, § 9 Rn. 62; 173 f.

er sich von der Richtigkeit und Vollständigkeit des Vendor Due Diligence Report überzeugen. Übernehmen der Verkäufer bzw. seine Berater die Haftung für den Vendor Due Diligence Report mit einem sog. Reliance Letter gegenüber dem Käufer sowie ggf. dessen finanzierenden Banken, kann keine eigene Due Diligence des Käufers erforderlich sein. Dann beschränkt sich die Prüfungspflicht des Käufers im Rahmen seines Business Judgement auf die Frage, ob der Due Diligence Report hinsichtlich der abgedeckten Themenfelder, der Reporting-Tiefe und der getroffenen Annahmen sowie der Reliance Letter und der darin enthaltene Haftungsumfang den eigenen Anforderungen genügen.

F. Typische Prüfungsschwerpunkte

Im Rahmen der Legal Due Diligence ergeben sich für die verschiedenen rechtlichen **91**
Gebiete typische Prüfungsschwerpunkte, die nachfolgend stichpunktartig dargestellt werden sollen.

I. Gesellschaftsrecht

Die gesellschaftsrechtliche Due Diligence ist vor allem bei einem Share Deal von besonde- **92**
rer Bedeutung, da sie der Prüfung der Existenz der Gesellschaftsanteile als eigentlichem Kaufgegenstand dient. Typischerweise sind zu prüfen:

- **Gründung:** Gründungsvorgang, insbesondere Kapitalaufbringung, Besonderheiten der Sachgründung, Handelsregistereintragung, Nachgründung
- **Chain of Title:** Veränderung der Beteiligungsverhältnisse seit der Gründung, insbesondere Anteilsübertragungen und Kapitalmaßnahmen
- **Aktuelle Beteiligungsverhältnisse**
  - Eigenkapital
  - Stille Beteiligungen, Optionen, Wandelschuldverschreibungen
  - Treuhandverhältnisse
- **Belastungen,** insbesondere Pfandrechte
- **Aktueller Gesellschaftsvertrag**
- **Finanzierung**
  - Eigenkapital
  - Fremdkapital, Gesellschafterdarlehen
  - Stille Beteiligungen, Schuldverschreibungen, sonstige mezzanine Finanzierungsinstrumente
- **Umwandlungsmaßnahmen**
- **Konzernstruktur**
  - Gruppenstruktur, insbesondere unmittelbare und mittelbare gesellschaftsrechtliche Beteiligungen
  - Unternehmensverträge iSd §§ 291 ff. AktG und Möglichkeiten und Auswirkungen deren Beendigung im Zusammenhang mit der Transaktion
- **Corporate Governance**
  - Organe und deren Befugnisse
  - Organisationsstruktur
- **Veräußerungsbeschränkungen**
  - Vinkulierung der Anteile, Zustimmungsvorbehalte für die Übertragung
  - Vorerwerbsrechte, sonstige Veräußerungsbeschränkungen (etwa Mitveräußerungsrechte *(Tag Along)* oder Mitveräußerungspflichten *(Drag Along)*)
- **Related Party Transactions:** Verträge mit Gesellschaftern und nahe stehenden Personen
  - Drittvergleich *(arm's length),* verdeckte Gewinnausschüttungen, Kapitalerhaltung
  - Folgen der Beendigung im Rahmen der Transaktion
  - Gesellschaftervereinbarungen

II. Arbeitsrecht

93 – **Organisationsplan** und Verantwortlichkeitsstrukturen in der Unternehmensleitung
– **Management**
  • Dienstverträge und sonstige Verträge mit Management
  • Abfindungsregelungen, Wettbewerbsverbote, Versorgungsleistungen
– **Managementbeteiligungsprogramme**
– **Mitarbeiter**
  • Identifikation der wesentlichen Mitarbeiter
  • Standardarbeitsverträge
  • Kündigungsschutz für bestehende Mitarbeiter
  • Arbeitsrechtliche Nebenleistungen und besondere Vergütungsformen, insbesondere Bonuspläne, Sozialleistungen und Mitarbeiterbeteiligungsprogramme, betriebliche Übung
– **Mitbestimmung**
  • Bestehen eines Betriebsrates oder anderer Vertretungsorgane der Arbeitnehmer und deren Mitglieder
– **Kollektivarbeitsrecht**
  • Tarifbindung und Tarifverträge
  • Betriebsvereinbarungen
– **Betriebliche Altersvorsorge,** insbesondere Pensionspläne und deren Finanzierung (Direktversicherungen, Rückstellungen, etc)
– **Altersteilzeit**
– **Arbeitsrechtliche Rechtsstreitigkeiten**

III. Immobilienrecht

94 – **Grundeigentum/Erbbaurechte**
– **Betriebsstätten**
– **Beschränkte dingliche Rechte**
  • Nutzungsrechte (Dienstbarkeiten, Nießbrauch, Reallasten)
  • Grundpfandrechte, insbesondere Rangstellung der Grundpfandrechte und Auswirkungen auf die Transaktionsfinanzierung
  • Schuldrechtliche Vereinbarungen zu den beschränkten dinglichen Rechten
– **Altlasten:** historische Nutzung des Grundbesitzes, Bodengutachten, Sanierung
– **Mietverträge**
  • Wesentliche kommerzielle Bedingungen (Mietzins, Indexierung, Laufzeit, Verlängerungsoptionen, Betriebskosten, Instandhaltung, Rückbau)
  • Wahrung des Schriftformerfordernisses gemäß § 550 BGB
– **Öffentliches Recht:** Gewerberecht, Immissionsschutzrecht, Baurecht, Wasserrecht und sonstige öffentlich-rechtliche Vorschriften im Zusammenhang mit Grundstücken oder Betriebsanlagen des Unternehmens

IV. Commercial: Wichtige Vertragsbeziehungen

95 – **Verträge auf Beschaffungs- und Vertriebsseite,** Identifikation der wichtigen Verträge aufgrund von Umsatzzahlen
– **Typische Prüfungsschwerpunkte**
  • Vertragsschluss, insbesondere Vertretungsmängel und Formmängel
  • Laufzeiten, Verlängerungsoptionen, Kündigungsmöglichkeiten, *Change of control* Klauseln
  • Mindestabnahme-, Mindestlieferverpflichtungen

- Unzulässige Kartellabsprachen und bestehende Wettbewerbsverbote
- Exklusivbindungen
- Haftungsregelungen, insbesondere Produkthaftung

– **Standardverträge,** allgemeine Geschäftsbedingungen
– **Vertriebsbeziehungen,** insbesondere Handelsvertreter- und Vertragshändlerverträge

V. Gewerbliche Schutzrechte

– **Bestehende Schutzrechte:** Marken (Wortmarken, Bildmarken, Wort-/Bildmarken, Formmarken), Domains, Urheberrechte, Geschmacksmuster, Patente, Gebrauchsmuster, Know-how **96**
– **Prüfungsschwerpunkte:** (registrierter) Inhaber des Schutzrechts, laufende Anmeldeverfahren, Schutzgebiete, Schutzdauer, Priorität des Schutzrechts
– **Lizenzvereinbarungen,** insbesondere Exklusivität, Vertragsgebiet, Lizenzgebühr, Dauer, *Change of control* Klauseln
– **Rechtsstreitigkeiten,** insbesondere Stand laufender Verfahren, Einschätzung der wirtschaftlichen Bedeutung der Verfahren für das Unternehmen
– **Arbeitnehmererfindungen,** insbesondere betriebliche Praxis, wirksame Inanspruchnahme der Erfindung durch den Arbeitgeber, Erfindervergütung

VI. Finanzierung/Banking

– **Finanzierung** durch Eigenkapital, Fremdkapital, Mezzaninefinanzierung **97**
– **Kreditverträge mit Dritten,** insbesondere Art des Kredits, Zins, Zinsanpassung, Laufzeit, Beendigungsmöglichkeiten, Vorfälligkeitsentschädigungen, *Change of control* Klauseln, Covenants
– **Gesellschafterdarlehen,** insbesondere Drittvergleich, Wandeldarlehen
– **Schuldverschreibungen,** insbesondere Wandel- und Optionsschuldverschreibungen,
– **Stille Beteiligungen,** insbesondere typische und atypische stille Gesellschaften,
– **Genussrechte**
– **partiarische Darlehen**
– **Factoring**
– Besonderheiten bei **Konzernfinanzierung,** insbesondere Up-stream und Down-stream-Darlehen, Cash-Pool, Kapitalerhaltung
– **Gewährte Sicherheiten,** insbesondere persönliche Sicherheiten wie Bürgschaften, Garantien, Patronatserklärungen, etc und dingliche Sicherheiten wie Pfandrechte, Sicherungsabtretungen oder -übereignungen;

VII. Versicherungen

– **Bestehende Versicherungen,** insbesondere abgedeckte Risiken, Versicherungshöhe, Prämie, Selbstbeteiligung, Laufzeit und Kündigungsmöglichkeit **98**
– **Gruppenversicherungen** bei Konzernverhältnissen (Beendigung des Versicherungsschutzes durch die Transaktion)
– Gemeldete **Schadensfälle** der letzten Jahre

VIII. Rechtsstreitigkeiten

– Angedrohte und anhängige Rechtstreitigkeiten (insbesondere auch im Hinblick auf gebildete Rückstellungen) **99**
– Abgeschlossene Rechtsstreitigkeiten der letzten Jahre

IX. Öffentliche Zuschüsse und Beihilfen

100 – Beihilfetatbestand
– Ordnungsgemäße Anmeldung der Beihilfen und Genehmigung durch die zuständigen Behörden
– Auflagen, Bedingungen oder sonstige bei der Gewährung auferlegte Beschränkungen
– Pflicht zur Rückzahlung der Beihilfen im Zusammenhang mit der Durchführung der Transaktion

G. Besonderheiten bei Private Equity Transaktionen

I. Einführung

101 Grundsätzlich bestehen für die Zulassung, Vorbereitung und Durchführung einer Due Diligence-Prüfung bei Private Equity Transaktionen keine Besonderheiten.[93] Wegen der besonderen Strukturierung von Private Equity Transaktionen und der besonderen Anlagezwecke institutioneller Investoren können sich bei Private Equity Transaktionen aber besondere Prüfungsschwerpunkte im Rahmen der Due Diligence-Prüfung ergeben, auf die nachfolgend gesondert eingegangen werden soll.

II. Besonderheiten im Hinblick auf die Strukturierung von Private Equity Transaktionen

1. Übernahme oder Ablösung der bestehenden Finanzierung der Zielgesellschaft

102 **a) Bedeutung der Fremdfinanzierung für den Private Equity Käufer.** Private Equity Käufer versuchen typischerweise, einen Großteil des Kaufpreises mit Fremdkapital zu finanzieren, um den für Private Equity Beteiligungen typischen Hebel ***(Leverage)*** auf das eingesetzte Eigenkapital des Private Equity Käufers zu bekommen.[94] Die finanzielle Situation der Zielgesellschaft hinsichtlich bereits bestehender Fremdfinanzierungen und möglicher neuer Fremdfinanzierungen spielen für einen Private Equity Käufer daher eine sehr große Rolle. Sofern bereits eine größere Finanzierung bei der Zielgesellschaft besteht, stellt sich für den Käufer die Frage, ob er diese Finanzierung übernehmen oder ob er im Zusammenhang mit der Transaktion die Zielgesellschaft refinanzieren möchte.

103 **b) Übernahme bestehender Finanzierungen.** Gerade in Zeiten, in denen Banken mit der Vergabe neuer Akquisitionskredite zurückhaltend sind, kann die Übernahme einer existierenden Finanzierung für einen Private Equity Käufer von Vorteil sein. Insoweit ist der bestehenden Finanzierung im Rahmen der Due Diligence Prüfung besondere Aufmerksamkeit zu widmen. Neben den kommerziellen Bedingungen der Finanzierung (Zinskonditionen, Laufzeiten, Sicherheiten und Covenants) ist insbesondere zu prüfen, ob die Übernahme der Finanzierung der Mitwirkung der finanzierenden Banken bedarf. Soweit die Bank etwa im Falle eines Gesellschafterwechsels *(Change of Control)* ein einseitiges Kündigungsrecht hat, muss die Bank entsprechend in den Transaktionsprozess einbezogen werden.

104 **c) Ablösung bestehender Finanzierungen.** Sofern im Zuge der Transaktion eine neue Fremdfinanzierung erforderlich ist, etwa weil noch keine hinreichende Fremdfinanzierung besteht oder die Konditionen einer neuen Fremdfinanzierung besser sind, ergeben sich ebenfalls besondere Prüfungsschwerpunkte für die Due Diligence:

[93] *Felsenstein/Meyding* in Triebel, Mergers & Acquisitions, Teil II, Kap. 2, Rn. 665; allgemein zur Bedeutung der Due Diligence in Private Equity Transaktionen: *Koblenzer* ZEV 2002, 350 (352 f.).
[94] *Becker* DStR 1998, 1429; ausführlich zum Leverage: *Eidenmüller* ZHR 171 (2007), 644 (655 ff.).

Soll eine bestehende Fremdfinanzierung vor dem Ende der geplanten Laufzeit abgelöst werden, können hiermit Kosten durch Vorfälligkeitsentschädigungen und pauschalierte Vertragsstrafen verbunden sein, die möglicherweise von der Zielgesellschaft zu tragen sind. **105**

Die Verfügbarkeit und die Bedingungen eines neuen Akquisitionskredits hängen entscheidend von den zur Verfügung stehenden Sicherheiten ab. Im Rahmen der Due Diligence ist daher zudem die Sicherheitensituation bei der Zielgesellschaft zu prüfen und festzustellen, welche Sicherheiten gestellt werden können und welchen Beschränkungen die Gewährung von Sicherheiten für die Akquisitionsfinanzierung (zB beschränkte Zulässigkeit von Upstream-Sicherheiten nach Kapitalerhaltungsregeln) unterliegt. Bei Grundpfandrechten spielt auch die Rangstellung der neuen Bank eine entscheidende Bedeutung. **106**

2. Erweiterter Adressatenkreis der Due Diligence

Im Rahmen der Gewährung der Akquisitionsfinanzierung führen die Banken eine eigene Risikobewertung für die Zielgesellschaft durch. Insoweit ist es aber unüblich, dass die Banken eine vollständige eigene Due Diligence Prüfung bei der Zielgesellschaft veranlassen. Vielmehr ziehen die Banken insoweit die Due Diligence Ergebnisse des Private Equity Käufers heran. Für die Banken ist es dabei unerlässlich, eine eigene Haftungsbeziehung mit den Beratern zu begründen, die die Due Diligence Prüfung durchgeführt haben. Hierfür stehen prinzipiell zwei Möglichkeiten zur Verfügung: **107**

a) Einbeziehung der Banken in den Adressatenkreis des Due Diligence Reports. **108** Zunächst können die Banken ausdrücklich in den Adressatenkreis des Due Diligence Berichts einbezogen werden, wodurch eine vertragliche Grundlage für eine Haftung der Rechtsanwaltskanzlei und den Banken geschaffen wird.

b) Reliance Letter. Ist die finanzierende Bank nicht ausdrücklich im Due Diligence **109** Bericht als Adressat des Berichts genannt, besteht die Möglichkeit, dass sie über einen sog. Reliance Letter in den Schutzbereich des Berichts einbezogen wird und auf diesem Weg den gleichen Schutz genießt wie der ursprüngliche Adressat. Dieses Konzept bietet sich zB an, wenn die finanzierende Bank zum Zeitpunkt der Fertigstellung des Due Diligence Berichts noch nicht feststeht und zu einem späteren Zeitpunkt einbezogen werden soll. Da die finanzierende Bank häufig den Akquisitionskredit weiter an andere Banken syndizieren möchte, ist es üblich, auch diese weiteren Banken in den Schutzbereich des Due Diligence Berichts einzubeziehen. Der Reliance Letter wird deshalb üblicherweise mit der finanzierenden Bank abgestimmt und dann entsprechend den Bedürfnissen der konkreten Transaktion angepasst.

III. Besonderheiten im Hinblick auf den Anlagehorizont von Private Equity Investoren

1. Restrukturierungsmöglichkeiten der Zielgesellschaft

Nach Durchführung der Transaktion beabsichtigt ein Private Equity Käufer üblicherweise umfassende Restrukturierungsmaßnahmen bei der Zielgesellschaft. Schon im Vorfeld des Erwerbs muss sich der Berater mit dem Private Equity Käufer über die typischen Restrukturierungsmaßnahmen abstimmen und dann im Rahmen der Due Diligence prüfen, welche rechtlichen Restriktionen sich für diese Maßnahmen ergeben können. **110**

Der Private Equity Käufer beabsichtigt in der Regel, die Zinszahlungen und die Tilgung des Akquisitionsdarlehens aus dem Cash Flow der Zielgesellschaft zu leisten. Insoweit ist im Zuge der Due Diligence zu prüfen, welche faktischen und rechtlichen Beschränkungen für den Zugriff auf den Cash Flow bestehen. **111**

2. Geplanter Exit

112 Da Private Equity Käufer üblicherweise eine Zielgesellschaft nur für einen begrenzten Zeitraum übernehmen, sollte bereits bei dem Erwerb darauf geachtet werden, ob in der Zielgesellschaft Probleme existieren, die einen Exit des Investors zu einem späteren Zeitpunkt erschweren können.

IV. Besonderheiten bei Secondary Buy-outs

113 Bei Secondary Buy-outs besteht für Zwecke der Due Diligence in der Regel die Besonderheit, dass der veräußernde Private Equity Verkäufer bereits bei dem eigenen Einstieg eine professionelle Due Diligence Prüfung durchgeführt hat und eine Bewertung der Risiken der Zielgesellschaft getroffen hat. Werden die (historischen) Due Diligence Berichte dem neuen Private Equity Käufer für dessen Due Diligence offengelegt, kann dies die Verfahrensdauer für die Due Diligence erheblich verkürzen.

§ 11 Tax Due Diligence

Übersicht

Literaturverzeichnis

3. Literatur (Buchbeiträge, Aufsätze, Monographien)

Beermann, Albert (Begr.)/Gosch, Dietmar/Hoyer Andreas (Hrsg.): Abgabenordnung, Finanzgerichtsordnung, Kommentar, Bonn (Stand: November 2017)

Beisel, Daniel/Andreas, Friedhold E. (Hrsg.): Beck'sches Mandatshandbuch Due Diligence, 3., aktualisierte und erweiterte Auflage 2017, München 2017

Berens, Wolfgang/Brauner, Hans U./Strauch, Joachim/Knauer, Thorsten (Hrsg.): Due Diligence bei Unternehmensakquisitionen, 7., überarbeitete Auflage, Stuttgart 2013

Blümich, Walter: Einkommensteuer, Körperschaftsteuer, Gewerbesteuer, Kommentar, München (Stand: 138. Ergänzungslieferung, August 2017)

Boruttau, Ernst Paul/Fischer, Peter/Loose Matthias/Meßbacher-Hönsch/Hermann-Ulrich Viskorf: Grunderwerbsteuergesetz, Kommentar, 18. Auflage, München 2016

Bunjes, Johann/Geist, Reinhold (Begr.): Umsatzsteuergesetz, Kommentar, 16., neubearbeitete Auflage 2017, München 2017

Diem, Andreas: Akquisitionsfinanzierungen, 3., vollständig überarbeitete Auflage, München, 2013

Dötsch, Ewald/Pung, Alexandra/Möhlenbrock, Rolf (Hrsg.): Die Körperschaftsteuer, Kommentar, 89. Ergänzungslieferung, Stuttgart (Stand: April 2017)

Ernst & Young (Hrsg.): Körperschaftsteuergesetz, Kommentar, Bonn (Stand: November 2017)

Flick, Hans F. W./Wassermeyer, Franz/Baumhoff, Hubertus/Schönfeld, Jens (Hrsg.): Außensteuerrecht, Kommentar, Köln (Stand: August 2017)

Gosch, Dietmar (Hrsg.): Körperschaftsteuergesetz, Kommentar, 3., völlig neubearbeitete Auflage 2015, München 2015

Grottel, Bernd/Schmidt, Stefan/Schubert, Wolfgang J./Winkeljohann, Norbert (Hrsg.): Beck'scher Bilanz-Kommentar, Handels- und Steuerbilanz, §§ 238 bis 339, 342 bis 342e HGB, 10., neubearbeitete Auflage 2016, München 2016

Haritz, Detlef/Menner, Stefan (Hrsg.): Umwandlungssteuergesetz, 4., völlig neu bearbeitete Auflage, München 2015

Herrmann, Carl/Heuer, Gerhard/Raupach, Arndt: Einkommensteuer- und Körperschaftsteuergesetz: EStG KStG, Köln, Stand 1. September 2017

Holzapfel, Hans-Joachim/Pöllath, Reinhard: Unternehmenskauf in Recht und Praxis, 15. Auflage, Köln 2017

Hübschmann, Walter/Hepp, Ernst/Spitaler, Armin (Begr.): Abgabenordnung und Finanzgerichtsordnung, Kommentar, Köln (Stand: Oktober 2017)

Kirchhof, Paul (Hrsg.): EStG, Kommentar, 16. Auflage, Heidelberg 2017

Kneip, Christoph/Jänisch, Christian: Tax Due Diligence, Steuerrisiken und Steuergestaltungen beim Unternehmenskauf, 2., völlig neubearbeitete Auflage, München 2010

Koenig, Ulrich (Hrsg.): Abgabenordnung, §§ 1 bis 368, Kommentar, 3., völlig neubearbeitete Auflage, München, 2014.

Korn, Klaus/Carlé, Dieter/Stahl, Rudolf/Strahl, Martin (Hrsg.): Einkommensteuergesetz, Kommentar, Bonn (Stand: November 2017)

Langenbucher, Katja/Bliesener, Dirk H./Spindler, Gerald (Hrsg.): Bankrechts-Kommentar, 2. Auflage, München, 2016

Littmann, Eberhard (Begr.)/Bitz, Horst/Pust, Hartmut (Hrsg.): Das Einkommensteuerrecht, Kommentar, Stuttgart (Stand: Oktober 2017)

Löffler, Christoph: Tax Due Diligence beim Unternehmenskauf, Analyse und Berücksichtigung steuerlicher Risiken und Chancen, Düsseldorf 2002

Pfirrmann, Volker/Rosenke, Torsten/Wagner, Klaus J. (Hrsg.): Beck´scher Onlinekommentar AO, 2. Edition, Stand: 1.7.2017

Picot, Gerhard (Hrsg.): Handbuch Mergers & Acquisitions. Planung, Durchführung, Integration, 5., überarbeitete und erweiterte Auflage, Stuttgart 2012

Rau, Günter/Dürrwächter, Erich/Flick, Hans/Geist, Reinhold (Begr.): Kommentar zum Umsatzsteuergesetz, Köln (Stand: September 2017)

Schaumburg, Harald (Hrsg.): Unternehmenskauf im Steuerrecht, 3. Auflage, Stuttgart 2004

Schmidt, Ludwig (Begr.) Weber-Grellet, Heinrich (Hrsg.): Einkommensteuergesetz, Kommentar, 36., völlig neubearbeitete Auflage, München 2017

Schwarz, Bernhard/Pahlke, Armin (Hrsg.): AO/FGO Kommentar, Abgabenordnung, Finanzgerichtsordnung, Stand: 177. Aktualisierung, Juli 2017

Schwarz, Bernhard/Widmann, Werner/Radeisen, Rolf-Rüdiger: Kommentar zum Umsatzsteuergesetz, Freiburg (Stand: Juni 2017)

Tipke, Klaus/Lang, Joachim: Steuerrecht, 22. neu bearbeitete Auflage, Köln 2015

Vögele, Alexander/Borstell, Thomas/Engler, Gerhard: Verrechnungspreise, Betriebswirtschaft, Steuerrecht, 4., vollständig neubearbeitete Auflage, München 2015

A. Einführung

I. Begriff, Inhalt und Ziele

1 Der Begriff der Due Diligence entstammt ursprünglich den im US-amerikanischen Kapitalmarkt- und Anlegerschutzrecht kodifizierten Haftungsregeln und bezeichnete in diesem Zusammenhang den für die mit der Emission von Wertpapieren betrauten Personen anwendbaren Sorgfaltsmaßstab.[1] Über dieses herkömmliche Begriffsverständnis hinaus erlangt die Due Diligence heutzutage ihre wesentliche Bedeutung bei der Transaktionsberatung, insbesondere bei dem Kauf oder Verkauf eines Unternehmens, dessen Umstrukturierung, Fusionierung oder Sanierung.[2]

2 Auch wenn sich eine allgemeinverbindliche Definition des Begriffs der Due Dilligence bislang nicht herausbilden konnte, sind die zu verzeichnenden Unterschiede der bestehenden Begriffsdefinitionen[3] als gering einzuschätzen. Bei wörtlicher Übersetzung bedeutet der Begriff der Due Diligence „erforderliche, angemessene, gebührende Sorgfalt" und beschreibt im Allgemeinen den für einen abgrenzbaren Personenkreis geltenden Verhaltensmaßstab im Rahmen einer bestimmten Tätigkeit.

3 Das Ziel der Tax Due Diligence liegt in der Erlangung von möglichst umfassenden Informationen über die steuerliche Situation der zu erwerbenden Gesellschaften, um die

[1] Vgl. ausführlich zu dem Begriff der Due Diligence und dessen Herkunft *Berens/Strauch,* Herkunft und Inhalt des Begriffes Due Dilligence in Berens/Brauner/Strauch/Knauer, Due Diligence bei Unternehmensakquisitionen, S. 3 ff.; *Picot* in Picot, Handbuch Mergers & Acquisitions, S. 253.

[2] Vgl. zu der Funktion der Due Diligence im Allgemeinen *Beisel* in Beisel/Andreas, Beck´sches Mandatshandbuch Due Diligence, § 1 Rn. 33 ff.; *Berens/Schmitting/Strauch,* Funktionen, Terminierung und rechtliche Einordnung der Due Diligence in Berens/Brauner/Strauch/Knauer, Due Diligence bei Unternehmensakquisitionen, S. 63 ff.

[3] Vgl. hierzu etwa *Beisel* in Beisel/Andreas, Beck´sches Mandatshandbuch Due Diligence, § 1 Rn. 1 ff.; *Berens/Strauch,* Herkunft und Inhalt des Begriffes Due Dilligence in Berens/Brauner/Strauch/Knauer, Due Diligence bei Unternehmensakquisitionen, S. 3, 9 ff.; *Schiffers* GmbH-StB 2004, 239 (239); *Löffler* Wpg 2004, 576; Löffler, Tax Due Diligence beim Unternehmenskauf, S. 8; *Wegmann/Koch* DStR 2000, 1027 (1027).

mit der geplanten Transaktion einhergehenden steuerlicher Chancen und Risiken sachgerecht analysieren zu können. So wird in der Praxis oftmals erst nach Durchführung der Due Diligence abschließend beurteilt werden können, ob die beabsichtigte Akquisition getätigt werden soll, welchen Einfluss die erlangten Erkenntnisse auf den Kaufpreis haben und inwiefern diese im Rahmen der Kaufvertragsverhandlungen mittels Steuerklauseln bzw. -garantien interessengerecht abgedeckt werden können. Ergeht die Entscheidung nach Abschluss der Untersuchungen für den Erwerb der Zielgesellschaft, dient die Vornahme der Due Diligence ferner dem Zweck, Informationen für die sich dann anschließende Strukturierung der geplanten Transaktion zu gewinnen. Im Rahmen von Unternehmenstransaktionen wird eine Tax Due Diligence entweder von dem potenziellen Käufer (Buy Side Due Diligence) oder vorbereitend vom Verkäufer (Vendor Due Diligence) beauftragt.

II. Vorgehensweise

Aufgrund der hohen Komplexität einer Tax Due Diligence sowie der oftmals nur engen Zeitfenster ist ein strukturiertes Vorgehen für die Prüfung von im Vorfeld ausgewählten steuerlichen Risikofaktoren des Zielunternehmens unerlässlich. Auch wenn für die Tax Due Diligence keine allgemein verbindlichen Regelungswerke bestehen,[4] die im Sinne eines effizienten Ablaufs grundsätzlich herangezogen werden könnten, bietet sich in der Praxis eine dreigliedrige Vorgehensweise an, die sich in eine Vorbereitungsphase, eine Durchführungsphase und eine Auswertungsphase untergliedert. 4

Aufgrund der zur Verfügung stehenden Informationen (öffentlich zugängliche Informationen, Information Memorandum, Datenraum-Index, Jahresabschlüsse) werden in Vorbereitung auf die Tax Due Diligence zunächst potenzielle Risikofelder identifiziert und daraus der Umfang der steuerlichen Prüfung zielgerichtet abgegrenzt. In Relation zum Transaktionsvolumen wird dabei häufig ein Mindestrisikobetrag vereinbart. Potenzielle Risiken unterhalb dieser Wesentlichkeitsgrenze sollen dann nicht mehr zum Gegenstand der Tax Due Diligence gemacht werden. 5

In der sich anschließenden Durchführungsphase beginnen die eigentlichen Untersuchungen zur Identifizierung der sich in dem Zielunternehmen befindenden steuerlichen Chancen und Risiken. Der Prüfungsumfang bemisst sich in rechtlicher Hinsicht anhand der in der Vorbereitungsphase festgelegten Untersuchungsfelder und wird rein faktisch von den vom Auftraggeber zur Verfügung gestellten Informationen und Dokumenten des Zielunternehmens bestimmt. Die im Rahmen dieser Phase gefundenen Ergebnisse werden in einem Abschlussbericht, dem sog. Tax Due Diligence Report, zusammenfassend dokumentiert. 6

B. Vorbereitung

I. Auftragsvergabe und Festlegung des Untersuchungsprogramms

Erfolgt die Beauftragung der Tax Due Diligence – wie im Regelfall – an externe steuerliche Berater,[5] gilt es zunächst, das konkrete Untersuchungsprogramm zwischen Auftraggeber und Auftragnehmer abzustimmen. Die Aufgliederung des gesamten Prüfungsgebiets in 7

[4] Zwar hat der Gebrauch von Checklisten eine gewisse Verbreitung erfahren, vgl. hierzu etwa die Übersicht bei *Holzhäuser* in Beisel/Andreas, Beck´sches Mandatshandbuch Due Diligence, § 32 Rn. 69; ausführlich *Kneip/Jänisch,* Tax Due Diligence, E. Anhang (S. 825 ff.). In der Praxis sollte auf diese wegen den im jeweiligen Einzelfall zu berücksichtigenden individuellen Problembereichen und Fragestellungen jedoch nur bedingt zurückgegriffen werden.

[5] Da die Tax Due Diligence eine „Beratung in Steuerangelegenheiten" gem. § 33 S. 1 StBerG darstellt und somit auch als „geschäftsmäßige Hilfeleistung in Steuersachen" gem. § 32 Abs. 1 StBerG einzuordnen ist, ist zur Durchführung einer Tax Due Diligence nur ein bestimmter Personenkreis befugt. Dies sind insbes. Steuerberater, Steuerberatungsgesellschaften, Rechtsanwälte, Rechtsanwaltsgesellschaften sowie Wirtschaftsprüfer und Wirtschaftsprüfergesellschaften, vgl. § 3 StBerG.

einzelne Untersuchungsfelder und die damit ggf. verbundene Aufteilung in verschiedene Beraterteams ist im Hinblick auf den hohen Spezialisierungsgrad der einzelnen Teams sowie die fristgerechte Erledigung der Tax Due Diligence gerade im Rahmen größerer Transaktionen zwingend.[6] Im Sinne einer effizienten Arbeitsweise sowie zur Vermeidung späterer Unklarheiten ist es ferner empfehlenswert, das gesamte Untersuchungsprogramm genau festzulegen und den zu prüfenden Leistungsumfang der einzelnen Beraterteams detailliert zu bestimmen und zu dokumentieren. Hierbei wird es oftmals ratsam sein, den Auftragsinhalt auch negativ abzugrenzen, also darzulegen, welche Bereiche nicht Gegenstand der Untersuchung sein sollen. In diesem Zusammenhang sollte ebenfalls eine Abgrenzung zu anderen Untersuchungen (Legal Due Diligence, Financial Due Diligence etc) erfolgen, die in der Regel parallel durchgeführt werden.

8 Der Umfang des Untersuchungsprogramms unterscheidet sich auch durch die Art der geplanten Transaktion. Denn die Risikolage des Erwerbers im Hinblick auf Steuerrisiken der Zielgesellschaft divergiert in Abhängigkeit von der Form der Unternehmensakquisition.[7] So übernimmt der Käufer im Falle eines Anteilserwerbs („Share Deal") stets sämtliche steuerlichen Verpflichtungen, welche aufgrund der Identität des erworbenen Rechtsträgers beim Erwerber auch nicht ausgeschlossen werden können.[8] Dabei ist der Umfang einer möglichen Inanspruchnahme im Falle eines Anteilserwerbs einer Personengesellschaft weit geringer als beim Erwerb von Kapitalgesellschaftsanteilen, da Personengesellschaften für Zwecke der Einkommen- bzw. Körperschaftsteuer keine eigenständigen Steuersubjekte sind.[9] Steuerschuldner sind Personengesellschaften insbesondere nur für die Gewerbesteuer und Umsatzsteuer und können darüber hinaus nur für die Lohnsteuer sowie Sozialversicherungsbeiträge in Anspruch genommen werden.[10] Wird die Gesellschaft hingegen nicht durch Anteilsabtretung, sondern durch Übereignung ihrer Einzelwirtschaftsgüter veräußert („Asset Deal"), stellt sich der Kauf einer Gesellschaft in steuerlicher Hinsicht weniger riskant dar. Bei dieser Erwerbsart hat der Käufer jedoch zum Beispiel § 75 Abgabenordnung (AO) zu beachten, wonach er bei der Übereignung eines Unternehmens[11] oder eines gesondert geführten Betriebs im Ganzen[12] für Steuern haftet, bei denen sich die Steuerpflicht auf den Betrieb des Unternehmens gründet. Insofern ist die Haftung des Erwerbers sachlich auf die sog. betrieblichen Steuern beschränkt, zu denen die Gewerbe-, Umsatz-, Lohnsteuer sowie die Kapitalertrag- und Verbrauchsteuern zählen.[13] In zeitlicher Hinsicht ist die Norm dahingehend begrenzt, dass die Steuer seit Beginn des letzten, vor der Übereignung liegenden Kalenderjahres entstanden ist und bis zum Ablauf von einem Jahr nach Anmeldung des Betriebs durch den Käufer festgesetzt oder angemeldet wird, so dass der Käufer für Steuern iSd § 75 AO für maximal zwei Jahre haftet.[14] Der Höhe nach ist die Haftung auf den Bestand des übernommenen Vermögens beschränkt, vgl. § 75 Abs. 1 S. 2 AO.

---

[6] Vgl. näher zur Team-Bildung bei Due Diligence Projekten *Picot* in Picot, Handbuch Mergers & Acquisitions, S. 259 ff.

[7] Vgl. ausführlich zu den steuerlichen Erwägungen bei der Wahl zwischen dem Kauf von Unternehmensteilen oder Gesellschaftsrechten *Pupeter* in Holzapfel/Pöllath, Unternehmenskauf in Recht und Praxis, Rn. 126 ff.

[8] *Hogh* in Kneip/Jänisch, Tax Due Diligence, B. II. 1, Rn. 2 (S. 46).

[9] Allerdings kann der Erwerber mit den Personengesellschaftsanteilen auch nicht zugleich die Verlustvorträge erwerben, weil einkommensteuerrechtlich die Verluste unmittelbar den Gesellschaftern zugerechnet werden.

[10] *Holzhäuser* in Beisel/Andreas, Beck´sches Mandatshandbuch Due Diligence, § 27 Rn. 4.

[11] Vgl. hierzu *Boeker* in Hübschmann/Hepp/Spitaler, Abgabenordnung, § 75 Rn. 22 ff.

[12] Vgl. hierzu *Boeker* in Hübschmann/Hepp/Spitaler, Abgabenordnung, § 75 Rn. 27 ff.

[13] Vgl. *Boeker* in Hübschmann/Hepp/Spitaler, Abgabenordnung, § 75 Rn. 71–75; hingegen wird die Grunderwerb-, Grund-, Erbschaft- und Kfz-Steuer nicht von § 75 AO erfasst. Ferner sind steuerliche Nebenleistungen (§ 3 Abs. 4 AO) keine Steuern iSd § 75 AO, vgl. *Jatzke* in Beermann/Gosch, Abgabenordnung, § 75 Rn. 5.

[14] *Holzhäuser* in Beisel/Andreas, Beck´sches Mandatshandbuch Due Diligence, § 27 Rn. 13.

II. Steuerlich relevante Informationen und ihre Beschaffung

Die Durchführung der Prüfung des Zielunternehmens im Hinblick auf steuerliche Risiken **9**
erfordert das Vorliegen entsprechender Informationen sowie die Verfügbarkeit der steuerlichen Berater der Zielgesellschaft um steuerliche Risikofelder besprechen zu können. Als steuerlich relevante Informationsquellen kommen interne und externe Dokumente in Betracht.[15]

Als externe Informationsquellen werden diejenigen Informationen bezeichnet, welche **10**
außerhalb der Zielgesellschaft zu finden sind. So kann es im Vorfeld der Tax Due Diligence ratsam sein, sich in öffentlichen, allgemein zugänglichen Quellen einen Überblick über bestimmte unternehmensspezifische Grundinformationen, etwa anhand von Presseberichten, den Internetauftritt des Zielunternehmens oder Auszügen aus dem Handelsregister und dem Bundesanzeiger, zu verschaffen.[16] Teilweise bedarf bereits die Erlangung externer Informationen der ausdrücklichen Zustimmung des zu prüfenden Unternehmens, etwa wenn die Überlassung von Unterlagen bzw. die Erteilung von Auskünften durch unternehmensexterne Personen[17] benötigt wird.

Die bedeutenderen Informationsquellen für die Analyse der steuerlichen Risiken stellen **11**
die internen Dokumente und Aufzeichnungen dar, welche direkt von dem Zielunternehmen zur Verfügung gestellt werden. Als besonders relevante Unterlagen der unternehmensinternen Informationsgewinnung sind ua Steuererklärungen und Steuerbescheide, Betriebsprüfungsberichte, der Schriftverkehr mit dem Finanzamt, ggf. bestehende verbindliche Auskünfte, Unternehmensverträge sowie die wesentlichen schuldrechtlichen Verträge des Unternehmens (zB Darlehens-, Miet-, Leasing-, oder Serviceverträge) mit verbundenen Unternehmen, Gesellschaftern oder Dritten, zu nennen.[18] Die Bereitstellung der internen Unterlagen erfolgt entweder in einem physischen Datenraum, in dem in die Dokumente Einsicht genommen werden kann und ggf. Kopien erstellt werden können. Alternativ – und heutzutage üblich – wird ein sogenannter virtueller Datenraum zur Verfügung gestellt, dh die Dokumente werden in Datenbanken hinterlegt, auf die über das Internet den potenziellen Käufern und ihren Beratern Zugang gewährt wird. Neben der Auswertung der schriftlich vorliegenden Dokumente und Unterlagen stellt das persönliche Gespräch mit dem Management des Zielunternehmens und seines steuerlichen Beraters eine weitere bedeutende Möglichkeit zur Erlangung relevanter Informationen dar. Im Rahmen der Due Diligence wird es den potenziellen Käufern bzw. ihren Beratern in der Regel ermöglicht, in einem organisierten Prozess Fragen an das Unternehmen zu stellen bzw. weitere Dokumente anzufordern. Darüber hinaus wird insbesondere bei größeren Transaktionen häufig die Möglichkeit geboten, steuerliche Fragestellungen im Gespräch mit den Fachabteilungen des Unternehmens und/oder den steuerlichen Beratern zu diskutieren (sog. Expert Sessions).

---

[15] Vgl. zu dieser Unterscheidung *Löffler,* Tax Due Diligence beim Unternehmenskauf, S. 139 ff.; *Berens/Hoffjan/Strauch,* Planung und Durchführung der Due Diligence in Berens/Brauner/Strauch/Knauer, Due Diligence bei Unternehmensakquisitionen, S. 101, 125 ff.; vgl. zu den Informationsquellen einer Due Diligence insgesamt *Andreas* in Beisel/Andreas, Beck´sches Mandatshandbuch Due Diligence, § 8 Rn. 1 ff.

[16] Als weitere externe Informationsquellen sind die allgemein zugänglichen Informationen eines Unternehmens zu nennen, etwa die aufgrund gesetzlicher Publizitätspflichten zu veröffentlichenden Jahres- und Konzernabschlüsse, Lage- und Geschäftsberichte sowie sonstige Publikationen in Datenbanken, Fachzeitschriften und Tageszeitungen.

[17] In Betracht kommen zB die Wirtschaftsprüfer, Steuerberater oder Rechtsanwälte der Zielgesellschaft.

[18] Vgl. hierzu die ausführliche Auflistung bei *Löffler,* Tax Due Diligence beim Unternehmenskauf, S. 141 f.; ferner *Eilers,* Tax Due Diligence in Schaumburg, Unternehmenskauf im Steuerrecht, S. 83, 89 f.

C. Durchführung

12 Nachdem die Schwerpunkte des Untersuchungsgegenstands definiert worden sind, erfolgen in dieser Phase die eigentlichen Untersuchungen im Hinblick auf bestehende und zukünftige steuerliche Risiken des Zielunternehmens. Nachfolgend werden einige typische Untersuchungsfelder einer Tax Due Diligence erläutert.

I. Aufnahme des steuerlichen Status

13 Gemäß der Funktion der Tax Due Diligence, die in der Vergangenheit liegenden Steuerrisiken eines Zielunternehmens möglichst umfassend zu identifizieren und quantifizieren, kann die Untersuchung derjenigen Veranlagungszeiträume, die bereits durch eine steuerliche Betriebsprüfung abschließend geprüft worden sind, in der Regel vernachlässigt werden.

14 Dennoch sollten auch solche Veranlagungszeiträume, die bereits Gegenstand einer Betriebsprüfung waren, nicht gänzlich außer Acht gelassen werden, da eine Korrektur der Steuerfestsetzung auch für diese Zeiträume noch möglich ist und insofern steuerliche Risiken bestehen können. Da eine Änderung von Steuerbescheiden bereits abschließend geprüfter Veranlagungszeiträume allerdings nur unter besonderen Voraussetzungen, zB bei Vorliegen einer Steuerhinterziehung oder leichtfertigen Steuerverkürzung, zulässig ist, sollten derartige Veranlagungszeiträume grundsätzlich nur dann in die Untersuchungen einbezogen werden, sofern hierfür ein konkreter Verdacht besteht.[19] Darüber hinaus können sich aus den Feststellungen abgeschlossener Betriebsprüfungen Folgewirkungen für Jahre ergeben, für die noch keine Bestandskraft der Steuerbescheide besteht. Hierbei gilt es vor allem zu untersuchen, ob die von dem Zielunternehmen nach Abschluss einer Betriebsprüfung angefertigten Steuererklärungen, insbesondere sofern sie wiederkehrende Bilanzierungs- und Bewertungsthemen betreffen, tatsächlich den Feststellungen der Betriebsprüfung angepasst worden sind.

15 Der für die Tax Due Diligence weitaus bedeutendere steuerliche Status umfasst insbesondere die Zusammenstellung des Veranlagungsstands für alle relevanten Steuerarten zuzüglich der Erfassung, für welche Jahre Betriebsprüfungen angekündigt oder begonnen, aber noch nicht abgeschlossen wurden. Für die offenen Veranlagungszeiträume werden möglichst in tabellarischer Form die folgenden Informationen zu dem Zielunternehmen aufbereitet: Veranlagungsstand (mit Unterscheidung hinsichtlich eingereichter Erklärungen und Veranlagungszeiträumen, zu denen Steuerbescheide vorliegen), erklärte bzw. veranlagte steuerliche Einkünfte und Verlustvorträge, anhängige Rechtsbehelfs- und Klageverfahren, angekündigte bzw. begonnene steuerliche Außenprüfungen.

II. Untersuchung ausgewählter Bilanzpositionen

16 Im Folgenden werden ausgewählte Bilanzpositionen dargestellt, bei denen typischerweise steuerliche Risiken bestehen und die daher regelmäßig Gegenstand einer Tax Due Diligence sind.

17 Zunächst wird auf die Bedeutung der Rückstellungen des Zielunternehmens und deren Betrachtung im Rahmen der Tax Due Diligence eingegangen. Rückstellungen sind auf der Passivseite anzusetzende Bilanzposten mit der Funktion, erst in der Zukunft entstehende ungewisse Zahlungsverpflichtungen periodengerecht abzubilden. Daher sind solche Verpflichtungen als Rückstellungen auszuweisen, die dem Grunde oder der Höhe nach ungewiss sind, aber auch drohende Verluste, deren Ursachen vor dem Bilanzstichtag liegen und deshalb wirtschaftlich das Ergebnis des abgelaufenen Geschäftsjahres mindern. Durch

---

[19] *Trimborn*, Tax Due Diligence in Berens/Brauner/Strauch/Knauer, Due Diligence bei Unternehmensakquisitionen, S. 475, 482; *Schiffers* GmbH-StB 2004, 239 (240).

die Bildung überhöhter Rückstellungen wird Aufwand vorverlagert, der zu einem entsprechenden Mehrgewinn im Jahr der Rückstellungsauflösung führt. Das Unterlassen einer Rückstellungsbildung bewirkt einen korrespondierenden anfänglichen Mehrgewinn und zukünftigen Aufwand. Aufgrund dieses „Gewinnverschiebungseffekts" ist es im Rahmen der Tax Due Diligence nicht nur von Bedeutung zu beurteilen, ob die Zielgesellschaft Rückstellungen ordnungsgemäß oder zu niedrig angesetzt hat, sondern auch wie ggf. beim Erwerber eintretende steuerliche Nachzahlungen bzw. Mehrgewinne sachgerecht zu verteilen sind.[20]

Die gesetzlichen Regelungen in Bezug auf die Frage, ob eine Rückstellung steuerlich **18** gebildet werden darf oder muss, ergeben sich aus §§ 4 und 5 Einkommensteuergesetz (EStG).[21] In der Steuerbilanz sind ausschließlich Rückstellungen für ungewisse Verbindlichkeiten,[22] für Gewährleistungen, die ohne rechtliche Verpflichtung erbracht werden[23] sowie für im Geschäftsjahr unterlassene Aufwendungen für Instandhaltung oder für Abraumbeseitigung[24] zulässig. Rückstellungen für drohende Verluste aus schwebenden Geschäften[25] dürfen in der Steuerbilanz gemäß § 5 Abs. 4a S. 1 EStG nicht gebildet werden, es sei denn es handelt sich um Absicherungsgeschäfte iSd § 5 Abs. 4a S. 2 EStG.[26]

Für die steuerrechtliche Bewertung von Rückstellungen gelten grundsätzlich gemäß dem **19** Maßgeblichkeitsgrundsatz die handelsbilanziellen Bewertungsgrundsätze[27], wobei § 6 Abs. 1 Nr. 3a EStG konkretisierend für sämtliche steuerrechtlich zulässigen Rückstellungen Höchstwertgebote enthält.[28]

Im Rahmen der Tax Due Diligence ist der Untersuchung von in der Vergangenheit **20** durchgeführten Teilwertabschreibungen beim Zielunternehmen vor allem deshalb besondere Aufmerksamkeit zu widmen, da die Möglichkeit von Teilwertabschreibungen nur beschränkt möglich ist und ein steuerliches Wertaufholungsgebot besteht.[29] Daher ist zu prüfen, ob die bereits vollzogenen Teilwertabschreibungen in Übereinstimmung mit den steuerlichen Anforderungen erfolgt sind. Darüber hinaus muss ermittelt werden, ob die Voraussetzungen der Teilwertabschreibungen auch in der Zukunft, insbesondere nach dem Erwerb des Zielunternehmens, noch gegeben sind oder ob mit einer Wertaufholung zu rechnen ist.

Die gesetzlichen Anforderungen an Teilwertabschreibungen setzen eine „voraussichtlich **21** dauerhafte Wertminderung" des jeweiligen Wirtschaftsguts voraus.[30] Eine solche Wertminderung liegt im Allgemeinen[31] dann vor, wenn der Teilwert während eines erheblichen Teils der Restnutzungsdauer den Wert, der sich aus der planmäßigen Abschreibung ergibt, nicht erreicht,[32] so dass der Wert nachhaltig abgesunken erscheint.[33] Bei abnutzbaren Wirt-

[20] *Ackermann/Geiger* in Kneip/Jänisch, Tax Due Diligence, B. III., Rn. 251 (S. 93 ff.).
[21] *Ehmcke* in Blümich EStG § 6 Rn. 976.
[22] Gem. § 249 Abs. 1 S. 1 Alt. 1 HGB iVm § 5 Abs. 1 S. 1 EStG.
[23] Gem. § 249 Abs. 1 S. 2 Nr. 2 HGB iVm § 5 Abs. 1 S. 1 EStG.
[24] Gem. § 249 Abs. 1 S. 2 Nr. 1 HGB iVm § 5 Abs. 1 S. 1 EStG.
[25] Gem. § 249 Abs. 1 S. 1 Alt. 2 HGB.
[26] *Weber-Grellet* in Schmidt EStG § 5 Rn. 450.
[27] BFH Urt. v. 2.7.2014 – I R 46/12, BStBl. II 2014 S. 979; *Korn/Strahl* in Korn EStG § 6 Rn. 379 (mwN).
[28] Vgl. hierzu ausführlich etwa *Korn/Strahl* in Korn EStG § 6 Rn. 382 ff.; *Ehmcke* in Blümich EStG § 6 Rn. 976 ff.
[29] Vgl. hierzu allg. *Korn/Strahl* in Korn EStG § 6 Rn. 223 ff.; BMF Schreiben v. 2.9.2016 – IV C 6 – S 2171-b/09/10002:002, BStBl. I 2016 S. 995; ausführlich zu Teilwertabschreibung und Wertaufholung iSd BMF Schreibens *Happe* SteuK 2016, 495 ff.
[30] Vgl. § 6 Abs. 1 Nr. 1 S. 2 EStG für Wirtschaftsgüter des Anlagevermögens und § 6 Abs. 1 Nr. 2 S. 2 EStG für andere als die in Nr. 1 bezeichneten Wirtschaftsgüter; gem. § 6 Abs. 1 Nr. 3 EStG sind Verbindlichkeiten unter sinngemäßer Anwendung der Vorschriften der Nr. 2 anzuwenden, vgl. hierzu *Ehmcke* in Blümich EStG § 6 Rn. 948 f.
[31] Vgl. ausführlich zu dem Begriff der „voraussichtlich dauernden Wertminderung" *Grefe* StB 2015, 304 ff.; *Hoffman* in Littmann/Bitz/Pust EStG § 6 Rn. 486.
[32] StRspr BFH Urt. v. 24.7.2013 – IV R 30/10, BFH/NV 2014, 304; BFH Urt. v. 5.5.2004 – I R 43/03, BFH/NV 2005, 22 (mwN); BFH Urt. v. 27.11.1974 – I R 123/73, BStBl. II 1975 S. 294; *Ehmcke* in Blümich EStG § 6 Rn. 564 (mwN).
[33] BFH Urt. v. 9.9.1985 – VIII R 20/85, BFH/NV 1987, 442.

schaftsgütern des Anlagevermögens ist diese Voraussetzung dann erfüllt, wenn der Teilwert des Wirtschaftsguts zum Bilanzstichtag mindestens für die halbe Restnutzungsdauer unter dem planmäßigen Restbuchwert liegt.[34] Im Hinblick auf Wirtschaftsgüter des nicht abnutzbaren Anlagevermögens kann dann von einer voraussichtlich dauerhaften Wertminderung ausgegangen werden, wenn die Gründe für eine niedrigere Bewertung voraussichtlich anhalten werden,[35] wobei sich die Bestimmung der Voraussehbarkeit nach den Verhältnissen am Bilanzstichtag richtet und stets die Eigenart des betreffenden Wirtschaftsguts zu berücksichtigen ist.

22 Der Steuerpflichtige hat nachzuweisen, ob und in welchem Umfang die Voraussetzungen der ursprünglichen Wertminderung für die nachfolgenden Veranlagungszeiträume noch bestehen.[36] Sofern der Steuerpflichtige dieser ihm obliegenden Feststellungslast nicht nachkommt, darf der steuerlich niedrigere Teilwertansatz nicht länger beibehalten werden, weshalb der ursprüngliche Bewertungsabschlag in der nächsten Steuerbilanz mittels Zuschreibung wieder mit seinem „Regelwert" anzusetzen ist. Dabei wird der Umfang der Zuschreibung durch die Höhe der Anschaffungs- oder Herstellungskosten begrenzt.[37]

23 Ebenfalls von wesentlicher Bedeutung für die Untersuchung im Rahmen der Tax Due Diligence sind die in der Bilanz ausgewiesenen immateriellen Wirtschaftsgüter. Zu den immateriellen Wirtschaftsgütern zählen grundsätzlich alle unkörperlichen Gegenstände unter Ausschluss von Finanz- und Geldwerten, wie etwa Rechte oder Rechtspositionen.[38] In der Praxis bereitet die Abgrenzung zwischen materiellen und immateriellen Wirtschaftsgütern oftmals deshalb Schwierigkeiten, da materielle und immaterielle Komponenten häufig zusammentreffen. In diesem Fall ist entscheidend, welches Element wirtschaftlich im Vordergrund steht. Die gesonderte Untersuchung immaterieller Wirtschaftsgüter im Rahmen der Tax Due Diligence ist deshalb zu empfehlen, da sowohl in Bezug auf die Bilanzierungsfähigkeit sowie auch insbesondere im Hinblick auf die Bewertung derartiger Wirtschaftsgüter eine gewisse Rechtsunsicherheit besteht, die eine potenzielle Gefahrenquelle von Steuerrisiken auf Seiten des Zielunternehmens beherbergen.

24 So bedarf es zur Bestimmung der Bilanzierung dem Grunde nach zunächst einer dahingehenden Festlegung, ob es sich bei dem aktivierten immateriellen Wirtschaftsgut um ein solches des Anlage- oder des Umlaufvermögens handelt, da gemäß § 5 Abs. 2 EStG immaterielle Wirtschaftsgüter des Anlagevermögens nur dann angesetzt werden dürfen, wenn sie entgeltlich erworben wurden. Ist dies der Fall, stellt sich die daran anschließende Frage, ob das aktivierungsfähige Wirtschaftsgut abnutzbar ist und, falls dies zu bejahen ist, mit welcher Nutzungsdauer es anzusetzen ist. In Bezug auf die Abschreibungsart kommt bei immateriellen Wirtschaftsgütern ausschließlich eine lineare Abschreibung in Betracht, da es sich bei derartigen Wirtschaftsgütern nicht um „bewegliche" Wirtschaftsgüter iSd § 7 EStG handelt.[39] Da jedoch für immaterielle Wirtschaftsgüter, anders als bei materiellen Wirtschaftsgütern des Anlagevermögens, von der Finanzverwaltung keine AfA-Tabellen veröffentlicht werden, in denen pauschalierend die betriebsgewöhnliche Nutzungsdauer der gängigen Wirtschaftsgüter aufgelistet werden, fehlt es dem Steuerpflichtigen in Bezug auf die Bemessung der Abschreibungsdauer oftmals an Anhaltspunkten. Es muss zur Bestimmung der Nutzungsdauer auf die allgemeinen Grundsätze sowie auf die hierzu ergangene Rechtsprechung zurückgegriffen werden. Dabei können die auf dieser Grundlage

[34] So die Formulierung des Bundesministerium der Finanzen: Schreiben v. 16.7.2014, BStBl. I 2014 S. 1162 Rn. 8 mit Verweis auf BFH Urt. v. 29.4.2009 – I R 74/08, BStBl. II 2009 S. 899.

[35] Vgl. Bundesministerium der Finanzen: Schreiben v. 16.7.2014, BStBl. I 2014 S. 1162 Rn. 6 f., 11 ff. mit Beispielen zur Bewertung von Grund und Boden und Beteiligungen.

[36] Bundesministerium der Finanzen: Schreiben v. 16.7.2014, BStBl. I 2014 S. 1162 Rn. 4.

[37] Vgl. die Verweisung in § 6 Abs. 1 Nr. 1 S. 4 EStG auf S. 1 dieser Norm für Wirtschaftsgüter des Anlagevermögens und § 6 Abs. 1 Nr. 2 S. 3 EStG für andere als die in Nr. 1 bezeichneten Wirtschaftsgüter.

[38] Vgl. zu immateriellen Wirtschaftsgütern etwa die beispielhafte Auflistung bei *Ehmcke* in Blümich EStG § 6 Rn. 782.

[39] *Kulosa* in Schmidt EStG § 7 Rn. 33.

getroffenen Abschreibungsdauern im Rahmen der Tax Due Diligence oftmals nur auf ihre Plausibilität überprüft werden.

25 Einer gesonderten Überprüfung bedarf die Frage nach dem Vorliegen eines entgeltlich erworbenen Geschäfts- und Firmenwerts, da dieser gem. § 7 Abs. 1 S. 3 EStG steuerlich über einen Zeitraum von fünfzehn Jahren abzuschreiben ist.[40] Als Geschäfts- oder Firmenwert versteht man den Unterschiedsbetrag zwischen einem im Rahmen der Übernahme eines Unternehmens gezahlten Gesamtkaufpreises und den Werten der einzelnen übernommenen Vermögensgegenstände/Wirtschaftsgüter abzüglich der Schulden. Die Abgrenzung des Geschäfts- und Firmenwerts von den sonstigen immateriellen Vermögensgegenständen sollte in der Weise vorgenommen werden, dass man ihm die übrigen unkörperlichen Werte, die selbstständig verkehrsfähig sind, gegenüberstellt. Nachdem diese selbstständig verkehrsfähigen Werte einzeln und vollständig erfasst worden sind, bleiben für den Geschäfts- und Firmenwert letztlich (nur) noch diejenigen Faktoren übrig, die von dem Unternehmen nicht getrennt werden können.[41]

III. Finanzierungsaufwendungen

26 Im Rahmen der Tax Due Diligence ist ein besonderes Augenmerk auf die Finanzierungsaufwendungen zu legen. Von besonderem Interesse ist hierbei die sog. Zinsschranke. Nach der Konzeption der Zinsschranke wird unter bestimmten Voraussetzungen auf Ebene des den Zins zahlenden Unternehmens die steuerliche Abzugsfähigkeit von Zinsen als Betriebsausgaben untersagt. Dabei greift die Regelung generell für alle Zinsaufwendungen, die grundsätzlich steuerlich abzugsfähig sind,[42] so dass sie insbesondere auch bei Zinsen auf Bankdarlehen zur Anwendung gelangt.

27 Kommt die Zinsschranke zur Anwendung, sind zunächst die Zinsaufwendungen eines Betriebs[43] mindestens bis zur Höhe des Zinsertrages desselben Wirtschaftsjahres abziehbar. Die darüber hinausgehenden Zinsaufwendungen (der sog. „negative Zinssaldo") sind nur bis zur Höhe von 30% des steuerlichen Gewinns nach Hinzurechnung von Zinsen, Steuern sowie der Abschreibung, aber insbesondere gekürzt um steuerfreie Dividenden (steuerliches EBITDA), abzugsfähig. Nicht abziehbare Zinsaufwendungen können in die folgenden Wirtschaftsjahre vorgetragen werden.[44]

28 Von der Anwendung der Zinsschranke bestehen gem. § 4h Abs. 2 EStG drei Ausnahmen, bei deren Eingreifen ein unbeschränkter Zinsabzug möglich ist. Danach muss entweder der Zinsaufwand des Betriebs kleiner als 3 Mio. EUR sein („Freigrenze"), darf der Betrieb zu keinem Konzern gehören (sog. „Konzern-Klausel") oder muss die Eigenkapitalquote des Betriebs die des relevanten Konzerns übersteigen (sog. „Escape-Klausel").

29 Der Betrieb gehört dann zu einem Konzern iSd Zinsschranke, wenn der (deutsche) Betrieb mit anderen Betrieben entweder tatsächlich konsolidiert wird oder auch nur konsolidiert werden könnte. Bei Kapitalgesellschaften gilt die „Konzern-Klausel" nicht, wenn eine schädliche Gesellschafter-Fremdfinanzierung iSd § 8a Abs. 2 KStG vorliegt. Um die Versagung zu vermeiden, muss die Körperschaft nachweisen, dass nicht mehr als 10%

[40] Diese für steuerliche Zwecke unwiderleglich vermutete betriebsgewöhnliche Nutzungsdauer von fünfzehn Jahren gilt auch dann, wenn im Einzelfall Erkenntnisse dafür vorliegen, dass die voraussichtliche Nutzungsdauer geringer ist, vgl. Bundesministerium der Finanzen: Schreiben v. 20.11.1986, BStBl. I 1986 S. 532, und in der Handelsbilanz eine kürzere betriebsgewöhnliche Nutzungsdauer anzusetzen ist, vgl. *Schubert/Andrejewski/Roscher* in Beck'scher Bilanzkommentar, § 253 Rn. 675.

[41] In diesem Sinne stellt sich der Geschäfts- und Firmenwert als „Residium" dar, vgl. *Schmidt/Ries* in Beck'scher Bilanzkommentar, § 246 Rn. 82.

[42] Darunter fallen zB Zinsen aus der Gewährung oder Inanspruchnahme von Darlehen (sowohl von nahe stehenden Dritten wie auch von Fremden) sowie aus der Auf- und Abzinsung von Verbindlichkeiten oder Kapitalforderungen. Nicht in den Anwendungsbereich der Zinsschranke fallen Dividenden, Skonti oder Boni; vgl. *Heuermann* in Blümich EStG § 4h Rn. 35; vgl. Seiler in Kirchhof § 4h Rn. 17.

[43] Einen „Betrieb" dürfte idR jede Personen- und Kapitalgesellschaft darstellen, wobei im Falle einer Organschaft der Organkreis als ein einziger Betrieb anzusehen ist.

[44] Näheres hierzu bei *Heuermann* in Blümich EStG § 4h Rn. 44ff.

des Schuldzinsenüberhangs als Zinsen an einen zu mehr als 25 % beteiligten Anteilseigner, eine diesem nahe stehende Person oder an einen rückgriffsberechtigten Dritten gewährt wird. Liegt dagegen eine schädliche Gesellschafter-Fremdfinanzierung vor, greifen die Regelungen der Zinsschranke, so dass der steuerliche Zinsabzug dann auf die Zinserträge zzgl. 30 % des EBITDA begrenzt ist. Soweit einem Veranlagungszeitraum ein höheres EBITDA zur Verfügung steht als es durch Zinsaufwendungen nutzbar gemacht werden kann, ist dieses für Wirtschaftsjahre, die nach dem 31.12.2009 enden, vorzutragen (EBITDA-Vortrag). Damit wird in den Jahren, in denen der Betrieb mit seinen Zinsaufwendungen den Abzugsrahmen der Zinsschranke nicht ausschöpft, der nicht ausgeschöpfte Teil in künftige Wirtschaftsjahre vorgetragen, wobei der Vortrag auf maximal fünf Jahre begrenzt ist. Im Fall der Aufgabe oder Übertragung eines Betriebs entfällt der EBITDA-Vortrag vollständig bzw. bei einer Mitunternehmerschaft anteilig

30 Darüber hinaus kommt die Zinsschranke auch dann nicht zur Anwendung, wenn der Betrieb zwar zu einem Konzern gehört, die Eigenkapitalquote (Eigenkapital/Bilanzsumme) des betreffenden Betriebs aber am Schluss des vorangegangenen Abschlussstichtags in den nach IFRS[45] erstellten Abschlüssen die Eigenkapitalquote des Konzerns nicht um mehr als zwei Prozentpunkte unterschreitet. Für den Eigenkapitalquotenvergleich ist sowohl der Konzernabschluss als auch der maßgebliche Einzelabschluss des Betriebs nach dem gleichen Rechnungslegungsstandard zu erstellen, wobei Wahlrechte einheitlich auszuüben sind. Ferner sind bei der Ermittlung der relevanten Eigenkapitalquote verschiedene Modifikationen vorzunehmen.[46] So ist etwa das Eigenkapital des von der Zinsschranke betroffenen Betriebs um den Betrag eines im Konzernabschluss enthaltenden Firmenwerts zu erhöhen, soweit dieser auf den entsprechenden Betrieb entfällt. Ferner ist das Eigenkapital um die Hälfte der Sonderposten mit Rücklagenanteil nach § 273 HGB zu erhöhen. Darüber hinaus ist das maßgebliche Eigenkapital um solches Eigenkapital zu kürzen, welches keine Stimmrechte vermittelt[47] sowie um Einlagen der letzten sechs Monate vor dem Abschlussstichtag, soweit diesen Einlagen Entnahmen der ersten sechs Monate nach dem Abschlussstichtag gegenüberstehen.[48] Zu beachten ist, dass auch die Escape-Klausel nur zur Anwendung gelangt, wenn weder bei dem betreffenden Betrieb noch bei einem anderen Konzernunternehmen mehr als 10 % des Schuldzinsenüberhangs an einen zu mehr als 25 % beteiligten Anteilseigner, eine diesem nahe stehende Person oder einen rückgriffsberechtigten Dritten gewährt wird.

31 Hinsichtlich der Zinsschranke wird im Rahmen der Tax Due Diligence insbesondere zu untersuchen sein, ob das Zielunternehmen von einer der Ausnahmeregelungen Gebrauch gemacht hat. Da teilweise Fragen der (internationalen) Rechnungslegung berührt werden, wird die Beurteilung in vielen Fällen nicht durch den steuerlichen Berater allein vorgenommen werden können. Soweit der Zinsaufwand der Zielgesellschaft nahe 3 Mio. EUR liegt, sollte insbesondere geprüft werden, ob die Gesellschaft bei der Abgrenzung, welche Finanzierungskosten Zinsaufwendungen im Sinne von § 4h EStG darstellen, der Auffassung der Finanzverwaltung gefolgt ist.[49]

32 Als ebensolche Zinsaufwendungen sollte insbesondere auf Bearbeitungsentgelte[50] für die Strukturierung, Organisation und Bereitstellung von Krediten geachtet werden. In den häufigsten Fällen von Transaktionen mit Beteiligung von Private Equity Gesellschaften werden die für den Kauf des Unternehmens und dessen Finanzierung notwenigen Kredite durch einen Konsortialvertrag bereitgestellt. Ein solcher Konsortialvertrag bündelt mehrere

[45] Sofern IFRS nicht zur Anwendung gelangt, ist nachrangig auf die nach HGB bzw. US-GAAP erstellten Jahresabschlüsse zurückzugreifen.
[46] Vgl. Modifikationen gem. § 4h Abs. 2 S. 1 lit. c S. 5–7 EStG.
[47] Wobei Vorzugsaktien von dieser Regelung auszunehmen sind.
[48] Vgl. zu den Korrekturen zur Ermittlung des maßgeblichen Eigenkapitals *Heuermann* in Blümich EStG § 4h Rn. 74 ff.
[49] Vgl. Bundesministerium der Finanzen: Schreiben v. 4.7.2008, BStBl. I 2008 S. 718.
[50] Namentlich sind dies ua Administration fee, Agency fee, Arrangent fee, Commitment fee, Participation fee, Transfer fee; vgl. Diem, Akquisitionsfinanzierungen, Gebühren und Kosten § 18 Rn. 1 ff.

finanzierende Parteien, welche den gesamten, gewährten Kreditbetrag untereinander aufteilen. Das Entgelt für die Zusammenstellung und Organisation (sog. Syndizierung) eines solchen – teilweise sehr komplexen – Konsortialvertrags entsteht zumeist mit Vertragsschluss. Die Zahlungen hierauf werden vereinzelt auf die Laufzeit des Kredits verteilt. Daher erscheint ein solches Entgelt auf den ersten Blick wie ein Zins und wird häufig auch als solcher behandelt.[51] Dies entspricht jedoch nicht den tatsächlichen Verhältnissen, da diese Entgelte nicht als Gegenleistung für die Überlassung der Darlehensvaluta sind.[52] Grundsätzlich ist die Höhe dieser Entgelte nicht von der Kreditlaufzeit abhängig und im Falle einer vorzeitigen Beendigung des Kredits nicht zurückzahlbar. Folglich führt dies dazu, dass diese Entgelte keinen Zins im rechtstechnischen Sinne darstellen.[53] Diese Qualifikation sollte ebenfalls für Zinsaufwendungen im Sinne der Zinsschranke nach § 4h EStG anwendbar sein.[54]

Eine weitere Besonderheit im Rahmen der Zinsschranke stellen sogenannte Zinsswaps **33**
dar. Diese werden häufig bei Darlehensverträgen mit variablen Zinssätzen[55] als Absicherung gegen schwankende Zinsen abgeschlossen. Mit einem Zinsswap wird ein fester Zinssatz auf einen bestimmten Betrag vereinbart und kann zwischen dem Darlehensnehmer und dem darlehnsgebenden Kreditinstitut oder einem Dritten erfolgen. Oftmals stimmen der Betrag und die Laufzeit des abzusichernden Darlehensvertrags mit dem variablen Zinssatz und dem Swap-Geschäft überein. Ist am Ende der Laufzeit des Zinsswaps der zuvor festgelegte Zinssatz niedriger als der abzusichernde, variable Zinssatz kommt es zu einer Auszahlung der Differenz von dem Zinsswap ausgebenden Kreditinstitut. Im umgekehrten Fall eines übersteigenden fixen Zinssatzes aus dem Swap-Geschäft hat der Darlehensnehmer die Differenz zu entrichten.[56] Ob ein Zinsswap als hinzuzurechnender Zins iSd Zinsschranke nach § 4h EStG gesehen werden kann, ist im Einzelfall genauer zu untersuchen. Grundsätzlich stellt ein Zinsswap, der lediglich einen bloßen Veranlassungszusammenhang als Absicherungsgeschäft mit dem Darlehensvertrag hat kein Zins iSd § 4h EStG dar.[57] Sofern der Zinsswap mit dem Darlehensvertrag jedoch in einer engen wirtschaftlichen Verknüpfung steht und der Swap deckungsgleich mit dem Darlehensvertrag als Grundgeschäft ist, kann der Zinsaufwand oder -ertrag aus dem Swap als Zins iSd Zinsschranke gesehen werden. Hierzu ist notwendig, dass objektiv erkennbar ist, dass die beiden Geschäfte als Einheit durchgeführt werden sollen. Als Indiz hierfür können die Laufzeit, der Betrag[58] und die Personenidentität, sowie die Zinszahlungs- und Zinsanpassungstermine[59] herangezogen werden.

Aufgrund dieser teilweise stark einzelfallbezogenen Besonderheiten ist im Rahmen der **34**
Tax Due Diligence Prüfung auf die korrekte Erfassung dieser Sachverhalte in der Vergangenheit ein besonderes Augenmerk zu richten. Sollte es zu einer fehlerhaften Erfassung der Zinsen im Rahmen der Zinsschranke gekommen sein, muss diese (zumindest näherungsweise) erneut berechnet werden, um die sich daraus ergebende steuerlichen Auswirkungen zu quantifizieren.

---

[51] So auch *Pupeter* in Holzapfel/Pöllath, Unternehmenskauf in Recht und Praxis, Rn. 518.

[52] *Castor* in Langbucher/Bliesener/Spindler, BankR Komm, 16. Kapitel: Dokumentation internationaler Konsortialkredite, Rn. 65; *Diem,* Akquisitionsfinanzierungen, Verzug § 16 Rn. 25 ff., Gebühren und Kosten § 18 Rn. 1 ff.; *Pupeter* in Holzapfel/Pöllath, Unternehmenskauf in Recht und Praxis, Rn. 518; *Heuermann* in Blümich EStG § 4h Rn. 35.

[53] *Diem,* Akquisitionsfinanzierungen, Verzug § 16 Rn. 25 (mwN).

[54] *Heuermann* in Blümich EStG § 4h Rn. 35; *Haase/Geils* DStR 2016, 273.

[55] Die Berechnung des Zinssatzes aus einem Darlehensvertrag kann beispielsweise auf der Basis des EURIBOR erfolgen, wodurch dieser den Schwankungen am Markt unterliegt.

[56] *Haase/Geils* DStR 2016, 273; zum Begriff des Zinsswaps siehe auch die Begriffserläuterung in dem BMF Schreiben v. 18.1.2016, BStBl. I 2016 S. 85 Rn. 47.

[57] *Hick* in Hermann/Heuer/Rauppach EStG § 4h Rn. 82; *Heuermann* in Blümich EStG § 4h Rn. 35; *Loschelder* in Schmidt EStG § 4h Rn. 24; *Korn* in Korn EStG § 4h Rn. 147; *Häuselmann* Ubg 2009, 225; *Kreft/Schmitt-Homann* BB 2009, 2404.

[58] *Hick* in Hermann/Heuer/Rauppach EStG § 4h Rn. 82.

[59] *Haase/Geils* DStR 2016, 273.

IV. Organschaften

35 Durch die Begründung einer körperschaftlichen Organschaft gem. § 14 Körperschaftsteuergesetz (KStG) wird das Einkommen einer als Organgesellschaft zu bezeichnenden Kapitalgesellschaft einem als Organträger auftretenden, anderen Steuerpflichtigen zugerechnet. Ist eine Kapitalgesellschaft in ein anderes inländisches Unternehmen nach körperschaftsteuerlichen Grundsätzen eingegliedert, gilt sie für Zwecke der Gewerbesteuer als Betriebsstätte dieses anderen Unternehmen und stellt daher keinen eigenständigen Gewerbebetrieb dar, § 2 Abs. 2 S. 2 Gewerbesteuergesetz (GewStG). In der Konsequenz findet damit eine Durchbrechung des im Steuerrecht vorherrschenden Steuersubjektprinzips statt, da die Besteuerung des gesamten Organkreises insgesamt, also unter Einschluss des positiven bzw. negativen Einkommens der Organgesellschaft(en), ausschließlich auf der Ebene des Organträgers erfolgt. Weil der Erwerb von Anteilen an einer Organgesellschaft idR zur Beendigung des Organschaftsverhältnisses führt und damit uU eine rückwirkende Versagung der vorteilhaften steuerlichen Folgen des bestehenden Organkreises drohen kann, ist auch die Untersuchung der Beendigung einer bestehenden Organschaft regelmäßig in die Tax Due Diligence einzubeziehen.

36 Ist die Zielgesellschaft im Zeitpunkt der Übernahme als Organgesellschaft in ein bestehendes Organschaftsverhältnis eingebunden, ist im Rahmen der Tax Due Diligence vor allem zu untersuchen, ob die Organschaft unter steuerlichen Gesichtspunkten mit Wirkung für die Vergangenheit anzuerkennen ist, insbesondere ob sie entsprechend den gesellschafts- und steuerrechtlichen Voraussetzung abgeschlossen und tatsächlich durchgeführt worden ist.

37 So ist für die steuerliche Anerkennung der Organschaft die finanzielle Eingliederung der Organgesellschaft in den Organträger erforderlich, den Abschluss eines zivilrechtlich wirksamen Gewinnabführungsvertrags[60] unter Beachtung der in §§ 14 ff. KStG normierten steuerlichen Anforderungen sowie dessen tatsächlichen Durchführung. Das Erfordernis einer finanziellen Eingliederung liegt gemäß § 14 Abs. 1 S. 1 Nr. 1 KStG dann vor, wenn der Organträger eine Beteiligung an der Organgesellschaft von Beginn des Wirtschaftsjahres an ununterbrochen hält, die ihm die Mehrheit der Stimmrechte vermittelt. Nicht erforderlich ist eine unmittelbare Beteiligung des Organträgers an der Organgesellschaft, so dass auch eine mittelbare Beteiligung über Tochterkapital– oder –personengesellschaften ausreichend sein kann.[61]

38 Die handelsrechtlichen Wirksamkeitsvoraussetzungen zum Abschluss eines Gewinnabführungsvertrags richten sich – auch bei der GmbH als Organträger oder als Organgesellschaft – nach den Regeln des Aktienrechts. Danach bestimmt sich der handelsrechtliche Umfang der Gewinnabführungsverpflichtung der Organgesellschaften nach § 301 Aktiengesetz (AktG)[62] und die Verlustübernahmeverpflichtung des Organträgers nach § 302 AktG.[63] Der Gewinnabführungsvertrag muss nach § 14 Abs. 1 S. 1 Nr. 3 S. 1 KStG auf mindestens fünf Zeitjahre abgeschlossen werden, wobei die Vertragsdauer ausdrücklich und eindeutig vereinbart werden muss.[64] Ferner ist zu untersuchen, ob der Ergebnisabführungsvertrag bei der Begründung der Organschaft bis zum Ende Wirtschaftsjahres für das die Organschaft erstmals gelten soll im Handelsregister eingetragen wurde.

60 Vgl. §§ 291 ff., insbes. §§ 301 f. AktG.

61 Vgl. § 14 Abs. 1 S. 1 Nr. 1 S. 2 KStG; siehe in Bezug auf die Anforderungen einer mittelbaren Beteiligung über eine Personengesellschaft bzw. über eine ausländische Gesellschaft *Walter* in Ernst & Young KStG § 14 Rn. 290 ff.

62 Vgl. hierzu ausführlich *Dötsch* in Dötsch/Pung/Möhlenbrock KStG § 14 Rn. 350 ff.

63 Wobei aus steuerlichen Gründen der Verweis auf den vollständigen § 302 AktG (in seiner jeweils gültigen Fassung) bei der GmbH als Organträger zu beachten ist, vgl. BFH Urt. v. 3.3.2010 – I R 68/09, DStR 2010, 858; *Dötsch* in Dötsch/Pung/Möhlenbrock KStG § 17 Rn. 28.

64 So genügt der Abschluss eines Gewinnabführungsvertrags „auf unbestimmte Zeit" auch dann nicht, wenn der Vertrag tatsächlich fünf Jahre durchgeführt wird, vgl. *Dötsch* in Dötsch/Pung/Möhlenbrock KStG § 14 Rn. 536.

Als weitere steuerliche Voraussetzung der Organschaft setzt § 14 Abs. 1 S. 1 Nr. 3 S. 1 KStG ferner voraus, dass der Gewinnabführungsvertrag während seiner gesamten Geltungsdauer durchgeführt wird. Dieses Wirksamkeitserfordernis liegt vor, wenn der Vertrag vollumfänglich entsprechend seinen vertraglich festgelegten Vereinbarungen vollzogen wird.[65] Handelt es sich bei dem Organträger um eine Personengesellschaft, wird die Organschaft gem. § 14 Abs. 1 S. 1 Nr. 2 S. 2 KStG nur dann anerkannt, wenn die Personengesellschaft eine originär gewerbliche Tätigkeit iSd § 15 Abs. 1 Nr. 1 EStG ausübt.[66] **39**

Letztlich ist bei einem bestehenden Organschaftsverhältnis zu untersuchen, ob dieses vor der geplanten Akquisition steuerlich unschädlich gekündigt worden ist. Sofern die zwischen dem Veräußerer und der Zielgesellschaft bestehende Organschaft bereits über den gesetzlich geforderten Zeitraum von fünf Jahren[67] bestand, kann sie im gegenseitigen Einvernehmen problemlos gekündigt werden. Dabei wirkt die Kündigung gemäß § 14 Abs. 1 S. 1 Nr. 3 S. 3 KStG regelmäßig auf den Beginn des Wirtschaftsjahres zurück, in dem das Organschaftsverhältnis gekündigt wurde, so dass ggf. ein Rumpfwirtschaftsjahr zu bilden ist. **40**

Sollte bei Beendigung des Gewinnabführungsvertrags die Organschaft noch keine fünf Jahre bestanden haben, bewirkt eine Kündigung ohne steuerlich wichtigen Grund grundsätzlich deren rückwirkende Unwirksamkeit.[68] Insofern kommt es zur Vermeidung unerwünschter Rechtsfolgen auf einen „wichtigen Grund" iSd § 14 Abs. 1 S. 1 Nr. 3 S. 2 KStG zur Beendigung der Organschaft an. Zwar wird die Veräußerung oder Einbringung der Anteile der Organgesellschaft durch den Organträger als ein steuerlich wichtiger Grund im Sinne dieser Norm anerkannt,[69] jedoch stellt eine solche Veräußerung nicht auch zivilrechtlich stets einen wichtigen Grund zur Kündigung iSd § 297 Abs. 1 AktG eines Beherrschungs- oder Gewinnabführungsvertrags dar.[70] Der Gewinnabführungsvertrag sollte daher daraufhin geprüft werden, ob er den Fall einer Veräußerung der Anteile an der Organgesellschaft als Kündigungsgrund ausdrücklich anerkennt. Da die vorzeitige Beendigung einer bestehenden Organschaft innerhalb eines Jahres steuerrechtlich nicht rückwirkend auf einen Zeitpunkt während des laufenden Jahres möglich ist, erscheint die Bildung eines Rumpfwirtschaftsjahres auch in derartigen Konstellationen zu empfehlen. **41**

V. Verträge mit Gesellschaftern/nahe stehenden Personen

Soweit es innerhalb verbundener Unternehmen zu Einkommensverschiebungen gekommen ist, welche nicht im Einklang mit dem im Steuerrecht maßgeblichen Fremdvergleichsgrundsatz stehen, droht die Gefahr einer nachträglichen steuerlichen Rückgängigmachung derartiger Transaktionen. Von besonderer Relevanz im Rahmen der Tax Due Diligence sind demnach vor allem die Überprüfung derjenigen wirtschaftlichen Beziehungen zu Lasten der Gesellschaft, in denen das Interesse der Gesellschaft von denen der Gesellschafter überlagert wird. Derartige, als sog. verdeckte Gewinnausschüttungen bezeichnete Einkommensminderungen auf Ebene der Gesellschaft werden durch die Vorschrift in § 8 Abs. 3 S. 2 KStG korrigiert. Die „umgekehrten" Fälle sog. verdeckter Einlagen, in denen ein Anteilseigner oder eine ihm nahe stehende Person der Gesellschaft einen Vermögensvorteil gewährt, den ein Dritter bei Anwendung der Sorgfalt eines ordentlichen Kaufmanns nicht gewährt hätte,[71] erlangen bei der Tax Due Diligence regelmäßig eine nur untergeordnete Bedeutung. Da sie in der überwiegenden Mehrheit keine Risikoquelle für den Erwerber darstellen, sondern gegebenenfalls durchzuführende Ge- **42**

65 BFH Urt. v. 5.4.1995 – I R 156/93, DStR 1995, 1109.
66 *Krumm* in Blümich § 14 Rn. 66.
67 Vgl. § 14 Abs. 1 S. 1 Nr. 3 KStG.
68 Die Organschaft ist damit ex tunc unwirksam, vgl. *Walter* in Ernst & Young KStG § 14 Rn. 781.
69 KStR R 14.5 Abs. 6; *Neumann* in Gosch KStG § 14 Rn. 262.
70 Vgl. hierzu *Dötsch* in Dötsch/Pung/Möhlenbrock KStG § 14 Rn. 575, 579 ff.
71 Vgl. hierzu etwa BFH Urt. v. 20.8.1986 – I R 150/82, BStBl. II 1987 S. 455.

winnkorrekturen idR sogar zum Vorteil der Zielgesellschaft wären, sollen sie im Folgenden außer Betracht bleiben.[72]

43 Unter einer verdeckten Gewinnausschüttung gem. § 8 Abs. 3 S. 2 KStG versteht man eine durch das Gesellschaftsverhältnis veranlasste Vermögensminderung bzw. verhinderte Vermögensmehrung, die sich auf die Höhe des Einkommens auswirkt und in keinem Zusammenhang mit einer offenen Ausschüttung steht.[73] Dabei ist von einer Veranlassung durch das Gesellschaftsverhältnis auszugehen, wenn ein ordentlicher und gewissenhafter Geschäftsleiter[74] die Vermögensminderung bzw. verhinderte Vermögensmehrung bei einem fremden Dritten unter sonst gleichen Umständen nicht hingenommen hätte.[75]

44 Da verdeckte Gewinnausschüttungen zu uU erheblichen steuerlichen Mehrbelastungen auf Ebene des Zielunternehmens führen können, erlangen sie im Rahmen der Tax Due Diligence typischerweise eine große Bedeutung. Insofern sind sämtliche zwischen den Gesellschaften und ihren (auch ehemaligen) Gesellschaftern vereinbarten Leistungsbeziehungen einer dahingehenden Prüfung zu unterziehen, inwiefern sie dem Fremdvergleichsgrundsatz standhalten. Als typische Problemfelder kommen dabei insbesondere die Untersuchung der Vergütung des Gesellschafter-Geschäftsführers inklusive einer ggf. vereinbarten Tantiemenvereinbarung,[76] gruppeninterne Lieferungs- und Leistungsbeziehungen[77] oder Nutzungsüberlassungen[78] eines Gesellschafters an seine Gesellschaft in Betracht. In diesem Kontext sollte insbesondere auf gesellschaftsinterne Darlehensbeziehungen bzw. Darlehensverträgen mit den Gesellschaftern geachtet werden, da diese teilweise nicht mit fremdvergleichsüblichen Zinssätzen versehen sind, was uU zu einer deutlichen zusätzlichen Steuerlast führen kann.[79] Ein weiteres problembehaftetes Thema im Rahmen der verdeckten Gewinnausschüttung stellen Lizenzen und Patente dar. Häufig besitzt eine Gesellschaft der Unternehmensgruppe eine Lizenz oder ein Patent, welches an andere Gruppengesellschaften zur Nutzung überlassen wird. Hierbei ist oft schwer abzugrenzen, welche Gegenleistung für die Nutzungsüberlassung angemessen ist, bzw. es können bereits bei der Bewertung des Werts der Lizenz bzw. des Patents Schwierigkeiten auftreten.

45 Der unmittelbaren Zuwendung an einen Gesellschafter steht die an einen Nicht-Gesellschafter gleich, wenn sie durch das Gesellschaftsverhältnis veranlasst ist.[80] Eine gesellschaftsrechtliche Veranlassung bei derartigen Zuwendungen ist insbesondere im Rahmen von Gestaltungen innerhalb mehrstufiger Konzernverbünde zu sehen, wie sie etwa bei Geschäften zwischen einer Muttergesellschaft mit ihrer Enkelgesellschaft oder Schwestergesellschaften vorkommen können.[81] Insofern gilt es bei der Tax Due Diligence auch, den Kreis derartiger in Betracht kommender nahe stehender Personen zu ermitteln und die Liefer- und Leistungsbeziehungen zu diesen Personen zu untersuchen. Im Rahmen der Tax Due Diligence ist daher zu überprüfen, ob derartige Leistungsbeziehungen zu Gesellschaftern und diesen nahe stehenden Personen einem Drittvergleich standhalten.

---

[72] Vgl. ausführlich hierzu *Behrendt/Lingscheidt* in Kneip/Jänisch, Tax Due Diligence, B. IV., Rn. 112 ff. (S. 130 ff.).

[73] Grundlegend BFH Urt. v. 22.2.1989 – I R 9/85, BStBl. II 1989 S. 631; ferner BFH Urt. v. 5.10.1994 – I R 50/94, BStBl. II 1995 S. 549; BFH Urt. v. 30.7.1997 – I R 65/96, BStBl. II 1998 S. 402.

[74] Vgl. § 93 Abs. 1 S. 1 AktG, § 43 Abs. 1 GmbHG, § 34 Abs. 1 S. 1 GenG.

[75] BFH Urt. v. 7.12.1988 – I R 25/82, BStBl. II 1989 S. 248.

[76] Vgl. hierzu BFH Urt. v. 5.10.1994 – I R 50/94, BStBl. II 1995 S. 549; ferner KStR H 8.8.

[77] BFH Urt. v. 6.8.1985 – VIII R 280/81, BStBl. II 1986 S. 17; BFH Urt. v. 21.12.1972 – I R 70/70, BStBl. II 1973 S. 449.

[78] BFH Urt. v. 3.2.1971 – I R 51/66, BStBl. II 1971 S. 408.

[79] Teilweise berechnen sich diese Zinssätze aus einer Basis, wie etwa dem EURIBOR plus einem Aufschlag. Die Verknüpfung an zB den EURIBOR führt zwar zu einer stetigen Anpassung des Zinssatzes an die Marktverhältnisse, garantiert jedoch keine Sicherheit, wenn der Aufschlag zu hoch angesetzt ist.

[80] BFH Urt. v. 22.2.2005 – VIII R 24/03, BFH/NV 2005, 1266; BFH Urt. v. 18.12.1996 – I R 139/94, BStBl. II 1997 S. 301.

[81] Vgl. *Lang* in Ernst & Young KStG § 8 Rn. 504 ff., 509, 511.

VI. Beziehungen zu ausländischen verbundenen Unternehmen

Unterhält das Zielunternehmen Geschäftsbeziehungen zu ausländischen verbundenen Unternehmen, sollte je nach Umfang der im Ausland getätigten Unternehmungen, erwogen werden, lokale Experten bzw. ausländische Beraterteams hinzuzuziehen. Diese können zu den spezifischen Anforderungen der lokalen Steuerregelungen detailliertere Untersuchungen anstellen. 46

Ferner sollten die grenzüberschreitenden (Leistungs-) Beziehungen der Gesellschaften untereinander genauer beleuchtet werden. Zur Ermittlung der diesbezüglich ggf. bestehenden steuerlichen Risiken muss ua die Verrechnungspreispolitik des Konzernverbunds untersucht werden. Unter dem steuerlichen Begriff der „Verrechnungspreise" werden die zwischen verschiedenen Bereichen eines Unternehmens bzw. die zwischen verschiedenen rechtlichen Einheiten eines Konzerns gezahlten Entgelte für innerbetrieblich ausgetauschte Güter und Dienstleistungen verstanden. Während der einzelne Betrieb rechtlich und der Konzern als gesellschaftsrechtlicher Unternehmensverbund zumindest wirtschaftlich als eine Einheit behandelt werden, sind beide Unternehmungen aus steuerlicher Sicht getrennt zu behandeln. Der für steuerliche Zwecke anerkannte Maßstab einer sachgerechten Erfolgsabgrenzung betrieblicher Innentransaktionen bildet der Fremdvergleichsgrundsatz (sog. „Dealing at Arm's Length Principle"), wonach die Verrechnungspreise bei innerbetrieblichen Leistungs- und Austauschbeziehungen so auszugestalten sind, wie sie zwischen unabhängigen Dritten vereinbart würden. Im Rahmen der Tax Due Diligence liegt der Schwerpunkt der Prüfung in der Identifizierung und Quantifizierung steuerlicher Risiken, die sich aufgrund einer unzureichenden Verrechnungspreisgestaltung und –dokumentation ergeben können. 47

Der Ermittlung der Verrechnungspreise liegen verschiedenste, international weitestgehend anerkannte[82] Methoden zu Grunde. Die Organisation für wirtschaftliche Zusammenarbeit und Entwicklung (OECD) hat hierzu in der OECD-RL 2010[83] die aus ihrer Sicht zulässigen Verrechnungspreismethoden aufgeführt. Diese werden grundsätzlich in zwei Kategorien unterschieden. Zunächst gibt es die traditionellen, geschäftsvorfallbezogenen Methoden, dies sind namentlich die Preisvergleichsmethode, die Wiederverkaufsmethode und die Kostenaufschlagsmethode. Ergänzt werden diese Standartmethoden durch geschäftsvorfallbezogene Gewinnmethoden (transaktionsbezogene Nettomargenmethode und transaktionsbezogene Gewinnaufteilungsmethode).[84] 48

Gesetzliche Vorschriften zur verpflichtenden Dokumentation von Verrechnungspreisen bestehen seit dem Jahr 2003 durch die Einfügung des § 90 Abs. 3 AO, welcher zuletzt mit Wirkung ab dem 24.12.2016 inhaltlich erweitert wurde. Mit § 90 Abs. 3 AO werden weitreichende, spezielle Aufzeichnungs- und Dokumentationspflichten für Verrechnungspreise, über die §§ 140 ff. AO sowie §§ 238 ff. HGB hinaus festgelegt. Demnach treffen den Steuerpflichtigen erweiterte Mitwirkungspflichten bei der Aufklärung von Auslandssachverhalten, welche sich dadurch manifestieren, dass der Steuerpflichtige Beweismittel beschaffen, selbst erstellen und vorlegen muss. Dies bedeutet dass spezielle Bücher geführt und Aufzeichnungen bzw. Dokumente erstellet werden müssen.[85] 49

Als mögliches Berichtigungsinstrument einer unangemessenen Verrechnungspreispolitik kommt neben der verdeckten Gewinnausschüttung gem. § 8 Abs. 3 S. 2 KStG und der 50

---

[82] Teilweise können nationale (Anwendungs-) Vorschriften zu den einzelnen Verrechnungspreismethoden bestehen.

[83] OECD Transfer Pricing Guidelines for Multinational Enterprises and Tax Administrations, vom 22.7.2010.

[84] Vgl. *Vögele/Raab* in Vögele/Borstell/Engler, Verrechnungspreise, Kapitel D, Rn. 10 mit weiteren Ausführungen.

[85] Nähere Ausführungen zu den Mitwirkungspflichten nach § 90 Abs. 3 ua bei *Wünsch* in Koenig AO § 90 Rn. 24 ff.; *Kobor* in Pfirrmann/Rosenke/Wagner, BeckOK AO, 2. Edition, Stand 1.7.2017, § 90 Rn. 35 ff.

korrespondierenden verdeckten Einlage gem. § 8 Abs. 3 S. 3 KStG[86], sowie der Entnahme gem. § 4 Abs. 1 S. 2–4 EStG in internationalen Sachverhalten insbesondere die Einkünfteberichtigung nach § 1 AStG in Betracht.[87] Nach dieser Norm kann es bei Geschäftsbeziehungen[88] zum Ausland[89] mit einer nahe stehenden Person[90] zu einer steuerlichen Einkünftekorrektur kommen, sofern diese nicht dem Fremdvergleichsgrundsatz[91] entsprechen. Halten die Geschäftsbeziehungen zu der nahe stehenden Person im Ausland dem Fremdvergleichsgrundsatz nicht stand und kommt es dadurch zu einer Minderung des im Inland steuerpflichtigen Gewinns, ordnet § 1 AStG eine Erhöhung der Einkünfte an.[92] Insofern gilt es, sich im Rahmen der Tax Due Diligence mit der organisatorischen Konzernstruktur des zu untersuchenden Unternehmens vertraut zu machen. Insbesondere ist ein Verständnis darüber zu gewinnen, zwischen welchen Einheiten innerhalb eines Unternehmens interne Leistungs- und Austauschbeziehungen stattfanden und noch immer aufrechterhalten werden und unter welchen Bedingungen diese Transaktionen vollzogen werden.

51 Sofern der Steuerpflichtige seinen Mitwirkungspflichten nach § 90 Abs. 3 AO nicht oder nicht ausreichend nachkommt, können die Finanzbehörden nach § 162 Abs. 3 und Abs. 4 AO im Wege der Schätzung Bescheide erlassen oder Zuschläge (bis zu 1 Mio. EUR) festsetzen. Insofern ist bei der Prüfung der Verrechnungspreispolitik des Zielunternehmens im Hinblick auf die Anforderungen an die Aufzeichnungs- und Dokumentationspflichten zu prüfen, ob und in welcher Qualität das Zielunternehmen seinen Verpflichtungen nachgekommen ist.

VII. Steuerliche Verlustvorträge

52 Steuerliche Verlustvorträge und laufende Verluste der Zielgesellschaft können bei einem Wechsel des Anteilseigners nach § 8c KStG untergehen. Eingeführt wurde diese Regelung bzw. deren Vorgänger unter anderem als Missbrauchsvorschrift gegen sogenannte Mantelkäufe, bei denen Gesellschaften mit hohen Verlustvorträgen gezielt erworben wurden, um diese mit laufenden Gewinnen verrechnen zu können.[93] Daher ist die Nutzung von Verlustvorträgen nach einem Erwerb auf Ebene der Zielgesellschaft nur begrenzt bzw. bedingt möglich. Zugleich sind die Regelungen zu den steuerlichen Verlustvorträgen teilweise verfassungs- und europarechtlich höchst umstritten oder verstoßen partiell gar gegen höherrangiges Recht. Nichtsdestotrotz müssen die Auswirkungen der aktuellen Regelungen zu den steuerlichen Verlustvorträgen im Rahmen einer Tax Due Diligence Prüfung näher beleuchtet werden.

53 Ein Untergang der steuerlichen Verlustvorträge auf Ebene der Zielgesellschaft nach § 8c KStG setzt voraus, dass ein Erwerber oder eine dem Erwerber nahe stehende Person[94]

---

86 Siehe zur verdeckten Einlage auch KStR R 8.9.

87 Vgl. zum Verhältnis des § 1 AStG zu anderen (Gewinnkorrektur-)Vorschriften *Wassermeyer* in Flick/Wassermeyer/Baumhoff/Schönfeld AStG § 1 Rn. 66 ff.

88 Vgl. hierzu die Legaldefinition in § 1 Abs. 4 AStG sowie bei *Wassermeyer* in Flick/Wassermeyer/Baumhoff/Schönfeld AStG § 1 Rn. 2727.

89 Vgl. hierzu die Definition bei *Wassermeyer* in Flick/Wassermeyer/Baumhoff/Schönfeld AStG § 1 Rn. 126 ff.

90 ISd Definition in § 1 Abs. 2 AStG; vgl. hierzu *Wassermeyer* in Flick/Wassermeyer/Baumhoff/Schönfeld AStG § 1 Rn. 145 f.

91 Ua weitere Ausführungen bei *Wassermeyer* in Flick/Wassermeyer/Baumhoff/Schönfeld AStG § 1 Rn. 155 ff.

92 *Wassermeyer* in Flick/Wassermeyer/Baumhoff/Schönfeld AStG § 1 Rn. 401 f.

93 *Roser* in Gosch, Körperschaftsteuergesetz KStG § 8c Rn. 2; *Brandis* in Blümich KStG § 8c Rn. 22; *Pupeter* in Holzapfel/Pöllath, Unternehmenskauf in Recht und Praxis, Rn. 450.

94 Einem Erwerber iSd § 8c KStG steht ein Erwerberkreis gleich. Es werden sämtliche Personen mit gleichgerichteten Interessen erfasst. Als solche können regelmäßig die Gesellschafter einer Gesellschaft gesehen werden, da diese das Gesellschaftsinteresse verbindet. Vgl. BMF Schreiben v. 4.7.2008, BStBl. I 2008 S. 736 Rn. 3.

innerhalb eines Zeitraums von 5 Jahren[95] unmittelbar oder mittelbar[96] mehr als 50% der Anteile an der Zielgesellschaft erwirbt.[97] Sind diese Vorraussetzungen erfüllt, liegt ein sog. „schädlicher Beteiligungserwerb" gem. § 8c Abs. 1 S. 1 KStG vor. Bei einem Erwerb von mehr als 50% gehen die steuerlichen Verlustvorträge auf Ebene der Zielgesellschaft vollständig unter. Hierbei ist unerheblich, ob der schädliche Beteiligungserwerb in einem Akt oder in mehreren Vorgängen während der Sperrfrist realisiert wird.[98] Ein schädlicher Beteiligungserwerb iSd § 8c KStG umfasst sowohl die köperschafsteuer- als auch gewerbesteuerlichen Verlustvorträge[99] der Vorjahre, sowie den laufenden Verlust des aktuellen Wirtschaftsjahres. Ferner sind die Verluste nach §§ 2a, 10d, 15a und 15 Abs. 4 EStG von dieser Regelung erfasst.[100] Gemäß § 8a Abs. 1 S. 3 iVm § 8c KStG geht im Fall eines schädlichen Beteiligungserwerbs ein Zinsvortrag völlig unter.[101] Ein EBITDA-Vortrag hingegen geht zwar nicht unter, kann jedoch lediglich 5 Jahre vorgetragen werden.[102]

Von der Regelung des § 8c KStG gibt es grundsätzlich vier gesetzliche Ausnahmen. Dies sind namentlich die „Stille Reservenklausel", die „Konzernklausel", die „Sanierungsklausel" und der „Fortführungsgebundene Verlustvortrag" nach § 8d KStG. **54**

Die vermutlich häufigste Ausnahmeregelung zu § 8c KStG stellt die sog. „Stille Reservenklausel gem. § 8c Abs. 1 S. 6ff. KStG dar.[103] Sofern die von der Regelung des § 8c KStG betroffene Gesellschaft über im Inland steuerpflichtige stille Reserven verfügt, bleiben Verlustvorträge in Höhe dieser stillen Reserven erhalten. Die Höhe der stillen Reserven ergibt sich gem. § 8c Abs. 1 S. 7 KStG aus dem Unterschiedsbetrag zwischen dem Kaufpreis der Gesellschaft, welcher den gemeinen Wert darstellen sollte, und dem Wert des Eigenkapitals. Sollte der Wert des Eigenkapitals negativ sein, sind die stillen Reserven nach § 8c Abs. 1 S. 8 KStG aus dem Betriebsvermögen zu ermitteln. Bei dieser Berechnung werden jedoch lediglich in Deutschland steuerpflichtige stille Reserven der Gesellschaft im Inland berücksichtigt. Dh sämtliche stille Reserven in zB ausländischen Tochtergesellschaften bleiben unberücksichtigt. **55**

Eine weitere Ausnahmeregelung im Rahmen eines Unternehmenskaufs zu § 8c KStG ist die Konzernklausel nach § 8c Abs. 1 S. 5 KStG. Steuerliche Verlustvorträge gehen demnach auch nicht unter, wenn der übertragende und der übernehmende Rechtsträger zu 100% mittelbar oder unmittelbar derselbe ist.[104] Die Konzernklausel findet eher bei Umoder Restrukturierungen im Vorfeld oder nach Abschluss eines Unternehmenskaufs Anwendung. Daher ist bei post-closing Strukturierungsmaßnahmen stets die 5-Jahres Sperrfrist zu beachten. Im Rahmen der Tax Due Diligence ist stets auf vergangene Strukturierungsmaßnahmen und deren Auswirkung auf mögliche Verlustvorträge zu achten.[105] **56**

Ferner besteht mit der Sanierungsklausel nach § 8c Abs. 1a KStG – eine weitere Ausnahme zu der Verlustabzugsbeschränkung. Demnach könnten Verlustvorträge fortgeführt **57**

---

[95] Der Zeitpunkt des Beteiligungserwerbs richtet sich nach dem Übergang des wirtschaftlichen Eigentums, vgl. BMF Schreiben v. 4.7.2008, BStBl. I 2008 S. 736 Rn. 13ff.

[96] Bei einem mittelbaren Erwerb iSd § 8c KStG wird auf ein schädlichen Beteiligungserwerb aus Sicht einer Tochtergesellschaft abgestellt. Somit erfasst § 8c KStG auch ein Erwerb „durch die Kette"; Vgl. *Brandis* in Blümich KStG § 8c Rn. 45.

[97] Einem Erwerb iSd § 8c KStG steht eine Beteiligung eines neuen Gesellschafters im Rahmen einer Kapitalerhöhung gleich; vgl. BMF Schreiben v. 4.7.2008, BStBl. I 2008 S. 736 Rn. 9f.

[98] *Dötsch/Leibner* in Dötsch/Pung/Möhlenbrock, Die Körperschaftsteuer, § 8c KStG; Vgl. → Rn. 44.

[99] Gewerbesteuerliche Verlustvorträge sind gem. § 10a S. 10 GewStG erfasst.

[100] *Dötsch/Leibner* in Dötsch/Pung/Möhlenbrock, Die Körperschaftsteuer, § 8c KStG; Vgl. → Rn. 39.

[101] FM Schleswig-Holstein Kurzmitteilung v. 27.1.2012, DStR 2012, 1555.

[102] Vgl. *Loschelder* in Schmidt EStG § 4h Rn. 32; *Pupeter* in Holzapfel/Pöllath, Unternehmenskauf in Recht und Praxis, Rn. 470.

[103] Weitere Ausführungen zu der Stillen Reserven Klausel ua bei *Roser* in Gosch, Körperschaftsteuergesetz, KStG § 8c Rn. 138ff.

[104] Weitere Ausführungen zu der Konzernklausel ua bei *Brandis* in Blümich KStG § 8c Rn. 43ff., 47b.

[105] Sofern solche Fällen in der Vergangenheit aufgetreten sein sollten muss zwingend deren steuerliche Behandlung überprüft werden, da dies möglicherweise bei kommenden Betriebsprüfungen aufgegriffen werden könnte.

werden, sofern der Nachweis erbracht wird, dass der Beteiligungserwerb als Gesamtpaket gegen eine Überschuldung oder Zahlungsunfähigkeit vorgenommen wurde.

58 Mit dem Gesetz zur Weiterentwicklung der steuerlichen Verlustverrechnung bei Körperschaften vom 20.12.2016[106] wurde die jüngste Ausnahme zu § 8c KStG – der fortführungsgebundene Verlustvortrag nach § 8d KStG – eingeführt. Diese Regelung ist rückwirkend auf schädliche Beteiligungserwerbe iSd § 8c KStG ab dem 31.12.2015 anwendbar und soll Fälle erfassen, in denen der Geschäftsbetrieb der Gesellschaft unverändert fortgeführt wird und weder die stille Reserven- noch die Konzernklausel Wirkung entfalten können.[107] Ein fortführungsgebundener Verlustvortrag iS. d. § 8d KStG kann auf Antrag[108] im Rahmen der Steuererklärung erfolgen, sofern innerhalb eines Beobachtungszeitraums ausschließlich derselbe Geschäftsbetrieb unterhalten wird und kein schädliches Ereignis nach § 8d Abs. 2 KStG eintritt. Dieser Beobachtungszeitraum umfasst den Veranlagungszeitraum, in dem der schädliche Beteiligungserwerb eintritt, sowie die drei diesem voran gegangenen Veranlagungszeiträume.[109] Sofern diese Voraussetzungen erfüllt sind, wird ein Verlustvortrag[110] gem. § 8d Abs. 2 KStG zu einem fortführungsgebundenen Verlustvortrag, welcher gesondert festgestellt und ausgewiesen werden muss (§ 8d Abs. 1 S. 7 KStG). Ein Verlustvortrag nach § 8d KStG wird daraufhin nach § 8d Abs. 1 S. 8 KStG vorrangig, vor „normalen" Verlustvorträgen verrechnet. Sollte jedoch während des Bestehens von einem fortführungsgebundenem Verlustvortrag ein schädliches Ereignis iSd § 8d Abs. 2 KStG eintreten, fällt dieser Verlustvortrag bezogen auf den Schluss des vorrangehenden Veranlagungszeitraum gem. § 8d Abs. 2 S. 1 Hs. 2 KStG weg, soweit ihm keine stillen Reserven gegenüber stehen. Somit besteht auch im Rahmen eines Verlustvortrages nach § 8d KStG die Möglichkeit die Stille Reservenklausel anzuwenden.

59 Die Regelung des § 8d KStG erfuhr bereits vor ihrer Einführung rege Kritik[111], da der Begriff des Geschäftsbetriebs nicht hinreichend konkretisiert ist und somit ein neuer, streitbarer Rechtsbegriff Einzug in die – ohnehin schon umstrittenen – steuerlichen Regelungen zur Verlustverrechnung gefunden hat.[112]

VIII. Umsatzsteuer

60 Ein weiteres materielles Prüfungsfeld im Rahmen einer Tax Due Diligence stellt die Umsatzsteuer des Zielunternehmens dar. Diese steht zumeist nicht im Mittelpunkt der Untersuchungen, sollte jedoch zumindest durch einzelne Stichproben und Verprobungen plausibilisiert werden, da Fehler in der Behandlung der Umsatzsteuer regelmäßig zu betragsmäßig hohen steuerlichen Auswirkungen führen können. So sollten unbedingt systematische Fehler der Umsatzsteuer im Rahmen der Due Diligence identifiziert werden.

61 Der Umsatzsteuer unterliegen gemäß § 1 Abs. 1 Nr. 1 Umsatzsteuergesetz (UStG) Lieferungen und sonstige Leistungen, die ein Unternehmer im Inland gegen Entgelt im Rahmen seines Unternehmens ausführt. Die Umsatzbesteuerung findet grundsätzlich auf jeder Wirtschaftsstufe statt, wobei die Ausgangsbasis für die Berechnung der Umsatzsteuer jeweils der Wert der von den Unternehmen erbrachten Leistungen darstellt. Damit es jedoch nicht zu

---

[106] BStBl. I 2016 S. 2998 ff.

[107] Zur Anwendung s. § 34 Abs. 4a S. 1 KStG; BT-Drs. 18/9986, 12.

[108] Vgl. § 8d Abs. 1 S. 1 iVm S. 5 KStG.

[109] Im Falle einer jungen Gesellschaft wird der dreijährige Beobachtungszeitraum bis zu deren Gründung gekürzt.

[110] § 8d KStG betrifft sowohl körperschaftsteuerliche als auch die gewerbesteuerliche Verlustvorträge.

[111] Siehe hierzu etwa ua: Stellungnahme des Institut der Wirtschaftsprüfer in Deutschland eV (IDW) v. 17.10.2016 „Eingabe zum Regierungsentwurf eines Gesetzes zur Weiterentwicklung der steuerlichen Verlustverrechnung bei Körperschaften (BR-Drs. 544/16); Stellungnahme der Bundessteuerberaterkammer v. 17.11.2016 „Entwurf eines Gesetzes zur Weiterentwicklung der steuerlichen Verlustverrechnung bei Körperschaften (BT-Drs. 18/9986).

[112] Siehe hierzu etwa ua: Arbeitskreis Steuern und Revision im Bund der Wirtschaftsakademiker (BWA) eV DStR 2017, 2457; *Kußmaul/Palm/Licht* GmbHR 2017, 1009; *Förster/von Cölln* DStR 2017, 8; *Dörr/Reisich/Plum* NWB 2017, 496.

einer Kumulation der Umsatzsteuer kommt, kann die für erhaltene Vorleistungen entrichtete Vorsteuer innerhalb des unternehmerischen Bereichs in Abzug gebracht werden.[113] Insofern ist Gegenstand der Umsatzsteuer lediglich die jeweilige Wertschöpfung der betreffenden Wirtschaftsstufe (sog. System einer „Allphasen-Nettoumsatzsteuer mit Vorsteuerabzug"). Im Rahmen der Tax Due Diligence ist zu empfehlen, neben der Ermittlung der umsatzsteuerlichen Risiken aus der laufenden Geschäftstätigkeit des Zielunternehmens auch die umsatzsteuerlichen Konsequenzen der Geschäftsveräußerung selbst zu untersuchen.

Gemäß § 1 Abs. 1a UStG unterliegen die Umsätze im Rahmen einer Geschäftsver- **62**
äußerung an einen anderen Unternehmer für dessen Unternehmen nicht der Umsatzsteuer. Eine Geschäftsveräußerung iSd Norm liegt dann vor, wenn ein Unternehmen oder ein in der Gliederung eines Unternehmens gesondert geführter Betrieb im Ganzen entgeltlich oder unentgeltlich übereignet oder in eine Gesellschaft eingebracht wird. Für eine „Übertragung im Ganzen" reicht es bereits aus, wenn zwar einzelne wesentliche Betriebsgrundlagen[114] nicht übereignet, aber dem Übernehmer langfristig überlassen werden, so dass die dauerhafte Fortführung des Unternehmens bzw. des gesondert geführten Betriebs gewährleistet ist.[115] Die übertragenen Vermögensgegenstände müssen jedenfalls ein hinreichendes Ganzes darstellen, mit dem der Erwerber die bisherige unternehmerische Tätigkeit ausüben kann und dies auch tatsächlich tut.[116] Ein „gesondert geführter Betrieb" liegt nach deutschem Recht iSd § 75 AO dann vor, wenn er im Zeitpunkt der Übereignung wirtschaftlich selbstständig ist, der Betrieb also einen für sich lebensfähigen Organismus bildet, der unabhängig von den anderen Geschäften des Unternehmens nach Art eines selbstständigen Unternehmens betrieben wird und nach außen hin ein selbstständiges, in sich geschlossenes Wirtschaftsgebilde darstellt.[117] Dieser Begriff muss jedoch richtlinienkonform iSd Art. 19, 29 MwStSystRL ausgelegt werden, da die dort verwendete Begriffsbestimmung[118] nicht deckungsgleich mit dem Begriff nach § 1 Abs. 1a UStG ist.[119] Sofern die Voraussetzungen einer unentgeltlichen Geschäftsveräußerung vorliegen, tritt gemäß § 1 Abs. 1a S. 3 UStG der Erwerber an die Stelle des Veräußerers, dh, der Erwerber tritt in das (Umsatz-)Steuerschuldverhältnis des Veräußerers mit dem Steuergläubiger ein.[120] Diese Einzelrechtsnachfolge bewirkt, dass Entscheidungen des Veräußerers im Rahmen gesetzlicher Wahlrechte[121] für den Erwerber fortgelten, können jedoch vom Übernehmer für dessen Umsätze im Rahmen der gesetzlichen Wahlrechte neu ausgeübt werden.[122] Darüber hinaus tritt der Erwerber auch im Hinblick auf die Voraussetzungen für die Berichtigung des Vorsteuerabzugs nach § 15a UStG in die Rechtsposition des Veräußerers ein, so dass der für das Wirtschaftsgut maßgebliche Berichtigungszeitraum nicht unterbrochen wird. Daher ist im Rahmen der Tax Due Diligence zu untersuchen, ob die Voraussetzungen für eine Geschäftsveräußerung im Ganzen tatsächlich vorliegen.

---

113 Vgl. allg. zur Bedeutung und Wirkungsweise des Vorsteuerabzugs *Widmann* in Schwarz/Widmann/Radeisen, Kommentar zum Umsatzsteuergesetz, § 15 Rn. 1 ff.

114 Vgl. hierzu näher *Radeisen* in Schwarz/Widmann/Radeisen, Kommentar Umsatzsteuergesetz, § 1 Rn. 411 ff., 416.

115 BFH Urt. v. 28.11.2002 – V R 3/01, BStBl. II 2004 S. 665; UStAE zu § 1 UStG, Nr. 1.5 Abs. 1; EuGH Urt. v. 10.11.2011 – C-444/10.

116 UStAE zu § 1 UStG Nr. 1.5 Abs. 1 S. 2.

117 Vgl. *Schwarz* in Schwarz/Pahlke AO/FGO AO § 75 Rn. 7.

118 Art. 19 Abs. 1 MwStSystRL spricht von einer „[…] Übertragung eines Gesamt- oder Teilvermögens, die entgeltlich oder unentgeltlich oder durch Einbringung in eine Gesellschaft erfolgt […]".

119 BFH Urt. v. 25.11.2015 – V R 66/14 Rn. 11; weitere europarechtliche Begriffsbestimmungen bzw. Interpretationsansätze findet sich ua im EuGH Urt. v. 30.5.2013 – C-651/11 – X BV; weitere Ausführungen zur Auslegung der Begriffe bei: *Nieskens* in Rau/Dürrwächter, Umsatzsteuergesetz, § 1 Rn. 1220 ff.

120 Insofern hat auch die Nichtsteuerbarkeit der Geschäftsveräußerung ihren „Preis", vgl. *Reiß,* Umsatzsteuer und Grunderwerbsteuer beim Unternehmens(ver)kauf, in Schaumburg, Unternehmenskauf im Steuerrecht, S. 241, 244.

121 ZB Optionen nach § 9 UStG, das Wahlrecht nach § 19 Abs. 4 UStG oder die Erklärung nach § 24 Abs. 2 UStG.

122 *Robisch* in Bunjes/Geist UStG § 1 Rn. 140; *Radeisen* in Schwarz/Widmann/Radeisen, Kommentar Umsatzsteuergesetz, § 1 Rn. 462.

63 Als eine der größten Schwierigkeiten betreffend die Ermittlung umsatzsteuerlicher Risiken des Zielunternehmens im Rahmen der Tax Due Diligence wird die Beschaffung der hierfür erforderlichen Informationen gesehen.[123] Insofern erscheint es angebracht, sich zumindest für den Regelfall auf eine reine Plausibilitätsprüfung zu beschränken und nur diejenigen Problembereiche einer eingehenden Untersuchung zu unterziehen, die typischerweise bzw. aufgrund der Geschäftstätigkeit der einzelnen Branche ein erhöhtes Risikopotenzial in sich tragen.

64 So sollten zum einen insbesondere diejenigen Umsätze einer tiefer gehenden Untersuchung unterzogen werden, die beim Zielunternehmen eine nicht unerhebliche Größenordnung erreicht haben und dort als steuerfrei behandelt wurden. In diesem Sinne ist zu empfehlen, Verträge im Zusammenhang mit dem Erwerb, der Veräußerung oder Vermietung von Immobilien intensiv zu untersuchen, da diese oftmals nicht nur einen bedeutenden Teil des Unternehmenswerts ausmachen dürften, sondern sie ferner auch verschiedenen umsatzsteuerrechtlichen Besonderheiten unterliegen.[124] Darüber hinaus kann sich ein umfangreicher Prüfungsbedarf bei grenzüberschreitenden[125] Lieferungen und Leistungen ergeben, da die für solche Geschäftstätigkeiten angeordnete Umsatzsteuerfreiheit an die Erfüllung umfangreicher Nachweispflichten geknüpft ist.[126]

65 Zum anderen erscheint eine detaillierte Untersuchung geboten, wenn das Zielunternehmen in der Vergangenheit hohe Vorsteuerbeträge bei dem Erwerb bestimmter Wirtschaftsgüter geltend gemacht hat und es im Anschluss zu einer Nutzungsänderung gekommen ist. Für diese Fälle bestimmt § 15a UStG, dass für jedes Kalenderjahr ab der Änderung[127] des Wirtschaftsguts[128] eine Berichtigung des Abzugs der auf die Anschaffungs- oder Herstellungskosten entfallenen Vorsteuerbeträge vorzunehmen ist. Dabei beträgt der Berichtigungszeitraum bei einem Wirtschaftsgut, das nicht nur einmalig zur Ausführung von Umsätzen verwendet wird, fünf Jahre und für Grundstücke zehn Jahre, wobei bei einer Geschäftsveräußerung der maßgebliche Berichtigungszeitraum der Vorsteuerkorrektur gem. § 15a Abs. 10 UStG nicht unterbrochen wird. In Verbindung mit der nach § 1 Abs. 1a S. 3 UStG angeordneten Fiktion der Unternehmeridentität muss sich somit der Erwerber des Zielunternehmens die für den Vorsteuerabzug maßgebenden Verhältnisse des Veräußerers zurechnen lassen. In der Konsequenz muss der Erwerber damit rechnen, eine zu seinen Lasten gehende Vorsteuerkorrektur aufgrund einer vorsteuerabzugsschädlichen Verwendung des Wirtschaftsgutes beim Veräußerer vornehmen zu müssen, sofern letzterer einen Vorsteuerabzug geltend gemacht hat.

IX. Grunderwerbsteuer

66 Nach dem Grunderwerbsteuergesetz (GrEStG) unterliegen bestimmte, dort aufgezählte Erwerbsvorgänge der Grunderwerbsteuer, sofern sie sich auf im Inland belegene Grundstücke beziehen. Die Überprüfung grunderwerbsteuerlich relevanter Rechtsvorgänge des Zielunternehmens ist im Rahmen der Tax Due Diligence insbesondere hinsichtlich folgender zwei Aspekte von großer Bedeutung: Zum einen werden im Vorfeld einer geplanten Unternehmensveräußerung oftmals konzerninterne Umstrukturierungen vorgenommen, bei denen sich ein erhöhtes Risiko betreffend grunderwerbsteuerlicher Folgen ergeben

[123] *Alzuhn/Wipfler* in Kneip/Jänisch, Tax Due Diligence, B. VI., Rn. 326 (S. 368).

[124] Vgl. näher hierzu *Alzuhn/Wipfler* in Kneip/Jänisch, Tax Due Diligence, B. VI., Rn. 369 ff. (S. 374 f.).

[125] Das sind gem. § 6 UStG iVm § 4 Nr. 1 Buchst. a UStG Lieferungen von Gegenständen in die Gebiete außerhalb der Europäischen Union (sog. Ausfuhrlieferungen) sowie gem. § 6a iVm § 4 Nr. 1 Buchst. b UStG Lieferungen innerhalb der Europäischen Union (sog. innergemeinschaftliche Lieferungen).

[126] *Alzuhn/Wipfler* in Kneip/Jänisch, Tax Due Diligence, B. VI., Rn. 340 ff. (S. 369 ff.).

[127] Vgl. BFH Urt. v. 27.6.1991 – V R 106/86, BStBl. II 1991 S. 860; BFH Urt. v. 23.10.2014 – V R 11/12, DStR 2015, 67.

[128] Der Begriff des „Wirtschaftsguts" wird nur in § 15a UStG, nicht aber in Art. 189 MwStSystRL verwendet. Dort wird von einem „Investitionsgut" gesprochen. Art. 189 MwStSystRL stellt eine Kann-Vorschrift dar, mit der der nationale Gesetzgeber den Begriff des „Investitionsguts" selbst genauer bestimmen kann. Diese Regelung betrifft lediglich Wirtschaftsgüter des Anlagevermögens; Vgl. *Heidner* in Bunjes, Umsatzsteuergesetz, UStG § 15a Rn. 7.

kann, sofern dabei inländische Grundstücke auf einen anderen Rechtsträger übergehen. Von besonderer Bedeutung ist hierbei die Regelung des § 6a GrEStG, wonach bei Konzernsachverhalten unter Umständen keine Grunderwerbsteuer durch einen Rechtsträgerwechsel am Grundstück durch Verschmelzung, Spaltungen und Vermögensübertragung iSd § 1 Abs. 1 Nr. 1–3 UmwStG oder durch entsprechende Umwandlungen nach dem Recht eines EU oder EWR-Staates ausgelöst wird.[129] Dabei wird die Begünstigung nur gewährt, wenn an dem Umwandlungsvorgang ausschließlich ein herrschendes Unternehmen und ein oder mehrere davon abhängige Gesellschaften beteiligt sind. Von einer Abhängigkeit wird dann ausgegangen, wenn das herrschende Unternehmen am Kapital der Gesellschaft innerhalb von fünf Jahren vor und nach dem Rechtsvorgang (teilweise) unmittelbar oder mittelbar zu mindestens 95 % beteiligt ist. Zum anderen führt die nachträgliche Aufdeckung von in der Vergangenheit durchgeführten grunderwerbsteuerlichen Vorgängen des Zielunternehmens zu keinen Umkehreffekten in den Folgejahren, so dass die Grunderwerbsteuer zu einer definitiven Steuerbelastung beim Erwerber führt.

Im Hinblick auf die bei der Tax Due Diligence zu untersuchenden grunderwerbsteuerlichen Problembereiche sollte aufgrund der im GrEStG angelegten Unterscheidung zwischen der Übertragung von Grundstücken einerseits sowie der Übertragung von Gesellschaftsanteilen anderseits differenziert vorgegangen werden. Gehen bei dem Erwerb einzelner Vermögensgegenstände im Rahmen einer Unternehmensübernahme im Inland belegene Grundstücke[130] auf den Erwerber über, unterliegt dieser Vorgang grundsätzlich[131] der Grunderwerbsteuer, vgl. § 1 Abs. 1 GrEStG. Auch wenn den Ausgangspunkt für die erwerbsteuerlichen Rechtsvorgänge nach § 1 Abs. 1 GrEStG der zivilrechtliche Eigentumsübergang des Grundstücks darstellt, bestimmt das GrEStG bereits das – zeitlich vorher oder gleichzeitig abgeschlossene – Verpflichtungsgeschäft als primäre Besteuerungsgrundlage.[132] **67**

Die Bemessungsgrundlage bemisst sich bei einem Grundstückserwerb grundsätzlich nach dem Wert der Gegenleistung, § 8 Abs. 1 GrEStG, wobei diese bei einem Kauf der vom Erwerber gezahlte Kaufpreis darstellt, vgl. § 9 Abs. 1 Nr. 1 GrEStG. Bei einem Unternehmenskauf im Wege des Asset Deals bedarf es regelmäßig einer Aufteilung der Gesamtgegenleistung, da neben dem Grundstück auch andere Vermögensgegenstände des Zielunternehmens mit erworben werden. Erfolgt der Kauf eines Unternehmens durch den Erwerb seiner Anteile so besteht die Gefahr, dass ein grunderwerbsteuerpflichtiger Vorgang entweder durch den Wechsel des Gesellschafterbestands einer Personengesellschaft gemäß § 1 Abs. 2a GrEStG oder durch die Vereinigung von Anteilen einer Gesellschaft in einer Hand gem. § 1 Abs. 3 GrEStG ausgelöst wird.[133] **68**

§ 1 Abs. 2a GrEStG bestimmt, dass sofern zum Vermögen einer Personengesellschaft ein inländisches Grundstück gehört und sich innerhalb von fünf Jahren unmittelbar oder mittelbar der Gesellschafterbestand in der Weise ändert, dass mindestens 95 % der Anteile am Gesellschaftsvermögen auf neue Gesellschafter übergehen, dieser Vorgang der Grunderwerbsteuer unterliegt. Von der Regelung nicht erfasst sind somit Änderungen der Beteiligungen am Gesellschaftsvermögen der Altgesellschafter[134] im Verhältnis untereinander. Eine Änderung des Gesellschafterbestands iSd § 1 Abs. 2a GrEStG liegt jedoch vor, wenn neue Gesellschafter mindestens 95 % der bereits bestehenden Anteile an der Personengesellschaft bzw. neue Anteile im Rahmen einer Kapitalerhöhung erwerben und dadurch im Verhältnis zu den Altgesellschaftern zu mindestens 95 % an der Gesellschaft beteiligt sind. **69**

[129] Vgl. ausführlich hierzu ua *Viskorf* in Boruttau GrEStG § 6a Rn. 1 ff.; *Greve* in Haritz/Menner, Umwandlungssteuergesetz, UmwStG § 9 Rn. 80.
[130] Zur Definition des „Grundstück" iSd GrEStG vgl. § 2 GrEStG.
[131] Zu den allgemeinen und besonderen Ausnahmetatbeständen vgl. §§ 3 und 4 GrEStG.
[132] *Fischer* in Boruttau, Grunderwerbsteuergesetz, § 1 Rn. 281 ff., 284.
[133] Vgl. hierzu *Englisch* in Tipke/Lang, Steuerrecht, § 18, A. Nr. 2.3, Rn. 27 ff., S. 1079 ff.
[134] Altgesellschafter idS sind die Gründungsgesellschafter, die Gesellschafter, die vor dem Beginn des Fünfjahreszeitraums des § 1 Abs. 2a GrEStG unmittelbar oder mittelbar an der Gesellschaft beteiligt waren, sowie die Gesellschafter, deren Beitritt schon einmal den Tatbestand des § 1 Abs. 2a GrEStG erfüllt hat, vgl. gleichlautender Ländererlass v. 18.2.2014, BStBl. I 2014 S. 561 Rn. 2.1.

70 Die Regelung zur Anteilsvereinigung gemäß § 1 Abs. 3 GrEStG erfasst im Gegensatz zu den Bestimmungen des § 1 Abs. 2a GrEStG neben einer Änderung des Gesellschafterbestands einer Personengesellschaft auch vergleichbare Änderungen bei einer Kapitalgesellschaft. Wie sich bereits aus dem Wortlaut des § 1 Abs. 3 GrEStG ergibt, ist diese Vorschrift gegenüber der Vorschrift des § 1 Abs. 2a GrEStG subsidiär,[135] so dass immer zuerst zu prüfen ist, ob eine Änderung des Gesellschafterbestands einer Personengesellschaft iSd § 1 Abs. 2a GrEStG gegeben ist, bevor eine Anteilsvereinigung iSd § 1 Abs. 3 GrEStG festgestellt werden kann. Eine Anteilsvereinigung bzw. Anteilsübertragung iSd § 1 Abs. 3 GrEStG liegt dann vor, wenn mindestens 95 % der Gesellschaftsanteile unmittelbar oder mittelbar[136] in der Hand einer Person vereinigt bzw. auf eine Person übertragen werden. Sofern bereits eine Anteilsvereinigung iHv mindestens 95 % in der Hand des Erwerbes bestanden hat, löst eine weitere Verstärkung der Beteiligung grundsätzlich keinen Besteuerungstatbestand nach § 1 Abs. 3 GrEStG mehr aus.[137]

71 Um sogenannte RETT-Blocker Strukturen[138] zu verhindern, wurde mit Wirkung auf Erwerbsvorgänge ab dem 6.6.2013, § 1 Abs. 3a GrEStG eingeführt.[139] Dieser ist zu den § 1 Abs. 2a und Abs. 3 ausdrücklich subsidiär. Mit den sog. RETT-Blocker Strukturen konnte bei einem Rechtsträgerwechsel durch die Zwischenschaltung eines fremden Dritten die Überschreitung der 95 % Beteiligungsquote verhindert werden. Nach der Regelung des § 1 Abs. 3a GrEStG wird die Beteiligung eines Rechtsträgers insgesamt betrachtet. Demnach wird vom Rechtsträger aus „durch die Kette" gerechnet, welche Beteiligungsquote dieser an der Zielgesellschaft insgesamt hält.[140]

72 Im Rahmen der Tax Due Diligence ist bei Unternehmen mit materiellem Grundbesitz insbesondere zu prüfen, ob durch Veränderungen im unmittelbaren oder mittelbaren Gesellschafterbestand unbeachtet Grunderwerbsteuer ausgelöst worden sein könnte. Umstrukturierungen[141] innerhalb eines Konzerns können insbesondere gem. § 1 Abs. 1 Nr. 3 GrEStG ebenfalls Grunderwerbsteuer auslösen.[142] Die Bemessungsgrundlage einer Grundstücksübertragung aufgrund einer Umwandlung war bisher gemäß § 8 Abs. 2 S. 1 Nr. 2 GrEStG nach § 138 Abs. 2 oder 3 BewG anhand einer sog. Bedarfsbewertung[143] zu ermitteln. Der Bedarfswert bebauter Grundstücke war nach den Vorschriften der §§ 146 ff. BewG in der Regel nach einem vereinfachten Ertragswertverfahren zu ermitteln, wohingegen sich der Wert bei unbebauten Grundstücken gem. § 145 BewG nach den jeweils maßgeblichen Bodenrichtwerten bestimmte. Durch den Beschluss des Bundesverfassungsgerichts v. 23.6.2015[144] wurde die Ermittlung der Bemessungsgrundlage[145] nach § 138 ff. BewG für verfassungswidrig erklärt.[146]

---

[135] Unstr., vgl. *Fischer* in Boruttau, Grunderwerbsteuergesetz, § 1 Rn. 936.

[136] Wobei nur solche mittelbaren Beteiligungen bei der Anwendung des § 1 Abs. 3 GrEStG zu berücksichtigen sind, die zu mindestens 95 % gehalten werden, vgl. Finanzministerium Baden-Württemberg: Schreiben v. 14.2.2000, DStR 2000, 430.

[137] Gleichlautender Ländererlass v. 2.12.1999, BStBl. I 1999 S. 991; BFH Urt. v. 20.10.1993 – II R 116/90, BStBl. II 1994 S. 121.

[138] „Real Estate Transfer Tax Blocker-Strukturen".

[139] Art. 26 Nr. 1 des Amtshilferichtlinie-Umsetzungsgesetzes vom 26.6.2013, BGBl. 2013 I S. 1809.

[140] Bsp. hierzu: Gleichlautender Erlass betr. Anwendung des § 1 Abs. 3a GrEStG, v. 9.10.2013, BStBl. I 2013 S. 1364

[141] Worunter Umwandlungen idS des Umwandlungssteuergesetzes unter Ausschluss des Formwechsels (§§ 190 ff. UmwG) zu verstehen sind. Dieser unterliegt mangels Rechtsträgerwechsels nicht der GrESt, vgl. *Fischer* in Boruttau, Grunderwerbsteuergesetz, § 1 Rn. 540 ff.

[142] § 1 Abs. 1 Nr. 1 GrEStG ist deshalb nicht anwendbar, weil der Verschmelzungsvertrag bzw. Spaltungsplan keinen „Anspruch auf Übereignung" begründet.

[143] Danach sind die Grundbesitzwerte nicht generell für jede wirtschaftliche Einheit, sondern nur dann gesondert festzustellen, wenn sie für die GrESt erforderlich sind, vgl. *Viskorf* in Boruttau, Grunderwerbsteuergesetz, § 8 Rn. 61.

[144] BVerfG Beschl. v. 23.6.2015 – 1 BvL 13/11, 1 BvL 14/11.

[145] Ersatzbemessungsgrundlage nach § 8 Abs. 2 GrEStG, da bei Umwandlungen nicht auf die Regelbemessungsgrundlage nach § 8 Abs. 1 iVm § 9 GrEStG abgestellt werden kann.

[146] Die Ersatzbemessungsgrundlage gem. § 138 ff. BewG galt zunächst auch für das Erbschaftsteuerrecht, was mit dem Beschluss des BVerfG v.7.11.2006 für verfassungswidrig erklärt wurde. Aufgrund dessen verstößt

Der Gesetzgeber war verpflichtet eine Neuregelung der §§ 8 Abs. 2, 17 Abs. 3a GrEStG rückwirkend zum 1.1.2009 zu treffen. Für Erwerbsvorgänge bis zum 31.12.2008 ist die Vorschrift weiterhin anwendbar. Nach der geänderten Regelung in § 8 Abs. 2 GrEStG wird nun für die Bemessungsgrundlage auf die Grundbesitzwerte iSd § 151 Abs. 1 S. 1 Nr. 1 iVm § 157 Abs. 1–3 BewG abgestellt. Die Bewertung nach §§ 157 ff. BewG stellt bei unbebauten Grundstücken auf § 179 BewG ab[147], wohingegen bebaute Grundstücke entweder nach dem Vergleichswertverfahren gem. § 183 BewG, dem Ertragswertverfahren gem. §§ 184 ff. BewG oder dem Sachwertverfahren gem. §§ 189 ff. BewG bewertet werden können.[148]

Bei der Übertragung von Grundstücken auf eine Personengesellschaft[149] bzw. von einer **73** solchen wird durch §§ 5 und 6 GrEStG eine partielle Steuerbefreiung angeordnet, um den Besonderheiten der gesamthänderischen Bindung Rechnung zu tragen.[150] Insofern tritt bei der Übertragung eines Grundstücks von einem Gesellschafter auf die Gesamthand und umgekehrt sowie von einer Gesamthand auf eine andere Gesamthand in dem Umfang keine Grunderwerbsteuerpflicht ein, in dem der Gesellschafter an der Gesellschaft beteiligt ist.[151] Im Hinblick auf diese Grunderwerbsteuerbefreiungen ist im Rahmen der Tax Due Diligence eine Prüfung sowohl betreffend das Vorliegen der tatbestandlichen Voraussetzungen als auch bezüglich der zutreffenden Bewertung sämtlicher Restrukturierungsmaßnahmen anzuraten.[152]

D. Auswertung

I. Berichterstattung und Auswertung

Innerhalb dieser Phase der Tax Due Diligence sind die identifizierten steuerlichen Risiken **74** und Chancen abschließend zu dokumentieren und umfassend auszuwerten. Insbesondere gilt es, die ermittelten Steuerrisiken in qualitativer und quantitativer Hinsicht einzuschätzen, wobei sich in der Praxis die Einteilung in verschiedene Risikoklassen (niedrig/mittel/hoch) durchgesetzt hat. Sämtliche in steuerlicher Hinsicht relevanten Informationen werden hierzu in einem sog. Tax Due Diligence Report zusammengefasst, in dem alle wesentlichen Daten, Ermittlungen und Empfehlungen niedergeschrieben und für den Berichtsempfänger überschaubar aufgearbeitet und sachgerecht darstellt werden.[153] Der Due Diligence Report kann neben dieser Hauptfunktion einer umfassenden Berichterstattung auch für zukünftige Sachverhalte, insbesondere im Hinblick auf die Ausgestaltung einer Akquisitionsstruktur, sowie die Erarbeitung eines Unternehmenskaufvertrags, als Informationsquelle herangezogen werden.[154] Ferner können wesentliche Fristen wie etwa

die Anwendung der Ersatzbemessungsgrundlage nach § 138 ff. BewG auf die Grunderwerbsteuer gegen den Gleichheitssatz des Art. 3 Abs. 1 GG.

[147] Fläche des Grundstücks in Quadratmeter multipliziert mit dem Bodenrichtwert.

[148] Grundsätzlich ist auch ein Nachweis des niedrigen gemeinen Werts nach § 198 BewG möglich.

[149] Insbes. einer GbR (§§ 705 ff. BGB), einer OHG (§§ 105 ff. HGB) oder einer KG (§§ 161 ff. HGB), wegen fehlendem Gesamthandsvermögen aber nicht die stille Gesellschaft (§§ 230 ff. HGB).

[150] Vgl. zur Gesamthand im Grunderwerbsteuerrecht ausführlich *Fischer* in Boruttau, Grunderwerbsteuergesetz, § 1 Rn. 77 ff.

[151] Das Gleiche gilt bei der Einbringung eines Grundstücks im Wege der Sacheinlage.

[152] Hierbei ist zu beachten, dass für Einbringungen § 5 Abs. 3 und § 6 Abs. 3 GrEStG jeweils Nachbehaltefristen für einen Zeitraum von fünf Jahren anordnen, bei deren Nicht-Beachtung es zu einer Versagung der Steuervergünstigungen kommt.

[153] Vgl. allg. zum Aufbau und Inhalt des Due Diligence Reports *Berens/Hoffjan/Strauch,* Planung und Durchführung der Due Diligence in Berens/Brauner/Strauch/Knauer, Due Diligence bei Unternehmensakquisitionen, S. 101, 141 ff.

[154] Vgl. bezüglich dieser in die Zukunft gerichteten Funktion der Due Diligence etwa *Trimborn* in Berens/Brauner/Strauch/Knauer, Due Diligence bei Unternehmensakquisitionen, S. 475, 495, wonach die Tax Due Diligence idealerweise „die Brücke zwischen Erkenntnissen über die steuerliche Vergangenheit des Zielunternehmens und der steueroptimalen Gestaltung seiner Zukunft schlagen" sollte.

die Sperrfristen aus früheren Umstrukturierungen bzw. Steuerfreistellungen vermerkt werden, damit mögliche post-closing Restrukturierungen effizient gestaltet werden können.

II. Steuerklauseln

75 Die Verwendung von Steuerklauseln dient dem Zweck, den Käufer im Hinblick auf die in der Vergangenheit entstandenen Steuerrisiken, die erst in künftigen Wirtschaftsjahren zu einer drohenden wirtschaftlichen Belastung werden, in finanzieller Hinsicht abzusichern.[155] Trotz bzw. gerade wegen der Durchführung einer Tax Due Diligence kommt dem Einsatz von Steuerklauseln in der Praxis eine große Bedeutung zu, um einer sach- und verursachungsgerechten Verteilung historischer Steuerrisiken angemessen Rechnung tragen zu können.

76 Inhaltlich haben derartige Klauseln in der Regel zum Gegenstand, den Erwerber wirtschaftlich für den Zeitraum bis zur Übernahme von weiteren als den bereits in den Rückstellungen der Gesellschaft abgebildeten Steuerverbindlichkeiten zu befreien. Für den Fall zusätzlicher Steuerzahlungen, welche zumeist nachträglich im Rahmen einer Betriebsprüfung festgesetzt werden, wird typischerweise vereinbart, dass der Veräußerer für sämtliche Steuern haftet, welche sich auf die Zeit vor dem Stichtag des Unternehmenskaufs beziehen. Zur Sicherung dieser Ansprüche verlangt der Käufer oftmals, den Teil des Kaufpreises, der sich an der ungefähren Höhe der erwarteten zusätzlichen Steuerzahlungen orientiert, bis zur abschließenden Aufklärung der steuerlichen Gegebenheiten einzubehalten oder durch eine (Bank-)Bürgschaft zu sichern. Auf diesem Wege können die durch die Tax Due Diligence ermittelten steuerlichen Risiken nicht nur der Höhe nach, sondern auch unter Solvenzgesichtspunkten sachgerecht zwischen Veräußerer und Erwerber verteilt werden. Bei der Formulierung bzw. Verhandlung der Steuerklauseln ist empfehlenswert, dass der Berater, der die Tax Due Diligence durchgeführt hat, die Klausel daraufhin überprüft, ob tatsächlich alle von ihm identifizierten Risiken abgedeckt werden.

III. Maßnahmen zur Risikobegrenzung

77 Bei der Auswertung der während der Tax Due Diligence gefundenen Ergebnisse sollte angestrebt werden, identifizierte steuerliche Risiken durch entsprechende Maßnahmen zumindest mit Wirkung für die Zukunft zu reduzieren bzw. zu beseitigen. Die Notwendigkeit derartiger Umstrukturierungen ergibt sich insbesondere deshalb, weil regelmäßig lediglich die in der Vergangenheit liegenden steuerlichen Risiken bei der Kaufpreisgestaltung ihre Berücksichtigung finden können, nicht aber solche, die erst nach dem Erwerb der Zielgesellschaft auf Seiten des Käufers entstehen. Hierfür kann es erforderlich sein, nach erfolgter Akquisition als Maßnahme einer zukünftigen Risikominderung gesellschaftsrechtliche Umstrukturierungen vorzunehmen sowie auf eine ggf. verbesserte unternehmensinterne Dokumentation zu achten.

78 Im Ergebnis kann es durch entsprechende gestalterische Maßnahmen den Käufern der Zielgesellschaft auf diese Weise ermöglicht werden, die im Rahmen der Tax Due Diligence aufgedeckten steuerlichen Risiken für die Zukunft zu verringern oder zu beseitigen.

---

[155] Vgl. ausführlich zu Steuerklauseln im Rahmen der Tax Due Diligence *Holzhäuser* in Beisel/Andreas, Beck´sches Mandatshandbuch Due Diligence, § 32 Rn. 1 ff.; *Balda/Kiegler* in Kneip/Jänisch, Tax Due Diligence, D. I., Rn. 1 ff. (S. 789 ff.); ferner *Trimborn,* Tax Due Diligence, in Berens/Brauner/Strauch/Knauer, Due Diligence bei Unternehmensakquisitionen, S. 475, 479 f.; *Eilers,* Tax Due Diligence in Schaumburg, Unternehmenskauf im Steuerrecht, S. 83, 106 ff.

§ 12 Financial Due Diligence und Unternehmensbewertung

Übersicht

Literaturverzeichnis

1. Literaturverzeichnis

Baetge, Jörg/Niemeyer, Kai/Kümmel, Jens/Schulz, Roland: Darstellung der Discounted Cashflow-Verfahren (DCF-Verfahren) mit Beispiel, in: Peemöller, Volker H. (Hrsg.): Praxishandbuch der Unternehmensbewertung, 6. Auflage, Herne, 2015, S. 353–508.

Böttcher, Lars: Verpflichtung des Vorstands einer Aktiengesellschaft zur Durchführung einer Due Diligence,NZG 2005, S. 49 ff.*Damodaran, Aswath:* Damodaran on Valuation, 2. Aufl., Hoboken, NJ, USA, 2006.

Drukarczyk, Jochen/Schüler, Andreas: Unternehmensbewertung, 7. Aufl., München, 2016.

Franken, Lars/Schulte, Jörn: Fairness Opinions nach IDW S 8, 1. Aufl., Düsseldorf, 2014.

Hamada, Robert S.: The Effect of the Firm's Capital Structure on the Systematic Risk of Common Stocks, The Journal of Finance, Vol. 27, No. 2,1972, S. 435–452.
Hannes, Frank: Die Rechtsprechung zur Unternehmensbewertung, in: Peemöller, Volker H. (Hrsg.): Praxishandbuch der Unternehmensbewertung, 6. Auflage, Herne, 2015, S. 1383–1409.
Hölscher, Luise/Nestler, Anke/Otto, Ralf: Handbuch Financial Due Diligence: Professionelle Analyse, 1. Aufl., Weinheim 2007
IDW Praxishinweis: Beurteilung einer Unternehmensplanung bei Bewertung, Restrukturierungen, Due Diligence und Fairness Opinion (IDW Praxishinweis 2/2017), Düsseldorf 2017
IDW S 1: Grundsätze zur Durchführung von Unternehmensbewertungen, Düsseldorf 2008.
IDW S 8: Grundsätze für die Erstellung von Fairness Opinions, Düsseldorf 2011.
IPEV: International Private Equity and Venture Capital Valuation Guidelines, London, 2015.
Knauer, Thorsten/Herrmann, Fabian/Wagener, Sebastian: Status quo der Due Diligence in Deutschland, WPg 21/2017 S. 1274–1279.
Löhnert, Peter G./Böckmann, Ulrich J.: Multiplikatorverfahren in der Unternehmensbewertung, in: Peemöller, Volker H. (Hrsg.): Praxishandbuch der Unternehmensbewertung, 6. Auflage, Herne, 2015, S. 785–806.
Meitner, Matthias/Streitferdt, Steffen: Die Bestimmung des Betafaktors, in: Peemöller, Volker H. (Hrsg.): Praxishandbuch der Unternehmensbewertung, 6. Auflage, Herne, 2015, S. 521–587.
Peemöller, Volker H./Beckmann, Christoph: Der Realoptionsansatz, in: Peemöller, Volker H. (Hrsg.): Praxishandbuch der Unternehmensbewertung, 6. Auflage, Herne, 2015, S. 1445–1476.
PEIGG: Updated US Private Equity Valuation Guidelines, Private Equity Industry Guidelines Group, PEIGG Board, 2007.
Pomp, Thomas: Praxishandbuch Financial Due Diligence, München 2015
Russ, Wolfgang: Due Diligence Untersuchungen, in: IDW (Hrsg.): WP-Handbuch 2014, Wirtschaftsprüfung, Rechnungslegung, Beratung, Band II, 14. Auflage, Düsseldorf 2014, S. 309–415.
Schüler, Andreas: Zur Unternehmensbewertung mit Multiplikatoren, WPg 22/2014, S. 1146–1158.
Strottmann, Freddy/Pinkernelle, Sönke: § 9 Financial Due Diligence und Unternehmensbewertung. In: *Jesch, Thomas A./Striegel, Andreas/Boxberger, Lutz:* Rechtshandbuch Private Equity, § 9 Financial Due Diligence und Unternehmensbewertung, 1. Auflage, München 2010
Tseng, Arthur J: M & A Transactions: Financial Due Diligence from Zero to Professional. 1 Aufl., North Charleston, 2013
Weber Theo, Hohaus Benedikt: Buy-outs: Funktionsweise, Strukturierung, Bewertung und Umsetzung von Unternehmenstransaktionen, 1. Aufl., Stuttgart, 2010
Welfonder, Julian/Bensch, Tino: Status Quo der Unternehmensbewertungsverfahren, Corporate Finance, 07 –08/2017, S. 175–179.
Wollny, Christoph: Der objektivierte Unternehmenswert, 1. Aufl. Herne, 2008.

A. Einführung

1 Bei dem Erwerb eines Unternehmens sind eine Vielzahl an Chancen und Risiken zu beachten und zu analysieren. Hierzu zählt vor allem die Beurteilung des finanziellen sowie strategischen Fit des zu erwerbenden Unternehmens. Absatzmärkte und Kundenbeziehungen müssen verstanden werden, Produktionsprozesse und technologisches Know-How müssen eingeschätzt werden, rechtliche und steuerliche Risiken müssen analysiert werden.

2 Alle diese Chancen und Risiken schlagen sich jedoch mit ihren finanziellen Implikationen im historischen Jahresabschluss, in den historischen Controllingzahlen und, eine sorgfältige Planung vorausgesetzt, in der Unternehmensplanung nieder. Daher stellt die Financial Due Diligence über ihre Analyse der Finanzzahlen eines Unternehmens einen Rahmen für die weiteren Due Diligence Tätigkeiten dar und liefert eine fokussierte Übersicht über die Chancen und Risiken des Transaktionsobjektes, kaufpreisrelevante Sachverhalte sowie eine zusammenfassende Analyse der Werttreiber der historischen und geplanten Entwicklung des zu erwerbenden Unternehmens.

3 Kombiniert mit einer Unternehmensbewertung, ggf. angereichert um verschiedene Bewertungsszenarien, ergibt sich aus der Financial Due Diligence eine Wertindikation für das Transaktionsobjekt sowie wichtige Grundlagen für die Vertragsverhandlungen.

4 Im Folgenden werden die zentralen Analysebereiche einer Financial Due Diligence dargestellt und wie diese entscheidungsrelevante Informationen zur Verwendung in der Kaufpreisformel und Unternehmensbewertung liefern.

Die Financial Due Diligence, wie jede Due Diligence, unterscheidet dabei zwischen einer Due Diligence durch einen potentiellen Erwerber („Buy-side Due Diligence") und einer Due Diligence durch den Verkäufer („Sell-side Due Diligence"), bei der dieser potentiellen Bietern bereits aufbereitete Finanzinformationen zur Verfügung stellt (in der Regel als Financial Vendor Due Diligence oder Financial Fact Book aufbereitet von einer Wirtschaftsprüfungsgesellschaft)[1]. Dieser Artikel stellt die Financial Due Diligence aus der Perspektive eines Käufers dar. Die dargestellten zentralen Analysen bilden jedoch in gleicher Weise den Kern einer verkäuferseitig beauftragten Sell-side Due Diligence. 5

Beim Erwerb eines Unternehmens gilt es überdies eine Bewertung des Transaktionsobjektes vorzunehmen. Für die Durchführung einer Bewertung gibt es zahlreiche Vorgehensweisen und Methoden. Nachfolgend dargestellt sind in erster Linie Multiplikatoren-, DCF- und Ertragswertverfahren, da diese von wesentlicher Bedeutung für transaktionsgetriebene Bewertungen im Private Equity-Sektor sind. Die in der Financial Due Diligence analysierten Finanz- und Unternehmensinformationen werden hierbei in der Regel als Grundlage für die Bewertungstätigkeit herangezogen, da – wie nachfolgend aufgezeigt wird – eine enge Verzahnung zwischen den Analysen einer Financial Due Diligence und einer Unternehmensbewertung besteht und somit die Untersuchungen einer Financial Due Diligence eine Bewertung stark erleichtern. 6

B. Financial Due Diligence

I. Zielsetzung einer Financial Due Diligence

Ziel einer Financial Due Diligence ist es über die Analyse von vorhandenen Finanzinformationen (externe und interne Berichterstattung sowie Planungsrechnungen) die wesentlichen Werttreiber des Transaktionsobjektes, kaufpreisrelevante Sachverhalte sowie Chancen und Risiken aufzudecken, um die Informationsasymmetrie zwischen potenziellem Käufer und Verkäufer zu reduzieren[2]. 7

Dabei wird insbesondere auf die Analyse der Ertrags-, Finanz- und Vermögenslage, dh Gewinn- und Verlustrechnung („GuV"), Cashflow-Rechnung und Bilanz abgestellt. Als Betrachtungszeitraum wird in der Regel ein historischer Zeitraum von drei (vollen) Geschäftsjahren sowie ein zukünftiger Zeitraum gewählt, für den eine detaillierte Planung verfügbar ist (in der Regel das laufende Geschäftsjahr sowie drei weitere Planjahre[3]). Darüber hinaus findet üblicherweise eine Analyse der laufenden unterjährigen Entwicklung (sogenanntes „Current Trading") statt. 8

Die Ergebnisse der Financial Due Diligence werden dabei vielfältig genutzt. Neben der Verwendung der Ergebnisse zusammen mit der Unternehmensbewertung zur Ermittlung des Unternehmenswertes, werden die Ergebnisse zur Verhandlungsführung und Kaufvertragsgestaltung genutzt. Darüber hinaus dient die Financial Due Diligence auch Banken und sonstigen Fremdkapitalgebern als wichtige Entscheidungsgrundlage für die Finanzierung einer Unternehmenstransaktion. Abschießend stellen die Ergebnisse einer Financial Due Diligence üblicherweise auch die Basis für Integrationspläne oder 100-Tage-Pläne ab Vollzug der Transaktion dar[4]. 9

Eine Financial Due Diligence ist nicht zu verwechseln mit einer Jahresabschlussprüfung. Während die Jahresabschlussprüfung primär auf die materielle Richtigkeit der externen historischen Finanzinformationen gemäß anwendbarem Rechnungslegungsstandard abzielt, stehen bei der Financial Due Diligence die betriebswirtschaftliche Analyse der Werttreiber 10

1 Vgl. IDW Praxishinweis 2/2017.

2 Vgl. dazu *Pomp,* Praxishandbuch Financial Due Diligence, 1. Aufl., 2015; *Strottmann/Pinkernelle* in JSB Private Equity-HdB 2010 sowie *Knauer/Herrmann/Wagener,* Status quo der Due Diligence in Deutschland, WPg 21/2017.

3 Vgl. dazu *Strottmann/Pinkernelle* in JSB Private Equity-HdB 2010.

4 Vgl. dazu *Pomp,* Praxishandbuch Financial Due Diligence, 1. Aufl., 2015.

sowie Chancen und Risiken im Fokus. Die Analyse der Richtigkeit der zur Verfügung gestellten Finanzinformationen ist dabei nur ein Analyseschwerpunkt unter mehreren und bezieht bei einer Financial Due Diligence auch die Qualität der internen Rechnungslegung sowie der Planung mit ein.

1. Die Kaufpreisformel

11 Bezogen auf die Funktion der Financial Due Diligence, entscheidungsrelevante Informationen für die Unternehmensbewertung und Kaufverhandlungen zu liefern, lassen sich die zentralen Analysebereiche einer Financial Due Diligence über die „Kaufpreisformel“ systematisieren (siehe Abbildung [2.1.1]).

Kaufpreisformel	**Analyseschwerpunkte der Financial Due Diligence**				
	Analyse GuV		**Analyse Cash Flow**		**Analyse Bilanz**
	QoE	Umsatz & Kosten	(Normales) Working Capital („WC“)	Nachhaltige Investitionen	Nettoverschuldung
Unternehmenswert	√	√	(√)	√	
+ Aktuelles WC - Normales WC			√ √		
- Nettoverschuldung					√
= **Eigenkapitalwert**					
Datenqualität	Qualität historische Zahlen und Qualität & Konsistenz der Planung				

Abbildung 1: Kaufpreisformel und abgeleitete Analyseschwerpunkt der Financial Due Diligence[5]

12 Die Kaufpreisformel stellt die Überleitung zwischen dem Wert des gesamten Unternehmens („Unternehmenswert“) und dem Wert der vom Eigenkapitalgeber gehaltenen Anteile („Eigenkapitalwert“) dar.

13 Der Unternehmenswert als Funktion der zukünftigen finanziellen Überschüsse ergibt sich dabei letztlich aus der nachhaltigen Ertragskraft des Unternehmens unter Berücksichtigung des normalen Niveaus an Working Capital sowie einem nachhaltigen Niveau an Investitionen. Entsprechend stellt die Analyse der GuV und hierbei besonders die Analyse des nachhaltigen EBITDA („Quality of Earnings“) einen zentralen Schwerpunkt der Financial Due Diligence dar.

14 Auch die Analyse des normalen Working Capitals („Net Working Capital“) sowie des nachhaltigen Niveaus an Investitionen („Capex“) haben einen wichtigen Einfluss auf den Unternehmenswert sowie die Überleitung vom Unternehmenswert auf den Eigenkapitalwert und bilden entsprechend den zentralen Bestandteil der Analyse des (Free) Cash Flows im Rahmen einer Financial Due Diligence.

15 Die zentrale Überleitungsposition auf den Eigenkapitalwert stellt jedoch in der Praxis üblicherweise der Abzug der Nettoverschuldung („Net Debt“) dar, die sich aus den Netto-Finanzverbindlichkeiten und den sonstigen schuldähnlichen Positionen zusammensetzt. Diese Analyse bildet den Schwerpunkt der Bilanzanalyse.

5 In Anlehnung an *Pomp*, Praxishandbuch Financial Due Diligence, 1. Aufl., 2015.

Zudem stellt die Einschätzung der Qualität und Verlässlichkeit der vorhanden historischen Finanzinformationen sowie der Qualität und Konsistenz der Planung einen unverzichtbaren Bestandteil einer Financial Due Diligence dar. **16**

Diese zentralen Analyseschwerpunkte einer Financial Due Diligence werden im weiteren Verlauf näher erläutert und vor dem Hintergrund üblicherweise in der Praxis durchgeführter Analysen konkretisiert. **17**

2. Besonderheiten der Financial Due Diligence bei Private Equity Käufern

Die Besonderheiten einer Financial Due Diligence bei Private Equity Käufern ergeben sich zum einen aus dem üblicherweise zeitlich begrenzten Anlagehorizont mit einer Haltedauer von häufig nur drei bis sieben Jahren[6] (und der Renditemaximierung über den Anlagehorizont) sowie der Tatsache, dass getätigte Unternehmenserwerbe jeweils eigenständig finanziert werden müssen und üblicherweise mit einem möglichst hohen Anteil an Fremdkapital finanziert werden (hoher „Leverage"). **18**

Entsprechend wird bei der Due Diligence häufig im Vergleich zu Corporate Investoren ein stärkerer Fokus auf den operativen Cash Flow sowie Free Cash Flow gelegt und weniger Wert auf Rechnungslegungsthemen wie zB vom Target angewendete abweichende Rechnungslegungsstandards oder Preliminary PPA Effekte. Sofern Private Equity Investoren eine Buy & Build Strategie verfolgen, bekommt zudem auch die Analyse von Synergieeffekten Bedeutung[7]. **19**

Außerdem benötigen Private Equity Investoren in der Regel bankenfähige Financial Due Diligence Berichte, um externe Finanzierungen für Unternehmenskäufe zu erhalten. Im Gegensatz hierzu stellt die Mehrheit der Firmenkäufe für strategische Investoren Firmenzukäufe („Add-ons") dar, die nicht individuell finanziert werden müssen, sondern über die allgemeine Konzernfinanzierung abgedeckt werden. Entsprechend müssen in diesen Fällen die Due Diligence Berichte nur den internen Anforderungen des Unternehmens genügen und nicht auch Anforderungen von externen Banken berücksichtigen. **20**

Beispiele für Analysen, die bei Private Equity Investoren daher häufig zusätzlich oder mit einem stärkeren Schwerpunkt als bei strategischen Investoren durchgeführt werden sind: **21**

- Bereinigte Free Cash Flow Analyse (inkl. EBITDA to Operating Cash Conversion);
- Downside Protection Analysen (zB Szenariorechnungen zur Einschätzung der Auswirkung von Umsatzrückgängen auf EBITDA und Cash Flow, Aufteilung der Kostenbasis in fixe und variable Kosten);
- Sensitivitätsberechnungen im Hinblick auf Schwankungen in wesentlichen Wechselkursen.

Außerdem wird häufig bei Transaktionsobjekten, die in einem zyklischen Geschäft tätig sind (zB Zielgesellschaften im Chemiesektor), der historische Betrachtungszeitraum der für einen Private Equity Investor durchgeführten Financial Due Diligence auf über drei Jahre hinaus verlängert, um die Entwicklung des Unternehmens über einen gesamten Industriezyklus zu analysieren. **22**

3. Eine Pflicht zur Due Diligence?

Genauso wie es bei einem (privaten) Hauskauf jedem Käufer freigestellt ist, einen Immobiliengutachter hinzuzuziehen, besteht auch beim Erwerb eines Unternehmens grundsätzlich keine Pflicht eine (Financial) Due Diligence durchzuführen. Jedoch ist der Erwerb eines Unternehmens ohne Due Diligence analog zum Erwerb einer Immobilie sicherlich dann als fahrlässig zu bezeichnen, wenn nicht ohnehin ausreichende, gesicherte Erkenntnisse über das zu erwerbende Unternehmen vorhanden sind. Dies ist vor allem dann kritisch **23**

6 Vgl. dazu *Pomp,* Praxishandbuch Financial Due Diligence, 1. Aufl., 2015.

7 Vgl. dazu *Weber/Hohaus,* Funktionsweise, Strukturierung, Bewertung und Umsetzung von Unternehmenstransaktionen, 1. Aufl., 2010.

anzusehen, wenn der Unternehmenserwerb durch eine Kapitalgesellschaft erfolgt, bei dem Unternehmensleitung und Eigentümer des erwerbenden Unternehmens verschieden sind und somit das überwiegende finanzielle Risiko einer Fehlinvestition letztlich nicht von den Personen getragen werden, die die Investitionsentscheidung getroffen haben. Die Notwendigkeit einer (Financial) Due Diligence würde sich dann aus der allgemeinen Sorgfaltspflicht in § 43 Abs. 1 GmbHG für die Geschäftsführer einer GmbH bzw. § 93 Abs. 1 AktG für Vorstandsmitglieder einer AG im Rahmen der sog. Business Judgement Rule (§ 93 Abs. 1 S. 2 AktG in analoger Anwendung für GmbH Geschäftsführer) ergeben[8].

24 Diesen Weg geht auch die Rechtsprechung. So hat nach einem Urteil des OLG Oldenburg aus 2006 (Urteil vom 22.6.2006, Aktenzeichen: 1 U 34/03) ein Geschäftsführer laut § 43 Abs. 1 GmbHG die Angelegenheit der Gesellschaft mit der Sorgfalt eines ordentlichen Kaufmanns wahrzunehmen. Dabei gilt der Leitsatz, dass „das dem Geschäftsführer bei unternehmerischen Entscheidungen zuzubilligende weite Ermessen beim Erwerb eines anderen Unternehmens überschritten [ist], wenn die Grundlagen, Chancen und Risiken der Investitionsentscheidung nicht ausreichend aufgeklärt worden sind[9]". Eine Due Diligence ist zumindest dann durchzuführen, „wenn nicht ausreichende, gesicherte Erkenntnisse über das zu erwerbende Unternehmen vorhanden sind oder wenn vorhandene Informationen Unklarheiten aufweisen[10]". Andernfalls kommt bei erheblichen Verlusten aus der Fehlinvestition eine Geschäftsführerhaftung in Betracht[11].

25 In diesem Zusammenhang dient eine durchgeführte Due Diligence unter anderem als Instrument der Exkulpation für die Geschäftsführung mit der möglichen Vorwürfen von Fahrlässigkeit und Sorgfaltspflichtverletzung nach einer Transaktion begegnet werden kann[12].

II. Wesentliche Informationsgrundlagen einer Financial Due Diligence

1. Unternehmensinterne vs. externe Datenquellen

26 Eine Financial Due Diligence basiert in der Praxis primär auf unternehmensinternen Daten der Zielgesellschaft. Zwar stellen die häufig veröffentlichten Jahresabschlüsse (zB im Rahmen von Geschäftsberichten oder über die Offenlegungspflicht gemäß § 325 HGB) wichtige Startinformationen und Ankerpunkte für eine Financial Due Diligence dar, jedoch sind diese Daten allein für eine Financial Due Diligence nicht ausreichend, da der Detaillierungsgrad dieser externen Berichterstattung nicht ausreichend ist. Zudem kommt hinzu, dass die Veröffentlichung dieser Daten im Regelfall erst vier bis zwölf Monate nach dem Ende des Geschäftsjahres erfolgt (siehe ua Regelungen in § 325 Abs. 1a und Abs. 4 HGB) und somit die öffentlich verfügbaren Informationen in der Regel nicht den letzten Stand der Geschäftsentwicklung widerspiegeln.

27 Vor diesem Hintergrund werden in der Regel unternehmensinterne Informationen aus dem Rechnungswesen, dem Controlling oder dem Personalwesen im Rahmen eines (elektronischen) Datenraums für den Kaufinteressenten zur Verfügung gestellt und bilden die Grundlage für die Financial Due Diligence (ggf. angereichert durch selektive externe Daten wie zB Marktstudien zur Plausibilisierung von unterstellten Wachstumsraten in der Unternehmensplanung).

28 Eine Ausnahme stellen öffentliche Übernahmen von Unternehmen dar, die an einer Wertpapierbörse gelistet sind. Da hier im Regelfall kein (oder nur in sehr begrenztem Umfang) Zugriff auf vertrauliche unternehmensinterne Daten der Zielgesellschaft gewährt

---

8 Vgl. *Böttcher* NZG 2005, 49 ff.
9 OLG Oldenburg Urt. v. 22.6.2006 – 1 U 34/03.
10 OLG Oldenburg Urt. v. 22.6.2006 – 1 U 34/03.
11 Vgl. OLG Oldenburg Urt. v. 22.6.2006 – 1 U 34/03.
12 Vgl. *Knauer/Herrmann/Wagener,* Status quo der Due Diligence in Deutschland, WPg 21/2017 (1274–1279).

wird, findet in diesen Fällen die Financial Due Diligence nahezu ausschließlich auf Basis öffentlich verfügbarer Informationen statt. Dies führt jedoch in der Praxis aufgrund der üblichen Datenrestriktionen zu einem stark reduzierten Umfang der Due Diligence sowie einer stark reduzierten Analysetiefe.

2. Daten des Rechnungswesens

Die offiziell festgestellten bzw. geprüften Jahresabschlüsse sowie die Prüfungsberichte (sofern eine Prüfung erfolgt ist) bilden bei jeder Financial Due Diligence den Startpunkt der Arbeiten. Sie dienen als Referenzpunkte für alle weiteren Datenquellen, die gegen die Jahresabschlüsse abgestimmt werden. **29**

Darüber hinaus werden die Informationen aus den Nebenbüchern im Rechnungswesen für Aufrisse von Einzelpositionen (zB Rückstellungen, Anlagenspiegel, Personalaufwand) verwendet. **30**

Während die Analyse von Bilanz und Cash Flow im Regelfall auf Basis der Daten aus dem Rechnungswesen stattfindet, liegen die Informationen der GuV häufig nicht im benötigten Detaillierungsrad im Rechnungswesen vor, um Analysen von Umsatz und Margen nach Segmenten, Ländern, Produktgruppen oder Kunden vorzunehmen. Dies ist auch deshalb oft der Fall, da gerade im Mittelstand in Deutschland in der externen Rechnungslegung häufig nur eine GuV in der Gesamtkostengliederung verwendet wird und keine Gliederung nach dem Umsatzkostenschema verfügbar ist. Daher wird zur Analyse der GuV üblicherweise auf Daten aus dem Controlling zurückgegriffen (und üblicherweise mindestens auf Ebene Umsatz und EBITDA eine Überleitung zu den Werten aus dem Jahresabschluss erstellt). **31**

3. Daten des Controllings

Innerhalb der Controllingdaten stellen die monatlichen Managementreportings die zentrale Datenquelle dar, da hier die zentralen steuerungsrelevanten Informationen für das Management des Unternehmens erfasst und berichtet werden. Die Monatsreports stellen häufig die zentrale Grundlage für alle GuV Analysen dar, die oft noch durch weitere Informationen aus dem Controlling ergänzt werden. Die Controllingdaten beinhalten in der Regel auch relevante Informationen zu Umsätzen und Margen nach Segmenten, Ländern, Produktgruppen oder Kunden für die historischen Zeiträume. **32**

Darüber hinaus liegt die Verantwortung für den Planungsprozess in der Regel im Controlling, so dass auch die Planung häufig in der Reportingstruktur und Detailtiefe des Controllings zur Verfügung gestellt werden kann. **33**

4. Weitere häufige Informationsgrundlagen

Neben diesen zentralen Datenquellen können in einer Financial Due Diligence je nach durchgeführter Analyse auch weitere Datenquellen herangezogen werden. Letztlich richtet sich dies sehr stark nach den verfügbaren IT Systemen und regelmäßig im Unternehmen erfassten Daten aber auch nach der Art der durchgeführten Analyse. **34**

Häufig verwendete weitere Datenquellen sind Personalzahlen und Vollzeitäquivalente aus dem Personalwesen, Daten zu Forschungsaufwendungen aus separaten F&E Systemen sowie in geringerer Häufigkeit technische Daten zu (Maschinen-)Kapazität und Auslastung. Darüber hinaus werden rechtliche Dokumente und Verträge (zB Kreditverträge, Gesellschaftsverträge) als auch interne Dokumente (zB Protokolle von Gesellschaftersitzungen, Berichte der internen Revision) häufig zur Vertiefung von Analysen herangezogen[13]. **35**

---

[13] Vgl. dazu *Knauer/Herrmann/Wagener,* Status quo der Due Diligence in Deutschland, WPg 21/2017, (1274 –1279).

III. Analyse der Qualität der Finanzinformationen

36 Zwar stellt eine Financial Due Diligence keinen (Re-)Audit der Finanzinformationen des Transaktionsobjektes dar, jedoch ist eine Einschätzung der Qualität und Robustheit der Daten als Grundlage für die Financial Due Diligence sehr wichtig. Hierbei gibt es unterschiedliche Bereiche, die im Hinblick auf die Einschätzung der Qualität und Robustheit wichtig sind:

- Sind die historischen Finanzinformationen auf Gruppenebene und/oder Einzelebene geprüft?
- Lassen sich alle Controllinginformationen, Aufrisse und sonstige Informationen zu den geprüften Zahlen / Jahresabschlüssen abstimmen bzw. überleiten?
- Gab es wesentliche Änderungen in den angewendeten Rechnungslegungsgrundsätzen und welche Auswirkungen hatten diese (speziell im Bereich Umsatzrealisation und Working Capital)?
- Gibt es Bereiche in der Rechnungslegung, bei denen das Management der Zielgesellschaft wesentliche Ansatz- und Bewertungsspielräume besitzt und ggf. zur Ergebnissteuerung genutzt hat?
- Wie ist die Qualität der Unternehmensplanung und des Planungsprozesses?

37 Nur wenn diese Fragen zufriedenstellend beantwortet werden können, kann davon ausgegangen werden, dass alle weiteren Analysen, die auf diesen Zahlen beruhen, auch aussagekräftige Ergebnisse liefern. Identifizierte Schwachstellen im Bereich der Datenqualität können dazu führen, dass die Due Diligence Tätigkeiten in diesen Bereichen erweitert werden (zB um Gespräche mit dem Abschlussprüfer, Arbeitspapierdurchsicht des Abschlussprüfers, vertiefende Analysen zur Klärung von Überleitungsdifferenzen und Bewertungsspielräumen). Im schlimmsten Fall, wenn die Datenqualität nicht in ausreichendem Maße gegeben ist, stellt dies ein signifikantes Transaktionsrisiko (sogenanntes „Red-Flag Item") dar, welches dazu führen kann, dass der Käufer von einer Transaktion Abstand nimmt.

38 Ein Carve-out, bei dem ein Unternehmensteil / Geschäft aus einem Gesamtunternehmen herausgelöst und veräußert wird, stellt im Regelfall besondere Anforderungen an die Financial Due Diligence in Bezug auf die Qualität der Finanzinformationen.

39 Speziell wenn der herauszulösende und zu veräußernde Unternehmensteil iW als Asset Deal veräußert werden soll, wurde das Transaktionsobjekt in der Regel in der Vergangenheit vom Verkäufer nicht separat geführt, berichtet und geplant. Entsprechend werden in solchen Fällen die historischen und zukünftigen Finanzinformationen erst für die Transaktion erstellt. Dadurch sind diese Daten im Regelfall nicht durch einen Abschlussprüfer auf Ebene des Transaktionsobjektes geprüft, auch wenn das zu veräußernde Geschäft üblicherweise auf einer höheren Ebene im Konzern Bestandteil eines geprüften (Konzern-)Abschlusses war.

40 In solchen Situationen ist bei der Financial Due Diligence ganz besonders darauf zu achten, dass die Ableitung der Zahlen für das Transaktionsobjekt nachvollziehbar und sachgerecht stattgefunden hat. Dabei sollte im Idealfall auch eine Überleitung zu geprüften (Konzern-)Zahlen durch den Verkäufer zur Verfügung gestellt werden. Auch ist es wichtig im Rahmen der Financial Due Diligence darauf zu achten, dass die zur Verfügung gestellten Zahlen vollständig sind und nicht Aufwendungen fehlen, die für das Geschäft notwendig sind. Solche möglicherweise fehlenden Kosten beziehen sich vor allem auf Leistungen, die vorher durch den Konzern für das zu veräußernde Unternehmen erbracht wurden (zB IT Leistungen, Verwaltungsleistungen, intern bezogene Produkte und Vorstufen) und die in der Vergangenheit ggf. nicht oder nicht marktgerecht in Rechnung gestellt worden sind.

IV. Analyse des nachhaltigen Ergebnisses (Analyse der GuV)

41 Das Ziel der GuV-Analyse ist es für den historischen Analysezeitraum ein nachhaltiges, um Sondereffekte bereinigtes, operatives Ergebnis (im Regelfall EBITDA) zu ermitteln, um hiermit eine Vergleichsbasis für die Plausibilisierung der Fortschreibung dieses Ergebnisses in der Planung zu haben[14]. Darüber hinaus dient die Analyse der GuV dem Verständnis der Treiber der historischen wie geplanten Entwicklung, indem Erlöse und Kosten detailliert analysiert werden.

1. Quality of earnings Analyse

42 Zur Ermittlung eines normalisierten Ergebnisses (EBITDA) werden nicht-wiederkehrende, nicht-operative sowie ungewöhnliche Aufwendungen und Erträge aus der historischen GuV bereinigt. Solche Aufwendungen und Erträge (als „Normalisierungen" bezeichnet) werden häufig bereits durch die Zielgesellschaft separat erfasst (zB für Steuerungszwecke oder im Rahmen eines separaten Covenant-Reportings für Bankenzwecke). Darüber hinaus lassen sich solche Positionen durch die Durchsicht von Jahresabschlüssen und Monatsberichten oder im Rahmen der sonstigen durchgeführten Due Diligence Analysen identifizieren.

43 Über diese allgemeine Definition hinaus gibt es keine herrschende Meinung oder allgemeine Standards zur Ermittlung von Normalisierungen. Die Literatur[15] nennt einige gängige und weitestgehend anerkannte Beispiele für Normalisierungen, ua Restrukturierungsaufwendungen, Gewinne / Verluste aus Anlagenverkäufen, außergewöhnlich hohe Auflösungen von Rückstellungen, ungewöhnlich hohe Kosten für Gewährleistungen bzw. Forderungsverluste, Versicherungsentschädigungen oder transaktionsrelevante Kosten.

44 Neben Normalisierungen werden auch pro-forma Anpassungen unterschieden. Hierbei handelt es sich um Anpassungen in den historischen Zahlen, um die historische GuV an die Unternehmensstruktur in der Planung anzupassen[16]. Beispiele hierfür sind die Ergänzung der historischen GuV um Erlöse und Aufwendungen für zwischenzeitlich erworbene bzw. veräußerte Unternehmensteile oder eine Einstellung eines Segments bzw. Produktlinie.

45 Letztlich sind jedoch sowohl Normalisierungen als auch pro-forma Anpassungen vor dem Hintergrund der konkreten Situation beim Zielunternehmen zu beurteilen. Zudem spielt hierbei die Perspektive des jeweiligen Investors auf operative vs. nicht-operative Aufwendungen und Erträge bei der Beurteilung und Berücksichtigung von möglichen Bereinigungen eine wichtige Rolle[17].

2. Weitere gängige Analysen der GuV

46 Weitere gängige Analysen der GuV zielen im Wesentlichen auf das detaillierte Verständnis der Treiber der historischen wie geplanten Entwicklung ab. Zudem decken sie über die detaillierte Analyse der GuV häufig auch weitere potenzielle Normalisierungssachverhalte auf.

47 Die genaue Ausgestaltung der weiteren GuV Analysen hängt sehr stark von der Branche und dem konkreten Geschäftsmodell des Transaktionsunternehmens ab. Zudem spielt der Due Diligence-Fokus des potentiellen Erwerbers eine wichtige Rolle bei der Festlegung des Umfangs der durchgeführten Analysen. Beispiele für Analysen die häufig durchgeführt werden sind:

---

[14] Vgl. *Russ* in WP-HdB 2014 sowie *Strottmann/Pinkernelle* in JSB Private Equity-HdB 2010.

[15] Vgl. dazu *Pomp,* Praxishandbuch Financial Due Diligence, 1. Aufl., 2015.

[16] Vgl. dazu *Pomp,* Praxishandbuch Financial Due Diligence, 1. Aufl., 2015.

[17] Vgl. zu Quality of earnings auch *Tseng,* M & A Transactions: Financial Due Diligence from Zero to Professional. 1 Aufl., 2013; *Hölscher/Nestler/Otto,* Handbuch Financial Due Diligence: Professionelle Analyse, 1 Aufl. 2007 sowie *Weber/Hohaus,* Buy-outs: Funktionsweise, Strukturierung, Bewertung und Umsetzung von Unternehmenstransaktionen, 1. Aufl., 2010.

- Analyse von Umsätzen, Absatzmengen und Margen nach Segmenten, Ländern, Produktgruppen oder Kunden (inkl. Darstellung von Preis-Volumen Effekten)
- Analyse der operativen Kosten (unterteilt in fix vs. variabel)
- Analyse der historischen GuV-Effekte aus Schwankungen in wesentlichen Wechselkursen (häufig inkl. Constant Currency Analyse)
- Analyse von Auswirkungen aus Rohstoffpreisänderungen (nur in Branchen mit starker Abhängigkeit von Rohstoffen mit hoher Preisvolatilität)
- Analyse von Beziehungen zu nahestehenden Personen / Unternehmen (vor allem bei eigentümergeführten Unternehmen und Carve-out Transaktionen)

V. Analyse der nachhaltigen Cash Conversion (Analyse des Free Cash Flows)

48 Die Analyse des Net Working Capital sowie des nachhaltigen Niveaus an Investitionen sind zusammen mit dem normalisierten EBITDA essentiell für die Ableitung eines normalisierten Free Cash Flow.

1. Analyse des normalen Working Capitals

49 Das Nettoumlaufvermögen („Working Capital") lässt sich allgemein definieren als Summe der kurzfristigen operativen Vermögensgegenstände abzüglich der kurzfristigen operativen Verbindlichkeiten. Hierzu gehören üblicherweise Vorräte, Forderungen aus Lieferungen und Leistungen sowie Verbindlichkeiten aus Lieferungen und Leistungen in einer engen Working Capital Definition (oft auch als „Trade Working Capital" bezeichnet) sowie in einer weiteren Definition zusätzlich erweitert um kurzfristige operative Vermögensgegenstände, Rückstellungen und Verbindlichkeiten.

50 Die Bestimmung eines normalen Niveaus an Working Capital ist aus mehreren Gründen relevant. Zum einen wird das Working Capital zur Aufrechterhaltung des Geschäftsbetriebs benötigt und muss (sofern es im Saldo positiv ist) durch das Unternehmen finanziert werden. Zum anderen unterliegt das Working Capital üblicherweise saisonalen Schwankungen sowie Zyklizitäten. Darüber hinaus ist das absolute Niveau abhängig vom Umsatz und kann dadurch vor allem bei stark wachsenden oder schrumpfenden Unternehmen starken Schwankungen unterliegen. Entsprechend muss nicht nur das ermittelte normale Working Capital oder das Working Capital zum Zeitpunkt der Transaktion finanziert werden, sondern die vorhandenen Finanzierungslinien müssen auch die (unterjährigen) Schwankungen abdecken können[18].

51 Darüber hinaus bietet das Working Capital oft Optimierungspotentiale speziell bei Unternehmen, bei denen kein aktives Management des Working Capital stattfindet. Entsprechende Potentiale für einen Erwerber lassen sich dabei sowohl durch ein Verständnis des bisherigen Prozesses zum Management des Working Capitals als auch über den Vergleich mit externen Branchenkennzahlen wie DIO, DSO oder DPO ableiten.

52 Zudem ist das Working Capital auch für die Überleitung vom Unternehmenswert auf den Eigenkapitalwert im Verkaufszeitpunkt („Closing") relevant und sollte entsprechend im Kaufvertrag geregelt sein, sofern ein Verkauf auf Basis von „Closing Accounts" erfolgt. Dies bedeutet, dass im Zeitpunkt des Closings vom vereinbarten Unternehmenskaufpreis die Nettoverschuldung abgezogen wird und zudem Working Capital Bestände zum Closing, die über das vereinbarte normale Niveau hinausgehen, zusätzlich zum Kaufpreis vergütet werden bzw. im Falle eines unter dem normalen Niveau liegenden Working Capitals, ein entsprechende Reduktion des Kaufpreises erfolgt (vgl. hierzu die Erläuterungen zur Kaufpreisformel sowie Abbildung 2.1.1).

53 Eine solche Regelung zum Working Capital ist wichtig, um dem Verkäufer keinen Anreiz zu geben, dass Working Capital vor dem Closing übermäßig zu reduzieren, um vor

[18] Vgl. dazu *Strottmann/Pinkernelle* in JSB Private Equity-HdB 2010.

dem Verkauf freigewordene Liquidität entziehen zu können[19] bzw. den Nettoverschuldungsabzug im Closing zu reduzieren. Darüber hinaus hilft eine solche Regelung dem Verkäufer bei der Unternehmensbewertung, da für diese Zwecke in der Unternehmensbewertung das normalisierte Working Capital angesetzt werden kann und ggf. bestehende Unterschiede im Zeitpunkt des Closing über den vereinbarten Mechanismus angepasst werden.

Die Festlegung des genauen Wertes für das normale Working Capital ist dabei nicht eindeutig, sondern erfordert ein Verständnis der Treiber des Working Capitals sowie eine Interpretation der historischen Working Capital-Entwicklung und der geplanten zukünftigen Geschäftsentwicklung. 54

Bei Geschäften mit eher geringem Umsatzwachstum ist in vielen Fällen eine Ableitung auf Basis historischer monatlicher Durchschnittswerte zB über einen rollierenden 12-Monatsdurchschnitt über einen Zeitraum von 18 bis 36 Monaten für Kaufvertragszwecke angemessen. Bei stark wachsenden Unternehmen kann eine Ableitung über ein historisches Verhältnis von Working Capital in % vom Umsatz und eine Fortschreibung auf den Closing Stichtag mittels der monatlichen Umsatzplanung sinnvoll sein. 55

Alternativ kommt bei Unternehmen mit starker Rohstoffabhängigkeit und starker Volatilität in den Rohstoffpreisen eine Fortschreibung des normalen Working Capitals auf Basis der Rohstoffpreisentwicklung in Betracht. Analoges gilt für Unternehmen mit starken Währungseinflüssen. 56

Entsprechend bezieht sich die Analyse des Working Capitals auf das Verständnis dieser Einflussfaktoren und die entsprechende Analyse und Quantifizierung dieser Effekte als Grundlage für die Ableitung eines Normalen Working Capitals für Planungszwecke bzw. Zwecke der Kaufpreisverhandlungen. 57

Darüber hinaus sind Sondersachverhalte, Einmaleffekte und nicht operative Forderungen und Verbindlichkeiten aus dem Working Capital zu bereinigen. Hierbei kann es sich zum einen um die Working Capital Auswirkungen aus Normalisierungen und pro-forma Anpassungen handeln (zB Eliminierung einer Rückstellung für normalisierte Restrukturierungsaufwendungen aus dem Working Capital). Zum anderen können sich Bereinigungen aber auch auf eigenständige Sachverhalte beziehen, die sich nur im Working Capital verzerrend niederschlagen (zB einmalige stark verzögerte Zahlung von Lieferantenrechnungen aufgrund einer IT Umstellung oder Bereinigung der Verbindlichkeiten aus Lieferungen und Leistungen um Verbindlichkeiten aus Investitionen). 58

2. Analyse des nachhaltigen Investitionsniveaus

Neben normalisiertem EBITDA und normalem Working Capital bestimmt das nachhaltig notwendige Investitionsniveau den nachhaltigen Netto-Zufluss an liquiden Mittel vor Abzug von Finanzierungskosten und Ausschüttungen an die Anteilseigner („Free Cash Flow“). 59

Zur Bestimmung dieses Niveaus findet üblicherweise eine Analyse der historischen Investitionen nach Projekt sowie eine Klassifizierung historischer Investitionen in Investitionen für Instandhaltung, für Erweiterungen und Rationalisierungen statt. Außerdem liefert ein Vergleich der historischen und geplanten Investitionen mit den historischen Abschreibungen einen Anhaltspunkt, ob das derzeitige / geplante Investitionsniveau in einem nachhaltigen Bereich liegt. 60

Diese Analyse sollte aber üblicherweise um Ergebnisse aus einer technischen Due Diligence erweitert werden um sicherzustellen, dass das geplante Investitionsniveau sachgerecht ist und auch ggf. geplante Steigerungen im Umsatz im Planungszeitraum über adäquate Investitionen in Kapazitäten abdeckt sind. Zudem sollte eine technische Due Diligence auch ermitteln, ob ein Investitionsstau besteht, der zukünftig aufgeholt werden muss. Liegt 61

[19] Vgl. dazu *Strottmann/Pinkernelle* in JSB Private Equity-HdB 2010.

ein solcher Investitionsstau vor, wird dieser üblicherweise als zusätzlicher Schuldposten vom Kaufpreis in Abzug gebracht (siehe Analyse der Finanzverbindlichkeiten und schuldähnlichen Positionen).

VI. Analyse der Netto-Finanzverbindlichkeiten und schuldähnlichen Positionen (Analyse der Bilanz)

62 Der Abzug der Nettoverschuldung („Net Debt"), bestehend aus den Netto-Finanzverbindlichkeiten und sonstigen schuldähnlichen Positionen, stellt in der Praxis im Regelfall die wertmäßig bedeutendste Überleitungsposition vom Unternehmenswert zum Eigenkapitalwert dar. Je höher (niedriger) die Nettoverschuldung, desto geringer (höher) ist der Eigenkapitalwert (bei unterstellt gleichem Unternehmenswert).

63 Die Nettoverschuldung lässt sich unterteilen in zinstragende Forderungen und Verbindlichkeiten (sogenannte „Netto-Finanzverbindlichkeiten" wie zB Ausleihungen oder Bankdarlehen) und sonstige nicht zinstragende Verbindlichkeiten, die aber wirtschaftlich einen schuldähnlichen Charakter aufweisen (sogenannte „schuldähnliche Positionen" wie zB Lieferantenkredite, Verbindlichkeiten aus getätigten Investitionen, Rückstellungen für freigestellte Mitarbeiter).

1. Analyse der Netto-Finanzverbindlichkeiten

64 Finanzforderungen und -verbindlichkeiten sind in der Regel leicht aus der Bilanz des Transaktionsobjektes ersichtlich, da sie üblicherweise in separaten Positionen ausgewiesen werden, zB Verbindlichkeiten gegenüber Kreditinstituten, Verbindlichkeiten aus Anleihen, sonstige Ausleihungen gemäß HGB[20] bzw. zinstragende Darlehen und Ausleihungen, sonstige finanzielle Verbindlichkeiten gemäß IFRS[21].

65 Klassische Beispiele für Netto-Finanzverbindlichkeiten sind Bankdarlehen, Anleihen, abgegrenzte Zinsen aber auch Pensionsverbindlichkeiten sowie Verbindlichkeiten aus (Finance) Leases[22]. Zudem werden häufig auch Zinsswaps, die zur Absicherung von bestehenden Darlehen abgeschlossen worden sind, mit Ihrem Marktwert zum jeweiligen Stichtag unter die Netto-Finanzverbindlichkeiten gefasst.

66 Bei der Analyse der Netto-Finanzverbindlichkeiten im Rahmen der Financial Due Diligence ist vor allem die bilanzielle Bewertung der bestehenden Forderungen und Verbindlichkeiten kritisch zu würdigen. Für Zwecke der Bewertung sollten die Netto-Finanzverbindlichkeiten zu Marktwerten in Abzug gebracht werden. Diese unterscheiden sich aber in der Praxis häufig vom bilanziellen Wertansatz. Zudem ist die bestehende Laufzeit und das Auszahlungsprofil der Netto-Finanzverbindlichkeiten zu verstehen.

67 So werden längerfristige (Bank-)Darlehen bei Industrieunternehmen im Regelfall mit ihrem Erfüllungsbetrag (HGB[23]) bzw. unter Anwendung der Effektivzinsmethode zu fortgeführten Anschaffungskosten angesetzt (IFRS[24]). Spätere Änderungen im Marktzinssatz werden bilanziell in der Regel nicht berücksichtigt.

68 Für Zwecke der Transaktion ist im Rahmen der Financial Due Diligence jedoch der Marktwert dieser Finanzverbindlichkeiten zu berücksichtigen. Dies gilt insbesondere in den Fällen, in denen die bestehende Finanzierung des Transaktionsobjektes abgelöst werden soll bzw. über bestehende Change-of-Control Klauseln in den Kreditverträgen abgelöst werden muss. Hier richtet sich die zu zahlende Vorfälligkeitsentschädigung bei Ablösung nach

[20] Vgl. dazu § 266 HGB.
[21] In Anwendung von IAS 1.54 sowie IFRS 7.8.
[22] Mit der ab 1.1.2019 in der EU verpflichtenden Anwendung von IFRS 16 und der daraus resultierenden Änderung der Leasingbilanzierung unter IFRS ist davon auszugehen, dass zukünftig der überwiegende Teil der Leasingverbindlichkeiten für zugehörige Nutzungsrechte (Right-of-use Assets) als Teil der Netto-Finanzverbindlichkeiten dargestellt werden.
[23] Vgl. dazu § 253 HGB.
[24] Vgl. dazu IFRS 9.

Restlaufzeit der Kredite sowie aktuellem Marktzins im Vergleich zum Nominalzins der bestehenden Kredite.

Analog werden Pensionsverbindlichkeiten nach HGB nicht mit dem aktuellen Marktzins wie unter IFRS[25], sondern mit dem durchschnittlichen von der Bundesbank veröffentlichtem Marktzinssatz der letzten 10 Jahre angesetzt[26]. Hierdurch ergibt sich beim aktuellen, niedrigen Zinsniveau üblicherweise eine bilanzielle Bewertung von Pensionsrückstellungen nach HGB, die unterhalb eines marktkonformen Ausweises liegt. Auch werden Altzusagen, die vor dem 1.12.1987 erteilt wurden, gemäß Art. 28 Abs. 1 S. 1 EGHGB bei einer Bilanzierung gemäß HGB häufig nicht ausgewiesen[27]. **69**

Entsprechend sind solche Unterschiede bei Bewertung und Ausweis bei der Financial Due Diligence zu berücksichtigen und als zusätzliche Positionen bzw. Anpassungen der Bewertung der Netto-Finanzverbindlichkeiten anzusetzen. **70**

2. Schuldähnliche Positionen

Auch bei schuldähnlichen Positionen ist die bilanzielle Bewertung im Rahmen der Financial Due Diligence kritisch zu würdigen. Häufig ist jedoch die vollständige Identifikation entsprechender Positionen die größere Herausforderung im Rahmen der Financial Due Diligence, da solche Positionen bilanziell in verschiedensten Posten enthalten sein können und daher eine detaillierte Durchsicht von Einzelpositionen wie sonstigen Verbindlichkeiten, sonstige Vermögensgegenstände, sonstige Rückstellungen oder auch Verbindlichkeiten aus Lieferungen und Leistungen erfordern. **71**

Dabei sind schuldähnliche Positionen nicht klar definiert, sondern wie Normalisierungen abhängig von der Situation der Zielgesellschaft und der Perspektive des potentiellen Investors. **72**

Grundsätzlich umfassen schuldähnliche Positionen alle Sachverhalte, die zu einem zukünftigen Abfluss an Zahlungsmitteln führen, der nicht durch das normale operative Geschäft verursacht ist oder der sich auf unübliche Sachverhalte bezieht, bei denen der Veräußerer bzw. das Transaktionsobjekt den Nutzen (in Form von Zahlungsmittelzuflüssen) bereits vor der Unternehmensveräußerung erhalten hat, die zugehörigen Nachteile (in Form von Zahlungsmittelabflüssen) aber erst nach Closing der Transaktion anfallen. **73**

Beispiele für solche schuldähnlichen Positionen sind: Rückstellungen für Restrukturierungen, Drohverlustrückstellungen, ausstehende Tantiemezahlungen, Rückbauverpflichtungen, ungewöhnlich hohe Urlaubsrückstellungen, Verbindlichkeiten aus Investitionen, ausstehende Kaufpreise aus Unternehmenserwerben, ausstehende (Berater-)Kosten im Zusammenhang mit der Transaktion[28]. **74**

Im Rahmen einer Financial Due Diligence sind jedoch nicht nur schuldähnliche Positionen („Debt-like Items") als Abzug vom Kaufpreis zu erfassen, sondern auch analoge Positionen mit einem Vermögenscharakter („Cash-like Items") kaufpreiserhöhend zu berücksichtigen. Bei Cash-like Items handelt es sich in der Regel um Forderungen, bei denen dem Unternehmenserwerber nach Closing Zahlungsmittel zufließen, die nicht durch das originäre operative Geschäft getrieben sind. Beispiele hierfür sind zB ausstehende Versicherungsentschädigungen oder außergewöhnliche Steuerrückerstattungen für Veranlagungszeiträume vor Closing. **75**

---

[25] Vgl. IAS 19.
[26] Vgl. § 253 Abs. 2 HGB.
[27] Außerdem muss gemäß Art. 28 Abs. 1 S. 2 EGHGB für mittelbare Pensionsverpflichtungen keine Rückstellung angesetzt werden.
[28] Vgl. dazu Vgl. dazu *Pomp,* Praxishandbuch Financial Due Diligence, 1. Aufl., 2015.

VII. Analyse der Planungsrechnung

76 Da letztlich eine Unternehmensbewertung auf den zukünftigen finanziellen Überschüssen beruht[29], ist die Analyse und Plausibilisierung der Unternehmensplanung für die Ermittlung des Unternehmenswertes essentiell.

77 Da eine direkte Verifizierung der Planungsannahmen aufgrund der Vielzahl an einfließenden Annahmen nur eingeschränkt möglich ist, stellt der Vergleich der wesentlichen Planungsannahmen und Planentwicklungen mit den im Rahmen der historischen Analyse beobachteten Trends einen zentralen Bestandteil der Planplausibilisierung dar[30]. Darüber hinaus fällt der Plausibilisierung der rechnerischen Konsistenz der Planung der Zielgesellschaft im Sinne einer integrierten Planung eine wichtige Bedeutung zu.

1. Analyse der wesentlichen Planungsannahmen

78 Da vor allem bei einer detaillierten Bottom-Up-Planung einzelne detaillierte Planungsannahmen im Regelfall aus Effizienzgründen nicht separat plausibilisiert werden können, fokussiert sich die Planplausibilisierung einer Financial Due Diligence üblicherweise auf die Analyse zentraler Entwicklungen und zusammenfassender Kennzahlen.

79 So wird zur Analyse von Umsatzentwicklungen üblicherweise bei der Plausibilisierung auf das unterstellte Wachstum der zugrundeliegenden Absatzmengen im Vergleich zu historischen Wachstumsraten sowie die geplante Entwicklung der durchschnittlichen Erlöse pro Segment / Produktgruppe abgestellt. Analog können zB auf Ebene der Bruttomarge ebenfalls geplante Preis-Mengen-Effekte transparent gemacht werden und die Gründe für die unterstellte Entwicklung unter Berücksichtigung der Beobachtungen für die historische Analyseperiode erläutert werden.

80 Dabei zielt die Financial Due Diligence bei der Plausibilisierung der Planung primär auf das Schaffen von Transparenz und das Aufzeigen möglicher Unplausibilitäten ab, die sich zB durch beobachtete Brüche in der geplanten Entwicklung im Vergleich zur Historie ergeben.

81 Als Maßstab für die Beurteilung der Planung gilt dabei, ob die „zugrunde gelegten Annahmen plausibel, d. h. nachvollziehbar, konsistent und frei von Widersprüchen sind[31]„. Hierbei werden für Zwecke der Beurteilung, ob Entwicklungen plausibel erscheinen, üblicherweise die folgenden Vergleichsmaßstäbe herangezogen:[32]

- Erläuterungen des Managements: Sind Planungsentwicklungen konsistent zu den Erläuterungen des Managements des Transaktionsobjektes?
- Beobachtete, normalisierte Vergangenheitsentwicklungen: Sind Entwicklungen in der Planung konsistent zu historisch beobachteten Trends?
- Vergleich zu externen Datenquellen wie Marktstudien oder Analysen von Wettbewerbern: Ist die geplante Entwicklung konsistent zu der prognostizierten Entwicklung von Marktstudien oder zur Planung von Wettbewerbern?

82 Während die Maßstäbe i) und ii) praktisch bei jeder Financial Due Diligence herangezogen werden, liegen externe Daten zur Plausibilisierung nur selten im Rahmen einer Financial Due Diligence vor. Eine Ausnahme stellen Prozesse dar, in denen ebenfalls eine Commercial Due Diligence durchgeführt wird. In solchen Fällen lassen sich die (externen) Daten der Commercial Due Diligence zur Plausibilisierung der Wachstums- und Umsatzentwicklungen auch für Zwecke der Financial Due Diligence heranziehen.

83 Letztlich kann eine Financial Due Diligence jedoch keine Aussage treffen, ob die Planung und Planannahmen des Transaktionsobjektes richtig sind[33]. Aufgrund der bestehenden

---

[29] Vgl. IDW Praxishinweis 2/2017.
[30] Vgl. dazu *Strottmann/Pinkernelle* in JSB Private Equity-HdB 2010.
[31] IDW Praxishinweis 2/2017 Tz. 5.
[32] Vgl. dazu IDW Praxishinweis 2/2017.
[33] Vgl. IDW Praxishinweis 2/2017.

Spielräume bei der Einschätzung von unsicheren zukünftigen Entwicklungen obliegt die abschließende Beurteilung der transparent gemachten wesentlichen Annahmen und Entwicklungen dem letztendlichen Nutzer der Financial Due Diligence, entweder in Form des potenziellen Investors oder einer finanzierenden Bank.

2. Plausibilisierung der rechnerischen Konsistenz der Planungsrechnung (integrierte Planung)

Bei der Plausibilisierung der rechnerischen Konsistenz der Planungsrechnung geht es vor **84** allem darum sicherzustellen, dass die Planung in sich konsistent und vollständig ist (sogenannte „Integrierte Planung"). Dies bedeutet, dass die Planung vollständig aus GuV, Bilanz und Cash Flow Rechnung (sowie ggf. weiterer konsistenter Detailpläne wie Absatzplanung, Personalplanung, Kapazitätsplanung) besteht und die einzelnen Rechenwerke zueinander konsistent sind. Beispiele für solche Schnittstellen zwischen einzelnen Rechenwerken sind:

- Konsistente Fortentwicklung des Anlagevermögens, die abstimmbar ist zu den Abschreibungen gemäß GuV und den Investitionen gemäß Free Cash Flow;
- Konsistente Fortentwicklung des Eigenkapitals unter Berücksichtigung der geplanten Jahresergebnisse und Ausschüttungen;
- Konsistente Anwendung der verwendeten Planungsannahmen innerhalb der Planung (zB Verwendung einheitlicher Wechselkurse, konsistente Verwendung gleicher Planabsatzmengen für Umsatz- sowie Produktions-/Kapazitätsplanung).

3. Anpassung der Unternehmensplanung um Feststellungen aus der Financial Due Diligence

Üblicherweise werden identifizierte rechnerische Inkonsistenzen als Due Diligence Berei- **85** nigungen und Normalisierungen in den dargestellten Zahlen der Financial Due Diligence angepasst, um das normalisierte Ergebnis, das normale Working Capital und den normalisierten Free Cash Flow im Planungszeitraum sachlogisch und konsistent abzubilden.

Hingegen werden identifizierte Unplausibilitäten in den wesentlichen Planungsannah- **86** men häufig nicht direkt als Bereinigung oder Normalisierung in den Zahlen berücksichtigt. Vielmehr fokussiert die Financial Due Diligence hier auf eine transparente Darstellung der Auswirkungen aus den vermeintlich unplausiblen Annahmen und quantifiziert die Effekte auf GuV, Working Capital und Cash Flow im Rahmen von Szenario- und Sensitivitätsanalysen[34].

Eine abschließende Beurteilung der Planung schließt dabei auch eine Einschätzung des **87** Prozesses der Planungserstellung mit ein (siehe auch Analyse der Qualität der Finanzinformationen). Hierbei sind die folgenden Dimensionen in die Beurteilung der Planungsqualität insgesamt einzubeziehen[35]:

- Für welchen Zweck wurde die Planung erstellt (speziell für die Transaktion oder im Rahmen des normalen Planungsprozesses)?
- Wer hat an der Planung mitgewirkt und welche Informationen bzw. Einschätzungen wurden berücksichtigt (zB nur Top-Management Sicht oder auch Einbindung der lokalen Vertriebs- und Kundenverantwortlichen)?
- Wann wurde die Planung erstellt und liegen wesentliche neuere Erkenntnisse vor, die noch nicht berücksichtigt worden sind?
- Ist die Planung vollständig (auf welchem Detailgrad wurde geplant und gibt es zentrale Einflussfaktoren, die nicht oder zu vereinfachend berücksichtig worden sind)?

[34] Vgl. dazu IDW Praxishinweis 2/2017.
[35] Vgl. dazu IDW Praxishinweis 2/2017.

C. Unternehmensbewertung

I. Grundsätzliche Problemstellung

88 Im folgenden Abschnitt soll aufgezeigt werden, wie die im Zuge der Financial Due Diligence gewonnenen Informationen bei der Wertermittlung eines Transaktionsobjektes einfließen und welche Verfahren zur Ermittlung eines Wertes existieren. Die Analysen der Due Diligence stellen aus der Sicht des Bewerters eine Datengrundlage bei reduzierter Informationsasymmetrie dar, da die finanzielle Ertragslage bereits analysiert, plausibilisiert und kommentiert wurde[36].

89 Bei der Bewertung von Transaktionsobjekten ist zu beachten, dass die Wertgrundlage künftige Erwartungsgrößen sind, bei deren Realisation Abweichungen vom Erwartungswert auftreten können. Neben der Datengrundlage ist das Wertergebnis zudem von den der Bewertung zugrundeliegenden Prämissen abhängig, die teilweise einen signifikanten Einfluss haben können. Ferner ist bei der Auswahl der Bewertungsmethode sowie der Festlegung der Bewertungsprämissen die Fragestellung der Bewertung relevant:

- Aus welcher Perspektive wird die Bewertung vorgenommen?
- Welche Einflüsse auf den Wert liegen vor?
- Werden Synergien berücksichtigt?

90 In der Regel ist die Bestimmung des Marktwertes des Eigenkapitals (Equity Value) die wesentliche Zielgröße im Zuge einer Transaktionsentscheidung. Dabei ist ein wesentliches Kriterium, dass verschiedene Marktakteure einem Transaktionsobjekt unterschiedliche Werte beimessen. In vielen Fällen wird entweder aus Sicht eines Erwerbers oder eines Veräußerers ermittelt, welcher Kaufpreis bei der Verhandlung über eine Transaktion (als Grundlage) anzusetzen ist. Eine Transaktion ist für die Marktakteure nur dann wirtschaftlich interessant, wenn der aus Verkäufersicht ermittelte Wert des Verbleibs des Transaktionsobjekts unterhalb des Verkaufspreises liegt bzw. aus Käufersicht der Wert des Transaktionsobjekts über dem Kaufpreis liegt. Dies ist für die durch eine Bewertung zu lösende Fragestellung ebenfalls relevant.

91 Ursächlich für voneinander abweichende Bewertungen des Transaktionsobjekts können unterschiedliche Annahmen der bewertungsrelevanten Parameter, wie die Absatz- und Wachstumserwartungen sowie die Finanzierungsannahmen sein. Ferner können strategische Überlegungen den Wert beeinflussen. Hierzu zählen beispielsweise operative Entscheidungen wie die (künftige) Durchdringung weiterer Märkte.

II. Bewertungsverfahren

92 Bei den Unternehmensbewertungsmethoden ist zwischen direkten und indirekten Verfahren zu differenzieren[37]. Discounted Cash Flow- und Ertragswertverfahren stellen direkte Bewertungsansätze dar. Bei Multiplikatorenverfahren handelt es sich dagegen um indirekte Ansätze. Der wesentliche Unterschied zwischen direkten und indirekten Verfahren ist die Gewichtung unternehmensspezifischer und unternehmensfremder Informationen in der Bewertung. Bei indirekten Bewertungsverfahren wird der Marktpreis über eine Bezugsgröße (zB EBIT oder EBITDA) in Relation zu Marktvergleichsgrößen ermittelt. Bei

[36] Vgl. dazu *Knauer/Herrmann/Wagener,* Status quo der Due Diligence in Deutschland, WPg 21/2017 (1274–1279).

[37] Vgl. dazu *Strottmann/Pinkernelle* in JSB Private Equity-HdB 2010; dabei ist zu beachten, dass beispielsweise *Wollny* die Begrifflichkeiten der direkten und indirekten Bewertungsmethode auch im Zusammenhang mit Beteiligungsbewertungen heranzieht. Hierbei wird differenziert zwischen der direkten Methode aus Free Cash Flows bzw. Ausschüttungen einer Beteiligung zur Bewertung (direkte Methode) sowie Gesamtbewertung mit quotaler Aufteilung gem. dem Wertanteil am Gesamtwert des Unternehmens (indirekte Methode), vgl. *Wollny,* Der objektivierte Unternehmenswert, 1. Aufl., 2008.

direkten Verfahren erfolgt die Bewertung primär aus den unternehmensspezifischen Informationen über Cash Flows, Gewinne und Ausschüttungen. Da bei direkten Verfahren in der Praxis zum Beispiel für die Ermittlung von Kapitalkosten auch unternehmensexterne Daten zugrunde gelegt werden, gilt sowohl für direkte, als auch für indirekte Verfahren, dass sie sowohl unternehmensspezifische als auch unternehmensfremde Informationen in dem Bewertungsprozess verarbeiten[38].

1. Multiplikatorenverfahren

Multiplikatorenverfahren stellen eine in der Praxis weit verbreitete Methode zur Unter- **93**
nehmensbewertung dar. Der Vorteil von Multiplikatorenverfahren liegt in ihrer Simplizität sowie Praktikabilität. Diese Vorteile leiten sich ua aus der Fokussierung auf wenige Parameter ab, sodass Bewertungen mittels Multiplikatorenverfahren auch bei schlechter Informationslage durchführbar sind.

Bewertungen mittels Multiplikatoren stellen eine Vergleichsbewertung dar. Damit wird **94**
implizit unterstellt, dass andere Unternehmen mitsamt Marktinformationen vorhanden sind, die mit dem Bewertungsobjekt vergleichbar sind, so dass Bewertungserkenntnisse dieser Unternehmen übertragbar sind. Dabei ist ein Multiplikator selbst als eine Kennzahl zu verstehen, die aus einer Strom- oder Bestandsgröße (zB Umsatz, EBITDA, oder Buchwert) sowie einer Wertgröße (zB der Marktkapitalisierung oder einem Verkaufspreis) besteht. Diese Kennzahl repräsentiert das Vielfache (den Multiplikator), welches bei dem Vergleichsunternehmen bzw. den Vergleichsunternehmen für die betreffende Bezugsgröße bezahlt wurde. Dabei wird unterstellt, dass der so ermittelte Multiplikator für das Vergleichsunternehmen bzw. der Vergleichsunternehmen auf die relevante Bezugsgröße des zu bewertenden Unternehmens übertragbar ist. Bewertungen mittels Multiplikatoren können dabei auf Grundlage sogenannter Transaction Multiples oder Trading Multiples erfolgen. Bei Transaction Multiples werden vergleichbare Transaktionen als Vergleichsgrundlage herangezogen, bei Trading Multiples aktuelle Marktdaten an der Börse gehandelter Unternehmen.

Die Anwendung der Multiplikatormethode erfolgt nach der Analyse des Bewertungs- **95**
objekts gemäß den folgenden Schritten:[39]

1. *Auswahl des Vergleichsmaßstabes*
   Im ersten Schritt sind Vergleichsunternehmen zu identifizieren. Dieser Schritt ist durchaus kritisch, weil idR keine Vergleichsunternehmen vorliegen, die in sämtlichen Kriterien identisch zum Bewertungsobjekt sind. Zu den Auswahlkriterien einer Gruppe von Vergleichsunternehmen können ua folgende gehören: Branchenzugehörigkeit, Unternehmensgröße/Marktkapitalisierung, Umsatz- und Kostenstruktur, Absatzmärkte, Marktposition und geographische Verbreitung, Lebenszyklusphase.
2. *Auswahl des Multiplikators*
   Im nächsten Schritt ist der Multiplikator auszuwählen. Dabei wird implizit angenommen, dass der Multiplikator die Bezugsgröße (zB EBITDA, EBIT, Profit) adäquat proportional zum Unternehmenswert darstellt. Bei der Auswahl des Multiplikators sind auch Spezifika von Unternehmen und Branchen zu berücksichtigen. In der Energiebranche können beispielsweise Umsätze durch Energiehandel, und Abschreibungen durch Investitionszyklen in Netzen beeinflusst werden, wodurch Vergleiche basierend auf Umsatz- bzw. EBIT-Multiplikatoren verzerrt werden können. Es gilt, dass verschiedene Differenzierungsmerkmale für verschiedene Multiplikatoren relevant sein können.

---

[38] Vgl. dazu ua *Damodaran,* Damodaran on Valuation, 2. Aufl., 2006; *Drukarczyk/Schüler,* Unternehmensbewertung, 7. Aufl., 2016 und *Meitner/Streitferdt* in Peemöller, Praxishandbuch der Unternehmensbewertung, 6. Auflage, 2015.

[39] Vgl. dazu *Löhnert/Böckmann* in Peemöller, Praxishandbuch der Unternehmensbewertung, 6. Auflage, 2015; *Strottmann/Pinkernelle* in JSB Private Equity-HdB 2010.

3. *Bestimmung des Unternehmenswertes*
Der Wert des betrachteten Unternehmens ergibt sich nun durch die Multiplikation der entsprechenden Strom- oder Bestandsgröße des zu bewertenden Unternehmens mit dem ermittelten Multiplikator. Je nachdem, welcher Multiplikator angewendet wird, wird ggf. zunächst der Unternehmensgesamtwert (Entity Value) ermittelt, so dass die Nettofinanzverbindlichkeiten (Net Debt) zur Ermittlung des Marktwertes des Eigenkapitals (Equity Value) abzuziehen sind. Bewertungen mittels Umsatz-, EBITDA- bzw. EBIT-Multiplikator zählen zu jenen bei denen zunächst der Entity Value abgeleitet wird, so dass für die Ermittlung des Equity Values das Net Debt abzuziehen ist. Im Gegensatz hierzu wird bei einer Bewertung anhand des P/E-Multiples direkt der Equity Value bestimmt. In diesem Fall wäre das Net Debt hinzuzuaddieren, wenn der Entity Value (beispielsweise für Vergleichszwecke) von Relevanz wäre.

96 Der Vorteil der Multiplikatormethode liegt in ihrer simplen Konzeption, die auch eine Anwendung bei schlechter Datenlage zulässt. Zudem ermöglicht eine Bewertung mittels Multiplikatoren die Berücksichtigung von Marktgegebenheiten.

97 Diese Vorteile verdeutlichen allerdings direkt, warum die Multiplikatormethode wissenschaftlich umstritten ist und primär eine Test-, Indikations- und Unterstützungsfunktion hat und somit beispielsweise in Praxisstandards der Wirtschaftsprüfer nur plausibilisierenden Charakter hat.[40] Zusätzlich zur Unterstellung der direkten Vergleichbarkeit zwischen den Vergleichsunternehmen und dem Bewertungsobjekt durch die Anwendung von Vergleichsgrößen werden verkürzte DCF-Kalküle unterstellt. Dabei wird die Leistungsfähigkeit des Bewertungsansatzes weiter eingeschränkt.

98 Für eine adäquate Bewertung wäre eine Ausmodellierung wesentlicher Unterschiede erforderlich, wodurch die Simplizität entfallen würde und sich die Multiplikatormethode dem Discounted Cash Flow-Ansatz annähern würde. Im Fall von Transaction Multiples wäre das Anpassen der Datengröße besonders problematisch, da Synergiegrößen quantifiziert werden müssten. Zudem verfügen Transaction Multiples über das Problem des zeitlichen Versatzes, da sie im Gegensatz zu Trading Multiples lediglich den Wertmultiplikator zu einem bestimmten Zeitpunkt darstellen.

99 In der Praxis findet die Multiplikatormethode jedoch weitreichende Anwendung bei Unternehmenstransaktionen. Speziell in Transaktionen im mittelständischen Bereich werden Multiplikatorverfahren aus den folgenden Gründen gerne verwendet:

- Das Bewertungskonzept ist leicht verständlich und eignet sich auch zur Verhandlung und Diskussion mit Erwerbern und Veräußerern, die keine besondere Expertise im Bewertungsbereich aufweisen.
- Eine Bewertung mit Multiplikatoren wird in der Regel als fair empfunden, da sie einen „Preisvergleich" mit Transaktionen von vergleichbaren Unternehmen / Wettbewerbern ermöglicht.
- Die Verwendung von Multiplikatoren erleichtert häufig die Einigung auf einen Kaufpreis, weil die Bewertung in Phasen aufgeteilt werden kann. So findet häufig in einem ersten Schritt eine Einigung von Käufer und Verkäufer auf einen Bewertungsmultiplikator (zB EBITDA-Multiple) auf Basis eines normalisierten Ergebnisses statt und erst in einem zweiten Schritt wird der finale Kaufpreis nach einer Financial Due Diligence auf Basis des in der Due Diligence ermittelten normalisierten Ergebnisses (EBITDA) ermittelt.

100 Jedoch verwenden auch kapitalmarktorientierte Großunternehmen Multiples gerne zur externen Kommunikation vor allem auch mit Analysten. Der Vorteil ist hierbei, dass über Multiples eine zusammengefasste Kommunikation der Bewertung erfolgen kann, ohne die Details einer intern separat durchgeführten Bewertung nach der Discounted Cash Flow Methode offenlegen zu müssen.

---

[40] Vgl. dazu *Löhnert/Böckmann* in Peemöller, Praxishandbuch der Unternehmensbewertung, 6. Auflage, 2015; *Schüler*, Zur Unternehmensbewertung mit Multiplikatoren, WPg 22/2014 (1146–1158); IDW S 1 (2008) Rn. 143.

2. Discounted Cash Flow Methode

Der Discounted Cash Flow-Ansatz (DCF-Ansatz) stellt eine direkte Bewertungsmethode dar. Hierbei wird der Zukunftserfolgswert auf Basis der künftigen erwarteten Free Cash Flows zu einem definierten Bewertungsstichtag ermittelt. Die Bewertung mittels DCF-Methode kann dem Entity- und dem Equity-Ansatz folgen. **101**

Eines der gängigsten Verfahren stellt der Entity-Ansatz mittels Weighted Average Cost of Capital-Methode (WACC-Methode) dar[41]. Dabei erfolgt die Bewertung zunächst anhand der Free Cash Flows, um den Entity-Wert zu ermitteln. Sämtliche Informationen bzgl. der Finanzierung fließen über die Kapitalkosten in die Bewertung. **102**

Beim DCF-Ansatz gemäß Flow-to-Equity-Methode (FTE) wird dagegen direkt der Free Cash Flow an die Eigenkapitalgeber nach Abzug der Werteinflüsse aus der Fremdfinanzierung bewertet. Entity- und Equity-Ansätze führen bei Anwendung gleicher Prämissen zu identischen Ergebnissen. Die dabei zunächst vorliegende Differenz zwischen dem Entity- und Equity-Wert stellt das Net Debt dar, das im Entity-Ansatz zu subtrahieren ist, um den Marktwert des Eigenkapitals zu ermitteln. **103**

Die Popularität des WACC-Ansatzes, lässt sich ua darauf zurückführen, dass direkt auf die oftmals im Zuge der Financial Due Diligence analysierten und normalisierten Free Cash Flows zurückgegriffen werden kann. Zudem lässt sich der Wert des Fremdkapitals anhand der in der Financial Due Diligence identifizierten Net Debt-Positionen vergleichsweise einfach ermitteln. **104**

Zu den Ausführungen werden einige Annahmen getroffen, die der Vereinfachung der Darstellungsweise dienen. In realen Bewertungssituationen müssen diese Annahmen nicht zutreffen. Die notwendigen Anpassungen für reale Situationen beeinflussen die grundsätzliche Vorgehensweise jedoch nicht, sie führen lediglich zu Änderungen im Detail sowie zu einer Erhöhung der Komplexität. Im Einzelnen soll gelten: **105**

- Es wird ein (effektiver) konstanter Steuersatz auf Zahlungen an die Eigenkapitalgeber unterstellt.
- Die Zahlungen an die Eigenkapitalgeber können ermittelt werden aus dem gesamten Free Cash Flow, der an das Unternehmen fließt, abzüglich der Zahlungen an die Fremdkapitalgeber.
- Das Fremdkapital ist nicht ausfallgefährdet und wird mit dem sicheren Zinssatz verzinst. Der Marktwert entspricht daher dem Rückzahlungswert.
- Es wird (üblicherweise) von einem unendlichen Fortbestand der Unternehmung ausgegangen (going concern).
- Nach dem Ende der sog. Detailplanungsphase des Business Plans wächst die Unternehmung mit einer konstanten Wachstumsrate pro Jahr weiter.
- Der erwartete normalisierte Free Cash Flow des Transaktionsobjektes ändert sich nach einer Transaktion nicht, wie es zum Beispiel aufgrund von veränderten Entscheidungen des Erwerbers möglich wäre (in der Regel werden entsprechende Änderungen durch den Bewertenden explizit modelliert).
- Für die Darstellung der Kapitalstruktur ist zu unterscheiden, ob eine atmende oder autonome Kapitalstruktur unterstellt wird. Bei einer atmenden Kapitalstruktur wird üblicherweise eine Zielkapitalkapitalstruktur in Form eines festgelegten Verhältnisses aus Fremd- zu Eigenkapital (jeweils zu Marktwerten) unterstellt, während bei der autonomen Kapitalstruktur eine konkrete Fremdkapitalplanung durch das Management angenommen wird[42].

---

[41] Eine branchenunabhängige empirische Untersuchung über die 400 größten CDAX-Unternehmen zeigt, dass der DCF-Ansatz das häufigste Verfahren darstellt. Innerhalb der DCF-Ansätze stellt wiederum der Free Cash Flow-Ansatz unter Anwendung des WACC die am weitesten verbreitete Methode dar (vgl. *Welfonder/Bensch,* Status Quo der Unternehmensbewertungsverfahren, CF 07–08/2017 (175–179)).

[42] Vgl. dazu *Drukarczyk/Schüler,* Unternehmensbewertung, 7. Aufl., 2016 und *Meitner/Streitferdt* in Peemöller, Praxishandbuch der Unternehmensbewertung, 6. Auflage, 2015.

106 Im Fall der zu treffenden Annahme über die künftige Kapitalstruktur ist die Anwendung einer atmenden Finanzierung allerdings im Hinblick auf eine Transaktion fragwürdig, da im Zuge einer Transaktion oftmals eine Neuaufnahme bzw. eine Tilgung von Fremdkapital erfolgt. Die Prämisse einer atmenden Kapitalstruktur kann bei der Durchführung einer Bewertung nach dem WACC-Ansatz allerdings zu einer Komplexitätsreduktion bei der Darstellung des Modells genutzt wurden.

107 Grundsätzlich gilt beim WACC-Ansatz, dass die Diskontierung der erwarteten periodenspezifischen Free Cash Flows von dem gewichteten Durchschnitt der Kosten von Eigen- und Fremdkapital abhängt:

$$WACC = k_{FK} (1 - s) \frac{FK}{GK} + k_{EK} \frac{EK}{GK}$$

108 Dabei gilt

s	Steuersatz auf Zahlungen an die Eigenkapitalgeber
k_{EK}	Kapitalkostensatz des Eigenkapitals
k_{FK}	Kapitalkostensatz des Fremdkapitals
EK	Marktwert des Eigenkapitals
FK	Marktwert des Fremdkapitals
GK	Marktwert des Gesamtkapitals

109 Bei den Fremdkapitalkosten wird in der Theorie häufig vereinfachend auf die Lehrbuchformel und damit auf die obig eingeführte Annahme verwiesen, wonach k_{FK} risikolos ist und somit dem risikolosen Zinssatz r_f entsprechen würde, weil kein Ausfallrisiko vorliegt. In der Praxis ist das Fremdkapital idR risikobehaftet. Für den Fremdkapitalkostensatz kann auf die Analysen der Financial Due Diligence über die exakte Höhe der Fremdkapitalkosten bzw. der Risikospreads zurückgegriffen werden. Der Risikospread wäre dann zum risikolosen Zinssatz hinzuzufügen, der sich beispielsweise aus langfristigen (quasi) risikofreien Staatsanleihen ableiten lässt.

110 Weiter können Informationen aus der Financial Due Diligence (bzw. sofern vorliegend Tax Due Diligence) auch als Grundlage für die steuerliche Abzugsfähigkeit und die Höhe des Steuersatzes verwendet werden.

111 Für den Eigenkapitalkostensatz kann beispielsweise das Capital Asset Pricing Model (CAPM) zugrunde gelegt werden:

$$k_{EK} = r_f + (r_M - r_f)\, \beta_L$$

112 Dabei gilt:

r_f	Risikoloser Zinssatz
r_M	Erwartete Rendite des Marktportfolios
β_L	(Verschuldeter) Beta-Faktor des Transaktionsobjektes

113 Im CAPM wird das spezifische systematische Risiko des Transaktionsobjekts über den Betafaktor in den Eigenkapitalkosten abgebildet. Dies impliziert, dass (potentielle) Investoren über ein diversifiziertes Portfolio verfügen. Das spezifische Risiko des Bewertungsobjekts wird entweder direkt über Marktdaten des Unternehmens (sofern dies börsengelistet ist) oder über Marktdaten aus Vergleichsunternehmen (Peer Group) abgeleitet. In letzterem Fall ist in einem ersten Schritt das Finanzierungsrisiko der Vergleichsobjekte zu eliminieren, sodass ausschließlich der aus der Peer Group abgeleitete unverschuldete Betafaktor (unlevered Beta, β_U) als Grundlage herangezogen und abschließend mit dem Finanzierungsrisiko des Bewertungsobjekts angepasst werden kann (levered Beta, β_L). Für die Heraus- bzw. Zurechnung des Finanzierungsrisikos können je nach Annahmen ua die Vorgehensweise von Hamada angewendet werden[43]:

[43] Die Umrechnung ermittelter Beta Faktoren auf unterschiedliche Verschuldungsgrade soll in diesem Artikel nicht dargestellt werden. Zur Methodik bei der Annahme der Existenz von risikolosem Fremd-

$$\beta_L = \beta_U \, (1+(1-s) \; \frac{FK)}{EK}$$

Für die erwartete Rendite des Marktportfolios r_M kann die erwartete Rendite für die Investition in einen die Entwicklung des gesamten Aktienmarktes repräsentierenden Index angesetzt werden. **114**

Bei Betrachtung der WACC- und Eigenkapitalkostenformel sowie der Bestimmung des verschuldeten Beta wird deutlich, dass sich zahlreiche Informationen aus vorliegenden Due Diligence-Untersuchungen nutzen bzw. aus Marktdaten ableiten lassen. Die Financial Due Diligence bzw. eine Commercial Due Diligence können dabei zB die Grundlage für die Selektierung der Peer-Group zur Ableitung des Betawertes stellen oder Grundlage bei der Selektion des Marktindex sein. **115**

Abschließend fehlt zur Bestimmung der Kapitalkosten gemäß WACC lediglich die Kapitalstrukturgewichtung, sofern eine autonome Finanzierung unterstellt wird. Da die Gewichtung der Anteile auf Grundlage von Marktwerten von Eigen- und Fremdkapital erfolgt, zeigt sich an dieser Stelle ein Interdependenzenproblem auf[44]. Als Lösung dieses Problems können iterative Berechnungen vorgenommen werden. Alternativ können Schätz- bzw. Hartwerte im Bewertungsmodell eingesetzt werden, allerdings mit der Folge von Bewertungsungenauigkeiten. Im Fall einer atmenden Kapitalstruktur besteht das Interdependenzenproblem nicht, da in der Regel eine fixe Ratio zwischen Fremdkapital und Eigenkapital unterstellt wird. **116**

Ist der *WACC* bestimmt, lässt sich der Wert des Unternehmens durch das Diskontieren der periodenspezifischen erwarteten (normalisierten) Free Cash Flows der Detailplanungsphase sowie des nachhaltigen Free Cash Flows in der ewigen Rente bestimmen. Dabei ist in der ewigen Rente zur Berücksichtigung des unterstellten nachhaltigen Wachstums der Wachstumsabschlag (g) vom WACC abzuziehen. **117**

$$V_U = \sum_{t=1}^{n} \frac{X_1}{(1 + WACC)^1} + \ldots + \frac{X_n}{(1 + WACC)^n \; (WACC - g)}$$

Die Financial Due Diligence kann hierbei Aufschluss über operative Profitabilität, das Investitionsniveau sowie das normale Working Capital und damit die Höhe der erwarteten Free Cash Flows aus dem Business Plan geben. Zudem gibt sie Anhaltspunkte für die Plausibilisierung der Planung im Vergleich mit der Vergangenheit bzw. beispielsweise durch Soll-IST-Abweichungsanalysen. Ferner kann die Financial Due Diligence auch Informationen liefern, die zur Ableitung des nachhaltigen Niveaus der ewigen Rente sowie des hierin verarbeiteten nachhaltigen Wachstumsniveaus herangezogen werden können. **118**

Der im ersten Schritt ermittelte Wert stellt den Gesamtwert des Transaktionsobjekts dar (Entity Value, V_U). Zur Bestimmung des Marktwertes des Eigenkapitals sind Abzugspositionen, die das Fremdkapital ausmachen, zu subtrahieren. Im Zuge der Transaktion können diese im Kaufvertrag geregelt werden. Ein Beispiel für eine solche Kaufvertragsregelung wäre eine „Cash and Debt Free"-Kaufpreisermittlung. In diesem Fall würde der Verkäufer das vorhandene Fremdkapital ablösen beziehungsweise vom Gesamtunternehmenswert in Abzug bringen und dem Käufer eine unverschuldete Unternehmung übergeben oder den Verkaufspreis entsprechend reduzieren. Gleichzeitig entnimmt er im Rahmen der Trans- **119**

kapital wurde im vorliegenden Fall auf den Ansatz von Hamada (The Effect of the Firm's Capital Structure on the Systematic Risk of Common Stocks, JoF 27 2/1972 (435–452) aufgesetzt.

[44] Vgl. dazu ua *Drukarczyk/Schüler,* Unternehmensbewertung, 7. Aufl., 2016; *Baetge/Niemeyer/Kümmel/Schulz* in Peemöller, Praxishandbuch der Unternehmensbewertung, 6. Auflage, 2015.

aktion nicht für den Betrieb der Unternehmung benötigte Zahlungsmittel. Die für eine solche Transaktion notwendige Ermittlung der Nettoverschuldung des Unternehmens sowie der Menge der vorhandenen, nicht für das operative Geschäft benötigten Zahlungsmittel, erfolgt ebenfalls im Rahmen der Financial Due Diligence und ist Gegenstand des Due Diligence Reports.

120 In der Praxis finden DCF-Verfahren vor allem in Form des WACC-Verfahrens weitreichende Anwendung. Dafür gibt es die folgenden Gründe:

- DCF-Verfahren stellen ganzheitliche Bewertungsmethoden dar, die Übergangsperioden zum nachhaltigen Unternehmenszustand und Free Cash Flow berücksichtigen. Ferner werden Risikoveränderungen zB durch den Abbau von Fremdkapital in der Unternehmensbewertung zeitbezogen berücksichtigt.
- Gerade vor dem Hintergrund von Transaktionen ist die Simulation von Szenarien in Bezug auf Preis-/Mengengerüste und deren Werteinfluss von besonderem Interesse. In einem integrierten Finanzmodell, das einer DCF-Bewertung zugrunde gelegt wird, werden Werteinflüsse sowie Finanzierungs- und Ausschüttungsimplikationen verdeutlicht. Zudem ermöglicht die Flexibilität der DCF-Methoden auch eine Berücksichtigung von Optionen.

121 Aus den obigen Gründen sind DCF-Methoden besonders populär. Im Hinblick auf das an die Transaktion folgende Management und Controlling des erworbenen Transaktionsobjektes spricht weiter für die DCF-Methoden (zB im Vergleich mit Multiplikatoren), dass DCF-Methoden auch von Steuerbehörden anerkannt werden bzw. für Impairment Tests herangezogen werden.

122 Neben dem WACC-Verfahren existieren zahlreiche weitere Varianten der Discounted Cash Flow Ansätze, die sich zwar hinsichtlich Verfahrensweise und Methodik unterscheiden, die aber als Input-Daten auf die gleichen Informationen angewiesen sind wie das obige Modell. Dass der WACC-Ansatz die populärste DCF-Methode darstellt hat ua mit der internationalen Anerkennung sowie der überschaubaren Komplexität zu tun. Der Adjusted Present Value Ansatz („APV-Ansatz“) als eine alternative DCF-Methode ist beispielsweise im Vergleich zum WACC-Ansatz mit seiner Trennung der operativen und steuerlichen Bewertungselemente in der Praxis nicht immer intuitiv nachvollziehbar.

3. Ertragswertverfahren

123 Das Ertragswertverfahren – nicht zu verwechseln mit dem Flow-to-Equity-Ansatz des DCF-Verfahrens – spielt historisch bedingt in Deutschland eine verhältnismäßig wichtige Rolle. In seinem Gutachten HFA 2/1983 wurde der Ertragswert vom Institut der Wirtschaftsprüfer in Deutschland eV (IDW) als der einzige und endgültige Weg angesehen, um den Unternehmenswert zu bestimmen. Mit der Neufassung des IDW-Standards 1 „Grundsätze zur Durchführung von Unternehmensbewertungen“ (IDW S 1) ist das IDW von dieser Auffassung abgerückt und betrachtet diese Methode nun als eine mögliche Variante der Diskontierung von Cash Flows, gleichwertig mit den DCF-Verfahren. Die Besonderheit an diesem Verfahren ist, dass nicht zunächst wie bei der oben beschriebenen DCF-Methode der Wert des gesamten Unternehmens ermittelt wird und anschließend aus diesem Betrag der Wert des Eigenkapitals der Unternehmung durch Abzug der Nettoverschuldung ermittelt wird, sondern dass die Grundlage der Diskontierung von vornherein die den Eigenkapitalgebern zufließenden Zahlungsströme – unter Anwendung einer Ausschüttungsprämisse – sind. Insofern handelt es sich um ein Equity-Verfahren.

124 Während das Ertragswertverfahren historisch bedingt in Deutschland eine wesentliche Praxisrelevanz hatte, vor allem aufgrund der Anerkennung von Steuerbehörden sowie aufgrund der direkten Identifikation von Ausschüttungen an die Eigenkapitalgeber, spielt es international als sog. Dividend Discount Model eine untergeordnete Rolle. Dies gilt insbesondere beim Erwerb durch Private Equity Unternehmen, da für Private Equity Unternehmen die Wertschöpfung zwischen Erwerb und Exit die primäre Rolle spielt und nicht die dazwischenliegenden Ausschüttungen.

4. Weitere Bewertungsverfahren

Neben Multiplikatorenverfahren sowie DCF- und Ertragswertverfahren gibt es weitere **125** Bewertungsansätze. Hierzu zählen beispielsweise das Substanzwertverfahren und Realoptionen.

Realoptionen stellen einen Bewertungsansatz dar, der gegenüber den DCF-Verfahren **126** bzw. dem Ertragswertverfahren mehr als nur einen fixen Satz an Annahmen zulassen. Stattdessen kann eine beliebige Anzahl an Erwartungswerten in Verbindung mit unterstellten Eintrittswahrscheinlichkeiten der Bewertung zugrunde gelegt werden. So ermöglichen Realoptionen beispielsweise die Berücksichtigung von Verzögerungsoptionen, Folgeinvestitionsoptionen, Abbruchsoptionen oder Erweiterungs- und Verkleinerungsoptionen in die Bewertung eines Transaktionsobjekts.

Die vielfältigen Darstellungsmöglichkeiten von Annahmen und Eintrittsmöglichkeiten zu **127** beliebigen Zeitpunkten machen Realoptionsverfahren zunächst einmal attraktiv bei Transaktionsabwägungen von Private Equity-Unternehmen, da beispielsweise verschiedene Entwicklungsphasen bei einem Start-Up- oder Turnaround-Fall dargestellt werden können. Realoptionen können sowohl im Bewertungskalkül von DCF-Verfahren berücksichtigt werden, als auch unter Anwendung der Optionspreistheorie modelliert werden. Die Komplexität hängt wesentlich vom Umfang der Modellierung ab. Die zunehmende Komplexität, zB im Fall einer Bewertung komplexer Situationen anhand von Optionspreismodellen, wie dem Black-Scholes-Modell, ist auf die zunehmende Anzahl zu bestimmender Prämissen zurückzuführen, wodurch die Attraktivität der Anwendung solcher Modelle im Vergleich zu besser nachvollziehbaren DCF-, Ertragswert- oder Multiplikatorenverfahren wiederum abnimmt.

Die Praxisrelevanz von Real Optionen ist differenziert zu betrachten. Von wesentlicher **128** Bedeutung sind Optionen in der Bewertung aufgrund vertraglicher Ausgestaltung (zB Rückkauf- oder Zukaufoptionen) iVm DCF-Verfahren, da hierbei eine überschaubare Komplexität die Berücksichtigung verschiedener Eintrittswahrscheinlichkeiten von Optionen ermöglicht. Ferner spielen Optionen eine Rolle bei der Bewertung von Start-Ups, zB im Hinblick auf Expansionen iVm zusätzlichen Finanzierungen. Komplexe Optionspreismodelle spielen dagegen in der Unternehmensbewertung eine untergeordnete Rolle und werden primär für die Bewertung von Finanzderivaten verwendet[45].

Eine weitere Bewertungsmethode stellt das Substanzwertverfahren dar. Anders als bei **129** zuvor vorgestellten Verfahren wird beim Substanzwertverfahren nicht die finanzielle Ertragskraft zugrunde gelegt, sondern lediglich der Wert der betrieblichen Substanz ermittelt. Der Substanzwert bemisst somit die Summe der Ausgaben, die der Aufbau einer identischen (Unternehmens-)Struktur erfordert. Folglich wird für die Wertbestimmung der Rekonstruktions- oder Wiederbeschaffungswert aller im Unternehmen vorhandenen materiellen und immateriellen Werte abzüglich der entsprechenden Schulden zugrunde gelegt. Dadurch, dass in diesem Bewertungsverfahren nicht aktivierte Unternehmenswerte wie das Know-How der Mitarbeiter sowie die Ertragsstärke des Unternehmens als Ganzes nicht berücksichtigt werden, ist die Aussagekraft von Substanzwerten eingeschränkt und in der Praxis nur von untergeordneter Bedeutung. Substanzwertverfahren dienen primär der Ermittlung von Rekonstruktions- und Wiederbeschaffungswerten von Vermögenswerten des Anlagevermögens.

[45] Vgl. dazu *Peemöller/Beckmann* in Peemöller, Praxishandbuch der Unternehmensbewertung, 6. Auflage, 2015; Für die Bewertung von Finanzderivaten ist darauf hinzuweisen, dass Optionspreismodelle, wie das Black-Scholes-Model, Einstieg in die Rechtsprechung gefunden haben und anerkannte Bewertungsmodelle darstellen (ua BFH v. 24.1.2001 – I R 119/98).

130 Sowohl bei der Berücksichtigung von Optionen iVm DCF-Verfahren, als auch bei der Anwendung von Optionspreismodellen oder einer Substanzbewertung können die Erkenntnisse aus einer zuvor durchgeführten Financial Due Diligence Aufschluss geben und zur Bestimmung von Parametern genutzt werden. Hierzu zählen sowohl die Analysen verschiedener Szenarien und ihrer Eintrittswahrscheinlichkeiten, als auch Informationen über Werte von Anlagegütern in der Bilanz.

III. Praxisstandards zur Bewertung

131 Aus der Vielzahl der Bewertungsansätze haben sich verschiedene Praxisstandards herausgebildet, die ein Grundgerüst für Bewertungen bieten und somit deren Vergleichbarkeit (teilweise) ermöglichen bzw. die Nachvollziehbarkeit der Bewertungskalküle und Prämissen erhöhen. Eine wesentliche Rolle spielen dabei die vom IDW formulierten Standards 1 „Grundsätze zur Durchführung von Unternehmensbewertungen" (IDW S 1) und 8 „Grundsätze für die Erstellung von Fairness Opinions". Für Private Equity-Unternehmen spielen überdies auch die Valuation Guidelines der International Private Equity and Venture Capital Valuation (IPEV) und der Private Equity Industry Guidelines Group (PEIGG) eine Rolle.

1. IDW S 1

132 Der IDW S 1 ist der für Wirtschaftsprüfer und Wirtschaftsprüfungsgesellschaften relevante Standard für die Bewertung von Unternehmen. Neben Transaktionen wird der IDW S 1 für eine Vielzahl weiterer Bewertungsanlässe unternehmerischer, steuerlicher oder gesellschaftsrechtlicher (zB die angemessene Abfindung im Zuge eines Squeeze-Outs) Natur angewendet.

133 Der IDW S 1 unterscheidet zwischen der Ermittlung des objektivierten und des subjektiven Unternehmenswertes. Der objektivierte Unternehmenswert ist ein intersubjektiv nachprüfbarer Zukunftserfolgswert aus der Perspektive der Anteilseigner, der sich bei Fortführung des Unternehmens auf Grundlage des bestehenden Unternehmenskonzepts unter Beachtung der Marktchancen, -risiken und finanziellen Möglichkeiten sowie sonstigen Einflussfaktoren ableiten lässt. Der objektivierte Unternehmenswert berücksichtigt bereits eingeleitete bzw. im Unternehmenskonzept dokumentierte Maßnahmen in der Wertfindung, auch unechte Synergien. Abweichend hiervon können im subjektiven Unternehmenswert auch individuell auftraggeberbezogene Konzepte und Annahmen, die noch nicht eingeleitet sind, sowie echte Synergien berücksichtigt werden.[46]

134 Für Bewertungen stützt sich der IDW S 1 auf den Zukunftserfolgswert unter Anwendung von DCF-Verfahren bzw. der Ertragswertmethode.[47] Vereinfachte Verfahren, wie Multiplikatoren, sowie Börsenpreise sind ausschließlich als Anhaltspunkte für die Plausibilitätsbeurteilung der mittels DCF- oder Ertragswertfahren herbeigeführten Bewertungsergebnisse vorgesehen.[48] Als Grundlage sowohl für die Bewertung als auch für die Plausibilisierung mittels Multiplikatoren können die in der Financial Due Diligence gewonnen Erkenntnisse herangezogen werden. Für die Financial Due Diligence liegen grundsätzlich analoge Praxishinweise zur Durchführung der Planungsplausibilisierung vor (auch → Rn. 76 ff.) [49]. Bzgl. der Plausibilisierungsanalyse von Gewinn- und Verlustrechnung sowie Bilanz und Kapitalflussrechnung im Zuge der Bewertungstätigkeit kann ebenfalls auf die Erkenntnisse aus der Financial Due Diligence zurückgegriffen werden. Allerdings sind auftragsspezifische Untersuchungstätigkeiten zu beachten.

[46] Vgl. dazu IDW S 1 (2008) Rn. 48 ff.
[47] Vgl. dazu IDW S 1 (2008) Rn. 7.
[48] Vgl. dazu IDW S 1 (2008) Rn. 142–144.
[49] Vgl. dazu IDW Praxishinweis 2/2017 Rn. 14.

Eine Bewertung auf Grundlage des Zukunftserfolgswerts beinhaltet üblicherweise zwei Planungsphasen. Die erste Phase basiert dabei auf der durch das Management vorgenommenen Planung, die ggf. im Zuge der Financial Due Diligence bzw. Bewertungsanalyse angepasst wurde. Darüber hinaus stellt die ewige Rente einen wesentlichen Wertbestandteil dar. Sie stellt den nachhaltigen Zustand des Unternehmens dar, der regelmäßig nicht Bestandteil der Unternehmensplanung ist und somit vom Bewerter abgeleitet werden muss. Dabei ist dem Unternehmens-, Markt- und Wettbewerbsumfeld Rechnung zu tragen und zu berücksichtigen, dass das Unternehmensergebnis durch Trendentwicklungen und Zyklen beeinflusst werden kann. Bei Bedarf ist als Übergang zur ewigen Rente eine Übergangsphase (Verlängerung der Detailplanungsphase) zu berücksichtigen, um eine plausible Unternehmensentwicklung abzubilden.[50] 135

2. IDW S 8

Anders als im zuvor dargestellten IDW S 1 handelt es sich beim IDW S 8 um keinen Standard zur Unternehmensbewertung, sondern zur Durchführung von Fairness Opinions. Der Begriff Fairness Opinion ist nicht gesetzlich kodifiziert. Eine Übersicht über Definitionen von Fairness Opinions von Franken/Schulte zeigt auf, dass sich wesentliche Merkmale herausgebildet haben, allerdings keine einheitliche Definition besteht.[51] Im Sinne des IDW S 8 handelt es sich bei der Fairness Opinion um eine Stellungnahme durch einen Wirtschaftsprüfer als unabhängiger Sachverständiger zur finanziellen Angemessenheit einer Transaktion, va eines vereinbarten oder vorgesehenen Transaktionspreises. Dabei erfolgt die Beurteilung der finanziellen Angemessenheit aus Sicht des Auftraggebers, allerdings ohne Aussagen darüber, ob ein vorteilhafterer Transaktionspreis mit anderen Parteien erzielbar wäre. 136

Fairness Opinions unterstützen aus Auftraggeberperspektive die Sorgfaltspflicht, beispielsweise nach § 93 AktG in Deutschland. Abhängig vom Auftrag dient eine Fairness Opinion zudem Vorstand und Aufsichtsrat bei der Erfüllung der Pflichten im Zusammenhang mit § 27 WpÜG.[52] Im Vergleich zur Bewertung nach IDW S 1 unterscheiden sich Fairness Opinions im Sinne des IDW S 8 insofern, als dass zunächst kein Wert des Transaktionsobjekts abgeleitet wird, sondern eine Bandbreite, die zur Beurteilung der finanziellen Angemessenheit dient. Die Wertbandbreite wird zudem nicht ausschließlich über kapitalwertorientierte Methoden (DCF- oder Ertragswertverfahren), sondern auch über marktpreisorientierte Verfahren (Börsenkurse und Multiplikatoren) und unter Einbezug subjektiver Faktoren aus Sicht des Auftraggebers bestimmt. Um die Marktbedingungen aus Angebot und Nachfrage und somit die Angemessenheit eines Transaktionspreises zu beurteilen, werden dabei ausdrücklich auch vergleichbare Trading Multiples in die marktpreisorientierten Verfahren einbezogen.[53] 137

Bei der Anwendung von DCF- bzw. Ertragswertverfahren sind bei der Erstellung der Fairness Opinion die methodischen Grundsätze des IDW S 1 zu beachten. Analog zur Bewertung nach IDW S 1 lassen sich auch bei der Fairness Opinion nach IDW S 8 die Informationserkenntnisse aus der Financial Due Diligence zur Plausibilisierung der Finanzdaten sowie zur Ableitung der normalisierten Free Cash Flows heranziehen. Im Erwerbsfall sehen die im IDW Praxishinweis für die Fairness Opinion besonderen Plausibilisierungsanforderungen sogar eine ausdrückliche Verwendung von Due Diligence Informationen vor, sofern diese vorhanden sind. Die Plausibilisierungsergebnisse und die dahinterliegenden Analysen werden im Valuation Memorandum der Fairness Opinion festgehalten.[54] 138

---

50 Vgl. dazu IDW S 1 (2008) Rn. 77, IDW Praxishinweis 2/2017.

51 Vgl. dazu *Franken/Schulte,* Fairness Opinions nach IDW S 8, 1. Aufl., 2014, S. 6.

52 Besonderheiten zur Fairness Opinion im Zusammenhang mit § 27 WpÜG sind im IDW S 8 (2011), Abschnitt 6, geregelt.

53 Vgl. dazu IDW S 8 (2011), Abschnitt 4.2.

54 Vgl. dazu IDW Praxishinweis 2/2017, Tz. 76.

3. IPEV und PEIGG Valuation Guidelines

139 Neben der Preisfindung im Zuge einer Transaktion ist aus der Sicht von Private Equity-Unternehmen die Wertsteuerung und das Beteiligungscontrolling von besonderer Bedeutung. Bei börsengehandelten Beteiligungen stellt die Nachverfolgung der Wertentwicklung keine große Schwierigkeit dar, da stets Informationen über den Wert sowie Angebot und Nachfrage vorliegen. Auch durch die Beobachtung von Wertpapierkursen bei Transaktionen von Vergleichsobjekten lassen sich Rückschlüsse über den Wert eines Aktienpaketes oder eines Portfolios verschiedener Aktien ziehen. Einschränkungen der Bewertbarkeit von Investitionen können existieren, wenn weder Werte für die Beteiligungen selber vorliegen noch Vergleichswerte beobachtbar sind.

140 Bei von Private Equity-Unternehmen gehaltenen Beteiligungen sind in der Regel beide Bewertungseinschränkungen gegeben. Zum einen ist es aus den bereits zuvor geschilderten Gründen problematisch, eine exakt vergleichbare Transaktion zu beobachten, zum anderen kann aufgrund der geringeren Menge an Transaktionen der beobachtete Wert nicht ohne Weiteres als Erwartungswert für eine eigene Transaktion angesetzt werden, weil zwischen einzelnen Transaktionen oftmals größere Zeiträume verstreichen. Es kann von einer vergleichsweise niedrigen Liquidität von Private Equity-Investitionen gesprochen werden, die dem Reporting von Private-Equity-Fonds-Managern erhebliche Probleme bereiten. Sie führen zu Inkonsistenzen innerhalb des Reportings einzelner Fonds und schränken die Vergleichbarkeit der Reportings verschiedener Fonds ein.

141 Vertreter der Private Equity Branche haben sich in den USA zur Private Equity Industry Guidelines Group (PEIGG) bzw. auf internationaler Ebene zum International Private Equity and Venture Capital Guidelines (IPEV) Board zusammengeschlossen, um diesem Problem entgegenzuwirken[55]. Hinter den vom IPEV Board vorgestellten Richtlinien stehen ua zahlreiche unterstützende nationale und internationale Vereinigungen, wie der Bundesverband Deutscher Kapitalbeteiligungsgesellschaften sowie Invest Europe, zuvor bekannt als European Private Equity and Venture Capital Association (ECVA).

142 Die Bewertungsrichtlinien von PEIGG und IPEV haben in erster Linie das Ziel eine Richtlinie zu bieten, die als Orientierung bei der Fair Value-Bewertung von Investments dienen soll, um eine Bewertungskonsistenz zu ermöglichen und damit die Vergleichbarkeiten von Bewertungen zu erhöhen. Hierzu greifen beide Richtlinien zunächst das Fair Value-Konzept auf, decken grundlegende Problemstellungen und Lösungsansätze von Private Equity-Investitionen sowie konkrete Bewertungsverfahren ab. Dazu zählen DCF- und Ertragswertverfahren, Multiplikatoren und Börsenkurse sowie weitere Verfahren zur Bewertung von Vermögensgegenständen. Auch wenn die Richtlinien eine Empfehlung darstellen, sind sie vage gehalten. Die IPEV Richtlinien zeigen dies am Beispiel von Optionspreismodellen. Bewertungen anhand von Optionspreismodellen werden in mehreren Sektionen als Möglichkeit betrachtet, allerdings nicht weiter spezifiziert.[56]

143 Die Richtlinien werden von den Autoren als freiwillig angesehen. Sie haben für Private Equity-Unternehmen primär einen unterstützenden Charakter beim Beteiligungsmanagement. Aufgrund der vagen Formulierung der beiden Richtlinien können allerdings Informationen aus vorliegenden Financial Due Diligence Berichten eine Grundlage darstellen, um zunächst zu erörtern, welche Informationen für eine Bewertung greifbar sind und hiermit verbunden, welcher Bewertungsansatz durchführbar ist. Ferner können Informationen aus einer Financial Due Diligence, eine substanzielle Grundlage für die Durchführung einer Bewertung nach PEIGG- oder IPEV-Guidelines darstellen, da analysierte

---

[55] *PEIGG,* Updated US Private Equity Valuation Guidelines, 2007; *IPEV,* International Private Equity and Venture Capital Valuation Guidelines, 2015.

[56] In *IPEV,* International Private Equity and Venture Capital Valuation Guidelines, 2015, Abschnitt 5.11., heißt es beispielsweise, dass Optionspreismodelle für Bewertungen von Investitionen in einer frühen Entwicklungsphase durchaus heranziehbar sind.

und plausibilisierte Finanzinformationen bzw. Marktinformationen zum Zwecke der Wertfindung herangezogen werden können.

D. Zusammenfassung und Fazit

Zusammenfassend lässt sich festhalten, dass die Durchführung der Financial Due Diligence primär dem Abbau von Informationsasymmetrien beim potentiellen Käufer dient und somit als Grundlage für eine Transaktionsentscheidung sowohl beim potenziellen Käufer als auch bei finanzierenden Banken Verwendung findet. Sie dient darüber hinaus dem die Transaktion durchführenden Management als Nachweis der Erfüllung der kaufmännischen Sorgfaltspflichten und stellt über ihre Analyse der Finanzzahlen des Transaktionsobjektes einen zusammenfassenden Rahmen für die weiteren Due Diligence Tätigkeiten je nach Käuferschwerpunkt dar. **144**

Die Analyse der Financial Due Diligence bezogen auf die historische und geplante operative Ertragskraft sowie die Analyse von Working Capital und Net Debt stellen dabei eine umfangreiche Grundlage für die Durchführung einer Unternehmensbewertung dar. Dies gilt sowohl für rein transaktionsgetriebene Bewertungen mittels Multiplikator- oder DCF-Verfahren als auch stärker formalisierte Unternehmensbewertungen gem. IDW S 1 bzw. Fairness Opinions gem. IDW S 8. Die überwiegende Zahl der für die Unternehmensbewertung notwendigen Plausibilisierungsarbeiten kann dabei bereits durch die Financial Due Diligence abgedeckt werden. **145**

Für die abschließende Ableitung eines Unternehmenswertes durch DCF- und Ertragswertverfahren bedarf es in weiteren Schritten vor allem eines Übergangs der vom Verkäufer geplanten Detailplanungsphase in die ewige Rente. Zudem bedarf es einer Würdigung der zuvor in der Financial Due Diligence analysierten und ausgewerteten Informationen zB zur Ermittlung der Kapitalkosten oder bei der Abschätzung der ewigen Rente. **146**

In welchem Umfang die Informationen aus der Financial Due Diligence für eine Bewertung verwendet werden kann, hängt dabei von der Detailtiefe der Financial Due Diligence und von der Bewertungsmethode ab. Die Anwendung des Multiplikatorverfahrens benötigt beispielsweise deutlich weniger Informationen aus der Financial Due Diligence als das DCF-Verfahren. **147**

Neben der Bedeutung für die Unternehmensbewertung, liefert die Financial Due Diligence zudem wichtige Information für die Verhandlungsführung und die Absicherung von identifizierten Risiken über den Kaufvertrag. Darüber hinaus dient die Financial Due Diligence auch Banken und sonstigen Fremdkapitalgebern als wichtige Entscheidungsgrundlage für die Finanzierung einer Unternehmenstransaktion und liefert auch wichtige Grundlagen für die Planung der Integration im Anschluss an die erfolgreiche Transaktion. **148**

4. Teil. Beteiligungsstrukturierung

§ 13 Management-Beteiligung

Übersicht

A. Vorbemerkung

I. Grundlagen

1 Mit dem Begriff „Managementbeteiligung" ist die Gesamtheit der Regelungen gemeint, die den Erwerb, die Art und die Dauer einer Beteiligung des Managements an einer Gesellschaft bestimmen. Dementsprechend haben auf die Managementbeteiligung ökonomische und juristische Faktoren Einfluss. Zu den Kernelementen der Managementbeteiligung gehören

- die beiderseitigen, zumeist disproportionalen Finanzierungsbeiträge,
- das so genannte „Leaver Scheme", in dem die unterschiedlichen wirtschaftlichen und rechtlichen Folgen in Abhängigkeit von der Dauer der Beschäftigung und dem Ausscheidensgrund bestimmt werden,

- der so genannte „Vesting Schedule“, der über die Ausübbarkeit und Unverfallbarkeit der gewährten Rechte entscheidet; und
- die so genannten „Ratchets“, die anreizorientiert die Erlösverteilung zwischen Finanzinvestoren und Management in Abhängigkeit von bestimmten Performance-Kriterien regeln.

2 Diese Bestimmungen sind regelmäßig in der geschlossenen Gesellschaftervereinbarung („Co-Investmentvereinbarung“) und teilweise in der Satzung der Erwerberholding („NewCo“), an der das Management beteiligt werden soll, enthalten. Beide Verträge bestimmen das Verhältnis von Management und Finanzinvestoren als Gesellschafter der Erwerberholding.

3 Darüber hinaus ermöglichen zwei englische Begriffe eine Abgrenzung, die auch die Gliederung der Darstellung in diesem Kapitel bestimmt. Unter den international gebräuchlichen Begriff „Management Equity Program“ (MEP) wird die Beteiligung des Managements am Eigenkapital der Erwerberholding gefasst. Der Begriff MEP ist daher synonym zu dem Begriff „Managementbeteiligung“ zu verwenden. Es entspricht dem in Private Equity-Transaktionen am häufigsten realisierten Beteiligungsmodell, weshalb hier der Schwerpunkt der Darstellung entsprechend auf diese Form der Beteiligung gelegt wird.

4 Neben diesen Begriffen existiert im internationalen Sprachgebrauch auch der Begriff „Management Participation Program (MPP)“. Mit diesem Begriff werden Managementanreize bezeichnet, die nicht ausschließlich auf eine direkt oder indirekt gehaltene Beteiligung am Eigenkapital der Erwerberholding zurückgehen. Hier stehen vielmehr andere Incentivierungen in Frage, die rechtlich und wirtschaftlich ähnliche Gestaltungselemente aufweisen. Auch diese Anreizformen werden im Folgenden erörtert.

II. Zielrichtungen von Managementbeteiligungen und vergleichbaren Anreizen

5 Mit Managementbeteiligungen in Private Equity-Transaktionen und mit vergleichbaren Management-Anreizstrukturen werden gemeinsame Zielrichtungen verfolgt. Das grundlegende Ziel besteht darin, gleichlaufende Interessen des Managements und der Finanzinvestoren zusammenzuführen und gegenseitige Interessen anzugleichen.[1]

6 Etwaige Interessendivergenzen haben ihren Ausgangspunkt im Principal-Agent-Problem,[2] das die Ineffizienzen beschreibt, die aus der Aufteilung von Kapital und Kontrolle hervorgehen. Das Principal-Agent-Problem stellt sich im Management Buy-Out (MBO) nicht nur wie häufiger beschrieben[3] zwischen der Zielgesellschaft bzw. den Altgesellschaftern einerseits und den einen MBO betreibenden Managern andererseits, sondern auch innerhalb der Buy-Out Gruppe selbst: Manager und Kapitalgeber haben unterschiedliche Interessen.

7 Der Kapitalgeber kann durch Aufbau eines Gesamtportfolios das mit der Zielgesellschaft verbundene unsystematische Risiko mittels Diversifikation ausgleichen. Dementsprechend kann der Kapitalgeber größere Chancen um den Preis größerer Risiken verfolgen, wenn das unternehmensspezifische Risiko durch das Gesamtportfolio ausgeglichen ist. Demgegenüber hat der Manager die Risiken seines Investments in Form von Arbeitseinsatz hinzunehmen, da er dieses wegen der firmenspezifischen Bindung seines Humankapitals nicht diversifizieren kann (vgl. das so genannte „Klumpenrisiko“). Folglich nimmt er regelmäßig eine eher risikoaverse Position ein.

[1] Vgl. von *Braunschweig* DB 1998, 1831 f.; *Hohaus* BB 2005, 1291 ff.; *Hohaus/Koch-Schulte* FS 10 Jahre P+P, 2008, 94; *Pöllath* in Verdient – unverdient, Unternehmerische Arbeit und Vermögen, S. 51 f., 81 ff.; *Pöllath* FS Lüer, 2008, 573.

[2] Vgl. dazu *Fama/Jensen* Journal of Law & Economics (1983), 301 ff. (307 ff.); *Jensen/Meckling* Journal of Financial Economics (1983), 305 ff. Die Annahmen der Agency-Theorie werden nicht jeden Einzelfall zutreffend abbilden. Gleichwohl kann die Theorie zumindest modellartig zur Beschreibung einer gewissen Verhaltenstendenz, die in der Mehrheit der Fälle gegeben ist, herangezogen werden.

[3] Vgl. dazu *Rhein,* Der Interessenkonflikt der Manager beim Management Buy-out, S. 65–73; *Weber,* Transaktionsboni für Vorstandsmitglieder, S. 60 ff.

8 Private Equity-spezifische Umstände verschärfen die Interessendivergenzen.[4] Anders als sonstige Kapitalgeber orientieren sich Private Equity-Investoren naturgemäß am Exit durch IPO, Trade Sale oder Secondary Buy-Out. Deshalb beträgt der Investitionshorizont regelmäßig drei bis sieben Jahre. Anreizsysteme für Manager sollen zum einen als Motivations- und Steuerungsinstrument überhaupt erst dem Management einen Anreiz geben, den Exit herbeizuführen. Zum anderen stellen sie auch eine Kompensation dafür da, dass entgegen dem regelmäßig langfristig orientierten und auf eigene Sicherheit bedachten Denken der Manager ein eher kurzer Investitionshorizont verfolgt wird. Zudem muss das Management für Arbeitsmarktnachteile kompensiert werden. Diese Nachteile werden offenbar, wenn die größere Risikoneigung eines Private Equity-Investors und die durch ihn veranlasste engere Führung des Managements mit den Risikoneigungen eines eigentümergeführten mittelständischen Unternehmens bzw. einer börsennotierten Gesellschaft mit weit verteiltem Eigenkapital und entsprechenden Managementfreiräumen verglichen werden. Die Überwindung der vorgenannten Interessendivergenzen ist aus Kapitalgebersicht notwendig, um das zentrale Ziel, die größtmögliche Steigerung des Unternehmenswerts, zu erreichen. Dies erfordert eine optimale Gestaltung der Anreizstruktur.

9 Vom Management wird der zur Verfügung gestellte Anreiz insbesondere dann als lohnend empfunden, wenn es für den Erfolgsfall des Gesamtinvestments die Möglichkeit erhält, mit möglichst geringem Kapitaleinsatz einen möglichst hohen Erlös zu erzielen. Dieses Rentabilitätsziel hängt wiederum von zwei Gestaltungselementen ab. Zunächst ist der Leverage-Effekt zu nennen, der hier wie allgemein in der Finanzierungstheorie auch dadurch bestimmt wird, bei geringem Eigenkapitaleinsatz des Managements eine möglichst hohe Verzinsung des getätigten Investments zu erreichen. Des Weiteren ist eine steueroptimierte Gestaltung des Managementanreizes erforderlich. Inwieweit dieses Gestaltungselement umgesetzt werden kann, hängt von der Wahl einer günstig besteuerten Einkunftsart sowie eines günstigen Besteuerungszeitpunkts ab.

10 Der Finanzinvestor verfolgt bei der Implementierung der Anreizstruktur ebenso ein Rentabilitätsziel. Der Gesamtnettoeffekt hängt unter anderem davon ab, inwieweit sich der nachsteuerliche Cash-Flow bei dem jeweiligen Portfolio-Unternehmen unmittelbar bei dem Finanzinvestor maximieren lässt, indem die für das Anreizprogramm erforderlichen Aufwendungen als Betriebsausgaben bei dem Portfolio-Unternehmen abzugsfähig sind. Außerdem kann es darauf ankommen, den vorsteuerlichen Ertragswert auf Grundlage der EBIT- oder EBITDA-Zahlen durch geringe Lohnkosten möglichst unberührt zu lassen. Welcher dieser unterschiedlichen Parameter zur Anwendung kommt, entscheidet sich nach Art des Investments.

B. Gestaltungsmöglichkeiten

11 Wie zuvor beschrieben, existieren neben der Managementbeteiligung im engeren Sinne auch andere Formen von Managementanreizen, bei denen das Management nicht Geschäftsanteile an der Erwerberholding erhält.[5] Die Auswahl des zum Einsatz kommenden Gestaltungsmittels richtet sich allgemein danach, mit welchem Instrument die Zielsetzungen des konkreten Falls bestmöglich und steueroptimiert umgesetzt werden können.

I. Echte Kapitalbeteiligung

12 In der Regel wird in Private Equity-Transaktionen das Anreizsystem für die wichtigen Entscheidungsträger durch eine echte Kapitalbeteiligung umgesetzt.[6] Dadurch verbinden Finanzinvestoren und Manager als Gesellschafter gemeinsame Interessen. Zudem steht nur

[4] Vgl. dazu insbesondere von *Braunschweig* DB 1998, 1831 (1832).
[5] Vgl. von *Braunschweig* DB 1998, 1831 (1832 ff.).
[6] Dazu ausführlich *Hohaus/Inhester* DStR 2003, 1765 (1766).

die Eigenkapitalbeteiligung für eine (un-)mittelbare Beteiligung am „eigenen" Unternehmen. Daher verwundert es nicht, wenn dieser Beteiligungsform die vergleichsweise höchste Incentivierungswirkung zugeschrieben wird.[7] Je nach Anzahl der begünstigten Manager wird für diese ein Anteil von 5–20 % an der Erwerberholding zur Verfügung gestellt. Die Anteile werden von den Managern entweder unmittelbar („Direktbeteiligung") oder aber für die Manager treuhänderisch durch eine zwischengeschaltete Gesellschaft („Treuhand-GmbH") gehalten.[8] Alternativ dazu kommt eine Zwischenschaltung einer GmbH & Co. KG („Manager-KG") in Betracht, an der sich die Manager als Kommanditisten beteiligen. Derartige Managementbeteiligungsgesellschaften unterliegen nicht den Regeln des KAGB, da sie nicht im Sinne des KAGB Kapital einsammeln und jedenfalls der Anwendungsbereich der investmentrechtlichen Bereichsausnahme für Arbeitnehmerbeteiligungssysteme in § 2 Abs. 1 Nr. 6 KAGB eröffnet ist.[9] Diese Bündelung des Managements bietet sich gerade bei einer größeren Anzahl von zu beteiligenden Managern an. Für das Management ist dies nicht unbedingt nachteilig. Die Finanzinvestoren genießen jedenfalls den Vorteil, dass die Administration der Beteiligungen insgesamt vereinfacht wird. Zum einen weiß man immer, wo die Anteile sind, und bewahrt sich die Handlungsfähigkeit insbes. im Exit[10]. Zum anderen können in der Gesellschafterversammlung der NewCo die Manager durch einen Gesellschafter allein vertreten werden.

13 Das für den Geschäftsanteilserwerb aufzubringende Eigeninvestment eines Managers der ersten Managementebene entspricht in der Regel ungefähr einem Bruttojahresgehalt. Auf der zweiten Ebene sind die zu investierenden Summen regelmäßig geringer. Darüber hinaus ist deren Beteiligung freiwillig.

II. Tantiemen und virtuelle Kapitalbeteiligung

14 Tantiemen kommen in Private Equity-Transaktionen ebenso zum Einsatz. Diese Vergütungsform kann allerdings zwischenzeitlich als Standardbestandteil der variablen Managervergütung gelten. Sie kommen zur Umsetzung der vorgenannten Gestaltungsziele von Management-Anreizstrukturen in Private Equity Transaktionen allerdings nur selten zum Einsatz.

15 Wenn die rechtlichen Wesensmerkmale einer Gesellschafterstellung vermieden werden sollen, die Beteiligung aber einer echten Kapitalbeteiligung wirtschaftlich entsprechen soll, kommt die Gewährung virtueller Kapitalbeteiligungen (so genannter „Phantom Stocks") in Betracht.[11] Bei einer solchen „Als-ob-Beteiligung" handelt es sich regelmäßig rechtlich und steuerlich um eine Tantieme oder, sofern der Manager eigenes Kapital einsetzt, um ein partiarisches Darlehen. Die Umsetzung von dem angloamerikanischen Vorbild folgenden „Tracking Stocks",[12] deren Inhaber wirtschaftlich eine Beteiligung an rechtlich unselbstständigen Unternehmensteilen und rechtlich eine Beteiligung an der Gesamtgesellschaft erhalten sollen, trifft in Deutschland jedoch auf rechtliche Probleme. Diese führen zu Unwägbarkeiten, die die Realisierung der erstrebten Anreizwirkung gefährden.

[7] *Hohaus/Koch-Schulte* FS 10 Jahre P+P Pöllath + Partners, 2008, 93 (95).

[8] Zur „Treuhandlösung" *Hohaus* DB 2002, 1233. Zur steuerlichen Anerkennung der Treuhandlösung siehe auch BFH Urt. v. 21.5.2014 – I R 42/12, StBW 2014, 778 ff. mit Anm. *Dräger.*

[9] Dazu ausführlich *Ulrich,* Private Equity (LBO) vor und nach Inkrafttreten des KAGB, S. 290; *Mantke* in Holzner/Mantke/Stenzel Rn. 1065 ff.

[10] Exit kann einerseits durch einen Verkauf der Anteile an der NewCo und andererseits auch durch einen Börsengang durchgeführt werden. Wenn die Vermögenswerte der NewCo verkauft werden spricht man regelmäßig von einem Asset Deal. Nach Ausschüttung der Veräußerungserlöse wird die NewCo dann üblicherweise liquidiert.

[11] Vgl. zu weitergehenden Fragestellungen: bzgl. AGB Themen *Schniepp/Giesecke* NZG 2017, 128 ff.; bzgl. Abspaltung und Ausgliederung *Wilhelm* NZG 2013, 1211 ff.

[12] Vgl. dazu *Görgemanns* GmbHR 2004, 170 ff.; *Prinz/Schürner* DStR 2003, 181 ff.; *Tonner* IStR 2002, 317 ff.; *Vater,* Stock Options, S. 219 ff.

III. Optionsrechte

Zu Vergütungszwecken gewährte Optionsrechte sind in der angloamerikanischen Vergütungspraxis trotz der geübten Kritik[13] weitverbreitet und gehören unter anderem deshalb auch weiterhin zur Vergütungspraxis in Deutschland. **16**

Optionsrechte unterstützen den Leverage-Effekt, da sie für eine maximale Beteiligung am Erfolg bei minimalem Kapitaleinsatz des Managers stehen. Allerdings sind die Optionen steuerlich unattraktiv, da für sie nur eine „Endbesteuerung" in Betracht kommt: Die Optionen sind nicht bei Erwerb, sondern bei Ausübung zu besteuern. Versteuert werden muss der Differenzbetrag zwischen dem Basispreis und dem zum Ausübungszeitpunkt gegebenen Verkehrswert.[14] Weiterhin ist bemerkenswert, dass kaum noch Aktienoptionen ausgegeben werden, die ausschließlich an die Kursentwicklung des gewährenden Unternehmens anknüpfen.[15] **17**

Ansonsten unterscheiden sich Optionsrechte, solange sie nicht ausgeübt sind, von Tantiemen im Wesentlichen nur dadurch, dass ein Ergebnisausweis bei dem Portfolio-Unternehmen ggf. vermieden werden kann, wenn eine Bilanzierung nach HGB erfolgt.[16] Gerade darin liegt im Hinblick auf die vom Finanzinvestor angestrebte Steigerung des meist auf Ergebnis-Kenngrößen basierenden Unternehmenswertes ihre eigentliche Attraktivität. **18**

Das Aktiengesellschaftsrecht hält für Optionen ein ausgefeiltes gesetzliches Instrumentarium bereit, das eine Mitwirkung der Aktionäre nur bei Begründung des Optionsprogramms vorschreibt. Vor der Einführung von „Naked Warrants" durch das KonTraG im Jahr 1998[17] wurden Aktienoptionspläne regelmäßig mit Wandelschuldverschreibungen und Optionsanleihen unterlegt. Dieser Weg kann auch nach Einführung des KonTraG weiterhin für die Bedienung von Aktienoptionsplänen beschritten werden.[18] Im GmbH-Gesellschaftsrecht müssen Optionsrechte mangels gesetzlicher Bestimmungen individuell vereinbart werden. Daher eignet sich ein mit Optionsrechten unterlegtes Anreizprogramm nur bedingt für eine Struktur, die für eine Vielzahl von Teilnehmern vorgesehen ist. § 55a GmbHG sieht vor, dass der Gesellschaftsvertrag den Geschäftsführer für höchstens 5 Jahre nach Eintragung der Gesellschaft ermächtigen kann, das Stammkapital bis zu einem bestimmten Nennbetrag (genehmigtes Kapital) durch Ausgabe neuer Geschäftsanteile gegen Einlagen zu erhöhen. **19**

IV. Kombinationsmodelle

Neben den genannten Gestaltungsmöglichkeiten von Management-Anreizstrukturen sind zunehmend auch solche Programme anzutreffen, in denen Wesensmerkmale der vorgenannten Ursprungsformen miteinander kombiniert werden. Bei so genannten Matching Stock-Programmen (MSP) wird die Zuteilung von Optionsrechten (Aktienoptionen oder Phantom Stocks) an den Erwerb und das Halten von Aktien gekoppelt und zugleich Erfolgshürden und Sperrfristen für die mit Aktienerwerb verbundene Berechti- **20**

---

13 International führend dürfte sein *Bebchuk/Fried,* Pay without Performance, S. 15 ff.

14 Vgl. BFH Urt. v. 24.1.2001 – I R 100/98, BStBl. II 2001 S. 509 ff.; Urt. v. 1.2.2007 – VI R 73/04, BFH/NV 2007, 896 ff. Zum Management Buy-Out und der Ausgabe von Stock Options vgl. ferner *Eschbach* BB 1999, 2484 ff.

15 Vgl. prägnant zur Entwicklung der Vergütungspraxis mit Optionen *Hoffmann-Becking* in Verdient – unverdient, Unternehmerische Arbeit und Vermögen, S. 94.

16 Nach hM sind weder Zusage noch Ausgabe von Optionsrechten an Mitarbeiter als Personalaufwand zu erfassen. Vgl. *Herzig* DB 1999, 1 ff.; differenzierend *Vater* DB 2000, 2177 ff. Bei Bilanzierung nach US-GAAP und IAS/IFRS ist hingegen eine ausnahmslose Erfassung als Personalaufwand erforderlich; vgl. ausführlicher dazu *Heidemann/Mittermaier/Brunner* in Harrer, Mitarbeiterbeteiligungen und Stock-Option-Pläne Rn. 315 ff.; *Heimbürger* WPg 2008, 117 ff. *Blecher* WPg 2011, 625 ff. Bzgl. Rückstellungsbildung vgl. *Arbter/Skowronek* BC 2014, 138 ff. und BFH Urt. v. 15.3.2017 – I R 11/15, BB 2017, 1904.

17 BT-Drs. 13/9712, 1 ff. (Regierungsbegründung).

18 Vgl. *Weiß,* Aktienoptionspläne für Führungskräfte, S. 193 mwN.

gung auf die Optionen vereinbart. Eine solche Kombination schafft einen entsprechenden Leverage-Effekt, der gerade dann gefragt ist, wenn ein Finanzinvestor vor dem IPO Hauptgesellschafter war und nunmehr eine Beteiligungsart mit hoher Hebelwirkung gesucht wird.[19]

C. Tantiemen und Optionsrechte

I. Allgemeine Rahmenbedingungen für Tantiemen

21 Tantiemen für Manager können entweder im Dienst- bzw. Arbeitsvertrag geregelt oder in einer separaten Tantiemevereinbarung festgesetzt werden. Gleiches gilt für virtuelle Beteiligungen, da diese rechtlich Tantiemen entsprechen. Die Bedingungen für die Gewährung der Sondervorteile differenzieren in der Regel sowohl dem Grunde sowie der Höhe nach. Häufig wird die Tantieme über einen zweistufigen Regelungsmechanismus eingeführt: Auf der ersten Stufe wird die Tantieme dem Grunde nach zugesagt, da der Arbeitsvertrag den Abschluss einer Zielvereinbarung oder die Teilnahme des Arbeitnehmers an einem zielorientierten Bonusplan des Unternehmens vorsieht. Die konkreten Voraussetzungen der Bonusberechtigung werden auf der zweiten Stufe in der Zielvereinbarung oder dem Bonusplan geregelt. Kommt eine solche Zielvereinbarung dann später nicht zustande, steht dem Manager zwar kein Bonus, aber womöglich ein Schadensersatzanspruch zu.[20]

1. Arbeitsrechtliche Grundsätze

22 In Buy-Out-Strukturen hängt die Höhe des Tantiemeanspruchs unter anderem davon ab, wie lange der Manager im Unternehmen tätig war und aus welchen Gründen er ausgeschieden ist.[21] Teilweise wird auch vorgesehen, dass bereits geleistete Tantiemezahlungen im Falle eines Ausscheidens zurückgezahlt werden müssen.[22]

23 Insbesondere bei Personen, die nicht dem Vorstand bzw. der GmbH-Geschäftsführung angehören, sind solche Klauseln im Hinblick auf eine faktische Vereitelung des Kündigungsrechtes problematisch. Denn einem Manager, dessen Ausscheiden mit dem Verlust potentieller Vergütungsansprüche sanktioniert wird, wird es schwer fallen, von seinem Kündigungsrecht Gebrauch zu machen. Erfolgsbeteiligungen und Leistungsprämien dürfen nach der Rechtsprechung des Bundesarbeitsgerichts[23] nicht an den Fortbestand des Arbeitsverhältnisses über den Bemessungszeitraum hinaus gekoppelt werden. Zulässig sollten demgegenüber Regelungen sein, bei denen der Tantiemeanspruch erst zu dem Zeitpunkt entsteht, in dem die Tantieme unverfallbar und ausübbar geworden ist, auch wenn die Ergebnisse früherer Geschäftsjahre (Bemessungsjahre) in die Berechnung des Tantiemeanspruchs einbezogen werden.[24] Denn in diesem Fall wird dem Mitarbeiter bei Ausscheiden kein Arbeitslohn entzogen, der wirtschaftlich einem früheren Zeitraum zuzuordnen ist. Die Tantieme ist dann Entgelt für die Arbeitsleistung des Jahres, in dem die Unverfall- und Ausübbarkeit eintritt, und nicht Entgelt für die Arbeitsleistung des Bemessungsjahres. Diese wirtschaftliche Zuordnung kann aber durch Hinzutreten bestimmter Umstände (bspw. a-conto-Zahlungen auf Tantiemen) in Frage gestellt werden und eine andere Beurteilung kann angezeigt sein.

---

19 Vgl. dazu *Ambacher* in Venture Capital Magazin, Sonderbeilage „Munich Private Equity Training 2007", Ausgabe August/September 2007, 18; *Hohaus/Koch-Schulte* FS 10 Jahre P+P Pöllath + Partners, 2008, 93 (97).

20 BAG Urt. v. 12.12.2007 – AZR 97/07, DB 2008, 473 ff.

21 Dabei handelt es sich um so genanntes „Vesting". Dazu sogleich ausführlicher → Rn. 51.

22 Zu arbeitsrechtlichen Aspekten von Freiwilligkeits- und Rückzahlungsklauseln vgl. *Lingemann/Gotham* NZA 2008, 509.

23 BAG Urt. v. 27.4.1982 – 3 AZR 814/79, DB 1982, 2406.

24 AA wohl *Hidalgo/Rid* BB 2005, 2686 (2690).

Darüber hinaus ist im Einzelfall zu untersuchen, ob das jeweilige Tantiememodell mit den weiteren Rechtsprechungsgrundsätzen des Arbeitsgerichts zu Sondervergütungen[25] in Einklang steht. Bei der Prüfung der Wirksamkeit der jeweiligen Vertragsklausel ziehen die Arbeitsgerichte regelmäßig die dem Anreizmodell zugrunde liegende Risikoverteilung in Betracht.[26] 24

2. Problematik der verdeckten Gewinnausschüttung

Bei Tantiemevereinbarungen sind stets die steuerlichen Implikationen im Blick zu behalten. 25
Nach Maßgabe der Rechtsprechung des Bundesfinanzhofs[27], die durch Bundesministerium der Finanzen-Schreiben[28] und Richtlinien[29] konkretisiert wird, sind unangemessene Tantiemezahlungen in verdeckte Gewinnausschüttungen (§ 8 Abs. 3 S. 2 KStG) umzuqualifizieren.[30] Unter einer verdeckten Gewinnausschüttung in diesem Sinne ist eine Vermögensminderung oder verhinderte Vermögensmehrung zu verstehen, die durch das Gesellschaftsverhältnis veranlasst ist, sich auf die Höhe des Unterschiedsbetrags (gemäß § 4 Abs. 1 iVm § 8 Abs. 1 S. 1 KStG) auswirkt und in keinem Zusammenhang zu einer offenen Ausschüttung steht.[31] Die verdeckte Gewinnausschüttung hat zur Folge, dass bei der Gesellschaft der Betriebsausgabenabzug entfällt und das zu versteuernde Einkommen nicht gemindert wird.[32]

Nach den ursprünglich etablierten Grundsätzen ist eine verdeckte Gewinnausschüttung 26
regelmäßig anzunehmen, wenn (i) die vereinbarte und zugesagte Tantieme sich auf mehr als 50 % des handelsrechtlichen Jahresüberschusses der Gesellschaft vor Abzug der Gewinntantieme und der ertragsabhängigen Steuern (KSt, GewSt und SolZ) beläuft („50 %-Grenze") oder (ii) die Tantieme als variabler Vergütungsanteil 25 % der Summe der Geschäftsführervergütung übersteigt („75/25-Regel" mit Wirkung als Indiz für das Vorliegen einer verdeckten Gewinnausschüttung).[33] Zunächst sind für die Prozentermittlung die zum

[25] Vgl. mit einem Überblick über die Rechtsprechung *Lembke* BB 2001, 1469 (1473); *Lingemann/Gotham* NZA 2008, 509; *Pulz* BB 2004, 1107 (1112).

[26] Exemplarisch ist insoweit BAG Urt. v. 28.5.2008 – 10 AZR 351/07, ZIP 2008, 1390 ff., zu nennen.

[27] BFH Urt. v. 27.2.2003 – I R 46/01, DStR 2003, 1567 ff.; Urt. v. 4.6.2003 – I R 24/02, DStR 2003, 1747 ff.

[28] Bundesministerium der Finanzen: Schreiben v. 1.2.2003 – IV A 2 – S 2742 – 4/02, BStBl. I S. 219 (Anerkennung von Gewinntantiemen); Bundesministerium der Finanzen: Schreiben v. 14.10.2002 – IV A 2 – S 2742 – 62/02, BStBl. I S. 972 (Angemessenheit der Gesamtbezüge eines Gesellschafter-Geschäftsführers); eine Übersicht über die Rechtsprechung findet sich bei *Schwedhelm* AG 2006, 626 f. Zum Verhältnis von BFH-Rechtsprechung und Bundesministerium der Finanzen: Schreiben vgl. OFD Düsseldorf: Verfügung v. 17.6.2004 – S 2742 A, St 13/S 2742 – 88 St 131 – K, DStR 2004, S. 1386 f.

[29] R 36 der Körperschaftsteuer-Richtlinien 2004 mit Hinweisen 2006.

[30] Die dort aufgestellten Grundsätze gelten auch für nicht beherrschende Gesellschafter-Geschäftsführer; vgl. BFH Urt. v. 15.3.2003 – I R 74/99, BB 2000, 2082 (2083). Wenn die Gesellschaft eine Leistung an ihn oder an eine ihm nahe stehende Person erbringt, für die es an einer klaren und eindeutigen, im Voraus getroffenen, zivilrechtlich wirksamen und tatsächlich durchgeführten Vereinbarung fehlt, ist das vom Fremdvergleich abweichende Verhalten der Gesellschaft und ihres Gesellschafters oder diesem nahe stehenden Person die für die verdeckte Gewinnausschüttung erforderliche Veranlassung im Gesellschaftsverhältnis.

[31] Vgl. etwa BFH Urt. v. 18.9.2007 – I R 73/06, DStR 2008, 247 ff.

[32] Ausführlich zur verdeckten Gewinnausschüttung bei unüblichen Tantiemevereinbarungen mit Gesellschafter-Geschäftsführern *Schnittker/Best* GmbHR 2002, 565 ff.; für AG-Vorstände *Schwedhelm* AG 2006, 626; *Erhart/Lücke* BB 2007, 183 ff.

[33] Die 75/25-Regel aufweichend, aber die 50 %-Grenze bestätigend BFH Urt. v. 26.5.2004 – I R 86/03, GmbHR 2004, 1536 ff. Die Abweichung von der 75/25-Regel soll kein Indiz für eine verdeckte Gewinnausschüttung sein, wenn mit sprunghaften Gewinnentwicklungen gerechnet werden konnte, starke Ertragsschwankungen gegeben sind, eine Gewinnprognose im Vorfeld nicht erstellt wurde oder sich die Prognose später nicht mehr verlässlich rekonstruieren lässt oder keine weiteren Anhaltspunkte für die Annahme einer verdeckten Gewinnausschüttung bestehen (alternative Kriterien). Hingegen soll die Abweichung vom Regelverhältnis ein Indiz sein, wenn keine größeren Ertragsschwankungen bestehen, eine nachvollziehbare Gewinnprognose erstellt wurde bzw. ohne größere Unwägbarkeiten rekonstruierbar ist, keine Deckelung der Tantieme vorgenommen wurde, die Abweichung vom Regelverhältnis mit einem Tantiemeanteil von größer als 50 % gegeben ist und die indizielle Wirkung durch weitere Anhaltspunkte erhärtet wird (kumulative Voraussetzungen); vgl. dazu zum Überblick OFD Düsseldorf Verfügung v. 17.6.2004 – S 2742 A – St 13/S 2742 – 88 St 131 – K., DStR 2004, S. 1386 f.

Zeitpunkt des Abschlusses der Tantiemevereinbarung erwartbaren Jahresüberschüsse maßgeblich.[34] Bei Gewinntantiemen ist für die 50%-Grenze zudem zu beachten, dass Verlustvorträge mindernd berücksichtigt werden müssen. Dies gilt jedenfalls dann, wenn der tantiemeberechtigte Gesellschafter-Geschäftsführer für den Verlust verantwortlich oder zumindest mitverantwortlich ist.[35]

27 Die in Buy-Out-Strukturen üblichen Tantiemeregelungen, die auf EBIT, EBITDA oder andere Cash-Flow-nahe Bezugsgrößen abstellen, verletzen häufig die 50%-Grenze und/oder die 75/25-Regel. In diesen Fällen muss der Steuerpflichtige beweisen, dass besondere Umstände vorliegen, die die Tantieme ausnahmsweise als angemessen erscheinen lassen.

II. Optionsrechte

28 Der Inhaber eines Optionsrechts hat das unentziehbare Recht, nach Maßgabe der Optionsbedingungen durch Ausübungserklärung gegen Zahlung eines bestimmten Basispreises Aktien zu beziehen, die mit Zugang der Ausübungserklärung bei der Ausübungsstelle entstehen. Für den Begünstigten lohnt sich die Optionsrechtsausübung, wenn der Referenzwert für die Option den Basispreis übersteigt (die Option ist „in the money"). Dementsprechend kann der Begünstigte einer solchen Anreizstruktur an der durch den Referenzwert ausgedrückten Wertsteigerung partizipieren, zu der er selbst beigetragen hat. Wenn für diesen Wertsteigerungsbeitrag der gesetzte Anreiz kausal wurde und die Kosten des Anreizes selbst durch das optimierte Verhalten des Begünstigten aufgewogen werden, handelt es sich um ein effektives und rentables Programm.

1. Formelle Vorgaben des Aktiengesetzes

29 Der Hauptversammlungsbeschluss für die Ausgabe der Optionsrechte und die Schaffung des bedingten Kapitals bedarf gemäß § 193 Abs. 1 AktG einer Mehrheit von drei Vierteln des vertretenen Grundkapitals, soweit die Satzung keine größere Mehrheit verlangt oder weitere Erfordernisse aufstellt. Alternativ dazu kann ein Optionsplan mit eigenen Aktien bedient werden, die für diesen Zweck zurückgekauft werden (vgl. § 71 Abs. 1 Nr. 8 AktG).

30 In der Regel wird der Vorstand zur Ausgabe der Optionsrechte ermächtigt; der Aufsichtsrat erhält die Ermächtigung nur ausnahmsweise. Allerdings ist der Aufsichtsrat zur Ausgabe von Optionsrechten an Vorstandsmitglieder zwingend zuständig (§§ 84, 87, 112 AktG), was bei der Fassung des Ermächtigungsbeschlusses entsprechend zu berücksichtigen ist. Häufig sehen Ermächtigungsbeschlüsse vor, dass die Optionsausgabe an Mitarbeiter zwar durch den Vorstand erfolgt, jedoch der Zustimmung des Aufsichtsrates bedarf.

31 Zwingende Inhalte des Hauptversammlungsbeschlusses sind (vgl. § 193 Abs. 2 AktG):

- der Zweck der bedingten Kapitalerhöhung, der bei Optionsplänen in der Ausgabe von Optionsrechten besteht;
- der Kreis der Bezugsberechtigten, wobei nach § 192 Abs. 2 Nr. 3 AktG Bezugsrechte nur an Arbeitnehmer und Mitglieder der Geschäftsführung der Gesellschaft oder eines verbundenen Unternehmens ausgegeben werden dürfen;[36]
- die Höhe des bedingten Kapitals (für Optionsrechte maximal 10% des zum Zeitpunkt der Beschlussfassung im Handelsregister eingetragenen Grundkapitals, dh ohne Berücksichtigung etwa gleichzeitig beschlossener und daher noch nicht eingetragener ordentlicher Kapitalerhöhungen);[37]

---

[34] BFH Urt. v. 26.5.2004 – I R 86/03, GmbHR 2004, 1536 (1538).

[35] BFH Urt. v. 17.12.2003 – I R 22/03, DB 2004, 1075; Urt. v. 18.9.2007 – I R 73/06, DStR 2008, 247 (248).

[36] Dazu sogleich ausführlicher → Rn. 32.

[37] Nach *Mutter* ZIP 2002, 295 ff., darf die 10% Grenze überschritten werden, indem zusätzlich Aktien aus Aktienrückkaufprogrammen nach § 71 Abs. 1 Nr. 8 AktG zur Bedienung der Optionen verwendet

- der Ausgabebetrag (Basispreis) oder die Grundlagen, nach denen dieser Betrag errechnet wird;
- die Aufteilung der Optionsrechte auf Geschäftsführer einerseits und Arbeitnehmer andererseits;[38]
- die Erfolgsziele, für die regelmäßig eine Mindest-Wertsteigerung[39] der Gesellschaft (schon die Anknüpfung an den Börsenkurs reicht in rechtlicher Hinsicht aus) in den Hauptversammlungsbeschluss aufgenommen und die Festlegung weitergehender zusätzlicher Erfolgsziele dem Vorstand/Aufsichtsrat überlassen wird;
- die Erwerbs- und Ausübungszeiträume, die bei börsennotierten Gesellschaften üblicherweise in bestimmten Zeiträumen unmittelbar nach den Terminen für die öffentlichen Quartalsberichte liegen;[40] und
- die Wartezeit für die erstmalige Ausübung, wobei eine Frist von mindestens vier Jahren gesetzlich vorgeschrieben ist.[41]

2. Einbeziehung von Aufsichtsratsmitgliedern

Einerseits scheint die Ratio von Managementbeteiligungen, einen Anreiz zur shareholder value-orientierten Wertsteigerung zu geben, mit der in der rechtspolitischen Diskussion angeregten gesteigerten Verantwortung der Aufsichtsräte zu korrespondieren. Dies gilt im Besonderen für Unternehmen in der Gründungs- oder Aufbauphase, da hier oft die Liquidität fehlt und ein starkes zeitliches Engagement der Aufsichtsratsmitglieder erforderlich ist. Überhaupt müssen Aufsichtsräte zum Teil auch unternehmerische Entscheidungen treffen. Andererseits steht die Anreizwirkung in einem gewissen Spannungsverhältnis zu den Überwachungs- und Beratungsaufgaben, die Aufsichtsratsmitglieder unabhängig wahrzunehmen haben. **32**

Dementsprechend verwundert die „Mobil-Com"-Entscheidung des BGH[42] nicht, mit der ausdrücklich die Unterlegung von Optionsprogrammen aus rückgekauften Aktien (§ 71 Abs. 1 Nr. 8 S. 5 Hs. 2 AktG iVm § 193 Abs. 2 Nr. 4 AktG) für unzulässig erklärt wird. Dass in den Bestimmungen zum bedingten Kapital (vgl. §§ 192 Abs. 2 Nr. 3, 193 Abs. 2 Nr. 4 AktG) Aufsichtsratsmitglieder als Begünstigte eines Aktienoptionsplans gar nicht erst vorgesehen sind, zeigt an, dass auch die Bedienung aus bedingtem Kapital unzulässig ist. Damit verbleibt nur noch der Weg, die Optionspläne mit Wandelschuldverschreibungen, Optionsanleihen oder entsprechenden schuldrechtlichen Nachbildungen zu unterlegen. Diese Gestaltungsmöglichkeiten sind jedenfalls nicht ausdrücklich[43] untersagt. Jedenfalls sind die Bedingungen des Programms mit der Forderung nach der zu wahrenden Unabhängigkeit des Aufsichtsrats abzugleichen. **33**

---

werden. Dies ist allerdings zweifelhaft, vgl. *Knoll* ZIP 2002, 1382 ff. Zu den (streitigen) Rechtsfolgen einer Überschreitung der 10 %-Grenze vgl. *Maidl* NZG 2007, 495 ff. Zu der neuen Regelung des § 192 Abs. 3 S. 3 AktG und Durchbrechung der Höchstgrenze bei Sanierungssituationen siehe *Götze/Nartowska* NZG 2015, 298 ff.; *Schüppen/Tretter* WPg 2015, 643 ff.

[38] Dabei ist es zulässig, den Vorstand zu ermächtigen, Bezugsrechte, die von Geschäftsführungsmitgliedern nicht benötigt werden, dann an Arbeitnehmer auszugeben. Der umgekehrte Fall einer Mehrzuteilung an Geschäftsführer wird in der Praxis als problematisch angesehen, da damit der Sinn und Zweck von § 193 Abs. 2 Nr. 4 AktG umgegangen werden könnte.

[39] Für einen Ausnahmefall hält OLG Koblenz Urt. v. 16.5.2002 – 6 U 211/81, AG 2003, 453 (454), sogar eine Verlangsamung des Kursverfalls als „Erfolgsziel" für zulässig.

[40] Bei nicht börsennotierten Gesellschaften wird es im Allgemeinen als zulässig angesehen, einen Gesamtzeitraum von mehreren Jahren festzulegen und wiederrum Vorstand/Aufsichtsrat zum Erlass weitergehender Beschränkungen in den Optionsbedingungen zu ermächtigen.

[41] § 193 Abs. 2 Nr. 4 AktG in der Fassung des VorstAG, BT-Drs. 16/12278.

[42] BGH Urt. v. 16.2.2004 – II ZR 316/02, ZIP 2004, 613 ff.

[43] In einem obiter dictum äußert der BGH Zweifel an der Zulässigkeit der Umsetzung des Programms mit Wandelschuldverschreibungen; vgl. BGH Urt. v. 16.2.2004 – II ZR 316/02, ZIP 2004, 613 (615). Für die Zulässigkeit *Richter* BB 2004, 949 (956 ff.); *Vetter* AG 2004, 234 (237 ff.); dagegen *Habersack* ZGR 2004, 721 (732 ff.); gegen die Zulässigkeit schuldrechtlicher Nachbildungen ebenso *Meyer/Ludwig* ZIP 2004, 940 (944).

3. Arbeitsrechtliche Aspekte

34 Da Aktienoptionspläne anders als Managementbeteiligungen regelmäßig einen weiteren Kreis von Begünstigten adressieren, ist es erforderlich, hier einen kurzen Überblick über die arbeitsrechtlichen Probleme zu geben.

35 Der allgemeine arbeitsrechtliche Gleichbehandlungsgrundsatz findet auf alle Maßnahmen des Arbeitgebers mit kollektivem Charakter Anwendung. Untersagt sind damit die willkürliche Schlechterstellung einzelner Arbeitnehmer innerhalb einer Gruppe von Arbeitnehmern in vergleichbarer Lage sowie eine sachfremde Gruppenbildung.[44]

36 Wenn ein Optionsmodell nur bestimmten Gruppen zugute kommen und zum Teil innerhalb einer Gruppe nur bestimmte Personen begünstigen soll, wird der Gleichbehandlungsgrundsatz berührt. Dieser ist aber nicht verletzt, wenn ein Unternehmen Bonuszusagen auf bestimmte Mitarbeitergruppen beschränkt, sofern diese Gruppen im Hinblick auf ihre Stellung in der Unternehmenshierarchie definiert sind.[45] Soweit eine Bonusregelung zwischen Mitarbeitern differenziert, die auf einer Hierarchiestufe stehen, setzt die Zulässigkeit der Unterscheidung voraus, dass sachliche und billigenswerte Gründe im Zusammenhang mit dem Arbeitsverhältnis die Differenzierung rechtfertigen. In der Literatur ist anerkannt, dass die Honorierung der individuellen Leistung des Mitarbeiters einen solchen Grund zur Differenzierung darstellt, um dem einen Mitarbeiter mehr Vorteile zuzuwenden als einem auf gleicher Hierarchiestufe stehenden anderen Mitarbeiter.[46]

37 Ein Aktienoptionsprogramm kann den Gleichbehandlungsgrundsatz auch dadurch betreffen, dass vergleichbare Sachverhalte zeitlich unterschiedlich behandelt werden. Es ist denkbar, dass Klauseln, die die Optionsrechte an bestimmte Stichtage knüpfen oder sie verfallen lassen, zu einer unterschiedlichen Behandlung der Arbeitnehmer führen.[47] Auch hier sind entsprechende sachliche Gründe erforderlich.

38 Ferner sind die richterrechtlich entwickelten Grundsätze für Sonderleistungen zu beachten. Hier stellt sich jeweils die Frage, inwieweit diese auf spezielle Vergütungsinstrumente wie Aktienoptionspläne Anwendung finden und ob das jeweilige Vergütungsinstrument mit diesen Grundsätzen vereinbar ist. Zu beachten ist, dass unter Umständen die zugrundeliegenden Verträge Allgemeine Geschäftsbedingungen iSv § 305 Abs. 1 BGB darstellen können,[48] so dass sie der AGB-rechtlichen Inhaltskontrolle unterliegen. Allerdings können nach der Rechtsprechung des BAG die Rechtsgrundsätze für bestimmte Sonderleistungen bezüglich der Zulässigkeit von Bindungsfristen und Verfallklauseln nicht uneingeschränkt auf Aktienoptionen übertragen werden.[49] Darüber hinaus ist anerkannt, dass Aktienoptionsrechte grundsätzlich an das Bestehen eines Arbeitsverhältnisses gebunden werden können.[50]

39 Außerdem stellt sich regelmäßig die Frage, welche kollektiv-rechtlichen Beteiligungsrechte bei der Einführung von Aktienoptionsplänen bestehen. Die Mitbestimmungsrechte des Betriebsrates ergeben sich aus § 87 Abs. 1 Nr. 10 BetrVG. Zu beachten ist insoweit, dass sich das Mitbestimmungsrecht des Betriebsrates unter anderem nicht auf die Mitglieder des Organs, das zur gesetzlichen Vertretung der juristischen Person berufen ist (vgl. § 5 Abs. 2 Nr. 1 BetrVG), sowie nicht auf leitende Angestellte (vgl. § 5 Abs. 3 S. 1 BetrVG) erstreckt.[51] Zudem kann bei der Einführung von Aktienoptionsplänen der Sprecherausschuss

[44] Vgl. *Lembke* BB 2001, 1469 (1471), mwN.

[45] *Baeck/Diller* DB 1998, 1405 (1409); *Lembke* BB 2001, 1469 (1471).

[46] Vgl. *Baeck/Diller* DB 1998, 1405 (1409); *Lembke* BB 2001, 1469 (1471), mit Bezug auf BAG Urt. v. 25.1.1984 – 5 AZR 89/82, DB 1984, 2251.

[47] Vgl. dazu *Lingemann/Diller/Mengel* NZA 2000, 1191 (1197).

[48] Vgl. dazu BAG Urt. v. 28.5.2008 – 10 AZR 351/07, ZIP 2008, 1390 (1394).

[49] Nach BAG Urt. v. 28.5.2008 – 10 AZR 351/07, ZIP 2008, 1390 (1396), soll eine mehrjährige Bindung des Bezugsberechtigten durch eine Wartezeit bis zur Ausübungsberechtigung keine unangemessene Benachteiligung darstellen.

[50] BAG Urt. v. 28.5.2008 – 10 AZR 351/07, ZIP 2008, 1390 (1396).

[51] *Baeck/Diller* DB 1998, 1405 (1410).

der leitenden Angestellten zu beteiligen sein. Dessen Mitwirkungsrechte sind allerdings auf Unterrichtung und Beratung beschränkt (vgl. § 30 SprAuG).

D. Eigenkapitalbeteiligungen

I. Arten des Beteiligungserwerbs und dessen Finanzierung

Die Beteiligung an der NewCo erfolgt entweder durch den direkten Kauf von den Finanzinvestoren oder die Übernahme von Anteilen an der Erwerbergesellschaft im Rahmen einer Kapitalerhöhung. **40**

Zivilrechtlich am einfachsten umzusetzen ist der Kauf der Anteile an der Erwerbergesellschaft, bei dem das Management die Anteile von den Finanzinvestoren erwirbt. Der Kaufpreis entspricht regelmäßig dem Kaufpreis, den die Finanzinvestoren gezahlt haben. Häufiger findet der Erwerb der Beteiligung im Rahmen einer Kapitalerhöhung statt, die bei der NewCo kurz vor oder zum Closing der Transaktion erfolgt. **41**

Bei beiden Erwerbsarten entsteht mitunter eine Finanzierungslücke für die Manager. Im Fall des Kaufs der Beteiligung können die Manager den Kaufpreis nur aus dem Bonus bestreiten, der ihnen vom Verkäufer für den erfolgreichen Verkauf an die Erwerbergesellschaft versprochen ist, aber an das erfolgreiche Closing geknüpft ist. Die Finanzierungslücke rührt dann daher, dass das Closing wiederum von der vollständigen Leistung des Kaufpreises abhängig ist. Eine vergleichbare Finanzierungslücke kann sich auch im Falle der Übernahme neuer Anteile dann auftun, wenn ein Secondary Buy-Out erfolgt: Wenn hier die Erwerbergesellschaft der Folgetransaktion noch nicht alle für den Kauf der „ersten" Erwerbergesellschaft erforderlichen Finanzmittel erhalten hat, kann die Folgetransaktion nicht vollzogen werden. Das Management wiederum verfügt für die Folgetransaktion regelmäßig nicht über ausreichend Finanzmittel, sondern erhält diese erst über den Verkauf seiner Anteile an der „ersten" Erwerbergesellschaft. Derartige Finanzierungslücken können regelmäßig nur durch eine Stundung des Kaufpreises geschlossen werden. Um im Fall der Barkapitalerhöhung die negativen Konsequenzen einer verdeckten Sacheinlage bei der Erwerbergesellschaft – nur teilweise Anrechnung, die erst nach Eintragung in das Handelsregister erfolgt – zu vermeiden, kann dieser gestundete Kaufpreis als „offene" Sacheinlage eingebracht werden. Hierzu hat vorrangig der Gesellschafter, der die Beweislast für die Werthaltigkeit trägt (vgl. § 19 Abs. 4 S. 5 GmbHG), ein entsprechendes Werthaltigkeitsgutachten einzuholen. **42**

Wenn es bei der Finanzierung rein um die Liquidität geht, kommen als Darlehensgeber neben dem Finanzinvestor auch die Hausbank des Managements oder die der Zielgesellschaft in Betracht. Die Erwerbergesellschaft hingegen scheidet als Darlehensgeber regelmäßig wegen der gesellschaftsrechtlichen Kapitalerhaltungsvorschriften (vgl. § 71a AktG, §§ 30, 31 iVm § 43a GmbHG) eher aus. Allerdings liegt nach den durch das MoMiG neu gefassten Vorschriften unter anderem dann kein Verstoß gegen das Verbot der Einlagenrückgewähr vor, wenn die Leistung der Gesellschaft durch einen vollwertigen Gegenleistungs- oder Rückgewähranspruch gegen den Gesellschafter gedeckt ist. Dies setzt allerdings voraus, dass tatsächlich ein bilanziell neutraler Aktivtausch vorliegt. **43**

Für die Fremdfinanzierung entscheidend ist vor allem der Umfang der Haftung des Managers für die Rückzahlung des ausgereichten Darlehens, da hierüber der gewünschte Leverage-Effekt erzielt werden kann. **44**

Der Teil des Investments, der dabei von einem Manager getragen wird, sollte etwa 20–25% des für den Erwerb seines Anteils erforderlichen Gesamtinvestments ausmachen. Dieser Eigenmitteleinsatz ist erforderlich, da so auch bei dem Management Selbstbetroffenheit („skin in the game") und Mitverantwortung hergestellt wird. Beide Kriterien gehören zu guter Corporate Governance und sind Erfolgsfaktor von Private Equity-Transaktionen.[52] **45**

---

[52] *Pöllath* in Verdient – unverdient, Unternehmerische Arbeit und Vermögen, S. 59, 82; ferner *Klesse* in WirtschaftsWoche Nr. 32 v. 4.8.2008, 63.

Der restliche Teil des Gesamtinvestments kann, wenn er nicht durch Eigenmittel des Managements aufgebracht wird, durch ein Darlehen vom Arbeitgeber oder dem Gesellschafter gewährt werden.

46 Je nachdem, wie die Darlehensbedingungen ausgestaltet sind, wird der Leverage-Effekt verstärkt. Dieser besteht lediglich bei einem Non-Recourse-Darlehen, bei dem die Darlehenssumme einschließlich der Zinsen erst mit dem Exit und dann auch nur in dem Umfang zurückzuzahlen ist, wie der Manager Erlöse aus der Veräußerung seiner Beteiligung erzielt. Bei einem Full-Recourse-Darlehen, bei dem der Manager mit seinem gesamten Privatvermögen für die Rückzahlung haftet, fehlt hingegen dieser zusätzliche Hebel; es handelt sich allein um eine „Brückenfinanzierung". Hier soll wie bei einem klassischen Darlehen lediglich eine Liquiditätslücke geschlossen werden. Neben den Reinformen eines Full-Recourse- und Non-Recourse-Darlehens sehen manche Finanzinvestoren auch Mischmodelle vor. So ist etwa bei dem so genannten Limited-Recourse-Darlehen das an das Management vergebene Darlehen lediglich in einem begrenzten Umfang vollständig zurückzahlbar.

II. Wesentliche Vertragselemente

47 Die wesentlichen Vertragselemente werden von den Parteien üblicherweise zunächst in einem „Termsheet" zusammengefasst, das die Grundlage der Verhandlung und des Abschlusses der Gesellschafter- und Co-Investmentvereinbarung („Co-Investmentvereinbarung") bildet. Bevor die rechtlich wichtigsten Punkte näher erläutert werden, soll ein Überblick über diese wesentlichen Aspekte gegeben werden.

48 Die Co-Investmentvereinbarung muss vorsehen, welche Beteiligungshöhe von dem Management insgesamt und von den einzelnen Managern gehalten werden soll. Typischerweise erhalten die für die Zielgesellschaft wichtigsten Entscheidungsträger (CEO, CFO, COO) im Vergleich mit anderen Managern größere Anteile. Neben der Vereinbarung der richtigen Beteiligungshöhe ist die Finanzierung des Beteiligungserwerbs, im Rahmen der gegebenen Eigenkapitalstruktur der Erwerbergesellschaft weiteres wesentliches Gestaltungselement zur Erzielung eines optimalen Leverages. Die Parteien vereinbaren im Vorhinein, auf eine steueroptimierte Struktur hinzuwirken. Diese Regelungen gewährleisten, dass das Investment des individuellen Managers und dessen Finanzierung transparent und entsprechend anreizwirksam umgesetzt werden.

49 Mitunter werden die Manager in der Co-Investmentvereinbarung verpflichtet, gegenüber dem Finanzinvestor Gewährleistungen abzugeben.[53] Da das Management im Buy-Out typischerweise einem Interessenkonflikt unterliegt, können folgende Punkte derartiger Gewährleistungen benannt werden. Dies sind die Versicherung, dass der Business-Plan mit der Sorgfalt eines ordnungsgemäß handelnden Geschäftsführers aufgestellt worden ist, dass keine Kenntnis von Tatsachen gegeben ist, die zu einer Unrichtigkeit der Angaben in den vom Käufer im Rahmen der Transaktion erstellten Due Diligence Berichte führen würden und die Zusage, dass der Manager im Zusammenhang mit der Verkaufstransaktion bis auf die zuvor offengelegten keine Anreize von dem Verkäufer erhalten hat.

50 Darüber hinaus werden Regelungen für Situationen getroffen, in denen ein Exit in der Form eines Verkaufs von Geschäftsanteilen an der Erwerbergesellschaft an Dritte erfolgt. So erhält etwa für den Fall eines (Mehrheits-)Verkaufs von Geschäftsanteilen durch den Finanzinvestor an einen Dritten (Change of Control) der Finanzinvestor gegenüber den Managern ein pro-rata Mitverkaufsrecht (drag-along-right, dh Mitverkaufspflicht der Manager). Für den Fall eines Verkaufs von Geschäftsanteilen an der Erwerbergesellschaft durch den Finanzinvestor an einen Dritten haben die Manager gegenüber den Finanzinvestoren ein pro-rata Mitverkaufsrecht (tag-along-right, dh Mitverkaufsrecht der Manager). Hierbei

[53] Vgl. zu Managementgarantien *Hohaus/Kaufhold* BB 2015, 709 ff.; *Mackensen* in Eilers/Koffka/Mackensen/Paul, Private Equity, S. 448; *Schaffner* BB 2007, 1292 ff., *Seibt/Wunsch* ZIP 2008, 1093 ff.; ferner *Hohaus/Weber* BB 2008, 2359.

hat dann der Finanzinvestor sicherzustellen, dass der Dritte allen Parteien die gleichen Konditionen anbietet. Ähnlich sehen Vertragsklauseln für den Fall des Exits über einen IPO ein Mitverkaufsrecht der Manager vor.

1. Vesting-Schedule und Leaver-Scheme

51 Herzstück der Co-Investmentvereinbarung sind sämtliche Vertragsbedingungen, die Regelungen für die Ausübbarkeit und Verfallbarkeit der eingeräumten Rechte („Vesting Schedule") sowie unterschiedliche rechtliche Folgen für die Beendigung des Dienstverhältnisses oder der Organstellung des Managers nach Maßgabe des Ausscheidensgrundes („Leaver Scheme") vorsehen.

52 **a) Die Bedeutung von Vesting-Regelungen.** Der Gedanke des Vestings ist U. S.-amerikanischen Aktienoptionsplänen abgeleitet und wird durch vier Kriterien geprägt. Beim Zeitvesting erhält der Begünstigte in Abhängigkeit von der Dauer der Unternehmenszugehörigkeit das Recht, nach Erreichen eines neuen Zeitabschnitts eine bestimmte Anzahl von Optionen in Aktien umzuwandeln. Beim Performance Vesting ist die Ausübungsberechtigung an das Erreichen bestimmter betriebswirtschaftlicher Kennzahlen gekoppelt. Weiter lässt sich nach linearem Vesting (jährliches Vesting von Anteilen zu einer gleichbleibenden Prozentrate) und Back-loaded Vesting (mit Zeitablauf steigender Anteil der Anteile, die dem Vesting unterliegen) unterscheiden.

53 Die Umsetzung des Vestings in Managementbeteiligungsprogrammen ist weniger zivilrechtlich[54] als steuerrechtlich problematisch. Die steuerrechtliche Schwierigkeit rührt daher, dass das Vesting die Anerkennung des wirtschaftlichen Eigentums iSv § 39 Abs. 2 Nr. 1 AO des Managers gefährden kann. Gerade damit es möglich ist, dem Manager zur steuerlichen Optimierung ab Einräumung der Beteiligung das wirtschaftliche Eigentum zuzuerkennen, ist es erforderlich, dass er von vornherein die komplette Beteiligung erwirbt. Da ein Mehr an Beteiligung nicht möglich ist, hat das Vesting dementsprechend anders zu erfolgen: Auf den anfänglich eingeräumten Anteilen lastende Beschränkungen oder Rückabtretungsverpflichtungen werden nach Erreichen bestimmter Dienstzeiten oder Leistungsziele aufgehoben („negatives Vesting"). Bestimmungen zum negativen Vesting sind vor allem in steuerlicher Hinsicht zu überprüfen, um sicherzustellen, dass dem Manager das wirtschaftliche Eigentum von Anfang an zusteht.[55]

54 Teilweise wird das Vesting aber auch nur über das Leaver Scheme realisiert. In dessen Rahmen wird dann der Rückkaufpreis bei Ausübung der Call-Option danach bestimmt, ob der zurückerworbene Anteil gevestet war oder nicht.[56]

55 **b) Die Bedeutung der Leaver-Regelungen.** Neben dem Vesting Scheme ist es vor allem der Leaver Scheme, der sicherstellt, dass trotz anfänglicher Einräumung der gesamten Beteiligung für den beteiligten Manager ein Anreiz zur Wertsteigerung des Unternehmens gegeben ist. Die Regelungen sehen vor, was mit der Beteiligung des Managements bei Beendigung des mit dem Target bestehenden Dienstverhältnisses der Manager oder Beendigung der Organstellung sowie in anderen ausdrücklich geregelten Fällen geschieht. Hierbei ist der Zweck von Managementbeteiligungen, die Zusammenführung gleichgelagerter Interessen von Management und Finanzinvestoren, zu berücksichtigen. Gleichgelagerte Interessen kann es aber nur für die Dauer der Tätigkeit des Managers im erworbenen Unternehmen geben. Deswegen hat bei Beendigung des Dienstverhältnisses und bzw. oder der Organstellung der Manager eine Pflicht zur Rückübertragung der Beteiligung auf den Finanzinvestor (Call-Option).

---

[54] Auch beim Vesting bestehen rechtliche Schranken. Beispielhaft kann die unter → Rn. 34 genannte arbeitsrechtliche Problematik der Zulässigkeit von Bindungsfristen angeführt werden. Allg. zu zivil- und steuerrechtlichen Fragestellungen des Vestings siehe *Kawka/Vocke/L'habitant* BB 2017, 1694 ff.

[55] Vgl. dazu → Rn. 79.

[56] Vgl. dazu im Detail → Rn. 69.

2. Ausgestaltung von Call- und Put-Optionen im Leaver Scheme

56 Die Finanzinvestoren oder die Gesellschaft sind typischerweise bei Beendigung des Dienstverhältnisses (einschließlich Freistellung und Auslaufen des Dienstvertrages) bzw. der Organstellung des Managers zur Ausübung der Call-Option berechtigt. Oftmals lassen sich die Finanzinvestoren darüber hinaus gehende Call-Optionen einräumen. So wird eine Call-Option auch für Ereignisse vorgesehen, die auf die Eigentümerstellung des Managers Einfluss haben könnten. Dies ist etwa der Fall bei der Privatinsolvenz des Managers, wenn in seine Vermögenswerte und eben auch in seine Managementbeteiligung vollstreckt wird. Ferner ist die Scheidung zu nennen, bei der der Manager keine Gütertrennung oder einen modifizierten Zugewinnausgleich (Herausnahme der Managementbeteiligung aus dem gesetzlichen Zugewinnausgleichsanspruch) vereinbart hat.

57 Weitergehend verlangen Finanzinvestoren zum Teil eine Call-Option für den Fall, dass der Manager schwerwiegende Verstöße gegen die Gesellschaftervereinbarung begeht (zB Verstoß gegen das Wettbewerbsverbot, vertragswidrige Anteilsübertragung). Vereinzelt werden „Underperformance Call-Optionen" vereinbart. Diese knüpfen an das Nichterreichen von bestimmten wirtschaftlichen Kennzahlen wie bspw. EBITDA und Free Cash Flow an. Da dies Zielgrößen sind, die regelmäßig mit der Tantiemevereinbarung gesteuert werden, bildet eine solche Underperformance Call-Option eher eine Ausnahme.

58 Typisch im Rahmen der Call-Optionen ist die Unterscheidung zwischen so genannten Good-Leaver-Fällen und so genannten Bad-Leaver-Fällen. Diese Differenzierung ist für das Auslösen der Call-Option zwar irrelevant, da in jedem dieser Fälle die Call-Option ausgeübt werden kann. Allerdings entscheidet die jeweilige Kategorie über die Fragen, zu welchem Preis die Call-Option ausgeübt werden kann und ob dem Management ggf. auch eine Put-Option zusteht.

Good Leaver	Bad Leaver
• Tod des Managers • Erwerbsminderung i. S. d. § 43 SGB VI oder Berufsunfähigkeit i. S. d. §§ 240 Abs. 2, 241 SGB VI des Managers • Pensionierung • berechtigte Kündigung seitens des Managers aus wichtigem Grund oder Niederlegung des Amts als Geschäftsführer durch den Managers aus wichtigem Grund jeweils im Sinne von § 626 BGB der von der Gesellschaft gesetzt wurde • Kündigung des Anstellungsvertrages des Managers durch die Anstellungsgesellschaft, ohne dass der Manager einen wichtigen Grund hierfür gesetzt hat • Ablauf der bei Abschluss der Gesellschaftervereinbarung geltenden Laufzeit des Geschäftsführerdienstvertrags des Managers, ohne dass ihm eine Verlängerung der Laufzeit seines Geschäftsführerdienstvertrags zu mindestens wirtschaftlich gleichen Bedingungen wie bisher angeboten wird	• Kündigung des Anstellungsvertrages des Managers durch die Anstellungsgesellschaft, aufgrund eines wichtigen Grundes im Sinne von § 626, den der Manager zu verantworten hat • Eigenkündigung des Managers ohne wichtigen Grund • Ablauf der bei Abschluss dieses Beteiligungsvertrags geltenden Laufzeit des Geschäftsführerdienstvertrags des Managers, obwohl ihm eine Verlängerung der Laufzeit seines Geschäftsführerdienstvertrags zu mindestens wirtschaftlich gleichen Bedingungen wie bisher angeboten wurde

Abbildung 1: Klassische Fälle von Good Leaver und Bad Leaver

59 Manche Beteiligungsprogramme sehen vor, dass der eigentliche Bad Leaver-Status nach einer gewissen Zeit entfällt. So erhält der Manager einen Good Leaver-Status, wenn die

eigentlich den Bad Leaver-Status herbeiführende Eigenkündigung des Managers nach fünf bis sieben Jahren nach Closing ausgesprochen wird. Aus Sicht des Managements ist diese Gestaltung erstrebenswert, allerdings wird sich ein Finanzinvestor nur schwerlich darauf einlassen.

Bisweilen wird im Rahmen des Leaver Scheme dem Management auch eine Put-Option gegen die Finanzinvestoren oder die Gesellschaft eingeräumt. Sollte eine solche Put-Option gewährt werden, ist diese häufig nur für die Good-Leaver-Fälle vorgesehen und teilweise sogar beschränkt auf die Fälle „Tod" und „Berufsunfähigkeit". Aus Sicht des Management ist eine Put-Option wünschenswert, damit der ausgeschiedene Manager auch sicherstellen kann, dass ihm seine Anteile abgekauft werden. Anders als bei der Call-Option, über deren Ausübung der Finanzinvestor frei entscheiden kann, trifft ihn bei der Put-Option eine mit dem Andienungsrecht des Managers korrespondierende Abnahmepflicht. Diese ist klassischer Weise von Finanzinvestoren nicht gewünscht. Für deren Erfüllung haben die Finanzinvestoren auch regelmäßig keine Geldmittel zur Verfügung, es sei denn sie würden auf Anfrage von ihren eigenen Investoren mit Liquidität ausgestattet (sogenannter „Cash Call"). Wenn die Gesellschaft die Put-Option finanzieren würde, entsteht grundsätzlich das gesellschaftsrechtliche Problem, dass die Gesellschaft freie Rücklagen zur Verfügung haben muss, um eigene Anteile zurückkaufen zu können, da andernfalls ein Verstoß gegen die Kapitalerhaltungsgrundsätze (vgl. §§ 30, 31, 33 GmbHG) gegeben wäre. Weiterhin sehen häufig die Finanzierungsverträge der Banken vor, dass kein Geld die Gruppe vor Befriedigung der Banken verlassen darf. Entsprechende Ausnahmevorschriften müssen im Vorfeld vereinbart werden. 60

3. Rechtliche Wirksamkeit von Call-Optionen

Beteiligungsmodelle, bei denen die Dauer der Gesellschafterstellung des Begünstigten mittels einer Call-Option von dem Bestand seines Dienstvertrags oder seiner Organstellung abhängig gemacht wird, waren in der Vergangenheit mehrfach Gegenstand der Rechtsprechung und wurden in der Literatur intensiv diskutiert. Zwei divergierende Entscheidungen von verschiedenen Oberlandesgerichten zu demselben Sachverhalt[57] lösten die Diskussion[58] und auch Rechtsunsicherheit aus, ob entsprechende Call-Optionen wirksam vereinbart werden können. 61

a) Rechtsprechungsgrundsätze. Derartige Call-Optionen sollen unter Umständen gegen das „Hinauskündigungsverbot" verstoßen können, das für eine kautelare Wirksamkeitskontrolle steht.[59] Grundsätzlich sind demnach gesellschafts- oder schuldrechtliche Regelungen, die einem Gesellschafter, einer Gruppe von Gesellschaftern oder der Gesellschaftermehrheit das Recht einräumen, einen Mitgesellschafter ohne sachlichen Grund aus der Gesellschaft auszuschließen, wegen Verstoßes gegen die guten Sitten nach § 138 Abs. 1 BGB nichtig. Ausnahmsweise soll aber auch eine voraussetzungslose Hinauskündigungsklausel wirksam sein, wenn sie wegen besonderer Umstände sachlich gerechtfertigt ist.[60] 62

[57] Das OLG Frankfurt a. M. (Urt. v. 16.1.2004 – 17 U 50/03, ZIP 2004, 1801 ff.) ging von einer Gesamtnichtigkeit des Managementbeteiligungsmodells aus, über das zu entscheiden war. Das Gericht trat damit bewusst der die Wirksamkeit bejahenden Entscheidung des OLG Düsseldorf (Urt. v. 23.6.2004 – 13 U 89/03, ZIP 2004, 1804 ff.) entgegen.

[58] Für die Wirksamkeit *Bloß* GmbHR 2016, 104 (110); *von Werder/ Li* BB 2013, 1736 (1744); *Bütter/Tonner* BB 2005, 283 ff.; *Habersack/Verse* ZGR 2005, 451 (460 ff.); *Hohaus* DB 2005, 939 (940); *Hohaus* BB 2005, 1291 (1292); *Hohaus/Weber* Beraterbrief Vermögen 6/2005, 11; *Kästle/Heuterkes* NZG 2005, 289 (292 ff.); *Kowalski/Bormann* GmbHR 2004, 1438 (1440 ff.); *Menke* M&A-Review 2005, 2 (4 f.); *Rock* M&A-Review 2005, 64 (70); *Schockenhoff* ZIP 2005, 1009 (1016 f.); *Sosnitza* DStR 2005, 72 (73 f.); vgl. bereits *Schäfer/Hillesheim* DStR 2003, 2122 (2123 f.); Sigle FS Semler 1993, 767 (769 ff.); offengelassen von *Kolaschnik/Haase* Stbg 2004, 574 ff.; aA *Binz/Sorg* GmbHR 2005, 893 ff.

[59] Dogmatisch ist dabei die Überprüfung der Wirksamkeit des vereinbarten Hinauskündigungsrechts von der wirksamen Ausübung des Hinauskündigungsrechts („Ausübungskontrolle") abzuschichten.

[60] Vgl. zu dieser durch die Rechtsprechung etablierten Regel-Ausnahme-Systematik etwa BGH Urt. v. 7.5.2007 – II ZR 281/05, BB 2007, 1578 ff.

Hierzu entwickelte die Rechtsprechung eine Ausnahmekasuistik. Auch die Entscheidung „Managermodell"[61] zählt zu einem solchen Ausnahmefall. Hier lehnte der BGH die vorgenannte Auffassung des OLG Frankfurt a. M. ab, indem er feststellte, dass jedenfalls bei der dem Urteil zugrundeliegenden Vertragsgestaltung die Call-Option auf den Geschäftsführergesellschaftsanteil nicht gegen das Hinauskündigungsverbot verstößt. Offen ist jedoch weiterhin die Frage, ob das gleiche Verdikt auch für Managementbeteiligungen in Private Equity-Transaktionen gelten kann.

63 **b) Rechtfertigung von Call-Optionen in Private Equity-Transaktionen.** Es bestehen Gemeinsamkeiten zwischen Private-Equity-typischen Managementbeteiligungen und dem vom BGH entschiedenen Fall. Auch bei den hier erörterten Managementbeteiligungsmodellen kann der zu übertragende Geschäftsanteil gesellschaftsrechtlich als „Annex zur Geschäftsführerstellung" verstanden werden.[62] Diese akzessorische Gesellschafterstellung des Geschäftsführers hat folglich das Schicksal der frei widerrufbaren Geschäftsführerstellung zu teilen. Zur dauerhaften Perpetuierung des Managementbeteiligungsmodells ist die Weitergabe der Rechte aus dem gesellschaftsrechtlichen Rechtsverhältnis auf den Nachfolger des Ausscheidenden erforderlich.[63] Dieser „Rotationsgedanke" wird in den meisten Managementbeteiligungsmodellen eingreifen, die bis zu einem gewissen Grad standardisiert und auf längere Dauer betrieben angelegt sind.

64 Im Hinblick auf das von dem Manager-Gesellschafter zu tragende Risiko bestehen Unterschiede zu dem vom BGH entschiedenen Fall. Dem Grundgedanken der BGH-Rechtsprechung kann aber auch eine Vertragsgestaltung entsprechen, die zu einem höheren Risiko des Managers führt.[64] Voraussetzung ist, dass die veränderte Risikoverteilung durch Sinn und Zweck des Beteiligungsprogramms ausgeglichen wird. Eine derartige zweckorientierte Betrachtung ist nämlich maßgeblich, um die Ungleichbehandlung der Gesellschafter zu rechtfertigen. Managementbeteiligungsprogramme in Private Equity-Transaktionen verfügen über eine breitere Legitimationsbasis als das Beteiligungsmodell, über das der BGH zu entscheiden hatte; es geht keinesfalls nur um die Motivation des Managements.[65] Demgemäß kann die veränderte Risikostruktur bis zu dem bei Private Equity-Transaktionen teilweise üblichen Grad gerechtfertigt werden.[66] In der Vertragsgestaltung empfiehlt sich, die Gründe für die zeitliche Beschränkung der Gesellschafterstellung des Managers in dem Gesellschaftsvertrag oder in dem schuldrechtlichen Vertrag der beteiligten Parteien aufzuführen.[67] Damit ist gewährleistet, dass die hinauskündigungsbedrohten Geschäftsführer sich bewusst und in Kenntnis aller Umstände unter das Damoklesschwert stellen, das der BGH[68] über dem hinauskündigungsbedrohten Gesellschafter schweben sieht. Zugleich wird durch umfassende Information des Managers das mögliche Gegenargument widerlegt, er sei besonders schutzwürdig. So dürfte sichergestellt sein, dass es zu einem Gleichlauf der vertraglichen und gesellschaftsrechtlichen Rechtsverhältnisse durch Beteiligungsvereinbarungen kommt.

65 Eine ausdrückliche Befristung der Call-Option, wie sie die Analyse der Rechtsprechung anzuraten scheint,[69] ist nicht erforderlich. Der Managementbeteiligung ist eine Befristung

---

[61] Vgl. BGH Urt. v. 19.9.2005 – II ZR 173/04, BB 2005, 2430 ff. (Managermodell); parallel dazu BGH Urt. v. 19.9.2005 – II ZR 342/03, BB 2005, 2427 ff. (Mitarbeitermodell).

[62] Strikt zu trennen ist hiervon die steuerrechtliche Einordnung. Mit Erwerb des Anteils unter Beachtung der nach § 39 AO gegeben Vorgaben besteht eine Kapitalbeteiligung und über die Anteile wird das wirtschaftliche Eigentum ausgeübt, so dass die Anteile dem Manager auch zuzurechnen sind.

[63] *Hohaus* DB 2005, 937 ff.

[64] Vgl. *Hohaus/Weber* BB 2006, 2089 (2090); *Hohaus/Weber* BB 2007, 2582.

[65] Vgl. dazu die oben unter → Rn. 5 angeführten Gründe für die Implementierung von Managementbeteiligungen.

[66] Vgl. *Hohaus/Weber* BB 2006, 2089 (2090).

[67] *Hohaus/Weber* Berater-Brief Vermögen 2005, 11 (14); *Kordes* GmbH-StB 2007, 21 (23).

[68] BGH Urt. v. 13.7.1981 – II ZR 56/80, BGHZ 81, 263 (268).

[69] BGH Urt. v. 8.3.2004 – II ZR 165/02, BB 2004, 1017 ff.; Urt. v. 7.5.2007 – II ZR 281/05, BB 2007, 1578 (1581); vgl. in diesem Zusammenhang auch *Grunewald* DStR 2004, 1750 (1751).

faktisch immanent, da diese sich bereits aus dem Grund der Gewährung des Geschäftsanteils ergibt.[70] Außerdem verlangen Sinn und Zweck des Beteiligungsprogramms nicht danach, diese Frist formell und explizit zu vereinbaren.[71]

4. Zwangseinziehung

Von der Übertragung auf Grund der vorgenannten Call-Optionen ist die Einziehung von **66** Aktien (§ 237 AktG) oder GmbH-Geschäftsanteilen (§ 34 GmbHG) zu unterscheiden. Während sich die Einziehung nur gegen einen einzelnen Geschäftsanteil richtet, der in Folge der Einziehung untergeht, richtet sich der durch Ausübung des Call-Rechts vollzogene Ausschluss gegen den Gesellschafter persönlich[72] und der Geschäftsanteil geht auf die Gesellschaft oder die Finanzinvestoren als Mitgesellschafter über (Zwangsübertragung). Das Bestehenbleiben des Anteils hat gerade bei größeren Programmen den Vorteil, dass so ein Gesellschafter bis zum Einstieg eines neuen Managers zwischenzeitlich als Halter des Anteils fungieren und diesen dann auf den neuen Manager übertragen kann („Warehousing"). Beide Wege führen zum Ausstieg aus der Investition und können kumulativ oder alternativ verfolgt werden. Der Weg über die Einziehung wird aber vergleichsweise seltener beschritten.

Im Aktiengesellschaftsrecht ist von Bedeutung, dass die Einziehung von Aktien – sei es **67** durch Einziehung von Anteilen, nachdem die Gesellschaft diese bereits erworben hat oder durch Zwangseinziehung (vgl. § 237 Abs. 1 AktG) – nur aufgrund einer (auch nachträglich eingefügten) Satzungsbestimmung erfolgen darf. Hier müssen Zeitpunkt, Umfang, Durchführung und Höhe des Einziehungsentgelts festgelegt werden, so dass kein Entscheidungsspielraum für den Vorstand als grundsätzliches Beschlussorgan verbleibt.[73] Bei der Vereinbarung der Einziehungsgründe in der Gründungssatzung besteht wegen des insoweit geltenden Einstimmigkeitserfordernisses ein noch weiterer Freiraum als bei der nachträglichen Satzungsänderung.[74] So können beispielsweise als Einziehungsgründe das persönliche Verlangen des Aktionärs nach Einziehung, persönliche Verhältnisse des Aktionärs wie Insolvenz oder die durch Los bestimmte Einziehung von Aktien in einem festgelegten Zeitraum in bestimmter Zahl festgelegt werden.[75]

Im GmbH-Recht ist hingegen zwischen Einziehung mit Zustimmung des betroffenen **68** Gesellschafters (vgl. § 34 Abs. 1 GmbHG) und Zwangseinziehung (vgl. § 34 Abs. 2 GmbHG) zu differenzieren. Anders als bei der AG ist zudem bei Einziehung nicht das Stammkapital zwingend herunterzusetzen; es kommt zu einer Nettowertaufstockung.[76] Für die Einziehung mit Zustimmung des Gesellschafters ist lediglich eine allgemeine Bestimmung in die Satzung aufzunehmen, die die Einziehung als solche gestattet.[77] Die zwangsweise Einziehung erfordert hingegen, dass deren Voraussetzungen bereits bei Erwerb des Geschäftsanteils durch die betroffenen Gesellschafter hinreichend bestimmt in der Satzung geregelt werden.[78] Die Zwangseinziehung kann auch nachträglich durch Satzungsänderung eingeführt werden, was allerdings die Zustimmung aller betroffenen Gesellschafter voraussetzt.[79] Dem Ausschluss eines Gesellschafters vergleichbar erfordert die Zwangseinziehung einen sachlichen Grund,[80] der nicht das Gewicht eines wichtigen Grundes erreichen muss. Als sachliche Gründe unstreitig anerkannt sind etwa ein schwerer Verstoß gegen das gesell-

[70] Vgl. *Hohaus/Weber* NZG 2005, 961 (962).
[71] *Hohaus/Weber* BB 2007, 2582 (2584).
[72] Vgl. *Fastrich* in Baumbach/Hueck GmbHG § 34 Rn. 2; BGH Urt. v. 19.9.1977 – II ZR 11/76, NJW 1977, 2316 f. Ausführlich zum Vergleich Einziehung und Ausschluss *Battke* GmbHR 2008, 850.
[73] *Lutter* in Kölner Komm AktG § 237 Rn. 34 und 43; *Hüffer/Koch,* AktG § 237 Rn. 10, 14.
[74] Vgl. zu den Einzelheiten *Hüffer/Koch,* AktG § 237 Rn. 11 ff.
[75] Vgl. *Hüffer/Koch,* AktG § 237 Rn. 12; *Scholz* in MHdB IV GesR § 62 Rn. 8 mwN.
[76] *Lutter/Kleindiek* in Lutter/Hommelhoff, GmbHG § 34 Rn. 2.
[77] *Fastrich in* Baumbach/Hueck, GmbHG § 34 Rn. 4.
[78] *Fastrich* in Baumbach/Hueck, GmbHG § 34 Rn. 7.
[79] Vgl. BGH Urt. v. 16.12.1991 – II ZR 58/91, BGHZ 116, 359 (363).
[80] BGH Urt. v. 9.7.1990 – II ZR 194/89, BGHZ 112, 103 (108).

schaftsvertragliche Wettbewerbsverbot[81] oder das Vorliegen eines wichtigen Grundes in der Person des Gesellschafters.[82] Mit Vereinbarung des letztgenannten personenbezogenen Grundes werden die Voraussetzungen für den Gesellschafterausschluss und der eigentlich nicht-personenbezogenen Einziehung gleichgeschaltet. Ferner ist anzumerken, dass nach der Rechtsprechung für die Einziehung bei Gründen, die das Verhalten als Gesellschafter-geschäftsführer betreffen, noch nach dem ultima-ratio-Prinzip geprüft werden soll, ob nicht lediglich die Abberufung als Geschäftsführer ausreicht.[83]

5. Rückkaufpreis

69 Wie in den Ausführungen zum Vesting dargestellt wurde,[84] wird zur Bestimmung des Rückkaufpreises bisweilen zwischen gevesteten und nicht gevesteten Anteilen unterschieden. Weiterhin variiert der Rückkaufpreis in Abhängigkeit von dem Grund des Ausscheidens. Hier werden also wieder die Bad Leaver und Good Leaver-Kategorien aufgegriffen.

Good Leaver	Bad Leaver

• Unterscheidung zwischen gevesteten und nicht gevesteten Anteilen
• Regelmäßige Gestaltung:
  • Für nicht gevestete Anteile Zahlung der Anschaffungskosten des Managers für den Beteiligungserwerb
  • Für gevestete Anteile Zahlung des Verkehrswerts
• Alternative Gestaltung:
  • Zahlung des höheren Werts von Anschaffungskosten und Verkehrswert entweder
  • ausschließlich für gevestete Anteile (während es für nicht gevestete Anteile bei dem niedrigeren Wert bleibt) oder
  • ohne Unterscheidung von gevesteten und nicht gevesteten Anteilen bei Tod und Berufsunfähigkeit des Managers, da in einem solchen Extremfall die Familie des Managers nicht unter dem Investment leiden soll
	• Keine Unterscheidung zwischen gevesteten und nicht gevesteten Anteilen
	• Regelmäßige Gestaltung:
	  • Zahlung des niedrigeren Werts von Anschaffungskosten des Managers für den Beteiligungserwerb und dem Verkehrswert der Managementbeteiligung zum Zeitpunkt seines Ausscheidens bzw. der Ausübung der Call-Option
	• Alternative Gestaltung:
	  • Gewährung einer gewissen, aber niedrigeren Verzinsung für den Fall, dass der Verkehrswert höher liegen sollte als die Anschaffungskosten

Abbildung 2: Typische Gestaltungen des Rückkaufpreises für Good Leaver- und Bad Leaver-Fälle

70 **a) Vereinbarkeit mit Abfindungsgrundsätzen.** Da der Rückkaufpreis bei der Übertragung auf Grund von Optionen ebenso wie Zahlungen für einen eingezogenen Geschäftsanteil den Ausgleich für den Verlust der Gesellschafterstellung darstellen, steht die Vereinbarkeit entsprechender Vertragsgestaltungen mit den etablierten Rechtsgrundsätzen zur Abfindung in Frage.

71 Die Höhe der Abfindungszahlung steht im Zusammenhang mit der für die Rechtfertigung der Ausschlussklausel entscheidenden Risikoverteilung. Zur Klarstellung ist an-

[81] OLG Nürnberg Urt. v. 19.3.1992 – 12 U 3500/91, GmbHR 1994, 252.
[82] BGH Urt. v. 19.9.1977 – II ZR 11/76, NJW 1977, 2316.
[83] OLG Rostock Urt. v. 15.8.2001 – 6 U 49/00, NZG 2002, 294; vgl. aber zur Zulässigkeit auch OLG München Urt. v. 5.10.2016 – 7 U 3036/15, DStR 2017, 113 ff.
[84] Vgl. → Rn. 52.

zumerken, dass die Vereinbarung einer unangemessen niedrigen Abfindung die Wirksamkeit der Ausschlussklausel unberührt lässt.[85] Allerdings hat die Kontrolle der Ausübung des vereinbarten Ausschlussrechts unter anderem für die Korrektur einer Abfindung Bedeutung, die bereits bei ihrer Einführung grob unbillig ist. Dann wird die nach § 138 Abs. 1 BGB nichtige vertragliche Abfindung durch den Verkehrswert ersetzt.[86]

Für Managementbeteiligungsmodelle in Private Equity-Transaktionen werden diese **72** Grundsätze allenfalls für die soeben beschriebene regelmäßige Gestaltung des Rückkaufpreises im Bad Leaver-Fall relevant. Aber auch wenn nach diesem Vergleich die Anschaffungskosten anzusetzen sein sollten, ist die Abfindungsvereinbarung nicht per se unwirksam. Denn in diesem Fall erhält das Interesse der Gesellschaft an der Mittelerhaltung den Vorzug vor dem Interesse des Gesellschafters an einer angemessenen Abfindung, so dass Abschläge von dem Verkehrswert zulässig sind.[87] Ferner fließen in die Angemessenheitsbewertung Umstände des konkreten Falls ein wie die Dauer der Mitgliedschaft, der Anteil am Aufbau und Erfolg des Unternehmens sowie der Anlass des Ausschlusses.[88]

Von dem Anteilserwerb durch die Gesellschaft ist die Situation zu unterscheiden, in der **73** der Geschäftsanteil von dem Finanzinvestor als Gesellschafter erworben wird. Da dann nicht die Gesellschaft, sondern der Finanzinvestor Allein- oder zumindest Primärschuldner[89] der vereinbarten Abfindung ist, kann die Kapitalbindung der Gesellschaft nicht dem Interesse des Abfindungsgläubigers an einer angemessenen Abfindung entgegengesetzt werden. Allerdings kann auch hier eine den Verkehrswert unterschreitende Abfindung aus den vorgenannten Gründen zulässig sein.

b) Ermittlung des Verkehrswertes. Die beschriebenen Grundsätze zur Bestimmung des **74** Rückkaufpreises setzen voraus, dass die Anteile zum Zeitpunkt des Ausscheidens des Managers bewertet werden können, ohne eine teure Unternehmensbewertung durchführen zu müssen. Hier bieten sich verschiedene Möglichkeiten an.

Am einfachsten ist es, wenn sich die beteiligten Parteien zunächst auf einen Verkehrswert **75** versuchen zu einigen und für den Nichteinigungsfall vereinbaren, den Verkehrswert durch einen unabhängigen Dritten abschließend bestimmen zu lassen.[90] Auch dies setzt aber letztlich einen Weg zur Wertermittlung voraus. Hier bieten sich unterschiedliche Formen der Unternehmensbewertung an (Ertragswertverfahren bzw. Discounted Cash Flow-Methode, Substanzwertverfahren, Mittelwertverfahren, Liquidationsverfahren, Stuttgarter Verfahren etc), von denen eine dem Gutachter vorzugeben ist, die den Besonderheiten einer Private Equity-Transaktion gerecht wird.

Manche Finanzinvestoren greifen auf eine Formelbewertung zurück. Der Verkehrswert **76** der aufgrund der Call-Optionen zurückgekauften Anteile wird dadurch ermittelt, dass eine Unternehmensbewertung auf der Basis der Formel „Einstiegsmultiple des Finanzinvestors × EBIT(DA) – Nettofinanzschulden" vorgenommen wird. Hierbei wird regelmäßig auf das durchschnittliche EBIT(DA) und die durchschnittlichen Nettofinanzschulden der letzten

[85] Vgl. BGH Urt. v. 19.9.1988 – II ZR 329/87, BGHZ 105, 213 (220); Urt. v. 5.6.1989 – II ZR 227/88, BGHZ 107, 351 (354); Urt. v. 9.7.1990 – II ZR 194/89, BGHZ 112, 103 (111); ferner *Hohaus/Weber* NZG 2005, 961 (962).

[86] Vgl. BGH Urt. v. 16.12.1991 – II ZR 58/91, BGHZ 116, 359 (365).

[87] Vgl. BGH Urt. v. 20.9.1993 – II ZR 104/92, BGHZ 123, 281 (285 ff.); Urt. v. 13.6.1994 – II ZR 38/93, BGHZ 126, 226 (242 ff.). Zur Vertragspraxis und mit Kritik an der BGH-Rechtsprechung *Volmer* DB 1998, 2507 ff.

[88] Vgl. BGH Urt. v. 20.9.1993 – II ZR 104/92, BGHZ 123, 281 (286 f.).

[89] Ist ein Erwerbsrecht vereinbart, richtet sich der Abfindungsanspruch mangels anders lautender Satzungsregelung allein gegen den Abtretungsempfänger; offengelassen von BGH Urt. v. 20.6.1983 – II ZR 237/82, NJW 1983, 2880 (2881); wie hier Ulmer/Habersack in Großkommentar GmbHG, § 34 Rn. 74, 124 mwN auch zur aA Für eine zusätzliche Haftung der Gesellschaft besteht zumindest in dem hier zu beurteilenden typisierten Sachverhalt kein Grund, da bei einem Finanzinvestor kein Insolvenzrisiko zu besorgen ist.

[90] Der unabhängige Dritte ist in der Regel ein vom Präsidenten des Instituts der deutschen Wirtschaftsprüfer eV (IdW) oder Präsident der örtlichen IHK ausgewählter Wirtschaftsprüfer oder eine renommierte Investmentbank.

zwölf Monate Bezug genommen, die vor dem Ausscheiden des Managers liegen. Andere Finanzinvestoren nehmen Bezug auf Bewertungen der Invest Europe[91] oder der British Private Equity & Venture Capital Association.[92]

77 Eine Verkehrswertberechnung, die nicht auf Basis der Exiterlöse vorgenommen wird, empfindet das Management möglicherweise als problematisch, da vom Standpunkt des Finanzinvestors die Ausübung einer Call-Option auf Basis einer synthetischen Verkehrswertberechnung attraktiv sein könnte. Daher besteht die Gefahr, dass die Call-Option willkürlich ausgeübt wird. Um entsprechende Bedenken sowie Mißbrauchsfälle zu vermeiden, erhält das Management im Good Leaver-Fall vom Finanzinvestor teilweise einen Besserungsschein. Auf dieser Grundlage schüttet der Finanzinvestor bei einem Exit, der sechs bis zwölf Monate nach Ausscheiden des Managers stattfindet, zusätzlich zu dem dem Manager bei seinem Ausscheiden gezahlten Betrag an den Manager die Differenz zu dem bei Exit erlösten höheren Verkehrswert aus.

6. Ratchets

78 Um dem Management ein zusätzliches Incentive zu geben, wird im Exit-Fall teilweise die Erlösverteilung abweichend von den Beteiligungsquoten durch das vorerwähnte Ratchet[93] bestimmt. Entweder gewähren die Finanzinvestoren dem Management bei Erreichen gewisser Erfolgshürden zusätzliche Anteile, die das Management zu den ursprünglichen Anschaffungskosten erwerben kann (Positives Ratchet). Um den Exitprozess nicht zu verkomplizieren, wird das Recht manchmal durch eine disproportionale Erlösverteilung abgelöst. Bei den Erfolgskriterien wird zum einen auf eine von den Finanzinvestoren zu erzielende Mindestrendite (Internal Rate of Return/IRR), die im Schnitt zwischen 20 bis 30 % p. a. liegt, und zum anderen auf ein erzieltes Kapitalmultiple (der erzielte Ertrag wird ins Verhältnis zum eingesetzten Kapital gesetzt), das üblicherweise zwischen 2,5 und 3,5 liegt, abgestellt. Wenn die Manager zunächst die komplette Beteiligung, einschließlich der dem Ratchet unterliegenden Anteile, erwerben und die Finanzinvestoren gegen die Manager ein Call-Recht auf einen bestimmten Prozentanteil der von den Managern gehaltenen Beteiligung erhalten, wenn die Erfolgskriterien nicht erzielt werden, dann spricht man von einem „negativem Ratchet".

III. Steuerrechtliche Rahmenbedingungen

1. Steuerliche Gestaltungsziele

79 Die Strukturierung und rechtliche Umsetzung der Anreizstrukturen in Buy-Outs hängen in erster Linie von steuerrechtlichen Erwägungen ab. Während Einzelheiten hier aus Platzgründen nicht besprochen werden können, sind zumindest die wesentlichen Gestaltungsziele zu nennen.

80 Im Rahmen einer Managementbeteiligung kommt es darauf an, die Veräußerungsgewinne, die sich aufgrund der erzielten Wertsteigerung zwischen Erwerb der im Privatvermögen gehaltenen Beteiligung (Erwerb bis Ende 2008) und Exit (Verkauf der Beteiligung) einstellen, steuerfrei zu erhalten Wenn die Beteiligung 1 % oder mehr am Kapital der Gesellschaft beträgt oder innerhalb der einjährigen Spekulationsfrist verkauft wurde, ist es Ziel, die Gewinne nach dem Halbeinkünfteverfahren zu besteuern.[94] Ab 2009 gilt die Abgeltungssteuer für alle Gewinne, die aus der Veräußerung von nach 2008 erworbenen Betei-

[91] Online zugänglich unter https://www.investeurope.eu.

[92] Online zugänglich unter http://www.bvca. co. uk.

[93] Bereits → Rn. 1.

[94] Mit einem kurzen Überblick über die steuerlichen Gestaltungsziele *Streck* AG 2008, 321 f.; allgemein zur Besteuerung von Kapitalbeteiligungen *Geserich* DStR-Beih 2014, 53 ff.; *Levedag,* Recht der Finanzinstrumente 2015, 144 ff.; *Marquart* FR 2013, 980 ff. Zur Besteuerung von Exit Boni vgl. *Frey/Schmid* DStR 2015, 1094 ff.

ligungen zurückgehen. Für Beteiligungen von 1% oder mehr gilt das Teileinkünfteverfahren. Dies bedeutet, dass anstelle der bisherigen hälftigen Steuerpflicht 60% der Veräußerungsgewinne in den steuerpflichtigen Gewinn mit einzubeziehen sind (vgl. § 3 Nr. 40 EStG).

Vor diesem Hintergrund sind zwei Eckpunkte zu beachten: Zum einen führt eine **81** vergünstigte Ausgabe der Anteile an der NewCo *(Sweet Equity)* schon bei Einräumung der Managementbeteiligung zu einem lohnsteuerpflichtigen Arbeitslohn, der der vollen Versteuerung unterliegt, § 19 Abs. 1 Nr. 1 EStG.[95] Zum anderen kann je nach Ausgestaltung der schuldrechtlichen Beziehungen der Managementbeteiligung dem Manager, der an sich zivilrechtlich an der Erwerbergesellschaft beteiligt und damit Gesellschafter ist, das wirtschaftliche Eigentum an den Anteilen versagt werden (vgl. § 39 Abs. 2 Nr. 1 S. 1 AO). Dies führt zu einer der Ausübung von Stock Options steuerlich entsprechender Situation. Die Differenz zwischen den Anschaffungskosten der Beteiligung und dem Veräußerungserlös würde dann ebenfalls lohnsteuerpflichtigen Arbeitslohn iSv § 19 Abs. 1 Nr. 1 EStG darstellen.

Sofern die Beteiligung unter dem zum Übertragungszeitpunkt geltenden Verkehrswert **82** an den Manager abgegeben wird, ist in der Differenz zwischen Verkehrs- und Veräußerungswert schon bei Einräumung ein lohnsteuerpflichtiger Arbeitslohn gegeben, § 19 Abs. 1 Nr. 1 EStG.[96] Ausgangspunkt für die Bestimmung des Verkehrswertes der Beteiligung ist üblicherweise der von dem Finanzinvestor gezahlte Preis pro Eigenkapitaleinheit. Abzuraten ist insoweit von einseitigen Agio-Zahlungen des Finanzinvestors, da hierdurch womöglich stille Reserven verschoben werden, was ebenfalls zu lohnsteuerpflichtigem Arbeitslohn bei dem Manager – und zwar schon im Zeitpunkt der Einräumung der Managementbeteiligung – führen könnte.[97]

Der BFH bejaht den Übergang des wirtschaftlichen Eigentums an Gesellschaftsanteilen **83** auf den Erwerber, wenn dieser aufgrund des zivilrechtlichen Rechtsgeschäfts eine auf den Erwerb des Rechts geschützte Position erworben hat, die ihm gegen seinen Willen nicht mehr entzogen werden kann.[98] Das ist in der Regel der Fall, sobald Besitz, Gefahr, Nutzungen und Lasten, insbesondere die mit Wertpapieren gemeinhin verbundenen Kursrisiken und -chancen, und die mit den Anteilen verbundenen wesentlichen gesellschaftsrechtlichen Rechte auf den Erwerber übergegangen sind.[99]

Um das wirtschaftliche Eigentum an der Managementbeteiligung beim Manager zu **84** bejahen, ist es erforderlich, dass dieser die mit den Anteilen verbundenen wesentlichen gesellschaftsrechtlichen Rechte erwirbt. Dies sind insbesondere das Nutzungs- bzw. Verwertungsrechtrecht, das Stimmrecht und das Gewinnbezugsrecht. Zu starke schuldrechtliche Bindungen in der Gesellschaftervereinbarung (zB Drag-Along-Recht, Verfügungsbeschränkungen, Lock-ups, Vorkaufsrechte) können dazu führen, dass der Erwerb des wirtschaftlichen Eigentums an den Anteilen zeitlich hinausgeschoben wird. Allgemeingültige Aussagen gibt es insoweit nicht. Vielmehr ist eine Gesamtbetrachtung unter Berücksichtigung aller Umstände des Einzelfalles anzustellen. So ist etwa eine Verwendungsabrede

---

[95] *Von Braunschweig,* Steuergünstige Gestaltung von Mitarbeiterbeteiligungen in Management-Buy-Out Strukturen, DB 1998, 1831.

[96] Zu der darüber hinausgehenden Frage, ob die unentgeltliche bzw. verbilligte Überlassung von Anteilen an Manager durch Unternehmensgründer oder Mitgesellschafter eine verdeckte Einlage iSd § 17 Abs. 1 S. 2 EStG darstellt, vgl. – mE richtiger Weise verneinend – *Wienands,* Unentgeltliche Übertragung von Aktien an verdiente Mitarbeiter der Gesellschaft, GestStB 2000, 204. Zu der Frage der Bewertung eines geldwerten Vorteils aus dem Erwerb von Aktien im Rahmen eines Beteiligungsmodells vgl. auch BFH Urt. v. 1.9.2016 – VI R 16/15, DStRK 2017, 47 mit Anmerkung *Geserich.* Das gilt auch, wenn der Vorteil durch einen Dritten gewährt worden ist; siehe hierzu auch BFH Urt. v.15.3.2018 – VI R 8/16, ZIP 2018, 2440.

[97] .

[98] BFH Urt. v. 28.4.1983 – IV R 152/80, BStBl. II 1983 S. 690; BFH Urt. v. 11.7.2006 – VIII R 32/04, BStBl. II 2007 S. 296; BFH Urt. v. 4.7.2007 – VIII R 68/05, FR 2008, 136 ff. *Holzapfel/Pöllath,* Unternehmenskauf in Recht und Praxis, 2015, Rn. 1857.

[99] BFH Urt. v. 10.3.1988 – IV R 226/85, BStBl. II 1988 S. 833 (835); BFH Urt. v. 15.12.1999 – I R 29/97, BStBl. II 2000 S. 527.

(Tilgung der Darlehensschuld) über die erhaltenen Dividenden unschädlich, wenn das Gewinnbezugsrecht selbst nicht abbedungen wird. Auch kommt dem Stimmrecht aufgrund der Minderheitsbeteiligung regelmäßig keine besondere Bedeutung zu; es sollte aber dennoch nicht gänzlich ausgeschlossen sein.

85 Managementbeteiligungen sind in den letzten Jahren immer mehr in den Fokus der Finanzverwaltung geraten. Der BFH[100] hat im Jahr 2016 nun endlich die Besteuerung von Erlösen aus Managementbeteiligungen als Veräußerungsgewinne bestätigt. Damit hat er der Praxis der Finanzverwaltung, solche Einkünfte grundsätzlich als Arbeitslohn zu besteuern, eine klare Absage erteilt. Die Entscheidung des BFH war in der Private Equity-Praxis mit Spannung erwartet worden, denn es handelt sich um die erste höchstrichterliche Entscheidung zu einer typischen Managementbeteiligung im Zusammenhang mit Private Equity-Investments.

86 In der Vorinstanz hatte das Finanzgericht Köln[101] den Sachverhalt umfassend gewürdigt und dabei keinen hinreichenden Zusammenhang zum Arbeitsverhältnis gesehen.

87 Der 9. Senat des BFH hat die Entscheidung des Finanzgerichts nun vollumfänglich bestätigt und sich dabei insbesondere auf die Rechtsprechung des 6. Senats[102] zur Besteuerung von Mitarbeiterbeteiligungen gestützt. Danach fließt aus einer Mitarbeiterbeteiligung nicht deshalb Arbeitslohn, weil die Beteiligung nur von einer bestimmten Gruppe von Arbeitnehmern erworben werden kann. Dies ist einer Mitarbeiterbeteiligung naturgemäß immanent. Nach Meinung des BFH stellt die Kapitalbeteiligung ein Sonderrechtsverhältnis dar, das selbstständig und losgelöst vom Arbeitsverhältnis bestehen kann. Auch das Argument der Finanzverwaltung zum angeblich wegen des Insider-Wissens nicht bestehenden Verlustrisiko weist der BFH klar zurück.

88 Die bloße Kausalität des Arbeitsverhältnisses für den Erwerb der Beteiligung ist allein nicht maßgeblich, wenn, wie unstreitig festgestellt, die Beteiligung zum Marktpreis erworben und verkauft wird und ein effektives Verlustrisiko besteht. Auch die bestehenden Ausschlussrechte aus dem Poolingvehikel im Falle einer Beendigung eines Arbeitsverhältnisses sind letztlich Ausdruck und Folge der Mitarbeiterbeteiligung und rechtfertigen entgegen der Auffassung der Finanzverwaltung für sich allein noch nicht die Annahme, dass dem Arbeitnehmer durch die Gewährung einer Möglichkeit zur Beteiligung Arbeitslohn zugewendet wird.

89 Mit dieser Aussage geht der 9. Senat über die bisherige Rechtsprechung zu Mitarbeiterbeteiligungen hinaus. Der BFH bestätigt damit, dass die Vereinbarung eines sogenannten Leaver Schemes für den Fall der Beendigung des Arbeitsverhältnisses und auch das insofern vorgesehene Vesting unschädlich für die steuerliche Qualifizierung der Mitarbeiterbeteiligung sind. Dies ist deshalb von großer Bedeutung für die Beratungspraxis, weil die Finanzverwaltung in der jüngeren Vergangenheit dazu übergangen war, insbesondere das Bestehen eines sogenannten Leaver Schemes als Grund für die Besteuerung als Arbeitslohn heranzuziehen. Sie stützte sich insofern auf ein anderes BFH-Urteil[103], das für den Fall eines Genussrechts die Differenzierung des Rückvergütungspreises je nachdem, aus welchem Grund das Arbeitsverhältnis beendet wird, als klares Indiz für das Vorliegen von Arbeitslohn bestimmt hatte.

90 Diese Entscheidung des 8. Senats lässt sich jedoch auf die Besteuerung einer klassischen Managementbeteiligung nicht übertragen, wie nun der 9. Senat bestätigt hat. Zum einen begründet ein sogenannter Leaver Scheme lediglich die Option zum Rückkauf von Anteilen bei Beendigung des Dienstverhältnisses und stellt keine zwingende Abfindung der Managementbeteiligung dar. Zum anderen sehen auch übliche Abfindungsklauseln in Gesellschaftsverträgen eine Differenzierung zwischen Buchwertabfindung und Verkehrs-

---

[100] BFH Urt. v. 4.10.2016 – IX R 43/15, BFHE 255, 442. Vgl. dazu *Wiese/Leo* GmbHR 2017, 690 ff.

[101] FG Köln Urt. v. 20.5.2015 – 3 K 3253/11, DStZ 2016, 220. Vgl. dazu auch die Anmerkung von *Koch-Schulte* DB 2015, 2166 ff.

[102] Vgl. insbesondere BFH Urt. v. 17.6.2009 – VI R 69/06, BStBl. II 2010 S. 69.

[103] BFH Urt. v. 5.11.2013 – VIII R 20/11, BStBl. II 2014 S. 415 ff.

wertabfindung vor. Die vorliegenden Abfindungsregelungen im Leaver-Fall nehmen dies lediglich auf.

In jüngsten untergerichtlichen Urteilen ist diese Rechtsauffassung bestätigt worden und das Argument der Finanzverwaltung, dass in der Tatsache, dass das Management eine überproportionale Rendite erzielen könne, ein Indiz für Arbeitslohn zu sehen sei, zurückgewiesen worden.[104] Allerdings ist ein anderer Senat des Finanzgerichts Baden-Württemberg kürzlich zu einer konträren Entscheidung gekommen. [105] **91**

2. Lohnsteueranrufungsauskünfte

Letztendlich ist jedes Managementbeteiligungsmodell einzelfallabhängig gestaltet und birgt somit individuelle Fragestellungen. Deshalb ist häufig nur die Einholung einer Lohnsteueranrufungsauskunft (§ 42e EStG) das geeignete Mittel, um Rechts- und Planungssicherheit zu erlangen oder zumindest zu fördern. Auskunftsgegenstand sind sämtliche lohnsteuerrechtlichen Fragestellungen, die sich im Zusammenhang mit Anreizstrukturen stellen können. Dazu zählen insbesondere Fragen zur Gewährleistung des wirtschaftlichen Eigentums (§ 39 Abs. 2 AO) und dem Veranlassungszusammenhang im Rahmen nichtselbstständiger Arbeit (§ 19 EStG). **92**

Allerdings bringt mitunter auch die Lohnsteueranrufungsauskunft nicht vollumfängliche Sicherheit. So kann bei der Veranlagung des einzelnen Managers der Einwand aufkommen, dass sich die veranlagende Stelle nicht an die Anstellungsgesellschaft erteilte Anrufungsauskunft gebunden sieht. Dementsprechend stellen mögliche Abweichungen zwischen dem Betriebsstättenfinanzamt und dem Wohnsitzfinanzamt ein nicht zu unterschätzendes Risiko dar. Außerdem ist zu beachten, dass mit der Lohnsteueranrufungsauskunft nur die Lohnsteuerpflichtigkeit und nicht die ggf. sonstige bestehende Einkommenssteuerpflichtigkeit abgeprüft wird. **93**

E. Offenlegung der Vergütungen der Führungsorgane

Die als Reaktion auf vermeintliche Auswüchse in der Vorstandsvergütung eingeführten Veröffentlichungspflichten treffen auch die hier behandelten Vergütungsformen. Die Publizitätspflichten lassen sich in dauerhafte und transaktionsbezogene Publizitätspflichten unterteilen. **94**

Zu der ersten Fallgruppe gehört die Offenlegung der Vergütung des Vorstands bzw. der GmbH-Geschäftsführer nach § 285 Nr. 9 HGB.[106] Demnach müssen im Anhang zum Jahresabschluss die Gesamtbezüge offengelegt werden, in die unter anderem Gehälter, Gewinnbeteiligungen, Bezugsrechte und sonstige aktienbasierte Vergütungen, Aufwandsentschädigungen, Provisionen und Nebenleistungen jeder Art einzurechnen sind. Darunter fallen sämtliche der hier behandelten Vergütungsformen. Bei börsennotierten Aktiengesellschaften wurde die Veröffentlichungspflicht darüber hinaus durch das Gesetz über die Offenlegung der Vorstandsvergütung (VorstOG)[107] auf die Angabe der Einzelbezüge mit Namensnennung und eine Aufgliederung nach erfolgsabhängigen und -unabhängigen sowie langfristig Anreizwirkung entfaltenden Vergütungsbestandteilen erweitert (vgl. § 285 Nr. 9 lit. a S. 5 HGB). Hervorzuheben ist, dass dabei auch Leistungen, die dem Vorstandsmitglied für den Fall der Beendigung seiner Tätigkeit zugesagt wurden, sowie solche **95**

[104] Vgl. noch FG Münster Urt. v. 15.7.2015 – 11 K 4149/12, DStRE 2016, 1489 das im zu entscheidenden Fall Arbeitslohn annahm; hingegen ausdrücklich anders FG Baden-Württemberg Urt. v. 9.5.2017 – 5 K 3825/14 – Nichtzulassungsbeschwerde eingelegt (Az. des BFH EFG 2017, S. 1880 ff. – VI B 99/17).

[105] FG Baden-Württemberg Urt. v. 26.6.2017 – 8 K 4018/14, DStR 2018, S. 6 Revision ist beim BFH (Az. des BFH – VIII R 21/17) anhängig.

[106] Vgl. dazu *Baums* ZHR 169 (2005), 299 ff.; *Fleischer* DB 2005, 1611 ff.; *Spindler* NZG 2005, 689 ff.; *Thüsing* ZIP 2005, 1389 ff.

[107] BT-Drs. 15/5860 (Beschlussempfehlungen und Bericht des Rechtsausschusses).

Leistungen, die von einem Dritten im Hinblick auf die Tätigkeit als Vorstandsmitglied zugesagt oder gewährt wurden, anzugeben sind (vgl. § 285 Nr. 9 lit. a S. 6–8 HGB). Ähnliche Pflichtangaben sind auch im Konzernanhang zu machen (vgl. § 314 Nr. 6 HGB).

96 Im Transaktionszusammenhang bestehen regelmäßig zwischen den Geschäftsführern und anderen Beteiligten Interessendivergenzen, die durch Sondervergütungen ausgeglichen werden sollen. Die durch die Publizität im Jahres- oder Konzernanhang erreichte Transparenz ist für diese Interessendivergenzen regelmäßig ohne Bedeutung, da die Transparenz regelmäßig erst nach den eigeninteressengeleiteten Handlungen einsetzt. Dies verdeutlicht den Bedarf für transaktionsbezogene Publizitätspflichten. An verschiedenen Stellen in der Rechtsordnung wird deutlich, dass für das Versprechen oder die Gewährung derartiger Sondervorteile stets Publizität und erst ab einem bestimmten Grad der Einflussnahme ein Verbot in Betracht kommt.[108] Werden von der Erwerberseite bei einem Öffentlichen Übernahmeangebot Geldleistungen oder andere geldwerte Vorteile gewährt oder in Aussicht gestellt, so sind diese als ergänzende Angaben in die Angebotsunterlage mitaufzunehmen (vgl. § 11 Abs. 2 S. 3 Nr. 3 WpÜG). Darüber hinaus besteht im Rahmen der Erfüllung der Stellungnahmepflicht der Vorstands- und Aufsichtsratsmitglieder (vgl. § 27 WpÜG) gegenüber den Aktionären der Zielgesellschaft eine Pflicht zur Information über zugesagte oder gewährte Vorteile.[109] Unabhängig von dieser gesetzlichen Regelung lässt sich für den Buy-Out auch eine entsprechende Offenlegungspflicht in den Regelungen zur cic (§§ 280 Abs. 1, 311 Abs. 2, 3 BGB) verorten, die auf GmbH-Geschäftsführer Anwendung finden kann.[110] Der Erwerber wird mittels Offenlegung und der vom Management regelmäßig darauf abzugebenden Managementgarantien[111] über etwaige von der Zielgesellschaft oder Dritten zugesagte oder gewährte Sondervorteile informiert.

97 In diesem Zusammenhang ist zu erwähnen, dass eine Offenlegung aber nicht unproblematisch ist. Entsprechende Boni enthalten in aller Regel Vertraulichkeitsvereinbarungen oder aber es bestehen Treuepflichten, die zur Vertraulichkeit verpflichten. Zudem ist das Management zugleich durch (ggf. vorvertragliche) Treuepflichten gegenüber den zu der Buy-Out-Gruppe gehörenden Finanzinvestoren gebunden. Aufgrund dieser komplizierten Gemengelage wird in der Praxis häufig der Weg beschritten, dass eine Offenlegung zumindest kurz vor Vertragsschluss erfolgt.

---

[108] Ausführlich *Weber,* Transaktionsboni für Vorstandsmitglieder: Zwischen Gewinnchance und Interessenkonflikt, S. 352 ff.

[109] *Weber,* Transaktionsboni für Vorstandsmitglieder: Zwischen Gewinnchance und Interessenkonflikt, S. 371 ff.

[110] Zur dogmatischen Grundlage vgl. *Fleischer* AG 2000, 309 (320).

[111] Vgl. → Rn. 47.

§ 14 Beteiligungsvertrag

Übersicht

A. Grundlagen zur Begriffsbestimmung

Der „Beteiligungsvertrag“ bezeichnet in der Praxis seit jeher Vereinbarungen, die im Zusammenhang mit der Beteiligung an Unternehmen getroffen werden. Im Rahmen von Private Equity-Transaktionen erfasst der Beteiligungsvertrag in der Regel alle Rechtsbeziehungen des Investors gegenüber (potentiellen) Co-Investoren sowie den übrigen Gesellschaftern und der jeweiligen Zielgesellschaft. Beteiligungsverträge zielen damit zunächst auf die Regelung des **Einstiegs des jeweiligen Investors** ab und enthalten insoweit insbesondere Vorschriften über die Höhe der Beteiligung, die Bewertungsgrundlagen (etwa Festlegung der *pre-money*-Bewertung des Zielunternehmens) sowie Verein- 1 barungen über die Art, Höhe und Fälligkeit des Investitionsbetrages (etwa die Festlegung eines *staged financing*). In Anlehnung an die Struktur angelsächsischer *Investment Agreements* finden sich in der Praxis weiterhin häufig Verwässerungsschutz- bzw. Bewertungsanpassungsregeln mit Auswirkungen auf die Anteilsverhältnisse der Beteiligten sowie Garantien/Gewährleistungsverpflichtungen der Gründungsgesellschafter, die zur Absicherung des Investors abgegeben werden. Dieser Regelungskomplex wird häufig auch als **Beteiligungsvertrag im engeren Sinne** bezeichnet.[1] In der Praxis wird der Beteiligungsvertrag mittlerweile aber breiter angelegt und erfasst damit auch Regelungen, die herkömmlich in einer separaten Gesellschaftervereinbarung außerhalb der Satzung der Zielgesellschaftaft vereinbart wurden. Da es sich bei der Beteiligung des Investors meist um eine **„(Minderheits-)Beteiligung auf Zeit"** handelt, geht es insoweit insbesondere um eine Erweiterung der gesetzlichen Informations- und Zustimmungsrechte des Investors gegenüber den gesetzlichen Vorgaben, um die Absicherung der Exitrechte (etwa Mitverkaufspflichten *(Drag Along Rights),* Mitverkaufsrechte *(Tag Along Rights),* Erlösverteilungspräferenzen *(Liquidation Preferences))* sowie um die Bindung und Incentivierung des Managements an das Zielunternehmen. In der Praxis wird daher mittlerweile der Gesamtregelungskomplex zutreffend als **Beteiligungs- und Gesellschaftervereinbarung** bezeichnet.[2] Denn die „Beteiligung" wird ohne die „Gesellschaftervereinbarung" kaum vorgenommen werden, so dass eine wechselseitige Bezugnahme auch bei einer (strukturell) separaten Ausgestaltung[3] ohnehin angezeigt wäre[4].

I. Rechtsnatur von Beteiligungsvereinbarungen

2 Der Beteiligungsvertrag ist ein **gegenseitiger Vertrag,** der auf die Festlegung bestimmter gegenseitiger Rechte und Pflichten der Gesellschafter hinsichtlich der Beteiligung an der Zielgesellschaft gerichtet ist. Wegen seines nicht-korporativen Charakters gilt der Beteiligungsvertrag als **„schuldrechtliche Nebenabrede"**[5] oder allgemein als Gesellschafter-[6] oder Aktionärsvereinbarung.[7] Die schuldrechtliche Vereinbarung bildet damit das technische Hilfsmittel, um nach den dort getroffenen Regeln der Willensbildung das Rechtsverhältnis der Gesellschafter untereinander und in Bezug auf die Gesellschaft zu ordnen und über die fortlaufende Steuerung des Unternehmens bis zum Exit zu entscheiden. Die korporativen Elemente der Gesellschaft, insbesondere die Gesellschafterversammlung, haben insoweit nur eine „dienende Funktion" weil die entscheidenden Weichen bereits im Beteiligungsvertrag konkret gestellt sind. So werden etwa Andienungspflichten mit korrespondierenden Vorerwerbsrechten sowie Vorkaufsrechte nicht in der Satzung, sondern ausschließlich auf der Ebene des Beteiligungsvertrages geregelt. In der Satzung erfolgt dann lediglich die Absicherung aufgrund einer „dinglichen" Vinkulierungsschranke, die nur dann aufgrund eines entsprechenden Gesellschafterbeschlusses geöffnet werden kann, wenn zuvor die schuldrechtlich vereinbarten Verfahren über Ankaufs- oder Vorkaufsrechte oder

[1] *Weitnauer,* Handbuch Venture Capital, S. 343 Rn. 85.

[2] „Beteiligungsvereinbarung" wird hier also im umfassenden Sinne verstanden und beinhaltet auch die möglichen Regelungen einer „Gesellschaftervereinbarung". In diesem Sinne auch: *Weitnauer,* Handbuch Venture Capital, S. 343 Rn. 86.

[3] Für die Bezugnahme gilt insoweit im Rahmen einer GmbH-Beteiligung § 13a BeurkG.

[4] Die Ausgestaltung ist insoweit in anglo-amerikanischen Verträgen ähnlich. Dort wird das Investment Agreement quasi als Rahmenvereinbarung vor die Klammer gezogen und referenziert sodann auf die einzelnen Gesellschaftervereinbarungen, die jeweils in einer Anlage beigefügt werden. Insbesondere in US-amerikanischen Verträgen wird hierfür je Regelungskomplex häufig auf separate Anlagen im Investment Agreement verwiesen, wie etwa: Voting Agreement (Stimmbindungsvereinbarung), Restrictive Covenant Agreement (Wettbewerbsverbot), Right of First Refusal Agreement (Verfügungen über Anteile, Vorerwerbsrechte), Investor Right's Agreement (Vorzugs- und Informations- bzw. Kontrollrechte etc).

[5] *Hoffmann-Becking* ZGR 1994, 442 ff.; *Winkler,* Rechtsfragen der Venture Capital Finanzierung, S. 41; *Wiesner* in MHdB GesR, Bd. 4, § 6 Rn. 13; *Wicke* DStR 2006, 1137.

[6] *Baumann/Reiss* ZGR 1989, 163 ff.

[7] Etwa *Wiesner* in MHdB GesR, Bd. 4, § 6 Rn. 13; *Mayer* MittBayNot 2006, 281 ff.

dergleichen ordnungsgemäß durchgeführt worden sind.[8] Die Einordnung als schuldrechtliche Vereinbarung betont lediglich den schuldrechtlichen Charakter des Beteiligungsvertrages und die damit verbundenen rechtlichen Folgen „neben" den bei der Zielgesellschaft vorhandenen notwendigen korporativen Elementen, eine Entscheidung darüber, ob die Parteien den Regelungen (vor dem Hintergrund der praktischen Bedeutung und Relevanz) tatsächlich die Bedeutung einer „Hauptvereinbarung" beimessen, ist dafür ohne Bedeutung[9].

II. Wechselwirkung von Beteiligungsvereinbarung und Satzung

Wenngleich die korporationsrechtliche Wirkung der Satzung gegenüber der schuldrechtlichen Beteiligungsvereinbarung in den Hintergrund tritt, bedeutet dies nicht, dass der Satzungsinhalt gänzlich zur Disposition der Beteiligten steht. Vielmehr sind die gesetzlich bestimmten zwingenden Regelungen bezüglich der Gesellschaft und ihrer Beziehungen zu den Gesellschaftern als **notwendig materielle Satzungsbestimmungen** gemäß § 23 Abs. 3, 4 AktG sowie § 3 Abs. 1 GmbHG in der Satzung selbst zu regeln. Ferner gilt der Grundsatz der **Satzungspublizität** aus Gläubigerschutzgesichtspunkten auch für den Fall, dass Sacheinlageverpflichtungen übernommen werden (§ 26 AktG, §§ 5 Abs. 4, 19, 56 GmbHG) oder Sondervorteile gewährt werden (§ 26 AktG).[10] 3

Geht man davon aus, dass nach der Zielsetzung der Parteien die **Sonderrechte der Investoren** in der Beteiligungsvereinbarung vor die Klammer gezogen werden, könnte man meinen, dass die Satzung neben den gesetzlich zwingenden Inhalten keine weiteren wesentlichen Regelungen mit Relevanz für die Private Equity-Transaktion hat. Schuldrechtliche Beteiligungsvereinbarung und Satzung sind jedoch grundsätzlich mit unterschiedlichen Auslegungsmaßstäben getrennt voneinander zu beurteilen.[11] Die Beteiligungsvereinbarung wird daher nur dann ihrer dienenden Funktion als „Vorhof" der Satzung gerecht werden, wenn im Rahmen der gesetzlichen Möglichkeiten die satzungsrechtlichen Bestimmungen auf diejenigen in der Beteiligungsvereinbarung ausgerichtet sind. So begründen etwa die Vorzugsrechte der Investoren in der Beteiligungsvereinbarung für sich noch keine eigene Gattung von Vorzugsaktien.[12] Möglich und sinnvoll ist es daher komplementär zu den Regelungen der Beteiligungsvereinbarung über die „dingliche" Vinkulierungsschranke hinaus bestimmte Vermögensrechte (Dividendenvorzüge, Liquidationsverteilungspräferenzen, Veto-Rechte aufgrund Sonderbeschlussfassungen)[13] auf Satzungsebene abzusichern. 4

Zwar soll nach Auffassung des *Bundesgerichtshofes*[14] ein Hauptversammlungsbeschluss anfechtbar sein, wenn alle Aktionäre an der Vereinbarung beteiligt sind (sog. omnilaterale Aktionärsvereinbarung). Ob damit jedoch die Synthese zwischen korporationsrechtlicher und schuldrechtlicher Ebene durch den *Bundesgerichtshof* insgesamt vollzogen ist, ist unklar geblieben.[15] In der Praxis sollte jedenfalls aus Beratersicht vermieden werden, dass die 5

[8] Beteiligungsverträge werden in der Praxis insoweit häufig bereits ausschließlich auf Englisch abgefasst. Hierdurch ist es insbesondere auch ausländischen Finanzinvestoren möglich, an der Willensbildung auf Gesellschafterebene konkret teilzunehmen.

[9] So etwa *Wolf*, Der Beteiligungsvertrag bei der Aktiengesellschaft, S. 2 f.

[10] § 26 AktG gilt für die GmbH sinngemäß, vgl. etwa BGH Beschl. v. 20.2.1989 – II ZB 10/88, NJW 1989, 1610.

[11] Zu den Auslegungsmaßstäbe näher: *Baumann/Reiss* ZGR 1989, 158 f.; Hüffer AktG § 23 Rn. 47.

[12] So zutreffend *Weitnauer*, Handbuch Venture Capital, S. 349 Rn. 105.

[13] Gemäß § 138 AktG in Verbindung mit § 179 Abs. 3, 182 Abs. 2, 222 Abs. 2 AktG bedarf ein Hauptversammlungsbeschluss in den gesetzlich geregelten Fällen insbesondere bei der Aufhebung oder Beschränkung des Vorzuges sowie bei Kapitalerhöhung bzw. –herabsetzung einer Sonderbeschlussfassung der jeweiligen Inhaber von Gattungsaktien.

[14] BGH Urt. v. 20.1.1983 – II ZR 243/81, NJW 1983, 1910 (1911); BGH Urt. v. 27.10.1986 – II ZR 240/85, NJW 1987, 1890 (1892).

[15] Ablehnend jedenfalls: *Hüffer* AktG § 243 Rn. 9; *Wiesner* in MHdB GesR, Bd. 4, § 6 Rn. 14; *Hoffmann-Becking* ZGR 1994, 446 ff.

Beteiligten das Risiko dieser dogmatischer Auseinandersetzungen tragen und eine entsprechende Feinabstimmung zwischen korporationsrechtlicher und schuldrechtlicher Ebene erfolgen; jedenfalls sollten offensichtliche Wertungswidersprüche vermieden werden.

B. Der Letter of Intent als Produkt der Investitionsentscheidung des Investors

6 Grundsätzlich ist davon auszugehen, dass die Beteiligung eines Investors im Rahmen einer Private Equity-Transaktion in zwei Stufen dokumentiert wird: Zunächst wird das Verhandlungsergebnis über die Investitionsentscheidung in einem noch rechtlich unverbindlichen *Letter of Intent* zusammengefasst. Im Anschluss von Due Diligence und Verhandlungen steht (prozedural) der (rechtsverbindliche) Abschluss der Beteiligungsvereinbarung.

I. Bedeutung des Letter of Intent für den Transaktionsverlauf

7 Der *Letter of Intent*[16] entspringt dem anglo-amerikanischen Rechtskreis und hat sich als „Vorfeldvereinbarung" insbesondere im Bereich des Unternehmenskaufes eingebürgert. Aufgrund des fehlenden Rechtsbindungswillens kann man den *Letter of Intent* nach Maßgabe deutscher Rechtsterminologie treffend wohl auch als Absichtserklärung verstehen. Danach erfasst der *Letter of Intent* die Kundgabe einer Absicht, Vertragsverhandlungen zu führen und einen entsprechenden Vertrag abzuschließen ohne eine rechtliche Bindungswirkung bezüglich des Vertragsausschlusses auszulösen.

8 Ein *Letter of Intent* kommt in unterschiedlichen Erscheinungsformen vor. Üblich ist die mehrseitige Erklärung unter Einbindung des entsprechenden Finanzinvestors, der Gesellschaft sowie (zumindest) der Gründungsgesellschafter. In der Regel wird das erreichte Verhandlungsergebnis der Beteiligten systematisch zusammengefasst und dokumentiert, so dass sich daraus (trotz Unverbindlichkeit des Investmentinteresses des Investors) für die eigentlichen Vertragsverhandlungen wichtige verhandlungspsychologische Wirkungen entfalten.

9 Aus Sicht eines Investors dient der *Letter of Intent* aber auch dazu ein gewisses Maß an Transaktionssicherheit zu erhalten, bevor im Rahmen der Due Diligence und der Erstellung und Verhandlung der Vertragsdokumentation umfangreichere weitere Kosten anfallen. Durch den Abschluss eines *Letter of Intent* wird insoweit eine (in der Regel rechtsverbindliche) Formalisierung des (weiteren) Transaktionsprozesses erreicht. Denn der Investor wird in die eigentlichen Vertragsverhandlungen und der damit verbundenen Vorbereitung der Vertragsdokumentation nur einsteigen, wenn ihm im Rahmen der Due Diligence (rechtsverbindlich) das Recht gewährt wird, innerhalb eines bestimmten Zeitrahmens Unterlagen und Informationen von der Zielgesellschaft hinsichtlich dessen geschäftlicher, wirtschaftlicher, finanzieller, steuerlicher und rechtlicher Verhältnisse einzusehen bzw. zur Prüfung zu erhalten. Vor diesem Hintergrund bezieht sich in der Praxis der gegenständliche Anwendungsbereichs der Regelungen des *Letter of Intent* häufig auf einen rechtlich „unverbindlichen" und einen rechtlich „verbindlichen" Teil. Danach werden regelmäßig die Verfahrensfragen im Zusammenhang mit der Due Diligence und der damit verbundenen wechselseitigen Vertraulichkeit der Rechtsbindung unterworfen. Auch finden sich auf Wunsch des Investors häufig Regelungen über eine verbindliche Exklusivitätsabrede. Danach verpflichten sich primär die Gesellschafter bzw. das Zielunternehmen gegenüber dem Finanzinvestor innerhalb des gemeinsam festgelegten Zeitrahmens bis zum Abschluss der Transaktion keine Verhandlungen mit einem anderen Investor zu führen. Eine derartige Regelung schützt den Investor vor vergeblichen Aufwendungen im Rahmen der vorvertraglichen Prüfungen, insbesondere im Rahmen der Due Diligence, für den Fall, dass sich die Gesellschafter der

[16] Teilweise synonym auch Term Sheet genannt. Demgegenüber wird jedenfalls im anglo-amerikanischen Recht mit einem Memorandum of Understanding oder Heads of Agreement eher ein „Vorvertrag" mit tendenziell höherem Verbindlichkeitscharakter bezeichnet.

Zielgesellschaft entschließen, die Transaktion mit einem anderen Investor abzuschließen und wird daher häufig auch mit einem pauschalen Schadenersatz oder gar mit einer Vertragsstrafe unterlegt. In den letzten Jahren haben sich ferner sog. ***Break-up-Fees*** in der Praxis durchgesetzt. Auch Break-up-Fees sichern dem Finanzinvestor einen Kostenersatz zu, wenn die Gesellschafter oder die Zielgesellschaft einseitig die Verhandlungen abbrechen oder das Investment aufgrund der Due Diligence Ergebnisse nicht durchgeführt werden kann.

Die Folgen der Verletzung der Exklusivitätsklausel, die *Break-up-Fee* oder sonstige Kostenerstattungspflichten werden in der Praxis regelmäßig von vornherein von der Zielgesellschaft übernommen, obwohl die Ursachen für die Auslösung der jeweiligen Rechtsfolgen häufig auch auf Gesellschafterebene zu suchen sind. Intendiert sind unter anderem der steuerliche Betriebsausgabenabzug und der umsatzsteuerliche Vorsteuerabzug. Neben der Gefahr einer verdeckten Gewinnausschüttung können sich insbesondere bei einer Aktiengesellschaft hieraus auch Probleme hinsichtlich einer unzulässigen Kapitalrückgewähr gemäß § 57 AktG ergeben, wenn es sich tatsächlich um Leistungen für Aktionäre handelt. Jedenfalls bieten sich gegebenenfalls eine Kostenaufteilung sowie die Dokumentation des eigenen Interesses der Gesellschaft an. **10**

II. Abgrenzung zum Vorvertrag

Im Gegensatz zum typischen *Letter of Intent* entfalten Vorverträge eine rechtliche Bindungswirkung. Aus praktischer Sicht ist hierbei problematisch, dass ein Vorvertrag ähnlich wie ein *Letter of Intent* häufig nur den wirtschaftlichen Willen der Beteiligten wiedergibt und insoweit im Hinblick auf rechtliche und steuerliche Fragen nicht den (notwendigen) Detaillierungsgrad eines Vertrages aufweist. Kommt es also im Anschluss an den Vorvertrag nicht zum Abschluss der eigentlichen Beteiligungsvereinbarung, und wäre die Leistung des Investors zumindest bestimmbar,[17] wäre der Investor gebunden, das Investment lediglich auf Basis des Vorvertrages und damit ohne die notwendigen (detaillierten) Vorzugs-, Minderheitenschutz- und Informations- bzw. Kontrollrechte durchzuführen. **11**

Ein Vorvertrag als „Vor-„Stufe zu einer Beteiligungsvereinbarung ist nur ausnahmsweise sinnvoll. Aus Sicht eines Finanzinvestors ist regelmäßig davon auszugehen, dass ein solches Interesse nicht besteht. Teilweise kommt es jedoch in der Praxis vor, dass gerade aus Sicht der Gründungsgesellschafter der Versuch unternommen wird, ein Investment in die Zielgesellschaft bereits in einem frühen Stadium im Wege eines (verbindlichen) Vorvertrages (häufig trotzdem mit der Bezeichnung *Letter of Intent* oder *Term Sheet*) abzusichern. Allerdings gilt die Formpflicht des Hauptvertrages auch für den Vorvertrag[18] so dass das Risiko einer übereilten Bindung zumindest bei einer GmbH nicht besteht. Zur Vermeidung von Missverständnissen sollte dennoch ausdrücklich im *Letter of Intent* festgehalten werden, dass eine rechtliche Bindungswirkung hinsichtlich des Vertragsschlusses ausdrücklich ausgeschlossen ist. **12**

C. Beteiligungsvereinbarung im engeren Sinn

Die im Rahmen einer Private Equity-Transaktion abgeschlossenen Verträge variieren in Art, Umfang und Bezeichnung häufig nach den individuellen Präferenzen des Investors und seiner rechtlichen Berater. Insoweit gibt es weder einen bestimmten Vertragstypus noch feststehende Begrifflichkeiten. Vielmehr werden die im Rahmen einer Private Equity-Transaktion verwendeten Begriffe nicht selten wegen ihrer Anlehnung an das angloamerikanische Rechtssystem sowie der fortlaufend schnellen Entwicklung der PE-Industrie **13**

[17] Dies ist in der Regel schon dann der Fall, wenn die Investmentsumme und die Beteiligungshöhe und damit die Bewertung der Zielgesellschaft feststehen.
[18] BGH Urt. v. 27.6.1988 – II ZR 143/87, NJW 1989, 166 (167).

häufig mit unterschiedlichen Inhalten belegt. Allerdings haben sich in der Praxis bestimmte Gegenstände herauskristallisiert, die typischerweise in einer Beteiligungsvereinbarung geregelt werden.

I. Beteiligung des Investors

14 Die der Gesellschaft im Rahmen einer PE-Beteiligung zur Verfügung zu stellenden Finanzmittel seitens des Investors werden üblicherweise in Form von Eigenkapital, teilweise in Kombination mit nachrangigen Fremdfinanzierungsinstrumenten (Gesellschafterdarlehen, Partiarische Darlehen, Stille Beteiligung) gewährt.

1. Beitritt durch Kapitalerhöhung

15 Die Beteiligung des neuen Investors an der Zielgesellschaft wäre zunächst durch den Erwerb von Anteilen der Gründungsgesellschafter denkbar, damit wäre jedoch unzweifelhaft ein steuerbarer Veräußerungsvorgang auf der Ebene der Gründungsgesellschafter verbunden. Die steuerlichen Folgen sind hierbei unklar. Teilweise ist durch die Finanzverwaltung vertreten worden, dass der Investmentbetrag in die Bemessungsgrundlage des Veräußerungsvorganges einzubeziehen ist, was auf der Ebene der Gründungsgesellschafter eine hohe Steuerbelastung ohne gleichzeitigen (unmittelbaren) Zufluss liquider Mittel auslösen würde. Abgesehen von solchen steuerlichen Erwägungen zielen insbesondere anglo-amerikanische Investoren schon von jeher auf den Erwerb von *primary-shares* und nicht von *secondary-shares* ab. In der Praxis erfolgt daher in der Regel die Beteiligung des Investors durch die Zeichnung neuer Aktien (§§ 182 ff. AktG) oder die Übernahme neuer Geschäftsanteile (§§ 55 ff. GmbHG), die jeweils im Rahmen einer durchzuführenden Kapitalerhöhung geschaffen werden. Seit der Einführung des *MoMiG*[19] zum 1.11.2008 ist hierbei die insbesondere von ausländischen Investoren häufig als nachteilig empfundene Regelung, wonach der Nennbetrag eines jeden Geschäftsanteils mindestens 50 Euro betragen musste, entfallen. Nach § 5 Abs. 2 S. 1 GmbHG muss nunmehr ein Geschäftsanteil lediglich auf „volle Euro" lauten und die Summe der Nennbeträge aller Geschäftsanteile muss gemäß § 5 Abs. 3 S. 2 GmbH mit dem Stammkapital übereinstimmen.

16 Mit der Zeichnung der neuen Aktien oder der Übernahme der neuen Geschäftsanteile wird der Investor noch nicht Aktionär bzw. Gesellschafter der GmbH. Auch resultiert aus dem Übernahmevertrag kein Anspruch auf Verschaffung der Mitgliedschaft an der Gesellschaft. Es besteht also kein Erfüllungsanspruch des Übernehmers gegenüber der Gesellschaft auf Durchführung der Kapitalerhöhung und auf den Erwerb der Mitgliedschaft, weil die für sie erforderliche Satzungsänderung erst mit der Eintragung wirksam wird (§ 54 Abs. 3 GmbHG) und bis dahin der Autonomie der (bisherigen) Gesellschafter unterliegt.[20] Ob hieraus unmittelbar (schadenersatzbewährte) Treuepflichten der Gesellschaft entstehen, kann hier offenbleiben, da sich jedenfalls aus der Beteiligungsvereinbarung ein wirksamer schuldrechtlicher Anspruch herleiten lässt, der nach der Rechtsprechung des *Bundesgerichtshofes* auch auf Erfüllung gerichtet ist[21] und jedenfalls einen durchsetzbaren Schadenersatzanspruch vermittelt.[22] Die Durchführung der Kapitalerhöhung ist nach Leistung der Einlagen des Investors auf ein Bankkonto der Gesellschaft durch Vorstand und Vorsitzenden

[19] Das Gesetz zur Modernisierung des GmbH-Rechts und zur Bekämpfung von Missbräuchen (MoMiG) ist am 26.6.2008 verabschiedet worden und am 1.11.2008 in Kraft getreten, BGBl. 2008 I S. 2026 ff. Vgl. hierzu etwa: *Kindler* NJW 2008, 3249.

[20] So ausdrücklich BGH Urt. v. 11.1.1999 – II ZR 170/98, ZIP 1999, 310 mit weiteren Nachweisen. Vgl. für das Aktienrecht *Hüffer* AktG § 185 Rn. 4.

[21] BGH Urt. v. 19.5.1967 – II ZR 105/66, NJW 1967, 1963 (1965); BGH Urt. v. 10.4.1989 – II ZR 158/88, WM 1989, 1021. So auch: *Hoffmann-Becking* in MHdB GesR, Band 4, § 39 Rn. 54; *Weitnauer,* Handbuch Venture Capital, S. 358 Rn. 135 unter Verweis auf: *Winkler,* Rechtsfragen der Venture Capital Finanzierung, S. 239; krit. hierzu: *Hüffer* AktG § 133 Rn. 29 mwN.

[22] So auch: *Hüffer* AktG § 133 Rn. 29.

des Aufsichtsrates der AG bzw. durch die Geschäftsführung der GmbH zur Eintragung in das Handelsregister anzumelden.

Die Erfüllung der Bareinlagepflicht setzt hierbei voraus, dass der eingezahlte Betrag zur freien Verfügung der Geschäftsleitung steht (vgl. §§ 188 Abs. 2 iVm 36 Abs. 2, 36a AktG sowie §§ 57 Abs. 2 iVm 7 Abs. 2 S. 1, Abs. 3 GmbHG). Dies ist der Fall, wenn die jeweilige Einlage der Gesellschaft endgültig und ohne Beschränkungen und Vorbehalte zugeflossen ist und damit die Geschäftsleitung der Gesellschaft (AG oder GmbH) nach pflichtgemäßem Ermessen über die Einlage verfügen kann.[23] Nicht zur freien Verfügung der Geschäftsleitung steht also eine Einlage, die auf ein debitorisches Bankkonto der Gesellschaft geleistet wird, sofern die der Gesellschaft von der Bank gewährte Kreditlinie überschritten und der Kontokorrentkredit fällig ist, so dass die Bank die Einzahlung mit dem Debetsaldo verrechnen kann.[24] Insbesondere ausländische Investoren neigen gelegentlich dazu, unmittelbar im Anschluss an den Abschluss der Beteiligungsvereinbarung bereits die Einlage zu leisten, obwohl der Kapitalerhöhungsbeschluss noch gar nicht gefasst ist (weil etwa die Beteiligungsvereinbarung noch nicht ausgefertigt ist, (apostillierte) Originalvollmachten bzw. Vertretungsbescheinigungen nachgereicht werden müssen oder sonstige Verfahrensmaßnahmen ausstehen). Auch solche Voreinzahlungen entfalten nur dann Tilgungswirkung, wenn der eingezahlte Betrag im Zeitpunkt der Beschlussfassung und der damit verbundenen Übernahmeerklärung noch zweifelsfrei vorhanden ist.[25] Ist demgegenüber die Voreinzahlung durch die Gesellschaft verbraucht, kommt eine Tilgungswirkung grundsätzlich nicht in Betracht. Lediglich ausnahmsweise kann sich der Investor der daraus resultierenden Haftung entziehen, wenn die Beschlussfassung über die Kapitalerhöhung im Anschluss an die Voreinzahlung mit aller gebotenen Beschleunigung nachgeholt wird, ein akuter Sanierungsfall vorliegt (etwa in *Turnaround*-Situationen), andere Maßnahmen nicht in Betracht kommen und die Rettung der sanierungsfähigen Gesellschaft scheitern würde, wenn die übliche Reihenfolge der Durchführung der Kapitalerhöhungsmaßnahme beachtet werden müsste.[26] **17**

Die Rechtsprechung sieht die Bareinlage auch dann nicht als „erbracht" an, wenn innerhalb eines engen zeitlichen Zusammenhangs zwischen Übernahme der Zahlungsverpflichtung durch den Gesellschafter Rückflüsse aufgrund anderer Rechtsverhältnisse (etwa im Rahmen einer kombinierten PE-Finanzierung aus *(Bridge-)* Darlehen) erfolgen.[27] Die Annahme eines solchen Umgehungstatbestandes kann in der Praxis zu erheblichen Problemen führen, weil dadurch der Investor (auch) nach einem Scheitern des Investments zur Einlageleistung verpflichtet bleibt; im Stadium der Insolvenz der Gesellschaft also trotz Vermögenszuführung die Bareinlage „erneut" zu erbringen hat. Zwar befreit seit der Einführung des *MoMiG* § 19 Abs. 5 GmbH nF nunmehr von einer Einlageverpflichtung, wenn die Leistung durch einen vollwertigen Rückgewähranspruch gedeckt ist, der jederzeit fällig ist oder durch fristlose Kündigung durch die Gesellschaft fällig werden kann. Der Gesetzgeber wollte mit dieser Regelung primär aber Vorgänge im Rahmen eines *cash-poolings* erfassen,[28] **18**

---

23 BayObLg Urt. v. 25.2.1988 – BReg 3 Z 165/87, WM 1988, 622.

24 Hierzu jüngst: OLG Oldenburg Urt. v. 17.7.2008 – 1 U 49/08, GmbHR 2008, 1270 (1271). Allerdings hat das Gericht im entschiedenen Fall eine Erfüllungswirkung angenommen, wenn bei Eingang der Einlagezahlung das Konto im Soll geführt wurde, weil die Bank eine entsprechende Überziehung (ohne Kreditgewährung) geduldet hatte, kurze Zeit darauf jedoch ein die Einlagezahlung übersteigender Habensaldo vorhanden ist.

25 BGH Urt. v. 15.3.2004 – II ZR 210/01, NJW 2004, 2592 (2593). Maßgeblich ist insoweit, dass der gezahlte Betrag als solcher noch vorhanden ist und nicht bloß „wertmäßig".

26 BGH Urt. v. 26.6.2006 – II ZR 43/05, NJW 2007, 515 f. Vgl. hierzu näher: *Goette* FS Hans-Joachim Priester, Zur Voreinzahlung auf künftige Kapitalerhöhung bei der GmbH, 95 ff.

27 Vgl. etwa: BGH Urt. v. 9.1.2006 – II ZR 72/05, GmbHR 2006, 306 (308); OLG Köln Urt. v. 12.4.1994 – 22 U 189/93, GmbHR 1994, 470. Bei wirtschaftlicher Betrachtung liegt somit eine „Sacheinlage" vor, da der endgültig an die Gesellschaft zu übertragende Vermögenswert nicht die Bareinlage, sondern der Gegenstand des Austauschgeschäftes ist.

28 Vgl. Entwurf zur Einführung des MoMiG vom 25.7.2007, BT-Drs. 16/6140, 96.

so dass zweifelhaft ist, ob durch die Neuregelung solche wirtschaftlich vergleichbaren Gestaltungen erfasst werden[29].

2. Kombination mit Fremdkapitalinstrumenten

19 Soweit Fremdkapitalinstrumente zum Einsatz kommen, zielt der Finanzinvestor hierbei nicht primär auf die Erwirtschaftung von Zinserträgen ab, da diese im Vergleich zur Besteuerung des Verkaufs von Kapitalgesellschaftsanteilen (insbesondere bei einer Ansässigkeit des Investors im Ausland ohne Abschirmwirkung eines DBA) in der Regel einer höheren Steuerlast unterworfen sind. Im Übrigen entspricht es eigentlich nicht dem Sinn und Zweck einer PE-Finanzierung, der Zielgesellschaft über Zinsabflüsse das investierte Geld wieder zu entziehen, das ja an sich zum (weiteren) Aufbau des Geschäftsbetriebes eingesetzt werden soll. Deshalb erfolgt im Rahmen einer PE-Finanzierung die Rückführung des Fremdkapitals einschließlich aufgelaufener Zinsen (und ggf. einer zusätzlichen Vergütung) in der Regel am Ende der Laufzeit – idealerweise im Zusammenhang mit einem *Exit.*[30]

20 Die Kombination mit Fremdkapital kann zunächst im Rahmen von *Turnaround*-Investments sinnvoll sein. Hierdurch kann der Finanzinvestor im Verhältnis zu den übrigen Gesellschaftern faktisch einen „Liquidationsvorzug"[31] erreichen, denn im Liquidations- oder Veräußerungsfall kommt die Rückzahlung von Fremdkapital vor Eigenkapital in Betracht, soweit die Leistung nicht den Kapitalersatzregeln unterfällt. Neben der Erwartung, das Gesellschafterdarlehen auch im Falle einer Krise der Gesellschaft noch rechtzeitig zurückbezahlt zu bekommen, steht auch die steuerliche Überlegung, im negativen Risikofall das verlorene Finanzierungsvolumen wenigstens steuerlich geltend machen zu können.

21 Im Rahmen von PE-Finanzierungen ist aber in der Praxis häufiger der Umstand relevant, dass im Zusammenhang mit der Hingabe von Fremdkapital **Umtausch- oder Optionsrechte** zur Erreichung eines Hebeleffektes (*leverage*-Effekt) vereinbart werden können. Aufgrund der hybriden Verknüpfung spricht man in der Praxis auch von **Mezzanine-Finanzierungen.**[32] Zu unterscheiden sind dabei der sog. echte *Equity Kicker,* der das Recht vermittelt, zu einem bestimmten Zeitpunkt Gesellschaftsanteile zu erwerben sowie der *Non-Equity Kicker,* der eine Beteiligung nur an der Wertsteigerung des Unternehmens, nicht aber am Unternehmen selbst ermöglicht. Der **echte *Equity Kicker*** wird hierbei in der Regel entweder als Optionsrecht oder als Wandelschuldverschreibung ausgestaltet. Im Rahmen der Ausübung des Optionsrechts erwirbt der Mezzaninegeber Anteile zu einem festgelegten Bezugspreis. Demgegenüber erlischt im Rahmen der Ausübung von Wandelschuldverschreibungen der Rückzahlungsanspruch des Mezzaninegebers im Gegenzug für die Gewährung von Gesellschaftsanteilen. Hingegen wird der ***Non-Equity Kicker*** in der Regel durch eine Einmalzahlung an den Kapitalgeber zum Ende der Laufzeit realisiert, während beim **virtuellen *Equity Kicker*** bei Rückzahlung des Mezzanine-Kapitals dem Kapitalgeber ein fiktiver Veräußerungsgewinn ausgezahlt wird, den er durch einen realisierten Verkauf der über ein Wandlungsrecht bezogenen Anteile erhalten

---

[29] So zutreffend: *Mohr* GmbH-StB 2008, 339 (340). Vgl. hierzu auch: *Herrler* DB 2008, 2347 ff.; *Kindler* NJW 2008, 3249 (3250).

[30] In der Praxis stellen vor allem die deutschen Mittelstands- und Förderbanken (mit oder ohne Eigenkapitalbeteiligung) nachrangige Fremdkapitalinstrumente in Form von stillen Gesellschaften zur Verfügung, um damit ihrem öffentlichen Förderauftrag zu genügen. Die stille Gesellschaft ist hierbei als Teilgewinnabführungsvertrag gemäß § 292 Abs. 1 Nr. 2 AktG einzuordnen, so dass die Zustimmung der Hauptversammlung und die Eintragung in das Handelsregister Wirksamkeitsvoraussetzung ist.

[31] Der Begriff „Liquidationsvorzug" hat sich aus der anglo-amerikanischen Bezeichnung Liquidation Preference abgeleitet und hat sich in der Praxis durchgesetzt. An sich ist der Begriff etwas eng, da ja nicht nur die Verteilung eines Liquidationsüberschusses erfasst werden soll, sondern in der Regel auch die Ergebnisallokation der Parteien insgesamt.

[32] Vgl. etwa: *Weitnauer,* Handbuch Venture Capital, S. 102 ff.; *Wolf,* Der Beteiligungsvertrag bei der Aktiengesellschaft, S. 26 ff., je mwN.

hätte. Die Begrifflichkeiten entsprechen damit denjenigen, wie sie auch im Rahmen von *Buy-Out*-Finanzierungen zur Anwendung kommen. Allerdings unterscheidet sich im Rahmen einer PE-Finanzierung die Regelungsdichte und damit die Reichweite der Dokumentation solcher Fremdkapitalinstrumente (noch immer) deutlich von derjenigen, wie sie sich bei typischen *Buy-out*-Transaktion herausgebildet hat. So werden etwa nur eingeschränkt Bedingungen und Auflagen (sog. *covenants*) vereinbart, Sicherheiten[33] (mangels Vorhandenseins) gegeben oder Ziehungsvoraussetzungen formalisiert. Die Wandlungsoption für das Fremdkapital in Gesellschaftsanteile kann unmittelbar im Rahmen der Beteiligungsvereinbarung schuldrechtlich geregelt werden. Will man das Wandlungsrecht daneben „dinglich" absichern, kommt aktien-rechtlich lediglich die Ausgabe von Wandelschuldverschreibungen in Betracht, die durch ein bedingtes Kapital gemäß § 192 Abs. 2 Nr. 1 AktG unterlegt werden.

Gerade bei *Venture Capital*-Finanzierungen kommt es nicht selten vor, dass gewährte 22
Gesellschafterdarlehen in Eigenkapital gewandelt werden. Insbesondere in einem schwierigen Geschäftsumfeld geschieht dies häufig bei der Zielgesellschaft im Zusammenhang mit **Sanierungsmaßnahmen.** In der Regel erfolgt der sog. *debt equity swap* im Zusammenhang mit einer Barkapitalerhöhung in der der Finanzinvestor Gesellschaftsanteile zum geringsten Ausgabebetrag (typischerweise zu 1,00 EUR) übernimmt. Anstelle einer weiteren baren Einlageleistung tritt der Finanzinvestor sodann das gewährte Darlehen als „sonstige Zuzahlung" gemäß § 272 Abs. 2 Nr. 4 HGB in die freie Rücklage der Gesellschaft ab. Da die „freiwillige Rücklagendotation" gemäß § 272 Abs. 2 Nr. 4 HGB nicht den engen Kapitalerhaltungs- und aufbringungsvorschriften unterliegt, wird hierdurch der Aufwand einer Sachkapitalerhöhung und die damit verbundene Einholung eines Wertgutachtens durch einen Wirtschaftsprüfer zum Nachweis der Werthaltigkeit in Höhe der Einlageverpflichtung vermieden. Steuerlich ist hierbei jedoch zu berücksichtigen, dass der Verzicht auf ein nichtwerthaltiges Gesellschafterdarlehen und damit auch der *debt equity swap* bei der begünstigten Zielgesellschaft zu einem außerordentlichen Ertrag führt, der bei Anwendung der Regelungen über die Mindestbesteuerung nach § 10d Abs. 2 EStG die Sanierungsbemühungen ganz oder teilweise durch das entstehende Steuerrisiko ad adsurdum führen kann. Denn kommt eine Verrechnung mit Verlusten (mangels Bestehen eines entsprechenden Verlustvortrages oder aufgrund der Vorschriften über die Mindestbesteuerung) nicht in Betracht, führt die (außerordentliche) Ertragsbesteuerung dazu, dass die mit dem Schuldenerlass bzw. dem *debt equity swap* bezweckte Sanierung in Gefahr gerät, weil der Steuereffekt mitfinanziert werden muss. Bis zum Jahre 1997 begünstigte daher bei Vorliegen bestimmter Voraussetzungen § 3 Nr. 66 EStG aF den einseitigen und endgültigen Erlass bestehender Steuerschulden zur Sanierung in Form der **Steuerbefreiung für Sanierungsgewinne.** Hierin sah der Gesetzgeber jedoch eine Doppelbegünstigung, da auch ein unbegrenzter Verlustabzug gegeben war, und hob diese Steuerbefreiung ab 1998 auf. Gleichwohl wurde in vielen Fällen die Steuer in Sanierungsfällen aufgrund des BMF-Schreibens vom 27.3.2003 erlassen.[34] Der Große Senat des BFH hat den sog. Sanierungserlass mit Beschluss vom 28.11.2016 (BStBl II 17, 393) verworfen, weil er gegen den Grundsatz der Gesetzmäßigkeit der Verwalung verstößt. Als Reaktion hat der Gesetzgeber die §§ 3a, 3c IV EStG, 97b GewStG eingeführt.

3. Festlegung der (weiteren) Finanzierungsleistungen, Milestone-Finanzierung

Die im Rahmen einer PE-Finanzierung über die eigentliche Einlagenleistung (Einzahlun- 23
gen in das Grund- oder Stammkapital) hinaus zu erbringende Eigenkapitalfinanzierung wird in der Praxis in Form einer oder mehrerer Einzahlungen in die Kapitalrücklage der Gesellschaft vereinbart. Solche sog. Rücklagendotationen kommen gemäß § 272 Abs. 2

[33] Demgegenüber kommen insbesondere im Bereich des sog. Venture-Leasings in Anlehnung an Buy-Out Transaktionen auch die Vereinbarung weitreichender Sicherheiten zur Anwendung.

[34] Bundesministerium der Finanzen: Schreiben v. 27.3.2003, BStBl. I 2003 S. 240.

HGB in unterschiedlichen Formen vor. So beschreibt die Kapitalrücklage gemäß § 272 Abs. 2 Nr. 1 HGB das klassische gesellschaftsrechtliche **„Agio"**, als den Betrag, der bei Ausgabe von Anteilen über den Nennbetrag hinaus erzielt wird. Während bei der GmbH die Fälligkeit des Agios gemäß § 7 Abs. 2 GmbHG grundsätzlich der Dispositivität der Gesellschafter unterliegt,[35] muss bei der Aktiengesellschaft das Agio als Gegenleistung zur Aktienausgabe gemäß §§ 36a Abs. 1, 188 Abs. 2 AktG bereits vor Anmeldung der Kapitalerhöhung in voller Höhe an die AG geleistet werden. Das Agio ist insoweit Teil der Einlageleistung des Gesellschafters. Zwar steht die Entscheidung über Art und Umfang der Finanzierung der Gesellschaft im Ermessen der Gesellschafter und ist insoweit Ausdruck der „Freiheit der Finanzierungsentscheidung" der Gesellschafter. Die sofortige Leistungspflicht des Agios im Rahmen der Zeichnung der Aktien bzw. das Bestehen der gläubigerschützenden Einlagenaufbringungspflicht in Krisenzeiten auch bei der GmbH wird im Rahmen von PE-Finanzierungen häufig als nachteilig empfunden, weil dadurch eine gestufte Finanzierung der Zielgesellschaft nach Maßgabe von Fälligkeitsabreden oder unter der Voraussetzung des Eintritts bestimmter Bedingungen nicht ohne weiteres möglich ist *(staged financing)*.

24 Abgesehen vom klassischen Agio können Dotationen der Rücklage auch gemäß § 272 Abs. 2 Nr. 4 HGB als schuldrechtlich vereinbarte **„freiwillige Leistung"** vereinbart werden. Die freiwillige Einzahlung in die Kapitalrücklage gemäß § 272 Abs. 2 Nr. 4 HGB begründet hierbei grundsätzlich keine „Einlagepflicht" gegenüber der Gesellschaft und steht insoweit zur freien Disposition der Gesellschafter.[36] Aufgrund dieser Dispositionsbefugnis der Gesellschafter ist es grundsätzlich rechtlich möglich, die Eigenkapitaldotationen, die von der Erfüllung bestimmter **„Meilensteine"** abhängig gemacht werden, außerhalb des Kapitalerhöhungsbeschlusses in der Beteiligungsvereinbarung zu regeln. Die Erreichung von „Meilensteinen" ist hierbei nichts anderes als der Eintritt einer „aufschiebende Bedingung" im Sinne des § 158 BGB. Auf der Grundlage des Sicherungsbedürfnisses des Finanzinvestors sind wirtschaftlich unterschiedlichste Folgen bei Nichterreichen der Meilensteine beabsichtigt. In der Regel wird der Umfang der Finanzierungsverpflichtung des Finanzinvestors an die Erfüllung bestimmter unternehmerischer Ziele geknüpft. Wird also ein Meilenstein nicht erfüllt, so soll der Finanzinvestor auch nicht einer Finanzierungsverpflichtung unterliegen. Geht man davon aus, dass der Finanzinvestor im Zusammenhang mit der Eingehung der Beteiligungsvereinbarung die „volle Beteiligung" am Unternehmen „erhalten" hat, wäre diese Rechtsfolge mit einem „Kaufpreisabschlag" gleichzusetzen. Meilensteinregelungen knüpfen stets an ein in der Zukunft liegendes Ereignis an. Dieses zukünftige Ereignis kann unterschiedlicher Natur sein, wobei in der Praxis insbesondere **technologische Meilensteine** (Erreichung bestimmter technologischer Ziele wie etwa die Entwicklung eines bestimmten Wirkstoffes innerhalb einer vorgegebenen Zeit) sowie **ökonomische Meilensteine** (Erreichung bestimmter wirtschaftlicher Zielvorgaben innerhalb einer vorgegebenen Zeit) unterschieden werden. Die möglichen Ausgestaltungen sind hierbei vielschichtig. Jedenfalls sollte darauf geachtet werden, dass das maßgebliche künftige Ereignis hinreichend definiert ist, so dass auch im Falle von Meinungsverschiedenheiten eine Überprüfung durch einen Experten stattfinden kann.

25 Abgesehen von der Regelung der handelsbilanziellen Behandlung nach § 272 Abs. 2 HGB, enthalten weder das Aktiengesetz noch das GmbHG spezielle Vorschriften zu Meilensteinregelungen, obwohl diese Form der der Gesellschafterfinanzierung in der

---

[35] Die Dispositivität von Ein- und Anforderung der Einlage wird auch bei der GmbH nach Eröffnung des Insolvenzverfahrens zum Schutze der Gläubigerinteressen eingeschränkt, so dass der Einforderungsbeschluss der Gesellschafter gemäß § 46 Nr. 2 GmbHG entfällt und die Resteinlage mit Anforderung durch den Insolvenzverwalter fällig wird. Vgl. hierzu *Inhester/Tönies,* Anm. zu BGH Urt. v. 15.10.2007 – II ZR 216/06 (OLG Köln), BeckRS 2007, 19667.

[36] Vgl. hierzu *Inhester/Tönies,* Anm. zu BGH Urt. v. 15.10.2007 – II ZR 216/06 (OLG Köln), BeckRS 2007, 19667.

Praxis häufig anzutreffen ist. Im Zusammenhang mit einer PE-Finanzierung hat erstmals das *Bayerische Oberste Landesgericht* mit Beschluss vom 27.2.2002 explizit zur **Vereinbarkeit von Meilensteinen** bei der Einlagenfinanzierung einer Aktiengesellschaft Stellung genommen. Hintergrund des Beschlusses waren hierbei mehrere Barkapitalerhöhungen, die bei einer Aktiengesellschaft durchgeführt werden sollten und deren Anmeldungen zur Eintragung durch den verfahrensbevollmächtigten Notar veranlasst wurden. Die Zahlung eines „Aufgeldes" auf den Nennbetrag der Aktien war rein schuldrechtlich in einer Beteiligungsvereinbarung geregelt und weder im Zeichnungsschein noch im Rahmen des Antrags auf Eintragung der Kapitalerhöhung an das Handelsregister genannt. Das mit der registergerichtlichen Prüfung befasste Amtsgericht hatte die Eintragung der beschlossenen Kapitalerhöhungen von der Vorlage der Beteiligungsvereinbarung abhängig gemacht, wogegen sich der verfahrensbevollmächtigte Notar im Wege der Beschwerde an das Landgericht sowie weiterer Beschwerde an das *BayObLG* richtete. Nach Auffassung des *BayObLG* konnte das mit der registerrechtlichen Prüfung befasste Amtsgericht die Vorlage der Beteiligungsvereinbarung verlangen, da sich die Prüfungspflicht des Registergerichts bei der Anmeldung einer Kapitalerhöhung gemäß §§ 182 ff. AktG auch auf die Frage erstreckt, ob der gesamte Vorgang gesetzes- und satzungsgemäß abgelaufen sei. Bestehen daran Zweifel, so habe das Gericht von Amts wegen Ermittlungen anzustellen und Beweise zu erheben. Insbesondere könne das Registergericht prüfen, ob eine Pflicht zur Leistung einer Einlage über den geringsten Ausgabebetrag begründet worden sei.[37] Vor diesem Hintergrund muss bei der Begebung neuer Anteile im Rahmen von Kapitalerhöhungen (Aktien/Geschäftsanteile) besondere Aufmerksamkeit auf die Abgrenzung der mitgliedschaftlichen Einlagepflicht (Agio) sowie schuldrechtlicher Rücklagendotation gelegt werden.[38] Als „Agio" sind jedenfalls solche Beträge anzusehen, welche die Anteilseigener „vereinbarungsgemäß" über den Nennbetrag ihrer Anteile hinaus an die Gesellschaft zahlen oder zur „Herstellung eines angemessenen Ausgabekurses" zwingend erforderlich sind. Freiwillige Zuzahlungen oder Zuschüsse durch die Anteilseigener gehören demgegenüber zu den „anderen Zuzahlungen nach § 272 Abs. 2 Nr. 4 HGB" und können mithin auch mit sog. Meilensteinen versehen werden. Wollen die Parteien keine Einlagepflicht gegenüber der Gesellschaft begründen, sollte dies insoweit in der Beteiligungsvereinbarung ausdrücklich klargestellt werden. Soll im Übrigen die Vorlage der Beteiligungsvereinbarung beim Registergericht vermieden werden, erscheint eine Versicherung des Vorstandes zweckmäßig, wonach „die Aktionäre gegenüber der Gesellschaft nicht zur Zahlung eines Aufgeldes über den Ausgabebetrag der Aktien verpflichtet sind und die Gesellschaft kein eigenes Forderungsrecht auf Leistungen über das gezeichnete Kapital hat".

4. Disquotale Einlagen

Im Rahmen von Private Equity-Transaktionen stellt die Festsetzung eines angemessenen Ausgabebetrages einschließlich der sonstigen Eigenkapitalleistungen häufig ein (praktisches) Problem dar. Mit solchen Kapitalmaßnahmen sind mittelbare Vermögensverschiebungen zwischen den Beteiligten regelmäßig nicht verbunden. Dies ergibt sich bereits daraus, dass diejenigen Gesellschafter, die nicht willens oder in der Lage sind, an den Eigenkapitalleistungen teilzunehmen, regelmäßig eine Verwässerung ihrer Beteiligung zu erleiden haben. Stehen sich die Beteiligten nicht als nahe Angehörige gegenüber, kann sich eine andere Beurteilung auch dann nicht ergeben, wenn die Gesellschafter im Verhältnis ihrer Beteiligung an der Kapitalerhöhung teilnehmen, die Beteiligten aber entsprechend ihrer 26

[37] BayObLG Beschl. v. 27.2.2002 – 3 Z BR 35/02, DB 2002, 940. Hierzu *Inhester/Hohaus*, Financial Times Deutschland vom 15. Juni 2002, „Meilensteine" in VC-Verträgen sind legal, S. 33.

[38] Vgl. hierzu näher *Herchen*, Agio und verdecktes Agio im Recht der Kapitalgesellschaften; *Priester* FS Marcus Lutter, Kapitalaufbringungspflicht und Gestaltungsspielraum beim Agio, 617 ff.; F. *Wagner* DB 2004, 293 ff.

wirtschaftlichen Leistungsfähigkeit oder -bereitschaft unterschiedliche Aufgelder (Zuzahlungen in die Kapitalrücklage) leisten.

27 Die disproportionale Erhöhung des Gesellschaftsvermögens mag auf den ersten Blick denjenigen Gesellschaftern zugutekommen, die eine (im Verhältnis) niedrigere Eigenkapitalleistung erbracht haben. Eigenkapitalleistungen im Rahmen von Private Equity-Transaktionen werden jedoch regelmäßig nicht unmittelbar zur Wertsteigerung des Unternehmens führen, denn der Wert des Beteiligungsunternehmens wird gerade im Gründungs- und Wachstumsstadium nicht durch die Eigenkapitalleistungen der Gesellschafter objektiviert. Dies ist spätestens seit dem Wertverfall der Notierungen im ehemaligen „Neuen Markt"-Segment offensichtlich. Setzt sich nämlich das Business-Modell am Markt nicht durch, so haben die Eigenkapitalleistungen (in der ex post Betrachtung) keinen eigenen Unternehmenswert schaffen können. Wesentlicher ist jedoch der Umstand, dass im Rahmen von Private Equity-Transaktionen den höheren Eigenkapitalleistungen in der Regel Ausschüttungs- und Erlösverteilungspräferenzen gegenüber stehen, durch die die (gesellschaftsrechtlich) eintretende Wertsteigerung (schuldrechtlich) wieder ausgeglichen wird. Von einer „objektiven Bereicherung" der Mitgesellschafter durch eine „Erhöhung des Wertes der Beteiligung" kann somit aufgrund einer wirtschaftlichen Betrachtungsweise keine Rede sein. Aber selbst wenn man annehmen will, dass inkongruente Eigenkapitalzahlungen zu einer Werterhöhung der Beteiligungen der Mitgesellschafter führen, erbringen die Gesellschafter die (inkongruenten) Eigenkapitalleistungen ausschließlich im Interesse der Gesellschaft und zum Erhalt der Beteiligung selbst. Dies ist insbesondere im Rahmen von sog. **Bridgefinanzierungen** offensichtlich. Die Zuwendung des Eigenkapitals ist damit rein gesellschaftsrechtlicher Natur, so dass sich die Werterhöhung der Beteiligung als bloßer Reflex der Zuwendung an das Beteiligungsunternehmen selbst darstellt[39].

II. Garantieverpflichtungen der Gründungsgesellschafter

28 Der Gesetzgeber stellt für den Vertragstyp „Beteiligungsvereinbarung" im Rahmen einer Private Equity-Transaktion keine eigenständigen gesetzlichen Gewährleistungsregelungen zur Verfügung. Auch lassen sich die geltenden gesetzlichen Grundsätze der Sach- und Rechtsmängelhaftung nur eingeschränkt auf solche Transaktionen übertragen.[40] Wie beim Unternehmenskauf zielt jedoch die „Gewährleistung" auch bei PE-Investitionen darauf ab, den Beteiligungserwerber vor Risiken zu schützen, die aus dem Zeitraum „vor" dem Beteiligungserwerb stammen und von ihm weder veranlasst noch beeinflusst wurden.

1. Vertragliche Rechtsfolgenvereinbarungen (Garantien)

29 Außerhalb des gesetzlichen Gewährleistungsregimes der Sach- und Rechtsmängelhaftung kann sich eine Haftung im Wesentlichen aus vertraglichen Vereinbarungen der Parteien über die Rechtsfolgen bei Vorliegen eines Beschaffenheitsmangels ergeben. In der Praxis erfolgt dies dadurch, dass (insbesondere) die Gründungsgesellschafter gegenüber dem Investor eine **selbständige Garantie** gemäß § 311 BGB abgeben, mit der diese gegenüber dem Investor die Haftung für bestimmte vom Investor als wesentlich erachtete Umstände im Wege einer vertraglichen Rechtsfolgenvereinbarung übernehmen. Die Garantiegeber haften dann bei Erfüllung des jeweiligen (haftungsbegründenden) Tatbestandes unbedingt und ohne Rücksicht auf ein Verschulden (§ 276 Abs. 1 S. 1 BGB). Ähnlich wie beim Unternehmenskauf erfasst hierbei der **Garantiekatalog** auch bei PE-Finanzierungen einen umfangreichen Katalog von Sachverhalten, die die von den (Gründungs-) Gesellschaftern dargestellte rechtliche, finanzielle und wirtschaftliche Situation der Gesellschaft

[39] Vgl. hierzu auch *Inhester/Hohaus,* Inkongruente Einlagen im Rahmen von Private Equity-Transaktionen, JUVE Handbuch 2003, 238 f.
[40] Vgl. hierzu näher etwa *Holzapfel/Pöllath,* Unternehmenskauf, Rn. 750 ff.

und ihres Geschäftsbetriebes abbilden.[41] Aufgabe von Gewährleistungen ist nicht, die „Beschaffenheit" des Unternehmens als solches in das Risiko der Gründungsgesellschafter zu legen. Der Investor darf aber dort Garantien der Gründungsgesellschafter erwarten, wo diese das Risiko besser beurteilen können und die relevanten Umstände eine besondere Bedeutung für das Unternehmen und die Verwirklichung des Geschäftsmodels haben. Der Gründer eines Technologieunternehmens wird daher für Patente und gewerbliche Schutzrechte Gewähr leisten müssen. Anders kann es dagegen bei einer Investition in ein Handelskonzept liegen; hier kommt es weniger auf das Vorliegen gewerblicher Schutzrechte an, sondern auf das (wirksame) Vorliegen bestimmter Lieferungs- und Leistungsbeziehungen.

Umstände, die aufgrund der Due Diligence die Besorgnis eines unklaren Sachverhaltes **30** begründen, bilden herkömmlich den Anlass für Gewährleistungen. Liegt nämlich der Schadensfall auf der Hand und hat sich insoweit bereits ein Risiko verwirklicht, muss er im Rahmen der PE-Finanzierung bereits in der zugrundeliegenden Unternehmensbewertung berücksichtigt werden und nicht in einer Gewährleistung. Anders als ein klassischer Unternehmenskauf ist eine PE-Finanzierung aber auch in die Zukunft gerichtet, da mit dem zu gewährenden Investment ja die Zielgesellschaft idealerweise in einen gemeinsamen *Exit* geführt werden soll. Der Garantiekatalog enthält daher auch typischerweise Regelungen mit Bezug zum Businessplan der Gründungsgesellschafter. Danach wird in der Regel die Garantie übernommen, dass der Businessplan mit der Sorgfalt eines ordentlich handelnden Kaufmanns erstellt und hinsichtlich der Prognosen im Zeitpunkt des Abschlusses der Beteiligungsvereinbarung überprüft wurde. Die Businessplan-Garantie zielt hierbei nicht darauf ab, dem Investor bestimmte Ertrags- oder Entwicklungschancen hinsichtlich des Geschäftsbetriebes der Zielgesellschaft zuzusichern und dadurch das unternehmerische Risiko für den Erfolg des Investments ganz oder teilweise den (garantierenden) Gründungsgesellschaftern zu überwälzen. Vielmehr ist intendiert, die Tatsachengrundlagen auf denen das Geschäftsmodell beruht und eskaliert werden soll, zu erfassen und verbindlich festzustellen. Entsprechend finden sich etwa im Rahmen von Biotechnologie-Investments Feststellungen, dass die dem Businessplan zugrunde liegende Tatsachenbasis sorgfältig und mit der gebotenen Vorsicht geltender wissenschaftlicher Standards ermittelt wurde. Der Investor macht sich also nicht die Fachkompetenz der Gründungsgesellschafter zu eigen, sondern sichert sein Vertrauen auf die entsprechende Fachkompetenz aufgrund einer vertraglichen Regelung ab.

2. Garantiegeber

Im Rahmen von PE-Finanzierungen werden die Garantien regelmäßig von den Altgesell- **31** schaftern abgegeben. Dies betrifft insbesondere Garantien, die sich auf bestimmte Rechtsverhältnisse der Gesellschaft und die Beteiligungsverhältnisse der **Altgesellschafter** hinsichtlich der Zielgesellschaft beziehen. Die Garantie der Altgesellschafter bezieht sich hierbei häufig lediglich auf die von ihnen gehaltene Beteiligung. Garantien, die im Zusammenhang mit dem Geschäftsbetrieb der Zielgesellschaft zusammenhängen, werden demgegenüber häufig lediglich von den **Gründungsgesellschaftern** abgegeben, die das Unternehmen auch operativ führen und daher die dem Geschäftsbetrieb zugrunde liegenden Vorgänge entweder unmittelbar oder aufgrund organisatorischer Maßnahmen veranlasst haben. Insbesondere anglo-amerikanische Investoren neigen dazu, auch die **Zielgesellschaft** selbst als Garantiegeber in die Haftung zu nehmen. Im Falle einer Garantiehaftung und Inanspruchnahme der Gesellschaft würde damit das Investment ganz oder teilweise an den Investor zurückfließen. Grundsätzlich sind solche Leistungen, auch wenn sie aus einer haftungsbegründenden Pflichtverletzung resultieren, an den geltenden Grundsätzen der

[41] Zum Garantiekatalog vgl. ausführlich *Weitnauer,* Handbuch Venture Capital, Anhang VI Ziffer 1. § 5; zum Garantiekatalog bei Unternehmenskaufverträgen ausführlich *Holzapfel/Pöllath,* Unternehmenskauf, Rn. 839 ff.

Kapitalerhaltung zu messen. Im Geltungsbereich des Aktiengesetzes normiert insoweit § 57 AktG das **Verbot der Einlagenrückgewähr.** Anders als bei § 30 GmbHG kommt es dabei nicht lediglich darauf an, ob durch die Zahlung an den Gesellschafter das zur Erhaltung des Grundkapital erforderliche Vermögen angegriffen wird. Vielmehr schützt das in § 57 Abs. 1 S. 1, Abs. 3 AktG normierte Verbot der Einlagenrückgewähr, das der Gesellschaft – auch über die unmittelbare Rückzahlung der von den Aktionären geleisteten Einlagen hinaus – grundsätzlich jede Form der Leistung an die Aktionäre untersagt, die nicht Dividende („Verteilung von Bilanzgewinn") ist, das gesamte Vermögen der Gesellschaft.[42] Trotz dieses Grundsatzes des absoluten Kapitalschutzes wird teilweise für den Fall einer PE-Finanzierung angenommen, dass die Übernahme von Gewährleistungen durch die Aktiengesellschaft im Rahmen einer PE-Finanzierung zulässig sei, da diese primär lediglich darauf abziele, den garantierten und zur Voraussetzung der Beteiligung gemachten Zustand herzustellen oder, sofern dies nicht möglich sein, den Investor zumindest finanziell gleichzustellen.[43] Hierbei wird jedoch verkannt, dass damit die Aktiengesellschaft aus ihrem Vermögen eine (Sicherheits-)Leistung erbringt, mit der sie dem (zukünftigen) Aktionär das bei dem Aktienerwerb bestehende Beschaffenheitsrisiko der emittierenden Gesellschaft abnimmt. Auch gewährt das Aktienrecht keinen „Wertsicherungsanspruch" im Zusammenhang mit der Aktienausgabe, so dass der Nachteilsausgleich des Investors durch Schadenersatzzahlungen der Gesellschaft auf der Grundlage eines Garantieversprechens eine wertmäßige Beeinträchtigung des Gesellschaftsvermögens darstellt und damit in den Anwendungsbereich des § 57 AktG.[44]

3. Maßgeblicher Zeitpunkt

32 Maßgeblicher Zeitpunkt für die Übernahme der vertraglichen Garantiehaftung ist bei PE-Investments in der Regel der Abschluss der Beteiligungsvereinbarung. Im Hinblick auf das Vorliegen bestimmter Rechtsgarantien wird darüber hinaus auch häufig auf den Zeitpunkt der Eintragung der Kapitalmaßnahme im Handelsregister abgestellt. Teilweise wird im Rahmen von Verhandlungen auch gefordert, dass die Garantien insgesamt auf den Zeitpunkt der Handelsregistereintragung und damit auf den dinglichen Vollzugszeitpunkt des Beteiligungserwerbs bezogen werden. Diese zeitliche Verschiebung des maßgeblichen Zeitpunkts für die Geltung der Garantiehaftung ist vor allem dann relevant, wenn zwischen dem Abschluss der Beteiligungsvereinbarung und dem Vollzug der zugrundeliegenden Finanzierungsmaßnahmen im Handelsregister (etwa wegen einer Kartellanmeldung oder anderer Umstände) ein längerer Zeitraum liegt. Aus Garantiegebersicht wird eine solche Verschiebung häufig wegen der damit verbundenen Risikoüberwälzung aufgrund des Eintritts zufälliger Ereignisse mit Auswirkungen auf die Beschaffenheit der Gesellschaft abgelehnt.

4. Rechtsfolgen der Garantieverletzung (Haftung)

33 Haben sich die Parteien darüber geeinigt, für welche Gegenstände gehaftet werden soll, stellt sich zwangsläufig die Frage, welche Rechtsfolge eine Verletzung der Einstandspflichten haben soll. Da es sich bei der Garantiehaftung um eine vertragliche Vereinbarung handelt, müssen die Parteien Art, Inhalt und Umfang der Rechtsfolgen der Garantieverletzung festlegen. Denkbar wäre in diesem Zusammenhang auf die gesetzlichen Regelungen der §§ 249 ff. BGB, die grundsätzlich auf alle Schadenersatzansprüche Anwendung finden, zu verweisen. In der Praxis legen die Parteien in der Beteiligungsvereinbarung jedoch auch die Haftungsfolgen fest. Anders als in vielen anglo-amerikanischen Verträgen wird hierbei

[42] Vgl. hierzu näher: Hüffer AktG § 57 Rn. 2.
[43] So etwa ausdrücklich: *Weitnauer,* Handbuch Venture Capital, S. 366 Rn. 161.
[44] So auch ausdrücklich *Bayer* in MüKoAktG § 57 Rn. 94. Vgl. auch *Lutter* in Kölner Komm. AktG § 57 Rn. 31; *Henze* in GKAktG § 57 Rn. 68; *Mellert* NZG 2003, 1096 (1099); *Sieger/Hasselbach* BB 2004, 60 (62).

den Garantiegebern in Anlehnung an den Rechtsgedanken des § 249 Abs. 1 BGB regelmäßig das Recht eingeräumt, im Falle einer Garantieverletzung den Schaden im Wege der **Naturalrestitution** auszugleichen. Erst wenn eine solche Restitution nicht oder nicht innerhalb einer in der Beteiligungsvereinbarung bestimmten Frist möglich bzw. hinreichend ist, besteht ein Anspruch auf **Schadenersatz.**

Anders als beim Unternehmenskauf fließt den Gründungsgesellschaftern bei Einstieg des Investors allerdings kein „Kaufpreis" zu, so dass im Zusammenhang mit der PE-Finanzierung jedenfalls eine unmittelbare Leistungsfähigkeitssteigerung auf der Ebene der Gründungsgesellschafter nicht verbunden ist. Vielmehr kommt das Investment dem Gründungsgesellschafter lediglich mittelbar zu Gute und wird selbst im Erfolgsfall erst im Rahmen eines *Exits* realisiert. Die Gründungsgesellschafter werden daher immer den Versuch unternehmen, neben der Abschwächung auf Tatbestandsseite auch eine **Beschränkung auf Rechtsfolgenseite** durchzusetzen. Gerade im Rahmen von PE-Finanzierungen stellt sich daher regelmäßig die Frage nach dem **rechten Maß** der Haftungsfolgen. Ein Gesichtspunkt für die Ableitung der Haftungsfolgen im Rahmen einer PE-Finanzierung ist sicherlich die Absicherung des Investments aufgrund bestmöglicher Information des Investors. Denn jede haftungsbewährte Garantie fördert den Informationsfluss und die Richtigkeit bzw. Vollständigkeit erteilter Informationen und dient damit der Absicherung des Investments. Dennoch geht vielen Gründungsgesellschaftern die Begrenzung der Garantiehaftung neben Haftungsfreibetrag oder -freigrenze auf das durch den Investor eingezahlte Kapital nicht weit genug – oder an der Realität vorbei, da die Investitionssummen die persönliche Leistungsfähigkeit des Gründungsgesellschafters in keiner Weise widerspiegeln. In der Praxis wird daher häufig der Versuch unternommen, die Garantiehaftung durch eine Verknüpfung mit dem Gehalt des Garantiegebers als Ausdruck seiner wirtschaftlichen Leistungsfähigkeit zu „individualisieren" und damit realitätsgerechter abzubilden. Dies kann freilich nur für die geschäftsbezogenen Garantien gelten. Allgemeine rechtliche Garantien („Rechtsmängel" im weiteren Sinne) sollten immer und ohne Beschränkung gegeben werden (zB das Bestehen und die Inhaberschaft der Anteile, die Erbringung der Einlagen und ihre Nicht-Rückgewährung uä). 34

Im Rahmen von PE-Finanzierungen ist in der Regel auch bei materiellen Garantieverletzungen eine **Rückabwicklung** ausgeschlossen. Dies resultiert einerseits strukturell schon daraus, dass im Gegensatz zum Unternehmenskauf Gegenstand einer PE-Finanzierung nicht die „Lieferung" eines Unternehmens oder eines Geschäftsbetriebes im Wege der „Abtretung" von Gesellschaftsrechten *(share deal)* oder der Übertragung von Sachen und Rechten *(asset deal)* ist und damit eine umfänglich neue Zuordnung der Unternehmensinhaberschaft erfolgt. Andererseits scheidet aus den bereits geschilderten Gründen im Anschluss an die Zeichnung bzw. Übernahme der Beteiligung ein Rücktritt regelmäßig aus. Denkbar ist allenfalls, dass die in der Beteiligungsvereinbarung vereinbarten schulrechtlichen Pflichten zur Zeichnung bzw. Übernahme der Beteiligung mit einem Rücktrittsvorbehalt belegt sind, wenn bestimmte Umstände eintreten (etwa im Zusammenhang eines Gremienvorbehaltes).[45] 35

III. Verwässerungsschutz (Anti-Dilution)

Regelungen über einen „Verwässerungsschutz" gehören mittlerweile zu den Standardregelungen einer Beteiligungsvereinbarung. Sie knüpfen in der Regel an das Vorliegen einer weiteren (internen oder externen) Finanzierungsrunde und damit an weitere Kapitalmaßnahmen bei der Zielgesellschaft an. Der Begriff „Verwässerungsschutz" wird hierbei nicht einheitlich verwendet. Käme es allein auf den Schutz der Anteilsquote an, bedürfte es nach deutschem Recht jedenfalls keiner näheren Regelung, da nach § 186 Abs. 1 AktG, dessen 36

[45] Vertragstechnisch dürfte dann allerdings die Vereinbarung einer „aufschiebenden Bedingung" zweckmäßiger sein.

Anwendung auch für die GmbH anerkannt ist,[46] grundsätzlich ein gesetzliches Bezugsrecht entsprechend der bestehenden Beteiligungsquote auf das erhöhte Grund- oder Stammkapital der Gesellschaft besteht. Konsequenterweise ist nach deutschem Recht auch ein Bezugsrechtsauschluss als Eingriff in die Mitgliedschaftsrechte des Gesellschafters nur unter eingeschränkten Voraussetzungen zulässig und muss im Interesse der Gesellschaft geeignet, erforderlich und angemessen sein; insbesondere darf der für die Gesellschaft erstrebte Vorteil nicht außer Verhältnis zu dem Nachteil der Gesellschafter stehen.[47] Die in Beteiligungsvereinbarungen verfolgten Regelungsziele gehen jedoch darüber hinaus, denn selbst durch die Einräumung eines Bezugsrechtes kann der Verwässerung der Altanteile nur begrenzt entgegen gewirkt werden, da der bezugsberechtigte Investor die neuen Anteile lediglich zu aktuellen Werten erwerben kann. Ein solches (weiteres) Investment ist in der Regel aber gar nicht gewünscht. In der Praxis knüpft daher der Verwässerungsschutz nicht primär an der quotalen Beteiligung des Investors sondern an der zugrundeliegenden Unternehmensbewertung an. Der Investor wird danach für den Fall niedriger Unternehmensbewertungen im Rahmen künftiger Finanzierungsrunden *(down rounds)* vor einem Wertverlust seiner Beteiligung geschützt. Das Risiko einer (negativen) Wertentwicklung des Beteiligungsunternehmens wird damit zu einem wesentlichen Teil auf die Ebene der Gründungsgesellschafter verlagert.

37 Greift im Rahmen einer nachfolgenden Finanzierungsrunde der Verwässerungsschutz, weil Anteile an einen (internen oder externen) Investor zur einer niedrigeren Bewertung ausgegeben werden, ist der (Vorrunden-)Investor zur Abmilderung oder Beseitigung der negativen Wertentwicklung des Beteiligungsunternehmens berechtigt, eine gewisse Anzahl neuer Anteile zum Nominalwert (1 EUR) nachzuzeichnen. In welchem Umfang neue Anteile gezeichnet werden können, ist hierbei abhängig von der jeweiligen vertraglichen Ausgestaltung: Soweit eine *full-ratchet*-Klausel greift, kann der (Vorrunden-) Investor so viele Anteile zum Nominalwert nachzeichnen, dass er im Ergebnis so gestellt ist, als habe er seine alten Anteile auch zu der niedrigen Bewertung erworben. Demgegenüber geht man bei der *weighted-average*-Methode davon aus, dass der (Vorrunden-)Investor so gestellt wird, als ob er sein Investment insgesamt zum „gewichteten durchschnittlichen Kaufpreis" getätigt hätte.[48] Für die Gewichtung ist das Verhältnis der jeweiligen Finanzierungsvolumina der jeweiligen Finanzierungsrunden maßgeblich. Angesichts der in der Praxis auftretenden Facetten ist zu Rechtssicherheit ratsam, die entsprechende Berechnungsformel in den Vertragstext aufzunehmen.[49] Gelegentlich wird der Verwässerungsschutz durch sog. *pay-to-play*-Klauseln wieder eingeschränkt. Danach steht die Kompensation mit zusätzlichen Anteilen dem Investor nur zu, wenn er im Rahmen der Durchführung der weiteren Finanzierungsrunde in einem bestimmten Umfang[50] mit investiert.

D. Typische Gesellschaftervereinbarungen im Rahmen der Beteiligung

38 Neben den Regelung der eigentlichen „Beteiligung" des Investors an der Zielgesellschaft vereinbaren die Parteien in der Regel, in welcher Art und Weise sie über die Satzung hinaus ihr Rechtsverhältnis als Gesellschafter bis zum Ausstieg ordnen wollen. Teilweise werden diese Gesellschaftervereinbarungen auch separat in einer Anlage zur Beteiligungsvereinbarung geregelt; zwingend ist dies aber nicht.

---

[46] Vgl. etwa: BGH Urt. v. 18.4.2005 – II ZR 151/03, NZG 2005, 551 (552). Zur dogmatischen Herleitung *Scholz/Priester,* GmbHG, 9. Aufl., § 55 Rn. 39 ff.

[47] Vgl. etwa: BGH Urt. v. 19.4.1982 – II ZR 55/81, NJW 1982, 2444 ff.

[48] Vgl. hierzu näher *von Einem/Schmid/Meyer* BB 2004, 2702 ff.

[49] Zu den einzelnen Berechnungsformeln ausführlich *von Einem/Schmid/Meyer* BB 2004, 2703 ff.

[50] Häufig wird verlangt, dass der (Vorrunden-) Investor mindestens pro rata mit investiert. Teilweise werden pay-to-play-Klauseln auch mit sonstigen „Vorzügen" (etwa Erlösvorzüge) verknüpft.

I. Corporate Governance Regelungen

In Deutschland zielt der Corporate Governance Kodex darauf ab, die geltenden Regeln für die Unternehmensleitung und -überwachung für nationale und internationale Investoren transparent zu machen. Allgemein umfasst der Begriff „Corporate Governance" Werte und Grundsätze für eine verantwortungsvolle Unternehmensführung. Auch bei PE-Finanzierungen haben sich in den letzten Jahren im Hinblick auf die Führung des Beteiligungsunternehmens bestimmte branchenspezifische Grundsätze herausgebildet, die mit unterschiedlichster Regelungsdichte und Reichweite im Einzelfall vereinbart werden. **39**

1. Besetzung der Management- und Aufsichtsgremien

Grundsätzlich ist es einem Investor, der als vermögensverwaltender (in- oder ausländischer) Fonds strukturiert ist, zur Vermeidung der steuerlichen „Gewerblichkeit" untersagt, sich am aktiven Management der Portfoliogesellschaft zu beteiligen. Keine Teilnahme am aktiven Management ist dagegen die Wahrnehmung von Aufsichtsfunktionen über die Geschäftsführung der Beteiligungsgesellschaften und die Wahrnehmung von Mandaten in den gesellschaftsrechtlich gebildeten Aufsichtsgremien, solange sich deren Kompetenzen und Aufgaben im Rahmen des gesetzlichen Leitbildes des Aufsichtsrates von Aktiengesellschaften halten.[51] Die Einräumung von Zustimmungsvorbehalten kann insoweit nur dann zur Gewerblichkeit führen, wenn der Geschäftsführung der Beteiligungsgesellschaft kein „echter Spielraum für unternehmerische Entscheidungen bleibt".[52] Dies bedeutet, dass es im Rahmen einer typischen PE-Finanzierung ein „echtes Mitspracherecht" des Investors bei Geschäftsführungsentscheidungen nicht geben kann. Vielmehr muss sich der Investor von vornherein auf die eher „passiven" Kontroll- und Aufsichtsrechte beschränken. Der Frage der Zusammensetzung und Aufgabenzuweisung der Kontroll- und Aufsichtsgremien (Aufsichtsrat, Beirat) kommt daher eine besondere Bedeutung zu. **40**

Bei der Aktiengesellschaft sind Zusammensetzung und Aufgaben des Aufsichtsrates in den §§ 95–116 AktG geregelt. Bei der GmbH kann neben der Geschäftsführung und der Gesellschafterversammlung im Gesellschaftsvertrag als weiteres Organ ein (fakultativer) Aufsichtsrat eingerichtet werden, für den § 52 Abs. 1 GmbHG auf bestimmte Vorschriften des Aktienrechtes verweist.[53] In der Praxis wird jedoch in der Regel § 52 GmbHG abbedungen und ein sog. Beirat[54] eingerichtet, auf den die Vorschriften des Aktienrechts nicht oder nur eingeschränkt Anwendung finden sollen. Auch der fakultativ eingerichtete Beirat ist nicht lediglich auf die Wahrnehmung von Beratungsfunktionen begrenzt wenn ihm organschaftliche Befugnisse zugewiesen werden, wie etwa die Bestellung und Überwachung der Geschäftsführung. Grundsätzlich werden die Mitglieder des Aufsichtsrates durch die Hauptversammlung ohne Bindung an Wahlvorschläge gewählt (§ 101 Abs. 1 S. 2 AktG). Die Bestellung von Aufsichtsratsmitgliedern kann daneben auch durch die Ausübung von Entsenderechten gemäß § 101 Abs. 2 AktG erfolgen, wobei jedoch die Zahl der durch Entsendung besetzten Mandate ein Drittel der Aufsichtsratsmitglieder der Aktionäre nicht übersteigen darf. Das Entsendungsrecht als satzungsmäßiges Sonderrecht für bestimmte Aktionäre bzw. für die jeweiligen Inhaber bestimmter Aktien ist von dem **41**

---

51 Vgl. Bundesministerium der Finanzen Schreiben v. 16.12.2003 – IV A 6-S 2240-153/03, BStBl. I 2004 S. 40 (ber. I 2006 S. 632) Rn. 16; hierzu näher: *Inhester* in MHdB GesR, Bd. 2, § 26 Rn. 128 ff.; *Pöllath +Partner,* Private-Equity-Fonds, S. 114 ff.

52 So ausdrücklich: Bundesministerium der Finanzen Schreiben v. 16.12.2003 – IV A 6-S 2240-153/03, BStBl. I 2004 S. 40 (ber. BStBl. I 2006 S. 632) Rn. 16.

53 In Fragen der Arbeitnehmermitbestimmung ist freilich auch bei der GmbH die Bildung eines Aufsichtsrates obligatorisch (§ 1 Abs. 1 Nr. 3 S. 2 DrittelbG, § 25 Abs. 1 Nr. 2 MitbestG, § 3 Abs. 2 Montan-MitbestG).

54 Die Begriffsbestimmung ist aufgrund der bestehenden Gestaltungsfreiheit uneinheitlich. Teilweise spricht man auch insoweit von einem „Aufsichtsrat" obwohl die entsprechenden Vorschriften für diesen gerade nicht gelten sollen. Häufiger wird allerdings der Begriff „Beirat" oder „Verwaltungsrat" verwendet.

schuldrechtlich in der Beteiligungsvereinbarung geregelten Benennungsrecht als Spezialfall der Stimmbindung strikt zu trennen und ist entsprechend zu behandeln.

42 Aufsichtsratsmitglieder sind grundsätzlich unabhängig und an Weisungen der entsendungs- oder benennungsberechtigten Aktionäre nicht gebunden. Insbesondere muss das Aufsichtsratsmitglied seine Entscheidung am Unternehmensinteresse ausrichten und darf sich nicht an von ihm repräsentierte Interessen binden und gebunden fühlen; schon gar nicht darf es einen Interessenkonflikt zu Lasten des Unternehmensinteresses auflösen.[55] Trotz dieser klaren gesetzgeberischen Leitlinie haben Investoren im Rahmen von PE-Finanzierungen häufig eine andere Erwartungshaltung und besetzen daher Aufsichtsratsposten durch nahestehende Persönlichkeiten, mit denen sie häufig auch wirtschaftliche Beziehungen unterhalten. Es dürften jedoch selbst Verpflichtungen in Beteiligungsvereinbarungen, nach denen darauf hinzuwirken ist, dass die benannten Mandatsträger entsprechend den unter den Gesellschaftern getroffenen Vereinbarungen abstimmen, kaum justiziabel sein. Denn das Weisungsverbot erfasst auch alle Ersatzformen einer Weisungsbindung wie etwa einen Vertrag, durch den sich das Aufsichtsratsmitglied bei Nichtbefolgung von Anweisungen oder Wünschen des Wahlorgans oder sonstiger Dritter zur Leistung von Vertragsstrafen oder zur Amtsniederlegung verpflichtet.[56] Es kommt demnach bei einem Vertrauensverlust lediglich die Möglichkeit der Abberufung der Aufsichtsratsmitglieder durch die Hauptversammlung in Betracht – allerdings unter den erschwerten Bedingungen des § 103 Abs. 1 AktG.

2. Informationsrechte

43 Wenn im Rahmen einer PE-Finanzierung der Investor bereits aus steuerlichen Gründen daran gehindert ist, eine aktive Rolle im Bereich des Managements des Beteiligungsunternehmens zu spielen, ist eine umfassende und gleichberechtigte Information über die Angelegenheiten der Gesellschaft von entscheidender Bedeutung. Bei der GmbH sind Informationsrechte (Auskunfts- und Einsichtsrechte) der Gesellschafter schon nach Maßgabe des § 51a Abs. 1 GmbHG weitreichend gewährleistet und über die Einschränkungen in § 51a Abs. 2 GmbHG lediglich den allgemeinen Schranken (Verhältnismäßigkeit, Rechtsmissbrauch, § 242 BGB) unterworfen. Demgegenüber ist nach § 131 AktG die Informationsweitergabe durch den Vorstand an die Aktionäre von vornherein auf die Hauptversammlung und den Gleichbehandlungsgrundsatz der Aktionäre beschränkt. Die Vertragspartner der Beteiligungsvereinbarung messen daher in der Regel der Information „ihrer" Aufsichtsratsmitglieder große Bedeutung zu. Problematisch ist in diesem Zusammenhang die Weiterleitung vertraulicher Erkenntnisse, die das Aufsichtsratsmitglied im Rahmen seiner Mandatstätigkeit erlangt hat, an Aktionäre oder Dritte (etwa Investoren auf Ebene des Fonds). Die Aufsichtsratsmitglieder der Aktiengesellschaft unterliegen gemäß §§ 116, 93 Abs. 1 S. 2 AktG einer strafbewährten Verschwiegenheitspflicht im Hinblick auf Geschäftsgeheimnisse. Lediglich ausnahmsweise, soweit es im objektiven Interesse der betroffenen Gesellschaft liegt, muss im Einzelfall abgewogen werden, ob eine Berechtigung zur Weitergabe besteht. Im Rahmen einer solchen Abwägung im Konflikt mit anderen Interessen kann es durchaus gerechtfertigt sein, bestimmte vertrauliche Informationen nur einem abgegrenzten Aktionärskreis oder auch Dritten offenzulegen. In jedem Fall müssen dann aber wirksame Vorkehrungen gegen einen Missbrauch der überlassenen Informationen getroffen werden.

3. Zustimmungsvorbehalte des PE-Investors

44 Üblicherweise verläuft die Eigenkapitalbeteiligung des Investors nicht linear zum zugrunde liegenden Investment. Vielmehr spiegelt sich die Beteiligungsquote des Investors lediglich

[55] Vgl. etwa: *Habersack* in MüKoAktG § 111 Rn. 160 mwN.
[56] *Habersack* in MüKoAktG § 111 Rn. 161 mwN.

in den mit den Gründungsgesellschaftern verhandelten Bewertungen des Beteiligungsunternehmens wider. Insbesondere im Rahmen von *Venture Capital*-Beteiligungen erwirbt ein Investor Minderheitsbeteiligungen, obwohl er den wesentlichen Teil der Anlauffinanzierung erbringt. Im Rahmen solcher Minderheitsbeteiligungen besteht naturgemäß ein besonderes Schutzbedürfnis des Investors, damit er in Bezug auf Struktur- und Geschäftsführungsmaßnahmen nicht übergangen und das Investment wirtschaftlich ausgehöhlt wird. Zustimmungsvorbehalte hinsichtlich **Strukturmaßnahmen,** die bei der Beteiligungsgesellschaft durchgeführt werden, betreffen in der Regel Satzungsänderungen, Kapitalmaßnahmen, Umwandlungen, Verschmelzungen oder aber die Liquidation der Gesellschaft. Gleichermaßen finden sich in der Regel für Maßnahmen auf **Geschäftsführungsebene** Zustimmungsvorbehalte wie beispielsweise für Maßnahmen der Geschäftsführung, die über das übliche Tagesgeschäft hinausgehen, Vergabe oder Aufnahme von Krediten, Vereinbarungen mit Gesellschaftern oder deren Angehörigen, Aufstellung des Jahresplanes etc. Auch im Rahmen solcher Zustimmungsvorbehalte sind die üblichen Sorgfaltspflichten zu beachten. Erteilt also ein Mitglied eines (fakultativen) Aufsichtsrates seine Zustimmung zu bestimmten Geschäften der Geschäftsführung, kommt eine Haftung der Organmitglieder nicht nur in Betracht, wenn es sich dabei um ein für die Gesellschaft „nachteiliges Geschäft" handelt. Vielmehr kann eine Sorgfaltspflichtverletzung bereits darin liegen, dass er die zur hinreichenden Chancen- und Risikoeinschätzung gebotenen Informationen nicht eingeholt hat.[57]

Nach § 37 Abs. 1 GmbHG ist über den bloßen Zustimmungsvorbehalt hinaus auch eine 45
Weisung gegenüber der Geschäftsführung der GmbH und damit eine aktive Beeinflussung der Geschäftsleitung möglich. Die Gesellschafter können danach generelle Weisungen oder spezielle Anordnungen erteilen und damit die Geschäftsführung faktisch zu einem reinen Exekutivorgan herabstufen. Nach Maßgabe des sog. *Private Equity*-Erlasses geht die Ausübung solcher Weisungsrechte wohl über die „passive Betreuung von Portfoliounternehmen" hinaus und indiziert mit der aktiven, weisungsgestützten Teilnahme am aktiven Management die Ausübung einer gewerblichen Tätigkeit.[58]

4. Key-Man Klauseln, Vesting

Gerade im Zusammenhang mit *Venture Capital*-Finanzierungen haben die Investoren ein 46
starkes Interesse daran, bestimmte Gründungsgesellschafter und andere *Key-persons* an das Unternehmen zu binden und ihr Investment gegen deren Ausfall zu schützen. Neben den typischen *Key-Man Insurance*-Klauseln, wonach auf Kosten und zur Absicherung des Beteiligungsunternehmens eine Lebensversicherung mit einer bestimmten Deckung abzuschließen ist, finden sich gerade im Zusammenhang mit *Venture Capital*-Finanzierungen häufig auch Regeln, wonach Gründungsgesellschafter, die auch aktiv das Management der Beteiligungsgesellschaft führen, an das Unternehmen gebunden werden sollen (sog. Halteklauseln oder *Vesting*-Regeln). Es erfolgt eine Verknüpfung der Gesellschafterstellung des Gründungsgesellschafters mit seiner Organ- oder Dienststellung und damit mit seiner aktiven Tätigkeit. Entfällt das Engagement für das Unternehmen, wird also die Organ- oder Dienststellung bei dem Unternehmen beendet, soll er auch seine Gesellschafterstellung entweder ganz oder teilweise im Rahmen eines gestuften Verfahrens (sog. *Vesting-Schedule*) verlieren. Bei Beendigung des Dienstverhältnisses bzw. der Organstellung des Gründungsgesellschafters bei dem Beteiligungsunternehmen sowie in anderen ausdrücklich geregelten Fällen kann danach vom betreffenden Gesellschafter die Veräußerung und Übertragung der Gesellschaftsbeteiligung im Wege einer Call-Option verlangt werden. In der Praxis wird

[57] BGH Urt. v. 11.12.2006 – II ZR 243/05, BB 2007, 283 ff.

[58] Vgl. Bundesministerium der Finanzen Schreiben v. 16.12.2003 – IV A 6-S 2240-153/03, BStBl. I 2004 S. 40 (ber. I 2006 S. 632) Rn. 16; hierzu näher *Fischer/Palenker* in MHdB GesR, Bd. 2 § 26 Rn. 132 ff.; *Pöllath+Partner,* Private-Equity-Fonds, S. 114 ff.

bei der Bestimmung des Rückkaufpreises in der Regel nach dem Grund der Beendigung der aktiven Tätigkeit *(Good leaver/Bad leaver)* differenziert.

47 Als *Good-Leaver*-Fälle gelten häufig Tod, Erwerbs- und Berufsunfähigkeit, Kündigung des Dienstverhältnisses durch den Gründungsgesellschafter aus wichtigem Grund, den er nicht zu vertreten hat. Als *Bad-Leaver*-Fälle gelten häufig Kündigung des Dienstverhältnisses des Gründungsgesellschafters aus wichtigem Grund, den er zu vertreten hat, Pflichtverletzungen, häufig auch Kündigung des Dienstverhältnisses ohne wichtigen Grund innerhalb eines Zeitraumes von drei bis fünf Jahren. In *Good-Leaver*-Fällen erfolgt die (anteilige) Bestimmung des Rückkaufpreises nach Maßgabe des (zu bestimmenden) Verkehrswertes der Anteile. Dagegen bestimmt sich der Rückkaufpreis in den *Bad-Leaver*-Fällen häufig nach Maßgabe des niedrigen Wertes zwischen Buchwert und Verkehrswert. Bei der GmbH bedarf die Implementierung der Call-Option der notariellen Form des § 15 Abs. 4 GmbH. Seit der Einführung des *MoMiG* zum 1.11.2008 ist es nunmehr auch möglich, die häufig in der Praxis auftretenden Probleme der Teilung nach Maßgabe des *Vesting-Schedule* bereits vorab durchzuführen und auf „volle Euro" lautende Geschäftsanteile als Bezugsgestand für die Ausübung der Call-Option zu schaffen.

48 Als Alternative zur Implementierung einer Call-Option kommt zur Absicherung des *Vesting* auch die Schaffung eines Einziehungsrechtes in Betracht. Das Recht zur Zwangseinziehung muss gemäß § 34 Abs. 2 GmbHG, § 237 Abs. 1 S. 2 AktG in der Gründungssatzung oder vor Übernahme der Beteiligung des betreffenden Gesellschafters vorgesehen sein oder nachträglich mit Zustimmung aller Gesellschafter in die Satzung eingefügt werden. Da die Zwangseinziehung „gegen" den Willen des betreffenden Gesellschafters durchsetzbar sein muss, empfiehlt es sich eine hinreichende Konkretisierung des Einziehungsgrundes in die Satzung aufzunehmen. Zeitpunkt der Zahlung der Einziehungsvergütung oder des Rückkaufpreises kann mit Exit oder mit Eintritt eines Optionsfalles gegeben sein, was regelmäßig eine Frage der Liquidität des Beteiligungsunternehmens sein dürfte.

5. Wettbewerbsverbote

49 Auch Wettbewerbsverbote der Gründungsgesellschafter dienen der Absicherung des Investments und werden im Rahmen von PE-Finanzierungen regelmäßig in Beteiligungsvereinbarungen geregelt. Wettbewerbsverbote verhindern oder erschweren zumindest die Fruchtziehung des durch den Investor finanzierten und beim Gründungsgesellschafter geschaffenen Know-Hows. Da sich dieses „Verwertungsverbot" gerade auf den „nachvertraglichen" Zeitraum, also nach Ausscheiden des Gründungsgesellschafters aus dem Organ- oder Dienstverhältnis beziehen sollte, um die gewünschte rechtliche Wirkung zu entfalten, hilft das allgemein geltende gesetzliche Wettbewerbsverbot für sich regelmäßig nicht aus, um die Interessen des Investors hinreichend abzusichern, da das Bestehen einer nachvertraglichen Treuepflicht zur Unterlassung von Wettbewerb nach Ausscheiden aus der Gesellschaft nicht anzunehmen ist. In der Regel wird daher flankierend (und subsidiär) zu entsprechenden (häufig gleichlautenden) Regelungen im Dienstvertrag auch in der Beteiligungsvereinbarung ein nachvertragliches Wettbewerbsverbot vereinbart.

50 Die Rechtsprechung misst nachvertragliche Wettbewerbsverbote wegen der Drittwirkung der Grundrechte unmittelbar an Art. 12, 2 GG iVm § 138 BGB und hat konkretisierend festgestellt, dass derartige Beschränkungen der „Freiheit der Berufsausübung" insbesondere dann nicht zu rechtfertigen sind, wenn das Verbot nicht dem berechtigten geschäftlichen Interesse der Gesellschaft dient oder es nach Ort, Zeit und Gegenstand die Berufsausübung und die wirtschaftliche Tätigkeit des Geschäftsführers unbillig erschwert.[59] Unklar ist, ob und inwieweit die §§ 74 ff. HGB, die ein nachvertragliches Wettbewerbsverbot von einer Karrenzentschädigung geltend machen (§ 74 Abs. 2 HGB), für Organe

[59] BGH Beschl. v. 7.7.2008 – II ZR 81/07, NZG 2008, 753; Urt. v. 26.3.1984 – II ZR 229/83, NJW 1984, 2366.

der Beteiligungsgesellschaft unmittelbar oder zumindest entsprechend anwendbar sind. Eine analoge Anwendung hat der *Bundesgerichtshof* selbst für Fremdgeschäftsführer abgelehnt.[60] Im Rahmen der Auslotung der gegenständlichen Reichweite des nachvertraglichen Wettbewerbsverbotes greift jedoch auch der Bundesgerichtshof auf die in den §§ 74 ff. HGB zum Ausdruck gekommenen Rechtsgrundsätze zurück.[61] Vor diesem Hintergrund ist davon auszugehen, dass bei der üblichen Laufzeit eines nachvertraglichen Wettbewerbsverbotes von zwei Jahren ein umfassendes Tätigkeitsverbot regelmäßig unbillig und sittenwidrig ist, wenn überhaupt keine Karenzentschädigung zugesagt wird. Bei einem sachlich, räumlich und zeitlich besonders umfassenden Wettbewerbsverbot ist möglicherweise sogar die Zusage einer Karenzentschädigung in Höhe von 50 % der zuletzt bezogenen vertragsgemäßen Vergütung unzureichend.[62]

6. Technologietransfer

Im Rahmen von PE-Finanzierungen stellt sich häufig die Frage, ob die dem Geschäfts- **51**
modell der Gesellschaft zugrundeliegende Technologie auch in rechtlicher Hinsicht dem Unternehmen zusteht. Jedenfalls werden die Finanzierungszusagen des Investors nicht selten vom Status des Technologiebestandes abhängig gemacht. Aufgrund der steuerlichen Wirkung, die eine Übertragung von Patenten und Schutzrechten der Gründungsgesellschafter bei gleichzeitigem Einstieg des Investors nach Maßgabe der geltenden Unternehmensbewertung auslöst, ist in der Regel davon auszugehen (oder jedenfalls anzuraten), dass im Zeitpunkt des Abschlusses der Beteiligungsvereinbarung der relevante Technologietransfer bereits abgeschlossen ist. Dementsprechend finden sich häufig in Beteiligungsvereinbarungen lediglich eine deskriptive Feststellung, dass der Technologietransfer erfolgt ist, sowie die Verpflichtung, auch alle weiteren künftigen Erfindungen im Bereich des Unternehmensgegenstandes der Gesellschaft zu überlassen.

II. Anteilsverfügungen, Andienungs- und Vorkaufsrechte

Beteiligungsvereinbarungen enthalten in der Regel sehr weitreichende Vorschriften über **52**
Anteilsverfügungen, Andienungspflichten und Vorkaufsrechte in Bezug auf die gehaltenen Anteile an der Beteiligungsgesellschaft. Solche Regelungen zielen darauf ab, die Zusammensetzung des Gesellschafterkreises zu kontrollieren und kommen daher insbesondere auch bei den typischen Familiengesellschaften zur Anwendung.

1. Verfügungsbeschränkungen, Vinkulierungsklauseln

Ähnlich wie bei typischen Familiengesellschaften kommt es gerade den Investoren einer **53**
PE-finanzierten Beteiligungsgesellschaft darauf an, dass eine Anteilsübertragung an Dritte oder sogar innerhalb des bestehenden Gesellschafterkreises nur unter Einbeziehung des Investors bzw. der übrigen Gesellschafter und nur unter bestimmten Voraussetzungen erfolgt. Anderenfalls wäre es möglich, dass insbesondere Gründungsgesellschafter, die aufgrund einer niedrigen (Nominal-)Bewertung des Unternehmens ihre Beteiligung erworben haben, einseitig zum Nachteil des Investors realisieren. Zahlreiche Beteiligungsvereinbarungen sehen daher vor, dass bestimmte Gründungsgesellschafter, die zugleich auch als *Key-Man* gelten und daher auch regelmäßig einem *Vesting* unterliegen, ihre Beteiligung bis zum Ablauf einer bestimmten Frist entweder gar nicht oder nur nach Maßgabe der Zustimmung des Investors veräußern können *(Founder's lock up)*. Demgegenüber behalten sich Investoren typischerweise das Recht vor, ihre Beteiligung jederzeit an verbundene Unternehmen oder an parallel verwaltete Fonds zu übertragen. Wegen der regelmäßig

[60] BGH Urt. v. 17.2.1992 – II ZR 140/91, NJW 1992, 1892. Vgl. auch *Baumann* in Oppenländer/Trölitzsch § 14 Rn. 14.
[61] Näher hierzu *Baumbach/Hueck* GmbHG § 35 Rn. 195 ff.
[62] So OLG Düsseldorf Urt. v. 18.5.1989 – 8 U 143/88, DB 1990, 1960.

begrenzten Laufzeit des Fonds finden sich überdies in diesem Zusammenhang auch Öffnungsklauseln für Sekundär-Transaktionen (sog. *secondary direct investments*).

54 Dinglich werden solche Verfügungsbeschränkungen durch sog. **Vinkulierungsklauseln** auf Satzungsebene abgesichert. Durch die Vinkulierung wird das Recht des Aktionärs zur Übertragung seiner Namensaktie mit dinglicher Wirkung beschränkt, dh die Vinkulierung erfasst (nur) das Verfügungsgeschäft (Erfüllung), nicht schon das Verpflichtungsgeschäft (Kauf- oder Einbringungsvertrag). Bei Aktiengesellschaften wird ein satzungsmäßiges Vorkaufsrecht für unzulässig gehalten, da § 68 Abs. 2 AktG die möglichen Übertragungsbeschränkungen abschließend regelt. Darüber hinausgehende Satzungsbestimmungen sind daher nach Maßgabe des § 23 Abs. 5 AktG nichtig.[63] Damit bleibt den Aktionären von vornherein lediglich die Möglichkeit, die Vorerwerbsrechte in der Beteiligungsvereinbarung zu verankern.

2. Andienungs- und Vorkaufsrechte

55 Bei der GmbH können die Geschäftsanteile sowohl einem Vorkaufsrecht oder einer Andienungspflicht auch im Gesellschaftsvertrag unterstellt werden. Werden die Vorkaufs- oder Andienungspflichten dagegen in der Beteiligungsvereinbarung verankert, ist gemäß § 15 Abs. 4 GmbHG die notarielle Form einzuhalten. Dies hat sich auch durch die Einführung des *MoMiG* nicht geändert. Bei der Ausübung des Vorkaufsrechts ergibt sich in der Praxis keine Schwierigkeit bei der Bestimmung des Kaufpreises. Denn nach § 463 BGB verlangt das Vorkaufsrecht, dass ein mit einem Dritten wirksam abgeschlossener Vertrag besteht, in den der Vorkaufsberechtigte anstelle des Käufers einzutreten berechtigt ist.[64] Andererseits wird gerade dieses Eintrittsrecht des Vorkaufberechtigten in der Praxis als hinderlich angesehen, denn ein potentieller Käufer wird nur dann die Bereitschaft zu einer kostenintensiven Due Diligence mit nachfolgenden Vertragsverhandlungen entfalten, wenn er (zumindest hinsichtlich der Kosten) nicht das Ausfallrisiko der Ausübung des Vorkaufsrechts trägt. Beteiligungsvereinbarungen sehen daher in der Regel das Vorkaufsrecht nur als ultima ratio zur Erhaltung des Gesellschafterkreises bei gebundenen Gesellschaftern vor. Vorgeschaltet sind in der Regel Andienungspflichten, wonach die zu veräußernde Beteiligung bereits vor Abschluss eines endgültigen Vertrages den übrigen Gesellschaftern nach Maßgabe des verbindlichen Angebotes des Dritten in einem bestimmten Verhältnis angeboten wird. Beteiligungsvereinbarungen bestimmen insoweit die wechselseitige Verpflichtung der Parteien, sich gegenseitig von der Absicht zur Beteiligungsveräußerung zu informieren und dabei neben dem Kaufinteressenten die Höhe der zu veräußernden Beteiligung sowie den Kaufpreis bzw. die übrigen Gegenleistungskomponenten zu nennen.

56 Schwierigkeiten können sich dann ergeben, wenn im Rahmen der Andienungsverpflichtung der Kaufpreis nicht allein durch das vorliegende Drittangebot bestimmt werden soll, sondern weitere qualitative Merkmale zur Kaufpreisadjustierung nach Maßgabe der Beteiligungsvereinbarung herangezogen werden sollen. So finden sich etwa Regelungen, wonach der Kaufpreis mindestens dem Verkehrswert der Beteiligung zu entsprechen hat oder der Verkehrswert sogar mit einem prozentualen Aufschlag zu versehen ist bzw. Andienungsberechtigte und der Drittanbieter zu einem Bieterverfahren gezwungen werden. Meinungsverschiedenheiten lassen sich selbstverständlich durch Schiedsgutachter (Gutachten eines Wirtschaftsprüfers) überwinden. Solche Verfahren sind jedoch Zeitintensiv und verursachen weitere Kosten. Die Beteiligungsvereinbarung sollte deshalb den Kaufpreis (bzw. die Kaufpreisfindung) bestimmen oder mindestens die Bewertungsgrundlagen hinreichend konkretisieren.

63 *Bayer* in MüKoAktG § 68 Rn. 38 f.

64 Zu den Besonderheiten des Vorkaufsrechts im Rahmen von vinkulierten Namensaktien vgl. vorstehend → Rn. 53 f.

III. Exitvereinbarungen

PE-Finanzierungen sind immer auch Beteiligungen auf Zeit. Investoren zielen hierbei wegen der steuerlichen Wirkungen nicht auf die Erzielung laufenden Dividendeneinkünfte ab, sondern auf die Realisierung der Wertsteigerung des Unternehmens im Rahmen einer Anteilsverkaufes. Die Wahl der geeigneten Exit-Strategie stellt insoweit den letzten, jedoch nicht minder wichtigen Schritt im Rahmen des Investitionsprozesses für einen Investor dar, denn hier stellt sich letztendlich heraus, ob sich die in das Engagement gesetzten Erwartungen bestätigen werden und ein entsprechend attraktiver Veräußerungserlös für das Unternehmen erzielt werden kann. Dabei kann sowohl die Wahl des Exit-Zeitpunktes als auch die Wahl des Exit-Kanals von entscheidender Bedeutung für die effektiv mit der Investition erzielte Rendite sein. **57**

1. Verpflichtung zum Trade Sale oder Börsengang

Regelmäßig werden in einer Beteiligungsvereinbarung die vom Investor priorisierten Exit-Varianten festgelegt. Neben einem sog. *Trade Sale* (Verkauf an einen strategischen Investor), *Secondary Sale* (Verkauf an einen anderen Finanzinvestor) steht häufig auch ein *IPO* (Börsengang) im Fokus des Investors. Beteiligungsvereinbarungen im Rahmen von PE-Investitionen enthalten daher häufig auch Aussagen zu einem angestrebten Börsengang des Unternehmens. Da ein Börsengang nicht allein von der Entscheidung der Parteien der Beteiligungsvereinbarung, sondern in erster Linie von den wirtschaftlichen Rahmenbedingungen der Gesellschaft (Skalierbarkeit des Geschäftsmodells, Börsenreife des Unternehmens etc) sowie natürlich von den äußeren Marktbedingungen abhängt, regelt die Beteiligungsvereinbarung in der Regel eine Absichtserklärung der Parteien, die Aktien der Gesellschaft dem Handel an einer Börse zuzuführen. Für den Fall, dass der Börsengang dann mit einem bestimmten Quorum beschlossen wird, sind die Gesellschafter selbstverständlich flankierend verpflichtet, notwendige Umstrukturierungsmaßnahmen (etwa im Rahmen des Formwechsels der Gesellschaft) zu beschließen oder sich den speziellen Regeln des Börsensegmentes (etwa *Lock-up-* oder Transparenzregelungen) zu unterwerfen. Häufig finden sich in diesem Zusammenhang auch Verpflichtungen, wonach im Rahmen des Börsenganges vorrangig die Aktien des Investors zu platzieren sind. **58**

Kommt ein Börsengang innerhalb des vereinbarten Exit-Horizontes nicht zustande, muss freilich der Exit über ein anderes Szenario ausgelöst werden. Vor der Segmentierung der Börse mit unterschiedlichen Zulassungsverfahren war insbesondere der sog. *Trade Sale,* also der Verkauf an einen strategischen Investor, die typische Form der Realisierung des Investments durch den Investor. In den letzten Jahren sind zunehmend vor allem im Bereich der *Buy-Outs* auch sog. *Secondaries* hinzugekommen. Herkömmlich wurde jedoch davon ausgegangen, dass ein *Secondary Sale* gegenüber einem klassischen Trade Sale an einen strategischen Käufer sowie einer Börseneinführung zunächst mit Nachteilen behaftet ist, die sich in der Bewertung des Beteiligungsunternehmens niederschlagen können. So wird ein strategischer Käufer im Gegensatz zu einem Finanzinvestor in der Lage sein, strategische Synergieeffekte sowie Mark- bzw. Wertsteigerungspotentiale auch bei der Kaufpreisermittlung (positiv) zu berücksichtigen. Sekundärkäufer machen sich demgegenüber zunutze, dass es keinen organisierten Handelsplatz für PE-finanzierte Unternehmen gibt, so dass Sekundärkäufer gerade in Konsolidierungsphasen (wie nach der Kreditkrise 2008/09) auf attraktive Investitionschancen hoffen können. **59**

2. Mitverkaufspflichten (Drag Along)

Eine nachhaltige Realisierung der Wertsteigerung des Portfolios im Rahmen eines Beteiligungsverkaufes kommt in der Regel nicht bei der (isolierten) Veräußerung der Minderheitsbeteiligung in Betracht. Wenn es sich bei dem Käufer nicht gerade um einen Wettbewerber handelt, wird dieser einen Minderheitsabschlag im Rahmen der Bewertung der **60**

Unternehmensbeteiligung vornehmen. Eine Maximierung des Unternehmenswertes ist daher nur beim Verkauf des Gesamtunternehmens zu erreichen – und zwar unbeschadet, ob es sich dabei um einen *Trade Sale* oder um einen *Secondary Sale* handelt. Dieser erzwungene Exit (teilweise auch *forced sale* genannt) kann vertraglich dadurch erreicht werden, dass die Gründungsgesellschafter dem Investor das Sonderrecht einräumen, sämtliche Anteile des Unternehmens einem Dritten zum Kauf anzubieten. Die in der Beteiligungsvereinbarung gebundenen Gesellschafter unterwerfen sich mithin einer Mitverkaufsverpflichtung *(drag along right)*.

61 Die Ausübung einer Mitverkaufsverpflichtung durch einen Minderheitsgesellschafter berührt wesentlich die Vermögensinteressen der (mitverkaufs-)verpflichteten Gesellschafter. Häufig wird daher das Recht, die Mitverkaufsverpflichtung auszulösen, an das Vorliegen bestimmter Voraussetzungen geknüpft. So kommt in der Regel die Ausübung einer Mitverkaufsverpflichtung erst nach Ablauf einer gewissen Haltefrist in Betracht. Diese orientiert sich teilweise an der Laufzeit des investieren Fondsvehikels aus dem der Investor heraus in das Unternehmen investiert oder an der unmittelbaren Haltedauer der Beteiligung. Häufig treten daneben qualitative Merkmale wie etwa Nichtverwirklichung eines *IPO* oder Erreichens eines Unternehmenswertes in einer bestimmten Höhe. Teilweise wird es aber bereits als ausreichend angesehen, wenn die Mehrheit der Inhaber von Vorzugsanteilen aufgrund einer entsprechenden Beschlussfassung den Gesamtverkauf des Unternehmens initiiert. Zur Abwendung einer Mitverkaufsverpflichtung kann die Beteiligungsvereinbarung auch bestimmen, dass die Gründungsgesellschafter das Recht zur Abgabe eines bevorzugten Angebotes zum Erwerb des Gesamtunternehmens haben (sog. *Founders' Buy Back*).

3. Mitverkaufsrechte (Tag Along)

62 Das Mitverkaufsrecht bildet das Gegenstück zur Mitverkaufsverpflichtung. Kommt es nämlich dem Investor zur Absicherung seines Investments im Rahmen seiner Minderheitsbeteiligung darauf an, durch die Ausübung des *drag-along*-Rechts einen möglichst hohen Unternehmenswert durch einen *Gesamt*verkauf zu realisieren, steht beim sog. *tag-along*-Recht der Schutz derjenigen Gesellschafter im Vordergrund, die unmittelbar kein Veräußerungsangebot vom erwerbswilligen Dritten erhalten haben und im Falle eines Beteiligungsverkaufes, der nicht notwendig zu einem *Gesamt*verkauf des Unternehmens führen muss, Gefahr laufen, selbst ohne Realisierungsmöglichkeit im Unternehmen zu verbleiben. Bei der Ausübung des *tag along*-Rechts kann der berechtigte Gesellschafter vom veräußerungswilligen Mitgesellschafter verlangen, dass der die Anteile des veräußerungswilligen Gesellschafters erwerbende Dritte auch die Anteile des *tag along*-Berechtigten zu den verhältnismäßig gleichen Konditionen erwirbt, zu denen er die Anteile des veräußerungswilligen Gesellschafters erwirbt. Mitverkaufsrechte können also den Gründungsgesellschafter im Falle von Anteilsveräußerungen durch den Investor schützen. Denkbar ist aber auch, dass sich der Investor ein Mitverkaufsrecht einräumen lässt, damit er ebenso wie der veräußerungswillige Mitgesellschafter seine Beteiligung entweder ganz oder teilweise realisieren kann.

4. Erlösverteilungspräferenzen

63 Beteiligungsvereinbarungen im Rahmen von PE-Finanzierungen gehen in der Regel davon aus, dass der Investor zum Aufbau des Geschäftsbetriebes der Gesellschaft eine einseitige Finanzierungsverpflichtung übernimmt.[65] Mit dieser einseitigen Übernahme der Finanzierungspflicht des Beteiligungsunternehmens korreliert regelmäßig die Vereinbarung von Erlösverteilungspräferenzen in der Beteiligungsvereinbarung zugunsten des Investors. Würden solche Erlösverteilungspräferenzen nicht geregelt, wären (Dividenden-) Ausschüttun-

[65] Vgl. hierzu näher vorstehend → Rn. 62

gen, Liquidationsüberschüsse oder aber die Verteilung eines Veräußerungserlöses lediglich pro rata, also im Verhältnis der gehaltenen Beteiligung, auf die jeweiligen Gesellschafter zu verteilen. Eine solche „proportionale" Ausschüttungsregel berücksichtigt aber nicht die disproportionale Finanzierungsleistung des Investors. Der Investor will also mit der Vereinbarung von Erlösverteilungspräferenzen sicherstellen, dass das in das Beteiligungsunternehmen investierte Kapital ggf. nebst einer bestimmten Rendite *(hurdle)* vorrangig an ihn zurückfließt, bevor die Gründungsgesellschafter, die ihre Beteiligung in der Regel zum Nominalwert erworben haben, von Rückflüssen profitieren. Der finanzielle Beitrag des Investors steht damit im Rang vor den Gesellschafterbeiträgen der übrigen Gesellschafter.

Je nach den wirtschaftlichen Marktverhältnissen und den Positionen der Parteien der Beteiligungsvereinbarung, werden Erlösverteilungspräferenzen in unterschiedlichen Ausprägungen geregelt. Üblich sind zunächst Regelungen, die für den Fall der Unternehmensveräußerung, der Ausschüttung von Dividenden, der Liquidation der Gesellschaft, von Einbringungs- bzw. Umwandlungsvorgängen (einschließlich Abfindungszahlungen nach dem Umwandlungsgesetz) oder sonstigen Maßnahmen, die mit einer Anteilsveräußerung wirtschaftlich vergleichbar sind, sämtliche Dividenden, Veräußerungs- bzw. Liquidationserlöse dem Investor zuweisen, bis er sein eingesetztes Investment nebst der bestimmten Mindestrendite erwirtschaftet hat. Hierbei hat sich in der Praxis bei der Durchführung mehrerer Finanzierungsrunden der Grundsatz des sog. *„last in first out"* am Markt etabliert. Es erhält also immer der Investor der letzten Finanzierungsrunde „vorrangig" vor den Investoren der vorherigen Finanzierungsrunde sein Investment zurück. Demgegenüber nehmen die Gründungsgesellschafter nur nachrangig an der Verteilung der Erlöse teil. Erfolgt nach Auskehr der Erlösverteilungspräferenzen die Verteilung des verbleibenden Erlöses nicht lediglich an die Gründungsgesellschafter *(non-participating preference),* sondern (wiederum) unter Einschluss des Investors *(participating preference),* entsteht zugunsten des Investors eine weitere Hebelwirkung der Rendite. 64

Participating- und *non-particpipating-*Präferenzen kommen in den unterschiedlichsten Erscheinungen vor und weisen zum Teil neben zeitlichen auch weitere (betrags- oder meilensteinabhängige) Beschränkungen auf. Gerade im Zusammenhang mit einer Erlösverteilungspräferenz, bei der der Investor quasi auf jeder Verteilungsstufe partizipiert, werden die Gründer versuchen sicherzustellen, dass sie auf einer bestimmten Verteilungsstufe „aufholen" *(catch-up),* damit es nicht zu einer signifikanten Bevorzugung des Investors (sog. *double dip*) kommt. Die Erlösverteilungspräferenz kann bei einer GmbH sowohl in der Satzung als in der Beteiligungsvereinbarung geregelt werden. Bei der Aktiengesellschaft ist die Regelung einer Erlösverteilungspräferenz, soweit die Verteilung von Veräußerungserlösen betroffen ist, lediglich schuldrechtlich in der Beteiligungsvereinbarung möglich. In der Praxis wird zur Vermeidung der Publizitätswirkung des Handelsregisters ohnehin die schuldrechtliche Vereinbarung in der Beteiligungsvereinbarung bevorzugt. 65

E. Besondere Rechtsfragen im Zusammenhang mit der -Beteiligungsvereinbarung

Je nach der gegenständlichen Reichweite der Beteiligungsvereinbarung ergeben sich besondere Rechtsfragen, die im Zusammenhang mit dem Abschluss der Vereinbarung geklärt werden müssen. So sind etwa bei der Beteiligung von Großkonzernen oder Fonds, die bestimmte Schwellenwerte im Rahmen ihrer Investments überschreiten oder bereits in bestimmte sensible Industriezweige investiert haben, neben fusionskontrollrechtlichen Fragestellungen auch die Regelungen des Außenwirtschaftsrechts zu prüfen. Im Folgenden soll zum Abschluss lediglich kurz auf bestehende Formerfordernisse sowie auf laufzeitrelevante Fragestellungen hingewiesen werden. 66

I. Formfragen

67 Bei der GmbH löst insbesondere die Implementierung der Mitverkaufsverpflichtung sowie des Mitverkaufsrechts gemäß § 15 Abs. 4 GmbHG das Bedürfnis der notariellen Beurkundung der Beteiligungsvereinbarung aus, denn formbedürftig ist die vertragliche Begründung einer Abtretungspflicht für einen Geschäftsanteil auch dann, wenn sie nur auf Verlangen zu erfüllen ist. Ebenso formbedürftig sind spätere Änderungen der Beteiligungsvereinbarung oder Vertragsergänzungen.

II. Laufzeit

68 Sofern Beteiligungsvereinbarungen auf unbestimmte Zeit abgeschlossen sind, sind diese wie alle Dauerschuldverhältnisse ordentlich kündbar.[66] Für Beteiligungsvereinbarungen gelten die Regelungen über die Kündigung einer Gesellschaft bürgerlichen Rechts. Maßgeblich ist insoweit § 723 Abs. 1 S. 1 BGB. Danach kann eine Gesellschaft, soweit sie nicht für eine bestimmte Zeit eingegangen wurde, von jedem Gesellschafter jederzeit gekündigt werden, sofern diese nicht zur Unzeit geschieht.

[66] *Baumann/Reiss* ZGR 1989, 157 (180).

§ 15 Fremdfinanzierung

Übersicht

A. Einführung

1 Unternehmensakquisitionen von Private-Equity-Investoren werden durch eine Kombination aus Eigen- und Fremdkapital finanziert. Durch einen hohen Fremdkapitalanteil kann die Eigenkapitalrendite für den Private-Equity-Investor erhöht werden, weshalb die Fremdfinanzierung einen entscheidenden Faktor für den Erfolg oder Misserfolg einer LBO-Transaktion darstellt.

2 Die klassische Form der Fremdfinanzierung für eine Unternehmensübernahme ist der syndizierte Kredit, da er flexibel ist und seine Erhältlichkeit wesentlich weniger von den Schwankungen der Kapitalmärkte abhängt als Kapitalmarktinstrumente wie Hochzinsanleihen (High Yield Bonds).[1] In jüngerer Zeit hat sich mit sogenannten Unitranche-Krediten[2] eine neue Fremdfinanzierungsquelle in der Akquisitionsfinanzierung etabliert. Im folgenden Kapitel werden die verschiedenen Formen der Fremdfinanzierung dargestellt und besondere Problemschwerpunkte bei ihrem Einsatz in der Praxis der Unternehmensakquisition erläutert.

B. Beschreibung einer typischen Akquisitionsfinanzierungsstruktur

3 Die Struktur der Akquisition und ihrer Finanzierung muss idealerweise den Interessen aller Beteiligten gerecht werden. Den Investoren ist daran gelegen, die investierenden Fonds aus den Akquisitions- und Finanzierungsverträgen herauszuhalten, da die Fonds ansonsten in einer Vielzahl von Transaktionen Partei von umfänglichen Verträgen mit schwer einzuschätzenden Folgen werden. Dem Management muss ein taugliches Vehikel zur Verfügung gestellt werden, das ihm ein Co-Investment mit den Investoren ermöglicht. Die finanzierenden Kreditgeber fordern eine klare Trennung zwischen der Transaktionsebene einerseits und der Sphäre der Gesellschafter andererseits sowie in aller Regel die Verpfändung der Anteile am Kreditnehmer der Akquisitionskredite (→ Rn. 73). Schließlich ist allen Beteiligten daran gelegen, dass die Zielgesellschaft mit den Erwerbergesellschaften steuerlich konsolidiert wird, um im Rahmen der allgemeinen Grenzen eine Verrechnung von operativen Gewinnen der Zielgesellschaft mit (insbesondere Zins-) Aufwendungen der Erwerbergesellschaft zu erreichen.

4 Die vorstehend kursorisch beschriebene Interessenlage hat in der Praxis zur häufigen Verwendung der folgenden Transaktionsstruktur geführt:

5 Die Investoren, das Management und sonstige Co-Investoren sind Gesellschafter der obersten deutschen Erwerbergesellschaft, die in der Rechtsform einer GmbH gegründet wird (Parent).[3] Der Parent hält sämtliche Anteile an einer weiteren deutschen GmbH-Zweckgesellschaft (Company), die Käuferin unter dem Unternehmenskaufvertrag ist und die Anteile an der Zielgesellschaft erwirbt. Die Company erhält von Parent Eigenmittel in der Form von Eigenkapital (Stammkapital und Zuzahlung in die freien Rücklagen im Sinne des § 272 Abs. 2 Nr. 4 HGB) und nachrangigen Gesellschafterdarlehen und nimmt zur Finanzierung des Kaufpreises weiterhin Kredite auf. Sämtliche Mittel werden dann bei Vollzug des Unternehmenskaufvertrages (dem Closing) zur Begleichung des Kaufpreises sowie zur Refinanzierung der bestehenden Finanzverbindlichkeiten der Zielgesellschaft eingesetzt. Der Parent verpfändet seine Anteile an der Company sowie sämtliche Ansprüche gegen diese (insbesondere aus Nachrangdarlehen) zur Sicherheit an die Kreditgeber. Die Company verpfändet mit Wirkung zum Closing alle Anteile an der Zielgesellschaft an die Kreditgeber. Nach Closing wird ein Beherrschungs- und Gewinnabführungsvertrag zwi-

[1] Hierzu → Rn. 27.
[2] Hierzu → Rn. 20.
[3] Diese Begrifflichkeit entstammt dem Vertragsmuster der Loan Market Association (LMA) für LBO-Finanzierungen; Hierzu iE → Rn. 41.

schen der Zielgesellschaft als beherrschter und der Company als herrschender Gesellschaft geschlossen, um eine ertragsteuerliche Organschaft zu begründen.[4] Regelmäßig sind nur der Parent und die Company Partei der Finanzierungsverträge (Kreditverträge, Sicherheitenverträge und Intercreditor-Vereinbarung), nicht aber die investierenden Fonds der Investoren, das Management (oder sein Beteiligungsvehikel) und mögliche Co-Investoren. Insbesondere geben die Fonds keinerlei Sicherheiten oder Garantien für die Verbindlichkeiten der Erwerbergesellschaften und deren Erfüllung der Finanzierungsverträge ab.

Die Gegebenheiten und Anforderungen der individuellen Transaktion erfordern häufig eine Abweichung von der dargestellten idealtypischen Struktur. Insbesondere der Einsatz von weiteren nachrangigen Finanzierungstranchen mag die Zwischenschaltung zusätzlicher Erwerbergesellschaften erfordern, um einen strukturellen Nachrang der nachrangigen Kreditgeber zu begründen.[5] **6**

C. Übersicht über die klassischen Fremdfinanzierungstranchen

I. Senior-Kredite

Der Großteil des Finanzierungsbedarfs bei einer Unternehmensübernahme wird meist durch Senior-Kredite abgedeckt.[6] Senior-Kredite sind die innerhalb der Hierarchie der Finanzierungstranchen höchstrangigen Kredite, die erstrangig besichert und seitens wesentlicher Gesellschaften des Zielgesellschaftskonzerns garantiert werden.[7] Um die gesamte Bandbreite des Finanzierungsbedarfs bei einer Akquisitionsfinanzierung abdecken zu können, umfassen Senior-Kreditvereinbarungen fast ausnahmslos mehrere Finanzierungsfazilitäten. Die typischen Senior-Fazilitäten werden im Folgenden kurz dargestellt. **7**

1. Laufzeitkredite – Term Facilities

In einem typischen Senior-Kredit unterteilen sich die Laufzeitkredite (die sogenannten Term Facilities) in die Fazilitäten A und B auf. Während die Fazilität A amortisierend ist und das Darlehen üblicherweise beginnend ca. ein Jahr nach erstmaliger Inanspruchnahme in halbjährlichen Tilgungsraten über die Laufzeit zurückgeführt werden muss, ist die Fazilität B endfällig (sogenanntes Bullet Repayment). Die Laufzeitstaffelung sah in den letzten Jahren typischerweise 6 Jahre für die amortisierende Fazilität A und 7 Jahre für Fazilität B vor.[8] Der Verwendungszweck der Term Facilities erstreckt sich neben der Finanzierung des Kaufpreises auch auf die Refinanzierung bestehender Finanzverbindlichkeiten auf Ebene der Zielgesellschaft (jeweils einschließlich anfallender Transaktionskosten). **8**

---

[4] Unter den Voraussetzungen der §§ 14, 17 KStG, § 2 Abs. 2 S. 2 GewStG wird das Ergebnis der abhängigen Gesellschaft (Organgesellschaft) der herrschenden Gesellschaft (Organträger) zugerechnet. Dadurch kommt es zu einer Ergebniskonsolidierung beider Gesellschaften mit der Folge, dass insbesondere Betriebsausgaben im Zusammenhang mit der vom Organträger aufgenommenen Fremdfinanzierung mit operativen Gewinnen der Organgesellschaft verrechnet werden können. Die Abzugsfähigkeit der Zinsen ist allerdings durch die sog. Zinsschranke (§ 4h EStG, § 8a KStG) sowie die gewerbesteuerliche Hinzurechnungsvorschrift des § 8 Nr. 1 GewStG beschränkt, dazu → Rn. 82. Ggf. erfordert die Transaktionsstruktur, auch den Parent in das Gefüge der steuerlichen Organschaft zu integrieren, sollten etwaige Gesellschafterdarlehen auf Ebene des Parent steuerlich zu berücksichtigen sein.

[5] So erfordert die Aufnahme einer PIK-Fazilität den Einsatz eines oberhalb von Company und Parent angesiedelten Kreditnehmers. Auch Mezzanine-Kredite wurden herkömmlich an eine Gesellschaft oberhalb des Senior-Kreditnehmers vergeben, um einen strukturellen Nachrang zu schaffen. Grundlegend zum strukturellen Nachrang siehe *Fahrholz* in Fahrholz, Neue Formen der Unternehmensfinanzierung, S. 55 ff.

[6] Siehe allgemein zu Senior-Krediten bei LBO-Finanzierungen *Baums* in Baums, Unternehmensfinanzierung § 66 Rn. 16 ff.

[7] Zur Besicherung iE → Rn. 73.

[8] Die früher gebräuchliche Aufteilung in Fazilitäten A (7 Jahre), B (8 Jahre) und C (9 Jahre) ist in der heutigen Praxis praktisch nicht mehr vorzufinden.

9 Die Term Facilities werden unter Bezugnahme auf den Referenzzinssatz EURIBOR[9] (bzw. bei Fremdwährungen LIBOR)[10] zuzüglich einer Marge verzinst. Der jeweils anwendbare EURIBOR-Satz wird für die Dauer der vom Kreditnehmer gewählten Zinsperiode[11] zu ihrem Beginn festgelegt; kurz vor Ende einer Zinsperiode wird der Zinssatz für die folgende Zinsperiode aufgrund des dann aktuellen EURIBOR festgesetzt.[12] Wirtschaftlich gesehen ist der Zinssatz der Kredite daher variabel,[13] rechtlich handelt es sich um ein Darlehen mit einem festen Zinssatz für einen bestimmten Zeitraum (Abschnittsfinanzierung) im Sinne des § 489 Abs. 1 Nr. 1 Hs. 2 BGB. Die Marge unterliegt üblicherweise einer Margenskala (sogenanntes *Margin Ratchet*) und wird abhängig vom quartalsweise gemessenen Verschuldungsgrad der Gruppe nach unten oder oben angepasst.[14]

10 Neben die typischen A- und B-Fazilitäten treten häufig weitere Term Facilities, um einen speziellen langfristigen Finanzierungsbedarf der Gruppe nach Durchführung der Akquisition abzudecken, so etwa Akquisitions- oder Investitions-Fazilitäten, durch die spätere Unternehmensakquisitionen (sogenannte *Add-on-Acquisitions*) oder allgemeiner oder aus strategischen Gründen von den Investoren geplanter Investitionsbedarf (sogenanntes *Capital Expenditure*) finanziert werden können. Derartige Akquisitions- und Investitions-Fazilitäten entsprechen in der Regel ihrer Struktur nach der amortisierenden Fazilität A (also sechsjährige Laufzeit und halbjährliche Tilgungsraten),[15] haben jedoch naturgemäß einen verlängerten Verfügbarkeitszeitraum (sogenannte *Availability Period*). Während die A- und B-Fazilitäten nur bis zum Vollzug des Unternehmenskaufs verfügbar sind (bei Bedarf zuzüglich eines geringen zeitlichen Puffers für die Refinanzierung der Finanzverbindlichkeiten

---

[9] Euro Interbank Offered Rate. Dies ist der Referenzzinssatz für kurzfristige Geldanlagen unter Geschäftsbanken in Euro. Er wird vom European Money Markets Institue (EMMI) auf Grundlage der Quotierungen ausgesuchter Panel-Banken (geschäfts-)täglich ermittelt und veröffentlicht. Für weitere Informationen zum EURIBOR siehe https://www.emmi-benchmarks.eu/euribor-org/about-euribor.html. Trotz der Anfälligkeit des EURIBOR (wie auch des LIBOR) für Manipulationen und die daraus nach der Finanzkrise entstandene Kritik haben sich im Kreditgeschäft bisher keine anderen Referenzzinssätze durchsetzen können. Siehe jedoch die Ausführungen zum LIBOR in der folgenden Fußnote.

[10] London Interbank Offered Rate für die jeweilige Währung. Der LIBOR wird von Intercontinental Exchange (ICE) ermittelt und veröffentlicht. Weitere Informationen bei https://www.theice.com/iba/libor. Für die Zukunft sind Veränderungen zu erwarten: Die britische Finanzaufsichtsbehörde FCA (Financial Conduct Authority) plant, den LIBOR wegen seiner Manipulationsanfälligkeit bis Ende 2021 abzuschaffen. Marktteilnehmer haben bereits die Erwartung geäußert, dass auch der EURIBOR mittelfristig abgeschafft werden könnte. Es ist zu erwarten, dass der LIBOR und ggf. der EURIBOR durch andere Referenzzinsätze ersetzt werden, so dass sich die Struktur der Verzinsung (Kombination von Referenzzinssatz plus vertraglich vereinbartem Margenaufschlag) kaum ändern wird.

[11] Bei Senior-Krediten stehen dem Kreditnehmer üblicherweise Zinsperioden von ein, zwei, drei sowie sechs Monaten Dauer zur Verfügung, abweichende Perioden können mit der Zustimmung aller beteiligten Kreditgeber ad hoc vereinbart werden.

[12] Für den Fall, dass der Referenzzinssatz negativ sein sollte, wird fast ausnahmslos ein sogenannter „Zero Floor" vereinbart, so dass ein negativer EURIBOR bzw. LIBOR-Zinssatz mit Null fingiert wird und nicht etwa die Marge reduziert.

[13] Daher sehen die Kreditverträge auch die Verpflichtung für den Kreditnehmer vor, einen bestimmten Prozentsatz (meist ca. ½ bis zu ⅔ der Kreditvaluta) der Zinszahlungen auf die Term Facilities durch entsprechendes Zinshedging abzusichern und dadurch wirtschaftlich in einen Festsatzkredit umzuwandeln.

[14] Als Grundlage für die Margenanpassung dient der Test der *Financial Covenants* (→ Rn. 54). Eine Margenanpassung aufgrund eines veröffentlichten Ratings ist bei LBO-Finanzierungen selten und naturgemäß nur bei großen Transaktionen möglich. Ein weiteres mögliches Vergütungselement sind die sogenannten die Increased Costs. Nach der Increased-Costs-Klausel im LMA-Vertragsmuster verpflichtet sich der Kreditnehmer den Kreditgebern höhere Kosten oder Mindereinnahmen zu ersetzen, die diesen aufgrund einer Änderung des regulatorischen Umfeldes entstehen, etwa durch den Erlass neuer oder die Änderung existierender Rechtsvorschriften (siehe hierzu *Wright* in International Loan Documentation, S. 16, 80, 101 ff.; *Wood* in Wood, Law and Practice of International Finance, S. 106 ff.; *Diem* in Diem, Akquisitionsfinanzierung, S. 70 ff., S. 101 ff. sowie *Jetter/Jörgens* in Eilers/Koffka/Mackensen, Private Equity, S. 403). In der Praxis werden Increased Costs durch Banken nur sehr selten beim Kreditnehmer geltend gemacht. Nichtsdestotrotz ist der Ersatzanspruch als solcher ein elementarer Schutz für Banken, denen durch regulatorische Vorgaben während der Laufzeit eines Kredits erhebliche Kosten entstehen können.

[15] Mittlerweile häufig auch als endfällige Tranche strukturiert.

der Zielgesellschaft), erstreckt sich der Verfügbarkeitszeitraum für Akquisitions- und Investitions-Fazilitäten über zwei bis drei Jahre; nach Ende des Verfügbarkeitszeitraums erfolgt dann eine ratenweise Rückzahlung bis zum Laufzeitende.

Nicht selten besteht bei Strukturierung des Unternehmenskaufs ein zu diesem Zeitpunkt nicht genau abzusehender besonderer Finanzierungsbedarf.[16] Für diesen Fall werden sogenannte *Uncommitted Facilities*[17] eingesetzt. Dies sind Fazilitäten, die in die Kreditvertragsdokumentation bereits vollumfänglich aufgenommen werden, ohne dass die finanzierenden Kreditgeber eine Finanzierungszusage für diese Fazilitäten abgeben. Die *Uncommitted Facilities* geben dem Kreditnehmer die Möglichkeit, sich zum gegebenen Zeitpunkt (etwa fortgeschrittener Verhandlungsstand einer Add-on-Akquisition oder Verbesserung des Finanzierungsumfeldes) an das Konsortium oder auch andere potentielle Kreditgeber zu wenden, um eine Finanzierungszusage für die *Uncommitted Facility* zu erhalten. Die Fazilität kann dann auf Grundlage des bestehenden Kreditvertrages bereitgestellt werden, ohne dass wie sonst die Zustimmung aller anderen Kreditgeber erforderlich wäre.[18] 11

2. Betriebsmittellinie – Revolving Facility

Der allgemeine Betriebsmittelbedarf wird durch einen „revolvierenden" Kredit abgedeckt, der eine flexible und wiederholte Inanspruchnahme für kurzfristigen Finanzierungsbedarf ermöglicht.[19] Der revolvierende Kredit kann in der Regel nur in Form von Bardarlehen und nicht mehr als Avalkredit in Anspruch genommen werden; die vor der Finanzkrise verbreitete optionale Inanspruchnahme zur Ausstellung von Bankgarantien ist nicht mehr üblich,[20] so dass ein eventuell bestehender Bedarf an Bankavalen durch entsprechende Ancillary Facilities (→ Rn. 14) abgedeckt werden muss. Der Verwendungszweck ist nicht notwendig nur auf die reine Betriebsmittelfinanzierung beschränkt, sondern erstreckt sich meist auf allgemeine Unternehmenszwecke (*general corporate purposes,* also zB auch für Investitionen), wobei die Verwendung für Unternehmensakquisitionen allerdings regelmäßig ausdrücklich ausgeschlossen oder betraglich begrenzt wird. Bei entsprechendem Bedarf sieht die *Revolving Facility* auch die Inanspruchnahme in optionalen Fremdwährungen vor, die entweder im Kreditvertrag für bestimmte besonders gebräuchliche Währungen vorab genehmigt werden kann oder der Zustimmung der Kreditgeber bei konkreter Inanspruchnahme bedarf. Die Verzinsung der *Revolving Facility* entspricht derjenigen der Fazilität A (→ Rn. 8), setzt sich also zusammen aus der Summe des Referenzzinssatzes für die gewählte Periode und der in Abhängigkeit vom Verschuldungsgrad fluktuierenden Marge. 12

Der revolvierende Charakter der Betriebsmittellinie bedingt es, dass Barinanspruchnahmen am Ende der vom Kreditnehmer gewählten Zinsperiode zurückgezahlt werden müs- 13

[16] Etwa für geplante aber noch nicht feststehende Add-on-Akquisitionen oder besondere Investitionen, deren Umsetzung noch von weiteren Bedingungen abhängt.

[17] Teils auch als Incremental Facilities, Additional Facility oder Accordion Facilities bezeichnet.

[18] Siehe zu *Uncommitted Facilities* in Fremdwährungen etwa *Bellucci/McCluskey* in Wight/Cooke/Gray, The LSTA's Complete Credit Agreement Guide, S. 48 ff. Zur allgemeinen Aufweichung der strengen Kreditgeberzustimmung bei strukturellen Vertragsänderungen siehe unten 5.3(a).

[19] Siehe allgemein zum Betriebsmittelkredit Baums in Baums Unternehmensfinanzierung § 30 Rn. 5 ff.

[20] Dies hat seine Ursache darin, dass Banken seit der Finanzkrise nicht oder nur noch in geringerem Maße bereit sind, Kreditrisiken anderer Banken zu tragen (gleiches gilt für Versicherungen, die sich regelmäßig an Avallinien beteiligen). Bankavale, die unter einem Konsortialkredit ausgereicht werden, werden üblicherweise nicht von allen Banken separat mit ihrem quotalen Anteil ausgestellt, sondern durch eine Bank (sogenannte Issuing Bank oder Fronting Bank) für das gesamte Konsortium. Damit trägt die Issuing Bank im Falle der Inanspruchnahme der Bankgarantie das Risiko, dass sie bei Ausfall des Kreditnehmers hinsichtlich des ihre Beteiligungsquote übersteigenden Betrags Rückgriff bei den anderen Konsortialbanken nehmen muss und dabei möglicherweise auch ausfällt. Dieses Risiko einer Bankeninsolvenz wird seit der Finanzkrise aus naheliegenden Gründen ernster genommen und hat das Fronting-Konzept für Bankavale in der Praxis sehr selten gemacht. Versuche der LMA, das Problem durch vertragliche Schutzvorschriften zu adressieren (Einführung des „Non-Acceptable L/C Lender"-Konzepts), haben in der Praxis keine Besserung gebracht.

sen, wobei die so in Anspruch genommenen Kredit-Teilbeträge bei gewünschter weiterer Inanspruchnahme (sogenanntes *Rollover Loan*) in der Praxis nicht tatsächlich zurückbezahlt und wieder ausgereicht werden, sondern es zu einer Verrechnung der Verpflichtung des Kreditnehmers zur Rückzahlung und der Verpflichtung der Kreditgeber zur Neuausreichung kommt. Um den Charakter der revolvierenden Fazilität als Betriebsmittellinie zur Deckung kurzfristigen Finanzierungsbedarfs abzusichern, sehen die Kreditvertragsdokumentationen standardmäßig einen sogenannten *Clean Down* vor, demzufolge mindestens einmal innerhalb einer Zwölfmonatsperiode die Barinanspruchnahmen unter der Betriebsmittellinie für einen kurzen Zeitraum auf null zurückgeführt werden müssen.[21]

3. Ergänzende bilaterale Linien – Ancillary Facilities

14 Auch wenn die Zahl der an der Betriebsmittellinie beteiligten Kreditgeber meist wesentlich geringer ist als bei den Term Facilities,[22] ist die *Revolving Facility* ein syndizierter Kredit, der dem Kreditnehmer wegen der Ausreichung einzelner Kredite durch ein Kreditgeberkonsortium häufig kein ausreichendes Maß an Flexibilität zur Verfügung stellen kann.[23] Aus diesem Grunde kann der Kreditvertrag sogenannte *Ancillary Facilities* vorsehen.[24] Dies sind bilaterale Kreditlinien, die durch einzelne Kreditgeber der Betriebsmittellinie auf bilateraler Basis zur Verfügung gestellt werden und durch Umwandlung der Beteiligung des jeweiligen Kreditgebers an der Betriebsmittellinie entstehen (also keine Erhöhung der Beteiligungsquote des betreffenden Kreditgebers am Konsortialkredit). Da diese bilateralen Fazilitäten in das syndizierte Kreditverhältnis eingebunden sind und auch voll am Sicherheitenpaket partizipieren, erhält der Kreditnehmer leichter Zusagen für eine *Ancillary Facility* als für bilaterale Kreditlinien von Drittbanken, die unabhängig neben den syndizierten Kredit treten und nicht oder nur gering besichert werden können. Die Verzinsung der *Ancillary Facilities* und die sonstigen für sie zu entrichtenden Gebühren können vom Kreditnehmer mit dem jeweiligen *Ancillary Lender* frei verhandelt werden und liegen nicht selten unter dem Niveau der syndizierten *Revolving Facility,* solange jedenfalls der Konsortialkreditvertrag diesbezüglich keine Einschränkungen vorsieht.

II. Second Lien-Kredite

15 In der Ranghierarchie der Finanzierungstranchen folgt nach dem Senior-Kredit der Second Lien-Kredit. In seiner Ursprungsform sind die Zahlungsansprüche der Second Lien-Kreditgeber mit denen der Senior-Kreditgeber gleichrangig, jedoch haben die Second Lien-Kreditgeber bei der Verteilung der Erlöse der Sicherheitenverwertung nur Anspruch auf die Erlöse, die nach vollständiger Befriedigung der Senior-Kredite verbleiben.[25] Allerdings

[21] Der Zeitraum beträgt meist drei bis fünf aufeinander folgende Bankarbeitstage. Hierbei wird üblicherweise eine Netto-Betrachtungsweise angewendet, so dass frei verfügbare Liquidität gegengerechnet werden darf und demzufolge die Barkredite unter der Betriebsmittellinie in dem Maße, wie freie Liquidität zur Verfügung steht, für die Zwecke des *Clean Down* nicht zurückgeführt werden müssen. Daneben tritt oft ein de minimis-Betrag, der vom *Clean Down* nicht betroffen ist. Darüber hinaus sind beim *Clean Down* in jüngerer Zeit Abschwächungstendenzen festzustellen, so zB durch die Beschränkung das *Clean Down* auf eine einmalige Vornahme innerhalb eines vorgegebenen Zeitraums nach Closing.

[22] Zum einen liegt der Betrag der Betriebsmittellinien weit unter der Gesamtsumme der Term Facilities, zum anderen kommen Betriebsmittellinien aufgrund der revolvierenden Inanspruchnahme und den optionalen Fremdwährungen oft nur für Banken und vereinzelt auch für Versicherungsunternehmen in Betracht, nicht aber für Fonds, die die wichtigsten Investoren für Term Facilities stellen.

[23] So sind beispielsweise für Inanspruchnahmen häufig nicht unwesentliche Mindestbeträge vorgesehen, Inanspruchnahmen müssen mit drei bis fünf Tagen Vorlauf schriftlich beantragt werden, die Linie steht nicht als Kontokorrentkredit zur Verfügung, die Zustimmung zu weiteren optionalen Fremdwährungen kann weitere Zeit in Anspruch nehmen etc.

[24] Siehe hierzu auch *Jetter/Jörgens* in Eilers/Koffka/Mackensen, Private Equity, S. 387 f.

[25] Second Lien-Kredite sind zur Befriedung von spezifischen Anforderungen einer Investorenklasse entwickelt worden, da manche Investoren aufgrund interner Investmentvorgaben nicht in Mezzanine (nachrangige) Kredite investieren durften. Vgl. im Allgemeinen hierzu etwa *Muzilla/Siebens* in Euromoney

sind Second Lien-Kredite in der europäischen Dokumentationspraxis mit der Zeit immer stärker Mezzanine-Krediten (dazu → Rn. 16) angeglichen worden, so dass sich der Nachrang der europäischen Second Lien-Kredite nicht auf die Sicherheiten beschränkt, sondern auch auf die eigentlichen Zahlungsansprüche erstreckt. Second Lien-Kredite werden wie die anderen Term Facilities verzinst (→ Rn. 8), jedoch liegt die Marge um einige Prozentpunkte höher als für die Senior-Kredite und wird bei sinkendem Verschuldungsgrad nicht anhand einer Margenskala angepasst. Anders als beim Mezzanine-Kredit wird der Zins bar gezahlt und nicht teilweise kapitalisiert. Die Marge liegt in der Regel deutlich unterhalb der bei Mezzanine-Krediten üblichen Gesamtmarge. Second Lien-Kredite werden in aller Regel nur für die Kaufpreis-Finanzierung (inklusive Transaktionskosten) vorgesehen,[26] wobei die Laufzeit üblicherweise um ein halbes Jahr länger ist als die der längsten Senior-Fazilität.[27] Die Second Lien-Tranche wird meist in einem separaten Kreditvertrag und nicht als zusätzliche Term Facility besonderer Ausprägung im Senior-Kreditvertrag dokumentiert.[28]

III. Mezzanine-Kredite

Mezzanine-Kredite stellen die klassische Form der nachrangigen Kredite dar, auch wenn ihre Bedeutung aufgrund des allgemein großen Angebots von Finanzierungsmöglichkeiten in den letzten Jahren stark zurückgegangen ist.[29] Es handelt sich gegenüber den erstrangigen Senior-Krediten sowohl hinsichtlich der Zahlungsansprüche als auch des Anspruchs auf Teilhabe an den Sicherheitenerlösen um zweitrangige Kredite, die grundsätzlich erst befriedigt werden dürfen, wenn die vorrangigen Senior- (und ggf. Second Lien-) Kredite abgelöst sind.[30] **16**

International Debt Capital Markets Yearbook 2006, S. 5 ff. sowie *Speechley* in Speechley, Acquisition Finance, S. 225 ff.

26 Sofern der Second Lien-Kredit auch für die Refinanzierung der Zielgesellschaft verwendet werden darf, so wird seine in Inanspruchnahme nur durch die Erwerbergesellschaft und nicht durch die Zielgesellschaft zugelassen, da eine Ausreichung an die Zielgesellschaft oder ihre Tochtergesellschaften zu einem strukturellen Vorrang des Second Lien-Kredits führen würde. Dies würde der Nachrangigkeit des Second Lien-Kredits widersprechen.

27 Bei einer üblichen Laufzeit von 7 Jahren für Fazilität B liegt das Laufzeitende von Second Lien-Krediten somit bei siebeneinhalb Jahren.

28 Vor der Finanzkrise wurde die Second Lien-Tranche in den Senior-Kreditvertrag integriert. Dieser unterschied dann zwischen den Priority Senior Facilities (Fazilitäten A, B, C und RCF) und der Second Lien Facility (häufig als Facility D definiert). Die kreditvertragliche Behandlung der Second Lien-Tranche als Senior-Fazilität hat insbesondere bei Abstimmungen innerhalb des Senior-Konsortiums wesentliche Auswirkungen: Die Second Lien-Kreditgeber gehören dem Senior-Konsortium an und stimmen gemeinsam mit diesem ab. Ihre Stimmen verwässern also die der erstrangigen Senior-Kreditgeber, andererseits können die Second Lien-Kreditgeber regelmäßig von den erstrangigen Senior-Kreditgebern überstimmt werden (abhängig von der Größe der Second Lien-Fazilität). Eine separate Abstimmung der Second Lien-Kreditgeber wird nur für wenige Second Lien-spezifische Grundlagenentscheidungen vorgesehen (typischerweise die Abstimmung über eine Kündigung der Second Lien-Kredite bei Vorliegen eines besonders gravierenden Kündigungsgrundes in Bezug auf die Second Lien-Fazilität, also Zahlungsverzug oder Insolvenz des Second Lien-Kreditnehmers). Es bleibt abzuwarten, ob und in welchem Maße die Vertragspraxis auf diese Dokumentationstechnik, die derzeit für Super Senior-Kredite verwendet wird (hierzu → Rn. 20), auch für Second Lien-Kredite wieder zurückgreift.

29 Siehe allgemein zu Mezzanine-Krediten *Baums* in Baums, Unternehmensfinanzierung § 66 Rn. 20 ff.

30 Im Einzelnen gibt es eine Vielzahl mezzaniner Finanzierungsformen, die zwischen erstrangigen Krediten und nachrangigem Eigenkapital anzusiedeln sind. Teilweise handelt es sich um hybride Finanzierungsformen, die trotz gewisser Charakteristika von Fremdverbindlichkeiten bilanziell wie Eigenkapital behandelt werden, siehe hierzu näher *Golland/Gehlhaar/Grossmann/Eickhoff-Kley* BB Special 2005, 15 ff.; *Kiethe* DStR 2006, 1763 ff.; *Schmeissel/Claussen* DStR 2008, 688 ff.; *Berger* ZBB 2008, 92 ff.; *Laudenklos/Sester* WM 2004, 2417 (2422); *Schulte* in Corporate Finance, S. 147 ff.; *Stamm/Ries* in Habersack/Mülbert/Schlitt, Unternehmensfinanzierung am Kapitalmarkt, § 24 Rn. 9 ff.; *Golland* in Bösl/Schimpfky/Beauvais, Fremdfinanzierung für den Mittelstand, S. 82 ff. sowie *Gleske/Laudenklos* in Eilers/Rödding/Schmalenbach, Unternehmensfinanzierung, S. 524 ff. Der folgende Abschnitt bezieht sich nur auf als Fremdkapital einzuordnende Mezzanine-Kredite.

17 Mezzanine-Kredite sehen in aller Regel nur eine Fazilität vor, die ausschließlich zur Kaufpreisfinanzierung eingesetzt werden kann.[31] Der Mezzanine-Kredit wird in einem separaten Kreditvertrag dokumentiert, der auf Grundlage des Senior-Kreditvertrages erstellt wird. Zu diesem Zweck wird aus dem Senior-Kreditvertrag die Vielzahl der Senior-Fazilitäten gelöscht und durch eine endfällige *Mezzanine Term Facility* ersetzt; zusätzlich werden die Mezzanine-spezifischen Besonderheiten eingefügt. Hierbei handelt es sich aus wirtschaftlicher Sicht insbesondere um sogenannte *Call Protection,*[32] also den Schutz der Kreditgeber vor vorzeitiger Rückzahlung durch die Vereinbarung von Vorfälligkeitsgebühren (sogenannte *Prepayment Fees*), sowie die besondere Zins-Struktur eines Mezzanine-Kredits. Die Regelungen zur *Prepayment Fee* sehen vor, dass eine vorfällige Rückzahlung der Mezzanine-Kredite innerhalb der ersten ein bis drei Jahre der Kreditvertragslaufzeit eine Gebühr auslöst, die sich üblicherweise im Bereich zwischen ein und drei Prozent der vorfällig zurückgezahlten Summe bewegt.[33] Die Zinsstruktur des Mezzanine-Kredits sieht eine Aufteilung der Zins-Marge in einen bar zu zahlenden und einen sogenannten PIK-Zins[34] vor, der am Ende einer jeden Zinsperiode (mindestens jedoch halbjährlich) kapitalisiert, also dem Darlehensbetrag zugeschlagen und künftig wie dieser verzinst wird.[35]

18 Als zusätzliches Vergütungselement sehen Mezzanine-Kredite regelmäßig einen sogenannten Warrant oder Equity Kicker vor. Hierbei handelt es sich im Grundsatz um das Recht des Mezzanine-Kreditgebers, sich gegen Entrichtung einer Einmalzahlung[36] am Eigenkapital des Transaktionsvehikels[37] zu beteiligen. Auch wenn der Warrant in seiner

---

[31] Wie bei Second Lien-Krediten dient dies zur Sicherung des strukturellen Nachrangs des Mezzanine Kredits, da eine Verwendung des Mezzanine-Kredits für die Refinanzierung bestehender Finanzverbindlichkeiten der Zielgesellschaft dazu führen würde, dass Mezzanine-Ansprüche an strukturell vorrangiger Stelle entstehen.

[32] Diese ist in der Praxis fast ausnahmslos anzutreffen, da sich die Interessen von Kreditgebern und Kreditnehmern diametral gegenüberstehen: Die Kreditgeber sind Fonds, die ihre Finanzierung langfristig zur Verfügung stellen und entsprechende Returns erwirtschaften möchten, während der Kreditnehmer in aller Regel versuchen wird, den teuren Mezzanine-Kredit, der durch die Zinseszinskomponente über die Zeit noch teurer wird, frühzeitig abzulösen. Eine Call Protection ist auch bei Second Lien-Krediten üblich.

[33] Die *Prepayment Fee* wird teils auch als sogenanntes *Make Whole-Payment* strukturiert. Hiernach ist der Kreditgeber durch eine Zahlung des Kreditnehmers so zu stellen, als hätte der Kreditgeber die Zinsmarge bis zum Ende der vereinbarten *Make Whole*-Periode erhalten. *Prepayment Fee-* wie auch *Make Whole-Payment*-Regelungen können bei Krediten mit veränderlichem Zinssatz wegen einer Beeinträchtigung des gesetzlichen Kündigungsrechts des Kreditnehmers nach § 489 BGB unwirksam sein (vgl. § 489 Abs. 4 BGB, siehe hierzu etwa *Stupp/Mucke* BKR 2005, 20 (24), *Berger* in MüKoBGB § 489 Rn. 19 und *Mülbert* in Staudinger BGB § 489 Rn. 71). Dies gilt erst recht für ein Verbot der Rückzahlung innerhalb bestimmter Zeiträume (sogenannte Non-Call Period). Dem wird in der Praxis teilweise dadurch begegnet, dass die Prepayment-Fee- oder Make-Whole-Payment-Regelungen in einer Nebenvereinbarung getroffen und diese englischem Recht unterstellt wird (vgl. zum Ganzen etwa *Diem* in Diem, Akquisitionsfinanzierungen, § 38 Rn. 8 ff.). Allerdings ist auch dies nicht frei von Bedenken, vgl. etwa *Thorn* in Palandt, Rom I Art. 3 Rn. 10.

[34] Bei der Abkürzung PIK (für *payment in kind*) handelt es sich um einen Begriff aus dem Anleihebereich, wonach dem Anleiheemittenten die Option eingeräumt wird, fällige Zinszahlungen entweder in bar zu leisten oder an den Anleihegläubiger im Gegenwert der fälligen Zinszahlung zusätzliche Anleihen zu begeben. Unter Berücksichtigung des zusätzlich zahlbaren Zinses in Höhe des zugrundeliegenden Referenzzinssatzes (meist EURIBOR) sowie des Zinseszinseffektes ist der Mezzanine-Kredit eine sehr teure Finanzierungsform.

[35] Die gängigen vertraglichen Gestaltungen sind darauf ausgerichtet, dem Verbot des Zinseszinses im Bürgerlichen Gesetzbuch (§ 248 BGB) Rechnung zu tragen (etwa periodische schriftliche Kapitalisierungsbestätigungen durch den Kreditnehmer, die Ausgestaltung als Premium-Zahlung oder die Beifügung eines exakten Kapitalisierungsplans). Auch wenn ein Schutzbedürfnis der Kreditnehmer in LBO-Transaktionen kaum erkennbar ist (für jede Finanzierung werden ausführliche finanzmathematische Berechnungen erstellt), muss auch in LBO-Transaktionen von einer Anwendbarkeit des Zinseszinsverbotes ausgegangen werden.

[36] In der Regel ausgestaltet als Optionsprämie, deren Höhe durch Anwendung finanzmathematischer Formeln (in der Praxis oft durch eine Wirtschaftsprüfungsgesellschaft) errechnet und zwischen den Parteien auf dieser Grundlage vereinbart wird.

[37] Meist nicht der Hauptkreditnehmer, sondern die oberste Erwerbergesellschaft, an der auch die Investoren und das Management ihre Beteiligungen halten.

Ursprungsform als Option auf den Erwerb von GmbH-Anteilen strukturiert ist, ist der tatsächliche Erwerb einer Gesellschafterstellung durch den Mezzanine-Kreditgeber in der Praxis nur äußerst selten anzutreffen, da die Tatbestände, bei deren Eintreten die Option ausgeübt werden kann *(Trigger Events),* in aller Regel auf den Verkauf der Unternehmensanteile durch die Investoren (Exit) abstellen und die Mezzanine-Kreditgeber das Recht zum Mitverkauf haben.[38] Der Warrant führt also zu einer abschließenden Barzahlung an den Mezzanine-Kreditgeber, deren Höhe sich nach dem Unternehmenswert zum Zeitpunkt des Exit bestimmt.[39] Warrants sind in der Praxis ausgesprochen verhandlungsintensiv und erfordern ein erhebliches Maß an steuerlicher Strukturierung.[40] Daneben gehen mit einem Warrant häufig weitere, gesellschafternahe Rechte einher, die die Position des Mezzanine-Kreditgebers sichern sollen.[41]

Mezzanine-Kredite sind gegenüber den Senior-Krediten und den Second Lien-Krediten 19
nachrangig. Strukturell bedeutet dies, dass der Mezzanine-Kredit bei klassischer Strukturierung von einer Muttergesellschaft des Senior-Kreditnehmers aufgenommen und durch Gesellschafterdarlehen oder Eigenkapital-Einschuss nach unten weitergereicht wird.[42] Der strukturelle Nachrang wird durch umfängliche vertragliche Vereinbarungen flankiert.[43] Die vertraglichen Nachrangabreden sehen vor, dass mit Ausnahme von wenigen zulässigen Zahlungen (etwa der laufenden Zinszahlungen) keine Zahlungen an die Mezzanine-Kreditgeber geleistet werden dürfen, so lange nicht die Senior-Kredite vollständig zurückgeführt sind. Auch die Besicherung der Mezzanine-Kredite ist zweitrangig,[44] so dass Erlöse aus der Sicherheitenverwertung an die Mezzanine-Kreditgeber erst dann ausgekehrt werden können, wenn die vorrangigen Senior-Kredite (und ggf. Second Lien-Kredite) vollständig abgelöst sind.

IV. Unitranche-Kredite und Super Senior-Kredite

Mit sogenannten Unitranche Facilities gibt es seit einigen Jahren ein neues Produkt im 20
Akquisitionsfinanzierungsmarkt, welches sich bei Private Equity Häusern zunehmender

[38] Sogenanntes Tag Along-Right. Umgekehrt haben die Investoren ein Drag Along-Right, demzufolge sie den Mezzanine-Kreditgeber beim Exit zum Mitverkauf verpflichten können. Hierzu allgemein auch *Jetter/Jörgens* in Eilers/Koffka/Mackensen,, Private Equity, S. 389 f. sowie *Ganter* WM 2011, 1587 f.

[39] Warrants werden daher teils auch als Synthetic Warrant oder Phantom Warrant bezeichnet, strukturiert also nicht als Option auf den Erwerb von GmbH-Anteilen, sondern als schlichter Zahlungsanspruch, dessen Fälligwerden und Berechnung von bestimmten unternehmensbezogenen Umständen abhängen.

[40] Wenn keine echte Beteiligung des Mezzanine-Kreditgebers am Transaktionsvehikel erfolgt, ist es Ziel der steuerlichen Strukturierung, die Einstufung der abschließenden Barzahlung als (mittelbar) erfolgsabhängige Vergütung (etwa im Sinne eines partiarischen Darlehens, einer stillen Beteiligung, einer Gewinnobligation oder eines Genussrechts) zu vermeiden. Denn hieraus könnte sich ggf. eine Kapitalertragsteuerpflicht sowie eine beschränkte Steuerpflicht ausländischer Mezzanine-Kreditgeber ergeben und es sind Besonderheiten hinsichtlich der Anwendbarkeit der Verteilungsnormen von Doppelbesteuerungsabkommen denkbar (mit den hieraus resultierenden Folgeproblemen aufgrund des *Tax Gross-up* bzw. der *Tax Indemnity,* sofern der Kreditgeber nicht abkommensgeschützt ist (dazu unter → Rn. 82). Wenn eine Beteiligung des Mezzanine-Kreditgebers am Transaktionsvehikel nicht in Betracht kommt, zielt die steuerliche Strukturierung daher in der Regel darauf ab, die Position des Mezzanine-Kreditgebers als Doppelerwerb zweier getrennter Wirtschaftsgüter auszugestalten, nämlich einer Anleihe/dem Mezzanine-Kredit und einem Optionsrecht/Warrant. Der Warrant kann daher auch noch fortbestehen, wenn der Mezzanine-Kredit schon abgelöst ist.

[41] So wird zur Flankierung des Warrant häufig das Recht zur Benennung eines stimmrechtslosen Mitglieds des Beirats oder Aufsichtsrats (Board Observer) vereinbart, der das Recht zur Teilnahme an den Sitzungen des Leitungsgremiums des Transaktionsvehikels hat.

[42] Allerdings ist in der Praxis gelegentlich eine Aufweichung des strukturellen Nachranges zu beobachten (auch → Rn. 76). Die Ausreichung des Mezzanine-Kredits an den Kreditnehmer der Senior-Kredite wird von den Senior-Kreditgebern mitunter akzeptiert; bei dieser Gestaltung verlassen sich die Senior-Kreditgeber ausschließlich auf den im Intercreditor Agreement vereinbarten vertraglichen Nachrang des Mezzanine-Kredits. Die Inanspruchnahme des Mezzanine-Kredits oder seine sonstige Übernahme durch Gesellschaften der Zielgruppe ist hingegen äußerst selten.

[43] Zur Dokumentation im Einzelnen → Rn. 76.

[44] Zur Besicherung im Einzelnen → Rn. 73.

Beliebtheit erfreut. Die Unitranche Facility lässt sich in die Rangfolge der Kredite nur schwer einordnen, weil sie in aller Regel Kreditelemente verschiedener Ränge miteinander kombiniert.

21 Unitranche-Kredite haben sich im US-amerikanischen Mid-Market-Segment entwickelt, wo sie seit langem ein etabliertes Finanzierungsinstrument sind.[45] Kreditgeber und Arrangeur einer Unitranche Facility sind nicht Banken, sondern Debt Funds,[46] also Fonds, die die Gelder ihrer institutionellen Anleger durch Kreditvergaben anlegen. In ihrer Ursprungsform ist für die Unitranche wesensprägend, dass sie Kredite mehrerer Ränge zu einer einheitlichen (daher „Uni" im Namen) vereint, und zwar so, dass sich der Unitranche-Kredit für den Kreditnehmer wie eine Kreditfazilität darstellt. Dies kann dadurch bewerkstelligt werden, dass es nur einen Kreditgeber gegenüber dem Kreditnehmer gibt und der Kreditgeber mit einem weiteren Kreditgeber ein Unterbeteiligungsverhältnis eingeht; häufiger ist aber die Gewährung einer einheitlichen Term Loan Facility im Außenverhältnis gegenüber dem Kreditnehmer durch zwei Kreditgeber, die dann untereinander ihr Rangverhältnis regeln.[47] Den größeren Teil der Term Facility stellt der die Transaktion arrangierende Debt Fund als nachrangiger Kreditgeber,[48] während einen kleineren, aufgrund interner Rangabrede vorrangigen Teil regelmäßig eine Bank übernimmt,[49] die gleichzeitig auch die für den operativen Geschäftsbetrieb wichtige Betriebsmittellinie gewährt. Der Kreditnehmer nimmt die Unitranche Facility als einheitlichen Kredit in Anspruch und zahlt einen Zins, der das gewichtete Mittel des vor- und des nachrangigen Teils reflektiert; die Verteilung des Zinses zwischen den Kreditgebern, deren Abstimmungen und Rangabreden werden separat und ohne Beteiligung des Kreditnehmers geregelt.[50]

22 Im deutschen Markt hat sich die Unitranche Facility in etwas anderer Ausprägung etabliert: Die Rangabreden werden nicht intern zwischen den Kreditgebern getroffen, sondern in einem üblichen Intercreditor Agreement unter Beteiligung der Kreditnehmergruppe. Die Unitranche Facility ist ein endfälliges Laufzeitdarlehen (Term Facility, im Kreditvertrag meist als Senior Term Facility bezeichnet) mit üblicherweise 7 Jahren Laufzeit. Sie wird kombiniert mit einer revolvierenden Betriebsmittellinie, die von einer Bank auf sogenannter „Super Senior"-Basis, also erstrangig besichert,[51] zur Verfügung gestellt

---

45 Vgl. *Bellucci/McCluskey* in Wight/Cooke/Gray, The LSTA's Complete Credit Agreement Guide, S. 57 f.; *Ward/Darley* in Mellor, The International Comparative Legal Guide to Lending & Secured Finance 2017, Chapter 10, Part A.

46 Oft als „Non-Bank-Lender" oder „Direct Lender" bezeichnet. Obwohl lange Zeit ausschließlich von Debt Funds genutzt, agieren mittlerweile auch Banken als Unitranche-Kreditgeber.

47 Vgl. zum Ganzen *Josenhans/Danzmann* RdF 2017, 38 ff.

48 Sogenannter „Second-out Lender".

49 Sogenannter „First-out Lender".

50 In einem sogenannten „Agreement Among the Lenders", zu dem der Kreditnehmer – anders als bei einem Intercreditor Agreement (dazu unten → Rn. 70) – nicht Partei ist.

51 Die „Super Senior"-Position wird durch ein komplexes Geflecht an Intercreditor-Vereinbarungen geschaffen. Wesensprägend ist, dass dem Super Senior-Kreditgeber die Erlöse der Sicherheitenverwertung (nach Abzug der Kosten) vorrangig vor allen anderen Kreditgebern, vor allem vor dem Unitranche-Kreditgeber, zustehen. Dieses Vorrecht wird aber damit erkauft, dass der Super Senior-Kreditgeber, anders als ein Senior-Kreditgeber in einer herkömmlichen Finanzierung, in einer Krise nicht automatisch das Recht zur Kündigung und Einleitung der Verwertung hat, sondern zunächst eine Wartefrist von ca. 6 bis 9 Monaten abwarten muss, ehe er seine Rechte selbst geltend machen kann. Innerhalb dieser Frist hat der Unitranche-Kreditgeber, der aufgrund seiner viel höheren Kreditbeteiligung und nachrangigen Besicherung das größere wirtschaftliche Risiko trägt, die Möglichkeit, die Krise gemeinsam mit dem Kreditnehmer und ggf. dem Super Senior-Kreditgeber zu beseitigen oder selbst die Sicherheitenverwertung zu betreiben. Erst, wenn der Super Senior-Kredit auch nach Ablauf der Wartefrist nicht vollständig zurückgeführt ist (und auch keine anderweitige Einigung erreicht wurde), darf der Super Senior-Kreditgeber die Verwertung selbst einleiten und betreiben. Die diesbezügliche Dokumentation ist stark verhandlungsabhängig und Standards noch in der Entwicklung begriffen. Die LMA hat verschiedene Super Senior-Vorlagen veröffentlich (so ua ein Super Senior Multicurrency Revolving Facility Agreement und einen entsprechenden Intercreditor-Vertrag), jedoch sind diese für Unitranche-Finanzierungen nur begrenzt verwendbar, da sie für Kapitalmarkttransaktionen entworfen wurden, die anderen Gesetzmäßigkeiten folgen (High Yield Bond-Emission, ergänzt durch eine „Super Senior" revolvierende Betriebsmittellinie).

wird. Da die die Betriebsmittellinie stellende Bank regelmäßig eine höhere Beteiligung an der Transaktion wünscht, wird oft auch ein kleinerer Teil der Term Facility als Super Senior Facility im gleichen Rang mit der Betriebsmittellinie ausgestaltet und von der Bank übernommen.

Eine Unitranche-Finanzierung kann für den Kreditnehmer eine Reihe von Vorteilen **23** haben: Er verhandelt mit nur einem arrangierenden Kreditgeber, der den Kredit nicht oder nur in geringem Maße abverkaufen muss. Der Risikoappetit der Debt Funds ist regelmäßig höher als der einer Bank oder eines Banken-Clubs, so dass oft ein höheres Kreditvolumen mit flexibleren Bedingungen[52] erzielt werden kann. Diese Vorteile werden mit einem Zinsniveau erkauft, das erheblich über dem einer herkömmlichen Bankenfinanzierung liegt; darüber hinaus muss der Kreditnehmer mit der Unwägbarkeit leben, dass zu Restrukturierungen derartiger Finanzierungen und der sich dann zwischen den Kreditgebergruppen ergebenden Dynamik bisher nur wenige Erfahrungswerte vorliegen.

V. Sonderformen der Fremdfinanzierung

Die beschriebenen Senior-, Second Lien- und Mezzanine-Kredite, und mittlerweile auch **24** kombinierte Unitranche- und Super Senior-Finanzierungen, stellen die Finanzierungstranchen einer klassischen LBO-Fremdfinanzierung dar. Darüber hinaus gibt es regelmäßig und von der Verfügbarkeit an den Kapitalmärkten abhängig anzutreffende Sonderformen, von denen im Folgenden einige exemplarisch beschrieben werden sollen.

1. PIK-Kredite

PIK-Fazilitäten sind in LBO-Transaktionen die am tiefsten nachrangigen Kredite von **25** Fremdkapitalgebern in der Kapitalstruktur.[53] Sie sind strukturell subordiniert, indem sie von einem Kreditnehmer oberhalb des Senior- und des Mezzanine-Kreditnehmers aufgenommen werden. Darüber hinaus erklären die PIK-Kreditgeber regelmäßig vertraglich den Nachrang gegenüber allen vorrangigen Kredit-Tranchen (Senior, Second Lien, Mezzanine) und erhalten nur dann eine Rückzahlung, wenn alle anderen Kredite der Struktur vollständig befriedigt sind.[54] Der auf den PIK-Kredit entfallende Zins wird vollständig kapitalisiert,[55] so dass der PIK-Kreditgeber während der Laufzeit des Kredits keine, nur sehr geringe oder unregelmäßige[56] Zahlungen erhält. Oft ist die Rückzahlung der PIK-Fazilitäten durch den operativen Cashflow der Zielgesellschaft weder möglich noch geplant, so dass PIK-Kredite erst beim Exit im Rahmen einer Kaufpreiszahlung oder vorher durch Eigenkapital oder eigenkapitalähnliche Maßnahmen abgelöst werden. Dieses enorme Kreditrisiko spiegelt sich selbstverständlich auch im Preis dieser Kredite wider. Die Dokumentation eines PIK-Kredits ist wesentlich schlanker als die vorrangigen Senior- und Mezzanine-Kreditverträge und sieht nur sehr eingeschränkte Rechte für die PIK-Kreditgeber vor. PIK-Kredite sind entweder unbesichert oder erhalten limitierte Sicherheiten, so etwa ein Pfandrecht an den Anteilen ihrer unmittelbaren Tochtergesellschaft[57]

---

[52] Insbesondere bei neuralgischen Punkten wie bei der Aufweichung des Change of Control durch sogenannte Portability Features (erlaubter Exit des Private Equity-Eigentümers ohne Refinanzierung der Kredite), Add-on Akquisitionen und damit verbundene Neuverschuldung etc.

[53] Auch wenn sie bilanziell als Kredite ausgewiesen werden, zählen Gesellschafterdarlehen nach dem hier zugrundegelegten Verständnis nicht zur Fremdkapitalfinanzierung einer Unternehmensakquisition.

[54] Siehe hierzu etwa das Schaubild bei *Jetter/Jörgens* in Eilers/Koffka/Mackensen, Private Equity, S. 392.

[55] Anders als beim Mezzanine-Kredit nicht nur ein Teil der Marge, sondern der gesamte geschuldete Zins.

[56] Teils wird eine sogenannte „pay if you can"-Regelung vorgesehen, derzufolge der Kreditnehmer das Recht hat, den Zins in dem Maße bar zu zahlen, in dem er Zahlungen von seinen Tochtergesellschaften erhält, die nach den Regelungen der vorrangigen Kredite und der Intercreditor-Vereinbarung zulässig sind.

[57] Auch wenn die verpfändete Gesellschaft meist eine Strukturgesellschaft ohne operatives Geschäft weit oberhalb der Zielgesellschaft ist, kommt dieser Sicherheit potentiell eine große strategische Bedeutung zu, da die PIK-Kreditgeber durch eine Verwertung des Pfandrechts und Übertragung der Anteile an einen

sowie eine Sicherungsabtretung oder Verpfändung der aus einer darlehensweisen Weiterreichung des PIK-Kredits entstehenden Ansprüche gegen die unmittelbare Tochtergesellschaft.[58]

2. Verkäuferdarlehen (Vendor Loans)

26 Verkäuferdarlehen, die wirtschaftlich gesehen durch das Stehenlassen eines Teils des Kaufpreisanspruchs entstehen, stellen regelmäßig ein wichtiges Instrument der Fremdfinanzierung dar. Einerseits signalisiert der zur Vergabe eines Vendor Loan bereite Verkäufer, dass er Vertrauen in die fortwährende Ertragskraft seines Unternehmens und den Erfolg der LBO-Transaktion hat. Andererseits ist die Beteiligung des Verkäufers an der Kapitalstruktur gemeinsam mit dem Käufer und seinen Finanziers konfliktträchtig. Bei der Ausgestaltung von Verkäuferdarlehen besteht eine große Vielfalt. Meist wird der Verkäufer nicht umhin kommen, einen vertraglichen (und teils auch strukturellen) Nachrang gegenüber den Darlehensforderungen der finanzierenden Kreditgeber zu akzeptieren, allerdings häufig mit der Besonderheit, dass seine vorzeitige Ablösung – etwa bei Erfüllung bestimmter Finanzkennzahlen, aus bestimmten privilegierten Erlösquellen oder durch Verrechnung mit Ansprüchen des Käufers gegen den Verkäufer – in der Dokumentation vorgesehen und ohne weitere Zustimmung der Kreditgeber zulässig ist, wenn der Konsortialkredit ordnungsgemäß laufend bedient wird und bei Zahlung an den Verkäufer keine Kündigungsgründe bestehen.[59]

3. Hochzinsanleihen (High Yield Bonds)

27 High Yield Bonds unterliegen auch bei deutschen LBO-Transaktionen aufgrund der Erwartungen der klassischen High-Yield-Bond-Investoren und den Usancen des internationalen Kapitalmarktes meist dem Recht des Staates New York.[60] Aufgrund der Komplexität und Regelungsdichte[61] des Kapitalmarktes ist die Begebung einer Schuldverschreibung in aller Regel mit einem hohen Strukturierungsaufwand verbunden, weshalb in LBO-Transaktionen Schuldverschreibungen häufig zur Refinanzierung bereits ausgereichter Akquisitionsdarlehen und nicht für die anfängliche Finanzierung der Unternehmensübernahme eingesetzt werden. Dementsprechend muss dem angestrebten High Yield Bond eine Brückenfinanzierung vorangestellt werden, mit der der für den High Yield Bond vorgesehene Teil der Finanzierung zunächst kurz- oder mittelfristig zur Verfügung gestellt

Käufer einen Kontrollwechsel (Change of Control) auf Ebene der vorrangigen Kredite auslösen können, der in den meisten Dokumentationen automatisch zur sofortigen Vorfälligkeit der Kredite führt.

58 Weiterführend zu PIK-Krediten etwa *Mittendorfer* in Mittendorfer, Praxishandbuch der Akquisitionsfinanzierung, S. 159 ff. und *Jetter/Jörgens* in Eilers/Koffka/Mackensen, Private Equity, S. 390 ff.

59 Praxisnahe Erläuterungen zu Vendor Loans finden sich bei *Mittendorfer* in Mittendorfer, Praxishandbuch der Akquisitionsfinanzierung, S. 138 ff. sowie *Beisel* in Beisel/Klumpp, Der Unternehmenskauf, § 11 Rn. 46.

60 High Yield Bonds wurden erstmalig in den USA entwickelt und dort typischerweise zur (allgemeinen) Finanzierung von Gesellschaften, insbesondere finanziell in Bedrängnis geratener börsennotierter Unternehmen (sogenannte „*fallen angels*"), und zunächst weniger für die Zwecke einer Übernahmefinanzierung eingesetzt. Dies änderte sich durch den Boom fremdfinanzierter Leveraged Buy-Outs in den USA in den 80er Jahren des letzten Jahrhunderts. Im europäischen Markt hingegen wurden High Yield Bonds seit ihrer Einführung in den 2000er Jahren vorwiegend im Zusammenhang mit großvolumigen LBOs verwendet.

61 Auch wenn in Deutschland und Europa High Yield-Emissionen fast ausschließlich als Privatplatzierungen an institutionelle Anleger ausgestaltet werden und keine Börsennotierung des High Yield Bond an einem geregelten Markt im Sinne des Art. 3 Abs. 3 der EU-Prospektrichtlinie (Richtlinie 2003/71 EU vom 4.11.2003, ABl. 2003 L 64, S. 89, zuletzt geändert durch Art. 46 der Verordnung (EU) 2017/1129 vom 14.6.2017, ABl. 2017 L 168, S. 12 (welche im Zuge des „Aktionsplans zur Schaffung einer Kapitalmarktunion" der EU-Kommission die Richtlinie 2003/71 EU mit Wirkung zum 21.7.2019 aufhebt und durch die vorgenannte Verordnung 2017/1129 vom 14.6.2017 ersetzt)) erfolgt, so dass grundsätzlich kein Prospekt erforderlich ist, ist dennoch regelmäßig ein so genanntes „Offering Memorandum" zu erstellen, dessen Informationsgehalt dem eines Wertpapierprospekts im technischen Sinne kaum nachsteht.

wird.[62] Hierfür sind zum einen schlichte kurzläufige Bankkredite zu beobachten, die mit den Erlösen eines High Yield Bond und spätestens am Ende der Laufzeit (häufig zwischen sechs und zwölf Monaten) zurückgezahlt werden müssen. Echte High Yield-Style-Brückenfinanzierungen sind stärker auf die geplante Begebung der High Yield Bonds zugeschnittene Kredite,[63] die häufig mit der Mandatierung der finanzierenden Banken für die spätere Begebung der High Yield Bonds einhergehen. Tendenziell haben diese Bridge-Fazilitäten eine etwas längere Laufzeit (typischerweise zwölf Monate, ggf. mit Verlängerungsoption auf achtzehn Monate) und sehen am Laufzeitende für den Fall, dass die Platzierung der Schuldverschreibung nicht erfolgreich war, vor, dass der Brücken-Kredit in einen permanenten Kredit umgewandelt werden kann.[64] Die Zinsstruktur von High-Yield-Style-Brückenfinanzierungen trägt dem Ziel der möglichst baldigen Refinanzierung durch eine Schuldverschreibung dadurch Rechnung, dass die Zinsmarge mit Zunehmen der Laufzeit ansteigt (typischerweise im Dreimonats-Rhythmus und mit einem Maximalzins gedeckelt).[65] High Yield Bonds eignen sich primär für große Unternehmensübernahmen und bergen wegen der meist unvermeidlichen Brückenfinanzierung und der Volatilität der Kapitalmärkte ein hohes Refinanzierungsrisiko.[66]

4. Term Loan B-Kredite

28 Eine Zwitterstellung zwischen dem Kapitalmarktinstrument High Yield Bond und einem Konsortialkredit nehmen sogenannte Term Loan B-Finanzierungen ein. Hierbei handelt es sich um endfällige und meist großvolumige[67] Term Loan Facilities, die nicht an Banken, sondern überwiegend an Debt Funds syndiziert wurden, und zwar an solche Fonds, die auch in High Yield Bonds investieren können oder bei denen zumindest die handelnden Personen mit den Eigenarten einer High Yield Bond-Dokumentation vertraut sind. Die Kreditvertragsdokumentation folgt ihrer Struktur nach den üblichen, LMA-basierten Vorlagen, bedient sich aber bei den Kreditauflagen verschiedener, in der Dokumentation von High Yield Bonds etablierter Techniken. Die Dokumentation erhält so das Gepräge eines High Yield Bond und gewährt dem Kreditnehmer wesentlich mehr Flexibilität, entspricht aber gleichzeitig den Erwartungen der investierenden Debt Funds.[68] Die meisten Term Loan B-Dokumentationen unterliegen englischem Recht, was aber nicht zwingend ist.

---

62 Vereinzelt werden High Yield Bond-Emissionen derart strukturiert, dass der Bond tatsächlich schon vor Closing des Unternehmenskaufs begeben und seine Erlöse in ein Treuhandkonto *(„funding in escrow")* des Bond Trustees fließen. Der Bond Trustee gibt die Gelder dann zum Closing für die Kaufpreiszahlung frei. Sollte es nicht zum Closing kommen (etwa, weil die Transaktion kartellrechtlich untersagt wird), muss die Bond-Emission rückabgewickelt werden. Aufgrund der Notwendigkeit, den Bond-Verkaufsprospekt noch vor Vollzug des Unternehmenskaufvertrags zu erstellen und den Bond zu emittieren, ist eine solche Strukturierung und ihre Dokumentation anspruchsvoll.

63 So werden zB im Bridge-Kreditvertrag oft bereits ganze Regelungsbereiche im Stile eines High Yield Bonds dokumentiert, so insbesondere durch Verwendung sogenannter *Incurrence Covenants* (im Gegensatz zu in Kreditverträgen üblichen *Maintenance Covenants;* zu diesen Begriffen → Rn. 54).

64 Je nach Investorenklasse wird dies häufig durch das Recht der Kreditgeber flankiert, die Ausstellung sogenannter Loan Notes zu verlangen, die in den USA fungibler als normale Kredite sind. Kann der Brückenkredit nicht durch einen High Yield Bond refinanziert werden, spricht man von einem „hung bridge".

65 Bildlich als „exploding bridge" bezeichnet.

66 Siehe hierzu auch *Quiry/Dallocchio/Lefur/Salvi* in Handbook of Finance, Volume II, S. 925, 928.

67 Ursprünglich für Kredite von über ca. 500 Millionen EUR, in jüngerer Zeit aber auch schon teils für kleinere Transaktion ab ca. 200 Millionen EUR Term Loan.

68 Viele der Term Loan B-Kredite sind „Covenant Lite", haben also keinen *Maintenance Financial Covenant* mehr (hierzu → Rn. 54). Zudem werden die meisten Freibeträge (Baskets) als *„grower baskets"* ausgestaltet, so dass sich der Freibetrag erhöht, wenn eine in Bezug genommene Bilanzkennzahl wächst (zB EBITDA oder die Bilanzsumme).

5. Asset Based Lending

29 Unter dem Begriff Asset Based Lending werden verschiedenste Kreditformen zusammengefasst, die in besonderem Maße auf bestimmte Vermögensgegenstände des Kreditnehmers abstellen. In diesem Zusammenhang sind das Factoring, die Verbriefung von Forderungen (Securitisation), Sale-and-Lease-Back-Transaktionen[69] und sogenannte Borrowing Base-Kredite[70] zu nennen. Im weiteren Sinne fallen in diese Kategorie auch in besonderer Weise besicherte Spezialkredite wie etwa grundpfandrechtlich besicherte Immobilienfinanzierungen sowie durch entsprechende Hypotheken besicherte Schiffs- und Flugzeugfinanzierungen. Diesen Finanzierungsformen ist gemein, dass sie bereits für die Strukturierung detaillierte Informationen und direkten Zugang zu den betreffenden Vermögensgegenständen erfordern, was im Rahmen einer Akquisitionsfinanzierung in aller Regel ausgeschlossen ist. Dementsprechend eignen sich die Asset-bezogenen Finanzierungsformen weniger für die anfängliche Finanzierung des Kaufpreises oder der Refinanzierung der Zielgesellschaft als für die Erschließung weiterer Finanzierungsquellen nach erfolgter Übernahme, sei es zur Refinanzierung der aufgenommenen Akquisitionskredite[71] oder zur Erhöhung der Liquidität der Gruppe unter Schonung der revolvierenden Kreditlinie und Verbesserung der Leverage-Kennzahl.[72] Sofern derartige Finanzierungsinstrumente nach Unternehmensübernahme in mehr als nur unwesentlichem Maße eingesetzt werden sollen, muss dies in der Kreditvertragsdokumentation als spezifischer Erlaubnistatbestand vorgesehen werden; anderenfalls ist die Einholung der Zustimmung des Kreditgeberkonsortiums unumgänglich.

D. Finanzierungszusage und Certain Funds

I. Finanzierungszusage – Commitment Papers

30 Am Anfang der Finanzierung einer Unternehmensakquisition steht die Finanzierungszusage durch die finanzierenden Kreditgeber. Der Investor wird für diese Zwecke regelmäßig Angebote verschiedener Kreditgeber (oder Kreditgebergruppen)[73] für die Arrangierung und Zusage (das sogenannte Underwriting) der Akquisitionskredite einholen.[74] Diese Angebote werden durch die Kreditgeber in der Form mehr oder weniger ausführlicher *Term Sheets* vorgelegt, die die Grundlage für die anschließende Kreditvertragsdokumentation bilden. Wird einem Kreditgeber oder einer Kreditgebergruppe das Mandat zur Finanzierung erteilt, unterschreiben Kreditgeber und Erwerbergesellschaft ein Kreditzusageschreiben (*Commitment Letter* – teils auch als Mandatsbrief *(Mandate Letter)* bezeichnet), dem das *Term Sheet* mit den grundsätzlichen Bedingungen der Kreditvergabe als Anhang

---

[69] Siehe hierzu *Baums* in Baums,, Recht der Unternehmensfinanzierung, § 20 Rn. 12 ff.

[70] Diese Kredite werden mit bestimmten Vermögenswerten des Kreditnehmers (etwa Handelsforderungen und Lagerbestände) besichert. Anders als beim klassischen besicherten Bankkredit hängt ihre Höhe und Verfügbarkeit vom jeweiligen Stand der Borrowing Base ab, also dem periodisch festgestellten Wert der dem Kreditgeber als Sicherheit zur Verfügung stehenden Vermögenswerte.

[71] Die Kreditverträge schreiben häufig vor, dass die Erlöse weiterer Finanzierungsquellen zumindest teilweise zur vorfälligen Rückzahlung der Akquisitionskredite verwendet werden müssen (sogenannte Pflichtsondertilgungen / Mandatory Prepayments).

[72] Sogenanntes „echtes" Factoring (Non-recourse Factoring) erhöht regelmäßig die Kassenposition, begründet aber keine neuen Finanzverbindlichkeiten, wodurch der Net Leverage sinkt; zu den Finanzkennzahlen allgemein → Rn. 54.

[73] So ist bei Mid Market-Finanzierungen häufig zu beobachten, dass Private Equity Häuser bzw. ihre Finanzberater (Debt Advisor) konkurrierende Finanzierungsvorschläge von einer Bankengruppe (Club Deal oder Underwriting) und einem oder mehreren Unitranche-Kreditgerbern einholen und parallel verhandeln.

[74] Zur Sonderform des Stapled Financing, bei dem eine Bank – meist die Bank, die auch den Verkaufsprozess für den Verkäufer als M&A-Berater begleitet – im Auftrag des Verkäufers allen potentiellen Käufern ein fertiges Finanzierungspaket anbietet, vgl. *Mittendorfer* in Mittendorfer, Praxishandbuch der Akquisitionsfinanzierung, S. 108 ff.

beigefügt ist.[75] *Commitment Letter* und *Term Sheet* werden durch *Fee Letters* ergänzt, die Regelungen zu den Arrangierungsgebühren, den Gebühren für die Tätigkeiten des Konsortialführers (Agent) und Sicherheitentreuhänders (Security Agent) und häufig auch Preisanpassungsklauseln enthalten.[76]

II. Sicherstellung der Kaufpreisfinanzierung – Certain Funds

Eine wesentliche Anforderung an jede Akquisitionsfinanzierung ist die Sicherheit der Kauf- **31**
preisfinanzierung. Während Verkäufer ihr Unternehmen nur an solche Käufer zu verkaufen gewillt sind, bei denen sie sicher sein können, dass diese den verhandelten Kaufpreis auch bezahlen können,[77] ist den Käufern daran gelegen, die Finanzierung der im Kaufvertrag übernommenen Kaufpreisverpflichtung sicherzustellen. Dies gilt für LBO-Transaktionen in besonderem Maße, da die von Investorenseite eingesetzten Zweckgesellschaften den Kaufpreis zu einem großen Teil fremdfinanzieren und im Übrigen mittellos sind; andererseits können die Investoren die Erwerbergesellschaft bei Scheitern der Finanzierung nicht einfach in die Insolvenz schicken, da Verkäufer bei Vertragsabschlüssen mit Private-Equity-Investoren üblicherweise zusätzlich zum Unternehmenskaufvertrag einen sogenannten *Equity Commitment Letter* verlangen, in dem die das Eigenkapital für die Transaktion zur Verfügung stellenden Fonds des Private-Equity-Investors sich auch gegenüber dem Verkäufer verpflichten, für die Zwecke des Kaufvertragsvollzugs einen bestimmten Betrag von Eigenmitteln zur Verfügung zu stellen.[78] Aufgrund dieser Interessenlage hat ein Konzept in Strukturierung und Dokumentation der Akquisitionsfinanzierung Eingang gefunden, welches allgemein mit dem Stichwort *„Certain Funds"* umschrieben wird.[79]

---

75 Die Loan Market Association (LMA) (hierzu → Rn. 41) hat für LBO-Finanzierungen ein *Term Sheet* veröffentlicht; der *Mandate/Commitment Letter* der LMA entstammt dem Bereich der Investment-Grade-Dokumentation und muss für LBO-Transaktionen entsprechend angepasst werden. Zahlreiche Private Equity Häuser haben jedoch ihre eigenen Muster für die Dokumentation der Finanzierungszusage entwickelt. Diese teils sehr detaillierten *Term Sheets* (über 50 Seiten sind keine Seltenheit) verfolgen das Ziel, nicht nur die wirtschaftlichen Eckdaten, sondern auch die Details der Kreditvertragsdokumentation bereits vorwegzunehmen, bevor ein Arrangeur für die Finanzierung mandatiert wird und dementsprechend zwischen den verschiedenen Kreditgebern noch eine Konkurrenzsituation besteht.

76 Sogenannte Market Flex-Klauseln schaffen die Möglichkeit, die zu zahlenden Entgelte (Höhe der Zinsmarge oder der Arrangierungsgebühr, Einführung eines Disagios (als OID (Original Issue Discount) bezeichnet)) oder – seltener – auch die Struktur der Fazilitäten (Betrag der Senior- und der nachrangigen Kredite, Aufteilung auf die verschiedenen Senior-Fazilitäten) abhängig vom Erfolg der Syndizierung der Kredite im Rahmen vereinbarter Grenzen zu verändern. In seiner klassischen Form gibt der Market Flex dem Arrangeur und Underwriter das Recht, das Preisniveau der Kredite zu erhöhen (Pricing Flex) sowie teils auch deren Struktur zu verändern (Structure Flex), wenn er auf Grundlage des ursprünglich vereinbarten Pricings nicht in der Lage ist, weitere Kreditgeber zu finden, die gewillt sind, sich an den Krediten im Rahmen der Syndizierung zu beteiligen. Auch wenn der Market Flex für den Kreditnehmer das Risiko späterer Preiserhöhungen birgt, kann er auch in seinem Interesse liegen, da arrangierende Kreditgeber bei Vereinbarung eines Market Flex eher gewillt sind, aggressive Preisstrukturen anzubieten. Eine Reverse-Market-Flex-Klausel verpflichtet den Arrangeur umgekehrt, bei besonders günstigem Finanzierungsumfeld erzielbare Preissenkungen im Rahmen der Syndizierung durchzusetzen; hierfür wird ein Anreiz geschaffen, indem der Kreditnehmer dem Arrangeur zusätzliche Zahlungen verspricht, deren Höhe sich nach der durch den Reverse Flex erzielten Kosteneinsparung beim Kreditnehmer richtet.

77 Dies gilt natürlich in besonderem Maße bei von Private-Equity-Unternehmen eingesetzten Zweckgesellschaften, die mit dem Mindeststammkapital gegründet und erst für die Zwecke der Akquisition mit Finanzmitteln ausgestattet werden.

78 Siehe hierzu sowie zu weiteren Verpflichtungen der Investoren etwa *Jetter/Jörgens* in Eilers/Koffka/Mackensen, Private Equity, S. 413.

79 Ursprünglich entstand das Prinzip von *Certain Funds,* also einer über das Normalmaß hinaus gesicherte Zurverfügungstellung der Finanzierung, im Kapitalmarkt. Bei öffentlichen Übernahmen verlangen die in den verschiedenen Jurisdiktionen anwendbaren Regeln, dass als Voraussetzung für die Abgabe eines öffentlichen Übernahmeangebotes die Finanzierung der Zahlungen an die das Angebot annehmenden Aktionäre gesichert ist (siehe für Deutschland die Finanzierungsbestätigung gemäß § 13 Abs. 1 WpÜG; in England ergibt sich das Erfordernis einer gesicherten Finanzierung aus General Principle 5 sowie Rule 2.7 (d) und Rule 24.8 des City Code on Takeovers and Mergers (sogenanntes Blue Book), siehe hierzu auch *Speechley* in Speechley, Acquisition Finance, S. 538 ff.

III. Wege zu Certain Funds

32 Im marktüblichen Sprachgebrauch bedeutet *Certain Funds,* dass die Gesamtfinanzierung für die Kaufpreiszahlung unwiderruflich zur Verfügung steht und nicht mehr von Bedingungen oder Handlungen abhängt, die außerhalb der Sphäre des Kreditnehmers liegen.

1. Bankgarantie und Treuhandkonto

33 Die strengste Variante zur Erreichung dieses Ziels ist die Hinterlegung des Kaufpreises auf dem Konto eines Treuhänders oder die Beibringung einer Bankgarantie für die Kaufpreiszahlung durch den Käufer. Beide Varianten sind aus Käufersicht ausgesprochen unattraktiv, kaum finanzierbar und in der Praxis daher nicht relevant.

2. Unterzeichneter Kreditvertrag

34 Der Normalfall der Akquisitionsfinanzierung sollte eigentlich ein mit den Kreditgebern bereits unterschriebener Kreditvertrag sein, da nur dieser eine wirklich langfristige Finanzierungssicherheit zugunsten des Käufers garantiert. Im Kreditvertrag wird das *Certain Funds*-Konzept umgesetzt, indem die Auszahlungsvoraussetzungen für die Inanspruchnahme der Akquisitionskredite am Vollzugstag reduziert werden. Neben den sogenannten *Documentary Conditions Precedent,* deren Vorlage für jede Inanspruchnahme unabdingbar ist,[80] wird die Anforderung, dass zum Zeitpunkt der ersten Kreditziehung kein Verstoß gegen die Kreditfinanzierungsdokumente vorliegt und keine unrichtigen Zusicherungen abgegeben worden sind, auf besonders essentielle, nur die Erwerbergesellschaften betreffende Bestimmungen beschränkt, während Bezugnahmen auf die Zielgesellschaft entweder ganz ausgeschlossen oder auf sehr wenige Ausnahmetatbestände limitiert werden.[81] Rechtsfolge dieser vertraglichen Regelungen ist, dass die Kreditgeber während der *Certain Funds Period,* die regelmäßig mit dem vereinbarten Verfügbarkeitszeitraum *(Availability Period)* kongruent ist, die Kredite nicht kündigen und nicht in sonstiger Weise die Auszahlung der Kredite für die Zahlung des Kaufpreises (und meist auch für die Refinanzierung der Finanzverbindlichkeiten der Zielgesellschaft) verweigern dürfen. Das *Certain Funds*-Konzept hat nur suspendierende Wirkung, so dass den Kreditgebern nach Ablauf der *Certain Funds Period* sämtliche vertraglichen Rechte grundsätzlich wieder in vollem Umfang zur Verfügung stehen und beispielsweise die Kredite aufgrund von in der *Certain Funds Period* aufgetretenen und nicht zwischenzeitlich geheilten Vertragsverstößen gekündigt oder weitere Auszahlungen verweigert werden können.[82]

35 Da aber Unternehmenskäufe häufig unter hohem Zeitdruck verhandelt und abgeschlossen werden müssen, zumal wenn der Verkauf im Wege eines Auktionsprozesses mit etlichen

---

[80] Hierzu zählen insbesondere die gesellschaftsrechtlichen Unterlagen der Erwerbergesellschaften, die unterzeichneten Finanzierungsdokumente sowie wirksam bestellte Sicherheiten, der Unternehmenskaufvertrag und eine unmittelbar vor Closing abzugebende schriftliche Bestätigung der Geschäftsführung der Erwerbergesellschaft, dass alle Bedingungen des Kaufvertrages erfüllt sind und mit Ausreichung der Kredite und anschließender Kaufpreiszahlung das Eigentum an der Zielgesellschaft auf den Käufer übergeht.

[81] Bei diesen Ausnahmen, die im Laufe der letzten Jahre in Kreditvertragsdokumentationen immer seltener geworden sind, handelt es sich um das Vorliegen von Insolvenztatbeständen bei wesentlichen Gesellschaften der Zielgruppe sowie dem Auftreten einer wesentlich nachteiligen Beeinträchtigung ihres Geschäftsbetriebs, sofern hieraus nach den Bestimmungen des Kaufvertrages ein Rücktrittsrecht für den Käufer entsteht.

[82] Dieses Wiederaufleben der vertraglichen Rechte wird hinsichtlich der Zielgruppe allerdings häufig durch eine weitere Nachfrist, die sogenannte *Clean-up Period,* aufgeschoben. Während dieser Frist von ca. 90 Tagen ab Closing werden bestimmte Kündigungsgründe und sonstige negative Rechtsfolgen, die allein aufgrund eines in der Zielgesellschaft auftretenden Umstands entstehen, suspendiert, um dem Unternehmenskäufer die Gelegenheit zu geben, die erworbene Zielgesellschaft zu integrieren und dafür Sorge zu tragen, dass in Zukunft keine weiteren Vertragsverstöße mehr auftreten. Wird der betreffende Vertragsverstoß innerhalb der *Clean-up Period* beseitigt, so gilt er für die Zwecke der Finanzierungsverträge als geheilt.

konkurrierenden Bietern stattfindet, ist der vollständige Abschluss der Kreditvertragsverhandlungen bis zum Zeitpunkt der Unterzeichnung des Kaufvertrages häufig nur schwer darstellbar und mit hohen Kosten verbunden. In der Praxis entscheiden viele Käufer daher, auf der Grundlage von Vorstufen der eigentlichen Kreditvertragsdokumentation ein Gebot für den Erwerb eines Unternehmens abzugeben und gegenüber dem Verkäufer die Sicherung der Finanzierung zu belegen.

3. Aufhebung des Dokumentationsvorbehaltes – Fundable Commitment Papers

Eine mögliche Vorstufe zur vollen Dokumentation der Akquisitionsfinanzierung bilden **36** besonders „harte" *Commitment Letter,* die verbunden mit einem detaillierten *Term Sheet* und dem Verweis auf eine vereinbarte Vertragsvorlage[83] keine oder besonders wenige Bedingungen für die Ausreichung der Kredite vorsehen. Sofern der finanzierende Kreditgeber sogar auf den Abschluss eines Kreditvertrages für die erstmalige Ausreichung der Kaufpreisfinanzierung verzichtet,[84] sich also verpflichtet, notfalls nur auf Grundlage des *Commitment Letter* die Kredite auszureichen, spricht man von einem sogenannten *„Fundable Commitment Letter"* oder als Hinweis auf das die Kreditkonditionen festschreibende *Term Sheet* von einem *„Fundable Term Sheet"*.[85]

4. Übergangsfinanzierung – Interim Facility Agreement

Ein in der Praxis häufig eingeschlagener Mittelweg zwischen dem Versprechen der Kredit- **37** geber, ganz ohne Kreditvertrag die Gelder zunächst zur Verfügung zu stellen, und einem vollständig ausverhandelten Kreditvertrag, stellt ein sogenanntes *Interim Facility Agreement* dar.[86] Hierbei handelt es sich um einen Kreditvertrag, der üblicherweise gleichzeitig mit dem *Commitment Letter* unterzeichnet wird. Auf Grundlage des *Interim Facility Agreement,* welches nur die nötigsten Bestandteile eines Kreditvertrages enthält, verspricht der Kreditgeber die Ausreichung derjenigen Mittel, die vom Verkäufer für den Abschluss des Unternehmenskaufvertrages als Bedingung verlangt werden. Eine darüber hinausgehende Betriebsmittellinie wird häufig gar nicht oder nur in geringerem Maße als in der langfristigen Finanzierung zur Verfügung gestellt. So attraktiv die Option des *Interim Facility Agreement* erscheinen mag (vertragliche Absicherung der Kaufpreisfinanzierung mit einer schlanken Dokumentation), so risikoreich ist sie gleichwohl: Die Zusage der Übergangsfinanzierung wird mit dem Zugeständnis einer äußerst kurzen Laufzeit erkauft (üblicherweise 60 bis 90 Tage), so dass der Käufer Gefahr läuft, das Unternehmen zwar kreditfinanziert erworben zu haben, es aber bei Scheitern der Refinanzierung der Interimskredite sofort wieder zu verlieren: Einigen sich Kreditgeber und Investoren nicht auf die vollständigen Bedingungen der Kreditfinanzierung, so können erstere bei Endfälligkeit des Zwischenfinanzierungskredits das ihnen stets zu gewährende Pfandrecht an den Anteilen der Zielgesellschaft (und ggf. auch der Erwerbergesellschaft) verwerten.[87] Die vollständige Ausverhandlung und Unterzeichnung der Finanzierungsdokumentation zum Zeitpunkt des Abschlusses des Unternehmenskaufvertrages ist daher vorzugswürdig, um die Finanzierung des Kaufpreises

---

[83] Entweder ein Vertragsmuster oder die Dokumentation einer Vorgängertransaktion zwischen dem Kreditgeber und den Investoren.

[84] Dieser sogenannte Dokumentationsvorbehalt ist sonst unabdingbare Bedingung für die Auszahlungsverpflichtung der Kreditgeber.

[85] Derartige *Fundable Commitment Papers* kommen vereinzelt in der US-amerikanischen Akquisitionsfinanzierungspraxis vor, sind aber im europäischen Markt sehr selten.

[86] Siehe hierzu auch *Jetter/Jörgens* in Eilers/Koffka/Mackensen, Private Equity, S. 394 und *Speechley* in Speechley, Acquisition Finance, S. 176 f.

[87] Allerdings werden Akquisitionskredite in den seltensten Fällen tatsächlich auf Grundlage des Interim Facility Agreement in Anspruch genommen, da zwischen Unterzeichnung des Interim Facility Agreement zur Abgabe des Gebotes bis zum Vollzug des Unternehmenskaufs in fast allen Fällen eine vollständige Kreditvertragsdokumentation erstellt werden kann.

und des Geschäftsbetriebs der erworbenen Unternehmensgruppe verlässlich und dauerhaft sicherzustellen.

5. Erfüllung der Auszahlungsvoraussetzungen

38 In sämtlichen der oben beschriebenen Varianten ist aber zur Erreichung von *Certain Funds* neben der schriftlichen Finanzierungszusage der Kreditgeber (sei es in Form eines *Commitment Letters,* eines *Interim Facility Agreements* oder eines vollen Kreditvertrages) die vollständige oder weitgehende Erfüllung der Auszahlungsvoraussetzungen erforderlich. Solange nicht sämtliche der meist sehr zahlreichen Auszahlungsvoraussetzungen erfüllt und vom *Agent* schriftlich bestätigt worden sind, verbleibt ein Restrisiko der Auszahlungsverweigerung durch die Kreditgeber. In der Praxis wird daher auf sogenannte CP-Bestätigungen[88] zurückgegriffen, durch die die Kreditgeber bestätigen, dass die Auszahlungsvoraussetzungen erfüllt oder zumindest der Form nach abgestimmt sind. Da die vollständige Erfüllung sämtlicher Auszahlungsvoraussetzungen einen hohen Aufwand erfordert und teilweise faktisch unmöglich ist,[89] werden die CP-Bestätigungen häufig auf die kaufmännisch besonders relevanten Auszahlungsvoraussetzungen, die dem Kreditgeber einen Ermessensspielraum einräumen, beschränkt.[90]

E. Vertragsdokumentation der Kreditfinanzierung

39 Die Dokumentation von syndizierten Akquisitionsfinanzierungen ist eine Herausforderung, deren Schwierigkeit und Komplexität häufig unterschätzt werden. Zu dieser Fehleinschätzung haben insbesondere die ansteigenden Transaktionszahlen, die zunehmende Standardisierung der Dokumentation sowie die im derzeitigen Marktumfeld sehr starke Verhandlungsposition der Kreditnehmerseite geführt. Nachdem unmittelbar nach Ausbruch der Finanzkrise eine gewisse Rückbesinnung auf den hohen Stellenwert der Vertragsdokumentation zu verzeichnen war, ist in den letzten Jahren wieder ein starker gegenläufiger Trend zu beobachten.

40 Jeder Kreditvertrag muss für die individuellen Bedingungen der Finanzierungsstruktur und insbesondere die Erfordernisse des Geschäftsbetriebs der Zielgesellschaft maßgeschneidert werden und dabei gleichzeitig den Erwartungen der Syndizierungsmärkte Rechnung tragen.

I. Vertragsmuster für Kreditverträge

41 Die überwiegende Zahl der Akquisitionsfinanzierungen mit einem substantiellen Kreditvolumen (ab ca. 50 Millionen Euro) wird erfahrungsgemäß in englischer Sprache dokumentiert. Englischsprachige Kreditverträge basieren zumeist auf den Vertragsvorlagen[91] der

---

[88] CP steht für *Conditions Precedent*. Dies sind keine aufschiebenden Bedingungen im Sinne des § 158 Abs. 1 BGB, sondern reine, vertraglich vereinbarte Auszahlungsvoraussetzungen. Siehe hierzu etwa *Jetter* in Eilers/Rödding/Schmalenbach, Unternehmensfinanzierung, 3. 230 ff.

[89] So müssen häufig Bestätigungen für Vorgänge abgegeben werden, die im Transaktionsverlauf noch nicht abgeschlossen sein können, Strukturgesellschaften sind teilweise noch nicht gegründet und Legal Opinions können selbstverständlich erst abgegeben werden, wenn die entsprechenden Finanzierungsdokumente vorliegen und unterzeichnet worden sind.

[90] Insbesondere die auf die Zielgruppe bezogenen Due Diligence Reports, die aktuellsten Abschlüsse der Zielgruppe, das Strukturmemorandum, der Kaufvertrag sowie der Geschäftsplan des Kreditnehmers (als Business Plan oder auch Base Case Model bezeichnet).

[91] Die Verwendung von Vertragsformularen birgt die Gefahr, dass die vertraglichen Regelungen ganz oder teilweise als allgemeine Geschäftsbedingungen iSd § 305 Abs. 1 BGB einzuordnen sind, was zur Anwendung der Schutzvorschriften der §§ 305 ff. BGB führen könnte. Eine AGB-rechtliche Kontrolle wäre indes angesichts der üblicherweise umfänglichen und detaillierten Verhandlung der Finanzierungsdokumente mit spezialisierter anwaltlicher Vertretung auf beiden Seiten verfehlt und würde die Konkurrenzfähigkeit des deutschen Rechts im internationalen Vergleich erheblich beeinträchtigen. Zumindest bei

Londoner Loan Market Association.[92] Das Vertragsformular für LBO-Finanzierungen[93] unterliegt englischem Recht und sieht als Gerichtsstand England[94] vor, wird jedoch in der deutschen Vertragspraxis üblicherweise mit den erforderlichen Änderungen auch als Basis für Vertragsdokumentationen nach deutschem Recht verwendet.[95] Neben dem LMA-Vertrag in seiner Reinform werden in der Praxis viele Abwandlungen verwendet, die sowohl Kreditgeber (meist Banken) als auch Private Equity Häuser als ihren Standard etabliert haben; jedoch basieren auch diese in Struktur und Formulierung meist auf dem LMA-Vertrag. Für kleinere Transaktionen, die nur in geringem Maße syndiziert werden müssen, oder bei einem Club Deal mit einem beschränkten Kreis von Banken, die von vornherein an der Kreditvergabe beteiligt sind, bieten sich auch kürzere Vertragsmuster an, die abhängig von den Beteiligten in englischer oder deutscher Sprache sein können. Diese Vertragsmuster, die mit einem Umfang von ca. 50 Seiten häufig nur ein Viertel der Länge eines üblichen LMA-Vertrages erreichen, haben selbstverständlich das positive Attribut der Kürze für sich; allerdings sind die Parteien auf beiden Seiten auch bei kurzen Verträgen in aller Regel nicht gewillt, auf ein Mindeststandard an Rechtssicherheit und Transparenz zu ihren Gunsten zu verzichten, so dass die Gefahr besteht, dass fehlende Vertragsbestandteile durch pauschale Regelungen ersetzt werden, die der späteren Anpassung an die praktischen Anforderungen der Zielgesellschaft bedürfen.[96]

---

den besonders wesentlichen Teilen des Kreditvertrages dürfte es sich in aller Regel um ausgehandelte Individualvereinbarungen iSd § 305 Abs. 1 S. 3 BGB handeln, die keiner AGB-Kontrolle unterliegen, vgl. etwa LG Frankfurt a. M. 20.3.2003 – 3/10 O 179/02, NZBAU 2004, 44 (45); *Lischek/Mahnken* ZIP 2007, 158 (160); grundlegend *Graf von Westphalen* ZIP 2007, 149 (150) sowie *Kessel/Jüttner* BB 2008, 1350 (1352). Siehe allerdings auch die beiden BGH-Entscheidungen aus 2017 zu Bearbeitungsentgelten in Unternehmerdarlehen (BGH Urteile XI ZR 562/15 und XI ZR 233/16 vom 4.7.2017, abgedruckt in WM 2017, 1643 ff. sowie WM 2017, 1652 ff.), in denen hohe Anforderungen für das Aushandeln auch für den unternehmerischen Bereich gestellt werden. Die genannten Entscheidungen haben zu erheblicher Verunsicherung der Marktteilnehmer im unternehmerischen Kreditmarkt geführt. Die Vertragspraxis behilft sich einstweilen mit dokumentären Strategien (zB durch (teilweise) Rechtswahl englischen Rechts), um die von den Parteien beidseitig gewünschte Kostenstruktur eines Kredits darstellen zu können. Es verbleibt die Hoffnung, dass alsbald eine klärende BGH-Entscheidung zur typischen Konstellation einer LBO- oder sonstigen syndizierten Finanzierung ergeht, in denen sich die Umstände typischerweise wesentlich von denen unterscheiden, über die der BGH im Juli 2017 geurteilt hat. Schlussendlich wäre der Gesetzgeber gefragt, um endlich eine wirtschaftsrechtlich und international taugliche Ausnahme von überhöhten AGB-Kontrollen einzuführen und damit der Privatautonomie von professionellen und anwaltlich beratenen Vertragsparteien wieder Geltung zu verschaffen.

[92] Die Loan Market Association (LMA) ist ein im Jahr 1996 in London gegründeter Interessenverband, der die Förderung und Fortentwicklung des europäischen Kreditmarktes zum Ziel hat. Mittlerweile sind mehr als 600 Banken, Finanzinvestoren, internationale Rechtsanwaltssozietäten und Ratingagenturen Mitglied der LMA. Weitere Informationen unter http://www.lma. eu. com. Das Pendant der LMA für den US-amerikanischen Kreditmarkt ist die Loan Syndication and Trading Association (LSTA), die ebenfalls Vertragsmodule veröffentlicht hat, welche aber im europäischen Markt kaum eine Rolle spielen. Vgl. zum Ganzen etwa *Bellucci/McCluskey* in Wight/Cooke/Gray The LSTA's Complete Credit Agreement Guide.

[93] Senior Multicurrency Term and Revolving Facilities Agreement for Leveraged Acquisition Finance Transactions (zuletzt aktualisiert im November 2016, in diesem Kapitel 12 als LMA-Vertrag in Bezug genommen). Neben der LBO-Vertragsvorlage hat die LMA ein Vertragsmuster für Kreditnehmer aus dem Investment Grade-Bereich veröffentlicht, welches sich allerdings für Akquisitionsfinanzierungen nicht eignet.

[94] Was aufgrund der Zuständigkeitsordnung innerhalb der englischen Gerichte dazu führt, dass für internationale kreditvertragliche Streitigkeiten im wirtschaftsrechtlichen Kontext der High Court in London zuständig ist.

[95] Seit Oktober 2008 existiert auch eine Vertragsvorlage der LMA für Kredite nach deutschem Recht. Hierbei handelt es sich aber um das Vertragsmuster für Investment Grade-Kredite.

[96] Eine im Markt allgemein etablierte Vertragsvorlage in deutscher Sprache existiert nicht (der deutschsprachige Mustervertrag der LMA für Immobilienfinanzierungen eignet sich für Akquisitionsfinanzierungen allenfalls für Referenzzwecke)). Das Vertragsmuster des Bundesverbands Deutscher Banken für gewerbliche Kreditnehmer ist nicht auf die Besonderheiten einer Akquisitionsfinanzierung zugeschnitten und ist daher in der Praxis unbedeutend. Teilweise werden auch nahezu wörtliche Übersetzungen des englischen LMA-Vertrags verwendet, in denen sich LMA-erfahrene Parteien zwar schnell zurecht finden, die aber häufig das Sprachgefühl des deutschen Lesers auf eine schwere Probe stellen.

II. Überblick über die wichtigsten Regelungen des Kreditvertrages

1. Allgemein

42 Der Kreditvertrag regelt zunächst die technischen Details der Kreditvergabe. Hierzu zählen etwa die Aufteilung der Kredite in die verschiedenen Fazilitäten, der Verfügbarkeitszeitraum, die Laufzeit, der Verwendungszweck, die Auszahlungsvoraussetzungen *(Conditions Precedent)*, die Inanspruchnahmemodalitäten, die Rückzahlungsprofile der amortisierenden Fazilitäten, der Zins und die Zinszahlungstermine, die Vorschriften zum Referenzzinssatz und zur Anpassung desselben bei Marktstörungen.[97]

43 Auch wenn diese Regelungen selbstverständlich technisch einwandfrei abgebildet sein müssen, sind für den Erfolg oder Misserfolg einer Kreditvertragsdokumentation diejenigen Vorschriften von entscheidender Bedeutung, die das vertragliche Korsett für den Geschäftsbetrieb des Kreditnehmers beschreiben. Dieses vertragliche Korsett besteht aus den vier Eckpfeilern der Zusicherungen *(Representations)*, der allgemeinen Verhaltenspflichten *(General Undertakings)*, der Finanzkennzahlen *(Financial Covenants)* sowie der Kündigungsgründe *(Events of Default)*.

2. Zusicherungen der Kreditnehmer – Representations

44 Kreditverträge englischer Prägung, und mittlerweile auch überwiegend deutsche Verträge, enthalten zahlreiche Zusicherungen, die von den Erwerbergesellschaften und allen späteren Kreditnehmern und Garantiegebern hinsichtlich der Transaktion und der Beschaffenheit der Kreditnehmergruppe abzugeben sind.[98] Sie beschreiben gewissermaßen die Geschäftsgrundlage, aufgrund derer die Kreditgeber die Kredite zur Verfügung stellen. Während die Zusicherungen zum gesellschaftsrechtlichen Status der verschiedenen Gruppenmitglieder in aller Regel unproblematisch sein werden, sind die Representations zur Beschaffenheit der Zielgesellschaften sowie der Vollständigkeit und Korrektheit der Due-Diligence-Berichte, des Geschäftsplans und der enthaltenen Finanzmodelle regelmäßig Gegenstand intensiver Diskussionen zwischen den Investoren und den Kreditgebern.

45 Da zumindest für besonders wesentliche Umstände das Fortbestehen auch nach Unterzeichnung der Kreditverträge und Ausreichung der Kredite vorausgesetzt wird, werden einige dieser Zusicherungen periodisch zu bestimmten Anlässen wiederholt.[99] Folge der Abgabe einer falschen Zusicherung ist das Entstehen eines außerordentlichen Kündigungs-

[97] Die letztgenannte Vorschrift zu Marktstörungen (sogenannte *Market Disruption Clause*) hat lange wenig Beachtung gefunden, da auch erfahrende Marktteilnehmer die Anwendung der Klausel meist weder erlebt noch für möglich gehalten haben. Die *Market Disruption Clause* sieht (unter anderem) für den Fall, dass der gewählte Referenzzinssatz des Interbankenmarktes (zB EURIBOR) nicht ermittelbar ist oder die tatsächlichen Refinanzierungskosten der Kreditgeber nicht widerspiegelt, vor, dass jeder Kreditgeber dem Kreditnehmer statt des Referenzzinssatzes seine tatsächlichen Refinanzierungskosten in Rechnung stellen kann. Obwohl eine solche Marktstörung spätestens nach der Insolvenz von Lehman Brothers im September 2008 eingetreten ist, sind nur wenige Fälle bekannt geworden, in denen Kreditgeberkonsortien von der Klausel Gebrauch gemacht und höhere Zinsen vom Kreditnehmer verlangt haben. Siehe hierzu auch *Gray/Mehta* International Finance Law Review/December/January 2009, S. 88 ff.; *Wood* in Wood, Law and Practice of International Finance, S. 105; *Schmidt* BKR 2009, 490 ff.; *Welter* in Schimansky/Bunte/Lwowski, BankR-HdB, § 118 Rn. 84 ff.; *Kilgus* BKR 2009, 181 ff. sowie *Laudenklos* in Börsen-Zeitung vom 3.12.2008, 2.

[98] *Jetter* in Eilers/Rödding/Schmalenbach, Unternehmensfinanzierung, S. 236 ff.

[99] Sogenannte Repeating Representations (im deutschen LMA-Vertragsmuster Repeated Representations genannt). Ausdrückliche schriftliche Wiederholungen sind in Ziehungsnotizen, bei der Wahl von Zinsperioden sowie bei Beitritten von weiteren Kreditnehmern oder Garantiegebern vorgeschrieben. Darüber hinaus sind Wiederholungen kraft Vereinbarung (sogenannte Deemed Repetition) zu weiteren Zeitpunkten vorgesehen. Die fiktive Wiederholung von Zusicherungen allein aufgrund vertraglicher Vereinbarung ist nach deutschem Recht nicht frei von Bedenken; gleichwohl wird das Konzept überwiegend (in Einklang mit dem deutschen LMA-Kreditvertragsmuster) beibehalten. Vgl. zum Ganzen *Diem* in Diem, Akquisitionsfinanzierungen, S. 108 ff.

grundes für die Kreditgeber.[100] Hierbei ist zu beachten, dass Kreditverträge üblicherweise keinen Mechanismus für eine spätere Anpassung der Zusicherungen vorsehen. Der Kreditnehmer wird also gewissermaßen gezwungen, auch eine als falsch erkannte Zusicherung abzugeben, oder aber die Abgabe zu verweigern, was in beiden Fällen zum Entstehen eines Kündigungsgrundes führt. Sofern also eine Zusicherung, die während der Vertragslaufzeit wiederholt werden muss, nicht flexibel genug formuliert ist, um nachträgliche Änderungen abzubilden, muss rechtzeitig das Gespräch mit den Kreditgebern gesucht werden.

3. Allgemeine Auflagen für Kreditnehmer – General Undertakings

Die allgemeinen Auflagen *(General Undertakings)* umfassen sowohl Verbote (etwa von Sicherheitenbestellungen oder Veräußerungen von Vermögensgegenständen) als auch Handlungspflichten (beispielsweise zur Sicherstellung eines adäquaten Versicherungsschutzes für die Kreditnehmergruppe, zur Durchführung von bestimmten Umstrukturierungsmaßnahmen oder zum Abschluss von Zinshedging-Verträgen für die Zinszahlungen unter den *Term Facilities*).[101] Neben die allgemeinen Auflagen treten die speziellen *Information Undertakings,* die die Kreditnehmergruppe verpflichten, periodisch[102] detaillierte Finanzinformationen sowie auf Anfrage weitere Informationen zum Geschäftsbetrieb der Gruppe vorzulegen. **46**

Die Auflagen geben für den gesamten Konzern der Erwerbergesellschaft und der Zielgesellschaft ein für die Laufzeit der Kredite anwendbares vertragliches Korsett vor. Hierdurch soll sichergestellt werden, dass der Geschäftsbetrieb, den die Kreditgeber sich zu finanzieren bereiterklärt haben, in seiner Substanz und Eigenart grundsätzlich erhalten bleibt und vor allem keine wesentlichen, das Kreditrisiko der Kreditgeber erhöhende Vermögensverschiebungen zugunsten von Lieferanten, Abnehmern, anderen Kreditgebern, sonstigen Vertragspartnern der Kreditnehmergruppe oder Gesellschaftern stattfinden. Die entsprechenden Vertragsregelungen bestehen im Einzelnen aus einer beträchtlichen Anzahl von Verhaltenspflichten, die das Risiko bergen, wichtige Anpassungen der Zielgesellschaft und ihres Geschäftsbetriebs an die Erfordernisse des jeweiligen Marktes bewusst oder unbewusst zu verbieten. **47**

a) Vertragstechnik der wichtigsten Auflagen. Von besonderer Bedeutung für den operativen Geschäftsbetrieb der Kreditnehmergruppe sind in der Praxis regelmäßig die Verbote von Unternehmensakquisitionen, der Beteiligung an Joint Ventures, der Veräußerung von Vermögenswerten, der Aufnahme weiterer Finanzverbindlichkeiten und ihrer Besicherung sowie der Kreditgewährung (Ausreichung von Darlehen und Bestellung von Bürgschaften und Garantien) zugunsten Dritter, einschließlich anderer Gesellschaften der Kreditnehmergruppe. **48**

Die etablierten deutschen Vertragsmuster sahen häufig ein Verbot nur insoweit vor, als die Risikoposition der Kreditgeber durch die jeweilige Handlung des Kreditnehmers wesentlich negativ beeinträchtigt wird.[103] Dies hat zwar den Vorteil einer knappen und technisch unkomplizierten vertraglichen Regelung auf seiner Seite, kann aber in der Praxis dazu führen, dass große Auslegungsspielräume bestehen und der Kreditnehmer in vielen **49**

---

[100] Anders als in Unternehmenskaufverträgen sehen Kreditverträge nicht ausdrücklich vertragliche Schadensersatzansprüche bei Unrichtigkeit einer Zusicherung vor. Ein Schadensersatzanspruch gegen den Kreditnehmer kann sich gleichwohl aus einer gesetzlichen Anspruchsgrundlage ergeben. Hierbei wird die unrichtige Zusicherung des handelnden Geschäftsführers der Gesellschaft organschaftlich zugerechnet. Zusätzlich könnte grundsätzlich auch eine persönliche Haftung des Geschäftsführers aus Deliktsrecht in Betracht kommen; allerdings bestehen für eine deliktsrechtliche Haftung hohe Anforderungen. Im Innenverhältnis könnte eine Ersatzpflicht des Geschäftsführers gegenüber der Gesellschaft aus § 43 GmbHG bestehen, sofern der Geschäftsführer nicht auf der Grundlage einer Weisung der Gesellschafter handelt.

[101] Weitere Beispiele etwa bei *Jetter* in Eilers/Rödding/Schmalenbach, Unternehmensfinanzierung, S. 244 ff.

[102] In jedem Falle für jedes Quartal sowie nach Ende eines jeden Geschäftsjahres, meist aber auch monatlich.

[103] Hintergrund dieser Vertragstechnik ist insbesondere die Rechtsfigur des atypischen Pfandgläubigers und die damit verbundene Gefahr im deutschen Recht, dass Kredite in der Insolvenz des Kreditnehmers wie Eigenkapital behandelt werden; siehe hierzu unten → Rn. 50.

Fällen praktisch gezwungen ist, die Kreditgeber um Zustimmung zu bitten, um einen (tatsächlichen oder auf der Kreditgeberseite als solcher empfundenen) Vertragsverstoß zu vermeiden. Die englischen Vertragsmuster hingegen sehen ein umfassendes und weitgehend lückenloses Verbot dieser Maßnahmen vor, welches dann durch eine große Anzahl spezieller Erlaubnistatbestände[104] durchbrochen und an den Geschäftsbetrieb der Zielgesellschaft angepasst wird.

50 **b) Erlaubnistatbestände.** Die einzelnen Erlaubnistatbestände sind teilweise ebenfalls weit formuliert und beschreiben generisch wiederkehrende Vorgänge (beispielsweise die Erlaubnis zur Veräußerung von Gegenständen des Umlaufvermögens im gewöhnlichen Geschäftsbetrieb des Kreditnehmers); andererseits enthalten sie auch exakte Erlaubnisse, die auf Betreiben des Kreditnehmers in den Vertrag aufgenommen werden (so etwa die Zulässigkeit bestimmter, bereits bestehender bilateraler Kreditlinien, die durch die Konsortialfinanzierung nicht abgelöst werden sollen oder einer bestimmten, bereits geplanten Unternehmensakquisition oder Veräußerung eines Geschäftsteils). Regelmäßig ist eine Auffangklausel Teil der Erlaubnistatbestände, nach der bis zu einem bestimmten Maximalbetrag Transaktionen ohne weitere Zustimmung der Kreditgeber durchgeführt werden können (sogenannte Baskets).[105]

51 Derartige Erlaubnistatbestände müssen immer im Kontext des Gesamtvertrages gelesen werden. Eine spezielle Ausnahme von einem Verbot qualifiziert nicht automatisch auch alle anderen Vertragsvorschriften, die auf den Vorgang Anwendung finden können. Dies kann exemplarisch am Verbot von Finanzverbindlichkeiten und dem Verbot der Veräußerung von Vermögenswerten veranschaulicht werden. So können zusätzliche Finanzverbindlichkeiten, selbst wenn diese speziell oder im Rahmen des allgemeinen Basket erlaubt sind, selbstverständlich nur in dem Maße aufgenommen werden, wie die Finanzkennzahlen (insbesondere der Verschuldungsgrad *(Leverage Covenant)*) auch unter Berücksichtigung der neuen Schulden und der jeweiligen Mittelverwendung weiterhin eingehalten werden. Die Veräußerung eines bestimmten Vermögenswertes ist zulässig und kann durchgeführt werden, wenn diese vom grundsätzlichen Veräußerungsverbot ausgenommen ist; jedoch müssen die Erlöse aus der Veräußerung möglicherweise vollständig oder zum großen Teil zur vorfälligen Tilgung der Kredite verwendet werden (Pflichtsondertilgung oder *Mandatory Prepayments*), sofern der Kreditvertrag nicht auch für die Erlösverwendung eine Ausnahme vorsieht. In der Praxis ist dies besonders relevant bei der möglichen Erschließung weiterer Finanzierungsquellen durch die Kreditnehmergruppe (etwa durch Factoring, Verbriefung von Forderungen oder Sale and Lease-Back Transaktionen), die bei vollständiger Abschöpfung der Erlöse durch Pflichtsondertilgungen für den Kreditnehmer unattraktiv oder nicht durchführbar werden können.

52 **c) Besonderheiten bei deutschen Kreditnehmern.** Bei deutschen Kreditnehmern wird die Schärfe der *General Undertakings* häufig durch eine als „Informationsmodell“ bezeichnete Regelungstechnik abgeschwächt. Dies hat seine Ursache in den gesetzlichen Regelungen zu eigenkapitalersetzenden Gesellschafterdarlehen[106] und der Rechtsprechung des BGH

[104] Dies sind insbesondere die Permitted-Tatbestände im Verzeichnis der definierten Begriffe im Kreditvertrag (zB Permitted Acquisitions, Permitted Disposals, Permitted Financial Indebtedness oder Permitted Security).

[105] Der Maximalbetrag kann sich auf jeden einzelnen Vorgang beziehen, kumuliert für ein Geschäfts- oder Kalenderjahr oder die gesamte Kreditlaufzeit gelten oder einen Betrag angeben, der für ausstehende, zu kumulierende Transaktionen zu keinem Zeitpunkt überschritten werden darf (zB der Gesamtbetrag von Finanzverbindlichkeiten außerhalb des Konsortialkreditvertrags). In jüngerer Zeit haben auch sogenannte „Grower Baskets“, deren Technik aus High Yield Bond-Dokumentation stammt, in Kreditverträgen Einzug gehalten; danach steigt ein Basket-Betrag verhältnismäßig mit dem erwirtschafteten EBITDA der Gruppe, der Bilanzsumme oder einer anderen Bilanzkennzahl, sinkt aber nie unter den vereinbarten Basket-Betrag.

[106] Ursprünglich § 32a GmbHG. Diese Vorschrift zum Eigenkapitalersatzrecht wurde durch das Gesetz zur Modernisierung des GmbH-Rechts und zur Bekämpfung von Missbräuchen (MoMiG) mit Wirkung zum 1.11.2008 aufgehoben und in die Insolvenzordnung (§§ 39 Abs. 1 Nr. 5, 44a und 135 InsO) überführt.

zum sogenannten atypischen Pfandgläubiger,[107] derzufolge auch ein Kreditgeber, der keine Gesellschafterstellung innehat, wie ein solcher behandelt werden kann, wenn er sich durch die Ausgestaltung der Kreditvertragsdokumentation eine eigentümerähnliche Stellung verschafft. Um die drastische Folge der Behandlung der Akquisitionskredite als nachrangige Gesellschafterdarlehen zu vermeiden,[108] sieht das Informationsmodell vor, dass bestimmte Verbote und Verhaltenspflichten im Kreditvertrag, deren Gegenstand üblicherweise in die Entscheidungsprärogative der Gesellschafter fällt,[109] auf deutsche Kreditnehmer nur modifiziert angewendet werden. Nach dieser modifizierten Anwendung ist der betreffende deutsche Kreditnehmer gehalten, die Kreditgeber rechtzeitig vor Durchführung einer möglicherweise gegen eine vereinbarte Verhaltenspflicht verstoßende Maßnahme schriftlich zu informieren. Nur dann, wenn die Kreditgeber nach Prüfung des Sachverhaltes innerhalb einer bestimmten Frist der Durchführung aufgrund einer befürchteten wesentlich nachteiligen Beeinträchtigung ihrer Sicherheiten- und Risikoposition widersprechen, würde die Durchführung der Maßnahme zu einem Kündigungsgrund führen. Anderenfalls kann der Kreditnehmer die Maßnahme umsetzen.[110]

d) Aufweichung der Auflagen durch Release Conditions. In einigen LBO-Vertrags- 53
dokumentationen wird versucht, durch sogenannte *Release Conditions* einen fließenden Übergang von einer LBO-Dokumentation zu einem normalen Unternehmenskredit zu bewerkstelligen. Hierzu werden bestimmte Kriterien vereinbart, bei deren Erfüllung eine Reihe von Verboten oder positiven Handlungspflichten des LBO-Kreditvertrages entweder bis zum erneuten Wegfall der relevanten Kriterien suspendiert werden oder auf Dauer wegfallen. Das am meisten verwendete Kriterium ist der Verschuldungsgrad[111] oder bei größeren Unternehmensgruppen ein bestimmtes externes Rating. Die von den *Release Conditions* betroffenen Vertragsvorschriften sind regelmäßig die Beschränkung der Aufnahme weiterer Finanzverbindlichkeiten (Wegfall oder Freibetragserhöhung), das Verbot der Sicherheitenbestellung (sogenannter *Negative Pledge;* diesbezüglich kein Wegfall, sondern Freibetragserhöhung) sowie der Wegfall der Verpflichtung, Hedging-Vereinbarungen für einen Teil des Nominalbetrags der Kredite abzuschließen bzw. aufrecht zu erhalten, der Beschränkungen der Investitionsaufwendungen *(Capex Covenant),* des *Clean Down* für die *Revolving Facility* sowie insbesondere der Verpflichtung zur Pflichtsondertilgung mit einem

107 Grundlegend hierzu BGHZ 119, 191 ff.

108 Rechtsfolge des § 39 Abs. 1 Nr. 5 InsO ist es, dass Gesellschafterdarlehen und Forderungen aus Rechtshandlungen, die einem Gesellschafterdarlehen wirtschaftlich entsprechen, in der Insolvenz der Gesellschaft als nachrangige Insolvenzforderungen behandelt werden. Diese Regelung wird flankiert durch besondere Insolvenzanfechtungsfristen, die insbesondere vorsehen, dass die Rückzahlung eines Gesellschafterdarlehens innerhalb eines Jahres vor Insolvenzeröffnungsantrag angefochten werden kann und die erhaltenen Beträge zurückgezahlt werden müssen (§ 135 Abs. 1 InsO).

109 Beispielsweise wesentliche Änderungen in der Ausrichtung der Geschäftsfelder, Ausschüttung von Dividenden, Ausgabe neuer Geschäftsanteile oder Entscheidung zu Unternehmenszusammenschlüssen.

110 Diese Regelungstechnik, die auch nach Inkrafttreten des MoMiG und Verschiebung der Regelungen zum Eigenkapitalersatzrecht in die Insolvenzordnung grds. beibehalten wurde, ist in letzter Zeit etwas seltener geworden. Die Ursache kann darin vermutet werden, dass die Vertragsdokumentationen insgesamt kreditnehmerfreundlicher geworden sind und damit die Einflussnahmemöglichkeiten der Kreditgeber abgenommen haben. Eine Präzisierung der Voraussetzungen für die Qualifizierung von Kreditgebern als „eigentümerähnliche Dritte" durch die höchstrichterliche Rechtsprechung oder den Gesetzgeber wäre wünschenswert (siehe *Krolop* GmbHR 2009, 397 (400 ff.). Zum Stillen Gesellschafter hat der BGH in seiner Entscheidung v. 28.6.2012 (abgedruckt in NJW 2012, 3443 ff.) eine solche Präzisierung für die GmbH & Co. KG mittlerweile vorgenommen und im Einzelnen dargelegt, dass ein atypisch stiller Gesellschafter mit seinen Ansprüchen den Gläubigern eines Gesellschafterdarlehens insolvenzrechtlich gleichzustehen hat, wenn aufgrund einer Gesamtbetrachtung seine Rechtsposition der eines Kommanditisten im Innenverhältnis weitgehend angenähert ist. Auch wenn das vorgenannte Urteil sich ausdrücklich nur auf den atypisch stillen Gesellschafter einer GmbH & Co. KG bezog, dürften die dort aufgestellten Grundsätze auf andere Gesellschafts- und Beteiligungsformen übertragbar sein.

111 Sogenannter *Leverage Covenant;* der Schwellenwert, ab dem von einem Unternehmenskredit ausgegangen wird, liegt häufig bei 2,5:1 oder 2,0:1.

bestimmten Teil der überschüssigen Liquidität (sogenannter *Excess Cashflow*) zum Ende eines jeden Geschäftsjahres.

4. Finanzkennzahlen – Financial Covenants

54 Die Finanzkennzahlen sind aus kaufmännischer Sicht das Herzstück eines jeden Kreditvertrages. Sie schreiben für die Kreditnehmergruppe auf konsolidierter Basis eine bestimmte finanzielle Beschaffenheit vor, bei deren Nichteinhaltung ein Kündigungsgrund für die Kreditgeber ausgelöst wird. Sie sind gewissermaßen ein Frühwarnsystem für die Kreditgeber, die hierdurch in die Lage versetzt werden sollen, anhand der Finanzkennzahlen die Verfassung des Kreditnehmers abzulesen und ggf. gegenzusteuern, wenn sie sich wesentlich verschlechtert, und im schlimmsten Fall die Kredite zu kündigen. Die Finanzkennzahlen werden auf Basis des Geschäftsplanes,[112] den die Investoren – meist unter Mitwirkung der Geschäftsführung der Zielgesellschaft – für die Kreditnehmergruppe erstellen, festgesetzt. Die Finanzkennzahlen räumen regelmäßig einen zusätzlichen Spielraum (sogenannter Headroom) von ca. 30% bis 35% zu den Annahmen des Geschäftsplans ein, so dass das Nichterreichen der im Geschäftsplan prognostizierten Ziele nicht automatisch auch einen Verstoß gegen den Kreditvertrag auslöst.[113]

55 Der Urtyp des *Financial Covenant*-Pakets für LBO-Kreditverträge umfasste die folgenden Finanzkennzahlen:[114]

- **Schuldendienstdeckungsgrad – Cashflow Cover**[115]
  Dieser beschreibt das Verhältnis von Cashflow zum (Finanz-) Schuldendienst der Gruppe. Die Schwellenwerte liegen hier regelmäßig bei 1:1, teilweise strenger bei 1,1:1 oder 1,2:1.
- **Zinsdeckungsgrad – Interest Cover**
  Der *Interest Cover* misst die Zinsdeckung, also das Verhältnis des EBITDA[116] der Gruppe zum Zinsaufwand.
- **Verschuldungsgrad – Leverage**[117]
  Der *Leverage Covenant* beschränkt den Verschuldungsgrad der Kreditnehmergruppe. Verschuldungsgrad bedeutet das Verhältnis der Finanzverbindlichkeiten[118] zum EBITDA der Gruppe. Teilweise wird beim *Leverage Covenant* unterschieden zwischen dem *Senior Leverage,* der nur die erstrangigen Finanzverbindlichkeiten der Gruppe erfasst, und dem *Total Leverage,* der auch die Finanzverbindlichkeiten aus einer Second Lien- Mezzanine- oder sonstigen nachrangigen Finanzierung einschließt.

56 **Investitionszahlungen – Capital Expenditure**

Diese meist als *Capex Covenant* bezeichnete Kennzahl ist eigentlich keine Finanzkennzahl, sondern gibt einen jährlichen Maximalrahmen für Investitionszahlungen der Kreditnehmergruppe vor. Dieser wird regelmäßig zur Schaffung größerer Flexibilität mit einer Vortrags- und einer Rücktragsmöglichkeit versehen, also dem Recht des Kreditnehmers, einen bestimmten Prozentsatz des nicht genutzten Teils des Budgets für das Vorjahr in das nächste Finanzjahr vorzutragen *(Carry Forward)* oder unter Reduzierung des Budgets für das

[112] In englischsprachigen Verträgen als Business Plan oder auch Base Case Model bezeichnet.

[113] Der Headroom zwischen dem Geschäftsplan und den Finanzkennzahlen ist in den Verträgen für nachrangige Second Lien- und Mezzanine-Kredite noch größer (meist um weitere ca. 10%), um zu erreichen, dass zunächst nur im Senior-Kreditvertrag ein Kündigungsgrund entsteht und so die Senior-Kreditgeber ohne Druck der nachrangigen Kreditgeber in der Lage sind, Restrukturierungsgespräche mit dem Kreditnehmer zu führen.

[114] So weiterhin das LBO-Vertragsmuster der LMA, siehe dort Clause 27.

[115] Häufig auch als Fixed Charge Cover bezeichnet.

[116] Die übliche Abkürzung für Earnings Before Interest, Tax, Depreciation and Amortisation.

[117] Haufig auch Debt Cover genannt.

[118] Im europäischen Markt ganz überwiegend die Nettofinanzverbindlichkeiten, also die Finanzverbindlichkeiten abzüglich des Kassenbestands zum Stichtag; im US-amerikanischen Markt wird teils auch eine Gross Leverage-Kennzahl verwendet wird.

Folgejahr das zulässige Investitionsvolumen für das laufende Geschäftsjahr zu erhöhen *(Carry Back)*.

Neben diesen klassischen Finanzkennzahlen vereinbaren die Parteien auch für den jeweiligen Geschäftsbetrieb der Kreditnehmergruppe maßgeschneiderte Indikatoren.[119] Die in Unternehmenskreditverträgen bisweilen zu findenden Finanzkennzahlen *Gearing* (Verhältnis von Finanzverbindlichkeiten zu Eigenkapital), *Net Worth Ratio* (Verhältnis von Eigenkapital zur Bilanzsumme) sowie *Minimum Net Worth* (Mindestbestand von Eigenkapital)[120] sind in Cashflow-getriebenen LBO-Krediten unüblich. **57**

Die Finanzkennzahlen werden üblicherweise zum Ende eines jeden Quartals auf Grundlage der konsolidierten Abschlüsse der Kreditnehmergruppe für den zurückliegenden Zwölfmonatszeitraum geprüft.[121] Die Einhaltung der Finanzkennzahlen muss von der Geschäftsführung der Obergesellschaft der Gruppe in einer Konformitätsbescheinigung *(Compliance Certificate)*, die zusammen mit den jeweiligen Abschlüssen vorgelegt wird, bestätigt werden. Für den geprüften Jahresabschluss müssen auch die Wirtschaftsprüfer bestätigen, dass die Berechnungen der Finanzkennzahlen korrekt vorgenommen worden sind. **58**

Die Finanzkennzahlen werden auf der Grundlage vertraglicher Finanzdefinitionen berechnet, die in aller Regel nicht unerheblich von den zugrundeliegenden Bilanzierungsgrundsätzen (in Deutschland meist HGB oder IFRS) abweichen. Insofern ist es unerlässlich, dass sowohl auf Kreditnehmer- und Investorenseite als auch auf Kreditgeberseite die mit der Erstellung des Geschäftsplans befassten Personen die Terminologie des Kreditvertrages eingehend prüfen und ihrem zugrundeliegenden finanzmathematischen Modell anpassen. Zuguterletzt sollte auch der Wirtschaftsprüfer der Zielgesellschaften eingebunden werden, da er weitgehenden Einblick in deren Geschäftsbetrieb hat und die Einhaltung der Finanzkennzahlen im Rahmen des Compliance Certificate zum testierten Jahresabschluss bestätigen muss. **59**

Die Finanzkennzahlen sind aus Kreditnehmersicht ein neuralgischer Punkt, da sie stark vom Geschäftsverlauf abhängen und dementsprechend für das Unternehmen nicht oder nur sehr mittelbar beherrschbar sind. Aus diesem Grunde sind die Finanzkennzahlen in der Kreditvertragspraxis auf Betreiben starker Private-Equity-Häuser in verschiedenen Ausprägungen abgeschwächt worden. **60**

Besonders stark ist die Abkehr von Finanzkennzahlen in Covenant Lite[122]-Krediten, die keine ständig einzuhaltende Finanzkennzahl, sondern nur einen sogenannten *„Springing Covenant"*[123] vorsehen, der nur einzuhalten ist, wenn die revolvierende Betriebsmittellinie zu mehr als ca. 35 % in Anspruch genommen ist.[124] Eine Vorstufe dessen ist eine sogenannte *„Covenant Loose"*-Struktur, die nur noch einen *Financial Covenant*, meist den *Leverage* **61**

[119] So kann etwa an das Auftragsvolumen, den Forderungsbestand oder den Wert des Umlauf- und/oder Anlagevermögens angeknüpft werden. Bei Asset-Finanzierungen (beispielsweise Schiffsfinanzierungen oder Finanzierung eines Beteiligungsaufbaus an einer börsennotierten Aktiengesellschaft) sind *Loan-to-Value-Covenants* sachgerecht.

[120] Für die Zwecke der drei genannten *Covenants* wird statt Eigenkapital häufig auch die Größe „wirtschaftliche Eigenmittel" verwendet, die gegenüber dem reinen bilanziellen Eigenkapital insbesondere auch nachrangige Finanzverbindlichkeiten umfasst.

[121] Sogenannte LTM (Last Twelve Months)-Betrachtung. Eine Ausnahme stellt der *Capex Covenant* dar, der ein jährliches Budget vorgibt und dementsprechend nur am Ende des Finanzjahres geprüft werden kann.

[122] Wenn auch orthographisch inkorrekt, wird überwiegend das in den USA und der Werbung umgangssprachlich gebräuchliche „lite" anstelle des korrekten „light" verwendet.

[123] Meist der *Leverage Covenant*.

[124] Die Covenant-Lite-Kredite sind das Produkt einer Kombination von in High Yield Bonds üblichen *Incurrence Covenants* (derartige Finanzkennzahlen werden nur bei bestimmten Handlungen des Kreditnehmers geprüft, so etwa die Aufnahme zusätzlicher Finanzverbindlichkeiten oder eine Unternehmensakquisition) mit den in syndizierten Krediten üblichen *Maintenance Covenants* (die unabhängig von bestimmten Handlungen oder Ereignissen immer eingehalten werden müssen und periodisch geprüft werden). Die meisten Term Loan B-Kredite sind Covenant Lite-Finanzierungen.

Covenant, beinhaltet.[125] In der derzeitigen Finanzierungslandschaft sind Kredite mit allen vier oben genannten Finanzkennzahlen nur noch selten anzutreffen.

62 Neben die Reduktion der Finanzkennzahlen insgesamt treten punktuelle Aufweichungen und Gestaltungsmöglichkeiten für Kreditnehmer im Bereich der Finanzkennzahlen. Die maßgebliche Kennzahl EBITDA etwa wird meist als „adjusted" EBITDA vereinbart, was bedeutet, dass bei der Berechnung des EBITDA bestimmte Umstände als Sondereffekte „normalisiert" (also neutralisiert)[126] oder hinzugerechnet werden.[127] Darüber hinaus lassen sich Private Equity-Investoren regelmäßig auch eine Reaktionsmöglichkeit einräumen für den Fall, dass eine Finanzkennzahl nicht eingehalten ist. Nach diesem sogenannten *Equity Cure*[128] hat der Kreditnehmer das Recht, einen aufgetretenen Verstoß gegen die vereinbarten Finanzkennzahlen durch nachträglichen Kapitaleinschuss (in der Form nachrangiger Gesellschafterdarlehen oder von Eigenkapital) zu heilen.[129] Sofern bei Neuberechnung der *Financial Covenants* unter Berücksichtigung des Kapitaleinschusses die Finanzkennzahlen eingehalten werden, gilt der Vertragsverstoß und der dadurch zunächst entstandene Kündigungsgrund als geheilt. Dieses Recht gibt den Investoren die Möglichkeit, die Kündigung der Akquisitionskredite durch die Kreditgeber zu verhindern und ihre Kapitalinvestitionen durch Kapitalnachschüsse zu sichern. Im Interesse der Kreditgeber ist dieses Recht allerdings regelmäßig derart beschränkt, dass es nicht in aufeinanderfolgenden Quartalen und nicht häufiger als zwischen zwei- und viermal während der Laufzeit der Kredite angewendet werden darf, da ansonsten die Kreditgeber zu befürchten hätten, dass eine nicht tragfähige Finanzierung durch punktuelle Einschüsse künstlich aufrechterhalten bleibt. Die Regelungen der *Equity Cure* sind im Detail sehr vielgestaltig. So wird teilweise vorgeschrieben, dass der Equity-Einschuss zumindest anteilig zu einer vorfälligen Tilgung der Kredite verwendet werden muss, was allerdings in aller Regel weder im Sinne der Kreditnehmergruppe, noch im Sinne der Kreditgeber ist, da das frische Kapital in der Krise meist dringend für die Verwendung im Geschäftsbetrieb erforderlich ist. Besondere Bedeutung hat die Anrechnung der eingeschossenen Beträge im Rahmen der Neuberechnung der Finanzkennzahlen. Wird der Einschuss dem operativen Ergebnis zugerechnet, erhöht sich das Nettoergebnis (EBITDA), was eine wesentlich stärkere Wirkung entfaltet als eine bloße Anrechnung als Barbestand. Auch einige Jahre nach der Finanzkrise sind Kreditgeber nur selten bereit, eine früher übliche Anrechnung des Einschusses auf EBITDA zuzugestehen.

5. Kündigungsgründe – Events of Default

63 **a) Überblick über die außerordentlichen Kündigungsgründe.** Der Kreditvertrag ist während seiner Laufzeit von Kreditgeberseite nicht ordentlich kündbar, da es dem Kreditnehmer gerade um eine verlässliche Sicherung seines langfristigen Finanzierungsbedarfs geht. Die Kreditgeber können sich also nur vom Kreditvertrag lösen, wenn ein Recht zur außerordentlichen Kündigung entsteht. Die außerordentlichen Kündigungsgründe werden in den Kreditverträgen detailliert geregelt, um Rechtssicherheit und Transparenz für beide Vertragsseiten zu gewährleisten. Die wichtigsten dieser Kündigungsgründe sind Zahlungsverzug, die Nichteinhaltung von Finanzkennzahlen, der Verstoß gegen sonstige Vorschriften der Finanzierungsdokumente, die Abgabe einer falschen Zusicherung, der sogenannte

[125] Die Terminologe ist allerdings nicht trennscharf; auch bei Finanzierungen mit zwei Finanzkennzahlen (meist Leverage und Interest Cover) spricht man von *Covenant Loose.*

[126] Die Berücksichtigung unterscheidet sich je nach Art des Sondereffekts. Typische Normalisierungen zugunsten des Kreditnehmers sind etwa die Neutralisierung von Aufwand für Restrukturierungsmaßnahmen oder Unternehmensakquisitionen.

[127] Typische Hinzurechnungen sind zu erwartenden Synergie- oder andere positive Effekte, die sich aus Akquisitionen, Veräußerungen oder Restrukturierungsmaßnahmen ergeben können. Der Betrag derartiger Hinzurechnungen wird häufig gedeckelt.

[128] Siehe hierzu etwa *Hoffmann* ZBB 2007, 413 (415) sowie *Kilgus* BKR 2009, 181 (186).

[129] Meist innerhalb einer Frist von bis zu 30 Tagen nach Vorlage des entsprechenden Compliance Certificate, welches den Verstoß gegen die Finanzkennzahlen bestätigt.

Cross Default (also das Vorliegen eines Kündigungsgrundes hinsichtlich anderer Finanzverbindlichkeiten der Kreditnehmergruppe),[130] die Insolvenz von Mitgliedern der Kreditnehmergruppe[131] wesentliche Zwangsvollstreckungsmaßnahmen durch konkurrierende Gläubiger, die Unwirksamkeit wesentlicher Finanzierungsdokumente, die Vertragsaufsage („repudiation") durch die Kreditnehmer oder Garantiegeber, die Erteilung eines eingeschränkten Testats durch den Abschlussprüfer der Gruppe (sogenannte *Auditor's Qualification*) sowie als Auffangtatbestand der sogenannte *Material Adverse Change,* der gegeben ist, wenn eine wesentlich nachteilige Beeinträchtigung der Kreditnehmergruppe eintritt, die befürchten lässt, dass sie ihre Zahlungsverpflichtungen unter den Krediten, die Finanzkennzahlen oder sonstige wesentliche kreditvertragliche Verpflichtungen in der Zukunft nicht wird einhalten können.[132] Neben diesen spezifischen vertraglichen Kündigungsgründen besteht das gesetzliche Recht zur Kündigung aus wichtigem Grund fort.[133] Da die vertraglich vereinbarten Kündigungsgründe in aller Regel detailliert und umfassend sind, spielen die gesetzlichen Kündigungsgründe in der Praxis nur eine geringe Rolle und werden in der Regel nicht abbedungen.[134]

b) Faktische Beschränkungen der Kündigung in der Praxis. Trotz Vorliegens eines **64**
Kündigungsgrundes wird die praktische Wahrscheinlichkeit einer Kündigung der Kredite in der Praxis insbesondere durch zwei Faktoren verringert: Zum einen durch den Grundsatz der Verhältnismäßigkeit, zum anderen aufgrund der Notwendigkeit einer Mehrheitsentscheidung der Kreditgeber.

Im täglichen Geschäftsbetrieb einer Kreditnehmergruppe kommt es erfahrungsgemäß **65**
immer wieder zu Situationen, in denen gegen das Korsett der vorgegebenen Verhaltenspflichten verstoßen oder eine falsche wiederholende Zusicherung *(Repeating Representation)* abgegeben wird. Sofern dies unbewusst und nicht grob fahrlässig geschehen ist und keinen für die Kreditgeber wesentlichen Sachverhalt betrifft, wird es den Kreditgebern aus Gründen der Verhältnismäßigkeit oft versagt sein, dieses „technische" *Event of Default* zum Anlass für eine Kündigung zu nehmen, ohne damit das Risiko einer möglicherweise Schadensersatzansprüche begründenden „Kündigung zur Unzeit" einzugehen.[135] Dies ist allerdings eine Abwägungsfrage im Einzelfall, weshalb der Kreditnehmer sich hierauf nicht verlassen kann und Vertragsverstöße jeglicher Art tunlichst vermeiden sollte.

---

130 Als Wesentlichkeitskriterium wird üblicherweise ein Mindestbetrag vereinbart, der von diesem Kündigungsrecht betroffen sein muss.

131 Zur insolvenzrechtlichen Problematik sogenannter insolvenzabhängiger Lösungsklauseln siehe insbesondere das Grundsatzurteil des BGH v. 15.11.2012, abgedruckt in NJW 2013, 1159 ff., bestätigt durch BGH NJW 2016, 2338 ff. Inwiefern insolvenzabhängige Lösungsklauseln in Darlehensverträgen wirksam sein können, ist im Einzelnen noch nicht abschließend geklärt, siehe *Huber* in MüKoInsO § 119 Rn. 37 ff.; *Obermüller* ZInsO 2013, 476 (478 f.).

132 Im Einzelnen ist die Definition des Material Adverse Effect, der die Grundlage für den Kündigungsgrund Material Adverse Change bildet, Gegenstand intensiver Verhandlungen zwischen den Parteien. Siehe hierzu im Allgemeinen *Bellucci/McCluskey* in Wight/Cooke/Gray, The LSTA's Complete Credit Agreement Guide, S. 461 ff.; Siehe hierzu auch *Jetter/Jörgens* in Eilers/Koffka/Mackensen, Private Equity, S. 409.

133 Vgl. § 490 BGB, wonach der Kreditgeber zur Kündigung berechtigt ist, wenn in den Vermögensverhältnissen des Darlehensnehmers oder in der Werthaltigkeit einer für das Darlehen gestellten Sicherheit eine wesentliche Verschlechterung eintritt oder einzutreten droht, durch die die Rückerstattung des Darlehens, auch bei Verwertung der Sicherheit, gefährdet wird. Daneben besteht das Recht zur außerordentlichen Kündigung aus wichtigem Grund nach den allgemeinen Vorschriften (§§ 313, 314 BGB), welches auch andere als die von § 490 BGB erfassten Fälle berücksichtigen kann.

134 § 490 BGB ist grundsätzlich dispositiv und wird in Kreditverträgen auch vereinzelt ausgeschlossen, um den Vorrang der vertraglich vereinbarten Kündigungsgründe zu sichern, s. *Berger* in MüKoBGB § 490 Rn. 22. Das allgemeine Recht zur Kündigung aus wichtigem Grund ist aber der Abbedingung nur in begrenztem Maße zugänglich, weshalb der Ausschluss des außerordentlichen Kündigungsrechts nach § 490 BGB nicht sämtliche Ansatzpunkte für ein außerordentliches Kündigungsrecht der Kreditgeber auf gesetzlicher Grundlage ausschließen kann, vgl. *Berger* in MüKoBGB § 490 Rn. 56 ff. sowie *Gaier* in MüKoBGB § 314 Rn. 4.

135 Das Verbot unverhältnismäßiger Rechtsausübung ergibt sich aus dem allgemeinen Grundsatz von Treu und Glauben (§ 242 BGB).

66 Eine faktische Beschränkung des Kündigungsrechts liegt in der Tatsache, dass die Kündigung einzelner Kreditgeber durch die Konsortialbindung ausgeschlossen wird. Über Maßnahmen, die die Grundlagen des Kreditverhältnisses betreffen, entscheiden die Kreditgeber als Gruppe in der Regel mit einer qualifizierten Mehrheit von zwei Dritteln der Kreditbeteiligungen.[136] Innerhalb eines Konsortiums bestehen häufig divergierende Interessen, so dass es auch bei eindeutigen Vertragsverstößen nur selten zur Kündigung kommt. Hausbanken der Kreditnehmergruppe sowie solche Institute, die mit den Investoren eine Vielzahl von Transaktionen finanzieren, werden die Fälligstellung der Kredite erst als ultima ratio zulassen. Die Rolle dieser Institute verliert aber mit zunehmender Größe der Konsortien (bei Transaktionen ab ca. 1 Mrd. Euro Kreditvolumen sind Konsortien mit mehr als 100 Kreditgebern keine Seltenheit) und dem intensiveren Sekundärhandel syndizierter Kredite an Bedeutung. Trifft ein zu erwartender hoher Verwertungserlös mit einer Vielzahl von Kreditgebern im Konsortium zusammen, die ihre Kreditbeteiligungen erheblich unter pari erworben haben, besteht ein erhöhtes Kündigungsrisiko.

67 **c) Weitere Folgen eines außerordentlichen Kündigungsgrundes.** Neben dem Recht zur Kündigung hat das Auftreten eines *Event of Default* weitere weitreichende Folgen für die Kreditnehmerrechte und -pflichten aus dem Kreditvertrag und den sonstigen Finanzierungsverträgen. Bei Vorliegen eines Kündigungsgrundes sind die Kreditgeber insbesondere berechtigt, die Vorlage von Informationen zum Kündigungsgrund und seiner geplanten Beseitigung oder sogar Einsicht in Geschäftsunterlagen zu verlangen. Bestimmte Erlaubnistatbestände im Kreditvertrag sind nicht mehr anwendbar (beispielsweise die Erlaubnis für Unternehmensakquisitionen oder Zahlungen an die Investoren). Die meist abhängig vom Verschuldungsgrad variabel gestaltete Marge steigt für die Dauer des Kündigungsgrundes auf die oberste Margenstufe und verteuert die Kredite so unter Umständen erheblich. Die Berechtigung der Gruppengesellschaften, über die als Sicherheiten hingegebenen Vermögensgegenstände im gewöhnlichen Geschäftsbetrieb zu verfügen,[137] wird automatisch oder auf Verlangen des Sicherheitentreuhänders eingeschränkt.[138] Von besonderer Relevanz sind in diesem Zusammenhang die Folgen eines Kündigungsgrundes für die revolvierende Kreditlinie. Die Auszahlung weiterer Gelder kann durch die Kreditgeber gewöhnlich schon bei Auftreten eines potentiellen Kündigungsgrundes verweigert werden, was einem Kreditnehmer in der Krise die dringend benötigte Liquidität nehmen kann. Während die Blockierung zusätzlicher Liquidität häufig zumindest kurzzeitig verschmerzt werden kann, hat die Verweigerung einer Verlängerung (sogenannter Rollover) von ausstehenden Inanspruchnahmen (→ Rn. 12) eine wesentlich einschneidendere Wirkung, da als Folge sämtliche Barinanspruchnahmen der *Revolving Facility* zum Ende der jeweils gewählten Zinsperiode zurückgezahlt werden müssten und dann wegen des ausstehenden Kündigungsgrundes nicht erneut in Anspruch genommen werden können, solange der *Event of Default* nicht geheilt oder ein Verzicht der Kreditgeber (sogenannter Waiver) ausgesprochen worden ist. Dies kann schnell – auch aus Kreditgebersicht möglicherweise unbeabsichtigt – zur Zahlungsunfähigkeit und damit zur Insolvenz des Kreditnehmers führen. Die Privilegierung des Rollover wird daher in der Dokumentationspraxis häufig verstärkt und eine Unterbrechung des Rollovers nur vorgesehen, wenn die Kreditgeber die Kredite aktiv gekündigt haben.[139]

---

136 Zwar sieht die übliche Kündigungsregelung meist vor, dass der Agent (Konsortialführer) zur Kündigung auch ohne ein Votum der Kreditgeber berechtigt (aber nicht verpflichtet) ist, jedoch wird der Agent nur in sehr seltenen Ausnahmefällen (Gefahr im Verzug, vorherige fortgeltende Instruktionen oÄ) ohne ausdrückliche Weisung der Kreditgeber die Kredite kündigen.

137 Etwa die Einziehung zur Sicherheit abgetretener Geldforderungen, die Verfügung über verpfändete Bankkonten oder die Veräußerung oder Verarbeitung von sicherungsübereignetem Umlaufvermögen.

138 Wobei die Beschränkung der Weiterveräußerungsermächtigung Gegenstand intensiver Verhandlung ist und häufig erst bei Kündigung oder Zahlungsverzug einsetzt.

139 Im Ergebnis werden ausstehende revolvierende Kredite dann ähnlich den Laufzeitkrediten behandelt.

III. Konsortialbestimmungen und die Intercreditor-Vereinbarung

1. Konsortialbestimmungen

Die Konsortialbestimmungen sind in Kreditverträgen englischer Prägung (so auch in den LMA-Vertragsvorlagen) Bestandteil des Kreditvertrages. Sie beinhalten insbesondere die Ernennung des *Agent,* der als Beauftragter der Kreditgeber die Kreditfazilitäten verwaltet. Die Kreditgeber haben das Recht, den *Agent* zu bestimmten Handlungen anzuweisen. Der *Agent* wird durch umfängliche Vorschriften geschützt, wie insbesondere durch einen Haftungsausschluss für (einfache) Fahrlässigkeit und einen Anspruch auf Schadloshaltung gegen die Kreditgeber hinsichtlich der Kosten oder Haftungsfolgen, die sich aus seiner Tätigkeit als *Agent* ergeben. **68**

Aus Kreditnehmersicht sind insbesondere die Bestimmungen zu den Mehrheitserfordernissen innerhalb des Konsortiums relevant. Als Grundsatz können sämtliche Vertragsbestimmungen der Finanzierungsdokumente mit Zustimmung der Kreditnehmer und der Mehrheit der Kreditgeber (der sogenannten *Majority Lenders*) geändert oder auf ihre Anwendung im Einzelfall verzichtet werden; die erforderliche Mehrheit ist meist qualifiziert und beträgt zwei Drittel der Beteiligung an den Krediten.[140] In Abweichung von diesem Grundsatz gibt es aber immer einen Katalog von kreditgenehmigungsrelevanten Entscheidungen, die Einstimmigkeit[141] oder eine besondere qualifizierte Mehrheit[142] verlangen. Je umfangreicher der Katalog der Einstimmigkeitserfordernisse ist, desto schwieriger wird es, die Finanzierungsverträge während der Laufzeit der Kredite zu ändern und eventuell wichtige und auch im Sinne der Kreditgeber erforderliche Anpassungen vorzunehmen. Hierzu hat die Vertragspraxis mittlerweile einige Korrektive entwickelt. Zunächst hat der Kreditnehmer das Recht, bei Erreichen einer bestimmten qualifizierten Mehrheit solche Kreditgeber, die nicht zugestimmt haben, durch eine Zwangsabtretung an vom Kreditnehmer zu benennende Dritte aus dem Konsortium zu entfernen.[143] Um die häufig für Kreditnehmer sehr zeitkritischen Abstimmungsprozesse zu optimieren, wird regelmäßig ein Stimmrechtsausschluss für Kreditgeber vereinbart, die ihr Stimmrecht bei Änderungsanfragen der Kreditnehmergruppe nicht innerhalb einer bestimmten Frist ausüben.[144] Eine neuere Ergänzung der Verträge ist das sogenannte *„Class Voting",* demzufolge Entscheidungen, die nur bestimmte Fazilitäten oder Kreditgebergruppen innerhalb des Konsortialvertrags betreffen und die keine nachteiligen Auswirkungen auf andere Fazilitäten bzw. Kreditgeber haben, allein mit der erforderlichen Mehrheit dieser Kreditgeber getroffen werden können.[145] Ein neueres Konzept von großer Tragweite ist das sogenannte *„Structural Adjustment".*[146] Hiernach werden Vertragsänderungen, die traditionell die Zustimmung aller Kreditgeber erforderten,[147] mit der Zustimmung **69**

[140] Neben Vertragsänderungen entscheiden die Majority Lenders auch über die Kündigung der Kredite, die Erteilung sonstiger Instruktionen an den *Agent,* die Verwertung von Sicherheiten etc.

[141] So etwa die Verlängerung einer planmäßigen Rückzahlung, eine Reduzierung der Marge oder eine betragsmäßige Erhöhung oder Verlängerung der Verfügbarkeit der zugesagten Kredite.

[142] Sogenannte Super Majority Lenders. Meist wird diese mit einem Prozentsatz von 85% der Kreditbeteiligungen angesetzt und beispielsweise für Sicherheiten- und Garantiefreigaben vorgesehen.

[143] Sogenannte *„Yank the Bank"*-Klausel, siehe Clause 42.8 im LMA-Vertrag. Die Ersetzung eines solchen sogenannten Non-Consenting Lenders muss aber zu pari zuzüglich Zinsen und sonstiger geschuldeter Beträge erfolgen, weshalb die Ausübung der Klausel in Krisenzeiten, in denen die Kredite unter ihrem Nennbetrag gehandelt werden, nicht möglich bzw. wirtschaftlich unattraktiv ist; als Kehrseite ist aber der Anreiz für einzelne Kreditgeber umso größer, durch Zustimmungsverweigerung ihre Ablösung zu pari herauszufordern.

[144] Sogenannte *„Snooze and lose"*-Klausel, siehe Clause 42.7 im LMA-Vertrag.

[145] Siehe Clause 42.4 (c) im LMA-Vertrag. Die Bedeutung dieser Klausel ist in der Praxis bisher eher gering, da die entscheidende Frage, ob wirklich nur eine bestimmte Gruppe der Kreditgeber betroffen ist ohne nachteilige Auswirkung für andere, sehr schwer zu treffen ist. Das *Class Voting* wird sich daher primär für eher administrative und rein technische Änderungen und Klarstellungen eignen.

[146] Teils auch als *„Facility Change"* bezeichnet. Im LMA-Vertrag, siehe Clause 42.6.

[147] Typischerweise die Erhöhung der Fazilitäten oder die Einführung einer neuen Tranche, die Verlängerung der Laufzeit oder eines Verfügbarkeitszeitraums, die Verringerung der Marge (wichtig für sogenannte

einer qualifizierten Mehrheit[148] sowie der Kreditgeber, die direkt von der Änderungen betroffen sind bzw. sich an ihr beteiligen wollen, ermöglicht. Der Schutz der nicht zustimmenden Kreditgeberminderheit wird dadurch erzielt, dass diese sich an der neuen, verlängerten, erhöhten oder sonst geänderten Fazilität nicht beteiligen müssen, sondern nur die entsprechenden Änderungen für andere Kreditgeber nicht verhindern können. Das *Structural Adjustment*-Konzept ermöglicht eine für die Kreditnehmer- wie auch Kreditgeberseite sinnvolle Flexibilisierung der Konsortialkreditverträge, die angesichts ihrer langen Laufzeit und dem ständigen Wandel im Wirtschaftsleben auch wesentliche Anpassungen zulassen müssen.

2. Intercreditor-Vereinbarung

70 Weitere unerlässliche Bestandteile einer Finanzierungsdokumentation für LBO-Transaktionen sind die Abreden zur Sicherheitenverwaltung durch den Sicherheitentreuhänder, die Nachrangvereinbarung mit den Gesellschaftern der Kreditnehmergruppe, die Abreden zwischen den verschiedenen Klassen der Fremdkapitalgeber zum Rangverhältnis untereinander sowie meist auch Nachrangvereinbarungen hinsichtlich der konzerninternen Kredit- und Finanzierungsvereinbarungen.

71 In den letzten Jahren hat die Dokumentationspraxis auch in diesem Bereich eine zunehmende Standardisierung erfahren. Im Februar 2009 ist die erste Vertragsvorlage[149] für eine Intercreditor-Vereinbarung durch die LMA vorgelegt worden.[150] In deutschen Dokumentationen wurden diese Regelungen häufig auf separate Verträge aufgeteilt (Sicherheitentreuhandvertrag für die Sicherheitenverwaltung, Nachrangvereinbarung mit den Gesellschaftern und eine Intercreditor-Vereinbarung zwischen den verschiedenen Fremdkapitalgebern);[151] jedoch ist es auch in deutschen Transaktionen mittlerweile üblich geworden, den englischen Vertragsvorlagen folgend sämtliche dieser Vertragsbeziehungen in eine Intercreditor-Vereinbarung aufzunehmen.

72 Die Regelungen der Intercreditor-Vereinbarung sind im Einzelnen sehr umfangreich.[152] Herzstück der Intercreditor-Vereinbarung ist die Regelung des Rangverhältnisses der verschiedenen Gläubigerklassen. Die ranghöchste Forderungsklasse sind die Senior-Kredite (zusammen mit den Forderungen aus den für die Transaktion abgeschlossenen Hedging-Vereinbarungen).[153] Ihnen folgen die derzeit bei Neufinanzierungen nicht mehr verfüg-

---

Repricing-Transaktionen, durch die die Zinsmarge ohne Refinanzierung reduziert wird) oder die Konversion eines ausstehenden Kredits in eine andere Währung.

[148] Überwiegend „Majority Lenders", also 66,66 %, teilweise etwas konservativer „Super Majority Lenders", also ca. 85 %. Der LMA-Vertrag sieht eine recht diffizile Unterscheidung zwischen verschiedenen Arten der Anpassungen (zB „Major Structural Adjustment", „Minor Structural Adjustment" etc, im einzelnen Clause 42.6) und damit einhergehend verschiedene Anforderungen vor. Diese differenzierte Technik hat sich bisher in der Vertragspraxis nicht durchgesetzt.

[149] Seitdem hat die LMA eine Vielzahl weiterer Intercreditor-Vorlagen für spezielle Finanzierungssituationen veröffentlicht, so etwa für Super Senior-Finanzierungen, Super Senior/High Yield-Finanzierungen und Real Estate-Finanzierungen. Alle diese Vorlagen beruhen auf dem Grundmodell für Senior/Mezzanine-LBO Transaktionen aus dem Jahr 2009.

[150] Aufgrund der Anforderungen des englischen Rechts hat dieser Vertrag die Form eines „Deed" (Urkunde), was aber einer Verwendung auch für deutsche Transaktionen (mit den entsprechenden Anpassungen) nicht im Wege steht. Zur Vertragsform des Deed im Common Law siehe etwa *Zweigert/Kötz* in An Introduction To Comparative Law, S. 357 ff. mwN.

[151] Darüber hinaus gibt es häufig noch einen separaten Konsortialvertrag, wenn die Konsortialbestimmungen nicht wie in den Kreditverträgen englischer Prägung bereits Bestandteil des Kreditvertrages sind.

[152] Die Vertragsvorlage der LMA ist mit Anhängen ca. 150 Seiten stark. Die vergleichbare deutsche Dokumentation (meist aufgeteilt in Nachrangvereinbarung, Intercreditor-Vereinbarung und Sicherheitentreuhandvertrag) kam noch mit ca. 30–40 Seiten aus. Die Vorlage der LMA setzt die Transaktionserfahrungen der verschiedenen Marktteilnehmer in den letzten Jahren um und adressiert als problematisch erkannte Konstellationen (zum Beispiel die Abstimmung der verschiedenen Gläubigerklassen bei einer Sicherheitenverwertung). Trotz ihrer Länge hat sich die Vorlage der LMA auch bei kleineren Transaktionen etabliert.

[153] Auch wenn sich zumindest ein Teil der Hedging-Vereinbarungen ihrem Nominalbetrag nach auf die nachrangigen Second Lien oder Mezzanine-Kredite bezieht, werden die Hedging-Forderungen zusammen mit den Senior-Krediten als erstrangig eingestuft.

baren Second Lien-Kredite und diesen wiederum die Mezzanine-Kredite. Die Forderungen innerhalb der Gruppe (sogenannte *Intra-Group Liabilities*) sind ebenfalls in die Nachrangvereinbarung einbezogen und folgen im Rang auf die Senior-, Second Lien- und Mezzanine-Kredite. Die niedrigste Rangstufe schließlich nehmen die Forderungen der Investoren aus Gesellschafterdarlehen, Dividenden, Managementgebühren und sonstigen Verhältnissen ein,[154] die grundsätzlich nur nach Ablösung der vorrangigen Finanzierungs-Klassen bedient werden dürfen. Weitere Finanzierungstranchen wie High Yield Bonds, PIK-Kredite oder sonstige Instrumente werden nach je nach Eigenart in die vertragliche Rangfolge eingefügt.[155]

F. Die Besicherung der Kredite

I. Struktur der Besicherung

Die Senior-Kredite werden erstrangig besichert und garantiert. Als Sicherheit dienen alle 73
wesentlichen Vermögenswerte der Erwerbergesellschaften (insbesondere die Anteile an der zu erwerbenden Zielgesellschaft) sowie auch der Zielgesellschaft und ihrer Tochtergesellschaften. Als Garantiegeber unterzeichnen alle Gesellschaften den Kreditvertrag, die besondere strukturelle Bedeutung haben (so insbesondere alle Zweckgesellschaften der Erwerber-Gruppe) oder wesentliche Vermögenswerte halten oder erwirtschaften (also insbesondere die wesentlichen Gesellschaften im Konzern der Zielgesellschaft). Je nach Geschäftsbetrieb der Zielgesellschaft kann so ein umfangreiches Sicherheitenpaket zustande kommen.[156]

Die nachrangigen Second Lien- und Mezzanine-Kredite erhalten in der Regel dasselbe 74
Sicherheitenpaket, an dessen Erlösen sie aber entsprechend ihrer Rangstelle nur nachrangig partizipieren. Bei nicht akzessorischen Sicherheiten, die nur dem Sicherheitentreuhänder bestellt werden,[157] wird der Nachrang durch den sogenannten „Wasserfall" der Erlösverteilung im Sicherheitentreuhandvertrag erreicht. Bei den akzessorischen Pfandrechten[158], für die das Gesetz mehrere Ränge anerkennt,[159] wird den nachrangigen Gläubigern nur noch vereinzelt ein separates Pfandrecht bestellt.[160]

[154] Eigentümlicher Weise erfasst der LMA-Intercreditor nur Ansprüche der Investoren aus Nachrangdarlehen, nicht aber zB Ansprüche auf Dividendenzahlungen.

[155] Obwohl die Intercreditor-Vorlage der LMA dies vorsieht, werden Verkäuferdarlehen häufig nicht in die Intercreditor-Vereinbarung aufgenommen. Die Einbeziehung der Verkäufer, die regelmäßig früh aus der Transaktion ausscheiden und abgelöst werden sollen, in die Verhandlung eines so komplexen Vertrages wie die Intercreditor-Vereinbarung ist weder erforderlich noch wünschenswert.

[156] Verpfändung von Geschäftsanteilen und Bankkonten, Abtretung von Ansprüchen aus dem Unternehmenskaufvertrag sowie den darauf bezogenen Due Diligence Reports, den Hedging-Vereinbarungen für die Akquisitionskredite und Versicherungen, Globalzessionen von Handelsforderungen, Sicherungsübereignung von Anlage- und Umlaufvermögen, Abtretung/Verpfändung von Immaterialgüterrechten sowie bei Grundbesitz Eintragung von Grundpfandrechten.

[157] Insbesondere Forderungsabtretungen und Sicherungsübereignungen.

[158] Aufgrund der mit der Akzessorietät bei Kreditgeberwechseln verbundenen Probleme und zur allgemeinen Stärkung der Position des Sicherheitentreuhänders werden die Pfandrechte immer auch zugunsten des Sicherheitentreuhänders bestellt. Die hierfür notwendige zu besichernde Forderung wird dadurch geschaffen, dass durch abstraktes Schuldanerkenntnis (üblicherweise im Intercreditor Agreement) eine Parallelschuld zugunsten des Sicherheitentreuhänders geschaffen wird, indem alle Kreditnehmer und Garantiegeber versprechen, die Primärforderungen aus den Finanzierungsverträgen auch dem Sicherheitentreuhänder zu schulden. Beide Forderungen werden dann durch eine vereinbarte Gesamterfüllungswirkung und andere Schutzmechanismen miteinander verknüpft.

[159] Vgl. § 1209 BGB, relevant insbesondere für Pfandrechte an Gesellschaftsanteilen und Bankkonten.

[160] Dies erfordert separate Sicherheitenverträge, die zur Schaffung der gewünschten Rangfolge zeitlich nacheinander abgeschlossen werden (Senior zuerst, danach das zweitrangige Pfandrecht für eine nachrangige Kredittranche). Die Schaffung mehrerer Pfandrechte mit dinglicher Rangfolge ist in den letzten Jahren einem einheitlichen Pfandrecht für alle Kredittranchen gewichen, teils sogar nur zugunsten des *Security Agent* und nicht mehr jedem einzelnen Kreditgeber bestellt. Hierfür sind Praktikabilitätsgründe ausschlag-

75 Von besonderer struktureller Bedeutung für die Kreditgeber ist häufig die Verpfändung der Anteile an der Erwerbergesellschaft selbst. Hierdurch wird eine weitere Ebene für eine Sicherheitenverwertung eröffnet, die trotz eingeschränkter Möglichkeiten der Ausnutzung von Verlustvorträgen[161] für die Kreditgeber sehr wichtig ist.[162] Für die Struktur der Erwerbergesellschaften bedeutet dies, dass schon aus diesem Grund eine Doppelstockstruktur vorteilhaft sein kann, in der zwischen dem Erwerbsvehikel und den Fonds/Gesellschaften der Investoren eine weitere Zweckgesellschaft vorgesehen wird, die dann die Anteile an der Erwerbergesellschaft verpfändet und als oberste Gruppengesellschaft die Intercreditor-Vereinbarung unterzeichnet.[163]

II. Aufhebung des strukturellen Nachrangs

76 Für die Kreditgeber der Akquisitionsfinanzierung ist es von entscheidender Bedeutung, erstrangigen Zugriff auf die Vermögensgegenstände der Zielgesellschaft zu erlangen. Hierfür muss der sogenannte strukturelle Nachrang überwunden werden, der dadurch entsteht, dass bei einer Kreditausreichung auf der Ebene der Erwerbergesellschaft der Wert der Zielgesellschaft den Kreditgebern zwar indirekt aufgrund der Verpfändung der erworbenen Geschäftsanteile an der Zielgesellschaft zur Verfügung steht, die Kreditgeber aber keinen direkten Anspruch gegen das Zielunternehmen haben und dementsprechend gegenüber Kreditgebern und sonstigen Gläubigern auf Ebene der Zielgesellschaft faktisch nachrangig sind.[164] Ziel der üblichen Finanzierungsstrukturen ist es daher, den Kreditgebern einen direkten Zugang zu den Vermögenswerten der Zielgesellschaft zu ermöglichen. Hierfür stehen verschiedene Strukturmaßnahmen zur Verfügung, die meist nicht isoliert nebeneinander stehen, sondern kombiniert angewendet werden.

1. Aufsteigende Sicherheiten und Garantien

77 In nahezu allen Finanzierungen wird vorgesehen, dass die (wesentlichen) Gesellschaften des Konzerns der Zielgesellschaft unmittelbar nach Vollzug des Unternehmenskaufs Sicherheiten und Garantien für die Akquisitionskredite stellen bzw. übernehmen. Da derartige Sicherheiten und Garantien für die Verbindlichkeiten von Gesellschaftern (sogenannte aufsteigende oder Upstream-Sicherheiten und bzw. -Garantien) zu Verstößen gegen das

---

gebend sowie die Erfahrungen aus Restrukturierungs- und Verwertungsfällen, in denen sich die schuldrechtlichen Abreden zur Rangfolge weitgehend bewährt haben.

[161] Nach § 8c KStG, § 10a S. 10 GewStG führt – vereinfacht – die (unmittelbare oder mittelbare) Übertragung von mehr als 50 % der Anteile an einen Erwerber zu einem vollständigen Untergang sämtlicher nicht genutzter Verluste; im Falle einer Übertragung von nicht mehr als 50 %, aber mehr als 25 % gehen die Verluste anteilig unter (s. zum Fall der Verfassungswidrigkeit des § 8c Abs. 1 S. 1 KStG aF den BVerfG Beschl. v. 29.3.2017 – 2 BvL 6/11, BMF-Schreiben zur Verlustabzugbeschränkung für Körperschaften (§ 8c KStG) sowie BMF Beschl. v. 28.11.2017 – IV C2 – S 2745-a/09/10002:004, BStBl. I 2017 S. 1645 Rn. 66; ferner zur verfassungsrechtlichen Beurteilung des § 8c S. 2 KStG idF des UntStRefG 2008 den Vorlagebeschluss des FG Hamburg Beschl. v. 29.8.2017 – 2 K 245/17, EFG 2017, 1906). Die Verpfändung des Akquisitionsvehikels ist demgegenüber steuerlich grundsätzlich unschädlich, sofern es hierdurch nicht ausnahmsweise zum Übergang wirtschaftlichen Eigentums an den verpfändeten Anteilen kommt.

[162] Die gesamte Erwerbsstruktur kann hiernach gewissermaßen als Paket durch nur eine Sicherheitenverwertung (Verpfändung der Anteile an der Erwerbergesellschaft) veräußert werden (sogenannter *„single point of enforcement"*). Dies ist insbesondere dann vorteilhaft, wenn die Anteile an mehreren Zielgesellschaften erworben worden sind oder durch post-akquisitorische Umstrukturierungen die Erwerbergesellschaft weitere Tochtergesellschaften oder sogar einen operativen Geschäftsbetrieb erworben hat, da in diesem Fall eine Vielzahl von Sicherheiten zeitgleich verwertet werden müsste, um die Gruppe als Ganzes auf einen Erwerber zu übertragen. Auch die mit der Auflösung eines zwischen der Zielgesellschaft und der Erwerbergesellschaft eventuell bestehenden Beherrschungs- und/oder Gewinnabführungsvertrag verbundenen Probleme werden mit einer Verpfändung der Anteile an der Erwerbergesellschaft vermieden.

[163] Bereits unter → Rn. 41.

[164] Siehe hierzu etwa *Schrell/Kirchner* BKR 2004, 212 ff.

Kapitalerhaltungsrecht führen können,[165] werden von Gesellschaften in der Rechtsform einer GmbH oder GmbH & Co. KG gestellte Upstream-Sicherheiten und -Garantien in der Praxis mit sogenannten Restriktionsklauseln („Limitation Language") beschränkt. Die Restriktionsklauseln verfolgen das Ziel, das Entstehen einer Unterbilanz, also das Absinken des Reinvermögens der GmbH unter ihre Stammkapitalziffer, beim Sicherheiten- oder Garantiegeber als Folge der Verwertung durch entsprechende Verwertungsbeschränkungen zu verhindern.[166] Aufgrund dieser Einschränkungen kommt Upstream-Sicherheiten und -Garantien aus Kreditgebersicht im Verwertungsszenario in aller Regel ein belastbarer Sicherungswert nicht zu, so dass die Sicherheitenkonstruktion durch weitere Strukturmaßnahmen flankiert werden muss.

2. Refinanzierung auf Ebene der Zielgesellschaften

Eine häufig zur Verfügung stehende Maßnahme ist es, den Unternehmenskauf so zu strukturieren, dass die Zielgesellschaft nicht schuldenfrei erworben wird, sondern der Käufer das Unternehmen inklusive seiner bestehenden Finanzverbindlichkeiten erwirbt und so für eine Refinanzierung der bestehenden Finanzverbindlichkeiten der Zielgesellschaft beim Vollzug des Kaufvertrages Sorge tragen muss.[167] Diese Refinanzierung wird dann als Teil der Senior-Kredite durch die Senior-Kreditgeber zur Verfügung gestellt,[168] so dass – je nach Höhe des Refinanzierungsbedarfs – bereits eine beträchtliche Verschiebung des Kreditrisikos auf die Zielgesellschaft und seine weiteren Konzerngesellschaften stattfindet. 78

3. Schuldübernahme – Debt Push Down

Darüber hinaus können Verbindlichkeiten aus den Akquisitionskrediten (also den Laufzeitkrediten, die zur Finanzierung des Kaufpreises in Anspruch genommen worden sind) durch einen sogenannten *Debt Push Down* von der Ebene der Erwerbergesellschaft auf die Ebene 79

[165] Das Kapitalerhaltungsrecht der GmbH (§§ 30 ff. GmbHG) verbietet die Auszahlung des zur Erhaltung des Stammkapitals erforderlichen Vermögens der Gesellschaft an die Gesellschafter; die Kapitalerhaltungsvorschriften der AG sind noch strenger und verbieten grundsätzlich jede Einlagenrückgewähr (§ 57 Abs. 1 AktG) oder die Unterstützung eines Dritten beim Erwerb der Aktien der AG (§ 71a AktG). Vgl. zum Ganzen Diem, Akquisitionsfinanzierung, §§ 43–49. Zur Frage, auf welchen Zeitpunkt es für die Feststellung einer verbotenen Auszahlung bei aufsteigenden Sicherheiten ankommt, hat der BGH in zwei jüngeren Entscheidungen für den Fall der Bestellung einer dinglichen Sicherheit Stellung genommen (BGH Urt. v. 21.3.2017 – II ZR 93/16, WM 2017, 345 zur GmbH / GmbH & Co.KG sowie BGH Urt. v. 10.1.2017 – II ZR 94/15, WM 2017, 479 zur AG) und klargestellt, dass grds. auf den Zeitpunkt der Bestellung abzustellen ist. Leider haben diese Entscheidungen aufgrund ihres engen Anwendungsbereichs für keine generelle Klärung zum Kapitalschutz bei aufsteigenden Kreditsicherheiten gesorgt, so dass in der Praxis zu beobachten ist, dass die bisher üblichen Beschränkungen der Vollstreckbarkeit der Sicherheiten weiterhin verwendet werden.

[166] Daneben treten teils Beschränkungen mit weiteren Schutzrichtungen, so zB zur Vermeidung eines Verstoßes gegen die Vorschrift des § 64 S. 3 GmbHG (Verbot von Zahlungen an Gesellschafter, die zur Zahlungsunfähigkeit der Gesellschaft führen) oder eines existenzgefährdenden Eingriffs in den Geschäftsbetrieb der Gesellschaft. Weitergehende Beschränkungen aufgrund des Verbots des sogenannten „Asset Stripping" nach § 292 KAGB spielen in der Praxis keine Rolle, auch wenn verschiedentlich vertreten wird, das Verbot des § 292 KAGB trete bei Upstream Sicherheiten neben die Kapitalerhaltungsregelungen der §§ 30 ff. GmbHG und müsse daher in der Limitation Language Berücksichtigung finden (siehe *Thiermann* NZG 2016, 335; überzeugend für die Nichtanwendbarkeit des § 292 KAGB aber *Längsfeld* NZG 2016, 1096). Aufgrund der strengeren Kapitalerhaltungsvorschriften des AktG ist der sinnvolle Einsatz einer Limitation Language bei aufsteigenden Sicherheiten und Garantien einer AG nur beschränkt möglich.

[167] Die Altfinanzierung der Zielgesellschaften muss in der Praxis fast ausnahmslos abgelöst werden. Die neuen Kreditgeber der Erwerbergesellschaft haben den Anspruch, die gesamte Finanzierung zu stellen, während die Altkreditgeber durch eine Kontrollwechselklausel (Change of Control Clause) in ihren Kreditverträgen geschützt sind. Ausnahmen durch einen Verzicht auf den Kontrollwechsel (Change of Control Waiver) oder Portability Features (dazu unter → Rn. 20) sind eher selten.

[168] Zum Zwecke der Kreditaufnahme treten die Gesellschaften der Zielgesellschaft mit Refinanzierungsbedarf dem Senior-Kreditvertrag unmittelbar nach Closing als Kreditnehmer bei.

der Zielgesellschaft übertragen werden.[169] Bei einem *Debt Push Down* handelt es sich zumeist um eine häufig in der Kreditvertragsdokumentation schon angelegte teilweise Vertragsübernahme[170] von auf Ebene der Erwerbergesellschaft ausgereichten Krediten durch bestimmte Zielgesellschaften. Als Rechtsgrund für den *Debt Push Down* im Innenverhältnis zwischen der Erwerbergesellschaft und der übernehmenden Zielgesellschaften können beim Unternehmenskauf miterworbene Forderungen gegen die Zielgesellschaften (so insbesondere ausstehende Gesellschafterdarlehen des Verkäufers sowie Aufwendungsersatzansprüche aus der Refinanzierung der Verschuldung der Zielgesellschaften zum Closing[171]) oder Dividendenansprüche der Erwerbergesellschaft gegen die Zielgesellschaften dienen. Diese Forderungen werden dann durch teilweise Übernahme der Akquisitionskredite an Erfüllungs statt befriedigt. Stehen keine derartigen Forderungen der Erwerbergesellschaft gegen die Zielgesellschaft zur Verfügung, kann ggf. der durch die Schuldübernahme entstehende Aufwendungsersatzanspruch der Zielgesellschaft gegen die Erwerbergesellschaft darlehensweise stehen gelassen werden; ein derartiges Darlehen der Zielgesellschaft an ihre Muttergesellschaft kann aber zu einem Verstoß gegen die Kapitalerhaltungsregeln führen und ist daher nur unter bestimmten Voraussetzungen zulässig.[172]

4. Verschmelzung mit der Zielgesellschaft

80 Durch eine Verschmelzung der Zielgesellschaft und der Erwerbergesellschaft kann die Trennung der beiden Ebenen aufgehoben und den Kreditgebern direkter Zugriff auf die Vermögenswerte der Zielgesellschaft gewährt werden. Eine solche Verschmelzung der Zielgesellschaft mit der Erwerbergesellschaft *(Upstream Merger)* oder der Erwerbergesellschaft auf das Zielunternehmen *(Downstream Merger)*[173] oder durch Anwachsung[174] erfordert allerdings in der Regel einen erheblichen gesellschaftsrechtlichen und steuerlichen Strukturierungsaufwand.

5. Beherrschungsverträge und Gewinnabführungsverträge

81 Der Abschluss eines Beherrschungs- und/oder Gewinnabführungsvertrages zwischen der Erwerbergesellschaft als herrschender Gesellschaft und der Zielgesellschaft als beherrschter Gesellschaft ist ein in der deutschen Strukturierungspraxis häufig gewähltes Instrument, um die beiden Ebenen – wenn nicht im engeren rechtlichen Sinne, so doch wirtschaftlich und steuerlich – miteinander zu „verschmelzen".[175] Durch das Bestehen eines Beherrschungs-

[169] Der umgekehrte Weg – Übertragung von Vermögenswerten von den Zielgesellschaften auf die Erwerbergesellschaft – steht zwar grundsätzlich auch zur Verfügung, ist aber in aller Regel nicht gewünscht (die operativen Tätigkeiten sollen in einer Hand gebündelt bleiben) und erfordert einen hohen Strukturierungsaufwand (Dokumentation der Übertragungen einzelner Vermögenswerte, Neubestellung/Bestätigung der Sicherheiten an den übertragenen Vermögenswerten, Zahlung und Finanzierung eines angemessenen Kaufpreises durch die Erwerbergesellschaft oder gesellschaftsrechtliche Ermöglichung des Stehenlassens des Kaufpreisanspruchs, negative Steuerfolgen aufgrund Hebung stiller Reserven etc).

[170] Nach überwiegender Ansicht ist die Vertragsübernahme dogmatisch als einheitliches Rechtsgeschäft zu qualifizieren (BGH Urt. v. 20.4.2005 – XII ZR 29/02, NJW-RR 2005, 958 (959) sowie BAG Urt. v. 24.10.1972 – 3 AZR 102/72, DB 1973, 924 (925) und nicht als Kombination aus Schuldübernahme und Abtretung (so noch BGH Urt. v. 10.11.1960 – VII ZR 167/59, NJW 1961, 453 (454)).

[171] Siehe den vorhergehenden Absatz (b). Zum Closing führt die Erwerbergesellschaft die Verschuldung der Zielgesellschaften zurück und erwirbt dadurch einen Aufwendungsersatzanspruch gegen diese. Dieser kann dann durch Übernahme der Finanzierung der Erwerbergesellschaft an Erfüllungs statt befriedigt werden.

[172] Siehe hierzu etwa *Wand/Tillmann/Heckenthaler* AG 2009, 148 (151); MPS-Entscheidung des BGH Urt. v. 1.12.2008 – II ZR 102/07, ZIP 2009, 70 (71); Anmerkungen zur MPS-Entscheidung bei *Altmeppen* ZIP 2009, 49 (52 ff.), *Cahn* in Cahn, ILF Working Papers Series No. 98 (02/2009), S. 4 ff., *Mülbert/Leuschner* NZG 2009, 281 (282 ff.) und *Habersack* ZGR 2009, 347 ff.

[173] § 2 Nr. 1 UmwG.

[174] Anwachsung des Vermögens der Zielgesellschaft auf dasjenige der Erwerbergesellschaft – möglich bei Personengesellschaften durch Austritt aller Gesellschafter bis auf einen, vgl. § 738 Abs. 1 S. 1 BGB.

[175] Siehe zu den steuerlichen Rechtsfolgen einer ertragssteuerlichen Organschaft *Dötsch* in Dötsch/Pung/Möhlenbrock, Die Körperschaftssteuer, § 14 KStG Rn. 690 ff. und zur Durchführung von Gewinnabführungsverträgen *Schell/Schrade* DStR 2017, 86.

oder Gewinnabführungsvertrages werden die Kapitalerhaltungsvorschriften suspendiert.[176] Leider führt dies entgegen dem Gesetzeswortlaut nach wohl überwiegender Meinung nicht dazu, dass Upstream-Sicherheiten und -Garantien für die Akquisitionsfinanzierung unbeschränkt zulässig sind; vielmehr ist es bei Bestehen eines Beherrschungs- und/oder Gewinnabführungsvertrags stattdessen erforderlich, dass die herrschende Gesellschaft auch zum Verlustausgleich tatsächlich imstande ist, ein entsprechender Verlustausgleichsanspruch also werthaltig ist, wobei es für die Frage des ob und der Höhe eines eventuellen Verlustausgleichsanspruchs auf die ex-ante-Perspektive bei Sicherheitsgewährung ankommt.[177]

G. Steuerliche Aspekte im Zusammenhang mit der Akquisitionsfinanzierung

I. Abzugsfähigkeit des Zinsaufwandes beim Kreditnehmer

Zinsaufwendungen (und sonstige Vergütungen) für den Kredit sind beim Kreditnehmer steuerlich grundsätzlich abzugsfähig. Dies gilt auch für erfolgsabhängig ausgestaltete Vergütungen wie bei partiarischen Darlehen, typisch stillen Beteiligungen, Gewinnobligationen und nicht beteiligungsähnlichen Genussrechten. 82

Allerdings ergibt sich aus der Zinsschranke (§ 4h EStG sowie § 8a KStG) eine allgemeine Grenze für den steuerlichen Abzug der Vergütungen. Hiernach sind *Netto*zinsaufwendungen[178] eines Betriebs, soweit sie die Freigrenze von 3 Mio. Euro pro Wirtschaftsjahr übersteigen,[179] grundsätzlich nur bis zur Höhe von 30 % des sog. steuerlichen EBITDA[180] abzugsfähig; nicht abzugsfähige Beträge werden vorgetragen und erhöhen als sogenannter Zinsvortrag die Zinsaufwendungen der Folgejahre. Die Zinsschranke sieht einige wenige Ausnahmen vor,[181] die Gestaltungsmöglichkeiten zur Vermeidung der Zinsschranke sind allerdings beschränkt.[182] 83

Unabhängig davon, kommt es für Zwecke der Gewerbesteuer grundsätzlich zu einer Hinzurechnung von 25 % der (abzugsfähigen) Vergütungen, dh abzugsfähig sind – auch bei Nichteingreifen der Zinsschranke – im Ergebnis nur 75 % der Vergütungen (vgl. § 8 Nr. 1 lit. a GewStG). 84

---

[176] § 30 Abs. 1 S. 2 GmbHG; § 57 Abs. 1 S. 3 AktG.

[177] Die Geschäftsführung der Zielgesellschaft kann sich nicht ohne weiteres auf das Bestehen des Beherrschungs- oder Gewinnabführungsvertrages verlassen, sondern muss die Rechtmäßigkeit der Weisung des herrschenden Unternehmens zum Abschluss der aufsteigenden Sicherheiten anhand einer kaufmännischen Prognoseentscheidung prüfen. Spricht eine hohe Wahrscheinlichkeit für die Verwertung der Sicherheiten und für die Wertlosigkeit oder Nichtdurchsetzbarkeit des Ausgleichsanspruchs der Zielgesellschaft gegen die Erwerbergesellschaft im Verwertungsfall, kann die Weisung rechtswidrig sein und darf nicht befolgt werden. Zum Ganzen eingehend *Langenbucher* in Schmidt/Lutter, Aktiengesetz, § 308 Rn. 31 ff.; *Altmeppen* in MüKAktG § 308 Rn. 119 ff.; *Diem* in Diem, Akquisitionsfinanzierungen, §§ 46 und 49 sowie *Koch* in Hüffer/Koch, Aktiengesetz, § 308 Rn. 19.

[178] Die Zinsschranke beschränkt nur die Abzugsfähigkeit der Nettozinsaufwendungen. Bis zur Höhe des Zinsertrags sind Zinsaufwendungen grundsätzlich in voller Höhe abzugsfähig.

[179] Überschreiten die Zinsaufwendungen diese Freigrenze, ist die Zinsschranke auf sämtliche Zinsaufwendungen (dh nicht nur auf den übersteigenden Betrag) anzuwenden. Durch das Bürgerentlastungsgesetz Krankenversicherung vom 16.7.2009 (BStBl. 2009 S. 782) wurde die ursprüngliche Freigrenze von 1 Mio. Euro auf 3 Mio. EUR erhöht. Die erhöhte Freigrenze gilt erstmals für Wirtschaftsjahre, die nach dem 25.5.2007 beginnen und nicht vor dem 1.1.2008 enden (§ 52d Abs. 12d S. 3 EStG aF).

[180] Steuerlicher Gewinn vor Zinsertrag, Zinsaufwand und Abschreibungen.

[181] Neben der Freigrenze sind zu nennen die sog. Stand-Alone-Klausel des § 4h Abs. 2 S. 1 lit. b (Betrieb gehört keinem Konzern an) sowie die Escape-Klausel des § 4h Abs. 2 S. 1 lit. c (Eigenkapitalquote des Betriebs ist gleich hoch oder höher als die des Konzerns).

[182] Vgl. zu den (wenigen) Gestaltungsmöglichkeiten *Reiche/Kroschewski* DStR 2007, 1330 ff.; *Korn/Strahl* KÖSDI 2007, 15783 (15785 ff.); *Kußmaul/Ruiner/Schappe* GmbHR 2008, 505 ff.; *Dörr/Fehling* Ubg 2008, 345 ff.; *Prinz* FR 2008, 441.

II. Besteuerung des Kreditgebers

85 Keine Besonderheiten ergeben sich bei in Deutschland unbeschränkt steuerpflichtigen Kreditgebern. Bei diesen sind die Vergütungen aus dem Kreditvertrag – ebenso wie etwaige Gewinne bei der Veräußerung der Kreditforderung an Dritte – ertragsteuerlich nach allgemeinen Grundsätzen zu erfassen.

86 Ausländische Kreditgeber können demgegenüber nur unter gewissen Umständen mit der Vergütung aus dem Kreditvertrag in Deutschland steuerpflichtig sein. Hierbei ist zunächst nach deutschem nationalen Steuerrecht zu prüfen, ob eine beschränkte Steuerpflicht besteht. Das ist etwa der Fall, wenn der Kredit durch eine Betriebsstätte des ausländischen Kreditgebers in Deutschland ausgegeben wird.[183] Wird der Kredit demgegenüber aus dem Ausland heraus ausgereicht, sind Vergütungen, die von einem in Deutschland ansässigen Kreditnehmer gezahlt werden, regelmäßig nur in zwei Fällen zu erfassen: Zum einen, wenn die Höhe der Vergütung für die Kreditgewährung in bestimmter Weise vom Unternehmenserfolg des Kreditnehmers abhängig gemacht wird[184] und zum anderen, wenn der Kredit in Deutschland durch inländischen Grundbesitz (oder dergleichen) besichert ist.[185] Die Besicherung im Inland genügt für die Steuerpflicht dabei selbst dann, wenn der Kreditnehmer nicht in Deutschland ansässig ist.

87 Besteht aufgrund nationalen Steuerrechts eine beschränkte Steuerpflicht, ist sodann zu prüfen, ob Deutschland das Besteuerungsrecht durch ein anwendbares Doppelbesteuerungsabkommen genommen ist. Dabei steht Deutschland nach den Abkommen mit einem Teil der Länder grundsätzlich kein Besteuerungsrecht hinsichtlich der Zinsen zu, solange der Kredit nicht über eine Betriebstätte in Deutschland ausgereicht wurde.[186] In den Abkommen mit vielen anderen Ländern wird die deutsche Besteuerung hingegen nicht vollständig aufgehoben, sondern – in Anlehnung an das OECD-Musterabkommen – lediglich der Höhe nach, meist auf 10 % der Vergütungen, begrenzt.[187] Für erfolgsabhängige Vergütungen gelten diese abkommensrechtlichen Beschränkungen des deutschen Besteuerungsrechts bisweilen aber nur eingeschränkt.[188]

88 Die vorstehend beschriebenen steuerlichen Folgen treffen zwar unmittelbar den Kredit*geber,* aufgrund der Vertragsdokumentation (und entsprechend den Vertragsvorlagen der

---

[183] § 49 Abs. 1 Nr. 2 lit. a EStG.

[184] § 49 Abs. 1 Nr. 5 lit. a EStG. Erfasst sind hier über § 20 Abs. 1 Nr. 1 EStG beteiligungsähnliche Genussrechte, über § 20 Abs. 1 Nr. 4 EStG stille Beteiligungen bzw. partiarische Darlehen, sowie unmittelbar durch § 49 Abs. 1 Nr. 5 lit. a Hs. 2 EStG Gewinnobligationen. Allein die Anknüpfung des Zinssatzes an Veränderungen der Fremdkapitalquote des Kreditnehmers, etwa im Rahmen einer sog. Margin Ratchet, führt hingegen regelmäßig nicht zur Annahme derartiger erfolgsabhängiger Vergütungen.

[185] § 49 Abs. 1 Nr. 5 lit. c, aa EStG. Der Grundbesitzbesicherung ist die Besicherung durch grundstücksgleiche Rechte wie beispielsweise Wohnungseigentum oder Erbbaurechte sowie durch in inländische Register eingetragene Schiffe gleichgestellt. Grundsätzlich genügt auch eine nur mittelbare Besicherung, solange dem Kreditgeber dadurch aus eigenem Recht eine Befriedigung aus der Sicherheit ermöglicht wird.

[186] So ist dies etwa in den Abkommen mit Frankreich, Großbritannien, Luxemburg, den Niederlanden oder den USA geregelt.

[187] So ist dies etwa in den Abkommen mit Australien, Italien und Kanada geregelt.

[188] Dies beruht vor allem darauf, dass erfolgsabhängige Darlehensvergütungen teilweise Dividenden gleichgestellt werden. In der Folge gelten regelmäßig höhere Steuersatzbeschränkungen oder entfallen diese gar vollständig. Vergünstigungen sind regelmäßig von einer gewissen Mindestbeteiligung des Kreditnehmers am Kreditgeber abhängig. Die Qualifikation erfolgt je nach Abkommen sehr unterschiedlich. Während in einer Reihe von Abkommen, wie beispielsweise denjenigen mit Frankreich oder den USA, Genussrechte, typisch stille Beteiligungen, partiarische Darlehen sowie Gewinnobligationen einheitlich wie Dividenden behandelt werden, differenzieren andere Abkommen, wie etwa dasjenige mit Luxemburg, zwischen beteiligungsähnlichen Genussrechten sowie stillen Beteiligungen einerseits (Behandlung als Dividenden) und nicht beteiligungsähnlichen Genussrechten, partiarischen Darlehen sowie Gewinnobligationen andererseits (Behandlung als Zinsen). In anderen Abkommen wiederum, etwa dem Abkommen mit Österreich, werden erfolgsabhängige Darlehensvergütungen zwar überwiegend zunächst den Zinseinkünften zugewiesen; gleichzeitig werden allerdings die für Zinseinkünfte grundsätzlich geltenden Begrenzungen insofern aufgehoben.

LMA) verpflichtet sich der Kredit*nehmer* jedoch regelmäßig zur Erstattung aller den Kreditgeber im Ansässigkeitsstaat des Kreditnehmers treffenden Steuern, soweit die Steuerpflicht nicht auf der Ansässigkeit des Kreditgebers oder auf der Zugehörigkeit des Kredits zu einer Betriebstätte des jeweiligen Kreditgebers beruht *(Tax Indemnity Clause)*.[189]

III. Kapitalertragsteuer

In Deutschland fällt auf Zinszahlungen regelmäßig keine Kapitalertragsteuer an, solange der **89** Kreditnehmer kein inländisches Kredit- oder Finanzdienstleistungsinstitut ist und es sich nicht um bestimmte verbriefte oder registrierte Kreditforderungen handelt.[190] Handelt es sich hingegen um eine erfolgsabhängige Kreditvergütung und ist diese beim Kreditgeber nach den eben dargestellten Kriterien der unbeschränkten oder beschränkten Steuerpflicht zu unterwerfen, kann der Kreditnehmer in bestimmten Fällen bei der Auszahlung der Vergütung zur Einbehaltung (und Abführung) von Kapitalertragsteuer in Höhe von effektiv insgesamt 26,375 % (25 % Kaptalertragssteuer zuzüglich Solidaritätszuschlag in Höhe von 5,5 % hierauf) verpflichtet sein.[191] Etwaig bestehende abkommensrechtliche Erleichterungen vermögen an dieser Einbehaltenspflicht regelmäßig nichts zu ändern.[192] Die einbehaltene Kapitalertragsteuer kann dem ausländischen Kreditgeber bei entsprechendem Abkommensschutz aber grundsätzlich nachträglich erstattet werden.[193]

Angelehnt an die Vertragsvorlagen der LMA sehen die Kreditverträge im Regelfall vor, **90** dass die Kreditvergütung vom Kreditnehmer in dem erforderlichen Maße aufzustocken ist, um dem Kreditgeber nach Einbehalt der Kapitalertragsteuer tatsächlich den Betrag auszahlen zu können, den er erhalten hätte, wenn es keine Einbehaltenspflicht gäbe *(Tax Gross-up Clause)*. Diese Regelung wird umgekehrt ergänzt durch ein Abschöpfen eventueller mit dieser Aufstockung zusammenhängender Steuervorteile beim Kreditgeber *(Tax Credit Clause)*.

---

[189] In der Praxis werden darüber hinausgehend häufig auch die Fälle, in denen sich die Steuerpflicht aus einer Grundbesicherung des Kredits ergibt, von der Erstattungspflicht ausgenommen.

[190] Zu diesen Kreditforderungen zählen solche, die in ein öffentliches Schuldbuch bzw. ein ausländisches Register eingetragen sind oder über Sammelurkunden bzw. Teilschuldverschreibungen ausgegeben werden.

[191] § 43 Abs. 1 S. 1 Nr. 1–3, § 43a Abs. 1 S. 1 Nr. 1, § 44 Abs. 1 S. 3 EStG.

[192] Vgl. § 50d Abs. 1 S. 1 EStG. Abgesehen von Bagatellfällen gibt es Ausnahmen von der Einbehaltenspflicht grundsätzlich lediglich, wenn der betreffende körperschaftlich verfasste Kreditgeber an dem Kreditnehmer wesentlich beteiligt oder sonst mit diesem verbunden ist.

[193] Werden die Vergütungen an Gesellschaften gezahlt, so sind hierbei die Anforderungen des § 50d Abs. 3 EStG, unter anderem an eine Mindestsubstanz der Gesellschaft, zu beachten. Vgl. allerdings zur Europarechtswidrigkeit des § 50d Abs. 3 EStG idF des JStG 2007 das Urteil des EuGH Urt. v. 20.12.2017 – C-504/16 und C-613/16, Deister Holding und Juhler Holding, ECLI:EU:C:2017:1009; sowie zur europarechtlichen Beurteilung des § 50d Abs. 3 EStG nF den Vorlagebeschluss des FG Köln Beschl. v. 17.5.2017 – 2 K 773/16, EFG 2017, 1518.

§ 16 Steuerliche Fragen der Akquisitionsfinanzierung und Rekapitalisierung einer deutschen Zielgesellschaft

Übersicht

A. Einleitung: Ziele einer aus steuerlicher Sicht optimierten Akquisitionsfinanzierung

1 Typischerweise werden Unternehmensakquisitionen durch Private-Equity Investoren fremdfinanziert.[1] Anschließend wird das Fremdkapital mit dem Vermögen des erworbenen Unternehmens besichert und aus dessen Ertragskraft zurückgezahlt (klassische *„Leverage-buy-outs"*). Parallel hierzu erfolgen Rationalisierungsmaßnahmen, die sich nicht selten in Personalfreisetzungen und in der Schließung unprofitabler Unternehmensteile niederschlagen. Das so restrukturierte Unternehmen soll daraufhin mit möglichst hohem Gewinn weiterverkauft werden.

2 Während die Fremdfinanzierungsquote in der Boomphase von Private-Equity-Transaktionen vor Beginn der Finanzkrise im Sommer 2007 sehr hoch war (ca. 70–80 %), hat diese sich bis 2010deutlich verringert (in manchen Fällen sogar auf ca. 50 % oder weniger), d. h. der Anteil betriebswirtschaftlich teuren Eigenkapitals im Verhältnis zum Fremdkapital stieg mit zunehmender Tendenz. Bis 2013 war in Deutschland ein weiterhin starker Rückgang der Private-Equity-Investitionen zu beobachten,[2] der sich seitdem normalisiert hat. Die Finanzkrise hat den deutschen Private-Equity-Markt nicht dauerhaft beeinträchtig.[3] In den letzten Jahren sind dabei LBO Transaktionen in den Mittelpunkt gerückt. Beleg dafür ist die besondere Behandlung im Rahmen des Zwölf-Punkte-Plans der Bundesregierung zur weiteren Modernisierung und Vereinfachung des Unternehmensteuerrechts.[4] Dort wurde ein über die Zinsschranke hinausgehendes Finanzierungsabzugsverbot vorgeschlagen, ist aber nicht zustande gekommen.[5] Vertreter der Finanzverwaltung greifen dieses Modell an, indem sie darin eine vGA sehen.[6] Zutreffend ist der anderen Ansicht beizupflichten, die sowohl einen Vermögensnachteil aufseiten des Targets als auch eine gesellschaftliche Veranlassung verneint, sodass eine vGA bei der Gewinnrepatriierung ausscheidet.[7]

3 Bei Einsatz eines „Schuldenhebels" (so genannte *Leverage*-Transaktion), der neben der betriebswirtschaftlichen[8] gerade auch der steuerlichen Optimierung dient[9] und dessen Ein-

[1] Zur typischen Strukturierung der Fremdfinanzierung als Senior Loan, Second Lien, Mezzanine Loan und ggf. High Yield Bonds (jeweils inklusive Sonderformen) *Jetter* in Eilers/Rödding/Schmalenbach, Unternehmensfinanzierung, 2. Aufl. 2014, S. 219 ff.; Diem, Akquisitionsfinanzierung, 3. Auflage 2013, § 5 Rn. 1 ff. S. a. Ingenhoven in § 12.

[2] Statistische Nachweise bei *Weinheimer/Renner* in Hölters, Handbuch Unternehmenskauf, 9. Aufl. 2019, Rn. 14.33 ff.

[3] *Eilers/Koffka* in Eilers/Koffka/Mackensen/Paul, Private Equity, 3. Aufl. 2018, S. 2, Rn. 10.

[4] Maßnahmenkatalog vom 14. Februar 2012, Punkt 9; wiedergegeben bei *Häuselmann* SteuK 2012, 113 (115); Analyse mit Beispielsfällen bei *Blumenberg* RdF 2012, 239.

[5] Dazu *Ehlermann/Nakhai* ISR 2012, 29 (34) mwN; s. a. *Blumenberg* RdF 2012, 239 (249 f.), der den Regierungsentwurf und die Ansicht der FinVerw., dass bei LBO-Transaktionen eine vGA zu beanstanden sei, mit überzeugenden Argumenten verwirft.

[6] Vgl. *Ruthe* StBp 2012, 121 (125 ff); *Ruthe* StBp 2013, 153 ff.

[7] Vgl. *Berger* StuB 2012, 903 (906 ff.); *Schweltik* StBp 2012, 80; v. a. hinsichtlich der betriebswirtschaftlichen Überlegungen, die eine positive Haltung gegenüber dieser Gestaltung gebieten, s. dazu ausf. *Otto* AG 2013, 357 ff.

[8] Zum betriebswirtschaftlichen und rechtstatsächlichen Hintergrund *Eidenmüller* ZHR 171 (2007); 644 (655 ff.); *Eilers/Koffka* in Eilers/Koffka/Mackensen/Paul, Private Equity, 3. Aufl. 2018, S. 1, Rn. 1 ff.; *Kussmaul/Pfirmann-/Tcherveniachki* DB2005, 2533 ff.; *Seibt* ZHR 171 (2007), 282 (283, 387 ff.); *Kuntz* ZIP 2008, 814; *Schäffler* BB Special 2006, 1; *Füger/Rieger* Börsen-Zeitung v. 11. Oktober 2006, 2;

satz daher nach wie vor grundsätzlich seine Berechtigung hat, erfolgt der Erwerb der Anteile der Zielgesellschaft (nachfolgend „Target") aus unterschiedlichen Gründen[10] regelmäßig zunächst über eine in deren Sitzstaat erworbene oder gegründete Zweckkapitalgesellschaft(en) (nachfolgend „*NewCo*"), die in der Regel wiederum von mehreren Zwischengesellschaften des/der Private-Equity Fonds gehalten wird.

4 Diese NewCo nimmt in aller Regel die zur Zahlung des Kaufpreises und der Transaktionskosten sowie zur Refinanzierung bestehender Finanzierungen der Target-Gruppe benötigten Fremdmittel auf. Dabei sind die allgemeinen steuerlich relevanten Rahmenbedingungen für Akquisitionsfinanzierungen zu beachten, wie sie unter B. zusammengefasst sind. Darauf basierend werden unter C. die steuerlichen Besonderheiten mit Bezug auf eine typische Akquisitionsstruktur erläutert.

5 Üblicherweise wird nur die Refinanzierungstranche der Fremdmittelaufnahme durch NewCo (etwa im Wege von Gesellschafterdarlehen oder im Wege des (befreienden) Schuldbeitritts) direkt an die Target-Gruppe weitergeleitet, während die Finanzierung im Übrigen bei der NewCo verbleibt. Die NewCo verfügt in aller Regel allerdings nicht über nennenswertes eigenes steuerliches Einkommen,[11] mit dem der aus der Fremdmittelaufnahme resultierende Zinssaufwand verrechnet werden kann. Steuerliches Hauptziel der Strukturierung der Akquisitionsfinanzierung einer Private-Equity Transaktion ist daher regelmäßig, diesen Zinsaufwand mit zukünftigen Erträgen des Targets aus dessen operativer Tätigkeit[12] zusammenzuführen, um hierdurch zum einen eine steuerliche Verrechenbarkeit zu erreichen und zum anderen die Zahlung der Zinsen und die Tilgung unabhängig von der Ausschüttungspolitik gestalten zu können. Hierdurch wird die Steuerquote in Bezug auf das Investment optimiert werden.[13] Steuerlich gilt es daher, die juristisch selbständigen Einheiten[14] NewCo und Target zu einer steuerlichen Einheit zusammenzuführen, ohne nachteilige Steuerfolgen, wie insbesondere vorhandene steuerliche Verlustvorträge zu eliminieren. Unterschiedliche Wege einen solchen Debt-push down zu erreichen werden unter D. dargestellt.

6 Die steuerliche Strukturierung der Akquisitionsfinanzierung einer Private-Equity Transaktion soll ferner den möglichst steuerschonenden, d. h. insbesondere auch quellensteuerfreien Transfer von Erträgen des Targets zu dem/den in aller Regel ausländischen Private-Equity Investor(en) ermöglichen. Zu diesen Fragen der Gewinnrepatriierung siehe im Überblick unter E.

Tcherveniachki, Kapitalgesellschaften und Private-Equity-Fonds, S. 49 ff. *Jaques* in Ettinger/Jaques, Beck'sches Handbuch Unternehmenskauf im Mittelstand, 2. Aufl. 2017, Kap. E Rn. 5 ff.; *Gröger* in Hölters, Unternehmenskauf, 9. Aufl. 2019, Rn. 5.300 ff.; *Otto* AG 2013, 357 ff.; *Ruthe* StBp 2010, 301 ff.

9 Vgl. *Eilers* in Eilers/Koffka/Mackensen/Paul, Private Equity, 3. Aufl. 2018 S. 316, Rn. 1.

10 So kann bspw. im Hinblick auf die Bedürfnisse der finanzierenden Banken über eine Anteilsverpfändung der Anteile an NewCo eine umfassende, dennoch aber auf das konkrete, zu refinanzierende Investment des PE-Investors beschränkte Sicherheit bereitgestellt werden. Steuerlich soll insbesondere mit Blick auf den späteren Exit eine steuergünstige Veräußerung der Anteile erreicht werden.

11 Von NewCo vereinnahmte Dividenden sind aufgrund der de facto 95%igen Steuerfreiheit (§ 8 b Abs. 1 iVm Abs. 5 KStG) hierfür zu einem wesentlichen Teil nicht nutzbar. Zweifelhaft ist freilich, ob bzw. inwieweit das BFH-Urteil v. 14. Januar 2009, I R 36/08, IStR 2009, 282, nach dem bestimmte Holdinggesellschaften aufgrund § 8 b Abs. 7 S. 2 KStG die zuvor beschriebene Steuerfreiheit nicht nutzen können, eine Neuorientierung auslösen kann. Vgl. zu diesem Urteil zB *Jacob/Scheifele* IStR 2009, 304 ff.

12 Bzw. soweit überschießender Zinsaufwand verbleibt: mit Erträgen von Gruppengesellschaften.

13 *Eilers/Koffka* in Eilers/Koffka/Mackensen/Paul, Private Equity, 3. Aufl. 2018, S. 1, Rn. 1ff; *Eilers* in Eilers/Koffka/Mackensen/Paul, Private Equity, 3. Aufl. 2018. S. 316, Rn. 3; S. 319, Rn. 10 weist zutreffend darauf hin, dass der Steuerplanung gerade bei einem Private-Equity Investment eine herausragende Bedeutung zukommt: Denn Steuerbelastungen sind nicht nur „Liquiditätsposten" und „gestaltungserheblich", sondern – und diesem Gesichtspunkt kommt zunehmend verstärkte Bedeutung zu – können die Finanzierungsparameter sehr kritisch verschieben. In diesem, letztlich auch im Interesse der NewCo als Darlehensnehmerin liegenden, Kontext sind Steuergewährleistungen und -zusicherungen (Representations und Covenants) sowie Steuerklauseln der Kreditverträge zu sehen.

14 Eher selten ist der Erwerb einer Personengesellschaft bzw. die Nutzung einer Personengesellschaft als Erwerbszweckgesellschaft. Die Einschaltung einer zusätzlichen inländischen Personengesellschaft, die die Anteile an NewCo hält, kann freilich mit Blick auf § 50 d Abs. 3 EStG sinnvoll sein, → Rn. 108 ff.

Weitere steuerliche Strukturierungsparameter der Akquisitionsfinanzierung einer Private-Equity-Transaktion sind die Sicherstellung der Integrationsvariabilität im Hinblick auf zukünftige Akquisitionen und angesichts des üblicherweise mittelfristigen Anlagehorizonts eines Private-Equity Investors das Vorsehen steuerschonender Exit-Alternativen aus dem Investment.[15] Neben den klassischen Exit Formen Verkauf, Secondary-Buy-out und IPO stehen hier zunehmend alternative (Teil-)Exit Strategien zur (fremdfinanzierten) Hebung von stillen Reserven bzw. der Ersetzung von Eigen- durch Fremdkapital (sogenannte Rekapitalisierungen oder Leveraged Re-Capitalizations) im Fokus (dazu unter F.). **7**

Aus Platzgründen ausgeklammert bleiben im Folgenden neben der Erwähnung einiger allgemeiner, bereits bei der Konzeption einer Private-Equity Transaktion zu beachtender, Gesichtspunkte steuerliche Fragen der Restrukturierung notleidender Private-Equity Akquisitionsfinanzierungen (Debt Restructuring, Debt-Buy-backs).[16] **8**

B. Überblick über die steuerrechtlichen Parameter einer Akquisitionsfinanzierung

I. Grundsatz der Finanzierungsfreiheit

Die rechtlichen Gestaltungsparameter einer Akquisitionsfinanzierung sind komplex und vielgestaltig. Neben gesellschafts-[17] und bilanzrechtlichen[18] Vorgaben nehmen insbesondere steuerliche Regelungen Einfluss auf Transaktionsstruktur und Finanzierungsform einer Unternehmensakquisition. **9**

Steuerlicher Ausgangspunkt ist der so genannte Grundsatz der Finanzierungsfreiheit.[19] Danach steht es den Gesellschaftern frei, ihre Gesellschaft wahlweise mit Eigen- oder Fremdkapital auszustatten, und zwar auch in Fällen, in denen die Gesellschaft weder über Vermögen oder stille Reserven verfügt, die zur Schuldendeckung herangezogen werden können[20] oder unmittelbar vor Aufnahme der für betriebliche Aufwendungen eingesetzten Finanzierung Mittel entnommen wurden.[21] Die Entscheidung eines Gesellschafters, der Gesellschaft Fremd- statt Eigenkapital zur Verfügung zu stellen, ist nach Auffassung des BFH[22] auch unter dem Gesichtspunkt des § 42 AO grundsätzlich hinzunehmen. Allerdings wird die steuerliche Finanzierungsfreiheit durch zahlreiche, unterschiedliche Zwecke verfolgende Einzelvorschriften eingeschränkt. Zu nennen sind u. a.:[23] Zinsschranke und Grenzen der Gesellschafterfremdfinanzierung (§§ 4h EStG, 8a KStG),[24] Überentnahmebesteuerung (§ 4 Abs. 4a **10**

---

15 *Eilers* in Eilers/Koffka/Mackensen/Paul, Private Equity, 3. Aufl. 2018, S. 316, Rn. 1.

16 Vgl. dazu *Schmidt/Mielke* Ubg 2009, 395 ff.; *Schmidt/Schlitt* Der Konzern 2009, 279 ff.; *Friedl/Natusch* Finanz-Betrieb 2009, 227 ff.

17 Vgl. allgemein *Hirte* in Lutter/Scheffler/Schneider, Handbuch der Konzernfinanzierung, § 35; zu den Änderungen durch das MoMiG *Burg/Westerheide* BB 2008, 62 ff.; *Heinze* GmbHR 2008, 1065 ff.; *Winter* DStR 2007, 1484 ff.

18 Breuninger, StbJb. 2002/2003, S. 336 ff.

19 BFH Urt. v. 5. Februar 1992, I R 127/90, BStBl. 1992, Teil II, 533; BFH Urteil v. 5. Februar 1992, I R 79/89, BFH/NV 1992, 629; BFH Urt. v. 8. Dezember 1997, GrS 1–2/95, BStBl. 1998, Teil II, 193; BFH Urt. v. 6. November 2003, IV R 10/01, BFH/NV 2004, 697; vgl. auch BMF–Schreiben v. 16. September 1992, IV B 7-S 2747-61/92, BStBl. 1992, Teil I, 653; ferner Breuninger, StbJb. 2002/2003, S. 336 ff.; s. dazu auch Jacobs, Internationale Unternehmensbesteuerung, 8. Aufl. 2016, S. 947 mwN.

20 ZB negatives Kapitalkonto, vgl. BFH Urt. v. 23. Juli 1986, I B 25/86, BStBl. II 1987, 328; BFH Urt. v. 15. November 1990, IV R 97/82, BStBl. II 1991, 226.

21 Vgl. nur BFH Urt. v. 4. Juli 1990, GrS 2–3/88, BStBl. II 1990, 817, C II 3e; BFH Urt. v. 8. Dezember 1997, GrS 1–2/95, BStBl. II 1998, 193; BFH Urt. v. 20. Juni 2000, VIII R 57/98, BFH/NV 2001, 28; BFH Urt. v. 4. November 2004, III R 5/03, BStBl. II 2005, 277.

22 BFH Urt. v. 5. Februar 1992, I R 127/90, BStBl. II 1992, 533.

23 Im Folgenden wird ausschließlich auf die Rechtslage nach Inkrafttreten des Unternehmensteuerreformgesetz 2008 eingegangen (zu einem Überblick vgl. *Rödder* in Schaumburg/Rödder, Unternehmensteuerreform 2008, S. 351 ff.).

24 Dazu Bundesministerium der Finanzen: Schreiben v. 4. Juli 2008, IV C 7-S 2742-a/07/10001, BStBl. I 2008, 718.

EStG), Mindestbesteuerung (§ 10d Abs. 2 EStG), gewerbesteuerliche Hinzurechnung für Finanzierungsaufwendungen (§ 8 Nr. 1 GewStG), Abzinsungsgebot gem. § 6 Abs. 1 Nr. 3 EStG bei unverzinslichen langfristigen Darlehen,[25] Regelungen über das Dotationskapital,[26] § 1 AStG im Hinblick auf die Berichtigung von Einkünften sowie der (teilweise) Wegfall von Verlust- oder Zinsvorträgen bei bestimmten Anteilsübertragungen (§ 8c KStG).[27]

II. Zinsschranke (§§ 4h EStG, 8a KStG)

1. Tatbestandsvoraussetzungen und Wirkungsweise

11 Hintergrund der Einführung der Zinsschranke waren neben der Gegenfinanzierung der Unternehmensteuerreform 2008 vor allem die Sicherung von Steuersubstrat durch die Beseitigung von [angeblichen] *„Schwächen"* des § 8a KStG a. F.[28] Neben bestehenden[29] müssen künftige Akquisitionsfinanzierungsstrukturen unter Berücksichtigung der Zinsschrankenregelung strukturiert werden, die alle (kurz- und langfristigen) Finanzierungen betrifft.[30]

12 Bevor die Regelung der Zinsschranke im Einzelnen behandelt wird, muss dem Berater bewusst sein, dass die Verfassungsmäßigkeit des § 4h EStG aktuell auf dem Prüfstand steht.[31] Der BFH hat ernsthafte Zweifel gegenüber der Vereinbarkeit der Vorschrift mit dem objektiven Nettoprinzip und dem Gleichbehandlungsgrundsatz des Art. 3 Abs. 1 GG geäußert und die Sache dem BVerfG vorgelegt,[32] was in der Literatur begrüßt wurde.[33] U. E. ist der Vorwurf der Verfassungswidrigkeit unbegründet, da eine Ungleichbehandlung jedenfalls aufgrund des Lenkungszwecks der Norm[34] – Stärkung des Eigenkapitals –[35]

[25] Dazu Bundesministerium der Finanzen: Schreiben v. 26. Mai 2005, IV B 2-S 2175–7105, BStBl. I 2005, 699.

[26] Dazu Bundesministerium der Finanzen: Schreiben v. 24. Dezember 1999, IV B 4-S 1300-111/09, BStBl. I 1999, 1076 ff.

[27] Dazu BMF, Urt. v. 4. Juli 2008, IV C 7-S 2745-a/08/10001, BStBl. 2008, Teil I, 736; vgl. auch *Eilers* FR 2008, 733 (734).

[28] Hierzu zählen eine übermäßige Down-stream-Inboundfinanzierung durch die ausländische Muttergesellschaft, Up-stream-Inboundfinanzierungen durch ausländische Tochtergesellschaften und die Refinanzierung von Outboundinvestitionen, BT-Drs. 16/4841, S. 56; vgl. hierzu auch *Rödder/Stangl* DB 2007, 479 ff.; *Töben/Fischer* Ubg 2008, 149 ff.; Diem/Jahn, Akquisitionsfinanzierungen, 4. Auflage 2019, § 3 Rn. 12; *Schwedhelm* in Streck, KStG, 9. Aufl. 2018, § 8a Rn. 1.

[29] Insoweit kann in der Praxis die Problematik bestehen, dass Private Equity-Finanzierungen aufgrund der Laufzeit der Kreditverträge, sofern diese nicht bereits ausreichende Steuerklauseln enthalten, nicht ohne die Zustimmung der Banken zufriedenstellend angepasst werden können.

[30] Zu den verschiedenen Bankentgelten und ihrer Handhabung bzgl. der Zinsschranke, vgl. *Haase/Greil* DStR 2016, 273 (275 ff.).

[31] BVerfG – 2 BvL 1/16, anhängiges Verfahren.

[32] Vgl. BFH Urt. v. 14. Oktober 2015 – I R 20/15, BFH/NV 2016, 475 = DStR 2016, 301 Rz. 13 ff.; dazu *München/Mückl* DB 2016, 597; schon vorher BFH Urt. v. 13. März 2012 – I B 111/11, BStBl II 2012, 611 = BB 2012, 2286 mAnm Tschesche; dazu *Marquart/Jehlin* DStR 2013, 2301; BFH Urt. v. 18. Dezember 2013 – I B 85/13, BStBl II 2014, 947 =. FR 2014, 560 mAnm Hick. Auf die letztgenannte Entscheidung hat die FinVerw. mit einem Nichtanwendungserlass reagiert, vgl. BMF Urt. v. 13. November 2014 – IV C 2 – S 2742-a/07/10001:009, BStBl I 2014, 1516 = FR 2014, 1104, wonach angesichts des Zinsvortrags bloß eine Verschiebung der Geltendmachung von Betriebsausgaben vorliegt.

[33] Vgl. *Förster* in Gosch, KStG, 3. Aufl. 2015, § 8a Rn. 50; *Weggenmann/ Claß* BB 2016, 1175; *München/ Mückl* DB 2016, 497; *Loschelder* in Schmidt, EStG, 38. Aufl. 2019, § 4h Rn. 4. Zu den Auswirkungen der Zinsschranke auf in der Krise befindliche oder neugegründete Unternehmen, vgl. *Goebel/Eilinghoff* DStZ 2010, 550 (555). Zum Verstoß gegen Art. 14 Abs. 1 GG, vgl. *München/Mückl* DStR 2014, 1469 (1474 ff.); ausführlich zur Frage, ob ein Grundrechtseingriff vorliegt *Frotscher* in Frotscher/Geurts, EStG, § 4h EStG Rn. 8 ff. der eine Grundrechtsverletzung bejaht, sofern ein Gewinn versteuert werden muss, der handelsrechtlich nicht entstanden ist, Rn. 13, eine Gleichheitsverletzung aber ablehnt; aA für die Verfassungsmäßigkeit der Zinsschranke *Heuermann* DStR 2013, 1; *Heuermann* in Blümich, EStG, 147. Aufl. 2019, § 4h Rn. 25; Staats, Ubg 2014, 520; *Kollruss* Wpg 2017, 918.

[34] Grundsätzlich zur Möglichkeit der Rechtfertigung durch außerfiskalische Förderungs- und Lenkungsziele stRSpr BVerfG Urt. v. 9. Dezember 2008 – 2 BvL 1, 2/07, 2 BvL 1, 2/08, BVerfGE 122, 210 = DStR 2008, 2460 Rn. 59 mwN; aA bzgl. der Zinsschranke *Prinz* DB 2013, 1571 f.

[35] BT-Drs. 16/4841, S: 31: Die sog. Zinsschranke bei der Körperschaftsteuer ist grds. gegen eine übermäßige Fremdkapitalfinanzierung der Unternehmen gerichtet und soll verhindern, dass allein aus Gründen der Steueroptimierung eine hohe Fremdkapitalquote angestrebt wird.

gerechtfertigt wäre.[36] Zudem sind die Entwicklungen auf europäischer Ebene zu berücksichtigen, da durch den BEPS-Aktionspunkt 4[37] und Art. 4 ATAD[38] mit der Zinsschranke vergleichbare Regelung geschaffen wurden,[39] was entweder für die Beibehaltung[40] und europarechtskonforme Auslegung der nationalen Vorschrift oder deren Verdrängung durch Art. 4 ATAD[41] spricht. Da das BVerfG bisher noch nicht über die Vorlage entschieden hat, aber mit dem 31.12.2018 die Umsetzungsfrist der ATAD abgelaufen ist,[42] dürfte nun der EUGH für die Klärung der „Verfassungsmäßigkeit" zuständig sein.[43] Die verfassungsrechtlichen Bedenken lassen sich aufgrund der in § 8a Abs. 1 Nr. 2 letzter Hs. KStG eingeräumten Gestaltungsmöglichkeiten nicht im Wege des Erst-Recht-Schlusses auf § 8a KStG übertragen.[44]

Die Zinsaufwendungen eines Betriebs sind nach der Grundregelung der § 4h Abs. 1 Satz 1 EStG, §§ 8a Abs. 1, 8 Abs. 1 KStG in Höhe des Zinsertrags abziehbar (sog. Nettozinsaufwand), darüber hinaus ist der Abzug auf 30 %[45] des um die Zinsaufwendungen und um die nach § 6 Abs. 2 Satz 1, § 6 Abs. 2a Satz 2 und § 7 EStG abgesetzten Beträge erhöhten und um die Zinserträge verminderten maßgeblichen steuerpflichtigen Gewinns bzw. bei Kapitalgesellschaften des maßgeblichen steuerpflichtigen Einkommens begrenzt (so genanntes steuerliches EBITDA).[46] Über § 7 Satz 1 GewStG gilt § 4h EStG auch im Rahmen der Gewerbesteuer.[47] Die Grundregelung der betriebs- und nicht steuerpflichtigen bezogenen Zinsschranke erfasst – unabhängig von der Person des Darlehensgebers – alle (kurz- und langfristigen) Finanzierungen. Unerheblich ist ferner die Rechtsform des fremdfinanzierten Unternehmens, d. h. personell werden sowohl Einzelunternehmen als auch (Gewinneinkünfte erzielende)Personen- sowie Kapitalgesellschaften erfasst. Die § 4h EStG ergänzenden Regelungen des § 8a Abs. 2 und Abs. 3 KStG modifizieren und verschärfen die Wirkung der Zinsschranke für Kapitalgesellschaften, sofern schädliche Gesellschafterfremdfinanzierungen im Sinne dieser Regelungen vorliegen. Anstelle des maßgeb- 13

[36] So auch *Ismer* FR 2014, 777 (778) mwN; ähnlich *Heuermann* DStR 2013, 1 (2) Rechtfertigung wegen Kombination aus Lenkungsintention und Fiskalzweck als „qualifiziertem Lenkungszweck.

[37] http://www.oecd.org/tax/beps/beps-actions.htm (abgerufen am 16.8.2019).

[38] Art. 4 EU-RL 2016/1164 des Rates v. 12. Juli 2016, sog. Anti-Tax Avoidance Directive (ATAD).

[39] Ausführlich zu Entwicklung und Zielsetzung *Haug* DStZ 2016, 446; s. a. *Jochimsen/Zinowsky* ISR 2016, 106 (109 ff.).

[40] Es würde keinen Sinn ergeben, die Zinsschranke zunächst für verfassungswidrig zu erklären, obwohl sie „postwendend" wiedereingeführt werden müsste, *Mitschke* FR 2016, 412 (415); aA *Glahe* ISR 2016, 86 (89).

[41] *Geiger* DStR 2019, 850, 852.

[42] Art. 11 EU-RL 2016/1164 des Rates v. 12. Juli 2016 (ATAD).

[43] *Geiger* DStR 2019, 850, 852, der auch auf weitere Maßnahmen der Europäischen Kommission eingeht; umfassend zu originär europarechtlichen Problemen bzgl. Niederlassungs- und Kapitalverkehrsfreiheit Herrmann/Heuer/Raupach EStG/KStG, 292. Lfg. 2019, § 4h Rn. 6; *Hoffmann* in Littmann/Bitz/Pust, Das Einkommensteuerrecht, § 4h Rn. 25; *Führich* IStR 2007, 343.

[44] BFH Urt. v. 7. Juni 2016 – I R 51/14, DStRE 2016, 1375, Rn. 21; *Hick* FR 2015, 284 (285).

[45] Kritisch zu dieser Grenze mit Hinweis auf die Finanzierungswirklichkeit deutscher Unternehmen *Stangl/Hageböke* in Schaumburg/Rödder, Unternehmensteuerreform 2008, S. 450.

[46] Earnings before interests, taxes, depreciation and amortization. Zu beachten ist, dass das steuerliche EBITDA von dem betriebswirtschaftlichen EBITDA abweicht. Als betriebswirtschaftliche Kennzahl ermöglicht der handelsrechtliche EBITDA bei PE-Akquisitionen im Rahmen der sog. Multiplikatorenmethode eine grobe Schätzung des Unternehmenswertes und auf diese Weise des Kaufpreises, vgl. näher *Scheunemann/Socher* BB 2007, 1144 (1146);Beispiel zur Funktionsweise des EBITDA, bei *Heuermann* in Blümich, EStG, 147. Aufl. 2019, § 4h Rn. 45.

[47] Nach § 8 Nr. 1 Buchst. a) GewStG sind „Entgelte für Schulden" dem Gewinn aus Gewerbebetrieb hinzuzurechnen, soweit sie bei der Ermittlung des Gewinns abgesetzt worden sind. Nicht abgesetzte Zinsen unterliegen nicht der Hinzurechnung, da sie bereits über § 7 GewStG im Gewerbeertrag enthalten sind. Wenn und soweit Zinsen wegen der Zinsschranke nicht abzugsfähig sind, unterbleibt eine gewerbesteuerliche Hinzurechnung; vgl. auch *Stangl/Hageböke* in Schaumburg/Rödder, Unternehmensteuerreform 2008, S. 453 mwN *Köster* in Lenski/Steinberg, GewStG, 127. Lfg. 2019, § 8 Rn. 35. Die Verfassungsmäßigkeit der Vorschrift wird bezweifelt, vgl. ausführlich unten 2.3 und FG Hamburg v. 29. Februar2012 – 1 K 138/10, DStRE 2012, 478; anders BFH Beschl. v. 16. Oktober 2012 – I B 128/12, DStR 2012, 2377.

lichen Gewinns ist das maßgebliche Einkommen zu berücksichtigen. Durch die Anknüpfung an das körperschaftsteuerliche Einkommen stehen Beteiligungserträge nach § 8b KStG nur in Höhe der nicht abziehbaren Betriebsausgaben von 5 % für eine Erhöhung des Zinsausgleichsvolumens zur Verfügung. Damit gehen die §§ 4h EStG, 8a KStG deutlich über den Anwendungsbereich des allein die Fremdfinanzierung durch Gesellschafter einschränkenden § 8a KStG aF hinaus.

14 Der Begriff des *„Betriebs"* soll nach zum Teil vertretener Ansicht[48] mit dem des § 15 Abs. 2 EStG identisch sein.[49] Unstreitig ist, dass Betrieb im Sinne der Zinsschranke der einheitliche Betrieb einer Mitunternehmerschaft[50] bzw. einer Körperschaft ist.[51] Nach § 15 Satz 1 Nr. 3 KStG sind Organgesellschaften und Organträger wie ein Betrieb zu behandeln.[52] Da Finanzierungen innerhalb einer ertragsteuerlichen Organschaft nicht den Beschränkungen der Zinsschranke unterliegen und dies auch für mehrstufige Kettenorganschaften gelten soll[53], bietet es sich u. E. nicht nur im Hinblick auf den Debt-push down (siehe dazu unten 4.1.), sondern auch vor dem Hintergrund der Zinsschranke an, NewCo, Target sowie die Target Gruppengesellschaften organschaftlich zu verbinden.

15 Ausländische Betriebsstätten eines inländischen Stammhauses begründen demgegenüber keinen eigenständigen Betrieb.[54] Eine gewerbliche Prägung ist jedoch bspw. bei vermögensverwaltend tätigen Personengesellschaften ausreichend.[55] Im Hinblick auf ausländische Kapitalgesellschaften, die ihre Einkünfte durch den Überschuss der Einnahmen über die Werbungskosten ermitteln (§ 2 Abs. 2 Nr. 2 EStG), hat der Gesetzgeber in § 8a Abs. 1 Satz 4 KStG klargestellt, dass § 4h EStG sinngemäß anzuwenden ist.[56] Wagnisbeteiligungsgesellschaften in der Rechtsform einer Personengesellschaften sind vermögensverwaltend,

---

[48] *Möhlenbrock,* Ubg 2008, 1 (3); aA *Heuermann* in Blümich, EStG, 147. Auflage 2019, § 4h EStG Rn. 28; *Hick* in Herrmann/Heuer/Raupach, EStG/KStG, 292. Lfg. 2019, § 4h EStG Rn. 25; *Loschelder* in Schmidt, EStG, 38. Auflage 2019, § 4h Rn. 8, wonach auch gewerblich geprägte MU der Zinsschranke unterfallen.

[49] Es gilt grds. der allgemeine Betriebsbegriff des Einkommensteuerrechts für Zwecke der Gewinnermittlung, BReg auf eine kleine Anfrage der FDP u. a., BT-Drs. 18/4835, S. 1; vgl. auch *Rödder/Stangl* DB 2007, 480; *Köhler* DStR 2007, 598; *Schaden/Käshammer* BB 2007, 2319; differenzierend *Kaminski* IStR 2011, 783 (785).

[50] Zum Betrieb der Mitunternehmerschaft gehört neben dem Gesamthandsvermögen auch das Sonderbetriebsvermögen von Mitunternehmern iSd § 15 Abs. 1 Satz 1 Nr. 2 und Abs. 3 EStG.

[51] Zu weiteren Fragen des Betriebsbegriffs vgl. nur *Stangl/Hageböke* in Schaumburg/Rödder, Unternehmensteuerreform 2008, S. 454 ff. mwN.

[52] Technisch wird die Bruttomethode angewendet, vgl. *Blumenberg/Lechner* in Blumenberg/Benz, Die Unternehmensteuerreform 2008, S. 121. *Eilers* in Eilers/Rödding/Schmalenbach, Unternehmensfinanzierung, 2. Aufl. 2014, Kap. C Rn. 322.

[53] Vgl. hierzu u a *Rödder* DStR 2005, 217, 221. *Eilers* in Eilers/Rödding/Schmalenbach, Unternehmensfinanzierung, 2. Aufl. 2014, Kap. C Rn. 322. Es sollte auf die damit verbundenen Haftungsrisiken hingewiesen werden, *Eilers* in Spindler/Tipke/Rödder, Steuerzentrierte Rechtsberatung, FS Schaumburg 2009, 275 (284).

[54] Bundesministerium der Finanzen: Schreiben v. 4. Juli 2008, IV C 7-S2742-a/07/10001, BStBl. I 2008, 718 Rn. 9; zur Eigenkapitaldotation von Betriebsstätten vgl. Bundesministerium der Finanzen: Schreiben v. 24. Dezember 1999, IV B 4-S 1300-111/99, BStBl. I 1999, 1076 ff. Im Verhältnis zwischen ausländischer Kapitalgesellschaft und ihrer inländischen Betriebsstätte findet die Zinsschranke keine Anwendung. Innentransaktionen sind insoweit nicht möglich, vgl. *Blumenberg/Lechner* in Blumenberg/Benz, Die Unternehmensteuerreform 2008, S. 115; *Oellerich* in Mössner/Seeger, KStG, 3. Aufl. 2017, § 8a Rn. 99. Genauso im umgekehrten Fall, vgl. *Hick* in Herrmann/Heuer/Raupach, EStG/KStG, 292. Lfg. 2019, § 4h EStG Rn. 25.

[55] Bundesministerium der Finanzen: Schreiben v. 4. Juli 2008, IV C 7-S2742-a/07/10001, BStBl. I 2008, 718 Rn. 5; interessant ist in diesem Zusammenhang die Sichtweise des BFH, der die Gewerblichkeit von PE-Fonds ohne das Erfordernis der Prägung bejaht und der Vergleich von PE-Fonds mit dem gewerblichen Wertpapierhandel, vgl. BFH Urt. v. 24. August 2011 – I R 46/10 BStBl II 2014, 764 = GWR 2011, 534 mAnm Weitnauer; zu Fragen der Zinsschranke aus der Sicht ausländischer Investoren vgl. ferner *Töben/Fischer* Ubg 2008, 149 ff. Zur Auswirkung der Zinsschranke auf die Ertragskraft von Unternehmen in Krisensituationen, *Eilers* in Eilers/Rödding/Schmalenbach, Unternehmensfinanzierung, 2. Aufl. 2014, C. Rn. 329 ff.

[56] Vgl. hierzu insbesondere *Töben/Fischer* Ubg 2008, 149 (151 ff.) mwN *Förster* in Gosch, KStG, 3. Aufl. 2015, § 8a Rn. 20.

wenn sie keine schädliche Aktivitäten (vgl. §§ 8 Abs. 4, 19 Satz 2 Nr. 3 WKBG) entfalten und daher von der Zinsschranke nicht betroffen.[57]

Nach § 4h Abs. 3 Sätze 2 und 4 EStG sind *„Zinsaufwendungen"* Vergütungen für Fremdkapital,[58] die den maßgeblichen Gewinn (bzw. das maßgebliche Einkommen) gemindert haben sowie der Aufwand aus der Abzinsung unverzinslicher oder niedrigverzinslicher Kapitalforderungen.[59] *„Zinserträge"* sind Erträge aus Kapitalforderungen jeder Art, die den maßgeblichen Gewinn erhöht haben (§ 4h Abs. 3 Satz 3 EStG). Erfasst werden ausschließlich Zinsen für Geldkapitalüberlassungen, nicht jedoch Vergütungen für Sachkapitalüberlassungen. Leasing, Miete, Pacht und Sachdarlehen wie zB Wertpapierdarlehen[60] fallen somit nicht unter die Zinsschranke.[61] Streitig ist die Beurteilung von Zinsswaps. Dies gilt insbesondere im Falle von Upfront-Zahlungen oder vergleichbarer Gestaltungen. Richtigerweise handelt es sich nicht um Zins, da es um ein Absicherungsgeschäft und nicht um eine Kapitalüberlassung geht.[62] **16**

Im Rahmen der Gewinnermittlung von Mitunternehmerschaften ist zu beachten, dass Zinsaufwendungen auf Gesellschafterdarlehen den maßgeblichen Gewinn nicht mindern, soweit die Aufwendungen Sondervergütungen des Gesellschafters nach § 15 Abs. 1 Satz 1 Nr. 2 Satz 1 EStG darstellen. Mithin findet weder eine Hinzurechnung der Zinsaufwendungen noch eine Kürzung der Zinserträge aus dem Gesellschafterdarlehen gem. § 4h Abs. 1 EStG statt.[63] Zinsaufwendungen und -erträge, die Sonderbetriebsausgaben oder -einnahmen sind, werden der Mitunternehmerschaft zugeordnet.[64] **17**

§ 4h Abs. 1 Sätze 2 und 3 EStG ordnen in der Rechtsfolge die Nichtabzugsfähigkeit der die 30 % EBITDA-Grenze übersteigenden Finanzierungsaufwendungen (Nettozinsaufwand) auf Gesellschaftsebene an.[65] Nicht abziehbare Finanzierungskosten können im Rahmen eines betriebs- und personenbezogenen Zinsvortrags ggf. in späteren Wirt- **18**

---

57 Hierzu näher *Helios/Wiesbrock* DStR 2007, 1793 ff. Für ihre Wirtschaftsgüter gilt allerdings die Bruchteilsbetrachtung des § 39 Abs. 2 Nr. 2 AO, d h sie sind steuerlich (anteilig) den Gesellschaftern zuzuordnen. Wenn ein Gesellschafter seine Beteiligung an einer solchen Personengesellschaft in einem (inländischen) Betriebsvermögen hält (Zebragesellschaft), sind die auf Ebene der Personengesellschaft gegebenen Merkmale, insbesondere die Zinsaufwendungen, bei ihm entsprechend seiner Beteiligung zu berücksichtigen. *Loschelder* in Schmidt, EStG, 38. Auflage 2019, Rn. 11; zur Zinsschranke bei grenzüberschreitenden Zebragesellschaften und einer möglichen Zurechnung bei der ausländischen Kapitalgesellschaft, vgl. *Schuck/Faller* DB 2012, 1893 (1894).

58 Fremdkapital iSd § 4h Abs. 3 EStG sind damit alle als Verbindlichkeit passivierungspflichtigen Kapitalzuführungen in Geld, die nach steuerlichen Kriterien nicht zum Eigenkapital gehören.

59 Der Zinsschranke unterliegen nur solche Zinsaufwendungen und Zinserträge, die den maßgeblichen Gewinn bzw. das maßgebliche Einkommen gemindert oder erhöht haben. Insbesondere nicht abziehbare Zinsen gemäß § 3c Abs. 1 und 2 EStG, § 4 Abs. 4a EStG, § 4 Abs. 5 Satz 1 Nr. 8a EStG und Zinsen, die gemäß § 8 Abs. 3 Satz 2 KStG als verdeckte Gewinnausschüttungen das Einkommen einer Körperschaft nicht gemindert haben, sind keine Zinsaufwendungen iSd § 4h Abs. 3 Satz 2 EStG.

60 Eine Wertpapierleihe oder ein ähnliches Geschäft kann einen Missbrauch von rechtlichen Gestaltungsmöglichkeiten (§ 42 AO) darstellen, vgl. Bundesministerium der Finanzen: Schreiben v. 4. Juli 2008, IV C 7-S2742-a/07/10001, BStBl. I 2008, 718 Rn. 24. Siehe hierzu auch *Häuselmann* Ubg 2009, 225; ders. FR 2009, 401 und 506. Der Umstand, dass der BFH selbst in seiner aktuellen Entscheidung zur wirtschaftlichen Zurechnung von Wertpapieren § 42 AO nicht angewendet hat,vgl. BFH Urt. v. 18. August 2015 – I R 88/13, BStBl II 2016, 961 = DB 2016, 615 mAnm *Ditz/Tcherverniachki,* könnte den Schluss erlauben, dass die Vorschrift in solchen Geschäften keine Anwendung findet, vgl. *Weber-Grellet* BB 2017, 43 (44 f.).

61 Bundesministerium der Finanzen: Schreiben v. 4. Juli 2008, BStBl. I 2008, IV C 7-S2742-a/07/ 10001, 718 Rn. 11; *Seiler* in Kirchhof, EStG, 18. Aufl. 2019, § 4h Rn. 17.

62 So auch *Adrian* in BeckOK EStG, 4. Ed. 1.7.2019, § 4h Rn. 326 mwN; mit Beispielen für Ausnahmen *Köhler/Hahne* DStR 2008, 1505 (1510).

63 Nach Bundesministerium der Finanzen: Schreiben v. 4. Juli 2008, IV C 7-S2742-a/07/10001, BStBl. I 2008, 718 Rn. 19 ist die Nichtanwendung der Zinsschranke beschränkt auf *„im Inland steuerpflichtige"* Sondervergütungen.

64 Umfassend zum Ganzen vgl. *van Lishaut/Schumacher/Heinemann* DStR 2008, 2341 ff.; *Baschnagel* BB 2015, 349 (351) mwN.

65 Zum Konkurrenzverhältnis des § 4h EStG zu §§ 2a, 15a und 15b EStG vgl. *Scheunemann/Socher* BB 2007, 1147 Fn. 25; *Loschelder* in Schmidt, EStG, 38. Auflage 2019, § 4h Rn. 5. Zuerst ist zu prüfen, ob Zinsaufwand unter Einbeziehung des § 4h bei der Ermittlung des Gewinns berücksichtigt werden kann. Erst danach stellt sich die Frage, inwieweit ein Verlust oder ein Anteil daran verrechenbar ist.

schaftsjahren genutzt werden.[66] Soweit das verrechenbare EBITDA den Nettozinsaufwand übersteigt, ist nach § 4h Abs. 1 Satz 3 EStG idF des Wachstumsbeschleunigungsgesetz v. 22. Dezember 2010[67] in die folgenden fünf Wirtschaftsjahre vorzutragen (EBITDA-Vortrag). Der EBITDA-Vortrag erhöht somit in den Folgejahren die Abzugsmöglichkeit für Zinsaufwendungen, soweit das EBITDA des laufenden Jahres oder die Anwendung einer Ausnahmeregelung der Zinsschranke den vollen Zinsabzug nicht ermöglicht.[68] Im Schrifttum ist die Möglichkeit eines EBITDA-Vortrags bei einem Ertragsüberhang umstritten,[69] die FinVerw verneint sie.[70] Zinsvorträge erhöhen die Zinsaufwendungen dieser Wirtschaftsjahre und können dazu führen, dass im Vortragsjahr die Freigrenze nach § 4h Abs. 2 Satz 1 Buchst. a) EStG überschritten wird.[71] Zu beachten ist indes, dass der Zinsvortrag durch Umstrukturierungsmaßnahmen (bspw. durch postakquisitorische Maßnahmen) sowie bei Übertragung von Beteiligungen an Kapitalgesellschaften ganz oder anteilig wegfallen kann (§ 4h Abs. 5 EStG, § 8a Abs. 1 iVm § 8c KStG).[72] Bei Umwandlungen geht der Zinsvortrag nicht auf die Übernehmerin über (§§ 4 Abs. 2 Satz 2, 20 Abs. 9, 24 Abs. 6 UmwStG).

19 Im Gegensatz zu § 8a KStG aF wird ein Zinsaufwand nicht in verdeckte Gewinnausschüttungen umqualifiziert. Eine Umqualifizierung auf der Ebene des Zinsempfängers bzw. Anteilseigners findet nicht mehr statt.[73]

2. Praktisch relevante Finanzierungsgestaltungen außerhalb der gesetzlichen Ausnahmetatbestände

20 Der Kaufpreis im Rahmen einer LBO-Transaktion wird mit Eigenkapital, Fremdkapital und eigenkapitalähnlichen bzw. hybriden Finanzierungsinstrumenten, die zusammenfassend mit dem Begriff Mezzanine-Kapital bezeichnet werden, finanziert. Die Optimierung des Finanzierungsmix' hängt von der Rechtsform des Zielunternehmens, von den Kosten der einzelnen Finanzierungsinstrumente, von der zeitlichen Verfügbarkeit des Finanzierungsinstruments sowie von den verfügbaren Sicherheiten ab.

21 Mit Bezug auf eine zinsschrankenoptimierte[74] Akquisitionsfinanzierung kommt dem Mezzanine-Kapital eine erhebliche Bedeutung zu. Mezzanine-Kapital als *„hybrides Finanzierungsinstrument"* kombiniert aufgrund ihrer wirtschaftlichen Ausgestaltung typische Merkmale von Fremdkapital und Eigenkapital miteinander. Insbesondere die eine Akquisition finanzierenden Banken bestehen zum Teil auf Mezzanine-Kapital. Denn dieses übernimmt die Garantiefunktion von Eigenkapital und gewährleistet so eine zusätzliche Sub-

66 Der Zinsvortrag ist gemäß § 4h Abs. 4 Satz 1 EStG gesondert festzustellen.

67 BGBl. 2009, Teil I, S. 3950.

68 *Rödding* DStR 2009, 2649.

69 Dafür *Rödder* DStR 2010, 529 (530); *Fischer* DStR 2012, 2000 (2002); Bohn/Loose DStR 2011, 241 (243); *Adrian* in BeckOK EStG, 4. Ed. 1.7.2019, § 4h Rn. 68; dagegen *Heuermann* in Blümich, EStG, 147. Aufl. 2019, § 4h Rn. 47.

70 OFD Frankfurt v. 17. Juli 2012 – S 2742 aA – 4 – St 51, DStR 2012, 1660.

71 In der Rechnungslegung können bei Anwendung der Zinsschranke aktive latente Steuern gebildet werden, vgl. *Kröner/Benzel* in Kessler/Kröner/Köhler, Konzernsteuerrecht, 3. Aufl. 2018, § 12 Rn. 39 ff. Die Realisierbarkeit der Zinsvorträge ist durch eine Planungsrechnung nachzuweisen, *Grottel/Larenz* in Beck'scher Bilanz-Kommentar, 11. Aufl. 2018, § 274 HGB Rn. 40 ff., 50 ff.; ausführlich dazu *Bolik/Linzbach* DStR 2010, 1587. Die Zinsschranke sollte insoweit keine Auswirkungen auf die Steuerquote haben.

72 Nach Ansicht der Finanzverwaltung auch bei Übertragung eines Teilbetriebs oder dem Ausscheiden einer Organgesellschaft aus dem Organkreis, Bundesministerium der Finanzen: Schreiben v. 4. Juli 2008, IV C 7 -S 2742-a/07/10001, BStBl. I S. 718; krit. *Adrian* in BeckOK EStG, 4. Ed. 1.7.2019, § 4h Rn. 340.

73 Vgl. noch Bundesministerium der Finanzen: Schreiben v. 15. Juli 2004, IV A 2-S 274a-20/04, BStBl. I 2004, 593 Rn. 11; dementgegen BFH Urt. v. 28.1.2016 – I R 70/14, BFH/NV 2016, 1178 = BeckRS 2016, 94851, Rn. 20.

74 Eine zinsschrankenoptimierte Finanzierung kann regelmäßig keinen Missbrauch von rechtlichen Gestaltungsmöglichkeiten (§ 42 AO) darstellen, unabhängig davon ob man § 4h EStG den Charakter einer speziellen Missbrauchsnorm iSd § 42 Abs. 1 Satz 2 AO zuspricht, vgl. ebenso *Häuselmann* FR 2009, 506 (514).

stanzunterlage ihrer Darlehensforderungen.[75] Zu den klassischen hybriden Finanzinstrumenten, die steuerlich als Fremdkapital zu qualifizieren sind und damit grundsätzlich in den Anwendungsbereich der Zinsschranke fallen, gehören insbesondere

- die nachrangigen Darlehen (insbesondere Gesellschafterdarlehen sowie hochverzinsliche Anleihen, sog. *High Yield Bonds* oder *Junk Bonds*),
- die PIK-Anleihen *(Payment in Kind),* welche dem Emittenten das Wahlrecht einräumen, die daraus resultierenden Zinsverpflichtungen entweder in bar zu leisten oder durch die Ausgabe neuer Anleihen zu erfüllen,
- die typisch-stillen Beteiligungen[76] und
- die Genussrechte.[77]

Besondere Schwierigkeiten bereitet insoweit die steuerliche Strukturierung von Genussrechten. Bei Genussrechten liegt, ungeachtet einer möglichen handelsbilanziellen Erfassung als Eigenkapital,[78] eine Kapitalforderung bzw. Fremdkapital i. S. des § 4h EStG vor, solange nicht die Tatbestandsvoraussetzungen des § 8 Abs. 3 Satz 2 KStG *(„Recht auf Beteiligung am Gewinn und am Liquidationserlös der Kapitalgesellschaft")* erfüllt werden. Davon abweichend qualifiziert die FinVerw Genussrechte zumindest auf Schuldnerebene aufgrund des Maßgeblichkeitsgrundsatzes entsprechend der handelsbilanziellen Ausweisung als Eigenkapital, sodass Ausschüttungen darauf nicht abzugsfähig sind und eine außerbilanzielle Zurechnung vorzunehmen ist.[79] [80] Ungeachtet dessen dürfen Ausschüttungen auf Genussrechte, die handelsrechtlich Fremdkapital darstellen, nicht abgezogen werden, sofern sie das Recht auf Beteiligung am Gewinn und Liquidationserlös der Gesellschaft einräumen, § 8 Abs. 3 Satz 2 2. Hs KStG.[81] Die Finanzverwaltung[82] nimmt eine Beteiligung am Liquidationserlös bereits dann an, wenn der Genussrechtsgläubiger seinen Rückforderungsanspruch nie oder erst mit Ablauf von 30 Jahren geltend machen kann.[83] Für ausländische Unternehmen, die Mezzanine-Kapital platzieren wollen, ist zudem auf einen etwaigen Kapitalertragsteuereinbehalt nach § 43 Abs. 1 Nr. 2 EStG hinzuweisen. **22**

Bedingt durch die Finanzmarktkrise, aber auch um die Wirkungen der Zinsschranke auszuschalten, sind als Alternative zum sonst üblichen „PIK-Interest" zunehmend eigen- **23**

---

75 Vgl. hierzu *Gleske/Laudenklos* in Eilers/Rödding/Schmalenbach, Unternehmensfinanzierung, 2. Aufl. 2014, Kap. D. Rn. 3 mwN, dort auch Hinweise zur Bedeutung für Ratingsysteme.

76 Zur Abgrenzung einer Mitunternehmerschaft vgl. OFD Erfurt v. 23. Oktober 2003, S 2241 A – 08 – L 221, GmbHR 2004, 209; OFD Frankfurt v. 3. November 2008, S 2241 A – 37 – St 213 (nv).

77 Vgl. Tcherveniachki, Kapitalgesellschaften und Private-Equity-Fonds, S. 215 ff.

78 *Johannemann/Häuselmann* in Lüdicke/Sistermann, UnternehmenStR, § 11 Rn. 26 mwN; vgl. *Hoyos/M. Ring* in Beck'scher Bilanz-Kommentar, 11. Aufl. 2018, § 247 HGB Rn. 228. Sie sind trotz ihres schuldrechtlichen Charakters als Eigenkapital in der Handelsbilanz zu erfassen, vgl. IDW/HFA 1/1994, Wpg 1994, 419; Hoffmann/Lüdenbach, NWB Kommentar Bilanzierung, 8. Aufl. 2017, § 246 Rn. 121.

79 OFD Nordrhein-Westfalen, Vfg. v. 12. Mai 2016 – S 2742-2016/0009-St 131, DStR 2016, 181; dagegen *Hennrichs/Schlotter* DB 2016, 2072; *Stegemann* DStR 2016, 2151; *Johannemann/Häuselmann* in Lüdicke/Sistermann, UnternehmenStR, § 11 Rn. 26. Zur bilanziellen Erfassung von Genussrechten nach dieser Verfügung, vgl. *Richter* DStR 2016, 2058; *Hoffmann* StuB 2016, 761; *Grützner* StuB 2016, 654; *Kusch* NWB 2016, 1952. Schon vorher bzgl. OFD Rheinland v. 14. Dezember 2011-Kurzinformation Körperschaftsteuer Nr. 56/2011, nach der § 8 Abs. 3 Satz 2, Hs. 2 KStG nur Regelungen zur Einkommensermittlung und keine Aussage zur steuerbilanziellen Behandlung der Genussrechte enthält, vgl. *Lechner/Haisch* Ubg 2012, 115; *Kroener/Momen* DB 2012, 829 (831) *Breuninger/Ernst* GmbHR 2012 S. 494 (496). Abweichend kommt es nach Bundesministerium der Finanzen: Schreiben v. 4. Juli 2008, IV C 7-S2742-a/07/10001, BStBl. I 2008, 718 Rn. 11 für Genussrechte auf die steuerlichen Kriterien an.

80 Rspr. spricht Genussrechtsinhabern keine Gesellschafterstellung zu, wenn es um obligationsähnliche Genussrechte geht, sodass die Behandlung als Fremdkapital bei diesen Genussrechten in der Steuerbilanz konsequenter erscheint, vgl. BFH v. 12. Dezember 2012 – I R 27/12, BStBl II 2013, 682 = DStRE 2013, 1231, Rn. 13.

81 S. dazu BFH v. 19. Januar 1994, I R 67/92, BStBl. II 1996, 77.

82 Bundesministerium der Finanzen: Schreiben v. 8. Dezember 1986, IV B 7-S 2742-26/86, BB 1987, 667; Bundesministerium der Finanzen: Schreiben v. 27. Dezember 1995, IV B 7-S 2742-76/95, BStBl. I 1996, 49.

83 Dagegen BFH v. 19. Januar 1994, I R 67/92, BStBl. II 1996, 77; *Angerer* DStR 1994, 651; *Groh* BB 1993, 1882 (1890).

kapitalfinanzierte (bspw. atypisch stille Beteiligungen, Vereinbarung von Equity-Kickern etc.) Akquisitionen zu beobachten. In bestehenden Finanzierungsstrukturen kann es im Einzelfall sinnvoll sein, im Wege eines *„Debt-to-Equity-Swap"*[84] das Kapital nominal zunächst herabzusetzen und dann eine Kapitalerhöhung unter Einbringung der Forderung als Sacheinlage durchzuführen.[85] Grundsätzlich entspricht jedoch eine gesellschaftsrechtliche Beteiligung des Kreditgebers an der NewCo weder den Interessen der Finanzinvestoren noch denen der Kreditgeber.

24 Des Weiteren können die nachteiligen Wirkungen der Zinsschranke durch eine verstärkte Fremdkapital-Finanzierung der ausländischen Tochtergesellschaften vermieden werden, indem das inländische Verrechnungsvolumen bei der Zinsschranke erhöht wird. Insoweit kann es im Einzelfall auch von Vorteil sein, sog. Recaps zur Aufnahme zusätzlichen Fremdkapitals zum Zwecke der Ausschüttung an Finanzinvestoren über im Ausland ansässige Tochtergesellschaften zu steuern (vgl. dazu unter F.)

3. Gesetzliche Ausnahmen von der Zinsschranke

25 § 4h Abs. 2 Satz 1 EStG sieht drei Ausnahmen von der Zinsschranke vor (Freigrenze, keine Konzernzugehörigkeit, sog. Escape-Klausel), die nach § 8a KStG von Kapitalgesellschaften bei Gesellschafter-Fremdfinanzierungen allerdings nur unter zusätzlichen Voraussetzungen in Anspruch genommen werden können.

26 **a) Freigrenze („Kleinbetriebsklausel").** Die Zinsschrankenregelung findet keine Anwendung, wenn der Betrag der Zinsaufwendungen, soweit er den Betrag der Zinserträge übersteigt, weniger als drei Millionen Euro beträgt (§ 4h Abs. 2 Satz 1 Buchst. a) EStG; vgl. § 52 Abs. 12d EStG i. d. F. des Wachstumsbeschleunigungsgesetzes).[86] Zinsaufwand und Zinsertrag, der außerhalb der inländischen Gewinnermittlung anfällt, ist nicht zu berücksichtigen. Die Freigrenze ist betriebsbezogen und wird für den Organkreis nur einmal gewährt. Ob der Zinsvortrag für die Ermittlung der Freigrenze bedeutsam ist, ist umstritten, wird aber von der Finanzverwaltung[87] und von einigen Literaturstimmen bejaht[88] Im Rahmen von bestimmten PE-Akquisitionen[89] kann durch die Einschaltung mehrerer Erwerbszweckgesellschaften als gestalterisches Mittel eine Mehrfachnutzung der Freigrenze erreicht werden.[90] Für verbundene Unternehmen mittlerer Größe kann die Mehrfachnutzung durch eine Aufteilung in kleinere Einheiten ermöglicht werden.[91] § 42 AO steht dem grundsätzlich nicht entgegen.

---

[84] Dazu *Halasz/Kloster* WM 2006, 2152. *Beisel* in Beisel/Klumpp, Der Unternehmenskauf, 7. Auflage 2016, § 5 Rn. 10 ff.; *Jaques* in Ettinger/Jaques, Beck'sches Handbuch Unternehmenskauf im Mittelstand, 2. Aufl. 2017, Kap. E Rn. 29 mwN.

[85] Vgl. *Scheunemann/Hoffmann* DB 2009, 983 ff.

[86] Soweit der Betrieb keine weiteren Finanzierungsaufwendungen hat, werden bei unterstelltem Zinssatz von 5 % p. a. Akquisitionsfinanzierungen von bis zu 60 Mio. € von der Zinsschranke freigestellt. Es ist zu beachten, dass bereits ein geringfügiges Überschreiten der Freigrenze die Anwendung der Zinsschranke auslöst.

[87] Bundesministerium der Finanzen. Schreiben v. 4. Juli 2008, BMF IV C 7 -S 2742-a/07/10001, BStBl. I, 718, Rn. 46.

[88] *Adrian* in BeckOK EStG, 4. Ed. 1.7.2019, § 4h Rn. 84; *Heuermann* in Blümich, 147. Lfg. Mai 2019, § 4h Rn. 52; *Seiler* in Kirchhof, EStG, 18. Aufl. 2019, Rn. 33 hält die Praxis der FinVerw für folgerichtig, empfiehlt aber eine teleologische Reduktion, um zweckwidrig über Jahre kumulierte Zinsvorträge zu verhindern; gegen die Einbeziehung *Förster* in Gosch, KStG, 3. Aufl. 2015, § 8a Rn. 115; *Korn* in Korn, EStG, 116. Lfg. 2019, § 4h Rz. 52; Herrmann/Heuer/Raupach, EStG/KStG, 292. Lfg. 2019, Rn. 41, 35.

[89] In Betracht kommen insoweit insbesondere Immobilientransaktionen.

[90] Auf die damit verbundenen Administrationskosten weisen *Reiche/Kroschewski* DStR 2007, 1330 (1333), richtigerweise hin. Vgl. auch *Prinz* FR 2008, 441 (446); *Prinz* in Kessler/Förster/Watrin, Unternehmensbesteuerung, FS Herzig, 2010, 147 (158); *Korn* in Korn, EStG, 116. Lfg. 2019, § 4h Rn. 59.

[91] Vgl. *Seiler* in Kirchhof, EStG, 18. Aufl. 2019, § 4h Rn. 30.

b) Fehlende Konzernzugehörigkeit („stand-alone-Klausel"). Die Zinsschranke ist ferner nicht anzuwenden, wenn der Betrieb nicht oder nur anteilmäßig[92] zu einem Konzern gehört (§ 4h Abs. 1 Satz 1 Buchst. b) EStG).[93] In diesem Fall liegt nach typisierter Einschätzung des Gesetzgebers keine missbräuchliche Darlehensgewährung vor. Nach § 4h Abs. 3 Satz 5 EStG gehört ein Betrieb zu einem Konzern, wenn er nach dem für die Anwendung des § 4h Abs. 2 Satz 1 Buchst. c) EStG zugrunde gelegten Rechnungslegungsstandard (vorrangig IFRS, subsidiär HGB bzw. Handelsrecht eines EU-Mitgliedstaats, hilfsweise US-GAAP) mit einem oder mehreren anderen Betrieben konsolidiert wird oder werden könnte. Hiernach ist der nach den einschlägigen handelsrechtlichen Konsolidierungsregeln *größtmögliche* Konsolidierungskreis maßgebend. Für Zwecke der Zinsschranke wird somit steuerlich ein sog. *„erweiterter Konzernbegriff"* zugrunde gelegt. Maßgebend ist also, welcher Rechnungslegungsstandard (für den Eigenkapitalvergleich) zugrunde gelegt wird. Das richtet sich nach den IFRS und wenn nach deren Maßstäben kein Konzernabschluss zu erstellen ist, nach Handelsrecht. Sofern ein Konzernabschluss nach den genannten Rechnungslegungsstandards erstellt ist, in dem der Betrieb im Wege einer Vollkonsolidierung enthalten ist, gehört dieser Betrieb unzweifelhaft zu einem Konzern im Sinne des § 4h Abs. 3 Satz 5 EStG.[94] Besteht somit eine Konzernabschlusspflicht gem. § 290 HGB (oder nach § 11 PublG) und sind die Voraussetzungen einer Befreiung wegen der Größe (§ 293 HGB, § 11 Abs. 1 PublG) oder des übergeordneten Konzernabschlusses (§§ 291, 292 HGB) nicht gegeben, besteht die Pflicht (§ 315a Abs. 1 und 2 HGB) oder das Recht (§ 315a Abs. 3 HGB), diesen Abschluss nach den IFRS[95] oder nach Handelsrecht (§ 290 HGB) aufzustellen. In diesem Fall müsste der Betrieb oder könnte jedenfalls, wenn er zum Konsolidierungskreis zählt, mit anderen konsolidiert werden und gehört deshalb zu einem Konzern im Sinne von § 4h Abs. 3 Satz 5 EStG.[96] Der Konzernbegriff im Sinne der Zinsschranke ist aber von der tatsächlichen Verpflichtung zur Aufstellung eines Konzernabschlusses losgelöst. Selbst bei fehlender Konzernrechnungslegungsverpflichtung nach IFRS/HGB muss demnach geprüft werden, ob Beteiligungen in einen fiktiven Abschluss miteinzubeziehen wären.[97] Ungewöhnlicher Weise fordert also das Steuergesetz ergänzend die Aufstellung des Konzernabschlusses.[98] Zu beachten ist, dass ein Betrieb nach § 4h Abs. 3 Satz 6 EStG auch dann zu einem Konzern gehört, wenn zwar die Voraussetzungen des Abs. 3 Satz 5 nicht erfüllt sind, aber seine Finanz- oder Geschäftspolitik mit einem oder mehreren anderen Betrieben einheitlich bestimmt werden kann, sog. Gleichordnungskonzern.[99] Somit kann bspw. eine GmbH & Co 27

[92] Gemeinschaftlich geführte Unternehmen nach § 310 HGB oder vergleichbare Unternehmen, die nach anderen zur Anwendung kommenden Rechnungslegungsstandards (z B IAS 31) nur anteilmäßig in den Konzernabschluss einbezogen werden, gehören für Zwecke der Zinsschranke nicht zu einem Konzern. Gleiches gilt für assoziierte Unternehmen (§ 311 HGB) oder diesen vergleichbare Unternehmen.

[93] Ein Einzelunternehmer mit mehreren Betrieben begründet für sich noch keinen Konzern iSd Zinsschranke.

[94] Dies gilt auch, wenn der Betrieb lediglich aus Wesentlichkeitsgründen (s. IAS 8.8 oder § 296 Abs. 2 HGB) nicht einbezogen worden ist, vgl. *Blumenberg/Lechner* in Blumenberg/Benz, Die Unternehmensteuerreform 2008, S. 135.

[95] IAS 27 knüpft die Aufstellung eines Konzernabschlusses – unabhängig von der Rechtsform – an das Vorhandensein eines Mutter-Tochter-Verhältnisses. Ein Tochterunternehmen liegt nach Maßgabe des „Control-Konzepts" (IAS 27.13) dann vor, wenn die Möglichkeit besteht, die Finanz- und Geschäftspolitik eines Unternehmens zu bestimmen, um aus dessen Tätigkeit Nutzen zu ziehen (vgl. IAS 27.4). Eine Beherrschung ist jedenfalls gegeben, wenn das Mutterunternehmen (IAS 27.13) unmittelbar oder mittelbar über die Mehrheit der Stimmrechte verfügt.

[96] Es ist der größtmögliche Konsolidierungskreis zugrunde zu legen, BT-Drs. 16/4841, S. 50.

[97] *Hick* in Herrmann/Heuer/Raupach, EStG/KStG, 292. Lfg. 2019, § 4h Rn. 85; *Heintges/Kamphaus/Loitz* DB 2007, 1261 (1262).

[98] *Heintges/Kamphaus/Loitz* DB 2007, 1261 (1261).

[99] § 4h Abs. 3 Satz 6 EStG ist ausweislich der Gesetzesbegründung dem IAS 27.4 entlehnt, vgl. *Kerssenbrock* in Kessler/Kröner/Köhler, Konzernsteuerrecht, 3. Aufl. 2018, § 2, Rn. 92; *Adrian* in BeckOK EStG, 4. Ed. 1.7.2019, § 4h Rn. 334; *Heuermann* in Blümich, 147. Lfg. Mai 2019, EStG § 4h Rn. 66; s. a. *Weber-Grellet* DStR 2009, 557 (558). Unklar ist, ob es sich bei Abs. 3 Satz 6 um eine Ergänzung des Satz 5 (*Ganssauge/Mattern* DStR 2008, 213 (216)) oder um einen eigenständigen steuerlichen Konzernbegriff handelt (so *Hick* in Herrmann/Heuer/Raupach, EStG/KStG, 292. Lfg. 2019, § 4h Rn. 85).

KG einen Konzern iSd § 4h Abs. 3 S. 6 EStG bilden, wohl aber nicht zwei nach einer Betriebsaufspaltung entstandene Betriebe.[100] Voraussetzung für einen Gleichordnungskonzern ist, dass die Finanz- und Geschäftspolitik eines Betriebs mit einem oder mehreren anderen Betrieben einheitlich bestimmt werden kann. Für die Beherrschung ist keine Stimmrechtsmehrheit notwendig; es genügt, wenn das Mutterunternehmen über eine der unter IAS 27.13 Satz 2 Buchst. a bis d aufgezählten Möglichkeiten verfügt und den daraus resultierenden Einfluss rechtlich abgesichert hat und uneingeschränkt durchsetzen kann.[101] Für die Frage, ob und zu welchem Konzern ein Betrieb gehört, ist nach Ansicht der Finanzverwaltung[102] grundsätzlich auf die Verhältnisse am vorangegangenen Abschlussstichtag abzustellen. Das gilt auch für die Fälle des unterjährigen Erwerbs oder der unterjährigen Veräußerung von Gesellschaften.

28 Im Schrifttum[103] wird für PE-Fonds die Ansicht vertreten, dass zwischen den Investitionen eines weltweit operierenden Konzerns mit einer beherrschenden Einheit im In- oder Ausland und den Investitionen eines PE-Investments qualitative Unterschiede bestehen, die eine Nichtanwendung der Zinsschranke im Sinne einer Bereichsausnahme rechtfertigen. Der IDW ist dem gefolgt, hat insoweit jedoch eine gesetzliche Klarstellung gefordert.[104] Im Übrigen wird jedenfalls eine Konzernzugehörigkeit der Portfoliogesellschaften verneint.[105] Es soll an einer einheitlichen Bestimmung der Finanz- und Geschäftspolitik der Tochtergesellschaften des PE-Fonds fehlen.[106] Die Nichtanwendung der Zinsschranke ist rechtspolitisch aufgrund der Besonderheiten von PE-Investitionen durchaus folgerichtig. Gegenwärtig kann jedoch aufgrund der gesetzlichen Ausgangssituation nicht rechtssicher ausgeschlossen werden, dass PE-Fonds einen *„Gleichordnungskonzern"* begründen, d. h. mangels einer Konzernmutter ausschließlich bestehend aus horizontal konsolidierten Tochtergesellschaften.[107] Gestalterisch kann in diesen Fällen die Begründung einer Organschaft (§ 15 Satz 1 Nr. 3 KStG) in Erwägung gezogen werden, die jedoch in den klassischen grenzüberschreitenden PE-Sachverhalten aufgrund der gesetzlichen Einschränkungen[108] nicht umgesetzt werden kann. Zudem könnten im Rahmen der Akquisition der Zielgesellschaft mehrere Akquisitionsvehikel eingesetzt werden, um eine Konzernzugehörigkeit der Zielgesellschaft zu der darüberliegenden Akquisitionsebene zu vermeiden. Insoweit ist freilich zu beachten, dass dies voraussetzt, dass die der Ebene der (mehreren) Akquisitionsvehikel übergeordneten Ebenen ihrerseits nicht miteinander konzernverbunden sind.[109]

---

[100] *Seiler* in Kirchhof, EStG, 18. Aufl. 2019, § 4h Rn. 37; differenzierend *Loschelder* in Schmidt, EStG, 38. Aufl. 2019, § 4h Rn. 2 mwN; Einzelfälle bei *Förster* in Gosch, KStG, 3. Aufl. 2015, § 8a Rn. 326.

[101] FG München Beschl. v. 14. Dezember 2011 – 7 V 2442/11 (rkr.), DStRE 2012, 69.

[102] Bundesministerium der Finanzen: Schreiben v. 4. Juli 2008, IV C 7-S2742-a/07/10001, BStBl. I 2008, 718 Rn. 68.

[103] Vgl. nur *Töben/Fischer* Ubg 2008, 149 (154) mwN; *Blumenberg/Lechner* in Blumenberg/Benz, Die Unternehmensteuerreform 2008, S. 156; *Eilers* Ubg 2008, 197 (200) mwN.

[104] IDW Stellungnahme zu Auslegungsfragen zur Anwendung der sog. Zinsschranke (§ 4h EStG/§ 8a KStG), Ubg 2008, 53.

[105] *Töben/Fischer* Ubg 2008, 149 (154); *Eilers* Ubg 2008, 197 (200).

[106] *Töben/Fischer* Ubg 2008, 149 (154 f.).

[107] Ebenso und mit Hinweis auf IAS 27.19 *Stangl/Hageböke* in Schaumburg/Rödder, Unternehmensteuerreform 2008, S. 475; vgl. ferner *Scheunemann/Socher* BB 2007, 1144 (1149).

[108] Die kleine Organschaftsreform hat durch das Betriebsstättenerfordernis in § 14 Abs. 1 S. 1 Nr. 2 S. 4 ff. KStG den Inlandsbezug für den OT „durch die Hintertür" aufrechterhalten, vgl. *Gosch* IWB 2012, 694 (695); ausf. *Stang/Brühl* DK 2013, 77 (79) mwN. Hingegen wurde im Hinblick auf das durch die EU Kommission eingeleitete Vertragsverletzungsverfahren Nr. 2008/4909 nunmehr in Bezug auf die OG der sog. doppelte Inlandsbezug durch einen einfachen Inlandsbezug gem. § 14 Abs. 1 S. 1 KStG ersetzt. Eine weitere Hürde für eine grenzüberschreitende Organschaft ist die Voraussetzung des Abschlusses eines Gewinnabführungsvertrags, vgl. § 14 Abs. 1 S. 1 KStG i V m § 291 Abs. 1 AktG. Vergleichbare Instrumente existieren im ausländischen Gesellschaftsrecht nicht, vgl. zum Ganzen *Endres/Günkel* WPg Sonderheft 2006, 2 (9). Dies kann dazu führen, dass eine ausländische Organschaft praktisch nicht in Betracht kommt, vgl. *Röddder/Liekenbrock* in Rödder/Herlinghaus/Neumann, KStG, 2015, § 14 Rn. 88 mwN. Zu den möglichen Folgen des EuGH Urt. v. 13. Dezember 2005, C-446/03, DStR 2005, 2168, auf das deutsche Steuerrecht vgl. etwa *Kußmaul/Niehren* IStR 2008, 81 ff.; *Pache/Englert* IStR 2007, 47 ff.

[109] *Reiche/Kroschewski* DStR 2007, 1330 (1334).

Die Nichtanwendung der Zinsschranke ist trotz fehlender Konzernzugehörigkeit bei Kapitalgesellschaften nach § 8a Abs. 2 KStG in Fällen der Gesellschafter-Fremdfinanzierung eingeschränkt. Die Ausnahme von der Zinsschranke des § 4h Abs. 2 Satz 1 Buchst. b EStG, wonach der Betrieb nicht oder nicht anteilig zu einem Konzern gehören darf, ist auf Körperschaften nur anwendbar, wenn die Vergütungen für Fremdkapital an einen zu mehr als einem Viertel unmittelbar oder mittelbar am Grund- oder Stammkapital beteiligten Anteilseigner, eine diesem nahe stehende Person im Sinne von § 1 Abs. 2 AStG oder einen Dritten, der auf den mehr als einem Viertel am Grund- oder Stammkapital beteiligten Anteilseigner oder eine dessen nahe stehende Person zurückgreifen kann, nicht mehr als 10 % der die Zinserträge übersteigenden Zinsaufwendungen der Körperschaft i S des § 4h Abs. 3 EStG betragen und die Körperschaft dies nachweist.[110] **29**

Die verschärfte Voraussetzung greift nach ihrem Wortlaut nur für solche Körperschaften, die über ein gesetzlich angeordnetes Mindestkapital in Form eines Grund- oder Stammkapitals verfügen. Das sind lediglich Kapitalgesellschaften (GmbH, AG, KGaA, SE) und nicht z. B. Genossenschaften und Stiftungen. Aufgrund der Betriebsfiktion für den Organkreis ist in Organschaftsfällen der „10 %-Test" auf den Organkreis anzuwenden. Als Darlehensgeber kommt jede Person in Betracht, die einem wesentlich beteiligten Anteilseigner nach § 1 Abs. 2 AStG nahe steht. Dies kann auf Beteiligungen (§ 1 Abs. 2 Nr. 1 und 2 AStG), aber auch auf besonderen Einflussmöglichkeiten oder Interessen i. S. des § 1 Abs. 2 Nr. 3 AStG beruhen.[111] Aus dem Wortlaut von Satz 1 ergibt sich, dass jeder qualifiziert Beteiligte (ggf. unter zusammenfassender Betrachtung mit diesem nahestehenden Personen und auf diesen rückgriffsberechtigten Dritten) isoliert betrachtet werden muss – dh die Zinssaldo-Grenze auf jeden Gesellschafter getrennt angewendet wird und eine Zusammenrechnung nicht möglich ist.[112] Der *„Rückgriffstatbestand"*[113] soll – anders als beim bisherigen § 8a KStG.[114] – insbesondere Fallgestaltungen einer doppelstufigen Kreditgewährung durch sog. *„back-to-back-Finanzierungen"* erfassen, bei der ein Anteilseigner (oder eine diesem nahe stehende Person) einer Bank Geldmittel überlässt, damit diese die Mittel in eigenem Namen als Darlehen an die Kapitalgesellschaft weiterleitet und aufgrund eines rechtlichen Anspruchs oder einer dinglichen Sicherheit auf die Einlage zurückgreifen kann. Bereits eine rein faktische Rückgriffsmöglichkeit soll schädlich sein.[115] **30**

Für die PE-Praxis ist von besonderer Bedeutung, dass die bloße Verpfändung der Anteile an der fremdfinanzierten Gesellschaft einen Rückgriff begründen soll.[116] Sowohl schuldrechtliche Ansprüche wie Garantieerklärungen und Bürgschaften sowie auch dingliche Sicherheiten wie Grundschulden und Sicherungseigentum werden hierzu gezählt.[117] Das BMF[118] hat schließlich klargestellt, dass konzerninterne Finanzierungen grundsätzlich nicht zu einer schädlichen Gesellschafterfremdfinanzierung im Sinne von § 8a Abs. 3 KStG führen. Eine konzerninterne Finanzierung liegt jedoch dann nicht vor, wenn das Fremd- **31**

110 Zu dieser Ausnahme *Stangl/Hageböke* in Schaumburg/Rödder, Unternehmensteuerreform 2008, S. 502 ff. *Förster* in Gosch, KStG, 3. Aufl. 2015, § 8a Rn. 121 ff.

111 Vgl. dazu auch Bundesministerium der Finanzen: Schreiben v. 15. Dezember 1994, IV B 7-S 2742a-63/94, BStBl. I 1995, 176; *Schirmer* StBp 2012, 1 (5 f).

112 BFH Urt. v. 11. November 2015 – I R 57/13, DStR 2016, 530, Rn. 16 ff.

113 Unter „Rückgriff" behandelt das Zivilrecht – z B in § 774 Abs. 1 BGB – Fälle, in denen wegen einer gegen eine bestimmte Person gerichteten Forderung ein Dritter in Anspruch genommen werden kann.

114 So noch Bundesministerium der Finanzen: Schreiben v. 15. Juli 2004, IV A 2-S 2742a-20/04, BStBl. I 2004, 593 Tz. 18 ff.

115 So BT-Drs 16/4841; *Schwedhelm* in Streck, KStG, 9. Aufl. 2018, § 8a Rn. 43; aA in Abweichung von der 2. Aufl. 2009 *Förster* in Gosch, KStG, 3. Aufl. 2015, § 8a Rn. 137.

116 Bundesministerium der Finanzen: Schreiben v. 4. Juli 2008, IV C 7-S2742-a/07/10001, BStBl. I 2008, 718 Rn. 83; zu Recht krit. vgl. *Töben/Fischer* Ubg 2008, 149 (159); so auch FG Berlin-Brandenburg Urt. v. 26. Januar 2017 – 4 K 4106/16, DStRE 2018, 488; Rev. eingelegt BFH: I R 11/17.

117 Vgl. *Heukamp/Beutel* in Eilers/Koffka/Mackensen/Paul, Private Equity, 3. Aufl. 2018, S. 527, Rn. 70; *Förster* in Gosch, KStG, 3. Aufl. 2015, § 8a Rn. 137; Bundesministerium der Finanzen: Schreiben v. 4. Juli 2008 – IV C 7 – S 2742a/07/10 001, BStBl. I, 2008, 718 Rn. 83.

118 Bundesministerium der Finanzen: Schreiben v. 4. Juli 2008, IV C 7-S2742-a/07/10001, BStBl. I 2008, 718 Rn. 80.

kapital durch die Konzernspitze überlassen wird und die Konzernspitze selbst nicht zum Konzern gehört (Gleichordnungskonzern).[119]

32 **c) Escape-Klausel.** § 4h Abs. 1 Satz 1 Buchst. c) EStG (sog. Escape-Klausel) schließt die Anwendung der Zinsschranke aus, wenn der Betrieb zu einem Konzern gehört und seine Eigenkapitalquote am Schluss des vorangegangenen Abschlussstichtages gleich hoch oder höher ist als die des Konzerns (Eigenkapitalvergleich).[120] Ein Unterschreiten der Eigenkapitalquote des Konzerns bis zu einem Prozentpunkt ist unschädlich. Das Wachstumsbeschleunigungsgesetz hat den Toleranzrahmen auf zwei Prozentpunkte angehoben. Dies gilt ab dem ersten Wirtschaftsjahr, das nach dem 1. Dezember 2009 endet (§ 52 Abs. 12d EStG) Maßstab für den Eigenkapital-Vergleich ist die Eigenkapital-Quote. Darunter versteht § 4h Abs. 2 Satz 1 Buchst. c) Satz 3 EStG das Verhältnis des Eigenkapitals zur Bilanzsumme des untersuchten Betriebs. Der Eigenkapitalvergleich ist anhand der Bilanzen auf das Ende des vorangegangenen Wirtschaftsjahres zu führen. Liegt für den Betrieb kein Jahresabschluss oder Einzelabschluss nach denselben Rechnungslegungsstandards wie für den Konzernabschluss vor, ist für den Nachweis der Eigenkapital-Quote des Betriebs eine Überleitungsrechnung aufzustellen. Die Eigenkapital-Quote ist danach nach den für den Konzernabschluss geltenden Rechnungslegungsstandards zu ermitteln (§ 4h Abs. 2 Satz 1 Buchst. c) Satz 11 EStG). Die Ermittlung der Eigenkapitalquoten erfolgt rechnerisch durch Division des in der Bilanz ausgewiesenen Eigenkapitals durch die Bilanzsumme.[121] Nach § 4h Abs. 2 Satz 1 Buchst. c) Satz 5 EStG ist das Eigenkapital des Betriebs um die im Einzelabschluss des Betriebs ausgewiesenen Anteile an anderen Konzerngesellschaften zu kürzen (Beteiligungsbuchwertkürzung).[122] Insoweit ist unerheblich, ob es sich um in- oder ausländische Konzerngesellschaften (Kapital- oder Personengesellschaften) handelt. Die Finanzierung des Beteiligungserwerbs spielt gleichermaßen keine Rolle. Im Unterschied zu § 8a Abs. 4 Satz 1 KStG aF sieht § 4h EStG keine Ausnahme von der Beteiligungsbuchwertkürzung für Holdinggesellschaften vor.[123] Dem Eigenkapital ist ein im Konzernabschluss enthaltener Firmenwert hinzuzurechnen, soweit er auf den inländischen Betrieb entfällt.[124] Das Eigenkapital ist auch um Eigenkapital zu kürzen, das keine Stimmrechte vermittelt.[125] Sonderbetriebsvermögen von Personengesellschaften ist dem Betrieb der Mitunternehmerschaft zuzuordnen (§ 4h Abs. 2 Satz 7 EStG). Weitere Korrekturen regeln § 4h Abs. 2 Buchst. c) Sätze 5 ff. EStG.

33 Im Rahmen des Eigenkapitalvergleichs ist die Bilanzsumme um innerkonzernliche Kapitalforderungen und die damit korrespondierenden Verbindlichkeiten zu kürzen.[126] Den Zinsaufwendungen (§ 4h Abs. 3 Satz 2 EStG) müssen somit Verbindlichkeiten zugrunde liegen, die in einem voll konsolidierten Konzernabschluss nach § 4h Abs. 2 Satz 1 Buchst. c) EStG ausgewiesen sind. Im Rahmen einer Vollkonsolidierung werden konzerninterne Forderungen und Verbindlichkeiten im Wege der Schuldenkonsolidierung eliminiert (vgl. § 303 Abs. 1 HGB) und im Konzernabschluss nicht ausgewiesen. Sie sind auch

[119] Bundesministerium der Finanzen: Schreiben v. 4. Juli 2008, IV C 7-S2742-a/07/10001, BStBl. I 2008, 718 Rn. 80.

[120] Näher hierzu Bundesministerium der Finanzen: Schreiben v. 4. Juli 2008, IV C 7-S2742-a/07/10001, BStBl. I 2008, 718 Rn. 69 ff.

[121] *Möhlenbrock* Ubg 2008, 1 (9 mwN); vgl. die Formel in *Oellerich* in Mössner/Seeger, KStG, 3. Aufl. 2017, § 8a Rn. 571.

[122] Dies führt praktisch dazu, dass auf Ebene der anteilserwerbenden Gesellschaft zinsschrankenrechtlich Eigenkapital vernichtet wird und auf Ebene der erworbenen Gesellschaft das zinsschrankenrelevante Eigenkapital allein (und auch grds. zu niedrig) um den Firmenwert erhöht wird. Zur -Behandlung eigener Anteile vgl. etwa *Blumenberg/Lechner* in Blumenberg/Benz, Die Unternehmensteuerreform 2008, S. 164.

[123] Vgl. näher *Hallerbach* StuB 2007, 487 (492).

[124] *Stangl/Hageböke* in Schaumburg/Rödder, Unternehmensteuerreform 2008, S. 483.

[125] *Stangl/Hageböke* in Schaumburg/Rödder, Unternehmensteuerreform 2008, S. 484 mwN und Hinweisen zu Mezzanine-Kapital. Dazu auch *Stangl* in Rödder/Herlinghaus/Neumann, KStG, 2015, § 8a Rn. 203, 208.

[126] *Stangl/Hageböke* in Schaumburg/Rödder, Unternehmensteuerreform 2008, S. 507; *Korn* in Korn, EStG, 116. Lfg. 2019, § 4h Rn. 110 mwN.

bei der Prüfung der 10%-Grenze nicht zu beachten und können nicht zu einer schädlichen Gesellschafter-Fremdfinanzierung führen.

Für PE-Investoren ist es wegen der globalen Investitionen in unterschiedlichen Jurisdiktionen praktisch unmöglich, die für den Eigenkapitalvergleich notwendige Konsolidierung des Konzerns durchzuführen.[127] Ein Ausweg könnte ggfs. darin gesehen werden, dass die PE-Investoren ein Joint-Venture gründen, bei dem die Investoren gemeinsam die Kontrolle bspw. über die LuxCo ausüben.[128] Die Konsolidierung würde dann ggfs. nur bis zur Ebene der LuxCo erfolgen.[129] **34**

Eine weitere Lösung wäre, etwaige ausländische Tochtergesellschaften des Portfoliounternehmens direkt neben die NewCo zu hängen, d. h. direkt unter der LuxCo, und dabei Teile der Verschuldung der NewCo auf diese ausländischen Tochtergesellschaften zu verlagern (im Wege eines „Debt Push Down"). Dadurch könnte die Eigenkapitalquote des deutschen Betriebs (bestehend aus einer Organschaft zwischen der NewCo und den inländischen Gesellschaften des Zielunternehmens) im Vergleich zu der des Konzerns gesteigert werden, so dass die Escape-Klausel zur Anwendung kommen könnte. **35**

Konzernzugehörigen Gesellschaften wird der Escape gem. § 4h Abs. 2 Buchst. c) EStG jedoch dann versagt, wenn deren nicht konzernzugehöriger, unmittelbar oder mittelbar mindestens 25% wesentlich beteiligter Gesellschafter, eine diesem nahestehende (nicht zum Konzern gehörende) Personengesellschaft oder ein gegen den wesentlich beteiligten Gesellschafter oder die nahestehende Person Rückgriffsberechtigter im Umfang von mehr als 10% des Zinssaldos Vergütungen für Fremdkapital von der Gesellschaft erhält. Zinsaufwendungen aufgrund von Finanzierungen durch einen Dritten sind bei der „Rückausnahme" des § 8a Abs. 3 Satz 1 KStG nur zu berücksichtigen, wenn sie einen Rückgriff gegen einen nicht zum Konzern gehörenden Gesellschafter oder einen diesem nahestehende Person auslösen. Eine Gesellschafterfremdfinanzierung soll damit schädlich sein, wenn sie *„von außerhalb des Konzerns erfolgt"*.[130] Damit soll – umgekehrt – ein Rückgriff innerhalb des Konzerns nicht zu einer schädlichen Gesellschafterfremdfinanzierung führen.[131] **36**

III. Gewerbesteuerliche Abzugsbeschränkungen

Die gewerbesteuerliche Hinzurechnung von Finanzierungsaufwendungen ist durch das Unternehmensteuerreformgesetz 2008 grundlegend verändert worden. Die früheren Regelungen des § 8 Nr. 1, 2, 3 und 7 GewStG sind in dem neu gefassten § 8 Nr. 1 GewStG zusammengefasst und darüber hinaus um die Hinzurechnung der in Mieten, Leasingzahlungen und Lizenzgebühren (fiktiv) enthaltenen Finanzierungsanteile ergänzt worden. Die Verfassungsmäßigkeit der Vorschrift wurde vom FG Hamburg hinsichtlich des Leistungsfähigkeitsprinzips in Frage gestellt.[132] Das BVerfG hat die Vorlage als unzulässig verworfen,[133] wobei es aber zumindest zu erkennen gegeben hat, dass es die Vorschrift für verfassungskonform hält.[134] Der BFH verneint zudem in ständiger Rechtsprechung einen **37**

---

[127] Vgl. näher *Heukamp/Beutel* in Eilers/Koffka/Mackensen/Paul, Private Equity, 3. Aufl. 2018, S. 527, Rn. 70; eine andere Besonderheit bei PE-Fonds liegt darin, dass die Ermittlung der Konzernspitze, auf die sich die Ermittlung der Eigenkapitalquote bezieht, oftmals Schwierigkeiten bereitet, vgl. *Ettinger* in Ettinger/Jaques, Beck'sches Handbuch Unternehmenskauf im Mittelstand, 2. Aufl. 2017, Kap. E Rn. 55.

[128] *Heukamp/Beutel* in Eilers/Koffka/Mackensen/Paul, Private Equity, 3. Aufl. 2018, S. 527, Rn. 70.

[129] Bundesministerium der Finanzen: Schreiben v. 4. Juli 2008, IV C 7-S2742-a/07/10001, BStBl. I 2008, 718 Rn. 61; ebenso *Töben/Fischer* Ubg 2008, 149 (154); *Heukamp/Beu*tel in Eilers/Koffka/Mackensen/Paul, Private Equity, 3. Aufl. 2018, S. 527, Rn. 70 mwN.

[130] So BT-Drs. 16/4841, S. 75.

[131] Vgl. *Stangl* in Rödder/Herlinghaus/Neumann, KStG, 2015, § 8a Rn. 258 f.

[132] Vgl. FG Hamburg v. 29. Februar 2012 – 1 K 138/10, DStRE 2012, 478.

[133] Vgl. BVerfG v. 15. Februar 2016 – 1 BvL 8/12, BStBl II 2016, 557 = DStR 2016, 862 mAnm Fu; die Frage der Verhältnismäßigkeit der Vorschrift als Missbrauchsnorm bleibe aber bestehen, *Keß* in Lenski/Steinberg, GewStG, 127. Lfg. 2019, § 8 Nr. 1 Buchst. f) Rn. 8; so auch *Petrak/Karrenbock* DStR 2016, 1790.

[134] S. dazu *Burwitz* NZG 2018, 729, 730; zu § 7 Satz 2 GewStG hat das BVerfG mit Urt. v. 10.4.2018 – 1 BvR 1236/11, DStR 2018, 73 entschieden, dass die Binnendifferenzierung zwischen und unter Mit-

Verstoß gegen Art. 3 Abs. 1 GG,[135] sodass eine Änderung der Rechtslage unwahrscheinlich ist.[136] Der EuGH hat letztendlich die Vereinbarkeit der Hinzurechnung von Schuldzinsen mit der EU-Zins- und Lizenzrichtlinie abgesegnet, da die Besteuerung an den Zinsschuldner anknüpft.[137] Nach § 8 Nr. 1 GewStG werden einheitlich 25 % des betreffenden Zinsanteils zum Gewerbeertrag hinzugerechnet. Voraussetzung ist lediglich ein wirtschaftlicher Zusammenhang mit dem Betrieb und der Abzug des betreffenden Entgelts bei der Ermittlung des Gewinns. Der Zins*anteil* wird je nach Art der Geld- oder Sachkapitalüberlassung unterschiedlich, jedoch pauschaliert festgelegt. Soweit eine Berücksichtigung als Betriebsausgaben erfolgte, also z. B. nicht bei der Zinsschranke unterfallenden und damit nicht abzugsfähigen Zinsteilen, beträgt die Hinzurechnung ein Viertel der Summe aus

- Entgelten für Schulden, § 8 Nr. 1 Buchst. a) GewStG,
- Gewinnanteilen des (typisch) stillen Gesellschafters, § 8 Nr. 1 Buchst. c) GewStG,
- 20 % der Miet- und Pachtzinsen (einschließlich Leasingraten) für bewegliche Wirtschaftsgüter, die, gehörten sie dem Unternehmer, im Anlagevermögen auszuweisen wären, § 8 Nr. 1 Buchst. d) GewStG,
- 50 % der Miet- und Pachtzinsen (einschließlich Leasingraten) für nicht bewegliche Wirtschaftsgüter, die, gehörten sie dem Unternehmer, im Anlagevermögen auszuweisen wären, § 8 Nr. 1 Buchst. e) GewStG,
- 25 % der Aufwendungen für die zeitlich befristete Überlassung von Rechten, mit Ausnahme solcher Lizenzen, die ausschließlich zur Unterlizensierung an Dritte berechtigen, § 8 Ziff. 1 f) GewStG,

38 soweit die Summe 100 000 € übersteigt (Freibetrag). Eine weitere, für die PE-Praxis bedeutsame Hinzurechnungsvorschrift ist § 8 Nr. 5 Satz 1 HS. 1 GewStG. Danach sind Gewinnanteile und die ihnen gleich gestellten Bezüge und Leistungen aus Anteilen an Körperschaften iSd KStG, die wegen der Steuerbefreiungen nach § 8b Abs. 1 KStG bei der Gewinnermittlung abzuziehen sind, bei der Ermittlung des Gewerbeertrags dem Gewinn wieder hinzuzurechnen. Nach § 8 Nr. 5 Satz 1 Hs. 2 GewStG ist die Hinzurechnung jedoch ausgeschlossen, wenn die Beteiligungserträge die Voraussetzungen des § 9 Nr. 2a oder Nr. 7 GewStG erfüllen, für sie also das Schachtelprivileg (erforderlicher Beteiligungsanteil 15 %) gilt. Gemäß § 8 Nr. 10 GewStG sind Gewinnminderungen, die durch den Ansatz eines niedrigeren Teilwerts einer Schachtelbeteiligung im Zusammenhang mit der Veräußerung oder Entnahme einer Schachtelbeteiligung oder bei Auflösung oder Herabsetzung des Kapitals einer Schachteltochter entstehen, dem Gewinn aus Gewerbebetrieb wieder hinzuzurechnen, soweit der Ansatz des niedrigeren Teilwerts oder die sonstige Gewinnminderung auf Gewinnausschüttungen der Kapitalgesellschaft zurückzuführen ist, um die der Gewerbeertrag nach § 9 Nr. 2a, 7 oder 8 GewStG zu kürzen ist.

C. Besonderheiten einer grenzüberschreitenden Akquisitionsstruktur

39 „*Die*" PE-Akquisitionsstruktur gibt es naturgemäß nicht Vielmehr wird die Strukturierung einer PE-Akquisition durch vielfältige Faktoren und insbesondere die jeweiligen Besonderheiten des Target determiniert. Gleichwohl ist zu beobachten, dass die nachfolgend – graphisch abgebildete – Struktur in der Praxis oftmals als Grundmodell einer PE-Akquisiti-

---

unternehmerschaften als Teil der Bestimmung des Steuergegenstands der Einschätzungsprärogative des Gesetzgebers unterliegt. Diese Überlegung könnte, da sie ebenfalls zum Vorwurf der Verletzung des Leistungsfähigkeitsprinzips getätigt wurde, evtl. auch für den hiesigen Fall fruchtbar gemacht werden.

[135] Vgl. BFH v. 16. Dezember 2012 – I B 128/12, DStR 2012, 2377; v. 16. Januar 2014 – I R 21/12, BStBl II 2014, 531 = DStR 2014, 941; v. 4. Juli 2014 – I R 21/13, BStBl II 2015, 293 = DStR 2014, 191.

[136] Vgl. *Schöneborn* NWB 2016, 1408 (1409).

[137] Vgl. EuGH v. 21. Juli 2011 – C-397/09 –, Scheuten Solar Technology GmbH, BStBl II 2012, 528 = HFR 2011, 1058.

on fungiert. Für die Beurteilung der Besonderheiten einer solchen PE-typischen Struktur sind die einzelnen Strukturebenen zu unterscheiden.

I. Nutzung einer ausländischen Holdinggesellschaft

1. Zwischenschaltung einer LuxCo

In der Praxis strukturieren insbesondere US-Private-Equity-Fonds ihre Investitionsaktivitäten in Europa regelmäßig über Luxemburg. Das hat den Vorteil, dass diese Fonds in Luxemburg auf die sog. *Preferred Equity Certificates* („PECs") zurückgreifen können. Die PECs sind ein hybrides Finanzierungsinstrument, welches in Luxemburg als Fremdkapital behandelt wird. Zahlungen auf PECs sind für steuerliche Zwecke daher grundsätzlich abzugsfähig und reduzieren die Ertragsteuerbelastung in Luxemburg. Aus US-amerikanischer Sicht werden PECs hingegen als Eigenkapital behandelt mit der Folge, dass die Fonds aus diesen Instrumenten keinen Zinsertrag, sondern Dividende erzielen. **40**

Die LuxCo stellt der NewCo Eigen- und Fremdkapital (als Gesellschafterdarlehen) zur Verfügung. Dabei wird der Einsatz von Fremdkapital im Rahmen bestehender Restriktionen maximiert, um möglichst hohe Aufwendungen zu generieren. Den bei der LuxCo vereinnahmten Zinserträgen stehen steuerlich abzugsfähige Aufwendungen auf die PECs gegenüber. Im Ergebnis wird das das steuerliche Einkommen in Luxemburg minimiert[138]. **41**

Darüber hinaus gibt die LuxCo zusätzlich sog. *Convertible Preferred Equity Certificates* (CPECs) als hybride Finanzierungsformen an den Fonds aus. Nach der Umwandlung solcher CPECs können Erträge an die Investoren ausgeschüttet werden, ohne dass luxemburgische Kapitalertragsteuer ausgelöst wird. Weitere Vorteile liegen in der Flexibilität der CPECs, die aus Sicht der Investoren als Eigenkapital ausgestaltet werden können, auf der Ebene der LuxCo jedoch ihren Fremdkapitalcharakter behalten. Da der Zeitwert der CPECs unmittelbar vom Unternehmenswert der einziehenden bzw. rückkaufenden Gesellschaft abhängt, kann bei einer Steigerung des Unternehmenswerts der Zielgesellschaft (sowie der zwischengeschalteten Gesellschaft mit Sitz im europäischen Ausland) diese Steigerung durch den Rückkauf oder die Einziehung von CPECs an den Fonds weitergereicht werden, wenn und soweit die rückkaufende bzw. einziehende Gesellschaft über ausreichende Liquidität verfügt[139] (vgl. dazu eingehend unten 6.). Vor diesem Hintergrund ist eine Ausschüttung umso leichter darstellbar und strukturierbar, je mehr Gesellschafterdarlehen für die Akquisition ausgereicht worden sind, die für eine Rückzahlung der Zielgesellschaft an den Fonds genutzt werden können. Demgegenüber ist eine Rückzahlung echten bilanziellen Eigenkapitals gesellschaftsrechtlich nur unter engeren Voraussetzungen zulässig. Rechtliche Voraussetzung für die Zulässigkeit von Zahlungen durch die Kette der an der Ausschüttung beteiligten Gesellschaften bis zum Private-Equity Fonds ist, dass die jeweils empfangende Gesellschaft bzw. der Fonds einen Anspruch auf Zahlung gegen die jeweils auszahlende Gesellschaft hat. Dieser Anspruch kann sich unter anderem aus einem Gesellschafterdarlehen ergeben. Wenn kein derartiges Gesellschafterdarlehen gewährt wurde, können die Zahlungen durch Ausschüttung zwischen den an der Rekapitalisierung beteiligten Gesellschaften oder durch Kauf eigener Anteile erfolgen. **42**

Ferner wird durch die Zwischenschaltung der LuxCo einen steuergünstigen Exit angestrebt. So werden Veräußerungsgewinne nach § 8b Abs. 2 iVm Abs. 3 Satz 1 KStG zu 95 % in Deutschland freigestellt. Erzielt die LuxCo einen Gewinn aus der Veräußerung der Beteiligung an der deutschen NewCo, so unterliegt dieser nach § 49 Abs. 1 Nr. 2 Buchst. e) EStG iVm § 17 EStG zwar der beschränkten Steuerpflicht. Das deutsche Besteuerungsrecht wird aber nach Art. 13 Abs. 2 DBA-Luxemburg ausgeschlossen. In Lu- **43**

---

[138] Nach der Abschaffung der sog. „capital duty" entfällt demnach in Luxemburg praktisch die Steuerbelastung.

[139] Eingehend *Leyendecker/Rödding/Kalb* in Eilers/Koffka/Mackensen, Private Equity, 2009, S. 411.

xemburg bleibt der Veräußerungsgewinn unter bestimmten Voraussetzungen zu 100% steuerfrei.

44 Im Hinblick auf die Zwischenschaltung einer LuxCo ist im Übrigen auf § 50d Abs. 3 EStG[140] hinzuweisen (dazu auch noch → Rn. 108 ff.). § 50d Abs. 3 EStG versagt die Steuerentlastungen nach §§ 43b, 50g EStG oder DBA auf Befreiung oder Ermäßigung von Kapitalertrag- oder Abzugssteuern, wenn die ausländische Gesellschaft „substanz- oder funktionsschwach" ist. Der Gesetzgeber unterstellt dies, soweit an der ausländischen Gesellschaft Personen beteiligt sind, denen die Erstattung oder Freistellung nicht zustände, wenn sie die Einkünfte unmittelbar erzielten, und (1) für die Einschaltung der ausländischen Gesellschaft wirtschaftliche oder sonst beachtliche Gründe fehlen oder (3) die ausländische Gesellschaft nicht mit einem für ihren Geschäftszweck angemessen eingerichteten Geschäftsbetrieb am allgemeinen wirtschaftlichen Verkehr teilnimmt. Die 10% Grenze für die Bejahung einer eigenen Wirtschaftsaktivität wurde von der EU-Kommission beanstandet[141] und deshalb vom deutschen Gesetzgeber gestrichen.[142] Die Frage der Europarechtskonformität steht jedoch nach den Vorlagen des FG Köln immer noch im Vordergrund.[143] Das Gericht setzt sich mit dem Gehalt der Vorschrift gründlich auseinander. Im Einzelnen könnten das Fehlen der Gegenbeweismöglichkeit und der Einbezug auch nicht missbräuchlicher Gestaltungen die Rechtfertigung des Eingriffs in die Dienstleistungsfreiheit ausschließen. In Angesicht der in der Anti Tax Avoidance Directive enthaltenen ähnlichen Regelung ist die Entscheidung des EuGH mit Spannung abzuwarten. Für die Prüfung der Tatbestände sind die organisatorischen, wirtschaftlichen oder sonst beachtlichen Merkmale der Unternehmen, die der ausländischen Gesellschaft nahe stehen (§ 1 Abs. 2 AStG) nicht zu berücksichtigen (§ 50d Abs. 3 Satz 2 EStG). Nach § 50d Abs. 3 Satz 3 1. Alt. EStG fehlt es an einer eigenen Wirtschaftstätigkeit, soweit die ausländische Gesellschaft ihre Bruttoerträge aus der Verwaltung von Wirtschaftsgütern erzielt. Nach der Gesetzesbegründung[144] führt die Wahrnehmung einer geschäftsleitenden Funktionen i. S. der Managementtätigkeit nicht zur Annahme einer solchen schädlichen Verwaltungstätigkeit. Sie muss allerdings für mehrere Tochtergesellschaften erfolgen. Für mehrstöckige Holdingstrukturen ist nach Ansicht der Finanzverwaltung[145] aufsteigend zu prüfen. Auf diese Weise erstreckt die Finanzverwaltung den Anwendungsbereich, bis eine nichtabkommensberechtigte oder substanzschwache Gesellschaft die Kette durchbricht. In der PE-Praxis unterliegen daher laufende Dividendenerträge aus den Zielgesellschaften oftmals einer definitiven Kapitalertragsteuer iHv 25% zzgl. SolZ, ohne dass (wie in Regel) eine Anrechnung im Ausland möglich ist (zu Gestaltungsansätzen siehe noch unter → Rn. 108 ff.).

45 Es besteht ferner das Risiko, dass die LuxCo mangels unternehmerischer Substanz von der deutschen Finanzverwaltung als Basisgesellschaft (§ 42 AO) angesehen wird, sofern für die hierzu entwickelten Grundsätze nach der Neufassung des § 50d Abs. 3 EStG überhaupt

[140] Durch das JStG 2007 v. 13. Dezember 2006 (BGBl. I 2006, 2878) wurde § 50d Abs. 3 EStG in Reaktion auf die seinen Anwendungsbereich zunehmend einengende Rechtsprechung des BFH (vgl. bspw. BFH v. 31. Mai 2005, I R 74, 88/04, BStBl. II 2006, 118) schärfer gefasst. Durch die Einfügung eines neuen § 50d Abs. 9 EStG wurde zudem eine sog. unilaterale switch-over Klausel zur Vermeidung einer doppelten Nichtbesteuerung bei Anwendung der DBA-Freistellungsmethode in das Gesetz aufgenommen.

[141] Vgl. EU-Kommission v. 18.3.2010, IP/10/298; URL: http://europa.eu/rapid/press-release_IP-10-298_de. htm.

[142] Vgl. BeitrRLUmsG 7.12.2011 (BGBl. 2011 Teil I S. 2592); an der Unionkonformität der Vorschrift immer noch zweifelnd, vgl. *Lüdicke* IStR 2012, 148 (152); *Kraft/Gebhardt* DStZ 2012, 398 (407).

[143] Vgl. FG Köln v. 8.7.2016 – 2 K 2995/12, EFG 2016, 1801 = IStR 2016, 905 mAnm Bozza-Bodden; anhängig beim EuGH unter Az. C-504/16; FG Köln v. 31.8.2016 – 2 K 721/13, EFG 2017, 51 = BeckRS 2017, 94053; anhängig beim EuGH unter Az. C-613/16. Dazu *Biebinger/Hiller* IStR 2017, 299; *Linn/Pignot* IWB 2017, 114.

[144] Vgl. BT-Drs. 16/2712, S. 107.

[145] BMF v. 10. Juli 2007, IV B 1-S 2411/07/0002, IStR 2007, 555. Nicht mehr anzuwenden für Steuertatbestände, die nach dem 31. Dezember 2008 verwirklicht werden, da nicht in der Positivliste des BMF v. 23.4.2010 – IV A 6 – O 1000/09/10095, BStBl. I S. 391 enthalten. Die Anwendung bleibt unberührt für vor dem 1.1.2009.

noch Raum verbleibt.[146] In diesem Fall würden die Einkünfte der LuxCo direkt den Gesellschaftern zugerechnet.[147] Schließlich können DBA-Missbrauchsvorschriften greifen; diese haben Vorrang sowohl vor § 50d Abs. 3 EStG als auch vor § 42 AO.[148]

2. Nutzung grenzüberschreitender Akquisitionsstrukturen

Wenngleich zwischenzeitlich durchaus rechtliche Instrumentarien zur Verfügung stehen, die grenzüberschreitende Akquisitionsstrukturen ermöglichten,[149] werden solche Strukturen durch Private-Equity Investoren bislang kaum genutzt. So finden sich nur wenige Beispiele, in denen eine deutsche Zielgesellschaft im Rahmen einer Private-Equity Transaktion direkt durch die LuxCo (oder eine andere EU-Zweckgesellschaft) erworben wurde. Solche Strukturen gelten zwar durchaus als innovativ und werden immer wieder diskutiert; sie sind jedoch wenig praxiserprobt und daher – so die übliche Sorge – deutlich störungsanfälliger. Aus Sicht eines steuerlichen Beraters sind hier im Rahmen des Private-Equity Mandats nicht nur bestehende Spielräume aufzuzeigen. So kann beispielsweise vor dem Hintergrund der soeben unter → Rn. 40 ff. dargestellten Problematik der definitiven Quellenbesteuerung eine Erwerbstruktur mit einer LuxCo, auf welche die Zielgesellschaft grenzüberschreitend verschmolzen wird, durchaus geeignet sein, eine sonst drohende Anwendung des § 50 d Abs. 3 EStG zu vermeiden. Vielmehr gilt es, Investoren von der Vorteilhaftigkeit solcher Strukturen in bestimmten Konstellationen zu überzeugen und diese damit zugleich „am Markt" nachhaltiger zu etablieren. Gegenwärtig erfolgt in der Praxis aber weiterhin durchweg die Einschaltung einer inländischen Akquisitionsgesellschaft (NewCo), die wiederum die Anteile an der Zielgesellschaft erwirbt. 46

II. Steuerfolgen für die inländische Akquisitionsgesellschaft (NewCo)

Die steuerlichen Folgen aus dem Erwerb des Zielunternehmens auf Ebene der Akquisitionsgesellschaft (NewCo) hängen maßgeblich davon ab, ob das Zielunternehmen eine Kapital- oder Personengesellschaft ist. Im Fall des (typischen) Anteilserwerbs an einer Kapitalgesellschaft können die Anschaffungskosten nicht auf die Wirtschaftsgüter der Zielgesellschaft verteilt werden. Vielmehr sind die Anteile an der Zielgesellschaft mit den Anschaffungskosten auszuweisen. Zu den Anschaffungskosten gehört der Kaufpreis zzgl. der Anschaffungsnebenkosten. Zu den Anschaffungskosten des Anteils gehören auch Einzahlungen des Gesellschafters in die Kapitalrücklage der Kapitalgesellschaft.[150] 47

Fraglich ist, ob Transaktionskosten sich als Anschaffungsnebenkosten oder als sofort abziehbare Betriebsausgaben qualifizieren.[151] Nach zutreffender Auffassung gehören nur 48

[146] Mit Recht ablehnend *Klein/Hagena* inHerrmann/Heuer/Raupach, EStG/KStG, 280.Lfg. 2017, § 50d EStG Rn. 53 mwN.

[147] Vgl. Jacobs, Internationale Unternehmensbesteuerung, 8. Aufl. 2016, S. 1044 ff.

[148] Vgl. BMF v. 24.1.2012, IV B 3-S 2411/07/10016, BStBl I 2012, 171, Tz. 10; Beispiele *Gosch* in Kirchhof, EStG, 16. Aufl. 2017, § 50d Rn. 25a.

[149] Dies gilt freilich nur sehr eingeschränkt für die grenzüberschreitende Verlustverrechnung oder für die grenzüberschreitende ertragsteuerliche Organschaft. vgl. Ausführungen zur Organschaft und kleinen Organschaftsreform

[150] BFH Urt. v. 27. April 2000, I R 58/99, BStBl. II 2001, 168.

[151] Problematisch ist ferner insbesondere mit Blick auf ein jüngeres Urteil des Finanzgericht München v. 28. Januar 2009 – 3 K 3141/05, EFG 2009, 1153, inwieweit USt aus Beratungsleistungen, die gegenüber der NewCo erbracht wurden, als Vorsteuer abgezogen werden können. Nach Auffassung der Finanzverwaltung und wohl auch der Rechtsprechung sind bestimmte Holdings, die keine entgeltliche geschäftsleitende Funktion wahrnehmen, sondern sich auf das Halten und die Verwaltung der Beteiligungen beschränken, wie typischerweise die NewCo, keine Unternehmer iSd Umsatzsteuergesetzes, vgl. das Schreiben betr. umsatzsteuerlicher Fragen im Zusammenhang mit dem Halten von Beteiligungen v. 26. Januar 2007, BStBl. I 2007, 211, Tz, 6, 7. Vgl. hierzu auch EuGH, Rs. C-77/01 v. 29. April 2004, UR 2004, 292 Rn. 57; EuGH, Rs. C 16/00 v. 27. September 2001, UR 2001, 500 Rn. 19 ff. Dies führt dazu, dass eine Option zur Umsatzsteuerpflicht ebenso wie der Vorsteuerabzug durch die Holdinggesellschaft ausgeschlossen ist. Nicht abziehbare Vorsteuer erhöht ertragsteuerlich die Anschaffungskosten der

solche Transaktionskosten zu den Anschaffungsnebenkosten, dh erhöhen den Beteiligungsbuchwert, die in einem unmittelbaren zeitlichen und sachlichen Zusammenhang mit dem Erwerb der Beteiligung stehen. Hierzu gehören Provisionen, Bankspesen, Maklergebühren, Grunderwerbsteuer und Beratungsgebühren, die im Zusammenhang mit dem Kaufvertrag anfallen.[152] Demgegenüber sind Gebühren für Due Diligence und sonstige Beratungskosten sofort abziehbare Betriebsausgaben; dies gilt jedenfalls insoweit, als diese in der Phase der Entscheidungsfindung anfallen.[153] Finanzierungskosten (zB Debt Arrangement Fees) und Beratungskosten, die im Zusammenhang mit der Finanzierung entstehen, sind demgegenüber Betriebsausgaben.

49 Der Erwerb von mindestens 95 % der Anteile an einer inländischen Kapitalgesellschaft, in deren Betriebsvermögen sich inländische Grundstücke befinden, löst nach § 1 Abs. 3 Nr. 1 GrEStG eine Belastung mit Grunderwerbsteuer aus.[154] Dabei begründet auch eine mittelbare Vereinigung von mindestens 95 % der Anteile der Zielgesellschaft in der Hand des Erwerbers eine Grunderwerbsteuerpflicht.[155] Gleiches gilt in Bezug auf Tochtergesellschaften des Target, die ebenfalls inländischen Grundbesitz halten, sofern Target unmittelbar oder mittelbar mindestens 95 % der Anteile an solchen Tochtergesellschaften hält. Mittelbare Beteiligungen sind im Rahmen des § 1 Abs. 3 GrEStG allerdings grundsätzlich nur dann dem Gesellschafter der vermittelnden Gesellschaft zuzurechnen, wenn dieser an der vermittelten Kapitalgesellschaft[156] zu mindestens 95 % beteiligt ist.[157] Ist eine vermittelnde Kapitalgesellschaft allerdings abhängig im Sinne von § 1 Abs. 4 Nr. 2b) GrEStG, findet auch bei einer Beteiligung von weniger als 95 %, eine volle, dh nicht nur anteilige Zurechnung statt,[158] sofern die Zwischen-

Anteile an Target (§ 9b EStG). Neuere EuGH-Rspr. hat die Unternehmereigenschaft und somit das Vorsteuerabzugsrecht beim bloßen Erwerb oder Halten von Anteilen mangels wirtschaftlicher Tätigkeit verneint, vgl. EuGH v. 16.7.2015 – C-108/14, C-109/14, Beteiligungsgesellschaft Larentia+Minerva und Marenave Schiffahrts AG BFH/NV 2015, 1549 = MwStR 2015, 583. Dazu instruktiv *Eggers/Korf* MwStR 2015, 710.

[152] BFH v. 3. August 1976, VIII R 101/71, BStBl. II 1977, 65; BFH v. 9. Oktober 1979, VIII R 67/77, BStBl. II 1980, 116. *Tiedchen* in MüKo BilanzR, 1. Auflage 2013, § 255 Rn 25.

[153] Zu den Due Diligence Kosten eher als Betriebsausgaben mangels unmittelbaren Zusammenhangs, vgl. instruktiv *Ditz/Tcherveniachki* DB 2011, 2676; *Farwick* BC 2016, 165; sie unterfallen nicht dem Abzugsverbot des § 8b Abs. 3 KStG, vgl. BFH, v. 9.1.2013 – I R 72/11, BStBl II 2013, 343 = DStR 2013, 581.

[154] Vgl. zu Nachfolgendem ausführlich *Kloster/Reckordt* in Brück/Sinewe, Steueroptimierter Unternehmenskauf, 2. Aufl. 2010, § 4d). Die Bemessungsgrundlage wird gem. § 8 Abs. 2 Nr. 3 GrEStG nach Maßgabe des § 138 Abs. 2 und 3 BewG (Bedarfswerte statt Kaufpreise) berechnet. Der Steuersatz beträgt gem. § 11 Abs. 1 GrEStG 3,5 % der Bemessungsgrundlage (in Berlin und Hamburg 4,5 %).

[155] Vgl. Rödder/Hötzel/Mueller-Thuns, Unternehmenskauf, S. 863.

[156] Handelt es sich bei der Zwischengesellschaft um eine Kapitalgesellschaft, so ist nach Auffassung der Finanzverwaltung (vgl.Finanzministerium Baden-Württemberg, koordinierter Ländererlass vom 14. Februar 2000, 3, S 4500/43, BStBl. I 2000, 991; vgl. auch GLE. v. 25.2.2010, DStR 2010, 697, Tz. 2.2) Voraussetzung einer Zurechnung, dass der – in Bezug auf die zu erwerbende Gesellschaft indirekte – Gesellschafter an der Zwischengesellschaft zu mindestens 95 % beteiligt ist. Nach einer anderen Auffassung soll es indes darauf ankommen, ob „durchgerechnet", also die Beteiligungsquote der Obergesellschaft an der Zwischengesellschaft multipliziert mit der Beteiligungsquote der Zwischengesellschaft an der zu erwerbenden Gesellschaft, 95 % der Anteile an der grundbesitzenden Gesellschaft gehalten werden. FG Münster, Urt. v. 17. September 2008, EFG 2008, 1993 (mit Bespr. Fumi). Der BFH hat die Entscheidung des FG Münster aufgehoben und seiner Sichtweise eine Absage erteilt, vgl. BFH v. 25.8.2010 – II R 65/08, BStBl II 2011, 225 = BB 2011, 358 mAnm Behrens. Die Entscheidung des FG Münster ablehnend *Wischott/Schönweiß/Fröhlich* DStR 2009, 361; zur Entscheidung instruktiv auch *Behrens/Schmitt* BB 2009, 425.

[157] Vgl. FinMin Baden-Württemberg, Erlass v. 14. Februar 2000, 3, S 4500/43, DStR 2000, S. 430. Vgl. dazu auch; *Meßbacher-Hönsch* in Boruttau, GrEStG, 18. Auflage 2016, § 1 Rn. 1010. Rödder/Hötzel/Mueller-Thuns, Unternehmenskauf, S. 863. Vgl. auch *Kloster/Reckordt* in Brück/Sinewe, Steueroptimierter Unternehmenskauf, 2. Aufl. 2010, § 4d).

[158] Vgl. *Hoffmann,* Grunderwerbsteuerplanung bei Konzernumstrukturierungen, in Grotherr, Handbuch der internationalen Steuerplanung, S. 623. Hingegen sind Anteilsverschiebungen innerhalb eines Organkreises, die lediglich dazu führen, dass die Anteile an einer grundbesitzenden Gesellschaft nicht mehr in der Hand von mehreren Organgesellschaften, sondern in der Hand einer einzelnen Gesellschaft vereinigt werden, unschädlich, weil diese ohnehin bereits dem Organkreis zuzurechnen wären. Vgl. BFH-Urt. v. 20. Oktober 1993, II R 116/90, BB 1994, 417 f.; BFH Urt. v. 12. Januar 1994, II R 130/91, BStBl II

gesellschaft finanziell,[159] wirtschaftlich[160] und organisatorisch[161] in den indirekten Anteilseigner eingegliedert ist (grunderwerbsteuerliche Organschaft iSd § 1 Abs. 4 GrEStG).[162] Eine Gesamtbetrachtung ist vorzunehmen, sodass die drei Elemente sich gegenseitig ergänzen.[163] Als Organgesellschaften kommen nur juristische Personen in Betracht, so dass die Zurechnung im Organkreis durch Zwischenschaltung von Personengesellschaften unterbrochen werden kann. Ist die Zwischengesellschaft eine Personengesellschaft, so schließt nach Auffassung des BFH[164] bereits die Beteiligung eines unverbundenen „dritten" (h unabhängigen) Gesellschafters eine Zurechnung regelmäßig aus. Unerheblich ist dabei, ob dieser „dritte" Gesellschafter vermögensmäßig an der Personengesellschaft beteiligt ist, so dass zB auch eine „unabhängige" Komplementär-GmbH, die am Vermögen der Kommanditgesellschaft nicht beteiligt ist, eine Zurechnung grundsätzlich ausschließen kann. In der Private –Equity Praxis werden basierend auf dieser Rechtsprechung Personengesellschaften als Grunderwerbsteuer-Blocker genutzt, um beim Kauf/Verkauf der Beteiligung Grunderwerbsteuer zu vermeiden. Der Gesetzgeber hat auf diese sog. RETT-Blocker-Strukturen reagiert und § 1 Abs. 3a GrEStG verabschiedet.[165] Mithin ist die Umgehung des § 1 Abs. 3 GrEStG durch das Einschalten einer Personengesellschaft als Zwischengesellschaft nicht mehr möglich. Die Vorschrift soll als Auffangtatbestand dienen und greift nur dann, wenn die Besteuerung gem. § 1 Abs. 2a und 3 ausscheidet.[166] Auf eine Umgehungsabsicht kommt es nicht an.[167] Nunmehr bietet sich als Gestaltungsmöglichkeit die Einschaltung einer Stiftung, an der keine gesellschaftsrechtliche Beteiligung in Betracht kommt.[168]

Es bietet sich beispielsweise folgende Gestaltung an:[169] Die inländische NewCo erwirbt **50**
unmittelbar maximal 94,9% der Anteile an der inländischen Zielgesellschaft. Zugleich sollte eine Personengesellschaft in der Rechtsform einer GmbH & Co. KG zwischengeschaltet werden, an der sich die NewCo mit maximal 94,9% beteiligt. Die restlichen Anteile an der Personengesellschaft können sodann an das Management der Zielgesellschaft oder an Dritte (z. B. externes Management) abgetreten werden. Daran anschließend erwirbt die GmbH & Co. KG die verbleibenden Anteile an der Zielgesellschaft. Durch die zwischengeschaltete Personengesellschaft werden weder eine mittelbare Anteilsvereinigung,

---

1994, S. 408 f.; FinMin Baden-Württemberg, Erlass v. 6. November 1995, S 4500/43, DB 1995, 2295. Immerhin ist die erstmalige Anteilsvereinigung davon zu differenzieren, vgl. *Meßbacher-Hönsch* in Boruttau, GrEStG, 18. Auflage 2016 § 1 Rn. 1124.

[159] Stimmrechtsmehrheit, die nach dem Gesetz oder der Satzung erforderlich ist, um die wesentlichen Entscheidungen durchzusetzen *Meßbacher-Hönsch* in Boruttau, GrEStG, 18. Auflage 2016, § 1 Rn. 1104; *Pahlke* in Pahlke, GrEStG, 5. Aufl. 2014 § 1 Rn. 358. Vgl. dazu auch FG Münster, Urt. v 23. August 2007, EFG 2008, 1828.

[160] Organgesellschaft muss gemäß dem Willen des Organträgers im Rahmen des Gesamtunternehmens, und zwar im engen wirtschaftlichen Zusammenhang mit diesem – fördernd und ergänzend – wirtschaftlich tätig sein, vgl. *Meßbacher-Hönsch* in Boruttau, GrEStG, 18. Auflage 2016, § 1 Rn. 1105.

[161] Organträger stellt durch organisatorische Maßnahmen sicher, dass sein Wille in der Organgesellschaft auch tatsächlich ausgeführt wird; Hofmann, GrESt, § 1 Rn. 168; *Hidien/Lohmann* GmbHR 2008, 917. Zu (möglichen) neueren Entwicklungen in der Rechtsprechung im Zusammenhang mit der Auslegung des Tatbestandmerkmals „organisatorische Eingliederung" *Scholz/Nattkämper* UR 2008, 716. BFH v. 7.7.2011 – V R 53/10, BStBl II 2013, 218 = DStR 2011, 2044; dazu sehr analytisch, vgl. *Feldgen* BB 2013, 2967 (2970 ff.).

[162] Siehe dazu Gleichlautende Erlasse der obersten Finanzbehörden der Länder zur Anwendung des § 1 Abs. 3 iVm § 1 Abs. 4 GrEStG auf Organschaftsfälle v. 21. März 2007, BStBl. I 2007, 442.

[163] Vgl. *Meßbacher-Hönsch* in Boruttau, GrEStG, 18. Auflage 2016, § 1 Rn. 1108.

[164] BFH Urt. v. 8. August 2001, BFH/NV 2001, 1672; *Fischer* in Boruttau, GrEStG, § 1 Rn. 898b.

[165] Vgl. Art 26 AmtshilfeRLUmsG v 26.6.2013, BGBl I 2013, 1809; krit. dazu, vgl. *Tiede* StuB 2014, 571, 576; *Behrens* DStR 2013, 1405 (1407); *Wagner/Mayer* BB 2014, 279, wo die Autoren die Vorschrift als Super-Auffangtatbestand bezeichnen.

[166] Vgl. GLE 9.10.2013, BStBl. I 2013, 1364, Tz. 3.

[167] Vgl. Begründung BT-Drs. 17/13033, 110.

[168] Ausf. dazu, vgl. *Egner/Geißler* DStZ 2015, 333 ff.

[169] Vgl. Bogenschütz, Steuerliche Aspekte des Kaufs und Verkaufs inländischer Unternehmen durch Steuerausländer, in: Schaumburg, Unternehmenskauf im Steuerrecht, S. 354; Tcherveniachki, Kapitalgesellschaften und Private-Equity-Fonds, S. 319 f.

weil die Erwerbsholding weniger als 95 % von deren Anteilen hält, noch eine Anteilsvereinigung im Organkreis, da die Personengesellschaft keine juristische Person darstellt und somit nicht als Organgesellschaft in Betracht kommt, begründet. Im Ergebnis wird eine Grunderwerbsteuer vermieden, auch wenn die Erwerbsholding bei wirtschaftlicher Betrachtung mehr als 95 % der Anteile an der Zielgesellschaft erworben hat.[170]

51 Ist die Zielgesellschaft eine Personengesellschaft und werden mindestens 95 % der Anteile übernommen, löst dies Grunderwerbsteuer nach § 1 Abs. 3 GrEStG aus.[171] Beim Erwerb von Persongesellschaftsanteilen ist zudem § 1 Abs. 2a GrEStG zu beachten, wonach auch der Wechsel von mindestens 95 % des Gesellschafterbestands einer Grundbesitz haltenden Personengesellschaft innerhalb von fünf Jahren grundsätzlich der Grunderwerbsteuer unterliegt.[172] In diesem Zusammenhang hat der Begriff der Änderung im Gesellschafterbestand BFH und Finanzverwaltung gespalten. Der BFH ging in seinem Grundsatzurteil vom 24.4.2013[173] von einer wirtschaftlichen Betrachtung und damit einer Gleichstellung von Beteiligungen von Kapital- und Personengesellschaften. Die Finanzverwaltung teilt nunmehr diese Auffassung.[174] Auch schuldrechtliche Bindungen[175] und treuhänderische Beteiligungen[176] sind zur Erreichung der 95%igen Anteilsvereinigung schädlich. Der Wechsel von einer mittelbaren in eine unmittelbare Beteiligung ist grundsätzlich unschädlich.[177]

III. Steuerfolgen für die inländische Zielgesellschaft

52 Steuerliches Hauptaugenmerk im Rahmen der Akquisition von inländischen Zielunternehmen ist neben der Erhaltung von steuerlichen Verlustvorträgen die Zusammenführung der operativen Gewinne des Zielunternehmens mit den Finanzierungsaufwendungen der Akquisitionsgesellschaft.

53 § 8c KStG führt regelmäßig zu einem Untergang der körperschaft- und gewerbesteuerlichen Verlustvorträge. Dies gilt auch für Zinsvorträge (§ 8a Abs. 1 Satz 3 KStG) und den gewerbesteuerlichen Verlustvortrag (§ 10a Satz 9 GewStG).

54 Nach § 8c KStG führt die entgeltliche oder unentgeltliche mittelbare oder unmittelbare Übertragung des gezeichneten Kapitals, der Mitgliedschaftsrechte, Beteiligungsrechte oder der Stimmrechte an einer (un-)beschränkt steuerpflichtigen Körperschaft zu einem teilweisen oder vollständigen Untergang von Verlustvorträgen. Werden mehr als 50 % an einen Erwerber[178] innerhalb von fünf (Zeit-)Jahren übertragen, so gehen die nicht genutzten Verluste vollständig unter (§ 8c Satz 2 KStG). Im Falle der Übertragung von mehr als 25 % bis einschließlich 50 % erfolgt ein entsprechend quotaler Untergang der nicht genutzten Verluste. Dabei sind sämtliche Übertragungen an einen Erwerber(-kreis) innerhalb des Fünfjahreszeitraums zusammenzufassen, unabhängig davon, ob bei der ersten Anteilsübertragung ein Verlustvortrag vorliegt. Bei einer Überschreitung der 25 %-Grenze beginnt mit

---

[170] Zu komplexeren Vermeidungsstrukturen siehe *Kloster/Reckordt* in Brück/Sinewe, Steueroptimierter Unternehmenskauf, 2. Aufl. 2010, § 4 D. II.

[171] Wenngleich lediglich subsidiär zu § 1 Abs. 2a GrEStG, so kann auch beim Anteilserwerb in Bezug auf Personengesellschaften eine Grunderwerbsteuerbarkeit nach § 1 Abs. 3 GrEStG in Betracht kommen, bspw. bei Beteiligungsverschiebungen zwischen den Altgesellschaftern und Übertragungen außerhalb des relevanten 5-Jahres-Zeitraums.

[172] Näheres hierzu bei *Kloster/Reckordt* in Brück/Sinewe, Steueroptimierter Unternehmenskauf, 2. Aufl. 2010, § 4d).

[173] Vgl. BFH v. 24.4.2013 – II R 17/10, BStBl II 2013, 833 = DStR 2013, 1280.

[174] Vgl. GLE 9.10.2013, BStBl. I S. 1278 aufgehoben durch: GLE v. 16.9.2015, BStBl. I 2015, 822.

[175] Vgl. BFH v. 9.7.2014 – II R 49/12, BStBl II 2016, 57 = DStR 2014, 1829.

[176] Vgl. BFH v. 25.11.2015 – II R 18/14, BFH/NV 2016, 490 = DNotZ 2016, 294.

[177] Vgl. OFD Nordrhein-Westfalen v. 29.4.2014 – S 4501-2014/4016-St 255, DStR 2017, 1625; *Lange/Broemel* DStR 2017, 1625 mit Implikationen bzgl. einer neuen Verwaltungsauffassung.

[178] Ein Erwerber kann jede natürliche Person, Personengesellschaft oder juristische Person sein. Vgl. Bundesministerium der Finanzen: Schreiben v. 4. Juli 2008, VI C 7-S 2745-a/08/10001-DOK2008/0349554, GmbHR 2008, S. 883, Tz. 25. Einem Erwerber wird eine diesem nahe stehende Person zugerechnet. Ferner lässt sich auch eine Gruppe von Erwerbern mit gleichgerichteten Interessen als „Erwerber" auffassen.

dem nachfolgenden Beteiligungserwerb ein neuer Fünfjahreszeitraum für Zwecke von § 8c Satz 1 KStG, nicht aber für Zwecke von § 8c Satz 2 KStG.[179]

Mit dem Wachstumsbeschleunigungsgesetz v. 22. Dezember 2009 wurde eine neue Regelung in § 8c KStG eingefügt, wonach künftig nicht genutzte Verluste bis zur Höhe der stillen Reserven des inländischen Betriebsvermögens erhalten bleiben, soweit die stillen Reserven im Inland steuerpflichtig sind (vgl. § 8c Abs. 1 Satz 6 KStG nF) Bei einem Beteiligungserwerb von mehr als 25 %, aber nicht mehr als 50 %, ergibt sich die Höhe der maßgeblichen stillen Reserven als Differenz zwischen dem anteiligen Eigenkapital und dem auf dieses Eigenkapital entfallenden gemeinen Wert. Bei einem Beteiligungserwerb von mehr als 50 % werden die stillen Reserven als Differenz zwischen dem gesamten Eigenkapital und dem gemeinen Wert aller Anteile an der Zielgesellschaft berechnet. Hierbei werden allerdings auf Grund der Steuerfreistellung nach § 8b Abs. 2 KStG die stillen Reserven in Anteilen an Kapitalgesellschaften, die die Zielgesellschaft selber besitzt, nicht berücksichtigt. (vgl. BT-Drs. 17/15, S. 19).[180] Aus diesem Grund würde die Vorschrift dem Wortlaut nach ins Leere laufen, wenn die Anteile an einer Holding erworben werden. Denn diese verfügt nicht selbst, sondern vielmehr deren Tochtergesellschaften verfügen über die relevanten stillen Reserven.[181] Angesichts der Verfassungswidrigkeit des § 8c Abs. 1 Satz 1 KStG[182] ist anzuraten, die Verlustfeststellungsbescheide sowohl für die Jahre vor 2016 als auch für die Jahre nach 2016 durch Einspruch offenzulassen oder bei Festsetzungen unter dem Vorbehalt der Nachprüfung den Änderungsantrag zu stellen (§ 164 Abs. 2 AO).[183] Ab VZ 2016 gilt rückwirkend § 8d KStG, dessen Einführung die Verfassungsmäßigkeit der Vorschrift retten könnte.[184] § 8d KStG gewährt dem Steuerpflichtigen die Möglichkeit, auf Antrag den Wegfall des Verlustvortrages zu vermeiden.[185] Maßgebliche Voraussetzung für den Erfolg eines solchen Antrags ist die Fortführung des bisherigen Geschäftsbetriebs Jedenfalls muss der Gesetzgeber bis zum 31.12.2018 rückwirkend für den VZ 2008 die Vorschrift ändern oder streichen.[186] Unterlässt er beides, würde dies die Nichtigkeit des § 8 Abs. 1 Satz 1 KStG bedeuten und dementsprechend das Ausscheiden seiner Wirkung.[187] **55**

Einen Lösungsweg jedenfalls für kleinere Akquisitionen bietet die Durchführung des Unternehmenskaufs im Wege eines Asset Deals an.[188] In steuerlicher Hinsicht ist der Asset Deal aus Sicht des Käufers vorteilhafter, da er in diesem Fall den Kaufpreis auf die bilanzierungspflichtigen Wirtschaftsgüter verteilen und diese zu ihrem Teilwert in seine Steuerbilanz übernehmen kann. Dadurch verschafft er sich ein erhöhtes Abschreibungspotenzial, das sich in den nachfolgenden Jahren steuermindernd auswirkt. Der Asset Deal beinhaltet aus Sicht des Verkäufers den Vorteil, dass Verlustvorträge des Verkäufers mit einem etwaigen Veräußerungsgewinn unter Berücksichtigung des Mindestbesteuerung **56**

---

[179] Vgl. Bundesministerium der Finanzen: Schreiben v. 4. Juli 2008, VI C 7-S 2745-a/08/10001-DOK2008/0349554, GmbHR 2008, 883, Tz. 17–21.

[180] Die Fiktion des § 8b Abs. 3 S. 1 KStG berührt diese Nichtberücksichtigung nicht, vgl. BFH Urt. 29.8.2012 – I R 7/12, BStBl II 2013, 89 = BB 2013, 37 mAnm Ernst. Dies entspricht dem Verständnis der FinVerw., vgl. BMF v. 15.4.2014 – IV C 2 – S 2745 – a/0910002:004 (Entwurf).

[181] Vgl. Ortmann-Babel/Zippel, Ubg 2009, 818.

[182] Vgl. BVerfG v. 29.3.2017 – 2 BvL 6/11, BFH/NV 2017, 1006 = DStR 2017, 1094; abzuwarten ist die Entscheidung des BFH bzgl. der Verfassungsmäßigkeit des § 8c Abs. 1 Satz 2 KStG, anhängig beim BFH: I R 63/16.

[183] Vgl. *Rabald* GWR 2017, 334 (335); *Kenk/Uhl-Ludäscher* BB 2017, 1623 (1625 f.).

[184] Vgl. zweifelnd *Kessler/Egelhof/Probst* DStR 2017, 1289 (1290 ff.); krit. gegenüber der Wirkung der Vorschrift, vgl. *Keilhoff/Risse* FR 2016, 1085; *Engelen/Bärsch* DK 2017, 22 (27); *Ferdinand* BB 2017, 87; *Neumann/Heuser* GmbHR 2017, 281; aA *Röder* DStR 2017, 1737.

[185] Lesenswert ist der Beitrag von *Röder* DStR 2017, 1737. Der Autor äußert seine Auffassung als Mitglied der Arbeitsgruppe, die sich mit dem Erlass dieser Vorschrift befasst hat. Demnach zielt die Einbeziehung des § 8d KStG darauf ab, explizit Mantelkäufe zu unterbinden. Zudem sind Sanierungsvorgänge nicht verhindert.

[186] Vgl. BVerfG v. 29.3.2017 – 2 BvL 6/11, BFH/NV 2017, 1006 = DStR 2017, 1094, Rz. 165.

[187] Vgl. *Kenk/Uhl-Ludäscher* BB 2017, 1623 (1625).

[188] Vgl. *Kußmaul/Richter/Tcherveniachki* GmbHR 2008, 1012 f.

gem. § 10d EStG verrechnet werden können. Dabei ist allerdings zu beachten, dass körperschaft- und gewerbesteuerliche Verlustvorträge regelmäßig nicht identisch sind. Infolgedessen kann durch die Aufstockung ggf. ein Gewinn entstehen, der eine Gewerbesteuerbelastung zur Folge hat, soweit kein gewerbesteuerlich nutzbarer Verlust mehr vorliegt. Außerdem gestaltet sich der Asset Deal mit Bezug auf dessen praktische Umsetzungen als deutlich aufwendiger und komplexer im Vergleich zum Share Deal.

D. Ausgewählte Debt-push-down Strukturen

I. Überblick

57 Der Debt-push-down ist regelmäßig steuerliches Hauptziel der Strukturierung der Akquisitionsfinanzierung.[189] Zinsaufwand, der auf Ebene der NewCo entsteht, kann dabei auf unterschiedlichen Wegen mit zukünftigen Erträgen des Target oder – soweit überschießender Zinsaufwand verbleibt – mit Erträgen der Gruppengesellschaften zusammengeführt werden. Nachfolgend werden die Grundzüge einiger ausgewählter Strukturen, die jeweils zu einem Debt-push-down führen, aufgezeigt und die zentralen (steuer)rechtlichen Fragen, die sich bei solchen Debt-push-down Strukturen[190] stellen, erörtert. Welche der aufgezeigten Alternativen im konkreten Fall vorzugswürdig ist, muss freilich stets anhand der spezifischen Umstände der konkreten Akquisition entschieden werden. Die nachfolgende Darstellung will dabei zugleich wesentliche Determinanten einer solchen Entscheidungsfindung bereitstellen.

II. Organschaft

58 Einfaches, effizientes und vielfach genutztes „Standardtool", um einen Debt-push-down zu erreichen, ist die Begründung einer körperschaft- und gewerbesteuerlichen Organschaft zwischen NewCo (Organträger – OT) und Target (Organgesellschaft – OG), vorausgesetzt allerdings, dass es sich bei dem Target um einen Kapitalgesellschaft handelt.

1. Voraussetzungen und Funktionsweise

59 Voraussetzung einer Organschaft zwischen NewCo und Target ist zunächst das Halten der Mehrheit der Stimmrechte der OG (so genannte finanzielle Eingliederung des Target in NewCo) während des gesamten Geschäftsjahres der OG (§ 14 Abs. 1 S. 1 Nr. 1 S. 1 KStG). Ferner bedarf es des Abschlusses eines wirksamen Gewinnabführungsvertrags iSd § 291 Abs. 1 AktG („GAV"),[191] der gewissen inhaltlichen und formalen Anforderungen entsprechen muss[192] über mindestens 5 Jahre und dessen tatsächliche Durchführung[193] über die gesamte Geltungsdauer (§ 14 Abs. 1 S. 1, S. 1 Nr. 3 KStG), insbesondere der Abführung des

[189] *Eilers* in Eilers/Koffka/Mackensen, Private Equity, S. 51.

[190] Die nachfolgenden Beispiele sind sehr stark vereinfacht. Im Interesse einer verbesserten Übersichtlichkeit wird insbesondere auf eine Darstellung der in der Private-Equity Praxis üblichen Zwischengesellschaften, mit denen Gläubiger strukturell subordiniert werden, verzichtet, siehe hierzu Ingenhoven → § 12; Fahrholz, Neue Formen der Unternehmensfinanzierung, S. 55 ff.; *Schrell/Kirchner* BKR 2004, 212.

[191] Zu den gesellschaftsrechtlichen Voraussetzungen vgl. §§ 291 ff. AktG, die grundsätzlich analog auch bei einer GmbH als OG Anwendung finden. Handelt es sich bei dem Target um eine Aktiengesellschaft, deren Anteile im Streubesitz gehalten werden, ist der Abschluss eines GAV aufgrund der streitträchtigen Ausgleichs- und Abfindungsverpflichtung nach §§ 304, 305 AKtG oftmals schwierig. Zur Angemessenheit der Abfindung, vgl. *Emmerich* in Emmerich/Habersack, Aktien- und GmbH-Konzernrecht, 8. Auflage 2016 § 305 Rn. 36.

[192] Vgl. hierzu iE *Witt/Dötsch* in Dötsch/Eversberg/Jost/Pung/Witt, Die Körperschaftsteuer, § 14 KStG nF Rn. 13. Die Anforderungen an die Erfüllung dieser Inhalts- und Formvoraussetzungen sind hoch, vgl. zB *Wulf* AG 2007, 320. Zum Mindestinhalt von GAV, vgl. *Koch* in Hüffer/Koch, AktG, 12. Aufl. 2016 § 291 Rn. 10; *Servatius* in Grigoleit, AktG, 1. Aufl. 2013 § 291 Rn. 62.

[193] Vgl. hierzu *Suchanek/Herbst* FR 2005, 665. Siehe auch *Baldamus* UbG 2009, 484; *Forst/Suchanek/Klopsch* GmbHR 2013, 914.

gesamten Gewinns der OG.[194] Zudem muss ein dynamischer Verweis auf die Verlustübernahmepflicht gem. § 302 AktG (§ 17 Abs. 1 S. 2 Nr. 2 KStG nF) im GAV enthalten sein.[195] Insoweit ist zu beachten, dass die Covenants in der Finanzierungsdokumentation (insbes. General Covenants; Contract Covenants) dem Abschluss eines GAV mit Target nicht entgegenstehen.[196]

Körperschaftsteuerliche Rechtsfolge einer Organschaft ist die grundsätzliche[197] Zurechnung des Einkommens der OG beim OT gem. § 14 Abs. 1 S. 1 KStG mit der Konsequenz, 60
dass die Besteuerung insgesamt, dh inklusive des zugerechneten Einkommens beim OT erfolgt.[198] Ausgaben im Zusammenhang mit der Beteiligung an der OG, insbesondere Zinsen beim fremdfinanzierten Erwerb der Anteile, dürfen bei der Ermittlung des Einkommens von NewCo im Rahmen der Beschränkungen der Zinsschranke (§ 4h EStG, § 8a KStG) abgezogen werden. § 3c Abs. 1 EStG bzw. § 8b Abs. 5 S. 1 EStG sind auf Finanzierungskosten des OT nicht anwendbar.[199] Gewerbesteuerlich gilt die OG als Betriebsstätte des OT (§ 2 Abs. 2 S. 2 GewStG). Die Neuregelung in § 14 Abs. 1 S. 1 Nr. 5 KStG[200] hat für Aufmerksamkeit gesorgt. Sie betrifft nur Mitglieder einer Organschaft – ob darunter auch Personengesellschaften fallen, ist bisher unklar[201] – und ist darüber hinaus nicht anzuwenden. Der Gesetzgeber schießt hierdurch weit über das Ziel hinaus.[202] Negative Einkünfte, die entweder im Inland oder im Ausland nicht der Freistellungsmethode unterliegen, führen deshalb zu einer Verlustbeschränkung. Dies kann wiederum zu unzumutbaren Ergebnissen führen.[203] Neulich hat der BFH entschieden,[204] dass auf Ebene des Organträgers die konsolidierten Einkünfte maßgeblich für die Anwendung der Vorschrift seien; m. a. W. gehe es bei § 14 Abs. 1 KStG um eine Einkünfteermittlungsvorschrift.[205] Die Verluste müssen nach zutreffender Ansicht im Ausland berücksichtigt worden sein.[206]

2. Zeitliche Fragen

Die Einkommenszurechnung erfolgt erstmals für das Kalenderjahr, in dem das Wirtschafts- 61
jahr der OG endet, in dem der GAV wirksam wird (§ 14 Abs. 1 S. 2 KStG), sofern die OG vom Beginn dieses Wirtschaftsjahres an ununterbrochen in die OT finanziell eingegliedert

[194] Dazu zB BFH Urt. v. 28. November 2007, I R 94/06, Der Konzern 2008, 381 mit Bespr. Puls, ebd. S. 555. S. a. (anhand von Bilanzierungsfehlern) *Dötsch* Der Konzern 2009, 171; eine Minderung der Gefahr des Nichteintritts der Rechtsfolgen der Organschaft aufgrund von Bilanzfehlern hat das UntSt/RKVereinfG v. 20.2.2013, BGBl. I 2013, S. 285 erbracht, vgl. dazu *Dötsch/Pung* DB 2013, 305 (308); *Rödder* Ubg 2012, 717 (719); *Lenz/Adrian/Handwerker* BB 2012, 2851 (2852 f.).

[195] Zu Formulierungsvorschlägen, vgl. *Scheifele/ Hörner* DStR 2013, 553 (554 f.); *Mayer/Wiese* DStR 2013, 629 (630 f.).

[196] Mit Blick auf die Haftungsnorm des § 73 AO ist das mitunter auch der Fall in bestehenden Darlehensverträgen des Target.

[197] Zu Ausnahmen s. § 16 KStG.

[198] Vgl. BFH v. 28.2.2013 – IV R 50/09, BStBl II 2013, 494 = DStR 2013, 966; Stangl/Winter, Formularbuch Recht und Steuern, 8. Auflage 2014, A. 10.00 Rn. 386. Das Einkommen der OG muss gem. § 14 Abs. 5 S. 1 KStG gesondert festgestellt werden. Schema zur Ermittlung des Einkommens auf Ebene des OT, vgl. *Neumann* in Gosch, KStG, 3. Auflage 2015, § 14 Rn. 426.

[199] R 62 Abs. 1 KStR.

[200] Vgl. UntStReisekÄndG v. 20.2.13, BGBl I 2013, 285.

[201] Vgl. *Neumann* in Gosch, KStG, 3. Auflage 2015, § 14 Rn. 479; *Jesse* FR 2013, 629 (638); aA *Schaden/Polatzky* IStR 2013, 131 (134); *Rödder/Liekenbrock* in Rödder/Herlinghaus/Neumann, KStG, 2015, § 14 Rn. 454 mwN; der BFH hat dies offengelassen BFH nv. 12.10.2016 – I R 92/12, BFH/NV 2017, 685 = DStR 2017, 589, Rn. 48.

[202] Zweck der Vorschrift ist sog. Double Dips über doppeltansässige Organgesellschaften vorzubeugen, vgl. BT-Drs. 17/10774, 32. Zur Historie des endgültigen Wortlauts, vgl. *Scheipers/Linn* IStR 2013, 139 (140).

[203] Vgl. *Schneider/Schmitz* GmbHR 2013, 281 (284); *Wagner/Liekenbrock* Ubg 2013, 133 (142 ff.); zusammenfassend *Schwenke* ISR 2013, 41 (43).

[204] BFH v. 12.10.2016 – I R 92/12, BFH/NV 2017, 685 = DStR 2017, 589.

[205] Dh, dass andere Verlustabzugsbeschränkungen – z. B. § 4i EStG – hinzukommen können, wenn § 14 Abs. 1 S. Nr. 5 nicht greift, vgl. *Unterberg* GmbHR 2017, 433 (435). Vertreter der FinVerw. verneinen die Übertragbarkeit der Ergebnisse dieser rspr. auf andere Fälle, vgl. *Pohl* DStR 2017, 1687 (1689).

[206] Vgl. *Neumann* in Gosch KStG § 14 Rz. 493; *Krumm* in Blümich, 137. Auflage 2017 § 14, Rn. 222.

war (§ 14 Abs. 1 S. 1 Nr. 1 S. 1 KStG). Für Akquisitionen von Gesellschaften, die mit dem Veräußerer organschaftlich verbunden sind,[207] bedeutet dies, dass im Jahr des Erwerbs der Anteile am Target eine Organschaft aufgrund der fehlenden finanziellen Eingliederung des Target zu Beginn des Wirtschaftsjahres ausscheidet. Korrespondiert das Wirtschaftsjahr des Target mit dem Kalenderjahr, kommt insoweit die Wahl eines Akquisitionszeitpunkts zum 31.12. in Betracht (Beispiel a). Im Hinblick auf die Mindestlaufzeit eines GAV aus Blick des Veräußerers ist eine Veräußerung zu diesem Stichtag nach Auffassung der Finanzverwaltung unschädlich und ermöglicht ein nahtloses Ineinandergreifen von bestehender und zu begründender Organschaft.[208] Ist der Erwerb zum 31.12. nicht realisierbar oder hat Target ein vom Kalenderjahr abweichendes Wirtschaftsjahr (vgl. Beispiel b), kann das Wirtschaftsjahr von Target (und solcher Tochtergesellschaften, die organschaftlich in Target eingegliedert sind) auf den Veräußerungszeitpunkt umgestellt werden.[209] Alternativ, bspw. wenn der Veräußerer zur Umstellung nicht bereit ist, kann das Wirtschaftsjahr der OG durch den Erwerber so umgestellt werden, dass bereits kurz nach dem Closing ein neues Wirtschaftsjahr beginnt. Im Beispiel b) könnte folglich das Wirtschaftsjahr des Target auf den 1.8.–31.7 umgestellt werden. Eine vergleichbare Umstellung bietet sich auch im Hinblick auf den Erwerb eines nicht organschaftlich verbundenen Target an. Denn damit wird hier ebenfalls erreicht, dass die „organschaftsfreie" Zeit für den Erwerber im Erwerbsjahr relativ kurz ausfällt.[210] Freilich bedarf eine solche Umstellung des Wirtschaftsjahrs des Target für den Fall der Umstellung auf ein vom Kalenderjahr abweichendes Wirtschafjahr gem. § 7 Abs. 4 S. 3 KStG stets der Zustimmung der Finanzverwaltung.[211] Zudem ist u. U. die zeit- und kostspielige Erstellung zusätzlicher (geprüfter) Jahresabschlüsse[212] erforderlich. Im Hinblick auf die ggfs. erforderliche Argumentation mit der Finanzverwaltung kann es sinnvoll sein, im Vorfeld bereits das Wirtschaftsjahr der NewCo entsprechend zu wählen; hier bietet sich ein Wirtschaftsjahr-Ende der NewCo relativ kurz nach dem Zeitpunkt des Closing an,[213] im Beispiel b) also zum 31.7. Letzteres ist allerdings insofern problematisch, als der bis zum Ende des ersten Wirtschaftsjahres der NewCo anfallende Aufwand, insbesondere also wirtschaftlich schon entstandene Transaktionskosten, sofern diese dem Erwerbsvehikel belastet werden können,[214] lediglich zu einem Verlustvortrag führen. Aufgrund der so genannten

---

[207] Die Frage der zutreffenden Zurechnung beim Erwerb eines OT ist nicht hinreichend geklärt, vgl. *Walter* in Ernst & Young, KStG, 120. Lfg. 2016, § 14 Rn. 810.

[208] R 59 Abs. 2 S. 1 und 2 KStR.

[209] R 59 Abs. 2 S. 3 KStR. Deutlich weitergehend – lediglich Erstellung eines Zwischenabschlusses notwendig, sofern die Eingliederungsvoraussetzungen zu diesem Zeitpunkt vorliegen – *Walter* AG 2008, 741 (743); *Walter* AG 2011, 201 (203).

[210] Optimalerweise wird hier zugleich der Entstehenszeitpunkt von Zins- und Akquisitionsaufwand in einer solchen Weise strukturiert, dass dieser – soweit zulässig – erst im folgenden Wirtschaftsjahr entsteht, vgl. sogleich noch oben im Text. Das Einkommen, das auf diese Zeit entfällt, ist richtigerweise bei der OG zu versteuern und nicht dem OT zuzurechnen, vgl. *Rödder/Liekenbrock* in Rödder/Herlinghaus/Neumann, KStG, 2015, § 14 Rn. 496.

[211] Gem. R 59 Abs. 3 S. 1 KStR ist eine solche Umstellung regelmäßig zu erteilen. Es handelt sich aber um eine Ermessensentscheidung des zuständigen FA, vgl. *Schwedhelm* in Streck, KStG, 8. Aufl. 2014, § 7 Rn. 19. Zu den Rechtsfolgen bei unzulässiger Umstellung und der entsprechend notwendigen Rückumstellung BFH Urt. v. 12. Juli 2007, X R 34/05, FR 2008, 27.

[212] Dies gilt insbesondere für die Fälle, in denen Target kurzfristig in eine bestehende Struktur mit einheitlichem Wirtschaftsjahr integriert werden soll.

[213] Vgl. R 59 Abs. 3 S. 2 KStR. Beachte auch H 62 Abs. 1 KStR; dadurch wird zugleich zeitliche Zurechnungskongruenz hergestellt, vgl. *Witt/Dötsch* in Dötsch/Eversberg/Jost/Pung/Witt, Die Körperschaftsteuer, § 14 KStG nF Rn. 304 ff. Wird das Wirtschaftsjahr der OT nicht umgestellt, stellt sich die Frage, ob entsprechender Aufwand der NewCo mit der Gewinnabführung der OG für das dem Rumpfwirtschaftsjahr 1.4.-31.7 folgende Wirtschaftsjahr verrechnet werden kann. Vgl. hierzu Witt/Dötsch aaO, Rn. 309. Vgl, ferner *Walter* in Ernst & Young, KStG, 120. Lfg. 2016, § 14 Rn. 810 ff. und allgemein zu Fragen der Einkommenszurechnung bei abweichenden Wirtschaftsjahren auch *Kempf/Zipfel* DStR 2005, 1301, mwN.

[214] Transaktionskosten sind nur insoweit sofort abziehbarer Aufwand, als sie nicht auf die Anschaffung der Anteile entfallen und auch nicht als Finanzierungskosten qualifizieren. Erste sind Anschaffungsnebenkosten der Anteile, letztere für körperschaftsteuerzwecke pro rata temporis über die Laufzeit des Kredits abziehbar (aber Hinzurechnung für GewSt-Zwecke!), vgl. Abschnitt 3.3.

Mindestbesteuerung (§ 10d Abs. 2 EStG) droht auf Ebene der NewCo im Erwerbsjahr u. U. nämlich insoweit eine Steuerbelastung.

3. Pro- und con

Ein Debt-push-down im Wege der Begründung einer ertragsteuerlichen Organschaft ist grundsätzlich ein vergleichsweise effizientes Strukturmittel, das nicht nur einen Debt-push-down bewirkt, sondern zugleich die faktische Besteuerung von 5% der Dividenden von Target an NewCo[215] und von nach DBA freigestellten Ausschüttungen einer Tochtergesellschaft der OG bei Weiterausschüttung dieser Dividende an NewCo[216] vermeidet. Ferner, da der OT und die OG für Zwecke der Zinsschranke als ein Betrieb gelten (§ 15 Abs. S. 1 Nr. 2 KStG),[217] sind bspw. auf ein down-stream Darlehen der NewCo an Target gezahlte Zinsen nicht auf den zulässigen Zinsabzug anzurechnen. Ist zu erwarten, dass Target oder einzelne Gruppengesellschaften – etwa infolge hoher Restrukturierungskosten – nach dem Übergang zunächst Verluste erwirtschaften, ist eine gruppenweite organschaftliche Verbindung unabdingbar; denn so kann verhindert werden, dass Verlustvorträge infolge von späteren Umstrukturierungen oder Teilveräußerungen nach § 8c KStG verfallen.[218] Aus gesellschaftsrechtlicher Sicht sind als Vorteile der Organschaft die partielle Suspendierung der Kapitalerhaltungsvorschriften gem. § 30 Abs. 1 S. 2 GmbHG, §§ 57 Abs. 1 S. 3, 291 Abs. 3 AktG zu nennen. Up-stream Sicherheiten und Garantien können in einem Vertragskonzern vergleichsweise problemlos bestellt werden.[219] Im Erwerbsjahr selbst ist die Organschaft freilich nur mit gestalterischem Aufwand (Umstellung des Wirtschaftsjahrs) und möglicherweise unter Inkaufnahme gewisser Nachteile (Mindestbesteuerung auf Ebene der NewCo) zielführend. Als weitere (potentielle) Nachteile sind zu nennen, dass Verlustvorträge des Target, soweit diese ausnahmsweise[220] nicht bereits infolge einer Anwendung des § 8c KStG beim Erwerb der Anteile untergegangen sind, eingefroren werden. Eine Organschaft ist insbesondere in „EK 02 Fällen" wenig sinnvoll (§§ 14 Abs. 3, 38 KStG).[221] Ferner besteht die Verpflichtung zur Übernahme von Verlusten der OG nach § 302 AktG (analog) bzw. eine umgekehrten Haftung nach § 73 AO und zu Ausgleichszahlungen bzw. einer Garantiedividende, soweit am Target Minderheitsgesellschafter beteiligt sind/bleiben. Letzteres wird insbesondere bei Aktiengesellschaften als abhängigen Unternehmen relevant (§§ 304, 305 AKtG). 62

III. Verschmelzung der Erwerbszweck- auf die Zielgesellschaft (Down-stream Verschmelzung)

In der LBO-Praxis erfolgte ein Debt-push-down oftmals durch Down-stream-Verschmelzung der NewCo auf Target. Dabei geht der Teil der Akquisitionsfinanzierung, der nicht per Gesellschafterdarlehen und/oder Schuldübernahme an Target bzw. dessen Gruppengesellschaften weitergeleitet wurde, im Wege der Gesamtrechtsnachfolge (§ 20 Abs. 1 Nr. 1 UmwG) auf das Target über. 63

---

[215] Gem. § 8b Abs. 5 S. 1 KStG, sofern nicht § 8b Abs. 7 S. 2 KStG Anwendung findet.

[216] *Witt/Dötsch* in Dötsch/Eversberg/Jost/Pung/Witt, Die Körperschaftsteuer, § 14 KStG nF Rn. 33, 34, 323. Ein insoweit steuerfreier Exit durch Veräußerung der Beteiligung an der OG ist hingegen nicht möglich (§ 8b Abs. 3 S. 1 KStG).

[217] Vgl. bereits Abschnitt 2.2.

[218] Vgl. nur *Frotscher* Der Konzern 2008, 548 (549); Ein schädlicher Erwerb auf Ebene des OT führt nach Ansicht der FinVerw., die die Grundsätze des BFH v. 30.11.2011 – I R 14/11, BStBl II 2012, 360 = DStR 2012, 458 nicht auf Organschaftsfälle übertragen will, zu dem gleichen Ergebnis auf Ebene der OG; eine Verlustverrechnung mit unterjährigen Gewinnen scheidet bei der Organschaft aus. Dazu *Seer* FR 2015, 729; *Moritz* GmbHR 2016, 861.

[219] Auch nach Inkrafttreten des MoMiG bestehen insoweit allerdings noch einige Zweifelsfragen.

[220] Eine Ausnahme hiervon kann bspw. bei bestimmten Sanierungsfällen vorliegen, vgl. § 8c Abs. 1a KStG idF des BürgEntlG.

[221] *Witt/Dötsch* in Dötsch/Eversberg/Jost/Pung/Witt, Die Körperschaftsteuer, § 14 KStG n. F. Rn. 33, 34.

1. Voraussetzungen und Funktionsweise

64 **a) Gesellschaftsrechtliche Gesichtspunkte.**[222] Gem. § 20 Abs. 1 Nr. 3 S. 1 UmwG ist konstitutives Element einer Verschmelzung u a, dass die Anteilsinhaber des übertragenden Rechtsträgers Anteilsinhaber des übernehmenden Rechtsträgers werden. Regelmäßig ist deshalb beim übernehmenden Rechtsträger eine Kapitalerhöhung durchzuführen. Nach § 54 Abs. 1 S. 2 Nr. 2 UmwG kann die Verschmelzung auf eine Tochter-GmbH hingegen ohne Erhöhung des Stammkapitals durchgeführt werden, soweit auf die Geschäftsanteile des übertragenden Rechtsträgers die Einlagen in voller Höhe bewirkt sind (Vergleichbares gilt gem. § 68 Abs. 1 S. 2 Nr. 2 UmwG für Tochter-AG). Bei einer Down-stream Verschmelzung von NewCo mit Target ist daher eine Kapitalerhöhung bei der aufnehmenden Gesellschaft entbehrlich. Vielmehr werden die von NewCo gehaltenen Anteile am Target automatisch – und zwar ohne Durchgangserwerb[223] – zu Anteilen der LuxCo. Nach einer Auffassung soll insoweit allerdings Voraussetzung sein, dass – an den Anteilen an Target – vor Durchführung der Verschmelzung keine Rechte Dritter bestehen.[224] Die Anteile an Target werden üblicherweise in LBO-Transaktionen an die finanzierenden Banken verpfändet. Folglich wäre nur insoweit als auch die Anteile an NewCo bereits an die finanzierenden Banken verpfändet sind, nach dieser Ansicht keine Kapitalerhöhung durchzuführen.

65 Erforderlich sind im Übrigen der Abschluss eines notariell beurkundeten Verschmelzungsvertrags (§§ 4 ff. UmwG), Verschmelzungsbeschlüsse mit einer Mehrheit von mindestens 75 % der abgegebenen Stimmen (§§ 13, 50 UmwG) und die Eintragung der Verschmelzung in die relevanten Handelsregister (§§ 19, 20 Abs. 1 UmwStG).

66 Bei der down-stream Verschmelzung von NewCo auf Target wird neben der Beteiligung an Target, die im wirtschaftlichen Ergebnis auf die Anteilseigner der NewCo übergeht, lediglich die Akquisitionsfinanzierung übertragen. Diese belastet die Bilanz des Target, ohne dass insoweit wirtschaftlich eine Gegenleistung der NewCo vorliegt. Eine Anwendung des § 4f EStG scheidet schon deshalb aus, weil es hier um einen tauschähnlichen Vorgang geht, der unter den Ausnahmetatbestand des § 4f Abs. 1 S. 3 EStG fällt.[225] Die aufnehmende Gesellschaft muss folglich über hinreichendes freies Eigenkapital oberhalb der Stammkapitalziffer verfügen bzw. solches freies Eigenkapital muss im Vorfeld der down-stream Verschmelzung im gestalterischen Wege aufgedeckt werden,[226] um einen Verstoß gegen Kapitalerhaltungsregeln (§ 30 GmbHG) zu vermeiden.[227] In Betracht käme zusätzlich nach einer Auffassung ein Verstoß gegen die Grundsätze des existenzvernichtenden Eingriffs.[228] Dass hinreichend freies Eigenkapital oberhalb der Stammkapitalziffer zur Verfügung steht, sollte von einem Wirtschaftsprüfer bestätigt und auch im Interesse der Geschäftsführungsorgane des Target im Vorfeld der Down-stream Verschmelzung hinreichend dokumentiert werden.

67 In diesem Zusammenhang wird im Schrifttum argumentiert, dass es sich hierbei regelmäßig um eine rechnerische Überschuldung handelt, die keine konkrete Gläubigergefähr-

---

222 Vgl. hierzu auch *Klein/Stephanblome* ZGR 2007, 351 ff.

223 *Hörtnagl* in Schmitt/Hörtnagl/Stratz, UmwG/UmwStG 7. Auflage 2016,§ 24 UmwG Rn. 47; *Kocher* in Kallmeyer, UmwG, 6. Aufl. 2017, § 54 Rn. 11; *Mayer* in Widmann/Mayer, UmwG, § 5 UmwG Rn. 38; BMF 11.11.2011 IV C 2 – S 1978-b/08/10001, BStBl. I 2011, 1314, Rn. 11.18.

224 Vgl.: *Kocher* in Kallmeyer, UmwG, 6. Aufl. 2017, § 54 Rn. 12. Eine analoge Anwendung von § 20 Abs. 1 Nr. 3 UmwG scheide aus. AA *Mayer* in Widmann/Mayer, UmwG, § 5 UmwG Rn. 40.2. *Mertens* AG 2005, 785 *Klein/Stephanblome* ZGR 2007, 351 (390).

225 Vgl. BT-Drs. 18/68, S. 73. Dazu ausf. *Horst* FR 2015, 824; *Krumm* in Blümich, 137. Auflage 2017, § 4f Rn. 34.

226 In Betracht kommen insoweit eine vorgeschaltete up-stream Verschmelzung oder einer Ausgliederung zu Verkehrswerten, vgl. noch Abschnitt 6.

227 *Moszka* in Semler/Stengel, UmwG, 4. Auflage 2017, § 24 Rn. 48 ff.; *Kocher* in Kallmeyer, UmwG, 6. Aufl. 2017, § 54 Rn. 16 mwN.

228 Vgl. *Heidinger* in Michalski/Heidinger/Leible/J. Schmidt, GmbHG, 3. Auflage 2017, § 30 Rn. 107 mwN.

dung zur Folge hat.[229] Die Überschuldung ist vielmehr auf das handelsrechtliche Realisationsprinzip (§ 252 Abs. 1 Nr. 4 2. Hs. HGB) sowie auf das handelsrechtliche Verbot des Ausweises eines originären Geschäfts- oder Firmenwerts und bestimmter selbst geschaffener immaterieller Vermögensgegenstände (gem. § 248 Nr. 4 HGB zB Marken, Kundenlisten), deren Aufwendungen sich nicht von den Aufwendungen im Zusammenhang mit dem originären Geschäfts- oder Firmenwert eindeutig abgrenzen lassen, zurückzuführen. Dementsprechend bewirkt die Verschmelzung keine wirtschaftliche Beeinträchtigung des Stammkapitals, „da den Finanzschulden entsprechende stille Reserven in der Vermögensgegenständen und dem Firmenwert der aufnehmenden Gesellschaft gegenüberstehen und diese Werte trotz der Verschmelzung weiterhin als Haftungssubstrat zur Verfügung stehen."[230] Eine derartige wirtschaftliche Betrachtungsweise ist insofern zutreffend, als die Fremdkapitalgeber die Akquisitionsfinanzierung gar nicht zur Verfügung stellen würden, wenn sie davon ausgehen, dass die Zielgesellschaft wirtschaftlich nicht in der Lage sein wird, die aufgenommenen Kredite zu bedienen.

Handelt es sich beim Target um eine AG, scheidet eine Down-stream Verschmelzung mit Blick auf § 57 AktG aus.[231] Möglich und auch mit Blick auf die §§ 57, 71a AktG zulässig bleibt insoweit freilich, die AG in einem ersten Schritt in eine GmbH Form zu wechseln.[232] 68

b) Steuerrechtliche Gesichtspunkte. Das UmwStG geht nunmehr ausdrücklich von der Zulässigkeit einer Down-stream Verschmelzung aus, indem es in § 11 Abs. 2 S. 2 UmwStG idF des SEStEG[233] für bestimmte Fälle einen Mindest- und Höchstansatz für Anteile an der übernehmenden Körperschaft vorschreibt, die im Zuge einer Verschmelzung auf diese übergehen. (Spätestens) D(d)amit entfällt das bislang von der Finanzverwaltung aufgestellte Antragserfordernis.[234] 69

Die steuerlichen Folgen einer Down-stream Verschmelzung richten sich nach allgemeinen Grundsätzen einer Verschmelzung von Körperschaften: Gem. § 11 Abs. 1 S. 1 UmwStG sind bei einer solchen Verschmelzung einer Körperschaft auf eine andere Körperschaft „die übergehenden Wirtschaftsgüter" in der steuerlichen Schlußbilanz der übertragenden Körperschaft mit dem gemeinen Wert, in aller Regel also dem Einzelveräußerungspreis, anzusetzen.[235] Die dadurch bewirkte Aufdeckung stiller Reserven führt regelmäßig zu einem steuerlichen Übertragungsgewinn. Nach § 11 Abs. 2 Satz 1 UmwStG kann unter bestimmten Voraussetzungen auf Antrag der übertragenden Körperschaft auch der Buchwert angesetzt und damit eine Besteuerung vermieden werden.[236] Zwar fällt es schwer, die Anteile an der übernehmenden Tochtergesellschaft bei einer Down-stream Verschmelzung als „übergehende Wirtschaftsgüter" anzusehen. Denn umwandlungsrechtlich erfolgt nach hM ja ein Direkterwerb dieser Anteile durch die Anteilseigner der über- 70

---

229 Vgl. *Bock* GmbHR 2005, 1028; *Widmann* in Widmann/Mayer, Umwandlungsrecht, § 24 UmwG, Rn. 388, Fn. 4.

230 *Bock* GmbHR 2005, 1028. Nach dem Stetigkeitsgrundsatz dürfen immerhin die stillen Reserven bei der Unterbilanzrechnung nicht berücksichtigt wirden, vgl. *Hommelhoff* in Lutter/Hommelhoff, GmbHG, 19. Aufl. 2016, § 30 GmbHG Rn. 12 mwN aus der BGH-Rspr.

231 Vgl. nur *Bayer* in MüKo AktG 4. Auflage 2016, § 57 Rn. 93.

232 Vgl. nur *Mertens* AG 2005, 785 (786 f.) *Bezzenberger* in K. Schmidt/Lutter, AktG, 3. Aufl. 2015, § 71a Rn. 19. Gegen die Anwendung des § 71a AktG bei der Down-Stream-Verschmelzung einer AG würde sprechen, dass das UmwG bereits über Kapitalerhaltungsvorschriften verfügt, sodass die entsprechenden Vorschriften zurücktreten, vgl. *Cahn* in Spindler/Stilz, AktG, 3. Auflage 2015, § 71a Rn. 45.

233 Vom 7. Dezember 2006, BGBl. I 2006, 2782.

234 Vgl. dazu Bundesministerium der Finanzen, aaO (vorherige Fn. Tz. 11.24 und Rn. 15). Nach Auffassung der Finanzverwaltung zum UmwStG bisherige Fassung sollte § 11 UmwStG nur aus Billigkeitsgründen und auf Antrag für den down-stream merger gewährt werden. Vgl. dazu *Schmitt* in Schmitt/Hörtnagl/Stratz, UmwG/UmwStG, 7. Auflage 2016, § 11 UmwStG Rn. 49 ff., 74 ff.,. mwN; vgl. nunmehr BMF 11.11.2011 IV C 2 – S 1978-b/08/10001, BStBl. I 2011, 1314, Rn. 11.17 ff. *Rödder/Wochinger* DStR 2006, 684 ff.

235 Vgl. BMF 11.11.2011 IV C 2 – S 1978-b/08/10001, BStBl. I 2011, 1314, Rn. 11.04.

236 Vgl. BMF 11.11.2011 IV C 2 – S 1978-b/08/10001, BStBl. I 2011, 1314, Rn. 11.05.

tragenden Körperschaft.[237] Damit sollte sich die Frage des Bewertungsansatzes an sich nicht stellen.[238] Dem UmwStG liegt aber wie § 11 Abs. 2 S. 2 UmwStG zeigt, die gegenteilige Vorstellung zugrunde.[239]

71 Im Zusammenhang mit einer Private-Equity Transaktion bedeutet dies: Soweit der gemeine Wert der Beteiligung an Target im Zeitpunkt der Verschmelzung (noch) den Anschaffungskosten entspricht, entsteht kein steuerlicher Übertragungsgewinn, d. h. es kann im Gleichschritt mit dem Handelsrecht (§ 24 UmwG)[240] – in der steuerlichen Schlußbilanz der übertragenden Körperschaft der gemeine Wert angesetzt werden.[241] Ist dies nicht der Fall, sollte ein Buchwertansatz nach § 11 Abs. 2 UmwStG gewählt werden.

72 Steuerlich ist ebenfalls zu beachten, dass ein Schuldenüberhang zur Verminderung des Eigenkapitals des Target führt und – jedenfalls nach Auffassung der Finanzverwaltung – insoweit eine vGA vorliegen kann.[242] Im Vorfeld eines Down-stream mergers ist daher auch aus steuerlicher Sicht in vielen Fällen ein handelsrechtlicher Step-up auf der Ebene des Target erforderlich, um diese Rechtsfolge bei fehlendem freiem Eigenkapital zu vermeiden.

73 Aus Sicht der DBA-geschützten LuxCo als Anteilseignerin der NewCo, die nunmehr Anteile an Target hält, führt die down-stream Verschmelzung nicht zu einem steuerpflichtigen Veräußerungsgewinn. Zwar ist § 13 Abs. 1 iVm § 49 Abs. 1 Nr. 2e) EStG UmwStG hier grundsätzlich anwendbar;[243] bei Ansatz des gemeinen Wertes in der Schlussbilanz von NewCo mangels Wertsteigerung fehlt es aber an einem steuerpflichtigen Gewinn. Auf die Frage, ob ein Buchwertansatz nach § 13 Abs. 2 Nr. 2 UmwStG bzw. § 11 UmwStG begünstigt ist, kommt es dann nicht weiter an.[244]

2. Weitere Rechtsfolgen

74 **a) Zinsabzug.** Die Down-stream Verschmelzung der NewCo auf das Target führt zum Erlöschen der NewCo. Target wird Gesamtrechtsnachfolgerin (§ 20 Abs. 1 Nr. 1 UmwG). Für die auf das Target übergehende Akquisitionsfinanzierung bedeutet dies, dass der Finanzierungsaufwand im Rahmen allgemeiner Beschränkungen von Target als Betriebsausgabe abgezogen werden kann; der erforderliche Veranlassungszusammenhang mit dem Geschäftsbetrieb liegt vor.[245]

---

[237] Zusammenfassend *Schmitt* in Schmitt/Hörtnagl/Stratz, UmwG/UmwStG, 7. Auflage 2016, § 11 UmwStG, Rn. 75, 101; BMF 11.11.2011 IV C 2 – S 1978-b/08/10001, BStBl. I 2011, 1314, Rn. 11.18.

[238] § 11 (2) S. 1 Nr. 1 UmwStG verlangt, dass die „übergehenden Wirtschaftsgüter" bei der übernehmenden Körperschaft der Besteuerung mit Körperschaftsteuer unterliegen. Da bei der Verschmelzung einer Holding unter der Prämisse eines Direkterwerbs lediglich negative Wirtschaftsgüter übertragen werden, mag zweifelhaft sein, ob diese Voraussetzung in Bezug auf die Anteile an Target erfüllt ist. Vor dem Hintergrund, dass – so die mit Recht hM (vgl. vorherige Fn.) zur bisherigen Rechtslage – diese Anteile schon nicht zu den übergehenden Wirtschaftsgütern rechnen, ist eine Sicherstellung der Besteuerung der stillen Reserven nicht erforderlich. Vgl. hierzu *Rödder* in Rödder/Herlinghaus/van Lishaut, UmwStG, 2. Aufl. 2013, § 12 Rn. 25b mwN und bereits *Rödder/Wochinger* FR 1999, 1 (6 ff.); *Thill/Antoszkiewicz* FR 2006, 7 (9). *Schmitt* in Schmitt/Hörtnagl/Stratz, UmwG/UmwStG, 7. Auflage 2016, § 11 UmwStG, Rn. 101.

[239] *Schmitt* in Schmitt/Hörtnagl/Stratz, UmwG/UmwStG, 7. Auflage 2016, § 11 UmwStG Rn. 57, 147 ff.

[240] *Lanfermann* in Kallmeyer, UmwG, 6. Aufl. 2017, § 24 UmwG Rn. 43 ff. Siehe aber auch *Hörtnagl* in Schmitt/Hörtnagl/Stratz, UmwG/UmwStG, 7. Auflage 2016, § 24 UmwG Rn. 51 f.

[241] Entsteht ausnahmsweise dennoch ein Übertragungsgewinn, kann dieser mit einem Verlustvortrag verrechnet werden. Ferner führt der „Step-up" zu zusätzlichem Abschreibungsvolumen, vgl. *Trossen* FR 2006, 617 (620) Diem, Akquisitionsfinanzierungen, 3. Auflage 2013, § 3 Rn. 16.

[242] Vgl. OFD Hannover, Verfügung v. 5. Januar 2007, S 1978 b – 22. StO 243, DB 2007, 428: vGA bei unzulässiger Unterdeckung des Stammkapitals. Gegen diese Auffassung überzeugend *Wassermeyer* Der Konzern 2005, 424; *Füger/Rieger,* FS Widmann, S. 287;. BMF 11.11.2011 IV C 2 – S 1978-b/08/10001, BStBl. I 2011, 1314, Rn 13.03; *Schmitt* in Schmitt/Hörtnagl/Stratz, UmwG/UmwStG, 7. Auflage 2016, § 11 UmwStG, Rn. 76. Die umgekehrte Konstellation stellt eine verdeckte Einlage dar, vgl. BFH Urt. v. 9.11.2010 – IX R 24/09, BStBl 2011, 799 = DStR 2011, 212. S. a. *Rödder* DStR 2006, 684.

[243] Vgl. nur *Schmitt* in Schmitt/Hörtnagl/Stratz, UmwG/UmwStG, § 13 UmwStG Rn. 12. BMF 11.11.2011 IV C 2 – S 1978-b/08/10001, BStBl. I 2011, 1314, Rn. 11.19.

[244] Zur bisherigen Rechtslage *Rödder/Wochinger* DStR 2006, 684.

[245] *Rödder/Wochinger* DStR 2006, 684 (685).

b) Verluste; nicht ausgeglichene negative Einkünfte. Etwaige nicht ausgeglichene negative Einkünfte, Verlust- und Zinsvorträge des Übertragers[246] gehen nach § 12 Abs. 3 HS. 2 iVm § 4 Abs. 2 UmwStG unter. Gleiches dürfte für Verlustvorträge des Target gelten, soweit diese ausnahmsweise (mangels steuerpflichtiger stiller Reserven im Inland) nicht schon infolge der Anteilsübertragung bei Erwerb des Target durch NewCo untergegangen sind.[247] 75

c) Umsatzsteuer. Umstritten ist, inwieweit bei einem down-stream merger Vorsteuern z. B. aus Beratungsleistungen, die NewCo beansprucht hat, geltend gemacht werden können.[248] Dass sich die Tätigkeit von NewCo auf die Eigenschaft als Akquisitionsvehikel, das selbst keine operativen Aufgaben wahrnimmt, beschränkt, spricht gegen einen Vorsteuerabzug.[249] Soweit sich die Beratungsleistung aber, wie im Regelfall, auch auf den Debt-push down erstreckt, ist u. E. der Vorsteuerabzug (dann bei Target) zu bejahen, sofern die übrigen Voraussetzungen dafür vorliegen. Insofern ist auf eine zutreffende Rechnungstellung zu achten. 76

d) Grunderwerbsteuer. GrESt in Bezug auf (a) inländische Grundstücke des Target und (b) inländische Grundstücke der Tochtergesellschaften fällt bei einer bloßen „Kettenverkürzung" um ein Glied nach zutreffender Ansicht im Ergebnis nicht an: Die (mittelbare) Zuordnung der Grundstücke des Target bzw. der Tochtergesellschaften zur NewCo (bzw. LuxCo) löste bereits beim Erwerb des Target GrESt aus (§ 1 Abs. 3 Nr. 1 GrEStG). Sowohl in der Fallgruppe (a) als auch in der Fallgruppe (b) ändert sich zwar die grunderwerbsteuerliche Zuordnung erneut, da mit Newco jeweils eine „Zwischenstufe" entfällt. Es kommt aber weder zu einer neuen unmittelbaren noch zu einer neuen mittelbaren Zuordnung, so dass nach unserer Auffassung die Rechtsprechung zu Down-stream Übertragungen innerhalb eines Konzerns[250] und damit § 1 Abs. 3 Nr. 4 GrEStG bei solchen Downstream Kettenverkürzungen per Verschmelzung nicht anwendbar ist. GrESt wird vorliegend deshalb nur beim Erwerb, nicht aber auch bei der sich anschließenden down-stream Verschmelzung ausgelöst[251]. 77

3. Zeitliche Fragen

Eine down-stream Verschmelzung kann grundsätzlich mit Rückwirkung auf den Übergangsstichtag bzw. auf den Tag der Gründung von NewCo erfolgen (§ 2 UmwStG). Eine solche rückwirkende Verschmelzung ist insbesondere deshalb sinnvoll, da hierdurch kein „zinsabzugsfreier Zwischenzeitraum" entsteht. 78

4. Pro- und con

In der LBO-Praxis erfolgte ein Debt-push-down nicht ohne Grund oftmals durch downstream-Verschmelzung der NewCo auf eine Target-GmbH. Dies schon deshalb, weil diese Debt-push-down Alternative üblicherweise von den finanzierenden Banken bevorzugt wird, da hierdurch Darlehen und Assets auf einer juristischen Ebene zusammengeführt 79

---

[246] In Betracht kommen hier Verluste im Zusammenhang mit Transaktionskosten. Zu den Umwandlungskosten und ihrer steuerlichen Behandlung instruktiv, vgl. *Stimpel* GmbHR 2012, 199.

[247] Vgl. Bundesministerium der Finanzen: Schreiben v. 4. Juli 2008, IV C 7 – S 2745-a/08/10001, BStBl. I 2008, 736, Tz. 7.

[248] *Keuthen* in Schmitt/Hörtnagl/Stratz, UmwG, UmwStG, 7. Auflage 2016 Kap. E Rn. 6.

[249] Die NewCo kann eine sog. Finanzholding sein, die selbst nicht vorsteuerabzugsberechtigt ist, sofern sie keine entgeltliche geschäftsleitenden Funktion iSd Tz. 6 und 7 des Bundesministerium der Finanzen: Schreiben v. 26. Januar 2007, IV A 5 – S 7300 – 10/07, BStBl. I 2007, S. 211 (dazu Englisch, UR 2007, 290) wahrnimmt. Vgl. bereits Abschnitt 3.3.

[250] BFH Urt. v. 10. Juli 2002, DStRE 2002, 1454; FG Münster v. 20. Oktober 1999, EFG 2000, 451 (rkr.).

[251] Auf die für Down-stream Übertragungen innerhalb einer Gruppe relevante Frage, ob § 1 Abs. 6 GrEStG anwendbar ist (ablehnend BFH v. 31. März 2004, II R 54/01, DStRE 2004, 837 (839)), kommt es also hier nicht an.

werden.[252] Bei einer Target-AG steht der Übertragung eines Schuldenüberhangs nach hM allerdings § 57 AktG entgegen. Insoweit kann freilich die AG in einem ersten Schritt in eine GmbH umgewandelt werden. NewCo sollte ferner sämtliche Anteile an Target halten.[253] Der down-stream merger als „Variante" des Debt-push-down ist zwar mit einer Vielzahl steuertechnischer, gesellschaftsrechtlicher und praktischer Fragestellungen verbunden; Verlautbarungen der Finanzverwaltung[254] und ihre (nach ihrer Auffassung) jedenfalls unter der Ägide des UmwStG in der bisherigen Fassung einzuholende „Genehmigung" sicher(te)n solche Vorgänge in den wesentlichen Punkten aber hinreichend ab.

80 Wie auch die Organschaft vermeidet ein Debt-push-down qua down-stream merger die Besteuerung von 5% der Dividenden-Ausschüttungen nach § 8b Abs. 5 KStG. Diese Alternative dürfte aus steuerlicher Sicht[255] der Begründung einer Organschaft dann vorgezogen werden, wenn der Erwerber eine sehr „schlanke" Zielstruktur verlangt und kurz- bis mittelfristig den Exit unmittelbar aus dem DBA-Ausland anvisiert.[256]

IV. Verschmelzung der Ziel- auf die Erwerbszweckgesellschaft (Up-stream merger)

81 Das UmwStG idF des SEStEG setzt die Zulässigkeit der Up-stream Verschmelzung in §§ 12 Abs. 1 Satz 2, 4 Abs. 1 Sätze 2 und 3, § 12 Abs. 2 Sätze 1 und 2 UmwStG voraus.

82 Vergleichbar mit einem Debt-push-down durch Down-stream Verschmelzung werden bei der Up-stream Verschmelzung die Akquisitionsfinanzierung der NewCo mit den Erträgen des Target zusammengeführt, wobei bei der Up-stream Verschmelzung nicht die Finanzierung, sondern die ertragsbringenden Assets im Wege der Gesamtrechtsnachfolge (§ 20 Abs. 1 Nr. 1 UmwG) auf die NewCo bewegt werden.

1. Voraussetzungen und Funktionsweise

83 **a) Gesellschaftsrechtliche Gesichtspunkte.** Nach § 54 Abs. 1 S. 1 Nr. 1 UmwG darf die NewCo zur Durchführung der Up-stream Verschmelzung ihr Stammkapital nicht erhöhen. Die Up-stream Verschmelzung vollzieht sich demnach stets ohne Kapitalerhöhung. Da die Anteile an Target, die bei Private-Equity Transaktionen regelmäßig an die finanzierenden Banken verpfändet sind, im Zuge einer Up-stream Verschmelzung untergehen, sollte die Finanzierungsdokumentation eine entsprechende Freigabe der Verschmelzung *(permitted restructuring)* enthalten. Auch bei einer Up-stream Verschmelzung sind der Abschluss eines notariell beurkundeten Verschmelzungsvertrags (§§ 4 ff. UmwG), Verschmelzungsbeschlüsse mit einer Mehrheit von mindestens 75 % der abgegebenen Stimmen (§§ 13, 50 UmwG) und die Eintragung der Verschmelzung in die relevanten Handelsregister (§§ 19, 20 Abs. 1 UmwStG) erforderlich.

84 **b) Steuerrechtliche Gesichtspunkte.** Die steuerlichen Folgen einer Up-stream Verschmelzung des Target auf NewCo richten sich nach allgemeinen umwandlungssteuerrechtlichen Grundsätzen einer Verschmelzung. Auf der Ebene der Übertragerin Target ist die Verschmelzung demnach bei entsprechendem Buchwertansatz in deren steuerlicher

[252] Vgl. *Eilers* in Eilers/Koffka/Mackensen, Private Equity, S. 291. Aus diesem Grund enthalten Finanzierungsverträge oftmals covenants, den Debt-push-down auch tatsächlich auf diesem Wege herbeizuführen, vgl. auch Ingenhoven → § 12 unter 6.2.3. Allgemein zu den Covenants bei LBO, vgl. Diem, Akquisitionsfinanzierungen, 3. Auflage 2013, § 22. Auflagen.

[253] Soweit am Target Minderheitsgesellschafter beteiligt sind, stellt sich die Frage, ob diese abweichend von §§ 13 Abs. 1, 50 Abs. 1 S. 1 bzw. § 65 Abs. 1 S, 1 UmwG zustimmen müssen. Vgl. zum Problem und etwaigen Anfechtungsrisiken (§§ 14 Abs. 2, 15, 29, 32) *Mertens* AG 2005, 785 (789 ff.).

[254] Bundesministerium der Finanzen: Schreiben v. 25. März 1998, IV B 7-S 1978-21/98, IV B 2-S 1909-33/98, BStBl. I 1998, 268.; v. 16. Dezember 2003, IV A 2-S 1978/03, BStBl. I 2003, 786.

[255] Aus gesellschaftsrechtlicher Sicht sind neben Fragen der Kapitalerhaltung auch die Rechtspositionen etwaiger Minderheitsgesellschafter zu beachten. Vgl. dazu *Mertens* AG 2005, 785 ff.

[256] In der Organschaftsalternative kann auch die Beteiligung an der ÖG veräußert werden.

Schlussbilanz nach § 11 Abs. 2 UmwStG steuerneutral möglich. Anders als bei der Downstream Verschmelzung[257] wird hier ein solcher Buchwertansatz zum Vermeiden einer Aufdeckung stiller Reserven zu wählen sein.

Für die Ebene der Übernehmerin NewCo ist das so genannte Übernahmeergebnis zu ermitteln. Dieses bleibt gemäß § 12 Abs. 2 Satz 1 UmwStG zwar außer Ansatz.[258] Nach § 12 Abs. 2 S. 2 UmwStG findet aber § 8b KStG und damit insbesondere § 8b Abs. 5 KStG Anwendung mit der Folge einer Besteuerung von 5 %, soweit der Gewinn dem Anteil von NewCo an Target entspricht.[259] Das mit Ablauf des steuerlichen Übertragungsstichtags entstehende Übernahmeergebnis (Übernahmegewinn bzw. Übernahmeverlust) wird durch Gegenüberstellen des Übernahmewerts der übergegangen Wirtschaftsgüter des Target einerseits und des Buchwerts der wegfallenden Anteile an Target nach Abzug von Kosten andererseits berechnet.[260] Bei Private-Equity Transaktionen übersteigen in aller Regel die Anschaffungskosten der Beteiligung an Target die dortigen Buchwerte erheblich, so dass das Übernahmeergebnis negativ ausfällt (Übernahmeverlust); die oben genannte 5 % Besteuerung geht damit in aller Regel ins Leere. 85

Aus Sicht der DBA-geschützten LuxCo als Anteilseignerin der NewCo führt die downstream Verschmelzung nicht zu einem steuerpflichtigen Gewinn iSd § 13 UmwStG.[261] 86

2. Weitere Rechtsfolgen

a) Zinsabzug. Im Zuge der Up-stream Verschmelzung des Target auf die NewCo erlischt Target und NewCo wird dessen Gesamtrechtsnachfolgerin (§ 20 Abs. 1 Nr. 1 UmwG). Der aus der Akquisitionsfinanzierung resultierende Finanzierungsaufwand kann im Rahmen der allgemeinen Beschränkungen als Betriebsausgabe von den Betriebseinnahmen, die mit den Assets des Target erwirtschaftet wurden bzw. werden, abgezogen werden; der erforderliche Veranlassungszusammenhang mit dem Geschäftsbetrieb der NewCo nach Verschmelzung liegt vor.[262] 87

b) Verlustvorträge; nicht ausgeglichene negative Einkünfte. Etwaige Verlustvorträge des Target gehen nach § 12 Abs. 3 S. 2 UmwStG unter. Als Lösung bietet sich in diesem Zusammenhang unter Umständen der Ansatz der übergehenden Wirtschaftsgüter des Target mit den gemeinen Werten oder – unter den Voraussetzungen des § 11 Abs. 2 Satz 1 UmwStG – mit einem Zwischenwert an. Ein aus einem solchen Ansatz resultierender Übertragungsgewinn lässt sich anschließend unter Berücksichtigung der Mindestbesteuerung gem. § 10d Abs. 2 EStG mit den Verlustvorträgen auf Ebene des Target verrechnen. 88

Demgegenüber bleiben Verlustvorträge der aufnehmenden NewCo grundsätzlich bestehen; § 8c KStG dürfte insoweit nicht anwendbar sein. 89

c) Umsatzsteuer. Auch für den Up-stream merger ist nicht abschließend geklärt, inwieweit Vorsteuern z. B. aus Beratungsleistungen, die NewCo beansprucht hat, geltend gemacht werden können.[263] Da sich die Tätigkeit von NewCo beim Up-stream merger nicht auf die Eigenschaft als Akquisitionsvehikel beschränkt, sondern NewCo vielmehr daraufhin angelegt ist, das operative Geschäft des Target zu übernehmen, ist u. E. ist u. E. der Vorsteuerabzug (dann bei Target) zu bejahen, sofern die übrigen Voraussetzungen dafür vorliegen. Auch hier ist auf eine zutreffende Rechnungstellung zu achten. 90

---

[257] *Schmitt* in Schmitt/Hörtnagl/Stratz, UmwG/UmwStG, § 13 UmwStG Rn. 12.

[258] Steuerpflichtig ist freilich das Beteiligungskorrekturergebnis nach § 12 Abs. 1 S. 2 UmwStG, welches gerade kein Bestandteil des Übernahmeergebnisses ist. BMF 11.11.2011 IV C 2 – S 1978-b/08/10001, BStBl. I 2011, 1314, Rn. 12.03; *Wisniewski* in Haritz/Menner, UmwStG, 4. Auflage 2015 § 12 Rn. 24.

[259] Vgl. BMF 11.11.2011 IV C 2 – S 1978-b/08/10001, BStBl. I 2011, 1314, Rn. 12.06.

[260] Dazu *Rödder* in Rödder/Herlinghaus/van Lishaut, UmwStG 2. Aufl. 2013, § 12 Rn. 50, 62 ff. Abb. der Rechnung, vgl. *Wisniewski* in Haritz/Menner, UmwStG, 4. Auflage 2015 § 12 Rn. 38.

[261] Vgl. zur bisherigen Rechtslage *Rödder/Wochinger* DStR 2006, 684.

[262] Vgl. nur *Rödder/Wochinger* DStR 2006, 684 (685).

[263] *Keuthen* in Schmitt/Hörtnagl/Stratz, UmwG, UmwStG, 7. Auflage 2016, Kap. E Rn. 6.

91 **d) Grunderwerbsteuer.** Wird im Rahmen des up-stream mergers eine Gesellschaft mit Grundstücken iSd § 2 GrEStG unmittelbar bewegt, fällt grundsätzlich GrESt an. Denn in diesem Fall verstärkt sich die mittelbare Zuordnung zu NewCo, eine qualifizierte Beteiligung von mindestens 95 % oder entsprechende grunderwerbsteuerliche Zurechnung vorausgesetzt, in Bezug auf dieses Grundstück zu einer unmittelbaren Zuordnung. Nach Auffassung der Rechtsprechung und hM[264] löst eine solche „Verstärkung" der Zuordnung GrESt nach § 1 Abs. 1 Nr. 3 GrEStG aus. In Betracht kommt aber eine Anrechnung der Grunderwerbsteuer aus dem Erwerb nach § 1 Abs. 6 Satz 2[265] GrEStG. Dies bedeutet, dass beim up-stream merger auf NewCo übertragene Grundstücke des Target zwar zunächst der GrESt unterliegen; es kann allerdings grundsätzlich die GrESt aus dem Erwerb auf diese angerechnet werden. Die Voraussetzungen für eine Privilegierung nach § 6a GrESt nF werden in Anbetracht der fünfjährigen Vorbeteiligungsfrist (§ 6a Satz 4 GrEStG nF) regelmäßig nicht vorliegen.

92 Anders ist die Rechtslage bei einer bloßen „Kettenverkürzung", d. h. vorliegend in Bezug auf Grundstücke von Tochtergesellschaften des Target. Denn insoweit bleibt es bei einer nur mittelbaren Zuordnung der Grundstücke zur NewCo, die bereits bei Erwerb des Target nach § 1 Abs. 3 Nr. 1 GrEStG GrESt auslöste. Freilich entfällt hier eine Zuordnungsstufe und § 1 Abs. 3 Nr. 4 GrEStG ist nach seinem Wortlaut anwendbar. Nach Auffassung der Rechtsprechung und hM[266] löst eine solche „Verstärkung" der Zuordnung nicht erneut GrESt aus. Die Konzernklausel in § 6a GrEStG wurde durch das Wachstumsbeschleunigungsgesetz vom 22.12.09[267] eingefügt und seitdem mehrmals geändert.[268] Dabei hat der Begriff des Unternehmens für Aufsehen gesorgt. Nach der FinVerw. muss das herrschende Unternehmen Unternehmer iSv des UStG sein.[269] Zudem wird eine Vor- und Nachbehaltesfrist verlangt; hinzu kommt die Beschränkung, dass nur ein herrschendes Unternehmen bestehen kann.[270] Diese Verbundtheorie wurde bisher in der Literatur als zu eng heftig kritisiert.[271] Die beihilferechtliche Problematik ist zudem hervorzuheben.[272] § 1 Abs. 3 GrEStG sei insoweit entsprechend teleologisch zu reduzieren.

3. Zeitliche Fragen

93 Auch eine Up-stream Verschmelzung kann mit Rückwirkung auf den Übergangsstichtag erfolgen (§ 2 UmwStG). Eine solche Rückwirkung ist freilich hier weniger bedeutend.

4. Pro- und con

94 In der LBO-Praxis erfolgte ein Debt-push-down weniger oft durch Up-stream Verschmelzung des Target auf NewCo. Zwingende Gründe hierfür sind indes nicht ersichtlich. Im Vergleich zur Organschaft führt der Vorgang zu einer „schlankeren" Zielstruktur.

---

264 *Keuthen* in Schmitt/Hörtnagl/Stratz, UmwG/UmwStG, 7. Auflage 2016 Kap. E Rn. 39; *Fischer* in Boruttau, GrEStG, 18. Auflage 2016, § 1 Rn. 516 *Pahlke* in Pahlke, GrEStG, 5. Aufl. 2014, § 1 Rn. 22 mit Nachweisen über die Verfassungsmäßigkeit der unterschiedlichen Behandlung im Vergleich zum Formwechsel; *Schiessl/Tschesche* BB 2003, 1867 (1870).

265 *Keuthen* in Schmitt/Hörtnagl/Stratz, UmwG/UmwStG, 7. Auflage 2016 Kap. E Rn. 41.

266 BFH Urt. v. 5. November 2002, II R 41/02, BFH/NV 2003, 507. Siehe auch FG Hamburg Urt. v. 28. Februar 2000, I 10/99, EFG 2000, 696. Ebenso Gleich lautende Erlasse der obersten Finanzbehörden der Länder v. 2. Dezember 1999, BStBl. I 1999, 991 Tz. 3. Vgl. hierzu auch *Hofmann* in Hofmann/Hofmann, GrEStG, § 1 Rn. 154; *Schiessl/Tschesche* BB 2003, 1867 (1869 f.).

267 Vgl. BGBl I 2009, 3950.

268 Zur Entwicklung der Vorschrift, vgl. *Viskorf* in Boruttau, GrEStG, 18. Auflage 2016, § 6a Rn. 6 ff.

269 Vgl. GLE 19.06.12, BStBl I 2012, 662 Tz 2.2.

270 Vgl. GLE 19.06.12, BStBl I 2012, 662 Tz 2.2.

271 Vgl. nur *Behrens* DStR 2012, 2149 (2150); *Teiche* BB 2012, 2659 (2665); *Viskorf* in Boruttau, GrEStG, 18. Auflage 2016, § 6a Rn. 81 ff.; *Rödder/Schönfeld* DStR 2010, 415; *Wösthoff* DStR 2016, 721.

272 Vgl. BFH v. 30.5.2017 – II R 62/14, BStBl II 2017, 916 = DStR 2017, 1324; BFH – II R 63/14, anhängiges Verfahren; v. 25.11.2015 – II R 50/13, BFH/NV 2016, 236; v. 25.11.2015 – II R 36/14, BFH/NV 2016, 239.

V. Formwechsel der Zielgesellschaft und sich anschließende Anwachsung

Eine vergleichsweise einfache Variante, einen Debt-push down herbeizuführen, die freilich dennoch nur bei kleineren Private Equity Transaktionen verbreitet ist, ist der Formwechsel des Target in eine GmbH und Co. KG. Hierzu bedarf es des Hinzutretens einer weiteren GmbH im Zuge des Formwechsels.[273] Aufgrund des für die Einkommensbesteuerung der KG grundsätzlich[274] geltenden Transparenzprinzips kommt es im Rahmen der gesondert und einheitlichen Gewinnfeststellung der GmbH & Co. KG jedenfalls im Grundsatz zu einer „Verrechnung" des Zinsaufwandes mit den Erträgen des Target (Abzug als Sonderbetriebsausgaben); der hierzu erforderliche Veranlassungszusammenhang sollte bestehen. Nach den §§ 4 Abs. 7 und 7 UmwStG idF des SEStEG ist ein beim Formwechsel entstehender Übernahmegewinn zu 95 % steuerfrei während Gewinnrücklagen nach §§ 8 b Abs. 1 und 5 KStG besteuert werden. Einen noch direkteren Zusammenschluss lässt sich durch eine nachfolgende Anwachsung des Vermögens der GmbH & Co. KG auf Newco (vgl. § 738 BGB) herbeiführen, in dem die hinzugetretene GmbH aus der KG wieder austritt. Eine solche Anwachsung ist dem Grunde nach ertragsteuerneutral[275] und bei Einhaltung der in § 6 Abs. 4 S. 1 GrEStG statuierten zeitlichen Grenzen auch grunderwerbsteuerneutral[276] möglich. 95

VI. Debt-push-down durch „Umhängen" der Fremdfinanzierung

In der Private-Equity Praxis wurden neben den vorstehenden Debt-push-down Formen weitere Strukturen entwickelt, die einen Debt-push-down erzielen. Diese oftmals ergänzend zu den Hauptformen des Debt-push-down zum Einsatz kommenden Alternativen werden nachfolgend im Überblick kurz vorgestellt. 96

1. Erwerb eigener Anteile

Ein Debt-push-down lässt sich dadurch erzielen, dass das Target von NewCo Anteile an sich selbst erwirbt.[277] Dieser Erwerb wird durch ein Bankdarlehen finanziert. Mit den Mitteln aus der Kaufpreiszahlung (abzüglich 15,825 % von 5 % eines etwaigen Veräußerungsgewinns)[278] kann die NewCo sodann die Akquisitionsverbindlichkeit (teilweise) zurückführen. 97

Bei der Planung und Durchführung des Erwerbes der eigenen Anteile sind die gesellschaftsrechtlichen Restriktionen (insbesondere Beschränkung auf 10 % des Grundkapitals bei AG und Rücklagenbildung bei der AG und GmbH, vgl. § 71 Abs. 1 Nr. 8 AktG, bzw. § 33 Abs. 2 GmbHG iVm § 272 HGB)[279] zu beachten. Zu beachten sind ferner die potentiell nachteiligen steuerlichen Auswirkung, die aus den Änderungen der Bilanzierung von eigenen Anteilen durch das BilMoG resultieren könnten.[280] Die Geschäftsführung 98

---

[273] Vgl. dazu BFH Urt. v. 16. September 2004, X R 25/01, DB 2005, 183; *Stratz* in Schmitt/Hörtnagl/Stratz, UmwG/UmwStG, § 226 UmwG Rn. 3 mwN Streitig ist, ob ein Hinzutritt auch als Komplementärin zulässig ist, dazu und zu möglichen Gestaltungen *Blasche* in Kallmeyer, UmwG, 6. Aufl. 2017, § 228 Rn. 6 f., wo das Treuhandmodell als die sicherste Option dargelegt wird.

[274] Für Gewerbesteuerzwecke ist die KG „intransparent", vgl. § 5 Abs. 1 S. 3 GewStG.

[275] Hier empfiehlt sich, im Vorfeld des Austritts der Komplementärin die Abstimmung mit der Finanzverwaltung zu suchen, vgl. ebenso *Eilers* in Eilers/Koffka/Mackensen, Private Equity, 2009, S. 291.

[276] § 6 Abs. 2 S. 1 GrEStG. Ungenau *Eilers* in Eilers/Koffka/Mackensen, Private Equity, S. 291.

[277] Vgl. *Rödder/Wochinger* DStR 2006, 684 (688).

[278] § 8 b Abs. 3 S. 1 KStG.

[279] Vgl. auch BFH Urt. v. 23. März 1979, VIII R 95/76, BStBl. II 1979, 553.

[280] Vgl. dazu *Blumenberg/Roßner* GmbHR 2008, 1079. Diese sind nach Auffassung der FinVerw. als Kapitalmaßnahmen auf der Passivseite der Steuerbilanz anzusetzen, vgl. BMF Schreiben vom 27.11.2013 IV C 2 – S 2742/07/10009, BStBl I 2013, 1615 = DStR 2013, 2700, Rz. 8; dazu vgl. *Helios/Kröger* RdF 2014, 156; *Wiese/Lukas* GmbHR 2014, 238; *Schiffers* GmbHR 2014, 79.

kann dem Erwerb eigener Anteile nur zustimmen, wenn dieser Erwerb im Interesse der Gesellschaft erfolgt.

2. Fremdfinanzierte Dividende bzw. fremdfinanziertes Up-stream Darlehen

99 Eine weniger häufige angewendete aber dennoch durchaus effektive Debt-push-down Alternative, ist die Fremdfinanzierung einer Ausschüttung bzw. eines Up-stream Darlehens des Target an NewCo. Der ausgeschüttete Betrag (abzüglich der zunächst anfallenden KapESt) kann sodann zur Tilgung der Darlehensverbindlichkeit der NewCo gegenüber ihrer finanzierenden Bank genutzt werden. Mit Blick auf den Kapitalertragsteuereinbehalt von 26.375% infolge dessen ein „sich netten" der Beträge ausscheidet und der oftmals Anlass für eine Zwischenfinanzierung gibt, kann die Gewährung eines Up-stream Darlehens anstatt der Ausschüttung einer Dividende sinnvoll sein. Freilich sind hier die nunmehr zwar im Zuge des MoMiG und der neueren BGH-Rechtsprechung gelockerten aber dennoch bestehenden gesellschaftsrechtlichen[281] aber auch steuerrechtliche Restriktionen zu beachten.

100 Die Fremdfinanzierung einer Ausschüttung (oder eines Up-stream Darlehens) kann – wenngleich deutlich komplexer – prinzipiell auch durch eine (befreiende) Schuldübernahme des Target gespeist werden. Dazu bedarf es freilich der Zustimmung der finanzierenden Banken, was in der Praxis in aller Regel indes unproblematisch ist. Letztlich kann die Fremdfinanzierung auch dergestalt erfolgen, dass NewCo nach Erwerb des Target ein Gesellschafterdarlehen an dieses ausreicht, welches durch die Weiterreichung (zusätzlich) aufgenommener Darlehensmittel gespeist wird. Fremdübliche[282] Refinanzierungszinsen auf die Innenverbindlichkeit sollten im Rahmen der allgemeinen Beschränkungen steuerlich abzugsfähig sein.[283]

3. Konzerninterne Veräußerung (insbesondere beim internationalen Debt-push-down)

101 Gerade wenn es sich bei dem Target um eine größere, international aufgestellte Unternehmensgruppe handelt, kann folgende Gestaltung sinnvoll sein:

102 In einem ersten Schritt veräußert Target seine Beteiligung an einer deutschen Tochtergesellschaft („TG2") an eine andere (ggf. neu gegründete) deutsche Tochtergesellschaft („TG1"), wobei TG1 und TG2 sodann organschaftlich verbunden werden. 5% des Gewinns aus diesem Veräußerungsvorgang unterliegen der Steuerpflicht nach § 8b Abs. 2 KStG.[284] Auch die Weiterausschüttung an NewCo führt grundsätzlich zur Steuerpflicht iHv 5% der Dividende, wobei eine solche Besteuerung durch (vorherige) Begründung einer Organschaft vermeidbar ist.[285] Der Kaufpreis wird von TG1 fremdfinanziert. Das Target nutzt den Kaufpreis schließlich zur Rückführung der Akquisitionsfinanzierung. Danach erfolgt eine internationale Kombination ähnlicher „Intra-group-sales", wodurch zum einen ein sehr zielgenauer Debt-push down auf die operativen (ausländischen) Gruppengesellschaften erreicht wird. Zum anderen kann gerade mit Blick auf die lokalen Beschränkungen der (Gesellschafter-) Fremdfinanzierung die Konzernfinanzierung insgesamt neu adjustiert werden.[286] Allerdings ist hier im Einzelfall sehr genau zu prüfen, dass die konzerninternen Veräußerungen nicht ungewollt Steuern (etwa GrESt) oder sonstige

[281] Zu beachten ist, dass fremdfinanzierte Ausschüttungen und Up-stream Darlehen bei einer AG wegen § 71 a AktG unzulässig sind.

[282] Der Refinanzierungszinssatz auf das Gesellschafterdarlehen sollte sich am Zinssatz der Bankverbindlichkeiten orientieren und im Übrigen nach den allgemeinen Grundsätzen der steuerlich anzuerkennenden Konzerninnenfinanzierung justiert werden.

[283] OFD Kiel, StEK KSTG § 8 Nr. 188.

[284] Immerhin fällt hier keine KaESt an, vgl. § 43 Abs. 2 S. 3 Nr. 1 EStG.

[285] Insoweit fällt zunächst auch KaESt iHv grundsätzlich 26,375% an.

[286] Ein solcher internationaler Debt-push-down erfordert entsprechend angelegte Vorüberlegungen der in der jeweiligen Jurisdiktion eingeschalteten Berater.

Transaktionskosten auslösen. Ferner besteht die Gefahr einer unübersichtlichen und schon deshalb ineffizienten Struktur, so dass sich oftmals weitere Restrukturierungsschritte anschließen werden.

VII. Besonderheiten bei der Übernahme börsennotierter Gesellschaften

Soweit bei der Übernahme einer börsennotierten Gesellschaft die für einen Squeeze-out 103
erforderliche Schwelle von 95 %[287] nicht erreicht wird oder ein Squeeze-out aus sonstigen Gründen nicht in Betracht kommt, sind sowohl die Begründung einer Organschaft als auch die Durchführung eines Down-stream-mergers mit Blick auf das Störpotential der verbleibenden Minderheitsaktionäre wenig praktikabel. In diesen Fällen tendieren Private-Equity Investoren zur fremdfinanzierten Ausschüttung so genannter „Superdividenden", dh zur Ausschüttung sämtlicher freier Rücklagen in Form einer Dividende.[288] Zu diesen Techniken noch näher unten im Kapitel F.

E. Gewinnrepatriierung

I. Ausgangsstruktur

Mit Blick auf den üblicherweise eher mittelfristigen Anlagehorizont[289] eines typischen 104
Private-Equity Investors werden Private Equity Akquisitionsstrukturen regelmäßig schon beim Aufsetzen unter dem Aspekt eines steueroptimierten Exit aus dem Investment konzipiert.[290] Klassische „full-exit" Alternativen zur Realisierung von Gewinnen und Beendigung des Investments sind ein Verkauf (inkl. eines sog. Secondary-Buy-out) oder ein Börsengang (IPO) im Wege der Umplatzierung von Altaktien nach einem Formwechsel der NewCo.[291] Ein Verkauf (oder auch Teilverkauf) erfolgt zumeist aus dem DBA-geschützten Ausland heraus, dh durch den Verkauf der Anteile an der obersten deutschen Einheit (der so genannten TopCo) im Wege des Share Deal, in der obigen Ausgangsstruktur also im Wege des Verkaufs der Beteiligung an NewCo.[292] Die Ausgestaltung und Verhandlung der Finanzierungsdokumentation sollte beachten, dass sich ein Formwechsel und der Verkauf der Anteile an TopCo/NewCo als „permitted transaction" qualifizieren; ferner darf der mit dem Verkauf bzw. der Umplatzierung einhergehende „change of control" nicht dazu führen, dass die Bank/das Konsortium den Kreditvertrag modifizieren oder kündigen kann.[293]

---

[287] § 327 a Abs. 1 AktG.

[288] S. dazu *Braun* Börsen-Zeitung v. 4. Juli 2007, S. 2. Vgl. auch *Füger/Rieger* Börsen-Zeitung v. 11. Oktober 2006, S. 2.

[289] Typischerweise 5–7 Jahre. Im Zuge des Private Equity Booms 2006/2007 hatte sich die durchschnittliche Haltedauer freilich deutlich verkürzt, vgl. FAZ v. 20.1.2006, S. 19; *Eidenmüller* ZHR 171 (2007), 644 (646 f.). Im aktuellen Marktumfeld hat sich dieser Trend allerdings wieder umgekehrt; *Jaques* in Ettinger/Jaques, Beck´sches Handbuch Unternehmenskauf im Mittelstand, 2. Aufl. 2017, Kap. E Rn. 6.

[290] Vgl. auch *Eilers* in Eilers/Koffka/Mackensen, Private Equity, 2. Aufl. 2012, Kapitel IV, Rz. 1. Zweck ist die Steigerung des Unternehmenswerts für einen rentablen Exit, vgl. *Weinheimer* in Hölters, Handbuch Unternehmenskauf, 8. Aufl. 2015, Rn. 12,13.

[291] Vgl. *Eidenmüller* ZHR 171 (2007), 644 (651). Zu alternativen (Teil-)Exit Strategien zur (fremdfinanzierten) Hebung von stillen Reserven bzw. der Ersetzung von Eigen- durch Fremdkapital (Rekapitalisierungen oder Leveraged Re-capitalisations) ausführlich noch unten unter 5. Auch Insolvenz- und sonstige Abwicklungsszenarien sind durchaus realistische „Exit-Alternativen".

[292] Im Einzelfall kann auch ein zweistufiger Exit, dh ein Verkauf der Anteile an Target (5 % des Gewinns sind KSt/GewSt-pflichtig, § 8 b Abs. 3 KStG; §§ 8 c, 8d KStG greifen hier ebenfalls) und eine sich anschließende Abwicklung der NewCo nach den Grundsätzen der Liquidationsbesteuerung, in Betracht kommen.

[293] Dies würde der Bank/den Banken ein Druckmittel in die Hand geben, der einem aus Investorensicht (sinnvollen) Exit verhindert/erschwert.

II. Besteuerung des Target/NewCo beim „full-exit" aus der Struktur

105 Bei einem Verkauf aus dem DBA-geschützten Ausland fällt – eine entsprechende Strukturierung und die Abkommensberechtigung der Lux S.à r.l vorausgesetzt – keine KSt an.[294] Mangels der dafür erforderlichen Inlandsanknüpfung (§ 2 Abs. 1 S. 1 GewStG: Gewerbebetrieb, soweit er im Inland betrieben wird.), ist der Verkauf auch nicht gewerbesteuerbar. Beides gilt freilich jeweils nur insoweit, als die Anteile an NewCo nicht einer inländischen Betriebsstätte zuzuordnen sind. Gerade diese Aspekte sind bei der steuerlichen Strukturierung der Akquisition sorgfältig zu beachten. Infolge des Exit gehen die in der Target-Gruppe vorhandenen und auch durch gestalterische Maßnahmen nicht nutzbaren Verlustvorträge nach § 8c KStG unter, soweit sie nicht auf stille Reserven entfallen, die in Deutschland steuerpflichtig sind oder die engen Voraussetzungen des § 8d Abs. 1 KStG erfüllt sind. Ferner kann Grunderwerbsteuer ausgelöst werden.[295]

III. Besteuerung von Ausschüttungen des Target/NewCo („Teil-Exit")

106 Die Strukturierung der Akquisitionsfinanzierung sollte auch den steuerschonenden Transfer von Gewinnen während der Laufzeit des Investments (Gewinnrepatriierung im engeren Sinn) ermöglichen bzw. diesen Transfer nicht erschweren. Gerade auch vor dem Hintergrund immer wieder aufflackernder politischer Diskussionen, die Besteuerungsfreiheit von Anteilsveräußerungsgewinnen einzuschränken[296] bzw. DBA entsprechend zu ändern, kann es sinnvoll sein, die Gewinnrepatriierung nicht bis zum Exit aufzuschieben. Im Kern geht es bei der Gewinnrepatriierung um die (idealiter auch quellensteuerfreie) Patriierung von den nach der Verrechnung mit dem Zinsdienst periodisch verbleibenden Erträgen des Target zu dem/den in aller Regel ausländischen Private-Equity Investor(en), d. h. zunächst den Private-Equity-Fonds. In diesem Zusammenhang stellt die Frage eines Kapitalertragsteuereinbehalts bzw. einer Erstattung einbehaltener Kapitalertragsteuern große Herausforderungen an die Steuerplanung.

1. Körperschaftsteuer

107 **a) Besteuerung auf der Ebene des Target/NewCo.** Wie bereits oben unter 3.1 ausgeführt, wird infolge der körperschaftsteuerlichen Organschaft das Einkommen des Target der NewCo gem. § 14 Abs. 1 S. 1 KStG zugerechnet.[297] Dies bedeutet im Grundsatz, dass nur die den Zinsdienst innerhalb des Veranlagungszeitraums überschreiten Erträge der Target-Gruppe bzw. sofern Zinsaufwand aufgrund des Eingreifens der Zinsschranke nicht abzugsfähig ist, das nicht ausgeglichene positive Ergebnis, mit KSt und Solidaritätszuschlag in Höhe von insgesamt 15,8 % belastet sind. Ausgeklammert aus dieser Besteuerung bleiben lediglich bestimmte steuerfreie Erträge, wie u. U. Dividenden, die von EU-TG bzw. DTG an FTG1 bzw. TG2 ausgeschüttet wurden und sodann im Rahmen der (mehrfachen) Gewinnabführung an NewCo fließen.[298]

---

[294] Art. 8 Abs. 1 DBA Luxemburg/Deutschland (1958). § 50d Abs. 3 EStG ist unionsrechtswidrig (vgl. EuGH, Urteile v. 20. Dezember C-504/16 und C-613/16; Bundesministerium der Finanzen: Schreiben v. 4. April 2018, IV B 3 – S 2411/07/10016-14, BStBl I 2018) und auf den Veräußerungsgewinn ohnehin unanwendbar, vgl.; BMF v. 24.1.2012, IV B 3-S 2411/07/10016, BStBl I 2012, 171, Tz. 2; *Mihm* Steueranwaltsmagazin 2007, 82 (84).

[295] Zu Einzelheiten *Kloster/Reckordt* in Brück/Sinewe, Steueroptimierter Unternehmenskauf, 2. Aufl. 2010, S. 172 ff.

[296] Vgl. zum rechtsdogmatischen Hintergrund Kloster, Grenzüberscheitende Unternehmenszusammenschlüsse, 2004, S. 222 ff. Zuletzt wurde im Rahmen des Gesetzgebungsverfahrens zum JStG 2009 diskutiert, § 8 b KStG für im Streubesitz gehaltene Beteiligungen abzuschaffen.

[297] Zu Ausnahmen siehe § 16 KStG.

[298] Weniger positiv kann in diesem Zusammenhang unter Umständen die Frage des Einbehalts (und der Erstattung) von Kapitalertragsteuern ausfallen.

b) Besteuerung bei Dividendenausschüttung. Die Ausschüttung des Ergebnisses an die Lux S.à r.l unterliegt – eine entsprechende Strukturierung und die Abkommensberechtigung der Lux S.à r.l vorausgesetzt – im Ergebnis weder der KSt noch der GewSt (vgl. bereits oben 4.2.). Die Lux S.à r.l ist zwar mit ihren aus Deutschland bezogenen Dividenden beschränkt steuerpflichtig (§ 49 Abs. 1 Nr. 2 f) EStG); insoweit enthält das DBA Luxemburg/Deutschland aber eine entsprechende Befreiung.[299] **108**

Gerade in Private-Equity Transaktionen stellt sich verschärft die Frage nach dem Kapitalertragsteuerabzug bezüglich der Dividendenausschüttung: Dieser beträgt 26,375 %.[300] Er entfällt auf Antrag der Lux S.à r.l, wenn die Voraussetzungen des § 43b Abs. 1 EStG (sog. Mutter-Tochter Richtlinien Fall) vorliegen (Freistellung im Steuerabzugsverfahren gemäß § 50d Abs. 2 S. S. 1 EStG). Auf entsprechenden Antrag hin und bei Vorliegen bestimmter Voraussetzungen, erfolgt eine Erstattung um 2/5 nach nationalem Recht (§ 44a Abs. 9, 50d Abs. 1 EStG) bzw. der gesamten einbehaltenen Kapitalertragsteuer nach dem anwendbaren DBA Deutschland/Luxemburg (§ 50d Abs. 1 EStG). Weiterhin sieht § 50d Abs. 3 EStG weitere Voraussetzungen für eine Erstattung von einbehaltener Kapitalertragsteuer vor. Allerdings beschränkt die Regelung des § 50d Abs. 3 EStG die Niederlassungsfreiheit und stellt sich daher als unionsrechtswidrig dar[301]. Die Versagung des Absehens vom Kapitalertragsteuerabzug bzw. einer (teilweisen) Erstattung ist demnach nur noch zulässig im Falle von rein künstlichen Gestaltungen, was einzelfallbezogen zu überprüfen ist.[302] Im vorliegenden Fall (der Lux S.à r. l.) wird das Absehen vom Kapitalertragsteuerabzug bzw. die Erstattung von einbehaltener Kapitalertragsteuer in der Regel gewährt werden müssen. **109**

Zwar beschränkt sich der Schutzbereich der Niederlassungsfreiheit lediglich auf EU/ EWR Staaten. Dennoch kann auch im Verhältnis zu Nicht-EU/EWR-Staaten ein Eingriff in den Schutzbereich des freien Kapitalverkehrs vorliegen. [303] Auch in diesem Fall läge ein Verstoß gegen Unionsrecht vor. Eine Beschränkung des Kapitalverkehrs wäre dann anzunehmen, wenn die betroffene DBA-Regelung keine Mindestbeteiligung verlangt oder die verlangte Mindestbeteiligung keinen sicheren Einfluss auf die Entscheidungen der Gesellschaft vermittelt.[304] Eine Erstattung von 2/5 der einbehaltenen Steuer ist daher grundsätzlich möglich.[305] Setzt ein DBA jedoch eine Mindestbeteiligung voraus, die einen sicheren Einfluss auf die Entscheidungen der Gesellschaft vermittelt, ist eine vollständige Erstattung folglich weiterhin nur unter den Voraussetzungen des § 50d Abs. 3 EStG möglich. Das Vorliegen dieser Voraussetzungen ist von der im Drittstaat ansässigen Gesellschaft darzulegen und zu beweisen.[306] **110**

Da sich die entsprechenden Kriterien gerade im Kontext einer Private Equity Struktur kaum darlegen lassen werden,[307] empfiehlt sich zumeist eine gewerblich tätige Organträger- **111**

---

[299] Art. 13 DBA Luxemburg/Deutschland Nunmehr Art. 10 DBA Luxemburg/Deutschland.

[300] 25 % Kapitalertragsteuer; 5,5 % Solidaritätszuschlag darauf.

[301] Entschieden durch den EuGH zur Vorschrift idF des Jahressteuergesetzes 2007 v. 13. Dezember 2006, BGBl I 2006, 2878; vgl. EuGH v. 20. Dezember 2017, Rs. C-504/16 und C-613/16; Bundesministerium der Finanzen: Schreiben v. 4. April 2018, IV B 3 – S 2411/07/10016-14, BStBl I 2018; wohl ebenfalls anzunehmen für die Vorschrift idF des Gesetzes zur Umsetzung der Beitreibungsrichtlinie sowie zur Änderung steuerlicher Vorschriften vom 7. Dezember 2011, BGBl I 2011, 2592; vgl. *Kahlenberg* IWB, 2018, 152.

[302] vgl. EuGH, v. 20. Dezember 2017, Rs. C-504/16 und C-613/16.

[303] Dies wäre der Fall, wenn die Vorschrift gegen den Schutz des freien Kapitalverkehrs verstoßen würde; vgl. Art. 63 Abs. 1 AEUV. Dabei kommt es auf den abstrakten Regelungsinhalt der gesetzlichen Vorschrift an; vgl. EuGH v. 10.6.2015, Rs. C-686/13, Rn. 17; EuGH v. 13.11.2012, Rs. C-35/11, Rn. 90 (Test Claimants in the FII Group Litigation).

[304] Vgl. *Schönfeld* IStR 2018, 325 (326). Wohl 25 %; vgl. EuGH v. 10.5.2007 – Rs. C-492/04, (Lasertec) Rz. 21.

[305] Da § 44a Abs. 9 EStG keine Mindestbeteiligung voraussetzt; vgl. *Schönfeld* IStR 2018, 325 (326).

[306] BMF v. 24.1.2012 IV B 3 – S 2411/07/10016, BStBl I 2012, 171, Tz. 13.

[307] *Eilers* in Eilers/Koffka/Mackensen, Private Equity, 2. Aufl. 2012, Kapitel IV, Rz. 46; *Leyendecker/Rödding/Kalb* in -Eilers/Koffka/Mackensen, Private Equity, 2. Aufl. 2012, Kapitel VII, Rz. 64, jeweils noch zur Altregelung des § 50d Abs. 3 idF des Jahressteuergesetzes 2007. *Ettinger* in Ettinger/Jaques, Beck´sches Handbuch Unternehmenskauf im Mittelstand, 2. Aufl. 2017, Kap. E Rn. 86.

Personengesellschaft als weitere Zwischenholding zwischen der im Drittstaat ansässigen Gesellschaft und NewCo zu schalten,[308] eine Anrechnungsmöglichkeit für deutsche Kapitalertragsteuer zu schaffen[309] oder Gewinne per Shareholder Loan abzuziehen (letzteres freilich nur, soweit mit Blick auf die Zinsschranke entsprechende Spielräume bestehen).[310] Mit Blick auf die Strukturierung der Akquisitionsfinanzierung ist zu beachten, dass ein (endgültiger) Abfluss der Kapitalertragsteuer zumindest als „worst-case" Szenario eingeplant ist und die Finanzierungsparameter und Kennzahlen entsprechend vorsichtig definiert werden.

2. Gewerbesteuer

112 Gewerbesteuerlich gilt die OG als Betriebsstätte des OT (§ 2 Abs. 2 S. 2 GewStG), mit der Folge, dass der Gewerbeertrag einheitlich ermittelt und lediglich im Rahmen der Zerlegung auf die beiden Einheiten NewCo bzw. Target aufgeteilt wird. Auch insoweit sind also die operativen Erträge mit den Zinsaufwendungen aus den Akquisitionsfinanzierungen (innerhalb der Beschränkungen der Zinsschranke) verrechenbar. Allerdings greift gewerbesteuerlich die sog Hinzurechnung von 25 % der für Körperschaftsteuerzwecke abzugsfähigen -Zinsen (§ 8 Nr. 1 GewStG) ein, mit der Folge eines entsprechend erhöhten Gewerbeertrages.[311]

IV. Besteuerung der Repatriierung von Lux S.à r.l an den PE-Fonds

113 Das Luxemburger Gesellschafts- und Steuerrecht stellt Möglichkeiten zur Verfügung, die Erträge der Lux S.à r.l im Ergebnis unbelastet von Luxemburger Körperschaftsteuer zu dem PE-Fonds zu transferieren.[312] Klassische Formen einer solchen steuerneutralen „Gewinnabsaugung" während der Laufzeit des Investments[313] sind die Nutzung hybrider Finanzierungsinstrumente, wie z. B. convertible preferred equity certificates (CPECs) oder preferred equity certificates (PECs).[314] Diese Finanzinstrumente sind nach Luxemburger Steuerrecht[315] als fremdkapitalähnlich einzuordnen, stellen aber nach dem Steuerrecht bestimmter Juridiktionen, insbesondere der USA Eigenkapital dar.[316] Zahlungen an Investoren unter diesen Instrumenten sind daher auf der Ebene der Lux S.à r.l grundsätzlich als Betriebsausgabe abzugsfähig, dh mindern die Bemessungsgrundlage der -Luxemburger Körperschaftsteuer/Gewerbesteuer[317] und unterliegen keiner Kapitalertragsteuer.

114 Mit Blick auf die (steuerliche) Strukturierung der Akquisitionsfinanzierung bedeutet dies, dass eine „echte" Fremdmittelaufnahme (Kreditfinanzierung über eine Bank) auf der Ebene

[308] Näher dazu *Mihm,* Steueranwaltsmagazin 2007, 82 (85). Vgl. zum Thema der steueroptimierten Gewinnrepatriierung unter § 50d EStG auch *Kollruss* IStR 2007, 870 ff. Die FinVerw. verlangt nunmehr zur Bejahung der beschränkten Steuerpflicht das Unterhalten einer Betriebsstätte im Inland, vgl. BMF 26.9.2014 IV B 5 – S 1300/09/10003, BStBl. I 2014, 1258, Rz. 2.2.1., 2.3.1, 2.3.3. Die gewerbliche Prägung reicht nicht mehr aus, was diese Gestaltung zum Scheitern bringen kann, vgl. *Gröger* in Hölters, Unternehmenskauf, 8. Aufl. 2015, Rn. 4.223d.

[309] Dazu *Kollruss* IStR 2007, 870 ff.

[310] Weitere Gestaltungsmöglichkeiten zur Vermeidung der Anti-Treaty-Shopping Regel des § 50d Abs. 3 EStG finden sich *Käshammer/Schümmer* IStR 2011, 410.

[311] Vgl. dazu Abschnitt 2.5.

[312] Hierin in Kombination mit einem Netz von Doppelbesteuerungsabkommen mit aus PE-Fonds Sicht wichtigen Jurisdiktionen und der effizienten Rechtskultur liegt, zumal nach Wegfall der sog. Capital Duty, der Reiz dieses Zwischenholdingstandortes.

[313] Am Laufzeitende kommt die Liquidation der Lux S.à r.l in Betracht.

[314] Ausführlicher dazu → Rn. 40 ff.

[315] Zur Einordnung nach deutschem Steuerrecht vgl. allgemein *Jacob* IBFD 2000, 442. ausf. dazu auch *Geisler/Kirch/Veth* BB 2013, 2730.

[316] Vgl. dazu bspw. die Darstellung bei [Verweis auf die Darstellung in der entsprechenden Länderübersicht].

[317] Infolge der weitgehenden Steuerfreistellung nach nationalem Steuerrecht (Participation Exemption; Umsetzung Mutter-Tochter-Richtlinie) wird diese regelmäßig bereits niedrig sein.

der Lux S.à r.l mangels gegenrechenbaren Steuersubstrats meist wenig sinnvoll ist; Lux S.à r.l sollte (jedenfalls primär) mit hybridem Eigenkapital des PE-Fonds ausgestattet werden.

F. Rekapitalisierung (Leveraged Re-Capitalization) als wirtschaftlicher Teil-Exit

I. Wirtschaftlicher Hintergrund

Neben den klassischen Formen des Exits wie Börsengang (IPO), Verkauf an einen strategischen Investor (Trade Sale) oder Verkauf an einen anderen Finanzinvestor (Secondary Buyout) hat die LBO-Praxis insbesondere seit Beginn des vergangenen Jahrzehnts eine weitere Gestaltung entwickelt, die eine Realisierung der innerhalb der Beteiligungsdauer erreichten Wertsteigerung des Portfoliounternehmens ermöglicht. Bei dem Modell der sog. Leveraged Re-Capitalization (nachfolgend: Leveraged Recap) wird nach der ursprünglichen Wertsteigerung der Beteiligung am Portfoliounternehmen erneut Fremdkapital von einer Zwischenholding (Finanzierungsholding) aufgenommen, um das in den Erwerb des Portfoliounternehmens investierte Eigenkapital einschließlich der Wertsteigerung in Form der stillen Reserven während der Laufzeit des Investment an die Investoren auszukehren.[318] Die Fremdmittel werden sodann aus dem operativen Cashflow des Portfoliounternehmens bedient. Ein Leveraged Recap ermöglicht es dem Private-Equity-Fonds im Ergebnis die Vorgaben seiner Investoren rechtzeitig zu erfüllen, sollte bis zum Ablauf des ursprünglich geplanten Investitionszeitraums[319] ein Börsengang oder eine Veräußerung der Beteiligung nicht möglich sein.[320] Zugleich wird wirtschaftlich ein Teil des Risikos der Investoren auf die Fremdkapitalgeber übertragen, die dieses Risiko sodann am Kapitalmarkt ausplatzieren können. Umgekehrt verbleibt die Chance auf die Realisierung eines weiteren Erlöses aus einem später doch noch möglichen Exit aus der Beteiligung.[321] **115**

Im Ergebnis wird durch den Leveraged Recap ohne Veräußerung der Beteiligung an der Portfoliogesellschaft eine Rückzahlung des von den Finanzinvestoren eingesetzten Eigenkapitals ermöglicht. Dies wird regelmäßig durch **116**

- eine besonders gute wirtschaftliche Entwicklung, insb. starke Zunahme des Free Cashflows des Portfoliounternehmens seit der Akquisition,
- weitgehende Entschuldung des Portfoliounternehmens sowie
- Leveragearbitrage, die durch die Zunahme aggressiver Finanzierungspraktiken ermöglich wird,

begünstigt.[322] **117**

---

[318] *Seibt* ZHR 171 (2007), 282 (289); *Leyendecker/Rödding/Kalb* in Eilers/Koffka/Mackensen, Private Equity, 2. Aufl. 2012, Kap. VII, Rn. 62. Zur Definition und Funktionsweise, vgl. *Hasselbach/Rödding* in Eilers/Rödding/Schmalenbach, Unternehmensfinanzierung, 2. Aufl. 2014, Kap. I, Rn. 74 mwN.

[319] In der LBO-Praxis sind meistens geschlossene Private-Equity-Fonds üblich. Diese zeichnen sich durch eine begrenzte Laufzeit (idR 10 Jahre) sowie durch ein im Voraus definiertes Vermögen aus. Vgl. *Farahbakhsh* GWR 2016, 265; *Raupach/Weiss* in Hölters, Handbuch des Unternehmens- und Beteiligungskaufs, S. 301–390, Rn. 63. Darüber hinaus haben Ausschüttungen an die Investoren während der Laufzeit erheblichen Einfluss auf den internen Zinsfuß (Internal Rate of Return – IRR) des Investments. Wirtschaftlich kommt es zu einer vorweggenommenen Vereinnahmung eines Teils des Erlöses aus dem Exit. Vgl. zur Performancemessung von Private-Equity-Fonds *Hielscher/Zelger/Bayer* FR 2003, S. 498; Kraft, Private Equity-Investitionen in Turnarounds und Restrukturierungen, S. 299.

[320] Vgl. *Eilers/Rödding* DB 2005, S. 1591.

[321] Vgl. *Leyendecker/Rödding/Kalb* in Eilers/Koffka/Mackensen, Private Equity, 2. Aufl. 2012, Kapitel VII, Rz. 5. – dort auch zu den positiven Auswirkungen auf den Internal Rate of Return. Eingehend zu den betriebswirtschaftlichen und wohlfahrtsökonomischen Überlegungen auch *Seibt* ZHR 171 (2007), 282 (283 ff.).

[322] Vgl. Mittendorfer, Praxishandbuch der Akquisitionsfinanzierung, S. 116. Zur Maßgeblichkeit des IRR, um eine erfolgreiche Investition in eine LBO zu ermöglichen, vgl. *Jaques* in Ettinger/Jaques, Beck´sches Handbuch Unternehmenskauf im Mittelstand, 2. Aufl. 2017, Kap. E Rn. 6; ist der Cash Flow nicht

118 Vorangetrieben durch die niedrigen Zinsen und durch die Bereitschaft der Banken, Kreditzusagen in Milliardenhöhe zu erteilen, gelang es vor allem amerikanischen Private-Equity-Fonds in den vergangenen Jahren Rekapitalisierungen in erheblichem Umfang durchzuführen.[323] Die Banken platzierten wiederum erfolgreich die damit einhergehenden Kredite (sog. Leveraged Loans) am Markt und verzeichneten erhebliche Profite in ihrer Rolle als Finanzierungsarrangeure. Dementsprechend hat sich seit Beginn der Finanzkrise im Sommer 2007 gezeigt, wie stark fremdfinanzierte Ausschüttungen vom Kapitalmarkt abhängig sind. Die zunehmende Risikoscheu der Kreditgeber, Unternehmensakquisitionen zu günstigen Konditionen zu finanzieren, führte zuletzt auch zu einem erheblichen Rückgang der durchgeführten Rekapitalisierungen.

119 Die Durchführung von Leveraged Recap Transaktionen wirft nicht nur gesellschafts-, finanz- und handelsrechtliche Fragen auf, sondern erfordert die Berücksichtung zahlreicher steuerrechtlicher Implikationen.[324] Fremdfinanzierte Ausschüttungen (Rekapitalisierungen) zeichnen sich durch eine bestimmte Struktur aus. Dabei sind nachteilige Effekte zu vermeiden, die aus einer Besteuerung der Dividenden, der Erhebung von Quellensteuern, Untergang von Verlustvorträgen oder auch der Besteuerung von Restrukturierungsgewinnen entstehen können. Weitere steuerrechtliche Risiken drohen aus der Anwendung der den Abzug von Fremdfinanzierungsaufwendungen einschränkenden Regelungen.[325] Gesellschaftsrechtlich hat die das Fremdkapital aufnehmende Gesellschaft insbesondere die Kapitalerhaltungsgrundsätze (§§ 30, 31 GmbHG, § 57 AktG) zu beachten, während die Gesellschafter die von der Rechtsprechung entwickelten Grundsätze des existenzvernichtenden Eingriffs in ihre Überlegungen einzubeziehen haben.

II. Struktur der Leveraged Recap

1. Ablauf der Leveraged Recap

120 Um die Leveraged Recap zu veranschaulichen, wird auf die in nachstehender Abbildung dargestellte typische Beteiligungsstruktur zurückgegriffen. Dabei wird angenommen, dass ein Private-Equity-Fonds seine Aktivitäten in einer in Luxemburg ansässigen Kapitalgesellschaft (LuxCo) gebündelt hat. [326]

121 **a) Gründung einer Zwischenholding.** LuxCo gründet in einem ersten Schritt eine deutsche Erwerbsholding (NewCo) in der Rechtsform einer GmbH, die 100 % der Anteile an einer deutschen Zielgesellschaft (Target) erwirbt. Den Kaufpreis finanziert die NewCo mit Eigenkapital sowie Bankkrediten, deren Tilgungs- und Zinszahlungen aus der Ertragskraft der Zielgesellschaft bedient werden. Die Fremdfinanzierung auf Ebene der Zielgesellschaft ist gegenüber den Bankkrediten vorrangig besichert, da die Sicherheiten unmittelbar aus dem Vermögen der Zielgesellschaft bestellt wurden. Die Bankkredite der NewCo wurden hingegen mit den Geschäftsanteilen an dem Target besichert.

122 Ist eine weitere gleich- oder nachrangige Finanzierung auf Ebene der NewCo aufgrund der Finanzierungsdokumentation nicht mehr möglich,[327] so wird im ersten Schritt eine neue Finanzierungsgesellschaft (HoldCo) in der Rechtsform einer GmbH – in der Regel mit dem Mindestkapital von 25.000 € – zwischen der LuxCo und der NewCo errichtet.[328] Aus Sicht der Gläubiger des Portfoliounternehmens sowie der NewCo ist dieser Schritt in

ausreichend droht den Investoren die Gefahr der Überschuldung, vgl, *Weinheimer* in Hölters, Handbuch Unternehmenskauf, 8. Aufl. 2015, Rn. 12.24.

323 Vgl. *Tcherveniachki* M & A – Review 2008, S. 351.

324 Vgl. *Leyendecker/Rödding/Kalb* in Eilers/Koffka/Mackensen, Private Equity, 2. Auf. 2012, S. 489 ff.; vgl. auch Tcherveniachki, Kapitalgesellschaften und Private-Equity-Fonds, S. 298 ff.

325 Vgl. dazu unter Abschnitt 2.

326 Entnommen aus Tcherveniachki, Kapitalgesellschaften und Private-Equity-Fonds, S. 299.

327 Dies wird regelmäßig der Fall sein, vgl. *von Rosenberg/Rüßmann* DB 2006, 1303 (1304).

328 Insoweit sind freilich etwaige nachrangige grunderwerbsteuerliche Konsequenzen zu berücksichtigen.

der Regel unproblematisch, da ihre Forderungen gegenüber den Forderungen der Gläubiger der HoldCo strukturell vorrangig sind (Strukturelle Subordination).[329]

b) Einbringung der Beteiligung an NewCo. Im zweiten Schritt bringt die LuxCo ihre Beteiligung an der NewCo in die HoldCo ein.[330] Handelsrechtlich kann dies entweder durch eine Ausgliederung gem. § 123 Abs. 3 UmwG oder im Wege der Einzelrechtsnachfolge erfolgen. Voraussetzung hierfür ist, dass der einbringende Rechtsträger neue Gesellschaftsrechte am übernehmenden Rechtsträger erhält. Beide Vorgänge werden steuerlich unter dem Begriff der Einbringung gem. § 21 UmwStG subsumiert, die unter bestimmten Voraussetzungen steuerneutral erfolgen kann. Als Gegenleistung erhält die übertragende LuxCo neue Anteile an der übernehmenden HoldCo (Anteilstausch) und eine Darlehensforderung (genauer: eine gestundete Kaufpreisforderung).[331] Dies stellt handelsrechtlich einen Sachkapitalerhöhungsvorgang dar, weshalb sich die Anschaffungskosten der eingebrachten Anteile bei der übernehmenden Kapitalgesellschaft nach den Grundsätzen zur Bewertung einer Sacheinlage ermitteln.[332] Handelt es sich um eine Ausgliederung im Sinne von § 123 Abs. 3 UmwG, kommt § 24 UmwG zur Anwendung, wonach neben dem Ansatz der Anschaffungskosten grundsätzlich auch ein Buchwertansatz möglich ist. Im Falle einer Einbringung im Wege der Einzelrechtsnachfolge ist hingegen die Anwendung des § 24 UmwG ausgeschlossen, so dass die handelsrechtliche Bewertung nach allgemeinen Grundsätzen vorzunehmen ist. Im Ergebnis ist die Beteiligung der LuxCo an der NewCo in der Bilanz der HoldCo mit dem Zeitwert anzusetzen.[333] Dies ist insoweit auch sinnvoll, als eine Auskehrung der Refinanzierungserlöse aus der im nachfolgenden vierten Schritt vorzunehmenden Fremdkapitalaufnahme an die LuxCo nur dann möglich ist, wenn die in den eingebrachten Anteilen enthaltenen stillen Reserven aufgedeckt werden. Zur Ermittlung des Zeitwerts der Beteiligung ist ein Bewertungsgutachten eines Wirtschaftsprüfers gem. IDW RS HFA 10 einzuholen.[334] 123

Steuerlich sind die eingebrachten Anteile nach § 21 Abs. 1 Satz 1 UmwStG mit dem gemeinen Wert anzusetzen.[335] Mit dem gemeinen Wert wird nach § 9 Abs. 2 BewG der Preis bestimmt, der im gewöhnlichen Geschäftsverkehr nach der Beschaffenheit des Wirtschaftsguts bei einer Veräußerung zu erzielen wäre (Einzelveräußerungspreis), so dass der gemeine Wert marktpreisabhängig ist. Damit unterscheidet sich der gemeine Wert der eingebrachten Anteile nicht vom einschlägigen Zeitwert. Die Einbringung zum gemeinen Wert führt zu einem Veräußerungsgewinn in Höhe der Differenz zwischen dem gemeinen Wert und dem Buchwert der eingebrachten Anteile, der nach § 8b Abs. 2 Satz 3 KStG freigestellt wird.[336] Nach § 8b Abs. 3 KStG gelten jedoch 5 % als nicht abzugsfähige Betriebsausgaben, die der Gewerbesteuer und der Körperschaftsteuer unterliegen. Befindet sich aber die einbringende Kapitalgesellschaft im Ausland, so gelten Einbringungsgewinne 124

[329] Die Gläubiger der HoldCo haben gegenüber den Gläubigern der Zielgesellschaft und der NewCo einen strukturellen Nachrang. Dies ergibt sich aus den Besonderheiten der mehrfachen Holdingstruktur. Je weiter die Gläubiger von der operativen Zielgesellschaft entfernt sind, desto größer wird ihr struktureller Nachrang.

[330] Als Alternative kommt auch die konzerninterne Veräußerung der Beteiligung in Betracht. Vgl. *Leyendecker/Rödding/Kalb* in Eilers/Koffka/Mackensen, Private Equity, 2. Aufl. 2012, S. 499 ff.

[331] Vgl. *von Rosenberg/Rüßmann* DB 2006, 1303 (1304).

[332] Vgl. *Knop/Küting* BB 1995, 1024.

[333] Vgl. *Eilers/Rödding* DB 2005, 1593; *Leyendecker/Rödding/Kalb* in Eilers/Koffka/Mackensen, Private Equity, 2. Aufl. 2012, Kapitel VII, Rz. 19. mwN.

[334] Die IDW Stellungnahme zur Bewertung von Beteiligungen, IDW RS HFA 10, basiert größtenteils auf den im IDW S 1 vorgesehenen Bewertungsgrundsätzen und Bewertungsverfahren (Ertragswert- bzw. DCF-Verfahren).

[335] Soweit es sich um einen qualifizierten Anteilstausch handelt und keine sonstigen Gegenleistungen gewährt werden, können gem. § 21 Abs. 1 Satz 2 UmwStG auf Antrag auch der Buchwert oder der Zwischenwert angesetzt werden. Ein qualifizierter Anteilstausch liegt dabei vor, wenn die übernehmende Gesellschaft nach Einbringung die Stimmrechtsmehrheit an der Gesellschaft hat, deren Anteile eingebracht wurden.

[336] Vgl. *Pung* in Dötsch/Pung/Möhlenbrock, Die Körperschaftsteuer, § 8b KStG Rn. 124; *Gosch* in Gosch, KStG, 3. Auflage 2015, § 8b Rn. 217.

nach § 49 Abs. 1 Nr. 2 Buchst. e EStG iVm § 17 EStG als beschränkt steuerpflichtige Einkünfte aus Gewerbebetrieb. Nach Art. 7 Abs. 1 iVm Art. 5 Abs. 1 DBA-Luxemburg n. F. wird das Besteuerungsrecht für den Einbringungsgewinn im vorliegenden Modell ausschließlich Luxemburg zugewiesen.[337] Ausgehend von den zuvor erwähnten EuGH-Urteilen über die Unionsrechtswidrigkeit des § 50d Abs. 3 EStG, sind an die Substanz keine erhöhten Anforderungen zu stellen. Im Ergebnis wird durch die Einschaltung der LuxCo die steuerliche Belastung von 5 % der aufgedeckten stillen Reserven vermieden.[338]

125 Die einbringende LuxCo erhält als Gegenleistung nicht nur neue Geschäftsanteile an der HoldCo, sondern auch eine Darlehensforderung in Höhe des Betrags, der später an die Gesellschafter der LuxCo (dh die Investoren) ausgeschüttet werden soll. Die Differenz zwischen dem Zeitwert der Beteiligung einerseits und der Summe aus dem Nominalbetrag der neuen Geschäftsanteile und der Darlehensforderung andererseits wird gem. § 272 Abs. 2 Nr. 4 HGB in die Kapitalrücklagen der HoldCo eingestellt. Gesellschaftsrechtlich wäre es denkbar, anstelle der Darlehensforderung die Kapitalrücklage in der entsprechenden Höhe zusätzlich nach § 272 Abs. 2 Nr. 1 HGB zu dotieren.[339] Steuerrechtlich liegt in diesem Fall nach Ansicht der Finanzverwaltung – soweit das Nennkapital überstiegen wird – ein Zugang in das steuerliche Einlagekonto vor.[340] Die Rückgewähr von Beständen aus dem steuerlichen Einlagekonto an die Gesellschafter stellt gem. § 20 Abs. 1 Nr. 1 Satz 3 EStG keine steuerbare Einnahme dar. Dementsprechend wäre denkbar, die Erlöse aus der Fremdkapitalaufnahme aus dem steuerlichen Einlagekonto der HoldCo auszuschütten, ohne dabei eine Quellensteuerbelastung in Deutschland auszulösen. § 27 Abs. 1 Satz 3 KStG schränkt allerdings den Direktzugriff auf das steuerliche Einlagekonto insofern ein, als Leistungen der Kapitalgesellschaft (Einlagenrückgewähr), mit Ausnahme der Rückzahlung von Nennkapital iSd § 28 Abs. 2 Satz 2 KStG, das steuerliche Einlagekonto unabhängig von ihrer handelsrechtlichen Einordnung nur unter der Voraussetzung mindern, dass sie den auf den Schluss des vorangegangenen Wirtschaftsjahres ermittelten ausschüttbaren Gewinn übersteigen. Als ausschüttbarer Gewinn gilt dabei gem. § 27 Abs. 1 Satz 4 KStG das um das gezeichnete Kapital geminderte in der Steuerbilanz ausgewiesene Eigenkapital abzgl. des Bestands des steuerlichen Einlagekontos. Soweit die Ausschüttung nicht aus dem steuerlichen Einlagekonto stammt, wird sie aber eine Quellensteuer in Deutschland auslösen. Eine Freistellung von der Quellensteuer sollte vor dem Hintergrund der EuGH Urteile zu § 50d Abs. 3 EStG und den verschärften Substanzvoraussetzungen grundsätzlich möglich sein.[341]

126 **c) Anleihenemission.** Im dritten Schritt emittiert die HoldCo eine Anleihe in Höhe der Darlehensforderung. Dabei werden die Laufzeit dieser Anleihe sowie die entsprechende Bedienung der Zinsen so ausgestaltet, dass sämtliche damit einhergehenden Zahlungen erst nach Ablösung der bereits auf Ebene der Zielgesellschaft und der NewCo aufgenommenen Verbindlichkeiten fällig werden (sog. *Bullet Maturity*).[342] Alternativ kann die Leveraged Recap auch auf Ebene der Newco stattfinden, indem diese nachrangige Schuldverschreibungen ausgibt. Dies setzt allerdings voraus, dass solche Verbindlichkeiten auf Ebene der NewCo nicht bereits bestehen.[343]

---

337 Voraussetzung dafür ist, dass Anteile an der NewCo einer Betriebsstätte in Luxemburg zuzurechnen sind; zudem liegt bei Altfällen auch nach Art. 8 Abs. 1 DBA-Luxemburg aF das Besteuerungsrecht bei Luxemburg.

338 Angesichts der hohen Beträge ist dieser Umstand nicht zu vernachlässigen. So entsprechen 5 % des Einbringungsgewinns im nachfolgenden Beispiel einem Betrag von 20 Mio. € (5 % von 400 Mio. €).

339 Vgl. *von Rosenberg/Rüßmann* DB 2006, 1303 (1304).

340 Vgl. Bundesministerium der Finanzen: Schreiben v. 4. Juni 2003, IV A 2 – S 2836 – 2/03, BStBl I 2003, S. 366, Rn. 6; Bundesministerium der Finanzen: Schreiben v. 16. Dezember 2003, IV A2 – S 1978 –16/03, BStBl 1 2003, S. 786, Rn. 20. S. a. *Eilers/Rödding* DB 2005, 1591 (1593).

341 Vgl. dazu bereits ausführlich Abschnitt 3.3. und Abschnitt 5.2.

342 Vgl. *von Rosenberg/Rüßmann* DB 2006, 1303 (1305).

343 Vgl. *Eilers/Rödding* DB 2005, 1591.

d) Auskehrung der Liquidität. Die durch die Ausgabe der Anleihe generierte Liquidität wird im vierten Schritt zur Begleichung der Darlehensforderung der LuxCo verwendet. Diese kann wiederum im fünften Schritt die empfangenen Barmittel an ihre Anteilseigner ausschütten. **127**

2. Zusammenfassendes Beispiel einer Leveraged Recap

Nachfolgend wird der dargestellte Ablauf einer Leveraged Recap anhand eines einfachen Beispiels veranschaulicht.[344] **128**

1. Schritt: Zwischenschaltung einer HoldCo

Die LuxCo ist eine 100%ige Tochtergesellschaft eines ausländischen Private-Equity-Fonds. Sie hält eine 100%ige Beteiligung an einer deutschen NewCo, die ihrerseits 100 % der Anteile an einer deutschen Zielgesellschaft erworben hat. Der Buchwert der Beteiligung der LuxCo an der NewCo entspricht somit dem Eigenkapitaleinsatz des ausländischen Private-Equity-Fonds. Zur Durchführung einer Leveraged Recap gründet die LuxCo eine HoldCo als Finanzierungsgesellschaft in Deutschland und stattet diese lediglich mit dem erforderlichen Mindesteigenkapital in Höhe von 25.000 € aus.

LuxCo (in Mio. €)

Aktiva			Passiva
Anteile an NewCo	200	Stammkapital	0,1
Anteile an HoldCo	0,025	Kapitalrücklage	199,925
	200,025		200,025

HoldCo (in Mio. €)

Aktiva			Passiva
Bank	0,025	Stammkapital	0,025
	0,025		0,025

2. Schritt: Einbringung der Beteiligung der LuxCo an der NewCo in die HoldCo

Um die Leveraged Recap zu ermöglichen, bringt die LuxCo ihre Beteiligung an der NewCo in die HoldCo zum Zeitwert (600 Mio. €) ein. Annahmegemäß sind in der Zeit nach dem Erwerb der deutschen Zielgesellschaft stille Reserven entstanden. Diese werden im Rahmen der Einbringung aufgedeckt. Als Gegenleistung erhält die LuxCo neue Geschäftsanteile an der HoldCo im Wert von 75.000 € sowie eine Darlehensforderung in Höhe der aufgedeckten stillen Reserven in Höhe von 400 Mio. €. Der Differenzbetrag in Höhe von 199,925 Mio. € wird der Kapitalrücklage der HoldCo zugeführt.

LuxCo (in Mio. €)

Aktiva			Passiva
Anteile an HoldCo	200,025	Stammkapital	0,1
Darlehensforderung	400,000	Kapitalrücklage	599,925
	600,025		600,025

[344] Vgl. dazu Tcherveniachki, Kapitalgesellschaften und Private-Equity-Fonds, S. 303 ff.; *von Rosenberg/Rüßmann* DB 2006, 1303 ff.

HoldCo (in Mio. €)

Aktiva			Passiva
Anteile an NewCo	600,000	Stammkapital	0,1
Bank	0,025	Kapitalrücklage	199,925
		Darlehensverbindlichkeit	400,000
	600,025		600,025

3. Schritt: Ausgabe einer Anleihe von der HoldCo

Angesichts der durch die Einbringung entstandenen Darlehensverbindlichkeit gibt die HoldCo eine unbesicherte Anleihe mit einer Laufzeit von 10 Jahren aus.

HoldCo (in Mio. €)

Aktiva			Passiva
Anteile an NewCo	600,000	Stammkapital	0,1
Bank	400,025	Kapitalrücklage	199,925
		Darlehensverbindlichkeit	400,000
		Anleihe	400,000
	1.000,025		1.000,025

4. Schritt: Rückzahlung der Darlehensforderung

Durch die Anleihe werden die Mittel zur Rückzahlung der Darlehensverbindlichkeit gegenüber der LuxCo generiert.

LuxCo (in Mio. €)

Aktiva			Passiva
Anteile an HoldCo	200,025	Stammkapital	0,1
Bank	400,000	Kapitalrücklage	599,925
	600,025		600,025

HoldCo (in Mio. €)

Aktiva			Passiva
Anteile an NewCo	600,000	Stammkapital	0,1
Bank	0,025	Kapitalrücklage	199,925
		Anleihe	400,000
	600,025		600,025

5. Schritt: Rückführung des Eigenkapitals

Die LuxCo bekommt auf ihr Bankkonto 400 Mio. €, die sie an ihre Anteilseigner ausschütten kann. Damit werden im vorliegenden Fall durch die Leveraged Recap die in der Beteiligung enthaltenen stillen Reserven an den Private-Equity-Fonds ausgezahlt und zwar unabhängig von einem Exit.

III. Gesellschaftsrechtliche Rahmenbedingungen

Wird die HoldCo als eine GmbH gegründet, stellt sich die Frage, ob die Begleichung der Darlehensforderung eine verbotene Auszahlung i. S. d. § 30 GmbHG darstellt.[345] Bei der Beurteilung dieser Frage ist nicht nur auf den Teil der eingebrachten Beteiligung, dessen nominaler Wert der Höhe der Darlehensrückzahlung entspricht,[346] sondern auf die gesamte Leveraged Recap abzustellen. Diese besteht aus Darlehensforderung, Sachkapitalerhöhung bei der HoldCo sowie Einstellung des verbleibenden Teils der Beteiligung in die Kapitalrücklage der HoldCo gem. § 272 Abs. 2 Nr. 4 HGB. Dementsprechend wäre das Vorliegen eines Drittgeschäfts zu verneinen, da die letzten beiden Komponenten der Leveraged Recap ihre Grundlage im Gesellschaftsverhältnis haben. Die Darlehensrückzahlung wird allerdings das Stammkapital der HoldCo nicht angreifen. Dies lässt sich damit begründen, dass die NewCo mit dem Teil der Beteiligung, der nominal dem Wert des Darlehens entspricht, eine Gegenleistung erhält, die rechnerisch die durch die Darlehensrückzahlung ausgelöste Auszahlung im Sinne von § 30 GmbHG kompensiert. Außerdem kann der in den Kapitalrücklagen nach § 272 Abs. 2 Nr. 4 HGB eingestellte Teil der eingebrachten Beteiligung im Zeitpunkt der Darlehensrückzahlung etwaige Differenzen zwischen der Leistung der LuxCo und der Gegenleistung der HoldCo (etwa aufgrund von Zinsschulden) auffangen. Zu beachten sind in diesem Kontext auch die Änderungen durch das MoMiG, dessen Regelungen am 1.11.2008 in Kraft getreten sind.[347] Das MoMiG hat zu einer Neufassung der Regeln zur Kapitalerhaltung geführt. Im Rahmen einer „bilanziellen Betrachtung" regeln § 30 Abs. 1 Satz 2 GmbHG bzw. § 57 Abs. 1 Satz 3 AktG nunmehr, dass eine Leistung keine Auszahlung aus dem zur Erhaltung des Stammkapitals erforderlichen Vermögen darstellt, soweit sie durch einen vollwertigen Gegenleistungs- oder Rückgewähranspruch gedeckt ist. Dies gilt auch für Leistungen „bei Bestehen" eines Beherrschungs- oder Gewinnabführungsvertrags. 129

Die Leveraged Recap kann bei einer GmbH-Finanzierungsholding ferner im Hinblick auf die Regelungen zum existenzvernichtenden Eingriff[348] Probleme bereiten.[349] So löst zunächst die Rückzahlung des Darlehens einen erheblichen Liquiditätsabfluss aus, der zur (späteren) Zahlungsunfähigkeit der HoldCo führen kann. Des Weiteren sind während der Laufzeit der Anleihe Rückstellungen für die angelaufenen Zinsen zu bilden, die eine Überschuldung i. S. d. § 19 InsO bei der HoldCo herbeiführen können.[350] Dies kann im 130

---

345 Vgl. dazu *Rosenberg/Rüßmann* DB 2006, 1303 (1306 ff.); *Leyendecker/Rödding/Kalb* in Eilers/Koffka/Mackensen, Private Equity, 2. Aufl. 2012, S. 508 f.

346 Stellt man hingegen lediglich auf die Darlehensforderung ab, so lässt sich unter Heranziehung eines Bewertungsgutachtens gem. IDW S 1 i. V. m. IDW RS HFA 10 ein Drittgeschäft annehmen. Die LuxCo hätte den Teil der Beteiligung, der der Darlehensforderung entspricht, auch zu dessen Nominalwert an einen Dritten verkaufen können. Wirtschaftlich betrachtet handelt es sich um einen Beteiligungskauf, bei dem die Kaufpreisforderung gestundet wurde. Vgl. *von Rosenberg/Rüßmann* DB 2006, 1306.

347 Gesetz zur Modernisierung des GmbH-Rechts und zur Bekämpfung von Missbräuchen, BGBl. I 2008, 2026 ff.

348 Die Existenzvernichtungshaftung hatte der BGH mit der Entscheidung „Bremer Vulkan" (BGH Urt. v. 17. September 2001, II ZR 178/99 BGHZ 149, 10) aus dem Jahr 2001 entwickelt und in der KBV-Entscheidung 2002 (BGH v. 24. Juni 2002, II ZR 300/00, BGHZ 151, 181 (186 f.)) dogmatisch als Fall der Durchgriffshaftung beurteilt. In der Trihotel-Entscheidung (BGH Urt. v. 16. Juli 2007, II ZR 3/04, BGHZ 173, 246) ordnet der BGH die Haftung wegen existenzvernichtenden Eingriffs nunmehr als Fallgruppe von § 826 BGB ein, die allerdings durch die Gesellschaft geltend zu machen ist (sog. Innenhaftung). Zur Neufassung des § 57 Abs. 1 S. 3 AktG siehe die MPS Entscheidung des BGH Urt. v. 1. Dezember 2008, II ZR 102/07, WM 2009, 78 und dazu *Altmeppen* ZIP 2009, 49; *Cahn* Der Konzern 2009, 67; *Habersack* ZGR 2009, 347. Die Vollwertigkeit des Gegenleistungsanspruchs ist bei LBO grds. zu verneinen, vgl. *Fastrich* in Baumbach/Hueck, GmbHG, 21. Auflage 2017, § 30 Rn. 42; *Heidinger* in Michalski/Heidinger/Leible/J. Schmidt, GmbHG, 3. Auflage 2017, § 30 Rn. 191. Beim Vorliegen einer Organschaft ist nach hM die Leistungsfähigkeit des herrschenden Unternehmens erforderlich, um die Werthaltigkeit des Verlustausgleichsanspruchs bejahen zu können, vgl. *Fastrich* in Baumbach/Hueck, GmbHG, 21. Auflage 2017, § 30 Rn. 45 mwN der anderen Auffassung.

349 Vgl. *Leyendecker/Rödding/Kalb* in Eilers/Koffka/Mackensen, Private Equity, 2. Aufl. 2012, S. 511 ff.

350 Vgl. *von Rosenberg/Rüßmann* DB 2006, 1303, (1308).

Übrigen auch durch eine außerplanmäßige Abschreibung auf den Beteiligungsbuchwert der NewCo verursacht werden. Schließlich kann eine Zahlungsunfähigkeit der HoldCo iSv § 17 InsO spätestens am Ende der Laufzeit der Anleihe eintreten, wenn die Gesellschaft liquide Mittel zur Rückzahlung des Nominalwerts der Anleihe zzgl. der kumulierten Zinsen benötigen wird.[351] Letztere können aufgrund der hohen Verzinsung von unbesicherten Anleihen ein Mehrfaches des Nominalbetrags der Anleihe betragen.

131 Aus den vorstehenden Gründen setzt die Umsetzung der Leveraged Recap bei der fremdfinanzierten Unternehmensgruppe eine weitere Verschuldungsfähigkeit, einen zuverlässigen und hohen Cashflow, eine starke Marktposition sowie eine solide Unternehmensführung voraus, damit einerseits die finanzierenden Gläubiger bereit sind, der HoldCo Fremdmittel zur Verfügung zu stellen,[352] und andererseits der Gefahr eines existenzvernichtenden Eingriffs vorgebeugt wird.[353]

---

351 Vgl. *von Rosenberg/Rüßmann* DB 2006, 1303 (1308).

352 Vgl. *Eilers/Rödding* DB 2005, 1591.

353 Dazu, welche Anforderungen an die sorgfältige Geschäftsführung der HoldCo zu stellen sind, vgl. eingehend *von Rosenberg/Rüßmann* DB 2006, 1303 (1308 ff.); *Seibt* ZHR 171 (2007), 282 (309); *Leyendecker/Rödding/Kalb* in Eilers/Koffka/Mackensen, Private Equity, 2. Aufl. 2012, S. 513 ff.

§ 17 Gesellschafterdarlehen

Übersicht

A. Einführung

Gesellschafterdarlehen sind im Private Equity-Sektor unerlässlich. Ihr **Einsatzfeld** wird eingangs erhellt (sogleich 2.). Rechtlich ist die Vergabe und zweckmäßige Ausgestaltung von Gesellschafterdarlehen im Laufe der letzten Jahre komplexer geworden. Dieser Themenkreis entpuppt sich heute als eine Schnittstelle verschiedener Regelungsmaterien. Die jüngsten Änderungen hat das Regulierungsrecht in Gestalt des am 18.3.2016 in Kraft getretenen OGAW V-UmsG[1] für den Bereich der alternativen Investments mit sich ge- 1

[1] Gesetz zur Umsetzung der Richtlinie 2014/91/EU des Europäischen Parlaments und des Rates vom 23.7.2014 zur Änderung der Richtlinie 2009/65/EG zur Koordinierung der Rechts- und Verwaltungsvorschriften betreffend bestimmte Organismen für gemeinsame Anlagen in Wertpapieren (OGAW) im Hinblick auf die Aufgaben der Verwahrstelle, die Vergütungspolitik und Sanktionen vom 3.3.2016, BGBl. 2016 I S. 348.

bracht, von denen nicht nur erlaubnis-, sondern auch (in Deutschland so bedeutende) registrierungspflichtige AIF-Kapitalverwaltungsgesellschaften betroffen sind.[2] Ebenjene Entwicklungen in der Regulierung waren letztlich der Katalysator für diesen Beitrag.

2 Nicht zu verkennen ist indes auch die neue Rechtsprechung des BGH aus dem Jahr 2015 zu den Anforderungen an einen überschuldungsvermeidenden Rangrücktritt. Der Rangrücktritt tritt auch in der Fondsregulierung als eine von mehreren alternativen Zulässigkeitsvoraussetzungen für die Vergabe von Gesellschafterdarlehen in Erscheinung und ist zudem insbesondere unter Beachtung der Rechtsprechung des BFH aus den Jahren 2005 bis 2016 steuerunschädlich zu gestalten. Daneben ist es in gleichem Maße wichtig, den Umgang mit Gesellschafterdarlehen aus der Warte der finanzierenden Banken zu berücksichtigen. Viel sprach daher dafür, den Gesellschafterdarlehen einen längst überfälligen, eigenen Beitrag zu widmen, in dem die verschiedenen Ebenen des **Gesellschafts-, Insolvenz- und Steuerrechts** (unter C.), der **Finanzierung** (unter D.) sowie des **Regulierungsrechts** (unter E.) nachgezeichnet werden.

B. Gesellschafterdarlehen im Private Equity-Sektor

3 Das **Einsatzfeld** von Gesellschafterdarlehen im Bereich Private Equity ist vielfältig. Der Branchenverband BVK hat dies in seiner Korrespondenz zum Referentenentwurf des OGAW V-UmsG in wesentlichen Zügen illustriert.[3] Insbesondere die Beteiligungsstrukturierung ist tangiert. Ausgangspunkt der Überlegungen ist, dass Gesellschafterdarlehen technisch Fremdkapital sind und damit keine Auswirkungen auf die Eigenkapitalquote des Darlehensnehmers zeitigen. Da der Gesellschafter somit außerhalb von formell durchzuführenden Kapitalerhöhungen ein Commitment leisten kann, sind Gesellschafterdarlehen ein flexibles Instrument der Unternehmensfinanzierung.[4]

I. Venture Capital bzw. Venture Debt

4 Im Bereich **Venture Capital** können Gesellschafterdarlehen als kurzfristige Liquiditätsspritze vor Abschluss neuer Finanzierungsrunden genutzt werden; Bankendarlehen stehen regelmäßig nicht zur Verfügung. Für die steuerliche Qualifikation des Fonds als vermögensverwaltend ist dies unschädlich. Bei Darlehensfonds stellt sich die Vergabe von Darlehen regelmäßig mangels planmäßiger Veräußerungstätigkeit der Darlehen nicht als Umschichtung von Vermögenswerten dar und führt damit für Fonds, deren Steuerstatus wegen der Bereichsausnahme für Personengesellschaften in § 1 Abs. 3 Nr. 2 InvStG 2018 nicht dem Investmentsteuerrecht zu entnehmen ist, nicht zur steuerlichen Qualifikation als gewerblich tätige Einheit.[5] Für Private-Equity-Fonds, die ebenso allenfalls opportunistisch angekaufte oder ausgegebene Darlehen veräußern, ergibt sich keine andere rechtliche Bewertung. Das BMF-Schreiben vom 16.12.2003, das sich nur zur Fremdkapitalaufnahme auf Fondsebene selbst verhält,[6] steht dem nicht entgegen.

5 Mehr als eine nur kurzfristige Liquiditätsspritze im Bereich VC ist das Instrument **Venture Debt.** Dieses Bindeglied zwischen dem Wagniskapitalmarkt und dem Banken-

[2] BaFin, Jahresbericht 2018, S. 19:139 zugelassene Kapitalverwaltungsgesellschaften, 365 registrierte Kapitalverwaltungsgesellschaften.

[3] Stellungnahme des BVK zum Referentenentwurf des OGAW V-UmsG, S. 4f., abrufbar unter http://www.bvkap.de/sites/default/files/bvk_-_stellungnahme_ogaw_v_umsg.pdf (zuletzt abgerufen am 10.2.2019).

[4] *Koutsós* in Derleder/Knops/Bamberger Dt. u. eu. Bank- u. KapMR § 19 Rn. 4.

[5] Ausführlich zu den steuerrechtlichen Hintergründen vgl. *Jesch/Härtwig* DStR 2015, 2312 (2315ff.); *Haisch/Bühler* BB 2015, 1986 (1990); entsprechende Anwendung des BMF-Schreibens v. 16.12.2003: *Bünning/Kaligin/Naujok* in Lademann EStG Losebl. (Stand: 1/15) § 15 Rn. 74/24; raten zur Einhaltung der Anforderungen des BMF-Schreibens: *Thom/Dürre* WM 2018, 502 (504).

[6] BMF v. 16.12.2003 – IV A 6 – S 2240 – 153/03, BStBl. I 2004 S. 40, ber. BStBl. I 2006 S. 632 Rn. 9.

markt ist in Deutschland noch sehr schwach entwickelt.[7] Venture Debt dient dazu, KMUs, die bereits über ein gefestigtes Management und eine nachhaltige Kapitalstruktur verfügen, ohne größeren Aufwand das entscheidende Kapital zur Finanzierung der nächsten Meilensteine (zB Vermarktung eines neuen Produkts) für einen mittelfristigen Zeitraum (zwei bis fünf Jahre) zur Verfügung zu stellen, ohne auf weitere Equity-Investoren mit entsprechender Notwendigkeit zur Bewertung zurückgreifen zu müssen. Zu einer Verwässerung bisheriger Anteile und dem Einräumen weiterer Mitspracherechte kommt es nicht. Förderpolitisch hat dieser Nischenmarkt eine hohe Bedeutung. Im Jahr 2017 ist die Rede von einer Angebotslücke in der Start-up- und frühen Wachstumsphase bei Anschluss- und Wachstumsfinanzierungen in Deutschland iHv schätzungsweise 500–600 Mio. Euro p. a.[8] Es wird daher zunehmend versucht, diese Lücke durch öffentliche Gelder ua der Europäischen Investitionsbank *(EIB Growth Finance)*, des Europäischen Investitionsfonds (zB *Mezzanin-Dachfonds für Deutschland*) und der KfW (bzw. BMWi) *(ERP-Venture Capital Fondsinvestments)* (nunmehr über die seit Oktober 2018 operativ tätige Tochter KfW Capital) zu schließen.

II. Leveraged Buy-Out

Im **LBO-Sektor** kommen Gesellschafterdarlehen insbesondere im Rahmen der **Akquisitionsfinanzierung** zum Einsatz. Die Wahl von Gesellschafterdarlehen dient dabei vor allen Dingen dem Zweck, den Eigenkapitalwert der Holdinggesellschaft („HoldCo"), in der letztlich das Kapital des Fonds, der Co-Investments und der Managementbeteiligungen gepoolt wird, zum Zwecke einer vergünstigten Beteiligung (sog. *Sweet Equity*) des Managements der Zielgesellschaft zu drücken.[9] Die nötige Investitionssumme des Managements, das zumeist einen Anteil von 5–20 Prozent am (rechtlichen) Eigenkapital halten soll,[10] wird so künstlich niedrig gehalten. Ein pauschaler Discount ist steuerlich zu vermeiden, da ein solch geldwerter Vorteil zur Besteuerung zu einem Zeitpunkt führte, zu dem (ggf.) nicht die nötige Liquidität bestünde. 6

Gesellschafterdarlehen werden auch bei der Steuerstrukturierung von **grenzüberschreitenden Beteiligungsstrukturen** berücksichtigt. Gängig bei einem US-Fonds ist etwa, dass dieser sein Investment in ein deutsches Portfolio-Unternehmen über eine luxemburgische Holdinggesellschaft (LuxCo) strukturiert, an der er sich über hybride Finanzierungsinstrumente wie *Preferred Equity Certificates* (PECs) beteiligt.[11] Die LuxCo wiederum beteiligt sich mittels Eigenkapital und Gesellschafterdarlehen an einem deutschen Akquisitionsvehikel (AcquiCo), das letztlich die Anteile an dem Portfolio-Unternehmen erwirbt. Diese Gesellschafterdarlehen können zur Maximierung des steuerlich abzugsfähigen Zinsaufwands im Rahmen geltender Restriktionen auf Ebene der AcquiCo genutzt werden. Den Zinserträgen auf Ebene der LuxCo stünden bei Zahlung auf die PECs wiederum Zinsaufwendungen gegenüber, sodass das steuerliche Einkommen in Luxemburg minimiert würde. 7

[7] *Machnig/Spahn* Mehr Kapital für Start-ups, Handelsblatt v. 24.1.2017, abrufbar unter http://www.handelsblatt.com/my/politik/deutschland/bundesregierung-plant-tech-growth-fund-mehr-kapital-fuer-start-ups/19292286.html (zuletzt abgerufen am 10.2.2019).

[8] https://www.kfw.de/KfW-Konzern/Newsroom/Pressematerial/Themen-kompakt/Beteiligungsfinanzierung/ (zuletzt abgerufen am 10.2.2019).

[9] *Mackensen* in Eilers/Koffka/Mackensen/Paul, Private Equity, VI., Rn. 23 und 27.

[10] *Mackensen* in Eilers/Koffka/Mackensen/Paul, Private Equity, VI., Rn. 13; *von Werder/Li* BB 2013, 1736 (1737); *Bloß* GmbHR 2016, 104 f.

[11] Die Convertible Preferred Equity Certificates (CPECs) hingegen haben in jüngster Vergangenheit für viel Unruhe bei der rechtssicheren Steuerstrukturierung gesorgt. Anlass waren die Diskussionen rund um den Rückkauf von CPECs innerhalb der ehemaligen TIM Hellas Gruppe durch die Hellas Telecommunications II (Luxembourg) SCA („Hellas II"). Die Liquidatoren von Hellas II sprachen den Fremdkapital-Charakter der CPECs im luxemburgischen Gesellschaftsrecht ab. Der Rückkauf würde gegen das in der finanziellen Situation von Hellas II maßgebliche Ausschüttungsverbot verstoßen. Der District Court of Luxembourg teilte diese Ansicht mit Urteil vom 23.12.2015, Nr. 1648/2015, nicht. Der Fremdkapital-Charakter der CPECs wurde damit aus der gesellschaftsrechtlichen Warte bestätigt.

Aus US-amerikanischer Sicht werden PECs hingegen wie Eigenkapital behandelt, sodass Zahlungen auf diese keiner Zinsbesteuerung unterliegen.[12] Für weitergehende Hinweise zu dieser Beteiligungsstruktur wird auf → § 16 Rn. 40 ff. verwiesen.

8 Gesellschafterdarlehen werden im Übrigen verschiedentlich für eine steueroptimierte **Gewinnrepatriierung** genutzt, um eine beschränkte Steuerpflicht bei Dividendenzahlungen (§§ 2 Nr. 1 KStG, 49 Abs. 1 Nr. 5 lit. a EStG iVm § 20 Abs. 1 Nr. 1 EStG) zu vermeiden. Dies ist zum einen bei einer Direktbeteiligung eines (transparenten) ausländischen Private-Equity-Fonds an einer deutschen Kapitalgesellschaft (AcquiCo) relevant (→ § 5 Rn. 93 ff.). Zum anderen ist dies bei indirekten Beteiligungen von Bedeutung, in denen ausländische Gesellschaften zwischengeschaltet werden, welche jedoch „substanzschwach" (§ 50d Abs. 3 EStG) sind und damit bei der Erstattung von deutscher Kapitalertragsteuer (Quellensteuer) keine Vergünstigungen eines DBA bzw. der Mutter-Tochter-RL (§ 43b EStG) auslösen können (→ § 5 Rn. 97 ff. und → § 16 Rn. 106 ff.).[13] Sowohl § 50d Abs. 3 EStG idF des JStG (anwendbar bis 2011) als auch die nationale Regelung idF des BeitrRLUmsG (anwendbar ab 2012) sind jedoch nach Entscheidungen des EuGH aus Dezember 2017 und Juni 2018 europarechtswidrig.[14] Die Reaktion des BMF hierauf in Gestalt der Verwaltungsanweisung vom 4.4.2018 gibt eine unionsrechtskonforme Auslegung vor[15] und wird in der Praxis allgemein als ungenügend empfunden, etwa hinsichtlich der Beschränkung auf Sachverhalte nach der Mutter-Tochter-Richtlinie sowie der damit einhergehenden Ausblendung der DBA-Konstellationen innerhalb der Union und der nicht berücksichtigten Anwendung der Kapitalverkehrsfreiheit in Drittstaatensachverhalten[16].

9 Außerhalb des Metiers der Beteiligungsstrukturierung können gegenüber den im Rahmen der Akquisitionsfinanzierung aufgenommenen Finanzierungsverbindlichkeiten subordinierte Gesellschafterdarlehen innerhalb einer bestimmten Deadline auch als Heilungsmittel (sog. ***Equity Cure***) bei einem Bruch mit den in Finanzierungsverträgen gängigen *Financial Covenants* verwendet werden (→ § 15 Rn. 62).

10 Schließlich eröffnen Gesellschafterdarlehen auch **Aufrechnungsmöglichkeiten** im Kontext eines *Debt Push Down:* Steht der Zielgesellschaft infolge der Schuldübernahme der Finanzierungsverbindlichkeiten ein Aufwendungsersatzanspruch gegen die AcquiCo zu, fungieren bereits von den Verkäufern an die Zielgesellschaft ausgereichte und im Zuge der Transaktion von der AcquiCo gekaufte Gesellschafterdarlehen als Aktivforderungen für eine Aufrechnung (→ § 15 Rn. 79).

III. Sonstige

11 Auch in anderen Bereichen des Private Equity-Segments sind Gesellschafterdarlehen von großer Relevanz. Soll eine proportionale Minderheitsbeteiligung an einem bereits durch Gesellschafterdarlehen der sonstigen Gesellschafter finanzierten Unternehmen eingegangen werden, können Gesellschafterdarlehen den entscheidenden Anteil zum Gleichlauf mit dem Commitment der bereits bestehenden Gesellschafter bilden, um **nicht disproportional Eigenkapital** investieren zu müssen. Selbiges gilt, wenn ein weiterer Finanzierungsbetrag durch den Fonds geleistet werden soll.

12 Gesellschafterdarlehen sind auch in **Krisenzeiten** des Portfolio-Unternehmens ein flexibles Instrument der Unternehmensfinanzierung.

---

[12] Ausführlich *Wittenstein* IStR 2015, 160 (162).

[13] Zu weiteren Maßnahmen s. *Käshammer/Schümmer* IStR 2011, 410 zur Rechtslage vor dem BeitrRLUmsG.

[14] EuGH Urt. v. 20.12.2017 – C-504/16 und C-613/16; EuGH Beschl. v. 14.6.2018 – C-440/17.

[15] BMF, Entlastung vom Steuerabzug vom Kapitalertrag bei ausländischen Gesellschaften (§ 50d Abs. 3 EStG); Unionsrechtskonforme Auslegung, Gz.: IV B 3 -S 2411/07/10016-14, BStBl. I 2018, S. 589.

[16] *Beutel/Oppel* DStR 2018, 1469; *Ernst/Farinato/Würstlin* IStR 2019, 6 (9 ff.).

IV. Rückgriff auf Zweckgesellschaften

Strukturierungstechnisch – und insoweit auch im Rahmen der neuen KAGB-Produktregulierung von großer Bedeutung – ist zu beachten, dass die **Vergabe von Gesellschafterdarlehen** an Portfolio-Unternehmen regelmäßig **nicht direkt durch den Fonds** erfolgt, sondern durch Gesellschaften, die vom Fonds unmittelbar oder mittelbar gehalten werden. Wird eine Akquisitionsstruktur aufgelegt, dann ist es typischerweise gewollt, den Fonds auch im weiteren Verlauf von direkten Verträgen mit dem Portfolio-Unternehmen aus **organisatorischen und haftungsrechtlichen Gründen** abzuschirmen. Ohnehin ist es im Fall eines Exit auf einer der unteren Ebenen auch gewollt, dass der Fonds nicht weiter Darlehensgläubiger des Portfolio-Unternehmens bleibt. Hierzu wäre eine gesonderte Vereinbarung zwischen Fonds und Erwerber nötig, was den Exit nur unnötig verkomplizierte. 13

Die Vermeidung organisatorischen Aufwandes gilt auch mit Blick auf **Steuerthemen.** Wenn auf die im Ausland vom Darlehensnehmer gezahlten Zinsen Quellensteuer erhoben würde, müsste jeder einzelne Anleger einer transparenten Fonds-Personengesellschaft hinsichtlich des auf ihn entfallenden Anteils der ausländischen Quellensteuer etwaige **Erstattungsansprüche** nach dem einschlägigen DBA selbst geltend machen.[17] Das ist nicht praktikabel. Eine Zwischengesellschaft, die in ihrem Ansässigkeitsstaat steuerpflichtig ist (Art. 4 Abs. 1 OECD-MA), kann hier Abhilfe schaffen. Steuerlich ist überdies zu bedenken, dass sich allein in der **steuerlichen Organschaft** zwischen der AcquiCo und der Zielgesellschaft Zinsertrag und -aufwand neutralisieren, ohne dass der Zinsaufwand bei der Ermittlung des Gewinns aus Gewerbebetrieb zu 25 Prozent gem. § 8 Nr. 1 lit. a GewStG wieder hinzugerechnet wird (falls die Zinsen trotz Zinsschranke – soweit anwendbar[18] – überhaupt abgezogen werden).[19] Schließlich könnte bei direkter Darlehensvergabe durch den Fonds je nach wirtschaftlicher Würdigung des Sachverhalts die **Steuertransparenz des Fondsvehikels** im Insolvenzfall der Zielgesellschaft leiden: So greift ein Sicherungsmechanismus dergestalt, dass Zahlungen auf nachrangige Forderungen wie Gesellschafterdarlehen gemäß dem *Intercreditor Agreement* im Insolvenzfall an die vorrangigen Gläubiger (Banken) auszukehren[20] bzw. Forderungen aus dem Gesellschafterdarlehen abzutreten[21] sind. Dieser Sicherungsmechanismus könnte als (steuerschädliche) Besicherung von Verbindlichkeiten der Zielgesellschaft iSd Private Equity Erlass 2003 des BMF[22] einzuordnen sein, wenn die Finanzierungsverbindlichkeiten durch einen Debt Push Down auf Ebene der Zielgesellschaft verharren. 14

C. Ebenen des Gesellschafts-, Insolvenz- und Steuerrechts

I. Recht der Gesellschafterdarlehen

Das **MoMiG** hat die Novellenregeln der §§ 32a, 32b GmbHG aF, 129a, 172a HGB aF nebst Rechtsprechungsregeln (Anwendung der §§ 30, 31 GmbHG aF) für eigenkapitalersetzende Darlehen durch ein neues Konzept für das Recht der Gesellschafterdarlehen abgelöst. Ohne dies hier zu vertiefen, wurden sowohl das Gesellschafts- als auch das Insolvenzrecht modifiziert: 15

---

17 *Bujotzek/Volhard* in Pöllath/Rodin/Wewel, PE und VC Fonds § 19 Rn. 16.

18 Die Zinsschranke kennt Bereichsausnahmen in § 4h Abs. 2 EStG iVm § 8a Abs. 2 und 3 KStG. Die wohl praktisch bedeutsamste ist die sog. *Escape*-Klausel. Ob Private-Equity-Fonds in diesem Rahmen als Konzernspitze anzusehen sind, wird kontrovers diskutiert, vgl. → § 16 Rn. 27 ff. und *Eilers* in Eilers/Koffka/Mackensen/Paul, Private Equity, IV., Rn. 24 (ablehnend) jeweils mwN.

19 GewStR 7.1 Abs. 5 S. 3.

20 *Diem* Akquisitionsfinanzierungen § 40 Rn. 30, 32.

21 *Best/Waitz/Fischer* 2. P+P White Paper 2009, 13.

22 BMF 16.12.2003, BStBl. I 2004 S. 40 Rn. 10. An diesem Schreiben wird auch trotz der kritischen Rechtsprechung des BFH (BFH Urt. v. 24.8.2011 – I R 46/10, BFHE 234, 339 Rn. 21 f. = DStR 2011, 2085) festgehalten.

16 **Gesellschaftsrechtlich** ist das Kapitalerhaltungsrecht bei Zahlungen auf Gesellschafterdarlehen (auch in der „Krise") nicht mehr tangiert (§§ 30 Abs. 1 S. 3 GmbHG, 57 Abs. 1 S. 3 AktG); dafür kann jedoch eine Insolvenzverursachungshaftung bei den Geschäftsführern als Gehilfen der Gesellschafter ansetzen (§ 64 S. 3 GmbHG; s. auch §§ 92 Abs. 2 S. 3, 93 Abs. 3 Nr. 6 AktG, 130a Abs. 1 S. 3, 177a S. 1 HGB).

17 In der **Insolvenz** sind Gesellschafterdarlehen mit Ausnahme solcher von Unternehmensbeteiligungsgesellschaften (UBGs) (§ 24 UBGG) per se grundsätzlich **nachrangig** gestellt (§ 39 Abs. 1 Nr. 5 Alt. 1 InsO). Voraussetzung hierfür ist, dass der Darlehensnehmer eine Gesellschaft ist, die weder eine natürliche Person noch eine Gesellschaft als persönlich haftenden Gesellschafter hat, bei der ein persönlich haftender Gesellschafter eine natürliche Person ist (§ 39 Abs. 4 S. 1 InsO). Ausnahmen von dem Grundsatz der Nachrangigkeit existieren in Form des Sanierungs- (§ 39 Abs. 4 S. 2 InsO) und Kleinbeteiligungsprivilegs (§ 39 Abs. 5 InsO).[23] Auch Dritte können mit ihren Forderungen im Einzelfall der Subordination in der Insolvenz unterliegen, wenn es um Forderungen aus Rechtshandlungen geht, die einem Gesellschafterdarlehen wirtschaftlich entsprechen (§ 39 Abs. 1 Nr. 5 Alt. 2 InsO). Angesprochen sind in personeller Hinsicht regelmäßig mittelbare Gesellschafter und verschiedene Konstellationen gesellschaftergleicher Dritter wie Treugeber und atypische Pfandgläubiger.[24] Lebhaft umstritten ist die Frage nach der Nachrangigkeit der Forderung vor allen Dingen für Kreditgeber, die sich vertraglich über sog. *Covenants* in bestimmten Umfang Informationsrechte und Möglichkeiten zur Einschränkung der freien unternehmerischen Betätigung der Gesellschaft (wie *Capital-Expenditure*-Vorgaben, → Rn. 40 ff.) einräumen lassen.[25]

18 Neben dem Konzept der Nachrangigkeit besteht die Möglichkeit zur **Anfechtung** der Bestellung von Sicherheiten in den letzten zehn Jahren vor dem Antrag auf Eröffnung des Insolvenzverfahrens oder nach diesem Antrag (§ 135 Abs. 1 Nr. 1 InsO), von Befriedigungsleistungen im letzten Jahr vor dem Eröffnungsantrag oder nach diesem Antrag (§ 135 Abs. 1 Nr. 2 InsO). Bei der Anfechtung außerhalb des Insolvenzverfahrens ist zeitlicher Bezugspunkt nicht der Antrag auf Eröffnung des Insolvenzverfahrens, sondern die Erlangung des vollstreckbaren Titels (§ 6 Abs. 1 S. 1 Nr. 1 und 2 AnfG).

II. Ausgestaltung des Rangrücktritts

19 Die Ausgestaltung eines Rangrücktritts erweist sich zunehmend als Stolperfalle, wie eine Reihe an neuen, höchstrichterlichen Entscheidungen belegt. Im Folgenden sollen die Fallstricke eines **überschuldungsvermeidenden** und eines **steuerunschädlichen Rangrücktritts** beleuchtet werden. Diese Ausführungen dienen zugleich als Grundlage für ein besseres Verständnis des qualifizierten Nachrangs im Aufsichtsrecht (→ Rn. 51 ff.).

1. Überschuldungsvermeidender Rangrücktritt

20 Mit dem MoMiG aus 2008 haben sich die Anforderungen an die erforderliche **Rangtiefe** eines überschuldungsvermeidenden Rangrücktritts geändert. Eine Passivierung von Gesellschafterdarlehen in der Überschuldungsbilanz entfällt nach § 19 Abs. 2 S. 2 InsO nunmehr, wenn gem. § 39 Abs. 2 InsO zwischen Gesellschafter und Gesellschaft der Nachrang im Insolvenzverfahren hinter den in § 39 Abs. 1 Nr. 1–5 InsO bezeichneten Forderungen vereinbart ist. Die vom BGH im Jahr 2001 geforderte Rangtiefe für einen überschuldungsvermeidenden Rangrücktritt (sog. „qualifizierter Rangrücktritt") ist seitdem überholt. Der

---

[23] *Koutsós* in Derleder/Knops/Bamberger Dt. u. eu. Bank- u. KapMR § 19 Rn. 11 ff.

[24] *Koutsós* in Derleder/Knops/Bamberger Dt. u. eu. Bank- u. KapMR § 19 Rn. 25 ff.

[25] Ausführlich *Engert* ZGR 2012, 835 ff.: Nachrangigkeit nur, wenn die Kreditgeber am Eigenkapital (schuldrechtlich) beteiligt sind und Einfluss auf die Unternehmensführung ausüben können; Nachrangigkeit in Regelfällen ablehnend *Koutsós* in Derleder/Knops/Bamberger Dt. u. eu. Bank- u. KapMR § 19 Rn. 33 ff.

BGH stellte darauf ab, dass der (Gesellschafter-)Gläubiger erst nach der Befriedigung sämtlicher Gesellschaftsgläubiger und – bis zur Abwendung der Krise – auch nicht vor, sondern nur zugleich mit den Einlagerückgewähransprüchen seiner Mitgesellschafter berücksichtigt wird, also so behandelt wird, als handele es sich bei seiner Gesellschafterleistung um statutarisches Kapital.[26] Die im Schrifttum bisweilen herauszulesende Annahme vom „Tod des qualifizierten Rangrücktritts"[27] ist allerdings zu voreilig. Im Aufsichtsrecht wird der Begriff des qualifizierten Rangrücktritts für Rangrücktritte, die mit insolvenzverhindernder Funktion ausgestattet sind, verwendet (→ Rn. 54). Auch kann ein Rangrücktritt, der den Anforderungen des § 19 Abs. 2 InsO gerecht wird, als qualifizierter Rangrücktritt bezeichnet werden.[28] Eine Nachfrage beim Gesprächspartner ist zum Begriffsverständnis zwingend. § 39 Abs. 2 InsO hält überdies eine Auslegungsregel für nicht weiter konkretisierte Nachrangvereinbarungen (bzw. steuergeprägt: „nicht näher präzisierter Rangrücktritt"[29], „nicht spezifizierter Rangrücktritt"[30] oder „unspezifizierter Rangrücktritt"[31]) bereit. Nach der Auslegungsregel ist für einen vereinbarten Nachrang im Insolvenzverfahren im Zweifel anzunehmen, dass die in Rede stehende Forderung nach den in § 39 Abs. 1 Nr. 1–5 InsO genannten Forderungen zu berichtigen ist.

21 In **zeitlicher Hinsicht** muss sich der Regelungsbereich eines überschuldungsvermeidenden Rangrücktritts – nach wie vor dem MoMiG – nicht nur auf den Zeitraum nach Insolvenzeröffnung erstrecken, sondern auch auf den Zeitraum vor der Insolvenz.[32] Der vorinsolvenzrechtlichen Durchsetzungssperre ist jedenfalls nach der Rechtsprechung des BGH aus dem Jahr 2015 bereits bei einem Rangrücktritt Genüge getan, der stets nur Anwendung findet, soweit durch die Befriedigung des subordinierten Gläubigers eine Überschuldung oder Zahlungsunfähigkeit im insolvenzrechtlichen Sinne entsteht oder zu entstehen droht (ie drohende Insolvenzreife). Die Aussage des BGH zur drohenden Insolvenzreife rührt daher, dass im Streitfall ebenjene als Anknüpfungspunkt für das Zahlungsverbot vereinbart war. In der Praxis dürften die Nachrangvereinbarungen damit weiterhin auf den in Frage kommenden Insolvenzgrund angepasst werden.[33] Wichtig ist zudem, dass diese Durchsetzungssperre dauerhaft wirkt.

22 Ein Rangrücktritt ist nach der Rechtsprechung des BGH als rechtsgeschäftliches **Zahlungsverbot** (zB „kann nicht verlangen") des Inhalts auszugestalten, „dass die Forderung des Gläubigers außerhalb des Insolvenzverfahrens nur aus ungebundenem Vermögen und in der Insolvenz nur im Rang nach den Forderungen sämtlicher normaler Insolvenzgläubiger (§ 38 InsO) befriedigt werden darf".[34] Für Gesellschafterdarlehen ist, wie gezeigt, der in § 19 Abs. 2 S. 2 InsO genannte Rang erforderlich. Die Forderung bildet im Verhältnis zu anderen Gläubigern haftendes Eigenkapital. Der Forderung wird daher durch das zur Vermeidung einer Insolvenz statuierte Zahlungsverbot vereinbarungsgemäß eine nachrangige Stellung zugewiesen, die eine Befriedigung nur „aus freiem, nicht zur Schuldendeckung benötigten Vermögen der Gesellschaft"[35] gestattet. Durch das Zahlungsverbot wird ferner eine Durchsetzungssperre begründet, bei deren Ignorierung eine Kondiktion wegen Zahlung auf eine „Nichtschuld" (vorbehaltlich von § 814 BGB) und/oder Rückgewähr nach §§ 143 Abs. 1, 134 InsO droht. Die Rangrücktrittsvereinbarung als Vertrag zugunsten Dritter kann im Fall der Insolvenzreife nicht ohne Mitwirkung der begünstigten Gläubiger aufgehoben werden.

[26] BGH Urt. v. 8.1.2001 – II ZR 88/99, BGHZ 146, 264 (271) = NJW 2001, 1280.
[27] *Oser* DStR 2017, 1889.
[28] *Wacker* DB 2017, 26 (29 Fn. 43).
[29] BFH Urt. v. 10.11.2005 – IV R 13/04, BFHE 211, 294 (300) = DStR 2006, 75.
[30] BFH Urt. v. 15.4.2015 – I R 44/14, BFHE 249, 493 Rn. 16 = DStR 2015, 1551.
[31] *K. Schmidt* BB 2016, 2 (4 f.).
[32] Achtung: Dies ergibt sich nicht aus dem Wortlaut von § 19 Abs. 2 S. 2 InsO.
[33] *Frystatzki* DStR 2016, 2479 (2481).
[34] BGH Urt. v. 5.3.2015 – IX ZR 133/14, BGHZ 204, 231 Rn. 16 = NJW 2015, 1672.
[35] BGH Urt. v. 5.3.2015 – IX ZR 133/14, BGHZ 204, 231 Rn. 32 = NJW 2015, 1672.

23 Die **Kautelarpraxis** wird sich weiterhin an diesen Vorgaben zu orientieren haben.[36] Dessen ungeachtet scheint es aber nicht ausgeschlossen, dass ein unspezifizierter Rangrücktritt, der expressis verbis zur Abwehr der Überschuldung ergeht, für die Wirkungen des § 19 Abs. 2 S. 2 InsO hinreichend ist.[37] Die Gesetzesmaterialien[38] zum MoMiG sehen die Gesellschafter schon dadurch ausreichend gewarnt, dass diese den Rangrücktritt „ausdrücklich" erklären sollen. Die Entscheidung zur Passivierung der Gesellschafterverbindlichkeiten durch die Geschäftsführer soll „einfach und rechtssicher" zu treffen sein. Beiden Zwecken wird ein unspezifizierter Rangrücktritt gerecht. Die Auslegungsregel des § 39 Abs. 2 InsO deckt die erforderliche Rangtiefe ab. Die Zwecknennung (zB Vermeidung einer drohenden Überschuldung) kann die gewünschte vorinsolvenzrechtliche Durchsetzungssperre sicherstellen. Ohnehin hat der BGH im Jahr 2015 klargestellt, dass sich bei einer im engen Wortsinn unzureichenden Vereinbarung im Wege der Auslegung ergeben kann, dass ein umfassender Rangrücktritt gewollt war.

24 Mit Hilfe des wie vorstehend vereinbarten unspezifizierten Rangrücktritts ließen sich unliebsame **AGB**-Überraschungen wie ein Verstoß gegen das Transparenzgebot aus § 307 Abs. 1 S. 2 BGB wegen widersprechender Regelungen zur Rangtiefe[39] verhindern. Soweit in jüngster Vergangenheit die Vereinbarung eines qualifizierten Nachrangs in Darlehen, die beim Publikum aufgenommen werden, als unangemessene Benachteiligung iSd § 307 Abs. 1 BGB eingestuft worden ist,[40] kann diese Rechtsprechung nicht auf Gesellschafterdarlehen übertragen werden. Gesellschafterdarlehen sind kraft Gesetzes nachrangig. Die Nachrangvereinbarung in Gesellschafterdarlehen weicht damit nicht vom (auf Gesellschafterdarlehen nicht zutreffenden) gesetzlichen Leitbild der Gläubigergleichbehandlung (InsO) ab. Außerdem löst die Entgegennahme von Gesellschafterdarlehen keine KWG-Erlaubnispflicht wegen Einlagengeschäfts aus (→ Rn. 55).

25 Noch nicht höchstrichterlich geklärt sind die Auswirkungen der Rechtsprechung des BGH aus dem Jahr 2015 auf die **handels- und steuerbilanzielle Behandlung** einer qualifiziert nachrangigen Verbindlichkeit (dh Tilgung aus ungebundenem Vermögen ist möglich). Handelsbilanziell sind Schulden in die Bilanz aufzunehmen (§§ 246 Abs. 1 S. 3, 247 Abs. 1 HGB) und als Verbindlichkeit auszuweisen. Eine Verbindlichkeit ist zu bilanzieren, wenn der Unternehmer zu einer dem Inhalt und der Höhe nach bestimmten Leistung an einen Dritten verpflichtet ist, die vom Gläubiger erzwungen werden kann und eine wirtschaftliche Belastung darstellt.[41] In der Literatur wird die wirtschaftliche Belastung vereinzelt mit verschiedener Begründung angezweifelt, sodass die Verbindlichkeit (ggf. erfolgsneutral) auszubuchen sei.[42] Die bundesweit abgestimmte Verfügung der OFD Frankfurt am Main vom 3.8.2018 hat jedoch gegenläufig klargestellt, dass die Anforderungen des BGH aus 2015 an das Zahlungsverbot eines überschuldungsvermeidenden Rangrücktritts ohne Einfluss auf den handels- und steuerbilanziellen Ausweis seien.[43] Auch wird in der Literatur überwiegend eine wirtschaftliche Belastung und damit eine Passivierung der Verbindlichkeit bejaht, sofern die Tilgung der nachrangigen Verbindlichkeit nicht ausschließlich gewinnabhängig zu erfolgen hat.[44] Die letzte Ansicht verdient den Vorzug. Hierfür spricht zunächst, dass nach allgemeinen Grundsätzen eine wirtschaftliche Belastung anzunehmen ist. Denn die nachrangige Verbindlichkeit besteht zivilrechtlich fort und ist in

---

36 *Kahlert* ZIP 2015, 1389 (1390) (unter Berücksichtigung der neuen BFH-Rechtsprechung aus 2015).
37 *K. Schmidt* BB 2016, 2 (4 f.).
38 BT-Drs. 16/9737, 58.
39 LG Düsseldorf Urt. v. 24.3.2017 – 10 O 308/15, NZI 2017, 487.
40 OLG München Urt. v. 25.4.2018 – 13 U 2823/17, BKR 2018, 518.
41 BFH Urt. v. 30.11.2011 – I R 100/10, BFHE 235, 476 Rn. 11 = DStR 2012, 450.
42 *Müller* BB 2016, 491 (493); *ders.* DStR 2018, 486 f.; *Oser* DStR 2017, 1889 (1892); *Frystatzki* DStR 2016, 2479 (2486 f.).
43 OFD Frankfurt a. M. v. 3.8.2018 – S 2743 A – 12 – St 525, BeckVerw, 440234; *Mayer/Wagner* DStR 2017, 2025.
44 *Kahlert* DStR 2015, 734 (736 f.); *HFA* IDW Life 11/2016, 1001; *Briese* DStR 2017, 799 (803); *Pöschke* NZG 2017, 1408 (1418); *Schulze-Osterloh* BB 2017, 427 (428).

ihrem Inhalt und ihrer Höhe bestimmt. Es ist daher anzunehmen, dass der Gläubiger seine nachrangige Forderung geltend macht. Nur wenn mit an Sicherheit grenzender Wahrscheinlichkeit eine Geltendmachung ausgeschlossen ist, ist eine Ausbuchung gerechtfertigt.[45] Dies ist nicht der Fall, weil das Schuldnervermögen nach dem rechtlichen Gehalt der Nachrangvereinbarung weiterhin mit der Verbindlichkeit belastet ist und gerade keine gewinnabhängige Verbindlichkeit vorliegt. Die Vermögenslosigkeit des Schuldners ist für die Frage nach der Passivierung von Verbindlichkeiten irrelevant (→ Rn. 29). Dessen ungeachtet ist eine Tilgung aus ungebundenem Vermögen trotz des Zahlungsverbots selbst im Überschuldungsstatus möglich, zB bei der Aufnahme eines weiteren nachrangigen Darlehens, dessen Höhe die Gesellschaft aus der (vereinfacht gesprochen) Krise hebt.[46] Dies ist aus Gründen des Vorsichtsprinzips (§ 252 Abs. 1 Nr. 4 HGB) relevant.

2. Steuerunschädlicher Rangrücktritt

Die steuerlich induzierte Ausgestaltung des Rangrücktritts ist losgelöst von den Kategorien des Insolvenzrechts zu beurteilen. Die Aufgabe der beratenden Zunft liegt daher in der Identifizierung einer Formulierung, die als Schnittmenge insolvenzrechtlicher und steuerlicher Erfordernisse im Bedarfsfall eine Passivierung in der Überschuldungsbilanz vermeidet, zugleich aber **nicht** durch Ausbuchung der Gesellschafterforderung in der Steuerbilanz in einem **steuerlichen Wegfallgewinn** mündet. 26

a) Ausweisverbot in Abhängigkeit von der Formulierung. Nach § 5 Abs. 2a EStG sind für Verpflichtungen, die nur zu erfüllen sind, soweit künftig Einnahmen oder Gewinne anfallen, Verbindlichkeiten oder Rückstellungen erst zu passivieren, wenn die Einnahmen oder Gewinne angefallen sind. Die Norm dreht sich damit um die Frage, ob zum Zeitpunkt des relevanten Bilanzstichtages eine **wirtschaftliche Belastung** aus der Verpflichtung gegeben ist, die in der Folge eine Passivierung gebietet. Der BFH hat dies im Fall eines Rangrücktritts mit der Maßgabe, dass die Forderung nur aus künftigen Jahresüberschüssen (so im Jahr 2011) bzw. Bilanzgewinnen (so im Jahr 2015, bestätigt im Jahr 2016) oder einem Liquidationsüberschuss zu erfüllen ist, verneint. Diese Mechanik wirke wie ein Forderungserlass mit Besserungsschein und führe damit gleichfalls zum Eingreifen des Passivierungsverbots.[47] 27

Weiterhin zu passivieren ist jedoch eine Forderung, für die lediglich ein **sog. einfacher Rangrücktritt** (bzw. Rangrücktritt mit Besserungsabrede) nach der Terminologie des BMF besteht.[48] Bei diesem vereinbaren Schuldner und Gläubiger, dass eine Rückzahlung der Verbindlichkeit nur dann zu erfolgen hat, wenn der Schuldner dazu aus zukünftigen Gewinnen, aus einem Liquidationsüberschuss oder aus anderem – freien – Vermögen künftig in der Lage ist und der Gläubiger mit seiner Forderung im Rang hinter alle anderen Gläubiger zurücktritt. Ein Rücktritt hinter „alle anderen Gläubiger" ist aufgrund der weiten Formulierung als Rücktritt auch hinter die nach § 39 Abs. 1 und 2 InsO nachrangigen Gläubiger (aber vor § 199 S. 2 InsO) zu verstehen. Die Kautelarpraxis wird daher – wenn auch nicht zwingend – einen einfachen Rangrücktritt bemühen, der zudem die Anforderungen der §§ 19 Abs. 2, 39 Abs. 2 InsO erfüllt (vgl. auch → Rn. 114 ff.).[49] Fehlt 28

---

[45] BFH Urt. v. 22.11.1988 – VIII R 62/85, BeckRS 1988, 22008751.

[46] *Briese* DStR 2017, 2832 (2833 f.).

[47] BFH Urt. v. 30.11.2011 – I R 100/10, BFHE 235, 476 Rn. 20 = DStR 2012, 450 (künftige Jahresüberschüsse, soweit sie bestehende Verlustvorträge übersteigen, oder Liquidationsüberschuss); BFH Urt. v. 15.4.2015 – I R 44/14, BFHE 249, 493 Rn. 12 ff. = DStR 2015, 1551 (Bilanzgewinn oder Liquidationsüberschuss); BFH Urt. v. 10.8.2016 – I R 25/15, NJW 2017, 2063 Rn. 13 (Bestätigung der Rechtsprechung aus 2015); anschl. FG Bremen Beschl. v. 28.3.2017 – 3 V 22/17 1, BeckRS 2017, 135083.

[48] BMF 8.9.2006, BStBl. I 2006 S. 497 Rn. 1 und 6. BFH Urt. v. 10.11.2005 – IV R 13/04, BFHE 211, 294 (300) = DStR 2006, 75: „[…] oder aus dem die sonstigen Verbindlichkeiten des Darlehensnehmers übersteigenden Vermögen".

[49] *Wacker* DB 2017, 26 (29 f.): „Andererseits kann es m. E. nicht fraglich sein, dass ein (je nach Begriffsverständnis „einfacher" oder – so der BGH – „qualifizierter") Rangrücktritt, der den Anforderungen an

bei der Formulierung des (vermeintlich) einfachen Rangrücktritts eine Bezugnahme auf die Tilgungsmöglichkeit aus sonstigem freien Vermögen, greift nach Ansicht des BMF das Passivierungsverbot. Enthält eine Nachrangvereinbarung schon keine gegenständliche Beschränkung auf künftige Einnahmen oder Gewinne (wie zB bei einem Zahlungsverbot bei drohender Insolvenzreife), bleibt es beim Passivierungsgebot – auch dies ist damit ein gangbarer Weg.[50]

29 Sieht die Rangrücktrittsabrede eine Schuldentilgung aus dem **freien Vermögen** vor, soll es nach (hiesigem Verständnis) der BFH-Rechtsprechung für die gebotene Passivierung irrelevant sein, ob der Schuldner zum relevanten Bilanzstichtag **vermögenslos** ist (vgl. auch → Rn. 33 ff.).[51] Der BFH stellt (nur) auf den rechtlichen Gehalt der vereinbarten Durchsetzungssperre ab. Für den unspezifizierten Rangrücktritt, bei dem gerade nicht auf die Tilgung im Fall der Besserung verzichtet wird, ist die vorstehende Rechtsprechung zur Irrelevanz der Vermögenslosigkeit für die Passivierung zu übertragen. Dieses Verständnis zur Irrelevanz der Vermögenslosigkeit wurde auch jüngst vom FG Münster bestätigt.[52] Das FG Münster hat zudem ausgeführt, dass die Einstellung der operativen Tätigkeit der Schuldnerin und die daraus folgende, auch künftig bestehende Vermögenslosigkeit nichts an dem Passivierungsgebot ändere. Denn freies Vermögen könne auch durch Einlagen entstehen. Diese Entscheidung ist richtig. An einer wirtschaftlichen Belastung fehlt es, wenn mit an Sicherheit grenzender Wahrscheinlichkeit nicht mehr mit der Inanspruchnahme des Schuldners zu rechnen ist.[53] Eine Verbindlichkeit ist aber nicht allein deshalb auszubuchen, weil sie aus der Perspektive des Schuldners gesehen wahrscheinlich nicht mehr beglichen werden kann.[54] Maßgeblich sind die Verhältnisse beim Gläubiger.

---

die durch das Gesetz zur Modernisierung des GmbH-Rechts und zur Bekämpfung von Missbräuchen (MoMiG) vom 23.10.2008 umgestalteten Vorschriften der §§ 19 Abs. 2 i. V. m. § 39 Abs. 1 Nr. 5 und Abs. 2 InsO genügt, jedenfalls dann nicht dem Ausweisverbot des § 5 Abs. 2a EStG untersteht, wenn – wie vom II. Senat des BFH mit Urteil vom 28.9.2016 – II R 64/14 entschieden – neben die Forderungserfüllung nach Maßgabe künftiger Gewinne oder Erlöse auch der Zugriff auf das nach vorrangiger Befriedigung der anderen Gläubiger verbleibende (freie) Vermögen ausdrücklich vereinbart wird". (Der Autor ist VRiBFH).

[50] *Pöschke* NZG 2017, 1408 (1418); *Kahlert* DStR 2016, 209 (210); aA wohl *Weber-Grellet* BB 2015, 2667 (2671), nach dem der qualifizierte Rangrücktritt zur Ausbuchung der Verbindlichkeit führe.

[51] BFH Urt. v. 15.4.2015 – I R 44/14, BFHE 249, 493 Rn. 9 = DStR 2015, 1551; BFH Urt. v. 10.8.2016 – I R 25/15, NJW 2017, 2063 Rn. 15: „Insbesondere hat der Senat […] keinen Zweifel daran gelassen, dass mit Rücksicht auf das Gebot des vollständigen Vermögensausweises (§ 246 I HGB) allein die Vermögenslosigkeit des Schuldners nicht dazu führt, eine rechtlich bestehende Verpflichtung aus dem handels- oder steuerrechtlichen Abschluss auszubuchen und Gleiches für den Fall gilt, dass eine Rangrücktrittsvereinbarung die Verpflichtung bestehen lässt, die subordinierten Gesellschafterforderungen aus dem nach Begleichung der vorrangigen Ansprüche verbleibenden so genannten freien Vermögen zu tilgen"; *Krumm* in Blümich EStG KStG GewStG Losebl. (Stand: 3/18) EStG § 5 Rn. 957d; *Seppelt* BB 2017, 1009; wohl auch *Kahlert* DStR 2015, 734 (737), nicht eindeutig jedenfalls bei *ders.* BB 2016, 878 (879) (Kahlert wendet sich hier einerseits gegen Müller, der den BFH so versteht, dass die Vermögenslosigkeit des Schuldners trotz der in der Nachrangvereinbarung vorgesehenen Bezugnahme auf das freie Vermögen eine wirtschaftliche Belastung ausschließe; andererseits hält Kahlert thesenartig fest: „Die Vereinbarung einer Tilgung der Verbindlichkeit aus einem sonstigen freien Vermögen nach der (bisherigen) BFH-Rechtsprechung ist zum Fortbestand der gegenwärtigen wirtschaftlichen Belastung der Verbindlichkeit weder möglich noch erforderlich"); aA *Briese* GmbHR 2015, 884 (885); *Oser* BB 2015, 1906; *Müller* BB 2016, 491 (493 f.); *Weber-Grellet* BB 2015, 2667 (2671): „Eine etwaige Vereinbarung, dass die Verpflichtung – neben dem Rangrücktritt – weiterhin (auch) aus dem freien Vermögen zu erfüllen sei, ist eigentlich sinnlos und in sich widersprüchlich. Wenn freies Vermögen vorhanden und verwertbar ist, kann die Verpflichtung sofort erfüllt werden. Ist kein freies Vermögen vorhanden, soll die Verbindlichkeit erst aus künftigem freien Vermögen bestritten werden; damit ist – wie bei künftigen Gewinnen – ebenfalls keine wirtschaftliche Belastung mehr gegeben."; wohl auch *Rätke* StuB 2015, 771 (773) (Tilgungsmöglichkeit aus freiem Vermögen sei nur theoretischer Natur, praktisch bestünde Abhängigkeit von künftigen Gewinnen).

[52] FG Münster Urt. v. 13.9.2018 – 10 K 504/15 K G F Rn. 80 ff. mAnm *Seppelt* BB 2019, 112.

[53] BFH Urt. v. 22.11.1988 – VIII R 62/85, BeckRS 1988, 22008751.

[54] *Hennrichs* in MüKoBilanzR HGB § 246 Rn. 105.

Weiterhin zu passivieren ist nach Ansicht des BMF ferner eine mit einem **qualifizierten Rangrücktritt** (→ Rn. 20 ff.) ausgestattete Forderung.[55] Bei diesem bestehe, anders als von § 5 Abs. 2a EStG gefordert, keine Abhängigkeit zwischen der Verbindlichkeit und Einnahmen oder Gewinnen. Lediglich die Begleichung der Verbindlichkeit könne zeitlich aufschiebend bedingt – bis zur Abwendung der Krise – verweigert werden. 30

Auch die bloße Vereinbarung eines **Rangrücktritts ohne Besserungsabrede** erfüllt nach Ansicht des BMF nicht die Voraussetzungen des § 5 Abs. 2a EStG.[56] Das BMF führt an besagter Stelle nicht aus, ob es von einem Rangrücktritt zB hinter alle Gläubiger oder etwa nur hinter die einfachen, nicht nachrangigen Insolvenzgläubiger ausgeht. Es nimmt aber Bezug auf die BFH-Rechtsprechung aus dem Jahr 2005, in der es um einen „nicht näher präzisierten Rangrücktritt“ ging.[57] Damit löst ein nicht spezifizierter Rangrücktritt nach der Verwaltungsauffassung nicht das Passivierungsverbot aus. Bedenklich ist vor diesem Hintergrund, dass der BFH im Jahr 2015 das gegenteilige Verständnis von der BMF-Ansicht zum Ausdruck gebracht hat („aA“).[58] Die Erklärung für die gebotene Passivierung ist nach der Rechtsprechung des BFH aus 2005, dass ein „nicht näher präzisierter Rangrücktritt“ nicht mit einem späteren Verzicht auf die Befriedigung im Fall der Besserung verbunden und daher eine wirtschaftliche Belastung, mithin eine Notwendigkeit zur Passivierung, anzunehmen sei.[59] Dem entspricht es, wenn der BFH in seiner jüngsten Rechtsprechung aus 2016 davon ausgeht, dass das steuerrechtliche Passivierungsverbot erst dann eingreife, wenn der Rangrücktritt nach Maßgabe der Voraussetzungen des § 5 Abs. 2a EStG „spezifiziert“ werde.[60] 31

Nach dem Vorstehenden ist die Stipulation eines **unspezifizierten Rangrücktritts** möglich, ohne das Passivierungsverbot des § 5 Abs. 2a EStG auszulösen. Gleichwohl lässt sich in der Literatur anlässlich der Rechtsprechung des BFH aus dem Jahr 2015, in der bestätigt wurde, dass eine Tilgungsmöglichkeit aus freiem Vermögen ein Passivierungsverbot nicht begründet, erwartungsgemäß die Empfehlung einer Bezugnahme auf das „sonstige freie Vermögen“ im einfachen Rangrücktritt entnehmen.[61] 32

b) Schuldentilgung aus künftigen Bilanzgewinnen. Näherer Betrachtung bedarf die Rangrücktrittsvereinbarung mit einer vorgesehenen Schuldentilgung aus einem **künftigen Bilanzgewinn** (oder Liquidationsüberschuss). Das FG Niedersachsen[62] ging in einem Fall davon aus, dass der Gewinnbegriff des § 5 Abs. 2a EStG allein aus dem Ergebnis der Geschäftstätigkeit eines Wirtschaftsjahres folge und damit enger gefasst sei als der handelsrechtliche Begriff des Bilanzgewinns. Außerdem sei – im Folgenden verkürzt dargestellt – zu beachten: Etwaige Bilanzgewinne spiegeln als Passivposten in der Bilanz die (teilweise) Ergebnisverwendung (§ 268 Abs. 1 S. 2 HGB, § 158 AktG). Dabei können zB Entnahmen aus Kapitalrücklagen, mithin aus gegenwärtigem Vermögen, in den Bilanzgewinn eingehen (§ 275 Abs. 4 HGB). Als Bestandteil des Eigenkapitals (§ 266 Abs. 3 HGB) sind Kapitalrücklagen zugleich freies Vermögen. Denn freies Vermögen, das als solches in der Handelsbilanz nicht vorgesehen ist, könne sich nur aus dem Eigenkapital ergeben. Demnach könnte 33

---

55 BMF 8.9.2006, BStBl. I 2006 S. 497 Rn. 2 und 7.

56 BMF 8.9.2006, BStBl. I 2006 S. 497 Rn. 8.

57 BFH Urt. v. 10.11.2005 – IV R 13/04, BFHE 211, 294 (300) = DStR 2006, 75.

58 BFH Urt. v. 15.4.2015 – I R 44/14, BFHE 249, 493 Rn. 16 = DStR 2015, 1551; krit. ebenso *K. Schmidt* BB 2016, 2 (5).

59 BFH Urt. v. 10.11.2005 – IV R 13/04, BFHE 211, 294 (300) = DStR 2006, 75.

60 BFH Urt. v. 10.8.2016 – I R 25/15, NJW 2017, 2063 Rn. 15.

61 *Oser* BB 2015, 1906; *Hoffmann* DStR 2015, 1554; *Ronneberger/König* SteuK 2015, 347; *Schnitger* DB 2015, 1989; *Crezelius* NZI 2015, 459 (460); *Mühling/Klemm* NJ 2015, 527 (528); *Rätke* StuB 2015, 771 (774); *Blumenberg/Neumann* Ubg 2016, 181 (185 f.); anlässlich des Urteils aus 2016 auch *Seppelt* BB 2017, 1009; *Dötsch* jurisPR-SteuerR 24/2017 Anm. 1; aA schon vor der neuen Rechtsprechung *Kahlert* in Kübler HRI § 57 Rn. 224 sowie danach *Kahlert* ZIP 2015, 1389 (1390); zweifelnd auch *Lohse/Zanzinger* DStR 2016, 1241 (1242) für „anderes freies Vermögen“; zurückhaltend *Matenaer* GWR 2015, 330 „im Grundsatz Gültigkeit“.

62 FG Niedersachen Urt. v. 12.6.2014 – 6 K 324/12, NZG 2014, 1198.

freies Vermögen jederzeit dem Bilanzgewinn zugeführt werden, sodass im Ergebnis nach der streitgegenständlichen Formulierung des Rangrücktritts auch eine Tilgung aus freiem Vermögen möglich sei.

34 Der **BFH** hat dieser Lesart im Jahr 2015 eine Absage erteilt: „Eine Verbindlichkeit, die nach einer im Zeitpunkt der Überschuldung getroffenen Rangrücktrittsvereinbarung nur aus einem zukünftigen Bilanzgewinn und aus einem etwaigen Liquidationsüberschuss zu tilgen ist, unterliegt dem **Passivierungsverbot** des § 5 Abs. 2a EStG“ [63]. Nach dem BFH stelle der Gewinnbegriff des § 5 Abs. 2a EStG nicht nur auf den Steuerbilanzgewinn ab, sondern erfasse auch den handelsrechtlichen Jahresüberschuss. Demgemäß könne auch für die im Streitfall getroffene Vereinbarung, die Forderungen des Darlehensgebers aus künftigen Bilanzgewinnen zu erfüllen, nichts anderes gelten. Der Begriff „Gewinne“ in § 5 Abs. 2a EStG inkludiert damit auch künftige „Bilanzgewinne“.

35 Der BFH anerkannte allerdings zugleich, dass die Abrede dann mit einer aktuellen **wirtschaftlichen Belastung** der Vermögenslage des Schuldners verbunden sein könne, wenn die Verpflichtung aus dem sich aufgrund der Auflösung einer Kapitalrücklage (also dem gegenwärtigen Schuldnervermögen) ergebenden (oder sich erhöhenden) Bilanzgewinn getilgt werde. Das ist unter Zugrundelegung des Gewinnbegriffs des § 5 Abs. 2a EStG aber nur eine konsequente Anwendung dieser Norm, um zu prüfen, ob sich ein Gewinn realisiert hat (§ 5 Abs. 2a EStG: „wenn die Einnahmen oder Gewinne angefallen sind“). In dem streitgegenständlichen Fall, in dem der Jahresfehlbetrag und der Verlustvortrag zusammen die Kapitalrücklage (um ein Vielfaches) überstiegen, wies der BFH darauf hin, dass selbst eine etwaige Entnahme aus der Kapitalrücklage nicht in einen Bilanzgewinn hätte überleiten können (§§ 268 Abs. 1 S. 2, 275 Abs. 4 HGB), sodass die Verbindlichkeit mangels Bilanzgewinns keine wirtschaftliche Belastung zeitigte. Effektiv hätte die Verbindlichkeit nur aus künftigen Jahresüberschüssen getilgt werden können. Der BFH hat diese Rechtsprechung im Jahr 2016 bestätigt.[64] Aus dieser Rechnung des BFH kann allerdings nicht darauf geschlossen werden, dass auch bei einer Bezugnahme auf das freie Vermögen im Rangrücktritt stets ein solches vorhanden sein muss.[65] Diese Rechnung ist speziell zur Frage des Bilanzgewinns ergangen und erfolgte unter der Prämisse der *Auflösung einer Kapitalrücklage* durch die zuständigen Organe[66] der Gesellschaft.

36 Eine **alternative Begründung** gegen die Annahme einer aktuellen wirtschaftlichen Belastung sieht die Literatur bisweilen in dem in der Rangrücktrittsabrede ausdrücklich enthaltenen **Zukunftsbezug des Bilanzgewinns.**[67] Die Frage kann relevant werden, wenn ein Bilanzgewinn durch die Auflösung von Rücklagen tatsächlich gebildet werden könnte.[68] Der BFH hat sich einer dahingehenden Stellungnahme mangels Notwendigkeit ausdrücklich enthalten.[69] Der Sache nach geht es hier um eine Frage der Auslegung (§§ 133, 157 BGB). Eine solche Begründung scheidet meines Erachtens aus, wenn der

---

[63] BFH Urt. v. 15.4.2015 – I R 44/14, BFHE 249, 493 = DStR 2015, 1551.

[64] BFH Urt. v. 10.8.2016 – I R 25/15, NJW 2017, 2063 Rn. 16.

[65] *Krumm* in Blümich EStG KStG GewStG Losebl. (Stand: 3/18) EStG § 5 Rn. 957d; aA *Müller* BB 2016, 491 (493 f.).

[66] Die Leitungsorgane der Gesellschaft können im Fall von Kapitalrücklagen vorläufig eine Auflösung der Rücklagen bereits bei Aufstellung des Jahresabschlusses beschließen (§ 270 Abs. 1 HGB). Die weitere Zuständigkeit für die endgültige Entscheidung über die Auflösung der Rücklagen ist dem Gesellschaftsrecht zu entnehmen. Für die GmbH wird die Auflösung von Rücklagen, auch Kapitalrücklagen (§ 272 Abs. 2 HGB), trotz der sprachlichen Differenzierung in § 29 Abs. 1 S. 2 GmbHG überwiegend als Ergebnisverwendung angesehen. Demnach ist vorbehaltlich einer abweichenden Satzungsregelung die Gesellschafterversammlung für einen entsprechenden Gewinnverwendungsbeschluss zuständig (§ 46 Nr. 1 GmbHG). Im Aktienrecht entscheidet die Hauptversammlung nur noch über die Verwendung des Bilanzgewinns und ist an den festgestellten Jahresabschluss gebunden (§ 174 AktG), wenn Vorstand und Aufsichtsrat den Jahresabschluss festgestellt haben (§ 172 AktG). Eine durch den Vorstand beschlossene Auflösung der Rücklagen ist bei nachfolgender Billigung durch den Aufsichtsrat damit unumkehrbar.

[67] *Blumenberg/Neumann* Ubg 2016, 181 (185); *Weber-Grellet* BB 2015, 2667 (2671); *Weber-Grellet* BB 2016, 43 (46).

[68] *Wacker* DB 2017, 26 (30).

[69] BFH Urt. v. 10.8.2016 – I R 25/15, NJW 2017, 2063 Rn. 16.

Zukunftsbezug von der Literatur so gedeutet wird, dass eine aktuelle wirtschaftliche Belastung zum Bilanzstichtag deshalb nicht bestehe, weil vorhandene oder künftige Rücklagen für eine Verpflichtung erst künftig zu verwenden sein sollen. Denn für eine derartige Interpretation der Formulierung „künftige Bilanzgewinne" besteht offenbar kein Raum. Für die Frage, ob eine „aktuelle" wirtschaftliche Belastung besteht, ist auf den jeweiligen Bilanzstichtag abzustellen. Davon zu unterscheiden ist die Frage, welchen Erklärungsgehalt die Vertragsparteien der Bezugnahme auf „künftige" Bilanzgewinne in ihren Willenserklärungen beimessen. Da der Rangrücktritt vor einem künftigen Bilanzstichtag vereinbart wird, ist entscheidend die Interessen- und Sachlage zum Zeitpunkt der Vereinbarung in den Blick zu nehmen. Zu diesem Zeitpunkt sind spätere Entnahmen aus Rücklagen, über die im Fall von Kapitalrücklagen (§ 272 Abs. 2 HGB) vorläufig bei Aufstellung des Jahresabschlusses zu entscheiden ist (§ 270 Abs. 1 HGB) bzw. die im Fall von Gewinnrücklagen (§ 272 Abs. 3 HGB) nach vorausgegangener Ergebnisverwendung bei der Aufstellung des Jahresabschlusses zu berücksichtigen sind (§ 270 Abs. 2 HGB), zwangsläufig „künftig" und damit geeignet, in einen künftigen Bilanzgewinn im Sinne der Rangrücktrittvereinbarung überzuleiten. Auch besteht das für die darlehensnehmende Gesellschaft erkennbare Interesse des Darlehensgläubigers bei Vereinbarung der Rangrücktrittvereinbarung in der Überschuldung, jedenfalls sobald als möglich befriedigt zu werden. Wenn eine Befriedigung aus irgendeinem – hier unterstellten – Grund neu zugeführter Liquidität bereits zum nächsten Bilanzstichtag nach Vereinbarung des Rangrücktritts (dh künftig) möglich ist, weil ein Bilanzgewinn entstünde, dann wäre nicht recht einzusehen, wieso der Darlehensgläubiger mit der gegebenen Formulierung des Rangrücktritts hierauf verzichten wollte/sollte. Der in der Rangrücktrittsabrede gewählte Zukunftsbezug in Gestalt „künftiger" Bilanzgewinne ist vor diesem Hintergrund zu sehen.

c) Neutralisierung des Wegfallgewinns. Muss nach alldem zum Bilanzstichtag die Passi- 37
vierung der Forderung unterbleiben, ist die Forderung, die veranlasst durch das Gesellschaftsverhältnis subordiniert ist, nach der BFH-Rechtsprechung aus dem Jahr 2015[70] in Abkehr von der bisherigen BFH-Rechtsprechung aus 2011[71] **als Einlage einzubuchen.** Theoretisch wird hierdurch die Ergebnisneutralität im Gegensatz zur Ergebniswirksamkeit der Ausbuchung der Gesellschafterforderung eröffnet. Da die Einlage jedoch nur **zum werthaltigen Teil** (nicht: zum Nennwert) der Forderung anzusetzen und der Wegfallgewinn nur insoweit zu neutralisieren ist,[72] können sich die bilanziellen Folgen auf einer Skala zwischen vollständiger Ergebnisneutralität und vollständiger Ergebniswirksamkeit bewegen. Im Anwendungsfall des überschuldungsvermeidenden Rangrücktritts, also im Stadium der (zu vermeidenden) Insolvenzreife, dürfte der Skalenzeiger mithin in der Nähe vollständiger Ergebniswirksamkeit rangieren.[73]

D. Ebene der Finanzierung

Die Aufnahme und Ausgestaltung von Gesellschafterdarlehen unterliegt im Buy-Out- 38
Sektor auch finanzierungstechnischen Restriktionen. Diese und weitere typische Regelungen in – im europäischen Raum durch die LMA *(Loan Market Association)* geprägten – Kreditverträgen zur Handhabe von Gesellschafterdarlehen sollen in einem ersten Schritt vorgestellt werden. Im Anschluss wird die finanzierungstechnisch getriebene Ausgestaltung des Gesellschafterdarlehens aufgezeigt.

70 BFH Urt. v. 15.4.2015 – I R 44/14, BFHE 249, 493 Rn. 17 ff. = DStR 2015, 1551.
71 BFH Urt. v. 30.11.2011 – I R 100/10, BFHE 235, 476 Rn. 22 f. = DStR 2012, 450.
72 BFH Urt. v. 15.4.2015 – I R 44/14, BFHE 249, 493 Rn. 19 = DStR 2015, 1551; krit. *Müller* BB 2016, 491 (494); gegen diesen wiederum BFH Urt. v. 10.8.2016 – I R 25/15, NJW 2017, 2063 Rn. 18.
73 *Müller* BB 2016, 491 (492); *Ronneberger/König* SteuK 2015, 347; zurückhaltend *Blumenberg/Neumann* Ubg 2016, 181 (186): Bei der Abwehr einer bestehenden Krise „[…] kann der Wert der Forderung bereits gemindert sein".

I. Regelungen im Kreditvertrag

1. Aufnahme von Gesellschafterdarlehen

39 Entsprechend der typischen Vertragstechnik in englischen Vertragsmustern der finanzierenden Banken besteht für den Kreditnehmer und die sonstigen Sicherheitengeber (dh die Gruppengesellschaften) (zusammen die „Verpflichteten") die als Auflage formulierte Verpflichtung, **grundsätzlich keine Finanzierungsverbindlichkeiten wie Gesellschafterdarlehen einzugehen** *(No Financial Indebtedness)* (→ § 15 Rn. 48). Hintergrund dessen ist die aus Sicht der finanzierenden Banken bestehende Gefahr des Abflusses freier Liquidität. Die Interessenlage ist eine andere, wenn die Banken und sonstige Gläubigergruppen eine Vereinbarung (sog. *Intercreditor Agreement*) über den Rang ihrer Forderungen gegenüber den Verpflichteten treffen und die Verpflichteten nur Verbindlichkeiten eingehen, die von dieser Vereinbarung abgedeckt sind. **Erlaubt** ist daher die hierunter fallende *Permitted Financial Indebtedness.* Dazu können auch solche Gesellschafterdarlehen von direkten oder indirekten Gesellschaftern des Kreditnehmers zählen, die gemäß dem *Intercreditor Agreement* oder anderweitig zur Befriedigung der Banken subordiniert sind. Alternativ zum *Intercreditor Agreement* können Gesellschafter als nachrangige Fremdkapitalgläubiger auch Vertragspartei zu einem separaten *Subordination Agreement* werden.[74] Diese Subordination ist anders als der überschuldungsvermeidende Rangrücktritt nach § 19 Abs. 2 S. 2 InsO lediglich auf die an der Akquisitionsfinanzierung beteiligten Fremdkapitalgläubiger begrenzt und erfasst den gesamten Zeitraum vor Eröffnung eines Insolvenzverfahrens.[75]

2. Capex

40 Ein Gesellschafterdarlehen kann auch als zusätzlicher Finanzierungsbeitrag für das Geschäft der Gruppe genutzt werden. Derartige **Erweiterungsinvestitionen *(Capital Expenditure)*** sind typischerweise (Buy & Build-)Akquisitionen und Joint Ventures. Für diese bestehen regelmäßig verschiedene Auflagen.

41 Akquisitionen, deren Kosten aggregiert eine vertraglich fixierte De-minimis-Schwelle übertreten, können unter die Auflage gestellt werden, dass die vom Kreditnehmer für die folgenden Quartale kalkulierte *Leverage Ratio* nicht ein bestimmtes Verhältnis überschreitet. Die *Leverate Ratio* wird definiert als das Verhältnis der (vertraglich determinierten) Nettoverschuldung[76] zum (vertraglich determinierten) EBITDA. Wie oben beschriebene subordinierte Gesellschafterdarlehen als Mittel für die Akquisitionen würden vertraglich von den aggregierten Kosten abgezogen, sodass künftig mehr Spielraum bestehen bliebe. Ein vergleichbarer Mechanismus greift bei *Joint Ventures.* Beispielsweise können *Joint Ventures* (unter Einhaltung weiterer Anforderungen) bis zu einem bestimmten Betrag (sog. *Basket*) erlaubt sein. Von diesem Betrag würden als Finanzierungsbeitrag ausgereichte subordinierte Gesellschafterdarlehen wiederum abgezogen.

42 Werden Gesellschafterdarlehen für Erweiterungsinvestitionen eingesetzt, werden sie in ebenjenem Maße aus den Kosten für die Akquisitionen bzw. *Joint Ventures* bei der Berechnung des (vertraglich determinierten) *Cashflow* herausgerechnet. Andernfalls würde man ein verfälschtes Bild bei der Überprüfung der Finanzkennzahl des Schuldendienstdeckungsgrades *(Debt Service Coverage Ratio)* erhalten. Der Schuldendienstdeckungsgrad wird definiert als das Verhältnis des *Cashflow* zum (vertraglich determinierten) Schuldendienst.

[74] *Diem,* Akquisitionsfinanzierungen, § 40 Rn. 45.

[75] *Diem,* Akquisitionsfinanzierungen, § 40 Rn. 50 ff. Nicht richtig ist jedoch die Aussage (Rn. 51), der überschuldungsvermeidende Rangrücktritt würde nur im Insolvenzverfahren gelten (→ Rn. 20 ff.).

[76] *Diem,* Akquisitionsfinanzierungen, § 22 Rn. 17: Total Net Debt = Konsolidierte zinstragende Verbindlichkeiten abzüglich Kassenbestand, Bankguthaben und Buchwert liquider Wertpapiere.

3. Equity Cure

Neben dem Eigenkapitalnachschuss können auch subordinierte Gesellschafterdarlehen als **Heilungsmittel bei einem Bruch der *Financial Covenants*** eingesetzt werden. Es stellt sich dann die Frage des rechnerischen Umgangs mit den *Cure*-Nachschüssen. Als Zufluss zum Kassenbestand würde automatisch die Nettoverschuldung reduziert.[77] Dementsprechend setzen sich die Banken regelmäßig mit ihrer Position durch, den *Cure*-Nachschuss rechnerisch zur rückwirkenden Reduktion der Nettoverschuldung zu verwenden. Die Position der Sponsoren, den Betrag zur rechnerischen Erhöhung des operativen Ergebnisses und damit stärkeren Heilung (zB überproportionale Senkung der *Leverage Ratio*) zu nutzen, wird dabei zurückgewiesen.[78] **43**

4. Rückzahlung

Nach dem *Subordination Agreement* werden die Forderungen aus Gesellschafterdarlehen gegenüber den Forderungen der sonstigen Fremdkapitalgläubiger einer Akquisitionsfinanzierung **nachrangig** gestellt. Es dürfen grundsätzlich keine Rückzahlungen (bzw. andere Erfüllungshandlungen) auf das Gesellschafterdarlehen vor vollständiger Rückführung der Finanzverbindlichkeiten gegenüber den vorrangigen Gläubigern erfolgen.[79] **44**

Eine **Ausnahme** wird jedoch dann gemacht, wenn die Rückzahlung nach dem Kreditvertrag erlaubt ist oder die Kreditgeber zustimmen. Eine nach dem Kreditvertrag erlaubte Rückzahlung ist aber jedenfalls an bestimmte, kumulativ zu erfüllende Voraussetzungen gebunden. Denkbar sind Voraussetzungen dergestalt, dass (i) sich der Darlehensnehmer nicht im *Default*[80] befindet oder ein solcher durch die Rückzahlung entsteht, (ii) die Zahlung aus dem *Excess Cashflow* erfolgt, der nicht für etwaige Vorauszahlungen für Verbindlichkeiten aus dem Kreditvertrag genutzt werden muss, und (iii) bestimmte vertragliche Vorgaben an die *Leverage Ratio* unter rechnerischer Berücksichtigung der Rückzahlung eingehalten werden. **45**

II. Einzelne Schwerpunktregelungen im Gesellschafterdarlehensvertrag

Wiederkehrende Regelungen, nicht jedoch einheitliche Standards, gibt es durchaus. Drei Punkte sollen hier angeschnitten werden. **46**

1. Fälligkeit und Vorauszahlung

Vor einer Insolvenz richtet sich das Rangverhältnis nach dem Zeitpunkt der Fälligkeit. Die Rückzahlung des Nominalbetrages des Gesellschafterdarlehens wird daher erst **nach** Rückzahlung der **sonstigen Finanzverbindlichkeiten fällig.** Zinsen fallen gemäß dem Gesellschafterdarlehensvertrag zwar während der Laufzeit je nach Zinsperiode an. Hier greift jedoch der PIK-Toggle-Mechanismus (→ Rn. 48). Technisch gestattet der Gesellschafterdarlehensvertrag Vorauszahlungen (sogar ohne Vorfälligkeitsentschädigung). Die Zulässigkeit solcher Vorauszahlungen richtet sich jedoch nach dem *Subordination Agreement,* respektive dem Kreditvertrag. **47**

2. PIK-Toggle

Verträge für Gesellschafterdarlehen enthalten eine Regelung zu *Payment in kind* (PIK)-Zahlungen für Zinsen. Danach steht dem Darlehensnehmer das Wahlrecht zu, entweder die **48**

---

[77] *Bono/Hüther/Josenhans* in Eilers/Koffka/Mackensen/Paul, Private Equity, V., Rn. 25.
[78] *Bono/Hüther/Josenhans* in Eilers/Koffka/Mackensen/Paul, Private Equity, V., Rn. 25; → § 15 Rn. 62.
[79] *Diem,* Akquisitionsfinanzierungen, § 40 Rn. 23, 47; → § 15 Rn. 72.
[80] Ein *Default* bezeichnet im Unterschied zum *Event of Default* einen Vertragsverstoß, der erst dann einen Kündigungsgrund darstellt, wenn der Kreditgeber den Kreditnehmer benachrichtigt und/oder eine bestimmte Heilungsfrist erfolglos verstreicht.

angefallenen Zinsen zu begleichen oder diese nach Ablauf der Zinsperiode auf den Nominalbetrag des Gesellschafterdarlehens zu schlagen **(„kapitalisierte Zinsen“).** Die Kapitalisierung ist allerdings rechtlich geboten, da das *Subordination Agreement* grundsätzlich keine Zahlungen auf das Gesellschafterdarlehen einschließlich Zinsen vor vollständiger Befriedigung der sonstigen Fremdkapitalgläubiger gestattet. Das Konstrukt des (vermeintlichen)[81] Wahlrechts wird allein deshalb beschritten, weil § 248 Abs. 1 BGB grundsätzlich keine im Voraus getroffene Vereinbarung über das Tragen von Zinseszinsen (wie Zinsen von kapitalisierten Zinsen) zulässt.

3. Rangverhältnisse

49 Das Rangverhältnis gegenüber den sonstigen Fremdkapitalgebern ist bereits durch das ***Subordination Agreement*** sowie die damit verbundene Fälligkeitsabrede im Gesellschafterdarlehensvertrag adressiert. Im Übrigen werden die Ansprüche der Gesellschafter in vielen Verträgen *pari passu* mit den anderen unbesicherten und nicht nachrangigen Ansprüchen gegen den Darlehensnehmer gestellt, soweit nicht das Gesetz etwas anderes regelt.

50 Die Vereinbarung eines **überschuldungsvermeidenden Rangrücktritts** erfolgt in vielen Fällen erst im Bedarfsfall (jedoch zwingend so rechtzeitig, dass noch ein Anwendungsbereich für eine vorinsolvenzrechtliche Durchsetzungssperre bestünde). Dies muss allerdings nicht die Regel sein. Bei anderen gegenüber den Senior-Krediten nachrangigen Finanzierungsverbindlichkeiten sind die vorrangigen Gläubiger darauf bedacht, die Vereinbarung eines solchen gegenüber allen Gläubigern wirkenden Rangrücktritts zu vermeiden, sofern dieser nicht zur Vermeidung der Überschuldung erforderlich ist. Denn andernfalls wäre die Forderung wegen ihrer vereinbarten Nachrangigkeit nur bei Aufforderung durch das Gericht anzumelden (§ 174 Abs. 3 InsO). Die vorrangigen Fremdkapitalgläubiger haben jedoch ein Interesse daran, dass auch die nachrangigen Gläubiger ihre Forderungen zur Tabelle anmelden. Denn die Zahlungen aus der auf diese Forderungen entfallende Quote sind nach dem *Intercreditor Agreement* auszukehren.[82] Gesellschafterdarlehen hingegen sind ohnehin nach § 39 Abs. 1 Nr. 5 InsO nachrangig. Der Anwendungsbereich des § 174 Abs. 3 InsO ist damit unabhängig vom Vorliegen eines überschuldungsvermeidenden Rangrücktritts eröffnet.[83]

E. Ebene des Regulierungsrechts

51 Regulatorische Anforderungen können direkte oder indirekte Auswirkungen auf die Vergabe der Gesellschafterdarlehen haben. Nachfolgend werden nur die **direkten Auswirkungen** aufgezeigt. Indirekte Auswirkungen können sich etwa aus dem EZB-Leitfaden für Leveraged Transactions aus Mai 2017 ergeben.[84]

52 Direkte Auswirkungen brachte das Inkrafttreten des **OGAW V-UmsG** am 18.3.2016. Mit diesem Gesetz wurde die allein national motivierte und nicht mit der OGAW-RL oder der AIFM-RL in Verbindung stehende Regulierung der Vergabe und Restrukturierung von Gelddarlehen durch AIF-Kapitalverwaltungsgesellschaften („AIF-KVGs“) für Rechnung der AIFs erstmalig in Gesetzesform gegossen. Im Folgenden werden die Hintergründe (→ Rn. 53 ff.), das Konzept der Gesellschafterdarlehen unter dem KAGB und KWG

---

[81] *Diem,* Akquisitionsfinanzierungen, § 38 Rn. 20, § 40 Rn. 24 sieht in einer „solche[n] Gestaltung“ aufgrund des Zwangs aus dem *Subordination Agreement* einen Verstoß gegen § 248 BGB.

[82] *Diem,* Akquisitionsfinanzierungen, § 40 Rn. 30, 51.

[83] § 174 Abs. 3 InsO gilt nicht nur für iSd § 39 Abs. 2 InsO nachrangige Forderungen, s. *Riedel* in MüKoInsO § 174 Rn. 38; *Jungmann* in *K. Schmidt,* InsO § 174 Rn. 67.

[84] Syndizierte Finanzierungen mit einem Verschuldungsgrad (Gesamtverschuldung im Verhältnis zum EBITDA) von mehr als 6.0 sind danach im Anwendungsbereich des EZB-Leitfadens nur ausnahmsweise zulässig, s. *EZB,* Guidance on leveraged transactions, S. 8. Auch nachrangige Verbindlichkeiten wie Gesellschafterdarlehen sind dabei in die Gesamtverschuldung einzubeziehen, *Josenhans/Danzmann* BKR 2018, 401 (403).

(→ Rn. 64 ff.), der Anwendungsbereich (→ Rn. 72 ff.), die neuen Regelungen für die Vergabe und Restrukturierung von Gesellschafterdarlehen (→ Rn. 91 ff.) und das Millionenkredit-Reporting (→ Rn. 129 ff.) erhellt. Dabei sei bereits an dieser Stelle darauf hingewiesen, dass viele Fragen aufgrund des jungen Alters der neuen Regelungen noch keiner rechtssicheren Beantwortung zugänglich sind und in Zweifelsfällen der Kontakt zur Aufsicht zu suchen ist.

I. Hintergründe

1. Bankaufsichtliche Verwaltungspraxis zum Kreditgeschäft

Losgelöst vom Investmentsektor gilt: Wer gewerbsmäßig oder in einem Umfang, der einen **53** in kaufmännischer Weise eingerichteten Geschäftsbetrieb erfordert, Bankgeschäfte betreibt, bedarf einer **Bankkonzession** nach § 32 KWG. Unter diesen Voraussetzungen ist eine Bankkonzession einzuholen, wenn die Gewährung von Darlehen sowie die Darlehensrestrukturierung und -prolongation das Kreditgeschäft iSd § 1 Abs. 1 S. 2 Nr. 2 KWG erfüllen.[85] **Gesellschafterdarlehen** unterliegen in diesem Kontext einer **Sonderbehandlung.**

Bis zum **11.3.2014** hat die BaFin Gesellschafterdarlehen grundsätzlich zu den **rückzahlbaren Geldern** im Sinne des spiegelbildlichen Einlagengeschäfts gezählt. Eine **Ausnahme** **54** bestand dann, wenn der Anspruch auf Rückzahlung solange und soweit ausgeschlossen wurde, wie die Rückzahlung einen Grund für die Eröffnung des Insolvenzverfahrens herbeigeführt hätte. Erst der um eine solche insolvenzverhindernde Funktion aufgestockte Rangrücktritt (sog. **qualifizierter Rangrücktritt**) reichte aus, um den Tatbestand des Einlagengeschäfts auszuschließen. Dieses Erfordernis folgt aus der Gesetzesbegründung zum Finanzkonglomeraterichtlinie-Umsetzungsgesetz.[86] Danach reichen einfache Nachrangklauseln, die lediglich die Rangfolge der Rückzahlungsansprüche im Falle der Insolvenz oder Liquidation des kapitalnehmenden Unternehmens festlegen, nicht aus, die Geldüberlassung als Einlagengeschäft zu disqualifizieren.

Seit dem 11.3.2014 ist für die Annahme von Gesellschafterdarlehen nach der BaFin **55** grundsätzlich **keine KWG-Erlaubnis** wegen Einlagengeschäfts erforderlich. Denn Gesellschafterdarlehen seien aufgrund der dem Gesellschafter obliegenden Treuepflicht und den daraus resultierenden gesetzlich verankerten insolvenzverhindernden Entnahme- und Ausschüttungssperren[87] als nur bedingt rückzahlbare Gelder zu qualifizieren.[88] Derartige Gelder der Gesellschafter erfüllen nach dem Sinn und Zweck der Norm nicht den Tatbestand des Kreditgeschäfts im Sinne des § 1 Abs. 1 S. 2 Nr. 2 KWG, der Nehmer bedarf hier nicht mehr des Schutzes als der Geber.[89]

Diese Verwaltungsauffassung ist unter drei Gesichtspunkten **nicht konsequent.**[90] Erstens **56** ist die BaFin sonst selbst der Ansicht, dass nur die Vereinbarung eines qualifizierten Rangrücktritts im Unterschied zum – ihrer Definition nach – einfachen Rangrücktritt, dh dem bloßen Rücktritt hinter die in § 39 Abs. 1 Nr. 1–5 InsO genannten Forderungen, geeignet sei, den Tatbestand des Einlagegeschäfts, respektive des Kreditgeschäfts, auszuschließen. Die

---

85 Zu den Detailfragen, ob eine Konditionenanpassung, Kreditprolongation oder Stundung den Tatbestand erfüllt, s. BaFin 8.1.2009, Merkblatt – Hinweise zum Tatbestand des Kreditgeschäfts, zuletzt geändert am 2.5.2016, Abschn. 1 lit. a bb) (4).

86 BT-Drs. 15/3641, 36. Selbst die Vereinbarung eines solchen Rangrücktritts schützt nicht in jedem Fall vor der Annahme des Betreibens eines Kreditgeschäfts, siehe VG Frankfurt a. M. Urt. v. 22.6.2016 – 7 K 3073/15.F(1), BeckRS 2016, 56033 mAnm *Bernau* EWiR 2017, 357.

87 § 64 S. 3 GmbHG, § 92 Abs. 2 S. 3 AktG, §§ 130a Abs. 1 S. 3, 177a S. 1 iVm 130a HGB.

88 BaFin 11.3.2014, Merkblatt – Hinweise zum Tatbestand des Einlagengeschäfts, Abschn. I.5. lit. b.

89 BaFin 8.1.2009, Merkblatt – Hinweise zum Tatbestand des Kreditgeschäfts, zuletzt geändert am 2.5.2016, Abschn. 1 lit. a cc) (5).

90 Umfassend *Fischer* WM 2014, 1709.

oben genannten gesetzlichen Auszahlungssperren stellen jedoch keinen vertraglich vereinbarten Rangrücktritt dar.

57 Zweitens: Wird man eine die Insolvenz verhindernde Funktion der Gelder verlangen müssen, können die oben genannten Auszahlungssperren nicht hinreichend für die Begründung einer solchen Bedingtheit sein. Denn die Auszahlungssperren können expressis verbis nur die Zahlungsunfähigkeit verhindern, nicht jedoch die Überschuldung.

58 Drittens ist es in Ansehung dieser Verwaltungspraxis inkonsequent, wenn die BaFin Gesellschafterdarlehen von Kapitalgebern einer Publikums-KG als unbedingt rückzahlbare Gelder einordnet, wenn diese doch denselben Auszahlungssperren unterliegen.

2. Investmentrechtliche Verwaltungspraxis zur Darlehensvergabe

59 **a) Früher: Darlehensvergabe kein Bestandteil der kollektiven Vermögensverwaltung.** AIF-KVGs fielen gemäß der mittlerweile modifizierten **Bereichsausnahme** in § 2 Abs. 1 Nr. 3b KWG aF aus dem Anwendungsbereich des KWG, sofern sie nur die kollektive Vermögensverwaltung erbrachten oder daneben noch die nach § 20 Abs. 2 und 3 KAGB erlaubten (Neben-)Dienstleistungen als Bankgeschäfte betrieben. Die BaFin stellte sich auf den Standpunkt, dass die Darlehensvergabe für Rechnung von Investmentvermögen grundsätzlich **kein Bestandteil der kollektiven Vermögensverwaltung** gewesen sei.[91] Tragendes Argument war hier, dass das KAGB nur vereinzelt Regelungen zur Vergabe von Darlehen für den AIF-Bereich gekannt habe.[92] Diese Rechtsauffassung wird in der Gesetzesbegründung zum OGAW V-UmsG reproduziert und als eigene Auffassung des Gesetzgebers dargestellt.[93]

60 Im Widerspruch hierzu erlaubte die BaFin die **Vergabe von Gesellschafterdarlehen** für Rechnung von AIFs ohne oder nahezu ohne Produktvorgaben, wenn – wie regelmäßig – keine § 32 KWG-Konzession einzuholen war oder wenn das Bankgeschäft auf konzernangehörige Unternehmen beschränkt wurde.[94] Eine Umgehung der KWG-Regeln war in diesen Fällen nicht zu befürchten.

61 Konträr zur restriktiven Haltung der BaFin im Hinblick auf eine Darlehensvergabe war der **Erwerb von unverbrieften Darlehensforderungen** im Rahmen der einschlägigen Produktregulierung indes zulässig.[95] Die Frage nach der Zulässigkeit von anschließenden Darlehensrestrukturierungen oder Prolongationen war in Abhängigkeit von der Rechtslage nach dem KWG zu beurteilen. Waren diese Maßnahmen im KWG als Darlehensgewährung zu qualifizieren, waren sie investmentrechtlich unzulässig.[96]

62 **b) Änderung der Verwaltungspraxis.** Die BaFin hat am 12.5.2015 bekannt gegeben, dass die **Vergabe von Darlehen** sowie die Darlehensrestrukturierung und -prolongation durch AIFs nunmehr als Teil der **kollektiven Vermögensverwaltung** der AIF-KVGs einzuordnen und damit vorbehaltlich etwaiger Produktregeln im KAGB zulässig sind.[97] Für diese Änderung der Verwaltungspraxis bemüht die BaFin verschiedene Argumentationslinien. Zum einen verhalte sich die AIFM-RL in dieser Hinsicht neutral, da sie keine Produktregeln vorsehe und daher der Zulässigkeit der Darlehensvergabe nicht entgegen-

---

[91] BaFin 12.5.2015 – WA 41-Wp 2100 – 2015/0001, Abschn. II.

[92] § 240 KAGB zur Darlehensvergabe an eine Immobilien-Gesellschaft für Rechnung des Immobilien-Sondervermögens. Der mittlerweile entfallene § 93 Abs. 4 KAGB aF, der die Vergabe von Gelddarlehen im Rahmen von Sondervermögen verbot, ging auf Art. 88 OGAW-RL zurück und galt daher nur für den OGAW-Bereich, s. BaFin 12.5.2015 – WA 41-Wp 2100 – 2015/0001, Abschn. IV Nr. 1.

[93] BT-Drs. 18/6744, 64.

[94] BaFin 12.5.2015 – WA 41-Wp 2100 – 2015/0001, Abschn. II.

[95] §§ 221 Abs. 5 S. 1, 222 Abs. 1 S. 1 KAGB zum Erwerb von unverbrieften Darlehensforderungen. Wenn der Verkehrswert der Darlehensforderungen ermittelt werden konnte, durften auch offene und geschlossene Spezial-AIFs unverbriefte Darlehensforderungen erwerben. Gleiches galt für offene inländische Spezial-AIFs mit festen Anlagebedingungen, wenn die Anleger zustimmten, § 284 Abs. 2 Nr. 2 lit. i KAGB.

[96] BaFin 12.5.2015 – WA 41-Wp 2100 – 2015/0001, Abschn. II.

[97] BaFin 12.5.2015 – WA 41-Wp 2100 – 2015/0001, Abschn. IV.

stehe.[98] Zum anderen dürften AIFs unter der EuVECA-VO, der EuSEF-VO und der ELTIF-VO in Darlehen investieren, sodass auch der Unionsgeber von einer Zulässigkeit der Darlehensvergabe auszugehen scheine.[99] Schließlich würde auch die *European Securities and Markets Authority* (ESMA) unter Rekurs auf die vorgenannten Gesichtspunkte sog. *Loan Origination* AIFs (Kreditfonds) für zulässig erachten, was letztlich auch von einigen Mitgliedstaaten (zB Irland und Luxemburg) bereits praktiziert würde.[100]

Da eine gesetzliche Reaktion am Horizont abzusehen war, sollte die Befolgung von – **63** hier nicht weiter untersuchten – Empfehlungen[101] der BaFin für den neu eröffneten Handlungsspielraum den Weg für einen fließenden Übergang ebnen.

II. Gesellschafterdarlehen unter dem KAGB und KWG (Bereichsausnahme)

Mit der Festschreibung der Möglichkeit einer Darlehensgewährung im KAGB wurde diese **64** als gesetzlich zulässiger **Bestandteil der kollektiven Vermögensverwaltung** eingeordnet (§ 20 Abs. 9 S. 1 KAGB). Davon profitieren Darlehensfonds. Diese dürfen nun im Rahmen der noch zu erläuternden KAGB-Regelungen ihr Geschäftsmodell ausüben. Eine andere Frage ist, ob Deutschland aufgrund dieser neuen Restriktionen im Vergleich mit etwa Luxemburg oder Irland auch als Fondsstandort attraktiv ist. Für die Vergabe von Gesellschafterdarlehen hingegen ergeben sich in Abkehr vom vormals liberalen KAGB-Rechtsrahmen nur Einschränkungen.

Die anschließende **Restrukturierung von Darlehen,** zB durch Prolongation, ist eben- **65** so kollektive Vermögensverwaltung und stellt nunmehr anders als im KWG keine Darlehensgewährung dar (§ 20 Abs. 9 S. 2 KAGB).[102] Es verwundert daher nicht, dass in der Literatur bereits erste Stimmen zu vernehmen sind, die diese offenbar sehr weite Möglichkeit zur Restrukturierung einschränken wollen.[103]

Parallel zur Änderung des KAGB wurde auch die **KWG-Bereichsausnahme** angepasst **66** (§ 2 Abs. 1 Nr. 3b, 3c und 3d KWG).[104] Das KAGB ist lex specialis zum KWG. Da die BaFin für Gesellschafterdarlehen generell davon ausgeht, dass diese nicht unter den Tatbestand des Bankgeschäfts fallen (→ Rn. 55), besteht streng genommen keine Notwendigkeit zur Heranziehung der KWG-Bereichsausnahme. Die jetzige Verwaltungsauffassung steht jedoch unter Kritik (siehe ebd.) Es ist nicht ausgeschlossen, dass sich die derzeitige Verwaltungsauffassung wieder in Richtung des Erfordernisses eines qualifizierten Rangrücktritts ändert (→ Rn. 114 ff.).

Die **Reichweite der Bereichsausnahme** gibt das Gesetz vor. Sie gilt zunächst für **67** KVGs und extern verwaltete Investmentgesellschaften. Das typisch deutsche Fondsvehikel der GmbH & Co. KG ist keine Investmentgesellschaft (§ 1 Abs. 11 KAGB). Die Bereichsausnahme muss aber auch für diese Gesellschaften Anwendung finden. Denn auch EU-Investmentvermögen und ausländische AIFs profitieren von der KWG-Bereichsausnahme (§ 2 Abs. 1 Nr. 3d KWG). Auch EU-Verwaltungsgesellschaften und, sofern der Vertrieb der betreffenden Investmentvermögen im Inland nach dem KAGB auf der Basis einer Vertriebsanzeige zulässig ist, ausländische AIF-Verwaltungsgesellschaften fallen unter die Bereichsausnahme (§ 2 Abs. 1 Nr. 3c KWG). Für ausländische AIF-Verwaltungsgesellschaften und ausländische AIFs ist entscheidend, dass der Vertrieb zulässig ist. Irrelevant ist,

---

98 BaFin 12.5.2015 – WA 41-Wp 2100 – 2015/0001, Abschn. III Nr. 1.

99 BaFin 12.5.2015 – WA 41-Wp 2100 – 2015/0001, Abschn. III Nr. 2. So schon *Zetzsche/Marte* RdF 2015, 4 (5).

100 BaFin 12.5.2015 – WA 41-Wp 2100 – 2015/0001, Abschn. III Nr. 3.

101 BaFin 12.5.2015 – WA 41-Wp 2100 – 2015/0001, Abschn. IV; dazu *v. Einem/Schlote* WM 2015, 1925 (1928 f.); *Hanten/v. Tiling* WM 2015, 2122 (2130 f.).

102 BT-Drs. 18/6744, 46.

103 So *Brockhaus/Thiessen* RdF 2017, 31 (33 ff.).

104 Auch die grenzüberschreitend betriebenen Bankgeschäfte können eine Erlaubnispflicht nach KWG auslösen, vgl. BaFin 1.4.2005, Merkblatt zur Erlaubnispflicht von grenzüberschreitend betriebenen Geschäften.

ob der Vertrieb tatsächlich erfolgt. Drittstaaten-AIFMs und AIFs kommen jedoch wegen möglicher Aufsichtsdefizite nur dann in den Genuss der Bereichsausnahme, wenn bei einem Vertrieb nach § 330 KAGB (dh nach dem deutschen Privatplatzierungsregime) nicht nur professionelle Anleger adressiert werden.[105]

68 Die KWG-Bereichsausnahme erwähnt **Zweckgesellschaften** nicht. Diese sind daher KWG-pflichtig. Gerade die Anlagetätigkeiten von EU- und ausländischen AIFMs bzw. AIFs werden hierdurch blockiert. Dieser Befund ist jedoch keineswegs sachgemäß.

69 Sachgemäß ist meines Erachtens ein an bestimmte Voraussetzungen geknüpfter **Look Through** dergestalt, dass die Objektgesellschaft in die Sphäre des AIF zu heben ist. In der Konsequenz kommt auch diese Objektgesellschaft in den Genuss der KWG-Bereichsausnahme.[106] Dabei macht es keinen Unterschied, ob das Darlehen zwecks Darlehensvergabe zunächst in die Kapitalrücklage der Zwischengesellschaft gezahlt oder bereits an diese als Darlehen ausgereicht wird. Der Wortlaut des § 285 KAGB („für Rechnung eines geschlossenen Spezial-AIF") steht nicht entgegen: Auch die Prüfpflichten der Verwahrstellen schließen die Ebene von Objektgesellschaften ein,[107] obwohl bei § 81 Abs. 1 Nr. 2 lit. a KAGB die Rede von dem „Eigentum des inländischen AIF" ist.

70 Vor dem Hintergrund zwingenden Anleger- und Systemschutzes und einer effektiven Aufsicht ist allein zu hinterfragen, welche **Anforderungen an einen Look Through** zu stellen sind, damit das vorstehende Ergebnis aus Aufsichtsperspektive gerechtfertigt sein kann. Im KAGB (ebenso wie in der AIFM-RL) wird das Look Through-Prinzip nicht erwähnt. In der AIFM-VO wird der Look Through-Ansatz nur vereinzelt genannt.[108] Die BaFin rekurriert im Bereich der Verwahrstelle auf die AIFM-VO und nimmt Bezug auf die „direkt oder indirekt vom AIF oder AIFM kontrollierte[n] Finanz- und Rechtsstrukturen"[109]. Art. 90 Abs. 5 AIFM-VO spricht zwar einschränkend von selbst „geschaffen[en]" Strukturen; dies wird man aber sowohl im Sinne einer Gründung als auch eines Erwerbs verstehen dürfen. Andere Anhaltspunkte für die Konturierung eines zweckentsprechenden Look Through-Ansatzes bestehen nicht.

71 Zentral ist damit der Begriff der **Kontrolle,** dessen Bedeutung aber nicht konkretisiert wird. Das ist vor allem deswegen misslich, weil das KAGB in anderen Bereichen justiziable Abgrenzungen kennt (so der formale Kontrollbegriff in § 288 Abs. 1 KAGB oder der Verweis in § 285 Abs. 3 S. 1 Nr. 1 KAGB auf Tochterunternehmen iSd § 290 HGB). Ein Judiz gibt die BaFin indes im Kontext der Übergangsbestimmung § 353 Abs. 1 KAGB. Bei mehrstöckigen Strukturen soll eine Durchschau erfolgen, wenn die Anlageentscheidung *maßgeblich* von dem AIF oder der AIF-KVG *beeinflusst* werden kann; hiervon könne idR bei mehr als 50 Prozent der Stimmrechte (auch mittelbar) ausgegangen werden.[110] Diese Begrifflichkeiten erinnern an das Control-Prinzip und das darauf aufbauende Konzept des *beherrschenden Einflusses* in der HGB-Rechnungslegung. Semantisch scheint der beherrschende Einfluss sogar strenger zu sein. Allerdings wäre für die hiesigen Zwecke ein Gleichlauf mit den Regeln für die Rechnungslegung fehlerhaft. Denn während in der Rechnungslegung die bloße formaljuristische Inhaberschaft der Mehrheit der Stimmrechte für die unwiderlegbare Annahme beherrschenden Einflusses ausreichend ist (§ 290 Abs. 2 Nr. 1 HGB), erfordert der hier ins Feld geführte Look Through im Sinne einer wirksamen Aufsicht vielmehr materiell einen maßgeblichen Einfluss der AIF-KVG bzw. des AIF. Nur so erklärt sich auch die bloße Regelangabe der BaFin zu den Stimmrechten iHv 50 Prozent.

---

[105] BT-Drs. 18/6744, 76 f.

[106] Im Ergebnis wie hier *Bujotzek/Volhard* in Pöllath/Rodin/Wewel, PE und VC Fonds, § 19 Rn. 18 f. für Tochtergesellschaften unter § 285 Abs. 3 S. 3 KAGB.

[107] BaFin 7.10.2015 – Rundschreiben 08/2015 (WA), Abschn. 3.

[108] Erwägungsgründe 26 (Hedging) und 102 (Verwahrstelle); Art. 89 Abs. 3 AIFM-VO, 90 Abs. 5 AIFM-VO (jeweils Verwahrstelle); im Formblatt zur Berichterstattung im Hinblick auf die Eigentümerstruktur des AIF genannt. Dazu auch *Swoboda* in Weitnauer/Boxberger/Anders KAGB, 2. Aufl. 2017, § 288 Rn. 7 ff.

[109] BaFin 7.10.2015 – Rundschreiben 08/2015 (WA), Abschn. 3.

[110] BaFin 18.6.2013 – WA 41-Wp 2137-2013/0343, Abschn. III Ziff. 5 lit. i.

Es scheint gleichwohl nicht ausgeschlossen, dass bloß tatsächliche Beeinflussungsmöglichkeiten ausreichend sein können. Aufgrund der Breite der Interpretationsmöglichkeiten bleibt im Einzelfall nur die Absprache mit der Aufsicht.

III. Anwendungsbereich der neuen Anlagerestriktionen

Regelungstechnisch ist die Vergabe von Darlehen unter dem KAGB grundsätzlich unzulässig. Zulässig ist dies nur, sofern einer der in § 20 Abs. 9 S. 1 KAGB **abschließend aufgelisteten Fälle** vorliegt. Deren Einhaltung ist auch Gegenstand der Abschlussprüfung nach der derzeit konsultierten KAPrüfbV (§ 22c Abs. 1 KAPrüfbV-E). Angesprochen sind die neuen Regelungen des KAGB, aber auch die Darlehensvergabe unter der EuVECA-VO, EuSEF-VO, ELTIF-VO und dem UBGG. Ausreichend ist, wenn die Darlehensvergabe nach *einem* dieser Tatbestände zulässig ist („oder"). Das kann bei Unternehmensbeteiligungsgesellschaften („UBGs") von Bedeutung sein, wenn[111] sowohl das UBGG- als auch das KAGB-Regime zur Anwendung kommen. 72

1. KAGB-Restriktionen

a) Inländische AIFs und Verwaltung durch AIF-Kapitalverwaltungsgesellschaften. 73 Im Mittelpunkt dieses Beitrags stehen die neuen KAGB-Beschränkungen des § 285 KAGB.[112] Diese Regelung ist Teil der Produktregulierung für geschlossene inländische Spezial-AIFs. Durch verschiedene Verweisungsnormen findet die speziell zur Vergabe von Gesellschafterdarlehen vorgesehene Regelung in § 285 Abs. 3 KAGB auch für geschlossene inländische Publikums-AIFs (§ 261 Abs. 1 Nr. 8 KAGB), allgemeine offene inländische Spezial-AIFs (§ 282 Abs. 2 S. 3 KAGB) und offene inländische Spezial-AIFs mit festen Anlagebedingungen (§ 284 Abs. 5 KAGB) Anwendung. Wesentliche Erkenntnis ist damit zunächst, dass die besonderen Regelungen zur Darlehensvergabe allein für **inländische Fonds** gelten. Diese Normen adressieren zudem ausschließlich **AIF-KVGs.** AIF-KVGs sind nach der Legaldefinition des § 1 Abs. 16 KAGB Kapitalverwaltungsgesellschaften **gem. § 17 KAGB,** die mindestens einen AIF verwalten oder zu verwalten beabsichtigen. Aus § 17 KAGB folgt, dass es um Unternehmen geht, deren Sitz und Hauptverwaltung im Inland sind. Ferner folgt aus der Einbettung von § 17 KAGB in Kapitel 1 Abschnitt 2 des KAGB, dass es erlaubnispflichtige KVGs sein müssen.[113]

Doch auch im **registrierungspflichtigen Bereich** gelten die Restriktionen des § 285 KAGB in unterschiedlichem Umfang über verschiedene Verweisungsnormen (§§ 2 Abs. 4 S. 1 Nr. 4, 2 Abs. 4a S. 1 und § 2 Abs. 5 S. 1 Nr. 8 KAGB).[114] Die zum Teil in Bezug genommenen Verwalteranforderungen (§§ 26 Abs. 1, 2 und 7, 28 Abs. 1, 2 und 5, 29 Abs. 1, 2, 5 und 5a, 30 Abs. 1–4 KAGB) sind aus Gründen der Verhältnismäßigkeit nur bei einer Darlehensvergabe nach § 285 Abs. 2 KAGB anwendbar, nicht jedoch, soweit nur Darlehensforderungen erworben, gehalten oder restrukturiert werden oder es sich um Gesellschafterdarlehen nach § 285 Abs. 3 KAGB handelt.[115] Zu besonderen Anforderungen an die externe Rechnungslegung und Prüfung → 95 f. 74

---

[111] *Silberberger* in Weitnauer/Boxberger/Anders KAGB, 1. Aufl. 2014, Anhang 1 Rn. 5 ff.; *Swoboda* in Weitnauer/Boxberger/Anders KAGB, 2. Aufl. 2017, § 285 Rn. 3.

[112] Nicht weiter beleuchtet: § 240 KAGB (Darlehensgewährung an Immobilien-Gesellschaften); insoweit wird auf die Spezialkommentierungen hierzu verwiesen.

[113] Wie hier BaFin 10.1.2017 – Rundschreiben 01/2017 (WA) Rn. 2.1; aA BaFin 11.12.2018, Auslegungs- und Anwendungshinweise zum GWG, I.1.7.

[114] Dabei ist für kleine Publikums-AIFMs zu berücksichtigen, dass die Regelung des § 2 Abs. 5 S. 1 Nr. 6 iVm § 261 Abs. 1 Nr. 8 KAGB nur für Publikums-AIFs gilt. Für Spezial-AIFs ist auch der Anwendungsbereich des § 2 Abs. 5 S. 1 Nr. 8 iVm § 285 Abs. 2 KAGB eröffnet.

[115] BegrRegE BT-Drs. 18/6744, 42 f.

75 **b) Inländische Spezial-AIFs und Inbound-Verwaltung.** Die Produktregulierung für inländische AIFs kommt auch bei einer Verwaltung durch einen EU-AIFM oder ausländischen AIFM zur Anwendung **(sog. Inbound-Verwaltung).**

76 **EU-AIFMs** müssen unabhängig davon, ob sie im Inland eine Zweigniederlassung errichten oder die Verwaltung im Wege des grenzüberschreitenden Dienstleistungsverkehrs erbringen, die besondere Produktregulierung für den inländischen Spezial-AIF einhalten (§ 54 Abs. 5 KAGB). Dies verstößt nicht gegen Art. 33 Abs. 5 AIFM-RL. Danach dürfen dem EU-AIFM von dem Aufnahmemitgliedstaat – also der Bundesrepublik Deutschland (BRD) – in den von der AIFM-RL erfassten Bereichen keine zusätzlichen Anforderungen auferlegt werden. Die AIFM-RL kennt jedoch gerade keine Produktregulierung.

77 Ein **ausländischer AIFM** kann bei Nutzung des Drittstaaten-Verwalter-Passes einen inländischen Spezial-AIF ungeachtet dessen verwalten, ob die BRD oder ein anderer EU-Mitgliedstaat bzw. EWR-Vertragsstaat der Referenzmitgliedstaat des ausländischen AIFM ist (§§ 57, 66 KAGB). Der Drittstaaten-Pass existiert allerdings noch nicht. Als politisches Projekt ist er angesichts aktueller Entwicklungen wie Brexit und Panama Papers vorerst zum Erliegen gekommen, nachdem die ESMA in der Vergangenheit bereits für verschiedene Drittstaaten (zB Guernsey und Jersey) eine positive Einschätzung abgegeben hatte.[116] Sollte der Drittstaaten-Pass kommen, wäre in diesen Fällen die neue Produktregulierung einzuhalten. In der Konstellation, dass die BRD der Referenzmitgliedstaat ist, heißt es in § 57 Abs. 2 S. 1 KAGB, der ausländische AIFM müsse die „gleichen Bestimmungen nach diesem Gesetz" einhalten wie AIF-KVGs, die Spezial-AIFs verwalten. In der Literatur wird mit Blick auf Art. 37 Abs. 2 AIFM-RL zwar darauf hingewiesen, dass damit nur solche Normen gemeint sein könnten, die der Umsetzung der AIFM-RL dienten.[117] Die Produktregulierung muss jedoch aus zwei zwingenden Gründen zur Anwendung gelangen. Zum einen ist sie sogar bei einem ausländischen AIFM zu berücksichtigen, dessen Referenzmitgliedstaat nicht die BRD ist und der einen inländischen Spezial-AIF verwaltet (§ 66 Abs. 5 KAGB). Zum anderen wäre es unverständlich, wieso ausländische AIFMs insoweit gegenüber EU-AIFMs und AIF-KVGs privilegiert werden sollten.

78 Diese EU-AIFMs und ausländischen AIFMs müssen anders als AIF-KVGs mangels entsprechender Verweise weder die besonderen Anforderungen an das **Risikomanagement** gem. § 29 Abs. 5a KAGB bei einer Darlehensvergabe nach § 285 Abs. 2 KAGB noch das **Millionenkredit-Reporting** nach § 34 Abs. 6 KAGB einhalten.

79 **c) Keine Anwendung auf EU-AIFs oder ausländische AIFs bei Outbound-Verwaltung.** Eine Ausdehnung des Anwendungsbereiches der nationalen Produktregulierung auch auf EU-AIFs oder ausländische AIFs bei einer Verwaltung durch AIF-KVGs oder ausländische AIFMs, deren Referenzmitgliedstaat die BRD ist **(sog. Outbound-Verwaltung),** kommt nicht in Betracht. Die Spezialregelungen der §§ 53, 55, 65 KAGB sehen keine entsprechenden Verweise vor. Dass die allgemeine Regelung des § 57 Abs. 2 S. 1 KAGB nun hiervon abweichend so zu verstehen sein soll, dass der ausländische AIFM bei Verwaltung eines EU-AIF die nationale Produktregulierung des KAGB einhalten muss, ist fernliegend. Eine zu vermeidende Privilegierung von ausländischen AIFMs ist anders als in Inbound-Verwaltungskonstellationen (→ Rn. 77) nicht zu gewärtigen.

---

[116] Zunächst ESMA/2015/1236 vom 30.7.2015, ESMA's advice to the European Parliament, the Council and the Commission on the application of the AIFMD passport to non-EU AIFMs and AIFs, Abschn. 2. Die Kommission hat die ESMA sodann mit Schreiben vom 17.12.2015, Ares(2015)6454561, gebeten, bis zum 30.6.2016 ihre Bewertung für die bislang diskutierten und weitere Jurisdiktionen abzuschließen. Dazu nun ESMA/2016/1140 vom 18.7.2016 bzw. 12.9.2016, ESMA's advice to the European Parliament, the Council and the Commission on the application of the AIFMD passport to non-EU AIFMs and AIFs. Vgl. ergänzend auch die Rede von Steven Maijoor bei ESMA/2016/1459 vom 11.10.2016.

[117] *Klebeck* in Weitnauer/Boxberger/Anders KAGB, 2. Aufl. 2017, § 57 Rn. 31 f.; in diese Richtung wohl auch *Engler* in Frankfurter Komm KapAnlR KAGB § 57 Rn. 36 f.; aA *Geurts* in Baur/Tappen Investmentgesetze KAGB § 57 Rn. 10, der auch § 18 KAGB für anwendbar hält.

d) Keine Anwendung auf EU-AIFs oder ausländische AIFs bei Vertrieb an (semi-) professionelle Anleger. Für den Inbound- und Outbound-Vertrieb per Pass nach den §§ 321 ff. KAGB sowie §§ 331 ff. KAGB ist die **Anwendung der Vergaberestriktionen keine Voraussetzung.** Für den Inbound-Vertrieb ausländischer AIFs durch AIF-KVGs, EU-AIFMs und ausländische AIFMs nach dem nationalen Vertriebsregime der § 329 und § 330 KAGB gilt nichts Abweichendes. Wenn die AIF-KVG die „Anforderungen dieses Gesetzes" einzuhalten hat (§ 329 Abs. 1 S. 1 Nr. 1 lit. a und Nr. 2 KAGB), dann sind mit Blick auf den dort ebenso geregelten Gleichlauf mit EU-AIFMs und unter Heranziehung der Gesetzesmaterialien nur die umgesetzten Bestimmungen der AIFM-RL gemeint.[118] 80

e) EU-AIFs und ausländische AIFs und der Vertrieb an Privatanleger. Der Vertrieb eines EU-AIF durch seinen EU-AIFM und der Vertrieb eines ausländischen AIF durch seinen ausländischen AIFM an Privatanleger in der BRD ist nur zulässig, wenn die Anlagebedingungen des geschlossenen AIF die **Einhaltung der nationalen Produktregulierung** des § 261 Abs. 1 Nr. 8 KAGB, dh die besonderen Anforderungen an eine Vergabe von Gesellschafterdarlehen, sicherstellen (§ 317 Abs. 1 Nr. 7 lit. c KAGB). 81

2. Sonstige Vergaberestriktionen

a) EuVECA-VO. Den Anfang macht die Darlehensvergabe nach der erst Ende 2017 revidierten EuVECA-VO.[119] Bislang galt diese nur für Verwalter von AIFs, (i) deren verwaltete Vermögenswerte bei nicht hebelfinanzierten und für einen Zeitraum von fünf Jahren geschlossenen AIFs nicht über 500 Millionen Euro hinausgehen, (ii) die in der Union niedergelassen sind, (iii) einer **Registrierung** in ihrem Herkunftsland unterliegen und (iv) qualifizierte Risikokapitalfonds (EuVECAs) verwalten. Für vollregulierte Manager stand das EuVECA-Regime ausschließlich dann zur Verfügung, wenn diese als zunächst registrierter Manager den Schwellenwert von 500 Millionen Euro überschritten. Nunmehr können **vollregulierte Manager** ihre Fonds unter der Bezeichnung „EuVECA" losgelöst von dem Erfordernis einer vorherigen Registrierung in der EU vertreiben. 82

EuVECA-Manager müssen mindestens 70 Prozent einer bestimmten Bemessungsgrundlage (im Folgenden **„Fondskapital-EuVECA"**) in **qualifizierte Anlagen** investieren (Art. 5 Abs. 1 EuVECA-VO). Das Fondskapital-EuVECA wird gebildet aus dem aggregierten eingebrachten und noch nicht eingeforderten zugesagten Kapital, berechnet auf der Grundlage der Beträge, die nach Abzug aller einschlägigen Kosten sowie der Kassenbestände und vergleichbarer liquider Mittel für Anlagen zur Verfügung stehen. Einschlägige Kosten sind Gebühren, Abgaben und Aufwendungen, die direkt oder indirekt von den Anlegern getragen werden und die zwischen dem Verwalter eines qualifizierten Risikokapitalfonds und den Anlegern dieses Fonds vereinbart werden. 83

Zu den qualifizierten Anlagen gehören auch **Darlehen an qualifizierte Portfolio-Unternehmen,** an denen der Fonds bereits mit qualifizierten Anlagen (zB Eigenkapital) beteiligt ist. Für diese Darlehen besteht jedoch ein **Cap bei 30 Prozent** des aggregierten eingebrachten und noch nicht eingeforderten zugesagten Kapitals des Fonds. Ein Rekurs auf die sich nach Abzug aller einschlägigen Kosten sowie der Kassenbestände und vergleichbarer liquider Mittel errechnende Bemessungsgrundlage erfolgt nicht.[120] Dieser Cap von 30 Prozent stand zunächst auch im Gesetzgebungsverfahren zum OGAW V-UmsG Pate, wurde jedoch nach verbandsseitigem Widerstand in der Beschlussempfehlung des Finanzausschusses angehoben. Die Revision der EuVECA-VO ist an diesem Punkt vorbeigegan- 84

---

[118] BT-Drs. 17/12294, 291.

[119] Verordnung (EU) 2017/1991 des Europäischen Parlaments und des Rates vom 25.10.2017 zur Änderungen der Verordnung (EU) Nr. 345 über Europäische Risikokapitalfonds und der Verordnung (EU) Nr. 346/2013 über Europäische Fonds für soziales Unternehmertum, ABl. L 293, S. 1.

[120] *Weitnauer* in Weitnauer/Boxberger/Anders KAGB, 2. Aufl. 2017, Anhang 2 EuVECA-VO Art. 3 Rn. 12.

gen, obwohl branchenseitig im Rahmen der Konsultation zur geänderten EuVECA-VO Unmut über diese Limitierung geäußert wurde.[121]

85 Daneben können auch **eigenkapitalähnliche Instrumente** qualifizierte Anlagen sein. Bei diesen ist keine Deckelung zu berücksichtigen. Eigenkapitalähnliche Mittel sind Finanzinstrumente, die aus Eigenkapital und Fremdkapital zusammengesetzt sind und bei denen sich die Rendite nach dem Gewinn oder Verlust des qualifizierten Portfolio-Unternehmens bemisst und bei denen die Rückzahlung des Instruments im Fall der Zahlungsunfähigkeit nicht vollständig gesichert ist (Art. 3 UAbs. 1 lit. h EuVECA-VO). Eigenkapital ist die Beteiligung an einem Unternehmen in Form von Anteilen oder anderen für seine Anleger begebenen Formen der Beteiligung am Kapital des qualifizierten Portfolio-Unternehmens (Art. 3 UAbs. 1 lit. g EuVECA-VO). Zu diesen Mischformen der Finanzinstrumente sollen nach Erwägungsgrund 16 EuVECA-VO eine Vielzahl von Finanzinstrumenten wie zB nachgeordnete Darlehen, stille Beteiligungen, Beteiligungsdarlehen, Genussrechte, Wandelschuldverschreibungen und Optionsanleihen zählen.[122]

86 Nach dem hiesigen Verständnis sollen die Elemente der Gewinn-/Verlustbeteiligung und der nicht vollständigen Sicherung der Rückzahlung im Fall der Zahlungsunfähigkeit bereits erschöpfend die Anforderungen an das **Element des Eigenkapitals** wiedergeben. Bei Gesellschafterdarlehen existieren gesetzlich verankerte Entnahme- und Ausschüttungssperren, soweit die Zahlungen an die Gesellschafter zur Zahlungsunfähigkeit der Gesellschaft führen. Bereits durch diese Sperren ist die Rückzahlung im Fall der Zahlungsunfähigkeit nicht vollständig gesichert. In anderen Fällen erfüllt ein qualifizierter Rangrücktritt im bankaufsichtlichen Sinne das Erfordernis der nicht vollständigen Sicherung der Rückzahlung im Fall der Zahlungsunfähigkeit. Daher sind keine weitergehenden Anforderungen an die Rangtiefe zu stellen. Ein Rangrücktritt, bei dem der Gläubiger – wie noch vor dem MoMiG üblich – erklärt, er wolle erst nach der Befriedigung sämtlicher Gesellschaftsgläubiger und auch nicht vor, sondern nur zugleich mit den Einlagerückgewähransprüchen seiner Mitgesellschafter berücksichtigt werden, ist zur Angleichung an das Eigenkapital-Element nicht erforderlich.

87 Da bei typischen Gesellschafterdarlehen ein **fester Zinssatz** für den noch ausstehenden Betrag gezahlt wird, wird jedoch nicht der Gewinn oder Verlust des Portfolio-Unternehmens als Bemessungsgrundlage herangezogen. Eine Qualifikation als eigenkapitalähnliches Instrument und demnach eine Vergabe außerhalb des 30-Prozent-Caps ist aber möglich, wenn das Gesellschafterdarlehen wie ein partiarisches Darlehen (also ein Beteiligungsdarlehen) mit einer Gewinnbeteiligung ausgestaltet ist. Gesellschafterdarlehen, in denen beide Renditemechanismen kombiniert werden, können nach dem hiesigen Verständnis des Wortlauts („die Rendite“) auch dann nicht eigenkapitalähnliche Instrumente sein, wenn die Gewinnbeteiligung wirtschaftlich die maßgebende Rendite darstellen soll.

88 **b) EuSEF-VO.** Eine Darlehensvergabe ist auch nach der Ende 2017 revidierten EuSEF-VO möglich. Diese gilt nunmehr ebenso einerseits für **registrierte Verwalter,** andererseits für **vollregulierte Manager.** Erstere sind wie bei der EuVECA-VO mutatis mutandis Verwalter von AIFs, (i) deren verwaltete Vermögenswerte bei nicht hebelfinanzierten und für einen Zeitraum von fünf Jahren geschlossenen AIFs nicht über 500 Millionen Euro hinausgehen, (ii) die in der Union niedergelassen sind, (iii) einer Registrierung in ihrem Herkunftsland unterliegen und (iv) qualifizierte Fonds für soziales Unternehmertum (EuSEFs) verwalten. Diese Verwalter müssen mindestens 70 Prozent des Fondskapitals (wie bei EuVECA) in qualifizierte Anlagen investieren (Art. 5 Abs. 1 EuSEF-VO). Zu den qualifizierten Anlagen gehören auch **Darlehen an qualifizierte Portfolio-Unternehmen.** Es existieren keine weiteren Einschränkungen wie etwa das Erfordernis einer bereits bestehen-

[121] Konsultation abrufbar unter http://ec.europa.eu/finance/consultations/2015/venture-capital-funds/index_en.htm (zuletzt abgerufen am 10.2.2019).
[122] *Weitnauer* in Weitnauer/Boxberger/Anders KAGB, 2. Aufl. 2017, Anhang 2 EuVECA-VO Art. 3 Rn. 12.

den Beteiligung oder ein Cap. Ein Ausweichen auf die Strukturierung als Mezzanine-Instrument (dh eigenkapitalähnliches Instrument) wie bei der EuVECA-VO ist damit nicht notwendig.

c) ELTIF-VO. Die ELTIF-VO ermöglicht ebenso die Vergabe von Darlehen. Im Unterschied zu den vorstehenden Verordnungen muss ein Verwalter eines ELTIF zwingend über eine **Erlaubnis gemäß der AIFM-RL** verfügen. 70 Prozent des Fondskapitals sind in zulässige Anlagevermögenswerte anzulegen (Art. 13 Abs. 1 ELTIF-VO). Während die Bemessungsgrundlage ebenso einen Abzug sämtlicher direkt oder indirekt von den Anlegern getragener Gebühren, Kosten und Aufwendungen vorsieht, erfolgt im Unterschied zum Fondskapital-EuVECA (wie auch bei EuSEF) allerdings kein Abzug der Kassenbestände und vergleichbarer liquider Mittel. Zu den zulässigen Anlagevermögenswerten gehören auch **an qualifizierte Portfolio-Unternehmen gewährte Darlehen**[123] mit einer Laufzeit, die die Laufzeit des ELTIF nicht übersteigt. Es gibt kein Erfordernis einer bereits bestehenden Beteiligung. Allerdings besteht für ELTIFs ein Cap bei 10 Prozent des Fondskapitals für Darlehen an einzelne Unternehmen. Im Unterschied zur EuVECA-VO erfolgt damit eine Bezugnahme auf die sich nach Abzug von Gebühren, Kosten und Aufwendungen errechnende Bemessungsgrundlage. Eine Erhöhung auf 20 Prozent ist nur möglich, sofern der Wert der Vermögenswerte des ELTIF in qualifizierte Portfolio-Unternehmen und einzelne Sachwerte, in die mehr als 10 Prozent des Fondskapitals investiert werden, nicht über 40 Prozent des Werts des Fondskapitals des ELTIF hinausgeht (also 2 x 20 Prozent möglich).[124] 89

d) UBGG. Unverändert kennen die §§ 3 Abs. 2 UBGG, 4 Abs. 7 UBGG für UBGs Anlagegrenzen für Gesellschafterdarlehen. Es gibt inländische UBGs (Sitz und Geschäftsleitung im Inland) und EU-UBGs (Sitz in EU oder EWR). Eine im Vergleich zum Eigenkapitaleinsatz disproportionale Beteiligung durch Gesellschafterdarlehen ist **bis zur Höhe des dreifachen der Anschaffungskosten** der bereits gehaltenen Beteiligung möglich, sofern zusammen mit dem Buchwert dieser Beteiligung nicht auch die Schwelle von 30 Prozent der Bilanzsumme der UBG übertreten wird. Der Gesamtbetrag für Darlehen (insgesamt) darf 30 Prozent der Bilanzsumme der UBG nicht übersteigen. Davon unabhängig können UBGs eine gemeinsame Schnittmenge von KAGB und UBGG bilden. 90

IV. KAGB-Einschränkungen für die Vergabe von Gesellschafterdarlehen

Nukleus der neuen Regulierung ist § 285 KAGB als Regelung für geschlossene Spezial-AIFs. § 285 Abs. 2 KAGB adressiert allgemein die Vergabe von Gelddarlehen durch eine AIF-KVG für Rechnung des AIF (Darlehensfonds). **§ 285 Abs. 3 KAGB** sieht aufgrund der Bedeutung von Gesellschafterdarlehen im Private Equity-Bereich gewisse verbandsseitig erreichte „Privilegien" für den Fall vor, dass der Spezial-AIF bereits an dem darlehensnehmenden Unternehmen beteiligt ist. Ein Gesellschafterdarlehen kann *alternativ* entweder nach § 285 Abs. 2 KAGB oder nach § 285 Abs. 3 KAGB ausgereicht werden.[125] Geschlossene Publikums-AIFs hingegen dürfen nur in Gelddarlehen nach § 285 Abs. 3 S. 1 und 3 investieren, der mit einigen Modifikationen entsprechend anzuwenden ist (§ 261 Abs. 1 Nr. 8 KAGB). 91

Zu unterscheiden ist zwischen dem **Erwerb und** der **Vergabe von Darlehen.** Ersterer wird von § 285 Abs. 2 und 3 KAGB nicht eingeschränkt.[126] Darlehensrestrukturierungen nach Erwerb werden nicht vom KAGB limitiert (§ 20 Abs. 9 S. 2 KAGB). Die Einstufung 92

[123] In der deutschen Umsetzung heißt es fehlerhaft „Kredite", während die englische Fassung – wie bei der EuVECA-VO und EuSEF-VO, bei denen es im Deutschen auch „Darlehen" heißt – von „loans" spricht. Avale etc dürften demnach nicht gewährt werden.
[124] *Zetzsche* ZBB 2015, 362 (368).
[125] BT-Drs. 18/7393, 77.
[126] *Krause* in Beckmann/Scholtz/Vollmer Investment-HdB Losebl. (Stand: 6/16) 405 KAGB § 285 Rn. 8.

als erlaubnispflichtiges Bankgeschäft unter dem KWG (so etwa die Prolongation) führt nicht zu Implikationen für das KAGB.[127] Im Bereich der geschlossenen Publikums-AIFs ist ein Forderungserwerb hingegen nicht möglich (§ 261 Abs. 1 KAGB).[128]

1. Produktregeln für Darlehensfonds

93 **a) Überblick.** § 285 Abs. 2 KAGB dient der Market Governance, mithin dem Systemschutz. Die **Gesetzesbegründung** nennt einen bunten Strauß an Gesichtspunkten, die im Kontext der Darlehensvergabe zusammen zur Anfälligkeit des Finanzsystems beitrügen und deshalb adressiert werden müssten, ua die Gefahr eines „run" von Anlegern.[129] Diese Gefahr wird mit der neuen Architektur der Darlehensvergabe verhindert, da offene Spezial-AIFs nur Gesellschafterdarlehen nach § 285 Abs. 3 KAGB ausreichen dürfen (§§ 282 Abs. 2 S. 3, 284 Abs. 5 KAGB)[130] und geschlossene AIFs keine Rückgaberechte gewähren können.

94 Nach **§ 285 Abs. 2 KAGB** darf die AIF-KVG für Rechnung des geschlossenen Spezial-AIF Gelddarlehen nur unter den folgenden Bedingungen gewähren **(Produktregeln):**

1. für den geschlossenen Spezial-AIF werden Kredite nur bis zur Höhe von 30 Prozent des hier genannten Fondskapitals (→ Rn. 97) aufgenommen;
2. das Gelddarlehen wird nicht an Verbraucher iSd § 13 BGB vergeben; und
3. an einen Darlehensnehmer werden Gelddarlehen nur bis zur Höhe von insgesamt 20 Prozent des Fondskapitals vergeben.

95 Abgesehen von diesen Produktregeln existieren auch besondere **Anforderungen an die AIF-KVG.** Bei einer Darlehensvergabe nach § 285 Abs. 2 KAGB muss eine AIF-KVG zunächst die allgemeinen Verhaltens- und Organisationspflichten (insbesondere personelle Ressourcen) einhalten. Daneben müssen die Verwalter eine angemessene Aufbau- und Ablauforganisation als Ausprägung des Risikomanagements vorhalten, die insbesondere die Einrichtung eigener Prozesse für die Kreditbearbeitung, die Kreditbearbeitungskontrolle und die Behandlung von Problemkrediten vorsieht (§ 29 Abs. 5a S. 1 KAGB). Selbiges gilt – nicht jedoch im bloß registrierungspflichtigen Bereich – bei einem Erwerb unverbriefter Darlehensforderungen. Einzelheiten hierzu sind den KAMaRisk aus Januar 2017 zu entnehmen, die an dieser Stelle aus Raumgründen nicht weiter vertieft werden sollen.[131] Die besagten Prozesse sind Gegenstand der Abschlussprüfung (§ 22d Abs. 1 KAPrüfbV-E). Eine Vergabe von Gesellschafterdarlehen mit einer Erlaubnis oder Registrierung, die auch § 285 Abs. 2 KAGB einschließt, ist daher nicht attraktiv.

96 Bei einer Darlehensvergabe durch Fonds nach § 285 Abs. 2 KAGB unterliegen ausnahmsweise sogar AIF-KVGs nach § 2 Abs. 4 KAGB besonderen Vorschriften für den **Jahresbericht, den Lagebericht und die Prüfung des geschlossenen Spezial-AIF** (§ 48a KAGB). Die zurzeit konsultierte KARBV sieht zudem für Gelddarlehen nach § 285 Abs. 2 KAGB einen neuen § 34a KARBV-E vor. Dieser verweist zur Bewertung der Darlehensforderungen auf § 28 KARBV und gibt nicht abschließend aufgezählte Parameter (wie den Zinssatz oder die Restlaufzeit) vor, die mit Hilfe eines Bewertungsmodells zu berücksichtigen sind. Dies ist wohl auch für AIF-KVGs nach § 2 Abs. 4 KAGB maßgebend. Zwar wird für diese AIF-KVGs die Ermächtigungsgrundlage zu den Bewertungsregeln der KARBV (§ 168 Abs. 8 KAGB) nicht in Bezug genommen. Über die anwendbaren Vorschriften zur Rechnungslegung ergibt sich aber durchaus ein Verweis auf die

[127] BT-Drs. 18/6744, 46.

[128] *Zetzsche/Marte* RdF 2015, 4 (13) befürworten weitergehend generell den Erwerb unverbriefter Darlehensforderungen durch geschlossene Publikums-AIFs.

[129] BT-Drs. 18/6744, 64; European Systemic Risk Board, Press Release 31.3.2014; ESMA/2015/526 vom 11.3.2015, 53 f.

[130] BT-Drs. 18/6744, 65; *Zander* DB 2016, 331 (332).

[131] BaFin 10.1.2017 – Rundschreiben 01/2017 (WA) Rn. 5; *Egbers/Loff* ZBB 2017, 309 (314 ff.); krit. aus dem Blickwinkel von Venture Debt Fonds *Thom/Durre* WM 2018, 502 (505 ff.).

speziellen Bewertungsregeln (§ 48a KAGB iVm § 46 S. 1 KAGB iVm § 135 Abs. 11 KAGB iVm § 21 Abs. 3 S. 2 KARBV-E). Dass § 48a KAGB nicht in § 2 Abs. 4 KAGB wiedergegeben wird, ist fehlerhaft.

b) Bemessungsgrundlage: Fondskapital. Unter **Fondskapital** versteht der Gesetzgeber das aggregierte eingebrachte Kapital und noch nicht eingeforderte zugesagte Kapital, berechnet auf der Grundlage der Beträge, die nach Abzug sämtlicher direkt oder indirekt von den Anlegern getragener Gebühren, Kosten und Aufwendungen für Anlagen zur Verfügung stehen. Im Unterschied zum Fondskapital-EuVECA erfolgt im KAGB, wie bei der ELTIF-VO, kein Abzug von Kassenbeständen und vergleichbarer liquider Mittel. Die Bemessungsgrundlage des Fondskapitals ist defizitär, weil dem Wortlaut nach das *noch nicht eingebrachte, aber eingeforderte zugesagte Kapital* exkludiert scheint. Dieses ist jedoch einzubeziehen, da bei sachgerechter Auslegung vielmehr die Begriffspaare „eingebracht" und bloß „zugesagt" im Mittelpunkt stehen. Etwas anderes gilt, falls das Kapital uneinbringlich ist.[132] 97

Noch ungeklärt ist, ob nur das **Anlegerkapital als Ausgangspunkt zur Berechnung der Bemessungsgrundlage** heranzuziehen ist. Da nach dem Wortlaut nur solche, vereinfacht gesprochen, Kostenpositionen abzuziehen sind, die von den Anlegern getragen werden, liegt dies nahe.[133] Es wird aber auch (ohne nähere Begründung) das Gegenteil vertreten.[134] Für die Gegenposition lässt sich anführen, dass es dem Wortlaut nach auf das „für Anlagen zur Verfügung" stehende Kapital ankommt und auch das Gründerkapital Investitionskapital bildet. Doch wird man dem entgegenhalten müssen, dass die in § 285 Abs. 2 (und 3) KAGB aufgenommenen Restriktionen dem Anlegerschutz dienen. So wäre nicht einzusehen, wieso etwa die Risikodiversifizierungsvorgabe von 20 Prozent des Fondskapitals auch das Gründerkapital inkludieren sollte. In § 285 Abs. 2 und 3 KAGB wird aber allein ein einheitlicher Begriff des Fondskapitals verwendet. Auch ist fraglich, ob Gründerkapital im Sinne des KAGB „zugesagt" wird oder ob nicht – was näherliegt – hiermit die typischerweise von den Anlegern getroffene Zusage in den Zeichnungsunterlagen gemeint ist. Nicht extern eingesammeltes Kapital (also das der Initiatoren) darf nicht einbezogen werden. Zwar können natürliche Personen aus dem Lager des AIFM als semiprofessionelle Anleger zu qualifizieren sein (§ 1 Abs. 19 Nr. 33 lit. b KAGB). Doch wurde dieser Weg nur beschritten, um im Hinblick auf die verpflichtend zu beziehenden Fondsanteile im Rahmen der variablen Vergütung (§ 37 Abs. 2 KAGB iVm Anhang II Abs. 1 lit. m AIFM-RL) den Fondsstatus als Spezial-AIF zu sichern.[135] 98

Da es bei § 285 Abs. 2 KAGB um die Tätigkeit des „Gewährens" geht, hat die Berechnung des Fondskapitals und die Überprüfung der Anlagerestriktionen für den **Zeitpunkt des Gewährens** zu erfolgen,[136] dh des Abschlusses des Darlehensvertrages (→ Rn. 102). Dabei wird eine vollumfänglich belastbare Berechnung des Fondskapitals in Ansehung der abzuziehenden Positionen der direkt oder indirekt von den Anlegern getragenen Gebühren, Kosten und Aufwendungen nicht möglich sein. Für zu prognostizierende Kosten etc wird man versuchen müssen, mit möglichst nachvollziehbaren Pauschalbeträgen zu arbeiten. Diese sollten dokumentiert werden. 99

***Carry*-Zuweisungen** sind keine derartigen Kosten.[137] Dies ist begrifflich nicht selbstverständlich. Denn die BaFin ordnet den *Carried Interest* in ihren Musterbausteinen für 100

---

[132] *Paul* GWR 2016, 224 (225); anschl. *Bujotzek/Volhard* in Pöllath/Rodin/Wewel, PE und VC Fonds, § 19 Rn. 6.

[133] Wie hier *Paul* GWR 2016, 224 (225).

[134] So *Bujotzek/Volhard* in Pöllath/Rodin/Wewel, PE und VC Fonds, § 19 Rn. 6 f., die in der Konsequenz auch die dem Co-Investment der Sponsoren im Fonds zuzuordnenden Gebühren, Kosten und Aufwendungen in Abzug bringen wollen.

[135] Dies ist bei Lichte besehen dieselbe Diskussion wie zur Frage, ob bei intern eingesammeltem Kapital überhaupt ein AIF vorliegt. Wie hier *Eckhold/Bolzer* in Assmann/Schütze HdB KapitalanlageR § 22 Rn. 20; *Gottschling* in Frankfurter Komm KapAnlR Bd. 1 KAGB § 1 Rn. 106; aA *Zetzsche/Preiner* WM 2013, 2101 (2105).

[136] Ebenso *Paul* GWR 2016, 224 (227).

[137] Ebenso *Bujotzek/Volhard* in Pöllath/Rodin/Wewel PE und VC Fonds § 19 Rn. 7.

Kostenklauseln geschlossener Publikumsinvestmentvermögen (genauer: Publikums-AIFs) durchaus als laufende Kosten ein.[138] Dies geschieht allerdings in dem völlig anders gelagerten Kontext der Genehmigung der Anlagebedingungen von Publikums-AIFs zum Zwecke der Transparenz. Die Anlagebedingungen müssen zwingend Angaben darüber enthalten, nach welcher Methode, in welcher Höhe und auf Grund welcher Berechnung die Vergütungen und Aufwendungserstattungen aus dem Investmentvermögen an die Verwaltungsgesellschaft, die Verwahrstelle und Dritte zu leisten sind (§ 266 Abs. 2 S. 1 iVm § 162 Abs. 2 Nr. 11 KAGB). *Carried Interest*-Zahlungen sind insoweit in den Augen der Aufsicht nichts anderes als Kosten, die den Anlegern in Rechnung gestellt werden. Bei § 285 Abs. 2 KAGB geht es indes darum, eine im Spiegel des Anlegerschutzes sinnvolle Kapitalbasis zu errechnen. Da *Carried Interest* aus den Gewinnen des Fonds gezahlt wird und damit nicht die zur Anlage zur Verfügung stehende Kapitalbasis mindert, ist er in diesem Kontext nicht als Kostenposition zu qualifizieren.

101 c) **Begriff des Gelddarlehens.** Entscheidendes Tatbestandsmerkmal in § 285 Abs. 2 KAGB ist der Begriff des Gelddarlehens. Eine Legaldefinition existiert nicht. In der Gesetzesbegründung werden die Vergabe von Gelddarlehen und Kreditgewährung stets synonym benutzt. Das ist ungenau, ist doch jedes Darlehen zwar ein Kredit, aber nicht jeder Kredit (wie zB ein Aval) ein Darlehen. In der Gesetzesbegründung heißt es ferner, der Begriff des Gelddarlehens sei nach **zivilrechtlichen und gesellschaftsrechtlichen Grundsätzen** zu bestimmen.[139] Begriffsparallelen wie im KWG für Millionenkredite und Kredite nach §§ 15–18 KWG oder in der CRR für Großkredite sind damit grundsätzlich irrelevant.

102 Ist das Zivilrecht maßgeblich, geht es um **Darlehen im Sinne von § 488 BGB.** Es bestehen dann keine durchgreifenden Bedenken, wieso man in dieser Konsequenz nicht auch, wie die BaFin im Rahmen ihrer Ausführungen zum KWG-Kreditgeschäft, bereits den bloßen Abschluss eines Darlehensvertrages als Gewährung eines Gelddarlehens ausreichen lassen sollte.[140] Erforderlich ist jedenfalls, dass die in Rede stehende Vertragskonstruktion auch zivilrechtlich als Darlehen zu qualifizieren ist. Wirtschaftlich dem Darlehen vergleichbare Verhältnisse (Stundungen, Wertpapierpensionsgeschäfte, etc) sind nicht erfasst.[141] Gesellschaftsrechtliche Instrumente wie Stille Beteiligungen können nicht Gelddarlehen sein. Zwischen diesen beiden äußeren Polen – Darlehen iSd § 488 BGB und gesellschaftsrechtlichen Instrumenten – liegt ein Graubereich mezzaniner Gestaltungen, für die im Einzelfall eine Klärung, ob sie noch Darlehen oder bereits gesellschaftsrechtliche Konstrukte bzw. Verträge sui generis sind, mit der Aufsicht geboten ist. Abgrenzungsprobleme ergeben sich insbesondere zwischen partiarischen Darlehen und Stillen Gesellschaften, da bei beiden eine Gewinnbeteiligung unter Ausschluss einer Verlustbeteiligung möglich ist (§ 231 Abs. 2 HGB). Die Frage nach dem Vorliegen eines gemeinsamen Zweckes ist der hierfür zivilrechtlich entwickelte Lösungsansatz.[142] Entsprechendes gilt damit für Gesellschafterdarlehen, die anstelle eines festen Zinssatzes einen gewinnabhängigen Zins vorsehen. Genussrechte sind keine gesellschaftsrechtlich geprägten Mitgliedschaftsrechte, sondern Rechte, die sich in einem bestimmten geldwerten Anspruch er-

[138] BaFin 30.9.2014, Musterbausteine für Kostenklauseln geschlossener Publikumsinvestmentvermögen, Geschäftszeichen WA 41-Wp-2137-2013/0026, S. 10.

[139] BT-Drs. 18/6744, 64.

[140] BaFin 8.1.2009, Merkblatt – Hinweise zum Tatbestand des Kreditgeschäfts, zuletzt geändert am 2.5.2016, Abschn. 1. aa). Wie hier *Brockhaus/Thiessen* RdF 2017, 31 (35 f.).; *Krause* in Beckmann/Scholtz/Vollmer Investment-HdB Losebl. (Stand: 6/16) 405 KAGB § 285 Rn. 18.

[141] *Krause* in Beckmann/Scholtz/Vollmer Investment-HdB Losebl. (Stand: 6/16) 405 KAGB § 285 Rn. 21; *Swoboda* in Weitnauer/Boxberger/Anders KAGB, 2. Aufl. 2017, § 285 Rn. 7.

[142] Ob ein gemeinsam verfolgter Zweck vorliegt, ist dann eingehend anhand verschiedener Indizien (zB Bezeichnung des Vertrages, Informations- und Kontrollrechte, Mitspracherechte, Dauer, Besicherung, Beschränkung der Beteiligungsübertragung, etc) zu prüfen, vgl. BGH Urt. v. 10.10.1994 – II ZR 32/94, BGHZ 127, 176; BGH Urt. v. 9.2.1967 – III ZR 226/64, WM 1967, 321; BGH Urt. v. 19.9.1951 – II ZR 20/51, BB 1951, 849.

schöpfen.[143] Ob sie nun angesichts dieses formal schuldrechtlichen Charakters im Einzelfall nicht nur obligationsähnlich, sondern auch aktienähnlich ausgestaltet sind, kann für die Subsumtion unter § 285 Abs. 2 KAGB dahinstehen. Das Genussrecht ist ein von dem Gelddarlehen getrenntes eigenes Instrument (§ 221 Abs. 3 AktG).

Nach hier vertretener Auffassung sind **Nachrangdarlehen,** die mit einem **qualifizierten Rangrücktritt** im bankaufsichtsrechtlichen Sinne (also mit insolvenzverhindernder Funktion) ausgestattet sind, vom weiten Begriff des Gelddarlehens in § 285 Abs. 2 KAGB **nicht erfasst.** Auch im KWG erfüllen derartige Nachrangdarlehen nicht den Tatbestand des Kreditgeschäfts (§ 1 Abs. 1 Satz 2 Nr. 2 KWG). Nachrangdarlehen, die einen solchen qualifizierten Rangrücktritt nicht aufweisen, sind hingegen durchaus von § 285 Abs. 2 KAGB erfasst. Fraglich sind die Implikationen für Gesellschafterdarlehen. Diese können – so die Gesetzesbegründung – entweder nach § 285 Abs. 2 oder Abs. 3 KAGB vergeben werden. Für Gesellschafterdarlehen kann dieser Befund zu Nachrangdarlehen mE wohl nicht bedeuten, dass sie bei Aufnahme eines qualifizierten Nachrangs (der schon gar nicht erforderlich ist, um nicht unter das Kreditgeschäft des KWG zu fallen) außerhalb der Restriktionen des § 285 Abs. 2 KAGB allein nach Maßgabe der diskretionären kollektiven Vermögensverwaltung vergeben werden können. Denn sonst könnten die (nicht sachgemäßen) Regeln des § 285 Abs. 3 KAGB unterlaufen werden. Die Gesetzesbegründung will Gesellschafterdarlehen auch unter § 285 Abs. 2 KAGB fassen, obwohl bei Vergabe eines Gesellschafterdarlehens kein Kreditgeschäft nach KWG erbracht würde. Dementsprechend kann auch die Aufnahme eines qualifizierten Rangrücktritts nichts an diesem Ergebnis ändern. Dies kann von Bedeutung sein, wenn zB die Anlagegrenze des § 285 Abs. 3 KAGB erreicht ist. Diese Regelungssystematik ist insgesamt unbefriedigend und berücksichtigt das Verhältnis zum KWG nicht hinreichend. De lege ferenda ist es wünschenswert, wenn Gesellschafterdarlehen ohne Restriktionen vergeben werden dürften. In der Praxis hat die Frage nach der Tatbestandsmäßigkeit von Nachrangdarlehen ein gesetzessystematisches Fragezeichen ausgelöst. In der Literatur besteht ebenso Uneinigkeit über die Tatbestandsmäßigkeit von Nachrangdarlehen.[144] Man könnte zwar versucht sein, **Nachrangdarlehen tatbestandsmäßig** zu erfassen. Es gibt hierfür auch durchaus Gründe: So ist im Rahmen von § 285 KAGB das Zivilrecht für die Konturierung des Begriffs des Gelddarlehens maßgeblich. Die Verwaltungspraxis der BaFin für das KWG-Kreditgeschäft zu Gesellschafterdarlehen hingegen stützt sich explizit darauf, dass es sich insoweit um eine „wichtige Durchbrechung des Grundsatzes der Maßgeblichkeit des Zivilrechts" (so das Merkblatt zum Kreditgeschäft) handelt. Für eine solche Durchbrechung ist in der Gesetzesbegründung zu § 285 Abs. 2 KAGB dagegen kein Anhaltspunkt erkennbar. Außerdem verwendet auch der noch zu erörternde § 285 Abs. 3 KAGB für Gesellschafterdarlehen im Ausgangspunkt den gleichen Begriff des Gelddarlehens und sieht die Möglichkeit der Strukturierung als Nachrangdarlehen expressis verbis vor. Dass § 285 Abs. 3 KAGB eingangs von „Abweichend von Absatz 2" spricht, könnte nur ein Hinweis auf die geänderten, milderen Anforderungen an eine Vergabe von Gesellschafter-Gelddarlehen sein. Zudem könnte es fehlgehen, Wertungen aus dem KWG auf das KAGB als lex specialis zu übertragen. Dies zeigt nicht nur der eben erwähnte § 285 Abs. 3 KAGB. Auch die Regelung zur Restrukturierung von Gelddarlehen (§ 20 Abs. 9 S. 2 KAGB) weicht von der Rechtslage unter dem KWG ab. 103

Die **besseren Gründe** sprechen jedoch **gegen eine Tatbestandsmäßigkeit von Nachrangdarlehen** mit qualifiziertem Rangrücktritt. So ist der Wortlaut des KWG – dort 104

[143] BGH Urt. v. 5.10.1992 – II ZR 172/91, BGZ 119, 305; BGH Urt. v. 9.11.1992 – II ZR 230/91, BGH 120, 141.

[144] Gegen die Tatbestandsmäßigkeit *Krause* in Beckmann/Scholtz/Vollmer Investment-Hdb Losebl. (Stand: 6/16) 405 § 285 KAGB Rn. 18; *Swoboda* in Weitnauer/Boxberger/Anders KAGB, 2. Aufl. 2017, § 285 Rn. 7 vermutet hingegen lediglich, dass die BaFin auf das Merkblatt zum KWG-Kreditgeschäft zurückgreifen wird; *Schmolke* in Assmann/Wallach/Zetzsche KAGB § 285 Rn. 11; dafür *Bujotzek/Volhard* in Pöllath/Rodin/Wewel, PE und VC Fonds, § 19 Rn. 10.

ist ebenfalls von Gelddarlehen die Rede – gleichermaßen weit. Nachrangdarlehen lösen dort aber nach der Verwaltungsauffassung eine Erlaubnispflicht nicht aus. Dieser Befund ist auf das KAGB zu transferieren. In der Gesetzesbegründung zu § 285 Abs. 2 KAGB ist die Rede davon, dass eine AIF-Kapitalverwaltungsgesellschaft, würde sie zusätzlich das Einlagengeschäft erbringen, letztlich ein CRR-Kreditinstitut wäre, da sie das Einlagen- und das Kreditgeschäft erbringen würde.[145] Die Gesetzesbegründung geht mithin nach hiesigem Verständnis davon aus, dass mit der Vergabe von Gelddarlehen nach § 285 Abs. 2 KAGB letztlich das bankaufsichtsrechtliche Kreditgeschäft gemeint ist. Dementsprechend muss auch die KWG-Wertung zu Nachrangdarlehen Geltung im Rahmen des § 285 Abs. 2 KAGB beanspruchen. Hier zeigt sich einmal mehr die misslungene Gesetzeskonzeption, weil auch die Vergabe von Gesellschafterdarlehen nicht den Tatbestand des Kreditgeschäfts erfüllen kann, aber von den Tatbeständen des § 285 Abs. 2 und 3 KAGB wohl einschränkungslos erfasst ist. Die Gesetzesbegründung mit der Maßgeblichkeit eines zivilrechtlichen Verständnisses des Begriffs des Gelddarlehens steht der Nichtberücksichtigung von qualifizierten Nachrangdarlehen im Rahmen von § 285 Abs. 2 KAGB nicht entgegen, weil die Aufsicht Gesetzesbegriffe sachgemäß interpretieren kann und zu interpretieren hat (Art. 20 Abs. 3 GG). Die Darlehensvergabe durch Investmentfonds nach dem KAGB ist zudem als Privilegierung gegenüber dem Bankensektor zu begreifen. So müssen AIF-Kapitalverwaltungsgesellschaften etwa mangels Anwendung der CRR auch etwaige Kreditrisiken nicht mit Eigenmitteln unterlegen. Vor diesem Hintergrund sind überhaupt erst die Produktregeln des § 285 KAGB entstanden, weil der Gesetzgeber eine Regulierungsarbitrage befürchtet hat und mit den Produktregeln einen gewissen Ausgleich schaffen wollte.[146] Was im KWG aber eine Erlaubnispflicht nicht auslöst, kann im Rahmen des KAGB nicht tatbestandsmäßig sein. Auch aus den Erwägungsgründen 16 EuVECA-VO sowie 20 ELTIF-VO lässt sich schließen, dass nachgeordnete Darlehen als eigenkapitalähnliche Instrumente und nicht als schlichte Darlehen eingeordnet werden, sofern eine Gewinnbeteiligung besteht. Diese Verordnungen hatten gewissen Vorbildcharakter für die nationale Produktregulierung im Rahmen des Gesetzgebungsprozesses. Dass dort der Begriff des Gelddarlehens nicht verwendet wird, ist vor diesem Hintergrund zu vernachlässigen. Das „Abweichend von Absatz 2“ in § 285 Abs. 3 KAGB kann sich durchaus auch auf das Verständnis des Begriffs des Gelddarlehens beziehen.

105 **d) Irrelevanz der Leverage-Begrenzung und des Verbraucherdarlehenserfordernisses.** Die Beschränkung in Gestalt der 30 %-Leverage-Begrenzung in § 285 Abs. 2 Nr. 1 KAGB limitiert das Private Equity-Segment nicht. Das **Fremdkapital** zur Akquisitionsfinanzierung wird **auf Einzeltransaktionsebene,** nicht auf Ebene der Fondsgesellschaft aufgenommen. Übergangsfinanzierungen der Kapitalabrufe auf Fondsebene sind möglich, werden sich aber im Rahmen des Art. 6 Abs. 4 der Delegierten Verordnung (EU) Nr. 231/2013 („AIFM-VO“) halten, dh werden durch Kapitalzusagen gedeckt.

106 Auch das **Verbraucherdarlehenserfordernis** aus § 285 Abs. 2 Nr. 2 KAGB ist irrelevant, da Gesellschafterdarlehen an Gesellschaften, nicht jedoch an Verbraucher ausgereicht werden.

107 **e) Streuungsgebot.** Ein wesentlicher Unterschied zwischen § 285 Abs. 2 KAGB und § 285 Abs. 3 KAGB ist, dass Ersterer als Spezialnorm für Darlehensfonds einen absoluten Cap an ausreichbarem Kapital naturgemäß nicht kennt. Insoweit unterscheidet sich die Norm auch von der EuVECA-VO und dem UBGG. Einzuhalten ist jedoch das **Streuungsgebot mit einem Cap von 20 Prozent pro Darlehensnehmer.** Konzeptionell begibt sich § 285 Abs. 2 KAGB damit in die Tradition der ELTIF-VO sowie des UBGG. Das Streuungsgebot wird jedoch insoweit aufgeweicht, als es an der im Bankwesen für Reportingzwecke (§§ 19 Abs. 2 und 3 KWG iVm Art. 4 Abs. 1 Nr. 39 CRR) bekannten

[145] BT-Drs. 18/6744, S. 65.
[146] BT-Drs. 18/6744, S. 64.

Figur der Kreditnehmereinheit fehlt. Mit dieser lassen sich verbundene Darlehensnehmer zur Vermeidung von Klumpenrisiken zusammenfassen.[147] Der Begriff des Darlehensnehmers wird in § 285 Abs. 2 KAGB nicht definiert. Theoretisch dürften so 100 Prozent des Fondskapitals an verschiedene, nach § 290 HGB konsolidierte Unternehmen vergeben werden. In der Literatur wird aber bereits auf das Korrektiv des „ordentlichen" Geschäftsleiters hingewiesen.[148] Einschränkungen ergeben sich zudem aus der gebotenen Einschätzung der Kapitaldienstfähigkeit des Darlehensnehmers, mithin der aktuellen und künftigen wirtschaftlichen Verhältnisse.[149] Wird der HoldCo in einer mehrstöckigen Akquisitionsstruktur anstelle eines Teils des Equity ein Darlehen gewährt, um ihren Eigenkapitalwert zu drücken, müsste der Bezugspunkt einer solchen prospektiven[150] Risikobetrachtung mangels operativen Geschäfts der HoldCo das Geschäft der Zielgruppe sein und wäre in diesem Maße bereits durch die Anlageentscheidung für das Equity-Investment präjudiziert.

2. Produktregeln für Gesellschafterdarlehen

a) Überblick. § 285 Abs. 3 KAGB enthält die „Privilegierung" für Gesellschafterdarlehen im Bereich Private Equity. Für Gesellschafterdarlehen, die bereits vor dem **18.3.2016** vergeben wurden, gelten die neuen KAGB-Restriktionen nicht (§ 353b S. 1 KAGB). Seit der am 24.11.2017 verlautbarten geänderten Verwaltungspraxis der BaFin ist zudem klar, dass AIF-KVGs, die für Rechnung eines AIF Gesellschafterdarlehen nach den §§ 261 Abs. 1 Nr. 8, 282 Abs. 2 S. 3, 284 Abs. 5 oder 285 Abs. 3 KAGB zu vergeben beabsichtigen, in Zukunft keine Erlaubniserweiterung mehr hierfür bedürfen. 108

Bei einer Darlehensvergabe nach § 285 Abs. 3 KAGB müssen **nicht die besonderen Anforderungen an das Risikomanagement** eingehalten werden.[151] Von diesem Befund abgesehen wirft die Regelung viele Detailfragen auf. In § 285 Abs. 3 KAGB heißt es: Eine AIF-KVG darf abweichend von § 285 Abs. 2 KAGB für Rechnung eines geschlossenen Spezial-AIF Gelddarlehen an Unternehmen[152] gewähren, an denen der geschlossene Spezial-AIF **bereits beteiligt** ist, wenn **höchstens 50 Prozent** (bzw. 30 Prozent bei Publikums-AIFs, § 261 Abs. 1 Nr. 8 KAGB) des Fondskapitals (zur Definition → Rn. 97) für diese Darlehen verwendet werden, und zudem ***eine*** **der folgenden Bedingungen** erfüllt ist: 109

1. bei dem jeweiligen Unternehmen handelt es sich um ein Tochterunternehmen des geschlossenen Spezial-AIF;
2. das Darlehen muss nur aus dem frei verfügbaren Jahres- oder Liquidationsüberschuss oder aus dem die sonstigen Verbindlichkeiten des Unternehmens übersteigenden frei verfügbaren Vermögen und in einem Insolvenzverfahren über das Vermögen des Unternehmens nur nach der Befriedigung sämtlicher Unternehmensgläubiger erfüllt werden; oder
3. die dem jeweiligen Unternehmen gewährten Darlehen überschreiten nicht das Zweifache der Anschaffungskosten der an dem Unternehmen gehaltenen Beteiligungen.

Für nach dem 18.3.2016 vergebene Gelddarlehen sind in die Berechnung der 50-Prozent-Begrenzung die **vor dem 18.3.2016 vergebenen Darlehen einzubeziehen** (§ 353b S. 2 KAGB). Wenn die AIF-KVG die Anforderungen an die Leverage-Begrenzung (§ 285 Abs. 2 Nr. 1 KAGB) erfüllt, können auch mehr als 50 Prozent des Fondskapitals für wie vorstehend nachrangige Darlehen verwendet werden (§ 285 Abs. 3 S. 2 KAGB). Wenn die Vergabe eines Gelddarlehens nach § 285 Abs. 3 S. 1 KAGB an ein Tochterunterneh- 110

[147] *Krause* in Beckmann/Scholtz/Vollmer Investment-HdB Losebl. (Stand: 6/16) 405 KAGB § 285 Rn. 17.
[148] *Krause* in Beckmann/Scholtz/Vollmer Investment-HdB Losebl. (Stand: 6/16) 405 KAGB § 285 Rn. 17. Gemeint sein dürfte die fachliche Eignung.
[149] BaFin 10.1.2017 – Rundschreiben 01/2017 (WA), Abschn. 5.2.1 Rn. 1.
[150] Wie gezeigt bestehen finanzierungsrechtliche Ausschüttungsrestriktionen.
[151] § 29 Abs. 5a S. 2 KAGB.
[152] Der Unternehmensbegriff ist weiter als bei § 14 BGB zu verstehen; eine Erschwerung von Private Equity-Tätigkeiten sollte nicht erfolgen, *Krause* in Beckmann/Scholtz/Vollmer Investment-HdB Losebl. (Stand: 6/16) 405 KAGB § 285 Rn. 26.

men erfolgt, muss die AIF-KVG sicherstellen, dass das Tochterunternehmen seinerseits Gelddarlehen nur an Unternehmen gewährt, an denen das Tochterunternehmen bereits beteiligt ist, und eine der entsprechend anzuwendenden Bedingungen des § 285 Abs. 3 S. 1 Nr. 1–3 KAGB erfüllt ist (§ 285 Abs. 3 S. 3 KAGB).

111 **b) Beteiligungserfordernis.** Was unter bereits bestehenden Beteiligungen zu verstehen ist, wird **nicht weiter konkretisiert.** In der Literatur wird insbesondere unter Heranziehung des Sinns und Zwecks der Norm der Versuch unternommen, hierunter auch Verhältnisse, die nach dem jeweils einschlägigen Handelsrecht als Eigenkapital zu bilanzieren sind,[153] bzw. Hybridverhältnisse wie Genussrechte[154] zu subsumieren. Auch verbandsseitig gab es im Gesetzgebungsprozess einen Fingerzeig auf Stille Beteiligungen und eigenkapitalähnliche Genussrechte, die als Beteiligungen zu qualifizieren sein sollten.[155]

112 Dies hat einen gewissen Charme, trifft meines Erachtens aber nicht zu. In der Gesetzesbegründung ist im Hinblick auf § 285 Abs. 3 KAGB fortwährend die Rede von *Gesellschafter*darlehen. Gesellschafter ist nach allgemeiner Meinung nur derjenige, der eine **mitgliedschaftliche Position** innehat. Dem entspricht es, wenn die BaFin unter dem Begriff der „Unternehmensbeteiligungen" in § 284 Abs. 2 Nr. 2 lit. i KAGB mitgliedschaftliche Beteiligungen versteht.[156] Richtig ist zwar, dass § 285 Abs. 3 KAGB eine Begünstigung für den Bereich Private Equity darstellen soll. Dies bezieht sich indes allein auf die niedrigeren Anforderungen an eine Vergabe von Gelddarlehen gegenüber § 285 Abs. 2 KAGB. Eine andere Bewertung ergibt sich auch nicht daraus, dass in der Gesetzesbegründung die Rede davon ist, dass Darlehen mit einem Nachrang iSd § 285 Abs. 3 S. 1 Nr. 2 KAGB „zu unternehmerischen Beteiligungen mit einer eigenkapitalähnlichen Haftungsfunktion"[157] werden. Zwar könnte man meinen, dass also auch nicht mitgliedschaftliche Positionen wie Nachrangdarlehen als „Beteiligungen" einzuordnen sein sollen. Das wäre allerdings widersinnig, weil es gerade um die Frage nach der Zulässigkeit der Vergabe des Nachrangdarlehens geht. Auch handelt es sich bei „Darlehen" und „Beteiligungen" um zwei verschiedene Begriffe (§ 285 Abs. 3 S. 1 Nr. 3 KAGB). Insbesondere Nachrangdarlehen sind daher keine Beteiligungen. Soll das erste Investment eines Fonds ein Nachrangdarlehen sein, ist das nur über § 285 Abs. 2 KAGB zu bewerkstelligen. Die Eingehung einer Beteiligung mit simultaner Vergabe von Gesellschafterdarlehen wiederum dürfte erlaubt sein.[158]

113 **c) Limitierung durch 50 Prozent-Fondskapital-Deckelung.** Das Konzept des Caps des insgesamt für Gesellschafterdarlehen zur Verfügung stehenden Kapitals ist bereits aus der EuVECA-VO sowie dem UBGG bekannt. An Ersterer hatte man sich in den Entwürfen zunächst orientiert. Die Verbände konnten hier erfolgreich intervenieren. Je nach Fonds- bzw. Finanzierungskonzept ist jedoch nicht auszuschließen, dass eine weitere Unternehmensfinanzierung oder die Umsetzbarkeit von Managementbeteiligungen von der neuen Regulierung affektiert wird. Sicherlich bestehen neben der Vergabe von Gesellschafterdarlehen auch andere Möglichkeiten, den Eigenkapitalwert der HoldCo zugunsten der sich beteiligenden Manager zu drücken, wie zB die Partizipation über eine Stille Gesellschaft,[159] die eine schuldrechtliche[160] Beteiligung am Gewinn eröffnet (§ 232 Abs. 1 HGB). Es sind

---

[153] *Swoboda* in Weitnauer/Boxberger/Anders KAGB, 2. Aufl. 2017, § 285 Rn. 15.

[154] *Krause* in Beckmann/Scholtz/Vollmer Investment-HdB Losebl. (Stand: 6/16) 405 KAGB § 285 Rn. 28.

[155] Stellungnahme des BAI zum Regierungsentwurf des OGAW V-UmsG, S. 9, abrufbar unter https://www.bundestag.de/blob/401158/cb9fa6c59151019f78aac0d6a398ae16/02-bai-data.pdf (zuletzt abgerufen am 3.2.2019).

[156] BaFin 22.7.2013, FAQ Eligible Assets, zuletzt geändert am 5.7.2016, WA 41-Wp 2137-2013/0001, Abschn. Teil 2 Ziff. 7.

[157] BT-Drs. 18/6744, 66.

[158] *Swoboda* in Weitnauer/Boxberger/Anders KAGB, 2. Aufl. 2017, § 285 Rn. 16; *Krause* in Beckmann/Scholtz/Vollmer Investment-HdB Losebl. (Stand: 6/16) 405 KAGB § 285 Rn. 29.

[159] *Weitnauer* in Weitnauer MBO D Rn. 26.

[160] RG Urt. v. 20.12.1929 – II 66/29, RGZ 126, 386 (390): Gesellschaftsvermögen werde nicht begründet; BGH Urt. v. 24.9.1952 – II ZR 136/51, BGHZ 7, 174 (178) = NJW 1952, 1412; *K. Schmidt* in MüKoHGB § 230 Rn. 80.

jedoch stets zwei Gesichtspunkte zu bedenken: Zum einen muss die alternative Gestaltung auch steuerlich sinnvoll sein. Zum anderen würde der Fonds (bzw. seine Gesellschaft, die sich an der HoldCo beteiligt) nicht mehr vorrangig[161] vor den anderen Investoren bedient. Rettungsanker zur **Durchbrechung des absoluten Caps** kann hier sein, das Darlehen wie vom Gesetz vorgesehen nachrangig zu gestalten. Die Leverage-Begrenzung iHv 30 Prozent auf Fondsebene wäre erfüllt.

d) Qualifizierter (?) Nachrang als Schnittstelle zwischen Insolvenz-, Steuer-, Bankaufsichts- und Investmentrecht. Die investmentrechtlich aufgezeigte Nachrangigkeit als Strukturierungsalternative lässt aufhorchen, weil ein Rangrücktritt nach den praktischen Erfordernissen niemals an nur einem Rechtsgebiet zu messen ist. **114**

Man wird drei Punkte vorab festhalten können und auch müssen, weil in der Literatur bisweilen bereits eine Identifikation als „qualifizierter Rangrücktritt"[162] herauszulesen ist. Erstens: Die Gesetzesbegründung gibt vor, dass die Vergabe eines Darlehens mit dem im Gesetz vorgegebenen Rangrücktritt kein Kreditgeschäft iSd KWG darstellt.[163] Damit kommt dem gesetzlich vorgesehenen Rangrücktritt eine (nach der Formulierung nicht auf die Zahlungsunfähigkeit beschränkte) insolvenzverhindernde Funktion zu. Es handelt es sich **bankaufsichtsrechtlich** um einen qualifizierten Rangrücktritt. Zweitens wird der vom KAGB vorgesehene Rangrücktritt nach hiesigem Verständnis auch der neuen BGH-Rechtsprechung zum **überschuldungsvermeidenden Rangrücktritt** gerecht. Die vorinsolvenzrechtliche Durchsetzungssperre besteht dergestalt, dass eine Befriedigung (neben der Befriedigung aus einem Jahres- oder Liquidationsüberschuss) nur aus dem die sonstigen Verbindlichkeiten des Unternehmens übersteigenden frei verfügbaren Vermögen möglich ist. Misst der Gesetzgeber der gewählten Formulierung eine insolvenzverhindernde Funktion bei, handelt es sich bei diesem frei verfügbaren Vermögen somit auch um das „ungebundene Vermögen" iSd der BGH-Rechtsprechung zu § 19 Abs. 2 InsO. Im Insolvenzverfahren besteht der Rangrücktritt hinter die § 39 Abs. 1 Nr. 1–5 InsO-Gläubiger. Ob man dies mangels Gleichlaufs mit den Einlagenrückgewähransprüchen nun aus insolvenzrechtlicher Warte als „qualifiziert" beschreiben möchte, sei dahingestellt (→ Rn. 20 ff.). Drittens ist der KAGB-Rangrücktritt durch die Bezugnahme auf das die sonstigen Verbindlichkeiten des Unternehmens übersteigende frei verfügbare Vermögen dazu geeignet, einen **steuerlichen Wegfallgewinn nach § 5 Abs. 2a EStG zu vermeiden** (→ Rn. 26 ff.). Steuerlich handelt es sich damit um einen einfachen Rangrücktritt mit Besserungsabrede und um einen spezifizierten Rangrücktritt. **115**

Das **Verhältnis zwischen Bankaufsichts- und Investmentrecht** hinterlässt aber Fragen. Die Nachrangigkeit als Strukturierungsalternative wurde aufgenommen, weil keine Regulierungsarbitrage mit dem KWG zu befürchten sei.[164] Denn bei einem derartigen Rangrücktritt werde kein Kreditgeschäft betrieben. Rekapituliert man indes die bankaufsichtliche Verwaltungspraxis, dürften Gesellschafterdarlehen aber bereits aufgrund der dem Gesellschafter obliegenden Treuepflicht und den daraus resultierenden gesetzlich verankerten Entnahme- und Ausschüttungssperren nur bedingt rückzahlbare Gelder und schon deswegen vom Kreditgeschäft ausgenommen sein (→ Rn. 53 ff.). Die Aufnahme der Nachrangigkeit als Strukturierungsalternative lässt nur **zwei alternative Schlussfolgerungen** zu: **116**

Erstens könnte die neue Regelung im KAGB speziell dazu konzipiert sein, die – im Private Equity-Kontext in ihrer Relevanz fragwürdigen – Konstellationen abzudecken, in der auch die Vergabe eines Gesellschafterdarlehens den Tatbestand des Kreditgeschäfts **117**

---

[161] *Mackensen* in Eilers/Koffka/Mackensen/Paul, Private Equity, VI., Rn. 27.

[162] *Krause* in Beckmann/Scholtz/Vollmer Investment-HdB Losebl. (Stand: 6/16) 405 KAGB § 285 Rn. 39. Ebenso *Swoboda* in Weitnauer/Boxberger/Anders KAGB, 2. Aufl. 2017, § 285 Rn. 19: qualifiziertes Nachrangdarlehen.

[163] BT-Drs. 18/6744, 65 f.

[164] BT-Drs. 18/6744, 65 f.

auslösen kann. Adressiert sind die Fälle der Unanwendbarkeit der besagten Sperren oder (so die BaFin) bei einer Vergabe an eine Publikums-KG. Sollte die Regelung des § 285 Abs. 3 S. 1 Nr. 2 KAGB tatsächlich nur wegen der bei ihrer Wahl fehlenden Regulierungsarbitrage mit dem KWG aufgenommen worden sein, dann wird man in die Regelung meines Erachtens zusätzlich hineinlesen dürfen, dass in den Konstellationen, in denen bereits ohne Rückgriff auf einen qualifizierten Rangrücktritt im bankaufsichtsrechtlichen Sinne eine Regulierungsarbitrage verhindert wird, eine vereinbarte **Nachrangigkeit weder zur Erreichung der Zulässigkeit der Darlehensvergabe noch zur Durchbrechung des 50 Prozent-Caps erforderlich** ist. Die Relevanz der alternativen Strukturierungsvarianten in § 285 Abs. 3 KAGB würde sich entsprechend mindern.

118 Folgte man dem nicht, bliebe zweitens die einzig logische Erkenntnis, dass die gesetzliche Regelung im KAGB in Kombination mit der Gesetzesbegründung letztlich den bisweilen geäußerten Hinweis[165] darauf bestätigt, dass die **bisherige bankaufsichtliche Verwaltungspraxis schlicht überholt** und für die Qualifikation der Gesellschafterdarlehen als bedingt rückzahlbare Gelder vielmehr stets ein qualifizierter Rangrücktritt zu vereinbaren ist.

119 Aus der **Perspektive der vorrangigen Gläubigergruppen** in Buy-Out-Strukturen ist es jedenfalls nicht nachteilig, wenn die Gesellschafterdarlehen tatsächlich mit einem solchen Rangrücktritt gegenüber allen Unternehmensgläubigern ausgestattet werden (→ Rn. 49 f.). Zwar besteht grundsätzlich die Gefahr, dass infolge von § 174 Abs. 3 InsO die Quote der vorrangigen Gläubiger gemindert wird, wenn die nachrangigen Gläubiger ihre Forderungen im Insolvenzverfahren nicht zur Tabelle anmelden können und infolgedessen eine Herausgabe der auf diese Forderungen geleisteten Quote gemäß *Intercreditor Agreement* unterbleibt. Forderungen aus Gesellschafterdarlehen sind aber grundsätzlich bereits ohnehin gesetzlich nachrangig und deswegen nur bei Aufforderung durch das Gericht zur Tabelle anzumelden.

120 **e) Darlehensvergabe an Tochterunternehmen.** Die Strukturierungsmöglichkeit über ein Tochterunternehmen wurde ebenso ins Gesetz aufgenommen, weil mit Blick auf den Ausnahmetatbestand des § 2 Abs. 1 Nr. 7 KWG eine Regulierungsarbitrage mit dem Bankaufsichtsrecht nicht drohe.[166] Eine **Durchbrechung des 50-Prozent-Caps** allein durch die Vergabe der Gesellschafterdarlehen an Tochterunternehmen lässt das KAGB jedoch **nicht** zu. Das bloße Fernbleiben einer Regulierungsarbitrage mit dem KWG ist also nicht bereits ausschlaggebend für die Durchbrechung des 50-Prozents-Caps ist. Entscheidend für die Durchbrechung ist aus Sicht des Gesetzgebers, dass wie oben beschriebene nachrangige Gesellschafterdarlehen wirtschaftlich in die Nähe des Eigenkapitals rücken und hiervon gerne mehr zur Verfügung gestellt werden darf.

121 Die jeweiligen Begriffe der Tochterunternehmen im **Investment- und Bankaufsichtsrecht** sind **nicht vollständig deckungsgleich.** Im Investmentrecht wird nach der Legaldefinition in § 1 Abs. 19 Nr. 35 KAGB auf das handelsrechtliche Verständnis eines Tochterunternehmens iSd § 290 HGB zurückgegriffen.[167] Überwiegend deckt sich das mit dem bankaufsichtsrechtlichen Verständnis von einer Tochtergesellschaft. Dieses ist einem Verweis auf die siebente Richtlinie 83/349/EWG aufgrund von Art. 54 Abs. 3 lit. g des Vertrages über den konsolidierten Abschluss zu entnehmen (§ 1 Abs. 35 KWG iVm Art. 4 Abs. 1 Nr. 16 S. 1 CRR iVm Art. 1 f. der Richtlinie 83/349/EWG). Da die CRR aus dem Jahr 2013 ist, wird man unterstellen dürfen, dass damit ein Bezug auf die siebente Richtlinie in der zu diesem Zeitpunkt geltenden Fassung gemeint ist (im Folgenden „Konzernbilanz-RL"), dh insbesondere unter Berücksichtigung der Modernisierungsrichtlinie 2003/51/EG. Die BaFin und die Literatur wollen den Verweis in der CRR als

[165] *Fischer* WM 2014, 1709 (1711 ff.).
[166] BT-Drs. 18/6744, 65 f.
[167] Im Ergebnis auch *Krause* in Beckmann/Scholtz/Vollmer Investment-HdB Losebl. (Stand: 6/16) 405 KAGB § 285 Rn. 34 ff., der die Legaldefinition übersieht.

(dynamischen) Verweis auf Art. 22 der neuen Bilanz-RL 2013/34/EU verstehen, da die Konzernbilanz-RL durch diese Richtlinie aufgehoben wurde.[168] In der Sache ändert sich dadurch nichts.

In Art. 1 Abs. 1 der Konzernbilanz-RL ist das **Control-Prinzip** („tatsächliche Kontrolle") verankert. Dieses wurde in dem mittlerweile überholten § 290 Abs. 2 HGB idF vor dem BilMoG umgesetzt. Das Control-Prinzip ist im Wesentlichen noch so im aktuellen § 290 Abs. 2 HGB erhalten.[169] Es wird aber nun als Ausprägung des „möglichen beherrschenden Einflusses" verstanden. In Art. 1 Abs. 2 lit. b der Konzernbilanz-RL ist das Prinzip **„einheitliche Leitung"** festgeschrieben. Dieses wurde in § 290 Abs. 1 HGB aF umgesetzt. Es ist aber mit dem BilMoG entfallen. Da das Bankaufsichtsrecht den Art. 1 Abs. 2 der Konzernbilanz-RL (bzw. Art. 22 Abs. 2 Bilanz-RL) vollständig in Bezug nimmt, ergibt sich ein Unterschied zum Investmentrecht dadurch, dass im Bankaufsichtsrecht auch das Konzept der einheitlichen Leitung zu berücksichtigen ist. 122

Zweckgesellschaften werden nach § 290 Abs. 2 Nr. 4 HGB in Bezug genommen, nicht jedoch expressis verbis in der Konzernbilanz-RL (bzw. der neuen Bilanz-RL). Seit der Modernisierungsrichtlinie ist allerdings klar, dass eine Konsolidierung ohne ein Beteiligungserfordernis auch möglich ist, wenn ein Unternehmen einen beherrschenden Einfluss auf oder die Kontrolle über ein anderes Unternehmen (Tochterunternehmen) *ausüben kann* oder tatsächlich ausübt. Dieses Konzept des möglichen beherrschenden Einflusses erfasst nach Ansicht der BaFin auch Sachverhalte rein tatsächlicher wirtschaftlicher Abhängigkeit, mithin Zweckgesellschaften im Sinne von § 290 Abs. 2 Nr. 4 HGB.[170] 123

Die vom Spezial-AIF ausgehende Beteiligungskette erlaubt etwa dann eine Vergabe von Gesellschafterdarlehen nach der Strukturierungsalternative über Tochterunternehmen, wenn die Mehrheit der Stimmrechte gehalten wird (§ 290 Abs. 2 Nr. 1 HGB). Über Mehrheitsbeteiligungen sind nicht nur unmittelbar vom Fonds beherrschte Gesellschaften als Tochterunternehmen zu qualifizieren, sondern auch **mittelbar beherrschte Gesellschaften.** Denn nach Maßgabe der Zuordnungsregel des § 290 Abs. 3 HGB stehen auch Rechte, die einem anderen Tochterunternehmen an einem Unternehmen zustehen, dem Mutterunternehmen (also dem Spezial-AIF) zu. Deshalb ist – wie im Bankaufsichtsrecht (§ 1 Abs. 35 KWG iVm Art. 4 Abs. 1 Nr. 16 S. 2 CRR) – ein Enkelunternehmen zugleich ein Tochterunternehmen des Mutterunternehmens[171] und sogar die Rechte des Enkelunternehmens werden dem Mutterunternehmen mittelbar zugerechnet[172]. Darlehen an die Zielgesellschaft könnten so für Rechnung des AIF nicht nur nach § 285 Abs. 2 KAGB, sondern auch über § 285 Abs. 3 KAGB vergeben werden. 124

Bei dem Rückgriff auf Tochtergesellschaften zur Strukturierung einer zulässigen Darlehensvergabe sind zwei Fälle zu unterscheiden. Erstens, und dies dürfte den Regelfall darstellen, ist es denkbar, dass der **AIF ein Darlehen an eine Tochtergesellschaft vergibt** und diese Tochtergesellschaft das Darlehen (ggf. nur teilweise) weiterreicht oder behält und selbst damit wirtschaftet. Nur dieser Fall wird vom KAGB adressiert und so gelöst, dass die AIF-KVG sicherstellen soll, dass das Tochterunternehmen *ganz allgemein* Darlehen nur an Unternehmen ausreicht, an denen es beteiligt ist, und dabei eine der oben geschilderten Strukturierungsalternativen (Tochterunternehmen, Nachrangdarlehen, max. doppelte Anschaffungskosten) einhält. Das ist unverständlich, wenn die Tochterge- 125

[168] BaFin 16.8.2011, Merkblatt – Hinweise zur Bereichsausnahme des so genannten Konzernprivilegs, zuletzt geändert am 4.7.2018, Abschn. 2b); anschl. *Schäfer* in Boos/Fischer/Schulte-Mattler KWG CRR-VO KWG § 1 Rn. 262, 266, KWG § 2 Rn. 31.

[169] Es erfolgte eine redaktionelle Anpassung an den durch das BilMoG geänderten § 290 Abs. 1 HGB, vgl. BT-Drs. 16/12407, 89.

[170] BaFin 16.8.2011, Merkblatt – Hinweise zur Bereichsausnahme des so genannten Konzernprivilegs, zuletzt geändert am 4.7.2018, Abschn. 2b) sowie die dortige Fn. 3.

[171] *v. Colbe* in MüKoHGB § 290 Rn. 61 f.; *Senger/Hoehne* in MüKoBilanzR HGB § 290 Rn. 159; *Grottel/Kreher* in BeBiKo HGB § 290 Rn. 80.

[172] *Senger/Hoehne* in MüKoBilanzR HGB § 290 Rn. 159.

sellschaft operativ tätig ist, dh auch am Markt auftritt.[173] Die Beschränkungen können dazu führen, dass wichtige Liquiditätsspritzen etwa an Lieferanten obstruiert werden, in der Folge der laufende Geschäftsbetrieb des Tochterunternehmens ins Stocken gerät und so der Beteiligungswert sinkt. Eine Beeinträchtigung der Realwirtschaft, die damit letztlich verbunden sein kann, hat keinen Zusammenhang mehr mit der durch § 285 Abs. 3 KAGB verfolgten Intention[174] der Reduzierung der Finanzmarktrisiken und ist deshalb zu verhindern.

126 Zweitens ist nicht ausgeschlossen, dass der Private-Equity-Fonds den Betrag zweckgebunden für das (ggf. erst später) auszureichende Darlehen in die Kapitalrücklage einer **Tochtergesellschaft** dotiert und diese **das Darlehen** anschließend **erstmals ausreicht.** Viel spricht dafür, dass der Gesetzgeber diesen Fall nicht bedacht hat. In der Gesetzesbegründung liest man, dass mit § 285 Abs. 3 KAGB einer Strukturierung über Zweckgesellschaften Rechnung getragen werden soll.[175] Es liegt nahe, dass der Gesetzgeber dabei von einer Darlehensvergabe durch den Fonds ausgeht. Denn die Strukturierung über Zweckgesellschaften, die Tochterunternehmen sind, wurde zur eigenständigen Tatbestandsalternative erhoben, mit der eine Vergabe von Gesellschafterdarlehen durch den Fonds zulässig wird. § 285 Abs. 3 S. 3 KAGB bestätigt die hiesige Annahme. Dies ist die einzige Regelung zur Vermeidung von Umgehungen[176] im Kontext eines Rückgriffs auf Tochtergesellschaften (wie Zweckgesellschaften). Mit dieser Regelung spinnt der Gesetzgeber konsequent sein starres, vom Fonds ausgehendes Vergabekonzept weiter.

127 Eine solche (Gesellschafter-)Darlehensvergabe durch Tochtergesellschaften ist nicht KWG-pflichtig (→ Rn. 53 ff.). Die Anlagerestriktionen des § 285 Abs. 3 KAGB könnten jedoch unterlaufen werden. Eine Lösung des Problems könnte darin bestehen, dass man den hier generell für möglich erachteten Look Through-Ansatz (→ Rn. 66 ff.) heranzieht. Weil die Tochtergesellschaft, die das Darlehen vergibt, vom AIF kontrolliert wird, würde man die Tochtergesellschaft in die Sphäre des AIF heben. § 285 Abs. 3 KAGB könnte dann doch direkt gelten. Der Look Through-Ansatz scheint jedoch versperrt, weil den Objektgesellschaften im Rahmen von § 285 Abs. 3 KAGB eigenständige Bedeutung zugemessen wird. § 285 Abs. 2 und Abs. 3 KAGB stellen letztlich zwei unabhängig voneinander bestehende Regelungen („Abweichend von Absatz 2") dar. Überzeugend ist jedoch eine **entsprechende Anwendung von § 285 Abs. 3 KAGB** in derlei Konstellationen mit der Maßgabe, dass Bezugspunkt des 50 Prozent-Caps weiterhin das Fondskapital ist. Maßgeblicher Berechnungszeitpunkt ist dann nicht die spätere Darlehensgewährung, sondern die Einzahlung in die Kapitalrücklage. Denn bereits zu diesem Zeitpunkt begibt sich der Fonds – wie bei einer Darlehensgewährung auf Fondsebene – seiner Mittel. Damit ist sichergestellt, dass der durch die Kette gereichte und in die Kapitalrücklagen gezahlte Betrag letztlich sachgemäß als vorweggenommene Darlehensvergabe qualifiziert wird. Dies ist aber nur denkbar, wenn das Kapital tatsächlich zum Zwecke einer späteren Darlehensausreichung in die Kapitalrücklage gezahlt wird. Andernfalls wäre unverständlicherweise jede Einzahlung in die Kapitalrücklage am Maßstab des § 285 Abs. 3 KAGB zu messen. Ob eine solche Zweckbindung vorliegt, ist anhand verschiedener Indizien (zB Höhe des letztlich ausgereichten Betrags, zeitliche Nähe, etc) zu überprüfen. Operativ tätige Tochtergesellschaften hingegen sollten keinen Beschränkungen unterliegen.

128 **f) Disproportionale Beteiligung gegenüber Eigenkapital möglich.** Sowohl Referenten- als auch Regierungsentwurf zum OGAW V-UmsG sahen vor, dass geschlossene Spezial-AIFs nur proportional zu ihrer Equity-Beteiligung Gesellschafterdarlehen hätten

[173] *Swoboda* in Weitnauer/Boxberger/Anders KAGB, 2. Aufl. 2017, § 285 Rn. 18; *Bujotzek/Volhard* in Pöllath/Rodin/Wewel, PE und VC Fonds, § 19 Rn. 9.
[174] BT-Drs. 18/6744, 65.
[175] BT-Drs. 18/6744, 65.
[176] *Krause* in Beckmann/Scholtz/Vollmer Investment-HdB Losebl. (Stand: 6/16) 405 KAGB § 285 Rn. 46.

vergeben dürfen. Durch starken Branchenwiderstand[177] wurde dieses Verhältnis Eigenkapital zu Gesellschafterdarlehen auf 1:2 angehoben. Bei Publikums-AIFs hingegen bleibt es bei der Grenze der einfachen Anschaffungskosten (§ 261 Abs. 1 Nr. 8 KAGB).

V. Millionenkredit-Reporting

Im Anwendungsbereich des KAGB besteht die Pflicht zum Millionenkredit-Reporting. **129** Diese Pflicht ist noch vielen Betroffenen unbekannt. Für AIF-KVGs, die für Rechnung eines AIF Gelddarlehen gewähren oder unverbriefte Darlehensforderungen erwerben, gilt § 14 KWG **seit dem 1.1.2017** entsprechend (§§ 34 Abs. 6, 343 Abs. 7 KAGB ggf. iVm § 2 Abs. 4 S. 1 Nr. 4 bzw. Abs. 5 S. 1 Nr. 8). Sie haben der bei der Deutschen Bundesbank geführten Evidenzzentrale **vierteljährlich** die Kreditnehmer anzuzeigen, deren Kreditvolumen eine Million Euro oder mehr beträgt. Korrespondierend hierzu erstreckt sich die Prüfpflicht des Abschlussprüfers auf die Sicherstellung des Millionenkredit-Reportings (§ 22c Abs. 2 KAPrüfbV-E).

Soweit es um den **Begriff der Gelddarlehen bzw. Darlehensforderungen** geht, han- **130** delt es sich bei § 34 Abs. 6 KAGB nach hiesigem Verständnis um eine bloße Rechtsfolgenverweisung. Für die Anwendung des § 14 KWG kommt es insoweit allein darauf an, ob iSd KAGB ein Gelddarlehen gewährt oder eine unverbriefte Darlehensforderung erworben wird. Auch die Gesetzesbegründung knüpft das Reporting nur an die Vergabe von Gelddarlehen und den Erwerb unverbriefter Darlehensforderungen.[178] Ein darüber hinausgehendes Reporting nach § 14 KWG für (sonstige) Kredite iSd § 19 KWG ist daher nicht gefordert.

Unklar ist hingegen, ob für die Zwecke des Reportings auch **„Darlehensnehmer-** **131** **einheiten"** nach dem Vorbild des § 19 Abs. 2 KWG zu bilden sind. Dies ist meines Erachtens zu bejahen. Ausgangspunkt der Überlegungen ist, dass § 34 Abs. 6 KAGB die Person auf Nehmerseite nicht erwähnt (und schon gar nicht definiert) und deshalb eine auf den Begriff des Kreditnehmers in § 14 KWG bezogene Rechtsgrundverweisung in Betracht kommt. Wer Darlehensnehmer sein kann, ist dem jeweiligen, von § 20 Abs. 9 KAGB in Bezug genommenen Regelungsregime zu entnehmen. Inhaltlich davon zu trennen ist jedoch die Frage nach der Zusammenfassung von Darlehensnehmern für Zwecke des Reportings. Ein Verweis auf § 19 Abs. 2 KWG erfolgt nicht, obwohl dem Gesetzgeber diese Regelung selbstredend bekannt gewesen sein dürfte. Dies spricht gegen die Notwendigkeit zur Bildung von Darlehensnehmereinheiten. Die besseren Argumente sind aber für die Bildung von Darlehensnehmereinheiten ins Feld zu führen. Zum einen ist in der Gesetzesbegründung die Rede davon, dass die „Kreditnehmer" (nicht: Darlehensnehmer) anzuzeigen sind.[179] Hier erfolgt offenbar eine Anlehnung an den Kreditnehmerbegriff des § 14 KWG, der wiederum § 19 Abs. 2 KWG zu entnehmen ist. Zum anderen nimmt § 34 Abs. 6 KAGB den § 14 KWG in seiner Gesamtheit in Bezug. Davon erfasst ist mithin auch § 14 Abs. 3 KWG, der erweiterte Informationspflichten im Fall der Bildung von Kreditnehmereinheiten dekretiert.[180] Hiergegen wiederum lässt sich zwar einwenden, dass es dem Gesetzgeber der Gesetzesbegründung zufolge auf die entsprechende Anwendung von § 14 Abs. 1 S. 1 KWG ankam.[181] Doch ändert dies nichts an der letztlich weiten

[177] Insbesondere Stellungnahme des BVK zum Referentenentwurf, S. 5 ff.; Stellungnahme des BVK zum Regierungsentwurf des OGAW V-UmsG, S. 2 f., abrufbar unter https://www.bundestag.de/blob/401286/18116513b445d440315d84ce8ef3fe51/03—bvk-data.pdf (zuletzt abgerufen am 10.2.2019).

[178] BT-Drs. 18/6744, 47 f.

[179] BT-Drs. 18/6744, 47 f.

[180] Ob wegen des Verweises auf den gesamten § 14 KWG zur entsprechenden Anwendung auch die Pflicht der Deutschen Bundesbank nach § 14 Abs. 2 KWG Anwendung finden soll, kann angezweifelt werden. Der Gesetzesbegründung ist zu entnehmen, dass (nur) für „AIF-Kapitalverwaltungsgesellschaften das Millionenkreditmeldeverfahren" entsprechend gilt.

[181] BT-Drs. 18/6744, 47: „Gewährt eine AIF-Kapitalverwaltungsgesellschaft für Rechnung eines AIF ein Gelddarlehen in Millionenhöhe oder erwirbt unverbriefte Darlehensforderungen in Millionenhöhe, hat sie entsprechend § 14 Absatz 1 Satz 1 KWG der bei der Deutschen Bundesbank geführten Evidenzzen-

Fassung des § 34 Abs. 6 KAGB. Auch deckt sich die Notwendigkeit einer Bildung von Darlehensnehmereinheiten mit den aufsichtlichen Zwecken des Reportings und dem zugleich intendierten Schutz der AIF-KVG sowie der Anleger des betreffenden AIF durch Information über die Verschuldung der Groß-Kreditnehmer.

132 Sind Darlehensnehmereinheiten zu bilden, stellt sich auch die Frage, wo die **Grenzen für die Kumulierung** von verschiedenen Darlehensnehmereinheiten zu ziehen sind. Weiterführende Hinweise für Private Equity Gesellschaften sind zwei älteren Auslegungsentscheidungen der BaFin aus dem Jahr 2006 und 2009 zu entnehmen.[182] Ob diese für den Bereich des KAGB zu übertragen sind, ist noch zu klären.

133 Verstößt eine AIF-KVG gegen § 34 Abs. 6 KAGB, droht ein **Bußgeld** zwar nicht nach § 340 Abs. 2 Nr. 10 KAGB, aber nach dem nicht explizit in Bezug genommenen § 56 Abs. 2 Nr. 1 lit. d KWG (wenn die Pflicht zum Millionenkredit-Reporting nicht leerlaufen soll).

134 Für **UBGs** existiert eine Rechtsgrundverweisung auf § 14 KWG (§ 2 Abs. 2 KWG). Bei Gesellschafterdarlehen handelt es sich um nicht-bankgeschäftliche Forderungen an Kunden (§ 19 Abs. 1 S. 2 Nr. 4 KWG). Werden alternative Finanzierungsformen erwogen, ist sorgfältig unter den Kreditbegriff nach § 19 KWG zu subsumieren. Das Normverständnis im Hinblick auf den Beteiligungsbegriff (§ 19 Abs. 1 S. 2 Nr. 7 KWG) etwa folgt aus § 271 Abs. 1 HGB.[183] Bei Beteiligungen, respektive Anteilen an anderen Unternehmen, gilt das Reporting aber erst ab dem 1.1.2019 (§ 64r Abs. 10 S. 1 Nr. 2 lit. b KWG). Bei Vorliegen der gesetzlichen Voraussetzungen sind Kreditnehmereinheiten zu bilden und ggf. zu kumulieren (§ 19 Abs. 2 KWG).

VI. Ausblick

135 Die Kommission hat sich in ihrem **Aktionsplan zur Schaffung einer Kapitalmarktunion** vorgenommen, die Notwendigkeit eines koordinierten Ansatzes für die Kreditvergabe durch Fonds und die Zweckmäßigkeit künftiger EU-Rahmenvorschriften zu bewerten.[184] Die ESMA hat diese Absicht aufgegriffen und am 11.4.2016 den Startschuss durch Veröffentlichung einer entsprechenden Opinion gegeben.[185] Änderungen könnten insbesondere im De-minimis-Bereich, im Publikums-Bereich, beim Streuungsgebot und im Bereich des Risikomanagements zu gewärtigen sein. Gesellschafterdarlehen sind unerwähnt. Die Zukunft ihrer inhaltlichen Regulierung bleibt daher vorerst ungewiss, insbesondere im Hinblick auf die derzeitige Anwendung von sowohl § 285 Abs. 2 KAGB als auch § 285 Abs. 3 KAGB.[186] Die ESMA hat aber auch zu erkennen gegeben, dass die Kommission die verschiedenen mitgliedstaatlichen Ausnahmen bei der Kreditvergabe durch bestimmte Fonds, wie zB Private-Equity-Fonds, berücksichtigen sollte.

---

trale vierteljährlich die Kreditnehmer anzuzeigen, deren Kreditvolumen bzw. deren Volumen der Darlehensverbindlichkeiten eine Million Euro oder mehr beträgt."

[182] BaFin 9.7.2009, Bildung von Kreditnehmereinheiten nach § 19 Abs. 2 KWG bei Private Equity Gesellschaften (PEG), BA 52-FR 2182-2009/0001; BaFin 17.2.2006, Bildung von Kreditnehmereinheiten nach § 19 Abs. 2 KWG, BA 37-GS 3371-2006/0001.

[183] Der Beteiligungsbegriff in der heutigen Fassung geht zurück auf die 5. KWG-Novelle. Der Gesetzgeber beabsichtigte einen Gleichlauf mit dem Kreditbegriff für Großkredite. Die Großkreditrichtlinie orientiert sich an der Solvabilitätsrichtlinie 89/647/EWG (BT-Drs. 12/6957, 30) (genauer: Art. 6 Abs. 1 lit. d Nr. 6 der Solvabilitätsrichtlinie). Das genaue bilanztechnische Verfahren zur Berechnung des Solvabilitätskoeffizienten muss die Bestimmungen der Richtlinie 86/635/EWG über den Jahresabschluss und den konsolidierten Abschluss von Banken und anderen Finanzinstituten berücksichtigen. Art. 4 dieser Richtlinie 86/635/EWG sieht in den Bilanzaktiva die Unterscheidung von Beteiligungen und Anteilen an verbundenen Unternehmen vor. Die Richtlinie 86/635/EWG wiederum baut auf der vierten Richtlinie 78/660/EWG über den Jahresabschluss von Gesellschaften bestimmter Rechtsformen auf. Diese gibt in Art. 17 das maßgebliche Verständnis für den Begriff der Beteiligung vor, das in § 271 Abs. 1 HGB umgesetzt wurde.

[184] COM(2015) 468 final, Abschn. 1.4.

[185] ESMA/2016/596 vom 11.4.2016.

[186] Das nationale Recht ist nach dem Maßstab der Opinion in wesentlichen Punkten jedenfalls bereits gut aufgestellt, *Metzner/Pfisterer* RdF 2016, 188 (192).

§ 18 Beteiligungscontrolling in Private Equity Gesellschaften

Übersicht

Literatur

Bader (1996): Bader, H., Private Equity als Anlagekategorie: Theorie, Praxis und Portfoliomanagement für institutionelle Investoren, Bern, 1996.

BaFin (2017): Bundesanstalt für Finanzdienstleistungsaufsicht, Mindestanforderungen an das Risikomanagement der Kreditinstitute, Rundschreiben 09/2017 vom 27. Oktober 2017, Bonn, 2017.

Bodmer et al. (1999): Bodmer, A., Cheridito, Y., Welti, A., Iacobacci, M., Bewertung von Private Equity Anlagen aus der Perspektive einer Bank – Das Beispiel: UBS Capital, Working Paper, Institut für schweizerisches Bankenwesen, Universität Zürich, 1999.

Eitelwein et al. (2008): Eitelwein, O., Bender, M., Gerstberger, O., Messing, J., Ritter, R., Private-Equity-Controlling – Was Konzerncontroller von Private-Equity-Gesellschaften für das eigene Beteiligungsmanagement lernen können, In: Ernst, E. / Reinhard, H. / Schmidt, W. / Vater, H. / Weber, J. (Ed.): Die neue Rolle des Controllers: Aufgaben, Anforderungen, Best Practices, Stuttgart, 2008, S. 119–146.

INVEST EUROPE (2015): INVEST EUROPE Professional Standards Handbook, INVEST EUROPE (Hrsg.), Brüssel, Belgien, November 2015.

Graumann (2008): Graumann, M., Controlling – Begriff, Elemente, Methoden und Schnittstellen, Düsseldorf, 2008.

Groh, A. (2004): Risikoadjustierte Performance on Private Equity-Investitionen, Wiesbaden, 2004.

Holzapfel / Pöllath (2008): Holzapfel, H.-J., Pöllath, R., Unternehmenskauf in Recht und Praxis: Rechtliche und steuerliche Aspekte, 13. Auflage, Köln, 2008.

Horváth (2004): Horvath, P., Controlling, 9. Aufl., München, 2004.

Jesch (2004): Jesch, T. A., Private-Equity-Beteiligungen: Wirtschaftliche, rechtliche und steuerliche Rahmenbedingungen aus Investorensicht, Wiesbaden, 2004.

Küpper (2005): Küpper, Hans-Ulrich, Controlling. Konzeption, Aufgaben, Instrumente, 4. Aufl., Stuttgart, 2005

Lenzen (2006), Behavioral Finance und die Bedeutung für M&A-Transaktionen, in: Birk, D., Pöllath, R., Saenger, I. (Hrsg.), Forum Unternehmenskauf 2005, Baden Baden, 2006, S. 411–430.

Kaserer / Diller (2007):

Kaserer, C., Diller, C., Investitionen in Private Equity – Grundlagen, Ertragsprofile und Erfolgsfaktoren, Working Paper, Lehrstuhl für BWL- Finanzmanagement und Kapitalmärkte, Technische Universität München, 2007.

Perridon / Steiner (1997): Perridon, L., Steiner, M., Finanzwirtschaft der Unternehmung, 9. Auflage, München 1997.

Schmidt (2006): Schmidt, T., Vertragsgestaltung bei Beteiligungsfinanzierung durch Venture Capital Investoren, in Birk, D., Pöllath, R., Saenger, I. (Hrsg.), Forum Unternehmenskauf 2005, Baden Baden, 2006, S. 203 -230.

Wöhe (1984): Wöhe, G., Bilanzierung und Bilanzpolitik, 6. Auflage, 1984.

A. Einleitung

1 In dem aktuellen Umfeld von steigenden Wettbewerbsdruck und in Folge dessen steigenden Unternehmensbewertungen welche für Private Equity Unternehmen vor allem durch erhöhte Risiken in der Unternehmensentwicklung und insbesondere in der erfolgreichen Umsetzung der Wertsteigerungsmaßnahmen während der Haltedauer gekennzeichnet sind, wird ein systematisches und effizientes Controlling der eingegangenen Beteiligungen zum entscheidenden Erfolgsfaktor für die Performance der investierenden Fonds und das Private Equity Unternehmen selbst.

2 Während das allgemeine Controlling eine breite methodische Fundierung in der betriebswirtschaftlichen Lehre findet, wurde den spezifischen praxisorientierten Fragestellungen des Controlling der Beteilungen von Private Equity Unternehmen in der Literatur bislang eher untergeordnete Aufmerksamkeit gewidmet. Im vorliegenden Beitrag werden deshalb wesentliche Aufgaben und Instrumente des Beteiligungscontrolling von Private Equity Unternehmen dargestellt, sowie Erfolgsfaktoren aus Praxissicht diskutiert.

3 Die weiteren Ausführungen dieses Beitrags gliedern sich wie folgt. Kapitel 2 liefert grundlegende Begriffsabgrenzungen und Definitionen. Im Kapitel 3 werden wichtige Aufgaben des Private Equity Beteiligungscontrolling im Kontext des Beteiligungslebenszyklus einer Unternehmensbeteiligung dargestellt. Im Kapitel 4 werden wesentliche Instrumente des Private Equity Beteiligungscontrolling vertieft. Kapitel 5 fasst Erfolgsfaktoren des Private Equity Beteiligungscontrolling aus Praxissicht zusammen, die im Kontext der vorangehenden Kapitel diskutiert wurden. Der Beitrag schliesst mit einem Fazit im Kapitel 6.

B. Begriffsabgrenzungen und Definitionen

I. Skizzierung des Private Equity Geschäftsmodells

Unter Private Equity wird allgemein eine Art der Unternehmensfinanzierung verstanden, bei der Unternehmen in verschiedenen zeitlichen Entwicklungsphasen mittel- bis langfristiges Risikokapital bereitgestellt wird.[1] Private Equity Gesellschaften übernehmen dabei häufig eine aktive Rolle bezüglich der Betreuung und Kontrolle der Beteiligungsunternehmen und leisten ggf. auch Managementunterstützung.[2] Als Hauptmotiv der Investmententscheidung der Private Equity Gesellschaft steht die Realisierung eines Kapitalgewinns durch eine spätere Veräusserung der Beteiligung im Vordergrund. Typischerweise beträgt der geplante Investitionszeitraum dabei drei bis acht Jahre. Oberstes Ziel der Beteiligung ist es, die Wertsteigerungspotenziale, die zum Zeitpunkt der Investition identifiziert wurden, in der Zeit bis zum Verkauf erfolgreich umzusetzen. 4

Da der Markt für Private Equity Beteiligungen als wenig liquide und transparent angesehen werden kann, bündeln Private Equity Gesellschaften die Finanzkraft verschiedener Investoren in einem Fonds, der dann in die verschiedenen Portfoliounternehmen investiert. Die Private Equity Gesellschaft besitzt folglich eine Intermediationsfunktion zwischen den kapitalgebenden Investoren einerseits und den kapitalsuchenden Portfoliounternehmen andererseits. Jede Investition in ein Unternehmen wird dabei „standalone" betrachtet, die sich eigenständig rechnen muss.[3] Aus Sicht der Investoren soll dabei aufgrund der Risikostreuung in einem Beiteiligungsfonds eine maximale Rendite bei begrenztem Risiko erreicht werden. 5

Es besteht auch bei Private-Equity-Fonds eine strikte rechtliche Trennung zwischen den Private-Equity-Fonds und der Private Equity Gesellschaft an sich. So gehört auch das Risikomanagement zu dem auch das Beteiligungscontrolling gehört gemäß der AIFMD (Alternative Investment Fund Management Directive) in den originären Verantwortungsbereich des AIFM (Alternative Investment Fund Manager). Bei Vollregulierung des AIFM ist allerdings zu beachten, dass das Risk Management von dem Portfoliomanagement strikt zu trennen ist. Die folgende Abbildung fasst schematisch die Struktur des Private Equity Geschäftsmodells zusammen und ordnet das Beteiligungsmanagement und -controlling ein:[4] 6

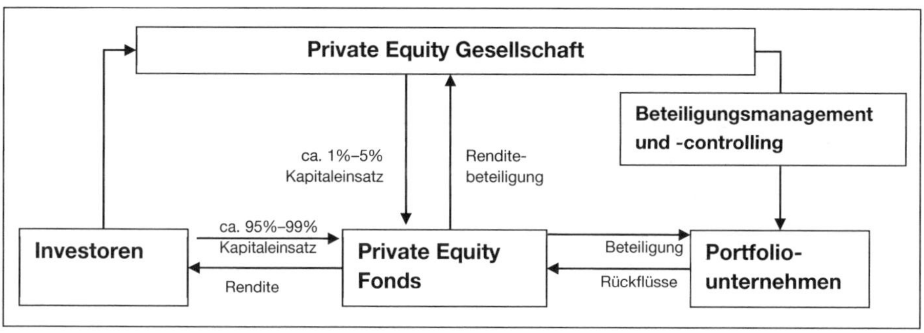

Abbildung 1: Schematische Struktur des Private Equity Geschäftsmodells

[1] Vgl. zB *Groh* (2004).
[2] Vgl. zB Bader (1996).
[3] Vgl. *Eitelwein et al.* (2008), S. 83.
[4] Eigene Darstellung in Anlehnung an *Bader* (1996) und *Eitelwein et al.* (2008).

II. Begriff des Beteiligungscontrolling in Private Equity Gesellschaften

7 Wie bereits in der Einleitung skizziert, findet der Begriff des Private Equity Beteiligungscontrolling in der betriebswirtschaftlichen Literatur keine spezifische Definition. Im Folgenden wird daher ausgehend von Begriffen und Kennzahlen des allgemeinen Controlling eine begriffliche Eingrenzung auf die spezifischen Erfordernisse des Private Equity Beteiligungscontrolling vorgenommen. Zudem erfolgt eine Abgrenzung zu dem gängigeren Begriff des Beteiligungscontrolling im Sinne des Konzerncontrolling.

1. Abgrenzung zum allgemeinen Controllingbegriff

8 Der allgemeine Begriff des **Controlling** ist dem Angelsächsischen angelehnt und bedeutet sinngemäß Beherrschung, Lenkung und Steuerung eines Vorganges.[5] Controlling wird häufig definiert als dasjenige Subsystem der Führung, das Planung und Kontrolle sowie Informationsversorgung systembildend koordiniert. Als weitere Aufgabe des Controlling kann die Beschaffung und Interpretation von Informationen einbezogen werden. Das Controlling soll allen am Zielprozess des Unternehmens beteiligten Instanzen Instrumente und Informationen zur Verfügung stellen, damit sie ihre Rolle im Zielerreichungsprozess ausüben können. Es handelt sich somit um eine enge Zusammenarbeit des Controlling mit anderen Management-Teilsystemen wie den Organisations-, Führungs- und Informationssystemen.

9 Für den Begriff des Beteiligungscontrolling existiert keine einheitliche Begriffskonzeption. Im Zusammenhang mit dem Beteiligungscontrolling durch Private Equity Unternehmen wird häufig der Aspekt der Rationalitätssicherung der Führung in den Vordergrund gestellt, in dem das Controlling vor allem eine Management-Unterstützungsfunktion übernimmt. Diese schlägt sich insbesondere in Kontrolle und Beratung des Beteiligungsunternehmens durch die Private Equity Gesellschaft nieder.[6]

2. Merkmale des Private Equity Beteiligungscontrolling

10 Bei Private Equity Gesellschaften existieren verschiedene Controlling-Bereiche nach den Steuerungsebenen des Unternehmens. So lassen sich verschiedene Controllingebenen des Gesamtunternehmens, der jeweiligen Fonds und der einzelnen Beteiligungen innerhalb eines Fonds unterscheiden, wie in der folgenden Abbildung skizziert wird:

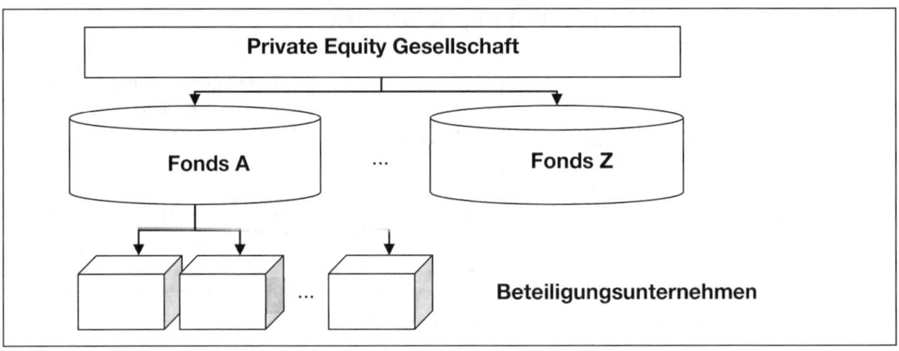

Abbildung 2: Aufgabenfelder des Controlling in Private Equity Unternehmen

[5] Vgl. hierzu und zum Folgenden zB *Graumann* (2008), *Horvath* (2004), *Küpper* (2005).
[6] Vgl. *Eitelwein et al.* (2008), S. 85 ff.

Im Fokus dieses Beitrags steht das Controlling der Beteiligungsunternehmen innerhalb eines Fonds. Das Private Equity Beteiligungscontrolling befaßt sich mit der Steuerung und Kontrolle der einzelnen Beteiligungen eines Private-Equity-Fonds. Ein Hauptwesensmerkmal des **Private Equity Beteiligungscontrolling** besteht folglich darin, dass jeweils einzelne Unternehmen bzw. Unternehmensgruppen im Fokus des Controlling stehen. Diese Unternehmen sind im Allgemeinen in unterschiedlichen Branchen tätig, befinden sich in verschiedenen Entwicklungsstadien und verfolgen unterschiedliche Strategien. Auch im Kontext des Private Equity ist es die Hauptaufgabe des Beteiligungscontrolling, die Entscheidungsträger mit notwendigen Informationen zu versorgen und die getroffenen Entscheidungen kritisch zu hinterfragen. Entsprechend lassen sich dabei nach den zeitlichen Investitionsphasen drei wesentliche Aufgabenfelder ableiten: 11

1. Investitionsphase: Unterstützung der Analyse und Auswahl geeigneter Investments,
2. Betreuungsphase: Kontrolle der Durchführung der beschlossenen Maßnahmen,
3. Exitphase: Entscheidung über den Exitzeitpunkt und Bewertung.

Das Private Equity Beteiligungscontrolling setzt auf den Daten des Controlling der Beteiligungsgesellschaft auf. Deswegen ist eine wesentliche Aufgabe, dafür zu sorgen, dass deren Controlling den qualitativen und quantitativen Anforderungen der Private Equity Gesellschaft genügt. Eine Herausforderung des Private Equity Beteiligungscontrolling liegt vor allem darin, dass für jedes Portfoliounternehmen ein spezifisches Kennzahlensystem entworfen und etabliert werden muss. Hier bewegt sich das Private Equity Beteiligungscontrolling im Spannungsfeld der Heterogenität der betreuten Portfoliounternehmen auf der einen Seite und der Notwendigkeit, auf Fondsebene die verschiedenen Unternehmen anhand einheitlicher Kennzahlen zu führen. Ein wesentlicher Anspruch des Private Equity Beteiligungscontrolling liegt somit darin, trotz des im Allgemeinen sehr heterogenen Portfolios eine transparente und schlanke Kennzahlensystematik zu entwickeln und in der Steuerung umzusetzen, die einerseits den individuellen Besonderheiten der betreuten Unternehmen gerecht wird und andererseits in praktikabler Weise eine transparente und ergebnisorientierte Steuerung des Gesamtportfolios erlaubt.[7] 12

Die Umsetzung des Beteiligungscontrolling erfolgt in der Praxis durch unterschiedliche Beteiligte. Beispielsweise werden Controllingaufgaben häufig durch das Management-Team der Private Equity Gesellschaft mit übernommen. Teilweise verfügen Private Equity Unternehmen auch über eigene Beteiligungscontrolling-Instanzen, deren Mitarbeiter ausschließlich mit dem Controlling der Beteiligungen beauftragt sind.[8] Im Fokus dieses Beitrags stehen zunächst die Aufgaben, welche das Private Equity Beteiligungscontrolling zu leisten hat. Der Aspekt der Trägerschaft dieser Funktionen wird im Zusammenhang mit den Erfolgsfaktoren im Kapitel 5 diskutiert. 13

3. Abgrenzung des Private Equity Beteiligungscontrolling gegenüber dem Beteiligungscontrolling aus Konzernsicht

In der Literatur wird der Begriff des Beteiligungscontrolling oftmals im Zusammenhang mit Konzernen betrachtet. Dabei wird die Aufgabe des Beteiligungscontrolling gesehen als „Unterstützung für das Management bei der Schaffung einer abgestimmten ergebnisorientierten Steuerung des Gesamtunternehmens und seiner Beteiligungen"[9]. Dabei soll das Beteiligungscontrolling das Führen der Beteiligungen unterstützten, indem es plant, kontrolliert und informiert, inwieweit die Gesellschaften dem Geschäftsbetrieb der Muttergesellschaften dienen und die gesetzten Zeile erreichen. 14

Im Unterschied dazu zeichnet sich das Beteiligungscontrolling von Private Equity Gesellschaften gerade dadurch aus, dass es auf das einzelne Unternehmen und nicht auf eine 15

[7] Vgl. hierzu die weiteren Ausführungen unter → Rn. 45 ff.
[8] Vgl. hierzu Umfrageergebnisse in *Eitelwein et al.* (2008), S. 95 ff.
[9] *Horváth* (1997), S. 82.

übergeordnete Instanz ausgerichtet ist, dh durch die Abwesenheit des Konzerns und dessen Zielsystem-Vorgaben.[10] Die Besonderheit des Private Equity Beteiligungscontrolling gegenüber dem Konzernbeteiligungscontrolling liegt somit darin, dass es nicht um einen direkten Vergleich der unterschiedlichen Portfoliogesellschaften miteinander geht, sondern dass jede einzelne Portfoliogesellschaft für sich betrachtet wird. Somit ist nicht ein Schwesterunternehmen oder eine konzernweit vorgegebene Kennzahl der Vergleichsmaßstab, sondern die Umsetzung des individuellen Wertsteigerungskonzepts, welches die Grundlage der unternehmensspezifischen Investitionsentscheidung im Rahmen der Private Equity Beteiligung gewesen ist. Es geht also darum festzustellen, ob sich die einzelnen Beteiligungsgesellschaften auf den zum Zeitpunkt des Investments definierten Entwicklungspfad befinden oder von diesem abweichen.

16 Ein wesentlicher Unterschied zwischen Private Equity Beteiligungscontrolling und dem klassischem Konzerncontrolling liegt weiterhin in der geplanten Verweildauer der Beteiligungsunternehmen im Fondsportfolio der Private Equity Gesellschaft. Eine Konzerngesellschaft ist tendenziell langfristig in den Konzernverbund eingebunden. Erst wenn die Konzerngesellschaft entweder nicht mehr in das strategische Portfolio des Konzerns passt, oder wenn sie die Erwartungen langfristig nicht erfüllt, wird es aus dem Konzernverbund ausgeschlossen und veräußert.

C. Aufgaben des Private Equity Beteiligungscontrolling in den unterschiedlichen Investmentphasen

17 Im folgenden Kapitel werden wesentliche Aufgaben des Private Equity Beteiligungscontrolling im Verlauf des Beteiligungslebenszyklus beleuchtet. Nach dem zeitlichen Ablauf eines Beteiligungsinvestments lassen sich die Aktivitäten der Private Equity Gesellschaft in den verschiedenen Investmentphasen wie folgt unterscheiden:

- Investitionsphase:
  Analyse und Auswahl geeigneter Investitionsmöglichkeiten, Beteiligungserwerb und Erarbeitung des Wertsteigerungskonzeptes,
- Betreuungsphase:
  Betreuung des Unternehmens mit dem Ziel der Umsetzung des Wertsteigerungskonzeptes,
- Exitphase:
  Vorbereitung zum Verkauf und Verkauf des Portfoliounternehmens.

18 Hieraus ergeben sich unterschiedliche Aufgabenschwerpunkte des Private Equity Beteiligungscontrolling innerhalb der verschiedenen zeitlichen Phasen, auf welche in den folgenden Unterkapiteln eingegangen wird.

I. Aufgaben des Private Equity Beteiligungscontrolling in der Investitionsphase

1. Allgemeine Aufgaben und Zielsetzungen

19 Private Equity Gesellschaften gehen bei der Auswahl ihrer Beteiligungsinvestitionen sehr sorgfältig und selektiv vor. Ein Kernproblem der Akquisition besteht darin, geeignete Informationen über das Zielunternehmen zu bekommen. Zwischen Verkäufer und Käufer ist generell eine hohe Interessendivergenz zu vermuten. Die Verantwortlichen des Zielobjekts werden eher darum bemüht sein, ein hohes Maß an Vertraulichkeit zu wahren, und die Informationen in der Hinsicht zu steuern, dass ein möglichst hoher Kaufpreis erzielt werden kann. Im Gegensatz dazu geht es dem Käufer darum, möglichst detaillierte Informationen über das Unternehmen und konservative Einschätzungen des zukünftigen Ge-

[10] Hierbei sei darauf hingewiesen, dass ein einzelnes Beteiligungsunternehmen für sich durchaus eine Konzernstruktur haben kann.

schäftspotenzials zu bekommen, um verlässliche Grundlagen für sein Chance-Risiko-Kalkül und die Abschätzung einer Mindestrentabilität der Investition zu erhalten.[11]

Die Prüfung eines Investitionsprojekts umfasst typischerweise mehrere Schritte.[12] Im Rahmen einer Vorprüfung wird zunächst die Einhaltung von Mindestanforderungen, beispielsweise bezüglich Umsatz, Rendite und Marktpotenzial beurteilt. Werden diese Kriterien erfüllt, schliesst sich die Phase der Due Dilligence als Element des Risikomanagements (Art. 15 Abs. 3 lit. a AIFM-RL) an, an deren Ende nach erfolgreichem Abschluss der Beteiligungsverhandlungen die positive Investitionsentscheidung steht. **20**

Grundsätzlich bemisst sich die Performance der Private Equity Gesellschaft anhand des finanziellen Erfolges der späteren Veräusserung einer Beteiligung, dh an der Wertsteigerung während der Beteiligungsphase. Wie diese Wertsteigerung erreicht werden soll, wird in dem Wertsteigerungskonzept, welches zu Beginn des Investments erstellt wird, festgelegt. Grundlage für die strategische Entscheidung für oder gegen den Erwerb des Unternehmens in der Investitionsphase ist daher ein belastbares Urteil über die Umsetzbarkeit des Wertsteigerungskonzeptes. Wesentliche Kriterien sind dabei neben der Beurteilung des Managements va auch die Finanzplanung, sowie die Einschätzung von Markposition, Vertriebskanälen, Produktsortiment und des zukünftigen Entwicklungspotenzials des Unternehmens. **21**

Im Mittelpunkt der Investitionsentscheidung steht die Einschätzung, ob durch den Kapitaleinsatz die angestrebte Kapitalverzinsung erreicht werden kann, die häufig als Internal Rate of Return (IRR) oder als Kapitalmultiplikator (Multiple) angegeben wird.[13] Insbesondere zur Beurteilung der Qualität und Umsetzbarkeit dieser Finanzprognosen wird der Beteiligungscontroller der Private Equity Gesellschaft in den Investitionsprozess einbezogen. Zu seinen Aufgaben gehören dabei vor allem eine Prüfung der Nachvollziehbarkeit und Realisierbarkeit der Renditeberechnungen, das Abwägen der Chancen-/Risikopotenziale sowie das kritische Hinterfragen der zugrunde liegenden Berechnungs- und Prognoseannahmen. **22**

2. Ergebnisse der Investitionsphase

Wird im Rahmen der Investmentsuche der Private Equity Gesellschaft eine Investitionsmöglichkeit identifiziert, beginnt zunächst ein Untersuchungsprojekt, welches auch als *Due Diligence* bezeichnet wird, und an dessen Ende die Investitionsentscheidung steht. Das Ziel der Due Diligence ist die Beschaffung und Bewertung relevanter Informationen über das Zielunternehmen als Grundlage für die Unternehmensbewertung und insbesondere auch zur Einschätzung der erforderlichen Garantien und Gewährleistungen aus den identifizierten Risikopositionen.[14] Der Umfang der Due Diligence hängt, genauso wie die Frage, ob die Untersuchungen von der Private Equity Gesellschaft selbst oder durch Hinzuziehung von externen Beratern, Wirtschaftsprüfern, Steuerberatern und Rechtsanwälten durchgeführt werden, von der Art und der Größe des Investments ab. Die Due Diligence umfasst im Allgemeinen die folgenden Bereiche:[15] **23**

- Management (Management Due Dilligence):
  Prüfung, inwieweit das Management der Beteiligungsgesellschaft die geforderten Qualifikationen bereits erfüllt oder nicht erfüllt, welche Qualifikationen noch fehlen oder welche Manager für das Unternehmen besonders wichtig sind.
- Finanzdaten (Financial Due Diligence):
  Ziel dieser Untersuchung sind zum einem die Beschreibung und Analyse des Geschäfts

[11] Vgl. *Lenzen* (2006), S. 418.
[12] Vgl. zB *Eitelwein et al.* (2008), S. 88 ff.
[13] Zur Beschreibung der Kennzahlen siehe die weiteren Ausführungen unter → Rn. 45 ff.
[14] Vgl. zB *Lenzen* (2006), S. 418.
[15] Vgl. zB *Holzapfel / Pöllath* (2008).

des Unternehmens bzw. der Geschäftsführung, zum anderen eine Darstellung der Vermögens-, Finanz- und Ertragslage inklusive einer Zukunftsprognose.

- Environment Social Governance (ESG Due Diligence):
  In den letzten Jahren hat sich die ESG Due Diligence zusehends als eigener Untersuchungsbereich etabliert. Dabei geht es nicht nur um das Feststellen von bestehenden Problemen und Risiken, sondern auch um die Analyse der organisatorischen Vorkehrungen, die getroffen worden sind, um solche Risiken früh zu erkennen oder gänzlich zu verhindern. Feststellungen innerhalb der ESG Due Diligence können sowohl zum Abbruch des Projektes führen, aber auch als zusätzliches Verbesserungspotential, also Wertsteigerungspotential, gesehen werden.
- Recht (Legal Due Diligence):
  Im Rahmen der Legal Due Diligence wird das zu erwerbende Unternehmen auf seine rechtlichen Grundlagen und ggf. vorhandene Schwachpunkte hin untersucht. Besonderes Augenmerk wird dabei zB auf vertragliche Verpflichtungen des Unternehmens und Haftungsfragen gelegt.
- Steuern (Tax Due Diligence):
  In der Tax Due Diligence wird das Unternehmen auf mögliche Steuerrisiken geprüft.
- Markt (Market Due Diligence):
  In diesem Zusammenhang werden durch Marktstudien die Zukunftschancen der Produkte und des Geschäftskonzeptes des Zielunternehmens untersucht.
- Versicherungen (Insurance Due Diligence):
  Bei der Insurance Due Diligence wird geklärt, ob das Zielunternehmen alle notwendigen Versicherungen im sinnvollem Umfang abgeschlossen hat.

24 Aufgabenschwerpunkte des Private Equity Beteiligungscontrolling liegen in diesem Zusammenhang auf einer Einschätzung und Bewertung der finanzwirtschaftlichen Kennzahlen im Rahmen der Financial Due Dilligence, auf die im folgenden Kapitel näher eingegangen wird[16].

3. Wertsteigerungskonzept / Finanzplan für das Beteiligungsunternehmen

25 Als wesentliches Ergebnis der Investitionsphase wird auf Basis der Erkenntnisse der Due Dilligence ein übergeordnetes **Wertsteigerungskonzept** erarbeitet, welches in unterschiedlichem Umfang ausgearbeitet sein kann. In manchen Fällen wird ein kompletter Business Plan entworfen, in anderen erfolgt die Festlegung eines knapper gehaltenen Strategiepapiers, welches wesentliche Handlungsmaßnahmen für die Gesellschaft zusammenfasst.[17] In Abhängigkeit vom erforderlichen Detaillierungsgrad werden in dem Wertsteigerungskonzept die Ziele und die erforderlichen Maßnahmen festgelegt, um die geplante Unternehmenswertsteigerung zu erreichen. Inhalte eines Wertsteigerungskonzepts können beispielsweise sein:

- Generisches Wachstum:
  Verbreiterung des Angebotspektrum, Aufbau von Produktionsanlagen, Geografische Ausdehnung des Geschäftsmodells
- Buy and Build:
  Zukauf und Eingliederung von weiteren Unternehmen
- Kostensenkung:
  Steigerung des Operativen Ergebnisses durch Senkung der Kosten: zB durch Gemeinkostenoptimierung, Fixkostensenkung, Sourcing, Produktkostensenkung, Target Costing, Design to Cost, Outsourcing von nicht wesentlichen Geschäftsbereichen bzw. Tätigkeiten.

[16] Vgl. → Rn. 45 ff.
[17] Vgl. Umfrageergebnisse unter Private Equity Gesellschaften in *Eitelwein et al.* (2008), S. 90.

- Reduzierung des Working Capital:
  zB durch Bestandsmanagement, Optimierung des Forderungsmanagements, Optimierung der Lieferantenkonditionen.
- Reduzierung des Anlagevermögens:
  zB durch Konsolidierung von Standorten, Zentralisierung, Sale and Lease Back von Immobilien, Finanzierung, Outsourcing.

In diesem Zusammenhang liegen Aufgaben des Beteiligungscontrolling in der Planungs- **26** unterstützung, wie zB durch die Aufbereitung von Markt- und Unternehmensdaten, Prüfung der Konsistenz der Planung und der verwendeten Planungsinstrumente und -annahmen.

Aus dem Wertsteigerungskonzept wird im nächsten Schritt ein Finanzplan abgeleitet. **27** Der **Finanzplan** besteht im Wesentlichen aus Planungen der Bilanzen und Gewinn- und Verlustrechnungen, sowie aus Liquiditäts- bzw. Cash Flow-Planungen auf mittelfristige Sicht. Er legt damit den Entwicklungspfad des Unternehmens bis zum angestrebten Exit unter Berücksichtigung der Auswirkungen der Maßnahmen aus dem Wertsteigerungskonzept fest. Der Finanzplan spielt eine zentrale Rolle für die Performance des Portfoliounternehmens und damit für den Erfolg des Private-Equity-Fonds auf aggregierter Ebene.

Finanzplanungen werden häufig von verschiedenen Beteiligten erstellt, welche auf den **28** jeweils subjektiven Annahmen und Einschätzungen basieren, und mit deren Erstellung ggf. unterschiedliche Interessen verfolgt werden. Die Herausforderung für die Private Equity Gesellschaft besteht darin, diese Interessen zu erkennen und sich ein möglichst objektives und konsistentes Urteil aus den verschiedenen Informationsquellen zu bilden.

- Der Finanzplan des Unternehmens:
  Dieser Plan wird vom bestehenden Management unter der Führung des alten Gesellschafters erstellt. Hierbei besteht häufig ein Interessenskonflikt. Grundsätzlich will der alte Gesellschafter den Plan möglichst positiv gestalten, denn dieser ist die wesentliche Grundlage für die Kaufpreisfindung. Je nach Situation des Managements wird dieses jedoch versuchen, mehr oder weniger stark auf die Planungsergebnisse Einfluss zu nehmen. So hat das Management kein Interesse daran, eine zu ambitionierte Planung abzugeben, wenn es selbst in den nächsten Jahren an der erfolgreichen Umsetzung des Finanzplans gemessen wird. Muss das Management jedoch davon ausgehen, dass es nach der Übernahme ausscheidet, oder verbleibt es beim verkaufenden Gesellschafter, dann wird es eher einen sehr positiv gestalteten Finanzplan unterstützen.
- Finanzplan des Managements:
  Eine typische Situation für eine Private Equity Beteiligung ist ein Management Buy Out, bei dem der neue Gesellschafterkreis auch das bisherige Managementteam umfaßt, dh das bisherige Management wird zukünftig Mitgesellschafter des Zielunternehmens und wird an dem zukünftigen Erfolg des Unternehmens beteiligt. Das Management hat in diesem Fall zumeist sehr genaue Vorstellungen, wo die Erfolgspotentiale liegen und wie diese realisiert werden können, bzw. wo Verlustrisiken drohen und wie sich diese umgehen lassen. Da das Management auch an einem möglichen Misserfolg beteiligt ist, wird es eine möglichst realistische Finanzplanung erstellen.
- Finanzplan der Private Equity Gesellschaft:
  Im Rahmen des Investmentprozesses erstellt die Private Equity Gesellschaft ebenfalls einen Finanzplan aus den verschiedenen Informationsquellen. Hierbei liegt die Hauptanforderung darin, ein realitätsnahes und umsetzbares Gesamtbild des Finanzplans zu entwickeln. Die Aufgabe des Controllers ist es, die den verschiedenen Informationsquellen zu Grunde liegenden Annahmen und Intentionen zu erkennen, zu verstehen und in der eigenen Planung und Beurteilung entsprechend zu berücksichtigen.

4. Maßnahmenplan („6-Monatsplan") für das Beteiligungsunternehmen

29 Das Wertsteigerungskonzept beinhaltet eine Reihe von kurz- und mittelfristig geplanten Maßnahmen und Zielen. Um die operative Umsetzung zu erleichtern, werden diese am Ende des Investitionsprozesses typischerweise in einem Maßnahmenplan, dem sogenannten 6-Monatsplan zusammengefasst.[18] Dieser beinhaltet die Aktivitäten, die in den nächsten sechs Monaten von dem Management des Unternehmens angegangen werden sollen, um die mittelfristigen Ziele des Wertsteigerungskonzeptes zu erreichen. Ebenfalls werden in diesem Zusammenhang Schritte festgehalten, um eine möglichst effiziente Infrastruktur für die Zusammenarbeit zwischen Private Equity Gesellschaft und Portfoliounternehmen aufzubauen.

30 Der Maßnahmenplan ist von besonderer Wichtigkeit für die Zusammenarbeit zwischen Private Equity Gesellschaft und Beteiligungsunternehmen, um die zu Beginn der Investition identifizierten Wertsteigerungspotenziale in konkrete Maßnahmen umzusetzen. Während zum Zeitpunkt des Investitionsabschlusses eine Konformität der Interessen beider Seiten hinsichtlich des übergeordneten Geschäftsziels der Gewinnerzielung besteht, treten in der folgenden operativen Zusammenarbeit häufig Diskrepanzen auf hinsichtlich der einzuschlagenden Wege zur Realisierung des Geschäftspotenzials, insbesondere auch in Bezug auf den dafür zu veranschlagenden Zeitraum.[19] Diese Anreizproblematik im Sinne der Principal-Agency-Theorie[20] ist durch geeignete Steuerungsinstrumente zu reduzieren. Hierzu gehört insbesondere die Festlegung und strenge Kontrolle des Maßnahmenplanes, der im Rahmen der Investition erarbeitet und in der laufenden Betreuung überwacht wird, sowie aus Sicht des Private Equity Beteiligungscontrolling der Einsatz geeigneter Controllinginstrumente, auf die im Kapitel 4 näher eingegangen wird.

II. Aufgaben des Private Equity Beteiligungscontrolling in der Betreuungsphase

31 Nach dem Abschluss der Investitionsphase und erfolgter Unternehmensbeteiligung nimmt die Private Equity Gesellschaft typischerweise die Rolle eines aktiven Beraters und Sparringpartners für das Management der Beteiligungsgesellschaft ein, indem va Kontroll- und Beratungsfunktionen übernommen werden.[21] Der Private Equity Beteiligungscontroller unterstützt den Private Equity Manager in der Umsetzung der strategischen und operativen Zielsetzungen in Bezug auf die einzelnen Portfoliogesellschaften.

32 In der **Anfangsphase** der Beteiligung liegen die Aufgabenschwerpunkte des Private Equity Beteiligungscontrollers vor allem in dem Aufbau der Infrastruktur für die Zusammenarbeit mit dem Portfoliounternehmen. Hierbei sind die bestehenden Controllingsysteme auf ihre Verlässlichkeit zu prüfen, eine adäquate spezifische Kennzahlensystematik festzulegen, sowie aus prozessualer Sicht Zuständigkeiten für das Berichtswesen zu definieren, sowie entsprechende Datenschnittstellen zu etablieren und Vorlagen für das Reporting vorzugeben.[22] Dabei setzt das Private Equity Beteiligungscontrolling auf den Daten des jeweiligen Controlling der Beteiligungsgesellschaften auf. Aus Sicht des Private Equity Beteiligungscontrolling ist dafür zu sorgen, dass das Controlling der jeweiligen Portfoliogesellschaften den qualitativen und quantitativen Anforderungen des Private Equity Beteiligungscontrolling genügt.

33 Eine wesentliche Aufgabe der **laufenden Betreuung** besteht in der periodischen Überprüfung, ob die Zielgrößen aus Finanzplan und Maßnahmenkatalog eingehalten werden.

[18] Hierzu kann auch ein kürzerer Zeitraum für die Umsetzung der konkreten Maßnahmen gewählt werden; üblich ist auch ein „100-Tages-Plan", vgl. *Eitelwein et al.* (2008), S. 92.
[19] Vgl. zB *Schmidt* (2006), S. 206.
[20] In diesem Zusammenhang ist die Private Equity Gesellschaft der Principal, der für geeignete Anreizmechanismen sorgen muss, um den Agent, dh das Management der Beteiligungsgesellschaft, zu dem aus seiner Sicht wünschenswerten Verhalten zu bewegen.
[21] Vgl. zB *Jesch* (2004).
[22] Vgl. auch die Ausführungen in → Rn. 57 ff.

Darüber hinaus soll das Private Equity Beteiligungscontrolling ggf. auf Ineffizienzen aufmerksam machen und dadurch zusätzliche Erfolgspotenziale des Portfoliounternehmens erkennen und deren Ausbau unterstützen. Dem Private Equity Controller kommen in dieser Phase somit drei wesentliche Aufgabenbereiche zu:

1. **Durchführungskontrolle:**
   Im Rahmen der Durchführungskontrolle muss er prüfen, inwieweit die zum Investitionszeitpunkt beschlossenen Maßnahmen umgesetzt werden. Eine wichtige Aufgabe des Private Equity Beteiligungscontrollers ist es, die Umsetzung des Maßnahmenplans zu überwachen und dessen laufende Fortschreibung zu begleiten. Bei der Fortschreibung ist es besonders wichtig, auf der einen Seite die sich aus dem Tagesgeschäft neu ergebenden Aufgaben zu erfassen und zu verfolgen, aber auf der anderen Seite die mittel- bis langfristigen Ziele des Wertsteigerungskonzeptes als oberste Richtgröße streng zu beachten.
2. **Budgetkontrolle:**
   Weiterhin muss er überwachen, ob die mittelfristige Finanzplanung im Rahmen kurzfristigerer Budgetplanungen adäquat fortgeschrieben wird und die vorgegebenen Kennzahlen eingehalten werden.
3. **Prämissenkontrolle:**
   Schliesslich fallen ihm Aufgaben der Prämissenkontrolle zu, indem der Private Equity Controller hinterfragen muss, inwieweit sich die zum Investitionszeitpunkt getroffenen Annahmen halten lassen oder angepasst werden müssen, wodurch sich weiterer Anpassungsbedarf sowohl für die strategische als auch die operative Planung ergeben kann.

Aus Sicht des Private Equity Beteiligungscontrolling geht es insgesamt in dieser Phase **34** darum zu überprüfen, ob sich die einzelnen Beteiligungsgesellschaften auf den zum Zeitpunkt des Investments definierten Entwicklungspfad befinden, der mit dem Wertsteigerungskonzept bzw. mit dem aus dem Wertsteigerungskonzept abgeleiteten Finanz- und Maßnahmenplan festgelegt wurde, oder inwieweit sie von diesen abweichen. Ein zentrales Instrument des laufenden Private Equity Beteiligungscontrolling ist der **monatliche Soll/Ist-Vergleich.** In diesem werden die für die Planungsperiode festgelegten Zielwerte mit den aktuellen Ist-Werten abgeglichen.[23] Sofern sich aus dem Soll-/Ist-Vergleich Abweichungen der aktuellen Entwicklungen von den Planwerten ergeben, muss das Private Equity Beteiligungscontrolling entsprechende Signale an die Projektmanager weitergeben. Hierzu sind geeignete Frühwarnsysteme und Eskalationsprozesse festzulegen. Der Soll/Ist-Vergleich ist wesentlicher Bestandteil des Controllinginstrumentes des Projektberichts, auf dem im Kapitel 4.3 näher eingegangen wird.

III. Aufgaben des Private Equity Beteiligungscontrolling in der Exitphase

Bereits zum Zeitpunkt der Investition steht das übergeordnete Ziel der Private Equity **35** Investition fest, die Investition in absehbarer Zeit mit einem definierten Mindest-Veräusserungserlös wieder zu verkaufen. Hauptaufgaben des Private Equity Beteiligungscontrolling in dieser Phase sind es, einen günstigen Verkaufszeitpunkt zu empfehlen, zu dem der erzielbare Veräußerungserlös möglichst hoch ist, sowie Kennzahlen für den Erfolg des Unternehmensverkaufs bereitzustellen. Dabei hängt die Rentabilität der Investition einerseits vom wirtschaftlichen Erfolg des Portfoliounternehmens, andererseits von den die Transaktion beeinflussenden Rahmenbedingungen ab. Hierzu gehören insbesondere die Entscheidung über den zu wählenden Veräusserungsweg, zB über einen Börsengang oder den Verkauf an eine dritte Partei, wie zB einen strategischen Investor, Finanzinvestor oder Mitgesellschafter, wobei die verschiedenen Käufergruppen unterschiedliche Erfolgspotenziale widerspiegeln.[24] Nicht in jedem Fall ist ein Verkauf die einzig mögliche und sinnvolle

[23] Vgl. Darstellungen zum Projektbericht → Rn. 57 ff.
[24] Vgl. zB *Bodmer et al.* (1999), S. 15.

Exit-Option für das Private Equity Unternehmen. Wenn sich das Beteiligungsunternehmen gut entwickelt und die Private Equity Gesellschaft keine Verschlechterung des Marktumfeldes erwartet, kann eine Rekapitalisierung ein probates Mittel sein, um die Rendite für den Private-Equity-Fonds zu optimieren. In einem solchen Fall wird dem Portfoliounternehmen die nicht notwendige Liquidität entzogen und an die Investoren ausgeschüttet.

36 Für die Exitvorbereitung ist ein Zeitpunkt günstiger Marktumfeldbedingungen, wie zB beim Börsengang der allgemeinen Kapitalmarktsituation, möglichst zutreffend einzuschätzen. Wesentliche Aufgabe des Private Equity Beteiligungscontrolling ist es in diesem Zusammenhang, Vorhersagen für die Auswirkungen der unterschiedlichen Effekte auf den Unternehmenswert zu treffen und so einen optimalen Exitzeitpunkt zu empfehlen, in dem sich die angestrebten Rentabilitätsvorgaben best möglich realisieren lassen. [25] Der Private Equity Controller muss den aus dem Wertsteigerungskonzept abgeleiteten Finanzplan mit der Realität vergleichen. Gegebenenfalls müssen Abweichungen analysiert und deren Auswirkungen auf den erstrebten Exitwert und –zeitpunkt eingeschätzt werden. Falls es sich als notwendig erweisen sollte, muss die bisher verfolgte Strategie überprüft, neu adjustiert oder die Exitperspektive überdacht werden.

37 Eine weitere Aufgabe des Private Equity Beteiligungscontrolling besteht in der finanziellen Ergebniskontrolle nach dem Verkauf. Dazu muss der tatsächliche monetäre Beteiligungserfolg anhand der vorgegebenen Renditekennzahlen, insbesondere des IRR und des Cash Multiple,[26] bestimmt werden. Diese Kennzahlen stehen vom Beginn der Investitionsphase bis zur Beendigung des Investments im Mittelpunkt der Aufmerksamkeit des Private Equity Controlling, da sie letztendlich den Erfolg und die Performance des gesamten Fonds und damit des Private Equity Unternehmens bestimmen.

D. Wichtige Instrumente des Private Equity Beteiligungscontrolling

I. Einordnung

38 Im Private Equity Beteiligungscontrolling stehen finanzwirtschaftliche Kennzahlen im Vordergrund, die auf dessen spezifischen Zielsetzungen und Anforderungen ausgerichtet sind. Dabei finden vor dem Leitmotiv der Wertsteigerung im Wesentlichen unternehmenswertorientierte und finanzwirtschaftliche Kennzahlen für die einzelnen Beteiligungsunternehmen Anwendung. Aus Sicht der Private Equity Gesellschaft steht die für jeden Fonds auf aggregierter Fondsebene zu erreichende Performance im Mittelpunkt. Diese kann nur durch nachhaltige erfolgreiche Entwicklungen der Beteiligungsunternehmen des Fonds erreicht werden. Damit steht die finanzielle Erfolgsanalyse im Zentrum des Controlling der einzelnen Beteiligungen.

39 Eine wesentliche Anforderung ist dabei die komprimierte Abbildung komplexer Vorgänge in den unterschiedlichen Portfoliogesellschaften anhand eines geeigneten Kennzahlenaufbaus. Während aus Unternehmenssicht häufig komplexe Kennzahlensysteme Anwendung in der laufenden Steuerung finden,[27] fokussiert das Controlling von Private Equity Beteiligungsunternehmen typischerweise bewusst auf eine reduzierte Zahl ausgewählter Kennzahlen, die den genannten Anforderungen genügen. Wichtig ist dabei, dass das zu Grunde liegende Kennzahlensystem die Anforderungen eines Frühwarnsystems erfüllt, da die rechtzeitige Erkennung von Chancen und Risiken eine wichtige Aufgabe für das zukunftorientierte Beteiligungscontrolling darstellt.

[25] Zusätzlich muss berücksichtigt werden, dass ein Unternehmen nicht unbedingt kurzfristig verkauft werden kann. Für die Durchführung des professionellen Verkaufprozesses sollte ein Zeitraum von mindestens sechs bis neun Monaten veranschlagt werden.

[26] Vgl. hierzu die weiteren Ausführungen unter → Rn. 48.

[27] Vgl. zB das Du-Pont-System oder das ZVEI-System; siehe zB *Perridon / Steiner* (1997), S. 564 ff.

[NU: Invest Europe bringt in der zweiten Aprilhälfte ein überarbeitetes Handbook heraus. Es wäre gut, wenn Sie das neue Handbook an dieser Stelle (einschl. Fußnoten) einarbeiten, insbesondere die Änderungen im Investor Reporting] Wesentliche Instrumente für das Private Equity Beteiligungscontrolling ergeben sich aus dem Handbook Professional Standards von **Invest Europe** (früher EVCA European Private Equity and Venture Capital Association). **Invest Europe repräsentiert den europäischen Private Equity, Venture Capital und Infrastruktur Sektor sowie deren Investoren.** Der Interessenverband macht für das Reporting sowohl auf Ebene der Private Equity Gesellschaft gegenüber den Investoren, als auch innerhalb eines Fonds für die einzelnen Portfoliounternehmen konkrete Vorgaben, die als Branchenstandard für das Berichtswesen der Private Equity Gesellschaften angesehen werden können:[28] **40**

„*[…]* In the last ten years since the global financial crisis 'the pressure from all stakeholders for greater transparency and understanding has also increased. Ensuring that the Level of information available is sufficient to be helpful but not so voluminous that it is a hindrance *[…]*. *[…]* these Guidelines balance the ever increasing demands for information with the goal of developing sensible and understandable information at all times." [29] **41**

Konkret schlägt Invest Europe folgende Berichtsstruktur für das Fondsreporting vor, welches die Private Equity Gesellschaft für ihre eigenen Berichtszwecke gegenüber den Investoren berücksichtigen sollte:[30] **42**

Fund Information
- Fund Overview
- Executive Summary
- Fund Performance Status
- Fund Financial Statements
- GP Fees, Carried interest and Fund Operating Expenses
- Fund Bridge and Leverage Facilities
- Related Party Transactions and Conflicts of Interest

Investment Portfolio Information
- Portfolio Summary
- Portfolio Asset Detail

Investors Information
- Capital Account
- Drawdown Notices
- Distribution Notices

Abbildung 3: Wesentliche Inhalte des Fundreportings nach den Invest Europe Guidelines

Aus dieser Übersicht wird die dominierende Rolle der Cash Flow- und Renditegrößen deutlich, zu denen im Wesentlichen die Kennzahlen Internal Rate of Return und Cash Multiple gehören. Diese sind an vorrangiger Stelle auf Ebene des Fonds zu berichten und finden sich ebenfalls im Berichtsteil der einzelnen Portfoliogesellschaften wieder. Die übergeordnete Bedeutung dieser Steuerungsgrößen ergibt sich aus der Tatsache, dass sich aus den Cash-Flow- und Renditegrößen die Performance und der Erfolg des Fonds und damit auch der Private Equity Gesellschaft gegenüber ihren Investoren bemessen. Aus Investorensicht ist entscheidend, welche Kapitalverzinsung mit dem zur Verfügung gestellten Kapital erzielt werden kann. **43**

[28] INVEST EUROPE Reporting Guidelines, INVEST EUROPE (2018). https://www.investeurope.eu/media/710939/IE_Professional-Standards-Handbook-2018.pdf
[29] Vgl. INVEST EUROPE (2018), S. 73.
[30] Vgl. INVEST EUROPE (2018), S. 75.

44 Da sich diese Renditegrößen auf Fondsebene aus der Aggregation der Größen für die einzelnen Beteiligungen ergeben, spielen diese Kennzahlen auch im Controlling der Beteiligungsunternehmen eine zentrale Rolle. Invest Europe lässt es dabei offen, inwieweit die Private Equity Gesellschaften weitere Kennzahlen für die einzelnen Portfoliounternehmen zusätzlich berichten. Im Folgenden werden zunächst die für die Performanceanalyse übergeordneten Kennzahlen der Rendite- und Cash Flow-Berechnung dargestellt. Anschliessend werden weitere häufig verwendete Kennzahlen zusammengefasst.

II. Wesentliche Kennzahlen des Private Equity Beteiligungscontrolling zur Informationsgewinnung

1. Kennzahlen der Liquidität und Kapitalverzinsung

45 **Cash-Flow**

Grundlage der Cash Flow Analyse sind Informationen aus der Gewinn- und Verlustrechnung. Grundsätzlich beziffert der Cash Flow den *Überschuss der einzahlungswirksamen Einnahmen über die auszahlungswirksamen Ausgaben*. Der Cash Flow gibt Informationen über den Mittelzufluss aus dem Umsatzprozess, aus dem weitere Rückschlüsse auf die Liquiditätslage und die finanzielle Entwicklung des Unternehmens gezogen werden können.[31] Er lässt erkennen, in welchem Maße ein Unternehmen Finanzmittel aus eigener Kraft erwirtschaftet hat. Die Kennzahl Cash Flow gilt damit als ein wichtiger Indikator der Zahlungskraft und des Innenfinanzierungspotenzials eines Unternehmens. Der Cash Flow ist als Ertragsgröße aussagekräftiger als der Jahresüberschuss, der sich leicht durch Bilanzpolitik (bspw. durch Rückstellungen) beeinflussen lässt.

46 Auf Basis des Cash Flow lassen sich die beiden in der Private Equity Industrie vorrangigen Renditegrößen der Internal Rate of Return und des Cash Multiple bestimmen, welche im Folgenden dargestellt werden.

47 **Internal Rate of Return (IRR, „Interner Zinsfuss")**

Die Internal Rate of Return (IRR), auch interner Zinsfuss genannt, ist der Zinssatz, bei dem der Kapitalwert (KW bzw. Net Present Value) einer Zahlungsreihe aus einer Investition (I) zuzüglich der Summe aller abgezinsten Rückflüsse C_t zum jeweiligen Zeitpunkt t, t=1, …, T, gleich Null ist. Mit anderen Worten, die Internal Rate of Return i repräsentiert den Zinssatz, bei dem der Investitionsbetrag gerade dem diskontierten Wert aller Rückflüsse (Cash Flows) aus der Investition entspricht.

$$KW = -I + \sum_{t=1}^{T} \frac{C_t}{(1+i)^t} = 0 \qquad (1)$$

48 **Cash Multiple**

Als weitere wichtige Kennzahl wird als Multiple (m) ein Vervielfältigungsmultiplikator bezeichnet, der sich aus dem Verhältnis von Investition (I) und der Summe aller Rückzahlungen des Gesamt-Cash Flow ($C=\sum C_t$) ergibt:

$$m=C/I \text{ bzw. } C=m*I \qquad (2)$$

49 Beispielsweise besagt ein Multiple von m=2, dass die Summe C aller Rückflüsse der Investition doppelt so hoch ist wie die Investition I, dh das investierte Kapital wurde durch die Investition verdoppelt.

50 Die Höhe der angestrebten Renditekennzahlen Internal Rate of Return und Multiple ist dabei abhängig von einer Vielzahl von Einflußfaktoren, insbesondere von der spezifischen Unternehmenssituation und der geplanten Verweildauer der Beteiligung im Private-Equi-

[31] Vgl. hierzu und zum folgenden zB Wöhe (1984), S. 316 ff. Die finanzielle Stromgröße des Cash Flow wird in der Literatur und Praxis nicht einheitlich definiert. Vielmehr unterscheiden sich Definitionen durch die Komponenten, die in die Cash Flow-Berechnung eingehen.

ty-Fondsportfolio. Häufig werden IRR's von 20 % – 25 % angestrebt.[32] Untergrenzen für den Multiple m einer Investition liegen oftmals bei ca. 2 bis 3.[33]

Für beide Größen Internal Rate of Return und Multiple verfügt jeder Private-Equity- **51** Fonds typischerweise über interne Zielvorgaben, dh zum Zeitpunkt des Investments wird eine Aussage über die erwartete Rendite und den erwarteten Multiple getroffen. Diese Annahmen sind die entscheidenden Grundlagen für die Investitionsentscheidung. Das Private Equity Beteiligungscontrolling wird die Kennzahlen im Rahmen der regelmäßigen Soll/Ist-Vergleiche für jedes Investment ermitteln und den zum Investitionszeitpunkt geplanten Zielgrößen gegenüberstellen.

2. Weitere Kennzahlen des Private Equity Controlling

EBIT und EBITDA **52**

EBIT ist die Abkürzung für *earnings before interest and taxes,*[34] dh Gewinn vor Zinsen und Steuern. In der praktischen Anwendung hat es jedoch die Bedeutung von *Gewinn vor Finanzergebnis, außerordentlichem Ergebnis und Steuern.*[35] Es werden also außerordentliche (einmalige) Kosten und Aufwendungen ebenso ignoriert wie Zinsen, sonstige Finanzierungsaufwendungen oder -erträge und Steuern, weil alle diese Positionen nicht durch die eigentliche betriebliche Tätigkeit entstanden sind. Man spricht hier auch von einer *Bereinigung* des Gewinns oder dem *Herausrechnen* bestimmter Positionen. Anhand des EBIT lässt sich zB der operative Gewinn im Zeitvergleich oder bezogen auf verschiedene Unternehmen direkt vergleichen, ohne dass die Resultate durch schwankende Steuersätze, Zinsaufwendungen oder sonstige außerordentliche Faktoren verzerrt werden.

EBITDA ist die Abkürzung für *earnings before interest, taxes, depreciation and amortization,* **53** dh Ertrag vor Zinsen, Steuern, Abschreibungen auf Sachanlagen und Abschreibungen auf immaterielle Vermögensgegenstände.[36] In der praktischen Anwendung hat es die Bedeutung von Ertrag vor Finanzergebnis, außerordentlichem Ergebnis, Steuern und Abschreibungen. Der EBITDA lässt sich wie folgt aus dem EBIT berechnen:

EBIT
\+ Abschreibungen auf das Anlagevermögen
\- Zuschreibungen zum Anlagevermögen
= EBITDA

Convenants **54**

Weiterhin sind aus Sicht des eigenkapitalgebenden Private Equity Unternehmens Kennzahlen von essentieller Bedeutung, deren Einhaltung von an der Unternehmensfinanzierung beteiligten Fremdkapitalgebern als sogenannte Covenants eingefordert werden. Unter Covenants versteht man Zusatzvereinbarungen zwischen Fremdkapitalgebern und Unternehmen bei der Kreditvergabe, die den Zweck erfüllen sollen, die Kreditwürdigkeit des Unternehmens zu unterstützen. Häufig vereinbarte Covenants sind zB eine Mindest-Eigenkapitalquote, Verschuldungsgrad, Zinsdeckung, Schuldendienstdeckung, Kapitaldienstdeckungsgrad.[37]

Sollten diese Covenants nachhaltig nicht erfüllt werden, erhalten die kreditgebenden **55** Banken im Allgemeinen umfangreiche Eingriffsmöglichkeiten in die unternehmerischen Entscheidungen der betroffenen Gesellschaft. Diese quasi Entmündigung der Gesellschafter geht meist einher mit einem hohen Wertverlust für die bestehenden Gesellschafter, da die Strategie der Banken auf die Reduzierung der Verschuldung der Gesellschaft ausgerichtet

[32] Vgl. Umfrageergebnisse in *Eitelwein et al.* (2008), S. 90.
[33] Für eine Übersicht aktueller Multiples europäischer Private-Equity-Fonds vgl. z B. *Kaserer / Diller* (2007), S. 92 ff.
[34] Vgl. zB www.wikipedia.org.
[35] Vgl. die Darstellung in der Abbildung 4.
[36] Der englische Begriff *amortization* bedeutet dabei die Abschreibungen auf immaterielle Vermögensgegenstände.
[37] Vgl. die Darstellungen in der Abbildung 4.

ist. Die Art und der Umfang der in den Kreditverträgen vereinbarten Covenants ist Verhandlungsergebnis zwischen Bank und Private Equity Gesellschaft und als solches in besonderem Maße von der Wettbewerbssituation der kreditgebenden Banken abhängig.

3. Zusammenfassung wesentlicher Kennzahlen des Private Equity Beteiligungscontrolling

56 Die folgende Tabelle fasst zentrale Kennzahlen zusammen, die häufig zur laufenden Kontrolle der Beteiligungsunternehmen eingesetzt werden und oft im Zeitablauf für jedes Investment (time series) oder im Quervergleich für alle Investments (cross sectional) analysiert werden:

Kennzahl	**Definition**
Mittelzufluss / Liquidität	
Cash Flow	Einzahlungswirksamer Ertrag – auszahlungswirksamer Aufwand (Direkte Ermittlung)
Kapitalverzinsung	
Internal Rate of Return	Interner Kapitalzinsfuß, Verzinsung des eingesetzten Kapitals
Cash Multiple	Multiplikator zur Kapitalverzinsung
Ertragskraft	
EBIT	Jahresüberschuss (Gewinn) + Zinsaufwand – Zinserträge +/- Beteiligungsergebnis + Steueraufwand – Steuerertrag + außerordentlicher Aufwand – außerordentliche Erträge **= EBIT**
EBITDA	EBIT + Abschreibungen auf das Anlagevermögen - Zuschreibungen zum Anlagevermögen **= EBITDA**
Finanzierung und Kapitalstruktur	
Nettoverschuldung	Fremdkapital./. Kasse + erhaltene Anzahlungen
freie Linien	Nicht in Anspruch genommene Kontokorrentlinien
Verschuldungsgrad	Fremdkapital / Eigenkapital
Verschuldungsquote	verzinsliches Fremdkapital / EBIT oder EBITDA
Eigenkapitalquote	bilanzielles Eigenkapital / Gesamtkapital (Bilanzsumme)
Fremdkapitalquote	bilanzielles Fremdkapital / Gesamtkapital (Bilanzsumme)
Zinsdeckung	EBIT oder EBITDA / zahlungswirksamen Zinszahlungen
Schuldendienstdeckung	Cash Flow / Kapitaldienst
Kapitaldienstdeckungsgrad	EBITDA / Kapitaldienst

Abbildung 4: Wesentliche Kennzahlen für das Private Equity Beteiligungscontrolling

III. Informationsaufbereitung im Portfoliobericht

Eine der zentralen Aufgaben des Private Equity Beteiligungscontrolling ist die Beschaffung und Zusammenführung von verläßlichen Informationen über die Beteiligungsunternehmen. Das Controlling des Private Equity Unternehmens setzt dazu auf den vorhandenen Controllingsystemen des Beteilgungsunternehmens auf. Hieraus sind für die Private Equity Gesellschaft relevante Kennzahlen, wie im vorangehenden Kapitel dargestellt, zu extrahieren und ggf. um unternehmensspezifische Informationen zu ergänzen. Für das regelmäßige Reporting innerhalb der Private Equity Gesellschaft sind zusätzlich für alle Beteiligungsgesellschaften des Private-Equity-Fonds vergleichbare Kennzahlen darzustellen. Besonders kommt es dabei auf Aktualität und Validität der bereitgestellten Informationen an. 57

Herausforderungen liegen für das Private Equity Controlling dabei insbesondere in einer Überbrückung der hohen Heterogenität der verschiedenen Portfoliogesellschaften sowie die bereits angesprochene häufig hohe Informationsasymmetrie zwischen dem einzelnen Beteiligungsunternehmen und der Private Equity Gesellschaft. Oft ergeben sich in der Zusammenarbeit mit dem Beteiligungsunternehmen für das Private Equity Controlling weitere Aufgaben daraus, den Aufbau eines effizienten Controlling in den Portfoliogesellschaften zu unterstützen. Dies ist vor allem bei mittelständischen Unternehmen zu beobachten. 58

Die Ergebnisse und Tätigkeiten des Private Equity Beteiligungscontrolling werden in regelmäßigen Zeitabständen in Form eines Portfolioberichtes zusammengefasst. Dieser Portfoliobericht ist Grundlage für das idR monatlich stattfindende Controllinggespräch.[38] Der Portfoliobericht basiert auf Kennzahlen des Private Equity Beteiligungscontrolling, wie sie im vorangehenden Kapitel dargestellt wurden. Wesentlicher Bestandteil ist der monatliche Soll/Ist-Vergleich, in dem die Plankennzahlen mit den aktuellen Ist-Werten verglichen werden, sowie ein aktueller Status zur Umsetzung des Maßnahmenplans. Neben quantitativen Kennzahlen spielen dabei auch qualitative Einschätzungen des Private Equity Beteiligungscontrolling über das Beteiligungsunternehmen eine wesentliche Rolle. 59

Der Portfoliobericht stellt ein internes Controllinginstrument dar, welches dem Informationsaustausch innerhalb der Private Equity Gesellschaft dient, um dem Partnerschaftsgremium[39] einen Überblick über die Erfolgssituation der Beteiligungsunternehmen eines einzelnen Fonds zu vermitteln. Der Portfoliobericht sollte dabei wesentliche Kennzahlen, die auch für das Reporting gegenüber den Fonds-Investoren benötigt werden, enthalten und kann sich insofern an den Reporting Guidelines der Invest Europe orientieren.[40] Im Folgenden wird ein möglicher Berichtsaufbau exemplarisch vorgestellt: 60

1. Portfolioebene: **Überblick und Zusammenfassung**
2. Je Einzelunternehmen:
   a. Kennzahlensystem – Darstellung der wesentlichen Kennzahlen im Zeitvergleich
   Soll-Ist-Vergleiche der einzelnen Beteiligungsunternehmen
   b. Darstellung der Entwicklung der durch die Fremdkapitalgeber vorgegebenen Covenants
   c. Erläuterung und Kommentierung der wirtschaftlichen Situation
   d. Darstellung der beschlossenen Maßnahmen und deren jeweiliger Status
   Aktueller Status zum Maßnahmenplan

Abbildung 5: Exemplarischer Aufbau des Portfolioberichts

Im Folgenden werden wesentliche Inhalte eines solchen Portfolioberichts anhand der vorgeschlagenen Struktur erläutert. 61

[38] Vgl. hierzu die weiteren Ausführungen unter → Rn. 72.
[39] Je nach Größe und Struktur der Private Equity Gesellschaft handelt es sich hierbei um die Geschäftsführung, die Partnerversammlung oder Teile derselben. In manchen Fällen kann es sich auch um das Investment Committee handeln.
[40] Vgl. die Darstellungen unter → Rn. 38 ff.

1. Überblick und Zusammenfassung

62 Am Anfang des Berichtes sollte eine Übersicht zum aktuellen Informationsstand der Portfoliounternehmen gegeben werden:

63 **Portfoliobericht / Blatt 1: Status der Informationen**

Beteiligung	Report	Status / Kommentar
Unternehmen A	August	Aktueller Report liegt vor
Unternehmen B	August	Report nur auszugsweise
Unternehmen C	Juli	angekündigter Augustreport liegt noch nicht vor
...	...	...

Abbildung 6: Beispiel für eine Übersicht zum Stand der Controllinginformationen der Beteiligungsunternehmen

64 Die Erfahrung zeigt, dass häufig eine positive Korrelation zwischen einem effektiven, zeitnahen und systematischen Berichtswesen und dem Gesamterfolg eines Unternehmens besteht. Tendenziell sind die Unternehmen, die pünktlich und zeitnah berichten, im Allgemeinen auch die Erfolgreicheren. Als auffälliges Warnsignal für eine sich verschlechternde Entwicklung des Unternehmens kann dabei eine sich sukzessiv verringernde Qualität und zunehmende zeitliche Verzögerung der berichteten Controllinginformationen dienen. Noch auffälliger sind aus der praktischen Erfahrung heraus auch gestalterische Änderungen in der Berichterstattung, wenn zB anstelle eines Auszuges aus der Buchhaltung Folienpräsentationen oder Tabellenkalkulationsdateien an das Private Equity Unternehmen übermittelt werden.

2. Kennzahlensystem – Aufbereitung der wesentlichen Unternehmenskennzahlen

65 Anschließend wird der Soll/Ist-Vergleich der Portfoliounternehmen mit wesentlichen Kennzahlen je Portfoliounternehmen präsentiert.[41]. Hierzu eignen sich insbesondere EBIT, Gesamtleistung, Cash Flow oder auch weitere spezifische Kennzahlen wie zB Auftrageingang. Zumeist werden diese Kennzahlen, um auf besondere Entwicklungen aufmerksam zu machen, weiter untergliedert, zB nach Geschäftsbereichen, Standorten oder Ländern. Die Kennzahlenübersicht kann mit einer kurzen Indikation (zB Ampelverfahren) zur Einschätzung der aktuellen Situation des jeweiligen Unternehmens in Relation zur geplanten Entwicklung ergänzt werden. Die folgende Tabelle schlägt eine Struktur zur Erfassung dieser Informationen vor:

66 **Portfoliobericht / Blatt 2: Kennzahlenübersicht der Portfoliounternehmen**

Weitere Kennzahlen, vgl. Kapitel 4.2

Beteiligung	Umsatz		EBIT		...	Ampel
	Ist 20XX	Plan 20XX	Ist 20XX	Plan 20XX	...	zB
Unternehmen A						O "grün"
Unternehmen B						O "gelb"
Unternehmen C						O "rot"
...	...	...	...	...	...	...

Abbildung 7: Beispiel für eine Kennzahlenübersicht der Portfoliounternehmen

[41] Vgl. die Kennzahlenübersicht unter → Rn. 56.

Bei besonders zyklischen oder saisonbedingten Geschäften ist es darüber hinaus wichtig, die individuelle Periodizität in den Analysen zu berücksichtigen. So ist es zB nicht hilfreich, die Umsatzentwicklung linear zu planen und anteilig in den Soll-Ist-Vergleichen zu berücksichtigen, wenn der größte Teil des Umsatzes zB saisonbedingt im vierten Quartal getätigt wird. Dies führt eventuell dazu, dass man über das Jahr eine Planverfehlung ausweist, die dann regelmäßig um den Hinweis auf die Hauptumsatzsaison im vierten Quartal ergänzt werden muss. Auch sind gegebenenfalls abweichende Wirtschaftsjahre oder Monate mit unterschiedlich vielen Arbeitstagen in der Gestaltung zu berücksichtigen. Auf saisonbedingte Besonderheiten ist auch im Berichtsteil 2c (s. u.) hinzuweisen. **67**

Um einen schnellen Überblick über die Entwicklung eines Unternehmens zu bekommen, ist die grafische Darstellung von ausgewählten Kennzahlen empfehlenswert. Dabei muss der Private Equity Beteiligungscontroller sehr gut überlegen, welche Entwicklungen er regelmäßig darstellen will. Dabei sollte die Informationsdichte gegen die Lesbarkeit des Berichts abgewogen werden. Es sollte ein in sich konsistentes Gesamtkonzept von Kennzahlen festgelegt werden, die für jedes Unternehmen berichtet werden und damit auch einen Quervergleich im Portfolio erlauben. Zusätzlich können individuell für die Situation einzelner Unternehmen relevante Informationen hinzugenommen werden. **68**

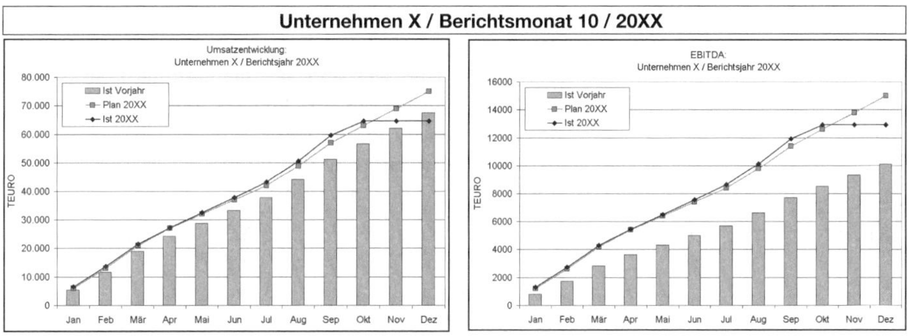

Abbildung 8: Beispielhafte Grafiken zur Unternehmensentwicklung

3. Darstellung der Bank Covenants

Auf die Bedeutung der Bank Covenants wurde bereits im Zusammenhang mit der Eingrenzung wesentlicher Controllinginformationen im Kapitel 4.2 eingegangen. Im Zuge der Finanzkrise hat sich die Kreditvergabepolitik der Banken verschärft. An die Unternehmensbonität und die geforderten Sicherheiten und Covenants werden strengere Anforderungen gestellt. Die von dem kreditnehmenden Beteiligungsunternehmen zu erfüllenden Informationspflichten und die einzuhaltenden Kriterien werden im Kreditvertrag festgeschrieben und einer regelmäßigen Kontrolle unterzogen.[42] Aufgrund der Eingriffsmöglichkeiten der Banken bei Verletzung kommt der Einhaltung der Covenants auch aus Eigentümersicht eine hohe Bedeutung zu. Im Fall der Bonitätsverschlechterung muss eine ausreichende Reaktionszeit zur Einleitung der erforderlichen Gegenmaßnahmen bleiben. Diese von den Banken vorgegebenen Kennzahlen müssen daher in den laufenden Report der Private Equity Gesellschaft einbezogen werden. **69**

4. Erläuterung und Kommentierung der wirtschaftlichen Situation

In einer kurzen Stellungnahme wird auf die Besonderheiten des Unternehmens in der vergangenen Berichtsperiode hingewiesen. Deren Hintergründe sind zu erläutern. Hier **70**

[42] Der Zeitraum für die Überprüfungen kann dabei bonitätsabhängig schwanken. Typischerweise werden die Covenants-Kriterien in einem Dreimonatszyklus überprüft.

besteht die Möglichkeit, weitere Zusammenhänge aufzuzeigen und geeignete Maßnahmen vorzuschlagen.

5. Darstellung der beschlossenen Maßnahmen und deren jeweiliger Status

71 Wie oben dargestellt, orientiert sich das Private Equity Beteiligungscontrolling zunächst an dem zum Zeitpunkt der Investition festgelegten Finanz- und 6-Monatsplan. Die Umsetzung der vereinbarten Maßnahmen muss eng verfolgt werden. Der Maßnahmenkatalog wird laufend um neue Maßnahmen ergänzt, die sich aus der Besprechung des Portfolioberichtes im Rahmen der regelmäßig stattfindenden Portfoliogespräche ergeben.[43] Wichtig ist, dass bei der Fixierung der Maßnahmen eine für die Umsetzung zuständige Person und einen Umsetzungszeitraum festgelegt werden.

Unternehmen X / Berichtsmonat 10 / 20XX			
Maßnahme	**Termin**	**Status**	**Zuständig**
Umsatzentwicklung	30.10.20XX	Nach den hohen Monatsumsätzen in 07–09/20XX blieb der Umsatz im Berichtszeitraum deutlich unter Plan. Grund ist der Ausfall eines größeren Kunden. Rücksprache mit dem Management wegen zusätzlichen Vertriebsmaßnahmen im Folgemonat. Der geplante Umsatz- und Ergebniszielwert für das Jahresende 20XX scheint aufgrund der guten Vormonatswerte noch erreichbar.	Projektleiter Z
Verkaufsprozess	30.6.20XX +1	Geplanter Verkauf zu Mitte 20XX+1 nicht gefährdet; Käufersuche wird fortgesetzt, Gespräche mit Interessent Y und Z sind im Folgemonat angesetzt.	Projektleiter Z

Abbildung 9: Beispielhafte Übersicht für einen Maßnahmenplan

IV. Informationsverdichtung im Controlling-Gespräch

72 Als weiteres wichtiges Controlling-Instrument dient ein regelmäßiges, typischerweise monatlich stattfindendes Controlling-Gespräch, an dem neben dem Partnerschaftsgremium der Private Equity Gesellschaft der zuständige Projektleiter bzw. Projektmanager sowie der Beteiligungscontroller beteiligt sind. Das Controllinggespräch dient dem Informationsaustausch zu den Portfoliounternehmen eines Fonds. Es wird über die Fortschritte der Portfoliogesellschaft berichtet und es werden die nächsten Aktivitäten und Maßnahmen für die einzelnen Portfoliounternehmen diskutiert und festgelegt. Im Folgenden werden zunächst die Aufgaben des Partnerschaftsgremium und der Projektleiter kurz beschreiben:

- Partnerschaftsgremium:
  Im Allgemeinen ist die Private Equity Gesellschaft partnerschaftlich organisiert. Je nach Größe der Private Equity Gesellschaft wird sich dieses Gremium aus allen Partnern oder nur aus einem Teil der Partner zusammensetzen. Dieses Partnerschaftsgremium wird in den meisten Fällen die täglichen Entscheidungen bezüglich der Portfoliounternehmen treffen.[44]

[43] Vgl. die Ausführungen unter → Rn. 72 ff.
[44] Zumeist werden die weitreichenden Entscheidungen wie Investitionen, Nachinvestitionen und Exits von dem Partnerschaftsgremium vorbereitet und dann dem Entscheidungsgremium des Fonds zur endgültigen Verabschiedung vorgelegt.

– Projektleiter / Projektmanager:
Es wird davon ausgegangen, dass innerhalb der Private Equity Gesellschaft eine Person, der sogenannte *Projektmanager* bzw. *Projektleiter,* bzw. eine Gruppe von Personen für die Betreuung einer Beteiligung zuständig ist. Meist handelt es sich hierbei um dieselben Personen, die auch die Beteiligung ausgewählt haben bzw. den Akquisitionsprozess durchgeführt haben. Die gleichen Personen sind meist auch für den Veräußerungsprozess zuständig

Die folgende Darstellung illustriert eine typische Teilnehmerstruktur des Controlling-Gesprächs: **73**

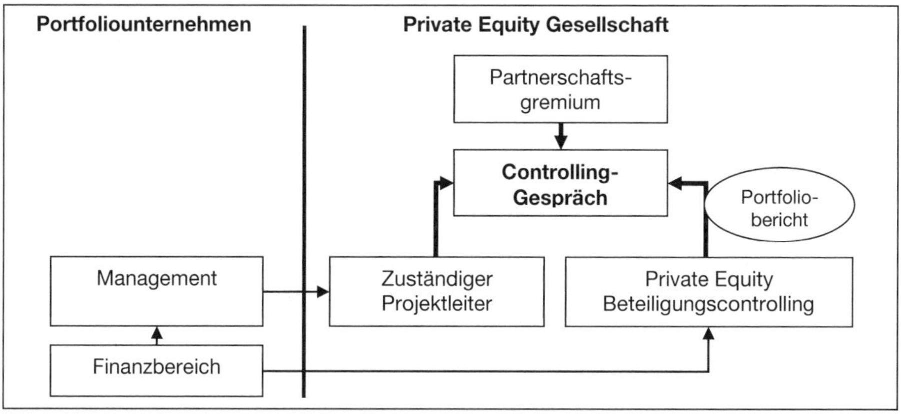

Abbildung 10: Organisatorische Eingliederung des Controlling Gesprächs

Die Abbildung verdeutlicht, dass in der vorgeschlagenen Struktur Informationen über das Beteilungsunternehmen auf zwei unabhängigen Wegen für das Controllinggespräch aufbereitet werden. Der zuständige Projektleiter erhält seine Informationen vom Management, das Beteiligungscontrolling aus dem Controlling und Finanzbereich des Portfoliounternehmens. Die unabhängige Informationsauswertung ist in verschiedener Hinsicht wichtig. Sie unterstützt in wesentlichem Maße die Objektivität der Unternehmensdarstellung, da der Private Equity Beteiligungscontroller nicht in die laufende Zusammenarbeit zwischen Portfoliounternehmen und Private Equity Manager involviert ist und die Unternehmensentwicklung aus größerer Distanz auf Basis der ihm vorliegenden Kennzahlen beurteilt. Gerade durch die laufende zum Teil tägliche Zusammenarbeit des Projektmanagers mit dem Portfoliounternehmen geht oft ein Stück Objektivität verloren. Auch fällt es nicht jedem Projektmanager leicht, über schwierige bzw. negative Entwicklungen zu berichten. **74**

Wichtig ist in diesem Zusammenhang, dass das Controlling und der zuständige Projektleiter nicht zunächst eine gemeinsame Sicht der Dinge erarbeiten und diese dann gemeinsam dem Partnergremium präsentieren. Vielmehr sollten sich beide unabhängig voneinander auf die Sitzung vorbereiten und jeweils die eigene Sicht auf die Situation und Lage der Portfoliogesellschaft präsentieren und so ein unabhängiges 4-Augen-Prinzip umsetzen. Im Rahmen des Controllinggespräches erfolgt auf Basis der aus den verschiedenen Perspektiven zusammengetragenen Informationen ein Dialog und Austausch, auf dessen Basis die weiteren für das jeweilige Portfoliounternehmen einzuleitenden Maßnahmen beschlossen werden, welche dann in dem Maßnahmenplan festgehalten werden. **75**

Zur effizienten Durchführung dieser Controllinggespräche benötigen die Teilnehmer grundlegende Informationen über die Entwicklung der Gesellschaften, welche im Portfoliobericht aufgearbeitet werden.[45] Damit dieser Portfoliobericht möglichst objektiv erstellt **76**

[45] Vgl. die Ausführungen unter → Rn. 57 ff.

wird, sollte er nicht von dem zuständigen Partner oder von einem diesem zuarbeitenden Analysten erstellt werden, sondern von einer unabhängigen Instanz, die mit den Aufgaben des Beteiligungscontrolling betraut ist. Diese sollte sowohl in Hinsicht der Informationsauswertung und Präsentation als auch in hinsichtlich der Informationsbeschaffung unabhängig von dem jeweils zuständigen Partner sein.

77 Das hier dargestellte Instrument des Controllinggesprächs sichert aus Perspektive der Private Equity Gesellschaft ein Höchstmaß an Objektivität der Informationsgewinnung über das Portfoliounternehmen. Ein Nachteil der beschriebenen Vorgehensweise liegt darin, dass eine strikte Trennung zwischen Portfoliobetreuung und Beteiligungscontrolling in einem kleinen Team zwar grundsätzlich möglich, aber im täglichen Arbeiten schwierig ist. Es wird die Tendenz bestehen, dass sich der Projektleiter und das Beteiligungscontrolling im Vorfeld des Controllinggespräches informell über die jeweiligen Besonderheiten austauschen, sei es auch nur, um die diesbezügliche Meinung des anderen zu erfahren. Dadurch kann es dazu kommen, dass im Controllinggespräch eine bereits untereinander abgestimmte Meinung präsentiert wird und eine tiefergehende Diskussion und Analyse zu dem Portfoliounternehmen umgangen wird.

78 Zu bedenken bleibt ebenfalls, die hohe zeitliche Intensitivität, die sich aus der doppelten Informationsgenerierung und den Diskussionsrunden im Rahmen des Controllinggesprächs ergibt. Andererseits bewirkt dieser Prozess eine intensive Auseinandersetzung der Private Equity Gesellschaft mit jedem Portfoliounternehmen, aus der eine hohe Informationsdichte und fundierte Einschätzung über jede Beteiligung resultieren. Der Mehrwert kann in der Möglichkeit einer zeitnahen Reaktion auf unerwünschte Fehlentwicklungen bzw. eine gute Einschätzung des richtigen Verkaufstimings gesehen werden, woraus sich wesentliche Impulse für eine möglichst zeitnahe Realisierung des angestrebten Wertsteigerungspotenzials der Beteiligung ergeben. Insofern sind aus Sicht der Private Equity Gesellschaft Kosten und Nutzen der Einführung dieses Controllinginstruments abzuwägen. Aus Sicht des Autors wird die Anwendung dieses Instruments in der dargestellten Weise befürwortet.

E. Erfolgsfaktoren des Private Equity Beteiligungscontrolling aus Anwendersicht

79 Im Folgenden werden wesentliche Erfolgsfaktoren des Private Equity Beteiligungscontrolling aus Anwendungssicht zusammengefasst, auf die bei der Darstellung der Aufgaben und Instrumente des Beteiligungscontrolling eingegangen wurde.

I. Aufhebung Informationsasymmetrien zwischen Management der Beteiligungsunternehmens und der Private Equity Gesellschaft

80 Die Principal-Agent-Beziehung zwischen der Private Equity Gesellschaft und dem Management des Beteiligungsunternehmens birgt häufig Anreizprobleme, welche aus der hohen Informationsasymmetrie zwischen beiden Seiten resultieren. Eine wesentliche Gefahr aus Sicht der Private Equity Gesellschaft besteht darin, dass die beim Eingang der Unternehmensbeteiligung festgelegten Erfolgsziele nicht erreicht werden können, da sich das Management der Beteiligungsgesellschaft nicht nachdrücklich für deren Umsetzung einsetzt, sondern eigene Interessen verfolgt. Aus Sicht der Private Equity Gesellschaft ist es daher wichtig, ein wirksames Instrumentarium von Steuerungs- und Kontrollinstrumenten einzusetzen, um diese Informationsasymmetrien weit möglichst aufzuheben und für eine Konformität der Interessenausrichtung und die gewünschte Geschäftsaktivität des Managements zu sorgen. Dem Beteiligungscontrolling fällt hierbei eine zentrale Rolle zu. Wichtige Aufgaben in diesem Kontext werden im Folgenden zusammengefasst:

- **Informationsbeschaffung:**
  Wichtig ist eine möglichst vollständige und objektive Informationsbeschaffung. Das Beteiligungscontrolling muss sich im Rahmen der Due Diligence zunächst ein möglichst objektives und umfassendes Bild des Geschäfts- und Renditepotenzials der Investition verschaffen und dabei die Interessen der am Informationsprozess Beteiligten berücksichtigen und zutreffend einschätzen.
- **Enge Zusammenarbeit mit dem Beteiligungsunternehmen:**
  Anschliessend muss die Infrastruktur für die Zusammenarbeit mit dem Beteiligungsunternehmen aufgebaut werden. Entscheidend für die Qualität der später zu generierenden Informationen ist es, inwieweit es dem Beteiligungscontroller gelingt, eine positive und tragfähige Beziehung zu den entsprechenden organisatorischen Einheiten des Beteiligungsunternehmens aufzubauen. Es muss eine aussagefähige Kennzahlensystematik festgelegt und ein effizientes Berichtswesen etablieren werden, um einen zeitnahen und möglichst vollständigen Informationsaustausch mit dem Private Equity Unternehmen sicherzustellen und aktuell über die Entwicklungen im Beteiligungsunternehmen informieren zu können.

II. Konsequenz der Kontrolle / Effiziente Verzahnung der Controlling-Instrumente

Entscheidend für den Erfolg der Beteiligung ist aus Sicht des Private Equity Unternehmens **81**
die konsequente Umsetzung des zum Zeitpunkt der Investition beschlossenen Maßnahmenkatalogs, mit dem das identifizierte Wertsteigerungspotenzial realisiert werden soll. Eine zeitlich enge Kontrolle des Umsetzungserfolges der Maßnahmen durch das Beteiligungscontrolling stellt dabei einen wichtigen Erfolgsfaktor dar. Als zentrale Instrumente dienen hierzu der monatliche Projektbericht einschliesslich der Soll/Ist-Vergleiche aller Portfoliounternehmen, sowie das Controllinggespräch. In einem revolvierenden Prozess werden Maßnahmen im Controllinggespräch festgelegt, im Maßnahmenplan fixiert und zur Umsetzung beauftragt. Der Umsetzungsstatus wird im Rahmen des Projektberichts festgehalten. Der Handlungserfolg wird in den jeweils nachfolgenden Controllinggesprächen erörtert, und gegebenenfalls werden dort weitere Maßnahmen getroffen.

III. Funktionale Träger des Beteiligungscontrolling

Das Controlling der Beteiligungen ist in den Private Equity Gesellschaften in unterschied- **82**
licher Weise organisiert. Private Equity Gesellschaften sind in der Regel relativ klein und verfügen allein aufgrund ihrer Größe häufig über keine separate Einheit für das Beteiligungscontrolling.[46] [„Die aufsichtsrechtlich gebotene Funktionstrennung zwischen Risikocontrolling-Funktion und den operativen Bereichen des Fondsmanagers greift allerdings ohnehin erst für erlaubnispflichtige AIF-Kapitalverwaltungsgesellschaften (§ 29 Abs. 1 KAGB iVm. Art. 38 ff. der Delegierten Verordnung (EU) 231/2013).[47] Kleine AIF-Kapitalverwaltungsgesellschaften nach § 2 Abs. 4 KAGB, die nur einer Registrierungspflicht unterliegen, müssen die Anforderungen an die Funktionstrennung nicht einhalten."] In den vorangehenden Ausführungen wurde die Bedeutung der Objektivität der über die Beteiligungsunternehmen zu generierenden Informationen hervorgehoben. Dabei wurde unterstellt, dass der Prozess der Informationsbeschaffung im Wesentlichen von einem unabhängigen Beteiligungscontrolling durchgeführt wird. Diese Objektivität des Beteiligungscontrolling ist aus Sicht des Autors wünschenswert und rechtfertigt den auf Seiten der Private Equity Gesellschaft resultierenden erhöhten organisatorischen Aufwand. Insbesondere in der Informationszusammenführung im Rahmen des Controllinggesprächs zeichnet sich aus Sicht des

---

[46] Vgl. die Umfrageergebnisse europäischer Private Equity Gesellschaften in *Eitelwein et al.* (2008).
[47] *Ulrich*, Private Equity (LBO) vor und nach Inkrafttreten des KAGB.

Autors ein erheblicher Mehrwert ab, indem nach einem Vier-Augen-Prinzip die verschiedenen Sichtweisen auf das Beteiligungsunternehmen durch den Projektmanager und das Beteiligungscontrolling mit dem Partnerschaftsgremium detailliert diskutiert und weitere Maßnahmen auf Basis dieser Informationsdichte beschlossen werden.

83 Die Tatsache, dass das Private Equity Controlling einen sowohl von dem zuständigen Partner der Private Equity Gesellschaft als auch von dem Management der Portfoliogesellschaft unabhängigen Zugang auf Unternehmensdaten hat, führt nicht nur zu wertschaffenden Diskussionen in den Controllinggesprächen, sondern stellt eine wesentliche Kontrollinstanz in der Betreuung der Portfoliogesellschaften dar.

F. Fazit

84 In dem vorliegenden Beitrag wurden wesentliche Aufgaben und Instrumente des Beteiligungscontrolling in Private Equity Gesellschaften aus praktischer Anwendungssicht dargestellt. Im Kontext des Beteiligungslebenszyklus wurden anhand der Investitions-, Betreuungs- und Exitphase wichtige Aufgaben des Beteiligungscontrolling beleuchtet. In der Investitionsphase begleitet es den Akquisitionsprozess bis zur Investitionsentscheidung, wirkt va an der Erstellung des Finanzplanes mit und prüft das finanzwirtschaftliche Gesamtkonzept sowie die zugrunde liegenden Annahmen. In der Betreuungsphase liegen die Aufgabenschwerpunkte im Nachhalten der Umsetzung der beschlossenen Maßnahmen und der regelmäßigen Erstellung und Überprüfung der monatlichen Soll-Ist-Vergleiche. Im Rahmen der Exitphase unterstützt das Beteiligungscontrolling bei der Feststellung eines günstigen Verkaufszeitpunktes und erarbeitet die Finanzkennzahlen zur Ergebniskontrolle nach einem erfolgten Verkauf.

85 Als wesentliche Controllinginstrumente wurden Kennzahlensysteme des Private Equity Beteiligungscontrolling vorgestellt, sowie die Informationsaufbereitung im regelmässig zu erstellenden Projektbericht und die Informationszusammenführung und Maßnahmenfestlegung im Rahmen der monatlichen Controllinggespräche. Als wesentliche Erfolgsfaktoren wurden dabei die Aufhebung der Informationsasymmetrien zwischen Beteiligungsunternehmen und Private Equity Gesellschaft, die Konsequenz in Kontrolle und Verzahnung der Controllinginstrumente, sowie die organisatorische Bündelung der Aufgaben des Private Equity Beteiligungscontrolling in einer Instanz herausgestellt

86 Aufgrund der Finanzkrise werden die Wertschöpfungsmöglichkeiten der Private Equity Gesellschaften auf absehbare Zeit deutlich eingeschränkt sein [NU: Gilt dies noch nach wie vor?]. Insgesamt erfordern erhöhte Risiken der Investments und erschwerte Desinvestments ein systematisches und konsequentes Controlling der Portfoliounternehmen und Beteiligungen. Die Fähigkeit, auch unter erschwerten Marktumfeldbedingungen die angestrebten Wertsteigerungspotenziale realisieren zu können, wird zum entscheidenden Wettbewerbsfaktor der Private Equity Unternehmen. Hierzu kann ein effizientes Beteiligungscontrolling entscheidende Erfolgsbeiträge leisten.

87 Zu bedenken bleibt, dass die Umsetzungskosten des Private Equity Beteiligungscontrolling ausschließlich von der Private Equity Gesellschaft zu tragen sind. Die Private Equity Gesellschaft muss im Rahmen des aufsichtsrechtlich Zulässigen für sich entscheiden, wie intensiv das Private Equity Beteiligungscontrolling betrieben werden soll. Letztendlich soll der Erfolg der Portfoliogesellschaft und damit der Erfolg für die Investoren dadurch gesichert bzw. optimiert werden. Die Entscheidung zur Umsetzung eines starken, eigenständigen Beteiligungscontrolling obliegt damit einer individuellen Kosten-Nutzen-Analyse des einzelnen Private Equity Unternehmens.

5. Teil. Exit-Strukturierung

§ 19 Exit-Option Anteilsveräußerung

Übersicht

A. Vorbemerkung

1 Private-Equity-Investitionen sind Investitionen auf Zeit.[1] Ziel vor allem institutioneller Investoren ist das Erzielen einer hohen risikoadjustierten Kapitalrendite. Rückläufe auf das investierte Kapital ergeben sich zum einen aus den Gewinnausschüttungen der Beteiligungen (laufende Kapitalerträge) und zum anderen aus den durch die Wertsteigerung der Beteiligung realisierten Veräußerungsgewinnen. Der Wertsteigerung der Beteiligung kommt dabei die weitaus größere Bedeutung für die Rentabilität des investierten Kapitals zu. Der Investor realisiert die Wertsteigerung durch den Ausstieg aus der Beteiligung – den sogenannten *Exit* – im Wege der rechtstechnischen Beendigung der Vertragsverhältnisse zwischen Private-Equity-Investor, Mitgesellschaftern, Fremdkapitalgebern und Gesellschaft. Das Ziel eines gewinnbringenden *Exit* muss über die gesamte Investitionsdauer verfolgt, bereits bei Auswahl der Investition bedacht (Beurteilung von Wertsteigerungspotentialen, etc) und frühzeitig geplant werden (Suche nach geeigneten *Exit*-Partnern, etc). Erkannte *Exit*-Schwierigkeiten können schon bei der Investitionsentscheidung zum Deal-Breaker werden.

2 Im Jahr 2018 erzielten die in Deutschland tätigen Beteiligungsgesellschaften durch *Exits* Einnahmen in Höhe von rund 3,2 Mrd. EUR.[2] Im Vergleich dazu betrug das Fundraising im selben Zeitraum ca. 2,7 Mrd. EUR bei Fondsvolumina[3] von insgesamt 44,5 Mrd. EUR. Auf lange Sicht zeigt sich, dass die Höhe der jährlichen *Exit*-Volumina der Höhe des jährlichen Fundraising zeitlich versetzt nachfolgt.[4]

B. Arten des *Exit* durch Anteilsveräußerung

I. Trade Sale

3 Die häufigste *Exit*-Variante[5] ist die Veräußerung sämtlicher oder nahezu sämtlicher Anteile an der Beteiligungsgesellschaft durch den Investor und seine Mitgesellschafter *(Share Deal)*. Hierbei erwirbt der Erwerber, in der Regel ein strategischer Investor (zB Konkurrent, Kunde, Lieferant), die Anteile an der Gesellschaft *(Target)* im Wege eines individuell verhandelten Kauf- und Übernahmevertrages *(Trade Sale)*.

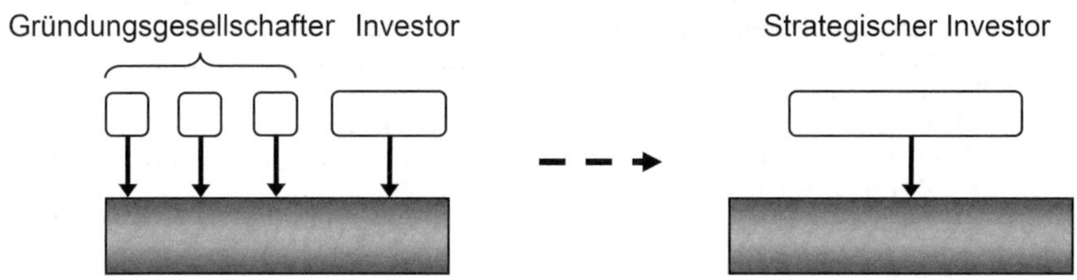

Abbildung 1. Transaktionsstruktur Trade Sale

4 Abweichend von der üblichen Variante des Share Deal kann ein Trade Sale auch durch die Veräußerung der wesentlichen Vermögenswerte des Portfolio-Unternehmens erreicht

[1] Die durchschnittliche Dauer eine Private-Equity-Beteiligung liegt deutlich unter zehn Jahren. *Weitnauer,* Handbuch Venture Capital, S. 4, nimmt eine übliche Beteiligungsdauer von drei bis sieben Jahren an. Verlässliche statistische Angaben hierüber fehlen jedoch.

[2] BVK Statistik – Das Jahr 2018 in Zahlen, hrsg. vom Bundesverband Deutscher Kapitalbeteiligungsgesellschaften – German Private Equity and Venture Capital Association eV (BKV), Berlin, S. 25.

[3] Volumen deutscher Beteiligungsgesellschaften sowie das in Deutschland verwaltete Portfolio ausländischer Beteiligungsgesellschaften, siehe BVK Statistik, S. 8.

[4] Vgl. die Übersichten über langfristige Entwicklungen in BVK Statistik, S. 22 und 8.

[5] Zur Exit-Variante Börsengang siehe § 16.

werden *(Asset Deal)*. Möglich ist ferner, dass das Target auf eine (Tochter-)Gesellschaft des strategischen Investors gegen Gewährung von Anteilen verschmolzen wird. Auch wenn der eigentliche *Exit* dann erst nachgelagert durch die Veräußerung der Anteile an der aufnehmenden Gesellschaft des strategischen Investors erfolgt, zählt man diese Variante üblicherweise zu den *Exit*-Möglichkeiten beim Trade Sale.

II. Secondary Purchase

Bei einer Variante des Secondary Purchase veräußert nur der Investor seine Beteiligung an einem Portfolio-Unternehmen *(Target)* und zwar in der Regel an einen anderen Finanzinvestor. Im Unterschied zum Trade Sale bleiben beim Secondary Purchase die übrigen Gesellschafter an der Gesellschaft beteiligt. 5

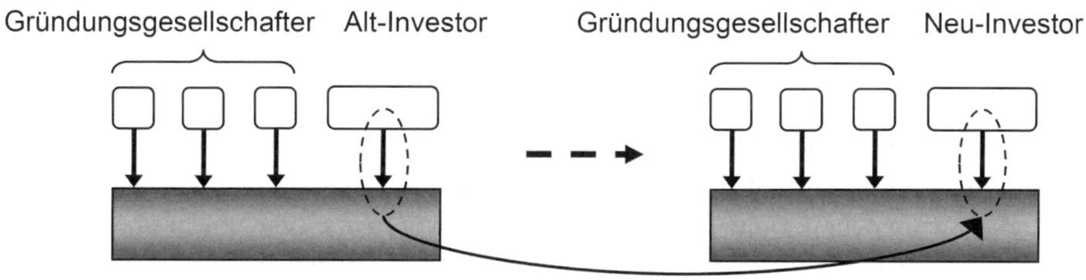

Abbildung 2: Transaktionsstruktur Secondary Purchase – Veräußerung einzelner Beteiligungen

Eine weitere Variante des Secondary Purchase ist die Veräußerung des gesamten Beteiligungsportfolios eines Investors. Ziel *(Target)* der Transaktion sind in diesem Fall nicht die Anteile an einem oder mehreren Portfolio-Unternehmen, sondern idR die Fondsgesellschaft selbst, über die der veräußernde Investor die Portfolio-Unternehmen hält (Variante 1), oder die Gesamtheit der von der Fondsgesellschaft gehaltenen Anteile an den Portfolio-Unternehmen (Variante 2) (sogen. *Secondary Buy Out*). 6

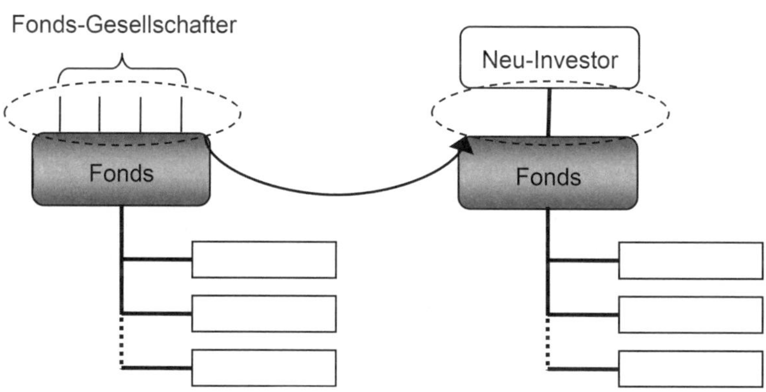

Abbildung 3: Transaktionsstruktur Secondary Purchase (Variante 1) – Veräußerung der Fondsgesellschaft

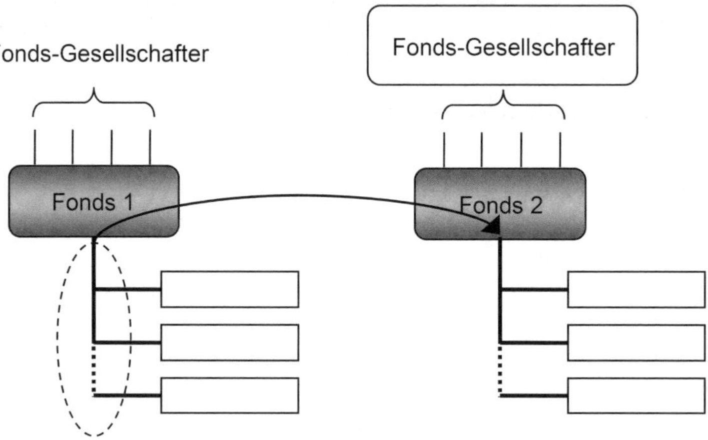

Abbildung 4: Transaktionsstruktur Secondary Purchase (Variante 2) – Veräußerung des Portfolios

7 In der Praxis können auch Mischformen aus beiden Varianten vorkommen. Ist der neue Investor zwar an dem gesamten Portfolio interessiert, will dieses jedoch nicht in einem Akt – etwa aus Liquiditätsgründen – erwerben, vereinbaren die Parteien gelegentlich die schrittweise Veräußerung einzelner Beteiligungen.

III. Buy Back

8 Beim Buy Back erwerben Gesellschafter (regelmäßig die Gründungsgesellschafter) in der Regel die Anteile der Gesellschaft, oder auch der Fondsgesellschaft (jeweils *Target*) von dem Investor. Im Unterschied zum Secondary Purchase beabsichtigen die übrigen Gesellschafter jedoch, das Unternehmen in diesem Fall ohne externen Investor weiterzuführen.

C. Bewertung der Exit-Möglichkeiten

9 Bis zum letzten Einbruch der Aktienmärkte im Jahr 2008 galt der Börsengang als die optimale *Exit*-Variante schlechthin. Seither sind allerdings die alternativen *Exit*-Varianten durch Anteilsveräußerung stärker in das Blickfeld von Private-Equity-Investoren gelangt. Auch in den Jahren vor 2008 nahmen allerdings Anteilsveräußerungen im Wege der verschiedenen Trade-Sale-Varianten bereits den größten Anteil an den insgesamt erzielten *Exit*-Erlösen ein.[6]

10 Die für gewöhnlich behauptete „Attraktivitäts-Rangliste" IPO – Trade Sale – Secondary Purchase – Buy Back trifft in dieser Allgemeinheit nicht zu, da Trade Sale und Secondary Purchase oft die flexibleren Instrumente als *Exit*-Alternativen darstellen. In der Praxis wird diese Rangliste oft durch Statistiken untermauert, die den Fokus auf die absoluten Erlöse der einzelnen Transaktionen legen. Dabei ist der einflussreichste Faktor jedoch die Größe der Gesellschaft, die erst ab einer bestimmten Schwelle einen Börsengang wirtschaftlich sinnvoll werden lässt.

11 Entscheidendes Kriterium für die richtige *Exit*-Strategie ist aus Sicht des Investors aber die erzielbare Kapitalrendite *(Return on Investment)*. Die als relative Größe gemessene Kapitalrendite kann auch bei kleineren Beteiligungen einen hohen Wert annehmen. Jede *Exit*-Entscheidung hat daher auf die individuellen Besonderheiten der einzelnen Betei-

[6] Siehe die Übersicht über die zahlenmäßige Entwicklung seit 2011 in BVK Statistik, S. 8–25.

ligung Rücksicht zu nehmen. Unterschiedliche Rahmenbedingungen erfordern unterschiedliche *Exit*-Strategien.

Jede *Exit*-Entscheidung ist bestimmt durch eine Abwägung der Kosten und Nutzen der Veräußerung einer Beteiligung gegenüber dem Halten der Beteiligung. Das Halten einer Beteiligung ist nur dann wirtschaftlich sinnvoll, wenn die in Zukunft erwartete Wertsteigerung *(value added)* stärker wächst als die Kosten der Investition. In der Regel steigen mit laufender Haltedauer die Refinanzierungskosten der Investition. Zugleich nimmt das Wertsteigerungspotential der Beteiligung ab. Folglich verspricht das Halten der Beteiligung ab einem gewissen Zeitpunkt keinen Mehrgewinn. In Folge dessen ist der Ausstieg aus der Investition die rentablere Alternative.[7] **12**

Der Zeitpunkt, ab welchem keine signifikante Wertsteigerung mehr zu erwarten ist, hängt maßgeblich von den Besonderheiten des Einzelfalls ab. Das Ende der Laufzeit eines Private-Equity-Fonds (inkl. Verlängerungsoption(en)) stellt allerdings die endgültige zeitliche Grenze dar, bis zu welcher die Beteiligung veräußert sein muss. **13**

I. Trade Sale

Im Allgemeinen wählen Investoren einen Trade Sale, wenn die Gesellschaft nicht börsenreif ist – etwa weil sie die hierfür erforderlichen Kriterien nicht erfüllt –, oder wenn die allgemeine Situation des Kapitalmarktes keinen lohnenden IPO verspricht. Darüber hinaus ermöglicht ein Trade Sale eine im Vergleich zum IPO schnellere Veräußerung sämtlicher Anteile an der Gesellschaft, weil insbesondere die Prospekterstellung, Prospektveröffentlichung und der Listing-Prozess an der jeweiligen Wertpapierbörse entfallen. Damit bietet der Trade Sale idR ein flexibleres und präziser planbares *Exit*-Timing, mit dem die Gesellschafter auch kurzfristig auf eine sich bietende *Exit*-Möglichkeit reagieren können. **14**

Besonderes Interesse an dem Erwerb sämtlicher Anteile haben in der Regel strategische Investoren, die auf das operative Geschäft der Gesellschaft abzielen. Sie sind bestrebt, durch den Erwerb ihre eigenen geschäftlichen Aktivitäten zu ergänzen bzw. abzurunden und – natürlich – ihre operativen Erträge zu steigern. Dies gelingt vor allem strategischen Investoren, die in derselben Branche tätig sind und die durch Eingliederung des Geschäftsbetriebes in die eigenen Unternehmensstrukturen Synergiepotentiale nutzen und auf diese Weise einen Teil der Erwerbskosten amortisieren können. Jedoch kann ein Trade Sale für einen strategischen Investor auch interessant sein, wenn etwa der Erwerb der Gesellschaft eine lohnende Alternative zum Abschluss eines Kooperations- oder Lizenzvertrages darstellt. **15**

Gerade die mit dem Trade Sale verbundene Chance des Erwerbers, Synergieeffekte zu nutzen, kann den Trade Sale gegenüber dem IPO deutlich aufwerten. Dies ist etwa dann der Fall, wenn die Gesellschaft für einen strategischen Investor besonders interessante Besonderheiten aufweist (Produkte/Rechte/Know-how/Vertriebssysteme oÄ), die erst durch die Eingliederung in das operative Geschäft des strategischen Investors wertsteigernd wirken, in der Hand des bisherigen Inhabers jedoch nicht in gleicher Weise zu vermarkten sind. **16**

Ist der Geschäftsbetrieb der Gesellschaft durch einige wesentliche Vermögensgegenstände (zB ein Patent) geprägt und beschränkt sich das Interesse des strategischen Investors auf diese Vermögensgegenstände, kann es sinnvoll sein, den Trade Sale nicht wie üblich als Share Deal, sondern als Asset Deal auszugestalten.[8] Denn die grundsätzliche Erschwernis beim Asset Deal, das Vermögen durch dingliche Einzelakte zu übertragen, wirkt sich bei der Veräußerung einiger weniger Wirtschaftsgüter nicht aus. In diesen Fällen ist ein Asset Deal insbesondere haftungsrechtlich vorteilhafter als eine Anteilsübertragung, da er es ermöglicht, Verbindlichkeiten und Risiken gezielt beim Veräußerer zu belassen.[9] **17**

[7] Vgl. *Sonndorfer,* Private Equity in Deutschland, Darstellung und Analyse unter besonderer Berücksichtigung des Exits, Saarbrücken 2007, S. 65.
[8] Hierzu unter → Rn. 126 ff.
[9] Dazu unter → Rn. 67 ff. und → Rn. 87 ff.

18 Ist ein strategischer Investor zu einem früheren Zeitpunkt ihrer geschäftlichen Entwicklung an der Gesellschaft interessiert, in dem die Geschäftsanteile noch nicht sehr werthaltig sind, können die Gesellschafter durch eine Verschmelzung der Gesellschaft mit dem strategischen Investor an den zukünftigen Wertsteigerungen teilhaben. Im Tausch gegen ihre Anteile an der Gesellschaft erhalten die Gesellschafter Anteile an dem strategischen Investor, die sie regelmäßig erst nach Realisierung der Wertsteigerung veräußern können.

II. Secondary Purchase

19 Bis vor einigen Jahren waren Secondary Purchases in Deutschland eher unterrepräsentiert und ihre Bedeutung ist erst in den letzten fünf Jahren gewachsen. Dies liegt vor allem daran, dass der Markt für Secondary Purchases ein nachgelagerter Markt ist, der sich im Rahmen des insgesamt verhältnismäßig jungen Private-Equity-Marktes in Deutschland erst entwickeln musste.[10] Nach *Exit*-Volumina nehmen Secondary Purchases im statistischen Vergleich inzwischen Rang 1 unter den *Exit*-Varianten ein. So ist es in den vergangenen Jahren Private-Equity-Investoren gelungen, einige wenige, dafür aber lukrative Secondary Purchases abzuwickeln.[11] Die Anzahl der im gleichen Zeitraum durchgeführten Secondary Purchases hat sich hingegen nicht signifikant erhöht.

20 Da der Käufer im Rahmen des Secondary Purchase regelmäßig die Beteiligung des Investors erwirbt, nicht jedoch die gesamten Anteile an der Gesellschaft, werden Secondary Purchases vor allem von anderen Finanzinvestoren zur Platzierung ihrer Investments genutzt. Hinter der auf den ersten Blick eigentümlichen Interessenlage eines solchen „Investment-Verkaufs" können folgende Motive stecken:

21 Aus Sicht des Verkäufers kann ein Secondary Purchase angezeigt sein, wenn die Beteiligung die Erwartungen an ihre wirtschaftliche Entwicklung nicht erfüllt hat. Zudem bietet der Secondary Purchase bei Liquiditätsengpässen die Möglichkeit schneller Rekapitalisierung. Banken als Private-Equity-Investoren können aufgrund der besonderen Anforderungen an die Eigenkapitaldeckung nach Basel II genötigt sein, ihre Beteiligung wieder zu veräußern. In Bezug auf Versicherungsunternehmen sind Private Equity Investitionen vor allem im Hinblick auf Renditechancen zunehmend interessant; denn insbesondere Lebensversicherer haben den Versicherungsnehmern im Rahmen der Kapitallebensversicherung hohe Renditen versprochen. Eine schnelle Liquiditaätsgewinnung steht für sie weniger im Vordergrund, da sie die Eigenmitteldeckung unmittelbar aus den Prämieneinnahmen darstellen. Schließlich bieten sich Secondary Purchases immer dann an, wenn die Halteperiode des Fonds endet, obwohl das Portfolio-Unternehmen für einen Trade Sale noch nicht reif ist. Zudem haben sich einige Private-Equity-Fonds auf bestimmte Finanzierungsstufen (zB Wachstumsfinanzierung zum Ausbau des Vertriebsnetzes) spezialisiert. Erreicht das Portfolio-Unternehmen eine neue Finanzierungsstufe, die nicht mehr in die Investitionsstrategie des Fonds passt, entledigt sich der Fonds des Portfolio-Unternehmens durch einen Secondary Purchase.

22 Aus Käufersicht ist ein Secondary Purchase für einen strategischen Investor in den seltensten Fällen interessant, da er in aller Regel nicht sämtliche Anteile an der Zielgesellschaft erwerben kann. Daher stehen finanzielle Investitionsinteressen beim Erwerb einer Beteiligung im Wege des Secondary Purchase im Vordergrund. Hierbei kommt den Käufern zu Gute, dass das Portfolio-Unternehmen bereits eine gewisse Zeit existiert, so dass der Unternehmenswert, die zukünftige Wertsteigerung und damit das Investitionsrisiko

---

[10] Für einen geschichtlichen Überblick über die Entwicklung von Private Equity im deutschen und in ausgewählten ausländischen Märkten siehe *Leopold/Frommann/Kühr,* Private Equity – Venture Capital, 2. Auflage 2003, Eigenkapital für innovative Unternehmer, S. 39 ff.

[11] So wurden laut BVK Statistik, S. 26 im Jahr 2018 durch Secondary Purchases, die lediglich 4,3 % der Transaktionen im Jahr 2018 ausmachten, Transaktionsvolumen von ca. 1,2 Mrd. EUR erreicht. Dies entspricht einem Anteil von 37,8 % am Gesamtvolumen sämtlicher Exit-Transaktionen im Vergleichszeitraum.

insgesamt besser abschätzbar sind. Erfahrungsgemäß liegt allerdings der Kaufpreis, der bei einem Secondary Purchase erzielt wird, in der Regel zwischen einem Fünftel und der Hälfte unter dem bei einem Trade Sale erzielbaren Kaufpreis.[12]

In den letzten Jahren haben sich Private-Equity-Fonds entwickelt, die sich auf Secondary-Purchase-Transaktionen spezialisiert haben (sog. Secondary Buy-Out-Fonds). Häufigste Variante ist der Erwerb gesamter Beteiligungsportfolios von Primary Fonds. **23**

III. Buy Back

Der Buy Back bietet den Gründungsgesellschaftern eine Möglichkeit, die ausschließliche Gesellschafterstellung wieder zurückzuerlangen. Gerade für den Fall, dass andere *Exit*-Kanäle sich nicht realisieren lassen oder nicht gewollt sind, kann mit einem Buy Back ggf. auch die Liquidation des Unternehmens abgewendet werden. **24**

Die natürlichen Interessengegensätze zwischen Gründungsgesellschaftern und Investoren im Rahmen eines Buy Back führen leicht zu Spannungen unter den Gesellschaftern. Während der aussteigende Private-Equity-Investor an einer möglichst hohen Bewertung seiner Anteile interessiert ist, wünschen die Gründungsgesellschafter eine möglichst günstige Übernahme der Gesellschaftsanteile. Sind die Gründungsgesellschafter (wie regelmäßig) zugleich Geschäftsführer der Gesellschaft, besteht für den Private-Equity-Investor die Gefahr, dass die Gesellschafter-Geschäftsführer durch bilanzpolitische und operative Maßnahmen die Bewertung der Gesellschaft drücken.[13] **25**

Auch wenn er in der jüngeren Vergangenheit eine eher unterdurchschnittliche Rolle spielte,[14] galt der Buy Back in den Anfangsjahren des Private-Equity-Marktes in Deutschland als die maßgebliche Form des *Exit*.[15] Nach damaligem Verständnis sollte am Ende der als reine finanzielle Überbrückung, als „Eigenkapital auf Zeit", verstandenen Private-Equity-Investition die unternehmerische Selbständigkeit der Gründungsgesellschafter regelmäßig wiederhergestellt werden. Diese Vorstellung ist durch die mittlerweile aber auch im deutschen Markt etablierte Tätigkeit von Private-Equity-Investoren[16] überholt. **26**

D. *Exit*-Regelungen im Beteiligungsvertrag und Satzung

Die Ausrichtung der Private-Equity-Investition auf einen gewinnbringenden *Exit* veranlasst die Parteien, besondere Regelungen für den Ausstieg bereits in den Beteiligungsvertrag und/oder die Satzung aufzunehmen. Ausgewogene *Exit*-Regelungen berücksichtigen dabei sowohl die Interessen des Private-Equity-Investors an einem flexiblen und ertragreichen Ausstieg aus der Investition (durch Mitveräußerungspflichten *(drag along)* und Liquidationspräferenz) als auch die Teilhabe der Gründungsgesellschafter an einem *Exit* durch den Investor, bei dem eine Wertsteigerung der Gesellschaft erzielt wird (Mitveräußerungsrecht *(tag along)*). **27**

I. Mitveräußerungspflicht *(drag along)*

Insbesondere ein strategischer Investor ist in der Regel nur dann an einem Trade Sale interessiert, wenn er sämtliche oder nahezu sämtliche Anteile an der Gesellschaft übernehmen kann. Durch die Vereinbarung einer Mitveräußerungspflicht (*drag along*, regel- **28**

[12] *Kloyer* Venture Capital Magazin 11/2005, 16 f.

[13] Vgl. *Sonndorfer,* S. 85; *Feldhaus* in Feldhaus/Veith, Frankfurter Kommentar zu Private Equity, Erstauflage 2009, S. 110.

[14] Im Jahr 2018 erzielten Exit-Transaktionen durch Buy Back (einschließlich der Rückzahlung von Vorzugsaktien, Darlehen oder Mezzaninen) 2,9 % der gesamten Transaktionsvolumina ein, vgl. BVK-Statistik, S. 26.

[15] *Leopold/Frommann/Kühr,* S. 177.

[16] Zu den Tätigkeitsfeldern von Private-Equity-Investitionen siehe §§ 1, 2 und 3.

mäßig in der Beteiligungsvereinbarung) sind sämtliche Gesellschafter verpflichtet, für den Fall eines Trade Sale unter bestimmten Voraussetzungen ihre Anteile an den erwerbenden Investor zu veräußern.[17] In der Praxis wird die Mitveräußerungspflicht der übrigen Gesellschafter dazu häufig an die Aufforderung des Private-Equity-Investors oder eine entsprechende Beschlussfassung einer qualifizierten Mehrheit der Gesellschafter gebunden. Je nach vertraglicher Ausgestaltung erhält der Investor so die Möglichkeit, seinen Erwerb davon abhängig zu machen, dass er die Anteils- und Stimmenmehrheit in der Gesellschaft erlangt.

29 Eine Mitveräußerungspflicht kann bei einer GmbH auch im Gesellschaftsvertrag festgeschrieben werden und entfaltet dann auch unmittelbar Wirkung für etwaige Rechtsnachfolger in Gesellschaftsanteile. Bei einer Aktiengesellschaft überschreitet eine Mitveräußerungspflicht jedoch den abschließenden Katalog mitgliedschaftsrechtlich wirkender Nebenpflichten gemäß § 55 AktG und kann daher nicht mit Wirkung für etwaige Rechtsnachfolger festgeschrieben werden.[18] Entsprechende Vereinbarungen in der Satzung haben daher lediglich schuldrechtlichen Charakter und binden nur die einer solchen Vereinbarung ausdrücklich zustimmenden Aktionäre.

II. Mitveräußerungsrecht *(tag along)*

30 Als Ausgleich für die starke Gewichtung des Private-Equity-Investors bei der Entscheidung über den *Exit* und die zur Sicherung des *Exit* regelmäßig vereinbarte Mitveräußerungspflicht kann den übrigen Gesellschaftern auch ein Mitveräußerungsrecht *(tag along)* eingeräumt werden. Dieses verpflichtet in der Regel den veräußernden Private-Equity-Investor, auf Wunsch der übrigen Gesellschafter auch deren Anteile im Rahmen des *Exit* dem Erwerber zu denselben Konditionen anzubieten und – dies wird häufig so vereinbart – die Annahme von dessen Erwerbsangebot davon abhängig zu machen, dass der Erwerber auch sämtliche ihm angebotenen Anteile erwirbt. Dadurch wird die gemeinsame Teilhabe der veräußernden Gesellschafter an der Wertsteigerung der Anteile gesichert, zumal regelmäßig davon auszugehen ist, dass bei einer isolierten Anteilsveräußerung geringere Erlöse erzielt werden. Darüber hinaus können die Gründungsgesellschafter auf diese Weise auch von der Marktkenntnis und Transaktionserfahrung des Private-Equity-Investors profitieren.

31 Einer besonderen Regelung bedarf es für den Fall, dass der Erwerber nicht sämtliche ihm angebotenen Anteile erwerben will. Interessengerecht ist es, dass dann sämtliche veräußerungswilligen Gesellschafter ihre Anteile anteilig an den Erwerber mitveräußern dürfen.

32 In der Satzung einer Aktiengesellschaft kann ein Mitveräußerungsrecht nicht als mitgliedschaftlich wirkende Nebenpflicht vereinbart werden.[19]

III. Liquidationspräferenz

33 Liquidationspräferenzen dienen dem Schutz der wirtschaftlichen Interessen des Private-Equity-Investors. Sie geben ihm einen vorrangigen Anspruch auf Erlösbeteiligung im Falle der Liquidation der Gesellschaft, der dem investierten Betrag (einschließlich Zinsen) des Investors oder einem Vielfachen davon entspricht.[20] Liquidation meint in diesem Zusammenhang nicht nur die Abwicklung einer Gesellschaft, sondern auch Fälle des Ausscheidens von Gesellschaftern, insbesondere durch Anteilsverkauf an einen Dritten *(Share Deal)*. Gerade im Zusammenspiel von Mitveräußerungspflichts- und Mitveräußerungsrechtsklauseln kommt der Liquidationspräferenz besondere Bedeutung zu. Als Ausgleich dafür, dass der Private-Equity-Investor verpflichtet ist, die übrigen Gesellschafter an der Anteilsveräußerung teilnehmen zu lassen, gewähren Liquidationspräferenzen dem Private-Equity-

[17] *Weitnauer* NZG 2001, 1065 (1072); *Feldhaus* in Feldhaus/Veith, S. 108 f.

[18] Vgl. *Fleischer* in Schmidt/Lutter, Aktiengesetz, 3. Auflage 2015, I. Band, § 55 Rn. 1 u. 38.

[19] Unter → Rn. 28 ff.

[20] Ausführlich zur Liquidationspräferenz Kuntz, Gestaltung von Kapitalgesellschaften zwischen Freiheit und Zwang, 2016, S. 538 ff.

Investor den Anspruch auf vorrangige Befriedigung im Innenverhältnis. Sind mehrere Private-Equity-Investoren beteiligt, wird in der Regel der zeitlich zuletzt hinzugetretene Investor zuerst bedient *(last in first out)*.

Zu beachten ist allerdings, dass zumindest die Liquidationspräferenz in die Satzung der Gesellschaft aufgenommen werden sollte, damit sie sämtliche, auch zukünftige Gesellschafter sowie insbesondere den Liquidator dinglich bindet.[21] **34**

IV. Call-Option, Vorerwerbsrecht/Voranbietungspflicht, Vorkaufsrecht

Sichern Mitveräußerungspflicht, Mitveräußerungsrecht und Liquidationspräferenz die Interessen des Private-Equity-Investors bzw. der übrigen Gesellschafter bei Veräußerung der Anteile an einen externen Erwerber, eröffnen Call-Option, Vorerwerbsrecht/Voranbietungspflicht und Vorkaufsrecht in unterschiedlichen technischen Ausgestaltungen die Möglichkeit des Buy Back im bestehenden Gesellschafterkreis, um den Verkauf an Dritte zu verhindern, oder zur Anteilskonsolidierung. **35**

Eine Call-Option ist regelmäßig als unwiderrufliches Angebot der betroffenen Gesellschafter zur Veräußerung ihrer Anteile an einen oder mehrere der übrigen Gesellschafter zu bestimmten Bedingungen[22] gestaltet, das nach Eintritt bestimmter Voraussetzungen von den berechtigten Gesellschaftern angenommen werden kann. Diese können dann nach Eintritt der Voraussetzungen durch schlichte Annahme des Angebots die bindende Vereinbarung über den Erwerb der Call-Options-Anteile mit dem verpflichteten Gesellschafter herbeiführen. **36**

Beim Vorerwerbsrecht bzw. der Voranbietungspflicht ist regelmäßig der betroffene Gesellschafter verpflichtet, den von ihm gehaltenen Anteil (oder Teile davon) im Falle einer von ihm beabsichtigten Veräußerung zunächst den berechtigten Gesellschaftern zu denselben (oder – besser – in der Beteiligungsvereinbarung bereits festgelegten) Konditionen zum Erwerb anzubieten, bevor er die Anteile einer dritten Partei anbieten darf. Erst wenn keiner der berechtigten Gesellschafter von seinem korrespondierenden Recht zum (Vor-)Erwerb der angebotenen Anteile Gebrauch macht oder diese Rechte nicht vollständig ausgeübt werden, darf der verpflichtete Gesellschafter seinen Anteil (oder Teile davon) der dritten Partei anbieten. **37**

Das Vorkaufsrecht schließlich richtet sich nach den Bestimmungen der §§ 463 ff. BGB iVm § 453 BGB. Danach hat jeder berechtigte Gesellschafter für den Fall, dass der verpflichtete Gesellschafter den von ihm gehaltenen Anteil an eine dritte Partei verkauft, das Recht, gegenüber dem verpflichteten Gesellschafter die Ausübung des Vorkaufsrechts zu erklären, mit der Folge, dass der Kaufvertrag, den der verpflichtete Gesellschafter mit der dritten Partei abgeschlossen hat, mit denselben Bestimmungen zwischen dem verpflichteten Gesellschafter und dem bzw. den berechtigten Gesellschaftern zustande kommt. Diese Variante ist in der Praxis nicht empfehlenswert, da sie den verpflichteten Gesellschafter mit der Offenlegung des Vorkaufsrechts gegenüber der dritten Partei belastet, will er sich dieser gegenüber nicht schadenersatzpflichtig machen und iÜ auch das Verhältnis unter den Gesellschaftern belastet, wenn ein Anteil unabgestimmt veräußert wird und die berechtigten Gesellschafter dann ggf. ihr Recht gegen den verpflichteten Gesellschafter durchsetzen müssen. Nicht unüblich ist es allerdings, in der Beteiligungsvereinbarung geregelte Vorerwerbsrechte/Voranbietungspflichten durch ein Vorkaufsrecht (und – in jedem Fall – die **38**

---

21 Zum dinglichen Charakter der Satzung siehe ua *Fastrich* in Baumbach/Hueck GmbHG 21. Auflage 2017, § 2 Rn. 3.

22 Dazu sollte in jedem Fall die Bestimmung des Kaufpreises gehören. – Zu den Möglichkeiten der Bestimmung des Kaufpreises siehe im Fortgang unter → Rn. 39; vgl. auch zur Ausgestaltung als „Equity Kicker" bei der atypischen stillen Gesellschaft bei *Hellich/Grossmann* in Häger/Elkemann-Reusch, Mezzanine Finanzierungsinstrumente, 2. Auflage 2007, S. 81 f. und zu Wandelschuldanleihen von *Beauvais/Traichel* in Bösl/Sommer, Mezzanine Finanzierung, Erstauflage 2006, S. 198 f.

Vinkulierung der Anteile) abzusichern für den Fall, dass ein Gesellschafter unter Verstoß gegen die Beteiligungsvereinbarung Anteile der Gesellschaft zu veräußern versucht.

E. Rechtliche Ausgestaltung

I. Allgemeines

1. Kaufpreis

39 Die Preisfindung ist eine unternehmerische Entscheidung. Sie ist Kern der Vertragsverhandlungen und entscheidendes Kriterium für den wirtschaftlichen Erfolg des *Exit*. Die Parteien bestimmen den Kaufpreis auf der Grundlage ihrer jeweiligen Vorstellungen über den Wert des Unternehmens. Maßgeblicher Faktor ist die in die Zukunft projizierte Ertragsfähigkeit des Unternehmens.[23] Die Notwendigkeit dieser dynamischen Sichtweise erschwert nicht nur die Kaufpreisfindung, sondern stellt auch besondere Anforderungen an die Regelungen zur Kaufpreisbestimmung und ggf. -anpassung im Unternehmenskaufvertrag.

40 **a) Fester Kaufpreis.** Haben die Parteien ihre wechselseitigen Vorstellungen über den Unternehmenswert einigungsfähig einander angenähert und soll die Preisfindung keinen weiteren Änderungen unterliegen, können die Parteien den Kaufpreis vertraglich festlegen. Dazu kann ein absoluter Wert oder eine Berechnungsmethode mit einvernehmlich festgelegten Parametern im Unternehmenskaufvertrag vereinbart werden. Der feste Kaufpreis ist im ersten Fall bestimmt, im zweiten Fall bestimmbar.

41 Während die Vereinbarung eines absoluten Wertes vertragstechnisch einfach ist, muss bei der Vereinbarung einer Kaufpreisberechnungsmethode sorgfältig formuliert werden. Häufig vereinbaren die Parteien, dass der endgültige Kaufpreis anhand einer Stichtagsbilanz[24] zu ermitteln ist. Üblich ist, als Kaufpreis das Produkt aus dem EBITDA des Unternehmens und einem (in der Regel branchenabhängigen) Multiplier festzulegen.[25] Dabei müssen sich die Parteien insbesondere über die anzuwenden Bilanzierungsgrundsätze (HGB, IFRS, etc) einigen. Da auch innerhalb der einzelnen Bilanzierungsgrundsätze zum Teil erhebliche Bewertungsspielräume bestehen, bietet sich zudem die Vornahme bzw. Überprüfung durch einen von allen Parteien unabhängigen externen Wirtschaftsprüfer an, zB auf der Grundlage der vom Institut der Wirtschaftsprüfer in Deutschland eV empfohlenen Grundsätze zur Unternehmensbewertung.[26] Alternativ können die Parteien auch für den Fall von Meinungsverschiedenheiten einen externen Wirtschaftsprüfer als Schiedsgutachter im Sinne von §§ 317 ff. BGB analog, in seltenen Fällen auch als Schiedsrichter im Rahmen eines Schiedsverfahrens nach §§ 1025 ff. ZPO, einsetzen. Während sich die Rolle des Schiedsgutachters auf die Feststellung von Tatsachen beschränkt,[27] trifft ein Schiedsrichter unter grundsätzlichem Ausschluss der ordentlichen Gerichtsbarkeit (§ 1026 ZPO) eine die Parteien bindende rechtliche Entscheidung, § 1055 ZPO.[28]

42 In jedem Fall sollte der Unternehmenskaufvertrag präzise Regelungen zur Fälligkeit des Kaufpreises enthalten. Ist die Fälligkeit nicht vereinbart, ist der Kaufpreis gemäß § 271 Abs. 1 BGB bei Abschluss des Vertrages sofort in voller Höhe fällig.

---

[23] Zur Unternehmensbewertung iE siehe unter § 9. Vgl. auch *Weitnauer,* Handbuch Venture Capital, S. 481 ff.; *Wollny,* Unternehmens- und Praxisübertragungen, 9. Auflage 2018, Rn. 1800 ff.

[24] Als Stichtagsbilanz kann, wenn der Übertragungsstichtag mit dem Bilanzstichtag zusammenfällt, die letzte Jahresbilanz dienen. Anderenfalls sollten die Parteien eine Zwischenbilanz aufstellen lassen.

[25] Vgl. *v. Braunschweig* DB 2002, 1815.

[26] Zu beziehen über das Institut der Wirtschaftsprüfer in Deutschland eV, Düsseldorf.

[27] Vgl. *Grüneberg* in Palandt, 78. Auflage 2019, § 317 Rn. 6.

[28] Zu Abgrenzungsschwierigkeiten siehe auch BGH Urt. v. 17.5.1967 – VIII ZR 58/66, BGHZ 48, 25 (30).

Sollte der Fälligkeitszeitpunkt – insbesondere bei Ratenzahlung – erst mit nicht unerheblicher Dauer nach dem Vertragsschluss eintreten, ist es interessengerecht, den Kaufpreis zu verzinsen. Dies gilt auch für den Fall des Zahlungsverzugs. **43**

Um die reibungslose Abwicklung der Kaufpreiszahlung zu gewährleisten, sollten die Parteien iÜ den Erfüllungsort festlegen und die technischen Modalitäten der Zahlungsausführung, insbesondere die Bankverbindungen, im Unternehmenskaufvertrag präzise regeln und – va bei aus steuerlichen Gründen einzuhaltenden Zahlungsterminen – auch im Vorfeld eine Abstimmung mit den beteiligten Banken herbeiführen, damit der fristgerechte Geldtransfer gesichert ist. **44**

b) Kaufpreisanpassung. In der Regel verhandeln die Parteien über den Kaufpreis auf der Grundlage des letzten Jahresabschlusses der Gesellschaft. Regelmäßig wird dieser auf einen vor dem wirtschaftlichen Übergangsstichtag oder vor dem dinglichen Übertragungszeitpunkt *(Closing)* liegenden Stichtag erstellt worden sein. Bis zum Closing ändern sich jedoch regelmäßig die Vermögenswerte der Gesellschaft im Rahmen des fortgesetzten Geschäftsganges. Da der Kaufpreis die Unternehmensbewertung der Parteien zum Übertragungszeitpunkt widerspiegeln soll, haben die Parteien ein Interesse daran, in der Zwischenzeit erfolgte Wertänderungen zu berücksichtigen. Durch eine Kaufpreisanpassungsklausel können quantitative Abweichungen von der dem vereinbarten Kaufpreis zugrunde gelegten Unternehmens- bzw. Anteilsbewertung zwischen dem Stichtag des Jahresabschlusses und dem Stichtag einer auf den Zeitpunkt des Closing aufzustellenden Abrechnungsbilanz abgebildet und korrigiert werden, indem der Kaufpreis nachträglich im Verhältnis der eingetretenen bilanziellen Veränderungen angepasst wird. **45**

c) Earn-Out. Alternativ oder zusätzlich zu einem festen Kaufpreis können die Parteien eine variable Kaufpreisregelung[29] treffen. Dazu ist es gebräuchlich, die Höhe des Kaufpreises insgesamt oder von Teilen des Kaufpreises an den zukünftigen Unternehmenserfolg zu koppeln.[30] Derartige Kaufpreisregelungen bieten sich an, wenn zwischen dem momentanen Wert des Unternehmens und dem im Unternehmen angelegten, jedoch noch nicht realisierten Wertsteigerungspotential eine erhebliche Differenz besteht. Vor allem bei jungen, innovativen Unternehmen (zB im Technologiesektor), die sich noch in der Entwicklungsphase befinden, ist dies häufig der Fall. Die gegenläufigen Interessen des Käufers (Zahlung eines nach messbaren Kriterien bestimmbaren Kaufpreises) und des Verkäufers (äquivalenter Ausgleich für das mit der bisherigen Investition angelegte und entwickelte Wertsteigerungspotential) können die Parteien durch eine sog. *Earn-Out*-Regelung in Einklang bringen. **46**

Dazu definieren die Parteien gemeinsam Ziele, die vom Unternehmen zu erreichen sind und sich anhand objektiver Kriterien messen lassen (zB Umsatz, EBITDA, erfolgreiche Anmeldung eines Patentes, etc). Erreicht das Unternehmen die vereinbarten Ziele, erhalten die Verkäufer einen den festen Basiskaufpreis übersteigenden Mehrkaufpreis. **47**

Die Schwierigkeit bei der interessengerechten Ausgestaltung von Earn-Out-Regelungen besteht darin, dass der Verkäufer regelmäßig die Kontrolle über das Unternehmen verliert und der Käufer die Möglichkeit hat, das Erreichen der Ziele zu beeinflussen (etwa durch Verlagerung von Gewinnen auf die Zeit nach der Earn-Out-Periode oder die Steuerung des EBITDA durch Bilanzgestaltung). Vertragstechnisch können die Parteien diese Schwierigkeiten va dadurch reduzieren, dass sie entsprechende Kontroll- und Mitwirkungsrechte des Veräußerers auch für die Zeit nach dem Closing vereinbaren.[31] **48**

---

[29] Die Bezeichnung „variabler Kaufpreis“ ist in der Literatur uneinheitlich. Zum Teil wird darunter auch die nur formelmäßig festgelegte Bestimmbarkeit eines festen Kaufpreises verstanden. Mit dem wohl herrschenden Gebrauch (vgl. *Holzapfel/Pöllath,* Unternehmenskauf in Recht und Praxis, 15. Auflage 2017, Rn. 829 ff.) verstehen wir unter „variablem Kaufpreis“ einen Kaufpreis, der zum Übertragungszeitpunkt betragsmäßig noch nicht feststeht, sondern erst durch zukünftige Faktoren errechnet werden kann.

[30] Vgl. *Rempp* in Hölters, Handbuch Unternehmenskauf, 9. Auflage 2019, Teil I Kapitel 1, Rn. 1158.

[31] Vgl. *Streyl* in Semler/Volhard, Arbeitshandbuch für Unternehmensübernahmen, Band 1, München 2001, § 12 Rn. 78 ff.; *v. Schlabrendorff* in Semler/Volhard, § 16 Rn. 34 ff.

49 Sinnvoll ist eine Earn-Out-Regelung vor allem dann, wenn Gründungsgesellschafter als Geschäftsführer im Unternehmen bleiben und durch einen erfolgsabhängigen Mehrkaufpreis einen Anreiz für gute Leistungen in der Zukunft erhalten.

50 **d) Rückbeteiligung.** Sowohl zur Finanzierung eines Unternehmenskaufs, als auch aus einem Gedanken der Risikoverteilung heraus kann eine Rückbeteiligung (auch *„roll-over"*) des Verkäufers erfolgen.[32] Dafür gründet der Käufer in der Regel eine Akquisitionsgesellschaft (auch *„AcquiCo"*), welche dann die Anteile am Target erwirbt. Zeitgleich erwirbt wiederum der Verkäufer eine Beteiligung (häufig Minderheitsbeteiligung) an der Beteiligungsgesellschaft und partizipiert so indirekt weiterhin am wirtschaftlichen Erfolg oder Verlust des Targets. Eine Beteiligung des Veräußerers direkt am Target ist aus steuerlichen und finanzierungstechnischen Gründen eher unüblich.[33]

51 Die Rückbeteiligung kann durch unterschiedliche Mechanismen erfolgen: Entweder erhält der Veräußerer ganz regulär den Kaufpreis und erwirbt aus dem Erlös Anteile an der Beteiligungsgesellschaft, welche dafür meist eine Kapitalerhöhung durchführt. Der Verkäufer kann dafür die Kaufpreisforderung oder einen Teil seiner Kaufpreisforderung in das Beteiligungsunternehmen einlegen. Die Kaufpreisforderung erlischt dann durch Konfusion, da Schuldner- und Gläubigerstellung zusammenfallen. Aus steuerlicher Sicht löst dieser Vorgang allerdings eine Steuerpflichtigkeit hinsichtlich des gesamten Veräußerungsgewinns aus. Daher wird häufig nicht die Kaufpreisforderung, sondern Anteile des Targets durch den Verkäufer im Wege einer Sacheinlage in die Beteiligungsgesellschaft eingelegt. Dies ermöglicht eine Buchwertfortführung. Beachtet werden muss dann die Möglichkeit der Nachversteuerung aus § 22 UmwStG, wenn die Beteiligung innerhalb von sieben Jahren nach Erbringung der Sacheinlage weiterveräußert wird.[34]

52 **e) Kaufpreissicherung.** In jedem Unternehmenskaufvertrag ist es üblich, das Closing, also den Vollzug der vertraglichen Einigung über den dinglichen Übergang des Eigentums an den Gesellschaftsanteilen (beim *Share Deal*) oder an den Vermögensgegenständen eines Unternehmens (beim *Asset Deal*)[35] unter die aufschiebende Bedingung (§ 158 Abs. 1 BGB) der vollständigen Kaufpreiszahlung zu stellen. Liegt dabei zwischen der Unterzeichnung des Unternehmenskaufvertrages und dem Closing ein längerer Zeitraum und besteht Sorge beim Veräußerer, dass der Erwerber in der Zwischenzeit in Vermögensverfall gerät oder ist der Zugriff auf diesen erschwert (zB bei grenzüberschreitenden Sachverhalten), so bietet sich ggf. die Einzahlung des Kaufpreises auf ein (verzinsliches) Anderkonto bei einem Rechtsanwalt oder Notar an, der den Kaufpreis erst dann an den Veräußerer auskehrt, wenn die Parteien ihm gegenüber bestätigt haben, dass sämtliche sonstigen Voraussetzungen mit Ausnahme der Kaufpreiszahlung für das Closing erfüllt sind. Um den Zeitpunkt des Rechtsübergangs zu dokumentieren, vereinbaren die Parteien in der Regel iÜ, dass der Erwerber den Eingang des Kaufpreises dem beurkundenden Notar und/oder dem Veräußerer gegenüber (schriftlich) anzeigen muss.

2. Fusionskontrollrechtliche Anmeldepflichten[36]

53 Ein *Exit* kann der kartellrechtlichen Zusammenschlusskontrolle durch die Europäische Kommission oder das Bundeskartellamt unterliegen.[37] Zusammenschluss im Sinne der Ver-

[32] Ausführlich zum Thema Rückbeteiligung des Verkäufers *Jäckle/Strehle* in Beck'M&A-HdB, München 2017, § 52 Rn. 9 ff.; *Pupeter* in Holzapfel/Pöllath, Rn. 372 ff.; *von Braunschweig* DB 2010, 713 (715 f.).

[33] *Jäckle/Strehle/Kraus* in Beck'M&A-HdB, § 52 Rn. 12.

[34] Zur steuerlichen Behandlung der verschiedenen Mechanismen siehe *Ettinger* in Beck'sches Handbuch Unternehmenskauf im Mittelstand, 2. Aufl., München 2017, E, Rn. 72 f.

[35] Üblicherweise erklären die Parteien die dingliche Einigung im notariellen Unternehmenskaufvertrag.

[36] Für eine vertiefte Darstellung kartellrechtlicher Belange im Rahmen einer Private-Equity-Beteiligung siehe unter § 19.

[37] Daneben können Fusionskontrollregime anderer Staaten anwendbar sein, so dass für jeden Exit im Einzelfall die fusionskontrollrechtlichen Anmeldepflichten in allen denjenigen Staaten zu prüfen sind, in denen der Zusammenschluss Auswirkungen hat.

ordnung (EG) Nr. 139/2004 („FKVO")[38] ist insbesondere der Erwerb der alleinigen oder gemeinsamen Kontrolle über ein oder mehrere andere Unternehmen (Art. 3 Abs. 1 lit. b FKVO).[39] Die Vorschriften der deutschen Fusionskontrolle greifen ebenfalls im Falle eines Kontrollerwerbs. Daneben sind insbesondere der Erwerb des Vermögens (oder eines wesentlichen Teils) eines anderen Unternehmens (§ 37 Abs. 1 Nr. 1 GWB) und der Erwerb von 25 % oder 50 % des Kapitals oder der Stimmrechte eines anderen Unternehmens (§ 37 Abs. 1 Nr. 3 GWB) Zusammenschlüsse.[40]

Die Europäische Kommission ist für die Prüfung von Zusammenschlüssen nach der FKVO ausschließlich[41] zuständig, wenn alle beteiligten Unternehmen im letzten abgeschlossenen Geschäftsjahr einen weltweiten Umsatz von mehr als 5,0 Mrd. EUR und mindestens zwei beteiligte Unternehmen innerhalb der Europäischen Gemeinschaft jeweils mehr als 250,0 Mio. EUR Umsatz erzielt haben (Art. 1 Abs. 2 FKVO).[42] Sind die Schwellenwerte der FKVO nicht erreicht, unterliegt der Zusammenschluss gemäß § 35 Abs. 1 GWB der deutschen Fusionskontrolle, wenn die beteiligten Unternehmen im letzten Geschäftsjahr insgesamt weltweit Umsatzerlöse von mehr als 500,0 Mio. EUR erzielt haben und mindestens eines der beteiligten Unternehmen im Inland Umsatzerlöse von mehr als 25,0 Mio. EUR erzielt hat.[43] Auch bei der Veräußerung von Unternehmen kleineren Umfangs kann die kartellrechtlich relevante Grenze erreicht werden, wenn der Erwerber Umsätze in der kritischen Größenordnung und die Zielgesellschaft ebenfalls mehr als 5 Mio. EUR erwirtschaftet, § 35 Abs. 1a GWB.[44] 54

Fällt die Veräußerung unter die FKVO, haben die beteiligten Unternehmen den Zusammenschluss vor dem Vollzug bei der Europäischen Kommission anzumelden. Die Europäische Kommission prüft zunächst in einem Vorverfahren von 25 Arbeitstagen Dauer (ca. 5 Wochen), ob der Zusammenschluss freizugeben ist oder Anlass für erhebliche wettbewerbliche Bedenken bestehen und daher eine vertiefte Untersuchung erforderlich ist. In diesem Fall eröffnet die Europäische Kommission das Prüfungsverfahren, das weitere 90 Arbeitstage (ca. 4–5 Monate) dauert. Nach Abschluss des Prüfungsverfahren hat die Europäische -Kommission den Zusammenschluss zu untersagen, wenn durch ihn wirksamer Wettbewerb im Gemeinsamen Markt erheblich behindert würde, insbesondere durch Begründung oder Verstärkung einer beherrschenden Stellung; andernfalls ist der Zusammenschluss – ggf. unter Berücksichtigung von Verpflichtungszusagen der beteiligten Unter- 55

---

[38] ABl. 2004 L 24, S. 1.

[39] Die FKVO kennt als weiteren Zusammenschlusstatbestand die Fusion, die in der Praxis jedoch eine geringere Bedeutung hat (Art. 3 Abs. 1 lit. a FKVO).

[40] Ein weiterer Zusammenschlusstatbestand der deutschen Fusionskontrolle ist der Erwerb eines wettbewerblich erheblichen Einflusses auf ein anderes Unternehmen (§ 37 Abs. 1 Nr. 4 GWB).

[41] Nach dem so genannten „One-Stop-Shop"-Prinzip sind Zusammenschlüsse, bei denen die beteiligten Unternehmen die Schwellenwerte des Art. 1 Abs. 2 oder Abs. 3 FKVO überschreiten, ausschließlich bei der Europäischen Kommission und nicht bei den Wettbewerbsbehörden der EU-Mitgliedstaaten anzumelden, vgl. Art. 21 Abs. 2 und 3 FKVO. Im deutschen Recht ist dieser Grundsatz in § 35 Abs. 3 GWB niedergelegt.

[42] Daneben unterliegen auch solche Zusammenschlüsse ausschließlich der FKVO, bei denen der weltweite Gesamtumsatz aller beteiligten Unternehmen mehr als 2,5 Mrd. EUR beträgt, der Gesamtumsatz aller beteiligten Unternehmen in mindestens drei Mitgliedstaaten jeweils 100 Mio. EUR übersteigt, mindestens zwei beteiligte Unternehmen in jedem von mindestens drei dieser Mitgliedstaaten einen Gesamtumsatz von jeweils mehr als 25 Mio. EUR erzielen und der gemeinschaftsweite Gesamtumsatz von mindestens zwei beteiligten Unternehmen jeweils 100 Mio. EUR übersteigt (Art. 1 Abs. 3 FKVO). Die FKVO ist unanwendbar, wenn die beteiligten Unternehmen jeweils mehr als zwei Drittel ihres gemeinschaftsweiten Gesamtumsatzes in ein und demselben Mitgliedstaat erzielen.

[43] Die deutsche Fusionskontrolle ist trotz Überschreiten der Umsatzschwellen unanwendbar, wenn ein beteiligtes Unternehmen nicht konzernabhängig ist und weltweit weniger als 10 Mio. EUR umsetzt (§ 35 Abs. 2 Nr. 1 GWB) oder soweit im Wesentlichen nur Dienstleistungen für konzernverbundene Unternehmen erbracht werden (§ 35 Abs. 2 Nr. 2 GWB).

[44] Eingeführt durch das Dritte Gesetze zum Abbau bürokratischer Hemmnisse insbesondere in der mittelständischen Wirtschaft (Drittes Mittelstandsentlastungsgesetz). Setzt die Zielgesellschaft weniger als 5 Mio. EUR um, wird der Zusammenschluss nicht mehr von der deutschen Fusionskontrolle erfasst, S 35 Ia Ur. 2b) GWB.

nehmen – freizugeben.[45] Vor einer Freigabe bzw. vor Ablauf der festgelegten Prüfungsfristen dürfen die beteiligten Unternehmen den Zusammenschluss nicht vollziehen (Art. 7 Abs. 1 FKVO).

56 Das vom Bundeskartellamt durchgeführte Verfahren zur Prüfung von Zusammenschlüssen läuft ähnlich ab wie das Verfahren nach der FKVO. In einem einmonatigen Vorverfahren prüft das Bundeskartellamt, ob es das Hauptprüfungsverfahren einleitet, weil eine vertiefte Prüfung des Zusammenschlusses erforderlich ist. Im Hauptprüfverfahren hat das Bundeskartellamt den Zusammenschluss zu untersagen, wenn zu erwarten ist, dass durch ihn eine marktbeherrschende Stellung entsteht oder verstärkt wird (§ 36 Abs. 1 GWB).[46] Bis zur Freigabe durch das Bundeskartellamt dürfen die Unternehmen den Zusammenschluss gemäß § 41 Abs. 1 S. 1 GWB nicht vollziehen. Sämtliche Rechtsgeschäfte, die gegen das Vollziehungsverbot verstoßen, sind gemäß § 41 Abs. 1 S. 2 GWB unwirksam.

57 Daher dürfen die Parteien, wenn sie die Schwellenwerte des Art. 1 Abs. 2 oder Abs. 3 FKVO bzw. des § 35 Abs. 1 oder Abs. 1a GWB überschreiten und der beabsichtigte *Exit* einen Zusammenschluss im Sinne von Art. 3 Abs. 1 FKVO oder § 37 GWB darstellt, Unternehmenskaufverträge (in der Regel nur den dinglichen Vollzug, ausnahmsweise aber ggf. auch den Vertrag als solchen) nur unter der aufschiebenden Bedingung der Erteilung der Freigabe durch die Europäische Kommission bzw. das Bundeskartellamt schließen.

II. Trade Sale

1. Rechtliche Struktur

58 Geschäftsanteile einer **Gesellschaft mit beschränkter Haftung** werden durch Abtretung gemäß § 15 Abs. 3 GmbHG übertragen. Die Abtretung, wie auch eine auf die Abtretung gerichtete Vereinbarung bedürfen der notariellen Beurkundung (§ 15 Abs. 3, 4 GmbHG). Die Erteilung einer Vollmacht zur Abtretung hingegen ist formlos möglich,[47] ggf. ist allerdings die Unterschrift des Vollmachtgebers zu beglaubigen, zB wenn der Vollmachtgeber eine Gesellschaft ausländischen Rechts ist, für die dann ein Existenz- und Vertretungsnachweis – regelmäßig in notariell beglaubigter und ggf. überbeglaubigter (durch Apostille) Form – zu erbringen ist.

59 Grundsätzlich sind Geschäftsanteile frei veräußerbar. Gemäß § 15 Abs. 5 GmbHG kann die Abtretung von Geschäftsanteilen aber durch den Gesellschaftsvertrag an weitere Voraussetzungen geknüpft, insbesondere von der Genehmigung der Gesellschaft abhängig gemacht werden *(Vinkulierung)*. Haben die Gesellschafter im Gesellschaftsvertrag von dieser Möglichkeit Gebrauch gemacht, ist die Zustimmung in der Regel Wirksamkeitserfordernis für die Abtretung.[48] Die Zuständigkeit für die Erteilung der Zustimmung bestimmt sich nach dem Gesellschaftsvertrag. Eine von der Gesellschaft zu erteilende Zustimmung wird nach den allgemeinen Vertretungsregeln durch die Geschäftsführer erklärt.[49] Ob die Geschäftsführer dafür im Innenverhältnis einen ermächtigenden Gesellschafterbeschluss benötigen, richtet sich nach den Regelungen im Gesellschaftsvertrag, ist im Zweifel jedoch anzunehmen.[50] Die Genehmigung nach § 15 Abs. 5 GmbHG ist Zustimmung im Sinne von §§ 182 ff. BGB[51] und kann daher entweder vor der Abtretung (dann Zustimmung im

---

[45] Siehe zu den Einzelheiten der Bewertung von Zusammenschlüssen nach der FKVO *Montag/v. Bonin* in MüKoEUWettbR, Band 1, Europäisches Wettbewerbsrecht, 2. Auflage 2018, FKVO Art. 2 Rn. 22 ff.

[46] Siehe zu den Einzelheiten der Bewertung von Zusammenschlüssen nach dem GWB *Becker/Knebel/Christiansen* in MüKoGWB, Band 2, GWB § 36 Rn. 27 ff.

[47] *Fastrich* in Baumbach/Hueck, § 15 Rn. 23. Es gilt die allgemeine Regelung des § 167 Abs. 2 BGB. § 2 Abs. 2 GmbHG gilt nicht analog.

[48] OLG Schleswig Urt. v. 28.5.1998 – 5 U 24/97, GmbHR 1999, 35.

[49] BGH Urt. v. 9.6.1954 – II ZR 70/53, BGHZ 14, 31; *Fastrich* in Baumbach/Hueck, § 15 Rn. 42.

[50] BGH Urt. v. 14.3.1988 – II ZR 211/87, NJW 1988, 2241; OLG Hamburg Beschl. v. 5.6.1992 – 11 W 30/92, DB 1992, 1628.

[51] Ganz hM; RGE 160, 232; BGH Urt. v. 28.4.1954 – II ZR 8/53, BGHZ 13, 184; *Fastrich* in Baumbach/Hueck, § 15 Rn. 41.

technischen Sinne) oder nach der Abtretung (dann Genehmigung im technischen Sinne) erteilt werden. Bis zur Erteilung oder Verweigerung der Zustimmung bzw. Genehmigung ist die Abtretung schwebend unwirksam[52] und wird bei Verweigerung ggf. endgültig unwirksam.

Der Erwerber ist gemäß § 16 Abs. 1 GmbHG in die beim Handelsregister der Gesellschaft zu hinterlegende Gesellschafterliste aufzunehmen. Die Aufnahme in die Gesellschafterliste ist kein Wirksamkeitserfordernis für die Abtretung der Geschäftsanteile.[53] Jedoch gilt gemäß § 16 Abs. 1 GmbHG gegenüber der Gesellschaft nur derjenige als Inhaber eines Geschäftsanteils, der in die Gesellschafterliste aufgenommen wurde. Bis zur Eintragung in die Gesellschafterliste kann der Erwerber somit grundsätzlich seine Gesellschafterrechte, insbesondere Stimmrechte und Gewinnbezugsrechte, nicht ausüben (insbesondere für die Ausübung der Stimmrechte wird dem Erwerber im Geschäftsanteilskaufvertrag jedoch regelmäßig vom Veräußerer eine Stimmrechtsvollmacht erteilt, die dann mit Eintragung des Erwerbers in die Gesellschafterliste erlischt). Jedoch gilt gemäß § 16 Abs. 1 S. 2 GmbHG eine vom Erwerber in Bezug auf das Gesellschaftsverhältnis vorgenommene Rechtshandlung als von Anfang an wirksam, wenn die Gesellschafterliste unverzüglich nach Vornahme der Rechtshandlung in das Handelsregister aufgenommen wird. **60**

An die Eintragung in die Gesellschafterliste knüpft § 16 Abs. 3 GmbHG die Möglichkeit des gutgläubigen Erwerbs. Danach kann ein Erwerber Geschäftsanteile wirksam von einem Nichtberechtigten erwerben, wenn der Veräußerer als Inhaber des Geschäftsanteils in die Gesellschafterliste eingetragen ist, es sei denn (i) die Gesellschafterliste ist zum Zeitpunkt des Erwerbs seit weniger als drei Jahren unrichtig und (ii) die Unrichtigkeit ist dem Berechtigten nicht zuzurechnen. Ein gutgläubiger Erwerb ist gemäß § 16 Abs. 3 S. 3 GmbHG ferner dann nicht möglich, wenn dem Erwerber die mangelnde Berechtigung des Veräußerers bekannt oder infolge grober Fahrlässigkeit unbekannt ist oder der Liste ein Widerspruch zugeordnet ist. **61**

Anspruch auf Teilhabe am ausgeschütteten Gewinn gemäß § 29 GmbHG hat, wer zum Zeitpunkt des Gewinnausschüttungsbeschlusses Gesellschafter und als solcher gegenüber der Gesellschaft angemeldet ist. Werden Geschäftsanteile im laufenden Geschäftsjahr veräußert, geht das volle Gewinnstammrecht auf den Erwerber über. Daher steht dem Erwerber grundsätzlich der volle Gewinnauszahlungsanspruch zu.[54] Der Veräußerer hingegen hat grundsätzlich keinen Anspruch auf anteilige Gewinnauszahlung gegen die Gesellschaft, da der Gewinnauszahlungsanspruch erst mit entsprechendem Gesellschafterbeschluss begründet wird.[55] Im Verhältnis zum Erwerber hat der Veräußerer jedoch gemäß § 101 Nr. 2 BGB einen dispositiven, schuldrechtlichen Ausgleichsanspruch auf zeitanteilige Abführung des bezogenen Gewinns.[56] Dieser Anspruch kann im Unternehmenskaufvertrag zwischen Veräußerer und Erwerber abbedungen werden und muss, um Unklarheiten zu vermeiden, insbesondere dann abbedungen werden, wenn der wirtschaftliche Übergangsstichtag vereinbarungsgemäß vor dem dinglichen Übergangsstichtag liegt. **62**

Sind bei einer **Aktiengesellschaft** die Mitgliedschaftsrechte in einem Wertpapier (Aktie) verkörpert, können diese gemäß §§ 929 ff. BGB im Wege der Übereignung beweglicher Sachen formlos veräußert werden. Namensaktien werden durch Indossament gemäß § 68 Abs. 1 S. 1 AktG übertragen. Hierbei sieht § 68 Abs. 1 S. 1 AktG die Möglichkeit vor, die Übertragung von Namensaktien an die Zustimmung der Gesellschaft zu binden *(Vinkulierung)*. Sind die Mitgliedschaftsrechte nicht verkörpert, werden sie als sonstige Rechte gemäß § 413 BGB iVm § 398 BGB abgetreten. **63**

---

52 *Löbbe* in Ulmer/Habersack/Löbbe, GK-GmbHG, 2. Auflage 2013, I. Band, § 15 Rn. 258 f. Die nachträglich erteilte Genehmigung wirkt ex tunc auf den Zeitpunkt der Abtretung, § 184 Abs. 1 BGB.

53 Vgl. zur alten Rechtslage: *Fastricht* in Baumbach/Hueck § 16 Rn. 9.

54 *Fastricht* in Baumbach/Hueck, § 29 Rn. 59.

55 BGH Urt. v. 14.9.1998 – II ZR 172/97, NJW 1998, 3646.

56 BGH Urt. v. 8.12.1997 – II ZR 203/96, NJW 1998, 1314.

2. Haftung

64 Der Erwerber eines Geschäftsanteils einer **GmbH** haftet als neuer Gesellschafter für die Erfüllung sämtlicher fällig werdenden mitgliedschaftsrechtlichen Forderungen ab dem Zeitpunkt, zu dem er gemäß § 16 Abs. 1 GmbH der Gesellschaft gegenüber als Inhaber des Geschäftsanteils gilt. Darüber hinaus haftet der Erwerber gemäß § 16 Abs. 2 GmbHG mit dem Veräußerer gesamtschuldnerisch für die Erfüllung sämtlicher Leistungen auf den veräußerten Geschäftsanteil, die zu dem Zeitpunkt fällig sind, zu dem er gemäß § 16 Abs. 1 GmbH der Gesellschaft gegenüber als Inhaber des Geschäftsanteils gilt. Davon umfasst ist jedoch nicht die Haftung für verbotswidrig zurückgezahlte Stammeinlagen nach § 31 Abs. 1 GmbHG,[57] da es sich dabei um eine persönliche Schuld des vormaligen Gesellschafters und nicht um eine mit dem Anteil verbundene Verpflichtung handelt.[58] Gleichwohl ist nicht ausgeschlossen, dass der Erwerber – wie alle übrigen Gesellschafter – im Rahmen der Ausfallhaftung nach § 31 Abs. 3 GmbHG für die Erstattung verbotswidriger Rückzahlungen, die nicht vom Empfänger erlangt werden können (etwa weil er vermögenslos oder nicht greifbar ist) anteilig subsidiär haftet.[59]

65 Der Veräußerer haftet gegenüber der Gesellschaft weiter für sämtliche vor Anmeldung der Geschäftsanteilsübertragung fällig gewordenen Leistungen, dh für vor Anmeldung eingeforderte Stammeinlagen sowie für sämtliche Ansprüche, die während seiner Mitgliedschaft begründet wurden. Dies schließt die Haftung nach §§ 24 und 31 Abs. 3 GmbHG, Nachschusspflichten, Nebenleistungspflichten sowie die Differenzhaftung nach § 9 GmbHG[60] mit ein, sofern sie vor der Anmeldung entstanden sind.

66 Bei der **Aktiengesellschaft** ist die Einlagepflicht durch den Ausgabebetrag der Aktien gemäß § 54 Abs. 1 AktG begrenzt. Schuldner der Einlagepflicht ist der jeweilige Inhaber der Aktie, dh im Falle der Veräußerung der Erwerber.[61] Die Einlagepflicht des Veräußerers erlischt.[62]

3. Gewährleistung und Garantie

67 **a) Gesetzliche Gewährleistungsansprüche.** Der Erwerb von Geschäftsanteilen beim Share Deal ist Rechtskauf, auf den gemäß § 453 Abs. 1 BGB die Sachmängelgewährleistungsrechte der §§ 434 ff. BGB Anwendung finden. Unmittelbar beziehen sich die Gewährleistungsrechte des Käufers nur auf die erworbenen Beteiligungsrechte. Diese können mit Rechtsmängeln behaftet sein, insbesondere wenn sie nicht dem Veräußerer gehören oder mit Rechten Dritter (etwa einem Pfandrecht) belastet sind.[63]

68 Dagegen haftet der Verkäufer nicht ohne weiteres für Mängel des Unternehmens,[64] welches von der Gesellschaft betrieben wird (und dessen Erwerb regelmäßig das eigentliche Ziel des Unternehmenskaufvertrages ist). Unter Geltung des alten Schuldrechts hatte sich eine differenzierende Rechtsprechung entwickelt, nach der das Sachmängelgewährleistungsrecht jedenfalls beim Erwerb sämtlicher[65] oder nahezu sämtlicher[66] Beteiligungsrechte Anwendung finden sollte. Demgegenüber wertete die Rechtsprechung bislang den Erwerb

57 HM *Habersack* in Ulmer/Habersack/Löbbe, GK-GmbHG, 2. Aufl., 2013, Band II, § 31 Rn. 15; *Pentz* in Rowedder/Schmidt-Leithoff GmbHG, 6. Auflage 2017, § 31 Rn. 8; *Fastricht* in Baumbach/Hueck, § 31 Rn. 8.

58 *Habersack* in Ulmer/Habersack/Löbbe, § 31 Rn. 15.

59 BGH Urt. v. 11.7.2005 – II ZR 285/03, NJW-RR 2005, 1485.

60 BGH Urt. v. 14.3.1977 – II ZR 156/75, BGHZ 68, 196.

61 *Picot* in Picot, Unternehmenskauf und Restrukturierung, S. 252, 4. Auflage 2013, Rn. 442.

62 Zur Nachhaftung der Vormänner bei Eintragung im Aktienregister siehe § 65 AktG.

63 Weitere Rechtsmängel können ua sein: Einlageschulden (RGZ 96, 227 (230); *Prölss* ZIP 1991, 337), Liquidation der Gesellschaft (RGZ 92, 73 (76)).

64 Zum Unternehmensbegriff siehe grundlegend *K. Schmidt,* Handelsrecht, 4. Auflage 2002, S. 73 ff.

65 RGZ 86, 146; 120, 283; vgl. *Huber* ZGR 1972, 395.

66 BGH Urt. v. 27.2.1970 – I ZR 103/68, WM 1970, 819.

nur eines Teils der Beteiligungsrechte nicht als Sachkauf.[67] Auch der Erwerb einer qualifizierten Beteiligungsmehrheit reichte nicht aus.[68]

Nach der Schuldrechtsreform ist Sachmängelgewährleistungsrecht über § 453 BGB stets auch auf den Rechtskauf anwendbar. Grundsätzlich sind jedoch nur Sachmängel des erworbenen Anteils im Sinne des § 434 BGB beachtlich, ausnahmsweise sind Sachmängel des von der Gesellschaft betriebenen Unternehmens weiterhin beim Erwerb (nahezu) sämtlicher Anteile von der gesetzlichen Gewährleistung umfasst[69]. Da es sich bei einem Unternehmen um eine ebenso individuelle wie komplexe Gesamtheit von Rechten an materiellen und immateriellen Vermögensgegenständen handelt, ist es praktisch ausgeschlossen, einen etwaigen Mangel anhand des in § 434 Abs. 1 S. 2 Nr. 2 BGB verwendeten Fehlerbegriffs (Abweichung von der „gewöhnlichen Beschaffenheit") zu bestimmen. Entscheidende Bedeutung kommt damit vertraglichen Beschaffenheitsvereinbarungen im Sinne von § 434 Abs. 1 S. 1 BGB sowie der nach dem Vertrag vorausgesetzten Verwendung des Unternehmens im Sinne von § 434 Abs. 1 S. 2 Nr. 2 BGB zu. Dabei ist auf diejenigen Tatsachen abzustellen, die im und im Zusammenhang mit dem Unternehmenskaufvertrag Gegenstand der Parteivereinbarungen geworden sind. Noch nicht abschließend geklärt ist, ob nach neuem Schuldrecht Jahresabschlussangaben (Umsatz, EBITDA, etc) einen Mangel des Unternehmens begründen können. Unter der Geltung des alten Schuldrechts hat die Rechtsprechung Abweichungen von Jahresabschlussangaben nur dann als Mangel angesehen, wenn sie (i) als Beschaffenheit vereinbart wurden, (ii) sich auf einen mehrjährigen Zeitraum bezogen und (iii) sich aus ihnen auf die Ertragsfähigkeit des Unternehmens schließen ließ.[70] Teile der Literatur wollen an dieser Rechtsprechung festhalten.[71] **69**

Um sich jedoch auch im Kontext vertraglicher Vereinbarungen der Unsicherheit über die (regelmäßig sachgerechte) Anwendung der Regelungen über den Sachkauf zu entziehen, geht die Praxis schon seit langer Zeit den Weg, in Unternehmenskaufverträgen von der gesetzlichen Regelung weitestgehend losgelöste und diese auch ausschließende eigenständige Regelungen in Gestalt selbständiger Garantieversprechen zu vereinbaren, in denen die vertraglich geschuldete Qualität des verkauften Unternehmens definiert und die Rechtsfolgen bei einer Abweichung davon ebenso individuell und weitestgehend losgelöst von der gesetzlichen Regelung getroffen werden (dazu im Fortgang unter → Rn. 83.). **70**

Liegt ein Mangel vor, bestimmen sich die Rechtsfolgen nach der gesetzlichen Regelung iÜ nach den §§ 437 ff. BGB. Dem Käufer stehen primär ein Recht auf Nacherfüllung gemäß §§ 437, 439 BGB und nachgelagert das Recht zum Rücktritt sowie Ansprüche auf Minderung und Schadensersatz nach §§ 437, 440, 441 BGB zu. **71**

b) Verschulden bei Vertragsverhandlungen (cic). Ein Schuldverhältnis mit Rücksichtnahmepflichten entsteht nach §§ 311 Abs. 2, 241 Abs. 2 BGB bereits mit der Aufnahme von Vertragsverhandlungen. Unrichtige Angaben, insbesondere über Unternehmenszahlen (Umsatz, EBITDA, etc) bei den Vertragsverhandlungen können daher einen Schadensersatzanspruch gemäß § 280 Abs. 1 BGB begründen.[72] **72**

Dies ist insbesondere beim Abschluss vorvertraglicher Vereinbarungen mit regelmäßig rechtlich nicht bindendem Charakter bedeutsam. So können unzutreffende Angaben in einem in der Praxis gebräuchlichen *Letter of Intent (LoI), Heads of Agreement* oder *Term Sheet* **73**

---

[67] BGH Urt. v. 4.4.2001 – VIII ZR 32/00, DB 2001, 1298 – 40%; BGH Urt. v. 12.11.1975 – VIII ZR 142/74, BGHZ 65, 246 – 49%; BGH Urt. v. 2.6.1980 – VIII ZR 64/79, DB 1980, 1786 – 60%.

[68] AA jedoch OLG München Urt. v. 29.4.1998 – 7 U 6364/97, DB 1998, 1321. Die Literatur nahm zum Teil die Anwendbarkeit der Gewährleistungsrechte ab Erwerb einer Einflussnahme sichernden Quote (50%, 75%) an.

[69] RGZ 120, 283 (288 ff.); BGH Urt. v. 2.6.1980 – VIII ZR 64/79.

[70] BGH Urt. v. 6.12.1995 – VIII ZR 192/94, NJW-RR 1996, 429; BGH Urt. v. 4.4.2001 – VIII ZR 33/00, NJ 2001, 483.

[71] *Weber* in Hölters, Teil I, Kapitel 9, Rn. 9.215.

[72] Zu den Folgen des Abbruchs von Vertragsverhandlungen unter → Rn 145.

unabhängig von ihrer in der Regel rechtlich unverbindlichen Natur Schadensersatzansprüche der Parteien begründen, wenn sie sich aufgrund dieser Angaben für die jeweils andere Partei erkennbar darauf verlassen haben, dass es zum erfolgreichen Abschluss eines (dann verbindlichen) Unternehmenskaufvertrages kommen werde.[73]

74 **c) Vertragliche Garantieversprechen.** Aufgrund der eingangs skizzierten Schwächen des gesetzlichen Sachmängelgewährleistungsrechts beim Unternehmenskauf und der Unsicherheit über ihre Anwendung auf den Unternehmenskauf beim Share Deal überhaupt hat es sich in der Vertragspraxis seit langer Zeit durchgesetzt, etwaige Mängel des verkauften Unternehmens durch die Vereinbarung spezifischer Garantien abzudecken. Anspruchsgrundlage der vertraglichen Mängelhaftung ist dabei regelmäßig die Verletzung eines verschuldensunabhängigen, selbständigen Garantieversprechens im Sinne von § 311 Abs. 1 BGB.

75 Die einzelnen Garantieversprechen sind das Ergebnis von Verhandlungen zwischen Käufer und Verkäufer und werden in einem entsprechenden Katalog im Unternehmenskaufvertrag vereinbart. Üblich ist es, Garantieversprechen wenigstens über die nachstehend genannten Umstände des verkauften Unternehmens zu vereinbaren:

- Gesellschaftsrechtliche Verhältnisse
  - Wirksame Gründung und Existenz der Gesellschaft
  - Vollständige Leistung der Stammeinlagen
  - Keine Nachschusspflichten
  - Keine Rückzahlung von Stammeinlagen
  - Uneingeschränkte Verfügungsbefugnis über Geschäftsanteile (insbesondere keine anderweitige Abtretung, Verpfändung oder Pfändung)
  - Keine Vorkaufsrechte hinsichtlich der Geschäftsanteile
  - Richtigkeit der vorgelegten Handelsregisterauszüge
  - Wirksames Bestehen von Beteiligungen an Tochtergesellschaften
  - Keine Maklerprovisionen durch Transaktion
  - Kein laufendes Insolvenzverfahren/keine Insolvenzreife
  - Keine (Teil-)Gewinnabführungsverträge bzw. Unternehmensverträge iSv §§ 291 ff. AktG
- Finanzielle Situation
  - Übereinstimmung der Jahresabschlüsse mit den Grundsätzen ordnungsgemäßer Buchführung
  - Erklärungen über Änderungen der wirtschaftlichen Situation der Gesellschaft seit dem letzten Jahresabschluss
  - Erklärungen zu ausstehenden Rechnungen und Darlehen
  - Keine nicht bilanzierten Verbindlichkeiten
- Materielle Vermögensgegenstände
  - Verfügungsbefugnis über die im Jahresabschluss aufgelisteten Vermögensgegenstände
  - Keine über den normalen Geschäftsverlauf hinausgehenden Belastungen
- Arbeitsrecht
  - Vollständige Liste der Arbeitnehmer
  - Angaben über Schlüsselpersonen
  - Angaben über die Errichtung eines Betriebsrats
  - Angaben über Betriebsvereinbarungen
  - Ausstehende Löhne (Zuschüsse, Gratifikationen, etc)
  - Keine Betriebsstörungen
  - Keine Arbeitsplatzgarantien
  - Angaben zu Pensionsverpflichtungen

[73] Zu den Haftungen aus einem Letter of Intent, etc, vgl. ua *Lutter,* Letter of Intent, 3. Auflage 1998, S. 19., und unter → Rn 139.

  • Ordnungsgemäße und rechtzeitige Abführung der Sozialversicherungsbeiträge
  • Bestehen etwaiger Mitarbeiterbeteiligungsprogramme
  • Keine Arbeitsrechtsstreitigkeiten
- Immaterielle Vermögensgegenstände
  • Liste betriebsnotwendiger Patente, Marken und sonstiger Schutzrechte, einschließlich IT-Rechte (Domain, Software, Hardware)
  • Inhaberschaft bzw. Nutzungsbefugnis an allen betriebsnotwendigen Patenten, Marken und sonstigen Schutzrechten
  • Befolgung sämtlicher Zahlungs- und Anmeldepflichten zur Aufrechterhaltung der Schutzrechte
  • Keine über den normalen Geschäftsverlauf hinausgehende Belastungen
  • Keine laufenden Anfechtungen gegen Schutzrechte
  • Keine Verletzung fremder Schutzrechte
  • Übernahme von Arbeitnehmererfindungen und Angaben über diesbezügliche, ausstehende Zahlungen
  • Einhaltung datenschutzrechtlicher Vorschriften
- Wesentliche Verträge
  • Liste der wesentlichen Verträge
  • Keine Beschränkungen in diesen Verträgen (Wettbewerbs-/ Change-of-Control-Klauseln)
  • Keine Hinweise auf Beendigung dieser Verträge
  • Einhaltung der Verträge, insbesondere Zahlungen
- Grundstücke und Gebäude
  • Erklärungen zum Grundbesitz der Gesellschaft[74]
  • Vorliegen aller erforderlichen Baugenehmigungen
  • Keine wesentlichen Auflagen/Beschränkungen
  • Zahlung sämtlicher grundstücksbezogener Gebühren und Abgaben
  • Keine Grenzverletzungen
  • Gesicherte Erschließung der Grundstücke
  • Angaben zu grundstücks- bzw. gebäudebezogenen Verträgen (Instandhaltung, etc)
  • Keine nachbarrechtlichen Streitigkeiten
- Öffentlich-rechtliche Verhältnisse und Erlaubnisse/Genehmigungen
  • Vorliegen aller erforderlichen öffentlich-rechtlichen Genehmigungen
  • Ordnungsgemäße Führung der Geschäfte nach dem Sorgfaltsmaßstab eines ordentlichen Kaufmanns[75]
- Beihilfe und Subventionen
  • Offenlegung sämtlicher empfangenen und/oder beantragten Beihilfen und Subventionen
  • Einhaltung der beihilferechtlichen Vorschriften und Auflagen
  • Keine Rückzahlbarkeit der Beihilfen/Subventionen bei Inhaberwechsel
- Umweltbelastungen
  • Einhaltung sämtlicher gesetzlicher und behördlicher Vorschriften
  • Keine umweltrechtlich relevante Geschäftstätigkeit
  • Keine laufenden oder drohenden umweltrechtlichen Untersuchungen
  • Keine Boden-, Wasser, Luft- oder sonstige Verschmutzung
- Gerichtliche und außergerichtliche Streitigkeiten, behördliche Verfahren
- Steuerliche Verhältnisse
  • Ordnungsgemäße Abgabe der Steuererklärungen
  • Ergebnisse von Betriebsprüfungen

---

[74] Dies ist vor allem aus steuerlichen Gründen wichtig, unter → Rn 102.

[75] Sorgfaltsmaßstab bemisst sich durch einen Drittvergleich mit einem idealtypisierten Kaufmann, vgl. *Hopt* in Baumbach/Hopt Handelsgesetzbuch, 38. Auflage 2018, § 347 Rn. 1.

  - Steuerbescheide
  - Angaben zu Organschaften
  - Unternehmenswertfortführung
- Versicherungen
  - Vollständige Liste der Versicherungsverträge
  - Wirksames Bestehen der Versicherungsverträge und ordnungsgemäße Zahlung der Beiträge
  - Keine Kenntnis über eine etwaige Unterdeckung
  - Keine Schadensereignisse innerhalb der letzten drei Jahre

76 Hinsichtlich einiger Umstände (zB Vorliegen aller erforderlichen öffentlich-rechtlichen Genehmigungen, keine Verletzung von gewerblichen Schutzrechten der Gesellschaft durch Dritte) wird der Verkäufer häufig nicht bereit sein, umfassende Garantieerklärungen abzugeben. Hinsichtlich solcher Punkte bietet es sich an, die Garantie auf das beste Wissen des Verkäufers zu beschränken. Der Vertrag sollte hierbei (i) den Maßstab des besten Wissens (positive Kenntnis, Kennen-Müssen), (ii) den maßgeblichen Zeitpunkt (zB Vertragsschluss) und (iii) den Kreis der Personen, deren Wissen dem Verkäufer ggf. als eigenes (bestes) Wissen zuzurechnen ist, festlegen.

77 Will der Verkäufer bestimmte Umstände von den Garantien ausnehmen, ist es üblich, solche Umstände in Anlagen zum Unternehmenskaufvertrag aufzuführen und darauf in den betreffenden Garantieerklärungen zu verweisen. In gleicher Weise kann der Verkäufer auf bestimmte Umstände, aus denen sich Verstöße gegen die Garantieversprechen ergeben oder auf besondere, ihnen bekannte oder von ihnen vermutete Risiken, ausdrücklich hinweisen und – nach dem Rechtsgedanken des § 442 BGB – durch Offenlegung der zugrundeliegenden Tatsachen *(disclosures)* in einer weiteren Anlage zum Unternehmenskaufvertrag *(disclosure schedule)* ihre Haftung hinsichtlich solcher Umstände beschränken oder ausschließen.

78 Aufnahme und Inhalt eines *disclosure schedule* sind häufig Gegenstand kontroverser Diskussionen zwischen den Parteien, wenn vor dem Unternehmenskauf oder begleitend zu dessen Verhandlung eine rechtliche Prüfung des Unternehmens *(due diligence)* durchgeführt wurde. Regelmäßig wird der Verkäufer dann den Inhalt sämtlicher Unterlagen und sonstigen Informationen, die der *due diligence* zugrundelagen, zum Inhalt der *disclosure schedule* machen und damit beim Käufer als (anspruchsausschließend) offengelegt behandeln wollen, während der Käufer dies nur in allenfalls stark begrenztem Umfang akzeptieren möchte. Da diese Unterlagen und sonstigen Informationen in der Regel in einem (physischen oder virtuellen) Datenraum zur Verfügung gestellt werden, verlangen Verkäufer in der Praxis häufig, den gesamten Inhalt des Datenraums auf Datenträger (etwa einer DVD oder CD-ROM) zu speichern und diese dem Unternehmenskaufvertrag als Anlage beizufügen, die dann häufig bei einem Notar oder neutralen Rechtsanwalt verwahrt und im Streitfall für Beweiszwecke verwendet werden soll. Erachtet der Käufer diese Art der Offenlegung als zu weit, kann ein Kompromiss darin bestehen, dass nur diejenigen Tatsachen als offengelegt gelten, die (i) ohne weitere Information und (ii) ohne Rückgriff auf andere Dokumente aus den als Anlage beigefügten Dokumenten zu entnehmen sind.

79 Bei jedem Trade Sale durch einen Private-Equity-Investor gibt es hinsichtlich der im Unternehmenskaufvertrag abzugebenden Garantien und der in diesem Zusammenhang erforderlichen Haftungsübernahme einen natürlichen Interessengegensatz zwischen Investor und Gründungsgesellschaftern. Der Investor sieht seine Beteiligung in der Regel trotz Gewährung der üblichen Informations- und Kontrollrechte sowie ggf. Vertretung im Aufsichts- oder Beirat der Gesellschaft in erster Linie als finanzielles Investment an. Deswegen werden die Investoren gegenüber dem Erwerber bei einem Trade Sale in der Regel keine umfassenden Garantien zu solchen (operativen) Umständen abgeben wollen, auf die sie keinen Einfluss haben oder hatten, da sie nicht an der operativen Geschäftsführung beteiligt waren.[76] Hierzu zählen unter anderem Garantien zu den gesellschaftsrechtlichen Umständen, die vor ihrem Eintritt in die Gesellschaft lagen, insbesondere die Gründung, die Einzahlung der Stammeinlagen, etc, aber auch Garantien, die den operativen Geschäftsbetrieb betreffen, wie zB die Führung der Geschäfte im Einklang mit öffentlich-rechtlichen Genehmigungen, etc. Letztlich handelt es sich hierbei um Umstände, die dem Private-Equity-Investor selbst bei seinem Eintritt in die Gesellschaft von den Gründungsgesellschaftern garantiert wurden, auf die er aber weder zu diesem Zeitpunkt noch während der Dauer seiner Beteiligung prägend Einfluss nehmen konnte. In der Praxis kann es sich daher anbieten, den Garantiekatalog in Garantien der Gründungsgesellschafter und in Garantien des Private-Equity-Investors zu teilen.

Das Verlangen des Private-Equity-Investors nach einer solchen, schon tatbestandlichen Beschränkung seiner Haftung ist auch dem Umstand geschuldet, dass der aus dem *Exit* erzielte Erlös in der Regel kurzfristig an die Gesellschafter des Private-Equity-Fonds ausgeschüttet werden soll, um das abgegebene Renditeversprechen einzuhalten und es für den Fonds daher regelmäßig nicht akzeptabel ist, mit schwer kalkulierbaren Haftungsrisiken im Zusammenhang einer Verletzung von Garantieversprechen aus dem Unternehmenskaufvertrag belastet zu sein. **80**

Auf der Rechtsfolgenseite schließen die Parteien im Zuge der Gewährung von verschuldensunabhängigen, selbständigen Garantieversprechen im Sinne von § 311 Abs. 1 BGB üblicherweise die gesetzlichen Gewährleistungsrechte umfassend aus. In aller Regel bedingen die Parteien dabei insbesondere das gesetzliche Rücktrittsrecht ab, da die Rückabwicklung einer Transaktion aufwendig ist und in der Regel auch für keine Seite eine befriedigende Form der Schadenskompensation darstellt, da ein einmal verkauftes Unternehmen praktisch nicht ohne erhebliche negative Einflüsse auf seinen weiteren Geschäftsbetrieb wieder in die alte Eigentümerstruktur zurückgeführt werden kann.[77] Für Private-Equity-Investoren, deren Beteiligungen nur auf einen begrenzten Zeitraum angelegt sind, ist der Rücktritt als Rechtsfolge einer Garantieverletzung schlicht nicht akzeptabel. **81**

Schließlich wird der Verkäufer in jedem Fall bemüht sein, seine Garantiehaftung sowohl in der Höhe (idR Beschränkung auf einen prozentualen Anteil am Kaufpreis als Haftungshöchstbetrag, Vereinbarung von Aufgreifschwellen *(de minimis)* und Freigrenzen *(liability thresholds)* oder Freibeträgen *(liability caps/ deductibles)* als auch in zeitlicher Hinsicht (Verjährung) zu beschränken. **82**

d) Warranty Insurance. Im anglo-amerikanischen Rechtsraum hat sich die Möglichkeit entwickelt, Risiken aus einer Garantieerklärung auf einen Dritten, in der Regel auf ein Versicherungsunternehmen, abzuwälzen. Dieses bündelt die Garantierisiken aus einer Vielzahl von Beteiligungen und stellt ihre Versicherungsnehmer entgeltlich von der Inanspruchnahme aus den von ihnen gegebenen Garantien frei *(warranty insurance).* Vor Abschluss eines derartigen Versicherungsvertrages verlangen die Versicherungsunternehmen meist ein Gutachten von einem neutralen, rechtlichen Berater *(legal opinion)* und wälzen auf diese Weise einen Teil ihres Risikos auf die Berufshaftpflicht des Beraters ab. **83**

In Deutschland gewinnt diese Art der Absicherung zunehmend an Popularität. So wurden im Jahr 2018 ein Drittel der Transaktionen im Wert über 100.000.000 EUR[78] mit so einer Versicherung abgeschlossen. **84**

Ein für den Private Equity-Verkäufer oder Exit-Käufer interessantes Instrument ist die Versicherung auch in Fällen, in denen der Verkäufer nicht gewillt oder in der Lage ist, zuzustimmen, dass ein Teilbetrag des Kaufpreises auf ein Treuhandkonto gezahlt wird *(escrow),* von dem es zB für die spätere Erfüllung von Ansprüchen des Käufers aus Garan- **85**

---

[76] Vgl. ua Invest Europe, Handbook of Professional Standards S. 42, Download unter: https://www.investeurope.eu/about-us/professional-standards/, Stand: Mai 2019.

[77] Vgl. *Engelhardt/Farkas* in Holzapfel/Pöllath, aaO, Rn. 1192.

[78] ZB CMS European M&A Study 2018, Download unter https://cms.law/en/INT/Publication/CMS-European-M-A-Study.

tieverletzungen verwendet werden soll, oder wenn der Verkäufer einen hohen Freibetrag *(deductible)* für den Fall von Garantieverletzungen verlangt, den der Käufer nicht akzeptieren will. In beiden Fällen kann eine Versicherungspolice die so entstehende Deckungslücke zwischen den Erwartungen der Parteien schließen. Auf Käuferseite eingesetzt, also durch eine vom Käufer beigebrachte Versicherung für Garantieverletzungen, kann diese helfen, das Angebot des Käufers insbesondere in einem Bieterverfahren attraktiver zu machen, da er so auf die Erwartungen des Verkäufers eingehen kann.

4. Meldepflichten

86 Die Veräußerung von Anteilen an einer Aktiengesellschaft kann aktien- oder wertpapierrechtliche Meldepflichten nach sich ziehen. Aktienrechtliche Meldepflichten nach §§ 20, 21 AktG gelten ausschließlich für Beteiligungen an einer nicht börsennotierten AG oder KGaA. Für börsennotierte Gesellschaften gelten die Mitteilungsvorschriften der §§ 21 ff. WpHG. Beiden Regelungsgebieten ist gemeinsam, dass das Überschreiten einer gewissen Beteiligungsquote gegenüber der Gesellschaft[79] meldepflichtig ist.

5. Besonderheiten Trade Sale durch Asset Deal

87 Beim Asset Deal wird, anders als beim Share Deal, nicht der Rechtsträger des Unternehmens übertragen, sondern die einzelnen Vermögensgegenstände *(assets)* des Unternehmens. Der sachenrechtliche Bestimmtheitsgrundsatz verlangt, dass die Vermögensgegenstände durch Einzelakt nach den jeweiligen sachenrechtlichen Vorschriften (§§ 929 ff. BGB für bewegliche Sachen, §§ 873 ff. BGB für Grundstücke, §§ 398 ff. BGB für Forderungen) übertragen werden. Der Umstand, dass die Parteien die Gegenstände hierzu einzeln erfassen müssen, erschwert die praktische Ausgestaltung des Unternehmenskaufvertrages. Bilanzierte Vermögensgegenstände können vereinfacht unter Bezugnahme auf die Bilanz nebst Inventarliste oder auf einen bestimmten Lagerplatz (Raumübereignungsklausel) übertragen werden. Ein solches Verfahren ist naturgemäß bei allen nicht bilanzierten oder nicht bilanzierungsfähigen Gütern – etwa originäre, immaterielle Vermögensgegenstände gemäß § 248 Abs. 2 HGB – ausgeschlossen.

88 Parteien beim Asset Deal sind regelmäßig der Rechtsträger des zu übertragenden Unternehmens und der übernehmende Rechtsträger. Durch den Asset Deal rekapitalisiert der übertragende Rechtsträger die bislang gebundenen Vermögenswerte und stellt in der Regel (bei vollständiger oder nahezu vollständiger Veräußerung seiner Vermögenswerte) gleichzeitig seine werbende Tätigkeit ein. Die Änderung der Vermögensstruktur des übertragenden Rechtsträgers berührt die Stellung der Gesellschafter zunächst nicht. Erst die anschließende Liquidierung des übertragenden Rechtsträgers und die Verteilung seines Vermögens (zu dem dann insbesondere auch der Veräußerungserlös für die Vermögensgegenstände zählt) unter den Gesellschaftern bewirkt den endgültigen *Exit* der Gesellschafter.

89 Die dinglichen Übertragungsgeschäfte sind grundsätzlich formfrei. Ist die Gesellschaft Grundeigentümerin, bedarf das schuldrechtliche Verpflichtungsgeschäft gemäß § 311b Abs. 1 BGB allerdings der notariellen Form. Zu beachten ist ferner, dass gemäß § 311b Abs. 3 BGB die Verpflichtung zur Veräußerung des gegenwärtigen oder eines Bruchteils des gegenwärtigen Vermögens ebenfalls notariell zu beurkunden ist. Eine derartige Verpflichtung liegt jedoch nur vor, wenn das Vermögen als solches Vertragsgegenstand ist. § 311b Abs. 3 BGB findet daher keine Anwendung, wenn die Vermögensgegenstände im Vertrag einzeln aufgeführt sind.[80] Dies gilt selbst dann, wenn die Summe der einzeln aufgeführten Vermögensgegenstände das gesamte Vermögen ausmacht.[81] Ob die Vermögensgegenstände hinreichend konkret bezeichnet sind, kann im Einzelfall, insbesondere

[79] Die Gesellschaft wiederum ist unter weiteren Voraussetzungen verpflichtet, meldepflichtige Sachverhalte zu publizieren bzw. der BaFin zu melden.

[80] BGH Urt. v. 19.6.1957 – IV ZR 214/56, BGHZ 25, 4; *Grüneberg* in Palandt, § 311b Rn. 66.

[81] BGH Urt. v. 5.5.1958 – VII ZR 102/57, BB 1958, 648.

wenn Vermögensgegenstände in Gruppen zusammengefasst sind, zweifelhaft sein. Zur Vermeidung von Rechtsunsicherheit empfiehlt sich daher regelmäßig eine notarielle Beurkundung.[82]

Ein Vertrag, durch den sich eine Kapitalgesellschaft verpflichtet, ihr gesamtes Vermögen zu veräußern, bedarf gemäß § 179a AktG der Zustimmung der Hauptversammlung. § 179a AktG ist analog auf die GmbH anzuwenden.[83] Darüber hat der BGH in den Entscheidungen „Holzmüller"[84] sowie „Gelatine I"[85] und „Gelatine II"[86] ungeschriebene Zustimmungserfordernisse der Hauptversammlung anerkannt, wenn formal in die Zuständigkeit des Vorstands fallende Maßnahmen *„so tief in die Mitgliedsrechte der Aktionäre und deren im Anteilseigentum verkörpertes Vermögensinteresse eingreifen, dass der Vorstand vernünftigerweise nicht annehmen kann, er dürfe sie in ausschließlich eigener Verantwortung treffen, ohne die Hauptversammlung zu beteiligen."* Bei der GmbH wird zudem eine Unternehmensveräußerung für die Geschäftsführer regelmäßig ein außergewöhnliches und damit kraft Gesellschaftsvertrag zustimmungsbedürftiges Geschäft darstellen. **90**

Wer im Wege eines Asset Deal ein Unternehmen erwirbt, haftet grundsätzlich nicht für unternehmensbezogene Verbindlichkeiten, die vor dem Eigentumsübergang begründet wurden. Hiervon gibt es folgende für die Praxis wesentliche Ausnahmen: **91**

- **§ 25 HGB** ordnet für den Fall, dass ein Unternehmen erworben und der erworbene Geschäftsbetrieb unter dem bisherigen Namen fortgeführt wird, die gesetzliche Haftung des Käufers für alle in dem erworbenen Betrieb begründeten Verpflichtungen des früheren Inhabers an, es sei denn, ein entsprechender Ausschluss wurde in das Handelsregister eingetragen und bekannt gemacht oder von dem Erwerber oder dem Veräußerer dem jeweiligen Gläubiger mitgeteilt. Für die Begründung der gesetzlichen Haftung müssen die beiden Tatbestandsmerkmale (i) Übernahme eines Handelsgeschäfts[87] und (ii) Geschäfts- und Firmenfortführung kumulativ vorliegen. Die systematische Stellung und der Normzweck von § 25 HGB sind höchst umstritten.[88] Hintergrund der rechtpolitisch gewollten Vorschrift ist, dass nach handels- bzw. gesellschaftsrechtlichen Grundsätzen Verbindlichkeiten aus einem Handelsgeschäft mangels Rechtspersönlichkeit eines Handelsgeschäfts als solches nicht auf den neuen Rechtsträger übergehen. Dessen Haftung für Altverbindlichkeiten bedarf eines besonderen gesetzlichen Verpflichtungsgrundes, der mit § 25 HGB geschaffen wurde. Veräußerer und Erwerber können die Haftung nach § 25 HGB vertraglich ausschließen. Dieser Ausschluss ist Dritten gegenüber gemäß § 25 Abs. 2 HGB jedoch nur wirksam, wenn er in das Handelsregister eingetragen und bekannt gemacht oder von dem Erwerber oder dem Veräußerer dem Dritten mitgeteilt worden ist.
- **§ 613a BGB** ordnet an, dass bei dem rechtsgeschäftlichen Übergang eines Betriebes oder Betriebsteils der neue Inhaber in die bestehenden arbeitsrechtlichen Vertragsverhältnisse eintritt. Der bisherige Inhaber haftet gemäß § 613a Abs. 2 BGB neben dem neuen Inhaber als Gesamtschuldner für Verpflichtungen aus den Arbeitsverhältnissen weiter, soweit sie vor dem Zeitpunkt des Übergangs entstanden sind und vor Ablauf eines Jahres

[82] Insbesondere auch deshalb, weil der Formmangel des Verpflichtungsgeschäftes im Rahmen des § 313b Abs. 3 BGB nicht durch Vollzug geheilt werden kann, hM *Grüneberg* in Palandt, § 311b Rn. 68.

[83] *Ulmer/Casper* in Ulmer/Habersack/Löbbe, § 53 Rn. 165.

[84] BGH Urt. v. 25.2.1982 – II ZR 174/80, BGHZ 83, 122 ff.

[85] BGH Urt. v. 26.4.2004 – II ZR 155/02, BGHZ 159, 30 ff.

[86] BGH Urt. v. 26.4.2004 – II ZR 154/02, ZIP 2004, 1001 ff.

[87] Ausreichend ist die Übernahme des Kerns des Handelsgeschäfts. Vgl. *Picot* in Picot, Rn. 392 S. 240.

[88] Die Rechtsprechung ist ursprünglich von einer typisierten Rechtsscheinhaftung ausgegangen (BGH Urt. v. 13.10.1955 – II ZR 44/54, BGHZ 18, 250; BGH Urt. v. 29.11.1956 – II ZR 32/56, BGHZ 22, 239; BGH Urt. v. 1.12.1958 – II ZR 238/57, BGHZ 29, 3; BGH Urt. v. 10.2.1960 – V ZR 39/58, BGHZ 32, 62). Für einen zweigliedrigen Haftungstatbestand als Kombination von Vermögensübernahme- und Verkehrsschutzprinzip *Schricker* ZGR 1972, 121 ff. Eine rechtsgeschäftliche Haftung aufgrund Schuldübernahme durch typisiertes Verhalten nimmt *Säcker* ZGR 1973, 261 ff., an. Sehr weitgehend *K. Schmidt,* Handelsrecht, § 8 Rn. 57 ff., der ein neues Haftungsregime aufgrund von Unternehmensidentität begründen will. Grundsätzlich ablehnend *Canaris,* Handelsrecht, 1995, S. 140; *Canaris*, Die Vertrauenshaftung im deutschen Privatrecht, 1971, S. 183 ff.

nach diesem Zeitpunkt fällig werden. Der Veräußerer oder der Erwerber haben gemäß § 613a Abs. 5 BGB die von dem Betriebsübergang betroffenen Arbeitnehmer in Textform über (i) den Zeitpunkt des Betriebsübergangs, (ii) den Grund für den Betriebsübergang, (iii) die rechtlichen, wirtschaftlichen und sozialen Folgen des Betriebsübergangs für die Arbeitnehmer sowie (iv) die hinsichtlich der Arbeitnehmer in Aussicht genommenen Maßnahmen zu unterrichten. Jeder Arbeitnehmer kann gemäß § 613a Abs. 6 BGB innerhalb eines Monats nach Zugang der Unterrichtung dem Übergang seines Arbeitsverhältnisses widersprechen. Wird also ein gesamter Betrieb oder Betriebsteil veräußert, gehen die Arbeitsverhältnisse der in dem Betrieb beschäftigten Arbeitnehmer kraft Gesetzes automatisch auf den Käufer über, unabhängig davon, ob sich Verkäufer und Käufer darüber geeinigt haben oder nicht. § 613a BGB gilt allerdings nicht für Mitglieder des Vorstands oder der Geschäftsführung. Die automatische Übertragung der Arbeitsverhältnisse bedarf keiner Zustimmung der Arbeitnehmer. Jeder Arbeitnehmer kann jedoch der Übertragung widersprechen, woraufhin der Arbeitsvertrag mit dem Verkäufer fortgesetzt wird (ggf. ist der Verkäufer aber dann zur betriebsbedingten Kündigung des Arbeitsverhältnisses berechtigt, wenn der den Arbeitnehmer bislang beschäftigende Betrieb beim Verkäufer nicht mehr existiert).

- Nach **§ 75 Abs. 1 AO** haftet der Erwerber eines Unternehmens oder eines Teilbetriebs kraft Gesetzes insbesondere für die Gewerbe- und Umsatzsteuer des Betriebs oder Teilbetriebs sowie für alle einbehaltenen Steuern (zB Lohnsteuer), die seit dem Beginn des letzten, vor der Übereignung liegenden Kalenderjahres entstanden sind und bis zum Ablauf von einem Jahr nach Anmeldung des Betriebes durch den Erwerber festgesetzt oder angemeldet werden.[89] Die Haftung ist gemäß § 75 Abs. 1 S. 2 AO auf das übernommene Vermögen beschränkt.
- Im Rahmen der Übertragung von Handelsvertreterverträgen im Zusammenhang mit dem Erwerb eines Unternehmens kann der Verkäufer dem Handelsvertreter zur Zahlung eines angemessenen Ausgleichs nach **§ 89b HGB** verpflichtet sein, da die Übertragung gleichsam eine Beendigung des Handelsvertretervertrages mit dem Verkäufer darstellt (so die derzeitige BGH-Rechtsprechung).

III. Secondary Purchase

1. Rechtliche Struktur

92 **a) Variante 1 – Veräußerung einzelner Beteiligungen.** In der Grundvariante des Secondary Purchase veräußert der Private-Equity-Investor seine Geschäftsanteile an der Gesellschaft. Zur rechtlichen Ausgestaltung der Anteilsveräußerung siehe Ziffer 2.2. Daneben muss der Erwerber in der Regel die vom Erstinvestor gewährten mezzaninen Finanzierungen, deren Rückzahlung beim *Exit* noch nicht fällig ist, ablösen. Zu diesem Zweck tritt der Erstinvestor entgeltlich seine Rechte aus der mezzaninen Finanzierung – etwa den Rückzahlungsanspruch aus einem überlassenen Gesellschafterdarlehen – an den Erwerber ab.

93 **b) Variante 2 – Veräußerung eines Portfolios.** In der Variante 2 veräußern die Fonds-Investoren ihre Anteile an der Fondsgesellschaft. Die Fondsgesellschaft wird üblicherweise in der Rechtsform einer Personenhandelsgesellschaft, regelmäßig einer GmbH & Co. KG oder in einer entsprechenden Rechtsform ausländischen Rechts, betrieben. Bei der Veräußerung einer GmbH & Co. KG oder Personenhandelsgesellschaft ausländischem Rechts müssen neben der Übertragung der Gesellschaftsanteile an der Fondsgesellschaft in der Regel auch die Geschäftsanteile an der Komplementär-GmbH[90] bzw. an einer Management-Gesellschaft ausländischen Rechts übertragen werden.

[89] Vgl. zu Einzelheiten: Anwendungserlass zur Abgabenordnung zu § 75.
[90] Hierzu unter → § 4 Rn. 17.

Kommanditanteile werden als Mitgliedschaftsrechte gemäß §§ 413, 398 BGB durch Abtretung übertragen.[91] §§ 717, 719 BGB sind nicht einschlägig,[92] so dass der Wechsel der Kommanditisten nicht durch einen Doppelvertrag (Austritt des Altkommanditisten und Eintritt des Neukommanditisten) vollzogen werden muss.[93] Die Abtretung ist grundsätzlich formfrei.[94] Der Gesellschaftsvertrag der Fondsgesellschaft kann jedoch die Wirksamkeit der Abtretung an weitere Voraussetzungen knüpfen.[95] Zudem ändert die Übertragung von Kommanditanteilen den Gesellschafterkreis und setzt daher als Grundlagengeschäft grundsätzlich die Zulassung im Gesellschaftsvertrag oder die Zustimmung aller Gesellschafter voraus. **94**

Durch die Abtretung des Kommanditanteils geht die Mitgliedschaft als solche, dh mit allen Rechten und Pflichten, auf den Erwerber über. Der Erwerber haftet in Höhe der von dem Veräußerer übernommenen Einlage gemäß § 171 Abs. 1 HGB. Seine Haftung ist gemäß § 171 Abs. 1 Hs. 2 HGB ausgeschlossen, wenn der Veräußerer die Einlage bereits geleistet hat.[96] Der Wechsel der Kommanditistenstellung ist mit einem Rechtsnachfolgevermerk in das Handelsregister einzutragen.[97] Es empfiehlt sich, den Kommanditanteil aufschiebend bedingt durch die Eintragung der Sonderrechtsnachfolge in das Handelsregister abzutreten.[98] **95**

2. Gewährleistung und Garantie

Sowohl der Veräußerung einzelner Beteiligungen als auch der Veräußerung der Anteile an einer Fondsgesellschaft liegt ein Rechtskauf zugrunde. Die Gewährleistungs- und Garantieansprüche richten sich daher nach den zuvor dargestellten Grundsätzen.[99] **96**

IV. Buy Back

Beim Buy Back überträgt der Investor seine Geschäftsanteile, die er im Rahmen seines Investments übernommen hat, an die verbleibenden Gesellschafter. Die rechtliche Struktur entspricht damit im Grundsatz der Struktur der Veräußerung einzelner Beteiligungen im Rahmen eines Secondary Purchase. Entscheidender Unterschied ist allerdings, dass bei einem Buy Back die Geschäftsanteile nicht an außenstehende Personen veräußert werden und so die Notwendigkeit entfällt, umfangreiche Garantieerklärungen abzugeben. Der ausscheidende Investor wird nur für den rechtlichen Bestand und die freie Verfügbarkeit seiner Geschäftsanteile einstehen wollen. **97**

F. Steuerliche Folgen

I. Trade Sale durch Share Deal

1. Verkehrsteuern

a) Umsatzsteuer. Die Veräußerung von Geschäftsanteilen ist gemäß § 4 Nr. 8 lit. f UStG umsatzsteuerfrei.[100] **98**

---

91 *Roth* in Baumbach/Hopt, § 161 Rn. 8 iVm § 105 Rn. 69.
92 BGH Urt. v. 28.4.1954 – II ZR 8/53, BGHZ 13, 187; BGH Urt. v. 8.11.1965 – II ZR 223/64, BGHZ 44, 229.
93 *Roth* in Baumbach/Hopt, § 31 Rn. 69.
94 Zu den Ausnahmen siehe *Roth* in Baumbach/Hopt, § 161 Rn. 8 iVm § 105 Rn. 55.
95 *Roth* in Baumbach/Hopt, § 161 Rn. 8 iVm § 105 Rn. 71.
96 BGH Urt. v. 29.6.1981 – II ZR 142/80, BGHZ 81, 82.
97 *Roth* in Baumbach/Hopt, § 173 Rn. 13.
98 Zur Haftung von altem und neuem Kommanditisten bis zur Eintragung siehe BGHZ 81, 82; *K. Schmidt* GmbHR 1981, 253 ff.
99 Unter → Rn 67.
100 Sind die Geschäftsanteile in Wertpapieren (Aktien) verbrieft, ist auch deren Veräußerung gemäß § 4 Nr. 8 lit. e UStG steuerfrei.

99 Ist der Veräußerer ein Unternehmer im Sinne von § 2 UStG,[101] kann er gemäß § 9 Abs. 1 UStG gleichwohl für die Umsatzsteuerpflicht optieren, wenn der Erwerber ebenfalls Unternehmer ist und die Geschäftsanteile für sein Unternehmen erwirbt.

100 Der Veräußerer wird optieren wollen, wenn ihm anderenfalls eine Vorsteuerkorrektur oder ein Ausschluss des Vorsteuerabzugs droht. Dies ist insbesondere der Fall, wenn er im Zusammenhang mit der Veräußerung zusätzliche Kosten, etwa Beraterhonorare, aufgewendet hat. Auch für den Vorsteuerabzug ist die Unternehmereigenschaft im Sinne des § 2 UStG Voraussetzung.

101 Die (umsatzsteuerfreie) Veräußerung von Anteilen ist jedoch grundsätzlich nicht vorsteuerschädlich in Bezug auf laufende Aufwendungen, welche auf Ebene des veräußerten Portfolio-Unternehmens anfallen (zB Anschaffungskosten für Wirtschaftsgüter oder Aufwendungen für empfangene Dienstleistungen). Davon streng zu trennen ist die Frage, in welchem Umfang Transaktionskosten gegenüber dem veräußerten Portfolio-Unternehmen in Rechnung zu stellen sind und auf welcher Ebene richtigerweise Umsatzsteuer bzw. Vorsteuerabzug anfallen.[102]

102 **b) Grunderwerbsteuer.** Der Erwerb von Anteilen an einer Kapitalgesellschaft mit inländischem Grundbesitz unterliegt gemäß § 1 Abs. 3 GrEStG der Grunderwerbsteuer, wenn durch den Erwerb mindestens 95 % der Anteile an der Gesellschaft in der Hand des Erwerbers (oder eines herrschenden oder abhängigen[103] Unternehmens) vereinigt werden. Grunderwerbsteuerpflichtig ist bereits die Verpflichtung zu einem derartigen Erwerb.

103 Zur Vermeidung der Grunderwerbsteuerpflicht müssen daher mehr als 5 % der Geschäftsanteile bei den ursprünglichen Gesellschaftern verbleiben oder an einen nicht mit dem Erwerber verbundenen Dritten veräußert werden.[104] Zu beachten ist, dass auch rechtlich unverbundene Dritte „eine Hand" im Sinne des Grunderwerbsteuerrechts bilden können. Wenn beispielsweise ein Dritter nur deshalb die übrigen 6 % der Anteile erwirbt, weil es eine Innenabrede mit dem Haupterwerber (94 %) gibt und Art der Zweckbeziehung eine Gesellschaft bürgerlichen Rechts begründet, kann Grunderwerbsteuer ausgelöst sein.[105]

104 Eine nachgelagerte Übertragung der verbleibenden Geschäftsanteile oder eine Verschmelzung[106] des Dritten auf den Erwerber löst die Grunderwerbsteuerpflicht aus, da auf diese Weise der Erwerber die Grenze von 95 % gehaltener Anteile überschreitet.[107]

105 Die Veräußerung von Anteilen an einem Portfolio-Unternehmen (nicht: Kapitalgesellschaft, s. zuvor) mit inländischem Grundbesitz unterliegt gemäß § 1 Abs. 2a GrEStG der Grunderwerbsteuer, wenn durch die Veräußerung oder mehrere Teilveräußerungen innerhalb von fünf Jahren mindestens 95 % der Anteile auf neue Gesellschafter übergehen. Einzelheiten hierzu bedürfen – insbesondere in Fällen mehrstufiger Strukturen – einer sorgfältigen Prüfung.[108]

---

[101] Danach ist Unternehmer, wer eine gewerbliche oder berufliche Tätigkeit selbständig ausübt. Gewerblich oder beruflich ist jede nachhaltige Tätigkeit zur Erzielung von Einnahmen, auch wenn die Absicht, Gewinn zu erzielen, fehlt. Das bloße Erwerben, Halten und Veräußern von gesellschaftsrechtlichen Beteiligungen ist keine unternehmerische Tätigkeit, UStAE 2.3 Abs. 2, siehe auch *Stadie* in Rau/Dürrwächter Stand September 2019, UStG § 2 Rn. 194 ff. Davon zu unterschieden ist die Frage nach der Umsatzsteuer auf Managementleistungen.

[102] Eine unberechtigte Rechnungstellung gegenüber der veräußerten Gesellschaft ändert nichts am bestehenden Leistungsverhältnis und löst insgesamt – zumindest vorläufig – eine doppelte Belastung mit Umsatzsteuer des Leistenden und eine Nichtabzugsfähigkeit als Vorsteuer beim Rechnungsempfänger aus, vgl. § 14c UStG und UStAE 14c f.

[103] Der Begriff „abhängig" ist in § 1 Abs. 4 Nr. 2 GrEStG definiert.

[104] *Gröger* in Hölters, Teil I, Kap. 5, Rn. 9.282.

[105] Vgl. *Meßbacher-Hönsch* in Boruttau, Kommentar zum GrEStG, 2018 Aufl. 19 § 1 Rn. 1011.

[106] BFH Urt. v. 15.1.2003 – II R 50/00, BFHE 200, 430.

[107] BFH Beschl. v. 14.2.1990 – II B 107/89, BB 1990, 1542.

[108] Die Bundesregierung hat aktuell eine Änderung des GrEStG auf den Weg gebracht, womit Steuerumgehungen bei der Grunderwerbsteuer wirksam eingedämmt werden sollen. Es ist geplant, das GrEStG in Hinblick auf Share Deals zu reformieren. Geplant ist insbesondere die Senkung der Beteiligungsgrenze

2. Ertragsteuern

a) Körperschaftsteuer. Ist der Veräußerer ein inländisches Körperschaftsteuersubjekt (zB GmbH als Zwischenholding oder zB GmbH als Gesellschafterin/Investorin der veräußernden Fonds-KG), findet das Körperschaftsteuergesetz Anwendung. **106**

Bei der Ermittlung des Einkommens einer Kapitalgesellschaft bleiben Gewinne aus der Veräußerung von Anteilen an einer Körperschaft gemäß § 8b Abs. 2 KStG außer Ansatz. Jedoch gelten gemäß § 8b Abs. 3 **S. 1** KStG 5% des Veräußerungsgewinns als nicht abzugsfähige Betriebsausgabe. Das führt im Ergebnis zu einer 95%igen Körperschaftsteuerbefreiung. Gemäß § 8b Abs. 3 **S. 3** KStG werden Gewinnminderungen (u. a. Teilwertabschreibungen auf die Beteiligung und Veräußerungsverluste) steuerlich nicht berücksichtigt. Entsprechendes gilt für Gewinnminderungen im Zusammenhang mit bestimmten Darlehensgewährungen oder Stellung von Sicherheiten gem. § 8b Abs. 3 S. 4 ff. KStG zwecks Umgehungsverhinderung. **107**

Ein Ausschluss der Steuerbefreiung für sog. Streubesitzanteile wurde **im Zuge der Investmentsteuerreform (InvStRefG 2018)** noch diskutiert, ist aber nicht umgesetzt worden. Dennoch ist nicht auszuschließen, dass diese Idee vom Gesetzgeber wieder aufgegriffen wird. Vorläufig bleibt es bei der angesprochenen Steuerbefreiung. Streubesitzdividenden, d. h. Bezüge aus unter 10-prozentigen Beteiligungen am Grund- oder Stammkapital zu Beginn eines Kalenderjahres, sind von der Steuerbefreiung nicht erfasst und voll steuerpflichtig (§ 8b Abs. 4 KStG). **108**

Veräußerungsgewinne sind jedoch gemäß § 8b Abs. 2 S. 4 KStG dann voll steuerpflichtig, wenn die Geschäftsanteile in früheren Wirtschaftsjahren (dh vor Einführung des Halbeinkünfteverfahrens und nunmehr des Teileinkünfteverfahrens) steuerwirksam auf den niedrigeren Teilwert abgeschrieben wurden und die Gewinnminderung nicht durch den Ansatz eines höheren Wertes ausgeglichen worden ist. Diese Regelung zielt vornehmlich auf Alt-Fälle einer Teilwertabschreibung ab, die nach früherem Recht steuerlich zulässig war. Voraussetzung für die Versagung der Steuerbefreiung ist jedoch lediglich eine steuerwirksame Teilwertabschreibung, sodass unerheblich ist, wie lange sie zurückliegt, aus welchen Gründen sie vorgenommen wurde und ob sie zu Recht oder zu Unrecht erfolgte.[109] Ferner ist zu beachten, dass eine etwaige Steuerneutralität einer Einbringung rückwirkend entfällt, wenn eingebrachte oder aufgrund der Einbringung erhaltene Anteile innerhalb von sieben Jahren veräußert werden, § 22 UmwStG. Diese – nicht abschließenden – Beispiele zeigen: Es sollte sorgfältig geprüft werden, ob die zu veräußernden Anteile aus einem Umwandlungsvorgang stammen, mit einem solchen Vorgang in Zusammenhang stehen oder ob sonstige Umstände die Steuerbefreiung ausschließen. **109**

Werden (unmittelbar) Anteile an einer Personengesellschaft veräußert, die wiederum an dem Target (zB einer inländischen GmbH) beteiligt ist, so gilt die oben beschriebene Steuerfreistellung, soweit der Veräußerungsgewinn auf die GmbH-Anteile entfällt. Es wird gemäß § 8b Abs. 6 S. 1 KStG durch die Personengesellschaft „hindurchgeschaut". Das betrifft insbesondere den Fall, dass „hinter" einer veräußernden Fonds-KG eine inländische Kapitalgesellschaft als Anleger steht. **110**

Von der Steuerfreistellung gemäß § 8b Abs. 2 KStG sind bestimmte Fälle ausgenommen: Die Veräußerungen von Anteilen, die bei Kredit- und Finanzdienstleistungsinstituten dem Handelsbestand im Sinne des § 340e Abs. 3 HGB zuzurechnen sind, sind gemäß § 8b Abs. 7 KStG steuerpflichtig. Gleiches gilt für die Veräußerungen von Anteilen, die bei Finanzunternehmen im Sinne des Kreditwesengesetzes, an denen Kreditinstitute oder Finanzdienstleistungsinstitute unmittelbar oder mittelbar zu mehr als 50% beteiligt sind, zum Zeitpunkt des Zugangs zum Betriebsvermögen als Umlaufvermögen auszuweisen **111**

von 95% auf 90%. Außerdem soll die geltende Haltefrist der Anteile von fünf auf zehn Jahre erhöht werden. Die Regelungen sollen künftig auch für Kapitalgesellschaften gelten, statt wie bisher nur für grundbesitzende Personengesellschaften.

[109] *Rengers* in Blümich, Kommentar zum EStG, KStG, GewStG, § 8b KStG Rn. 251.

sind. Während der erstgenannte Fall eine rein branchenbezogene Ausnahme darstellt (Kredit- und Finanzdienstleistungsinstitute), birgt die zweite Ausnahme leicht zu übersehende Gefahren. So kann ein „Weiterreichen" von Anteilen mit Gewinn im Zuge einer Gesamttransaktion oder auf Grund von Optionen durch eine Holding unter bestimmten Voraussetzungen zur vollen Steuerpflicht führen.[110]

112 Die Steuerfreistellung gilt gemäß § 8b Abs. 8 KStG ebenfalls nicht für die Veräußerung von Anteilen, die bei Lebens- und Krankenversicherungsunternehmen den Kapitalanlagen zuzurechnen sind.

113 Ist der Veräußerer eine ausländische Körperschaft, können Doppelbesteuerungsabkommen das Besteuerungsrecht Deutschlands ausschließen.[111] Entsprechendes gilt für im Ausland ansässige natürliche Personen. In solchen Fällen kann die steuerliche Behandlung nur anhand des konkreten Einzelfalls beurteilt werden.

114 **b) Gewerbesteuer.** Gemäß § 7 S. 4 GewStG iVm § 8b KStG bleiben Gewinne aus der Veräußerung von Anteilen an einer Körperschaft auch für die Ermittlung der gewerbesteuerlichen Bemessungsgrundlage grundsätzlich außer Ansatz. Damit ist zB die Veräußerung von Geschäftsanteilen an einer Körperschaft durch eine Kapitalgesellschaft (zu 95 %) nicht gewerbesteuerbelastet.

115 Veräußert ein als Personengesellschaft konzipierter Private-Equity-Fonds Anteile an einer Kapitalgesellschaft, hängt die Gewerbesteuerpflicht von der steuerlichen Strukturierung des Fonds ab. Als sog. vermögensverwaltender Fonds nach den Vorgaben des Private-Equity-Erlasses (BMF-Schreiben vom 16.12.2003)[112] unterliegt er nicht der Gewerbesteuer. Es wird auf die Anleger/Gesellschafter hindurchgeschaut. Sind diese im Inland gewerbesteuerpflichtig, so sind die Konsequenzen auf ihrer Ebene zu ziehen: Im Falle einer Kapitalgesellschaft gilt eine 95%ige Gewerbesteuerfreiheit, in den übrigen Fällen betrieblicher Anleger sind 40 % des anteiligen Gewinns gewerbesteuerfrei. Privatanleger zahlen keine Gewerbesteuer. Im Falle ausländischer Anleger scheidet eine Gewerbesteuerpflicht auf Anlegerebene aus, wenn der Anleger/Gesellschafter keine inländische Betriebsstätte unterhält. Anderenfalls, dh wenn der Fonds nicht vermögensverwaltend, sondern gewerblich und damit gewerbesteuerpflichtig ist, ist er selbst Schuldner der Gewerbesteuer. Der Umfang der Gewerbesteuerpflicht bestimmt sich dann nach den „hinter dem Fonds stehenden" Gesellschaftern, § 7 S. 4 GewStG. Sofern es sich dabei um Kapitalgesellschaften handelt, ist der (anteilige) Veräußerungsgewinn auf Ebene des Fonds zu 95 % gewerbesteuerfrei. Soweit es sich um natürliche Personen handelt, sind 40 % steuerfrei.[113] Eine Einschränkung für die Fälle ausländischer Anteilseigner enthält der Wortlaut des Gesetzes nicht.

116 Technisch sieht das Gewerbesteuergesetz im nächsten Schritt eine mögliche Hinzurechnung bestimmter Erträge vor. Beispielsweise werden sog. Streubesitzdividenden (weniger als 15 %) hinzugerechnet (und dann der Gewerbesteuer unterworfen). Für Veräußerungsgewinne fehlt jedoch eine solche Hinzurechnungsregel. Es bleibt also bei der zuvor beschriebenen Steuerfreiheit in Höhe von 95 % oder 40 %. Auf den steuerpflichtigen Teil wird Gewerbesteuer erhoben. Der Steuersatz hängt vom lokalen Hebesatz ab. Grob vereinfachend kann mit 15,5 % gerechnet werden.

117 Eine Befreiung enthält § 3 Nr. 23 GewStG für Unternehmensbeteiligungsgesellschaften Dies setzt jedoch voraus, dass die Fondsgesellschaft als Unternehmensbeteiligungsgesellschaft anerkannt ist.

---

[110] Siehe hierzu Bundesministerium der Finanzen: Schreiben v. 25.7.2002 – , BStBl. I 2002 S. 712; BFH Urt. v. 14.1.2009 – I R 36/08, GmbHR 2009, 493.

[111] So sieht Art. 13 Abs. 5 OECD-MA einen Ausschluss des deutschen Besteuerungsrechts vor. Zur Abkommensübersicht Reimer in Vogel/Lehner DBA, 6. Auflage 2019, Art. 13 Rn. 225.

[112] BMF v. 16.12.2003 –, BStBl. I 2004 S. 40.

[113] Vgl. *Selder* in Glanegger/Güroff Kommentar zum GewStG, 9. Auflage 2017, § 7 Rn. 5, auch zur Einzelzuweisung an Gesellschafter. Zur verfahrensrechtlichen Anwendung (Brutto- und Nettomethode) s. *Dötsch/Pung* DB 2005, 10.

Falls die veräußerte Gesellschaft eine gewerbesteuerpflichtige Personengesellschaft ist, ist der daraus folgende Gewinn auf Ebene der Personengesellschaft nicht gewerbesteuerpflichtig, soweit natürliche Personen unmittelbar beteiligt sind. Im Übrigen, insbesondere soweit Kapitalgesellschaften beteiligt sind, wird Gewerbesteuer ausgelöst, § 7 S. 2 GewStG. Daraus können sich Überhänge zu Ungunsten von einzelnen Gesellschaftern ergeben, was durch Ausgleichsregelungen im Gesellschaftsvertrag abgefedert werden kann. **118**

c) Einkommensteuer. Ist der Veräußerer bzw. der Anleger einer Fonds-KG[114] eine im Inland steuerpflichtige natürliche Person (und kein inländisches Körperschaftsteuersubjekt, s. o.), findet das Einkommensteuergesetz Anwendung. **119**

Die Veräußerung von Kapitalgesellschaftsanteilen ist grundsätzlich einkommensteuerpflichtig. Hierbei ist zu differenzieren, ob die Veräußerung aus dem Privatvermögen oder einem Betriebsvermögen erfolgt. **120**

Veräußerungen aus dem Privatvermögen sind zu 60% steuerpflichtig und dem individuellen Einkommensteuersatz zu unterwerfen, wenn der Veräußerer innerhalb der letzten fünf Jahre unmittelbar oder mittelbar zu mindestens 1% am Kapital der Gesellschaft beteiligt war *(Wesentlichkeitsgrenze)*. Unter der Annahme eines Steuersatzes von 42% ergibt sich somit eine effektive Steuerbelastung von 25,2% (zzgl. Solidaritätszuschlag und Kirchensteuer). Die Abweichung zur sog. Abgeltungsteuer (s. nachfolgend) ist also gering. **121**

Veräußerungen aus dem Privatvermögen sind im Übrigen (dh Beteiligungen unterhalb der Wesentlichkeitsgrenze) seit 2009 unter der sog. Abgeltungsteuer mit 25% des Gewinns (zzgl. Solidaritätszuschlag und Kirchensteuer) zu versteuern. Für vor 2009 erworbene Anteile kann die sog. Spekulationsfrist gelten (1 Jahr), so dass nach deren Ablauf Veräußerungsgewinne steuerfrei vereinnahmt werden können. Auch das gilt jedoch nur für geringfügige Beteiligungen (unter 1%). **122**

Im Falle von Veräußerungen aus dem Betriebsvermögen (zB Anleger hält Anteile an der Fonds KG im Betriebsvermögen, diese hält nur Kapitalgesellschaftsanteile) sind ebenfalls 60% des Veräußerungsgewinns steuerpflichtig, ohne dass es auf die Wesentlichkeitsgrenze ankommt. Entsprechendes gilt für Anteile an gewerblichen (dh nicht vermögensverwaltenden) Fonds-KG, bei denen der (Privat-)Anleger steuerlich als Mitunternehmer anzusehen ist. **123**

Wenn der Anteilseigner nicht im Inland ansässig ist, kann das jeweilige Doppelbesteuerungsabkommen das Besteuerungsrecht Deutschlands ausschließen. **124**

Die Besteuerungsfolgen der Veräußerung etwaiger (Portfolio-)Personengesellschaftsanteile richtet sich ua danach, welche Vermögensgegenstände vom Vermögen der Gesellschaft umfasst sind (dh inwieweit Kapitalgesellschaftsanteile enthalten sind) und ob der oder die Fonds-Gesellschafter im Inland oder im Ausland ansässig sind und ob es sich dabei um natürliche Personen oder um Körperschaften handelt. Die Besteuerungsfolgen können daher nur auf Grundlage des jeweiligen Einzelfalls behandelt werden. **125**

II. Trade Sale durch Asset Deal

1. Verkehrsteuern

a) Umsatzsteuer. In vielen Fällen steht in Rede, dass sämtliche Vermögensgegenstände übertragen werden sollen. Umsatzsteuerlich ist die Veräußerung eines Unternehmens oder eines in der Gliederung des Unternehmens gesondert geführten Betriebes im Ganzen gemäß § 1 Abs. 1a UStG nicht umsatzsteuerbar.[115] Die Aufspaltung der Veräußerung in mehrere Teile ist dabei unschädlich, solange die einzelnen Veräußerungstatbestände in **126**

[114] Einkommensteuerrechtlich (nicht: gewerbesteuerrechtlich) ist die Fonds KG transparent, dh Steuerschuldner sind unmittelbar die Gesellschafter.

[115] Siehe hierzu UStAE 1.5 mwN.

einem engen sachlichen und zeitlichen Zusammenhang stehen und die Übertragung des gesamten Vermögens auf den Erwerber offensichtlich ist.[116]

127 Für die Kaufvertragsparteien ist wichtig, die Konsequenzen der gesetzgeberisch angeordneten Rechtsnachfolge zu berücksichtigen. Der Erwerber rückt gleichsam in die umsatzsteuerrechtliche Position des Veräußerers und „erbt" auch Risiken aus der Vergangenheit (zB drohende Vorsteuerkorrekturen). Es handelt sich um eine gesetzlich angeordnete Rechtsnachfolge, so dass die Folgen nicht vertraglich abbedungen werden können. Daher sollte der Kaufvertrag (Asset Purchase Agreement) entsprechende Klauseln enthalten, um Fehlerfolgen untereinander zu regeln.

128 Die Veräußerung einer Summe von Assets, die keinen Betrieb im vorstehenden Sinne bilden, ist hingegen umsatzsteuerpflichtig. Der Erwerber wird zumeist vorsteuerabzugs- bzw. erstattungsberechtigt sein, so dass er lediglich einen vorübergehenden Abfluss von Liquidität erleidet. Um das zu verhindern, könnte eine Abtretung unter Anrechnung auf die Kaufpreisschuld erfolgen. So würde der Erwerber den anteiligen Kaufpreis in Höhe der geschuldeten Umsatzsteuer nicht an den Veräußerer auszahlen müssen und reduzierte so den für die Transaktion erforderlichen Liquiditätsbedarf. Abtretungsfähig ist jedoch nur der positive Saldo (Vorsteuer abzüglich Umsatzsteuer), nicht „die Vorsteuer" aus einem einzelnen Geschäftsvorfall.[117] Ausreichend ist der jeweilige Voranmeldungszeitraum. Aufgrund der damit verbundenen Unsicherheit über die Höhe des letztlich geltenden Erstattungsanspruchs (Umsatzsteuer als Jahressteuer und mögliche Korrekturen der Voranmeldungen) und des Risikos der Haftung für etwaige Rückzahlungsansprüche[118] sollte die Abtretung nur erfüllungshalber vorgenommen werden. Ob und in welchem Maße eine solche Gestaltung zu Vorteilen führt und anzuraten ist, kann also nur im Einzelfall beurteilt werden.

129 Für einzelne Veräußerungsumsätze können Befreiungsvorschriften greifen. Ausgenommen von der Umsatzsteuerpflicht sind beispielsweise die Veräußerung von Grundstücken (§ 4 Nr. 9 lit. a UStG), von Beteiligungen an Personen- und Kapitalgesellschaften (§ 4 Nr. 8 lit. f UStG)[119] und von Forderungen (§ 4 Nr. 8 lit. c UStG). In vielen Fällen stellt sich die Frage nach einer möglichen Option des Veräußerers zur Umsatzsteuer entgegen der gesetzlichen Befreiung. Damit will der Veräußerer seinen früheren Vorsteuerabzug sichern und verhindern, dass er während eines noch laufenden Vorsteuerkorrekturzeitraums Nachteile erleidet.

130 **b) Grunderwerbsteuer.** Bei der Übertragung von Grundbesitz im Rahmen eines Asset Deal fällt gemäß § 1 Abs. 1 GrEStG Grunderwerbsteuer an. Hierfür haften Veräußerer und Erwerber gemäß § 13 Nr. 1 GrEStG gesamtschuldnerisch. Vertraglich vereinbaren die Parteien üblicherweise, dass der Erwerber im Innenverhältnis die Grunderwerbsteuer trägt und diese an das Finanzamt abzuführen hat. Die hälftige Übernahme der Grunderwerbsteuer durch den Erwerber erhöht nicht das umsatzsteuerliche Entgelt.

2. Ertragsteuern

131 **a) Körperschaftsteuer.** Gewinne aus der Veräußerung von Assets durch ein inländisches Körperschaftsteuersubjekt (zB inländische Portfolio-GmbH veräußert Assets) sind auf dessen Ebene zu versteuern (15% zzgl. Solidaritätszuschlag, dh 15,825%). Ausländische Körperschaften können mit dem Veräußerungsgewinn im Inland beschränkt steuerpflichtig (§ 2 KStG, § 49 EStG) sein. Das kann nur im Einzelfall beurteilt werden.

[116] BFH Urt. v. 1.8.2002 – V R 17/01, BB 2003, 244.
[117] BFH Urt. v. 24.3.1983 – V R 8/81, BB 1983, 1518ff.; BFH Urt. v. 15.6.1999 – VII R 3/97, BFHE 189, 14ff.
[118] BFH Urt. v. 19.8.2008 – VII R 36/07, BFH/NV 2008, 2081; BFH Urt. v. 31.8.1993 – VII R 69/91, BFHE 173, 1ff.; BFH Beschl. v. 12.4.1994 – VII B 278/93, BFHE 174, 8ff.
[119] Dazu bereits unter → Rn. 98.

b) Gewerbesteuer. Entsprechendes gilt für Zwecke der Gewerbesteuer. Wenn die Assets von einer ausländischen Gesellschaft oder von einer Personengesellschaft veräußert werden, kann unter bestimmten Voraussetzungen – insbesondere inländische Betriebsstätte – ebenfalls Gewerbesteuer ausgelöst sein (Gewerbesteuersatz variabel, zB 15,5 %, s. o.). **132**

c) Einkommensteuer. Sollte im Einzelfall eine (Portfolio-)Personengesellschaft Assets veräußern, ist sie einkommensteuerlich „transparent", dh der Veräußerungsgewinn wird anteilig den Gesellschaftern zugerechnet. Deren Besteuerung richtet sich nach ihren individuellen Merkmalen (va natürliche oder juristische Person, Ansässigkeit im Inland oder im Ausland) und kann nur im Einzelfall präzise bestimmt werden. Gewerbesteuerlich wäre die (gewerblich tätige oder gewerblich geprägte) Personengesellschaft selbst Schuldnerin der Gewerbesteuer. Für den Umfang der Gewerbesteuerpflicht ist wiederum auf die hinter der Personengesellschaft stehenden Gesellschafter abzustellen, § 7 S. 2 GewStG. **133**

III. Secondary Purchase

Die Veräußerung einzelner Beteiligungen im Rahmen des Secondary Purchase erfolgt durch Share Deal. Insofern wird auf die obigen Ausführungen unter 6.1 verwiesen. **134**

IV. Buy Back

Die steuerliche Bewertung des Buy Back richtet sich grundsätzlich nach der steuerlichen Bewertung einer Veräußerung von Geschäftsanteilen (Share Deal). Hierzu wird auf die obigen Ausführungen unter → Rn. 98 ff. verwiesen. **135**

G. Strukturierung des Verkaufsprozesses

I. Phase 1 – Vorbereitung

Grundsätzlich sollte der Verkäufer in der gesamten Phase des *Exit* eng mit der Geschäftsführung der Gesellschaft zusammenarbeiten. Nur so können die Beteiligten einen reibungsarmen und damit ertragreichen Übergang auf den Erwerber erreichen. Durch die Einschaltung professioneller M&A-Berater kann der Verkäufer – häufig erforderliches – externes Spezialwissen integrieren. **136**

Ausgangspunkt für die Wahl der optimalen *Exit*-Variante muss die eigene Analyse und Bewertung der Gesellschaft sein. Hierbei sind Stärken hervorzuheben und Schwächen bzw. Risiken nach Möglichkeit zu beseitigen. **137**

Die durch die interne Analyse gewonnenen Merkmale der Gesellschaft sollte der Verkäufer mit den im Markt nachgefragten Profilen abgleichen. Alle grundsätzlich in Betracht kommenden Käufer setzt der Verkäufer auf eine sog. Long List. **138**

II. Phase 2 – Käuferauswahl

Mit den in Frage kommenden Erwerbern nimmt der Verkäufer Kontakt auf. Der schriftlichen Einladung, möglicherweise durch ein Kurzprofil des Unternehmens ergänzt, sollte er eine Vertraulichkeitsvereinbarung mit der Bitte beifügen, diese bei weiterem Interesse unterschrieben zurückzusenden. **139**

An interessierte potentielle Erwerber versendet der Verkäufer in einem weiteren Schritt ein ausführliches Informationsmemorandum, das sämtliche für die Kaufentscheidung wesentlichen Informationen über das Unternehmen enthält. Auswahl, Aufbereitung und Gewichtung der dargestellten Informationen haben hierbei das erkannte Informationsbedürfnis des potentiellen Erwerbers zu befriedigen. **140**

141 Die mit konkreten Kaufpreisgeboten verbundenen Rückläufe sichtet der Verkäufer und trifft die Auswahl für einen oder mehrere konkrete Käufer, mit denen er in Vertragsverhandlungen eintreten will.

142 Vor Aufnahme konkreter Vertragsverhandlungen tauschen der Verkäufer und der oder die potentiellen Käufer in der Regel einen Letter of Intent[120] aus, also vorvertragliche, regelmäßig rechtlich nicht verbindliche Erklärungen,[121] die sich – ursprünglich aus dem angloamerikanischen Rechtskreis stammend – mittlerweile auch in Deutschland als selbstverständlicher Bestandteil von Unternehmenstransaktionen etabliert haben. Der Letter of Intent stellt regelmäßig eine ohne Rechtsbindungswillen abgegebene Absichtserklärung dar,[122] durch die die beteiligten Parteien ihre Verhandlungspositionen fixieren. Häufig sind in einem Letter of Intent bereits erste Eckpunkte der Transaktion fixiert. Ein Letter of Intent begründet grundsätzlich keine Verpflichtung zur Aufnahme von Vertragsverhandlungen oder zum Abschluss der Transaktion.[123] Dies gilt selbst dann, wenn im Letter of Intent die Bedingungen eines künftigen Vertrages bereits hinreichend konkret umrissen sind.

143 Die Parteien können jedoch in Bezug auf einzelne Punkte einen konkreten Rechtsbindungswillen erkennen lassen, sog. „Vorfeldvereinbarungen".[124] Insbesondere Geheimhaltungsvereinbarungen, die Gewährung von Verhandlungsexklusivität[125] sowie die Regelung von Break-up-Zahlungen (pauschalierter Schadensersatz) haben in einem Letter of Intent in der Regel bindenden Charakter und können Grundlage von Unterlassungs- und Schadensersatzansprüchen sein.[126]

III. Phase 3 – Due Diligence

144 Im Rahmen einer Due Diligence[127] prüft der Käufer – meist durch professionelle Berater – das zu erwerbende Unternehmen unter gewissen Aspekten. Darunter fallen die rechtliche Prüfung (Legal Due Diligence), die steuerliche Prüfung (Tax Due Diligence), die Prüfung der Finanzdaten (Financial Due Diligence) sowie die Prüfung des operativen Geschäfts (Commercial Due Diligence). Im Einzelfall können sich je nach Bedarf konkrete weitere Prüfungen anschließen (zB Environmental Due Diligence, Cultural Due Diligence, Technical Due Diligence).

IV. Phase 4 – Vertragsverhandlungen

145 Grundsätzlich sind die Parteien bis zum endgültigen Vertragsschluss in ihren privatautonomen Entscheidungen über Inhalt und Abschluss des Vertrages frei. Grundsätzlich ist es den Parteien daher unbenommen, begonnene Vertragsverhandlungen abzubrechen.[128] Dies gilt unabhängig davon, ob die andere Seite in Erwartung des Vertragsschlusses bereits Aufwendungen getätigt hat.[129] Gleichwohl entsteht mit der Aufnahme geschäftlicher Kontakte ein vorvertragliches Schuldverhältnis im Sinne von § 241 Abs. 2 iVm § 311 Abs. 2

---

[120] Die Bezeichnungen variieren. Gebräuchlich ist auch Term Sheet, Memorandum of Understanding, etc.

[121] *Ellenberger* in Palandt, Einf. v. § 145 Rn. 18.

[122] *Beisel* in Beisel/Klumpp, Der Unternehmenskauf, 7. Aufl. 2016, § 1 Rn. 83 ff.

[123] *Lutter,* Letter of Intent, S. 19. Gleichwohl kann der Letter of Intent Grundlage für die Begründung vorvertraglicher Nebenpflichten sein. Vgl. hierzu *Picot* in Picot, Rn. 18 S. 35 ff.; sowie unter → Rn. 135.

[124] *Ellenberger* in Palandt, Einf. v. § 145 Rn. 18.

[125] Siehe hierzu allgemein *Fleischer* ZIP 2002, 651 (655 f.).

[126] Die Verwendung der Überschrift „Letter of Intent" ist lediglich als Indiz bei der rechtlichen Bewertung des Parteiwillens gemäß §§ 133, 157 BGB heranzuziehen, schließt jedoch nicht per se einen Rechtsbindungswillen aus.

[127] Hinsichtlich der Einzelheiten einer Due Diligence sei auf §§ 7, 8 und 9 verwiesen.

[128] BGH Urt. v. 22.2.1989 – VIII ZR 4/88, ZIP 1989, 514 (515); BGH Urt. v. 15.1.2001 – II ZR 127/99, DStR 2001, 802 (803); siehe auch *Emmerich* in MüKoBGB, § 311 Rn. 162 ff.

[129] *Grüneberg* in Palandt, 8. Auflage 2019, § 311 Rn. 30.

BGB, aus dem beiden Seiten die gegenseitige Pflicht zur Rücksichtnahme auf die berechtigten Belange des jeweils anderen Verhandlungspartners erwächst.

Vertragsverhandlungen sind ein dynamischer Prozess, in dessen Fortgang das wechselseitige Vertrauensverhältnis in der Regel wächst und sich die vorvertraglichen Pflichten damit sukzessive verdichten.[130] Je intensiver die Vertragsverhandlungen und je konkreter die Verhandlungsergebnisse werden, desto umfangreicher werden die Pflichten der Verhandlungspartner zur gegenseitigen Rücksichtnahme. Eine Schadensersatzpflicht wegen Abbruchs der Vertragsverhandlungen besteht daher, wenn ein Verhandlungspartner bei der Gegenseite zurechenbar das aus deren Sicht berechtigte Vertrauen geweckt hat, der Vertrag werde mit Sicherheit zustande kommen, und sodann die Vertragsverhandlungen ohne triftigen Grund abbricht.[131] Die Rechtsprechung hat einen derartigen, qualifizierten Vertrauenstatbestand unter anderem in den Fällen angenommen, in denen eine Seite den Vertragsschluss als sicher hinstellt,[132] die andere Seite zu Vorleistungen veranlasst hat[133] oder die andere Partei mit der Durchführung des Vertrages bereits begonnen hat.[134] Die Tatsache allein, dass die Parteien Vertragsverhandlungen aufgenommen haben, genügt jedoch nicht.[135] Rechtsfolge des rechtswidrigen Abbruchs der Vertragsverhandlungen ist der Ersatz des Vertrauensschadens (negatives Interesse).[136] Hierunter fällt insbesondere der Ersatz der entstandenen Beraterkosten. 146

V. Phase 5 – Signing und Closing

Während durch das Signing die schuldrechtliche Verpflichtung begründet wird, dient das anschließende Closing der „Lieferung des Vertragsgegenstands“. Die aus dem angloamerikanischen Rechtskreis stammende Institution[137] bezweckt zum einen die dingliche Übertragung der verkauften Geschäftsanteile und zum anderen die Verschaffung der Kontrolle über das Unternehmen. 147

[130] *Picot* in Picot, Rn. 9, S. 33 f.

[131] So hM BGH Urt. v. 17.5.1962 – VII ZR 224/60; BGH WM 1989, 685 (687); BGH Urt. v. 8.2.2001 – 7 U 2238/00, ZIP 2001, 604 (605); *Grüneberg* in Palandt, § 311 Rn. 30 ff.; aA *Bodewig* Jura 2001, 1 (5); *Reinicke/Tiedtke* ZIP 1989, 1093 (1099 f.).

[132] BGH Urt. v. 10.7.1970 – V ZR 159/67, NJW 1970, 1840; BGH Urt. v. 22.2.1989 – VIII ZR 4/88, NJW-RR 1989, 627.

[133] BGH Urt. v. 19.10.1960 – VIII ZR 133/59, NJW 1961, 169; BGH Urt. v. 20.9.1984 – III ZR 47/83, NJW 1985, 1778 (1781).

[134] *Grüneberg* in Palandt, § 311 Rn. 31.

[135] Zu den Besonderheiten formbedürftiger Verträge siehe ua BGH Urt. v. 18.10.1974 – V ZR 17/73, NJW 1975, 43 (44).

[136] Vgl. *Picot*, Rn. 75, S. 50 ff.

[137] Das Erfordernis eines Closing im angloamerikanischen Rechtsraum ist durch die Besonderheiten der dortigen Rechtsordnung begründet und umfasst sämtliche gesondert auszuführenden Rechtshandlungen, die zur Abwicklung des Unternehmensverkaufs erforderlich sind. Im deutschen Rechtsraum hat sich das Closing mittlerweile als gesonderter Abwicklungstermin etabliert, obwohl er in einer Vielzahl von Transaktionen aufgrund der Möglichkeit, die dingliche Übertragung an aufschiebende Bedingungen zu knüpfen, rechtlich nicht zwingend ist.

§ 20 Exit-Option Börsengang

Übersicht

Literaturverzeichnis

Ahrweiler, Sonja/Börner, Christoph J.: Neue Finanzierungswege für den Mittelstand [Finanzierungswege]: Ausgangssituation, Notwendigkeit und Instrumente, in: Kienbaum, Jochen/Börner, Christoph (Hrsg.), Neue Finanzierungswege für den Mittelstand, Wiesbaden 2003, S. 3 ff.

Arbeitskreis zum „Deutsche Telekom III-Urteil" des BGH: Thesen zum Umgang mit dem „Deutsche Telekom III-Urteil" des BGH vom 31.5.2011, NJW 2011, S. 2719 bei künftigen Börsengängen, CFL 2011, 377 ff.

Arnold, Michael/Aubel, Stephan: Einlagenrückgewähr, Prospekthaftung und Konzernrecht bei öffentlichen Angeboten von Aktien, ZGR 2012, 131

Assmann, Heinz-Dieter/Schneider, Uwe H./Mülbert, Peter: Wertpapierhandelsrecht, 7. Auflage, Köln 2019

Assmann, Heinz-Dieter/Schütze, Rolf A. (Hrsg.): Handbuch des Kapitalanlagerechts, München, 4. Auflage, München 2015

Apfelbacher, Gabriele/Metzner, Manuel: Das Wertpapierprospektgesetz in der Praxis – Eine erste Bestandsaufnahme, BKR 2006, 81 ff.
Bronger, Björn /Scherer, Peter: Das neue europäische Prospektrecht – (Geplante) Änderungen und ihre Auswirkungen, WM 2017, S. 460 ff.
Drinhausen, Florian/Eckstein, Hans-Martin (Hrsg.): Beck'sches Handbuch der AG, 3. Auflage, München 2018
Fleischer, Holger: Umplatzierung von Aktien durch öffentliches Angebot (Secondary Public Offering) und verdeckte Einlagenrückgewähr nach § 57 Abs. 1 AktG, ZIP 2007, S. 1969 ff.
Fleischer, Holger/Thaten, Marlen: Einlagenrückgewähr und Übernahme des Prospekthaftungsrisikos durch die Gesellschaft bei der Platzierung von Altaktien, NZG 2011, 1081
Goette, Wulf/ Habersack, Mathias (Hrsg.): Münchener Kommentar zum Aktiengesetz, Band 1 §§ 1–75, 5. Auflage, München 2019
Goette, Wulf/ Habersack, Mathias (Hrsg.): Münchener Kommentar zum Aktiengesetz, Band 6 §§ 329–410, WpÜG, 5. Auflage, München 2019
Graf-Schlicker, Marie Luise: Der Aktionsplan zur Schaffung einer Kapitalmarktunion, ZIP 2016, S 021 ff.
Grunewald, Barbara/ Schlitt, Michael, Einführung in das Kapitalmarktrecht, 3. Auflage, München 2014
Groß, Wolfgang: Kapitalmarktrecht, 6. Auflage, München 2016
Habersack, Mathias/Mülbert, Peter O./Schlitt, Michael: Handbuch der Kapitalmarktinformation, 2. Auflage, München 2013
Habersack, Mathias/Mülbert, Peter O./Schlitt, Michael: Unternehmensfinanzierung am Kapitalmarkt, 4. Auflage, Köln 2019
Herrler, Sebastian/Reymann, Christoph: Die Neuerungen im Aktienrecht durch das ARUG – Unter besonderer Berücksichtigung der Neuregelungen zur Hauptversammlung und zur Kapitalaufbringung bei der AG (Teil 1 und Teil 2), DNotZ 2009, S. 815 ff. und 914 ff.
Heuer, Dennis/Schütt, Jonas: Auf dem Weg zu einer europäischen Kapitalmarktunion, BKR 2016, S. 45 ff.
Hopt, Klaus J.: Die Schaffung einer Kapitalmarktunion in Europa – langwierig und schwierig, aber notwendig, EuZW 2015, S. 289 ff.
Hüffer, Uwe/Koch, Jens (Hrsg.): AktG, Kommentar, 13. Auflage, München 2018
Krämer, Lutz/Gillessen, Benedikt/Kiefner, Alexander: Das „Telekom III"-Urteil des BGH – Risikozuweisungen an der Schnittstelle von Aktien- und Kapitalmarktrecht, CFL 2011, 328 ff.
Lutter, Marcus/Hommelhoff, Peter: GmbH-Gesetz, Kommentar, 19. Auflage, Köln 2016
Lutter, Marcus/Scheffler, Eberhard/Schneider, Uwe H. (Hrsg.): Handbuch der Konzernfinanzierung, Köln 1998
Marsch-Barner, Reinhard/Schäfer, Frank A.: Handbuch börsennotierte AG, 4. Auflage, Köln 2017
Reichert, Jochem: Mitwirkungsrechte und Rechtsschutz der Aktionäre nach Macroton und Gelatine, AG 2005, S. 150 ff.
Rubner, Daniel/Pospiech, Lutz: „Scale" – das neue Marktsegment der Deutsche Börse AG für KMU, NJW-Spezial 2017, S. 143 ff.
Schanz, Kay-Michael: Börseneinführung, 4. Auflage, München 2012
Schäfer, Carsten: Vereinbarungen bei Aktienemissionen, ZGR 2008, S. 455 ff.
Schimansky, Herbert/Bunte, Hermann-Josef/Lwowski, Hans-Jürgen (Hrsg.): Bankrechts-Handbuch, 5. Auflage, München 2017
Schlitt, Michael/Singhof, Bernd/Schäfer, Susanne: Aktuelle Rechtsfragen und neue Entwicklungen im Zusammenhang mit Börsengängen, BKR 2005, S. 251 ff.
Schlitt, Michael: Die neuen Marktsegmente der Frankfurter Wertpapierbörse, AG 2003, S. 57 ff.
Schlitt, Michael/Schäfer, Susanne: Drei Jahre Praxis unter dem Wertpapierprospektgesetz – eine Zwischenbilanz, AG 2008, S. 525 ff.
Schlitt, Michael/Schäfer, Susanne/ Basnage, John M.: Aktuelle rechtliche Entwicklungen und Gestaltungen in der Praxis bei Equity- und Equity-linked-Transaktionen, CFL 2013, S. 49 ff.
Schlitt, Michael/Ries, Christian: Preisbestimmungsverfahren bei Aktienemissionen, Festschrift Schwark, S. 241 ff.
Schulz, Stephan: Die Reform des Europäischen Prospektrechts – Eine Analyse der geplanten Prospektverordnung und ihrer Praxisauswirkungen, WM 2016, S. 1417 ff.
Technau, Konstantin: Rechtsfragen bei der Gestaltung von Übernahmeverträgen („Underwriting -Agreements") im Zusammenhang mit Aktienemissionen, AG 1998, S. 445 ff.
Weitnauer, Manuel: Das neue Börsensegment „Scale" der Deutsche Börse AG: Neue Finanzierungs- und Exit-Möglichkeiten für KMUs?, GWR 2017, S. 235 ff.

A. Einführung

Neben der in § 15 beschriebenen Anteilsveräußerung steht Private-Equity-Investoren als 1
Exit-Option der Weg offen, ihre Anteile an dem Portfoliounternehmen im Rahmen eines Börsengangs *(initial public offering, IPO)* zu veräußern. Unter einem Börsengang versteht

man das erstmalige öffentliche Angebot von Aktien an einer Gesellschaft verbunden mit der erstmaligen Zulassung dieser Aktien zum Handel an einer Börse.[1]

2 Zunächst muss die Gesellschaft eine börsenfähige Rechtsform aufweisen. Deutschen Unternehmen stehen als börsenfähige Rechtsformen die Aktiengesellschaft („AG"), die Kommanditgesellschaft auf Aktien („KGaA") sowie die Europäische Gesellschaft („SE") zur Verfügung (vgl. §§ 32 Abs. 3, 34 BörsG iVm § 5 Abs. 1 BörsZulV). Der IPO eines deutschen Unternehmens kann aber letztlich auch mit Hilfe eines ausländischen IPO-Vehikels erfolgen, etwa wenn aus steuerlichen Gründen über den deutschen Unternehmensträger eine ausländische, insbesondere Luxemburger Holdingkonstruktion errichtet wird und im Anschluss die Anteile dieser Luxemburger Gesellschaft öffentlich angeboten und zum Börsenhandel zugelassen werden.[2]

Jahr	Volumen in Mio. EUR	Anzahl Unternehmen
2008	17,40	3
2009	0	0
2010	510,62	4
2011	144,65	5
2012	1,60	1
2013	296,54	3
2014	6,02	2
2015	159,26	5
2016	1,61	1
2017[3]	209,56	7
2018[4]	389,45	10

Abbildung: Divestments durch IPO (Marktstatistik)[5]

B. Rechtliche Voraussetzungen eines Börsengangs

3 Ein Börsengang im regulierten Markt setzt voraus, dass die in § 32 Abs. 3 BörsG iVm § 34 BörsG iVm §§ 1 ff. BörsZulV genannten Zulassungsvoraussetzungen erfüllt sind.[6] Diese stellen indessen in der Praxis keine hohen Hürden dar.

4 Die Exit-Option „Börsengang" bietet sich insbesondere an, wenn Private-Equity-Investoren nicht nur ihre Anteile an der Gesellschaft veräußern wollen, sondern gleichzeitig auch noch die zukünftige Finanzierung der Gesellschaft sichergestellt werden soll. Wird ein Börsengang – wie in aller Regel – mit einer Kapitalerhöhung verbunden, wird der Gesellschaft nämlich zusätzliches Eigenkapital zugeführt.

5 Ein Börsengang wird als Exit-Option aber vor allem dann in Betracht gezogen, wenn der Private Equity-Investor der Auffassung ist, dass sich die Veräußerung des gesamten Anteils-

[1] *Singhof/Weber* in Habersack/Mülbert/Schlitt, Unternehmensfinanzierung am Kapitalmarkt, § 3 Rn. 3.1; *Meyer* in Marsch-Barner/Schäfer § 7 Rn. 1 und 78; *Schlitt* in Semler/Volhard § 23 Rn. 1 ff.; *Ries/Murr* in Grunewald/Schlitt § 2 I. (S. 21).

[2] So beispielsweise bei IPO der Gagfah S. A. im Jahre 2006 und der SAF HOLLAND S. A. im Jahre 2007.

[3] inkl. Anteilsverkauf *nach* IPO.

[4] inkl. Anteilsverkauf *nach* IPO.

[5] Quelle: Jahresstatistiken des Bundesverbands Deutscher Kapitalbeteiligungsgesellschaften (BVK); abrufbar unter www.bvkap.de/markt/statistiken.

[6] *Schlitt/Singhof/Schäfer* BKR 2005, 251 (255); *Groß* in Marsch-Barner/Schäfer § 9 Rn. 11 ff.; *Ries/Murr* in Grunewald/Schlitt § 2 II.1. (S. 22).

pakets an einen weiteren Finanzinvestor oder strategischen Investor schwierig gestalten könnte. Über einen Börsengang kann nämlich eine breite Streuung des gesamten Anteilspakets erreicht werden. Ein Börsengang erweist sich gegenüber einer Anteilsveräußerung auch als vorteilhaft, wenn Private-Equity-Investoren ihre Beteiligung an der Gesellschaft nicht sofort, sondern gestaffelt in mehreren Tranchen veräußern möchten, um an einer erhofften Wertsteigerung partizipieren zu können.[7] Aufgrund der im Rahmen des Börsengangs erfolgenden Zulassung der Aktien zum Börsenhandel kann eine Sekundärplatzierung weiterer Aktien verhältnismäßig einfach vorgenommen werden.

Dagegen bietet sich ein Börsengang als Exit-Option nicht an, wenn die Anteile sehr kurzfristig, etwa innerhalb weniger Wochen, veräußert werden sollen. Denn die Vorbereitung eines Börsengangs bedarf wegen der Erstellung der erforderlichen Dokumentation (insbesondere des Wertpapierprospekts) und der intensiven Prüfung der Gesellschaft in wirtschaftlicher *(business due diligence)* und rechtlicher *(legal due diligence)* Hinsicht einer meist mehrmonatigen Vorbereitungsphase. 6

Darüber hinaus muss der voraussichtliche Kurswert der zuzulassenden Aktien oder, falls eine Schätzung nicht möglich ist, das Eigenkapital der Gesellschaft iSd § 266 Abs. 3 lit. A HGB mindestens 1.250.000 EUR betragen (vgl. §§ 32 Abs. 3, 34 BörsG iVm § 2 Abs. 1 BörsZulV). Sollte die Gesellschaft über Stückaktien verfügen, muss sich deren Gesamtzahl auf mindestens 10.000 belaufen (vgl. §§ 32 Abs. 3, 34 BörsG iVm § 2 Abs. 3 BörsZulV). Die Erwartungen des Marktes an einer erfolgreichen Platzierung liegen deutlich höher. In der Regel wird ein Emissionsvolumen von mindestens 100 Mio. EUR erwartet. Außerdem muss der Emittent mindestens drei Jahre als Unternehmen (nicht zwangsläufig als AG, KGaA oder SE) bestanden haben, dh er muss eine Geschäftstätigkeit während dieses Zeitraums verfolgt haben, und seine Jahresabschlüsse für die drei dem Zulassungsantrag vorangegangenen Geschäftsjahre entsprechend den hierfür geltenden Vorschriften offengelegt haben (vgl. §§ 32 Abs. 3, 34 BörsG iVm § 3 Abs. 1 BörsZulV).[8] Schließlich müssen die zuzulassenden Aktien ausreichend gestreut sein (§§ 32 Abs. 3, 34 BörsG iVm § 9 Abs. 1 BörsZulV). Dies ist der Fall, wenn grundsätzlich mindestens fünfundzwanzig vom Hundert des Gesamtnennbetrags, bei nennwertlosen Aktien der Stückzahl, der zuzulassenden Aktien vom Publikum erworben worden sind *(free float)*. Bei großvolumigen Emissionen beträgt die Mindestschwelle 10 Prozent. Diesbezüglich ist es ausreichend, dass die ausreichende Streuung über die Einführung an der Börse erreicht werden soll (vgl. § 9 Abs. 2 Nr. 1 BörsZulV). 7

C. Vorbereitung des Börsengangs

I. Dual Track

Es hängt maßgeblich von den Marktverhältnissen ab, ob der Private-Equity-Investor die für ihn günstigsten Preiskonditionen im Rahmen eines Secondary Buy Outs, eines Trade Sales oder eines IPOs erzielen kann. Häufig kann diese Entscheidung erst kurzfristig unter Berücksichtigung der aktuellen Marktkonditionen gefällt werden. Aus diesem Grund gestaltet der Private-Equity-Investor den Ausstiegsprozess in vielen Fällen zweigleisig, indem er sowohl einen Börsengang, als auch einen Verkauf der Anteile im Wege einer M&A-Transaktion vorbereitet. Zum Dual Track im Einzelnen § 21. 8

[7] Ein Beispiel hierfür ist der Börsengang der Demag Cranes AG im Jahre 2006. Im Rahmen des Börsengangs reduzierte ein Private-Equity-Investor seine maßgebliche Beteiligung an der Demag Cranes AG in erheblichem Umfang und veräußerte kurze Zeit nach dem erfolgreichen Börsengang im Rahmen eines Block Trades weitere Aktien der Demag Cranes AG.

[8] Ausnahmen von der Voraussetzung des dreijährigen Bestehens und entsprechender Offenlegung der Jahresabschlüsse können gemäß § 3 Abs. 2 BörsZulV erteilt werden (*Ries/Murr* in Grunewald/Schlitt § 2 II.1 (S. 22 f.)).

II. Börseneinführungsrechte

9 Private-Equity-Investoren lassen sich anlässlich des Erwerbs von Aktien des Portfolio-Unternehmens häufig vertraglich das Recht einräumen, von der Gesellschaft und den übrigen Aktionären bei Eintritt der Börsenreife die Durchführung eines Börsengangs zu verlangen, oder jedenfalls an einem Börsengang mit der eigenen Beteiligung vorrangig teilzunehmen.[9] Ob die Vereinbarung einer Pflicht zur Durchführung eines Börsengangs durchsetzbar ist, dürfte im Hinblick auf den Grundsatz der Verbandsautonomie zweifelhaft sein.[10] Dagegen ist die Vereinbarung einer bevorrechtigten Veräußerung der Aktien des Private-Equity-Investors jedenfalls dann aktienrechtlich zulässig, wenn die anderen Aktionäre damit einverstanden sind.[11]

III. Umwandlung der Gesellschaft

10 Sofern die Gesellschaft, deren Anteile im Wege eines Börsengangs veräußert werden sollen, noch nicht in der Rechtsform einer AG oder KGaA organisiert ist,[12] muss sie zunächst in eine dieser beiden Gesellschaftsformen umgewandelt werden.[13] Häufig erfolgt die Umwandlung im Wege des Formwechsels (§§ 190 ff. UmwG). Für diese Maßnahme ist die Mitwirkung des Private-Equity-Investors erforderlich, da ein Formwechsel einen Beschluss der Anteilsinhaber der Gesellschaft erfordert (§ 193 Abs. 1 UmwG), der – abhängig von der Ausgangsrechtsform und den statutarischen Bestimmungen – mit qualifizierter Mehrheit gefasst werden muss. Anders als bei einem „gewöhnlichen" IPO wird der Formwechsel idR erst kurz vor dem eigentlichen Börsengang umgesetzt, nämlich wenn Klarheit über dessen Durchführung besteht. Selbst wenn der Private-Equity-Investor Alleingesellschafter des Portfoliounternehmens ist, wird sein Einfluss auf die Geschäftsführung des Unternehmens durch einen Formwechsel in eine Aktiengesellschaft bzw. KGaA mediatisiert. Während die Geschäftsführer einer GmbH den Weisungen der Gesellschafterversammlung unterliegen (§ 37 Abs. 1 GmbHG) und nach hM außergewöhnliche Geschäftsführungsmaßnahmen von sich aus der Gesellschafterversammlung zur Zustimmung vorlegen müssen,[14] leiten die Vorstände einer AG die Geschäfte eigenverantwortlich (§ 76 Abs. 1 AktG) und sind weder einem Weisungsrecht der Hauptversammlung noch des Aufsichtsrates ausgesetzt. Der Formwechsel wäre zwar bei einer Nichtverfolgung des Börsengangs durch einen neuerlichen Gesellschafterbeschluss revisibel, jedoch wäre ein doppelter Formwechsel zeit- und kostenaufwändig.

IV. Anpassung der Satzung

11 In vielen Fällen muss die Satzung der Gesellschaft vor dem Börsengang noch an die Erfordernisse des Kapitalmarkts angepasst werden. So wird zuweilen der Unternehmensgegenstand präzisiert, der Anspruch der Aktionäre auf Verbriefung ihrer Anteile ausgeschlossen (§ 10 Abs. 5 AktG), eine von § 60 Abs. 2 S. 3 AktG abweichende Regelung der Gewinnberechtigung festgelegt (§ 60 Abs. 3 AktG) und der Versammlungsleiter ermächtigt, das Frage- und Rederecht der Aktionäre zeitlich angemessen zu beschränken (§ 131 Abs. 2 S. 2 AktG).[15] Häufig werden zudem Regelungen in die Satzung aufgenom-

---

[9] *Singhof/Weber* in Habersack/Mülbert/Schlitt, Unternehmensfinanzierung am Kapitalmarkt, § 3 Rn. 3.58.

[10] *Singhof/Weber* in Habersack/Mülbert/Schlitt, Unternehmensfinanzierung am Kapitalmarkt, § 3 Rn. 3.58.

[11] *Singhof/Weber* in Habersack/Mülbert/Schlitt, Unternehmensfinanzierung am Kapitalmarkt, § 3 Rn. 3.58.

[12] Die Gründung einer SE im Wege des Formwechsels steht gemäß Art. 2 Abs. 4 SE-VO und Art. 37 SE-VO nur AGs und REIT-AGs offen.

[13] *Ries/Murr* in Grunewald/Schlitt § 2 II.2.a) (S. 23).

[14] BGH Urt. v. 5.12.1983 – II ZR 56/82, NJW 1984, 1461 (1462); OLG Karlsruhe Urt. v. 4.5.1999 – 8 U 153/97, NZG 2000, 264 (267); *Kleindiek* in Lutter/Hommelhoff § 37 Rn. 10.

[15] Vgl. dazu *Singhof/Weber* in Habersack/Mülbert/Schlitt, Unternehmensfinanzierung am Kapitalmarkt, § 3 Rn. 3.10 f.; *Ries/Murr* in Grunewald/Schlitt § 2 II.2.c) (S. 24).

men, die die Durchführung von Aufsichtsratssitzungen im Wege von Video- und Telefonkonferenzen auch bei Widerspruch eines oder mehrerer ihrer Mitglieder gegen ein solches Verfahren gestatten (§ 108 Abs. 4 AktG) und die die Übertragung einer Hauptversammlung in Ton und Bild zulassen (§ 118 Abs. 4 AktG).[16] Außerdem wird verbreitet eine Regelung in die Satzung aufgenommen, die die Übermittlung von Informationen an die Aktionäre im Rahmen der gesetzlich zulässigen auch im Wege der Datenfernübertragung gestattet (§ 49 Abs. 3 Nr. 1 WpHG).[17] Zudem werden häufig Anpassungen der Satzung bzw. der Geschäftsordnungen von Vorstand und Aufsichtsrat vorgenommen, um den Empfehlungen des Deutschen Corporate Governance Kodex zu entsprechen.[18]

Schließlich sollte vor einem Börsengang geprüft werden, ob von den Möglichkeiten zum Einsatz von modernen Kommunikations- und Informationsmitteln Gebrauch gemacht werden soll, die durch das Gesetz zur Umsetzung der Aktionärsrichtlinie (ARUG)[19] eröffnet worden sind. So kann die Satzung der Gesellschaft beispielsweise eine Online-Teilnahme der Aktionäre an der Hauptversammlung ermöglichen (§ 118 Abs. 1 S. 2 AktG), den Aktionären die Stimmabgabe in schriftlicher Form oder im Wege elektronischer Kommunikation (Briefwahl) gestatten (§ 118 Abs. 2 AktG) oder das Formerfordernis hinsichtlich der Erteilung einer Stimmrechtsvollmacht (seit dem Inkrafttreten des ARUG nur noch Textform gemäß § 126b BGB) weiter erleichtern (§ 134 Abs. 3 S. 3 AktG).[20] **12**

V. Auswahl der Konsortialbanken

Der Exit über einen Börsengang erfordert die Einbindung einer oder mehrerer Konsortialbanken, da eine Zulassung der Aktien vom Emittenten ausschließlich zusammen mit einem Kreditinstitut, Finanzdienstleistungsinstitut oder einem nach § 53 Abs. 1 S. 1 oder § 53b Abs. 1 S. 1 KWG tätigen Unternehmen beantragt werden kann (§ 32 Abs. 2 BörsG). Darüber hinaus ist die Unterstützung durch die Konsortialbanken hinsichtlich vieler anderer im Rahmen eines Börsengangs zu vollziehender Schritte erforderlich: So beraten die Konsortialbanken den Emittenten und den Private-Equity-Investor ua in finanziellen und strategischen Aspekten des Börsengangs, bei der Entwicklung der sog. Equity Story, bei der Erstellung des Wertpapierprospekts, bei der Begleitung des Prospektbilligungsverfahrens, bei der Strukturierung sowie der Organisation der Aktienplatzierung und der Zuteilung der Aktien an die Investoren, ggf. bei der Implementierung eines Mitarbeiterbeteiligungsprogramms und hinsichtlich der zu ergreifenden Marketingmaßnahmen. Daneben unterbreiten sie der Gesellschaft und dem Private Equity-Investor einen Vorschlag, welche Investoren im Rahmen des Börsengangs angesprochen werden sollen, erarbeiten eine detaillierte, im Rahmen des Vorbereitungsprozesses regelmäßig zu aktualisierende Unternehmensbewertung, bereiten die Roadshow vor, betreuen das Bookbuilding-Verfahren und fungieren im Anschluss an die Transaktion als Stabilisierungsmanager. Führt der Emittent im Rahmen des Börsengangs – wie meist – eine Kapitalerhöhung durch, so zeichnen eine oder mehrere Konsortialbanken die neuen Aktien. Eine Zeichnung der neuen Aktien unmittelbar durch jeden einzelnen Investor wäre bei einem Börsengang praktisch unmöglich.[21] **13**

Da der Auswahl der Konsortialbanken demnach eine entscheidende Bedeutung für den späteren Erfolg des Börsengangs zukommt, schaltet sich der Private-Equity-Investor regel- **14**

[16] *Singhof/Weber* in Habersack/Mülbert/Schlitt, Unternehmensfinanzierung am Kapitalmarkt, § 3 Rn. 3.11; *Ries/Murr* in Grunewald/Schlitt § 2 II.2.c) (S. 24).
[17] *Singhof/Weber* in Habersack/Mülbert/Schlitt, Unternehmensfinanzierung am Kapitalmarkt, § 3 Rn. 3.0.
[18] *Singhof/Weber* in Habersack/Mülbert/Schlitt, Unternehmensfinanzierung am Kapitalmarkt, § 3 Rn. 3.12; *Ries/Murr* in Grunewald/Schlitt § 2 II.2.c) (S. 24).
[19] BGBl. 2009 I S. 2479.
[20] vgl. zu den Änderungen durch das ARUG im Einzelnen *Herrler/Reymann* DNotZ 2009, 815 ff. (914 ff.).
[21] *Ries/Murr* in Grunewald/Schlitt § 2 II. 3. (S. 25).

mäßig aktiv in den Auswahlprozess ein und selektiert mit der Gesellschaft die für die Platzierung geeignetsten Kreditinstitute. In der Praxis erfolgt die Auswahl der Konsortialbanken in aller Regel im Rahmen eines sog. „Beauty Contests". In dessen Verlauf laden die Gesellschaft und der Private-Equity-Investor einige Banken ein und fordern diese auf, die Einschätzung des Private-Equity-Investors und des Managements über die Börsenreife der Gesellschaft zu bestätigen, Indikationen für die Bewertung der Gesellschaft zu unterbreiten, den Ablauf des geplanten Börsengangs vorzustellen, Ausführungen über ihre Erfahrungen auf dem Gebiet von Börsengängen und ihre jeweilige Platzierungskraft zu machen und die geplante Kapitalmarktbetreuung im Anschluss an den geplanten Börsengang darzulegen.[22] Neben der oder den konsortialführenden Banken, die häufig eine Platzierungsquote von 60 –80 % des Gesamtvolumens übernehmen, werden idR – zumeist in einem späteren Transaktionsstadium – weitere Konsortialbanken[23] benannt, die lediglich eine geringere Quote übernehmen und eine untergeordnete Rolle in der Planung und Durchführung des Börsengangs übernehmen.[24]

VI. Due Diligence

15 Wesentliches Element des Transaktionsprozesses ist die so genannte Due Diligence.[25] Im Rahmen der Due Diligence wird von den emissionsbegleitenden Banken, ihren Rechtsberatern und den Rechtsberatern des Emittenten geprüft, ob der Emittent die erforderliche Kapitalmarktreife aufweist.[26] Durch diese Prüfung soll der Eintritt von Reputationsschäden vermieden werden, die entstehen würden, wenn die Banken ungeeignete Gesellschaften an die Börse führten. Zudem hilft den Konsortialbanken die Durchführung einer Due Diligence, bei möglichen späteren Prospekthaftungsklagen den Nachweis zu erbringen, nicht grob fahrlässig gehandelt zu haben (sog. *due diligence defense*), um eine Prospekthaftung zu vermeiden (vgl. § 12 Abs. 1 WpPG). Gegenstand der Due Diligence sind insbesondere die gesellschaftsrechtliche Historie, zwischen den Aktionären bestehende Stimmbindungsverträge, etwaige Vereinbarungen über Belastungen oder Verfügungsbeschränkungen der Aktien, die Protokolle der Vorstands- und Aufsichtsratssitzungen, die wichtigsten Verträge mit seinen Banken, seinen Zulieferern und seinen Kunden, seine öffentlich-rechtlichen Genehmigungen und gewerblichen Schutzrechte, die Anstellungsverträge der Vorstandsmitglieder, Informationen über die wichtigsten Rechtsstreitigkeiten des Emittenten und seine Subventionen, die Jahres- und ggf. Konzernabschlüsse des Emittenten mit den dazugehörigen Prüfungsberichten der Wirtschaftsprüfer, die Finanzplanung des Emittenten für die nächsten Jahre sowie weitere Dokumente, die Aufschluss über seine finanzielle Situation geben. Daneben erstreckt sich die Due Diligence auch auf die entsprechenden Dokumente der (wesentlichen) Tochtergesellschaften des Emittenten. Während die Aufgabe der Rechtsberater des Emittenten und der Banken darin besteht, die Dokumente in rechtlicher Hinsicht zu prüfen und die Vertreter der Banken die Unterlagen mit finanziellem Hintergrund durchsehen, sind der Private-Equity-Investor und sein Rechtsberater nur am Rand in die Due Diligence involviert. So muss der Private-Equity-Investor bestimmte, sein Verhältnis zur Gesellschaft betreffende Unterlagen herausgeben und für Rückfragen zur Verfügung stehen. Zuweilen werden er bzw. sein Rechtsberater konsultiert, ob etwaige im

[22] *Meyer* in Marsch-Barner/Schäfer § 8 Rn. 17; *Singhof/Weber* in Habersack/Mülbert/Schlitt, Unternehmensfinanzierung am Kapitalmarkt, § 3 Rn. 3.26; *Ries/Murr* in Grunewald/Schlitt § 2 II.3. (S. 25); *Rudolf* in Habersack/Mülbert/Schlitt, Kapitalmarktinformation, § 1 Rn. 8 f.

[23] Zwischen den Konsortialbanken wird idR ein Konsortialvertrag (agreement among underwriters) geschlossen; siehe dazu *S. Schäfer* in Grunewald/Schlitt § 9.

[24] *Singhof/Weber* in Habersack/Mülbert/Schlitt, Unternehmensfinanzierung am Kapitalmarkt, § 3 Rn. 3.27; *Ries/Murr* in Grunewald/Schlitt § 2 II.3. (S. 25).

[25] *Meyer* in Marsch-Barner/Schäfer § 8 Rn. 21 sowie *Krämer/Gillessen* in Marsch-Barner/Schäfer § 10; *Singhof/Weber* in Habersack/Mülbert/Schlitt, Unternehmensfinanzierung am Kapitalmarkt, § 3 Rn. 3.3; siehe zur Due Diligence ausführlich *Ponick* in Grunewald/Schlitt § 12 III. (S. 233 f.).

[26] *Ries/Murr* in Grunewald/Schlitt § 2 II.4. (S. 25 f.).

Rahmen der Due Diligence festgestellten Mängel fundiert und ob die ggf. zu deren Heilung vorgeschlagenen Maßnahmen erforderlich und zielführend sind, da Heilungsmaßnahmen häufig zeitintensiv sind und mithin Auswirkungen auf den Zeitplan der Transaktion haben können.

VII. Emissionskonzept

1. Börsenzulassung

Im Rahmen der Erstellung des Emissionskonzepts muss sich der Private-Equity-Investor gemeinsam mit der Gesellschaft und der Bank darüber einigen, für welche Börsenplätze und für welches Teilsegment die Zulassung der Aktien beantragt werden soll.[27] In Deutschland gibt es insgesamt sieben[28] Wertpapierbörsen, wobei der Frankfurter Wertpapierbörse (FWB) die mit weitem Abstand größte Bedeutung zukommt.[29] Neben der Zulassung an der FWB dürfte eine ergänzende Zulassung an einer der übrigen sechs Regionalbörsen nur dann in Betracht gezogen werden, wenn die Gesellschaft einen starken regionalen Bezug aufweist.[30] An der FWB existieren mit dem General Standard und dem Prime Standard innerhalb des regulierten Marktes zwei Teilsegmente, die sich hinsichtlich der Zulassungsfolgepflichten unterscheiden.[31] Wegen der geringeren Zulassungsfolgepflichten und den mithin geringeren Kosten der Aufrechterhaltung der Zulassung ist der General Standard grundsätzlich auf kleinere und mittlere Unternehmen ausgerichtet, die hauptsächlich nationale Investoren ansprechen, während für größere Unternehmen der Prime Standard idR das geeignete Segment ist, da er hinsichtlich der Transparenzpflichten den Anforderungen der internationalen Kapitalmärkte und damit den Anforderungen internationaler Investoren entspricht.[32] Für die Portfoliounternehmen eines Private-Equity-Investors dürfte idR nur die Zulassung zum Prime Standard in Frage kommen. **16**

Im regulierten Markt muss sich der Antrag auf Zulassung grundsätzlich auf alle Aktien derselben Gattung beziehen (§ 7 Abs. 1 BörsZulV). Dies werden in aller Regel sämtliche Aktien des Emittenten sein, es sei denn, der Emittent verfügt ausnahmsweise über Stamm- und Vorzugsaktien (§ 11 AktG); in diesem Fall reicht die Zulassung einer Gattung aus. **17**

Neben einem „regulären" Börsengang besteht die Möglichkeit, das öffentliche Angebot von Aktien mit einer Einbeziehung der Aktien des Emittenten in das Börsensegment Scale zu verbinden. Scale ist ein im März 2017 eröffneter Teilbereich des Freiverkehrs (Open Market) und ersetzt das bisherige Marktsegment Entry Standard an der FWB.[33] Zu beachten ist, dass die Transparenzanforderungen der Marktmissbrauchsverordnung[34] (zB Ad-Hoc-Publizitätspflicht, Directors Dealings; vgl. dazu noch unten unter → F anders als nach früherer Rechtslage zu Zeiten des Entry Standards nunmehr auch für den Freiverkehr und **18**

[27] Zur Auswahl des Börsenplatzes und des Marktsegments im Einzelnen *Harrer* in Beck'sches Handbuch der AG § 20 Rn. 10 ff.; *Ries/Murr* in Grunewald/Schlitt § 2 II.5.b) (S. 27 f.).

[28] Die sieben Wertpapierbörsen sind die Wertpapierbörsen von Frankfurt, Stuttgart, Düsseldorf, Berlin-Bremen, München, Hamburg und Hannover.

[29] *Meyer* in Marsch-Barner/Schäfer § 7 Rn. 41; *Singhof/Weber* in Habersack/Mülbert/Schlitt, Unternehmensfinanzierung am Kapitalmarkt, § 3 Rn. 3.28; *Ries/Murr* in Grunewald/Schlitt § 2 II.5.b) (S. 27).

[30] *Meyer* in Marsch-Barner/Schäfer § 7 Rn. 42 weist darauf hin, dass für mittelständische Emittenten eine Notierung an einer Regionalbörse den Vorteil größerer Visibilität bei Anlegern aus der Region biete; *Ries/Murr* in Grunewald/Schlitt § 2 II.5.b) (S. 27).

[31] Die Unterschiede sind allerdings seit Einführung der MarktmissbrauchsVO und des erweiterten Anwendungsbereichs der MarktmissbrauchsVO auch auf Emittenten im Freiverkehr nicht mehr so groß.

[32] *Meyer* in Marsch-Barner/Schäfer § 7 Rn. 50 f.; *Singhof/Weber* in Habersack/Mülbert/Schlitt, Unternehmensfinanzierung am Kapitalmarkt, § 3 Rn. 3.28; *Ries/Murr* in Grunewald/Schlitt § 2 II.5.b) (S. 25 f.); zu den Marktsegmenten an der FWB bereits *Schlitt* AG 2003, 57 ff.

[33] Vgl. zu Scale *Rubner/Pospiech* NJW-Spezial 2017, 143; *Weitnauer* GWR 2017, 235.

[34] Verordnung (EU) Nr. 596/2014 des Europäischen Parlaments und des Rates vom 16.4.2014 über Marktmissbrauch (Marktmissbrauchsverordnung) und zur Aufhebung der Richtlinie 2003/6/EG des Europäischen Parlaments und des Rates und der Richtlinien 2003/124/EG, 2003/125/EG und 2004/72/EG der Kommission.

somit auch für Scale gelten. Ein Börsengang in Scale ist insbesondere dann als mögliche Gestaltungsalternative zu einem „regulären" Börsengang in Betracht zu ziehen, wenn der Emittent seine Jahresabschlüsse weiterhin nach HGB und nicht nach IFRS erstellen möchte. Bei einem „Börsengang" in Scale besteht nämlich keine Pflicht zur Aufnahme von IFRS-Jahresabschlüssen in den Wertpapierprospekt (vgl. § 17 Abs. 3 c) AGB der Deutschen Börse AG für den Freiverkehr an den FWB; Stand 2.1.2019).

19 Weitere wesentliche Erleichterungen ergeben sich bei einem „Börsengang" in Scale nicht. Insbesondere ist der Dokumentationsaufwand bei einem solchen Börsengang nicht geringer als bei einem im regulierten Markt. Denn der Wertpapierprospekt, der im Falle eines „Börsengangs" in Scale nach Art. 3 ProspektVO erstellt werden muss, weil die Aktien des Emittenten öffentlich angeboten werden, muss inhaltlich fast vollständig einem solchen Wertpapierprospekt entsprechen, der für Zwecke der Zulassung von Aktien zum regulierten Markt angefertigt wird. Die inhaltlichen Vorgaben des WpPG und der ProspektVO differenzieren nicht danach, ob der Wertpapierprospekt für Zwecke eines öffentlichen Angebots oder für eine Zulassung zum regulierten Markt erstellt wird.[35]

20 In besonders gelagerten Fällen werden die Aktien zusätzlich an einer anderen Börse zugelassen *(Dual Listing)*[36], etwa der New York Stock Exchange,[37] da man sich davon einen besseren Zugang zu ausländischen, vor allem US-amerikanischen Investoren, verspricht. Die nicht unbeträchtlichen Kosten für die Aufrechterhaltung der Börsenzulassung sowie die gesteigerten Haftungsrisiken haben den Enthusiasmus für Dual Listings in der jüngeren Vergangenheit stark gedämpft. Im Gegenteil haben viele Gesellschaften ihr Dual Listing aufgegeben, zumal Erleichterungen für ein Delisting in den USA geschaffen wurden. Ein Dual Listing kommt insbesondere in Betracht, wenn davon auszugehen ist, dass zumindest ein großer Teil der Investoren tatsächlich in diesem Land ansässig ist oder ein Börsengang im Ausland eine bessere Bewertung der Aktien verspricht und damit die zusätzlichen Kosten gerechtfertigt sind.[38] Als Alternative zu einem Dual Listing in den USA bieten sich sog. *American Depositary Receipts* (ADRs) an.[39] ADRs sind von einer Depotbank *(Despositary)* ausgegebene Wertpapiere, die Aktien oder Bruchteile von Aktien eines nicht-US-amerikanischen Emittenten repräsentieren, welche die Depotbank bei einer Hinterlegungsbank *(Custodian)* im Heimatland hinterlegt hat. Der Vorteil von ADRs aus Sicht des Emittenten liegt unter anderem darin, dass er kein Zulassungsverfahren in den USA durchlaufen muss.

2. Öffentliches Angebot von Aktien

21 Im Zuge des Exit-IPO können entweder ausschließlich bereits existierende Aktien oder sowohl existierende als auch neue Aktien öffentlich angeboten werden.[40] Bei einem Exit-Szenario wird häufig die zuletzt genannte Variante gewählt.[41] Das ausschließliche Angebot von Altaktien wird vom Kapitalmarkt meistens nicht in gleicher Weise positiv aufgenommen, da die gesamten Erlöse ausschließlich den veräußernden Aktionären zugutekommen, während dem Börsenkandidaten selbst keine neuen Finanzmittel zufließen, was die Kommunikation einer Wachstumsstory erschwert.[42] Dagegen wird ein Emissionskonzept, das den bisherigen Gesellschaftern die Möglichkeit zum jedenfalls teilweisen „Ausstieg" bietet,

---

[35] *Schlitt/Schäfer* AG 2008, 525 (526).
[36] *Technau* AG 1998, 445 (445); *Ries/Murr* in Grunewald/Schlitt § 2 II.5.b) (S. 27 f.).
[37] Vgl. zu den Voraussetzungen der Zulassung von Aktien einer deutschen Aktiengesellschaft an einer US-amerikanischen Börse, *Harrer* in Beck'sches Handbuch der AG § 20 Rn. 72 ff., 350 ff.; *Ries/Murr* in Grunewald/Schlitt § 2 II.5.b) (S. 27 f.).
[38] Vgl. zu alledem *Singhof/Weber* in Habersack/Mülbert/Schlitt, Unternehmensfinanzierung am Kapitalmarkt, § 3 Rn. 3.29; *Ries/Murr* in Grunewald/Schlitt § 2 II.5.b) (S. 28).
[39] Vgl. zu ADRs: *Werlen/Sulzer* in Habersack/Mülbert/Schlitt, Unternehmensfinanzierung am Kapitalmarkt, § 45 Rn. 45.194 ff.; *Strauch* in Marsch-Barner/Schäfer § 11 Rn. 35 ff.
[40] *Ries/Murr* in Grunewald/Schlitt § 2 II.5.c) (S. 28).
[41] *Singhof/Weber* in Habersack/Mülbert/Schlitt, Unternehmensfinanzierung am Kapitalmarkt, § 3 Rn. 3.32; vgl. auch *Ries/Murr* in Grunewald/Schlitt § 2 II.5.c) (S. 28).
[42] *Ries/Murr* in Grunewald/Schlitt § 2 II.5.c) (S. 28).

von den Investoren grundsätzlich positiv aufgenommen, solange im Rahmen des öffentlichen Angebots die Zahl der neuen Aktien die der bereits existierenden angebotenen Aktien nicht wesentlich unterschreitet. Bei Private-Equity-Investoren wird häufig allerdings auch eine bloße Umplatzierung alter Aktien akzeptiert, da der Anlagehorizont von Private-Equity-Investoren in der Regel begrenzt ist und Investoren daher einen Exit als nicht ungewöhnlich ansehen.

Für die Schaffung der neuen Aktien stehen dem Emittenten entweder eine ordentliche Kapitalerhöhung nach den §§ 182 ff. AktG oder eine Kapitalerhöhung aus genehmigtem Kapital nach §§ 202 ff. AktG zur Verfügung.[43] Bei großem Kapitalbedarf kann dem Emittenten der Weg über eine Kapitalerhöhung aus genehmigtem Kapital wegen der Volumenbegrenzung auf 50 % des Grundkapitals verschlossen sein (§ 202 Abs. 3 S. 1 AktG). Um neuen Investoren Aktien zur Verfügung stellen zu können, muss das dem Private-Equity-Investor als bisherigem Aktionär von Gesetzes wegen (§ 186 AktG bzw. § 203 Abs. 1 S. 1 AktG iVm § 186 AktG) zustehende Bezugsrecht ausgeschlossen werden oder er muss auf sein Bezugsrecht verzichten. Gibt es weitere Aktionäre, so ist auch deren Verzicht auf das Bezugsrecht erforderlich. Ein für einen Ausschluss des Bezugsrechts erforderlicher sachlicher Grund kann nach verbreiteter Meinung in der Börseneinführung der Aktien des Emittenten liegen.[44] Haben der Private-Equity-Investor und ggf. alle weiteren Altaktionäre sich zu einem Verzicht auf ihr Bezugsrecht bereit erklärt, ist eine sachliche Rechtfertigung des Bezugsrechtsausschlusses entbehrlich.[45] 22

3. Emissionsvolumen

Das Emissionsvolumen ist so festzulegen, dass nach Durchführung des Börsengangs grundsätzlich mindestens 25 % der Aktien vom Publikum gehalten werden (§ 9 BörsZulV; siehe dazu bereits oben unter B. Weitere Entscheidungsparameter bei der Bemessung des Emissionsvolumens sind ferner, wie viele Aktien die Private-Equity-Investoren im Zuge des Börsengangs veräußern und welchen Einfluss sie auf den Emittenten behalten wollen. Schließlich ist das Volumen einer etwaigen Kapitalerhöhung eng auf den Finanzbedarf des Emittenten zuzuschneiden. 23

D. Dokumentation

I. Wertpapierprospekt

Im Zuge der Vorbereitung des Börsengangs erstellt der Emittent mit Unterstützung der Konsortialbanken einen Wertpapierprospekt, der von der Bundesanstalt für Finanzdienstleistungsaufsicht („BaFin") zu billigen und von der Gesellschaft zu veröffentlichen ist. Die Federführung bei der Prospektvorbereitung liegt dabei idR beim Anwalt des Emittenten *(issuer's counsel)*. 24

1. Prospekterfordernis

Ein Wertpapierprospekt ist nämlich zu veröffentlichen, wenn Wertpapiere – wozu gemäß § 2 Nr. 1 lit. a) ProspektVO WpPG iVm Art. 2 ua Aktien zählen – im Inland öffentlich angeboten werden (Art. 3 ProspektVO).[46] Nach der gesetzlichen Legaldefinition des § 2 25

[43] *Ries/Murr* in Grunewald/Schlitt § 2 II.5.c) (S. 28 f.).

[44] Hüffer/*Koch*, Aktiengesetz, § 186 Rn. 31; *Harrer* in Beck'sches Handbuch der AG § 20 Rn. 218; *Ries/Murr* in Grunewald/Schlitt § 2 II.5.c) (S. 29). Vgl. zur sachlichen Rechtfertigung eines Bezugsrechtsausschlusses zur Einführung von Aktien der Gesellschaft an einer ausländischen Börse BGH Urt. v. 7.3.1994 – II ZR 52/93, BGHZ 125, 239 (242 ff.).

[45] Hüffer/*Koch*, Aktiengesetz, § 186 Rn. 25; *Ries/Murr* in Grunewald/Schlitt § 2 II.5.c) (S. 29).

[46] Die Vorschriften über Wertpapierprospekte werden im Zuge der Schaffung einer europäischen Kapitalmarktunion reformiert. Die bisherige Prospektrichtlinie (auf der das WpPG basiert) wurde durch eine

Nr. 4 WpPG ist unter einem öffentlichen Angebot von Wertpapieren eine Mitteilung an das Publikum in jedweder Form und auf jedwede Art und Weise zu verstehen, die ausreichende Informationen über die Angebotsbedingungen und die anzubietenden Wertpapiere enthält, um einen Anleger in die Lage zu versetzen, über den Kauf oder die Zeichnung dieser Wertpapiere zu entscheiden. Die Pflicht zur Veröffentlichung eines Wertpapierprospekts besteht zusätzlich dann, wenn Wertpapiere im Inland zum Handel an einem organisierten Markt zugelassen werden sollen (Art. 3 Abs. 3 ProspektVO). Für die Zulassung und das öffentliche Angebot wird ein einheitlicher Wertpapierprospekt erstellt.

2. Prospektinhalt

26 Ein Wertpapierprospekt muss eine Zusammenfassung enthalten, die die Schlüsselinformationen und Warnhinweise zu enthalten hat (Art. 7 ProspektVO). Die Schlüsselinformationen umfassen in kurzer und allgemein verständlicher Sprache unter Berücksichtigung des jeweiligen Angebots und der jeweiligen Wertpapiere eine kurze Beschreibung der Risiken und wesentlichen Merkmale des Emittenten sowie der mit der Anlage in das betreffende Wertpapier verbundenen Risiken und der wesentlichen Merkmale dieser Anlage und die allgemeinen Bedingungen des Angebots einschließlich einer Schätzung der Kosten, die dem Anleger in Rechnung gestellt werden sowie Einzelheiten der Zulassung zum Handel und Gründe für das Angebot und die Verwendung der Erlöse (vgl. im Einzelnen Art. 7 ProspektVO). Diese Zusammenfassung darf nicht mehr als sieben DIN A-4-Seiten umfassen (Art. 7 Abs. 3 ProspektVO). Neben der Nennung der wesentlichen Merkmale und der Risikofaktoren hat die Zusammenfassung spezifische Warnhinweise zu enthalten (Art. 7 Abs. 5 UAbs. 2 ProspektVO). So muss in der Zusammenfassung ua der Hinweis enthalten sein, dass der Anleger jede Entscheidung zur Anlage in die Aktien auf die Prüfung des gesamten Wertpapierprospekts stützen und sich nicht mit der Lektüre der Zusammenfassung zufrieden geben sollte. Insgesamt gelten nach der ProspektVO die Grundsätze der Vollständigkeit, Objektivität und Klarheit (Art. 6 Abs. 1 und 2 sowie Erwägungsgrund 27 ProspektVO), die bei der Prospekterstellung stets zu beachten sind. Ein Prospekt muss in leicht zu analysierender, knapper und verständlicher Form alle Informationen enthalten, die für den Anleger wesentlich sind, um sich ein fundiertes Urteil bilden zu können (Art. 6 Abs. 1 und 2 ProspektVO). Der Anleger soll sich insbesondere ein fundiertes Urteil bilden können über (a) die Vermögenswerte und Verbindlichkeiten, die Gewinne und Verluste, die Finanzlage und die Aussichten des Emittenten, (b) die mit den Wertpapieren verbundenen Rechte, und (c) die Gründe für die Emission und ihre Auswirkungen auf den Emittenten (Art. 6 Abs. 1 UAbs. 1 lit a) – c) ProspektVO). Diese Informationen können sich je nach Art des Emittenten bzw. der Wertpapiere und der Lage des Emittenten unterscheiden (Art. 6 Abs. 1 UAbs. 2 lit a) – c) ProspektVO). Inhaltlich weiter konkretisiert werden diese Vorgaben im Wesentlichen durch zwei delegierte Verordnungen der europäischen Kommission (2019/979[47] und

---

Prospektverordnung (Verordnung (EU) 2017/1129 des Europäischen Parlaments und des Rates vom 14.6.2017 über den Prospekt, der beim öffentlichen Angebot von Wertpapieren oder bei deren Zulassung zum Handel an einem geregelten Markt zu veröffentlichen ist und zur Aufhebung der Richtlinie 2003/ 71/ EG; vgl. dazu *Bronger/Scherer* WM 2017, 460; *Schulz* WM 2016, 1417) ersetzt, die im Wesentlichen ab 21.7.2019 in allen Mitgliedstaaten gilt. Die neue ProspektVO gilt zwar unmittelbar und bedarf keines nationalen Umsetzungsaktes mehr, allerdings musste der deutsche Gesetzgeber unter anderem weitreichende Änderungen des WpPG vornehmen (Vgl. zu den notwendigen Anpassungen im WpPG die einzelnen Kommentierungen in Assmann/Schlitt/von Kopp-Colomb, WpPG/VermAnlG (jeweils unter „Ausblick“)).

[47] Delegierte Verordnung (EU) 2019/979 der Kommission vom 14.3.2019 zur Ergänzung der Verordnung (EU) 2017/1129 des Europäischen Parlaments und des Rates durch technische Regulierungsstandards für wesentliche Finanzinformationen in der Zusammenfassung des Prospekts, die Veröffentlichung und Klassifizierung von Prospekten, die Werbung für Wertpapiere, Nachträge zum Prospekt und das Notifizie-

2019/980[48]) sowie den ESMA Final Report under the prospectus regulation vom 28.3.2018. Danach muss ein Wertpapierprospekt bei einem Börsengang unter anderem folgende Informationen enthalten: Risikofaktoren; Angaben zum Emittenten; Überblick über die Geschäftstätigkeit des Emittenten; Organisationsstruktur; Angaben zur Geschäfts- und Finanzlage; Eigenkapitalausstattung; Regelungsumfeld; Trendinformationen; Gewinnprognosen oder –schätzungen; Verwaltungs-, Leitungs- und Aufsichtsorgan sowie oberes Management; Vergütungen und sonstige Leistungen an vorgenannte Personen; Praktiken des Leitungsorgans; Beschäftigte; Hauptaktionäre; Geschäfte mit verbundenen Parteien; Finanzinformationen über die Vermögens-, Finanz- und Ertragslage; Informationen zu den Aktien sowie wesentliche Verträge des Emittenten.[49]

Bei einem Exit-IPO muss daher ua dargelegt werden, in welchem Umfang der Private-Equity-Investor an der Gesellschaft beteiligt ist und wie viele seiner Altaktien der Private-Equity-Investor nicht im Zuge des Börsengangs veräußern möchte. Außerdem ist klarzustellen, dass der Nettoerlös aus der Veräußerung der Altaktien nicht der Gesellschaft, sondern vollständig dem Private-Equity-Investor zufließt. Erwarb der Private-Equity-Investor die Altaktien innerhalb eines Jahres vor dem Börsengang, sind wesentliche Abweichungen zwischen dem Erwerbspreis und dem Angebotspreis offen zu legen (Ziffer 5.3.4 des Anhangs III der ProspektVO). Rechtsgeschäfte zwischen den Emittenten und dem Private-Equity-Investor können unter gewissen Voraussetzungen als Geschäfte mit nahe stehenden Personen einzustufen und damit offenlegungspflichtig sein. **27**

3. Prospektsprache

Der Wertpapierprospekt eines deutschen Aktienemittenten ist im Regelfall in deutscher Sprache zu erstellen (§ 21 Abs. 1 WpPG). Werden die Anteile an der operativen deutschen Gesellschaft, etwa aus steuerlichen Gründen, zunächst an eine ausländische (zB luxemburgische), Holding-Gesellschaft übertragen und deren Aktien sodann an der Börse zugelassen, erfolgt die Billigung des Wertpapierprospekts durch die Behörde am Sitz der Holding-Gesellschaft, so dass er in der jeweiligen Landessprache bzw., so zB in Luxemburg, in englischer Sprache abgefasst sein kann. **28**

Auch die für deutsche Aktienemittenten zuständige BaFin billigt einen englischsprachigen Wertpapierprospekt (§ 21 Abs. 2 WpPG), wenn das öffentliche Angebot der Aktien nicht nur in Deutschland, sondern auch in einem weiteren EU-/EWR-Mitgliedstaat durchgeführt wird. Um allein ein englischsprachiges Dokument verwenden zu können, wird daher in Einzelfällen das öffentliche Angebot auf einen weiteren Mitgliedstaat, zB Österreich, ausgedehnt. Die meisten Banken ziehen dieses Vorgehen jedoch idR nur dann in Betracht, wenn in erster Linie ausländische, institutionelle Investoren angesprochen werden sollen. **29**

4. Billigung

Ein Wertpapierprospekt muss von der BaFin gebilligt[50] werden (Art. 20 ProspektVO iVm Art. 31 ProspektVO iVm § 17 WpPG). Die BaFin muss die Billigung erteilen, wenn sie im Rahmen ihrer Prüfung keine Anhaltspunkte dafür gefunden hat, dass der Wertpapierprospekt nicht alle vom Gesetz (WpPG und ProspektVO nebst Anhängen) geforderten An- **30**

---

rungsportal und zur Aufhebung der Delegierten Verordnung (EU) Nr. 382/2014 der Kommission und der Delegierten Verordnung (EU) 2016/301 der Kommission.

[48] Delegierte Verordnung (EU) 2019/980 der Kommission vom 14.3.2019 zur Ergänzung der Verordnung (EU) 2017/1129 des Europäischen Parlaments und des Rates hinsichtlich der Aufmachung, des Inhalts, der Prüfung und der Billigung des Prospekts, der beim öffentlichen Angebot von Wertpapieren oder bei deren Zulassung zum Handel an einem geregelten Markt zu veröffentlichen ist, und zur Aufhebung der Verordnung (EG) Nr. 809/2004 der Kommission.

[49] Vgl. dazu insbesondere Anhang I Delegierte Verordnung (EU) 2019/980 der Kommission vom 14.3.2019.

[50] Siehe zur Billigung *Schlitt/Singhof/Schäfer* BKR 2005, 251 (255 f.) und iE *Groß* WpPG § 13 Rn. 1 ff.; *Schanz* § 13 Rn. 58 ff.

gaben enthält und sie keine Anhaltspunkte dafür hat, dass die vorgelegten Informationen nicht kohärent und verständlich sind. Die BaFin prüft allerdings nicht, ob die in dem Wertpapierprospekt enthaltenen Angaben inhaltlich zutreffend sind. Der BaFin stehen für die Prüfung bei einem Börsengang grundsätzlich 20 Werktage zur Verfügung (Art. 20 Abs. 3 ProspektVO). Diese Frist beginnt jedoch erst zu laufen, wenn der Wertpapierprospekt vollständig ist und die BaFin über sämtliche Informationen verfügt, die sie für ihre Prüfung benötigt (Art. 20 Abs. 3 aE ProspektVO). Vor diesem gesetzlichen Hintergrund hat sich in der Praxis ein von den gesetzlichen Fristen gelöster Ablauf des Prüfungsverfahrens etabliert: Nach Ablauf von 13 Werktagen seit der ersten Einreichung stellt die BaFin ihre ersten Kommentare zum Wertpapierprospekt dem Emittenten oder den Konsortialbanken zur Verfügung. Im Anschluss daran werden innerhalb weniger Tage diese Anmerkungen umgesetzt und der Wertpapierprospekt erneut bei der BaFin eingereicht. Innerhalb von neun bis zehn Werktagen nach dieser zweiten Einreichung stellt die BaFin ihre Kommentare zu dieser zweiten Einreichungsfassung des Wertpapierprospekts zur Verfügung. Diese Kommentare werden dann erneut innerhalb weniger Tage eingearbeitet und der Wertpapierprospekt im Anschluss daran das dritte und letzte Mal eingereicht. Innerhalb von zwei bis fünf Werktagen nach dieser letzten Einreichung billigt die BaFin dann idR den Wertpapierprospekt. Insgesamt erstreckt sich das Prüfungsverfahren daher auf bis zu eineinhalb Monate, da bei den Prüfungsfristen der BaFin Samstage, Sonn- und Feiertage nicht mitgezählt werden.

5. Veröffentlichung

31 Nach seiner Billigung muss der Wertpapierprospekt bei der BaFin hinterlegt und unverzüglich, spätestens einen Werktag vor Beginn des öffentlichen Angebots, von dem Emittenten oder den Konsortialbanken veröffentlicht werden (Art. 21 Abs. 1 ProspektVO). Die Veröffentlichung erfolgt in der Praxis stets durch Einstellung des Wertpapierprospekts auf der Internetseite des Emittenten (Art. 21 Abs. 2 lit. a) ProspektVO). Zusätzlich wird der Wertpapierprospekt in gedruckter Form zur kostenlosen Ausgabe bereitgehalten. Der ebenfalls zulässige Weg, den Wertpapierprospekt ausschließlich durch Einstellung auf der Internetseite des Emittenten zu veröffentlichen, wird von der Praxis idR nicht beschritten, weil der Anleger auch in diesem Fall die kostenlose Bereitstellung einer Papierversion verlangen kann (Art. 21 Abs. 11 ProspektVO)[51].

6. Nachtragspflicht

32 Stellt sich im Zeitraum zwischen der Billigung des Wertpapierprospekts und dem Schluss des öffentlichen Angebots bzw. der Einführung in den Handel heraus, dass der Wertpapierprospekt in einem wesentlichen Punkt unrichtig ist oder sich ein wichtiger neuer Umstand ergeben hat, der die Beurteilung der Wertpapiere beeinflussen könnte, ist ein Nachtrag zu erstellen, der diesen Punkt oder den neuen Umstand erläutert (Art. 23 Abs. 1 ProspektVO).[52] Jeder Nachtrag ist von dem Emittenten oder den Konsortialbanken bei der BaFin einzureichen (Art. 23 Abs. 1 UAbs. 2 ProspektVO) und von dieser innerhalb von höchstens fünf Werktagen nach Eingang zu billigen (Art. 23 Abs. 1 UAbs. 2 ProspektVO). Nach der Billigung des Nachtrags muss dieser in derselben Art und Weise wie der ursprüngliche Wertpapierprospekt von dem Emittenten oder den Konsortialbanken veröffentlicht werden (Art. 23 Abs. 1 UAbs. 2 ProspektVO). Betrifft der Nachtrag einen Prospekt für ein öffentliches Angebot von Wertpapieren, haben Anleger, die vor der Veröffentlichung des Nachtrags eine auf den Erwerb oder die Zeichnung der Wertpapiere gerichtete Willenserklärung abgegeben haben, können diese innerhalb von zwei Werktagen nach Veröffentlichung des

[51] *Groß* WpPG § 14 Rn. 6; *Schlitt/Singhof/Schäfer* BKR 2005, 251 (259 f.).
[52] Siehe zum Nachtrag auch *Groß* WpPG § 16 Rn. 1 ff.; *Schlitt/Singhof/Schäfer* BKR 2005, 251 (256 f.); *Schanz* § 13 Rn. 72 ff.; *Ries/Murr* in Grunewald/Schlitt § 2 III.1.f) (S. 35) und *S. Schäfer* in Grunewald/Schlitt § 11 V.5. (S. 231) (jeweils noch zu § 16 WpPG aF).

Nachtrags widerrufen, sofern der neue Umstand oder die Unrichtigkeit vor dem endgültigen Schluss des öffentlichen Angebots und vor der Lieferung der Wertpapiere eingetreten ist (Art. 23 Abs. 2 ProspektVO).[53]

7. Europäischer Pass

Sind der Wertpapierprospekt und die ggf. erstellten Nachträge von der BaFin gebilligt **33**
worden, so können diese Dokumente, für ein (weiteres) öffentliches Angebot oder für die (zusätzliche) Zulassung zum Handel in einem oder mehreren Staaten des Europäischen Wirtschaftsraums ohne zusätzliches Billigungsverfahren verwandt werden. Voraussetzung dafür ist der sog. Europäische Pass (vgl. Art. 24 und 25 ProspektVO). Der europäische Pass kann vom Emittenten bei der zuständigen Behörde des Herkunftsmitgliedstaats (in Deutschland die BaFin) beantragt werden. Er enthält die Bescheinigung darüber, dass der Prospekt gebilligt wurde und im Einklang mit der ProspektVO erstellt wurde und wird direkt an die zuständige Behörde des Aufnahmemitgliedsstaates übermittelt (Art. 25 Abs. 1 ProspektVO). Diese Bescheinigung (sog. Notifizierung) umfasst außerdem eine Kopie des gebilligten Prospekts (Art. 25 Abs. 1 Uabs. 1 aE ProspektVO) sowie ggf. eine Übersetzung der Zusammenfassung des Prospekts (Art. 25 Abs. Uabs. 2 ProspektVO). Die Bescheinigung wird innerhalb eines Arbeitstages nach Eingang des Ersuchens des Emittenten bzw., falls das Ersuchen mit dem Prospektentwurf vorgelegt wird, innerhalb eines Arbeitstages nach Billigung des Prospekts erstellt (Art. 25 Abs. 1 Uabs. 1 ProspektVO).

8. Prospekthaftung

Um eine Prospekthaftung zu vermeiden, müssen sämtliche Angaben im Wertpapierpro- **34**
spekt richtig und vollständig sein. Sollte eine wesentliche Angabe unrichtig oder unvollständig sein, muss den Erwerbern der Aktien der Erwerbspreis unter bestimmten Voraussetzungen gegen Übernahme der Aktien erstattet werden (§ 9 Abs. 1 WpPG). Diese Erstattungspflicht trifft zum einen diejenigen, die für den Wertpapierprospekt die Verantwortung übernommen haben (§ 9 Abs. 1 S. 1 Nr. 1 WpPG). Eine solche Verantwortungsübernahme muss nach außen erkennbar sein.[54] Indem der Emittent (§ 32 Abs. 2 BörsG iVm § 8 WpPG) und die konsortialführende Bank (§ 32 Abs. 2 BörsG iVm § 8 WpPG) den Wertpapierprospekt unterzeichnen, wird die Übernahme der Verantwortung nach außen erkennbar, was sie zu den primären Adressaten der Erstattungspflicht macht. Daneben sind aber auch diejenigen Personen Adressaten der Prospekthaftung, die den Wertpapierprospekt freiwillig unterzeichnen oder die in diesem als Prospektverantwortliche aufgeführt sind, selbst wenn sie den Wertpapierprospekt nicht unterzeichnet haben.[55] Um eine mögliche Prospekthaftung zu vermeiden, unterzeichnen Private-Equity-Investoren den Wertpapierprospekt typischerweise nicht freiwillig und tragen Sorge dafür, dass sie in diesem nicht als Prospektverantwortliche genannt werden.

Zum anderen trifft die Prospekthaftung diejenigen, von denen der Erlass des Wertpapier- **35**
prospekts ausgeht (sog. Prospektveranlasser; § 8 WpPG). Hierunter fallen diejenigen, die zwar nicht nach außen erkennbar die Urheber des Wertpapierprospekts aber in Wahrheit dessen tatsächliche Urheber sind.[56] Damit sollen mögliche Haftungslücken geschlossen werden, die entstehen könnten, wenn jemand zwar vordergründig nicht durch seine Unterschrift oder die Übernahme der Verantwortung als Prospektverantwortlicher in Erscheinung

[53] Erfüllung tritt bei einem Börsengang mit dem so genannten Settlement ein. Beim Settlement, das idR zwei Tage nach Zuteilung der neuen Aktien durchgeführt wird, erhalten die Investoren die von ihnen erworbenen Aktien gegen Zahlung des Emissionspreises buchmäßig geliefert.

[54] Siehe nur *Mülbert/Steup* in Habersack/Mülbert/Schlitt, Unternehmensfinanzierung am Kapitalmarkt, § 41 Rn. 41.70.

[55] *Mülbert/Steup* in Habersack/Mülbert/Schlitt, Unternehmensfinanzierung am Kapitalmarkt, § 41 Rn. 41.66.

[56] *Mülbert/Steup* in Habersack/Mülbert/Schlitt, Unternehmensfinanzierung am Kapitalmarkt, § 41 Rn. 41.79.

tritt, in Wahrheit aber die Erstellung des Wertpapierprospekts und ihre Inhalte maßgeblich beeinflusst.[57] Nach der herrschenden Meinung ist als Prospektveranlasser anzusehen, wer ein eigenes wirtschaftliches Interesse an der Emission hat und maßgeblich auf die Erstellung des Wertpapierprospekts einwirkt.[58] Da die Vereinnahmung des Nettoerlöses aus der Veräußerung der Altlasten das eigene wirtschaftliche Interesse indizieren dürfte, kann ein im Zuge des Börsengangs Aktien veräußernder Großaktionär diese Voraussetzungen erfüllen, wenn er maßgeblichen Einfluss auf die Prospekterstellung nimmt.[59] Um dieses Risiko zu reduzieren, involvieren sich Private-Equity-Investoren idR möglichst wenig in die Prospekterstellung. Auch nehmen Private-Equity-Investoren in der Praxis nicht an Prospektsitzungen teil, in denen der Inhalt des Wertpapierprospekts zwischen dem Emittenten und den Konsortialbanken und deren jeweiligen Rechtsberatern abgestimmt wird. Keinen durchgreifenden Bedenkendürfte es unterliegen, wenn geprüft wird, ob die im Wertpapierprospekt zu ihnen selbst gemachten Angaben zutreffend sind. Angaben, die bezüglich der Private-Equity-Investoren in den Wertpapierprospekt aufgenommen werden, sind zB die Höhe der Beteiligung an dem Emittenten, der Sitz der Private-Equity-Investoren und deren Beteiligungsstruktur und die Zahl der Aktien, die sie im Rahmen des Börsengangs veräußern wollen.

II. Gremienbeschlüsse

36 Zur Umsetzung eines Börsengangs sind von den Organen des Emittenten verschiedene Beschlüsse zu fassen.

1. Hauptversammlung

37 Werden im Zuge des Börsenganges neue Aktien platziert, muss die Hauptversammlung einen Beschluss über eine ordentliche Kapitalerhöhung unter Ausschluss des oder Verzicht auf das Bezugsrecht(s) (§§ 182 ff. AktG) oder über die Schaffung eines genehmigten Kapitals gemäß §§ 202 ff. AktG unter Ausschluss des oder Verzicht auf das Bezugsrecht(s) fassen. Für diese Beschlüsse in der Hauptversammlung ist die Mitwirkung des Private-Equity-Investors erforderlich. In den meisten Fällen dürfte dieser Beschluss auch implizit die Zustimmung zum Börsengang enthalten.[60] Eine andere Frage ist, ob ein ausdrücklicher Zustimmungsbeschluss notwendig ist, wenn eine reine Umplatzierung erfolgen soll und der Börsengang nicht vom Willen aller Gesellschafter getragen ist. Ein solcher Beschluss ist nach überwiegender Ansicht[61] nicht erforderlich. Dies wird damit begründet, dass die sich durch den Börsengang für den Emittenten ergebenden Veränderungen, die hauptsächlich in der börsen- und wertpapierhandelsrechtlichen Publizität zu sehen sind, nicht als Strukturänderungen angesehen werden können, die nach den sog. Holzmüller[62]- und Gelatine[63]-Grundsätzen einen Zustimmungsvorbehalt der Hauptversammlung auslösen könnten. Außerdem werden die sich durch diese Publizität ergebenden Nachteile zumindest dadurch abgemildert, dass sich durch die Börsenzulassung der Aktien deren Verkehrsfähigkeit und damit deren Attraktivität für Investoren verbessert.

[57] *Mülbert/Steup* in Habersack/Mülbert/Schlitt, Unternehmensfinanzierung am Kapitalmarkt, § 41 Rn. 41.79.

[58] *Mülbert/Steup* in Habersack/Mülbert/Schlitt, Unternehmensfinanzierung am Kapitalmarkt, § 41 Rn. 41.80; *Habersack* in Habersack/Mülbert/Schlitt, Handbuch der Kapitalmarktinformation, § 29 Rn. 29; *Assmann* in Assmann/Schütze § 5 Rn. 223.

[59] *Habersack* in Habersack/Mülbert/Schlitt, Handbuch der Kapitalmarktinformation, § 29 Rn. 29.

[60] So zutreffend *Singhof/Weber* in Habersack/Mülbert/Schlitt, Unternehmensfinanzierung am Kapitalmarkt, § 3 Rn. 3.56.

[61] *Schanz* § 6 Rn. 54; *Reichert* AG 2005, 150 (157): *Groß* in Marsch-Barner/Schäfer § 9 Rn. 58 f.; aA beispielsweise *Baums/Vogel* in Lutter/Scheffler/U. H. Schneider, Handbuch der Konzernfinanzierung, § 9 Rn. 9.56; siehe aber auch Beschlussempfehlung des DJT 2008, 21.

[62] BGH Urt. v. 25.5.1982 – II ZR 174/80, BGHZ 83, 122 = NJW 1982, 1703 = ZIP 1982, 568.

[63] BGH Urt. v. 26.4.2004 – II ZR 155/02, BGHZ 159, 30 = NJW 2004, 1860 = ZIP 2004, 993 = WM 2004, 1090.

2. Vorstand

38 Neben dem Hauptversammlungsbeschluss sind im Rahmen eines Börsengangs auch Vorstandsbeschlüsse zu fassen. Der Vorstand beschließt zunächst über die Preisspanne für das sog. Bookbuilding-Verfahren[64], über den Abschluss des Übernahmevertrags und den Umfang der Kapitalerhöhung. Letzterer Beschluss ist erforderlich, weil sowohl eine Hauptversammlungsermächtigung als auch ein Direktbeschluss der Hauptversammlung den Erhöhungsbetrag in aller Regel nicht genau festlegen, sondern lediglich bestimmen, dass die Kapitalerhöhung bis zu einem bestimmten Maximalbetrag durchgeführt werden kann. Außerdem muss der Vorstand noch beschließen, welche Banken er zur Zeichnung der noch zu schaffenden Aktien zulässt, die die gezeichneten Aktien dann im weiteren Verlauf des Börsengangs bei interessierten Investoren platzieren. Schließlich ist nach Abschluss des Bookbuilding-Verfahrens noch ein Beschluss des Vorstands erforderlich, durch den der endgültige Emissionspreis, also der Preis, zu dem die Investoren die Aktien erwerben können, und das endgültige Emissionsvolumen festgelegt werden.

3. Aufsichtsrat

39 Da die Festlegung der Einzelheiten der Kapitalerhöhung aus genehmigten Kapital (§§ 202 Abs. 3 S. 2, 204 Abs. 1 S. 2 AktG) und im Falle eines Direktbeschlusses der Hauptversammlung regelmäßig an die Zustimmung des Aufsichtsrats gebunden ist, muss der Aufsichtsrat einen Zustimmungsbeschluss zu den Beschlüssen des Vorstands über die Festlegung der Preisspanne, über den Abschluss des Übernahmevertrags, über die Zulassung zur Zeichnung, über das Kapitalerhöhungsvolumen und ggf. über die Festlegung des Emissionspreises fassen.

III. Mandatsvereinbarung

40 Nach der Auswahl der Konsortialführer wird zwischen diesen, dem Emittenten und dem Private-Equity-Investor häufig eine Mandatsvereinbarung (sog. Letter of Engagement)[65] abgeschlossen[66]. In dieser Mandatsvereinbarung wird im Einzelnen festgelegt, welche Leistungen die Konsortialbanken im Rahmen der Vorbereitung des Börsengangs zu erbringen haben.[67] So wird beispielsweise festgelegt, dass die Konsortialbanken den Emittenten bei der Erarbeitung der Equity Story und bei der Erstellung des Wertpapierprospekts zu unterstützen sowie eine Unternehmensbewertung des Emittenten vorzunehmen haben.[68] Ferner werden Regelungen hinsichtlich der Vertraulichkeit getroffen; zudem verpflichtet sich der Emittent, sämtliche Informationen und Dokumente herauszugeben, die die Konsortialbanken zur Durchführung ihrer Due Diligence benötigen.[69] Der Detaillierungsgrad solcher Vereinbarungen variiert in der Praxis sehr stark. Werden die Gesellschaft und der Private-Equity-Investor durch einen Finanzberater *(financial adviser)* unterstützt, drängt dieser häufig darauf, dass genaue Regelungen hinsichtlich des sog. Pilot Fishings[70], der Roadshow[71], des Bookbuildings[72] und der Zuteilung der Aktien getroffen werden. Zuweilen wird auch der in einem späteren Stadium der Transaktion zu schließende Übernahmevertrag hinsichtlich seiner wichtigsten Regelungen „präjudiziert". So kann beispiels-

[64] Zum Bookbuilding-Verfahren iE → Rn. 55 (D.VI.1) und *Ries/Schlitt* in Grunewald/Schlitt § 2 III.3.a) (S. 37 f.); *Schäcker/Wohlgefahrt/Johannson* in Habersack/Mülbert/Schlitt, Unternehmensfinanzierung am Kapitalmarkt, § 2 Rn. 2.52; *Schlitt/Ries* FS Schwark, 2009, 241 (242 ff.).
[65] Siehe zum *letter of engagement* iE *C. Schäfer* ZGR 2008, 455 (460 ff.).
[66] *C. Schäfer* ZGR 2008, 455 (461).
[67] *C. Schäfer* ZGR 2008, 455 (460 f.).
[68] *C. Schäfer* ZGR 2008, 455 (461).
[69] *C. Schäfer* ZGR 2008, 455 (461).
[70] Dazu → (E.I.) Rn. 59.
[71] Dazu → (E.I.) Rn. 59.
[72] Dazu → (D.VI.1) Rn. 55.

weise bereits in der Mandatsvereinbarung geregelt werden, welche Provisionen die Konsortialbanken für ihre Leistungen erhalten und welche Kosten ihnen – auch im Falle einer Beendigung der Transaktion – erstattet werden.[73] Außerdem kann die Haftungsverteilung zwischen den Beteiligten konturiert werden.[74]

IV. Übernahmevertrag

41 Der Übernahmevertrag, der zwischen dem Emittenten, den Konsortialbanken und dem Private-Equity-Investor als abgebendem Aktionär abgeschlossen wird, stellt neben dem Wertpapierprospekt das „Herzstück" der Dokumentation dar.[75] Eine eindeutige Zuordnung des Übernahmevertrags zu einem bestimmten Vertragstyp ist nicht möglich, da ein Übernahmevertrag verschiedene Leistungspflichten enthält.[76] So weist er beispielsweise kaufvertragliche Elemente – Verkauf der alten Aktien an die Konsortialbanken – und geschäftsbesorgungsvertragliche Elemente – Mitwirkung der Konsortialbanken bei der Erstellung des Wertpapierprospekts, Platzierung der Aktien etc auf.[77] In der Regel wird der Übernahmevertrag kurz vor Veröffentlichung des Wertpapierprospekts und damit kurz vor Beginn des Angebots abgeschlossen, da die Konsortialbanken dann bereits im Zeitpunkt der Veröffentlichung des Wertpapierprospekts über die Gewährleistungen des Emittenten und der veräußernden Aktionäre verfügen.[78] Im Übernahmevertrag verpflichten sich die Konsortialbanken die neuen Aktien, die im Wege der Kapitalerhöhung geschaffen werden, zu zeichnen und diese gemeinsam mit den alten Aktien aus dem Bestand der Private-Equity-Investoren im Rahmen des Börsengangs bei interessierten Investoren zu platzieren.[79] Diese Verpflichtung ist zu meist nur als sog. „Best Efforts Underwriting" ausgestaltet, dh die Banken übernehmen keine Platzierungsgarantie.[80] Gleiches gilt für den Verkauf von Aktien durch den Private-Equity-Investor. Umgekehrt verpflichtet sich die Gesellschaft, die neuen Aktien zu schaffen, und der Private-Equity-Investor verpflichtet sich, den Banken eine der Nachfrage entsprechende Anzahl von alten Aktien zu veräußern.[81] Im Übernahmevertrag wird jedoch idR nur eine Höchstzahl der zu platzierenden neuen und alten Aktien festgelegt. Die endgültige Anzahl der Aktien, auf die sich die Kauf- bzw. Verkaufsverpflichtung bezieht, und der Platzierungspreis werden vom Ergebnis des Bookbuildings abhängig gemacht. Da der Kaufvertrag ua unter der Bedingung geschlossen wurde, dass sich die Vertragsparteien über den Kaufpreis einigen, sind die Kaufverpflichtungen der Konsortialbanken und die Verkaufsverpflichtung des Private-Equity-Investors unwirksam, sollte eine diesbezügliche Einigung nicht erzielt werden[82].

42 Weiterhin wird in dem Übernahmevertrag die Höhe der Provisionen der Konsortialbanken festgelegt[83] und eine Regelung über die Erstattung ihrer Auslagen getroffen. Bei diesen Regelungen ist darauf zu achten, dass die Provisionen und die Auslagen nicht nur von dem Emittenten, sondern anteilsmäßig (etwa entsprechend dem Verhältnis der neuen Aktien zu den alten Aktien am Emissionsvolumen) auch von dem Private-Equity-Investor

---

[73] *C. Schäfer* ZGR 2008, 455 (461 f.).

[74] *C. Schäfer* ZGR 2008, 455 (461 f.), dazu im Einzelnen → Rn. 41.

[75] Zum Übernahmevertrag im Einzelnen siehe *S. Schäfer* in Grunewald/Schlitt § 8 und *C. Schäfer* ZGR 2008, 455 (470 ff.).

[76] *C. Schäfer* ZGR 2008, 455 (472).

[77] *C. Schäfer* ZGR 2008; 455 (472 f.); *Haag* in Habersack/Mülbert/Schlitt, Unternehmensfinanzierung am Kapitalmarkt, § 29 Rn. 29.11.

[78] *S. Schäfer* in Grunewald/Schlitt § 8 IV.1.a) (S. 162 f.).

[79] *C. Schäfer* ZGR 2008, 455 (470 f.).

[80] *Haag* in Habersack/Mülbert/Schlitt, Unternehmensfinanzierung am Kapitalmarkt, § 29 Rn. 29.15; *S.Schäfer* in Grunewald/Schlitt § 8 II.1 (S. 160); *C. Schäfer* ZGR 2008, 455 (471).

[81] *Haag* in Habersack/Mülbert/Schlitt, Unternehmensfinanzierung am Kapitalmarkt, § 29 Rn. 29.13.

[82] *Haag* in Habersack/Mülbert/Schlitt, Unternehmensfinanzierung am Kapitalmarkt, § 29 Rn. 29.13; *C. Schäfer* ZGR 2008, 455 (471).

[83] *Haag* in Habersack/Mülbert/Schlitt, Unternehmensfinanzierung am Kapitalmarkt, § 29 Rn. 29.30; *C. Schäfer* ZGR 2008, 455 (471).

getragen werden, da eine vollständige Übernahme dieser Kosten durch den Emittenten eine verbotene Einlagenrückgewähr gegenüber den Altaktionären nach § 57 AktG darstellen könnte.

Ein wesentlicher Bestandteil eines jeden Übernahmevertrags sind die Gewährleistungen.[84] Durch die Gewährleistungen sichern sich die Vertragsparteien das Vorhandensein oder Nichtvorhandensein bestimmter Umstände oder Rechtspositionen gegenseitig zu.[85] Die Gewährleistungen werden in aller Regel in Form von selbständigen, verschuldensunabhängigen Garantien abgegeben, durch die die Haftung für die Richtigkeit einer Aussage übernommen werden kann, selbst wenn sich diese Aussage nicht auf die rechtliche oder tatsächliche Eigenschaft einer Sache bezieht, sondern beispielsweise auf ein vorangegangenes Verhalten.[86] Auf diese Weise sollen sie auch dann noch Rechtswirkungen entfalten, wenn andere Garantien unwirksam sein sollten.[87] Zudem wird dem jeweiligen Garantiegeber die Möglichkeit abgeschnitten, sich gegen die Inanspruchnahme aus den Garantien mit dem Argument zu verteidigen, dass die Einhaltung der garantierten Umstände außerhalb seines Einflussbereichs liege und er daher nicht haften müsse.[88] Abgegeben werden die Garantien insbesondere von dem Emittenten. Auch der Private-Equity-Investor gibt – jedoch in wesentlich geringerem Umfang – Garantieerklärungen ab.[89] 43

Der Emittent garantiert idR etwa, dass (i) der Wertpapierprospekt im Einklang mit sämtlichen gesetzlichen Vorschriften steht und keine unrichtigen Angaben enthält, die für die Beurteilung der Aktien wesentlich sind, und in Bezug auf diese Angaben nicht unvollständig ist, (ii) die in den Wertpapierprospekt aufgenommenen Jahres- und Konzernabschlüsse in Übereinstimmung mit den jeweils einschlägigen gesetzlichen Vorschriften aufgestellt wurden und ein den tatsächlichen Verhältnissen entsprechendes Bild der Vermögens-, Finanz- und Ertragslage vermitteln, (iii) der Emittent wirksam errichtet wurde, (iv) seine im Wertpapierprospekt dargestellten Kapitalverhältnisse zutreffend wiedergegeben sind, (v) seine Aktien frei übertragen werden können, (vi) er über sämtliche Genehmigungen verfügt, die für das Bestehen und die Aufrechterhaltung seines Geschäftsbetriebs erforderlich sind, (vii) er sämtliche einschlägigen rechtlichen Bestimmungen einhält, (viii) keine ihn in seiner Geschäftstätigkeit beeinträchtigenden Verwaltungsakte oder Gerichtsurteile ergangen sind und (ix) ihm auch keine laufenden oder drohenden Verwaltungs- oder Gerichtsverfahren bekannt sind, die einen wesentlichen Einfluss auf seine Geschäftstätigkeit entfalten könnten, und die nicht im Wertpapierprospekt offen gelegt wurden. Auf die Abgabe solcher Garantien legen die Konsortialbanken nicht nur deshalb wert, weil sie ihnen eine Rückgriffsmöglichkeit im Falle der Geltendmachung von Prospekthaftungsansprüchen ermöglichen, sondern die Erklärung Teil der Due Diligence Defense (→ Rn. 16) ist und daher ihre Position in einem etwaigen Prospekthaftungsprozess stärkt. Das Insistieren auf die Abgabe der Garantien hilft den Banken bei Erbringung des Nachweises, dass sie den Angaben des Emittenten nicht in grob fahrlässiger Weise vertraut haben, sondern – neben der Durchführung einer intensiven Due Diligence – alle wesentlichen Punkte zum Gegenstand der Vertragsverhandlungen gemacht haben.[90] 44

Der Private-Equity-Investor gibt dagegen nur in wesentlich geringerem Umfang Garantien ab.[91] Seine wichtigsten Erklärungen beziehen sich auf die im Rahmen des Angebots zu veräußernden Altaktien.[92] Insoweit garantiert der Private-Equity-Investor üblicherweise, dass die Altaktien wirksam ausgegeben und voll eingezahlt sind, er der alleinige Inhaber dieser Aktien ist, er unbeschränkt über diese verfügen kann und die 45

[84] *C. Schäfer* ZGR 2008, 455 (483); *S. Schäfer* in Grunewald/Schlitt § 8 IV.1.e) (S. 165 f.).
[85] *Haag* in Habersack/Mülbert/Schlitt, Unternehmensfinanzierung am Kapitalmarkt, § 29 Rn. 29.32.
[86] *Haag* in Habersack/Mülbert/Schlitt, Unternehmensfinanzierung am Kapitalmarkt, § 29 Rn. 29.32.
[87] *Haag* in Habersack/Mülbert/Schlitt, Unternehmensfinanzierung am Kapitalmarkt, § 29 Rn. 29.32.
[88] *Haag* in Habersack/Mülbert/Schlitt, Unternehmensfinanzierung am Kapitalmarkt, § 29 Rn. 29.32.
[89] *C. Schäfer* ZGR 2008, 455 (483).
[90] *Haag* in Habersack/Mülbert/Schlitt, Unternehmensfinanzierung am Kapitalmarkt, § 29 Rn. 29.36.
[91] *C. Schäfer* ZGR 2008, 455 (483).
[92] *C. Schäfer* ZGR 2008, 455 (483).

Aktien unbelastet sind, er – wenn es sich bei ihm wie idR auch um Gesellschaften handelt – ordnungsgemäß errichtet wurde und er wirksam besteht, er alle erforderlichen Handlungen (einschließlich der nach dem jeweils einschlägigen Gesellschaftsrecht erforderlichen Handlungen) vorgenommen hat, die für die Umsetzung des Angebots – in der Art und Weise, wie es im Wertpapierprospekt und im Übernahmevertrag beschrieben ist – erforderlich sind, dass sämtliche Verpflichtungen, die von ihm im Übernahmevertrag abgegeben wurden, ihm gegenüber rechtsverbindlich sind und dass die Durchführung des Übernahmevertrags nicht gegen Rechtsvorschriften oder gegen Bestimmungen seiner Gesellschaftsverträge verstößt.

46 Größere Diskussionen löst häufig die Frage aus, ob der Private-Equity-Investor als Altaktionär auch Garantien in Bezug auf den Wertpapierprospekt abgeben sollte. Insoweit wird idR nicht erwartet, dass der Private-Equity-Investor umfassende Aussagen zum Inhalt des Wertpapierprospekts treffen muss, da Private-Equity-Investoren oftmals keinen unmittelbaren Zugriff auf alle Geschäftsinformationen haben und in die Prospekterstellung nicht eingebunden sind. Der genaue Umfang der Garantien des Private-Equity-Investors ist indessen häufig Gegenstand eingehender Verhandlungen. Häufig besteht der Verhandlungskompromiss darin, dass der Private-Equity-Investor lediglich versichert, dass sämtliche tatsächlichen Aussagen in dem Wertpapierprospekt, die sich auf die Altaktionäre beziehen, richtig und vollständig sind.

47 Die Garantien der Konsortialbanken sind demgegenüber typischerweise sehr eingeschränkt. Die Konsortialbanken garantieren im Wesentlichen nur, dass sie die Aktien in allen Ländern, in denen diese angeboten werden, ausschließlich in Übereinstimmung mit den jeweils einschlägigen gesetzlichen Vorschriften anbieten werden und dass die von ihnen zur Prospekterstellung beigesteuerten Informationen, meist nur die genaue Firmierung der Konsortialbanken, zutreffend sind.[93]

48 Übernahmeverträge enthalten üblicherweise eine Klausel, durch die der Emittent die Konsortialbanken im Innenverhältnis von jeglichen Verlusten, Ansprüchen, Schäden oder Haftungsverbindlichkeiten, die sich aus einem unrichtigen Wertpapierprospekt oder aus der Verletzung vom Emittenten übernommener Garantien ergeben, freistellt,[94] wobei von der Haftungsfreistellung für den unrichtigen Wertpapierprospekt lediglich die (wenigen) Informationen ausgenommen sind, die von den Konsortialbanken stammen *(blood letter)*. Eine solche Haftungsfreistellungsklausel ist, jedenfalls wenn im Rahmen des Börsengangs nicht nur Altaktien, sondern auch neue Aktien veräußert werden, nach der heute ganz herrschenden und zutreffenden Meinung[95] insbesondere auch unter dem Blickwinkel des § 57 AktG gegenüber den Konsortialbanken wirksam. Der Anwendungsbereich des § 57 AktG ist zwar eröffnet, weil die Konsortialbanken die neuen Aktien, die im Zuge der Kapitalerhöhung ausgegeben werden, zeichnen und mithin kurzfristig Aktionär des Emittenten werden.[96] Die Vorteile eines Börsengangs (Zulassung der Aktien, Emissionserlös) kommen aber in erster Linie dem Emittenten zugute, so dass es interessengerecht ist, ihm, der im Außenverhältnis sowieso unbeschränkt haftet, im Verhältnis zu den Konsortialbanken, die ihm gegenüber auch nach einer Due Diligence stets ein Wissensdefizit aufweisen und die lediglich aus Vereinfachungsgründen die neuen Aktien als Intermediär zeichnen, die Alleinverantwortung im Innenverhältnis aufzuerlegen. Aufgrund dieser Interessengerechtigkeit hält diese Haftungsfreistellungsklausel dem Maßstab eines ausgeglichenen Drittgeschäfts stand und ist mithin nicht als verbotene Einlagenrückgewähr anzusehen.[97] Die Haftungsfreistellungsklausel stellt auch bei einer reinen Umplatzierung von Aktien im Verhältnis zu den Konsortialbanken keinen Verstoß gegen § 57 AktG dar, da die Konsortialbanken bei einer reinen Umplatzierung allenfalls vorübergehend und zum Zwecke der Platzierung

---

[93] *Haag* in Habersack/Mülbert/Schlitt, Unternehmensfinanzierung am Kapitalmarkt, § 29 Rn. 29.45.
[94] *C. Schäfer* ZGR 2008, 455 (483 ff.); *S. Schäfer* in Grunewald/Schlitt § 8 IV 1 f) (S. 166 f.).
[95] *Haag* in Habersack/Mülbert/Schlitt § 29 Rn. 29.61; *Fleischer* ZIP 2007, 1969 (1972 f.).
[96] *Fleischer* ZIP 2007, 1969 (1971).
[97] *Technau* AG 1998, 445 (456 f.).

Aktionär des Emittenten werden.[98] Im Verhältnis zu den Altaktionären, also auch dem Private-Equity-Investor, ist bei einer reinen Umplatzierung grundsätzlich ein Verstoß gegen § 57 AktG gegeben.[99] Etwas anderes gilt laut BGH nur, wenn der Emittent durch die Umplatzierung „konkrete, bilanziell messbare Vorteile" habe.[100] Ansonsten kann die Übernahme der Prospekthaftung durch den Emittenten nur durch eine entsprechende Haftungsfreistellung durch die Altaktionäre gegenüber dem Emittenten ausgeglichen werden (vgl. zu einer solchen Haftungsfreistellung durch ein Cost Sharing and Indemnification Agreement unter → Rn. 53).[101] Bei einer gemischten Platzierung ist eine quotale Haftungsübernahme erforderlich.[102]

Häufig findet sich in einem Übernahmevertrag eine solche Haftungsfreistellungsklausel **49** auch im Verhältnis zwischen den Konsortialbanken und dem Private-Equity-Investor. Indessen bezieht sich diese nur auf die Verletzung der von dem Private-Equity-Investor abgegebenen Garantien und ist somit stark eingeschränkt. Die Haftungsfreistellung erstreckt sich nämlich nur auf solche Unrichtigkeiten des Wertpapierprospekts, die sich auf den Private-Equity-Investor beziehen, und ist zudem bisweilen auf die Höhe des von dem Private-Equity-Investor aus der Veräußerung ihrer Aktien im Rahmen des Börsengangs erzielten Erlöses begrenzt.

Übernahmeverträge enthalten zudem üblicherweise eine sog. Marktschutzklausel *(lock-* **50** *up)*,[103] im Rahmen derer sich der Emittent und der Private-Equity-Investor verpflichten, während eines bestimmten Zeitraums nach dem Börsengang kursbeeinträchtigende Maßnahmen zu unterlassen. Üblich ist insoweit ein Zeitraum zwischen sechs und 24 Monaten.[104] Aufgrund dieser Klausel ist es dem Emittenten beispielsweise untersagt, innerhalb des vereinbarten Zeitraums ohne die Zustimmung der Konsortialbanken eine Kapitalerhöhung aus genehmigtem Kapital durchzuführen oder der Hauptversammlung eine ordentliche Kapitalerhöhung vorzuschlagen.[105] Dem Private-Equity-Investor ist es ua untersagt, ohne die Zustimmung der Konsortialbanken weitere Aktien zu veräußern oder eine Kapitalerhöhung vorzuschlagen oder für eine solche in einer Hauptversammlung des Emittenten zu stimmen.

Die Übernahmeverpflichtung der Banken ist typischerweise an zahlreiche aufschiebende **51** Bedingungen geknüpft.[106] Typische aufschiebende Bedingungen sind die Abgabe von (i) Bestätigungen des Rechtsberaters des Emittenten und des Rechtsberaters der Konsortialbanken *(legal opinions)* über bestimmte rechtliche Verhältnisse des Emittenten (zB wirksame Errichtung, wirksames Bestehen, Bestätigung über die Höhe des Grundkapitals), (ii) Bestätigungen dieser Rechtsberater zur Vollständigkeit und Richtigkeit des Wertpapierprospekts *(disclosure letter)*, (iii) Bestätigungen der Rechtsberater (ausländischer) Altaktionäre darüber, dass die von den Altaktionären im Übernahmevertrag abgegebenen Verpflichtungen rechtswirksam sind *(capacity opinion)*, (iv) Bestätigungen des Emittenten und der Altaktionäre darüber, dass die von ihnen abgegebenen Garantien auch im jeweils maßgeblichen Zeitpunkt noch zutreffend sind und sie alle ihre jeweiligen Verpflichtungen aus dem Übernahmevertrag ordnungsgemäß erfüllt haben *(officers'/shareholders' certificate)*, sowie (v) Bestätigungen des Abschlussprüfers des Emittenten über die Richtigkeit der im Wertpapier-

---

[98] *Meyer* in Marsch-Barner/Schäfer § 8 Rn. 155.

[99] BGH Urt. v. 31.5.2011 – II ZR 141/09, NZG 2011, 829 = NJW 2011, 2719 = BB 2011, 2059 – Telekom III-Urteil.

[100] Das Merkmal des „bilanziell messbaren" Vorteils wird in der Literatur teilweise kritisch gesehen; vgl. *Arbeitskreis zum „Deutsche Telekom III Urteil" des* BGH, CFL 2011, 377; *Bayer* in MüKoAktG § 57 Rn. 86; *Arnold/Aubel* ZGR 2012, 131; *Fleischer/Thaten* NZG 2011, 1081. Vgl. auch noch die Darstellung in der Vorauflage.

[101] BGH Urt. v. 31.5.2011 – II ZR 141/09, NZG 2011, 829 = NJW 2011, 2719 = BB 2011, 2059 – Telekom III-Urteil; *Meyer* in Marsch-Barner/Schäfer § 7 Rn. 21a.

[102] *Meyer* in Marsch-Barner/Schäfer § 7 Rn. 21c.

[103] *S. Schäfer* in Grunewald/Schlitt § 8 IV.1.d) (S. 164 f.); *C. Schäfer* ZGR 2008, 455 (472).

[104] *C. Schäfer* ZGR 2008, 455 (462).

[105] Im Einzelnen, insbesondere zur Wirksamkeit, *C. Schäfer* ZGR 2008, 455 (464 f.).

[106] *C. Schäfer* ZGR 2008, 455 (485).

prospekt enthaltenen Finanzzahlen *(comfort letter)*. Weitere aufschiebende Bedingungen sind der Nichteintritt von wesentlich nachteiligen Änderungen der Verhältnisse des Emittenten *(material adverse change)* und der Kapitalmärkte *(force majeure)*, die ordnungsgemäße Erfüllung der jeweiligen Verpflichtungen des Emittenten und der Altaktionäre aus dem Übernahmevertrag und das Zutreffen sämtlicher im Übernahmevertrag übernommener Garantien des Emittenten und der Altaktionäre.

52 Diese aufschiebenden Bedingungen müssen zu verschiedenen Zeitpunkten während der Durchführung eines Börsengangs eingetreten sein. Als maßgebliche Termine haben sich in der Praxis ein Zeitpunkt unmittelbar vor der Billigung des Wertpapierprospekts, ein Zeitpunkt unmittelbar vor der Zeichnung der neuen Aktien durch die Konsortialbanken und ein Zeitpunkt unmittelbar vor der Erfüllung der gegenseitigen Pflichten aus dem Übernahmevertrag, dh Lieferung der alten Aktien und Auskehrung des Emissionserlöses abzüglich Provisionen und Kosten an den Emittenten und die Altaktionäre *(closing)*, etabliert. Sollte das Angebot in Form eines Decoupled Bookbuildings (→ Rn. 56) durchgeführt werden, wird meistens noch zusätzlich ein Zeitpunkt unmittelbar vor Veröffentlichung der Preisspanne festgelegt. Zumeist findet sich im Vertrag eine deklaratorische Bestimmung, dass die Konsortialbanken auf die zu ihrem Schutz aufgenommenen aufschiebenden Bedingungen verzichten können *(waiver)*.

V. Kostentragungs- und Haftungsübernahmevereinbarung

53 Neben dem Übernahmevertrag stellt die Kostentragungs- und Haftungsübernahmevereinbarung (sog. Cost Sharing and Indemnification Agreement) eine wichtige vertragliche Regelung im Rahmen eines Exit-IPOs dar.[107] Das Cost Sharing and Indemnification Agreement wird zwischen dem Private-Equity-Investor und ggf. weiteren veräußernden Aktionären auf der einen Seite und dem Emittenten auf der anderen Seite geschlossen. Regelungsgegenstand ist die Kosten- und (Prospekt)Haftungsübernahme des Private-Equity-Investors und ggf. der weiteren veräußernden Aktionäre im Innenverhältnis gegenüber dem Emittenten. Eine solche vertragliche Regelung ist notwendig, da die Vorteile des Börsengangs (in Form des Veräußerungserlöses) vollständig (bei bloßer Umplatzierung von Altaktien) bzw. anteilig (bei einer gemischten Platzierung alter und neuer Aktien) dem veräußernden Private-Equity-Investor und ggf. den weiteren veräußernden Altaktionären zu Gute kommen. Die Übernahme der durch den IPO verursachten Kosten durch den Emittenten würde daher eine verbotene Einlagenrückgewähr im Sinne des § 57 AktG darstellen.[108] Ebenso die endgültige Übernahme des Risikos einer möglichen Prospekthaftung durch den Emittenten. Im Außenverhältnis haftet der Emittent zwar weiterhin als Prospektveranlasser (dazu bereits unter → Rn. 34), jedoch ist er durch das Cost Sharing and Indemnification Agreement im Innenverhältnis von der Haftung freizustellen. Die Haftungsfreistellung kann durch den Abschluss einer entsprechenden Haftpflichtversicherung ersetzt werden, deren Kosten der Private-Equity-Investor und ggf. die weiteren veräußernden Aktionäre übernehmen müssen.[109] Eine solche Versicherungslösung ist außerdem wichtig, da sich Private-Equity-Fonds häufig während der Laufzeit der Prospekthaftung auflösen. Im Rahmen der Kostenübernahme sind dem Emittenten sämtliche mit dem IPO verbundene Kosten zu erstatten. Dies umfasst beispielsweise auch Kosten der Formumwandlung im Vorfeld der Transaktion, auch wenn der Emittent zu diesem Zeitpunkt noch keine Aktiengesellschaft war und der Anwendungsbereich des § 57 AktG noch gar nicht eröffnet war. Bei einer gemischten Platzierung sowie bei einer Veräußerung von

[107] *Schlitt/Schäfer/Basnage* CFL 2013, 49 (51).

[108] BGH Urt. v. 31.5.2011 – II ZR 141/09, NZG 2011, 829 = NJW 2011, 2719 = BB 2011, 2059 – Telekom III Urteil; vgl. dazu *Arbeitskreis zum „Deutsche Telekom III Urteil“* des BGH, CFL 2011, 377 sowie bereits unter → (D.IV) Rn. 41.

[109] *Schlitt/Schäfer/Basnage* CFL 2013, 49 (51); *Krämer/Gillessen/Kiefner* CFL 2011, 328 (338); *Fleischer/Thaten* NZG 2011, 1081 (1083); *Meyer* in Marsch-Barner/Schäfer § 7 Rn. 21b.

mehreren Altaktionären erfolgt die Aufteilung der Kosten auf proratarischer Basis. Als Grundlage für diese quotale Aufteilung wird in der Regel der Emissionserlös herangezogen.[110] In Einzelfällen kann allerdings auch eine abweichende Basis für die Kostenverteilung herangezogen werden. Der Private-Equity-Investor muss somit bei seiner Kalkulation berücksichtigen, dass er die Kosten, die dem Emittenten durch den IPO entstehen, selbst tragen muss und diese seinen Ertrag mindern.

VI. Angebot

Einen Tag nach der Veröffentlichung des Wertpapierprospekts kann mit der Durchführung des öffentlichen Angebots begonnen werden. Das öffentliche Angebot erfolgt in der Praxis durch eine Anzeige auf der Homepage des Emittenten, durch die potenzielle Investoren aufgefordert werden, auf Grundlage des Wertpapierprospekts bis zu einem bestimmten Zeitpunkt Angebote zum Erwerb von Aktien des Emittenten bei den Konsortialbanken abzugeben.[111] Daneben werden institutionelle Investoren durch gezielte Verkaufsbemühungen der Konsortialbanken direkt angesprochen. In aller Regel stehen zu diesem Zeitpunkt der Emissionspreis und die Gesamtzahl der öffentlich angebotenen Aktien noch nicht endgültig fest. Dies ist rechtlich zulässig, da der Wertpapierprospekt diese Angaben nicht zwingend enthalten muss, wenn sie im Veröffentlichungszeitpunkt noch nicht genannt werden können (Art. 17 Abs. 1 ProspektVO). Jedoch muss der Wertpapierprospekt in diesem Fall die Kriterien oder Bedingungen offen legen, anhand derer die Werte ermittelt werden. Abweichend davon kann bezüglich des Emissionspreises im Wertpapierprospekt auch ein Höchstpreis angegeben werden (Art. 17 Abs. 1 lit. b) i) ProspektVO). Deshalb werden in einem Wertpapierprospekt üblicherweise die Preisspanne (und damit auch der Höchstpreis) und die maximale Anzahl der öffentlich angebotenen Aktien benannt und darauf hingewiesen, dass der Preis je Aktie und die exakte Anzahl der öffentlich angebotenen Aktien im Rahmen des sog. Bookbuildings ermittelt werden. Die anzugebende Preisspanne wird von den den Börsengang begleitenden Konsortialbanken aufgrund einer vorher durchgeführten Bewertung des Emittenten und aufgrund der Auswertung der Preisindikationen von einzelnen, ausgewählten Investoren, die die Banken gezielt im Vorfeld der Durchführung des Angebots auf die Aktien der Gesellschaft angesprochen haben *(pre-marketing)*, ermittelt und von Vorstand und Aufsichtsrat beschlossen.[112] Zivilrechtlich ist das Verkaufsangebot kein bindendes Angebot, sondern lediglich eine Invitatio ad Offerendum.[113] 54

1. Bookbuilding

Aufgrund der in der Tages- und Wirtschaftspresse verbreiteten Aufforderung und der gezielten Ansprache durch die Konsortialbanken geben interessierte Investoren Angebote zum Erwerb von Aktien des Emittenten bei den Konsortialbanken ab, wobei sie bestimmen, zu welchem Preis innerhalb der Preisspanne sie bereit sind, eine bestimmte Anzahl von Aktien des Emittenten zu erwerben *(limits)*. Diese Angebote werden von den den Börsengang begleitenden Banken an die Konsortialbank weitergeleitet, die das sog. elektronische Orderbuch führt *(bookrunner)*, und in diesem vermerkt.[114] Nach Ablauf der Ange- 55

---

110 *Schlitt/Schäfer/Basnage* CFL 2013, 49 (51); *Krämer/Gillessen/Kiefner* CFL 2011, 328 (334 f.); *Fleischer/Thaten* NZG 2011, 1081 (1084); *Meyer* in Marsch-Barner/Schäfer § 7 Rn. 21c.

111 *Singhof/Weber* in Habersack/Mülbert/Schlitt, Unternehmensfinanzierung am Kapitalmarkt, § 3 Rn. 3.76; *Meyer* in Marsch-Barner/Schäfer § 8 Rn. 30 ff.; *Ries/Murr* in Grunewald/Schlitt § 2 III.3. (S. 37).

112 *Meyer* in Marsch-Barner/Schäfer § 8 Rn. 30; ähnlich *Singhof/Weber* in Habersack/Mülbert/Schlitt, Unternehmensfinanzierung am Kapitalmarkt, § 3 Rn. 3.76; *Ries/Murr* in Grunewald/Schlitt § 2 III.3. (S. 37).

113 *Ries/Murr* in Grunewald/Schlitt § 2 III.3. (S. 37).

114 *Meyer* in Marsch-Barner/Schäfer § 8 Rn. 30; *Singhof/Weber* in Habersack/Mülbert/Schlitt, Unternehmensfinanzierung am Kapitalmarkt, § 3 Rn. 3.76; *Schanz* § 10 Rn. 87; *Ries/Murr* in Grunewald/Schlitt § 2 III.3.a) (S. 37).

botsfrist wird das Orderbuch von der Konsortialführerin ausgewertet und der Emissionspreis und die Anzahl der öffentlich angebotenen Aktien von der Gesellschaft in Abstimmung mit den Konsortialbanken und den veräußernden Aktionären festgelegt. Bei der Festlegung des Emissionspreises müssen die teilweise unterschiedlichen Interessen der Beteiligten in Einklang gebracht werden. Der Private-Equity-Investor strebt, jedenfalls wenn er seine Beteiligung an dem Emittenten vollständig abbauen möchte, einen möglichst hohen Verkaufspreis für die Aktien an. Im Gegensatz dazu haben die Konsortialbanken und der Emittent zumeist ein Interesse daran, das Preispotenzial nicht voll auszureizen. Indem sie auch langfristig orientierte Investoren berücksichtigen[115], helfen sie den Börsenkurs der Aktie nach ihrer Einführung möglichst stabil über dem Ausgabekurs zu halten und damit die Erwartungen der Anleger, die in die Aktien investiert haben, nicht zu enttäuschen und letztlich auch eine Inanspruchnahme aus Prospekthaftung zu vermeiden. Daher wird bei der Festlegung des Emissionspreises nicht der maximal mögliche Emissionspreis[116], sondern ein solcher bestimmt, der einen ausgewogenen Investorenmix ermöglicht. Emissionspreis und -volumen werden nach ihrer Festlegung unverzüglich im Wege einer Ad-hoc-Mitteilung veröffentlicht und anschließend gemäß Art. 17 Abs. 2 ProspektVO im Wege einer (nicht billigungspflichtigen) Preisbekanntmachung bekannt gegeben.

2. Decoupled Bookbuilding

56 In der Praxis hat sich neben dem Bookbuilding das sog. Decoupled Bookbuilding[117] etabliert, das eine Variante des Bookbuildings darstellt. Bei diesem Verfahren wird im Wertpapierprospekt die Preisspanne, innerhalb derer Aktien erworben werden können, und (häufig auch) der Angebotszeitraum offen gelassen.[118] Auf der Grundlage des so gebilligten Wertpapierprospekts sprechen die Konsortialbanken zunächst eine möglichst große Zahl von institutionellen Investoren an, um weitere, stabilere Preisindikationen zu erhalten. Sodann legen sie die Preisspanne und den Zeitraum fest, in dem Angebote zum Erwerb von Aktien bei ihnen abgegeben werden können.[119] Des Weiteren wird eine Anzeige in der Tages- und Wirtschaftspresse platziert, die die Investoren zur Abgabe von Angeboten zum Kauf der Aktien des Emittenten auffordert. Die Angebotsfrist, die beim regulären Bookbuilding idR sieben bis zehn Tage umfasst, ist beim Decoupled Bookbuilding verkürzt und beträgt meist lediglich zwei bis drei Tage.[120] Dem steht auch die Regelung des § 14 Abs. 1 S. 4 WpPG nicht entgegen.[121] Zwar ist nach der Gesetzesbegründung[122] das öffentliche Angebot im Rahmen eines Börsengangs mindestens sechs Werktage lang aufrechtzuerhalten, jedoch folgen die BaFin und die Praxis dieser Ansicht zu Recht nicht. Dem Gesetzeswortlaut kann ein solches Erfordernis indessen nicht

---

[115] *Singhof/Weber* in Habersack/Mülbert/Schlitt § 3 Rn. 3.76; *Meyer* in Marsch-Barner/Schäfer § 8 Rn. 32; *Ries/Murr* in Grunewald/Schlitt § 2 III.3.a) (S. 37 f.).

[116] Eine Pflicht zur Festlegung des höchsten erzielbaren Emissionspreises ergibt sich nach richtiger Auffassung auch nicht aus der Verpflichtung zur bestmöglichen Auftragsdurchführung *(best execution)* gemäß § 82 WpHG, da im Wertpapierprospekt ausdrücklich auf die Berücksichtigung weiterer Kriterien bei der Festlegung des Emissionspreises hingewiesen wird. Häufig findet sich zur Klarstellung ein entsprechender Hinweis in der Mandatsvereinbarung *(letter of engagement)* zwischen dem Konsortialführer, dem Emittenten und den veräußernden Altaktionären (vgl. *Schlitt/Ries* FS Schwark, 2009, 241 (244); *Meyer* in Marsch-Barner/Schäfer § 8 Rn. 41).

[117] Siehe zum Bookbuilding und zum Decoupled Bookbuilding iE *Schlitt/Ries* FS Schwan, 2009, 241 (242 ff.).

[118] *Apfelbacher/Metzner* BKR 2006, 81 (86); *Schlitt/Singhof/Schäfer* BKR 2005, 251 (261); *Ries/Murr* in Grunewald/Schlitt § 2 III.3.b) (S. 38).

[119] *Apfelbacher/Metzner* BKR 2006, 81 (86); *Schlitt/Singhof/Schäfer* BKR 2005, 251 (261); *Ries/Murr* in Grunewald/Schlitt § 2 III.3.b) (S. 38).

[120] *Schlitt/Singhof/Schäfer* BKR 2005, 251 (261) sprechen von einer „relativ kurzen Zeit"; *Ries/Murr* in Grunewald/Schlitt § 2 III.3.b) (S. 38).

[121] *Schlitt/Singhof/Schäfer* BKR 2005, 251 (261); *Ries/Murr* in Grunewald/Schlitt § 2 III.3.b) (S. 38); wohl auch *Apfelbacher/Metzner* BKR 2006, 81 (86); *Groß* WpPG § 14 Rn. 3.

[122] BR-Drs. 85/05, 76.

entnommen werden. Dort ist lediglich bestimmt, dass zwischen dem Zeitpunkt der Veröffentlichung des Wertpapierprospekts und dem Abschluss des Angebots eine Frist von mindestens sechs Werktagen liegen muss. Diese Vorschrift besagt aber gerade nicht, dass das öffentliche Angebot einen Werktag nach Veröffentlichung des Wertpapierprospekts beginnen muss.

Die Anwendung des Decoupled Bookbuilding, das in der Praxis häufig angewendet wird, **57** wenn die Konsortialbanken nach den bis zu diesem Zeitpunkt gesammelten Erkenntnissen die geeignete Preisspanne noch nicht abschließend einschätzen können, hat zur Konsequenz, dass nach Festlegung der Preisspanne ein Nachtrag erstellt und veröffentlicht werden muss, der die Preisspanne, die Angebotsfrist und damit im Zusammenhang stehende Angaben enthält.[123] Den Investoren steht in diesem Fall ein Widerrufsrecht zu (§ 16 Abs. 3 S. 1 WpPG). Dieses Widerrufsrecht läuft beim Decoupled Bookbuilding jedoch praktisch leer, da die Konsortialbanken vor Bekanntgabe der Preisspanne das Orderbuch nicht öffnen, mithin zu diesem Zeitpunkt noch keine Angebote auf den Erwerb der Aktien abgegeben wurden, die widerrufen werden könnten. Der Emissionspreis und das Emissionsvolumen werden – wie im Falle des Bookbulding-Verfahrens – unverzüglich nach ihrer Festlegung ad hoc veröffentlicht und anschließend gemäß § 8 Abs. 1 S. 6 WpPG im Wege einer nicht billigungspflichtigen Preisbekanntmachung bekannt gemacht.

VII. Börsenzulassung

Der für die Einleitung des Zulassungsverfahrens[124] erforderliche Zulassungsantrag ist **58** schriftlich bei der Geschäftsführung der jeweiligen Börse (dh idR bei der Geschäftsführung der Frankfurter Wertpapierbörse), vom Emittenten zusammen mit den Konsortialbanken (§ 32 Abs. 2 S. 1 BörsG, §§ 45, 48 BörsO FWB) zu stellen (§ 48 BörsZulV) und muss Firma, Sitz der Antragsteller sowie Art und Betrag der zuzulassenden Aktien angeben. Dem Zulassungsantrag für eine Zulassung zum regulierten Markt ist ein Entwurf des Wertpapierprospekts oder der gebilligte Wertpapierprospekt beizufügen (vgl. § 48 Abs. 2 BörsZulV). Darüber hinaus sind der Geschäftsführung auf deren Verlangen weitere Dokumente vorzulegen,[125] die in aller Regel unaufgefordert mit dem Zulassungsantrag eingereicht werden. Die Geschäftsführung hat grundsätzlich die Zulassung zu erteilen, wenn die Zulassungsvoraussetzungen erfüllt sind und ein nach den Vorschriften des WpPG gebilligter Wertpapierprospekt veröffentlicht wurde (§ 32 Abs. 3 BörsG). Sie nimmt keine weitere Prüfung des Wertpapierprospekts vor.[126] Sie hat sich lediglich davon zu überzeugen, dass die BaFin die Billigung für den Wertpapierprospekt tatsächlich erteilt hat und dieser ordnungsgemäß veröffentlicht worden ist. Die Zulassung darf frühestens am ersten Handelstag nach der Einreichung des Zulassungsantrags erfolgen (§ 50 BörsZulV). In der Praxis benötigt die Geschäftsführung regelmäßig drei Werktage zur Bearbeitung des Zulassungsantrags.[127]

---

[123] *Schlitt/Singhof/Schäfer* BKR 2005, 251 (261); *Ries/Murr* in Grunewald/Schlitt § 2 III.3.b) (S. 38 f.).

[124] Siehe zum Zulassungsverfahren im Einzelnen *Groß* in Marsch-Barner/Schäfer in § 9 Rn. 53 ff.

[125] Zu diesen Dokumenten zählen ein beglaubigter Handelsregisterauszug des Emittenten neuesten Datums, eine Satzung des Emittenten in der aktuellen Fassung und die Jahresabschlüsse sowie die Lageberichte des Emittenten für die drei Geschäftsjahre, die dem Antrag vorausgegangen sind, einschließlich der Bestätigungsvermerke der Abschlussprüfer.

[126] *Schlitt/Singhof/Schäfer* BKR 2005, 251 (255).

[127] Zeitliche Vorgaben finden sich ebenfalls für die von der Zulassung zu unterscheidende Einführung der Aktien, also die Aufnahme der Notierung im regulierten Markt (§ 52 BörsZulV). Diese darf erst an dem auf die Veröffentlichung des Wertpapierprospekts folgenden Werktag erfolgen, was in der Praxis keinerlei Probleme bereitet, da die Einführung der Aktien grundsätzlich am auf die Zulassung folgenden Werktag und mithin viele Tage nach der Veröffentlichung des Wertpapierprospekts vorgenommen wird.

E. Marketing und Stabilisierung

I. Marketing

59 Ein weiteres wichtiges Element des Börsengangs ist die Vermarktung der Aktien.[128] Zu unterscheiden ist diesbezüglich zwischen dem Zeitraum vor Veröffentlichung des gebilligten Wertpapierprospekts und dem Zeitraum nach Billigung und Veröffentlichung. Im Zeitraum vor der Veröffentlichung des gebilligten Wertpapierprospekts erfolgt die Vermarktung in begrenzter Weise, nämlich vor allem durch Early Look-Meetings bzw. das Pilotfishing[129] und das Pre-Marketing[130]. Bei Early Look-Meetings bzw. Pilotfishing handelt es sich um die Ansprache einer geringen Zahl ausgewählter Investoren, um ein Gefühl *(sentiment)* für die Vermarktbarkeit der Aktien, insbesondere die Attraktivität des Geschäftsmodells aus Investorensicht, sowie erste Indizien für die Unternehmensbewertung zu gewinnen.[131] Das Pre-Marketing zielt darauf ab, eine – gegenüber dem Pilotfishing intensivere – Sondierung des Investoreninteresses vorzunehmen, um auf dieser Basis die Bookbuilding-Spanne festlegen zu können.[132] Im Rahmen des Pre-Marketings versenden die Konsortialbanken sog. Research-Berichte, die von Research-Analysten der Konsortialbanken auf Grundlage einer Präsentation des Managements des Emittenten (Analysten-Präsentation) und weiterer Informationen erstellt werden, an einen ausgewählten Kreis institutioneller Investoren. Diese Reports werden diesen Investoren sodann von den Research-Analysten erläutert *(investor education)*, worauf diese gegenüber der Sales Force der Konsortialbanken ihre Preisvorstellungen und ihr Interesse (ggf. in Abhängigkeit von bestimmten Preisgrenzen) äußern und auf diese Weise Kriterien für die marktgerechte Preiseinschätzung liefern.[133] Nach der Billigung und Veröffentlichung des Wertpapierprospekts tritt die Vermarktung dann in die „heiße Phase" ein. Im Rahmen einer Roadshow besuchen die Vorstände des Emittenten eine Vielzahl besonders wichtiger institutioneller Investoren in ganz Europa und ggf. den Vereinigten Staaten von Amerika. Bei dieser häufig zwischen zehn und vierzehn Tage andauernden Reise werden sie von Mitarbeitern der Konsortialbanken begleitet, die sie währenddessen beraten.[134] Die einzelnen Termine bei den besonders wichtigen institutionellen Investoren bestehen aus einer Mischung zwischen Präsentationen der Mitglieder des Vorstands und Fragen an diese von den Investoren. Daneben finden Einzelgespräche (sog. One-on-Ones) zwischen den Mitgliedern des Vorstands des Emittenten und jeweils einem einzelnen besonders wichtigen institutionellen Investor statt.[135] Neben der Roadshow werden in diesem Zeitraum in Deutschland teilweise auch Werbeanzeigen in der Tages- und Wirtschaftspresse geschaltet, die auf das öffentliche Angebot aufmerksam machen sollen.

60 Bei der Vermarktung ist vor Veröffentlichung des Wertpapierprospekts darauf zu achten, dass diese kein (verfrühtes) öffentliches Angebot darstellt. Werbung muss klar als solche zu erkennen sein (Art. 22 Abs. 3 ProspektVO). Zudem ist in jeder Werbeanzeige auf den bereits veröffentlichten Wertpapierprospekt hinzuweisen und darzulegen, wo

[128] Siehe zur Vermarktung: *Singhof/Weber* in Habersack/Mülbert/Schlitt, Unternehmensfinanzierung am Kapitalmarkt, § 3 Rn. 3.40; *Schanz* § 10 Rn. 35 ff.; *Rudolf* in Habersack/Mülbert/Schlitt, Handbuch der Kapitalmarktinformation, § 1 Rn. 10.

[129] Vgl. zum Pilotfishing iE *Schäfer/Ernst* in Habersack/Mülbert/Schlitt, Handbuch der Kapitalmarktinformation, § 7 Rn. 17 f.

[130] Vgl. zum Pre-Marketing iE *Schäfer/Ernst* in Habersack/Mülbert/Schlitt, Handbuch der Kapitalmarktinformation, § 7 Rn. 23 f.

[131] *Schäfer/Ernst* in Habersack/Mülbert/Schlitt, Handbuch der Kapitalmarktinformation, § 7 Rn. 17.

[132] *Schäfer/Ernst* in Habersack/Mülbert/Schlitt, Handbuch der Kapitalmarktinformation, § 7 Rn. 23.

[133] *Schäfer/Ernst* in Habersack/Mülbert/Schlitt, Handbuch der Kapitalmarktinformation, § 7 Rn. 24.

[134] *Singhof/Weber* in Habersack/Mülbert/Schlitt, Unternehmensfinanzierung am Kapitalmarkt, § 3 Rn. 3.48; *Schanz* § 10 Rn. 39; *Ries/Murr* in Grunewald/Schlitt § 2 III.5. (S. 40).

[135] *Schäcker/Wohlgefahrt/Johannson* in Habersack/Mülbert/Schlitt, Unternehmensfinanzierung am Kapitalmarkt, § 2 Rn. 2.51; *Ries/Murr* in Grunewald/Schlitt § 2 III.5. (S. 40).

Anleger diesen erhalten können (Art. 22 Abs. 2 ProspektVO). Außerdem darf der Inhalt der Werbung weder unrichtig noch irreführend sein (Art. 22 Abs. 3 ProspektVO). Schließlich müssen alle Informationen, die über den Börsengang verbreitet werden, mit den Aussagen im Wertpapierprospekt übereinstimmen (Art. 22 Abs. 3 ProspektVO; sog. Konsistenzgebot). Daher ist bei der Vermarktung der Aktien sehr genau darauf zu achten, dass keine Aussagen getätigt werden, die einer Grundlage im Wertpapierprospekt entbehren. Besonders vorsichtig sollte der Emittent mit zukunftsgerichteten Aussagen umgehen[136], zu denen beispielsweise Prognosen über die Entwicklung des Gewinns oder des Umsatzes des Emittenten in den nächsten Geschäftsjahren gehören.[137] Sollten solche Aussagen getätigt werden, müssten sie unter Umständen in den Wertpapierprospekt aufgenommen werden, was zur Folge hätte, dass der Emittent und die Konsortialbanken für diese Aussagen die Haftung gemäß § 9 Abs. 1 WpPG übernehmen müssen.[138] Da sich solche Prognosen erfahrungsgemäß als fehlerträchtig erwiesen haben, ist das Haftungsrisiko tendenziell besonders hoch,[139] weshalb Prognosen generell bewusst vermieden werden.

II. Stabilisierung

Da kurz nach der Börseneinführung der Aktien des Emittenten einige Investoren die von ihnen erworbenen Aktien wieder verkaufen, kommt es in diesem Zeitraum häufig zu einem Verkaufsdruck auf den Börsenkurs der Aktien des Emittenten. Da diese Kursschwankungen ihre Ursache nicht in der wirtschaftlichen Situation des Emittenten, sondern im Anlageverhalten der Investoren haben,[140] besteht ein berechtigtes Interesse, diese Kursschwankungen durch Stabilisierungsmaßnahmen zu begrenzen.[141] Diese Stabilisierungsmaßnahmen finden ihre Grenze jedoch grundsätzlich im Verbot der Marktmanipulation des Art. 15 MarktmissbrauchsVO. Ein Verstoß scheidet aus (sog. *„safe harbour"*), wenn die Stabilisierungsmaßnahme nach Maßgabe von Art. 5 Abs. 4 MarktmissbrauchsVO und Art. 5 ff. Delegierte Verordnung (EU) 2016/1052 vom 8.3.2016 (DelegierteVO) erfolgt. Die DelegierteVO enthält detaillierte Voraussetzungen, die bei der Durchführung von Stabilisierungsmaßnahmen zu beachten sind, damit der „Safe Harbour" zur Verfügung steht (Art. 5 ff.). So müssen Stabilisierungsmaßnahmen zeitlich befristet sein (Art. 5 Abs. 1 DelegierteVO). Bei einem Börsengang beginnt die Stabilisierungsfrist mit dem Tag der Handelsaufnahme und endet spätestens nach 30 Kalendertagen (Art. 5 Abs. 1 lit. a DelegierteVO). Daneben bestehen Publizitätspflichten, und zwar im Zeitraum vor Durchführung von Stabilisierungsmaßnahmen (Art. 6 Abs. 1 DelegierteVO) und im Zeitraum nach Durchführung solcher Maßnahmen (Art. 6 Abs. 3 DelegierteVO). Spätestens am Ende des siebten Handelstages nach der Durchführung einer jeden Stabilisierungsmaßnahme muss eine der Konsortialbanken (sog. Stabilisierungsmanager) der BaFin und der Öffentlichkeit die Einzelheiten der jeweiligen Stabilisierungsmaßnahme mitteilen (Art. 6 Abs. 4 S. 2 und 61

136 *Schlitt/Singhof/Schäfer* BKR 2005, 251 (258); *Ries/Murr* in Grunewald/Schlitt § 2 III.5. (S. 40).
137 *Schlitt/Singhof/Schäfer* BKR 2005, 251 (258); *Ries/Murr* in Grunewald/Schlitt § 2 III.5. (S. 40).
138 *Schlitt/Singhof/Schäfer* BKR 2005, 251 (258); *Ries/Murr* in Grunewald/Schlitt § 2 III.5. (S. 40); siehe zur Aufnahmepflicht von Prognosen in den Wertpapierprospekt iE *Schlitt/Wilczek* in Habersack/Mülbert/Schlitt, Handbuch der Kapitalmarktinformation, § 5 Rn. 89 ff. und *Schäfer/Ernst* in Habersack/Mülbert/Schlitt, Handbuch der Kapitalinformation, § 14 Rn. 9 und § 7 Rn. 14.
139 Nach Auffassung der BGH müssen Prognosen ausreichend durch Tatsachen gestützt und kaufmännisch vertretbar sein. Von Prognosen sollte nur zurückhaltend Gebrauch gemacht werden. Auf Risiken, die den Eintritt der Prognosen in Frage stellen können, muss deutlich hingewiesen werden (BGH Urt. v. 12.7.1982 – II ZR 175/81, WM 1982, 862 (865).
140 *Singhof/Weber* in Habersack/Mülbert/Schlitt, Unternehmensfinanzierung am Kapitalmarkt, § 3 Rn. 3.84; *Ries/Murr* in Grunewald/Schlitt § 2 III.6. (S. 41).
141 Siehe zu den Voraussetzungen einer zulässigen Kursstabilisierung iE *Hopt/Kumpan* in Schimansky/Bunte/Lwowski, BankR-Handbuch, § 107 Rn. 39 sowie ausführlich *Mülbert* in Assmann/Schneider/Mülbert, Art. 5 VO Nr. 596/2014 Rn. 72 ff.

Art. 6 Abs. 2 DelegierteVO),[142] sowie innerhalb einer Woche nach Ablauf des Stabilisierungszeitraums in der Tages- oder Wirtschaftspresse bekannt geben, ob Stabilisierungsmaßnahmen durchgeführt wurden, zu welchem Termin mit ihnen begonnen wurde, wann die letzte Stabilisierungsmaßnahme erfolgte und innerhalb welcher Kursspanne Stabilisierungsmaßnahmen vorgenommen wurden (Art. 6 Abs. 3 DelegierteVO). Schließlich ist vorgeschrieben, dass die Kursstabilisierung unter keinen Umständen zu einem höheren Kurs als dem Emissionskurs erfolgen darf (Art. 7 Abs. 1 DelegierteVO).

62 Für Altaktionäre besonders relevant sind die sog. „ergänzenden Kursstabilisierungsmaßnahmen", worunter die „Überzeichnung" (richtig: Mehrzuteilung) und die Greenshoe-Option durch den Stabilisierungsmanager zu verstehen sind (vgl. Art. 1 lit. e DelegierteVO).[143] Insoweit sind neben den vorstehend dargestellten Voraussetzungen noch die weitergehenden Bestimmungen des zu beachten. Unter Mehrzuteilung ist eine Klausel im Übernahmevertrag zu verstehen, die den Konsortialbanken die Möglichkeit einräumt, mehr Aktien an Investoren zu verkaufen, als ursprünglich geplant (vgl. Art. 1 lit. f DelegierteVO). Diese Aktien werden den Konsortialbanken von Altaktionären im Wege eines Wertpapierdarlehens gemäß § 607 Abs. 1 BGB zur Verfügung gestellt.[144] Beim Exit-IPO eines Private-Equity-Investors steht diese Möglichkeit allerdings nur zur Verfügung, wenn der Private-Equity-Investor oder andere Aktionäre nicht von vorneherein seine gesamten Aktien im Rahmen des Börsengangs angeboten hat. Jedoch ist eine solche Mehrzuteilung nur zulässig, wenn sie innerhalb der Zeichnungsfrist und zum Emissionspreis erfolgt (Art. 8 lit. a DelegierteVO). Darüber hinaus fällt eine solche Vereinbarung nur dann in den Anwendungsbereich des Safe Harbours, wenn sie bis auf maximal 5% des ursprünglichen Angebotsvolumens durch eine sog. Greenshoe-Option gedeckt ist (Art. 8 lit. b DelegierteVO; die Mehrzuteilung kann sich also maximal auf bis zu 20% des ursprünglichen Angebotsvolumens belaufen).

63 Eine Greenshoe-Option ist die den Konsortialbanken eingeräumte Möglichkeit, nach dem Börsengang eine bestimmte Menge der Aktien zum Emissionspreis zu erwerben (Art. 1 lit. g DelegierteVO). Durch diese Kaufoption können die Konsortialbanken ihren Verpflichtungen gegenüber den Altaktionären zur Rückführung der Wertpapierdarlehen gerecht werden. Entwickelt sich der Börsenkurs der Aktien des Emittenten nach dem Börsengang positiv, werden die Konsortialbanken die mehrzugeteilten Aktien nicht aus dem Markt zurückerwerben. In diesem Fall machen die Konsortialführer von der Greenshoe-Option Gebrauch: Fungieren Altaktionäre als Stillhalter, führen die Konsortialbanken das Wertpapierdarlehen durch Barleistung zurück.[145] Fungiert der Emittent dagegen selbst als Stillhalter[146], sind die Banken berechtigt, weitere Aktien aus genehmigtem Kapital zum Emissionspreis zu zeichnen, um damit den Anspruch der Altaktionäre aus dem Wertpapierdarlehen auf Übereignung von Aktien gleicher Art, Güte und Menge erfüllen zu können (Zwei-Tranchen-Modell).[147] Einem solchen Vorgehen steht selbst dann nicht die Vorschrift des § 255 Abs. 2 AktG entgegen, wenn die Konsortialbanken diese weiteren Aktien aus dem genehmigten Kapital zu einem Ausgabebetrag zeichnen, der deutlich unter

[142] *Feuring/Berrar* in Habersack/Mülbert/Schlitt, Unternehmensfinanzierung am Kapitalmarkt, § 39 Rn. 39.46 f.; *Ries/Murr* in Grunewald/Schlitt § 2 III.6. (S. 41) (jeweils noch zur Rechtslage vor Inkrafttreten der MarktmissbrauchsVO).

[143] *S. Schäfer* in Grunewald/Schlitt § 8 IV.1.c) (S. 164).

[144] *Singhof/Weber* in Habersack/Mülbert/Schlitt, Unternehmensfinanzierung am Kapitalmarkt, § 3 Rn. 3.85; *Schäfer* ZGR 2008, 455 (487); *Ries/Murr* in Grunewald/Schlitt § 2 III.6. (S. 42).

[145] *Meyer* in Marsch-Barner/Schäfer § 8 Rn. 69; *C. Schäfer* ZGR 2008, 455 (488); *Ries/Murr* in Grunewald/Schlitt § 2 III.6. (S. 42).

[146] Zur Zulässigkeit BGH Beschl. v. 21.7.2008 – II ZR 1/07, AG 2009, 446 (447); KG Urt. v. 16.11.2006 – 23 U 55/03, NZG 2008, 29 ff.; *Schäfer* ZGR 2008, 455 (488 f.); *Singhof/Weber* in Habersack/Mülbert/Schlitt, Unternehmensfinanzierung am Kapitalmarkt, § 3 Rn. 3.85; *Meyer* in Marsch-Barner/Schäfer § 8 Rn. 69; *Busch* AG 2002, 230 (231 ff.); aA noch KG Urt. v. 22.8.2001 – 23 U 6712/99, AG 2002, 243 f.

[147] *Meyer* in Marsch-Barner/Schäfer § 8 Rn. 69; *Singhof/Weber* in Habersack/Mülbert/Schlitt, Unternehmensfinanzierung am Kapitalmarkt, § 3 Rn. 3.85; *C. Schäfer* ZGR 2008, 455 (488); *Ries/Murr* in Grunewald/Schlitt § 2 III.6. (S. 42 f.).

dem zu diesem Zeitpunkt aktuellen Börsenkurs liegt.[148] Denn die Rechte der Aktionäre werden auch in diesem Fall nicht beeinträchtigt, weil das zusätzliche Kapitalerhöhungsvolumen von Anfang an hätte ausgeschöpft und die Aktien anschließend zum Emissionspreis platziert werden können.[149] Dann stünden die Altaktionäre mitunter sogar schlechter, weil dann kein Stabilisierungsinstrument zur Verfügung stünde.[150] Die Verwässerung tritt mit der Festlegung des Emissionspreises und der Vereinbarung der Greenshoe-Option ein und nicht erst mit deren Ausübung.[151] Sinkt dagegen der Börsenkurs der Aktie des Emittenten kurz nach dem Börsengang unter den Emissionspreis ab, kauft die Konsortialführerin die notwendige Anzahl Aktien aus dem Markt zurück und übereignet diese anschließend an die Altaktionäre, um so das Wertpapierdarlehen zurückzuführen. Für den Kauf der Aktien aus dem Markt[152] verwenden die Konsortialbanken die Mittel, die sie durch die zusätzliche Zuteilung erlangt haben.[153] Während die Ausübung der Greenshoe-Option für die Konsortialbanken eine finanziell neutrale Transaktion ist, können sie bei einem Kauf der Aktien aus dem Markt einen Stabilisierungsgewinn erzielen, da sie von den Investoren bei der Platzierung den höheren Emissionspreis erhalten haben, nun aber nur den geringeren Börsenkurs zahlen müssen.[154]

Eine Greenshoe-Option kann lediglich bis zu einem Maximalbetrag von 15 % des ursprünglichen Angebotsvolumens vereinbart werden (Art. 8 S. 1 lit. d DelegierteVO). **64**
Des Weiteren muss sich der für die Ausübung der Greenshoe-Option vorgesehene Zeitraum mit der 30-tägigen Stabilisierungsfrist decken (Art. 8 S. 1 lit. e DelegierteVO). Schließlich ist die Öffentlichkeit unverzüglich und in allen angemessenen Einzelheiten über die Ausübung der Greenshoe-Option zu unterrichten, insbesondere über den Zeitpunkt der Ausübung und die Zahl und Art der Aktien (Art. 8 S. 1 lit. f DelegierteVO).

F. Kapitalmarktrechtliche Folgepflichten

Die Stellung des Antrags auf Zulassung bzw. die Zulassung der Aktien des Emittenten zum **65**
Handel im regulierten Markt hat sowohl für den Emittenten als auch für dessen Aktionäre weitreichende Folgen. So hat der Emittent beispielsweise Insiderinformationen, die ihn unmittelbar betreffen, unverzüglich zu veröffentlichen (Art. 17 MarktmissbrauchsVO), er hat die Vorschriften der §§ 114 ff. WpHG über die Finanzberichterstattung zu beachten und der Vorstand und der Aufsichtsrat des Emittenten haben jährlich eine Entsprechenserklärung zum Corporate Governance Kodex gemäß § 161 AktG abzugeben.[155]

Die Aktionäre haben infolge der Zulassung der Aktien insbesondere die Mitteilungs- **66**
pflichten gemäß §§ 33 ff. WpHG zu beachten. So haben die Aktionäre, die durch Erwerb, Veräußerung oder auf sonstige Weise 3 %, 5 %, 10 %, 15 %, 20 %, 25 %, 30 %, 50 % oder 75 % der Stimmrechte an dem Emittenten erreichen, überschreiten oder unterschreiten dies unverzüglich, spätestens innerhalb von vier Handelstagen, diesem und gleichzeitig der BaFin mitzuteilen. Gehören einem Aktionär im Zeitpunkt der erstmaligen Zulassung der Aktien des Emittenten Stimmrechte in einer Höhe von 3 % oder mehr, so hat er dies dem Emittenten und der BaFin unverzüglich mitzuteilen (§ 33 Abs. 2 S. 1 WpHG). Zudem

---

[148] BGH Beschl. v. 21.7.2008 – II ZR 1/07, AG 2009, 446 (447 f.); KG Urt. v. 16.11.2006 – 23 U 55/03, NZG 2008, 29 ff.; *Singhof/Weber* in Habersack/Mülbert/Schlitt § 3 Rn. 3.85; *Meyer* in Marsch-Barner/Schäfer § 8 Rn. 70; *Busch* AG 2002, 230 (231 ff.); KG, *C. Schäfer* ZGR 2008, 455 (488); *Ries/Murr* in Grunewald/Schlitt § 2 III.6. (S. 43); aA noch KG Urt. v. 22.8.2001 – 23 U 6712/99, AG 2002, 243 f.

[149] *Busch* AG 2002, 230 (233); *Ries/Murr* in Grunewald/Schlitt § 2 III.6. (S. 43).

[150] *Busch* AG 2002, 230 (233); *Ries/Murr* in Grunewald/Schlitt § 2 III.6. (S. 43).

[151] *Busch* AG 2002, 230 (233); *Ries/Murr* in Grunewald/Schlitt § 2 III.6. (S. 43).

[152] Gleiches gilt selbstverständlich für den Fall, dass die Konsortialbanken die Greenshoe-Option ausüben.

[153] *Busch* AG 2002, 230 (231).

[154] *Busch* AG 2002, 230 (233).

[155] Vgl. zu den kapitalmarktrechtlichen Folgepflichten iE *Klawitter/Schlitt* in Habersack/Mülbert/Schlitt, Unternehmensfinanzierung am Kapitalmarkt, § 38; *Stoppel* und *Kolling* in Grunewald/Schlitt §§ 13, 14, 15 sowie die Regelungen der MarktmissbrauchsVO.

müssen Aktionäre, die unmittelbar oder mittelbar Finanzinstrumente halten, die ihnen das Recht verleihen, einseitig im Rahmen einer rechtlich bindenden Vereinbarung mit Stimmrechten verbundene und bereits ausgegebene Aktien des Emittenten zu erwerben, dies bei Erreichen, Überschreiten oder Unterschreiten der vorstehend genannten Schwellen mit Ausnahme der Schwelle von 3% unverzüglich dem Emittenten und gleichzeitig der BaFin mitteilen (§ 38 WpHG). Diesbezüglich ist darauf zu achten, dass eine Zusammenrechnung der Finanzinstrumente mit den Beteiligungen nach den §§ 33, 34 WpHG erfolgt (§ 39 Abs. 1 WpHG). Inhaber wesentlicher Beteiligungen müssen eine weitere Mitteilungspflicht beachten: ein nach §§ 33ff. WpHG Meldepflichtiger, der die Schwelle von 10% der Stimmrechte aus Aktien des Emittenten oder eine der höheren Schwellen erreicht oder überschreitet, muss dem Emittenten die mit dem Erwerb der Stimmrechte verfolgten Ziele und die Herkunft der für den Erwerb verwendeten Mittel innerhalb von 20 Handelstagen nach Erreichen oder Überschreiten dieser Schwellen mitteilen (§ 43 Abs. 1 WpHG). Eine Änderung der Ziele ist ebenfalls innerhalb von 20 Handelstagen mitzuteilen (§ 43 Abs. 1 S. 2 WpHG), so dass die Aktionäre eine ständige Aktualisierungspflicht im Hinblick auf die mit dem Erwerb verfolgten Ziele trifft. Von dieser Pflicht können die Aktionäre des Emittenten durch eine Satzungsregelung befreit werden (§ 43 Abs. 3 WpHG).

G. Fazit

67 Vor diesem Hintergrund ist der Börsengang für Private-Equity-Investoren eine interessante Exit-Option. Letztlich hängt es davon ab, ob der Verkauf von Aktien über die Börse jedenfalls vergleichbare wirtschaftliche Konditionen bietet. Auch wenn dies nicht unmittelbar der Fall ist, ermöglicht ein Börsengang Private-Equity-Investoren die sukzessive Abgabe von Aktien im Sekundärmarkt und somit ein erhöhtes Maß an Flexibilität.

§ 21 Dual-Track-Verfahren

Übersicht

Rechtsprechungs- und Literaturverzeichnis

Assmann, Heinz-Dieter/Schneider, Uwe H.: Kommentar zum Wertpapierhandelsgesetz, 5. Aufl., Köln 2009

Born, Manfred/Ghassemi-Tabar, Nima/Gehle, Burkhard (Hrsg.): Münchener Handbuch des Gesellschaftsrechts, Band 7, 5. Auflage, München 2016

Böttcher, Lars/Blasche, Sebastian: Die Grenzen der Leitungsmacht des Vorstands, NZG 2006, S. 569 ff.

Cannivé, Klaus: Die Legal Vendor Due Diligence – Marktstandard oder Modeerscheinung?, ZIP 2009, S. 254 ff.

Diehl, Oliver/Bozicevic, Falko: Dual Track-Prozesse – Die bevorzugte Exitalternative für Finanzinvestoren, AG-Report 2006, S. R 493 f.

Ecker, Martina: Investmentstrategien von Finanzinvestoren, M&A Review 2006, S. 483 ff.

Engelhardt, Clemens: Gesellschafterbeschluss zur Durchführung einer Due Diligence, GmbHR 2009, S. 237 ff.

Garbs Holger: Der Trade Sale als neuer Königsweg? in VentureCapital Magazin, Ausgabe 1|2–2016, S. 16 ff.

Geyrhalter, Volker/Zirngibl, Nikolas/Strehle, Christopher: Haftungsrisiken aus dem Scheitern von Vertragsverhandlungen bei M&A-Transaktionen, DStR 2006, S. 1559 ff.

Gran, Andreas: Abläufe bei Mergers & Acquisitions, NJW 2008, S. 1409 ff.

Habersack, Mathias/Mülbert, Peter O./Schlitt, Michael: Unternehmensfinanzierung am Kapitalmarkt, 3. Aufl., Köln 2013

Hamann, Hartmut/Sigle, Axel: Vertragsbuch Gesellschaftsrecht, 2. Auflage, München 2012

Hohaus, Benedikt/Weber, Christoph: Aktuelles zu Managementbeteiligungen in Private Equity-Transaktionen 2007/2008, in BB 2008, S. 2358 ff.

Hölters, Wolfgang (Hrsg.): Handbuch des Unternehmens- und Beteiligungskaufs, 6. Auflage, Köln 2005

Holzapfel, Hans-Joachim/Pöllath, Reinhard: Unternehmenskauf in Recht und Praxis, 15. Auflage, Köln 2017

Hüffer, Uwe (Hrsg.): AktG, Kommentar, 8. Auflage, München 2008

Ilk, Thomas: Eine Gesamtbetrachtung von Initial Public Offering, Hamburg 2012

Juchem, Nikolai/Linnartz, Anke: Dual-Track-Verfahren ist eine Herausforderung, Börsen-Zeitung v. 19. Mai 2007, Sonderbeilage, S. B 4

Krömker, Michael: Der Anspruch des Paketaktionärs auf Informationsoffenbarung zum Zwecke der Due Diligence, NZG 2003, S. 418 ff.
Kümpel, Siegfried/ Wittig, Arne: Bank- und Kapitalmarktrecht, 4. Auflage, Köln 2011
Kuntz, Thilo: Die Auslegung von Material Adverse Change (MAC)-Klauseln in Unternehmenskaufverträgen, DStR 2009, S. 377 ff.
Louven, Christoph/Böckmann, Tobias: Ausgewählte Rechtsprobleme bei M&A-Auktionen, ZIP 2004, S. 445 ff.
Marsch-Barner, Reinhard/Schäfer, Frank A.: Handbuch börsennotierte AG, 3. Auflage, Köln 2014
Menke, Thomas: Müssen M&A-Verträge betreffend Geschäftsanteile „ausländischer GmbH's" beurkundet werden? M&A Review 2005, S. 2 ff.
Müller, Welf/Rödder, Thomas (Hrsg.): Beck'sches Handbuch der AG, 2. Auflage, München 2009
Ottersbach, Jörg H.: Praxishandbuch Unternehmensbeteiligung, München 2003
Palandt, Otto (Hrsg.): BGB, Kommentar, 76. Auflage, München 2018
Rudolph, Bernd: Funktionen und Regulierung der Finanzinvestoren, ZGR 2008, S. 161 ff.
Schäfer, Carsten: Vereinbarungen bei Aktienemissionen, ZGR 2008, S. 455 ff.
Schaffner, Petra: Haftungsbeschränkungen im Managementletter, BB 2007, S. 1292 ff.
Schanz, Kay-Michael: Börseneinführung, 4. Auflage, München 2012
Schickerling, Falco/Blunk, Andreas: Auswirkungen des MoMiG auf die gesellschaftsrechtliche Due Diligence im Vorfeld eines Geschäftsanteilskaufs, GmbHR 2009, S. 337 ff.
Schlitt, Michael/Grüning, Eyke: Exit von Private Equity Investoren über die Börse – IPO als Alternative zu Trade Sale and Secondary Buyout, CFL 2010, S. 68 ff.
Schwintowski, Hans-Peter/Schäfer, Frank A: Bankrecht, 4. Auflage, Köln 2014
Seibt, Christoph H./Reiche, Felix: Unternehmens- und Beteiligungskauf nach der Schuldrechtsreform, DStR 2002, S. 1135 ff.
Seibt, Christoph H./Wunsch, Oliver: Managementgarantien bei M&A-Transaktionen, ZIP 2008, S. 1093 ff.
Semler, Johannes/Volhard, Rüdiger (Hrsg.): Arbeitshandbuch für Unternehmensübernahmen, 1. Band, München 2001
Weitnauer, Wolfgang: Der rechtssichere Weg zum Exit: „10 Lehren" für einen erfolgreichen M&A-Prozess, GWR 2016, S. 413 ff.
Werder, Andreas von/König, Andreas: Rechtliche, steuerliche und praktische Aspekte eines „Dual Track-Exits" durch einen LBO-Fund, CFL 2011, S. 241 ff.
Werder, Andreas von/Li, Xianbei: Aktuelle Entwicklungen bei Managementbeteiligungsprogrammen im Rahmen von Leveraged Buy Outs, BB 2013, S. 1736 ff.

A. Einleitung

1 Private-Equity- bzw. Finanzinvestoren sind Investoren auf Zeit, die meist kein längerfristiges strategisches Interesse an der Unternehmensbeteiligung haben. Sie versuchen innerhalb eines begrenzten Zeitraums eine möglichst hohe Wertsteigerung ihrer Beteiligung zu erreichen.[1] Der Exit, also der Ausstieg eines Investors aus einem Portfolio-Unternehmen entweder im Rahmen eines M&A-Prozesses über den Verkauf der Beteiligung an einen Dritten (Trade Sale oder Secondary Buy-Out) oder über den Börsengang (Initial Public Offering – IPO),[2] ist neben dem Beteiligungserwerb der bedeutendste Schritt im Rahmen eines Buy-Out und damit ein wesentliches Grundelement eines erfolgreichen Investments. Der Grund für die zeitliche Befristung der Beteiligung eines Finanzinvestors an einem Portfolio-Unternehmen – die Haltedauer beträgt meist zwischen drei und sieben Jahren[3] – liegt darin, dass in der Regel[4] nur durch einen Exit die von dem Finanzinvestor und den Fonds-Investoren erwartete Rendite realisiert werden kann. Der Exit zu einem Preis, der den Wertzuwachs des Portfolio-Unternehmens widerspiegelt, ist daher das eigentliche Ziel eines Private Equity-Investors.[5] Der Ablauf eines Exits hängt in erster Linie davon auf, ob ein Verkauf der Beteiligung oder ein IPO durchgeführt werden soll. Beide

[1] *Rudolph* ZGR 2008, 161 mwN.
[2] In Betracht kommt darüber hinaus neben einer Rückführung von Eigenkapital, die durch die Neuaufnahme von Fremdkapital finanziert wird, auch eine Insolvenz, bei der es sich selbstverständlich nicht um den bevorzugten Exitkanal handelt. In Zeiten des wirtschaftlichen Abschwungs und gestresster Finanzmärkte kommt dem Bereich Distressed Investments (vgl. hierzu § 29) eine erhöhte Bedeutung zu.
[3] *Hölters* in Hölters, Handbuch des Unternehmens- und Beteiligungskaufs, Teil I, Rn. 86.
[4] In Betracht kommt auch eine Refinanzierung oder eine Sonderausschüttung.
[5] *Baisch* in Hamann/Sigle, Vertragsbuch Gesellschaftsrecht, § 11 Rn. 5.

Exitvarianten haben unterschiedliche Voraussetzungen und stellen rechtlich unterschiedliche Anforderungen. Die beiden Exitvarianten lassen sich jedoch auch kombinieren, man spricht dann von einem Dual-Track-Verfahren oder schlicht Dual Track. Bei einem Dual Track handelt es sich um ein in Europa seit einigen Jahren verfolgtes Verfahren der Private-Equity-Investoren, einen Exit durchzuführen. Auf die rechtlichen und auf ausgewählte wirtschaftliche Besonderheiten eines Dual-Track-Verfahrens wird im Folgenden näher eingegangen.

B. Definition

Unter Dual Track versteht man das Verfahren, das ein Private-Equity-Investor im Zusammenhang mit dem Ausstieg aus einem Portfolio-Unternehmen verfolgt (Exit), bei dem sowohl der Verkauf der Beteiligung im Weg eines M&A-Prozesses durch einen Trade Sale oder ein Secondary Buy-Out als auch der Börsengang in parallelen Prozessen vorbereitet und meist zu einem späten Zeitpunkt entschieden wird, auf welche Weise der Exit tatsächlich vollzogen werden soll.[6] Dieser Prozess kann als offener und verdeckter Prozess geführt werden. Bei einem offenen Prozess wird die Durchführung des Dual Track offen kommuniziert, während bei einem sog. Hidden Dual Track der Großteil der an dem Prozess beteiligten Personen keine Kenntnis von dem jeweils anderen Prozess haben.[7] **2**

Vereinzelt wird auch zu einem Triple Track geraten, bei dem zusätzlich zu dem M&A-Prozess (Trade Sale oder Secondary Buy-Out) und dem IPO auch die Refinanzierung parallel vorbereitet wird. Unter Refinanzierung versteht man vereinfacht gesprochen die Ersetzung von Eigenkapital, das von dem Private-Equity-Investor dem Portfolio-Unternehmen zur Verfügung gestellt wurde, durch Fremdkapital, das von dem Portfolio-Unternehmen aufgenommen wird, sofern es über die hierfür erforderliche Bilanz- und Ertragsstruktur verfügt. Voraussetzung für eine Refinanzierung ist allerdings, dass die Fremdkapitalmärkte funktionieren. Durch eine Refinanzierung kann sich der Investor und gegebenenfalls auch das im Rahmen eines Managementbeteiligungsprogramms beteiligte Management das operative Ergebnis des Portfolio-Unternehmens zu Nutze machen und den Wertzuwachs des Unternehmens bereits vor dem eigentlichen Exit ganz oder teilweise realisieren. Im Fall des Scheiterns von M&A-Prozess und IPO lässt sich daher mit einer Refinanzierung aus Investorensicht wenigstens ein partieller Exit erzielen, der für das Unternehmen aufgrund der (zusätzlichen) Aufnahme des Fremdkapitals und der damit verbundenen Zins- und Tilgungszahlungen nicht ohne Risiko ist. Die Durchführung eines Triple Track stellt gegenüber einem Dual Track noch weitgehendere Anforderungen an Koordination und Aufwand und sollte daher nur verfolgt werden, wenn im Rahmen der Planung die Komplexität eines Triple Track als noch überschaubar eingeordnet wird.[8] **3**

Ferner ist der Dual Track von einem – in der Praxis seltenen – sog. Competitive IPO abzugrenzen, bei dem neben dem IPO im Wege eines auktionsähnlichen Prozesses eine Preisoptimierung durch Wettbewerb zwischen Konsortialbanken betrieben wird.[9] Dabei werden die konkurrierenden Konsortialbanken nicht von Anfang an in den Going-Public-Prozess eingebunden, vielmehr übermitteln sie zunächst nur ihre konkreten Vorstellungen zum IPO, aufgrund derer eine Vorauswahl für das IPO-Konsortium getroffen wird. Diese Banken geben dann ein Angebot für eine etwaige Preisspanne ab und erfahren erst rund zwei Wochen vor dem Ende des Verfahrens, ob sie Teil des IPO-Konsortiums werden.[10] **4**

6 Ähnlich *Menke* M&A Review 1/2005, 2 (2); *Diehl* Going Public 2006, 66; *von Werder/Li* BB 2013, 1736 (1741).

7 *Grosse/Wilczek* in Habersack/Mülbert/Schlitt, Unternehmensfinanzierung am Kapitalmarkt, § 5 Rn. 11; *Schlitt/Grüning* CFL 2010, 68 (75).

8 So auch *von Werder/König* CFL 2011, 241 (242); *Grosse/Wilczek* in Habersack/Mülbert/Schlitt, Unternehmensfinanzierung am Kapitalmarkt, § 5 Rn. 9.

9 *Grosse/Wilczek* in Habersack/Mülbert/Schlitt, Unternehmensfinanzierung am Kapitalmarkt, § 5 Rn. 10.

10 *Ilk,* Eine Gesamtbetrachtung von Initial Public Offering, S. 58.

5 Im Folgenden wird auf die Möglichkeit einer Refinanzierung und damit auf einen Triple Track und auf einen Competitive IPO nicht näher eingegangen, sondern der Dual Track ausführlich dargestellt.

6 In der jüngeren Vergangenheit erfreuten sich Dual-Track-Verfahren bei Finanzinvestoren größerer Beliebtheit. Exemplarisch zu nennen sind der Verkauf der Schweizer Symetis an Boston Scientific,[11] der Verkauf des Verpackungshersteller Mauser durch Clayton, Dubilier & Rice an Stone Canyon Industries[12], der Verkauf des Wurstpellenherstellers Kalle durch Silverfleet an Clayton, Dubilier & Rice[13], der Verkauf des Dämmstoffherstellers Armacell von Charterhouse an Kirkbi und Blackstone,[14] der Erwerb von Douglas durch den Finanzinvestor CVC sowie der Börsengang der pbb Deutschen Pfandbriefbank[15]. Diese Verfahren waren jeweils als Dual Track strukturiert. Mit Ausnahme des Börsengangs der pbb Deutschen Pfandbriefbank führten die genannten Dual-Track-Verfahren jeweils zu einem Verkauf des Portfolio-Unternehmens, der parallel verfolgte IPO wurde jeweils abgesagt. Neben den nachfolgend ausgeführten Vorteilen eines M&A-Prozesses und Nachteilen eines IPO dürften die Gründe für die Dominanz der M&A-Prozesse auch darin liegen, dass der Anlagedruck auf Investorenseite in Zeiten hoch liquider Kapitalmärkte im Niedrigzinsumfeld steigt[16]. Zudem trägt ein geplanter Börsengang zur Popularität des Zielunternehmens bei, was idealerweise zur Folge hat, dass weitere interessierte Bieter die Bewertung der Zielgesellschaft auf das Niveau einer bei einem Börsengang erzielten Bewertung heben und so letztlich der Exit über den einfacheren M&A-Prozess gewählt wird.[17]

C. M&A-Prozess, IPO und Dual Track

7 Dem Exit kommt im Rahmen eines Investments neben dem Erwerb des Portfolio-Unternehmens maßgebliche Bedeutung zu, da ein möglichst hoher Verkaufspreis für die Rendite ebenso entscheidend ist wie ein möglichst günstiger Kaufpreis. Wird daher die Entscheidung getroffen, den Exit vorzubereiten und damit Zeit, Geld und Ressourcen zu investieren und längerfristig zu binden, kommt es aus Sicht des Finanzinvestors und – sofern eine entsprechende Beteiligung besteht – des Managements entscheidend darauf an, den Exit zu einem erfolgreichen Abschluss zu führen. Der Exit wird klassischerweise entweder mittels eines M&A-Prozesses oder eines IPO durchgeführt. Jeder dieser beiden Exitkanäle bietet Vor- und Nachteile, die es im Vorfeld zu analysieren und abzuwägen gilt und auf die nachfolgend überblicksartig kurz eingegangen wird, bevor die Gründe dargestellt werden, die für einen Dual Track sprechen.

I. M&A-Prozess

8 Als Erwerber eines Portfolio-Unternehmens im Rahmen eines M&A-Prozesses kommt sowohl ein strategischer Investor (Trade Sale) als auch ein weiterer Finanzinvestor (Secondary Buy-Out)[18] in Betracht, wobei der Verkaufsprozess exklusiv (bilateral) oder als Bieter- bzw. Auktionsverfahren (multilateral) ausgestaltet werden kann.

---

[11] *Garnier* in Going Public Plattform Life Sciences Nr. 4, November 2017, S. 54 (55).

[12] FINANCE Magazin/Deals, Artikel vom 8.2.2017, abrufbar unter www.finance-magazin.de.

[13] FINANCE Magazin/Deals, Artikel vom 29.4.2016, abrufbar unter www.finance-magazin.de.

[14] FINANCE Magazin/Deals, Artikel vom 1.12.2015, abrufbar unter www.finance-magazin.de; LEGAL TRIBUNE ONLINE Marktstudien vom 18.12.2015, abrufbar unter www.lto.de.

[15] JUVE, Artikel vom 16.7.2015, abrufbar unter www.juve.de.

[16] *Steinbach* in Being Public/Going Public vom 27.8.2018, abrufbar unter www.goingpublic.de/ipo-im-dualtrack-von-finanzinvestoren.

[17] *Garbs* in VentureCapital Magazin Ausgabe 1|2–2016, 16 (20).

[18] Möglich ist auch ein Tertiary, Quartiary, etc. Buy-Out, bei dem das Unternehmen jeweils an einen weiteren Finanzinvestor verkauft wird. Ein Tertiary Buy-Out fand beispielsweise bei dem Verkauf des Aluminiumverarbeiters Zarges durch Triton (FINANCE Magazin/Deals, Artikel vom 10.4.2018, abrufbar unter www.finance-magazin.de) statt; ein Quartiary Buy-Out erfolgte bei dem Verkauf des Feinchemika-

1. Trade Sale – Verkauf an einen strategischen Investor

Für den Verkauf an einen strategischen Investor spricht in erster Linie dessen vermutete oder tatsächlich bestehende Affinität zu dem zum Verkauf stehenden Unternehmen, die regelmäßig darauf beruht, dass der strategische Investor in demselben oder in einem nahestehenden Geschäfts- oder Marktumfeld tätig ist.[19] Ein strategischer Investor ist häufig auch an dem Erwerb eines Portfolio-Unternehmens interessiert, um die bisherige Geschäftstätigkeit um ein weiteres Geschäftsfeld zu erweitern. Der Stratege hat regelmäßig großes Interesse daran, Produkte, Technologie und Kunden für seine eigene Geschäftstätigkeit nutzbar zu machen und Synergien zu realisieren. Ein strategischer Investor verfügt oft über ein ausgeprägtes Verständnis des zum Verkauf stehenden Unternehmens und kann kritische Bereiche rasch identifizieren und einordnen. 9

Gegen einen Trade Sale spricht regelmäßig die Notwendigkeit, vertrauliche Informationen im Rahmen der von dem Kaufinteressenten durchzuführenden Due Diligence[20] offenlegen zu müssen, selbst wenn – die Transaktion kann aus vielfältigen Gründen auch noch in letzter Minute scheitern – dies erst in einem späten Stadium der Transaktion, etwa in einem gesondert eingerichteten Datenraum, der besonders sensible Informationen enthält, erfolgt. Bei einem Trade Sale bleibt darüber hinaus die Unabhängigkeit des zum Verkauf stehenden Unternehmens nicht gewahrt; es wird nach dem Vollzug der Transaktion regelmäßig in das erwerbende Unternehmen integriert. Bei großvolumigen oder komplexen Transaktionen benötigen strategische Investoren meist mehr Zeit für eine Transaktion, insbesondere für die Durchführung einer Due Diligence, und sie neigen häufig dazu, Entscheidungen erst zu treffen, nachdem tatsächlich bestehende oder lediglich vermutete Probleme, die im Rahmen der Due Diligence identifiziert wurden, gelöst worden sind. 10

2. Secondary Buy-Out – Verkauf an einen Finanzinvestor

Für den Verkauf an einen Finanzinvestor spricht, dass die Unternehmensidentität des zum Verkauf stehenden Unternehmens in der Regel erhalten bleibt, sofern der Finanzinvestor, der den Zuschlag erhält, nicht bereits über ein Portfolio-Unternehmen verfügt, das auf demselben Geschäftsfeld wie das zum Verkauf stehende Unternehmen tätig ist. Im Gegensatz zu einem IPO hat ein Secondary Buy-Out auch den Vorteil, dass der Kreis der Anteilsinhaber (Gesellschafter) überschaubar ist und diese damit direkt in die wesentlichen Entscheidungen des Unternehmens einbezogen werden können. Aufgrund der unterschiedlichen Ausrichtung und Investitionsstrategien der Private-Equity-Investoren kann ein solcher Secondary Buy-Out wirtschaftlich vorteilhaft sein, wenn das weitere Wachstum des Unternehmens einen neuen Investor erfordert, der auf Unternehmen anderer Größenordnung als der ursprüngliche Investor spezialisiert ist und der daher weitere Mittel zur Verfügung stellen kann. Das Management des zum Verkauf stehenden Unternehmens steht einem Secondary Buy-Out aufgeschlossen gegenüber, sofern zwei Voraussetzungen erfüllt sind: Zum einen wird das Management, sofern es an dem Unternehmen als Gesellschafter (direkt oder indirekt) beteiligt ist, Wert darauf legen, an der Realisierung des Exiterlöses angemessen zu partizipieren und nicht den gesamten Erlös erneut im 11

lienherstellers Cabb Group von Bridgepoint an Permira (FINANCE Magazin/Deals, Artikel vom 22.4.2014, abrufbar unter www.finance-magazin.de). Ohne hierauf im Folgenden weiter einzugehen, bedürfen Equity Story und Finanzierungsmöglichkeiten bei jedem weiteren Buy-Out einer gründlichen Analyse.

[19] Auf mögliche fusionskontrollrechtliche Schwierigkeiten, die nicht nur bei strategischen, sondern auch bei Finanzinvestoren auftreten können, sofern in dem Portfolio des Finanzinvestors entsprechende Unternehmen vorhanden sind, wird hier nicht näher eingegangen.

[20] Haftungsrechtliche Überlegungen auf der Käuferseite zwingen in der Regel zur Durchführung einer Due Diligence. So ist es zB aus Sicht des Managements des erwerbenden Unternehmens als sorgfaltswidrig nach § 43 GmbHG, § 93 AktG anzusehen, wenn das zu erwerbende Unternehmen dem Erwerber unbekannt ist und dennoch nicht untersucht wird, vgl. *Schickerling/Blunk* GmbHR 2009, 337.

Rahmen eines neuen Beteiligungsprogramms investieren zu müssen (Rollover); zum anderen eröffnet gerade ein neues Beteiligungsprogramm dem Management die Möglichkeit, bei Erreichen der vereinbarten Ziele – insbesondere eines von dem Finanzinvestor definierten IRR[21] – finanziell erneut an der weiteren Wertsteigerung des Unternehmens zu partizipieren.

12 Zu den Gründen, die zwar nicht aus Sicht des den Exit betreibenden Finanzinvestors, allerdings aus Sicht des zum Verkauf stehenden Unternehmens gegen einen Secondary Buy-Out sprechen können, zählt zunächst, dass dem Unternehmen keine neuen oder zusätzlichen Finanzierungslasten auferlegt werden, die zu einer nachhaltigen Einschränkung der Investitions- und Wachstumsaktivitäten führen. Vor allem in wirtschaftlichen Schwächephasen zeigt sich, ob Portfolio-Unternehmen ausreichend konservativ finanziert sind oder ob gegen die in Kreditverträgen regelmäßig ausführlichen Regelungen[22] zu den Pflichten des Kreditnehmers (Covenants), die während der Laufzeit des Kredits zu beachten sind, verstoßen wird.[23] Darüber hinaus fehlt es bei einem Secondary Buy-Out regelmäßig an Synergieeffekten, die bei dem Verkauf an einen strategischen Investor meist vorhanden sind und die es einem Strategen erlauben, diese Effekte über einen attraktiven Kaufpreis ganz oder teilweise an den veräußernden Finanzinvestor zurückzugeben und sich damit einen Wettbewerbsvorteil gegenüber einem Finanzinvestor zu verschaffen, der an einem Erwerb des Unternehmens ebenfalls interessiert ist.

II. Börsengang (IPO)

13 Ob der Exitkanal IPO offensteht, hängt in erster Linie davon ab, ob die Kapitalmärkte aufnahmebereit sind. Verfügt das Unternehmen über ein besonderes Unternehmenskonzept, das auf Interesse bei Aktionären stößt, besteht allerdings auch in einem schwächeren Kapitalmarktumfeld die Chance, einen IPO erfolgreich durchzuführen. Der IPO hat den Vorteil, dass die Unabhängigkeit des Unternehmens erhalten bleibt, das Unternehmen Zugang zu Finanzierungsquellen über den Kapitalmarkt erhält und aufgrund der kapitalmarktrechtlichen Transparenzvorschriften das Vertrauen von Investoren, Kunden und Lieferanten in das Unternehmen und damit das operative Geschäft gestärkt wird. Gründe, die gegen einen IPO sprechen, sind die Volatilität des Kapitalmarkts, die trotz planmäßiger Performance des Portfolio-Unternehmens dazu führen kann, dass das Unternehmen Marktkapitalisierung verliert. Darüber hinaus bestehen für das börsennotierte Unternehmen erhöhte Publizitäts- und Veröffentlichungspflichten und damit Verwaltungs- und Kostenaufwand, der im Einzelfall von dem Börsensegment abhängt, in dem das Unternehmen gelistet ist. Bei einem börsennotierten Unternehmen sind Angriffe verschiedener Investoren nicht auszuschließen, die von sog. räuberischen Aktionären im Rahmen von Hauptversammlungen, aktivistischen Hedgefonds oder anderen Investoren ausgehen können, die eine Übernahme des Unternehmens, eine Änderung der Geschäftspolitik oder einfach die Ausschüttung von Dividenden anstreben.

14 Das Management eines Portfolio-Unternehmens bevorzugt oft den Börsengang gegenüber dem Verkauf an einen strategischen oder Finanzinvestor, da bei einem Börsengang zwar die aktienrechtliche Kompetenzverteilung zu beachten und kapitalmarkt- und börsenrechtliche Vorgaben einzuhalten sind, eine (börsennotierte) Aktiengesellschaft im Übrigen allerdings vom Vorstand geleitet wird und die Geschäftsführung inne hat, ohne an Weisun-

---

[21] Die Rendite eines Private-Equity-Investments wird mit der Internal Rate of Return (IRR) gemessen, einer finanzmathematischen Methode zur Renditeberechnung unter Beachtung des internen Zinsfußes, vgl. *Baisch* in Hamann/Sigle, Vertragsbuch Gesellschaftsrecht, § 11 Rn. 48 mwN.

[22] Das „Covenants Light-Prinzip", wonach insbesondere die Kreditgeber auf sog. Maintenance Covenants, also die Einhaltung bestimmter Finanzrelationen wie zum Beispiel ein bestimmtes Verhältnis von Schulden zu operativem Gewinn, weitgehend verzichten, war nach der Finanzkrise von dem Kreditmarkt verschwunden, hat allerdings wieder größere Bedeutung gewonnen.

[23] *Ruby/Seibold* in Hamann/Sigle, Vertragsbuch Gesellschaftsrecht, § 10 Rn. 30.

gen anderer Gesellschaftsorgane oder von (Groß-) Aktionären gebunden zu sein, während der Aufsichtsrat (lediglich) Überwachungsfunktion hat und der Hauptversammlung die Beschlussfassung in wesentlichen Gesellschaftsangelegenheiten obliegt.[24] Im Rahmen der Planung und Durchführung eines Dual Track, bei dem es auf die Mitwirkung des Managements entscheidend ankommt, ist daher die vermutete oder tatsächlich bestehende Präferenz des Managements zugunsten eines Börsengangs stets zu beachten und bei der Prozesssteuerung einzuplanen.

Im Fall eines Börsengangs ist zu entscheiden, ob und inwieweit die Emission aus neuen, **15** im Rahmen einer Kapitalerhöhung geschaffenen Aktien besteht, ob bestehende Aktien von Altaktionären platziert werden, oder ob sowohl neue Aktien emittiert als auch alte Aktien umplatziert werden.[25] Der Exitkanal Börsengang ist aus Sicht eines Finanzinvestors in der Regel nur dann sinnvoll, wenn er wenigstens einen Teil seiner Altaktien im Rahmen der Emission platzieren kann, um jedenfalls einen teilweisen Exit realisieren zu können. Gerade die Platzierung von Altaktien eines Finanzinvestors sieht der Kapitalmarkt mittlerweile zunehmend als natürlichen Schritt an.[26]

Der Finanzinvestor sollte sich darüber bewusst sein, in der Regel nicht sämtliche von **16** ihm gehaltenen Altaktien an dem Portfolio-Unternehmen bereits im Rahmen des IPO platzieren und damit einen vollständigen Exit durchführen zu können. Die Emissionsverträge mit den mandatierten Banken[27] sehen für die Altaktionäre regelmäßig Veräußerungsverbote in Form von Lock-up-Verpflichtungen vor, wobei der Zeitraum für ein solches Veräußerungsverbot in der Regel zwischen sechs Monaten und zwei Jahren variiert.[28] Bei der Bemessung des Zeitraums, für den ein solches Veräußerungsverbot gilt, kann allerdings zwischen verschiedenen Aktionärsgruppen – also zum Beispiel zwischen einem Finanzinvestor und dem Management – unterschieden werden. Der Sinn solcher Lock-up-Verpflichtungen besteht darin, vertrauensbildend auf den Kapitalmarkt einzuwirken, wonach in der Folgezeit einer Emission kein Verkaufsdruck durch Platzierung weiterer großer Pakete entsteht.[29] Eine Lock-up-Verpflichtung kann für den Investor auch von Vorteil sein, da er über sein Aktienpaket an weiteren Wertsteigerungen des börsennotierten Unternehmens bis zum endgültigen Exit partizipiert.[30] Allerdings besteht umgekehrt auch die Gefahr eines Wertverlusts. Erst im Rahmen eines Secondary Public Offerings, also einer zweiten Platzierungsrunde, oder im Rahmen eines Verkaufs außerhalb der Börse, also im Rahmen eines sog. Block Trades, gelingt einem Private-Equity-Investor bei einem Börsengang der vollständige Exit und damit die endgültige Realisierung des Investments.

Die zehn größten Private Equity IPOs der Jahre 2014 bis 2017, deren Transaktions- **17** volumen bekannt ist, sind im Folgenden dargestellt[31]:

---

[24] Zur aktienrechtlichen Kompetenzabgrenzung statt aller *Hüffer* AktG § 76 Rn. 5.

[25] Investoren sehen es regelmäßig ungern, wenn die Altaktionäre „Kasse machen" und sich aus dem Unternehmen verabschieden. Kapitalerhöhungen werden von Investoren daher grundsätzlich bevorzugt, wobei bei einem Börsengang eines Portfolio-Unternehmens eines Finanzinvestors ein hoher Anteil von mit zu platzierenden Altaktien eher akzeptiert wird. Zum Ganzen *Schanz,* Börseneinführung, § 6 Rn. 36 ff., insbesondere Rn. 38.

[26] *Schäcker/Kunze/Wohlgefahrt* in Habersack/Mülbert/Schlitt, Unternehmensfinanzierung am Kapitalmarkt, § 3 Rn. 18.

[27] Lock-up-Verpflichtungen können entweder bereits in der Mandatsvereinbarung (Engagement Letter) mit der Emissionsbank oder in dem Übernahmevertrag geregelt werden. Eine Lock-up-Verpflichtung bereits in der Mandatsvereinbarung setzt voraus, dass die Altaktionäre gegenüber der Emissionsbank bzw. dem Konsortialführer neben dem Emittenten – also der den Börsengang anstrebenden Gesellschaft – auch als Mandant auftreten.

[28] *Schanz,* Börseneinführung, § 6 Rn. 44.

[29] *Schäfer* ZGR 2008, 455 (465).

[30] *Wollgarten* in Ottersbach, Praxishandbuch Unternehmensbeteiligung, A IV 2, Rn. 543.

[31] Private Equity Exit-Report, Januar 2004 bis April 2017 von PwC, abrufbar unter www.pwc.de.

	Name des Investors	Name des Targets	Zeitraum des Investments bis zum Exit	Deal-volumen in EUR-Mrd.	Lock-up Periode
1	Global Founders, Kinnevik, Holtzbrinck, ua	Rocket Internet	07/2007 – 10/2014	1,4	12 Monate[32]
2	Blackstone Group, Hellman & Friedman	Scout 24	11/2013 – 10/2015	1,0	6 – 12 Monate[33]
3.	Global Founders, Kinnevik, Holtzbrinck, ua	Zalando	07/2012 – 10/2014	1,0	180 Tage[34]
4.	Apollo, TowerBrook Capital & Invita AG	Monier Group Services GmbH	07/2009 – 06/2014	0,5	6 – 36 Monate[35]
5.	Lone Star Funds	TLG Immobilien	12/2012 – 10/2014	0,4	6 Monate[36]
6.	Centerbridge Capital Partners	Senvion SE	01/2015 – 03/2016	0,3	6 Monate[37]
7.	Rhône Capital & Triton	Orion Engineered Carbons	04/2011 – 07/2014	0,3	180 Tage[38]
8.	MBB Industries	Aumann GmbH	11/2015 – 03/2017	0,3	6 – 12 Monate[39]
9.	Oaktree	Stock Spirits Group	07/2008 – 04/2014	0,3	180 Tage[40]
10.	Deutsche Private Equity	SLM Solutions	04/2013-05/2014	0,2	12 Monate[41]

18 Auch bei einer reinen Umplatzierung von Aktien aus dem Bestand von Altaktionären ohne Durchführung einer Kapitalerhöhung bei der Gesellschaft und der Ausgabe neuer Aktien im Weg eines öffentlichen Angebots, bei der ein Prospekt[42] erstellt wird, ist regelmäßig die Unterstützung der Gesellschaft erforderlich. Eine solche Unterstützung durch die Gesellschaft bei der Umplatzierung von Altaktien kann aktienrechtlich unzulässig sein, sofern sie nicht auch im Interesse der Gesellschaft liegt. Aus aktienrechtlicher Sicht ist der Vorstand verpflichtet, die Vermögensinteressen der Gesellschaft und nicht diejenigen der Aktionäre wahrzunehmen; darüber hinaus hat er die Geschäftsgeheimnisse der Gesellschaft, die bei der Prospekterstellung berührt werden, vertraulich zu behandeln.[43] Allerdings hat

[32] Pressemitteilung von Rocket Internet vom 1.10.2014, abrufbar unter https://www.rocket-internet.com/.
[33] Ad-hoc-Mitteilung von Scout24 vom 1.10.2015, abrufbar unter https://www.scout24.com/.
[34] Prospekt für den Börsengang der Zalando SE vom 27.8.2014, abrufbar unter https://corporate.zalando.com
[35] Ad-hoc-Mitteilung von Brass Monier Building Group vom 24.6.2014, abrufbar unter http://www.braas-monier.com.
[36] Pressemitteilung von TLG Immobilien vom 14.10.2014, abrufbar unter https://ir. tlg.de.
[37] Pressemitteilung von Senvion vom 21.3.2016, abrufbar unter https://www.senvion.com.
[38] Free Writing Prospectus von Orion Carbons vom 21.7.2014, abrufbar unter https://investor.orioncarbons.com/sec-filings.
[39] Pressemittelung von Aumann vom 27.2.2017, abrufbar unter https://www.aumann-ag. com.
[40] Pressemitteilung von Stock Spirits Group vom 22.11.2013, abrufbar unter http://www.stockspirits.com/.
[41] Pressemitteilung von SLM Solutions vom 25.4.2014, abrufbar unter https://slm-solutions.de/.
[42] Zur Prospektpflicht vgl. *Schanz,* Börseneinführung, § 13 Rn. 8 ff.
[43] Zur Zulässigkeit der Weitergabe von Insiderinformationen durch den Vorstand einer börsennotierten AG im Rahmen einer Due-Diligence-Prüfung vgl. *Assmann* in Assmann/U. H. Schneider WpHG § 14 Rn. 164.

die Gesellschaft auch an einer reinen Umplatzierung von Aktien regelmäßig ein eigenes Interesse. Neben der Lösung von dem bisherigen Großaktionär kann die Gesellschaft die Platzierung der Aktien im Wege eines öffentlichen Angebots auch zur Steigerung ihrer eigenen Bekanntheit sowie für künftige Investor-Relations-Maßnahmen verwenden.[44] Da also regelmäßig auch eine Umplatzierung von Aktien im Interesse der Gesellschaft liegt, ist eine Einigung der Gesellschaft mit dem Altaktionär über eine interessengerechte Aufteilung der Kosten anzustreben, die der Gesellschaft bei der Unterstützung der Prospekterstellung und der Einbindung von Beratern und Wirtschaftsprüfern entstehen. Für die Vermarktung spielt die Herkunft der Aktien aufgrund ihres Einflusses auf die Equity Story allerdings eine wichtige Rolle, dh ob die Aktien aus einer Kapitalerhöhung oder aus dem Bestand der Altaktionäre stammen.[45] Die korrekte Kommunikation im Vorfeld eines IPO ist Aufgabe der begleitenden Investmentbank.

III. Dual Track

M&A-Prozess und IPO bieten, wie soeben gezeigt, jeweils verschiedene Vor- und Nachteile. Der vor einem Exit stehende Finanzinvestor ist vor allem daran interessiert, auf Grundlage eines strukturierten Prozesses, der ihm die größtmögliche Abschlusswahrscheinlichkeit verspricht, einen möglichst hohen Erlös zu erzielen. Ein Dual Track kombiniert diese beiden Zielvorgaben miteinander, nämlich Transaktionssicherheit sowie Erlösmaximierung, trotz der regelmäßig hiermit verbundenen Schwierigkeiten und der Komplexität. **19**

1. Transaktionssicherheit

Die Vorbereitung und Durchführung eines Exits binden Zeit und Geld und damit Ressourcen, die für das operative Geschäft des Portfolio-Unternehmens fehlen.[46] Der den Exit betreibende Finanzinvestor wird daher am Ende des Exitprozesses den Exitkanal wählen, der ihm die größtmögliche Abschlusssicherheit verspricht. **20**

Ein erfolgreicher Verkauf des Portfolio-Unternehmens im Rahmen eines M&A-Prozesses sowie ein erfolgreicher Börsengang hängen von verschiedenen externen Faktoren ab, die der Investor nicht beeinflussen kann. Die M&A-Aktivitäten bewegen sich nicht auf einem konstanten Niveau und sind insbesondere von den Faktoren Konjunktur sowie Verfassung der Finanzmärkte abhängig. In Zeiten schwacher Konjunktur oder labiler Finanzmärkte üben sowohl strategische als auch Finanzinvestoren Zurückhaltung bei ihren M&A-Aktivitäten. Auch die Aufnahmebereitschaft der Börsen unterliegt Schwankungen, das Interesse von Investoren am Kapitalmarkt ist daher unterschiedlich stark ausgeprägt.[47] Ein Dual Track kann daher nur dann glaubhaft durchgeführt werden, wenn sowohl der M&A- als auch der IPO-Markt im Grundsatz funktionieren. Steht mindestens einer der beiden potentiellen Exitkanäle nicht zur Verfügung, sollte von einem Dual Track Abstand **21**

---

44 *Meyer* in Marsch-Barner/Schäfer, Handbuch börsennotierte AG, § 7 Rn. 79.

45 *Schäcker/Kunze/Wohlgefahrt* in Habersack/Mülbert/Schlitt, Unternehmensfinanzierung am Kapitalmarkt, § 3 Rn. 17.

46 Um einen hohen Zeit- und Kostenaufwand zunächst zu vermeiden, kann ein „Dual Track light" angestoßen werden, bei dem kein formaler Verkaufsprozess in Form eines Auktionsverfahrens aufgesetzt wird, sondern nur „opportunistisch" Angebote von möglichen Kaufinteressenten eingeholt werden. Vgl. hierzu *Grosse/Wilczek* in Habersack/Mülbert/Schlitt, Unternehmensfinanzierung am Kapitalmarkt, § 5 Rn. 8; *von Werder/König* CFL 2011, 241 (242).

47 Das Volumen der M&A-Transaktionen in Deutschland ansässiger Beteiligungsgesellschaften hat sich beginnend im Jahr 2018 im Vergleich zum Vorjahr (Jahr 2017 – Verf.) von 5.708 Mio. EUR auf 3.208 Mio. EUR deutlich verringert. Hauptgründe hierfür sind ein Marktumfeld, das sich aktuell in einer schwierigen konjunkturellen Phase befindet, eine zunehmende politische Instabilität, insbesondere mit Blick auf den Handelskrieg zwischen China und den USA und die Brexit-Verhandlungen, sowie hohe Unternehmensbewertungen, die aufgrund von Nullzinsen sowie den wenigen vorhandenen Zielunternehmen, für die sich viele Investoren interessieren, erstellt werden. Bezogen auf das Exitvolumen, dominierten Verkäufe an Beteiligungsgesellschaften mit 38 %, Trade Sales mit 34 % und Divestments beim IPO/Aktienverkäufe mit 12,1 %. BVK-Statistik, Das Jahr in Zahlen 2018, abrufbar unter www.bvkap.de.

genommen und der Fokus auf den aktuell funktionierenden Exitkanal gerichtet werden. Ein gewichtiges Argument aus Sicht des verkaufswilligen Finanzinvestors spricht allerdings gegen einen isolierten Börsengang und für einen Dual Track: Bei einem Verkauf können in der Regel sämtliche Anteile an dem Unternehmen verkauft und damit ein vollständiger Exit durchgeführt werden, während bei einem Börsengang der Finanzinvestor meist nur bis zu 50% der Anteile umplatzieren kann. Darüber hinaus besteht für den verkaufenden Finanzinvestor nach der Unterzeichnung des Unternehmenskaufvertrags, vorbehaltlich fusionskontrollrechtlicher Freigaben und der Erfüllung weiterer gesetzlich zwingender oder vertraglich vereinbarter Vollzugsvoraussetzungen,[48] Transaktionssicherheit.[49] Bei einem Börsengang fehlt diese, da der Erfolg oder Misserfolg des Börsengangs letztlich von der Nachfrage nach den zum Börsenhandel zuzulassenden Aktien des Unternehmens abhängt.

22 Ein Dual Track ermöglicht es dem Finanzinvestor, sich zu einem späten Zeitpunkt für oder gegen einen Exitkanal zu entscheiden und auch bei Scheitern des M&A-Prozesses den IPO-Prozess erfolgreich zu Ende zu führen und umgekehrt. Wird dagegen ausschließlich einer der beiden Exitkanäle verfolgt und scheitert der in Aussicht genommene Weg, muss der gesamte Exitprozess weitgehend neu aufgesetzt werden, da ein Umschwenken auf einen parallel laufenden Exitkanal, der im Fall eines Dual Track zur Verfügung steht, mangels entsprechender Vorbereitung regelmäßig nicht möglich ist. Für den Finanzinvestor bietet – vorausgesetzt, der M&A- und der IPO-Markt funktionieren – ein Dual Track daher die größtmögliche Transaktionssicherheit verbunden mit der größtmöglichen Flexibilität beim Exit.

2. Erlösmaximierung

23 Der Erfolg eines Investments wird in erster Linie an der erwirtschafteten Rendite gemessen. Neben dem beim Erwerb des Portfolio-Unternehmens gezahlten Kaufpreis kommt es im Fall des Verkaufs daher entscheidend auf den erzielten Verkaufspreis und im Fall eines IPO auf den Emissionserlös an, der dem Investor zufließt.

24 Bei einem M&A-Prozess bietet es sich – jedenfalls wenn für das zum Verkauf stehende Unternehmen mehrere Kaufinteressenten in Betracht kommen – regelmäßig an, statt von Beginn des Verkaufsprozesses an exklusive Verhandlungen mit einem Kaufinteressenten zu führen, ein Auktions- bzw. Bieterverfahren vorzusehen, zu dem sowohl strategische als auch Finanzinvestoren eingeladen werden. Aufgrund der Wettbewerbssituation,[50] die bei einem offenen Dual Track gegenüber den verschiedenen Bietern kommuniziert wird, soll ein möglichst optimaler Kaufpreis ermittelt und bei Closing vereinnahmt werden[51]. Ein solches Auktionsverfahren führt aus Sicht des Verkäufers zu einem objektivierten Preisvergleich.[52] Ein Auktionsverfahren kann potentielle Interessenten allerdings auch davon abhalten, an einem Verkaufsprozess teilzunehmen, etwa weil sie aufgrund der Wettbewerbssituation und der damit regelmäßig verbundenen geringeren Aussichten auf einen erfolgreichen Abschluss der Transaktion nicht an solchen Verfahren teilnehmen. Vor Durch-

[48] Ausgewählte Zustimmungs- und Genehmigungserfordernisse finden sich bei *Semler* in Hölters, Handbuch des Unternehmens- und Beteiligungskaufs, Teil VII, Rn. 124 ff.

[49] Insbesondere bei sog. Material-Adverse-Change (MAC)- bzw. Force-Majeur-Klauseln fehlt aus Verkäufersicht eine unbedingte Sicherstellung der Vertragsdurchführung. Ob und falls ja, mit welchem Inhalt solche MAC- bzw. Force-Majeur-Klauseln Eingang in einen Unternehmenskaufvertrag finden, hängt wesentliche von der Verhandlungsmacht beider Seiten und damit von dem jeweiligen Marktumfeld ab. Zur Auslegung von Material-Adverse-Change-Klauseln vgl. *Kuntz* DStR 2009, 377 ff.

[50] Die an einem Auktionsverfahren Beteiligten sind in geeigneter Weise, meist im Rahmen eines Process Letter, auf die Wettbewerbssituation hinzuweisen, um haftungsrechtliche Konsequenzen für den Verkäufer möglichst zu vermeiden. Hierzu später.

[51] Wie zum Beispiel bei dem Dual Track Verfahren hinsichtlich der Veräußerung der Schweizer Symetis, bei dem in letzter Minute der IPO abgesagt wurde und Boston Scientific mit einem Barangebot, das einen Aufschlag von 76% zur Pre-Money-IPO-Bewertung bedeutete, zum Zug kam. Vgl. *Garnier* in Going Public Plattform Life Sciences Nr. 4 November 2017, 54 (55).

[52] *Haberstock* in Holzapfel/Pöllath, Unternehmenskauf in Recht und Praxis, Rn. 1299.

führung eines Auktionsverfahrens sollten daher auch die hiermit verbundenen Nachteile bedacht werden, zu denen aus praktischer Sicht insbesondere die aus Käufersicht fehlende Transparenz sowie die aufgrund der Wettbewerbssituation geringeren Chancen auf einen erfolgreichen Abschluss und die damit verbundenen nutzlos aufgewendeten Kosten zählen. Aus rechtlicher Sicht fragt sich ein aus dem Auktionsverfahren ausgeschiedener Bieter, ob er Ansprüche auf Erstattung der bei ihm im Zusammenhang mit dem Auktionsverfahren entstandenen Kosten gegen den Verkäufer oder gegen die das Auktionsverfahren begleitende Investmentbank geltend machen kann.[53] Wird bei einem Dual Track ein Auktionsverfahren durchgeführt und fällt die Entscheidung für den Börsengang, scheiden Ersatzansprüche der Bieter aus dem Trade-Sale-Prozess mangels schutzwürdigen Vertrauens regelmäßig aus, sofern von Beginn an die Durchführung eines Dual Track kommuniziert war.[54] Auf eine rechtlich gesicherte Formulierung des Prozessbriefs, aus dem sich die Regeln für den Ablauf der Transaktion und insbesondere der Hinweis auf die Durchführung eines Auktionsverfahrens im Rahmen eines Dual Track ergeben, ist daher Wert zu legen.[55]

Wird parallel zu dem M&A-Prozess der IPO vorbereitet, stellt der Finanzinvestor auf- 25
grund der gleichzeitigen Ansprache verschiedener Investorengruppen den größtmöglichen Wettbewerbsdruck unter den verschiedenen Investorengruppen her und kann so den Exiterlös maximieren. Bei der Vorbereitung des IPO ist allerdings im Rahmen der Festsetzung der Preisspanne der regelmäßig vorzunehmende IPO-Discount zu berücksichtigen.[56] Von dem als angemessen angesehenen Preis für die zukünftig börsennotierten Aktien wird üblicherweise ein Abschlag vorgenommen, um die Investoren zur Zeichnung der Aktien zu bewegen. Dieser Discount, der nur bei einem IPO zu berücksichtigen ist, kann bis zu 15 % vom fairen Preis der Aktie betragen.

3. Weitere Motive

Zusätzlich zu den beiden vorstehend genannten Gründen spricht auch die gesteigerte 26
Verhandlungsmacht des den Exit betreibenden Finanzinvestors für die Durchführung eines Dual Track. Ein glaubhaft durchgeführter Dual Track ermöglicht es dem Finanzinvestor sowohl bei Verhandlungen im Rahmen des M&A-Prozesses als auch bei den Vorbereitungen des Börsengangs auf den jeweils anderen Track zu verweisen und damit die eigene Verhandlungsposition zu optimieren.

Im Rahmen des M&A-Prozesses wird jedenfalls bei Durchführung eines Auktionsver- 27
fahrens der Unternehmenskaufvertrag parallel mit verschiedenen Interessenten verhandelt. Dabei steht der Umfang der von der Verkäuferseite abzugebenden Gewährleistungen im Fokus der Interessen. Die verschiedenen Kaufinteressenten werden aufgrund der Wettbewerbssituation den individuellen Erfolg ihrer Verhandlungen nicht mit der Forderung nach umfangreichen Garantiekatalogen gefährden, um ein vorzeitiges Ausscheiden aus dem Verkaufsprozess zu vermeiden. Eine weitere Einschränkung des Gewährleistungskatalogs lässt sich aus Sicht des verkaufenden Investors dadurch erzielen, dass auf die parallel laufende Vorbereitung des Börsengangs und dort auf den mit der Emissionsbank abzuschließenden Übernahmevertrag verwiesen wird. Der Übernahmevertrag enthält zwar regelmäßig auch Garantien der Altaktionäre und nicht nur des Emittenten, allerdings werden sich die Garantien der Altaktionäre inhaltlich weitgehend auf rechtliche Umstände beschränken.[57] Ob

[53] Eine Haftung ist unter verschiedenen Gesichtspunkten denkbar, nämlich im Zusammenhang mit der Richtigkeit und Vollständigkeit der in einem Information Memorandum enthaltenen Informationen, der Abweichung von einem zuvor kommunizierten Verfahrensablauf sowie der Existenz und der Anzahl weiterer Bieter. Vieles ist hier von der Rechtsprechung bislang nicht geklärt.

[54] *Geyrhalter/Zirnbigl/Strehle* DStR 2006, 1559 (1562).

[55] Zum Prozessbrief vgl. → Rn. 62.

[56] Hierzu *Grosse/Wilczek* in Habersack/Mülbert/Schlitt, Unternehmensfinanzierung am Kapitalmarkt, § 5 Rn. 28.

[57] *Haag* in Habersack/Mülbert/Schlitt, Unternehmensfinanzierung am Kapitalmarkt, § 29 Rn. 41.

sich die Altaktionäre gegenüber der Emissionsbank damit durchsetzen können, keine unternehmens- und prospektbezogenen Garantien abzugeben, wie dies für den Emittenten der Fall ist, hängt neben der Marktmacht des Altaktionärs auch von der Höhe seiner Beteiligung sowie seiner unternehmerischen Einbindung ab.[58] Als Kompromiss bieten sich Haftungsbeschränkungen für die Altaktionäre an, auf deren Ausgestaltung hier nicht vertieft eingegangen werden kann.[59]

D. Herausforderungen und Besonderheiten bei Durchführung eines Dual Track

28 Bei einem Dual Track werden im Rahmen eines Gesamtprojekts M&A-Transaktion und Börsengang parallel und jeweils in vollem Umfang vorbereitet. Beide Projektstränge müssen gleichzeitig geplant und umgesetzt sowie aufeinander abgestimmt werden. Der starre IPO-Prozess, bei dem gesetzlich vorgegebene Fristen eingehalten und innerhalb der vorgegebenen Zeiträume Unterlagen, insbesondere Jahresabschlüsse, vorgelegt werden müssen, gibt dabei in zeitlicher Hinsicht den Takt vor. Hieraus ergeben sich prozessuale sowie rechtliche Besonderheiten, auf die nachfolgend vertieft eingegangen wird.

I. Prozess und Koordination

1. Vorbereitung des Exits, Synergien

29 Da sich erst beim Exit zeigt, ob das Investment erfolgreich war, wird auf diesen letzten Schritt eines Private Equity Investments besonderer Wert gelegt. Bevor der Investor in den Exitprozess eintritt und die hierfür erforderlichen Maßnahmen ergriffen werden, ist zunächst die Exitreife des Portfolio-Unternehmens sicherzustellen. Die Exitvorbereitungen für einen Börsengang unterscheiden sich in mehrfacher Hinsicht von denjenigen eines Verkaufs.

30 **a) Börsengang.** Bei einem Dual Track entscheidet der Exitkanal Börsengang über die rechtlichen und wirtschaftlichen Anforderungen, die ein Unternehmen erfüllen muss und die bei einem Börsengang klar definiert und daher vorgegeben sind. Im Fall eines Börsengangs reflektiert die Börsen- oder Kapitalmarktreife des Unternehmens die Investitionskriterien von Anlegern, die in börsennotierte Unternehmen investieren. Diese Kriterien werden daher auch von den Emissionsbanken zugrunde gelegt, wobei diese Kriterien nicht identisch sind, sondern sich von Bank zu Bank unterscheiden können.[60] Maßgeblich sind unter anderem Transparenz und Klarheit des Unternehmens im Hinblick auf Struktur, Beteiligungs- und sonstige Rechtsverhältnisse, wie zum Beispiel geistige Eigentumsrechte, sowie ein überzeugendes Management. Darüber hinaus kommt es auf ein funktionierendes Rechnungswesen und Controlling an, damit das Unternehmen die vielfältigen Berichtspflichten im Zusammenhang mit dem Börsengang erfüllen kann. Falls das Unternehmen nicht im Freiverkehr, sondern im regulierten Markt gelistet werden soll, ist der Konzernabschluss nach den Vorschriften der International Reporting Standards (IFRS) aufzustellen,[61] was bei dem betroffenen Unternehmen oft umfangreiche Vorbereitungs- und Um-

[58] *Schanz,* Börseneinführung, § 9 Rn. 85.

[59] In Betracht kommt die Abgabe von Garantien „nach bestem Wissen", die Beschränkung der Haftung auf den Verkaufserlös, die Haftung der Altaktionäre nur für den Fall, dass der Emittent erfolglos in Anspruch genommen wurde, etc. Vgl. hierzu *Haag* in Habersack/Mülbert/Schlitt, Unternehmensfinanzierung am Kapitalmarkt, § 29 Rn. 43.

[60] *Schanz,* Börseneinführung, § 6 Rn. 25.

[61] *Marsch-Barner* in Marsch-Barner/Schäfer, Handbuch börsennotierte AG, § 1 Rn. 42. Mit der Pflicht für kapitalmarktorientierte Unternehmen, ihre konsolidierten Abschlüsse nach IFRS der EU-Verordnung v. 19.7.2002 (Verordnung (EG) Nr. 1606/2002 des Europäischen Parlaments und des Rats v. 19.7.2002 betreffend die Anwendung internationaler Rechnungslegungsstandards) aufzustellen (vgl. § 315a HGB),

stellungsmaßnahmen erfordert. Schließlich kommt es darauf an, ob das Unternehmen eine überzeugende Unternehmensstrategie, insbesondere eine Wachstumsstory, aufweist.[62]

b) Verkauf. Auch bei einem Verkauf sind klare und transparente Strukturen des Unternehmens im Zweifel einem hohen Verkaufserlös zuträglich und qualitativ hochwertige Jahresabschlüsse erhöhen das Vertrauen des Käufers in das Unternehmen und wirken sich daher ebenfalls positiv auf den Erlös aus. Im Idealfall führt der Verkäufer vor Beginn des Verkaufsprozesses sogar eine eigene, also eine Vendor Due-Diligence[63] durch und trägt dafür Sorge, dass Schwachstellen, die im Rahmen der Verkaufsvorbereitungen identifiziert wurden, auf eine rechtlich einwandfreie Grundlage gestellt werden.[64] Schließlich benötigt auch der Verkäufer eines Unternehmens eine überzeugende Equity Story,[65] wie sie bei einem Börsengang regelmäßig verlangt, von dem Börsenkandidaten präsentiert und von der Emissionsbank aufbereitet und vor Durchführung der Platzierung geprüft wird. Denn das Ansehen der Bank hängt auch von dem Erfolg oder Misserfolg der von ihr durchgeführten Emission sowie der weiteren Kursentwicklung der von ihr platzierten Aktien ab.[66] Die Darstellung der wesentlichen Kaufargumente für die zu platzierenden Aktien, insbesondere das Geschäftsmodell und die sich daraus ergebenden unternehmerischen Perspektiven, erfolgt bei einem Verkauf allerdings nicht durch die konsortialführende Bank und das Management bei der Roadshow, sondern auf Grundlage eines Information Memorandum, in dem die wesentlichen Vorteile und Investitionserwägungen dargestellt werden.[67] 31

c) Synergien. Bei einem Dual Track entstehen regelmäßig Synergien zwischen beiden Tracks, die es zu nutzen gilt. 32

Das zum Verkauf stehende Unternehmen hat seine jeweilige Form aufgrund individueller Entwicklungen erreicht. Für einen Käufer oder den Kapitalmarkt können das sichtbare Erscheinungsbild eines Unternehmens und die hinter diesem Erscheinungsbild liegenden, meist intransparenten Entwicklungen eher abschreckend wirken, da sie häufig nicht vollständig nachvollziehbar erscheinen. Am Anfang des Exitprozesses und vor Ansprache von Investoren und anderen potentiellen Interessenten steht daher, soweit erforderlich, die Änderung der Erscheinungsform des Unternehmens, seiner Rechtsform, seiner Organisation, seiner Beziehungen zur Außenwelt und seiner sonstigen wesentlichen Verhältnisse.[68] Ziel einer solchen Umstrukturierung ist es, das Unternehmen als eine überschaubare und durchstrukturierte Einheit darstellen zu können, die über besondere Eigenschaften verfügt und daher ein attraktives Akquisitionsobjekt darstellt. Dieses Ziel gilt universell und unabhängig davon, ob der Exit im Weg eines Verkaufs oder eines Börsengangs erfolgt. Für den Fall, dass das an der Börse einzuführende Unternehmen noch keine Aktiengesellschaft, Kommanditgesellschaft auf Aktien oder Societas Europaea (SE)[69] oder noch keine eigenständige Einheit in einer der drei Rechtsformen ist, muss dieses vor dem Börsengang durch einen Rechtsformwechsel umstrukturiert werden. Dabei sind abhängig von der ursprüng- 33

soll erreicht werden, dass innerhalb der EU die konsolidierten Abschlüsse dieser Unternehmen nach einheitlichen Regeln erstellt und damit untereinander vergleichbar werden.

[62] *Ecker* M&A Review 2006, 483 (485).

[63] Vgl. zur Vendor Due Diligence *Cannivé* ZIP 2009, 254 ff.

[64] Eine Vendor Due Diligence im Rahmen eines Dual Track ist mit Vorsicht durchzuführen. Das Wechselspiel zwischen den bei der Vendor Due Diligence gewonnenen Erkenntnissen mit den Informationen, die den Anlegern durch den Börsenprospekt mitgeteilt werden, sollte stets bedacht werden.

[65] Vgl. *Singhof/Weber* in Habersack/Mülbert/Schlitt, Unternehmensfinanzierung am Kapitalmarkt, § 4 Rn. 40 ff.

[66] *Meyer* in Marsch-Barner/Schäfer, Handbuch börsennotierte AG, § 8 Rn. 5.

[67] Zum Information oder Offering Memorandum *Gran* NJW 2008, 1409 (1410).

[68] Vgl. hierzu auch *von Werder/König* CFL 2011, 241 (249).

[69] Die Rechtsform, die das Unternehmen für den Börsengang erhalten muss, ergibt sich aus börsenrechtlichen Regeln, wonach die zuzulassenden Wertpapiere „frei handelbar" sein müssen, vgl. *Singhof/Weber* in Habersack/Mülbert/Schlitt, Unternehmensfinanzierung am Kapitalmarkt, § 4 Rn. 4 mwN.

lichen Rechtsform des Unternehmens zahlreiche steuerliche, organisatorische und andere Aspekte zu beachten, wobei die Attraktivität eines solchen Rechtsformwechsels maßgeblich von steuerlichen Aspekten geprägt wird. Auf die Vielzahl der Möglichkeiten, die Rechtsform eines Unternehmens zu ändern, kann hier nicht eingegangen werden.[70]

34 Sowohl für den Börsengang als auch für den M&A-Prozess wird für die Durchführung der Due Diligence[71] ein Datenraum eingerichtet, in dem die wesentlichen Unterlagen offengelegt werden: Für den Börsengang werden die von der Emissionsbank mandatierten Rechtsberater[72] eine Due Diligence durchführen, um eine Legal Opinion und Disclosure Opinion[73] abgeben zu können, und für den M&A-Prozess wird der Datenraum in jedem Fall[74] von den Kaufinteressenten benötigt, die auf Grundlage dieses Prozesses Risiken identifizieren, den Kaufpreis bewerten und Vorbereitungen für die Kaufvertragsverhandlungen treffen, indem der Garantiekatalog vorbereitet wird.[75] Über die Verwaltung der Zugriffsrechte auf die einzelnen in dem – meist elektronischen – Datenraum vorhandenen Dokumente lässt sich der Detaillierungsgrad der Offenlegung je nach Stadium des Prozesses steuern. Dadurch kann zum einen sichergestellt werden, dass sensible Informationen einem Wettbewerber des zum Verkauf stehenden Unternehmens erst dann zugänglich gemacht werden, wenn die Unterzeichnung des Unternehmenskaufvertrags kurz bevor steht oder bereits erfolgt ist, und zum anderen gesteuert werden, dass nicht einem Kaufinteressenten, der zu einem späteren Zeitpunkt ein Zeichner im IPO-Prozess wird, über weitreichendere Informationen verfügt als derjenige, der sich auf den Inhalt des Wertpapierprospekts stützen muss[76].

35 Für den Börsengang ist in der Regel ein Prospekt zu erstellen und zu veröffentlichen, es sei denn, die Aktienplatzierung soll nicht im Rahmen eines öffentlichen Angebots bei einem möglichst breiten Kreis von Investoren platziert werden.[77] Die Darstellungen in dem Prospekt können weitgehend auch für das Information Memorandum verwendet werden, soweit sich die Darstellungen auf die Beschreibung des Unternehmens in operativer, organisatorischer und finanzieller Hinsicht beziehen und eine Beschreibung des Marktumfelds mit den herausragenden (Alleinstellungs-)Merkmalen des Unternehmens erfolgt. Dabei ist darauf zu achten, dass die Zielrichtung des Prospekts, der unter anderem dazu dienen soll, die Funktionsfähigkeit der Kapitalmärkte durch Transparenz zu stärken und den

---

[70] Siehe hierzu die Übersicht sowie die ausführliche Darstellung zum Rechtsformwechsel bei *Schanz,* Börseneinführung, § 4 Rn. 1 ff.

[71] Zur Due Diligence bei M&A-Transaktionen im Allgemeinen und den Arten der Due Diligence im Besonderen, vgl. *Gran* NJW 2008, 1409 (1412 ff.); zu Zweck und Umfang einer IPO- und Verkäufer/Käufer Due Diligence *von Werder/König* CFL 2011, 241 (249).

[72] Auch die mandatierten Wirtschaftsprüfer, die gegenüber der Emissionsbank einen Comfort Letter abzugeben haben, welcher der Sicherstellung der Richtigkeit und Vollständigkeit des Prospekts dient und den die Emissionsbank aufgrund der „due diligence defense" als Argument gegen ihre Prospekthaftung ins Feld führen kann, benötigen einen Datenraum. Zum Comfort Letter *Kunold* in Habersack/Mülbert/Schlitt, Unternehmensfinanzierung am Kapitalmarkt, § 34.

[73] Zu Legal Opinion und Disclosure Opinion *Schanz,* Börseneinführung, § 8 Rn. 62 ff. mwN.

[74] Sofern eine Vendor Due Diligence durchgeführt wird, benötigen auch die Berater des Verkäufers bzw. des Unternehmens den Datenraum.

[75] Das LG Köln (Urt. v. 23.6.2008 – 90 O 11/08, GmbHR 2009, 261) hat entschieden, dass über die Durchführung einer Due Diligence bei der GmbH die Gesellschafterversammlung durch einstimmigen Beschluss zu entscheiden hat (zustimmend *Wiegand-Schneider* in Münchener Handbuch des Gesellschaftsrechts Bd. 7, § 37 Rn. 19; wie viele ablehnend *Engelhardt* GmbHR 2009, 237 (240 ff.)). Diese Entscheidung ist für die Praxis des Unternehmenskaufs natürlich kontraproduktiv. *Krömker* (NZG 2003, 418 ff.) vertritt bei der AG die Ansicht, dass ein Paketaktionär gegebenenfalls sogar einen Anspruch auf Informationsoffenbarung haben kann. Es bleibt abzuwarten, ob und wie sich die Rechtsprechung weiter entwickelt.

[76] *Von Werder/König* CFL 2011, 241 (250); *Gosse/Wilczek* in Habersack/Mülbert/Schlitt, Unternehmensfinanzierung am Kapitalmarkt, § 5 Rn. 16 f.

[77] Ein öffentliches Angebot stellt für einen Börsengang die Regel dar. Die Prospektpflicht ergibt sich in diesem Fall aus § 3 Abs. 1 S. 1 WpPG. Liegt kein öffentliches Angebot, sondern eine Privatplatzierung vor, entfällt die Prospektpflicht. Zu den Einzelheiten vgl. *Meyer* in Marsch-Barner/Schäfer, Handbuch börsennotierte AG, § 7 Rn. 84 ff.

Schutz der Anleger sicherzustellen,[78] von derjenigen des Information Memorandum, das in erster Linie ein Verkaufsdokument ist, abweichen kann.

Die unterschiedlichen Zielrichtungen von einem im Zusammenhang mit einem Börsengang zu erstellenden und zu veröffentlichenden Prospekt und einem Information Memorandum sind insbesondere auch im Hinblick auf die Prospekthaftungstatbestände zu beachten: Die Darstellung der Vor- und Nachteile des vor dem Börsengang oder dem Verkauf stehenden Unternehmens sowie die damit verbundenen Chancen und Risiken erfolgt im Rahmen eines Prospekts stets auch mit Blick auf die mögliche Inanspruchnahme durch einen Aktionär aufgrund der spezialgesetzlich geregelten[79] oder von der Rechtsprechung entwickelten[80] Fälle der Prospekthaftung. Bei einem Information Memorandum kommt es darauf an, das Unternehmen und die Transaktion den Tatsachen entsprechend und gleichzeitig als möglichst attraktiv darzustellen. Daher sind sich die angesprochenen möglichen Erwerber darüber im Klaren, dass die in einem Information Memorandum enthaltenen Informationen zwar einerseits als korrekt eingeordnet werden können, andererseits allerdings ein Verkäufer und in jedem Fall auch die mandatierte Investmentbank für den Inhalt keine Haftung übernehmen wollen. Käufer versuchen allerdings, für die Richtigkeit des Information Memorandum oder genauer die Richtigkeit der in dem Information Memorandum enthaltenen Informationen vom Verkäufer eine Garantie zu erhalten. Der Verkäufer will dies vermeiden. Außerdem können die in einem Information Memorandum enthaltenen Informationen als öffentliche Äußerungen des Verkäufers nach § 434 Abs. 1 S. 3 BGB angesehen werden und damit eine Haftung für den Verkäufer begründen.[81] Es werden daher regelmäßig Haftungsbeschränkungen (Disclaimer) in das Information Memorandum aufgenommen, um eine Haftung des Verkäufers und des Erstellers des Information Memorandum – häufig die begleitende Investmentbank – nach Möglichkeit auszuschließen. Auf eine sorgfältige und insbesondere einzelfallbezogene Formulierung des Disclaimers ist daher Wert zu legen. Bei einem Information Memorandum ist außerdem zu beachten, dass vorsätzlich oder fahrlässig falsche Angaben in einem Information Memorandum eine vorvertragliche Pflichtverletzung darstellen können.[82] Die möglicherweise zu ersetzenden Schäden liegen zum Beispiel in den Beraterkosten und sonstigen Kosten, die dem Kaufinteressenten entstanden sind. Darüber hinaus wird diskutiert, ob der Verkäufer auch nach den Grundsätzen der Prospekthaftung im engeren Sinn für die Richtigkeit und Vollständigkeit des Information Memorandum haftet.[83] Hiergegen spricht, dass ein Information Memorandum nicht als wesentliche Grundlage für die Kaufentscheidung des Erwerbers dient, und zwar weder aus Sicht des Verkäufers noch aus Sicht des Erwerbers, der vor der Kaufentscheidung eine in der Regel umfangreiche Due Diligence durchführt und weitere Informationen im Lauf des Prozesses erhält, auf deren Grundlage dann die Kaufentscheidung getroffen wird. 36

Eine unreflektierte Verwendung der Darstellungen in einem Information Memorandum in einem Börsenprospekt sollte in jedem Fall vermieden werden. Gleiches gilt für Wider- 37

[78] Zum gesetzlich vorgeschriebenen Inhalt des Prospekts vgl. § 5 WpPG.

[79] Anspruchsgrundlage sind für Prospekte von im amtlichen Markt notierten Aktien die §§ 44–47 BörsG (für Werte in anderen Marktsegmenten bzw. Verkaufsprospekte über die Verweise in § 55 BörsG und §§ 13, 13a VerkProspG).Vgl. *Mülbert/Steup* in Habersack/Mülbert/Schlitt, Unternehmensfinanzierung am Kapitalmarkt, § 42 Rn. 11 ff., insbesondere Rn. 17 ff.

[80] Die allgemeine bürgerlich-rechtliche Prospekthaftung im engeren Sinn aufgrund typisierten Vertrauens ist von der Rechtsprechung entwickelt worden, findet nach nicht unumstrittener Ansicht im Anwendungsbereich der spezialgesetzlichen Prospekthaftung allerdings keine Anwendung; *Brandt/Müller/Oulds* in Kümpel/Wittig, Bank- und Kapitalmarktrecht, Rn. 15.245. Die deliktische Haftung wegen fehlerhafter Prospekte nach § 823 Abs. 2 BGB iVm § 264a StGB, § 826 BGB soll nicht unerwähnt bleiben.

[81] *Seibt/Reiche* DStR 2002, 1135 (1139). Zu den Voraussetzungen des § 434 Abs. 1 S. 3 BGB vgl. *Weidenkaff* in Palandt § 434 Rn. 31.

[82] Anspruchsgrundlage sind §§ 311 Abs. 2, 280, 241 Abs. 2 BGB. Vgl. *Engelhardt* in Holzapfel/Pöllath, Unternehmenskauf in Recht und Praxis, Rn. 1092.

[83] So *Weber-Rey* in Semler/Volhard, Arbeitshandbuch für Unternehmensübernahmen, § 11 Rn. 67; ablehnend *Louven/Böckmann* ZIP 2004, 445 (446).

sprüche zwischen beiden Dokumenten, um von vornherein Anlegern im Fall eines Börsengangs das Argument abzuschneiden, der Prospekt sei unrichtig oder unvollständig.[84]

38 Für die Vermarktung der Aktien im Fall eines Börsengangs präsentiert der Vorstand vor der geplanten Börseneinführung das Unternehmen bei Finanzanalysten im Rahmen einer Analystenpräsentation.[85] Auf Grundlage der Analystenpräsentation erstellen die Finanzanalysten ihre Unternehmensanalysen (Research Reports), die wiederum für die Ansprache institutioneller Investoren verwendet werden. Für die Vermarktung des Unternehmens im Fall eines M&A-Prozesses präsentiert das Management das Unternehmen bei ausgewählten Interessenten, die zuvor ihr Interesse an einem Erwerb bekundet haben, im Rahmen einer Managementpräsentation. Sowohl bei einer Analystenpräsentation als auch bei Managementpräsentation werden die wesentlichen Vorzüge des Unternehmens, insbesondere Finanzkennzahlen und Informationen zum aktuellen Markt- und wirtschaftlichen Umfeld sowie zum Businessplan direkt vom Management dargestellt und erläutert. Bei der Erstellung der Präsentationen bestehen inhaltliche Überschneidungen. Bei diesen Präsentationen hat das Management auch Gelegenheit, sich selbst gegenüber dem künftigen Gesellschafter oder gegenüber den Analysten, die eine Bewertung des Unternehmens und der Aktien vornehmen, zu präsentieren. Die Informationen, die das Management vor den Analysten oder möglichen Erwerbern präsentiert, sind im Vorfeld abzustimmen und insbesondere mit den Angaben im Börsenprospekt in Einklang zu bringen.

39 Allerdings unterscheiden sich die Anforderungen an die Vorbereitungen und an das Unternehmen im Fall eines Verkaufs von einem Börsengang. Sofern ein zum Verkauf stehendes Unternehmen nicht aufgrund seiner aus anderen Gründen bestehenden Kapitalmarktorientierung – das Unternehmen kann zum Beispiel eine Anleihe emittiert haben, die meist institutionelle Investoren gezeichnet haben und die Anleihebedingungen können eine Pflicht des Unternehmens zur Bilanzierung nach den Vorschriften von IFRS vorsehen – ohnehin nach den Vorschriften von IFRS bilanziert, erscheint eine Umstellung von HGB auf IFRS nicht sinnvoll, jedenfalls aber nicht zwingend. Bei einem Börsengang ist eine solche Umstellung auf Konzernebene zwingend. Darüber hinaus bestehen bei rechtlich oder wirtschaftlich komplizierteren Sachverhalten, die ein Kaufinteressent während der Durchführung der Due Diligence identifiziert hat, bei Verhandlungen über den Verkauf des Unternehmens regelmäßig bessere Chancen zur Erläuterung als dies in einem Börsenzulassungsprospekt oder bei einer Roadshow möglich ist. Schließlich entstehen bei der Durchführung eines Dual Track höhere Kosten als dies bei der Verfolgung lediglich eines Exitkanals der Fall wäre, da – abgesehen von den vorstehend dargestellten Synergien – zwei parallele Prozesse vorzubereiten und auch weitgehend durchzuführen sind. Allerdings steht den höheren Kosten ein aufgrund der Durchführung des Dual Track maximierter Exiterlös gegenüber.

40 Ein Dual Track und der damit verbundene Aufwand sind nur dann sinnvoll, wenn bestimmte Parameter erfüllt sind. Daher ist der erhöhte Aufwand für ein Dual-Track-Verfahren nur gerechtfertigt, wenn der hieraus zu erwartende erhöhte Exiterlös in einem angemessenen Verhältnis zu dem höheren Aufwand steht. Wenngleich sich bislang keine eindeutigen Konturen im Hinblick auf die quantitativen und qualitativen Voraussetzungen herausgebildet haben, die von einem Portfolio-Unternehmen erfüllt sein müssen, damit ein Dual Track bei Investoren auf Akzeptanz stößt und sich auch hinsichtlich des Kostenaufwands rechnet, so gibt doch der IPO-Track bestimmte Mindeststandards vor, die von dem Unternehmen erfüllt werden sollten, um für einen Börsengang und damit auch für einen Dual Track in Frage zu kommen. Im Idealfall hat das Unternehmen nicht nur eine angemessene Größe erreicht, sondern ist auch profitabel und hat über einige Jahre hohe Zuwachsraten bei Umsatz und Ertrag erzielt. Allerdings haben sich im deutschen Markt in

---

[84] Die Haftung nach §§ 44, 45 BörsG setzt unrichtige oder unvollständige Angaben im Prospekt voraus. Vgl. hierzu *Krämer* in Marsch-Barner/Schäfer, Handbuch börsennotierte AG, § 10 Rn. 317 ff.

[85] *Singhof/Weber* in Habersack/Mülbert/Schlitt, Unternehmensfinanzierung am Kapitalmarkt, § 4 Rn. 41.

der jüngeren Vergangenheit die Schwerpunkte vermehrt in Richtung überzeugender Unternehmensstrategie und einer ebenso überzeugenden auf dieser Strategie basierenden Planung mit entsprechenden Zuwachsraten verschoben. Es kommt daher vermehrt auf den mittel- bis langfristig absehbaren Cashflow und die Ertragssituation des Börsenaspiranten an.[86] Vor dem Hintergrund der sich in unterschiedlichen Abständen wiederholenden Turbulenzen an den weltweiten Kapitalmärkten bleibt allerdings abzuwarten, ob Investoren und Emissionsbanken in Zukunft nicht wieder vermehrt auf historisch belegte nachhaltige Zuwachsraten bei Umsatz und Ertrag der Unternehmen, die vor einem Börsengang stehen, Wert legen werden.[87] Feste Mindestgrößen, die von einem Portfolio-Unternehmen erfüllt sein müssen, damit ein Dual Track durchgeführt werden kann, bestehen allerdings abgesehen von den Mindestanforderungen, die der Kapitalmarkt verlangt, nicht. Die Entscheidung für oder gegen die Durchführung eines Dual Track hängt daher von der generellen Marktsituation und damit insbesondere davon ab, wie belastbar das Kapitalmarktumfeld ist und welche strategischen oder Finanzinvestoren für das zum Verkauf stehende Unternehmen als Käufer in Betracht kommen.[88]

2. Die Rolle des Managements

Das Management spielt bei den Vorüberlegungen und Vorarbeiten sowie bei der Durchführung des Exits über einen Dual Track eine maßgebliche Rolle. Bei den Vorüberlegungen ist zu beachten, dass das Management, wie bei Private Equity Investments üblich, an dem Portfolio-Unternehmen (direkt oder indirekt) beteiligt sein kann und aufgrund vertraglicher Vereinbarungen mit dem Private-Equity-Investor[89] ein zwar eingeschränktes, aber dennoch zu beachtendes Mitsprache- oder jedenfalls Informationsrecht im Zusammenhang mit dem Exit hat. Darüber hinaus werden dem Management im Fall eines Verkaufs bestimmte Mitverkaufsrechte eingeräumt sowie Mitverkaufspflichten auferlegt, während im Fall eines Börsengangs das Management Wert darauf legen wird, die von ihm gehaltenen Anteile parallel und pro-rata zum Finanzinvestor platzieren zu können, und zwar unabhängig davon, auf welcher Ebene in der Holdingstruktur der Börsengang erfolgen soll. Bereits im Stadium der Konzeption und Planung eines Dual Track, im Idealfall bereits bei dem Erwerb des Portfolio-Unternehmens, sind die Präferenzen des Managements für den einen oder anderen Exitkanal einzuplanen und vertraglich abzubilden. Jedenfalls müssen alle Anteile des Managements beim Exit des Private-Equity-Investors rechtssicher verkauft und übertragen bzw. platziert werden können.[90] Das Ergebnis dieser Überlegungen determiniert den gesamten Exitprozess im Allgemeinen und die Einbindung des Managements in den Exitprozess im Besonderen. **41**

Das Management wird in der Regel den Börsengang als Exitkanal favorisieren: Zunächst erfordert ein Börsengang, dass das Portfolio-Unternehmen die Rechtsform der Aktiengesellschaft (oder der SE oder der Kommanditgesellschaft auf Aktien, die allerdings nur eine geringe Bedeutung hat und auf die daher nicht vertieft eingegangen wird) erhält. Eine Aktiengesellschaft bietet aus Sicht des Managements, also des Vorstands, den gesetzlich in § 76 Abs. 1 AktG niedergelegten Vorteil, wonach der Vorstand die Gesellschaft unter eigener Verantwortung leitet. Der Vorstand trifft seine Entscheidungen nach eigenem **42**

---

[86] *Schanz,* Börseneinführung, § 6 Rn. 32.

[87] Im Jahr 2018 erfolgten in Deutschland lediglich zehn von insgesamt 810 Exits durch Finanzinvestoren auf dem Weg eines Börsengangs während 72 Trade Sales und 35 Verkäufe an andere Beteiligungsgesellschaften (Secondary Buy-Outs) durchgeführt wurden; vgl. BVK-Statistik – Das Jahr in Zahlen 2018, abrufbar unter http://www.bvkap.de.

[88] *Diehl/Bozicevic* AG-Report 2006, R493 (R494).

[89] Private-Equity-Investor und beteiligtes Management regeln die zwischen ihnen bestehenden Rechtsverhältnisse in einer Gesellschaftervereinbarung (Shareholder Agreement), in dem sich auch möglichst flexible Vorschriften über die Voraussetzungen, die Art und Weise sowie die Durchführung des Exits finden sollten. In der Regel entscheidet der Private-Equity-Investor, ob, wann und wie ein Exit durchgeführt wird.

[90] Vgl. *Pupeter* in Holzapfel/Pöllath, Unternehmenskauf in Recht und Praxis, Rn. 382 mwN.

Ermessen unter Berücksichtigung der Interessen der Gesellschaft, der Aktionäre und der Arbeitnehmer. Weisungen anderer Organe oder von Großaktionären ist der Vorstand nicht unterworfen,[91] wenngleich er diese Interessen im wohlverstandenen Eigeninteresse nicht unbeachtet lassen wird.[92] Wird das Unternehmen nicht an die Börse gebracht, sondern an einen industriellen oder Finanzinvestor verkauft, kommt das Management nicht in den Genuss der aktienrechtlich verankerten Autonomie des Vorstands einer Aktiengesellschaft. Vielmehr wird es bei einem Verkauf an einen weiteren Finanzinvestor bei umfangreichen Mitsprache- und Entscheidungsrechten des Erwerbers sowie bei regelmäßigen Berichtspflichten des Managements bleiben. Bei einem Verkauf an einen industriellen Investor nimmt dieser Einfluss auf das Tagesgeschäft, sofern das erworbene Unternehmen nicht vollständig in die Erwerbergruppe integriert wird und damit seine Selbständigkeit gänzlich verliert. Schließlich wird ein Börsengang weithin als „Ritterschlag" für das Unternehmen angesehen, der zu einer erhöhten Publizität und Berichterstattung und damit zu einem höheren Bekanntheitsgrad des Unternehmens und des Managements führt.[93]

43 Ist das Management an dem Portfolio-Unternehmen direkt oder indirekt – gegebenenfalls zu Bedingungen, die günstiger sind als die Bedingungen, die von den übrigen Kapitalgebern zu erfüllen sind – beteiligt und wurde eine entsprechende Rendite auf das vom Finanzinvestor eingesetzte Eigenkapital erwirtschaftet, zahlt sich dies auch bei dem Rückfluss an die beteiligten Manager aus. Sofern die maßgeblichen wirtschaftlichen Parameter erfüllt sind, wird das Management einen Gewinn aus dem Investment erwirtschaften, den es im Rahmen einer abhängigen Beschäftigung in aller Regel nicht hätte erwirtschaften können. Das Management kann in einem solchen Fall einem Verkauf des Portfolio-Unternehmens an einen weiteren Finanzinvestor, also bei einem Secondary Buy-Out, eher reserviert gegenüberstehen, da auch der erwerbende weitere Finanzinvestor wieder ein Managementbeteiligungsprogramm arrangieren und von dem Management erwarten wird, dass es sich hieran beteiligt. An einer erneuten Beteiligung unter vollständigem Einsatz des aus der ersten Beteiligung erwirtschafteten Gewinns hat das Management allerdings regelmäßig kein Interesse. Aus Sicht des verkaufenden Private-Equity-Investors ist daher entscheidend, das Management auf geeignete Weise dahingehend zu incentivieren, den Exitprozess auch für den Fall eines Verkaufs an einen weiteren Finanzinvestor zu unterstützen. Als Incentive kann ein zusätzlicher Exitbonus zugunsten des Managements dienen, den die Manager auch bei einem Secondary Buy-Out nicht reinvestieren müssten, der allerdings nur dann fällig wird, sofern bestimmte Ziele, insbesondere ein bestimmter Mindestkaufpreis, erreicht ist.[94] Eine solche Bonusvereinbarung müsste gegenüber dem Käufer rechtzeitig, vor Unterzeichnung eines Unternehmenskaufvertrags, offengelegt und aus steuerlicher Sicht begleitet werden. Mit dem Kaufinteressenten kann auch vereinbart werden, dass im Fall eines weiteren Managementbeteiligungsprogramms nicht der gesamte Erlös aus dem Exit seitens des Managements reinvestiert werden muss.

44 Auch unter haftungsrechtlichen Aspekten bevorzugt das Management oft einen Börsengang, da es in dieser Konstellation jedenfalls nach der bisherigen Transaktionspraxis keine Garantien abgeben muss. Üblich geworden ist allerdings eine Vollständigkeitserklärung des Vorstands am Tag der Veröffentlichung des Prospekts unabhängig von den umfassenden Zusicherungen und Gewährleistungen im Übernahmevertrag.[95] Vor allem Wirtschaftsprü-

[91] Vgl. *Böttcher/Blasche* NZG 2006, 569 ff.

[92] Auf Grundlage einer Geschäftsordnung für den Vorstand können auch bei einer Aktiengesellschaft bedeutende Entscheidungen des Vorstands, die dieser an sich – ohne Vorliegen einer Geschäftsordnung – in eigener Verantwortung treffen könnte, von der Zustimmung des Aufsichtsrats abhängig gemacht werden. Vgl. § 77 Abs. 2 Aktiengesetz, wonach sich der Vorstand selbst eine Geschäftsordnung geben kann, sofern nicht die Satzung den Erlass einer Geschäftsordnung dem Aufsichtsrat überträgt oder der Aufsichtsrat eine solche Geschäftsordnung für den Vorstand erlässt.

[93] Ähnlich *Schanz,* Börseneinführung, § 2 Rn. 9.

[94] Vgl. hierzu *Hohaus/Weber* BB 2008, 2358 ff.

[95] *Krämer* in Marsch-Barner/Schäfer, Handbuch börsennotierte AG, § 10 Rn. 95.

fer vor Abgabe des Comfort Letter[96] als auch Anwaltskanzleien vor Abgabe der Disclosure Opinion bestehen auf solchen Vollständigkeitserklärungen.

Kommt es zu einer M&A-Transaktion und nicht zu einem Börsengang, wird der verkaufende Investor Gewährleistungen gegenüber dem Käufer übernehmen müssen. Die Parteien eines Unternehmenskaufvertrags weichen von dem gesetzlichen Gewährleistungsregime ab und vereinbaren individualvertraglich selbständige Garantien, mit denen der Verkäufer gegenüber dem Käufer die Haftung für bestimmte vom Käufer als wesentlich erachtete Umstände übernimmt. Der Verkäufer haftet damit gegenüber dem Käufer unbedingt und ohne Rücksicht auf Verschulden, vorbehaltlich der üblichen Haftungsbegrenzungen und Haftungsausschlüsse.[97] Auch die Rechtsfolgen werden zwischen den Parteien des Unternehmenskaufvertrags individualvertraglich vereinbart.[98] Kommt ein Verkauf des Portfolio-Unternehmens in Betracht, haben sowohl der verkaufende als auch der erwerbende Investor ein Interesse an einer gesonderten Garantieerklärung des Managements: Der Verkäufer versucht zu vermeiden, Garantien zum operativen Geschäftsbetrieb des Unternehmens mit der Begründung abzugeben, er sei an der Geschäftsführung nicht beteiligt und könne daher keine Garantien zum Tagesgeschäft übernehmen.[99] Dem Finanzinvestor, der das Unternehmen erwerben möchte, stehen die Erkenntnisse aus der Due Diligence zur Verfügung, häufig fehlen ihm spezifische Branchenkenntnisse, wie sie bei einem strategischen Käufer vorhanden sind. Branchenspezifische Spezialkenntnisse sind bei einem Finanzinvestor häufig nur dann vorhanden, wenn er sich mit seinen Investmentaktivitäten auf eine bestimmte Branche konzentriert oder wenn er sich im Vorfeld einer Transaktion solche Branchenkenntnisse durch externe Sachverständige beschafft, beispielsweise indem er eine Marktstudie bei einem Beratungsunternehmen in Auftrag gegeben hat. Managementgarantien dienen in solchen Fällen dazu, Garantien zum Tagesgeschäft anstelle des Verkäufers zu übernehmen sowie dazu, dem Erwerber zu signalisieren, dass die im Rahmen der Due Diligence offengelegten Informationen vollständig und die durch das Management mitgeteilten Informationen zutreffend waren.[100] Die vom Management abzugebenden Garantien beziehen sich dabei insbesondere auf die aus Sicht des Erwerbers wesentlichen Informationsträger wie Information Memorandum, Businessplan, Finanzkennzahlen und Managementpräsentation; verlangt wird auch eine Bestätigung der Angaben in Due-Diligence-Berichten,[101] die von dem Erwerber und dessen Beratern im Vorfeld der Transaktion angefertigt wurden. **45**

Unklar ist, ob das Management verpflichtet ist, Managementgarantien abzugeben. Sofern das Management, wie bei Private-Equity-Transaktionen üblich, an dem Portfolio-Unternehmen beteiligt ist, können sich bereits in der Gesellschaftervereinbarung mit dem Finanzinvestor entsprechende Verpflichtungen finden, wonach das Management beim Exit des Finanzinvestors marktübliche Garantien abzugeben hat. Fehlt eine solche vertraglich vereinbarte Verpflichtung des Managements, Garantien gegenüber einem Erwerber abzugeben, besteht keine oder allenfalls eine sehr eingeschränkte Pflicht des Managements zur Abgabe solcher Garantien.[102] Tatsächlich wird das Management meist dazu bereit sein, Garantien oder andere haftungsrelevante Erklärungen gegenüber einem Erwerber abzuge- **46**

---

[96] Es handelt sich um eine schriftliche Bestätigung eines Wirtschaftsprüfers betreffend die Bilanzen, Gewinn- und Verlustrechnungen und Kapitalflussrechnungen für die letzten drei Geschäftsjahre sowie andere Finanzzahlen, die in einem Wertpapierprospekt enthalten sind. Vgl. *Krämer* in Marsch-Barner/Schäfer, Handbuch börsennotierte AG, § 10 Rn. 209.

[97] In Unternehmenskaufverträgen werden regelmäßig Haftungshöchstbeträge, Freibeträge oder Freigrenzen, Verjährungsvorschriften und dergleichen mehr vereinbart.

[98] Zu den vertraglichen Regelungen vgl. *Semler* in Hölters, Handbuch des Unternehmens- und Beteiligungskaufs, Teil VIII, Rn. 181 ff.

[99] *Schaffner* BB 2007, 1292 ff.

[100] *Seibt/Wunsch* ZIP 2008, 1093 (1094).

[101] Die Aussagen des Managements zu den Due-Diligence-Berichten beschränken sich oft auf die den Berichten vorangestellte einleitende Zusammenfassung der wesentlichen Ergebnisse der jeweiligen Due-Diligence.

[102] *Seibt/Wunsch* ZIP 2008, 1093 (1096 ff.).

ben, entweder aufgrund einer gesellschaftsrechtlichen Beteiligung des Managements, die zur Partizipation am Verkaufserlös führt, oder aufgrund anderweitiger finanzieller oder anderer Anreize.[103] Festzuhalten bleibt allerdings, dass Managementgarantien nur im Fall eines Verkaufs des Unternehmens in Erwägung zu ziehen sind, während dies im Fall eines Börsengangs nicht der Fall ist und ein Börsengang daher aus Sicht des Managements unter haftungsrechtlichen Gesichtspunkten vorzugswürdig erscheint.[104] Schließlich sollte bereits bei dem Erwerb eines Unternehmens durch einen Finanzinvestor, an dem das Management beteiligt wird, im Rahmen des Beteiligungsvertrags oder der Gesellschaftervereinbarung eine Verpflichtung des Managements zur Abgabe entsprechender marktüblicher Garantien aufgenommen werden.

47 Das Management wird bei einem Dual Track stark in Anspruch genommen, sodass es sinnvoll sein kann, einen Zeitplan mit Milestones festzulegen.[105] Zusätzlich zu dem laufenden Geschäftsbetrieb wird vom Management im M&A-Prozess Unterstützung bei einer Vielzahl von Prozessschritten benötigt, die es insoweit auch beeinflussen kann[106]. Für die Erstellung des Information Memorandum ist zwar in erster Linie die Investmentbank sowie die operative Ebene des zum Verkauf stehenden Unternehmens verantwortlich. Das Management ist allerdings dazu aufgerufen, im Rahmen von mehreren Sitzungen an der Vervollständigung und Abstimmung dieses Transaktionsdokuments mitzuwirken und das Unternehmen so darzustellen, dass die in dem Information Memorandum enthaltenen Informationen nicht nur mit der Sichtweise des Managements auf das Unternehmen übereinstimmt, sondern auch mit den Angaben in der Managementpräsentation. Im Rahmen der Due Diligence stellen die verschiedenen Interessenten regelmäßig Fragen, die direkt vom Management beantwortet werden. Das Management muss darüber hinaus die Entscheidung darüber treffen, welche Unterlagen und Informationen welchen Interessenten in welchem Stadium der Transaktion zugänglich gemacht werden, sofern bei diesen Fragen ein nicht vom Verkäufer und dessen Beratern auszufüllender Spielraum verbleibt. Eine wichtige Rolle spielt die Managementpräsentation, in der das Unternehmen, sein Markt- und Wettbewerbsumfeld, die wesentlichen Finanzkennzahlen sowie nicht zuletzt die Mitglieder des Managementteams selbst vorgestellt werden. Das Management wird auch für die Verhandlungen über den Unternehmenskaufvertrag benötigt, jedenfalls dann, wenn das Management aufgrund seiner direkten oder indirekten Beteiligung an dem Unternehmen als Mitverkäufer auftritt. Schließlich erfordern auch die Verhandlungen mit dem zweiten Private-Equity-Investor über die neue Managementbeteiligung und deren Ausgestaltung Aufmerksamkeit und Zeit des Managements. Gerade bei Secondary Buy-Outs, also bei Transaktionen, bei denen das Management bereits Erfahrungen mit einem Finanzinvestor und den Abläufen bei Private-Equity-Transaktionen gesammelt hat, tritt es bei den Verhandlungen über eine Reinvestition des Erlöses aus dem ersten Buy-Out selbstbewusster und robuster auf als dies bei dem ersten Buy-Out der Fall war. Entsprechende Kapazitäten für die Verhandlungen über das Managementpaket sind daher sowohl beim Management als auch bei dem Erwerber einzuplanen.

48 Im IPO-Prozess kommt es wie bei dem M&A-Prozess auf die Mitwirkung des Managements bei der Entwicklung der Equity Story sowie deren Darstellung in dem Prospekt und bei der Due Diligence an. Eine bedeutende Rolle kommt der Roadshow zu, die der gezielten Ansprache institutioneller Investoren dient und das wichtigste Vermarktungsinstrument neben einer Marketingkampagne darstellt.[107] Bei der Roadshow werden inner-

[103] Zu beachten ist bei finanziellen Anreizen, dass diese an der Treuepflicht des Geschäftsführers der GmbH bzw. des Vorstands der AG gegenüber der Gesellschaft gemessen werden.

[104] *Schlitt/Grüning* CFL 2010, 68 (75); vgl. hierzu auch *von Werder/König* CFL 2011, 241 (243).

[105] *Von Werder/König* CFL 2011, 241 (244).

[106] Vgl. auch *von Werder/Li* BB 2013, 1736 (1742).

[107] Zur Roadshow vgl. *Schanz,* Börseneinführung, § 10 Rn. 39 ff. Die Roadshow findet an den wichtigen nationalen und internationalen Finanzplätzen statt, vgl. auch *Singhof/Weber* in Habersack/Mülbert/Schlitt, Unternehmensfinanzierung am Kapitalmarkt, § 4 Rn. 43.

halb kurzer Zeit im Anschluss an die Veröffentlichung des Angebots, meist innerhalb von ein bis zwei Wochen, Präsentationen in ausgewählten Städten gehalten. Die institutionellen Anleger werden vom Topmanagement, meist dem Vorsitzenden des Vorstands und dem Finanzvorstand, über das Unternehmen, seine wirtschaftliche Entwicklung und seine Zukunftsstrategie informiert. Besondere Bedeutung kommt dabei dem persönlichen Eindruck zu, den die angesprochenen Investoren vom Management gewinnen. Aufgrund der Bedeutung der Roadshow für den Erfolg des Börsengangs wird das Management im Vorfeld intensiv – oft unter Einbeziehung von Kommunikations- und Präsentationstrainern – geschult und die Präsentation ebenso intensiv vorbereitet und abgestimmt.

Das Management hat bereits bei einem isolierten Verkaufsprozess sowie bei einem **49** isolierten Börsengang eine entscheidende Rolle. Die Art und Weise, wie sich das Management gegenüber den potentiellen Käufern oder gegenüber Analysten und Investoren präsentiert, ist sowohl für den Ablauf des Exitprozesses als auch für die Höhe des erzielbaren Kaufpreises bzw. der Preisfestsetzung beim Börsengang von großer Bedeutung.[108] Bei der Kombination beider Exitvarianten gilt dies erst recht, eine aktive Einbindung und Mitwirkung des Managements ist daher für den Erfolg des Exits unerlässlich. Der vor dem Exit stehende Finanzinvestor, der sich die Entscheidung für einen der beiden Tracks lange offenhalten möchte, arbeitet eine wohlüberlegte interne Kommunikationsstrategie aus, die den eigenen Interessen sowie den Präferenzen des Managements Rechnung trägt. Eines der wesentlichen Ziele, die für einen Dual Track sprechen, nämlich die Optimierung des Exiterlöses, lässt sich im Hinblick auf die Rolle des Managements insbesondere dadurch erreichen, dass die von den möglichen Erwerbern eingegangenen Angebote sowie die vorläufigen Indikationen für die Preisfestsetzung im Fall des Börsengangs gegenüber dem Management nicht kommuniziert werden. Solange das Management nicht abschätzen kann, ob die angebotenen Kaufpreise oder die Preisindikationen aus Sicht des Finanzinvestors attraktiv genug sind, um sich auf einen Track zu konzentrieren, wird das Management, nicht zuletzt aus eigenem Interesse – jedenfalls dann, wenn es an dem Unternehmen beteiligt ist – motiviert den weiteren Prozess begleiten.

3. Auswahl der Berater

Die Börseneinführung eines Unternehmens ist ein komplexer und zeitaufwändiger Vor- **50** gang,[109] der umfangreiche Planungen und Vorbereitungshandlungen erfordert, für die ein spezielles Team von Spezialisten aus unterschiedlichen Disziplinen benötigt wird, das sich aus Mitarbeitern des Unternehmens sowie externen Beratern zusammensetzt. Da innerhalb des Unternehmens das erforderliche Know-how nicht oder nur in begrenztem Umfang vorhanden ist, wird entweder eine entsprechende Abteilung innerhalb des Unternehmens aufgebaut oder, so lange offen ist, ob der Exitprozess in einen Börsengang mündet, externe Expertise in Anspruch genommen. Während die Gesamtverantwortung für die Börseneinführung bei dem Unternehmen – überwacht und begleitet durch den exitbereiten Finanzinvestor – und damit in der Regel bei einem Mitglied des (künftigen) Vorstands liegt, gehören zum Kernteam für die Börseneinführung neben der konsortialführenden Bank vor allem Rechtsanwälte, Steuerberater und Wirtschaftsprüfer sowie Public Relations-Agenturen, die sich auf Finanzmarketing spezialisiert haben.[110] Die Public-Relations-Agenturen sind für die Entwicklung und Durchführung einer Imagekampagne verantwortlich und zeichnen sich dadurch aus, dass sie neben ihrer Marketingexpertise das regulatorische Umfeld, das für einen Börsengang maßgeblich ist, kennen. Den Steuerberatern kommt in erster Linie die Aufgabe zu, die steuerlichen Auswirkungen der Börseneinführung zu beurteilen und aus Sicht der Gesellschaft und der Aktionäre zu optimieren. Die beteiligten Wirtschaftsprüfer sind für die Beratung bei der Anpassung des Rechnungswesens, vor allem

[108] *Weitnauer* GWR 2016, 413 (414).
[109] *Göckeler* in Müller/Rödder, Beck'sches Handbuch der AG, § 21 Rn. 1.
[110] *Schanz,* Börseneinführung, § 6 Rn. 8.

bei der Umstellung auf IFRS, sowie bei der Zusammenstellung und Aufbereitung der Finanzinformationen verantwortlich. Ihre Aufgabe umfasst insbesondere auch die Abgabe des Comfort Letter.[111] Rechtsanwälte werden zunächst für die Beratung bei der Herstellung der gesellschaftsrechtlichen Voraussetzungen eines Börsengangs, also insbesondere für die Gründung oder deren Umwandlung in eine AG oder ein anderes börsenfähiges Vehikel, beauftragt, sofern sie nicht bereits in die grundsätzliche Planung des Börsengangs eingeschaltet werden. Darüber hinaus obliegt den Rechtsanwälten die Beratung bei der Einhaltung der für die Börseneinführung geltenden Regeln sowie bei der Erstellung und Verhandlung der für den Börsengang benötigten Unterlagen. Bei der Auswahl dieser Berater kommt es vor allem auf die entsprechende Expertise bei Börseneinführungen und vor allem bei der Projektsteuerung komplexer Transaktionen an. Entsprechende Überlegungen gelten in gleicher Weise für die Beauftragung von Wirtschaftsprüfern, Steuerberatern und Rechtsanwälten bei einem M&A-Prozess.

51 Bei einem Börsengang kommt es im Unterschied zu einem M&A-Prozess maßgeblich auf eine überzeugende Börseneinführungsstrategie an, die sich neben einer rechtlich transparenten Strukturierung des Unternehmens in erster Linie mit dem Investment Case befasst. Das vor einem Börsengang stehende Unternehmen schaltet eine oder mehrere emissionsbegleitende Banken in die Vorbereitungen des Börsengangs und die Entwicklung der Börseneinführungsstrategie ein.[112] Aufgrund der Bedeutung der emissionsbegleitenden Bank für den Erfolg eines Börsengangs wird deren Auswahl große Beachtung geschenkt, wobei sich die Bedeutung im Fall eines Dual Track weiter erhöht, da der Komplexität des kombinierten Verfahrens zusätzlich Rechnung getragen werden muss. Das Unternehmen und der exitbereite Investor wählen die emissionsbegleitende Bank daher im Rahmen eines strukturierten und kompetitiven Prozesses, dem Beauty Contest,[113] aus, in dem die Banken, die zu dem Auswahlprozess eingeladen sind, ihr Platzierungskonzept, ihre vorläufige Bewertung des Unternehmens sowie ihre Stärken – häufig auf Grundlage einer vorab vom Finanzinvestor und dem Unternehmen zur Verfügung gestellten Fragenliste –[114] vorstellen. Auf dieser Grundlage wird die (konsortialführende) Bank ausgewählt, die für die gesamte Abwicklung des Börsengangs zuständig ist.[115] Abhängig vom Platzierungsvolumen, der Volatilität im Markt, der Platzierungsform und der angestrebten Breite der Streuung wird ein Emissionskonsortium aus dem Kreis jener Banken zusammengestellt, die bereits im Rahmen des Beauty Contest überzeugt haben.

52 Da auch bei einem M&A-Prozess regelmäßig eine Investmentbank eingeschaltet wird, die für die Koordination dieses Prozesses sowie die Erstellung bestimmter Unterlagen verantwortlich ist, empfiehlt sich im Hinblick auf einen Dual Track, für beide Exitkanäle dieselbe Bank zu beauftragen.[116] Da beide Prozesse eng miteinander verwoben werden müssen, um die einzelnen Tracks zeitlich aufeinander abzustimmen und die vorstehend dargestellten Synergien zu realisieren, und auch zahlreiche Bezüge zueinander aufweisen, lassen sich auf diese Weise Friktionen, unnötiger Aufwand und die Gefahr, dass eine objektive Beratung durch Interessenkonflikte der Banken erschwert wird[117], vermeiden, die entstehen, falls für jeden Track eine andere Bank beauftragt wird. Bei der allein beauftragten Bank, die für beide Tracks verantwortlich ist, wird dann mit unterschiedlichen Teams an der Durchführung gearbeitet. Dadurch verringert sich nicht nur der Koordinierungs- und

[111] *Harrer* in Müller/Röder, Beck'sches Handbuch der AG, § 25 Rn. 135 ff.
[112] Für den regulierten Markt ist die Einschaltung einer Investment- oder Geschäftsbank oder eines Wertpapierhandelshauses gesetzlich zwingend vorgesehen, vgl. § 32 Abs. 2 BörsG.
[113] *Singhof/Weber* in Habersack/Mülbert/Schlitt, Unternehmensfinanzierung am Kapitalmarkt, § 4 Rn. 26.
[114] Zu den möglichen Fragen, die im Rahmen der Bankenpräsentation gestellt und beantwortet werden, vgl. *Schanz,* Börseneinführung, § 9 Rn. 15.
[115] Zum Umfang der Aufgaben *Schwintowski/Schäfer,* Bankrecht, § 22 Rn. 38 ff.
[116] Zu der Frage, ob eine der großen international tätigen Banken beauftragt werden soll oder eine „Boutique", vgl. *von Werder/König* CFL 2011, 241 (245).
[117] *Schäcker/Kunze/Wohlgefahrt* in Habersack/Mülbert/Schlitt, Unternehmensfinanzierung am Kapitalmarkt, § 3 Rn. 33.

Kostenaufwand, sondern auch die Gefahr eines Informationslecks.[118] Obwohl in der Vergangenheit verkaufswillige Finanzinvestoren häufig nicht nur verschiedene Banken, sondern auch verschiedene Rechtsanwälte für die Beratung bei einem Dual Track beauftragt haben, sprechen die vorstehend genannten Gründe auch dafür, ausschließlich eine Rechtsanwaltskanzlei zu beauftragen, die für die Beratung beider Tracks ebenso wie die Bank verschiedene Teams zur Verfügung stellt.

Bei der Auswahl der Berater kommt es darauf an, die an den einzelnen Tracks arbeiten- **53** den Teams getrennt zu halten und sog. Chinese Walls zu errichten.[119] Damit soll sichergestellt werden, dass die verschiedenen Teams keine Informationen über den Stand und die Erfolgsaussichten des jeweils anderen Tracks erhalten. Die verschiedenen Teams sollen möglichst isoliert voneinander arbeiten, wobei mögliche Synergien zwischen beiden Tracks nach Möglichkeit zu realisieren sind. Um dies organisatorisch sicherzustellen, sind die erforderlichen technischen Vorkehrungen zu treffen, wie zB die Sicherstellung, dass die jeweiligen Teams keinen Zugriff auf Dokumente des jeweils anderen Teams erhalten. In rechtlicher Hinsicht ist es naheliegend, die Mitarbeiter aus den Teams durch geeignete Vertraulichkeitsvereinbarungen an der Weitergabe relevanter Informationen zu hindern. Solche Vertraulichkeitsvereinbarungen sollten auch von solchen Beratern unterzeichnet werden, die aufgrund gesetzlicher berufsrechtlicher Vorschriften zur Vertraulichkeit verpflichtet sind.[120] Während eine strikte Trennung beider Tracks auf der Arbeitsebene erforderlich ist, wird ein Gremium benötigt, das für die Steuerung und Überwachung beider Prozesse verantwortlich ist. Hierfür wird ein sog. Steering Committee, also ein Lenkungsausschuss, eingerichtet.

4. Prozesssteuerung und Kommunikation

Das Steering Committee setzt sich zusammen aus einem Vertreter des verkaufswilligen **54** Finanzinvestors, der Investmentbank, die für beide Tracks ausgewählt und verantwortlich ist, sowie der beteiligten Rechtsanwälte, gegebenenfalls auch der Steuerberater, die für die optimale steuerliche Strukturierung der beiden Tracks beauftragt wurden. Auch ein hochrangiger Vertreter des Portfolio-Unternehmens ist regelmäßig in dem Steering Committee vertreten. In diesem Fall ist allerdings darauf zu achten, dass besonders sensible Informationen, die für eine glaubhafte Durchführung des Dual Track entscheidend sind und die Auswirkungen auf die Motivation des Managements haben können, nicht allen Mitgliedern des Steering Committee zugänglich gemacht werden. Die verschiedenen Berater berichten regelmäßig und ausschließlich an das Steering Committee, bei dem exklusiv alle Informationen zusammengeführt werden und deren Mitglieder daher allein einen Überblick über die einzelnen Tracks und den Stand des Exitprozesses haben. Mit der Einrichtung eines Steering Committees soll darüber hinaus die Vertraulichkeit weitestgehend gewährleistet werden, indem ausschließlich ein kleiner Kreis von Personen einen Überblick über den Status der einzelnen Tracks hat.[121] Damit lassen sich auch Motivationsprobleme[122] der einzelnen Teammitglieder vermeiden, sofern sich die Präferenz für einen der beiden Tracks abzeichnet, da keines der Teammitglieder über den Stand und die Erfolgsaussichten des jeweils anderen Tracks informiert ist.

Dual-Track-Verfahren stellen nicht nur eine Herausforderung für die interne, sondern **55** gerade auch für die externe Kommunikation mit an dem Prozess Unbeteiligten dar. Zu Beginn des Exitprozesses kommt es auf eine strikte Vertraulichkeit an, während gegen

[118] *Diehl/Bozicevic* AG-Report 2006, R493.
[119] AA *von Werder/König* CFL 2011, 241 (245).
[120] Für den Rechtsanwalt folgt die Verpflichtung zur Verschwiegenheit aus § 43a Abs. 2 BRAO, § 2 BORA; für Wirtschaftsprüfer folgt die Verpflichtung zur Verschwiegenheit aus § 43 Abs. 1 WPO und für Steuerberater aus § 9 BOStB.
[121] So auch *Schlitt/Grüning* CFL 2010, 68 (76).
[122] Hierzu *Dübner* Going Public 2004, 62, der von einer „self-fulfilling prophecy“ spricht, wenn am Ende eines Dual Track die Entscheidung für einen Verkauf gefallen ist.

Ende des Prozesses eine aktive Kommunikation, insbesondere im Fall eines Börsengangs,[123] unerlässlich ist. Bei einem Dual Track sind mehr Personen an den beiden Prozessen beteiligt als dies bei der Fokussierung auf einen M&A-Prozess oder einen Börsengang der Fall wäre. Es besteht daher die Gefahr, dass Einzelheiten über die Exitvorbereitungen ungewollt an die Öffentlichkeit dringen und damit der gesamte Exitprozess gefährdet wird. Um eine solche Gefährdung zu vermeiden, sind zu Beginn des Dual-Track-Verfahrens Sprachregelungen abzustimmen, die sich sowohl auf den M&A-Prozess als auch auf den IPO-Prozess beziehen und mit denen auf ungewollte Presseveröffentlichungen umgehend, konsistent und glaubhaft reagiert werden kann. Weder der exitbereite Investor noch das zum Verkauf oder Börsengang anstehende Unternehmen dürfen zum Spielball der Medien und Kapitalmärkte werden. In einer späteren Phase des Dual Track ist zu entscheiden, ob die Öffentlichkeit über die Durchführung des Dual Track informiert oder ob hierüber Stillschweigen bewahrt wird. Aufgrund der Vielzahl der an einem Dual Track Beteiligten lässt sich ein Kommunikationsleck oft nicht vermeiden. Sofern die Öffentlichkeit über den geplanten Exit des beteiligten Investors mittels Dual Track informiert wird, sollte dies proaktiv und gezielt geschehen. Dabei sind beide Exitkanäle als gleichwertig zu kommunizieren, eine Präferenz für den einen oder anderen Exitkanal darf nicht vorzeitig an die Öffentlichkeit geraten. Andernfalls würde bei Aufgabe des zunächst präferierten Exitkanals der verbliebene Track von den Märkten als Notlösung gesehen mit absehbaren Folgen für die Preisbildung.[124] Bei einem Börsengang sind die Anforderungen an die externe Kommunikation höher als dies bei einem M&A-Prozess der Fall ist.[125] Sobald sich ein Börsengang als wahrscheinliche Exitroute herauskristallisiert, sind die entsprechenden Maßnahmen, meist mit Unterstützung externer Berater, zu ergreifen, wobei insbesondere eine Investor-Relations-Abteilung in kurzer Zeit aufzubauen ist, die mit Bekanntwerden der IPO-Pläne auf das öffentliche Interesse an dem Unternehmen angemessen und professionell reagieren kann.

5. Zeitliche Planung

56 Eines der wesentlichen Ziele bei der Durchführung eines Dual Track ist die Wertmaximierung. Dieses Ziel soll erreicht werden, indem beide Tracks lange Zeit parallel vorbereitet werden, um dadurch den Wettbewerbsdruck auf die an dem jeweiligen Track Beteiligten hoch zu halten. Eine der entscheidenden Fragen bei der Durchführung eines Dual Track ist regelmäßig, bis zu welchem Zeitpunkt der Dual Track glaubhaft vorbereitet werden kann und wann die Entscheidung für einen der beiden Tracks fallen sollte. Ausschlaggebend bei dieser Entscheidung ist insbesondere die Überlegung, dass die an dem Dual Track Beteiligten, seien es Mitarbeiter des Unternehmens, seien es externe Berater, seien es die Kaufinteressenten bei einem M&A-Prozess oder die potentiellen Investoren bei einem Börsengang, sich mit vollem Engagement ihrem jeweiligen Track widmen. Das Ziel der Wertmaximierung soll nicht gefährdet werden, weil der Dual Track zu lange durchgeführt oder zur Unzeit auf einen einzelnen Prozess reduziert wird. Als „Point-of-no-return" wird häufig der Zeitpunkt genannt, zu dem die Finanzanalysen der Konsortialbanken bei möglichen Investoren verteilt werden oder die Gesellschaft ihre Absicht an die Börse zu gehen, ankündigt[126] oder die Due Diligence im Wesentlichen abgeschlossen ist, sodass auch die Synergieeffekte auf Kostenseite enden und die Kosten für die unterschiedlichen Exit-

[123] Zu den Anforderungen an die Werbung im Zusammenhang mit einem Börsengang vgl. *Schanz,* Börseneinführung, § 10 Rn. 44 ff.

[124] *Juchem/Linnartz* Dual-Track-Verfahren ist eine Herausforderung, Börsen-Zeitung v. 19.5.2007 (Nr. 95), Sonderbeilage, B 4.

[125] Bei einem Börsengang ist nicht nur auf die unterschiedlichen Investorengruppen einzugehen, das Management ist darüber hinaus auf Roadshow, Analystenpräsentationen und Pressekonferenzen vorzubereiten. Schließlich muss auch die Webseite des Unternehmens börsentauglich gestaltet werden, indem insbesondere eine Investor-Relations-Rubrik aufgenommen wird.

[126] *Schlitt/Gruning* CFL 2010, 68 (76) mwN.

Prozesse signifikant steigen dürften.[127] Die Entscheidung für einen der beiden Tracks sollte in jedem Fall vor Beginn der Investor-Education-Periode getroffen und dann auch kommuniziert werden, um sicherzustellen, dass sich die Investoren und Analysten mit vollem Engagement der Analystenpräsentation und der Roadshow widmen.[128] Zu diesem Zeitpunkt dürfte schon ein hoher Grad an Preistransparenz bestehen, da die bindenden Angebote der potentiellen Investoren im M&A-Prozess bereits vorliegen müssten.[129] Hieraus folgt, dass in der Regel in die Phase des Pilot Fishing, also der vertraulichen Vorstellung des Unternehmens bei ausgewählten Investoren noch vor der eigentlichen Analystenpräsentation, eingetreten werden kann, obwohl zu diesem Zeitpunkt noch keine Entscheidung für oder gegen den Börsengang getroffen wurde. IPO-Investoren werden jedoch erst bereit sein, sich mit der Aktie des Portfolio-Unternehmens auseinanderzusetzen, wenn der M&A-Prozess abgesagt wurde.[130] Wird der M&A-Prozess erst während der Investor-Education-Periode abgesagt, kommt es auf eine überzeugende Kommunikation an, damit der Kapitalmarkt keine unzutreffenden Schlüsse über die Hintergrunde für die Absage des M&A-Prozesses zieht und die Kapitalmarktinvestoren ihre Preisvorstellungen nach unten korrigieren oder sich ganz aus dem Prozess zurückziehen. Umgekehrt wird auch für die verbliebenen für die Vertragsverhandlungen ausgewählten potentiellen Erwerber im Fall einer Absage des IPO während der begleitenden Vermarktung[131] eine überzeugende Kommunikationsstrategie benötigt, um zu vermeiden, dass deren Preisindikationen ebenfalls nach unten korrigiert werden und (fälschlich) fehlendes Interesse an einem Börsengang des Unternehmens hinter der Absage des IPO vermutet wird. Darüber hinaus droht der Ruf des exitbereiten Finanzinvestors Schaden zu nehmen, wenn die Entscheidung für einen der beiden Tracks zu einem so späten Zeitpunkt getroffen wird, zu dem die beteiligten Interessenten und Investoren einschließlich deren Berater bereits viel Zeit und Arbeit in die Transaktion investiert haben.[132] Die Öffentlichkeit sollte daher über den Exitprozess erst informiert werden, nachdem die Entscheidung für einen der beiden Tracks gefallen ist. Ob der abgesagte Track überhaupt erwähnt wird, hängt davon ab, ob der Dual Track bis zu diesem Zeitpunkt in der Öffentlichkeit unbekannt geblieben ist.

Aus rechtlicher Sicht scheidet ein Umschwenken auf den M&A-Prozess spätestens aus, **57**
nachdem die im Zusammenhang mit dem Börsengang beschlossene Kapitalerhöhung in das Handelsregister der Gesellschaft eingetragen ist und die Emissionsbank oder das Konsortium die aus der Kapitalerhöhung entstandenen Aktien übernommen hat. Zu diesem Zeitpunkt ist die Bank bzw. das Konsortium Eigentümer der Aktien.[133] Tatsächlich wird aber bereits kein Preisbildungsverfahren durchgeführt werden, bevor nicht die Entscheidung für den Börsengang getroffen wurde. Sofern sich ein Finanzinvestor für die Durchführung eine Dual Track entscheidet und mit der aus dem Beauty Contest hervorgegangenen Emissionsbank (dem Konsortialführer) den Übernahmevertrag oder – zu einem früheren Stadium – die Mandatsvereinbarung verhandelt, sollte dort eine Regelung vorgesehen werden, wonach sich der Finanzinvestor, der aufgrund der erforderlichen Platzierung der von ihm gehaltenen Altaktien ebenfalls Partei des Übernahmevertrags wird, bis zu einem im Voraus zu vereinbarenden Zeitpunkt einen (entschädigungslosen) Rücktritt von dem Übernahmevertrag vorbehält. Ein Standard hat sich in diesem Zusammenhang noch nicht herausgebildet.

[127] *Von Werder/König* CFL 2011, 241 (244); *Grosse/Wilczek* in Habersack/Mülbert/Schlitt, Unternehmensfinanzierung am Kapitalmarkt, § 5 Rn. 31.
[128] Ebenso *Diehl/Bozicevic* AG-Report 2006, R493; wohl auch *Weiler* Going Public 2006, 72.
[129] *Schlitt/Grüning* CFL 2010, 68 (76).
[130] *Schlitt/Grüning* CFL 2010, 68 (76).
[131] Zur begleitenden Vermarktung *Singhof/Weber* in Habersack/Mülbert/Schlitt, Unternehmensfinanzierung am Kapitalmarkt, § 4 Rn. 40 ff.
[132] Zu der Frage möglicher Ansprüche von Interessenten, die aus einem Auktionsverfahren ausgeschieden sind, vgl. *Haberstock* in Holzapfel/Pöllath, Unternehmenskauf in Recht und Praxis, Rn. 1319 ff.
[133] Vgl. *Harrer* in Müller/Rödder, Beck'sches Handbuch der AG, § 25 Rn. 98.

58 Ein illustrativer Zeitplan für die Durchführung eines Dual Track, aus dem sich die wesentlichen, im Lauf eines Dual Track zu treffenden Entscheidungen ergeben, ist in der folgenden Abbildung dargestellt.

II. Besondere rechtliche Anforderungen

59 Bei der Erstellung der Vertragsdokumentation für einen Dual Track, die sich im Grundsatz von der Dokumentation, die bei einem isolierten M&A-Prozess oder Börsengang benötigt wird, nicht unterscheidet, sind einige Besonderheiten zu beachten.

1. Vertraulichkeitsvereinbarung

60 Die Vertraulichkeitsvereinbarung, die zu Beginn des M&A-Prozesses von den identifizierten Interessenten zu unterzeichnen ist, bevor sie Zugang zu vertieften Informationen, insbesondere dem Information Memorandum, erhalten, sollte zunächst einen Hinweis auf das Verbot von Insidergeschäften nach dem Wertpapierhandelsgesetz[134] sowie gegebenenfalls auch nach sonstigen anwendbaren Insiderverboten ausländischer Rechtsordnungen enthalten. Es kann zwar im Grundsatz nicht davon ausgegangen werden, dass nach der Veröffentlichung des von der Bundesanstalt für Finanzdienstleistungsaufsicht gebilligten Prospekts noch Insiderinformationen betreffend das vor dem Börsengang stehende Unternehmen vorhanden sind, da alle Informationen, die Insiderinformationen sein können, darin veröffentlicht sein sollten. Allerdings ist nicht auszuschließen, dass bestimmte Informationen, die im Rahmen des M&A-Prozesses in der Due Diligence offengelegt wurden, doch als Insiderinformationen zu qualifizieren sind.[135]

61 Darüber hinaus wird in die Vertraulichkeitsvereinbarung regelmäßig eine Standstill-Vereinbarung aufgenommen, wonach sich der mögliche Erwerber des Unternehmens verpflichtet, nach Absage des M&A-Prozesses und einem Börsengang für einen bestimmten Zeitraum danach[136] keine Aktien zu erwerben. Mit einer solchen Standstill-Vereinbarung soll aus „hygienischen" Gründen vermieden werden, dass die Interessenten, die sich an dem M&A-Prozess beteiligt und dort im Rahmen der Due-Diligence-Prüfung vertieft Einblick in die Verhältnisse des Unternehmens erhalten haben, aufgrund dieses gegenüber den Aktionären bestehenden Informationsvorsprungs Aktien erwerben.

2. Prozessbrief

62 Wie bei Auktionsverfahren üblich, wird auch bei einem Dual Track zu Beginn des Prozesses ein Prozessbrief an die Gruppe der möglichen Bieter, die als Erwerber des Unternehmens in Betracht kommen, verschickt. In diesem Prozessbrief werden die möglichen Bieter über den Ablauf des Exitprozesses informiert. Bei einem Dual Track sollte in dem Prozessbrief nicht nur ein Vorbehalt gemacht werden, wonach die in dem Prozessbrief angekündigten Verfahrensregeln jederzeit und ohne Angabe von Gründen geändert werden können. Der Prozessbrief sollte außerdem den Hinweis enthalten, dass der Prozess jederzeit auch abgebrochen werden kann und keine Verpflichtung besteht, das höchste der von den Bietern eingereichten Angebote anzunehmen. Erforderlich erscheint darüber hinaus eine Aufklärung der möglichen Bieter über die Durchführung eines Dual Track.

[134] Vgl. § 14 Abs. 1 WpHG.

[135] Obwohl das Verbot von Insidergeschäften unabhängig davon gilt, ob ein Hinweis auf die gesetzlichen Regeln im Rahmen einer Vertraulichkeitsvereinbarung erfolgt ist, wird in der Literatur im Zusammenhang mit der Weitergabe von (Insider-) Informationen bei Due-Diligence-Prüfungen die Ansicht vertreten, dass sich der Informationsempfänger zur Einhaltung der Insiderhandelsverbote verpflichten muss, vgl. *Krämer* in Marsch-Barner/Schäfer, Handbuch börsennotierte AG, § 10 Rn. 32 mwN.

[136] Der Zeitraum wird kaum länger als 12 Monate und sollte nicht weniger als drei bis sechs Monate betragen.

Mit diesen verfahrensmäßigen Vorbehalten soll eine Haftung des Verkäufers wegen vorvertraglicher Pflichtverletzung ausgeschlossen werden, rechtstechnisch handelt es sich um einen Haftungsausschluss für Verfahrensänderungen. Es ist anerkannt, dass der Verkäufer aufgrund der Privatautonomie frei ist, wie und mit wem er verhandelt.[137] Ungeklärt ist, ob es sich bei solchen Vorbehalten um (unzulässige) allgemeine Geschäftsbedingungen handelt und welche Maßstäbe bei der Beurteilung einer eventuellen Unzulässigkeit heranzuziehen sind.[138]

3. Unternehmenskaufvertrag

Fällt die Entscheidung für einen Verkauf des Portfolio-Unternehmens und wird der Börsengang abgesagt, kann in den Unternehmenskaufvertrag eine Regelung aufgenommen werden, wonach der Erwerber für den Fall, dass er das Unternehmen innerhalb einer bestimmten Frist nach dem Erwerb seinerseits an die Börse bringt, den Verkäufer an einem hieraus gegenüber dem aus dem Verkauf resultierenden etwaigen Mehrerlös partizipieren lassen muss. Als Argument für eine solche Regelung kann ins Feld geführt werden, dass bereits der Verkäufer aufgrund des Dual-Track-Verfahrens den Grundstein zu dem zunächst abgebrochenen und dann von dem Erwerber doch durchgeführten Börsengang gelegt und die damit verbundenen Kosten jedenfalls teilweise getragen hat. Hinzu kommt der zeitliche Mehraufwand, der für die Vorbereitungen des Börsengangs investiert worden ist. Eine solche Regelung, sofern sie von einem Erwerber überhaupt akzeptiert wird, ist auf einen überschaubaren Zeitraum zu begrenzen.[139] Bewertungsfragen werden bei einer solchen Regelung eine Hauptrolle spielen. **63**

4. Mandatsvereinbarung Bank / Übernahmevertrag

Mit dem Konsortialführer ist aufgrund der besonderen Situation bei einem Dual Track, wonach sich der exitbereite Finanzinvestor die Entscheidung für oder gegen einen Track bis zu einem möglichst späten Zeitpunkt vorbehält, entweder bereits in der Mandatsvereinbarung oder in dem Übernahmevertrag zu vereinbaren, dass der Finanzinvestor bis zu einem im Voraus zu vereinbarenden Zeitpunkt entschädigungslos von dem IPO-Prozess Abstand nehmen, für den M&A-Prozess entscheiden und diesen abschließen kann. Der Konsortialführer sowie die Konsortialbanken werden einer solchen Regelung zurückhaltend gegenüberstehen. Wie vorstehend bereits ausgeführt, hat sich noch kein Standard herausgebildet. **64**

---

137 *Haberstock* in Holzapfel/Pöllath, Unternehmenskauf in Recht und Praxis, Rn. 1331.

138 *Louven/Böckmann* ZIP 2004, 445 (450), die einen Vergleich zu den Regeln über das Preisausschreiben, § 661 BGB, sowie zu öffentlich-rechtlichen Beschaffungsvorgängen ziehen, die Anwendbarkeit der daraus folgenden Regeln auf ein Auktionsverfahren aber letztlich zu Recht ablehnen. Zu der Annahme einer unzulässigen allgemeinen Geschäftsbedingung wohl tendierend *Haberstock* in Holzapfel/Pöllath, Unternehmenskauf in Recht und Praxis, Rn. 1336.

139 Der Zeitraum kann so bemessen werden, dass die für den Prospekt benötigten Finanzkennzahlen nicht mehr aktuell genug sind und daher neu zusammengestellt werden müssen. Alternativ kommt auch eine feste Frist in Betracht, die sicher nicht länger als 12 Monate betragen wird.

E. Dual Track – Pro und Contra auf einen Blick

65

Vorteile	Nachteile
Transaktionssicherheit • mit der Anzahl der Exit-Alternativen steigt die Abschlusswahrscheinlichkeit • Zeitpläne werden aufgrund der Abhängigkeit der Parallelprozesse in der Regel eingehalten • Transaktionsdisziplin ist durch die notwendige stringente Steuerung des Prozesses und der genauen Verfolgung des jeweiligen Arbeitsstandes sehr hoch	**Komplexität** • hoher Koordinierungsaufwand • viel Disziplin (Zeitpläne sind verzahnt)
Erlösmaximierung • Test, an welchem Markt (Kapitalmarkt/M&A) der höchste Preis erzielt wird • Verhandlungsdruck kann auch noch aufrechterhalten werden im Falle der Exklusivität im M&A-Prozess	**Kosten** • Dual Track ist teurer als Single Track • Höhere Kosten rechnen sich nicht bei geringem Transaktionsvolumen
Stärkung der Verhandlungsposition im Verkaufsprozess • Glaubhafte Option IPO Track bringt zusätzlichen Druck auf Angebotshöhe • Glaubhafte Option IPO Track mit eingeschränktem Garantiekatalog erzeugt Leverage für SPA-Konditionen (Garantien, Kaufpreiseinbehalt, etc.)	**Schwächung der Verhandlungsposition, wenn eine der Exit-Optionen „kollabiert“** **Management** • Dual Track bindet Managementkapazität • Management teils von Informationen (Angebote, Stand des Verfahrens) abgeschnitten (Vorsicht vor Missstimmung)
Stärkung der Verhandlungsposition im IPO-Prozess • Glaubhafte Option M&A Track bringt zusätzlichen Druck auf Pricing (falls IPO zu diesem späten Zeitpunkt noch abgesagt werden kann) • Glaubhafte Option M&A Track erzeugt Leverage für Konditionen des Übernahmevertrages	**Interessenkollision** • Management hat gegebenenfalls eigene Interessen • Konkurrenzsituation zwischen den an den beiden Tracks beteiligten Teams • Interessenkonflikt bei Emissionsbank, die beim IPO Fees mit anderen Banken teilen muss

6. Teil. Einzelrechtsgebiete

§ 22 Steuerrechtliche Fragestellungen

Übersicht

Die vermögensverwaltende Personengesellschaft hat sich als Standardfall des Private-Equity-Fonds entwickelt. Die steuerlichen Implikationen dieser Struktur sollen daher zunächst im Teil A allgemein dargestellt werden. Die steuerliche Analyse dieser Investitionsstruktur soll steuerartübergreifend sowohl Fragen der Einkommens- als auch Körperschafts- und Gewerbesteuer abdecken und alle einbezogenen Parteien umfassen. 1

Dieser Abschnitt setzt sich in den Teilen B bis E mit anderen Fondsformen auseinander, bevor in Teil F auf die Sonderfrage der Finanzierung, in Teil G auf die steuerliche Behandlung der Transaktionskosten und in Teil H auf die laufende Einkommensbesteuerung eingegangen wird. Teil I rundet die Übersicht aus dem Blickwinkel des ausländischen und beschränkt steuerpflichtigen Investors ab. 2

A. Die vermögensverwaltende Personengesellschaft als der Standardfall

I. Die Struktur und Vorgaben

Die Standardstruktur stellt sich im Überblick wie folgt dar: 3

Geschäftsführender Kommanditist

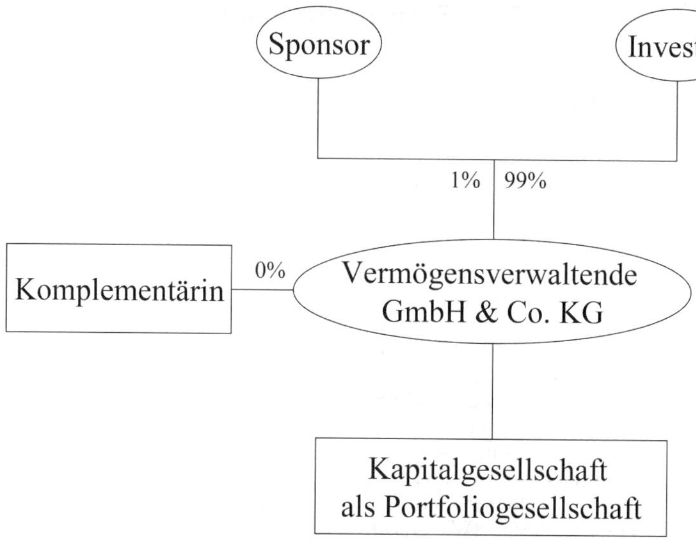

4 Das Investment, die so genannte Portfoliogesellschaft, wird hierbei entweder in der Rechtsform einer Kapitalgesellschaft oder durch eine Tochterkapitalgesellschaft (so genannte Blocker-Gesellschaft) erworben und gehalten. Die Investoren und Sponsoren sind in der Rechtsform einer Personengesellschaft verbunden, so dass die Personengesellschaft mit der gebündelten Einlagesumme die Investitionen in die Portfoliogesellschaft vornehmen kann.

5 Die Verwaltung der Personengesellschaft erfolgt regelmäßig über eine haftungsabschirmende Kapitalgesellschaft, die als Komplementärin fungiert und nicht am Vermögen der Personengesellschaft, des Fonds, beteiligt ist.

6 Die Kommanditisten der Fonds unterscheiden sich in Investoren und Sponsoren. Als Investoren werden die in der Regel passiven Kapitalanleger bezeichnet, die in die von den Sponsoren initiierte Private-Equity-Fonds investieren.

7 Diese Grundform des Private-Equity-Fonds setzt folgende rechtliche und wirtschaftliche Vorgaben der Beteiligten um:

- **Die steuerliche Transparenz:** Bei steuerlicher Transparenz des Fonds kann jeder Investor nach seiner individuellen Situation strukturieren; eine zusätzliche Besteuerungsebene auf Ebene des Fonds wird vermieden. Der steuerbefreite Investor kann die Voraussetzungen für seine Steuerfreiheit eigenständig erhalten[1].
- **Das Pooling des Kapitals:** Das Investitions-Vehikel muss die finanziellen Mittel auf eine handelnde Einheit poolen, um handlungsfähig zu sein.
- **Die Abschirmung gewerblicher Tätigkeiten:** Die Investoren möchten meist von gewerblicher Tätigkeit abgeschirmt sein, die zur Gewerblichkeit auf der Ebene des Investors führen könnte. Daher erfolgt **idR** keine Beteiligung an Personen-[2], sondern an einer Kapitalgesellschaft als Portfoliounternehmen. Personengesellschaften werden über Akquisitions-Kapitalgesellschaften erworben.

[1] Zumeist muss er eine gewerbliche Tätigkeit vermeiden.
[2] Die Beteiligung an einer gewerblichen Personengesellschaft führt zu gewerblichen Einkünfte auch der Gesellschafter, vgl. BFH Urt. v. 8.12.1994, BStBl. II 1996 S. 264 ff. sowie v. 18.4.2000, BStBl. II 2001 S. 359 ff.

II. Die Besteuerung der Personengesellschaft

1. Die steuerliche Transparenz

Die Personengesellschaft ist selbst kein Einkommensteuersubjekt; ihre Einkünfte werden vielmehr den Gesellschaftern anteilig zugerechnet und bei diesen der Einkommen- oder Körperschaftsteuer unterworfen. 8

Die Personengesellschaft ist aber gegebenenfalls ein Gewerbesteuersubjekt und gewerbesteuerpflichtig, wenn sie entweder gewerblich geprägt oder aber gewerblich tätig ist. Die gewerbliche Prägung nach § 15 Abs. 3 EStG kann ohne weiteres durch geschäftsführende Kommanditisten[3] vermieden werden, vorausgesetzt dass die Gesellschaft nicht bereits originär **gewerblich** tätig ist. Die Vermeidung einer originär gewerblichen Tätigkeit ist daher regelmäßig für die Gewerblichkeit entscheidend. Im Überblick kann die Ausgangslage wie folgt dargestellt werden: 9

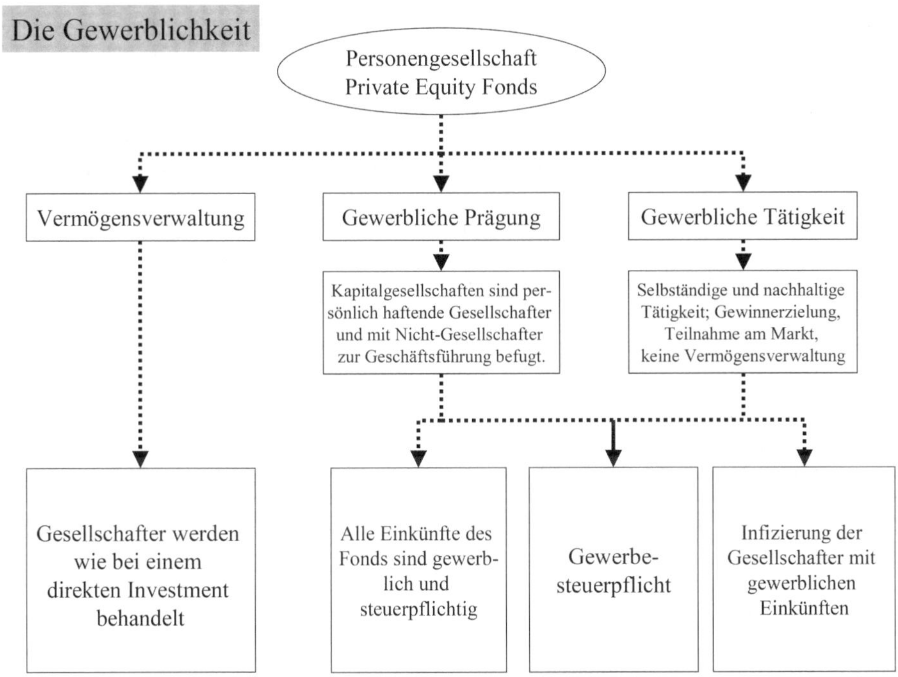

2. Die gewerbliche Tätigkeit der Personengesellschaft

Die Personengesellschaft darf mithin nicht selbst originär gewerblich tätig sein. Die Gewerblichkeit liegt bei einer selbständigen, nachhaltigen Bestätigung mit Gewinnerzielungs- 10

[3] Bei Kapitalgesellschaften als geschäftsführenden Kommanditisten bestehen Zweifel, ob die Entprägung gelingt. Die Finanzverwaltung geht jedenfalls bislang hiervon aus, vgl. R 15.8 Abs. 6 S. 2 und 3 EStR **2012; aA** und nach eigener Ansicht „entgegen dem missverständlichen Wortlaut", *Wacker* in Schmidt, EStG, **38. A. 2019, § 15 Rz. 222.** Zweifel könnten an der Tragfähigkeit des „entprägenden" Kommanditisten in Jurisdiktionen bestehen – notabene Großbritannien – in denen der geschäftsführende Kommanditist seine beschränkte Haftung verlieren kann, wenn er in das Management der – ausländischen – Personengesellschaft involviert wird; gegebenenfalls könnte man hier die Auffassung vertreten, der geschäftsführende Kommanditist sei nunmehr nicht länger Kommanditist, sondern infolge des Verlustes der beschränkten Haftung gewissermaßen Komplementär. Mangels geschäftsführenden Kommanditisten wäre die „Entprägung" in dieser **Sichtweise** gegebenenfalls fehlgeschlagen.

absicht vor, die sich als Beteiligung am allgemeinen wirtschaftlichen Verkauf darstellt und keine Vermögensverwaltung darstellt, § 15 Abs. 2 EStG. Die Finanzverwaltung hat mit BMF-Schreiben vom 16.12.2003[4] diese Tatbestandsmerkmale für **Private-Equity-Fonds** konkretisiert. Die Gewerblichkeit wird hiernach auf der Basis der folgenden Kriterien und Indizien beurteilt:

1. Bankfinanzierung des Portfolioerwerbes
2. Sicherheiten zugunsten des Portofoliounternehmens
3. Eigene Organisation/Büro des Fonds
4. Ausnutzung eines Marktes unter Einsatz beruflicher Erfahrungen
5. Anbieten der Anteile des Fonds gegenüber breiter Öffentlichkeit
6. Kurzfristige Beteiligung am Portfoliounternehmen
7. Re-Investition von Veräußerungserlösen durch den Fonds
8. Unternehmerisches Tätigkeitwerden des Fonds in Portfoliogesellschaften

11 Diese Kriterien sollen nachfolgend kurz beschrieben und erläutert werden.

12 **a) Zum Indiz der Bankfinanzierung des Portfolioerwerbes.** Für die Beurteilung der Gewerblichkeit eines Wertpapierhandels wurde der Aspekt der Finanzierung als unbeachtlich eingestuft. Diese Grundsätze sollen nach Auffassung der Finanzverwaltung jedoch nicht auf **Private-Equity-Fonds** übertragen werden können.

13 Eine Fremdfinanzierung spräche für die Notwendigkeit eines baldigen Warenumschlages, der für eine gewerbliche Tätigkeit typisch sei. Der Erwerb der **Portfoliogesellschaft** muss auf Fondebene mit Eigenkapital finanziert werden. Da damit auch staatliche Förderdarlehen ausgeschlossen wären und damit das staatliche Ziel nicht umgesetzt werden könnte, werden solche Darlehen als unschädlich angesehen. Ebenso wird eine Ausnahme für eine Zwischenfinanzierung zur Überbrückung von Einforderungsfristen für die Kapitaleinlagen der Investoren vorgenommen. Schließlich werden bank- und versicherungsaufsichtsrechtliche Gesellschafterdarlehen als unschädlich angesehen. Eine Fremdfinanzierung der typischerweise als Akquisitionsvehikel zwischengeschalteten Kapitalgesellschaft ist unschädlich.

14 **b) Zum Indiz der Sicherheitengestellung zugunsten des Portofoliounternehmens.** Die Besicherung von Verbindlichkeiten der Beteiligungsgesellschaften sei für eine gewerbliche Tätigkeit typisch, da damit offenbar am unternehmerischen und gewerblichen Risiko partizipiert wird. Im Übrigen **könnte** eine schädliche Bankfinanzierung durch eine Sicherheitengestellung zugunsten des Portfoliounternehmens umgangen werden, so dass dieses Kriterium nicht überrascht. Dagegen soll sich eine bloße Vermögensverwaltung nicht durch die Übernahme von unternehmerischen Risiken auszeichnen.

15 Die Besicherung (ebenso wie für Zwischenkredite) in Bezug auf noch ausstehende Einlagen des Fonds in das **Portfoliounternehmen** sind hingegen unschädlich, weil diese nur **Differenzen** in der Zahlungsfälligkeit abfangen.

16 **c) Zum Indiz der eigenen Organisation/Büro des Fonds.** Eine umfangreiche Verwaltungs-Organisation des **Private-Equity-Fonds** spricht für eine gewerbliche Tätigkeit, die über die typische bloß verwaltende Tätigkeit einer Vermögensverwaltung hinausgeht. Die Größe des Vermögens an sich ist jedoch kein Indiz für/gegen die Gewerblichkeit. Dies gilt insbesondere bei der **bloßer Verwaltung** von Großvermögen, die zwar eine gewisse Substanz hat, aber auf die Art der Tätigkeit keinen Einfluss hat.

17 **d) Zum Indiz der Ausnutzung eines Marktes unter Einsatz beruflicher Erfahrungen.** Das „Verkaufen" eigener Marktkenntnis durch die initierenden Sponsoren und den Fonds spricht für eine Gewerblichkeit; nichts anderes tun Unternehmensberater auch. Dagegen ist

[4] Vgl. hierzu ausführlich und mwN Pöllath/Rodin/Wewel, Private Equity und Venture Capital Funds, München 2018, § 25 II. 2; *Weitnauer,* Venture Capital – HdB, 6.A. München 2019, B. cc).
Vgl. http://www.bundesfinanzministerium.de/nn_53836/DE/BMF__Startseite/Aktuelles/BMF__Schreiben/Veroffentlichungen__zu__Steuerarten/einkommensteuer/087,property=publicationFile.pdf.

die bloße Nutzung eigener Erkenntnisse für die eigene Investition unschädlich; schließlich beeinflusst auch eine **überlegene** Kenntnis nicht die Art der Tätigkeit, die für die Bestimmung der Gewerblichkeit maßgebend ist. Die Marktkenntnisse der Initiatoren des **Private-Equity-Fonds** gelten als für eigene Investitionen verwendet und sind daher unschädlich.

e) Zum Indiz des Anbietens von Beteiligungen an Portfoliounternehmen gegenüber breiter Öffentlichkeit. Die Vermarktung von Beteiligungen an **Portfoliounternehmen** gleicht einer Maklertätigkeit und spricht für eine Gewerblichkeit; so handeln gewerbliche „Beteiligungs- oder Unternehmenshändler". Die bloße Verwaltung der Beteiligungen ist dagegen ebenso unschädlich wie die Verwertung der Anteile auf eigene Rechnung. Die Grenze der Vermögensverwaltung wird dann nicht überschritten. 18

f) Zum Indiz der kurzfristige Beteiligung. Das kurzfristige Handeln von Beteiligungen spricht für einen (gewerblichen) Händler, der seinen Gewinn durch den Umschlag von Günter erzielen will. Die bloße Vermögensverwaltung ist dagegen typischerweise langfristig angelegt, so dass ein im Gesamtbild mindestens mittelfristiges Halten der Beteiligungen durch den Fonds unschädlich ist. 19

Man geht insoweit davon aus, dass eine Haltedauer von drei bis fünf Jahren ein mittelfristiges Halten in diesem Sinne darstellt. Hierbei ist die gewogene durchschnittliche Beteiligungsdauer an den Portfoli-Unternehmen entscheidend, so dass einzelne kurzfristige Verkäufe unschädlich sind. 20

In diesem Zusammenhang wird die Syndizierung der Beteiligungen an mehrere Fonds nicht einbezogen, wenn die Veräußerung innerhalb von 18 Monaten stattfindet und die Übertragung zu Anschaffungskosten zuzüglich einer Verzinsung erfolgt. Die Syndizierung wird zu Recht als Teil der Akquistionsstruktur und nicht als Exit aus dem Investment angesehen. Bei der Berechnung der Haltedauer ist hinsichtlich ihres Beginns grds. auf den Zeitpunkt des ersten Erwerbs bezustellen; die Haltedauer endet, wenn die Beteiligung im Wesentlichen, d.h. zu mehr als 90% veräußert ist.[5] 21

g) Zum Indiz der Re-Investition von Veräußerungserlösen. Eine Reinvestition von Veräußerungserlösen spricht für das Vorliegen eines Händlers, der seine Ware umschlagen will, um hiermit Gewinne zu realisieren. Die passive Vermögensverwaltung zeichnet sich hiergegen typischerweise durch eine längere Haltensdauer aus. Das Investment wird durch Veräußerung beendet. 22

Die Ausschüttung der Erlöse entspricht daher typischerweise einer bloßen Vermögensverwaltung, die sich bei Veräußerung von diesem Investment löst. Veräußerungserlöse dürfen daher nur bis zu 20% in Nachfinanzierungen von **Portfoliogesellschaften** investiert werden. 23

h) Zum Indiz des unternehmerischen Tätigkeitwerdens in Portfoliogesellschaften. Ein aktives Management des **Private-Equity-Fonds** in den **Portfoliogesellschaften** steht einer Unternehmensberatung näher als einer bloßen Vermögensverwaltung. Die Überwachungsfunktion entsprechend einem Aufsichtsrat ist dagegen als Ausfluss der Gesellschafterstellung, die auch für die Vermögensverwaltung typisch ist, unschädlich. Dementsprechend ist die Beschränkung der Einflussnahme auf Portfoliounternehmen durch Zustimmungsvorbehalte bei bestimmten Entscheidungen unschädlich, analog § 111 Abs. 4 S. 2 AktG. Die Zustimmungserfordernisse dürfen den Spielraum der **Portofoliogesellschaften** für eigene unternehmerische Entscheidungen nicht ausschließen. Die Finanzverwaltung will freilich darüber hinaus noch zwischen mehrheitlich beherrschter und nicht mehrheitlich beherrschter Portfoliogesellschaft differenzieren. Hier kann es zur Annahme einer Gewerblichkeit kommen, wenn nach dem anwendbaren ausländischen Recht eine Beschränkung der Tätigkeitsumfang der Fondsvertreter nicht möglich oder zulässig ist.[6] 24

5 Vgl. OFD München/OFD Nürnberg vom 15.10.2004, DB 2005, 77.
6 Vgl. Ziff. 2.2 der Karte 4.1.2 vom 15.10.2004 der ESt-Kartei der OFD München und Nürnberg.

25 Ein Inkubator begründet dagegen eine gewerbliche Entwicklungstätigkeit und führt zur Gewerblichkeit des Fonds.

26 Besonderheiten gelten bei ausländischen Gesellschaften sowie One Tier Board Systemen.[7]

27 Mit Urt. v. 24.8.2011 – I R 46/10, BStBl. II 2014 S. 764 hat der BFH zur Gewerblichkeit eines vermögensverwaltenden ausländischen Private-Equity-Fonds Stellung bezogen.

28 Danach führt die nach deutschem Recht vorliegende gewerbliche Prägung geprägt iSv § 15 Abs. 3 Nr. 2 S. 1 EStG 1997 nicht zu einer abkommensrechtliche Einkunftsqualifikation als Unternehmensgewinne im Sinne eines Doppelbesteuerungsabkommens. Die Annahme der Finanzverwaltung (vgl. allgemein Schreiben des Bundesministeriums der Finanzen – BMF v. 16.4.2010 –, BStBl. I 2010 S. 354 **Rn. 2.2.1**) wurde nicht geteilt.[8]

29 Die Frage der gewerblichen Tätigkeit eines **Private-Equity-Fonds** orientiert sich vielmehr daran, ob eine originäre gewerbliche Tätigkeit vorliegt. Der An- und Verkauf von Wertpapieren überschreitet hiernach zB die Grenze zur gewerblichen Betätigung daher nur, wenn sich der Steuerpflichtige „wie ein Händler" (Urteil des Bundesfinanzhofs – BFH v. 20.12.2000 – X R 1/97, BFHE 194, 198, BStBl. II 2001 S. 706, mwN) verhält. Beweisanzeichen sind der Umfang der Geschäfte, das Unterhalten eines Büros oder einer Organisation zur Durchführung von Geschäften, das Ausnutzen eines Marktes unter Einsatz beruflicher Erfahrungen, das Anbieten von Wertpapiergeschäften gegenüber einer breiteren Öffentlichkeit und andere für eine private Vermögensverwaltung ungewöhnliche Verhaltensweisen.

30 Der BFH bestätigt in seiner Entscheidung vom 24.8.2011 – I R 46/10 die tatrichterlichen Erwägungen des Finanzgerichts, dass der Fonds als gewerblich tätig eingestuft werden kann, weil der Erwerb der Beteiligungen auch mit Fremkapital finanziert worden sei, weil Personen, die für den Fonds handelten, aktiv am Management der Portfoliounternehmen beteiligt gewesen waren., die jeweiligen Beteiligungen maximal vier Jahre gehalten wurden, der Kreis der Gesellschafter sich aus sog. institutionellen Anlegern zusammensetzte und daher auch der Vergleich zu einem Finanzunternehmen iSd § 1 Abs. 3 des Gesetzes über das Kreditwesen (KredWG) vorliegt. Diesem „gewerblichen" Bild wird der typische, rein vermögensverwaltend tätige Fonds gegenübergestellt, welcher Transaktionen lediglich anonym über eine Depotbank tätigt (BFH Urt. v. 2.4.1971 – VI R 149/67, (BFHE 102, 261, BStBl. II 1971 S. 620). Von Bedeutung ist in dem vorliegenden Zusammenhang insbesondere, dass der BFH es nicht nur offen ließ, ob den von der Finanzverwaltung entwickelten Kriterien zur Abgrenzung der Vermögensverwaltung von der Gewerblichkeit überhaupt zu folgen sei, sondern daran vielmehr seine Zweifel äußerte. Die Besonderheit des Falles lag freilich darin, dass der Fonds dort seinerseits die Einstufung als gewerblich anstrebte, um eine Zuordnung der Beteiligungen zu einer englischen Betriebstätte und damit eine völlige Freistellung der Veräußerungsgewinne von der deutschen Steuer unter dem deutsch-englischen Doppelbesteuerungsabkommen zu erlangen. Das FG Münster hat inzwischen in zwei neueren Entscheidungen, die denselben Fonds betrafen, die Gewerblichkeit des Fonds bestätigt (FG Münster v. 28.4.2017 – 10 K 106/13F und 10 K 3435/13F). Die Veräußerungsgewinne waren daher unter den Vorschriften des deutsch-englischen Doppelbesteuerungsabkommens von der deutschen Steuer freizustellen.

31 Während also im Outbound-Fall – der Fonds ist im Ausland ansässig – die Einstufung als gewerblich positiv sein kann, erzeugt sie im Inbound Fall – der Fonds ist im Inland ansässig – typischerweise Nachteile, insbesondere die mit der Gewerblichkeit des Fonds einhergehende Gewerbesteuerbelastung.

---

[7] Fachinformation der bayrischen Finanzverwaltung vom Oktober 2004 zu Tz. 16 des BMF-Schreibens vom 16.12.2004.

[8] Die Finanzverwaltung ist inzwischen auf die Linie des BFH eingeschwenkt, vgl. BMF v. 26.9.2014, BStBl. I 2014, 1258, Tz. 2.2.1.

3. Das Besteuerungsverfahren

Der inländische Fonds sowie der ausländische Fond, der mindestens 2 Inlandsbeteiligte hat, gibt eine Feststellungs-Steuererklärung ab. Die Einkünfte werden in einem Feststellungsbescheid festgestellt und auf die Gesellschafter aufgeteilt. **32**

Für die einheitliche und gesonderte Feststellung eines gewerblichen Private-Equity-Fonds ist das Finanzamt zuständig, in dessen Bezirk sich die Geschäftsleitung befindet, § 18 Abs. 1 Nr. 2 AO. Ohne inländischen Ort der Geschäftsleitung ist das Finanzamt zuständig, in dessen Bezirk die Betriebsstätte belegen ist. Bei einem nicht gewerblichen Fonds, der eine Betriebsstätte nicht hat, ist grds. dasjenige Finanzamt zuständig, in dessen Bezirk der Anleger mit der höchsten Beteiligung ansässig ist, es sei denn, die Anleger bestimmen eine andere, die Interessen der inländischen Beteiligten vertretende Person, etwa einen Steuerberater.[9] **33**

Für die einheitliche und gesonderte Feststellung von (nicht gewerblichen und damit vermögensverwaltenden) Einkünften, an denen mehrere Personen beteiligt sind, ist das Finanzamt zuständig, von dessen Bezirk die Verwaltung dieser Einkünfte ausgeht, § 18 Abs. 1 Nr. 4 AO. **34**

Die Situation beim sogenannten Carried Interest, der Übergewinnbeteiligung zugunsten der Sponsoren, ist unklar. **35**

Die hier in Betracht kommende Charakterisierung als gewerbliche oder selbständige Einkünfte führt bei vermögensverwaltenden Fonds eigentlich zur ausschließlichen Zuständigkeit des Finanzamts des Carry-Inhabers. Nur er hat „gewerbliche" Carry-Einkünfte bezogen, nicht jedoch der vermögensverwaltende Fonds. Andererseits erzielen die Inhaber des Carried Interest diesen in personengesellschaftlicher Verbundenheit durch eine – nicht – gewerbliche-Personengesellschaft. Diese spricht dafür, dass in der einheitlichen und gesonderten Gewinnfeststellung über die Einhaltung und damit auch über den Carried Interest zu entscheiden ist. **36**

Bei gewerblichen Fonds ist der Carry ein Bestandteil der gewerblichen Betätigung des Fonds und wäre daher beim Feststellungsfinanzamt zu erfassen. **37**

4. Der Einspruch und das Rechtsbehelfsverfahren

Die im Feststellungsbescheid enthaltenen Regelungen müssen durch Einspruch gegen den Feststellungsbescheid angefochten werden. **38**

Ein Einspruch gegen den hierauf aufbauenden Folgebescheid in Form des Einkommen- oder Körperschaftsteuerbescheides ist nach § 352 Abs. 2 AO unzulässig, da dort nur die Folge des Feststellungsbescheides als so genanntem bindenden Grundlagenbescheid festgelegt wird. Eine eigenständige Entscheidung oder Regelung wird durch das Einkommen- oder Körperschaftsteuerfinanzamt insoweit nicht getroffen. **39**

Nach § 352 Abs. 1 Nr. 1 AO ist nur der zur Vertretung berufene Geschäftsführer des Fonds zur Einlegung eines Einspruches gegen den Feststellungsbescheid berechtigt. Die Gesellschafter sind sind nach § 352 Abs. 1 Nr. 4 AO nur einspruchsberechtigt, soweit es um die Beteiligung und Verteilung des festgestellten Betrages geht. **40**

Die Einspruchsberechtigung bezieht sich bei der Besteuerung des Carried Interest auf den Steuerbescheid, der die Feststellung trifft. Bei der gewerblichen Personengesellschaft wird im Feststellungsbescheid über den Carry entscheiden. Bei der vermögensverwaltenden Personengesellschaft wird bei der Veranlagung des Carry-Inhabers entschieden. **41**

5. Das Zwischenergebnis

Die vermögensverwaltende GmbH & Co. KG ist ein geeignetes Fondsvehikel für einen **Private-Equity-Fonds.** Sie stellt die steuerliche Transparenz sicher und ermöglicht die Pooling der Kapitaleinlagen. Da die deutsche und ausländische Personengesellschaft steuerlich gleichbehandelt wird, eignet sich diese Struktur auch als ausländische Variante. **42**

[9] Vgl. Tz. 6 Satz 2 Buchst. B AEAO zu § 18 AO.

III. Die Besteuerung der Investoren

1. Natürliche Personen

43 **a) Die Besteuerung der laufenden Einkünfte (insbesondere Zinsen, Dividenden). Zinseinkünfte und andere Einkünfte nach § 20 EStG mit Ausnahme des Abs. 1 Nr. 1 (Dividenden):**
(Anteilige) Zinseinkünfte des vermögensverwaltenden Fonds sind als Einkünfte aus Kapitalvermögen gemäß § 20 Abs. 1 EStG einkommensteuerpflichtig. Aufwendungen im Zusammenhang mit der Erzielung der Zinseinkünfte sind als Werbungskosten im Sinne des § 9 EStG abzugsfähig.

44 Der Investor, der seine Beteiligung am **Private-Equity-Fonds** in seinem Betriebsvermögen hält, erzielt statt Einkünfte aus Kapitalvermögen nach § 15 EStG Einkünfte aus Gewerbebetrieb. Seine hierdurch veranlassten Aufwendungen stellen grundsätzlich abzugsfähige Betriebsausgaben nach § 4 Abs. 4 EStG dar. Die **Umqualifikation** der Einkünfte in gewerbliche Einkünfte erfolgt nach den Grundsätzen der sogenannten „Zebragesellschaft" ausschließlich auf der Ebene des Investors (BMF, BStBl. I 1999 S. 401; ebenso BFH v. 11.4.2005 – GrS 2/02, BStBl. II 2005 S. 679).

45 Ab 2009 unterliegen Zinseinkünfte im Privatvermögen der so genannten Abgeltungsteuer. § 32d Abs. 1 S. 1 EStG normiert für Einkünfte aus Kapitalvermögen einen gesonderter Steuertarif mit 25 % Prozent.

46 Auf Antrag werden die nach § 20 EStG ermittelten Kapitaleinkünfte der tariflichen Einkommensteuer unterworfen, wenn dies zu einer niedrigeren Einkommensteuer führt (Günstigerprüfung nach § 32d Abs. 6 EStG). Der Antrag kann für den jeweiligen Veranlagungszeitraum nur einheitlich für sämtliche Kapitalerträge gestellt werden. Bei zusammenveranlagten Ehegatten kann der Antrag nur für sämtliche Kapitalerträge beider Ehegatten gestellt werden.

47 Aufwendungen können bei der Abgeltungsteuer nicht mehr berücksichtigt werden; die Werbungskosten sind nach § 20 Abs. 9 EStG mit dem Sparerpauschbetrag in Höhe von 801 Euro abgegolten.

48 Soweit die Zinseinkünfte zu den Einkünften aus Land- und Forstwirtschaft, aus Gewerbebetrieb, aus selbständiger Arbeit oder aus Vermietung und Verpachtung gehören, sind sie nach § 20 Abs. 8 EStG diesen Einkünften zuzurechnen; die Abgeltungssteuer findet dann keine Anwendung. Ein Sondierungspapier der aktuellen Großen Koalition spricht sich indes nunmehr für die Abschaffung der Anwendung der Abgeltungssteuer auf Zinseinkünfte aus.[10]

49 **Dividendeneinkünfte im Sinne des § 20 Abs. 1 Nr. 1 EStG:**
Einkünfte aus Dividenden erfahren eine besondere steuerliche Behandlung. Dies liegt darin begründet, dass Dividenden aus den Gewinnen von Kapitalgesellschaften gezahlt werden, die bereits einer körperschaftsteuerlichen Vorbelastung unterlegen haben. Die ungemilderte Einkommensbesteuerung würde zu einer doppelten Belastung führen. Von den erwirtschafteten Gewinnen der Kapitalgesellschaft würde nach Abzug der Körperschaftsteuer (25 %, ab 2008 noch 15 %) und der Einkommensteuer (typisiert 42 %) auf die hiernach verbleibende Dividende weniger als die „Hälfte" übrig bleiben. Die Belastung mit beiden Ertragsteuern würde gegenüber dem normalen Einkommensteuersatz mit 42 % auf die erwirtschafteten Erträge eine unangemessene Doppelbesteuerung begründen.

50 Diese doppelte Ertragsteuerbelastung kann auf verschiedene Arten beseitigt oder abgemildert werden.

51 Zum einen kann die Körperschaftsteuer, mit welcher die Dividenden vorbelastet sind, auf die Einkommensteuer des Gesellschafters angerechnet werden. So war es bis zum Kalenderjahr 2001 durch das so genannte Anrechnungsverfahren auch in Deutschland vorgesehen.

[10] Vgl. Focus-Online, 19.1.2018, 11.44 Uhr.

Zum anderen kann die Einkommensteuerbelastung statt dessen abgemildert werden, so dass die Einkünfte aus Dividenden – im Gegensatz zu anderen Einkünften – einer geringeren Ertragsteuerbelastung unterzogen werden. Für dieses Verfahren hat sich der deutsche Gesetzgeber für die Kalenderjahre 2001 ff. entscheiden. **52**

Anteilige Dividendeneinkünfte sind dementsprechend nach dem so genannten Halbeinkünfteverfahren (die Ertragsteuer wird „halbiert“) gemäß § 3 Nr. 40 EStG zu 50 % einkommensteuerfrei. Aufwendungen zur Erzielung der Dividende sind korrespondierend gemäß § 3c EStG ebenfalls nur zu 50 % abzugsfähig. **53**

Ab 2009 sind Dividendeneinkünfte im Betriebsvermögen nur noch nach dem Teileinkünfteverfahren, welches das bisherige Halbeinkünfteverfahren fortführt, zu 40 % einkommensteuerfrei. Diese reduzierte Einkommensteuerbefreiung liegt darin begründet, dass ab 2009 durch Kapitalgesellschaften Gewinne ausgeschüttet werden, die in Folge des seit 2008 geltenden reduzierten Körperschaftsteuersatzes von 15 % nur noch einer geringeren Vorbelastung unterlegen haben. Daher ist zur Vermeidung der doppelten Besteuerung nur noch eine geringere Einkommensteuerbefreiung für notwendig erachtet worden. Die Aufwendungen zur Erzielung der Dividende sind korrespondierend gemäß § 3c EStG zu 60 % abzugsfähig. **54**

Dagegen werden Dividendeneinkünfte im Privatvermögen ab 2009 – ebenso wie die anderen Einkünfte aus Kapitalvermögen – ebenfalls von der Abgeltungsteuer erfasst[11]. Die Abgeltungssteuer beträgt maximal 25 %. Ein Abzug von Aufwendungen ist nicht zulässig. **55**

Die Rechtslage kann in der Übersicht wie folgt dargestellt werden: **56**

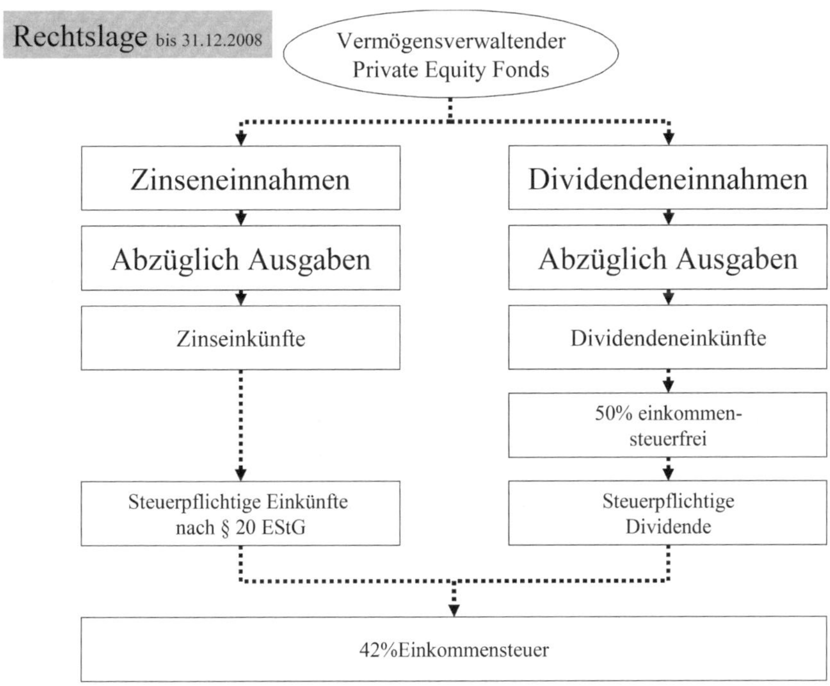

[11] Dies gilt auch für Dividenden aus wesentlichen Beteiligungen im Sinne des § 17 EStG (mindestens 1 %), da – trotz § 17 EStG – Einkünfte aus Kapitalvermögen vorliegen.
Dagegen erfasst § 17 EStG einen Veräußerungsgewinn aus dem Verkauf einer wesentlichen Beteiligung als Einkünfte aus Gewerbebetrieb. Damit fallen diese Veräußerungsgewinne aus dem Anwendungsbereich der Abgeltungsteuer heraus und werden wir betriebliche Veräußerungsgewinne behandelt.
Die Differenzierung zwischen Dividenden und Veräußerungsgewinnen aus einer wesentlichen Beteiligung ist systemwidrig und nicht nachvollziehbar.

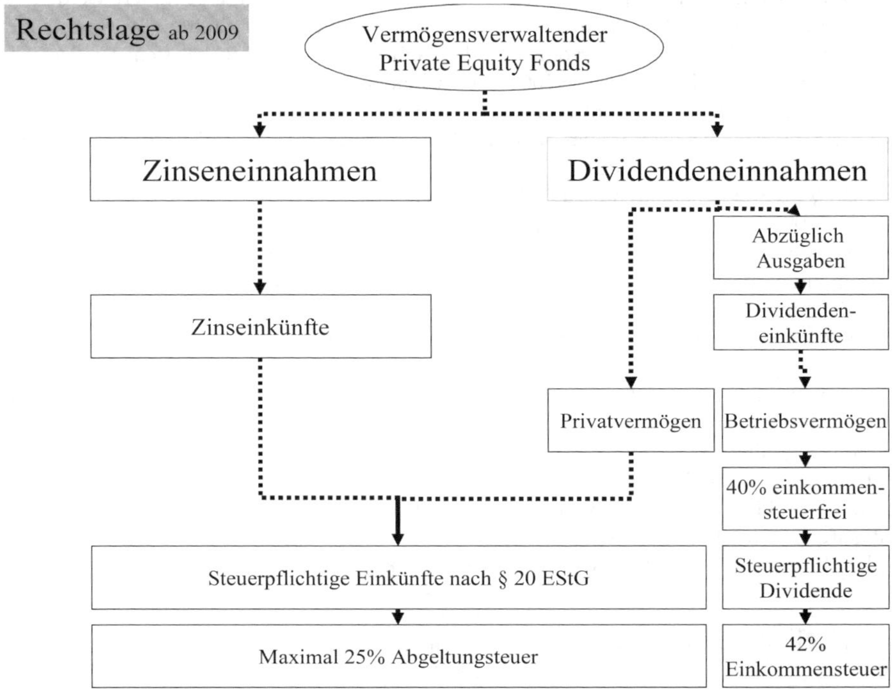

57 Der betriebliche Investor muss neben der Einkommensteuerpflicht auch die Gewerbesteuerpflicht beachten. Einkünfte, die einkommensteuerlich als Einkünfte aus Gewerbebetrieb qualifizieren, sind im Rahmen eines inländischen Gewerbebetriebes grundsätzlich auch gewerbesteuerpflichtig. Damit unterliegen die Zins- wie auch die (steuerpflichtigen) Dividenden der Gewerbesteuerpflicht. Dividenden sind über ihren einkommensteuerpflichtigen Teil hinaus auch mit dem einkommensteuerfreien Anteil gewerbesteuerpflichtig, wenn der Steuerpflichtige nicht die Voraussetzungen des § 9 Nr. 2a, 7 GewStG erfüllt. Eine Tatbestandsvoraussetzung ist die Mindestbeteiligung von 10 %, die der Gesellschafter eines vermögensverwaltenden Private-Equity-Fonds nur in Ausnahmefällen erreicht.

58 Die Gewerbesteuerpficht der Einkünfte aus einer vermögensverwaltenden Personengesellschaft als Fonds macht zusätzlich deutlich, dass die Gewerblichkeit auch auf Ebene der natürlichen Person als Investor vermieden werden muss, wenn eine sinnvolle steuerliche Situation erreicht werden soll. Mit anderen Worten wird keine natürliche Person als Investor seine Beteiligung an einem vermögensverwaltenden Private-Equity-Fonds „freiwillig“ seinem individuellen Betriebsvermögen zuordnen. Ein Zuordnungszwang besteht nur, wenn die Beteiligung am Fonds als so genanntes notwendiges Betriebsvermögen qualifiziert. Dies setzt voraus, dass diese Beteiligung dem Einzelbetrieb des Investors „dient“. Eine solche Tatsachenlage scheint nur in Ausnahmefällen denkbar.

59 **b) Die Veräußerungsgewinne.** Der **Private-Equity-Fonds** ist hauptsächlich auf die Erzielung von Veräußerungsgewinnen ausgerichtet, die mit den Anteilen an den Portfoliogesellschaften erzielt werden sollen; die laufenden Erträge in Form von Dividenden und Zinsen sind meist von untergeordneter Bedeutung.

60 Für die Veräußerungsgewinne an Anteilen von Kapitalgesellschaften gelten grundsätzlich dieselben Erwägungen, die zur Besteuerung der Dividenden vorstehend dargestellt wurden. Ein Veräußerungsgewinn ist auf eine Wertsteigerung der Kapitalgesellschaft zurück-

zuführen, die diese idealtypisch durch thesaurierte Gewinne erzielt – hiervon ist jedenfalls der Gesetzgeber ausgegangen. Damit ist die Wertsteigerung und somit der Veräußerungsgewinn auf die Gewinne zurückzuführen, die die Kapitalgesellschaft erzielt und der Körperschafsteuer unterworfen hat. Damit tritt ebenfalls eine Doppelbelastung ein, weil die Gewinne mit Körperschaftsteuer belastet sind, die sich im Veräußerungsgewinn widerspiegeln.

Anteilige Veräußerungsgewinne von Anteilen an Kapitalgesellschaften sind daher ebenso **61**
wie Dividenden nach dem so genannten **Teileinkünfteverfahren** gemäß § 3 Nr. 40 EStG zu 40 % einkommensteuerfrei.[12] Veräußerungskosten sind gemäß § 3 Nr. 40 EStG korrespondierend zu 40 % abzugsfähig.

Das **Teileinkünfteverfahren** gilt auch für wesentliche Beteiligungen[13] nach § 17 EStG, **62**
die im Privatvermögen gehalten werden, aber durch § 17 EStG als gewerbliche Einkünfte steuerpflichtig sind.

Veräußerungsgewinne von nicht wesentlichen Beteiligungen im Privatvermögen unter- **63–68**
liegen von 2009 an der Abgeltungsteuer. Die Abgeltungssteuer beträgt maximal 25 %. Ein Abzug von Aufwendungen ist nicht zulässig. Für Anteile, die vor dem 1.1.2009 erworben wurden, bleibt die „alte" Regelung in Kraft. Die Veräußerungsgewinne aus solchen Anteilen sind auch dann nicht einkommensteuerbar, wenn die Veräußerung nach Einführung der Abgeltungssteuer ab 2009 erfolgt.

Die Rechtslage kann in der Übersicht wie folgt dargestellt werden: **69**

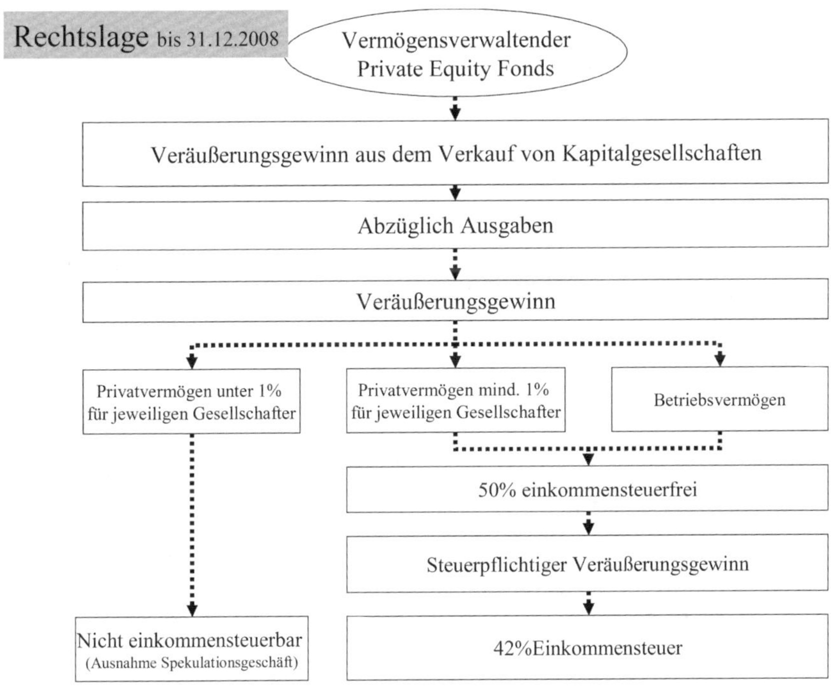

[12] Selbstverständlich hat auch die Bildung nicht realisierter und damit unversteuerter sog. stiller Reserven maßgeblichen Anteil an der Wertsteigerung. Dennoch differenziert das Gesetz hier nicht.

[13] 1 %-Beteiligung während der letzten 5 Jahre.

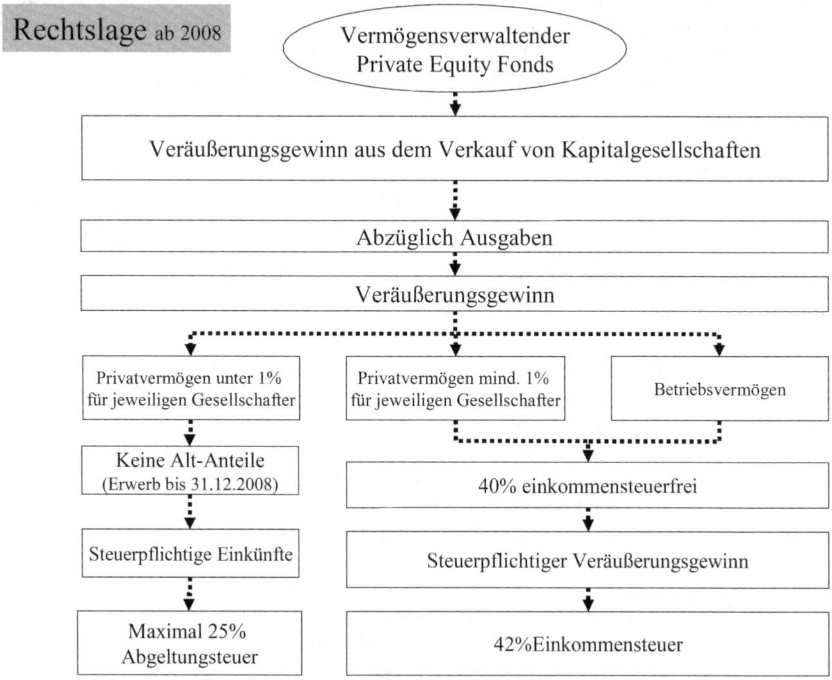

70 Der betriebliche Investor, der seine Beteiligung an einem vermögensverwaltenden **Private-Equity-Fonds** seinem Betriebsvermögen zugeordnet hat, muss auch für den Fall von Veräußerungsgewinnen die Gewerbesteuer beachten. Steuerpflichtige Veräußerungsgewinne führen daher zu einer Gewerbesteuerbelastung. Im Gegensatz zur gewerbesteuerlichen Behandlung der laufenden Dividendeneinnahmen muss der Gesellschafter keine Einbeziehung des einkommensteuerfreien Teils des Veräußerungsgewinnes fürchten; die entsprechenden Vorschriften des § 9 Nr. 2a, 7 GewStG erfassen keine Veräußerungsgewinne.

2. Institutionelle Investoren

71 Als institutionelle Investoren werden nachfolgend Anleger in der Rechtsform einer juristischen Person bezeichnet. Es kann sich hierbei um Gesellschaften handeln, die zB als Pensionsfonds nach nationalem Recht steuerlich begünstigt sind.

72 **a) Steuerpflichtige institutionelle Investoren. aa) Laufende Einkünfte.** Zinseinnahmen gehören bei der juristischen Person zu den steuerpflichtigen Einkünften aus Kapitalvermögen, § 20 EStG. Sie gehören zu den Einkünften aus Gewerbebetrieb, wenn die juristische Person gewerblich tätig ist oder – wie im Falle der Kapitalgesellschaft – eine gewerbliche Tätigkeit gemäß § 8 Abs. 2 KStG gesetzlich fingiert wird.

73 Anteilige Dividendeneinnahmen von Kapitalgesellschaften sind **idR**[14] nach dem **Teileinkünfteverfahren** gemäß § 8b KStG zu 95 % körperschaftsteuerfrei. 5 % der Aufwen-

[14] Ausnahmen bestehen nach § 8b Abs. 7 und 8 KStG insbesondere für Kreditinstitute und Finanzdienstleistungsunternehmern, die Anteile an Kapitalgesellschaften als Umlaufvermögen dem Handelsbuch zuzuordnen haben sowie für Lebens- und Krankenversicherungsunternehmen wie auch Pensionsfonds, mit den als Kapitalanlagen zuzuordnenden Anteilen. Die Steuerbefreiung nach § 8b Abs. 1, 2 KStG ist insoweit ausgeschlossen. Freilich können hier steuermindernde Rücklagen gebildet werden.

dungen gelten pauschal als nicht abzugsfähige Aufwendungen. Aufwendungen zur Erzielung der Dividende sind vollständig abzugsfähig.

Eine Änderung der Rechtslage aufgrund der Einführung der Abgeltungsteuer ergibt sich **74**
nicht; die Abgeltungsteuer ist auf natürliche Personen beschränkt.

Aufgrund der Gewerblichkeit der unbeschränkt steuerpflichtigen Kapitalgesellschaft nach **75**
§ 8 Abs. 2 KStG stellt sich nun auch im Falle einer Beteiligung an einer vermögensverwaltenden Personengesellschaft die Frage nach der Gewerbesteuer. Anteilige Dividendeneinkünfte inländischer Kapitalgesellschaften sind zu 95 % gewerbesteuerfrei, wenn die Beteiligung zu Beginn des Erhebungszeitraum zumindest ein Zehntel[15] betragen hat, § 9 Nr. 2a GewStG.

Anteilige Dividendeneinkünfte von ausländischen Kapitalgesellschaften sind nur dann **76**
gewerbesteuerfrei, wenn eine Beteiligung von 10 % (ab 2008, 15 %) während des gesamten Wirtschaftsjahres der Kapitalgesellschaft bestanden hat und die **ausländische** Kapitalgesellschaft aktive Tätigkeiten im Sinne des § 8 AStG ausübt, § 9 Nr. 7 GewStG[16].

Die Gewerbesteuerbefreiung bezieht sich auf Gewinne und nicht auf Einnahmen. Daher **77**
ist nur der nach Abzug der entstandenen Aufwendungen verbleibende Gewinn von der Gewerbesteuer befreit. Dagegen gewährt die Körperschaftsteuer eine 95 % Steuerbefreiung der Dividendeneinnahme bei vollständigem Abzug der damit zusammenhängenden Aufwendungen

Die Systematik der Besteuerung laufender Einkünft kann in der Übersicht wie folgt **78**
dargestellt werden.

[15] Diese Beteiligungsquote wird bei der gewerblichen Personengesellschaft auf der Ebene der Personengesellschaft ermittelt.
Bei der vermögensverwaltenden Personengesellschaft gilt jedoch das Bruchteilsprinzip, wonach jeder Gesellschafter so behandelt wird, als ob er eine direkte (und anteilige) Beteiligung halten würde. In diesem Fall muss die anteilige Beteiligung des jeweiligen Gesellschafters die 10 % (15 %) Qoute erreichen, wenn Gewerbesteuer vermieden werden soll.
Der ausländische Gesellschafter vermeidet die Gewerbesteuer im Zusammenhang mit seiner Beteiligung an einer vermögensverwaltenden Personengesellschaft unabhängig von der 10 % – Grenze schon dadurch, dass er eine inländische Betriebsstätte vermeidet.

[16] Das Jahressteuergesetz 2008 beinhaltet eine Angleichung an die Gewerbesteuerbefreiung bei ausländischen Beteiligungen, so dass – wie bei inländischen Beteiligungen – die Mindestbeteiligung zu Beginn des Erhebungszeitraums, aber nicht ununterbrochen während desselben bestanden haben muss, Vgl. § 9 Nr. 7 GewStG; nach dem Entwurf eines Jahressteuergesetzes 2019 soll die Kürzungsvorschrift des § 9 Nr. 7 GewStG-E künftig einheitlich auf Gewinne aus Anteilen an einer in- und ausländischen Kapitalgesellschaft angewendet werden, wenn die Beteiligung zu Beginn des Erhebungszeitraums mindestens 15 % beträgt, vgl. RegE-JStG-E 2019 v. 31.7.2019, XQ 1311085; zu der Frage, ob diese geplante Änderung gegen die Mutter-Tochter-Richtlinie verstößt, vgl. m. w. N. Richter/Ekinci, DB 2019, 1987 ff.

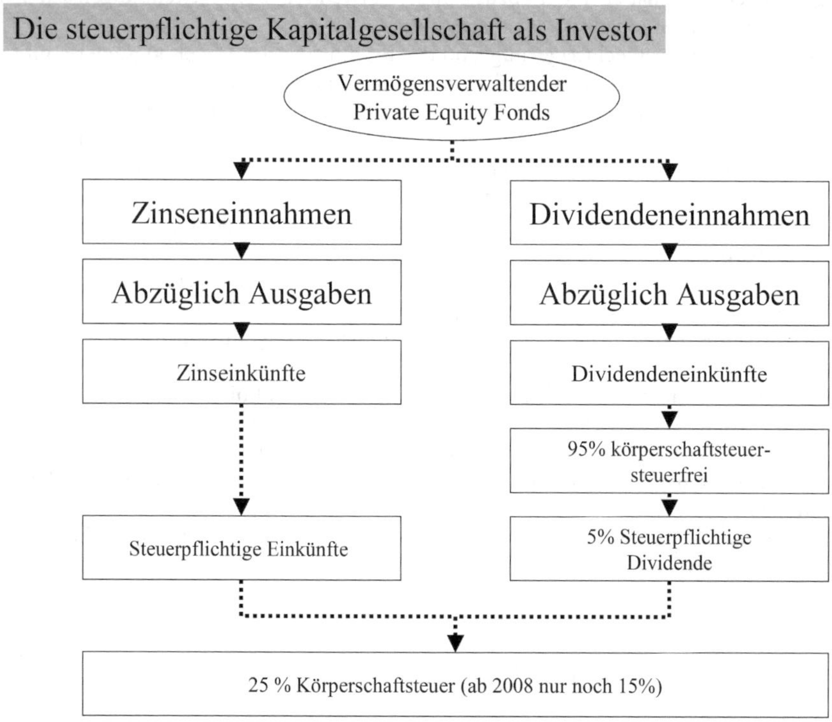

79 Die **aufgrund** der vorstehenden (Gewerbe-)Steuerrechtslage bestehende Problematik der Investition in einen **Private-Equity-Fonds** für einen eine unbeschränkt steuerpflichtige Kapitalgesellschaft lässt sich dadurch vermeiden, dass entweder eine ausländische Kapitalgesellschaft als Investor gewählt oder eben zwischengeschaltet wird. Die ausländische Kapitalgesellschaft ist in keiner Weise gewerbesteuerpflichtig, wenn sie keinen Betrieb im Inland unterhält.

80 **bb) Die Veräußerungsgewinne.** Die steuerliche Behandlung der Veräußerungsgewinne entspricht auch auf der Ebene von juristischen Personen der Besteuerung der Dividenden. Schließlich gilt auch hier die Vorstellung, dass Veräußerungsgewinne nichts anderes als Wertsteigerungen widerspiegeln, die durch die Thesaurierung von Gewinnen entstanden ist. Die alternativ mögliche Gewinnausschüttung würde zu Dividenden führen, die begünstigt sind. Daher werden auch Veräußerungsgewinne begünstigt.

81 Anteilige Veräußerungsgewinne sind dementsprechend bei Kapitalgesellschaften **idR**[17] nach dem **Teileinkünfteverfahren** gemäß § 8b KStG zu 95 % körperschaftsteuerfrei. 5 % der Gewinne gelten pauschal als nicht abzugsfähige Aufwendungen.

---

[17] Ausnahmen bestehen nach § 8b Abs. 7 und 8 KStG insbesondere für Kreditinstitute und Finanzdienstleistungsunternehmern, die Anteile an Kapitalgesellschaften als Umlaufvermögen dem Handelsbuch zuzuordnen haben sowie für Lebens- und Krankenversicherungsunternehmen wie auch Pensionsfonds, mit den als Kapitalanlagen zuzuordnenden Anteile. Die Steuerbefreiung nach § 8b Abs. 1, 2 KStG ist insoweit ausgeschlossen. Wie bereits erwähnt, können diese Versicherungsunternehmen steuermindernde Rücklagen bilden. Infolge der fehlenden Steuerbefreiung nach § 8a KStG bevorzugen Versicherungsgesellschaften zur Vermeidung einer gewerbesteuerlichen „Nachbesteuerung" **gewerbliche Fonds.** Bei nicht gewerblichen Fonds ist die Zwischenschaltung eines geeigneten „Feeders" typisch, zB eine ausländische gewerblich geprägte Personengesellschaft.
Eine weitere Ausnahme besteht für sogenannte einbringungsgeborenen Anteile. Einbringungsgeborene Anteile konnten nach § 21 UmwStG aF insbesondere durch Einbringung von Anteilen und anderen

Die Gewerbesteuer folgt der körperschaftsteuerlichen Behandlung. Die bei den Dividendeneinkünften zusätzlich zu erfüllenden Tatbestandsvoraussetzungen der § 9 Nr. 2a, 7 GewStG werden für Veräußerungsgewinne nicht gefordert. **82**

In der Übersicht stellt sich die Besteuung von Veräußerungsgewinnen wie folgt dar: **83**

Die steuerpflichtige Kapitalgesellschaft als Investor

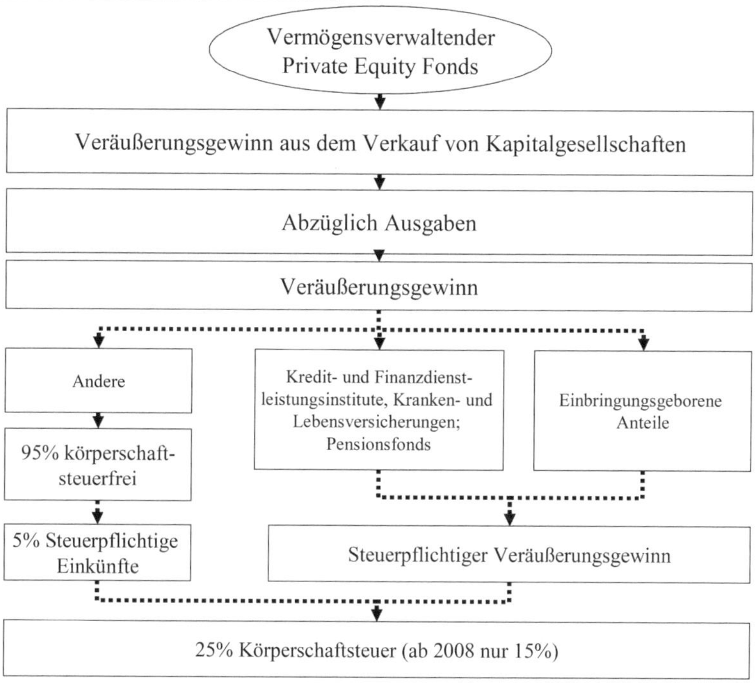

b) Steuerbefreite institutionelle Investoren. aa) Laufende Einkünfte. Die Steuerbefreiung dieser Investoren erstreckt sich auch auf anteilige Dividenden, die steuerfrei bleiben. Aufwendungen zur Erzielung der Dividende sind nicht steuerwirksam. **84**

Dagegen wird die von Dividenden nach § 43 Abs. 1 EStG einzubehaltene in Kapitalertragsteuer nicht wie bei der körpersschaftsteuerpflichtigen Gesellschaft aus die Körperschafsteuerschuld wie eine Vorauszahlung angerechnet. **85**

Die Kapitalertragsteuer hat für steuerbefreite Gesellschaften vielmehr eine abgeltende Wirkung. Die Kapitalertragsteuer ist jedoch bei steuerbefreiten Körperschaften im Sinne des § 5 Abs. 1 KStG nur hälftig vorzunehmen, § 44a Abs. 8 S. 1 EStG. **86**

Auch anteilige Zinseinkünfte sind von der Steuerbefreiung des steuerbefreiten Investors umfasst. Aufwendungen zur Erzielung der Zinsen sind nicht steuerwirksam. Sofern von Zinseinnahmen Kapitalertragsteuer nach §§ 43 ff. ESt einzubehalten ist, hat auch diese abgeltende Wirkung. Die Kapitalertragsteuer ist bei steuerbefreiten Körperschaften im Sinne des § 5 Abs. 1 KStG nur hälftig vorzunehmen, § 44a Abs. 8 S. 1 EStG. **87**

Wirtschaftsgütern in eine andere Kapitalgesellschaft zum Buch- oder einem Zwischenwert entstehen. Die Steuerbefreiung des § 8b Abs. 2 KStG ist für solche einbringungsgeborenen Anteile ausgeschlossen. Seit 2007 wurde die Systematik der einbringungsgeborenen Anteilen durch die Änderung des UmwStG im Rahmen des SESTEG verändert. Einbringungsgeborene Anteile können nunmehr nicht mehr entstehen. Statt dessen muss eine Einbringung zum Buch- oder Zwischenwert nachversteuert werden, wenn entweder der Einbringende (dann Einbringungsgewinn I) oder aber die übernehmnende Kapitalgesellschaft (dann Einbringungsgewinn II) die erhaltenen Wirtschaftsgüter innerhalb von 7 Jahren verwertet. Der nachzuversteuernde Betrag mindert sich für jedes Jahr um 1/7.

88 Die Besteuerung der steuerbefreiten Gesellschaft stellt sich im Überblick wie folgt dar:

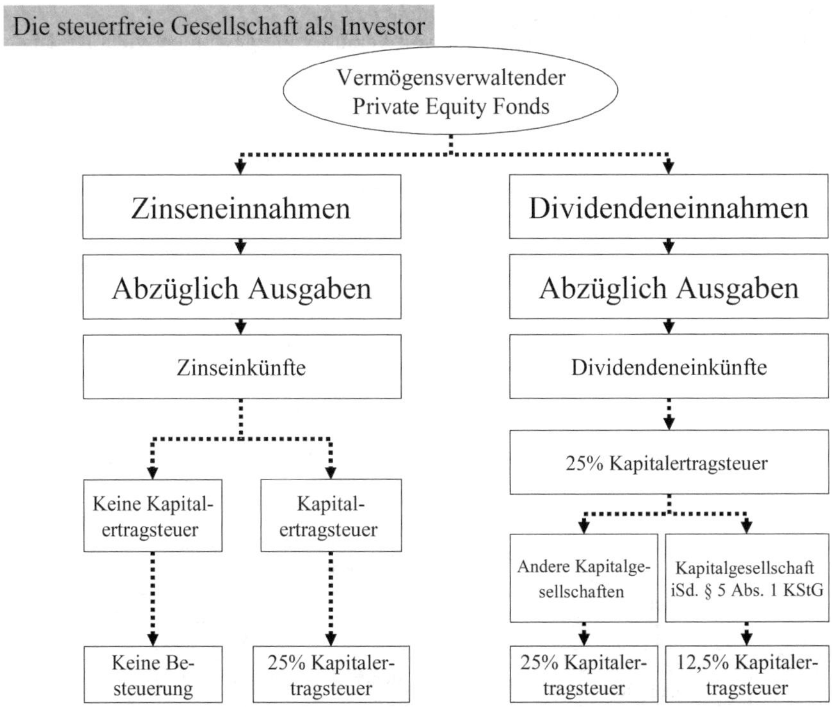

89 **bb) Veräußerungsgewinne.** Anteilige Veräußerunsgewinne, die durch steuerbefreite Körperschaften erzielt werden, bleiben bei diesen steuerfrei. Veräußerungskosten sind nicht steuerwirksam. Kapitalertragsteuer fällt auf Veräußerungsgewinne nicht an.

90 Anteilige Veräußerungsgewinne werden fortan dem Grunde nach durch die Abgeltungsteuer erfasst. Die Abgeltungsteuer erfasst Veräußerungsgewinne an in- und ausländischen Kapitalgesellschaften[18]; eine wesentliche Beteiligung braucht nicht vorzuliegen. Steuerbefreite Körperschaften mit Einkünften aus Kapitalvermögen müssen jedoch auch fortan Veräußerungsgewinne nicht der Abgeltungsteuer unterwerfen; § 44a Abs. 4 EStG.

[18] Nach der Übergangsregelung findet die Abgeltungsteuer keine Anwendung auf Anteile, die bis 31.12.2008 erworben werden, § 52a Abs. 10 EStG.

Im Überblick stellt sich die steuerliche Situation wie folgt dar: **91**

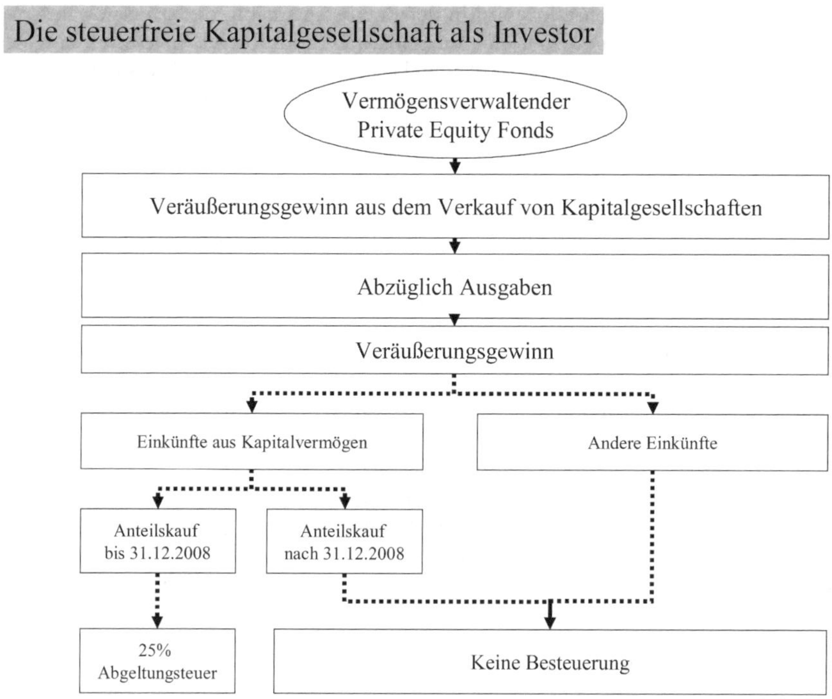

Steuerbefreite Investoren scheuen typischerweise die Investition in einen **Private-Equity-Fonds,** der nicht lediglich vermögensverwaltend ist, denn die Beteiligung an einer gewerblichen Personengesellschaft kann gegebenenfalls den Wegfall der Steuerbefreiung zur Folge haben. Eine solche „Infizierung" kann ggfs. durch Zwischenschaltung einer Kapitalgesellschaft vermieden werden (sog. Blockerstruktur). **92**

3. Der Carry-Inhaber *(Wiesbrock)*

a) Die rechtliche Carry-Gestaltung. a) Rechtliche Grundlagen zum Carried Interest. Als Gesellschafter leisten die Initiatoren eines Private-Equity-Fonds – wie die übrigen Investoren auch – materielle Beiträge zum Gesellschaftskapital. Bei GmbH & Co. KGs leisten sie etwa eine Kapitaleinlage in Geldeswert oder in Sachwerten so wie dies auch für die übrigen Investoren gilt. Insoweit unterscheiden sich die Initiatoren nicht von anderen Investoren. Initiatoren leisten aber neben den vorgenannten materiellen Beiträgen regelmäßig weitere Beiträge immaterieller Art für welche sie keine kapitalmäßige Beteiligung an dem Private-Equity-Fonds erhalten. Der Grund dafür kann darin liegen, dass diese immateriellen Beiträge nicht bilanzierungsfähig sind. Er kann aber auch darin bestehen, dass die Bewertung dieser Beiträge Schwierigkeiten bereitet (z. B. bei der Einbringung von Expertise etc.). Von besonderer Bedeutung ist dies freilich bei Fondsgesellschaften, die strengen Kapitalaufbringungsregelungen unterliegen, wie dies zB bei Kapitalgesellschaften nach deutschem Recht der Fall ist. **93**

Die Initiatoren eines Private-Equity-Fonds erbringen damit – so jedenfalls die Arbeitshypothese – einen größeren Beitrag als ein gewöhnlicher Investor. Für diesen zusätzlichen Wert, der dem Private-Equity-Fonds von solchen Initiatoren vermittelt wird, erhalten diese Initiatoren regelmäßig einen Ergebnisanteil, der über den Ergebnisanteil hinausgeht, den **94** der von den Initiatoren gehaltene Gesellschaftsanteil vermitteln würde. Dieser überproportionale Ergebnisanteil wird als sog. Carried Interest bezeichnet.[19]

95 Der disproportionale Mehrerlös wird in der Praxis regelmäßig erst dann gewährt, wenn eine festgelegte Mindestrendite auf die von Initiatoren und übrigen Investoren eingesetzte Kapitalbeteiligung erzielt wird. In Abhängigkeit von der Art des Investments ist diese Mindestrendite höher oder niedriger, regelmäßig bewegt sie sich aber in einer Bandbreite von 8–12% p. a. Die Mindestrendite wird als „Hurdle Rate" bezeichnet. Der Carried Interest wird nicht nur für die Leistung der vorgenannten immateriellen Beiträge genannt, sondern dient auch der Incentivierung des Management eines Private-Equity-Fonds soweit dieses von Seiten der Initiatoren gestellt wird. In der Praxis ist es durchaus häufig der Fall, dass nach Übernahme einer Beteiligung das Private Equity Management über das Akquisitionsvehikel (z. B. durch Weisungen oder durch Hinweise, Empfehlungen, Coaching etc.) oder aber durch Besetzung einer Leitungsfunktion im Zielunternehmen direkt Einfluss auf das Management der Zielgesellschaft nimmt.

96 **b) Grundmodelle des Carried Interest in der Praxis.** In der Praxis sind zwei Grundmodelle des Carried Interest zu unterscheiden, die letztlich aber zu einem ähnlichen Ergebnis führen; die Grundmodelle unterscheiden sich allerdings in der zeitlichen Wirkungsweise. Dem Model des „full repayment of capital commitment" steht dabei das Modell des „full repayment of capital contribution" gegenüber.

97 **aa) Full repayment of capital commitment.** Der Carried Interest wird in dieser Variante erst dann an die Initiatoren ausgeschüttet, wenn die gesamte von den übrigen Investoren geleistete Kapitaleinlage vollständig an jene zurück gezahlt und auch die festgelegte Mindestverzinsung (Hurdle Rate) an diese Investoren ausgeschüttet worden ist.

98 **bb) Full repayment of capital contribution.** In diesem Fall kann der Carried Interest bereits während der Laufzeit des Fondsinvestments anfallen und ausgeschüttet werden. Dies setzt im Vergleich zu dem Modell des „full repayment of capital commitment" lediglich voraus, dass die Mindestverzinsung für die Kapitaleinlagen der übrigen Investoren überschritten wird. Eine Auszahlung kann demnach bereits dann erfolgen, wenn für die übrigen Investoren noch nicht feststeht, ob das Gesamtinvestment erfolgreich werden wird. So kann freilich der Fall eintreten, dass etwa im ersten Jahr der Kapitalbeteiligung eine Dividende an die Investoren ausgeschüttet wird, die die vereinbarte Mindestrendite deutlich überschreitet. Bei negativem Geschäftsverlauf in den Folgejahren kann schließlich der Fall eintreten, dass keine weiteren Ausschüttungen während der Beteiligungsphase vorgenommen werden können und ggf. das Investment in einen Totalverlust mündet. In diesem Fall hätte der Initiator wegen des Überschreitens der Mindestrendite in nur einem Jahr einen Carried Interest vereinnahmen können.

99 **cc) Claw back und catch up Vereinbarungen.** Der unter vorstehend 2. beschriebenen Gefahr, dass die Initiatoren durch starke Schwankungen in der Geschäftsentwicklung einer Zielgesellschaft in den Genuss des Carried Interest gelangen können, obwohl das Investment über die gesamte Beteiligungsphase hinweg möglicherweise nicht die vereinbarte Mindestrendite erzielt, wird in der Praxis durch sog. claw-back Vereinbarungen vorgebeugt.[20] Derartige Vereinbarungen sehen eine Rückzahlungspflicht der Empfänger des vorzeitig ausgeschütteten Carried Interest vor, sofern die vereinbarte Mindestrendite für die Kapitaleinlage nicht über den gesamten Zeitraum der Beteiligung erzielt wird. Problematisch ist freilich in der Praxis die Absicherung einer solchen Rückzahlungsverpflichtung.

100 Modifikation erfahren Carried Interest Vereinbarungen in der Praxis häufig durch sog. catch-up Vereinbarungen. In diesem Fall, der ein „Aufholen" der Initiatoren darstellt, erhalten diese Initiatoren nach Auslösen des Carried Interest einen Betrag, der bis zur Höhe der Mindestverzinsung reicht, die die übrigen Investoren erhalten. Die nach Auslösen des

[19] Andreas Rodin in: Stefan Jugel: Private Equity Investments, Praxis des Beteiligungsmanagements, S. 59.
[20] Behrens, FR 2004, 1211 (1218).

Carried Interest folgenden weiteren Rückflüsse aus dem Investment werden danach zunächst von den Initiatoren selbst vereinnahmt bis diese die Mindestverzinsung erreicht haben. Erst wenn sowohl die Initiatoren als auch die übrigen Investoren die Mindestverzinsung erreicht haben, greift die Gewinnverteilung nach der Regelung des Carried Interest.

dd) Charakterisierung des Carried Interest. Wie im vorstehenden dargestellt, ist der Carried Interest eine an die Private Equity Initiatoren gewährte überproportionale Vergütung, die keine eindeutige wirtschaftliche Begründung hat. Einerseits kann sie als besondere Vergütung für die Einbringung immaterieller Werte in den Private-Equity-Fonds bzw. in die Zielgesellschaft qualifiziert werden, die dort Mehrwert schafft. Zum anderen – insbesondere bei aktiver Beteiligung von Private Equity Initiatoren im Management des Zielunternehmens – hat die Auslösung eines Carried Interest auch die Qualität einer Art Tätigkeitsvergütung. In diesem Spannungsfeld bewegt sich auch die steuerrechtliche Beurteilung des Carried Interest. **101**

Der Carried Interest wäre in diesem Fall ähnlich einem Tantieme-Anspruchs eines Geschäftsführers oder einer besonders vereinbarten Gratifikation für das Management. Der tatsächliche Gesellschafterbeitrag der Initiatoren dürfte für die steuerliche Zuordnung allerdings von herausragender Bedeutung sein. **102**

c) Carried Interest und Rechtsform des Private-Equity-Fonds. Die rechtlichen Rahmenbedingungen der Gewährung des Carried Interest werden maßgeblich durch die Rechtsform bestimmt, in welcher der Private-Equity-Fonds geführt wird. Entscheidend ist dabei bei mehrstöckigen Akquisitionsstrukturen regelmäßig die oberste Ebene, in welcher Initiatoren einerseits und übrige Investoren andererseits ihre gesellschaftsrechtliche Verbindung begründen. Die Auslösung von Carried Interest auf Zwischenebenen ist allerdings grundsätzlich auch denkbar. Insbesondere könnte auch eine Direktbeteiligung am Zielunternehmen durch Initiatoren Hand in Hand mit einer gemeinsamen Beteiligung an dem Private-Equity-Fonds gehen. **103**

In der Praxis sind Private-Equity-Fonds typischerweise als vermögensverwaltende Personengesellschaften ausgestaltet.[21] Der Grund dafür liegt in erster Linie in der ertragsteuerlichen Transparenz einer vermögensverwaltenden Personengesellschaft. Diese ertragsteuerliche Transparenz des Private-Equity-Fonds führt dazu, dass die durch den Kapitalanleger erzielen Veräußerungsgewinne – sofern sie denn anfallen – ausschließlich auf Ebene des jeweiligen Kapitalanlegers nach dessen individuellen steuerlichen Verhältnissen versteuert werden **104**

b) Die steuerliche Betrachtung des Carry (Striegel/Herkenroth). Die Carry-Inhaber erhalten einen Übergewinn aus dem durch die Fondsgesellschaft erzielten Veräußerungsgewinn, der nicht dem Verhältnis der Kapitaleinlage der Carry-Inhaber zur Kapitaleinlage der Investoren entspricht. Im nachfolgenden Berechnungsbeispiel erhält der Carry-Inhaber eine Gewinnbeteiligung von 20 % und dies obwohl er aufgrund des Verhältnisses seiner Einlage zum gesamten Eigenkapital nur 10 % beanspruchen könnte: **105**

Kapitaleinlagen im Privat Equity Fonds		Gewinnbeteiligung nach Einlagen	Gewinnbeteiligung nach Vereinbarung	Übergewinnbeteiligung = Carry-Interest
Carry-Inhaber	1.000 €	10 %	20 %	10 % Übergewinn
Investoren	9.000 €	90 %	80 %	-10 % Untergewinn
	10.000 €	100 %	100 %	0 %

[21] Vgl. Rodin/Veith, DB 2001, 883 (884); Bundesministerium der Finanzen: Schreiben v. 16. Dezember 2003, BStBl. 2004, Teil I, S. 40, Tz 2, (17), (21); Weitnauer, FB 2001, 258.

Kapitaleinlagen im Privat Equity Fonds		Gewinnbeteiligung nach Einlagen	Gewinnbeteiligung nach Vereinbarung	Übergewinnbeteiligung = Carry-Interest
Veräußerungsgewinn des Private-Equity-Fonds	100.000 €			
Carry-Inhaber		10.000 €	20.000,00 €	10.000 €
Investoren		90.000 €	80.000,00 €	-10.000 €

106 In schematischen Überblick stellt sich die Carry-Gestaltung wie folgt dar:

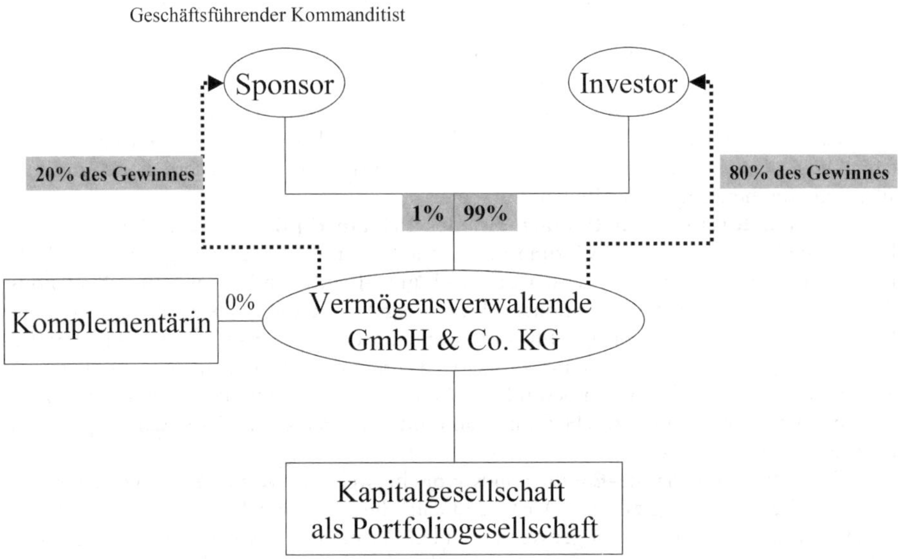

107 **c) Die Carried Interest-Besteuerung.** Der Carry war nach Literaturauffassung ein Teil des Veräußerungserlöses sein. Sofern der Veräußerungserlös durch Veräußerung einer nach § 17 EStG unwesentilchen Beteiligung an einer Kapitalgesellschaft erzielt wird, entfällt jede Einkommensteuerpflicht. Der Fonds, die Investoren und vor allem auch die Sponsoren haben ihr steuerstrukturelles Ziel erreicht. Der Veräußerungsgewinn ist nicht einkommensteuerbar.

108 Sofern der Sponsor anteilig eine wesentliche Beteiligung verkauft hat, erzielt er einen einkommensteuerbaren Veräußerungsgewinn nach § 17 EStG. Der Veräußerungserlös wäre dann nach dem Halbeinkünfteverfahren[22] begünstigt.

109 Die Finanzverwaltung charakterisierte den Carry als Vergütung für eine Dienstleistung. Diese Vergütung ist vollständig steuerpflichtig. Auch eine Steuerbefreiung nach dem Halbeinkünfteverfahren käme danach nicht in Betracht.

110 Die Finanzverwaltung hat sich inzwischen dem Grunde nach durchgesetzt, in dem spätestens mit Einführung des § 18 Abs. 1 Nr. 4 EStG durch den Gesetzgeber angeordnet wird, dass Einkünfte aus Carry solche aus selbständiger Arbeit und nicht aus der Veräußerungen von Beteiligungen sind.

[22] Natürliche Personen konnten bei wesentlichen Beteiligungen die 50 % Einkommensteuerbefreiung beanspruchen. Bei nicht wesentlichen Beteiligungen besteht Einkommensteuerfreiheit, sofern die Spekulationsfrist beachtet wird. Das sog. Halbeinkünfteverfahren ist, wie bereits erwähnt ab dem Jahr 2009 durch das sog. Teileinkünfteverfahren ersetzt worden wonach nunmehr nur noch eine 40 %-ige Steuerbefreiung besteht. Für Anteile, die nach dme 31.12.2008 erworben wird, führt die Abgeltungsteuer stets zu einer Einkommensteuerpflicht, die auf maximal 25 % beschränkt ist.
Körperschaftssteuersubjekte können idR die 95 % Steuerbefreiung nach § 8b Abs. 2 KStG beanspruchen.

Der Gesetzgeber hat allerdings zur Milderung der Enttäuschung der „Branche" eine teilweise Steuerbefreiung des Carry in § 3 Nr. 40a EStG analog des Teileinkünfteverfahrens in Höhe von 40% vorgesehen, wenn dieser Carried Interest die Tatbestandsvoraussetzungen des § 18 EStG erfüllt (hierzu sogleich). **111**

Bei der Erfassung des Carried Interest wird nicht danach unterschieden, ob dieser aus Zinsen, Dividenden oder nur Veräußerungsgewinnen gespeist oder gezahlt wird. Die Begünstigung für den Carry im Sinne des § 3 Nr. 40a EStG erstreckt sich damit auch auf normal zu besteuernde Erträgnisbestandteile. **112**

Die Besteuerung des Carry Interest ist aus folgenden Gründen systemwidrig: **113**

- Dieser Besteuerung der – fiktiven – Dienstleistungsvergütung steht kein Betriebsausgabenabzug bei den Investoren gegenüber, obwohl sie die leistenden Parteien dieser Fiktion sein müssen.
- Die Dienstleistungsfiktion wird für Zwecke der Umsatzsteuer bislang nicht umgesetzt.

Die Steuerbefreiung für den Carried Interest gilt unter folgenden Voraussetzungen, § 18 Abs. 1 Nr. 4 EStG: **114**

1. Einkünfte aus einer vermögensverwaltenden Gesellschaft oder Gemeinschaft,
2. deren Zweck im Erwerb, Halten und in der Veräußerung von Anteilen an Kapitalgesellschaften [Portfoliogesellschaften] besteht,
3. als Vergütung für Leistungen zur Förderung des Gesellschafts- oder Gemeinschaftszweckes,
4. wenn der Anspruch unter der Voraussetzung der vollständigen Rückzahlung des Kapitals der anderen Investoren gewährt wird[23].

Nach einer in der Literatur vertretenen Meinung soll auch eine (gewerbliche) Kapitalgesellschaft soll einen („freiberuflichen") Carried Interest im Sinne des § 18 EStG überhaupt erzielen und von der davon abhängenden Steuerbefreiung profitieren können. Diese Ansicht wird von der Finanzverwaltung nicht geteilt (BaylFSt v. 29.8.2008 – S 2241-17St32/St33). **115**

Die Steuerbefreiung nach § 18 Abs. 1 Nr. 4 EStG gilt nicht für Alt-Fälle im Sinne des § 52 Abs. 4c EStG (Fondsgründung vor dem 31.3.2002/Anteile nach dem 7.11.2003). Alt-Fälle werden ohne Berücksichtigung der §§ 18 Abs. 1 Nr. 4, 3 Nr. 40a EStG besteuert. **116**

Solche Carried Interest-Zahlungen sind daher steuerpflichtig, wenn das Rechtsverständnis der Finanzverwaltung zutreffend ist, das den Carry als eine Dienstleistungsvergütung – und nicht als einen Veräußerungsgewinn auslegt. **117**

Carried-Interest-Zahlungen sind umgekehrt steuerfrei, wenn das Rechtsverständnis zu einer Erfassung als Veräußerungsgewinn führt, der außerhalb der Spekulationsfrist unterhalb einer wesentlichen Beteiligung zu keinen einkommensteuerbaren Einkünften bei einer natürlichen Person führt. **118**

Im Zweifel werden die Finanzgerichte müssen entscheiden, welches Verständnis anzuwenden ist. **119**

Nur die Private-Equitiy-Fonds, die in Bayern angesiedelt waren, dürfen sich auf den Vertrauensschutz freuen, die Bayern „seinen Fonds" im Hinblick auf die in Bayern vorgenommene Charakterisierung des Carry als Veräußerungsgewinn gewährt hat. Fonds in den anderen Bundesländern haben dieses Glück nicht. Sie müssen sich das „Recht" erstreiten. Sie können auch nicht „Bundesland-Shoppen" und ihren Sitz und ihre Geschäftsleitung „schnell" nach Bayern verlegen. Die Bayern beschränken ihre Wohltaten auf die Fonds, die von vornherein auf Bayern „gesetzt" haben. Der entsprechende Erlass der OFD München vom 15.10.2004 ist in der Anlage beigefügt. **120**

Eine bislang nicht gekannte Rechtswirklichkeit ist eingetreten: „Das Verwaltungs-Auffassungs-Shopping" oder die „Nachzugsstrafe". **121**

---

[23] Abschlags- oder Vorauszahlungen können zulässig sein, wenn sie unter dem Vorbehalt der vollständigen Rückzahlung des Kapitals an die Investoren bezahlt werden und ggf. zurückzufordern sind (sog. Claw-Back).

122 In der Übersicht kann die Besteuerung des Carried Interest wie folgt dargestellt werden:

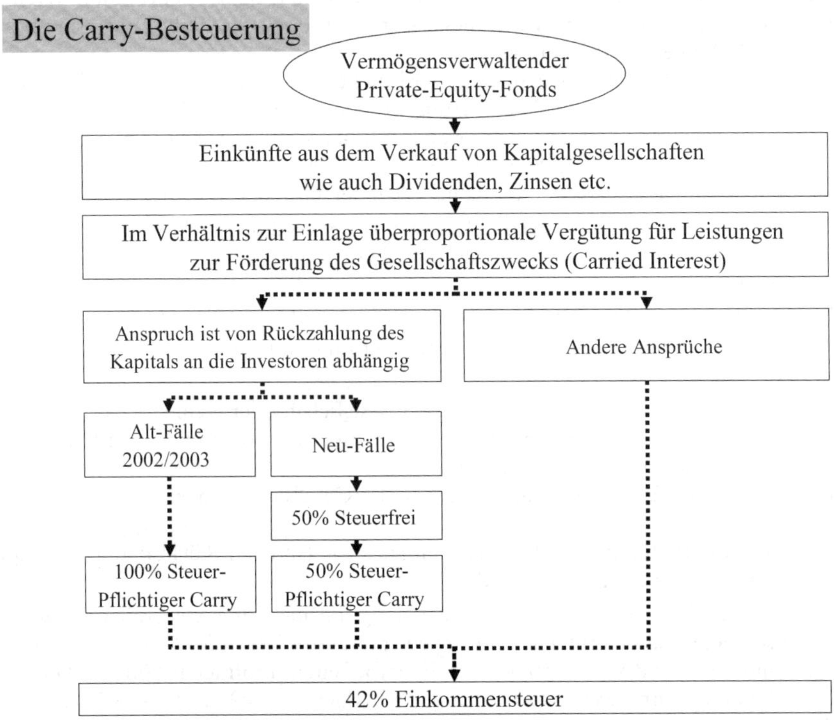

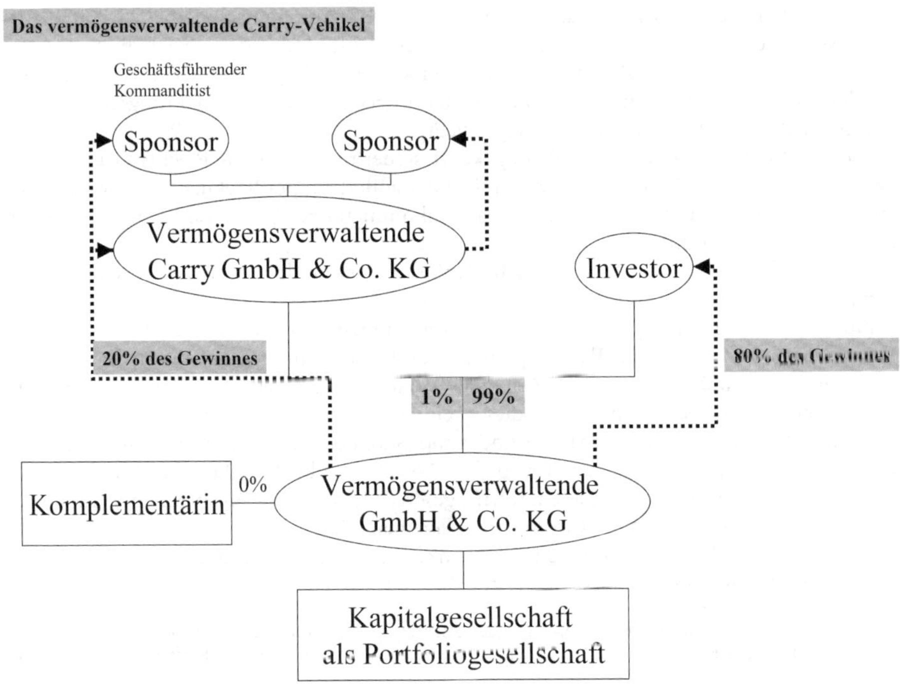

Nicht selten beteiligen sich die Sponsoren auch über ein so genanntes vermögensverwaltendes Carry-Vehikel, was jedoch nichts an der vorstehenden steuerlichen Situation ändert. Nach der Entscheidung des BFH vom 11.12.2018 – VIII R 11/16[24] ist auch ein Carried Interest, der einer Carry-Gesellschaft zusteht, die an einer gewerblich geprägten Fondsgesellschaft beteiligt ist, dem zum – Entscheidungszeitpunkt geltenden Halbeinkünfteverfahrens – begünstigt, soweit der Carried Interest nach § 3 Nr. 40 EStG begünstigte Einkünftebestandteile in Form von Dividenden oder Veräußerungsgewinnen enthält.[25] **123**

4. Das Investmentsteuergesetz

Das Investmentsteuerrecht wurde mit Wirkung zum Jahr 2018 grundlegend reformiert und die frühere grundsätzlich transparente steuerliche Behandlung des Investmentfonds ersetzt durch seine grundsätzlich intransparente Behandlung als eigenes Steuersubjekt für Ertragssteuerzwecke gemäß § 6 InvStG. Lediglich ein Spezialfonds im Sinne des InvStG ist in der Lage eine transparente Besteuerung zu wählen. Hierzu ist es erforderlich, dass der Fonds die umfangreichen Anlagebestimmungen des § 26 InvStG einhält. Dazu gehören insbesondere: **124**

- die grundsätzlich einmal jährliche Ermöglichung der Anteilsrückgabe für die Anlager
- die Beachtung der Einhaltung von Anlegebegrenzung bezüglich des Erwerbs von Beteiligungen an Kapitalgesellschaften, die nicht zum Handel an einer Börse oder einem sonstigen organisierten Markt zugelassen sind, die zum einen insgesamt höchstens 20 % des Wertes des Investmentfonds ausmachen dürfen und zum anderen in Bezug auf die Höhe der einzelnen Beteiligung grds. eine Beteiligung von mehr als 10 % untersagen.

Es wird hieraus deutlich, dass das Investmentsteuergesetz keine geeignete Grundlage für die Konzeption eines typischen Private-Equity-Fonds, der im Regelfall Mehrheitsbeteiligungen in nichtnotierten Kapitalgesellschaften erwerben will, bietet. **125**

Auf Fondsgesellschaften in der Rechtsform einer (in- oder ausländischen) Personengesellschaft findet das Investmentsteuergesetz keine Anwendung, § 1 Abs. 3 Nr. 2 InvStG.[26] **126**

5. Die Umsatzsteuer

Umsatzsteuer entsteht bei **127**

1. entgeltlichen
2. Lieferungen oder sonstigen Leistungen
3. eines Unternehmers
4. im Rahmen seines Unternehmens.

Keine Entgeltlichkeit liegt zum Beispiel bei einem Gesellschafterbeitrag vor. Daher erbringt der geschäftsführende Gesellschafter dann keine entgeltliche Leistung, wenn die Tätigkeit als Gesellschafterbeitrag und nicht **zB** auf Grundlage einer Dienstleistungsvereinbarung erbracht wird. **128**

§ 2 UStG definiert den Unternehmer als eine Person, die ein gewerbliche oder berufliche Tätigkeit selbständig ausübt. **129**

Der Unternehmer kann eine private und unternehmerische Sphäre haben. So ist zum Beispiel die private Wohnung nicht dem Unternehmen zuzuordnen und daher bei einem Verkauf auch nicht umsatzsteuerbar **130**

---

[24] DB 2019, 1305

[25] Vgl. Buge, Ubg 2019, 432 ff.

[26] Bereits nach altem Recht ging man davon aus, dass Private-Equity-Fonds jedenfalls dann nicht die Tatbestandsvoraussetzung als Investmentfonds erfüllten, wenn eine aktive unternehmerische Beteiligung an den Portfoliounternehmen erfolgte.Die unternehmerische Beteiligung als Ausnahme von der Anwendung des Investment(steuer-)gesetzes beruhte auf verschiedenen Schreiben des Bakred aus den 90-er Jahren; 30.8.1990; 28.8.1991; 7.12.2001; das Erfordernis einer unternehmerischen Beteiligung steht in einer gewissen Spannung zur Vermögensverwaltung die ein unternehmerisches tätig werden in den Portfoliogesellschaften gerade ausschließt, → Rn. 24).

131 Umsatzsteuerbare Leistungen sind steuerpflichtig, wenn sie
1. im Inland ausgeführt werden, und
2. nicht umsatzsteuerbefreit sind, § 4 UStG.

132 §§ 3, 3a UStG beschäftigen sich mit dem Ort der Leistung. Nur im Falle eines inländischen Leistungsortes ist die umsatzsteuerbare Leistung umsatzsteuerpflichtig.

133 Diese grundlegende umsatzsteuerliche Systematik kann wie folgt dargestellt werden:

Der Ort der Leistung im Überblick

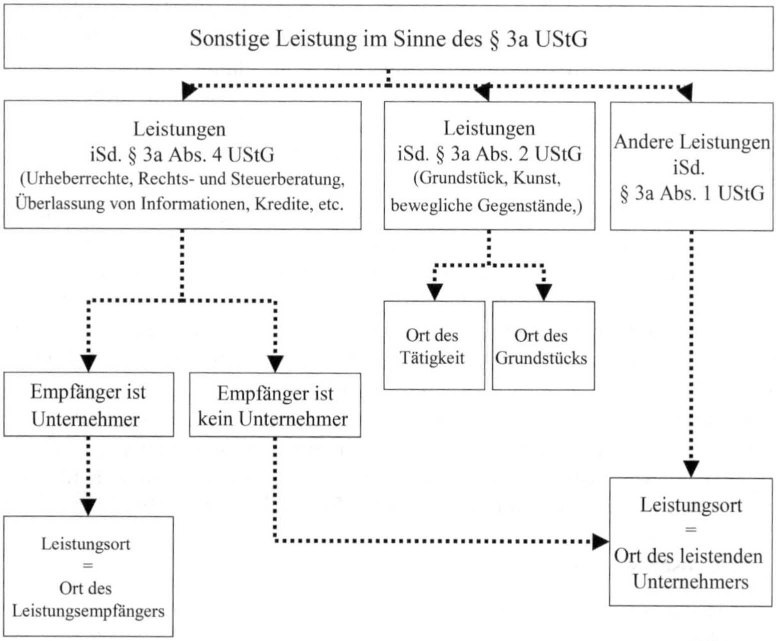

134 Im Falle einer Private Equity Struktur können insbesondere die folgenden Leistungsbeziehungen umsatzsteuerlich relevant sein:
- Die geschäftsführenden Gesellschafter erbringen eine Managementleistung gegenüber dem Fonds.
- Der Fonds erbringt ggf. eine Beratungsleistung gegenüber dem Portfoliounternehmen.
- Die Komplementärgesellschaft nimmt das Haftungsrisiko auf sich.
- Der Carried Interest.

Im Überblick können diese denkbaren Leistungsbeziehungen wie folgt dargestellt werden: **135**

Das umsatzsteuerlichen Leistungsbeziehungen

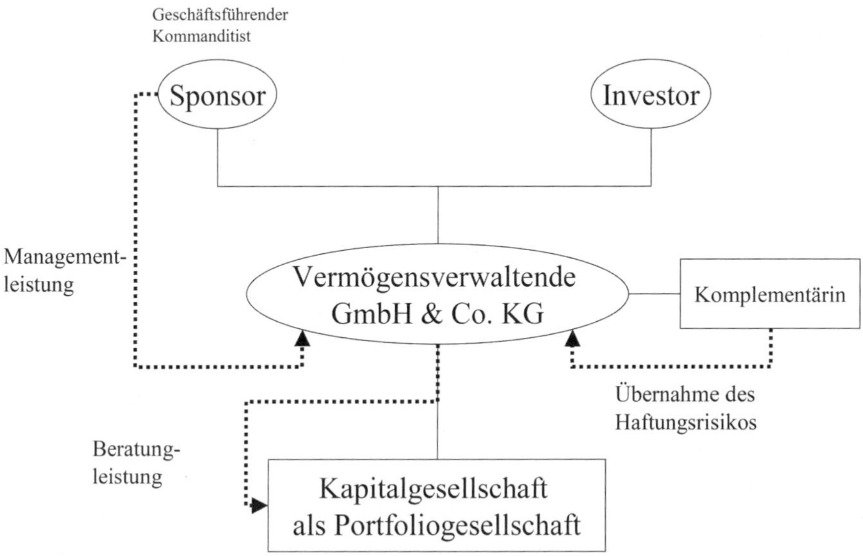

Es stellen sich daher insbesondere die folgenden Fragen: **136**

- Erbringen die geschäftsführenden Gesellschafter eine umsatzsteuerpflichtige Managementleistung oder aber einen nicht umsatzsteuerbaren Beitrag als Gesellschafter.
- Erbringt die Komplementärgesellschaft eine umsatzsteuerbare Leistung?
- Begründen gewinnabhängige Leistungen ein Entgelt im Sinne des Umsatzsteuerrechts?

Die Finanzverwaltung hat zu diesen Problemkreisen mit Erlass vom 31.5.2007 Stellung **137** bezogen[27].

Hiernach richtet sich die umsatzsteuerrechtliche Behandlung dieser Leistungen danach, **138** ob es sich um Leistungen handelt, die als Gesellschafterbeitrag durch die Beteiligung am Ergebnis der Gesellschaft abgegolten werden, oder um Leistungen, die gegen Sonderentgelt ausgeführt werden und damit auf einen Leistungsaustausch gerichtet sind.

Ergebnisanteile sind kein Sonderentgelt; die Geschäftsführungs- und Vertretungsleistun- **139** gen werden daher als Gesellschafterbeitrag erbracht.

Bei Leistungen aufgrund eines Vertrags sind die für einen steuerbaren Leistungsaustausch **140** regelmäßig erfüllt. Im Falle einer Vergütung auf der Basis des Gesellschaftsvertrages sollen die geschlossenen Vereinbarungen und deren tatsächliche Ausführung „wirtschaftlich" ausgelegt und ggf. als Sonderentgelt charakterisiert werden. Der Erlass charakterisiert in Beispiel 10 **zB** eine fixe Vorwegvergütung **zB** als Sonderentgelt.

Wenngleich dem Carried Interest nach Ansicht der Finanzverwaltung eine –freiberuf- **141** liche- Dienstleistung zugrunde liegt, sind hieraus bislang umsatzsteuerliche Konsequenzen nicht gezogen worden.[28]

[27] http://www.bundesfinanzministerium.de/nn_53836/DE/BMF__Startseite/Aktuelles/BMF__Schreiben/Veroffentlichungen__zu__Steuerarten/umsatzsteuer/193,property=publicationFile.pdf.

[28] Das BMF hat im Nachgang zur Entscheidung des EuGH in RS. Fiscale Eenheid X, 9.12.2015 – C-595/13, Fiscale Eenheid X, BB 2016, 31, Änderungen des UStAE vorgenommen, BMF, 13.12.2017 – III C 3

B. Die Kapitalgesellschaft als Fondsgesellschaft

142 Die Investoren einer Kapitalgesellschaften erzielen Einkünfte aus Dividenden oder Veräußerungserlöse. Die Besteuerung dieser Einkünfte ist durch das oben im Detail beschriebene Halb- bzw. Teileinkünfteverfahren begünstigt,[29] soweit nicht im Privatvermögen von natürlichen Personen ab 2009 auf Dividenden und Veräußerungserlöse unwesentlicher Beteiligungen die Abgeltungsteuer anzuwenden ist.

143 Die inländische Kapitalgesellschaft erzielt mit Dividenden von und Veräußerungsgewinnen an Anteilen von Portfoliogesellschaften in der Rechtsform der Kapitalgesellschaft nach dem Halb- bzw. Teileinkünfteverfahren begünstigte Einkünfte. 95 % dieser Einkünfte sind körperschaftsteuerfrei, wohingegen die entsprechende Gewerbesteuerbefreiung für Dividenden zusätzlich die Tatbestandsmerkmale in § 9 Nr. 2a, 7 GewStG voraussetzt.

144 Die ausländische Kapitalgesellschaft ist nur mit ihren inländischen Einkünften im Sinne des § 49 EStG steuerpflichtig, was bei Dividenden von und Veräußerungsgewinnen aus Anteilen an inländischen Kapitalgesellschaften regelmäßig der Fall ist.

145 Die Kapitalgesellschaft als Fondsgesellschaft ermöglicht Gestaltungschancen für die Carry-Besteuerung. Vorzugsaktien können an die Stelle einer Carry-Gestaltung treten. Erträge aus Vorzugsaktien führen zu Einkünften aus Kapitalvermögen und unterliegen dem Halbeinkünfteverfahren. Hingegen ist die Anwendung der § 18 Abs. 1 Nr. 4 EStG zweifelhaft, denn eine Kapitalgesellschaft kann freiberufliche Einkünfte nicht erzielen. Die Finanzverwaltung lehnt dies ab (BaylFSt v. 29.8.2008 – S 2241-17St32/St33, ebenso Frotscher/Geurts EStG § 18 Rn. 102b.)

146 Disproportionale Gewinnausschüttungen können an die Stelle der Carry-Gestaltungen treten. Der Carry-Inhaber erhält dann eine im Verhältnis zu seinem Investment höheren Gewinnanteil (Halbeinkünfteverfahren/Abgeltungsteuer). Die Zulässigkeit disporportionaler Gewinnausschüttung ist höchstrichterlich bestätigt[30].

C. Die Unternehmensbeteiligungsgesellschaft nach UBG als Fondsgesellschaft

147 Die Eigenschaft als Unternehmensbeteiligungsgesellschaft einer inländischen Kapital- oder Personengesellschaft wird behördlich anerkannt, § 1 Abs. 1 UBG. Diese Einordnung als Unternehmensbeteiligungsgesellschaft nach UBG hat Vorrang vor der Charakterisierung als Wagniskapitalgesellschaft, § 2 Abs. 1 WKBG.

148 UBG profitieren von der Gewerbesteuerbefreiung nach § 3 Nr. 23 GewStG, die sie beanspruchen können, auch wenn ihre Tätigkeit als gewerblich einzustufen ist. Weiterhin finden die Eigenkapitalersatzregelungen für den Gesellschafter der UBG bislang keine Anwendung.

149 Die UBG kann in Eigenkapitalbeteiligungen an Kapitalgesellschaften oder Personengesellschaften investieren, § 1a Abs. 3 UBG, wenn sie einen Investitionshorizont von 15 Jahren hat, § 4 Abs. 6 UBG.

150 Die Anzahl von UBG ist nicht zuletzt infolge der regulatorischen Implikation beschränkt geblieben, so dass sich ihre Zahl auf bislang nur 80 Gesellschaften beschränkt.

– S 7160-h/16/1001, BStbl. I 20187, 72, Abschn. 4.8.13 Abs. 8 S. 4 UStAE, die indes so restriktiv sind, dass von einer Umsatzsteuerfreiheit der Management Fee nicht ausgegangen werden kann; vgl. ausführlich, Blank/Kretzschmann, RdF 2018, 312 ff.

[29] Seit 2009 als sog. Teileinkünfteverfahren mit 40%-iger Steuerbefreiung der fraglichen Einkünfte.

[30] Vgl. zuletzt BFH v. 4.2.2005 – VIII B 185/02, BFH/NV 2005, (1258–1259) mwN; die kapitalistische Fondsgesellschaft kann solche Gewinnausschüttungen natürlich nicht als Betriebsausgabe geltend machen und daher nur aus versteuerten Gewinnen zahlen.

D. Die Wagniskapitalbeteiligungsgesellschaft als Fondsgesellschaft

Die Eigenschaft als Wagniskapitalgesellschaft wird durch die Bafin zuerkannt, §§ 1 Abs. 1, 14 WKBG. Der Status ist auf Personen- oder Kapitalgesellschaften mit inländischem Sitz und Geschäftsleitung, § 5 WKBG beschränkt. Die Begünstigung soll auf kleine und jüngere Unternehmen konzentriert sein, so dass § 10 WKBG eine Konzernfreiheit vorschreibt, die spätestens innerhalb von 5 Jahren nach Anerkennung erlangt sein soll. **151**

Zulässige Investition in Wagniskapitalbeteiligungen sind nach § 2 Abs. 2 WKBG Eigenkapitalbeteiligungen an Zielgesellschaften, die handelsrechtlich als Eigenkapital gelten und bei denen eine für die Überlassung gezahlte Vergütung steuerlich nicht abziehbar ist. **152**

Als Zielgesellschaften sind nur Kapitalgesellschaften vorgesehen, deren Sitz und Geschäftsleitung in der EU liegt. Die Beschränkung auf kleine und junge Unternehmen kommt durch die Beschränkung auf Unternehmen mit einem Eigenkapital von maximal 20 Mio. EUR sowie einer Existenz von nicht mehr als 10 Jahren zum Ausdruck. Ebenso dürfen keine Wetpapiere zugelassen sein. **153**

Die Rechtsfolgen einer Charakterisierung als WKBG besteht in folgenden Besonderheiten: **154**

- Die Wagniskapitalgesellschaft ist auch dann gemäß vermögensverwaltend, wenn sie
  1. Beratungstätigkeiten nach § 8 Abs. 2 WKBG gegenüber Zielgesellschaften durch eine Tochtergesellschaft ausübt, § 19 S. 3 WKBG;
  2. Darlehen an Zielgesellschaften nach § 8 Abs. 3 WKBG durch eine Tochtergesellschaft vergibt, § 19 S. 3 WKBG;
  3. Sicherheiten für die Zielgesellschaften durch eine Tochtergesellschaft stellt, §§ 8 Abs. 3, 19 S. 3 WKBG;
  4. Kredite nach § 8 Abs. 4 WKBG durch eine Tochtergesellschaft aufnimmt, § 19 S. 3 WKBG;
  5. Geschäftsräume unterhält, §§ 8 Abs. 5, 19 S. 2 WKBG.
- Die WKBG unterliegt der Aufsicht durch die BaFin, § 12 WKBG.
- Es besteht die Pflicht zur Erstellung eines Jahresabschluss nebst Lageberichtes in dem Umfang einer mittelgrossem Kapitalgesellschaft, § 15 WKBG.
- Es bestehen Anzeigepflichten der Wagniskapitalgesellschaft, § 16 WKBG.
- Nach § 8c KStG entfallen Verlustvorträge bei einem Anteilseignerwechsel innerhalb von 5 Jahren von 25 % bis 50 % anteilig und ab 50 % vollständig. Wagniskapitalgesellschaften sind von dieser Regelung ausgenommen, § 8c Abs. 2 KStG. Ein Verlustabzug bleibt erhalten, soweit er auf stillen Reserven des steuerpflichtigen inländischen Betriebsvermögens der Zielgesellschaft entfällt. Die korrespondierende Regelung für den Erhalt von Gewerbeverlusten ist in § 36 Abs. 9 GewStG enthalten. Diese Regelung ist mangels Genehmigung der Europäischen Kommission wegen Verstoßes gegen das Beihilfeverbot niemals in Kraft getreten (K(2009)7387, ABl. 2010 Nr. 6).

Durch das AIFM-StAnpG (BGBl. 2013 I S. 4318) wurde das Wagniskapitalbeteiligungsgesetz wegen praktischer Irrelevanz und mit Rücksicht auf die Vorschrift des § 337 KAGB aufgehoben (vgl. auch Wacker in Schmidt, EStG, 37A. 2018, § 18 Rn. 282) **155**

E. Die Finanzierung

Die Finanzieruing sowohl des Portfoliounternehmens selbst als auch des Fonds nimmt eine bedeutende Stellung bei der Strukturierung von **Private Equity Beteiligungen** ein. **156**

Auf der Ebene des Portfoliounternehmens kann eine Refinanzierung zu einer Ergebnisverbesserung wie auch einer Optimierung des Cash-Flows führen. Beide Aspekte sind für die Unternehmens- und Wertentwicklung wichtig. **157**

158 Auf der Ebene des Fonds ermöglicht der fremdfinanzierte Beteiligungserwerb eine höheres Investitionsvolumen und vor allem eine Renditeverbesserung, da weniger Eigenkapital eingesetzt werden muss, an welchem die Rendite gemessen wird. Der Fonds selbst muss nur im Falle einer inländischen Tätigkeit oder Betriebsstätte die deutsche Gewerbesteuer fürchten, so dass eine Ansiedelung im Ausland – vorbehaltlich möglicher Auswirkungen der Gewerblichkeit des Fonds auf seine Anleger, insbesondere seine steuerbfreiten Anleger sowie ggfs. inländische Carried Interest-Berechtigte – die Rücksichtnahme auf die Gewerblichkeitskriterien der deutschen Finanzverwaltung entbehrlich macht.

159 Der inländische Fonds muss daher etwa auf folgende Finanzierungsstruktur zurückgreifen, um eine schädliche Finanzierungstätigkeit auf seiner Ebene zu vermeiden:

160 Eine Finanzierung des Erwerbes eines Portofoliounternehmens wird – wegen des Verbotes der Aufnahme von Fremdkapital für vermögensverwaltende Personengesellschaften – oft durch Zwischenschaltung einer NewCo als Darlehensnehmerin strukturiert:

Die Finanzierung des Beteiligungserwerbes durch Zwischenschaltung einer NewCo

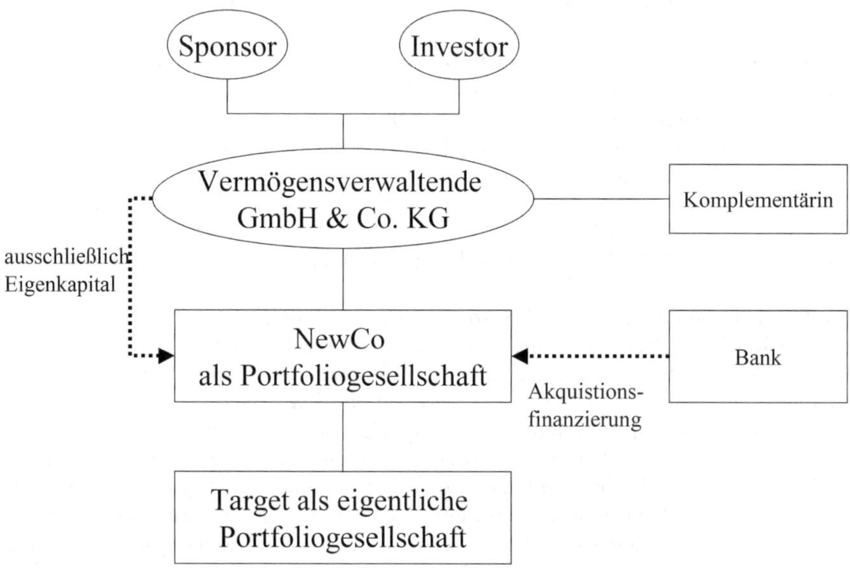

161 Nachfolgend sollen daher einige in diesem Zusammenhang bedeutsamen Aspekte im Überblick dargestellt werden.

162 § 4h EStG beschränkt den Betriebsausgabenabzug für die Netto-Zinsaufwendungen auf 30 % des EBIT-DA. Damit soll es Unternehmen (und deren Gesellschaftern) unmöglich gemacht werden, durch eine hohe Fremdfinanzierung das in Deutschland steuerpflichtige Gewinnsubstrat zu „sehr" zu mindern. Aus Gründen der Gleichbehandlung sowie in Erfüllung der Diskrimierungsverbote innerhalb der EU wurde die Beschränkung auch auf inländische Gesellschafter ausgedehnt.

163 Die Grundkonzeption dieser Zinsschranke besteht darin, einen Zinsabzug nur bis zu einer gewissen Höhe des erwirtschafteten Ertrages, nämlich 30 % der Earnings before Interest Tax Depreciation and Amortization zuzulassen.

164 Um den Mittelstand nicht „allzusehr" zu belasten, findet die Beschränkung der Zinsschranke nach § 4h Abs. 2 EStG keine Anwendung, wenn die Summe des Netto-Zinsaufwandes geriner als 3 Mio. EUR ist („Kleinfälle") oder aber der Steuerpflichtige ein konzernfreies Unternehmen ist. In letzterem Fall sei schließlich eine „einseitige" Verlage-

rung der Finanzierungsaufwendungen zu Lasten des deutschen Steuersubstrates ausgeschlossen, weil das konzernfreie Unternehmen keine Verlagerungsmöglichkeiten auf ausländische Gesellschaften habe.

Kein **Missbrauchsfall** wird auch angenommen, wenn die Fremdkapitalqoute des konzernangehörigen Steuerpflichtigen der Fremdkapitalqoute des gesamten Konzerns entspricht, wobei ein Unterschreiten der Eigenkapitalquote des Konzerns um 2% unschädlich ist. Für die Private Equity Investition ist die Anwendung der Zinsschranke für das Portfoliounternehmen bedeutsam. Der Fonds könnte als Gesellschafter des oder der Portfoliounternehmen anzusehen sein, so dass sich die Portfoliounternehmen dann nicht mehr auf die Ausnahme der Konzernfreiheit berufen können. Die Zinsaufwendungen des Portfoliounternehmens wären dann in ihrer Abzugsfähigkeit beschränkt, wenn nicht die Freigrenze in Höhe von 1 Mio. EUR oder aber die fondsübergreifende Fremdkapitalqoute beachtet ist. **165**

Der **Private-Equity-Fonds** ist bei bloßer Vermögensverwaltung nicht als Konzernmuttergesellschaft anzusehen. Vermögensverwaltung begründet kein Unternehmen. **166**

Jedoch können die Beteiligungsgesellschaften, die unter dem Dach der Fonds zusammengefasst sind, einen Gleichordnungskonzern der Beteiligungsgesellschaften begründen. Auch dies würde bei den Portfoliogeselslchaften die Konzernfreiheit entfallen lassen. **167**

Der Erlaß des Bundesministeriums der Finanzen vom 4.7.2008[31] kann für Einzelfragen herangezogen werden. **168**

Die Zinsschranke kann in der Übersicht wie folgt dargestellt werden: **169**

Die Zinsschranke im Überblick

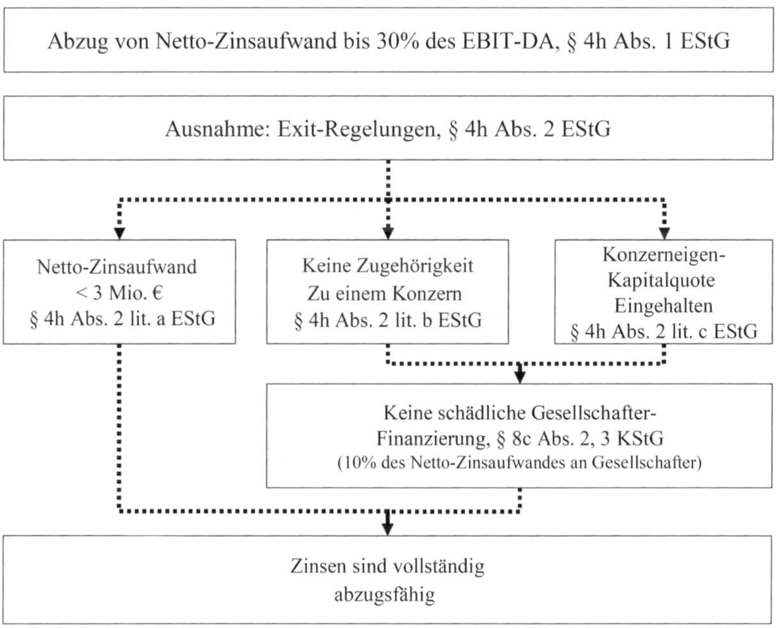

[31] http://www.bundesfinanzministerium.de/nn_290/DE/BMF__Startseite/Aktuelles/BMF__Schreiben/Veroffentlichungen__zu__Steuerarten/koerperschaftsteuer__umwandlungsteuerrecht/052__a__zinsschranke,templateId=raw,property=publicationFile.pdf.

F. Transaktionskosten

I. Ertragsteuer

170 Transaktionskosten erhöhen als Anschaffungsnebenkosten die Anschaffungskosten des erworbenen Portfoliounternehmens. Nach der Rspr. der Finanzgerichte stellen Beratungskosten, die im Zusammenhang mit einem Unternehmenserwerb anfallen, etwa anläßlich der Durchführung einer Due Diligence, Anschaffungskosten der Beteiligung und keine sofort abziehbaren Betriebsausgaben dar.[32] Dies setzt keine bereits unumstößlich getroffene Erwerbsentscheidung voraus, eine lediglich grundsätzlich getroffene Erwerbsentscheidung ist vielmehr ausreichend.[33] Selbstverständlich können Anschaffungskosten nicht entstehen, wenn der Unternehmenserwerb scheitert.[34]

171 Dagegen stellen Transaktionskosten im Zusammenhang mit der Finanzierung der Transaktion stellen keine Anschaffungskosten der Portfoliobeteiligung dar; sie wurden zur Erlangung und Umsetzung der Finanzierung stellen Finanzierungskosten aufgewendet.

172 Finanzierungskosten sind auf die Laufzeit des Darlehens zu verteilen, wenn sie an den Darlehensgeber als zusätzliches Entgelt für die Gewährung des Darlehens bezahlt werden. Ansonsten sind Finanzierungskosten an Dritte als sofort abzugsfähige Aufwendungen zu berücksichtigen.[35]

II. Umsatzsteuer

173 Beauftragte Transaktionsleistungen, **zB** der beratenden Berufe, können umsatzsteuerpflichtig sein.

174 Der Fonds kann die bezahlte Umsatzsteuer nur dann als Vorsteuer vom Finanzamt erstattet verlangen, wenn er die erlangte Leistung zur Ausführung von Ausgangsumsätze verwendet, die nach § 15 UStG den Vorsteuerabzug nicht ausschließen. Vereinfacht ausgedrückt, muss der Fonds umsatzsteuerpflichtige Leistungen erbringen (bzw. Leistungen, die bei einem inländischen Leistungsort umsatzsteuerpflichtig wären).

175 Der Fonds kann diesen Verwendungszusammenhang dann herstellen, wenn die erworbene Beteiligung zum Beispiel dazu dient, umsatzsteuerpflichtige Managementleistungen an die Portfoliogesellschaften zu erbringen. Die bloße Entgegennahme von Dividenden wie auch die Durchführung gelegentlicher Veräußerungen allein begründet keine unternehmerische Tätigkeit, die zum Vorsteuerabzug berechtigen kann.

176 Hinsichtlich weiterer Details sei auf die Umsatzsteurichtlinien, insbesondere, R. 213b. Vorsteuerabzug im Zusammenhang mit dem Halten von gesellschaftsrechtlichen Beteiligungen, sowie auf verschiedene Schreiben des Bundesfinanzministeriums, zB Vorsteuerabzug aus Aufwendungen, die mit der Ausgabe von gesellschaftsrechtlichen Anteilen gegen Bareinlage oder gegen Sacheinlage zusammenhängen[36] oder grundsätzlich zu Fragen im Zusammenhang mit dem Halten von Beteiligungen[37], verwiesen.

---

[32] Vgl. etwa FG Köln v. 6.10.2010 – 13 K 4188/07; BFH v. 27.3.2007 – VIII R 62/05, BStBl. II 2010 S. 155; BFH v. 28.10.2009 – VIII R 22/07, BStBl. II 2010 S. 469.

[33] BFH v. 27.3.2007 – VIII R 62/05, BStBl. II 2010 S. 159.

[34] FG Baden-Württemberg v. 24.10.2011 – 10 K 5179/09; bestätigt durch BFH v. 9.1.2013 – I R 72/11.

[35] Vgl. ausführlich *Scheifele* Ubg 2018, 129 ff.; 255 ff; 423 ff.

[36] http://www.bundesfinanzministerium.de/nn_53836/DE/BMF__Startseite/Aktuelles/BMF__Schreiben/Veroffentlichungen__zu__Steuerarten/umsatzsteuer/166,property=publicationFile.pdf.

[37] http://www.bundesfinanzministerium.de/nn_53836/DE/BMF__Startseite/Aktuelles/BMF__Schreiben/Veroffentlichungen__zu__Steuerarten/umsatzsteuer/183,property=publicationFile.pdf.

G. Laufende Kosten des Fonds

Die Grundprinzipien der steuerlichen Behandlung von Erträgen und Aufwendungen wurde bereits dargestellt. Nachfolgend soll auf Private Equity spezifische Besonderheiten für die steuerliche Behandlung der Aufwendungen eingegangen werden. **177**

I. Ertragsteuer

Aufwendungen sind nur abzugsfähig, wenn sie der Erzielung von steuerpflichtigem Einkommen dienen. **178**

Aufwendungen im Zusammenhang mit der Erwerb von Anteilen an einem Portfoliounternehmen stellen Anschaffungsnebenkosten dar. Dagegen sind Aufwendungen, die direkt mit der Erzielung steuerpflichtiger Zinseinnahmen zusammenhängen, abzugsfähig. **179**

Aufwendungen, die direkt mit der Erzielung steuerpflichtiger Dividenden zusammenhängen, sind nach Maßgabe des § 3c EStG bei natürlichen Personen soweit abzugsfähig, als mit den steuerpflichtigen Teilen zusammenhängen. Selbiges gilt für die Veräußerungskosten, die mit den ebenfalls teilweise steuerbefreiten Veräußerungsgewinnen zusammenhängen. **180**

Ab 2009 sind Aufwendungen im Zusammenhang mit Dividenden, die natürliche Personen im Privatvermögen erzielen, im Rahmen der Abgeltungsteuer grundsätzlich vom Abzug ausgeschlossen. Nur im Betriebsvermögen können Aufwendungen geltend gemacht werden, soweit sie freilich in Anwendung des § 3c EStG mit dem steuerpflichtigen Teil der Dividenden (anteilig) zusammenhängen. **181**

Dagegen sind Veräußerungskosten im Zusammenhang mit abgeltungssteuerpflichtigen Veräußerungen von unwesentlichen Beteiligungen von natürlichen Personen zu berücksichtigen, weil sie einen Bestandteil des aus Veräußerungserlös und Anschaffungs- sowie Veräußerungskosten zu ermittelnden abgeltungsteuerpflichtigen Gewinnes sind. **182**

Soweit Kapitalgesellschaften als Investoren beteiligt sind, ist die Abzugsfähigkeit von Aufwendungen sowohl in Zusammenhang mit Dividenden als auch Veräußerungsgewinnen vollständig gegeben. Die 5 % Ausnahme von der Steuerfreiheit soll solche Betriebsausgaben abgeltend erfassen. **183**

Die Finanzverwaltung[38] modifiziert diese vorstehenden Grundsätze im Falle von **Private-Equity-Fonds** nach folgenden Maßgaben: **184**

Zu den Anschaffungskosten auf die Beteiligungen an den Portfoliogesellschaften gehören hiernach alle Aufwendungen, die in wirtschaftlichem Zusammenhang mit der Abwicklung des Projekts stehen, also insbesondere die. Managementgebühren, Haftungs- und Geschäftsführervergütungen, Geschäftsführervergütungen und, Vergütungen für Treuhandkommanditisten also insbesondere die Managementgebühren, Haftungs- und Geschäftsführervergütungen und Vergütungen für Treuhandkommanditisten in der Investitionsphase anfallen. **185**

Andere Aufwendungen, die hiernach keine Anschaffungskosten darstellen und weder mit (anteiligen) Zinseinnahmen noch mit (steuerpflichtigen) Dividenden zusammenhängen, sollen abweichend von der grundlegenden Systematik nicht als Werbungskosten abzugsfähig sein, weil die Aufwendungen nur mit der Erzielung von Wertsteigerungen im Zusammenhang stehen. Soweit die Wertsteigerungen nicht steuerpflichtig sind (unwesentliche Beteiligungen im Privatvermögen, die bis zum 31.12.2008 angeschafft werden) oder der Abgeltungsteuer unterliegen (kein Werbungskostenabzug), besteht kein Zusammenhang mit der Erzielung steuerbarer Einkünfte. Damit ist der Veranlassungszusammenhang, der für abzugsfähige Werbungskosten notwendig ist, durchbrochen. **186**

[38] Vgl. OFD Frankfurt a. M. Verfügung v. 1.12.2006 – S 2241 A – 67 – St 210, DB. 2007, 22.

187 Eine Aufteilung der in Aufwendungen, die bei den Einkünften nach § 20 EStG als Werbungskosten zu berücksichtigen sind, und solche, die der nichtsteuerbaren Vermögensebene zuzuordnen sind, soll ausscheiden.

II. Umsatzsteuer

188 Bezahlte Umsatzsteuerbeträge auf bezogene Leistungen können als Vorsteuer vom Finanzamt erstattet werden, wenn die bezogenen Leistungen zur Ausführung umsatzsteuerpflichtiger Leistungen dienen. Die Eingangsleistungen dienen zB dann der Ausführung umsatzsteuerpflichtiger Ausgangsleistungen, wenn sie zB für umsatzsteuerpflichtige Beratungsleistungen gegenüber den Portfoliounternehmen verwendet werden. Für die laufende Behandlung der erhaltenen umsatzsteuerlichen Leistungen gelten daher keine Besonderheiten im Vergleich zu der oben ausführlich dargestellten Abzugsfähigkeit der Vorsteuerbeträge im Rahmen der Akquisition.

H. Der ausländische Investor

I. Die natürliche Person

189 Ausländische natürliche Personen, die im Inland weder Wohnsitz noch einen gewöhnlichen Aufenthalt haben, sind in Deutschland nur steuerpflichtig, wenn sie inländische Einkünfte erzielen. § 49 EStG definiert abschließend, in welchen Fallgestaltungen inländische Einkünfte vorliegen.

190 Ein typischer Fall inländischer Einkünfte liegt bei einer inländischen Betriebsstätte vor. Eine inländische Betriebsstätte wird zB durch eine Beteiligung an einer gewerblichen Personengesellschaft, möglicherweise dem Fonds, vermittelt. Der ausländische Anteilseigner ist in diesem Fall mit allen Einkünften steuerpflichtig, die dieser Betriebsstätte zuzuordnen sind. Wie der inländische Gesellschafter kann auch er von den Steuerbefreiungen für Dividenden und Veräußerungsgewinnen profitieren.

191 Im Normalfall eines vermögensverwaltenden Private-Equity-Fonds wird weder der Fonds noch der ausländische Anteilseigern allein schon aus steuerlichen Gründen keine gewerbliche Tätigkeit im Inland ausüben.

192 Die anteiligen Dividenden inländischer Kapitalgesellschaften sind dann auch beim ausländischen Anteilseigner steuerpflichtig und werden im Privatvermögen durch die Kapitalertragsteuer mit Abgeltungswirkung besteuert. Der ausländische Anteilseigner kann sich auf einen reduzierten Kapitalertragsteuersatz berufen, wenn dieser im Doppelbesteuerungsabkommen enthalten ist. Der ausländische Anteilseigner kann keine Aufwendungen gegenrechnen.

193 Veräußerungsgewinne von Beteiligungen an unbeschränkt steuerpflichtigen Kapitalgesellschaften sind beim ausländischen Anteilseigner ohne inländische Betriebsstätte nur steuerpflichtig, wenn eine wesentliche Beteiligung (1 %) gehalten wird.

II. Der ausländische institutionelle Anleger

194 Für die ausländische juristische Person, die weder Sitz noch Geschäftsleitung im Inland hat, gilt dieselbe Systematik. Auch sie ist nur mit inländischen Einkünften im Sinne des § 49 EStG steuerpflichtig. Auch sie wird mit dem Fonds eine gewerbliche Tätigkeit im Inland schon aus steuerlichen Gründen unterlassen.

195 Anteilige Dividenden inländischer Kapitalgesellschaften sind auch beim ausländischen Anteilseigner ohne inländische Betriebstätte steuerpflichtig und werden durch die Kapitalertragsteuer mit Abgeltungswirkung besteuert. Der ausländische Anteilseigner kann sich auf einen reduzierten Kapitalertragsteuersatz mit 15 % nach § 44a Abs. 9 EStG sowie auf

reduzierte Sätze berufen, wenn solche im Doppelbesteuerungsabkommen vorgesehen sind. Der ausländische Anteilseigner kann keine Aufwendungen gegen rechnen.

Die EU-Kapitalgesellschaft kann für Tochtergesellschaften nach Maßgabe der EU-Mutter-Tochter-Richtlinie (= § 43b EStG) eine Kapitalertragsteuerbefreiung erlangen, die schon wegen der notwendigen Mindestbeteiligung im Falle von Private-Equity-Fonds fast nie erreicht wird. **196**

Sowohl die Kapitalertragsteuerbefreiung als auch die Reduktion setzt voraus, dass kein nach § 50d Abs. 3 EStG unzulässiges Treaty-Shopping vorliegt. Ein solche Treaty-Shopping liegt vor, wenn die Anteilseigner dieser Kapitalgesellschaft bei einer direkten Beteiligung am Portfoliounternehmen selbst nicht im selben Umfang begünstigt wären und die zur Erlangung des Vorteils zwischengeschaltete Kapitalgesellschaft selbst eines der drei Inaktivität-Kriterien des § 50d Abs. 3 EStG nicht erfüllt. § 50d Abs. 3 EStG in der Fassung bis 2011 ist jüngst auf Vorlage des FG Köln vom EuGH wegen Verstoßes gegen die Mutter-Tochter-Richtlinie für europarechtswidrig erachtet worden [39] **197**

Veräußerungsgewinne von Beteiligungen an unbeschränkt steuerpflichtigen Kapitalgesellschaften sind beim ausländischen Anteilseigner ohne inländische Betriebsstätte nur steuerpflichtig, wenn eine wesentliche Beteiligung (1 %) gehalten wird. Nach neuerer Rechtsprechung des BFH ist die sogenannte Schachtelstrafe des § 8b Abs. 3 KStG nur anwendbar, wenn die ausländische Kapitalgesellschaft die veräußerte Beteiligung in einer inländischen Betriebsstätte gehalten hat.[40] **198**

---

[39] FG Köln v. 8.7.2016 – 2 K 2995/12, und v. 31.8.2016 – 2 K 721/13; EuGH v. 20.12.2017 – IC-504/16 und IC-613/16; vgl. jüngst erneut FG Köln v. 23.1.2019 – 2K 13/15; das BMF hat auf die Rspr. des EuGH inzwischen reagiert, Schreiben vom 4.4.2018, IV B 3 – S. 2411/07/10016-14, BStBl. I, 2018, 589.

[40] BFH v. 31.5.2017 – I R 37/15, DStR 2017, 2374.

§ 23 Kartellrechtliche Fragestellungen

Übersicht

Literaturverzeichnis

– Bechtold, Rainer/Bosch, Wolfgang, GWB, 8. Auflage 2015
– Bechtold, Rainer/Bosch, Wolfgang/Brinker, Ingo, EU-Kartellrecht, 3. Auflage 2014
– Busche, Jan/Röhling, Andreas, Kölner Kommentar zum Kartellrecht, Band 1: Deutsches Kartellrecht, 1. Auflage 2017,
– Hauschka, Christoph E./Moosmayer, Klaus/Lösler, Thomas, Corporate Compliance, Handbuch der Haftungsvermeidung im Unternehmen, 3. Auflage 2016
– Immenga, Ulricht/Mestmäcker, Ernst-Joachim, Wettbewerbsrecht, Bd. 1, 5. Auflage 2012
– Immenga, Ulricht/Mestmäcker, Ernst-Joachim, Wettbewerbsrecht, Bd. 2, 5. Auflage 2014
– Kersting, Christian/Podzun, Rupprecht, Die 9. GWB-Novelle, 2017
– Langen/Bunte, Hermann-Josef, Kartellrecht, 13. Auflage 2018

– Loewenheim, Ulrich/Meesen, Karl/Riessenkampff, Alexander/Kersting, Christian/Meyer-Lindemann, Hans Jürgen, Kartellrecht, 3. Auflage 2016
– Meyer-Sparenberg, Wolfgang/Jäckle, Christof, Beck'sches M&A-Handbuch, 2017
– Mäger, Thorsten, Europäisches Kartellrecht, 2. Auflage 2011
– Münchener Kommentar, Europäisches und Deutsches Wettbewerbsrecht (Kartellrecht), hrsg. von Bornkamm, Joachim/Montag, Frank/Säcker, Franz Jürgen, 2. Auflage 2015
– Wiedemann, Gerhard, Handbuch des Kartellrechts, 3. Auflage 2016

A. Einführung

1 Für Private Equity (**„PE"**) Unternehmen sind kartellrechtliche Erwägungen im Vorfeld und bei Durchführung einer M&A-Transaktion häufig von zentraler Bedeutung. Relevant sind regelmäßig fusionskontrollrechtliche Themen, die Formulierung kartellrechtlich relevanter Klauseln im Kaufvertrag und die Behandlung von Informationsaustausch zwischen Erwerber und Zielunternehmen. Auch die Frage nach der Behandlung von Bieterkonsortien kann sich stellen, insbesondere bei Co-Investments. Für maximale Transaktionssicherheit, einen verlässlichen Transaktionszeitplan und zur Vermeidung von Rechtsverstößen ist es entscheidend, die kartellrechtlichen Themenkomplexe von der ersten Analyse einer möglichen Akquisition an im Auge zu behalten.

2 Im Rahmen der **Fusionskontrolle** wird geprüft, ob die geplante Transaktion Anmeldepflichten unterliegt, bei welchen Wettbewerbsbehörden sie anzumelden ist, ob dem Zusammenschluss wettbewerbliche Bedenken entgegenstehen, wie sich diese auf den Transaktionszeitplan auswirken können und ob und wie diesen Bedenken bei der Gestaltung der Transaktion begegnet werden kann. Für eine geschickte Gestaltung der Transaktion im Hinblick auf wettbewerbliche Bedenken ist es in einem fortgeschrittenen Stadium der Verhandlungen häufig zu spät. Es gilt zudem, frühzeitig diejenigen **Klauseln in den Kaufvertrag** aufzunehmen, die in diesem Zusammenhang relevant werden können. Von Belang sind insbesondere Regelungen zur Vorbereitung der erforderlichen Fusionskontrollanmeldungen (Kooperationspflichten der beteiligten Unternehmen, Zeithorizont für die Anmeldungen), Vollzugsbedingungen, Long Stop Dates, Bestimmungen zur Verteilung des Fusionskontrollrisikos sowie Regelungen dazu, wie der Veräußerer das Geschäft nach Vertragsschluss bis zum Vollzug zu führen hat, und zu welchen Maßnahmen die Zustimmung des Erwerbers erforderlich ist (sog. *Covenants*). Die Verteilung des Fusionskontrollrisikos sowie etwaige Garantien und Freistellungen für (vermutete) Kartellverstöße des Zielunternehmens können sich unmittelbar auf den Kaufpreis auswirken.

3 Für den **Informationsaustausch** im Vorfeld einer Transaktion kann das allgemeine Kartellverbot eine gravierende Restriktion darstellen. Es ist bei der Anbahnung einer Transaktion für PE Unternehmen dann relevant, wenn ein Zielunternehmen erworben werden soll, das auf Märkten tätig ist, auf denen auch andere Portfoliogesellschaften aktiv sind. In diesem Fall besteht ein Wettbewerbsverhältnis zwischen Erwerber und Zielunternehmen. Das Kartellverbot schränkt dann den Austausch wettbewerblich sensibler Informationen zwischen den Wettbewerbern bis zum Vollzug eines Zusammenschlusses ein, dh vor allem in der Due Diligence, bei der Vorbereitung der Fusionskontrollanmeldungen und bei der Integrationsplanung. Bis zum Vollzug dürfen grundsätzlich keine wettbewerblich sensiblen Informationen ausgetauscht werden. Ein Verstoß gegen das Kartellverbot kann Bußgelder in Höhe von bis zu 10 % des von dem Unternehmen im letzten vor der Behördenentscheidung abgeschlossenen Geschäftsjahr erzielten Umsatzes sowie Schadensersatzklagen von Geschädigten nach sich ziehen. Um den Interessen der beteiligten Unternehmen Rechnung zu tragen, für eine umfassende Transaktionsbewertung möglichst viele Unterlagen und Daten des Zielunternehmens offenlegen zu können und gleichzeitig das kartellrechtliche Risiko zu begrenzen, haben sich in der Praxis verschiedene Maßnahmen herausgebildet. Zu nennen sind hier insbesondere ein gestaffelter Zugang zu Dokumenten in der Due Diligence, die Schwärzung von Dokumenten, welche wettbewerblich sensible Infor-

mationen enthalten, und die Einrichtung eines sog. (externen und/oder unternehmensinternen) Clean Teams. Trotz derartiger Vorkehrungen bewegen sich die beteiligten Unternehmen hier in einem Graubereich des Kartellrechts. Das Risiko, dass eine Wettbewerbsbehörde im unwahrscheinlichen Fall einer Ermittlung trotz derartiger Sicherheitsvorkehrungen einen Informationsaustausch beanstandet, ist zwar gering, kann aber nicht vollständig ausgeschlossen werden.

Das allgemeine Kartellverbot ist auch dann von Bedeutung, wenn mehrere Bieter 4 beabsichtigen, in Form eines **Bieterkonsortiums** gemeinsam ein Zielunternehmen zu erwerben. Dies gilt insbesondere, wenn die sich zusammenschließenden Bieter erstens Wettbewerber auf dem relevanten Markt (für den Erwerb des Zielunternehmens) sind, sie zweitens in der Lage sind, auch allein ein Angebot für das Zielunternehmen abzugeben, und es drittens keine oder nur wenige alternative Bieter gibt. In jedem Fall darf die Abstimmung in einem Bieterkonsortium nicht über das hinausgehen, was zur gemeinsamen Abgabe eines Angebotes erforderlich ist.

Kartellrecht wird auch dann bei Transaktionen virulent, wenn sich in der Due Diligence 5 herausstellt, dass das Zielunternehmen bereits vor Beginn des Transaktionsprozesses gegen kartellrechtliche Vorschriften verstoßen hat. Für den potenziellen Erwerber ist es wichtig, etwaige Risiken soweit wie möglich aufzuklären und sich vertraglich abzusichern. Insbesondere ist es in seinem Interesse – sollte er das Zielunternehmen trotz der erkannten kartellrechtlichen Risiken übernehmen – zu verhindern, dass er nach Erwerb des Unternehmens von Wettbewerbsbehörden mit Bußgeldern belegt und von Geschädigten auf Schadensersatz in Anspruch genommen wird. Nimmt ein Erwerber ein kartellrechtliches Risiko in Kauf, stellen sich in der Vertragsgestaltung also Fragen zu **Freistellungen** und **Garantien** durch den Veräußerer. Da sich diese Fragen nur bei verhältnismäßig wenigen Transaktionen stellen, wird die Thematik der Bewertung möglicher kartellrechtlicher Verstöße des Zielunternehmens hier nicht behandelt.

B. Überblick Fusionskontrolle

Akquisitionen von PE Unternehmen können unter Umständen bei zahlreichen Wett- 6 bewerbsbehörden anmeldepflichtig sein. Im Mittelpunkt der folgenden Ausführungen stehen die Anmeldepflichten beim deutschen Bundeskartellamt nach dem Gesetz gegen Wettbewerbsbeschränkungen **(„GWB")** und bei der Europäischen Kommission nach der Verordnung (EG) Nr. 139/2004 des Rates über die Kontrolle von Unternehmenszusammenschlüssen (EG-Fusionskontrollverordnung, **„FKVO"**).[1] Beide Behörden prüfen einen angemeldeten Zusammenschluss nur nach ihren jeweiligen eigenen Vorschriften. Das führt zu großen Unterschieden, insbesondere im Verfahrensablauf.

Zusammenschlüsse, die in den Zuständigkeitsbereich der Europäischen Kommission 7 fallen, sind von der Anwendung des jeweiligen nationalen Rechts aller EU-Mitgliedstaaten ausgeschlossen. Die FKVO hat Vorrang vor den nationalen Vorschriften. Für Deutschland regelt dies § 35 Abs. 3 GWB. Vergleichbare Vorschriften existieren in allen nationalen Fusionskontrollregimes der Mitgliedstaaten und der Mitglieder des EWR. Ist keine Zuständigkeit auf EU-Ebene begründet, so sind Anmeldepflichten in Mitgliedstaaten zu prüfen. Daneben können in jedem Fall weitere Anmeldepflichten bei nationalen Wettbewerbsbehörden in Jurisdiktionen außerhalb des EWR in Betracht kommen. Auch eine Verschiebung der Zuständigkeit ist möglich: Unter bestimmten Voraussetzungen kann ein Zusammenschluss, für den eigentlich die Europäische Kommission zuständig wäre, an die nationalen Behörden der Mitgliedstaaten verwiesen werden und *vice versa*.

Je nach Jurisdiktion knüpft die fusionskontrollrechtliche Anmeldepflicht an unterschiedli- 8 chen Merkmalen an: Meist wird auf die Umsätze der Zusammenschlussbeteiligten abge-

[1] ABl. 2004 L 24, S. 1.

stellt, in einigen Jurisdiktionen auch auf die Marktanteile oder den Wert der Vermögenswerte der beteiligten Unternehmen. Einige Fusionskontrollregimes sehen Mischformen vor. Bei der Umsatzberechnung sind grundsätzlich die Umsatzerlöse aller verbundenen Unternehmen zu berücksichtigen. Dies schließt für PE Unternehmen alle kontrollierten Portfoliogesellschaften ein. Unterschiede zwischen einzelnen Jurisdiktionen kann es auch dabei geben, was einen anmeldepflichtigen Zusammenschluss begründet. Während zahlreiche Jurisdiktionen, darunter die EU, an einen Wechsel der Kontrolle anknüpfen, erfassen andere Rechtsordnungen auch den Erwerb von nichtkontrollierenden Minderheitsbeteiligungen. Hierzu gehören insbesondere Deutschland und Österreich.

9 In den meisten Ländern innerhalb aber auch außerhalb des EWR gilt das Vollzugsverbot: Den beteiligten Unternehmen ist es untersagt, das Zusammenschlussvorhaben vor Erhalt der fusionskontrollrechtlichen Freigabe durch die zuständigen Wettbewerbsbehörden zu vollziehen.

10 In materieller Hinsicht handelt es sich bei der Fusionskontrolle um eine Marktstrukturkontrolle: Es soll verhindert werden, dass durch einen externen Zukauf von Unternehmen, Unternehmensteilen oder Vermögensgegenständen wirksamer Wettbewerb erheblich behindert wird. Dabei stellen sowohl das Bundeskartellamt als auch die Europäische Kommission eine ex-ante Betrachtung an und beurteilen etwaige Folgen anhand einer Prognoseentscheidung. Maßgeblich ist die Frage, ob durch das Vorhaben eine marktbeherrschende Stellung begründet oder verstärkt wird. Um dies einschätzen zu können, werden die sachlich und räumlich relevanten Märkte abgegrenzt und Marktanteile der beteiligten Unternehmen bestimmt. Daraufhin untersuchen das Bundeskartellamt und die Europäische Kommission insbesondere, ob der Zusammenschluss die Marktstruktur dahingehend ändert, dass es zu koordinierten oder nichtkoordinierten Wirkungen kommt.

11 Zusammenschlussvorhaben bei denen die zuständigen Behörden davon ausgehen, dass durch sie wirksamer Wettbewerb erheblich behindert würde, müssen nicht zwangsläufig untersagt werden. Sie können auch mit Auflagen und Bedingungen freigegeben werden. Hierzu müssen die beteiligten Unternehmen im Verfahren Verpflichtungszusagen anbieten, die geeignet sind, die wettbewerblichen Bedenken auszuräumen. Bei solchen Verpflichtungszusagen muss es sich in aller Regel um strukturelle Zusagen, dh um Veräußerungen zB einer Tochtergesellschaft, eines Geschäftsbereiches oder von Vermögensgegenständen, handeln. Verhaltenszusagen kommen nur im Ausnahmefall in Betracht.

C. Europäische Fusionskontrolle

I. Einführung

12 Die FKVO ist anwendbar und damit die Europäische Kommission zuständig, wenn zwei Voraussetzungen erfüllt sind: Es muss sich (1.) um einen Zusammenschluss im Sinne der FKVO handeln und dieser Zusammenschluss muss (2.) gemeinschaftsweite Bedeutung haben, dh es müssen bestimmte Umsatzschwellen überschritten sein. Als Orientierungshilfe für die Prüfung dient die Konsolidierte Mitteilung der Europäischen Kommission zu Zuständigkeitsfragen gemäß der Verordnung (EG) Nr. 139/2004 des Rates über die Kontrolle von Unternehmenszusammenschlüssen **(„konsolidierte Mitteilung“).**[2]

II. Zusammenschlusstatbestände

13 Nach Art. 3 FKVO liegt ein Zusammenschluss vor, wenn entweder zwei oder mehr bisher voneinander unabhängige Unternehmen miteinander fusionieren oder wenn ein oder mehrere Unternehmen Kontrolle über die Gesamtheit oder Teile eines oder mehrerer anderer Unternehmen erwerben. Erforderlich ist eine dauerhafte, dh nicht nur vorüber-

[2] ABl. 2009 C 43, S. 9.

gehende, Veränderung der Kontrollsituation. Rein **interne Reorganisationen und Umstrukturierungen** sind damit nicht Gegenstand der Fusionskontrolle.

1. Fusion

Die Fusion nach Art. 3 Abs. 1 lit. a FKVO ist dadurch gekennzeichnet, dass mehrere rechtlich bisher selbständige Unternehmen in einer **neuen rechtlichen Einheit** zusammengefasst werden. Es sind dabei verschiedene rechtliche Gestaltungen denkbar, die sich nach den nationalen Rechtsordnungen richten, in Deutschland und Europa insbesondere die Verschmelzung und die Umwandlung.[3] Dieser Zusammenschlusstatbestand ist für PE Unternehmen in den meisten Fällen nicht relevant. **14**

Zur Fusion gehört auch die Bildung eines sog. **Gleichordnungskonzerns**[4]. Dieser kann als rechtlicher oder faktischer Konzern ausgestaltet werden. Kennzeichnend ist, dass die beteiligten Unternehmen sich nicht gegenseitig kontrollieren, sondern dauerhaft einer einheitlichen Leitung unterliegen. Diese kann durch ein anderes Unternehmen oder ein Leitungsorgan ausgeübt werden. Führt dies faktisch dazu, dass die beteiligten Unternehmen zu einer wirtschaftlichen Einheit verschmelzen, ist die Transaktion als Fusion anzusehen.[5] Die faktische Verschmelzung kann allein vertraglich vereinbart sein;[6] sie kann aber auch durch eine Überkreuzbeteiligung derjenigen Unternehmen, die eine wirtschaftliche Einheit bilden, untermauert werden. **15**

2. Kontrollerwerb

Der in Art. 3 Abs. 1 lit. b FKVO geregelte Tatbestand des Kontrollerwerbs liegt vor, wenn ein oder mehrere Unternehmen durch den Erwerb von Anteilsrechten oder Vermögenswerten, durch Vertrag oder in sonstiger Weise die unmittelbare oder mittelbare Kontrolle über die Gesamtheit oder über Teile eines oder mehrerer anderer Unternehmen erwirbt bzw. erwerben. Geht eine natürliche Person einer wirtschaftlichen Tätigkeit für eigene Rechnung nach, kontrolliert sie beispielsweise operativ tätige Unternehmen, so kann erwerbendes „Unternehmen" auch eine natürliche Person sein. Diese Konstellation kann sich zB ergeben, wenn Manager bei einem Management Buy-out ein Unternehmen übernehmen und sie bereits andere Unternehmen kontrollieren.[7] **16**

Kontrolle wird nach Art. 3 Abs. 2 FKVO durch Rechte, Verträge oder andere Mittel begründet. Letztere müssen einzeln oder zusammen unter Berücksichtigung aller Umstände die Möglichkeit gewähren, einen **bestimmenden Einfluss auf die Tätigkeit** eines Unternehmens auszuüben. Häufige Fälle sind Kontrollerwerb entweder durch **Eigentums- oder Nutzungsrechte** an der Gesamtheit oder an Teilen des Vermögens des Unternehmens oder durch Rechte oder Verträge, die einen bestimmenden Einfluss auf die **Zusammensetzung, die Beratung oder Beschlüsse der Organe** des Unternehmens einräumen. In der Regel wird Kontrolle durch den Erwerb von **Anteilsrechten** oder von **Vermögenswerten** erworben. Sie kann aber auch auf rein **vertraglicher Grundlage** erlangt werden. Dafür muss der entsprechende Vertrag ein ähnliches Kontrollniveau über Unternehmensleitung und Ressourcen des Unternehmens bewirken, wie es beim Erwerb von Anteilen oder Vermögenswerten der Fall wäre.[8] Dies kann zB bei **Betriebspachtverträgen** oder **Beherrschungsverträgen** nach deutschem Recht der Fall sein. Unter Umständen können sogar **rein wirtschaftliche Beziehungen** faktische Kontrolle begründen. So kann zB eine wirtschaftliche Abhängigkeit zu faktischer Kontrolle führen, beispielsweise wenn langfristige Lieferverträge oder Kredite von Lieferanten oder Kunden zusam- **17**

[3] Siehe *Wessely/Wegner* in MüKoEUWettbR FKVO Art. 3 Rn. 16.
[4] Vergleiche Rn. 10 mit Fn. 10 der konsolidierten Mitteilung.
[5] Vergleiche Rn. 10 der konsolidierten Mitteilung.
[6] Vergleiche Rn. 10 mit Fn. 12 der konsolidierten Mitteilung.
[7] Vergleiche Rn. 152 f. der konsolidierten Mitteilung.
[8] Siehe Rn. 18 der konsolidierten Mitteilung.

men mit strukturellen Verflechtungen einen bestimmenden Einfluss des Geschäftspartners mit sich bringen.[9] Ausreichend ist jeweils die **Einflussmöglichkeit,** die tatsächliche Ausübung ist nicht erforderlich.[10]

18 Der Kontrollbegriff der FKVO deckt sich nicht mit jenem in anderen Rechtsgebieten, wie zB dem Aufsichtsrecht oder dem Steuerrecht. Die FKVO differenziert beim Kontrollerwerb zwischen dem Erwerb alleiniger und dem Erwerb gemeinsamer Kontrolle.

19 **a) Alleinige Kontrolle.** Alleinige Kontrolle liegt vor, wenn ein Unternehmen allein bestimmenden Einfluss auf ein anderes Unternehmen ausüben kann. Grundsätzlich sind zwei Fälle zu unterscheiden: Kann ein Unternehmen über das strategische Wirtschaftsverhalten eines anderen Unternehmens bestimmen, so liegt sog. **positive alleinige Kontrolle** vor. Vermag ein Unternehmen strategische Entscheidungen eines anderen Unternehmens durch sein Veto zwar zu verhindern, nicht aber eigenständig durchzusetzen, so spricht man von sog. **negativer alleiniger Kontrolle.**[11] Sowohl das positive Entscheidungsrecht als auch die Blockademöglichkeit gewähren dem Erwerber einen bestimmenden Einfluss. Unter **strategischen Entscheidungen** versteht das europäische Fusionskontrollregime Entscheidungen über die Besetzung der Entscheidungsgremien, die Finanzplanung/das Budget, den Geschäftsplan und wesentliche Investitionen.[12]

20 Positive alleinige Kontrolle liegt in der Regel vor, wenn ein Unternehmen die **Stimmrechtsmehrheit** an einem anderen Unternehmen erwirbt. Der Erwerb der einfachen Stimmrechtsmehrheit kann allerdings dann nicht ausreichen, wenn strategische Entscheidungen nur einstimmig getroffen werden können. Die Blockademöglichkeit kann in diesen Fällen jedoch die negative alleinige Kontrolle begründen. Eine **Minderheitsbeteiligung** führt ausnahmsweise zu alleiniger Kontrolle, wenn sie mit bestimmten Sonderrechten ausgestattet ist. Beispielsweise können an Vorzugsaktien besondere Rechte geknüpft sein, wie zB die Befugnis, mehr als die Hälfte der Aufsichtsrats- oder Vorstandsmitglieder zu ernennen. Gleiches gilt für die Befugnis, als Komplementär eine Kommanditgesellschaft zu leiten.

21 Alleinige Kontrolle kann rechtlich oder rein **faktisch** begründet sein. Letzteres ist insbesondere der Fall, wenn das kontrollierende Unternehmen über eine **gesicherte Hauptversammlungsmehrheit** verfügt. Dies ist gegeben, wenn es angesichts der Höhe der Beteiligung sehr wahrscheinlich ist, dass das kontrollierende Unternehmen in den kommenden Hauptversammlungen über eine stabile Mehrheit verfügen wird. Berücksichtigt wird hierbei die Anzahl der Gesellschafter, die in früheren Jahren (in der Regel in den letzten drei Jahren) an der Hauptversammlung teilgenommen haben.[13]

22 Eine **Option,** die zum Kauf oder zur Umwandlung von Aktien berechtigt, verleiht dagegen nur dann Kontrolle, wenn sie aufgrund einer rechtsverbindlichen Vereinbarung in naher Zukunft ausgeübt werden wird. Nur unter besonderen Umständen kann eine Option zusammen mit anderen Elementen zur Annahme einer faktischen alleinigen Kontrolle führen.[14]

23 **b) Gemeinsame Kontrolle.** Gemeinsame Kontrolle liegt vor, wenn zwei oder mehrere Unternehmen auf ein anderes Unternehmen bestimmenden Einfluss ausüben können. Letzterer kann wiederum positiver oder negativer Natur sein. Charakteristisch ist die Möglichkeit, **gemeinsam Entscheidungen zu blockieren,** die das strategische Wirtschaftsverhalten bestimmen. Es können Situationen entstehen, in denen zwei oder mehr Muttergesellschaften jeweils die Möglichkeit haben, strategische Entscheidungen zu blockieren und deshalb die Geschäftspolitik des kontrollierten Unternehmens **einvernehm-**

[9] Siehe Rn. 20 mit Fn. 24 der konsolidierten Mitteilung.
[10] Siehe Rn. 16 der konsolidierten Mitteilung.
[11] Vergleiche Rn. 54 der konsolidierten Mitteilung.
[12] Vergleiche Rn. 64 und 69 ff. der konsolidierten Mitteilung.
[13] Vergleiche Rn. 59 mit Fn. 62 der konsolidierten Mitteilung.
[14] Vergleiche Rn. 60 mit Fn. 66 f. der konsolidierten Mitteilung.

lich festlegen und zusammenarbeiten müssen.[15] Auch gemeinsame Kontrolle kann sowohl **rechtlich** als auch **faktisch** begründet sein.

24 Gemeinsame Kontrolle liegt vornehmlich vor, wenn es zwei Muttergesellschaften mit **identischen Stimmrechten** gibt. Sie kann jedoch auch bei ungleichen Stimmrechten oder mehr als zwei kontrollierenden Unternehmen gegeben sein. Dies ist der Fall, wenn **Minderheitsgesellschaftern besondere Rechte** eingeräumt werden, durch die Entscheidungen blockiert werden können, die das strategische Wirtschaftsverhalten des Unternehmens betreffen. Diese Rechte können entweder in den Statuten des kontrollierten Unternehmens geregelt sein oder sich aus einer Vereinbarung zwischen den Muttergesellschaften ergeben.

25 Derartige **Vetorechte** müssen über jene Rechte hinausgehen, die Minderheitsgesellschaftern zum Schutz ihrer finanziellen Interessen üblicherweise eingeräumt werden. Unter diese üblicherweise eingeräumten Vetorechte fallen zB Vetorechte für Satzungsänderungen, Kapitalerhöhungen, den Verkauf des Unternehmens, die Liquidation etc. Gemeinsame Kontrolle begründen solche Vetorechte, die Entscheidungen über das Budget, den Geschäftsplan, die Besetzung der Unternehmensleitung und größere Investitionen betreffen. Ein Einfluss auf das operative Tagesgeschäft ist dagegen nicht erforderlich.[16] Es müssen nicht zwingend sämtliche genannten Vetorechte eingeräumt werden. Wenn die Gesamtschau aller Umstände ergibt, dass sie von wesentlicher Bedeutung für die geschäftlichen Aktivitäten des betreffenden Unternehmens sind, können auch einzelne Rechte gemeinsame Kontrolle begründen.

26 Selbst ohne besondere Vetorechte können zwei oder mehrere Minderheitsgesellschafter (positive) gemeinsame Kontrolle ausüben. Voraussetzung ist, dass Letztere **gemeinsam** über eine **Stimmrechtsmehrheit** verfügen und bei der Ausübung ihrer Stimmrechte **gemeinsam handeln,** sodass keine wechselnden Mehrheiten möglich sind. Dies kann entweder auf einer Vereinbarung zwischen den Minderheitsgesellschaftern, zB einer sog. Pooling-Vereinbarung, basieren oder sich faktisch ergeben. Die in der Praxis eher seltene zweite Alternative liegt in aller Regel nur vor, wenn die betreffenden Minderheitsgesellschafter starke gemeinsame Interessen haben und gerade aus diesem Grund bei der Ausübung ihrer Stimmrechte nicht gegeneinander handeln.[17] Dies kommt bei einem hohen Grad gegenseitiger Abhängigkeit in Betracht. Sind dagegen wechselnde Mehrheiten möglich, liegt in aller Regel keine gemeinsame Kontrolle vor.

27 **c) Gemeinschaftsunternehmen.** Die Sonderregelung in Art. 3 Abs. 4 FKVO betrifft den Erwerb gemeinsamer Kontrolle über Gemeinschaftsunternehmen. Danach stellt die Gründung eines **gemeinsam kontrollierten** Gemeinschaftsunternehmens, das auf Dauer alle Funktionen einer selbständigen wirtschaftlichen Einheit erfüllt (sog. **Vollfunktionsgemeinschaftsunternehmen**), einen Zusammenschluss im Sinne der FKVO dar. Das Kriterium der Vollfunktion ist ausschlaggebend dafür, ob die FKVO auf ein Gemeinschaftsunternehmen angewandt wird. Ob ein gänzlich neues Unternehmen gegründet wird oder die Beteiligten Vermögenswerte in ein bereits bestehendes Unternehmen einbringen, das in ein Gemeinschaftsunternehmen umgewandelt wird, macht keinen Unterschied.

28 **Vollfunktion** liegt vor, wenn das Gemeinschaftsunternehmen in operativer Hinsicht selbständig ist. Das Gemeinschaftsunternehmen muss dabei vier Kriterien erfüllen.

- Es muss über **ausreichende Ressourcen für** eine **eigene Marktpräsenz** verfügen. Hierzu zählen Management, finanzielle Mittel, eigenes oder uU von Dritten bereitgestelltes Personal, alle materiellen und immateriellen Vermögenswerte, die für eine langfristige Tätigkeit erforderlich sind.[18]

---

[15] Vergleiche Rn. 62 der konsolidierten Mitteilung.
[16] Vergleiche Rn. 67 der konsolidierten Mitteilung.
[17] Vergleiche Rn. 76 der konsolidierten Mitteilung.
[18] Vergleiche Rn. 94 mit Fn. 86 der konsolidierten Mitteilung.

- Das Gemeinschaftsunternehmen muss mehr als eine spezifische (Hilfs-)**Funktion für die Muttergesellschaften** erfüllen. Dies erfordert einen eigenen Marktzugang bzw. eine Marktpräsenz. Gemeinschaftsunternehmen, die auf Forschung und Entwicklung oder den Vertrieb der Produkte der Muttergesellschaften beschränkt sind, erfüllen dieses Kriterium in der Regel nicht.
- Das Gemeinschaftsunternehmen darf **nur in gewissem Umfang Verkaufs- und Kaufbeziehungen zu den Muttergesellschaften** unterhalten. Nur in der Anlaufphase (maximal drei Jahre) darf es von den Geschäftsbeziehungen zu den Muttergesellschaften abhängig sein, um auf dem Markt Fuß zu fassen. Erzielt das Gemeinschaftsunternehmen mehr als die Hälfte seiner voraussichtlichen Umsätze mit Dritten, kann dies eine Indizwirkung für Vollfunktion entfalten. Wenigstens 20 % der Umsätze sollten jedenfalls mit Dritten erzielt werden.[19] Die genaue Beurteilung hängt jedoch von den Umständen des Einzelfalls ab, insbesondere auch davon, ob die (Bezugs- und Liefer-)Beziehungen, die das Gemeinschaftsunternehmen zu den Muttergesellschaften unterhält, zu marktüblichen Bedingungen, wie mit Dritten, eingegangen werden.
- Das Gemeinschaftsunternehmen muss schließlich einer **auf Dauer angelegten Wirtschaftstätigkeit** nachgehen. Es darf nicht nur für einen kurzen, begrenzten Zeitraum gegründet worden sein.

29 Auch die **Änderung der Tätigkeit** eines bestehenden Gemeinschaftsunternehmens kann zu einem anmeldepflichtigen Zusammenschluss führen. Dies setzt voraus, dass im Zuge einer Ausweitung der Geschäftstätigkeit die Gesamtheit oder ein Teil eines anderen Unternehmens erworben wird. Dies ist insbesondere der Fall, wenn die Muttergesellschaften erhebliche Vermögenswerte, Verträge, Know-how und/oder andere Rechte auf das Gemeinschaftsunternehmen übertragen und dies dazu führt, dass die Tätigkeit des Gemeinschaftsunternehmens auf andere sachliche oder räumliche Märkte ausgedehnt wird. Dagegen liegt kein (neuer) Zusammenschluss vor, wenn nur der Tätigkeitsbereich ausgedehnt wird, ohne dass zusätzliche Vermögenswerte etc auf das Gemeinschaftsunternehmen übertragen werden (rein organische Veränderung).

30 Schließlich liegt ein Zusammenschluss vor, wenn sich die Tätigkeit eines **Teilfunktionsgemeinschaftsunternehmens** so ändert, dass es **zu einem Vollfunktionsgemeinschaftsunternehmen** wird. Während es zunächst nur die Muttergesellschaften beliefert hatte, kann ein Gemeinschaftsunternehmen später beispielsweise eine signifikante eigenständige Tätigkeit auf dem Markt entwickeln und damit das Kriterium der Vollfunktion erfüllen.

31 **d) Minderheitsbeteiligungen.** Der Erwerb einer Minderheitsbeteiligung stellt nur dann einen Zusammenschluss im Sinne der FKVO dar, wenn er gleichzeitig zu einem Kontrollerwerb führt. Anders als im deutschen Recht (dazu → Rn. 247 und → Rn. 251) ist der Erwerb einer reinen Minderheitsbeteiligung ohne Kontrolle auf europäischer Ebene nicht anmeldepflichtig.

32 Bei Gründung eines Gemeinschaftsunternehmens kann ein und derselbe Zusammenschluss sowohl bei der Europäischen Kommission als auch beim Bundeskartellamt anmeldepflichtig sein. Dies ist dann der Fall, wenn zwei Muttergesellschaften ein Unternehmen gründen oder Anteile an einem bestehenden Unternehmen erwerben und nur eine der beiden Kontrolle und die andere lediglich eine nichtkontrollierende Minderheitsbeteiligung in Höhe von mindestens 25 % erwirbt. Dazu auch unter → Rn. 249 f.

33 **e) Änderung der Kontrolle.** Ein anmeldepflichtiger Zusammenschluss gemäß der FKVO kann auch vorliegen, wenn es zu einer Änderung der Art der Kontrolle kommt. Dies sind zum einen Fälle, in denen ein **Wechsel zwischen alleiniger und gemeinsamer Kontrolle** vorliegt. Erfolgt ein Wechsel von alleiniger zu gemeinsamer Kontrolle, muss es sich bei dem kontrollierten Unternehmen – dies hat der Europäische Gerichtshof **(„EuGH")**

[19] Vergleiche Rn. 97 ff. der konsolidierten Mitteilung.

jüngst geklärt[20] – um ein Vollfunktionsgemeinschaftsunternehmen handeln. Zum anderen erfasst die FKVO auch Fälle, in denen es zwar bei gemeinsamer Kontrolle bleibt, sich durch die Transaktion aber entweder die **Anzahl der kontrollierenden Gesellschafter** erhöht oder sich ihre Identität ändert.

Eine Änderung von negativer zu positiver alleiniger Kontrolle stellt keinen Wechsel der Art der Kontrolle dar. Es besteht auch keine Anmeldepflicht, wenn sich durch die Transaktion die Gesellschafterzahl verringert, ohne einen Wechsel von gemeinsamer zu alleiniger Kontrolle auszulösen. In beiden Fällen besteht keine Anmeldepflicht. 34

f) Besonderheiten bei PE Unternehmen. Beim Erwerb der Kontrolle über eine Portfoliogesellschaft durch Investmentfonds können Besonderheiten zu berücksichtigen sein. Mit diesen befasst sich die Europäische Kommission in Rn. 14 ff. der konsolidierten Mitteilung. Zwar gelten auch für Investmentfonds grundsätzlich die allgemeinen Regeln, jedoch ist die Beurteilung der Kontrollsituation aufgrund deren Investitionsstruktur nicht immer leicht. 35

Die **Investoren** (oder auch Sponsoren) üben in der Regel weder allein noch gemeinsam Kontrolle über die Portfoliogesellschaften aus. Denn meist sind sie nur als Kommanditisten (oder Limited Partner in angloamerikanischen Jurisdiktionen) beteiligt. Sie erwerben für gewöhnlich weder Anteile noch Stimmrechte oder sonstige Kontrollbefugnisse an den Portfoliogesellschaften. Im Fall der sog. Co-Investments, bei denen ein Investor neben seiner Stellung als Kommanditist im Investmentfonds zusätzlich direkt in das Zielunternehmen investiert, ist eine Kontrolle zwar denkbar. In aller Regel erweist sich der prozentuale Anteil der Beteiligung aber als zu gering. 36

Die normalerweise vom **Investmentfonds** erworbenen Anteile und Stimmrechte an den Portfoliogesellschaften begründen zwar regelmäßig Kontrolle. Der Fonds erwirbt die Kontrolle aber zumeist nicht selbst, sondern vielmehr der Fondsmanager. Dies ist häufig der Komplementär (oder der General Partner in angloamerikanischen Jurisdiktionen). In typischen deutschen Fondstrukturen fungiert häufig der Fondsmanager zum Zwecke der gewerblichen Entprägung als geschäftsführender Kommanditist (in diesen Fällen wird der Komplementär wird von der Geschäftsführung ausgeschlossen). Der Fonds ist in diesen Fällen lediglich Anlageinstrument oder sog. Kapitalsammelstelle. Nur unter besonderen Umständen geht die Europäische Kommission davon aus, dass die Kontrolle über eine Portfoliogesellschaft von dem die Anteile erwerbenden Fonds selbst ausgeübt wird. 37

Üblicherweise liegt die Kontrolle über die Portfoliogesellschaften nach Auffassung der Europäischen Kommission bei der **„Investmentgesellschaft" (oder dem Fondsmanager),** als die Einheit, die den Fonds betreibt.[21] Die Investmentgesellschaft übt die Kontrolle dabei meist nicht über strukturelle, sondern über andere Verbindungen aus. Im Fall von Fonds, die als Kommanditgesellschaften organisiert sind, kann dies zB durch die Rolle oder Kontrolle des Komplementärs (oder General Partner in angloamerikanischen Jurisdiktionen) geschehen. Auch vertragliche Vereinbarungen (wie Beraterverträge) sind möglich. Schließlich können die beiden Methoden auch kombiniert werden. Dass die Investmentgesellschaft die Anteile an der als Komplementär fungierenden Gesellschaft häufig nicht selbst oder nur in geringem Umfang besitzt, schadet der Annahme von Kontrolle nicht. Vertragliche Vereinbarungen wie Beraterverträge spielen für die Beurteilung von Kontrolle eine wichtige Rolle, wenn der Komplementär selbst nicht über die Ressourcen (finanzieller oder personeller Art) für die Führung der Portfoliogesellschaften verfügt, sondern nur die gesellschaftsrechtliche Struktur darstellt, deren Handlungen von Personen ausgeführt werden, die mit der Investmentgesellschaft verbunden sind.[22] 38

---

[20] Siehe EuGH Urt. v. 7.9.2017 – C-248/16 – Austria Asphalt GmbH & Co. OG gegen Bundeskartellanwalt.

[21] Der Begriff der „Investmentgesellschaft" stellt dabei nicht auf die Definition in § 1 Abs. 11 Kapitalanlagegesetzbuch ab, sondern materiell auf den Betreiber der investierenden Fonds.

[22] Vergleiche Rn. 15 der konsolidierten Mitteilung.

39 Die Investmentgesellschaft erwirbt daher in der Regel zumindest indirekt Kontrolle über die Portfoliogesellschaften im Sinne von Art. 3 Abs. 3 lit. b FKVO. Obwohl er die zugrundeliegenden Rechte oder Verträge selbst nicht erworben hat, wird Kontrolle für denjenigen begründet, dem die Ausübungsbefugnis zukommt.

40 Dies gilt grundsätzlich auch dann, wenn eine Investmentgesellschaft **verschiedene Fonds** mit gegebenenfalls **unterschiedlichen Investoren** auflegt. Die Investmentgesellschaft hat aufgrund der Organisationsstruktur (zB aufgrund der Verbindungen zwischen der Investmentgesellschaft und dem Komplementär oder aufgrund von Beratungsverträgen) meist indirekt die Befugnis, die Stimmrechte auszuüben, die der einzelne Fonds an den Portfoliogesellschaften hält, oder verfügt indirekt über andere, die Kontrolle begründende Befugnisse oder Rechte. Auch mehrere Fonds verfügen daher meist über eine einheitliche gemeinsame Kontrollstruktur.

3. Ausnahmen

41 Art. 3 Abs. 5 FKVO nennt drei Ausnahmen, bei denen trotz Erwerb von Kontrolle kein Zusammenschlusstatbestand vorliegt. Für PE Unternehmen können zwei relevant werden.

42 Nach der sog. Bankenklausel in Art. 3 Abs. 5 lit. a FKVO ist ein Zusammenschluss zu verneinen, wenn **Kreditinstitute, Finanzinstitute** oder **Versicherungsgesellschaften** nur **vorübergehend** Anteile an einem anderen Unternehmen zum Zwecke der Weiterveräußerung erwerben. Voraussetzung ist, dass sie die mit den Anteilen verbundenen **Stimmrechte nicht ausüben,** um das Wettbewerbsverhalten des Unternehmens zu bestimmen. Wenn sie die Stimmrechte ausüben, darf das nur dazu geschehen, die Veräußerung der Gesamtheit oder von Teilen des Unternehmens oder seiner Vermögenswerte oder die Veräußerung der Anteile vorzubereiten. Die **Veräußerung** muss dann aber **innerhalb eines Jahres** nach dem Zeitpunkt des Erwerbes erfolgen. Diese Frist kann von der Kommission auf Antrag ausnahmsweise verlängert werden, wenn die Veräußerung innerhalb der Frist nachweislich unzumutbar war.

43 Bei **bestimmten Rechtsformen (nach der Richtlinie 78/660/EWG)** der die Kontrolle erwerbenden **Beteiligungsgesellschaften** wird ein Zusammenschluss nach Art. 3 Abs. 5 lit. c FKVO nicht bewirkt. Dies betrifft solche Gesellschaften, deren einziger Zweck darin besteht, Unternehmensbeteiligungen vorübergehend zu erwerben sowie deren Verwaltung und Verwertung wahrzunehmen. Voraussetzung ist, dass solche Gesellschaften **weder unmittelbar noch mittelbar in die Verwaltung dieser Unternehmen eingreifen.** Die Rechte, die den Beteiligungsgesellschaften in ihrer Eigenschaft als Aktionärin oder Gesellschafterin zustehen, bleiben davon unberührt. Die Einhaltung der für die Tätigkeit dieser Gesellschaften bestehenden Beschränkungen muss durch ein Gericht oder eine Verwaltungsbehörde überwacht werden. Dass ausnahmsweise kein Zusammenschluss vorliegt, setzt zusätzlich voraus, dass die Stimmrechte nur zur Erhaltung des vollen Wertes der Investition benutzt werden, nicht aber dazu, unmittelbar oder mittelbar das Wettbewerbsverhalten des Unternehmens zu beeinflussen.

44 Investmentfonds (bzw. die dahinterstehende Investmentgesellschaft) üben ihre Stimmrechte in der Regel aus und entscheiden über die Zusammensetzung der Unternehmensleitung und Aufsichtsorgane und sogar die Umstrukturierung des Unternehmens. Nur im absoluten Ausnahmefall werden sie nicht das Wettbewerbsverhalten des erworbenen Unternehmens beeinflussen. Die Ausnahmen haben deshalb in der Praxis bislang keine größere Bedeutung erlangt und gelten in aller Regel nicht für typische Investmentfondsstrukturen.[23]

[23] Siehe Rn. 114 f. der konsolidierten Mitteilung.

III. Anmeldeschwellen

Weitere Voraussetzung der Anmeldepflicht ist die gemeinschaftsweite Bedeutung des Zusammenschlusses. Diese hängt nach Art. 1 FKVO von der Überschreitung bestimmter Umsatzschwellen ab. **45**

1. Alternative Umsatzschwellen (Grundsatz)

Art. 1 FKVO sieht zwei alternative Gruppen umsatzbezogener Schwellenwerte zur Bestimmung der gemeinschaftsweiten Bedeutung vor. **46**

a) Art. 1 Abs. 2 FKVO. Nach Art. 1 Abs. 2 FKVO hat ein Zusammenschluss gemeinschaftsweite Bedeutung, wenn (1.) alle beteiligten Unternehmen zusammen einen weltweiten Gesamtumsatz von mehr als 5 Mrd. EUR und (2.) mindestens zwei beteiligte Unternehmen in der EU einen Umsatz von jeweils mehr als 250 Mio. EUR erzielen. **47**

b) Art. 1 Abs. 3 FKVO. Werden die Schwellen von Art. 1 Abs. 2 FKVO nicht erreicht, kann Art. 1 Abs. 3 FKVO einschlägig sein. Danach liegt ein Zusammenschluss mit gemeinschaftsweiter Bedeutung vor, wenn (1.) alle beteiligten Unternehmen zusammen einen weltweiten Gesamtumsatz von mehr als 2,5 Mrd. EUR erzielen, (2.) der Umsatz von mindestens zwei beteiligten Unternehmen in der EU jeweils mehr als 100 Mio. EUR beträgt, (3.) der Gesamtumsatz aller beteiligten Unternehmen in mindestens drei EU-Mitgliedstaaten jeweils 100 Mio. EUR übersteigt und (4.) in jedem von mindestens drei dieser Mitgliedstaaten mindestens zwei beteiligte Unternehmen einen Umsatz von jeweils mehr als 25 Mio. EUR erzielen. **48**

c) Zwei-Drittel-Regel (Ausnahme). Ausnahmsweise liegt keine gemeinschaftsweite Bedeutung vor, wenn die beteiligten Unternehmen jeweils mehr als zwei Drittel ihres EU-weiten Umsatzes in ein und demselben Mitgliedstaat erzielen. Zusammenschlüsse mit schwerpunktmäßig inländischer Bedeutung werden von der europäischen Anmeldepflicht ausgeschlossen. Sofern die nationalen Schwellen erreicht sind, sind sie jedoch in dem betreffenden Mitgliedstaat und möglicherweise anderen Mitgliedstaaten anzumelden. **49**

2. Beteiligte Unternehmen

Für die Bestimmung der gemeinschaftsweiten Bedeutung ist der Umsatz aller beteiligten Unternehmen zu berücksichtigen. Wer beteiligtes Unternehmen ist, richtet sich nach der Art des Zusammenschlusses. **50**

a) Fusion. Bei einer Fusion sind die einzelnen **fusionierenden Unternehmen** beteiligte Unternehmen. **51**

b) Alleinige Kontrolle. Beim Erwerb alleiniger Kontrolle sind beteiligte Unternehmen das **Unternehmen, das Kontrolle erwirbt,** und das **Zielunternehmen,** über das Kontrolle erworben wird. **52**

Wird nicht das gesamte Zielunternehmen, sondern werden nur Teile eines Unternehmens erworben, sind beteiligte Unternehmen der Erwerber und diejenigen **Unternehmensteile,** an denen Kontrolle erworben wird. Der Veräußerer bzw. der Rest des Unternehmens, der nicht erworben wird, sind keine Beteiligten. Art. 5 Abs. 2 UAbs. 1 FKVO regelt ausdrücklich, dass deren Umsatz für die Bestimmung der gemeinschaftsweiten Bedeutung irrelevant ist. **53**

Eine besondere Regelung sieht Art. 5 Abs. 2 UAbs. 2 FKVO für aufeinanderfolgende Erwerbsvorgänge vor. Innerhalb von zwei Jahren getätigte **Zusammenschlüsse zwischen denselben Beteiligten** werden als ein **einziger Zusammenschluss** behandelt, der zum Zeitpunkt des letzten Erwerbsvorgangs stattfindet. In diesem Fall sind beteiligte Unternehmen das erwerbende Unternehmen und die verschiedenen zu übernehmenden Teile des **54**

Zielunternehmens.[24] So kann der Zusammenschluss insgesamt anmeldepflichtig sein, auch wenn die einzelnen Teile keine gemeinschaftsweite Bedeutung haben.

55 **c) Gemeinsame Kontrolle/Gemeinschaftsunternehmen.** Bei Erwerb gemeinsamer Kontrolle über ein neu zu gründendes Unternehmen sind zunächst alle Unternehmen beteiligt, die an der gemeinsamen Kontrolle teilhaben.

56 Wenn das **Gemeinschaftsunternehmen erst gegründet** wird und noch nicht besteht, ist es selbst nicht als beteiligtes Unternehmen anzusehen. Dies gilt auch, wenn eine der kontrollierenden Muttergesellschaften eine zuvor bestehende Tochtergesellschaft oder einen Geschäftsbereich in das neue Gemeinschaftsunternehmen einbringt. Die jeweiligen Umsätze werden vielmehr als Teil des Umsatzes der Muttergesellschaft behandelt.[25] Erwerben dagegen mehrere Unternehmen gemeinsame Kontrolle über ein **bereits bestehendes Unternehmen** oder einen bestehenden Geschäftsbereich, ist auch das erworbene Unternehmen/der erworbene Geschäftsbereich beteiligtes Unternehmen.

57 Bei einem **Wechsel** der kontrollierenden Anteilseigner bzw. der **Änderung der Art der Kontrolle** sind beteiligte Unternehmen die bereits vorhandenen sowie die neuen Anteilseigner, die Kontrolle ausüben, und das Gemeinschaftsunternehmen selbst.

58 Bei Zusammenschlüssen, bei denen ein **Gemeinschaftsunternehmen Kontrolle** über ein anderes Unternehmen **erwirbt,** ist in der Regel Ersteres als Erwerber beteiligtes Unternehmen. Ihm wird der Umsatz seiner kontrollierenden Muttergesellschaften zugerechnet. Dies gilt grundsätzlich jedenfalls für Vollfunktionsgemeinschaftsunternehmen.[26] Nur in **Ausnahmefällen** ist jede einzelne **Muttergesellschaft** des erwerbenden Gemeinschaftsunternehmens als beteiligtes Unternehmen anzusehen und damit auf ihre jeweiligen Umsätze abzustellen. Dies ist der Fall bei Teilfunktionsgemeinschaftsunternehmen, wenn das Gemeinschaftsunternehmen ein reines Instrument für die Erwerbszwecke seiner Muttergesellschaften ist. Dies ist insbesondere gegeben, wenn das Gemeinschaftsunternehmen speziell für den Erwerb des Zielunternehmens gegründet wurde oder seine Geschäftstätigkeit nicht aufgenommen hat oder wenn aus sonstigen Gründen die Muttergesellschaften und nicht das Gemeinschaftsunternehmen die eigentlichen Akteure des Erwerbs sind.[27] Die Europäische Kommission hat den Ausnahmefall jedoch auch bereits in Fällen bejaht, in denen ein Vollfunktionsgemeinschaftsunternehmen bereits seit vielen Jahren eigenständig auf dem relevanten Markt tätig war. Wäre nur das Gemeinschaftsunternehmen beteiligtes Unternehmen gewesen, so wären die Anmeldeschwellen aufgrund der geringen Umsätze des Zielunternehmens auf EU-Ebene nicht erreicht worden. Die Anmeldepflicht hatte sich erst daraus ergeben, dass die Europäische Kommission die Muttergesellschaften einzeln und für sich als beteiligte Unternehmen ansah und auf deren jeweilige Umsätze abstellte.[28]

3. Umsatzberechnung

59 **a) Begriff des Umsatzes.** Für die Prüfung, ob die oben genannten Schwellenwerte erreicht sind, sind nach Art. 5 Abs. 1 FKVO die Umsätze zu berechnen, die die beteiligten Unternehmen im letzten abgeschlossenen Geschäftsjahr mit Waren und Dienstleistungen erzielt haben und die ihrem **normalen geschäftlichen Tätigkeitsbereich** zuzuordnen sind. Die Umsatzberechnungsmethode beim Verkauf von Waren unterscheidet sich grundsätzlich nicht von derjenigen bei der Erbringung von Dienstleistungen. Die Europäische Kommission berücksichtigt stets den **Gesamtbetrag der erzielten Umsatzerlöse.** Aufgrund der Vielfalt von Dienstleistungen kann hier die Umsatzberechnung unter Umständen

---

[24] Siehe Rn. 137 der konsolidierten Mitteilung.
[25] Siehe auch Bechtold/Bosch/Brinker FKVO Art. 1 Rn. 14.
[26] Siehe Rn. 146 der konsolidierten Mitteilung.
[27] Siehe Rn. 145 ff. der konsolidierten Mitteilung.
[28] Siehe Europäische Kommission Entsch. v. 5.4.2017 – COMP/M.7878 Rn. 37 ff. – HeidelbergCement/Schwenk/Cemex Hungary/Cemex Croatia.

jedoch etwas komplexer ausfallen, zB wenn Vermittler eingeschaltet worden sind. Insbesondere gilt dies für die räumliche Zuordnung, → Rn. 70.

Maßgeblich ist stets der **Nettoumsatz.** Vom Bruttoumsatz abzuziehen sind Erlösschmälerungen, die Mehrwertsteuer und andere unmittelbar auf den Umsatz bezogene Steuern (zB Steuern auf alkoholische Getränke oder Zigaretten). Unter Erlösschmälerungen fallen alle dem Kunden gewährten Abschläge, Rabatte und Vergütungen, die den Verkaufserlös direkt beeinflussen. Zudem bleiben **interne Umsätze,** dh Umsätze zwischen den Unternehmen einer Unternehmensgruppe, die unter einheitlicher Kontrolle stehen, unberücksichtigt. Dies gilt nur dann nicht, wenn bisher interne Umsätze durch die Transaktion zu externen Umsätzen werden (zB in **Outsourcing-Fällen**): Ist ein Unternehmen oder eine Unternehmenseinheit betroffen, das/die bislang nur interne Umsätze erzielt hat, ist der Umsatz des auszugliedernden Unternehmens/-teils in der Regel auf der Grundlage des bisherigen konzerninternen Umsatzes zu berechnen, der nach der Transaktion zum externen Umsatz wird. **60**

Eine **doppelte Zurechnung** von Umsätzen ist zu **vermeiden.** Diese Gefahr besteht insbesondere, wenn zwei oder mehrere an einem Zusammenschluss beteiligte Unternehmen bereits ein anderes Unternehmen gemeinsam kontrollieren. Art. 5 Abs. 5 FKVO sieht deshalb vor, dass für die beteiligten Unternehmen dann zunächst nur die Umsätze des gemeinsam kontrollierten Unternehmens zu berücksichtigen sind, die mit externen Dritten erzielt werden. Diese sind den beteiligten Unternehmen zu gleichen Teilen zuzurechnen. Nicht zu berücksichtigen sind dagegen die Umsätze zwischen dem Gemeinschaftsunternehmen und jedem der beteiligten Unternehmen (einschließlich kontrollierter Tochtergesellschaften). **61**

Nach Art. 5 Abs. 1 FKVO müssen die zu berücksichtigenden Umsätze aus dem **normalen geschäftlichen Tätigkeitsbereich** des betreffenden Unternehmens stammen. Regelmäßig unberücksichtigt bleiben außerordentliche Erträge, wie beispielsweise aus dem Verkauf von Geschäftsbereichen, und Finanzerträge (mit Ausnahme der Erträge von Finanzinstituten, → Rn. 74). **62**

b) Stichtag. Spätestens zum Zeitpunkt der Anmeldung muss die Europäische Kommission in der Lage sein, über ihre Zuständigkeit zu befinden. Gemäß Art. 4 Abs. 1 FKVO sind Zusammenschlüsse zeitlich nach Vertragsabschluss, Veröffentlichung des Übernahmeangebots oder Erwerb einer die Kontrolle begründenden Beteiligung anzumelden. Das Ereignis, das als erstes eintritt, ist maßgeblich für die Bestimmung der Zuständigkeit der Europäischen Kommission (falls eine Anmeldung nicht bereits vorher auf der Grundlage einer reinen Absichtserklärung der Parteien erfolgt). Abzustellen ist für die Umsatzberechnung auf das zu diesem Stichtag letzte abgeschlossene Geschäftsjahr. **63**

Finden **nach** dem Datum der letzten **Abschlussprüfung,** aber vor dem Stichtag für die Feststellung der Zuständigkeit **Änderungen** statt, so sind Anpassungen an dem zuzurechnenden Umsatz vorzunehmen. Es geht darum, dauerhaften Veränderungen der wirtschaftlichen Realität der beteiligten Unternehmen Rechnung zu tragen. Dies gilt insbesondere für Akquisitionen und Veräußerungen von Unternehmen oder Unternehmensteilen. Der Umsatz eines zwischenzeitlich erworbenen Unternehmens kann nur zugerechnet oder der Umsatz eines veräußerten Unternehmens/-teils nur abgezogen werden, wenn der entsprechende Vorgang vollzogen ist. Sind die betreffenden Verträge dagegen nur unterzeichnet, aber die Transaktion noch nicht vollzogen, sind keine Umsatzanpassungen vorzunehmen. Etwas anderes gilt nur, wenn der Erwerb/Verkauf Vorbedingung für den angemeldeten Zusammenschluss ist, für den die Zuständigkeit bestimmt werden soll.[29] Sind solche Anpassungen vorzunehmen, fallen der für das letzte Geschäftsjahr ausgewiesene und der Umsatz, der für die Bestimmung der Anmeldepflicht nach der FKVO herangezogen wird, auseinander. **64**

---

[29] Siehe Rn. 172 der konsolidierten Mitteilung.

65 **c) Umsatzzurechnung.** Wenn ein beteiligtes Unternehmen einem Konzern angehört, wird neben seinem eigenen der Umsatz aller Unternehmen berücksichtigt, die in Form der in Art. 5 Abs. 4 FKVO genannten Rechte und Einflussmöglichkeiten mit ihm verbunden sind.

66 Zu berücksichtigen sind dabei die Umsätze

(1.) des beteiligten Unternehmens,

(2.) der Unternehmen, in denen das beteiligte Unternehmen unmittelbar oder mittelbar entweder (a.) mehr als die Hälfte des Kapitals oder des Betriebsvermögens besitzt, (b.) über mehr als die Hälfte der Stimmrechte verfügt, (c.) mehr als die Hälfte der Mitglieder des Aufsichtsrats, des Verwaltungsrats oder der zur gesetzlichen Vertretung berufenen Organe bestellen kann **oder** (d.) das Recht hat, die Geschäfte des Unternehmens (allein oder zusammen mit Dritten) zu führen,

(3.) der Unternehmen, die in dem beteiligten Unternehmen die unter (2.) genannten Rechte oder Einflussmöglichkeiten haben,

(4.) der Unternehmen, in denen ein unter (3.) genanntes Unternehmen die unter (2.) genannten Rechte oder Einflussmöglichkeiten besitzt **und**

(5.) der Unternehmen, in denen mehrere der unter (1.) bis (4.) genannten Unternehmen jeweils gemeinsam die unter (2.) genannten Rechte oder Einflussmöglichkeiten haben.

67 Damit wird zusammengefasst der Umsatz des **beteiligten Unternehmens,** seiner (unmittelbaren und mittelbaren) **Tochtergesellschaften,** seiner **Muttergesellschaft**(en) (bis zur obersten Konzernmutter) und **deren** (unmittelbaren und mittelbaren) **Tochtergesellschaften** berücksichtigt. Für PE Unternehmen und Fonds wird auf → Rn. 77 verwiesen.

68 Sind die oben genannten Kriterien erfüllt, so ist in der Regel der **gesamte Umsatz** der einzubeziehenden Unternehmen zu berücksichtigen, dh unabhängig von der Höhe der Beteiligung, die gehalten wird. Es gibt jedoch spezielle Regeln für **Gemeinschaftsunternehmen** der beteiligten Unternehmen, um eine doppelte Zurechnung des Umsatzes eines Gemeinschaftsunternehmens zu verhindern. Für Gemeinschaftsunternehmen sieht Art. 5 Abs. 5 FKVO vor, dass dessen externer (dh mit Dritten erzielte) Umsatz des Gemeinschaftsunternehmens zwischen den beteiligten Unternehmen unabhängig von den Anteilen, die sie halten, **gleich aufgeteilt** wird. Der interne Umsatz des Gemeinschaftsunternehmens mit den beteiligten Muttergesellschaften bleibt dabei unberücksichtigt (→ Rn. 60).

69 Auch beim Wechsel von gemeinsamer zu alleiniger Kontrolle wird der Umsatz des (bisherigen) Gemeinschaftsunternehmens dem Umsatz des bereits gemeinsam kontrollierenden Erwerbers nicht zugerechnet.[30]

70 **d) Räumliche Zuordnung.** Nach Art. 5 Abs. 1 UAbs. 2 FKVO richtet sich der Ort des Umsatzes grundsätzlich danach, wo sich der **Kunde** zur Zeit der Transaktion **befindet.** Denn dort findet der Wettbewerb mit alternativen Lieferanten statt.[31]

71 Bei der räumlichen Zuordnung muss zwischen Waren und Dienstleistungen unterschieden werden. Besonderheiten beim Verkauf von **Waren** können sich dann ergeben, wenn sich der Ort, an dem sich der Kunde zum Zeitpunkt des Kaufs befindet, von dem der Rechnungsanschrift oder Lieferung unterscheidet. Der Ort des **Vertragsschlusses** und der **Lieferort** sind in der Regel wichtiger als die Rechnungsanschrift. Für den relevanten Ort kommt es darauf an, ob der Wettbewerb eher am Sitz des Kunden oder am Lieferort stattfindet. Beim Verkauf von Pkw ist beispielsweise der Lieferort entscheidend, auch wenn der Vertrag per Telefon oder über das Internet abgeschlossen wurde.

72 Wird der unionsweite Bedarf eines Unternehmens an einer bestimmten Ware von einem (oder wenigen) Standort(en) aus gedeckt, so müssen alle Umstände des Einzelfalls berücksichtigt werden. Werden die Waren von einer **zentralen Einkaufsstelle** gekauft, an diese geliefert und von dort weiter an die einzelnen Standorte verteilt, ist der Umsatz demjenigen

[30] Siehe Rn. 188 der konsolidierten Mitteilung.

[31] Siehe Rn. 196 der konsolidierten Mitteilung.

Mitgliedstaat zuzurechnen, in dem die Einkaufsstelle ihren Sitz hat. Anders sieht es dagegen aus, wenn der Veräußerer direkten Kontakt zu den einzelnen **Tochtergesellschaften/Standorten** in verschiedenen Mitgliedstaaten hat, beispielsweise über Einzelverträge auf Basis eines Rahmenvertrages mit der zentralen Einkaufsstelle und/oder Lieferung der Waren direkt an die einzelnen Tochtergesellschaften/Standorte. In diesem Fall sind die Umsätze den Mitgliedstaaten zuzurechnen, in denen sich die einzelnen Tochtergesellschaften befinden.

Auch bei **Dienstleistungen** ist der Ort ihrer Erbringung an den Kunden relevant. **73**
Dienstleistungen, die grenzüberschreitende Elemente aufweisen, lassen sich in drei Kategorien unterteilen: (1.) Fälle, in denen der Dienstleister seinen Ort verändert (hier Mitgliedstaat des Dienstleisters entscheidend), (2.) Fälle, in denen der Kunde seinen Ort verändert (hier Mitgliedstaat des Kunden entscheidend) und (3.) Fälle, in denen eine Dienstleistung erbracht wird, ohne dass Kunde oder Dienstleister ihren Ort verändern müssen (hier ist regelmäßig der Mitgliedstaat des Kunden entscheidend). In den ersten beiden Fällen ist der Umsatz dem Mitgliedstaat desjenigen zuzurechnen, der den Ort verändert, dh der Ort, an dem die Dienstleistung tatsächlich erbracht wird. Im dritten Fall ist in der Regel der Ort des Kunden maßgeblich.[32]

e) Spezielle Vorschriften. Art. 5 Abs. 3 FKVO enthält spezielle Vorschriften für die **74**
Umsatzberechnung bei **Kredit- und sonstigen Finanzinstituten.** Sonstige Finanzinstitute sind Unternehmen, deren Haupttätigkeit entweder darin besteht, Beteiligungen zu erwerben (dh zB Finanzholdings) oder eines der folgenden Geschäfte zu betreiben: Kredite, Darlehen, Factoring oder sonstige Ausleihungen, Finanzierungsleasing, Dienstleistungen zur Durchführung des Zahlungsverkehrs, Ausgabe und Verwaltung von Zahlungsmitteln, Bürgschaften und Eingehen von Verpflichtungen, Geldmarktinstrumente, Geldwechselgeschäfte, Termin- und Optionsgeschäfte, Wechselkurs und Zinssatzinstrumente, Wertpapiergeschäfte, Wertpapieremission, Geldmaklergeschäfte, Portfolioverwaltung und -beratung sowie Wertpapieraufbewahrung und -verwaltung. Für solcherlei Institute sind als Umsatz die folgenden **Ertragsposten** anzusetzen: Zinserträge und ähnliche Erträge, Erträge aus Wertpapieren (Erträge aus Aktien, anderen Anteilsrechten und nicht festverzinslichen Wertpapieren, Erträge aus Beteiligungen, Erträge aus Anteilen an verbundenen Unternehmen), Provisionserträge, Nettoerträge aus Finanzgeschäften und sonstige betriebliche Erträge. Abzuziehen sind die Mehrwertsteuer und sonstige direkt auf diese Erträge erhobenen Steuern.

Für **Versicherungsunternehmen** sieht Art. 5 Abs. 3 lit. b FKVO vor, dass die Summe **75**
der **Bruttoprämien** als Umsatz anzusetzen ist, also alle von ihnen oder für ihre Rechnung vereinnahmten sowie noch zu vereinnahmenden Prämien aus Versicherungsverträgen. Steuern und sonstige Abgaben sind abzuziehen.

In **räumlicher Hinsicht** wird der Umsatz von Kredit- und sonstigen Finanzinstituten in **76**
demjenigen Mitgliedstaat generiert, in dem die betreffende Zweig- oder Geschäftsstelle die Ertragsposten verbucht (Art. 5 Abs. 3 lit. a FKVO). Hier wird abweichend vom Grundsatz also nicht auf den Kundensitz abgestellt. Für Versicherungsunternehmen besteht der Umsatz in einem Mitgliedstaat aus den Bruttoprämien, die von den dort ansässigen Personen gezahlt wurden (Art. 5 Abs. 3 lit. b FKVO).

f) Besonderheiten bei PE-Unternehmen. Bei Investmentfonds verfügt normalerweise **77**
die Investmentgesellschaft über die in → Rn. 66 genannten Rechte und Befugnisse in Bezug auf die Portfoliogesellschaften, insbesondere über das Recht, die Stimmrechte des Investmentfonds auszuüben. Wie in → Rn. 35 dargelegt, übt sie damit (mittelbare) Kontrolle über alle Portfoliogesellschaften aus. Daher sind ihr deren Umsätze zuzurechnen.

[32] Siehe Rn. 199 ff. der konsolidierten Mitteilung.

IV. Materielle Beurteilung von Zusammenschlussvorhaben

78 Nach Art. 2 Abs. 2 und 3 FKVO sind Zusammenschlussvorhaben daraufhin zu überprüfen, ob sie wirksamen Wettbewerb im Gemeinsamen Markt oder einem wesentlichen Teil desselben erheblich behindern würden, insbesondere durch Begründung oder Verstärkung einer beherrschenden Stellung (sog. **SIEC-Test**). Für Gemeinschaftsunternehmen wird zudem geprüft, ob deren Gründung die Koordinierung des Wettbewerbsverhaltens unabhängig bleibender Unternehmen bezweckt oder bewirkt (Art. 2 Abs. 4 FKVO). Ihre Gründung wird daher auch an den Kriterien von Art. 101 des Vertrages über die Arbeitsweise der Europäischen Union **(„AEUV")** gemessen.

1. Marktabgrenzung

79 Ausgangspunkt der materiellen Beurteilung von Zusammenschlussvorhaben ist die Marktabgrenzung.[33] Die Marktabgrenzung dient der Feststellung, in welchem Bereich die beteiligten Unternehmen unmittelbarem Wettbewerbsdruck ausgesetzt sind. Die Marktabgrenzung hat eine sachliche und eine räumliche Komponente, selten auch eine zeitliche (zB bei Unterhaltungsangeboten wie zB Filmen).

80 **a) Sachliche Marktabgrenzung.** Der sachlich relevante Markt umfasst nach Rn. 7 der Bekanntmachung zur Marktabgrenzung *„sämtliche Erzeugnisse und/oder Dienstleistungen, die von den Verbrauchern hinsichtlich ihrer Eigenschaften, Preise und ihres vorgesehenen Verwendungszwecks als austauschbar oder substituierbar angesehen werden."*[34] Entscheidend ist also die sog. **Nachfragesubstituierbarkeit.**[35] Abzustellen ist stets auf die Sicht der nachgelagerten Marktstufe. Es kommt zB auf die Sicht des Großhändlers gegenüber den Herstellern, des Einzelhändlers gegenüber den Großhändlern und des Endverbrauchers gegenüber den Einzelhändlern an. Um ein den relevanten Abnehmern tatsächlich zur Verfügung stehendes Alternativangebot feststellen zu können, zieht die Europäische Kommission den sog. SSNIP-Test *(small but significant non-transitory increase of price)* heran. Danach sind diejenigen Produkte in den relevanten Produktmarkt einzubeziehen, auf die Nachfrager bei einer geringen aber dauerhaften Preiserhöhung um 5 % bis 10 % ausweichen würden.

81 Auch **Angebotssubstituierbarkeit,** dh die Möglichkeit anderer Anbieter, ihr Angebot umzustellen, kann bei der Bestimmung des sachlich relevanten Marktes eine Rolle spielen. Hier wendet die Europäische Kommission ebenfalls den SSNIP-Test an. Ein einheitlicher Markt ist anzunehmen, wenn Anbieter in Reaktion auf geringe und dauerhafte Preisänderungen realistischer Weise dazu in der Lage wären, ihre Produktion auf die primär nachgefragten Produkte umzustellen und diese kurzfristig auf den Markt zu bringen. Der sachlich relevante Markt umfasst in dem Fall also auch diejenigen Produkte, die zur Deckung des Bedarfs der Nachfrageseite potentiell in den Markt gebracht werden könnten.

82 Der mögliche Einfluss des **potenziellen Wettbewerbs** (dh künftig zu erwartender Wettbewerb, der Druck ausübt) kann bei der Prüfung der Auswirkungen des Zusammenschlussvorhabens auf den Markt eine Rolle spielen (→ Rn. 98), bleibt bei der Marktabgrenzung in der Regel aber unberücksichtigt.[36]

83 Basierend auf diesen Kriterien entwickelt die Europäische Kommission ein Raster für die Marktabgrenzung. Dem Verwendungszweck der Produkte wird dabei eine erhebliche Bedeutung zugemessen. Zur groben Abgrenzung der relevanten Produktmärkte werden bereits (aus früheren Fällen) vorliegende und/oder von den beteiligten Unternehmen bereitgestellte Informationen verwendet. Teilweise kann die Europäische Kommission auf

[33] Siehe zur Marktabgrenzung die Bekanntmachung der Kommission über die Definition des relevanten Marktes im Sinne des Wettbewerbsrechts der Gemeinschaft, ABl. 1997 C 372, S. 3 **(„Bekanntmachung zur Marktabgrenzung").**

[34] Im Folgenden wird der Begriff „Produkt" einheitlich für Produkte und Dienstleistungen verwendet.

[35] Siehe Rn. 15 ff. der Bekanntmachung zur Marktabgrenzung.

[36] Siehe Rn. 24 der Bekanntmachung zur Marktabgrenzung.

Klassifizierungen oder Warenverzeichnisse zurückgreifen, wie beispielsweise im Pharmabereich. Diese erste Arbeitshypothese wird anhand der Nachfragemerkmale (wie Bedeutung nationaler oder regionaler Präferenzen, gegenwärtiges Käuferverhalten, Produkt- und Markendifferenzierung) und der Befragung der anderen Marktteilnehmer gegengeprüft. Zur weiteren Verfeinerung wendet die Europäische Kommission den oben beschriebenen SSNIP-Test an (Nachfrage- und Angebotssubstitution bei Preisänderungen). Sollte dies noch nicht zu eindeutigen Ergebnissen führen, werden weitere Tests durchgeführt, wie die Prüfung der Preiselastizität, der Kreuzpreiselastizität und der Preiskorrelation; jeweils ergänzt durch weitere Marktbefragungen. Hat die Europäische Kommission die relevanten Märkte bereits in früheren Entscheidungen exakt abgegrenzt, greift sie auf diese Marktabgrenzung zurück und hält sich an ihre früheren Entscheidungen. Sie untersucht aber auch, ob sich die Verhältnisse in der Zwischenzeit so verändert haben, dass sie eine andere Marktabgrenzung erfordern.

In der Marktabgrenzungspraxis der Europäischen Kommission zeichnen sich zwei **Tendenzen** ab. Zum einen tendiert die Kommission dazu, die sachlich relevanten Märkte eng abzugrenzen, sodass es häufig zu einer Vielzahl von relevanten Märkten kommt.[37] Zum anderen lässt sie die exakte Marktabgrenzung meist offen, um sich für zukünftige Fälle im selben Sektor nicht festzulegen. Dieses Vorgehen bietet sich an, wenn wettbewerbliche Bedenken – unabhängig von der genauen Marktabgrenzung – entweder ohnehin nicht bestehen oder durch die von den Parteien angebotenen Verpflichtungszusagen (→ Rn. 174) ausgeräumt werden können. Es existieren deshalb nur verhältnismäßig wenige Entscheidungen, in denen die Europäische Kommission die relevanten Märkte exakt und bestimmt abgegrenzt hat. 84

b) Räumliche Marktabgrenzung. Der räumlich relevante Markt umfasst nach Rn. 8 der Bekanntmachung zur Marktabgrenzung *„das Gebiet, in dem die beteiligten Unternehmen die relevanten Produkte oder Dienstleistungen anbieten, in dem die Wettbewerbsbedingungen hinreichend homogen sind und das sich von benachbarten Gebieten durch spürbar unterschiedliche Wettbewerbsbedingungen unterscheidet."* Bei der Abgrenzung der räumlich relevanten Märkte stützt sich die Europäische Kommission zunächst auf allgemeine Angaben zur **Verteilung der Marktanteile** der Parteien und ihrer Wettbewerber auf nationaler oder EU/EWR-weiter Ebene. Daran anknüpfend untersucht sie anhand der **Nachfragemerkmale,** ob Unternehmen an unterschiedlichen Standorten für die Verbraucher tatsächlich alternative Lieferquellen darstellen. Auch hier wird geprüft, ob Abnehmer ihre Nachfrage bei Preisänderungen kurzfristig und zu geringen Kosten auf Unternehmen an anderen Standorten umlenken würden. Bestehen zwischen den einzelnen Mitgliedstaaten erhebliche Unterschiede hinsichtlich der Marktanteile, Preise und Nachfragepräferenzen, spricht dies dafür, dass der räumlich relevante Markt kleiner als das Gebiet der EU/des EWR ist. 85

Ergänzend bezieht die Europäische Kommission **Angebotsfaktoren** in ihre Analyse ein. 86
Dabei geht sie insbesondere auf folgende Gesichtspunkte ein:

- Erforderlichkeit einer Gebietspräsenz, um dort verkaufen zu können,
- Zugangsbedingungen zu den Vertriebswegen,
- Kosten der Errichtung eines Vertriebsnetzes,
- Regulatorische Schranken,
- Preisvorschriften,
- Kontingente und Zölle,
- Technische Normen,
- Erforderliche behördliche Genehmigungen usw.

[37] Als Beispiel siehe Entscheidung der europäischen Kommission v. 5.4.2017 – COMP/M.7962 – ChemChina/Syngenta; hier wurden weit über 1.000 relevante Märkte abgegrenzt.

87 Zudem spielen **Transportkosten** und das Ausmaß, zu dem diese den Handel zwischen verschiedenen räumlichen Gebieten behindern, eine Rolle. Zur Ermittlung des räumlich relevanten Marktes führt die Europäische Kommission ebenfalls Marktbefragungen durch.

88 Auch in räumlicher Hinsicht tendiert die Kommission dazu, die genaue Marktabgrenzung offen zu lassen. In den allermeisten Fällen werden entweder nationale oder EU/EWR-weite Märkte angenommen.

2. Wettbewerbliche Würdigung von Zusammenschlussvorhaben

89 **a) Einführung.** Nach Art. 2 Abs. 3 FKVO sind Zusammenschlussvorhaben zu untersagen, wenn durch sie wirksamer Wettbewerb im Gemeinsamen Markt oder in einem wesentlichen Teil desselben erheblich behindert würde. Art. 2 Abs. 2 und 3 FKVO nennen als Regelbeispiel die Begründung oder Verstärkung einer marktbeherrschenden Stellung. Darunter wird *„die wirtschaftliche Machtstellung eines oder mehrerer Unternehmen“* verstanden, die diese Unternehmen *„in die Lage versetzt, die Aufrechterhaltung eines wirksamen Wettbewerbs auf dem relevanten Markt zu verhindern, indem sie ihnen die Möglichkeit verschafft, sich ihren Konkurrenten, ihren Kunden und letztlich den Verbrauchern gegenüber in nennenswertem Umfang unabhängig zu verhalten.“*[38] Die Europäische Kommission trifft bei der wettbewerblichen Würdigung eine Prognoseentscheidung über den Zusammenschluss *(„erheblich behindern würde“).* Sie vergleicht die Wettbewerbsbedingungen vor mit jenen nach dem etwaigen Zusammenschluss, um eine mögliche Veränderung der Marktstruktur abzuschätzen.

90 Bei ihrer Prüfung berücksichtigt die Europäische Kommission verschiedene Kriterien, die in Art. 2 Abs. 1 FKVO genannt werden:

- Die Notwendigkeit, im Gemeinsamen Markt wirksamen Wettbewerb aufrechtzuerhalten und zu entwickeln (insbesondere im Hinblick auf die Marktstruktur und den tatsächlichen oder potenziellen Wettbewerb),
- Die Marktstellung sowie die wirtschaftliche Macht und die Finanzkraft der beteiligten Unternehmen,
- Die Wahlmöglichkeiten der Lieferanten und Abnehmer,
- Den Zugang zu Beschaffungs- und Absatzmärkten,
- Rechtliche oder tatsächliche Marktzutrittsschranken,
- Die Entwicklung des Angebots und der Nachfrage bei den jeweiligen Produkten,
- Die Interessen der Zwischen- und Endverbraucher sowie
- Die Entwicklung des technischen und wirtschaftlichen Fortschritts.

91 In der konkreten Prüfung muss für die wettbewerbliche Würdigung zunächst der Art nach zwischen **horizontalen** und **nichthorizontalen** Zusammenschlüssen unterschieden werden. Horizontale Zusammenschlüsse sind solche zwischen Wettbewerbern. Sie sind eher geeignet, den Wettbewerb zu behindern als vertikale oder konglomerate Zusammenschlüsse (nichthorizontale Zusammenschlüsse). Für die Beurteilung hat die Europäische Kommission zwei Leitlinien erlassen,

- die Leitlinien zur Bewertung horizontaler Zusammenschlüsse gemäß der Ratsverordnung über die Kontrolle von Unternehmenszusammenschlüssen, ABl. 2004 C 31, S. 3 **(„Leitlinien horizontale Zusammenschlüsse“)** und
- die Leitlinien zur Bewertung nichthorizontaler Zusammenschlüsse gemäß der Ratsverordnung über die Kontrolle von Unternehmenszusammenschlüssen, ABl. 2008 C 265, S. 7 **(„Leitlinien nichthorizontale Zusammenschlüsse“).**

92 Bei der materiellen Beurteilung von Zusammenschlussvorhaben wird zwischen **nichtkoordinierten** und **koordinierten Wirkungen** unterschieden. Die Begründung oder Verstärkung einer marktbeherrschenden Stellung ist die klassische **nichtkoordinierte Wirkung,** der vor allem auf den Marktanteilen der Beteiligten beruht. Sie vermag wichtigen Wettbewerbsdruck zu beseitigen. Neben diesem klassischen Fall hat aber auch ein

[38] Siehe EuG Urt. v. 7.6.2013 – T-405/08 Rn. 50 – SPAR.

Zusammenschluss mit einem (marktanteilsmäßig) weniger bedeutenden Wettbewerber, welcher aber einen enormen Wettbewerbsdruck ausübt, einen nichtkoordinierten Effekt. Von **koordinierten Wirkungen** wird üblicherweise gesprochen, wenn durch den Zusammenschluss Verhaltenskoordinierungen mehrerer Unternehmen begünstigt werden. Durch die Änderung der Wettbewerbsfaktoren und der Marktstruktur (zB eine Entstehung oder Verstärkung einer marktbeherrschenden Stellung) können Unternehmen, die ihr Verhalten bislang nicht koordiniert haben, eher geneigt sein, ihr Verhalten nach Vollzug des Zusammenschlusses zu koordinieren.

Bei **horizontalen Zusammenschlüssen** wird zunächst die Wahrscheinlichkeit von **93** nichtkoordinierten **Wirkungen** geprüft, wobei der Fokus auf dem klassischen Fall liegt, nämlich der Gefahr einer Entstehung oder Verstärkung einer marktbeherrschenden Stellung. Nachrangig wird die Wahrscheinlichkeit sonstiger nichtkoordinierter Wirkungen erwogen. Erst danach wird die Gefahr koordinierter Wirkungen abgeschätzt. Bei der materiellen Beurteilung von **nichthorizontalen Zusammenschlüssen** wird schwerpunktmäßig geprüft, ob der Zusammenschluss zu Abschottungseffekten führt. Abschottungseffekte können in Form der Abschottung von Einsatzmitteln oder der Abschottung des Zugangs für Kunden auftreten.

b) Horizontale Zusammenschlussvorhaben. Bei horizontalen Zusammenschlüssen **94** sind die beteiligten Unternehmen aktuelle oder zumindest potenzielle Wettbewerber. Ob die Beteiligten bereits Wettbewerber sind, bestimmt sich anhand des relevanten Marktes (dazu → Rn. 80 und → Rn. 85). **Potenzielle Wettbewerber** sind Unternehmen, die derzeit noch nicht auf dem relevanten Markt tätig sind, von denen aber zu erwarten ist, dass sie die zusätzlichen Investitionen und anderen Umstellungskosten auf sich nehmen könnten und wahrscheinlich auch würden, um als Reaktion auf eine geringfügige aber dauerhafte Preiserhöhung in den Markt einzutreten.[39] Mit anderen Worten: Erweisen sich die Markteintrittsschranken für ein noch nicht am Markt aktives Unternehmen als sehr niedrig, kann es regelmäßig als potentieller Wettbewerber angesehen werden.

Für die wettbewerbliche Würdigung zieht die Europäische Kommission je nach Fall- **95** konstellation verschiedene Faktoren heran, allen voran die Marktanteile der Beteiligten und die Höhe des Konzentrationsgrads. Abgewogen werden die möglichen wettbewerbswidrigen Folgen eines Zusammenschlusses mit möglichen Ausgleichsfaktoren. Erwogen werden die Nachfragemacht der Marktgegenseite, die Höhe der Marktzutrittsschranken oder von den Beteiligten vorgebrachte Effizienzvorteile.[40]

aa) Marktanteile und Konzentrationsgrad. Basierend auf der Marktabgrenzung kann **96** festgestellt werden, welche Anbieter und welche Abnehmer auf diesem Markt aktiv sind. Es lassen sich die Marktgröße insgesamt und – unter Zugrundelegung der jeweiligen Verkäufe der Produkte in dem relevanten Gebiet – die Marktanteile der einzelnen Anbieter berechnen. Die Marktanteile sind gemeinsam mit der Höhe des Konzentrationsgrades wesentliche Anhaltspunkte für die Marktstruktur und die wettbewerbliche Bedeutung der Beteiligten und ihrer Wettbewerber.

Nach Erwägungsgrund 32 der FKVO stellt ein gemeinsamer Marktanteil von maximal **97** 25 % im EWR oder einem wesentlichen Teil des EWR ein Indiz dafür dar, dass das Zusammenschlussvorhaben mit dem gemeinsamen Markt vereinbar ist.[41] Ein Marktanteil von 50 % oder mehr kann nach der Europäischen Kommission und der Rechtsprechung der europäischen Gerichte auf eine marktbeherrschende Stellung hindeuten.[42] Als Faustregel kann gelten, dass ein gemeinsamer Marktanteil von mehr als 40 % als kritisch angesehen wird. Dies schließt nicht aus, dass die Europäische Kommission auch Zusam-

39 Siehe Rn. 10 der Leitlinien zur Anwendbarkeit von Artikel 101 des Vertrages über die Arbeitsweise der Europäischen Union auf Vereinbarungen über horizontale Zusammenarbeit, ABl. 2011 C 11, S. 1.
40 Siehe Rn. 12 der Leitlinien horizontale Zusammenschlüsse.
41 Siehe auch Rn. 18 der Leitlinien horizontale Zusammenschlüsse.
42 Siehe Rn. 17 der Leitlinien horizontale Zusammenschlüsse.

menschlussvorhaben, die zu gemeinsamen Marktanteilen zwischen 25% und 40% führen, als kritisch beurteilt. Dies hängt von allen Umständen des Einzelfalls ab. Berücksichtigt wird insbesondere:

- Wie hoch der von dem Zusammenschluss bewirkte Marktanteilszuwachs ist;
- Ob der relevante Markt stark konsolidiert oder eine ausreichende Zahl an Wettbewerbern vorhanden ist;
- Ob die Beteiligten enge Wettbewerber sind; und
- Ob es Kapazitätsengpässe gibt.

98 Wie erwähnt, stellt die Europäische Kommission auch auf den Konzentrationsgrad eines Marktes ab. Für die Bestimmung berechnet sie den Herfindahl-Hirschman-Index **(„HHI"),** der aus der Summe des Quadrates der jeweiligen Marktanteile sämtlicher Unternehmen in einem Markt gebildet wird. Durch die Exponentialfunktion fallen höhere Marktanteile überproportional ins Gewicht. Zur **Bewertung des HHI** gelten die folgenden Grundsätze:

- Bei einem HHI von **unter 1.000** ergeben sich in der Regel keine Wettbewerbsbedenken.[43] Das wäre beispielsweise der Fall, wenn sich zwei Unternehmen mit jeweils 10% Marktanteil zusammenschließen und noch weitere sechs Unternehmen mit je genau 10% Marktanteil auf dem Markt tätig sind.
- Ebenfalls unbedenklich ist ein **HHI zwischen 1.000 und 2.000,** wenn die Veränderung des HHI durch die Transaktion (sog. **Delta**) **weniger als 250** beträgt. Ein Beispiel hierfür wäre, dass sich ein Unternehmen mit einem Marktanteil von 26% mit einem Unternehmen mit einem Marktanteil von 4% zusammenschließt und auf dem relevanten Markt noch sieben andere Unternehmen mit jeweils 10% Marktanteil aktiv sind.
- Dies gilt grundsätzlich auch, wenn der HHI **über 2.000** liegt und das **Delta weniger als 150** beträgt.[44] Ein Beispiel hierfür wäre: Ein Unternehmen mit einem Marktanteil in Höhe von 28% erwirbt ein Unternehmen mit einem Marktanteil von 2%. Auf dem Markt sind außerdem noch drei Unternehmen mit je 20% Marktanteil und eines mit 10% Marktanteil tätig. Dass Zusammenschlüsse mit einem HHI-Delta von weniger als 150 unbedenklich sind, gilt jedoch nicht, wenn besondere für den Wettbewerb schädliche Umstände vorliegen. Angenommen werden kann dies beispielsweise bei Beteiligung eines potenziellen Wettbewerbers oder eines Unternehmens, das vor kurzem in den Markt eingetreten ist. Für den Wettbewerb schädliche Umstände können sich auch daraus ergeben, dass sich das Innovationspotenzial der Beteiligten nicht in ihren Marktanteilen widerspiegelt oder Anzeichen für bestehende oder drohende Marktkoordinierung vorliegen.

99 Wenn ein **potenzieller Wettbewerber** den Verhaltensspielraum der bereits auf einem Markt tätigen Unternehmen spürbar eingrenzt, kann ein Zusammenschluss mit diesem sowohl koordinierte als auch nichtkoordinierte horizontale Wirkungen entfalten.[45] Dies ist jedoch nur der Fall, wenn zwei Voraussetzungen erfüllt sind: Er muss bereits **spürbare,** den Verhaltensspielraum begrenzende **Wirkungen** entfalten oder es müssen Anhaltspunkte vorliegen, dass dies demnächst eintritt.[46] Zudem dürfen **keine anderen potenziellen Wettbewerber** vorhanden sein, die nach Vollzug des Zusammenschlusses hinreichenden Wettbewerbsdruck aufrechterhalten können.[47]

100 **bb) Nichtkoordinierte Wirkungen.** Nach den Leitlinien horizontale Zusammenschlüsse können koordinierte oder nichtkoordinierte Wirkungen den wirksamen Wettbewerb erheblich behindern. Geprüft wird, ob durch den Zusammenschluss wichtiger Wettbewerbs-

[43] Siehe Rn. 19 der Leitlinien horizontale Zusammenschlüsse.
[44] Siehe Rn. 20 der Leitlinien horizontale Zusammenschlüsse.
[45] Siehe Rn. 58 ff. der Leitlinien horizontale Zusammenschlüsse.
[46] Siehe zB Entscheidung der Europäischen Kommission v. 22.11.1999 – COMP/M.1681 Rn. 64 – Akzo Nobel/Hoechst Roussel Vet.
[47] Siehe zB Entsch. der Europäischen Kommission v. 7.2.2001 – COMP/M.1853 Rn. 54–64 – EDF/EnBW.

druck beseitigt wird. Folgende weitere **Faktoren** zieht die Europäische Kommission neben hohen Marktanteilen der sich zusammenschließenden Unternehmen für die Bestimmung von **nichtkoordinierten Wirkungen** (→ Rn. 91) heran:[48]

- Ob die Beteiligten **enge Wettbewerber** sind (dh ob ihre Produkte engere Substitute sind als die Produkte andere Wettbewerber);
- Ob es Kunden nur **schwer möglich** ist, zu einem anderen **Anbieter zu wechseln;**
- Ob Wettbewerber **nicht** über **ausreichende Kapazitäten** verfügen, um ihr Angebot bei einer Preiserhöhung durch die Beteiligten auszuweiten;
- Ob die Beteiligten die **Fähigkeit** haben, ihre **Wettbewerber am Wachstum zu hindern;** und
- Ob durch den Zusammenschluss eine **wichtige Wettbewerbskraft beseitigt** wird (zB auf Innovationsmärkten).

cc) Koordinierte Wirkungen. Bei der Prüfung **koordinierter Wirkungen** (→ Rn. 91) wird beurteilt, ob sich die Marktstruktur durch den Zusammenschluss dahingehend verändert, dass es für die Unternehmen möglich, wirtschaftlich und somit vorzugswürdig ist, ihre Produkte dauerhaft zu erhöhten Preisen abzusetzen. Ein Zusammenschluss kann wirksamen Wettbewerb dadurch erheblich behindern, dass die Änderung der Marktstruktur die Wahrscheinlichkeit erhöht, dass die Unternehmen in der Lage sind, ihr Verhalten in diesem Sinne zu koordinieren, dh ohne eine Vereinbarung eingehen oder ihre Verhaltensweisen im Sinne von Art. 101 AEUV abstimmen zu müssen.[49] Entsteht durch das Vorhaben beispielsweise eine gemeinsame Marktbeherrschung durch mehrere Marktteilnehmer, erhöht sich die Wahrscheinlichkeit, dass diese in der Lage sind, ihr Verhalten zu koordinieren.[50] Eine solche **oligopolistische Marktbeherrschung** wird angenommen, wenn rechtlich selbständige Unternehmen aufgrund besonderer Marktbedingungen in der Lage sind, ihr Verhalten aufeinander abzustimmen und gemeinsam wie ein marktbeherrschendes Unternehmen aufzutreten. **101**

Die Koordinierung kann unterschiedliche **Formen** annehmen. [51] Sie kann dazu führen, dass die Preise oberhalb der Höhe gehalten werden, die sich bei ungehindertem Wettbewerb ergeben würde. Zudem kann sie auf die Beschränkung der Produktion oder des Umfanges der Kapazitäten oder die Aufteilung von Märkten (zB räumlich, nach Kunden oder Aufträgen) abzielen. Nach der Rechtsprechung ist ein koordiniertes Verhalten wahrscheinlich, wenn zwischen den Beteiligten eine sog. **enge Reaktionsverbundenheit** besteht. Die Europäische Kommission prüft, ob die Beteiligten in der Lage sind, Koordinierungsmodalitäten zu vereinbaren und die Koordinierung aufrecht zu erhalten. Entscheidend sind drei Kriterien: **102**

- Zunächst muss eine gewisse **Markttransparenz** gegeben sein, die eine gegenseitige Überwachung des jeweiligen Wettbewerbsverhaltens ermöglicht.
- Es müssen zudem **Abschreckungs- und Sanktionsmittel** bei von der Koordinierung abweichendem Marktverhalten vorhanden sein. Dies bedeutet, dass abweichendes Verhalten zu Gegenreaktionen und Verstöße letztlich nicht zu höheren Gewinnen führen würden.
- Weiterhin dürfen mögliche **Reaktionen von Außenstehenden** (zB Wettbewerber, Kunden) die mit der Koordinierung erwarteten Ergebnisse nicht gefährden.[52]

Es muss für die Unternehmen leicht möglich sein, eine **Übereinstimmung zu erzielen.** Zudem muss ein **Anreiz bestehen, nicht** von dem gemeinsamen Vorgehen **ab-** **103**

48 Siehe hierzu Rn. 28 ff. der Leitlinien horizontale Zusammenschlüsse.
49 Siehe zB EuG Urt. v. 25.3.1999 – T-102/96, Slg. 1999, II-753 Rn. 277 – Gencor/Kommission; EuG Urt. v. 6.6.2002 – T-342/99, Slg. 2002, II-2585 Rn. 61 f. – Airtours/First Choice.
50 Siehe Rn. 99 der Leitlinien horizontale Zusammenschlüsse.
51 Details hierzu in Rn. 40 ff. der Leitlinien horizontale Zusammenschlüsse.
52 EuG Urt. v. 6.6.2002 – T-342/99, Slg. 2002, II-2585 Rn. 62 – Airtours/First Choice.

zuweichen. Die Europäische Kommission berücksichtigt alle verfügbaren Informationen über die Besonderheiten des betroffenen Marktes, insbesondere:[53]

- Den Konzentrationsgrad des Marktes;
- Die Symmetrie der Beteiligten hinsichtlich Produktpalette, verwendeter Technologie, Kostenstruktur, Marktanteilen, Kapazitätshöhen, Ausmaß an vertikaler Integration;
- Die Marktzutrittsschranken;
- Die Nachfragemacht der Marktgegenseite;
- Die Preiselastizität der Nachfrage;
- Die Homogenität der relevanten Produkte;
- Die Stabilität der Angebots- und Nachfragebedingungen;
- Auswirkungen auf nachgelagerte Märkte durch vertikale Integration; und
- Das tatsächliche Verhalten der beteiligten Unternehmen auf dem relevanten Markt.

104 **dd) Einwände der Beteiligten.** Die beteiligten Unternehmen können jedoch Argumente gegen nachteilige Wirkungen des Zusammenschlusses bei der Europäischen Kommission vorbringen. So wird eine bestehende starke **Nachfragemacht der Abnehmer** zugunsten der beteiligten Unternehmen berücksichtigt. Allerdings sind konkrete Nachweise dafür erforderlich, dass die Kunden angesichts ihrer Größe, der wirtschaftlichen Bedeutung für die Beteiligten und ihrer Fähigkeiten, zu anderen Anbietern zu wechseln, über erhebliche Verhandlungsmacht verfügen.[54]

105 Zudem kann zugunsten des Zusammenschlusses angeführt werden, dass ein **Marktzutritt** weiterer Marktteilnehmer hinreichend leicht und hinreichend wahrscheinlich ist. Dieser muss geeignet sein, den Verhaltensspielraum der bereits auf dem Markt aktiven Unternehmen einzuschränken. Neben der Wahrscheinlichkeit eines Marktzutrittes prüft die Europäische Kommission auch, ob der Zutritt ausreichend zügig (dies wird in der Regel angenommen, wenn er innerhalb von zwei Jahren erfolgt), anhaltend möglich und in seinem Umfang hinreichend ist.[55]

106 Die Europäische Kommission berücksichtigt auch vorgebrachte **Effizienzgewinne,** die Verbrauchern zugutekommen und keine Hindernisse für den Wettbewerb errichten. [56] Effizienzgewinne können beispielsweise die Entwicklung des technischen und wirtschaftlichen Fortschritts oder Kosteneinsparungen bei Produktion und/oder Vertrieb sein. Sie können Verbrauchern, zB durch Preissenkungen, besseren Zugang zu bereits vorhandenen Produkten oder neuen bzw. verbesserten Produkten zugutekommen. Die geltend gemachten Effizienzgewinne müssen unmittelbare Folge des Zusammenschlussvorhabens sein und dürfen nicht durch weniger wettbewerbswidrige Alternativen in ähnlichem Umfang erzielt werden können. Zudem müssen sie überprüfbar sein. An den Nachweis werden hohe Anforderungen gestellt: Er kann durch interne Dokumente, Studien und Analysen von Sachverständigen erbracht werden.

107 Unter engen Voraussetzungen kann die Europäische Kommission zu dem Schluss kommen, dass ein eigentlich problematischer Zusammenschluss mit dem Gemeinsamen Markt vereinbar ist, wenn es sich um eine **Sanierungsfusion** handelt.[57] Eine solche liegt vor, wenn (1.) das zu sanierende Unternehmen ohne einen Zusammenschluss in naher Zukunft gezwungen wäre, aus dem Markt auszuscheiden, (2.) es keine weniger wettbewerbswidrige Verkaufsalternative gibt und (3.) die Vermögenswerte des zu sanierenden Unternehmens ohne den Zusammenschluss zwangsläufig vom Markt genommen werden. An den erforderlichen Nachweis durch die Beteiligten werden sehr hohe Anforderungen gestellt. Sollte der Zuschlag in einem Bieterverfahren erteilt worden sein und haben auch andere Interessenten ein Angebot abgegeben und waren bis zu Beginn der exklusiven Verhandlungen am Erwerb

[53] Siehe auch Rn. 44 ff. der Leitlinien horizontale Zusammenschlüsse.
[54] Siehe Rn. 64 ff. der Leitlinien horizontale Zusammenschlüsse.
[55] Siehe hierzu Rn. 69 ff. der Leitlinien horizontale Zusammenschlüsse.
[56] Siehe hierzu Rn. 76 ff. der Leitlinien horizontale Zusammenschlüsse.
[57] Siehe Rn. 89 ff. der Leitlinien horizontale Zusammenschlüsse.

des Zielunternehmens interessiert, wird es in der Regel an der zweiten Voraussetzung fehlen.

c) Nichthorizontale Zusammenschlussvorhaben. Nichthorizontale Zusammenschlüsse sind solche, die nicht zwischen Wettbewerbern stattfinden. Sie finden zwischen Unternehmen statt, die auf verschiedenen Marktstufen tätig sind **(vertikale Zusammenschlüsse).** Ist die Beziehung weder rein horizontal noch rein vertikal, was insbesondere auf Unternehmen zutrifft, die auf nahe verwandten Märkten tätig sind, spricht man von **konglomeraten Zusammenschlüssen.**[58] 108

Von nichthorizontalen Zusammenschlüssen geht in der Regel eine **geringere Gefahr für den Wettbewerb** aus als von horizontalen. Auch sie können jedoch wirksamen Wettbewerb durch nichtkoordinierte und koordinierte Wirkungen erheblich behindern. Die Europäische Kommission untersucht auch bei nichthorizontalen Zusammenschlüssen zunächst die Marktanteile und Konzentrationshöhe. Nach den Leitlinien nichthorizontale Zusammenschlüsse ergeben sich in der Regel keine Wettbewerbsbedenken, wenn die relevanten **Marktanteile unter 30 %** und der **HHI unter 2.000** liegt (zum HHI → Rn. 97).[59] Zusammenschlüsse unter dieser Schwelle werden nur dann eingehender untersucht, wenn besondere Umstände vorliegen. Solche können zB angenommen werden, wenn eines der beteiligten Unternehmen voraussichtlich erheblich wachsen wird, es Anzeichen für Koordinierung oder Überkreuz-Beteiligungen zwischen den Marktteilnehmern gibt. 109

aa) Vertikale Zusammenschlussvorhaben. Bei vertikalen Zusammenschlüssen prüft die Europäische Kommission unter dem Stichwort **nichtkoordinierte Wirkungen,** ob es durch den Zusammenschluss zu **Abschottungseffekten** kommt. Abschottungseffekte werden angenommen, wenn der Zusammenschluss den Zugang aktueller oder potenzieller Wettbewerber zu Produktionsmitteln oder Märkten behindert und dadurch deren Wettbewerbsfähigkeit einschränkt. [60] Unterschieden werden die Abschottung von den Einsatzmitteln und die Abschottung des Zugangs für die Kunden. 110

Eine **Abschottung von den Einsatzmitteln** wird angenommen, wenn die neue Einheit in der Lage wäre, den Zugang zu solchen Produkten zu beschränken, die sie ohne den Zusammenschluss an Dritte geliefert hätte (zB weil sie diese Vorprodukte fortan ausschließlich oder überwiegend intern verwendet). Dies führt zu einer Erhöhung der Kosten der nachgelagerten Wettbewerber, da es ihnen erschwert wird, die Einsatzmittel zu ähnlichen Preisen und/oder Bedingungen zu beziehen wie vor dem Zusammenschluss. Dies kann wiederum eine Schädigung von Verbrauchern zur Folge haben.[61] Wettbewerbsbedenken entstehen, wenn die Zusammenschlussbeteiligten sowohl die Fähigkeit als auch einen Anreiz haben, den Zugang zu den Einsatzmitteln abzuschotten. Dies kann nur bejaht werden, wenn es sich bei dem maßgeblichen Produkt um ein für das nachgelagerte Produkt wichtiges Einsatzmittel/Vorprodukt handelt, die beteiligten Unternehmen über deutliche Marktmacht verfügen und die Abschottung gewinnbringend wäre.[62] 111

Eine **Kundenabschottung** kann insbesondere stattfinden, wenn sich ein Lieferant mit einem wichtigen Kunden zusammenschließt. Eine erhebliche Präsenz im nachgelagerten Bereich kann der fusionierten Einheit ermöglichen, die Wettbewerber auf dem vorgelagerten Markt von einer ausreichenden Anzahl von Kunden abzuschneiden.[63] So kann eine fusionierte Einheit zB beschließen, ihren gesamten Bedarf (als Kunde) bei dem vorgelagerten Unternehmensbereich zu decken und nicht mehr wie zuvor von konzernunabhängigen Dritten zu beziehen. Dies kann zu höheren Kosten für die vorgelagerten Wettbewerber 112

58 Siehe Rn. 4 f. der Leitlinien nichthorizontale Zusammenschlüsse.
59 Siehe Rn. 25 der Leitlinien nichthorizontale Zusammenschlüsse.
60 Siehe Rn. 29 der Leitlinien nichthorizontale Zusammenschlüsse.
61 Siehe Rn. 31 der Leitlinien nichthorizontale Zusammenschlüsse mit Schaubild 1 zur Verdeutlichung.
62 Weitere Details in Rn. 33–57 der Leitlinien nichthorizontale Zusammenschlüsse.
63 Siehe Rn. 31 der Leitlinien nichthorizontale Zusammenschlüsse.

und letztlich höheren Preisen für Verbraucher führen. Auch bei Prüfung der Kundenabschottung untersucht die Europäische Kommission, ob die Beteiligten nach Vollzug des Zusammenschlusses sowohl die Fähigkeit als auch den Anreiz haben, den Zugang zu den Kunden durch eine Verringerung der Käufe bei ihren vorgelagerten Wettbewerbern abzuschotten und ob eine derartige Strategie spürbare nachteilige Auswirkungen hätte.[64]

113 Daneben kann die Europäische Kommission auch andere nichtkoordinierte Wirkungen für die Beurteilung des Zusammenschlussvorhabens in Betracht ziehen, zB den **Zugang zu vertraulichen Informationen** über die vor- und/oder nachgelagerten Tätigkeiten ihrer Wettbewerber.[65] Die fusionierte Einheit kann aufgrund ihrer Kunden-/Lieferantenbeziehung unter Umständen Zugang zu derartigen Informationen erlangen. Beispielsweise wird der nachgelagerte Geschäftsbereich in seiner Kundenfunktion Preise und Bedingungen von Wettbewerbern auf dem vorgelagerten Markt deren Preise und Bedingungen kennen und kann diese innerhalb der fusionierten Einheit an den vorgelagerten Geschäftsbereich weitergeben, der diese Informationen im Wettbewerb nutzen kann.

114 Auch vertikale Zusammenschlüsse können unter Umständen zu **koordinierten Wirkungen** führen. Der Grad an Symmetrie zwischen den auf einem Markt tätigen Unternehmen kann sich erhöhen oder dazu beitragen, einen Einzelgänger (der nicht an der Koordinierung teilnimmt) aus dem Markt zu drängen.[66] Insofern sei auf die Ausführungen zu horizontalen Zusammenschlüssen verwiesen (→ Rn. 94).

115 Die beteiligten Unternehmen können auch bei vertikalen Zusammenschlüssen Gegenkräfte und Effizienzgewinne geltend machen. Gegenkräfte können zB die Nachfragemacht der Abnehmer oder die Wahrscheinlichkeit sein, dass durch einen Marktzutritt wirksamer Wettbewerb auf den vor- oder nachgelagerten Märkten aufrechterhalten wird. Insofern wird auf → Rn. 108 verwiesen.

116 **bb) Konglomerate Zusammenschlussvorhaben.** Konglomerate Zusammenschlüsse, also insbesondere solche zwischen Unternehmen, die auf eng verwandten, benachbarten Märkten tätig sind, werfen in der Mehrzahl der Fälle keine Wettbewerbsprobleme auf. Die Fälle, die Bedenken hervorrufen, betreffen ebenfalls **Abschottungswirkungen.** Wie bei vertikalen Zusammenschlüssen prüft die Europäische Kommission auch hier, ob die neue Einheit nach dem Zusammenschluss die Fähigkeit hat, ihre Wettbewerber abzuschotten, ob es hierfür einen Anreiz gibt, und ob eine Abschottungsstrategie überhaupt negative Auswirkungen auf den Wettbewerb hätte.[67]

117 **d) Kooperative Wirkungen von Gemeinschaftsunternehmen.** Bei der Gründung von Gemeinschaftsunternehmen prüft die Europäische Kommission in besonderem Maße, ob dies kooperative Wirkungen mit sich bringt. Untersucht wird, ob sie (bzw. der Erwerb von gemeinsamer Kontrolle über ein bereits bestehendes Unternehmen) zu einer **Koordinierung zwischen** den strukturell unabhängigen **Muttergesellschaften** führen kann.

118 Nach Art. 2 Abs. 4 und 5 FKVO zieht die Europäische Kommission für die Beurteilung, ob eine Koordinierung vorliegt, die Kriterien des Art. 101 AEUV heran. Die Europäische Kommission kann folglich ein Zusammenschlussvorhaben untersagen, wenn das Gemeinschaftsunternehmen gegen Art. 101 AEUV verstößt. Deshalb enthält das Formblatt für die Europäische Fusionskontrollanmeldung einen eigenständigen Abschnitt zu den kooperativen Wirkungen von Gemeinschaftsunternehmen, in dem von den beteiligten Unternehmen Angaben dazu gemacht werden müssen, ob die Muttergesellschaften nach dem Zusammenschluss noch auf den Märkten des Gemeinschaftsunternehmens, einem vor- oder nachgelagerten Markt oder einem eng verbundenen benachbarten Markt tätig sind. Sollte dies der Fall sein, ist zu begründen, warum das Zusammenschlussvorhaben aus Sicht der

64 Weitere Details in Rn. 60–77 der Leitlinien nichthorizontale Zusammenschlüsse.
65 Siehe Rn. 78 der Leitlinien nichthorizontale Zusammenschlüsse.
66 Siehe Rn. 82 ff. der Leitlinien nichthorizontale Zusammenschlüsse.
67 Weitere Details in Rn. 95–118 der Leitlinien nichthorizontale Zusammenschlüsse.

Beteiligten nicht zu einer Abstimmung des Wettbewerbsverhaltens unabhängiger Unternehmen führt, die den Wettbewerb einschränken würde.

Die Europäische Kommission prüft nicht nur, ob sich aus der Struktur des Gemein- **119**
schaftsunternehmens möglicherweise eine **wettbewerbsbeschränkende Vereinbarung** oder **abgestimmte Verhaltensweise** ergibt, sie berücksichtig auch, ob die Voraussetzungen für eine **Freistellung** nach Art. 101 Abs. 3 AEUV gegeben sind. Wenn sie eine Wettbewerbsbeschränkung annimmt, jedoch die Freistellungsvoraussetzungen als erfüllt ansieht, so hat die fusionskontrollrechtliche Freigabe die Wirkung einer unbefristeten Einzelfreistellung für diese Wettbewerbsbeschränkung.[68] Dies weicht vom System der Selbstveranlagung ab, demzufolge es seit Mai 2004 keine Einzelfreistellung durch die Europäische Kommission mehr gibt.

3. Nebenabreden

Verträge über den Kauf von Unternehmen, Anteilen an Unternehmen oder Vermögens- **120**
gegenständen enthalten häufig Vereinbarungen, die zwar nicht integraler Bestandteil der Kaufvereinbarung, jedoch **mit der Durchführung des Zusammenschlusses verbunden und für diese notwendig** sind. Dies können Wettbewerbsverbote, Abwerbeverbote und Liefer- oder Bezugspflichten sein. Derartige Vereinbarungen werden als Nebenabreden bezeichnet. Sollten sie eine Wettbewerbsbeschränkung enthalten, sind Nebenabreden nach Art. 6 Abs. 1 lit. b FKVO von der fusionskontrollrechtlichen Freigabe miterfasst.

Die Europäische Kommission nimmt in der Regel nicht gesondert zu Nebenabreden **121**
Stellung, Letztere sind vielmehr **automatisch von der Freigabe erfasst.** Etwas anderes gilt nur, wenn sich neue und ungelöste Fragen stellen, die zu ernsthafter Rechtsunsicherheit führen können.[69] Keine neuen und ungelösten Fragen werfen solche Nebenabreden auf, die in der Bekanntmachung über Einschränkungen des Wettbewerbs, die mit der Durchführung von Unternehmenszusammenschlüssen unmittelbar verbunden und für diese notwendig sind **(„Bekanntmachung über Nebenabreden")**[70], behandelt werden. Dort behandelt die Europäische Kommission insbesondere drei Arten von Nebenabreden: **Wettbewerbsverbote, Lizenzvereinbarungen** sowie **Bezugs- und Lieferpflichten.** Die Europäische Kommission unterscheidet jeweils zwischen Nebenabreden im Zusammenhang mit der Übernahme eines Unternehmens und solchen im Zusammenhang mit der Gründung eines Gemeinschaftsunternehmens. Für Vereinbarungen, die eine Wettbewerbsbeschränkung darstellen und nicht in der Bekanntmachung über Nebenabreden genannt sind, müssen die beteiligten Unternehmen prüfen, ob sie die Freistellungsvoraussetzungen des Art. 101 Abs. 3 AEUV erfüllen.

a) Nebenabreden bei der Übernahme eines Unternehmens. Bei der Übernahme **122**
eines Unternehmens werden in Nebenabreden enthaltene **Wettbewerbsverbote** zu Lasten des Veräußerers, der die Kontrolle über das Unternehmen aufgibt, als mit dem Zusammenschluss unmittelbar verbunden und für diesen notwendig angesehen, wenn sie hinsichtlich ihrer Geltungsdauer, ihres räumlichen und sachlichen Geltungsbereichs und der betroffenen Personen **nicht über das zur Zielerreichung erforderliche Maß hinausgehen.**[71]

Für die zulässige **Dauer** gilt, dass Wettbewerbsverbote dann, wenn auch der Geschäfts- **123**
wert und das Know-how übertragen werden, für eine Dauer von **bis zu drei Jahren,** andernfalls für maximal **zwei Jahre** gerechtfertigt sind. Wettbewerbsverbote können als nicht notwendig angesehen werden, wenn nur einzelne Vermögensgegenstände wie Grundstücke, Gebäude, Maschinen oder gewerbliche Schutzrechte übertragen werden.[72] Ihr **räumlicher Geltungsbereich** muss sich auf das Gebiet beschränken, in dem der

[68] Siehe Bechtold/Bosch/Brinker FKVO Art. 2 Rn. 71.
[69] Siehe Erwägungsgrund 21 zur FKVO.
[70] ABl. 2005 C 56, S. 3.
[71] Siehe Rn. 19 der Bekanntmachung über Nebenabreden.
[72] Siehe Rn. 20 und 21 der Bekanntmachung über Nebenabreden.

Veräußerer bereits **vor dem Zusammenschluss tätig war.** Es kann das Gebiet miteinbezogen werden, für das der Veräußerer eine Tätigkeit bereits konkret (und nachweisbar) geplant hatte. In **sachlicher Hinsicht** muss sich das Wettbewerbsverbot auf die Produkte beschränken, die den **Geschäftsgegenstand** des übertragenen Unternehmens bilden. Wettbewerbsverbote, die auch rein kapitalistische Minderheitsbeteiligungen an Wettberbern zu Investitionszwecken verbieten, werden als nicht notwendige Nebenabrede angesehen und können daher eine Wettbewerbsbeschränkung begründen.[73] In **personeller Hinsicht** können nur der (bislang kontrollierende oder sonst auf das Zielunternehmen Einfluss nehmende, zB über eine Geschäftsführungsposition verfügende) Veräußerer, seine Tochtergesellschaften und Handelsvertreter verpflichtet werden, jedoch **keine Dritten.** Die dargelegten Grundsätze gelten auch für Abwerbeverbote und Vertraulichkeitsklauseln.[74] Geht ein Wettbewerbsverbot über das hinaus, was zulässig ist, ist das Wettbewerbsverbot regelmäßig unwirksam.[75]

124 Sollte der Veräußerer dem Erwerber nicht sämtliche Rechte am geistigen Eigentum oder Know-how übertragen, um es für andere als die übertragenen Geschäftstätigkeiten weiter zu nutzen, schließen die Beteiligten in der Regel eine **Lizenzvereinbarung.** Dies ermöglicht dem Erwerber, die übertragenen Vermögenswerte vollumfänglich zu nutzen. Gleiches gilt, wenn der Veräußerer alle Rechte am geistigen Eigentum überträgt, sie nach Vollzug des Zusammenschlusses jedoch weiter nutzen möchte. Nach der Bekanntmachung über Nebenabreden können selbst **unbefristete** Lizenzen als für die Durchführung des Zusammenschlusses notwendig angesehen werden. Dies gilt für Lizenzen für Patente, Know-how, Warenzeichen, Geschäftsbezeichnungen, Muster, Urheberrechte und verwandte Rechte. Weitergehende Beschränkungen in Lizenzen, wie zB eine **räumliche Beschränkung** der Herstellung auf das Gebiet, in dem die übertragene Geschäftstätigkeit ausgeübt wird, werden dagegen **nicht** als für die Durchführung des Zusammenschlusses **notwendig** angesehen.[76]

125 Nach der Bekanntmachung über Nebenabreden sind auch **Bezugs- und Lieferpflichten** zwischen dem Veräußerer und der neuen Einheit (Erwerber plus Zielgesellschaft) für einen bestimmten Übergangszeitraum zulässig. Die Geltungsdauer ist auf den Zeitraum zu begrenzen, der erforderlich ist, um das bestehende Abhängigkeitsverhältnis durch eine **unabhängige Marktstellung** zu ersetzen. Sollen die Pflichten sicherstellen, dass die zuvor bereitgestellten Mengen weiter geliefert werden, so können sie für eine Übergangszeit von **bis zu fünf Jahren** gerechtfertigt sein. **Ausschließlichkeitsbindungen** oder die Einräumung eines **Vorzugslieferanten- oder Vorzugabnehmerstatus** werden dagegen nicht als für die Durchführung des Zusammenschlusses notwendig angesehen.[77]

126 **b) Nebenabreden bei Gemeinschaftsunternehmen.** Für Nebenabreden in Gemeinschaftsunternehmen gilt, mit den folgenden Ausnahmen, dasselbe wie bei der Übernahme eines Unternehmens.

127 **Wettbewerbsverbote** im Verhältnis der Muttergesellschaften zu einem Gemeinschaftsunternehmen, die sich auf die Produkte beziehen, die den **Geschäftsgegenstand** des Gemeinschaftsunternehmens bilden und auf die **Gebiete,** auf denen die Muttergesellschaften zuvor **tätig waren,** sind solange für die Durchführung des Zusammenschlusses notwendig, wie **das Gemeinschaftsunternehmen besteht.** Dies gilt jedoch nur zwischen **kontrollierenden Muttergesellschaften** und dem Gemeinschaftsunternehmen. Wettbewerbsverbote zwischen nichtkontrollierenden Anteilseignern und dem Gemeinschaftsunternehmen gelten nicht als notwendig.[78]

---

[73] Siehe Rn. 25 der Bekanntmachung über Nebenabreden.

[74] Siehe Rn. 22–26 der Bekanntmachung über Nebenabreden.

[75] Für zeitlich überschießende Wettbewerbsverbote hat der BGH in der Vergangenheit jedoch eine geltungserhaltende Reduktion bejaht, siehe BGH Urt. v. 27.2.1985 – VIII ZR 85/84, NJW 1985, 2693 (2695) – Bierlieferungsvertrag.

[76] Siehe Rn. 29 und 30 der Bekanntmachung über Nebenabreden.

[77] Siehe Rn. 32–35 der Bekanntmachung über Nebenabreden.

[78] Siehe Rn. 36–41 der Bekanntmachung über Nebenabreden.

Lizenzvereinbarungen zwischen den **Muttergesellschaften und dem Gemeinschaftsunternehmen als Lizenznehmer** sind selbst dann zulässig, wenn sie ausschließlich und unbefristet sind. Erteilt das Gemeinschaftsunternehmen den Muttergesellschaften Lizenzen, so gilt das in → Rn. 123 Gesagte. In der Bekanntmachung über Nebenabreden wird ausdrücklich klargestellt, dass Lizenzvereinbarungen **zwischen den Muttergesellschaften nicht** als mit der Gründung des Gemeinschaftsunternehmens unmittelbar verbunden und für diese **notwendig** gelten.[79] **128**

4. Besonderheiten bei PE-Transaktionen

Erwirbt ein PE Unternehmen über einen kontrollierten Fonds eine operativ tätige Portfoliogesellschaft, sind in die materielle Beurteilung alle bereits kontrollierten Portfoliogesellschaften miteinzubeziehen. In vielen Fällen führt der Erwerb einer neuen Portfoliogesellschaft **nicht zu erheblichen wettbewerblichen** Bedenken. PE Unternehmen streuen ihr Portfolio häufig relativ breit. Meist kontrollieren sie entweder noch keine auf demselben bzw. vor- oder nachgelagerten Markt tätige Portfoliogesellschaft oder eine solche besitzt keine bedeutende Marktstellung. **129**

Es gibt jedoch Fälle, in denen PE Unternehmen strategisch investieren und es deshalb zu **erheblichen Überschneidungen** zwischen den Aktivitäten der Zusammenschlussbeteiligten kommt. In solchen Konstellationen weicht die Prüfung des Zusammenschlussvorhabens nicht von der oben dargelegten Prüfung ab. Portfoliogesellschaften werden als (mittelbar) kontrollierte Tochtergesellschaften des PE Unternehmens auch dann **voll in die materielle Beurteilung einbezogen,** wenn das Zielunternehmen von einem **anderen Fonds erworben** wird als demjenigen, der bereits ein anderes Unternehmen hält, das auf demselben Markt (oder einem vor- oder nachgelagerten Markt) tätig ist. Denn diese Portfoliogesellschaften unterstehen als Tochtergesellschaften der (mittelbaren) Kontrolle des PE Unternehmens. Dies gilt selbst dann, wenn die bereits kontrollierte Portfoliogesellschaft ihre **Geschäftstätigkeit eigenständig gestaltet** und das PE Unternehmen *de facto* keinen Einfluss auf ihre operative Tätigkeit nimmt. **130**

V. Verfahren

Für die Prüfung des Zusammenschlussvorhabens ist innerhalb der Europäischen Kommission die Generaldirektion Wettbewerb zuständig. Das Fusionskontrollverfahren ist relativ formal und zeitaufwendig (insbesondere verglichen mit dem deutschen Fusionskontrollverfahren) und die Verfahrensdauer kann aufgrund des komplexen Fristenregimes nicht immer genau vorhergesagt werden. **131**

1. Vollzugsverbot

a) Grundsätze. Wie in beinahe jedem Fusionskontrollregime darf ein Zusammenschlussvorhaben **erst vollzogen werden, wenn die Europäische Kommission es freigegeben hat,** Art. 7 Abs. 1 FKVO. Das Vollzugsverbot gilt sowohl für den Erwerber als auch für den Veräußerer. Es fallen nicht nur alle Handlungen darunter, die den Zusammenschluss **rechtlich vollenden,** sondern auch solche, die ihn **faktisch vorwegnehmen.** Reine Vorbereitungshandlungen sind dagegen zulässig. **132**

Als **Vollzugshandlungen untersagt** sind alle **dinglichen Rechtsgeschäfte,** wie die Übertragung von Stimmrechten, Anteilen oder Vermögensgegenständen. Darüber hinausgehend auch alle **tatsächliche Handlungen,** die dem Erwerber bereits (wenn auch nur faktisch) Kontrolle über das Zielunternehmen verschaffen und sich auf die Marktstruktur oder das Wettbewerbsverhalten auswirken.[80] Typische Vollzugshandlungen sind die Einräu- **133**

[79] Siehe Rn. 42 und 43 der Bekanntmachung über Nebenabreden.
[80] Siehe auch *Körber* in Immenga/Mestmäcker FKVO Art. 7 Rn. 8.

mung von Einflussmöglichkeiten auf die Unternehmensführung, die organisatorische Zusammenführung der Unternehmen oder einzelner Bereiche, die Aufnahme gemeinsamer Geschäftsaktivitäten, die Einsetzung einer neuen Geschäftsführung, das gemeinsame Auftreten gegenüber Kunden, Lieferanten oder sonstigen Vertragspartnern, das Erteilen bzw. Befolgen von Weisungen, die Abstimmung/Anpassung von Produkten, die Abstimmung der Marketing- und Vertriebsbemühungen oder die Anwendung einer einheitlichen Preisstrategie. Bei neu zu gründenden Gemeinschaftsunternehmen dürfen zudem keine Maßnahmen getroffen werden, die nach außen hin den Eindruck erwecken, als hätte es seine Tätigkeit bereits aufgenommen.

134 **Zulässig** sind reine **Vorbereitungshandlungen,** die den **Zusammenschluss nicht vorwegnehmen,** sondern die bevorstehende Integration lediglich vorbereiten. Hierunter fallen zB der Abschluss der schuldrechtlichen Vereinbarungen, die Verpflichtung des Veräußerers, bis zum Vollzug keine wesentlichen Änderungen an der Geschäftstätigkeit vorzunehmen, der Austausch zu vorhandenen IT-Systemen und erforderlichen Schnittstellen, die Vorbereitung der Umstellung der Rechnungslegung von HBG auf IFRS, Informationsveranstaltungen mit den Mitarbeitern, Personalplanungen oder die Erarbeitung neuer Reporting-/Organisationsstrukturen.[81] Faustregel: Keine der mit dem Zusammenschluss verbundenen Vorbereitungshandlungen darf zu irreversiblen Entscheidungen bzw. Änderungen führen.

135 **Zustimmungsvorbehalte** im Kaufvertrag sind unbedenklich, solange der Zielgesellschaft noch ermöglicht wird, ihren **gewöhnlichen Geschäftsbetrieb eigenständig** und **ohne Einmischung des Erwerbers fortzuführen.** Grundsätzlich unproblematisch sind Vorbehalte, die lediglich dem **Erhalt des Unternehmenswertes** dienen, wie Zustimmungserfordernisse für den Fall des Erwerbs eines Unternehmens oder Unternehmensanteils oder des Abschlusses von Verträgen ab einem Wert, welcher den Wert, der im gewöhnlichen Geschäftsbetrieb vorkommt, übersteigt. Vorbehalte, die dem Erwerber ermöglichen, den **gewöhnlichen Geschäftsablauf** und Parameter wie zB das Budget oder den Businessplan **zu beeinflussen,** bergen dagegen das Risiko, als Kontrollerwerb und damit als **Verstoß** gegen das Vollzugsverbot angesehen zu werden.[82]. Zu Zustimmungskatalogen im Kaufvertrag → Rn. 381.

136 Im **Graubereich** zwischen Vorbereitungs- und Vollzugshandlung befinden sich Maßnahmen wie die **Zahlung des Kaufpreises** oder **Ablösung von Schulden** des Zielunternehmens durch den Erwerber. Es ist umstritten, wie sie zu behandeln sind. Vorsichtshalber sollte auf derartige Maßnahmen verzichtet werden. Obwohl die Kaufpreiszahlung als solche noch keine Vollzughandlung darstellt, besteht die Gefahr, dass sie die Europäische Kommission als Indiz für den Erwerb von Einfluss auf den operativen Geschäftsbetrieb ansieht. Nach der allgemeinen Lebenserfahrung könnte eine kritische Behörde davon ausgehen, dass ein Unternehmen, das bereits in das Zielunternehmen investiert und Zahlungen veranlasst hat, auch Einfluss nehmen und das Zielunternehmen seinerseits Vorschlägen des Erwerbers zur Geschäftsführung nicht ablehnen wird.

137 **b) Warehousing.** Vorsicht ist bei Konstruktionen geboten, die die Einschaltung eines **Treuhänders** oder ein sog. **Warehousing** beinhalten. Dabei wird das Zielunternehmen vorübergehend an einen Dritten (zB eine Bank) übertragen. Der Verkäufer gibt damit die Kontrolle über das Zielunternehmen auf und der Erwerber zahlt häufig den Kaufpreis unter Verzicht aller Kontrollbefugnisse an den Dritten oder den Veräußerer **(„Warehouse“).** Nach Freigabe wird das Zielunternehmen dann auf den endgültigen Erwerber übertragen. Die Europäische Kommission sieht den Zwischenerwerb häufig lediglich als **Teil eines**

---

[81] Siehe auch Bechtold/Bosch/Brinker FKVO Art. 7 Rn. 7.

[82] Derartige Vorbehalte lagen der Bußgeldentscheidung im Fall COMP/M.7993 – Altice/PT Portugal zugrunde. Nach der Europäischen Kommission habe der Übernahmevertrag den Erwerber bereits vor Freigabe, zB durch Vetorechte gegen Entscheidungen im Rahmen der normalen Geschäftstätigkeit der Zielgesellschaft, in die Lage versetzt, bestimmenden Einfluss auf die Zielgesellschaft auszuüben.

einheitlichen Zusammenschlusses an.[83] Sie wertet ihn deshalb bereits als Kontrollerwerb durch den endgültigen Erwerber und damit als Verstoß gegen das Vollzugsverbot.

Es kann argumentiert werden, dass **kein Verstoß** gegen das Vollzugsverbot vorliegt, wenn der **Erwerber** für den Übergangszeitraum ab der Unterzeichnung der Kaufverträge bis zur Freigabe und dem Vollzug **lediglich ein rein wirtschaftliches Risiko übernimmt,** das Zielunternehmen aber eigenständig vom Warehouse geführt wird.[84] Ein rein wirtschaftliches Risiko könnte zB darin bestehen, dass sich der Erwerber verpflichtet, den Kaufpreis unabhängig vom Ausgang des Fusionskontrollverfahrens zu bezahlen (ihn jedoch vor Freigabe nicht bezahlt). Zur Risikominimierung sollte jedenfalls sichergestellt werden, dass der Enderwerber keine rechtliche oder faktische Kontrolle über das Zielunternehmen ausübt und kein direkter Zusammenhang zwischen der ersten und der zweiten Transaktion besteht. Dennoch ist festzustellen, dass sich die Europäische Kommission derartigen Lösungen gegenüber in jüngster Zeit sehr kritisch gezeigt hat, wie ein noch anhängiges Verfahren zeigt.[85] Sollte eine Warehousing-Lösung überlegt werden, empfiehlt es sich, mit der Europäischen Kommission vorab zu klären, ob diese Lösung Bedenken begegnet. 138

c) Ausnahmen. Für **öffentliche Übernahmen** enthält Art. 7 Abs. 2 FKVO eine Ausnahme vom Vollzugsverbot. Erwerbsvorgänge können verwirklicht werden, wenn die Kontrolle im Wege eines öffentlichen Übernahmeangebots oder einer Reihe von Rechtsgeschäften mit Wertpapieren erworben wird. Der Zusammenschluss muss allerdings **unverzüglich** bei der Europäischen Kommission **angemeldet** werden und der Erwerber darf die mit den Anteilen verbundenen **Stimmrechte nicht ausüben.** 139

Will der Erwerber seine **Stimmrechte** zumindest zur Erhaltung des vollen Wertes seiner Investition **bereits vor Freigabe ausüben,** so legt Art. 7 Abs. 3 FKVO die Voraussetzungen fest, unter denen dies möglich ist. Die Europäische Kommission kann auf **begründeten Antrag** der Beteiligten ausnahmsweise eine **Freistellung vom Vollzugsverbot** gewähren. In dem Antrag müssen Umstände glaubhaft gemacht werden, weshalb der **Aufschub des Vollzugs** für ein oder mehrere beteiligte Unternehmen **nachteilige Auswirkungen** hätte. Die Europäische Kommission nimmt eine Abwägungsentscheidung vor, bei der sie über einen großen Beurteilungsspielraum verfügt. Sie kann die Freistellung vom Vollzugsverbot mit Auflagen und Bedingungen versehen. In der Praxis hat sie bislang nur in sehr wenigen Fällen eine Ausnahme erteilt. In den letzten fünf Jahren wurden insgesamt sechs Freistellungen gewährt, drei davon im Jahr 2017.[86] Die Freistellungen betrafen meist Insolvenzfälle bzw. insolvenznahe Fälle. 140

d) Rechtsfolgen. Nach Art. 7 Abs. 4 FKVO sind **Rechtsgeschäfte,** die unter Verstoß gegen das Vollzugsverbot geschlossen wurden, bis zu einer Entscheidung der Europäischen Kommission über den Zusammenschluss **schwebend unwirksam.** Untersagt Letztere den Zusammenschluss, so wird die Unwirksamkeit endgültig. Bei einer Freigabe werden die getätigten Rechtsgeschäfte rückwirkend wirksam.[87] 141

Als weitere Rechtsfolge ist das **Bußgeld** von bis zu 10 % des von den Beteiligten erzielten Gesamtumsatzes zu nennen, mit dem der Verstoß geahndet werden kann (Art. 14 Abs. 2 142

---

83 Siehe Rn. 35 der konsolidierten Mitteilung.

84 So zB *Wessely* in MüKoEUWettbR FKVO Art. 7 Rn. 58.

85 Siehe Verfahren COMP/M.8179 – Canon/Toshiba Medical Systems Corporation, dem eine Warehousing-Konstellation zugrunde liegt, in der das Zielunternehmen auf ein Warehouse übertragen wurde und bereits Zahlungen des Erwerbers Canon an den Veräußerer Toshiba geflossen sind.

86 Siehe Europäische Kommission Entsch. v. 27.10.2017 – COMP/M.8633 – Lufthansa/Air Berlin Assets; Entsch. v. 19.7.2017 – COMP/M.8533 – Banca Santander S.A./Banca Popular Group S.A.; Entsch. v. 6.7.2017 – COMP/M.8385 – Pillarstone/Famar; Entsch. v. 4.9.2015 – COMP/M.7771 – Parcom/PON/Imtech Marine; Entsch. v. 13.5.2014 – COMP/M.7273 – Gerdau Europe/Ascometal; Entsch. v. 19.12.2013 – COMP/M.7120 – Ecom Agroindustrial Corporation/Armajaro Trading; Entsch. v. 17.12.2012 – COMP/M.6812 – SFPI/Dexia; Entsch. v. 25.7.2012 – COMP/M.6696 – Sofiproteol/Actifs Doux.

87 Siehe auch *Maass* in Langen/Bunte FKVO Art. 7 Rn. 34f.

lit. a und b FKVO). In den letzten Jahren ist die **Bußgeldpraxis** der europäischen Wettbewerbsbehörden **zunehmend strenger geworden.**[88] Die auf EU-Ebene lange einzige neuere, erwähnenswerte Entscheidung aus dem Jahr 2014 führte zu einem Bußgeld in Höhe von 20 Mio. EUR[89] Im April 2018 hat die Europäische Kommission gegen Altice ein Bußgeld in Höhe von 125 Mio. EUR verhängt.[90]. Nach der Europäischen Kommission habe der Übernahmevertrag den Erwerber bereits vor Freigabe in die Lage versetzt, bestimmenden Einfluss auf die Zielgesellschaft auszuüben, und der Erwerber habe von dieser Möglichkeit auch Gebrauch gemacht. Derzeit ist noch ein weiteres Verfahren anhängig, in dem Bußgelder erwartet werden können.[91] Allerdings betrafen die bislang auf europäischer Ebene mit Bußgeldern belegten Fälle relativ klare Vollzugshandlungen und keine Maßnahmen im Graubereich (wie Zahlung des Kaufpreises). Im bereits zitierten, noch nicht entschiedenen Fall *Canon/TMSC* geht es jedoch um eine Warehousing-Lösung mit Kaufpreiszahlung an den Veräußerer vor Anmeldung des Zusammenschlussvorhabens, verbunden mit dem Erwerb einer Minderheitsbeteiligung und Optionen für die weiteren Anteile an dem Zielunternehmen (aber ohne Ausübung der entsprechenden Stimmrechte). Die Entscheidung wird vermutlich Auswirkungen auf die Beurteilung des Themas Warehousing haben.

2. Zeitpunkt und Form der Anmeldung

143 Nach Art. 4 Abs. 1 FKVO ist ein anmeldepflichtiger Zusammenschluss vor seinem Vollzug anzumelden. Die Anmeldung kann bei der Europäischen Kommission grundsätzlich **bereits vor dem Abschluss eines bindenden Kaufvertrages** eingereicht werden. Ausreichend sind zB ein *Letter of Intent* oder *Memorandum of Understanding.* Die Beteiligten müssen der Europäischen Kommission gegenüber lediglich glaubhaft machen, dass sie **gewillt sind, einen Vertrag zu schließen** oder, im Falle eines Übernahmeangebots, **öffentlich ihre Absicht zur Abgabe eines Angebots bekundet haben.** Die Tatsache der Anmeldung, einschließlich der Namen der Beteiligten, Art des Zusammenschlusses und betroffenen Wirtschaftssektoren werden, sobald die Anmeldung formal eingereicht wird, auf der Homepage der Europäischen Kommission veröffentlicht. Deshalb sollte die formale Anmeldung erst eingereicht werden, wenn die Transaktion der Öffentlichkeit bekannt werden darf. Da zuvor informelle Kontakte mit der Europäischen Kommission aufgenommen werden müssen (→ Rn. 151) und es in diesem Zeitraum noch nicht zu Veröffentlichungen seitens der Europäischen Kommission kommt, führt die Veröffentlichung zum Zeitpunkt der formalen Anmeldung in der Regel nicht zu Problemen.

144 Die Anmeldepflicht trifft den **Erwerber der alleinigen Kontrolle,** alle **Erwerber gemeinsamer Kontrolle** und alle an einer **Fusion Beteiligten.** Die Anmeldung hat mittels des **Anmeldeformulars** der Europäischen Kommission zu erfolgen, das diese im Anhang der Verordnung (EG) Nr. 802/2004 zur Durchführung der Verordnung (EG) Nr. 139/2004 des Rates über die Kontrolle von Unternehmenszusammenschüssen **(„Durchführungsverordnung")**[92] veröffentlicht hat. Die Europäische Kommission unterscheidet zwischen dem sog. **Formblatt CO** und dem **vereinfachten Formblatt.** Beide Formblätter fragen die Informationen ab, die für die Beurteilung des Zusammenschlussvorhabens benötigt werden. Das deutlich weniger umfangreiche **vereinfachte**

[88] Beispielsweise hat die französische Wettbewerbsbehörde im November 2016 ein Bußgeld in Höhe von 80 Mio. EUR (unter anderem) wegen Verstoß gegen das Vollzugsverbot im Verfahren Altice/SFR/Virgin Mobile verhängt (Fall 16-D-24).

[89] Siehe Europäische Kommission Entsch. v. 23.7.20014 – Fall COMP/M.7184 – Marine Harvest/Morpol.

[90] Fall COMP/M.7993 – Altice/PT Portugal.

[91] Fall COMP/M.8179 – Canon/Toshiba Medical Systems Corporation, in dem die Europäische Kommission im Juli 2017 Beschwerdepunkte an die Beteiligten adressiert hat. Vorgeworfen wird den Beteiligten, dass in unzulässiger Weise ein Warehouse zum Zwischenerwerb vor Freigabe eingesetzt wurde

[92] ABl. 2004 L 133, S. 1.

Formblatt wird verwendet, wenn das Zusammenschlussvorhaben keine wettbewerblichen Bedenken hervorruft. Diese fehlen nach der Bekanntmachung der Kommission über ein vereinfachtes Verfahren für bestimmte Zusammenschlüsse gemäß der Verordnung (EG) Nr. 139/2004 des Rates[93] in folgenden Fällen:

- Bei **Gründung eines Gemeinschaftsunternehmens,** wenn **weder** der **Umsatz** des Gemeinschaftsunternehmens (und/oder der mit den eingebrachten Tätigkeiten erzielte Umsatz) noch der Wert der in das Gemeinschaftsunternehmen eingebrachten **Vermögenswerte** im EWR zum Zeitpunkt der Anmeldung **100 Mio. EUR** erreicht;
- Bei **Zusammenschlüssen** von zwei oder mehr Unternehmen, wenn der gemeinsame Marktanteil aller am Zusammenschluss beteiligten Unternehmen, die auf **demselben** sachlich und räumlich **relevanten Markt** tätig sind, **weniger als 20 %** beträgt und die jeweiligen Marktanteile aller Beteiligten, die auf einem sachlich relevanten Markt tätig sind, der dem eines anderen Beteiligten **vor- oder nachgelagert** ist, **weniger als 30 %** betragen;
- Bei Erwerb der **alleinigen Kontrolle,** sofern der Erwerber bereits vor dem Zusammenschluss **gemeinsame Kontrolle** über das Zielunternehmen ausgeübt hat.

Sind diese Voraussetzungen **nicht erfüllt,** kann die Europäische Kommission das ver- **145** einfachte Verfahren selbst dann anwenden, wenn der **gemeinsame Marktanteil** aller am Zusammenschluss beteiligten Unternehmen, die in einer horizontalen Beziehung zueinander stehen, **weniger als 50 %** beträgt und der sich aus dem Zusammenschluss ergebende Zuwachs des **HHI unter 150** liegt (zum HHI → Rn. 97).

Die Europäische Kommission kann jedoch **jederzeit** vom vereinfachten Verfahren **146** wieder **zum regulären Verfahren übergehen,** wenn sie dies für angezeigt hält.

Sowohl das reguläre als auch das vereinfachte Formblatt CO fragen zahlreiche **Informa- 147** **tionen** ab, insbesondere zur Struktur des Zusammenschlussvorhabens, zu den Aktivitäten der Beteiligten, zu den Eigentumsverhältnissen der Beteiligten, zu ihren Umsätzen, den relevanten Märkten, zu den Marktanteilen der Beteiligten und ihrer wesentlichen Wettbewerber, zur Angebots- und Nachfragestruktur auf den relevanten Märkten, zu Produktdifferenzierung und Wettbewerbsintensität, zu Marktein- und -austritten, zu Forschung und Entwicklung, zu Kooperationsvereinbarungen, zu Ausfuhren von außerhalb des EWR, zu Effizienzvorteilen (falls die Beteiligten solche geltend machen wollen) und zu kooperativen Wirkungen bei der Gründung eines Gemeinschaftsunternehmens. Die Formblätter sind so konzipiert, dass sie alles abfragen, was die Europäische Kommission grundsätzlich zur materiellen Beurteilung des Zusammenschlussvorhabens benötigt.

Daneben werden im Formblatt CO die **Transaktionsdokumente** (Kaufvertrag, öffent- **148** liches Übernahmeangebot etc) und in Abschnitt 5.4. auch **bestimmte interne Dokumente** angefordert. Vorgelegt werden müssen Dokumente, die für oder von den Leitungsgremien der Beteiligten erstellt worden sind und die sich mit der Transaktion, den Beweggründen für die Transaktion, den Marktanteilen, den Beteiligten und ihrer Wettbewerber, den Wettbewerbs- und Marktbedingungen auf den betroffenen Märkten und/oder den Möglichkeiten für Umsatzwachstum oder Expansion in andere sachlich oder räumlich relevante Märkte befassen.

Vor diesem Hintergrund ist es von enormer Bedeutung, solche internen **Dokumente 149** von der ersten Anbahnung der Transaktion an **mit äußerster Vorsicht** zu **erstellen** und im Blick zu behalten, dass sie eventuell der Europäischen Kommission (oder anderen Wettbewerbsbehörden) vorgelegt werden müssen. Dies gilt insbesondere für die Darstellung der Marktposition der beteiligten Unternehmen, der wirtschaftlichen Beweggründe für den Zusammenschluss und der Folgen der Transaktion für den relevanten Markt und dessen Struktur. **Vermieden werden** sollten beispielsweise Marktanteilsangaben, bei denen es sich nicht um realistische Schätzungen, sondern vielmehr um „Marketingangaben" handelt. Abgesehen werden sollte von Formulierungen wie zB *„Zielunter-*

[93] ABl. 2013 C 366, S. 4.

nehmen X ist unangefochtener Marktführer", „Der Erwerb von X soll die dominante Marktstellung von Y absichern", „durch den Erwerb der sehr innovativen und aggressiven X wird verhindert, dass diese in den nächsten Jahren zu Lasten von Y weiter Marktanteile gewinnt", „Die Transaktion wird X ermöglichen, seine Marge um mindestens 20 % zu erhöhen" oder *„durch den Kauf des aggressiven Wettbewerbers X wird vermieden, dass das Preisniveau weiter fällt".* Die Europäische Kommission misst den nach Abschnitt 5.4 vorzulegenden Dokumenten erhebliche Bedeutung zu und gerade in komplexen Fällen ist es nur schwer möglich, sie davon zu überzeugen, dass in derartigen Dokumenten gemachte Aussagen nicht der Wirklichkeit entsprechen.

150 Die Anmeldung (und jede formale Eingabe) kann in **jeder Amtssprache der Europäischen Union** erstellt werden. Die formale Anmeldung muss in **vierfacher Papierausfertigung** (ein Original und drei Kopien) sowie **zwei Kopien auf CD oder DVD** persönlich während deren Öffnungszeiten bei der **Merger Registry** der Europäischen Kommission in Brüssel eingereicht werden.

3. Voranmeldungsverfahren

151 Die Europäische Kommission empfiehlt den Beteiligten, vor formaler Anmeldung informelle Vorabkontakte zu initiieren, die streng vertraulich behandelt werden. Mit den Vorabkontakten beginnt das Europäische Fusionskontrollverfahren. Bevor mit der Europäischen Kommission Kontakt aufgenommen werden kann, muss ein Antrag auf Zuteilung eines Bearbeitungsteams **(„Case Team")** gestellt werden, der sog. ***Case Team Allocation Request.*** Er enthält eine knappe Zusammenfassung des Zusammenschlussvorhabens, der Umsätze und Aktivitäten der Beteiligten sowie der wettbewerblichen Auswirkungen des Vorhabens. Daraufhin werden die Fallnummer und ein Case Team zugeteilt. Da die Case Teams kommissionsintern stets montags zugeteilt werden, sollte der Case Team Allocation Request Freitag vor 12 Uhr gestellt werden, um am nächsten Montagstreffen ein Case Team zu erhalten.

152 Die direkten Kontakte mit dem zuständigen Case Team beginnen meist mit der Einreichung eines **Entwurfes** des Formblattes CO. In komplexeren Fällen kann es auch vor Einreichung eines Entwurfes bereits ein erstes **Kick-Off Treffen** geben, in dem die Transaktion vorgestellt wird. Der Umstand, dass Vorabkontakte eingeleitet wurden, wird von der Europäischen Kommission **nicht veröffentlicht.** Es ist daher möglich, diese bereits zu einem Zeitpunkt zu initiieren, zu dem der beabsichtigte Zusammenschluss noch nicht publik werden soll. Während des Voranmeldungsverfahrens darf die Europäische Kommission ohne vorherige Zustimmung der beteiligten Unternehmen im Rahmen von Markttests noch nicht an Kunden, Lieferanten, Wettbewerber der Beteiligten oder sonstige Dritte herantreten. Die beteiligten Unternehmen können bis zur formalen Anmeldung verhindern, dass das Zusammenschlussvorhaben der Öffentlichkeit bzw. anderen Marktteilnehmern bekannt wird.

153 Nach den *Best Practices on the conduct of EC merger control proceedings*[94] sollten **Vorabkontakte mindestens zwei Wochen** vor der formalen Anmeldung hergestellt werden. In der Praxis sind zwei Wochen jedoch nur dann ausreichend, wenn es lediglich zu sehr geringfügigen horizontalen Überschneidungen und vertikalen Beziehungen zwischen den Beteiligten kommt. In den meisten Fällen sind **zwei Wochen** für die Europäische Kommission **nicht ausreichend,** um die Vollständigkeit des Entwurfes zu prüfen, alle Fragen zu klären und Informationen beizubringen, die die Europäische Kommission vor formaler Anmeldung anfordert. Für den Transaktionszeitplan ist von besonderer Relevanz, dass während der Vorabkontakte noch **keine Fristen laufen.** Aufgrund dessen haben die Beteiligten die Dauer des Voranmeldeverfahrens nicht selbst in der Hand, sondern sind in gewissem Maße auf das Gutdünken der Europäischen Kommission angewiesen. Der **Europäischen Kom-**

[94] Abrufbar unter http://ec.europa.eu/competition/mergers/legislation/proceedings.pdf (zuletzt abgerufen am 31.3.2018).

mission steht es in dieser Phase **frei, alle Fragen zu stellen und alle Informationen und Dokumente anzufordern,** die ihrer Ansicht nach zur Beurteilung des Zusammenschlusses erforderlich sind. Obgleich sie sich meist an ihre interne Richtlinie hält, den Beteiligten binnen fünf Arbeitstagen nach Einreichen eines Entwurfes oder Antworten auf Auskunftsersuchen eine Rückmeldung zu geben, ist es in komplexen Fällen **keine Seltenheit,** dass das Voranmeldungsverfahren **mehrere Monate** dauert.

Erst wenn die Europäische Kommission mit der Form des Anmeldungsentwurfes und allen beigebrachten Informationen **zufrieden ist,** darf die **formale Anmeldung eingereicht** werden. Eine **eigenständige formale Einreichung** ohne vorherige Abstimmung wird von der Europäischen Kommission **kritisch gesehen** und kann im Verfahren zu Unstimmigkeiten führen. **154**

Allgemein lässt sich sagen, dass das Voranmeldungsverfahren umso länger dauert, je mehr Märkte betroffen sind und je problematischer das Vorhaben in materieller Hinsicht ist. Bei Zusammenschlüssen, die möglicherweise **wettbewerbliche Bedenken** hervorrufen, kann es unter Umständen bereits im Voranmeldungsverfahren zu **Treffen** mit oder einer **Ortsbegehung** durch die Europäische Kommission kommen, bei der sie sich beispielsweise die Produktion der relevanten Produkte zeigen und erklären lässt. Für die zeitliche Planung einer Transaktion ist es von immenser Bedeutung, bereits lange vor Unterzeichnung des Kaufvertrages einzuschätzen, ob mit dem Zusammenschlussvorhaben wettbewerblichen Bedenken einhergehen könnten, und einen **realistischen Zeitraum für das Voranmeldungsverfahren einzuplanen.** **155**

4. Fristen

Die Fristen beginnen nach Art. 10 Abs. 1 S. 2 FKVO mit formaler Einreichung der vollständigen Anmeldung zu laufen. Beim europäischen Fusionskontrollverfahren handelt es sich um ein zweiphasiges Verfahren: Das Vorverfahren (**„Phase 1“,** Art. 6 Abs. 1 FKVO) müssen alle Zusammenschlussvorhaben durchlaufen. In den Fällen, bei denen die Europäische Kommission ernsthafte Bedenken hinsichtlich der Vereinbarkeit des Zusammenschlusses mit dem Gemeinsamen Markt hat und eine vertiefte Prüfung für erforderlich hält (und etwaige in Phase 1 angebotene Verpflichtungszusagen nicht für ausreichend hält, um die Bedenken auszuräumen), wird das Hauptverfahren (**„Phase 2“,** Art. 8 FKVO) eröffnet. Hat die Europäische Kommission innerhalb der für Phase 1 und Phase 2 vorgesehenen Fristen keine Entscheidung getroffen, gilt der Zusammenschluss als freigegeben, Art. 10 Abs. 6 FKVO. In der Praxis wurde in den letzten zehn Jahren nur in etwa 2,5 % aller angemeldeten Zusammenschlussvorhaben das Hauptverfahren eröffnet.[95] Während das Vorverfahren relativ kurz ausfällt, zieht sich das Hauptverfahren über mehrere Monate hin. **156**

a) Phase 1. Die Frist in Phase 1, innerhalb derer die Europäische Kommission darüber entscheiden muss, ob sie den Zusammenschluss freigibt oder Phase 2 einleitet, beträgt im Regelfall **25 Arbeitstage,** Art. 10 Abs. 1 UAbs. 1 FKVO. Unter Arbeitstagen werden Montag bis Freitag abzüglich der dienstfreien Tage der Europäischen Kommission verstanden.[96] Die Frist **verlängert sich um zehn auf 35 Arbeitstage,** wenn die Beteiligten bis spätestens Arbeitstag 20 **Verpflichtungszusagen** anbieten, Art. 10 Abs. 1 UAbs. 2 FKVO. Zu Verpflichtungszusagen → Rn. 174. **157**

b) Phase 2. Leitet die Europäische Kommission mit einer begründeten Entscheidung gemäß Art. 6 Abs. 1 lit. c FKVO Phase 2 ein, so beträgt die Frist **90 Arbeitstage ab der Eröffnung des Hauptverfahrens,** Art. 10 Abs. 3 S. 1 FKVO. Diese Frist **erhöht sich auf 105 Arbeitstage,** wenn die Beteiligten **an oder nach Arbeitstag 55 Verpflichtungszusagen** anbieten, Art. 10 Abs. 3 S. 2 FKVO. Werden zu einem früheren Zeitpunkt **158**

---

95 Siehe http://ec.europa.eu/competition/mergers/statistics.pdf (zuletzt abgerufen am 31.3.2018).

96 Die dienstfreien Tage der Europäischen Kommission sind abrufbar unter http://ec.europa.eu/competition/mergers/information_en.html (zuletzt abgerufen am 31.3.2018).

Verpflichtungszusagen angeboten, so bleibt die Frist unverändert bei 90 Arbeitstagen. Die Frist kann mit Zustimmung der Beteiligten um **maximal 20 weitere Arbeitstage** verlängert werden.

159 Die Fristen können sowohl in Phase 1 als auch in Phase 2 ausnahmsweise **gehemmt** werden, wenn die Beteiligten **nicht, nicht fristgemäß oder unvollständig auf ein Auskunftsersuchen** der Europäischen Kommission **antworten,** Art. 10 Abs. 4 FKVO. Von dieser Möglichkeit wurde in der Vergangenheit nur relativ zurückhaltend und nur bei komplexen und aufwendigen Verfahren Gebrauch gemacht.[97] Die Hemmung der Fristen hat jedoch in der letzten Zeit deutlich zugenommen: In ca. 30 % der Zusammenschlussvorhaben, für die in den Jahren 2012 bis 2017 Phase 2 eröffnet wurde, kam es zu einer Fristhemmung. Die Europäische Kommission ist also durchaus gewillt, von dieser Möglichkeit Gebrauch zu machen. In der Praxis kommt dies insbesondere dann vor, wenn die beteiligten Unternehmen nicht in der Lage sind, innerhalb der gesetzten, häufig sehr kurzen Fristen interne Dokumente vorzulegen (dazu → Rn. 161).

5. Auskunftsersuchen und Nachprüfungen

160 **a) Allgemeines.** Während des Verfahrens kann die Europäische Kommission nach Art. 11 FKVO **Auskunftsersuchen** an die Beteiligten und – im Rahmen ihrer Marktuntersuchung – auch an Dritte richten. Auf diesem Weg kann sie alle Informationen und Unterlagen anfordern, die sie für die Beurteilung des Zusammenschlusses für erforderlich hält. Hiervon macht sie in der Praxis großzügig Gebrauch, sind doch die angeforderten Informationen, Daten und Dokumente, die sie von den Beteiligten und Dritten erhält, eine wichtige Basis für die wettbewerbliche Beurteilung. Die FKVO unterscheidet **einfache** (Art. 11 Abs. 2 FKVO) und **förmliche** (Art. 11 Abs. 3 FKVO) **Auskunftsersuchen.** In ihren Auskunftsersuchen gibt die Europäische Kommission den Zweck, die Art der benötigten Auskünfte und die Frist für die Beantwortung an. Mit deren Zustimmung kann sie zudem alle natürlichen und juristischen Personen (persönlich oder telefonisch) befragen, Art. 11 Abs. 7 FKVO. Die **Beantwortung** ist für die Adressaten stets **verpflichtend,** muss **richtig** und darf **nicht irreführend** sein. Im Falle eines **förmlichen** Auskunftsersuchens hat sie **vollständig** und **innerhalb der vorgegeben Frist** zu erfolgen.

161 **b) Interne Dokumente und quantitative Wirtschaftsdaten.** In komplexen Verfahren fordert die Europäische Kommission von den Beteiligten in den letzten Jahren immer häufiger die Vorlage von umfangreichen **internen Strategiedokumenten** an. Dies geht weit über die formalen Anforderungen von Abschnitt 5.4 der Form CO (→ Rn. 147) hinaus.[98] Die Anfragen umfassen zB interne Dokumente zu Pipeline-Produkten, Investitionsstrategien, Forschungs- und Entwicklungsstrategien, Vertriebs- und Marketingstrategien, Bewertung von Wettbewerbsprodukten etc. Die Europäische Kommission misst solchen internen Dokumenten, die unabhängig von dem angemeldeten Zusammenschluss **im gewöhnlichen Geschäftsablauf** von und für das Business **erstellt** wurden, in vielen Fällen **erhebliche Bedeutung** zu und hält sie häufig für aussagekräftiger als die Aussagen der beteiligten Unternehmen im Verfahren. In komplexen Verfahren zitiert die Europäische Kommission derartige Dokumente regelmäßig in ihren Entscheidungen.

162 In den letzten Jahren hat die Europäische Kommission in komplexen Fällen zudem im Rahmen eines sog. *Document Requests* vermehrt Zugang zu **internen E-Mails** und den gesamten Postfächern (einschließlich Metadaten) bestimmter Mitarbeiter der beteiligten

[97] Im Jahr 2017 zB in den Verfahren COMP/M.7932 – Dow/DuPont (zwei Mal Hemmung für jeweils knapp einen Monat) und COMP/M.8084 – Bayer/Monsanto (zwei Mal Hemmung für jeweils knapp drei Wochen).

[98] So hat die Europäische Kommission beispielsweise in den Jahren 2016 und 2017 in den Fällen COMP/M.7612 – Hutchison 3G UK/Telefonica UK, COMP/M.7758 – Hutchison 3G Italy/Wind JV und COMP/M.7932 – Dow/DuPont jeweils mehrere Hundertausende interne Dokumente angefordert und zahlreiche interne Dokumente in ihren Entscheidungen zitiert.

Unternehmen (sog. *Custodians*) gefordert.[99] Teilweise grenzt sie den relevanten Zeitraum sowie Umfang ein (zB anhand von Themenkomplexen oder die räumliche Reichweite). Die Daten müssen der Europäischen Kommission in der Regel auf einem Datenträger (USB, Festplatte, DVD, CD) geliefert werden. Diese wertet die E-Mails mithilfe von Suchwörtern, die sie für das Verfahren für relevant hält, aus. Sobald ein (größeres) Zusammenschlussvorhaben erstmals in Erwägung gezogen wird, empfiehlt es sich deshalb, nicht nur Dokumente (Präsentationen, Entscheidungsvorlagen, Synergieanalysen etc) sondern auch E-Mail stets so zu formulieren, dass sie aus fusionskontroll- und kartellrechtlicher Sicht unbedenklich sind.

Abgesehen von dem Risiko, dass der Inhalt der im gewöhnlichen Geschäftsablauf er- **163**
stellten E-Mails mögliche wettbewerbliche Bedenken der Europäischen Kommission bestätigen oder verstärken kann, ist ein derartiger Document Request für die beteiligten Unternehmen mit einem **erheblichen Aufwand** verbunden. Ein umfangreicher Document Request erfordert in der Regel das Einschalten eines **Datenraumproviders,** der in Zusammenarbeit mit der IT-Abteilung der Beteiligten die Daten entsprechend aufbereitet. Zudem müssen alle Daten zumindest kursorisch **durchgesehen und geprüft** werden, bevor sie der Europäischen Kommission zur Verfügung gestellt werden. Ein „blindes" Herausgeben von E-Mails ist regelmäßig nicht im Interesse der beteiligten Unternehmen. Dies gilt insbesondere deshalb, weil für bestimmte E-Mails/Dokumente möglicherweise das **Anwaltsprivileg** geltend gemacht werden kann (nur für Korrespondenz zwischen dem Unternehmen und einem externen in der EU zugelassenen Anwalt).[100] In diesem Fall muss eine Beschreibung beigefügt werden, die der Europäischen Kommission die Prüfung der Voraussetzungen des Anwaltsprivilegs ermöglicht. Für gewöhnlich muss sie Autor, Sender, Empfänger, Datum, Betreffzeile und eine grobe Inhaltsangabe der E-Mail umfassen und angeben, ob das gesamte Dokument oder nur Teile unter das Anwaltsprivileg fallen, und weshalb es einschlägig ist. E-Mails, die unter das Anwaltsprivileg fallen oder solche, die sich außerhalb des Umfangs der Anfrage der Europäischen Kommission befinden, müssen vor Weitergabe an die Europäische Kommission identifiziert und herausgefiltert werden. Da dies häufig einige Zeit in Anspruch nimmt, können umfangreiche Dokumentenanforderungen zu einer **Verzögerung im Transaktionszeitplan** führen. Im Rahmen eines Document Requests werden häufig hunderttausende Dokumente innerhalb sehr kurzer Fristen, häufig nur einiger Arbeitstage, angefordert. Es ist regelmäßig nicht möglich, die Dokumente innerhalb der gesetzten Frist zu sichten, prüfen und herauszugeben. In solchen Fällen kann es zu einer Fristhemmung kommen (→ Rn. 158).

Zudem fordert die Europäische Kommission in komplexen Fällen sowohl von den **164**
Beteiligten als auch von anderen Marktteilnehmern **quantitative Wirtschaftsdaten** an, wie zB Preis und Marge pro Produkt über einen bestimmten Zeitraum oder zu erwartende Verkaufsdaten für Pipelineprodukte. Es ist empfehlenswert, in komplexen Fällen **frühzeitig Ökonomen einzuschalten,** die diese Daten bereits im Vorfeld analysieren, auswerten und aufbereiten können. So wird vermieden, dass die beteiligten Unternehmen von der Analyse der Europäischen Kommission überrascht werden. Dies gilt umso mehr, als auch in den Teams der Europäischen Kommission mittlerweile standardmäßig Ökonomen aus dem Team des *Chief Economist* vertreten sind. Für die Einreichung quantitativer Wirtschaftsdaten hat die Europäische Kommission im Jahr 2011 *Best Practices* erlassen.[101] Aus diesen ergibt sich, wie die empirische Methode gewählt, die Daten am besten aufbereitet, präsentiert und an die Europäische Kommission übermittelt werden sollen. Letztere weist in ihren *Best Practices* ausdrücklich darauf hin, dass die übermittelten Daten vollständig und richtig sein und innerhalb der gesetzten Frist eingereicht werden müssen.

---

[99] zB im Verfahren COMP/M.7962 – ChemChina/Syngenta.
[100] Siehe auch Bechtold/Bosch/Brinker FKVO Art. 11 Rn. 15 und Art. 13 Rn. 11.
[101] Abrufbar unter http://ec.europa.eu/competition/antitrust/legislation/best_practices_submission_en.pdf (zuletzt abgerufen am 31.3.2018).

165 Bei der Anforderung von Informationen und Dokumenten hat die Europäische Kommission den **Verhältnismäßigkeitsgrundsatz** zu beachten. Sie verfügt jedoch über einen denkbar weiten Ermessensspielraum. In der Praxis ist es nahezu ausgeschlossen, die Vorlage der angeforderten Dokumente und Daten mit Hinweis auf die fehlende Verhältnismäßigkeit zu verhindern. Eine theoretisch mögliche Nichtigkeitsklage gegen die Entscheidung der Europäischen Kommission, mit der sie bestimmte interne Dokumente anfordert, wird nur in absoluten Ausnahmefällen Erfolg haben (aus der Praxis ist kein erfolgreiches Beispiel einer diesbezüglichen Klage bekannt): Die europäischen Gerichte beschränken den weiten Ermessensspielraum der Europäischen Kommission in Fusionskontrollfällen für gewöhnlich nicht, es gibt nur sehr wenige Fälle, in denen Klagen gegen Fusionskontrollentscheidungen der Europäischen Kommission erfolgreich gewesen sind.[102] Zudem scheidet eine Klage während des Laufes des Fusionskontrollverfahrens praktisch bereits aus atmosphärischen Gründen aus. Abgesehen von etwaigen Verstimmungen auf Seiten der Europäischen Kommission könnte eine Klage zu einer erheblichen Verzögerung des Verfahrens führen.

166 Für die Zukunft wird erwartet, dass interne Dokumente und Document Requests in Fusionskontrollverfahren **weiter an Bedeutung gewinnen** und sich die Europäische Kommission in komplexen Verfahren noch stärker auf interne Dokumente stützen wird. Dies spiegelt sich auch in der jüngsten Ankündigung der Europäische Kommission Ende Januar 2018 wider, der zufolge in den nächsten Monaten *Best Practice Guidelines* für die Einreichung von internen Dokumenten veröffentlicht werden sollen.[103]

167 **c) Nachprüfungen.** Zusätzlich zu Auskunftsersuchen kann die Europäische Kommission nach Art. 13 FKVO alle erforderlichen **Nachprüfungen** vornehmen. Sie ist befugt, alle Räumlichkeiten, Grundstücke und Transportmittel zu betreten, Bücher und sonstige Geschäftsunterlagen zu prüfen, Kopien und Auszüge anzufertigen, Geschäftsräume, Bücher oder Unterlagen soweit erforderlich zu versiegeln und von allen Beschäftigten Erläuterungen zu Sachverhalten oder relevanten Unterlagen zu verlangen.

6. Erfordernis richtiger Angaben

168 Alle Angaben im Formblatt CO müssen **richtig, vollständig** und **nicht irreführend** sein. Dies gilt auch für alle Antworten auf Auskunftsersuchen (Art. 11 Abs. 4 FKVO). Gemäß Art. 14 Abs. 1 lit. a–c FKVO kann die Kommission gegen Anmelder, die vorsätzlich oder fahrlässig unrichtige oder irreführende Angaben machen, **Geldbußen in Höhe von bis zu 1 % des Gesamtumsatzes** des Unternehmens verhängen. Gleiches gilt, wenn auf ein förmliches Auskunftsersuchen unvollständig oder nicht innerhalb der vorgegebenen Frist geantwortet wird. Bei der Bußgeldbemessung berücksichtigt die Europäische Kommission die Art, Schwere und Dauer der Zuwiderhandlung.

169 Bislang hat die Europäische Kommission von der Möglichkeit, wegen unrichtiger, unvollständiger oder irreführender Angaben Bußgelder zu verhängen, eher zurückhaltend Gebrauch gemacht. Allerdings wurde jüngst gegen Facebook, Inc., wegen unrichtiger und irreführender Angaben im Formblatt CO und in Auskunftsersuchen im Fusionskontrollverfahren *Facebook/WhatsApp* ein **Bußgeld in Höhe von insgesamt 110 Mio. EUR** verhängt.[104] Es laufen noch weitere Verfahren wegen unrichtiger Angaben in Fusionskontrollverfahren.[105] Zum Bußgeld in Sachen *Facebook/WhatsApp* führte Wettbewerbskommissarin Margarethe Vestager an *„Today's decision sends a clear signal to companies that they must comply with all aspects of EU merger rules, including the obligation to provide correct*

[102] Siehe zB EuG Urt. v. 7.3.2018 – T-194/13 – United Parcel Service/Kommission.

[103] So Margarethe Vestager auf der Konferenz 'Fairness' in Competition Law and Policy: Significance and Implications, 13th Annual Conference of the GCLC, Brüssel, 25.1.2018.

[104] Siehe Europäische Kommission Entsch. v. 15.5.2017 – COMP/M.8228 – Facebook/WhatsApp.

[105] Siehe COMP/M.8436 – General Electric Company/LM Wind Power Holding und COMP/M.8181 Merck/Sigma-Aldrich.

information."[106] Gemäß Art. 6 Abs. 3 lit. a und Art. 8 Ab. 6 lit. a FKVO kann die Europäische Kommission außerdem ihre **Freigabeentscheidung widerrufen,** wenn sie auf unrichtigen Angaben beruht und die Unrichtigkeit von einem der beteiligten Unternehmen zu vertreten ist. Unrichtige Angaben im Fusionskontrollverfahren sind damit mehr als nur ein Kavaliersdelikt und werden in Zukunft wohl noch stärker verfolgt und geahndet werden.

7. Weitere Sanktionierungsmöglichkeiten

Nach Art. 14 Abs. 1 FKVO kann die Europäische Kommission zudem **Geldbußen in Höhe von bis zu 1 % des Gesamtumsatzes** des Unternehmens verhängen, wenn bei einer Nachprüfung nach Art. 13 FKVO die **angeforderten Unterlagen nicht vollständig vorgelegt** werden oder die **Nachprüfung nicht geduldet** wird. Gleiches gilt, wenn Fragen in einer Nachprüfung **unvollständig, unrichtig** oder **irreführend beantwortet** werden (oder eine solche Antwort nicht innerhalb einer gesetzten Frist berichtigt wird) oder ein bei einer Nachprüfung angebrachtes **Siegel gebrochen** wird. 170

8. Treffen und weitere Verfahrensschritte

Im Laufe des Fusionskontrollverfahrens finden in komplexen, materiell schwierigen Fällen mehrere **Treffen** zwischen den Beteiligten und der Europäischen Kommission in Brüssel statt. Den Zeitpunkt dieser sog. *State of Play Meetings* hat Letztere in ihren *Best Practices on the conduct of EC merger control proceedings* festgelegt. **Falls** die Europäische Kommission **ernsthafte Bedenken** hat und deshalb in Erwägung zieht, das Hauptverfahren zu eröffnen, findet das erste State of Play Meeting **spätestens an Arbeitstag 15 in Phase 1** statt. Das zweite State of Play Meeting findet für gewöhnlich **innerhalb von zwei Wochen nach Einleitung des Hauptverfahrens** statt (nachdem die Beteiligten auf die Entscheidung der Europäischen Kommission, Phase 2 einzuleiten, erwidert haben). **Drei weitere** State of Play Meetings sind für einen **späteren Zeitpunkt in Phase 2** vorgesehen, falls sich die Beteiligten und die Europäische Kommission entweder erst sehr spät im Verfahren oder überhaupt nicht auf Verpflichtungszusagen einigen können.[107] Dass in den *Best Practices on the conduct of EC merger control proceedings* explizit drei Treffen aufgeführt sind, schließt nicht aus, dass es – insbesondere zur Verhandlung von Verpflichtungszusagen –zu (zahlreichen) **weiteren Treffen** und Telefonaten kommen kann. In komplexen Verfahren kann es vorkommen, dass die Europäische Kommission auch Dritte (insbesondere Wettbewerber, Kunden und Lieferanten der Beteiligten sowie Verbände) um Telefonate oder Treffen zu bestimmten Themenkomplexen bittet. 171

Eine Untersagungsentscheidung kann nur nach vorheriger Anhörung der Beteiligten in Phase 2 ergehen, Art. 18 Abs. 1 und Abs. 3 S. 1 FKVO. Konnten erhebliche wettbewerbliche Bedenken nicht frühzeitig durch Verpflichtungszusagen ausgeräumt werden, ist eine Untersagungsentscheidung also nicht ausgeschlossen, so teilt die Europäische Kommission den Beteiligten in einem späten Verfahrensstadium ihre Einwände gegen das Zusammenschlussvorhaben, die sog. **Beschwerdepunkte,** schriftlich mit (Art. 13 Abs. 2 Durchführungsverordnung). Die Beschwerdepunkte enthalten sämtliche Aspekte und Einwände, die sie in ihrer Entscheidung zu verwenden gedenkt. Falls sich die Beteiligten und die Europäische Kommission nicht doch noch auf Verpflichtungszusagen einigen sollten, entsprechen sie im Grunde dem Entwurf einer Untersagungsentscheidung. Sie sind jedoch nur vorläufig und binden die Europäische Kommission nicht, sondern sichern in erster Linie die Verteidigungsrechte der beteiligten Unternehmen.[108] Die Beteiligten erhalten 172

[106] Siehe Presseerklärung der Europäischen Kommission vom 18.5.2017, abrufbar unter http://europa.eu/rapid/press-release_IP-17-1369_en.htm (zuletzt abgerufen am 31.3.2018).

[107] Siehe Ziffer 33 der Best Practices on the conduct of EC merger control proceedings.

[108] Siehe auch Körber in Immenga/Mestmäcker FKVO Art. 18 Rn. 29 sowie EuGH Urt. v. 10.7.2008 – C-413/06 P, Slg. 2008, I-4951 Rn. 63 ff. – Bertelsmann und Sony Corporation of America/Impala.

Gelegenheit, sich binnen einer gesetzten Frist schriftlich zu den Beschwerdepunkten zu äußern.

173 Ab Erlass der Beschwerdepunkte haben die beteiligten Unternehmen ein **Recht auf Einsicht in die Verfahrensakte der Europäischen Kommission,** Art. 18 Abs. 3 S. 3 FKVO, Art. 17 f. Durchführungsverordnung. Die Grundsätze dazu, in welche Dokumente Akteneinsicht gewährt werden kann und in welche Dokumente nicht, finden sich in der Mitteilung der Kommission über die Regeln für die Einsicht in Kommissionsakten in Fällen einer Anwendung von Artikel 81 und 82 EG-Vertrag, Artikel 53, 54 und 57 des EWR-Abkommen und der Verordnung (EG) 139/2004, ABl. 2005 C 325, S. 7. Die Beteiligten haben zudem ein Recht auf **mündliche Anhörung.** Der Antrag auf mündliche Anhörung muss, falls eine solche gewünscht ist, in der Erwiderung auf die Beschwerdepunkte gestellt werden (Art. 13 Abs. 3, 14 Durchführungsverordnung). Sie ist nicht öffentlich und wird vom Anhörungsbeauftragten unabhängig durchgeführt (Art. 15 Durchführungsverordnung).

9. Verpflichtungszusagen

174 Hat die Europäische Kommission **erhebliche Bedenken,** was die Vereinbarkeit des Zusammenschlusses mit dem Binnenmarkt angeht, haben die Beteiligten die Möglichkeit, diese sowohl in Phase 1 als auch in Phase 2 des Verfahrens **durch Verpflichtungszusagen auszuräumen.** Verfahrenstechnisch teilt die Europäische Kommission den Beteiligten ihre wettbewerblichen Bedenken mit (in der Regel in den State of Play Meetings), damit diese entsprechende Vorschläge für geeignete Abhilfemaßnahmen formulieren können. Es ist Sache der Beteiligten, Verpflichtungszusagen anzubieten. Die **Europäische Kommission** ist auf den **konkreten Vorschlag von Abhilfemaßnahmen durch die Beteiligten** angewiesen, sie kann eine Freigabeentscheidung **nicht einseitig mit Bedingungen verbinden.** Sind die vorgeschlagenen Abhilfemaßnahmen nach Auffassung der Europäischen Kommission (unter Zuhilfenahme von Marktbefragungen) geeignet, ihre Bedenken zu beseitigen, so erlässt sie die Freigabeentscheidung unter **Auflagen und Bedingungen** (Art. 6 Abs. 2 FKVO in Phase 1, Art. 8 Abs. 2 FKVO in Phase 2).

175 **a) Fristen.** Die Beteiligten können in Phase 1 bis spätestens Arbeitstag 20, in Phase 2 spätestens bis Arbeitstag 65 Verpflichtungszusagen abgeben.[109] In Phase 2 hat ein Angebot an Arbeitstag 55 oder später eine Verlängerung der Phase um 15 Arbeitstage zur Folge.[110] Eine Nachbesserung der abgegebenen Verpflichtungszusagen ist auch nach diesen Fristen noch möglich.

176 **b) Art und Voraussetzungen.** Die Europäische Kommission hat sich in ihrer Mitteilung über nach der Verordnung (EG) Nr. 139/2004 des Rates und der Verordnung (EG) Nr. 802/2004 der Kommission zulässige Abhilfemaßnahmen **(„Mitteilung über Abhilfemaßnahmen“)**[111] zur Beschaffenheit von akzeptablen Verpflichtungszusagen geäußert.

177 Grundvoraussetzung für zulässige Verpflichtungen ist, dass das Angebot **geeignet** ist, den **Zusammenschluss mit dem Gemeinsamen Markt vereinbar zu machen.** Die Verpflichtungszusagen müssen nach Art, Umfang und Tragweite und unter Berücksichtigung der Marktstruktur geeignet sein, die **wettbewerblichen Bedenken vollständig zu be-**

---

[109] Nur in Ausnahmefällen kann die Europäische Kommission gestatten, dass Verpflichtungen erstmals nach Ablauf dieser Frist angeboten werden, siehe Rn. 88 der Mitteilung über nach der Verordnung (EG) Nr. 139/2004 des Rates und der Verordnung (EG) Nr. 802/2004 der Kommission zulässige Abhilfemaßnahmen.

[110] Siehe Art. 19 der Durchführungsverordnung.

[111] ABl. 2008 C 267, S. 1. Weitere Hinweise zu Verpflichtungszusagen enthalten auch die Best Practice Guidelines: The Commission's Model Texts for Divestiture Commitments and the Trustee Mandate under the EC Merger Regulation, abrufbar unter http://ec.europa.eu/competition/mergers/legislation/best_practice_commitments_trustee_en.pdf zuletzt abgerufen am 31.3.2018).

seitigen. [112] Ferner müssen die Verpflichtungszusagen innerhalb **kurzer Zeit wirksam umgesetzt** werden können.

Die Europäische Kommission unterscheidet zwischen **strukturellen Verpflichtungszusagen,** wie dem Verkauf von Unternehmen, Unternehmensteilen oder klar abgegrenzten Vermögenswerten, und Verhaltenszusagen. Strukturelle Verpflichtungszusagen zieht sie dabei grundsätzlich vor, insbesondere bei horizontalen Zusammenschlüssen. Andere Arten von Verpflichtungen werden nicht *per se* ausgeschlossen, jedoch wesentlich kritischer gesehen. **178**

Verhaltenszusagen sind beispielsweise die Aufgabe von Marken, Einschränkung der Produktpalette, Lizenzverträge, Lieferverträge oder ähnliche rein vertragliche Verpflichtungen. Auch Verpflichtungen hinsichtlich des künftigen Verhaltens der Beteiligten oder die Änderung langfristiger Ausschließlichkeitsvereinbarungen zählen dazu. Verhaltenszusagen akzeptiert die Europäische Kommission nur in **Ausnahmefällen,** insbesondere wenn wirksame strukturelle Verpflichtungszusagen nicht in Betracht kommen. Sie werden in der Regel nur akzeptiert, wenn sie einer **Veräußerung in der Wirkung gleichwertig** sind. In den Fällen, in denen ausnahmsweise Verhaltenszusagen akzeptiert werden, muss eine Möglichkeit gegeben sein, die **Umsetzung wirksam zu kontrollieren.** Dass sich eine laufende Verhaltenskontrolle im Vergleich zur Überwachung einer einmaligen Veräußerung für die Europäische Kommission als sehr viel schwieriger und deutlich aufwendiger darstellt, ist ein Hauptgrund dafür, dass die Europäische Kommission strukturelle Verpflichtungszusagen den reinen Verhaltenszusagen vorzieht. **179**

Enthält eine Verpflichtungszusage die Veräußerung eines Geschäfts, handelt es sich also um eine echte **strukturelle Verpflichtungszusage,** muss die zu veräußernde Tätigkeit ein **lebens- und wettbewerbsfähiges Geschäft** sein, das in den Händen eines geeigneten Erwerbers auf Dauer wirksam mit dem durch den Zusammenschluss entstehenden Unternehmen konkurrieren kann.[113] **Lebensfähig** ist ein Geschäft, wenn es **selbstständig geführt** werden kann, unabhängig von den am Zusammenschluss beteiligten Unternehmen. Dies ist bei der Veräußerung von operativen Tochtergesellschaften und Geschäftsbereichen in aller Regel der Fall. Werden **Vermögensgegenstände** veräußert, die in der Vergangenheit kein einheitliches und selbständig funktionsfähiges Geschäft gebildet haben, kann das Zweifel an der Lebensfähigkeit hervorrufen. Ein derartiges Konzept wird nur genehmigt, wenn die Lebensfähigkeit des angebotenen Paketes ungeachtet dieser Tatsache gewährleistet ist.[114] Dies ist **nicht der Fall,** wenn das zu veräußernde Geschäft **dauerhaft von den Beteiligten abhängig** wäre. **180**

Das Kriterium der Lebens- und Wettbewerbsfähigkeit kann unter Umständen auch erfordern, dass die **Verpflichtungszusagen in ihrer Reichweite sachlich oder räumlich weiter gehen müssen,** als es die Beseitigung der erheblichen wettbewerblichen Bedenken gegen das Zusammenschlussvorhaben an sich erfordern würde. Dies ist zB der Fall, wenn nur die Veräußerung eines gesamten Geschäftsbereichs und nicht nur einzelner Vermögensgegenstände als lebensfähig angesehen wird, der relevante Geschäftsbereich aber auch auf anderen sachlichen Märkten als den betroffenen oder außerhalb Europas (bei räumlich EWR-weiten Märkten) tätig ist.[115] Zur Lebens- und Wettbewerbsfähigkeit gehört auch, dass sich die am Zusammenschluss **beteiligten Unternehmen** verpflichten, **innerhalb eines bestimmten Zeitraumes (in der Regel zehn Jahre) nicht wieder Einfluss auf das veräußerte Geschäft oder Teile davon zu erwerben.** **181**

Das zu veräußernde lebens- und wettbewerbsfähige Geschäft muss, um die mit den Abhilfemaßnahmen beabsichtigte Wirkung zu erzielen, an einen **geeigneten Erwerber** **182**

[112] Siehe Rn. 9 ff. der Mitteilung über Abhilfemaßnahmen.
[113] Siehe Rn. 23 der Mitteilung über Abhilfemaßnahmen.
[114] Siehe Rn. 38 ff. der der Mitteilung über Abhilfemaßnahmen.
[115] Siehe zB die Verpflichtungszusagen im Fall COMP/M.5675 – Syngenta/Monsantos's Sunflower Seed Business. Hier haben sich die Verpflichtungszusagen, um die Lebens- und Wettbewerbsfähigkeit sicherzustellen, bei räumlich nationalen Märkten teilweise auch auf die Türkei, Russland und die Ukraine bezogen und damit auf Jurisdiktionen, für die die Europäische Kommission nicht zuständig ist.

übertragen werden.[116] Geeignet ist ein Erwerber nach der Mitteilung über Abhilfemaßnahmen nur, wenn er die **allgemeinen Erwerberkriterien** erfüllt, dh wenn er

(1.) von den beteiligten Unternehmen **unabhängig** und nicht mit diesen verbunden ist,

(2.) über die **finanziellen Mittel,** die ausgewiesenen **Fachkenntnisse** und das Interesse und die **Fähigkeiten** verfügt, die notwendig sind, um das zu veräußernde Geschäft als lebensfähigen, aktiven Wettbewerber in Wettbewerb zu den Beteiligten weiterzuführen und auszubauen, und

(3.) wenn der Erwerb aller Wahrscheinlichkeit nach **weder neue Wettbewerbsprobleme** aufwirft **noch** das Risiko einer verzögerten **Umsetzung der Verpflichtungszusagen** birgt. Letzteres schließt die Erwartung an den vorgeschlagenen Erwerber ein, alle für den Erwerb des zu veräußernden Geschäfts erforderlichen Genehmigungen der zuständigen Wettbewerbsbehörden einzuholen.

183 Die Europäische Kommission kann jedoch (in Abstimmung mit den beteiligten Unternehmen) auch weitere, **fallspezifische Käuferkriterien** verlangen. Beispielsweise kann sie fordern, dass der Erwerber über Industrieexpertise verfügt,[117] Business Pläne vorlegt oder den Willen zu Investitionen in das Geschäft nachweist.[118] Voraussetzung kann auch sein, dass der Erwerber noch nicht auf dem betroffenen Markt tätig ist.[119]

184 Was den **Verkauf** des zu veräußernden Geschäftes an den geeigneten Erwerber anbelangt, so existieren **verschiedene Szenarien:** Im **Regelfall** muss das **Geschäft innerhalb einer bestimmten,** in den Zusagen festgelegten **Frist nach Erlass der Freigabeentscheidung** an den Erwerber **verkauft werden.** Der **Hauptzusammenschluss** kann aber **unmittelbar** nach der Freigabe (die unter Auflagen und Bedingungen erfolgt) **vollzogen** werden. Es kann jedoch vorgesehen werden, dass die beteiligten Unternehmen das Zusammenschlussvorhaben (den Hauptzusammenschluss) **erst vollziehen** dürfen, wenn sie mit einem von der Europäischen Kommission vorab genehmigten Erwerber eine **verbindliche Vereinbarung über die Veräußerung** des Geschäfts geschlossen haben (sog. ***Up-front Buyer***). Zuletzt ist es möglich, dass die beteiligten Unternehmen bereits während des laufenden Fusionskontrollverfahrens einen **Erwerber** für das zu veräußernde Geschäft **ermitteln** und eine **verbindliche Vereinbarung mit ihm abschließen** (sog. ***Fix-it-First*-Abhilfemaßnahme**). Der wesentliche Unterschied zwischen diesen beiden Alternativen ist, dass die Europäische Kommission beim *Up-front Buyer* vor Erlass der Freigabeentscheidung nicht weiß, wer der Erwerber ist.[120] *Fix-it-First*-Abhilfemaßnahmen werden in der Regel nur dann erforderlich, wenn die **Identität des Erwerbers von entscheidender Bedeutung** ist. Welche Variante letztlich zum Tragen kommt, hängt maßgeblich davon ab, für wie wahrscheinlich es die Europäische Kommission hält, dass die Verpflichtungszusagen umgesetzt und ein geeigneter Käufer gefunden werden können. Je unwahrscheinlicher ihr eine Umsetzung erscheint, desto eher wird die Europäische Kommission einen *Up-front Buyer* fordern. Die Unwahrscheinlichkeit der Umsetzung kann sich aus bestehenden Rechten Dritter ergeben oder daraus, dass es nur wenige geeignete Erwerber gibt. Letzteres würde zB angenommen, wenn der Erwerb bei den meisten Interessenten ebenfalls wettbewerbliche Bedenken hervorrufen würde.

185 Grundsätzlich lässt sich festhalten, dass **Verpflichtungszusagen in Phase 1 weiter gehen müssen als in Phase 2.** Grund hierfür ist, dass sie in **Phase 1** aufgrund deren kurzen Dauer nur einem einzigen Markttest, nicht aber einer vertieften Prüfung unterzogen werden können. Falls der ursprüngliche Vorschlag nicht als ausreichend erachtet wird, bleibt zur Nachbesserung bzw. Abänderung häufig keine Zeit mehr. Bei Verpflichtungs-

---

[116] Siehe Rn. 48 ff. der Mitteilung über Abhilfemaßnahmen.

[117] Siehe zB die Verpflichtungszusagen in den Fällen COMP/M.5675 – Syngenta/Monsantos's Sunflower Seed Business und COMP/M.7746 – Teva/Allergan Generics.

[118] Siehe zB die Verpflichtungszusagen in den Fällen COMP/M.8287 – Nordic Capital/Intrum Justitia und COMP/M.7777 – Solvay/Cytec.

[119] Siehe zB die Verpflichtungszusagen im Fall COMP/M.7777 – Solvay/Cytec.

[120] Weitere Einzelheiten in Rn. 52 ff. der Mitteilung über Abhilfemaßnahmen.

zusagen in Phase 1 muss die Europäische Kommission davon überzeugt sein, dass diese ausreichen, um die ernsthaften Bedenken auszuräumen. Mit den weitergehenden Zugeständnissen „erkauft" man sich sozusagen, dass nicht in die vertiefte Prüfung eingetreten wird. In der deutlich längeren **Phase 2** hat die Europäische Kommission dagegen in der Regel ausreichend Zeit, die angebotenen Verpflichtungszusagen im Detail zu prüfen und ausreichenden Markttests zu unterziehen. Eine auf den konkreten Fall maßgeschneiderte Lösung ist eher möglich und im Laufe des Verfahrens kommt es häufig zu Anpassungen und Nachbesserungen der angebotenen Zusagen.

c) Form. Zusätzlich zum **Text der Verpflichtungszusagen** muss das **Formblatt RM** der Europäischen Kommission formal eingereicht werden, sobald eine grundsätzliche Einigung über die Verpflichtungszusagen erzielt wurde. Entwürfe der angebotenen Verpflichtungszusagen können jedoch formlos eingereicht werden. Das Formblatt RM legt fest, welche Informationen und Unterlagen die Beteiligten mit dem Angebot von Verpflichtungszusagen einzureichen haben.[121] Die Beteiligten müssen im Formblatt RM zunächst die abgegeben **Verpflichtungszusagen beschreiben** und zahlreiche Informationen zum zu veräußernden Geschäft beibringen. Dies umfasst zB Hindernisse bei der Übertragung, Umsatz und EBITDA, bestehende Verbindungen zu den Beteiligten, wie Liefer- oder Dienstleistungsverträge, gemeinsame IT- oder sonstige Systeme, alle Vermögenswerte sowie Kunden. Weiter ist im Formblatt RM darzulegen, **warum die Verpflichtungszusagen geeignet sind,** die wettbewerblichen Bedenken zu beseitigen und weshalb ein **geeigneter Erwerber** gefunden werden wird. 186

Neben dem Formblatt RM müssen die **Modelltexte für Verpflichtungszusagen**[122] und das **Treuhandmandat**[123] eingereicht werden. Der Modelltext für Verpflichtungszusagen enthält alle Voraussetzungen, um zu sichern, dass die Verpflichtungszusagen eingehalten werden. Insbesondere verpflichtet er den Veräußerer, die Unabhängigkeit und Lebensfähigkeit des zu veräußernden Geschäfts bis zur Übertragung auf den Erwerber sicherzustellen (→ Rn. 188). Die Funktionen, Rechte und Pflichten des Treuhänders und die wesentlichen Regeln zu dessen Mandat sind im Modelltext für das Treuhandmandat enthalten (zum Treuhänder → Rn. 190 f.). Jede Abweichung von den Modelltexten muss begründet werden. Die Europäische Kommission ist generell sehr zurückhaltend damit, Abweichungen zu akzeptieren. 187

Ebenso wie das Formblatt CO müssen Formblatt RM und die genannten begleitenden Dokumente im Original bei der Kommission eingereicht werden (zur erforderlichen Anzahl → Rn. 149). Die Beteiligten müssen eine nicht-vertrauliche Version der Dokumente beifügen, sodass die angebotenen Zusagen einem Markttest unterzogen werden können. 188

d) Veräußerungsverfahren und Sanktionen. Haben sich die Beteiligten mit der Europäischen Kommission auf Verpflichtungszusagen geeignet, so beginnt nach der Freigabeentscheidung das **Veräußerungsverfahren** (sofern es sich nicht um eine *Fix-it-First*-Abhilfemaßnahme handelt). Die Beteiligten müssen innerhalb einer **bestimmten** Frist ab der Freigabeentscheidung, in der Regel innerhalb von **sechs Monaten,** eine verbindliche Vereinbarung mit einem geeigneten Erwerber geschlossen haben (sog. *First Divestiture Period*). Das Veräußerungsverfahren entspricht im Wesentlichen einem normalen Verkaufsprozess; so kann zB ein Bieterverfahren mit Due Diligence durchgeführt werden. Besonderheiten ergeben sich daraus, dass die **Europäische Kommission den Veräußerungsprozess überwacht** und sowohl den von den Beteiligten vorgeschlagenen **Erwerber** als auch den **Vertrag** vor dessen Unterzeichnung **genehmigen** muss. Sie prüft insbesondere, 189

[121] Siehe Art. 20 Abs. 1 und 2 der Durchführungsverordnung. Das Formblatt RM befindet sich in Anhang IV der Durchführungsverordnung.

[122] Abrufbar unter http://ec.europa.eu/competition/mergers/legislation/template_commitments_de.pdf (zuletzt abgerufen am 31.3.2018).

[123] Abrufbar unter http://ec.europa.eu/competition/mergers/legislation/trustee_mandate_de.pdf (zuletzt abgerufen am 31.3.2018).

ob der Vertrag die Verpflichtungszusagen wirksam umsetzt und ob der Erwerber die Erwerberkriterien erfüllt.

190 Nach dem Modelltext **für Verpflichtungszusagen** verpflichten sich die Beteiligten für die Übergangszeit bis zur Übertragung unter anderem, die **Lebensfähigkeit** des zu veräußernden Geschäfts zu **erhalten** und die für die **Ausgliederung** gegebenenfalls **erforderlichen Vorkehrungen** zu treffen. Dies beinhaltet sog. ***hold-separate*** und ***ring-fencing***-Verpflichtungen, welche vorsehen, dass der Veräußerer das zu veräußernde Geschäft von seinem übrigen Geschäft getrennt zu halten und den normalen Geschäftsgang fortzusetzen hat. Ab der Freigabeentscheidung darf der Veräußerer keine Geschäftsgeheimnisse und vertraulichen Informationen mehr von dem zu veräußernden Geschäft erhalten. Unter Umständen kann die Bestellung eines externen **Hold-Separate-Managers** notwendig sein. Dieser hat die Unabhängigkeit des zu veräußernden Geschäfts von anderen Geschäftsbereichen der Zusammenschlussbeteiligten sowie seine wirtschaftliche Überlebensfähigkeit und Werthaltigkeit sicherzustellen.

191 Da die Europäische Kommission die Umsetzung der Verpflichtungszusagen nicht selbst überwachen kann, müssen die beteiligten Unternehmen zu diesem Zwecke einen Treuhänder vorschlagen (sog. **Überwachungstreuhänder**). Dieser muss von den Beteiligten unabhängig sein und vorab von der Europäischen Kommission genehmigt werden. Deshalb scheiden Wirtschaftsprüfer oder Anlageberater der beteiligten Unternehmen als Treuhänder aus. Der Treuhänder erfüllt seine Aufgaben unter Aufsicht der Europäischen Kommission und erstattet ihr regelmäßig Bericht. Engagiert und bezahlt wird er jedoch von den Beteiligten, ohne dass sie ein Weisungsrecht hätten.

192 Gelingt es den Beteiligten nicht, das zu veräußernde Geschäft innerhalb der First Divestiture Period zu veräußern, wird der Prozess einem sog. **Veräußerungstreuhänder** übergeben. Dieser erhält das unwiderrufliche Mandat, das zu veräußernde Geschäft unter Aufsicht der Europäischen Kommission innerhalb der sog. ***Trustee Divestiture Period*** (meist **drei Monate**)[124] zu veräußern, ohne dass er hierfür einen Mindestpreis erzielen muss. Die beteiligten Unternehmen dürfen in dieser Phase nicht mehr selbst tätig werden. Der vom Veräußerungstreuhänder vorgeschlagene Erwerber und die Kaufverträge müssen von der Europäischen Kommission genehmigt werden.

193 Wird den Auflagen und Bedingungen, wie sie in der Freigabeentscheidung enthalten sind, **zuwider gehandelt,** kann die Europäische Kommission die erlassene Freigabeentscheidung **widerrufen** (Art. 6 Abs. 3 lit. b und Art. 6 Abs. 6 lit. b FKVO) und **Geldbußen** und **Zwangsgelder** auferlegen (Art. 14 Abs. 2 lit. d und 15 Abs. 1 lit. c FKVO).

10. Drittbeteiligung

194 Unter bestimmten Voraussetzungen sind Dritte, die nicht beteiligte Unternehmen sind, am Verfahren zu beteiligen. Sie müssen ein **hinreichendes Interesse am Ausgang** des Fusionskontrollverfahrens geltend machen können, was zB bei **Kunden, Lieferanten** und **Wettbewerbern** (Art. 11 lit. c Durchführungsverordnung) wahrscheinlich ist. Sofern sie es als erforderlich ansieht, kann die Europäische Kommission nach Art. 18 Abs. 4 FKVO Dritte anhören. Stellt ein Dritter, der ein hinreichendes Interesse darlegt, einen Antrag auf Anhörung, ist diesem stattzugeben. Nach Art. 16 Abs. 2 S. 1 Durchführungsverordnung stehen Dritten auch das Recht auf schriftliche Äußerung sowie nach Art. 16 Abs. 1 eingeschränkte Informationsrechte zu. Letztere umfassen die schriftliche Unterrichtung über Art und Gegenstand des Verfahrens durch die Europäische Kommission, welche den beteiligten Dritten zugleich eine Frist zur Äußerung setzt. Anders als die Beteiligten haben Dritte jedoch auch nach Erlass der Beschwerdepunkte **kein Recht auf Akteneinsicht.**[125] Auf Antrag können sie aber eine redigierte, um Geschäftsgeheimisse

[124] Siehe Rn. 98 der Mitteilung über Abhilfemaßnahmen.
[125] Siehe auch *Körber* in Immenga/Mestmäcker FKVO Art. 18 Rn. 41 f.

bereinigte Fassung der Beschwerdepunkte erhalten und an der mündlichen Anhörung (→ Rn. 172) teilnehmen.[126]

11. Entscheidung und Veröffentlichung

Die Europäische Kommission entscheidet entweder in Phase 1 oder in Phase 2 des Fusionskontrollverfahrens. Sie kann einen Zusammenschluss bedingungslos freigeben, untersagen oder unter Auflagen und Bedingungen freigeben. **195**

a) Entscheidung in Phase 1. In Phase 1 hat die Europäische Kommission folgende **Entscheidungsmöglichkeiten:** **196**

- Sie kann feststellen dass der Zusammenschluss nicht unter die FKVO fällt (Art. 6 Abs. 1 lit. a FKVO).
- Sie kann den Zusammenschluss ohne Auflagen freigegeben, wenn er keinen Anlass zu ernsthaften Bedenken hinsichtlich seiner Vereinbarkeit mit dem Gemeinsamen Markt gibt (Art. 6 Abs. 1 lit. b FKVO).
- Sie kann Phase 2 einleiten, wenn der Zusammenschluss Anlass zu ernsthaften Bedenken gibt (Art. 6 Abs. 1 lit. b FKVO).
- Sie kann den Zusammenschluss unter Auflagen und Bedingungen freigeben, wenn er nach Änderungen durch die beteiligten Unternehmen keinen Anlass mehr zu ernsthaften Bedenken gibt (Art. 6 Abs. 2 FKVO).

Entscheidungen der Europäischen Kommission in Phase 1 enthalten eine Zusammenfassung zu den Aktivitäten der Parteien, der Transaktion, der Zuständigkeit der Europäischen Kommission, der Marktabgrenzung und der wettbewerblichen Beurteilung. Entscheidungen unter Auflagen und Bedingungen umfassen auch die Verpflichtungszusagen. Im vereinfachten Verfahren wird dagegen nur eine knappe Entscheidung erlassen, die weder Aussagen zur Marktabgrenzung noch zur wettbewerblichen Beurteilung enthält. **197**

Während Freigabeentscheidungen auf der **Homepage** der Europäischen Kommission **veröffentlicht** werden, ist dies bei Entscheidungen, das Hauptverfahren zu eröffnen, nicht der Fall. Zur Eröffnung des Hauptverfahrens ergeht nur eine Presseerklärung, die die wesentlichen Bedenken zusammenfasst. Veröffentlicht wird nur eine **nicht-vertrauliche Version der Freigabeentscheidung,** in der die Geschäftsgeheimnisse der beteiligten Unternehmen geschwärzt sind, Art. 20 Abs. 2 FKVO. Eine solche Version müssen die Beteiligten der Europäischen Kommission zu diesem Zweck zukommen lassen. In ihrer *Guidance on the preparation of public versions of Commission Decisions adopted under the Merger Regulation* gibt die Europäische Kommission Hinweise dazu, wie die Parteien welche Informationen als vertraulich kennzeichnen können.[127] **198**

b) Entscheidung in Phase 2. In Phase 2 hat die Europäische Kommission drei **Entscheidungsmöglichkeiten:** **199**

- Sie kann den Zusammenschluss bedingungslos freigeben, wenn sie nach der vertieften Prüfung zu dem Schluss gelangt, dass er mit dem Gemeinsamen Markt vereinbar ist, Art. 8 Abs. 1 FKVO.
- Sie kann den Zusammenschluss unter Auflagen und Bedingungen freigeben, wenn er nach entsprechenden Änderungen durch die beteiligten Unternehmen mit dem Gemeinsamen Markt vereinbar ist, Art. 8 Abs. 2 FKVO.
- Stellt die Kommission dagegen fest, dass ein Zusammenschluss wirksamen Wettbewerb erheblich behindern würde, kann sie den Zusammenschluss untersagen, Art. 8 Abs. 3 FKVO.

---

[126] Siehe auch Bechtold/Bosch/Brinker FKVO Art. 18 Rn. 7.
[127] Abrufbar unter http://ec.europa.eu/competition/mergers/legislation/guidance_on_preparation_of_public_versions_mergers_26052015.pdf (zuletzt abgerufen am 31.3.2018).

200 In der Praxis werden die meisten Zusammenschlüsse, die das Hauptverfahren durchlaufen, mit Auflagen und Bedingungen freigegeben. **Untersagungen** sind verhältnismäßig **selten:** Von 2010 bis einschließlich 2017 wurden von über 2.500 in diesem Zeitraum angemeldeten Transaktionen lediglich sieben Zusammenschlussvorhaben untersagt.[128] Zwar haben Entscheidungen in Phase 2 denselben Inhalt wie solche in Phase 1, grundsätzlich sind sie aber, insbesondere was die wettbewerbliche Würdigung anbelangt, deutlich umfangreicher. Auch die in Phase 2 ergangenen Entscheidungen werden von der Europäischen Kommission veröffentlicht. Insofern wird auf → Rn. 197 verwiesen.

201 **c) Gebühren.** Für das europäische Fusionskontrollverfahren fallen keine Gebühren an.

12. Rechtsmittel

202 Gegen die Entscheidungen der Europäischen Kommission in Fusionskontrollverfahren sind die allgemeinen Rechtsmittel nach dem AEUV einschlägig.

203 **a) Durch die beteiligten Unternehmen.** Gegen die Entscheidung der Europäischen Kommission (Beschluss im Sinne von Art. 288 Abs. 4 AEUV), einen Zusammenschluss für unvereinbar mit dem Gemeinsamen Markt zu erklären, können die beteiligten Unternehmen binnen **zwei Monaten ab Zustellung** der Entscheidung nach Art. 263 AEUV **Nichtigkeitsklage beim Gericht der Europäischen Union („EuG")** erheben (siehe Art. 256 Abs. 1 UAbs. 1 AEUV). Hat die Nichtigkeitsklage Erfolg, so hebt das EuG die Untersagungsentscheidungen der Europäischen Kommission auf. Gegen die Entscheidung des Gerichts kann beim EuGH ein auf Rechtsfragen beschränktes Rechtsmittel eingelegt werden, Art. 256 Abs. 1 UAbs. 2 AEUV.

204 Wenn ihre Entscheidung durch Urteil des Gerichtshofs ganz oder teilweise für nichtig erklärt wird, hat die **Europäische Kommission** den Zusammenschluss **erneut zu prüfen,** Art. 10 Abs. 5 FKVO. Diese Prüfung beginnt mit dem entsprechenden Fristlauf (Phase 1 und gegebenenfalls Phase 2), sobald die Beteiligten ihre Anmeldung – sofern die ursprüngliche Anmeldung nicht mehr die aktuellen Marktverhältnisse widerspiegelt – an die aktuellen Marktverhältnisse angepasst oder eine neue Anmeldung eingereicht haben.

205 Bei **Klagen** der Beteiligten **gegen Buß- und Zwangsgeldentscheidungen** der Europäischen Kommission in Fusionskontrollverfahren kann der EuGH nach Art. 16 FKVO eine unbeschränkte Ermessensüberprüfung vornehmen. Er kann die Geldbuße oder das Zwangsgeld aufheben, herabsetzen oder erhöhen.

206 **b) Durch Dritte.** Dritten steht gegen die Freigabe (oder Untersagung) eines Zusammenschlusses unter bestimmten Voraussetzungen ebenfalls ein Klagerecht nach Art. 263 AEUV zu. Der Nachweis ihrer **Klagebefugnis** setzt voraus, dass sie **unmittelbar und individuell betroffen** sind, Art. 263 Abs. 4 AEUV. Das **Unmittelbarkeitserfordernis** soll Fälle ausschließen, in denen noch weitere Vollzugs-/Umsetzungsakte hinzutreten müssen. Unmittelbarkeit ist bei Fusionskontrollentscheidungen der Europäischen Kommission zu bejahen.

207 Das Erfordernis der **Individualität** verhindert Popularklagen. Individuelle **Betroffenheit** ist nach der sog. *Plaumann-Formel* gegeben, wenn der Rechtsakt den Kläger wegen bestimmter persönlicher Eigenschaften oder besonderer ihn aus dem Kreis aller übrigen Personen heraushebender Umstände berührt und ihn daher **in ähnlicher Weise individualisiert wie den eigentlichen Adressaten.**[129] Dies wird von den Gerichten genau geprüft und streng ausgelegt. Ob eine allein aufgrund von Verfahrensrecht erfolgte Beteiligung eines Dritten am Fusionskontrollverfahren ausreicht (zB als Befragter in einem Markttest), ist fraglich. Erforderlich sollte vielmehr eine darüberhinausgehende besondere Betroffenheit sein, wie sie vom EuG in Sachen *Air France/Kommission* aufgrund der

[128] Siehe http://ec.europa.eu/competition/mergers/statistics.pdf (zuletzt abgerufen am 31.3.2018).
[129] EuGH Urt. v. 15.7.1963 – C-25/62, Slg. 1963, I-199 Rn. 213, 238 – Plaumann/Kommission der EWG.

besonderen wettbewerblichen Position von Air France auf dem relevanten Markt angenommen wurde.[130]

D. Verweisungsmöglichkeiten zwischen Europäischer Kommission und nationalen Wettbewerbsbehörden

Die FKVO sieht Möglichkeiten vor, die **originäre Zuständigkeitsverteilung** und den Vorrang der FKVO zu **durchbrechen.** Hintergrund ist, dass Zusammenschlussvorhaben innerhalb der EU von der Behörde beurteilt werden sollen, die am besten dafür geeignet ist. Grob können die Verweisungsmöglichkeiten danach unterschieden werden, wer den Verweisungsantrag stellt (beteiligte Unternehmen oder nationale Behörde(n)), wann er gestellt wird (vor oder nach Anmeldung) und ob es sich um eine Aufwärtsverweisung (von einer oder mehreren originär zuständigen nationalen Behörden zur Europäischen Kommission) oder um eine Abwärtsverweisung (von der originär zuständigen Europäischen Kommission zu nationalen Wettbewerbsbehörden) handelt. Einzelheiten zum Verweisungsregime behandelt die Europäische Kommission in ihrer Mitteilung über die Verweisung von Fusionssachen **(„Verweisungsmitteilung“).**[131] **208**

I. Verweisung von Europäischer Kommission an nationale Wettbewerbsbehörden

Anträge auf **Abwärtsverweisung** eines Zusammenschlusses von gemeinschaftsweiter Bedeutung können sowohl von einem Mitgliedstaat als auch von den beteiligten Unternehmen gestellt werden. **209**

1. Verweisung auf Antrag eines Mitgliedstaates

Nach Art. 9 FKVO kann ein Zusammenschluss von gemeinschaftsweiter Bedeutung **nach formaler Anmeldung** bei der Europäischen Kommission auf Antrag eines Mitgliedstaates unter bestimmten Voraussetzungen an nationale Behörden verwiesen werden. In der Praxis sind Verweisungsfälle nach Art. 9 FKVO eher selten. Von 2012 bis einschließlich 2017 gab es nur 14 Verweisungsanträge, von denen acht abgewiesen wurden.[132] **210**

Eine Verweisung nach Art. 9 FKVO setzt nach dessen Abs. 2 voraus, dass ein Mitgliedstaat **binnen 15 Arbeitstagen** nach Erhalt der Kopie der Anmeldung bei der Europäischen Kommission[133] einen Antrag stellt. Der Antrag kann aus eigener Initiative oder auf Aufforderung der Europäischen Kommission gestellt werden. Der antragstellende Mitgliedstaat muss angeben, dass der Zusammenschluss entweder **211**

- den Wettbewerb auf einem Markt in diesem Mitgliedstaat, der alle Merkmale eines gesonderten Marktes aufweist, **erheblich** zu **beeinträchtigen droht** (Art. 9 Abs. 2 lit. a FKVO) (1. Antragsalternative) oder
- den Wettbewerb auf einem Markt in diesem Mitgliedstaat **beeinträchtigen** würde, der alle Merkmale eines gesonderten Marktes aufweist und keinen wesentlichen Teil des Gemeinsamen Marktes darstellt (Art. 9 Abs. 2 lit. b FKVO) (2. Antragsalternative).

Für eine erfolgreiche Verweisung muss der betroffene Markt zunächst also stets alle Merkmale eines **gesonderten Marktes** aufweisen. Der räumlich relevante Referenzmarkt nach Art. 9 Abs. 7 FKVO muss national oder noch enger sein. **212**

Sollte dieser Markt einen wesentlichen Teil des Gemeinsamen Marktes darstellen (1. Antragsalternative), muss der Zusammenschluss den Wettbewerb erheblich zu beeinträchti- **213**

[130] Siehe EuG Urt. v. 24.3.1994 – T-3/93, Slg. 1994, II-121 Rn. 82 – Air France/Kommission.
[131] ABl. 2005 C 56, S. 2.
[132] Siehe http://ec.europa.eu/competition/mergers/statistics.pdf (zuletzt abgerufen am 31.3.2018).
[133] Nach Art. 19 Abs. 1 FKVO übermittelt die Europäische Kommission den Behörden der Mitgliedstaaten binnen dreier Arbeitstage nach Erhalt eine Kopie der Anmeldung.

gen drohen. **Wesentlicher Teil des Gemeinsamen Marktes** sind Märkte, die einen gesamten Mitgliedstaat oder einen bedeutenden Teil eines größeren Mitgliedstaates umfassen. Für die dann notwendige **erhebliche Beeinträchtigung** des Wettbewerbs im Sinne von Art. 9 Abs. 2 lit. a FKVO reicht es aus, dass nach einer vorläufigen Analyse ein konkretes Risiko besteht, dass das Vorhaben erhebliche nachteilige Auswirkungen auf den Wettbewerb hat. Die **Europäische Kommission** entscheidet im Rahmen ihres **pflichtgemäßen Ermessens,** ob sie selbst über den Zusammenschluss entscheidet oder den Fall **vollständig oder teilweise** an den antragstellenden Mitgliedstaat verweist, Art. 9 Abs. 3 UAbs. 1 FKVO. Ein Fall wird vollständig verwiesen, wenn der Zusammenschluss ausschließlich Auswirkungen auf den antragstellenden Mitgliedstaat hat. Eine nur teilweise Verweisung kommt in Betracht, wenn mehrere nationale Märkte betroffen sind und nicht alle betroffenen Mitgliedstaaten einen Verweisungsantrag gestellt haben. Während dann zB für das Gebiet des antragstellenden Mitgliedstaates oder für bestimmte regionale Märkte verwiesen werden kann, würde die Europäische Kommission die Auswirkungen auf alle übrigen Gebiete selbst prüfen. Ist Letztere der Auffassung, dass kein gesonderter Markt oder keine Gefahr einer erheblichen Beeinträchtigung besteht, so beurteilt sie den Falls selbst, Art. 9 Abs. 3 UAbs. 2 FKVO.

214 Stellt der Markt **keinen wesentlichen Teil des Gemeinsamen Marktes** dar, wie es insbesondere bei kleinen regionalen oder lokalen Märkten, zB für Flug- oder Seehäfen, der Fall ist (2. Antragsalternative), reicht eine **Beeinträchtigung** des Wettbewerbs auf diesem Markt nach Art. 9 Abs. 2 lit. b FKVO aus. Erheblichkeit ist nicht erforderlich. Die Europäische Kommission **verweist** den Zusammenschluss (ganz oder für den Teil, der den gesonderten Markt betrifft) dann **stets** an den antragstellenden Mitgliedstaat, Art. 9 Abs. 3 UAbs. 3 FKVO.

215 Entscheidet sich die Europäische Kommission gegen eine Verweisung, beurteilt sie den Fall selbst nach den dargelegten Regeln. Im Falle einer solchen (teilweisen) Verweisung ist **ausschließlich die nationale Behörde** des antragstellenden Mitgliedstaates **für die Beurteilung zuständig.** Die Europäische Kommission verliert ihre Zuständigkeit. Auf den verwiesenen Teil findet ausschließlich das nationale Recht des Mitgliedstaates Anwendung (mit den entsprechenden Fristen).

216 Die Abwärtsverweisung nach Anmeldung kann zu einer erheblichen **Verzögerung des Transaktionszeitplans** führen. Nach Art. 9 Abs. 4 lit. a FKVO entscheidet die Kommission – sofern sie nicht Phase 2 eröffnet – innerhalb von 35 Arbeitstagen nach formaler Anmeldung über die Verweisung oder Nichtverweisung. Wenn sie Phase 2 eingeleitet hat, so beträgt die Frist 65 Arbeitstage nach Anmeldung, Art. 9 Abs. 4 lit. b FKVO. Hat sie sich bis dahin nicht entschieden, wird unwiderleglich vermutet, dass sie den Fall an den betreffenden Mitgliedstaat verwiesen hat, Art. 9 Abs. 5 FKVO. **Vor Abwärtsverweisung** wurde aufgrund dieser Fristen bereits ein **großer Teil des europäischen Fusionskontrollverfahrens durchlaufen** (einschließlich der fristlosen Vorabkontakte). **Nach** erfolgter **Verweisung** muss die zuständige Behörde den beteiligten Unternehmen das Ergebnis der vorläufigen wettbewerbsrechtlichen Prüfung ***„ohne unangemessene Verzögerung"*** (Art. 9 Abs. 6 FKVO) innerhalb von **45 Arbeitstagen** mitteilen. Diese Frist kann gehemmt werden, wenn die beteiligten Unternehmen nicht alle erforderlichen Angaben machen. Schreibt das nationale Recht eine Anmeldung vor, so **beginnt die Frist erst mit vollständiger nationaler Anmeldung** zu laufen.

217 Erfolgt eine **Abwärtsverweisung an das Bundeskartellamt,** so ist, wenn ihm die erforderlichen Angaben in deutscher Sprache vorliegen, eine neue Anmeldung entbehrlich, § 39 Abs. 4 GWB entbehrlich. Wegen des umfangreichen Formblattes CO ist dies in der Regel gegeben, wenn die Beteiligten das Zusammenschlussvorhaben bei der Europäischen Kommission in deutscher Sprache angemeldet hatten. In diesem Fall beginnen die Fristen des deutschen Fusionskontrollverfahrens mit Eingang der Verweisungsentscheidung beim Bundeskartellamt, § 40 Abs. 5 GWB.

2. Verweisung auf Antrag der beteiligten Unternehmen

Nach Art. 4 Abs. 4 FKVO kann ein Zusammenschluss von gemeinschaftsweiter Bedeutung auf Antrag unter bestimmten Voraussetzungen schon **vor Anmeldung** bei der Europäischen Kommission an nationale Behörden verwiesen werden. Verweisungsfälle nach Art. 4 Abs. 4 FKVO sind in der Praxis deutlich häufiger als solche nach Art. 9 FKVO. Von 2012 bis einschließlich 2017 gab es 82 Verweisungsanträge, von denen kein einziger abgewiesen wurde.[134] **218**

Zulässig ist der Antrag nur vor Anmeldung oder wenn ein bereits formal begonnenes Anmeldeverfahren durch Rücknahme der Anmeldung beendet wurde. Das Zusammenschlussvorhaben muss **hinreichend konkret** sein (ein *Memorandum of Understanding, Letter of Intent* oder ähnliches sollte bereits unterschrieben sein). Der Verweisungsantrag hat auf dem **Formblatt RS** zu erfolgen.[135] In dem begründeten Antrag muss dargelegt werden, dass der Zusammenschluss den **Wettbewerb** in einem **Markt** innerhalb eines Mitgliedstaates, der **alle Merkmale eines gesonderten Marktes** aufweist, erheblich beeinträchtigen könnte und deshalb ganz oder teilweise von diesem Mitgliedstaat geprüft werden sollte. Die Merkmale der erheblichen Beeinträchtigung sowie des gesonderten Marktes entsprechen denen von Art. 9 FKVO. Insofern wird verwiesen auf → Rn. 211 ff. **219**

Die Europäische Kommission leitet den Antrag unverzüglich an alle Mitgliedstaaten weiter und der in dem Antrag genannte **Mitgliedstaat** muss **innerhalb von 15 Arbeitstagen** nach Erhalt **mitteilen, ob er der Verweisung zustimmt oder nicht.** Trifft der Mitgliedstaat innerhalb dieser Frist **keine Entscheidung,** gilt dies als **Zustimmung.** Nur im Falle der Zustimmung kann die Europäische Kommission, wenn sie die Kriterien (erhebliche Beeinträchtigung des Wettbewerbs in einem gesonderten Markt) als erfüllt ansieht, den gesamten oder einen Teil des Falles an die nationale Behörde des Mitgliedstaats verweisen. Die **Entscheidung** über die Verweisung trifft die Europäische Kommission nach **pflichtgemäßem Ermessen.** Sie muss innerhalb von **25 Arbeitstagen nach Eingang des Antrags** ergehen. Trifft die Kommission innerhalb dieser Frist keine Entscheidung, gilt als entsprechend dem Antrag verwiesen. **220**

Wird der gesamte Fall verwiesen, muss nicht mehr bei der Europäischen Kommission angemeldet werden. Es ist dann **ausschließlich das Wettbewerbsrecht des betreffenden Mitgliedstaats anwendbar.** Wird dem Verweisungsantrag nicht stattgegeben, bleibt es bei der Zuständigkeit der Europäischen Kommission. Erfolgt eine **Teilverweisung,** kann es zu einer **Zuständigkeitsspaltung** kommen. Die Europäische Kommission entscheidet in diesem Fall nicht über die Auswirkungen des Zusammenschlusses auf das Gebiet, für das sie den Fall verwiesen hat. Im Übrigen bleibt sie zuständig. **221**

II. Verweisung von nationalen Wettbewerbsbehörden an Europäische Kommission

Anträge auf **Aufwärtsverweisung** eines Zusammenschlusses ohne gemeinschaftsweite Bedeutung können ebenfalls sowohl von einem Mitgliedstaat als auch von den beteiligten Unternehmen gestellt werden. **222**

1. Verweisung auf Antrag eines oder mehrerer Mitgliedstaaten

Nach Art. 22 FKVO kann ein Zusammenschluss ohne gemeinschaftsweite Bedeutung **nach Anmeldung** bei einer oder mehreren zuständigen nationalen Behörden auf Antrag eines Mitgliedstaates an die Europäische Kommission verwiesen werden. In der Praxis sind **223**

[134] Siehe http://ec.europa.eu/competition/mergers/statistics.pdf (zuletzt abgerufen am 31.3.2018).
[135] Siehe Art. 6 Abs. 1 der Durchführungsverordnung. Das Formblatt RS befindet sich in Anhang III der Durchführungsverordnung.

Verweisungsfälle nach Art. 22 FKVO sehr selten. Von 2012 bis einschließlich 2017 gab es nur acht Verweisungsanträge, von denen einer abgewiesen wurde.[136]

224 Eine Verweisung nach Art. 22 FKVO setzt voraus, dass der Zusammenschluss den **Handel zwischen Mitgliedstaaten beeinträchtigt** und den **Wettbewerb im Hoheitsgebiet des bzw. der antragstellenden Mitgliedstaaten erheblich zu beeinträchtigen droht.** Typischerweise wird ein Verweisungsantrag nach Art. 22 FKVO bei Zusammenschlussvorhaben gestellt, die in mindestens zwei Mitgliedstaaten anzumelden sind und/oder die betroffenen Märkte weiter als national abzugrenzen sind. In derartigen Fällen ist die Wahrscheinlichkeit höher, dass die nationale Behörde davon ausgeht, dass die Europäische Kommission zur Beurteilung besser geeignet ist, den problematischen Zusammenschluss zu beurteilen und gegebenenfalls geeignete Abhilfemaßnahmen zu fordern.

225 Der Antrag muss **binnen 15 Arbeitstagen** von einem originär zuständigen Mitgliedstaat entweder aus eigener Initiative oder auf Aufforderung der Europäischen Kommission (Art. 22 Abs. 5 FKVO) gestellt werden. **Beginn der Frist** ist die **nationale Anmeldung.** Falls keine Anmeldung erforderlich ist, wie zB bei freiwilliger Anmeldung im Vereinigten Königreich, ist Fristbeginn der Zeitpunkt, an dem der Zusammenschluss dem Mitgliedstaat zur **Kenntnis gebracht** worden ist (Art. 22 Abs. 1 UAbs. 2 FKVO). Der antragsstellende Mitgliedstaat muss in seinem Antrag angeben, dass der Zusammenschluss den Handel zwischen Mitgliedstaaten beeinträchtigt und den Wettbewerb im Hoheitsgebiet des bzw. der antragstellenden Mitgliedstaaten erheblich zu beeinträchtigen droht. Für die Definition der erheblichen Beeinträchtigung wird verwiesen auf → Rn. 212.

226 Die Europäische Kommission leitet den Antrag unverzüglich an alle Mitgliedstaaten weiter und **jeder andere Mitgliedstaat** kann sich dem Verweisungsantrag **innerhalb von 15 Arbeitstagen** nach Erhalt **anschließen** (Art. 22 Abs. 2 FKVO). Nach dem Wortlaut und der Auslegung der Europäischen Kommission steht das Anschlussrecht jedem Mitgliedstaat zu, also auch solchen, die nicht originär zuständig sind und bei denen damit nicht angemeldet werden musste.[137] Dies führt für die beteiligten Unternehmen zu einem Verlust an Rechtssicherheit. Der Europäischen Kommission verschafft dies eine Kompetenz, über die der Mitgliedstaat selbst nicht verfügt hätte. In der Praxis schließen sich jedoch meist nur solche Mitgliedstaaten einer Verweisung an, bei denen der Zusammenschluss angemeldet werden muss. Nur vereinzelt gibt es Fälle, in denen sich andere Mitgliedstaaten anschließen.[138]

227 Bis endgültig über die Verweisung entschieden worden ist, werden alle **nationalen Fristen gehemmt.** Die Hemmung endet erst, wenn der zuständige Mitgliedstaat der Europäischen Kommission und den beteiligten Unternehmen mitteilt, dass er sich dem Antrag nicht anschließt (Art. 22 Abs. 2 UAbs. 3 FKVO).

228 Innerhalb von **zehn Arbeitstagen** nach Ablauf der Anschlussfrist von 15 Arbeitstagen kann die **Europäische Kommission** nach Art. 22 Abs. 3 FKVO entscheiden, den Zusammenschluss selbst zu prüfen. Die Entscheidung ergeht nach **pflichtgemäßem Ermessen** und die Europäische Kommission nimmt die Verweisung nur dann an, wenn der Zusammenschluss ihrer Ansicht nach tatsächlich den Handel zwischen Mitgliedstaaten beeinträchtigt und den Wettbewerb im Hoheitsgebiet des bzw. der antragstellenden Mitgliedstaaten erheblich zu beeinträchtigen droht. Trifft die Europäische Kommission innerhalb dieser Frist keine **Entscheidung,** so gilt dies als Entscheidung, den **Zusammenschluss selbst zu prüfen.**

229 Nimmt die Europäische Kommission den Fall an, unterrichtet sie alle Mitgliedstaaten und die beteiligten Unternehmen. Das **nationale Wettbewerbsrecht** der **Mitgliedstaaten,** die den Antrag gestellt sowie derjenigen, die sich **angeschlossen** haben, findet auf

---

136 Siehe http://ec.europa.eu/competition/mergers/statistics.pdf (zuletzt abgerufen am 31.3.2018).

137 Siehe auch *Bardong/Maass* in Langen/Bunte FKVO Art. 22 Rn. 17 f.

138 So jüngst wohl bei dem Zusammenschlussvorhaben COMP/M.8788 – Apple/Shazam. Hier hat die Europäische Kommission am 6.2.2018 einen Verweisungsantrag von Österreich angenommen, dem sich Frankreich, Island, Italien, Norwegen, Spanien und Schweden angeschlossen haben.

den Zusammenschluss **keine Anwendung** mehr. Vielmehr ist **allein** die **Europäische Kommission** zuständig. Dementsprechend ist eine Anmeldung auf dem **Formblatt CO** einzureichen und es beginnt das europäische Fusionskontrollverfahren (siehe Art. 22 Abs. 4 FKVO). Die Europäische Kommission ist jedoch ausschließlich für die Beurteilung der Auswirkungen des Zusammenschlussvorhabens in den verweisenden oder sich anschließenden Mitgliedstaaten zuständig. Sie erwirbt **keine EWR-weite Zuständigkeit.** Sollten sich nicht alle originär zuständigen Mitgliedstaaten dem Verweisungsantrag angeschlossen haben, so bleiben sie für die Beurteilung des Zusammenschlussvorhabens hinsichtlich ihres Hoheitsgebietes zuständig. Es kann damit zu einer **Doppelzuständigkeit** kommen.

Die Aufwärtsverweisung nach Anmeldung kann zu einer erheblichen **Verzögerung des Transaktionszeitplans** führen. Zunächst ist (wie von den Beteiligten vorgesehen) bei den **nationalen Behörden angemeldet worden.** Die nationalen Verfahren dauerten bis zu **15 Arbeitstage** an. Bis über die **Verweisung entschieden** wird vergehen maximal **25 Arbeitstage.** Anschließend ist das **gesamte europäische Fusionskontrollverfahren** zu durchlaufen: Die Beteiligten müssen das Formblatt CO erstellen, das deutlich umfangreicher ist als die meisten nationalen Anmeldungen. Insbesondere in komplexeren Fällen müssen zuvor zudem Vorabkontakte mit der Europäischen Kommission initiiert werden. Es können von der Anmeldung in den Mitgliedstaaten bis zur formalen, fristauslösenden Anmeldung bei der Europäischen Kommission ohne weiteres drei bis sechs Monate vergehen, in komplexen Verfahren sogar deutlich mehr.[139] Wie bereits bei der Beschreibung des Verfahrens ausgeführt, haben die Beteiligten auf die Dauer der Vorabkontakte nur bedingt Einfluss. **230**

Zur Risikoeinschätzung gebietet sich zu prüfen, ob (1.) das Zusammenschlussvorhaben in mehr als einem Mitgliedstaat anzumelden ist, (2.) nicht auszuschließen ist, dass es den Wettbewerb im Hoheitsgebiet zumindest eines der anmeldepflichtigen Mitgliedstaaten erheblich zu beeinträchtigen droht und (3.) die Märkte gegebenenfalls weiter als national sind. Ein etwaiges **Verweisungsrisiko** sollte **bei der Erstellung des Transaktionszeitplans frühzeitig berücksichtigt werden** (insbesondere zB bei der Festsetzung eines *Long Stop Dates,* dazu → Rn. 372). **231**

2. Verweisung auf Antrag der beteiligten Unternehmen

Nach Art. 4 Abs. 5 FKVO kann ein Zusammenschluss ohne gemeinschaftsweite Bedeutung, für dessen Beurteilung **mindestens drei nationale Wettbewerbsbehörden zuständig** wären, auf Antrag der beteiligten Unternehmen **vor Anmeldung** an die Europäische Kommission verwiesen werden. In der Praxis sind Verweisungsfälle nach Art. 4 Abs. 5 FKVO deutlich häufiger als solche nach Art. 22 FKVO, es handelt sich um die am häufigsten vorkommende Verweisungsform: Von 2012 bis einschließlich 2017 gab es 122 Verweisungsanträge, von denen nur zwei abgewiesen wurden.[140] Dies zeigt, dass es zahlreiche Zusammenschlüsse gibt, die in mehr als drei Mitgliedstaaten angemeldet werden müssen. **232**

Der Antrag ist nur vor Anmeldung des Zusammenschlussvorhabens zulässig oder wenn ein bereits formal begonnenes Anmeldeverfahren durch Rücknahme der Anmeldung beendet wurde. Das Vorhaben muss **hinreichend konkret** sein (dh ein *MoU, LoI* oder ähnliches sollte bereits unterschrieben sein). Einzige Voraussetzung des Antrags ist, dass der Zusammenschluss in **mindestens drei Mitgliedstaaten** angemeldet werden muss. In diesen Fällen ist die Europäische Kommission häufig die am besten für die Beurteilung geeignete Behörde. Der Verweisungsantrag hat wie derjenige nach Art. 4 Abs. 5 FKVO auf **233**

[139] Beispielsweise wurde der Verweisungsantrag im Zusammenschluss COMP/M.5675 – Syngenta/Monsanto's Sunflower Business am 21.11.2009 angenommen (nachdem die nationale Anmeldung in Spanien bereits am 19.8.2009 eingereicht wurde). Die formale Anmeldung bei der Europäischen Kommission erfolgte erst am 28.4.2010, dh fünf Monate später, die bedingte Freigabe weitere knapp 7 Monate später am 17.11.2010. Von der nationalen Anmeldung bis zur Freigabe hat es damit ein Jahr und drei Monate gedauert.

[140] Siehe http://ec.europa.eu/competition/mergers/statistics.pdf (zuletzt abgerufen am 31.3.2018).

dem **Formblatt RS** zu erfolgen.[141] Es ist sinnvoll, vor Einreichung **informelle Kontakte** mit der Europäischen Kommission und den zuständigen nationalen Behörden aufzunehmen.[142]

234 Die Europäische Kommission leitet den Antrag unverzüglich an alle Mitgliedstaaten weiter und jeder Mitgliedstaat, der nach seinem nationalen Recht für die Prüfung des Zusammenschlusses zuständig ist, kann die beantragte Verweisung innerhalb von **15 Arbeitstagen nach Erhalt** ablehnen. **Lehnt auch nur einer** der zuständigen Mitgliedstaaten die **Verweisung ab,** wird der Zusammenschluss **insgesamt nicht verwiesen.** Lehnt dagegen kein Mitgliedstaat die Verweisung ab, wird die gemeinschaftsweite Bedeutung des Zusammenschlusses vermutet und er ist bei der Europäischen Kommission anzumelden. Die Mitgliedstaaten verlieren damit ihre Zuständigkeit.

E. Deutsche Fusionskontrolle

I. Einführung

235 Vergleichbar der FKVO müssen zwei Grundvoraussetzungen erfüllt sein, damit die Zusammenschlusskontrolle nach dem GWB einschlägig ist: (1.) es muss sich um einen Zusammenschluss im Sinne des GWB handeln und (2.) die Anmeldeschwellen müssen erreicht sein. Zudem darf das Zusammenschlussvorhaben keine gemeinschaftsweite Bedeutung haben, da ansonsten die Europäische Kommission ausschließlich zuständig ist (§ 35 Abs. 3 GWB).

236 Das deutsche Fusionskontrollregime ist dem Europäischen in vielerlei Hinsicht sehr ähnlich, weist jedoch in einigen Bereichen auch deutliche Unterschiede auf. Insbesondere erfasst der deutsche Zusammenschlussbegriff auch den Erwerb bestimmter **nichtkontrollierender Minderheitsbeteiligungen.** Zudem ist in Deutschland nicht nur die Gründung eines Vollfunktionsgemeinschaftsunternehmens anmeldepflichtig, sondern auch die eines **Teilfunktionsgemeinschaftsunternehmens.** Das deutsche Fusionskontrollverfahren ist – unter anderem mangels eines verbindlichen Formblattes – deutlich **weniger formell und aufwendig** als das europäische Verfahren. Auch das Fristenregime weicht erheblich von dem der FKVO ab.

237 Die Ausführungen zur deutschen Fusionskontrolle konzentrieren sich schwerpunktmäßig auf die Unterschiede zum europäischen Regime und nehmen im Übrigen auf Letzteres Bezug.

II. Zusammenschlusstatbestände

238 § 37 Abs. 1 GWB enthält vier Zusammenschlusstatbestände. Diese schließen sich nicht gegenseitig aus, sondern sind nebeneinander anwendbar. Ein und derselbe Zusammenschluss kann also mehrere Zusammenschlusstatbestände verwirklichen. Kein Zusammenschlusstatbestand liegt nach § 37 Abs. 2 GWB vor, wenn die beteiligten Unternehmen bereits vorher zusammengeschlossen waren und die Transaktion nicht zu einer wesentlichen Verstärkung der bestehenden Unternehmensverbindung führt. Dies betrifft **konzerninterne Umstrukturierungen.** Wenn eine Beteiligung von einem Unternehmen eines Konzerns auf ein anderes übertragen wird, das zum selben Konzern gehört, liegt mangels Verstärkung der Unternehmensverbindung also kein Zusammenschluss vor.

141 Siehe Art. 6 Abs. 1 der Durchführungsverordnung. Das Formblatt RS befindet sich in Anhang III der Durchführungsverordnung.

142 Siehe European Competition Authorities, Grundsätze für die Anwendung von Art. 4 Abs. 5 und Art. 22 der Europäischen Fusionskontrollverordnung durch die nationalen Wettbewerbsbehörden der ECA, abrufbar unter http://www.bundeskartellamt.de/SharedDocs/Publikation/DE/Sonstiges/ECA_Grunds%C3%A4tze_Anwendung_Artikel_Europ%C3%A4ischen%20Fusionskontrollverordnung.pdf?__blob=publicationFile&v=3 (zuletzt abgerufen am 31.3.2018).

1. Vermögenserwerb

Nach § 37 Abs. 1 Nr. 1 GWB ist ein Zusammenschluss anzunehmen, wenn das Vermögen eines anderen Unternehmens ganz oder zum Teil erworben wird. Trotz Streichung aus dem Gesetzestext werden die **Verschmelzung** oder **Umwandlung** noch immer als Unterfälle betrachtet.[143] Es kann sich beim Vermögenserwerb um Fälle der **Gesamtrechtsnachfolge** oder um **Einzelübertragung** von Rechten handeln. Der Vermögenserwerb im Sinne des GWB setzt in der Regel den Übergang des **Vollrechts** voraus. Der reine Erwerb obligatorischer oder beschränkt dinglicher Nutzungsrechte, wie Lizenzen, Pfandrechte oder Nießbrauchrechte, reicht grundsätzlich nicht aus. Ausnahmen existieren zB bei der Übertragung von Gebrauchs- oder Nutzungsrechten, wenn der Veräußerer selbst nicht Vollrechtsinhaber ist (sondern zB nur Mieter).[144] Nach dem mit der 9. GWB-Novelle eingefügten letzten Halbsatz von § 37 Abs. 1 Nr. 1 GWB ist der Tatbestand des Vermögenserwerbs auch dann verwirklicht, wenn das Unternehmen, dessen Vermögen erworben wird, **noch keinen Umsatz erzielt** hat. **239**

Der **Begriff des Vermögens** erfasst grundsätzlich alle **geldwerten Güter** eines Unternehmens ohne Rücksicht auf Art, Verwendung und Verwertbarkeit. In der Praxis sind nur tatsächlich **unternehmerisch genutzte Vermögensgenstände** von Relevanz, typischerweise Betriebs- und Unternehmensteile.[145] Die reine Übertragung von Funktionen eines Unternehmens durch **Dienstleistungsverträge** stellt dagegen in aller Regel **keine Vermögensübertragung** dar. **240**

Nach § 37 Abs. 1 Nr. 1 GWB muss das Vermögen **ganz** oder zu einem **wesentlichen Teil** erworben werden. Beim Erwerb im Ganzen kann es sich beispielsweise um die Übernahme des rechtlich unselbstständigen Geschäftes einer natürlichen oder juristischen Person handeln. Auch eine Vollfusion, bei der der Rechtsträger des Zielunternehmens voll im Erwerber aufgeht, fällt hierunter. Im deutschen Recht entspricht dies insbesondere Fällen der Umwandlung, Verschmelzung sowie Vermögensübertragung nach dem Umwandlungsgesetz. **241**

Auslegungsschwierigkeiten ergeben sich häufig bei der Frage, ob zu erwerbende Vermögensgegenstände den **wesentlichen Teil** des Vermögens des betreffenden Unternehmens ausmachen. Unstreitig werden Vermögensteile erfasst, die im Verhältnis zum Gesamtvermögen des Veräußerers **quantitativ** ausreichend hoch sind.[146] Erfasst werden zudem Vermögensteile, denen im Hinblick auf die Produktion, die Vertriebsziele und die jeweiligen Marktverhältnisse eine **qualitativ eigenständige Bedeutung** zukommt und die deshalb als vom übrigen Vermögen des Veräußerers abtrennbare, einheitliche Teile erscheinen.[147] Dies können beispielsweise eine Betriebsstätte, ein Geschäftsbereich, ein Warenzeichen, geistige Eigentumsrechte, Kundenverträge, oder die Verlags- und Titelrechte einer Zeitung sein. **242**

In diesen **qualitativen** Fällen muss der Vermögenswert **tragende Grundlage der Stellung des Veräußerers auf dem Markt** sein. Diese Stellung muss so auf den Erwerber übergehen, dass sie in der Lage ist, seine Position auf dem Markt zu verändern.[148] Je geringer Umfang und Wert des übertragenen Vermögensteils sind, desto stärker kommt es hierauf an. Grundsätzlich wird der Begriff des wesentlichen Vermögensteils vom **Bundeskartellamt** eher **weit ausgelegt.** Der BGH hat jedoch entschieden, dass der Abschluss **243**

---

143 Siehe *Riesenkampff/Lehr* in Loewenheim/Meessen/Riesenkampff/Kersting/Meyer-Lindemann § 37 Rn. 6.

144 Siehe *Kallfaß* in Langen/Bunte § 37 Rn. 14.

145 Siehe Bechtold/Bosch § 37 Rn. 5.

146 Siehe Bundeskartellamt, Merkblatt zur deutschen Fusionskontrolle vom Juli 2005, Abschnitt V.3., abrufbar unter http://www.bundeskartellamt.de/SharedDocs/Publikation/DE/Merkbl%C3%A4tter/Merkblatt%20-%20Deutsche%20Fusionskontrolle.pdf?__blob=publicationFile&v=5 (zuletzt abgerufen am 31.3.2018).

147 Siehe Bundeskartellamt, Merkblatt zur deutschen Fusionskontrolle vom Juli 2005, Abschnitt V.3.

148 Siehe BGH Beschl. v. 7.7.1992 – KVR 14/91, BGHZ 117, 119 = WuW/E BHG 2783 (2786) – Warenzeichenerwerb.

eines **Lizenzvertrags keinen wesentlichen Vermögenserwerb** darstellt, es sei denn, dass der Lizenznehmer in eine bereits vorhandene Marktstellung des Lizenzgebers einrücken könne.[149]

244 In **Zweifelsfällen,** die zugleich keine materiellen Bedenken hervorrufen, ist eine **rein vorsorgliche Anmeldung** zugunsten der Rechtssicherheit zu empfehlen. In **materiell unproblematischen Fällen** wird die Freigabe häufig genauso schnell erteilt wie eine Auskunft des Bundeskartellamts in einer fristlosen Konsultation zur Frage der Anmeldepflicht.

2. Kontrollerwerb

245 Kontrollerwerb liegt nach § 37 Abs. 1 Nr. 2 GWB vor, wenn ein oder mehrere Unternehmen unmittelbar oder mittelbar Kontrolle über die Gesamtheit oder Teile eines oder mehrerer anderer Unternehmen erwerben. Als Mittel des Kontrollerwerbs nennt § 37 Abs. 1 Nr. 2 GWB Rechte, **Verträge** oder **andere Mittel,** die einzeln oder zusammen unter Berücksichtigung aller tatsächlichen oder rechtlichen Umstände die **Möglichkeit** gewähren, einen **bestimmenden Einfluss auf die Tätigkeit eines Unternehmens auszuüben.** Als Regelbeispiele werden Eigentums- oder Nutzungsrechte an einer Gesamtheit oder an Teilen des Vermögens des Unternehmens genannt sowie Rechte oder Verträge, die einen bestimmenden Einfluss auf die Zusammensetzung, die Beratungen oder Beschlüsse der Organe des Unternehmens gewähren. In § 37 Abs. 1 Nr. 2 GWB wird nunmehr klargestellt, dass ein Kontrollerwerb auch dann vorliegen kann, wenn das im Inland tätige Zielunternehmen noch keinen Umsatz erzielt hat.

246 Der Tatbestand des Kontrollerwerbs im deutschen Recht entspricht dem des europäischen Rechts.[150] Insofern wird auf die Ausführungen in → Rn. 16 verwiesen.

3. Anteilserwerb

247 Nach § 37 Abs. 1 Nr. 2 GWB stellt der Erwerb von Anteilen an einem anderen Unternehmen einen Zusammenschlusstatbestand dar, wenn die Anteile allein oder zusammen mit sonstigen, dem Unternehmen bereits gehörenden Anteilen, 50% (lit. a) oder 25% (lit. b) des Kapitals oder der Stimmrechte des anderen Unternehmens erreichen. Zu den Anteilen, die dem Unternehmen gehören, zählen auch die Anteile, die einem anderen für Rechnung dieses Unternehmens gehören. Die Anteile verbundener Unternehmen werden ebenfalls zugerechnet. Es wird ohne weitere materielle Kriterien ausschließlich an das Erreichen der Anteilsschwellen angeknüpft. Während beim Erwerb eines Anteils von **50% oder mehr in der Regel** auch ein Fall des Erwerbs der gemeinsamen oder alleinigen **Kontrolle** vorliegt, handelt es sich bei einem Anteil von **25% und mehr** (aber (deutlich) unter 50%) **häufig** um **nichtkontrollierende Minderheitsbeteiligungen.**

248 Mit § 37 Abs. 1 Nr. 3 S. 3 GWB fingiert das GWB bei der Gründung eines **Gemeinschaftsunternehmens** den **Zusammenschluss der Muttergesellschaften,** wenn sie daran gleichzeitig oder nacheinander Anteile in Höhe von mindestens 50% oder mindestens 25% erwerben. Dies gilt hinsichtlich der Märkte, auf denen das Zielunternehmen tätig ist. Die Beteiligung an einem Gemeinschaftsunternehmen stellt damit für jede Muttergesellschaft nicht nur einen Zusammenschluss mit dem Gemeinschaftsunternehmen dar, sondern auch einen **Zusammenschluss mit der oder den anderen Muttergesellschaften** auf dem Markt des Gemeinschaftsunternehmens. **Praktische Auswirkungen** hat dies jedoch **nur für die Prüfungen der Anmeldepflicht:** Wie in → Rn. 257 näher ausgeführt, sind in dieser Konstellation sowohl das **Gemeinschaftsunternehmen** als auch alle **Muttergesellschaften,** deren Anteile die genannte Höhe übersteigen, **beteiligte Unternehmen.** Damit sind ihre Umsätze für die Bestimmung der Anmeldepflicht zu berücksichtigen. In **materieller Hinsicht** prüft das Bundeskartellamt im Rahmen der Fusions-

[149] Siehe BGH Beschl. v. 10.10.2006 – KVR 32/05, BGHZ 170, 130 Rn. 10 ff. – National Geographic.
[150] Siehe Bundeskartellamt, Merkblatt zur deutschen Fusionskontrolle vom Juli 2005, Abschnitt V.4.

kontrolle jedoch **keine Koordinationseffekte** zwischen den Muttergesellschaften. Vielmehr prüft sie diese Aspekte, dh insbesondere in Fällen, in denen die Muttergesellschaften auf denselben Märkten tätig bleiben wie das Gemeinschaftsunternehmen, separat unter dem Aspekt des § 1 GWB bzw. des Art. 101 AEUV (→ Rn. 289).

Im Gegensatz zum europäischen Recht ist die Gründung eines Gemeinschaftsunter- **249**
nehmens bzw. der Erwerb von Anteilen an einem Gemeinschaftsunternehmen in Deutschland nicht nur dann anmeldepflichtig, wenn das Gemeinschaftsunternehmen auf Dauer alle Funktionen einer selbständigen wirtschaftlichen Einheit erfüllt. Das GWB kennt den Begriff der Vollfunktionsfähigkeit nicht. Auch die Gründung von bzw. der Erwerb von Anteilen an **Teilfunktionsgemeinschaftsunternehmen** ist in Deutschland **anmeldepflichtig.** Damit entfällt dieser für die Anwendbarkeit der FKVO erforderliche Schritt bei der Prüfung einer Anmeldepflicht in Deutschland.

Der Zusammenschlusstatbestand des § 37 Abs. 1 Nr. 2 GWB kann bei Gemeinschafts- **250**
unternehmen dazu führen, dass **ein und dieselbe Transaktion sowohl bei der europäischen Kommission als auch beim Bundeskartellamt angemeldet werden muss.** Dies kann der Fall sein, wenn ein Unternehmen am Zielunternehmen Kontrolle erwirbt und ein anderes gleichzeitig mindestens 25 % ohne Kontrolle. Ein Beispiel hierfür ist die Gründung eines Gemeinschaftsunternehmens, an dem eine der Muttergesellschaften zu 75 % und die andere zu 25 % beteiligt ist, ohne dass mit dem Anteil von 25 % Kontrolle erworben wird. Der Erwerb von Kontrolle durch die erste Muttergesellschaft stellt, falls ihre Umsätze und die des Zielunternehmens die Umsatzschwellen übersteigen, einen Zusammenschlusstatbestand nach der FKVO dar und ist anmeldepflichtig. Dagegen ist der Erwerb der nicht kontrollierenden Minderheitsbeteiligung in Höhe von 25 %, unabhängig von den Umsätzen des Erwerbers, bei der Europäischen Kommission nicht anmeldepflichtig. Sollten die Umsätze der Beteiligten die deutschen Umsatzschwellen erreichen, ist dieser Erwerbsvorgang jedoch beim Bundeskartellamt anmeldepflichtig. Aufgrund von § 37 Abs. 1 Nr. 3 S. 3 GWB sind in dieser Konstellation nicht nur die Umsätze des Erwerbers der Minderheitsbeteiligung und des Zielunternehmens zu berücksichtigen, sondern auch diejenigen des Erwerbers der kontrollierenden Mehrheitsbeteiligung. Daran ändert die Tatsache nichts, dass dessen Erwerbsvorgang Gegenstand eines Fusionskontrollverfahrens auf europäischer Ebene ist. Zur Frage, wer beteiligtes Unternehmen ist, → Rn. 258.

4. Erwerb eines wettbewerblich erheblichen Einflusses

§ 37 Abs. 1 Nr. 4 GWB sieht einen weiteren Zusammenschlusstatbestand für Fälle **unter-** **251**
halb des Kontrollerwerbs und des **Erwerbs eines Anteils in Höhe von mindestens 25 %** vor. Erfasst wird jede sonstige Unternehmensverbindung, aufgrund der ein oder mehrere Unternehmen unmittelbar oder mittelbar einen wettbewerblich erheblichen Einfluss auf ein anderes Unternehmen ausüben können. Es handelt sich um einen **Auffangtatbestand.** Da der Begriff des wettbewerblich erheblichen Einflusses vage ist, ist die Feststellung, ob ein solcher erworben wird, nicht immer trennscharf möglich. Dies erfordert eine Gesamtschau aller Umstände des Einzelfalles.

Der Einfluss muss auf **gesellschaftsrechtlich vermittelten Unternehmensverbin-** **252**
dungen beruhen.[151] Der **wichtigste Anwendungsfall** ist der des **Anteilserwerbs unter 25 %.** Der Zusammenschlusstatbestand des wettbewerblich erheblichen Einflusses hat zwei Bestandteile, den **Einfluss** und dessen **wettbewerbliche Erheblichkeit.** Hinsichtlich des Einflusses genügt die Möglichkeit der Einflussnahme, er muss **nicht tatsächlich ausgeübt** werden. Erheblichkeit wird angenommen, wenn der Wettbewerb aufgrund des zwischen den Unternehmen bestehenden Beziehungsgeflechts erwartungsgemäß so eingeschränkt wird, dass die **Unternehmen nicht mehr unabhängig am Markt auftreten.**[152] Sie ist

[151] Siehe BGH Beschl. v. 21.12.2004 – KVR 26/03, WuW/E DE-R, 1419 (1420 f.) – Deutsche Post/Trans-o-flex.
[152] Siehe Bechtold/Bosch § 37 Rn. 40.

folglich gegeben, wenn zu erwarten ist, dass der Mehrheitsgesellschafter auf die Vorstellungen des Erwerbers Rücksicht nimmt und diesem freien Raum lässt.[153] Das Tatbestandsmerkmal des Einflusses verlangt in der Regel mehr als bloße Information und weniger als Kontrolle. Erforderlich ist die Möglichkeit, an der Entscheidungsbildung des Unternehmens mitzuwirken.

253 Dies erfordert sog. **Plusfaktoren,** die zur reinen Beteiligungshöhe hinzukommen müssen. Sie können unterschiedlich ausgestaltet sein und sich zB aus weitgehenden Informations-, Mitsprache- oder Sperrrechten sowie Organpräsenzrechten ergeben. Eine **rechtliche Absicherung ist nicht zwingend erforderlich.** Vielmehr kann ausreichen, dass der **Einfluss faktisch begründet** ist. Dies ist zB bei Erwerb einer Beteiligung von unter 25 % an einer Aktiengesellschaft der Fall, wenn diese aufgrund der geringen Präsenz in der letzten Hauptversammlung faktisch einem Anteil von 25 % plus einer Stimme entspricht und zu erwarten ist, dass sie damit praktisch eine gesicherte Sperrminorität verleiht. Je mehr Plusfaktoren vorhanden sind, desto geringer muss der erworbene Anteil sein. Eine klare Untergrenze kann nicht festgestellt werden. In der Regel sind jedoch Beteiligungen von unter 10 % nur dann von § 37 Abs. 1 Nr. 4 GWB erfasst, wenn gesellschaftsrechtlich abgesicherte Zusatzrechte vorliegen.[154] Hierunter fallen Konstellationen, in denen niedrige Beteiligungen mit abgesicherten Plusfaktoren verbunden sind, die sie einer Beteiligung in Höhe von mindestens 25 % gleichwertig erscheinen lassen, was den Einfluss auf die Geschäftstätigkeit des Zielunternehmens anbelangt.

254 Auch wirtschaftliche Beziehungen zwischen den Beteiligten werden nach der ständigen Praxis des Bundeskartellamtes bei der Bestimmung, ob ein wettbewerblich erheblicher Einfluss vorliegt, berücksichtigt (Wettbewerbs-, Lieferanten- oder Abnehmerverhältnis).[155] **Wettbewerbliche Erheblichkeit** erfordert, dass es zwischen dem Erwerber der Minderheitsbeteiligung und dem Zielunternehmen zu **horizontalen Überschneidungen** oder **vertikalen Beziehungen** kommt. Nur sie können einen Minderheitsgesellschafter in die Lage versetzen, eigene Wettbewerbsinteressen zur Geltung zu bringen, wie es die Rechtsprechung verlangt.[156] Rein **konglomerate Zusammenschlüsse** oder solche zwischen Unternehmen **ohne jegliche Berührungspunkte am Markt** begründen demgegenüber **keinen wettbewerblich erheblichen Einfluss.**[157]

255 Ebenso wie Kontrolle kann auch der **wettbewerblich erhebliche Einfluss durch mehrere** Unternehmen ausgeübt werden. Erforderlich ist eine gemeinsame Interessenlage, die über die gemeinsame Beteiligung als solche hinausgeht.[158] Es gelten dieselben Grundsätze wie zur Bestimmung der gemeinsamen Kontrolle (→ Rn. 23).

256 Wird ein bereits vorhandener **wettbewerblich erheblicher,** den Voraussetzungen der Nr. 4 genügender **Einfluss verstärkt,** so wird der Zusammenschlusstatbestand von Nr. 4 dadurch nicht erneut verwirklicht. Eine erneute Anmeldepflicht entsteht nur, wenn durch eine Erhöhung der Beteiligung ein anderer Zusammenschlusstatbestand verwirklicht wird, zB durch den Erwerb von 25 % oder 50 % oder Kontrollerwerb.

5. Bankenklausel

257 § 37 Abs. 3 GWB sieht eine dem Art. 3 Abs. 5 lit. a FKVO entsprechende Ausnahme für bestimmte Erwerbsvorgänge durch Kredit- und Finanzinstitute oder Versicherungsunternehmen vor. Insofern wird verwiesen auf → Rn. 42.

---

[153] Siehe BGH Beschl. v. 21.12.2000 – KVR 16/99, WuW/E DE-R 607 (609 f.) – Minderheitsbeteiligung im Zeitschriftenhandel.

[154] Siehe dazu Fallbericht des Bundeskartellamts v. 6.11.2009 – B9–56/09 – Air Berlin/TUI fly.

[155] Siehe zB Bundeskartellamt Entsch. v. 8.9.2004 – B6–27/2004 – DuMont Schauberg/Bonner Zeitungsdruckerei.

[156] siehe OLG Düsseldorf Beschl. v. 6.7.2005 – VI.Kart 26/04 (V), WuW/E DE-R 1581 (1582) – Bonner Zeitungsdruckerei.

[157] So auch *Thomas* in Immenga/Mestmäcker § 37 Rn. 345

[158] Siehe Bechtold/Bosch § 37 Rn. 45.

III. Beteiligte Unternehmen

Wie bei der europäischen muss auch in der deutschen Fusionskontrolle für jeden Zusammenschlusstatbestand gesondert bestimmt werden, wer beteiligtes Unternehmen ist. Für den **Vermögenserwerb** sind bei einer Umwandlung und Fusion die sich zusammenschließenden Unternehmen beteiligt. Bei einem sonstigen Vermögenserwerb (zB eines Geschäftsbereichs oder einzelner wesentlichen Vermögensgegenstände) sind dagegen der Erwerber sowie der erworbene Vermögensteil beteiligt. § 38 Abs. 5 GWB sieht ausdrücklich vor, dass auf Seiten des Veräußerers nur der Umsatz zu berücksichtigen ist, der auf die veräußerten Teile entfällt (es sei denn, der Veräußerer bleibt mit mehr als 25 % beteiligt oder behält die Kontrolle, dann ist auch er Beteiligter). Beim **Kontrollerwerb** sind entsprechend der FKVO alle Unternehmen beteiligt, die an der Kontrolle teilhaben, sowie das Unternehmen, an dem Kontrolle erworben wird.[159] Wie bereits ausgeführt, sind beim **Anteilserwerb** das erwerbende Unternehmen beteiligt, sowie dasjenige, dessen Anteile erworben werden. Nicht beteiligt ist jedoch der Veräußerer, es sei denn, er bleibt mit mindestens 25 % am Zielunternehmen beteiligt. Aufgrund des fingierten Zusammenschlusses der Muttergesellschaften bei **Gemeinschaftsunternehmen** in § 37 Abs. 1 Nr. 3 S. 3 GWB ist auch jedes andere Unternehmen beteiligt, das mindestens 25 % der Anteile am Zielunternehmen hält und zwar unabhängig davon, ob es die Anteile neu erwirbt oder bereits hält. Beim Erwerb eines **wettbewerblich erheblichen Einflusses** das Einfluss erwerbende Unternehmen sowie das Zielunternehmen beteiligt. Da es bei § 37 Abs. 1 Nr. 4 GWB keine dem § 37 Abs. 1 Nr. 3 S. 3 GWB entsprechende Regelung gibt, sind hier die Unternehmen, die am Zielunternehmen bereits mindestens 25 % der Anteile halten, keine beteiligten Unternehmen.[160] 258

IV. Anmeldeschwellen

Ein Zusammenschlussvorhaben muss nur beim Bundeskartellamt angemeldet werden, wenn es die in § 35 GWB vorgesehen Anmeldeschwellen erreicht. Wie die FKVO sieht das GWB Umsatzschwellen vor. Kürzlich wurden sie um einen weiteren Tatbestand ergänzt, der an den Wert der Gegenleistung anknüpft. 259

1. Umsatzschwellen

Nach § 35 Abs. 1 GWB ist ein Zusammenschlussvorhaben anmeldepflichtig, wenn folgende Voraussetzungen kumulativ erfüllt sind: (1.) die beteiligten Unternehmen haben im letzten abgeschlossenen Geschäftsjahr insgesamt weltweit einen Umsatz von mehr als 500 Mio. EUR erzielt, (2.) mindestens ein beteiligtes Unternehmen hat in Deutschland im letzten abgeschlossenen Geschäftsjahr einen Umsatz von mehr als 25 Mio. EUR erzielt und (3.) mindestens ein anderes beteiligtes Unternehmen hat in Deutschland mehr als 5 Mio. EUR erzielt (zu Ausnahmen → Rn. 266 f.). 260

2. Neue Schwelle

Am 9.6.2017 ist die **9. GWB-Novelle** in Kraft getreten. Diese führte unter anderem eine neue **Transaktionswertschwelle** ein, die innerhalb Europas die erste ihrer Art ist (Österreich ist Ende 2017 mit einer entsprechenden Regelung nachgezogen). Ratio der Neuregelung ist vor allem, mit Blick auf die digitale Ökonomie eine Lücke in der Fusionskontrolle zu schließen. Eine solche bestand bei der Übernahme meist junger Unternehmen mit innovativen Geschäftsmodellen und perspektivisch außerordentlich hohem Wettbewerbspotenzial. Sofern diese noch keine oder nur sehr geringe Umsätze aufgewiesen 261

[159] Siehe Bundeskartellamt, Merkblatt zur deutschen Fusionskontrolle, Juli 2005, V.1.
[160] Siehe auch *Thomas* in Immenga/Mestmäcker § 37 Rn. 355.

hatten, waren entsprechende Übernahmen nach bisherigem Recht nicht anmeldepflichtig. Beispielsweise wurde die Übernahme von *WhatsApp* durch *Facebook* im Jahr 2014 nicht von der deutschen Fusionskontrolle erfasst. Denn *WhatsApp* hatte weltweit lediglich einen Umsatz von 10,2 Mio. EUR erzielt.[161] Als weitere mögliche Anwendungsfälle führt die Gesetzesbegründung Zielunternehmen an, die private Forschung und Entwicklung im Pharmabereich und Technologiesektor betreiben, bisher aber noch keine oder nur geringe Umsätze erwirtschaften.[162]

262 Im neuen § 35 Abs. 1a GWB heißt es, dass Zusammenschlussvorhaben auch anmeldepflichtig sind, wenn nur die erste und zweite Voraussetzung von § 35 Abs. 1 GWB erfüllt sind (gemeinsamer weltweiter Umsatz von über 500 Mio. EUR, Umsatz eines Beteiligten in Deutschland von über 25 Mio. EUR), die dritte Voraussetzung jedoch nicht, und gleichzeitig (1.) der Wert der **Gegenleistung** für den Zusammenschluss mehr als 400 Mio. EUR beträgt und (2.) das Zielunternehmen in **erheblichem Umfang im Inland** tätig ist.

263 Nach § 38 Abs. 4a GWB umfasst die **Gegenleistung** die Vermögensgegenstände und sonstigen geldwerten Leistungen, die der Veräußerer vom Erwerber im Zusammenhang mit dem Zusammenschluss erhält **(Kaufpreis) und** den Wert etwaiger vom Erwerber **übernommener Verbindlichkeiten.** Der Begriff des Vermögensgegenstandes in diesem Sinne ist weit zu verstehen. Er soll alle Geldzahlungen einschließen sowie die Übertragung von Stimmrechten, Wertpapieren, Sachanlagen und immateriellen Vermögensgegenständen.[163] Auch bedingte Gegenleistungen, wie zusätzliche Zahlungen bei Erreichen bestimmter Umsatz- oder Gewinnziele (sog. *Earn-out*-Klauseln), sind nach der Gesetzesbegründung zu berücksichtigen.[164] Wie dies in der Praxis rechtssicher gehandhabt werden soll, ist bislang ungeklärt. Der Umfang künftiger Zahlungen steht weder zum Zeitpunkt der Unterzeichnung des Kaufvertrages noch zum Vollzugszeitpunkt fest. Gleiches gilt bei Kaufpreisanpassungen auf der Grundlage von sog. Closing-Accounts. Ein Earn-out wird in der Regel gerade deshalb vereinbart, weil sich Erwerber und Veräußerer über die künftige Geschäftsentwicklung der Zielgesellschaft uneinig sind. Dementsprechend erscheint auch eine Wahrscheinlichkeitsbestimmung vor Vollzug kaum möglich. Es kommt in solchen Fällen zu Rechtsunsicherheit, jedenfalls solange nicht klar festgelegt wird, auf welchen Zeitpunkt für die Berechnung des Wertes der Gegenleistung und damit für die Bestimmung der Anmeldepflicht abzustellen ist.

264 Auch weitere wichtige Punkte sind noch nicht abschließend geklärt. Beispielsweise ist unklar, ob dem Wert der übernommenen Verbindlichkeiten nur bei Asset Deals oder auch bei Share Deals eigenständige Bedeutung zukommt. Bei letzteren werden die Verbindlichkeiten für gewöhnlich mit der Gesellschaft übergehen und nicht etwa separat übernommen. Bei einem Share Deal sollten deshalb allenfalls diejenigen Verbindlichkeiten berücksichtigt werden, die der Erwerber in der *Equity Bridge* abgezogen hat, zB Bankverbindlichkeiten. Auch der Begriff der Verbindlichkeit ist nicht klar definiert. Unklar ist in diesem Zusammenhang beispielsweise, ob auch noch ausstehende Zahlungen aus Lieferverträgen mit außergewöhnlich langen Zahlungszielen erfasst sein sollen, obwohl hier der Gegenwert (die erworbenen Produkte) bereits zugeflossen ist. Bei der Wertbestimmung von Wertpapieren als Gegenleistung können sich in der Praxis ebenfalls Unsicherheiten ergeben. Auch hier ist derzeit noch unklar, auf welchen Zeitpunkt abzustellen ist (Signing oder Vollzug). Ähnliche Zweifelsfälle können sich ergeben, wenn der Kaufpreis in einer Fremdwährung gezahlt wird. Eine Regelung des maßgeblichen Zeitpunktes wäre im Sinne der Rechtssicherheit wünschenswert. Anbieten würde sich der Zeitpunkt des Vertragsschlusses.

[161] Der Zusammenschluss musste nur in Spanien (Marktanteilsschwelle) und Zypern (niedrige Umsatzschwellen) angemeldet werden und gelangte über eine Verweisung an die Europäische Kommission.

[162] Die Begründung des Gesetzesentwurfs der Bundesregierung BT-Drs. 18/10207 ist abrufbar unter http://dipbt.bundestag.de/dip21/btd/18/102/1810207.pdf (zuletzt abgerufen am 31.3.2018).

[163] Siehe Begründung des Gesetzesentwurfs der Bundesregierung BT-Drs. 18/10207, 77.

[164] Siehe Begründung des Gesetzesentwurfs der Bundesregierung BT-Drs. 18/10207, 77.

Noch ist nicht eindeutig geklärt, wann von einer **erheblichen Inlandstätigkeit** des Zielunternehmens ausgegangen werden kann. Das Kriterium der Erheblichkeit soll einen hinreichend lokalen, aktuellen (dh nicht nur prognostizierten, zukünftigen) Bezug sicherstellen. Die Gesetzesbegründung nennt zwar Beispiele, aber keine klaren Abgrenzungskriterien. So soll eine erhebliche Inlandstätigkeit beispielsweise vorliegen, wenn eine App des Zielunternehmens, die sich an alle Verbraucher in Deutschland richtet, von über 1 Mio. Nutzer verwendet wird.[165] Bei kleineren Zielgruppen kann die Zahl der erforderlichen Nutzer jedoch auch geringer sein. Lediglich *„marginale Tätigkeiten"* sollen durch das Kriterium der Erheblichkeit von der Anmeldepflicht ausgenommen werden, ohne dass dies in der Gesetzesbegründung jedoch weiter quantifiziert wird.[166] An den **Umsatz** des Zielunternehmens kann für die Bestimmung einer erheblichen Inlandstätigkeit **nicht angeknüpft** werden. In reifen Branchen, die seit vielen Jahren durch entgeltliche Austauschbeziehungen und hohe Umsatzvolumina geprägt sind, erreicht das erworbene Unternehmen nach der Gesetzesbegründung bei Umsätzen von unter 5 Mio. EUR in Deutschland die Schwelle einer erheblichen Tätigkeit im Inland aber nicht.[167] In solchen Fällen spiegelt der Umsatz die Marktstellung des Unternehmens adäquat wider. Auch in der Praxis hat es bereits Fälle gegeben, in denen das Bundeskartellamt trotz eines erheblichen Umsatzes in Deutschland (von über 2,5 Mio. EUR) selbst bei innovativeren aber etablierten Branchen (zB im Event- und Medienbereich) eine erhebliche Inlandstätigkeit abgelehnt hat. Es scheint bei Umsätzen von unter 5 Mio. EUR im Inland in erster Line darauf anzukommen, ob die Transaktion einen „neuen" Markt betrifft, dh einen digitalen Markt, Technologiemarkt oder sonstigen Markt, auf dem Forschung und Entwicklung eine maßgebliche Rolle spielen, oder aber einen Markt, auf dem Leistungen unentgeltlich erbracht oder auf andere Weise als durch Geldzahlungen entgolten werden. 265

Das Bundeskartellamt hat angekündigt, dass **im Jahr 2018 ein Leitfaden** zur neuen Anmeldeschwelle veröffentlicht werden soll. Insbesondere sollen darin die Vorgehensweise bei der Bestimmung des Wertes der Gegenleistung und der erheblichen Inlandstätigkeit des Zielunternehmens konkretisiert werden. Der **Entwurf** „Leitfaden Transaktionswert-Schwellen für die Anmeldepflicht von Zusammenschlussvorhaben (§ 35 Abs. 1a GEB und § 9 Abs. 4 KartG)", den das Bundeskartellamt gemeinsam mit der österreichischen Bundeswettbewerbsbehörde entworfen hat, wurde am 14.5.2018 veröffentlicht.[168] Bis Mitte Juni 2018 lief die Konsultation, der Leitfaden soll voraussichtlich im Spätsommer 2018 veröffentlicht werden. Der Entwurf des Leitfadens greift – insbesondere für die Bestimmung des Wertes der Gegenleistung – viele der offenen Punkte auf, vermag es jedoch nicht vollends, Rechtssicherheit herzustellen. Dies gilt insbesondere für die Beurteilung, ob eine erhebliche Inlandstätigkeit vorliegt. Es ist zu begrüßen, dass der Leitfaden klarstellt, dass für die Beurteilung nur tatsächliche, aktuelle Tätigkeiten berücksichtigt werden und dass der Umsatz nicht relevant ist, wenn er die Marktposition und das wettbewerbliche Potential des Zielunternehmens angemessen wiederspiegelt. Allerdings bleibt die exakte Bestimmung dessen, was unter „erheblich" zu verstehen ist, letztlich offen. Der Leitfaden nennt nur einige Beispiele, bleibt jedoch einen klaren, objektiven Standard schuldig. Erforderlich sei vielmehr eine fallbezogene Abwägung. Es ist zu hoffen, dass der Leitfaden in der finalen Version die Rechtsunsicherheit hinsichtlich der angesprochenen Punkte zu beheben vermag. Zumindest bis dahin muss bei der Bewertung der Anmeldepflicht von Zusammenschlussvorhaben, die möglicherweise die neue Schwelle des § 35 Abs. 1a GWB erfüllen, eine gewisse Rechtsunsicherheit in Kauf genommen werden. Es empfiehlt sich eine rein vorsorgliche Anmeldung oder eine (fristlose) Konsultation mit dem Bundeskartellamt. 266

[165] Siehe Begründung des Gesetzesentwurfs der Bundesregierung BT-Drs. 18/10207, 75.
[166] Siehe Begründung des Gesetzesentwurfs der Bundesregierung BT-Drs. 18/10207, 75.
[167] Siehe Begründung des Gesetzesentwurfs der Bundesregierung BT-Drs. 18/10207, 75.
[168] Siehe Entwurf des Leitfadens unter https://www.bundeskartellamt.de/SharedDocs/Publikation/DE/Leitfaden/Leitfaden_Transaktionsschwelle.pdf?__blob=publicationFile&v=2.

3. Ausnahme von der Anmeldepflicht

267 Sind **kleine Unternehmen** an einem Zusammenschluss beteiligt, so ist das Vorhaben, selbst wenn die Schwellen von § 35 Abs. 1 GWB überschritten sind, unter Umständen **nicht anmeldepflichtig.** Nach § 35 Abs. 2 S. 1 GWB (sog. **Anschlussklausel**) entfällt die Anmeldepflicht bei einem Zusammenschluss mit einem Unternehmen, (1.) das nicht von einem anderen abhängig ist oder beherrscht wird, und (2.) dessen **weltweiter Umsatz im letzten Geschäftsjahr unter 10 Mio. EUR lag.** Dieses privilegierte, nicht mit einem anderen verbundene Unternehmen kann zwar sowohl der Erwerber als auch das Zielunternehmen sein, ist in der Praxis jedoch meist Letzteres. Anders als es der Wortlaut vermuten lässt, kann die Anschlussklausel auch dann einschlägig sein, wenn es sich bei dem kleinen Unternehmen um ein abhängiges oder beherrschtes Unternehmen handelt. Dafür muss sein Umsatz gemeinsam mit dem des beherrschenden Unternehmens unter 10 Mio. EUR bleiben.[169] Die **Ausnahme gilt nicht,** wenn sich die Anmeldepflicht aus der **neuen Schwelle** des § 35 Abs. 1a GWB ergibt.

268 Ein unter § 35 Abs. 1 oder 1a GWB fallendes Zusammenschlussvorhaben ist nach dem mit der 9. GWB-Novelle eingeführten § 35 Abs. 2 S. 3 GWB **nicht anmeldepflichtig,** wenn alle beteiligten Unternehmen Mitglied einer **kreditwirtschaftlichen Verbundgruppe** (iSv § 8b Abs. 4 S. 8 des Körperschaftssteuergesetzes) sind. Weitere Voraussetzungen sind, dass die beteiligten Unternehmen im Wesentlichen für die Unternehmen der kreditwirtschaftlichen Verbundgruppe, deren Mitglied sie sind, Dienstleistungen erbringen und bei dieser Tätigkeit keine vertraglichen Endkundenbeziehungen unterhalten.

4. Umsatzberechnung

269 In § 38 GWB finden sich die Regeln zur Berechnung der relevanten Umsätze.

270 **a) Allgemeine Grundsätze.** Als Grundregel für die Ermittlung des Umsatzes gilt § 277 Abs. 1 HGB. Maßgeblich ist der konsolidierte Umsatz des letzten abgeschlossenen Geschäftsjahrs. Bei der Umsatzberechnung sind auch die Umsätze aller mit den Beteiligten **verbundenen Unternehmen** (dh nach § 17 oder § 18 AktG abhängige oder herrschende Unternehmen sowie Konzernunternehmen) zu berücksichtigen, § 36 Abs. 2 GWB. **Nicht** berücksichtigt werden dagegen **interne Umsätze,** dh solche zwischen verbundenen Unternehmen.

271 Nach § 277 Abs. 1 HGB ergibt sich, dass die **Nettoumsätze** der Beteiligten maßgeblich sind. Als Umsätze sind die Erlöse aus dem Verkauf und der Vermietung oder Verpachtung von Produkten sowie aus der Erbringung von Dienstleistungen des Unternehmens auszuweisen. **Abzuziehen** sind **Erlösschmälerungen,** die **Umsatzsteuer** sowie sonstige **direkt mit dem Umsatz verbundene Steuern.** Umsätze sind **in EUR** anzugeben. Umsätze in fremder Währung sind nach dem Jahresmittelkurs der Europäischen Zentralbank in EUR umzurechnen.[170]

272 Zur räumlichen Zuordnung kann auf die Ausführungen zur europäischen Fusionskontrolle verwiesen werden, → Rn. 70.

273 **b) Sonderregelungen für einzelne Branchen.** Für einzelne Branchen sieht das GWB für die Umsatzberechnung Sonderregelungen vor. Für den **Handel mit Waren** (dh reine Handelsumsätze) sind nach § 38 Abs. 2 GWB nur drei Viertel der Umsatzerlöse in Ansatz zu bringen. Für den Verlag, die Herstellung und den Vertrieb von **Zeitungen, Zeitschriften** und deren Bestandteilen sowie für die Herstellung, den Vertrieb und die Veranstaltung von **Rundfunkprogrammen** und den Absatz von **Rundfunkwerbezeiten** ist das Achtfache des Umsatzes anzusetzen, § 38 Abs. 3 GWB.

[169] Siehe zB Bechtold/Bosch § 35 Rn. 41.
[170] Siehe auch Bundeskartellamt, Merkblatt zur deutschen Fusionskontrolle vom Juli 2005, Abschnitt III.5.1.

Bei **Kreditinstituten, Finanzinstituten, Bausparkassen** sowie externen **Kapitalverwaltungsgesellschaften** ist der Gesamtbetrag der Erträge relevant, die in § 34 Abs. 2 S. 1 Nr. 1 lit. a–e der Kreditinstituts-Rechnungslegungsverordnung genannt sind, § 38 Abs. 4 S. 1 GWB. Er setzt sich zusammen aus Zinserträgen, laufenden Erträgen aus Aktien und anderen nicht festverzinslichen Wertpapieren, Beteiligungen, Anteilen an verbundenen Unternehmen, Provisionserträgen, dem Nettoertrag des Handelsbestands sowie sonstigen betrieblichen Erträgen. Die Umsatzsteuer und sonstige direkt auf diese Erträge erhobenen Steuern sind wiederum abzuziehen. Für **Versicherungsunternehmen** sind nach § 38 Abs. 4 S. 2 GWB die Bruttoprämieneinnahmen maßgeblich. Dies sind die Einnahmen aus dem Erst- und Rückversicherungsgeschäft einschließlich der in Rückdeckung gegebenen Anteile. 274

c) Besonderheiten bei PE Unternehmen. Im Hinblick auf PE Unternehmen gelten bei der Umsatzberechnung beim Bundeskartellamt dieselben Grundsätze wie im europäischen Fusionskontrollverfahren. Die Umsätze der verbunden Unternehmen, dh die Umsätze aller kontrollierten Portfoliogesellschaften, sind bei der Prüfung der Anmeldeschwellen zu berücksichtigen. Insofern wird auf → Rn. 77 verwiesen. 275

V. Inlandsauswirkung

Die Anmeldeschwellen überschreitende Zusammenschlussvorhaben können einer Anmeldepflicht entgehen, wenn es an einer Inlandsauswirkung fehlt. Am 30.9.2014 hat das Bundeskartellamt ein Merkblatt zu Inlandsauswirkungen in der Fusionskontrolle (**„Merkblatt Inlandsauswirkungen“**) veröffentlicht.[171] Es teilt Zusammenschlüsse in drei Kategorien ein: (1.) offensichtliches Vorliegen von Inlandsauswirkungen, (2.) deren klarer Ausschluss und (3.) übrige Fälle. 276

Inlandsauswirkungen sind **offensichtlich** gegeben, wenn (1.) es nur zwei Zusammenschlussbeteiligte gibt, die die Umsatzschwellen des § 35 Abs. 1 GWB erfüllen, oder (2.) ein Gemeinschaftsunternehmen betroffen ist, das in Deutschland einen Umsatz von mehr als 5 Mio. EUR erzielt. 277

Klare Fälle ohne Inlandsauswirkungen liegen vor, wenn ein Gemeinschaftsunternehmen betroffen ist, das weder aktuell noch potenziell auf einem Inlandsmarkt aktiv ist. Unter „Inlandsmarkt“ im Sinne des Merkblattes ist jedoch nicht nur Deutschland zu verstehen, sondern jeder räumlich relevante Markt, der das Inland ganz oder teilweise mitumfasst (also zB auch EWR-weite und weltweite Märkte). Zugleich dürfen nicht mehrere Muttergesellschaften des Gemeinschaftsunternehmens aktuell oder potenziell auf demselben sachlich relevanten Markt im „Inland“ tätig sein wie das Gemeinschaftsunternehmen im Ausland. Außerdem dürfen aktuell nicht mehrere Muttergesellschaften auf einem dem Produktmarkt des Gemeinschaftsunternehmens vor- oder nachgelagerten Inlandsmarkt tätig sein. Ein klarer Fall ohne Inlandsauswirkung läge in folgendem Fallbeispiel vor: Ein zu gründendes Gemeinschaftsunternehmen ist ausschließlich in China tätig und der relevante Markt ist EWR-weit abzugrenzen. Bei den die Umsatzschwellen erfüllenden Muttergesellschaften handelt es sich um PE Unternehmen, von denen keine eine Portfoliogesellschaft kontrolliert, die im EWR auf demselben sachlich relevanten Markt wie das chinesische Gemeinschaftsunternehmen oder einem vor- oder nachgelagerten Markt tätig ist. 278

In allen **übrigen Fällen** hat eine **Einzelfallprüfung** zu erfolgen, für die das Merkblatt Inlandsauswirkungen einige Richtlinien enthält: 279

- Wenn das Gemeinschaftsunternehmen nur ***„marginal“*** **auf Inlandsmärkten tätig** ist, sind in der Regel keine Inlandsauswirkungen gegeben. Hierbei spielen die Inlandsumsätze des Gemeinschaftsunternehmens zwar eine maßgebliche Rolle, jedoch wird kein kon-

[171] Abrufbar unter http://www.bundeskartellamt.de/SharedDocs/Publikation/DE/Merkbl%C3%A4tter/Merkblatt%20-%20Inlandsauswirkungen_2014.pdf?__blob=publicationFile&v=2 (zuletzt abgerufen am 31.3.2018).

kreter Umsatzwert genannt. Jedenfalls ist eine Tätigkeit nicht schon allein wegen Unterschreitung der zweiten Inlandsumsatzschwelle von 5 Mio. EUR marginal. Auch liegt keine marginale Tätigkeit vor, wenn der Marktanteil des Gemeinschaftsunternehmens auf einem Inlandsmarkt 5 % übersteigt. Selbst ein gemeinsamer Marktanteil von unter 5 % ist keine Garantie für eine marginale Tätigkeit. Nach dem Merkblatt Inlandsauswirkungen können sich unabhängig von Umsätzen und Marktanteilen Anhaltspunkte für eine mehr als marginale Tätigkeit ergeben, zB aus der Übertragung von erheblichen Unternehmensressourcen auf das Gemeinschaftsunternehmen (gewerbliche Schutzrechte, Know-How).

- Selbst bei lediglich marginaler (oder gänzlich fehlender) Tätigkeit des Gemeinschaftsunternehmens auf Inlandsmärkten können sich spürbare Inlandsauswirkungen aus möglichen Spillover-Effekten zwischen den Muttergesellschaften ergeben. Diese kommen in Betracht, wenn die Muttergesellschaften auf demselben sachlich relevanten Markt im „Inland" tätig sind, auf dem das Gemeinschaftsunternehmen im Ausland tätig ist oder auf einem diesem vor- oder nachgelagerten Markt und die kumulierten Marktanteile der Muttergesellschaften auf diesem Markt 20 % überschreiten.

VI. Materielle Beurteilung von Zusammenschlussvorhaben

280 Nach § 36 GWB ist ein Zusammenschluss, durch den wirksamer Wettbewerb erheblich behindert würde und von dem insbesondere zu erwarten ist, dass er eine marktbeherrschende Stellung begründet oder verstärkt, zu untersagen. Zur Beurteilung sieht das GWB seit der 8. GWB-Novelle wie die FKVO den SIEC-Test vor. Die Begründung oder Verstärkung einer marktbeherrschenden Stellung ist nicht mehr das alleinige Kriterium, sondern lediglich ein Regelbeispiel.

1. Marktabgrenzung

281 Auch in der deutschen Fusionskontrolle kommt der Marktabgrenzung erhebliche Bedeutung zu. Es gelten sowohl für die sachliche als auch für die räumliche Marktabgrenzung dieselben Grundsätze wie in der europäischen Fusionskontrolle. Für Einzelheiten wird auf → Rn. 79 verwiesen. § 18 Abs. 2 GWB stellt ausdrücklich klar, dass der räumlich relevante Markt weiter sein kann als national. Gemäß § 18 Abs. 2a GWB steht der Annahme eines Marktes nicht entgegen, dass eine Leistung unentgeltlich erbracht wird.

2. Wettbewerbliche Würdigung von Zusammenschlussvorhaben

282 Die Prüfung durch das Bundeskartellamt folgt denselben Grundsätzen wie jene der Europäischen Kommission. Es wird deshalb auf → Rn. 89 verwiesen. Im Folgenden werden die wenigen Unterschiede zwischen GWB und FKVO bei der wettbewerblichen Würdigung von Zusammenschlussvorhaben herausgestellt.

283 Als Regelbeispiel der erheblichen Behinderung wirksamen Wettbewerbs nennt § 36 Abs. 1 GWB die **Begründung oder Verstärkung einer marktbeherrschenden Stellung.** Ausgangspunkt der Prüfung sind wiederum die Marktanteile der Beteiligten. Anders als die FKVO nennt das GWB in § 18 Kriterien für die Feststellung von Marktbeherrschung. Das Gesetz unterscheidet zwischen Einzelmarktbeherrschung und oligopolistischer Marktbeherrschung. Das Bundeskartellamt hat zur Konkretisierung der Prüfung 2012 den **Leitfaden** zur Marktbeherrschung in der Fusionskontrolle erlassen. [172] Dort präzisiert es, wann bei den verschiedenen Arten von Zusammenschlüssen (horizontal, vertikal und konglomerat) von einer Marktbeherrschung ausgegangen werden kann.

[172] Abrufbar unter http://www.bundeskartellamt.de/SharedDocs/Publikation/DE/Leitfaden/Leitfaden%20-%20Marktbeherrschung%20in%20der%20Fusionskontrolle.pdf?__blob=publicationFile&v=12 (zuletzt abgerufen am 31.3.2018).

284 Nach § 18 Abs. 1 GWB ist ein Unternehmen **(einzel-)marktbeherrschend,** soweit es als Anbieter oder Nachfrager einer bestimmten Art von Waren oder gewerblichen Leistungen auf dem sachlich und räumlich relevanten Markt (1.) ohne Wettbewerber ist, (2.) keinem wesentlichen Wettbewerb ausgesetzt ist oder (3.) eine im Verhältnis zu seinen Wettbewerbern überragende Marktstellung hat. Bei der Bewertung der Marktstellung eines Unternehmens im Verhältnis zu seinen Wettbewerbern sind nach § 18 Abs. 3 GWB insbesondere die folgenden Kriterien zu berücksichtigen: Sein Marktanteil, seine Finanzkraft, sein Zugang zu den Beschaffungs- und Absatzmärkten, Verflechtungen mit anderen Unternehmen, rechtliche oder tatsächliche Schranken für den Marktzutritt anderer Unternehmen und der tatsächliche oder potenzielle Wettbewerb durch Unternehmen, die in oder außerhalb von Deutschland ansässig sind. Auch die Fähigkeit des Unternehmens, sein Angebot oder seine Nachfrage auf andere Waren oder gewerbliche Leistungen umzustellen, sowie die Möglichkeit der Marktgegenseite, auf andere Unternehmen auszuweichen, werden berücksichtigt.

285 Der mit der 9. GWB-Novelle eingeführte § 18 Abs. 3a GWB befasst sich mit Marktbeherrschung bei **mehrseitigen Märkten und Netzwerken.** Ebenso wie die neue Aufgreifschwelle ist § 18 Abs. 3a GWB Teil der Bemühungen des Gesetzgebers, das GWB an die Erfordernisse der digitalen Wirtschaft anzupassen. **Mehrseitige Märkte** sind nach der Gesetzesbegründung solche, auf denen mindestens zwei unterschiedliche Nutzergruppen zusammenkommen, wie beispielsweise in Einkaufzentren (Läden und Kunden), werbefinanzierte Medien (Werbende und Konsumenten), auf e-commerce Plattformen (Händler und Konsumenten), bei Betriebssystemen (Entwickler von Programmen und Endkunden des Betriebssystems), Kreditkartensystemen (Kreditkarten akzeptierende Geschäfte und Kreditkartenbesitzer) und App Stores (Entwickler von Apps und Endgerätenutzer).[173] Bei mehrseitigen Märkten gibt es regelmäßig indirekte **Netzwerkeffekte.**[174] Nach der Gesetzesbegründung hat ein Produkt Netzwerkcharakter, wenn es zwischen seinen Nutzern zu direkten Netzwerkeffekten kommt. Diese bestehen, wenn durch das Wachstum oder den Rückgang der Nutzerzahl proportional die Nützlichkeit des Produkts für die individuellen Nutzer steigt oder sinkt. Dies kann bei Computersoftware ebenso der Fall sein wie bei Telefon- und anderen Telekommunikationsnetzwerken.[175] Bei mehrseitigen Märkten und Netzwerken berücksichtigt das Bundeskartellamt bei der Bewertung der Marktstellung eines Unternehmens auch direkte und indirekte Netzwerkeffekte, die parallele Nutzung mehrerer Dienste und den Wechselaufwand für die Nutzer, seine Größenvorteile im Zusammenhang mit Netzwerkeffekten, seinen Zugang zu wettbewerbsrelevanten Daten sowie den innovationsgetriebenen Wettbewerbsdruck.

286 Es wird **vermutet,** dass ein **Unternehmen einzelmarktbeherrschend** ist, wenn es einen **Marktanteil** von **mindestens 40 %** hat, § 18 Abs. 4 GWB. Die Vermutung kann widerlegt werden. Das betreffende Unternehmen muss dazu nachweisen, dass die Beteiligten auch nach dem Zusammenschluss wesentlichem Wettbewerb ausgesetzt sind und trotz eines Marktanteils von mindestens 40 % keine überragende Marktstellung innehaben. Die Vermutung der Einzelmarktbeherrschung ist auch widerlegt, wenn ein anderes Unternehmen die Voraussetzungen der Einzelmarktbeherrschung erfüllt oder der Markt von einem Oligopol beherrscht wird.[176] Zwei oder mehr Unternehmen sind nach § 18 Abs. 5 GWB marktbeherrschend **(oligopolistische Markbeherrschung),** (1.) soweit zwischen ihnen für eine bestimmte Art von Waren oder gewerblichen Leistungen kein wesentlicher Wettbewerb besteht und (2.) sie in ihrer Gesamtheit ohne Wettbewerber sind, keinem wesentlichen Wettbewerb ausgesetzt sind oder eine im Verhältnis zu ihren Wettbewerbern überragende Marktstellung haben. Eine Gesamtheit von Unternehmen **gilt** nach § 18 Abs. 6 GWB **als marktbeherrschend,** wenn sie (1.) aus **bis zu drei Unternehmen**

[173] Siehe Begründung des Gesetzesentwurfs der Bundesregierung BT-Drs. 18/10207, 49.
[174] *Grave* in Kersting/Podszun Kapitel 2 Rn. 12.
[175] Siehe Begründung des Gesetzesentwurfs der Bundesregierung BT-Drs. 18/10207, 48.
[176] Siehe Bechtold/Bosch § 18 Rn. 72.

besteht, die zusammen einen **Marktanteil von 50%** erreichen, oder (2.) aus **bis zu fünf Unternehmen** besteht, die zusammen einen **Marktanteil von zwei Dritteln** erreichen. Die Vermutung nach Abs. 6 kann widerlegt werden, wenn die Unternehmen nachweisen, dass die Wettbewerbsbedingungen zwischen ihnen wesentlichen Wettbewerb erwarten lassen oder die Gesamtheit der Unternehmen im Verhältnis zu den übrigen Wettbewerbern keine überragende Marktstellung hat, § 18 Abs. 7 GWB.

287 Die marktbeherrschende Stellung muss durch den Zusammenschluss **begründet oder verstärkt** werden. Das erste Merkmal setzt voraus, dass ohne den Zusammenschluss keine marktbeherrschende Stellung vorliegt. Das Verstärken einer marktbeherrschenden Stellung erfordert eine Veränderung der bereits bestehenden Marktmacht. Beides geschieht klassischerweise durch den mittels eines Zuwachses an Marktanteilen bewirkten Ausschluss aktueller Wettbewerber. Auch der Ausschluss eines potenziellen Wettbewerbers kann ausreichen. Erforderlich ist aber in jedem Fall eine nicht unerhebliche Verstärkung der Marktstellung. Daran fehlt es in der Regel bei einem nur geringfügigen Marktanteilszuwachs, zB von bis zu 5%.[177] Auch diese etwaige Geringfügigkeit hängt vom Ausmaß der bereits bestehenden Marktbeherrschung ab. Je höher die Marktanteile und je größer die Marktmacht vor dem Zusammenschluss ist, desto geringer muss der Marktanteilszuwachs sein, um wettbewerbliche Bedenken hervorzurufen.

288 Die Voraussetzung der Begründung oder Verstärkung einer marktbeherrschenden Stellung kann in insolvenznahen **Sanierungsfällen** ausnahmsweise nicht vorliegen. Dazu müssen drei Voraussetzungen erfüllt sein:

- Einer der Beteiligten würde auch ohne den Zusammenschluss als Wettbewerber vom Markt verschwinden, weil er allein nicht überlebensfähig wäre;
- Es gibt keine Alternative zu dem angemeldeten Zusammenschluss, dh keinen anderen potenziellen Erwerber, dessen Erwerb zu einer weniger starken Wettbewerbsbeeinträchtigung führen würde;
- Das noch verbleibende Potenzial würde beim Ausscheiden des sanierungsbedürftigen Unternehmens ohnehin dem übernehmenden Unternehmen zuwachsen (jedenfalls im Wesentlichen).[178]

289 In diesen Fällen fehlt es an der Kausalität des Zusammenschlusses für die Veränderung der Marktstruktur, die auch ohne den Zusammenschluss eintreten würde.

290 Nur in sehr seltenen Fällen wird eine **erhebliche Wettbewerbsbehinderung ohne Marktbeherrschung** angenommen. Eine solche kann sich in Ausnahmefällen aus koordinierten und nichtkoordinierten Wirkungen ergeben. Beispiele sind der Zusammenschluss großer Wettbewerber (unterhalb der Marktbeherrschungsschwelle), der Zusammenschluss besonders enger Wettbewerber oder die Übernahme eines Unternehmens, das bislang durch eigenständiges Verhalten für Wettbewerbsdruck gesorgt hatte.[179] Diesen Fällen ist gemein, dass es zu einer Beseitigung von Wettbewerbsdruck kommt. Weiterführend wird auf die Ausführungen in → Rn. 89 verwiesen.

291 Anders als auf EU-Ebene prüft das Bundeskartellamt im deutschen Fusionskontrollverfahren keine etwaigen kooperativen Wirkungen von **Gemeinschaftsunternehmen.** § 37 Abs. 1 Nr. 3 S. 3 GWB hat **keine Auswirkungen auf die materielle Zusammenschlusskontrolle,** sondern bezieht sich ausschließlich auf die Feststellung der Anmeldepflicht. Koordinierte Wirkungen werden – falls erforderlich – separat in einem **eigenständigen Verfahren nach § 1 GWB / Art. 101 AEUV** geprüft. Die beteiligten Unternehmen müssen bei der Gründung eines Gemeinschaftsunternehmens die kartellrechtlichen Aspekte daher selbst prüfen und tragen auch das Risiko der Fehleinschätzung. Die Freigabe des Zusammenschlusses in der Fusionskontrolle schützt die Unternehmen nicht davor, dass später Ermittlungen wegen eines möglichen Verstoßes gegen § 1 GWB / Art. 101 AEUV

[177] Siehe zB Europäische Kommission Entsch. v. 26.6.1998 – IV/M.1168 Rn. 25 – Deutsche Post/DHL.
[178] Siehe *Richter/Steinvorth* in Wiedemann § 20 Rn. 221.
[179] Siehe Leitlinien horizontale Zusammenschlüsse, Rn. 42.

aufgenommen werden. Sollten bereits im Fusionskontrollverfahren Anhaltspunkte für eine Koordinierung vorliegen, kann das Bundeskartellamt in der fusionskontrollrechtlichen Freigabeentscheidung einen Vorbehalt aufnehmen, dass solche Gesichtspunkte gesondert nach § 1 GWB / Art. 101 AEUV untersucht werden. Abhängig davon, wie schwer die Bedenken des Bundeskartellamtes wiegen, kann die fusionskontrollrechtliche Freigabe direkt mit einem Auskunftsersuchen an die Beteiligten verbunden und unmittelbar ein Verfahren nach § 1 GWB / Art. 101 AEUV angeschlossen werden.

3. Keine Untersagung

Nach § 36 Abs. 1 S. 2 GWB kann das Bundeskartellamt in drei bestimmten Fällen Zusammenschlussvorhaben nicht untersagen, **selbst wenn durch sie wirksamer Wettbewerb erheblich behindert würde.** **292**

Nicht untersagt werden kann nach § 36 Abs. 1 S. 2 Nr. 1 GWB ein Zusammenschluss, wenn die beteiligten Unternehmen nachweisen, dass durch ihn auch **Verbesserungen der Wettbewerbsbedingungen** eintreten und diese die Behinderung des Wettbewerbs überwiegen. Dabei kommen nur Verbesserungen in Betracht, die sich auf die Marktstruktur auswirken.[180] An den Nachweis werden sehr strenge Anforderungen gestellt: Die Unternehmen tragen die volle Beweislast für die Verbesserungen, die Kausalität des Zusammenschlusses für diese und dafür, dass sie die Nachteile der Wettbewerbsbehinderung überwiegen.[181] **293**

Nach der **Bagatellmarktklausel** des § 36 Abs. 1 S. 2 Nr. 2 GWB kann das Bundeskartellamt einen Zusammenschluss nicht untersagen, wenn er wirksamen Wettbewerb nur auf einem gesamtwirtschaftlich unbedeutenden Markt erheblich behindert. Hierunter fällt ein Markt, auf dem (1.) seit **mindestens fünf Jahren Waren oder gewerbliche Leistungen angeboten** werden und (2.) dessen **Gesamtmarktgröße** im letzten Kalenderjahr **weniger als 15 Mio. EUR** betragen hat. Für die Gesamtmarktgröße kommt es dabei nicht auf den tatsächlich räumlich relevanten Markt an, sondern nur auf den **deutschen Markt.**[182] Die **Bagatellmarktklausel** findet seit Inkrafttreten der 9. GWB-Novelle jedoch **keine Anwendung** mehr, wenn es sich dabei um einen Markt handelt, auf dem Leistungen **unentgeltlich** erbracht werden oder wenn das Zusammenschlussvorhaben aufgrund der **neuen Schwelle** des § 35 Abs. 1a GWB anmeldepflichtig ist. Sind mehrere Märkte betroffen, so kann das Vorhaben nur hinsichtlich der Märkte nicht untersagt werden, für die die Voraussetzungen der Bagatellmarktklausel gegeben sind.[183] **294**

Unter bestimmten Voraussetzungen privilegiert § 36 Abs. 1 S. 2 GWB in Nr. 3 schließlich **Pressezusammenschlüsse** und stellt eine **sektorspezifische Regelung für Sanierungsfusionen** auf. Zusammenschlüsse zwischen Zeitungs- und Zeitschriftenverlagen können nicht untersagt werden, wenn ein kleiner oder mittlerer Verlag übernommen und nachgewiesen wird, dass dieser in den letzten drei Jahren einen erheblichen Jahresfehlbetrag ausgewiesen hat und ohne den Zusammenschluss in seiner Existenz gefährdet wäre. Weiter muss bewiesen werden, dass kein anderer Erwerber gefunden wurde, der eine wettbewerbskonforme Lösung sichergestellt hätte. **295**

4. Nebenabreden

Wie auf europäischer Ebene ist auch in Deutschland anerkannt, dass eine an sich wettbewerbsbeschränkende Nebenabrede mit der Durchführung eines Zusammenschlusses ver- **296**

---

180 Siehe zB BGH Beschl. v. 26.5.1987 – KVR 3/86, WuW/E BGH 2425 (2431) – Niederrheinische Anzeigenblätter.

181 Siehe BGH Beschl. v. 12.12.1978 – BGHZ 73, 65 (81) = WuW/E BGH 1533 (1539 f.) – Erdgas Schwaben; OLG Düsseldorf Beschl. v. 18.10.2016 – VI-Kart 2/05 (V), WuW/E DE-R 1845 (1853).

182 Siehe BGH Beschl. v. 25.9.2007 – KVR 19/07, WuW/E DE-R 2133 (2135 f.) – Sulzer/Kelmix.

183 Siehe Bechtold/Bosch § 36 Rn. 47.

bunden und für diese erforderlich sein kann. Derartige Nebenabreden sind von der Freigabe erfasst. Insofern wird auf die Ausführungen in → Rn. 128 verwiesen.

5. Besonderheiten bei Private-Equity-Unternehmen

297 Bei Beteiligung von PE Unternehmen gelten die unter → Rn. 129 genannten Besonderheiten.

VII. Ministererlaubnis

298 Nach § 42 GWB kann die Bundesministerin oder der Bundesminister für Wirtschaft und Energie auf Anfrage die **Erlaubnis zu einem vom Bundeskartellamt untersagten Zusammenschluss erteilen.** Voraussetzung ist, dass die **Wettbewerbsbeschränkung durch gesamtwirtschaftliche Vorteile** des Zusammenschlusses **aufgewogen** wird oder der Zusammenschluss durch ein **überragendes Interesse der Allgemeinheit** gerechtfertigt ist.

299 Der **Antrag** auf Ministererlaubnis ist von den antragsberechtigten beteiligten Unternehmen innerhalb einer Frist von **einem Monat ab Zustellung** der Untersagung beim Bundesministerium für Wirtschaft und Energie schriftlich zu stellen, § 42 Abs. 3 GWB. Wird die Untersagung mittels einer Beschwerde angefochten, so beginnt die Frist zu dem Zeitpunkt, in dem die Untersagung **unanfechtbar** wird. Das Ministerium soll grundsätzlich **innerhalb von vier Monaten** ab Eingang des vollständigen Antrags entscheiden, unter Umständen kann die Frist verlängert werden. Wird innerhalb von **sechs Monaten nicht entschieden, gilt** der Antrag auf Ministererlaubnis **als abgelehnt,** es sei denn diese Frist wurde auf Antrag der antragstellenden Unternehmen um bis zu zwei Monate verlängert, § 42 Abs. 4 S. 3 und 4 GWB.

300 Vor der Entscheidung des Bundesministeriums ist stets eine **Stellungnahme der Monopolkommission** einzuholen (§ 42 Abs. 5 GWB). Letztere soll ihre Stellungnahme innerhalb von zwei Monaten nach Aufforderung durch das Bundesministerium abgeben. Selbst wenn die genannten materiellen Voraussetzungen vorliegen, darf die Ministererlaubnis nur erteilt werden, wenn durch das Ausmaß der Wettbewerbsbeschränkung die marktwirtschaftliche Ordnung nicht gefährdet wird. Die Ministererlaubnis kann mit **Bedingungen und Auflagen** verbunden werden, § 42 Abs. 2 GWB. Weicht die Entscheidung des Bundesministeriums vom Votum der Monopolkommission ab, bedarf die Verfügung des Ministeriums in dieser Hinsicht einer gesonderten Begründung (§ 42 Abs. 1 S. 4 GWB).

301 Seit Einführung der Ministererlaubnis sind lediglich 22 entsprechende Anträge gestellt worden. Davon sind lediglich drei ohne Auflagen, fünf mit Auflagen oder Nebenbestimmungen sowie eine Teilerlaubnis erteilt worden.[184]

VIII. Verfahren

302 Das deutsche Fusionskontrollverfahren ist in den §§ 39–41 GWB geregelt. Im Vergleich zum Fusionskontrollverfahren auf europäischer Ebene ist es weniger formal und grundsätzlich weniger zeitaufwendig.

1. Vollzugsverbot und Entflechtungsverfahren

303 Auch das deutsche Fusionskontrollverfahren sieht ein Vollzugsverbot vor, § 41 Abs. 1 GWB. Ein anmeldepflichtiger Zusammenschluss darf nicht vollzogen werden, bevor die Fristen von § 40 Abs. 1 S. 1, Abs. 2. S. 2 GWB abgelaufen sind oder das Bundeskartellamt

[184] Siehe Übersicht des Bundesministeriums für Wirtschaft und Technologie unter https://www.bmwi.de/Redaktion/DE/Downloads/Wettbewerbspolitik/antraege-auf-ministererlaubnis.pdf?__blob=publicationFile&v=5 (zuletzt abgerufen am 31.3.2018).

den Zusammenschluss freigegeben hat. Während wie im europäischen Fusionskontrollverfahren alle Maßnahmen verboten sind, die den Zusammenschluss herbeiführen, sind reine Vorbereitungshandlungen zulässig. Insofern wird auf → Rn. 132 verwiesen.

Das Vollzugsverbot steht nach § 41 Abs. 1a GWB Erwerbsvorgängen nicht entgehen, bei denen der Zusammenschlusstatbestand im Wege eines **öffentlichen Übernahmeangebots** oder einer Reihe von Rechtsgeschäften mit Wertpapieren über eine Börse verwirklicht wird. Dies gilt allerdings nur, wenn der Zusammenschluss **unverzüglich** beim Bundeskartellamt **angemeldet** wird und der Erwerber die mit den Anteilen verbundenen **Stimmrechte nicht** oder **nur zur Erhaltung** des vollen Wertes seiner **Investition** ausübt. **304**

Für die Ausübung der Stimmrechte ist eine Befreiung des Bundeskartellamts **vom Vollzugsverbot** erforderlich. Nach § 41 Abs. 2 GWB kann diese Befreiung auf Antrag auch für Zusammenschlüsse erteilt werden, die nicht im Wege eines öffentlichen Übernahmeangebotes verwirklicht werden. Hierfür müssen die Beteiligten wichtige Gründe geltend machen. Diese können vorliegen, wenn die Befreiung erforderlich ist, um schweren Schaden von einem beteiligten Unternehmen oder Dritten abzuwenden. Die Befreiung vom Vollzugsverbot kann mit Auflagen und Bedingungen versehen werden, § 41 Abs. 2 S. 2 GWB. Wenn sie auf unrichtigen Angaben beruht, arglistig herbeigeführt worden ist oder die Beteiligten einer Auflage zuwiderhandeln, kann die Befreiung jederzeit widerrufen werden (§ 41 Abs. 2 S. 3 iVm § 40 Abs. 3a GWB). **305**

Ein Verstoß gegen das Vollzugsverbot stellt eine Ordnungswidrigkeit gem. § 81 Abs. 2 Nr. 1 GWB dar. Diese kann nach § 81 Abs. 4 S. 1 GWB mit einer Geldbuße von bis zu 1 Mio. EUR geahndet werden. Im Falle eines Unternehmens kann nach S. 2 darüber hinausgehend sogar eine Geldbuße in Höhe von bis zu 10% des Gesamtumsatzes des Unternehmens im Geschäftsjahr, das der Entscheidung vorausgeht, verhängt werden. **306**

Rechtsgeschäfte, die gegen das Vollzugsverbot verstoßen, sind (schwebend) **unwirksam.** Dies **gilt** jedoch nach § 41 Abs. 1 S. 3 GWB **nicht für folgende Rechtsgeschäfte:** **307**

- Verträge über Grundstücksgeschäfte, sobald sie durch **Eintragung in das Grundbuch** rechtswirksam geworden sind;
- Verträge über die Umwandlung, Eingliederung oder Gründung eines Unternehmens und für Unternehmensverträge im Sinne der §§ 291 und 292 AktG, sobald sie durch **Eintragung in das zuständige Register** rechtswirksam geworden sind; sowie
- Andere Rechtsgeschäfte, wenn der nicht angemeldete Zusammenschluss nach Vollzug angezeigt und das **Entflechtungsverfahren eingestellt** wurde, weil die Untersagungsvoraussetzungen nicht vorlagen, die Wettbewerbsbeschränkung infolge einer Auflösungsanordnung beseitigt wurde oder eine Ministererlaubnis erteilt wurde.

§ 41 Abs. 3 GWB regelt das **Entflechtungsverfahren.** Danach ist ein ohne Freigabe vollzogener Zusammenschluss, der die Untersagungsvoraussetzungen erfüllt, dh wirksamen Wettbewerb erheblich behindert, aufzulösen. Dies gilt nur dann nicht, wenn eine Ministererlaubnis erteilt wird (→ Rn. 298). Das Bundeskartellamt ordnet die zur Auflösung erforderlichen Maßnahmen an. Allerdings kann die Wettbewerbsbeschränkung unter Umständen auch auf andere Weise als durch Auflösung/Wiederherstellung des früheren Zustandes beseitigt werden, zB durch Herbeiführen überwiegender Verbesserungen der Wettbewerbsbedingungen oder durch andere Verpflichtungen der Beteiligten.[185] Sind die **Untersagungsvoraussetzungen nicht erfüllt,** wird das Entflechtungsverfahren **eingestellt** und die Unwirksamkeitsfolge des § 41 Abs. 1 S. 2 GWB gilt nicht mehr. Die betroffenen Rechtsgeschäfte werden ***ex tunc* wirksam.**[186] **308**

Das Entflechtungsverfahren findet unmittelbar statt. Es kommt zu keinem eigenständigen Untersagungsverfahren. Seit der 8. GWB-Novelle 2012/2013 ist **keine nachträgliche** **309**

[185] So zB auch Bechtold/Bosch § 41 Rn. 29.
[186] Siehe zB *Mäger* in MüKoGWB § 41 Rn. 34.

Anmeldung eines bereits vollzogenen Zusammenschlusses mehr möglich.[187] In der Vergangenheit war sie zB möglich, wenn die Anmeldepflicht zunächst übersehen und der Fehler später entdeckt wurde. Heute wird eine derartige „Anmeldung“ als Anzeige eines Verstoßes gegen das Vollzugsverbot gewertet, die zur Folge hat, dass unmittelbar das Entflechtungsverfahren eingeleitet wird. In der Sache prüft das Bundeskartellamt dieselben Gesichtspunkte wie bei einem ordnungsgemäß angemeldeten Zusammenschluss.

2. Zeitpunkt und Form der Anmeldung

310 Ein Zusammenschlussvorhaben kann bereits beim Bundeskartellamt angemeldet werden, **bevor die Kaufverträge unterzeichnet sind** bzw. – im Fall einer öffentlichen Übernahme – das Angebot veröffentlicht ist. Ausreichend ist, dass es ernsthaft und konkret angestrebt wird. Allerdings ist zu beachten, dass das Bundeskartellamt nach Eingang der Anmeldung die **Tatsache der Anmeldung,** einschließlich der Namen der Beteiligten, der Art des Zusammenschlusses und der betroffenen Produktbereiche **auf seiner Homepage veröffentlicht.** Deshalb sollte die Anmeldung erst eingereicht werden, wenn die Transaktion der Öffentlichkeit bekannt werden darf.

311 Dies ist für die deutsche Fusionskontrollanmeldung insofern von größerer Bedeutung als für das europäische Fusionskontrollverfahren, als das deutsche Verfahren grundsätzlich **keine Vorabkontakte** erfordert. Die beteiligten Unternehmen können die Anmeldung fertigstellen und unmittelbar beim Bundeskartellamt einreichen, ohne vorher Kontakt mit diesem aufgenommen zu haben. Insbesondere gilt dies bei unproblematischen Vorhaben ohne erhebliche horizontale Überschneidungen oder vertikale Beziehungen. Freiwillige **Vorabkontakte** können in Fällen **ratsam sein,** die (erheblichen) wettbewerblichen Bedenken begegnen und bei denen eine erste Analyse ergeben hat, dass sie möglicherweise Verpflichtungszusagen erfordern und/oder nicht auszuschließen ist, dass das Hauptprüfverfahren eingeleitet wird. Kann das Bundeskartellamt bereits vor Beginn der kurzen Phase 1 ermitteln und bestimmte Aspekte des Zusammenschlussvorhabens mit den Beteiligten (und gegebenenfalls anderen Marktteilnehmern) klären, kann das lange und relativ formale Hauptprüfverfahren häufig vermieden werden. Ganz im Interesse der Beteiligten ermöglicht dies, die formalen Phasen zu entlasten und die Prüfung soweit wie möglich vorwegzunehmen.

312 Die **Anmeldepflicht** trifft nach § 39 Abs. 2 GWB die am Zusammenschluss beteiligten Unternehmen, beim Vermögens- und Anteilserwerb auch den Veräußerer. Die Anmeldung eines Zusammenschlussvorhabens beim Bundeskartellamt ist **relativ formlos** möglich: Anders als auf europäischer Ebene gibt es **kein Formblatt,** die erforderlichen Angaben sind in § 39 Abs. 3 GWB abschließend aufgezählt. Das Bundeskartellamt hat auf seiner Homepage ein Anmeldeformular bereitgestellt, dessen Verwendung ist jedoch freiwillig.[188] Die in deutscher Sprache zu erfolgende Anmeldung bedarf zur Vollständigkeit folgender **Angaben:**

- Die Form des Zusammenschlusses;
- Eine Beschreibung der beteiligten Unternehmen, die Folgendes enthält: Die Firma und den Ort der Niederlassung oder den Sitz, die Art des Geschäftsbetriebes, die Umsatzerlöse in Deutschland, der EU und weltweit, sowie im Falle der neuen Schwelle des § 35 Abs. 1a GWB Angaben zu Art und Umfang der Tätigkeit;

[187] Siehe auch die Mitteilung des Bundeskartellamtes hierzu, abrufbar unter http://www.bundeskartellamt.de/SharedDocs/Publikation/DE/Merkbl%C3%A4tter/Merkblatt%20-%20Behandlung%20nachtraeglich%20angemeldeter%20Zusammenschluesse.pdf?__blob=publicationFile&v=4 (zuletzt abgerufen am 31.3.2018).

[188] Abrufbar unter http://www.bundeskartellamt.de/SharedDocs/Publikation/DE/Mustertexte/Muster%20-%20Anmeldeformular%20Fusionskontrolle%20-%20Gliederungen.pdf?__blob=publicationFile&v=2 (zuletzt abgerufen am 31.3.2018).

- Die Marktanteile der Beteiligten, wenn diese in Deutschland mindestens 20 % erreichen, einschließlich der Grundlage für ihre Berechnung oder Schätzung;
- Die Höhe der erworbenen und insgesamt gehaltenen Anteile;
- Eine zustellungsbevollmächtigte Person im Inland für Anmelder mit Sitz im Ausland.

Für alle verbundenen Unternehmen – und damit bei **PE Unternehmen** grundsätzlich für alle **Portfoliogesellschaften** – sind ebenfalls Angaben zu Firma/Sitz und Art des Geschäftsbetriebes erforderlich (§ 39 Abs. 3 S. 3 GWB). Bei unproblematischen Zusammenschlüssen, die keine wettbewerblichen Bedenken hervorrufen, kann jedoch mit dem Bundeskartellamt abgestimmt werden, inwieweit diese Angaben tatsächlich für alle Portfoliogesellschaften gemacht werden müssen. Entbehrlich können sie insbesondere sein, wenn diese auf völlig anderen Märkten als das Zielunternehmen tätig sind. **313**

Nach § 39 Abs. 5 GWB kann das Bundeskartellamt, unabhängig von der grundsätzlichen Möglichkeit, Auskunftsersuchen zu stellen (→ Rn. 323), **weitere Angaben verlangen.** Zu den Marktanteilen kann es jederzeit detaillierte Auskunft von den beteiligten Unternehmen verlangen, auch wenn deren Marktanteile unter 20 % bleiben. Auch die Grundlagen für die Berechnung oder Schätzung der Marktanteile kann angefordert werden. Erfragt werden können zudem Angaben zu den Umsätzen, die mit einer bestimmten Art von Waren oder gewerblichen Leistungen im letzten Geschäftsjahr erzielt wurden. Gleiches gilt für Angaben zu der Tätigkeit der beteiligten Unternehmen in Deutschland, was Informationen zu Zahlen und Standorten ihrer Kunden sowie zu den Orten, an denen ihre Angebote erbracht und bestimmungsgemäß genutzt werden, einschließt. **314**

3. Fristen

Der Lauf der in § 40 Abs. 1 und 2 GWB geregelten Fristen beginnt mit einer vollständigen Anmeldung. Wie das europäische ist auch das deutsche Verfahren zweiphasig aufgebaut. Das GWB unterscheidet zwischen dem Vorprüfverfahren **(„Phase 1")** und dem Hauptprüfverfahren **(„Phase 2").** Auch in Deutschland ist die Eröffnung des Hauptprüfverfahrens selten. In den letzten zehn Jahren wurde es bei ca. 1.000 bis 1.200 angemeldeten Zusammenschlussvorhaben pro Jahr insgesamt lediglich in 101 Fällen eröffnet.[189] **315**

a) Phase 1. Im Vorprüfverfahren hat das Bundeskartellamt **einen Monat** Zeit, um zu entscheiden, ob es das Zusammenschlussvorhaben freigibt oder das Hauptprüfverfahren eröffnet. Wenn wettbewerbliche Bedenken bestehen, die eine vertiefte Prüfung erforderlich machen, leitet es mit dem sog. **Monatsbrief** das Hauptprüfverfahren ein. Trifft das Bundeskartellamt innerhalb der Monatsfrist keine Entscheidung, gilt das Zusammenschlussvorhaben als freigegeben. In der Praxis lässt es die Monatsfrist jedoch nicht verstreichen: Entscheidet das Bundeskartellamt, das Hauptprüfverfahren nicht einzuleiten, so teilt es den Beteiligten in einem einseitigen Schreiben mit, dass nicht zu erwarten ist, dass durch den Zusammenschluss wirksamer Wettbewerb erheblich behindert wird. **316**

In unproblematischen Fällen ergeht die Freigabe **häufig** bereits **vor Ablauf der Monatsfrist.** Zwar haben die Beteiligten darauf keinen Anspruch, jedoch kann man das Bundeskartellamt in besonders zeitkritischen Fällen bitten, den Zusammenschluss vor Ablauf der Monatsfrist freizugeben. Dem wird in Fällen ohne wesentliche horizontale Überschneidungen oder vertikale Beziehungen häufig nachgekommen.[190] **317**

Es kann Konstellationen geben, in denen sich in Phase 1 herausstellt, dass das Zusammenschlussvorhaben gewissen wettbewerblichen Bedenken begegnet und für die Beurteilung mehr Zeit benötigt wird. Ist das Bundeskartellamt jedoch gleichzeitig zuversichtlich, dass es mit etwas mehr Zeit keines Hauptprüfverfahrens bedarf, so kann die **Anmeldung** zu dessen Vermeidung einvernehmlich **zurückgenommen** und unmittelbar noch einmal **318**

[189] Siehe Statistik des Bundeskartellamtes, abrufbar unter http://www.bundeskartellamt.de/DE/Fusionskontrolle/fusionskontrolle_node.html (zuletzt abgerufen am 31.3.2018).

[190] Siehe auch Bundeskartellamt, Merkblatt zur deutschen Fusionskontrolle vom Juli 2005, Abschnitt III.2.2.

neu eingereicht werden. Die Monatsfrist beginnt dann erneut zu laufen. Auch wenn sich die Beteiligten mit dem Bundeskartellamt auf dieses Vorgehen geeinigt haben, ist **Vorsicht geboten:** Es besteht kein Anspruch darauf, dass das Bundeskartellamt das Zusammenschlussvorhaben innerhalb der „zweiten" Monatsfrist freigibt. Letzterem steht es vielmehr frei, das Hauptprüfverfahren dennoch zu eröffnen, wenn sich nicht sämtliche Bedenken in der „zweiten" Monatsfrist ausräumen lassen.

319 Sollte sich in Phase 1 herausstellen, dass wettbewerbliche Bedenken bestehen und voraussichtlich das Hauptprüfverfahren eingeleitet und Verpflichtungszusagen erforderlich werden, ist es auch möglich, die **Anmeldung zurückzunehmen** und den Zusammenschluss **in modifizierter Form neu anzumelden.**[191] So vermögen die beteiligten Unternehmen wettbewerbliche Bedenken in Eigenregie und ohne ein aufwendiges Hauptprüfverfahren auszuräumen. Beispielsweise können die als problematisch eingestuften Teile vor der modifizierten Anmeldung an Dritte veräußert werden. Solch ein Vorgehen birgt jedoch das **Risiko,** dass das Bundeskartellamt die Veräußerungen nicht als ausreichend ansieht und den Zusammenschluss auch in seiner modifizierten Form für problematisch hält und das Hauptprüfverfahren eröffnet. Dies würde zu einer erheblichen Verzögerung des Transaktionszeitplans führen.

320 **b) Phase 2.** Die Fristen des Hauptprüfverfahrens sind in § 40 Abs. 2 GWB geregelt. Das Bundeskartellamt hat ab vollständiger Anmeldung **vier Monate** Zeit, um über den Zusammenschluss zu entscheiden. Demzufolge dauert das sich an Phase 1 anschließende Hauptprüfverfahren selbst drei Monate. Wird die Entscheidung den beteiligten Unternehmen nicht innerhalb dieser Zeit zugestellt, gilt das Zusammenschlussvorhaben als freigegeben.

321 Das Bundeskartellamt ist ausnahmsweise **nicht an diese Prüffrist gebunden,** wenn (1.) die anmeldenden Unternehmen einer **Fristverlängerung zugestimmt** haben, (2.) das Bundeskartellamt die Eröffnung des Hauptprüfverfahrens oder die Untersagung des Zusammenschlusses wegen **unrichtiger Angaben** oder einer **nicht rechtzeitig erteilten Auskunft** unterlassen hat oder (3.) **keine zustellungsbevollmächtigte Person** in Deutschland benannt wurde.

322 Die Viermonatsfrist wird **gehemmt,** wenn das Bundeskartellamt von einem beteiligten Unternehmen erneut eine Auskunft abfragen muss, weil es das erste Auskunftsersuchen vorsätzlich oder fahrlässig nicht oder nicht vollständig beantwortet hat. Die Hemmung endet erst, wenn die Auskunft vollständig übermittelt wurde (§ 40 Abs. 2 S. 5 und 6 GWB). Die Viermonatsfrist **verlängert sich um einen Monat,** wenn dem Bundeskartellamt in einem Verfahren erstmals Vorschläge für **Bedingungen oder Auflagen** unterbreitet werden (§ 40 Abs. 2 S. 7 GWB, siehe zu Verpflichtungszusagen im Detail → Rn. 330). In diesem Fall beträgt die Prüffrist fünf Monate ab vollständiger Anmeldung.

4. Auskunftsverlangen und Nachprüfungen

323 Neben **Auskunftsersuchen** an die beteiligten Unternehmen zu deren Marktanteilen (hierzu → Rn. 311) kann das Bundeskartellamt inhaltlich weitergehende Auskunftsverlangen nach § 59 GWB stellen. Sie können sich neben den Beteiligten an alle Unternehmen richten, deren Auskünfte für das Verfahren relevant sein können. Dies sind zB Wettbewerber, Kunden und Lieferanten der beteiligten Unternehmen sein, aber auch Verbände und sonstige Vereinigungen.

324 Es steht dem Bundeskartellamt frei, von diesen Unternehmen (einschließlich der mit ihnen verbundenen Unternehmen) durch Beschluss Auskunft über ihre wirtschaftlichen Verhältnisse sowie die Herausgabe von Unterlagen anzufordern. Darunter fallen zB Marktstudien, die der Einschätzung oder Analyse der Marktlage dienen. Das Bundeskartellamt hat bei der Ausgestaltung seiner Ermittlungen einen **weiten Ermessensspiel-**

[191] Vergleiche zB BGH Beschl. v. 20.4.2010 – KVR 1/09, WRP 2010, 937 (938, 940) – Phonak/GN Store.

raum.[192] Erfasst sind beispielsweise Informationen zu den Umsätzen auf den relevanten Märkten, geschätzten Marktanteilen und Grundlagen für deren Berechnung oder Schätzung.

In der Regel fordert das Bundeskartellamt die Auskünfte **zunächst formlos** an. Ein solches Ersuchen begründet noch **keine Auskunftspflicht.** Reagieren die Adressaten nicht oder gewinnt das Bundeskartellamt den Eindruck, dass die Auskünfte unrichtig oder unvollständig sind, kann es einen **förmlichen Auskunftsbeschluss** erlassen. Dann sind die Adressaten **verpflichtet,** die verlangten **Auskünfte richtig, vollständig** und innerhalb der gesetzten **Frist** zu erteilen und die angeforderten Unterlagen herauszugeben. Auch **Geschäftsgeheimnisse** müssen grundsätzlich offengelegt werden. Sie werden vom Bundeskartellamt im weiteren Verfahren vertraulich behandelt.[193] Im Beschluss des Bundeskartellamtes sind Gegenstand und Zweck des Auskunftsersuchens anzugeben und eine angemessene Frist zur Erteilung der Auskünfte zu setzen. 325

Das Bundeskartellamt hat zudem das Recht, innerhalb der üblichen Geschäftszeiten geschäftliche **Unterlagen einzusehen und zu prüfen** (§ 59 Abs. 1 Nr. 3, Abs. 3 GWB). Unter bestimmten Voraussetzungen sind auch **Durchsuchungen** möglich, § 59 Abs. 4 GWB. Nach dem Verhältnismäßigkeitsgrundsatz sind Durchsuchungen jedoch nur dann zulässig, wenn eine Nachprüfung entweder nicht erfolgsversprechend ist oder durchgeführt wurde und der Verdacht besteht, dass Unterlagen nicht vorgelegt wurden. In der Praxis finden sie in Fusionskontrollverfahren so gut wie nie statt. 326

5. Erfordernis richtiger Angaben

In der **Anmeldung** dürfen **keine unrichtigen oder unvollständigen Angaben** gemacht oder benutzt werden, um das Bundeskartellamt zu veranlassen, die Eröffnung des Hauptprüfverfahrens oder eine Untersagung zu unterlassen, § 39 Abs. 3 S. 5 GWB. Wird hiergegen verstoßen, stellt dies eine **Ordnungswidrigkeit** dar, die mit einem **Bußgeld** von bis zu maximal 10% des Gesamtumsatzes des Unternehmens im Geschäftsjahr vor der Entscheidung belegt werden kann, § 81 Abs. 2 Nr. 3, Abs. 4 S. 1 GWB. Wird ein Zusammenschluss ansonsten **fahrlässig oder vorsätzlich** nicht richtig oder nicht vollständig angemeldet, stellt dies **ebenfalls** eine **Ordnungswidrigkeit** dar, die mit einem **Bußgeld** von bis zu 100.000 EUR belegt werden kann, § 81 Abs. 2 Nr. 3, Abs. 4 S. 5 GWB. Gleiches gilt, wenn einer Anordnung nach § 39 Abs. 5 GWB (Auskunftsersuchen an die Beteiligten) zuwidergehandelt wird, § 81 Abs. 2 Nr. 2 lit. b GWB. 327

Auch auf ein **förmliches Auskunftsersuchen** nach § 59 GWB muss **richtig, vollständig** und **rechtzeitig** geantwortet werden. Eine Missachtung dessen stellt nach § 81 Abs. 2 Nr. 6 GWB ebenfalls eine **Ordnungswidrigkeit** dar. Der Bußgeldrahmen beträgt bis zu 100.000 EUR, § 81 Abs. 4 S. 5 GWB. Solange es sich um ein **formloses** Auskunftsersuchen handelt, wird die **Bußgeldsanktion nicht ausgelöst.** 328

Zudem kann eine **Freigabeentscheidung widerrufen oder geändert** werden, wenn sie auf unrichtigen Angaben beruht oder arglistig herbeigeführt worden ist, § 40 Abs. 3a GWB. 329

6. Verpflichtungszusagen

Nach § 40 Abs. 3 GWB kann die Freigabe mit **Auflagen und Bedingungen** verbunden werden. Diese stellen sicher, dass die beteiligten Unternehmen den Verpflichtungen nachkommen, die sie zur Abwendung einer Untersagung eingegangen sind. Die Verbindung einer Freigabeentscheidung mit Bedingungen und Auflagen ist, wie im europäischen Fusionskontrollverfahren, **nur in Abstimmung mit den beteiligten Unternehmen** 330

[192] Vgl. OLG Düsseldorf Beschl. v. 17.9.2012 – VI-2 Kart 2/12 (V), WuW/E DE-R 3799 (3800) – Auskunftsbefugnis.

[193] Siehe zB Bechtold/Bosch § 59 Rn. 13; *Schneider* in Langen/Bunte GWB § 59 Rn. 24.

möglich. Sie können vom Bundeskartellamt nicht einseitig auferlegt werden. Die Beteiligten bieten Verpflichtungszusagen an, die das Bundeskartellamt akzeptiert, wenn sie geeignet sind, die wettbewerblichen Bedenken zu beseitigen. Typisch sind ebenso wie auf EU-Ebene Veräußerungszusagen. Nach § 40 Abs. 3 S. 2 GWB dürfen sie sich **nicht** darauf richten, das unternehmerische Verhalten zu regeln oder die beteiligten Unternehmen **einer laufenden Verhaltenskontrolle** zu **unterstellen.**

331 **a) Art und Voraussetzungen.** Das Bundeskartellamt hat im Mai 2017 den Leitfaden „Zusagen in der Fusionskontrolle" veröffentlicht **(„Zusagenleitfaden").**[194] Dieser erläutert, unter welchen Voraussetzungen ein Zusammenschluss unter Bedingungen und Auflagen (die der Zusagenleitfaden einheitlich **Nebenbestimmungen** nennt) freigegeben werden kann.

332 Es gelten die für Verpflichtungszusagen nach der FKVO dargestellten Grundsätze (→ Rn. 176). Angebotene Verpflichtungszusagen müssen geeignet sein, die wettbewerblichen **Bedenken vollständig und zeitnah auszuräumen.** Ob dies der Fall ist, prüft das Bundeskartellamt unter anderem durch Marktbefragungen. Auch das Bundeskartellamt bevorzugt **strukturelle Verpflichtungszusagen.** Der Regelfall einer solchen Zusage ist der Verkauf eines bestehenden, eigenständigen **Unternehmens** oder **Geschäftsbereichs.** Im Einzelfall kann auch die Veräußerung einzelner **Vermögensgegenstände** genügen.[195] Die **Trennung von Unternehmensverbindungen,** wie zB die Entflechtung von Gemeinschaftsunternehmen, kann unter Umständen ebenso ausreichend sein wie die **Zugangsgewährung** zu wichtiger Infrastruktur.[196] Falls Veräußerungszusagen für den konkreten Fall keine gangbare Lösung darstellen, sind **Verhaltenszusagen** möglich. Darunter fallen zB die Erteilung von unbefristeten und unwiderruflichen Lizenzen oder die Aufgabe langfristiger Verträge.[197] Auch sie müssen jedoch **geeignet** und **wirksam** sein.

333 Bei der Ausgestaltung von Nebenbestimmungen sind nach dem Zusagenleitfaden einige **Grundsätze** zu beachten:[198] Etwaige Verhaltenszusagen dürfen **nicht** zu einer **laufenden Verhaltenskontrolle** führen. Deshalb werden Vertriebsbeschränkungen, „Chinese-Wall"-Verpflichtungen, die Stilllegung von Kapazitäten, Investitionsverpflichtungen, die Verfolgung von auferlegten Preisobergrenzen und dauerhafte Lieferverpflichtungen in der Regel nicht akzeptiert.[199] Unklar bleibt, ab welcher Laufzeit einer verhaltensbezogenen Abhilfemaßnahme von einer laufenden Verhaltenskontrolle auszugehen ist.

334 Veräußerungszusagen in Form einer **aufschiebenden Bedingung** sind nach der Auffassung des Bundeskartellamtes zur Beseitigung wettbewerblicher Bedenken in der Regel besser geeignet als auflösend bedingte Veräußerungszusagen. Denn hier **tritt** die **Freigabewirkung erst ein, wenn die Bedingung eingetreten ist,** im Regelfall der Veräußerungszusage also zum Zeitpunkt der Veräußerung und Übereignung des zu veräußernden Geschäfts. Der angemeldete Hauptzusammenschluss darf erst vollzogen werden, wenn die aufschiebende Bedingung eingetreten ist. Durch diese Vorgehensweise werden schädliche Auswirkungen auf den Markt von vornherein vermieden.

335 Bei **auflösenden Bedingungen** darf ein angemeldeter **Zusammenschluss** dagegen **bereits** ab Freigabe **vollzogen werden.** Diese entfällt dann gegebenenfalls wieder, wenn die Zusagen nicht (rechtzeitig) erfüllt werden. Bei Nichterfüllung der Zusagen kann es durch den Vollzug des Zusammenschlusses zumindest vorübergehend zu schädlichen Wirkungen auf dem Markt kommen. Wird die Freigabe mit **Auflagen** versehen, ist ein Vollzug des Zusammenschlusses ebenfalls sofort möglich. Bei Nichterfüllung entfällt die Freigabe

[194] Abrufbar unter http://www.bundeskartellamt.de/SharedDocs/Publikation/DE/Leitfaden/Leitfaden%20-%20Zusagen%20in%20der%20Fusionskontrolle.pdf?__blob=publicationFile&v=5 (zuletzt abgerufen am 31.3.2018).

[195] Siehe Rn. 52 des Zusagenleitfadens.

[196] Siehe Rn. 37 sowie Rn. 67 und 77 ff. des Zusagenleitfadens.

[197] Siehe Rn. 53 sowie Rn. 72 und 80 ff. des Zusagenleitfadens.

[198] Siehe Rn. 21 des Zusagenleitfadens.

[199] Siehe Rn. 21, 72 und 85 ff. des Zusagenleitfadens mwN.

hier nicht automatisch, sondern erst mit einem Widerruf durch das Bundeskartellamt nach § 40 Abs. 3a GWB.

Veräußerungszusagen akzeptiert das Bundeskartellamt in der Regel nur in Form von **aufschiebenden Bedingungen.** Hier zeigt sich ein **wesentlicher Unterschied zur europäischen Fusionskontrolle,** bei der die Veräußerung in den meisten Fällen erst nach Vollzug des freigegebenen Zusammenschlusses erfolgen muss. Bestehen besondere Unsicherheiten hinsichtlich der Umsetzbarkeit einer Verpflichtungszusage, so kann auch im deutschen Verfahren eine *Fix-it-first*-Lösung erforderlich sein. Hierzu wird auf → Rn. 183 verwiesen.[200] 336

Wie auf EU-Ebene muss der Veräußerungsgegenstand bei Veräußerungszusagen **lebens- und wettbewerbsfähig** sein. Insofern verweisen wir auf → Rn. 179. Es muss zudem mindestens einen **geeigneten** kaufinteressierten **Erwerber** geben. Im Einklang mit dem zur FKVO Gesagten kommen als Erwerber nur Unternehmen in Betracht, an denen die beteiligten Unternehmen nicht beteiligt sind oder allenfalls eine Beteiligung unter der Schwelle des wettbewerblich erheblichen Einflusses halten. Der Erwerber muss zudem erwarten lassen, dass er mit dem erworbenen Geschäft auf Dauer als Wettbewerber der beteiligten Unternehmen tätig wird. Außerdem darf der Erwerb durch den Erwerber nicht zu einer wesentlichen Behinderung wirksamen Wettbewerbs oder sonstigen kartellrechtlichen Problemen führen. In der Regel ist der Veräußerungsgegenstand an einen einzigen Erwerber zu veräußern.[201] Für die Erwerberkriterien wird auf die Ausführungen in → Rn. 181 verwiesen. 337

Wie im europäischen Verfahren muss der Veräußerer in der Zeit bis zur Veräußerung die Eigenständigkeit des zu veräußernden Geschäfts gewährleisten. Die **Lebens- und Wettbewerbsfähigkeit** des zu veräußernden Geschäfts muss **sichergestellt** sein. Bis zur Veräußerung kann dies gewisse **Maßnahmen** erfordern, wie zB eine unabhängige Geschäftsführung, die Trennung zentraler Einrichtungen (wie IT) und die Übertragung der Ausübung der Stimmrechte auf einen Treuhänder. Für die Zeit nach Veräußerung kommen Rückerwerbsverbote (nach der Praxis des Bundeskartellamtes üblicherweise fünf Jahre ab Übertragung),[202] Wettbewerbsverbote und Abwerbeverbote sowie Liefer- und Abnahmeverpflichtungen in Betracht.[203] 338

b) Verfahren und Form. Grundsätzlich können die beteiligten Unternehmen **zu jedem Zeitpunkt des Fusionskontrollverfahrens Verpflichtungszusagen anbieten.** Allerdings muss dies rechtzeitig vor dem Ende des ursprünglichen (nicht um einen Monat verlängerten) Hauptprüfverfahrens geschehen, sodass genügend Zeit für die Bewertung einschließlich eines Markttests verbleibt. Eine **Freigabe unter Nebenbestimmungen** erfolgt **nur im Hauptprüfverfahren,** nicht im Vorprüfverfahren. Dies ist einer der wesentlichen Unterschiede zum europäischen Verfahren. 339

Hinsichtlich des Verfahrens orientiert sich das Bundeskartellamt stark an der Praxis der Europäischen Kommission. Insbesondere hat es ebenfalls verschiedene **Mustertexte** für die Freigabe eines Zusammenschlusses mit Nebenbestimmungen veröffentlicht, die in den Tenor der Entscheidung mit aufgenommen werden.[204] Es existiert je ein Mustertext für Auflagen, aufschiebende und auflösende Bedingungen. Die Texte sind auf die Veräußerung eines Unternehmens oder Unternehmensteils zugeschnitten. Das zu veräußernde Geschäft 340

---

[200] Siehe zu einer derartigen Lösung zB Bundeskartellamt Entsch. v. 17.2.2009– B2-46/08 Rn. 56 – Nordzucker/Danisco.

[201] Siehe Rn. 58 des Zusagenleitfadens.

[202] Vergleiche zB Bundeskartellamt Entsch. v. 13.8.2015 – B9–48/15 – WM/Trost, S. 7 (C.2.).

[203] Siehe dazu Rn. 94 ff. des Zusagenleitfadens.

[204] Abrufbar unter http://www.bundeskartellamt.de/SharedDocs/Publikation/DE/Mustertexte/Muster%20-%20 Auflage.pdf?__blob=publicationFile&v=5, http://www.bundeskartellamt.de/SharedDocs/Publikation/DE/Mustertexte/Muster%20-%20Aufschiebende%20Bedingung.pdf?__blob=publicationFile&v=4 und http://www.bundeskartellamt.de/SharedDocs/Publikation/DE/Mustertexte/Muster%20-%20Aufloesende%20Bedingung.pdf?__blob=publicationFile&v=4 (zuletzt abgerufen am 31.3.2018).

muss präzise und vollständig beschrieben werden; zahlreiche Informationen sind vorzulegen. Es sind wie im europäischen Verfahren kurze **Veräußerungsfristen** vorgesehen: Im Fall aufschiebender Bedingungen **in der Regel sechs Monate** ab Zustellung der Freigabeentscheidung, im Ausnahmefall von auflösenden Bedingungen oder Auflagen sogar weniger (zB drei Monate).[205] Abweichungen von den Mustertexten sind möglich, müssen jedoch erläutert werden.[206]

341 Wie die Europäische Kommission führt das Bundeskartellamt mindestens einen **Markttest** durch, entweder als informelles oder förmliches Auskunftsersuchen nach § 59 GWB. Der Markttest enthält gezielte Fragen, die klären sollen, ob die vorgeschlagenen Zusagen geeignet sind, die Untersagungsvoraussetzungen zu beseitigen. Um dem Bundeskartellamt einen Markttest zu ermöglichen, müssen die beteiligten Unternehmen auch eine nichtvertrauliche Version der Verpflichtungszusagen übermitteln, welche an Dritte weitergereicht werden kann.

342 Zwar liegt die Verantwortung für die Umsetzung der Auflagen und Bedingungen bei den beteiligten Unternehmen, **Erwerber** und **Kaufvertrag** müssen aber durch das **Bundeskartellamt genehmigt** werden. Wie im europäischen Verfahren muss für die Zeit bis zur Veräußerung ein Sicherungstreuhänder eingesetzt werden. Erfolgt die Veräußerung durch die Parteien unter Überwachung des Sicherungstreuhänders nicht innerhalb der dafür vorgesehen Frist, kann zudem ein Veräußerungstreuhänder eingesetzt werden.[207] Insofern wird ergänzend auf die Aussagen in → Rn. 191 verwiesen. Das Bundeskartellamt hat für diese Treuhänder ein Muster eines Treuhandvertrages veröffentlicht, der Aufgaben und Pflichten regelt.[208]

343 Sollten die beteiligten Unternehmen einer mit der Freigabeentscheidung verbundenen **Auflage zuwiderhandeln,** kann diese nach § 40 Abs. 3a GWB **widerrufen oder geändert** werden. Gleichzeitig stellt dies nach § 81 Abs. 2 Nr. 5 GWB auch eine **Ordnungswidrigkeit** dar. Diese kann nach § 81 Abs. 4 S. 1 GWB mit einer **Geldbuße** von bis zu 10 % des Gesamtumsatzes des Unternehmens im Geschäftsjahr vor der Entscheidung belegt werden.

7. Drittbeteiligung

344 Nach § 54 Abs. 2 Nr. 3 GWB können Personen und Personenvereinigungen, deren Interessen durch die Entscheidung erheblich berührt werden, **auf Antrag zum Verfahren beigeladen** werden. In Betracht kommen die von dem Zusammenschluss betroffenen Wettbewerber und auf vor- und nachgelagerten Wirtschaftsstufen tätige Unternehmen. Eine Beiladung kann von formaler Anmeldung an bis zur Unanfechtbarkeit der Entscheidung erfolgen. Für die erforderliche erhebliche Berührung der Interessen des Antragstellers **reichen wirtschaftliche Interessen** grundsätzlich aus.[209] Erheblich ist die Betroffenheit, wenn ein mögliches **Verfahrensergebnis die Wettbewerbslage des Antragstellers spürbar verschlechtert** oder wirtschaftliche Reaktionen erforderlich macht.[210] Die Beiladung steht im pflichtgemäßen **Ermessen** des Bundeskartellamts. Die Beiladungsverfügung kann von den beteiligten Unternehmen mit der Beschwerde nach § 63 GWB angefochten werden. Den Beigeladenen verleiht die Beiladung eine **Beschwerdebefugnis** gegen die Entscheidung des Bundeskartellamtes (→ Rn. 352).

345 Auch ohne Beiladung kann das Bundeskartellamt Dritte **faktisch** am Fusionskontrollverfahren **beteiligen.** Daraus erwächst allerdings **keine besondere Rechtsposition.** Ins-

[205] Siehe Rn. 160 des Zusagenleitfadens.
[206] Siehe Rn. 115 des Zusagenleitfadens.
[207] Siehe Rn. 128 ff. des Zusagenleitfadens.
[208] Abrufbar unter http://www.bundeskartellamt.de/SharedDocs/Publikation/DE/Mustertexte/Muster%20-%20Treuhaendervertrag.pdf?__blob=publicationFile&v=4 (zuletzt abgerufen am 31.3.2018).
[209] Siehe OLG Düsseldorf Beschl. v. 2.10.2002 – Kart 24/02 (V), WuW/E DE-R 1029 (1029) – E.ON/Ruhrgas: Greenpeace.
[210] Siehe auch Bechtold/Bosch § 54 Rn. 10.

besondere steht einem lediglich faktisch Beteiligten keine Beschwerdebefugnis zu. Möchte sich ein Dritter die Möglichkeit einer Beschwerde gegen die Entscheidung offen halten, sollte ein Antrag auf Beiladung in Erwägung gezogen werden.

8. Entscheidung und Veröffentlichung

Entscheidet sich das Bundeskartellamt gegen die Einleitung des Hauptprüfverfahrens, so teilt es den Beteiligten in einem kurzen Schreiben mit, dass nicht zu erwarten ist, dass durch den Zusammenschluss wirksamer Wettbewerb erheblich behindert wird. Diese **„Freigabeentscheidung" in Phase 1** ist **nicht** als **Verfügung des Bundeskartellamtes** anzusehen. Sie enthält keinerlei detaillierte Aussagen zum Zusammenschluss und wird auch nicht veröffentlicht. **346**

Entscheidet sich das Bundeskartellamt, das Hauptprüfverfahren zu eröffnen, so wird diese Entscheidung nach § 43 Abs. 1 GWB unverzüglich **im Bundesanzeiger bekannt gemacht.** Diese Bekanntmachung geht jedoch nicht mit der Veröffentlichung des gesamten Vorgangs einher, sondern beschränkt sich auf die formale Bekanntgabe des Ereignisses. **347**

Die Entscheidungen, die das **Hauptprüfverfahren abschließen** (Freigabe, Freigabe mit Nebenbestimmungen oder Untersagung) gleichen jenen der Europäischen Kommission. Sie enthalten eine Zusammenfassung der Aktivitäten der Parteien, der Transaktion, der Zuständigkeit des Bundeskartellamtes, der Marktabgrenzung und der wettbewerblichen Beurteilung des Zusammenschlusses. Entscheidungen mit Nebenbestimmungen enthalten auch die Verpflichtungszusagen. Entscheidungen im Hauptprüfverfahren werden in der nicht-vertraulichen Version auf der **Homepage des Bundeskartellamtes veröffentlicht.** Die Entscheidung ist zudem **im Bundesanzeiger bekannt zu machen,** § 43 Abs. 2 Nr. 1 GWB. **348**

9. Rechtsmittel

Eine Entscheidung des Bundeskartellamtes kann durch Beschwerde zum OLG Düsseldorf angefochten werden, §§ 63 ff. GWB. Gegen einen Beschluss des OLG Düsseldorf ist Rechtsbeschwerde – bzw. bei Nichtzulassung der Rechtsbeschwerde durch das OLG Düsseldorf – zunächst Nichtzulassungsbeschwerde zum Bundesgerichtshof möglich (§§ 74 ff. GWB). **349**

a) Durch die beteiligten Unternehmen. Gegen eine Untersagungsverfügung können die beteiligten Unternehmen nach § 63 Abs. 1, Abs. 4 GWB **binnen eines Monats** ab der Zustellung **Beschwerde** einlegen. Diese kann auch auf neue Tatsachen und Beweismittel gestützt werden. Zuständiges Beschwerdegericht ist nach § 63 Abs. 4 S. 1 GWB das OLG Düsseldorf. Voraussetzung der Beschwerde ist, dass die Beschwerdeführer durch die Entscheidung **beschwert sind.** Dies ist bei einer Untersagung stets der Fall. Die beteiligten Unternehmen können sich auch mit der Begründung gegen eine Untersagung wenden, dass das Bundeskartellamt einen Zusagenvorschlag zu Unrecht nicht aufgenommen hat.[211] Auch eine isolierte Aufhebung der Nebenbestimmungen, mit dem Ziel einer uneingeschränkten Freigabe des Zusammenschlusses, kann begehrt werden.[212] Die erforderliche Beschwer dürfte hier jedoch nur gegeben sein, wenn die Beschwerdeführer im Fusionskontrollverfahren nachweislich zum Ausdruck gebracht haben, dass sie sich lediglich zur Erlangung der Freigabe mit den verlangten Nebenbestimmungen einverstanden erklärt haben und am Wunsch nach einer bedingungslosen Freigabe festhalten.[213] **350**

---

[211] Vergleiche zB OLG Düsseldorf Beschl. v. 25.9.2013 – VI Kart 4/12 juris Rn. 102 ff.– Xella/H+H.
[212] Vgl. OLG Düsseldorf Beschl. v. 22.12.2004 – VI Kart 1/04 (V) juris Rn. 39 – ÖPNV Hannover.
[213] Siehe OLG Düsseldorf Beschl. v. 27.5.2009 – VI-Kart 9/08 (V), WuW/E DE-R 2630 (2645) – EDEKA/Plus.

351 Hat die Beschwerde **Erfolg, hebt das OLG Düsseldorf die Untersagungsentscheidung auf,** § 71 Abs. 2 S. 1 GWB. Hat sie **keinen Erfolg,** so ist gegen den Beschluss des OLG Düsseldorf **Rechtsbeschwerde** zum Bundesgerichtshof möglich, §§ 74 ff. GWB. Bei Nichtzulassung der Rechtsbeschwerde durch das OLG Düsseldorf ist zunächst **Nichtzulassungsbeschwerde** zum Bundesgerichtshof einzulegen.

352 **b) Durch Dritte.** Neben den Zusammenschlussbeteiligten können auch Dritte befugt sein, gegen eine Entscheidung des Bundeskartellamts Beschwerde vor dem OLG Düsseldorf einzulegen. In aller Regel werden sich Dritte gegen eine Freigabe (mit oder ohne Nebenbestimmungen) wenden wollen. **Beschwerdebefugt** sind alle Unternehmen oder Verbraucherverbände, die auf Antrag zum Verfahren des Bundeskartellamts **beigeladen** wurden, § 63 Abs. 2 iVm § 54 Abs. 2 Nr. 3 GWB (→ Rn. 341). Darüber hinaus sind auch diejenigen Unternehmen beschwerdebefugt, die einen Antrag auf Beiladung gestellt und die **subjektiven Voraussetzungen für eine Beiladung erfüllt** haben, aber allein aus Gründen der Verfahrensökonomie nicht beigeladen wurden.[214] Eine **Beschwerde** von Dritten **gegen eine Freigabe im Vorprüfverfahren (Phase 1) ist nicht möglich,** denn dabei handelt es sich lediglich um eine Mitteilung und nicht um eine anfechtbare Verfügung.[215] Eine Beschwerde von Dritten ist also nur gegen im Hauptprüfverfahren ergangene Entscheidungen statthaft. Die Beschwerde hat keine aufschiebende Wirkung (siehe § 64 GWB). Wendet sich die Beschwerde eines Dritten gegen die Freigabe eines Zusammenschlusses, so darf dieser dennoch vollzogen werden. Auf Antrag kann die aufschiebende Wirkung unter bestimmten, engen Voraussetzungen ganz oder teilweise angeordnet werden, § 65 Abs. 3 S. 3 und 4, Abs. 4 GWB.

353 Weitere Voraussetzung der Beschwerde eines Dritten gegen eine Freigabeentscheidung (mit oder ohne Nebenbestimmungen) ist, dass dieser durch die Freigabe **formell und materiell beschwert** ist. Ersteres ist gegeben, wenn die angefochtene Verfügung nicht dem entspricht, was während des Verfahrens erstrebt wurde. Die materielle Beschwer erfordert, dass der Beschwerdeführer in seinem **wirtschaftlichen Interesse** unmittelbar und individuell **nachteilig berührt** ist. Zumeist erfüllen Wettbewerber und Abnehmer der Zusammenschlussbeteiligten diese Anforderung, da die Entscheidung sie in ihrem wettbewerblichen Betätigungsfeld auf dem relevanten Markt nachteilig betrifft.[216]

354 Ist die **Beschwerde** eines Dritten gegen eine Freigabeentscheidung **erfolgreich, hebt** das OLG Düsseldorf die **Freigabe auf** und **verweist den Fall zurück an das Bundeskartellamt.** Letzteres hat den Zusammenschluss ein weiteres Mal zu prüfen. Die Entscheidungsfrist für das Hauptprüfverfahren läuft erneut, beginnend mit Rechtskraft der gerichtlichen Entscheidung (§ 40 Abs. 6 GWB). Gegen einen der Beschwerde **nicht stattgebenden Beschluss** des OLG Düsseldorf ist auch in diesen Fallkonstellationen **Rechtsbeschwerde** bzw. zunächst **Nichtzulassungsbeschwerde** zum Bundesgerichtshof möglich.

10. Vollzugsanzeige

355 Nach § 39 Abs. 6 GWB haben die beteiligten Unternehmen dem Bundeskartellamt den Vollzug des Zusammenschlusses unverzüglich anzuzeigen. Eine kurze Mitteilung unter Nennung des Aktenzeichens genügt. Ein **Verstoß** hiergegen stellt nach § 81 Abs. 2 Nr. 4 GWB eine **Ordnungswidrigkeit** dar. Diese kann nach § 81 Abs. 4 S. 5 GWB mit einem **Bußgeld** von bis zu 100.000 EUR belegt werden.

214 Siehe BGH Beschl. v. 7.11.2006 – KVR 37/05, BGHZ 169, 370 (372 f.) – pepcom.
215 Siehe zB *Kühnen* in Loewenheim/Meessen/Riesenkampff/Kersting/Meyer-Lindemann § 63 Rn. 8.
216 Siehe BGH Beschl. v. 24.6.2003 – KVR 14/01, WRP 2003, 1248 Rn. 15 – HABET/Lekkerland.

11. Gebühren

Die Anmeldung ist gebührenpflichtig, § 80 Abs. 2 S. 2 Nr. 1 GWB, § 1 KartKostV. Die Höhe bestimmt sich nach dem personellen und sachlichen Aufwand des Bundeskartellamts unter Berücksichtigung der wirtschaftlichen Bedeutung des Zusammenschlusses. Die **Gebühr darf grundsätzlich 50.000 EUR nicht übersteigen,** § 80 Abs. 2 S. 2 Nr. 1 GWB, § 1 KartKostV. Bei **außergewöhnlich hohem Aufwand** kann sie in Ausnahmefällen **verdoppelt** werden, § 80 Abs. 2 S. 3 GWB. In Verfahren ohne wettbewerbliche Bedenken, mit keinen oder nur geringfügigen horizontalen Überschneidungen und vertikalen Beziehungen, bewegen sich die Gebühren für gewöhnlich im Rahmen von ca. 5.000–15.000 EUR. Teilweise variieren sie zwischen einzelnen Beschlussabteilungen. Gebührenschuldner ist derjenige, der die Anmeldung eingereicht hat, § 80 Abs. 6 Nr. 1 GWB. 356

F. Fusionskontrolle in Drittstaaten

Nahezu jede Jurisdiktion weltweit verfügt über ein Fusionskontrollregime (mit wenigen Ausnahmen, wie beispielsweise Luxemburg). Sind die Anmeldevoraussetzungen erfüllt, ist die Anmeldung zumeist verpflichtend. Einige wenige Jurisdiktionen sehen ein freiwilliges Regime vor, beispielsweise Australien, Hong Kong, Neuseeland, Singapur und das Vereinigte Königreich. 357

Innerhalb des EWR verfügen alle nationalen Fusionskontrollregimes über eine dem § 35 Abs. 3 GWB vergleichbare Vorschrift. Danach finden die nationalen Vorschriften keine Anwendung mehr, wenn der Zusammenschluss auf EU-Ebene anzumelden ist. Die meisten Fusionskontrollregimes innerhalb der EU sehen **umsatzbezogene Anmeldeschwellen** vor. Nur einzelne Jurisdiktionen, namentlich Portugal und Spanien, wenden zudem **Marktanteilsschwellen** an. Überschreiten die Marktanteile der Beteiligten in diesen Ländern eine bestimmte Schwelle, ist das Zusammenschlussvorhaben unabhängig von den Umsätzen anmeldepflichtig. Die einzelnen nationalen Schwellenwerte weichen erheblich voneinander ab. Während es einige EU-Mitgliedstaaten mit relativ niedrigen Schwellen gibt (neben Deutschland beispielsweise Österreich, Ungarn und Slowenien), sehen zahlreiche andere Mitgliedstaaten sehr hohe Schwellen vor (beispielsweise Belgien, Frankreich und Italien, auch die Schweiz). Das Vereinigte Königreich hat sich als einziger EU-Mitgliedstaat für eine lediglich freiwillige Anmeldung entschieden (verbunden mit dem Recht der Behörde, von Amts wegen Ermittlungen aufzunehmen). Für den Begriff des Zusammenschlusstatbestands stellen die meisten Jurisdiktionen innerhalb des EWR wie die FKVO auf den **Kontrollerwerb** ab. Abgesehen von Deutschland gibt es im EWR kaum eine Jurisdiktion, deren Fusionskontrollvorschriften auch den Erwerb **nichtkontrollierender Minderheitsbeteiligungen** erfassen. Eine erwähnenswerte Ausnahme stellt Österreich dar. 358

In den Verfahrensvorschriften der einzelnen Jurisdiktionen innerhalb des EWR existieren durchaus Unterschiede, insbesondere hinsichtlich der Dauer der Prüffristen, der Erforderlichkeit etwaiger fristloser Vorabkontakte und des Umfangs bzw. der Form der Anmeldeunterlagen. Bei einigen Behörden müssen die Transaktionsdokumente beispielsweise vorgelegt werden, bei anderen nicht. Alle Jurisdiktionen innerhalb des EWR folgen jedoch dem **zweiphasigen Modell,** wie es für die Verfahren in der EU und in Deutschland beschrieben wurde. Auf eine relativ kurze erste Phase (in den meisten Fällen vier bis sechs Wochen) folgt in materiell problematischen Fällen eine vertiefte Prüfung, die deutlich länger dauert. Deren Dauer unterscheidet sich zwischen den einzelnen Jurisdiktionen stark. Das **Vollzugsverbot** gilt grundsätzlich in allen Mitgliedstaaten. Auch die **materielle Prüfung** ähnelt sich in den meisten Mitgliedstaaten. Zwar wenden nicht alle Mitgliedstaaten den SIEC-Test an, einige prüfen nach dem Marktbeherrschungstest, ob durch den Zusammenschluss eine marktbeherrschende Stellung begründet oder verstärkt wird. Jedoch 359 sind die praktischen Unterschiede marginal: Stets stehen bei der Prüfung die Marktabgrenzung und die Marktanteile der Parteien im Mittelpunkt und es werden grundsätzlich die Gesichtspunkte herangezogen, die auch die Europäische Kommission und das Bundeskartellamt prüfen. Während es in formeller Hinsicht verfahrenstechnische Unterschiede gibt, müssen Verpflichtungszusagen materiell in aller Regel dieselben Kriterien erfüllen wie in Deutschland und der EU. Nicht alle Mitgliedstaaten verlangen eine Gebühr für die Anmeldung.

360 Jurisdiktionen **außerhalb des EWR** haben **unterschiedlichste Anmeldeschwellen.** Sehr viele knüpfen an den Umsatz der Beteiligten (zB Argentinien, Brasilien, China, Japan, die Türkei, Serbien und die Schweiz) oder an den Wert der Vermögensgegenstände innerhalb der jeweiligen Jurisdiktion an. Die Vermögenswertschwelle wird entweder allein oder in Kombination mit Umsatzschwellen (zB Indien, Kanada, Mexiko, Pakistan, Russland, Südafrika, Südkorea, Ukraine und die USA) angewandt. Wieder andere bestimmen die Anmeldepflicht entweder ausschließlich oder zusätzlich zu Umsatz- oder Vermögenswertschwellen anhand der Marktanteile der Beteiligten bzw. des Entstehens oder Verstärkens einer marktbeherrschenden Stellung (zB Bosnien, Israel, Marokko, Taiwan, Tunesien und Vietnam). Während in einigen dieser Jurisdiktionen nur der **Kontrollerwerb** anmeldepflichtig ist, knüpfen einige nicht an den Kontrollbegriff sondern vielmehr ausschließlich an **bestimmte Anteilsschwellen** an (dies gilt insbesondere für Jurisdiktionen in Asien). Den meisten Jurisdiktionen gemein ist das **Vollzugsverbot,** zu dem es nur wenige Ausnahmen gibt (wie zB Argentinien, Chile und Costa Rica). Die **Verfahrensvorschriften** außerhalb des EWR weisen von Land zu Land teilweise erhebliche Unterschiede auf. Dies gilt sowohl für die Dauer der Verfahren als auch für Art, Form und Umfang der Anmeldeunterlagen, das Erfordernis der Vorlage interner Dokumente und die Höhe möglicher Gebühren. Es gibt zahlreiche sehr formale Verfahrensregime (zB Ukraine, Russland), welche teilweise die Übersetzung von begleitenden Dokumenten in die Landessprache und Apostillen für bestimmte Dokumente fordern. Zudem sind nicht alle Verfahren ähnlich transparent wie diejenigen innerhalb des EWR und in Nordamerika. Sobald die Anmeldepflicht in einer ersten Prüfung bejaht wurde, ist es vor diesem Hintergrund unumgänglich, frühzeitig einen Kartellrechtsanwalt vor Ort einzuschalten.

361 Während bis vor einigen Jahren die einzelnen für ein Zusammenschlussvorhaben erforderlichen Verfahren unabhängig voneinander liefen, hat die **Kooperation zwischen den Wettbewerbsbehörden** in den letzten Jahren **enorm an Bedeutung gewonnen.** Dies gilt insbesondere für jene innerhalb des **EWR,** die mittlerweile sehr eng im sog. *European Competition Network* **(„ECN")** miteinander kooperieren und sich austauschen.[217] Als Teil des ECN wurde im Jahr 2010 eine *EU Merger Working Group* ins Leben gerufen. Diese besteht aus Vertretern der Europäischen Kommission und der nationalen Behörden und soll die Rechtsangleichung und Kooperation zwischen den Mitgliedern fördern und stärken.[218] Die Behörden der Mitgliedstaaten tauschen sich auch zu einzelnen Verfahren und Zusammenschlussvorhaben aus, insbesondere wenn ein Vorhaben in mehreren Mitgliedstaaten angemeldet werden muss.[219]

362 Um in **konkreten Fusionskontrollverfahren detaillierte, fallspezifische Informationen austauschen** zu können, bedürfen die kooperierenden Behörden jedoch eines sog. ***Confidentiality Waivers.*** Ohne diese Zustimmung der Beteiligten ist kein Austausch möglich. Die Behörden halten die Beteiligten jedoch dazu an, ihre Zustimmung zu erteilen. In der Praxis ist es nur schwer möglich, diese zu verweigern.

---

[217] Siehe http://ec.europa.eu/competition/ecn/ (zuletzt abgerufen am 31.3.2018).

[218] Siehe auch die *Best Practices on cooperation between EU National Competition Authorities in merger review,* abrufbar unter http://www.bundeskartellamt.de/SharedDocs/Publikation/DE/Sonstiges/ECN%20Best%20Practices%20on%20cooperation.pdf?__blob=publicationFile&v=6 (zuletzt abgerufen am 31.3.2018).

[219] Siehe *Procedure Guide to the Exchange of Information between Members on Mulit-jurisdictional* Mergers, abrufbar unter http://ec.europa.eu/competition/ecn/eca_information_exchange_procedures_en.pdf (zuletzt abgerufen am 31.3.2018).

Auch **international** nimmt die Kooperation zwischen Wettbewerbsbehörden zu. Dies gilt insbesondere im Verhältnis zwischen den Behörden des EWR, allen voran die Europäische Kommission, und den Behörden der großen nord- oder südamerikanischen Jurisdiktionen (zB Behörden der USA sowie von Canada und Brasilien).[220] Immer häufiger wird in den letzten Jahren jedoch auch mit anderen Behörden kooperiert, beispielsweise mit den Behörden in China, Indien und Japan. Die Zusammenarbeit der Wettbewerbsbehörden auf internationaler Ebene ist im *International Competition Network* **(„ICN")** institutionalisiert.[221] **363**

Vor diesem Hintergrund können sich Zusammenschlussbeteiligte im Falle einer Anmeldepflicht bei verschiedenen Behörden weltweit nicht mehr darauf verlassen, dass sich letztere nicht untereinander austauschen. Bei großen Zusammenschlussvorhaben, die neben der Europäischen Kommission auch bei den Behörden in einigen weiteren Jurisdiktionen angemeldet werden müssen, sollte **man** ganz im Gegenteil sogar **davon ausgehen, dass sich die Wettbewerbsbehörden austauschen** und in gewissem Umfang abstimmen. Es sollte stets darauf geachtet werden, dass sich die jeweils getätigten Angaben nicht widersprechen. Für den **Austausch fallspezifischer Informationen** ist jedoch wiederum ein ***Confidentiality Waiver*** der Beteiligten erforderlich. Detaillierte Informationen dürfen die Wettbewerbsbehörden ohne Einverständnis und ohne Wissen der Beteiligten nicht austauschen. Die internationale Kooperation kann für die Beteiligten insbesondere dann eine Rolle spielen, wenn mit Behörden mehrerer Jurisdiktionen über **Zusagen verhandelt** wird und sich die zuständigen Behörden zum Zwecke kohärenter Verfahrensergebnisse austauschen und die gewonnenen Erkenntnisse in die Zusagenverhandlungen mit den beteiligten Unternehmen einfließen lassen. **364**

G. Relevante Klauseln im Kaufvertrag

In Unternehmenskaufverträgen bzw. Verträgen über den Kauf von Vermögensgegenständen (im Folgenden einheitlich **„Unternehmenskaufverträge"**) sind verschiedene Klauseln zu den fusionskontrollrechtlichen Erfordernissen aufzunehmen. Zudem sind in der Regel einige Klauseln enthalten, die kartellrechtlich relevant sein können. **365**

I. Vollzugsbedingung

Im Unternehmenskaufvertrag muss eine Vollzugsbedingung (sog. *Closing Condition*) enthalten sein, wenn der Zusammenschluss in einer Jurisdiktion anmeldepflichtig ist, welche ein Vollzugsverbot vorsieht. Der **Vollzug** des Zusammenschlusses muss unter die **aufschiebende Bedingung der erforderlichen fusionskontrollrechtlichen Freigaben** gestellt werden. Entsprechende Regelungen im Vertrag listen die anmeldepflichtigen Jurisdiktionen häufig auf und sehen vor, unter welchen Voraussetzungen die Bedingung als eingetreten gilt, dh wann in der entsprechenden Jurisdiktion die Freigabewirkung eintritt. Für Deutschland oder die EU kann zB vorgesehen werden, dass dies der Fall ist, wenn **366**

(1.) kein Hauptprüfverfahren eingeleitet wurde,
(2.) eine unbedingte Freigabeentscheidung oder eine Freigabeentscheidung unter Auflagen und auflösenden Bedingungen erlassen wurde,
(3.) im Fall einer Freigabeentscheidung mit aufschiebender Bedingung die Bedingung eingetreten ist oder
(4.) die entsprechenden Prüffristen abgelaufen und deshalb die Freigabefiktion eingetreten ist.

---

[220] Siehe hierzu zB die *Best Practices* der *US-EU Merger Working Group on Cooperation in Merger Investigations,* abrufbar unter http://ec.europa.eu/competition/mergers/legislation/best_practices_2011_en.pdf.

[221] Siehe http://www.internationalcompetitionnetwork.org/about.aspx (zuletzt abgerufen am 31.3.2018).

367 Sollte bei Vertragsschluss noch nicht endgültig geklärt sein, in welchen Jurisdiktionen anzumelden ist, ist eine entsprechende Regelung in den Vertrag einzufügen. In dieser sollte festgelegt werden, dass die Vertragsparteien die Anmeldepflichten bis zu einem bestimmten Zeitpunkt zu klären haben und die Freigabe in den anmeldepflichtigen Ländern mit Vollzugsverbot eine Vollzugsbedingung ist.

II. Erstellung der Anmeldungen und Verfahrensdurchführung

368 Ein Unternehmenskaufvertrag sollte zudem Aussagen dazu treffen, von wem, wie und wann die erforderlichen Fusionskontrollanmeldungen zu erstellen und die Verfahren einzuleiten bzw. zu führen sind. Üblicherweise wird vorgesehen, dass der **Erwerber,** bei Gründung eines Gemeinschaftsunternehmens die Muttergesellschaften, die erforderlichen **Anmeldungen erstellt** und die Fusionskontrollverfahren **federführend betreut.** Die federführende Rolle kann sich auch daraus ergeben, welche Partei nach den Vorschriften der anmeldepflichtigen Jurisdiktionen **zur Anmeldung verpflichtet** ist (in einigen Jurisdiktionen der Erwerber, in anderen alle beteiligten Unternehmen). Im Kaufvertrag sollte auch geregelt werden, wer die **Kosten** der Fusionskontrollverfahren trägt, insbesondere die Gebühren der zuständigen Wettbewerbsbehörden. Regelmäßig trägt diese der Erwerber. Dies ist jedoch nicht zwingend, die Parteien können auch eine Kostentragung zu gleichen Teilen vereinbaren.

369 Zudem wird im Unternehmenskaufvertrag für gewöhnlich der **Zeitpunkt** der Anmeldungen geregelt. Üblich sind Fristen für die Erstellung und formale Einreichung der Anmeldungen. Bei der Bestimmung dieser Fristen ist zu berücksichtigen, dass einige Jurisdiktionen außerhalb des EWR vorsehen, dass die **Anmeldung zwingend innerhalb einer gewissen Frist nach Vertragsschluss eingereicht werden muss.** Für andere Jurisdiktionen ist zu beachten, dass die im Unternehmenskaufvertrag festgelegten Fristen für die Einreichung der Anmeldungen nicht zu knapp bemessen sein sollten. Denn den Beteiligten muss die Möglichkeit verbleiben, die Anmeldungen vollständig vorzubereiten. Sollten Anmeldungen in **mehreren Jurisdiktionen** erforderlich sein, empfiehlt es sich aus Effizienz- und Kostengründen regelmäßig, eine **„Musteranmeldung"** zu entwerfen und abzustimmen. Als Vorlage bietet sich das europäische Formblatt CO an. Diese Musteranmeldung wird dann von allen lokalen Anwälten vor Ort als Vorlage herangezogen, was in der Regel viel Zeit, Aufwand und Rückfragen erspart. Auch dieses gestaffelte Vorgehen kann in der entsprechenden Klausel des Unternehmenskaufvertrages abgebildet werden, zB durch kürzere Fristen für die Pilotanmeldung und etwas längere für die weiteren Anmeldungen. Im Falle der Zuständigkeit der **Europäischen Kommission** muss zudem beachtet werden, dass vor der formalen Anmeldung zunächst die **Vorabkontakte** aufzunehmen sind. Möchten die Parteien eine Frist für das europäische Fusionskontrollverfahren festlegen, sollte diese auf die Einleitung der Vorabkontakte abzielen und nicht auf die formale Anmeldung. Denn deren Zeitpunkt wird weitgehend von der Europäischen Kommission gesteuert. Eine mögliche Formulierung wäre zB *„Vorabkontakte mit der Europäischen Kommission werden unverzüglich, jedenfalls nicht später als zehn Arbeitstage ab Unterzeichnung dieses Vertrages, aufgenommen; alle übrigen Fusionskontrollanmeldungen in Jurisdiktionen, die keine informellen Vorabkontakte erfordern, werden unverzüglich, jedenfalls nicht später als zehn Arbeitstage ab Unterzeichnung dieses Vertrages, bei den zuständigen Wettbewerbsbehörden eingereicht"*.

370 Weiterhin sind vertragliche Regelungen zur **Kooperation der Parteien** und dazu empfehlenswert, wie Anmeldungsentwürfe zwischen den Parteien abgestimmt werden. Empfehlenswert sind Kooperationspflichten für die Beteiligten, wie zB:

- Die Verpflichtung des Veräußerers/des Zielunternehmens, dem Erwerber bzw. dessen externen Beratern unverzüglich alle Informationen zu liefern, die für die Erstellung der Fusionskontrollanmeldungen erforderlich sind;

- Die Verpflichtung des Erwerbers, den Veräußerer eng in die Erstellung der Fusionskontrollanmeldungen einzubeziehen und ihm bzw. seinen externen Beratern Gelegenheit zu geben, vor Einreichung bei den zuständigen Wettbewerbsbehörden alle Unterlagen einsehen und kommentieren zu können sowie die Verpflichtung des Erwerbers, diese Kommentare zu berücksichtigen;
- Die Verpflichtung des Veräußerers/des Zielunternehmens, dem Erwerber bzw. dessen externen Beratern alle Informationen zu liefern, die für die Beantwortung etwaiger Rückfragen der Wettbewerbsbehörden zu den Anmeldungen erforderlich sind.

Der **Kontakt zu** den zuständigen **Wettbewerbsbehörden** erfolgt in der Regel ebenfalls 371 über den Erwerber. Der Veräußerer/die Zielgesellschaft hat jedoch ein Interesse daran, über diese Kontakte zeitnah informiert zu werden oder unter Umständen sogar eingebunden zu sein. Insofern sind Regelungen möglich, die den Erwerber verpflichten, den Veräußerer/das Zielunternehmen zeitnah über alle Kontakte mit den Wettbewerbsbehörden zu informieren. Dem Veräußerer kann auch das Recht eingeräumt werden, an Treffen und wesentlichen sonstigen Kontakten mit den zuständigen Wettbewerbsbehörden teilzunehmen.

III. Long Stop Dates

Wegen der verhältnismäßig langen Dauer von Fusionskontrollverfahren (insbesondere auf 372 EU-Ebene) können zwischen der Unterzeichnung des Kaufvertrages und dem Vollzug des Zusammenschlusses unter Umständen Monate liegen. Gleichzeitig kann jedoch eine oder können mehrere Parteien ein starkes Interesse daran haben, den Zusammenschluss **nach Unterzeichnung des Kaufvertrages möglichst schnell zu vollziehen.** Gründe können die Finanzierung des Erwerbs sein oder bei Sanierungsfällen gegebenenfalls sogar das Überleben des Zielunternehmens bis zur Übernahme durch den Erwerber.

Deshalb enthalten Unternehmenskaufverträge häufig sog. ***Long Stop Dates.*** Diese Re- 373 gelungen fixieren ein bestimmtes Datum, mit dessen Ablauf eine oder beide Parteien **vom Vertrag zurücktreten können, falls bis dahin noch nicht sämtliche Vollzugsbedingungen eingetreten sind.** Für eine interessengerechte Lösung sollte sich das Long Stop Date an der erwarteten Dauer der Fusionskontrollverfahren orientieren. Letztere einigermaßen zuverlässig einschätzen zu können, ist von enormer Bedeutung. Dies macht wiederum eine frühzeitige materielle Beurteilung des Zusammenschlussvorhabens erforderlich. In unproblematischen Fällen kann das Long Stop Date deutlich früher gewählt werden. In Fällen, bei denen eine vertiefte Prüfung in Phase 2 zu erwarten ist bzw. zumindest nicht ausgeschlossen werden kann, sollte ein entsprechend späteres Datum angesetzt werden. Ist eine Anmeldung auf europäischer Ebene erforderlich, ist auch die ungefähre Dauer der Vorabkontakte mit der Europäischen Kommission vor der formalen Anmeldung, dem offiziellen Fristbeginn, einzubeziehen. Gleiches gilt, falls das Risiko einer Verweisung besteht, die zu einer erheblichen Verzögerung des Transaktionszeitplans führen kann. Eine durch ein Fusionskontrollverfahren verursachte Verzögerung des Vollzuges des Zusammenschlusses kann sich auch auf andere Aspekte der Transaktion, beispielsweise die Finanzierung, negativ auswirken. Es ist deshalb empfehlenswert, bereits während der Vertragsverhandlungen und deutlich vor Unterzeichnung des Unternehmenskaufvertrags kartellrechtliche Berater miteinzubeziehen. Diese vermögen die voraussichtlichen Anmeldepflichten zu prüfen und eine erste kartellrechtliche Machbarkeits- und Risikoanalyse zu erstellen.

IV. Verteilung des Fusionskontrollrisikos

Es empfiehlt sich eine vertragliche Regelung des Fusionskontrollrisikos, dh des **Risikos,** 374 **dass der Zusammenschluss nur unter Auflagen und Bedingungen freigegeben**

oder sogar untersagt wird. Dies gilt insbesondere, wenn die Parteien dies aufgrund einer vorab erfolgten ersten kartellrechtlichen Machbarkeitsanalyse jedenfalls nicht für ausgeschlossen halten. Eine entsprechende Klausel sollte regeln, wer das **wirtschaftliche Risiko einer Untersagung bzw. einer Freigabe mit Nebenbestimmung** zu tragen hat. Festgelegt werden sollte insbesondere, ob der Erwerber verpflichtet ist, den Zusammenschluss zu vollziehen, auch wenn er nur mit Nebenbestimmungen freigegeben wird. Ob und in welchem Umfang der Erwerber Verpflichtungszusagen anbieten muss, sollte ebenfalls vertraglich bestimmt werden. Im Unternehmenskaufvertrag kann außerdem geregelt werden, was in diesem Fall oder bei Untersagung mit dem vereinbarten Kaufpreis geschieht.

375 Zur Verpflichtung hinsichtlich Zusagen (zu Verpflichtungszusagen → Rn. 174 und → Rn. 330) können **je nach Interessenlage** verschiedenste Regelungen getroffen werden:

- Die Vollzugsbedingung kann so formuliert sein, dass sie nur bei einer Freigabe ohne Nebenbestimmungen erfüllt und der Erwerber gleichzeitig nicht verpflichtet ist, Verpflichtungszusagen anzubieten (dann liegt das **vollständige Fusionskontrollrisiko beim Veräußerer**);
- Die Vollzugsbedingung kann so formuliert sein, dass sie auch bei einer Freigabe unter Nebenbestimmungen erfüllt und der Erwerber gleichzeitig verpflichtet ist, alle für eine Freigabe erforderlichen Verpflichtungszusagen anzubieten und alle Nebenbestimmungen zu akzeptieren (dann liegt das **vollständige Fusionskontrollrisiko beim Erwerber**, sog. *Hell or High Water*-Klausel); oder
- Das **Fusionskontrollrisiko** kann **auf die Parteien verteilt** werden.

376 Soll das Fusionskontrollrisiko **verteilt** werden, sind **verschiedenste Ausgestaltungen** denkbar. Häufig wird bestimmt, dass der Erwerber Verpflichtungszusagen nur bis zu einem gewissen, festgelegten Umfang anbieten muss. Sollten diese von den zuständigen Wettbewerbsbehörden als nicht ausreichend erachtet werden, ist er nicht verpflichtet, mehr anzubieten. Eine Klausel kann zB dahingehend lauten, dass der Erwerber verpflichtet ist, alle Verpflichtungszusagen anzubieten, die **ökonomisch sinnvoll** sind. Um Auslegungsschwierigkeiten zu vermeiden, sollte das, was als ökonomisch sinnvoll zu erachten ist, näher definiert werden. Ein Beispiel hierfür wäre eine Regelung, nach der Zusagen in Höhe von bis zu 20% des Umsatzes, des EBITDA oder des Buchwerts des Zielunternehmens anzubieten sind. Möglich ist es auch, im Kaufvertrag ganz bestimmte Zusagen festzulegen, die der Erwerber (maximal) anbieten muss, wie die Veräußerung eines bestimmten Geschäftsbereichs. Um spätere Streitigkeiten zu vermeiden, ist es ratsam, den **Umfang** der Verpflichtungszusagen, die anzubieten sind, **konkret zu umschreiben.** Wird in diesem Kontext auch die Veräußerung eines Geschäftsbereichs bzw. von Vermögensgegenständen des Zielunternehmens als Verpflichtungszusage offengehalten, so sollte die entsprechende Klausel **Mitwirkungspflichten des Veräußerers** enthalten. Dies umfasst zB die Verpflichtung zur Vorlage aller im Rahmen der Zusagenverhandlungen erforderlichen Informationen über das Zielunternehmen bzw. den relevanten Geschäftsbereich/die Vermögensgegenstände. Da der Erwerber vor Vollzug mangels Kontrolle keine Verpflichtungen um- und durchzusetzen vermag, welche dem Zielunternehmen auferlegt werden, empfiehlt sich auch dahingehend die Regelung einer Mitwirkungspflicht des Veräußerers. Bei **PE Unternehmen** ist zudem zu bedenken, dass die Fondstruktur es aufgrund bestehender Treuepflichten gegenüber anderen als dem erwerbenden Fonds und deren Portfoliogesellschaften ausschließen kann, dass das erwerbende PE Unternehmen Verpflichtungszusagen aus dem eigenen Portfolio anbietet. In diesem Falle sollte die Klausel so formuliert werden, dass sich anzubietende Verpflichtungen ausschließlich auf das Geschäft des Zielunternehmens und nicht auf bereits gehaltene Tochtergesellschaften bzw. sonstige Aktivitäten des PE Unternehmens und der von ihm kontrollierten Portfoliogesellschaften beziehen.

Die Klausel zur Verteilung des Fusionskontrollrisikos kann auch den Zeitpunkt regeln, zu dem Verpflichtungszusagen vom Erwerber anzubieten sind (Phase 1 oder Phase 2). Dies bietet sich an, wenn die Einhaltung des Transaktionszeitplans und ein schneller Vollzug des Zusammenschlusses von großer Bedeutung sind. Denkbar ist dies zB bei Sanierungsfällen oder in Fällen, die mit erheblichen Finanzierungskosten verbunden sind. **377**

Mit der Regelung zu Verpflichtungszusagen einhergehend stellt sich die Frage, ob und wie es sich auf den **Kaufpreis** auswirken soll, wenn der Zusammenschluss nur unter Auflagen und Bedingungen bzw. überhaupt nicht freigegeben wird. Zu regeln ist beispielsweise, ob der volle Kaufpreis geschuldet wird, auch wenn der Erwerber im Rahmen seiner Vertragsverpflichtung bestimme Verpflichtungszusagen angeboten hat und damit uU nicht den vollen Wert des Zielunternehmens erhält. Je nach Interessenslage sind unterschiedlichste Gestaltungen denkbar. Für den Fall, dass der Zusammenschluss an fusionskontrollrechtlichen Problemen scheitert und der Erwerber vertraglich nicht zur Zahlung des Kaufpreises verpflichtet ist, werden zugunsten des Veräußerers häufig Kompensationszahlungen (sog. *Breakup Fees*) oder zumindest die Tragung der entstandenen Kosten *(Cost Coverage)* vereinbart. **378**

Bei der konkreten Ausgestaltung der Risikoverteilung ist zu bedenken, dass die **Transaktionsdokumente** in einigen Jurisdiktionen, beispielsweise in der EU (nicht aber in Deutschland), mit der Anmeldung **eingereicht werden müssen.** Je nach Formulierung der Klausel können die zuständigen Behörden also sehen, welche Art von Nebenbestimmungen der Erwerber für akzeptabel hält und anzubieten bereit ist. Dies kann die Zusagenverhandlungen mit den zuständigen Behörden unter Umständen beeinflussen. Zwar beurteilen die zuständigen Wettbewerbsbehörden die angebotenen Verpflichtungszusagen danach, ob sie geeignet sind, die wettbewerblichen Bedenken zu beseitigen. Jedoch kann nicht ausgeschlossen werden, dass sich eine Behörde in ihren Verhandlungen von der Klausel zum Fusionskontrollrisiko leiten lässt. Insofern kann es ratsam sein, die Verpflichtungszusagen, die der Erwerber anbieten muss, eher quantitativ und abstrakt zu umschreiben. Dies geht jedoch häufig zu Lasten der Rechtsklarheit und kann Auslegungsstreitigkeiten nach sich ziehen (→ Rn. 375). Um sowohl dem Interesse nach Rechtssicherheit als auch dem Interesse daran zu genügen, den Behörden keinen Anlass zu geben, sich von Detailregelungen im Vertrag leiten zu lassen, könnte eine einigermaßen abstrakte Regelung in den Transaktionsdokumenten durch Anwaltsschreiben zwischen den Beratern der Parteien ergänzt werden. In diesen würde exakt festgelegt, wie die in der allgemeinen Klausel verwendeten Begrifflichkeiten auszulegen sind. **379**

Für eine interessengerechte Risikoverteilung sollten die Parteien mit Hilfe ihrer Berater **möglichst früh einschätzen,** wie **wahrscheinlich** es ist, dass eine **Freigabe nur mit Nebenbestimmungen** ergehen wird. Sollte dieses Risiko hoch sein, ist es ratsam, frühzeitig mögliche Auswirkungen auf die Transaktion zu prüfen und Vorkehrungen zu treffen. Dies umfasst: **380**

- Die Identifizierung von Tätigkeiten und Bereichen, die Anlass zu wettbewerblichen Bedenken geben;
- Die Erwägung etwaiger Verpflichtungszusagen, die grundsätzlich in Betracht kommen und für die zuständigen Wettbewerbsbehörden akzeptabel sein könnten (*Best Case/Worst Case* Szenarien);
- Die Bestimmung des Teils des Kaufpreises, der auf die infrage stehenden Aktivitäten/Vermögensgegenstände entfällt; und
- Die Überlegung, ob die Transaktion für die Parteien überhaupt noch sinnvoll ist, wenn die als möglich identifizierten Verpflichtungszusagen angeboten werden müssen bzw. ab wann die Transaktion ihren wirtschaftlichen Sinn verliert.

V. Geschäftsführung zwischen Vertragsschluss und Vollzug

381 Häufig enthält der Kaufvertrag Bestimmungen dazu, wie der Veräußerer das Geschäft zwischen Unterzeichnung des Kaufvertrages und Vollzug zu führen hat. Typischerweise wird ein Katalog von **Maßnahmen** vereinbart, die der **Veräußerer nicht oder nicht ohne die Zustimmung des Erwerbers treffen darf.** Diese sog. ***Covenants*** bedeuten eine gewisse Einmischung des Erwerbers in das operative Geschäft des Zielunternehmens bereits vor Vollzug und vor Freigabe des Zusammenschlusses. Sie sind deshalb genau auf ihre Vereinbarkeit mit den kartellrechtlichen Vorschriften hin zu überprüfen.

382 Bestimmungen, nach denen bestimmte Maßnahmen des Veräußerers/Zielunternehmens bereits vor Vollzug des Zusammenschlusses der Zustimmung des Erwerbers bedürfen, dürfen **nicht** so weit gehen, dass sie als **Verstoß gegen das Vollzugsverbot** angesehen werden können. Durch sie darf der Erwerber noch keinen Einfluss auf das gewöhnliche operative Geschäft des Zielunternehmens nehmen können. Insofern wird auf die in → Rn. 134 dargelegten Grundsätze verwiesen.

383 Zusammenfassend können solche Zustimmungserfordernisse ohne kartellrechtliches Risiko in Unternehmenskaufverträge aufgenommen werden, die lediglich sicherstellen sollen, dass

(1.) der **Wert** des **Unternehmens** bis zum Übergang auf den Erwerber **erhalten bleibt** und

(2.) der Veräußerer/das Zielunternehmen nicht ohne Zustimmung des Erwerbers Maßnahmen treffen kann, die vom gewöhnlichen Geschäftsablauf abweichen.

384 **Unbedenklich** ist deshalb die **allgemeine Klausel,** dass der Veräußerer die Geschäfte des Zielunternehmens mit der Sorgfalt eines ordentlichen Kaufmanns und im Rahmen der bisherigen Geschäftspraxis fortzuführen hat.

385 Sollten die Parteien bevorzugen, **konkrete Zustimmungserfordernisse** in den Kaufvertrag mitaufzunehmen, so dürfen davon nur **Maßnahmen außerhalb des gewöhnlichen Geschäftsablaufs** betroffen sein. Dazu gehören zB die Änderungen der Satzung des Zielunternehmens, der Erwerb von Anteilen an anderen Unternehmen, der Erwerb neuer Vermögensgegenstände von erheblichem Wert, Veräußerungen von Vermögensgegenständen, erhebliche Investitionen, die Liquidation oder Gründung von Tochtergesellschaften, Ausgaben oder Kreditaufnahmen ab einer bestimmten Höhe, welche den gewöhnlichen Geschäftsablauf übersteigen etc.[222]

386 Handelt es sich bei den Vertragsparteien um Wettbewerber, so darf es durch die Zustimmungserfordernisse **nicht** zu einem **Austausch wettbewerblich sensibler Informationen** oder einer Abstimmung des Marktverhaltens der Parteien kommen. Diese Gefahr besteht zB wenn sich der Veräußerer verpflichtet, den Erwerber über bestimmte Vorgänge im Zielunternehmen zu informieren. Solcherlei Informationen dürfen nicht wettbewerbsrelevant sein. Riskant ist eine Verpflichtung des Veräußerers, den Erwerber über Investitionen im Bereich Forschung und Entwicklung oder neue Produkteinführungen zu informieren. Hierzu wird auf die Ausführungen unter → Rn. 404 ff. verwiesen.

VI. Wettbewerbsverbote und Bezugs- und Lieferpflichten

387 Wettbewerbsverbote sowie Bezugs- und Lieferpflichten können unter Umständen kartellrechtlichen Bedenken begegnen. **Unproblematisch** sind sie jedenfalls, wenn sie sich **im Rahmen der Bekanntmachung über Nebenabreden** halten. Insofern verweisen wir auf → Rn. 120.

[222] Insbesondere was den Erwerb von Beteiligungen an anderen Unternehmen bzw. von Vermögensgegenständen angeht, kann neben dem Zustimmungserfordernis im Kaufvertrag eine Regelung dahingehend sinnvoll sein, dass der Erwerber bis zur fusionskontrollrechtlichen Freigabe keine Beteiligungen bzw. Vermögensgegenstände erwirbt, die wahrscheinlich zu einer Verzögerung der fusionskontrollrechtlichen Freigabe führen oder deren Erlangung erschweren.

VII. Gewährleistungen und Freistellungen

Gewährleistungen und Freistellungen spielen im Unternehmenskaufvertrag eine Rolle, wenn es um **Risiken aus etwaigen Kartellverstößen des Zielunternehmens** geht. Bei Kartellverstößen drohen **erhebliche Bußgeld- und Schadensersatzansprüche,** die unter Umständen auch den Erwerber treffen können – nämlich, wenn der Verstoß nicht unmittelbar nach Vollzug der Transaktion abgestellt wird. Die Gefahr, kartellrechtliche Risiken „mit zu erwerben", wird dadurch verstärkt, dass (geheime) Kartellabsprachen in der Due Diligence regelmäßig nicht aufgedeckt werden können. Um derartige Risiken für den Erwerber zu minimieren, sind Gewährleistungen und Freistellungen von großer Bedeutung. 388

Freistellungen bieten sich an, wenn dem Erwerber Verstöße des Zielunternehmens bekannt sind, zB weil sie in der Due Diligence aufgefallen sind. Mit **Gewährleistungen** kann sich dagegen gegen mögliche, noch unbekannte kartellrechtliche Risiken abgesichert werden. Häufig findet man in Unternehmenskaufverträgen eine **allgemeine Compliance-Gewährleistung,** in der der Veräußerer rechtskonformes Verhalten des Zielunternehmens zusichert. Zwar ist die **Kartellrechtskonformität** davon umfasst, sie kann jedoch auch in einer **ausdrücklichen Regelung** versichert werden. Derartige Gewährleistungen können unterschiedlich ausgestaltet werden. Insbesondere der **zeitliche Anknüpfungspunkt** kann einen erheblichen Unterschied machen: Die Zusicherung des Veräußerers, dass keine Kartellrechtsverstöße vorliegen, kann sich auf den Zeitpunkt der Vertragsunterzeichnung oder den Vollzug der Transaktion beziehen oder er kann auch die Vergangenheit umfassen (zB den noch nicht verjährten Zeitraum). Auch in Bezug auf die **Kenntnis** des Erwerbs von Verstößen sind unterschiedliche Regelungen denkbar: Die Gewährleistung kann kenntnisunabhängig sein oder auf die dem Veräußerer (bei Vertragsunterzeichnung und Vollzug) bekannten (bzw. sorgfaltspflichtwidrig unbekannten) Umstände begrenzt werden. Es kann ratsam sein, den bei einem Verstoß **ersatzfähigen Schaden** zu definieren und **Haftungsobergrenzen** festzulegen. 389

Die **Verjährungsfristen** bei Kartellverstößen sind sowohl für die Verhängung von Bußgeldern als auch für die Geltendmachung von Schadensersatzansprüchen sehr lang. Es kann sich deshalb empfehlen, auch die **Verjährung der Ansprüche aus der Compliance-Gewährleistung entsprechend anzupassen** und diese gesondert von der Verjährung sonstiger Gewährleistungsansprüche aus dem Unternehmenskaufvertrag zu regeln. Die Verjährungsfrist der Gewährleistung könnte so ausgestaltet werden, dass sie den Verjährungsfristen der kartellrechtlichen Regelungen Rechnung trägt. Dann würde die Verjährung nicht bereits mit dem Vollzug der Transaktion beginnen, sondern zB erst wenn der Erwerber von dem Kartellverstoß Kenntnis erlangt oder hätte erlangen müssen. Die Dauer der Verjährungsfrist könnte zB die entsprechenden Bestimmungen des Bußgeldrechts widerspiegeln. Die gesetzliche Regelverjährung beträgt fünf Jahre ab Beendigung des Verstoßes, die absolute Obergrenze zehn Jahre ab Beendigung. Siehe für das deutsche Recht § 81 Abs. 8 GWB iVm §§ 31 Abs. 3 und 33 Abs. 3 OWiG. 390

H. Kartellrechtliche Risiken im Vorfeld einer Transaktion

Verstöße gegen das Kartellrecht können schwerwiegende Folgen nach sich ziehen, insbesondere Bußgelder und Schadensersatzzahlungen. Im Vorfeld einer Transaktion können sich unter verschiedenen Gesichtspunkten kartellrechtliche Risiken im Zusammenhang mit Art. 101 AEUV/§ 1 GWB ergeben. Näher beleuchtet werden nachfolgend zwei davon: die **Gründung von Bieterkonsortien** für den Erwerb eines Unternehmens und der **Austausch von wettbewerblich sensiblen Informationen** im Vorfeld einer Transaktion. 391

I. Bieterkonsortien

1. Einführung

392 PE Unternehmen und andere Finanzinvestoren schließen sich untereinander regelmäßig zu Bieterkonsortien zusammen (sog. ***Co-Investments***). Die Bildung eines solchen Bieterkonsortiums beinhaltet, dass die Mitglieder ein **gemeinsames Gebot** abgeben und darauf **verzichten,** jeweils **eigenständige Gebote abzugeben.** So vermögen sie Ressourcen zu bündeln und für Unternehmen zu bieten, die sie allein nicht erwerben könnten.

393 Bieterkonsortien sind unter der Bezeichnung ***Club Deals*** 2006 in den **USA** in den Fokus der Wettbewerbsbehörden geraten. Hintergrund war eine gegen verschiedene PE Unternehmen erhobene Schadensersatzklage.[223] Auf Klägerseite stand eine Reihe von Anlegern, die an verschiedenen Unternehmen beteiligt waren, welche von den beklagten PE Unternehmen im Rahmen von sog. *Leveraged Buyouts* übernommen worden waren. Die Kläger machten unter anderem geltend, die PE Unternehmen hätten den Markt für *Leveraged Buyouts* über Jahre hinweg untereinander aufgeteilt. Bieterkonsortien wären den Klägern zufolge insbesondere zu diesem Zweck gebildet worden, nämlich um die Bieteranzahl zu verringern. Dem Fall lagen noch weitere Verhaltensweisen zugrunde, beispielsweise die Abstimmung unter den PE Unternehmen, wer bei welcher Zielgesellschaft zum Zug kommen solle. Nach Aussagen der Kläger sollen zudem Bieterverfahren manipuliert worden sein. Im Jahr 2015 wurde das Verfahren in einem Vergleich gegen Zahlung von USD 590 Mio. eingestellt. In den **USA** gab es zum Thema *Club Deals* von PE Unternehmen bereits **einige Gerichtsverfahren.** Meist ging das zu beurteilende Verhalten jedoch **über die reine Gründung eines Bieterkonsortiums hinaus** und **umfasste wettbewerbsbeschränkende Verhaltensweisen** wie zB Vereinbarungen, wann welches Mitglied zum Zug kommen solle und wann und zu welchen Bedingungen eigenständige Gebote abgegeben werden sollen. Zur reinen Bildung von Bieterkonsortien ohne weitere Abstimmung und Koordinierung wurde in dem genannten Verfahren *Dahl vs. Bain Capital Partners, LLC* ausgeführt *„club deals are established and appropriate business practices“* und *„[club deals are] beneficial for a number of reasons“*.[224]

394 In **Deutschland** und auf europäischer Ebene ergingen, soweit ersichtlich, **bislang keine Entscheidungen zu dieser Art von Bieterkonsortien.** Es stellt sich die Frage, ob derartige Bietergemeinschaften gegen Art. 101 Abs. 1 AEUV oder § 1 GWB verstoßen. Bei der kartellrechtlichen Bewertung ist zwischen der Bildung eines Bieterkonsortiums für den gemeinsamen Erwerb eines Zielunternehmens und dem Verhalten in einem Konsortium zu unterscheiden.

2. Bildung eines Bieterkonsortiums

395 **a) Bildung vor Beginn des Verkaufsprozesses.** Wird ein Bieterkonsortium vor Beginn des Verkaufsprozesses gebildet, so kann unter bestimmten Voraussetzungen bereits eine **Wettbewerbsbeschränkung ausgeschlossen** werden. Auf die Anzahl der Bieter im konkreten Verkaufsprozess kommt es dann erst gar nicht an. Nach dem sog. Arbeitsgemeinschaftsgedanken ist dies dann der Fall, wenn **keines der am Konsortium beteiligten Unternehmen das Zielunternehmen allein erwerben könnte.**[225] Es kann zB sein, dass keines der beteiligten Unternehmen den Kaufpreis allein finanzieren könnte. Die Gründung des Bieterkonsortiums beschränkt den Wettbewerb hier nicht, sondern fördert ihn

[223] *Kirk Dahl, et al. V. Bain Capital Partners, LLC, et al.*, No. 07–12388, United States District Court, District of Massachusetts.

[224] Siehe auch *Keyte/Schwartz*, Private Equity and Antitrust: A New Landscape, Antitrust, Vol. 31 No. 1, 2016.

[225] Siehe auch Mitteilung der Kommission, Leitlinien zur Anwendbarkeit von Artikel 101 des Vertrages über die Arbeitsweise der Europäischen Union auf Vereinbarungen über horizontale Zusammenarbeit, ABl. 2011 C 11, S. 1 Rn. 237.

durch die Erweiterung des Bieterkreises vielmehr.[226] Da sie ohne das Konsortium nicht am Verkaufsprozess teilnehmen könnten, sind die Mitglieder des Konsortiums bereits **keine Wettbewerber.**

396 Gleiches gilt, zumindest für Deutschland, wenn die Abgabe eines **eigenständigen Angebots** für die am Konsortium beteiligten Unternehmen **zwar möglich, jedoch wirtschaftlich nicht zweckmäßig oder kaufmännisch nicht sinnvoll** ist.[227] Dies beinhaltet eine objektive und eine subjektive Komponente: Die subjektive Entscheidung der Unternehmen, keine eigenständigen Angebote abzugeben, sondern zusammenzuarbeiten, muss objektiv nachvollziehbar, dh durch betriebswirtschaftliche Fakten belegbar sein.[228] Den Unternehmen wird insofern ein Entscheidungsspielraum eingeräumt, sich allein oder als Mitglied eines Konsortiums um den Zuschlag zu bemühen. Bei Bieterkonsortien von PE Unternehmen kann dies dann relevant sein, wenn der einzelne Fonds zwar grundsätzlich über die erforderliche finanzielle Ausstattung verfügen würde, das Zielunternehmen auch allein zu erwerben, es aus Gründen einer Risikodiversifizierung jedoch wirtschaftlich geboten ist, das Fondsvolumen auf mehrere Investitionen zu verteilen. Die **Europäische Kommission** scheint bezüglich Arbeitsgemeinschaften im Vergleich zur deutschen Praxis etwas **strenger** zu sein. Für die Gründung einer Arbeitsgemeinschaft hat sie in früheren Entscheidungen ausschließlich objektive Kriterien gefordert, zB Erfahrung, Spezialkenntnisse, Kapazitäten oder Finanzkraft, die ein gemeinsames Vorgehen im konkreten Projekt als notwendig erscheinen lassen.[229] Dass es lediglich wirtschaftlich effizienter ist, ein Projekt gemeinsam zu bestreiten, genügt der Europäischen Kommission dafür grundsätzlich nicht.[230] Allerdings beziehen sich diese Aussagen zu Arbeitsgemeinschaften nicht auf Bieterkonsortien im Rahmen einer M&A-Transaktion. Sie betreffen vielmehr andere Arten von Arbeitsgemeinschaften, im konkreten Fall hatten beispielsweise zwei Triebwerkshersteller für die Entwicklung eines Düsentriebwerks eine Arbeitsgemeinschaft gegründet.

397 Die Gründung eines Bieterkonsortiums kann im Umkehrschluss kartellrechtlich bedenklich sein, wenn **ein alleiniges Gebot für die einzelnen Mitglieder wirtschaftlich zweckmäßig und kaufmännisch vernünftig** oder – nach der strengeren Auffassung der Europäischen Kommission – möglich wäre. In einem solchen Fall wird das Bieterkonsortium aus anderen Gründen gegründet. Es könnte beispielsweise dem Zweck dienen, den Kaufpreis für das Zielunternehmen nicht in die Höhe zu treiben. In diesen Konstellationen besteht zwischen den Mitgliedern ein (zumindest potenzielles) **Wettbewerbsverhältnis.** Daher wird der **Wettbewerb** durch die Bildung eines Bieterkonsortiums **beschränkt.**

398 Diese Wettbewerbsbeschränkung kann unter Umständen nicht spürbar sein. Für die Beurteilung kommt es in allererster Linie auf die Marktposition der Beteiligten und damit die Marktabgrenzung an. Am Kriterium der **Spürbarkeit** wird es in aller Regel jedenfalls fehlen, wenn man auf einen übergeordneten Markt für Unternehmensübernahmen abstellt. Auf einem so abgegrenzten Markt ist eine Vielzahl von Unternehmen tätig, sodass die Spürbarkeit einer potenziellen Wettbewerbsbeschränkung in der Regel zu verneinen sein wird.[231] Allerdings ist eine derart weite Marktabgrenzung unwahrscheinlich. Vielmehr würde eine Wettbewerbsbehörde wahrscheinlich die **Wettbewerbssituation beim Erwerb des konkreten Unternehmens** berücksichtigen. Ob die Bildung des Bieterkonsortiums als solches den Wettbewerb spürbar beschränkt, hängt deshalb von den Umständen des Einzelfalls ab. Ausschlaggebend ist insbesondere, wie viele konkurrierende Bieter an

[226] So zB BGH Urt. v. 13.12.1983 – KRB 3/83, WuW/E BGH 2050 (2051) – Bauvorhaben Schramberg.
[227] Siehe BGH Urt. v. 13.12.1983 – KRB 3/83, WuW/E BGH 2050 (2051) – Bauvorhaben Schramberg.
[228] Siehe zB *Wessely* in MüKoGWB GWB § 1 Rn. 39 ff.
[229] Siehe zB Europäische Kommission Entsch. v. 18.12.1996 – IV/35.518, ABl. 1997 L 17, S. 87 Rn. 40 – Iridium.
[230] Siehe zB Europäische Kommission Entsch. v. 14.9.1999 – IV/36.213, ABl. 2000 L 58, S. 16 Rn. 75 – GEAE/P&Wy.
[231] Siehe *Lübbig* in Wiedemann § 9 Rn. 230.

dem Verkaufsprozess teilnehmen. Bei einer Vielzahl von potenziellen Bietern wird es in vielen Fällen an der Spürbarkeit fehlen. Ist der Bieterkreis jedoch relativ klein, so kommt eine spürbare Beschränkung des Bieterwettbewerbs in Betracht. Grundsätzlich fehlt es an der Spürbarkeit, wenn der gemeinsame **Marktanteil** der an einer horizontalen Vereinbarung **beteiligten Unternehmen auf keinem der betroffenen Märkte 10 % übersteigt.** Dies ergibt sich aus den sog. **Bagatellbekanntmachungen** des Bundeskartellamtes und der Europäischen Kommission.[232] Dies gilt jedoch nur, soweit keine bezweckte Wettbewerbsbeschränkung vorliegt. Solche Beschränkungen gelten stets als spürbar.[233] In einem M&A-Verkaufsprozess wird es den Unternehmen, die ein Konsortium gründen wollen, kaum möglich sein, ihre Marktanteile zu bestimmen: Vor Beginn des Verkaufsprozesses (und häufig auch noch nach Beginn des Bieterverfahrens) werden die Bieter nicht wissen, wie viele andere Bieter sich für das Zielunternehmen interessieren und ein Angebot abgeben. Noch weniger ist ihnen die Höhe der Angebote der anderen Bieter bekannt. Die Spürbarkeit einer etwaigen Wettbewerbsbeschränkung kann aber wohl ausgeschlossen werden, wenn nach Kenntnis der am Bieterkonsortium beteiligten Unternehmen im Verfahren ausreichend viele Bieter vorhanden sind und für den Veräußerer damit genügend Alternativen zu dem Bieterkonsortium bestehen.[234]

399 Ist die Wettbewerbsbeschränkung **spürbar,** ist unter Umständen eine **Freistellung** nach Art. 101 Abs. 3 AEUV/§ 2 GWB **möglich.** Da in einem solchen Fall **keine der Gruppenfreistellungsverordnungen einschlägig** ist, müssten dafür die Voraussetzungen einer **Einzelfreistellung** vorliegen. Bei der Bildung eines Bieterkonsortiums durch Unternehmen, denen auch einzeln ein Angebot möglich und ein solches wirtschaftlich zweckmäßig und kaufmännisch vernünftig gewesen wäre, werden diese Voraussetzungen in aller Regel nicht gegeben sein. Vermutlich scheitert es bereits an der ersten Voraussetzung einer Einzelfreistellung, nämlich dass die Vereinbarung zur Bildung des Konsortiums *„zur Verbesserung der Warenerzeugung oder -verteilung oder zur Förderung des technischen oder wirtschaftlichen Fortschritts beiträgt“.*

400 **b) Bildung nach Beginn des Verkaufsprozesses. Kartellrechtlich deutlich kritischer zu betrachten** ist die Bildung eines Bieterkonsortiums **durch Rückzug eines bereits im Verfahren aktiven Bieters** und Bildung einer Gemeinschaft während eines laufenden Verkaufsprozesses. Das gemeinsame Gebot durch die Bietergemeinschaft beinhaltet in diesen Fällen, dass ein bisher aktiver Bieter sein Angebot zurücknimmt. Dass die Bieter zunächst allein als Interessenten gegenüber dem Veräußerer aufgetreten sind, zeigt, dass es für sie möglich, wirtschaftlich zweckmäßig und kaufmännisch sinnvoll war, eigene Angebote abzugeben. Da sie bereits Gebote abgegeben haben, sind sie nicht nur potentielle, sondern auch **aktuelle Wettbewerber.** In der Gründung des Konsortiums nach Beginn des Verkaufsprozesses liegt damit eine **Wettbewerbsbeschränkung,** die – falls sie spürbar ist – einer Einzelfreistellung bedarf.

401 Etwas anderes kann gelten, wenn sich der **Verkaufsprozess** in einer Weise **geändert hat,** dass die **Kooperation erforderlich geworden ist** und den Beteiligten **keine eigenständigen Gebote mehr möglich** sind. In dieser Alternative wird die Bildung des Konsortiums durch aktive Bieter, von denen sich (mindestens) einer als eigenständiger Bieter aus dem Verkaufsprozess zurückzieht, im Interesse der Transparenz und um den Eindruck einer Kollusion zu vermeiden, dem Veräußerer gegenüber wohl offen gelegt

[232] Siehe Bekanntmachung der Kommission über Vereinbarungen von geringer Bedeutung, die den Wettbewerb gemäß Artikel 101 Abs. 1 des Vertrages über die Arbeitsweise der Europäischen Kommission nicht spürbar beschränken (de minimis), ABl. 2014 C 291, S. 1 (Rn. 8), und Bekanntmachung Nr. 18/2007 des Bundeskartellamtes über die Nichtverfolgung von Kooperationsabreden mit geringer wettbewerbsbeschränkender Bedeutung vom 13.3.2007 (Rn. 8).

[233] Siehe EuGH Urt. v. 16.7.2015 – C-172/14, Celex-Nr. 62014CJ0172 Rn. 30 f. – ING Pensii sowie Rn. 2, 13 und 14 der Bagatellbekanntmachung der Europäischen Kommission.

[234] So wohl *Immenga,* Bietergemeinschaften im Kartellrecht – ein Problem potentiellen Wettbewerbs, DB 1984, 385 (386).

werden müssen.[235] Zudem sollte intern hinreichend dokumentiert werden, aus welchen Gründen sich ein bisher aktiver Bieter aus dem Bieterprozess zurückzieht und sich einem Bieterkonsortium anschließt.

3. Verhalten im Konsortium

Für das Verhalten im Konsortium gilt das Verbot wettbewerbsbeschränkender Vereinbarungen und abgestimmter Verhaltensweisen, Art. 101 AEUV/§ 1 GWB. Kartellrechtlich kritisch zu beurteilen sind sowohl Absprachen, die über das hinausgehen, was für das Gebot des Bieterkonsortiums erforderlich ist, als auch Verhaltensabstimmungen zwischen Bietern im laufenden Verkaufsprozess. Dies gilt insbesondere, wenn sie dazu dienen sollen, Einfluss auf den Kaufpreis oder darauf zu nehmen, welcher Bieter letztlich zum Zug kommt. Die **Abstimmung** und der **Austausch** zwischen den Mitgliedern eines Bieterkonsortiums sollten **nicht über das hinausgehen, was zur Durchführung der Gemeinschaft und zur Abgabe eines gemeinsamen Gebotes unbedingt erforderlich ist.** **402**

Es wäre beispielsweise wohl **wettbewerbsbeschränkend,** wenn sich zwei aktive Bieter darauf verständigen, dass sich der eine aus dem Verkaufsprozess zurückzieht, bei Erfolg des anderen im Gegenzug aber an dem Zielunternehmen beteiligt wird. Gleiches gilt für eine Vereinbarung, wonach sich der eine Bieter beim Kauf eines bestimmten Zielunternehmens zurückhalten soll und der andere dafür bei einem anderen Bieterverfahren verzichtet. Dies ginge weit über die zulässige Gründung eines Bieterkonsortiums nach dem Arbeitsgemeinschaftsgedanken hinaus. Es handelte sich vielmehr um eine klassische **Marktaufteilung.** Derartige Vereinbarungen verstoßen gegen das Kartellverbot des Art. 101 Abs. 1 AEUV/ § 1 GWB und sind in aller Regel auch nicht nach Art. 101 Abs. 3 AEUV/§ 2 GWB freistellungsfähig.[236] **403**

II. Austausch wettbewerblich sensibler Informationen

1. Einführung

Bis zum Vollzug des Zusammenschlusses bleiben Erwerber und Zielunternehmen unabhängige Unternehmen, auf deren Verhältnis das allgemeine Kartellverbot des Art. 101 Abs. 1 AEUV und des § 1 GWB Anwendung findet. Dass sie miteinander über einen **Unternehmenskaufvertrag verhandeln, schafft keinen kartellrechtsfreien Raum.** Dies gilt auch im **Zeitraum zwischen der Unterzeichnung des Kaufvertrages und der fusionskontrollrechtlichen Freigabe** durch die zuständigen Wettbewerbsbehörden. **Erst mit Vollzug** des Zusammenschlusses wird das Zielunternehmen Teil der wirtschaftlichen Einheit des Erwerbers und das **Kartellverbot gilt nicht mehr.** Bis dahin müssen die beteiligten Unternehmen das Kartellverbot beachten. **404**

Aus dem Kartellverbot ergeben **sich Grenzen für das Verhalten der beteiligten Unternehmen** von der ersten Kontaktaufnahme bis zum Vollzug eines Zusammenschlusses. Dies gilt vor allem dann, wenn die beteiligten Unternehmen **aktuelle oder potenzielle Wettbewerber** sind. Bereits der **Austausch wettbewerblich sensibler Informationen** kann unter Umständen als **Verstoß gegen das Kartellverbot** angesehen werden. Denn der Austausch solcher Informationen kann dazu führen, dass Unternehmen die **Marktstrategien** ihrer Wettbewerber **verstehen** und sich deren erwartetem Verhalten **anpassen** könnten. Kritisch ist nach der Praxis der europäischen Wettbewerbsbehörden insbesondere der Austausch **aktueller** oder **zukunftsbezogener** und **nicht anonymisierter** oder **aggregierter** Informationen zwischen Wettbewerbern. Darunter fallen zB Daten über Kunden, Lieferungen, Investitionen, Ausschreibungsergebnisse, Marktanteilsentwicklungen und Kosten. Ein Austausch kann entweder unmittelbar oder über ein sog. Markt- **405**

[235] Siehe auch *Bischke/Röhrig* in Meyer-Sparenberg/Jäckle § 34 Rn. 4.
[236] So zB auch *Gehring* in Mäger 3. Kapitel Rn. 67.

informationssystem erfolgen. Wettbewerblich sensible Informationen können in verschiedenen Stadien eines M&A-Prozesses ausgetauscht werden, insbesondere im Rahmen der **Due Diligence,** bei der **Vorbereitung der Fusionskontrollanmeldungen** und bei der **Integrationsplanung** vor Vollzug.

406 **Verstöße** gegen das Kartellverbot können zu **empfindlichen Bußgeldern** von bis zu 10 % des im vergangenen Jahr erzielten Gesamtumsatzes führen. Bislang haben zwar weder die Europäische Kommission noch das Bundeskartellamt Bußgelder wegen eines isolierten Informationsaustausches im Rahmen einer Transaktion verhängt. Jedoch sind beide Behörden hinsichtlich der Verfolgung und Bebußung des Informationsaustausches zwischen Wettbewerbern in den letzten Jahren deutlich strenger geworden. Der Informationsaustausch im Zusammenhang mit Transaktionen wurde innerhalb der letzten beiden Jahre sowohl von der französischen als auch von der niederländischen Wettbewerbsbehörde aufgegriffen.[237] Auch in den USA gibt es bereits Entscheidungen hierzu.

407 Noch vor Unterzeichnung des Kaufvertrages besteht auf Seiten des potenziellen **Erwerbers** jedoch ein **erhebliches Bedürfnis, Einblick in das Geschäft des Zielunternehmens zu bekommen.** Nur dann ist er in der Lage, das Zielunternehmen zu bewerten, finanzielle und rechtliche Risiken einzuschätzen und eine fundierte Kaufentscheidung zu treffen. Vor Unternehmenstransaktionen ist eine Due Diligence daher gängige Praxis. Diese erfordert zumindest teilweise auch die Offenlegung wettbewerblich sensibler Daten. Bei Gemeinschaftsunternehmen kommt auch eine gegenseitige Due Diligence in Betracht. Besteht zwischen dem potenziellen Erwerber und dem Zielunternehmen ein Wettbewerbsverhältnis, sind Spannungen zwischen dem legitimen Informationsbedürfnis des potenziellen Erwerbers und den kartellrechtlichen Vorgaben vorprogrammiert.[238] Es gilt eine Lösung zu finden, die sowohl kartellrechtliche Risiken auf ein Mindestmaß reduziert als auch den berechtigten Interessen der Parteien Rechnung trägt.

2. Rechtliche Rahmenbedingungen

408 **a) Abgestimmte Verhaltensweise.** Verboten sind nach Art. 101 AEUV und dem insoweit inhaltsgleichen § 1 GWB unter anderem *„Vereinbarungen zwischen Unternehmen […] und aufeinander abgestimmte Verhaltensweisen, die eine Verhinderung, Einschränkung oder Verfälschung des Wettbewerbs bezwecken oder bewirken"*. Ein Informationsaustausch zwischen Wettbewerbern wird von den Behörden grundsätzlich unter dem Gesichtspunkt einer abgestimmten Verhaltensweise betrachtet. **Grundgedanke des Kartellverbots** und Ausgangspunkt der Bewertung des konkreten Verhaltens ist nach ständiger Rechtsprechung das sog. **Selbstständigkeitspostulat.** Danach hat jedes Unternehmen seine Geschäftspolitik am Markt grundsätzlich selbstständig zu bestimmen. Hinzu kommt der Grundsatz des sog. **Geheimwettbewerbs,** dh die Ungewissheit über das Marktverhalten der Wettbewerber. **Erlaubt** ist, sich dem festgestellten oder erwarteten Verhalten der Wettbewerber anzupassen (sog. **zulässiges Parallelverhalten**). Unzulässig sind dagegen abgestimmte Verhaltensweisen.

409 Nach der Rechtsprechung des EuGH bezeichnet der Begriff der abgestimmten Verhaltensweise eine Form der Koordinierung zwischen Wettbewerbern, *„die zwar noch nicht bis zum Abschluss eines Vertrages gediehen ist, jedoch bewusst eine* ***praktische Zusammenarbeit an die Stelle des mit Risiken verbundenen Wettbewerbs*** *treten lässt.*"[239] Hierunter fällt nach der Rechtsprechung der europäischen Gerichte und den Horizontalleitlinien der Europäischen Kommission[240] bereits jede unmittelbare oder mittelbare **Fühlungnahme zwischen**

---

[237] Dazu → Rn. 447.

[238] Siehe *Besen/Gronemeyer,* Informationsaustausch im Rahmen von Unternehmenskäufen – Kartellrechtliche Entwicklung und Best Practice, CCZ 2013, 137 (138).

[239] Siehe beispielsweise EuGH Urt. v. 4.6.2009 – C-8/08 P, Slg. 2009, I-4529 Rn. 26 – T-Mobile Netherlands.

[240] Leitlinien zur Anwendbarkeit von Artikel 101 des Vertrages über die Arbeitsweise der Europäischen Union auf Vereinbarungen über horizontale Zusammenarbeit, ABl. 2011 C 11, S. 1 (**„Horizontalleitlinien"**).

Wettbewerbern, die bezweckt oder bewirkt, entweder das **Marktverhalten** oder die **Marktstrategien** eines Wettbewerbers zu **beeinflussen** oder einen Wettbewerber über eigenes Marktverhalten oder eigene Marktstrategien **in Kenntnis zu setzen** (vgl. auch Rn. 61 der Horizontalleitlinien).[241] Ein derartiger Austausch **verringert die strategische Ungewissheit** auf dem Markt und kommt nach den Horizontalleitlinien der Europäischen Kommission *„einer Abstimmung gleich, weil er die Unabhängigkeit des Verhaltens der Wettbewerber auf dem Markt verringert und Wettbewerbsanreize mindert."*

Nach den Horizontalleitlinien der Europäischen Kommission (Rn. 62) kann es zur **410** Annahme einer abgestimmten Verhaltensweise sogar genügen, dass ein Unternehmen **einseitig und einmalig wettbewerblich sensible Informationen offenlegt** und der Wettbewerber dies akzeptiert (sog. Signalling). Erhält ein Unternehmen durch den direkten Kontakt mit einem Wettbewerber, zB durch ein Gespräch oder eine E-Mail, wettbewerblich sensible Daten über ihn (sog. **direktes Signalling**) und widerspricht dem Erhalt nicht ausdrücklich, so geht die Europäische Kommission davon aus, dass es die Information akzeptiert und nimmt einen Kartellrechtsverstoß an.[242] Wenn nur ein einziges Unternehmen seinen Wettbewerbern strategische Informationen über seine künftige Geschäftspolitik preisgibt, verringert sich dadurch nach der Europäischen Kommission *„für alle Beteiligten die Ungewissheit über das künftige Marktgeschehen und es entsteht die Gefahr einer Verringerung des Wettbewerbs und eines kollusiven Verhaltens unter ihnen."*[243] Selbst die einseitige Offenlegung wettbewerblich sensibler Informationen in einem öffentlichen Medium (Presseerklärung, Zeitung, Fachzeitschrift, Internet usw.) kann als sog. **indirektes Signalling** eine abgestimmte Verhaltensweise begründen. Zwar stellen einseitige öffentliche Bekanntmachungen in der Regel noch keine abgestimmte Verhaltensweise dar. Anders kann dies aber aussehen, wenn ähnliche Bekanntmachungen anderer Wettbewerber folgen und eine Verständigung mit Wettbewerbern bezweckt wird.

Nach den Horizontalleitlinien begegnet **ein Austausch wettbewerblich sensibler** **411** **Informationen zwischen Wettbewerbern** also **grundlegenden Bedenken.** Denn dadurch wird die Transparenz auf dem betreffenden Markt künstlich erhöht, was wiederum die Unsicherheit über die Auswirkungen des eigenen Geschäftsverhaltens verringert. Ein koordiniertes Wettbewerbsverhalten der beteiligten Unternehmen wird erleichtert.[244] Zudem kann ein Informationsaustausch zu einer wettbewerbswidrigen Marktverschließung führen, indem nicht am Informationsaustausch Beteiligte vom Markt ausgeschlossen werden.[245]

b) Bezweckte oder bewirkte Wettbewerbsbeschränkung. Eine Wettbewerbsbeschrän- **412** kung im Sinne von Art. 101 Abs. 1 AEUV/§ 1 GWB kann entweder bezweckt oder bewirkt sein. Bei einer **bezweckten Wettbewerbsbeschränkung** ist für einen Verstoß gegen das Kartellverbot **nicht erforderlich,** dass sich die betreffende Vereinbarung oder Verhaltensweise **tatsächlich negativ auf den Wettbewerb auswirkt.**[246] Ein Kartellverstoß ist unabhängig von den Auswirkungen zu bejahen.[247] Dies ist auf die Erfahrung zurückzuführen, *„dass diese gezielten Beschränkungen aller Wahrscheinlichkeit nach negative Auswirkungen im Markt haben und die mit den Wettbewerbsvorschriften der Europäischen Union verfolgten Ziele gefährden."*[248] Bezweckte Wettbewerbsbeschränkungen werden regelmäßig mit

[241] Siehe beispielsweise EuGH Urt. v. 16.12.1975 – 40/73, Slg. 1975, I-1663 Rn. 173 ff. – Suiker Unie; Europäische Kommission Entsch. v. 27.7.1994 – IV/31.865, ABl. 1994 L 239, S. 14 – PVC.

[242] Vgl. beispielsweise EuGH Urt. v. 8.7.1999 – C-199/92, Slg. 1999, I-4287 Rn. 162 – Hüls; EuG Urt. v. 15.3.2000 – verbundene Rs. T-25/95 ua, Slg. 2000, II-491 Rn. 1849 – Cimenteries CBR/Kommission.

[243] Vgl. Rn. 62 der Horizontalleitlinien.

[244] Vgl. Rn. 65 ff. der Horizontalleitlinien.

[245] Vgl. Rn. 69 ff. der Horizontalleitlinien.

[246] Siehe zB EuGH Urt. v. 6.10.2009 – C-501/06 P, Slg. 2009, I-9291 Rn. 55 – GlaxoSmithKline; EuGH Urt. v. 20.11.2008 – C-209/07, Slg. 2008, I-8637 Rn. 16 – BIDS.

[247] Vgl. Rn. 24 f. der Horizontalleitlinien.

[248] Siehe Leitlinien der Europäischen Kommission zur Anwendung von Art. 81 Abs. 3 EG-Vertrag, ABl. 2004 C 101, S. 8 Rn. 21.

hohen Bußgeldern belegt. Eine solche Beschränkung muss *„ihrem Wesen nach geeignet sein, den Wettbewerb zu beschränken."*[249] Zwar berücksichtigen die Europäische Kommission und die europäischen Gerichte auch die Umstände des konkreten Einzelfalles, die verfolgten Ziele sowie den rechtlichen und wirtschaftlichen Zusammenhang, in dem dieses Verhalten steht. Auf die subjektiv verfolgten Absichten der Parteien kommt es dabei grundsätzlich weniger an als auf die objektiv feststellbare Tendenz der Maßnahme. Ausschlaggebend ist zudem, ob ein Bereich betroffen ist, in dem die Beeinflussungen erfahrungsgemäß zu nachteiligen Auswirkungen auf den Markt führen.[250]

413 Der **Austausch bestimmter strategischer Daten** wird nach den Horizontalleitlinien und der Entscheidungspraxis der Europäischen Kommission als **bezweckte Wettbewerbsbeschränkung** und damit als *per se* Verstoß gegen das Kartellverbot gewertet. In den Horizontalleitlinien (Rn. 73) wird als typischer Fall einer bezweckten Wettbewerbsbeschränkung der Austausch **unternehmensspezifischer Daten über geplantes künftiges Preis- oder Mengenverhalten** genannt. Abgesehen von geplanten Preiserhöhungen gehören dazu zB Angaben zu Verkaufs- oder Marktanteilszielen, künftigen Geschäftsgebieten oder Verkäufen an bestimmte Kundenkreise.

414 Der Informationsaustausch über **zukünftige Absichten** stellt mit **höherer Wahrscheinlichkeit bereits eine bezweckte Wettbewerbsbeschränkung** dar als der nicht zukunftsbezogene Austausch. Nach der Europäischen Kommission ist es *„weniger wahrscheinlich, dass Informationsaustausch über zukünftige Absichten zum Zwecke der Wettbewerbsförderung erfolgt als dies für den Austausch von aktuellen Informationen der Fall ist."*[251] In der Praxis ist davon auszugehen, dass darunter auch der Austausch solcher **zukunftsbezogenen Informationen** fällt, die sich mittelbar auch auf die Preise und den Preiswettbewerb zwischen den beteiligten Unternehmen auswirken können. Dies betrifft insbesondere Informationen und Daten, die für den Wettbewerb auf dem relevanten Markt von besonderer Bedeutung sind. Nach Rn. 86 der Horizontalleitlinien sind gerade bei Unternehmen, die im **Bereich Forschung und Entwicklung („F&E") miteinander in Wettbewerb stehen,** beispielsweise **Technologiedaten** von höchster strategischer Relevanz. Dies umfasst beispielsweise Informationen zu neu entwickelten Technologien und Produkten, beabsichtigten Produkteinführungen oder technischen Spezifikationen von Pipeline-Produkten. Wegen ihrer strategischen Relevanz kommen solche Daten Preis- und Mengeninformationen gleich. Dies gilt insbesondere, wenn Märkte betroffen sind, auf denen Forschung und Entwicklung eine wichtige Rolle spielen. Hier wird sich ein derartiger Informationsaustausch mit großer Wahrscheinlichkeit auf das Preisniveau auswirken.

415 Auf die tatsächlichen Wettbewerbsauswirkungen kommt es bei einem solchen Austausch nicht mehr an, vielmehr wird er ***„normalerweise als Kartell angesehen".***[252] Die **tatsächlichen Auswirkungen des Informationsaustausches auf den Wettbewerb** sind nur zu prüfen, wenn **keine bezweckte Wettbewerbsbeschränkung** vorliegt. Wettbewerbsbeschränkende Wirkungen bejaht die Europäische Kommission, wenn wahrscheinlich ist, dass sich der Informationsaustausch auf mindestens einen Wettbewerbsparameter negativ auswirkt. Hierzu gehören beispielsweise Preis, Produktionsmenge, Produktqualität, Produktvielfalt oder Innovation.[253]

416 Bei ihrer Beurteilung legt die Europäische Kommission sehr **strenge Maßstäbe** an. Maßgeblich sind nach den Horizontalleitlinien die **wirtschaftlichen Bedingungen auf dem relevanten Markt** und die **Eigenschaften der ausgetauschten Informationen.** Bestimmte **Marktbedingungen** erleichtern die Koordinierung, zB hinreichende Trans-

[249] Siehe Rn. 72 der Horizontalleitlinien.
[250] Siehe Europäische Kommission Entsch. v. 5.12.2001 – COMP/37800/F3 Rn. 68, ABl. 2002 L 253, S. 21 – Luxemburgische Brauereien; EuGH Urt. v. 6.10.2009 – C-501/06 P, Slg. 2009, I-9291 Rn. 58 – GlaxoSmithKline.
[251] Vergleiche Rn. 73 der Horizontalleitlinien.
[252] Vergleiche Rn. 74 der Horizontalleitlinien.
[253] Vgl. Rn. 27 der Horizontalleitlinien.

parenz, hohe Konzentration und fehlende Komplexität sowie Stabilität und Symmetrie der relevanten Märkte.[254]Auch eine Veränderung der bestehenden Marktbedingungen dahingehend, dass eine Koordinierung nach dem Austausch leichter möglich wird, begünstigt wettbewerbsbeschränkende Auswirkungen.[255]

Mit Blick auf die **Eigenschaften der ausgetauschten Informationen** nimmt die Europäische Kommission wettbewerbsbeschränkende Wirkungen regelmäßig dann an, wenn es sich bei den ausgetauschten Daten um **strategische Informationen** handelt (im Gegensatz zu sonstigen Unternehmensdaten).[256] Nach den Horizontalleitlinien kann *„die Weitergabe strategischer Daten [...] insbesondere deshalb wettbewerbsbeschränkende Auswirkungen haben, weil sie die Entscheidungsfreiheit der Parteien einschränkt, indem sie deren Wettbewerbsanreize reduziert. "*[257] Folgende **Kriterien** spielen bei der Beurteilung eines möglicherweise kritisch anzusehenden Informationsaustausches ebenfalls eine Rolle: 417

- Decken die am Austausch beteiligten Unternehmen einen hinreichend großen Teil des relevanten Marktes ab, wird ein Informationsaustausch nach Rn. 87 f. der Horizontalleitlinien wahrscheinlich wettbewerbsbeschränkende Auswirkungen haben. Hiervon wird man in der Regel zumindest bei einem gemeinsamen **Marktanteil von über 30 %** ausgehen müssen.
- Der Austausch unternehmensspezifischer **detaillierter Daten,** dh strategischer Informationen, die einem **identifizierbaren Marktteilnehmer** zugeordnet werden können, entfaltet viel wahrscheinlicher wettbewerbsbeschränkende Wirkungen als der Austausch **anonymisierter** und **aggregierter Daten,** die keinen Rückschluss auf das individuelle Unternehmen zulassen (zB weil sie von einer neutralen Meldestelle, wie einem Verband, gesammelt werden und den meldenden Unternehmen in nicht individualisierter Form zur Verfügung gestellt werden).[258] In einem sehr engen Oligopol kann, wenn ein Rückschluss auf das einzelne Unternehmen aufgrund der wenigen Wettbewerber möglich ist, jedoch auch der Austausch aggregierter Daten kartellrechtlich bedenklich sein.
- Der Austausch **aktueller** oder gar **zukunftsbezogener** Daten wird kritischer gesehen als ein Austausch rein **historischer Daten.**[259] Als historisch gelten in der Regel **über 12 Monate alte** Daten.
- Je **häufiger** ein kartellrechtlich bedenklicher Informationsaustausch stattfindet, **desto kritischer.** Gerade ein wiederholter Austausch wettbewerblich sensibler Daten erleichtert Rückschlüsse auf das künftige Geschäftsverhalten.[260]
- Ein Austausch von Informationen, die aus allgemeinen, **öffentlich zugänglichen Quellen** gewonnen werden können, bewirkt grundsätzlich keine Wettbewerbsbeschränkung.[261] In aller Regel sind sie nicht wettbewerblich sensibel. Dies gilt aber nur, wenn sie allen Marktteilnehmern frei zugänglich sind. Die ausgetauschten Informationen müssen sich vollumfänglich aus öffentlich zugänglichen Quellen ergeben.

Zusammengefasst begründet ein Informationsaustausch zwischen Wettbewerbern hinsichtlich **künftigen Preis- und Mengenverhaltens** stets eine **bezweckte** Wettbewerbsbeschränkung und damit einen *per se* Verstoß gegen Art. 101 Abs. 1 AEUV. Dies dürfte aufgrund des strengen Maßstabs der Europäischen Kommission auch für den Austausch von **Technologiedaten** zwischen Unternehmen gelten, die gerade im Bereich F&E in Wettbewerb stehen. Der direkte, nicht nur einmal stattfindende Austausch von **individualisier-** 418

[254] Siehe auch EuGH Urt. v. 10.7.2008 – C-413/06 P, Slg. 2008, I-4951 Rn. 123 – Sony.
[255] Siehe im Detail Rn. 77–86 der Horizontalleitlinien.
[256] Strategische Informationen sind neben Preisen und Mengen beispielsweise Kundenlisten, Produktionskosten, Umsätze, Verkaufszahlen, Kapazitäten, Qualität, Marketingpläne, Risiken, Investitionen, Technologien sowie F&E-Programme.
[257] Siehe Rn. 86 der Horizontalleitlinien.
[258] Vgl. Rn. 89 f. der Horizontalleitlinien.
[259] Vgl. Rn. 90 der Horizontalleitlinien.
[260] Vgl. zu den Eigenschaften der ausgetauschten Informationen im Detail Rn. 86–94 der Horizontalleitlinien.
[261] Siehe auch Rn. 92 der Horizontalleitlinien.

baren, aktuellen oder zukunftsbezogenen, strategischen Informationen, der keine bezweckte Wettbewerbsbeschränkung darstellt, **bewirkt** regelmäßig eine Wettbewerbsbeschränkung. Etwas anderes gilt nur, wenn die ausgetauschten Informationen vollumfänglich aus öffentlich zugänglichen Quellen gewonnen werden können.

419 **c) Spürbarkeit.** Bei nicht bezweckten Wettbewerbsbeschränkungen kann es unter Umständen an der Spürbarkeit fehlen. Dies ist der Fall, wenn die Marktanteile der an einem Informationsaustausch beteiligten Wettbewerber gering sind, dh auf dem betroffenen Markt gemeinsam jedenfalls 10 % nicht übersteigen.[262] Insofern wird auf → Rn. 394 und die Bagatellbekanntmachungen des Bundeskartellamtes und der Europäischen Kommission verwiesen.

420 **d) Freistellung.** Bei einem spürbaren Informationsaustausch zwischen Wettbewerbern kommt eine **Freistellung** nach Art. 101 Abs. 3 AEUV/§ GWB **in der Regel nicht in Betracht.** Bei bezweckten Wettbewerbsbeschränkungen ist sie von vornherein ausgeschlossen. Bewirkte Wettbewerbsbeschränkungen müssten die **Freistellungsvoraussetzung** erfüllen. In der Praxis werden sie wohl kaum Effizienzgewinne mit sich bringen, die den Verbrauchern zugutekommen und zu deren Erzielung die Wettbewerbsbeschränkung unerlässlich ist.

3. Übertragung auf Informationsaustausch bei Transaktionen

421 **a) Grundsätze.** Für den Informationsaustausch im Rahmen von M&A-Transaktionen gelten die obigen allgemeinen Grundsätze. Eine Privilegierung gibt es nicht. Auch ein Informationsaustausch im Rahmen einer **Due Diligence** kann eine praktische Zusammenarbeit und gegenseitige Beeinflussung der Beteiligten fördern. Dies gilt zumindest dann, wenn der Informationsaustausch **dazu geeignet** ist, die **Ungewissheit auf dem Markt zu reduzieren.** Dadurch würde gegen den Grundgedanken des Kartellrechts verstoßen, nämlich den Grundsatz des sog. Geheimwettbewerbs, welcher daraus resultiert, dass jedes Unternehmen seine Geschäftspolitik eigenständig bestimmt (sog. Selbstständigkeitspostulat) (→ Rn. 404). Gleichzeitig ist unbestritten, dass ein potenzieller Erwerber Informationen über das etwaige Zielunternehmen benötigt. Der Informationsaustausch zur Anbahnung einer Transaktion unterscheidet sich von den klassischen Fällen des Informationsaustausches zwischen Wettbewerbern. Eine zu restriktive Haltung gegenüber der kartellrechtlichen Zulässigkeit des Austausches zur Vorbereitung einer Transaktion könnte eine abschreckende Wirkung haben und M&A-Aktivitäten behindern.

422 Ein Informationsaustausch ist nach den obigen Ausführungen **grundsätzlich unbedenklich,** wenn es sich bei den beteiligten Unternehmen **nicht** um (aktuelle oder potenzielle) **Wettbewerber** handelt und diese auch nicht auf einander vor- oder nachgelagerten Marktstufen tätig sind. [263] Haben sie keine Unternehmen im Portfolio, die mit dem Zielunternehmen in Wettbewerb stehen, trifft dies häufig auf Transaktionen von PE Unternehmen und reinen Finanzinvestoren zu. Sind die Parteien des Zusammenschlussvorhabens **aktuelle oder potenzielle Wettbewerber,** ist der Informationsaustausch **unbedenklich,** wenn es sich um **öffentlich zugängliche Informationen** handelt. Mangels Spürbarkeit gilt Gleiches, wenn die beteiligten Unternehmen lediglich über einen gemeinsamen **Marktanteil von unter 10 %** verfügen und es sich nicht um eine bezweckte Beschränkung handelt (zu bezweckten Wettbewerbsbeschränkungen → Rn. 408 ff.). In diesem Fall fehlt es an der Spürbarkeit.

---

[262] Im Falle eines reinen Vertikalverhältnisses gilt dies nach den Bagatellbekanntmachungen der Europäischen Kommission und des Bundeskartellamtes auch, wenn der Marktanteil der Beteiligten auf ihren jeweiligen Märkten 15 % nicht überschreitet.

[263] Siehe auch *Maritzen* in Busche/Röhling GWB § 1 Rn. 510 und *Besen/Gronemeyer,* Informationsaustausch im Rahmen von Unternehmenskäufen – Kartellrechtliche Entwicklung und Best Practice, CCZ 2013, 137 (142).

Jenseits dieses *Save Harbours* existiert ein weiter Graubereich. Um kartellrechtliche Risiken soweit wie möglich zu minimieren und gleichzeitig den Interessen der Parteien Rechnung zu tragen, sollten Informationen grundsätzlich nur ausgetauscht werden, wenn und soweit sie für die **Unternehmensbewertung** (einschließlich der Bewertung von Risiken und Vorteilen der Transaktion, der zu erwartenden Synergien etc) und die Abgabe eines informierten Kaufangebotes **erforderlich sind.**[264] Eine Offenlegung von Informationen ist umso **eher zulässig,** **423**

(1.) **je weiter die Verhandlungen fortgeschritten sind:** Während in einem späteren Stadium kurz vor und nach Unterzeichnung des Kaufvertrages die Notwendigkeit steigt, das Zielunternehmen genauer beurteilen zu können und Zugang zu sensiblen Informationen zu erhalten, sinkt gleichzeitig die Gefahr eines Scheiterns der Transaktion – und damit das kartellrechtliche Risiko;

(2.) je **weniger Unternehmen** noch am Bieterverfahren oder an den Verhandlungen **beteiligt sind:** Sind mehrere Bieter beteiligt, kommen noch mehrere Unternehmen als Erwerber in Betracht. In den ersten Runden des Bieterverfahrens ist mehr Vorsicht geboten als in der entsprechenden Endrunde oder einem M&A-Prozess, in dem nur mit einem einzigen potenziellen Erwerber verhandelt wird; und

(3.) je **weniger wettbewerblich sensibel** die konkret offengelegten Informationen sind (zB historische oder aggregierte Informationen).

b) Wettbewerblich sensible Informationen. Der Begriff wettbewerblich sensibler Informationen ist relativ **vage** und nur schwer eindeutig und fallunabhängig zu definieren. Als **Faustregel** gilt: Informationen sollten nicht offen gelegt werden, **424**

(1.) wenn das offenlegende Unternehmen (angenommen, die Transaktion würde nicht zustande kommen) im **gewöhnlichen Geschäftsablauf nicht wollen würde,** dass ein **Wettbewerber Kenntnis** von diesen Informationen **erlangt;**

(2.) wenn das **empfangende Unternehmen** aufgrund der überlassenen Information eine bestimmte **geschäftliche Entscheidung oder Strategie treffen oder ändern könnte;** oder

(3.) wenn ein derzeitiger oder potenzieller **Kunde, Lieferant** (oder sonstiger **Vertragspartner**) dem **Informationsaustausch** vermutlich **widersprechen** würde.

Häufig besteht schon ein geschäftliches Interesse des Veräußerers daran, dem Erwerber besonders sensible Daten nicht oder jedenfalls erst dann offenzulegen, wenn sicher ist, dass es auch zu einem Vertragsschluss und zum Vollzug des Zusammenschlusses kommt. **425**

Wettbewerblich sensible Informationen, die in einer Due Diligence mit Wettbewerbern grundsätzlich nicht offen gelegt werden sollten, sind insbesondere: **426**

- Aktuelle oder zukunftsbezogene **preis- und kostenrelevante Informationen** (zB Einkaufs-, Verkaufs- und Weiterverkaufspreise einschließlich Listenpreise; Rabatte; Preisbestandteile; Preiskalkulationen; Preispolitik und Preisänderungen/-entwicklungen; Herstellungskosten; Verwaltungsaufwand; Kosten für die Logistik; sonstige wesentliche Kostenbestandteile sowie Margen);
- Aktuelle oder zukunftsbezogene Informationen zu **Mengen, Kapazitäten** und **Quoten** (zB Produktionskapazitäten; Produktions- und Verbauungsquoten; Produktionseinschränkungen; Kapazitätsengpässe; vorgehaltener Lagerbestand pro Produkt);
- Aktuelle oder zukunftsbezogene Informationen zu **Vertriebspolitik, Absatzgebieten** und **Kunden** (zB Kundenlisten; aktuelle Aufträge und Ausschreibungen; Verkaufs- oder Marktanteilsziele; Details zu Verträgen, Vertragsentwürfen oder laufenden Verhandlungen mit Kunden; Garantie- und Lieferbedingungen sowie sonstige Konditionen; Bonität von Kunden; Marktaustritte etc);

[264] So auch *Liese/Theusinger* in Hauschka/Moosmayer/Lösler § 27 Rn. 44.

- Aktuelle oder zukunftsbezogene Informationen zu **Marketing** und **Strategieplanung** (zB Business Plan; Pläne, die Produktion oder die Kapazitäten zu erweitern oder reduzieren; geplante Produkteinführungen einschließlich Zeitplänen; aktuelle und geplante F&E-Vorhaben, zukünftige Technologieentwicklungen und Details zu Produktneuheiten; Investitionen);
- Details zu aktuellen oder geplanten **Lieferantenbeziehungen** (zB Lieferantenlisten; Garantie- und Lieferbedingungen; Details zu Verträgen, Vertragsentwürfen oder laufenden Verhandlungen mit Lieferanten; Zuverlässigkeit von Lieferanten);
- Details zu aktuellen oder geplanten sonstigen **wesentlichen Vertragsbeziehungen** (zB Details zu Lizenzvereinbarungen, wie Lizenzgebühren und anderen individuellen Konditionen);
- Details zu aktuellen oder zukunftsbezogenen **Umsatz-** und **Absatzzahlen** oder **Marktanteilen,** sofern diese nicht aggregiert oder ohnehin über frei verfügbare Quellen zugänglich sind;
- Detaillierte aktuelle oder zukunftsbezogene **Finanzdaten** und **Finanzplanung** (zB Gewinn oder CAPEX per Segment oder Produkt); und
- Sonstige detaillierte strategische Daten.

427 Ob ausgetauschte Informationen wettbewerblich sensibel sind, beurteilt sich auch daran, ob es möglich ist, ihnen Details über bestimmte Kunden, Lieferanten oder Produkte zu entnehmen oder ob sie so aggregiert sind, dass eine Individualisierung nicht mehr möglich ist. Insbesondere der Austausch von sehr detaillierten Daten für einzelne Projekte, Produkte, Ausschreibungen etc ruft kartellrechtliche Bedenken hervor. Der Austausch von älteren Daten (ein Jahr und älter) gestaltet sich sehr viel unproblematischer als jener von aktuellen bzw. zukünftigen Informationen.

4. Maßnahmen zur Risikobegrenzung

428 Je nach Sensibilität der Informationen und Transaktionsphase stehen verschiedene Maßnahmen zur Verfügung, um eine Balance zwischen den Interessen der Parteien (insbesondere denen des Erwerbers) nach möglichst umfangreicher Offenlegung und den kartellrechtlichen Vorgaben zu finden. Zunächst sollte geprüft werden, welche Informationen offengelegt werden sollen und welche Interessen die Beteiligten leiten. **Nicht immer lässt sich ein Handeln im Graubereich des Kartellrechts vollständig vermeiden.** Daher geht es häufig auch darum herauszufinden, inwieweit die Beteiligten ein gewisses kartellrechtliches Risiko zu tragen bereit sind, dh das Risiko, dass eine Wettbewerbsbehörde von dem Verhalten Kenntnis erlangt, es als Verstoß gegen das Kartellverbot wertet und ein Bußgeld verhängt. Damit sollten sich die beteiligten Unternehmen und ihre Berater so früh wie möglich auseinandersetzten.

429 Bei **Bieterverfahren,** an denen sowohl Wettbewerber teilnehmen als auch Interessenten, die nicht mit dem Zielunternehmen in Wettbewerb stehen, kann es sich aus Sicht der Veräußerer anbieten, **unterschiedliche Informationsmaterialien** zu erstellen. Beispielsweise könnten Wettbewerber ein redigiertes, um wettbewerblich sensible Informationen gekürztes Informationsmemorandum erhalten. Um Nicht-Wettbewerbern zu ermöglichen, sämtliche Daten einzusehen, können physische oder virtuelle Datenräume in der Due Diligence mit unterschiedlichen Zugriffsrechten versehen werden (zB *„red data room"* und *„green data room"*).

430 **a) Allgemeine Vertraulichkeitsvereinbarung.** Werden im Zusammenhang mit einer Transaktion Geschäftsinformationen offengelegt, wird in der Praxis grundsätzlich eine allgemeine Vertraulichkeitsvereinbarung (*Non-Disclosure Agreement,* **„NDA"**) geschlossen. Andernfalls ist in der Regel kein Unternehmen dazu bereit, Informationen herauszugeben, insbesondere nicht solche, die es als strategisch relevant einstuft. Vertraulichkeitsvereinbarungen sehen üblicherweise vor, dass **die erlangten Informationen Dritten nicht**

zugänglich gemacht werden dürfen, sie **ausschließlich zum Zwecke der Anbahnung der Transaktion verwendet** und gesondert abgelegt bzw. aufbewahrt werden müssen. Häufig ist auch die Verpflichtung enthalten, die Dokumente im Falle eines Scheiterns der Transaktion zeitnah und vollständig zu löschen, zu vernichten oder zurückzugeben. Jede Person, die mit der geplanten Transaktion zu tun hat, sollte eine solche Vertraulichkeitserklärung unterzeichnen.

Bei einer solchen allgemeinen Vertraulichkeitsvereinbarung kann es sich bereits anbieten, **431** zwischen **wettbewerblich sensiblen** und wettbewerblich nicht sensiblen Informationen zu unterscheiden und für erstere **Sonderregelungen** zu treffen. Ob dies hilft, die kartellrechtlichen Risiken zu minimieren, hängt unter anderem von dem Verhältnis der beteiligten Unternehmen zueinander und ihrer jeweiligen Struktur ab. Handelt es sich bei dem potenziellen Erwerber um ein diversifiziertes Unternehmen, das auf verschiedensten Märkten tätig ist und dessen Geschäftsbereiche operativ weitgehend unabhängig voneinander geführt werden, kann beispielsweise geregelt werden, dass **wettbewerblich sensible Informationen** nicht nur nicht an Dritte sondern auch **nicht an operativ tätige Mitarbeiter aus jenen Geschäftsbereichen** weitergegeben werden dürfen, die in einem **Wettbewerbsverhältnis** zum Zielunternehmen stehen. Falls nur **eine oder wenige Portfoliogesellschaften in einem Wettbewerbsverhältnis zum Zielunternehmen** stehen, bietet sich dies insbesondere bei **PE Unternehmen** und **Finanzinvestoren** an. Denn PE Unternehmen sind häufig so strukturiert, dass die einzelnen Portfoliogesellschaften operativ relativ unabhängig voneinander geführt werden. Eine Vertraulichkeitsvereinbarung könnte die Weitergabe von Informationen an Mitarbeiter der entsprechenden Portfoliogesellschaft ausschließen. Im Übrigen ist der potenzielle Erwerber nicht Wettbewerber des Zielunternehmens und eine Offenlegung von Informationen ist insofern kartellrechtlich weniger kritisch.

Eine solche **„selektive" Vertraulichkeitsvereinbarung** kann den Verkaufsprozess in **432** der Frühphase einer Transaktion **beschleunigen,** indem sie weitere Maßnahmen zur Risikominimierung, wie zB Clean Team-Vereinbarungen, vorerst entbehrlich macht.[265] Handelt es sich bei den beteiligten Unternehmen jedoch um wesentliche Wettbewerber oder um Unternehmen, die nicht klar in operativ voneinander relativ unabhängige Geschäftsbereiche unterteilt sind, werden in der Regel **weitere Maßnahmen zur Risikominimierung** benötigt. In der Praxis haben sich deshalb weitere Möglichkeiten für den Umgang mit wettbewerblich sensiblen Informationen etabliert.

b) Due Diligence nur durch externe Berater. Die Due Diligence kann ausschließlich **433** durch externe Berater durchgeführt werden, sodass nur diese Zugang zu wettbewerblich sensiblen Informationen des Zielunternehmens bekommen. Diese externen Berater des potenziellen Erwerbers (oder bei Gemeinschaftsunternehmen: der beteiligten Muttergesellschaften) werden in einer **Vertraulichkeitsvereinbarung** dazu verpflichtet, die ihnen zugänglich gemachten wettbewerblich sensiblen Informationen **ausschließlich für die Bewertung der Transaktion zu verwenden** und sie **nicht an Dritte** – insbesondere nicht an ihre jeweiligen Auftraggeber – **weiterzugeben.**

Die externen Berater **berichten** über ihre Erkenntnisse an ihre Auftraggeber in **aggregierter Form,** ohne jedoch wettbewerblich sensible Daten und Informationen weiterzugeben. Die Berichte müssen sich größtenteils auf die **Bewertung der erhaltenen Daten** beschränken sowie auf die Weitergabe von **aggregierten** und **anonymisierten Informationen.** Es empfiehlt sich, Inhalt und Umfang dieser Berichte an die Auftraggeber sowie denjenigen Personenkreis, an den berichtet wird, in der Vertraulichkeitsvereinbarung festzulegen. Die Vereinbarung kann der jeweils anderen Partei auch das **Recht einräumen,** alle Berichte der externen Berater an deren Auftraggeber **vor Weitergabe einzusehen** und ihnen **widersprechen** zu können, sollten wettbewerblich sensible Informa- **434**

---

[265] Siehe auch *Besen/Gronemeyer,* Informationsaustausch im Rahmen von Unternehmenskäufen – Kartellrechtliche Entwicklung und Best Practice, CCZ 2013, 143.

tionen im Bericht enthalten sein. Um den Interessen beider Parteien Rechnung zu tragen, sollte das Widerspruchsrecht nur für den Fall bestehen, dass gegen die Weitergabe der in dem Bericht enthaltenen Informationen kartellrechtliche Bedenken bestehen. Ferner empfiehlt es sich, einen Mechanismus zur Konfliktlösung vorzusehen.

435 Auch wenn ein derartiges Vorgehen kartellrechtliche Risiken zu minimieren vermag, wird es in den meisten Fällen den **Interessen der beteiligten Unternehmen nicht ausreichend Rechnung** tragen. Dies gilt insbesondere in der Endphase der Due Diligence und der Verhandlungen kurz vor Vertragsschluss. Potenzielle Erwerber werden meist daran zweifeln, dass externe Berater über die Expertise und Branchenkenntnis verfügen, das Zielunternehmen und die Vorteile der Transaktion zutreffend und verlässlich zu bewerten. Deshalb werden sie zögern, ein Unternehmen zu erwerben, an dessen Bewertung sie selbst nicht direkt über eigene Mitarbeiter beteiligt waren.

436 **c) Gestaffelter Due Diligence Prozess.** Um zumindest eine gewisse Beteiligung des Erwerbers an der Due Diligence zu ermöglichen, können sich die Parteien entscheiden, dem potenziellen Erwerber Informationen gestaffelt offenzulegen. Dabei werden in einer frühen Phase der Transaktion typischerweise **weniger sensible, aggregierte** und (teilweise) **anonymisierte Informationen** ausgetauscht. Dies gilt bei Bieterverfahren besonders in den Stadien, in denen noch mehrere Bieter im Rennen sind. Je **näher der Abschluss der Transaktion** rückt und je **weniger Bieter/Interessenten** an der Due Diligence und den Verhandlungen beteiligt sind, **desto detaillierter** kann der **Informationsaustausch** sein.[266]

437 Grundregel für einen gestaffelten Prozess sollte sein, dass wettbewerblich sensible Informationen stets nur in dem Umfang preisgegeben werden, der **unbedingt notwendig** ist, **um die Verhandlungen in die nächste Phase zu führen** (zB *Indicative Offer, Confirmatory Offer* etc). Zu Beginn des Prozesses, beispielsweise im Rahmen der Versendung eines Teasers, sollte auf die Preisgabe sensibler Informationen weitgehend verzichtet und Informationen nur in aggregierter und anonymisierter Form zur Verfügung gestellt werden. Beispielsweise würden in einem frühen Transaktionsstadium keine Kunden- und Lieferantennamen, keine Einzelverträge (zB Verträge mit Kunden und Lieferanten, Lizenzverträge, Kooperationsverträge), keine Preise, keine Informationen zu Forschungs- und Entwicklungsvorhaben und zur Kostenstruktur nur aggregierte Daten für die Vergangenheit offen gelegt bzw. diese nur externen Beratern zugänglich gemacht werden. In dem Maße, in dem sich die Transaktion konkretisiert, können dann schrittweise sensiblere und detailliertere Daten zur Verfügung gestellt werden. Hierbei sollten die Beteiligten stets im Blick behalten, welcher Detaillierungsgrad zwingend erforderlich ist. Insbesondere bei Informationen über Geschäftsbeziehungen mit Dritten wird den kartellrechtlichen Bedenken in der Regel am besten Rechnung getragen, wenn sie anonymisiert zur Verfügung gestellt werden. Auch aktuelle Preise und kostenrelevante Faktoren sollten solange wie möglich nur in aggregierter Form zur Verfügung gestellt werden. Grundsätzlich gilt: **Je später** im Prozess **konkrete Rückschlüsse** auf das aktuelle und künftige **Marktverhalten** des Zielunternehmens möglich sind, **desto besser** ist dies aus kartellrechtlicher Sicht.

438 Ab einem gewissen Zeitpunkt kann der Austausch von Informationen über zukünftige Geschäftsabsichten und sonstige wettbewerblich sensible Daten erforderlich werden. Dies gilt insbesondere, wenn sich **nur noch ein Interessent** im Verfahren befindet und es um die genaue Kaufpreisfestsetzung geht. Spätestens im Stadium **nach Vertragsunterzeichnung** kann ein Austausch zB im Rahmen einer *Confirmatory Due Diligence* erforderlich werden. In der Regel beeinflussen gerade zukunftsbezogene Informationen den Wert des Unternehmens für den Erwerber. Bei der Offenlegung derartiger Informationen ist auch in einem späten Transaktionsstadium von entscheidender Bedeutung, dass durch **weitere Maßnahmen** sichergestellt wird, dass ihr Umfang und die interne Verbreitung soweit

[266] So beispielsweise auch *Liese/Theusinger* in Hauschka/Moosmayer/Lösler § 27 Rn. 44.

wie möglich beschränkt werden. Dies gilt selbst für die Zeit nach Vertragsschluss bis zur fusionskontrollrechtlichen Freigabe und dem Vollzug. Die **Transaktion kann auch nach Vertragsschluss noch scheitern,** zB weil eine Vollzugsbedingung wie die fusionskontrollrechtliche Freigabe nicht eintritt. Nach Kaufvertragsschluss sinkt das Risiko, dass eine Wettbewerbsbehörde wegen eines Informationsaustausches tätig wird, allerdings erheblich.

d) Schwärzung von Dokumenten. Eine weitere Möglichkeit – entweder kombiniert mit einem gestaffelten Due Diligence Prozess, der Durchsicht sensibler Dokumente nur durch externe Berater oder als alleinige Maßnahme – ist, gerade in der Anfangsphase der Due Diligence Dokumente so zu schwärzen, dass **wettbewerblich sensible Informationen nicht mehr erkenntlich** sind. Verträge mit Kunden und Lieferanten könnten so geschwärzt werden, dass die Namen des Kunden/Lieferanten, Preise, Mengen und spezifische Lieferbedingungen nicht mehr ersichtlich sind. Ähnlich könnte mit zukunftsbezogenen Dokumenten, wie zB dem Business Plan (zB hinsichtlich geplanter Investitionen in Forschung & Entwicklung), verfahren werden. **439**

Wiederum gilt: Je näher sich die Transaktion dem Vertragsschluss und dem Vollzug nähert, desto mehr Informationen können offen gelegt werden (→ Rn. 431 ff.). Manche Dokumente sind allerdings so sensibel, dass sie zu jedem Zeitpunkt komplett geschwärzt werden müssten, zB Dokumente zur Vertriebs- oder Investitionsstrategie. Zugang zu den geschwärzten Informationen ist jedoch unter Umständen für ein fundiertes Kaufangebot und damit bereits vor Vertragsschluss erforderlich. Deshalb trägt auch die Schwärzung wettbewerblich sensibler Informationen den Interessen der Parteien, insbesondere des Erwerbers, nicht immer Rechnung. **440**

e) Unternehmensinternes Clean Team. aa) Einführung. Die in beabsichtigten Transaktionen zwischen Wettbewerbern am häufigsten verwendete Maßnahme, um kartellrechtlichen Bedenken im Rahmen einer Due Diligence Rechnung zu tragen und gleichzeitig auch ausgewählten Mitarbeitern des Erwerbers Zugang zu wettbewerblich sensiblen Informationen zu ermöglichen, ist die Einrichtung eines unternehmensinternen Clean Teams (gegebenenfalls kombiniert mit externen Clean Team Mitgliedern). Wettbewerblich sensible Informationen, die den Kernbereich des operativen Geschäfts des Zielunternehmens betreffen, sollten nur einer **streng begrenzten Anzahl** an Mitarbeitern des potenziellen Erwerbers zugänglich gemacht werden. Voraussetzung sollte sein, dass diese an der **Vorbereitung der Transaktion beteiligt** sind und die Informationen daher **tatsächlich benötigen.** Mitglieder des Clean Teams dürfen darüber hinaus **nicht mit dem operativen Geschäft befasst** sein, das mit demjenigen des Zielunternehmens in Wettbewerb steht. Idealerweise sollten sie überhaupt keinen Einfluss auf das Wettbewerbsverhalten des Erwerbers haben, an dessen Preissetzung usw. also nicht mitwirken. Auf diese Weise wird sichergestellt, dass die Informationen über das Zielunternehmen keinen Eingang in das Marktverhalten des potenziellen Erwerbers finden. Diese Mitarbeiter werden mit Zustimmung des Veräußerers in ein Clean Team berufen. Die sensiblen Informationen, die nur den Clean Team Mitgliedern zugänglich gemacht werden, dürfen innerhalb des potenziellen Erwerbers nur so weit **verbreitet** werden, wie dies **zum Zwecke der Transaktion unbedingt erforderlich** ist. Um dies sicherzustellen, sollten die Clean Team Mitglieder eine spezielle Vertraulichkeitsvereinbarung unterzeichnen. **441**

bb) Clean Team Mitglieder. Clean Team Mitglieder sollten innerhalb des potenziellen Erwerbers nicht in dem Bereich operativ tätig sein, der mit dem Zielunternehmen in Wettbewerb steht. Auf diese Weise kann das Risiko minimiert werden, dass wettbewerblich sensible Informationen des Zielunternehmens in operative Entscheidungen des potenziellen Erwerbers einfließen. Bei der Auswahl der Clean Team Mitglieder sollte ein angemessenes Verhältnis gefunden werden zwischen dem Interesse des Erwerbers, solche Mitarbeiter an der Due Diligence zu beteiligen, die Erfahrung in dem relevanten Geschäftsbereich haben **442**

und der notwendigen Minimierung des kartellrechtlichen Risikos. Bei Mitarbeitern, die in dem relevanten Geschäftsbereich arbeiten, besteht tendenziell eine größere Gefahr, dass sie wettbewerblich sensible Informationen des Zielunternehmens nicht nur für die Bewertung der Transaktion, sondern auch für ihre eigene Tätigkeit und das Wettbewerbsverhalten des potenziellen Erwerbers verwenden.

443 **Keine Mitglieder eines Clean Teams** sollten deshalb Vertriebs- und Marketingmitarbeiter, Mitarbeiter aus der Einkaufsabteilung, Mitarbeiter aus dem Bereich Forschung & Entwicklung etc sein. Auch der CEO/Vorstandsvorsitzende wird in der Regel nicht als Clean Team Mitglied in Frage kommen, da er auch mit operativen Entscheidungen befasst ist und operative Einheiten/Funktionen in den meisten Fällen an ihn berichten. Bei operativ tätigen Mitarbeitern kann selbst eine strikte Vertraulichkeitsvereinbarung den inneren Interessenkonflikt nicht vollständig lösen. Von einem Mitarbeiter kann nur schwer erwartet werden, dass er Informationen, von denen er Kenntnis erhalten hat, bei späteren operativen Entscheidungen vollständig ausblendet. Sollte es deshalb im Einzelfall zwingend erforderlich sein, dass operativ tätige Mitarbeiter des relevanten Geschäftsbereiches in das Clean Team aufgenommen werden, sollten sie während der Dauer ihrer Tätigkeit im Clean Team ihre operative Tätigkeit ruhen lassen und bei Scheitern der Transaktion für einen gewissen Zeitraum nicht wieder operativ tätig werden.

444 In der Praxis werden **regelmäßig** Mitarbeiter **Mitglieder eines Clean Teams,** die zwar nicht operativ tätig sind, jedoch über die nötige Branchenkenntnis verfügen und die erhaltenen Informationen deshalb verlässlich bewerten können. Beispiel hierfür sind Mitarbeiter aus den Bereichen Business Development, M&A, Legal/Compliance oder pensionierte Führungskräfte, die früher im operativen Geschäft tätig waren. Auch Vertreter aus der Finanzabteilung, der Buchhaltung, der Steuerabteilung sowie aus dem Controlling sind regelmäßig im Clean Team vertreten.

445 Da es sich bei der Einrichtung eines Clean Teams aus Mitarbeitern des potenziellen Erwerbers um eine Ausnahme zum Grundsatz handelt, dass Wettbewerbern wettbewerblich sensible Daten nicht zugänglich gemacht werden dürfen, ist **bei der Auswahl der Clean Team Mitglieder größte Sorgfalt geboten.** Sie erfolgt in der Regel **in Abstimmung mit dem Veräußerer.** Besondere Vorsicht ist insbesondere bei **Mitgliedern der Geschäftsführung** angezeigt: Sie kommen als Clean Team Mitglieder in aller Regel nur dann in Betracht, wenn sie nicht direkt ins operative Geschäft involviert sind. Dies wird bei CEO und COO oder Bereichsvorständen üblicherweise nicht der Fall sein. Dagegen kann der CFO als Clean Team Mitglied in Betracht kommen, wenn er keine operativen Kernaufgaben wahrnimmt und auf das operative Geschäft des Unternehmens keinen bestimmenden Einfluss hat, sondern lediglich finanzbezogene Bereiche an ihn berichten, wie zB Finance, Controlling, IT, Legal/Compliance, Revision und Tax.

446 **cc) Clean Team NDA.** Jedes Clean Team Mitglied sollte eine strikte persönliche Vertraulichkeitsvereinbarung bzw. eine persönliche Erklärung als Anlage zu einer Vertraulichkeitsvereinbarung der beteiligten Unternehmen **(„Clean Team NDA")** unterzeichnen. Diese Erklärung nennt jedes Clean Team Mitglied persönlich und verpflichtet sie, die **offengelegten Informationen nicht an mit dem operativen Geschäft befasste Mitarbeiter** des potenziellen Erwerbers außerhalb des Clean Teams weiterzugeben sowie die offengelegten Informationen **nur für die Bewertung der Transaktion zu benutzen.** Clean Team NDAs sehen regelmäßig vor, dass die Dokumente im Falle eines Scheiterns der Transaktion zeitnah und vollständig gelöscht, vernichtet oder zurückgegeben werden müssen. Weitere Regelungen können vorsehen, dass die Clean Team Mitglieder, sollte die Transaktion scheitern, innerhalb einer **bestimmten Zeitspanne** ab Erhalt der wettbewerblich sensiblen Informationen in ihrer Organisation **keine operative Tätigkeit ausüben** dürfen. Die Dauer dieser Karenzzeit kann abstrakt nur schwer festgelegt werden. Sie sollte jedenfalls so lange dauern, wie die erhaltenen Informationen noch strategischen Wert besitzen. In der Regel ist hier von **mindestens einem Jahr** auszugehen. Je nach Art der

erhaltenen Informationen und je nach Geschäftsmodell kann diese Zeitspanne auch länger sein. Dies wäre zB der Fall, wenn auf dem relevanten Markt Verträge mit Lieferanten und Kunden nur alle zwei bis drei Jahre neu verhandelt werden. Neben den persönlichen Erklärungen der Clean Team Mitglieder und dem Clean Team NDA auf Unternehmensebene bietet es sich an, für die Clean Team Mitglieder ausführlichere Leitlinien und Handlungsanweisungen für den Umgang mit wettbewerblich sensiblen Informationen in der Due Diligence und später in der Integrationsplanung (dazu → Rn. 449 ff.) zu erstellen.

Die Clean Team Mitglieder überprüfen die relevanten Informationen und **fassen ihre Ergebnisse in einem Bericht zusammen, ohne dabei wettbewerblich sensible Informationen** offenzulegen. Wie bei der Durchführung der Due Diligence durch externe Berater kann das Clean Team NDA vorsehen, in welcher Art und Weise und an welchen Personenkreis derartige Berichte erfolgen sollen und dürfen. Es kann auch festgelegt werden, dass der Veräußerer vor Weitergabe der Berichte des Clean Teams an andere Mitarbeiter des potenziellen Erwerbers ein Prüfrecht hat und unter bestimmten Voraussetzungen ein Widerspruchsrecht besteht. 447

Je nach Organisationsstruktur der beteiligten Unternehmen empfiehlt es sich, **weitere organisatorische Maßnahmen** zu ergreifen. Anbieten kann sich beispielsweise die **Errichtung von Informationsbarrieren** (sog. Chinese Walls), die Bereitstellung **separater Arbeitsbereiche** (zB abschließbare Büros, eigene Drucker) und eine **separate IT-Infrastruktur** (zB ein eigener Server(-bereich), jedenfalls ein separater virtueller Datenraum). Entscheidend ist, dass andere Mitarbeiter des Unternehmens außerhalb des Clean Teams keine Möglichkeit haben, Zugang zu den wettbewerblich sensiblen Informationen zu erhalten.[267] Alle **Vorsichtsmaßnahmen** sollten **dokumentiert** werden. Sollte eine Wettbewerbsbehörde Ermittlungen aufnehmen, kann so unkompliziert nachgewiesen werden, dass alle erforderlichen Maßnahmen ergriffen wurden, um eine Informationsweitergabe zu verhindern. 448

5. Integrationsplanung zwischen Vertragsschluss und Vollzug

Um den Zusammenschluss unmittelbar nach Erhalt der fusionskontrollrechtlichen Freigabe vollziehen zu können, besteht in der Zeit ab Unterzeichnung des Unternehmenskaufvertrages (vor fusionskontrollrechtlicher Freigabe) häufig ein Bedürfnis, die Integration des Zielunternehmens bereits vorzubereiten. Sowohl das **Vollzugsverbot** (zum Vollzugsverbot und der Möglichkeit, vorbereitende Maßnahmen zu ergreifen, wird auf → Rn. 132 und → Rn. 303 verwiesen) als auch das **Kartellverbot** müssen beachtet werden. Bei der Integrationsplanung gelten zudem die zum Informationsaustausch dargelegten Regeln. 449

Auch bei **Besichtigungen der Produktion** oder sonstigen **Werksbesuchen** und Treffen vor Vollzug sind die kartellrechtlichen Grenzen zu beachten. Es darf dabei nicht zu einem Austausch wettbewerblich sensibler Informationen zwischen Wettbewerbern kommen. Der potenzielle Erwerber sollte keine Bereiche des Zielunternehmens besichtigen, in denen solche leicht zugänglich bzw. ohne weiteres erkennbar sind. Hierzu zählt bei Unternehmen, bei denen Forschung und Entwicklung von Bedeutung ist, beispielsweise die F&E-Abteilung. 450

Treffen zur Integrationsplanung sollten sich schwerpunktmäßig auf die Besprechung und Planung derjenigen Schritte konzentrieren, die zur Vorbereitung zwingend erforderlich sind, nicht aber auf das Tagesgeschäft und die kommerziellen Planungen und Entscheidungen der Parteien. Es empfiehlt sich, sie stets zu spezifischen, **abgegrenzten Themenbereichen** aufzusetzen (zB IT, HR etc) und stets **nur diejenigen Mitarbeiter** beider Seiten hinzuzuziehen, deren Teilnahme für die Vorbereitung der Integration in dem speziellen Themenbereich **erforderlich** ist. In jedem Fall ist es sinnvoll, für solche Treffen 451

[267] Siehe auch *Besen/Gronemeyer,* Informationsaustausch im Rahmen von Unternehmenskäufen – Kartellrechtliche Entwicklung und Best Practice, CCZ 2013, 144.

vorab eine **Agenda** festzulegen und an alle Teilnehmer zu versenden und anschließend – zumindest für längere Treffen – ein **Protokoll** anzufertigen. Sollen wettbewerblich sensible Informationen ausgetauscht werden, sollten nur Clean Team Mitglieder aus dem Due Diligence Clean Team anwesend sein. Alternativ sollte für die Integrationsplanung ein neues Clean Team aufgesetzt und ein „Post-Signing“ Clean Team NDA unterzeichnet werden. Sollte die Gefahr eines kartellrechtlich bedenklichen Informationenaustausches bestehen und sind nicht nur Clean Team Mitglieder anwesend, kann das Risiko dadurch minimiert werden, dass Mitglieder der Rechtsabteilung oder externe Rechtsberater an den Treffen teilnehmen und gewissermaßen als „Wachhund“ agieren.

6. Rechtsfolgen eines Verstoßes

452 Verstöße gegen das Kartellverbot können zu empfindlichen Bußgeldern führen. Bußgelder können sowohl in Deutschland als auch auf europäischer Ebene eine Höhe von **bis zu 10 % des Gesamtumsatzes** des beteiligten Unternehmens im vorangegangenen Geschäftsjahr erreichen, vgl. § 81 Abs. 1 Nr. 1, Abs. 2 Nr. 1 GWB, Art. 23 Abs. 2 UAbs. 2 der Verordnung (EG) Nr. 1/2003 des Rates vom 16.12.2002 zur Durchführung der in den Artikeln 81 und 82 des Vertrages niedergelegten Wettbewerbsregeln.[268] Hinzukommen können, falls es Geschädigte gibt, erhebliche **Schadensersatzansprüche** von Dritten. In manchen Mitgliedstaaten drohen bei schwerwiegenden Verstößen auch **strafrechtliche Sanktionen,** zB in Dänemark und im Vereinigten Königreich. Auch in zahlreichen Jurisdiktionen außerhalb Europas können Kartellverstöße mit strafrechtlichen Sanktionen belegt werden, wie zB in Brasilien, Kanada und den USA.

453 Bislang überwiegen im Zusammenhang mit Informationsaustausch zwischen Wettbewerbern in der **Praxis der europäischen Wettbewerbsbehörden und Gerichte** die Fälle, in denen der **Informationsaustausch** lediglich ein **Teil eines weitergehenden Verstoßes** war. Bis vor kurzem stand der Austausch von wettbewerblich sensiblen Informationen zwischen Wettbewerbern nicht im Fokus der europäischen Wettbewerbsbehörden und hat noch nicht zu hohen Bußgeldern geführt. Gerade in den letzten Jahren zeichnet sich innerhalb Europas jedoch eine deutliche Tendenz der Wettbewerbsbehörden ab, dies künftig deutlich strenger zu behandeln. Auch wurde in den letzten Jahren der Wille deutlich, bei derartigen Verstößen Bußgelder zu verhängen.[269]

454 Jüngst kam es innerhalb Europas zu **Entscheidungen,** die sich mit **Informationsaustausch in M&A-Transaktionen** zumindest **teilweise auseinandergesetzt** haben. In der bereits zitierten Entscheidung der französischen Wettbewerbsbehörde von November 2016 in Sachen *Altice/SFR/Virgin Mobile* hat die Behörde nicht nur einen Verstoß gegen das Vollzugsverbot beanstandet, sondern auch einen zu weit gehenden Informationsaustausch vor Vollzug. Die Presseerklärung der Behörde führte hierzu aus *„Before the merger was cleared, Altice and SFR exchanged large quantities of strategic information in readiness for the integration of the two groups. This information was confidential and concerned individualised data, SFR's recent commercial performance and forecasts for the coming months. The exchanges involved the most senior executives of both groups.“* [270] Im März 2016 hat die niederländische Wettbewerbsbehörde gegen vier Unternehmen ein Bußgeld von insgesamt 12,5 Mio. EUR verhängt. Grund war der Austausch wettbewerblich sensibler Informationen, wie Preise und Kapazitätsauslastung, während Fusionsverhandlungen, was teilweise auch wettbewerbswidrige Vereinbarungen zur Folge hatte (und damit über den reinen Informationsaustausch hinaus-

---

[268] ABl. 2003 L 01, S. 1.

[269] So hat das Bundeskartellamt beispielsweise im Jahr 2013 gegen Hersteller von Drogerieartikeln Bußgelder in Höhe von insgesamt über 60 Mio. EUR wegen eines wettbewerbsbeschränkenden Informationsaustausches im Rahmen von Verbandssitzungen verhängt, siehe den Fallbericht unter http://www.bundeskartellamt.de/SharedDocs/Entscheidung/DE/Fallberichte/Kartellverbot/2013/B11-17-06.pdf?__blob=publicationFile&v=8 (zuletzt abgerufen am 31.3.2018).

[270] Abrufbar unter http://www.autoritedelaconcurrence.fr/user/standard.php?lang=en&id_rub=630&id_article=2900 (zuletzt abgerufen am 31.3.2018).

ging).[271] Es kann also nicht ausgeschlossen werden, dass ein Informationsaustausch zwischen Wettbewerbern bei der Anbahnung einer Transaktion von Wettbewerbsbehörden künftig vermehrt aufgegriffen und mit Bußgeldern belegt wird.

[271] Siehe niederländische Wettbewerbsbehörde, Fallnummern 13.0698.31 | 15.0710.31 | 15.0327.31 | 15.0328.31 – *Kloosbeheer, Samskip, Eimskip, Blankendaal, Daalimpex, H&S (Van Bon),* Pressemeldung abrufbar unter https://www.acm.nl/en/publications/publication/15609/ACM-imposed-fines-of-EUR-125-million-on-cold-storage-firms (zuletzt abgerufen am 31.3.2018).

§ 24 Arbeitsrechtliche Fragestellungen

Übersicht

Literaturverzeichnis (Buchbeiträge, Aufsätze, Monographien)

Ascheid, Reiner/Preis, Ulrich/Schmidt, Ingrid: Kündigungsrecht Großkommentar, 5. Auflage, München 2017

Blechmann, Wolfgang: Die Zuleitung des Umwandlungsvertrags an den Betriebsrat, NZA 2005, S. 1143 ff.

Brecht-Heitzmann, Holger: Verhinderung von Betriebsstilllegungen durch Sozialtarifvertrag?, NJW 2007, S. 3617 ff.

Brems, Michael/Croonenbrock, Sophia: Die (rechtzeitige) Unterrichtung des Wirtschaftsausschusses beim Unternehmenskauf, DB 2017, S. 1513 ff.

Däubler, Wolfgang/Kittner, Michael/Klebe, Thomas/Wedde, Peter (Hrsg.): Betriebsverfassungsgesetz, 12. Auflage, Frankfurt am Main 2010

Engelmeyer, Cäcilie: Die Informationsrechte des Betriebsrats und der Arbeitnehmer bei Strukturänderungen, DB 1996, S. 2542 ff.

Fitting, Karl/Engels, Gerd/Schmidt, Ingrid/ Trebinger, Yvonne/ Linsenmaier, Wolfgang: Betriebsverfassungsgesetz, 29. Auflage, München 2018

Gaul, Björn/Otto, Björn: Unterrichtungsanspruch und Widerspruchsrecht bei Betriebsübergang und Umwandlung, DB 2002, S. 634 ff.

Heinze, Meinhard: Arbeitsrechtliche Probleme bei der Umstrukturierung von Unternehmen, DB 1998, S. 1861 ff.

Henssler, Martin/Habersack, Mathias/Wicke, Hartmut (Hrsg.): Beck'scher Online-Großkommentar Zivilrecht, München 2018

Hohenstatt, Klaus-Stefan/Eva, Günther-Gräff: Schicksal von Betriebsvereinbarungen und Tarifverträgen bei Unternehmenskauf und Umstrukturierung, DStR 2001, S. 1980 ff.

Joost, Detlev: Arbeitsrechtliche Angaben im Umwandlungsvertrag, ZIP 1995, S. 976

Kania, Thomas: Tarifeinheit bei Betriebsübergang?, DB 1994, S. 529

Löw, Hans-Peter: Arbeitsrechtliche Regeln im Risikobegrenzungsgesetz, DB 2008, S. 758 ff.

Löw, Hans-Peter: Der Tarifsozialplan, AuA 8/2007, S. 463 ff.

Löwisch, Manfred/Rieble, Volker: Tarifvertragsgesetz, 4. Auflage, München 2017

Maschmann, Rainer/Sieg, Frank: Unternehmensumstrukturierung aus arbeitsrechtlicher Sicht, 2. Auflage, München 2010

Müller-Glöge, Rudi/Preis, Ulrich/Schmidt, Ingrid (Hrsg.): Erfurter Kommentar zum Arbeitsrecht, 18. Auflage, München 2018

Picot, Gerhard/Schnitker, Elmar: Arbeitsrecht bei Unternehmenskauf und Restrukturierung, München 2001

Preis, Ulrich/Richter, Marcus: Grenzen der normativen Fortgeltung von Betriebsvereinbarungen beim Betriebsübergang, ZIP 2004, S. 925 ff.

Säcker, Franz Jürgen/Rixecker, Roland/Oetker, Hartmut/Limperg, Bettina (Hrsg.): Münchener Kommentar zum Bürgerlichen Gesetzbuch, 7. Auflage, München 2016

Schröder, Oliver/Falter, Michael: Die Unterrichtung des Wirtschaftsausschusses bei Unternehmensübernahmen nach Inkrafttreten des Risikobegrenzungsgesetzes, NZA 2008, S. 1097 ff.

Semler, Johannes/ Stengel, Arndt: Umwandlungsgesetz, 4. Auflage, München 2017

Thüsing, Gregor: Beteiligungsrechte von Wirtschaftsausschuss und Betriebsrat bei Unternehmensübernahmen, ZIP 2008, 106 ff.

Vogt, Volker/Bedkowski, Dorothea: Risikobegrenzungsgesetz – Arbeitsrechtliche Auswirkungen auf M&A-Transaktionen, NZG 2008, S. 725 ff.

Widmann, Siegfried/Mayer, Dieter: Umwandlungsrecht Kommentar, 171. Aktualisierung, Bonn Stand 2018

Willlemsen, Heinz Josef: Die Beteiligung des Betriebsrats im Umwandlungsverfahren, RdA 1998, S. 23 ff.

Willlemsen, Heinz Josef/Hohenstatt, Klaus-Stefan/Schweibert. Ulrike/Seibt, Christoph H.: Umstrukturierung und Übertragung von Unternehmen, 5. Auflage, München 2016

Worzalla, Michael: Neue Spielregeln bei Betriebsübergang – Die Änderungen des § 613a BGB, NZA 2002, S. 353 ff.

A. Vorbemerkung

1 Der typische Private Equity Deal ist ein Share Deal. Nach dem Closing wird der Investor das Portfolio-Unternehmen bereinigen durch Teilverkäufe und/oder Zukäufe. Parallel dazu wird die Profitabilität des neuen Portfolio-Unternehmens erhöht. Ein wesentlicher Aspekt hierbei sind die Personalkosten. Diese können reduziert werden durch den Abbau von Personal oder auch die Änderung der materiellen Arbeitsbedingungen.

2 Dieser Logik folgt der Aufbau des arbeitsrechtlichen Kapitels. Es beginnt mit einer Darstellung der Informations- und Beratungsrechte der Arbeitnehmervertretungen vor Abschluss der Transaktion. Sodann werden die arbeitsrechtlichen Implikationen von Teilverkäufen und Zukäufen dargestellt. Es folgen die Möglichkeiten und Grenzen der Personalkostenreduzierungen durch Personalabbau und durch Änderung der materiellen Beschäftigungsbedingungen.

B. Mitwirkungsrechte der Arbeitnehmervertretungen vor Abschluss der Transaktion

I. Information des Wirtschaftsausschusses

3 Nach § 106 Abs. 3 Nr. 9a BetrVG ist der Wirtschaftsausschuss im Falle der Unternehmensübernahme zu informieren, wenn hiermit der Erwerb der Kontrolle verbunden ist. Ein Kontrollwechsel soll nach der Gesetzesbegründung in den Fällen des § 29 Abs. 2 WPÜG vorliegen. Danach setzt ein Kontrollwechsel den Wechsel von mindestens 30% der Stimmrechte voraus. Diese Regelung passt allerdings nur für börsennotierte Unternehmen.[1] Insbesondere bei einer GmbH ist der Erwerb von 30% der Anteile für einen Kontrollerwerb nicht ausreichend, es sei denn, dass dem Erwerber satzungsmäßig bestimmte Sonderrechte eingeräumt werden.[2]

4 Nach dem Gesetzeswortlaut ist der Unternehmer zur Unterrichtung des Wirtschaftsausschusses verpflichtet. Der Unternehmer ist das Leitungsorgan der Zielgesellschaft, also die Geschäftsführung oder der Vorstand. Die Leitung der Zielgesellschaft wird allerdings in vielen Fällen über die beabsichtigte Transaktion nicht oder erst sehr spät oder auch nicht umfassend informiert sein. Etwas anderes mag gelten, wenn im Rahmen einer freundlichen Übernahme zwischen den beteiligten Unternehmen ein Business Agreement abgeschlossen wird. Dort werden die Absichten der Beteiligten niedergelegt und darüber auch die Unternehmensleitung unterrichtet. Teilweise wird auch die Auffassung vertreten, dass dies auch im Rahmen von Private Equity Transaktionen mit Blick auf den vom Management der Zielgesellschaft erstellten Business Plan gilt.[3] Unklar ist auch, ob bei einem Verkauf der Konzernobergesellschaft eine Unterrichtungspflicht auch für die Geschäftsführungen der abhängigen Gesellschaften besteht. Insgesamt stellt sich die Frage, ob die Gesellschafter oder die Konzernführung zur Unterrichtung der betroffenen Geschäftsführungen verpflichtet sind. Angesichts des Fehlens einer gesetzlichen Grundlage wird man so weit wohl nicht gehen können.[4]

5 Nach § 106 Abs. 2 S. 2 BetrVG gehört zu den erforderlichen Unterlagen im Falle des Kontrollwechsels insbesondere die Angabe über den potentiellen Erwerber und dessen Absichten im Hinblick auf die künftige Geschäftstätigkeit des Unternehmens sowie die sich daraus ergebenden Auswirkungen auf die Arbeitnehmer. Gleiches soll gelten, wenn im

[1] *Löw* DB 2008, 758 (759); ebenso *Schröder/Falter* NZA 2008, 1097 (1099).
[2] *Löw* DB 2008, 758 (759); vgl. auch *Thüsing* ZIP 2008, 106 (108).
[3] Fitting, Kommentar, BetrVG § 106 Rn. 95.
[4] AA Fitting Kommentar, BetrVG § 106 Rn. 96. Danach soll die Muttergesellschaft in Anlehnung an die Rechtsprechung des EuGH zur Bildung eines EBR zur Auskunft gegenüber der Geschäftsführung der Tochtergesellschaft verpflichtet sein.

Vorfeld der Übernahme des Unternehmens ein Bieterverfahren durchgeführt wird. Die Regelung wirft eine Vielzahl von Fragen auf, die sich aus dem Gesetz nicht beantworten lassen: Woher soll die Unternehmensleitung der Zielgesellschaft wissen, welche Absichten der Erwerber verfolgt? Woher soll die Unternehmensleitung der Zielgesellschaft wissen, welche Auswirkungen sich für die Arbeitnehmer ergeben? Über welche potentiellen Erwerber soll im Falle eines Bieterverfahrens informiert werden?

Auch unter der gesetzlichen Neuregelung bleibt es aber dabei, dass Angaben zum Kauf- **6** preis ebenso wie Informationen zur Finanzierung oder zu sonstigen Vertragskonditionen nicht Gegenstand der Unterrichtung des Wirtschaftsausschusses sind.[5]

Nach § 106 Abs. 2 BetrVG muss die Unterrichtung des Wirtschaftsausschusses recht- **7** zeitig erfolgen. Das ist dann der Fall, wenn der Unternehmer den Wirtschaftsausschuss vor einer Entscheidung unterrichtet. Allerdings trifft der Unternehmer überhaupt keine Entscheidung. Die Entscheidung wird von den Anteilseignern getroffen.

II. Pflicht zur Beratung mit dem Wirtschaftsausschuss?

Nach § 106 Abs. 1 S. 2 BetrVG hat der Wirtschaftsausschuss die Aufgabe, wirtschaftliche **8** Angelegenheiten mit dem Unternehmer zu beraten. Nach § 106 Abs. 3 Ziffer 9a BetrVG gehört zu den wirtschaftlichen Angelegenheiten auch die Übernahme des Unternehmens, wenn hiermit der Erwerb der Kontrolle verbunden ist. Der naheliegende Schluss, dass der Wirtschaftsausschuss mit dem Unternehmer auch die Veräußerung der Anteile zu beraten hat, ist absurd. Beratungen dienen der Vorbereitung einer Entscheidung. Da der Unternehmer nicht über die Veräußerung der Anteile entscheidet, ist eine Beratung sinnlos.[6]

III. Informationen des Betriebsrates

In Unternehmen, in denen kein Wirtschaftsausschuss besteht, ist nach § 109a BetrVG nF **9** bei einer Übernahme des Unternehmens, wenn hiermit der Erwerb der Kontrolle verbunden ist, der Betriebsrat zu beteiligen. Sofern ein Gesamtbetriebsrat besteht, dürfte dieser nach § 50 Abs. 1 BetrVG zuständig sein, da die Frage einer Übernahme das Gesamtunternehmen betrifft und Fragen im Zusammenhang mit einer Übernahme durch die einzelnen Betriebsräte nicht innerhalb ihrer Betriebe geregelt werden können.[7]

IV. Sanktionen und Streitigkeiten

Ein Verstoß gegen die Unterrichtungspflicht ist eine Ordnungswidrigkeit nach § 121 **10** BetrVG. Danach kann bei unterbliebener, verspäteter, wahrheitswidriger oder unvollständiger Unterrichtung des Wirtschaftsausschusses ein Bußgeld bis zu 10.000 EUR verhängt werden.

Ist der Wirtschaftsausschuss der Auffassung, eine Auskunft über wirtschaftliche Angele- **11** genheiten sei entgegen seinem Verlangen nicht, nicht rechtzeitig oder nur ungenügend erteilt, so kann der Betriebsrat die Einsetzung einer Einigungsstelle nach § 109 BetrVG beantragen. Behauptet der Unternehmer die offensichtliche Unzuständigkeit der Einigungsstelle im Sinne des § 98 ArbGG, so kann das Verfahren zur Bestellung eines Einigungsstellenvorsitzenden über zwei Instanzen gezogen werden. Nach Abschluss der Beratungen in der Einigungsstelle wird der Prozess über die Veräußerung der Anteile in aller Regel abgeschlossen sein.[8]

---

[5] Ob eine Pflicht zur Vorlage des Kaufvertrags besteht, wurde offengelassen in BAG Beschl. v. 22.3.2016 – 1 ABR 10/14, NZA 2016, 969.

[6] *Löw* DB 2008, 758 (760), *Thüsing* ZIP 2008, 106 (108); aA BAG Beschl. v. 22.3.2016 – 1 ABR 10/14, NZA 2016, 969; modifizierend *Brems/Croonenbrock* DB 2017, 1513 (1514).

[7] *Löw* DB 2008, 758 (759).

[8] *Löw* DB 2008, 758 (760); vgl. auch *Vogt/Bedkowski* NZG 2008, 725 (729 m. Fn. 44).

12 Der Betriebsrat hat keine Möglichkeit, mit Hilfe einer einstweiligen Verfügung den Veräußerungsprozess zu stoppen. Einstweilige Verfügungen des Betriebsrates können sich nur gegen den Arbeitgeber richten. Dieser ist aber Objekt, nicht Subjekt im Verkaufsprozess.[9]

V. Folgen für die Transaktionsgestaltung

13 Der Veräußerer eines Unternehmens wird sich die Frage zu stellen haben, ob er von dem potentiellen Erwerber oder von den Beteiligten eines Bieterverfahrens Angaben über deren Absichten im Hinblick auf die künftige Geschäftstätigkeit des Unternehmens sowie die sich daraus ergebenden Auswirkungen auf die Arbeitnehmer verlangen will. Der potentielle Erwerber wird zu entscheiden haben, ob er dem Veräußerer seine Absichten mitteilen möchte oder nicht. Gegenüber Wirtschaftsausschuss und Betriebsrat ist zu entscheiden, wann und in welchem Umfang eine Unterrichtung erfolgen soll. Ist ein Business Combination Agreement oder ein maßgeblich vom Management der Zielgesellschaft mitgeteilter Businessplan Grundlage des Kontrollerwerbs, werden die Beteiligten zu entscheiden haben, ob und gegebenenfalls wann und gegebenenfalls in welchem Umfang eine Unterrichtung erfolgen sollte. Neben rechtlichen Erwägungen werden dabei auch Zweckmäßigkeitsgesichtspunkte eine Rolle spielen, vor allem auch der bisherige Stil der Zusammenarbeit mit den Arbeitnehmervertretungen und die künftigen Absichten. Sofern eine Unterrichtung erfolgt, ist ein ausdrücklicher Hinweis auf die Vertraulichkeit zwingend geboten. Es empfiehlt sich, die Mitglieder des Wirtschaftsausschusses schriftlich darauf hinzuweisen, dass es sich dabei um Betriebs- und Geschäftsgeheimnisse handelt sowie auf die Folgen eines Verstoßes gegen die Geheimhaltungspflicht. Bei einem Verkauf im Rahmen einer Unternehmensgruppe ist eine Koordination der Informationspolitik gegenüber mehreren Wirtschaftsausschüssen dringend zu empfehlen.[10]

14 Insgesamt sind die Auswirkungen der Informationspflichten bei Kontrollwechsel wegen der äußerst begrenzten Sanktionen beherrschbar.

C. Arbeitsrechtliche Aspekte der Umwandlung von Unternehmen

15 Im Anschluss an den Erwerb eines Unternehmens im Rahmen eines Private Equity Deals kommt es häufig zu Umwandlungsvorgängen. Dies kann entweder dadurch geschehen, dass die Zielgesellschaft auf das Akquisitionsvehikel oder mit einem anderen Portfolio-Unternehmen verschmolzen wird. Denkbar ist auch die formwandelnde Umwandlung einer AG in eine GmbH im Zusammenhang mit einem Delisting oder die Umwandlung einer GmbH in eine AG zur Vorbereitung eines Börsengangs. Schließlich kann es zur Vorbereitung eines Teilverkaufs zur Abspaltung von Unternehmensteilen kommen.

I. Arbeitsrechtliche Angaben im Umwandlungsvertrag

16 Nach § 5 Abs. 1 Nr. 9 UmwG muss der Verschmelzungsvertrag Angaben enthalten über die Folgen der Verschmelzung für die Arbeitnehmer und ihre Vertretungen sowie die insoweit vorgesehenen Maßnahmen. Bei den übrigen Umwandlungsformen finden sich entsprechende Regelungen in § 126 Abs. 1 Nr. 11, § 194 Abs. 1 Nr. 7 UmwG. Welche Einzelheiten in diesem Zusammenhang anzugeben sind und welchen Detaillierungsgrad die Angaben haben müssen, ist im Einzelnen in der Literatur heftig umstritten. In jedem Falle anzugeben sind die unmittelbaren Folgen der Umwandlung, die sich mit Wirksamwerden der Umwandlung kraft Gesetzes ergeben. Hierzu gehören etwa der Übergang von Arbeitsverhältnissen nach § 613a BGB, die Frage der Weitergeltung oder Nichtweitergeltung sowie der kollektivrechtlichen oder individualrechtlichen Weitergeltung von Tarif-

[9] *Löw* DB 2008, 758 (760).
[10] *Löw* DB 2008, 758 (761).

verträgen und Betriebsvereinbarungen, das Schicksal der Betriebsräte und gegebenenfalls des Gesamtbetriebsrates, mögliche Auswirkungen auf den gesetzlichen Kündigungsschutz und Änderungen bei der Mitbestimmung auf Unternehmensebene.[11] Dazu zählen auch Angaben zu den Auswirkungen beim übernehmenden Rechtsträger, etwa ein dort eintretender Wechsel des Mitbestimmungsstatuts, der nicht nur wegen der Veränderung der Arbeitnehmerzahl, sondern auch aufgrund einer Veränderung des Unternehmensgegenstands eintreten kann, etwa weil infolge der Verschmelzung ein Tendenzschutz nach § 1 Abs. 2 DrittelbG oder § 1 Abs. 4 MitbestG eingreift oder entfällt.

Umstritten ist demgegenüber, ob auch mittelbare Folgen der Verschmelzung anzugeben **17** sind. Hierzu zählen insbesondere Maßnahmen, die aufgrund der der Umwandlung zu Grunde liegenden unternehmerischen Planung im Anschluss an die Umwandlung durchgeführt werden sollen. Solche Maßnahmen werden sich häufig als Betriebsänderungen im Sinne des § 111 BetrVG darstellen. Richtigerweise sind im Umwandlungsvertrag diejenigen mittelbaren Folgen anzugeben, die bereits in einem konkreten Planungsstadium sind.[12] Zu diesem Zeitpunkt werden regelmäßig auch die Informations- und Beratungsrechte nach §§ 111 ff. BetrVG ausgelöst.

II. Zuleitung an den zuständigen Betriebsrat

Nach § 5 Abs. 3 UmwG ist der Verschmelzungsvertrag oder sein Entwurf spätestens einen **18** Monat vor dem Tage der Versammlung der Anteilsinhaber jedes beteiligten Rechtsträgers, die über die Zustimmung zum Verschmelzungsvertrag beschließen soll, dem zuständigen Betriebsrat dieses Rechtsträgers zuzuleiten. Nach dem klaren Wortlaut des Gesetzes bezieht sich die Zuleitungspflicht nicht nur auf die arbeitsrechtlichen Pflichtangaben, sondern auf den gesamten Vertragsinhalt. Der Nachweis der rechtzeitigen Zuleitung des Umwandlungsvertrages oder seines Entwurfs an den oder die zuständigen Betriebsräte ist nach § 17 Abs. 1 UmwG der Anmeldung der Verschmelzung zum Handelsregister beizufügen. Ohne diesen Nachweis wird die Verschmelzung nicht ins Handelsregister eingetragen und kann damit nicht wirksam werden.

Die Frage, welcher von mehreren Betriebsräten der zuständige Betriebsrat im Sinne des **19** § 5 Abs. 3 UmwG ist, richtet sich nach dem BetrVG.[13] Bei Vorhandensein eines Gesamtbetriebsrates ergibt sich dessen Zuständigkeit daraus, dass sich alle Umwandlungsvorgänge auf der Ebene des Unternehmens abspielen. In Zweifelsfällen empfiehlt sich aber die Zuleitung an alle Betriebsratsgremien.[14] Es ist von entscheidender Bedeutung, dass die Zuleitung an den Betriebsrat wie auch das Datum des Zugangs zweifelsfrei dokumentiert sind, idealerweise durch ein Empfangsbekenntnis des Betriebsratsvorsitzenden.

Nach zutreffender Auffassung kann der Betriebsrat auf die Einhaltung der Monatsfrist **20** verzichten.[15] Im Hinblick auf die Nachweispflicht gegenüber dem Registergericht ist ein schriftlicher und ausdrücklicher Verzicht auf die Frist erforderlich. Nicht verzichten kann der Betriebsrat auf die Zuleitung des Verschmelzungsvertrages oder seines Entwurfes.[16] Unklar ist die Rechtslage für den Fall, dass nach Zuleitung des Entwurfes Änderungen vorgenommen werden. Angesichts dieser unklaren Rechtslage ist eine erneute Zuleitung des geänderten Entwurfes an die zuständigen Betriebsräte zu empfehlen.[17] Die Monatsfrist ist dann auch im Hinblick auf den geänderten Entwurf zu beachten.

---

[11] Vgl. *Mayer* in Widmann/Mayer, Kommentar, Umwandlungsrecht, UmwG § 5 Rn. 181; zur Angabe der Beendigung der Unternehmensmitbestimmung beim übertragenden Rechtsträger vgl. BGH Beschl. v. 27.1.2015 – II ZB 7/14, NZG 2015, 438.

[12] Ähnlich *Simon* in Semler/Stengel, Kommentar, Umwandlungsgesetz, UmwG § 5 Rn. 83; *Willemsen* RdA 1998, 23 (28).

[13] Vgl. *Mayer* in Widmann/Mayer, Kommentar, Umwandlungsrecht, UmwG § 5 Rn. 252.

[14] *Steffan* in Ascheid/Preis/Schmidt, Kommentar, Kündigungsrecht, § 126 Rn. 54.

[15] LG Gießen Beschl. v. 14.4.2004 – 6 T 12/04, Der Konzern 2004, 622.

[16] OLG Naumburg Beschl. v. 17.3.2003 – 7 Wx 6/02, GmbHR 2003, 1433.

[17] Vgl. *Simon* in Semler/Stengel, Kommentar, Umwandlungsgesetz, UmwG § 5 Rn. 83.

III. Rechtsfolgen bei Verstößen

21 Fehlt es an einer Zuleitung des Verschmelzungsvertrages oder seines Entwurfes an den Betriebsrat, so wird das Registergericht die Umwandlung nicht eintragen. Das gleiche gilt, wenn die Monatsfrist nicht gewahrt wurde, es sei denn, die zuständigen Betriebsräte haben wirksam auf die Einhaltung der Monatsfrist verzichtet und dieser Verzicht wird dem Registergericht in schriftlicher Form nachgewiesen.

22 Im Hinblick auf die arbeitsrechtlichen Angaben im Verschmelzungsvertrag steht dem Registergericht zwar ein formelles, aber kein materielles Prüfungsrecht zu.[18] Das Registergericht darf die Eintragung der Verschmelzung daher nur ablehnen, wenn die Angaben zu den Folgen der Verschmelzung für die Arbeitnehmer und die insoweit vorgesehenen Maßnahmen vollständig fehlen oder jedenfalls wesentliche Aspekte der unmittelbaren Folgen überhaupt nicht abgehandelt sind.[19] Darüber hinaus kommt dem Registergericht keine arbeitsrechtliche Prüfungskompetenz zu.[20] Die Versuche von Betriebsräten, mit Hilfe von Eingaben an die Registergerichte die Eintragung einer Verschmelzung zu verhindern, haben bisher in keinem Falle zum Erfolg geführt. Das ist auch angemessen. Ob ein Betriebsrat nach der Verschmelzung weiter besteht oder welches Schicksal eine Betriebsvereinbarung infolge einer Umwandlung erleidet, sind arbeitsrechtliche Fachfragen. Diese sind von den Arbeitsgerichten zu klären und nicht von den Registerrichtern.

23 Behauptet ein beteiligter Betriebsrat Verstöße des Unternehmens gegen das Umwandlungsgesetz, so steht hierfür der Rechtsweg zu den Arbeitsgerichten nicht offen. Die Regelungsmaterie ist im Umwandlungsgesetz abschließend geregelt. Ein Beschlussverfahren wäre mangels Vorliegen einer betriebsverfassungsrechtlichen Streitigkeit unzulässig.

IV. Auswirkungen auf Betriebsratsstrukturen

24 Die Umwandlung eines Unternehmens bringt nicht zwangsläufig eine Veränderung der Betriebsratsstruktur mit sich. Nur wenn sich auch die Identität des jeweiligen Betriebes, insbesondere die Organisation seiner Arbeitsabläufe bzw. der Arbeitsstätte, ändert, schlägt sich die Umwandlung auch in betriebsverfassungsrechtlicher Hinsicht nieder.[21]

25 Entstehen im Rahmen der Umwandlung neue Betriebe bzw. selbständige Betriebsteile, so sind für diese Betriebsräte zu wählen. Hat die Umwandlung zur Folge, dass bereits existierende Betriebe mittels Spaltung oder Zusammenlegung ihre Identität verlieren, steht dem bisherigen Betriebsrat ein Übergangsmandat gemäß § 21a Abs. 1 und Abs. 2 BetrVG zu. Das Übergangsmandat endet, sobald in den Betriebsteilen ein neuer Betriebsrat gewählt wird und das Wahlergebnis bekannt gemacht wurde, spätestens jedoch sechs Monate nach Wirksamwerden der Betriebsspaltung. Im Rahmen dieses Übergangsmandates kommt dem Betriebsrat insbesondere die Aufgabe zu, innerhalb der Frist des § 21a Abs. 1 S. 3 BetrVG die Wahl der Betriebsräte für die neu entstandenen Betriebe bzw. Betriebsteile zu organisieren. Gemäß § 21a Abs. 3 BetrVG gelten die Regelungen des § 21a BetrVG ausdrücklich auch für die Fälle, in denen eine Spaltung oder Zusammenlegung im Rahmen einer Umwandlung nach dem Umwandlungsgesetz stattfindet.

26 Das Schicksal der Gesamtbetriebsräte ist demgegenüber an den Bestand des Rechtsträgers gekoppelt, denen sie zugeordnet sind. Zwischen den verschiedenen Umwandlungsvarianten muss folglich differenziert werden. Bei der Verschmelzung zur Neugründung im Sinne des § 2 Nr. 2 UmwG gehen die Gesamtbetriebsräte mit den Rechtsträgern unter.

---

18 *Mayer* in Widmann/Mayer, Kommentar, Umwandlungsrecht, UmwG § 5 Rn. 264.

19 OLG Düsseldorf Beschl. v. 15.5.1998 – 3 Wx 156/98 II, DStR 1998, 1190.

20 *Blechmann* NZA 2005, 1143 (1148); *Engelmeyer* DB 1996, 2542 (2544); *Joost* ZIP 1995, 976 (986); *Willemsen* RdA 1998, 23 (33); weitergehend aber *Wicke* in BeckOGK UmwG § 5 Rn. 110: Registergericht kann Eintrag zurückweisen, wenn die von § 5 Abs. 1 Nr. 9 UmwG geforderten Angaben offensichtlich unrichtig sind.

21 Fitting, Kommentar, BetrVG, § 1 Rn. 171.

Anders bei der Verschmelzung zur Aufnahme im Sinne des § 2 Nr. 1 UmwG: hier geht lediglich der Gesamtbetriebsrat des übertragenden Unternehmens unter, während der Gesamtbetriebsrat des aufnehmenden Unternehmens bestehen bleibt.

V. Auswirkungen auf Betriebsvereinbarungen und Tarifverträge

1. Betriebsvereinbarungen

Auch hinsichtlich der Fortgeltung von Betriebsvereinbarungen kommt es nicht auf die Veränderung der Unternehmensstruktur, sondern ausschließlich auf die Frage an, ob die Betriebsidentität gewahrt bleibt. Behält der Betrieb seine Identität, das heißt wird er im Wesentlichen so fortgeführt, wie er vorher bestanden hat, so gelten die bestehenden Betriebsvereinbarungen kollektivrechtlich weiter.[22] In diesem Fall bedarf es keiner Transformation vorhandener Betriebsvereinbarungen in den Arbeitsvertrag nach § 613a Abs. 1 S. 2 BGB, da der Betrieb als Bezugspunkt des Kollektivrechts nicht untergeht.[23] **27**

Wird der veräußerte Betrieb dagegen räumlich und/oder funktional in einen anderen Betrieb des Erwerbers eingegliedert, so gelten die beim Veräußerer bestehenden Betriebsvereinbarungen lediglich kraft gesetzlicher Anordnung nach § 613a Abs. 1 S. 2 BGB weiter, sofern sie nicht durch gleichartige Betriebsvereinbarungen beim Erwerber nach § 613a Abs. 1 S. 3 und S. 4 BGB verdrängt werden. Endet die Betriebsidentität, was insbesondere im Fall von mit dem Betriebsübergang einhergehenden Betriebsänderungen wie Verlagerungen oder Teilbetriebsstilllegungen der Fall sein kann, entfällt in aller Regel die kollektivrechtliche Fortgeltung der bestehenden Betriebsvereinbarungen. Ihr Inhalt wird Gegenstand des individuellen Arbeitsvertrages eines jeden vom Übergang betroffenen Arbeitnehmers und gilt dann individualrechtlich weiter. Veränderungen können insoweit nur nach Ablauf einer Karenzfrist von einem Jahr durch den Erwerber durchgeführt werden.[24] **28**

2. Tarifverträge

Umwandlungsvorgänge können sich auch auf bestehende Tarifverträge auswirken, wobei zwischen Verbands- und Firmentarifverträgen zu differenzieren ist. Eine normative Bindung an die Regelungen eines Verbandstarifvertrages bei einer Verschmelzung zur Neugründung scheidet von vornherein aus. Der neu gebildete Rechtsträger wird durch die Umwandlung nicht automatisch Mitglied im Arbeitgeberverband des bisherigen Rechtsträgers. Die Regelungen des Verbandstarifvertrages gelten aber gemäß § 324 UmwG über § 613a Abs. 1 S. 2–4 BGB fort. Eventuelle Änderungen unterliegen der Karenzfrist von einem Jahr. Das Vorgesagte gilt für diejenigen Arbeitnehmer, die Mitglied in der tarifschließenden Gewerkschaft sind. Tritt der Erwerber mit der Erwerbergesellschaft in den entsprechenden Arbeitgeberverband ein, so kommt es zu einer kollektivrechtlichen Fortgeltung der Tarifverträge.[25] **29**

Bei Firmentarifverträgen ist danach zu unterscheiden, ob der neue Rechtsträger bereits besteht oder erst gegründet werden muss. Bei einer Verschmelzung im Wege der Aufnahme durch einen oder mehrere bestehende Rechtsträger sowie im Falle einer Aufspaltung, Abspaltung oder Ausgliederung durch Übertragung auf einen oder mehrere bestehende Rechtsträger gelten die Regelungen des Firmentarifvertrags gem. § 613a Abs. 1 S. 2 BGB fort. Ist der neue Rechtsträger noch zu gründen, ist weiter zu differenzieren: Bei einer Verschmelzung mehrerer Rechtsträger durch Neugründung tritt der neue Rechtsträger **30**

---

22 Zu den Voraussetzungen und dem Inhalt der Betriebsidentität iE: Willemsen/Hohenstatt/Schweibert/Seibt, Umstrukturierung und Übertragung von Unternehmen, Abschnitt D, Rn. 68 ff.

23 Vgl. *Heinze* DB 1998, 1861 (1863).

24 Wegen weiterer Einzelheiten → Rn. 64.

25 *Heinze* DB 1998, 1861 (1862 f.); *Kania* DB 1994, 529 (533); *Müller-Glöge* in MüKoBGB § 613a Rn. 108 (129 ff.).

aufgrund der in § 20 Abs. 1 Nr. 1 UmwG angeordneten Gesamtrechtsnachfolge in den mit dem bisherigen Rechtsträger bestehenden Firmentarifvertrag ein.[26] Bei Aufspaltungen, Abspaltungen und Ausgliederungen durch Neugründung rückt der neu gegründete Rechtsträger hingegen unmittelbar in die aus § 3 Abs. 1 TVG folgende Rechtsstellung des bisherigen Rechtsträgers ein.[27] In allen Fällen einer Umwandlung durch Neugründung gilt der Firmentarifvertrag damit normativ fort.

3. Besonderheiten bei Bezugnahmeklauseln

31 Beruht die Anwendbarkeit des Tarifvertrages auf das Arbeitsverhältnis lediglich auf einer Bezugnahme im Arbeitsvertrag, so galten nach früherer Rechtsprechung keine Besonderheiten. Jedenfalls bei Verwendung einer dynamischen Bezugnahmeklausel durch einen tarifgebundenen Arbeitgeber wurde diese als Gleichstellungsabrede eingestuft. Wichtigste Konsequenz dieser Auslegung war die Tatsache, dass die zunächst dynamisch wirkende Klausel zu einer statisch wirkenden Klausel wird, wenn die Tarifbindung des Arbeitgebers endete, etwa bei einem Austritt aus dem Arbeitgeberverband oder einem Branchenwechsel. In diesem Fall galt der Tarifvertrag für die tarifgebundenen Arbeitnehmer nur noch statisch weiter, die Regelungen des Tarifvertrages wurden eingefroren.[28]

32 Die bereits Ende 2005 angekündigte Änderung der Rechtsprechung[29] hat das BAG in späteren Entscheidungen dann vollzogen.[30] Das hat zur Folge, dass die Verwendung einer dynamischen Bezugnahmeklausel im Arbeitsvertrag im Zweifel auch durch einen Austritt aus dem Arbeitgeberverband, einen Branchenwechsel oder einen Betriebsübergang nicht im Sinne einer Gleichstellungsabrede behandelt wird. Vielmehr gelten die in Bezug genommenen Tarifverträge im Zweifel auch in solchen Fällen dynamisch fort. Diese Konsequenz kann nur dadurch verhindert werden, dass die Bezugnahmeklausel um eine Tarifwechselklausel erweitert wird.[31]

4. Überleitungsvereinbarungen

33 Im Vorfeld der Übernahme kann sich der Investor – unmittelbar oder mittelbar – im Rahmen von Überleitungsvereinbarungen besonderen Bindungen unterwerfen. Diese enthalten häufig Regelungen neben Standortgarantien und dem vorübergehenden Verzicht auf betriebsbedingte Kündigungen zur – gegebenenfalls modifizierten – Weitergeltung von Tarifverträgen und Betriebsvereinbarungen. Sofern allerdings solche Vereinbarungen von Arbeitgeber, Gewerkschaft und Betriebsrat gemeinsam unterzeichnet werden, ist darauf zu achten, dass sich aus diesen selbst ohne weiteres und zweifelsfrei ergibt, wer Urheber der einzelnen Regelungskomplexe ist und um welche Rechtsquellen es sich folglich handelt. Dies folgt aus dem Gebot der Rechtsquellenklarheit, das den Schriftformerfordernissen des § 1 Abs. 2 TVG und § 77 Abs. 1 und 2 BetrVG zugrunde liegt.[32] Ein Verstoß gegen die Rechtsquellenklarheit führt zur Unwirksamkeit der entsprechenden Regelung.

D. Kauf und Verkauf von Betrieben und Betriebsteilen

34 Der Investor wird im Anschluss an einen erfolgreichen Private Equity Deal häufig Restrukturierungsmaßnahmen durchführen wollen, um die Profitabilität des Portfolio-Unternehmens zu erhöhen. Arbeitsrechtliche Fragen stellen sich insbesondere, wenn Betriebe oder Betriebsteile gekauft werden, um Synergieeffekte zu nutzen, oder der Investor unrentable

[26] BAG Urt. v. 24.6.1998 – 4 AZR 208/97, NZA 1998, 1346.
[27] *Preis* in Erfurter Komm BGB § 613a Rn. 186.
[28] Vgl. zuletzt BAG Urt. v. 19.3.2003 – 4 AZR 331/01, NZA 2003, 1207.
[29] BAG Urt. v. 14.12.2005 – 4 AZR 536/04, NZA 2006, 607.
[30] Vgl. insbes. BAG Urt. v. 29.8.2007 – 4 AZR 767/06, NZA 2008, 365.
[31] Wegen weiterer Einzelheiten → Rn. 70 ff.
[32] BAG Urt. v. 15.4.2008 – 1 AZR 86/07, NZA 2008, 1074.

Betriebe oder Betriebsteile abstößt. In beiden Fällen ist regelmäßig ein Betriebsübergang im Sinne des § 613a BGB gegeben.

I. Voraussetzungen eines Betriebsübergangs

Ein Betriebsübergang liegt nach § 613a Abs. 1 BGB vor, wenn ein Betrieb oder Betriebsteil durch Rechtsgeschäft auf einen anderen Inhaber übergeht. Erforderlich ist nach ständiger Rechtsprechung die Wahrung der Identität der wirtschaftlichen Einheit.[33] Der Begriff der wirtschaftlichen Einheit bezieht sich auf eine organisatorische Gesamtheit von Personen und/oder Sachen zur auf Dauer angelegten Ausübung einer wirtschaftlichen Tätigkeit mit eigener Zielsetzung. Bei der Prüfung, ob eine solche Einheit übergegangen ist, müssen sämtliche den betreffenden Vorgang kennzeichnenden Tatsachen berücksichtigt werden. Dazu gehören namentlich die Art des betreffenden Unternehmens oder Betriebs, der etwaige Übergang der materiellen Betriebsmittel wie Gebäude oder bewegliche Güter, der Wert der immateriellen Aktiva im Zeitpunkt des Übergangs, die etwaige Übernahme der Hauptbelegschaft, der etwaige Übergang der Kundschaft sowie der Grad der Ähnlichkeit zwischen den vor und nach dem Übergang verrichteten Tätigkeiten und die Dauer einer eventuellen Unterbrechung dieser Tätigkeit, sog. 7-Punkte-Katalog. Die Identität der Einheit kann sich auch aus anderen Merkmalen wie ihrem Personal, ihren Führungskräften, ihrer Arbeitsorganisation, ihren Betriebsmethoden und gegebenenfalls den ihr zur Verfügung stehenden Betriebsmitteln ergeben. Den für das Vorliegen eines Betriebsübergangs maßgeblichen Kriterien kommt je nach Art der ausgeübten Tätigkeit und je nach den Produktions- und Betriebsmethoden unterschiedliches Gewicht zu.[34] 35

Nach der Rechtsprechung kommt insbesondere der Unterscheidung zwischen betriebsmittelgeprägten und betriebsmittelarmen Betrieben maßgebende Bedeutung zu. Während in betriebsmittelgeprägten Betrieben der Übergang der sächlichen Mittel (Maschinen, Gebäude etc.) im Vordergrund steht, kann in betriebsmittelarmen Betrieben bereits die Übernahme eines nach Zahl und Sachkunde wesentlichen Teils der Arbeitnehmer einen Betriebsübergang begründen.[35] Entscheidend für die Frage, ob ein Betriebsübergang vorliegt, sind letztlich stets die Umstände des Einzelfalls. Eine generalisierende Betrachtung verbietet sich. 36

Ein Betriebsübergang setzt weiterhin voraus, dass die für den Betrieb der wirtschaftlichen Einheit verantwortliche natürliche oder juristische Person, die in dieser Eigenschaft die Arbeitgeberverpflichtungen gegenüber den Beschäftigten eingeht, im Rahmen vertraglicher Beziehungen wechselt. Verantwortlich für den Betrieb einer wirtschaftlichen Einheit ist die Person, die die wirtschaftliche Einheit im eigenen Namen führt und nach außen als deren Inhaber auftritt.[36] Die „Abspaltung" einer Arbeitnehmergesellschaft, die die Geschäfte im Namen und für Rechnung der Asset-Gesellschaft führt, bewirkt danach keinen Betriebsübergang. PropCo/OpCo-Modelle, die ausschließlich dem Zweck dienen, die Vermögensmasse frei von Belastungen durch Sozialplanverbindlichkeiten zu halten, werden daher in Zukunft nicht mehr funktionieren. 37

II. Taktische Hinweise für die arbeitsrechtliche Gestaltung

Vor dem Kauf oder Verkauf sollten sich die Beteiligten die Frage stellen, welche Ziele mit dem Vorhaben verfolgt werden. Daraus ergeben sich in der Regel wichtige Hinweise für die Gestaltung. Zwar hat sich der Gestaltungsspielraum im Rahmen des Betriebsübergangs 38

[33] BAG Urt. v. 29.3.2007 – 8 AZR 519/06, NZA 2007, 927.
[34] StRspr EuGH Urt. v. 11.3.1997 – C-13/95, NZA 1997, 433 – Ayse Süzen; Urt. v. 15.12.2005 – C-232, 233/04, NZA 2006, 29 – Güney-Görres; BAG Urt. v. 13.6.2006 – 8 AZR 271/05, NZA 2006, 1101; Urt. v. 22.7.2004 – 8 AZR 350/03, NZA 2004, 1383.
[35] BAG Urt. v. 13.6.2006 – 8 AZR 271/05, NZA 2006, 1101.
[36] BAG Urt. v. 25.1.2018 – 8 AZR 309/16, NZA 2018, 933.

in Folge der neueren Rechtsprechung reduziert, er ist aber weiterhin vorhanden und kann bei sorgfältiger Analyse zur Wahrung der eigenen Interessen genutzt werden. Die entscheidende Frage liegt jeweils darin, ob ein Betriebsübergang und damit der Übergang der Arbeitsverhältnisse wünschenswert ist oder nicht.

39 Gesichtspunkte, die einen Betriebsübergang für wünschenswert erscheinen lassen, sind insbesondere:

- Die Erbringung der Leistung erfordert ein Höchstmaß an unternehmensspezifischem Know-how, das bei dem Erwerber nicht vorhanden ist.
- Eine Kündigung der Mitarbeiter ist rechtlich ausgeschlossen. Dies kann etwa der Fall sein, weil eine Vielzahl der betreffenden Arbeitnehmer unter den tariflichen Kündigungsschutz für ältere Arbeitnehmer fällt.
- Die Kündigung einer Vielzahl von Arbeitnehmern ist nicht erwünscht. Die Gründe dafür können in der sozialen Verantwortung liegen, in der Reputation des Unternehmens, die auch Auswirkungen haben kann auf die Kundenakzeptanz vor Ort, sie können aber auch in finanzieller Hinsicht liegen, etwa mit Blick auf die Kosten eines Sozialplans.

40 Gründe, die gegen einen Betriebsübergang sprechen, können insbesondere sein:

- Der Erwerber möchte die Arbeitnehmer nicht übernehmen, weil er eigene Arbeitnehmer hat.
- Die Ausgliederung hat ihren Grund gerade in der höheren Sachkunde des Erwerbers für diesen Geschäftsprozess. Diese Sachkunde manifestiert sich auch in den Mitarbeitern des Erwerbers, weil diese die Know-how-Träger sind.
- Der Grund für die Ausgliederung liegt darin, dass der Erwerber die Leistung aufgrund seiner günstigeren Personalstruktur billiger erbringen kann. Dieses Geschäftsmodell würde unterlaufen, wenn die Arbeitnehmer des Veräußerers mit ihrem höheren Niveau an Gehalt und Nebenkosten auf den Erwerber übergehen würden.

41 Folgende Gestaltungsmöglichkeiten für oder gegen einen Betriebsübergang sind grundsätzlich möglich, wobei in jedem Einzelfall selbstverständlich zu untersuchen ist, ob die Anwendung dieser Gestaltungsmöglichkeiten mit den konkreten Zielsetzungen des Projektes vereinbar ist:

42 Ein Betriebsübergang liegt nicht vor, wenn keine Betriebsmittel und kein Personal übernommen werden. Es liegt dann ein Fall einer reinen Funktionsnachfolge vor. Eine Möglichkeit, einen Betriebsübergang zu vermeiden, kann darin bestehen, die zu übertragende wirtschaftliche Einheit in den Betrieb des Erwerbers einzugliedern. Hierbei sollte darauf geachtet werden, dass die Arbeitsorganisation und die Betriebsmethoden im Erwerberbetrieb verändert werden. Die Eingliederung ist so durchzuführen, dass die Übertragung einer ihre Identität wahrenden wirtschaftlichen Einheit im Erwerberbetrieb nicht mehr zu erkennen ist. Hierbei ist darauf zu achten, dass die Personalstrukturen verändert werden. Es bietet sich beispielsweise an, die zu übernehmenden Arbeitnehmer in die Abteilungen des Erwerberbetriebs zu integrieren.

43 Eine weitere Möglichkeit, einen Betriebsübergang zu vermeiden, besteht in der Umgestaltung der wirtschaftlichen Einheit, so dass ihre Identität verloren geht. Dies ist durch die Veränderung der betrieblichen Arbeitsorganisation und der Betriebsmethoden zu erreichen.[37]

44 Ist umgekehrt der Übergang der Arbeitsverhältnisse auf den Dienstleister erwünscht, das Vorliegen eines Betriebsübergangs aber zweifelhaft, so ist zu empfehlen, in dem zugrunde liegenden Vertrag die Verpflichtung zur Übernahme der entsprechenden Mitarbeiter durch den Dienstleister festzulegen. Auch hierdurch kann ein Betriebsübergang im Zweifel -begründet werden. Hatte das BAG ursprünglich die Auffassung vertreten, der Übergang der Arbeitsverhältnisse sei Rechtsfolge und nicht Tatbestandsvoraussetzung eines Betriebs-

[37] BAG Urt. v. 6.4.2006 – 8 AZR 249/04, BB 2006, 2192; vgl. aber einschränkend EuGH Urt. v. 12.2.2009 – C-466/07 Klarenberg, DB 2009, 1133.

übergangs,[38] so folgte das oberste deutsche Arbeitsgericht später der Rechtsprechung des EuGH,[39] wonach die Übernahme der Hauptbelegschaft gerade auch ein Indiz für einen Betriebsübergang sein kann, insbesondere in betriebsmittelarmen Betrieben oder Betriebsteilen.[40]

Erforderlich ist aber in jedem Fall, dass der Erwerber den Betrieb nach innen und nach außen im eigenen Namen führt. **45**

III. Individualrechtliche Folgen eines Betriebsübergangs

1. Übergang der Arbeitsverhältnisse auf den Erwerber

Nach § 613a Abs. 1 BGB tritt der neue Inhaber in die Rechte und Pflichten aus den im Zeitpunkt des Übergangs bestehenden Arbeitsverhältnissen ein. Betrifft der Betriebsübergang nur einen Betriebsteil, so ist bisweilen nicht eindeutig zu klären, welche Arbeitnehmer zu diesem übergehenden Betriebsteil gehören. Das gilt insbesondere dann, wenn Arbeitnehmer in einer zentralen Einheit tätig sind und – auch – Leistungen für den übergehenden Betriebsteil erbracht haben. Hatte das BAG ursprünglich die Auffassung vertreten, es komme in einem solchen Fall in erster Linie auf die Übereinstimmung des Veräußerers und Erwerbers an, zu welchem Betrieb oder Betriebsteil der Arbeitnehmer gehöre,[41] so ist mittlerweile praktisch unumstritten, dass die Zuordnung sich nach objektiven Kriterien zu richten hat. Notwendig ist, dass der Arbeitnehmer in den übergegangenen Betriebsteil tatsächlich eingegliedert war.[42] Es reicht nicht aus, wenn der Arbeitnehmer lediglich – auch – für den Betriebsteil Tätigkeiten verrichtet hat, ohne dass er dem Betriebsteil angehört. Der Arbeitnehmer muss in dem Betriebsteil arbeiten, nicht nur für ihn. **46**

Das Arbeitsverhältnis der übergehenden Arbeitnehmer mit dem Betriebsveräußerer erlischt. Somit findet ein Wechsel des Vertragspartners auf Arbeitgeberseite statt, der die Rechte und Pflichten aus dem ursprünglichen Arbeitsverhältnis unangetastet lässt. Der Betriebserwerber muss deshalb auch dieselben finanziellen Leistungen an die übergehenden Mitarbeiter erbringen. Hierzu gehören auch alle sonstigen Leistungen, die der Veräußerer bisher erbracht hat, wie etwa Tantieme, Fahrtkostenzuschüsse, Weihnachtsgeld etc. Auf individualrechtlicher Grundlage gewährte Versorgungszusagen gehen ebenfalls über und sind von dem Erwerber weiter zu führen. **47**

2. Unterrichtungspflicht

Nach § 613a Abs. 5 BGB sind Betriebserwerber und Veräußerer verpflichtet, die Arbeitnehmer vor dem Übergang in Textform, § 126b BGB, über den Zeitpunkt und den Grund für den Betriebsübergang, die rechtlichen, wirtschaftlichen und sozialen Folgen für die Arbeitnehmer sowie über die hinsichtlich der Arbeitnehmer in Aussicht genommenen Maßnahmen zu unterrichten. Bei der Formulierung eines derartigen Unterrichtungsschreibens ist besondere Sorgfalt geboten, da nur ein ordnungsgemäßes Schreiben die Widerspruchsfrist des § 613a Abs. 6 BGB in Gang setzt.[43] Ein standardisiertes Schreiben genügt. Auf etwaige Besonderheiten des Arbeitsverhältnisses ist jedoch einzugehen.[44] **48**

Ein Unterrichtungsschreiben, das lediglich das dem Betriebsübergang zu Grunde liegende Rechtsgeschäft benennt, erfüllt die gesetzlichen Anforderungen nicht. Dem Arbeitnehmer müssen vielmehr jene unternehmerischen Gründe schlagwortartig mitgeteilt werden, **49**

38 BAG Urt. v. 25.2.1981 – 5 AZR 991/78, NJW 1981, 2212; Urt. v. 22.5.1985 – 5 AZR 30/84, NZA 1985, 775; Urt. v. 9.2.1994 – 2 AZR 781/93, NZA 1994, 612.

39 EuGH Urt. v. 14.4.1994 – C-392/92, NZA 1995, 545 – Christel Schmidt; Urt. v. 11.3.1997 – C-13/95, NZA 1997, 433 – Ayse Süzen.

40 BAG Urt. v. 22.5.1997 – 8 AZR 101/96, NZA 1997, 1050.

41 Zuletzt BAG Urt. v. 25.6.1985 – 3 AZR 254/83, NZA 1986, 93.

42 BAG Urt. v. 13.11.1997 – 8 AZR 295/95, AP Nr. 170 zu § 613a BGB.

43 BAG Urt. v. 14.12.2006 – 8 AZR 763/05, NZA 2007, 682.

44 BAG Urt. v. 13.7.2006 – 8 AZR 305/05, NZA 2006, 1268.

die sich im Falle seines Widerspruchs auf den Arbeitsplatz auswirken können;[45] detaillierter wirtschaftlicher und rechtlicher Ausführungen bedarf es aber nicht.[46] Aber auch die genaue Bezeichnung des Erwerbers einschließlich der Anschrift ist erforderlich.[47]

50 Von besonderer Schwierigkeit ist in der Praxis häufig die Angabe der rechtlichen, wirtschaftlichen und sozialen Folgen für die Arbeitnehmer. Das Bundesarbeitsgericht hat die insoweit zu stellenden Anforderungen im Laufe der Jahre konkretisiert.[48] Zunächst sind in dem Unterrichtungsschreiben die sich unmittelbar aus dem Betriebsübergang ergebenden Rechtsfolgen anzugeben, wie etwa der Hinweis auf den Eintritt des Erwerbers in die Rechte und Pflichten aus dem Arbeitsverhältnis sowie die kündigungsrechtlichen Auswirkungen nach § 613a Abs. 4 BGB. Weiterhin ist unbedingt die Haftung von Veräußerer und Erwerber genau anzugeben. Auch die Frage nach den im Verhältnis zum Erwerber anzuwendenden kollektivrechtlichen Regelungen gehört zu den rechtlichen Folgen des Übergangs.

51 Nach Ansicht des Bundesarbeitsgerichts kann zudem über Sekundärfolgen des Betriebsübergangs aufzuklären sein, die etwa bei einer Ausübung des Widerspruchsrechts eintreten und im Zeitpunkt der Unterrichtung das Stadium konkreter Planungen erreicht haben.[49] Eine Hinweispflicht wird vom Bundesarbeitsgericht beispielsweise bei der Frage angenommen, ob die Arbeitnehmer im Falle eines Widerspruchs gegen den Übergang mit einer Kündigung rechnen müssen. Auch über etwaige Abfindungsansprüche aus einem Sozialplan ist zu unterrichten.[50] Ein allgemeines Bonitätsrisiko oder allgemeine Prognosen zur wirtschaftlichen Entwicklung des Betriebs des Erwerbers sind keine notwendigen Informationen.[51]

52 Die Unterrichtung hat in Textform[52] zu erfolgen. Hierzu bedarf es weder einer Urkunde noch einer eigenhändigen Unterschrift. Allerdings muss die Unterrichtungserklärung verkörpert sein. Die Person des Erklärenden muss genannt und der Abschluss der Erklärung durch Nachbildung der Namensunterschrift oder anders erkennbar gemacht werden. Denkbar ist also, dass die betroffenen Arbeitnehmer per E-Mail, Intranet oder durch Aushang am schwarzen Brett unterrichtet werden.[53] In diesem Fall besteht allerdings die Schwierigkeit den individuellen Zugang beim einzelnen Arbeitnehmer nachzuweisen. Vorzugswürdig ist daher die persönliche Übergabe eines Unterrichtungsschreibens gegen Empfangsbekenntnis an jeden einzelnen Arbeitnehmer.

53 Nach dem Gesetzeswortlaut hat die Unterrichtung der Arbeitnehmer vor dem Übergang zu erfolgen. Nach der Gesetzesbegründung[54] soll allerdings auch eine nachträgliche Unterrichtung zulässig sein. In jedem Fall ist in der Praxis eine frühzeitige Unterrichtung der Belegschaft vor dem Betriebsübergang geboten, um rechtzeitig Klarheit über die Anzahl der übergehenden und widersprechenden Arbeitnehmer zu gewinnen. Die Unterrichtung dient in erster Linie als „Auslöser“ für den Lauf der Widerspruchsfrist. Allerdings handelt es sich bei der Unterrichtungspflicht um eine Rechtspflicht, deren Verletzung Schadensersatzansprüche nach § 280 Abs. 1 BGB auslösen kann.[55]

---

[45] BAG Urt. v. 13.7.2006 – 8 AZR 305/05, NZA 2006, 1268.
[46] *Willemsen* in Willemsen/Hohenstatt, Umstrukturierung und Übertragung von Unternehmen, Kapitel G, Rn. 228.
[47] LAG München Urt. v. 9.10.2008 – 4 Sa 411/08, BeckRS 2009, 63349.
[48] BAG Urt. v. 14.12.2006 – 8 AZR 763/05, NZA 2007, 682.
[49] BAG Urt. v. 10.11.2011 – 8 AZR 277/10, BB 2013, 2302.
[50] BAG Urt. v. 13.7.2006 – 8 AZR 303/05, NZA 2006, 1273.
[51] BAG Urt. v. 15.12.2016 – 8 AZR 612/15, NZA 2017, 783.
[52] Siehe § 126b BGB.
[53] *Gaul/Otto* DB 2002, 634 (635); *Worzalla* NZA 2002, 353 (356).
[54] BT-Drs. 14/7760, 20.
[55] BAG Urt. v. 13.7.2006 – 8 AZR 382/05, NZA 2006, 1406.

3. Widerspruchsrecht der Arbeitnehmer

Den Arbeitnehmern steht nach § 613a Abs. 6 BGB das Recht zu, dem Übergang ihres Arbeitsverhältnisses zu widersprechen. Die Frist für die Ausübung des Widerspruchs beträgt einen Monat und beginnt mit Zugang des Unterrichtungsschreibens. Ist das Unterrichtungsschreiben nicht ordnungsgemäß, kann der Widerspruch auch noch Monate und Jahre nach dem Betriebsübergang erklärt werden. Das Recht zur Ausübung des Widerspruchs wird nur durch den Grundsatz der Verwirkung begrenzt.[56] Die widerspruchslose Weiterarbeit beim Erwerber nach einer fehlerhaften oder unvollständigen Unterrichtung führt nach Auffassung des BAG frühestens nach Ablauf von sieben Jahren zur Verwirkung.[57] Der Widerspruch kann gegenüber dem bisherigen Arbeitgeber oder dem neuen Inhaber erklärt werden. 54

Ein Widerspruchsrecht gegen den Übergang des Arbeitsverhältnisses besteht nicht, wenn der bisherige Rechtsträger in Folge einer gesellschaftsrechtlichen Umwandlung erlischt, dh bei Verschmelzung, Aufspaltung und vollständiger Vermögensübertragung. Dies war in der arbeitsrechtlichen Literatur zwar lange Zeit hoch umstritten, wurde aber durch das Bundesarbeitsgericht bestätigt.[58] Wegen des Erlöschens des bisherigen Rechtsträgers kann die von § 613a BGB intendierte Rechtsfolge – das „Zurückfallen“ des Arbeitsverhältnisses auf den bisherigen Arbeitgeber – nämlich nicht mehr eintreten; § 613a Abs. 6 BGB ist insoweit teleologisch zu reduzieren. 55

4. Haftung von Erwerber und Veräußerer

Nach § 613a Abs. 2 BGB haftet der bisherige Betriebsinhaber neben dem neuen Inhaber für Ansprüche der Arbeitnehmer, die vor dem Betriebsübergang entstanden sind und spätestens ein Jahr nach dem Übergang fällig werden. Die Haftung des neuen Betriebsinhabers (auch für die vor dem Übergang begründeten Verbindlichkeiten) folgt bereits aus § 613a Abs. 1 BGB, da er mit dem Betriebsübergang in die Rechte und Pflichten aus dem Arbeitsverhältnis eintritt.[59] 56

Auf den Ablauf einer tariflichen oder einzelvertraglichen Ausschlussfrist kann sich der Betriebserwerber allerdings nicht berufen, wenn weder er noch der Betriebsveräußerer ihrer Unterrichtungspflicht nach § 613a Abs. 5 BGB nachgekommen sind und ein innerer Zusammenhang zwischen dieser Pflichtverletzung und der Fristversäumung gegeben ist. Ein einzelvertraglicher Verzicht auf einen bereits vor dem Betriebsübergang entstandenen tarifvertraglichen Anspruch ist auch dann wegen eines Verstoßes gegen § 4 Abs. 4 S. 1 TVG nichtig, wenn dieser erst nach einem Betriebsübergang gegenüber dem Betriebsveräußerer oder dem Betriebserwerber erklärt wird. Der Betriebsübergang ist für die Unverzichtbarkeit tariflich begründeter Ansprüche ohne Bedeutung.[60] Die Regelung des § 613a Abs. 2 BGB ist im Verhältnis zu den Arbeitnehmern zwingend. Im Innenverhältnis können Erwerber und Veräußerer die Übernahme der Verbindlichkeiten jedoch frei bestimmen. 57

5. Auswirkung auf Kündigungen

Nach § 613a Abs. 4 S. 1 BGB sind Kündigungen des Betriebserwerbers und des Veräußerers wegen des Betriebsübergangs unwirksam. Dagegen sind Kündigungen aus anderen Gründen möglich (§ 613a Abs. 4 S. 2 BGB). Nach der Rechtsprechung des BAG ist bei der Abgrenzung stets zu prüfen, ob es neben dem Betriebsübergang einen sachlichen 58

---

56 BAG Urt. v. 15.2.2007 – 9 AZR 206/06, NZA 2007, 693.
57 BAG Urt. v. 21.12.2017 – 8 AZR 700/16 NZA 2018, 854; krit. dazu *Löw* BB 2018, 512.
58 BAG Urt. v. 21.2.2008 – 8 AZR 157/07, NZA 2008, 815.
59 *Preis* in Erfurter Komm § 613a Rn. 135.
60 BAG Urt. v. 22.8.2012 – 5 AZR 526/11, NZA 2013, 376.

Grund gibt, der „aus sich heraus" die Kündigung rechtfertigen kann, so dass der Betriebsübergang nur äußerer Anlass, nicht aber der tragende Grund für die Kündigung ist.[61]

59 Häufig wird es so sein, dass der Erwerber zunächst alle Arbeitnehmer übernimmt, die in dem ausgegliederten Geschäftsteil beschäftigt sind. Erst nach und nach wird er aufgrund seines überlegenen Know-hows die Geschäftsprozesse effizienter gestalten, so dass dadurch Personalüberhänge entstehen. In einem solchen Fall würde § 613a Abs. 4 BGB einer Kündigung nicht entgegenstehen. Die Kündigung wäre hier nicht wegen des Betriebsübergangs, sondern wegen eines Reorganisationskonzepts erfolgt.

60 Führen Veräußerer und Erwerber zur Zeit der Kündigung Verhandlungen wegen eines Betriebserwerbs, kann gleichwohl betriebsbedingt gekündigt werden, wenn jeder Betriebsinhaber unabhängig von der Veräußerung aus diesen Gründen den Arbeitsplatz hätten abbauen können. Dem Betriebsinhaber steht es frei, auch wenn er seinen Betrieb veräußern will, zuvor sein eigenes ernsthaft verfolgtes Sanierungskonzept zu verwirklichen.

61 Kündigt der Veräußerer wegen eines vom Erwerber verfolgten betriebswirtschaftlichen Konzepts oder Sanierungsplans, kann dies die Kündigung nur dann sozial rechtfertigen, wenn ausreichende rechtliche Anhaltspunkte für eine tatsächliche Umsetzung des Konzepts vorhanden sind (zB Vorvertrag für den Betriebsübergang und über die Anzahl der zu übernehmenden Arbeitnehmer). Dabei muss die Umstrukturierung bereits bei Ausspruch der Kündigung greifbare Formen angenommen haben. Allein die Forderung des Erwerbers, die Belegschaft vor dem Betriebsübergang zu verkleinern, stellt keinen Kündigungsgrund dar. Andernfalls würde der Schutzzweck des § 613a Abs. 4 BGB unterlaufen, denn der vom Veräußerer angestrebte Betriebsübergang würde dann zum Kündigungsgrund. Jedoch ist die Kündigungsmöglichkeit des Veräußerers nicht davon abhängig, dass er bei Fortführung des Betriebs das Erwerberkonzept selbst hätte durchführen können.[62]

IV. Kollektivrechtliche Folgen eines Betriebsübergangs

1. Grundsatz der Transformation in Individualrecht

62 Nach der Regelung in § 613a Abs. 1 S. 2 BGB werden Tarifverträge und Betriebsvereinbarungen mit dem Betriebsübergang zum Inhalt des Arbeitsverhältnisses zwischen dem Betriebserwerber und dem Arbeitnehmer. Tarifverträge und Betriebsvereinbarungen verlieren demnach ihre kollektivrechtliche Wirkung und gelten individualrechtlich weiter.

63 Das gilt aber nur dann, wenn die bisherigen kollektivrechtlichen Regelungen nicht kollektivrechtlich weitergelten. Hinsichtlich der normativen Weitergeltung von Betriebsvereinbarungen ist entscheidend, ob der übernommene Betrieb als solcher weiter besteht.[63] Behält der übernommene Betrieb seine Identität im Wesentlichen, besteht auch der ursprüngliche Betriebsrat fort und bleibt somit der maßgebliche Betriebspartner des Erwerbers. Dann gelten auch die Betriebsvereinbarungen als solche kollektivrechtlich fort. Ist der Erwerber an den gleichen Tarifvertrag gebunden, der auch bisher im Arbeitsverhältnis tarifrechtlich anwendbar war, so verbleibt es bei der tarifrechtlichen Geltung.

64 Die in Individualrecht transformierten Regelungen der Tarifverträge oder Betriebsvereinbarungen dürfen für den Zeitraum eines Jahres nach dem Betriebsübergang nicht zum Nachteil der Arbeitnehmer geändert werden. Vor Ablauf der Jahresfrist können die Regelungen geändert werden, wenn der Tarifvertrag oder die Betriebsvereinbarung nicht mehr gilt oder bei fehlender beiderseitiger Tarifgebundenheit im Geltungsbereich eines anderen Tarifvertrages, dessen Anwendung zwischen dem neuen Inhaber und dem Arbeitnehmer vereinbart wird. Diese individualrechtliche Weitergeltung stellt jedoch nur einen Auffangtatbestand zu Gunsten der Arbeitnehmer für den Fall dar, dass keine Kollektivregelung bei dem Erwerber kollektivrechtlich Anwendung findet.

---

[61] BAG Urt. v. 26.5.1983 – 2 AZR 477/81, NJW 1984, 627.
[62] BAG Urt. v. 20.3.2003 – 8 AZR 97/02, NZA 2003, 1027.
[63] BAG Beschl. v. 5.2.1991 – 1 ABR 32/90, BB 1991, 1052.

2. Ablösung durch Kollektivrecht beim Erwerber

Gelten die kollektivrechtlichen Regelungen nach den vorstehenden Grundsätzen nicht kollektivrechtlich weiter, so kommt es dennoch nicht zu einer Transformation in Individualrecht, wenn die Rechte und Pflichten aus Tarifvertrag oder Betriebsvereinbarung bei dem neuen Inhaber durch Rechtsnormen eines anderen Tarifvertrages oder durch eine andere Betriebsvereinbarung geregelt werden. Eine Regelung durch Tarifvertrag beim Erwerber liegt dann vor, wenn der Tarifvertrag für allgemeinverbindlich erklärt wurde (§ 5 TVG) oder der Betriebserwerber an einen Tarifvertrag gebunden ist, der mit einer Gewerkschaft geschlossen wurde, der auch der jeweilige Arbeitnehmer angehört (kongruente Tarifbindung). **65**

Eine anderweitige Regelung durch Kollektivrecht beim Erwerber setzt voraus, dass es sich um den gleichen Regelungsgegenstand handelt. So können etwa Ansprüche aus einer Betriebsvereinbarung über eine Jahresabschlussleistung nicht durch eine Betriebsvereinbarung über zusätzliches Urlaubsgeld abgelöst werden. Es fehlt an der Identität des Regelungsgegenstandes. **66**

Das Gesetz spricht davon, dass die Rechte und Pflichten durch einen Tarifvertrag oder durch eine andere Betriebsvereinbarung „geregelt werden". Das kann sowohl in der Weise geschehen, dass bereits zum Zeitpunkt des Betriebsübergangs eine andere kollektivrechtliche Regelung vorliegt, als auch dadurch, dass nach dem Betriebsübergang eine solche Regelung abgeschlossen wird. In beiden Fällen verdrängt die kollektivrechtliche Regelung beim Erwerber die bisherige Regelung beim Veräußerer. **67**

3. Besonderheiten bei Gesamtbetriebsvereinbarungen

Sind die Rechte und Pflichten beim Veräußerer in einer Gesamtbetriebsvereinbarung geregelt, so gelten diese kollektivrechtlich fort, wenn auch nur ein Betrieb unter Wahrung seiner Betriebsidentität übergeht. Dies soll jedenfalls dann gelten, wenn das andere Unternehmen bis dahin keinen Betrieb geführt hat.[64] **68**

Wird hingegen lediglich ein Betriebsteil übertragen, was bei einem Outsourcingverfahren der Regelfall sein dürfte, so wird auch hier von einer individualrechtlichen Fortgeltung auszugehen sein. **69**

4. Besonderheiten bei Bezugnahme auf Tarifverträge

Häufig findet ein Tarifvertrag auf ein Arbeitsverhältnis nicht deshalb Anwendung, weil Arbeitgeber und Arbeitnehmer tarifgebunden sind, sondern weil sie im Arbeitsvertrag die Anwendbarkeit eines bestimmten Tarifvertrages vereinbart oder das Tarifwerk einer bestimmten Branche in Bezug genommen haben. Weit verbreitet sind kleine dynamische Bezugsklauseln, wonach beispielsweise die Tarifverträge für das private Bankgewerbe in ihrer jeweils geltenden Fassung auf das Arbeitsverhältnis Anwendung finden sollen. **70**

Bisher ging die Rechtsprechung in derartigen Fällen grundsätzlich davon aus, dass der Arbeitgeber mit den entsprechenden Klauseln eine einheitliche Anwendung der tariflichen Regelungen sicherstellen wollte. Die nicht organisierten Arbeitnehmer waren mit den tarifgebundenen Arbeitnehmern gleichzustellen. Derartige Klauseln wurden daher als Gleichstellungsabreden bezeichnet. Die nicht tarifgebundenen Arbeitnehmer nahmen aufgrund der Gleichstellungsabreden an der Tarifentwicklung der in Bezug genommenen Tarifverträge teil. Die Auslegung des BAG führte somit dazu, dass Bezugnahmeklauseln im Zweifel als dynamische Verweisungen zu verstehen waren. Allerdings endete die dynamische Anbindung an die in Bezug genommenen Tarifverträge nach der alten Auffassung des BAG in dem Zeitpunkt, in dem die Tarifbindung des Arbeitgebers endete. Das Ende der Tarifbindung auf Arbeitgeberseite konnte beispielsweise durch den Austritt aus dem **71**

64 BAG Beschl. v. 18.9.2002 – 1 ABR 54/01, BB 2003, 1387; anders ein Teil der Literatur vgl. nur *Preis/Richter* ZIP 2004, 925.

Arbeitgeberverband oder durch einen Betriebsübergang auf einen nicht tarifgebundenen Arbeitgeber eintreten. In diesen Fällen wandelte sich die dynamische Verweisung in eine statische Verweisung um. Da auch die tarifgebundenen Arbeitnehmer wegen mangelnder Tarifgebundenheit des Arbeitgebers nicht mehr an Änderungen oder Ergänzungen des Tarifvertrags teilnehmen, musste dies auch für die nicht tarifgebundenen Arbeitnehmer wegen des Gleichstellungszwecks der Bezugnahmeklauseln gelten.[65]

72 Das BAG hat seine Rechtsprechung zur Auslegung von arbeitsvertraglichen Bezugnahmeklauseln mittlerweile geändert und legt unklare Verweisungen nicht mehr als Gleichstellungsabreden aus. Nach der neuen Auslegungsmethode sind im Zweifel unklare Klauseln auch bei einem Ende der Tarifbindung des Arbeitgebers als dynamische Verweisungen auf das ursprüngliche Tarifwerk zu verstehen.[66]

73 Zur Begründung verweist das BAG auf die Wertungen des Rechts der Allgemeinen Geschäftsbedingungen. Danach gehen Unklarheiten zu Lasten des Verwenders (§ 305c Abs. 2 BGB). Zudem sind Allgemeine Geschäftsbedingungen unwirksam, die nicht klar und verständlich gefasst sind (§ 307 Abs. 1 S. 2 BGB). Auch ist es nach AGB-Recht nicht möglich, unwirksame Klauseln auf ein zulässiges Maß zu reduzieren (§ 306 BGB). Allerdings differenziert das BAG aus Vertrauensgesichtspunkten zwischen den bis zum 31.12.2001 und den ab dem 1.1.2002 abgeschlossenen Arbeitsverträgen. Für die bis zum 31.12.2001 geschlossenen Arbeitsverträge gilt weiterhin im Zweifel die Auslegung als Gleichstellungsabrede. Für die danach abgeschlossenen Arbeitsverträge gilt diese Auslegungsregel nicht mehr.

74 In diese Rechtslage kam durch ein interessantes Wechselspiel zwischen dem EuGH und dem BAG neue Dynamik. Der EuGH hat zunächst versucht, die dynamische Wirkung von Verweisklauseln einzuschränken. Nach dieser Entscheidung soll eine Verweisklausel nach dem Betriebsübergang nur dann dynamisch weiter gelten, wenn der Erwerber die Möglichkeit hat, an den Verhandlungen über die nach dem Übergang abgeschlossenen Kollektivverträge teilzunehmen.[67] Noch strenger war der EuGH dann in einer Entscheidung aus dem Jahre 2017. Danach sollte eine dynamische Bezugnahmeklausel nach einem Betriebsübergang nur dann dynamisch weiter gelten, wenn das nationale Recht sowohl einvernehmliche als auch einseitige Anpassungsmöglichkeiten für den Erwerber vorsehe.[68] Ob dies der Fall sei, müsse aber der nationale Gesetzgeber beurteilen. Dies hat das Bundesarbeitsgericht mit der darauf folgenden Entscheidung ausdrücklich bestätigt.[69] Es bleibt also dabei, dass Bezugnahmeklauseln nach dem Betriebsübergang grundsätzlich dynamisch weiter gelten.

V. Betriebsübergang als Betriebsänderung?

75 Teilweise wird in dem Übergang eines Betriebs oder Betriebsteils stets auch eine Betriebsänderung gesehen und dem Betriebsrat daher ein Mitwirkungsrecht nach §§ 111, 112 BetrVG zugesprochen.[70] Das überzeugt nicht. Der Übergang eines Betriebs oder Betriebsteils ist für sich allein keine Betriebsänderung.[71] Mit dem Betriebsübergang können aber andere Maßnahmen verbunden sein, die die Mitwirkungsrechte des Betriebsrats nach §§ 111, 112 BetrVG auslösen.

76 So ist es etwa denkbar, dass der übertragene Betrieb oder Betriebsteil beim Erwerber mit einem anderen zusammengelegt wird oder die Übertragung eines Betriebsteils eine Betriebsspaltung bewirkt. In beiden Fällen liegt neben dem Betriebsübergang auch eine

[65] Vgl. etwa BAG Urt. v. 30.8.2000 – 4 AZR 581/01, NZA 2001, 510; Urt. v. 21.8.2002 – 4 AZR 263/01, NZA 2003, 442; Urt. v. 25.9.2002 – 4 AZR 294/01, NZA 2003, 807; Urt. v. 1.12.2004 – 4 AZR 50/04, NZA 2005, 478.

[66] BAG Urt. v. 14.12.2005 – 4 AZR 536/04, NZA 2006, 607.

[67] EuGH Urt. v. 18.7.2013 – C-426/11, NZA 2013, 835 – Alemo-Herron.

[68] EuGH Urt. v. 27.4.2017 – R C-680/15, BB 2017, 1150 – Askplepios.

[69] BAG Urt. v. 30.8.2017 – 4 AZR 95/14, BB 2018, 954 mit Anm. Löw.

[70] *Däubler* in Däubler/Kittner/Klebe, Kommentar, Betriebsverfassungsgesetz, § 111 Rn. 102 f.

[71] BAG Urt. v. 4.12.1979 – 1 AZR 843/76, BB 1980, 579; *Preis* in Erfurter Komm BGB § 613a Rn. 131.

Betriebsänderung im Sinne des § 111 S. 3 Nr. 3 BetrVG vor. Hingegen führt die Aufspaltung des Unternehmens, beispielsweise in Besitz- und Betriebsgesellschaft, nicht zu einem Mitwirkungsrecht des Betriebsrates. § 111 S. 3 Nr. 3 BetrVG erfasst nur Spaltungen von Betrieben. Eine Betriebsänderung ist deshalb nicht anzunehmen, wenn ein Betrieb nach einer Unternehmensspaltung als Gemeinschaftsbetrieb fortgeführt wird.[72]

Eine Betriebsänderung kann schließlich auch bei bloßem Personalabbau vorliegen, etwa 77
im Zusammenhang mit einer nach dem Betriebsübergang erfolgenden Restrukturierung. Denkbar ist aber auch, dass eine Vielzahl von Arbeitnehmern dem Betriebsübergang widerspricht und der Betriebsveräußerer deshalb betriebsbedingte Beendigungskündigungen ausspricht. Voraussetzung für eine mitwirkungspflichtige Betriebsänderung ist jeweils, dass die Maßnahme eine größere Anzahl von Arbeitnehmern erfasst. Die Rechtsprechung bejaht diese Voraussetzung regelmäßig, wenn der Personalabbau die Schwellenwerte des § 17 Abs. 1 KSchG erreicht. In Betrieben mit mehr als 600 Arbeitnehmern müssen allerdings mindestens 5 % der Arbeitnehmer betroffen sein.[73]

E. Reorganisation auf Betriebsebene

Reorganisationsmaßnahmen führen, wie die vorstehenden Ausführungen verdeutlicht ha- 78
ben, regelmäßig zu einer Betriebsänderung im Sinne des § 111 BetrVG. Für den Investor ergeben sich daraus vor allem zwei betriebsverfassungsrechtliche Pflichten: Er muss grundsätzlich ein Interessenausgleichsverfahren durchführen und die den Arbeitnehmern infolge der Betriebsänderung entstehenden Nachteile mit Hilfe eines Sozialplans zumindest abmildern. Die nachfolgende Darstellung gibt einen Überblick über die üblichen Verfahrensabläufe verbunden mit taktischen Hinweisen zur effizienten Gestaltung des Prozesses.

I. Interessenausgleich

1. Voraussetzungen

Plant ein Arbeitgeber eine Betriebsänderung, so hat er ein Interessenausgleichsverfahren 79
durchzuführen. Dies gilt jedoch nur dann, wenn nach § 111 S. 1 BetrVG in dem Unternehmen in der Regel mehr als 20 wahlberechtigte Arbeitnehmer beschäftigt werden und ein Betriebsrat besteht. Wird der Betriebsrat erst gewählt, wenn der Unternehmer schon mit der Betriebsänderung begonnen hat, stehen dem neu gewählten Betriebsrat keine Beteiligungsrechte hinsichtlich dieser Betriebsänderung mehr zu.[74] Dies gilt selbst dann, wenn dem Unternehmer im Zeitpunkt seines Beschlusses zur Umsetzung einer Betriebsänderung bekannt war, dass ein Betriebsrat gewählt werden soll.[75]

Eine Interessenausgleichspflicht setzt weiter voraus, dass von einer geplanten Betriebs- 80
änderung „die Belegschaft oder erhebliche Teile der Belegschaft" betroffen sind. Das richtet sich nach der Anzahl der von der Maßnahme betroffenen Arbeitnehmer. Maßgeblich sind nach ständiger Rechtsprechung des BAG die Schwellenwerte des § 17 Abs. 1 KSchG.[76] Zusätzlich verlangt das BAG, dass mindestens 5 % der Belegschaft von der Maßnahme betroffen sind.[77]

Eine Betriebsänderung liegt nach der gesetzlichen Definition des § 111 BetrVG vor bei 81

- Einschränkung oder Stilllegung des ganzen Betriebs oder von wesentlichen Betriebsteilen;

[72] *Kania* in Erfurter Komm BetrVG § 111 Rn. 14.
[73] BAG Urt. v. 22.1.2004 – 2 AZR 111/02, AP BetrVG 1972 § 112 Namensliste Nr. 1.
[74] BAG Beschl. v. 20.4.1982 – 1 ABR 3/80, BB 82, 804.
[75] BAG Beschl. v. 28.10.1992 – 10 ABR 75/91, BB 1993, 140.
[76] BAG Beschl. v. 6.12.1988 – 1 ABR 47/87, NZA 1989, 399. Urt. v. 7.8.1990 – 1 AZR 445/89, NZA 1991, 113.
[77] BAG Urt. v. 7.8.1990 – 1 AZR 445/89 NZA 1991, 113.

- Verlegung des ganzen Betriebs oder von wesentlichen Betriebsteilen;
- Zusammenschluss mit anderen Betrieben oder die Spaltung von Betrieben;
- grundlegenden Änderungen der Betriebsorganisation, des Betriebszweckes oder der Betriebsanlagen sowie Einführung grundlegend neuer Arbeitsmethoden und Fertigungsverfahren.

2. Gegenstand und Inhalt des Interessenausgleichs

82 Gegenstand des Interessenausgleiches ist, ob, wann und in welcher Form die vom Arbeitgeber vorgesehene Betriebsänderung durchgeführt werden soll.[78] Der Arbeitgeber ist verpflichtet, vor der Durchführung einer Betriebsänderung im Sinne des § 111 BetrVG Verhandlungen über einen Interessenausgleich aufzunehmen.

83 Ein Interessenausgleich enthält typischerweise Regelungen zum organisatorischen Ablauf der Betriebsänderung, im Falle des Personalabbaus insbesondere zur Auswahl der zu entlassenden Arbeitnehmer sowie den Entlassungs- und Freistellungsterminen.[79] Außerdem können Arbeitnehmer im Falle einer geplanten Verschmelzung, Spaltung oder Vermögensübertragung für die Zeit nach der Umwandlung einem bestimmten Betrieb oder Betriebsteil zugeordnet werden; dadurch darf allerdings § 613a BGB nicht unterlaufen werden.[80]

84 Sind die zu kündigenden Arbeitnehmer in einem Interessenausgleich namentlich bezeichnet, so wird vermutet, dass die Kündigung durch dringende betriebliche Erfordernisse bedingt ist. Die soziale Auswahl der Arbeitnehmer kann nur auf grobe Fehlerhaftigkeit überprüft werden.[81] Durch die Vereinbarung einer Namensliste als Bestandteil des Interessenausgleichs wird daher die Rechtsposition des Arbeitgebers in einem nachfolgenden Kündigungsschutzprozess ganz erheblich gestärkt. Der Arbeitnehmer wird kaum in der Lage sein, den Nachweis der Unwirksamkeit der Kündigung zu erbringen, wenn sein Name wirksam in einer Namensliste aufgeführt ist. Allerdings kann eine solche Namensliste nicht erzwungen werden. Sie bedarf der Zustimmung des Betriebsrates. Üblicherweise wird sich der Betriebsrat nur dann zu einer solchen Namensliste bereitfinden, wenn der Arbeitgeber an anderer Stelle Entgegenkommen zeigt. Dies betrifft insbesondere eine höhere Dotierung des Sozialplans.

3. Interessenausgleichsverfahren

85 Bei der Durchführung des Interessenausgleichs hat der Arbeitgeber ein gesetzlich festgelegtes Verfahren einzuhalten. Er ist verpflichtet, den Betriebsrat rechtzeitig und umfassend über die Betriebsänderung zu unterrichten und die geplanten Maßnahmen mit ihm zu beraten (§ 111 S. 1 BetrVG). Kommt eine Einigung zustande, ist diese schriftlich niederzulegen.[82] Anderenfalls können sowohl der Arbeitgeber als auch der Betriebsrat bei der Bundesagentur für Arbeit um Ermittlung nachsuchen. Bleibt auch dies erfolglos, können beide Parteien die Einigungsstelle anrufen (vgl. § 112 Abs. 1–3 BetrVG). Anders als ein Sozialplan ist der Interessenausgleich allerdings nicht erzwingbar.

86 Führt der Arbeitgeber eine geplante Betriebsänderung durch, ohne über sie mit dem Betriebsrat einen Interessenausgleich versucht zu haben oder weicht er von einem vereinbarten Interessenausgleich ohne Grund ab, hat er den betroffenen Arbeitnehmern gemäß § 113 BetrVG die dadurch erlittenen Nachteile zu ersetzen. Will der Arbeitgeber den Nachteilsausgleich vermeiden, muss er vor der tatsächlichen Durchführung der Betriebsänderung alle Möglichkeiten einer Einigung über den Interessenausgleich einschließlich des

---

78 BAG Urt. v. 10.3.1998 – 1 AZR 509/97, NZA 1998, 1297; BAG Beschl. v. 27.10.1986 – 1 ABR 9/86, NZA 1988, 203.

79 *Kania* in Erfurter Komm BetrVG § 112a Rn. 1.

80 *Kania* in Erfurter Komm BetrVG § 112a Rn. 2.

81 Vgl. § 1 Abs. 5 KSchG.

82 Zu Rechtsnatur und Bindungswirkung des Interessenausgleichs vgl. *Kania* in Erfurter Komm BetrVG § 112a Rn. 9.

Einigungsstellenverfahrens ausschöpfen.[83] Hoch umstritten und noch nicht höchstrichterlich geklärt ist, ob der Betriebsrat die Betriebsänderung daneben auch im Wege einer einstweiligen Verfügung vorläufig verhindern kann.[84] Die Mehrheit der Landesarbeitsgerichte bejaht zur Sicherung des Beratungsanspruchs des Betriebsrats in der Regel einen Unterlassungsanspruch, häufig befristet bis zum Abschluss der Verhandlungen über einen Interessenausgleich, höchstens für zwei Monate.

II. Sozialplan

1. Inhalt des Sozialplans

Gemäß § 112 Abs. 1 BetrVG enthält ein Sozialplan Regelungen, welche die wirtschaftlichen Nachteile ausgleichen oder mildern, die den Arbeitnehmern infolge der geplanten Betriebsänderung entstehen. Immaterielle Nachteile sind nicht zu ersetzen.[85] Sozialpläne haben eine Ausgleichs- und Überbrückungsfunktion.[86] Sie sollen die mit dem Verlust des Arbeitsplatzes verbundenen Nachteile kompensieren, den begünstigten Arbeitnehmern vor allem aber helfen, die Zeit bis zu einem neuen Arbeitsverhältnis oder dem Bezug der gesetzlichen Rente zu überbrücken. Sozialpläne können die Betriebszugehörigkeit bei der Bemessung des Ausgleichs daher berücksichtigen, müssen es aber nicht.[87] **87**

Anders als der Interessenausgleich kann ein Sozialplan vom Betriebsrat über die Einigungsstelle erzwungen werden, § 112 Abs. 4 BetrVG. Ausnahmen enthalten § 112a Abs. 1 und Abs. 2 BetrVG. Danach ist ein Sozialplan nicht erzwingbar, wenn die geplante Betriebsänderung allein in der Entlassung von Arbeitnehmern besteht und die in § 112a Abs. 1 BetrVG genannten Schwellenwerte nicht erreicht werden. Abs. 2 der Vorschrift, der eine weitere Ausnahme für neu gegründete Unternehmen hinzufügt, ist auf Neugründungen im Zusammenhang mit der rechtlichen Umstrukturierung von Unternehmen und Konzernen nicht anwendbar. Seiner Rechtsnatur nach ist der Sozialplan eine Betriebsvereinbarung.[88] Die begünstigten Arbeitnehmer können die ihnen eingeräumten Ansprüche somit unmittelbar gegen den Arbeitgeber geltend machen (vgl. § 77 Abs. 4 BetrVG). **88**

Die Betriebsparteien sind bei der Vereinbarung des Sozialplans an zwingendes Recht gebunden, insbesondere haben sie die in § 75 BetrVG niedergelegten Grundsätze und die in § 1 AGG enthaltenen Diskriminierungsverbote zu beachten. Im Übrigen sind sie aber frei in ihrer Entscheidung, welche Nachteile sie ausgleichen oder mildern wollen.[89] Häufig sehen Sozialpläne die Zahlung von Abfindungen vor, wenn in Folge der Betriebsänderung betriebsbedingte Kündigungen beabsichtigt sind. Die Betriebsparteien können sich aber auch auf andere Sozialplanleistungen verständigen, beispielsweise die Zahlung von Überbrückungsgeldern, die Aufrechterhaltung von Pensionsanwartschaften oder die Übernahme von Bewerbungs- und Fahrtkosten.[90] **89**

Die vereinbarten Sozialplanleistungen können auch von Arbeitnehmern beansprucht werden, die bereits aus dem Arbeitsverhältnis ausgeschieden sind. Ansonsten könnte sich der Arbeitgeber seiner Ausgleichpflicht dadurch entziehen, dass er den Abschluss des Sozialplans bewusst hinauszögert.[91] Die Zahlung einer Sozialplanabfindung darf weiter nicht davon abhängig gemacht werden, dass die Arbeitnehmer auf eine Kündigungsschutz- **90**

---

83 BAG Urt. v. 16.5.2007 – 8 AZR 693/06, NZA 2007, 1296.
84 Zum Streitstand Fitting, Kommentar, BetrVG, § 111 Rn. 131 ff.
85 Fitting, Kommentar, BetrVG, BetrVG §§ 112, 112a Rn. 118.
86 BAG Urt. v. 13.3.2007 – 1 AZR 262/06, NZA 2008, 190.
87 BAG Urt. v. 13.3.2007 – 1 AZR 262/06, NZA 2008, 190; *Kania* in Erfurter Komm BetrVG § 112a Rn. 12.
88 BAG Beschl. v. 18.12.1990 – 1 ABR 15/90, NZA 1992, 482. § 112 Abs. 1 S. 3 BetrVG ist insofern missverständlich.
89 BAG Urt. v. 14.11.2006 – 1 AZR 40/06, NZA 2007, 339.
90 *Kania* in Erfurter Komm, BetrVG § 112a Rn. 29; Fitting, Kommentar, BetrVG, BetrVG §§ 112, 112a Rn. 141 f.
91 *Kania* in Erfurter Komm BetrVG § 112a Rn. 20.

klage verzichten. Die Betriebsparteien dürfen jedoch durch eine weitere freiwillige Betriebsvereinbarung einen finanziellen Anreiz schaffen, eine betriebsbedingte Kündigung zu akzeptieren („Turboprämie"). Dadurch darf das Verbot, Sozialplanabfindungen von einem Verzicht auf eine Kündigungsschutzklage abhängig zu machen, allerdings nicht umgangen werden.[92]

91 Während die Betriebsparteien bei der Aufstellung eines Sozialplans im Rahmen der aufgezeigten gesetzlichen Regelungen bei der Gestaltung der Sozialplaninstrumente frei sind, gelten für den in der Einigungsstelle durch Spruch entschiedenen Sozialplan die Ermessensrichtlinien des § 112 Abs. 5 BetrVG. Danach hat die Einigungsstelle bei ihrer Entscheidung sowohl die sozialen Belange der betroffenen Arbeitnehmer zu berücksichtigen als auch auf die wirtschaftliche Vertretbarkeit ihrer Entscheidung für das Unternehmen zu achten. Die Einigungsstelle hat sich im Rahmen billigen Ermessens insbesondere von folgenden Grundsätzen leiten zu lassen:

- Sie soll beim Ausgleich oder der Milderung wirtschaftlicher Nachteile, insbesondere durch Einkommensminderung, Wegfall von Sonderleistungen oder Verlust von Anwartschaften auf betriebliche Altersversorgung, Umzugskosten oder erhöhte Fahrtkosten, Leistungen vorsehen, die in der Regel den Gegebenheiten des Einzelfalles Rechnung tragen.
- Sie hat die Aussichten der betroffenen Arbeitnehmer auf dem Arbeitsmarkt zu berücksichtigen. Sie soll Arbeitnehmer von Leistungen ausschließen, die in einem zumutbaren Arbeitsverhältnis im selben Betrieb oder in einem anderen Betrieb des Unternehmens oder eines zum Konzern gehörenden Unternehmens weiterbeschäftigt werden können und die Weiterbeschäftigung ablehnen; die mögliche Weiterbeschäftigung an einem anderen Ort begründet für sich allein nicht die Unzumutbarkeit.
- Sie soll insbesondere die im dritten Buch des Sozialgesetzbuches vorgesehenen Förderungsmöglichkeiten zur Vermeidung von Arbeitslosigkeit berücksichtigen. Das betrifft insbesondere die Instrumente der Transferagentur und der Transfergesellschaft. Von Bedeutung ist die Frage, inwieweit die Einigungsstelle berechtigt ist, auch gegen den Willen des Arbeitgebers einen Transfersozialplan durchzusetzen. Grundsätzlich gilt, dass die Einigungsstelle nur Maßnahmen im Rahmen des Sozialplans beschließen kann, die zur Bewältigung der Folgen einer Betriebsänderung dienen und keinen gestaltenden Eingriff in die Betriebsstruktur zur Folge haben. Die Einrichtung einer betriebsorganisatorisch eigenständigen Einheit als Voraussetzung für Transfermaßnahmen ebenso wie die Errichtung einer externen Transfergesellschaft greifen in die unternehmerische Autonomie ein und sind gegen den Willen des Arbeitgebers daher nicht zulässig.
- Sie hat bei der Bemessung des Gesamtbetrages der Sozialplanleistungen darauf zu achten, dass der Fortbestand des Unternehmens oder die nach Durchführung der Betriebsänderung verbleibenden Arbeitsplätze nicht gefährdet werden.

92 Wird der Sozialplan durch Spruch der Einigungsstelle entschieden und ist der Arbeitgeber der Auffassung, dass die vorstehend dargestellten Ermessensrichtlinien überschritten seien, so kann der Arbeitgeber den Spruch der Einigungsstelle vor dem Arbeitsgericht anfechten. Die Anfechtungsfrist beträgt zwei Wochen vom Tag der Zuleitung des Beschlusses an gerechnet.

2. Verhandlungspartner für Interessenausgleich und Sozialplan

93 Sofern das Unternehmen über mehrere Betriebe und Betriebsräte und damit auch über einen Gesamtbetriebsrat verfügt, stellt sich die Frage, mit wem Interessenausgleich und Sozialplan zu verhandeln sind. Zunächst sind die beiden Verhandlungsgegenstände gedanklich zu trennen. Auf der Basis der gesetzlich geregelten Verteilung der Zuständigkeit nach § 50 BetrVG ist zu entscheiden, mit welchem Gremium verhandelt werden soll. Für

[92] BAG Urt. v. 31.5.2005 1 AZR 254/04, NZA 2005, 997.

den Interessenausgleich ist der Gesamtbetriebsrat zuständig, wenn ein unternehmenseinheitliches Konzept verfolgt wird beziehungsweise eine betriebsübergreifende Entscheidung getroffen wurde. Auch wenn das der Fall ist, ist damit noch nicht gesagt, dass der Gesamtbetriebsrat auch für die Verhandlung des Sozialplans zuständig ist. Es gibt keine Zuständigkeit für den Sozialplan kraft Sachzusammenhangs. Aus der Zuständigkeit für den Interessenausgleich ergibt sich nicht zwingend die Zuständigkeit für den Sozialplan. Der Gesamtbetriebsrat ist nach Auffassung des BAG für den Sozialplan nur zuständig, wenn die Regelung zum Ausgleich oder zur Milderung der wirtschaftlichen Nachteile zwingend unternehmenseinheitlich oder betriebsübergreifend erfolgen muss. In einer neueren Entscheidung hat das BAG die Unzuständigkeit des Gesamtbetriebsrats zum Abschluss des Sozialplans festgestellt, obwohl der Gesamtbetriebsrat zuvor den Interessenausgleich mit dem Arbeitgeber vereinbart hatte. Allein der Umstand, dass die für den Sozialplan erforderlichen Mittel von ein und demselben Arbeitgeber zur Verfügung gestellt würden, sei nicht ausreichend für die Zuständigkeit des Gesamtbetriebsrats. Allerdings sei der Gesamtbetriebsrat dann zuständig, wenn ein im Interessenausgleich vereinbartes Sanierungskonzept das gesamte Unternehmen betreffe und nur auf Grundlage eines bestimmten, auf das gesamte Unternehmen bezogenen Sozialplanvolumens realisiert werden könne.[93]

Dennoch sprechen in der Regel gute Gründe dafür, mit dem Gesamtbetriebsrat auch den Sozialplan zu verhandeln. Wenn bei unternehmensweiten Personalabbaumaßnahmen freie Arbeitsplätze zu besetzen sind, bedarf es eines betriebsübergreifenden Auswahlverfahrens hinsichtlich des Angebots dieser Arbeitsplätze. Die Sozialplanleistungen für Mitarbeiter, die entsprechend Arbeitsplatzangebote annehmen, können nicht unterschiedlich sein, je nach dem aus welchem Betrieb der Mitarbeiter kommt: Umschulungs- und Fortbildungskosten, Mobilitätspakete und Erprobungsphasen sind notwendigerweise unternehmenseinheitlich zu regeln. **94**

Die rechtliche Unsicherheit im Hinblick auf die Zuständigkeit des Gesamtbetriebsrats lässt sich natürlich dann beseitigen, wenn Delegationsbeschlüsse vorliegen, denen zu Folge die örtlichen Betriebsräte den Gesamtbetriebsrat für Verhandlung und Abschluss des Sozialplans beauftragen. Sollte dies nicht möglich sein, so sollte der Arbeitgeber dennoch im Zweifelsfall mit dem Gesamtbetriebsrat auch den Sozialplan verhandeln. Das Risiko scheint überschaubar. Sobald der Arbeitgeber einen Sozialplan mit dem Gesamtbetriebsrat abgeschlossen hat, wird es jedem örtlichen Betriebsrat schwerfallen, in einer erzwungenen erneuten Sozialplanverhandlung das Sozialplanniveau zu Gunsten seines Betriebs substantiell aufzustocken. **95**

III. Taktische Hinweise für die Verhandlung von Interessenausgleich und Sozialplan

Für die erfolgreiche Verhandlungsführung im Hinblick auf Interessenausgleich und Sozialplan ist es erforderlich, sich die Ausgangslage der Beteiligten deutlich vor Augen zu führen. **96**

Der Arbeitgeber ist in der Regel an einer schnellen Durchführung des Interessenausgleichsverfahrens interessiert, um mit der Umsetzung der unternehmerischen Maßnahme beginnen zu können. Außerdem möchte er die Kosten des Sozialplans in einem vertretbaren Rahmen halten. **97**

Der Betriebsrat kann die Durchführung einer Betriebsänderung mit rechtlichen Mitteln nicht verhindern, er kann das Verfahren aber erheblich verzögern. Das Verzögerungspotential kann sich auf sechs bis acht Monate erstrecken. Üblicherweise nutzt der Betriebsrat dieses Verzögerungspotential, um einen gut dotierten Sozialplan zu erreichen. **98**

[93] BAG Beschl. v. 3.5.2006 – 1 ABR 15/05, NZA 2007, 1245; tendenziell abweichend BAG Beschl. v. 23.10.2002 – 7 ABR 55/01, AP BetrVG 1972 § 50 Nr. 26.

99 Das hat zur Folge, dass der Interessenausgleich, der von Rechtswegen nicht erzwingbar ist, für den Arbeitgeber dennoch wichtig ist, weil er die einfachste Form des Abschlusses des Interessenausgleichsverfahrens darstellt. Der Abschluss des Interessenausgleichsverfahrens ist wiederum Voraussetzung für die betriebsverfassungsrechtliche Zulässigkeit der Betriebsänderung. Der Betriebsrat nutzt das Verzögerungspotential üblicherweise durch immer wieder neue Auskunfts- und Informationsverlangen. Ändert der Arbeitgeber seine unternehmerische Planung im Laufe der Verhandlungen, so führt dies zwangsläufig zu weiteren Verzögerungen.

100 Es ist daher von eminenter Bedeutung, die Information über die geplante Betriebsänderung sorgfältig vorzubereiten. Die Kernbotschaft sollte schriftlich festgelegt und allen beteiligten Führungskräften zur Verfügung gestellt werden. Es ist dringend zu empfehlen, von dieser Kernbotschaft keinesfalls abzuweichen. Die erforderlichen Unterlagen sollten rechtzeitig vorbereitet und dem Betriebsrat im Zusammenhang mit der jeweiligen Informationsveranstaltung ohne weiteres ausgehändigt werden. Nach Möglichkeit sollte versucht werden, mit dem Betriebsrat einen verbindlichen Zeitplan für die Verhandlungen zu vereinbaren. Gleichzeitig sollte der Arbeitgeber verdeutlichen, dass er nach dieser geplanten Verhandlungsphase gegebenenfalls die Einigungsstelle anrufen werde. Von größter Bedeutung ist es, im Rahmen der Sozialplanverhandlungen keine voreiligen Zugeständnisse abzugeben, ohne hierfür eine Gegenleistung vom Betriebsrat zu erhalten.

IV. Tarifsozialplan

101 In den letzten Jahren haben die Gewerkschaften ihre Strategie im Kampf um den Standort Deutschland erweitert. Gibt ein Unternehmen die Absicht einer Betriebsschließung bekannt, so fordern die Gewerkschaften immer häufiger zu Verhandlungen über einen Tarifsozialplan auf und setzen auch Arbeitskampfmaßnahmen zur Durchsetzung ihrer Forderungen ein. Die Zulässigkeit eines Tarifsozialplans, der auch mit Mitteln des Arbeitskampfes durchgesetzt werden kann, hat das BAG in der Zwischenzeit bestätigt.[94] Den Tarifvertragsparteien fehle auch in Betrieben mit Betriebsrat nicht deshalb die Kompetenz zur Schaffung von Abfindungsregelungen, weil die kollektive Regelung dieser Materie ausschließlich den Betriebsparteien vorbehalten wäre. Eine solche Wirkung ordneten die §§ 111 ff. BetrVG nach Auffassung des BAG nicht an. Die Gewerkschaft muss mit Aufrufen zu Streiks zur Herbeiführung tariflicher Nachteilsausgleichsansprüche im Zusammenhang mit einer konkreten Betriebsänderung auch nicht abwarten, bis das betriebliche Sozialplanverfahren abgeschlossen ist. Streikforderungen einer Gewerkschaft, deren Gegenstände grundsätzlich tariflich regelbar sind, unterliegen keiner gerichtlichen Übermaßkontrolle. Eine solche Kontrolle verstieße nach Auffassung des BAG gegen die durch Art. 9 Abs. 3 GG gewährleistete Koalitionsbetätigungsfreiheit der Gewerkschaften und stelle die Funktionsfähigkeit der Tarifordnung in Frage.

102 Entscheidend ist nach Auffassung des BAG lediglich, ob ein Streikaufruf der Durchsetzung von tariflich regelbaren Zielen gilt. Das sei der Fall, wenn die Gewerkschaft Abfindungsregelungen, Qualifizierungsmaßnahmen oder die Verlängerung von Kündigungsfristen erreichen wolle. Das BAG nahm auch keinen Anstoß daran, dass die Forderungen exorbitant hoch waren, so dass bei Durchsetzung dieser Forderungen die Durchführung der Betriebsänderung wirtschaftlich sinnlos gewesen wäre. So forderte die IG Metall in dem entschiedenen Fall Kündigungsfristen von zum Teil mehr als einem Jahr sowie Abfindungen in Höhe von drei Bruttomonatsgehältern für jedes Jahr der Beschäftigung. Abfindungsregelungen, Kündigungsfristen und Qualifizierungsmaßnahmen seien Regelungen über die Begründung, den Inhalt und die Beendigung von Arbeitsverhältnissen im Sinne des § 4 Abs. 1 TVG.

[94] BAG Urt. v. 24.4.2007 – 1 AZR 252/06, DB 2007, 1924.

Nicht zulässig wäre hingegen die Forderung, die Betriebsänderung nicht durchzuführen. Dabei würde es sich nicht um ein tariflich regelbares Ziel handeln, weil es nicht um die Begründung, den Inhalt oder die Beendigung von Arbeitsverhältnissen geht.[95] Erfahrungsgemäß versuchen die Gewerkschaften aber ihre Mitglieder mit der Ankündigung, die Betriebsänderung verhindern zu wollen, für einen Streik zu mobilisieren. Hier ist es wichtig, die Gewerkschaft konkret festzulegen. Bleibt sie bei der Forderung, die Betriebsänderung zu verhindern, so wäre ein Streik hierfür mangels eines tariflich regelbaren Zieles rechtswidrig. Lässt sie die Forderung fallen, wird häufig die Mobilisierung für einen Arbeitskampf nicht im gleichen Ausmaß gelingen. Zur Motivation ihrer Mitarbeiter versuchen die Gewerkschaften gelegentlich auch, im Tarifsozialplan für ihre Mitglieder bessere Regelungen durchzusetzen. Die rechtliche Zulässigkeit solcher Differenzierungsklauseln ist streitig.[96] **103**

Allerdings ist im Einzelfall das jeweils einschlägige Tarifwerk daraufhin zu untersuchen, ob die Materie bereits tarifvertraglich geregelt ist. In diesem Fall besteht Friedenspflicht. Die gesetzliche, dem Tarifvertrag immanente relative Friedenspflicht verbietet den Tarifvertragsparteien, einen bestehenden Tarifvertrag inhaltlich dadurch in Frage zu stellen, dass sie Änderungen oder Verbesserungen vertraglich geregelter Gegenstände mit Mitteln des Arbeitskampfes erreichen wollen. Die Friedenspflicht schützt auf diese Weise den Inhalt des Tarifvertrages. Es ist nämlich gerade Ziel von Tarifverträgen, eine Friedensordnung für deren jeweiligen Regelungsgegenstand zu treffen.[97] Ein Streik unter Verstoß gegen die Friedenspflicht ist rechtswidrig. **104**

Für die sachliche Reichweite der relativen Friedenspflicht ist der Inhalt der bestehenden tariflichen Regelungen entscheidend, der durch Auslegung zu ermitteln ist. Die sachliche Reichweite ist nach ganz herrschender Auffassung nicht auf die Gegenstände begrenzt, die in einem ungekündigten Tarifvertrag eindeutig und explizit geregelt sind. Dementsprechend sind auch nicht nur solche Kampfmaßnahmen verboten, die auf eine direkte Änderung der Bestimmungen eines laufenden Tarifvertrages gerichtet sind. Dabei ist auch zu beachten, dass eine Materie nicht nur dann geregelt ist, wenn eine positive Regelung in den bestehenden Tarifverträgen enthalten ist. Auch wenn auf eine Regelung bewusst verzichtet wird, kann sie Inhalt des Tarifvertrages sein und zum befriedeten Bestand gehören.[98] **105**

Regelungen über Abfindungen, Qualifizierungsmaßnahmen und Verzicht auf betriebsbedingte Beendigungskündigungen können insbesondere in Rationalisierungsschutzabkommen, teilweise aber auch in Manteltarifverträgen geregelt sein. Sofern dies der Fall ist, verstößt ein Streik zur Durchsetzung entsprechender Regelungen gegen die relative Friedenspflicht und ist rechtswidrig. Das gilt immer dann, wenn Forderungen erhoben werden, die im MTV oder im Rationalisierungsschutzabkommen geregelt sind.[99] **106**

Größere Betriebsschließungen werden aufgrund der Möglichkeiten eines Tarifsozialplanes in Zukunft noch komplexer werden. Es ist immer damit zu rechnen, dass sich die Gewerkschaft mit der Forderung nach einem Tarifsozialplan in die Verhandlungen einschaltet. Die Analyse aller bisher bekannt gewordenen Fälle zeigt, dass sich dadurch der Verhandlungszeitraum in die Länge zieht. Üblicherweise können Unternehmen in einem realistischen Szenario einen zusätzlichen Zeitraum von drei bis vier Monaten einrechnen.[100] Allerdings ist es der Gewerkschaft bisher in keinem Fall gelungen, die Umsetzung der unternehmerischen Entscheidung zu verhindern oder auch nur annähernd einen Abschluss zu erreichen, der der ursprünglichen Tarifforderung entsprach. Teurer als erwartet wurde es **107**

---

95 So jedenfalls LAG Hamm Urt. v. 31.5.2000 – 18 Sa 858/00; aA *Brecht-Heitzmann* NJW 2007, 3617 (3619).

96 Vgl. BAG Beschl. v. 17.5.2017 – 4 AZR 647/14, juris.

97 BAG Urt. v. 10.12.2002 – 1 AZR 96/02, BB 2003, 1125.

98 Löwisch/Rieble TVG § 1 Rn. 383.

99 LAG Berlin-Brandenburg Urt. v. 28.9.2007 – 8 Sa 916/07, DB 2008, 415.

100 Vgl. *Löw* AuA 2007, 463 f.

aber in jedem Fall. Bei der Planung einer Betriebsänderung ist die Forderung der Gewerkschaft nach Abschluss eines Tarifsozialplanes daher sowohl im Hinblick auf den Zeitplan als auch auf das Restrukturierungsbudget zu berücksichtigen.

V. Besonderheiten bei Massenentlassungen

108 Im Falle von Massenentlassungen hat der Arbeitgeber die Anzeigepflicht nach § 17 KSchG zu beachten. Eine anzeigepflichtige Entlassung liegt vor, wenn der Arbeitgeber

- in Betrieben mit in der Regel mehr als 20 und weniger als 60 Arbeitnehmern mehr als fünf Arbeitnehmer,
- in Betrieben mit in der Regel mindestens 60 und weniger als 500 Arbeitnehmern zehn vom Hundert der im Betrieb regelmäßig beschäftigten Arbeitnehmer oder aber mehr als 25,
- in Betrieben mit in der Regel mindestens 500 Arbeitnehmern mindestens 30 Arbeitnehmer

109 innerhalb von 30 Kalendertagen entlässt. Den Entlassungen stehen andere Beendigungen des Arbeitsverhältnisses gleich, die vom Arbeitgeber veranlasst werden. Die Anzeige ist vor Ausspruch der Kündigungen zu erstatten.[101]

110 Unterlässt der Arbeitgeber die Anzeige, so war die Rechtsfolge nach der neueren Rechtsprechung des BAG, wonach die Anzeige vor Ausspruch der Kündigung zu erstatten ist, zunächst unklar. In der Zwischenzeit hat das BAG klargestellt, dass Kündigungen, die der Arbeitgeber ohne eine wirksame Massenentlassungsanzeige ausgesprochen hat, nach § 134 BGB nichtig sind.[102]

111 Nach § 17 Abs. 2 S. 2 KSchG muss der Arbeitgeber eine beabsichtigte anzeigepflichtige Entlassungsmaßnahme mit dem Betriebsrat beraten. Hierzu ist nach § 17 Abs. 2 S. 1 KSchG vor Ausspruch der Kündigung eine schriftliche Unterrichtung des Betriebsrats hinsichtlich der Entlassungsgründe, der Zahl der beabsichtigten Entlassungen, der Zahl der in der Regel beschäftigten Arbeitnehmer sowie des entlassungsrelevanten Zeitraums mindestens zwei Wochen vor der Anzeige zwingend vorgeschrieben. Diese als Konsultationsverfahren bezeichnete Beteiligung des Betriebsrats erfordert auch nach der Massenentlassungsrichtlinie nur die Erteilung von Informationen und die Beratung mit dem Betriebsrat, nicht jedoch den förmlichen Abschluss von Interessenausgleichs- und Sozialplanverhandlungen. Eine Einigung muss mit dem Betriebsrat nicht erzielt werden.[103] Die nach § 17 Abs. 3 S. 2 KSchG vom Betriebsrat zu erstattende Stellungnahme kann durch einen Interessenausgleich mit Namensliste nach § 1 Abs. 5 S. 4 KSchG ersetzt werden.

112 Auch hier gilt aber, dass eine Kündigung, die ohne ausreichendes Konsultationsverfahren ausgesprochen wurde, nach § 134 BGB unwirksam ist. Beteiligt der Arbeitgeber den Betriebsrat nicht, nicht rechtzeitig oder fehlerhaft, kann er die Massenentlassung nicht wirksam anzeigen und daher das Arbeitsverhältnis nicht ordnungsgemäß kündigen.[104]

F. Änderung von materiellen Beschäftigungsbedingungen

113 Nach dem Abschluss einer Private-Equity-Transaktion ist es häufig ein vordringliches Ziel des Investors, für ihn ungünstige Beschäftigungsbedingungen im übernommenen Unternehmen zu ändern. Er wird dann aus dem geltenden Tarifsystem aussteigen, bestehende Betriebsvereinbarungen kündigen und/oder freiwillige Leistungen einstellen wollen.

[101] EuGH Urt. v. 27.1.2005 – C-188/03, NZA 2005, 213 – Junk; BAG Urt. v. 23.3.2006 – 2 AZR 343/05, NZA 2006, 971.
[102] BAG Urt. v. 22.2.2016 – 2 AZR 276/16, NZA 2017, 175.
[103] BAG Urt. v. 13.7.2006 – 6 AZR 198/06, ZIP 2006, 2396.
[104] BAG Urt. v. 21.3.2013 – 2 AZR 60/12, NZA 2013, 966.

I. Ausstieg aus dem geltenden Tarifsystem

Grundsätzlich stehen dem Arbeitgeber verschiedene Möglichkeiten offen, aus dem bestehenden Tarifsystem auszusteigen. Denkbar ist ein Austritt oder Wechsel des Arbeitgeberverbands, die Beantragung einer OT-Mitgliedschaft oder der Versuch, die Gestaltung der Beschäftigungsbedingungen von der Tarif- auf die Betriebsebene zu verlagern. Auch eine Ausgründung von Betrieben oder Betriebsteilen ist möglich. Angesichts der jeweils zu beachtenden rechtlichen Schranken wird sich diese Auswahl in der Praxis jedoch regelmäßig deutlich reduzieren. **114**

1. Austritt aus dem Arbeitgeberverband

Auch nach seinem Austritt aus dem Arbeitgeberverband bleibt der Arbeitgeber zunächst an die bestehenden Tarifverträge gebunden, § 3 Abs. 3 TVG. Die Nachbindung endet nach zutreffender, aber umstrittener Ansicht mit Verstreichenlassen der auf den Austritt folgenden nächsten Beendigungsmöglichkeit.[105] Der Arbeitgeber kann nach seinem Austritt aber auch einen Haustarifvertrag abschließen, der dem Verbandstarifvertrag als speziellere Regelung vorgeht. Er ist dabei aber auf die Kooperation der Gewerkschaft angewiesen. An die Nachbindung schließt die Nachwirkung an.[106] Gemäß § 4 Abs. 5 TVG wirkt der Tarifvertrag solange nach, bis seine Regelungen durch eine andere Abmachung ersetzt werden. Dies kann eine individualvertragliche Vereinbarung, ein anderer Tarifvertrag und in den Grenzen des § 77 Abs. 3 BetrVG auch eine Betriebsvereinbarung sein. Grundsätzlich bleibt also der Arbeitgeber auch nach seinem Verbandsaustritt an die Tarifverträge gebunden, er kann nicht einseitig von ihnen abweichen. Der Verbandsaustritt alleine bringt also keinerlei kurzfristige Möglichkeiten der Personalkostenreduzierung mit sich. **115**

Wird in den verwendeten Arbeitsverträgen auf das Tarifsystem Bezug genommen, gelten die tariflichen Regelungen nach dem Verbandsaustritt zunächst schuldrechtlich weiter. Je nach Art der Bezugnahmeklausel endet die schuldrechtliche Weitergeltung entweder mit dem Ende der Nachwirkung oder in dem Zeitpunkt, in dem das Arbeitsverhältnis nicht mehr unter den Geltungsbereich des ursprünglichen Tarifvertrags fällt.[107] **116**

2. Wechsel des Arbeitgeberverbandes

Neben dem Austritt ist auch ein Wechsel des Arbeitgeberverbands denkbar. Der Arbeitgeber kann dem neuen Arbeitgeberverband jedoch nur beitreten, wenn er dessen fachlicher und räumlicher Zuständigkeit unterfällt. Ein Verbandswechsel erfordert daher regelmäßig, dass sich entweder die betriebliche (Haupt-) Tätigkeit ändert oder der Betrieb an einen anderen Ort verlegt wird. Wechselt der Arbeitgeber den Verband, kann dies dazu führen, dass im Betrieb und/oder Arbeitsverhältnis mehrere Tarifverträge gelten (Tarifpluralität bzw. Tarifkonkurrenz). Daraus ergeben sich weitere Schwierigkeiten.[108] **117**

Eine weitere Alternative kann der Wechsel in eine Mitgliedschaft ohne Tarifbindung (sog. OT-Mitgliedschaft) sein.[109] Allerdings muss der Arbeitgeberverband diese Form der Mitgliedschaft in seiner Satzung vorsehen. Auch als OT-Mitglied bleibt der Arbeitgeber zunächst an die bestehenden tariflichen Regelungen gebunden, §§ 3 Abs. 3, 4 Abs. 5 TVG.[110] Das BAG hat dazu ausdrücklich festgestellt, dass der Wechsel in eine OT-Mit- **118**

---

105 *Franzen* in Erfurter Komm TVG § 3 Rn. 27 mwN.
106 BAG Urt. v. 7.11.2001 – 4 AZR 703/00, NZA 2002, 748.
107 *Franzen* in Erfurter Komm TVG § 3 Rn. 39.
108 Zu den Rechtsfolgen von Tarifkonkurrenz und Tarifpluralität vgl. die Zusammenfassung von *Franzen* in Erfurter Komm § 4 Rn. 65 ff.
109 Zur rechtlichen Zulässigkeit einer OT-Mitgliedschaft vgl. BAG Beschl. v. 18.7.2006 – 1 ABR 36/05, NZA 2006, 1225.
110 BAG Beschl. v. 18.7.2006 – 1 ABR 36/05, NZA 2006, 1225.

gliedschaft wie der Austritt aus dem Arbeitgeberverband zu behandeln ist mit der Folge, dass der Tarifvertrag nach § 3 Abs. 3 TVG nachwirkt.[111]

3. Verlagerung auf die Betriebsebene

119 Auf die Betriebsebene kann die Gestaltung der Beschäftigungsbedingungen grundsätzlich nur dann verlagert werden, wenn der Tarifvertrag eine Öffnungsklausel enthält. Gleichwohl geschlossene Betriebsvereinbarungen sind wegen der in § 77 Abs. 3 BetrVG enthaltenen Tarifsperre bzw. des in § 87 Abs. 1 BetrVG festgesetzten Tarifvorrangs unwirksam.

4. Ausgründung

120 Die Ausgründung eines Betriebs oder Betriebsteils ist regelmäßig mit einem Betriebsübergang im Sinne des § 613a BGB verbunden. Für die damit einhergehende Frage der Fortgeltung von Tarifverträgen ist entscheidend, ob die tariflichen Arbeitsbedingungen beim Veräußerer aufgrund eines Firmen- oder Verbandstarifvertrags gelten[112] oder ob die Tarifnormen individualvertraglich einbezogen wurden. Hiervon hängt ab, ob die Tarifbedingungen auch im Betrieb des erwerbenden Unternehmens kollektivrechtlich oder individualvertraglich fortgelten.[113] Ist das erwerbende Unternehmen an keinen Tarifvertrag gebunden, greift § 613a Abs. 1 S. 2 BGB als Auffangnorm ein. Eine individualvertragliche Weitergeltung ist nach § 613a Abs. 1 S. 3 BGB jedoch ausgeschlossen, wenn die Rechte und Pflichten bei dem neuen Betriebsinhaber unmittelbar und zwingend durch Rechtsnormen eines anderen Tarifvertrags geregelt werden. Der beim neuen Betriebsinhaber geltende Tarifvertrag kann insoweit also ablösende Wirkung entfalten. Nach der Rechtsprechung des Bundesarbeitsgerichts ist eine Verdrängung oder Ablösung tarifvertraglicher Regelungen durch eine Betriebsvereinbarung im Erwerberbetrieb – Überkreuzlösung – jedenfalls außerhalb des Bereichs der erzwingbaren Mitbestimmung des Betriebsrats ausgeschlossen.[114]

II. Kündigung von Betriebsvereinbarungen

121 Betriebsvereinbarungen können, soweit keine andere Kündigungsfrist vereinbart ist, gemäß § 77 Abs. 5 BetrVG mit einer Frist von drei Monaten gekündigt werden. Das gilt sowohl für freiwillige wie für mitbestimmte Betriebsvereinbarungen.[115]

122 Eine Betriebsvereinbarung kann ordentlich gekündigt werden, ohne dass es hierfür eines sachlichen Grundes bedarf.[116] Da die Betriebsvereinbarung ein Dauerschuldverhältnis ist, kommt weiter deren außerordentliche fristlose Kündigung in Betracht (vgl. auch § 314 Abs. 1 BGB). Zur Kündigung ist allerdings ein wichtiger Grund erforderlich, an dessen Vorliegen hohe Anforderungen zu stellen sind. Eine außerordentliche fristlose Kündigung ist nur wirksam, wenn dem kündigenden Arbeitgeber ein Festhalten an der Betriebsvereinbarung bis zum Ablauf der Betriebsvereinbarung unter Berücksichtigung aller Umstände und unter Abwägung der Interessen der Betroffenen nicht mehr zumutbar ist. Die Kündigung ist wegen des Grundsatzes der vertrauensvollen Zusammenarbeit (§ 2 Abs. 1 BetrVG) zudem zwingend zu begründen.

123 Nach überwiegender Auffassung ist auch die (gesetzlich nicht geregelte) teilweise Kündigung einer Betriebsvereinbarung zulässig. Die Teilkündigung muss aber entweder in der Betriebsvereinbarung selbst ausdrücklich zugelassen sein oder einen selbstständigen Rege-

---

[111] BAG Urt. v. 25.2.2009 – 4 AZR 986/07, ZTR 2009, 631.
[112] Vgl. → Abschnitt 5.2 Rn. 29 f.
[113] Sieg/Maschmann, Unternehmensumstrukturierung aus arbeitsrechtlicher Sicht, Rn. 187.
[114] BAG Urt. v. 6.11.2007 – 1 AZR 862/06, NZA 2008, 542.
[115] *Kania* in Erfurter Komm BetrVG § 77 Rn. 100.
[116] BAG Beschl. v. 17.8.1999 – 3 ABR 55/98, NZA 2000, 498; Fitting, Kommentar, BetrVG, § 77 Rn. 146.

lungskomplex betreffen, der auch Gegenstand einer eigenständigen Betriebsvereinbarung sein könnte.[117]

Mit Ablauf der Kündigungsfrist gelten die Regelungen der Betriebsvereinbarung allerdings nach § 77 Abs. 6 BetrVG in Angelegenheiten der erzwingbaren Mitbestimmung weiter, bis sie durch eine andere Abmachung ersetzt werden. Das gleiche gilt, sofern in der Betriebsvereinbarung eine Nachwirkung festgeschrieben wurde. Von besonderer Bedeutung sind hier Regelungen in Betriebsvereinbarungen über freiwillige Leistungen des Arbeitgebers. Die Frage, ob der Arbeitgeber Mittel für freiwillige Leistungen zur Verfügung stellt, unterliegt nicht der erzwingbaren Mitbestimmung. Ein Mitbestimmungsrecht des Betriebsrates greift aber nach § 87 Abs. 1 Nr. 10 BetrVG im Hinblick auf die Verteilungsgrundsätze ein. Enthält eine Betriebsvereinbarung teils erzwingbare und teils freiwillige Regelungen, so erstreckt sich die Nachwirkung grundsätzlich nur auf die erzwingbaren Bestandteile, sofern diese eine aus sich heraus handbare Regelung enthalten. Problematisch ist, ob dies auch gilt, wenn ein einheitlicher Regelungsgegenstand teils mitbestimmungspflichtige, teils jedoch mitbestimmungsfreie Elemente enthält. Dies ist insbesondere bei freiwilligen Sozialleistungen der Fall. Hier ist zu differenzieren: Beabsichtigt der Arbeitgeber mit der Kündigung einer bestehenden Betriebsvereinbarung nur eine Änderung der Umstände, über die er mitbestimmungsfrei entscheiden kann, insbesondere über die Erbringung der zusätzlichen Leistungen überhaupt, so kommt eine Nachwirkung nicht in Betracht. Denn dies würde auf eine Beseitigung der insoweit bestehenden freien Entscheidungskompetenz hinauslaufen.[118] Etwas anderes gilt, wenn der Arbeitgeber mit der Kündigung ohne Änderung des Dotierungsrahmens eine Änderung des derzeitigen Verteilungs- und Leistungsplans anstrebt. In diesem Falle wirkt die gekündigte Betriebsvereinbarung so lange nach, bis sie durch eine andere ersetzt ist.[119] 124

Sofern also der Arbeitgeber durch eine Kündigung der Betriebsvereinbarung sich seiner finanziellen Verpflichtungen aus der Betriebsvereinbarung entledigen will, ist es entscheidend, dass er mit Ausspruch der Kündigung gegenüber dem Betriebsrat oder den begünstigten Arbeitnehmern zum Ausdruck bringt, dass er die Leistung insgesamt einstellen möchte. Das ist aus Gründen der Rechtssicherheit und Rechtsklarheit geboten. Bis zu dem Zugang einer entsprechenden Erklärung wirkt der Inhalt einer teilmitbestimmten Betriebsvereinbarung nach.[120] In diesem Falle entfaltet die Betriebsvereinbarung keine Nachwirkung, sofern nicht die Nachwirkung in der Betriebsvereinbarung selbst festgeschrieben ist. 125

Ein Wechsel des Betriebsinhabers führt nicht automatisch zum Erlöschen geltender Betriebsvereinbarungen. Auch im Anwendungsbereich des § 613a BGB bleibt deren normative Wirkung vielmehr regelmäßig bestehen,[121] § 613a BGB, der eine individualvertragliche Fortgeltung der im Betrieb des Veräußerers geltenden Betriebsvereinbarungen vorsieht, stellt nach ganz herrschender Ansicht lediglich eine „Auffangnorm" dar.[122] Die Vorschrift soll nur in Fällen eingreifen, in denen bei einem Betriebsübergang eine kollektivrechtliche Fortgeltung der Betriebsvereinbarung nicht möglich ist. Das dürfte in der Praxis jedoch der Ausnahmefall sein.[123] 126

III. Besonderheiten bei der betrieblichen Altersversorgung

Während bei freiwilligen Leistungen des Arbeitgebers allgemein regelmäßig kein rechtlich schützenswertes Vertrauen der Arbeitnehmer darauf besteht, dass die in der Betriebsver- 127

[117] BAG Urt. v. 6.11.2007 – 1 AZR 826/06, NZA 2008, 422.
[118] BAG Beschl. v. 17.1.1995 – 1 ABR 29/94, NZA 1995, 1010.
[119] BAG Urt. v. 26.10.1993 – 1 AZR 46/93, NZA 1994, 572.
[120] BAG Beschl. v. 5.10.2010 – 1 ABR 20/09, NZA 2011, 598.
[121] BAG Beschl. v. 18.9.2002 – 1 ABR 54/01, NZA 2003, 670; Picot/Schnitker, Arbeitsrecht bei Unternehmenskauf und Restrukturierung, Teil V, Rn. 166.
[122] *Preis* in Erfurter Komm BetrVG § 613a Rn. 113; BAG Beschl. v. 18.9.2002 – 1 ABR 54/01, NZA 2003, 670.
[123] *Hohenstatt/Günther-Gräff* DStR 2001, 1980 (1980).

einbarung vorgesehenen Leistungen den Arbeitnehmern auch künftig zufließen, hat das BAG bei der betrieblichen Altersversorgung einen anderen Standpunkt eingenommen. Wegen der von den Arbeitnehmern in der Vergangenheit bereits erbrachten Vorleistungen könne die in der Altersversorgung liegende Gegenleistung des Arbeitgebers nicht ersatzlos entfallen, ohne dass hierfür rechtlich billigenswerte Gründe vorlägen. Hierfür hat das BAG eine differenzierte Rechtsprechung entwickelt. Ausgangspunkt ist die Erwägung, dass die Gründe für einen zulässigen Eingriff umso schwerwiegender sein müssen, je stärker in Besitzstände eingegriffen wird.[124] Dabei kommt ein dreistufiges Prüfungsschema zur Anwendung. Der von den Arbeitnehmern während der bisherigen Ordnung und dem Vertrauen auf deren Inhalt bereits erdiente, nach den Grundsätzen des § 2 BetrAVG errechnete Teilbetrag kann allenfalls aus zwingenden Gründen ganz oder teilweise entzogen werden. Eingriffe in eine erdiente Dynamik, etwa solche, die das Vertrauen des Arbeitnehmers enttäuschen, er werde das von ihm Erdiente in Relation zu dem beim Ausscheiden aus dem Arbeitsverhältnis erreichten Endgehalt beziehen, sind nur aus triftigem Grund möglich. Ein solcher liegt insbesondere vor, wenn ein Fortbestand der bisherigen Dynamik den Bestand des Unternehmens gefährdet. Die geringsten Anforderungen sind an Eingriffe in künftige und damit noch nicht erdiente dienstzeitabhängige Zuwächse zu stellen. Hier genügen sachlich-proportionale Gründe. Sie dürfen lediglich nicht willkürlich sein. Hierzu müssen sie nachvollziehbar erkennen lassen, welche Umstände und Erwägungen zur Änderung der Versorgungszusage Anlass gegeben haben. Das Vertrauen der Arbeitnehmer in den Fortbestand der bisherigen Regelung darf nicht über Gebühr beeinträchtigt werden.[125]

128 Diese Grundsätze gelten auch für noch nicht unverfallbare Anwartschaften. Der Verweis auf die Versorgungsordnung in ihrer jeweils geltenden Fassung führt nur dann zur Anwendung einer nachträglich geänderten Versorgungsordnung, wenn die Änderungen den Anforderungen des Dreistufenschemas entsprechen.[126]

IV. Einstellung freiwilliger Leistungen

129 Auch vom Arbeitgeber freiwillig gewährte Leistungen können nicht jederzeit und voraussetzungslos eingestellt werden. Soweit die freiwilligen Leistungen aufgrund einer Betriebsvereinbarung erbracht werden, gelten die Ausführungen unter → Rn. 62 ff. Im Übrigen gilt Folgendes:

1. Betriebliche Übung

130 Sofern eine Rechtsgrundlage nicht im Arbeitsvertrag geschaffen ist, der Arbeitgeber aber eine Leistung mindestens dreimal vorbehaltlos gewährt hat, ist eine betriebliche Übung entstanden. Eine betriebliche Übung setzt allerdings ein Verhalten des Arbeitgebers voraus, aus dem geschlossen werden kann, eine Leistung oder Vergünstigung solle auf Dauer gewährt werden.[127] Für das Entstehen einer betrieblichen Übung kommt es andererseits nicht auf die subjektiven Vorstellungen des Arbeitgebers und seine interne Willensbildung an. Entscheidend ist, ob die Arbeitnehmer dem Verhalten des Arbeitgebers einen Verpflichtungswillen entnehmen können. Die betriebliche Übung kann auch zu Gunsten von Betriebsrentnern anspruchsbegründend wirken.[128] Die betriebliche Übung kann durch eine umstrukturierende Betriebsvereinbarung abgelöst werden. Voraussetzung hierfür ist, dass die neue Regelung aufgrund der Betriebsvereinbarung dem kollektivrechtlichen Günstigkeitsvergleich standhält, das heißt, dass die Dotierung insgesamt nicht schlechter

[124] BAG Urt. v. 17.4.1985 – 3 AZR 72/83, NZA 1986, 57.
[125] Vgl. etwa BAG Urt. v. 10.9.2002 – 3 AZR 635/01, BB 2003, 2749.
[126] BAG Urt. v. 14.7.2015 – 3 AZR 517/13, NZA 2015, 1328.
[127] BAG Urt. v. 27.6.2006 – 3 AZR 151/05, NZA 2007, 351.
[128] BAG Urt. v. 31.7.2007 – 3 AZR 189/06, NZA 2008, 263.

wird.[129] Sie kann jedoch nicht durch eine gegenläufige betriebliche Übung aufgehoben werden.[130]

2. Leistungen aufgrund Freiwilligkeitsvorbehalts

Grundsätzlich kann der Arbeitgeber mit einem Freiwilligkeitsvorbehalt bei Sonderzahlungen die Entstehung eines Anspruchs des Arbeitnehmers auf die Leistung für zukünftige Bezugszeiträume verhindern. Für die Wirksamkeit eines solchen Freiwilligkeitsvorbehalts kommt es nicht auf den vom Arbeitgeber mit der Sonderzahlung verfolgten Zweck an. Der Arbeitgeber muss auch nicht jede Sonderzahlung mit einem Freiwilligkeitsvorbehalt verbinden, wenn er einen Rechtsanspruch des Arbeitnehmers auf die Leistung für künftige Bezugszeiträume ausschließen will. Es genügt ein klarer und verständlicher Hinweis im -Formulararbeitsvertrag.[131] Die Regelung von Freiwilligkeitsvorbehalten in Formulararbeitsverträgen muss allerdings auch der AGB-Kontrolle nach den §§ 305 ff. BGB standhalten. Sagt der Arbeitgeber dem Arbeitnehmer im Formulararbeitsvertrag eine bestimmte Sonderzahlung ausdrücklich zu und ist auch die Höhe der versprochenen Sonderzahlung präzise bestimmt, fehlt es an der Transparenz, wenn eine andere Vertragsklausel im Widerspruch dazu bestimmt, dass der Arbeitnehmer keinen Rechtsanspruch auf die Sonderzahlung hat. Die Regelung ist insoweit unwirksam, als ein Rechtsanspruch auf die Sonderzahlung ausgeschlossen wird. Widersprüchlich ist auch die Kombination eines Freiwilligkeits- mit einem Widerrufsvorbehalt.[132] 131

Jenseits der Sonderzahlungen hat das BAG für eine monatlich zu zahlende Leistungszusage entschieden, dass diese nicht in einem Formulararbeitsvertrag mit einem Freiwilligkeitsvorbehalt versehen werden kann. Eine solche Regelung benachteilige den Arbeitnehmer unangemessen und sei daher unwirksam.[133] 132

In der neueren Rechtsprechung wird im Wesentlichen nach folgenden verschiedenen Fallgruppen differenziert: Erbringt der Arbeitgeber, ohne dass es eine vertragliche Grundlage gibt, eine einmalige Leistung, verbunden mit der Erklärung, dass sie einmalig sei, so entsteht kein Anspruch für die Zukunft. Demgegenüber ist der pauschale Freiwilligkeitsvorbehalt jedenfalls dann unwirksam, wenn er darauf zielt, einer versprochenen künftigen Leistung jederzeit die rechtliche Grundlage entziehen zu können. Aber auch die konkrete Leistungszusage mit Freiwilligkeitsvorbehalt ist aus materiellen Gründen ebenso wie aus Gründen der fehlenden Transparenz in der Regel unwirksam.[134] 133

3. Widerrufsvorbehalt

Materiellrechtlich ist ein Widerrufsvorbehalt grundsätzlich zulässig, soweit der in Gegenseitigkeitsverhältnis stehende widerrufliche Teil des Gesamtverdienstes unter 25 % liegt und der Tariflohn nicht unterschritten wird.[135] 134

In einem Formulararbeitsvertrag sind aber wiederum die Anforderungen der §§ 305 ff. BGB zu beachten. Danach ist eine Bestimmung unwirksam, wenn sie den Vertragspartner entgegen den Geboten von Treu und Glauben unangemessen benachteiligt. Eine solche unangemessene Benachteiligung kann sich auch daraus ergeben, dass die Bestimmung nicht klar und verständlich ist (§ 307 Abs. 1 S. 2 BGB). Insbesondere ist eine Bestimmung unwirksam, die dem Verwender das Recht gibt, die versprochene Leistung zu ändern oder von ihr abzuweichen, wenn nicht die Vereinbarung der Änderung oder Abweichung unter Berücksichtigung der Interessen des Verwenders für den anderen Vertragsteil zumutbar ist 135

129 BAG Großer Senat Beschl. v. 16.9.1986 – GS 1/82, NZA 1987, 168.
130 BAG Urt. v. 18.3.2009 – 10 AZR 281/08, NZA 2009, 601.
131 BAG Urt. v. 30.7.2008 – 10 AZR 606/07, NZA 2008, 1173.
132 BAG Urt. v. 30.7.2008 – 10 AZR 606/07, NZA 2008, 1173.
133 BAG Urt. v. 25.4.2007 – 5 AZR 627/06, NZA 2007, 853.
134 Vgl. etwa BAG Urt. v. 18.1.2012 – 10 AZR 667/10, NZA 2012, 561.
135 BAG Urt. v. 11.10.2006 – 5 AZR 721/05, NZA 2007, 87.

(§ 308 Nr. 4 BGB). Danach müssen Voraussetzungen und Umfang der vorbehaltenen Änderungen möglichst konkretisiert werden. Bei den Voraussetzungen der Änderung, also den Widerrufsgründen, lässt sich zumindest die Richtung angeben, aus der der Widerruf möglich sein soll. Hierfür kommen insbesondere in Betracht wirtschaftliche Gründe oder Leistung oder Verhalten des Arbeitnehmers. Der Grad der Störung des Austauschverhältnisses muss konkretisiert werden, wenn der Arbeitgeber hierauf abstellen will.[136]

V. Zusammenfassende Bewertung

136 Die einseitige Änderung materieller Beschäftigungsbedingungen, sei ihre Grundlage im Tarifvertrag, in einer Betriebsvereinbarung oder im Arbeitsvertrag, ist nur unter engen Voraussetzungen möglich. Bevor der Arbeitgeber in diesem Zusammenhang Maßnahmen ergreift, ist eine sorgfältige Analyse der einschlägigen Rechtsgrundlagen erforderlich. Auf dieser Basis sollte ein individuelles Konzept erstellt und sorgfältig auf seine Umsetzbarkeit überprüft werden. Kurzfristige Personalkosteneinsparungen sind durch die einseitige Änderung materieller Beschäftigungsbedingungen in aller Regel nicht zu erzielen.

[136] BAG Urt. v. 11.10.2006 – 5 AZR 627/06, NZA 2007, 853.

§ 25 Gewerblicher Rechtsschutz

Übersicht

Literaturverzeichnis (Buchbeiträge, Monografien, Aufsätze)

Ahlberg, Hartwig/Götting, Horst-Peter (Hrsg.): Beck'scher Online-Kommentar Urheberrecht, 17. Edition, München 2017

Beisel, Daniel/Andreas, Friedhold E. (Hrsg.): Beck'sches Mandats Handbuch Due Diligence, 3. Auflage, München 2017

Donle, Christian: Gewerbliche Schutzrechte im Unternehmenskauf, DStR 1997, S. 74 ff.

Dreier, Thomas/Schulze, Gernot: Urheberrechtsgesetz, Kommentar, 5. Auflage, München 2015

Eichmann, Helmut/Kühne, Marcus/Vogel von Falckenstein, Roland (Hrsg.): Designgesetz, Gesetz über den rechtlichen Schutz von Design, Kommentar, 5. Auflage, München 2015

Eichmann, Helmut/Kur, Annette (Hrsg.): Praxishandbuch Designrecht, 2. Auflage, Baden-Baden 2016

Fitzner, Uwe/Lutz, Reimund/Bodewig, Theo (Hrsg.): Beck'scher Online-Kommentar Patentrecht, 6. Edition, München 2017

Greiner, Uli: Dringlichkeitserfordernis bei der Vollziehung einstweiliger Verfügungen, GRUR-Prax 2017, S. 477 ff.

Harte-Bavendamm, Henning/Henning-Bodewig, Frauke: Gesetz gegen den unlauteren Wettbewerb (UWG), Kommentar, 4. Auflage, München 2016

Hasselblatt, Gordian (Hrsg.): Münchener Anwalts Handbuch Gewerblicher Rechtsschutz, 5. Auflage, München 2017

Hettler, Stephan/Startz, Rolf-Christian/Hörtnagel, Robert (Hrsg.): Beck'sches Mandats Handbuch Unternehmenskauf, 2. Auflage, München 2013

Ingerl, Reinhard/Rohnke, Christian: Markengesetz, Gesetz über den Schutz von Marken und sonstigen Kennzeichen, Kommentar, 3. Auflage, München 2010

Kur, Annette/v. Bomhard, Verena/Albrecht, Friedrich (Hrsg.): Beck'scher Online-Kommentar Markenrecht, 11. Edition, München 2017

Lehmann, Philipp: Kartellrechtliche Grenzen markenrechtlicher Abgrenzungsvereinbarungen, MarkenR 2017, S. 241 ff.

Mäder, Detlef/Schlieper, Patrick: Gewerbliche Schutzrechte als Gegenstand von Transaktionen, GRUR-Prax 2017, S. 420 ff.

Mes, Peter: Patentgesetz Gebrauchsmustergesetz, Kommentar, 4. Auflage, München 2015
Plath, Kai-Uwe: Pfandrechte an Software, CR 2006, S. 217 ff.
Schönhaus, Mathias: Gesetzesentwurf zur Lizenzschranke: Begrenzung steuereffizienter IP-Strukturen, GRUR-Prax 2017, S. 93 ff.
Strittmatter, Marc/Held, Jürgen: Umgang mit IP und IT in der Unternehmenstransaktion, FuS 2015, 226 ff.
Weidert, Stefan/Lux, Herwig/Klüßendorf, Barbara: Die IP/IT-Due Diligence – Herangehensweise und typische Risiken, AnwBl 3/2013, S. 163 ff.

A. Einführung & Übersicht relevanter IP-Rechte

1 Typischerweise stellen IP-Rechte wie Marken, Patente oder Designs bedeutende Vermögenswerte eines Unternehmens dar, welche im Rahmen von Transaktionen übertragen werden. Die Bedeutung derartiger Schutzrechte hat in den letzten Jahren bzw. Jahrzehnten rapide zugenommen. Zunehmend wird der Wert eines Unternehmens nicht mehr nur durch Sachwerte, sondern insbesondere durch sein geistiges Eigentum bestimmt. Derartige Monopolrechte, die ihrem Inhaber ein ausschließliches Nutzungsrecht gewähren, können mitunter den eigentlichen Wert eines Unternehmens ausmachen. Besonders deutlich wird dies in Bezug auf Patente, durch welche Unternehmen ihre Erfindungen gegen die unbefugte Nutzung durch Dritte schützen. Aber auch Marken, die nach ihrer Hauptfunktion die Zuordnung von Waren und Dienstleistungen zu einem bestimmten Unternehmen sicherstellen, können enorme Werte bilden. Nach dem „Best Global Brands 2017 Ranking" von Interbrand[1] haben die fünf wertvollsten Marken „Apple", „Google", „Microsoft", „Coca Cola" und „Amazon" einen kumulierten Wert von über 500 Milliarden USD. Nach einer Studie von PriceWaterhouseCoopers aus dem Jahre 2012 entfallen bei den befragten Unternehmen in Deutschland durchschnittlich 50 % des Gesamtwertes auf Marken[2]. Dieser Trend dürfte in den nächsten Jahren aufgrund innovativer mittelständischer Unternehmen sowie technologiegetriebener Start-Ups weiter zunehmen[3].

2 Neben dieser wertbildenden Funktion bieten gewerbliche Schutzrechte Dritten unter Umständen aber auch Angriffsmittel gegen ein Unternehmen, so dass diese einen Risikofaktor im Rahmen einer Unternehmenstransaktion darstellen können. Insbesondere im Rahmen der Due Diligence ist daher besonderes Augenmerk auf die IP-rechtliche Situation zu legen.

3 Bei den relevanten Rechten ist zunächst zwischen eingetragenen und nicht eingetragenen Schutzrechten zu unterscheiden. Zu den relevanten eingetragenen Rechten gehören insbesondere Patente und Gebrauchsmuster, welche auch als „kleiner Bruder" des Patents bezeichnet werden, Marken sowie Designs bzw. Geschmacksmuster. Nicht eingetragene Rechte sind in erster Linie Urheber- und Leistungsschutzrechte sowie Know-How. Hinzu kommen bestimmte Kennzeichenrechte wie geschäftliche Bezeichnungen, Werktitel und Benutzungsmarken, welche neben der Eintragung auch durch bloße Benutzungsaufnahme entstehen können. An allen genannten Schutzrechten können darüber hinaus Lizenzen vergeben werden.

4 Da die Darstellung sämtlicher Schutzrechte den Rahmen sprengen würde, konzentriert sich die nachfolgende Darstellung auf diejenigen Schutzrechte, welchen typischerweise besondere praktische Bedeutung im Rahmen von Unternehmenstransaktionen zukommt, mithin auf Patente und Gebrauchsmuster, Marken und geschäftliche Bezeichnungen, Urheberrechte sowie Designs.

[1] http://interbrand.com/best-brands/best-global-brands/2017/ranking/.
[2] *Strittmatter/Held* FuS 2015, 226 unter Verweis auf Markenstudie 2012, PWC (Hrsg.), abrufbar unter http://www.markenverband.de/publikationen/studien/Markenstudie2012.pdf.
[3] So auch *Strittmatter/Held* FuS 2015, 226.

B. Gewerbliche Schutzrechte in der Due Diligence

I. Prüfung der Schutzrechte beim Target

Im Rahmen der Due Diligence ist es von besonderer Bedeutung, die verschiedenen beim Target vorhandenen Schutzrechte zu erkennen, die tatsächliche Inhaberschaft festzustellen und diese systematisch auf etwaige Risiken bzw. Mängel zu überprüfen. Risiken oder Mängel können sich beispielsweise aus Rechten Dritter, Schutzausschlussgründen oder Hemmnissen für die Durchsetzbarkeit der Schutzrechte ergeben. Im Vorfeld ist daher insbesondere zu prüfen, ob die wesentlichen IP-Rechte des Targets hinreichend geschützt sind und wie weit dieser Schutz reicht. Der Erwerber muss wissen, dass die Schutzrechte eine Fortführung des Unternehmens oder jedenfalls den Weiterverkauf erlauben, also eine Weiterübertragung möglich ist. Sämtliche Mängel sind gegebenenfalls kaufpreismindernd zu berücksichtigen. Es ist eine wesentliche Aufgabe aller an einer Transaktion Beteiligten, sich über die strategische und wertmäßige Bedeutung dieser Unternehmensgegen- und -zustände klar zu werden[4]. 5

Der anzulegende Prüfungsmaßstab ergibt sich aus den jeweiligen nationalen wie auch internationalen Gesetzen, Verordnungen, Richtlinien und Abkommen. Im Hinblick auf Markenrechte sind insbesondere die Bestimmungen des Markengesetzes (MarkenG), der Unionsmarkenverordnung (UMV) sowie des Madrider Markenabkommens (MMA) bzw. des Protokolls zum Madrider Markenabkommen (PMMA) zu berücksichtigen. Im Patentrecht gelten das deutsche Patentgesetz (PatG) sowie die Regelungen zum Europäischen Einheitspatent (EPA) welche nach Ratifizierung durch die Mitgliedstaaten in Kraft treten werden: das Europäische Patentübereinkommen (EPÜ) und das Übereinkommen über das einheitliche Patentgericht (EPGÜ). Urheberrechtliche Regelungen enthalten das Urhebergesetz (UrhG) sowie auf internationaler Ebene das Welturheberrechtsabkommen (WUA) und die Revidierte Berner Übereinkunft zum Schutz von Werken der Literatur und Kunst (RBÜ). Für Designs gelten das Designgesetz (DesignG) sowie die Gemeinschaftsgeschmacksmusterverordnung (GGV), für Gebrauchsmuster das Gebrauchsmustergesetz (GebrMG) und für Know-How das Gesetz gegen Unlauteren Wettbewerb (UWG) sowie die Richtlinie über den Schutz vertraulichen Know-Hows und vertraulicher Geschäftsinformationen (Know-HowRL). Darüber hinaus gelten schutzrechtsübergreifend unter anderem die Pariser Verbandsübereinkunft (PVÜ), das TRIPS-Abkommen sowie die Enforcement-Richtlinie (EnforcementRL). Auch dem Gesetz gegen unlauteren Wettbewerb (UWG) kommt häufig unterstützende Bedeutung zu. 6

Einen übergeordneten Grundsatz im Recht des geistigen Eigentums stellt das Territorialitätsprinzip dar, wonach der Inhalt und die Schutzvoraussetzungen sowie auch die Durchsetzbarkeit gewerblicher Schutzrechte sich auf das Schutzland beschränken und sich nach dessen innerstaatlichem Recht richten[5]. Vor diesem Hintergrund ist für die Bewertung ausländischer Schutzrechte, sofern diese einen wesentlichen Wert ausmachen, im Zweifel Rechtsrat von Beratern aus dem jeweiligen Schutzland einzuholen[6]. Ein ebenfalls schutzrechtsübergreifender Grundsatz ist das Prioritätsprinzip, welches insbesondere in Kollisionsfällen relevant wird. Danach haben prioritätsältere Rechte Vorrang vor prioritätsjüngeren. Diese Priorität ist entweder nach dem Tag der Anmeldung bei eingetragenen Rechten, oder dem Tag der ersten Benutzungsaufnahme bei nicht eingetragenen Rechten zu bestimmen. Es ist daher erforderlich, im Rahmen der Due Diligence die Priorität der zu übertragenden Rechte zu bestimmen, anhand von Registerauszügen oder Nachweisen über die tatsächliche Benutzungsaufnahme. Im Hinblick auf unionsweite Rechte wie die Unionsmarke oder das Gemeinschaftsgeschmacksmuster gilt zudem das Einheitlichkeitsprinzip, 7

[4] *Strittmatter/Held* FuS 2015, 226 (228).
[5] vgl. zum Territorialitätsprinzip im Markenrecht zB Ingerl/Rohnke MarkenG Einleitung Rn. 15.
[6] *Hartmann* in BeckMandatsHdB Due Diligence § 14 Rn. 5.

wonach der Schutz grundsätzlich nur für die gesamte Union gilt. Zudem sind die übergeordneten Strukturprinzipien des Unionsrechts und die Besonderheiten des Binnenmarktes zu berücksichtigen[7].

II. Bestandsaufnahme

8 Am Anfang der Prüfung steht stets eine Bestandsaufnahme der beim Target vorhandenen IP-Rechte. Dies gilt insbesondere im Rahmen von Asset Deals, sollte aber auch bei der Übernahme von Unternehmensanteilen nicht vernachlässigt werden[8].

9 In diesem Rahmen sind zunächst sämtliche IP-Rechte zu ermitteln und zu dokumentieren, die für das Target bestehen. Neben Registerrechten gehören hierzu auch nicht-eingetragene Rechte sowie alle bestehenden Lizenzen – unabhängig davon, ob das Zielunternehmen Lizenznehmer oder -geber ist. Schließlich können auch laufende Forschungs- und Entwicklungsvereinbarungen relevant werden. Insofern gilt es zu prüfen, wer zuweisungsberechtigt ist und welche technische oder wirtschaftliche Bedeutung die Entwicklungsergebnisse für das Unternehmen haben können[9]. Anhand dieser Bestandsaufnahme sind dann Wirksamkeit und Durchsetzbarkeit der Rechte sowie etwaige Fehlerquellen zu prüfen.

10 Bei **Marken** gilt es, anhand von Registerauszügen eine Übersicht der vorhandenen Rechte in der jeweiligen Form der Registrierung – neben reinen Wort- oder Bildmarken gibt es auch besondere Markenformen wie 3D-Marken, Farbmarken oder Multimedia-Marken – unter Bestimmung des Anmeldetags als Priorität des Schutzrechts zu erstellen. Von besonderem Interesse sind jeweils die Waren und / oder Dienstleistungen, für welche die jeweilige Marke Schutz genießt. Das Zeichen in Verbindung mit den registrierten Waren bzw. Dienstleistungen bestimmt den Schutzumfang des Rechts, so dass beides mit der tatsächlichen Benutzungsform der Marke übereinstimmen sollte. Zudem sollte der territoriale Schutzbereich festgehalten werden. Bei deutschen Marken beschränkt sich dieser auf die Bundesrepublik Deutschland, bei Unionsmarken auf das Gebiet der Europäischen Union. Der Schutz nationaler Marken kann nach den Regelungen des MMA bzw. PMMA im Wege internationaler Registrierung auf weitere Länder erstreckt werden. In Bezug auf diese Internationalen Registrierungen sind auch die Länder aufzunehmen, auf welche der Schutz erstreckt wurde. Hier kann es zu Unterschieden im Schutzumfang kommen, wenn ein nationales Amt die Anmeldung in Bezug auf bestimmte Waren oder Dienstleistungen zurückgewiesen hat. Zudem gilt in den ersten fünf Jahren eine strenge Abhängigkeit der Internationalen Registrierung von der Basismarke, also derjenigen nationalen Marke, auf welche die Internationale Registrierung aufgesetzt wurde, vgl. Art. 6 MMA. Es ist also unbedingt festzuhalten, inwiefern die Basismarke noch Schutz genießt und ob es gegebenenfalls Abweichungen zwischen den einzelnen nationalen Schutzerstreckungen hinsichtlich des Schutzniveaus gibt. Auch laufende Fristen, insbesondere Widerspruchsfristen, in denen die Markeneintragung noch angreifbar ist, sollten festgehalten werden. All diese Informationen lassen sich frei über die Register des DPMA[10] (für deutsche Marken) des EUIPO[11] (für Unionsmarken) oder der WIPO[12] (für Internationale Registrierungen) anhand der Anmeldenummer der Marke abrufen. Dort werden zum Teil auch anhängige Verfahren wie Widersprüche oder Löschungsanträge vermerkt. Letzte Sicherheit vermitteln Registerauszüge.

11 Bei nicht-eingetragenen Rechten wie **geschäftlichen Bezeichnungen, Urheberrechten** oder **nicht-eingetragenen Gemeinschaftsgeschmacksmustern** ist in Ermangelung

[7] Für eine Übersicht vgl. *Milbradt* in MAH GewRS § 11 Rn. 3 ff.
[8] *Donle* DStR 1997, 74.
[9] *Donle* DStR 1997, 74 (75); Strittmatter/Held FuS 2015, 226 (228).
[10] https://register.dpma.de/.
[11] https://www.tmdn.org/tmview/welcome.
[12] http://www.wipo.int/madrid/monitor/en/index.jsp.

eines formalen Eintragungsaktes eine eigene Prüfung des Bestands der Rechte geboten. Insbesondere ist die tatsächliche Benutzungsaufnahme zu prüfen und zu dokumentieren, da diese die Priorität des Rechts begründet. Bei urheberrechtlichen Werken tritt an die Stelle der Benutzungsaufnahme die Schöpfung des Werkes. Neben dieser Benutzungslage ist bei geschäftlichen Bezeichnungen und nicht-eingetragenen Gemeinschaftsgeschmacksmustern insbesondere auch darauf zu achten, ob das Recht auch vom Zielunternehmen selbst benutzt wurde bzw. auf den Markt gebracht wurde, da dies die Inhaberschaft begründet. Darüber hinaus sind auch die Entstehungsvoraussetzungen zu prüfen. Bei der geschäftlichen Bezeichnung kommt es insbesondere auf die Unterscheidungskraft und Namensfunktion an[13], bei nicht-eingetragenen Gemeinschaftsgeschmacksmustern insbesondere auf die Neuheit und Eigenart[14]. Im Hinblick auf Urheberrechte gilt nach § 10 UrhG die Vermutung, dass der auf dem Original Genannte auch der Urheber des Werkes ist. Auch insoweit ist im Zweifel selbstständig zu prüfen, ob das Werk die Voraussetzungen des § 2 UrhG erfüllt, nämlich, ob es sich um eine persönlich geistige Schöpfung handelt[15]. Zudem ist bei Urheberrechten unbedingt die Einräumung des Nutzungsrechts, im Zweifel unter Nachweis einer lückenlosen Kette von Rechtseinräumungen, sog. „chain of title“, zu prüfen und zu dokumentieren, da das Zielunternehmen als juristische Person niemals Schöpfer sein kann und so selbst nur über Nutzungsrechte verfügt.

Bei **Patenten** ist zunächst insbesondere auf die formellen Voraussetzungen zu achten. **12**
Insbesondere sollten die entsprechenden Erteilungsurkunden und (beglaubigten) Registerauszüge zum Nachweis der Veröffentlichungen im Patentblatt vorhanden sein (vgl. §§ 49, 58 PatG). Auch in Bezug auf Patente können darüber hinaus kostenfreie Recherchen im Register des DPMA durchgeführt werden[16]. Der Beginn des Patentschutzes beginnt mit der Veröffentlichung im Patentblatt. Die Laufzeit des Patents berechnet sich hingegen nach dem Anmeldetag, vgl. § 16 PatG, so dass beide Daten zwingend zu vermerken sind. Darüber hinaus sind unbedingt Nachweise über die jährlichen Zahlungen der Patentgebühren im Sinne des § 17 PatG zu fordern, da der Schutz gemäß § 20 Abs. 1 PatG ansonsten erlischt. Insofern sind ebenfalls die relevanten Daten für die Verlängerungszahlungen zu notieren, welche sich nach dem Anmeldetag richten. Auch in Bezug auf Patente ist zudem besonderes Augenmerk auf die Inhaberschaft zu legen, da eine Eintragung in die Patentrolle für die Übertragung des Patents nur rein deklaratorisch ist. Bei Diskrepanzen sind auch insoweit Übertragungs- bzw. Abtretungsvereinbarungen zu prüfen und zu dokumentieren, um eine lückenlose Übertragungskette konstruieren zu können. Schließlich ist nach gegebenenfalls an den Patenten bestehenden dinglichen Rechten wie Nießbrauch oder Pfandrechten zu fragen, da auch diese nicht zwingend in der Patentrolle vermerkt sind[17].

Dieselben Punkte sind grundsätzlich auch in Bezug auf **Gebrauchsmuster** zu beachten. **13**
Auch hier ist die erste Eintragung nach § 11 GebrMG konstitutiv für die Schutzentstehung. Da auch die Übertragung von Gebrauchsmustern formfrei möglich ist, stellen sich dieselben Probleme wie bei Patenten. Es sind daher unter Umständen weitergehende Recherchen nötig. Auch bei Gebrauchsmustern sind zudem neben Registernummern und (beglaubigten) Registerauszügen die Schutzdauer und der Schutzgegenstand zu vermerken.

III. Typische Risiken

Nach erfolgter Bestandsaufnahme sind die Schutzrechte insbesondere hinsichtlich typischer **14**
Risiken in Bezug auf die tatsächlichen Eigentumsverhältnisse, die Schutzdauer sowie die Durchsetzbarkeit zu prüfen. Bestehen in dieser Hinsicht Probleme, kann dies die Schutzunfähigkeit und damit Wertlosigkeit der Rechte zur Folge haben. Je nach Bedeutung des

[13] vgl. *Weiler* in BeckOK MarkenR § 5 Rn. 11 ff.
[14] *Eichmann* in HdB-Designrecht § 2 Rn. 168.
[15] *Ahlberg* in BeckOK UrhR § 2 Rn. 50 ff.
[16] https://register.dpma.de/DPMAregister/Uebersicht.
[17] *Hartmann* in BeckMandatsHdB Due Diligence § 14 Rn. 73.

einzelnen Schutzrechts kann dies erhebliche Auswirkungen auf die Kaufpreisverhandlungen haben.

1. Bestand und Eigentum an den Rechten

15 Das Eigentum an IP-Rechten entsteht bei Registerrechten wie Marken oder Patenten durch die erste Eintragung[18], bei nicht-eingetragenen Rechten wie geschäftlichen Bezeichnungen durch bloße Benutzungsaufnahme im geschäftlichen Verkehr[19]. Bei manchen Rechten kommt es auf den Zeitpunkt des Entstehens von Verkehrsgeltung oder gar Verkehrsdurchsetzung (Bekanntheit) an.

16 Bei **Registerrechten** ist zwar die erste Eintragung, durch welche das Recht begründet wird, konstitutiv. Im Rahmen einer Weiterübertragung des Rechts ist diese allerdings in den meisten Fällen rein deklaratorisch – vgl. zB § 27 Abs. 3 MarkenG, § 29 DesignG oder § 15 PatG, wonach die Übertragung grundsätzlich formfrei möglich und eine Umschreibung im Register nicht zwingend nötig ist –, so dass der bloße Registerinhalt keine abschließende Auskunft über die tatsächliche Rechtsinhaberschaft gibt. Dasselbe gilt für mögliche Sicherungsrechte, welche ebenfalls nur auf Antrag vom zuständigen Amt registriert werden[20]. Im Zweifel sind die relevanten Übertragungsvereinbarungen zu fordern, damit der Käufer den Rechtserwerb lückenlos nachvollziehen kann. Im Rahmen des abschließenden Due Diligence Berichts ist gegebenenfalls durch einen Disclaimer auf diese Unsicherheit hinzuweisen. Bestenfalls sind eigene Recherchen durchzuführen. Aus Käufersicht ist es zudem empfehlenswert, sich vom Verkäufer im Rahmen des Unternehmenskaufvertrags eine Garantie hinsichtlich der Eigentümerschaft an den Rechten sowie dem Nichtvorhandensein etwaiger Sicherungsrechte Dritter geben zu lassen[21].

17 Befinden sich die Registerrechte noch im **Eintragungsverfahren,** sind der Verfahrensstand sowie eventuelle Beanstandungen des Deutschen Patent- und Markenamtes bzw. des EUIPO oder der WIPO zu dokumentieren und gegebenenfalls zu prüfen. Auch laufende Fristen zur Stellungnahme oder Zahlung von Amtsgebühren sind festzuhalten. Diesbezüglich ist unter Umständen darauf hinzuwirken, dass innerhalb der Fristen erwidert wird bzw. diese verlängert werden, und offene Gebühren im Anmelde- oder Verlängerungsverfahren fristgerecht gezahlt werden, um die Anmeldung, und damit den im Konfliktfall maßgeblichen Prioritätstag der Anmeldung, nicht zu verlieren. Im Falle von Beanstandungen wie dem Fehlen der Unterscheidungskraft bei Markenanmeldungen oder sonstigen formellen Beanstandungen im Rahmen von Patentanmeldungen ist, sofern das Recht für den Erwerber von Bedeutung ist, eine rechtliche Prüfung vorzunehmen und zu untersuchen, inwieweit eine Zurückweisung der Eintragung verhindert werden kann[22].

18 Bei **nicht-eingetragenen Rechten,** insbesondere geschäftlichen Bezeichnungen oder nicht-eingetragenen Gemeinschaftsgeschmacksmustern sowie Urheberrechten, ist der Beginn der Benutzungsaufnahme durch den Inhaber bzw. die Schaffung und Veröffentlichung des Werkes zu prüfen. Insbesondere im Hinblick auf geschäftliche Bezeichnungen oder nicht-eingetragene Gemeinschaftsgeschmacksmuster ist der Zeitpunkt des Entstehens von Bedeutung, da auch in dieser Hinsicht das Prioritätsprinzip gilt. In Bezug auf die Inhaberschaft gelten zum Teil Beweiserleichterungen, wonach diese anhand bestimmter Rechtsscheintatbestände widerlegbar vermutet wird. In § 28 MarkenG ist dies für nationale Marken festgelegt. Nach § 10 UrhG gilt zudem der auf einem Originalwerk als Urheber Genannte bis zum Beweis des Gegenteils auch als Schöpfer des Werkes. Da allerdings nach § 7 UrhG der tatsächliche Schöpfer des Werkes der Urheber ist, kann Inhaber des eigentli-

[18] vgl. zB § 4 MarkenG, Art. 6 UMV, § 34 PatG.
[19] *Weiler* in BeckOK MarkenR § 5 Rn. 11.
[20] vgl. § 29 Abs. 2 MarkenG, Ingerl/Rohnke MarkenG § 29 Rn. 10.
[21] vgl. auch *Hartmann* in BeckMandatsHdB Due Diligence § 14 Rn. 9; *Rudo* in BeckMandatsHdb Unternehmenskauf § 8 Rn. 213.
[22] *Hartmann* in BeckMandatsHdB Due Diligence § 14 Rn. 10.

chen Urheberrechts niemals das Target selbst, sondern stets nur eine natürliche Person wie zB ein Arbeitnehmer, sein[23]. Da das Urheberrecht als solches in Deutschland nicht übertragbar ist, ist unbedingt zu klären, ob das Target ein Nutzungsrecht an dem Werk hat und wie dieses ausgestaltet, insbesondere ob es übertragbar, ist. Die Übertragbarkeit kann nach § 34 Abs. 4 UrhG ausgeschlossen werden (sog. change of control-Klauseln). Insofern sind diesbezügliche Verträge genauestens zu prüfen. Im Zweifel muss der tatsächliche Urheber, also die natürliche Person, die das Werk geschaffen hat, der Übertragung des Nutzungsrechts explizit zustimmen, vgl. § 34 Abs. 1 UrhG[24]. Im Rahmen der Prüfung sollte also ermittelt werden, wer Schöpfer des Werkes ist und inwiefern eine Übertragung des Nutzungsrechts stattgefunden hat – entweder durch eine entsprechende Vereinbarung oder gegebenenfalls aufgrund arbeitsvertraglicher Regelungen. Wurde das Werk von einem Arbeitnehmer geschaffen, ist in der Regel davon auszugehen, dass die wirtschaftlichen Verwertungsrechte beim Arbeitgeber liegen[25]. Ein Sonderfall gilt nach § 69b UrhG bei Softwareentwicklungen, an welchen der Arbeitgeber durch eine Art gesetzlicher Lizenz alle vermögensrechtlichen Befugnisse hält[26].

Ein Sonderfall ist die **konzerninterne Auslagerung der IP-Rechte** an eine eigens zu 19
diesem Zweck gegründete Gesellschaft aus steuerlichen Gründen, eine sogenannte Lizenzbox[27]. Auch kommt es vor, dass die gesamten IP-Rechte bei einer Holding bzw. dem Mutterkonzern des Zielunternehmens liegen, welche jedoch nicht zwingend Partei des Unternehmenskaufvertrags werden. In diesem Fall müssten die Schutzrechte gegebenenfalls vor Kauf des Unternehmens noch intern an das eigentliche Target übertragen werden, was durch entsprechende Urkunden nachzuweisen oder jedenfalls im Kaufvertrag garantiert werden sollte. Jedenfalls müssten dem Zielunternehmen übertragbare Lizenzen eingeräumt werden, damit diese auf den Erwerber übergehen können.

2. Priorität und Schutzdauer

Von besonderer Bedeutung ist zunächst die Frage der Priorität des jeweiligen Schutzrechts. 20
Diese stellt den Zeitpunkt des Rechtserwerbs und den (frühestmöglichen) Beginn der Durchsetzbarkeit dar. Die Schutzdauer wird in der Regel ab dem Tag der Anmeldung berechnet. Im Kollisionsfall setzt sich das prioritätsältere Recht gegen das jüngere durch.

Die **Priorität** bestimmt sich bei **Registerrechten** nach dem Tag der Anmeldung, vgl. 21
§ 6 Abs. 2 MarkenG, Art. 32 UMV, §§ 4, 4a GebrMG, § 13 DesignG. Der Patentschutz beginnt mit der Veröffentlichung im Patentblatt. Die Laufzeit des Patents berechnet sich hingegen nach dem Anmeldetag, vgl. § 16 PatG. Bei Marken, deren Schutz im Wege Internationaler Registrierung auf verschiedene Länder erstreckt wurde, kann der Prioritätstag variieren. Grundsätzlich erfolgt die Internationale Registrierung unter dem Datum, an dem der Antrag auf Internationale Registrierung beim Deutschen Patent- und Markenamt (als vermittelnder Behörde) eingegangen ist. Es besteht jedoch die Möglichkeit, für die Internationale Registrierung die Priorität der Basismarke in Anspruch zu nehmen. Voraussetzung ist, dass der Antrag auf Internationale Registrierung innerhalb von sechs Monaten nach Anmeldung der Basismarke eingereicht wird[28].

Bei **nicht-registrierten Rechten** wie geschäftlichen Bezeichnungen, Benutzungsmar- 22
ken und Urheberrechten richtet sich die **Priorität** entweder nach der Benutzungsaufnahme, so bei unterscheidungskräftigen Unternehmenskennzeichen, Werktiteln oder nicht-eingetragenen Gemeinschaftsgeschmacksmustern, nach der Erlangung von Verkehrsgeltung bzw. -durchsetzung bei Benutzungsmarken, oder, wie bei Urheberrechten, nach dem Zeit-

[23] *Ahlberg* in BeckOK UrhR § 7 Rn. 7.
[24] *Hartmann* in BeckMandatsHdB Due Diligence § 14 Rn. 51.
[25] vgl. die ausführliche Darstellung bei *Dreier* in Dreier/Schulze UrhG § 43 Rn. 18 ff.
[26] *Dreier* in Dreier/Schulze UrhG § 69b Rn. 1 ff.
[27] vgl. für eine Übersicht zu diesem Thema sowie die sich daraus ergebenden steuerrechtlichen Implikationen *Schönhaus* GRUR-Prax 2017, 93.
[28] vgl. Art. 4 PVÜ.

punkt der Schöpfung. Bei notorisch bekannten Marken richtet sich die Priorität nach dem Erwerb der Allbekanntheit im geschäftlichen Verkehr, vgl. § 6 Abs. 3 MarkenG. Insbesondere der Zeitpunkt der Benutzungsaufnahme ist nicht immer genau zu bestimmen, da dieser in vielen Fällen im Unternehmen nicht genau festgehalten wird. In Bezug auf Unternehmenskennzeichen im Sinne des § 5 Abs. 2 MarkenG kann ein Blick ins Handelsregister Aufschluss geben. Insoweit ist jedoch Vorsicht geboten, da die Eintragung einer Firma lediglich ein Indiz darstellt und die tatsächliche Benutzungsaufnahme auch vor oder nach erfolgter Eintragung liegen kann[29]. Insofern können zusätzlich das Registrierungsdatum von mit dem Zeichen übereinstimmenden Domains oder der Start erster Werbeaktionen geprüft und gegebenenfalls dokumentiert werden. In Bezug auf Werktitel sollten ebenfalls geeignete Nachweise für die Benutzungsaufnahme verlangt werden. Diese können je nach Werkkategorie variieren. Im besten Fall bestehen Titelschutzanzeigen, welche durch öffentliche Ankündigung in branchenüblicher Weise einen vor der eigentlichen Benutzungsaufnahme liegenden Prioritätszeitpunkt begründen können, sofern das Werk anschließend auch innerhalb einer angemessenen Frist, in der Regel nicht mehr als sechs Monate[30], erscheint[31]. Das tatsächliche Erscheinen ist mithin auch bei Vorliegen einer Titelschutzanzeige stets noch zu prüfen. Bei Urheberrechten entsteht der Schutz mit Schöpfung des Werkes in der Person des Schöpfers. Das Recht an sich ist auch nicht übertragbar[32], so dass im Rahmen des Unternehmenskaufs lediglich die Übertragung von Nutzungsrechten relevant wird. Insofern ist zunächst festzustellen, wer Schöpfer des Werkes war und ob die Nutzungsrechte wirksam an das Target übertragen wurden (sog. chain of title). Hierfür sollte der Tag der Rechteeinräumung und die Art des übertragenen Nutzungsrechts festgehalten werden. Im besten Fall kann durch entsprechende Vertragsdokumente eine lückenlose Kette der Rechtseinräumung vom Schöpfer bis zum Zielunternehmen belegt werden[33].

23 Die **Schutzdauer** ist anhand des ermittelten Prioritätstags im Einzelfall zu prüfen. Diese variiert je nach Schutzrecht. Bei **Marken** beträgt die Schutzdauer nach § 47 Abs. 1 MarkenG bzw. Art. 52 Abs. 1 UMV zehn Jahre ab dem Tag der Eintragung. Der Markenschutz kann aber beliebig oft verlängert werden, so dass de facto ein zeitlich unbegrenzter Schutz besteht, solange innerhalb der Verlängerungsfristen nach § 47 MarkenG bzw. Art. 53 UMV die entsprechenden Anträge gestellt und Gebühren eingezahlt werden. Dies ist im Rahmen der Prüfung unbedingt zu beachten; im Zweifel sind die nötigen Verlängerungsanträge noch vor Abschluss des Kaufvertrags durch den Markeninhaber zu stellen. **Geschäftliche Bezeichnungen** im Sinne des § 5 MarkenG bestehen bis zur endgültigen Benutzungsaufgabe und damit faktisch unbeschränkt[34]. Die Schutzfrist für **Patente** beträgt 20 Jahre ab dem Anmeldetag und kann nicht verlängert werden. Darüber hinaus erlischt das Patent, wenn die jährlichen Patentgebühren nicht rechtzeitig gezahlt werden. Auch diese Frist berechnet sich gemäß § 3 Abs. 2 PatKostG nach dem Anmeldetag. Das **Gebrauchsmuster** gewährt zunächst einen dreijährigen Schutz ab dem Anmeldetag, vgl. § 23 Abs. 1 GebrMG. Dieser Schutz ist nach § 23 Abs. 2 GebrMG durch Zahlung einer Aufrechterhaltungsgebühr jeweils für das vierte bis sechste, siebte und achte sowie für das neunte und zehnte Jahr verlängerbar. Eine darüberhinausgehende Verlängerung des Schutzes ist nicht möglich. Das deutsche **Design** hat gemäß § 27 Abs. 2 DesignG eine maximale Schutzdauer von 25 Jahren ab der Anmeldung. Nach § 28 DesignG kann diese Höchstschutzdauer jedoch nur durch regelmäßige und fristgerechte Zahlung der Aufrechterhaltungsgebühr, welche nach jeweils fünf Jahren Schutzdauer für die darauffolgenden fünf Jahre zu zahlen ist, erreicht werden. Das eingetragene **Gemeinschaftsgeschmacksmuster** geht nach Art. 12 GGV

29 *Weiler* in BeckOK MarkenR § 5 Rn. 11.
30 OLG Hamburg AfP 1997, 815.
31 BGH GRUR 2001, 1054; Ingerl/Rohnke MarkenG § 5 Rn. 84.
32 vgl. § 29 UrhG.
33 *Hartmann* in BeckMandatsHdB Due Diligence § 14 Rn. 50.
34 *Weiler* in BeckOK MarkenR § 5 Rn. 134, 246.

hingegen von einer Erstschutzdauer von fünf Jahren aus, welche bis zu einer maximalen Schutzdauer von 25 Jahren verlängert werden kann. Insofern sind also im Rahmen der Due Diligence unbedingt Nachweise über die fristgerechte Schutzverlängerung bzw. -aufrechterhaltung zu verlangen. Das **nicht-eingetragene Gemeinschaftsgeschmacksmuster** verleiht einen im Vergleich zum eingetragenen Recht materiell eingeschränkten Schutz für drei Jahre ab dem Zeitpunkt der ersten Zugänglichmachung. In der Regel werden diesbezüglich bei einem Unternehmen keine Unterlagen vorhanden sein; oft wird sich ein Unternehmen wohl nicht mal über den Bestand eines derartigen Schutzrechtes bewusst sein. Im Rahmen der Prüfung sollten nichtsdestotrotz Informationen über eventuelle neue und ästhetisch anspruchsvolle Produkte eingeholt werden und diese mit dem Zeitpunkt der ersten Zugänglichmachung sowie einer Abbildung notiert werden[35]. Das **Urheberrecht** erlischt nach § 64 UrhG 70 Jahre nach dem Tod des Urhebers. Bei den verwandten Schutzrechten gelten unter Umständen abweichende Schutzfristen[36].

3. Wirksamkeit / Durchsetzbarkeit

Sind Bestand und Eigentum an den Rechten geklärt, ist im nächsten Schritt deren Wirksamkeit bzw. die Durchsetzbarkeit der Rechte zu prüfen. Auch wenn das Target tatsächlich über die jeweiligen Rechte verfügt, können diese in ihrer Wirksamkeit oder Durchsetzbarkeit gehemmt sein, was sie entleeren und im schlimmsten Fall wertlos machen kann. Auf derartige Risiken sollte im Rahmen der Prüfung besonders geachtet werden. **24**

Bei einigen Rechten fallen die Priorität, welche im Kollisionsfall von Bedeutung ist und als Anknüpfungspunkt für Verlängerungen gilt, und die Wirksamkeit, also die Möglichkeit, Ansprüche aus den Rechten geltend zu machen, auseinander. So bestimmt sich bei **Patenten** und **Gebrauchsmustern** die Schutzdauer nach dem Tag der Anmeldung, vgl. § 16 PatG. Der eigentliche Schutz aus dem Patent beginnt aber erst mit der Veröffentlichung der Patenterteilung, vgl. §§ 9 ff. PatG. Liegt also bisher nur eine Patentanmeldung vor, so ist unbedingt auch, gegebenenfalls durch Nachfrage beim Deutschen Patent- und Markenamt, der Verfahrensstand zu ermitteln und zu prüfen, ob bereits ein Erteilungsbeschluss nach § 49 PatG ergangen ist oder eventuell Recherche- bzw. Prüfungsanträge gestellt wurden[37]. Sofern Zwischenbescheide vorliegen, sind diese ebenfalls zu prüfen und in den abschließenden Bericht aufzunehmen. Soweit möglich, sollte dieser auch eine Prognose über die Schutzerlangung enthalten, welche im Zweifel durch einen Patentanwalt geprüft werden muss. Auch bei **Marken** und **Designs** entsteht der Schutz nicht mit der Anmeldung, sondern erst nach erfolgter Eintragung, welcher eine Prüfung auf absolute Schutzhindernisse vorausgeht. Rechte aus der **Unionsmarke** können sogar gemäß Art. 11 UMV erst nach Veröffentlichung der Eintragung, welche im worst-case erst mehrere Monate nach der Eintragung erfolgt, geltend gemacht werden. **25**

Relevant ist in dieser Hinsicht auch die **Schutzrechtsgeschichte** des jeweiligen Rechts, mithin anhängige oder drohende Verfahren, welche die Wirksamkeit oder Durchsetzbarkeit des Rechts negativ beeinflussen können. Insbesondere sind eventuell erhobene Einsprüche gegen die **Patentanmeldung** gemäß § 59 PatG oder Widersprüche gegen **Markenanmeldungen** nach § 42 MarkenG bzw. Art. 46 UMV zu prüfen. Diese formellen Amtsverfahren können zur Löschung oder jedenfalls zur Einschränkung der Rechte führen. In Bezug auf Marken kann auch eine nur teilweise Löschung von bestimmten Waren oder Dienstleistungen das Recht für den Erwerber uninteressant machen, wenn es sich dabei um für diesen relevante Geschäftsbereiche bzw. Produkte handelt. Aber auch, wenn keine Ein- oder Widersprüche eingelegt wurden, ist zu prüfen, ob die diesbezügliche Frist noch läuft, so dass jedenfalls weiterhin die Gefahr einer (teilweisen) Löschung besteht. In Bezug auf Patente beträgt die Einspruchsfrist nach § 59 PatG neun Monate ab Veröffentlichung der **26**

[35] *Hartmann* in BeckMandatsHdB Due Diligence § 14 Rn. 61.
[36] vgl. die §§ 70 ff. UrhG für die Schutzfristen der einzelnen Leistungsschutzrechte.
[37] *Hartmann* in BeckMandatsHdB Due Diligence § 14 Rn. 76.

Erteilung. Bei Marken läuft die Widerspruchsfrist ab dem Tag der Veröffentlichung und beträgt drei Monate, vgl. § 42 MarkenG bzw. Art. 46 UMV. Aber auch nach Ablauf der Widerspruchs- bzw. Einspruchsfrist können die Schutzrechte in ihrem Bestand angegriffen werden. Sowohl in Bezug auf Patente als auch Marken sind amtliche Löschungsverfahren sowie Löschungsklagen aufgrund von Schutzhindernissen oder entgegenstehenden Rechten, in Bezug auf Marken auch aufgrund von Nichtbenutzung, vorgesehen. Es ist dann also zu prüfen, ob derartige Verfahren anhängig sind oder drohen.

27 Ein Sonderproblem in Bezug auf **Marken** stellen **Vorrechts- und Abgrenzungsvereinbarungen** dar, welche die erlaubte Benutzung der Marke einschränken können. In der Praxis stellen derartige Vereinbarungen ein beliebtes und häufig genutztes Mittel dar, um potentielle oder angenommene Zeichenkonflikte auszuräumen und Rechtsstreitigkeiten einvernehmlich zu lösen. Es handelt sich dabei um eine Art Vergleich, durch welchen die Benutzung sich gegenüberstehender Zeichen geregelt bzw. eingeschränkt wird und die Schutzbereiche der kollidierenden Markenrechte abgegrenzt werden, um zukünftige Markenkollisionen so gut wie möglich auszuschließen. Sie können vorsehen, dass ein Zeichen nur für bestimmte Waren oder Dienstleistungen, in einer bestimmten Darstellung oder mit konkretisierenden Zusätzen benutzt werden darf. Darüber hinaus enthalten Abgrenzungsvereinbarungen in der Praxis meist auch sogenannte Nichtangriffsabreden, wonach die Zeicheninhaber vereinbaren, gegen die eingeschränkte Benutzung der Zeichen keine Rechte geltend zu machen[38]. Im Rahmen der Prüfung ist daher unbedingt auch auf derartige Vereinbarungen zu achten, welche nicht nur auf potentielle Konflikte hinweisen, sondern die Benutzung der Marke stark einschränken können.

4. Rechtsbeständigkeit

28 Hinsichtlich der Rechtsbeständigkeit ist zwischen „geprüften“ und „ungeprüften“ Schutzrechten zu unterscheiden. Einige Rechte wie **Marken** oder **Patente** werden vor Eintragung einer Prüfung auf (absolute) Schutzhindernisse unterzogen. Bei **Designs** bzw. **Gemeinschaftsgeschmacksmustern** sowie **Gebrauchsmustern** findet hingegen lediglich eine formelle Prüfung statt. Die tatsächliche Rechtsbeständigkeit und damit Durchsetzbarkeit der Rechte wird dann erst im Kollisionsfall vom Verletzungsgericht geprüft. Insofern besteht also ein Risiko, dass die Rechte trotz Eintragung im Kollisionsfall keinen Bestand haben, was unbedingt berücksichtigt werden sollte[39].

29 Sofern es sich um essentielle Schutzrechte handelt, die sich unter Umständen auch bestimmend auf den Kaufpreis des Zielunternehmens auswirken, ist daher eine materielle Prüfung der Beständigkeit der Rechte durchzuführen bzw. durchführen zu lassen. Dasselbe kann gegebenenfalls auch im Hinblick auf „geprüfte“ Rechte wie Marken oder Patente geboten sein. Auch insofern kann es noch nach Eintragung zu Nichtigkeitsanträgen bzw. -klagen kommen. Aus Zeit- und Kostengründen sollte eine Prüfung der Bestandskraft derartiger „geprüfter“ Rechte, die teilweise sehr zeit- und kostenintensiv sein kann, nur für wirklich wichtige Rechte durchgeführt werden. Insofern ist stets eine Abwägung zwischen Kosten, Nutzen und verbleibenden Risiken vorzunehmen[40].

30 Als Sonderproblem der Rechtsbeständigkeit sind Benutzungsfragen bei Markenrechten relevant. **Marken** verleihen, ihre fristgerechte Verlängerung vorausgesetzt, zwar grundsätzlich einen zeitlich unbegrenzten Schutz. Nach § 26 MarkenG besteht allerdings grundsätzlich ein Benutzungszwang. Danach muss die Marke von ihrem Inhaber oder mit dessen Zustimmung im Inland[41] ihrer herkunftshinweisenden Funktion entsprechend für die

---

[38] Für eine ausführliche Darstellung, insbesondere auch der kartellrechtlichen Implikationen derartiger Vereinbarungen, vgl. *Lehmann* MarkenR 2017, 241.

[39] *Mäder/Schlieper* GRUR-Prax 2017, 420 (421).

[40] *Mäder/Schlieper* GRUR-Prax 2017, 420 (421).

[41] Eine Sonderregelung gilt aufgrund des Übereinkommens zwischen dem Deutschen Reich und der Schweiz betreffend den gegenseitigen Patent-, Muster- und Markenschutz vom 13.4.1892 (RGBl. 1894 S. 511) in der Fassung des Änderungsabkommens vom 26.5.1902 (RGBl. 1903 S. 1819). Danach kann

eingetragenen Waren und Dienstleistungen auch benutzt werden. Wird die Marke fünf aufeinanderfolgende Jahre nicht benutzt, ist sie gemäß § 49 MarkenG verfallen und löschungsreif. Der Verfall kann im Wege der Löschungsklage geltend gemacht werden oder aber dem Markeninhaber im Wege der Benutzungseinrede entgegengehalten werden, wenn dieser Rechte aus der Marke geltend machen will[42]. Es bestehen bestimmte Ausnahmen bei Vorliegen berechtigter Gründe für die Nichtbenutzung, vgl. § 26 Abs. 1 aE MarkenG. Einen derartigen Grund stellt beispielsweise die Nichtbenutzung während eines arzneimittelrechtlichen Zulassungsverfahrens dar[43]. In bestimmten Fällen kann auch die Benutzung in abgewandelter Form unschädlich sein, sofern der kennzeichnungskräftige Charakter der Marke nicht verändert wird und der Verkehr auch in der abgewandelten Benutzung noch dieselbe (eingetragene) Marke erkennt.

Vor diesem Hintergrund ist neben dem bloßen Bestand sowie der fristgerechten Ver- **31**
längerung auch stets die Benutzungslage zu prüfen, da ansonsten die Gefahr besteht, ein „leeres Recht“ zu erwerben, welches weder als Angriffs- noch als Verteidigungsmittel taugt. Im besten Fall sind vom Erwerber Nachweise der rechtserhaltenden Benutzung in den letzten fünf Jahren vor Übertragung der Marke zu fordern. Bei Warenmarken ist dieser Nachweis der Benutzung durch Vorlage von Verpackungen oder der Werbung für die Waren möglich. In Bezug auf Dienstleistungsmarken eignen sich insbesondere Nachweise aus der Werbung sowie der Benutzung in der geschäftlichen Korrespondenz und im Internet. Stets sollten erzielte Absatz- und Umsatzzahlen durch eidesstattliche Versicherungen und entsprechende Aufstellungen gefordert und dokumentiert werden. Zudem bietet es sich bei essentiell wichtigen Marken an, eine Klausel in den Kaufvertrag aufzunehmen, wonach der Verkäufer im Falle eines Verfahrens aus bzw. gegen die Marke zur Unterstützung des Erwerbers beim Nachweis der rechtserhaltenden Benutzung verpflichtet wird.

5. Arbeitnehmererfindungen

Ein Sonderproblem in Bezug auf Patente sind **Arbeitnehmererfindungen.** Diesbezüglich **32**
ist zu prüfen, ob das Target die von Arbeitnehmern geschaffenen und gemeldeten Erfindungen fristgerecht in Anspruch genommen hat und die den Arbeitnehmern aus diesen Erfindungen zustehenden Vergütungsansprüche erfüllt wurden[44].

Das Arbeitnehmererfindungsrecht ist im Arbeitnehmererfindungsgesetz (ArbNErfG) ge- **33**
regelt und bestimmt den Übergang von Erfindungen des Arbeitnehmers, die **patent- oder gebrauchsmusterfähig** sind, auf den Arbeitgeber. Nach § 4 ArbNErfG ist es dabei zunächst irrelevant, ob es sich bei den Erfindungen um gebundene Diensterfindungen, welche während der Arbeitszeit entstanden sind, oder auf den aus dem Betrieb des Arbeitgebers stammenden Erfahrungen beruhen, oder aber freie Erfindungen handelt. Bei gebundenen Erfindungen besteht eine Meldepflicht und der Arbeitgeber kann die Erfindung unbeschränkt – in diesem Fall gehen sämtliche Rechte aus der Erfindung an den Arbeitgeber – oder beschränkt – in diesem Fall erhält der Arbeitgeber nur ein Nutzungsrecht – in Anspruch nehmen, vgl. §§ 6 f. ArbNErfG. Bei freien Erfindungen besteht lediglich eine Mitteilungspflicht des Arbeitnehmers. Unter Umständen muss er dem Arbeitgeber ein Benutzungsrecht anbieten. In jedem Fall besteht jedoch nach den §§ 9, 10, 19 ArbNErfG der Anspruch des Arbeitnehmers auf eine angemessene Vergütung.

In Bezug auf Arbeitnehmererfindungen ist insbesondere die Einhaltung des gesetzlich **34**
vorgesehenen förmlichen Verfahrens zu prüfen. Dies umfasst das vorgesehene Meldeverfahren und die fristgerechte Erklärung der Inanspruchnahme, welche nach § 6 ArbNErfG vier Monate ab ordnungsgemäßer Meldung beträgt. Auch die Art der vereinbarten bzw.

---

auch eine deutsche Marke rechtserhaltend in der Schweiz benutzt werden, vgl. Ingerl/Rohnke MarkenG § 26 Rn. 206 ff.

42 vgl. § 43 MarkenG für das Widerspruchsverfahren und § 25 MarkenG für das Verletzungsverfahren.

43 *Bogatz* in BeckOK MarkenR § 26 Rn. 187 f.

44 *Mäder/Schlieper* GRUR-Prax 2017, 420 (421).

gesetzlich vorgesehenen Vergütung muss festgehalten und geprüft werden. Aus dieser können sich erhebliche versteckte Verbindlichkeiten für das Zielunternehmen ergeben. Eventuell bestehende Pflichten gegenüber dem Erfinder gehen zudem nach § 613a BGB als Pflichten aus den zum Zeitpunkt des Übergangs bestehenden Arbeitsverhältnissen auf den Erwerber über, so dass es sich aus Sicht des Erwerbers anbietet, sich vom Verkäufer eine Garantie über die ordnungsgemäße Durchführung des nach dem ArbNErfG vorgesehenen Verfahrens geben zu lassen[45].

6. Kartellrecht

35 Bei bestehenden Verträgen mit Bezug zu IP-Rechten wie Lizenzen oder markenrechtlichen Abgrenzungsvereinbarungen kann unter Umständen auch das Kartellrecht relevant werden. Derartige Verträge sind anfällig für wettbewerbsbeschränkende Klauseln, welche einen Verstoß gegen § 1 GWB bzw. Art. 101 AEUV begründen können.

36 Für bestimmte Vertragsarten bestehen Gruppenfreistellungsverordnungen, welche diese aus dem Anwendungsbereich der Verbote ausnehmen. Relevant sind insbesondere die Verordnungen zum Technologietransfer[46] sowie zu Forschung und Entwicklung[47].

37 Außerhalb des Anwendungsbereichs dieser Freistellungsverordnungen treten kartellrechtliche Probleme aber insbesondere im Hinblick auf Forschungs- und Entwicklungsverträge auf, wenn nicht alle Beteiligten gleichen Zugang zu den Ergebnissen haben. Bei Lizenzverträgen ist insbesondere die Konzernverbundenheit zu berücksichtigen. Wird ein mit dem Zielunternehmen verbundenes Unternehmen, welches abhängig von Rechten der Konzernmutter ist, nicht mitgekauft, kann dies für den Erwerber ein Problem darstellen. Im Zweifel muss dem verbundenen Unternehmen eine Lizenz an den übernommenen Rechten eingeräumt werden, um dieses Problem abzufangen und eine spürbare Wettbewerbsbeschränkung auszuschließen[48]. Schließlich können auch bestehende Vorrechts- und Abgrenzungsvereinbarungen aufgrund eines Verstoßes gegen § 1 GWB oder Art. 101 AEUV nichtig sein, sofern kein ernsthafter und begründeter Anlass zu der Annahme besteht, dass der begünstigte Vertragspartner tatsächlich einen Unterlassungsanspruch hat(te) oder aber die vertraglichen Regelungen in sachlicher oder territorialer Hinsicht über die bestehenden Rechte hinausgehen[49].

IV. Lizenzen & Nutzungsrechte

38 Im Rahmen der weiteren Prüfung spielt neben den aufgezählten typischen Risiken auch der Komplex Lizenzen und Nutzungsrechte eine wichtige Rolle. Dem Zielunternehmen eingeräumte Lizenzen bzw. Nutzungsrechte sind auf ihren Bestand zu prüfen. Insbesondere im Hinblick auf essentielle Rechte wie dem Unternehmenskennzeichen oder bestimmten Patenten ist die Übertragbarkeit des Nutzungsrechts und damit die langfristige Nutzungsmöglichkeit sicherzustellen. Darüber hinaus ist aber auch zu prüfen, welche Lizenzen oder Nutzungsrechte das Zielunternehmen Dritten eingeräumt hat. Die Einräumung eines ausschließlichen Nutzungsrechts kann nämlich unter Umständen sogar die Nutzung durch den eigentlichen Inhaber des Rechts ausschließen. Grundsätzlich gilt, dass der Übergang des Schutzrechts, an welchem die Lizenzen bestehen, regelmäßig auch den Fortbestand sowie die Übertragung des durch die Lizenz eingeräumten Nutzungsrechts zur Folge hat[50].

---

[45] *Hartmann* in BeckMandatsHdB Due Diligence § 14 Rn. 81.

[46] VO (EG) 772/2004 der Kommission v. 27.4.2004.

[47] VO (EU) 1217/2010 der Kommission v. 14.12.2010.

[48] *Weidert/Lux/Klüßendorf* AnwBl 3/2013, 163 (165).

[49] vgl. zur Frage kartellrechtlicher Grenzen markenrechtlicher Abgrenzungsvereinbarungen *Lehmann* MarkenR 2017, 241.

[50] *Hartmann* in BeckMandatsHdB Due Diligence § 14 Rn. 94 unter Verweis auf § 30 Abs. 5 MarkenG, § 15 Abs. 3 PatG, § 33 UrhG, § 22 Abs. 3 GebrMG.

39 Insbesondere in Bezug auf **Marken** und **geschäftliche Bezeichnungen** sind Lizenzeinräumungen nicht selten. Strukturell bestehen gewisse Gemeinsamkeiten zur patentrechtlichen oder urheberrechtlichen Lizenz[51]. Die Grundlagen markenrechtlicher Lizenzen sind in § 30 MarkenG bzw. Art. 25 UMV geregelt. Danach ist der Markenlizenzvertrag grundsätzlich formfrei möglich, wobei im kaufmännischen Geschäftsverkehr als Nachweis des Zustandekommens in aller Regel eine schriftliche Dokumentation vorhanden sein sollte[52]. Eine Eintragung im Markenregister ist in Deutschland nicht möglich, wohingegen dies in Art. 25 UMV für Unionsmarken explizit geregelt ist. Auch dort ist die Eintragung aber rein deklaratorisch. Neben den spezialgesetzlichen Regelungen findet das allgemeine Zivilrecht, insbesondere auch das Recht der allgemeinen Geschäftsbedingungen in den §§ 305 ff. BGB, Anwendung. Bei der Prüfung der Lizenz sind der sachliche sowie räumliche Umfang abzustecken. In sachlicher Hinsicht ist zwischen einer ausschließlichen und einer einfachen Lizenz zu unterscheiden. Eine ausschließliche Lizenz beinhaltet die Verpflichtung für den Lizenzgeber, eine Lizenz desselben Inhalts zukünftig nicht an Dritte zu vergeben und sich auch selbst einer solchen Markennutzung in Zukunft zu enthalten[53]. Zudem gilt es zu prüfen, welche Waren und Dienstleistungen in sachlicher Hinsicht von der Lizenz erfasst sind. Sollte sich die Lizenz nicht auf die gesamte Marke bzw. geschäftliche Bezeichnung, sondern nur auf einen Teil der registrierten Waren und Dienstleistungen bzw. eine bestimmte Branche, beziehen, könnte dies die Marke im schlimmsten Fall für den Käufer unbrauchbar machen. Insbesondere bei Unionsmarken ist zudem das Lizenzgebiet festzustellen. Nach Art. 25 Abs. 1 UMV kann die Lizenz auch nur für einen Teil der Union erteilt werden.

40 Die Übertragbarkeit der Lizenz oder die Erteilung von Unterlizenzen ist im Gesetz nicht explizit geregelt. Als dingliches Recht ist diese aber grundsätzlich frei übertragbar. Soweit der Lizenzvertrag keine ausdrücklichen Regelungen vorsieht, sind die Rechte des Lizenznehmers im Wege der Auslegung zu ermitteln. Im Zweifel ist von einer ausschließlichen Lizenz auch das Recht zur Übertragung und zur Erteilung von Unterlizenzen erfasst[54]. Dem einfachen Lizenznehmer steht ein derartiges Recht nicht zu.

41 Nach § 31 DesignG bzw. Art. 32 GGV können auch **Designs** bzw. **Gemeinschaftsgeschmacksmuster** Gegenstand von Lizenzen sein. Der Regelungsgehalt der Vorschriften ist an § 30 MarkenG bzw. Art. 25 UMV angelehnt[55], so dass die oben dargestellten Grundsätze auch in dieser Hinsicht Anwendung finden.

42 Auch **Patente** können Gegenstand von (formfreien) Lizenzen sein. Eine entsprechende Regelung findet sich in § 15 PatG. Dasselbe gilt für **Gebrauchsmuster,** vgl. § 22 GebrMG. Auch insoweit ist zwischen ausschließlichen und einfachen Lizenzen zu unterscheiden, und der sachliche Umfang der Lizenz ist zu dokumentieren. Insbesondere sind Beschränkungen des Lizenznehmers zu beachten. Neben territorialen Begrenzungen sind Einschränkungen bei den Benutzungshandlungen (zB Import- und Exportlizenzen, Herstellungs- oder Vertriebslizenzen), Einschränkungen bei den Produktionsstätten sowie mengenmäßige Beschränkungen zu berücksichtigen[56]. Auch insoweit gilt, dass der Umfang im Zweifel durch Auslegung zu ermitteln ist. In diesem Rahmen gilt als Auslegungshilfe auch die Zweckübertragungslehre, die besagt, dass der Lizenzgeber im Zweifel nur so viele Befugnisse übertragen möchte, wie der Lizenznehmer zur Ausübung des vertragsbedingten Zwecks benötigt[57]. Zu beachten ist, dass die ex-tunc Löschung eines Patents im Nichtigkeitsverfahren nach der Rechtsprechung keine Auswirkung auf die bereits entstandenen

[51] Ingerl/Rohnke MarkenG § 30 Rn. 2.
[52] *Taxhet* in BeckOK MarkenR § 30 Rn. 7.
[53] *Taxhet* in BeckOK MarkenR § 30 Rn. 36.
[54] *Taxhet* in BeckOK MarkenR § 30 Rn. 136–138; Ingerl/Rohnke MarkenG § 30 Rn. 49 unter Hinweis auf BGH, GRUR 1987, 37 – Video-Lizenzvertrag (zum UrhG).
[55] *Eichmann* in Eichmann/v. Falckenstein/Kühne Designgesetz § 31 Rn. 1.
[56] Für eine Übersicht möglicher Einschränkungen vgl. *Loth/Hauck* in BeckOK PatR § 15 Rn. 42–43.
[57] *Loth/Hauck* in BeckOK PatR § 15 Rn. 43.

Ansprüche des Lizenzgebers gegen den Lizenznehmer auf Zahlung der Lizenzgebühr hat, sofern das Patent bis zur Löschung von Mitbewerbern respektiert wurde[58]. Bei sogenannten standardessentiellen Patenten gibt es als Sonderproblem FRAND Zwangslizenzen[59].

43 Besonders relevant ist die Einräumung von Nutzungsrechten im **Urheberrecht.** Dieses ist in Deutschland als solches nicht übertragbar, so dass eine Nutzung durch Dritte stets mit der Einräumung von Nutzungsrechten verbunden ist, vgl. §§ 31 ff. UrhG. Sofern das Urheberrecht beim Zielunternehmen bzw. einem Mitarbeiter des Zielunternehmens liegt, kommt die Einräumung eines (ausschließlichen) Nutzungsrechts an den Käufer in Betracht. Soll das Nutzungsrecht vom Zielunternehmen auf den Käufer übertragen werden, sind die oben aufgeworfenen Fragen zur Übertragbarkeit sowie zum Umfang des Nutzungsrechts zu klären. Die Übertragung von Nutzungsrechten geschieht durch Abtretung nach §§ 398, 413 BGB. Diesbezüglich ist zu prüfen, ob die Nutzungsrechte fehlerfrei auf das Zielunternehmen übertragen wurden, mithin eine lückenlose Kette von Rechtseinräumungen („chain of title") vorliegt. Grundsätzlich ist nach § 34 Abs. 1 UrhG zur Übertragung eines Nutzungsrechts die Zustimmung des Urhebers nötig. Dieses Zustimmungserfordernis entfällt nach § 34 Abs. 3 UrhG jedoch, wenn die Übertragung im Rahmen der Gesamtveräußerung eines Unternehmens oder der Veräußerung von Teilen eines Unternehmens geschieht. Da jedoch die Übertragung nach § 34 Abs. 4 UrhG ausgeschlossen werden kann, sind die Lizenzverträge dennoch im Einzelfall stets genau zu prüfen. Hinsichtlich des Umfangs des eingeräumten Nutzungsrechts gilt die Zweckübertragungstheorie, soweit die Nutzungsarten nicht einzeln bezeichnet werden, vgl. § 31 Abs. 5 UrhG. Danach sind die Nutzungsarten, auf welche sich die Rechtseinräumung bezieht, anhand des von beiden Parteien zugrunde gelegten Vertragszwecks zu bestimmen. Nutzungsarten, die nicht ausdrücklich genannt werden und auch zur Erreichung des Vertragszwecks nicht zwingend nötig sind, verbleiben danach beim Urheber[60]. Daneben verbleibt dem Urheber auch immer sein unveräußerliches Urheberpersönlichkeitsrecht.

V. Dingliche Rechte

44 An bestimmten Schutzrechten können auch dingliche (Sicherungs-)Rechte wie Pfandrechte oder Nießbrauch bestehen oder die Rechte können im Wege der Sicherungsübertragung übereignet worden sein. Dies gilt insbesondere für **Marken** (vgl. § 29 MarkenG, Art. 22 UMV), **Designs** (vgl. § 30 DesignG, Art. 29 GGV), **Patente** (vgl. § 15 PatG) sowie **Gebrauchsmuster.** Da die Bestellung eines Pfandrechts nach §§ 1273, 1274 Abs. 2 BGB die Übertragbarkeit des Rechts voraussetzt, kann das Urheberrecht nicht mit einem solchen belastet werden. Da jedoch die an **Urheberrechten** bestehenden **Nutzungsrechte** grundsätzlich übertragbar sind, kann unter Beachtung des Zustimmungserfordernisses des Urhebers jedenfalls an diesen ein Pfandrecht bestellt werden[61].

45 Die Rechte werden durch rechtsgeschäftliche Vereinbarung dinglich belastet. Der Nießbrauch gewährt nach §§ 1030, 1059, 1061 BGB das dingliche Recht, die Nutzungen aus der Marke, dem Design oder der Erfindung zu ziehen. Dieses Recht erhält der Nießbrauchsberechtigte, anders als der Pfandgläubiger, unter Ausschluss des Inhabers des Schutzrechts. Dieser darf das Schutzrecht weder selbst benutzen noch Lizenzen erteilen. Ist das Schutzrecht lizenziert, stehen die Lizenzgebühren dem Nießbrauchsberechtigten zu[62]. Bei Beeinträchtigung des Nießbrauchsrechts kann der Nießbrauchsberechtigte die Rechte aus dem Schutzrecht gegenüber dem Inhaber sowie auch dem Verletzer geltend machen. Auf der anderen Seite hat der Nießbrauchsberechtigte nach § 1036 Abs. 2 BGB die Regeln einer ordnungsgemäßen Bewirtschaftung zu beachten, woraus sich die Pflicht zur Erhaltung

[58] BGH, GRUR 2002, 787 (789) – Abstreiferleiste; BGH, GRUR 2005, 935 – Vergleichsempfehlung II.
[59] Für eine Übersicht dieses Komplexes vgl. Mes PatG § 9 Rn. 111–120.
[60] *Soppe* in BeckOK UrhR § 31 Rn. 89 ff.
[61] *Plath* CR 2006, 217 (219).
[62] *Grüger* in BeckOK MarkenR § 29 Rn. 19.

des Schutzrechts ergibt. Bei Marken manifestiert sich diese Pflicht insbesondere in der rechtserhaltenden Benutzung. Zudem hat der Berechtigte die nötigen Zahlungen zur Aufrechterhaltung bzw. Verlängerung des Schutzes zu leisten. Der Nießbrauch an sich ist nach § 1059 BGB nicht übertragbar; die Ausübung kann jedoch einem Dritten überlassen werden. Die Übertragbarkeit des Schutzrechts wird durch den daran bestehenden Nießbrauch jedoch nicht beeinträchtigt. Das Pfandrecht gewährt dem Gläubiger nach §§ 1024, 1228, 1235 BGB das Recht, das verpfändete Schutzrecht im Falle der Pfandreife zu verwerten und sich aus dem Erlös zu befriedigen. Das Pfandrecht ist daher kein Benutzungs-, sondern lediglich ein Sicherungsrecht[63]. Im Falle der Beeinträchtigung des Pfandrechts kann der Gläubiger jedoch nach §§ 1273 Abs. 2, 1227 BGB Ansprüche aus dem Schutzrecht gegenüber dem Inhaber sowie Dritten geltend machen, dies jedoch stets nur bis zur Höhe seines Pfandinteresses. Als Alternative zum Pfandrecht können die Rechte auch zur Sicherheit übereignet werden. Das Kausalgeschäft wird in den meisten Fällen ein Darlehensvertrag nach den §§ 488 ff. BGB sein. Das Verfügungsgeschäft richtet sich nach den für die Übertragung gewerblicher Schutzrechte anwendbaren §§ 413, 398 BGB.

An den Schutzrechten bestehende dingliche Rechte werden nur auf Antrag in das **46**
jeweilige Register eingetragen und sind daher im Rahmen der Prüfung nicht immer erkennbar. Insofern sollte sich der Käufer im Kaufvertrag eine Garantie einräumen lassen, dass die zu übertragenden Schutzrechte nicht mit dinglichen Rechten belastet, mithin frei von Rechten Dritter sind. Dies schließt dann auch die Freiheit von Pfändungen etc mit ein.

VI. Rechtsstreitigkeiten

Einen weiteren Schwerpunkt der Prüfung bilden **streitige Auseinandersetzungen** über **47**
den Bestand der Schutzrechte. Darunter fallen amtliche Widerspruchsverfahren oder Löschungsanträge sowie Klagen auf Löschung der Rechte. Darüber hinaus sind auch mögliche Verletzungen der Schutzrechte des Zielunternehmens oder gar von Drittrechten zu berücksichtigen. Relevant sind neben prozessualen Streitigkeiten insbesondere auch vorprozessuale Abmahnungen, Unterlassungs- und Verpflichtungserklärungen sowie Vorrechts- und Abgrenzungsvereinbarungen, welche die Nutzbarkeit der jeweils erfassten Schutzrechte stark einschränken können. Insofern sollte im Verlauf der Prüfung Klarheit über den Stand laufender Verfahren und deren Erfolgsaussichten, gegen das Target bestehende Ansprüche sowie Prozess- und Kostenrisiken geschaffen werden. In diesem Rahmen sind die Verfahrensbeteiligten, der Verfahrensgegenstand, die betroffenen Schutzrechte, der Streitwert, der Stand des Verfahrens sowie mit dem Verfahren verbundene Kosten und etwaige Schadensersatzverpflichtungen detailliert aufzulisten. Bei Verfahren, die essentielle Rechte betreffen, sollte eine fundierte Einschätzung der Erfolgsaussichten eingeholt werden. Auch gegen Dritte anhängige Verfahren sind zu berücksichtigen, da auch aus diesen ein erhebliches Kostenrisiko resultiert.

Vorsicht ist insbesondere im Hinblick auf **einstweilige Verfügungen** geboten. Bei **48**
bereits bekannten Verletzungen gilt für die Beantragung einer einstweiligen Verfügung eine Dringlichkeitsfrist, welche je nach Gericht zwischen vier und acht Wochen betragen kann[64]. Bei bereits erlassenen aber noch nicht zugestellten einstweiligen Verfügungen sollte zudem unbedingt die Zustellungsfrist von einem Monat ab Verkündung notiert werden, § 929 Abs. 2 ZPO. Auch die verspätete Vollstreckung von Verstößen gegen eine erlassene und bereits zugestellte einstweilige Verfügung kann dringlichkeitsschädlich sein und zur Aufhebung des erlassenen Beschlusses führen[65]. Eine solche Aufhebung hat im schlimmsten Fall verschuldensunabhängige Schadensersatzansprüche nach § 945 ZPO zur Folge. Vor

[63] vgl. BGH, GRUR 1994, 602 (604) – Rotationsbürstenwerkzeug für das Patentrecht.
[64] Für eine Übersicht vgl. *Retzer* in Harte-Bavendamm/Henning-Bodewig UWG § 12 Rn. 305–307.
[65] *Greiner* GRUR-Prax 2017, 477.

diesem Hintergrund sind der Tag der ersten Kenntnis der Verletzung, wobei auf die Kenntnis des zuständigen Mitarbeiters der Rechtsabteilung abzustellen ist, sowie gegebenenfalls der Tag der Verkündung und Zustellung der einstweiligen Verfügung und der sich daraus ergebenden Fristen zu notieren.

49 In Bezug auf **Marken** ist die Dokumentation vergangener Rechtsstreitigkeiten von besonderer Bedeutung. Bei besonders bekannten Marken, die drohen, zu beschreibenden Gattungsbegriffen (sogenannten „Generics") zu verkommen, oder Marken, die stark an beschreibende Begriffe angelehnt sind, muss der Inhaber nachweisen, dass er konsequent gegen ähnliche Drittzeichen vorgegangen ist, um einer Verwässerung oder gar dem Verlust des Rechts vorzubeugen. Anderenfalls ist eine erhebliche Reduzierung des Schutzumfangs bis hin zur Schutzunfähigkeit zu befürchten. Es ist daher zu prüfen und zu vermerken, inwiefern das Markenportfolio des Zielunternehmens auf Neueintragungen ähnlicher Drittmarken überwacht wurde und ob der Inhaber konsequent gegen solche vorgegangen ist. Dokumentationen zu früheren Verfahren, außergerichtlichen Abmahnungen oder geschlossenen (Abgrenzungs-)Vereinbarungen sind daher unbedingt zu sichern.

C. Übertragung von gewerblichen Schutzrechten

I. Übertragbarkeit von gewerblichen Schutzrechten

50 Grundsätzlich gilt, dass gewerbliche Schutzrechte frei übertragbar sind. Dabei gelten jedoch Besonderheiten sowie gesetzliche Sonderregelungen, welche insbesondere im Rahmen einer Unternehmenstransaktion zu beachten sind.

51 Etwas anderes gilt in Bezug auf das Urheberrecht, welches als solches nicht übertragbar ist. Lediglich die an einem Werk bestehenden Nutzungsrechte können mit Zustimmung des Urhebers übertragen werden.

1. Anwendbares Recht

52 Verträge, durch welche Schutzrechte wie Patente, Marken oder Designs übertragen werden, unterliegen gemäß Art. 4 Rom I-VO dem Recht des Schutzlandes[66].

53 Eine Besonderheit gilt bei Unionsmarken sowie Gemeinschaftsgeschmacksmustern, welche Schutz für die gesamte EU gewähren. Hier gilt gemäß Art. 17 UMV bzw. Art. 28 GGV für den Rechtsübergang das nationale Recht desjenigen Mitgliedstaats, der nach den Vorgaben der Art. 16 UMV bzw. Art. 27 GGV ermittelt wurde. Dies ist entweder der Wohnsitz bzw. Sitz des Markeninhabers (lit. a) oder, in Ermangelung eines (Wohn-)Sitzes, der Ort der Niederlassung (lit. b). Das in dieser Bestimmung für anwendbar erklärte Recht ist das nationale Recht insgesamt, einschließlich des internationalen Privatrechts, welches auf das Recht eines anderen Staates verweisen kann[67].

2. Verpflichtungs- und Verfügungsgeschäft

54 Die Übertragung gewerblicher Schutzrechte erfordert als Vermögensverfügung ein schuld- und ein sachenrechtliches Geschäft, welche jedoch in der Regel zeitlich zusammenfallen. Das **Kausalgeschäft** stellt einen Teil des Unternehmenskaufvertrags dar und ist bei Entgeltlichkeit, was den Regelfall darstellt, als Rechtskauf gemäß § 453 BGB zu bewerten. Das **Verfügungsgeschäft** fällt nach herrschender Meinung unter § 413 BGB, so dass die Regelungen über die Abtretung in den §§ 398 ff. BGB entsprechend Anwendung finden[68]. Dies gilt auch für die Einräumung bzw. Übertragung von Nutzungsrechten an Urheber-

[66] *Martiny* in MüKoBGB Rom I-VO Art. 4 Rn. 264 unter Verweis auf BGH GRUR Ausl. 1965, 504.
[67] Richtlinien für die vom EUIPO durchgeführte Prüfung – Unionsmarken, Teil E Register, Abschnitt 3 Unionsmarken als Gegenstand des Vermögens, Kapitel 1 Rechtsübergang.
[68] *Taxhet* in BeckOK MarkenR § 27 Rn. 19; *Loth/Hauck* in BeckOK PatR § 15 Rn. 11.

rechten[69] sowie, in Ermangelung spezialgesetzlicher Regelungen, für geschäftliche Bezeichnungen[70]. Neben bereits bestehenden bzw. eingetragenen Rechten ist grundsätzlich auch die Übertragung von bloßen Anmeldungen[71] oder gar zukünftigen Rechten[72], welche noch nicht angemeldet wurden, möglich.

3. Formvorschriften

Die Übertragung von Schutzrechten ist grundsätzlich formfrei möglich. Ist bei den Regis- **55**
terrechten die erste Eintragung in das jeweilige Register noch konstitutiv, so ist diese bei der Übertragung der Rechte lediglich deklaratorisch. Da jedoch Unternehmenskaufverträge ohnehin in aller Regel notariell beurkundet werden, ist diese Frage eher theoretischer Natur. Darüber hinaus sind jedoch in Bezug auf bestimmte Schutzrechte gewisse Besonderheiten zu beachten.

Bei nationalen **Patenten** ist die Übertragung an sich zwar auch grundsätzlich formfrei **56**
möglich. Nach § 30 Abs. 3 S. 2 PatG ist die Eintragung des neuen Inhabers in die Patentrolle allerdings zur Durchsetzung der Rechte aus dem Patent nötig. Es empfiehlt sich daher, die Umschreibung der Inhaberschaft bereits mit der Übertragung vorzunehmen. Die Verpflichtung zur zeitnahen Beantragung der Umschreibung und allen weiteren Mitwirkungshandlungen sollte explizit in den Kaufvertrag aufgenommen werden. Die Übertragung des neuen **Europäischen Patents** muss nach Art. 72 EPÜ schriftlich erfolgen.

Auch die rechtsgeschäftliche Übertragung von **Unionsmarken** muss gemäß Art. 20 **57**
Abs. 3 UMV grundsätzlich schriftlich erfolgen. Diese Formvorschrift betrifft ausschließlich das dingliche Rechtsgeschäft. Da jedoch in der Regel Kausal- und Verfügungsgeschäft zusammenfallen, ist auch das Verpflichtungsgeschäft in den meisten Fällen schriftlich zu fassen[73].

Bei **Marken,** deren Schutz im Wege **Internationaler Registrierung** auf verschiedene **58**
Länder erstreckt wurde, gelten ebenfalls gewisse Besonderheiten. Stellt die zu übertragende Marke die Basismarke dar, gelten die oben dargestellten Grundsätze zum anwendbaren Recht. Soll aber nur ein nationales Recht übertragen werden, welches im Wege der Schutzerstreckung der Basismarke entstanden ist, erfolgt die Änderung des Registers durch die WIPO. Voraussetzung für die Eintragung als neuer Inhaber einer internationalen Registrierung in das Register der WIPO ist zudem, dass dieser in dem jeweiligen Land eine tatsächliche operative Niederlassung eines Handels- oder Herstellungsbetriebs *(„real and effective industrial or commercial establishment")* oder seinen Sitz hat, welches demselben Abkommen beigetreten ist (MMA / PMMA), wie diejenigen Länder, die Teil der internationalen Registrierung sind[74].

Das Nutzungsrecht an **Urheberrechten** kann nach § 34 Abs. 1 UrhG nur mit der **59**
Zustimmung des Urhebers übertragen werden. Dies gilt auch für alle verwandten Schutzrechte wie insbesondere Leistungsschutzrechte. Die Zustimmung bedarf als empfangsbedürftige Willenserklärung grundsätzlich keiner Form. Zu Beweiszwecken sollte diese jedoch stets schriftlich eingeholt werden. Bei fehlender Zustimmung haftet der Käufer nach § 34 Abs. 4 UrhG neben dem Verkäufer als Gesamtschuldner für die Verpflichtungen aus dem Vertrag mit dem Urheber.

---

69 *Soppe* in BeckOK UrhR § 31 Rn. 77 ff.
70 *Taxhet* in BeckOK MarkenR § 27 Rn. 77 ff.
71 *Taxhet* in BeckOK MarkenR § 27 Rn. 66.
72 vgl. BGH, NJW-RR 1998, 1057 – Geschmacksmusterrechtliche Anwartschaften im Konkursverfahren; BGH, GRUR 1955, 286 (289) – Kopiergerät.
73 *Taxhet* in BeckOK MarkenR UMV Art. 20 Rn. 11.
74 *Taxhet* in BeckOK MarkenR § 27 Rn. 72.

4. Teilübertragung

60 Grundsätzlich ist auch die Übertragung nur eines Teils der Schutzrechte möglich. Ein **Patent** kann insbesondere in ideellen Bruchteilen veräußert werden. Auch die Übertragung nur eines Teils des Patents, beispielsweise beschränkt auf bestimmte Patentansprüche, ist möglich[75]. Die Regelungen gelten nach § 22 GebrMG grundsätzlich auch für die Übertragung von **Gebrauchsmustern. Nationale** wie auch **Unionsmarken** können ebenfalls nur teilweise, begrenzt auf bestimmte Waren und Dienstleistungen, übertragen werden. Eine Übertragung für nur einen Teil der Union ist bei der Unionsmarke aufgrund des Einheitlichkeitsgrundsatzes nicht möglich, ebenso scheidet dies für die nationale (deutsche) Marke aus. Dies kann insbesondere dann relevant werden, wenn auch nur ein Teil des Zielunternehmens übertragen werden soll, so dass bestimmte Produktionsbereiche beim alten Inhaber verbleiben. Wird jedoch dieselbe Marke von zwei Unternehmen für ähnliche Waren bzw. Dienstleistungen benutzt, so kann dies zu erheblichen Problemen wie einer Schwächung der Kennzeichnungskraft oder auch eines Ansehensverlusts führen. Es sollte daher erwogen werden, mit dem Kaufvertrag zugleich eine Abgrenzungsvereinbarung abzuschließen, um mögliche künftige Konflikte bestmöglich auszuschließen[76]. Unter Umständen kommt im Falle der Teilübertragung nationaler Marken sogar eine Teilung der Registrierung (gesplittet nach bestimmten Waren und Dienstleistungen) in Betracht, welche nach § 46 MarkenG vom ursprünglichen Inhaber beantragt werden kann[77]. Internationale Registrierungen können zudem auch nur für einen Teil der Länder übertragen werden, auf die ihr Schutz erstreckt wurde. Inwiefern dann auch eine teilweise Übertragung der jeweiligen nationalen Rechte möglich ist, richtet sich nach dem Recht des jeweiligen Schutzlandes.

II. Besonderheiten der Übertragung im Rahmen einer Transaktion

61 Bei der Übertragung von Schutzrechten im Rahmen einer Transaktion sind weitere Besonderheiten zu beachten. Zwar gilt der Grundsatz der Akzessorietät, wonach die Inhaberschaft an dem Recht im Zweifel dem Geschäftsbetrieb folgt, zu dem das Schutzrecht gehört. Allerdings existieren auch zu diesem Grundsatz wiederum bestimmte Ausnahmen:

1. Share Deal

62 Bei einem Share Deal erwirbt der Käufer nicht einzelne Vermögensgegenstände, sondern Anteile der Gesellschaft als Gesamtheit. Sämtliche zugehörige Rechte verbleiben bei der zu übertragenden Gesellschaft, nur der Inhaber ändert sich. Die Prüfung muss sich in diesem Fall darauf konzentrieren, ob das Unternehmen über alle notwendigen Rechte verfügt, damit es der Erwerber mit dem angestrebten Umfang und Ziel fortführen kann.

63 Für viele Schutzrechte existieren Bestimmungen, wonach das Recht im Fall eines Unternehmensübergangs im Zweifel mit übergeht[78]. Danach wird vermutet, dass die rechtsgeschäftliche Übertragung eines Unternehmens in seiner Gesamtheit diejenigen Rechte erfasst, welche zu dem Unternehmen gehören. Bei nationalen Marken und Urheberrechten greift diese Vermutung sogar bei der Übertragung eines Teils des Unternehmens, sofern es sich um eine geschlossene Einheit handelt[79]. Für den Übergang eines Geschäftsbetriebs ist es nicht zwingend erforderlich, dass das gesamte Betriebsvermögen übergeht. Entscheidend ist, dass der Erwerber erkennbar die Geschäftstradition fortsetzt[80].

---

75 BGH, GRUR 2009, 657 Rn. 17 – Blendschutzbehang.
76 *Hartmann* in BeckMandatsHdB Due Diligence § 14 Rn. 26.
77 *Taxhet* in BeckOK MarkenR § 27 Rn. 52 ff.
78 vgl. zB § 29 Abs. 2 DesignG, § 27 Abs. 2 MarkenG, Art. 20 Abs. 2 UMV.
79 vgl. § 27 Abs. 2 MarkenG; § § 34 Abs. 3 S. 1 Alt. 2 UrhG.
80 BGH, GRUR 2004, 790 – Gegenabmahnung; BGH, GRUR 2002, 972 – FROMMIA.

In diesem Fall des akzessorischen Übergangs der Schutzrechte entfällt auch das **Schriftformerfordernis** des Art. 20 Abs. 3 UMV sowie das Zustimmungserfordernis des Urhebers nach § 34 Abs. 1 UrhG[81]. **64**

Im **Urheberrecht** besteht zudem eine weitere Besonderheit, wenn im Rahmen des Share Deals nur Teile der Unternehmensanteile veräußert werden. Es ist fraglich, ob die Regelung des § 34 Abs. 3 UrhG, wonach das Zustimmungserfordernis entfällt, in diesem Fall Anwendung findet. Hier sollte nach vorzugswürdiger Ansicht darauf abgestellt werden, ob durch die Veräußerung die Kontrolle über das Unternehmen verändert wird, wie dies auch in den in der Praxis häufigen „change of control Klauseln" vorausgesetzt wird. Dies ist in der Regel der Fall, wenn die Mehrheit der Gesellschaftsanteile oder der Stimmrechte („50% plus 1 Stimme") übergeht oder ein Dritter in sonstiger Weise die Kontrolle übernimmt[82]. **65**

2. Asset Deal

Bei einem Asset Deal, dem Kauf einzelner Vermögensgegenstände, muss der Verkäufer mit dem Erwerber einen schuldrechtlichen Vertrag über die Übertragung des Unternehmens als Sach- und Rechtsgesamtheit schließen. Daneben ist ein Vertrag über den Eigentumsübergang an den einzelnen Sachen, Forderungen, (Schutz- und Nutzungs-) Rechten erforderlich (§§ 398, 873ff., 929 BGB). Der Asset Deal setzt damit eine Übertragung jedes einzelnen Rechts voraus und erfordert eine möglichst exakte Benennung im Unternehmenskaufvertrag. Geschieht dies nicht, stellt sich die Frage, ob die Nichtbenennung der Rechte erfolgte, um sie gerade von der Übertragung der Assets auszunehmen. Dann kommt es darauf an, ob die übertragenen Vermögenswerte darauf schließen lassen, dass der Erwerber die Tradition des Geschäftsbetriebs fortsetzen wird[83]. Die Verträge müssen sorgfältig daraufhin geprüft werden, ob die Schutzrechtsübertragung auf den Erwerber nicht aus irgendeinem Grund ausgeschlossen ist. Zudem besteht die Möglichkeit, dass der Veräußerer dem Erwerber eine bloß schuldrechtliche Lizenz an den Rechten einräumt. **66**

Auch im Rahmen des Asset Deals können aber die oben dargestellten Zweifelsregelungen greifen. Dies gilt insbesondere dann, wenn die Gesamtheit der zu übertragenden Assets das gesamte Unternehmensvermögen des Zielunternehmens oder des zu übertragenden Unternehmensteils ausmacht. In diesem Fall entfallen, wie oben dargestellt, auch eventuell bestehende Schriftform- oder Zustimmungserfordernisse. **67**

Die **Firma** sowie sonstige **Unternehmenskennzeichen** im Sinne des § 5 MarkenG sind gemäß § 23 HGB streng akzessorisch mit dem Handelsbetrieb verbunden und können nicht ohne diesen veräußert werden. Erforderlich ist die Übertragung der Firma *„in zeitlichem und wirtschaftlichem Zusammenhang mit dem zugehörigen Geschäftsbetrieb"*[84]. In diesem Fall kann sich der Erwerber auf die Priorität der älteren Firma berufen[85]. Umgekehrt ist bei Übertragung des Geschäftsbetriebs im Zweifel auch von der Übertragung der geschäftlichen Bezeichnung auszugehen, selbst wenn ein auf Fortsetzung des Geschäftsbetriebs gerichteter Wille des Erwerbers nicht vorliegt[86]. Da es aber für die Übertragung der Firma nicht in jedem Fall erforderlich ist, den gesamten Geschäftsbetrieb zu übertragen, ist auch eine Übertragung im Rahmen eines Asset Deals möglich, sofern die Übertragung diejenigen Werte erfasst, die nach wirtschaftlichen Gesichtspunkten den Schluss darauf zulassen, dass die Geschäftstradition durch den Erwerber fortgeführt werden wird[87]. Dies gilt auch für **Werktitel** im Sinne des § 5 Abs. 3 MarkenG, so dass der Titel **68**

---

81 Vgl. § 34 Abs. 3 UrhG.
82 *Soppe* in BeckOK UrhR § 34 Rn. 21.
83 *Taxhet* in BeckOK MarkenR § 27 Rn. 26–29.
84 BGH NJW 1991, 1353 – Ott International.
85 BGH, GRUR 1985, 567 – Hydair.
86 *Taxhet* in BeckOK MarkenR § 27 Rn. 78.
87 BGH, GRUR Int 2003, 71 – FROMMIA; BGH NJW 1991, 1353 – Ott International.

nicht ohne die Rechte an dem Werk, für welches der Titel benutzt wird, übertragen werden kann[88].

69 In Bezug auf **Lizenzen** ist im Rahmen des Asset Deals für die Übertragung der eingeräumten Nutzungsrechte der Vertragseintritt des Erwerbers erforderlich, was nach §§ 414, 415 BGB grundsätzlich die Zustimmung des (Lizenz-)Vertragspartners voraussetzt. Der Veräußerer sollte daher dazu verpflichtet werden, die Zustimmung des Lizenzgebers (wie auch im umgekehrten Fall des Lizenznehmers) zur Übernahme des Lizenzvertrags durch den Erwerber einzuholen. Darüber hinaus muss geprüft und gegebenenfalls vom Veräußerer garantiert werden, dass die Nutzungsrechte übertragbar sind[89].

D. Vertragliche Gestaltung und Gewährleistung

70 Im Rahmen der Gestaltung des Unternehmenskaufvertrags sind die oben dargestellten Risiken und Grundsätze zu berücksichtigen. Aber bereits bei der strategischen Entscheidung der Art der Unternehmenstransaktion können die Schutzrechte eine entscheidende Rolle spielen. Je nachdem, welche Rechte bestehen und wer Inhaber dieser Rechte ist, bietet sich entweder ein Share oder aber ein Asset Deal an. Auch können durch die Art der Transaktion teilweise bestehende Formvorschriften ausgehebelt werden. Es bietet sich zudem an, gewisse Aspekte als Closing-Bedingung in den Unternehmenskaufvertrag aufzunehmen.

71 Insbesondere sollte der Veräußerer gewisse **Garantien** abgeben, welche gegebenenfalls eingeklagt werden können. Derartige Garantien können sich auf den Bestand sowie die Eigentümerschaft an den Rechten beziehen. Da selbst bei Registerrechten lediglich die erste Eintragung konstitutiv ist, ist die Eigentümerstellung nicht immer ohne weiteres aus dem Register erkennbar. Jedenfalls bei Diskrepanzen mit der Registereintragung sollte eine Garantie abgegeben werden. Dasselbe gilt für das Nichtvorhandensein dinglicher (Sicherungs-) Rechte. Pfandrechte und Nießbrauch werden ebenfalls nicht zwingend im Register vermerkt. Aber auch eine eventuelle Sicherungsübertragung des Schutzrechtes kann dem Erwerber trotz Prüfung verborgen bleiben. In Bezug auf Lizenzen und Nutzungsrechte sollte der Erwerber vom Veräußerer eine Garantie fordern, dass die Nutzungsrechte übertragbar sind und, sofern nötig, die Zustimmung des Urhebers oder Lizenzgebers eingeholt wurde. In Bezug auf Erfindungen, welche von Arbeitnehmern nach dem ArbNErfG gemacht wurden, sollte schließlich eine Garantie über die ordnungsgemäße Durchführung des nach dem ArbNErfG vorgesehenen Verfahrens verlangt werden. Vorsichtshalber kann im Hinblick auf eventuell noch nicht erfüllte Vergütungsansprüche eine de minimis Regelung aufgenommen werden.

72 Zudem können unter Umständen auch nach dem Closing noch **Mitwirkungshandlungen** des Veräußerers nötig werden. Diese sind insbesondere bei der Umschreibung von Registerrechten relevant. Während die Eintragung bei Markenrechten keine besondere Bedeutung hat, können beispielsweise Patente nur durch den in der Patentrolle eingetragenen Inhaber durchgesetzt werden. Diese Verpflichtung des Veräußerers zur Mitwirkung sowie zur Abgabe aller geforderten und vernünftigerweise erforderlichen Erklärungen sollte unbedingt in den Vertrag aufgenommen und garantiert werden. Dasselbe gilt für eventuell einzuholende Zustimmungen des Lizenzgebers oder Urhebers zur Übertragung von Lizenzen bzw. Nutzungsrechten. Derartige Zustimmungen sollten wie die Übertragung der Rechte selbst zur **Closing-Bedingung** gemacht werden.

73 Bestehen an wesentlichen Schutzrechten des Targets **Lizenzen,** sollten diese zwingend im Kaufvertrag aufgeführt und die Gewährleistung des Erwerbers eingeschränkt werden. Unter Umständen müssen aber nach Übertragung des Rechts auch Lizenzen an das Target gegeben werden, wenn dieses oder deren verbundene Unternehmen auf die Nutzung der

[88] Ingerl/Rohnke MarkenG § 5 Rn. 108.

[89] *Hartmann* in BeckMandatsHdB Due Diligence § 14 Rn. 96.

Schutzrechte angewiesen sind. Dies kann unter Umständen auch geboten sein, um Verstöße gegen das Kartellrecht auszuschließen. Gegebenenfalls ist diese Lizenz jedoch auf den eigentlichen Geschäftsgegenstand des Targets zu beschränken, um Konflikte zu vermeiden. Auch Kündigungsgründe sollten explizit aufgenommen werden.

Da sich Defizite im Eigentum oder die Verletzung von Drittrechten auch erst nach vielen **74**
Jahren zeigen können und die entsprechenden Verjährungsfristen zum Teil die **Gewährleistungsfristen** übersteigen, sollte eine Verlängerung der vertraglichen Gewährleistung vereinbart werden. Aus Käufersicht wäre der Idealfall 10 1/2 Jahre, da bestimmte Verjährungsfristen bis zu zehn Jahren betragen können. Als Kompromiss kann die Gewährleistung auch differenziert nur für bestimmte Rechte verlängert werden.

§ 26 Datenschutz

Übersicht

A. Einführung

1 Am 25.5.2016 ist die EU-Datenschutzgrundverordnung[1] („DSGVO") in Kraft getreten; nach der Übergangsfrist von zwei Jahren ist diese nunmehr seit dem 25.5.2018 auch anwendbar. Die Reform des Datenschutzrechts in der EU hat auch medial für viel Aufsehen gesorgt. Trotz der Übergangsfrist wurden viele – insbesondere kleinere und mittelständische – Unternehmen von der Neuregelung kalt erwischt. Noch heute herrscht bei vielen Unternehmen weiterhin **Unsicherheit,** was nicht zuletzt an dem Fehlen einheitlicher Auslegungsstandards und einem Mangel an einschlägiger Rechtsprechung liegt[2].

2 Neben der DSGVO wurde das nationale Datenschutzrecht novelliert. Zeitgleich ist in Deutschland das neue **Bundesdatenschutzgesetz** („BDSG") in Kraft getreten, welches über die in der DSGVO vorgesehenen Öffnungsklauseln bestimmte Bereiche des Datenschutzrechts – wie beispielsweise das Arbeitnehmerdatenschutzrecht und Zusatzregelungen zur Bestellung des Datenschutzbeauftragten – regelt. Zudem können Daten auch durch außerhalb der DSGVO oder des BDSG liegende Sondernormen geschützt sein. So sind für Telekommunikationsunternehmen das Fernmeldegeheimnis nach § 88 Telekommunikationsgesetz („TKG") sowie § 206 Strafgesetzbuch („StGB") zu beachten. Für Versicherungsunternehmen gilt § 203 StGB und Banken sind zur Wahrung des Bankgeheimnisses verpflichtet[3].

3 Ein Grund für die Unsicherheit und Aufregung war der novellierte **Bußgeldkatalog** der DSGVO; nach Art. 83 Abs. 5 drohen bei Verstößen gegen die DSGVO Bußgelder von bis zu 20 Mio. EUR oder 4 % des weltweiten Umsatzes einer Unternehmensgruppe, je nachdem, welcher Betrag höher ist. Dieser Umstand zwingt Unternehmen nicht nur zu

---

1 Verordnung (EU) 2016/679 des Europäischen Parlaments und des Rates vom 27.4.2016 zum Schutz natürlicher Personen bei der Verarbeitung personenbezogener Daten, zum freien Datenverkehr und zur Aufhebung der Richtlinie 95/46/EG.

2 Verwirrung und Unsicherheit – ein Jahr DSGVO; Handelsblatt 21.5.2019; https://www.handelsblatt.com/politik/deutschland/datenschutz-verwirrung-und-unsicherheit-ein-jahr-dsgvo/24361014.html?ticket=ST-5292203-JTaySHnyDY0xbajuF3WE-ap5; Zuletzt abgerufen am 30.5.2019.

3 *Schröder* in Forgó/Helfrich/Schneider, Betrieblicher Datenschutz, Teil VI, Kapitel 4, Rn. 22.

einer Überprüfung ihrer Datenschutzstandards, sondern auch zu einer fortlaufenden Compliance im Hinblick auf den Umgang mit personenbezogenen Daten.

Vor diesem Hintergrund hat das Thema Datenschutz seit Inkrafttreten der DSGVO auch im Rahmen von Private-Equity-Transaktionen an Bedeutung gewonnen. Nahezu jedes Unternehmen verarbeitet personenbezogene Daten – teilweise „nur“ solche der eigenen Mitarbeiter oder Lieferanten, teilweise aber auch Kundendaten oder gar besondere Kategorien personenbezogener Daten. Je nach Geschäftsmodell kann das Datenschutzrecht im Rahmen der Transaktion von herausragender Bedeutung sein; beispielsweise wenn die Zielgesellschaft Umsätze durch die Monetarisierung von Kundendaten erzielt oder mit vernetzten Technologien im Bereich des Internet of Things („IoT“) arbeitet. In jedem Fall ist das Datenschutzrecht in vielen Bereichen einer Transaktion von Relevanz. **4**

B. Datenschutz in der Transaktion

I. Datenschutzrechtliche Grundsätze

Das Datenschutzrecht ist ein Europäisches **Grundrecht**[4] und schützt natürliche Personen bei der Verarbeitung ihrer personenbezogener Daten. **Personenbezogene Daten** sind nach der Legaldefinition in Art. 4 Nr. 1 DSGVO solche Daten, die sich auf eine identifizierte oder identifizierbare Person beziehen. Identifizierbar ist eine natürliche Person, wenn diese durch die Daten direkt oder indirekt, insbesondere durch Zuordnung zu einer Kennung, identifiziert werden kann. Diese Definition gilt auch für die nationalen Implementierungsgesetze wie das deutsche BDSG. **5**

Die DSGVO findet nach ihrem Art. 3 Anwendung auf die **Verarbeitung,** also die Erhebung, Speicherung, Offenlegung, Übertragung oder auch Veränderung bzw. Löschung personenbezogener Daten durch Verantwortliche, sofern diese (a) innerhalb der EU vorgenommen wird, oder (b) zwar nicht innerhalb der EU vorgenommen wird, aber (i) das Angebot von Waren oder Dienstleitungen an Betroffene innerhalb der EU und deren personenbezogene Daten betrifft oder (ii) der Beobachtung des Verhaltens Betroffener in der EU dient. **6**

Ist die DSGVO danach anwendbar, sind im Rahmen der Unternehmenstransaktion insbesondere Unterlagen relevant, die personenbezogene Daten enthalten und an den Käufer übertragen werden sollen. Dabei kann es sich um Mitarbeiter- oder Kundenlisten, Adressdatenbanken oder aber besonders sensible personenbezogene Daten wie Gesundheitsdaten (zB in Patientenakten oder der Dokumentation klinischer Studien) oder ähnliches handeln. Jeder Verarbeitungsvorgang solch personenbezogener Daten bedarf zu seiner Rechtmäßigkeit stets einer wirksamen **Rechtsgrundlage** gemäß Art. 6 Abs. 1 DSGVO. Die wohl bekannteste und am häufigsten (oft unnötigerweise) herangezogene Verarbeitungsgrundlage ist die Einwilligung des Betroffenen nach Art. 6 Abs. 1 lit. a DSGVO, deren Voraussetzungen in Art. 7 DSGVO konkretisiert werden. Nachteil der Einwilligung ist jedoch, dass die Voraussetzungen für eine wirksame Einwilligung teilweise hoch sein können und diese jederzeit widerruflich ist. Darüber hinaus dürfen personenbezogene Daten nach Art. 6 Abs. 1 lit. f DSGVO insbesondere bei Vorliegen eines legitimen Interesses des Verantwortlichen verarbeitet werden, wenn keine schützenswerten Interessen des Betroffenen entgegenstehen. Hier ist also eine Einzelfallabwägung der widerstreitenden Interessen vorzunehmen. Sollen besondere Kategorien personenbezogener Daten wie Gesundheitsdaten oder Daten über die politische Einstellung oder sexuelle Orientierung eines Betroffenen verarbeitet werden, gilt die strengere Regelung des Art. 9 Abs. 1 DSGVO, wonach in der Regel eine explizite Einwilligung nötig ist, Art. 9 Abs. 2 lit. a DSGVO. Für personenbezogene Daten von **Arbeitnehmern** gilt die Sonderregelung des § 26 BDSG, **7**

[4] Vgl. Erwägungsgrund 1 der DSGVO; Art. 8 EU Grundrechtscharta.

wonach die Verarbeitung erforderlich sein muss, was im Sinne einer Verhältnismäßigkeitsprüfung zu verstehen ist[5].

8 Die DSGVO enthält darüber hinaus aber auch weitere formale Vorgaben, welche von der Zielgesellschaft zu erfüllen sind. So ist ab einer bestimmten Unternehmensgröße ein Datenschutzbeauftragter zu benennen und es ist ein Verzeichnis von Verarbeitungstätigkeiten zu führen. Es müssen interne Prozesse zur Dokumentation der Verarbeitung, der Löschung personenbezogener Daten, der Einhaltung bestimmter Fristen im Falle von Datenschutzvorfällen sowie insbesondere der Information der Betroffenen implementiert werden. Zudem sind bestimmte Voraussetzungen bei der Gestaltung datenschutzrechtlicher Verträge wie Auftragsverarbeitungsverträge nach Art. 28 DSGVO einzuhalten. Der Transfer personenbezogener Daten in Drittstaaten außerhalb des Europäischen Wirtschaftsraums („EWR") ist nach den Art. 44 ff. DSGVO nur zulässig, wenn der Verantwortliche geeignete Garantien zur Sicherstellung eines angemessenen Datenschutzniveaus vorsieht.

9 Diese Aspekte sind in allen Phasen der Transaktion zu berücksichtigen. Die Prüfung der datenschutzrechtlichen Compliance hat sich dabei an den übergeordneten Grundsätzen des Art. 5 DSGVO zu orientieren, wonach Verarbeitungsvorgänge stets rechtmäßig und zweckgebunden erfolgen müssen, die Datenmenge bei jeder Verarbeitung auf das nötige Minimum beschränkt sein muss und die Speicherdauer zu begrenzen ist. Die zur Verarbeitung genutzten technischen Systeme müssen zudem integer und sicher sein.

II. Entscheidung über die Deal-Struktur

10 Die Relevanz des Datenschutzrechts im Rahmen der Transaktion, und damit auch der Prüfungsumfang, variieren je nach Geschäftsmodell der Zielgesellschaft – nicht selten stellen Daten einen bedeutenden wertbildenden Faktor der Zielgesellschaft dar. Dieser Aspekt kann insbesondere auch Auswirkungen auf die **Auswahl der Deal-Struktur** haben. Neben der bloßen datenschutzrechtlichen Compliance der Zielgesellschaft, welche stets relevant und zu prüfen ist, stellt sich nämlich die Frage, inwiefern Datenbestände nach Abschluss der Transaktion für die Käuferseite nutzbar sein sollen/müssen (zB zu Werbezwecken) bzw. inwiefern personenbezogene Daten während oder nach Abschluss der Transaktion an den Käufer oder einen Dritten übertragen werden sollen.

11 Sofern der Datenbestand der Zielgesellschaft von besonderem Interesse ist, ist es sinnvoll, derartige Überlegungen bereits früh anzustellen und bei der Entscheidung über die konkrete Deal-Struktur zu berücksichtigen. Stellen die personenbezogenen Daten der Zielgesellschaft einen besonders relevanten Vermögensgegenstand dar, welcher nach Beendigung der Transaktion auch vom Erwerber genutzt werden soll, so bietet sich ein **Share Deal** an, da die Daten in diesem Rahmen nicht gesondert übertragen werden. Dies gilt jedoch nur, soweit die Zielgesellschaft als eigenständiges Unternehmen bestehen bleibt und die Daten nicht auch durch Mutter-, Tochter- oder Schwesterunternehmen genutzt werden sollen. In diesen Fällen ist eine Übertragung der Daten nötig, die wiederum einer gesonderten Rechtsgrundlage bedarf und in aller Regel die Informationspflichten der Art. 13, 14 DSGVO auslöst. In diesen Fällen bietet sich eine **Verschmelzung** oder **Abspaltung** der Zielgesellschaft an. Da die Umwandlung oder Verschmelzung einen gesetzlich angeordneten Übergang von Daten vorsieht, ist das neu geschaffene bzw. den Unternehmensteil enthaltene Unternehmen nicht Dritter im Sinne der DSGVO, sodass diese hier bereits keine Anwendung findet[6]. Dies ist insbesondere bei Zielgesellschaften zu empfehlen, welche besondere Kategorien personenbezogener Daten (zB Gesundheitsdaten) verarbeiten. Derartige personenbezogene Daten können ansonsten nach Art. 9 Abs. 1, Abs. 2 lit. a DSGVO nur mit expliziter Einwilligung der Betroffenen übertragen werden, was in den

---

[5] BeckOK DatenschutzR/Riesenhuber BDSG § 26 Rn. 63 ff.

[6] Innenministerium Baden-Württemberg, Hinweise zum Datenschutz in der privaten Wirtschaft, Nr. 38, A. Nr. 3, abrufbar unter https://www.datenschutz-help.de/hinweis%2038.htm (Stand: 2/2018), zuletzt abgerufen am 30.5.2019; Datenschutzaufsichtsbehörde Hessen, LT-Drs. 15/1539, 10.

meisten Fällen praktisch nicht umsetzbar sein wird, sodass der Datenbestand vom Erwerber im worst-case nicht rechtmäßig genutzt werden kann.

III. Non-Disclosure Agreements

Neben der Entscheidung über die Deal-Struktur spielt das Datenschutzrecht bei der Vorbereitung der Transaktion insbesondere auch im Rahmen der Gestaltung von Geheimhaltungsvereinbarungen oder **Non-Disclosure Agreements** („NDA“) eine Rolle. Zu Beginn wird mit den potenziellen Erwerbern in aller Regel – sei es im Bieterprozess oder jedenfalls vor dem Austausch geheim zu haltender Informationen – ein NDA geschlossen[7]. Dasselbe gilt im Hinblick auf den Betreiber des Datenraums, in welchem den potenziellen Erwerbern die Unterlagen für ihre Due Diligence zur Verfügung gestellt werden. **12**

Diesbezüglich herrscht seit Inkrafttreten der DSGVO Unsicherheit, inwiefern deren Regelungen im Rahmen eines NDA zu berücksichtigen sind. Der Abschluss der NDAs ist aus datenschutzrechtlicher Sicht insoweit relevant, als dass durch diese der **Kreis der Zugriffsberechtigten** begrenzt wird und die Löschung bzw. Zerstörung der Daten nach Abbruch der Transaktion festgelegt wird[8]. Zudem, und dies ist insbesondere im Verhältnis zum Betreiber des Datenraums von besonderer Relevanz, sollte ein NDA die nötigen **technischen und organisatorischen Schutzmaßnahmen** im Sinne des Art. 32 DSGVO festlegen, um so einen Mindestsicherheitsstandard zu vereinbaren. Die Parteien sollten sich verpflichten, die personenbezogenen Daten zweckgebunden, mithin nur zur Evaluierung der Zielgesellschaft und zur Durchführung der Transaktion, zu nutzen und die personenbezogenen Daten nicht an Dritte weiterzugeben. **13**

Darüber hinausgehende Regelungen zur Einhaltung des Datenschutzrechts sind in der Praxis häufig, aus rechtlicher Sicht jedoch nicht zwingend, da alle Parteien das anwendbare Recht ohnehin einhalten müssen. In der Regel ist von der Aufnahme derartiger generischer Klauseln **abzuraten,** da ansonsten jeder datenschutzrechtliche Verstoß zugleich auch einen Vertragsverstoß zur Folge hätte. Aus Verkäufersicht sind zudem Versicherungen oder Garantien, dass die Offenlegung in jedem Fall datenschutzkonform erfolgt und im Einklang mit der DSGVO steht, tunlichst zu vermeiden, da dies bei den im Rahmen einer Due Diligence regelmäßig offengelegten Daten wohl kaum zugesagt werden kann. **14**

IV. Vertragsverhältnis zum Datenraumbetreiber

Die Bereitstellung des virtuellen Datenraums („VDR“) durch den Datenraumbetreiber stellt in der Regel ein **Auftragsverarbeitungsverhältnis** dar, sodass zwingend ein Auftragsverarbeitungsvertrag im Sinne des Art. 28 DSGVO abzuschließen ist. **15**

Kommt es in diesem Rahmen zur Übertragung personenbezogener Daten in **Drittstaaten** außerhalb des EWR – maßgeblich ist in diesem Zusammenhang der Standort der Server des Anbieters – so sind zudem die Art. 44 ff. DSGVO einschlägig. Die DSGVO verbietet in ihrem Anwendungsbereich die Übertragung von personenbezogenen Daten in Drittstaaten außerhalb des EWR, sofern nicht zusätzliche geeignete Garantien zur Gewährleistung eines angemessenen Datenschutzniveaus vorgesehen sind, vgl. Art. 44, 46 DSGVO. In diesem Fall werden als zusätzliche Schutzmaßnahme regelmäßig die EU Standard Vertragsklauseln[9] im Sinne der Art. 46 Abs. 2 lit. c, 93 Abs. 2 DSGVO mit den Datenraumbetreibern abgeschlossen. **16**

---

[7] Vgl. Weitnauer, Handbuch Venture Capital, Teil F, Rn. 35; *Linke/ Fröhlich* GWR 2014, 449.
[8] *Schröder* in Forgó/Helfrich/Schneider, Betrieblicher Datenschutz, Teil VI, Kapitel 4, Rn. 46.
[9] EU Standardvertragsklauseln abrufbar unter https://ec.europa.eu/info/law/law-topic/data-protection/international-dimension-data-protection/standard-contractual-clauses-scc_de, zuletzt abgerufen am 30.5.2019.

V. Due Diligence

17 Einen zentralen Punkt der Transaktion stellt die rechtliche Prüfung der Zielgesellschaft in der Due Diligence dar. In diesem Zusammenhang wird das Datenschutzrecht aus Verkäufersicht bereits bei der Frage relevant, welche Dokumente, die personenbezogene Daten enthalten, übertragen und offengelegt werden dürfen, bzw. inwieweit Schwärzungen vorgenommen werden müssen. Aus Sicht der Bieter bzw. des Erwerbers ist dann anhand der bereitgestellten Unterlagen die datenschutzrechtliche Compliance des Zielunternehmens zu prüfen. Insbesondere dieser Aspekt hat seit Inkrafttreten der DSGVO aufgrund der hohen Bußgelder enorm an Bedeutung gewonnen.

1. Offenlegung der Daten für die Due Diligence

18 Aus Käufersicht ist datenschutzrechtlich von besonderer Relevanz, inwiefern die Dokumente für die Due Diligence der Bieter bzw. Erwerber bereitgestellt werden dürfen, wenn diese auch personenbezogene Daten enthalten. Die mit der Bereitstellung der Dokumente verbundene **Offenlegung** personenbezogener Daten unterliegt den Regelungen der DSGVO und muss damit **rechtmäßig** und **transparent** erfolgen. Im Hinblick auf personenbezogene Daten von Arbeitnehmern ist zudem § 26 BDSG zu beachten.

19 Die Rechtmäßigkeit der Offenlegung setzt insbesondere voraus, dass in jedem Fall eine gültige **Rechtsgrundlage** für die mit der Offenlegung der personenbezogenen Daten verbundene Verarbeitung gegeben ist. Eine Einwilligung der Betroffenen wird in den allermeisten Fällen nicht vorliegen und – praktisch wie auch aus rechtlichen Erwägungen – auch nicht eingeholt werden können, sodass eine Offenlegung, sofern es sich nicht um besondere Kategorien personenbezogener Daten handelt, welche stets nur mit Einwilligung der Betroffenen möglich ist, lediglich aufgrund des **legitimen Interesses** des Verkäufers gerechtfertigt sein kann.

20 Auch wenn das Interesse des Verkäufers am Gelingen der Transaktion regelmäßig als sehr hoch zu bewerten ist[10], setzt die Erreichung des Ziels nicht in jeder Phase der Transaktion bereits die Offenlegung (sämtlicher) personenbezogener Daten voraus. Oft stellt sich die Offenlegung **pseudonymisierter** oder gar **anonymisierter** Daten als ausreichendes, aber die Rechte der Betroffenen weniger belastendes Mittel dar. Zu diesem Zweck müssen die bereitzustellenden Dokumente umfangreich geschwärzt werden, was den Aufwand und damit auch die Kosten der Transaktion deutlich erhöhen kann.

21 Mit Voranschreiten der Transaktion und der damit verbundenen Einschränkung des Bieterkreises können nach und nach mehr personenbezogene Daten und ungeschwärzte Dokumente offengelegt werden. Spätestens zu dem Zeitpunkt, zu welchem sich ein *Preferred Bidder* herauskristallisiert hat, ist eine Offenlegung der personenbezogenen Daten sogar nötig, um eine umfassende Prüfung durchführen zu können. Hier wird das Interesse des Verkäufers am Gelingen der Transaktion das Interesse der Betroffenen am Schutz ihrer personenbezogenen Daten im Rahmen der gebotenen **Einzelfallabwägung** in aller Regel überwiegen, sofern kein Sonderfall vorliegt oder es sich um besondere Kategorien personenbezogener Daten nach Art. 9 Abs. 1 DSGVO handelt.

22 Diese **Abstufung** nach den **Phasen der Due Diligence** wird insbesondere im Hinblick auf **Personal- oder Gehaltslisten** relevant. Hier kommt in Ermangelung expliziter Einwilligungen § 26 BDSG oder ebenfalls Art. 6 Abs. 1 lit. f DSGVO als Rechtsgrundlage in Betracht[11], sodass jeweils eine Einzelfallabwägung im Sinne einer Verhältnismäßigkeitsprüfung vorzunehmen ist. Während personenbezogene Daten von Geschäftsführern oder Vorständen sowie leitenden Angestellten mit Schlüsselfunktion einschließlich ihrer jeweili-

[10] *Seifert* in Simitis/Hornung/Spiecker Datenschutzrecht, Art. 6 Rn. 128.

[11] Zur Abgrenzung der Rechtsgrundlagen für die Übertragung von Beschäftigtendaten in der Unternehmenstransaktion vgl. *Schröder* in Forgó/Helfrich/Schneider, Betrieblicher Datenschutz, Teil VI, Kapitel 4, Rn. 16.

gen Vergütung bereits zu Beginn der Transaktion offengelegt werden dürfen[12], sind hinsichtlich sonstiger Mitarbeiter zunächst anonymisierte Personal- bzw. Gehaltslisten zu übermitteln, da insoweit ein überwiegendes Interesse der jeweiligen Angestellten an der Geheimhaltung ihrer personenbezogenen Daten besteht. Auch hier gilt aber, dass mit Voranschreiten der Transaktion mehr und mehr personenbezogene Daten bis hin zu ungeschwärzten Listen offengelegt werden dürfen[13].

Besonders problematisch im Hinblick auf die Offenlegung der personenbezogenen Daten 23 ist zudem der Grundsatz der **Transparenz** der Verarbeitung. Danach sind bei der Verarbeitung personenbezogener Daten die **Informationspflichten** nach Art. 13, 14 DSGVO zu erfüllen. Dabei gilt Art. 13 DSGVO für die Verarbeitung von personenbezogenen Daten, die direkt beim Betroffenen und Art. 14 DSGVO für solche, die über Dritte erhoben wurden. Während Art. 14 Abs. 5 DSGVO eine **Ausnahme** von der sonst zwingenden Erfüllung der Informationspflichten für die Fälle vorsieht, in denen die Information der Betroffenen die Verwirklichung der Ziele der Verarbeitung, mithin der Transaktion, unmöglich machen oder ernsthaft beeinträchtigen würden, **fehlt eine entsprechende Regelung** in Art. 13 DSGVO. Damit kann sich also der Erwerber in aller Regel auf die Ausnahme des Art. 14 Abs. 5 DSGVO berufen, wohingegen den Veräußerer die Informationspflichten des Art. 13 DSGVO treffen. Die Übermittlung der personenbezogenen Daten dürfte in den meisten Fällen einem anderen Zweck als demjenigen dienen, zu welchem die Daten ursprünglich erhoben wurden, sodass die Betroffenen über diese sog. **Zweckänderung** gemäß Art. 13 Abs. 3 DSGVO entsprechend zu informieren sind[14]. Eine derartige Information aller Betroffenen ist jedoch praktisch nicht möglich und würde auch den Erfolg der Transaktion, welche im Zweifel geheim gehalten werden soll, ernsthaft zur Disposition stellen. Diese Frage wird zurzeit kontrovers diskutiert und es gibt soweit ersichtlich noch keine rechtssichere Lösung. Während einige Stimmen in der Literatur die Ausnahme in Art. 14 Abs. 5 DSGVO in verfassungskonformer Auslegung auch auf Art. 13 DSGVO anwenden möchten[15], ziehen andere die Ausnahmevorschrift in § 32 Abs. 1 Nr. 4 BDSG heran. Beide Ansätze bieten jedoch bisher keine rechtssichere Lösung. Für eine rechtmäßige Bereitstellung der Unterlagen kann Veräußerern daher derzeit lediglich empfohlen werden, die Offenlegung der Informationen auf das **nötige Minimum** zu beschränken oder, was in vielen Fällen aber wohl praktisch kaum umsetzbar sein dürfte, die personenbezogenen Daten in den Unterlagen umfangreich zu **schwärzen,** um so die Informationspflichten nicht auszulösen.

Vor diesem Hintergrund sollten Unternehmen die Offenlegung der Daten zum Zwecke 24 von Unternehmenstransaktionen bereits jetzt und unabhängig von konkret geplanten Transaktionen als Standard in sämtliche Datenschutzinformationen aufnehmen, sodass bei späterer Offenlegung keine Zweckänderung mehr vorliegt, über welche gesondert zu informieren wäre.

2. Rechtliche Prüfung

Aus Sicht der Bieter bzw. Erwerber ist die Zielgesellschaft im Rahmen der Due Diligence 25 anhand der offengelegten Unterlagen auf seine **Compliance** mit dem Datenschutzrecht, insbesondere der DSGVO, zu prüfen.

Hinsichtlich der Verarbeitung der Daten im Rahmen der Prüfung gilt im Grundsatz das 26 oben zur Offenlegung der personenbezogenen Daten durch den Verkäufer gesagte. Die Bieter bzw. Erwerber können sich im Rahmen ihrer Prüfung wohl regelmäßig auf ihr **legitimes Interesse** an der Verarbeitung der personenbezogenen Daten zur Evaluierung

[12] *Schröder* in Forgó/Helfrich/Schneider, Betrieblicher Datenschutz, Teil VI, Kapitel 4, Rn. 30.
[13] *Schröder* in Forgó/Helfrich/Schneider, Betrieblicher Datenschutz, Teil VI, Kapitel 4, Rn. 31 f.
[14] Zur Zweckänderung *Plath in* Bussche/Voigt/, Konzerndatenschutz, Teil 6, Rn. 23.
[15] *Byers* NZA 2017, 1086 (1090); *Schröder in* Forgó/Helfrich/Schneider, Betrieblicher Datenschutz, Teil VI, Kapitel 4, Rn. 61.

der Zielgesellschaft berufen[16]. Entscheidender Unterschied ist in diesem Rahmen allerdings, dass sich die Bieter bzw. Erwerber in Bezug auf die Informationspflichten wohl auf die **Ausnahmeregelung** des Art. 14 Abs. 5 DSGVO berufen können.

27 Die materielle Prüfung der datenschutzrechtlichen Compliance der Zielgesellschaft wird sich dann in aller Regel auf Stichproben und die grundsätzliche Einhaltung des anwendbaren Datenschutzrechts sowie die Umsetzung der formalen datenschutzrechtlichen Vorgaben im Unternehmen beschränken, da eine Prüfung der Rechtmäßigkeit sämtlicher Verarbeitungsvorgänge nicht möglich sein wird. In diesem Rahmen sind *insbesondere* die folgenden Aspekte von Bedeutung:

28 **Wurden die personenbezogenen Daten in der Zielgesellschaft rechtmäßig erhoben und können diese rechtmäßig genutzt werden?** Hier ist insbesondere zu prüfen, inwiefern in der Zielgesellschaft sichergestellt wird, dass wirksame Einwilligungen im Sinne des Art. 7 DSGVO eingeholt werden oder im Einzelfall eine Prüfung des legitimen Interesses erfolgt. Zudem ist sicherzustellen, dass durch entsprechende Datenschutzinformationen die Informationspflichten der Art. 13, 14 gegenüber den Betroffenen eingehalten werden und die Daten nach Ablauf der Löschfrist gelöscht werden.

29 **Werden in der Zielgesellschaft besondere Kategorien personenbezogener Daten verarbeitet?** Sofern dies der Fall sein sollte, ist anhand der Voraussetzungen des Art. 9 DSGVO zu prüfen, ob diese im Grundsatz rechtmäßig erhoben und verarbeitet werden.

30 **Wurden interne Richtlinien, Informationen und Prozesse nach Inkrafttreten der DSGVO aktualisiert und an die neuen Vorgaben angepasst?** Dies betrifft das interne Compliance-System der Zielgesellschaft. Es sollten Richtlinien zum Umgang mit personenbezogenen Daten vorhanden sein und regelmäßige Trainings für Mitarbeiter stattfinden. Auch die Datenschutzinformationen und Einwilligungserklärungen sollten entsprechend aktualisiert worden sein.

31 **Werden die Dokumentationspflichten und sonstigen formalen Vorgaben der DSGVO eingehalten?** Ab einer bestimmten Größe müssen Unternehmen einen Datenschutzbeauftragten benennen und ein Verzeichnis von Verarbeitungstätigkeiten gemäß Art. 30 DSGVO führen. Nach Art. 32 DSGVO müssen die technischen und organisatorischen Maßnahmen der Zielgesellschaft ein angemessenes Sicherheitsniveau bieten und es sollten definierte Prozesse für den Umgang mit Datenpannen vorhanden sein, die die Einhaltung der Meldefristen nach Art. 33, 34 DSGVO gewährleisten.

32 **Finden Datentransfers in Drittstaaten statt?** Derartige Transfers sind nach den Art. 44 ff. DSGVO nur rechtmäßig, wenn durch zusätzliche Garantien ein angemessenes Datenschutzniveau sichergestellt wird. Sofern personenbezogene Daten innerhalb der Unternehmensgruppe übertragen werden, bietet sich ein Intra-Group Agreement an. Ansonsten enthält Art. 46 Abs. 2 DSGVO einen Katalog geeigneter Maßnahmen.

33 **Sind Auftragsverarbeitungsverträge mit allen Auftragsnehmern abgeschlossen?** Bei Vorliegen einer Auftragsverarbeitung müssen Auftragsverarbeitungsverträge geschlossen werden, deren Inhalt sich nach den Vorgaben des Art. 28 DSGVO zu richten hat. Altverträge müssen in der Regel an die neuen Vorgaben angepasst werden. Hier wird insbesondere auch die in Rechtsprechung und Literatur noch weitgehend ungeklärte Abgrenzung zwischen Auftragsverarbeitung nach Art. 28 und gemeinsamer Verantwortlichkeit nach Art. 26 DSGVO relevant.

34 **Gab es Beschwerden oder Datenschutzvorfälle?** Schließlich ist zu prüfen, inwiefern es bei der Zielgesellschaft im relevanten Zeitraum Datenschutzvorfälle gab oder die Datenschutzbehörden die Zielgesellschaft verwarnt oder sonst in die Pflicht genommen haben. Außerdem sollten Beschwerden von Betroffenen und der Umgang der Zielgesellschaft mit diesen abgefragt werden.

[16] Vgl. die Guidance der Englischen Datenschutzbehörde ICO zum legitimen Interesse, abrufbar unter https://ico.org.uk/media/for-organisations/guide-to-the-general-data-protection-regulation-gdpr/legitimate-interests-1-0.pdf, zuletzt abgerufen am 30.5.2019.

Daneben können je nach Art und Branche der Zielgesellschaft weitere Aspekte für die rechtliche Prüfung relevant werden. Unter Umständen ist zu prüfen, inwiefern nötige **Datenschutzfolgenabschätzungen** nach Art. 35 DSGVO durchgeführt wurden oder die Vorgaben **„Privacy by Design"** bzw. **„Privacy by Default"** im Sinne des Art. 25 DSGVO berücksichtigt wurden. Ebenfalls können die Regelungen zu **automatisierter Entscheidungsfindungen** einschließlich Profiling oder Scoring nach Art. 22 DSGVO von Bedeutung sein. 35

VI. Kaufvertrag

Neben der rechtlichen Prüfung im Rahmen der Due Diligence spielt das Datenschutzrecht auch bei der Verhandlung des **Kaufvertrags** eine Rolle. Insbesondere im Hinblick auf die abzugebenden **Garantien** und den Umfang der **Freistellungsverpflichtungen** (Warranties & Indemnities) sind die gegenläufigen Interessen von Verkäufer und Erwerber in Einklang zu bringen. 36

Grundsätzlich wird ein **Erwerber** vom Verkäufer datenschutzrechtliche Garantien verlangen, die zusichern, dass (i) die Zielgesellschaft geltendes Datenschutzrecht eingehalten hat und einhält und insbesondere die Regelungen der DSGVO implementiert hat, (ii) die in der Zielgesellschaft vorhandenen personenbezogenen Daten rechtmäßig erhoben und gespeichert wurden und stets nur auf Grund einer hinreichenden Rechtsgrundlage verarbeitet werden, (iii) das Thema Datenschutz Teil der internen Compliance-Systeme ist und Mitarbeiter durch interne Richtlinien und regelmäßige Schulungen für das Thema sensibilisiert und auf die Einhaltung des Datenschutzrechts verpflichtet wurden, (iv) die Zielgesellschaft während eines bestimmten Zeitraums in der Vergangenheit keine Verwarnungen oder negativen Bescheide von Datenschutzbehörden erhalten hat, (v) keine materiellen Verstöße gegen geltendes Datenschutzrecht bekannt sind und (vi) dass geeignete technische und organisatorische Maßnahmen zur Absicherung eines angemessenen Datenschutzniveaus implementiert wurden und die IT-Sicherheit dem Stand der Technik entspricht. Abhängig von der jeweiligen Zielgesellschaft und der konkreten Branche können weitere Garantien in Bezug auf die Verarbeitung besonderer Kategorien personenbezogener Daten, den Transfer von personenbezogenen Daten in Drittstaaten außerhalb des EWR, den rechtmäßigen Einsatz von Maßnahmen automatisierter Entscheidungsfindung oder das Direktmarketing im B2C-Bereich verlangt werden. 37

Besteht ein hohes Risiko von Verstößen oder wurden im Rahmen der Due Diligence bereits konkrete **Verstöße** festgestellt, so drohen, teilweise enorm hohe, Bußgelder. Vor diesem Hintergrund sollten Erwerber **keine finanziellen Obergrenzen** hinsichtlich der datenschutzrechtlichen Garantien akzeptieren bzw. die bereits identifizierten Verstöße explizit von diesen ausnehmen. In Fällen, in denen die Daten ein besonders wichtiges Asset darstellen, sollten insofern auch **Freistellungen** verhandelt werden. 38

Aus Sicht des **Verkäufers** ist bei der Verhandlung der kaufvertraglichen Garantien darauf zu achten, dass Zusicherungen der zukünftigen Rechtmäßigkeit der Datenverarbeitung sowie der sonstigen Datenschutz-Compliance soweit als möglich zu **vermeiden** sind. Insbesondere die Zusicherung, dass die Verarbeitung in jedem Fall rechtmäßig sein wird, wenn diese wie vor Abschluss der Transaktion durchgeführt wird, sollte nicht abgegeben werden. Dasselbe gilt für Garantien in Bezug auf die Rechtmäßigkeit der Offenlegung oder Übertragung der Daten im Kontext der Transaktion. Aus den oben dargestellten Gründen kann dies sehr problematisch sein. Grundsätzlich gilt, dass datenschutzrechtliche Garantien aus Sicht des Verkäufers wenn möglich auf **konkrete Aspekte begrenzt und nicht pauschal** abgegeben werden sollten. Wenn möglich sollten den Garantien zudem ***Knowledge Qualifier*** (zB „To the Seller's knowledge") vorangestellt werden. 39

Aus Sicht des Erwerbers sind diese *Knowledge Qualifier* jedenfalls auf die Kenntnis der im Unternehmen **relevanten Stakeholder** wie den Datenschutzbeauftragten zu beziehen. 40

C. Post-Closing-Phase

I. Übertragung von Daten

41 Die Übertragbarkeit der Daten nach dem Closing beurteilt sich in erster Linie nach der gewählten Erwerbsart bzw. Deal-Struktur. Wie oben bereits erwähnt, variiert die Beurteilung der Rechtmäßigkeit der Übertragung je nachdem, ob ein Asset Deal, Share Deal oder aber eine Verschmelzung bzw. Abspaltung durchgeführt wurde.

1. Asset Deal

42 Im Rahmen des **Asset Deals,** bei welchem die Vermögensgüter der Zielgesellschaft als solche jeweils einzeln übertragen werden, ist die Zulässigkeit der Übertragung und späteren Verarbeitung der personenbezogenen Daten jeweils im **Einzelfall** im Hinblick auf die relevanten Assets zu prüfen[17]. Personenbezogene Daten, die mit einem zu übertragenen Vertrag zusammenhängen, werden meist mit diesem übertragen. Mit der für die Vertragsübertragung in der Regel nötigen **Einwilligung** des Vertragspartners sollte zugleich die datenschutzrechtliche Einwilligung zur weiteren Verarbeitung der personenbezogenen Daten eingeholt werden. Teilweise wird vertreten, dass die Einwilligung zur Vertragsübertragung, sofern sich die Daten auf die zustimmende natürliche Person beziehen, zugleich auch eine Einwilligung zur Übertragung und weiteren Verarbeitung der personenbezogenen Daten darstellt[18] bzw. die Verarbeitung der Daten nach Übertragung des Vertrags nach Art. 6 Abs. 1 lit. b DSGVO gerechtfertigt ist[19]. Teilweise kann darüber hinaus von einem **legitimen Interesse** des Erwerbers an der Übertragung der personenbezogenen Daten ausgegangen werden, da im Hinblick auf weniger sensible Daten wie Kunden- oder Lieferanten- sowie Arbeitnehmerdaten wohl kein entgegenstehendes Interesse anzunehmen sein wird. Insofern wird unterstellt, dass alle Parteien ein gleichlaufendes Interesse an der Aufrechterhaltung der Geschäfts- bzw. Arbeitsbeziehung haben. Nichtsdestotrotz ist stets eine **Einzelfallabwägung** vorzunehmen.

43 Etwas anderes gilt für **besondere Kategorien personenbezogener Daten,** welche nur mit expliziter **Einwilligung** des Betroffenen übertragen und verarbeitet werden dürfen, Art. 9 Abs. 1, Abs. 2 lit. a DSGVO.

44 Eine andere Beurteilung ist zudem in den Fällen geboten, in denen es um die isolierte Veräußerung personenbezogener Daten – zB Altdaten oder Kundenlisten – geht. Da hier in der Regel keine Einwilligung eingeholt werden kann, kommt von vornherein lediglich ein legitimes Interesse nach Art. 6 Abs. 1 lit. f DSGVO als Rechtsgrundlage in Betracht. Im Rahmen der diesbezüglich gebotenen Interessenabwägung ist dann jeweils das Interesse der Betroffenen am Schutz ihrer personenbezogenen Daten mit dem Interesse des Erwerbers an einer möglichst reibungslosen Übernahme und **Betriebsfortführung** in Einklang zu bringen. Hier gilt bei B2B-Daten ein anderer Maßstab als beispielsweise bei Verbraucherdaten[20].

45 In jedem Fall sind zudem die **Informationspflichten** der Art. 13, 14 DSGVO zu erfüllen.

2. Share Deal

46 Bei einem **Share Deal,** also dem Erwerb der Anteile des Zielunternehmens, ist keine Datenübertragung an Dritte nötig, da das Zielunternehmen als Verantwortlicher unverändert weiterbesteht. Zwar ändern sich die **Beteiligungsverhältnisse** an der Zielgesell-

[17] Zum Datenschutz im Asset Deal *Plath* in Bussche/Voigt/, Konzerndatenschutz, Teil 6, Rn. 60 ff.
[18] *Schröder* in Forgó/Helfrich/Schneider, Betrieblicher Datenschutz, Teil VI, Kapitel 4, Rn. 38.
[19] *Plath* in Bussche/Voigt, Konzerndatenschutz, Teil 6, Rn. 62.
[20] *Schröder* in Forgó/Helfrich/Schneider/, Betrieblicher Datenschutz, Teil VI, Kapitel 4, Rn. 39.

schaft. Allerdings bleibt die Rechtsbeziehung zwischen der Zielgesellschaft und ihren Kunden und Lieferanten davon unberührt[21]. Etwas anderes gilt nur in den Fällen, in denen das Zielunternehmen in einen Konzernverbund eingegliedert werden soll. Die DSGVO kennt **kein Konzernprivileg**[22], sodass auch die Übertragung der Daten an Mutter- oder Schwestergesellschaften jeweils einer **eigenständigen Rechtsgrundlage** bedarf. Auch hier gilt das oben gesagte und es sind die bestehenden Informationspflichten nach Art. 13, 14 DSGVO zu berücksichtigen.

3. Verschmelzung oder Abspaltung

Aus datenschutzrechtlicher Sicht am einfachsten ist eine **Verschmelzung** oder **Abspaltung.** Der Übergang personenbezogener Daten im Rahmen dieser Universalsukzession ist nach Ansicht der Datenschutzbehörden[23] **kein erlaubnispflichtiger Verarbeitungsvorgang,** da das neu geschaffene bzw. den Unternehmensteil enthaltene Unternehmen nicht Dritter im Sinne der DSGVO ist und die Umwandlung oder Verschmelzung einen gesetzlich angeordneten Übergang von Daten vorsieht. Es kommt so nicht zu einer Verdopplung des Zugriffs auf die personenbezogenen Daten, sodass die Gefährdungslage nicht dieselbe wie bei der Übermittlung zwischen verbundenen Unternehmen ist. 47

II. Transitional Services

Eine typische Nebenabrede in Transaktionen stellt das **Transitional Service Agreement** („TSA") dar, durch welches der Erwerber vom Verkäufer in einer bestimmten Übergangsphase (sog. *transitional phase*) diverse **Unterstützungsleistungen** erhält. Dies wird insbesondere im Rahmen von Carve-Out-Transaktionen relevant. Typischerweise erbringt der Verkäufer administrative Leistungen (zB HR oder Buchhaltung) oder stellt durch Lizenzverträge bestimmte Schutzrechte oder Technologien bereit. 48

Diese Erbringung von Leistungen während der *transitional phase* wird im Hinblick auf die in diesem Rahmen zu verarbeitenden personenbezogenen Daten in der Regel ein **Auftragsverhältnis** zwischen Erwerber und Verkäufer begründen, sodass ein Auftragsverarbeitungsvertrag nach Art. 28 DSGVO abzuschließen. Je nach Zuständigkeitsverteilung kann alternativ eine **gemeinsame Verantwortlichkeit** im Sinne des Art. 26 DSGVO gegeben sein. In diesem Fall ist ein Joint Controllership Agreement abzuschließen. Eine weitere Möglichkeit stellt die Aufnahme entsprechender Klauseln in das TSA dar. Kommt es in diesem Rahmen zu einer Übertragung personenbezogener Daten in Drittstaaten außerhalb des EWR, so sind zusätzliche Schutzmaßnahmen nach den Art. 44 ff. DSGVO zu treffen. Darüber hinaus gelten auch in diesem Rahmen die allgemeinen Rechtmäßigkeitsvoraussetzungen der DSGVO, sodass in jedem Fall eine Rechtsgrundlage gegeben sein muss – hier wird in aller Regel ein legitimes Interesse gemäß Art. 6 Abs. 2 lit. f DSGVO vorliegen – und die Informationspflichten der Art. 13, 14 DSGVO zu erfüllen sind. 49

[21] *Plath* in Bussche/Voigt, Konzerndatenschutz, Teil 6, Rn. 58.

[22] Zwar statuiert Erwägungsgrund 48 DSGVO, dass *„Verantwortliche, die Teil einer Unternehmensgruppe oder einer Gruppe von Unternehmen sind, ein berechtigtes Interesse an der Datenübermittlung haben können"*. Allerdings sollen die Grundprinzipien davon unberührt bleiben, sodass weiterhin stets ein Erlaubnistatbestand erfüllt sein muss; vgl. *Kort* ZD 2016, 555 (558).

[23] Innenministerium Baden-Württemberg, Hinweise zum Datenschutz in der privaten Wirtschaft, Nr. 38, A. Nr. 3, abrufbar unter https://www.datenschutz-help.de/hinweis%2038.htm (Stand: 2/2018); Datenschutzaufsichtsbehörde Hessen, LT-Drs. 15/1539, 10.

7. Teil. Spezielle Beteiligungsformen

§ 27 PIPEs

Übersicht

Literaturverzeichnis

I. Kommentare

Assmann/Schneider: WpHG, 7. Auflage 2019, Assmann/Schneider WpHG
Assmann/Schneider: WpÜG, 2. Auflage 2013, Assmann/Schneider WpÜG
Baums/Thoma: WpÜG, 1. Lieferung 5/04, Baums/Thoma WpÜG
Fuchs: WpHG, 2. Auflage 2016, Fuchs
Goette/Habersack/Kalss: Münchener Kommentar zum Aktiengesetz, 5. Auflage 2019, MüKoAktG
Habersack/Mülbert/Schlitt: Handbuch Kapitalmarktinformation, 2. Auflage 2013, Habersack/Mülbert/Schlitt Kapitalmarktinf-HdB
Hirte/Möllers: Kölner Kommentar zum WpHG, 2. Auflage 2014, Kölner Komm WpHG
Hirte/Mülbert/Roth: Großkommentar Aktiengesetz, §§ 1–22, 5. Auflage 2017, Großkomm AktG
Hoffmann-Becking: Münchener Handbuch Aktiengesetz, Band 4, 4. Auflage 2015, MHdB GesR IV
Hopt/Wiedemann: Großkommentar Aktiengesetz, §§ 53a-75, 4. Auflage 2004, Großkomm AktG
Hopt/Wiedemann: Großkommentar Aktiengesetz, §§ 76–94, 4. Auflage 2004, Großkomm AktG
Hüffer/Koch: Aktiengesetz, 13. Auflage 2018, Hüffer
Marsch-Barner/Schäfer: Handbuch Börsennotierte AG, 4. Auflage 2018, Marsch-Barner/Schäfer HdB Börsennotierte AG
Paschos/Fleischer: Handbuch Übernahmerecht nach dem WpÜG, 2017, Paschos/Fleischer HdB Übernahmerecht nach dem WpÜG
Schwark/Zimmer: Kapitalmarktrechtskommentar, 4. Auflage 2010, Schwark/Zimmer

II. Monographien

Gerhard: Private Investments in Public Equity (PIPEs) – A Closer Look at PIPE Transactions in Switzerland, European Company and Financial Law Review, vol. 5, no. 3, September 2008, p. 305

Nussbaum: Besicherung durch die Aktiva der Zielgesellschaft im Leveraged Buyout, München 1996

III. Aufsätze (Deutsche Zeitschriften)

Baums/Sauter: Anschleichen an Übernahmeziele mit Hilfe von Aktienderivaten, ZHR 2009, 454

Cascante/Topf: „Auf leisen Sohlen"? – Stakebuilding bei der börsennotierten AG, AG 2009, 53

Fleischer: Zum Begriff des öffentlichen Angebots im Wertpapiererwerbs- und Übernahmegesetz, ZIP 2001, 1653

Fleischer/Schmolke: Kapitalmarktrechtliche Beteiligungstransparenz nach §§ 21ff WpHG und „Hidden Ownership", ZIP 2008, 1501

Lachner/von Heppe: Die prospektfreie Zulassung nach § 4 Abs. 2 Nr. 1 WpPG (10%-Ausnahme) in der jüngsten Praxis, WM 2008, 576

Linker/Zinger: Rechte und Pflichten der Organe einer Aktiengesellschaft bei der Weitergabe vertraulicher Unternehmensinformationen, NZG 2002, 497

Neumann/Ogorek: Das aktienrechtliche Entsenderecht auf dem Prüfstand der Kapitalverkehrsfreiheit – Überlegungen anlässlich der Entscheidung des OLG Hamm v. 31.3.2008 – ThyssenKrupp, NZG 2008, 892

Roschmann/Frey: Geheimhaltungsverpflichtungen der Vorstandsmitglieder von Aktiengesellschaften bei Unternehmenskäufen, AG 1996, 449

Schanz: Schaeffler/Continental: Umgehung von Meldepflichten bei öffentlichen Übernahmen durch Einsatz von derivativen Finanzinstrumenten, DB 2008, 1899

Schiessl: Auf der Suche nach dem „Ankeraktionär" – „PIPE"-Transaktionsmodelle und Organpflichten, AG 2009, 385

Schlitt/Schäfer: Auswirkungen der Umsetzung der Transparenzrichtlinie und der Finanzmarktrichtlinie auf Aktien- und Equity-Linked-Emissionen, AG 2007, 227

Seibt/Wunsch: Investorenvereinbarungen bei öffentlichen Übernahmen, Der Konzern 2009, 195

Thaeter/Guski: Shareholder Activism: Gesellschaftsrechtliche Schranken aktiven Aktionärsverhaltens, AG 2007, 301

Weber/Meckbach: Finanzielle Differenzgeschäfte – Ein legaler Weg zum „Anschleichen" an die Zielgesellschaft bei Übernahmen?, BB 2008, 2022

Von Bülow/Stephanblome: Acting in Concert und neue Offenlegungspflichten nach dem Risikobegrenzungsgesetz, ZIP 2008, 1797

IV. Sonstige Literatur / Aufsätze (Ausländische Zeitschriften)

Bundesanstalt für Finanzdienstleistungsaufsicht: Emittentenleitfaden 2013 und 2018

Canellos/Pater: Federal Courts Consider SEC's Strategy in PIPE Cases, New York Law Journal, vol. 238, no. 120, Dec. 21, 2007

Jones/Hurlock/Henry: Structuring PIPE Transactions in Key European Jurisdictions, 37 International Law 23, 2003

A. Einführung

I. Begriff und Herkunft

1 Wie viele Fachbegriffe in Private Equity kommt auch der Begriff des „Private Investment in Public Equity" – kurz PIPE – aus dem amerikanischen Sprachraum. In den USA entwickelten sich PIPEs in den 1990er Jahren als Technik insbesondere kleinerer börsennotierter Unternehmen, kostengünstig Kapital von einem Investor oder auch einer beschränkten Zahl von Investoren im Rahmen einer Privatplatzierung aufzunehmen, ohne das für ein öffentliches Angebot junger Aktien erforderliche, aufwändige Registrierungsverfahren durchführen zu müssen. Aufgrund der fehlenden Vorab-Registrierung handelt es sich bei den jungen Aktien dann zunächst um sog. „restricted securities", die nicht zum Handel an einer Wertpapierbörse zugelassen sind. Sie werden daher typischerweise mit einem Abschlag gegenüber dem aktuellen Börsenkurs an die Investoren ausgegeben. Die Zielgesellschaft verpflichtet sich jedoch, die jungen Aktien später registrieren zu lassen und dadurch börsengängig zu machen.

2 Diese Grundform eines PIPE gibt es in vielerlei Unterarten, wobei insbesondere sog. „Structured PIPEs" bei US-amerikanischen Private Equity-Häusern beliebt sind. Structured PIPEs zeichnen sich dadurch aus, dass von der Gesellschaft anstelle von Aktien Wandelschuldverschreibungen mit variablem Wandlungsverhältnis ausgegeben werden, bei denen das Umtauschverhältnis für die Wandlung der Anleihe in junge Aktien bei einem Absinken des Börsenkurses angepasst wird. Für die Übertragung auf den deutschen Rechts-

kreis ist ferner von Interesse, dass in den USA bei Ausgabe junger Aktien im Rahmen von PIPEs häufig der Börsenkurs der betreffenden Aktie nach Bekanntgabe der Transaktion fiel. Dieses Phänomen lässt sich ökonomisch durch die Verwässerung der Altaktionäre durch die in den USA übliche Ausgabe der neuen Aktien unter dem aktuellen Börsenkurs erklären. Die tatsächlichen Auswirkungen auf den Börsenkurs wurden in einigen Fällen allerdings noch dadurch verstärkt, dass Investoren – insbesondere Hedgefonds – vorab Leerverkäufe tätigten, die dann aus der Kapitalerhöhung bedient wurden. Die US-amerikanische Börsenaufsicht (Securities and Exchange Commission; SEC) hatte versucht, diese Fälle gerichtlich zu verfolgen.[1] Bisher blieb dies allerdings ohne Erfolg; so wurde zum Beispiel in dem vorgenannten Fall eine Klage der SEC wegen Insiderhandels vom Gericht abgelehnt [2] Eine weitere negative Erscheinung waren Structured PIPEs, bei denen der Anpassungsmechanismus der an den Investor ausgegebenen Wandelschuldverschreibungen bei sinkenden Kursen keine Begrenzung durch einen Mindestausgabepreis je Aktie bzw. eine Höchstzahl der auszugebenden Aktien vorsah. Bei fallenden Börsenkursen bewirkt ein solcher Anpassungsmechanismus eine weitere Verwässerung der übrigen Aktionäre, die ihrerseits wiederum den Börsenkurs unter Druck setzt und so die Kursverluste zusätzlich verstärkt. Die fehlende Begrenzung des Anpassungsmechanismus führte deshalb in einigen Fällen zu einer Art Spirale nach unten, weshalb solche PIPEs auch „Death Spiral PIPEs" genannt wurden. Insgesamt dürfte es sich bei diesen negativen Fällen aber um Ausnahmeerscheinungen gehandelt haben, wie die grundsätzliche und andauernde Popularität dieser Transaktionsform zeigt. So wurden im Jahr 2000 PIPE-Finanzierungen in den USA in Höhe von insgesamt USD 24,7 Milliarden durchgeführt; dieses Gesamtvolumen verringerte sich zwar vorübergehend in den Folgejahren, blieb aber immer noch im zweistelligen Milliardenbereich.[3] Im Jahr 2016 gab es dann 934 PIPE Transaktionen in den USA mit einem Gesamtvolumen von sogar USD 44,5 Milliarden.[4]

II. Erscheinungsformen

3 In Deutschland wird der Begriff des PIPE üblicherweise deutlich weiter verwendet als in den USA. Er umfasst hier nicht nur die Zeichnung junger Aktien oder Wandelschuldverschreibungen im Rahmen nicht-öffentlicher Platzierung. Vielmehr wird in Deutschland als PIPE jede Form der strukturierten Beteiligung an einer börsennotierten Gesellschaft bezeichnet, sei es durch Übernahme neuer Aktien oder Wandelanleihen von der Gesellschaft oder durch Erwerb bestehender Aktien von Dritten, vorausgesetzt, die angestrebte Beteiligung des Investors bleibt unter der übernahmerechtlichen Kontrollschwelle bei 30% der Stimmrechte, die nach deutschem Recht ein auf den Erwerb aller Aktien gerichtetes Übernahme- oder Pflichtangebot erforderlich macht (§§ 29 Abs. 2, 35 WpÜG).

4 Für die weitere Darstellung soll daher zwischen zwei Grundtypen unterschieden werden, die nachfolgend als „klassischer PIPE" bzw. „moderner PIPE" bezeichnet werden. Zwar sind in der Rechtswirklichkeit durchaus auch Mischformen anzutreffen. Da sich für beide Typen indes unterschiedliche Rechtsfragen stellen, ist es für die rechtliche Analyse trotz solcher Überschneidungen sinnvoll, die mit „moderner PIPE" bezeichneten neueren Transaktionsformen von der „klassischen" Form zu trennen.

5 „Klassische PIPEs" zeichnen sich dadurch aus, dass der Investor – ähnlich wie in der Ursprungsform des PIPE in den USA – seine Beteiligung unmittelbar von der Gesellschaft

---

1 Transcript of Hearing, U. S. Sec. & Exch. Comm'n v. Mangan, 06 Civ. 531 (W. D. N. C. Oct. 24, 2007).

2 SEC v. Mangan, 598 F. Supp. 2d 731 (W. D. N. C. Aug. 20, 2008).

3 Für einen Überblick zu PIPEs in den USA siehe *S. Canellos & R. Pater,* Federal Courts Consider SEC's Strategy in PIPE Cases, N. Y. L. J., Dec. 21, 2007, at 4; für die Schweiz siehe *Gerhard,* European Company and Financial Law Review, 2008, 305ff.; für England, Deutschland, Niederlande und Frankreich siehe *Jones/Hurlock/Henry* in 37 International Law 23, 2003.

4 Ari Blaut, Krishna Veeraraghavan & So Yeon Kim, Recent Trends in the PIPE Market, www.law360.com/articles/896516/recent-trends-in-the-pipe-market (Feb. 28, 2017).

erwirbt und der Gesellschaft durch die Transaktion daher neues Kapital zufließt. Der Beteiligungserwerb wird hier in der Regel durch Übernahme neuer Aktien aus einer Kapitalerhöhung erfolgen. Denkbar ist aber auch, dass die Gesellschaft an den Investor eigene Aktien oder Wandel- bzw. Optionsanleihen ausgibt, die durch Ausübung der betreffenden Wandlungs- bzw. Optionsrechte erst später in Aktien gewandelt werden.

6 Im Falle „moderner PIPEs" erfolgt der Beteiligungserwerb des Investors demgegenüber nicht von der Gesellschaft, sondern von Dritten, also etwa über bestehende Aktien, die der Investor durch Marktkäufe oder im Rahmen eines außerbörslichen Paketerwerbs erwirbt.

7 Die eigenständige Entwicklung, welche die Transaktionsform des PIPE in Deutschland gegenüber dem Vorbild aus den USA genommen hat, rührt unter anderem von Unterschieden der rechtlichen Rahmenbedingungen her. Zu nennen sind insbesondere die im Vergleich zu den USA strengeren Vorschriften zum Bezugsrechtsausschluss. Sie beschränken das Volumen von Aktien, die eine deutsche Gesellschaft bei Kapitalerhöhungen gegen Bareinlagen unter Ausschluss des Bezugsrechts der bestehenden Aktionäre an einen Investor ausgeben kann, grundsätzlich auf 10 % des Grundkapitals.[5] Um eine größere Beteiligung zu erwerben, ist der Investor – sofern diese Volumenbeschränkung nicht durch Sondergestaltungen der Kapitalerhöhung außer Anwendung bleibt – dann darauf angewiesen, zusätzlich noch bestehende Aktien von Dritten zu erwerben. Ferner sind bei der Festlegung des Ausgabebetrags von Aktien, die unter Ausschluss des Bezugsrechts der bestehenden Aktionäre ausgegeben werden, allenfalls geringfügige Abschläge auf den Börsenkurs zulässig;[6] größere Abschläge, wie sie bei PIPEs in den USA gebräuchlich sind, sind daher nach deutschem Recht grundsätzlich nicht möglich.

8 Die genannten Unterschiede sind dafür verantwortlich, dass der „klassische PIPE" in Deutschland für Investoren weniger attraktiv ist als sein Vorbild aus den USA, und haben die Entwicklung neuer Transaktionsformen befördert. Für den Beteiligungsaufbau nach dem Muster „moderner PIPEs" spricht aus ökonomischer Sicht auch die größere Effizienz des Kapitaleinsatzes. Denn eine vorgegebene Aktienquote lässt sich durch den Erwerb bestehender Aktien mit geringerem finanziellen Aufwand herstellen als durch die Zeichnung neuer Aktien. Dies liegt daran, dass der Gesellschaft durch die Zeichnung neuer Aktien neues Kapital zugeführt wird, wodurch ihr Unternehmenswert zunimmt (und sich gleichzeitig die Gesamtzahl der Aktien entsprechend erhöht); für die Beteiligung an einem infolge der Kapitalerhöhung im Wert gesteigerten Unternehmen muss daher in absoluten Zahlen mehr aufgewendet werden als für eine Beteiligungsquote in gleicher Höhe, die ohne Kapitalerhöhung durch den Erwerb bereits bestehender Aktien hergestellt wird.

9 In jüngerer Zeit hat sich in Deutschland insbesondere für „moderne PIPEs", bei denen der Beteiligungsaufbau des Investors im Wesentlichen durch Marktkäufe erfolgt, ein eigenständiger Markt entwickelt. Dies wurde dadurch begünstigt, dass es in Deutschland in der Vergangenheit keine kapitalmarktrechtlichen Meldepflichten für Optionen auf Aktien gibt, die für den Inhaber bei Fälligkeit lediglich einen Anspruch auf Bar-Ausgleich zwischenzeitlich eingetretener Kursdifferenzen vorsehen wie insbesondere sog. Cash Settled Equity Swaps.[7] Der Einsatz solcher Derivate erlaubte daher den sukzessiven Aufbau auch größerer Beteiligungen zum jeweils aktuellen Börsenkurs ohne für den Investor vorzeitige Meldepflichten auszulösen.[8] Durch eine im Jahr 2011 erfolgte gesetzliche Neuregelung[9] wurden allerdings auch in Deutschland für solche Derivate Meldepflichten begründet. Ein unbe-

---

5 Siehe dazu sowie zu Gestaltungen, bei denen diese Volumenbegrenzung keine Anwendung findet, näher → Rn. 30 ff.

6 Dazu näher → Rn. 33.

7 Dazu näher → Rn. 68 f.

8 Dieses Verfahren wurde außer bei PIPEs im hier verwendeten Sinne auch zur Vorbereitung von Übernahmen eingesetzt, die mit der Zielgesellschaft nicht abgestimmt waren, wie im Fall Porsche/VW und im Fall Schaeffler/Continental; dieses Vorgehen hat in der Öffentlichkeit zum Teil scharfe Kritik hervorgerufen.

9 Sie erfolgte durch das Anlegerschutz- und Funktionsverbesserungsgesetz (AnsFuG) vom 5.4.2011, BGBl. 2011 I S. 538.

merkter Beteiligungsaufbau an börsennotierten Unternehmen ist seither nur noch bis zum Erreichen einer Schwelle von 5 % der Stimmrechte möglich; zu berücksichtigen sind dabei neben Stimmrechten aus bereits erworbenen Aktien grundsätzlich auch Stimmrechte aus Instrumenten, die lediglich eine wirtschaftliche Beteiligung vermitteln. Die betreffenden Vorschriften wurden im Jahr 2015 in Umsetzung einer durch die Transparenzrichtlinie-Änderungsrichtlinie[10] vorgeschriebenen EU-weiten Vereinheitlichung nochmals überarbeitet;[11] die genannte 5 %-Schwelle gilt jedoch unverändert fort.

III. Bedeutung in Deutschland

Privatplatzierungen börsennotierter Aktien sind zwar auch in Deutschland schon länger **10** bekannt; als Beteiligungsinstrument im Bereich des Private Equity wird dieses Verfahren indes erst seit vergleichsweise kurzer Zeit genutzt. Als erste PIPE-Transaktion eines Private Equity-Investors in Deutschland wird üblicherweise die Beteiligung von General Atlantic Partners an der IXOS Software AG genannt, für die die Verträge am 12.8.2002 abgeschlossen wurden. Bei dieser Transaktion zeichnete General Atlantic Partners zum einen 1,8 Millionen junger Aktien, entsprechend knapp 10 % des bestehenden Grundkapitals, die von der Gesellschaft im Rahmen einer Bar-Kapitalerhöhung aus genehmigtem Kapital unter Ausschluss des Bezugsrechts der Aktionäre ausgegeben wurden; der Ausgabepreis von 5,90 EUR je Aktie enthielt dabei eine Prämie von etwas über 15,9 % auf den volumengewichteten durchschnittlichen Börsenkurs der Aktien der Gesellschaft an den letzten fünf Börsentagen vor dem Kapitalerhöhungsbeschluss. Zum anderen erwarb General Atlantic Partners ein Paket bereits bestehender Aktien durch den Abschluss von Aktienkaufverträgen mit einzelnen Großaktionären. Damit erreichte General Atlantic Partners eine Beteiligung von insgesamt rund 25,1 % des Grundkapitals der IXOS Software AG.[12] Die Transaktion wurde vom Kapitalmarkt damals gut aufgenommen. Im Hinblick auf die Ausgabe der jungen Aktien zu einem über dem aktuellen Börsenkurs liegenden Ausgabebetrag führte sie – anders als in einigen Fällen in den USA – insbesondere auch nicht zu einem Absinken des Börsenkurses.

Letzteres dürfte ganz allgemein typisch für PIPEs in Deutschland sein, da hier die bereits **11** erwähnten[13] Vorschriften zum Bezugsrechtsausschluss größere Abschläge auf den Börsenkurs bei der Ausgabe neuer Aktien nicht zulassen. Dies mag einer der Gründe sein, warum PIPEs in Deutschland bisher nicht in einem mit den USA vergleichbaren Umfang vorgekommen sind. Seit geraumer Zeit erfreut sich diese Transaktionsform allerdings auch hier zunehmender Beliebtheit. Denn sie bietet nicht nur Investoren interessante Alternativen. Auch die Zielgesellschaften haben mittlerweile erkannt, dass ein PIPE-Investment für sie von Vorteil sein kann und zwar durchaus auch dann, wenn es in der Form des „modernen PIPE" erfolgt und daher keine Finanzierungsfunktion erfüllt.[14]

Als typische Beispiele „klassischer PIPEs" sind zu nennen: **12**

- Qatar Investment Authority / Hochtief (2010): Erwerb von rund 9,1 % des Grundkapitals der Hochtief AG im Wege einer Kapitalerhöhung unter Ausschluss des Bezugsrechts.[15]
- IPIC/Daimler AG (2009): Erwerb einer Beteiligung von rund 9 % des Grundkapitals an der Daimler AG durch neue Aktien aus einer Barkapitalerhöhung mit sog. vereinfachtem Bezugsrechtsausschluss.[16]

---

[10] Richtlinie 2013/50/EU des Europäischen Parlaments und des Rates vom 22.10.2013, ABl. 2013 L 294, S. 13.

[11] Gesetz zur Umsetzung der Transparenzrichtlinie-Änderungsrichtlinie vom 20.11.2015, BGBl. 2015 I S. 2029.

[12] DGAP-Ad-Hoc IXOS Software AG v. 13.8.2002.

[13] → Rn. 9.

[14] Dazu → Rn. 21 und → Rn. 48.

[15] Siehe Börsen-Zeitung vom 7.12.2010, Ausgabe Nr. 236, 11.

[16] Siehe Börsen-Zeitung v. 24.3.2009, Ausgabe Nr. 57, 11.

– Permira/Freenet AG (2008): Erwerb einer Beteiligung von rund 25 % an der Freenet AG durch neue Aktien aus einer Sachkapitalerhöhung gegen Einbringung der Beteiligung von Permira an Debitel.[17]
– Wolfgang und Michael Herz/Escada AG (2008): Erwerb einer Beteiligung von rund 24 % an der Escada AG durch neue Aktien aus einer in zwei Tranchen durchgeführten Barkapitalerhöhung. Davon erfolgte die Aktienausgabe in der ersten Tranche unter vereinfachtem Bezugsrechtsausschluss nur an die Familie Herz; die zweite Tranche erfolgte mit Bezugsangebot an alle Aktionäre, wobei sämtliche nicht bezogenen Aktien aufgrund einer entsprechenden Zeichnungsgarantie (sog. Back-Stop) von der Familie Herz übernommen wurden.[18]
– Santo Holding (= Beteiligungsgesellschaft der Brüder Strüngmann)/MediGene AG (2007): Erwerb von rund 9 % des Grundkapitals an der MediGene AG durch neue Aktien, aus einer Bar-Kapitalerhöhung mit vereinfachtem Bezugsrechtsausschluss.[19]

13 Beispiele für „moderne PIPEs" sind:

– KKR/Axel Springer SE (2019): Erwerb von 42,5 % des Grundkapitals an der Axel Springer SE im Wege eines freiwilligen Übernahmeangebots nach Abschluss einer Pooling-Vereinbarung mit der Beteiligungsgesellschaft der Hauptaktionärin Friede Springer.[20]
– Qatar Solar (=Mitglied der Qatar Foundation) / SolarWorld AG (2014): Erwerb von 29 % des Grundkapitals der SolarWorld AG von den früheren Finanzierungsgläubigern, die diese Aktien im Rahmen einer Restrukturierung (debt to equity swap) erhalten hatten.[21]
– Triton / Kontron AG (2012): Erwerb einer Beteiligung von 12,87 % an der Kontron AG durch Marktkäufe.[22]
– Triton / Curanum (2011): Aufbau einer Beteiligung von rund 17,2 % am Grundkapital der Curanum AG durch Marktkäufe.[23]
– Skion (= Investmentgesellschaft von Susanne Klatten)/SGL Carbon SE (2009): Aufbau einer Beteiligung an der SGL Carbon SE durch Marktkäufe; im Zeitpunkt der Bekanntgabe des Einstiegs betrug die aktuelle Beteiligung von Skion etwas unter 8 % des Grundkapitals, wobei eine spätere Aufstockung auf bis zu 25 % durch Cash Settled Equity Swaps wirtschaftlich bereits abgesichert war.[24]
– Skion/Nordex AG (2008): Erwerb einer Beteiligung von insgesamt 20 % des Grundkapitals durch Paketerwerb von verschiedenen Großaktionären.[25]
– HRE Investment Holdings L. P. (= Beteiligungsgesellschaft einer Investorengruppe um J. C. Flowers)/Hypo Real Estate Holding AG (2008): Erwerb einer Beteiligung von rund 24 % durch öffentliches Erwerbsangebot (Teilangebot);[26]
– One Equity Partners/Pfleiderer AG (2008): Erwerb einer Beteiligung von insgesamt 15 % des Grundkapitals durch Marktkäufe;[27]
– Blackstone/Deutsche Telekom AG (2006): Erwerb von rund 4,5 % des Grundkapitals aus Bundesbestand von der KfW;[28]
– Mayfair (= Beteiligungsgesellschaft von Günter und Daniela Herz)/Puma AG (2005): Aufbau einer Beteiligung in mehreren Schritten; zunächst knapp 17 % des Grundkapitals (davon ein Teil unter Kartellvorbehalt), später Aufstockung auf über 25 %.[29]

---

17 Siehe Börsen-Zeitung v. 29.4.2008, Ausgabe Nr. 82, 9.
18 Siehe Börsen-Zeitung v. 25.6.2008, Ausgabe Nr. 120, 11.
19 Siehe Börsen-Zeitung v. 11.9.2008, Ausgabe 174, 10.
20 Siehe Börsen-Zeitung v. 27.8.2019, AusgabeNr. 163, 7.
21 Siehe Börsen-Zeitung v. 25.2.2014, Ausgabe Nr. 38, 8.
22 Siehe Börsen-Zeitung v. 24.5.2012, Ausgabe Nr. 99, 13.
23 Siehe Börsen-Zeitung v. 8.6.2011, Ausgabe Nr. 109, 13.
24 Siehe Börsen-Zeitung v. 17.3.2009, Ausgabe 52, 9.
25 Siehe Börsen-Zeitung v. 1.8.2008, Ausgabe 147, 9.
26 Siehe Börsen-Zeitung v. 25.6.2008, Ausgabe Nr. 120, 3.
27 Siehe Börsen-Zeitung v. 23.1.2008, Ausgabe 15, 13.
28 Siehe Börsen-Zeitung v. 25.4.2006, Ausgabe Nr. 79, 11.
29 Siehe Börsen-Zeitung v. 11.5.2005, Ausgabe Nr. 89, 9, und v. 10.9.2005, Ausgabe Nr. 175, 9.

Ein Beispiel für eine Mischform zwischen „klassischem PIPE“ und „modernem PIPE“ ist: **14**

– Rusnano (=russisches Staatsunternehmen) / ItN Nanovation AG (2011): Erwerb von rund 19,6 % am Grundkapital der ItN Nanovation AG durch eine Kapitalerhöhung und anschließende Zukäufe am Kapitalmarkt auf insgesamt rund 28,7 %.[30]

IV. Vorteile einer PIPE-Transaktion aus Sicht des Investors

Das Aufkommen der PIPEs erweiterte für Private Equity-Investoren den Kreis möglicher Zielunternehmen. Denn vormals wurden börsennotierte Gesellschaften nur dann als mögliche Akquisitionsziele in Betracht gezogen, wenn sichergestellt werden konnte, dass der Investor anschließend Kontrolle ausüben kann. Soll diese Kontrollstellung unabhängig von der jeweiligen Hauptversammlungspräsenz bestehen, ist hierzu eine Beteiligung von mehr als 50 % der Stimmrechte erforderlich. Für die Umsetzung von Strukturmaßnahmen wie insbesondere den Abschluss eines Beherrschungs- und/oder Gewinnabführungsvertrags mit der Zielgesellschaft ist sogar eine deutlich höhere Beteiligung erforderlich. Dies nicht nur deshalb, weil die Beschlussfassung der Hauptversammlung über solche Maßnahmen grundsätzlich eine qualifizierte Mehrheit von 75 % des vertretenen Grundkapitals erfordert; letztere kann bei geringer Hauptversammlungspräsenz nämlich ggf. auch bereits bei einer deutlich geringeren Beteiligungsquote des Investors gewährleistet sein. Zu berücksichtigen ist vielmehr auch, dass den außenstehenden Aktionären im Zusammenhang mit derartigen Strukturmaßnahmen in der Regel eine Barabfindung anzubieten ist, deren Höhe noch nachträglich in einem sog. Spruchverfahren gerichtlich überprüft und ggf. angepasst werden kann. Der Gesamtbetrag der zu zahlenden Barabfindung steht bei Durchführung der Maßnahme daher noch nicht abschließend fest. Befindet sich zu diesem Zeitpunkt noch ein zu großer Aktienanteil bei außenstehenden Aktionären, bestehen bei der Beschlussfassung über die Maßnahme für den Investor somit erhebliche Unsicherheiten über die zu erwartenden finanziellen Auswirkungen. Hinzu kommt, dass in der Vergangenheit auch seitens der finanzierenden Banken häufig eine Beteiligung des Investors in Höhe von mindestens 75 % der Stimmrechte gefordert wurde, weil das mit der Akquisitionsfinanzierung verbundene Sicherheiten- oder Steuerkonzept die Durchführung solcher Strukturmaßnahmen voraussetzte.[31] Falls der Investor ein Aktienpaket dieser Größenordnung nicht ausnahmsweise von einem einzelnen Aktionär oder einer Aktionärsgruppe erwerben konnte, musste typischerweise eine erhebliche Prämie auf den Börsenkurs gezahlt werden, um eine entsprechende Annahmequote im Übernahmeangebot zu erreichen. Dies schränkte die Zahl der für ein Private Equity-Investment attraktiven börsennotierten Zielunternehmen erheblich ein. **15**

Dagegen ist die Zahl börsennotierter Unternehmen, die für PIPEs in Betracht kommen, ungleich größer. Denn eine Aktienposition unterhalb der übernahmerechtlichen Kontrollschwelle von 30 % der Stimmrechte kann deutlich leichter und häufig auch zu Preisen um den aktuellen Börsenkurs aufgebaut werden. Eine PIPE-Transaktion lässt sich darüber hinaus schneller als eine volle Übernahme vorbereiten und umsetzen, wodurch nicht nur die Transaktionskosten sinken, sondern auch die Transaktionssicherheit steigt. In der Form sog. Margin Loans gibt es für PIPEs ferner einfachere – wenn auch wegen der Nachschusspflicht bei fallenden Börsenkursen[32] für den Investor nicht risikolose – Finanzierungsmöglichkeiten als für Unternehmensübernahmen. Bei Margin Loans dienen nämlich aus- **16**

[30] Siehe Börsen-Zeitung v. 1.9.2011, Ausgabe Nr. 168, 11.

[31] Neuere Finanzierungs- und Steuerkonzepte, bei denen die Verlagerung der zur Akquisition aufgenommenen Fremdverbindlichkeiten auf die Ebene der Zielgesellschaft (sog. Debt-Push-Down) durch Ausschüttung einer auf Ebene der Zielgesellschaft fremdfinanzierten Sonderdividende erreicht wird, kommen demgegenüber auch ohne die erwähnten Strukturmaßnahmen aus und benötigen zur Umsetzung dann lediglich eine einfache Stimmenmehrheit des Investors.

[32] Dazu näher nachstehend unter → Rn. 20.

schließlich die vom Investor erworbenen Aktien der Zielgesellschaft als Sicherheit. Anders als bei der klassischen Akquisitionsfinanzierung für Unternehmensübernahmen ist daher die in der Umsetzung aufwändige Einbeziehung der Zielgesellschaft und ihrer Vermögensgegenstände in die Besicherung[33] – die wegen entsprechender Beschränkungen des deutschen Aktienrechts (§§ 57, 71a AktG) grundsätzlich nur nach der Durchführung der erwähnten Strukturmaßnahmen möglich ist – nicht erforderlich.

17 Ein weiterer Vorteil von PIPEs gegenüber Unternehmensübernahmen liegt darin, dass die für PIPEs kennzeichnende Beteiligung unterhalb der übernahmerechtlichen Kontrollschwelle auch einen Kontrollwechsel im Sinne so genannter Change-of-Control-Klauseln vermeidet, wie sie für Unternehmensfinanzierungen üblich sind. Denn derartige Klauseln, die dem Kreditgeber im Falle eines Kontrollwechsels bei der finanzierten Gesellschaft das Recht geben, vorzeitig die Rückzahlung des Kredits zu verlangen, greifen typischerweise erst beim Erwerb einer Mehrheitsbeteiligung am finanzierten Unternehmen ein. Das bedeutet, dass die Fremdfinanzierungsinstrumente der Zielgesellschaft von PIPE-Transaktionen regelmäßig unberührt bleiben und der Einstieg des Investors daher – anders als der Erwerb einer Mehrheitsbeteiligung – keine Refinanzierung bei der Zielgesellschaft erforderlich macht.

18 Interessanterweise regte sich aber eine Ebene höher, nämlich bei den Fonds-Investoren der Private-Equity-Fonds, zunächst eine gewisse Kritik gegen PIPE-Transaktionen. Denn es handelt sich hierbei um eine Transaktionsform, die – zumindest theoretisch – den typischen Fonds-Investoren wie Versicherungen, Pensionsfonds, Family Offices etc auch selbst offen steht. Als institutionelle Anleger investieren sie nämlich häufig unmittelbar in börsennotierte Unternehmen und erwerben dann größere Aktienpositionen; hierzu müssten sie daher nicht den Weg über ein Investment in Private Equity-Fonds gehen, der mit Blick auf Management Fees und Carried Interest-Zahlungen an die Fondsmanager mit erheblichem finanziellen Mehraufwand für die Fonds-Investoren verbunden ist. Diese Kritik dürfte jedoch unberechtigt sein, da Private Equity-Fonds deutlich aktivere Investoren sind, als es ein Fonds-Investor bei einer eigenen Anlage in Aktien der Zielgesellschaft wäre. So wird sich ein Private-Equity-Fonds als PIPE-Investor typischerweise ausbedingen,[34] dass er eine bestimmte Zahl von Aufsichtsratssitzen erhält, und auch die Strategie der Zielgesellschaft aktiv begleiten. Dies ist ein Mehrwert, der eine PIPE-Transaktion im hier verwendeten Sinne deutlich vom bloßen Halten eines Aktienpakets unterscheidet.

V. Akquisitionsstruktur und Finanzierung

19 Die Akquisitionsstruktur bei PIPE-Transaktionen ist grundsätzlich von denselben Überlegungen geprägt, wie bei anderen Private Equity-Transaktionen. Dementsprechend investiert der Private-Equity-Fonds auch hier typischerweise über ein Akquisitionsvehikel, das als Erwerber der Aktien in der PIPE-Transaktion auftritt; dabei wird es sich aus steuerlichen Gründen häufig um eine Gesellschaft in Luxemburg handeln. Die Einfügung einer deutschen Zwischengesellschaft in die Akquisitionsstruktur ist bei PIPEs demgegenüber regelmäßig[35] nicht erforderlich. Denn Strukturmaßnahmen wie insbesondere der Abschluss eines Beherrschungs- und Gewinnabführungsvertrages mit der Zielgesellschaft, die bei klassischen Leveraged Buyout-Strukturen unter anderem dazu dienen, eine steuerliche Konsolidierung von Kosten der Akquisitionsfinanzierung und operativen Gewinnen der Zielgesellschaft zu erreichen, und dann die Verwendung einer deutschen Zwischengesell-

[33] Dazu grundlegend *Nussbaum,* Besicherung durch die Aktiva der Zielgesellschaft im Leveraged Buyout, München 1996.

[34] Zur vertraglichen Umsetzung → Rn. 46 und → Rn. 80.

[35] Sind über die Laufzeit des Investments signifikante Dividendenausschüttungen der Zielgesellschaft zu erwarten, wären mit Blick auf § 50d Abs. 3 EStG allerdings ggf. auch alternative Strukturen erwägenswert; siehe jedoch jüngst BMF-Schreiben vom 4.4.2018 (IV B 3-S2411/07/10016 14), welches die Entlastung erleichtert.

schaft nahe legen, kommen bei PIPE-Transaktionen schon im Hinblick auf die Mehrheitserfordernisse für deren Umsetzung[36] meist nicht in Betracht.

20 Das bedeutet gleichzeitig, dass weder Zugriff auf den Cash Flow der Zielgesellschaft besteht, noch eine Einbeziehung der Zielgesellschaft und ihrer Vermögensgegenstände in die Besicherung einer zur Akquisition aufgenommenen Fremdfinanzierung möglich ist.[37] Eine klassische Akquisitionsfinanzierung ist daher für PIPEs regelmäßig nicht verfügbar. Der Beteiligungserwerb muss dann entweder ausschließlich durch Eigenkapital oder aber teils durch Eigenkapital, teils durch die bereits im vorangegangenen Abschnitt erwähnten Margin Loans finanziert werden. Ein Margin Loan ist eine Kreditvereinbarung, bei der börsennotierte Aktien in der Weise beliehen werden, dass die kreditgebende Bank dem Kreditnehmer einen bestimmten (von den jeweiligen Marktgegebenheiten abhängigen) Prozentsatz des jeweils aktuellen Börsenwerts der verpfändeten Aktien als Fremdkapital zur Verfügung stellt. Indem der Kreditnehmer – im vorliegenden Zusammenhang das Akquisitionsvehikel – den Differenzbetrag als Eigenkapital zur Verfügung stellt, können Margin Loans zur teilweisen Fremdfinanzierung des Erwerbs von Aktien eingesetzt werden. Da bei Margin Loans der Beleihungswert der erworbenen Aktien von deren Börsenkurs abhängt, muss der Investor typischerweise Eigenkapital nachschießen, wenn der Börsenkurs anschließend unter eine vereinbarte Schwelle absinkt. Kommt er dieser Verpflichtung nicht nach, kann die Bank den gesamten Kredit zur Rückzahlung fällig stellen und bei Zahlungsverzug die verpfändeten Aktien verwerten, indem diese über die Börse veräußert werden. Der Verzicht auf weitere Sicherheiten beruht dabei auf der Annahme, dass mit der Veräußerung der verpfändeten Aktien über die Börse ein Verwertungsweg zur Verfügung steht, auf dem sich schnell und kostengünstig ein dem aktuellen Börsenwert der Aktien entsprechender Erlös erzielen lässt. Dies setzt allerdings voraus, dass die Handelsliquidität der Aktie groß genug ist, um im Verwertungsfall eine entsprechende Anzahl von Aktien innerhalb kurzer Zeit auch über den Markt verkaufen zu können, ohne dass dies zu allzu großen Kursabschlägen führt. Denn andernfalls bildet der Börsenkurs keine aussagekräftige Bemessungsgrundlage für die Beleihung der Aktien. Aus diesem Grund ist das Volumen von Aktien, deren Erwerb durch Margin Loans finanziert werden kann, nach oben beschränkt. Wo hier die Grenze im Einzelnen verläuft, hängt von der sonstigen Aktionärsstruktur bzw. dem noch verbleibenden Free Float ab; auch bei hohem Streubesitz dürfte die Obergrenze jedoch in Größenordnung von 15–20 % des Grundkapitals liegen. Übersteigt die vorgesehene Beteiligung des Investors diese Grenze, wird eine Fremdfinanzierung der PIPE-Transaktion insgesamt schwierig. Man spricht insoweit auch von einer „Death Zone" für die Finanzierung des Beteiligungserwerbs. Ihr oberes Ende ist erst erreicht, wenn der Investor mindestens eine Mehrheitsbeteiligung erwirbt, da letztere grundsätzlich die Mindestvoraussetzung für eine klassische Akquisitionsfinanzierung bildet.

B. Klassischer PIPE

I. Interessenlage aus Sicht der Zielgesellschaft

21 Im Fall des klassischen PIPE erfolgt der Beteiligungserwerb des Investors über Aktien, die von der Gesellschaft selbst – ggf. auch mittelbar über eine Wandel- oder Optionsanleihe – an den Investor ausgegeben werden. Im Regelfall wird die Gegenleistung eines Private Equity-Investors in Geld bestehen. Seine Beteiligung dient dann aus Sicht der Gesellschaft in erster Linie Finanzierungszwecken. Denkbar ist allerdings auch, dass ein Private Equity-Investor für die an ihn auszugebenden Aktien eine Sacheinlage in Form einer von ihm gehaltenen Beteiligung an einem anderen Unternehmen erbringt. In diesem Fall kommt der Gewinnung des Investors auch strategische Bedeutung für die Gesellschaft zu.

---

[36] → Rn. 15.

[37] Dazu bereits → Rn. 15 f.

22 Je nach Umfang der Beteiligung, die der Investor an der Gesellschaft erwirbt, können darüber hinaus Überlegungen eine Rolle spielen, die den Einstieg eines so genannten „Anker-Investors" für die Gesellschaft auch bei „modernen PIPEs" attraktiv machen. Dies sind neben möglichen Vorteilen aus dem Zugang zum Netzwerk oder branchenspezifischem Know-how des Investors namentlich die Absicherung der langfristigen Geschäftsstrategie des Managements sowie der Schutz vor feindlichen Übernahmen durch einen starken Einzelaktionär.[38] Hierfür bedarf es allerdings in der Regel einer Beteiligung, deren Umfang 10 % des Grundkapitals deutlich übersteigt. Diese Grenze – gemessen an der Grundkapitalziffer vor einer evtl. Kapitalerhöhung, die zur Beteiligung des Investors durchgeführt wird – bildet mit Blick auf § 186 Abs. 3 S. 4 AktG[39] nach deutschem Recht grundsätzlich die Höchstgrenze, bis zu der die Gesellschaft an den Investor Aktien und/oder Wandlungsrechte gegen Bareinlagen unter Ausschluss des Bezugsrechts der Aktionäre ausgeben kann. Um die Funktion eines „Anker-Investors" übernehmen zu können, muss der Investor dann zusätzlich noch bestehende Aktien von Altaktionären und/oder über den Markt hinzu erwerben.

23 Auch aus Sicht des Private Equity-Investors ist typischerweise eine deutlich höhere Beteiligung wünschenswert. Ein Erwerb von Aktien unmittelbar von der Gesellschaft wird wegen der vorstehenden 10 %-Grenze deshalb häufig nur eines von mehreren Elementen des Beteiligungsaufbaus darstellen. Dies kann dann im Ergebnis zu einer Mischung des „klassischen PIPE" mit Elementen des „modernen PIPE" führen.

24 Die 10 %-Grenze gilt allerdings nicht für eine Ausgabe von Aktien gegen Sacheinlage. Erfolgt die Beteiligung des Investors auf diesem Weg, kann er daher ggf. auch eine deutlich höhere Beteiligung unmittelbar von der Gesellschaft erwerben.[40] Auch bei einer Kapitalerhöhung gegen Bareinlagen ist ein Erwerb neuer Aktien durch den Investor jenseits der 10 %-Grenze denkbar, wenn die Kapitalerhöhung als Bezugsrechts-Emission ausgestaltet ist, der Investor aber bereits im Vorfeld der Kapitalerhöhung durch Vereinbarung mit der Gesellschaft die Abnahme nicht bezogener Aktien garantiert hat[41] oder Altaktionäre bereit sind, Bezugsrechte in entsprechendem Umfang an den Investor abzutreten. Eine solche Gestaltung kommt in Betracht, wenn wegen des Marktumfelds, der Lage der Gesellschaft etc damit zu rechnen ist, dass die neuen Aktien bei den bisherigen Aktionären nicht oder nicht in vollem Umfang zu platzieren sind.

II. Beteiligung durch Übernahme von Aktien

1. Herkunft der Aktien

25 Zur Beteiligung des Investors kommen in erster Linie neue Aktien in Betracht, die von der Gesellschaft im Rahmen einer Kapitalerhöhung gegen Einlagen aus genehmigtem Kapital (§§ 202 ff. aktG) ausgegeben werden. Eine unmittelbar von der Hauptversammlung beschlossene Kapitalerhöhung zur Ausgabe neuer Aktien an den Investor ist zwar grundsätzlich ebenfalls möglich, wegen des erforderlichen zeitlichen Vorlaufs für die Einberufung der Hauptversammlung und der Transaktionsrisiken, die sich aus der Möglichkeit von Anfechtungsklagen gegen die Beschlussfassung der Hauptversammlung ergeben, in der Praxis indes nicht empfehlenswert.

26 Verfügt die Gesellschaft über eigene Aktien, die auf Grundlage einer Ermächtigung der Hauptversammlung gemäß § 71 Abs. 1 Nr. 8 AktG erworben worden sind und zu diesem

[38] Dazu noch → Rn. 48.

[39] Diese Bestimmung gilt gemäß § 71 Abs. 1 Nr. 8 S. 5 AktG auch für die Ausgabe der nach dieser Vorschrift erworbenen eigenen Aktien. Sie findet nach hM mit Blick auf § 221 Abs. 4 S. 2 AktG ferner entsprechende Anwendung bei der Ausgabe von Wandel-/Optionsanleihen; siehe dazu BGH Urt. v. 11.6.2007 – II ZR 152/06, WM 2007, 2110; *Koch* in Hüffer § 221 Rn. 43a.

[40] So im Beispiel Permira/Freenet AG; dazu → Rn. 12

[41] So im Beispiel Herz/Escada AG; dazu → Rn. 12.

Zweck verwendet werden können,[42] kann die Gesellschaft statt oder in Kombination mit neuen Aktien auch eigene Aktien an den Investor ausgeben.

2. Ausstattung neu auszugebender Aktien

Für Besonderheiten bei der Ausstattung der an den Investor auszugebenden neuen Aktien **27** bietet das deutsche Recht nur geringen Spielraum. Nach § 11 AktG können zwar grundsätzlich Aktien mit unterschiedlichen Rechten ausgegeben werden. Sofern von dieser Möglichkeit bei börsennotierten deutschen Gesellschaften Gebrauch gemacht wird, geschieht dies jedoch praktisch ausschließlich durch eine Aufteilung des Grundkapitals in stimmberechtigte Stammaktien und stimmrechtslose Vorzugsaktien. Letztere sind in ihrer üblichen Ausgestaltung[43] für einen Private Equity-Investor mit Blick auf das fehlende Stimmrecht indes nicht attraktiv. Die Gestaltungsmöglichkeiten bei der Ausgabe stimmberechtigter Aktien mit besonderen Rechten sind wegen des gesetzlichen Verbots des Mehrfachstimmrechts (§ 12 Abs. 2 AktG) und der weitgehend zwingenden Ausgestaltung der übrigen Mitverwaltungsrechte im Wesentlichen auf stimmberechtigte Vorzugsaktien beschränkt, dh auf Aktien mit normalem Stimmrecht, jedoch besonderen Rechten hinsichtlich der Gewinnverteilung und/oder der Verteilung eines Liquidationserlöses.[44] Die nachträgliche Ausgabe einer neuen Gattung stimmberechtigter Aktien, die mit weitergehenden Rechten ausgestattet sind als die bisher vorhandenen Aktien, bedarf nach herrschender Meinung allerdings zusätzlich zu den erforderlichen Beschlussmehrheiten der Zustimmung jedes einzelnen Aktionärs[45] – und zwar auch dann, wenn das Bezugsrecht der bestehenden Aktionäre nicht ausgeschlossen wird[46] – und ist daher bei einer börsennotierten Gesellschaft in der Praxis nicht durchführbar. Anderes gilt im Hinblick auf die Regelung des § 204 Abs. 2 AktG zwar für die Ausgabe neuer Vorzugsaktien ohne Stimmrecht, die auch ohne solche Zustimmung sämtlicher Altaktionäre möglich ist.[47] Wenn das genehmigte Kapital dies vorsieht, können aufgrund dieser Bestimmung nämlich auch neue Vorzugsaktien ohne Stimmrecht ausgegeben werden, die den vorhandenen im Range gleichstehen oder vorgehen.[48] Selbst wenn das genehmigte Kapital die Ausgabe einer neuen Gattung stimmrechtsloser Vorzugsaktien zulässt, dürfte es jedoch kaum möglich sein, solche Aktien an einen Investor unter Ausschluss des Bezugsrechts der Altaktionäre zu vergeben.[49]

---

[42] Eine Verwendungsbeschränkung kann sich außer aus der von der Hauptversammlung erteilten Ermächtigung auch daraus ergeben, dass der Rückerwerb von der Gesellschaft ausdrücklich nur zu einem bestimmten Zweck, etwa zur Einziehung oder zur Verwendung für ein Mitarbeiterbeteiligungsprogramm erfolgt ist; eine solche Beschränkung ist insbesondere dann anzutreffen, wenn der Rückkauf in Übereinstimmung mit den „Safe Harbour"-Bestimmungen Art. 5 Abs. 1 und 2 MAR in Verbindung mit Art. 4 der Delegierten Verordnung (EU) 1052/2016 erfolgt ist.

[43] Zwingende Voraussetzung für den Ausschluss des Stimmrechts ist nach § 139 Abs. 1 AktG ein Dividendenvorzug insbesondere in Form eines Vorab- und/oder Mehrdividendenrechts. Der Betrag dieses Vorzugs ist jedoch typischerweise gering und daher wirtschaftlich von untergeordneter Bedeutung.

[44] Siehe *Koch* in Hüffer § 11 Rn. 4; *Butzke* in Marsch-Barner/Schäfer HdB Börsennotierte AG § 6 Rn. 6.2 ff. mwN Rechtlich möglich, bei börsennotierten Gesellschaften jedoch nicht praktikabel, sind ferner Aktien mit besondere Nebenleistungspflichten; vgl. *Butzke* in Marsch-Barner/Schäfer HdB Börsennotierte AG § 6 Rn. 6.8.

[45] *Mock* in GK-AktG § 11 Rn. 35; *Heider* in MüKoAktG § 11 Rn. 44; *Gätsch* in Marsch-Barner/Schäfer HdB Börsennotierte AG § 5 Rn. 5.51 mwN.

[46] Zurecht kritisch *Butzke* in Marsch-Barner/Schäfer HdB Börsennotierte AG § 6 Rn. 6.17.

[47] Siehe nur *Koch* in Hüffer § 204 Rn. 11.

[48] Sofern noch keine Vorzugsaktien bestehen, ist die erstmalige Ausgabe stimmrechtsloser Vorzugsaktien aus genehmigtem Kapital sogar ohne gesonderte Ermächtigung im genehmigten Kapital zulässig; vgl. OLG Schleswig Urt. v. 27.5.2004 – 5 U 2/04, AG 2005, 48 f.; *Koch* in Hüffer § 204 Rn. 10.

[49] Für eine Ausgabe neuer Aktien gegen Bareinlagen ergibt sich dies bereits daraus, dass ein Bezugsrechtsausschluss hier regelmäßig nur auf § 186 Abs. 3 S. 4 AktG gestützt werden kann, der die Ausgabe einer bereits an der Börse notierten Aktiengattung voraussetzt. Aber auch in anderen Fällen wird ein Bezugsrechtsausschluss regelmäßig an der hier kaum möglichen sachlichen Rechtfertigung scheitern; vgl. zu dieser Problematik *Koch* in Hüffer § 60 Rn. 9 und § 204 Rn. 11 mwN.

28 Die neu an den Investor ausgegebenen Aktien werden daher in der Regel derselben Gattung angehören und ebenso ausgestattet sein müssen wie die bereits bestehenden (stimmberechtigten) Aktien der Gesellschaft. Allerdings werden neue Aktien – in Abweichung von der gesetzlichen Grundregel des § 60 Abs. 2 AktG, die eine lediglich zeitanteilige Gewinnberechtigung vorsieht – typischerweise mit vollem Gewinnbezugsrecht ab dem Beginn des Geschäftsjahres ihrer Ausgabe versehen. Bei Ausgabe im Zeitraum zwischen Geschäftsjahresbeginn und ordentlicher Hauptversammlung ist vielfach auch ein auf den Beginn des letzten Geschäftsjahres zurückbezogenes Gewinnbezugsrecht üblich, um auch in diesem Falle eine Dividendenausstattung wie bei den besehenden Aktien zu erreichen.

29 Als besonderes Kontrollrecht denkbar ist lediglich die Begründung eines Rechts des Investors, eine bestimmte Anzahl von Mitgliedern in den Aufsichtsrat zu entsenden. Dieses Entsendungsrecht kann gemäß § 101 Abs. 2 AktG entweder als persönliches Recht eines Aktionärs oder, im Falle von vinkulierten Namensaktien, auch als ein an die Inhaberschaft bestimmter Aktien gebundenes Recht begründet werden.[50] Es darf sich maximal auf die Entsendung von einem Drittel der Anteilseignervertreter des Aufsichtsrats erstrecken und kann auch nachträglich durch entsprechende Satzungsänderung geschaffen werden. Sofern die hierzu erforderliche Mehrheit zustande kommt – bei niedriger Hauptversammlungspräsenz ist dies durchaus auch bei der für PIPEs typischen Beteiligungshöhe von 20–25 % der Stimmen denkbar –, ist die Begründung eines solchen Rechts aus rechtlicher Sicht unproblematisch.[51] Am Kapitalmarkt wird ein solches Entsendungsrecht allerdings in der Regel kritisch aufgenommen und ist in Deutschland nur bei wenigen börsennotierten Gesellschaft (und dann meist nur solchen mit einem langjährigen Mehrheitsaktionär) anzutreffen. In der Praxis bereitet eine angemessene Vertretung des größten Einzelaktionärs – und dies wird der Investor bei PIPE-Transaktionen typischerweise sein – im Aufsichtsrat allerdings auch ohne gesichertes Entsendungsrecht meist keine Schwierigkeiten, so dass dieses bei Mitaktionären „unpopuläre" Instrument verzichtbar erscheint.

3. Bezugsrechtsausschluss

30 Eine Beschränkung oder ein Ausschluss des gesetzlichen Bezugsrechts der Aktionäre gemäß § 186 Abs. 1 AktG bei Ausgabe neuer Aktien bedarf grundsätzlich der sachlichen Rechtfertigung.[52] Im Falle einer Kapitalerhöhung aus genehmigtem Kapital ist zusätzlich gemäß § 203 Abs. 2 AktG eine entsprechende Ermächtigung zum Bezugsrechtsausschluss im genehmigten Kapital erforderlich. Dieselben Grundsätze, dh Erfordernis der sachlichen Rechtfertigung und Ermächtigung zum Bezugsrechtsausschluss durch die Hauptversammlung, gelten gemäß § 71 Abs. 1 Nr. 8 S. 5 AktG auch für die Veräußerung eigener Aktien an den Investor unter Ausschluss des Bezugsrechts der Aktionäre.

31 Besteht die Gegenleistung des Investors für die an ihn auszugebenden Aktien ausnahmsweise nicht in Geld, sondern in einer Sacheinlage, ist die sachliche Rechtfertigung des Bezugsrechtsausschlusses in der Regel unproblematisch, sofern der Erwerb der einzubringenden Vermögensgegenstände im Interesse der Gesellschaft liegt; für den Bezugsrechtsausschluss bestehen dann auch keine gesetzlichen Volumenbeschränkungen. Zu berücksichtigen sind allerdings Volumen- und Zweckbeschränkungen, die sich ggf. aus der Ermächtigung der Hauptversammlung für einen solchen Bezugsrechtsauschluss ergeben. Bei der Festlegung des Ausgabepreises bzw. der Zahl der als Gegenleistung für die Sacheinlage auszugebenden Aktien ist ferner § 255 Abs. 2 AktG zu beachten, wonach bei einer

[50] Die betreffenden Aktien gelten gemäß § 101 Abs. 2 S. 3 AktG nicht als Aktien einer besonderen Gattung; die oben genannten Anforderungen an die Ausgabe einer neuen Aktiengattung finden hierauf daher keine Anwendung.

[51] Siehe BGH Beschl. v. 8.6.2009 – II ZR 111/08, DStR 2009, 2547 – Thyssen-Krupp; sowie die Vorinstanz OLG Hamm Urt. v. 31.3.2008 – 8 U 222/07, NZG 2008, 914 (915 ff.); dazu *Neumann/Ogorek* NZG 2008, 892.

[52] Grundlegend BGH Urt. v. 13.3.1978 – II ZR 142/76, BGHZ 71, 40 (43 ff.); aus der Literatur vgl. nur *Koch* in Hüffer § 186 Rn. 25 mwN.

Ausgabe von Aktien unter Bezugsrechtsauschluss der Ausgabebetrag nicht unangemessen niedrig sein darf.[53]

Demgegenüber ist ein Bezugsrechtsauschluss bei der Ausgabe von Aktien gegen Bareinlage grundsätzlich nur unter den Voraussetzungen des in § 186 Abs. 3 S. 4 AktG gesetzlich geregelten sog. „vereinfachten" Bezugsrechtsauschlusses möglich[54] und unterliegt dann der hier geltenden Volumenbeschränkung von 10% des Grundkapitals.[55] Hat die Hauptversammlung den Vorstand auf unterschiedlicher Grundlage zu einem „vereinfachten" Bezugsrechtsausschluss ermächtigt, etwa im Rahmen des genehmigten Kapitals, im Rahmen einer Ermächtigung zum Erwerb und der Verwendung eigener Aktien gemäß § 71 Abs. 1 Nr. 8 AktG und/oder im Rahmen einer Ermächtigung zur Ausgabe von Wandelschuldverschreibungen, stellt sich die Frage, ob auf die 10%-Grenze Aktien bzw. Wandlungsrechte anzurechnen sind, die während der Laufzeit der maßgeblichen Ermächtigung bereits auf anderer Grundlage unter „vereinfachtem" Bezugsrechtsausschluss ausgegeben wurden. Vor dem Hintergrund des Zwecks dieser Volumenbegrenzung, den Aktionären eine Aufrechterhaltung ihrer Beteiligungsquote durch Zukauf an der Börse zu ermöglichen, liegt eine solche Anrechnung nahe; die Frage ist indes in der Literatur bislang wenig diskutiert. Allerdings sehen die jeweiligen Ermächtigungen in der Praxis eine solche Anrechnung aus Vorsichtsgründen häufig ausdrücklich vor. Jedenfalls dann ist eine Anrechnung vorzunehmen und verhindert, dass durch die Kombination verschiedener Ermächtigungen, etwa durch Ausgabe neuer Aktien aus genehmigtem Kapital unter gleichzeitiger Veräußerung eigener Aktien aus dem Bestand der Gesellschaft, die 10%-Grenze insgesamt überschritten werden kann. 32

Der Ausgabepreis der unter „vereinfachtem" Bezugsrechtsausschluss ausgegebenen Aktien darf den Börsenpreis der bereits bestehenden Aktien gemäß § 186 Abs. 3 S. 4 AktG „nicht wesentlich unterschreiten". Hier ist es üblich, als maßgeblichen Referenzkurs den letzten Schlusskurs oder ggf. auch den Durchschnittskurs während der letzten drei bis fünf Handelstage vor Beschlussfassung über die Ausgabe der Aktien heranzuziehen und hiervon einen Abschlag von in der Regel nicht mehr als 3%, höchstens aber 5% vorzunehmen. In der Verwendung der bezugsrechtsfreien Aktien ist der Vorstand frei und kann diese Aktien daher grundsätzlich auch insgesamt an einen einzelnen Investor vergeben. Allerdings findet auf die Vergabe der unter Bezugsrechtsausschluss ausgegebenen Aktien an bestehende Aktionäre nach allgemeinen Regeln der Gleichbehandlungsgrundsatz des § 53a AktG Anwendung. Ist der Investor im Zeitpunkt der Zulassung zur Übernahme der bezugsrechtsfreien Aktien bereits Aktionär der Gesellschaft, bedarf die Ausgabe der bezugsrechtsfreien Aktien (nur) an ihn daher einer zusätzlichen sachlichen Begründung; letztere kann im vorliegenden Zusammenhang etwa in der Bereitschaft des Investors liegen, für die Gesellschaft die Funktion eines „Anker-Investors" zu übernehmen und hierzu eine entsprechende Vereinbarung mit der Gesellschaft abzuschließen. 33

4. Börsenzulassung der neuen Aktien

Der Investor wird typischerweise daran interessiert sein, dass an ihn neu ausgegebene Aktien baldmöglichst zum Börsenhandel zugelassen werden. 34

Nach § 69 BörsZulV besteht grundsätzlich auch eine gesetzliche Verpflichtung der Gesellschaft, neu ausgegebene Aktien, die derselben Gattung angehören wie bereits zum 35

[53] Diese Vorschrift ist bei einer Kapitalerhöhung aus genehmigtem Kapital entsprechend anzuwenden; vgl. BGH Urt. v. 23.6.1997 – II ZR 132/93, BGHZ 136, 133 (141); *Koch* in Hüffer § 204 Rn. 5 mwN.

[54] Das ergibt sich daraus, dass es aus Sicht der Gesellschaft im Ausgangspunkt gleichgültig ist, ob sich der Emissionserlös aus Bareinlagen bisheriger Aktionären oder Bareinlagen neuer Investoren speist, und für einen weitergehenden Bezugsrechtsausschluss daher regelmäßig die sachliche Rechtfertigung fehlt; bei Barkapitalerhöhungen ist die Möglichkeit eines weitergehenden Bezugsrechtsauschlusses daher auf Sonderfälle wie etwa die Ausgabe neuer Aktien zur Börseneinführung im Ausland oder zu Sanierungszwecken beschränkt; vgl. dazu etwa *Koch* in Hüffer § 186 Rn. 29 ff. mwN.

[55] Hierzu bereits vorstehend → Rn. 22.

Börsenhandel im regulierten Markt zugelassene Aktien der Gesellschaft, ebenfalls zum Börsenhandel zuzulassen. Ein entsprechender Zulassungsantrag ist spätestens innerhalb von zwölf Monaten nach der Ausgabe der neuen Aktien zu stellen. Diese Frist verlängert sich indes, wenn die neuen Aktien bei Ablauf der Frist, etwa aufgrund einer Lock-up-Vereinbarung mit dem Investor, noch nicht frei handelbar sind, bis zum Zeitpunkt ihrer freien Handelbarkeit. Um dem Investor Sicherheit über den Zeitpunkt der Börsenzulassung der an ihn ausgegebenen neuen Aktien zu verschaffen, empfiehlt es sich daher, diesen Punkt in einer Vereinbarung mit der Gesellschaft näher zu regeln.

36 Die Zulassung der neuen Aktien zum Börsenhandel setzt wegen § 3 Abs. 4 WpPG grundsätzlich die Erstellung eines Wertpapierprospekts voraus und ist daher mit erheblichem Aufwand für die Gesellschaft verbunden. Eine prospektfreie Zulassung neuer Aktien ist gemäß § 4 Abs. 2 Nr. 1 WpPG allerdings dann möglich, wenn die von der Gesellschaft neu ausgegebenen Aktien über einen Zeitraum von 12 Monaten weniger als 10 %[56] der bereits zum Handel zugelassenen Aktien derselben Gattung ausmachen. Ob von dieser Ausnahme Gebrauch gemacht werden kann, hängt daher nicht nur vom Umfang der an den Investor ausgegebenen neuen Aktien ab, sondern auch davon, ob und in welchem Umfang die Gesellschaft in dem maßgeblichen 12-Monats-Zeitraum noch weitere Aktien, etwa im Rahmen eines Aktienoptionsprogramms, ausgegeben hat. Um insgesamt eine prospektfreie Zulassung zu ermöglichen, kann die Zulassung dann aber ggf. auch –- verteilt auf verschiedene 12-Monats-Zeiträume –- in mehreren Tranchen erfolgen.

III. Beteiligung über Wandel-/Optionsanleihen

37 Die Ausgabe von Wandel- oder Optionsanleihen bedarf nach § 221 AktG einer Ermächtigung der Hauptversammlung, die in der Praxis jeweils mit einer Beschlussfassung über ein bedingtes Kapital zur Bedienung der Wandlungs- bzw. Optionsrechte verbunden wird. Letzteres zwingt wegen § 193 Abs. 2 Nr. 3 AktG dazu, bereits im Ermächtigungsbeschluss den Ausgabebetrag der neuen Aktien oder die Grundlagen für seine Berechnung festzulegen. Dabei ist es nach der gesetzlichen Regelung allerdings ausreichend, wenn ein Mindestausgabebetrag oder die Grundlagen für dessen Berechnung angegeben werden. In der Praxis verbreitet ist die Angabe eines Mindestausgabebetrags, der anhand des Aktienkurses im Zeitpunkt der Begebung der Anleihen berechnet und als Prozentsatz dieses Kurses angegeben wird. Üblich ist die Festlegung eines Mindestausgabebetrags zwischen 80 % und 120 % des Aktienkurses bei Begebung der Anleihe.

38 Auch bei Gesellschaften, die über eine Vorratsermächtigung zur Ausgabe von Wandel- und/oder Optionsanleihen verfügen, ist der Gestaltungsspielraum der Verwaltung bei der Festlegung der Anleihebedingungen und insbesondere des Wandlungsverhältnisses daher regelmäßig begrenzt. Eine Ausgestaltung der Anleihebedingungen mit dem Ziel einer Kursabsicherung des Investments eines Private Equity-Investors nach dem Vorbild der sog. „strukturierten" PIPEs in den USA wird von einer solchen Vorratsermächtigung häufig nicht gedeckt sein.

39 Zu berücksichtigen ist ferner, dass auf Wandel- und Optionsanleihen grundsätzlich ein Bezugsrecht der Aktionäre besteht, für dessen Ausschluss dieselben Grenzen gelten wie für den Ausschluss des Bezugsrechts bei der Ausgabe neuer Aktien (§ 221 Abs. 4 AktG). Zwar sehen Vorratsermächtigungen zur Ausgabe von Wandel- und Optionsanleihen häufig auch die Möglichkeit eines „vereinfachten" Bezugsrechtsausschlusses in entsprechender Anwendung von § 186 Abs. 3 S. 4 AktG vor, wobei dann an die Stelle des Börsenpreises als Referenz für den Ausgabepreis der in einem mathematischen Verfahren zu ermittelnde Wert des Wandlungsrechts tritt.[57] Das bedeutet, dass eine für den Investor vorteilhafte

---

[56] Zur Berechnung vgl. *Lachner/von Heppe* WM 2008, 576 (578).

[57] Zur Zulässigkeit eines „vereinfachten" Bezugsrechtsausschlusses im Rahmen des § 221 AktG siehe BGH Urt. v. 11.6.2007 – II ZR 152/06, WM 2007, 2110.

Ausgestaltung des Wandlungsrechts bei der Bemessung des Ausgabebetrags der Anleihe zu berücksichtigen wäre und auch hier eine volumenmäßige Beschränkung des Bezugsrechtsausschlusses auf Wandlungsrechte für Aktien mit einem Anteil von höchstens 10% des Grundkapitals besteht. Wegen der typischerweise vorgesehenen Anrechnung unterschiedlicher Ermächtigungen zum „vereinfachten" Bezugsrechtsausschluss auf diese Grenze,[58] kann letztere also auch durch den Einsatz von Wandel- oder Optionsanleihen nicht erweitert werden.

Aus den vorgenannten Gründen kommt bei deutschen Gesellschaften eine Beteiligung des Investors über Wandel- oder Optionsanleihen in erster Linie als Ergänzungs- oder Ausweichlösung in Betracht, wenn für eine unmittelbare Ausgabe von Aktien durch die Gesellschaft kein geeignetes genehmigtes Kapital oder kein genehmigtes Kapital in ausreichender Höhe vorhanden ist. **40**

IV. Due Diligence

Da die Beteiligung des Private-Equity-Investors in der Konstellation des „klassischen PIPE" unmittelbar mit der Gesellschaft verhandelt wird, erhält der Investor hier regelmäßig auch Gelegenheit zur Durchführung einer Due Diligence, die sich in Ergänzung öffentlich zugänglicher Informationen auch auf ausgewählte interne Daten der Gesellschaft erstreckt. Rechtliche Voraussetzung für die Offenlegung vertraulicher Informationen an den Investor ist ein entsprechender Vorstandsbeschluss,[59] dessen Zulässigkeit im Hinblick auf die Geheimhaltungspflichten aus §§ 93 Abs. 1 S. 3, 400 AktG und ggf. Art. 10 Abs. 1 in Verbindung mit Art. 14 MAR nach herrschender Meinung an folgende Bedingungen geknüpft ist:[60] (1) Nachweis eines ernsthaften Beteiligungsinteresses des Investors gegenüber der Gesellschaft, beispielsweise durch einen „Letter of Interest" (2) ein ausreichendes Interesse der Gesellschaft an der Durchführung der Transaktion, sowie (3) Schutz der Vertraulichkeit der offen gelegten Informationen durch Abschluss einer Vertraulichkeitsvereinbarung[61] zwischen Investor und Gesellschaft. **41**

Die Zulassung der Due Diligence durch den Vorstand ist eine unternehmerische Entscheidung; der Vorstand verfügt hierbei und insbesondere bei der Beurteilung, ob die Transaktion im Interesse der Gesellschaft liegt, daher unter den Voraussetzungen des § 93 Abs. 1 S. 2 AktG über einen entsprechenden Beurteilungsspielraum. Ein solches Interesse der Gesellschaft dürfte im Falle des „klassischen" PIPE allerdings schon im Hinblick auf die Finanzierungsfunktion dieser Transaktionsform in der Regel unproblematisch zu bejahen sein. Weitere Gesichtspunkte können etwa die Bereitschaft des Investors zur Übernahme **42**

---

58 Dazu bereits → Rn. 32.

59 Vgl. *Koch* in Hüffer § 93 Rn. 32; *Linker/Zinger* NZG 2002, 497; *Roschmann/Frey* AG 1996, 449 (452). Ein Aufsichtsratsbeschluss ist für die Zulassung einer Due Diligence demgegenüber grundsätzlich nicht erforderlich und in der Praxis auch nicht üblich. Rechtlich möglich – wenn auch ungewöhnlich – wäre es allerdings, dass die Satzung oder eine vom Aufsichtsrat erlassene Geschäftsordnung die Zulassung einer Due Diligence gemäß § 111 Abs. 4 AktG von der Zustimmung des Aufsichtsrats abhängig macht.

60 Vgl. etwa *Linker/Zinger* NZG 2002, 497 ff.; *Kort* in GK-AktG § 76 Rn. 126 ff.; *Wiesner* in MHdB GesR IV § 25 Rn. 48; *Spindler* in MüKoAktG § 93 Rn. 154 ff. mwN Nach bisheriger Auffassung der Bundesanstalt für Finanzdienstleistungsaufsicht, Emittentenleitfaden v. 8.11.2013, Abschnitt III.2.2.2.1, rechtfertigt ein beabsichtigter Paketerwerb im Umfang oberhalb der gesetzlichen Meldeschwellen in der Regel bereits eine größere Transparenz, so dass dann auch die Weitergabe von Insiderinformationen nicht unbefugt im Sinne des § 14 Abs. 1 Nr. 2 WpHG a. F. (jetzt: Art. 14 lit. c MAR) ist. Im Entwurf der Neufassung des Emittentenleitfadens vom 1.7.2019 fehlt zwar eine entsprechende Stellungnahme; darin dürfte aber keine Abkehr von der früheren Verwaltungspraxis zu sehen sein.

61 Vor allem in der älteren Literatur wird als Voraussetzung eines wirksamen Schutzes der Vertraulichkeit teilweise die Vereinbarung einer Vertragsstrafe für den Fall bei Verletzung der Vertraulichkeitspflichten gefordert. Von Sonderfällen abgesehen, bei denen ein erhöhtes Schutzbedürfnis der Gesellschaft besteht, wie etwa bei der Offenlegung interner Informationen an einen Wettbewerber, ist die Vereinbarung einer Vertragsstrafe indes rechtlich nicht geboten und in der Praxis auch nicht üblich.

der Funktion eines „Anker-Investors"[62] oder erwartete Vorteile aus dem Zugang zu besonderem Branchen-Know-how oder dem Netzwerk des Investors sein.

V. Vereinbarungen zwischen Investor und Zielgesellschaft

43 Grundlage der Beteiligung des Private Equity-Investors ist im Falle „klassischer PIPEs" üblicherweise eine als Investment Agreement oder ähnlich bezeichnete Vereinbarung (bei einem Strategen als Investor spricht man typischerweise von einem Business Combination Agreement) zwischen dem Investor und der Zielgesellschaft.[63]

44 Diese Vereinbarung enthält als Hauptverpflichtung des Investors die Verpflichtung zur Übernahme der durch die Gesellschaft an ihn auszugebenden Aktien (und ggf. Wandel- und Optionsanleihen), legt deren Ausgabekonditionen fest und enthält ggf. nähere Regelungen zum zeitlichen Ablauf der Transaktion, der Zulassung neu auszugebender Aktien zum Börsenhandel sowie etwaigen Vollzugsbedingungen (insbes. Kartellfreigaben oder sonstige regulatorische Genehmigungen, sofern solche erforderlich sind).

45 Der Übernahme von Kursgarantien oder vergleichbarer Gewährleistungen durch die Gesellschaft für die von ihr auszugebenden Aktien steht nach herrschender Meinung das Verbot der Einlagenrückgewähr gemäß § 57 AktG entgegen.[64] Eine vertragliche Absicherung des Werts des Investments durch die Gesellschaft nach dem Muster der für Unternehmenskaufverträge üblichen Garantien ist für den Investor daher nicht verfügbar.

46 Typischerweise werden in einem Investment Agreement auch Regelungen zur künftigen Vertretung des Investors im Aufsichtsrat der Gesellschaft getroffen. Da für die Wahl der Anteilseignervertreter im Aufsichtsrat die Hauptversammlung zuständig ist, kann die Zielgesellschaft bzw. ihr Vorstand zwar keine Verpflichtung übernehmen, die Vertretung des Investors im Aufsichtsrat herzustellen. Üblich ist jedoch die Fixierung eines gemeinsamen Verständnisses, mit wie vielen Personen der Investor im Aufsichtsrat vertreten sein soll, sowie die Verpflichtung des Vorstands der Zielgesellschaft, eine solche Vertretung im Rahmen seiner gesetzlichen Pflichten zu unterstützen. Um eine möglichst zeitnahe Besetzung einer entsprechenden Anzahl von Aufsichtsratssitzen durch vom Investor vorgeschlagene Personen zu sichern, kann vorgesehen werden, dass bereits bei Abschluss des Investment Agreement Niederlegungserklärungen einer entsprechenden Zahl bisheriger Aufsichtsratsmitglieder bei einem Treuhänder hinterlegt werden, die bei Vollzug der Transaktion vom Treuhänder freizugeben sind und dann mit Zugang bei der Gesellschaft wirksam werden. An Stelle der durch Amtsniederlegung ausgeschiedenen Aufsichtsratsmitglieder können dann die vom Investor benannten Personen gerichtlich gemäß § 104 AktG zu neuen Mitgliedern des Aufsichtsrats bestellt werden. Um eine zügige Umsetzung zu gewährleisten, wird der Antrag auf gerichtliche Ergänzung des Aufsichtsrats in der Regel vom Vorstand unter Beifügung sowohl einer Erklärung des Investors als nunmehr größtem Einzelaktionär als auch einer Erklärung des Aufsichtsrats gestellt, mit welcher dem Gericht jeweils das Einverständnis von Investor bzw. Aufsichtsrat mit den zur Bestellung vorgeschlagenen Personen bestätigt wird. Vor diesem Hintergrund ist es aus Sicht des Investors empfehlenswert, als Closing-Bedingung, dh als Bedingung für den Vollzug der Transaktion, auch die Vorlage eines entsprechenden Aufsichtsratsbeschlusses vorzusehen.

47 Erfüllt die Transaktion für die Gesellschaft nicht lediglich Finanzierungszwecke, kommen ggf. weitere Regelungen in Betracht, wie sie auch bei „modernen PIPEs" üblich sind,[65] etwa eine Lock-up-Verpflichtung des Investors, mit der er eine bestimmte Haltedauer

[62] Dazu näher → Rn. 48.

[63] Zu Investment Agreements bei öffentlichen Übernahmen siehe auch *Seibt/Wunsch* Der Konzern 2009, 195 ff.

[64] *Bayer* in MüKoAktG § 57 Rn. 78; *Henze* in GK-AktG § 57 Rn. 68 mwN.

[65] Siehe dazu → Rn. 78 ff.

seiner Beteiligung zusagt, und/oder eine Verpflichtung, seine Beteiligung ohne Zustimmung der Gesellschaft nicht über eine bestimmte Schwelle hinaus auszubauen.[66]

C. Moderner PIPE

I. Interessenlage aus Sicht der Zielgesellschaft

Bei „modernen PIPEs" in Reinform gibt es keine Kapitalerhöhung und dementsprechend fließt der Gesellschaft im Rahmen der Transaktion auch kein frisches Eigenkapital zu. Gleichwohl kann ein solcher PIPE im Interesse der Gesellschaft liegen. Am offensichtlichsten sind die Fälle, in denen der Investor der Zielgesellschaft zusätzliche Geschäftsmöglichkeiten eröffnen kann; bei Finanzinvestoren ist dies insbesondere über die Zusammenarbeit mit anderen Portfoliogesellschaften oder durch den Zugang zu deren internationalen Netzwerk denkbar. Ein weiterer Gesichtspunkt sind ferner Vorteile, die sich für die Gesellschaft aus der Etablierung eines starken Einzelaktionärs als sog. „Anker-Investor" ergeben können, sei es durch die Absicherung und konstruktive Begleitung der Geschäftsstrategie oder zum Schutz vor feindlichen Übernahmen. Letzteres kann für die Gesellschaft insbesondere in Zeiten attraktiv sein, in denen das wirtschaftliche Umfeld oder Belastungen aus einer Umstrukturierung zu einer vorübergehenden Kursschwäche der Aktie der Gesellschaft führen. Die Absicherung der Geschäftsstrategie durch einen starken Einzelaktionär ist für die Gesellschaft unter anderem in Fällen von Bedeutung, in denen eine vom Vorstand auf mittlere oder lange Sicht als richtig angesehene Strategie bei Aktionären aufgrund von deren individuellen – häufig kurzfristigen – Anlagezielen auf Widerstand stößt, etwa weil diese Strategie sich einer kurzfristigen Steigerung der Dividendenfähigkeit und daran geknüpften Ausschüttungserwartungen oder sonstigen, einseitig auf rasche Steigerung des „Shareholder Value" angelegten Maßnahmen verweigert. In jüngerer Zeit sieht sich die Verwaltung der Gesellschaft in solchen Fällen immer häufiger erheblichem Druck seitens der betreffenden Aktionäre (in der Regel Hedgefonds) ausgesetzt, die dann versuchen, durch sog. „Shareholder Activism"[67] ihre Vorstellungen durchzusetzen.[68] Diesem Druck kann durch die Existenz eines „Anker-Investors" effektiv begegnet werden. 48

II. Beteiligungsaufbau

1. Überblick

Für den Beteiligungsaufbau im Fall „moderner PIPEs" kommen im Wesentlichen der außerbörsliche Erwerb größerer Aktienpakete von Altaktionären, der Erwerb von Aktien im Rahmen eines öffentlichen Angebots nach dem WpÜG sowie der allmähliche Aufbau einer Beteiligung durch Marktkäufe bzw. eine Kombination dieser Elemente in Betracht. Die zuletzt genannten Marktkäufe können dabei sowohl in Form eines unmittelbaren Aktienerwerbs an der Börse als auch in Form der lediglich wirtschaftlichen Absicherung bzw. Spiegelung eines solchen Erwerbs durch geeignete Derivate erfolgen. 49

Beim Paketerwerb durch individuell ausgehandelte Aktienkaufverträge ergeben sich bei PIPEs keine strukturellen Besonderheiten gegenüber sonstigen Private Equity-Transaktionen. Kann die angestrebte Beteiligung bereits auf diese Weise gesichert werden,[69] sind 50

---

[66] Siehe hierzu auch *Schiessl* AG 2009, 385 (391).

[67] Hierzu *Thaeter/Guski* AG 2007, 301 ff.

[68] Bekanntes Beispiel eines solchen „Shareholder Activism" sind die Angriffe der Hedgefonds TCI und Atticus Capital auf die Deutsche Börse AG, die im Frühjahr 2005 zum Rücktritt des damaligen Aufsichtsratsvorsitzenden Werner Seiffert geführt haben; siehe dazu Börsenzeitung v. 10.5.2005, Ausgabe Nr. 88, S. 5. Auch die Übernahme der STADA Arzneimittel AG durch ein Konsortium geführt von Bain und Cinven war wohl im Ergebnis durch den aktivistischen Aktionär AOC ausgelöst worden; vgl. dazu Börsenzeitung v. 17.6.2017, Ausgabe Nr., 114, S. 8.

[69] So im Beispiel Skion/Nordex AG; hierzu → Rn. 13.

weitere Transaktionsschritte im Falle von PIPEs auch nicht erforderlich. Denn da hier die Beteiligung des Investors gerade unterhalb der übernahmerechtlichen Kontrollschwelle von 30 % der Stimmrechte bleibt, ist das andernfalls gemäß §§ 29, 35 Abs. 1, Abs. 3 WpÜG erforderliche Übernahme- oder Pflichtangebot entbehrlich.

51 Die Durchführung eines (freiwilligen) öffentlichen Angebots nach dem WpÜG zum Erwerb der angestrebten Beteiligung ist daher bei PIPEs bisher die Ausnahme geblieben.[70] Wird ein solches Angebot vom Investor im Rahmen eines PIPE abgegeben, handelt es sich – da nicht auf den Erwerb der Kontrolle gerichtet – um ein sog. „sonstiges Erwerbsangebot“, auf das die Sondervorschriften für Übernahme- und Pflichtangebote (vgl. §§ 31 ff. WpÜG) keine Anwendung finden. Es kann daher insbesondere ohne Bindung an Mindestpreisvorschriften und als Teilangebot durchgeführt werden kann, das von vornherein auf den Erwerb einer bestimmten Anzahl von Aktien beschränkt ist. Im Vergleich zu einem sukzessiven Beteiligungsaufbau durch Marktkäufe liegt der Vorteil der Durchführung eines öffentlichen Erwerbsangebots auch bei einer angestrebten Beteiligung von weniger als 30 % vor allem darin, dass der Erwerb der Aktien vom Investor auf diese Weise insgesamt davon abhängig gemacht werden kann, dass eine Beteiligung im angestrebten Umfang und zu einem vorher festgelegten Preis auch tatsächlich gelingt. Um mit einem solchen Angebot erfolgreich zu sein, wird der Investor dann jedoch typischerweise eine Prämie auf den bisherigen Börsenpreis zahlen müssen.

52 Demgegenüber erlaubt ein Aktienerwerb durch Marktkäufe grundsätzlich einen Einstieg ohne Prämie auf den Börsenpreis. Da der allmähliche Aufbau einer größeren Beteiligung durch Marktkäufe regelmäßig einen längere Zeitraum in Anspruch nimmt, spielen hier die kapitalmarktrechtlichen Meldepflichten der §§ 33 ff. WpHG[71] eine maßgebliche Rolle. Denn bei vorzeitigem Bekanntwerden der Beteiligungsabsicht des Investors muss mit einem Anstieg des Börsenkurses der Zielgesellschaft gerechnet werden, der den weiteren Beteiligungsaufbau erheblich verteuern kann. Eine ökonomische Absicherung des Erwerbs (oder zumindest eines nennenswerten Teils) der angestrebten Beteiligung bereits vor Abgabe der ersten Beteiligungsmeldung des Investors – und damit zu Kursen, die noch nicht durch Spekulationen aufgrund seines erwarteten Einstiegs beeinflusst sind – erfordert daher eine sorgfältige Strukturierung. Sie umfasst neben dem unmittelbaren Aktienerwerb an der Börse regelmäßig auch den Einsatz geeigneter Derivate. Diese für den Beteiligungsaufbau bei „modernen PIPEs“ typische Vorgehensweise soll nachfolgend näher dargestellt werden. Die noch bis vor einiger Zeit bestehenden Möglichkeiten, auch großvolumige wirtschaftliche Beteiligungen ohne Auslösung von Offenlegungspflichten aufzubauen, sind durch den Gesetzgeber allerdings zwischenzeitlich beseitigt worden[72] und bestehen seither nur noch für den Bereich bis zur Erreichung einer Schwelle von 5 % der Stimmrechte.

2. Kapitalmarktrechtliche Meldepflichten

53 **a) Meldepflichten gemäß §§ 33, 34 WpHG.** § 33 Abs. 1 WpHG sieht Meldepflichten bei Erreichen, Überschreiten und Unterschreiten bestimmter Stimmrechtsschwellen vor. Diese Meldeschwellen liegen bei 3 %, 5 %, 10 %, 15 %, 20 %, 25 %, 30 %, 50 % und 75 % der Gesamtzahl der Stimmrechte. Im Ausgangspunkt bezieht sich dies auf Stimmrechte aus Aktien, die vom Meldepflichtigen selbst gehalten werden. § 34 WpHG ordnet allerdings in den in dieser Vorschrift genannten Fällen für Zwecke der Meldepflichten aus § 33 WpHG

---

[70] Diese Gestaltung wurde bisher nur im Fall der Beteiligung von KKR an der Axel Springer SE und der HRE Investment Holdings L. P. an der Hypo Real Estate Holding AG gewählt; hierzu → Rn. 13.

[71] Die früheren §§ 21 ff. WpHG aF wurden durch das Zweite Gesetz zur Novellierung von Finanzmarktvorschriften auf Grund europäischer Rechtsakte vom 23.6.2017 (Zweites Finanzmarktnovellierungsgesetz – 2. FiMaNoG), BGBl. 2017 I S. 1693, mit Wirkung ab dem 1.1.2018 zu §§ 33 ff. WpHG.

[72] Entsprechende Meldepflichten wurden erstmals durch das Anlegerschutz- und Funktionsverbesserungsgesetz (AnsFuG) vom 5.4.2011, BGBl. I S. 538, mit Änderung durch Gesetz vom 6.12.2011, BGBl. I S. 2481, eingeführt.

eine Zurechnung auch von Stimmrechten aus Aktien an, die nicht dem Meldepflichtigen selbst gehören. Im vorliegenden Zusammenhang sind insbesondere folgende Zurechnungsvorschriften von Bedeutung:

Nach § 34 Abs. 1 S. 1 Nr. 1, S. 3 WpHG werden dem Meldepflichtigen zunächst sämtliche Stimmrechte aus Aktien zugerechnet, die von Tochterunternehmen des Meldepflichtigen gehalten werden. Durch Aufteilung des Aktienbesitzes auf verschiedene rechtlich selbständige Tochterunternehmen, die mit ihrem eigenen Aktienbesitz keine Meldeschwelle überschreiten, kann daher eine Meldepflicht nicht vermieden werden. Denn beim Mutterunternehmen werden jeweils alle Stimmrechte zusammengerechnet. **54**

Eine Stimmrechtszurechnung erfolgt gemäß § 34 Abs. 1 S. 1 Nr. 2 WpHG auch in Bezug auf Stimmrechte aus Aktien, die von einem Dritten für Rechnung des Meldepflichtigen gehalten werden. Die Einschaltung eines oder mehrerer Intermediäre, die (zunächst) rechtlicher Inhaber der erworbenen Aktien bleiben, letztere jedoch für Rechnung des Auftraggebers erwerben bzw. halten, verhindert daher nicht, dass sämtliche Stimmrechte aus diesen Aktien von vornherein (auch) dem Auftraggeber zugerechnet werden. Ein „Halten für Rechnung" des Meldepflichtigen im Sinne des § 34 Abs. 1 S. 1 Nr. 2 WpHG setzt voraus, dass die (wesentlichen) wirtschaftlichen Chancen und Risiken aus den betreffenden Aktien beim Meldepflichtigen liegen. Mit Blick auf den Zweck der Meldepflichten, Transparenz hinsichtlich der Stimmrechtsverhältnisse herzustellen, ist nach herrschender Meinung allerdings zusätzlich erforderlich, dass der Meldepflichtige berechtigt ist, auf die Ausübung der Stimmrechte aus den betreffenden Aktien Einfluss zu nehmen.[73] **55**

§ 34 Abs. 1 S. 1 Nr. 5 WpHG ordnet ferner die Zurechnung von Stimmrechten aus Aktien an, die der Meldepflichtige „durch eine Willenserklärung erwerben" kann. Gemeint sind hier allerdings nur dinglich ausgestaltete Erwerbsrechte, bei denen der Meldepflichtige einseitig den Erwerb des Eigentums bzw. der dinglichen Inhaberschaft an den betreffenden Aktien herbeiführen kann.[74] Schuldrechtliche Erwerbsrechte, die dem Inhaber lediglich einen Übereignungsanspruch geben, führen demgegenüber nicht zur Zurechnung (unterliegen aber ggf. einer Meldepflicht aus § 38 WpHG). Keine Anwendung findet § 34 Abs. 1 S. 1 Nr. 5 WpHG auch auf Wandel- und Optionsrechte aus Wandel- bzw. Optionsanleihen, die bei Ausübung zum Bezug dann neu auszugebender Aktien der Gesellschaft berechtigen.[75] **56**

Zugerechnet werden gemäß § 34 Abs. 2 WpHG schließlich Stimmrechte aus Aktien eines Dritten, sofern der Meldepflichtige oder eines seiner Tochterunternehmen sein Verhalten in Bezug auf den Emittenten mit dem Dritten abstimmt (sog. „Acting in Concert").[76] Eine Verhaltensabstimmung im Sinne der Vorschrift setzt nach der gesetzlichen Definition des § 34 Abs. 2 S. 2 WpHG voraus, dass entweder (a) eine Abstimmung über die Ausübung von Stimmrechten oder (b) eine Zusammenwirkung „mit dem Ziel einer dauerhaften und erheblichen Änderung der unternehmerischen Ausrichtung des Emitten- **57**

---

[73] Vgl. BGH Urt. v. 16.3.2009 – II ZR 302/06, DStR 2009, 862 (867); *von Bülow* in Kölner Komm WpHG § 22 Rn. 80; *Schäfer* in Marsch-Barner/Schäfer HdB Börsennotierte AG § 18 Rn. 18.22; *Weber-Rey/Benzler* in Habersack/Mülbert/Schlitt Kapitalmarktinf-HdB § 20 Rn. 83; *Dehlinger/Zimmermann* in Fuchs § 22 Rn. 49. Nach *Schneider* in Assmann/Schneider WpHG § 34 Rn. 48 ff. genügt ggf. auch eine rein faktische Einflussmöglichkeit, sofern sie daraus resultiert, dass der Meldepflichtige das mit den betreffenden Aktien verbundene wirtschaftliche Risiko trägt. Zur Kritik siehe *Rothenfußer* in Paschos/Fleischer HdB Übernahmerecht nach dem WpÜG § 11 Rn. 158 und 221 ff.

[74] HM; vgl. Begr. RegE Transparenzrichtlinie-Umsetzungsgesetz (TUG), BT-Drs. 16/2498, 36; Bundesanstalt für Finanzdienstleistungsaufsicht, Emittentenleitfaden, Stand 30.10.2018, Modul B, Abschnitt I.2.5.5; sowie aus der Literatur *Fleischer/Schmolke* ZIP 2008, 1501 (1503); *Schneider* in Assmann/Schneider WpHG § 34 Rn. 93 ff. *von Bülow* in Kölner Komm WpHG § 22 Rn. 138; *Schwark* in Schwark/Zimmer § 22 WpHG Rn. 9; *Weber-Rey/Benzler* in Habersack/Mülbert/Schlitt Kapitalmarktinf-HdB § 20 Rn. 88; *Dehlinger/Zimmermann* in Fuchs § 22 Rn. 66 ff. mwN.

[75] HM; *von Bülow* in Kölner Komm WpHG § 22 Rn. 154; *Dehlinger/Zimmermann* in Fuchs § 22 Rn. 70.

[76] Neu geregelt und erweitert durch das Risikobegrenzungsgesetz v. 12.8.2008, BGBl. 2008 I S. 1666.

ten" erfolgt.[77] Der koordinierte Aktienerwerb ist demgegenüber für sich genommen nicht geeignet, eine Stimmrechtszurechnung wegen abgestimmten Verhaltens zu begründen.[78]

58 Für den Zeitpunkt der Schwellenberührung durch Erwerb und Veräußerung von Aktien kommt es bei den Meldepflichten aus §§ 33, 34 WpHG seit einer Gesetzesänderung im Jahr 2015[79] nicht notwendigerweise erst auf den Vollzug des dinglichen Erwerbs bzw. der dinglichen Veräußerung der betreffenden Aktien an. Vielmehr wird die Schwellenberührung ggf. auch bereits durch das Bestehen eines unbedingten und unverzüglich zu erfüllenden Lieferanspruchs bzw. einer entsprechenden Lieferverpflichtung ausgelöst (§ 33 Abs. 3 WpHG). Insbesondere bei börslichen Erwerbs- oder Veräußerungsgeschäften mit Schwellenberührung wird die Entstehung der Meldepflicht dadurch bereits auf den Geschäftsabschluss vorverlagert.

59 **b) Meldepflichten gemäß §§ 38, 39 WpHG.** Die Meldepflichten der §§ 33, 34 WpHG bei Erreichen, Überschreiten und Unterschreiten bestimmter Stimmrechtsschwellen werden ergänzt durch die in § 38 Abs. 1 WpHG gesondert angeordneten Meldepflichten für das (unmittelbare oder mittelbare) Halten von Finanzinstrumenten, die dem Inhaber bei Fälligkeit ein unbedingtes Recht oder aber ein Ermessen auf den Erwerb von mit Stimmrechten verbundenen und bereits ausgegebenen Aktien des Emittenten verleihen (Nr. 1) oder eine wirtschaftlich gleichwertige Wirkung haben (Nr. 2). Für eine solche wirtschaftlich gleichwertige Wirkung ist es dabei nach ausdrücklicher gesetzlicher Regelung ohne Bedeutung, ob ein Anspruch des Inhabers auf physische Lieferung von Aktien besteht, so dass auch Instrumente erfasst werden, die lediglich einen Barausgleich (sogenanntes Cash Settlement) vorsehen. Ohne Bedeutung ist auch, ob die Fälligkeit des Instruments bereits feststeht oder ihrerseits noch von Bedingungen wie etwa vom Erreichen bestimmter Kursschwellen etc abhängt.

60 Eine nicht abschließende Aufzählung der erfassten Instrumente enthält § 38 Abs. 2 WpHG, der unter anderem Optionen, Swaps und Differenzgeschäfte aufführt. Ebenfalls erfasst sind aber auch sonstige schuldrechtliche oder dingliche Erwerbs-/Liefervereinbarungen im Hinblick auf Aktien, soweit der Erwerbs-/Lieferanspruch noch von Bedingungen abhängig oder aus anderen Gründen nicht unverzüglich zu erfüllen ist; denn andernfalls unterfällt er bereits der Meldepflicht aus § 33 Abs. 1 in Verbindung mit Abs. 3 WpHG (siehe dazu vorstehend 3.2.2.1. aE). Grundsätzlich ebenfalls erfasst sind auch Instrumente, die sich auf eine Mehrzahl von Werten (insbesondere einen Aktienkorb oder Index) beziehen, zu denen auch die Aktien des betreffenden Emittenten gehören; Voraussetzung ist dann allerdings, dass die betreffenden Aktien im betreffenden Aktienkorb bzw. Index ein relatives Mindestgewicht von 20% haben oder die (anteilige) absolute Beteiligung des Meldepflichtigen am Emittenten, die über ein solches Instrument gehalten wird, mindestens 1% der Stimmrechte entspricht (§ 38 Abs. 3 S. 4 WpHG in Verbindung mit Art. 4 VO (EU) 2015/761).

---

[77] Fallgruppe (b) geht über die zugrunde liegenden Richtlinien-Vorgaben der Transparenz-Richtlinie-Änderungsrichtlinie, die den Mitgliedstaaten insoweit strengere Regelungen untersagt, hinaus. Sie ist daher nach richtiger, allerdings streitiger Auffassung seit Ablauf der Umsetzungsfrist im November 2015 richtlinienwidrig und kann für Zwecke der Stimmrechtsmeldungen nach WpHG nicht mehr zulasten des Meldepflichtigen angewandt werden, ist aber für Zwecke der inhaltsgleichen Zurechnungsvorschriften nach § 30 Abs. 2 WpÜG weiterhin relevant; siehe zum Ganzen näher *Rothenfußer* in Paschos/Fleischer HdB Übernahmerecht nach dem WpÜG § 11 Rn. 174 mwN. Nach der Verwaltungspraxis der Bundesanstalt für Finanzdienstleistungsaufsicht liegt allerdings kein Richtlinienverstoß vor und § 34 Abs. 2 WPHG ist vollumfänglich anwendbar; siehe Emittentenleitfaden, Stand 30.10.2018, Modul B, Abschnitt I.2.5.10 mit Fn. 60.

[78] Siehe dazu ausdrücklich die Beschlussempfehlung des Finanzausschusses zum Entwurf des Risikobegrenzungsgesetzes, BT-Drs. 16/9778, 3; von *Bülow/Stephanblome* ZIP 2008, 1797 (1799); *Cascante/Topf* AG 2009, 53 (66); *Schäfer* in Marsch-Barner/Schäfer HdB Börsennotierte AG § 18 Rn. 18.40.

[79] Die Änderung erfolgte durch das Transparenzrichtlinie-Änderungsrichtlinie-Umsetzungsgesetz vom 20.11.2015, BGBl. I S. 2029.

Keiner Meldepflicht unterliegen allerdings Wandel- und Optionsanleihen, sofern sich die Wandlungs- und Optionsrechte – wie im Regelfall – auf den Bezug neu auszugebenden Aktien richten.[80] 61

Bei § 38 WpHG liegt – anders als bei den Meldepflichten aus §§ 33, 34 WpHG – die erste Meldeschwelle nicht bereits bei 3%, sondern erst bei 5% der Stimmrechte; im Übrigen gelten dieselben Meldeschwellen. Hält der Meldepflichtige verschiedene, von § 38 WpHG erfasste Finanzinstrumente, die sich auf Aktien desselben Emittenten beziehen, sind die betreffenden Stimmrechte zusammenzurechnen, wobei Erwerbspositionen nicht mit entsprechenden Veräußerungspositionen saldiert werden dürfen (§ 38 Abs. 4 WpHG). Hinzuzurechnen sind gemäß § 39 WpHG ferner auch sämtliche Stimmrechte aus Beteiligungen, die im Rahmen der Meldepflichten aus §§ 33, 34 WpHG zu berücksichtigen sind. 62

c) Mitteilungspflichten gemäß § 43 WpHG. Bei Erreichen oder Überschreiten der Meldeschwelle von 10% oder einer höheren Meldeschwelle sind vom Investor nach § 43 WpHG[81] die dort näher bezeichneten Angaben zu den mit der Beteiligung verfolgten Zielen und der Herkunft der für den Erwerb verwendeten Mittel sowie zu etwaigen Absichten hinsichtlich eines weiteren Ausbaus der Beteiligung, einer Einflussnahme auf die Besetzung der Organe des Emittenten und einer Änderung von dessen Kapitalstruktur mitzuteilen.[82] Die betreffende Mitteilung ist innerhalb von 20 Handelstagen nach Schwellenberührung gegenüber dem Emittenten abzugeben, der diese Mitteilung dann seinerseits veröffentlicht. Die Nichteinhaltung dieser Meldepflicht seitens des Investors ist allerdings nur dadurch sanktioniert, dass der Emittent dann die Nichterfüllung dieser Meldepflicht zu veröffentlichen hat (§ 43 Abs. 2 WpHG). 63

d) Nichtberücksichtigung von Stimmrechten gemäß § 36 WpHG. Ein Gesichtspunkt, der beim Einsatz von Finanzinstrumenten zum Beteiligungsaufbau des Investors ebenfalls im Blick zu behalten ist, sind evtl. bestehende Meldepflichten auch des Vertragspartners solcher Finanzinstrumente. Denn der Vertragspartner – typischerweise eine Bank oder ein sonstiges Wertpapierdienstleistungsunternehmen – wird sich zur Absicherung seines Risikos als Stillhalter eines solchen Finanzinstruments in der Regel seinerseits mit den zugrunde liegenden Aktien bzw. geeigneten, hierauf bezogenen Finanzinstrumenten eindecken. Das gilt auch dann, wenn das vom Investor selbst gehaltene Finanzinstrument lediglich einen Barausgleich vorsieht und daher auf Seiten des Investors keine Meldepflichten auslöst. Von Bedeutung ist in diesem Zusammenhang insbesondere die Ausnahmevorschrift des § 36 Abs. 1 WpHG. Danach bleiben Aktien, die ein Wertpapierdienstleistungsunternehmen mit Sitz in der EU oder einem anderen Vertragsstaat des Abkommens über den Europäischen Wirtschaftsraum im Handelsbestand hält oder zu halten beabsichtigt, für die Berechnung seines Stimmrechtsanteils unberücksichtigt, sofern (i) die Aktien im Handelsbestand gehalten werden und die mit diesen Aktien verbundenen Stimmrechte insgesamt einen Stimmrechtsanteil von nicht mehr als 5% ausmachen und (ii) das Wertpapierdienstleistungsunternehmen sicherstellt, dass die Stimmrechte aus diesen Aktien weder ausgeübt noch anderweitig zur Einflussnahme auf die Geschäftsführung des Emittenten genutzt werden.[83] Diese Vorschrift gilt gemäß § 38 Abs. 1 S. 2 WpHG für Meldepflichten aus § 38 WpHG entsprechend. 64

[80] Dies ergibt sich aus dem Wortlaut des § 38 Abs. 1 WpHG, der sich nur auf „bereits ausgegebene Aktien" bezieht. Das häufig anzutreffende Wahlrecht des Emittenten, für die Erfüllung ggf. auch bereits ausgegebene Aktien zu verwenden, steht dem nicht entgegen; vgl. *Schlitt/Schäfer* AG 2007, 227 (234).

[81] Eingeführt durch das Risikobegrenzungsgesetz v. 12.8.2008, BGBl. 2008 I S. 1666.

[82] Vgl. hierzu iE *von Bülow/Stephanblome* ZIP 2008, 1797 (1801 f.).

[83] Die Nichtberücksichtigung erfolgt bei Vorliegen der Voraussetzungen kraft Gesetzes; vgl. *Weber-Rey/Benzler* in Habersack/Mülbert/Schlitt Kapitalmarktinf-HdB § 20 Rn. 105.

3. Unmittelbarer Aktienerwerb über die Börse

65 Wie oben dargestellt, liegt die erste Meldeschwelle beim unmittelbaren Aktienerwerb – in Abgrenzung zum Beteiligungsaufbau unter Einsatz von Derivaten oder sonstigen Instrumenten – gemäß § 33 Abs. 1 S. 1 WpHG bei 3 % der Stimmrechte. Sofern vorzeitige Meldepflichten beim allmählichen Aufbau einer Beteiligung vermieden werden sollen, kann der unmittelbare Erwerb von Aktien über die Börse daher nur eines von mehreren Elementen des Beteiligungsaufbau bilden und ist dann zunächst auf Aktien mit einem Stimmrechtsanteil beschränkt, der knapp unterhalb dieser 3 %-Schwelle bleibt.

66 Früher war für den Zeitpunkt der Entstehung der Meldepflicht die dingliche Abwicklung des Erwerbs maßgeblich, die in der Regel erst am zweiten Handelstag nach Geschäftsabschluss erfolgt (sog. T+2-Settlement).[84] Dieser Zeitpunkt ist nach geltendem Recht jedoch nun auf den Zeitpunkt des Geschäftsabschlusses vorverlagert (§ 33 Abs. 3 WpHG). Infolgedessen ist eine Aufstockung über die erste Meldeschwelle hinaus auch im unmittelbaren Vorfeld der ersten Stimmrechtsmeldung nur noch in engen Grenzen möglich. Die entsprechende Meldung ist nach der gesetzlichen Regelung sodann nämlich unverzüglich, spätestens aber innerhalb von vier Handelstagen nach Kenntnis von der Schwellenerreichung bzw. -überschreitung, gegenüber Gesellschaft und der Bundesanstalt für Finanzdienstleistungsaufsicht abzugeben (§ 33 Abs. 1 WpHG); die Gesellschaft hat die Mitteilung dann ihrerseits unverzüglich, spätestens jedoch innerhalb von drei Handelstagen nach Zugang, zu veröffentlichen (§ 40 Abs. 1 WpHG). Bei einem im Voraus geplanten Beteiligungserwerb genügt die Ausschöpfung der Höchstfrist für die Abgabe der Meldung von vier Handelstagen allerdings im Allgemeinen nicht mehr dem zusätzlichen Erfordernis der Unverzüglichkeit; vielmehr sollte die Meldung im Regelfall dann am ersten oder spätestens zweiten Handelstag nach Geschäftsabschluss abgegeben werden und wird üblicherweise vom Emittenten dann auch noch taggleich veröffentlicht. Das heißt, dass dann allenfalls noch ein bis zwei Handelstage zum börslichen Erwerb weiterer Aktien genutzt werden können, bevor die Überschreitung der ersten Meldeschwelle im Markt bekannt wird.

67 Vorsicht ist auch bei einer koordinierten Ansprache einer Vielzahl von (institutionellen oder privaten) Anlegern geboten, um auf diese Weise innerhalb eines kurzen Zeitfensters zusätzlich zum börslichen Erwerb in größerem Umfang noch weitere Aktien zu erwerben. Denn dieses auch als „Sweeping the Street" oder „Dawn Raid" bezeichnete Vorgehen kann je nach Ausgestaltung als unzulässiges – weil nicht in Einklang mit den Vorschriften des WpÜG abgegebenes – öffentliches Angebot im Sinne von § 2 Abs. 1 WpÜG zu qualifizieren sein.[85]

4. Verwendung von Swaps

68 **a) Funktionsweise.** Als weiteres Element für einen zunächst nicht meldepflichtigen Aufbau einer größeren Beteiligung werden häufig Derivate in Form sog. Total Return Equity Swaps verwendet. Bei diesen Derivaten – nachfolgend auch kurz als Swaps bezeichnet – handelt es sich um Vereinbarungen, mit denen der Erwerb einer bestimmten Anzahl von Aktien (Swap-Position) durch den Investor wirtschaftlich gespiegelt wird, ohne dass der Investor diese Aktien tatsächlich bereits erwirbt. Die betreffenden Swaps, die vom Investor

---

[84] Dies galt bis zu einer Gesetzesänderung im Jahr 2015 durch das Transparenzrichtlinie-Änderungsrichtlinie Umsetzungsgesetz vom 20.11.2015, BGBl. I S. 2029.

[85] Vgl. hierzu *Fleischer* ZIP 2001, 1653 (1657, 1659); *Baums/Hecker* in Baums/Thoma WpÜG § 2 Rn. 41 ff.; *Pötzsch/Favoccia* in Assmann/Schneider WpÜG § 2 Rn. 34 f. Bezug genommen wird in diesem Zusammenhang jeweils auch auf die für die US-Rechtspraxis richtungweisende Entscheidung im Fall Wellmann v. Dickinson, 475 F. Supp. 783 (S. D. N. Y. 1979), 806 ff. In diesem Fall hatte eine Investmentbank im Auftrag eines nicht genannten Bieters insgesamt 30 institutionellen und 9 privaten Anlegern telefonisch ein kurzfristig anzunehmendes Festangebot zum Erwerb ihrer Beteiligung gemacht. Das Gericht hatte hier das Vorliegen eines öffentlichen Angebots (tender offer) im Sinne des US Securities Exchange Act anhand von insgesamt acht Kriterien (eight factor test) beurteilt und im konkreten Fall bejaht; siehe hierzu etwa *Fleischer* ZIP 2001, 1653 (1657).

typischerweise mit einer Bank als Vertragspartner vereinbart werden, kommen in zwei Grundformen vor: Swaps mit sog. physischem Settlement geben dem Investor bei Fälligkeit das Recht, die Lieferung einer der Swap-Position entsprechenden Anzahl von Aktien zu verlangen. Bei Swaps mit sog. Cash Settlement besteht demgegenüber bei Fälligkeit lediglich ein Anspruch des Investors auf Barauszahlung des aktuellen Werts der Swap-Position; dieser Wert ergibt sich entweder unmittelbar aus dem Kurswert der zugrunde liegenden Aktien zum Fälligkeitsstichtag oder wird anhand des Erlöses bestimmt, der sich durch Veräußerung einer der Swap-Position entsprechenden Anzahl von Aktien erzielen lässt. Die Kosten des Aufbaus der Swap-Position trägt in beiden Fällen der Investor und ist der Bank dementsprechend zur Zahlung eines Betrags in Höhe der Ausgangsbewertung der zugrunde liegenden Aktien (zuzüglich einer Gebühr) verpflichtet; im Falle von Swaps mit Cash Settlement wird diese Zahlungsverpflichtung, soweit sie nicht bereits vorher zu erfüllen ist, bei Auflösung des Swaps ggf. mit dem Zahlungsanspruch des Inhabers des Swaps verrechnet.

Jedenfalls bei Swaps mit größerem Volumen wird die Swap-Position innerhalb eines in **69**
der Swap-Vereinbarung festzulegenden Erwerbszeitraums erst nach und nach bis zu der vereinbarten Höchstgrenze aufgebaut, um der Bank parallel dazu eine Absicherung ihres Risikos als Stillhalter unter dem Swap zu ermöglichen. Für Abrechnungszwecke, dh zur Ermittlung der Anzahl der Aktien, um die sich die Swap-Position während des Erwerbszeitraums jeweils erhöht, und zur Festlegung des Ausgangswerts der Swap-Position bzw. der vom Investor zu tragenden Kosten für ihren Aufbau, wird in der Regel unterstellt, dass die Bank – unter Beachtung der Vorgaben der Swap-Vereinbarung zu Preis- und Volumengrenzen für den Erwerb – eine entsprechende Anzahl von Aktien am Markt erwirbt. Die Bank ist allerdings nicht verpflichtet, diese Aktien auch tatsächlich zu erwerben bzw. bis zur Fälligkeit des Swaps durchgehend zu halten. Ihr steht es vielmehr frei, in welcher Weise sie das Risiko aus ihrer Lieferverpflichtung bzw. ihrer Barausgleichsverpflichtung aus dem Swap absichert. Sie kann zur Risikoabsicherung erworbene Aktien (Hedge-Position) daher – auf eigene Rechnung und eigenes Risiko, dh ohne Auswirkungen auf das Volumen und den Ausgangswert der Swap-Position – insbesondere auch wieder veräußern, um sich später erneut einzudecken, sie im Rahmen einer Wertpapierleihe an Dritte weiterreichen oder zur Absicherung ihres Liefer- bzw. Zahlungsrisikos ihrerseits Swap-Vereinbarungen mit Dritten abschließen etc.

b) Meldepflichten des Investors. Während nach alter Rechtslage nur Swaps mit physi- **70**
schem Settlement mit Meldepflichten für dessen Inhaber verbunden waren, während Swaps mit Cash Settlement unabhängig von ihrem Volumen meldefrei blieben, besteht nach geltendem Recht insoweit kein Unterschied mehr.[86] Vielmehr unterliegen Swaps nunmehr in beiden Ausgestaltungen der Meldepflicht aus § 38 WpHG mit einer Eingangsmeldeschwelle bei 5 % der Stimmrechte. Bei der Berechnung dieser Schwelle sind allerdings nach § 38 Abs. 4 WpHG auch alle anderen Instrumente im Sinne des § 38 WpHG zu berücksichtigen, die sich auf Aktien des betreffenden Emittenten beziehen. Wegen der Zusammenrechnungsvorschrift des § 39 WpHG sind ferner auch sämtliche unmittelbar gehaltenen Aktien und sonstigen Beteiligungen des Investors im Sinne der §§ 33, 34 WpHG einzurechnen. Durch Swaps lässt sich somit die Beteiligung des Investors gegenüber einer unmittelbar in Aktien gehaltenen Beteiligung und der hierfür geltenden Grenze von 3 % der Stimmrechte immerhin auf insgesamt knapp unterhalb von 5 % der Stimmrechte erhöhen, ohne eine Meldepflicht auszulösen. Diese Schwelle gilt nach dem vorstehenden allerdings gleichermaßen für eine Beteiligung, die nur über solche Swaps gehalten wird, wie für die Kombination solcher Swaps mit einer unmittelbar in Aktien gehaltenen Aktienbeteiligung.

[86] Eine Meldepflicht auch für Instrumente ohne Reallieferungsanspruch wurde mit § 25a WpHG aF erstmals im Jahr 2012 durch das Anlegerschutz- und Funktionsverbesserungsgesetz (AnsFuG) vom 5.4.2011, BGBl. I S. 538 mit Änderung durch Gesetz vom 6.12.2011, BGBl. I S. 2481, eingeführt.

71 Demgegenüber besteht keine Meldepflicht des Investors aus §§ 33, 34 WpHG aufgrund Zurechnung der Stimmrechte aus Aktien, die der Vertragspartner des Swaps ggf. zur Absicherung seines Risikos als Stillhalter erwirbt. Eine Stimmrechtszurechnung aus § 34 Abs. 1 S. 1 Nr. 5 WpHG scheidet auch bei Swaps mit physischem Settlement deshalb aus, weil der Reallieferungsanspruch des Investors für eine Zurechnung nach dieser Vorschrift dinglich ausgestaltet sein müsste[87]; dies ist jedoch üblicherweise nicht der Fall. Gleiches gilt für eine Stimmrechtszurechnung wegen abgestimmten Verhaltens gemäß § 34 Abs. 2 WpHG; denn sofern man in dem Abschluss der Swap-Vereinbarung überhaupt eine Verhaltensabstimmung in Bezug auf die Gesellschaft sehen will, so wäre eine solche Abstimmung jedenfalls auf den Erwerb von Aktien beschränkt und daher für ein „acting in concert" im Sinne dieser Bestimmung nicht ausreichend.[88] In Betracht käme daher allenfalls eine Stimmrechtszurechnung gemäß § 34 Abs. 1 S. 1 Nr. 2 WpHG. Sie würde voraussetzen, dass die betreffenden Aktien vom Vertragspartner für Rechnung des Investors gehalten werden. Letzteres kann indes nach zutreffender herrschender Ansicht schon deshalb nicht angenommen werden, weil diese Aktien – auch wenn sie mit den „virtuellen" Aktien der Swap-Position im Hinblick auf Anzahl und Einstandsbewertung übereinstimmen mögen – nach der Struktur dieser Finanzinstrumente lediglich der eigenen Risikoabsicherung des Vertragspartners als Stillhalter des Swaps dienen.[89] Denn er ist gegenüber dem Investor weder verpflichtet, überhaupt Aktien zu erwerben oder zu halten, noch unterliegt er Beschränkungen hinsichtlich einer Verfügung über solche Aktien und kann diese daher während der Laufzeit des Swaps insbesondere auch auf eigene Rechnung bzw. eigenes Risiko wieder verwerten. Darüber hinaus fehlt es auch an dem für eine Stimmrechtszurechnung aus § 34 Abs. 1 S. 1 Nr. 2 WpHG erforderlichen Einfluss des Investors auf die Ausübung von Stimmrechten aus solchen Aktien.[90] Um diesbezüglich Zweifeln vorzubeugen, wird in der Swap-Vereinbarung häufig sogar ausdrücklich klargestellt, dass eine Rücksichtnahme auf die Interessen des Investors bei der Ausübung von Stimmrechten aus etwaigen vom Stillhalter gehaltenen Aktien weder erfolgt noch erwartet werden darf. Darüber hinaus scheidet ein (wie immer gearteter) Stimmrechtseinfluss des Investors häufig bereits deshalb aus, weil die Nichtausübung der Stimmrechte aus den zur Risikoabsicherung vom Stillhalter erworbenen Aktien gemäß § 36 Abs. 1 Nr. 3 WpHG Voraussetzung dafür ist, dass sie für Zwecke der eigenen Meldepflichten des Stillhalters unberücksichtigt bleiben können.[91] Der Investor muss bei geeigneter Ausgestaltung der Swaps somit nicht befürchten, dass Swaps für ihn zu einer Zurechnung von Stimmrechten für Zwecke der Eingangsmeldeschwelle bei 3 % der Stimmrechte gemäß §§ 33, 34 WpHG führen.

72 **c) Meldepflichten des Stillhalters.** Was die Meldepflichten des Stillhalters von Swaps angeht, so können solche Meldepflichten dann entstehen, wenn der Stillhalter sich zur Absicherung seines Risikos selbst mit Aktien oder meldepflichtigen Finanzinstrumenten eindeckt und dadurch entsprechende Meldeschwellen erreicht bzw. überschreitet. Für Wertpapierdienstleistungsunternehmen mit Sitz in der EU oder einem anderen Vertragsstaat des Abkommens über den Europäischen Wirtschaftsraum wird im Hinblick auf § 36 Abs. 1

---

[87] Dazu vorstehend → Rn. 56.

[88] Dazu vorstehend → Rn. 57.

[89] *Fleischer/Schmolke* ZIP 2008, 1501 (1511); *Cascante/Topf* AG 2009, 53 (67 f.); *Baums/Sauter* ZHR 2009, 454 (465 ff.); *von Bülow* in Kölner Komm WpHG § 22 Rn. 87; *Dehlinger/Zimmermann* in Fuchs § 22 Rn. 56; *Schäfer* in Marsch-Barner/Schäfer HdB Börsennotierte AG § 18 Rn. 18.22 (18.24); aA *Schanz* DB 2008, 1899 (1905); *Weber/Meckbach* BB 2008, 2022 (2029 ff.).

[90] *von Bülow* in Kölner Komm WpHG § 22 Rn. 110; *Fleischer/Schmolke* ZIP 2008, 1501 (1506). AA unter Hinweis auf einen hier anzunehmenden faktischen Stimmrechtseinfluss des Investors *Schanz* DB 2008, 1899 (1905); *Weber/Meckbach* BB 2008, 2022 (2029 ff.). Die Annahme eines faktischen Stimmrechtseinflusses entspricht jedoch nicht dem Ergebnis empirischer Untersuchungen; vgl. *Fleischer/Schmolke* aaO. Im Übrigen bedarf es für eine Stimmrechtszurechnung nach § 22 Abs. 1 Nr. 2 WpHG richtigerweise einer rechtlich abgesicherten Einflussmöglichkeit; siehe dazu BGH Urt. v. 16.3.2009 – II ZR 302/06, DStR 2009, 862 (867).

[91] Dazu vorstehend → Rn. 64.

WpHG die erste Meldung bei Überschreitung der Schwelle von 5 % der Stimmrechte erforderlich.[92] Für die Ermittlung dieser Schwelle sind allerdings sämtliche Aktien an der Zielgesellschaft zu berücksichtigen, die das betreffende Wertpapierdienstleistungsunternehmen im Handelsbestand hält. Das bedeutet zum einen, dass auch sonstige Aktivitäten des Wertpapierdienstleistungsunternehmens Einfluss auf das Erreichen dieser Schwelle haben können, und zum anderen, dass eine Meldung wegen Überschreitung der 5 %-Schwelle bei einer in dem betreffenden Wert auch sonst aktiven Bank nicht ungewöhnlich ist und daher nicht notwendigerweise besondere Aufmerksamkeit im Markt hervorruft. Anderes dürfte im Regelfall bei einer Meldung wegen Erreichens bzw. Überschreitens der nächsten Meldeschwelle bei 10 % der Stimmrechte gelten; hinzukommt, dass hier vom Meldepflichtigen gemäß § 43 WpHG auch zusätzliche Angaben ua zur Finanzierung des Erwerbs und weiteren Erwerbsabsichten zu machen sind.[93] Bei geeigneter Aufteilung der Beteiligung des Investors auf unmittelbar von ihm selbst gehaltene Aktien im Umfang von weniger als 3 % der Stimmrechte und eine Swap-Beteiligung lediglich für den verbleibenden Bereich bis 5 % der Stimmrechte sollte die Schwelle von 10 % allerdings auch beim Stillhalter in der Regel nicht erreicht werden, bevor der Investor seinerseits meldepflichtig wird. Ansonsten müsste der Investor zur Vermeidung auffälliger Stimmrechtsmeldungen des jeweiligen Stillhalters gegebenenfalls Swaps mit verschiedenen Banken vereinbaren und das Volumen des einzelnen Swaps jeweils entsprechend begrenzen.

5. Erwerb von Wandel-/Optionsanleihen

Wandlungs- bzw. Optionsrechte aus Wandel- oder Optionsanleihen, die von der Gesellschaft begeben bzw. garantiert worden sind und sich auf den Bezug neuer Aktien beziehen, sind vor ihrer Ausübung weder selbst meldepflichtig,[94] noch führen sie zu einer Stimmrechtszurechnung.[95] Ein Erwerb solcher Anleihen bzw. Optionsrechte kann daher ggf. als weiteres Element des Beteiligungsaufbaus genutzt werden, sofern die Wandlungs- bzw. Optionsrechte bereits ausübbar sind oder damit zu rechnen ist, dass sie nach den Anleihebedingungen demnächst ausübbar werden. 73

III. Due Diligence

Da der Investor bei „modernen PIPEs" seine Beteiligung nicht von der Zielgesellschaft, sondern anderweitig erwirbt, ist es denkbar – und in der Praxis auch in einigen Fällen vorgekommen – dass die Zielgesellschaft über den beabsichtigten Einstieg des Investors vorab nicht informiert wird. Naturgemäß erhält der Investor in einem solchen Fall keinen Zugang zu internen Informationen der Zielgesellschaft. Vielmehr ist er darauf angewiesen, seine Due Diligence ausschließlich auf Basis öffentlich verfügbarer Daten durchzuführen (sog. „Outside-in" Due Diligence). Bei börsennotierten Gesellschaften bieten die Jahres- und Halbjahresfinanzberichte sowie Quartalsberichte bzw. –mitteilungen und von der Gesellschaft außerhalb dieser Regelberichterstattung veröffentlichte Ad hoc- und Pressemitteilungen bereits einen gewissen Grundstock an Informationen zur Gesellschaft; vor dem Hintergrund weitergehender Berichtspflichten in den USA gilt dies erst recht, wenn die Aktien der Gesellschaft zusätzlich auch an einer US-Börse gelistet sind. Weitere Informationsquellen zu rechtlichen Aspekten sind öffentlich zugängliche Register (insbesondere das Unternehmens- und Handelsregister, aber auch Register zu Schutzrechten im Bereich des gewerblichen Rechtsschutzes) und nicht zuletzt die Website des Zielunternehmens, auf der häufig Geschäftsordnungen oder andere relevante Dokumente eingestellt sind. Auf der Geschäftsseite helfen ggf. Marktstudien und ähnliche Analysen, die vom 74

[92] Dazu → Rn. 64.
[93] → Rn. 63.
[94] → Rn. 61.
[95] → Rn. 53 ff.

Investor durchgeführt bzw. in Auftrag gegeben werden. Für versierte Private Equity-Häuser lässt sich daher auch auf diese Weise eine ausreichende Informationsgrundlage für die Investitionsentscheidung herstellen.

75 Stimmt der Investor seine beabsichtigte Beteiligung mit der Gesellschaft im Voraus ab und spricht hierzu die Gesellschaft an, besteht grundsätzlich auch beim „modernen PIPE“ die Möglichkeit einer weitergehenden Due Diligence, bei der neben öffentlich zugänglichen Daten auch interne Informationen ausgewertet werden können, die vom Zielunternehmen hierzu besonders bereitgestellt werden. Die rechtlichen Anforderungen, die für eine Offenlegung vertraulicher Informationen durch die Gesellschaft erfüllt sein müssen, sind dieselben, die oben bereits im Zusammenhang mit dem „klassischen PIPE“ dargestellt wurden.[96] Zur Begründung des für eine Offenlegung erforderlichen Interesses der Gesellschaft an der Durchführung der Transaktion kann im Falle des „modernen PIPE“ zwar nicht die Zufuhr neuen Eigenkapitals durch den Investor herangezogen werden. Aus den weiter oben[97] dargestellten Gründen kann die Beteiligung des Investors indes durchaus auch beim „modernen PIPE“ Vorteile für die Gesellschaft haben und daher in ihrem Interesse liegen. Dies gilt umso mehr, wenn der Investor beispielsweise in einem „Letter of Interest“ – nicht notwendig bereits in rechtlich verbindlicher Weise – seine Bereitschaft bekundet hat, sich für den Fall der Durchführung der Transaktion als „Anker-Investor“ ggf. bestimmten Beschränkungen gegenüber der Gesellschaft zu unterwerfen.[98]

76 Führt der Investor im Zuge eines „modernen PIPE“ eine Due Diligence durch, bei der ihm von der Gesellschaft auch Zugang zu nicht-öffentlich verfügbaren Daten gewährt wird, stellt sich die Frage, inwieweit eine solche Informationsgewährung rechtlich ein Hindernis für einen anschließenden Beteiligungserwerb von Dritten und insbesondere für Marktkäufe bildet. Der gesetzliche Rahmen hierfür wird durch das Insiderhandelsverbot des Art. 8 in Verbindung mit Art. 14 MAR vorgegeben. Da dieses Verbot auf den Investor bereits kraft Gesetzes Anwendung findet, ist die Vereinbarung einer vertraglichen „Stand-Still“-Verpflichtung des Investors gegenüber der Gesellschaft als Voraussetzung für die Offenlegung interner Informationen rechtlich nicht erforderlich; sie wäre für die Durchführung der Transaktion auch kontraproduktiv, da der Investor seine Position ja gerade (weiter) ausbauen will. Das Insiderhandelsverbot steht dem – auch bei Gewährung von Zugang zu internen Daten der Gesellschaft – im Allgemeinen nicht entgegen; denn es verbietet einen Beteiligungserwerb nur dann, wenn er „unter Verwendung von Insiderinformationen“ erfolgt. Die Absicht des Investors, im Rahmen der Transaktion eine größere Beteiligung an der Gesellschaft zu erwerben, mag, sobald die Durchführung dieser Absicht hinreichend wahrscheinlich geworden ist, zwar als Insiderinformation anzusehen sein. Es ist jedoch anerkannt, dass die Durchführung eigener Pläne nicht als Verwendung der darin ggf. liegenden Insiderinformation anzusehen ist und daher für sich genommen keinen Verstoß gegen das Insiderhandelsverbot darstellt.[99] Dies ergibt sich nunmehr auch ausdrücklich aus Art. 9 Abs. 5 MAR. Ein (vorübergehendes) Handelsverbot ist daher allenfalls dann denkbar, wenn dem Investor im Rahmen der Due Diligence Zugang zu Informationen gewährt wird, die als Insiderinformationen zu qualifizieren sind. Da die Gesellschaft sie unmittelbar betreffende Insiderinformationen gemäß Art. 17 Abs. 1 MAR unverzüglich als Ad hoc-Mitteilung zu veröffentlichen hat und die Definition der Insiderinformation für Zwecke der Ad-hoc-Publizitätspflicht dieselbe ist wie für Zwecke des Insiderhandelsverbots, wird es bei der Gesellschaft indes jeweils nur ganz wenige noch unveröffentlichte Informationen geben, die geeignet sind, bei Offenlegung an den Investor ein Insiderhandelsverbot zu begründen. Dies betrifft in erster Linie Insiderinformationen, hinsichtlich derer die Gesellschaft von der Möglichkeit eines (vorübergehenden) Aufschubs der Ad-hoc-Mitteilung gemäß Art. 17 Abs. 3 MAR Gebrauch gemacht hat. Auch in diesen Fällen greift das

---

[96] → Rn. 41.
[97] → Rn. 48.
[98] Siehe dazu nachstehend → Rn. 78.
[99] Dies ist ganz hM; vgl. statt aller *Cascante/Topf* AG 2009, 53 (54) mwN.

Insiderhandelsverbot des Art. 8 Abs. 1 in Verbindung mit Art. 14 lit. a MAR indes nur ein, wenn der Erwerb von Aktien oder Derivaten durch den Investor „unter Nutzung" der betreffenden Insiderinformation erfolgt. Spielt sie für diesen Erwerb jedoch keine Rolle, weil die Durchführung der betreffenden Transaktionsschritte vom Investor bereits vorher entschieden worden war, so verwendet er solche Insiderinformationen nicht und verstößt dementsprechend bei plangemäßer Umsetzung seines Vorhabens auch nicht gegen das Insiderhandelsverbot.[100] Selbstverständlich empfiehlt es sich aber für Beweiszwecke, die Entscheidung zum Aufbau der Position und die hierzu geplanten Transaktionsschritte dann bereits zu einem früheren Zeitpunkt sorgfältig zu dokumentieren.

Besondere Vorsicht ist jedoch in den Fällen geboten, in denen der Beteiligungserwerb **77** nicht allein dem EU-rechtlichen Insiderrecht unterliegt, sondern aufgrund grenzüberschreitender Aspekte auch ausländisches Kapitalmarktrecht zur Anwendung kommt. Dies gilt besonders für Insiderhandelsverbote nach US-amerikanischem Recht, die zum Beispiel schon dann eingreifen können, wenn außerbörslich Aktien von einem in den USA ansässigen Aktionär (wie zB einem institutionellen Investor mit Sitz in USA) gekauft werden. Denn der Begriff der Insiderinformation wird im US-amerikanischen Recht deutlich weiter als im deutschen Recht verwendet.[101]

IV. Vereinbarungen zwischen Investor und Zielgesellschaft

Der Beteiligungserwerb des Investors bedarf beim „modernen PIPE" als solcher keiner **78** besonderen Dokumentation zwischen Zielgesellschaft und Investor. Denn er erfolgt im Unterschied zum „klassischen PIPE" ja nicht von der Gesellschaft, weshalb die Gesellschaft in die eigentlichen Erwerbsgeschäfte in der Regel nicht einbezogen ist. Letztere können hier die verschiedensten Formen annehmen und reichen vom Börsengeschäft bis hin zum Abschluss komplexer Aktienkaufverträge beim Erwerb eines größeren Aktienpakets von einem bestehenden, wesentlichen Aktionär. Andererseits liegt es häufig sowohl im Interesse des Investors als auch der Zielgesellschaft, zusätzlich noch ein Investment Agreement oder einen ähnlichen Vertrag auch zwischen diesen Parteien zu schließen.

Der Zielgesellschaft wird daran gelegen sein, strategische Zusagen des Investors geeignet **79** zu dokumentieren und sicherzustellen, dass insbesondere die Übernahme der Position eines „Anker-Investors" auch Ausdruck in rechtlich bindenden Verpflichtungen des Investors findet. Hierfür gibt es in der Rechtswirklichkeit einen sehr breiten Spielraum. Häufiger anzutreffen sind hier sog. „Lock-up-Verpflichtungen" des Investors, mit denen beispielsweise Aktienverkäufe des Investors an die Zustimmung der Gesellschaft gebunden werden, sofern sie innerhalb bestimmter Fristen stattfinden, oder Vorgaben für einen vorzeitigen Exit des Investors gemacht werden, indem etwa eine Veräußerung nur im Rahmen eines Book-Building-Prozesses an mehrere Erwerber zugelassen oder die Veräußerung durch Einlieferung in ein feindliches Übernahmeangebot untersagt wird. Umgekehrt kommen auch Regelungen zu einer Obergrenze für die Beteiligung des Investors vor, um einen gewissen Free Float zu sichern, der Voraussetzung für die Erhaltung der Möglichkeit einer Eigenkapitalaufnahme der Gesellschaft am Kapitalmarkt bildet. Ähnlich wie dies auch in sog. Business Combination Agreements beim Zusammenschluss zweier Unternehmen üblich ist, kann ein Investment Agreement daneben noch allgemeine Punkte wie die Unterstützung der gegenwärtigen Geschäftsstrategie des Vorstands durch den Investor oder ähnliches enthalten. Auch wenn solche Punkte typischerweise nicht als rechtliche Verpflichtung, sondern als bloße Absichtserklärungen ausgestaltet sein werden, kann die Fixierung eines gemeinsamen Verständnisses der Parteien der betreffenden Punkte eine „mora-

100 Siehe dazu *Cascante/Topf* AG 2009, 53 (56).

101 Bundesgesetzlich ist dies in USA unter section 10 (b) Exchange Act, 15 U.S.C. § 78j (1994), und den entsprechenden Rules verankert; für diese vergleichende Wertung siehe auch *Calaba* 23 Loy. Int'l & Comp. L. Rev. 2001, 457 (471).

lische“ Verpflichtung zu deren Umsetzung bzw. Einhaltung begründen und dadurch die weitere Zusammenarbeit der Parteien erleichtern.

80 Der Investor wird auch seinerseits Zusagen der Gesellschaft an ihn dokumentieren wollen. Von Bedeutung für den Investor ist insbesondere die Unterstützung der Gesellschaft bei der Herstellung einer angemessenen Vertretung im Aufsichtsrat. Aufgrund der Rahmenbedingungen des deutschen Aktienrechts kann die Gesellschaft eine solche Vertretung zwar nicht verbindlich zusagen.[102] Ist der Investor jedoch seinerseits Verpflichtungen gegenüber der Gesellschaft eingegangen, etwa in Form einer Lock-up-Vereinbarung, kann vorgesehen werden, dass diese Verpflichtungen entfallen, wenn bestimmte Umstände – und hier insbesondere die Bestellung der vom Investor vorgeschlagenen Personen zu Mitgliedern des Aufsichtsrats – nicht innerhalb bestimmter Fristen eingetreten sind. Möglich ist es ferner, die vom Investor übernommenen Verpflichtungen an die zukünftige Einhaltung bestimmter Finanzkennzahlen zu binden, auf die sich Investor und Gesellschaft im Investment Agreement verständigen.

D. Fazit

81 Die aus den USA zu uns gekommene Transaktionsform des PIPE hat in Deutschland aufgrund abweichender rechtlicher Rahmenbedingungen – insbesondere wegen der strengeren Regeln zum Bezugsrechtsausschluss bei Barkapitalerhöhungen – eine eigenständige Entwicklung genommen. Namentlich der „moderne PIPE“, bei dem die Zielgesellschaft nicht neue Aktien an den Investor ausgibt, sondern der Investor sich an der Zielgesellschaft durch den Erwerb bereits bestehender Aktien Dritter beteiligt, bietet für Finanzinvestoren auch hier interessante Perspektiven und hat sich mittlerweile im deutschen Rechtsraum etabliert.

[102] Vgl. dazu sowie zur praktischen Umsetzung der Vertretung im Aufsichtsrat → Rn. 46.

§ 28 Mezzanine Finanzierung

Übersicht

A. Einleitung

Steht ein mittelständisches Unternehmen vor der Herausforderung, den Finanzierungsbedarf extern abzudecken, wird dieser Bedarf bis zu einem gewissen Verschuldungsgrad in Deutschland (noch) durch Banken in Form von Krediten gedeckt.[1] Ist eine Bank nicht (mehr) bereit, eine Finanzierung bereitzustellen oder verbleibt eine Finanzierungslücke, kann diese durch Beteiligungskapital von Private Equity-Gesellschaften abgedeckt werden. Allerdings sind damit aus Sicht der Alt-Gesellschafter unerwünschte Effekte verbunden: Die Aufnahme und der Einfluss von Dritt-Gesellschaftern sowie die Verwässerung des potentiellen Wertzuwachses. Um dennoch eine Finanzierungslücke mit wirtschaftlichem Eigenkapital abzudecken, ohne die vorgenannten Nachteile in Kauf zu nehmen, bietet sich Mezzanine Kapital als Finanzierungsinstrument an. Als Eigenkapitalsurrogat kann Mezzanine Kapital die Bonität eines Unternehmens erhöhen, ohne die Stimmrechtsverhältnisse zu verändern. Gleichzeitig kann die Vergütung für die Mezzanine Kapitalüberlassung die steuerliche Bemessungsgrundlage wie bei Fremdkapital reduzieren. 1

[1] Durch alternative Finanzierungsquellen (Debt Funds uÄ), aber auch durch technologische Umbrüche (ua Blockchain) wird zunehmend die Rolle der Banken als maßgeblicher Financier von Unternehmen in Frage gestellt.

B. Definition und Charakteristika von Mezzanine Kapital

2 Mezzanine Kapital[2] umfasst alle Finanzierungsinstrumente, die je nach Ausprägung der Rechte und Pflichten mehr oder weniger vertragliche Kriterien von klassischem Fremd- und Eigenkapital in sich vereinen. Zweck dieser vertraglichen Regelungen ist die Übernahme von Haftungs- und Verlustpufferfunktionen durch das investierte Kapital und geht damit über die reine Finanzierungsfunktion hinaus. Mezzanine Kapital ist damit ein Begriff aus der betriebswirtschaftlichen Finanzierungslehre, der aus Sicht anderer Gläubiger die vorgenannten Funktionen wie idealtypisches Eigenkapital erfüllt und in Abgrenzung zu diesem als wirtschaftliches Eigenkapital bezeichnet wird.[3] Insbesondere durch die folgenden vertraglichen Regelungen wird die funktionale Ausprägung von mezzaninem Kapital konkretisiert:

- Rangigkeit der Rückzahlungs- und Vergütungsansprüche aus der Mezzanine Finanzierung gegenüber anderen Gläubigern und klassischen Eigenkapitalgebern;
- Zeitliche Befristung der Kapitalüberlassung;
- Gestaltung des Vergütungsanspruches für die Kapitalüberlassung;
- Informations- und Mitspracherechte zur Absicherung der Rückzahlungs- und Vergütungsansprüche.

3 Typisch für Mezzanine Kapital ist, dass zwischen dem Mezzanine Nehmer (= Unternehmen) und Mezzanine Geber (= Investor) eine Reihenfolge zur Rückzahlung finanzieller Ansprüche (= investiertes Nominalkapital plus Vergütung) festgelegt wird. In diesem „Wasserfall" der Forderungsbefriedigung tritt der Investor hinter die Ansprüche anderer Gläubiger im Insolvenz- und Liquidationsfall zurück. Für die vorrangigen Gläubiger erhöht sich damit die verteilungsfähige Insolvenzmasse, während der Investor das Risiko einer unzureichenden Haftungsmasse übernimmt. Im Insolvenzfall kann dies bedeuten, dass der Investor leer ausgeht. Unter bestimmten Umständen besteht für den Investor sogar die Gefahr, bereits erhaltene Vergütungen vor einer Insolvenz an das Unternehmen wieder auszukehren.[4] In der Praxis sind die konkreten Ausgestaltungen dieser Nachrangabreden, insbesondere deren Reichweite, vielfältig. Üblich ist eine Vereinbarung nach der die Forderungen des Investors hinter sämtlichen Gläubigern zurücktreten. In diesem Zusammenhang ist es legitim, wenn dabei geregelt wird, dass Forderungen der Investoren noch vor den Gesellschafterforderungen zu befriedigen sind. So erhält sich der Investor wenigstens im Liquidationsfall die Chance, aus dem freien Vermögen Befriedigung zu erhalten.

4 Um tatsächlich die Haftungsbasis[5] eines Unternehmens zu verbreitern, sind weitere Absprachen erforderlich, um Insolvenzgründen[6] entgegenzuwirken. Notwendig ist ein verfügender Schuldänderungsvertrag im Sinne des § 311 Abs. 1 BGB, wonach die Forderung dahingehend umzuwandeln ist, dass sie nicht mehr zu passivieren ist.[7] Dafür muss vereinbart sein, dass die Rückforderung aus der Mezzanine-Finanzierung hinter die Forderungen mit einem Rang gem. § 39 Abs. 1 Nr. 5 InsO zurücktritt, ohne dass es dabei erforderlich ist, die Gleichstellung mit den Einlagerückgewähransprüchen zu verlautbaren.[8] Nur wenn

---

[2] Der italienische Begriff „Mezzanine" stammt aus der Architektur und bezeichnet ein Zwischengeschoss zwischen zwei Hauptstockwerken eines Gebäudes. Roland Schmidtbleicher, Mittelbarer Kapitalmarktzugang für KMU durch Genussrechtepooling, Arbeitspapiere Institut für Bankrecht, Nr. 128, 3/2006, S. 5.

[3] *Küting/Dürr,* Mezzanine Kapital – Finanzierungsentscheidung im Sog. der Rechnungslegung, DB 2005, 1529; *Thiele,* Das Eigenkapital im handelsrechtlichen Jahresabschluß, S. 36 f.

[4] Vgl. §§ 134, 135 InsO.

[5] *Betsch/Groh/Lohmann,* Corporate Finance, S. 217. Zu den einzelnen Funktionen von Eigenkapital vgl. *Baetge/Brüggemann,* Ausweis von Genussrechten auf der Passivseite der Bilanz des Emittenten, DB 2005, 2146 f.; *Thiele,* Das Eigenkapital im handelsrechtlichen Jahresabschluß, S. 49 f.

[6] Insolvenzgründe gemäß InsO: Überschuldung, drohende Zahlungsunfähigkeit und Zahlungsunfähigkeit.

[7] Vgl. BGH Urt. v. 5.3.2015 – IX ZR 133/14, BGHZ 204, 231–251.

[8] Vgl. BGH Urt. v. 5.3.2015 – IX ZR 133/14, BGHZ 204, 231–251.

dieser „Rangrücktritt" dann auch in der Vorinsolvenzphase wirkt, kann Mezzanine Kapital die gewünschten Eigenkapitalfunktionen übernehmen.[9]

Typischerweise wird Mezzanine Kapital mittel- bis langfristig (zwischen 5 und 10 Jahren) **5** überlassen und endfällig zurückgeführt. Idealtypisch steht dahinter der Gedanke, dass während der Laufzeit des Mezzanine Kapitals entsprechende Gewinne „angespart" werden, um zum vereinbarten Rückzahlungszeitpunkt die Verbindlichkeiten zu erfüllen. Um das Unternehmen zu entlasten, sind statt der endfälligen Rückzahlung auch Tilgungsvereinbarungen zum Ende der Laufzeit denkbar. Selten werden keine vertraglich fixierten Rückzahlungszeitpunkte (unendliche Laufzeit), wie bei sogenannten Hybrid Anleihen, vereinbart. In diesen Fällen werden über vertragliche Vereinbarungen wirtschaftliche Anreize gesetzt, die nach einer bestimmten Zeit eine Rückzahlung bewirken sollen.[10] Damit das Unternehmen, aber auch andere Gläubiger darauf vertrauen können, dass das Mezzanine Kapital nicht ohne weiteres abgezogen werden kann, werden ordentliche Kündigungsrechte ausgeschlossen.[11] Durch diese langfristige Bereitstellung des Kapitals steht der erwirtschaftete Cashflow zunächst für die Bedienung von vorrangigen Finanzierungsansprüchen oder für die Innenfinanzierung zur Verfügung.

Der Investor nimmt durch den qualifizierten Rangrücktritt, die mittel- bis langfristige **6** Kapitalbereitstellung und die endfällige Tilgungsvereinbarung höhere Verlustrisiken in Kauf als ein vorrangiger, besicherter Fremdkapitalgeber. Dies hat Konsequenzen für die Vergütung der Kapitalüberlassung und für die Gestaltung der Informations- und Mitspracherechte. Um seinen potentiellen Verlustrisiken entgegenzuwirken, wird der Investor eigenkapitalähnliche Informations- und Mitspracherechte vereinbaren wollen. Zu den üblicherweise eingeräumten Informationsrechten zählen die Einreichung von Jahresabschlüssen, Quartalsberichten und Unternehmensplanungen. Diese Informationen und deren laufende Analyse im Rahmen des Monitorings ermöglichen dem Investor bei unplanmäßiger Unternehmensentwicklung risikoreduzierende Maßnahmen einzuleiten. Die Mitspracherechte, häufig ausgestaltet als Zustimmungsrechte, zielen auf die Steuerung von unternehmerischen Maßnahmen ab, die den zukünftigen Cashflow maßgeblich beeinflussen können. Dieser Katalog kann sehr unterschiedlich ausfallen und orientiert sich am Einzelfall. Beispielsweise kann er folgende Inhalte umfassen: Die Zustimmung zur Aufnahme weiterer Fremdverschuldung, zu Investitionen, die ein bestimmtes Volumen übersteigen, zu Ausschüttungen an die Gesellschafter oder zu Maßnahmen, die die rechtliche Struktur der Gesellschaft berühren. Die Konsequenz aus der Verletzung der vertraglichen Abreden kann über die Verschärfung der Mitspracherechte/Informationspflichten bis zur Kündigung reichen.[12] [13]

Die Vergütungsgestaltung des Investors für die Kapitalüberlassung kann aus verschiedenen **7** bedingten und unbedingten Komponenten bestehen. In der Praxis setzt sich die Vergütung häufig aus einem fixen, regelmäßig zu zahlenden Zins (Cash- bzw. Pay-out-Coupon) und einer weiteren, häufig variabel gestalteten Zinskomponente zusammen. Die letztgenannte Vergütungskomponente kann in der Form variabel ausgestaltet werden, dass die Höhe an eine Erfolgskomponente des Unternehmens (Jahresüberschuss, EBITDA) geknüpft wird. Es ist nicht unüblich, dass die zweite Zinskomponente kapitalisiert und erst mit Rückzahlung

---

9 Anhaltspunkte zur Formulierung des Rangrücktritts bietet die InsO. In der Praxis hat der qualifizierte Rangrücktritt Bedeutung: Dieser wird erreicht, wenn sämtliche Ansprüche des Investors in den Nachrang des § 39 Abs. 2 InsO gestellt werden, um die Vermeidung der Passivierung in der Überschuldungsbilanz (vgl. § 19 Abs. 2 InsO) zu gewährleisten. Ferner darf die Forderung des Investors nicht bedient werden, wenn die Rückzahlung einen Insolvenzgrund auslösen würde (vgl. §§ 17, 18 InsO). Vgl. auch BGH Urt. v. 5.3.2015 – IX ZR 133/14, BGHZ 204, 231–251; vgl. auch *Bork,* Genussrechte und Zahlungsfähigkeit, ZIP 2014, 997 ff.; *Bitter/Rauhut,* Zahlungsfähigkeit wegen nachrangiger Forderungen, insbesondere aus Genussrechten, ZIP 2014, 1005 ff.; *Weitnauer,* Der Rangrücktritt – Welche Anforderungen gelten nach aktueller Rechtsprechung?, GWR 2012, 193 ff. Vgl. auch → Rn. 104.

10 Beispielsweise kann sich die Vergütung ab einem bestimmten Zeitpunkt erhöhen.

11 Eine Kündigung gemäß § 490 Abs. 1 BGB sollte explizit ausgeschlossen sein.

12 *Häger/Elkemann-Reusch,* Mezzanine Finanzierungsinstrumente, S. 56 f.

13 Diese Kündigungsrechte sind mit Sorgfalt auszuwählen, da diese ggf. im Widerspruch zum angestrebten bilanziellen Eigenkapitalausweis stehen können.

des Mezzanine Kapitals fällig wird (Roll-up- bzw. Pay-in-Kind Coupon). Schließlich partizipiert der Investor nicht selten über den sogenannten Equity-Kicker an der Wertsteigerung des Unternehmens, der ebenfalls erst beim Ausstieg des Investors fällig wird.[14] Über die richtige Gewichtung der einzelnen Vergütungskomponenten kann die Gesamtverzinsung der Mezzanine-Finanzierung individuell an den erwarteten Cashflow-Verlauf und an die Vorstellungen des Unternehmens bzw. Investors angepasst werden. Im Extremfall kann die gesamte oder Teile der Vergütung ausgesetzt und auf einen Zeitpunkt verschoben werden, zu dem das Unternehmen diese leisten kann. Damit kann Mezzanine Kapital Verlustausgleichsfunktion in dem Sinne innehaben, dass Vergütungszahlungen nur in Abhängigkeit von bestimmten Erfolgsgrößen (Jahresüberschuss, positiver Cashflow) geleistet werden. Dementsprechend wird das Vermögen des Unternehmens in einer Verlustphase nicht durch Vergütungszahlungen zusätzlich belastet und die Liquidität geschont. Von daher trägt der Investor in erheblichem Umfang die Risiken der Unternehmenstätigkeit mit, anders als ein typischer Fremdkapitalgeber, dessen Vergütungsanspruch unabhängig vom wirtschaftlichen Erfolg des Unternehmens ist.[15]

8 Obwohl durch die vertragliche Gestaltung Mezzanine Kapital Eigenkapitalfunktionen übernehmen kann, kann im Regelfall das Gros der laufenden Vergütungen steuerlich als Betriebsausgabe angesetzt werden. Auch wenn ein Teil der Vergütung endfällig zu begleichen ist, stellt dieser steuerlich einen Finanzierungssaufwand dar. Für das Unternehmen ergibt sich somit über die Laufzeit der Finanzierung ein Steuervorteil in Höhe des Grenzsteuersatzes für den kapitalisierten Vergütungsanteil. Für den bilanzierenden Investor ergibt sich korrespondierend ein Steuernachteil durch die endfällig vom Unternehmen gezahlten Vergütungsanteile (Besteuerung ohne Cash Flow). Um die gewünschte steuerliche Abzugsfähigkeit tatsächlich zu erreichen, ist eine Reihe von Aspekten zu berücksichtigen (vgl. hierzu näher TZ 7.3)

Abbildung 1: Zusammensetzung der Mezzanine Rendite[16]

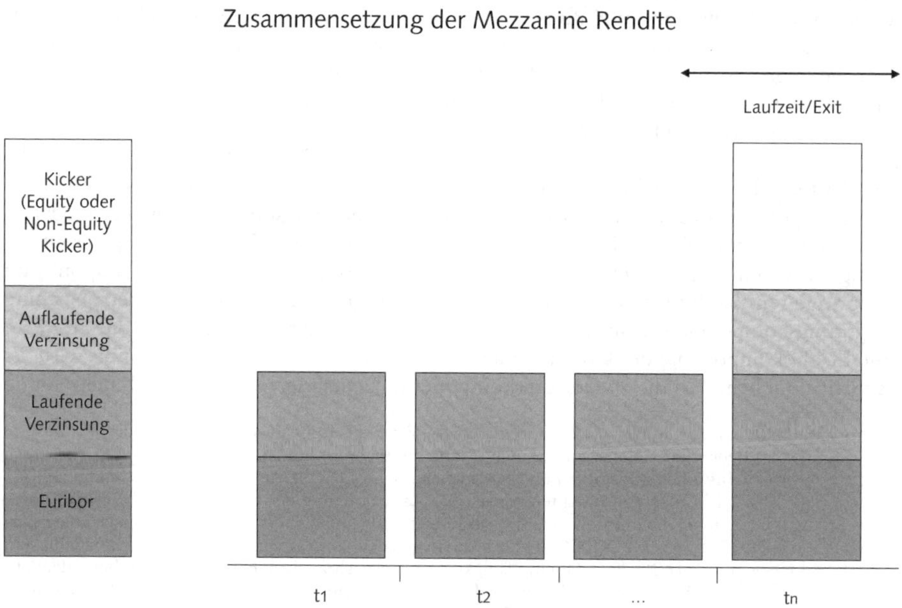

[14] *Stadler,* Venture Capital und Private Equity, S. 121. Vgl. auch → Rn. 119.
[15] *Thiele,* Das Eigenkapital im handelsrechtlichen Jahresabschluß, S. 57 f.
[16] *Plankensteiner/Rehbock,* Die Bedeutung von Mezzanine Finanzierungen in Deutschland, Zeitschrift für das gesamte Kreditwesen, S. 792.

In Abhängigkeit von den oben genannten Kriterienausprägungen kann Mezzanine Kapital tendenziell dem Fremdkapital (Debt Mezzanine) oder dem Eigenkapital (Equity Mezzanine) zugeordnet werden. Hierbei bestimmt sich der Grad der Zuordnung zum Debt- oder Equity-Mezzanine durch die Kombination und Ausprägung der einzelnen Kriterien. Die nachfolgende Abbildung stellt die Rechte und Pflichten bei idealtypischer Ausgestaltung der verschiedenen Kriterien gegenüber.[17] **9**

Abbildung 2: Charakteristika von Equity/Debt-Mezzanine im Vergleich zu Eigen- und Fremdkapital

Kriterien	Eigenkapital	Equity Mezzanine	Debt Mezzanine	Fremdkapital
Vergütungsanspruch	durch Gewinn bedingt	durch Gewinn oder andere Erfolgsgrößen bedingt	Unbedingt	Unbedingt
	Höhe: variabel	Höhe: fixiert; teilweise oder voll variabel	Höhe: fixiert; variabel	Höhe: fixiert
	Zeitpunkt der Zahlung: variabel (Entscheidung durch Gesellschafter)	Zeitpunkt: fixiert, bedingt	Zeitpunkt: fixiert	Zeitpunkt: fixiert
Rückzahlungsanspruch im Fortführungsfall:	Nein	Ja, bedingt	Ja, unbedingt	Ja, unbedingt
	Höhe: entfällt	Höhe: bedingt	Höhe: fixiert, unbedingt	
	Zeitpunkt: entfällt	Zeitpunkt: bedingt	Zeitpunkt: fixiert, unbedingt	Zeitpunkt: fixiert, unbedingt
Rückzahlungsanspruch bei Insolvenz oder Liquidation:	Ja, bedingt durch Nachrangigkeit	Ja, bedingt durch Nachrangigkeit gegenüber allen Gläubigern, vorrangig zum Eigenkapital	Ja, bedingt durch Nachrangigkeit gegenüber dem Fremdkapital, vorrangig zum Eigenkapital und Equity Mezzanine	Ja, unbedingt
	Höhe: Quotenanspruch, bedingt durch Nachrangigkeit	Höhe: Quotenanspruch, bedingt durch Nachrangigkeit, vorrangig vor dem Eigenkapital	Höhe: Quotenanspruch, bedingt durch Nachrangigkeit, vorrangig vor dem Eigenkapital und dem Equity Mezzanine	Höhe: vorrangiger Quotenanspruch, unbedingt
Zahlungsverpflichtung des Kapitalgebers:	Unbeschränkte Haftung für Verpflichtungen des Unternehmens	Keine Zahlungsverpflichtung	Keine Zahlungsverpflichtung	Keine Zahlungsverpflichtung
Gestaltungsrechte des Kapitalgebers bzgl. des Finanzierungsverhältnisses	Kein Kündigungsrecht	Außerordentliches Kündigungsrecht	Ordentliches Kündigungsrecht/ außerordentliches Kündigungsrecht	Ordentliches Kündigungsrecht

[17] In Anlehnung an *Thiele,* Das Eigenkapital im handelsrechtlichen Jahresabschluss, S. 40.

Kriterien	Eigenkapital	Equity Mezzanine	Debt Mezzanine	Fremdkapital
Informationsrechte des Kapitalgebers	Recht auf vollständige Information	Nur durch vereinbarte, sehr weitgehende Informationspflichten	Nur durch vereinbarte, idR weitgehende Informationspflichten	Nur durch vereinbarte Informationspflichten
Herrschaftsrechte	Unternehmensleitung	Umfangreiche Mitspracherechte	geringe Mitspracherechte	Keine Herrschaftsrechte

10 In der Praxis sind die Grenzen zwischen den einzelnen Finanzierungsformen fließend. Teilweise wird dies durch die Rechtsordnung bestimmt, unter der Mezzanine Kapital durch ein Unternehmen begeben wird. In Deutschland bestimmen insbesondere das Steuerrecht, der zugrundeliegende Rechnungslegungsstandard (HGB oder IFRS), das Gesellschaftsrecht, die laufende Rechtsprechung, aber auch die Anforderungen von Ratinginstituten und Banken die konkrete vertragliche Ausgestaltung. Im Folgenden zeigt sich, dass die Anforderungen an die Kriterien zur Einordnung je nach Blickwinkel sehr deutlich voneinander abweichen können, teilweise sogar widersprüchlich sind.

C. Motive für die Aufnahme von Mezzanine Kapital

11 Die Verwendungsmöglichkeiten von Mezzanine Kapital sind vielfältig. In der Praxis führen insbesondere folgende Anlässe zum Einsatz von Mezzanine Kapital:

12 **Verbesserung der Bilanzrelationen und des Ratings:** Kreditentscheidungen und die Höhe der Kreditzinsen basieren auch auf internen und externen Unternehmensratings. Das Ratingverfahren liefert eine Einschätzung über die Fähigkeit eines Unternehmens zur vollständigen und termingerechten Rückzahlung seiner Verbindlichkeiten, häufig für einen Zeitraum von zwölf Monaten.[18] Ein wesentlicher Baustein der Ratingverfahren ist die quantitative und qualitative Bilanzanalyse. Die Eigenkapitalquote[19] und der Verschuldungsgrad[20] eines Unternehmens spielen dabei eine zentrale Rolle. Hierbei gilt im Allgemeinen, dass eine niedrige Eigenkapitalquote bzw. ein hoher Verschuldungsgrad tendenziell zu einer schlechteren und teureren Kreditversorgung führt bis hin zu einer Kreditrationierung.[21] Ein Unternehmen wird daher bestrebt sein, das Verhältnis zwischen Eigenkapital und Verschuldung in einer aus Bankensicht als ausgewogen bewerteten Bandbreite zu halten.[22] Dies dient der Erhöhung bzw. Beibehaltung der Kreditwürdigkeit und trägt zur Sicherung der Zahlungsfähigkeit bei. Insofern kann ein Kreditnehmer mit der Aufnahme von Mezzanine Kapital als Eigenkapitalsubstitut das Ziel verfolgen, seine Eigenkapitalquote und den Verschuldungsgrad zu verbessern.[23] Zudem signalisiert das Unternehmen damit die Fähigkeit, noch über ausreichende finanzielle Dispositionsmöglichkeiten zu verfügen. Gleichzeitig reduziert das Unternehmen seine finanzielle Abhängigkeit von Kreditinstituten und diversifiziert seine Finanzierungsquellen.

13 Oftmals verpflichten sich Unternehmen gegenüber Kreditgebern zur Einhaltung von bestimmten Finanzkennziffern (sog. Financial Covenants typischerweise betreffend Eigen-

[18] Vgl. zu der Bedeutung von Ratings nach Basel II, *v. Schweinitz,* Rating Agencies, Their Business, Regulation and Liability under US, UK and German Law, UP, Bloomington, Indiana, 2007, S. 25 ff.

[19] Verhältnis von Eigenkapital zur Bilanzsumme.

[20] Summe vorrangiger Kredite/Ergebnis vor Zinsen, Steuern und Abschreibung.

[21] Vgl. Initiative Finanzstandort Deutschland, Rating Broschüre, September 2006.

[22] Eine durchschnittliche Eigenkapitalquote von rd. 15 % bei KMU (Monatsbericht der Deutsche Bundesbank, Dezember 2006) wird allgemein als zu gering angesehen. Für produzierende Unternehmen wird eine Eigenkapitalquote zwischen 25 % und 30 % als solide erachtet. Nach einer Untersuchung von Euler Hermes ist eine zu geringe Eigenkapitalquote einer der maßgeblichen Insolvenzursachen. vgl. „Wirtschaft Konkret“, Euler Hermes Kreditversicherungs-AG, November 2006, Nr. 414.

[23] Vgl. *Kamp/Solmecke,* Mezzanine Kapital: Ein Eigenkapitalsubstitut für den Mittelstand?, Finanz-Betrieb 2005, 618 (625).

kapitalquote, Verschuldungsgrad, Zinsdeckung). Durch die Einhaltung dieser Finanzkennziffern soll eine zukünftige Entschuldungsfähigkeit hinreichend gesichert sein. Damit wirken die Covenants disziplinierend auf den Kreditnehmer ein. Gleichzeitig haben die Covenants eine Signalfunktion. Die Nichteinhaltung der Covenants kann eine sich abzeichnende wirtschaftliche Krise signalisieren und frühzeitig gegensteuernde Sanierungsmaßnahmen auslösen. Mezzanine Kapital bietet bei entsprechender Ausgestaltung die Möglichkeit, die Financial Covenants zu verbessern, da Mezzanine Kapital nicht in die Berechnung mit einfließt.

Erhöhung des Finanzierungsspielraumes: Die Praxis zeigt, dass mittelständische Unternehmen ihre Außenfinanzierung für organische und anorganische Wachstumsinvestitionen hauptsächlich über Bankkredite abdecken. Der Umfang der Kreditfinanzierung durch die Bank richtet sich va nach dem potentiellen Verschuldungsgrad des Unternehmens, den die Bank unter Berücksichtigung des zukünftigen Cashflows für vertretbar erachtet. Wenn der Kapitalbedarf für ein Investitionsvorhaben nicht vollständig durch Bankkredite und den Cashflow abgedeckt werden kann, sind alternative Finanzierungsquellen zur Schließung der Finanzierungslücke in Betracht zu ziehen. **14**

Eine Finanzierung durch die Gesellschafter des Unternehmens kann an Grenzen stoßen. Häufig mangelt es an privatem Vermögen oder die Gesellschafter wollen eine weitere Konzentration ihres Kapitals auf das Unternehmen unter dem Gesichtspunkt der Risikostreuung vermeiden. Eine Eigenkapitalbeteiligung durch eine Beteiligungsgesellschaft könnte den Finanzierungsbedarf abdecken. Gerade familiengeführte Unternehmen stehen der Aufnahme familienfremder Gesellschafter skeptisch gegenüber, weil damit ein Kontrollverlust des Unternehmens befürchtet wird. Überdies würde ein Teil des Unternehmenswertsteigerungspotentials abgegeben. In derartigen Fällen bietet sich Mezzanine Kapital als sinnvolle Alternative an, um über den Bankkredit hinaus zusätzliches Kapital aufzunehmen, ohne dass der Investor als Gesellschafter in das Unternehmen eintritt. **15**

Für die vorrangigen Fremdkapitalgeber übernimmt bei entsprechender Ausgestaltung Mezzanine Kapital grundsätzlich Haftungs- und Verlustausgleichsfunktionen. Die Ausfallwahrscheinlichkeit eines Unternehmens bleibt aus Sicht des oder der vorrangigen Kreditgeber unberührt. Dies ermöglicht gegebenenfalls die Aufnahme weiterer Kredite. Insbesondere in Sondersituationen mit temporär erhöhtem Kapitalbedarf, zB Erweiterungsinvestitionen, Akquisitions- oder Management-Buy-Out-Finanzierungen kann Mezzanine Kapital zweckmäßig sein. Laufzeit, Fälligkeitsstruktur und Vergütungszahlung des Mezzanine Kapitals werden in derartigen Fällen an der erwarteten Cashflow-Entwicklung ausgerichtet. Firmenspezifischen Entwicklungen und der individuellen Liquiditätssituation kann so flexibel Rechnung getragen werden. Durch die endfällige Tilgung des Mezzanine Kapitals wird die Liquidität in der Investitionsphase geschont. Eine erfolgsabhängige Vergütung für das Mezzanine Kapital belastet die Liquidität nur, wenn ein ausreichender Cashflow erzielt wurde. Tritt der Erfolg der Investition ein und wurde in diesem Zuge das Unternehmen entschuldet, kann die wieder gewonnene Verschuldungskapazität zur vorzeitigen Ablösung der Mezzanine Finanzierung durch ein günstigeres Darlehen genutzt werden,[24] vorausgesetzt die vertraglichen Bedingungen lassen dies zu. Kommt es bei der Investition zur Planverfehlung, sollte idealtypisch der Cashflow nicht durch Zahlungsansprüche des Mezzanine Kapitals zusätzlich belastet werden. Oftmals setzen Banken in Sanierungsszenarien die Aussetzung von Mezzaninen Zahlungsansprüchen voraus, damit sie weiterhin mit Krediten zur Verfügung stehen. **16**

Aus der Sicht des Gesellschafters stellt Mezzanine Kapital wirtschaftlich unverändert Fremdkapital dar. Damit kann die erwartete Eigenkapitalrendite des Gesellschafters erhöht werden, solange der Zinssatz für das Fremdkapital inklusive Mezzanine Vergütung unter der **17**

[24] Vgl. *Dörscher,* Mezzanine Capital als Wachstumskapital für KMU – Ein Fallbeispiel, Finanz Betrieb 2004, 161 (169).

im Unternehmen erzielten Rendite für das Gesamtkapital (Eigenkapital und Fremdkapital) liegt (Leverageeffekt).

D. Motive für die Bereitstellung von Mezzanine Kapital

18 Die grundlegende Motivation eines Mezzanine Investors ist die Realisierung einer überdurchschnittlichen, risikoadjustierten Rendite. Der Erfolg des Mezzanine Investors ist infolge der Charakteristika von Mezzanine Kapital im hohen Maße vom zukünftigen Cashflow des Unternehmens abhängig. Gegenüber einer Kreditfinanzierung übernimmt damit ein Mezzanine Investor ein höheres Ausfallrisiko, das er sich durch eine höhere Verzinsung für die Kapitalüberlassung vergüten lässt.[25] Gegenüber einer Direktbeteiligung hat der Mezzanine Investor den Vorteil, dass das Exitrisiko geringer ist infolge eines fixierten Rückzahlungsbetrages, der zu einem bestimmten Zeitpunkt fällig wird. Damit haben Markt- und Bewertungseinflüsse, denen Direktbeteiligungen insbesondere zum beabsichtigten Ausstiegszeitpunkt unterliegen, kaum Einfluss auf die Performance des Investments. Zudem ist für den Mezzanine Investor interessant, dass er eine laufende Verzinsung seines Kapitals erhält. Bei der Direktbeteiligung realisiert sich die Rendite idR mit der Rückzahlung. Überdies werden die Ansprüche des Mezzanine Gebers im Insolvenzfall in aller Regel vor den Eigenkapitalgebern bedient. Deshalb liegt die Verzinsungserwartung für Mezzanine Kapital typischerweise zwischen Eigen- und Fremdkapital. Dabei lässt sich die Rendite und Risikoerwartung von Debt- und Equity Mezzanine wie folgt darstellen:

Abbildung 3: Risiko und Renditeerwartung bei Mezzanine Kapital[26]

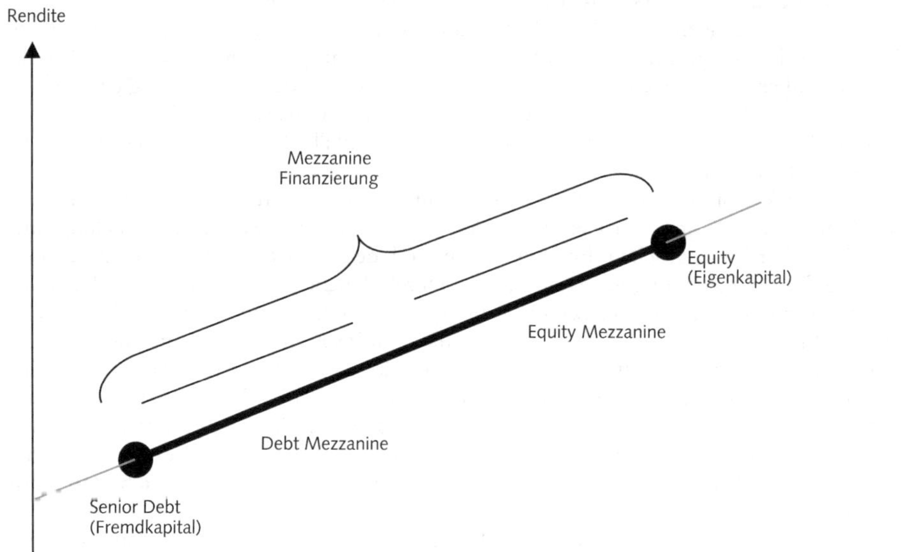

[25] Dies muss nicht zwingend sein, so steht bei den Mittelständischen Beteiligungsgesellschaften der Fördergedanke im Vordergrund.

[26] *Golland/Gehlhaar/Grossmann/Eickhoff-Kley/Jänisch,* Im Blickpunkt: Mezzanine Kapital, BB-Spezial 2005, 1 (2).

In der Praxis zeigt sich als Zielrendite für Mezzanine Kapital eine sehr breite Spanne, die von 8% p. a. bis 20% p. a. reicht. Bei Debt Mezzanine liegt die Spanne zwischen 8% p. a. bis 15% p. a., bei Equity Mezzanine über 15% p. a. Dies spiegelt den Umfang der mit der Investition verbundenen Risikoübernahme wider. **19**

Mezzanine Investoren können auch als passive Investoren bezeichnet werden, die primär eine relativ hohe und kontinuierliche Kapitalverzinsung anstreben und bereit sind, eigenkapitalähnliche Risiken zu übernehmen. Eine Unternehmenswertsteigerung durch ein aktives Beteiligungsmanagement wird nicht angestrebt. Dies ist allerdings typisch für Private Equity Investoren, deren Rendite maßgeblich von der Unternehmenswertsteigerung abhängig ist. Die Wertsteigerung erreichen Private-Equity Investoren – über die Kapitalüberlassung hinaus – häufig durch Übernahme von Managementfunktionen. Mezzanine Kapital ist demgegenüber im Regelfall eine reine Kapitalüberlassung ohne Einflussnahme auf das operative Geschäft.[27] **20**

Neben der Vergütung sind die Transaktionskosten für das Mezzanine Kapital von Bedeutung. Die Transaktionskosten umfassen ua Entgelte für die Arrangierung der Finanzierung, Due Diligence und Dokumentationskosten. Insgesamt können sich diese auf etwa 2,5% bis 5% des Investitionsvolumens belaufen. Hierbei werden die Transaktionskosten durch die umfangreiche Bonitätsprüfung vor der Investitionsphase, die Rechtsberatung und durch die laufende Überwachung und Abstimmung der vertraglichen Vereinbarungen ausgelöst. Die Transaktionskosten für eine Mezzanine Finanzierung sind im Vergleich zum Bankkredit relativ hoch. Damit werden in der Praxis Mindestinvestitionsvolumen erforderlich, die bei individuellem Mezzanine häufig 5 Millionen EUR ausmachen. **21**

Grundsätzlich lassen sich zwei Märkte unterscheiden, auf denen Mezzanine Kapital angeboten wird. Auf dem Leverage Buy-Out Markt werden Nachrangdarlehen im Zuge von Private Equity Transaktionen eingesetzt. Hierbei wird Mezzanine Kapital als ein Baustein zur Darstellung der Kaufpreisfinanzierung verwendet, das neben dem Eigenkapital der Private Equity Investoren und Akquisitionsdarlehen von Banken zum Einsatz kommt. Hierbei steht vor allem die Maximierung des Leverage Effektes im Vordergrund. Das Mezzanine Kapital wird von Banken oder institutionellen Investoren bereitgestellt. Allerdings sind diese Nachrangdarlehen in der Praxis häufig mit einem „schwachen" Rangrücktritt in der Form ausgestattet, dass die Ansprüche nur hinter denen der Banken zurücktreten; andere Gläubiger bleiben dabei unberücksichtigt. Die Haftungs- und Verlustausgleichsfunktion des Eigenkapitals erfüllt solche Vereinbarungen bei genauer Prüfung nicht. **22**

Auf der anderen Seite existiert der Non-Buy-Out Markt. Hier fragen üblicherweise mittelständische Unternehmen Mezzanine Kapital nach, ua für Wachstumsinvestitionen, Rekapitalisierung oder zur Stärkung des Eigenkapitals. Typische Investoren für Mezzanine Kapital kommen aus dem öffentlich-rechtlichen Sektor (Beteiligungsgesellschaften der Bundesländer, KfW Mittelstandsbank), aus dem privaten Bankensektor und von spezialisierten Fonds. Hierbei wird Mezzanine Kapital in unterschiedlichen rechtlichen Ausgestaltungen wie stille Beteiligungen, Genussrechte oder auch Nachrangdarlehen bereitgestellt. Ferner haben insbesondere kapitalmarktorientierte Unternehmen in den letzten Jahren sogenannte Hybrid Anleihen zur Unternehmensfinanzierung genutzt. **23**

E. Bilanzielle und wirtschaftliche Bewertung von Mezzanine Kapital

I. Mezzanine Kapital aus unterschiedlichen Blickwinkeln

Mezzanine Kapital kann aus unterschiedlichen Blickwinkeln betrachtet werden, insbesondere von Bedeutung sind die *handelsbilanziellen* (§ 266 Abs. 3 lit. A HGB), *steuerbilanziellen* **24**

[27] Diese Kündigungsrechte sind mit Sorgfalt auszuwählen, da diese ggf. im Widerspruch zum angestrebten bilanziellen Eigenkapitalausweis stehen.

(aufgrund handelsrechtlicher Maßgeblichkeit als solches definiert, § 5 Abs. 1 S. 1 EStG, oder rein steuerrechtliche Definition nach § 8 Abs. 3 S. 2 Alt. 2 KStG) und *wirtschaftlichen* Aspekte (betriebswirtschaftlich-finanzwirtschaftliche Sichtweise). Hierbei spiegeln sich die unterschiedlichen Anforderungen an das Mezzanine Kapital der involvierten Parteien wider. Neben dem Unternehmen zählen zu den involvierten Parteien vor allem die Hausbanken, die Finanzverwaltung, potentielle Investoren und ggf. Ratingagenturen.

Abbildung 4: Inhärente Interessenskonflikte von Mezzanine Kapital

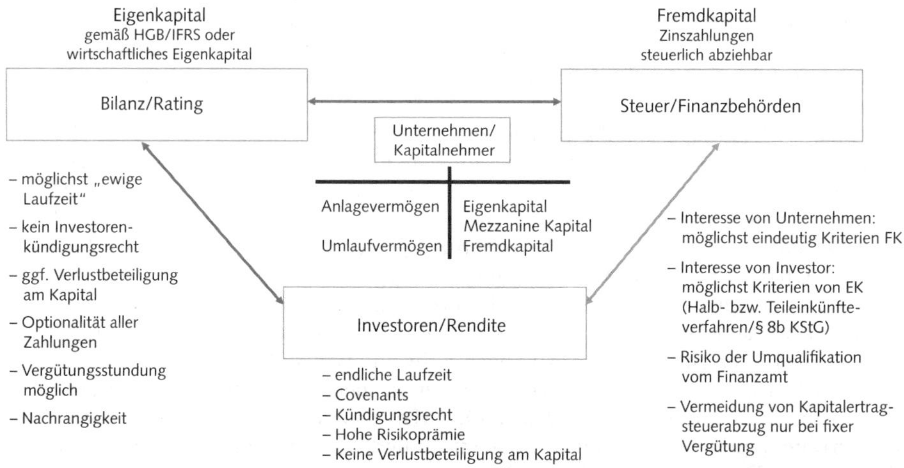

25 Aus den unterschiedlichen Anforderungen der involvierten Parteien ergibt sich ein Spannungsfeld. Infolgedessen ist eine intensive Auseinandersetzung mit den jeweiligen Aspekten bei der Auswahl des geeigneten Finanzierungsinstrumentes erforderlich. Für das eine Unternehmen mag die handelsrechtliche Qualifikation einer Finanzierung als Eigenkapital im Vordergrund stehen, für das andere die Qualifikation als wirtschaftliches Eigenkapital nach den Definitionskriterien der finanzierenden Bank. Wichtig ist, dass eine handelsrechtliche Qualifikation als Eigenkapital nicht zwingend eine steuerrechtliche oder wirtschaftliche Qualifikation als Eigenkapital bedeutet und umgekehrt.

26 Was als handelsbilanzielles oder steuerbilanzielles Eigenkapital zu qualifizieren ist, kann im Einzelnen umstritten sein; jedenfalls folgen die Voraussetzungen gesetzlichen Vorschriften und deren Auslegung. Das unterscheidet handelsbilanzielles oder steuerbilanzielles Eigenkapital von dem wirtschaftlichen Eigenkapital. Die Funktionen des wirtschaftlichen Eigenkapitals – Verlustpuffer und Haftungsfunktion – werden nicht zwangsläufig von Mezzanine Kapital, das handelsbilanziell als Eigenkapital ausgewiesen wird, erfüllt. Es gibt demnach keine allgemeingültige Definition des „wirtschaftlichen" Eigenkapitals, auch wenn die Rating Agenturen mit ihren jeweils als maßgeblich befundenen Kriterien zu einer gewissen Standardisierung beigetragen haben. Das IDW (Institut der Wirtschaftsprüfer) bemüht sich um eine Harmonisierung und das DVFA-Committe hat einen Kriterienkatalog vorgelegt.[28]

[28] Vgl. *Arnsfeld/Müller,* Hybridkapital als Eigenkapitalsurrogat – Anerkennungspraktiken der Ratingagenturen und Konsequenzen für bankinterne Ratingverfahren, Finanz Betrieb 2008, 326 ff.; DVFA, DVFA-Finanzschriften, Mezzanine Finanzierungsformen und Bilanzrating, Nr. 05/2007.

II. Handelsbilanzielle Behandlung

Die handelsbilanzielle Einordnung von Mezzanine Kapital erweist sich teilweise auch für Fachleute als ein schwieriges Unterfangen. Die Hauptgründe dafür liegen in der Vielfalt der Ausgestaltungsmöglichkeiten von Mezzanine Finanzierungsinstrumenten, im Mangel ausreichender konkreter gesetzlicher Definitionen und den unterschiedlichen Anforderungen der Rechnungslegungsgrundsätze HGB und IFRS. 27

1. HGB-Anforderungen an den bilanziellen Eigenkapitalausweis

§ 247 Abs. 1 HGB fordert, dass auf der Passivseite der Handelsbilanz Eigenkapital, Schulden und Rechnungsabgrenzungsposten getrennt voneinander auszuweisen sind. Das HGB, einschließlich der Grundsätze ordnungsgemäßer Buchführung (GoB), enthält jedoch keine Definition, was als Eigenkapital aufzufassen ist. Der Hauptfachausschuss des Instituts der Wirtschaftsprüfer (IDW) hat in der HFA-Stellungnahme 1/1994[29] anhand von Genussrechten im Jahresabschluss von Kapitalgesellschaften Stellung genommen. Darin werden die Voraussetzungen definiert, unter denen eine Kapitalüberlassung als bilanzielles Eigenkapital ausgewiesen wird. Diese Voraussetzungen können grundsätzlich auch außerhalb von Kapitalgesellschaften und für andere Finanzierungsinstrumente wie stille Beteiligungen zugrunde gelegt werden.[30] Die dort definierten Voraussetzungen für einen bilanziellen Eigenkapitalausweis haben nach wie vor Gültigkeit. Die Modernisierung der HGB-Bilanzierung im Rahmen des BilMoG[31] oder des BilRUG[32] änderten diese Voraussetzungen nicht. 28

Nach der Stellungnahme des IDW ist eine schuldrechtlich begründete Kapitalüberlassung nur dann als bilanzielles Eigenkapital auszuweisen, wenn folgende Bedingungen kumulativ erfüllt werden:[33] 29

– Nachrangigkeit des überlassenen Kapitals
  Der Eigenkapitalgeber darf seinen Rückzahlungsanspruch im Insolvenz- oder Liquidationsfall erst nach Befriedigung aller anderen Gläubiger, deren Kapitalüberlassung nicht den Kriterien für einen Eigenkapitalausweis genügt, geltend machen. Das Eigenkapital muss also in beiden Fällen als Haftungssubstanz zur Verfügung stehen. Die Nachrangigkeit des Mezzanine Kapitals wird vertraglich durch eine Rangrücktrittserklärung vereinbart. Allerdings führt der IDW nicht konkret aus, wie die Rangrücktrittserklärung zu

---

[29] HFA-Stellungnahme 1/1994: Zur Behandlung von Genussrechten im Jahresabschluß von Kapitalgesellschaften, WPG 1994, 419 (422); für die vor der HFA-Stellungnahme geäußerten Meinungen, vgl. zB *Lutter,* Zur Bilanzierung von Genussrechten, DB 1993, 2441; *Groh,* Eigenkapitalersatz in der Bilanz, BB 1993, 1882 (1889).

[30] *Küting/Dürr,* Mezzanine Kapital – Finanzierungsentscheidung im Sog. der Rechnungslegung, DB 2005, 1529 (1532).

[31] Bilanzrechtsmodernisierungsgesetz; der überwiegende Teil der neuen gesetzlichen Vorschriften von Juli 2008 soll erstmals auf Geschäftsjahre Anwendung finden, die im Kalenderjahr 2009 beginnen.

[32] Bilanzrichtlinie-Umsetzungsgesetz v. 22.7.2015 (BGBl. 2015 I S. 1245 ff.).

[33] „Erfolgsneutrale Passivierung: Der Begriff des bilanziellen ‚Eigenkapitals' wird durch § 272 HGB nicht auf die in § 266 Abs. 3 HGB unter Eigenkapital genannten Positionen beschränkt. § 272 HGB enthält nur eine Definition der in § 266 Abs. 3 HGB genannten Posten. Nach § 265 Abs. 5 HGB dürfen deshalb unter bestimmten Voraussetzungen weitere Posten dem bilanziellen Eigenkapital zugeordnet werden. Grundlegende Voraussetzung für die Qualifikation einer Kapitalzufuhr als bilanzielles Eigenkapital ist angesichts der Gläubigerschutzfunktion des handelsrechtlichen Jahresabschlusses eine ausreichende Haftungsqualität des überlassenen Kapitals. Unerheblich ist dagegen, ob die Kapitalzufuhr durch den Gesellschafter erfolgt. Die gesetzlichen Bestimmungen des § 10 Abs. 5 KWG bzw. § 53c Abs. 3a VAG über die Zurechenbarkeit von Genusskapital zu den Eigenmitteln von Kreditinstituten bzw. Versicherungsunternehmen sind für die Frage des bilanziellen Ausweises von Genussrechtskapital wegen ihres abweichenden Regelungszwecks nicht maßgeblich. Im Gegensatz zum bilanziellen Eigenkapital wird bilanzielles Fremdkapital vor allem durch die Kriterien der juristisch erzwingbaren Leistung und der wirtschaftlichen Belastung des Vermögens bestimmt."

formulieren ist. So wird die vorinsolvenzliche Stundungsvereinbarung in der Krise nicht thematisiert.

– Erfolgsabhängigkeit der Vergütung
Welches Maß an Erfolgsabhängigkeit der Vergütung verlangt wird, insbesondere, ob eine teilweise fixe Vergütung dadurch ausgeschlossen ist, geht aus der Stellungnahme des IDW nicht hervor. Durch entsprechende vertragliche Regelungen sollte daher jedenfalls vorgesehen sein, dass die Vergütung der Mezzanine Investoren dem rechtsformspezifischen Maßstab des Kapitalerhaltungsrechts (§§ 30ff. GmbHG, §§ 57, 62 AktG) und den handelsrechtlichen Vorschriften (§§ 253 Abs. 6, 268 Abs. 8 HGB) gerecht wird. Dies wird erreicht, indem eine gewinnabhängige Vergütung vereinbart wird, die den kapitalerhaltungsrechtlich gebundenen Teil des Vermögens nicht berühren darf und nicht gegen die handelsrechtlichen Ausschüttungssperrvorschriften verstößt. Dabei ist unerheblich, ob eine Rückzahlung durch einen Kapitalgeber verlangt oder vom Kapitalnehmer beschlossen werden kann. Die Bedienung der Vergütung darf nur aus „freien" Eigenkapitalbestandteilen, bspw. aus Gewinnrücklagen oder aus dem Jahresüberschuss, erfolgen, soweit diese nicht besonders gegen Ausschüttungen geschützt sind. Die gegen Ausschüttungen besonders geschützten Eigenkapitalbestandteile ergeben sich beispielsweise aus dem Aktiengesetz, §§ 57, 7, 58, 222ff. AktG und dem GmbH-Gesetz, §§ 30, 31 GmbHG.
Das Entstehen des Vergütungsanspruchs auf das Mezzanine Kapital und auch dessen tatsächliche Zahlung sollte deshalb unter der Voraussetzung stehen, dass besonders gegen Ausschüttungen geschützte Eigenkapitalbestandteile nicht angegriffen werden. Unter dieser Voraussetzung steht die Einräumung eines Nachzahlungsanspruchs für nicht geleistete Zahlungsansprüche einem bilanziellen Eigenkapitalausweis uE nicht entgegen. Auch die Vereinbarung einer erfolgsunabhängigen Mindestvergütung hindert die Qualifikation als Eigenkapital uE in diesem Fall nicht.[34]

– Teilnahme am Verlust bis zur vollen Höhe
Das Mezzanine Kapital muss spätestens im Zeitpunkt seiner Rückzahlung in dem Umfang an den aufgelaufenen Verlusten teilnehmen, wie diese Verluste nicht von Eigenkapitalbestandteilen getragen werden können, die gegen Ausschüttungen nicht besonders geschützt sind. Eine Verrechnung eingetretener Verluste mit Bestandteilen des bilanziellen Eigenkapitals, die gegen Ausschüttungen besonders geschützt sind, darf erst erfolgen, wenn das Mezzanine Kapital durch Verlustverrechnung vollständig aufgezehrt ist.
Der Rückzahlungsanspruch aus dem Mezzanine Kapital darf demnach nur entstehen, wenn und soweit dieser aus den Eigenkapitalbestandteilen geleistet werden kann, für die kein besonderer Ausschüttungsschutz besteht (s. o.). Die Kombination einer Verlustteilnahme des Mezzanine Kapitals mit einer Verlängerung der vertraglichen Laufzeit auf einen bestimmten vorher fixierten Zeitpunkt ist unschädlich. Dadurch besteht für den Investor die Chance, dass der Rückzahlungsanspruch bei nachfolgend erzielten Jahresüberschüssen bis zu seiner vollständigen Höhe wieder aufleben kann. Auch können nach teilweiser oder vollständiger Verlustteilnahme die nachfolgend erzielten Jahresüberschüsse nach Wiederherstellung des besonders geschützten Eigenkapitals vorrangig zur Wiederherstellung des nominalen Rückzahlungsbetrages von Mezzanine Kapital verwendet werden. Eine zwingende Verrechnung der eingetretenen Verluste mit Mezzanine Kapital während der Laufzeit des Mezzanine Kapitals ist nicht erforderlich.
In der Praxis ist das Erfordernis der vollständigen Verlustteilnahme regelmäßig der „Knackpunkt", zu dem viele Investoren aus Risiko- oder aufsichtsrechtlichen Erwägungen nicht bereit sind.

– Ausschluss des Rückforderungsanspruches/Längerfristigkeit der Kapitalüberlassung
Für die Qualifizierung als Eigenkapital sollte das Kapital für einen längerfristigen Zeit-

34 Vgl. *Wengel,* Die handelsrechtliche Eigen- und Fremdkapitalqualität von Genussrechtskapital, DStR 2001, 1316ff.

raum überlassen werden, währenddessen sowohl für den Kapitalgeber als auch den Kapitalnehmer die Rückzahlung bzw. die Kündigung ausgeschlossen ist. Die Länge des Zeitraums lässt der IDW offen. Die Meinungen in der Literatur zu diesem Thema sind uneinheitlich und reichen von 5 Jahren bis 25 Jahren.[35] Von der wohl überwiegenden Literatur wird eine Mindestlaufzeit von 5 Jahren als ausreichend beurteilt, wenn in dieser Zeit das Mezzanine Kapital nicht entzogen werden kann.[36] Auch zu der Frage, ob die Einräumung außerordentlicher Kündigungsrechte im Widerspruch zu der Längerfristigkeit der Kapitalüberlassung steht, gibt es unterschiedliche Literaturmeinungen. Wie einem GmbH-Gesellschafter oder einem Kommanditisten außerordentliche Kündigungsrechte im Gesellschaftsvertrag gewährt werden können, dürfte auch einem Mezzanine Investor dies nicht verwehrt werden. UE ist ein Ausschluss des Rückforderungsanspruches auch eingehalten, wenn die Kündigung nur auf besondere Ausnahmesituationen, zB Liquidation des Unternehmens, beschränkt ist und damit keine gestaltbare Aushebelung der vertraglichen Laufzeit des Mezzanine Kapitals möglich ist.

In der jüngeren Vergangenheit gab es zwar Überlegungen zur Änderung der HFA-Stellungnahme 1/1994, da diese auf der Rechtslage vor Anpassung der InsO[37] basiert. Derartige Änderungsüberlegungen betrafen im Wesentlichen die Tiefe des Nachrangs sowie Kündigungsrechte; allerdings geht auch das IDW nicht davon aus, dass in näherer Zukunft eine Änderung der HFA-Stellungnahme 1/1994 zu erwarten ist. Auf der Website des IDW ist die Stellungnahme als maßgeblich gelistet und prägt damit die Berufsauffassung der Wirtschaftsprüfer von den Grundsätzen einer ordnungsmäßigen Buchführung (GoB) und eines ordnungsgemäßen Ausweises (GoA).

Wegen der Friktion zum Steuerrecht ist im Anschluss an die OFD-Verfügung vom 12.5.2016[38] und dem jüngsten Erlass des Finanzministeriums NRW vom 18.7.2018[39] in der Diskussion, die steuerbilanzielle Behandlung von der handelsbilanziellen zu lösen.[40]

2. IFRS-Anforderungen an den bilanziellen Eigenkapitalausweis aus Sicht des Emittenten von Finanzinstrumenten

Während die deutsche Rechnungslegung den Gläubigerschutz und die Kapitalerhaltung in **30**
den Vordergrund stellt, ist die internationale Rechnungslegung kapitalmarktorientiert, rückt also die Sicht des Investors bzw. des Eigenkapitalgebers in den Mittelpunkt (IAS F. 10)[41]. Eigenkapitalgeber sind an entscheidungsrelevanten Informationen interessiert, die den tatsächlichen wirtschaftlichen Gehalt von Bilanz- und Gewinn und Verlust-Positionen wiedergeben, unabhängig von seiner zivilrechtlichen Qualifikation (IAS F. 12). Bei ihnen steht der Renditeaspekt im Vordergrund (IAS F. 9 (a)). Im IAS 32.11. sind spezielle Definitionen für Finanz- und Eigenkapitalinstrumente sowie für finanzielle Verbindlichkeiten zu finden, die auch für die Bilanzierung von Mezzanine Kapital grundlegend sind.[42] Nach IAS 32.11 ist ein Finanzinstrument ein Vertrag, der gleichzeitig bei einem Unternehmen zu einem finanziellen Vermögenswert und bei einem anderen zu einer finanziellen Verbindlichkeit oder einem Eigenkapitalinstrument führt. Ein Eigenkapitalinstrument ist ein Vertrag, der

---

[35] *Harrer/Janssen/Halbig,* Genussscheine – Eine interessante Form der Mezzanine Mittelstandsfinanzierung, Finanz Betrieb 2005, 1 (4).

[36] Vgl. *Haisch/Helios* in Haisch/Helios, Rechtshandbuch Finanzinstrumente, § 2 Rn. 193; *Heymann* in BeckHdB Rechnungslegung, Bd. I, B 231, Rn. 15.

[37] Erlassen am 5.10.1994, BGBl. I S. 2866; in Kraft getreten am 1.1.1999, vgl. Art. 110 EGInsO.

[38] OFD Nordrhein-Westfalen Verfügung v. 12.5.2016 – S 2742-2016/0009-St 131, DStR 2016, 1816 (1816).

[39] Finanzministerium des Landes Nordrhein-Westfalen Erlass v. 18.7.2018 – S 2133-000036-V B 1, S 2741-91-V B 4, DB 2018, 1762 (1762).

[40] Vgl. dazu → Rn. 99.

[41] Doralt, KODEX des internationalen Rechts, Internationale Rechnungslegung Stand: 1.1.2017 (19 Auflage).

[42] *Brüggemann/Lühn/Siegel,* Bilanzierung hybrider Finanzinstrumente nach HGB, IFRS und US-GAAP im Vergleich (Teil II), KoR 2004, 390 ff.

einen Residualanspruch an den Vermögenswerten eines Unternehmens nach Abzug aller Schulden begründet.

31 Für den bilanziellen Ansatz und die Bewertung von Mezzanine Kapital ist dabei der wirtschaftliche Gehalt („substance over form") und nicht die rechtliche Ausgestaltung des Mezzanine Kapitals entscheidend (IAS 32.18). Anhand der vertraglichen Vereinbarungen wird auf Basis von IAS 32.15 ff. beurteilt, ob es sich bei Mezzanine Kapital um Fremdkapital oder um Eigenkapital handelt.

32 Mezzanine Kapital ist als Eigenkapitalinstrument zu qualifizieren, wenn die Bedingungen des IAS 32.16a) und b) erfüllt sind:[43] [44]

a) Das Finanzinstrument darf keine Verpflichtungen beinhalten, flüssige Mittel oder andere finanzielle Vermögenswerte an ein anderes Unternehmen liefern zu müssen, oder finanzielle Vermögenswerte mit einem anderen Unternehmen zu eventuell ungünstigen Bedingungen für den Emittenten der Finanzinstrumente bzw. für den Kapitalnehmer zu tauschen. Das heißt:
   aa) Der Mezzanine Geber darf keine vertragliche oder faktische Möglichkeit haben, das überlassene Mezzanine Kapital einseitig zurückzufordern. Damit muss das Kapital dem Kapitalnehmer zeitlich unbegrenzt zur Verfügung gestellt werden. Das Erfordernis der unendlichen Laufzeit verbietet somit die Vereinbarung ordentlicher Kündigungsrechte. Jede von vornherein befristete Laufzeit des Mezzanine Kapitals führt zwangsläufig zu einer Qualifikation als finanzielle Verbindlichkeit.
   bb) Auch dürfen keine vertraglichen Verpflichtungen zu einer periodischen Zahlung von fixen Vergütungen bestehen. Faktische Zahlungsverpflichtungen, also ökonomische Zwänge, die dem Kapitalnehmer einen „Anreiz" zur Kündigung geben könnten, sind auszuschließen.
   cc) Demnach müssen sowohl die Rückzahlung des Mezzanine Kapitals als auch die Zahlung der Vergütung für das überlassene Kapital im alleinigen Ermessen des Kapitalnehmers bzw. des Emittenten der Finanzinstrumente stehen.
b) Bei einem nicht derivaten Finanzinstrument darf keine vertragliche Verpflichtung seitens des Kapitalnehmers bestehen, eine variable Anzahl eigener Eigenkapitalinstrumente liefern zu müssen. Liegt ein derivates Finanzinstrument (mit vertraglicher Verpflichtung seitens des Kapitalnehmers zur Lieferung eigener Eigenkapitalinstrumente) vor, darf dieses nur durch den Tausch eines fixen Betrages an flüssigen Mitteln oder eines anderen finanziellen Vermögenswertes gegen eine festgelegte Anzahl eigener Eigenkapitalinstrumente erfüllt werden. Das heißt:
   aa) Eine finanzielle Verbindlichkeit liegt vor, wenn eine Verpflichtung zur Lieferung eigener Eigenkapitalinstrumente (zB Aktien) begründet wurde und die Anzahl der zu liefernden Aktien variiert. Ein derartiger Vertrag begründet keinen Residual-

---

[43] Doralt, KODEX des internationalen Rechts, Internationale Rechnungslegung Stand: 1.1.2017 (19 Auflage), S. 215 ff.; vgl. auch Entwurf einer Fortsetzung der IDW Stellungnahme zur Rechnungslegung: Einzelfragen zur Bilanzierung von Finanzinstrumenten nach IFRS (IDW ERS HFA 9 nF) – Abgrenzung von Eigenkapital und Fremdkapital nach IAS 32 (Stand: 12.5.2005), verabschiedet vom Hauptfachausschuss (HFA) am 12.5.2005.

[44] Bezug wird auf die allgemeine Definition von Eigenkapitalinstrumenten in IAS 32.16 genommen. Seit Januar 2009 ist der IAS 32 hinsichtlich kündbarer Instrumente (IAS 32. 16A. und 16B.) und bei Liquidation (IAS 32. 16C. und 16D.) entstehender Verpflichtungen ergänzt worden. Es handelt sich hierbei um Ausnahmeregelungen mit detaillierten Anforderungen für die Klassifizierung als Eigenkapitalinstrument solcher Instrumente. Mit den Ergänzungen ist es möglich bspw. Kommanditanteile und Genossenschaftsanteile entgegen den bisherigen Anforderungen unter bestimmten engen Bedingungen als Eigenkapital nach IFRS auszuweisen. Für die üblichen Mezzanine-Finanzierungen in Form von Genussrechten oder stillen Beteiligungen bringen diese Ausnahmeregelungen keine Veränderungen und sind deshalb in der Regel weiterhin als Finanzielle Verbindlichkeiten zu bilanzieren, sofern sie nicht die Kriterien des IAS 32.16a) und b) kumulativ erfüllen. Derzeit überprüft das IASB, in wie weit beim ISA 32 hinsichtlich Hybrid Kapital Anpassungen erforderlich sind. Ein diesbezügliches Diskussionspapier (Financial Instruments with Characteristics of Equity) wurde in 2018 veröffentlicht in (www.ifis.org).

anspruch an den Vermögenswerten des Unternehmens nach Abzug aller Schulden. Die Anzahl der zu liefernden Aktien würde mit dem Marktpreis der Aktien schwanken und könnte zu potenziell nachteiligen Bedingungen für den Emittenten führen. Nach dieser Definition sind auch Vereinbarungen über eine Put-Option schädlich für den Eigenkapitalausweis, da hier eine Verpflichtung des Kapitalnehmers bestehen würde, das Mezzanine Kapital „zurückzukaufen".

bb) Ein derivates Finanzinstrument ist als Eigenkapitalinstrument auszuweisen, wenn es in eigenen Eigenkapitalinstrumenten des Emittenten zu erfüllen ist, und zwar zu einem künftigen Zeitpunkt durch den Austausch einer vorher bestimmten festen Anzahl eigener Eigenkapitalinstrumente gegen einen bestimmten festen Betrag an flüssigen Mitteln. Der Preis, zu dem der Austausch erfolgt, darf keinen Marktschwankungen unterliegen.

Im Ergebnis sind die Kriterien für den Ausweis als Eigenkapital nach IAS detaillierter und weitgehender als nach HGB. Danach verbietet sich ein Eigenkapitalausweis, wenn Kapital befristet überlassen wird oder Kapitalrückzahlungsverpflichtungen bestehen. Zusätzlich dürfen keine (auch nicht potenzielle) Zahlungsverpflichtungen aus Vergütungsansprüchen zu Gunsten des Kapitalgebers bzw. des Investors vereinbart werden. Dies bedeutet, dass jegliche Zahlungsverpflichtung im freien Ermessen des Kapitalnehmers zu stehen hat. An dieser Stelle divergieren die Interessen des Kapitalnehmers und Kapitalgebers. Typischerweise strebt ein Investor einen befristeten Investitionszeitraum an, innerhalb dessen ihm regelmäßige Vergütungen zufließen. Die Vereinbarung von Exitmöglichkeiten für den Investor gestaltet sich unter IAS oftmals problematisch, da Kündigungsrechte durch IAS *per se* ausgeschlossen werden. Der Konflikt lässt sich bspw. entschärfen, wenn das Mezzanine Kapital über eine Börseneinführung in Form eines Wertpapiers verbrieft und hierdurch fungibel und transferierbar wird. In der Praxis sollen sogenannte Zins-Step-up-Regelungen einen Anreiz für den Kapitalnehmer zur Rückzahlung des Mezzanine Kapitals bewirken. Danach erhöht sich ab einer bestimmten Laufzeit die Vergütungshöhe schrittweise in einem unvorteilhaften Umfang, den sich der Kapitalnehmer durch die Rückzahlung des Mezzanine Kapitals entziehen kann, vorausgesetzt, seine Bonität hat sich nicht verschlechtert und er kann sich günstiger refinanzieren. Die konkrete Ausgestaltung der Zins-Step-up-Regelungen hat sich an den Kapitalmarktusancen zu orientieren, anderenfalls würden sie einen ökonomischen Zwang zur Rückzahlung darstellen, und einem bilanziellen Eigenkapitalausweis widersprechen. 33

Mezzanine Kapital, das unter HGB bilanzielles Eigenkapital darstellt, ist nach IFRS Kriterien oftmals noch bilanziellem Fremdkapital zuzurechnen. Obwohl durch das BilMoG[45] eine Annäherung von HGB an die internationalen Rechnungslegungsstandards erreicht wurde, sind die bisherigen Regelungen zur Bilanzierung des Eigenkapitals nach HGB davon unberührt geblieben. 34

III. Wirtschaftliche Bewertung von Mezzanine Kapital im Ratingverfahren

Das Rating wird durch eine Bank und/oder durch eine Ratingagentur erstellt, um die Ausfallwahrscheinlichkeit eines Unternehmens zu quantifizieren. Die Banken sind nach der am 1.1.2014 neu gefassten Solvabilitätsverordnung[46] zur Stabilisierung des Bankensystems verpflichtet, Kreditkonditionen für potentielle Kreditnehmer an sog. Ratings zu orientieren. Dabei wird unterschieden zwischen eigenen, sog. *internen Ratings* und *externen Ratings* externer Ratingagenturen, welche sich primär auch an potenzielle Kapitalmarktinvestoren richten. Neben den Banken zählen hierzu unter anderem Versicherungen und Pensions- 35

[45] Bilanzrechtsmodernisierungsgesetz; der überwiegende Teil der neuen gesetzlichen Vorschriften von Juli 2008 soll erstmals auf Geschäftsjahre Anwendung finden, die im Kalenderjahr 2009 beginnen.

[46] Umsetzung des sog. CRD-IV-Pakets, bestehend aus der Eu VO 575/13 (CRR) und der sog. Eigenkapitalrichtlinie (RL 2013/36 EU)).

fonds. Auch für diese bestimmt das Aufsichtsrecht, dass externe Ratings bei der Bemessung des jeweiligen regulatorischen Eigenkapitals bzw. der möglichen Investments zu beachten sind.[47] Für interne Ratings sind verschiedene Verfahren denkbar. Zum Einen der Standardansatz, der mittels schlichter Eigenkapitalunterlegung vorgenommen wird, zum Anderen sog. IRB-Ansätze (einfach und fortgeschritten), die auf intern anhand aufsichtsrechtlicher Parameter vorzunehmen und von der BAFin zu genehmigen sind.[48]

36 Im Ratingverfahren stellt sich die Frage, ob und in welchem Umfang Mezzanine Kapital dem wirtschaftlichen Eigenkapital oder dem Fremdkapital zuzuordnen ist.[49] Im Rahmen der Zuordnung kann die Ratingqualifikation des Mezzanine Kapitals von dem bilanziellen Ausweis als Eigenkapital nach IFRS/HGB abweichen. Im Grundsatz erfolgt daher eine Zuordnung zum wirtschaftlichen Eigenkapital, wenn aus Sicht von Fremdkapitalgebern Mezzanine Kapital Haftungs- und Verlustpufferfunktionen übernimmt. Insbesondere in Sanierungsszenarien sollten Zahlungsansprüche des Mezzanine Gebers weder eine Illiquidität eines Unternehmens auslösen noch verschärfen. Da aber bisher keine allgemeinverbindlichen Kriterien für die Bewertung von Mezzanine Kapital existieren, stellt das Rating nur die Meinung der jeweiligen Bank oder Ratingagentur dar. Dasselbe Mezzanine Kapital eines Unternehmens kann deshalb bei verschiedenen Banken unterschiedlich im Rating behandelt werden.

37 Um eine größere Vergleichbarkeit der Risikobewertungsmaßstäbe herzustellen, hatte die IFD[50] eine Übersicht der relevanten Kriterien für die Qualifizierung von Mezzanine Kapital als wirtschaftliches Eigenkapital im Rahmen eines Bankenratings erarbeitet und Ende 2006 veröffentlicht.[51] Hiermit sollte Unternehmen ein Kriterienkatalog zur Verfügung gestellt werden, damit diese die Konsequenzen von Mezzanine Finanzierungen für ihr Rating besser abschätzen können. Die Empfehlungen der IFD sind dem nachfolgenden Schaubild der IFD zu entnehmen:

---

[47] Solvabilitätsverordnung v. 1.1.2014; Verordnung über die angemessene Eigenmittelausstattung von Instituten, Institutsgruppen und Finanzholding-Gruppen, die nach § 292 SolvV und gem. EU VO 575/2013 (CRR) auch für Versicherungen und Pensionsfonds gilt.

[48] Details: https://www.bafin.de/DE/Aufsicht/BankenFinanzdienstleister/Eigenmittelanforderungen/eigenmittelanforderungen_node.html.

[49] Im Rahmen des Ratingprozesses wird das bilanzielle Eigenkapital bereinigt und in ein „wirtschaftliches Eigenkapital" oder Fremdkapital überführt.

[50] Initiative Finanzstandort Deutschland. Die IFD wollte unter anderem im Bereich Mittelstandsfinanzierung neue Impulse im deutschen Finanzmarktsegment setzen. In der Mittelstandsfinanzierung wurde das Ziel verfolgt, die Transparenz der Ratingverfahren zu erhöhen. Die Praxis zeigt, dass die IFD-Kriterien mit institutsspezifischen Anpassungen angewendet werden. In 2011 wurde die Initiative Finanzstandort Deutschland eingestellt.

[51] *Arnsfeld/Müller,* Hybridkapital als Eigenkapitalsurrogat – Anerkennungspraktiken der Ratingagenturen und Konsequenzen für bankinterne Ratingverfahren, Finanz Betrieb 2008, 326 (340).

Abbildung 5: Kriterien für die Mezzanine Qualifizierung der Kreditinstitute

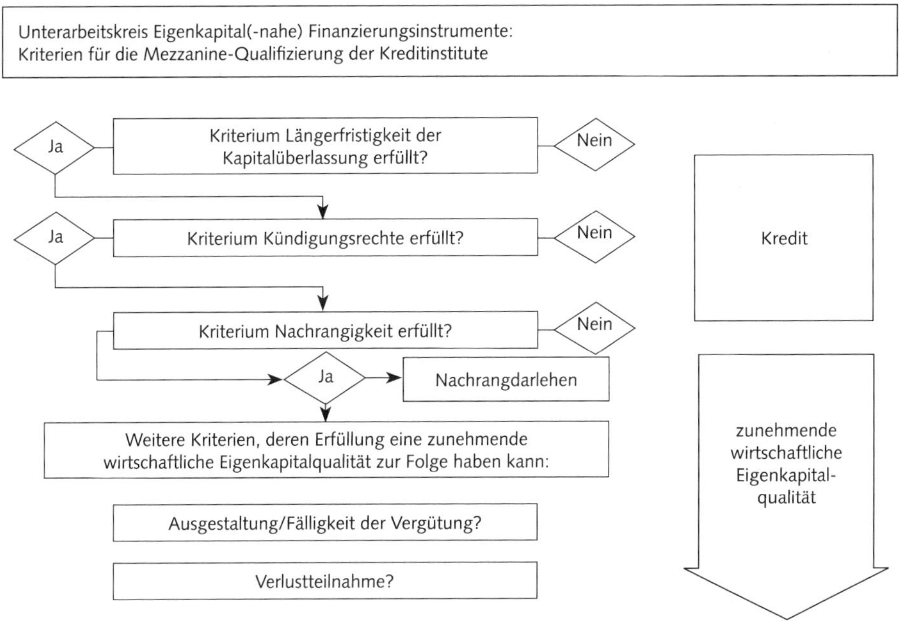

Damit Mezzanine Kapital im Ratingprozess als wirtschaftliches Eigenkapital qualifiziert 38
wird, sind wenigstens die folgenden drei Kriterien positiv zu überprüfen:[52]

- Längerfristige Laufzeit
  Eine Längerfristigkeit der Kapitalüberlassung wird angenommen, wenn eine bestimmte Mindestlaufzeit (Ursprungslaufzeit) und bestimmte Restlaufzeit des Mezzanine Kapitals vereinbart werden. Die Mindestlaufzeit sollte 5 bis 7 Jahre betragen. Die geforderte Restlaufzeit sollte ein Jahr nicht unterschreiten. Einige Banken verlangen zusätzlich, dass die Restlaufzeit des Mezzanine Kapitals die Restlaufzeit der eigenen Kredite an das Unternehmen um ein Jahr übersteigt.
- Keine ordentlichen Kündigungsrechte
  Ordentliche Kündigungsrechte müssen ausgeschlossen sein. Kündigungsrechte insbesondere etwa aufgrund der Verschlechterung der wirtschaftlichen Situation des Unternehmens, bei Nichteinhaltung von Unternehmenskennzahlen oder bei Zahlungsverzug sollten ausgeschlossen sein. Hingegen werden außerordentliche Kündigungsrechte allgemein akzeptiert. Hierzu zählen zB Kündigungsrechte bei Verletzung von Informationspflichten oder Gesellschafterwechsel.
- Nachrangigkeit
  Mezzanine Kapital muss gegenüber allen vorrangigen Gläubigern im Hinblick auf die Kapitalrückzahlung und Zinszahlung zu jeder Zeit nachrangig sein. Auch darf das Mezzanine Kapital nicht besichert werden.

Werden die vorgenannten Kriterien aus Sicht des bevorrechtigten Kreditgebers erfüllt, 39
erhöht sich durch die Zuführung von Mezzanine Kapital die Vermögensmasse, die im Insolvenz- oder Liquidationsfall bevorrechtigte Ansprüche befriedigt. Insofern steht hier die Haftungsfunktion von Eigenkapital im Vordergrund. Für die Erfüllung der Haftungs-

[52] Vgl. *Plankensteiner/Ehrhart,* Wie Mezzanine Kapital die Bonität verbessert in Handelsblatt Nr. 20, vom 14.11.2006, S. 26; DVFA-Finanzschriften, Mezzanine Finanzierungsformen und Bilanzrating, Nr. 05/2007; FitchRatings, Equity Credit for Hybrids & Other Capital Securities, 27.9.2006.

funktion notwendige Voraussetzung ist, dass der Mezzanine Investor das überlassene Kapital nicht beliebig zurückfordern kann, bevor nicht der vorrangige Gläubiger befriedigt wurde. Die Haftungsfunktion würde ausgehöhlt, wenn das Mezzanine Kapital bei Eintritt einer wirtschaftlichen Krise[53] noch vor Einleitung eines Insolvenzverfahrens oder Beginn einer Liquidation entzogen werden könnte. Die vorgenannten Kriterien können durch „Debt Mezzanine“ erfüllt werden, das allerdings für Zwecke der Handelsbilanz Fremdkapital ist.

40 Allerdings zeigt sich, dass *ceteris paribus* die Aufnahme von Debt Mezzanine nur einen relativ geringfügigen positiven Effekt auf das Rating hat.[54] Für einen deutlich positiveren Ratingeffekt zum Fortbestand des Unternehmens ist neben der Haftungsfunktion vor allem die Verlustausgleichsfunktion entscheidend. Diese Funktionen übernimmt in der Regel Equity Mezzanine, bei dem der Vergütungsanspruch grundsätzlich ergebnisabhängig vereinbart wird oder bei dem eine automatische Zinsstundung[55] in der Unternehmenskrise (zB drohende Zahlungsunfähigkeit) eintritt. Die materielle Bedeutung solcher Vereinbarungen zeigt sich in solchen wirtschaftlichen Krisen, die durch Zahlungsverpflichtungen von Mezzanine Kapital weder ausgelöst noch verschärft werden dürfen. Von daher überrascht es nicht, dass einige Institutionen Mezzanine Kapital eine höhere wirtschaftliche Eigenkapitalqualität beimessen, wenn neben den oben aufgeführten Kriterien zusätzlich die Gewinnabhängigkeit der Mezzanine Vergütung und die Teilnahme am laufenden Verlust[56] erfüllt werden.

41 Die Jahresabschlüsse selbst enthalten oft nicht genügend Informationen über Mezzanine Finanzierungen, um als externer Leser eine sachgerechte Zuordnung zum wirtschaftlichen Eigenkapital vorzunehmen.[57] Von daher empfiehlt sich im Einzelfall, die vorgenannten Kriterien anhand des konkreten Vertrages über Mezzanine Kapital zu bewerten.

42 Im Rahmen des Bankenratings werden die vertraglichen Bedingungen des Mezzanine Kapitals und der Kreditverträge bewertet. Damit sollen ratingrelevante Interessenkonflikte der Finanzierungsverträge identifiziert werden, die einer Zuordnung des Mezzanine Kapitals zum wirtschaftlichen Eigenkapital entgegenstehen könnten.[58] So wird beispielsweise berücksichtigt, ob die Ursprungslaufzeit bzw. Restlaufzeit des überlassenen Mezzanine Kapitals in Konkurrenz mit der Laufzeit des „eigenen“ Kredites steht. Der Grad der Eigenkapitalähnlichkeit sinkt zwangsläufig, wenn das Mezzanine Kapital vor dem Kredit zurückzuzahlen ist. Hierdurch würde sich die Ausfallwahrscheinlichkeit des Kreditgebers potentiell erhöhen, weil der Kreditnehmer gegebenenfalls eine mezzanine Anschlussfinanzierung nicht oder nur zu schlechteren Bedingungen realisieren könnte. Vor diesem Hintergrund nimmt der Grad der Eigenkapitalähnlichkeit mit abnehmender Restlaufzeit des Mezzanine Kapitals ab. Im Rahmen des Bankenratings wird daher ab einer bestimmten Restlaufzeit das Mezzanine Kapital vom wirtschaftlichen Eigenkapital in Fremdkapital umqualifiziert, auch wenn dieses in der Handelsbilanz unverändert als Eigenkapital gemäß HFA-Stellungnahme 1/1994 ausgewiesen wird.

43 Durch die Einordnung zwischen dem Eigen- und dem Fremdkapital sind neben den unternehmensindividuellen Bedürfnissen des Mezzanine Nehmers bzw. denen des Mezza-

[53] Krise im Sinne einer Wahrscheinlichkeit, dass es zu einer Nichterfüllung von Vertragsverpflichtungen kommt und der Fortbestand des Unternehmens gefährdet ist.

[54] Vgl. DVFA-Finanzschriften, Mezzanine Finanzierungsformen und Bilanzrating, Nr. 05/2007.

[55] Hierbei kann die Zinsstundung durch die Verfehlung von bestimmten Financial Covenants ausgelöst werden. Diese Regelung findet sich bei Nachrangdarlehen, die im Rahmen von LBO-Transaktionen eingesetzt werden.

[56] Das DVFA Committee Rating hat außerdem noch die Kriterien definiert: Kapitalgeber, Abänderungsrechte in Richtung Darlehen und Einsetzung eines Externen. Vgl. DVFA-Finanzschriften, Mezzanine Finanzierungsformen und Bilanzrating, Nr. 05/2007.

[57] Vgl. *Baetge/Brüggemann,* Ausweis von Genussrechten auf der Passivseite der Bilanz des Emittenten, DB 2005, 2146 (2152).

[58] Vgl. *Arnsfeld/Müller,* Hybridkapital als Eigenkapitalsurrogat- Anerkennungspraktiken der Ratingagenturen und Konsequenzen für bankinterne Ratingverfahren, Finanz Betrieb 2008, 326 (337 f.).

nine Gebers die Interdependenzen zwischen Eigen- und Fremdkapital und damit auch die Interessen der vorrangigen Kreditgeber und der nachrangigen Eigenkapitalgeber zu beachten. Um die gewünschte positive Wirkung im Rating zu erzielen, empfiehlt sich, vor der Aufnahme von Mezzanine Kapital mit dem Kreditgeber oder mit der Ratingagentur die Frage zu klären, wie das Mezzanine Kapital im Ratingprozess behandelt wird. Werden die Ratingkriterien für die Einordnung als wirtschaftliches Eigenkapital verfehlt, kommt es zur Zuordnung zum Fremdkapital. In der Konsequenz könnte sich das Rating dann sogar verschlechtern. Darin zeigt sich auch, dass die Kriterien, die unter den Rechnungslegungsstandards Anwendung finden, nicht hinreichend sind, um eine Zuordnung zum wirtschaftlichen Eigenkapital aus Ratingsicht herbeizuführen.

F. Kategorien mezzaniner Finanzierungen

Verallgemeinernd ließen sich bei einem weiten wirtschaftlichen Verständnis des Begriffs **44**
„mezzanin" folgende, graduellen Kategorien von mezzaninen Finanzierungen bilden, wobei hier der Vollständigkeit halber auch eindeutiges Fremd- (Debt) und Eigenkapital (Equity) aufgeführt werden.[59] Die zivilrechtlichen Eigenschaften der jeweiligen Finanzierungsform werden im Anschluss an diese Auflistung beschrieben:

- Debt
  - Erstrangiges Darlehen („Senior Debt") unter Einräumung von Sicherheiten
  - Unbesichertes Darlehen
- Debt Mezzanine
  - Gesellschafterdarlehen
  - Nachrangdarlehen
  - Partiarisches Darlehen
  - Fremdkapitalgenussrechte, ggf. verbrieft
- Equity Mezzanine
  - Typisch stille Gesellschaft
  - Optionsanleihe
  - Wandelschuldverschreibung
  - Atypisch stille Gesellschaft
  - Eigenkapitalgenussrechte, ggf. verbrieft
  - Perpetual Bond
  - Mandatory Convertible
- Equity
  - Vorzugsaktien
  - Stammaktien

Bei der Abgrenzung der verschiedenen Finanzierungsinstrumente kommt es auf deren **45**
wirtschaftlichen Gehalt der gewährten Berechtigung an, nicht auf die von den Parteien gewählte Bezeichnung.[60]

I. Gesellschafterdarlehen

Ein Gesellschafterdarlehen kann mit oder ohne Nachrang vereinbart werden. Die Insol- **46**
venzordnung ist durch das „Gesetz zur Modernisierung des GmbH-Rechts und zur Bekämpfung von Missbräuchen" geändert worden, dadurch wurde die Unterscheidung

---

[59] Vgl. mit ähnlichen Abstufungen, *Volk*, Mezzanine Capital: Neue Finanzierungsmöglichkeit für den Mittelstand?, BB 2003, 1224 (1226).
[60] So etwa für Genussrechte, FG Köln Urt. v. 11.12.2003 – 2 K 7273/00, DStRE 2006, 23.

zwischen „normalen" und „kapitalersetzenden" Gesellschafterdarlehen aufgegeben und Gesellschafterdarlehen in der Insolvenz grundsätzlich nachrangig gestellt.[61]

47 Auch bei Aktiengesellschaften ist ein Gesellschafterdarlehen seit MoMiG denkbar, vgl. § 57 Abs. 1 S. 4 AktG. Das Zinsverbot des § 57 Abs. 2 AktG erstreckt sich insoweit nur auf Einlagen, nicht aber auf Forderungen aus Gesellschafterdarlehen.[62] Aus § 39 Abs. 1 Nr. 5 InsO ergibt sich allerdings eine Nachrangigkeit von Forderungen aus Gesellschafterdarlehen im Falle der Insolvenz. Forderungen aus Gesellschafterdarlehen stehen somit insolvenzrechtlich zwischen den Forderungen gewöhnlicher Gläubiger und den Forderungen aus dem Gesellschaftsanteil selbst iSd § 199 S. 2 InsO, gelten aber noch immer als Fremdkapital iSd Insolvenzrechts.

II. Typische und atypische stille Gesellschaft

48 Die stille Beteiligung ist in den §§ 230–236 HGB geregelt. Nach § 230 Abs. 1 HGB hat ein stiller Gesellschafter die Vermögenseinlage so zu leisten, dass sie in das Vermögen des Inhabers des Handelsgeschäfts übergeht. Nach § 230 Abs. 2 HGB wird allein der Inhaber aus den in dem Betriebe geschlossenen Geschäften berechtigt und verpflichtet. Der stille Gesellschafter nimmt an einem Verlust nur bis zum Betrag seiner eingezahlten oder rückständigen Einlage teil (§ 232 Abs. 2 S. 1 HGB). Er ist nicht verpflichtet, den bezogenen Gewinn wegen späterer Verluste zurückzuzahlen.

49 Die Regelungen der gesetzlich-typischen stillen Beteiligung entsprechen damit in vielerlei Hinsicht denen der Kommanditgesellschaft mit den stillen Gesellschaftern als quasi-Kommanditisten. Auch bei der Kommanditgesellschaft vertritt der persönlich haftende Gesellschafter die Gesellschaft im Außenverhältnis (§§ 161 Abs. 2, 125 Abs. 1 HGB). Der Kommanditist haftet nur beschränkt (§§ 161 Abs. 1, 171 HGB). Im Unterschied zur Kommanditgesellschaft tritt die „stille Gesellschaft" jedoch nach außen nicht in Erscheinung.

50 Steuerlich unterscheiden sich diese beiden Personengesellschaftstypen jedoch wesentlich: Die typische stille Gesellschaft ist keine Mitunternehmerschaft nach § 15 Abs. 1 Nr. 2 EStG, sie führt beim stillen Gesellschafter grundsätzlich zu Einkünften nach § 20 Abs. 1 Nr. 4 EStG.[63] Die Gewinnanteile der (typisch) stillen Gesellschafter sind beim Inhaber des Handelsgeschäfts im Grundsatz als Betriebsausgaben abziehbar.

51 Zu einer einheitlichen und gesonderten Feststellung des Gewinns kommt es bei der *typisch* stillen Gesellschaft nicht. Die atypisch stille Gesellschaft ist hingegen Mitunternehmerschaft nach § 15 Abs. 1 Nr. 2 EStG, weil bei ihr der stille Gesellschafter Mitunternehmerinitiative ausübt und Mitunternehmerrisiko trägt. Im Unterschied zur typisch stillen Gesellschaft ist sie selbst Gewinnermittlungsobjekt, ihr Gewinn ist einheitlich und gesondert festzustellen (vgl. § 180 Abs. 1 Nr. 2 lit. a, 181 Abs. 2a AO). Praktisch bedeutet dies,

---

[61] § 39 InsO wurde wie folgt geändert:
a) Abs. 1 Nr. 5 wird wie folgt gefasst: „5. nach Maßgabe der Absätze 4 und 5 Forderungen auf Rückgewähr eines Gesellschafterdarlehens oder Forderungen aus Rechtshandlungen, die einem solchen Darlehen wirtschaftlich entsprechen."
b) Folgende Abs. 4 und 5 werden angefügt:
„(4) Absatz 1 Nr. 5 gilt für Gesellschaften, die weder eine natürliche Person noch eine Gesellschaft als persönlich haftenden Gesellschafter haben, bei der ein persönlich haftender Gesellschafter eine natürliche Person ist. Erwirbt ein Gläubiger bei drohender oder eingetretener Zahlungsunfähigkeit der Gesellschaft oder bei Überschuldung Anteile zum Zweck ihrer Sanierung, führt dies bis zur nachhaltigen Sanierung nicht zur Anwendung von Absatz 1 Nr. 5 auf seine Forderungen aus bestehenden oder neu gewährten Darlehen oder auf Forderungen aus Rechtshandlungen, die einem solchen Darlehen wirtschaftlich entsprechen.
(5) Absatz 1 Nr. 5 gilt nicht für den nicht geschäftsführenden Gesellschafter einer Gesellschaft im Sinn des Absatzes 4 Satz 1, der mit zehn Prozent oder weniger am Haftkapital beteiligt ist." Vgl. Freudenberg, Gefahr für Konzern-Finanzierungen, Handelsblatt 21.11.2007, Nr. 225, S. 22.

[62] *Koch* in Hüffer/Koch AktG § 57 Rn. 30.

[63] *Reiß* in Kirchhof § 15 Rn. 186; vgl. auch *Wacker* in Schmidt EStG Kommentar § 15 Rn. 623.

dass die steuerliche Gewinnermittlung bei dem Gewinn der „Mitunternehmerschaft" ansetzt, den Gesellschaftern davon Gewinnanteile (nach ihren Gewinnanteilen, ggf. unter Berücksichtigung eines Gewinnvorabs und Ergebnissen aus Ergänzungsbilanzen) zugewiesen werden und Ergebnisse aus etwaigen Sonderbilanzen nach § 15 Abs. 1 Nr. 2 Alt. 2 EStG hinzugerechnet werden. Buchführungspflichtig ist dabei handels- wie steuerrechtlich der die Geschäfte der Mitunternehmerschaft führende Inhaber des Handelsgeschäfts.

Besteht – wie im Regelfall (zB bei der stillen Beteiligung an den Erträgen einer GmbH) 52
– eine atypisch-stille Beteiligung an einem auch steuerrechtlich als Gewerbebetrieb zu qualifizierenden Unternehmen des Inhabers des Handelsgeschäfts, sind auch die Einkünfte des atypisch Stillen gewerblich.

Seit Änderung von § 105 Abs. 2 HGB ist jedoch auch die *steuerlich* vermögensverwalten- 53
de Handelsgesellschaft möglich (auch in der Form der GmbH & Co. KG, wenn eine gewerbliche Prägung vermieden wird, indem einem Kommanditisten Geschäftsführungsbefugnisse eingeräumt werden, vgl. R 15.8 Abs. 6 S. 3 EStR). Damit hat sich auch der Charakter der stillen Gesellschaft verändert. Nunmehr ist *handelsrechtlich* auch eine (atypisch) stille Beteiligung an einer – *steuerrechtlich* – bloß vermögensverwaltenden, im Handelsregister eingetragenen Personenhandelsgesellschaft möglich.

Der atypisch stille Gesellschafter an einer solchen Handelsgesellschaft, die nicht steuerlich 54
über § 15 Abs. 3 Nr. 1 EStG geprägt ist, sollte uE seinerseits vermögensverwaltende Einkünfte erzielen.

Problematisch ist allerdings der Fall, dass sich der stille Gesellschafter an einer Personen- 55
handelsgesellschaft beteiligt, die gem. § 15 Abs. 3 Nr. 1 EStG gewerblich geprägt ist. In diesem Fall ist streitig, wie die Gewinnbeteiligung des atypisch stillen Gesellschafters zu behandeln ist. Einerseits könnte bei einer atypischen Gesellschaft die gewerbliche Prägung bei dem Hauptbeteiligten auch für die Einkünfte des stillen Gesellschafters maßgeblich sein.[64]

Dafür spricht der Rechtsgedanke des § 15 Abs. 3 Nr. 2 S. 2 EStG, dass auch die gewerb- 56
lich geprägte Mitunternehmerschaft weiter gewerblich prägen kann, in diesem Fall also auf die „atypisch stille Gesellschaft".

Der BFH vertritt jedoch inzwischen die Ansicht, dass sich die einkommensteuerliche 57
Qualifikation der Einkünfte der atypisch stillen Gesellschafter nach *deren* Tätigkeit und nicht nach der des Hauptbeteiligten richte. [65] Nach dieser Auffassung könnte der atypisch stille Beteiligte an einer steuerrechtlich eigentlich vermögensverwaltenden, aber gewerblich geprägten Personenhandelsgesellschaft nicht-gewerbliche, vermögensverwaltende Einkünfte erzielen.[66] Dann wäre die atypisch stille Mitunternehmerschaft eine „Zebra-Gesellschaft", aus der der gewerblich geprägte Inhaber des Handelsgeschäfts gewerbliche Einkünfte, der atypisch stille Gesellschafter aber Überschusseinkünfte erzielt, wenn die Einkünfte nicht bei ihm aus in seiner Sphäre liegenden Gründen als gewerblich umqualifiziert werden (Prägung oder Abfärbung, § 15 Abs. 3 Nr. 1, 2 EStG).

Nach Auffassung der Finanzverwaltung[67] gilt die gewerbliche Prägung aber selbst dann, 58
wenn die Gesellschaft zwingend keine gewerblichen Einkünfte (zB freiberufliche Einkünfte) erzielt.

In der Praxis ist oftmals ein wichtiges Gestaltungsziel, die stille Gesellschaft zu vermeiden. 59
Bei dieser bestehen – sowohl bei der typisch stillen als auch bei der atypisch stillen – gem. § 20 Abs. 1 Nr. 4 S. 2 EStG bzw. § 15a Abs. 5 Nr. 1 EStG Verlustabzugsbeschränkungen.

[64] *Reiß* in Kirchhof § 15 Rn. 367 mwN.

[65] BFH Urt. v. 26.11.1996 – VIII R42/94, DStR 1997, 815.

[66] *Reiß* in Kirchhof § 15 Rn. 367 f. mwN.

[67] Bundesministerium der Finanzen v. 16.11.2007: Schreiben betr. Einkünfte aus freiberuflicher Tätigkeit einer Berufsgesellschaft in der Rechtsform einer GmbH & Co. KG – BMF IV B 2-S 2246/0, BeckVerw 110974; Dieses BMF-Schreiben ist jedoch nicht in der Positivliste des BMF-Schreibens v. 23.4.2010 – BMF IV A 6-0 1000/09/10095, BStBl. I 2010 S. 391, enthalten; aA *Wacker* in Schmidt EStG Kommentar § 15 Rn. 228 ff.

Zudem führt die typisch stille Gesellschaft zum Kapitalertragsteuereinbehalt (§ 43 Abs. 1 S. 1 Nr. 3 EStG), die atypisch stille Gesellschaft zur Begründung einer Betriebsstätte. Für ausländische Investoren ist dies im Regelfall nicht erwünscht. Hintergrund dieser Praxissorgen ist eine Entscheidung des FG Baden-Württemberg. Das FG Baden-Württemberg hat am 3.12.2004[68] eine als Genussrecht vereinbarte Finanzierung als stille Gesellschaft gedeutet und dabei als Merkmal für eine stille Gesellschaft die Einräumung von Informations- und Kontrollrechten entsprechend § 233 HGB angeführt. Überzeugend ist das Argument nicht, da auch Gläubigern Informations- und Kontrollrechte eingeräumt werden können. Handelt es sich bei dem Gläubiger um ein Kreditinstitut, so ist dieses zB gem. § 18 KWG verpflichtet, sich mittels der Jahresabschlüsse einen Einblick in die Vermögenslage des Schuldners zu verschaffen. Dann aber ist es nicht überzeugend, für die zivil- und steuerrechtliche Klassifizierung auf nicht-mitgliedschaftsspezifische Informationsrechte abzustellen.[69]

60 Im Streitfall konnte die (ordentliche) Kündigung nur mit sechsmonatiger Frist auf den Schluss des Geschäftsjahres erfolgen. Eine kürzere Kündigungsmöglichkeit hätte „indiziell gegen das Vorliegen einer stillen Gesellschaft" gesprochen. In der Praxis lässt sich aber gerade wie bei der dem Streitfall zu Grunde liegenden Fondsstruktur nicht verhindern, dass zT längere Kündigungsfristen eingeräumt werden. Damit droht oftmals in der Praxis eine Umqualifikation in eine stille Gesellschaft, ohne dass für die Vertragsparteien eine Möglichkeit bestünde, diese Umqualifikation zu verhindern. In geeigneten Fällen wird der Praktiker über die Einholung einer verbindlichen Auskunft zu entscheiden haben.[70]

61 Auch bei ewigen Anleihen besteht nach der geschilderten Rechtsprechung des FG Baden-Württemberg eine erhebliche Rechtsunsicherheit[71] der Umqualifikation der Anleihe in eine stille Gesellschaft mit fester Verzinsung. Nach dem BGH ist für die Abgrenzung der stillen Gesellschaft vom partiarischen Darlehen entscheidend, ob die Vertragspartner einen gemeinsamen Zweck verfolgen oder ob ihre Beziehungen ausschließlich durch die Verfolgung unterschiedlicher eigener Interessen bestimmt werden. Diese Abwägung sei durch Abwägung aller nach dem Vertragsinhalt maßgebenden Umstände vorzunehmen.[72]

III. Genussrechte und partiarisches Darlehen

62 Genussrechte und partiarische Darlehen sind kaum zu unterscheiden. Bei beiden erhält der Kapitalgeber eine gewinnabhängige Vergütung; typischerweise sind Genussrechte mit einer Nachrangigkeitsvereinbarung verbunden, partiarische Darlehen jedoch nicht. Obwohl die

---

[68] Az. 10 K 225/01; http://www.fg-baden-wuerttemberg.de.

[69] Vgl. in diesem Sinne auch *Volk*, Mezzanine Capital: Neue Finanzierungsmöglichkeit für den Mittelstand?, BB 2003, 1224 (1226).

[70] Vgl. *Breuninger/Prinz*, Ausgewählte Bilanz- und Steuerrechtsfragen von Mezzaninefinanzierungen, DStR 2006, 1345 (1347).

[71] *Breuninger/Prinz*, Ausgewählte Bilanz- und Steuerrechtsfragen von Mezzaninefinanzierungen, DStR 2006, 1345 (1347).

[72] BGH Urt. v. 10.10.1994 – II ZR 32/94, BGHZ 127, 176; Zu Recht habe das Berufungsgericht als Indizien für eine stille Gesellschaft gewertet:
- die Bezeichnung der stillen Vereinbarung als stiller Gesellschaftsvertrag,
- die Einräumung der in § 233 HGB vorgesehenen Informations- und Kontrollrechte,
- die Verpflichtung des Unternehmens, dem Vertragspartner von sich aus den Jahresabschluss binnen sechs Monaten nach Ablauf eines jeden Geschäftsjahres schriftlich zu übermitteln,
- das Fehlen jeder Kreditsicherung,
- die lange Dauer einer festen vertraglichen Bindung von sieben Jahren,
- die Einschränkung der Kündigungsmöglichkeiten bei Fortsetzung des Vertrages nach Ablauf der Bindungsfrist,
- die Beschränkung der Beteiligungsübertragung auf Ehegatten und Abkömmlinge, und
- ausschlaggebend – die Pflicht zur Zustimmung des Vertragspartners zu Änderungen des Unternehmensgegenstandes, der Veräußerung oder Verpachtung des Unternehmens oder eines Teiles davon und bei Einstellung des Gewerbebetriebes.

vertragliche Bezeichnung eigentlich irrelevant ist,[73] spielt sie in der Praxis eine erhebliche Rolle. Andere Rechtsordnungen als die deutsche klassifizieren Genussrechte regelmäßig als partiarische Darlehen, Genussrechte sind nur im germanischen Rechtskreis bekannt und üblich.

Eindeutig sind Genussrechte und partiarische Darlehen nur zu unterscheiden, wenn **63** neben der Gewinnbeteiligung eine Beteiligung am Liquidationserlös besteht. Dann verdrängt die Qualifikation als EK-Genussrecht diejenige als partiarisches Darlehen. Auch das Vorliegen einer Verlustbeteiligung spricht für die Qualifikation als Genussrecht.[74]

Partiarisches Darlehen und Genussrecht werden im Regelfall dadurch voneinander un- **64** terschieden, dass ein partiarisches Darlehen nicht nachrangig gegenüber anderen Gläubigern gestellt wird, während dies für Genussrechte typisch ist. Zudem fehlt es bei partiarischen Darlehen an einer Beteiligung an den stillen Reserven.[75] Im Einzelfall ist die Abgrenzung „problematisch".[76] In der Praxis ist sie wesentlich auch von den Formulierungen abhängig. Von der stillen Gesellschaft ist das Genussrechtsverhältnis aufgrund der fehlenden gemeinsamen Zielsetzung und der fehlenden gesellschaftsähnlichen Bindung zu unterscheiden.[77]

In der Praxis gibt es eine Reihe mezzaniner Finanzierungen, die gern mit dem Etikett **65** des „Genussrechts" arbeiten, auch wenn bei wirtschaftlicher Betrachtung die Finanzierung eher der eines nachrangigen Darlehens mit Mindestverzinsung und partiarischer Sonderbeteiligung entspricht. So ist in der Praxis oft die gewinnabhängige Komponente so geringfügig, dass bei wirtschaftlicher Betrachtung diese Finanzierung einem nachrangig gestellten, partiarischen Darlehen gleichkommt.

Auch das partiarische Darlehen kann jedoch nachrangig gestellt werden. Damit unter- **66** scheiden sich Genussrecht und partiarisches Darlehen inhaltlich allenfalls im Sinne eines „mehr oder weniger" und nicht in der Form einer klaren Abgrenzung. So hat zB das FG Köln festgestellt:

„In den Steuergesetzen ist eine Definition des Begriffs „Genussrecht" nicht enthalten. Das deutsche **67** *Steuerrecht unterscheidet Genussrechte grundsätzlich danach, ob sie einen Anteil sowohl am Gewinn als auch am Liquidationserlös gewähren (z. B. § 20 Abs. 1 Nr. 1 EStG; § 8 Abs. 3 Satz 2 KStG) oder nicht (z. B. § 43 Abs. 1 Nr. 2 EStG). Hieraus ist zwar zu schließen, dass die Beteiligung am Gewinn und am Liquidationserlös nicht notwendige Voraussetzung für das Vorliegen eines „Genussrechts" im steuerlichen Sinne ist. Eine Abgrenzung zum partiarischen Darlehen, die sich ggf. auf die einkommensrechtliche Problematik übertragen ließe, fehlt indessen."*[78]

Weitreichende Informations- und Mitbestimmungsrechte einer als „Genussrecht" be- **68** zeichneten Finanzierung können diese bei näherer Betrachtung in eine stille Beteiligung umqualifzieren (s. o., 6.2. typisch und atypisch stille Gesellschaft). Mit einer Umqualifikation kann der Verlust von Vergünstigungen verbunden sein, insbesondere können etwa EK-Genussrechte für den Investor steuerlich vorteilhaft wie Dividendenerträge zu behandeln sein (§ 8b KStG, § 3 Nr. 40 lit. d EStG), während Einkünfte als typisch stiller Gesellschafter voll steuerpflichtig sind (§ 20 Abs. 1 Nr. 4 EStG, ggf. als gewerbliche Einkünfte nach § 20 Abs. 8 EStG).

---

[73] So etwa für Genussrechte, FG Köln Urt. v. 11.12.2003 – 2 K 7273/00, DStRE 2006, 23.

[74] *Ziebe,* Rechtsnatur und Ausgestaltung von Genussrechten, DStR 1991, 1594 (1595).

[75] *Jänisch/Moran/Waibel,* Mezzanine Finanzierung – Intelligentes Fremdkapital und deutsches Steuerrecht, DB 2002, 2451.

[76] *Schlösser/Sagasser,* Die Besteuerung von Kapitalanlagevermögen, § 27 Rn. 613 in Assmann/Schütze, Handbuch des Kapitalanlagerechts.

[77] *Schlösser/Sagasser,* Die Besteuerung von Kapitalanlagevermögen, § 27 Rn. 612 in Assmann/Schütze, Handbuch des Kapitalanlagerechts.

[78] FG Köln Urt. v. 11.12.2003 – 2 K 7273/00, DStRE 2006, 23 (26); nach *Sontheimer,* Die steuerliche Behandlung von Genussrechten, Beilage 19/1984 zu BB 1984, 1 (2) erweist sich die Grenze zwischen der Gewinnschuldverschreibung und dem Genussrecht zu ziehen, als „äußerst schwierig". In der Literatur werde ein Unterschied zwischen beiden Rechtsinstituten überhaupt verneint und die Gewinnschuldverschreibung als Unterart des Genussscheins angesehen.

69 Im Einzelfall mag eine Präferenz bestehen, den Begriff des Genussrechts zu verwenden, um für Zwecke des „Marketings“ Argumente für eine Entlastungswirkung gegenüber der finanzierenden Bank zu gewinnen. Dennoch darf dieses nicht darüber hinwegtäuschen, dass die Bezeichnung für die steuerrechtliche oder finanzwirtschaftliche Einordnung irrelevant ist. Der Begriff des Genussrechtes ist nicht gesetzlich definiert.

70 Genussrechte sind danach vertraglich begründete[79] verbriefte oder unverbriefte, schuldrechtliche Ansprüche gegen ein Unternehmen ohne Mitgliedschaftsrecht (insbesondere ohne Stimmrecht), bei denen der vermögensrechtliche Anspruch ergebnisabhängig oder ergebnisunabhängig ausgestaltet sein kann. Die vermögensrechtlichen Ansprüche müssen allerdings mit den Ansprüchen, wie sie typischerweise Gesellschaftern zustehen, vergleichbar sein.[80]

71 Die vertragliche Einräumung eines Stimmrechts an den Genussberechtigten ist nicht zulässig; Mitgliedschaftsrechte sind mit dem vermögensrechtlichen Anspruch des Genussberechtigten nicht verbunden. Das schließt ein Anfechtungsrecht des Genussberechtigten, nicht jedoch Informationsrechte (wie zB das Recht auf Teilnahme an der Hauptversammlung) aus.[81]

72 Als Genussschein bezeichnet man das verbriefte Genussrecht, das entweder als Wertpapier oder (nur) als Beweisurkunde begeben werden kann.[82] Die Genussrechte können – wie üblich[83] – auf den Inhaber oder auf den Namen ausgestellt werden und in letzterem Fall auf Order lauten.[84]

73 Wirtschaftlich wird über ein Genussrecht im Regelfall eine Vergütung für die Überlassung von Kapital gewährt (sog. „Finanzierungsgenussrecht“),[85] zwingend ist dieser Kompensationscharakter jedoch nicht. Die Parteien können Genussrechte auch ohne Entlohnung für die Überlassung von Genusskapital gewähren, etwa als Anreiz für leitende Angestellte.[86]

74 Genussrechte werden typischerweise von Aktiengesellschaften begeben, können aber auch von Personengesellschaften, GmbH's, Sparkassen oder Versicherungsvereinen aG gewährt werden.[87]

75 Bei Aktiengesellschaften dürfen Genussrechte gem. § 221 Abs. 3 iVm Abs. 1 AktG nur auf Grund eines mit qualifizierter Mehrheit von drei Vierteln des bei der Versammlung vertretenen Grundkapitals gefällten Beschlusses der Hauptversammlung gewährt werden. Das Mehrheitserfordernis dient dem Schutz der bisherigen Gesellschafter, weil mit der Gewährung von Genussrechten schuldrechtliche Rechte geschaffen werden, die wegen ihrer Gewinnbeteiligung zu einer „Verwässerung“ *(Dilution)* der Gewinnaussichten der Gesellschafter führen können. Die Regelung gilt für GmbH's analog, auch bei ihr bedarf die Gewährung eines Beschlusses der Gesellschafterversammlung mit „satzungsändernder Mehrheit“.[88]

---

79 *Angerer,* Genussrechte bzw. Genussscheine als Finanzierungsinstrument, DStR 1994, 41.

80 So zu Recht, *Angerer,* Genussrechte bzw. Genussscheine als Finanzierungsinstrument, DStR 1994, 41; nicht erforderlich ist, dass sich die Vergütungsform auf eine Vergütung in Geld richtet, auch eine Vergütung in Sachwerten ist denkbar, vgl. *Hueck/Fastrich* in Baumbach/Hueck GmbHG § 29 Rn. 88 f.

81 BGH Urt. v. 5.10.1992 – II ZR 172/91, BB 1993, 451 (453).

82 *Angerer,* Genussrechte bzw. Genussscheine als Finanzierungsinstrument, DStR 1994, 41.

83 *Groh,* Eigenkapitalersatz in der Bilanz, BB 1993, 1882 (1889).

84 So ausdrücklich FG Baden-Württemberg Urt. v. 1.10.1992 – 3 K 338/88, EFG 1993, 174 (175).

85 Terminologie nach Küting/Kessler/Harth, Genussrechtskapital in der Bilanzierungspraxis, Eine empirische Untersuchung zur Resonanz der HFA-Stellungnahme 1/1994 unter Berücksichtigung bilanzpolitischer Gesichtspunkte, Beilage 4 zu Heft 8 BB 1996, 1 (4).

86 FG Baden-Württemberg Urt. v. 1.10.1992 – 3 K 338/88, EFG 1993, 174 (175); *Hueck/Fastrich* in Baumbach/Hueck GmbHG § 29 Rn. 90.

87 *Knobbe-Keuk,* Bilanz- und Unternehmenssteuerrecht, § 16 IV Rn. 1; ergänzend *Küting/Kessler/Harth,* Genussrechtskapital in der Bilanzierungspraxis, Eine empirische Untersuchung zur Resonanz der HFA-Stellungnahme 1/1994 unter Berücksichtigung bilanzpolitischer Gesichtspunkte, Beilage 4 zu Heft 8 BB 1996, 1 (2).

88 *Lutter* in Lutter/Hommelhoff GmbHG § 55 Rn. 53.

Die Aktionäre sind gem. § 221 Abs. 4 AktG bezugsberechtigt, wenn nicht ihr Bezugsrecht im Beschluss der Hauptversammlung wirksam ausgeschlossen ist (§§ 221 Abs. 4, 186 Abs. 3 S. 4 AktG). Der Ausschluss bedarf eines sachlichen Grundes. Nach wohl überwiegender Meinung ist ein vereinfachter Bezugsrechtsausschluss nach § 186 Abs. 3 S. 4 AktG möglich, bei dem der Börsenpreis durch einen nach finanzmathematischen Methoden ermittelten Wert ersetzt wird.[89] Im Anhang zum Jahresabschluss sind Angaben über Genussrechte unter Angabe der Art und Zahl der jeweiligen Rechte sowie der im Geschäftsjahr neu entstandenen Rechte zu machen (§ 285 Nr. 15a HGB, der aber nicht für die AG gilt). **76**

Bei Kapitalerhöhungen aus Gesellschaftsmitteln sind die Genussrechtsgläubiger im Falle einer GmbH über § 57m Abs. 3 GmbHG, im Falle einer AG über § 216 Abs. 3 AktG gegen eine (umgekehrte) Verwässerung ihrer Ansprüche geschützt.[90] Nach § 23 UmwG sind den Inhabern von Rechten an einem übertragenden Rechtsträger, die kein Stimmrecht gewähren, insbesondere den Inhabern von Genussrechten, gleichwertige Rechte in dem übernehmenden Rechtsträger zu gewähren. Die Kapitalherabsetzung trifft Genussrechtsberechtigte jedoch in gleicher Weise wie Gesellschafter.[91] **77**

Das grundsätzliche Verbot für eine Aktiengesellschaft, eigene Anteile zu halten (vgl. § 71 AktG), gilt für Genussrechte nicht.[92] **78**

IV. Wandel-, Umtausch-, Optionsanleihe, CoCo-Bonds und ewige Anleihe

Wandelanleihe und *Wandelschuldverschreibung* sind Synonyme. Wandelanleihe ist der steuerrechtliche[93] und Wandelschuldverschreibung der gesellschaftsrechtliche Begriff (§ 221 AktG). Wandelschuldverschreibungen sind Schuldverschreibungen, bei denen den Gläubigern ein Umtausch- oder Bezugsrecht auf Aktien eingeräumt wird. Aktienrechtlich ist dafür ein Beschluss der Hauptversammlung erforderlich, der mit einer Mehrheit von mindestens drei Vierteln des bei der Beschlussfassung vertretenen Grundkapitals zu fassen ist (§ 221 Abs. 1 S. 2 AktG). **79**

Steuerrechtlich wird der Begriff der Wandelanleihe in § 43 Abs. 1 S. 1 Nr. 2 EStG verwendet. Das Steuerrecht definiert als Wandelanleihe dabei Teilschuldverschreibungen, bei denen neben der festen Verzinsung ein Recht auf Umtausch in Gesellschaftsanteile genannt ist. Nicht ausdrücklich geht aus dieser Formulierung hervor, dass mit Wandelanleihe/Wandelschuldverschreibung nur die Schuldverschreibung mit Wandelungsrecht in Aktien *des Emittenten* gemeint ist. Das Wandelungsrecht in Aktien Dritter fällt unter den Begriff der *Umtauschanleihe.* **80**

Die Unterscheidung ist bedeutsam, weil steuerrechtlich die Ausübung des *Umtauschrechts* als (Gewinn-)Realisationsvorgang gem. § 252 Abs. 1 Nr. 4 HGB/§§ 4, 5 EStG verstanden **81**

---

89 *Harrer/Janssen/Halbig,* Genussscheine – Eine interessante Form der Mezzanine Mittelstandsfinanzierung, Finanz Betrieb 2005, 1 (3).

90 *Hueck/Fastrich* in Baumbach/Hueck GmbHG § 29 Rn. 93. Steuerrechtlich führt eine Kapitalerhöhung aus Gesellschaftsmitteln nicht zu Einkünften, § 1 KapErhStG. Die Kapitalgesellschaft hat die Erhöhung des Nennkapitals innerhalb von 2 Wochen nach der Eintragung des Beschlusses über die Erhöhung des Nennkapitals in das Handelsregister dem Finanzamt mitzuteilen, § 4 KapErhStG.

91 Erfolgt die Herabsetzung nicht wegen endgültig feststehender, sondern nur wegen drohender künftiger Verluste, für die Rückstellungen in der Bilanz gebildet worden sind, und können spätere Rückstellungen aufgelöst werden, weil die befürchteten Verluste nicht eingetreten sind, lebt das Genussrecht weder in der anteiligen Höhe wieder auf, noch kann der Genussrechtsinhaber dessen Auffüllung verlangen; der Genussrechtsinhaber hat jedoch in ergänzender Vertragsauslegung einen Anspruch auf Auszahlung des anteilig auf das Genusskapital und sein Genussrecht entfallenden Betrages. Ggf. hat er Schadensersatzansprüche wegen positiver Vertragsverletzung, wenn Geschäfte getätigt wurden, die von einem seriösen Kaufmann schlechterdings nicht mehr verantwortet werden konnten, BGH Urt. v. 5.10.1992 – II ZR 172/91, BB 1993, 451.

92 Häger/Elkemann-Reusch, Mezzanine Finanzierungsinstrumente, S. 213, Rn. 611.

93 *Dreyer/Herrmann,* Die Besteuerung von Aktien-, Wandel- und Umtauschanleihen, BB 2001, 705; *Häuselmann,* Wandelanleihen in der Handels- und Steuerbilanz des Emittenten, BB 2000, 139.

wird.[94] Demgegenüber ist die Wandelung einer Anleihe in Aktien des Emittenten kein Austausch in ein *aliud,* sondern die Fortführung der Partizipation in einer neuen Rechtsform. Eine Realisation wird deshalb unter den nunmehr enger gefassten Voraussetzungen des § 20 Abs. 4a S. 3 EStG bei fortbestehender Inlandssteuerverstrickung vermieden (bzw. die ehemaligen Anschaffungskosten der Wandelschuldverschreiben dürfen bei Ausübung des Wandlungs-/Andienungsrechts auf die Aktien übertragen werden).[95] Durch die Wandelschuldverschreibung lassen sich mithin interessante Steuerstundungseffekte für den (deutschen) Investor erzielen.[96]

82 Als *Optionsanleihe* bezeichnet man „unechte" Wandelschuldverschreibungen (§ 221 AktG), bei denen ein Optionsrecht auf „junge Anteile" *neben* das Schuldverhältnis in Form einer langfristigen Anleihe tritt.[97] Anders als bei der „echten" Wandelschuldverschreibung sind beide Rechte, das Optionsrecht und die Schuldverschreibung, voneinander in ihrem Bestand unabhängig. *Lutter* hält wegen der Beteiligung am Gewinn Optionsanleihen für einen „Spezialfall von Genussrechten."[98] Während bei einer „echten" Wandelschuldverschreibung der Gläubiger nur Rückzahlung *oder* Aktien gegen Hingabe der Schuldverschreibung verlangen kann, kann der Optionsscheingläubiger *parallel* das Optionsrecht geltend machen *und* Rückzahlung verlangen. Optionsanleihen können demgemäß mit *(cum)* oder ohne *(ex)* Optionsrecht gehandelt werden. Für die Emittentin bieten sie – wie die Wandelschuldverschreibung – die Möglichkeit, wegen der gleichzeitigen Ausgabe ein relativ günstiges Finanzierungsinstrument zu bekommen, das aus Sicht des Investors die Sicherheit einer Anleihe mit den Ertragschancen einer Aktie verbindet.

83 Das Agio bei Erwerb der Optionsanleihe gegenüber der Schuldverschreibung ohne Optionsrecht behandelt die Rechtsprechung bei der Emittentin nicht als Aufwand, sondern im Vorgriff auf die spätere Gesellschafterstellung als Einlage. Diese Sichtweise ist fiskalisch geprägt. Sie führt dazu, das Aufgeld *(Agio)* auch des sog. „Noch-Nicht-Gesellschafters" als Einlage buchen zu müssen, und verhindert damit die Buchung des Agios als (zeitanteilig zu verteilenden)[99] Aufwand.[100] Im Falle der Nichtausübung des Wandlungs- oder Optionsrechts bleibt dieser Betrag in der Kapitalrücklage nach § 272 Abs. 2 Nr. 2 HGB.[101]

84 Ein Unterfall der Wandelanleihe – genauer der Pflichtwandelanleihe[102] – sind die sogenannten „contingent convertible bonds" („CoCo-Bonds"). CoCo-Bonds zeichnen sich dadurch aus, dass die Wandlungspflicht durch den Eintritt eines gewissen Ereignisses automatisch ausgelöst wird.[103] Zweck der CoCo-Bonds ist es, die Beschaffung von Eigenmitteln in Form von Kernkapital für Banken in der Krise zu erleichtern.[104] Das Bundesministerium der Finanzen hat mit Schreiben vom 10.4.2014[105] an die deutschen Spitzenbankenverbände

---

[94] Bundesministerium der Finanzen: Schreiben betr. Behandlung von Umtauschanleihen 24.5.2000 – IV C 1 – S 2252 – 145/00, DB 2000, 1153.

[95] Derselbe Gedanke findet sich auch bei der Besteuerung von Bezugsrechten. Nach dem FG Köln Urt. v. 31.8.2006 – 15-K-444/05, DStRE 2007, 103 sollen Bezugsrechte auf neue Aktien oder GmbH-Anteile unter den Begriff „Anteile an einer Körperschaft" iSd § 8b Abs. 2 KStG fallen.

[96] Kursgewinne sind jedoch als Marktrendite zu besteuern, FG Schleswig-Holstein Urt. v. 5.4.2005 – 5-V-285/04, BeckRS 2005, 26017866. Für die Besteuerungsabfolge ist das Urteil des RFH Urt. v. 5.7.1929 – II A 9/29, RFHE 25, S. 264–270 zu beachten.

[97] *Breuninger/Prinz,* Ausgewählte Bilanz- und Steuerrechtsfragen von Mezzaninefinanzierungen, DStR 2006, 1345 (1347).

[98] *Lutter,* Zur Bilanzierung von Genussrechten, DB 1993, 2441.

[99] Verteilung über einen passiven Rechnungsabgrenzungsposten.

[100] BFH Urt. v. 30.11.2005 – I R 26/04, DStRE 2006, 385 sowie I R 3/04, DStRE 2006, 259.

[101] *Schlösser/Sagasser,* Die Besteuerung von Kapitalanlagevermögen, § 27 Rn. 615 in Assmann/Schütze, Handbuch des Kapitalanlagerechts.

[102] *Stöber,* Die Aktienrechtsnovelle, DStR 2016, 611 (614).

[103] Vgl. *Habersack* in MüKoAktG, 4. Auflage 2016, § 221 Rn. 52.

[104] *Nodoushani,* Contingent Convertible Bonds – Eine Bestandsaufnahme –, WM 2016, 589 (589 f.).

[105] Schreiben betr. ertragsteuerliche Behandlung der Musterbedingungen des Bundesverbands deutscher Banken für Instrumente des zusätzlichen Kernkapitals v. 10.4.2014 (BMF IV C2 – S 2742/12/10003:002); abrufbar unter: https://bankenverband.de/media/file/BMF-Schreiben-10-04-2014.pdf (Abruf: 29.3.2017).

die steuerliche Behandlung von CoCo-Bonds geklärt.[106] Danach sind Zinszahlungen des Emittenten auf den Kapitalbetrag der CoCo-Bonds als Betriebsausgabe (Kapitalbeschaffungskosten) iSd § 4 Abs. 4 EStG abzugsfähig, dh die Voraussetzungen des § 8 Abs. 3 S. 2 Alt. 2 KStG sind in Bezug auf diese Zinsen nicht erfüllt.[107] Dieser Bewertung liegt das Verständnis zugrunde, dass CoCo-Bonds bilanziell nicht als Eigenkapital, sondern als Fremdkapital einzuordnen sind.[108] Bei der Gestaltung von CoCo-Bonds ist jedoch zu berücksichtigen, dass Grundlage der steuerlichen Beurteilung des BMF die Musteranleihebedingungen[109] für Instrumente des zusätzlichen Kernkapitals nach Art. 51 ff. CRR[110] vom 20.2.2014 sind, die vom Bundesverband deutscher Banken eV in Zusammenarbeit mit einer großen deutschen Rechtsanwaltskanzlei veröffentlicht wurden.[111] Auch für Versicherungsunternehmen stellen sich vergleichbare Fragestellungen unter Solvency II.[112] Im Einzelfall sollte eine verbindliche Auskunft beantragt werden, um die steuerliche Behandlung im Vorfeld mit der Finanzverwaltung zu klären.

Eine *„ewige Anleihe" (Perpetual Bond)* ist eine weitere kostengünstige Finanzierungsalternative für große Industrieunternehmen oder Regierungen[113] mit langfristig guter Bonität. Typischerweise ist auch diese Finanzierungsform nicht „ewig", weil dem *Emittenten* in der Regel das Recht eingeräumt wird, die Anleihe nach Ablauf einer gewissen Zeitspanne (typischerweise mind. 10 Jahre) zum Nominalwert zurückzukaufen. **85**

Von diesem Recht wird der Emittent auch normalerweise Gebrauch machen, weil die Verzinsung einer „ewigen Anleihe" wegen der formalen Nicht-Rückzahlbarkeit der Anleihe erhöht sein wird.[114] **86**

„Ewige Anleihen" wirken bei korrekter Ausgestaltung als Eigenkapital nach IFRS[115] und für Rating-Zwecke. Sie sind damit für große Industrieunternehmen ein bilanztaktisches Finanzierungsinstrument. Der Ausschluss der ordentlichen Kündigungsmöglichkeiten des Investors und ein einzuräumendes Ermessen hinsichtlich der Zinsauszahlung reichen aus, um die Schuldverschreibung als Eigenkapital für Zwecke der IFRS zu behandeln.[116] Perpetual Bonds bieten aus Sicht des Emittenten den weiteren Vorteil, dass – bei vorsichtiger Strukturierung (möglichst unter Einholung einer verbindlichen Auskunft der Finanzbehörden) – eine Umqualifikation der Schuldverschreibung in EK-Genussrechte vermieden werden kann. Ein Schuldzinsenabzug bleibt damit steuerlich möglich, auch wenn für Zwecke des IFRS die Finanzierung als Eigenkapital behandelt wird. Im Regelfall wird der Emittent dabei die Ausgabe von Perpetual Bonds über eine ausländische Zweckgesellschaft **87**

---

106 *Nodoushani,* Contingent Convertible Bonds – Eine Bestandsaufnahme –, WM 2016, 589 (593).

107 Ziff. 2 des BMF-Schreibens v. 10.4.2014.

108 Ziff. 1 des BMF-Schreibens v. 10.4.2014.

109 Musterbedingungen Typ A und Typ B jeweils abrufbar unter: https://bankenverband.de/service/musterbedingungen-fuer-instrumente-kernkapital/ (Abruf: 29.3.2017).

110 VO (EU) Nr. 575/2013, ABl. 2013 L 176, S. 1.

111 *Nodoushani,* Contingent Convertible Bonds – Eine Bestandsaufnahme – WM 2016, 589 (589 und 593); Hinweis am Schluss des BMF-Schreibens v. 10.4.2014.

112 RL 2009/138/EG, ABl. 2009 L 335, S. 1; auch beim Gesamtverband der Versicherungen (GdV) gibt es Überlegungen zur Erstellung von Musterbedingungen für Versicherungen.

113 Im Falle von Regierungen wird oft verkürzt für „consolidated annuities" auch der Begriff des Consols verwendet.

114 Die Berechnung ist einfach: Interest/Discount Rate = Price. Beispiel: EUR 1/implizierte Zinsrate 5 % = 1/0,05= EUR 20.

115 Der ursprünglich feste Zinssatz wird oft nach Ablauf von 10 Jahren auf einen variablen Zinssatz (EURIBOR plus Marge) umgestellt; auch während dieser Phase muss jedoch der Emittent im freien Ermessen weiter die Zinszahlungspflicht stunden können, um die Behandlung als Eigenkapital nach IFRS zu erreichen.

116 *Isert/Schaber,* Die Bilanzierung von Einlagen in Personenhandelsgesellschaften, Mezzanine Kapital und anderen Finanzinstrumenten nach IFRS – Ein Vergleich zwischen IAS 32 (rev. 1998) und IAS 32 (rev. 2003), Teil I, DStR 2005, 2050; Teil II, DStR 2005, 2097 ff. erwähnen die Möglichkeit nicht, dass Perpetual Bonds auch als Eigenkapital qualifiziert werden können und ziehen aus dem Bestehen der Rückzahlungsverpflichtung den Schluss, diese seien nach IAS 39 als Fremdkapital zu erfassen. UE gilt dies nur, wenn die Rückzahlungsverpflichtung nicht in das Ermessen des Emittenten gestellt ist (vgl. S. 2000).

abwickeln (bei Ausgabe einer Ausfallgarantie), um die Erhebung von deutscher Kapitalertragsteuer zu vermeiden.[117]

G. Steuerliche Behandlung von mezzaninen Finanzierungen

88 Die Verrechnung von Einnahmen und Ausgaben entspricht dem Maßstab der Besteuerung nach der Leistungsfähigkeit,[118] weil nur das objektive Netto von Einnahmen und Ausgaben dem Steuerpflichtigen zur freien Verfügung verbleibt. Den Zusammenhang zwischen den Ausgaben und den Einnahmen bezeichnet man als Veranlassungszusammenhang. Finanzierungsaufwand ist grundsätzlich insoweit abzugsfähig, wie er Betriebsausgabe (§ 4 Abs. 5 EStG) oder Werbungskosten (vgl. § 9 Abs. 1 S. 2 Nr. 1 EStG) darstellt, also ein Veranlassungszusammenhang mit der betroffenen Einkunftsart besteht. Die Abzugsmöglichkeit von Finanzierungsaufwendungen ist verfassungsrechtlich geboten.

89 (Eigenkapital-)Dividenden sind nicht abzugsfähig. Aus Sicht des Unternehmens sind Dividenden Zahlungen auf die Residualgröße Eigenkapital und damit Gewinnverwendung nach Abzug aller Betriebsausgaben. Für die Ermittlung des Einkommens ist es aber ohne Bedeutung, ob das Einkommen verteilt wird (§ 8 Abs. 3 S. 1 KStG). Fremdkapitalzinsen sind hingegen grundsätzlich als Betriebsausgaben/Werbungskosten abzugsfähig.

90 Kapitalvergütung für Mezzanine Finanzierungen muss entweder nach dem Regime für Eigen- oder dem für Fremdkapital behandelt werden. Finanzierungsaufwendungen für sog. EK-Genussrechte mindern als „Ausschüttungen" das Einkommen nicht (vgl. § 8 Abs. 3 S. 2 Alt. 2 KStG). Sie sind damit – für Zwecke des Steuerrechts – unabhängig und ggf. außerhalb der handelsrechtlichen Buchführung bei der Ermittlung des zu versteuernden Einkommens dem Einkommen einer Körperschaft wieder hinzuzurechnen.

91 Aber auch bei Finanzierungen, die eindeutig als Fremdkapital zu qualifizieren sind, kann der Gesetzgeber ein Abzugsverbot für die Kosten der Finanzierung aussprechen, etwa bei einem Gesellschafterdarlehen, bei dem der Zins im Belieben des Gesellschafters steht (verdeckte Gewinnausschüttung, vgl. § 8 Abs. 3 S. 2 Alt. 1 KStG).

92 Nicht den laufenden Aufwand, aber die Passivierung der Verbindlichkeit dem Grunde nach verhindert § 5 Abs. 2a EStG, nach dem für Verpflichtungen, die nur zu erfüllen sind, soweit künftig Einnahmen oder Gewinne anfallen, Verbindlichkeiten oder Rückstellungen erst anzusetzen sind, wenn die Einnahmen oder Gewinne angefallen sind.

93 Für die Strukturierung von Mezzanine Transaktionen ist weiter nicht nur die Passivierung und die Abzugsfähigkeit der Aufwendungen von Bedeutung, sondern auch die Behandlung auf Ebene des Investors. Aus seiner Sicht geht es darum, ob Kapitalertragsteuer einbehalten wird, ob er diese zurückerstattet bekommt oder eine Freistellung erreichen kann, und ob die Erträge steuerlich als Zinsen oder Dividenden zu behandeln sind. Bei internationalen Transaktionen waren Mezzanine Finanzierungen oftmals „hybrid", weil sie aus Sicht des Unternehmens als Zinsaufwand zu behandeln (so häufig einer zivilrechtlichen Qualifikation folgend in Luxemburg), aus Sicht des Investors aber als Eigenkapital (so häufig insbes. USA/Deutschland einer wirtschaftlichen Qualifikation folgend) zu behandeln waren.[119] Oftmals wurden dabei Qualifikationskonflikte zwischen der deutschen

[117] Zwar sind Perpetual Bonds nicht gewinnabhängig (wie Genussrechte, partiarische Darlehen oder stille Beteiligungen), jedoch führen sie zu Kapitalerträgen nach § 20 Abs. 1 Nr. 7 EStG aus Anleihen, über die Sammelurkunden (Globalurkunde) ausgegeben sind (vgl. § 43 Abs. 1 S. 1 Nr. 7a) EStG). Damit wäre – auch wenn kein inländisches Kreditinstitut als payment agent („die die Kapitalerträge auszahlende Stelle") eingeschaltet wird – ein inländischer Schuldner nach § 44 Abs. 1 S. 4 Nr. 1b) EStG zur Einbehaltung von Kapitalertragsteuer (in der Form der Zinsabschlagsteuer) verpflichtet. Dies lässt sich nur vermeiden, wenn der Schuldner der Kapitalerträge (= Schuldscheingläubiger) auch im Ausland ansässig ist.

[118] Für die Anwendung dieses Maßstabs im Bereich von Abschreibungen vgl. etwa v. Schweinitz, Abschreibungen zwischen Aufwands- und Subventionstatbestand, Europarechtliche und verfassungsrechtliche Grenzen von Abschreibungstatbeständen, Berlin 2005.

[119] In Private Equity Transaktionen werden zB häufig von Luxemburger Holding-Gesellschaften sogenannte preferred equity certificates (PECs) oder convertible preferred equity certificates (CPECs) begeben. Aus

Steuerrechtsordnung und einer ausländischen Steuerrechtsordnung ausgenutzt. In diesem Zusammenhang ist aber zu beachten, dass mittlerweile sowohl das europäische Recht (ATAD-Richtlinie[120]) als auch das Abkommensrecht (zuletzt auf Grundlage der „Base-Erosion-Profit-Shifting" [BEPS]-Initiative der OECD; vgl. das „Multilaterale Instrument zur flächendeckenden Änderung des bestehenden Doppelbesteuerungsabkommen"[121] vom 24.11.2016) vielfältige Bestimmungen gegen derartige hybrid-mismatch-arrangements kennt, auch wenn die noch im Zollkodexanpassungsgesetz[122] zunächst geplante spezielle Korrespondenzklausel in § 4 Abs. 5a EStG zum Zinsabzug bislang noch nicht umgesetzt wurde.

Mit Finanzierungsaufwand ließen sich jeweils in der Vergangenheit Gewinnpotentiale 94 innerhalb von Konzernen leicht verlagern. Deutschland hat als Hochsteuerland deshalb die Abzugsfähigkeit von Finanzierungsaufwendungen stark eingeschränkt (insbesondere nach § 4h EStG) und dabei einen möglichen Verstoß gegen das objektive Nettoprinzip in Kauf genommen.[123] Nicht explizit den Finanzierungsaufwand betreffen zwar die Regelungen gegen den „Mantelkauf" (vgl. § 8c KStG, § 10a S. 8 GewStG) und die Beschränkungen der Verlustnutzung (§ 10d EStG) besonders bei Umwandlungsvorgängen (§ 4 Abs. 2 S. 2 UmwStG); diese Regelungen wirken sich aber in der Praxis besonders bei vorgetragenen Finanzierungsaufwendungen aus.

In der Folge werden exemplarisch einige der typischen Fragestellungen angesprochen, 95 die sich aus steuerrechtlicher Sicht bei Mezzanine Finanzierungen stellen. Zunächst wird die Begrifflichkeit des steuerbilanziellen Eigenkapitals behandelt. Für Mezzanine Finanzierungen sind Nachrangigkeitsvereinbarungen typisch, deshalb wird daraufhin die Wirkungsweise einer Nachrangigkeitsvereinbarung im Hinblick auf die Überschuldungsbilanz dargestellt und die steuerrechtlichen Risiken, die sich im Hinblick auf § 5 Abs. 2a EStG ergeben. Weiter wird auf die steuerrechtlichen Folgen eingegangen, die sich aus der Gewinnabhängigkeit der Mezzanine Finanzierungen ergeben.

I. Anforderungen an den steuerbilanziellen Eigenkapitalausweis

Während die HFA-Stellungnahme 1/1994 gewisse Kriterien definiert, unter denen eine 96 Kapitalüberlassung als bilanzielles Eigenkapital auszuweisen ist (Nachrangigkeit, Erfolgsabhängigkeit der Vergütung und Teilnahme am Verlust bis zur vollen Höhe sowie Längerfristigkeit der Kapitalüberlassung), fehlt eine parallele Klarstellung zur Steuerbilanz. Gesetzlich ist nicht definiert, was als steuerbilanzielles Eigenkapital aufzufassen ist. Zwischenzeitlich haben jedoch die obersten Finanzbehörden des Bundes und der Länder zur steuerlichen Behandlung von Genussrechten „überraschende" Beschlüsse gefasst und diese

---

US-steuerrechtlicher Sicht sind dies Eigenkapitalinstrumente, aus Luxemburger Sicht Fremdkapitalinstrumente, die die dortige Bemessungsgrundlage senken.

120 So enthält die ATAD-1 („Council Directive (EU) 2016/1164 of 12 July 2016 laying down rules against tax avoidance practices that directly affect the functioning of the internal market, L 193/1 v. 19.7.2017") eine Switch-Over-Klausel zur Vermeidung weißer Einkünfte.

121 „Multilateral Convention to Implement Tax Treaty Related Measures to Prevent Base Erosion and Profit Shifting", Vertragstext lediglich abrufbar in englischer und französischer Sprache unter: http://www.oecd.org/tax/treaties/multilateral-convention-to-implement-tax-treaty-related-measures-to-prevent-beps.htm (zuletzt abgerufen: 1.6.2017); eine deutsche Übersetzung des BMF ist abrufbar unter: http://www.bundesfinanzministerium.de/Content/DE/Gesetzestexte/Gesetzentwuerfe_Arbeitsfassungen/2016-12-21-Uebereinkommen-zur-Verhinderung-von-Gewinnverkuerzung-und-Gewinnverlagerung.html (zuletzt abgerufen: 1.6.2017).

122 Gesetz zur Anpassung der Abgabenordnung an den Zollkodex der Union und zur Änderung weiterer steuerlicher Vorschriften, BGBl. 2014 I, S. 2417 Nr. 63, ausgegeben zu Bonn am 30.12.2014.

123 Der BFH hat bereits in seinem Beschluss vom 18.12.2013 (DStR 2014, 788, 789 ff.) Zweifel an der Verfassungskonformität der sog. Zinsschranke geäußert. Das BMF hat dazu mit Beschluss vom 3.11.2014 (BStBl. I S. 1516) einen sog. Nichtanwendungserlass angeordnet. Nun hat der BFH in seinem Beschluss vom 14.10.2015 (DStR 2016. 301, 301 ff.) dem BVerfG die Frage vorgelegt, ob die Zinsschranke aufgrund eines Verstoßes gegen den allgemeinen Gleichheitsgrundsatz verfassungswidrig ist.

in einer abgestimmten Verfügung veröffentlicht.[124] Danach soll in der Handelsbilanz in Übereinstimmung mit der HFA-Stellungnahme 1/1994 nicht als Verbindlichkeit behandeltes Genussrechtskapital auch in der Steuerbilanz nicht als Verbindlichkeit, sondern als steuerliches Eigenkapital auszuweisen sein.[125] Diese handelsbilanzielle Qualifizierung von Genussrechten soll für die steuerbilanzielle Behandlung maßgeblich im Sinne des § 5 Abs. 1 S. 1 EStG sein.[126] Wirklich dogmatisch überzeugend ist dieser fiskalisch motivierte Versuch, den Zinsabzug zu verhindern, nicht. Nach HFA 1/1994 findet der bilanzielle Ausweis des Genussrechtskapitals im EK statt, die Behandlung des Zinsaufwandes in der GuV-Rechnung aber im Aufwand. Diese Differenzierung verschweigt die abgestimmte OFD-Verfügung in der pauschalen Anknüpfung an die Maßgeblichkeit. Die in der HFA-Stellungnahme vorgebrachte Differenzierung zwischen Bilanz-Ausweis des Kapitals und GuV-Ausweis der Kapitalvergütung ist damit für Zwecke der steuerrechtlichen Praxis aufgehoben.

97 Wenn im Rahmen der Steuerbilanz nun an den handelsrechtlichen Bilanzierungsmaßstab des Eigenkapitalausweises angeknüpft werden soll, hat das Zusammentreffen von HFA 1/1994 mit og OFD-Verfügung zur Folge, dass Ausschüttungen auf solche EK-Genussrechte *handelsbilanziell* als Aufwand zu buchen sind, *steuerbilanziell* jedoch als Ergebnisverwendung gebucht werden.

98 Die bisher als ausreichend betrachtete „Längerfristigkeit" führt dazu, dass Genussrechtskapital während der Laufzeit „umzukippen" droht: Da das Kriterium für jeden Bilanzstichtag erneut zu erfüllen ist, ist bei Restlaufzeiten < 3 Jahre unklar, ob das Prinzip der Bilanzanknüpfung die bisherige Behandlung als EK handels- (und damit auch steuer-) rechtlich aufrechtzuerhalten ist oder ob wegen der verbliebenen Kurzfristigkeit das Kapital nunmehr als Verbindlichkeit auszuweisen ist. Vor diesem Hintergrund macht es wenig Sinn, befristetes Genussrechtskapital überhaupt handels- oder steuerbilanziell als Eigenkapital zu behandeln. Diese Sichtweise entspricht den IFRS-Anforderungen (s. unter 5.2.2). Praktisch ist ein Ausweis als EK in der Handelsbilanz jedenfalls unattraktiv und zu vermeiden, wenn damit gleichzeitig ein Ende des Zinsabzugs droht.

1. Diskussion über die Aufhebung der Verfügung der OFD Nordrhein-Westfalen vom 12.5.2016 – S 2742-2016/0009

99 Ob und inwieweit die og OFD-Verfügung Bestand hat, kann derzeit nicht abschließend bewertet werden.[127] Wenn sich die der OFD-Verfügung zu Grunde liegende Auffassung zur „strengen Maßgeblichkeit" auch bei dem Zinsabzug durchsetzen sollte, droht mittelfristig der Betriebsausgabenabzug für Zinszahlungen, auch für andere insbesondere im Bankwesen relevante Finanzierungen, zu entfallen. Um diese Konsequenz auszuschließen vertritt allerdings *Meurer* zB die Auffassung, § 25 RechKredV (zu stillen Beteiligungen als EK-Ausweis) sei als Spezialgesetz keine Rechtsgrundlage für handelsrechtliche GoB's; jedenfalls wäre bei den anderen Finanzierungsformen der Zinsabzug als Betriebsausgabe weiter möglich. Im Ergebnis führt die Auffassung von Meurer zu einer teleologischen Reduktion der OFD-Verfügung, die deren Anwendbarkeit ausschließlich auf Genussrechte beschränkt.[128] Warum die Maßgeblichkeit überhaupt bei der Auslegung[129] von § 8 Abs. 3 S. 2 KStG von Bedeutung sein soll, ist unseren Erachtens unklar.

---

[124] Körperschaftsteuerliche Behandlung von Genussrechten (§ 8 KStG), OFD Nordrhein-Westfalen Verfügung v. 12.5.2016 – S 2742-2016/0009-St 131, DStR 2016, 1816 (1816).

[125] Körperschaftsteuerliche Behandlung von Genussrechten (§ 8 KStG), OFD Nordrhein-Westfalen Verfügung v. 12.5.2016 – S 2742-2016/0009-St 131, DStR 2016, 1816 (1816).

[126] Zu den Auswirkungen dieser abgestimmten Verfügung auf einen Steuerabzug nach § 8 Abs. 3 S. 2 KStG → Rn. 136.

[127] *Mann,* Que vadis, Genussrechtsbesteuerung?, RdF 2018, 93 (93 f.).

[128] *Meurer,* Eigenkapital und Fremdkapital in der stillen Gesellschaft am Beispiel von Kreditinstituten, RdF 2018, 72 (73).

[129] *Anzinger,* Bilanzierung und Betriebsausgabenabzug bei Genussrechten und stillen Beteiligungen, RdF 2018, 64.

In dem Umfeld des BMF waren zuletzt (Stand: September 2018) Bestrebungen auszumachen, die möglicherweise auf eine von der handelsbilanziellen losgelöste, steuerbilanzielle Erfassung der Genussrechte, auch im Lichte der Basel-III-Richtlinie, hinausläuft.[130] Demnach war neben einer gesetzlichen Regelung der Maßgeblichkeit[131] auch ein Schreiben des BMF möglich, welches die OFD-Verfügung aufhebt[132] oder modifiziert. 100

Ein erster Schritt in diese Richtung ist der Erlass des Finanzministeriums NRW vom 18.7.2018[133]. Dieser recht knapp formulierte Erlass richtet sich den Kernaussagen der og OFD-Verfügung – jedenfalls in Bezug auf Genussrechte – beinahe diametral entgegen. Es heißt auszugsweise: „*Die Vertreter der obersten Finanzbehörden des Bundes und der Länder haben hinsichtlich der Abgrenzung von Eigen- und Fremdkapital bei Genussrechten folgende Beschlüsse gefasst:* 101

1. *Genussrechtskapital ist nach handelsrechtlichen Grundsätzen ordnungsgemäßer Buchführung gemäß § 5 Abs. 1 S. 1 EStG in der Steuerbilanz als Verbindlichkeit anzusetzen.*
2. *Vergütungen auf dieses Genussrechtskapital sind grundsätzlich als Betriebsausgaben abzugsfähig. Sie mindern, vorbehaltlich § 8 Abs. 3 S. 2 Alternative 2 KStG, grundsätzlich das Einkommen.*
3. *Diese Rechtsauffassung soll im Nachgang zu den Antwortschreiben des BMF an die Verbände durch ein BMF-Schreiben kommuniziert werden.*" Begründet werden die Aussagen kryptisch mit dem „*schuldrechtlichen Charakter*" der Genussrechte.

Dieser Erlass ist damit im Detail noch zu begründen und zu erläutern. So kann das angekündigte BMF-Schreiben mit Spannung erwartet werden. Jedenfalls ergibt sich aus Punkt 1 des Erlasses, dass Genussrechtskapital in der Steuerbilanz – anscheinend ausnahmslos – als Verbindlichkeit anzugeben ist. Es wird zwar auf die handelsrechtlichen GoB, § 5 Abs. 1 S. 1 EStG und damit wohl auf die Maßgeblichkeit der Handelsbilanz verwiesen, das gewollte Ergebnis scheint dennoch klar. Weiter ist nun das Verständnis der og OFD-Verfügung, wonach sich aus § 8 Abs. 3 S. 1 KStG ein generelles Abzugsverbot für Ausschüttungen auf steuerliche EK-Instrumente ergebe, nicht mehr aktuell, suggeriert doch Punkt 2. des aktuellen Erlasses, dass Vergütungen auf Genussrechtskapital das Einkommen mindern und dass § 8 Abs. 3 S. 2 KStG die Ausnahme vom Regelfall der Abzugsfähigkeit darstellt. Danach liegt in der Wertung des Erlasses eine Abkehr von der einstigen OFD-Verfügung. Zwar behandelt der Erlass die Frage danach, ob die Kriterien des IDW HFA 1/1994 auch für die Steuerbilanz gelten nicht explizit und gibt auch sonst keine weiteren Begründungen oder Annahmen an. Dennoch sind eindeutige Abweichungen von der einstigen OFD-Verfügung nicht von der Hand zu weisen, so dass hier von einer teilweisen, teleologischen Reduktion der Verfügung von 2016 gesprochen werden kann. Der damals aufgekommene Streit wird durch den jüngsten Erlass jedenfalls wieder neu belebt. 102, 103

II. Nachrangigkeitsvereinbarung und § 5 Abs. 2a EStG

Rangrücktritt und Erlass mit Besserungsabrede sind streng zu unterscheiden. Der Erlass mit Besserungsabrede, meist[134] in der Form des auflösend mit dem Fall der Besserung bedingten Erlasses,[135] führt zum Wegfall der Forderung,[136] die Rangrücktrittsvereinbarung berührt lediglich den Rang der Forderung im potentiellen Insolvenzverfahren.[137] 104

130 *Anzinger,* Bilanzierung und Betriebsausgabenabzug bei Genussrechten und stillen Beteiligungen, RdF 2018, 64.

131 *Mann,* Que vadis, Genussrechtsbesteuerung?, RdF 2018, 93 (94).

132 Vgl. Art. 31 GG.

133 Finanzministerium des Landes Nordrhein-Westfalen Erlass v. 18.7.2018 – S 2133-000036-V B 1, S 2741-91-V B 4, DB 2018, 1762 (1762).

134 *Groh,* Eigenkapitalersatz in der Bilanz, BB 1993, 1882 (1884).

135 Ist über die Besserung ein „Besserungsschein" ausgegeben, handelt es sich dabei meist nur um ein deklaratorisches Schuldanerkenntnis über das Wiederentstehen des Anspruches, vgl. *Groh,* Eigenkapitalersatz in der Bilanz, BB 1993, 1884.

136 Zu dem steuerlichen Risiko einer Anwendung von § 8 Abs. 3 S. 2 Alt. 2 KStG bei Vereinbarung einer Besserungsabrede, vgl. → Rn. 135. Steuerliche Abzugsfähigkeit von Finanzierungsaufwand.

137 Vgl. zu den Abgrenzungen, *Groh,* Eigenkapitalersatz in der Bilanz, BB 1993, 1882.

105 Bei einer juristischen Person ist neben der Zahlungsunfähigkeit Eröffnungsgrund für ein Insolvenzverfahren die Überschuldung, es sei denn die Fortführung des Unternehmens ist nach den Umständen überwiegend wahrscheinlich, § 19 Abs. 1 InsO.[138] Für eine GmbH & Co. KG gilt dies entsprechend (vgl. § 19 Abs. 3 S. 1 InsO). Überschuldung liegt vor, wenn das Vermögen des Schuldners die bestehenden Verbindlichkeiten nicht mehr deckt, § 19 Abs. 2 S. 1 InsO. Bei der Bewertung des Vermögens des Schuldners ist die Fortführung des Unternehmens zugrunde zu legen (dh nach „going concern"-Bewertungsprinzipien), wenn diese nach den Umständen überwiegend wahrscheinlich ist (vgl. § 19 Abs. 2 S. 1 InsO). Ist die Fortführung des Unternehmens nicht überwiegend wahrscheinlich, sind die Wirtschaftsgüter zu ihren Liquidationswerten anzusetzen.[139]

106 Sinn und Zweck der Überschuldungsbilanz ist die Sicherstellung der Interessen der Gläubiger. Nach diesem Sinn und Zweck können diejenigen Verbindlichkeiten aus dem in der Überschuldungsbilanz auszuweisenden Fremdkapital herausgefiltert werden, die das Unternehmen buchmäßig nicht stärker als Eigenkapital belasten. Damit ist insbesondere der Teil der Verbindlichkeiten angesprochen, für die ein „Nachrang" vereinbart worden ist. Entgegen der üblichen Bezeichnung als „Erklärung" handelt es sich bei der Nachrangigkeitsvereinbarung um eine vertragliche Abrede zwischen Gläubiger und Schuldner.[140] Forderungen eines Gesellschafters aus der Gewährung eines Darlehens sind trotz ihres gesetzlichen Rangrücktritts nach § 39 Abs. 1 Nr. 5 InsO in der Überschuldungsbilanz der Gesellschaft zu passivieren, soweit für sie keine qualifizierte Rangrücktrittserklärung abgegeben worden ist Dies ergibt sich für sämtliche Gesellschafterdarlehen bereits aus einem Umkehrschluss zu § 19 Abs. 2 S. 2 InsO. Mit der Nachrangigkeitsvereinbarung ist nicht nur eine Vereinbarung über den Rang verbunden, sondern auch die Auflage, die Forderung in einem Insolvenz- oder Vergleichsverfahren nicht geltend machen zu dürfen.[141]

107 Welcher exakte Rang im Rahmen einer Insolvenz aus der Vereinbarung eines „Nachrangs" folgt, ist durch Auslegung zu ermitteln (§§ 133, 157 BGB), sofern dieser nicht im Vertragstext explizit genannt wird.[142] Forderungen, für die zwischen Gläubiger und Schuldner der Nachrang im Insolvenzverfahren vereinbart worden ist, werden im Zweifel nach den in § 39 Abs. 1 InsO bezeichneten Forderungen – insbesondere also *nach* den Gesellschafterdarlehen – berichtigt. Dies entspricht meist auch dem mit einer solchen Vereinbarung verfolgten Ziel, eine Entlastungswirkung für Zwecke der Überschuldungsbilanz zu erzielen.

108 Wie tief der Rangrücktritt zu sein hat, insbesondere ob er auch noch nach den „Forderungen auf Rückgewähr des kapitalersetzenden Darlehens eines Gesellschafters" (nach Gesellschafterdarlehensforderungen, § 39 Abs. 1 Nr. 5 InsO nF) zu sein hat, war umstritten.

109 Nach BGH war zur Vermeidung der Passivierung bei der Überschuldungsbilanz zunächst erforderlich, dass der Gläubiger erklärt, er wolle wegen der Forderung erst nach der Befriedigung sämtlicher Gesellschaftsgläubiger und – bis zur Abwendung der Krise – auch nicht vor, sondern nur zugleich mit den Einlagerückgewähransprüchen der Gesellschafter berücksichtigt, also so behandelt werden, als handele es sich bei dem Darlehen um statuarisches Kapital.[143] Mit Urteil vom 5.3.2015[144] änderte der BGH allerdings seine Rechtsprechung unter Zugrundelegung des durch das MoMiG[145] geänderten Rechts (§ 19

[138] Daraus folgt nach IDW 56 eine zweistufige Prüfung, die bei der Going-Concern-Prognose beginnt.
[139] Zu den Einzelheiten des Wertansatzes im Überschuldungsstatuts, *Dahl,* Der Tatbestand der Überschuldung nach § 19 InsO, NJW-Spezial 2008, 117 ff. Insbesondere haben die als Aktiva und Passiva in der Handelsbilanz ausgewiesenen Positionen nur indizielle Bedeutung für die insolvenzrechtliche Überschuldung.
[140] *Leuering/Simon,* Neue Anforderungen an die Gestaltung eines Rangrücktritts, NJW-Spezial 2004, 315.
[141] *Groh,* Eigenkapitalersatz in der Bilanz, BB 1993, 1882 (1883).
[142] BGH Urt. v. 5.3.2015 – IX ZR 133/14, BGHZ 204, 231–251.
[143] BGH Urt. v. 8.1.2001 – II ZR 88/99, BGHZ 146, 264–280.
[144] BGH Urt. v. 5.3.2015 – IX ZR 133/14, BGHZ 204, 231–251.
[145] Gesetz zur Modernisierung des GmbH-Rechts und zur Bekämpfung von Missbräuchen (MoMiG) vom 23.10.2008.

Abs. 2 S. 2, § 39 Abs. 2 InsO). Danach ist, mittlerweile anerkanntermaßen, zur Vermeidung der Passivierung nun ausreichend, zu vereinbaren, dass die Forderung hinter diejenige aus § 39 Abs. 1 Nr. 5 InsO zurücktritt, *„ohne darüber hinaus eine Gleichstellung mit den Einlagerückgewähransprüchen zu verlautbaren“*.[146] Es reicht also ein „vorletzter“ Rang vor den Einlagerückgewähransprüchen der Gesellschafter aus, die schon bereits handelsbilanziell nicht als Verbindlichkeit zu erfassen ist.

Allerdings ist darüber hinaus ferner zu verlangen, dass der vereinbarte Rangrücktritt auch den Zeitraum vor dem zwingenden Insolvenzantrag nach § 15 InsO erfasst. *„Eine Forderung kann nicht vor Verfahrensbeginn durchsetzbar sein, nach Verfahrenseröffnung aber ausgeblendet werden, wenn es um die Feststellung der Überschuldung geht.“*[147] **110**

Im Hinblick auf die insolvenzrechtliche Überschuldungsbilanz ist damit jedenfalls ein Rang *nach* § 39 Abs. 1 Nr. 5 erforderlich, um eine Entlastungswirkung zu erzielen.[148] Ein solcher Rangrücktritt gegenüber allen *anderen* Gläubigern wird als „tiefer“ Rangrücktritt bezeichnet.[149] Häufig wird er vorsorglich schon bei Begründung der Forderung vereinbart, nicht erst in der Krise der Gesellschaft.[150] **111**

Die durch die Vereinbarung einer Nachrangigkeit erzielte Entlastungswirkung bezieht sich damit nur auf die *Überschuldungsbilanz*, nicht auf die Handelsbilanz. In der Handelsbilanz sind die einer Nachrangigkeitsvereinbarung unterliegenden Verbindlichkeiten weiter anzugeben, die Nachrangigkeit ist durch einen Nachrangvermerk in der Bilanz oder im Anhang kenntlich zu machen.[151] Wenn der Schuldner den Rangrücktritt missachtet und den Gläubiger auszahlt, bleibt die Erfüllung wirksam und die Verbindlichkeit geht unter.[152] Es kann allerdings die Möglichkeit der Kondiktion (§ 814 BGB) oder einer Rückforderung nach §§ 134, 143 InsO bestehen.[153] **112**

Nach § 5 Abs. 2a EStG sind Verbindlichkeiten oder Rückstellungen für Verpflichtungen, die nur zu erfüllen sind, soweit künftig Einnahmen oder Gewinne anfallen, erst anzusetzen, wenn sie entgeltlich erworben wurden. Die drohende Rechtsfolge einer Anwendung von § 5 Abs. 2a EStG ist ein Gewinnausweis in Höhe des „geliehenen“ Kapitals. **113**

Nach Auffassung des BMF soll § 5 Abs. 2a EStG aber nur auf solche Verbindlichkeiten anzuwenden sein, die *ausschließlich* aus zukünftigen Gewinnen zu tilgen sind.[154] Danach ist ein Ausweis einer Verbindlichkeit im Entstehungszeitpunkt weiterhin erforderlich (also kein Gewinnausweis), wenn die Rückzahlung nicht nur aus zukünftigen Gewinnen, sondern *auch* aus einem Liquidationsüberschuss oder aus anderem – freien – Vermögen zu erfolgen hat. Die Rangrücktrittsvereinbarung sollte deshalb vorsichtshalber vorsehen, dass die Rück- **114**

146 BGH, aaO.

147 BGH, aaO.

148 Ohne weitere Begründung wird dennoch vielfach angezweifelt, ob es für Zwecke der insolvenzrechtlichen Überschuldungsbilanz ausreicht, einen „einfachen“ Rangrücktritt zu erklären, etwa mit den Forderungen im Rang hinter alle übrigen Gläubiger zurückzutreten. Schon für Zwecke der Entlastungswirkung nach der Überschuldungsbilanz ist deshalb ein sog. „qualifizierter“ Rangrücktritt empfehlenswert; zu der Unterscheidung von „qualifiziertem“ und „einfachem“ Rangrücktritt vgl. → Rn. 104 Nachrangigkeitsvereinbarung und § 5 Abs. 2a EStG. *Häger/Elkemann-Reusch,* Mezzanine Finanzierungsinstrumente, S. 196, Rn. 534.

149 Begrifflichkeit nach *Steinhauer* in Häger/Elkemann-Reusch, Mezzanine Finanzierungsinstrumente, S. 181, Rn. 481.

150 *Groh,* Eigenkapitalersatz in der Bilanz, BB 1993, 1882; Das hat steuerrechtlich die Folge, dass es sich um ein sog. „krisenbestimmtes Darlehen“ (Bundesministerium der Finanzen: Schreiben v. 8.6.1999 – IV B 2 – S 2244 – 29/94, BStBl. I 1999 S. 545). Der Verlust aus einem solchen Darlehen wird bei einem Gesellschafter gem. § 17 EStG als nachträgliche Anschaffungskosten relevant, während ein erst in der Krise erklärter Rangrücktritt – bei Gesellschaftern nach § 17 EStG – zu einem steuerlich irrelevanten Verlust auf privater Vermögensebene führen kann.

151 *Hoyos/Ring* in BeckBilanzR Komm HGB § 266 Rn. 255; *Fleck,* Das kapitalersetzende Gesellschafterdarlehen in der GmbH-Bilanz – Verbindlichkeit oder Eigenkapital?, GmbHR 1989, 313 (318).

152 *Groh,* Eigenkapitalersatz in der Bilanz, BB 1993, 1882.

153 Vgl. auch: BGH Urt. v. 5.3.2015 – IX ZR 133/14, BGHZ 204, 231–251.

154 Bundesministerium der Finanzen: Schreiben v. 8.9.2006 – IV B 2 – S 2133 – 10/06, (BStBl. I S. 497) betr. Passivierung von Verbindlichkeiten bei Vereinbarung eines einfachen oder qualifizierten Rangrücktritts; Auswirkungen des § 5 Abs. 2a EStG.

zahlungen *nicht nur aus zukünftigen Gewinnen, sondern auch aus einem zukünftigen Liquidationsüberschuss oder aus anderem – freien – Vermögen zu leisten sind.*[155] Diese Klausel bezeichnet man steuerrechtlich als einfachen Rangrücktritt mit Besserungsabrede. [156] Eine solche „qualifizierte" Rangrücktrittsvereinbarung einzuhalten, dürfte bei entsprechender steuerrechtlicher Beratung kein Problem darstellen. In der Praxis ist § 5 Abs. 2a EStG eine Frage der richtigen Formulierung bzw. Beratung.[157]

115 Überdies hat der BFH in einem Urteil vom 10.11.2005 entschieden, dass eine Rangrücktrittsvereinbarung nicht schon dann zur Anwendung von § 5 Abs. 2a EStG führt, wenn eine ausdrückliche Bezugnahme der Vereinbarung auf die Möglichkeit der Tilgung auch aus einem Liquidationsüberschuss oder aus sonstigem Vermögen fehlt.[158] Damit ist das Risiko der Anwendung von § 5 Abs. 2a EStG weitgehend entschärft worden.

116 Der BFH hat demgegenüber entschieden, dass eine Verbindlichkeit, die nach einer im Zeitpunkt der Überschuldung getroffenen Rangrücktrittsvereinbarung nur aus einem zukünftigen Bilanzgewinn und aus einem etwaigen Liquidationsüberschuss zu tilgen ist, dem Passivierungsverbot des § 5 Abs. 2a EStG unterliegt.[159]

117 Bei der als Junior oder „Mezzanine" bezeichneten Tranche eines Darlehens wird demgegenüber meist kein „tiefer" Rangrücktritt vereinbart, sondern lediglich ein Rangrücktritt hinter die Forderungen *der Senior-Tranche Darlehensgläubiger.*[160]

III. Gewinnabhängige Vergütungen

118 Die Vergütung auf Mezzanine Finanzierungen kann vielfältige Formen annehmen. Typisch ist dabei die Einräumung eines „Equity Kickers". Die gewinnabhängige Vergütung ist weiter für Zwecke der Kapitalertragsteuer von Bedeutung und für die steuerliche Abzugsfähigkeit des Finanzierungsaufwandes.

1. Steuerliche Behandlung von Equity Kickern

119 Darlehen, deren Vergütung sich teilweise oder vollständig auf den Gewinn bezieht, werden als gewinnabhängig oder „partiarisch" bezeichnet. Bezieht sich die Gewinnbeteiligung auf die Wertsteigerung des Unternehmens nennt man diese Form der Vergütung „Equity Kicker".[161] Der Equity Kicker ist „echt", wenn er sich auf die Ausgabe von Eigenkapital bezieht, er ist „unecht" (oder Non-Equity Kicker), wenn er nur zu einer Sonderzahlung führt (sog. „virtueller Equity Kicker").[162]

120 Der „echte" Equity Kicker kann entweder als Option (engl. *warrant*),[163] also als zusätzliches Recht auf Ausgabe von Eigenkapital, oder als Wandelrecht *(convertible bond)* ausgestaltet sein.

---

155 *Bock,* Steuerliche und bilanzielle Aspekte mezzaniner Nachrang-Darlehen, DStR 2005, 1067 (1069).

156 Vgl. BMF Schreiben v. 8.9.2006 – IV B 2-S 2133-10/06, BStBl 2006 I S. 497.

157 *Bock,* Steuerliche und bilanzielle Aspekte mezzaniner Nachrang-Darlehen, DStR 2005, 1067 (1069); vgl. ähnlich *Leuering/Simon,* Neue Anforderungen an die Gestaltung eines Rangrücktritts, NJW-Spezial 2004, 315 (316).

158 BFH Urt. v. 10.11.2005 – IV R 13/04, DB 2006, 308.

159 BFH Urt. v. 15.4.2015 – I R 44/14, DStR 2015, 1551; insoweit auch Bestätigung von BFH Urt. v. 30.11.2011 – I R 100/10, DStR 2012, 450.

160 Vgl. *Krüger,* Portfolios stärker diversifizieren, Mezzanine Loans: Eine bislang zu Unrecht unterrepräsentierte Kapitalanlageart, VW 2007, 166.

161 *Golland/Gehlhaar/Grossmann/Eickhoff-Kley/Jänisch,* Im Blickpunkt: Mezzanine Kapital, BB-Spezial 2005, 1 sehen Equity Kicker gleichfalls als „Baustein" für Mezzanine Kapital an.

162 *Bock,* Steuerliche und bilanzielle Aspekte mezzaniner Nachrang-Darlehen, DStR 2005, 1067 (1068). Diese performanceabhängige Vergütungskomponente kann über die Ausübung eines virtuellen Optionsrechtes („shadow warrant") oder als einfache Sonderzahlung strukturiert sein. Zu der Abgabe von Gesellschaftsanteilen kommt es dabei nicht. Vgl. *Golland/Gehlhaar/Grossmann/Eickhoff-Kley/Jänisch,* Im Blickpunkt: Mezzanine Kapital, BB-Spezial 2005, 1 (32).

163 Optionsschein, der es dem Inhaber ermöglicht, Eigenkapitalanteile zu festgelegten Konditionen zu erwerben. *Golland/Gehlhaar/Grossmann/Eickhoff-Kley/Jänisch,* Im Blickpunkt: Mezzanine Kapital, BB-Spezial 2005, 1 (32).

Vor Erlangung einer Gesellschafterstellung ist der Finanzierungsaufwand auf das Darlehen auch dann Finanzierungsaufwand eines Nicht-Gesellschafters, wenn die Aussicht auf Erwerb einer Gesellschafterstellung durch Ausübung des „echten“ Equity Kickers nahe liegt. Diese Auffassung entspricht auch der Auffassung der Finanzverwaltung.[164] **121**

Der Finanzierungsaufwand ist damit im Regelfall nicht von den Abzugsbeschränkungen für Gesellschafterdarlehen betroffen (vgl. § 8a Abs. 1 S. 1 KStG aF[165] und die Rückausnahmen zur Konzernausnahme oder zum Eigenkapitalvergleich nach § 8a Abs. 2 u. 3 KStG nF). Typischerweise ist der Mezzanine Kapitalgeber nicht gleichzeitig Anteilseigner des Schuldners.[166] **122**

Abbildung 6: Varianten des Equity Kickers[167]

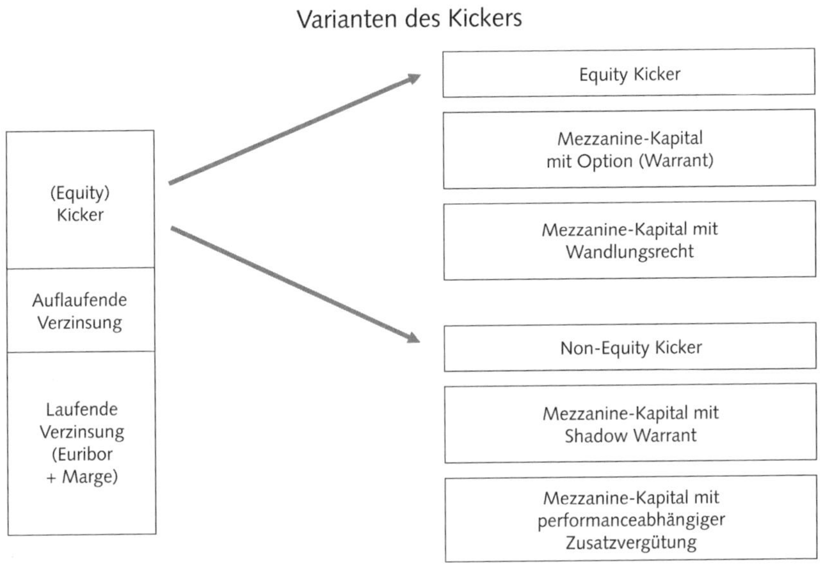

Der Kicker ist als zusätzliche Vergütung für die Kapitalüberlassung zu versteuern.[168] **123**

„Echte“ Equity Kicker in der Form einer zusätzlichen Optionsvergütung fallen steuerrechtlich unter die Regelungen für „Optionsanleihen“. Optionsanleihen sind „Schuldverschreibungen, die auf einen – regelmäßig verzinslichen – Rückzahlungsanspruch laufen und bei denen den Gläubigern das Recht eingeräumt ist, zusätzlich zum Rückzahlungsanspruch Aktien an der ausgebenden Kapitalgesellschaft (oder ihrer zu 100 v. H. beteiligten Muttergesellschaft) zu beziehen.“[169] **124**

164 OFD Düsseldorf 23.3.2001 – S 2136 A – St 11, DB 2001, 1337. Anders aber der Fall des Agios eines „Noch-nicht-Gesellschafters“ auf eine Optionsanleihe, das als Einzahlung in die Kapitalrücklage zu behandeln ist. Besonders überzeugend ist diese Abgrenzung zugegebenermaßen nicht.

165 Zu diesem Aspekt und zum alten § 8a KStG, Breuninger/Prinz, die zu Recht darauf hinweisen, dass auch bei Optionsanleihen trotz der nunmehr durch den BFH vertretenen Einlage-Bilanzierung der „Noch-Nicht-Gesellschafter“ keine steuerrechtliche Schlechterstellung wegen der zukünftigen Gesellschafterstellung erfolgen darf; Breuninger/Prinz, Ausgewählte Bilanz- und Steuerrechtsfragen von Mezzaninefinanzierungen, DStR 2006, 1345 (1349).

166 Vgl. *Jänisch/Moran/Waibel,* Mezzanine Finanzierung – Intelligentes Fremdkapital und deutsches Steuerrecht, DB 2002, 2451 (2452).

167 *Golland/Gehlhaar/Grossmann/Eickhoff-Kley/Jänisch,* Im Blickpunkt: Mezzanine Kapital, BB-Spezial 2005, 1 (3).

168 Dies gilt auch, wenn er von einem Dritten (etwa dem Gesellschafter des finanzierten Unternehmens) gewährt wird. Vgl. *Bärenz/Buge,* Beteiligungen an Mezzanine Fonds, Steuerrechtliche Aspekte dieser modernen Beteiligungsform, NWB DokID: LAAAB-42447, BBV Nr. 2 v. 2.2.2005, S. 22.]

169 OFD Düsseldorf Verfügung v. 23.3.2001 – S 2136 A – St 11, DB 2001, 1337.

125 Diese Einordnung als Optionsanleihe zwingt dazu, Optionsrecht und Schuldverschreibung separat in der Handels- und Steuerbilanz zu bilanzieren, mit der Folge für den Gläubiger/Investor, dass das Optionsrecht erst bei Ablauf des Ausübungszeitraumes ertragsmindernd aufgelöst werden kann. Ein Disagio auf die Schuldverschreibung ist durch einen Rechnungsabgrenzungsposten zeitgerecht aufzulösen.[170]

2. Behandlung von mezzaninen Finanzierungen für Zwecke der Kapitalertragssteuer und nach internationalem Steuerrecht

126 Die Frage, ob ein Darlehen gewinnabhängig ausgestaltet ist, ist weiter für den Einbehalt von Kapitalertragsteuer von Bedeutung. Grob vereinfacht, fällt nach gegenwärtigem deutschem Recht Kapitalertragsteuer auf alle gewinnabhängigen Finanzierungsentgelte an. Entscheidend ist die vertragliche Abrede und nicht, ob tatsächlich eine gewinnabhängige Vergütung bezahlt wird, also auch bei teilweise gewinnabhängiger Vergütungsabrede, bei der tatsächlich nur die Fixkomponente zum Tragen kommt. Zinsen aus partiarischen Darlehen unterliegen etwa nach §§ 43 Abs. 1 S. 1 Nr. 3, 43a Abs. 2 EStG dem Einbehalt von Kapitalertragsteuer.[171]

127 Für Entgelte auf nicht-gewinnabhängige Finanzierungen ist hingegen im Regelfall keine Kapitalertragsteuer einzubehalten (Ausnahme: § 43 Abs. 1 S. 1 Nr. 7a) EStG – verbriefte Forderungen oder § 43 Abs. 1 S. 1 Nr. 7b) EStG – Schuldner ein inländisches Kreditinstitut ggf. mit Rückausnahmen). Die Zinsen auf ein unbesichertes, unverbrieftes Darlehen eines deutschen Industrieunternehmens an einen ausländischen Gläubiger unterliegen keiner Kapitalertragsteuer.

128 Die Kapitalertragsteuer ist – wie die Lohnsteuer – lediglich eine besondere Erhebungsform der Einkommensteuer. Sie setzt deshalb eine Einkommensteuerpflicht dem Grunde nach voraus. Für inländische Gläubiger ist dies unproblematisch, Inländer unterliegen aufgrund des Welteinkommensprinzips mit ihren gesamten Einkünften der Einkommensteuer.

129 Für ausländische Personen ist die Steuerpflicht dem Grunde nach jedoch separat neben den Kriterien des Einbehaltes nach §§ 43 ff. EStG zu prüfen. Oft ist nämlich der Gläubiger einer mezzaninen Finanzierung eine ausländische Kapital- oder Personengesellschaft. Für den Einbehalt der Kapitalertragsteuer ist wegen der Systematik der Kapitalertragsteuer als besondere Erhebungsform der Einkommensteuer damit weiter die beschränkte Steuerpflicht der ausländischen Kapitalgesellschaft erforderlich. Diesen Gedanken formuliert die OFD Frankfurt a. M. für Zinserträge im Sinne des § 20 Abs. 1 Nr. 7 EStG:

„Steuerausländer unterliegen mit ihren Zinserträgen i. S. d. § 20 Abs. 1 Nr. 7 EStG grundsätzlich nur dann dem Steuerabzug vom Kapitalertrag i. S. d. § 43 Abs. 1 Satz 1 Nr. 7 und 8 sowie Satz 2 EStG (Zinsabschlag), wenn die Zinserträge im Rahmen des § 49 EStG der beschränkten ESt- bzw. KSt-Pflicht unterliegen. Dies kann ausnahmsweise dann der Fall sein, wenn es sich um Zinserträge i. S. d. § 43 Abs. 1 Satz 1 Nr. 7 a und 8 sowie Satz 2 EStG aus sog. Tafelgeschäften (§ 49 Abs. 1 Nr. 5c) cc) EStG) handelt oder die Zinseinnahmen im Rahmen einer anderen Einkunftsart anfallen (z. B. als gewerbliche Einkünfte i. S. d. § 49 Abs. 1 Nr. 2 a EStG) und nach Maßgabe des § 49 EStG der inländischen Besteuerung sowie nach der Subsidiaritätsklausel des § 43 Abs. 4 EStG der inländischen Kapitalertragsteuer (KapSt) unterliegen. Unterliegt der Steuerausländer im Übrigen mit den erzielten Zinserträgen nicht der beschränkten ESt- bzw. KSt-Pflicht, muß die die Kapitalerträge auszahlende Stelle im Zeitpunkt der Auszahlung keine KapSt (Zinsabschlag) einbehalten und abführen.“[172]

130 Die beschränkte Steuerpflicht kann sich insbesondere durch eine inländische Betriebsstätte (§ 49 Abs. 1 Nr. 2 lit. a EStG) oder aufgrund einer Besicherung durch Grundschulden/Hypotheken (§ 49 Abs. 1 Nr. 5 lit. c aa EStG) ergeben. Im System der Abgeltungssteuer ab 1.1.2009 wird die beschränkte Steuerpflicht nach § 49 Abs. 1 Nr. 5d) EStG

---

[170] OFD Düsseldorf Verfügung v. 23.3.2001 – S 2136 A – St 11, DB 2001, 1337.

[171] 25 % plus Solidaritätszuschlag von 5,5 % hierauf und ggf. ab 1.1.2009 Kirchensteuer.

[172] OFD Frankfurt a. M. Rundverfügung betr. Erstattung des Zinsabschlags bei Steuerausländern v. 13.1.1999, (S 2410 A – 26 – St II 13) (RIW S. 477), für Einzelfragen zur Anwendung des Zinsabschlaggesetzes, vgl. Bundesministerium der Finanzen: Schreiben IV B 4 – S – 2000- 252/92; BStBl I 1992, 693.

erheblich ausgedehnt. Ausdrücklich ist zB auch der nicht grundschuldbesicherte Darlehensgläubiger bei verbrieften Forderungen beschränkt steuerpflichtig.[173]

Der Gläubiger von Genussrechten ist beschränkt steuerpflichtig gem. § 49 Abs. 1 Nr. 5 lit. a EStG.[174] Auch die meisten anderen mezzaninen Finanzierungsformen sind gewinnabhängig und führen zum Einbehalt von Kapitalertragsteuer. **131**

Bei den meisten mezzaninen Finanzierungen ist es deshalb eine Grundfrage der Strukturierung, wie die Rückerstattung[175] der Kapitalertragsteuer im Falle der Finanzierung durch Ausländer/Anrechnung im Falle der Finanzierung durch Inländer (vgl. § 36 Abs. 2 Nr. 2 EStG) zu erreichen ist. **132**

Bei innerdeutschen Finanzierungen ist die einbehaltene Kapitalertragsteuer als Vorauszahlung der Einkommen-/Körperschaftsteuer zu behandeln (§ 36 Abs. 2 Nr. 2 EStG). Bei internationalen Finanzierungen ist Anspruchsgrundlage für die Erstattung der Kapitalertragsteuer § 50d Abs. 1 S. 2 EStG in Verbindung mit den Regelungen eines Doppelbesteuerungsabkommens. Der Rückerstattungsantrag an das Bundeszentralamt für Steuern[176] ist dabei ua an die Voraussetzung geknüpft, die erhöhten „substance"-Kriterien von § 50d Abs. 3 EStG einzuhalten. **133**

Genussrechte (auch EK-Genussrechte) bilden als bloß schuldrechtliche Forderungen mangels „Beteiligung am Nennkapital" keinen „Anteil" für Zwecke der Hinzurechnungsbesteuerung nach § 7 AStG.[177] Outbound-Transaktionen (= deutsche Investoren investieren im Ausland) sind deshalb oft über Genussrechte strukturiert. Auch auf der Ebene unter einer Zwischengesellschaft bieten sich EK-Genussrechte an, weil diese nach wohl herrschender Meinung zu (aktiven) Gewinnausschüttungen nach § 8 Abs. 1 Nr. 8 AStG führen.[178] **134**

3. Steuerliche Abzugsfähigkeit von Finanzierungsaufwand

Auch für die Abzugsfähigkeit von Finanzierungsaufwand ist es von Bedeutung, ob eine Finanzierung gewinnabhängig ausgestaltet ist. Zwar besteht kein allgemeiner Grundsatz, dass aus dem Gewinn zu tilgende Verbindlichkeiten steuerrechtlich weniger abzugsfähig sein sollten als anderer Finanzierungsaufwand; jedoch kann eine gewinnabhängige Ausgestaltung Indiz dafür sein, dass eine atypische Beteiligung vorliegt oder dass die Finanzie- **135**

---

[173] Wird Kapitalertragsteuer einbehalten, obwohl keine Verpflichtung dazu bestand, hat der Darlehensgläubiger Anspruch auf Rückerstattung nach § 37 AO. Für die Geltendmachung des Anspruchs auf Rückerstattung ist kein besonderes Verfahren einzuhalten (vgl. BFH Urt. v. 25.2.1992 – VII-R-8/91, DStR 1992, 1762). Im Bereich der fehlenden Steuerpflicht aufgrund DBA oder meist auf Europarecht fußenden Sonderregelungen (§§ 43b EStG – Mutter-Tochter-Richtlinie, 50g EStG – Lizenzrichtlinie) bestimmt § 50d Abs. 1 als Ausnahme dazu, dass „die Vorschriften über die Einbehaltung, Abführung und Anmeldung der Steuer durch den Schuldner der Kapitalerträge ungeachtet" anzuwenden. Wenn also keine Freistellungsbescheinigung nach § 50d Abs. 2 EStG rechtzeitig beantragt und erhalten wird, muss der Schuldner trotz der Freistellung/Verringerung des Kapitalertragsteuersatzes aufgrund eines DBA/Europarechts Kapitalertragsteuer in voller Höhe einbehalten. Der Gläubiger der Kapitalerträge ist auf das Erstattungsverfahren verwiesen, um die fehlende oder niedrigere Steuerpflicht aufgrund DBA/europarechtlicher Sonderregelung durchzusetzen.

[174] Vgl. *Watrin/Lühn,* Besteuerung von Genussrechten deutscher Emittenten mit im Ausland ansässigen Inhabern, IWB Nr. 21 v. 8.11.2006, S. 483, Gruppe 4, Fach 3 (S. 486).

[175] Im EU-Kontext kann es zu einer gänzlichen Freistellung nach den Vorgaben der Mutter-Tochter-Richtlinie für EK-Genussrechte kommen.

[176] Zuständigkeit in § 50d Abs. 1 S. 3 EStG festgelegt.

[177] *Wassermeyer* in Flick/Wassermeyer/Baumhoff/Schönfeld AStG § 7 Rn. 12; in diesem Sinne jüngst auch *Strunk/Haase,* Die tatbestandliche Erfassung von Genussrechten als Anteile an Kapitalgesellschaften bei der Hinzurechnungsbesteuerung, BB 2007, 17 (22), mit Hinweisen zu der möglicherweise anderen Auffassung der Finanzverwaltung jedenfalls für EK-Genussrechte.

[178] Zum Streitstand *Wassermeyer/Schönfeld* in Flick/Wassermeyer/Baumhoff/Schönfeld AStG § 8 Rn. 283, die überzeugend argumentieren, dass – wer EK-Genussrechte als Beteiligung nach § 7 AStG behandele –, Gewinnausschüttungen auf diese dann aber auch unter § 8 Abs. 1 Nr. 8 AStG fassen müsse. Die Streitfrage zu § 8 Abs. 1 Nr. 8 AStG, ob Gewinnausschüttungen auf EK-Genussrechte unter diese Vorschrift fallen, dürfte deshalb weniger virulent sein, als die vergleichbare Streitfrage zu § 7 AStG, ob EK-Genussrechte als Beteiligung aufzufassen sind.

rung insgesamt als Eigenkapitalgenussrecht zu qualifizieren ist. Zinsen aus partiarischen Darlehen und Gewinnanteile (typischer) stiller Gesellschafter sind hingegen – deren Angemessenheit unterstellt – grundsätzlich als Betriebsausgaben abziehbar.[179]

136 **a) Abzugsverbot gem. § 8 Abs. 3 S. 2 Alt. 2 KStG („EK-Genussrechte").** Nach § 8 Abs. 3 S. 2 Alt. 2 KStG mindern Ausschüttungen jeder Art auf (1) *Genussrechte,* mit denen das Recht auf Beteiligung am Gewinn (2) *und* am Liquidationserlös (3) der Kapitalgesellschaft (4) (= des Schuldners) verbunden ist, das Einkommen nicht. Die Beteiligung am Gewinn *und* am Liquidationserlös muss kumulativ vorliegen.[180] Daraus erklärt sich auch, dass der Gesetzgeber den gesellschaftsrechtlichen Begriff der Ausschüttung verwendet und nicht den des Zinses, denn Vergütungen auf derartige Genussrechte entsprechen bei wirtschaftlicher Betrachtung eher den gesellschaftsrechtlichen Ausschüttungen als den Zinsen eines Fremdkapitalgebers.[181] Genussrechte, die diese Voraussetzungen erfüllen, bezeichnet man folgerichtig als Eigenkapital-Genussrechte („EK-Genussrechte").[182] Genussrechte, mit denen nur das Recht auf Beteiligung am Gewinn, nicht aber das Recht auf Beteiligung am Liquidationserlös verbunden ist, bezeichnet man als Fremdkapital-Genussrechte („FK-Genussrechte").

137 Das Abzugsverbot des § 8 Abs. 3 S. 2 Alt. 2 KStG bezieht sich ausdrücklich auf eine Beteiligung am Gewinn *einer Kapitalgesellschaft* (legaldefiniert in § 1 Abs. 1 Nr. 1 KStG) und lässt sich damit uE nicht auf andere Emittenten übertragen.[183] Diese Ansicht wird von der Finanzverfassung nicht geteilt, die die Ansicht vertritt, das Wort „auch" in § 8 Abs. 3 S. 2 Alt. 2 KStG beziehe sich „auch" auf andere Emittenten von Genussrechten und nenne damit die Kapitalgesellschaft „nur beispielhaft".[184]

138 Nach Ansicht der Finanzverwaltung gehört das Genussrechtskapital bei Erfüllen der Voraussetzungen des § 8 Abs. 3 S. 2 Alt. 2 KStG zum steuerlichen Eigenkapital.[185] Das führte dazu, die Einzahlung des Genussrechtskapitals als Einlage, nicht als Verbindlichkeit einzubuchen. Die Finanzverwaltung argumentiert wie folgt:

„Diese Auslegung ist auch vom Ergebnis her sinnvoll, wenn man die Einzahlung des Genussrechtskapitals in die Beurteilung mit einbezieht. Kommt eine Passivierung des Genussrechtskapitals als Verbindlichkeit oder die Bildung einer entsprechenden Rückstellung wegen der Nichtrückzahlbarkeit nicht in Betracht, ist zu prüfen, ob die Einzahlung steuerlich als Einlage oder als Gewinn zu behandeln ist. Da die Ausschüttungen unter den zuvor genannten Voraussetzungen steuerlich als Gewinnausschüttungen anzusehen sind, ist entsprechend die Einzahlung als Einlage und nicht als Gewinn zu erfassen."[186]

---

[179] BFH Urt. v. 19.1.1994 – I R 67/92, DStR 1994, 651; vgl. auch Anmerkung von *Angerer* zu BFH Urt. v. 19.1.1994 – I R 67/92, DStR 1994, 651 (652).

[180] FG Baden-Württemberg Urt. 1.10.1993 – 3 K 338/88, EFG 1993, 174.

[181] Anmerkung von *Angerer* zu BFH Urt. v. 19.1.1994 – I R 67/92, DStR 1994, 651 (652).

[182] Dieses Begriffsverständnis gilt unabhängig davon, ob das Genussrecht von einer Kapitalgesellschaft im Sinne des § 1 Abs. 1 Nr. 1 KStG eingeräumt wird oder von einem anderen Unternehmen (Personengesellschaft, Einzelkaufmann).

[183] *Angerer,* Genussrechte bzw. Genussscheine als Finanzierungsinstrument, DStR 1994, 41 (43); diese Ansicht wird von der Finanzverfassung nicht geteilt, die die Ansicht vertritt, das Wort „auch" in § 8 Abs. 3 S. 2 Alt. 2 KStG beziehe sich „auch" auf andere Emittenten von Genussrechten und nenne damit die Kapitalgesellschaft „nur beispielhaft", Bundesministerium der Finanzen: Schreiben betr. steuerliche Behandlung von Genussrechten v. 8.12.1986 – IV B 7-S 2742-26/86, BB 1987, 667.

[184] BMF Schreiben betr. steuerliche Behandlung von Genussrechten v. 8.12.1986 – IV B 7-S 2742-26/86, BB 1987, 667.

[185] Vgl. *Winter,* Steuerliche Behandlung von Genussrechten, GmbHR 1993, 31 (32): „Gewähren die Genussrechte keine Beteiligung am Gewinn und am Liquidationserlös, so mindern die Ausschüttungen hierauf grundsätzlich als Betriebsausgaben den Gewinn und das Einkommen der GmbH, wenn nicht die Voraussetzungen einer verdeckten Gewinnausschüttung erfüllt sind. Das Genussrechtskapital gehört in diesen Fällen in die Steuerbilanz zum Fremdkapital… Das Genussrechtskapital ist in den Fällen der Beteiligung am Gewinn und am Liquidationserlös in der Steuerbilanz der GmbH als Eigenkapital zu behandeln. Die Zuführung dieses Eigenkapitals ist eine Einlage, die sich auf das Einkommen der GmbH nicht auswirken darf."

[186] Bundesministerium der Finanzen: Schreiben betr. steuerliche Behandlung von Genussrechten v. 8.12.1986 – IV B 7-S 2742-26/86, BB 1987, 667.

Dem hat sich der BFH angeschlossen[187] und ferner klargestellt, dass eine solche Interpretation auch der *ratio legis* entspricht.[188] Im Ergebnis sind Zahlungen auf Genussrechtskapital, das die kumulativen Voraussetzungen des § 8 Abs. 3 S. 2 Alt. 2 KStG nicht erfüllt, also als steuerlich abzugsfähige Betriebsausgaben zu behandeln.[189] **139**

Die zwischen Bund und Ländern abgestimmte OFD Verfügung vom 12.5.2016[190] widerspricht dem nicht. Nunmehr soll überdies für die *steuerbilanzielle* Behandlung von Genussrechten als Eigenkapital auch noch die *handelsbilanzielle* Einordnung nach HFA-Stellungnahme 1/1994 des IDW als EK oder FK maßgeblich sein. Diese fiskalisch begründete zusätzliche Behandlung als steuerliches EK wird mit dem Wortlaut des § 8 Abs. 3 S. 1 KStG begründet, aus dem sich generell ein Abzugsverbot für Ausschüttungen auf steuerliche Eigenkapitalinstrumente ergibt.[191] Die Begründung sieht § 8 Abs. 3 S. 2 KStG („auch") also nur als Sonderfall der Nichtabzugsfähigkeit an. Damit ist ein steuerlicher Abzug nur noch gewährleistet, wenn das Genussrecht (handels- und steuerrechtlich) bilanziell als Fremdkapital zu qualifizieren ist *und* § 8 Abs. 3 S. 2 Alt. 2 KStG nicht greift.[192] Ob diese durch Bund und Länder aufrechterhalten wird, ist allerdings nach dem jüngsten Erlass des Finanzministeriums NRW vom 18.7.2018[193] fraglich. **140**

In dieser Absolutheit ist diese Auffassung auch uE nicht haltbar. Die Finanzverwaltung geht von einer uneingeschränkten Maßgeblichkeit der handelsrechtlichen Grundsätze ordnungsmäßiger Buchführung nach § 5 Abs. 1 S. 1 EStG iVm § 8 Abs. 1 KStG für Genussrechte aus, ohne dann aber auch die Behandlung der Genussrechtszinsen als „Aufwand" nach HFA 1/1994 steuerrechtlich nachzuvollziehen. § 8 Abs. 3 S. 2 Alt. 2 KStG ist dabei eine bloße Einkommensermittlungsvorschrift und nicht eine Bilanzierungsvorschrift.[194] An der handelsrechtlich geprägten Zuordnung des Genussrechtskapitals ändert die Bestimmung nichts.[195] Erst wenn die handelsrechtlichen Kriterien für die Qualifikation als Eigenkapital (vgl. → Rn. 28 HGB Anforderungen an den bilanziellen Eigenkapitalausweis) erfüllt sind, ist das Genussrechtskapital als Eigenkapital zu qualifizieren, dies dann aber mit Wirkung sowohl für Handels- als auch für die Steuerbilanz[196]. **141**

Selbst dann, wenn das Genussrechtskapital handelsrechtlich als Eigenkapital zu qualifizieren ist, sind nach Auffassung des HFA[197] die Vergütungen für Genussrechte als Aufwand im Rahmen der handelsrechtlichen Gewinnermittlung zu verbuchen. Die handelsrechtliche Prüfung der Eigenkapitalkriterien entledigt also nicht von der weiteren Prüfung, ob in steuerrechtlicher Hinsicht das Abzugsverbot nach § 8 Abs. 3 S. 2 KStG erfüllt ist. Begründet wird diese Auffassung damit, dass das Genussrechtskapital auf einem schuldrechtlichen Vertrag beruhe (und nicht auf einem Gesellschaftsvertrag), auch wenn Bezugspunkt der Vergütung der Gewinn des Unternehmens ist. Die gewinnabhängige Bemessung der Vergütung für das Genussrechtskapital wirkt sich lediglich auf die Höhe, nicht aber auf den **142**

[187] BFH Urt. v. 19.1.1994 – I R 67/92, BStBl. II 1996 S. 77 ff., BB 1994, 1275; aA *Strunk/Haase,* Die tatbestandliche Erfassung von Genussrechten als Anteile an Kapitalgesellschaften bei der Hinzurechnungsbesteuerung, BB 2007, 17 (18).

[188] BFH Urt. v. 14.6.2005 – VIII R 73/03, BStBl. II 2005 S. 861, DStR 2005, 1847 (1848).

[189] Vgl. *Heinrichs/Schlotter,* Körperschaftssteuerliche Behandlung von Genussrechten, DB 2016, 2072 (2073); *Bisle,* Die steuerliche Behandlung von Genussrechten, SteuK 2016, 381 (382).

[190] Körperschaftsteuerliche Behandlung von Genussrechten (§ 8 KStG), OFD Nordrhein-Westfalen Verfügung v. 12.5.2016 – S 2742-2016/0009-St 131, DStR 2016, 1816 (1816); zur Diskussion über die Aufhebung der OFD-Verfügung vgl. → Rn. 99.

[191] Körperschaftsteuerliche Behandlung von Genussrechten (§ 8 KStG), OFD Nordrhein-Westfalen Verfügung v. 12.5.2016 – S 2742-2016/0009-St 131, DStR 2016, 1816 (1816).

[192] *Bisle,* Die steuerliche Behandlung von Genussrechten, SteuK 2016, 381 (383).

[193] Finanzministerium des Landes Nordrhein-Westfalen Erlass v. 18.7.2018 – S 2133-000036-V B 1, S 2741-91-V B 4, DB 2018, 1762 (1762).

[194] So auch *Neumann* in Rödder/Herlinghaus/Neumann, KStG, 2015, § 8 Rn. 1249.

[195] Vgl. *Groh,* Eigenkapitalersatz in der Bilanz, BB 1993, 1882 (1890).

[196] Der Steuerpflichtige hat mit der Handelsbilanz eine steuerrechtliche Überleitungsrechnung vorzulegen oder eine „den steuerlichen Vorschriften entsprechende Bilanz (Steuerbilanz)", vgl. § 60 Abs. 2 EStDV.

[197] HFA-Stellungnahme 1/1994: Zur Behandlung von Genussrechten im Jahresabschluß von Kapitalgesellschaften, WPG 1994, 419 ff.

rechtlichen Charakter der Zahlung (als handelsrechtlichen Aufwand) aus.[198] Insoweit bleibt unklar, aus welchem Grund die Finanzverwaltung die HFA-Stellungnahme 1/1994 nur insoweit als für die Steuerbilanz verbindlich erklärt, als sie die Qualifikation des Genussrechtskapital als handelsbilanzielles Eigenkapital betrifft und nicht auch bezüglich der Aufwandswirksamkeit der Ausschüttungen auf Eigenkapitalgenussrechte.[199]

143 Diese nach HFA vertretene unterschiedliche Behandlung von Genussrechtskapital mit Eigenkapitalcharakter in der Handelsbilanz (als Eigenkapital) und in der Gewinn- und Verlustrechnung (GuV) als Aufwand (wie bei Fremdkapital) will zwar ihrerseits nicht recht einleuchten;[200] sie entspricht jedoch der nach wie vor verbindlichen Auffassung des Instituts der Wirtschaftsprüfer. Auch für als Eigenkapital klassifizierte Genussrechte ist damit der Zins als handelsrechtlicher Aufwand zu buchen, der nur unter den zusätzlichen Voraussetzungen des § 8 Abs. 3 S. 2 Alt. 2 KStG als nicht abzugsfähiger Betriebsaufwand außerbilanziell hinzuzurechnen ist. Ob dies ggf. nach og OFD-Verfügung steuerrechtlich zu befolgen ist, wird finanzgerichtlich zu klären sein. Wegen der abweichenden Auffassung der Finanzverwaltung sollte zur Vermeidung des Vorwurfs einer Steuerhinterziehung ein etwaig dennoch vorgenommener Zinsabzug in einem Begleitschreiben zur Steuererklärung erläutert werden.

144 **aa) Beteiligung am Gewinn.** Mit Genussrechten nach § 8 Abs. 3 S. 2 Alt. 2 KStG ist eine Beteiligung am Gewinn verbunden. Ob eine Beteiligung am Gewinn vorliegt, ist nach betriebswirtschaftlichen Kriterien zu bewerten. Orientiert sich die Beteiligung am Jahresüberschuss (§ 275 HGB), am Bilanzgewinn (§ 268 Abs. 1 HGB) oder an der tatsächlich an die Aktionäre ausgeschütteten Dividende, liegt eine Gewinnbeteiligung vor.[201] Sinnvoll ist es meist, die Beteiligung vom Jahresüberschuss abhängig zu machen, und damit von der Verwendung des Jahresüberschusses („Bilanzgewinn") unabhängig zu gestalten.

145 Ist eine Vergütung variabel, so ist allein das noch kein Indiz für eine Gewinnabhängigkeit, weil auch Fremdkapitalgeber einen variablen Zins vereinbaren können. Umgekehrt hat der BFH in einem Einzelfall eine Kapitalbeteiligung mit fixer Vergütung als Genussrechtsbeteiligung eingestuft, weil der fixe Zins (von 6 Prozent) genau dem erwarteten Dividendenertrag entsprochen hatte.[202] Steuerlich liegt überdies jedenfalls dann eine „Gewinn"-Abhängigkeit vor, wenn eine Verlustbeteiligung vereinbart ist, wenn also keine Vergütung erfolgen würde, soweit sich aus der Vergütung ein Jahresfehlbetrag ergeben oder erhöhen würde.

146 Die Abgrenzung ist stark einzelfallabhängig. Indizien gegen eine Beteiligung „am Gewinn" sind insbesondere die folgenden Fallgruppen:

- eine feste Verzinsung, auch wenn der Zins nach Ablauf eines längeren Zeitraumes variabel gestellt wird,
- im Verlustfall erfolgt kein Ausfall der Verzinsung, sondern bloß eine Stundung (auch bei Nachrangigkeit),

147 Ein „Dividend-Pusher", also die Auslösung einer Zahlungsverpflichtung bei Zahlung einer anderen Verpflichtung, ist selbst noch kein eindeutiges Indiz für eine Gewinnbeteiligung, sofern damit nur bis dahin gestundete Zinszahlungen ausgelöst werden.

---

[198] HFA-Stellungnahme 1/1994: Zur Behandlung von Genussrechten im Jahresabschluß von Kapitalgesellschaften, WPG 1994, 419 (422); *Küting/Kessler/Harth,* Genussrechtskapital in der Bilanzierungspraxis, Eine empirische Untersuchung zur Resonanz der HFA-Stellungnahme 1/1994 unter Berücksichtigung bilanzpolitischer Gesichtspunkte, Beilage 4 zu Heft 8 BB 1996, 1 (20).

[199] So auch *Heinrichs/Schlotter,* Körperschaftssteuerliche Behandlung von Genussrechten, DB 2016, 2072 (2076).

[200] *Küting/Kessler/Harth,* Genussrechtskapital in der Bilanzierungspraxis, Eine empirische Untersuchung zur Resonanz der HFA-Stellungnahme 1/1994 unter Berücksichtigung bilanzpolitischer Gesichtspunkte, Beilage 4 zu Heft 8 BB 1996, 1 (20 u. 22).

[201] Knobbe-Keuk, Bilanz- und Unternehmenssteuerrecht, § 16 IV Rn. 1.

[202] BFH Urt. v. 28.6.1960 – I 85/60, DB 1960, 1057 (1058).

Eine ausschließlich fixe Vergütung schließt die Qualifikation als „Genussrecht" aus, es sei denn über eine Wasserfall-Regelung[203] mit Verbot der Insolvenzbeantragung (oder ähnliches) wird indirekt eine Gewinnabhängigkeit auch der fixen Vergütung erreicht.[204] Allerdings wird eine indirekte Gewinnbeteiligung auch in dem Fall angenommen, wenn der Festzins unter dem Vorbehalt eines ausreichend hohen Gewinns steht.[205] **148**

Im Falle einer festen *Mindest*verzinsung, die sich entsprechend der Gewinnlage erhöht, liegt eine Beteiligung am Gewinn nur dann vor, wenn die fixe Mindestverzinsung so niedrig ist, dass sie unter dem liegt, was nach den Verhältnissen des Unternehmens auf Eigenkapital zu zahlen wäre. In diesen Fällen wird bei wirtschaftlicher Betrachtung indirekt tatsächliches Unternehmensrisiko mitgetragen und das Unternehmen unter normalen Umständen nicht mit gewinnunabhängigen Mindestverzinsungen belastet. Der Mindestzins ist in diesem Fall nicht primäre Gegenleistung für die Überlassung von Kapital, sondern die Hoffnung auf ein Eintreten der Gewinnbeteiligung.[206] Eine Beteiligung am Gewinn liegt weiter nahe, wenn die variable Zinskomponente bei Prognose der tatsächlichen Ertragserwartungen in greifbarer Nähe liegt.[207] **149**

Ist der Mindestzins dagegen so hoch, dass die Vergütung bei wirtschaftlicher Betrachtung vom Geschäftsergebnis weitgehend unabhängig sein soll, scheidet eine Gewinnbeteiligung aus.[208] Bei Mischformen zwischen fester Verzinsung und Reingewinnbeteiligung ist darauf abzustellen, ob der eine oder andere Faktor überwiegt.[209] Eine Aufteilung in abziehbare und nichtabziehbare Vergütungskomponenten ist ausgeschlossen.[210] **150**

In der Praxis liegt in den meisten Fällen einer Mindestverzinsung keine „Gewinnbeteiligung" in diesem Sinne vor, sondern bloß ein partiarisches Darlehen, weil die feste Zinskomponente die variable überwiegt. **151**

bb) Beteiligung am Liquidationserlös. Liegen kumulativ Gewinnbeteiligung und Beteiligung am Liquidationserlös vor, sind die Genussrechtszinsen steuerrechtlich als „Ausschüttungen" gem. § 8 Abs. 3 S. 2 Alt. 2 KStG außerbilanziell dem (steuerrechtlichen) Gewinn bei der Ermittlung des zu versteuernden Einkommens hinzuzurechnen. Umgekehrt wird der Bezieher dieser „Ausschüttungen" steuerrechtlich wie der Begünstigte von Dividenden behandelt, profitiert also als Körperschaft von § 8b KStG und kann als Privatperson das Teileinkünfteverfahren geltend machen (§ 3 Nr. 40a) EStG iVm § 20 Abs. 1 Nr. 1 EStG). **152**

Die Frage, ob eine Beteiligung am Liquidationserlös vorliegt, ist damit steuerrechtlich sowohl für den Bezieher der Einkünfte als auch für das die Finanzierung aufnehmende Unternehmen von entscheidender Bedeutung. **153**

Eine Beteiligung am Liquidationserlös scheidet aus, wenn es sich nicht um ein Finanzierungsgenussrecht handelt, das Genussrecht also ohne Kapitalüberlassung begründet wurde und ein Rückzahlungsanspruch des Genussrechtsberechtigten ausgeschlossen ist.[211] **154**

---

203 Als Wasserfall bezeichnet man die exakte Bestimmung der Zahlungsreihenfolge, die meist bei Verbriefungsgesellschaften und Zweckgesellschaften zu beachten ist. Diese Zahlungsreihenfolge zur Liquiditätsverwendung kann wirtschaftlich einer Bestimmung der Gewinnabhängigkeit gleichkommen, auch wenn formal der Zinssatz nur nominal bestimmt ist. Vgl. Schmidtbleicher, Mittelbarer Kapitalmarktzugang für KMU durch Genussrechtepooling, Arbeitspapiere Institut für Bankrecht, Nr. 128, 3/2006, S. 4.

204 Vgl. *Winter*, Steuerliche Behandlung von Genussrechten, GmbHR 1993, 31 (32): „Eine fixe Verzinsung ohne größere Schwankungen ist keine Gewinnbeteiligung."

205 *Schlösser/Sagasser*, Die Besteuerung von Kapitalanlagevermögen, § 27 Rn. 606 in Assmann/Schütze, Handbuch des Kapitalanlagerechts.

206 Würde dieses Kriterium ernst genommen (was aus fiskalischen Gründen oft nicht der Fall ist), müsste einige „Mezzanine Finanzierung" als schlicht partiarische Darlehen umqualifiziert werden.

207 Vgl. Knobbe-Keuk, Bilanz- und Unternehmenssteuerrecht, § 16 IV Rn. 1.

208 *Sontheimer*, Die steuerliche Behandlung von Genussrechten, Beilage 19/1984 zu BB 1984, 1 (5).

209 *Winter*, Steuerliche Behandlung von Genussrechten, GmbHR 1993, 31 (32).

210 *Breuninger/Prinz*, Ausgewählte Bilanz- und Steuerrechtsfragen von Mezzaninefinanzierungen, DStR 2006, 1345 (1347).

211 FG Baden-Württemberg Urt. v. 1.10.1993 – 3 K 338/88, EFG 1993, 174 (175); zust. BFH Urt. v. 19.1.1994 – I R 67/92, DStR 1994, 651.

155 Die Finanzverwaltung argumentiert, in der Wahl des Wortes „Liquidationserlös" anstelle von „Liquidationsüberschuss" käme eine gesetzgeberische Entscheidung zum Ausdruck. Eine Beteiligung am Liquidationserlös liege deshalb vor, wenn die Genussrechtsberechtigten bei „Liquidation" wie ein Gesellschafter (positiv)[212] an den stillen Reserven beteiligt *würden;* unerheblich ist, ob sie tatsächlich an einer Liquidation teilnehmen werden. Auch das Ausbezahlen der Beteiligung an den stillen Reserven vor Liquidation ist bei Zugrundelegung dieser Auffassung ausreichend.[213] Damit verlagert sich die Fragestellung. Anstelle der Prüfung, ob eine Beteiligung am Liquidationserlös vorliegt, führt die Auffassung der Finanzverwaltung dazu, allgemein eine Beteiligung an den stillen Reserven zu prüfen.

156 Dafür ist dann darauf abzustellen, dass die Gesellschaft in gleicher Weise, insbesondere nicht mehr durch Finanzierungen der Genussrechtsbeteiligten als durch Gesellschafterbeiträge, belastet wird (sog. „Belastungsvergleich").[214] Diese den Wortlaut der Liquidation weitgehend außer Acht lassende Auslegung geht jedoch zurück auf die Entscheidung des Reichsfinanzhofes v. 17.4.1934. Der Reichsfinanzhof zog aus der wirtschaftlichen Betrachtungsweise des Steuerrechts folgende Schlussfolgerung:

„Wenn die Rechte von Genußscheinen so gestaltet sind, dass die Steuerkraft der Gesellschaft durch die Genußscheine nicht anders, insbesondere nicht mehr belastet wird als durch die Rechte von Aktionären, dann mindern die Bezüge, die auf die Genussscheine entfallen, nicht das steuerpflichtige Einkommen."[215]

157 Bei Gesellschafterbeiträgen ist die Gesellschaft erst im Falle der Liquidation mit den Liquidationsansprüchen der Gesellschafter belastet;[216] bei wirtschaftlicher Betrachtung muss diese geringe Form der Belastung auch der Finanzierung durch einen Genussrechtsberechtigten entsprechen, um als „Beteiligung am Liquidationserlös" einzuordnen zu sein.

158 Allein aus dem Bestehen einer Nachrangvereinbarung kombiniert mit einer Verlustteilnahme, ergibt sich jedoch noch keine (positive) „Beteiligung am Liquidationserlös".[217] Eine Beteiligung am Liquidationserlös kann weiter auch nicht allein daraus abgeleitet werden, dass der Genussrechtsinhaber zugleich Gesellschafter ist.[218]

159 Der Begriff der „Liquidation" wird in diesem Zusammenhang weit verstanden als die Rückführung von Verbindlichkeiten gegenüber Gesellschaftsgläubigern. Partizipiert der Genussrechtsberechtigte wie ein Gesellschafter an dem Rest-Vermögen (und damit an den stillen Reserven), ist er „an dem Liquidationserlös beteiligt". Dies gilt dabei auch, wenn er nur *teilweise* an den stillen Reserven beteiligt wird.[219]

160 Die Finanzverwaltung vertritt darüber hinaus die Ansicht, dass bei Genussrechten mit Verlustbeteiligung eine Beteiligung am Liquidationserlös auch dann vorliegt, wenn „das

---

212 Winter spricht deshalb davon, es komme darauf an, ob der Berechtigte wenigstens am Risiko des Geschäftsbetriebs „nach der Seite der Gewinnerzielung" teilnimmt, *Winter,* Steuerliche Behandlung von Genussrechten, GmbHR 1993, 31 (32).

213 Vgl. *Winter,* Steuerliche Behandlung von Genussrechten, GmbHR 1993, 31 (32).

214 FG Baden-Württemberg, Urt. v. 1.10.1993 – 3 K 338/88, EFG 1993, 174 (175); allein auf den „Belastungsvergleich" darf aber auch nicht zurückgegriffen werden, weil sonst auch Genusskapital, das nicht rückzahlbar ist, unter die Regelung fiele, obwohl der Wortlaut des Gesetzes („Beteiligung am Liquidationserlös") nicht erfüllt wäre; vgl. *Sontheimer,* Die steuerliche Behandlung von Genussrechten, Beilage 19/1984 zu BB 30/1984, 1 (5).

215 RStBl. 1934 S. 773.

216 Vgl. *Sontheimer,* Die steuerliche Behandlung von Genussrechten, Beilage 19/1984 zu BB 1984, 1 (5).

217 Knobbe-Keuk, Bilanz- und Unternehmenssteuerrecht, § 16 IV Rn. 1; vgl. Bundesministerium der Finanzen: Schreiben betr. steuerliche Behandlung von Genussrechten, v. 8.12.1986 – IV B 7-S 2742-26/86, BB 1987, 667, das im Falle einer solchen Beteiligung das Genusskapital als (steuerrechtliches) Eigenkapital qualifizieren will.

218 FG Urt. Baden-Württemberg, 1.10.1993 – 3 K 338/88, EFG 1993, 174; aA aber das Bundesministerium der Finanzen: für den Alleingesellschafter/Genussrechtsberechtigten ohne sonstige Beteiligung an dem Liquidationserlös das Bundesministerium der Finanzen: in dem Nichtanwendungserlass zu der Entscheidung des BFH Urt. v. 19.1.1994 – I R 67/92, BStBl. II 1996 S. 77; Bundesministerium der Finanzen: Schreiben v. 27.12.1995 – IV B 7 – S 2742 – 76/95, BStBl. I 1996 S. 49.

219 Bundesministerium der Finanzen: Schreiben betr. steuerliche Behandlung von Genussrechten, 17.2.1986 – IV B 7 – S 2742 – 1/86, BeckVerw 095225.

Genussrechtskapital im Falle der Liquidation des Unternehmens zum *Nennwert* zurückzuzahlen ist".[220] Es begründet diese Auffassung damit, dass durch die Beteiligung am Verlust das Genussrechtskapital im Zeitpunkt der Liquidation gemindert sein *könnte;* der Anspruch auf Rückzahlung zum Nennbetrag führe dann zu einer teilweisen Beteiligung an den stillen Reserven, um die verlustbedingte Minderung auszugleichen.[221]

Überzeugend ist diese Ansicht nur dann, wenn tatsächlich eine Beteiligung am Liquidati- **161**
onsgewinn (=Verlustkompensation) durch die Nominalrückzahlung eintritt. Wird kein vorheriger Verlust kompensiert, beinhaltet die Nominalrückzahlung auch keine Rückzahlung an den stillen Reserven.

UE ist die Auffassung der Finanzverwaltung allenfalls dann überzeugend, wenn *im* **162**
Einzelfall tatsächlich eine (bisher erfolgte) Verlustbeteiligung der Genussrechtsinhaber naheliegt. Spricht die Ertragslage der Genussrechtsemittentin jedoch dagegen, dass im Zeitpunkt der „Liquidation" des Unternehmens über den Umweg der Nominalrückzahlung eine Beteiligung an den stillen Reserven vorliegt, ist § 8 Abs. 3 S. 2 Alt. 2 KStG nicht anwendbar. Die Auffassung der Finanzverwaltung verhindert den Einsatz eines wirtschaftlich sinnvollen Sanierungsinstruments.[222] Ein Verzicht auf Genussrechtsrückzahlung unter Vereinbarung eines „Besserungsscheins"[223] ist damit praktisch ausgeschlossen, denn auch darin liegt nach ihrer Argumentation eine vereinbarte, mögliche Beteiligung am Liquidationserlös.

In dem Moment des Verzichts ist die bisherige Verbindlichkeit bei Befolgung der Auf- **163**
fassung der Finanzverwaltung erfolgsneutral gegen das Eigenkapital zu buchen. Bilanziell ist die Besserungsverpflichtung jedoch erst dann wieder als Verbindlichkeit zu passivieren, wenn aufgrund entstandener oder sonst entstehender Jahresüberschüsse die Bedingung für eine Dotierung der Besserungsverpflichtung tatsächlich eingetreten ist.[224] Die drohende Besserungsverpflichtung ist gem. § 264 Abs. 2 S. 2 HGB im Anhang zu erläutern.[225]

Die Auffassung der Finanzverwaltung ist in diesem Punkt stark fiskalisch geprägt, weil sie **164**
der Finanzverwaltung über § 8 Abs. 3 S. 2 Alt. 2 KStG das Mittel gibt, in der Betriebsprüfung nachträglich die Abzugsfähigkeit von Finanzierungsaufwendungen abzulehnen. In dem umgekehrten Fall, dass sich die Qualifikation einer Finanzierung als EK-Genussrecht für den deutschen Fiskus negativ auswirkt, droht dem Steuerpflichtigen jedoch leicht, Inkonsequenz entgegen zu schlagen: Dann mag die Finanzverwaltung etwa die stark Einzelfall-orientierten Kriterien anderweitig zu nutzen und die als EK-Genussrecht konzipierte Finanzierung in eine stille Beteiligung umqualifizieren (vgl. → Rn. 6.2. Typisch und atypisch stille Gesellschaft).

In einem weiteren Schreiben[226] hat die Finanzverwaltung die Ansicht vertreten, dass eine **165**
Beteiligung am Liquidationserlös auch in den Fällen vorliegt,

- in denen die Rückzahlung nicht vor der Liquidation verlangt werden kann oder
- der Anspruch auf Rückzahlung wirtschaftlich ohne Bedeutung ist,
  - etwa weil die Rückzahlung erst in ferner Zukunft (später als nach 30 Jahren) erlangt werden kann oder

---

220 Bundesministerium der Finanzen: Schreiben betr. steuerliche Behandlung von Genussrechten, 17.2.1986 – IV B 7 – S 2742 – 1/86, BeckVerw 095225.

221 *Lang* in E&Y KStG § 8 Rn. 1161.

222 Vgl. *Emmerich,* Zur Behandlung von Genussrechten im Jahresabschluß von Kapitalgesellschaften, WPg 1994, 677.

223 Verzicht auf die Forderung mit Wieder-Erstarken der Forderung nach Abwicklung des Insolvenzverfahrens.

224 *Emmerich,* Zur Behandlung von Genussrechten im Jahresabschluß von Kapitalgesellschaften, WPg 1994, 677 (684).

225 *Emmerich,* Zur Behandlung von Genussrechten im Jahresabschluß von Kapitalgesellschaften, WPg 1994, 677 (685).

226 Bundesministerium der Finanzen: Schreiben betr. steuerliche Behandlung von Genussrechten v. 8.12.1986 – IV B 7-S 2742-26/86, BB 1987, 667.

- die Modalitäten eines Wandelungs- oder Optionsrechtes so ausgestaltet sind, dass ein wirtschaftlicher Zwang zum Erwerb von Gesellschaftsrechten ausgeübt wird.[227]

166 Die Ansicht der Finanzverwaltung ist auch insoweit abzulehnen.[228] Der Wortlaut von § 8 Abs. 3 S. 2 Alt. 2 KStG verlangt eine „Beteiligung am Liquidationserlös".[229] Ist der Rückzahlungsanspruch wirtschaftlich bedeutungslos, ist die Belastung für die das Genussrechtskapital begebende Emittentin zwar mit der „Belastung" durch Eigenkapital vergleichbar; § 8 Abs. 3 S. 2 Alt. 2 KStG verlangt jedoch nicht bloß eine *Vergleichbarkeit* der Belastung, sondern eine (zukünftig zu erwartende) *Beteiligung* am Liquidationserlös.[230] Ist keine derartige Beteiligung zu erwarten, weil der Rückzahlungsanspruch wirtschaftlich bedeutungslos ist, ist § 8 Abs. 3 S. 2 Alt. 2 KStG – entgegen der Auffassung der Finanzverwaltung – nicht einschlägig. Auch das FG Baden-Württemberg hatte sinngemäß in einer Entscheidung argumentiert, die wirtschaftliche Bedeutungslosigkeit des Rückzahlungsanspruches komme der Nicht-Beteiligung an den stillen Reserven gleich und umgehe damit das Erfordernis der Beteiligung an Gewinnen und stillen Reserven. Ein Erst-Recht-Schluss, dass keine Beteiligung am Liquidationserlös der Beteiligung eines Gesellschafters am Liquidationserlös gleichkomme, stehe im Widerspruch zum Wortlaut des § 8 Abs. 3 S. 2 Alt. 2 KStG.[231] Der BFH hat dieser Argumentation zugestimmt.[232] Das BMF hat die Entscheidung des BFH jedoch mit einem Nichtanwendungserlass belegt.[233]

167 Die Auffassung der Finanzverwaltung, dass die bloße Aufrechterhaltung des Genussrechtsnominals im Falle der Insolvenz ausreichend sein soll für eine Beteiligung am Liquidationserlös, hat zudem mit dem Sinn und Zweck der Regelung, die schuldrechtliche Beteiligung an den stillen Reserven in gleicher Weise zu behandeln wie (nicht abzugsfähige) Gesellschafterdividenden, nichts mehr zu tun. Die Aufrechterhaltung des Nominalwerts ist keine Beteiligung an den stillen Reserven. Eine Beteiligung am Liquidationserlös liegt darüber hinaus auch dann nicht vor, wenn den Genussberechtigten ein sonstiger fester Betrag erstattet wird, der unabhängig vom Liquidationserlös ist.[234]

168 Bei Genussrechten, die mit Wandelungs- oder Optionsrechten verbunden sind, können die Modalitäten des Wandelungs- oder Optionsrechtes so ausgestaltet sein, dass ein wirtschaftlicher Zwang zum Erwerb von Gesellschaftsrechten ausgeübt wird. Dann kommt bei Zugrundelegung der Auffassung der Finanzverwaltung eine Beteiligung am Liquidationserlös in Betracht, wenn der Rückzahlungsanspruch selbst wirtschaftlich bedeutungslos ist.

169 Genussrechte, deren Vergütung unter den zuvor erläuterten Gesichtspunkten als Betriebsausgaben abzugsfähig bleibt, begründen einkommensteuerlich keine Mitunterneh-

---

[227] Bundesministerium der Finanzen: Schreiben betr. steuerliche Behandlung von Genussrechten v. 8.12.1986 – IV B 7-S 2742-26/86, BB 1987, 667; Knobbe-Keuk, Bilanz- und Unternehmenssteuerrecht, § 16 IV Rn. 1.

[228] Ähnlich etwa auch *Groh,* Eigenkapitalersatz in der Bilanz, BB 1993, 1882 (1890).

[229] Schon diese Einseitigkeit – Verlustbeteiligung ist im Grundsatz nicht erforderlich – ist inkonsequent, denn teleologischer Ausgangspunkt von § 8 Abs. 3 S. 2 Alt. 2 KStG ist die Rechtsprechung des RFH v. 17.4.1934 (I A 316/32, RStBl. 1934 S. 773), die auf die Vergleichbarkeit mit Aktien abgestellt hat. Erst bei einer Beteiligung auch an den Verlusten ist dies jedoch wirtschaftlich der Fall. Vgl. zu dieser Argumentation schon *Groh,* Eigenkapitalersatz in der Bilanz, BB 1993, 1882 (1890).

[230] Vgl. idS auch *Sontheimer,* Die steuerliche Behandlung von Genussrechten, Beilage 19/1984 zu BB 1984, 1 (5).

[231] FG Baden-Württemberg Urt. v. 1.10.1993 – 3 K 338/88, EFG 1993, 174 (175).

[232] BFH Urt. v. 19.1.1994 – I R 67/92, DStR 1994, 651; diese Ansicht wird auch von Schlösser/Sagasser geteilt, *Schlösser/Sagasser,* Die Besteuerung von Kapitalanlagevermögen, § 27 Rn. 610f. in Assmann/Schütze, Handbuch des Kapitalanlagerechts.

[233] Bundesministerium der Finanzen: Schreiben v. 27.12.1995 – IV B 7 – S 2742 – 76/95, BStBl. I 1996 S. 49.

[234] Etwa in Höhe des gewogenen Mittels der Ausgabekurse verschiedener Emissionen von Genussscheinen, des aktuellen Börsenkurses oder in Höhe eines durchschnittlichen Mittelkurses eines bestimmten Zeitraumes; Beispiele nach *Sontheimer,* Die steuerliche Behandlung von Genussrechten, Beilage 19/1984 zu BB 1984, 1 (5).

merschaft im Sinne des § 15 Abs. 1 Nr. 2 EStG, da es am Kriterium des Tragens von Unternehmerinitiative fehlt.[235]

Verkürzt sind zum Ausschluss einer Beteiligung am Liquidationserlös erforderlich:[236] **170**

1. Die Genussrechtsgläubiger dürfen nicht an den stillen Reserven der Emittenten beteiligt sein,
2. die Rückzahlung des Genussrechtskapitals muss vor Liquidation des Unternehmens verlangt werden können und
3. die Kapitalüberlassung sollte 30 Jahre nicht überschreiten.

Diese Kasuistik hat über den Bereich der Genussrechte hinaus Bedeutung. So ist etwa die **171** stille Beteiligung nur eine Beteiligung an den laufenden Gewinnen (u. ggf. an den Verlusten, wenn dies vereinbart ist), während der atypische stille Gesellschafter auch an den stillen Reserven beteiligt ist. Wann aber eine Beteiligung an den stillen Reserven vorliegt, ergibt sich – bei Zugrundelegung der Auffassung der Finanzverwaltung – durch eine Übertragung der für Genussrechte geltenden Abgrenzungen.

b) Abzugsverbot gem. § 4h EStG. Nach der Regelung der steuerrechtlichen sog. **172** „Thin-Cap-Rules" mit der sog. „Zinsschranke" (§ 4h EStG, § 8c KStG nF) kommt es für die Abzugsfähigkeit von Finanzierungsaufwendungen nicht mehr darauf an, ob ein Finanzierungsinstrument mit einem gewinnabhängigen und nicht gewinnabhängigen Zins entgolten wird.

§ 4h Abs. 1 EStG nF bestimmt absolute Grenzen für den Abzug von Zinsaufwand. **173** Zinsaufwand eines Betriebs kann nur in Höhe des Zinsertrags als Betriebsausgabe abgezogen werden, darüber hinaus jedoch nur bis zur Höhe von 30 % des steuerlich modifizierten EBITDA.[237] Unternehmen ohne Zinsertrag unterliegen damit einer „Zinsschranke" in Höhe von 30 % ihres EBITDA. Je schlechter die Ertragslage des Unternehmens, umso weniger Zinsaufwand ist abzugsfähig. Es liegt nahe, diese Regelung vor dem Hintergrund des steuerlichen Nettoprinzips nach Art. 3 Abs. 1 GG als unzulässige Verallgemeinerung einer Anti-Mißbrauchsregelung für verfassungswidrig zu halten.[238] Der BFH hat mittlerweile die Frage der Vereinbarkeit der Zinsschranke mit dem Gleichheitssatz dem Bundesverfassungsgericht vorgelegt[239], auch wenn – quasi zeitgleich – die OECD eine dem deutschen Recht entsprechende Zinsschranke im Rahmen des BEPS-Projekts vorgeschlagen hat[240].

Die „Zinsschranke" gem. § 4h Abs. 1 EStG ist nach § 4h Abs. 2 EStG nicht anzuwen- **174** den, wenn

a) der Betrag der Netto-Zinsaufwendungen weniger als drei Millionen Euro beträgt, (Erhöhung durch das Wachstumsbeschleunigungsgesetz auf 3 Mio. EUR § 52 EStG Abs. 12d, S. 3 aF, der im Zuge des StRAnpG zwar wieder gestrichen worden ist, womit allerdings keine inhaltliche Veränderung verbunden war[241])
b) der Betrieb nicht oder nur anteilmäßig zu einem Konzern gehört, oder

[235] Vgl. Knobbe-Keuk, Bilanz- und Unternehmenssteuerrecht, § 16 IV Rn. 1; Bundesministerium der Finanzen: Schreiben betr. steuerliche Behandlung von Genussrechten v. 8.12.1986 – IV B 7-S 2742-26/86, BB 1987, 667; *Winter,* Steuerliche Behandlung von Genussrechten, GmbHR 1993, 31 (33).

[236] Kriterien nach *Harrer/Janssen/Halbig,* Genussscheine – Eine interessante Form der Mezzanine Mittelstandsfinanzierung, Finanz Betrieb 2005, 1 (6).

[237] Earnings Before Interest, Tax, Depreciations and Amortization. Ergebnis vor Zinsen, Steuern und Abschreibungen. *Golland/Gehlhaar/Grossmann/Eickhoff-Kley/Jänisch,* Im Blickpunkt: Mezzanine Kapital, BB-Spezial 2005, 1 (32).

[238] *Stangl/Hageböke* in Schaumburg/Rödder, Unternehmenssteuerreform 2008, Teil 3: „Die Neuregelung führt zu einer erheblichen Besteuerung von Kosten (Erwerbsaufwendungen) und stellt einen schwer wiegenden Verstoß gegen das objektive Nettoprinzip (Art. 3 Abs. 1 GG) sowie das verfassungsrechtliche Postulat der Folgerichtigkeit dar.

[239] Beschl. (BVerfG-Vorlage) v. 14.10.2015 – I R 20/15, DStR 2016, 301 Nr. 6.

[240] Action 4, http://www.oecd.org/ctp/limiting-base-erosion-involving-interest-deductions-and-other-financial-payments-action-4–2015-final-report-9789264241176-en.htm (zuletzt abgerufen 3.10.2017).

[241] BT-Drs. 18/1529, 60.

c) der Betrieb zu einem Konzern gehört und seine Eigenkapitalquote am Schluss des vorangegangenen Abschlussstichtages gleich hoch oder höher ist als die des Konzerns (Konzernvergleich).

175 Nach § 8a Abs. 2 KStG nF ist die Ausnahme b) (keine Zugehörigkeit zu einem Konzern) nur anzuwenden, wenn die Vergütungen für Fremdkapital an einen zu mehr als einem Viertel unmittelbar oder mittelbar am Grund- oder Stammkapital beteiligten Anteilseigner, eine diesem nahe stehende Person (§ 1 Abs. 2 AStG) oder einen Dritten, der auf den zu mehr als einem Viertel am Grund- oder Stammkapital beteiligten Anteilseigner oder eine diesem nahe stehende Person *zurückgreifen* kann, nicht mehr als 10 Prozent der Netto-Zinsaufwendungen der Körperschaft betragen und die Körperschaft dies nachweist.[242] Ein vergleichbarer Nachweis wird auch für die Anwendbarkeit der Ausnahme zu c) (Eigenkapitalvergleich) verlangt.

176 Die Finanzverwaltung hat sich in dem BMF-Schreiben zu § 4h EStG[243] dahingehend festgelegt, die alte für den Steuerpflichtigen günstige einengende Auslegung eines „Rückgriffs" nur bei Vorliegen einer langfristigen, zinstragenden Sicherheit aufzugeben. Nach § 4h EStG soll deshalb zum Beispiel die bei jeder Konzernfinanzierung übliche Verpfändung von Gesellschaftsanteilen durch Gesellschafter für Zwecke der Konzernausnahme/des Konzernvergleichs schädlich sein („faktischer" Rückgriff des Gläubigers auf den Anteilseigner). § 4h Abs. 1 EStG ist in diesem Fall auf die gesamten Zinsaufwendungen gegenüber der Bank anwendbar (Begrenzung des Zinsausgabenabzugs auf 30 % des EBITDA), auch wenn der Betrieb „eigentlich" nicht zu einem Konzern gehört oder die Fremdkapitalisierungsquote des Konzerns einhält. Dem trat der BFH in einem Urteil v. 11.11.2015[244] nunmehr dergestalt entgegen, dass er bei der Prüfung der 10 %-Grenze, ob zur Anwendung der Zinsschranke eine schädliche Gesellschafter-Fremdfinanzierung iSd § 8a Abs. 3 S. 1 KStG vorliegt, Vergütungen für Fremdkapital der einzelnen qualifiziert beteiligten Gesellschafter nicht zusammenrechnen will. Vielmehr soll die Zinssaldo-Grenze auf jeden Gesellschafter getrennt angewandt werden, was im Ergebnis den Anwendungsbereich der belastenden Rückausnahme des § 8a Abs. 3 S. 1 KStG einschränkt.[245]

177 **c) Gewerbesteuerrechtliche Hinzurechnung nach § 8 Abs. 1 Nr. 1 GewStG.** Nach § 8 Nr. 1a) GewStG nF sind ein Viertel der Summe aus Entgelten für Schulden dem Gewinn wieder hinzuzurechnen[246], soweit diese bei der Ermittlung des Gewinns abgesetzt worden sind und die Summe der Beträge nach § 8 Nr. 1a) GewStG den Betrag von 100.000 Euro übersteigt. Zu § 8 Nr. 1a) GewStG aF bestimmte GewStR 46 Abs. 1 S. 3, dass „zu den Entgelten für Dauerschulden sowohl Zinsen zu einem festen oder

---

[242] Muster für den vergleichbaren Nachweis im alten Recht war die „Bescheinigung im Sinne der Rn. 5 des Bundesministeriums der Finanzen: Schreibens v. 22. Juli 2005" – IV B 7 – S 2742a – 31/05, BStBl. I 2005 S. 829; BMF Schreiben v. 16.3.2006 – IV B 7 – S 2742a – 6/06, BeckVerw 073901 für die englische Fassung; Bundesministerium der Finanzen: Schreiben v. 20.10.2005 – IV B 7 – S 2742a – 43/05, BeckVerw 067956 für die deutsche Fassung.

[243] In Rn. 83 heißt es für die Frage, wann ein schädlicher Rückgriff vorliegt: „Ein konkreter rechtlich durchsetzbarer Anspruch (z. B. aufgrund einer Garantieerklärung oder einer Bürgschaft), eine Vermerkpflicht in der Bilanz, eine dingliche Sicherheit (z. B. Sicherungseigentum, Grundschuld) oder eine harte bzw. weiche Patronatserklärung vermögen einen Rückgriff […] zu begründen, sind hierfür aber nicht erforderlich. Es genügt bereits, wenn der Anteilseigner oder eine ihm nahestehende Person dem Dritten gegenüber faktisch für die Erfüllung der Schuld einsteht. Insbesondere werden auch Gestaltungen erfasst, bei denen eine Bank der Kapitalgesellschaft ein Darlehen gewährt und der Anteilseigner seinerseits bei der Bank eine Einlage unterhält (sog. Back-to-Back-Finanzierung); die Abtretung der Einlageforderung an die Bank ist nicht Voraussetzung. Auch die Verpfändung der Anteile an der fremdfinanzierten Gesellschaft begründet einen Rückgriff.", Bundesministerium der Finanzen v. 4.7.2008 – BMF IV C 7 – S 2742 – a/07/10001, Schreiben betr. Zinsschranke (§ 4h EStG; § 8a KStG), DStR 2008, 1427 (1434).

[244] BFH Urt. v. 11.11.2015 – I R 57/13, DStR 2016, 530 (531 f.).

[245] BFH Urt. v. 11.11.2015 – I R 57/13, DStR 2016, 530 (531 f.).

[246] Diese Gewerbesteuer-Hinzurechnung verstößt nicht gegen das Grundgesetz, vgl. dazu BVerfG Beschl. v. 13.5.1969 – 1 BvR 25/65, NJW 1969, 1243 (1244 f.) sowie jüngst BVerfG Beschl. v. 15.2.2016 – 1 BvL 8/12, DStR 2016, 862 (863 ff.).

variablen Zinssatz als auch Vergütungen für partiarische Darlehen, Genussrechte und Gewinnobligationen gehören." In der Regel wird deshalb für mezzanine Finanzierungen eine anteilige Hinzurechnung auch nach § 8 Abs. 1 Nr. 1 GewStG nF in Betracht kommen.[247]

Das gilt allerdings nach dem Wortlaut des § 8 GewStG nur, soweit die entsprechenden Beträge „bei der Ermittlung des Gewinns abgesetzt worden sind". Ist zum Beispiel ein Abzug von Zinsaufwand nach § 4h EStG nur in Höhe von 30 % des EBITDA möglich gewesen, kommt es nur in Höhe der nicht schon im Rahmen der § 4h EStG hinzugerechneten Zinsaufwendungen zu einer Hinzurechnung nach § 8 Abs. 1 Nr. 1 GewStG. Der BFH hat mit Beschluss vom 27.5.2009[248] dem EuGH die Frage vorgelegt, ob einer solchen Hinzurechnung von Dauerschuldzinsen Art. 1 Abs. 1 der Richtlinie 2003/49/EG des Rates v. 3.6.2003 über eine gemeinsame Steuerregelung für Zahlungen von Zinsen und Lizenzgebühren zwischen verbundenen Unternehmen verschiedener Mitgliedstaaten[249] entgegensteht. Dies hat der EuGH mit Urteil vom 21.7.2011[250] verneint und klargestellt, dass die gewerbesteuerliche Hinzurechnung nicht zu einer Verringerung der Einkünfte des Gläubigers führt, sondern sich lediglich auf die Festsetzung der Bemessungsgrundlage für die Gewerbesteuer des Schuldners bezieht.[251] **178**

IV. Fazit

Die in der OFD-Verfügung vom 12.5.2016 dargelegte Maßgeblichkeit der handelsbilanziellen Einordnung im Rahmen des steuerbilanziellen Eigenkapitalausweises des Genussrechtskapitals verändert die Rahmenbedingungen von Mezzanine Kapital. Zur Vermeidung von Schwierigkeiten beim Zinsabzug sollte ein handelsrechtlicher Ausweis als Eigenkapital nicht mehr angestrebt werden. **179**

Mit einer Nachrangigkeitsvereinbarung lassen sich Entlastungseffekte im Hinblick auf die Überschuldungsbilanz erzielen; die Formulierung sollte aber im Hinblick auf die Passivierung der Verbindlichkeit mit einem steuerlichen Berater abgestimmt werden. Equity Kicker können als zusätzliche Vergütungsmittel vereinbart werden, ohne steuerrechtliche Nachteile vor Erlangung der Gesellschafterstellung nach sich zu ziehen. Finanziell wird auf diesem Weg die Liquidität der Schuldnerin entlastet. **180**

Finanzierungsaufwand auf mezzanine Vergütungen ist grundsätzlich in gleicher Weise abzugsfähig wie sonstiger Zinsaufwand, jedoch können Finanzierungsaufwendungen auf EK-Genussrechte nicht abgezogen werden (§ 8 Abs. 3 S. 2 Alt. 2 KStG). Die Kriterien für das Vorliegen eines EK-Genussrechts sind stark vom Einzelfall abhängig. Insbesondere das Merkmal der Beteiligung am Liquidationserlös wird von der Finanzverwaltung über seinen Wortlaut hinaus ausgedehnt und verlangt eine sorgfältige Strukturierung. **181**

Die verfassungsrechtlich fragwürdige Zinsschranke nach § 4h EStG führt zu einem stärkeren Bedarf an flexiblen Finanzierungsformen. Insgesamt führt die Anwendung der Zinsschranke und der Gewerbesteuerhinzurechnung dazu, dass Finanzierungsaufwand weitgehend steuerrechtlich unbeachtlich ist; daraus ergibt sich relativ eine Aufwertung von mezzaninen Finanzierungsformen, die die Liquidität des Schuldners schonen und dennoch für eine – risikoabhängig – angemessene Vergütung des Kapitalgebers sorgen. **182**

Gerade bei der schwierigen Abgrenzung von im Einzelfall sehr naheliegenden Finanzierungsinstrumenten – wie zB der stillen Gesellschaft, dem partiarischen Darlehen und dem **183**

---

[247] Zu altem Recht, *Güroff* in Glanegger/Güroff, Gewerbesteuergesetz, Kommentar, 6. Aufl., München 2006, § 8 Nr. 1 Rn. 57a, vertritt die Ansicht, Zahlungen auf das Genussrecht seien ausnahmslos Dauerschuldentgelte, da das Genussrechtskapital der nicht nur vorübergehenden Verstärkung des Betriebskapitals diene.

[248] BFH Beschl. v. 27.5.2009 – I R 30/08, DStR 2009, 2191 ff.

[249] ABl. v. 26.6.2003 L 157, S. 49.

[250] EuGH Urt. v. 21.7.2011 – C-397/09, EWS 2011, 383 ff.

[251] EuGH Urt. v. 21.7.2011 – C-397/09, EWS 2011, 383 (386).

Genussrecht (allesamt erfolgsabhängig) – kann dem Steuerpflichtigen nur geraten werden, vor der Festlegung des Sachverhaltes in Zweifelsfällen eine verbindliche Auskunft zu beantragen (§ 89 Abs. 2 AO).

H. Auswahlkriterien für ein geeignetes Finanzierungsinstrument

184 Die systematische Berücksichtigung von Mezzanine Kapital neben Eigen- und Fremdkapital für die passende Finanzierungsstruktur eines Unternehmens stellt das Finanzmanagement vor neue Herausforderungen. Vor der Auswahl eines geeigneten Finanzierungsinstrumentes sollten einige grundsätzliche Überlegungen angestellt werden. Schematisch können diese Überlegungen in einzelne Schritte aufgeteilt werden, wobei zwischen den einzelnen Schritten die Interdependenzen zu beachten sind:

1) ***Wie hoch ist der Finanzierungsbedarf? Für wie lange besteht der Finanzierungsbedarf?*** Aus der integrierten Unternehmensplanung, die wenigstens einen Zeitraum von drei Jahren umfassen sollte, ergeben sich die Zahlungsströme, welche in Cashflows aus operativer Geschäftstätigkeit, Investitionen und Finanzierung unterteilt werden können. Aus dem Cashflow vor Finanzierung ergibt sich der künftige Finanzierungsbedarf in den einzelnen Jahren. Der Cashflow ist dabei die Residualgröße zwischen Einnahmen- und Ausgaben, die für die Bedienung des Kapitaldienstes (Zins und Tilgung) bzw. Ausschüttungen an die Gesellschafter zur Verfügung steht.
2) ***Welche Cashflow-Entwicklung liegt der Unternehmensplanung zugrunde? Ist die geplante Entwicklung stabil?*** Bedingt durch die Nachrangigkeit und die fehlende Besicherung kann der Mezzanine Investor seine Investitionsentscheidung nicht auf dingliche Sicherheiten stützen. Die Rückzahlungsfähigkeit für das aufgenommene Kapital beruht daher auf der Summe der Mittelzuflüsse, die in der Zukunft durch das Unternehmen erwirtschaftet werden können. Im Rahmen der Analyse der Cashflow-Entwicklung wird die Stabilität und Nachhaltigkeit der geplanten Cashflows bewertet. Durch sogenannte Stresstests (hier werden mehrere Szenarien der Cashflow-Entwicklung durchgespielt) kann die Qualität der Cashflows abgeschätzt werden. Beispielweise werden aus der Analyse Rückschlüsse auf das Tilgungspotenzial sowie Tilgungsstrukturen möglicher Darlehensfinanzierungen gezogen. Die gewählte Finanzierungsstruktur muss eine ausreichende Liquidität des Unternehmens zu jeder Zeit gewährleisten.
3) ***Wie könnte eine Finanzierungsstruktur aussehen?*** In den einzelnen Planjahren stellt der Cashflow aus finanzieller Sicht den Engpassfaktor dar. Die „Maßschneiderung" der Finanzierungsstruktur auf die Cashflows kann durchaus mehrere Alternativen ergeben. Über die Tragfähigkeit einer Finanzierungsstruktur entscheidet letztendlich die intelligente Verzahnung der vielfältigen Finanzinstrumente. Ein idealer Mix kann der Abbildung 16 entnommen werden.

Abbildung 7: Ideale Zusammensetzung der Passivseite

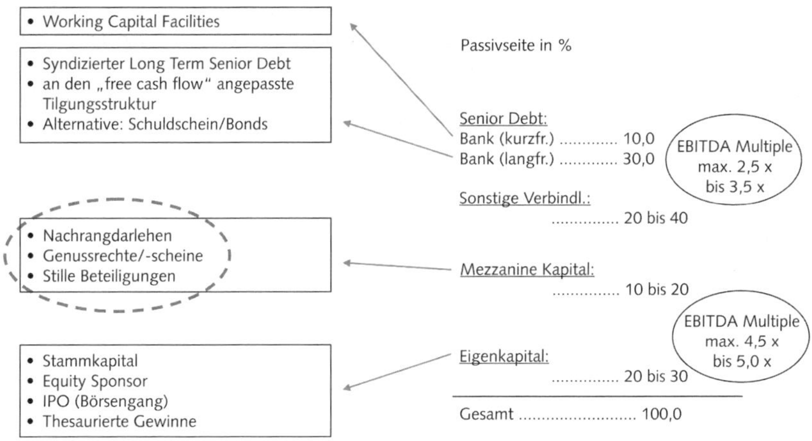

Der idealen Zusammensetzung der Passivseite liegt folgende Konzeption zugrunde:

A) Alle Gläubiger eines Unternehmens werden in mehrere Rangklassen eingeteilt. Diese Rangklassen bestimmen den „Wasserfall", das heißt die Reihenfolge, in der die Ansprüche der jeweiligen Gläubiger insbesondere im Insolvenz- bzw. Liquidationsfall bedient werden sollen. Es werden vorrangige (senior) und nachrangige (mezzanine) Gläubiger unterschieden. Darüber wird die Risikoposition der einzelnen Gläubiger festgelegt, die wiederum Einfluss auf die erwartete Vergütung der Gläubiger nimmt. Logischerweise werden Ansprüche der Eigenkapitalgeber (Gesellschafter) erst zum Schluss befriedigt.

B) Die Messung der Risikoposition erfolgt in der Praxis häufig durch den sogenannten Leverage-Multiple, der die Verschuldung in x-fachem des EBITDA[252] ausdrückt. Das EBITDA fungiert dabei vereinfacht als Cashflow-Annäherung, das für Investitionen und Kapitaldienst zur Verfügung steht. Auf dieser Basis lässt sich die maximale Verschuldungskapazität für die vorrangigen und nachrangigen Finanzierungsbausteine ableiten.
In der Praxis werden im Senior Debt Bereich (vorrangige Kreditgeber) EBITDA-Multiples zwischen 2,5x und 3,5x akzeptiert. Im Mezzaninen-Bereich reichen die EBITDA-Multiples bis zum 4,0x bis maximal 5,0x, wobei stets die aufaddierte Verschuldung inkl. Senior Debt betrachtet wird. Die EBITDA-Multiples stellen jedoch nur eine Orientierungsgröße dar. Bis zu welchem EBITDA-Multiple die Gläubiger und Mezzanine Investoren tatsächlich bereit sind, zusätzliche Fremdmittel bereitzustellen, hängt von verschiedenen qualitativen Einflussfaktoren ab. Einer der Faktoren ist zum Beispiel die Branche, in der das kapitalnachfragende Unternehmen agiert. Dies leuchtet ein, da in wenig konjunkturabhängigen Branchen (zB Gesundheitsbranche) die Cashflows im Vergleich zu konjunkturabhängigen Branchen (zB Maschinenbau) eine hohe Planungssicherheit aufweisen. Die höhere Planungssicherheit lässt höhere EBITDA-Multiples zu. Sollte der Finanzierungsbedarf über dem Finanzierungsangebot der Gläubiger (Senior Debt und Mezzanine Kapital) liegen, welches auf Basis der EBITDA-Multiples sich realisieren ließe, dann muss diese Finanzierungslücke allein durch „echtes" Eigenkapital der Gesellschafter geschlossen werden.

4) ***Welches Mezzanine Produkt soll zum Einsatz kommen?*** Hierbei stellt sich die Frage, in welcher Form das erforderliche Mezzanine Kapital bereitgestellt werden soll. Die Ausgestaltung des Mezzanine Kapitals hängt von den Erwartungen des Unternehmens und

[252] Earnings Before Interest, Tax, Depreciations and Amortization. Ergebnis vor Zinsen, Steuern und Abschreibungen.

sonstiger Gläubiger an ein solches Produkt ab. In der Praxis stehen häufig drei Ziele im Vordergrund, wenn auch diese Ziele nicht immer miteinander vereinbar sind. Zu nennen sind der bilanzielle Ausweis im Eigenkapital, die steuerrechtliche Anerkennung der mezzaninen Vergütung sowie möglichst eine hohe wirtschaftliche Anerkennung des Mezzanine Kapitals als Eigenkapitalsurrogat im Rating zu erlangen. Daneben spielt auch eine Rolle, welche Informations-, Kontroll- und Mitwirkungsrechte ein Unternehmen bereit wäre, einem Mezzanine Geber einzuräumen.

185 Die Auswahl aus dem Sammelsurium unterschiedlicher Mezzanine Instrumente ist damit an den Präferenzen von Kapitalgeber und Kapitalnehmer zu bewerten. Für diesen Zweck kann die Abbildung 11 herangezogen werden.

186 Insgesamt lässt sich sagen, dass Mezzanine Kapital ein sehr flexibles Finanzierungsinstrument ist, das sich auf die Bedürfnisse der kapitalaufnehmenden Gesellschaft anpassen lässt. Als Eigenkapitalsurrogat ist das Mezzanine Kapital in der Lage, eine mögliche Finanzierungslücke zwischen Senior Debt und „echtem" Eigenkapital zu schließen. Nichtsdestotrotz kann das Mezzanine Kapital nur situativ und in Ergänzung zu anderen Finanzierungsbausteinen eingesetzt werden.

Abbildung 8: Typische Mezzanine Instrumente im Überblick[253]

Einordnung / Kriterien	**Eigenkapital**	**Mezzanine Kapital**				**Fremdkapital**
	Direkte Beteiligung	**Atypisch stille Beteiligung**	**Typisch stille Beteiligung**	**Genussschein**	**Wandelanleihe**	**Langfristiges Darlehen**
Vergütung des Kapitalgebers	Wertsteigerung und Dividende	Fix/variabel	Fix/variabel	Fix und/ oder variabel	Fix und Wandlungsrecht	Fix
Informations-/ Zustimmungsrechte des Kapitalgebers	Gesellschafterstellung	Ja	Gestaltungsabhängig	Gläubiger; Vertragl. Zustimmrechte	Gläubiger; nach Wandlung Gesellschafter	Gläubigerstellung
Verlustpartizipation	Ja	Ja	Möglich	Möglich	Nach Wandlung	Nein
Haftung im Insolvenzfall	Ja	Ja	Nein, aber Rangrücktritt	Nein, aber Rangrücktritt	Nein, aber ggf. Rangrücktritt	Nein
Handelsbilanzielles Eigenkapital	Ja	Gestaltungsabhängig	Nein	Gestaltungsabhängig	Erst ab Wandlung	Nein
Wirtschaftliches Eigenkapital	Ja	Ja	Gestaltungsabhängig	Gestaltungsabhängig	Erst ab Wandlung	Nein

253 Weitgehend übernommen von Häger/Elkemann-Reusch, Mezzanine Finanzierungsinstrumente, S. 24 ff.

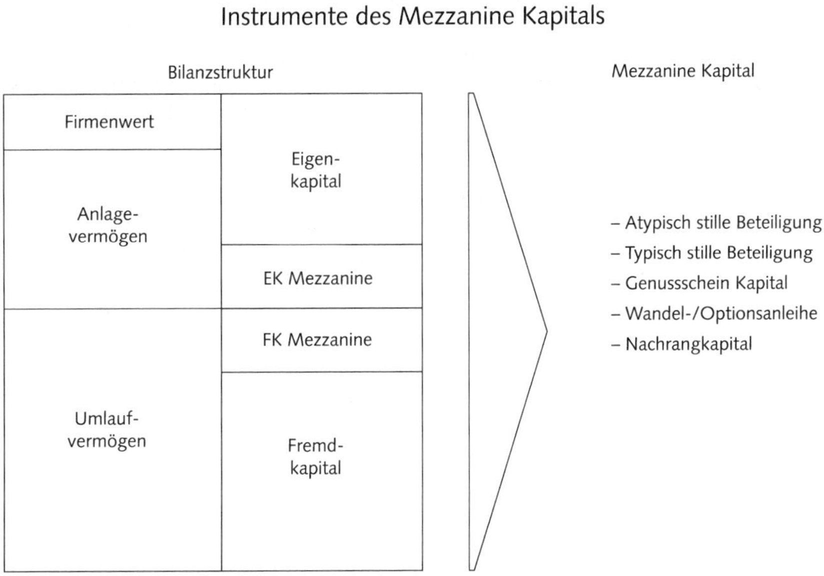

I. Idealtypischer Ablauf einer Mezzanine Finanzierung

Der typische Finanzierungsprozess beim Investor ist in der folgenden Abbildung 18 dargestellt. Der Prozess bis zur Bereitstellung von mezzanine Kapital kann erfahrungsgemäß innerhalb von drei Monaten durchgeführt werden, wobei es wesentlich auch davon abhängt, dass aussagefähige Basisinformationen vom Unternehmen vorliegen (mittelfristige Unternehmensplanung, Wettbewerbsposition, Markthintergrund etc). **187**

Abbildung 9: Idealtypischer Ablauf einer Mezzaninefinanzierung

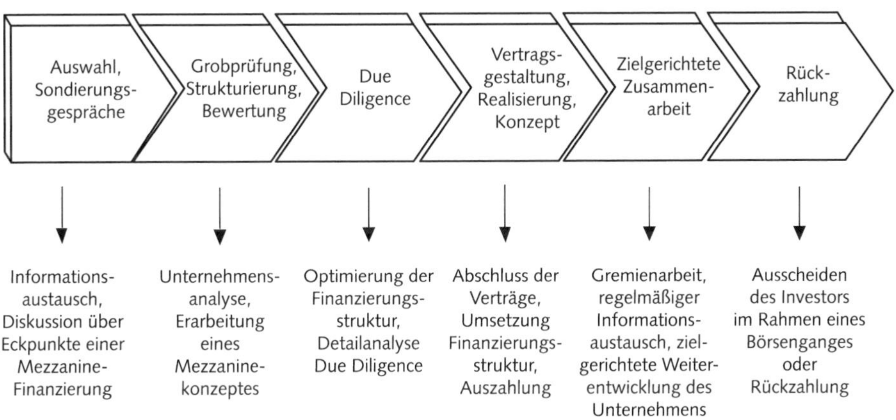

Für einen reibungslosen Ablauf ist bedeutsam, dass sich die Kapitalpartner frühzeitig gemeinsam auf das Finanzierungskonzept und die Grundsätze der Zusammenarbeit verständigen. Dies mündet typischerweise im sog. Term Sheet. **188**

189 Sobald nach der Grobprüfung die wesentlichen Informationen vorliegen und ein Finanzierungskonzept vereinbart wurde, trifft der Investor in einer frühen Phase (vor Anfall entsprechender Transaktionskosten) eine grundsätzliche Investitionsentscheidung.

190 In der anschließenden Hauptprüfung werden je nach Erfordernis weitere umfassende Prüfungen (Due Diligence) zur Absicherung der Investitionsentscheidung mit Hilfe externer spezialisierter Berater durchgeführt. Diese Prüfungen umfassen neben den Jahresabschlüssen und der Unternehmensplanung auch beispielsweise die Bereiche Wettbewerb und Markt, Managementinformationssysteme, Technik, Recht und Umwelt. Der Umfang und die konkreten Inhalte der Due Diligence hängen vom einzelnen Geschäftsmodell und den Fragestellungen des Investors ab. Parallel wird der Finanzierungsvertrag ausgearbeitet. Schließlich werden alle Prüfungsergebnisse in einem Investitionsantrag für das zuständige Gremium zusammengefasst. Darauf basierend trifft das Gremium des Investors die finale Investitionsentscheidung. Der Übergang von der Grobprüfung zur Hauptprüfung ist ein bedeutender Schritt, da hiermit regelmäßig ein hoher Kostenaufwand (ua wegen der Due Diligence, Vertragsdokumentation) verbunden ist. Daher wird dieser Schritt in der Praxis häufig nur dann vorgenommen, wenn vorher ein Mandatsschreiben mit dem Unternehmen vereinbart wurde.

191 Nach finaler Zustimmung durch das Gremium wird der Finanzierungsvertrag unterzeichnet und das Mezzanine Kapital ausgezahlt. Nach Abschluss der Investition folgt die Phase des Post-Investment Managements. Dies umfasst die regelmäßige Kontrolle der Mezzanine Finanzierung auf Basis der vertraglichen Vereinbarungen. Erst nach Rückführung gilt das Investment als abgeschlossen. Dieser Zeitraum kann in Abhängigkeit von der Vertragsdauer bis zu 10 Jahre dauern.

§ 29 Distressed Investments

Übersicht

Literatur (Buchbeiträge, Aufsätze, Monographien)

Allmendinger, Christoph / Dorn, Friederike / Lang, Thomas / Lumpp, Stephanie / Steffek, Felix (Hrsg.), Corporate Governance nach der Finanz- und Wirtschaftskrise, Tübingen 2011

Angerer, Lutz / Geibel, Stephan / Süßmann, Rainer (Hrsg), Wertpapiererwerbs- und Übernahmegesetz (WpÜG), 3. Auflage, München 2016

Arhold, Christoph, Beihilfenrückforderung nach Unternehmensveräußerung – Zugleich Anmerkung zum Urteil des Gerichts in erster Instanz in der Sache T-324/00 – CDA, EuZW 2006, 42 ff.

Baker, Harold Kent / Filbeck, Greg / Kiymaz, Halil, Private Equity – Opportunities and Risks, New York 2015

Baumbach, Adolf / Hueck, Alfred, Gesetz betreffend Gesellschaften mit beschränkter Haftung, 21. Auflage, München 2017

Baur, Michael / Kantowsky, Jan / Schulte, Axel (Hrsg.), Stakeholder Management in der Restrukturierung. Wiesbaden 2012

Birkemeyer, Claas / Meyer, Linus, Rückforderungslage beim Widerruf einer Subventionsbewilligung im Rahmen der Insolvenz, NJW 2015, 2300 ff.

Bitter, Georg / Lutter Marcus / Priester, Hans-Joachim / Schön, Wolfgang / Ulmer, Peter (Hrsg.), Festschrift für Karsten Schmidt, Köln 2009

Borchardt, Klaus-Dieter, Die Rückforderung zu Unrecht gewährter staatlicher Beihilfen beim Verkauf von Vermögenswerten des Beihilfenempfängers durch den Insolvenzverwalter, ZIP 2001, 1301 ff.

Bork, Reinhard, Sanierungsrecht in Deutschland und England, Köln 2011

Bork, Reinhard / Roth, Herberth (Hrsg.), Stein/Jonas Kommentar zur Zivilprozessordnung, Band 10, 22. Auflage, Tübingen 2011

Bormann, Jens, Kreditreorganisationsgesetz, ESUG und Scheme of Arrangement – Insolvenzrechtliche Neuerungen im Spannungsverhältnis zwischen erleichterter Unternehmenssanierung und Beschneidung von Gläubiger- und Gesellschafterrechten, NZI 2011, 892 ff.

Born, Alexander, Aktuelle Steuerfragen im Zusammenhang mit Debt-Equity-Swap-Transaktionen, BB 2009, 1730 ff.

Bornkamm, Joachim / Montag, Frank / Säcker, Franz Jürgen (Hrsg.), Münchener Kommentar Europäisches und Deutsches Wettbewerbsrecht, Band 1, 2. Auflage, München 2015

Bornkamm, Joachim / Montag, Frank / Säcker, Franz Jürgen (Hrsg.), Münchener Kommentar Europäisches und Deutsches Wettbewerbsrecht, Band 2, 2. Auflage, München 2015

Braun, Eberhard (Hrsg.), Insolvenzordnung (InsO), 7. Auflage, München 2017

Brinkmann, Moritz, Zum Anschleichen bei schuldenbasierten Übernahmen – Ein Plädoyer für die Einführung von Transparenzregeln im Hinblick auf Loan-to-own-Strategien –, WM 2017, 1033 ff.

Brünkmans, Christian, Die Unternehmensakquisition über einen Kapitalschnitt im Insolvenzplanverfahren, ZIP 2014, 1857 ff.

Brünkmans, Christian / Thole, Christoph (Hrsg.), Handbuch Insolvenzplan, Köln 2016

Buchalik, Robert / Schröder, Katrin, Kann der eigenverwaltende Schuldner auch gegen seinen Willen verpflichtet werden einen M&A-Prozess einzuleiten und zu finanzieren?, ZInsO 2016, 189 ff.

Bücker, Thomas / Petersen, Sven, Kapitalmarkttransparenz bei Restrukturierungen – Loan-to-own-Strategien im Lichte des derzeit geltenden Melderegimes, ZGR 2013, 802 ff.

Bühren, Lars, Auswirkungen des Insiderhandelsverbots der EU-Marktmissbrauchsverordnung auf M&A-Transaktionen, NZG 2017, 1172 ff.

Buth, Andrea K. / Hermanns, Michael (Hrsg.), Restrukturierung, Sanierung, Insolvenz, 4. Aufl., München 2014

Cahn, Andreas / Simon, Stefan / Theiselmann, Rüdiger, Forderungen gegen die Gesellschaft als Sacheinlage?, Corporate Finance Law 2010, 238 ff.

Carli, Winfried M. / Weissinger, Matthias, Das Scheme of Arrangement, Neue Einsatzmöglichkeiten für deutsche Kreditnehmer, DB 2014, 1474 ff.

Cranshaw, Friedrich L., Sanierungsunterstützende Maßnahmen des Kreditgebers außerhalb der „klassischen" Kreditgewährung, ZInsO 2008, 421 ff.

Cranshaw, Friedrich L. / Paulus, Christoph G. / Michel, Nicole (Hrsg.), Bankenkommentar zum Insolvenzrecht, Bank 1, 3. Auflage, Heidelberg 2016

Cranshaw, Friedrich L. / Paulus, Christoph G. / Michel, Nicole (Hrsg.), Bankenkommentar zum Insolvenzrecht, Bank 2, 3. Auflage, Heidelberg 2016

Dahl, Michael / Kortleben, Justus, Überbrückungskredite in der Insolvenz, NJW-Spezial 2017, 21 ff.

Dannecker, Gerhard / Knierim, Thomas C. / Hagemeier, Andrea, Insolvenzstrafrecht, 2. Auflage, Heidelberg 2012

Denkhaus, Stefan / Ziegenhagen, Andreas, Unternehmenskauf in Krise und Insolvenz, 3. Auflage, Köln 2016

Diem, Andreas, Akquisitionsfinanzierungen, 3. Auflage, München 2013

Drouven, Ralph, Neue Wege: „Reverse Debt-to-Equity-Swap", ZIP 2009, 1052 ff.

Drouven, Ralph / Jesko, Nobiling, Reverse Debt-Equity-Swaps – Auch steuerlich eine Alternative?, DB 2009, 1895 ff.

Eidenmüller, Horst / Engert, Andreas, Reformperspektiven einer Umwandlung von Fremd- in Eigenkapital (Debt-Equity-Swap) im Insolvenzplanverfahren, ZIP 2009, 541 ff.

Eidenmüller, Horst / Frobenius, Tilmann, Die internationale Reichweite eines englischen Scheme of Arrangement, WM 2011, 1210 ff.

Eidenmüller, Horst / Frobenius, Tilmann / Prusko, Wolfram, Regulierungswettbewerb im Unternehmensinsolvenzrecht: Ergebnisse einer empirischen Untersuchung, NZI 2010, 545 ff.

Eidenmüller, Horst / van Zweiten, Kristin, Restructuring the European Business Enterprise: The EU Commission Recommendation on a New Approach to Business Failure and Insolvency, European Corporate Governance Institute (ECGI), Law Working Paper No. 301/2015 (September 17, 2015); Oxford Legal Studies Research Paper No. 52/2015

Eilers, Stephan / Koffka Nils Matthias / Marcus Mackensen / Paul, Private Equity, 3. Auflage, München 2018

Ekkenga, Jens, Neuerliche Vorschläge zur Nennwertanrechnung beim Debt-Equity-Swap – Erkenntnisfortschritt oder Wiederbelebungsversuche am untauglichen Objekt?, DB 2012, 331 ff.

Felsenstein, Oliver / Müller, Laurent, Die Pflichten von Private-Equity-Fonds nach dem Kapitalanlagegesetzbuch bei Erwerb einer Mehrheitsbeteiligung an einem nicht börsennotierten Unternehmen, KSzW 2016, 55 ff.

Fleischer. Holger / Goette, Wulf (Hrsg.), Münchener Kommentar zum Gesetz betreffend die Gesellschaften mit beschränkter Haftung (GmbHG), Band 1, 2. Auflage, München 2015

Florstedt, Tim, Der Aufbau von Fremdkapitalpositionen mit dem Ziel einer schuldenbasierten Unternehmensübernahme – eine kapitalmarktrechtliche Beurteilung des Distressed-Debt Takeover nach geltendem Recht und de lege ferenda, ZIP 2015, 2345 ff.

Freitag, Robert / Korch, Stefan, Gedanken zum Brexit – Mögliche Auswirkungen im Internationalen Insolvenzrecht, ZIP 2016, 1849 ff.

Fritz, Daniel Friedemann, Die Neufassung der Europäischen Insolvenzverordnung: Erleichterung bei der Restrukturierung in grenzüberschreitenden Fällen? (Teil 1), DB 2015, 1882 ff.

Fuchs, Andreas (Hrsg.), Wertpapierhandelsgesetz (WpHG). 2. Auflage, München 2016

Gassner, Ulrich M. / Braun Michael Josef, Die Failing Company Defense in der deutschen, europäischen und US-amerikanischen Fusionskontrolle, RiW 2004, 891 ff.

Gebler, Olaf, Ausländische Insolvenzverfahren zur Sanierung deutscher Unternehmen, NZI 2010, 665 ff.

Gebler, Olaf / Dorothée Stracke, Anerkennung des US-Chapter 11-Verfahrens als Insolvenzverfahren, NZI 2010, 13 ff.

Gehrlein, Markus, Banken – vom Kreditgeber zum Gesellschafter – neue Haftungsfallen? (Debt-Equity-Swap nach ESUG), NZI 2012, 257 ff.

Geimer, Reinhold / Schütze Rolf A., Europäisches Zivilverfahrensrecht, 3. Auflage, München 2010

Gerig, Gunnar / Meller, Johannes / Nientkewitz, Christopher, Wiederherstellung des Eigenkapitals als Anforderung einer nachhaltigen Sanierung, ZIP 2017, 2029 ff.

Goette, Wulf / Habersack, Mathias (Hrsg.), Münchener Kommentar zum Aktiengesetz, Band 6, 4. Auflage, München 2017

Graf-Schlicker, Marie Luise / Prütting, Hanns / Uhlenbruck, Wilhelm (Hrsg.), Festschrift für Heinz Vallender zum 65. Geburtstag, Köln 2015

Greven, Tobias, Der Umgang mit Gesellschafterdarlehen bei M&A-Transaktionen, BB 2014, 2309 ff.

Gronemeyer, Achim / Slobodenjuk, Dimitri, Die 9. GWB-Novelle – Ein Überblick, DB 2017, 1010 ff.

Gullifer, Louise / Payne, Jennifer, Corporate Finance Law – Principles and Policv, Second Edition, Oxford 2015

Haas, Ulrich, Mehr Gesellschaftsrecht im Insolvenzplanverfahren – Die Einbeziehung der Anteilsrechte in das Insolvenzverfahren, NZG 2012, 961 ff.

Halász, Christian / Kloster, Lars, Abgestimmtes Verhalten im Sinne des § 30 Abs. 2 WpÜG im Zusammenhang mit einem Debt-Equity-Swap, WM 2006, 2152 ff.

Hanten, Mathias / von Triling, Annke, Kreditfonds, WM 2015, 2122 ff.

Harz, Michael / Bornmann, Martina / Conrad, Günther/Ecker, Tobias, Zahlungsunfähigkeit, drohende Zahlungsunfähigkeit und Überschuldung – eine Betrachtung aus wirtschaftsforensicher Praxis, NZI 2015, 737 ff.

Heidbrink, Alfried, Zum Wiederaufleben von Sicherheiten nach Insolvenzanfechtung, NZI 2005, 363 ff.

Hess, Harald (Hrsg.), Kölner Kommentar zur Insolvenzordnung, Band 2, Mainz 2016

Hofert, Sebastian / Möller, Christian, GmbH-Finanzierung: Debt Mezzanine Swap – der bessere Debt Equity Swap für Unternehmen in der Krise, GmbHR 2009, 527 ff.

Hofmann, Sandra, Einwilligung zur Abtretung und Befreiung von Bankgeheimnis in AGB der Bank, BKR 2008, 241 ff.

Hölzle, Gerrit / Beyß, Caroline, Gesellschaftsrechtliche Zweifelsfragen im Insolvenzplanverfahren, ZIP 2016, 1461 ff.

Hopt, Klaus J. / Seibt, Christoph H., Schuldverschreibungsrecht, Hamburg 2017

Huber, Herwart, Erforderlichkeit einer Abschlussbestätigung für das Ende der Sanierung?, NZI 2017, 913 ff.

Huber, Herwart, Unternehmenskrise und die besonderen Anforderungen der Rechtsprechung für eine Kreditgewährung, NZI 2015, 447 ff.

Huber, Herwart, Der Überbrückungskredit – ein Kredit für maximal drei Wochen?, NZI 2016, 521 ff.

Hüffer, Uwe / Koch, Jens, Aktiengesetz, 12. Auflage, München 2016

Jesch, Thomas A. / Striegel, Andreas / Boxberger, Lutz (Hrsg.), Rechtshandbuch Private Equity, München 2010

Jessen, Lars / Lohbeck, Anna-Katharina / Strüber, Malte, Der Handel mit Kreditportfolios in Deutschland vor dem Hintergrund aktueller Rechtsprechung und Marktentwicklungen, Corporate Finance Law 2012, 183 ff.

Jüchser, Alexander, Und sie haften doch – Zur Haftung des Erwerbers für die Rückzahlung rechtswidriger Beihilfen beim Unternehmenserwerb im Wege des Asset-Deals, Anm. zu Europäische Kommission, Entsch. v. 15.10.2014 – C (2014) 7359, NZI 2015, 596 ff.

Kayser, Godehard, Eingriffe des Richtlinienvorschlags der Europäischen Union in das deutsche Vertrags-, Insolvenz- und Gesellschaftsrecht, ZIP 2017, 1393 ff.

Kayser, Godehard / Smid, Stefan / Riedemann, Susanne (Hrsg.), Festschrift für Klaus Pannen zum 65. Geburtstag, München 2017

Kessler, Alexander / Rühle, Thomas, Die Restrukturierung von Anleihen in Zeiten des SchVG 2009 – Anmerkung zu OLG Schleswig – 2 W 82/13 und OLG Zweibrücken – 3 W 9/13, BB 2014, 907 ff.

Kleinmanns, Florian, Genussrechte in Handelsbilanz und Steuerbilanz: Zinsen nicht mehr steuerlich abzugsfähig?, BB 2016, 2543 ff.

Klupsch, Tobias / Schulz, Patrick, Der Vorschlag der EU-Kommission für eine Richtlinie zu präventiven Restrukturierungsrahmen, EuZW 2017, 85 ff.

Knecht, Thomas C. / Hommel, Ulrich / Wohlenberg, Holger (Hrsg), Handbuch Unternehmensrestrukturierung, Band 1, 2. Auflage, Wiesbaden 2017

Knecht, Thomas C. / Hommel, Ulrich / Wohlenberg, Holger (Hrsg), Handbuch Unternehmensrestrukturierung, Band 2, 2. Auflage, Wiesbaden 2017

Kocher, Dirk, Die Einzelfallausnahme beim kapitalmarktrechtlichen Acting in Concert, Der Konzern 2010, 162 ff.

Köchling, Marcel / Schalast, Christoph (Hrsg.), Grundlagen des NPL-Geschäfts, Frankfurt 2013

Koenig, Christian / Wetzel, Julia, Beihilfenrückforderung nach einer Neuvergabe der Betriebsführung, EuZW 2006, 653 ff.

Kondring, Jörg, Die Bestimmung des sachlichen Anwendungsbereichs des EuGVÜ im Urteils- und Vollstreckungsverfahren, EWS 1995, 217 ff.

Können, Daniel, Die Passivlegitimation des Kartellschadensersatzes nach der 9. GWB-Novelle, NZKart 2017, 15 ff.

Körner, Sandra / Rendels, Dietmar, Zur Bestimmtheit und Vollstreckbarkeit des Insolvenzplans sowie zur Nachzüglerproblematik, EWiR 2017, 23 ff.

Kropholler, Jan / von Hein, Jan, Europäisches Zivilprozessrecht, 9. Auflage, Frankfurt am Main 2011

Krüger, Wolfgang / Rauscher, Thomas (Hrsg.), Münchener Kommentar zur Zivilprozessordnung, Band 3, 5. Auflage, München 2017

Kübler, Bruno M. / Prütting, Hanns / Bork, Reinhard (Hrsg.), Kommentar zur Insolvenzordnung, Band I, Köln 2017, Stand: November 2017

Kübler, Bruno M. / Prütting, Hanns / Bork, Reinhard (Hrsg.), Kommentar zur Insolvenzordnung, Band IV, Köln 2017, Stand: November 2017

Labbé, Marcus / Rudolph, Jens, Debt-Equity-Transaktionen im Insolvenzplanverfahren: Eine unterschätzte Sanierungschance, FB 2008, 97 ff.

Langenbucher, Katja / Bliesener, Dirk / Spindler, Gerald (Hrsg.), Bankrechts-Kommentar, 2. Aufl., München 2016

Längsfeld, Alexander, (Un-)Wirksamkeit von Change-of-Control-Klauseln – Zum neuen § 225a IV 3 InsO, NZI 2014, 734 ff.

Längsfeld, Alexander / Lürken, Sacha, Financial Institutions und Finanzinstitute – Zur Auslegung von Übertragungsvorschriften in Kreditverträgen, WM 2019, 999 ff.

Längsfeld, Alexander / Meyer-Löwy, Bernd / Nardi, Wolfgang, Neue Anforderungen an Überbrückungskredite? – Anmerkung zu KG WM 2016, 1073 –, WM 2016, 1269 ff.

Leible, Stefan / Reichert, Jochem (Hrsg.), Münchener Handbuch des Gesellschaftsrechts, Band 6, 4. Auflage, München 2013

Leitzen, Mario, Die analoge Anwendung von § 179a AktG auf Gesellschaften mit beschränkter Haftung und Personengesellschaften in der Praxis, NZG 2012, 491 ff.

Lüke, Wolfgang / Scherz, Alexander, Zu den Wirkungen eines Solvent Scheme of Arrangement in Deutschland, ZIP 2012, 1101 ff.

Lürken, Sacha, Totgesagte leben länger – Neuer Anstoß aus Brüssel für die Einführung eines vorinsolvenzlichen Sanierungsverfahrens, NZI 2015, 3 ff.

Madaus, Stephan, Das Insolvenzverfahren der Lehman Brothers Holding Inc. – ein in jeder Hinsicht besonderes Reorganisationsverfahren, NZI 2008, 715 ff.

Madaus, Stephan, Einstieg in die ESUG-Evaluation – Für einen konstruktiven Umgang mit den europäischen Ideen für einen präventiven Restrukturierungsrahmen, NZI 2017, 329 ff.

Madaus, Stephan, Vorinsolvenzliche Sanierungsverfahren – Perspektiven einer europäisch geprägten Rechtsentwicklung, KSzW 2015, 183 ff.

Mäger, Thorsten / von Schreitter, Florian, Die kartellrechtliche Bußgeldhaftung nach der 9. GWB Novelle – Überblick und Kritik, NZKart 2017, 264 ff.

Maier, Daniel, Die praktische Wirksamkeit des Schemes of Arrangement in Bezug auf englischrechtliche Finanzierungen, NZI 2011, 305 ff.

Mallon, Christopher / Waisman, Shai Y., The Law and Practice of Restructuring in the UK and US, New York 2011

Mankowski, Peter, Anerkennung englischer Solvenz Schemes of Arrangement in Deutschland, WM 2011, 1201 ff.

Mankowski, Peter, Die Grundbegriffe der Richtlinie – Zu Art. 1 und 2 des Richtlinienvorschlags der Europäischen Kommission vom 22.11.2016, COM(2016) 723 final, NZI-Beilage 2017, 15 ff.

Mäsch, Gerald, The Opera Ain't Over Till the Fat Lady Sings – ein englisches „scheme of arrangement" vor dem BGH, IPRax 2013, 234 ff.

Meyer, Heinrich / Degener, Jan-Moritz, Debt-Equity-Swap nach dem RegE-ESUG, BB 2011, 846 ff.

Meyer-Löwy, Bernd / Poertzgen, Christoph / Eckhoff, Lars, Einführung in das US-amerikanische Insolvenzrecht, ZInsO 2005, 735 ff.

Meyer-Sparenberg, Wolfgang / Jäckle, Christof, Beck'sches M&A-Handbuch, München 2017

Michalski, Lutz / Heidinger, Andreas / Leible, Stefan / Schmidt, Jessica, Kommentar zum Gesetz betreffend die Gesellschaften mit beschränkter Haftung (GmbH-Gesetz), Band I, 3. Auflage, München 2017

Michalski, Lutz / Heidinger, Andreas / Leible, Stefan / Schmidt, Jessica, Kommentar zum Gesetz betreffend die Gesellschaften mit beschränkter Haftung (GmbH-Gesetz), Band II, 3. Auflage, München 2017

Mock, Sebastian, Das künftige (harmonisierte) Insolvenzrecht – Entwurf einer Richtlinie zum Unternehmensinsolvenzrecht, NZI 2016, 977 ff.

Möhlenkamp, Andreas, Beihilfen für Unternehmen in Schwierigkeiten – Die neuen Leitlinien der EU-Kommission im System des europäischen Beihilfenrechts, ZIP 2014, Beilage zu Heft 44, 1 ff.

Mückl, Norbert, Der Debt-Equity-Swap als Sanierungsinstrument im Steuerrecht, FR 2009, 497 ff.

Kirchhof, Hans-Peter / Eidenmüller, Horst / Stürner, Rolf (Hrsg.), Münchener Kommentar zur Insolvenzordnung, Band 3, 3. Auflage, München 2013

Kirchhof, Hans-Peter / Eidenmüller, Horst / Stürner, Rolf (Hrsg.), Münchener Kommentar zur Insolvenzordnung, Band 4, 3. Auflage, München 2013

Neuhof, Rudolf, Sanierungsrisiken der Banken: Die Vor-Sanierungsphase, NJW 1998, 3225 ff.

Niehaus, Maco, Umwandlung notleidender Darlehensforderungen in Eigenkapital unter Einsatz von Zweckgesellschaften, M&A Review 2009, 538 ff.

Niesert, Burkhard / Hohler, Anne, Übertragende Sanierung vor Insolvenzantragstellung unter besonderer Berücksichtigung strafrechtlicher Aspekte, NZI 2010, 127 ff.

Nietsch, Michael, Einstweiliger Rechtsschutz bei Beschlussfassung in der GmbH-Gesellschafterversammlung, GmbHR 2006, 393 ff.

Nobbe, Gerd, Der Verkauf von Krediten, ZIP 2008, 97 ff.

Obermüller, Manfred / Kuder, Karen / Obermüller, Martin, Insolvenzrecht in der Bankpraxis, 9. Auflage, Köln 2016

Oechsler, Jürgen, Acting in Concert beim Aktienerwerb (§ 30 Abs. 2 WpÜG), ZIP 2011, 449 ff.

Oelke, Herbert / Wöhlert, Helge-Torsten / Degen, Stephan, Debt Mezzanine Swap – Königsweg für die Restrukturierungsfinanzierung?, BB 2010, 299 ff.

Pape, Gerhard, Anfechtungsfeste Leistungen im Rahmen eines ernsthaften Sanierungsversuchs des Schuldners, ZInsO 2017, 114 ff.

Pape, Gerhard, Die Insolvenzzweckwidrigkeit von Rechtshandlungen des vorläufigen und des endgültigen Insolvenzverwalters/Sachwalters, ZInsO 2016, 2149 ff.

Paulus, Christoph G., Das englische Scheme of Arrangement – ein neues Angebot auf dem europäischen Markt für außergerichtliche Restrukturierungen, ZIP 2011, 1077 ff.

Petrovic, Radmila, Die rechtliche Anerkennung von Solvent Schemes of Arrangement in Deutschland – Eine Chance für die Restrukturierungspraxis, ZInsO 2010, 265 ff.

Picot, Gerhard, Unternehmenskauf und Restrukturierung, 4. Auflage, München 2013

Priester, Hans-Joachim, Debt-Equity-Swap zum Nennwert?, DB 2010, 1445 ff.

Priester, Hans-Joachim, „Sanieren oder Ausscheiden" im Recht der GmbH, ZIP 2010, 497 ff.

Prinz, Ulrich / Winkeljohann, Norbert (Hrsg.), Beck'sches Handbuch der GmbH, 5. Auflage, München 2017

Prusko, Wolfram, Die Gesellschafterstellung in der Insolvenz, München 2013

Prütting, Hanns / Gehrlein, Markus, Zivilprozessordnung, 9. Auflage, Köln 2017

Prütting, Hanns u. a. (Hrsg.), Festschrift für Wilhelm Uhlenbruck zum 70. Geburtstag, Köln 2000

Quardt, Gabriele, Beihilferechtliche Risiken bei einem Verkauf aus der Insolvenz, ZInsO 2014, 20 ff.

Redeker, Rouven, Kontrollerwerb an Krisengesellschaften: Chancen und Risiken des Debt-Equity-Swap, BB 2007, 673 ff.

Reul, Adolf / Heckschen, Heribert / Wienberg, Rüdiger (Hrsg.), Insolvenzrecht in der Gestaltungspraxis, 2. Auflage, München 2018

Reymann, Christoph, Die Verpfändung von GmbH-Geschäftsanteilen, DNotZ 2005, 425 ff.

Richter, Nicholas Peter, Möglichkeiten und Grenzen des Distressed Debt Investing in Deutschland, Wiesbaden 2006

Ristelhuber, Johannes, Sanierende Unternehmensübertragung und Fusionskontrolle, ZIP 2003, 378 ff.

Rödding, Adalbert, Umsatzsteuerliche Behandlung des Verkaufs zahlungsgestörter Forderungen – zugleich Besprechung des BMF-Schreibens v. 2.12.2015, DStR 2016, 97 ff.

Rowedder, Heinz (Begr.) / Schmidt-Leithoff, Christian (Hrsg.), Gesetz betreffend die Gesellschaften mit beschränkter Haftung, 6. Auflage, München 2017

Rusch, Konrad / Brocker, Till, Debt Mezzanine Swap bei Unternehmensfinanzierungen – rechtliche und steuerliche Rahmenbedingungen, ZIP 2012, 2193 ff.

Sax, Stefan / Ponseck, Joachim / Swierczok, Artur M., Ein vorinsolvenzliches Restrukturierungsverfahren für europäische Unternehmen, BB 2017, 323 ff.

Sax, Stefan / Swierczok, Artur M., Das englische Scheme of Arrangement – ein taugliches Sanierungsinstrument für deutsche Unternehmen!, ZIP 2016, 1945 ff.

Schaper, Hanno / Stauber, Peter, Ausgewählte Themen des neuen Kartellschadensersatzrechts – Schadensersatz, Abwälzung, Gesamtschuld und Innenausgleich, NZKart 2017, 279 ff.

Schiller, Christof, Zehn Jahre Chapter 15 in den USA – Praktischer Umgang mit der Anerkennung ausländischer Insolvenzverfahren in den USA, NZI 2015, 744 ff.

Schimansky, Herbert / Bunte, Hermann-Josef / Lwowski, Hans-Jürgen (Hrsg.), Bankrechts-Handbuch, 5. Auflage, München 2017

Schlosser, Peter F. / Hess, Burkhard, EU-Zivilprozessrecht, 4. Auflage, München 2015

Schluck-Amend, Alexandra / Meyding, Thomas, Der Unternehmenskauf in Krise und Insolvenz, Stuttgart 2012

Schmidt, Michael Johannes, Benachteiligung einer Partei durch unterschiedliche Qualifikation eines Rechtsstreits als Konkurssache i. S. des EuGVÜ durch Gerichte zweiter Mitgliedstaaten, EWS 1993, 388 ff.

Schmidt, Karsten (Hrsg), Insolvenzordnung, 19. Auflage, München 2016

Schmidt, Karsten / Ebke, Werner F. (Hrsg.), Münchener Kommentar zum Handelsgesetzbuch, Band 4, 3. Auflage, München 2013

Schmidt, Mario / Schlitt, Michael, Debt Equity Swap – Eine attraktive Form der Restrukturierung?, Der Konzern 2009, 279 ff.

Schulz, Dietmar, Apcoa – Grenzen der Anerkennung des Scheme of Arrangement nach Änderung der Rechtswahlklausel, ZIP 2015, 1912 ff.

Seeliger, Daniela / Gürer, Kaan, Kartellrechtsrisiken in M&A-Transaktionen – neuere Entwicklungen, BB 2017, 195 ff.

Seeliger, Daniela / de Crozals, Dorothee, Zukunftsweisend: Die 9. GWB-Novelle, ZRP 2017, 37 ff.

Seibt, Christoph H., Grenzen des übernahmerechtlichen Zurechnungstatbestandes in § 30 Abs. 2 WpÜG (Acting in Concert), ZIP 2004, 1829 ff.

Smid, Stefan / Rattunde, Rolf / Martini, Torsten, Der Insolvenzplan, 4. Auflage, Stuttgart 2015

Steffan, Bernhard, Sanierungskonzepte qou vadis?, ZIP 2016, 1712 ff.

Stelkens, Paul / Bonk, Heinz Joachim / Leonhardt, Klaus (Begr.), Verwaltungsverfahrensgesetz, 9. Auflage, München 2018

Tetzlaff, Christian, Verwertung von Pfandrechten an Unternehmensbeteiligungen durch eine öffentliche Versteigerung und freihändige Veräußerung, ZInsO 2007, 478 ff.

Theiselmann, Rüdiger, Praxishandbuch des Restrukturierungsrechts, 3. Auflage, Frankfurt am Main 2016

Thole, Christoph, Der Debt Equity Swap bei der Restrukturierung von Anleihen, ZIP 2014, 2365 ff.

Thole, Christoph, Der Richtlinienvorschlag zum präventiven Restrukturierungsrahmen, ZIP 2017, 101 ff.

Thole, Christoph, Sanierung mittels Scheme of Arrangement im Blickwinkel des Internationalen Privat- und Verfahrensrechts – Zugleich ein Beitrag zur internationalen Reichweite des Schutzschirmverfahrens (§ 270b InsO n. F.) und von Mehrheitsbeschlüssen nach SchVG, ZGR 2013, 109 ff.

Thole, Christoph, Die Restrukturierung von Schuldverschreibungen im Insolvenzverfahren, ZIP 2014, 293 ff.

Thomas, Heinz / Putzo, Hans, Zivilprozessordnung, 38. Auflage, München 2017

Thum, Rainer, Neue Spielregeln für die Zwischenschaltung von Transfergesellschaften?, BB 2013, 1525 ff.

Uhlenbruck, Wilhelm u. a. (Hrsg.), Insolvenzordnung, 14. Auflage, München 2015

Urlaub, Jasmin / Kamp, Britta, Die Vermeidung der Bankenhaftung bei der Vergabe von Sanierungskrediten, ZIP 2014, 1465 ff.

von Bülow, Christoph / Stephanblome, Markus, Acting in Concert und neue Offenlegungspflichten nach dem Risikobegrenzungsgesetz, ZIP 2008, 1797 ff.

von Einem, Christoph / Schlote, Andrea, Neue rechtliche Rahmenbedingungen für Private Debt Fonds, WM 2015, 1925 ff.

von Saucken, David / Keding, Sebastian, Der Handel von Schuldverschreibungen im laufenden Insolvenzverfahren – Wege aus der Insiderfalle, NZI 2015, 681 ff.

von Sydow, Christian / Beyer, Oliver, Erwerb von notleidenden Krediten und anschließende Kapitalerhöhung mit Sacheinlage, AG 2005. 635 ff.

Waldburg, Oliver, Überbrückungskredite und Sanierungskredite, ZInsO 2014, 1405 ff.

Weber, Christoph, Gesamtabgeltungsklauseln auf dem Prüfstand – Zulässigkeit und Vollstreckbarkeit von Insolvenzplänen mit dynamischer Quote, ZInsO 2017, 255 ff.

Weis, Ditmar u. a. (Aut.), Problematische Firmenkundenkredite: Krise – Sanierung – Insolvenz, 3. Auflage, Heidelberg 2010

Wessels, Peter, Unternehmenskauf im Vorfeld der Verkäuferinsolvenz, ZIP 2004, 1237 ff.

Westpfahl, Lars / Goetker Uwe / Wilkens, Jochen, Grenzüberschreitende Insolvenzen, Köln 2008

Westpfahl, Lars / Knapp, Marvin, Die Sanierung deutscher Gesellschaften über ein englisches Scheme of Arrangement, ZIP 2011, 2033 ff.

Westpfahl, Lars / Knapp, Marvin, Scheme of Arrangement über Restrukturierung durch Übertragung der Vermögenswerte einer Gesellschaft auf einen neuen Unternehmensträger und Erwerb von dessen Anteilen nur durch erstrangige Kreditgeber („IMO / Carwash"), EWiR 2010, 167 ff.

Wieneke, Laurenz / Hoffmann, Thomas, Der Erhalt der Börsennotierung beim echten und unechten Debt Equity Swap in der Insolvenz der börsennotierten AG, ZIP 2013, 697 ff.

Wiesbrock, Michael R., Rechtsfragen der Befreiung vom Pflichtangebot nach WpÜG in Sanierungsfällen, NZG 2005, 294 ff.

Wilken, Oliver / Schaumann / Michael / Zenker, Michael, Anleihen in Restrukturierung und Insolvenz, 2. Auflage, Köln 2017

Wimmer, Klaus (Hrsg.), FK-InsO – Frankfurter Kommentar zur Insolvenzordnung, 9. Auflage, Berlin 2017

Windsor, Jo / Nüller-Seils, Carsten O. / Burg, Michael, Unternehmenssanierung nach englischem Recht – Das Company Voluntary Arrangement, NZI 2007, 7 ff.

Wittig, Arne, Beseitigung der Insolvenzgründe mit Bankenbeiträgen als Voraussetzung der freien Unternehmensfinanzierung, NZI 1998, 49 ff.

Zöller, Richard (Begr.), Zivilprozessordnung, 31. Auflage, Köln 2015

A. Einführung

1 Der nicht einheitlich verwendete[1] Begriff des *Distressed Investment* kann vereinfacht als Anlagestrategie verstanden werden, bei der sich Investoren bei Unternehmen in finanziellen Schwierigkeiten wirtschaftlich engagieren.[2] Gängig ist die Unterscheidung nach den Investitionsobjekten, den „Distressed Asset"-Klassen:

- Investitionen in (notleidende) Forderungen *(„Distressed Debt Investment")*.
- Investitionen in Eigenkapital *(„Distressed Equity Investment")*.
- Darüber hinaus sind Investitionen in hybride Kapitalinstrumente und der unmittelbare Erwerb von Wirtschaftsgütern des Krisenunternehmens verbreitet.[3]

2 Prägend für die Formen des *Distressed Investment* ist die wirtschaftliche Krise des Forderungsschuldners (im Fall des *Distressed Debt*-Investments), des Zielunternehmens oder seines Veräußerers (im Fall des *Distressed Equity* Investments) bzw. des Veräußerers der Wirtschaftsgüter oder des Emittenten hybrider Instrumente.

3 Die Investition in die vorgenannten *Distressed Assets* erscheint – mit Ausnahme der unmittelbaren Investition in Wirtschaftsgüter des Krisenunternehmens – kontraintuitiv, da aufgrund der Krisensituation das Verlustrisiko bei der Fremd- oder Hybridkapitalinvestition sowie (in gesteigertem Maße) bei der Eigenkapitalinvestition gegenüber einem Non-Distressed-Szenario wesentlich erhöht ist. Dass sich *Distressed Investing* gleichwohl zwischenzeitlich auch in Deutschland etablieren konnte, ist auf die attraktiven Renditechancen zurückzuführen. So werden notleidende Forderungen mit teils erheblichen Abschlägen gegenüber ihrem Nominalwert gehandelt und auch die Erwerbskosten für eine Eigenkapitalposition sind in der Unternehmenskrise regelmäßig sehr niedrig (nicht selten nur ein symbolischer Euro). Für den Fall einer erfolgreichen Sanierung kann dafür durch die (vollständige oder teilweise) Rückführung der Fremdkapitalposition durch den Schuldner bzw. mittels Veräußerung der Hybrid- oder Eigenkapitalposition eine gegenüber klassischen Investmentstrategien höhere Rendite erzielt werden. Ein zentraler Aspekt für die Hebung dieses Wertaufholungspotenzials ist die sukzessive Einführung und Anwendung von (auch ausländischen) Rechtsrahmen, die praxistaugliche Instrumente der Restrukturierung und Sanierung von Krisenunternehmen jenseits der Liquidation und des klassischen Insolvenzverfahrens vorhalten. Diese Entwicklungen haben dazu geführt, dass die (Unternehmens-) Krise nicht mehr nur als Risikopotential mit negativem Wertberichtigungsbedarf, sondern auch und gerade als Chance für Investoren sowie für die Krisenunternehmen selbst angesehen wird.[4]

I. Begriff und Phasen der Unternehmenskrise

4 Für die Abgrenzung des *Distressed Investment* von anderen Investitionsformen kommt dem Begriff der „(Unternehmens-)Krise" zentrale Bedeutung zu. Allerdings fehlt nach wie vor eine einheitliche Definition dieses Begriffs.[5]

5 Als **betriebswirtschaftliche Krise** werden ungünstige Entwicklungen der Erfolgspotentiale, des Reinvermögens oder der Liquidität verstanden, die zu einer akuten Be-

[1] Zu den verschiedenen Begriffsbestimmungen *Knecht* in Buth/Hermanns, Restrukturierung, Sanierung, Insolvenz, 4. Aufl. 2014, § 19 Rn. 14.

[2] Vgl. Vorauflage, S. 667 ff.

[3] Allgemein zu den Investitionsgütern: *Knecht* in Buth/Hermanns, Restrukturierung, Sanierung, Insolvenz, 4. Aufl. 2014, § 19 Rn. 4.

[4] Vgl. *Knecht* in *Buth/Hermanns,* Restrukturierung, Sanierung, Insolvenz, 4. Aufl. 2014, § 19 Rn. 3; zur Bedeutung eines sanierungsfreundlichen Rechtsrahmens für die Entwicklung des *Distressed Investing* in den USA vgl. *Moyer/Martin* in Baker/Filbeck/Kiymaz, Private Equity (2015), S. 100.

[5] Statt Vieler: *Knecht* in Buth/Hermanns, Restrukturierung, Sanierung, Insolvenz, 4. Aufl. 2014, § 19 Rn. 14.

drohung für die Existenz des betreffenden Unternehmens führen. Eine solche Krise tritt in den seltensten Fällen plötzlich ein. Die Krise ist vielmehr das Ergebnis eines schleichenden Prozesses, der oftmals hinsichtlich seiner Ursachen über einen längeren Zeitraum unerkannt bleibt. Die betriebswirtschaftliche Krise löst für sich genommen keine Insolvenzantragspflichten aus. Allerdings begründet sie im Rahmen der allgemeinen Überwachungsaufgabe der Geschäftsführung die Pflicht zur Durchführung einer Schwachstellenanalyse und zur Prüfung und Durchführung von Sanierungsmaßnahmen. Die Verletzung dieser Pflicht kann neben Schadensersatzansprüchen der Gesellschaft auch strafrechtliche Sanktionen nach sich ziehen. [6]

6 Demgegenüber liegen bei der sogenannten **insolvenzrechtlichen Krise** die Insolvenzgründe der Zahlungsunfähigkeit (§ 17 InsO), der drohenden Zahlungsunfähigkeit (§ 18 InsO) und/oder der Überschuldung (§ 19 InsO) vor.[7] Während die Eröffnung des Insolvenzverfahrens sowohl bei einem Eigenantrag des Schuldners als auch bei einem Antrag seiner Gläubiger – dem sog. Fremdantrag – auf die Zahlungsunfähigkeit (§ 17 InsO) und die Überschuldung (§ 19 InsO) gestützt werden kann, rechtfertigt die drohende Zahlungsunfähigkeit allein im Fall des Eigenantrags die Verfahrenseröffnung (§ 18 Abs. 1 InsO). Soweit es sich beim Krisenunternehmen um eine juristische Person (bspw. eine GmbH oder eine AG) oder um eine Gesellschaft ohne Rechtspersönlichkeit, bei der kein persönlich haftender Gesellschafter eine natürliche Person ist, handelt (bspw. eine GmbH & Co. KG), statuiert § 15a InsO im Fall der Überschuldung und Zahlungsunfähigkeit sogar eine unverzügliche Antragspflicht spätestens binnen drei Wochen nach Eintritt des Insolvenzgrundes.[8] Adressaten der Pflicht sind die Mitglieder des Vertretungsorgans und im Sonderfall der Führungslosigkeit die Gesellschafter. Verstöße gegen § 15a InsO können nicht nur Schadensersatzpflichten auslösen, sondern sind auch strafbewehrt. Darüber hinaus sind mit der insolvenzrechtlichen Krise verschiedene Risiken für Investoren verbunden: So knüpfen verschiedene Anfechtungstatbestände der InsO an den Erwerb einer Rechtsposition bei Vorliegen von Insolvenzgründen an. Mit der Verfahrenseröffnung verliert der Schuldner seine Verfügungsbefugnis über die Insolvenzmasse (§ 80 InsO). Zudem sieht sich der Investor wegen des Erfüllungswahlrechts des Insolvenzverwalters (bzw. im Fall der Eigenverwaltung, des Sachwalters) dem Risiko der Erfüllungsablehnung hinsichtlich noch nicht vollzogener Transaktionen ausgesetzt (§§ 103 ff. InsO). Andere Regelungen der InsO enthalten demgegenüber Privilegierungen für den Investor, der eine Eigenkapitalposition in der insolvenzrechtlichen Krise zum Zwecke der Sanierung erwirbt (§ 39 Abs. 4 S. 2 InsO).

7 Verbreitet wird detaillierter unterschieden zwischen strategischer Krise, Erfolgskrise, Liquiditätskrise und Insolvenz:

- Bei der **strategischen Krise** sind die langfristigen Erfolgspotenziale des Unternehmens gefährdet (zB Marktumschwung vom stationären zum Online-Handel).
- Bei der **Erfolgskrise** hat das Unternehmen bereits Umsatz oder Gewinn eingebüßt. Kennzeichnend ist der Beginn des Verzehrs des Eigenkapitals.
- In der **Liquiditätskrise** drohen bereits Insolvenzgründe, die in der Insolvenz bereits eingetreten sind.[9]

8 In der Zusammenschau verdeutlichen die vorgenannten Begriffsdefinitionen, dass eine trennscharfe Abgrenzung der Krisenbegriffe nicht möglich ist. Vielmehr weisen sie Überschneidungen auf bzw. gehen ineinander über, wobei die betriebswirtschaftliche Krise typischerweise früher einsetzt. Da *Distressed Investments* zwar regelmäßig – wenngleich nicht

[6] *Rhein* in Eilers/Koffka/Mackensen, Private Equity, 2. Aufl. 2012, III. 1. b), Rn. 2.

[7] Zu den Eröffnungsgründen *Harz/Bornmann/Conrad/Ecker* NZI 2015, 737 ff.; vgl. auch die IDW Standards Beurteilung des Vorliegens von Insolvenzeröffnungsgründen (IDW S 11).

[8] Die drohende Zahlungsunfähigkeit löst demgegenüber keine Antragspflicht, wohl aber ein Antragsrecht aus.

[9] Statt Vieler: *Knecht/Hommel/Wohlenberg* in Knecht/Hommel/Wohlenberg, Handbuch Unternehmensrestrukturierung, 2. Aufl. 2017, Band 1, S. 13.

zwangsläufig – bereits im Vorfeld der insolvenzrechtlichen Krise durchgeführt werden, wird im Folgenden eine weite Definition gewählt. Unter Krise sollen hiernach sämtliche Situationen gefasst werden, in denen eine Form der Unternehmenskrise, mithin finanzielle, operative, strukturelle oder nachhaltige existenzgefährdende strategische Schwierigkeiten bestehen.[10]

II. Investmentstrategien bei Krisenunternehmen

Nicht nur bei den Investitionsobjekten, sondern auch bei den Investitionsstrategien gibt es eine erhebliche Bandbreite auch miteinander verknüpfbarer Optionen. Besonders deutlich wird diese Verknüpfung bei einer sog. **„Distressed-to-Control"**-Strategie.[11] Diese ist dadurch gekennzeichnet, dass eine (ggf. in der Unternehmenskrise) erworbene Fremdkapitalposition (partiell) in eine Eigen- oder Mezzanine-Kapitalposition umgewandelt wird. Daneben besteht die Möglichkeit, die Fremdkapitalposition zum Erwerb von Wirtschaftsgütern einzusetzen. Die Fremdkapitalposition des Investors fungiert in beiden Fällen als antizipiertes Eigenkapital. **9**

Paradigmatisch für den unmittelbaren Erwerb der Eigenkapitalgeberposition sind der unmittelbare Anteilserwerb am Krisenunternehmen (Share Deal) sowie der unmittelbare Erwerb der Betriebe/Betriebsteile des Krisenunternehmens (Asset Deal). Beide Zielsetzungen lassen sich jedoch auch mittels vorausgehenden Erwerbs einer Fremdkapitalposition und deren anschließender „Umwandlung" verwirklichen, namentlich durch den sog. **Debt-Equity-Swap** und den **Debt-Asset-Swap.** Mit Blick auf die Vielgestaltigkeit der möglichen Investmentstrategien ist der zweiteilige Aufbau des vorliegenden Beitrags lediglich als Orientierungshilfe zu begreifen und impliziert gerade nicht eine strikte Trennung zwischen den einzelnen Investmentstrategien.[12] **10**

Als weitere Variante des *Distressed Investment* sei die Möglichkeit genannt, über kapitalmarktbasierte Derivate eine Rendite zu erzielen. Hauptanwendungsfall bilden Kreditderivate *(Credit Default Swaps).* Strukturell wird insofern ein Vertrag zwischen Marktteilnehmern geschlossen, der sich auf ein Ereignis bzw. die Entwicklung des zugrundeliegenden Kredits bezieht. Da die maßgeblichen Instrumente, deren Bepreisung und Renditeermittlung einen separaten Ansatz der Finanzierungsökonomie abbilden und eigenen Regeln folgen, werden sie im Rahmen dieses Beitrags nicht weiter behandelt.[13] **11**

III. Verhältnis zu Private Equity

Zur Bestimmung des Verhältnisses von *Distressed Investments* zu Private Equity bedarf es zunächst einer Spezifizierung des zuletzt genannten Begriffs. Eine genaue Definition des Begriffs Private Equity erscheint deshalb schwerlich möglich, da sich bis dato in der Praxis kein einheitliches Verständnis vom Gegenstand des „privaten Beteiligungskapitals" etablieren konnte.[14] Auch in der Betriebswirtschaftslehre sowie in Gesetzeswerken sucht man vergeblich nach einer einheitlichen Definition. Regelmäßig wird auf die drei nachfolgenden Kriterien abgestellt: **12**

---

[10] So auch die Eingrenzung von *Knecht* in Buth/Hermanns, Restrukturierung, Sanierung, Insolvenz, 4. Aufl. 2014, § 19 Rn. 17.

[11] Begriff nach *Moyer/Martin* in Baker/Filbeck/Kiymaz, Private Equity (2015), S. 106. In der deutschen Literatur wird meist der Begriff *„Loan-to-own"*-Strategie verwendet (vgl. etwa *Brinkmann* WM 2017, 1033). Dabei handelt es sich aber nach der hier verwendeten Terminologie um eine andere Strategie, vgl. → Rn. 214.

[12] Besonders deutlich wird das beim Debt Equity Swap, der wegen der unmittelbaren Investition in eine Fremdkapitalposition unter dem Punkt 2. (Distressed Debt Investments) behandelt wird, obschon die damit verfolgte Zielsetzung auf den Erwerb einer Eigenkapitalposition gerichtet ist.

[13] Vgl. dazu *Knecht* in Buth/Hermanns, Restrukturierung, Sanierung, Insolvenz, § 19 Rn. 13.

[14] Vgl. dazu › § 1 Rn. 22.

- Erwerbsgegenstand sind Mehr- oder Minderheitsbeteiligungen an Unternehmen, die nicht an einer Börse gelistet sind. Allerdings kommt auch das Mezzaninekapital als Investitionsobjekt in Betracht.
- Ziel der Investition ist es, eine positive Rendite auf das eingesetzte Kapital zu erwirtschaften, die den Mindesterwartungen der Investoren entspricht.
- Bei den Zielunternehmen handelt es sich regelmäßig um etablierte Unternehmen, die zumeist in traditionellen Branchen aktiv sind. Bei einem weiten Begriffsverständnis ist jedoch auch die Frühphasenfinanzierung umfasst, für die sich zwar terminologisch eine eigenständige Bezeichnung als „Venture Capital" etabliert hat.[15]

13 Ausgehend von diesen Charakteristika können auch Distressed Equity Investments sowie Investitionsformen, die auf eine Umwandlung von Fremd- in Eigen- bzw. Mezzaninekapital gerichtet sind, als Teilbereich von Private Equity qualifiziert werden. Der einzige Unterschied mit Blick auf die vorgenannten Kriterien besteht darin, dass die Investitionen in einer unternehmerischen Krise erfolgen und auf eine zukünftige Steigerung des Eigenkapitalwertes durch aktive Sanierung zielen.[16] Korrespondierend sieht sich der Distressed Investor regelmäßig mit dem Bedürfnis einer aktiven Sanierungsbeitragsleistung konfrontiert, beispielsweise mittels Investitionen in das Umlaufvermögen oder Bereitstellung einer Sanierungsfinanzierung. In der Folge haben sich innerhalb des Private Equity-Markts *Distressed Investments* als eigenständige alternative Anlageform mit ähnlichen Fondsstrukturen wie „klassische" Private-Equity-Fonds entwickelt;[17] die Distressed Debt Investments werden meist vom selben General Partner, aber für Rechnung von „Special Situations"- oder „Opportunities"-Fonds getätigt. Gleichzeitig handelt es sich bei Distressed Investments auch um eine von mehreren Investmentstrategien von Hedge Fonds, welche bei Anlagestrategie, Anlagehorizont und Rückgaberechten (redemptions) Unterschiede zu „klassischen" Private-Equity-Fonds aufweisen.[18]

IV. Wirtschaftliche Herausforderungen

14 In welchem Umfang Distressed Investments erfolgreich sind, hängt (zumeist) davon ab, ob eine wirtschaftliche Gesundung des Unternehmens erfolgt. Insofern ist die Entwicklung und Umsetzung eines an die jeweiligen Krisenursachen angepassten Konzeptes erforderlich, das sowohl eine Ursachenanalyse als auch Maßnahmen zur Überwindung der Krise vorsieht, und sich sowohl auf die strategische Ausrichtung des Krisenunternehmens als auch dessen operative und finanzielle Situation erstreckt.[19]

V. Rechtliche und steuerliche Herausforderungen

15 Distressed Investments bergen eine Vielzahl spezifischer rechtlicher Herausforderungen, mit denen sich ein Private Equity Investor außerhalb dieser Asset-Klasse (wenn überhaupt) nur am Rande konfrontiert sieht. Auch aus steuerlicher Sicht sind das Distressed Investments mit erheblichen Fallstricken und Risiken verbunden. Da die vorgenannten Besonderheiten nicht nur das konkrete Workout, sondern bereits die zu verfolgende Investment-Strategie determinieren können und ihnen somit eine hervorgehobene Bedeutung zu-

[15] Zum Ganzen: *Knecht* in Buth/Hermanns, Restrukturierung, Sanierung, Insolvenz, 4. Aufl. 2014, § 19 Rn. 98 ff.

[16] Zum Ganzen: *Knecht* in Buth/Hermanns, Restrukturierung, Sanierung, Insolvenz, 4. Aufl. 2014, § 19 Rn. 98 ff.

[17] *Moyer/Martin* in Baker/Filbeck/Kiymaz, Private Equity (2015), S. 104. Von der vorstehenden engen Lesart, der zufolge Private Equity auf den Beteiligungserwerb oder den Erwerb einer beteiligungsähnlichen Position beschränkt ist, würden demgegenüber rein passive Distressed Debt-Investments (dazu → Rn. 212) nicht umfasst; praktisch finden diese gleichwohl statt *(„Look-and-see pieces")*.

[18] Vgl. dazu *Jäckle/Strehle*/Clanss in Meyer-Sparenberg/Jäckle, Beck'sches M&A-HdB § 49 Rn. 7.

[19] Zu den verschiedenen Möglichkeiten, die Investitionsentscheidung ökonomisch abzuleiten und zu fundieren *Knecht* in Buth/Hermanns, Restrukturierung, Sanierung, Insolvenz, 4. Aufl. 2014, § 19 Rn. 30 ff.

kommt, werden die jeweiligen besonderen rechtlichen wie steuerlichen Risiken im Rahmen der verschiedenen Distressed Investment-Optionen im Einzelnen dargestellt.

16 Die Komplexität der rechtlichen und steuerlichen Herausforderungen wird dadurch noch gesteigert, dass das deutsche Recht selbst dann nicht zwangsläufig den maßgeblichen Rechtsrahmen bildet, wenn das Krisenunternehmen seinen Sitz oder seinen operativen Schwerpunkt im Inland hat. Dies folgt schon daraus, dass die betreffenden Unternehmen häufig in eine grenzüberschreitende Konzernstruktur eingebettet sind und/oder das operative Geschäft (auch) auf andere Staaten ausgerichtet ist. Da die verschiedenen von Distressed Investments berührten Rechtsmaterien zudem unterschiedliche Anknüpfungspunkte hinsichtlich der anwendbaren Rechtsordnung aufweisen, können sich die mit Distressed Investments verbundenen rechtlichen und steuerlichen Fragestellungen, wie bspw. insolvenzrechtliche Risiken, Implementierungsverfahren (außer- und innerhalb eines (Insolvenz-)Verfahrens), kapitalmarktrechtliche Hürden des Beteiligungserwerbs und steuerrechtliche Themen nach unterschiedlichen Rechtsordnungen richten. Die Darstellung beschränkt sich im Folgenden auf deutsches Recht; Bezugnahmen auf ausländische Rechtsordnungen erfolgen, sofern im deutschen Rechtsmarkt im Zusammenhang mit *Distressed Investments* praxisrelevant.

B. Distressed Debt Investments

I. Einführung

17 Distressed Debt Investing umschreibt wie dargelegt ein Investitions- und Beteiligungskonzept, bei dem sich Investoren bei Krisenunternehmen mittels Vermögensanlage in Fremdkapitalanteilen wirtschaftlich engagieren. Wegen der hervorgehobenen Bedeutung der Fremdkapitalfinanzierung für Unternehmen bietet diese Investmentstrategie ein erhebliches Anlagepotenzial. Distressed Debt beschreibt im Folgenden ausfallgefährdete Forderungen. Auf eine weitere Abstufung nach dem Grad der Wahrscheinlichkeit des Ausfalls bzw. der finanziellen Situation des Schuldners, wie sie zuweilen mit der Unterscheidung zwischen „non-performing", „sub-performing"[20] anzutreffen ist, wird für diesen Beitrag verzichtet.

18 Trotz mitunter erheblicher ökonomischer wie auch rechtlicher Risiken gründet sich das attraktive Chancen-Risiko-Profil des *Distressed Debt Investing* zunächst darauf, dass ein derivativer Forderungserwerb des Investors (also ein Forderungserwerb von Altgläubigern des Krisenunternehmens) aufgrund des Ausfallrisikos regelmäßig mit signifikanten Abschlägen gegenüber den jeweiligen Nennwerten erfolgt. Die Renditechancen für den Distressed Debt Investor bestehen somit in einem (erheblichen) Potenzial, jedenfalls den Wert zwischen Kaufpreis der Forderung und ihrem Nennwert wieder aufzuholen (Wertaufholungspotenzial). Soweit ein Investor auf eine (partielle) Umwandlung in eine Eigen- oder Mezzaninekapitalposition abzielt, kann er überdies an der künftigen Unternehmenswertentwicklung partizipieren, wenngleich damit eine Steigerung des Risikos eines Totalverlustes einhergeht. Anreize bestehen auch hinsichtlich der – oftmals mit den vorgenannten Investitionsformen kombinierten – Zurverfügungstellung von neuem Fremdkapital im Rahmen einer Sanierungsfinanzierung durch den Investor (sog. New Money Investment): Diesem neuen Fremdkapital wird regelmäßig Vorrang vor bestehenden Verbindlichkeiten eingeräumt und/oder es erfolgt eine gesonderte Besicherung, vorausgesetzt das Krisenunternehmen verfügt über zur weiteren Besicherung freies Vermögen.

II. Motivlagen bei derivativen Distressed Debt-Transaktionen

19 Die Etablierung eines Marktes für Distressed Debt-Transaktionen in Deutschland ist nicht zuletzt darauf zurückzuführen, dass für die Altgläubiger des Krisenunternehmens häufig

[20] Vgl. dazu *Knecht* in Buth/Hermanns, Restrukturierung, Sanierung, Insolvenz, 4. Aufl. 2014, § 19 Rn. 4.

externe sowie interne Anreize zur Veräußerung ihrer Fremdkapitalpositionen gesetzt werden und auf Seiten der spezialisierten Investoren (teils korrespondierende) Erwerbsanreize bestehen.

1. Motive des Veräußerers

20 Als Veräußerer in einem Distressed Debt Investment-Szenario treten überwiegend Banken in Erscheinung, welche den Verkauf von Distressed Debt zur Risikoreduzierung von Kreditforderungen nutzen. Grundsätzlich ist den Banken ein weiter Spielraum an Handlungsoptionen hinsichtlich des Umgangs mit notleidenden Krediten eröffnet. Sie können Kredite (i) in der Bilanz belassen und über eine interne oder externe workout-Abteilungen restrukturieren oder abwickeln, (ii) verkaufen oder (iii) über Kreditderivate „glattstellen". Dass der vorgenannte Risikoreduzierungsansatz zumeist zu einer Veräußerung führt, liegt nicht nur in dem wirtschaftlichen Bestreben begründet, einen Totalverlust zu vermeiden und die Risikoaktiva zu verringern, sondern auch in den rechtlichen Rahmenbedingungen, die auf eine Stabilisierung des Bankensystems abzielen.[21] Die im Zuge der Finanzkrise ab 2008 verschärfte Bankenregulierung hat zu einer sukzessiven Abkehr von den zuvor etablierten Strategien deutscher Banken geführt, namentlich dem Stillhalten, dem aktiven Sanierungsversuch sowie der Abwicklung. Während die vorgenannten tradierten Strategieentscheidungen danach getroffen wurden, ob das Krisenunternehmen sanierungswürdig und –fähig ist, werden diese Erwägungen im Rahmen der „neuen" Veräußerungsstrategie durch bankpolitische und marktspezifische Überlegungen ergänzt bzw. sogar verdrängt.[22]

21 **a) MARisk als Triebfeder.** Regulatorischer Treiber für eine Veräußerungsentscheidung sind zunächst die Mindestanforderungen an das Risikomanagement (MARisk)[23]. Diese präzisieren die Anforderungen an die Qualität des Risikomanagements der Banken des § 25a Abs. 1a, 2 KWG, indem sie Vorgaben für die Errichtung interner Kontrollverfahren und -systeme und einer internen Revision enthalten. Dieser regulatorische Ansatz beschränkt sich folglich nicht auf die Einhaltung quantitativer Kennzahlen, sondern versteht sich als ganzheitlicher Rahmen, um den dynamischen Entwicklungen auf den Finanzmärkten gerecht zu werden. Für die betroffenen Banken bedeutet das nicht nur die Pflicht zum Aufbau einer Compliance-Struktur, sondern auch die aufwändige Betreuung von sogenannten Problemkrediten. So sind die Banken verpflichtet, Kriterien festzulegen, nach denen Problemkredite an die jeweiligen spezialisierten Abteilungen, namentlich die Intensivbetreuung einerseits und die Sanierung und Abwicklung andererseits, abzugeben sind.

22 Diese Abteilungen haben unterschiedliche Aufgaben. Die Intensivbetreuung zielt auf eine Zurückführung des betroffenen Kreditengagements in einem überschaubaren Zeitraum (ca. 12 Monate) in die Normalbetreuung. Demgegenüber erfolgt in der Problemkreditbetreuung eine Gegenüberstellung der Realisationswerte im Sanierungsfall und in der Liquidation, wobei auf dieser Basis eine Entscheidung für die Sanierung oder Abwicklung des Kreditengagements getroffen wird.[24] Gerade kleinere Banken verfügen häufig nicht über die entsprechende Kompetenz für den Workout. Daher sind sie oftmals gehalten, entweder die Problemkredite in der Bilanz zu halten und einen externen Betreuungsservice in Anspruch zu nehmen oder die Problemkredite zu veräußern. Aber auch sowie die Einhaltung der regulatorischen Vorgaben institutsintern umsetzbar ist, geht dies mit einem erheblichen Zeit- und Ressourcenaufwand einher, der ebenfalls Anreize für eine Herausnahme des Kreditengagements aus der Bilanz setzt.[25]

[21] Dazu iE *Knecht* in Buth/Hermanns, Restrukturierung, Sanierung, Insolvenz, 4. Aufl. 2014, § 19 Rn. 72 ff.

[22] *Knecht* in Buth/Hermanns, Restrukturierung, Sanierung, Insolvenz, 4. Aufl. 2014, § 19 Rn. 122.

[23] Veröffentlichung überarbeiteter Fassung mit BaFin Rundschreiben 09/2017 (BA) v. 27.10.2017.

[24] Dazu im Einzelnen: *Weiß,* Problematische Firmenkundenkredite, S. 3 ff., 11 f. und 14 ff.

[25] Vgl. Vorauflage, S. 669.

b) Kapitalunterlegungserfordernisse als Triebfeder. Weitere regulatorische Anreize zum Verkauf von Problemkrediten setzt auch Basel III[26]. Die erste Säule der Basel III Regularien fordert eine verschärfte Eigenkapitalunterlegung der Kredite, die sich am Risikoprofil des Schuldners orientiert. Demnach bestehen Anreize für Banken, sich von Problemkrediten zu trennen, um eine teure Eigenkapitalunterlegung zu verringern. Daneben statuiert die zweite Säule mit Blick auf Risikokredite erhöhte Anforderungen an die Implementierung einer Risikostrategie (sogenannte Intensivbetreuung), welche (personelle) Ressourcen bindet und damit langfristige Kosten verursacht. Schließlich begünstigen die – als dritte Säule von Basel III noch weiter verschärften – Offenlegungsvorgaben, denen zufolge Kreditinstitute Informationen zu Eigenkapital, dem Anwendungsbereich des Kapitals und den damit verbunden Risikopositionen offen legen müssen, die Entscheidung zur Veräußerung von Problemkrediten. Dies insbesondere deshalb, um drohende Reputationsschäden zu vermeiden.[27] 23

2. Motive des Erwerbers

Die Motivlage auf Erwerberseite ist investorenspezifisch. Wegen der Vielzahl der Investitionsformen auf dem Markt des Distressed Investment erhebt die nachfolgende Auflistung keinen Anspruch auf Vollständigkeit. Vielmehr bildet sie lediglich exemplarisch die Motivlage der Klassen von Investoren ab, die sich auf dem deutschen Markt etabliert haben. 24

Sogenannte **Trader** verfolgen eine passive Investitionsstrategie, namentlich das Kaufen und Halten von Forderungen und wählen einen opportunistischen Ansatz, in dessen Rahmen sie nur passiv an Restrukturierungsmaßnahmen teilnehmen und keine Kontrolle über den Schuldner anstreben.[28] Ihre grundlegende Motivation besteht in der Realisierung einer überdurchschnittlichen, risikoadjustierten Investorenrendite. Diese bestimmt sich danach, ob und in welchem Maße die (Abwicklungs-)Erlöse den Erwerbspreis übersteigen.[29] **Asset-Manager** als weitere Investorengruppe verfolgen demgegenüber eine aktive Investitionsstrategie. Diese ist durch eine aktive Einflussnahme auf den Restrukturierungsprozess mittels Kaufs von Forderungen in erheblichem Umfang oder Investitionen in das Eigenkapital geprägt. Die zugrundliegende Motivation speist sich aus der Erwartung, durch die steuernde Einwirkung eine nachhaltige Sanierung des Krisenunternehmens zu erreichen, sodass eine Rendite aufgrund des Wertaufholungspotentials (hinsichtlich des Fremdkapitalanteils) bzw. der Partizipation an der künftigen Unternehmenswertentwicklung (mit Blick auf Eigen- oder Mezzaninekapital) erzielt werden kann.[30] Als letzte Gruppe seien Investoren genannt, die eine **Hold Out-Strategie** verfolgen. Diese erwerben eine Fremdkapitalposition in der Absicht, für sich oder ihre Gläubigergruppe eine bevorzugte Befriedigung oder den Forderungsabkauf zu Preisen, die über dem Erwerbspreis liegen, zu erreichen. Um dieses Ziel umzusetzen ist der Erwerb einer Blockadeposition erforderlich, die es ihnen ermöglicht, mittels Verzögerung und/oder Erschwerung des Restrukturierungsprozesses Druck auf die sanierungswilligen Stakeholder auszuüben. Ob ein solches Blockadepotenzial besteht, richtet sich indes stets danach, ob das von den übrigen Akteuren anvisierte 25

[26] Hierunter werden die Vorschriften des Baseler Ausschusses der Bank für Internationalen Zahlungsausgleich (BIZ) zur Regulierung von Banken gefasst, welche schrittweise seit dem Jahr 2013 die Vorgängerregelungen (Basel II) abgelöst haben und über die Neufassung der Eigenkapitalrichtlinie (Capital Requirements Regulation IV) ab dem 1.1.2014 in der Europäischen Union umgesetzt worden sind.

[27] Letztere indes unter der Einschränkung, dass auch die Kreditverbriefung einen Reputationsschaden hervor zu rufen geeignet ist; vgl. *Knecht* in Buth/Hermanns, Restrukturierung, Sanierung, Insolvenz, 4. Aufl. 2014, § 19 Rn. 75 ff.

[28] Als Trader agieren bspw. Hedge Funds und spezialisierte Abteilungen von Investmentbanken.

[29] Die Ursache für Differenz zwischen erwartetem Erlös und dem (geringeren) Kaufpreis kann bspw. darin begründet sein, dass der Erwerber über effizienteres Management/Abwicklungsinstrumentarium als der Veräußerer verfügt oder die Prognosen der Wertentwicklung divergieren; zur Motivlage *Knecht* in Buth/Hermanns, Restrukturierung, Sanierung, Insolvenz, 4. Aufl. 2014, § 19 Rn. 80 ff.

[30] Als Asset Manager agieren bspw. Opportunity Funds, Turnaround Funds und spezialisierte Abteilungen von Investmentbanken.

Sanierungsinstrument Mehrheitsentscheidungen mit Bindungswirkung gegenüber obstruierenden Gläubigern zulässt (sogenannter „Cram-Down"). Solche Cram-Down-Mechanismen können nicht nur gesetzlich statuiert sein, beispielsweise in der InsO (als Bestandteil des Insolvenzplans) oder im SchVG. Vielmehr werden sie in der Finanzierungspraxis auch in vertraglichen Regelungen syndizierter Kreditverträge verankert.[31] Die Hold-Out-Strategie wird im Folgenden weitgehend ausgeklammert. Bezugnahmen beschränken sich auf die Möglichkeit der Überwindung, mithin Cram-Down-Instrumente, welche die verschiedenen Sanierungsinstrumente vorhalten.

III. Abgrenzung Single Name Transactions – Portfolio Transactions

26 Distressed Debt Investments können – wie bereits angedeutet – zum einen mittels Erwerbs von Forderungen gegen das Krisenunternehmen, bspw. von Anleihen oder Unternehmenskrediten, sowie mittels Zurverfügungstellung weiterer finanzieller Mittel (New Money) erfolgen. Diese Investitionsoptionen werden wegen ihrer Ausrichtung auf einen bestimmten Schuldner als **Single Name Transactions** bezeichnet. Ihnen stehen Investitionsoptionen gegenüber, die mit dem Erwerb eines Portfolios einer Vielzahl an Forderungen gegen verschiedene Schuldner verbunden sind, die sogenannten **Portfolio Transactions.** Die in den Jahren zwischen 2004 und 2006 dominierenden Portfolio Transactions auf dem Markt für Distressed Debt wurden zunehmend zurückgedrängt. Eine Ausnahme in jüngerer Zeit bildet die Veräußerung von Portfolios von Schiffskrediten durch deutsche Banken. Zwischenzeitlich sind – gerade mit Bezug auf Unternehmenskredite und Anleihen – vornehmlich Single Name Transaction anzutreffen[32], auf welchen im Folgenden der Fokus liegt.

IV. Single Name Transactions

27 Im Rahmen der Single Name Transactions übernimmt der Investor einen Fremdkapitalanteil am Krisenunternehmen mit dem Ziel der Renditeerzielung, wobei zwischen aktiven und passiven Strategien unterschieden werden kann.

1. Erwerb von Distressed Debt

28 Soll das Distressed Debt Investment derivativ erfolgen, hat sich der Investor im Vorfeld mit dem maßgeblichen Rechtsrahmen für Forderungserwerbe auseinanderzusetzen. Im Folgenden beschränkt sich die Darstellung auf Unternehmenskredite, klammert also die Besonderheiten anderer Schuldinstrumente (zB Anleihen) aus.

29 **a) Erwerb von Forderungen nach deutschem Recht.** Nach europäischem Kollisionsrecht unterliegt die Übertragung einer Forderung der Rechtsordnung, die auf den Vertrag zwischen dem Abtretenden (Zedent) und dem Erwerber (Zessionar) anzuwenden ist (Art. 14 Abs. 1 Rom I-VO[33]). Ist somit die Geltung deutschen Rechts vereinbart, ist das „Trennungsprinzip" zu beachten, demzufolge zwischen dem schuldrechtlichen Forderungskaufvertrag (§§ 433, 453 Abs. 1 BGB) und dem dinglichen Vollzugsakt (Abtretung, § 398 BGB) zu unterscheiden ist.

30 Soll nicht nur die Forderung, sondern das gesamte Rechtsverhältnis zwischen dem veräußerungswilligen Gläubiger und dem Krisenunternehmen übertragen werden, kann auf die –gesetzlich nicht ausdrücklich geregelte – Übernahme des Kreditvertrags durch den

---

31 Vgl. zum Ganzen (mit Bezügen zum US-Recht): *Richter,* Möglichkeiten und Grenzen des Distressed Debt Investing in Deutschland, S. 32f.; des Weiteren: *Schneider,* Erfolgreicher Turnaround mit Private Equity, S. 54.

32 Zu dieser Entwicklung bereits Vorauflage, S. 668.

33 VO (EG) 593/2008 v. 17.6.2008 über das auf vertragliche Schuldverhältnisse anzuwendende Recht.

Erwerber zurückgegriffen werden. Die vorgenannten Gestaltungformen unterscheiden sich hinsichtlich ihrer Voraussetzungen und Rechtsfolgen:

- Für die **Forderungsabtretung** bedarf es grundsätzlich keiner **Zustimmung des Schuldners,** wenn nicht die Übertragung in der Kreditvertragsdokumentation ausgeschlossen ist (§ 399 Alt. 2 BGB) **(Abtretungsverbot).** Trotz Abtretungsverbots ist eine Abtretung wirksam, soweit das forderungsbegründende Rechtsgeschäft für beide Seiten ein Handelsgeschäft darstellt (§ 354a Abs. 1 S. 1 HGB). Diese Voraussetzung ist bei Unternehmenskrediten regelmäßig erfüllt. Allerdings sind in einer Rückausnahme solche Forderungen vom Anwendungsbereich des § 354a HGB ausgenommen, für die ein Abtretungsverbot **nach dem 19.8.2008** vereinbart wurde und deren Gläubiger ein Kreditinstitut iSd KWG ist (§ 354a Abs. 2 HGB iVm Art. 64 EGHGB). § 354a Abs. 2 HGB wurde durch das sog. **Risikobegrenzungsgesetz**[34] eingeführt, mit dem der Schuldnerschutz gegenüber Finanzinvestoren gestärkt werden sollte.[35] Da *Distressed Debt* Investments in Single Name Transactions oft auf von Banken ausgereichte Kredite abzielen, muss ein Investor ein besonderes Augenmerk auf etwaige Abtretungsbeschränkungen in der Kreditvertragsdokumentation legen. In der Praxis kommen dabei meist nicht vollumfängliche Abtretungsverbote vor, sondern Beschränkungen hinsichtlich der Umstände der Abtretung (vor/nach Eintritt eines Kündigungsgrunds) und der Person des Erwerbers. Viele Kreditverträge enthalten Formulierungen, wonach (zumindest vor Eintritt eines Kündigungsgrunds) Forderungen nur an „**Kreditinstitute** […] oder **Finanzinstitute**" abgetreten werden können. Beides sind Rechtsbegriffe aus dem KWG, wobei das „Finanzinstitut" seit der 6. KWG-Novelle nur noch durch Verweis in § 14 KWG auf Art. 4 Abs. 1 Nr. 26 der Kapitaladäquanz-VO[36] iVm den in Anhang I Nr. 2–12, 15 der Eigenmittel-RL[37] genannten Geschäftstätigkeiten definiert ist. Je nach Satzung und tatsächlich ausgeübter Aktivität kann der vorgesehene Erwerber nicht hierunter fallen, was das Risiko einer unwirksamen Abtretung begründet.[38]
- Die **Vertragsübernahme** bietet dem Veräußerer im Vergleich zur Forderungsabtretung den Vorteil, dass nicht nur die Forderung, sondern das gesamte Vertragsverhältnis – einschließlich eventueller daraus resultierender Pflichten – übertragen wird. Die Vertragsübernahme kann durch dreiseitigen Vertrag oder durch Vertrag zwischen Veräußerer und Erwerber mit Zustimmung des Schuldners erfolgen. Die Zustimmung des Schuldners kann zumindest durch Unternehmer in Individualverträgen[39] auch antizipiert erfolgen, was insbesondere bei syndizierten Kreditverträgen regelmäßig der Fall ist.[40]

---

[34] Art. 10 des Gesetzes zur Begrenzung der mit Finanzinvestitionen verbundenen Risiken (Risikobegrenzungsgesetz) vom 12.8.2008 (BGBl. I S. 1666).

[35] Beschlussempfehlung des Finanzausschusses, BT-Drs. 16/9778, 4.

[36] VO (EU) 575/2013 v. 26.6.2013 über Aufsichtsanforderungen an Kreditinstitute und Wertpapierfirmen („CRR").

[37] RL 2013/36/EU v. 26.6.2013 über den Zugang zur Tätigkeit von Kreditinstituten und die Beaufsichtigung von Kreditinstituten und Wertpapierfirmen („CRD IV").

[38] Der englische Begriff *„financial institution"* wird vom High Court deutlich weiter ausgelegt ([2017] EWHC 2807 (Ch) – Grant & Ors. vs. WDW3 Investments Ltd. & Ors.) und erfasst *„a legally recognised form or being, which carries on its business in accordance with the laws of its place of creation and whose business concerns commercial finance"*. Sofern der Begriff in einem deutschem Recht unterliegenden Kreditvertrag in englischer Sprache verwendet wird, sollte nach der Rspr. des BGH (Urt. v. 16.10.1986 – III ZR 121/15, NJW 1987, 591), wonach fremdsprachige Verträge vor dem Hintergrund der Rechtsordnung ausgelegt werden müssen, in deren Sprache sie abgefasst sind, auf diese weite Auslegung rekurriert werden können. Vgl. zum Ganzen *Längsfeld/Lürhen* WM 2019, 999.

[39] § 309 Abs. 1 Nr. 10 BGB erlaubt die in Allgemeinen Geschäftsbedingungen gegenüber Nichtunternehmern antizipierte Zustimmung zur Kreditvertragsübernahme nur, wenn der Übernehmer bereits namentlich benannt ist oder aber der Kreditnehmer ein Kündigungsrecht hat. Nach *Walgenbach* in Langenbucher/Bliesener/Spindler, BankRHdb., 2. Aufl. 2016, Kap. 16, Rn. 199 ist die Vorschrift nicht über § 307 BGB auf Kreditverträge mit Unternehmern anwendbar.

[40] *Walgenbach* in Langenbucher/Bliesener/Spindler, BankR-HdB., 2. Aufl. 2016, Kap. 16, Rn. 199; *Diem,* Akquisitionsfinanzierungen, 3. Aufl. 2013, § 33 Rn. 10.

31 In der Praxis folgen syndizierte **Unternehmenskredite** idR dem Vertragsübernahmemodell[41], während **Schuldscheindarlehen** dem Abtretungsmodell folgen, wobei der Arrangeur des Schuldscheins weiterhin (meist als Zahlstelle) Vertragspartei bleibt, was bei Vertragsanpassungen zu praktischen Problemen führen kann.

32 Bei **Anleihen** (nach deutschem Wertpapierstatut) vollzieht sich der Erwerb durch Übertragung des Miteigentumsanteils an der Globalurkunde; es kommt aber auch eine bloße Abtretung der Forderung aus der Anleihe in Betracht.[42]

33 **b) Erwerbsdokumentation.** Gerade für die Übertragung von (syndizierten) Unternehmenskrediten wird in der Praxis regelmäßig auf die hierfür von der *Loan Market Association* (LMA) in regelmäßigen Abständen veröffentlichten, aktualisierten und an die Praxisbedürfnisse angepassten Musterverträge und –bedingungen[43] zurückgegriffen[44], wobei– anders als für die Kreditverträge – noch keine deutschem Recht unterliegenden Muster veröffentlicht wurden.

34 Grundlegend sind dabei zwei Unterscheidungen:

- nach Investitionsobjekt zwischen *„Bank Debt"* (Kreditforderungen, bei denen sich der Schuldner nicht im Insolvenzverfahren befindet) und *„Claims"* (Insolvenzforderungen);
- nach Investitionsbewertung zwischen *„Par"* und *„Distressed"* Trade. Der Erwerb eines *„Claim"* ist immer ein *„Distressed"* Trade. Im Übrigen unterliegt die Einordnung den Parteien; wesentlicher Unterschied sind die erweiterten Gewährleistungen des Verkäufers bei einem *„Distressed Trade"*. Üblicherweise werden Forderungen, bei denen ein Kündigungsgrund eingetreten ist oder die bei weniger als 80 % des Nominalwerts gehandelt werden, als *„Distressed"* Trade eingeordnet.

35 **aa) Trade Confirmation / Standard Terms and Conditions.** Kernstück eines Forderungskaufs ist die *Trade Confirmation*. Diese dient in Term Sheet-artiger Form als Bestätigung des Kaufvertrags. Die Forderungsübertragung selbst *(„settlement")* bleibt einer separaten Übertragungsdokumentation vorbehalten, die nach den LMA-Standardbedingungen spätestens innerhalb von 7 (Bank Debt) / 15 (Claims) Bankarbeitstagen erfolgen soll.[45] Ergänzend gelten die *LMA Standard Terms and Conditions for Par and Distressed Trade Transactions (Bank Debt/Claims).*

36 Die Trade Confirmation enthält folgende wesentlichen Punkte des Forderungverkaufs:

- Bezeichnung des Kreditvertrags
- Bezeichnung der verkauften Forderung
- Angaben zu Käufer und Verkäufer
- Kaufpreisrate (als Prozentsatz des Nominalwerts). Dieser wird auch oft in einem separaten Pricing Letter angegeben.
- Kategorisierung als *„Par"* oder *„Distressed"* Trade
- Behandlung von aufgelaufenen Zinsen: Hier sehen die LMA-Standardbedingungen drei Möglichkeiten vor (wobei bei „Claims" grundsätzlich „Trades Flat" als vereinbart gilt):
  1) *„Settled Without Accrued Interest":* Der Käufer erwirbt die seit letztem Zinszahlungstermin aufgelaufenen Zinsen und zahlt dem Verkäufer nach Erhalt dessen Anteil bis zum Settlement Date.
  2) *„Paid On Settlement Date":* Der Käufer erwirbt die seit letztem Zinszahlungstermin aufgelaufenen Zinsen und zahlt dem Verkäufer am Settlement Date dessen Anteil. Der Käufer übernimmt damit das Risiko, diese Zinsen am nächsten Zinszahlungstermin nicht vom Kreditnehmer zu erhalten.

---

[41] Vgl. Cl. 24.1(b) *LMA German Law Multicurrency Term and Revolving Facility Agreement* (Stand: 18.7.2017).

[42] BGH Urt. v. 14.5.2013 – XI ZR 160/12, NZG 2013, 903 Rn. 14 ff.

[43] *LMA Trade Confirmation (Bank Debt); LMA Trade Confirmation (Claims); LMA Standard Terms and Conditions for Par and Distressed Trade Transactions (Bank Debt/Claims)* (jeweils Stand 22.12.2017). Für den US-Markt existiert ein entsprechendes Bedingungswerk der *Loan Syndication and Trading Association* (LSTA).

[44] Hierzu und zur Entwicklung *Florstedt* ZIP 2015, 2345 (2346).

[45] Zu dieser Aufspaltung: Vorauflage, S. 688.

3) *„Trades Flat"*: Der Käufer erwirbt die seit letztem Zinszahlungstermin aufgelaufenen Zinsen, ohne dass hierfür eine gesonderte Zahlung vereinbart wird.

- Art der Forderungsübertragung: Unterschieden wird zwischen *„Legal Transfer"* und *„Funded Participation"*. *„Legal Transfer"* meint dabei den dinglichen Erwerb der Forderung nach anwendbarem Recht, während *„Funded Participation"* eine Unterbeteiligung bedeutet, bei der der Käufer nur wirtschaftlich das Risiko übernimmt, der Verkäufer hingegen weiterhin Forderungsinhaber bleibt. Nach den LMA-Standardbedingungen muss der Käufer den Erwerb als *„Funded Participation"* vollziehen, falls ein *„Legal Transfer"* aus irgendwelchen Gründen (zB fehlende Zustimmung des Kreditnehmers, wenn erforderlich) scheitert, sofern nicht die Parteien *„Legal Transfer Only"* wählen.
- Verantwortlichkeit für Erstellung der Übertragungsdokumentation: Verkäufer oder Käufer.
- Weitere Bedingungen: Hier werden Abweichungen von den LMA-Standardbedingungen vereinbart. Die häufigsten Abweichungen betreffen die Gewährleistungen des Verkäufers. Standardmäßig gibt der Verkäufer ua folgende (sich teilweise überschneidende) Gewährleistungen[46]:

1) *Unencumbered Title*[47]: Verität, Lastenfreiheit und keine Vorausverfügungen über die verkaufte Forderung
2) *No other documents*[48]: Außer der Kreditvertragsdokumentation keine Vereinbarungen im Hinblick auf veräußerte Forderungen
3) *No default*[49]: Verkäufer hat selbst sämtliche Verpflichtungen unter der Kreditvertragsdokumentation erfüllt
4) *Alienability*[50]: Abtretbarkeit der Forderung
5) *No set-off*[51]: Nichtbestehen von Aufrechnungsrechten

Handelt es sich um einen *Distressed Trade,* sind zusätzliche Gewährleistungen des Verkäufers vorgesehen, ua:

6) *No connected parties*[52]: Verkäufer ist keine dem Kreditnehmer nahestehende Person. Ist der Kreditnehmer ein deutsches Unternehmen, wird hier oft ergänzt, dass der Verkäufer nicht Gesellschafter oder gesellschaftergleich iSd § 39 Abs. 1 Nr. 5 InsO ist.
7) *No bad acts*[53]: Verkäufer hat nichts getan oder unterlassen, was die Einbringlichkeit der gekauften Forderungen verglichen mit anderen Forderungen unter dem Kreditvertrag beeinträchtigen könnte.
8) *No impairment*[54]: Der Verkäufer hat keine Kenntnis von einer Unwirksamkeit des Kreditvertrags oder seiner Sicherheiten oder von sonstigen Rechten, die zu einer wesentlichen nachteiligen Beeinträchtigung der erworbenen Forderungen führen könnten.

---

[46] Hat der Verkäufer selbst die Forderung derivativ erworben, erstrecken sich die Gewährleistungen auch auf den Rechtsvorgänger *(Predecessor-In-Title),* wobei in der Praxis oftmals diese Haftung eingeschränkt wird.

[47] Clause 22.2(a) *LMA Standard Terms and Conditions for Par and Distressed Trade Transactions (Bank Debt/Claims)* (Stand: 22.12.2017).

[48] Clause 22.2(b) *LMA Standard Terms and Conditions for Par and Distressed Trade Transactions (Bank Debt/Claims)* (Stand: 22.12.2017).

[49] Clause 22.2(c) *LMA Standard Terms and Conditions for Par and Distressed Trade Transactions (Bank Debt/Claims)* (Stand: 22.12.2017).

[50] Clause 22.2(d) *LMA Standard Terms and Conditions for Par and Distressed Trade Transactions (Bank Debt/Claims)* (Stand: 22.12.2017).

[51] Par Trade: Clause 22.3(b) *LMA Standard Terms and Conditions for Par and Distressed Trade Transactions (Bank Debt/Claims)* (Stand: 22.12.2017); Distressed Trade: Clause 22.4(d) *LMA Standard Terms and Conditions for Par and Distressed Trade Transactions (Bank Debt/Claims)* (Stand: 22.12.2017).

[52] Clause 22.4(b) *LMA Standard Terms and Conditions for Par and Distressed Trade Transactions (Bank Debt/Claims)* (Stand: 22.12.2017).

[53] Clause 22.4(c) *LMA Standard Terms and Conditions for Par and Distressed Trade Transactions (Bank Debt/Claims)* (Stand: 22.12.2017).

[54] Clause 22.4(e) *LMA Standard Terms and Conditions for Par and Distressed Trade Transactions (Bank Debt/Claims)* (Stand: 22.12.2017).

- Anwendbares Recht: Nach den LMA-Standardbedingungen ist auf den Forderungskauf englisches Recht anwendbar[55]. Zu beachten ist, dass beim Kauf und der Übertragung einer deutschem Recht unterliegenden Forderungen für die Übertragbarkeit der Forderung (also das Bestehen und die Wirksamkeit vertraglicher und/oder gesetzlicher Abtretungsverbote) oder von Benachrichtigungspflichten gegenüber dem Schuldner trotzdem das Forderungsstatut Anwendung findet (Art. 14 Abs. 2 Rom I-VO).[56]

37 **bb) Transfer Certificate / Assignment Agreement.** Die Übertragung der Forderung erfolgt grundsätzlich nach den dafür im Kreditvertrag vorgesehenen Regeln oder bei Fehlen entsprechender Bestimmungen entweder bei englischem Recht unterliegenden Forderungen nach der entsprechenden LMA-Dokumentation[57] oder anderenfalls den anwendbaren gesetzlichen Vorschriften.

38 **Konsortialkreditverträge** enthalten stets Regelungen zur Übertragung von Kreditforderungen, so va Kreditverträge auf Grundlage der LMA-Muster. Dort ist regelmäßig vorgesehen die Unterzeichnung eines ***„Transfer Certificate"*** durch Verkäufer und Käufer; mit Gegenzeichnung durch den *Facility Agent* (und nach Vorliegen evtl. Zustimmungen des Kreditnehmers) wird die Übertragung wirksam. Unterliegt der Kreditvertrag deutschem Recht, so ist die Übertragung regelmäßig als Vertragsübernahme ausgestaltet[58]. Bei **bilateralen Kreditverträgen** fehlen meist Regelungen zur Übernahme des Vertrags im Ganzen, hier sind Abtretungen üblich. Bei **Schuldscheindarlehen** wiederum ist aufgrund deren Kapitalmarktannäherung regelmäßig ein Abtretungsformular bereits als Anlage beigefügt; wegen § 354a Abs. 2 HGB sollte bei von Banken ausgereichten Schuldscheindarlehen unbedingt dieses Formular verwendet werden.

39 Bei englischem Recht unterliegenden Forderungen findet sich noch die ***„Novation"***[59] als Übertragungsart[60]; sofern für diese Forderung deutschem Recht unterliegende akzessorische Sicherheiten bestellt wurden, sollte von dieser Übertragungsart abgesehen werden.[61]

40 **c) Rechtliche und steuerliche Risiken. aa) Aufsichtsrechtliche Risiken.** Nach deutschem Recht unterliegt der bloße Erwerb von vollständig valutierten Darlehensforderungen keinen regulatorischen Einschränkungen. Etwas anderes gilt hingegen für die Neugewährung von Darlehen, den Erwerb von Kreditverhältnissen mit ausstehender Ziehungsmöglichkeit sowie die Umschuldung und Prolongation (nicht aber die bloße Stundung). Diese Tätigkeiten können als Bankgeschäft (§ 1 Abs. 1 KWG) qualifiziert werden mit der Folge des Erfordernisses einer **Bankerlaubnis** für den Erwerber (§ 32 KWG).[62]

41 Die EU-Kommission hat am 14.3.2018 den Entwurf einer **Richtlinie** für Kreditservicer, Kreditkäufer und außergerichtlichen Realisierung von Sicherheiten vorgelegt[63]. Diese sieht

---

[55] Clause 33.1 *LMA Standard Terms and Conditions for Par and Distressed Trade Transactions (Bank Debt/Claims)* (Stand: 22.12.2017).

[56] Zum Ganzen *Spickhoff* in BeckOK-BGB, VO (EG) 593/2008 Art. 14 Rn. 2ff. Der Kauf und die Übertragung von Forderungen nach englischem Recht folgt nicht dem Trennungsprinzip, sondern dem sogenannten „Konsensprinzip", das eine Forderungsübertragung bereits mittels schuldrechtlicher Vereinbarung vorsieht. Gleichwohl machen sich diese unterschiedlichen Ansätze praktisch nicht bemerkbar, da auch die LMA-Trades unterscheiden zwischen dem „Trade" und dem „Settlement", also Forderungsübertragung gegen Zahlung des Kaufpreises.

[57] *LMA Assignment (Bank Debt) / LMA Assignment (Distressed/Claims) / LMA Transfer Agreement.*

[58] Clause 24.1(b) *LMA Multicurrency Term and Revolving Facility Agreement (German Law)* (Stand: 18.7.2017); vgl. dazu vorstehend → Rn. 30.

[59] In der LMA Secondary Debt Trading-Dokumentation wird diese Form der Übertragung als *„Legal Transfer"* bezeichnet.

[60] vgl. zB Clause 30.1(b) *LMA Leveraged Facilities Agreement* (Stand: 7.8.2017).

[61] Vgl. *Diem,* Akquisitionsfinanzierungen, 3. Aufl. 2013, § 33 Rn. 9.

[62] BaFin Merkblatt Kreditgeschäft (Stand: Mai 2016), Ziff. 1a) aa) (4); zum Umgang in der Praxis hiermit → Rn. 243ff.

[63] *Proposal for a directive on credit servicers, credit purchasers and the recovery of collateral* v. 14.3.2018 – COM(2018) 135 (abrufbar unter https://ec.europa.eu/info/law/better-regulation/initiatives/com-2018-135_en)).

ua den Abbau von aufsichtsrechtlichen Hürden (ua das Erfordernis einer Bankerlaubnis, s. o.), zugleich aber umfangreiche **Meldepflichten** für **Kreditkäufer** vor.

bb) Steuerrechtliche Risiken. Aus steuerlicher Sicht ist insbesondere die Umsatzsteuerpflicht von Forderungsverkäufen seit langem Gegenstand der rechtswissenschaftlichen Debatte und gerichtlicher Auseinandersetzungen. Die **Forderungsabtretung** ist nach deutschem Recht (nur dann) umsatzsteuerpflichtig, wenn der Zedent hierzu mittels Wahlrechtsausübung optiert. Allerdings entspricht es gängiger Praxis, von einer entsprechenden Wahlrechtsausübung abzusehen, sodass die Forderungsabtretung umsatzsteuerfrei vollzogen wird. Der Umsatzsteuerfreiheit steht grundsätzlich auch nicht entgegen, dass der Kaufpreis regelmäßig erheblich unter dem Nennwert der zahlungsgestörten Forderung[64] liegt: Der EuGH und der BFH haben in den Jahren 2011 bis 2013 wiederholt entschieden, dass ein Wirtschaftsteilnehmer, der auf eigenes Risiko zahlungsgestörte Forderungen zu einem unter ihrem Nennwert liegenden Preis kauft, keine entgeltliche Dienstleistung an den Forderungsverkäufer erbringt, wenn infolge des Abschlags der tatsächliche wirtschaftliche Wert der betreffenden Forderung zum Zeitpunkt ihrer Übertragung abgebildet wird. Die Differenz zwischen Kaufpreis und Nennwert stellt in diesem Fall gerade keine (umsatzsteuerpflichtige) Vergütung dar, mit der eine vom Käufer erbrachte Dienstleistung (bspw. die Entlastung des Verkäufers von der Verwaltung und Vollstreckung) entgolten werden soll.[65] Darin besteht der Unterschied zum echten Factoring, bei dem der Factor gegenüber dem Anschlusskunden eine Dienstleistung erbringt, deren Entgelt in der Differenz zwischen dem Nennbetrag und dem Betrag besteht, den der Factor als Preis für die Forderung zahlt.[66] Durch das Schreiben des Bundesministeriums der Finanzen vom 2.12.2015[67] hat schließlich auch die deutsche Verwaltungsauffassung die vorgenannte Rechtsprechung übernommen. Damit wurde zugleich die – auf einer irrtümlichen Generalisierung der Factoring-Rechtsprechung des EuGH beruhende – abweichende ältere Auffassung der Finanzverwaltung, der zufolge auch bei zahlungsgestörten Forderungen eine Umsatzsteuerpflicht hinsichtlich der Differenz zwischen Nennwert und Kaufpreis bestehen sollte, aufgegeben. 42

Noch nicht abschließend geklärt ist demgegenüber, ob eine **Vertragsübernahme,** also die Übertragung des Kreditvertrags mit sämtlichen Rechten und Pflichten, umsatzsteuerpflichtig ist. Die in der Rechtspraxis bestehende Unsicherheit beruht auf einer Entscheidung des EuGH vom 22.10.2009, in welcher der Gerichtshof die grundsätzliche Umsatzsteuerpflicht einer Übertragung von Lebensrückversicherungsverträgen bejaht hat.[68] Zwar entspricht es der allgemeinen Auffassung der Steuerrechtspraxis, dass sich die entscheidungstragenden Gründe nicht auf die Übernahme von Darlehensverträgen übertragen lassen. Gleichwohl hat sich in jüngerer Vergangenheit für solche Transaktionen die Aufnahme von Vertragsklauseln etabliert, welche das Risiko einer Umsatzsteuerpflicht adressieren. 43

2. Aktive Strategien

Im Folgenden wird zunächst die *„Distressed to Control"*-Strategie und New Money Investments als praxisrelevanteste aktive Investmentstrategien bei *Distressed Debt* Investments dargestellt. 44

---

64 Eine Zahlungsstörung in diesem Sinne soll nach dem BMF vorliegen, wenn die betreffenden Forderungen trotz Fälligkeit ganz oder zu einem nicht nur geringfügigen Teil seit mehr als 90 Tagen nicht ausgeglichen worden sind, eine Kündigung erfolgt ist oder die Voraussetzungen für eine Kündigung vorliegen; vgl. BMF Schreiben v. 2.12.2015 – III C 2 – S-7100/08/10010, S. 3, BStBl. I 2015 S. 1012.

65 Zum Ganzen EuGH Urt. v. 27.10.2011 – C-93/10, NZI 2012, 50; BFH Urt. v. 26.1.2012 – V R 18/08, NZI 2012, 286; BFH Urt. v. 4.7.2013 – V R 8/10, ZIP 2013, 2316.

66 Die maßgebliche Rechtsprechungsentwicklung nachzeichnend *Rödding* DStR 2016, 97 (98 f.).

67 Vgl. → Fn. 64.

68 EuGH Urt. v. 22.10.2009 – C-242/08, DStR 2009, 2245. (mAnm *Maier*)

45 **a) „Distressed to Control" – Übernahme Debt-Equity-Swaps.** Paradigma einer aktiven Strategie ist der Einsatz der erworbenen Fremdkapitalposition durch den Investor zum Zwecke des Kontrollerwerbs über das Krisenunternehmen, um auf den Restrukturierungsprozess steuernd Einfluss zu nehmen und das unlimitierte Wertaufholungspotenzial einer Eigenkapitalposition zu erwerben. Im Rahmen dieser als *„Distressed to Control"* bezeichneten[69] Strategie wird vereinfacht eine Fremdkapitalposition als Vehikel für die Erlangung einer Eigenkapitalposition genutzt.[70] Investoren, die dieser aktiven Strategie folgen, verfügen über zwei – häufig miteinander kombinierte – Chancen zur Renditeerzielung:

- Zunächst bietet sich ihnen bei nicht vollständiger Forderungsumwandlung die Möglichkeit, über das Wertaufholungspotenzial im Fall der erfolgreichen Sanierung eine Rendite zu erzielen. Deren Höhe hängt von der Differenz zwischen dem Nennwert der Forderungen und dem gezahlten Kaufpreis und darüber hinaus von der Schuldentragfähigkeit des Krisenunternehmens ab, also von der Frage, in welchem Umfang die erworbenen Forderungen nach der Sanierung werthaltig fortbestehen können.
- Darüber hinaus bietet die Veräußerung der erlangten Eigenkapitalposition nach erfolgreicher Sanierung des Krisenunternehmens dem Investor eine Renditechance.[71]

46 Die Erlangung der Kontrolle bzw. einer nicht nur unwesentlichen Beteiligung ist für die vorgenannte Zielerreichung grundsätzlich förderlich: Der Zeitraum für eine Sanierung, also das Herausführen des Unternehmens aus der Krise, ist im Regelfall relativ kurz bemessen, da die Mehrzahl der Distressed-to-Control-Strategien einen Exit in der für Private Equity-Investments typischen Zeitspanne von fünf bis sieben Jahren vorsehen. Vor diesem Hintergrund und wegen des oftmals erheblichen Umfangs der erforderlichen strukturellen und operativen Sanierungsmaßnahmen, namentlich Kostensenkungen, Personalanpassungen, Desinvestitionen, Strategieanpassungen etc, ist die Erlangung einer starken Eigenkapitalposition prinzipiell förderlich. Eine solche Position ermöglicht es dem Investor – gegebenenfalls im Zusammenwirken mit anderen größeren Investoren –, die Sanierungsmaßnahmen anzustoßen bzw. deren Umsetzung zu veranlassen.[72] Auch im Vorfeld der Umwandlung der Fremdkapital- in eine Eigenkapitalposition ist eine starke Stellung, mithin ein umfangreicher Forderungserwerb günstig, da es in dieser Phase nicht selten von erheblicher Relevanz ist, für das Investitionsziel nachteilige Entscheidungen blockieren zu können. Eine entsprechende Position zu erlangen gestaltet sich indes mit zunehmender Unternehmensgröße tendenziell schwieriger.[73]

47 **aa) Investitionskriterien.** Ob eine Distressed-to-Control-Strategie ein erfolgversprechendes Chancen-Risiko-Profil aufweist, richtet sich nach der vom Investor erwarteten Entwicklung des Unternehmenswertes. Die maßgeblichen Beurteilungsgrundlagen sind jedoch fortlaufend Wandelungen unterworfen, die eine Strategieänderung während des Prozesses erfordern können.[74] Aus der Fülle an maßgeblichen Parametern werden im Folgenden die zentralen Investitionskriterien herausgegriffen und die Methodik zu deren Ermittlung knapp aufgezeigt.

48 Die entscheidende Frage eines Distressed Equity Investments lautet, ob hinsichtlich des Krisenunternehmens die Sanierungsfähigkeit und die Sanierungswürdigkeit zu bejahen

---

69 Begriff nach *Moyer/Martin* in Baker/Filbeck/Kiymaz, Private Equity (2015), S. 106. In der deutschen Lit. wird meist der Begriff *„Loan-to-own"*-Strategie verwendet (vgl. etwa *Brinkmann* WM 2017, 1033). Dabei handelt es sich aber nach der hier verwendeten Terminologie um eine andere Strategie, vgl. → Rn. 214 (Fn. 338).

70 Vgl. *Knecht* in Buth/Hermanns, Restrukturierung, Sanierung, Insolvenz, 4. Aufl. 2014, § 19 Rn. 145.

71 So *Knecht* in Buth/Hermanns, Restrukturierung, Sanierung, Insolvenz, 4. Aufl. 2014, § 19 Rn. 145.

72 Vgl. hierzu *Knecht* in Buth/Hermanns, Restrukturierung, Sanierung, Insolvenz, 4. Aufl. 2014, § 19 Rn. 96 ff.

73 *Knecht* in Buth/Hermanns, Restrukturierung, Sanierung, Insolvenz, 4. Aufl. 2014, § 19 Rn. 126.

74 *Florstedt* ZIP 2015, 2345 (2347).

sind, da anderenfalls die Investition nicht sinnstiftend wäre.[75] Dies gilt gleichermaßen bei Distressed Debt Investments, die auf eine Distressed-to-Control-Strategie ausgerichtet sind.

Im Vorfeld der Investition bedarf es demnach grundsätzlich der Durchführung einer (internen) Due Diligence. Soweit ein operatives und nicht rein finanzielles Engagement des Investors angestrebt wird, ist eine sogenannte Operative Due Diligence durchzuführen. Diese umfasst weniger die Fragestellung, ob die vom Unternehmen zu erwartende Performance auch mit hoher Wahrscheinlichkeit eintritt, sondern vielmehr, ob eine nachhaltige Kursänderung, die zu einer gesteigerten Performance führt, möglich erscheint: Nur im Fall einer nachhaltigen Änderung kann eine ausreichend hohe Wertschöpfung generiert werden, die den Renditeanforderungen des Investors entspricht. Das Ergebnis der Operative Due Diligence muss demnach ein Maßnahmenkatalog sein, der kurzfristig die Liquiditätssituation des Krisenunternehmens verbessert und langfristig die notwendigen Wertsteigerungen ermöglicht.[76] **49**

In diesem Zusammenhang ist insbesondere das sog. Sanierungskonzept (im angelsächsischem Sprachraum oft als „Independent Business Review", Abk. „IBR" bezeichnet) von Bedeutung, das regelmäßig im Auftrag des Schuldners durch einen externen Gutachter zur Vorlage bei den Kreditgebern erstellt wird. Um dessen Übereinstimmung mit den Anforderungen der Rechtsprechung zu gewährleisten – was insbesondere im Zusammenhang mit New Money Investments von erheblicher Bedeutung ist – muss das Konzept im Einzelnen die Krisenursachen, die Maßnahmen zu deren Überwindung und die prognostizierte Auswirkung der Maßnahmen auf die Entwicklung des Unternehmens darlegen.[77] Soweit ein solches Konzept bereits im Zeitpunkt der Investitionsentscheidung vorliegt, bietet es daher einen guten Anhaltspunkt für die Beurteilung der Sanierungsfähigkeit. Allerdings wird ein solches Konzept im Regelfall erst im fortgeschrittenen Stadium der Restrukturierung erstellt, mithin nach getroffener und umgesetzter Investitionsentscheidung. In diesem Fall kann es zumindest für einen Abgleich mit der (internen) Due Diligence fruchtbar gemacht werden. **50**

Die Implementierung einer Distressed-to-Control-Strategie kann grundsätzlich sowohl „Out of Court" als auch „In Court" erfolgen. Kennzeichnend für die Out of Court-Umsetzung ist eine Umwandlung der gehaltenen Forderungen (Fremdkapitalposition) in eine Eigenkapitalposition außerhalb eines (insolvenzrechtlichen) Gerichtsverfahrens. In Court-Umsetzungen greifen demgegenüber für die Implementierung auf gesetzlich geregelte, gerichtlich überwachte (Gesamt-)Verfahren (Insolvenzverfahren, Scheme of Arrangement, SchVG) zurück. **51**

bb) Implementierungswege – Out of Court. Paradigma der Out of Court-Strategien ist der **konsensuale Debt Equity Swap,** mithin eine Umwandlung mittels einvernehmlichen Zusammenwirkens sämtlicher bzw. mit Wirkung für sämtliche betroffenen Akteure, also insbesondere der Altgesellschafter und der umwandlungswilligen Forderungsinhaber. Allerdings kann eine Out of Court-Umsetzung auch non-konsensual – insbesondere gegen den Willen der Altgesellschafter – umgesetzt werden. Der Investor kann insofern auf Zwangsinstrumente, wie bspw. eine **Verwertung von Pfandrechten an Gesellschaftsanteilen (Share Pledge Enforcement)** zurückgreifen. **52**

(1) „Echter" Debt-Equity-Swap. Als Debt-Equity-Swap wird bezeichnet der Einsatz von Forderungen mit dem Ziel des Erwerbs einer Eigenkapitalposition am Schuldner.[78] **53**

[75] Während die Sanierungsfähigkeit voraussetzt, dass die Krisenursachen behoben und durch die Umsetzung definierter Maßnahmen eine erfolgreiche Sanierung nach objektiver Abschätzung erwartet werden kann, beurteilt sich die Sanierungswürdigkeit aus der Perspektive eine Distressed Investors, für den die nichtmonetären Aspekte anders als für Geschäftsbanken kaum eine Rolle spielen, primär nach einem Vergleich der Realisationswerte eines Fortführungsszenarios mit denen eines Liquidationsszenarios; vgl. hierzu *Finkbeiner* in Köchling/Schalast (Hrsg.), Grundlagen des NPL-Geschäfts, S. 240 f.

[76] So *Knecht* in Buth/Hermanns, Restrukturierung, Sanierung, Insolvenz, 4. Aufl. 2014, § 19 Rn. 101.

[77] Dazu iE → Rn. 224 ff.

[78] *Kurney/Stenzel* in Buth/Hermanns, Restrukturierung und Insolvenz, 4. Aufl. 2014, § 23 Rn. 83.

Abzugrenzen ist der Debt Equity Swap von der Umwandlung einer Forderung in Vermögensgegenstände des Schuldners **(Debt Asset Swap)** sowie in Hybridkapital (**Debt Mezzanine Swap** oder auch **Debt Hybrid Swap**).

54 **(a) Begriff.** Die Hauptgestaltungsform des Debt Equity Swap ist die **(vereinfachte) Kapitalherabsetzung** kombiniert mit einer **Sachkapitalerhöhung** des Krisenunternehmens und Erwerb der neuen Anteile durch den Investor.

55 Als **Sacheinlage** bringt der Investor die gegen das Krisenunternehmen gerichteten Forderungen ganz oder teilweise ein. Die Leistung der Einlage erfolgt durch Abtretung oder Erlass (§ 397 BGB) der Kreditforderung oder Aufrechnung zwischen Kreditforderung und der Sacheinlageverpflichtung.[79]

- Da eine isolierte (Sach-)Kapitalerhöhung für den umwandlungswilligen Investor häufig nicht zum gewünschten Erfolg, mithin einem möglichst weitreichenden Kontrollerwerb, führen wird, wird in der Praxis zunächst eine **Kapitalherabsetzung** vorgenommen. Effekt der Kapitalherabsetzung ist eine Verrechnung des Grund- bzw. Stammkapitals mit den aufgelaufenen Verlusten. Auf diese Weise werden den bisherigen Gesellschaftern die kumulierten Verluste zugewiesen und deren Eigenkapitalposition verwässert. Meist liegen beim Krisenunternehmen die Voraussetzungen der **vereinfachten Kapitalherabsetzung** vor **(§ 229 AktG / § 58a GmbHG).** Der Vorteil der vereinfachten Kapitalherabsetzung besteht zum einen in der Nichtanwendbarkeit bestimmter Gläubigerschutzvorschriften, wie bspw. die Pflicht zur Sicherheitsleistung (§ 225 AktG / § 58 Abs. 1 Nr. 1 GmbHG). Zum anderen ist – aber nur bei Kombination mit einer ***Bar***kapitalerhöhung – eine Herabsetzung unter das Mindeststamm-/grundkapital möglich **(„Kapitalherabsetzung auf Null“)** (§§ 229 Abs. 3 iVm 228 Abs. 1 AktG / § 58a Abs. 4 S. 1 GmbHG), so dass eine vollständiges Herausdrängen der Altgesellschafter möglich ist. Wegen des Eingriffs in die Position der Altgesellschafter ist sie indes – soweit die Satzung der Zielgesellschaft nichts Abweichendes vorsieht – nur mittels Hauptversammlungs- bzw. Gesellschafterbeschlusses möglich. Die wirksame Zustimmung setzt eine **qualifizierte Mehrheit** von mindestens **75 %** des vertretenen **Kapitals** und **50 %** der **Stimmen** voraus (§§ 229 Abs. 3 iVm 222 Abs. 1, 133 Abs. 1 AktG / §§ 58 Abs. 5 iVm 53 Abs. 2 GmbHG).
- Als zweiter Schritt schließt sich sodann eine **(Sach-)Kapitalerhöhung** an, die entweder unter Ausnutzung eines genehmigten Kapitals (§§ 202 ff. AktG / § 55a GmbHG) oder mittels ordentlicher Kapitalerhöhung (§§ 182 ff. AktG / §§ 55 ff. GmbHG) erfolgt.[80] Zwar ist die Ausnutzung von genehmigtem Kapital aus umsetzungsbezogener Perspektive grundsätzlich vorzugswürdig, da sie nicht die Durchführung einer Haupt- bzw. Gesellschafterversammlung voraussetzt und damit das Störpotenzial der Minderheitenaktionäre oder -gesellschafter erheblich reduziert. Dieser Vorteil kann jedoch im praktischen Regelfall eines Abzielens auf einen Kontrollerwerb nicht ausgenutzt werden. Hintergrund ist die gesetzliche Vorgabe, dass der Nennbetrag des genehmigten Kapitals die Hälfte des vorhandenen Grund- bzw. Stammkapitals nicht übersteigen darf (§ 202 Abs. 3 S. 1 AktG / § 55a Abs. 1 S. 2 GmbHG). Die nach Vorgesagtem aus faktischen Zwängen erforderliche ordentliche Kapitalerhöhung setzt ein qualifiziertes Mindestvotum von 75 % des in der Haupt- bzw. Gesellschafterversammlung vertretenen Kapitals voraus.[81]
- Um sicherzustellen, dass der umwandlungswillige Investor die neu entstehenden Aktien bzw. Geschäftsanteile auch tatsächlich erwerben kann, bedarf es des Weiteren eines **Bezugsrechtsausschlusses.** Zwar ist nur im Aktienrecht ausdrücklich ein Bezugsrecht

---

[79] *Westpfahl*/Wilde in *Eilers*/Koffka/Mackensen/Paul, Private Equity, 3. Aufl. 2018, Kap. III.1 b) aa); *Schmidt/Schlitt* Der Konzern 2009, 279 (282).

[80] Ausführlich: *Seibt* in Theiselmann, Praxishandbuch des Restrukturierungsrechts, 3. Aufl. 2016, Kap. 6.

[81] Für die GmbH ist umstritten, ob es einer qualifizierten Stimmenmehrheit (§ 53 Abs. 2 GmbHG) oder zusätzlich einer qualifizierten Kapitalmehrheit (analog § 186 Abs. 3 S. 2 AktG) bedarf; vgl. *Zöllner/Fastrich* in Baumbach/Hueck GmbHG § 55 Rn. 25 mwN.

der Altaktionäre vorgesehen (§ 186 AktG), allerdings erkennt die ganz hM ein Bezugsrecht auch für die Altgesellschafter einer GmbH an (analog § 186 AktG).[82] Voraussetzung für einen Bezugsrechtsausschluss ist in materiell-rechtlicher Hinsicht, dass er einer Zielsetzung dient, die im Unternehmensinteresse steht und zur Erreichung dieses Ziels geeignet, erforderlich und verhältnismäßig ist.[83] Diese Voraussetzungen sind bei einem Debt Equity Swap als Bestandteil eines Sanierungskonzepts erfüllt, sofern die notwendigen Mittel nicht durch eine Barkapitalerhöhung ohne Bezugsrechtsausschluss beschafft werden können. Um verbleibenden Unsicherheiten zu begegnen, wird gleichwohl empfohlen, die Sachkapitalerhöhung mit einer Barkapitalerhöhung zu verbinden, damit der Einwand abgeschnitten wird, das Bezugsrecht sei in unzulässiger Weise ausgeschlossen worden.[84]

Da eine satzungsmäßige Herabsetzung des erforderlichen Mehrheitsvotums von 75 % für 56
die zuvor genannten Beschlüsse nicht zulässig ist (§§ 222 Abs. 1 iVm 179 AktG), verfügen Alt(minderheits)gesellschafter mit Blick auf den Gesamtprozess des Debt-Equity Swap über ein effektives Verhinderungsinstrument. Zwar gebietet nach der Rspr. die **gesellschaftsrechtliche Treuepflicht,** dass sich der **Minderheitsgesellschafter** einer mehrheitlich mitgetragenen Sanierungsmaßnahme nicht widersetzt, sofern sie zur Rettung der Gesellschaft objektiv erforderlich und dem betreffenden Gesellschafter (gerade mit Blick auf seine ungünstigere Stellung im Fall der (hypothetischen) Gesellschaftsliquidation) zumutbar ist und es zu dem verfolgten Sanierungskonzept keine Alternative gibt[85]. Allerdings stehen einer gerichtlichen Durchsetzung dieser Zustimmungspflicht regelmäßig der kurze verfügbare Zeitrahmen verbunden mit der Schwierigkeit einer Durchsetzung im Wege des einstweiligen Rechtsschutzes entgegen.[86]

(b) Rechtliche / ökonomische Vorteile. Die Möglichkeit, eine Kontrollposition über 57
die Zielgesellschaft zu erlangen – die bei einer GmbH aufgrund der gesetzlich verankerten Weisungsrechte der Gesellschafter sogar noch verstärkt ist –, versetzt den Investor in die Lage, die Umsetzung der als zielführend identifizierten Sanierungsmaßnahmen aktiv steuernd voranzutreiben.[87] Gelingt hierdurch eine nachhaltige Sanierung, partizipiert der Investor unmittelbar an der damit einhergehenden Steigerung des Unternehmenswertes. Wandelt er nicht sämtliche seiner Forderungen in Gesellschaftsanteile um, hat er überdies die Möglichkeit, diese nach erfolgreicher Sanierung zu ihrem Nennwert zu realisieren.[88]

Für das Krisenunternehmen bietet der Debt Equity Swap ebenfalls Chancen. So bedingt 58
die Umwandlung von Fremd- in Eigenkapital eine Entlastung der Bilanz. Damit einhergehend können eine Unterbilanz und der Insolvenzeröffnungsgrund der Überschuldung (§ 19 InsO) beseitigt werden. Schließlich besteht die Möglichkeit, freiwerdende Sicherheiten zur Aufnahme neuer Darlehen zu nutzen und das Vertrauen des Verkehrs in die Zukunftsträchtigkeit des Krisenunternehmens wiederherzustellen.

(c) Rechtliche / ökonomische Risiken und Lösungsansätze. Als Kehrseite geht die 59
Umsetzung des Debt Equity Swap mit dem ökonomischen Risiko des Distressed Debt Investors einher, im Umfang der Umwandlung einen wirtschaftlichen Totalverlust zu erleiden, sollte über das Vermögen des Zielunternehmens trotz der Sanierungsbemühungen das Insolvenzverfahren eröffnet werden. Die Equity-Position partizipiert nämlich in der Insolvenz regelmäßig nicht am Liquidationserlös, da lediglich Überschüsse nach Befriedigung der Insolvenzforderungen (§ 38 InsO) sowie der nachrangingen Insolvenzforderungen (§ 39 InsO) an die Gesellschafter ausgekehrt werden (§ 199 S. 2 InsO). Noch wei-

[82] Statt Vieler: *Zöllner/Fastrich* in Baumbach/Hueck § 55 Rn. 20; *Priester* ZIP 2010, 497 (499).
[83] Vgl. BGH Urt. v. 23.6.1997 – II ZR 132/93, NJW 1997, 2815.
[84] Vgl. *Schmidt/Schlitt* Der Konzern 2009, 279 (281).
[85] BGH Urt. v. 20.3.1995 – II ZR 205/94, NJW 1995, 1739 – Girmes.
[86] Vgl. dazu *Redeker* BB 2007, 673 (675); *Nietsch* GmbHR 2006, 393 (399).
[87] *Schmidt/Schlitt* Der Konzern 2009, 279 (280).
[88] Zum Ganzen auch *Schlitt/Ries* in Theiselmann, Praxishandbuch des Restrukturierungsrechts, 3. Aufl. 2016, Kap. 9, Rn. 8 mwN.

tergehend ist das Risiko, falls nicht nur ungesicherte, sondern (auch) gesicherte Forderungen eingebracht werden sollen: Die infolge der Umwandlung aufgegebene Sicherungsposition hätte dem Distressed Debt Investor ein Absonderungsrecht gem. §§ 49 ff. InsO, mithin eine gegenüber unbesicherten Insolvenzgläubigern privilegierte Stellung verschafft. Dieser Umstand macht den Debt Equity Swap besonders für Investoren interessant, die eine ungesicherte Fremdkapitalposition erworben haben.[89] Ein weiteres – eher strukturelles – Risiko für den Investor besteht bei Erwerb einer syndizierten Kreditforderung, da die Kreditverträge für die Umsetzung einer solchen Umwandlungsmaßnahme häufig Zustimmungserfordernisse mit hohen Mehrheitsquoten innerhalb des Syndikats vorsehen.[90] Schon aus diesem Grund ist bei Erwerb der Fremdkapitalposition im Blick zu behalten, ob einzelne Investoren und/oder Gläubiger Forderungen in einer Höhe halten, welche ihnen innerhalb des Syndikats eine sogenannte „blocking minority"-Position vermitteln.

60 **(aa) Differenzhaftung des Neugesellschafters.** Der Debt Equity Swap mittels Einbringung der Forderung geht stets mit dem Risiko der sogenannten Differenzhaftung einher, sollte sich im Nachhinein – nach dem Scheitern des Sanierungsversuchs – herausstellen, dass der wirtschaftliche Wert der eingebrachten Forderung zu hoch angesetzt war. Hintergrund sind die §§ 9, 56 Abs. 2 GmbHG, die für den Fall einer Überbewertung einer Sacheinlage im Zeitpunkt der Anmeldung zur Eintragung in das Handelsregister eine Nachschusspflicht in Höhe des Fehlbetrags begründen.[91] Für die AG gilt entsprechendes.[92]

61 Wegen des Grundsatzes der realen Kapitalaufbringung muss eine einzulegende Forderung **fällig, liquide** und **vollwertig** sein.[93] In diesem Zusammenhang bedarf es ihrer **Bewertung,** wobei nach hM nicht auf den Nennwert der Forderung, sondern ihren tatsächlichen Wert (der in der Regel wegen der Unternehmenskrise unter den Nennwert liegt) abzustellen ist[94]. Handelt es sich bei dem Zielunternehmen um eine AG, muss die Werthaltigkeit dem Registergericht entweder durch das Gutachten eines gerichtlich bestellten Prüfers (§ 183 Abs. 3 AktG) **(Sacheinlageprüfungsbericht)** oder eines vom Unternehmen beauftragten Sachverständigen nachgewiesen werden, falls das Gutachten einen Bewertungsstichtag aufweist, der nicht mehr als sechs Monate vor dem Tag der tatsächlichen Einbringung liegt (§§ 183a Abs. 1 S. 1 iVm § 33a Abs. 1 Nr. 2 AktG). Für die **GmbH** fehlt es demgegenüber an der gesetzlichen Pflicht, dem Registergericht die Werthaltigkeit der Forderung durch ein Gutachten nachzuweisen. Allerdings kann das Registergericht von der Geschäftsführung die Vorlage von Werthaltigkeitsnachweisen verlangen und/oder einen Sachverständigen zu beauftragen. Der Umstand, dass sich keine allgemein anerkannte **Bewertungsmethode** herausgebildet hat, trägt überdies zu einer Steigerung der Unwägbarkeiten bei. In der Praxis werden meist mehrere Bewertungsmethoden angewandt und die Vollwertigkeit bejaht, sofern der Nennwert der neuen Anteile nach allen Methoden erreicht wird. Üblich sind folgende Methoden:

- *Indirekte Methode:* Der Marktwert des Eigenkapitals des Unternehmens (ohne die Verbindlichkeiten aus den einzubringenden Forderungen) wird mit den einzubringenden Forderungen verglichen:
  - Ist der Marktwert höher als der Nominalwert der Forderungen, sind diese vollwertig
  - Ist der Marktwert niedriger, dh liegt rechnerische Überschuldung vor, so sind die Forderungen maximal mit dem Marktwert anzusetzen

[89] So auch *Knecht/Haghani* in Buth/Hermanns, Restrukturierung, Sanierung, Insolvenz, 4. Aufl. 2014, § 18 Rn. 48.
[90] *Schlitt/Ries* in Theiselmann, Praxishandbuch des Restrukturierungsrechts, 3. Aufl. 2016, Kap. 9, Rn. 10.
[91] Zur Differenzhaftung bei der AG: BGH Urt. v. 12.3.2007 – II ZR 302/05, NZG 2007, 513.
[92] Vgl. BGH Urt. v. 12.3.2007 – II ZR 302/05, NZG 2007, 513; zur Frage der Erstreckung auf ein korporatives Agio, vgl. BGH Urt. v. 6.12.2011 – II ZR 149/10, NZG 2012, 69.
[93] Statt Vieler: BGH Urt. v. 21.2.1994 – II ZR 60/93, NJW 1994, 1477.
[94] BGH Urt. v. 15.1.1990 – II ZR 164/88, NJW 1990, 982 (985); *Ekkenga* DB 2012, 331; *Priester* DB 2010, 1445; **aA:** *Cahn/Simon/Theiselmann* CFL 2010, 238.

- *Direkte Methode:* Der Wert der Forderung wird ermittelt als Produkt aus dem Barwert der künftigen Zahlungsströme aus der einzubringenden Forderung und der Ausfallwahrscheinlichkeit unter Hinzuaddierung der Erlöse bei einem Ausfall.

Das Risiko einer Differenzhaftung kann zum einen dadurch verringert werden, dass die Kapitalerhöhung als Barkapitalerhöhung in Höhe des Mindeststammkapitals und die einzubringenden Forderungen nur in die Kapitalrücklage eingelegt werden[95], zum anderen eben mittels des Werthaltigkeitsgutachtens.[96] **62**

(bb) Nachrang verbleibender Forderungen des Neugesellschafters. Wie bereits angeklungen ist, sieht sich der Neugesellschafter nicht nur dem Risiko eines wirtschaftlichen Totalausfalls mit Blick auf seine Eigenkapitalposition ausgesetzt, sollte sich der Sanierungsversuch als nicht erfolgreich erweisen und über das Vermögen der Zielgesellschaft das Insolvenzverfahren eröffnet werden. Vielmehr droht ihm auch in Bezug auf seine nicht umgewandelten Gesellschafterdarlehensforderungen oder Forderungen aus Rechtshandlungen, die einem solchen Darlehen wirtschaftlich entsprechen, sowie etwaiger neu ausgereichter (Sanierungs-)Kredite der insolvenzrechtliche Nachrang gem. § 39 Abs. 1 Nr. 5 InsO. Dieser Nachrang lässt sich auch nicht dadurch umgehen, dass bereits im Vorfeld der Insolvenzeröffnung Rückzahlungen geleistet oder Sicherheiten bestellt werden: Für solche vermögensmindernden Handlungen sieht die InsO Anfechtungsmöglichkeiten vor, deren Ausübung eine Pflicht des Empfängers der Leistung bzw. der Sicherheitenbestellung begründet, diese zur Masse zurück zu gewähren (§ 143 InsO). Leistungen auf eine Darlehensforderung iSd § 39 Abs. 1 Nr. 5 InsO sehen sich ab Stellung des Antrags auf Eröffnung des Insolvenzverfahrens sowie für das letzte Jahr vor Antragsstellung der Anfechtung ausgesetzt (§ 135 Abs. 1 Nr. 2 InsO). Für die Sicherheitengewährung, reicht der „anfechtungskritische" Zeitraum sogar bis zu zehn Jahre vor Stellung des Eröffnungsantrags zurück (§ 135 Abs. 1 Nr. 1 InsO). **63**

Ein Distressed Debt Investor, der im Rahmen des Debt Equity Swap nicht seine gesamte Fremdkapitalposition umwandelt, sollte zur Vermeidung des insolvenzrechtlichen Nachrangs daher besonderes Augenmerk auf das Eingreifen von Privilegierungstatbeständen legen: Das bereits erwähnte **Kleinbeteiligungsprivileg** (§ 39 Abs. 5 InsO) privilegiert den nicht geschäftsführenden Gesellschafter, der mit bis zu 10% am Haftkapital beteiligt ist.[97] Sollte diese Beteiligungsgrenze überschritten werden, kommt ggf. das sog. **Sanierungsprivileg** (§ 39 Abs. 4 S. 2 InsO) in Betracht. Hiernach ist ein Gläubiger, der seine Gesellschafterstellung bei Insolvenzreife der Zielgesellschaft, also ab dem Zeitpunkt drohender oder eingetretener Zahlungsunfähigkeit oder Überschuldung (§§ 17–19 InsO) zum Zwecke der Sanierung erwirbt,[98] bis zur nachhaltigen Sanierung der Gesellschaft privilegiert. Daraus folgt zugleich, dass keine zeitlich uneingeschränkte Privilegierung erfolgt, sondern die Differenzierung zwischen Alt- und Neugesellschafter ab dem Zeitpunkt der **nachhaltigen Sanierung** entfällt. Da sich bis dato keine einheitliche Lesart der „Nachhaltigkeit" der Sanierung durchgesetzt hat[99] und dieser Begriff zudem einzelfallspezifische **64**

[95] Zu beachten ist allerdings, dass bei evtl. im Nachgang zur Kapitalerhöhung vorgenommenen Austauschgeschäften mit dem Schuldnerunternehmen das Risiko einer sog. verdeckten Sacheinlage besteht; dazu BGH Urt. v. 20.11.2006 – II ZR 176/05, NJW 2007, 765. Allerdings sollte bei einer Erhöhung auf das Mindeststammkapital der Wert der einzubringenden Forderungen idR abgedeckt sein.

[96] Dazu *Redeker* BB 2007, 673 (676); *Schmidt/Schlitt* Der Konzern 2009, 279 (285).

[97] Wegen der Möglichkeit der „Zusammenrechnung" der Gesellschaftsanteile in Fällen des abgestimmten Verhaltens bei der Finanzierung ist die Bedeutung des Kleinbeteiligungsprivilegs begrenzt; vgl. *K. Schmidt/Herchen* in K. Schmidt InsO § 39 Rn. 43.

[98] Ausgeschlossen sind demnach Darlehensgeber, die bereits vor dem Anteilserwerb iRd Debt Equity Swaps Gesellschafter oder ihnen gleichgestellte Personen iSd § 39 Abs., 1 Nr. 5 waren, es sei denn, sie unterfielen dem Kleinbeteiligungsprivileg.

[99] Wesentliche Frage ist, welche Anforderungen an das Eigenkapital und die Renditefähigkeit des sanierten Unternehmens zu stellen sind; dazu *Gerig/Meller/Nientkewitz* ZIP 2017, 2029; *H. Huber* NZI 2017, 913; Eine Auffassung möchte eine nachhaltige Sanierung immer dann annehmen, wenn die Kreditwürdigkeit der Zielgesellschaft über einen Zeitraum von mindestens zwölf Monaten wiederhergestellt war, so *Wittig*

Komponenten aufweist, bereitet die Festlegung des Privilegierungszeitraums Schwierigkeiten. In der Praxis wird versucht, dieser Problematik dadurch zu begegnen, dass eine möglichst zeitnahe Refinanzierung der Gesellschafterdarlehen erfolgt.

65 **(cc) Kapitalmarktrechtliche Aspekte. (aaa) Pflichtangebot (§ 35 WpÜG).** Handelt es sich bei der Zielgesellschaft um eine

- Aktiengesellschaft oder KGaA mit Sitz im Inland, deren Aktien zum Handel an einem regulierten Markt im Inland oder einem organisierten Markt im EWR zugelassen sind
- Gesellschaft mit Sitz im EWR, deren Aktien nur zum Handel an einem organisierten Markt im Inland oder auch (zuerst) an einem organisierten Markt im Inland und zusätzlich einem weiteren Markt im EWR, nicht aber dem Sitzstaat, notiert sind

muss ein Aktionär, der 30 % oder mehr der Aktien hält, den übrigen Aktionären ein Pflichtangebot zum Erwerb von deren Aktien unterbreiten (§§ 29 Abs. 2, 35 Abs. 2 WpÜG).

- **Zeitpunkt des Pflichtangebots**

Die **Abstimmung** des Distressed Debt Investors **mit Altaktionären,** die einzeln oder gemeinsam iSd § 30 WpÜG Kontrolle (=30 % oder mehr der Stimmrechte) über das Krisenunternehmen haben, soll beim Debt-Equity-Swap nach e. A. den Zurechnungstatbestand des § 30 Abs. 2 S. 1 Hs. 1 WpÜG auslösen und damit zu einem Pflichtangebot bereits vor Aktienerwerb führen.[100] Nach zutreffender Ansicht findet aber keine Zurechnung statt, wenn die Abstimmung – wie regelmäßig – nicht über die **Zustimmung zu den Kapitalmaßnahmen** hinausgeht. Richtigerweise liegt dann nämlich nur eine Abstimmung **„im Einzelfall" iSd § 30 Abs. 2 S. 1 Hs. 2 WpÜG** vor, selbst wenn sich die Abstimmung auf mehrere Beschlussgegenstände bezieht, also auf die Kapitalherabsetzung, die Sachkapitalerhöhung und den Bezugsrechtsausschluss.[101] Konsequenterweise dürfte dies auch gelten, wenn sich Distressed Debt Investor und Aktionär bereits im Vorfeld über die Wahl eines neuen Aufsichtsrats in einer weiteren Hauptversammlung nach Eintragung der Kapitalmaßnahmen[102] abstimmen.[103]

66 Die Erweiterung des Begriffs des „acting in concert" in § 30 Abs. 2 WpÜG durch das Risikobegrenzungsgesetz[104] auf Verhaltensabstimmungen außerhalb der Stimmrechtsausübung mit dem Ziel der „dauerhaften und erheblichen Änderung der unternehmerischen Ausrichtung der Zielgesellschaft" ändert daran nichts. Die Annahme, dass Distressed Debt-Investoren sich mit den nach Durchführung des Debt-Equity-Swap allenfalls als Minderheitsgesellschaftern verbleibenden Altaktionären über die Unternehmensausrichtung *nach* Durchführung des Debt-Equity-Swap abstimmen, ist praxisfremd.[105] Die Abstimmung *vor* Durchführung zielt hingegen idR allein auf die notwendigen Beiträge zu den Kapitalmaßnahmen, nicht auf die Veränderung der Unternehmensausrichtung als solches. Ganz vermeiden lässt sich dieses Risiko allerdings nur, indem keine Absprachen zwischen Distressed

---

FS K. Schmidt, (2009), 1743 (1758 f.); *Preuß* in Kübler/Prütting/Bork § 39 Rn. 63; *Dahl/Linnenbrink* in Michalski/Heidinger/Leible/J. Schmidt, GmbHG, 3. Aufl., Syst. Darst. 6, Rn. 22101 f.

100 *Labbé/Rudolph* FB 2008, 97 (101); *Redeker* BB 2007, 673 (678); *von Sydow/Beyer* AG 2005, 635 (639); grundsätzlich ebenso *Eidenmüller/Engert* ZIP 2009, 541 (553), wonach die Angebotspflicht zwar noch nicht im Zeitpunkt der bloßen Verhandlung, aber zumindest dann entstehen, soll „wenn sich die Beteiligten auf ein bestimmtes Vorgehen für die Reorganisation verständigen, sei es vertraglich oder im Sinne einer unverbindlichen Absprache.".

101 Vgl. *Kocher* Konzern 2010, 162 (166); *Schmidt/Schlitt* AG 2009, 279 (286); *von Bülow/Stephanblome* ZIP 2008, 1797 (1799); *Halasz/Kloster* WM 2006, 2152 (2157); *Süßmann* in Angerer/Geibel/Süßmann, WpÜG, 3. Aufl. 2017, § 30 Rn. 32: Eine Abstimmung mit Blick auf die Beschlussgegenstände nur einer Hauptversammlung reicht für die Zurechnung nicht aus. In diese Richtung jetzt auch BGH Urt. v. 25.9.2018 – II ZR 190/17, NZG 2018, 1350 (1353) Rn. 34 f.

102 Praktisch relevant ist dies nur dann, wenn den Aktionären nach Eintragung der Kapitalmaßnahmen noch Minderheitsaktien verbleiben.

103 *Kocher* Konzern 2010, 162 (166).

104 BGBl. 2008 I S. 1666.

105 So aber die Begründung von *Oechsler* ZIP 2011, 449 (454).

Debt-Investor und Altaktionären erfolgen. Die Restrukturierungsbeiträge der Altaktionäre dürfen dann nur gegenüber der Gesellschaft zugesagt werden.[106]

- *Befreiung vom Pflichtangebot*

Bedingt die Höhe der zu erwerbenden Stimmrechtsanteile eine Kontrolle iSd § 35 WpÜG oder wird mit der vorgenannten Auffassung in der Literatur eine Zurechnung der Stimmrechtsanteile nach § 30 Abs. 2 S. 1 WpÜG schon mit der Verständigung mit Altaktionären im Vorfeld bejaht, kann die BaFin auf Antrag „im Zusammenhang mit der Sanierung der Zielgesellschaft" eine Befreiung von der Pflicht zur Abgabe eines Übernahmeangebots erteilen (§§ 37 Abs. 1 WpÜG iVm 8, 9 S. 1 Nr. 3 WpÜG-AngebotsVO).[107] Die Befreiung setzt voraus[108]: 67

- Sanierungsbedürftigkeit der Zielgesellschaft;
- Sanierungsfähigkeit der Zielgesellschaft und
- Erbringung eines angemessenen Sanierungsbeitrags durch die umwandlungswilligen Gläubiger.

Hinsichtlich der einzelnen Voraussetzungen legt die BaFin einen tendenziell strengen Maßstab an. So wird für die **Sanierungsbedürftigkeit** entweder das Vorliegen von Insolvenzgründen oder **bestandsgefährdender Risiken iSd § 322 Abs. 2 S. 3 HGB,** mithin eine ernsthafte Befürchtung, dass die Gesellschaft ihren Geschäftsbetrieb nicht mehr fortführen kann und damit die Gefahr einer Insolvenz oder Liquidation besteht[109], gefordert.[110] Die Nachweisführung ist mittels Vorlage des letzten Lageberichts bzw. eines Bestätigungsvermerks eines Wirtschaftsprüfers möglich. Richtigerweise sollte allerdings bereits eine nachhaltige Verschlechterung der wirtschaftlichen Lage als Merkmal der Sanierungsbedürftigkeit ausreichen.[111] 68

Der Nachweis der Sanierungsfähigkeit und der angemessenen Beitragsleistung kann mittels Vorlage eines Sanierungskonzepts erfolgen.[112] 69

Der Befreiungsantrag ist spätestens sieben Kalendertage nach dem Zeitpunkt zu stellen, zu dem der umwandlungswillige Gläubiger Kenntnis davon hat oder nach den Umständen haben müsste, dass er die Kontrolle über die Zielgesellschaft erlangt hat (§ 8 S. 2 WpÜG-AngebotsVO). In der Praxis wird der Befreiungsantrag regelmäßig vorher gestellt und dessen Erteilung ist Bedingung für die Verpflichtung des Investors zur Durchführung des Debt-Equity-Swap. 70

(bbb) Prospekt- und Mitteilungspflichten. Bei einer AG als Zielgesellschaft, deren (neue) Aktien zum Handel im organisierten Markt zugelassen werden sollen, ist die Pflicht zur Veröffentlichung eines Wertpapierprospekts (§ 1 Abs. 1 WpPG) im Blick zu behalten; dasselbe gilt, wenn die Aktien bereits zugelassen sind und die neu auszugebenden Aktien 10 % oder mehr ausmachen. 71

Inhaber ***börsennotierter Aktien*** deutscher Emittenten müssen dem Emittenten außerdem das ***Erreichen*** oder ***Überschreiten bestimmter Schwellen von Stimmrechten*** (3 %, 5 %, 10 %, 15 %, 20 %, 25 %, 30 %, 50 % und 75 %) mitteilen (§ 33 WpHG [=§ 21 WpHG aF]); bei *acting in concert* oder mehrerer Aktionäre oder unter sonstigen Voraussetzungen werden die Stimmrechte zusammen gerechnet (§ 34 Abs. 1, 2 WpHG [= § 22 WpHG aF]). 72

---

[106] Vgl. *Lürken* in Theiselmann, Praxishandbuch des Restrukturierungsrechts, 3. Aufl. 2016, Kap. 5, Rn. 138.

[107] Vgl. für Befreiungen bei einem Debt-Equity-Swap beispielhaft (ohne Anspruch auf Vollständigkeit) die Befreiungsentscheidungen der BaFin iS DF Deutsche Forfait AG v. 12.7.2016; SENATOR Entertainment AG v. 1.10.2014; SolarWorld AG v. 30.1.2014; centrotherm photovoltaics AG v. 28.2.2013; Kunert AG v. 23.2.2009.

[108] Vgl. OLG Frankfurt a. M. Beschl. v. 25.6.2004 – WpÜG 5/03a, 6/03 u. 8/03a, NZG 2004, 865; *Wiesbrock* NZG 2005, 294 (296 f.); *Seibt* ZIP 2004, 1829 (1836).

[109] Dazu *Ebke* in MüKoHGB § 321 Rn. 41 mwN.

[110] *Schmidt/Schlitt* Konzern 2009, 279 (286); vgl. auch die Nachweise bei *Schlitt* in MüKoAktG WpÜG Anh. § 37 Rn. 18 (Fn. 30).

[111] zutreffend *Schlitt* in MüKoAktG WpÜG Anh. § 37 Rn. 18 mwN.

[112] Dazu→ Rn. 224 ff.

73 Mit Ausnahme der 3 %-Schwelle gilt eine Mitteilungspflicht auch für Inhaber von Instrumenten, die das unbedingte oder im Ermessen des Inhabers stehende Recht zum Erwerb *bereits ausgegebener* börsennotierter Aktien verleihen (§ 38 Abs. 1 WpHG [=§ 27 WpHG a.F]). Da bei einem Debt-Equity-Swap die Aktien regelmäßig erst im Rahmen einer Kapitalerhöhung geschaffen werden, liegt keine Meldepflicht allein schon aufgrund des Erwerbs der Fremdkapitalposition oder beim Abschluss von Vereinbarungen im Zusammenhang mit dem Debt-Equity-Swap (Restrukturierungsvereinbarung, *Lock-Up Agreement*) vor.[113]

74 Nach § 43 Abs. 1 WpHG (=§ 27a Abs. 1 WpHG aF) besteht zudem zusätzlich zur Meldepflicht nach (§ 33 WpHG [=§ 21 WpHG aF]) eine ***erweiterte Meldepflicht*** ab dem Erreichen der Schwelle von 10 %[114] hinsichtlich

- der Herkunft der für den Erwerb verwendeten Mittel und
- der mit dem Erwerb verfolgten Ziele.

75 Hinsichtlich der mit dem Erwerb verfolgten Ziele muss der Erwerber mitteilen, ob:

- die Investition der Umsetzung strategischer Ziele oder der Erzielung von Handelsgewinnen dient,
- er innerhalb der nächsten 12 Monate weitere Stimmrechte durch Erwerb oder auf sonstige Weise zu erlangen beabsichtigt,
- er eine Einflussnahme auf die Besetzung von Verwaltungs-, Leitungs- und Aufsichtsorganen des Emittenten anstrebt und
- er eine wesentliche Änderung der Kapitalstruktur der Gesellschaft, insbesondere im Hinblick auf das Verhältnis von Eigen- und Fremdfinanzierung und die Dividendenpolitik anstrebt.

76 Die erweiterte Meldepflicht kann in der Satzung der Zielgesellschaft ausgeschlossen werden (§ 43 Abs. 3 [=§ 27a Abs. 3 aF] WpHG. Eine entsprechende Satzungsänderung könnte gemeinsam mit dem Kapitalerhöhungsbeschluss gefasst werden.

77 Inhaber ***nicht börsennotierter Aktien*** müssen der Gesellschaft das Erreichen von 25 % und 50 % der Stimmrechte mitteilen (§ 21 Abs. 1, 4 AktG). ***AIFM*** iSd § 17 KAGB müssen außerdem der BaFin das Erreichen bestimmter Schwellenwerte (10 %, 20 %, 30 %, 50 % und 75 %) an nicht börsennotierten Gesellschaften durch den AIF anzeigen (§ 289 Abs. 1 KAGB); bei einem Kontrollerwerb gilt eine erweiterte Meldepflicht gegenüber BaFin, Zielunternehmen und dessen Anteilseignern (§§ 289 Abs. 2, 290 KAGB).[115]

78 Die Zielgesellschaft hat eine Ad hoc-Mitteilung zu veröffentlichen, sobald die Umsetzung der Sachkapitalerhöhung vernünftigerweise erwartet werden kann (Art. 7, 17 MAR[116]).

79 **(ccc) Insiderhandelsverbot.** Art. 14 MAR untersagt den Erwerb oder die Veräußerung von Finanzinstrumenten (Art. 2 MAR)[117] unter Ausnutzung von Insiderinformatio-

---

[113] *Bücker/Petersen* ZGR 2013, 802 (817); für Änderungen dieser Rechtslage *de lege ferenda Brinkmann* WM 2017, 1033.

[114] Nach *Bülow/Stephanblome* ZIP 2008, 1791 (1801) besteht keine Meldepflicht bei Erreichen der Schwellenwerte bei erstmaliger Zulassung von Aktien. Die Meldepflicht besteht außerdem nicht bei einem öffentlichen Angebot iSd § 2 WpÜG (§ 43 Abs. 1 S. 5 WpHG [=§ 27a Abs. 1 S. 5 WpHG aF]), da die Meldung aufgrund des deutlich weiteren Informationsgehalts der Angebotsunterlage bedeutungslos wäre (vgl. *Zimmermann* in Fuchs, WpHG, 2. Aufl. 2016, § 27a Rn. 8. Dies müsste uE auch im Falle einer Befreiung von der Pflicht zur Übermittlung einer Angebotsunterlage nach § 37 WpÜG gelten, da die Befreiungsentscheidung mit Sachverhalt ebenfalls veröffentlicht wird.

[115] *Felsenstein/Müller* KSzW 2016, 55 (58).

[116] *Market Abuse Regulation* (Marktmissbrauchs-VO) VO (EU) Nr. 596/2014.

[117] Darunter fallen auch Anleihen oder Aktien, die im Freiverkehr gehandelt werden, nicht aber Kreditforderungen. Allerdings nimmt zumindest die *Financial Conduct Authority* an, dass die Pflichten von ihr beaufsichtigter Finanzdienstleister den Handel von Forderungen aus Konsortialkrediten unter Ausnutzung von Wissen über den Kreditnehmer untersagen, das nicht dem gesamten Konsortium zur Verfügung steht. Die *Loan Market Association* (LMA) hat daher am 6.7.2011 *Guidelines for Use of Nonpublic/Confidential Information in Secondary Loan Trading* erlassen, die als Marktusus in der Praxis Beachtung finden; zum Ganzen vgl. *Gullifer/Payne,* Corporate Finance Law (2015), 664.

nen.[118] Sofern die von dem Investor gehaltenen Fremdkapitalinstrumente oder die Aktien des Zielunternehmens börsengehandelt werden, steht ein Distressed Debt-Investor daher vor dem Dilemma, entweder seine Investitionsentscheidung allein auf Basis öffentlich verfügbarer Informationen zu tätigen oder aber von dem Zielunternehmen oder dessen Gesellschaftern nicht-öffentliche Informationen zu erhalten, die möglicherweise Insiderinformationen darstellen, und folglich seine Handelsaktivität in diesen Instrumenten während des Zeitraums der Nicht-Öffentlichkeit dieser Informationen einzustellen *(„restricted period")*. In der Praxis bestehen Distressed Debt-Investoren daher vor Erhalt von Insiderinformationen und dem damit einhergehenden Beginn von Restrukturierungsverhandlungen auf einem klaren zeitlichen Horizont bezüglich der Veröffentlichung dieser Informationen *(„path to cleansing")*.

In der Praxis entstehen immer wieder Konflikte zwischen dem Wunsch der Distressed 80
Debt-Investoren nach einer möglichst umfassenden Offenlegung und dem Wunsch der Zielgesellschaft, geschäftliche Informationen möglichst geheim zu halten. Als Kompromissmodell hat sich etabliert, dass die Zielgesellschaft bestimmte Informationen nur den Finanz- und Rechtsberatern der Distressed Debt-Investoren offen legt und diese von ihrer mandatsvertraglichen Pflicht zur Auskunft hierüber von den Distressed Debt-Investoren befreit werden *(„advisor only information")* bzw. nur solche zusammenfassende Informationen weiter geben dürfen, deren Offenlegung die Zielgesellschaft zusagen kann.[119]

(dd) Kartellrechtliche Risiken. Auch der Unternehmenserwerb im Rahmen eines 81
Debt-Equity-Swap unterliegt der kartellrechtlichen Überprüfung und der diese flankierenden Anmeldepflicht bei Erreichen bestimmter Umsatzschwellenwerte von Zielunternehmen und/oder Erwerber und dem die Anmeldepflicht wiederum sanktionierenden Vollzugsverbot (§ 41 Abs. 1 GWB; Art. 7 Abs. 1 Fusionskontrollverordnung[120]). Bei Erwerben zu Zwecken der Sanierung kann allerdings die sog. *„failing company defence"*-Doktrin eingreifen. Danach ist ein den Wettbewerb beeinträchtigender Zusammenschluss, insbesondere die Begründung oder Verstärkung einer marktbeherrschenden Stellung im relevanten Markt, dann hinzunehmen ist, wenn folgende Voraussetzungen erfüllt sind:

- das Zielunternehmen scheidet ohne die Übernahme kurzfristig aus dem Markt aus, weil es sanierungsbedürftig ist und ohne Übernahme nicht überlebensfähig ist;
- die Marktposition des zu erwerbenden Unternehmens wächst im Falle seines Ausscheidens aus dem Markt ohnehin dem erwerbenden Unternehmen zu; und
- es existiert keine weniger wettbewerbsschädliche Alternative, insbesondere kein anderer, marktschwächerer Erwerber.[121]

Nach § 41 Abs. 2 GWB / Art. 7 Abs. 1 Fusionskontrollverordnung kann ein Dispens 82
vom Vollzugsverbot beantragt werden, um schweren Schaden von einem beteiligten Unternehmen abzuwehren. Dies zielt gerade auf die Erleichterung von Zusammenschlüssen von oder mit Unternehmen in finanziellen Schwierigkeiten ab.[122] Wenngleich die Entscheidungspraxis des Bundeskartellamts und der europäischen Kommission als intransparent bewertet wird, werden Befreiungen mit relativ großer Häufigkeit erteilt.[123]

Anstelle einer Befreiung besteht die Möglichkeit, die im Rahmen der Kapitalerhöhung 83
entstehenden Anteile durch ein Kreditinstitut, ein Finanzinstitut oder ein Versicherungs-

[118] Das Verbot gilt nach Sinn und Zweck nicht für außerbörsliche Transaktionen zwischen Parteien mit gleichem Kenntnisstand *(„face-to-face exemption")*, vgl. *Bühren* NZG 2017, 1172 (1175).

[119] Vgl. *Lürken* in Theiselmann, Praxishandbuch des Restrukturierungsrechts, 3. Aufl. 2016, Kap. 5, Rn. 30; *von Saucken/Keding* NZI 2015, 681 (686).

[120] VO (EG) Nr. 139/2004.

[121] Vgl. BKartA Leitfaden zur Marktbeherrschung in der Fusionskontrolle (2012), Rn. 184 (abrufbar unter http://www.bundeskartellamt.de/SharedDocs/Publikation/DE/Leitfaden/Leitfaden%20-%20Marktbeherrschung%20in%20der%20Fusionskontrolle.pdf?__blob=publicationFile&v=12). Im Einzelnen *Ristelhuber* ZIP 2003, 378; zu Unterschieden zwischen der Genehmigungspraxis des BKartA und der EU-Kommission *Gassner/Braun* RIW 2004, 891.

[122] Dazu *Mäger* in MüKoGWB § 41 Rn. 21 ff.

[123] Vgl. *Wessely* in MüKoEuWettbR FKVO Art. 7 Rn. 83.

unternehmen erwerben zu lassen, sofern die Stimmrechte aus den Anteilen nicht ausgeübt werden und die Veräußerung innerhalb eines Jahres erfolgt (**„Bankenklausel"**, § 37 Abs. 3 GWB / Art. 3 Abs. 5 lit. a FKVO).[124]

84 **(ee) Steuerliche Risiken.** Hinsichtlich der steuerlichen Risiken ist zwischen den negativen Auswirkungen einer Schuldumwandlung für die Zielgesellschaft und für den Investor zu differenzieren.

85 **(aaa) Risiken für die Gesellschaft.** Auf Seiten der Gesellschaft gehören zu den wesentlichen negativen steuerlichen Konsequenzen der Wegfall von nicht genutzten Verlusten bzw. sogenannten Zinsvorträgen und die ertragsteuerliche Belastung auf den Sanierungsgewinn.[125]

86 Die erstgenannte Folge droht bei Vorliegen eines sogenannten schädlichen Beteiligungserwerbs. Ein solcher liegt ua dann vor, wenn ein Erwerber mittelbar oder unmittelbar mehr als 50 % des gezeichneten Kapitals, der Mitgliedschaftsrechte, der Beteiligungsrechte oder der Stimmrechte an der betreffenden Gesellschaft erwirbt. Da auch eine Kapitalerhöhung zu einem schädlichen Beteiligungserwerb führen kann (§ 8c Abs. 1 S. 3 KStG), sich die Beteiligungsverhältnisse im Rahmen eines Debt Equity Swap zumeist erheblich verändern und zudem in der Krise der Gesellschaft der Wert des Eigenkapitals unter Umständen sehr niedrig anzusetzen ist, stellt der Eintritt eines schädlichen Beteiligungserwerbs eher den Regelfall als die Ausnahme dar. In der Konsequenz entfällt die Abziehbarkeit nicht genutzter körperschafts- und gewerbesteuerlicher Verluste sowie ungenutzter Zinsvorträge.[126]

87 Die zweitgenannte Folge beruht auf dem Umstand, dass die Einlage der Forderung durch den umwandlungswilligen Gläubiger zu deren Erlöschen und dem Wegfall der korrespondierenden Verbindlichkeit der Zielgesellschaft mittels Konfusion führt. Auch der Erlass führt zu einem Wegfall von Forderung und korrespondierender Verbindlichkeit. Ertragsteuerlich wäre dies nur dann erfolgsneutral, wenn sich der (Einlage-)Wert der Forderung und der Wert der Verbindlichkeit entsprächen. Daran fehlt es freilich zumeist, da nach hM Verbindlichkeiten auch in der Krise regelmäßig mit ihrem Nominalbetrag anzusetzen sind,[127] wohingegen der (Einlage-)Wert der Forderung nur mit dem in der Krise wesentlich geringeren Teilwert anzusetzen ist. Dieser durch den Debt Equity Swap entstehende (Sanierungs-)Gewinn, abzüglich des Teils, der mit Verlustvorträgen neutralisiert werden kann, unterliegt grundsätzlich der ungeminderten Körperschafts- und Gewerbesteuer.[128] Diese Besteuerung kann im ungünstigsten Fall die positiven Sanierungseffekte wieder aufheben oder sogar zur einer Verschärfung der Krise führen.

88 Um diesem Missstand zu begegnen, waren bis zum Jahr 1997 auch Sanierungsgewinne steuerfrei gestellt, sofern der zugrundeliegende Schuldenerlass in Sanierungsabsicht erfolgte und der Schuldner sowohl sanierungsbedürftig als auch sanierungsfähig war. Die entsprechende Regelung wurde indes ersatzlos gestrichen. Um die daraus entstehenden Härten abzumildern, hat das Bundesfinanzministerium mit Erlass vom 27.3.2003 (sogenannter Sanierungserlass)[129] die Voraussetzungen festgelegt, unter denen aus sachlichen Billigkeitsgründen nach Ausschöpfung der ertragssteuerrechtlichen Verlustverrechnungsmöglichkei-

[124] Naher *Westpfahl* in Eilers/Koffka/Mackensen, Private Equity, 2. Aufl. 2012, Kap. III.2., Rn. 28.

[125] Demgegenüber seien die ggf. positiven Auswirkungen des Debt Equity Swap auf die sogenannte Zinsschrankenregelung (§§ 4h EStG, 8a KStG) mittels Reduzierung des Netto-Zinsaufwands und verbesserter Eigenkapitalausstattung lediglich erwähnt. Auch im Einzelfall mögliche grunderwerbssteuerliche AuswirkungenAufwendungen werden in diesem Beitrag nicht vertieft. Zu beiden Aspekten *Schlitt/Ries* in Theiselmann, Praxishandbuch des Restrukturierungsrechts, 3. Aufl. 2016, Kap. 9, Rn. 84 ff.

[126] Die partiellen Privilegierungen durch die Konzernklausel (§ 8c Abs. 1 S. 4 KStG) und die Stille-Reserven-Klausel (§ 8c Abs. 1 S. 5–8 KStG) werden hinsichtlich des vorliegend in den Blick genommenen Debt Equity Swap in der Krise regelmäßig nicht erfüllt sein, da weder ein Erwerb durch eine Konzerngesellschaft im Raum steht noch stille Reserven bestehen.

[127] Vgl. dazu *Schlitt/Ries* in Theiselmann, Praxishandbuch des Restrukturierungsrechts, Kap. 9, Rn. 74.

[128] *Schlitt/Ries* in Theiselmann, Praxishandbuch des Restrukturierungsrechts, Kap. 9, Rn. 75 f.

[129] BMF v. 27.3.2003 – IV A 6-S 2140-8/03, BStBl. I 2003 S. 240.

ten die entsprechende Steuer zunächst abweichend festgesetzt und mit dem Ziel eines späteren Erlasses gestundet werden sollte. Dieser Erlass war an das Vorliegen eines Sanierungsgewinns, das Bestehen einer Sanierungsbedürftigkeit und Sanierungsfähigkeit der Zielgesellschaft, die Eignung des Schuldenerlasses zu deren Sanierung und das Bestehen einer Sanierungsabsicht des umwandlungswilligen Gläubigers geknüpft. Wie im Zusammenhang mit der Befreiung von der Angebotspflicht war es auch insofern möglich, die geforderten Nachweise mittels Vorlage und Verfolgung eines Sanierungskonzepts, das den unten im Einzelnen dargestellten Anforderungen entsprach, zu führen.[130] Um Transaktionssicherheit mit Blick auf den späteren Erlass zu erlangen, konnte im Vorfeld über eine Kontaktaufnahme mit den zuständigen Finanzbehörden eine Zusage in Gestalt der verbindlichen Auskunft eingeholt werden.[131]

Dieser Praxis und deren rechtlicher Fundierung wurde durch den Beschluss des BFH vom 28.11.2016 jedoch die Grundlage entzogen.[132] In besagter Entscheidung stellte der Große Senat fest, dass das Bundesfinanzministerium mit dem Sanierungserlass gegen den Grundsatz der Gesetzmäßigkeit der Verwaltung (Art. 20 Abs. 3 GG) verstoßen habe, da die Finanzbehörden nach § 85 S. 1 AO verpflichtet seien, entstandene Steueransprüche festzusetzen und zu erheben. Einen im Belieben der Finanzverwaltung stehenden freien Verzicht gebe es nicht, sodass diese mittels Verwaltungserlassen keine Ausnahmen von der gesetzlich vorgeschriebenen Besteuerung zulassen dürfe: Auf die gesetzlich vorgesehene Möglichkeit bei Unbilligkeit im Einzelfall von der Erhebung bzw. Einziehung von Steuern abzusehen (§§ 163, 227 AO), könne der Sanierungserlass nicht gestützt werden, da dieser keine Einzelfallprüfung, sondern typisierende Regelungen vorsehe. Darüber hinaus habe der Gesetzgeber durch die Aufhebung der allgemeinen gesetzlichen Privilegierung seinen Willen klar zum Ausdruck gebracht, Sanierungsgewinne künftig nicht mehr steuerlich zu privilegieren. Als Folge dieser Entscheidung kann somit zwar nicht mehr auf den Sanierungserlass zurückgegriffen werden, eine privilegierende Einzelfallentscheidung bleibt indes nach wie vor möglich. Der Transaktionssicherheit war diese Entscheidung gleichwohl nicht zuträglich. **89**

Der Gesetzgeber hat auf diese Entscheidung zwischenzeitlich reagiert und im neu geschaffenen § 3a EStG die steuerliche Privilegierung von Sanierungsgewinnen (erneut) gesetzlich verankert.[133] Die Steuerbefreiung ist entsprechend dem vormaligen Sanierungserlass an den Nachweis der Sanierungsbedürftigkeit, der Sanierungsfähigkeit, der Sanierungseignung des Schuldenerlasses und das Bestehen einer Sanierungsabsicht des umwandlungswilligen Gläubigers geknüpft (§ 3a Abs. 2 EStG). Bei ihrer Einführung im Jahr 2017 stand das Inkrafttreten der Norm zunächst unter den Vorbehalt eines Beschlusses der Europäischen Kommission im Hinblick auf die Vereinbarkeit der Neuregelung mit dem europäischen Beihilferecht.[134] Ein solcher Beschluss ist jedoch nicht ergangen. Allerdings äußerte sich die Europäische Kommission in Form eines informellen Letter of Comfort vom 20.7.2018, in dem sie die Vereinbarkeit des § 3a EStG mit dem europäischen Beihilferecht bestätigte. Vor diesem Hintergrund hob der deutsche Gesetzgeber den Vorbehalt auf,[135] sodass § 3a EStG nunmehr Anwendung findet und damit Rechtssicherheit besteht. **90**

Die neue Rechtslage findet auf Fälle Anwendung, in denen die Schulden ganz oder teilweise nach dem 8.7.2017 erlassen worden sind (§ 52 Abs. 4a S. 1 EStG). Einen Ausnahmefall hierzu für Schuldenerlasse nach 8.7.2017 kodifiziert § 52 Abs. 4a S. 2 EStG, sofern dem Steuerpflichtigen aus Vertrauensschutzgründen ein Erlass nach §§ 163 Abs. 1 **91**

---

[130] Ebenso *Schlitt/Ries* in Theiselmann, Praxishandbuch des Restrukturierungsrechts, Kap. 9, Rn. 100.

[131] BMF v. 29.12.2003 – IV A 4-S 0430-7/03, BStBl. I 2003 S. 742; allerdings war insofern die fehlende Bindungswirkung gegenüber den Gemeinden zu berücksichtigen, sodass als Empfehlung ausgesprochen wurde, mit Blick auf die Gewerbesteuer rechtzeitig mit den Gemeinden in Kontakt zu treten; vgl. *Westpfahl* in *Eilers/Koffka/Mackensen/Paul,* Private Equity, 3. Aufl. 2018, Kap. III.1., Rn. 103.

[132] BFH Beschl. v. 28.11.2016 – GrS 1/15, DStR 2017, 305.

[133] Eingefügt durch Gesetz v. 27.6.2017, (BGBl. I S. 2074).

[134] Vgl. Art. 6 Abs. 2 des Gesetzes vom 27.6.2017, BGBl. 2017 I S. 2074 (2079).

[135] Vgl. Art. 19 des Gesetzes vom 11.12.2018, BGBl. 2018 I S. 2338 (2353).

S. 2, 222, 227 AO auf Grundlage des Sanierungserlasses zu gewähren ist. Für Altfälle, also Schuldenerlasse bis einschließlich zum 8.7.2017, ist gemäß § 52 Abs. 4a S. 3 EStG auf Antrag die neue Rechtslage gemäß § 3a EStG ebenfalls anzuwenden.

92 Greift dagegen die Steuerbefreiung des § 3a Abs. 1 S. 1 EStG nicht, falls etwa die Anforderungen an eine unternehmensbezogene Sanierung iSd § 3a Abs. 2 EStG nicht vorliegen, haben sich in der Praxis alternative Gestaltungen zur Vermeidung oder Verringerung steuerpflichtiger Sanierungsgewinne etabliert. Während in der Krise der Weg über die Vermeidung eines Sanierungsgewinns mittels Werthaltigmachung[136] der Forderung kaum umsetzbar ist, kommt dem sogenannte „Debt Push Up" größere Bedeutung zu. Bei diesem übernimmt eine im Ausland ansässige Konzerngesellschaft, hinsichtlich derer ein nachfolgender Sanierungsgewinn nicht zu nachteiligen Besteuerungsfolgen führt, einen Teil der Schuld unter Verzicht auf Regressansprüche.[137] Daneben wird ein sogenannter „Reverse Debt Equity Swap" diskutiert, in dessen Rahmen die umwandlungswilligen Kreditgeber ihre Forderungen in eine Zweckgesellschaft gegen Ausgabe von Anteilen an dieser Gesellschaft einbringen und im Anschluss der Betrieb des Kreditnehmers einschließlich der Verbindlichkeiten in die Zweckgesellschaft gegen Ausgabe neuer Anteile eingelegt wird.[138] Schließlich sind Sitzverlegungen in ausländische Staaten, in denen keine Besteuerung von Sanierungsgewinnen droht, zu nennen.

93 **(bbb) Risiken für den umwandlungswilligen Gläubiger.** Für den umwandlungswilligen Gläubiger zeitigt der Debt Equity Swap prima facie keine steuerlichen Risiken. Vielmehr erhöhen sich einkommensneutral die Anschaffungskosten für die erhaltenen Anteile um den werthaltigen Teil der eingelegten Forderung. In Höhe des nicht mehr werthaltigen Teils kommt es durch die Ausbuchung zu abziehbaren Betriebsausgaben (vorausgesetzt, die Forderungen sind nicht bereits zuvor wertberichtigt worden). Allerdings ist in diesem Zusammenhang § 8b Abs. 3 S. 4–8 KStG zu beachten, dem zufolge für körperschaftsteuerpflichtige Gläubiger ein Aufwandsabzug unter anderem dann ausgeschlossen ist, wenn sie zu mehr als 25 % unmittelbar oder mittelbar am Grund- oder Stammkapital der Gesellschaft beteiligt sind oder waren. Jedoch besteht eine Ausnahme, wenn der Gegenbeweis geführt werden kann, dass auch ein fremder Dritter das Darlehen bei sonst gleichen Umständen gewährt oder noch nicht zurückgefordert hätte.[139]

94 **(2) „Unechter" Debt-Equity-Swap.** Der Debt Equity Swap kann statt durch Erwerb neuer Geschäftsanteile kraft Sachkapitalerhöhung gegen Forderungseinbringung auch durch den Erwerb bestehender Geschäftsanteile von den Altgesellschaftern gegen Erlass der Forderung gegen die Gesellschaft (§ 397 BGB) erfolgen (sog. „unechter" Debt-Equity-Swap).[140] Aus umsetzungsbezogener Perspektive bietet diese Strukturierung den Vorteil, dass die langwierigen Kapitalmaßnahmen entfallen; gerade im Fall der drohenden Insolvenz stellt dies einen nicht zu unterschätzenden Vorteil dar. Allerdings kommt diese Ausgestaltung nur dann in Betracht, wenn sämtliche Altgesellschafter zu einer einvernehmlichen Übertragung ihrer Anteile bereit sind: Anders als bei Kapitalmaßnahmen vermag eine (qualifizierte) Mehrheitsentscheidung der Altgesellschafter obstruierende Minderheitengesellschafter nämlich nicht zu binden. Auch die gesellschaftsrechtliche Treuepflicht, die bei insolvenzbedrohten Gesellschaften bis zu einer Zustimmungspflicht zu Kapitalmaßnahmen unter eigenem Ausscheiden reichen kann[141], dürfte ohne entsprechende Satzungsregelung nicht zu einer **Zwangsabtretung** führen. Folglich besteht für Altgesellschafter hier ein erhöhtes Blockadepotential.

136 Dazu *Mückl* FR 2009, 497 (504).
137 Dazu *Born* BB 2009, 1730 (1733 f.).
138 Vgl. *Drouven/Nobiling* DB 2009, 1895 ff.
139 Dazu und zu bestehenden Auslegungsschwierigkeiten: *Schlitt/Ries* in Theiselmann, Praxishandbuch des Restrukturierungsrechts, Kap. 9, Rn. 109 ff.
140 Begriff nach *Wieneke/Hoffmann* ZIP 2013, 697; *Eidenmüller* in MüKoInsO, 3. Aufl. 2014, § 225a Rn. 88.
141 BGH Urt. v. 9.6.2015 – II ZR 420/13, NZG 2015, 995 – Sanieren oder Ausscheiden III; BGH Urt. v. 19.10.2009 – II ZR 240/08, NJW 2010, 65 – Sanieren oder Ausscheiden I.

95 **(a) Vergleich rechtlicher / steuerlicher Risiken mit „echtem" Debt-Equity-Swap.** Im Vergleich mit dem echten Debt Equity Swap mittels Sachkapitalerhöhung besteht beim unmittelbaren Anteilserwerb gegen Forderungsverzicht **kein Risiko** einer **Differenzhaftung** des Anteilserwerbers: Da keine Kapitalmaßnahmen getroffen werden, die eine Einlagepflicht begründen, greifen die gesetzlichen Regelungen zur Kapitalaufbringung nicht ein.[142]

96 Ein zusätzliches Risiko ergibt sich uU, falls der veräußernde Gesellschafter später in Insolvenz gerät, insbesondere unter dem Gesichtspunkt der **Insolvenzanfechtung** der Veräußerung.[143]

97 Die übrigen Risiken, welche an die Erlangung einer Beteiligung an der Zielgesellschaft anknüpfen, namentlich die Gefahr des insolvenzrechtlichen Nachrangs sowie das Eingreifen kapitalmarktrechtlicher und kartellrechtlicher Pflichten, bestehen hingegen auch hier. Dies gilt auch für die steuerlichen Nachteile wie den Verlustfortfall, der (lediglich) an einen schädlichen Beteiligungserwerb anknüpft. Auch droht grundsätzlich eine Besteuerung des Sanierungsgewinns, da es für dessen Entstehung unerheblich ist, ob die Forderung mittels Konfusion oder aber Verzichts erlischt. Der Anwendbarkeit der (gesetzlichen) Privilegierung und etwaigen Gestaltungsmöglichkeiten zur Verhinderung einer Besteuerung kommt folglich auch für diese Strukturierung erhebliche Bedeutung zu.

98 **(b) Besonderes Risiko der Haftung für rückständige Leistungen.** Handelt es sich bei der erworbenen Gesellschaftsbeteiligung um Geschäftsanteile einer GmbH, sieht sich der Erwerber mit dem Risiko einer Haftung für offene Einlageforderungen neben dem Veräußerer konfrontiert (§ 16 Abs. 2 GmbHG). Über den verengten Wortlaut hinausgehend entspricht es der überwiegenden Auffassung, dass die Haftung auch für andere rückständige Leistungen auf den Geschäftsanteil gilt, wie bspw. Vorbelastungshaftungs- und Ausfallhaftungsansprüche sowie Verpflichtungen zu Nachschüssen oder Nebenleistungen.[144] Zwar sieht das Gesetz eine Gesamtschuldnerschaft zwischen Veräußerer und Erwerber vor (§§ 421 ff. BGB)[145], sodass der Erwerber im Zweifel – vorbehaltlich anderer Regelungen im Innenverhältnis zum Veräußerer – einen Ausgleichsanspruch haben kann (§ 426 BGB). Allerdings trägt er damit auch das Insolvenzrisiko des Veräußerers.

99 **(3) „Reverse" Debt-Equity-Swap.** Beim „Reverse" Debt-Equity-Swap bringt der Distressed Debt Investor die Forderungen in eine neugegründete Gesellschaft („NewCo") ein. Die schuldnerische Gesellschaft („OldCo") gliedert ihr Unternehmen einschließlich der Verbindlichkeiten auf NewCo aus (§ 123 Abs. 3 Nr. 1 UmwG) oder überträgt das Unternehmen samt Verbindlichkeiten im Wege der Einzelrechtsnachfolge und erhält als Gegenleistung dem Eigenkapitalwert entsprechende Geschäftsanteile an NewCo. Die Verbindlichkeiten erlöschen in der Höhe, in der sie sich gegenüberstehen, durch Konfusion. In der Folge ist das Unternehmen schuldenfrei und der Distressed Debt Investor hat wertentsprechende Anteile erhalten.[146]

100 Im Vergleich zum „echten" Debt-Equity-Swap ist der „Reverse" Debt-Equity-Swap vorteilhaft hinsichtlich

- der Möglichkeit der weitgehenden Reduzierung des Risikos der **Differenzhaftung** (da die Forderungen in eine neugegründete Gesellschaft eingelegt werden),
- der fehlenden Pflicht zur Abgabe eines **Übernahmeangebots** (§ 35 WpÜG), da sich die Anteilsverhältnisse an der Schuldnergesellschaft nicht verändern, und

142 *Eidenmüller* in MüKoInsO, 3. Aufl. 2014, § 225a Rn. 88.
143 Vgl. nachstehend → Rn. 270 ff.
144 Statt Vieler: *Fastrich* in Baumbach/Hueck GmbHG § 16 Rn. 23 mwN.
145 Vgl. nur *Heidinger* in MüKoGmbHG § 16 Rn. 215.
146 *Drouven* ZIP 2009, 1052; *Drouven/Nobiling* DB 2009, 1895; *Niehaus* M&A Review 2009, 538; *Heckschen* in Reul/Heckschen/Wienberg, Insolvenzrecht in der Gestaltungspraxis, 2. Aufl. 2018, § 4 Rn. 432.

- des fehlenden Risikos eines **insolvenzrechtlichen Nachrangs** (§ 39 InsO) evtl. bestehen bleibender Forderungen gegen die schuldnerische Gesellschaft, da die Gläubiger nicht Gesellschafter der schuldnerischen Gesellschaft werden.

101 Nachteilhaft ist va, dass der bei einer evtl. Differenz zwischen eingebrachten Forderungen und übernommenen Verbindlichkeiten entstehende Sanierungsgewinn auf Ebene der Zweckgesellschaft nicht durch Verlustvorträge abgemildert werden kann, da diese nicht mit übergehen. Auch ist unklar, ob der Sanierungsertrag auf Ebene der Zweckgesellschaft nach § 3a I 1 EStG steuerfrei wäre.

102 **(4) Debt-Mezzanine-Swap / Debt-Asset-Swap.** Neben dem Debt Equity Swap stehen dem umwandlungswilligen Distressed Investor auch der **Debt Mezzanine Swap** und der **Debt Asset Swap** zur Verfügung. Gerade in Konstellationen, in denen der Investor – aus welchen Gründen auch immer – keine Eigenkapitalposition anstrebt, stellen sie praxiserprobte Alternativen dar. Im Folgenden werden diese Restrukturierungsinstrumente nicht vertieft dargestellt. Vielmehr liegt der Fokus auf ihren jeweiligen Besonderheiten gegenüber dem Debt-Equity-Swap, insbesondere mit Blick auf die Umsetzungsstrukturierung und rechtliche sowie steuerliche Risiken für den Distressed Investor.

103 **(a) Debt-Mezzanine Swap.** Der sogenannte Debt-Mezzanine Swap ist in jüngerer Vergangenheit vermehrt in den Blickpunkt der Restrukturierungspraxis gerückt.[147] Er bezeichnet den Umtausch einer gegen die Gesellschaft gerichteten Forderung in ein Finanzierungsinstrument, das wirtschaftlich zwischen Eigen- und Fremdkapital zu verorten ist. Der Debt-Mezzanine Swap stellt für Kreditgeber, die bspw. aufgrund hausinterner Grundsatzentscheidungen nicht bereit sind, eine Gesellschafterstellung zu erwerben, eine Alternative zum Debt-Equity Swap dar. Ferner lassen sich – freilich zu Lasten eines Kontrollerwerbs – bestimmte mit dem Erwerb einer Gesellschafterstellung verbundene rechtliche Risiken vermeiden.[148]

104 **(aa) Ausgestaltungs- und Umsetzungsformen.** Neben **stillen Beteiligungen** (§§ 230 ff. HGB) sowie Wandel- und Optionsanleihen (§ 221 Abs. 1 AktG) kommt insbesondere den **Genussrechten** in der Praxis erhebliche Bedeutung zu.[149] Als Wandel- und Optionsanleihen werden Schuldverschreibungen bezeichnet, die dem Anleihegläubiger das Recht einräumen, seinen Anspruch auf Rückzahlung des Nennbetrags in eine Gesellschaftsbeteiligung einzutauschen (Wandelanleihen)[150] bzw. die Option gewähren, zusätzlich zur Rückzahlung während eines vorgegebenen Zeitraums Gesellschaftsanteile zu einem festgelegten Preis zu erwerben (Optionsanleihen)[151]. Sie bieten für Investoren ein interessantes Chancen-Risiko-Profil, da sie den Wechsel von einer verzinslichen Fremdkapitalposition zu einer Eigenkapitalposition bzw. deren zusätzlichen Erwerb, mithin eine Partizipation am Gesellschaftsgewinn ermöglichen. Genussrechte werden zwar gesetzlich erwähnt (§ 221 AktG), aber nicht definiert. Sie sind nach hM als Dauerschuldverhältnisse eigener Art zu qualifizieren, die keine gesellschaftsrechtlich geprägten Mitgliedschaftsrechte (wie Stimmrechte, Anfechtungsrechte etc) begründen, sondern sich vielmehr in geldwerten Ansprüchen (mittels Beteiligung am Gewinn/Liquidationserlös) erschöpfen.[152] Zusammengefasst ermöglicht der Debt Mezzanine Swap – ähnlich dem Debt Equity Swap – die Partizipation am Unternehmenserfolg der Gesellschaft nach erfolgreicher Sanierung, aber ohne die mit einer Gesellschafterstellung verbundenen Einflussmöglichkeiten.

---

[147] *Hofert/Möller* GmbHR 2009, 527 (528); *Oelke/Wöhlert/Degen* BB 2010, 299 (301); *Rusch/Brocker* ZIP 2012, 2193 (2193).

[148] Vgl. *Metz/Westpfahl* in *Baur/Kantowsky/Schulte,* Stakeholder Management in der Restrukturierung (2012), S. 115.

[149] Weitere Formen nach deutschem Recht bilden Nachrangdarlehen, partiarische Darlehen und die typische und atypische stille Gesellschaft. In der Praxis erfolgen Debt-Mezzanine Swaps auch oftmals in ähnliche Rechtsinstrumente nach ausländischem Recht, zB sog. *Tracking Preferred Equity Certificates (TPECs).*

[150] *Koch* in Hüffer/Koch, AktG, 12. Aufl. 2016, § 221 Rn. 4.

[151] *Koch* in Hüffer/Koch, AktG, 12. Aufl. 2016, § 221 Rn. 6.

[152] *Koch* in Hüffer/Koch, AktG, 12. Aufl. 2016, § 221 Rn. 26.

Der Umtausch der Forderung im Rahmen eines Debt-Mezzanine Swap erfolgt zivilrechtlich entweder mittels Änderungsvertrags oder durch Novation („Schuldumschaffung"). Bei der Novation wird ein bestehendes Kapitalüberlassungsverhältnis aufgehoben und ein neues begründet, mithin akzeptiert der Gläubiger das durch die Gesellschaft begebene mezzanine Instrument an Erfüllung statt (§ 364 Abs. 2 BGB) für seine bestehende Forderung. Hinsichtlich der konkreten Anforderungen an die Umsetzung (insbesondere das Erfordernis eines Hauptversammlungs- bzw. Gesellschafterbeschlusses etc) sei auf die umfassende Darstellung in der einschlägigen Literatur verwiesen.[153] **105**

(bb) Vergleich rechtlicher / steuerlicher Risiken mit dem Debt Equity Swap. **106**
Für Investoren bietet der Debt-Mezzanine Swap den Vorteil, dass sie sich mangels Kapitalerhöhung **nicht** dem **Risiko** der **Differenzhaftung** ausgesetzt sehen. Darüber hinaus kann vermieden werden, dass derjenige Teil des Fremdkapitals, der nicht in ein mezzanines Instrument umgewandelt wird, dem **insolvenzrechtlichen Nachrang** unterworfen wird, insofern dem Inhaber des mezzaninen Instruments keine Stimmrechte in der Gesellschafterversammlung oder Einflussrechte auf die Geschäftsführung eingeräumt werden, sodass er weder als Gesellschafter noch als gleichgestellte Person iSd §§ 39 Abs. 1 Nr. 5, 135 InsO zu qualifizieren ist.

Auch die Durchführung eines Debt-Mezzanine Swaps löst für eine börsennotierte AG jedoch regelmäßig Ad-hoc-Mitteilungspflichten aus, wobei als maßgebliche Insiderinformation sowohl der Umstand in Betracht kommt, dass eine neue Mezzanine-Finanzierung aufgenommen wird als auch, dass für die Gesellschaft bedeutsame Finanzierungsverträge beendet werden.[154] Eine **Prospektpflicht** kommt bei **verbrieften** Mezzanine-Instrumenten in Betracht, wenn diese öffentlich angeboten werden (§ 1 VermAnlG). **107**

Zweifelhaft ist, ob mit Blick auf steuerliche Risiken durch den Debt Mezzanine Swap eine gegenüber dem Debt Equity Swap vorteilhafte Strukturierung möglich ist. Im Schrifttum sowie in der Sanierungspraxis wird die Möglichkeit diskutiert, bspw. Genussrechte so zu strukturieren, dass sie handelsrechtlich Eigenkapital, steuerrechtlich hingegen Fremdkapital darstellten. In der Folge werde die Handelsbilanz (unter Entbehrlichkeit einer förmlichen Kapitalerhöhung) entlastet, ohne dass steuerrechtlich Eigenkapital entstehe, mithin ein Sanierungsgewinn anfalle bzw. ein Wegfall von nicht genutzten Verlusten drohe. Weiterhin bleibe die steuerliche Abzugsfähigkeit der aufgewandten Fremdkapitalzinsen erhalten.[155] **108**

Für den handelsbilanziellen Ausweis als Eigenkapital sollen bzw. sollten folgende kumulative Voraussetzungen erforderlich sein: **109**

- Erfolgsabhängigkeit der Vergütung und Teilnahme am Verlust bis zur vollen Höhe;
- Vergütung steht unter der aufschiebenden Bedingung, dass sie aus Eigenkapitalbestandteilen geleistet werden kann, die nicht besonders gegen Ausschüttungen geschützt sind;
- Vollständige und vorrangige (gegenüber den gegen Ausschüttung besonders geschützten Eigenkapitalbestandteilen) Teilnahme des Genussrechtskapitals an etwaigen Verlusten, spätestens im Zeitpunkt der Rückzahlung;
- Längerfristigkeit der Kapitalüberlassung; Ausschluss der Rückzahlung während dieses Zeitraums (postulierte Mindestüberlassungsfrist von fünf bis sieben Jahren); und
- Nachrangigkeit im Insolvenz- und Liquidationsfall.[156]

Für die bilanzsteuerliche Einordnung als Fremdkapital wird gefordert, dass nur eines der nachfolgenden Kriterien nach den Bedingungen des Mezzaninekapitals erfüllt ist, namentlich entweder die Vergütungen nur aus Gewinnen geleistet werden dürfen oder aber eine **110**

---

[153] *Schlitt/Ries* in Theiselmann, Praxishandbuch des Restrukturierungsrechts, Kap. 9, Rn. 58 ff. mwN.

[154] *Schlitt/Ries* in Theiselmann, Praxishandbuch des Restrukturierungsrechts, Kap. 9, Rn. 71.

[155] Statt Vieler *Meisel* in Theiselmann, Praxishandbuch des Restrukturierungsrechts, Kap. 9, Rn. 122; *Oelke/Wöhlert/Degen* BB 2010, 299 (301); *Rusch/Brocker* ZIP 2012, 2193 (2194).

[156] Zum Ganzen *Metze/Westpfahl* in Baur/Kantowsky/Schulte, Stakeholder Management in der Restrukturierung, S. 115 f. Maßgeblich sind die Grundsätze der Stellungnahme IDW 1/1994 des Hauptfachausschusses des Instituts der Wirtschaftsprüfer (Stellungnahme IDW HFA 1/1994, WPg 1994, 419).

Beteiligung an den künftigen Liquidationsüberschüssen vorgesehen ist.[157] In der Zusammenschau soll die vorgenannte vorteilhafte Strukturierung gelingen können, wenn sichergestellt werde, dass die handelsbilanziellen Voraussetzungen für die Einordnung als Eigenkapital erfüllt sind und die Bedingungen des Finanzinstruments zugleich eine Beteiligung an den stillen Reserven ausschließen.[158]

111 Zweifel an der Möglichkeit einer solchen Strukturierung bestanden lange im Hinblick auf ihre Vereinbarkeit mit dem steuerlichen Maßgeblichkeitsprinzip. Nach diesem finden die handelsrechtlichen Grundsätze ordnungsmäßiger Buchführung vorbehaltlich besonderer steuerrechtlicher Bestimmungen auch auf die Aufstellung der Steuerbilanz Anwendung. Nunmehr hat die Finanzverwaltung (abgestimmter Erlass der Finanzbehörden des Bundes und der Länder vom 18.7.2018[159]) Klarheit dahin geschaffen, dass die Bilanzierung von Genussrechten in der Steuerbilanz nicht dem Maßgeblichkeitsprinzip unterliegt. Folglich ist ihre steuerbilanzielle Qualifikation als Eigen- oder Fremdkapital unabhängig von der handelsbilanziellen Einordnung. Dies sollte der Praxis Gestaltungsspielräume eröffnen.

112 **(b) Debt-Asset Swap.** Anders als beim Debt-Equity Swap erwirbt der Forderungsinhaber beim Debt-Asset Swap sämtliche oder einzelne Vermögensgüter unmittelbar von der Gesellschaft gegen (teilweisen) Verzicht auf seine gegenüber der Gesellschaft bestehenden Forderungen. Diese Gestaltung bietet sich primär in Fällen großen Zeitdrucks an, in denen die strukturell aufwändige Umsetzung eines Debt-Equity Swap nicht rechtzeitig umsetzbar wäre.

113 Dieser Umtausch eröffnet dem Distressed Investor zudem die Möglichkeit des sogenannten „Cherry Pickings", mithin der Übernahme besonders lukrativer bzw. werthaltiger Vermögensgegenstände (bspw. Beteiligungen an Tochterunternehmen). Soweit jedoch die Übernahme nichtübertragbarer Vermögensgegenstände oder bestimmter Vertragsbeziehungen der betreffenden Gesellschaft angestrebt wird, eignet sich der Debt-Asset Swap als Sanierungsinstrument nicht.

114 **(aa) Ausgestaltungs- und Umsetzungsformen.** Die Umsetzung erfolgt mittels Vertrags zwischen dem Gläubiger und der Gesellschaft. Neben der Wahrung der für einzelne Vermögensgegenstände (wie beispielsweise Grundstücke) zu beachtenden Formvorschriften ist auch ein Erlassvertrag (§ 397 BGB) hinsichtlich der dem Gläubiger gegen die Gesellschaft zustehenden Forderungen erforderlich. Im Übrigen sind die Umsetzungsmodalitäten so vielgestaltig wie die Assets, die Gegenstand des „Umtauschs" sein können (als Wirtschafsgüter kommen beispielsweise in Betracht: Anteile an anderen Kapitalgesellschaften, Betrieben, Teilbetrieben, Einzelwirtschaftsgütern etc).

115 Obschon die Vertragsbeziehungen (nur) zwischen der (Krisen-)Gesellschaft und dem Investor bestehen, ist eine Einbeziehung der Gesellschafter nicht stets entbehrlich, die Umsetzung im Vergleich mit dem Debt Equity Swap also nicht zwingend erleichtert: Bei einer AG als veräußernde Gesellschaft besteht das Erfordernis einer **Zustimmung der Hauptversammlung** mit einer Mehrheit von mindestens 75 % des bei der Beschlussfassung vertretenen Grundkapitals, soweit sich die Gesellschaft verpflichtet, ihr gesamtes **Vermögen** zu übertragen **(§ 179a AktG)** oder **wesentliches** Vermögen („Holzmüller/Gelatine-Fälle")[160] Bei einer **GmbH** gilt § 179a AktG nicht analog,[161] es bedarf im Innenverhältnis jedoch idR einer Zustimmung der Gesellschafter. Die Abgrenzung zwischen den von § 179a AktG (analog) erfassten Fällen der Veräußerung des Vermögens im Ganzen, der auch Fälle erfasst, in denen Vermögen bei der Veräußerung verbleibt, und den „Holzmüller/Gelatine"-Fällen ist dabei unscharf, wegen der unterschiedlichen Rechtsfolgen –

[157] *Meiisel* in Theiselmann, Praxishandbuch des Restrukturierungsrechts, Kap. 9, Rn. 123.
[158] *Meiisel* in Theiselmann, Praxishandbuch des Restrukturierungsrechts, Kap. 9, Rn. 132.
[159] Finanzministerium NRW vom 18.7.2018 – S 2133-000036-V B 1, DB 2018, 1762.
[160] BGH Urt. v. 26.4.2004 – II ZR 155/02, NJW 2004, 1860 – Gelatine I: „Wesentliches Vermögen" jedenfalls bei Übertragung von 80 % des Vermögens.
[161] BGH Urt. v. 8.1.2019 – II ZR 364/18, NZG 2019, 505 (506), Rn. 14.

nur bei Verstoß gegen § 179a AktG ist der schuldrechtliche Kaufvertrag unwirksam – höchst praxisrelevant.[162]

(bb) Vergleich rechtlicher / steuerlicher Risiken mit dem Debt Equity Swap. Der Vorteil für Forderungsinhaber besteht beim Debt Asset Swap primär darin, dass sie sich mangels Kapitalmaßnahme nicht dem Risiko einer Differenzhaftung ausgesetzt sehen. Darüber hinaus kommt der Großteil der mit einem Debt Equity Swap verbundenen Risiken im Rahmen des Debt Asset Swaps nur in Sonderkonstellationen zum Tragen. So werden die Pflichtangebotsproblematik und kartellrechtliche Fragestellungen (nur) dann relevant, wenn Anteile an Tochterunternehmen erworben werden sollen. Demgegenüber kann die Pflicht zur Veröffentlichung einer Ad-hoc-Mitteilung für eine börsennotierte AG ohne Weiteres auch beim Debt-Asset Swap bestehen.[163] Erwirbt der Investor einen GmbH-Geschäftsanteil an einem Tochterunternehmen, besteht überdies die Gefahr einer gesamtschuldnerischen Haftung für offene Einlageforderungen nach **§ 16 Abs. 2 GmbHG** neben der veräußernden Gesellschaft, so dass wegen der Krise der veräußernden Gesellschaft ein erhebliches Risiko besteht, mit dem Ausgleichsanspruch aus § 426 BGB auszufallen. 116

Hinsichtlich der steuerlichen Auswirkungen sind das durch Konfusion eintretende Erlöschen von Forderung und Verbindlichkeit sowie die als Gegenleistung erbrachte Wirtschaftsgutsübertragung in den Blick zu nehmen. Aus steuerliche Perspektive wird der Debt Asset Swap als Tausch qualifiziert (§ 6 Abs. 6 S. 1 EStG). Für die Gesellschaft kann insofern ein Veräußerungsgewinn, aber auch -verlust entstehen, der grundsätzlich voll körperschaft- und gewerbesteuerlich berücksichtigungsfähig ist. Der für die Gewinn- bzw. Verlustermittlung maßgebliche Veräußerungspreis bestimmt sich nach dem gemeinen Wert des veräußerten Gutes, also bei hingegebenen Wirtschaftsgütern nach deren gemeinen Wert und bei Betrieben, Anteilen an (Kapital-)Gesellschaften etc. nach dem gemeinen Wert der erhaltenen Gegenleistung. Die Anschaffungskosten für die Forderung bestimmen sich stets nach dem gemeinen Wert des hingegebenen Wirtschaftsgutes. Liegen die nach diesen Grundsätzen bemessenen Anschaffungskosten für die Forderung unter dem Buchwert der Verbindlichkeit, führt der Debt Asset Swap zu einem voll steuerpflichtigen Ertrag. Dieser Konfusionsgewinn entsteht dabei unabhängig von und ggf. zusätzlich zu einem Veräußerungsgewinn aus der Übertragung des Wirtschaftsguts. Für den Gläubiger wird in Höhe der Differenz des gemeinen Wertes der Forderung und ihrem Buchwert ein Gewinn oder Verlust realisiert, der voll steuerpflichtig bzw. steuerlich abziehbar ist. 117

(cc) Spezifische Risiken. Mit dem Debt Asset Swap sind darüber hinaus für den Distressed Investor weitere – instrumentenspezifische – Risiken verbunden. So ist die Gefahr einer Haftung bzw. des Eintritts in bestehende Rechtsverhältnisse nach **§ 25 HGB** und/oder **§ 613a BGB** im Blick zu behalten.[164] 118

Zentrale Bedeutung kommt indes insolvenzrechtlichen Risiken zu, namentlich der **Insolvenzanfechtung** und der **Erfüllungsablehnung** eines noch nicht vollständig durchgeführten Vertrags durch den Insolvenzverwalter **(§ 103 InsO):** Da der Investor die Wirtschaftsgüter unmittelbar von der Gesellschaft in der Krise erwirbt, besteht ein gesteigertes Risiko, dass über das Vermögen der Gesellschaft – ggf. gerade als Folge der Veräußerung – im Nachhinein das Insolvenzverfahren eröffnet wird.[165] 119

Ist die Übertragung des betreffenden Wirtschaftsgutes bereits vor diesem Zeitpunkt erfolgt und hat sie zu einer (mittelbaren oder unmittelbaren) Gläubigerbenachteiligung iSd § 129 InsO geführt, droht dem Investor eine Insolvenzanfechtung durch den Insolvenzverwalter (bzw. im Fall der Eigenverwaltung: durch den Sachwalter). In der Folge müsste er das erlangte Wirtschaftsgut zur Insolvenzmasse zurückgewähren (§ 143 Abs. 1 S. 1 InsO), wobei die Rückgewähr zu einem Wiederaufleben der Forderung des Distressed Debt 120

---

[162] *Leitzen* NZG 2012, 491 (492).

[163] Vgl. *Schlitt/Ries* in Theiselmann, Praxishandbuch des Restrukturierungsrechts, 3. Aufl. 2016, Kap. 9, Rn. 54 f.

[164] Vgl. dazu nachstehend → Rn. 288 ff.

[165] Vgl. dazu nachstehend → Rn. 270 ff.

Investors führt (§ 144 Abs. 1 InsO). Diese Forderung hätte im Regelfall den Rang einer Insolvenzforderung (§ 144 Abs. 2 S. 2 InsO), so dass ein unbesicherter Gläubiger letztlich (abgesehen von evtl. Zinsen) nicht schlechter gestellt wird.[166]

121 Als Anfechtungstatbestand kommt zunächst § 130 InsO in Betracht (sog. Kongruenzanfechtung). Hiernach kann eine Übertragung, selbst dann, wenn der Investor sie aufgrund des zugrundeliegenden Verpflichtungsgeschäfts beanspruchen konnte, angefochten werden, wenn sie in den letzten drei Monaten vor dem Antrag auf Eröffnung des Insolvenzverfahrens oder danach vorgenommen worden ist. Voraussetzung ist, dass der Schuldner zur Zeit der Handlung zahlungsunfähig war und der Gläubiger die Zahlungsunfähigkeit oder den Eröffnungsantrag kannte. Um diesen anfechtungskritischen Drei-Monats-Zeitraum zu umgehen, werden verschiedene Gestaltungsmöglichkeiten vorgeschlagen: Soweit es sich um einen getreckten Rechtserwerb handelt, ist der möglichst frühzeitige Erwerb eines Anwartschaftsrecht oder einer sonstigen gesicherten Position anzustreben, da dieser Rechterwerb nach § 140 Abs. 2, 3 InsO den Zeitpunkt der „Handlung" gegenüber § 140 Abs. 1 InsO vorverlagert. Darüber hinaus wird angeregt, die Verzichtserklärung erst nach Ablauf des anfechtungskritischen Zeitraums zu erklären.[167]

122 Noch weitergehend ist der Anfechtungstatbestand des § 133 Abs. 1 InsO. Hiernach ist sogar eine Anfechtung von Handlungen, die während eines Zeitraums von vier Jahren vor oder nach dem Eröffnungsantrag vorgenommen wurden, möglich (§ 133 Abs. 2 InsO).[168] Diese sogenannte Vorsatzanfechtung setzt voraus, dass der Insolvenzschuldner die gläubigerbenachteiligende Handlung mit Benachteiligungsvorsatz vorgenommen hat und der Anfechtungsgegner den Vorsatz kannte. Eine dahingehende Vermutung statuiert § 133 Abs. 1 S. 2 InsO für den Fall, dass der Anfechtungsgegner die (drohende)[169] Zahlungsunfähigkeit des Schuldners kannte. Wegen des weit zurückreichenden anfechtungskritischen Zeitraums wird in der Literatur die Empfehlung an Investoren ausgesprochen, genau abzuwägen, ob sie bei bestehenden Zweifeln an der Zahlungsfähigkeit des Krisenunternehmens vor dem Erwerb der Wirtschaftsgüter in eine umfassende Due Diligence eintreten. Mit Blick auf das Anfechtungsrisiko könnten die erworbenen Kenntnisse nämlich mehr schaden als nutzen.[170]

123 Eine Erfüllungsablehnung durch den Insolvenzverwalter nach § 103 Abs. 2 InsO droht immer dann, wenn ein gegenseitiger Vertrag von beiden Parteien im Zeitpunkt der Eröffnung des Insolvenzverfahrens noch nicht vollständig erfüllt worden ist. In diesem Fall steht es dem Insolvenzverwalter frei, die Erfüllung abzulehnen. Zwar führt eine solche Ablehnung nicht zu einem Wegfall oder einer Umgestaltung der beiderseitigen Erfüllungsansprüche. Allerdings besteht deren mit Verfahrenseröffnung eingetretene Suspendierung, also Undurchsetzbarkeit fort. Der Vertragspartner, mithin der Investor, kann im Fall der Erfüllungsablehnung lediglich wählen, ob er Ansprüche wegen Nichterfüllung als Insolvenzgläubiger geltend macht (§ 103 Abs. 2 S. 1 InsO) oder darauf verzichtet, um sich die Möglichkeit zu erhalten, nach Beendigung des Insolvenzverfahrens vom Insolvenzschuldner Erfüllung des Vertrags zu verlangen.[171] Unabhängig von der Entscheidung des Investors führt die Erfüllungsablehnung des Insolvenzverwalters jedoch zu einem Wegfall vertraglicher Besitzrechte, sodass das betreffende Wirtschaftsgut herauszugeben ist.[172] Dieses Ver-

---

[166] Vgl. *Westpfahl* in *Eilers/Koffka/Mackensen,* Private Equity, 2. Aufl. 2012, Kap. III.2., Rn. 42,; hinsichtlich besicherter Forderungen: *Heidbrink* NZI 2005, 363.

[167] Vgl. *Westpfahl* in *Eilers/Koffka/Mackensen,* Private Equity, 2. Aufl. 2012, Kap. III.2., Rn. 43.

[168] Da es sich bei der Übertragung der Wirtschaftsgüter um ein Deckungsgeschäft handelt, kommt für ab dem 5.4.2017 eröffnete Insolvenzverfahren nicht mehr die vormalige Zehnjahresfrist des § 133 Abs. 1 InsO zum Tragen. Die Änderung beruht auf dem Gesetz v. 29.3.2017 (BGBl. I S. 654).

[169] Für den Fall, dass der Anfechtungsgegner die betreffende Leistung beanspruchen konnte, sie also kongruent war, beschränkt § 133 Abs. 3 S. 1 InsO seit dem 5.4.2017 die Vermutungswirkung auf Kenntnis von der eingetretenen Zahlungsunfähigkeit.

[170] Vgl. *Westpfahl* in *Eilers/Koffka/Mackensen,* Private Equity, 2. Aufl. 2012, Kap. III.2., Rn. 44.

[171] Dazu *Huber* in MüKoInsO § 103 Rn. 176.

[172] Nach aA erlischt das Besitzrecht demgegenüber bereits mit der Verfahrenseröffnung; zum Ganzen: *Huber* in MüKoInsO § 103 Rn. 177.

lustrisiko ist allein dann ausgeschlossen, wenn im Zeitpunkt der Verfahrenseröffnung entweder der Investor (mittels Forderungsverzichts) oder die übertragende Gesellschaft (durch Vollrechtsübertragung) bereits vollständig geleistet hat oder aber eine hinreichend sichere Rechtsposition des Investors besteht (bspw. eine Vormerkung (§ 106 Abs. 1 InsO) oder das Anwartschaftsrecht infolge eines Eigentumsvorbehalts[173] (§ 107 Abs. 1 S. 1 InsO)).

(5) Verwertung von Pfandrechten an Gesellschaftsanteilen. Die dargestellten Mög- 124
lichkeiten des Debt-Equity-Swap setzen stets die Mitwirkung der Zielgesellschaft und/oder der Altgesellschafter voraus. Soweit eine entsprechende Einigung außerhalb des Insolvenzverfahrens nicht erzielt werden kann, die erworbene Forderung indes durch Pfandrechte an der Zielgesellschaft besichert ist, kommt alternativ ein Erwerb der angestrebten Eigenkapitalposition mittels Pfandrechtsverwertung *(„Share Pledge Enforcement")* in Betracht.

(a) Umsetzung einer „Distressed-to-Control"-Strategie mittels Pfandverwertung. 125
(aa) Maßgebliche Jurisdiktion. Distressed Debt Investments zielen häufig auf LBO-Finanzierungsstrukturen, bei denen die Fremdkapitalschuld, die zum Zwecke der Kaufpreiszahlung begründet worden ist, vom Zielunternehmen übernommen wurde *(„Debt Push-Down")* und sich nachträglich herausstellt, dass der Schuldendienst nicht nachhaltig geleistet werden kann. Zur Sicherung der Fremdkapitalschuld werden regelmäßig die Gesellschaftsanteile an den operativen Gesellschaften, aber auch an den Holdinggesellschaften innerhalb einer solchen Struktur verpfändet. Die Verwertung der Pfandrechte ermöglicht dem Distressed Debt Investor unter Einsatz seiner Forderungen den Erwerb der betreffenden Gesellschaftsanteile und damit auch den Erwerb der Tochtergesellschaften. Welcher Rechtsordnung das Pfandrecht und damit die Verwertung der Anteile unterliegt, bestimmt sich nach der Rechtsordnung unter der die betreffende Gesellschaft errichtet worden ist. Im Regelfall bietet sich ein *single point of enforcement* auf Ebene der Holdinggesellschaft an, da somit die Gruppe auf dieser Ebene „abgeschnitten" werden kann unter Vermeidung einer Vielzahl von Pfandrechtsverwertungen auf Ebene der operativen Gruppengesellschaften. Die Holdinggesellschaften einer LBO-Struktur sind auch im Fall deutscher operativer Gruppengesellschaften häufig unter ausländischem Recht, bspw. Luxemburger Recht, gegründet, sodass die Normen der betreffenden Rechtsordnung die Verwertungsmodalitäten determinieren. Da eine erschöpfende Darstellung der rechtlichen Rahmenbedingungen sämtlicher Jurisdiktionen, die nach Vorgesagtem für ein Share Pledge Enforcement relevant werden können, der Zielsetzung dieses Übersichtsbeitrags nicht gerecht würde, beschränkten sich die Ausführungen im Folgenden auf das *Share Pledge Enforcement* nach deutschem Recht.

(bb) Verfahren nach deutschem Recht. Die Durchsetzung und Verwertung des 126
Pfandrechts setzt zunächst die Pfandreife, also die Fälligkeit der durch das Pfandrecht besicherten Forderung, voraus (§ 1228 Abs. 2 BGB).

Die Verwertung erfolgt bei börsennotierten Aktiengesellschaften mittels freihändigen 127
Verkaufs der Aktien (§§ 1221, 1235 Abs. 2 BGB). Für andere Gesellschaftsbeteiligungen, wie bspw. die Geschäftsanteile an einer GmbH, sieht § 1277 BGB demgegenüber eine Anwendung der Vorschriften der ZPO über die Zwangsvollstreckung als gesetzlichen Regelfall vor. Die Verwertung erfolgt demnach mittels öffentlicher Versteigerung.[174] Eine abweichende Vereinbarung, bspw. des freihändigen Verkaufs oder eines Verfalls an den Pfandgläubiger kann wirksam erst nach Eintritt der Pfandreife gesondert vereinbart werden.[175] Auf

[173] Umstritten ist, ob eine analoge Anwendung auf sämtliche Anwartschaftsrechte aus Kaufverträgen angezeigt ist; dafür *Ringstmeier* in K. Schmidt InsO § 107 Rn. 18f. mNw auch zur Gegenansicht.

[174] Das Gericht kann nach hM jedoch auch einen freihändigen Verkauf auf Antrag zulassen nach § 1246 BGB, vgl. *Görner* in Rowedder/Schmidt-Leithoff GmbHG § 15 Rn. 107 mwN.

[175] *Görner* in Rowedder/Schmidt-Leithoff GmbHG § 15 Rn. 107; *Hofmann* in Fandrich/Karper, Münchner Anwaltsbuch Bank- und Kapitalmarktrecht, § 6 Rn. 572; *Schacht* in Beck'sches HdB der GmbH § 12 Rn. 203; *Reymann* DNotZ 2005, 425 (455):).

das Erfordernis eines vollstreckbaren Titels, demzufolge der Verpfänder die Verwertung des Pfandrechts bei Fälligkeit zu dulden hat, wird in der Praxis regelmäßig bereits in den Pfandrechtsbestellungsverträgen verzichtet (§ 1277 BGB).[176]

128 Dem Pfandverkauf hat eine Verkaufsandrohung nach § 1234 BGB vorauszugehen, die mindestens einen Monat vor dem Verkauf erfolgen muss; ist die Verpfändung (wie regelmäßig) ein Handelsgeschäft, verkürzt sich die Frist auf eine Woche (§ 368 Abs. 1 HGB). In der Praxis wird stattdessen eine einwöchige Mitteilungsfrist vereinbart, die eine separate Androhung ersetzt.[177] Darüber hinaus ist die Versteigerung öffentlich bekanntzumachen (§ 1237 S. 1 BGB). Hinsichtlich der als ausreichend erachteten Bekanntmachungsfrist von einem Monat wird überdies eine wesentliche Verkürzung als zulässig erachtet, soweit ein Wertverlust der Gesellschaftsanteile zu befürchten steht.[178]

129 Im Rahmen der Versteigerung ist der Pfandgläubiger berechtigt, selbst auf den Gesellschaftsanteil zu bieten. Wird ihm der Zuschlag erteilt, so ist der Kaufpreis bis zur Höhe der besicherten Forderung als von ihm empfangen anzusehen und er gilt in dieser Höhe als befriedigt (§ 1239 Abs. 1 S. 2 BGB) *(„credit bid")*. Diese Verrechnungsmöglichkeit erhöht die Aussichten einer Zuschlagserteilung gegenüber anderen Mitbietern.[179]

130 **(cc) Ausblick: „Accelerated Extrajudicial Collateral Enforcement".** Die EU-Kommission hat am 14.3.2018 den Entwurf einer **Richtlinie** für Kreditservicer, Kreditkäufer und **außergerichtlichen Realisierung von Sicherheiten** vorgelegt[180], mit welcher ua auch Vorgaben zur Einführung eines beschleunigten Sicherheitenverwertungsverfahrens für Unternehmenskredite gemacht werden, sofern dies im Kreditvertrag vereinbart wurde. Das Sicherheitenverwertungsverfahren muss als Verwertung entweder öffentliche Versteigerung oder freihändige Verwertung vorsehen. Da zumindest für Pfandrechte an Geschäftsanteilen das deutsche Recht (§§ 1204 ff. BGB) mit diesen Vorgaben übereinstimmt, bleibt abzuwarten, inwiefern der Gesetzgeber nach Verabschiedung der Richtlinie Handlungsbedarf sieht, falls dieses Verfahren überhaupt Aufnahme in die endgültige Fassung der Richtlinie finden wird.[181]

131 **(b) Rechtliche / ökonomische Vorteile.** Wesentlicher Vorteil des Anteilserwerbs durch Pfandrechtverwertung ist die Entbehrlichkeit der Mitwirkung der Altgesellschafter. Außerdem bestehen idR keine Anfechtungsrisiken, sofern die Pfandrechte wirksam und unanfechtbar bestellt wurden.[182]

132 **(c) Rechtliche / ökonomische Risiken und Lösungsansätze.** Allerdings sind mit dem Beteiligungserwerb durch Verwertung von Pfandrechten an Gesellschaftsanteilen andere Risiken und Unwägbarkeiten für den Investor und die Zielgesellschaft verbunden. Die für den konsensualen Debt-Equity-Swap geltenden rechtlichen Themen gelten ohnehin auch hier.

133 Der die Anteile erwerbende Investor ist ebenso wie beim konsensualen Debt-Equity-Swap dem Risiko des **insolvenzrechtlichen Nachrangs (§ 39 Abs. 1 Nr. 5 InsO)**

---

[176] Vgl. nur *Görner* in Rowedder/Schmidt-Leithoff GmbHG § 15 Rn. 107; *Schacht* in Beck'sches HdB der GmbH § 12 Rn. 203.

[177] *Westpfahl/Siepmann* in Allmendinger/Dorn/Lang/Lumpp/Steffek, Corporate Governance nach der Finanz- und Wirtschaftskrise, S. 271.

[178] *Westpfahl/Siepmann* in Allmendinger/Dorn/Lang/Lumpp/Steffek, Corporate Governance nach der Finanz- und Wirtschaftskrise, S. 271.

[179] *Westpfahl/Siepmann* in Allmendinger/Dorn/Lang/Lumpp/Steffek, Corporate Governance nach der Finanz- und Wirtschaftskrise, S. 279.

[180] *Proposal for a directive on credit servicers, credit purchasers and the recovery of collateral* v. 14.3.2018 – COM(2018) 135 (abrufbar unter https://ec.europa.eu/info/law/better-regulation/initiatives/com-2018-135_en)).

[181] Das AECE-Verfahren wurde nicht in den Vorschlag des Rats vom 26.3.2019 (2018/0063(COD)) abrufbar unter https://eur-lex.europa.eu/legal-content/EW/TXT/PDF/?un=CONSIL:ST_7344_2019_ADD_1 &from=EN aufgenommen.

[182] Insbesondere scheidet ein Anfechtungsrisiko nach § 133 Abs. 1 InsO aus, da bei der Pfandrechtsverwertung keine Rechtshandlung des Insolvenzschuldners (=Verpfänders) erforderlich ist. Zum Anfechtungsrisiko nach § 130 InsO → Rn. 273.

hinsichtlich seiner stehen bleibenden Kreditforderungen ausgesetzt.[183] Aber auch schon allein aufgrund des Pfandrechts kann eine **gesellschaftergleiche Stellung** mit der Folge des Nachrangs der besicherten Forderung entstehen, wenn ihm neben dem Pfandrecht Rechte eingeräumt werden, die es ihm ermöglichen, die Geschicke der Gesellschaft ähnlich wie ein Gesellschafter mitzubestimmen.[184]

Die Vorschriften über das Pfandrecht (§§ 1204 ff. BGB), deren Modell das im Leihhaus eingelieferte Faustpfand ist, werfen offensichtlich Fragen bei der Verwertung von Gesellschaftsanteilen auf. **134**

Zunächst kann wegen der grundsätzlichen Notwendigkeit einer öffentlichen Versteigerung nicht ausgeschlossen werden, dass ein Dritter das höchste Gebot abgibt und in der Folge den Zuschlag erhält. Durch Ausgestaltung der Versteigerungsbedingungen (Bankbürgschaft für Gebot, keine Möglichkeit einer Due Diligence) können Dritte faktisch von Geboten abgehalten werden. Am effektivsten ist jedoch das Bestehenbleiben der Schulden auf Ebene der operativen Tochtergesellschaft. Je nach Höhe der Schulden kann der Wert der Anteile an einer Holding-Gesellschaft in diesem Fall bei Null liegen, während der betreibende Pfandgläubiger über die Höhe des „credit bid" seinen Einsatz dem jeweiligen Drittgebot anpassen kann. **135**

Ein spezifisches Risiko ist für den Investor mit dem **zwingenden Charakter (§ 1243 Abs. 1 BGB)** einiger Pfandrechtsnormen verbunden. Dazu zählen neben der Pfandreife als Verwertungsvoraussetzung (§ 1228 Abs. 2 S. 1 BGB) ua die Öffentlichkeit der Versteigerung (§ 1235 BGB) und der Bekanntmachung (§ 1237 S. 1 BGB). Ein Verstoß gegen diese Normen führt zur Unwirksamkeit der Pfandrechtsverwertung; ein gutgläubiger Erwerb (§ 1244 BGB) wird bei einem „credit bid" zum Kontrollerwerb praktisch regelmäßig ausscheiden. Folgedessen ist der Erwerber bis zu einer rechtskräftigen Klärung oder – bei einer GmbH als Zielgesellschaft – drei Jahre nach Eintragung in die Gesellschafterliste (§ 16 Abs. 3 GmbHG) an einem Weiterverkauf der Zielgesellschaft faktisch gehindert, da Nacherwerber nicht das Risiko eines Erwerbs vom Nichtberechtigten eingehen wollen. **136**

Die Pfandreife wird praktisch meist durch Kreditkündigung herbeigeführt. Die Wirksamkeit der Vereinbarung von Kündigungsrechten nach §§ 305 ff. BGB oder das Vorliegen der tatsächlichen Voraussetzungen von Kündigungsgründen ist aber oftmals umstritten (insbesondere bei Verletzung von *financial covenants*) und eine rechtskräftige Klärung innerhalb des kurzen Verwertungszeitraums unwahrscheinlich. **137**

Auch die Öffentlichkeit der Versteigerung ist ein unklarer Rechtsbegriff. So wird argumentiert, dass ohne Ermöglichung einer Due Diligence durch Bieter die Öffentlichkeit nicht gewahrt sei.[185] Die Beschränkung der Zulassung zu Geboten in den Versteigerungsbedingungen (zB Vorlage einer Bankgarantie über die Bietsumme; fusionskontrollrechtliche Unbedenklichkeitsbescheinigung oÄ) hat hingegen keinen öffentlichkeitsbeschränkenden Charakter, solange sie von allen Bietinteressenten gleichermaßen verlangt wird. **138**

In einigen der wenigen bekannten Fällen begonnener Pfandrechtsverwertung haben die Verpfänder versucht, die Versteigerung unter Berufung auf Verstoß gegen diese Vorschriften durch **einstweilige Verfügung (§ 935 ZPO)** zu verhindern. Dem Erlass einer einstweiligen Verfügung ohne vorherige Anhörung des Pfandgläubigers kann durch Einreichen einer **Schutzschrift** vorgebeugt werden. **139**

Die Pfandrechtsverwertung birgt aufgrund der Fälligstellung der besicherten Forderungen die Gefahr des Eintritts der **Zahlungsunfähigkeit (§ 17 InsO)** des **Verpfänders** und bei Mithaftung ggf. auch der **Zielgesellschaft.** Ein Lösungsansatz wird in der Praxis aus der BGH-Rechtsprechung zum Begriff der Zahlungsunfähigkeit abgeleitet: Hiernach ist **140**

---

[183] Dazu → Rn. 63 ff.

[184] BGH Urt. v. 13.7.1992 – II ZR 251/91, NJW 1992, 3035.

[185] *Tetzlaff* ZInsO 2007, 478 (481); anders aber OLG Hamburg Urt. v. 18.5.2012 – 14 U 138/10, ZInsO 2012, 1781: keine Pflicht des Pfandgläubigers zur Ermöglichung der Durchführung einer Due Diligence bei Zielgesellschaft, vgl. *Lürken/Plank* in Hopt/Seibt SchVG Kap. 11, Rn. 11.120.

eine zivilrechtlich fällige Forderung im Rahmen des § 17 InsO für die Frage der Zahlungsunfähigkeit nicht zu berücksichtigen, wenn der Gläubiger die Forderung nicht „ernsthaft einfordert".[186] Daraus wird die Möglichkeit hergeleitet, die „Ernsthaftigkeit" des Einforderns durch eine Erklärung auszuschließen, dass die Fälligstellung nur zum Zwecke der Pfandrechtsverwertung erfolgt, aber nicht tatsächliche Zahlung verlangt wird.[187] Stellt der Verpfänder gleichwohl Insolvenzantrag, besteht das Risiko einer **Sicherungsanordnung des Insolvenzgerichts (§ 21 Abs. 1 InsO),** mit der die Verwertung einstweilen untersagt wird.[188] Nach Eröffnung des Insolvenzverfahrens entfällt die Wirkung einer solchen Sicherungsanordnung. Es stellt sich dann die Frage, ob die **Verwertungsbefugnis** des Pfandgläubigers auf den **Insolvenzverwalter** übergeht (§ 166 Abs. 1 InsO). Dies ist jedenfalls bei globalverbrieften Aktien, deren Mitgliedschaftsrechte weiter vom Verpfänder ausgeübt werden und eine unternehmerische Beteiligung (>20 %) verbriefen, der Fall[189]; bei allen anderen Gesellschaftsanteilen, insbesondere GmbH-Anteilen, ist dies umstritten.[190]

141 Ist der Verpfänder nicht zugleich Darlehensnehmer, erwirbt er durch die Verwertung einen **Rückgriffsanspruch.**[191] Befindet sich der Darlehensnehmer innerhalb der Gruppe der Zielgesellschaft, so ist dieser Rückgriffsanspruch eine gefährliche Haftungsbrücke, wenn der Verpfänder nicht im Vorhinein darauf verzichtet hat oder aber der Rückgriffsanspruch ebenfalls zur Sicherheit abgetreten ist[192].

142 **cc) In Court: Implementierung mittels Insolvenz- und Sanierungsverfahren.** Neben den vorstehend aufgezeigten Varianten der Distressed-to-Control-Strategie, die sich sämtlich außerhalb eines Insolvenzverfahrens *(„out of court")* abspielen, kann der Debt-Equity-Swap auch innerhalb eines Insolvenzverfahrens *(„in court")* erfolgen. Das Insolvenzverfahren zielt auf die gemeinschaftliche Befriedigung der Gläubiger des Insolvenzschuldners, indem das Vermögen verwertet und der Erlös verteilt oder in einem Insolvenzplan eine abweichende Regelung, insbesondere hinsichtlich der Sanierung des Schuldners getroffen wird (§ 1 S. 1 InsO).

143 Eine solche In Court Umsetzung kommt in Betracht, wenn bereits Insolvenzeröffnungsgründe vorliegen oder zumindest zeitnah eintreten werden, deren Beseitigung nicht im Belieben alleine des umsetzungswilligen Investors stehen. Weitere Vorteile werden ersichtlich, wenn den praxisrelevanten In Court-Implementierungswegen jeweils typenähnliche Out of Court-Gestaltungsvarianten gegenübergestellt werden:

- Zum einen besteht die In-Court-Möglichkeit, die (Kredit-)Forderung gegen das Zielunternehmen im Rahmen eines Asset Deals einzusetzen, indem Wirtschaftsgüter der insolventen Gesellschaft erworben werden unter Verrechnung der Kaufpreisschuld mit dem Anspruch auf Verteilungen auf die Insolvenzforderung gem. §§ 187 ff. InsO[193] bzw. (bei gesicherten Forderungen) mit dem Anspruch auf abgesonderte Befriedigung ***(„credit bid").*** Gegenüber dem Out of Court umgesetzten Debt Assets Swap[194] bietet diese Gestaltung den Vorteil, dass weder eine Insolvenzanfechtung noch eine Erfüllungsablehnung (§ 103 InsO) drohen.

---

186 BGH in stRspr, vgl. nur Beschl. v. 19.7.2007 – IX ZB 36/07, ZIP 2007, 1666 sowie Beschl. v. 26.2.2013 – II ZR 54/12, GmbHR 2013, 482.

187 *Westpfahl* in Eilers/Koffka/Mackensen, Private Equity, III.2., Rn. 62.

188 vgl. *Lürken/Plank* in Hopt/Seibt SchVG Kap. 11, Rn. 11.107.

189 BGH Urt. v. 24.9.2015 – IX ZR 272/13, NJW-RR 2016, 242.

190 Vgl. die Nachweise bei *Lürken/Plank* in Hopt/Seibt SchVG Kap. 11, Rn. 11.106 (Fn. 93 f.).

191 Auf die *cessio legis* der besicherten Forderung nach Pfandverwertung (§ 1225 S. 1 BGB) wird regelmäßig in den Verträgen verzichtet.

192 Bei Konsortialkrediten nach LMA-Standard sehen die verschiedenen Fassungen des LMA Intercreditor Agreement außerdem das Recht des Sicherheitentreuhänders vor, bei Verwertung von Gesellschaftsanteilen auch Forderungen oder Verbindlichkeiten freizugeben oder zu übertragen.

193 Eine Verrechnung mit der Insolvenzforderung selbst ist nicht möglich (§ 96 Abs. 1 Nr. 1 InsO).

194 Dazu → Rn. 112 ff.

• Zum anderen ist es möglich, die Forderung im Wege des **Debt Equity Swap mittels Insolvenzplans** in Anteile an der insolventen Gesellschaft umzutauschen. Ein solcher Anteilserwerb kann gegenüber der übertragenden Sanierung vorzugswürdig sein, wenn rechtsträgerspezifische Berechtigungen und Rechtsverhältnisse der insolventen Gesellschaft mit Dritten übernommen werden können. Dass die Sanierung mittels Insolvenzplans trotz der bereits im Jahre 1999 in ausdrücklicher Anlehnung an das Chapter 11-Verfahren nach US-Recht erfolgten gesetzlichen Verankerung lange Zeit ein Schattendasein fristete, war unter anderem darauf zurückzuführen, dass, obschon die Eigenkapitalposition der Altgesellschafter im Insolvenzfall regelmäßig wertlos ist, da die betreffende Gesellschaft wirtschaftlich bereits den Gläubigern „gehört", deren Wegnahme oder Verwässerung nicht ohne die Zustimmung der Altgesellschafter möglich war. Insofern bot die In Court-Implementierung keine Vorteile gegenüber der Out of Court-Umsetzung. Dieser Umstand eröffnete den Altgesellschaftern ein strategisches Blockadepotential. Die Gläubiger verfügten lediglich dann über einen gewissen Hebel, die Zustimmung zu erzwingen, wenn die betreffenden Anteile der Altgesellschafter verpfändet waren. Die daraus folgende Drohkulisse einer parallel zum Insolvenzverfahren betriebenen Pfandrechtsverwertung konnte die Altgesellschafter im Einzelfall zur Aufgabe ihrer Rechtsposition veranlassen.[195] Um das Insolvenzplanverfahren sanierungsfreundlicher zu gestalten, hat der Gesetzgeber im Rahmen des Gesetzes zur weiteren Erleichterung der Sanierung (ESUG)[196] mit Wirkung vom 1.3.2012 jedoch das Blockadepotential erheblich eingeschränkt. Ein Debt Equity Swap kann nun auch ohne die Zustimmung der Altgesellschafter mittels Insolvenzplans umgesetzt werden. Diese gesetzliche Neuregelung hat bereits in einigen Verfahren ihre Feuertaufe bestanden.[197] Ob sie indes geeignet ist, im Wettbewerb der Rechtsordnungen die Lücke zu ausländischen (gerade präventiven) Rechtsrahmen zu schließen, kann noch nicht abschließend beurteilt werden. In diesem Zusammenhang sind auch die weiteren Entwicklungen in Bezug auf die Umsetzung der Richtlinie zur Schaffung eines einheitlichen Restrukturierungsrahmens in das deutsche Recht im Blick zu behalten.[198]

(1) Debt Equity Swap im Insolvenzplanverfahren. (a) Grundzüge des Insolvenzplanverfahrens. Das Insolvenzplanverfahren (§§ 217 ff. InsO) ist – insbesondere verbunden mit dem Instrument der Eigenverwaltung, bei dem die Geschäftsführung grundsätzlich verfügungsbefugt bleibt (§§ 270 ff. InsO) – ein dem Chapter 11-Verfahren des US Bankruptcy Code nachempfundenes Reorganisationsverfahren.[199] Dieses Verfahren zielt gerade nicht auf eine Liquidation der insolventen Gesellschaft. Vielmehr werden die Verbindlichkeiten durch Mehrheitsbeschlüsse der Insolvenzgläubiger restrukturiert und der Gesellschaft damit ein Neustart ermöglicht. Als denkbare, wenngleich nicht abschließende, Inhalte des sog. gestaltenden Teils des Insolvenzplans kommen etwa (teilweise) Forderungsverzichte oder Stundungen (§ 224 InsO) in Betracht. **144**

Gemäß dem im Zuge des ESUG eingefügten § 225a Abs. 2 S. 1 InsO kann im gestaltenden Teil des Insolvenzplans zudem vorgesehen werden, dass **Forderungen** von absonderungsberechtigten Gläubigern sowie Insolvenzgläubigern **in Anteils- oder Mitgliedschaftsrechte umgewandelt** werden. Aus rechtsdogmatischer Perspektive erfolgte insofern eine Abkehr von der vormaligen strikten Trennung von Insolvenz- und Gesellschaftsrecht, indem auch die Altgesellschafter zu Beteiligten des Insolvenzverfahrens erklärt werden **145**

---

[195] Das Fehlen der Möglichkeit eines zwangsweisen Debt Equity Swap und die starke Stellung der Altgesellschafter wurden als erheblicher Nachteil im Wettbewerb der Insolvenzrechtsordnungen empfunden, wie eine empirische Untersuchung unter Insolvenzpraktikern belegte, vgl. *Eidenmüller/Frobenius/Prusko* NZI 2010, 545 (549).

[196] BGBl. 2011 I S. 2582.

[197] Die (wohl) prominentesten Beispiele sind die Insolvenzverfahren über das Vermögen der Pfleiderer AG, der IVG Immobilien AG und der Gerry Weber International AG.

[198] Vgl. → Rn. 206.

[199] Amtl. Begr. RegE InsO BT-Drs. 12/2443, Rn. 1332; BGH Urt. v. 13.10.2009 – X ZR 79/06, NZI 2009, 859.

(§ 217 InsO). Im Insolvenzplan kann nun „jede Regelung getroffen werden, die gesellschaftsrechtlich zulässig ist" (§ 225a Abs. 3 InsO). Zur Erlangung einer Gesellschafterstellung durch den Erwerber sind folgende Durchführungswege möglich:

- Kapitalerhöhung gegen Sach- und/oder Bareinlage (meist kombiniert mit einem vorherigen Kapitalschnitt auf Null[200] und einem Bezugsrechtsausschluss);
- Übertragung existierender Gesellschaftsanteile; oder
- Umwandlungsmaßnahmen (zB Ausgliederung von Unternehmensteilen auf Erwerber)

146 Praktisch am häufigsten kommt die Kapitalerhöhung gegen Sach- oder Bareinlagen unter Kapitalschnitt vor. Hierbei ist zu beachten, dass § 225a Abs. 3 InsO nicht von den Beschränkungen der §§ 58a Abs. 4 S. 1 GmbHG, 228 Abs. 1 AktG[201] dispensiert, so dass für die Kapitalerhöhung, mit der das Mindestgrundkapital erreicht werden soll, **in jedem Fall** eine **Barkapitalerhöhung** durchzuführen ist[202].

147 In Grundzügen stellt sich der Ablauf des Insolvenzplanverfahrens wie folgt dar:

- **Aufstellung des Insolvenzplans:** Das Unternehmen oder der Insolvenzverwalter – entweder auf eigene Initiative (originäres Planvorlagerecht) oder im Auftrag der Gläubigerversammlung (derivatives Planvorlagerecht) stellen einen Insolvenzplan auf (§ 218 InsO); anders als in den USA haben einzelne Insolvenzgläubiger oder Dritte kein Planinitativrecht. Darin wird ua dargestellt, wie durch den Plan in die Rechte der Beteiligten eingegriffen werden soll. In Betracht kommen insbes. etwa (teilweise) Forderungsverzichte oder Stundungen (vgl. § 224 InsO). Beteiligte sind
  - die Insolvenzgläubiger (§ 224 InsO),
  - die absonderungsberechtigten Gläubiger, wenn in deren Rechte eingegriffen werden soll (§ 223 InsO),
  - die nachrangigen Gläubiger, wenn deren Forderungen nicht einfach nur als erlassen gelten sollen (§ 225 InsO), und
  - die Gesellschafter, wenn der Insolvenzplan in ihre Rechte eingreift (§ 225a InsO).
- **Bildung von Gläubigergruppen und Abstimmung:** Im Insolvenzplan werden verschiedene Gläubigergruppen gebildet, wobei mindestens zwischen
  - absonderungsberechtigten Gläubigern,
  - einfachen Insolvenzgläubigern (§ 38 InsO),
  - ggf. dem Pensionssicherungsverein (§ 9 Abs. 4 BetrAVG),
  - ggf. Arbeitnehmern,
  - ggf. Kleingläubigern,
  - ggf. nachrangigen Gläubigern und
  - ggf. Gesellschaftern

  unterschieden werden muss (§ 222 InsO).

  Innerhalb der Gläubiger mit gleicher Rechtsstellung (also zB einfache Insolvenzgläubiger) können Gruppen für Gläubiger mit gleichartigen wirtschaftlichen Interessen gebildet werden (zB Finanzgläubiger und Dienstleister).

  Hintergrund der Gruppenbildung ist die spätere Abstimmung über den Insolvenzplan; diese geschieht nach Gläubigergruppen getrennt.

  Erforderlich für die Annahme des Insolvenzplans ist (§ 244 InsO), dass
- in jeder Gruppe die Mehrheit der abstimmenden Gläubiger (Kopfmehrheit) und in der Gruppe der Gesellschafter die Mehrheit der Anteile; und zusätzlich
- insgesamt die Summe aller zustimmenden Gläubiger mindestens 50 % beträgt (Summenmehrheit).

---

[200] Bei außerinsolvenzlichen Sanierungskapitalmaßnahmen wird den Altgesellschaftern bei der Kapitalherabsetzung oft ein kleiner Anteil (1–5 %) belassen, um die Zustimmung zu fördern. Im Insolvenzplan ist dies praktisch nicht möglich, da aufgrund der Nachrangigkeit das alte Eigenkapital keinen Wert erhalten darf, soll der cram-down zur Verfügung stehen (§ 245 Abs. 2 Nr. 2 InsO).

[201] Vgl. → Rn. 60.

[202] *Hölzle/Beyß* ZIP 2016, 1461 (1467).

Besonderheit des Insolvenzplanverfahrens ist das sog. **Obstruktionsverbot (§ 245 InsO),** welches eine Überstimmung von Beteiligten selbst bei Nichterreichen der erforderlichen Mehrheiten zulässt ***(„cram-down“).*** Voraussetzung hierfür ist **148**

- dass die Angehörigen der überstimmten Gruppe durch den Plan nicht schlechter gestellt werden als ohne Plan;
- die Mehrheit der Gruppen dem Plan (mit jeweils 50 % Kopfmehrheit) zugestimmt hat; und
- die Beteiligten angemessen am wirtschaftlichen Wert beteiligt werden, was als erfüllt gilt, wenn

  Im Falle von Gläubigern:
  - kein anderer Beteiligter mehr als 100 % des Werts seines Anspruchs erhält,
  - gleichrangige Gläubiger nicht besser gestellt werden als die überstimmten, und
  - kein nachrangiger Gläubiger und kein Gesellschafter oder der Schuldner irgendeinen wirtschaftlichen Wert erhält („Absolute Priority Rule“).

  Im Falle von Altgesellschaftern:
  - kein anderer Beteiligter mehr als 100 % des Werts seines Anspruchs erhält, und
  - kein gleichrangiger Gesellschafter bessergestellt wird.

  Ein überstimmter oder aufgrund des Obstruktionsverbots unberücksichtigt gebliebener Beteiligter kann gegen den Insolvenzplan Minderheitenschutz beantragen, wenn er *glaubhaft machen* kann, dass er ohne den Insolvenzplan – dh bei einer Liquidation des Rechtsträgers[203] – *voraussichtlich* eine *höhere Quote* erlangen würde (§ 251 InsO). Da für die Glaubhaftmachung nur präsente Beweismittel zugelassen sind (§§ 4 InsO iVm 294 ZPO), bleibt neben einem die Vergleichsrechnung erschütternden sachverständigen präsenten Zeugen allenfalls ein konkretes Kaufangebot zu einem Preis, der zu einer höheren Quote führt.[204]
- **Bestätigung des Plans:** Der Insolvenzplan wird nur wirksam, wenn das Insolvenzgericht ihn nach erfolgter Abstimmung bestätigt (§ 248 InsO). Mit Rechtskraft des Bestätigungsbeschlusses treten die im Insolvenzplan vorgesehenen Wirkungen ein (§ 254 InsO), dh Forderungen werden erlassen oder gestundet, Kapitalherabsetzungen und -erhöhungen wirksam. Die Eintragung der Kapitalmaßnahme im Handelsregister und deren Prüfung durch das Registergericht sind weiterhin erforderlich.[205] Gegen den Bestätigungsbeschluss steht jedem Beteiligten die sofortige Beschwerde offen (§ 253 Abs. 1 InsO). Die Beschwerde ist jedoch nur zulässig, wenn der Beschwerdeführer eine ***wesentliche*** **Schlechterstellung** durch den Plan glaubhaft macht, die auch nicht aus Planreserven ausgeglichen werden kann. Altgesellschafter werden meist daran scheitern, dass sie ohne den Plan nicht wesentlich schlechter stünden, da sie im Alternativfall regelmäßig ausfallen, wenn nicht alle Insolvenzgläubiger aus der Masse voll befriedigt werden können (§ 199 S. 2 InsO)[206].

---

[203] Liquidation kann dabei auch im Rahmen einer übertragenden Sanierung erfolgen. Aus diesem Grund verlangt die hM vom Planinitiator (zur Aufnahme in den darstellenden Teil, § 220 InsO) regelmäßig die Durchführung eines „Dual Track“-Prozesses, dh eines vor oder parallel zum Planverfahren durchzuführenden M&A-Prozesses. Hierauf soll nur unter bestimmten Umständen verzichtet werden können. Vgl. *Brünkmanns* in Brünkmanns/Thole, HdB Insolvenzplan, 1. Aufl. 2016, § 2 Rn. 83 ff. (kein „Dual Track“ bei Insolvenzantrag wegen bloß drohender Zahlungsunfähigkeit nach § 18 InsO, ansonsten wenn bereits im Vorfeld durchgeführt oder wegen Unternehmensgröße nicht lohnend. Krit. zur Notwendigkeit eines „Dual Track“-Prozesses allgemein *Buchalik/Schröder* ZInsO 2016, 189.

[204] AA *Spliedt* in K. Schmidt, InsO, 19. Aufl. 2016, § 251 Rn. 9; *Hirschberger* in Brünkmanns/Thole, HdB Insolvenzplan, 1. Aufl. 2016, § 20 Rn. 37: Kein konkretes Verkaufsangebot erforderlich. Das kehrt iErg freilich die in § 251 InsO gesetzlich (in Abweichung von § 5 InsO) angeordnete Beweislast des Beschwerdeführers um.

[205] AG Charlottenburg Beschl. v. 9.2.2015 – HRB 153203 B, NZI 2015, 415 (mAnm *Ströhmann/Harder*).

[206] Ein Ausnahmefall war daher das Verfahren „Suhrkamp“, in welchem der Insolvenzplan als einzige Maßnahme die Umwandlung des Unternehmens von einer KG in eine AG mit vinkulierten Aktien und genehmigtem Kapital bei voller Befriedigung der Insolvenzgläubiger vorsah und der BGH daher eine wesentliche Schlechterstellung bejahte, vgl. BGH Beschl. v. 17.7.2014 – IX ZB 13/14, NZI 2014, 751 (755)

149 **(b) Besonderheit bei der Anleiherestrukturierung – Überwindung des § 225a Abs. 2 S. 2 InsO?** Für Inhaberschuldverschreibungen ist das Verhältnis von § 225a Abs. 2 S. 2 InsO zu den Regelungen des SchVG von besonderer Bedeutung. Konkret in den Blick zu nehmen ist § 5 Abs. 3 S. 1 Nr. 5 SchVG, der ausdrücklich die Möglichkeit vorsieht (vorausgesetzt, dass die Anleihebedingungen dessen Anwendbarkeit vorsehen; sogenannter „Opt-in"), mittels Mehrheitsbeschlusses[207] einer Umwandlung in Gesellschaftsanteile zuzustimmen. Wird ein solcher Beschluss gefasst und in das Insolvenzverfahren „eingeführt" (zum Teil als „gemischtes Modell" bezeichnet[208]), stellt sich die Frage, ob er auch in Bezug auf § 225a InsO Bindungswirkung entfaltet und eine individuelle Zustimmung der überstimmten Schuldverschreibungsgläubiger entbehrlich macht.[209] Nach zutreffender Auffassung ist dies zu bejahen, soweit die Umwandlung nicht mit zusätzlichen Pflichten verbunden ist.[210] Auch der Gesetzgeber geht insofern von einem Vorrang eines Mehrheitsbeschlusses in der Anleihegläubigerversammlung aus.[211] Die insolvenzrechtlich erforderliche Zustimmungserklärung und die gesellschaftsrechtlich erforderliche Übernahmeerklärung werden in diesem Fall vom gemeinsamen Vertreter – soweit ein solcher bestellt ist – für jeden einzelnen Anleiheinhaber abgegeben.[212]

150 **(c) Rechtliche / ökonomische Vorteile.** Neben der Möglichkeit einer Umsetzung auch gegen den Willen der Altgesellschafter oder opponierenden Gläubigern besteht ein weiterer Vorteil der Umsetzung des Debt Equity Swap mittels Insolvenzplans aus Investorenperspektive im **Ausschluss der Differenzhaftung** für den Fall fehlender Vollwertigkeit der Sacheinlage **(§ 254 Abs. 4 InsO).** Allerdings ist insofern zu berücksichtigen, dass eine willkürliche oder gar vorsätzliche Überbewertung gleichwohl unzulässig bleibt,[213] sodass das Insolvenzgericht den Plan zurückzuweisen bzw. ihm die Bestätigung zu versagen hat.[214]

151 **(d) Rechtliche / ökonomische Risiken und Lösungsansätze.** Die Umsetzung eines Debt Equity Swap mittels Insolvenzplans ist indes auch mit gewissen Risiken und Unwägbarkeiten verbunden.

152 Zunächst sieht sich der umwandelnde Gläubiger dem Risiko eines **Nachrangs** hinsichtlich seiner etwaig **verbleibenden Forderungen** nach §§ 39 Abs. 1 Nr. 5, 135 InsO ausgesetzt. Allerdings finden auch insofern die allgemeinen Privilegierungsmöglichkeiten, namentlich das **Sanierungs-** und das **Kleinbeteiligungsprivileg**[215] Anwendung. Mit Blick auf die Anwendbarkeit des Sanierungsprivilegs bejaht die zutreffende (wohl) über-

---

207 Nach überzeugender Auffassung ist hierfür eine qualifizierte Mehrheit von 75 % der an der Abstimmung teilnehmenden Stimmrechte erforderlich, es sei denn, die Anleihebedingungen sehen ein höheres Mehrheitserfordernis vor (§ 5 Abs. 4 S. 2 SchVG); *Lürken* in Theiselmann, Praxishandbuch des Restrukturierungsrechts, Kap. 5, Rn. 190; in diese Richtung wohl auch *Wilkens/Schaumann/Zenker,* Anleihen in Restrukturierung und Insolvenz, Rn. 627.

208 Zu diesem Begriff *Thole* ZIP 2014, 2365 (2368 ff.).

209 Obschon die Umwandlung in GmbH-Anteile Risiken birgt (vgl. dazu *Kessler/Rühle* BB 2014, 907 (912), kann etwaigen verfassungsrechtlichen Bedenken entgegengehalten werden, dass die Mehrheitsentscheidung nach § 5 Abs. 3 S. 1 Nr. 5 SchVG nur insoweit zum Tragen kommt, als die Anleihebedingungen dies vorsehen. Der Schuldverschreibungsinhaber hat mit dem Erwerb einer entsprechenden Umwandlung somit gleichsam antizipiert zugestimmt; vgl. *Spliedt* in K. Schmidt InsO § 225a Rn. 28 mwN.

210 Bei Personengesellschaften soll ein entsprechender Mehrheitsbeschluss folglich ausscheiden; *Spliedt* in K. Schmidt InsO § 225a Rn. 28 mwN.

211 BT-Drs. 17/5712, 46 zu § 225a InsO: *„Nach Absatz 2 S. 2 darf kein Gläubiger gegen seinen Willen in eine Gesellschafterposition gedrängt werden. Unberührt hiervon bleibt die Möglichkeit eines Mehrheitsbeschlusses nach § 5 Absatz 3 Nummer 5 des [SchVG]";* dazu auch *Lürken* in Theiselmann, Praxishandbuch des Restrukturierungsrechts, Kap. 5, Rn. 188. Neuerdings wird allerdings unter Rekurs auf BGH Urt. v. 16.11.2017 – IX ZR 260/15, NZI 2018, 133 (mAnm *Antoniadis,* der wieder ein „Primat des Insolvenzplans" postuliert), die Gegenansicht vertreten.

212 Dazu *Spliedt* in K. Schmidt InsO § 225a Rn. 28; zur Zustimmungserklärung durch den gemeinsamen Vertreter auch *Thole* ZIP 2014, 293 (300).

213 Vgl. *Spliedt* in K. Schmidt InsO § 225a Rn. 21; *Gehrlein* NZI 2012, 257 (261).

214 *Haas* NZG 2012, 961 (967).

215 Dazu vorstehend → Rn. 64.

wiegende Auffassung sogar eine Begünstigung des umwandlungswilligen Gläubigers gegenüber einer Out of Court-Implementierung: Nach dieser Ansicht, die sich auf die Regierungsbegründung berufen kann, besteht eine nur in extremen Ausnahmefällen **widerlegliche Vermutung** dafür, dass der insolvenzplanbasierte Anteilserwerb gerade zu **Sanierungszwecken** erfolge, sodass es keiner gesonderten Prüfung der objektiven Sanierungsfähigkeit der Gesellschaft und der Sanierungseignung der Sanierungsmaßnahmen bedürfe.[216] Mangels höchstrichterlicher Rechtsprechung und wegen abweichender Stimmen im Schrifttum besteht insofern indes ein Risiko für den Investor, so dass vorsorglich ein Sanierungsgutachten[217] eingeholt werden sollte. Zumindest ist die Privilegierungsreichweite gegenüber einer Out of Court-Umsetzung nicht eingeschränkt: Die vormalige Auffassung, welche die **Nachhaltigkeit** der Sanierung bereits im Zeitpunkt der Planbestätigung und damit weit vor dem Zeitpunkt, der nach allgemeinen Grundsätzen maßgeblich wäre,[218] bejahte, wird soweit ersichtlich nicht mehr vertreten.[219] Der Debt Equity Swap mittels Insolvenzplans zwingt folglich nicht zu einer beschleunigten Refinanzierung gegenüber der Out of Court-Implementierung.[220]

Des Weiteren vermag die Umsetzung des Debt Equity Swap mittels Insolvenzplans nichts am Eingreifen der Regelungen betreffend das **Pflichtangebot (§ 35 WpÜG)** zu ändern[221], sofern nicht die Börsennotierung (wie meist)[222] durch einen Kapitalschnitt mit Kapitalherabsetzung auf Null wegfällt. 153

Als spezifische Unwägbarkeit sind die eingeschränkte **Planbarkeit** und die hohen **Kosten** des Insolvenzverfahrens identifiziert. Eine geringere Bedeutung kommt den Minderheitenschutzregelungen zu, namentlich der **Anfechtungsmöglichkeit** der Altgesellschafter. Eine sofortige Beschwerde gegen den gerichtlichen Planbestätigungsbeschluss ist nur zulässig, wenn der gegen den Plan votierende Altgesellschafter glaubhaft macht, dass er durch den Plan wesentlich schlechter gestellt ist als er ohne diesen stünde (§ 253 Abs. 2 InsO). Dies wird wegen der Wertlosigkeit der Gesellschaftsbeteiligung in der Insolvenz regelmäßig nicht gelingen.[223] 154

(2) Ausländische Sanierungsverfahren. Trotz der vorgenannten sanierungsfreundlichen Änderungen im Zuge des ESUG und einigen Verfahren, die einen Debt Equity Swap mittels Insolvenzplans umgesetzt haben, bestehen nach wie vor Vorbehalte gegenüber einer Sanierung im Rahmen des Insolvenzverfahrens. Diese sind nicht zuletzt auf die bereits erwähnte Langwierigkeit des Insolvenzplanverfahrens und die nicht unerheblichen Transaktionskosten zurückzuführen. Daneben dürften aber auch die fortbestehende gedankliche Verknüpfung des deutschen Insolvenzverfahrens mit dem Verdikt des unternehmerischen Scheiterns („Stigma der Insolvenz") und nicht zuletzt die Etablierung alternativer (außerinsolvenzlicher) Sanierungsverfahren nach ausländischen Rechtsordnungen eine Rolle spielen. Denn anders als zahlreiche andere Jurisdiktionen verfügt **Deutschland** (mit Ausnahme des SchVG, dessen sachlicher Anwendungsbereich auf Anleihen beschränkt ist, und des 155

216 Vgl. BT-Drs. 17/5712, 32; *Spahlinger* in Kübler/Prütting/Bork InsO § 225a Rn. 48 mwN (auch zur Gegenauffassung).
217 Dazu → Rn. 224 ff.
218 Dazu vorstehend → Rn. 64.
219 Vgl. *Wittig* FS Uhlenbruck, (2000), 685 (694 f.); *Braun/Frank* in Braun InsO § 225a Rn. 16 postulieren zumindest noch eine „bestehende Unsicherheit".
220 Zutreffend *Spahlinger* in Kübler/Prütting/Bork InsO § 225a Rn. 49; implizit *Hirte* in Uhlenbruck InsO § 225a Rn. 47.
221 vgl. Befreiungsentscheidung der BaFin iS DF Deutsche Forfait AG v. 12.7.2016.
222 Ein wie bei einem Out of Court Debt-Equity-Swap übliches „Stehenlassen" von Altaktien iHv 1–5 % kommt beim Insolvenzplan dann nicht in Betracht, wenn vom Obstruktionsverbot (*„cram-down"*, § 245 InsO) Gebrauch gemacht werden soll. Denn damit würde den Altaktionären ein Wert zugewiesen, ohne dass zuvor sämtliche Insolvenzgläubiger voll befriedigt wurden. Mit etwas anderem Ansatz *Wieneke/Hoffmann* ZIP 2013, 697 (699): Erhalt der Börsennotierung kann Zuweisung eines „Restwerts" an Altaktionäre rechtfertigen.
223 Vgl. nur *Meyer/Degener* BB 2011, 846 (848).

Kreditinstitute-Reorganisationsgesetzes[224], dessen persönlicher Anwendungsbereich auf Kreditinstitute beschränkt ist) seit Abschaffung der Vergleichsordnung[225] über **kein vorinsolvenzliches Sanierungsverfahren** für Unternehmen.

156 **(a) Scheme of Arrangement.** In den europäischen grenzüberschreitenden Sanierungsfällen der letzten zehn Jahre nimmt das englische *Solvent Creditor Scheme of Arrangement* nach sec. 895 ff. Companies Act (2006) die hervorgehobenste Stellung ein. Hierbei handelt es sich um ein außerinsolvenzliches, gerichtlich vom *High Court* überwachtes Zwangsvergleichsverfahren. Anders als das Insolvenzplanverfahren ist es kein Gesamtverfahren[226], dh das Verfahren kann auf bestimmte Verbindlichkeiten begrenzt werden. Seine Einleitung setzt keinen materiellen Insolvenzgrund voraus. Das *Scheme of Arrangement* wurde (soweit ersichtlich) erstmals im Jahr 2008 von einem deutschen Unternehmen – dem Kabelnetzbetreiber *Tele Columbus* – zur Restrukturierung seiner Verbindlichkeiten genutzt, war aber schon zuvor von Unternehmen aus dem ehemaligen britischen Kolonialreich zur Restrukturierung ihrer Verbindlichkeiten genutzt worden. Der Erfolg des *Scheme of Arrangement* war letztlich Auslöser und Vorbild für den europäischen präventiven Restrukturierungsrahmen.[227]

157 **(aa) Zuständigkeit englischer Gerichte.** Für eine Einbindung einer deutschen Gesellschaft als Schuldnerin in das *Scheme of Arrangement* muss zunächst die **Zuständigkeit englischer Gerichte** gegeben sein. Die Rechtsprechung der englischen Gerichte hierzu hat sich schrittweise gewandelt.[228] Neben der Zuständigkeit nach autonomen englischem Zivilprozessrecht muss – zumindest bis zum Ende der Übergangsperiode nach dem „Brexit"[229] – eine Zuständigkeit auch nach der EuGVVO[230] vorliegen.

158 **(aaa) „Sufficient connection".** Ausgangspunkt der Prüfung englischer Gerichte ist weiterhin zunächst das autonome englische Zivilprozessrecht, wonach englische Gerichte zuständig sind zur Entscheidung über ein *Scheme of Arrangement* in Bezug auf eine Gesellschaft, über die ein Insolvenzverfahren nach englischem Recht eröffnet werden könnte.[231] Dies ist grundsätzlich auch über nicht-englische Gesellschaften möglich (sec. 220, 221(1) Insolvency Act 1986). Bei nicht-englischen Gesellschaften verlangt der *High Court* für die Zuständigkeit neben dem Bestehen einer hinreichenden Verbindung *(sufficient connection)* der Gesellschaft zum englischen Recht, dass das *Scheme of Arrangement* im Ausland anerkannt wird *(efficacy)*.[232] Eine *„sufficient connection"* liegt vor, wenn

- sich der Mittelpunkt der wirtschaftlichen Interessen (***Centre of Main Interests – COMI***) oder zumindest wesentliche Vermögensgegenstände *(„substantial assets")* des Unternehmens in England befindet, wobei es unerheblich ist, ob sich das COMI ursprünglich woanders befand, solange es sich bei Verfahrenseinleitung in England befindet[233], oder
- die zu restrukturierenden **Verbindlichkeiten englischem Recht** unterliegen, auch wenn die Rechtswahl nachträglich erfolgt.[234]

---

224 Gesetz zur Reorganisation von Kreditinstituten (Kreditinstitute-Reorganisationsgesetz – KredReorgG) v. 9.12.2010, BGBl. 2010 I S. 1900.

225 Vergleichsordnung v. 26.2.1935 –, (RGBl. I S. 321, ber. S. 356).

226 BGH Urt. v. 15.2.2012 – IV ZR 194/09, NJW 2012, 2113 Rn. 23 ff.

227 Dazu → Rn. 206 ff.

228 *Sax/Swierczok* ZIP 2016, 1946, 1945 (1947).

229 Voraussichtlich ab dem 31.12.2020; dazu iE der Entwurf des Austrittsvertrags [Stand: 18.10.2019], abrufbar unter https://ec.europa.eu/commission/publications/proposal-connect-decision-Signing-withdrawn-agreement-18-october-2019-de.

230 VO (EU) 1215/2012 v. 12.12.2012 über die gerichtliche Zuständigkeit und die Anerkennung und Vollstreckung von Entscheidungen in Zivil- und Handelssachen („Brüssel Ia-VO")" ABl. L 351/1 v. 20.12.2012.

231 *„liable to be wound up under the Insolvency Act 1986"* (sec. 895(2)(b) Companies Act (2006)).

232 *High Court* v. 6.5.2011 – (2011) EWHC 1104 (Ch), NZI 2011, 557 Rn. 30 – Rodenstock.

233 *High Court* v. 26.11.2013 – (2013) EWHC 3866 (Ch) Rn. 13 – Zlomrex International Finance S. A.

234 *High Court* v. 19.11.2014 – (2014) EWHC 3849 (Ch) Rn. 207 ff. – APCOA Parking Holdings GmbH & Ors.

(bbb) Zuständigkeit nach Art. 4 ff. EuGVVO. Neben der Prüfung der *„sufficient connection"* prüft der High Court in Fällen mit Europabezug (zumindest bis zum „Brexit") [235] seine Zuständigkeit auch nach der EuGGVO. 159

- Vorrangig gilt eine die Zuständigkeit englischer Gerichte für Klagen gegen die Gläubiger prorogierende (ggf. auch erst nachträglich getroffene) [236] **Gerichtsstandsklausel** in den den zu restrukturierenden Forderungen zugrunde liegenden Dokumenten.[237] In der englischrechtlichen LMA-Musterkreditdokumentation findet sich allerdings meist eine sog. asymmetrische Gerichtsstandsklausel, wonach die Prorogation englischer Gerichte *„for the benefit of the [creditors] only"* gilt. Der *High Court* nahm daher jüngst an, dass ein Schuldner sich hierauf nicht berufen kann, um die Zuständigkeit für ein *Scheme of Arrangement* gegen seine Gläubiger zu begründen.[238] In diesem Fall müsste ein konsentierender Gläubiger als *scheme applicant* auftreten.
- Ohne Gerichtsstandsklausel muss für einen oder mehrere Gläubiger ein **allgemeiner Gerichtsstand** nach Art. 4 ff. EuGVVO gegeben sein. Daher verlangt der *High Court* stets, dass mindestens ein Gläubiger in England ansässig ist. Für die anderen Gläubiger besteht dann ein Gerichtsstand nach Art. 8 Ziff. 1 EuGVVO, zumindest solange die gerichtsstandsbegründenden Gläubiger einen erheblichen Teil der Gläubigerforderungen ausmachen.[239]

(bb) Verfahren.[240] Das Verfahren wird üblicherweise durch Antrag des Schuldners eingeleitet, der gemeinsam mit den Gläubigern[241] dem Gericht einen **Vergleichsvorschlag** unterbreitet. Ein Insolvenzgrund oder eine Krise ist nicht Voraussetzung. Im Rahmen eines *Scheme of Arrangement* kann jede Art von Verbindlichkeiten restrukturiert werden, wobei Hauptanwendungsfall in der Praxis Finanzverbindlichkeiten sind. Ein Moratorium ist mit dem Antrag jedoch nicht verbunden. Dies kann dann zum Problem werden, wenn Hold Out-Gläubiger Einzelkündigungsrechte ausüben oder sonstige Vollstreckungshandlungen vornehmen können. 160

Das Verfahren selbst gliedert sich dann in die folgenden Schritte auf:[242] 161

- Anträge des Schuldners beim *High Court* auf (a) Einberufung der Gläubigerversammlung *(Creditors' Meeting)* zur Abstimmung über das *Scheme of Arrangement* und (b) Bestätigung *(Sanctioning)* im Falle der Annahme;
- Anhörung zum Antrag *(Convening Hearing);*
- Abhaltung der Gläubigerversammlung *(Creditors' Meeting);*
- Anhörung zur Bestätigung *(Sanction Hearing).*

Im *Convening Hearing* prüft der *High Court* die vom Schuldner vorgelegte Dokumentation. Kommt er zu der Überzeugung, dass das *Scheme* Aussicht auf Erfolg hat, beruft er unter Veröffentlichung der gesamten vorgelegten Dokumentation die Gläubigerversammlung *(Creditors' Meeting)* ein. Hierbei werden die Gläubiger, in deren Forderungen einge- 162

---

235 voraussichtl.Voraussichtlich ab dem 31.12.2020; dazu im Einzelnen der Entwurf des Austrittsvertrags [Stand: 19.3.2018], abrufbar unter https://ec.europa.eu/commission/publications/proposal-connect-decision-Signing-withdrawn-agreement-18-october-2019-de.

236 *High Court* v. 19.11.2014 – (2014) EWHC 1867 (Ch) – APCOA Parking Holdings GmbH & Ors.

237 aA *Reinhart* WuB VII B. Art. 1 EuGVVO 1.12, wonach selbst eine weite Gerichtsstandsklausel nicht für ein Verfahren zur Einleitung eines SoA gelten soll.

238 *High Court* v. 27.6.2016 – (2016) EWHC 1884 (Ch), Rn. 31 – Global Garden Products Italy S. p. A.

239 *High Court* v. 27.6.2016 – (2016) EWHC 1884 (Ch), Rn. 28 – Global Garden Products Italy S. p. A.; *High Court* v. 22.7.2015 – (2015) EWHC 2151 (Ch) – Van Gansewinkel Groep B. V.; in re.: Avanti Communications Group plc ließ es der *High Court* ausreichen, dass 4 % der Gläubiger in England ansässig waren.

240 Vgl. (ohne Anspruch auf Vollständigkeit) die Übersichten bei *Steffek* in MüHdbGesR Bd. 6, 4. Aufl. 2013, § 39 Rn. 31 ff.; *Carli/Weissinger* DB 2014, 1474; *Lüke/Scherz* ZIP 2012, 1101; *Bormann* NZI 2011, 892; *Mankoswki* WM 2011, 1201; *Paulus* ZIP 2011, 1077; *Westpfahl/Knapp* ZIP 2011, 2033; *Eidenmüller/Frobenius* WM 2011, 1210; *Petrovic* ZInsO 2010, 265, jeweils mwN; monographisch *Bork* SanierungsR in England und Deutschland (2011).

241 In der Praxis wird der Inhalt des Scheme mit einer Anzahl von Gläubigern verhandelt, die sich dann vor Einleitung in einem *„Lock-Up Agreement"* zur Mitwirkung bei der Umsetzung des Plans verpflichten.

242 Vgl. die ausführliche Beschreibung bei *Westpfahl/Knapp* ZIP 2011, 2033 (2039 ff.).

griffen werden soll, in Gruppen eingeteilt. Zur Annahme eines *Scheme* durch die Gläubiger müssen

- in jeder Gruppe
- mehr als **75 %** nach **Nennbetrag** der Forderung und
- **50 %** nach **Anzahl der Köpfe**

163 der erschienenen und stimmberechtigten Gläubiger dem Plan zustimmen. Anders als beim Insolvenzplanverfahren[243] und der Richtlinie zum präventiven Restrukturierungsrahmen[244] gibt es keinen gruppenübergreifenden „cram-down", so dass der Gruppenbildung besonderes Gewicht zukommt. Das *Scheme of Arrangement* kann auch in die Rechte **besicherter Gläubiger** eingreifen. Bei der **Gruppenbildung** müssen betroffene Gläubiger mit *„sufficiently similar interests"* in dieselbe Gruppe eingeordnet werden. Dabei spielen Rechtsstellung (besichert/unbesichert), aber auch zB die Fälligkeit der betroffenen Forderungen eine Rolle. Da das englische Recht grundsätzlich keinen Nachrang von Gesellschafterforderungen kennt, können auch **Gesellschafter** mit ihren Forderungen abstimmen, wobei allerdings genau auf die richtige Gruppenbildung zu achten ist. Interessant ist das *Scheme of Arrangement,* wenn ***„out of money"***-Gläubiger, also Gläubiger, die auf Grundlage einer Unternehmensbewertung auch bei einer Fortführung des Unternehmens nicht mit einer Befriedigung rechnen können, beeinträchtigt werden sollen, da diese dann nicht in die Abstimmung mit einbezogen werden; ihre Forderungen können durch das *Scheme of Arrangement* ohne ihre Beteiligung beschnitten werden[245].

164 Im Rahmen des *Sanction Hearing* prüft der *High Court,* ob

- die Gruppenbildung angemessen ist,
- das Verfahren im Rahmen des *Creditors' Meeting* ordnungsgemäß war, insbesondere kein Gläubiger einen Sondervorteil erhalten hat und
- das SoA *„fair and reasonable"* ist, also ein vernünftiger Gläubiger dem SoA zustimmen würde. Bei ausländischen Schuldnern prüft der *High Court* in diesem Rahmen inzident, ob das SoA im Herkunftsstaat des Schuldners anerkannt wird.

165 Bei Vorliegen dieser Voraussetzungen bestätigt der *High Court* das *Scheme of Arrangement.*

166 **(cc) Anerkennung der Wirkungen eines *Scheme of Arrangement* in Deutschland. (aaa) Prozessrechtliche Anerkennung. Bis zum Ende der Übergangsperiode nach dem „Brexit"**[246] wird die Bestätigungsentscheidung des *High Court* nach hA als **gerichtliche Entscheidung** iSd Art. 2 lit. a iVm Art. 36 EuGVVO anerkannt.[247] Der BGH hat dies bislang offen gelassen, aber *obiter dicta* eine Anerkennungsfähigkeit angedeutet.[248] **Nach Ablauf der Übergangsperiode nach dem „Brexit"** richtete sich die Anerkennung – vorbehaltlich eines neu getroffenen Vollstreckungsübereinkommens – nach § 328 ZPO.[249]

167 Gilt der Bestätigungsbeschluss als Entscheidung iSd Art. 2 lit. a EuGVVO, so wird er ohne Exequaturverfahren anerkannt (Art. 36 EuGVVO). „Anerkennung" bedeutet dabei

---

243 → Rn. 144 ff.

244 → Rn. 206 ff.

245 High Court v. 11.8.2009 – [2009] EWHC 2114 (Ch), – IMO Car Wash; dazu *Westpfahl/Knapp* EWiR 2010, 167.

246 Voraussichtlich ab dem 31.12.2020 (Art. 121 des Entwurfs des Austrittsvertrags [Stand: 18.10.2019], abrufbar unter https://ec.europa.eu/commission/sites/beta-political/files/draft_agreement_coloured.pdf). Nach Art. 67 Abs. 2 lit. b des Entwurfs des Austrittsvertrags [Stand: 18.10.2019] wird die EuGVVO weiter angewandt in Bezug auf vor dem Ende der Übergangsperiode eingeleitete Verfahren.

247 LG Potsdam Urt. v. 22.10.2008 – 2 O 501/07, BeckRS 2011, 15245; *Fischer* FS Vallender, 2015, 137 (141 ff.); *Schulz* ZIP 2015, 1912 (1914 f.); *Thole* ZGR 2013, 109 (138); *Mäsch* IPrax 2013, 234 (236); *Eidenmüller/Frobenius* WM 2011, 1210 (1217); *Mankowski* WM 2011, 1201 (1210); **aA** *Lüke/Scherz* ZIP 2012, 1101 (1112); *Bormann* NZI 2011, 892 (896); *Gebler* NZI 2010, 665 (668).

248 BGH Urt. v. 15.2.2012 – IV ZR 194/09, ZIP 2012, 740 (743) Rn. 26: *„Für die gerichtliche Genehmigung eines Vergleichsplans als eine Entscheidung i. S. v. Art. 32 EuGVVO sprechen insbesondere das insoweit gebotene weite Verständnis und die kontradiktorischen Züge des Verfahrens."*; vgl. auch die Parallelverfahren BGH Urt. v. 18.4.2012 – IV ZR 147/10, BeckRS 2012, 11073; BGH Urt. v. 18.4.2012 – IV ZR 193/10, BeckRS 2012, 11161.

249 Bejahend *Freitag/Korch* ZIP 2016, 1849 (1855); offen *Sax/Swierczok* ZIP 2016, 1945 (1951).

Erstreckung der Wirkungen, die der Bestätigungsbeschluss gemäß englischem Recht hat (Art. 65 Abs. 2 S. 2 EuGVVO); dies schließt die Modifizierung der zu restrukturierenden Verbindlichkeiten ein, unabhängig davon, welchem Recht diese unterliegen.[250] Insbesondere wäre eine auf Erfüllung (ungekürzter) Verbindlichkeiten gerichtete Leistungsklage eines opponierenden Gläubigers abzuweisen.[251] Schuldner oder Gläubiger können beim Landgericht am Sitz des Schuldners einen Antrag auf Feststellung der (fehlenden) Anerkennungswirkung stellen (Art. 36 Abs. 2 EuGVVO iVm § 1115 ZPO).

Die Anerkennung kann nur aus den in Art. 45 EuGVVO genannten Gründen versagt **168** werden, dh insbesondere bei einem Verstoß gegen die besonderen Gerichtsstände (Art. 45 Abs. 1 lit. e EuGVVO) oder bei Unvereinbarkeit mit dem *ordre public* (Art. 45 Abs. 1 lit. a EuGVVO). Die Gerichte des Anerkennungsstaates dürfen keinen Verstoß gegen die allgemeinen Zuständigkeitsvorschriften nachprüfen (Art. 45 Abs. 3 EuGVVO). Nach der Rspr. des BGH sind sie auch an die Feststellung in der Entscheidung des Urteilsstaats zur Anwendbarkeit der EuGVVO gebunden, sodass die Gerichte des Anerkennungsstaates dies nicht nachprüfen dürfen.[252]

Ein *ordre public*-Verstoß liegt nicht allein darin, dass im *Scheme of Arrangement* die Rechte **169** der Gläubiger aufgrund Mehrheitsbeschluss mit Wirkung für alle auch ohne materielle Insolvenz beeinträchtigt werden können.[253]

(bbb) Materiellrechtliche Anerkennung. Welche Wirkungen nach materiellem **170** Recht einem bestätigten *Scheme of Arrangement* in Deutschland zukommen, ist nur dann von Bedeutung, wenn entgegen den vorstehenden Ausführungen eine verfahrensrechtliche Anerkennung abgelehnt wird. Denn eine inhaltliche Prüfung erfolgt bei Wirkungsanerkennung nicht (Verbot der *„revision au fond“*); selbst auf deutschem Recht unterliegende Verbindlichkeiten entfaltet das *Scheme of Arrangement* dann Wirkung.

Unterliegt die Verbindlichkeit hingegen englischem Recht (auch aufgrund nachträglicher **171** Rechtswahl, Art. 3 Abs. 2 Rom I-VO), ist dieses auch für deren Erlöschen maßgeblich (Art. 12 Abs. 1 lit. d Alt. 1 Rom I-VO). Hat also nach englischem Recht das *Scheme of Arrangement* materiell-rechtliche Erlöschenswirkung, wird diese über die Rom I-VO auch in Deutschland anerkannt. Einer kollisionsrechtlichen Anerkennung stehen weder zwingende Vorschriften des deutschen Rechts (Art. 3 Abs. 3 Rom I-VO) noch der materiellrechtliche ordre public entgegen (Art. 21 Rom I-VO).[254] Da die Rom I-VO das Kollisionsrecht nicht nur gegenüber EU-Staaten, sondern universell regelt (Art. 2 Rom I-VO), gilt dies **auch nach einem „Brexit“.**

---

[250] Ausführlich zu den Anerkennungswirkungen *Thole* ZGR 2013, 109 (133 ff.).

[251] *Geimer* in Zöller, ZPO, 31. Aufl. 2016, EuGVVO Art. 33 Rn. 1.

[252] BGH Urt. v. 26.11.1975 – VIII ZB 26/75, NJW 1976, 478 (480) [III.1.c);]; zustimmend *Schmidt* EWS 1993, 388 (396); *Grunsky* RIW 1977, 1 (4); *O'Malley/Layton,* European Civil Practice, 1989, Ch. 26.3; **aA** OLG Zweibrücken Urt. v. 30.6.1992 – 3 W 13/92, EuZW 1993, 165; *Gottwald* in MüKoZPO, 4. Aufl. 2013, EuGVVO Art. 34 Rn. 2; *Pfeiffer* in Prütting/Gehrlein, ZPO, 11. Aufl. 2019, Brüssel Ia-VO Art. 2 Rn. 2; *Hüßtege* in Thomas/Putzo, ZPO, 38. Aufl. 2017, EuGVVO Art. 45 Rn. 31; *Oberhammer* in Stein/Jonas, Zivilprozessordnung, Bd. 10, 22. Aufl. 2011, EuGVVO Vor Art. 32–56 Rn. 7; *Geimer* in Zöller, ZPO, 31. Aufl. 2015, EuGVVO Art. 36 Rn. 26; *Hess* in Schlosser/Hess, EuZPR, 4. Auflage, EuGVVO Art. 45 Rn. 11; *Kropholler/von Hein,* Europäisches Zivilprozessrecht, 9. Aufl. 2011, EuGVO Art. 35 Rn. 5 ff., Art. 36 EuGVO, Art. 45 EuGVO; *Geimer* in Geimer/Schütze, Europäisches Zivilverfahrensrecht, 3. Aufl. 2010, EuGVVO Art. 32 Rn. 9 f.; *Martiny,* Handbuch des internationalen Zivilverfahrensrechts, Band III/2, 1984, Kap. II, Rn. 28 f.; *Reinhart* WuB VII B. Art. 1 EuGVVO 1.12; *Kondring* EWS 1995, 217 (221).

[253] Vgl. BGH Urt. v. 13.10.2009 – X ZR 79/06, NZI 2009, 859 (861) zur Anerkennung der Wirkungen eines Verfahrens nach Chapter 11 U. S. C., das ebenfalls ohne materielle Insolvenz eröffnet werden kann. Deutlich *Fischer* FS Vallender, 2015, 137 (147): „Demzufolge ist jedenfalls heute mit Sicherheit auszuschließen, dass die prozessuale Anerkennung eines Scheme of Arrangement gegen den Ordre Public verstößt."

[254] *Steffek* in MüHdbGesR Bd. 6, 4. Aufl. 2013, § 39 Rn. 48; *Carli/Weissinger* DB 2014, 1474 (1480); *Thole* ZGR 2013, 109 (146); *Mankowski* WM 2011, 1201 (1208); *Paulus* ZIP 2011, 1077 (1082); *Maier* NZI 2011, 305 (306 f.); *Petrovic* ZInsO 2010, 265 (272).

172 **(b) Company Voluntary Arrangement.**[255] Das *Company Voluntary Arrangement* (CVA) ist ein in Annex A der EuInsVO als Insolvenzverfahren eingestuftes Vergleichsverfahren nach sec. 1 ff. Insolvency Act 1986. Im Unterschied zum *Scheme of Arrangement* ist es ein **Gesamtverfahren,** allerdings ohne dass Rechte besicherter Gläubiger der Gesellschaft (wohl aber Drittsicherheiten) beschränkt werden können. Seine praktische Bedeutung zur Restrukturierung deutscher Unternehmen war in den letzten zehn Jahren gering (während die des *Scheme of Arrangement* entsprechend anstieg); letzter bekannter Anwendungsfall war der Automobilzulieferer Schefenacker AG. Jüngst wurde ein CVA jedoch zur Restrukturierung der Schulden der Steinhoff Europe AG genutzt. Hauptgründe dürften zum einen die fehlende Möglichkeit zur Einbeziehung besicherter Gläubiger und zum anderen bei operativ tätigen Schuldnern die Gefahr von Sekundärinsolvenzverfahren sein. Das CVA kann außerhalb oder innerhalb eines Insolvenzverfahrens durchgeführt werden; seine Einleitung setzt keine materielle Insolvenz voraus.

173 **(aa) Zuständigkeit englischer Gerichte. Bis zum Ende der Übergangsperiode des „Brexit"**[256] richtet sich die Zuständigkeit englischer Gerichte zur Eröffnung eines CVA-Verfahrens nach Art. 3 EuInsVO. Danach muss das Unternehmen den Mittelpunkt seiner hauptsächlichen Interessen *(centre of main interests, CoMI)* in England haben. Es wird allerdings widerleglich vermutet, dass sich das CoMI einer Gesellschaft an ihrem satzungsmäßigen Sitz befindet (Art. 3 Abs. 1 UAbs. 1 S. 1 EuInsVO)[257]. Zur Widerlegung dieser Vermutung hat der EuGH[258] folgende Kriterien aufgestellt:

- Die Gesellschaft geht an ihrem Satzungssitz keiner Tätigkeit nach, oder
- Die Gesellschaft geht an ihrem Satzungssitz zwar einer Tätigkeit nach, aber der Ort der Hauptverwaltung (=Verwaltungssitz) befindet sich nach einer Gesamtbetrachtung aller **objektiven, von Dritten, insbesondere Gläubigern, feststellbaren Tatsachen** am Ort der Verfahrenseröffnung. Zu diesen Tatsachen gehören neben dem Vorhandensein von Vermögen und Verträgen alle Orte, von denen die Gesellschaft eine wirtschaftliche Tätigkeit ausübt. Nach Erwägungsgrund (28) EuInsVO muss der Schuldner insbesondere die Änderung seiner Geschäftsadresse in der Korrespondenz angeben.

174 Aufgrund der Weichenstellung des zuständigen Insolvenzgerichts für die zur Verfügung stehenden Verfahrensarten gab es seit Inkrafttreten der EuInsVO spektakuläre Rechtsstreitigkeiten[259]. Aufsehen erregten in Deutschland jüngst die Fälle „Scholz"[260] und „Niki"[261]:

- Im Fall „Scholz" hatte die Scholz Holding GmbH ihren Verwaltungssitz von Essingen nach London verlegt. Auf (unzulässigen) Insolvenzantrag eines Anleihegläubigers holte das Insolvenzgericht ein Sachverständigengutachten ein, um das COMI der Scholz Holding GmbH zu ermitteln. Das Insolvenzgericht bejahte auf der Grundlage des (verfehlten) Gutachtens zwar seine Zuständigkeit, wies den Antrag dann aber aus anderen Gründen als unzulässig ab.

---

[255] Vgl. die Übersichten bei *Steffek* in MüHdbGesR Bd. 6, 4. Aufl. 2013, § 39 Rn. 1 ff.; *Windsor/Müller-Seils/Burg* NZI 2007, 7; *Bork,* SanierungsR in England und Deutschland (2011).

[256] Voraussichtlich ab dem 31.12.2020 (Art. 126 des Entwurfs des Austrittsvertrags [Stand: 18.10.2019], abrufbar unter https://ec.europa.eu/commission/publications/proposal-connect-decision Signing withdrawn-agreement-18-october-2019-de.). Nach Art. 67 Abs. 3 lit. c des Entwurfs des Austrittsvertrags [Stand: 19.3.2018] wird die EuInsVO weiter angewandt auf vor dem Ende der Übergangsperiode eröffnete Insolvenzverfahren.

[257] Nach der neugefassten EuInsVO gilt diese Vermutung nicht, wenn der *Satzungssitz* innerhalb von drei Monaten vor Antragstellung verlegt wurde; damit sollte „Forum Shopping" unterbunden werden. Erfasst werden davon jedoch nur Fälle einer sog. „Migration". Das praktisch relevantere „Forum Shopping" durch Verlegung des *Verwaltungssitzes* bleibt weiterhin möglich; vgl. *Fritz* DB 2015, 1882 (1885).

[258] EuGH Urt. v. 20.10.2011 – C 396/09, NZI 2011, 990 – Interedil; Urt. v. 2.5.2006 – C-341/04, NZI 2006, 360 – Eurofood.

[259] Überblick bei *Lüer* in Uhlenbruck, InsO, 14. Aufl. 2015, EuInsVO Art. 3 Rn. 12 ff.

[260] Vgl. dazu ZIP 2016, 1407.

[261] LG Berlin Beschl. v. 8.1.2018 – 84 T 2/18, NZI 2018, 85; Landesgericht Korneuburg (Österreich) Beschl. v. 12.1.2018 – 3655/18d-3, ZIP 2018, 393.

- Im Fall „Niki" hatte zunächst das AG Berlin-Charlottenburg für die als Ges. m. b. H. nach österreichischem Recht gegründete NIKI Luftfahrt GmbH mit Sitz in Wien Sicherungsmaßnahmen nach § 21 InsO angeordnet, insbesondere den Insolvenzverwalter der Muttergesellschaft als vorläufigen Insolvenzverwalter bestellt. Auf Beschwerde eines Gläubigers hob das LG Berlin den Beschluss mangels COMI in Berlin auf, ließ aber die Rechtsbeschwerde zu. Nach diesem Beschluss eröffnete das Insolvenzgericht am Sitz der Gesellschaft das Insolvenzverfahren.

Nach dem Ende der Übergangsperiode zum „Brexit" werden die englischen Gerichte ihre Zuständigkeit (vorbehaltlich eines Übereinkommens) wieder autonom bestimmen[262]. 175

(bb) Verfahren. Die Einleitung des Verfahrens setzt keine materielle Insolvenz voraus, kann aber in ein Insolvenzverfahren (*administration* oder *winding-up*) eingebettet sein. Ein **Moratorium** ist (außer bei kleinen Kapitalgesellschaften[263]) mit dem CVA nicht verbunden. Die folgende Darstellung beschränkt sich auf das isolierte CVA-Verfahren. 176

- Geschäftsführung entwickelt Sanierungsplan *(proposal)*
- Geschäftsführung teilt einem *Nominee* – der ein *Insolvency Practitioner* sein muss – mit:
  - Sanierungsplan
  - Vermögens- und Schuldenübersicht
- Der *Nominee* erstellt innerhalb von 28 Tagen Bericht an das Gericht zu
  - Erfolgsaussichten des *proposal*
  - Abstimmungstermin für Gläubiger- und Gesellschafterversammlung
- Einberufung der Gläubigerversammlung durch den *Nominee*
- Abstimmungstermin der Gläubiger- und Gesellschafterversammlung
  Das CVA ist angenommen, wenn
  - in der Gläubigerversammlung 75 % der vertretenen Gläubiger nach Forderung[264] und
  - in der Gesellschaftermehrheit 50 % des vertretenen Kapitals

  zustimmen, wobei die Zustimmung der Gläubigerversammlung einem Beschluss der Gesellschafterversammlung vorgeht.

(cc) Anerkennung. Bis zum Ende der Übergangsperiode des „Brexit"[265] ist Vorteil des CVA die eindeutige Anerkennung seiner Wirkungen nach Art. 32 EuInsVO. Voraussetzung ist allerdings, dass das CVA **gerichtlich bestätigt** wird[266]. 177

Nach dem Ende der Übergangsperiode des „Brexit" richtet sich (vorbehaltlich eines Übereinkommens) die Anerkennung der Wirkungen des CVA nach § 343 Abs. 2 InsO. Allerdings wird nach dem sog. „Spiegelbildprinzip" die Wirkung nicht anerkannt, wenn bei Anlegung deutscher Maßstäbe (§§ 3 ff. InsO) das englische Gericht nicht zuständig war (§ 343 Abs. 1 S. 2 Nr. 1 InsO). „Forum Shopping" unterliegt also neben einem Rechtsmittel im Ursprungsstaat (Art. 5 EuInsVO) einer zweiten Überprüfung durch deutsche Gerichte. Eine Erleichterung mag sich aufgrund der Einführung des Gruppengerichtsstands (§ 3a InsO) ergeben, wenn das schuldnerische Unternehmen einer Unternehmensgruppe iSd § 3e InsO angehört und es nicht nur von untergeordneter Bedeutung ist (§ 3a Abs. 1 S. 1 InsO). 178

(dd) Sekundärinsolvenzverfahren. Der Nutzen eines CVA wird erheblich eingeschränkt, wenn durch Eröffnung eines **Sekundärinsolvenzverfahrens** Vermögen des Schuldners dem deutschen Insolvenzrecht unterworfen wird. 179

---

[262] Dazu → Rn. 158; vgl. hierzu eingehend *Foerster/Vidal,* Brexit, Grexit, who is next?, Dispute Resolution, Ausgabe 2 v. 22.6.2016 (abrufbar unter http://www.disputeresolution-magazin.de/brexit-grexit-who-is-next/ [Stand: 29.3.2018]).

[263] *„eligible companies",* Rn. 3(2)(a) Schedule A1 Insolvency Act 1986.

[264] Stimmberechtigt sind nur unbesicherte Gläubiger; bei besicherten Forderungen nur in Höhe der Ausfallforderung.

[265] Vgl. Fn. 263.

[266] *Thole* in MüKoInsO, 3. Aufl. 2016, EuInsVO 2000 Art. 25 Rn. 8a.

180 **Vor dem Ende der Übergangsperiode des „Brexit"**[267] ist Voraussetzung für die Eröffnung des Sekundärinsolvenzverfahrens in Deutschland (Art. 3 Abs. 2 iVm 34 ff. EuInsVO)

- ein **Antrag** des Schuldners oder eines Gläubigers (Art. 37 EuInsVO) und
- eine **Niederlassung** (Art. 2 Nr. 10 EuInsVO) des Schuldners in Deutschland[268].

181 Selbst wenn die Voraussetzungen für die Eröffnung eines Sekundärinsolvenzverfahrens vorliegen, kann der Schuldner eine Zusicherung nach Art. 36 EuInsVO abgeben; wird diese Zusicherung von einer „qualifizierten Mehrheit" der deutschen Gläubiger gebilligt, so hat das Insolvenzgericht von der Eröffnung eines Sekundärinsolvenzverfahrens abzusehen, wenn die Interessen der deutschen Gläubiger ausreichend geschützt sind (Art. 38 Abs. 2 EuInsVO). Das Erreichen einer „qualifizierten Mehrheit" richtet sich nach den Bestimmungen zur Annahme eines Insolvenzplans (Art. 102c § 17 EGInsO iVm §§ 222, 243 ff. InsO)[269], dh es sind Gruppen zu bilden, innerhalb derer die Zustimmung mit einfacher Kopf- und Summenmehrheit angenommen werden muss; hat die Mehrheit der Gruppen die Zustimmung angenommen, kann die Zustimmung der nicht annehmenden Gruppen nach § 245 InsO ersetzt werden.

182 **Nach dem Ende der Übergangsperiode des „Brexit"** richtet sich die Möglichkeit zur Durchführung eines Sekundär- bzw. Partikularinsolvenzverfahrens (vorbehaltlich eines Übereinkommens) nach §§ 354 ff. InsO. Die Möglichkeit einer Zusicherung wie in Art. 36 EuInsVO ist nicht vorgesehen. Zur Eröffnung eines **Partikularinsolvenzverfahrens** bedarf es nicht einmal einer Niederlassung, sondern lediglich inländischen Vermögens und eines besonderen Interesses des Antragstellers (§ 354 Abs. 2 InsO); allerdings muss der Antragsteller auch das Vorliegen eines Insolvenzgrunds (§§ 17–19 InsO) behaupten, was bei einem CVA nicht zwingend gegeben sein muss. Wird die Eröffnung eines **Sekundärinsolvenzverfahrens** beantragt, muss kein Insolvenzgrund dargelegt werden (§ 356 Abs. 3 InsO); allerdings muss eine Niederlassung des Schuldners in Deutschland vorliegen.

183 **(c) Administration / „pre-pack sale".** Die *administration* (sec. 8 ff. iVm Schedule B1 Insolvency Act 1986) ist ein grundsätzlich auf Sanierung ausgerichtetes **Insolvenzverfahren.** Sie setzt einen materiellen Insolvenzgrund iSd sec. 123 Insolvency Act 1986 voraus. Mit Antrag gilt ein **Moratorium** (sec. 10(1) Insolvency Act 1986). Soll der Rechtsträger saniert werden, wird während der *administration* entweder ein *Insolvent Scheme of Arrangement* oder ein CVA zur Erhaltung des Unternehmensträgers erarbeitet; in der Praxis weit häufiger wird es jedoch für die Durchführung einer übertragenden Sanierung, dh Veräußerung des Unternehmens im Rahmen eines Asset Deal, genutzt.

184 Um die Verweildauer des Unternehmens in der *administration* und das damit verbundene „Stigma der Insolvenz" kurz zu halten, werden in der Praxis Insolvenzantrag und Verkauf vorbereitet, mit dem vorgesehenen Kandidaten für das Amt des *administrator* vorbesprochen und dann durch meist noch am Tag der Antragstellung bei Gericht eingereicht, genehmigt und durchgeführt (sog. **„pre-packaged sales"** oder **„pre-packs"**). Als Nebeneffekt kann durch die Kürze des Verfahrens die Gefahr von Sekundärinsolvenzanträgen reduziert werden.

185 Bekanntester Beispielfall eines „pre-pack sale" eines deutschen Unternehmens war der Verkauf der A. T. U.-Gruppe an eine Gläubigergruppe.

186 **(aa) Zuständigkeit englischer Gerichte.** Die *administration* ist als Verfahren in Annex A der EuInsVO aufgeführt, so dass die Ausführungen zum CVA[270] entsprechend gelten. Bei dem Schuldner muss es sich um eine Gesellschaft mit Satzungssitz oder COMI in England handeln.

---

[267] Vgl. Fn. 263.

[268] Nach der neugefassten EuInsVO genügt es, wenn die Niederlassung drei Monate vor Antrag bestand; damit soll einem „Forum Shopping" vorgebeugt werden.

[269] Vgl. → Rn. 147.

[270] → Rn. 173.

(bb) Verfahren. Der Ablauf eines „pre-pack sales" lässt sich wie folgt zusammen fassen[271]: 187

- Beauftragung eines Beraters, der geeignet ist, später als *administrator* ernannt zu werden
- Verhandlungen mit relevanten Stakeholdern, insbesondere besicherten Gläubigern
- Einholung Unternehmensbewertung und Liquidationswertgutachten[272]
- Verhandlung Kaufvertrag
- Antrag auf Bestellung des *administrator*
- Unterzeichnung des Kaufvertrag durch *administrator*
- Ggf. Beschluss des Gerichts zur Genehmigung des Verkaufs nach para 71 Schedule B1 Insolvency Act 1986.

(cc) Anerkennung. Vor dem Ende der Übergangsperiode des „Brexit"[273] werden die Befugnisse des *administrator* in jedem Mitgliedsstaat anerkannt (Art. 21 EuInsVO); dies erstreckt sich auch auf seine Verfügungsbefugnis hinsichtlich des Vermögens des Unternehmens (Art. 7 Abs. 2 lit. c EuInsVO). 188

Nach dem „Brexit" richtet sich die Anerkennung der Befugnisse des *administrator* nach § 335 InsO; Voraussetzung ist jedoch, dass die *administration* in Deutschland anerkannt wird und damit wegen des Spiegelbildprinzips (§ 343 Abs. 1 S. 2 Nr. 1 InsO) auch nach deutschen Vorschriften die Zuständigkeit englischer Gerichte gegeben war. 189

(dd) Sekundärinsolvenzverfahren. Grundsätzlich ist die Gefahr eines Antrags auf Eröffnung eines Sekundär- bzw. Partikularinsolvenzverfahrens durch den kurzen Zeitraum zwischen Verfahrenseröffnung und Verkauf faktisch reduziert; denn bei Antrag wird der Schuldner idR kein Vermögen mehr in Deutschland haben. Eine Gefahr ergibt sich **vor dem Ende der Übergangsperiode zum „Brexit"**[274] hinsichtlich der neuen „suspect period" in Art. 2 Nr. 10 EuInsVO; erfolgte die CoMI-Verlegung innerhalb von drei Monaten vor Antrag, könnte ein Gläubiger durch einen Sekundärinsolvenzantrag versuchen, vormals in Deutschland belegenes Vermögen durch eine Insolvenzanfechtung nach deutschem Recht zurück zu erlangen. 190

(d) Chapter 11 /15 U. S. C. Das durch den Bankruptcy Act of 1978 eingeführte Chapter 11-Verfahren *(Reorganisation)*[275], welches unter anderem als Vorbild für das deutschrechtliche Insolvenzplanverfahren fungierte, zeichnet sich auch und insbesondere durch die vollständige Verfahrensintegration der Gesellschafter in das Verfahren aus. Es handelt sich dabei um ein im Gegensatz zum Chapter 7-Verfahren *(Liquidation)* von Antragsgründen unabhängiges, regelmäßig verwalterloses[276] Reorganisationsverfahren. Dieses als das prägende Verfahren des US-amerikanischen Insolvenzrechts[277] bezeichnete Verfahren sieht prinzipiell vor, dass der Schuldner im Besitz der Verwaltungs- und Vertretungsmacht im Hinblick auf die Masse bleibt *(debtor in possession)*.[278] Kennzeichnend ist darüber hinaus zum einen der *automatic stay*[279] und damit ein weitreichender Schutz vor Vollstreckungsmaßnahmen von Gläubigern, der zur sofortigen Untersagung jeglicher die Insolvenzmasse berührender Handlungen führt und dabei sowohl das Vermögen des Schuldners im Inland als auch sein Vermögen im Ausland umfasst.[280] Zum anderen ermöglicht es als weitere zentrale Rechts- 191

[271] Vgl. *Larkin/Smolinsky in Mallon/Waisman,* Law and Practice of Restructuring in the UK and US (2011), Rn. 8.57.
[272] Hintergrund ist, dass ein Verkauf des Unternehmens nach der Gesetzessystematik nur erfolgen soll, wenn dadurch ein besseres Ergebnis als bei einem „winding-up" erzielt werden kann (sec. 8(3)(d) Insolvency Act 1986).
[273] Vgl. Fn. 263.
[274] Vgl. Fn. 263.
[275] §§ 1101–1174 U. S. Code.
[276] § 1107 U. S. Code; nur ausnahmsweise sieht § 1104 BC die Bestellung eines Verwalters vor; vgl. *Braun* in Nerlich/Römermann InsO Vorb. §§ 217–269 Rn. 66.
[277] *Grauke/Horwitz* in MüKoInsO, Band 4, 3 Aufl. 2016, Länderberichte USA Rn. 11.
[278] § 1107 U. S. Code.
[279] § 362 U. S. Code.
[280] *Westpfahl/Goetker/Wilkens,* Grenzüberschreitende Insolvenzen, 2008, Rn. 1548 sowie 1561.

folge im Wege des *cram downs* die Umsetzung eines Restrukturierungsplans auch gegen den Willen ablehnender Gruppen.

192 Das Chapter 11-Verfahren sorgte vor allem durch erfolgreiche Restrukturierungen von namhaften Unternehmen wie etwa *Worldcom, United Airlines, General Motors* und *Eastman Kodak* für Aufsehen und ist dabei keineswegs auf die rechtsträgererhaltende Sanierung beschränkt, sondern kann auch der Abwicklung dienen[281].

193 Obwohl sich zahlreiche ausländische Unternehmen[282] über ein Chapter 11-Verfahren saniert haben, ist seine praktische Bedeutung für die Restrukturierung von Verbindlichkeiten deutscher Unternehmen gering geblieben. Hintergrund dürfte va die auf dem „Spiegelbildprinzip" beruhende Schwierigkeit einer Anerkennung des Verfahrens in Deutschland sein, wenn der Mittelpunkt der wirtschaftlichen Tätigkeit (§ 3 Abs. 1 InsO) nicht in den USA liegt. Ein Chapter 11-Verfahren ist jedoch dann sinnvoll, wenn die Verbindlichkeiten dem Recht eines US-Bundesstaats unterliegen (zB bei einer Finanzierungsgesellschaft, die High Yield-Anleihen ausgegeben hat) oder die Mehrzahl der Gläubiger in den USA relevante wirtschaftliche Tätigkeiten entfalten, da bereits die Aussicht, von den empfindlichen Sanktionen eines US Bankruptcy Court für Missachtung einer Anordnung (zB des *„automatic stay"*) getroffen zu werden, eine disziplinierende Wirkung hat.

194 Die 2005 im Chapter 15 eingeführten Regelungen[283] betreffend den Umgang mit grenzüberschreitenden Insolvenzverfahren bieten erstmals eine einheitliche rechtliche Grundlage zur Anerkennung ausländischer Insolvenzverfahren in den USA. Dieses grundsätzlich als Sekundärinsolvenzverfahren *(ancillary proceedings)* konzipierte Chapter 15-Verfahren stellt – anders als Sekundärinsolvenzverfahren der EuInsVO – kein eigenständiges Insolvenzverfahren dar, sondern steht neben einem Hauptinsolvenzverfahren eines anderen Landes.[284] Nach eingehender Prüfung des Gerichts ggf. aufgrund mündlicher Verhandlung ergeht eine Anerkennungsentscheidung, wonach einige dem *Bankruptcy Code* vorbehaltene Mechanismen (wie etwa der *automatic stay*) in Kraft treten.[285] Ein isoliertes Verfahren nach Chapter 7 oder Chapter 11 bleibt weiter möglich.

195 Bedeutung erlangt das Verfahren insbesondere durch den Umstand, dass das UNCITRAL-Modellgesetz sowohl den US-amerikanischen als auch den britischen Vorschriften Pate stand, sodass ein Scheme of Arrangement in den USA kurzerhand anerkennungsfähig ist. Auch wenn dies aus deutscher Sicht zunächst keine unmittelbare Wirkung entfaltet, löst das Chapter 15-Verfahren zunächst den *automatic stay* aus, der wiederum mittelbar auch in Deutschland Wirkung entfaltet.[286]

196 **(aa) Zuständigkeit der Gerichte.** Erforderlich ist zunächst die Stellung eines Antrags auf Eröffnung eines Chapter 11-Verfahrens. Ein solcher kann sowohl, wie regelmäßig[287],

---

281 Klarstellend sei angemerkt, dass eine Abwicklung im Rahmen des Chapter 11-Verfahrens keine Liquidation im Zuge des Chapter 7-Verfahrens ist.

282 So zB die bahrainische Bank Arcapita Bank B. S. C. und der niederländische Stahlkonzern Almatis B. V.; auch zahlreiche nicht-US Schifffahrtsgesellschaften haben das Ch. 11-Verfahren genutzt, so etwa die taiwanesische Reederei TMT oder die dänische Reederei Torm.

283 Das Chapter 15 wurde als Teil des *Bankruptcy Abuse Prevention and Consumer Protection Act of 2005* implementiert und ersetzte als Verfahren den § 304 U. S. Code, welcher erstmals eine Anerkennung ausländischer Verfahren vorsah. Vgl. auch *Schiller* NZI 2015, 744.

284 § 1520 (c) BC; vgl. *Schiller* NZI 2015, 744, So auch *Westpfahl/Goetker/Wilkens,* Grenzüberschreitende Insolvenzen, 2008, Rn. 1543; *Grauke/Horwitz* in MüKoInsO, Band 4, 3 Aufl. 2016, Länderberichte USA Rn. 69.

285 *Grauke/Horwitz* in MüKoInsO, Band 4, 3 Aufl. 2016, Länderberichte USA Rn. 69.

286 *Gebler* NZI 2010, 665 (669), der darin ein Erhöhen von *„Einigungsdruck auf die Parteien"* erblickt.

287 Den Ausnahmecharakter einer Antragstellung durch den Gläubiger verdeutlichen die in § 303 (b) U. S. Code statuierten Anforderungen an die Antragstellung durch den Gläubiger. Während der Eigenantrag des Schuldners unmittelbar den Eintritt der Wirkungen des Insolvenzverfahrens zur Folge hat und von jeglichen formellen und materiellen Eröffnungsgründen unabhängig ist, erfordert die Antragstellung von Seiten der Gläubiger die Notwendigkeit eines Quorums von drei Gläubigern mit unbedingten, nicht rechtshängigen und ungesicherten Forderungen in Höhe von insgesamt USD 10.000 oder mehr (vgl. § 303 (b) (1) U. S. Code) oder aber die Teilnahme von voraussichtlich weniger als zwölf

durch den Schuldner (*voluntary petition*[288]) als auch durch den Gläubiger (*involuntary petition*[289]) gestellt werden.[290] Die Hürden für die Begründung der internationalen Zuständigkeit US-amerikanischer Insolvenzgerichte sind dabei gering; es genügt, dass der Schuldner Vermögenswerte in den Vereinigten Staaten hat[291], kann mithin auch durch eine deutsche Gesellschaft geschehen, die ihren COMI nicht in den USA hat.[292] Dem Risiko des Missbrauchs wird durch einen umfangreichen Katalog von Abweisungsgründen Rechnung getragen.[293]

Einmal eröffnet, begründet es zuständigkeitsrechtlich einen umfassenden *vis attractiva* 197
concursus, eine Zuständigkeitskonzentration auf das im Rahmen der Insolvenzeröffnung zuständige Gericht betreffend sämtliche Klagen im Zusammenhang mit dem (Insolvenz-) Verfahren.[294]

(bb) Verfahren. Das Herzstück des Chapter 11-Verfahrens ist der Reorganisationsplan, 198
eine gerichtlich zu bestätigende Vereinbarung zwischen dem Schuldner und seinen Gläubigern, der unter anderem die Auszahlungen an die Gläubiger regelt. Das Planverfahren lässt sich in drei Phasen einteilen:

- Ausarbeitungsphase,
- Abstimmungsphase
- Bestätigungsphase[295].

In der ersten Phase wird der regelmäßig vom Schuldner vorgeschlagene Plan[296] unter 199
Beteiligung der Vertreter der Betroffenen verhandelt. Im Zuge dessen kommt es zur Bildung von Gruppen: Die in das Verfahren einbezogenen Anteilseigner *(equity security holder)* werden in einer Gruppe zusammengefasst[297], die Gläubiger werden nach ihren Forderungen und sonstigen Rechte in Gruppen bzw. Klassen eingeteilt *(class of interests)* eingeteilt[298] und ihre Behandlung geregelt.[299] Die Ausarbeitungsphase endet mit der Übermittlung des ausgearbeiteten (Reorganisations-)Plans bzw. dessen Zusammenfassung *(disclosure statement)* an die Betroffenen.[300]

In der zweiten Phase kommt es zur Abstimmung über den (Reorganisations-)Plan. Die 200
Abstimmung erfolgt in den zuvor gebildeten Gruppen der vom Plan Betroffenen *(impai-*

Gläubigern am Verfahren – wobei bestimmte Gläubigergruppen keine Berücksichtigung finden sollen; nur dann soll eine Antragstellung durch nur einen Gläubiger ausreichend sein (vgl. § 303 (b) (2) U.S. Code).

288 § 301 U. S. Code.

289 § 303 U. S. Code.

290 Antragspflichten wie sie das deutsche Recht vorsieht, sind dem US-amerikanischen Recht fremd. Vgl. *Meyer-Löwy/Poertzgen/Eckhoff* ZInsO 2005, 735 (736); vgl. auch *Westpfahl/Goetker/Wilkens,* Grenzüberschreitende Insolvenzen, 2008, Rn. 1549; *Madaus* NZI 2008, 715 (716).

291 § 109 (a) U. S. Code *(„[...] resides or has a domicile, a place of business, or property in the United States [...]").* Ein Sitz, eine Niederlassung oder auch nur Eigentum in den Vereinigten Staaten sollen somit ausreichend sein; *Westpfahl/Goetker/Wilkens,* Grenzüberschreitende Insolvenzen, 2008, Rn. 1539 und 1547 beschreiben insbesondere den Fall Yukos Oil Co., bei dem die Überweisung von zwei Milliarden USD auf ein bei einer US-amerikanischen Bank unterhaltenes Konto sowie eine Vorschussleistung in Millionenhöhe an eine US-Kanzlei für die Bejahung der Zuständigkeit bei Eröffnung eines Chapter 11-Verfahrens ausreichte (sog. *manufactured jurisdiction*).

292 *Gebler* NZI 2010, 665 (666).

293 § 1112 (b) U. S. Code.

294 *Westpfahl/Goetker/Wilkens,* Grenzüberschreitende Insolvenzen, 2008, Rn. 1558, *Paulus* in Kübler/Prütting/Bork InsO § 335 Rn. 9.

295 *Prusko, Wolfram,* Die Gesellschafterstellung in der Insolvenz, S. 68; *von der Fecht* in Knecht/Hommel/Wohlenberg, Handbuch der Unternehmensrestrukturierung, 2017, 2127 (2128).

296 Nach § 1121 (b), (c) (2) U. S. Code hat der Schuldner in den ersten 120 Tagen nach Eröffnung des Verfahrens ein alleiniges (Plan-)Initiativrecht.

297 §§ 101, 501 (a), 502 (a) U. S. Code. Eingehend zur Gruppe der Anteilseigner im Planverfahren und ihrer Repräsentation im Verfahren durch einen eigenen Ausschuss *(equity security holders' comittee), Prusko* S. 69, 70 f.

298 § 1123 (a) (1) U. S. Code. Eingehend zur Einteilung der Gläubiger in Gruppen ebenfalls *Prusko* S. 69.

299 *Prusko* S. 68.

300 § 1125 (a), (b), (c) U. S. Code.

red).[301] Innerhalb der jeweiligen Gruppen ist dann (erneut) zu unterscheiden: In einer Gläubigerklasse bedarf es grundsätzlich einer einfachen Kopf- und einer qualifizierten Summenmehrheit von zwei Dritteln mit Blick auf den Forderungsbetrag.[302] Die Gruppe der Anteilseigner kann sich mit zwei Dritteln der Stimmrecht für den Plan entscheiden.[303]

201 Den Abschluss bildet die dritte Phase der (insolvenz-)gerichtlichen Bestätigung des Plans.[304] Dies hat – sofern die entsprechenden Voraussetzungen vorliegen – die Rechtswirksamkeit des Plans und die damit einhergehende (Plan-)Bindung aller Beteiligten zur Folge.[305] Kennzeichnend ist die Möglichkeit des Gerichts den Plan auf Antrag für alle Beteiligten verbindlich zu bestätigen, obwohl die im Grundsatz zwingende Zustimmung aller stimmberechtigten Gruppen nicht vorliegt *(cram down).* Das Gericht kann auf Antrag mindestens eines Befürworters den regelmäßig benachteiligten und infolgedessen dissentierenden Anteilseignern im Wege einer gesetzlich ausdrücklich vorgesehenen Befugnis den Plan in vollem Umfang aufoktroyieren.[306] Notwendig ist hierfür die Zustimmung zumindest einer abstimmenden Gruppe und dass der Plan keine unzulässige Unterscheidung zwischen den Gruppen vornimmt *(discriminate unfairly)* sowie mit Blick auf die dissentierende Gruppe billig und gerecht *(fair and equitable)* ist.[307] Die Untergrenze stellt dabei der hypothetische Liquidationserlös dar *(best interest test).*[308] Das Gericht kann dann nur noch auf Antrag, sofern entsprechenden Voraussetzungen[309] vorliegen, innerhalb einer Frist von 180 Tagen die Bestätigungsrücknahme aussprechen.[310] Ein vom Gericht gesondert anzuordnende Verfügung *(final decree)* beendet das Verfahren.[311]

202 **(cc) Anerkennung der Wirkungen des Chapter 11-Verfahrens in Deutschland. (aaa) Prozessrechtliche Anerkennung.** Die Anerkennung von Verfahren, die in Ländern außerhalb der Europäischen Union eröffnet werden, ist in § 343 InsO geregelt (vormals spiegelbildlich in Art. 102 EGInsO) und setzt voraus, dass

- es sich funktional um ein Insolvenzverfahren handelt,
- das ausländische Insolvenzgericht international zuständig ist,
- das Verfahren nicht gegen den Ordre Public verstößt und
- das verfahrensmaßgebliche Recht Wirkung in Deutschland entfaltet.

203 Die bis zu dem Urteil des BGH vom 13.10.2009[312] offene Frage der funktionalen Einordnung des Chapter 11-Verfahrens als Insolvenzverfahren beantwortete der BGH dahingehend, dass das Chapter 11-Verfahren als Insolvenzverfahren zu qualifizieren und somit im Sinne des § 343 Abs. 1 S. 1 InsO anerkennungsfähig sei.[313] Zu beachten ist

---

[301] Die Beeinträchtigung durch den Plan ist Voraussetzung der Berechtigung zur Abstimmung und wird nach dem Wortlaut des § 1124 U. S. Code vermutet *(„[...] a class of claims or interests is impaired under a plan, unless, [...]“).*

[302] § 1126 (c) und (d) U. S. Code. Insoweit richtigerweise differenzierend *Prusko* S. 68. Für eine Kopf- und Summenmehrheit ohne Differenzierung nach Anteilseigner und Gläubiger *von der Fecht* in Knecht/Hommel/Wohlenberg, Handbuch der Unternehmensrestrukturierung, S. 2127 (2130).

[303] § 1126 (d) U. S. Code.

[304] *Gebler* NZI 2010, 665 (667); so auch *Prusko* S. 68; *von der Fecht* in Knecht/Hommel/Wohlenberg, Handbuch der Unternehmensrestrukturierung, S. 2127 (2130).

[305] Dabei verbleibt dem Gericht nach der Ausgestaltung des § 1129 U. S. Code kein Ermessensspielraum *(„The court shall confirm a plan only if all the following requirements are met: [...]“).*

[306] *Gebler* NZI 2010, 665 (667) bezeichnet dies auch als *„Cram-Down Power des US Bankruptcy Courts“;* Vgl. hierzu insbesondere *Prusko* S. 72 f.; so auch *Lüer/Streit in* Uhlenbruck, InsO, 14. Aufl. 2015, Vorb. §§ 217–269 Rn. 10.

[307] § 1129 (a) (10) und (b) (1) U. S. Code.

[308] § 1129 (a) (7) U. S. Code.

[309] Nach § 1144 U. S. Code *„if and only if such order was procured by fraud“.*

[310] § 1144 U. S. Code *(Revocation of an order of confirmation).*

[311] *Lüer/Streit in* Uhlenbruck, InsO, 14. Aufl. 2015, Vorb. §§ 217–269 Rn. 10.

[312] BGH Urt. v. 13.10.2009 – X ZR 79/06, NZI 2009, 859.

[313] BGH Urt. v. 13.10.2009 – X ZR 79/06, NZI 2009, 859 (860). Bereits kurz zuvor war in der Rechtsprechung in dieser Richtung entschieden worden. Vgl. BAG Urt. v. 27.2.2007 – 3 AZR 618/06, NZI 2008, 122 (124) sowie OLG Frankfurt a. M. Urt. v. 20.2.2007 – 5 U 24/05, BeckRS 2007, 03889.

jedoch, dass bei einer Chapter 11-Antragstellung ohne COMI-Verlegung die Anerkennung des eröffneten Chapter 11-Verfahrens nur unter den Voraussetzungen der §§ 3 ff. InsO möglich ist; da § 3 InsO grundsätzlich auf den allgememeinen Gerichtsstand und damit Sitz der Gesellschaft (§ 17 ZPO) abstellt, scheidet danach eine prozessuale Anerkennung idR aus.[314] Von der somit weiter offen stehenden Möglichkeit, vor deutsche Gerichte zu ziehen, wird in der Praxis allerdings aufgrund der weitreichenden Wirkungen des Chapter 11-Verfahrens und den damit einhergehenden Befugnissen des US Bankruptcy Courts in der Praxis Abstand genommen, wenn sich der Gläubiger anderenfalls Sanktionen in den USA ausgesetzt sehen würde.[315]

Hinsichtlich Verstößen gegen den deutschen ordre public sind vor allem die Grundrechte zu berücksichtigen. So ist eine Diskriminierung ausländischer Gläubiger zu vermeiden[316], wobei nicht jede von der nationalen Insolvenzordnung abweichende Eingriffsintensität beachtlich sein soll.[317] **204**

(bbb) Materiell-rechtliche Anerkennung. Im Reorganisationplan beschlossene Modifikationen von Forderungen sind anzuerkennen, sofern das ausländische – hier US-amerikanische – Recht Recht auf diese Forderungen anwendbar ist.[318] Modifikationen deutschrechtlicher Forderungen können allenfalls kraft prozessualer Anerkennung Wirkung entfalten.[319] Praktisch werden aber die Wirkungen von Gläubigern respektiert, wenn sie befürchten, sich anderenfalls Sanktionen des US Bankruptcy Court ausgesetzt zu sehen, was bei zahlreichen Gläubigern aufgrund der Internationalität ihrer Geschäftsbeziehungen möglich sein kann. **205**

(ccc) Europäischer präventiver Restrukturierungsrahmen. Am 6.6.2019 hat der Rat der Europäischen Union zur Vereinheitlichung des Rechtsrahmens für vorinsolvenzliche Sanierungsverfahren eine Richtlinie über präventive Restrukturierungsrahmen[320] verabschiedet. Die Mitgliedstaaten müssen die Richtlinie bis zum 17.6.2021 in nationales Recht umsetzen, wobei eine Verlängerung der Umsetzungsfrist um ein Jahr bei besonderen Schwierigkeiten vorgesehen ist.[321] Durch die Bereitstellung eines präventiven Restrukturierungsverfahrens soll Unternehmen in finanziellen Schwierigkeiten die Möglichkeit gegeben werden, sich frühzeitig effektiv zu sanieren und eine Insolvenz zu vermeiden.[322] Bei dem präventiven Restrukturierungsrahmen handelt es sich im Gegensatz zum Insolvenzverfahren nicht um ein Gesamtvollstreckungsverfahren. Vor diesem Hintergrund ist eine flexible Einbeziehung von Stakeholdern und die Erstreckung des Verfahrens auf einzelne oder mehrere Verbindlichkeiten möglich; Pate hierfür stand erkennbar das englische *Scheme of Arrangement*. Die Richtlinie lässt den Mitgliedsstaaten allerdings erhebliche Spielräume bei der Umsetzung. **206**

Kernstück des Restrukturierungsrahmens ist der **Restrukturierungsplan,** durch den Verbindlichkeiten und – bei entsprechender Umsetzung im nationalen Recht – auch die **207**

314 *Gebler* NZI 2010, 665 (666).

315 *Gebler* NZI 2010, 665 (666). Zu den Konsequenzen der Verletzung des *automatic stay* auch *Grauke/Horwitz* in MüKoInsO, Band 4, 3 Aufl. 2016, Länderberichte USA Rn. 28.

316 *Paulus* in Kübler/Prütting/Bork InsO § 343 Rn. 18 nennt beispielhaft tiefgreifende Eingriffe in Rechtspositionen des Gläubigers, wie etwa die Entziehung von Sicherungsrechten oder sonstige Verletzung von Eigentumspositionen.

317 *Dahl* in Andres/Leithaus InsO § 343 Rn. 18. Anders *Paulus* in Kübler/Prütting/Bork InsO § 343 Rn. 18, der bei Verstößen bereits eine Verletzung des materiellen Ordre Public für möglich hält.

318 *Gebler* NZI 2010, 665 (667). Das maßgebliche Recht richtet sich für vor dem 17.12.2009 geschlossene Verträge nach Art. 32 Abs. 1 Nr. 5 EGBGB, für nach dem 17.12.2009 geschlossene Verträge nach Art. 12 Rom I-VO, für außervertragliche Forderungen nach Art. 40 f. EGBGB bzw. Art. 4 Rom II-VO.

319 *Gebler* NZI 2010, 665 (667).

320 RL (EU) 2019/1023 des Europäischen Parlaments und des Rates v. 20.6.2019 über präventive Restrukturierungsrahmen, über Entschuldung und über Tätigkeitsverbote sowie über Maßnahmen zur Steigerung der Effizienz von Restrukturierungs-, Insolvenz- und Entschuldungsverfahren und zur Änderung der RL (EU) 2017/1132 (Richtlinie); dazu *Freitag* ZIP 2019, 541; veröffentlicht ABl. EU 2019 L 172 v. 26.6.2019.

321 Artikel 34 Richtlinie.

322 Vgl. Erwägungsgrund 2 Richtlinie.

gesellschaftsrechtlichen Verhältnisse durch Mehrheitsbeschlüsse in Gruppen geändert werden können. Die Mitgliedstaaten können die für die Annahme des **Restrukturierungsplans** erforderliche Mehrheit festlegen, wobei diese 75 % der Nominalforderungen nicht übersteigen darf.[323] Dem deutschen Gesetzgeber steht es daher frei, die Schwelle für die Modifikation von Verbindlichkeiten auf bis zu 50 % herabzusenken. Die Richtlinie sieht außerdem die Möglichkeit der Bindung einzelner oder mehrerer dissentierender Stakeholdergruppen an den Restrukturierungsplan *(„cross-class cram-down")* ähnlich wie im Obstruktionsverbot im Insolvenzplan (§ 245 InsO) vor [324]; weitergehend als bei § 245 Abs. 2 Nr. 2 InsO, wonach nachrangigen Stakeholdern überhaupt *kein Wert* im Insolvenzplan zugewiesen werden darf, bevor nicht die vorrangigen Gläubiger voll befriedigt sind ***(Absolute Priority Rule),*** verlangt Art. 11 Abs. 1 UAbs. 1 lit. c) der Richtlinie nur die Zuweisung eines *besseren* Wertes ***(Relative Priority)*** für den Cram-down. Flankierend zu den Verhandlungen über den Restrukturierungsplan kann ein **Moratorium** von bis zu vier Monaten, mit Möglichkeit einer Verlängerung auf höchstens 12 Monate, angeordnet werden.[325]

208 ***New Money*-Finanzierungen,** welche zur Umsetzung des Restrukturierungsplan gewährt werden, sowie **Zwischenfinanzierungen** zum Zwecke der Fortführung und/oder Werterhaltung oder -steigerung während der Restrukturierungsverhandlungen sollen in einer späteren Insolvenz **grundsätzlich insolvenzfest** sein, d. h. sie dürfen nicht als unwirksam oder anfechtbar betrachtet werden, und die Finanzierer müssen für die Bereitstellung der finanziellen Unterstützung von einer etwaigen zivil- und strafrechtlichen Haftung ausgenommen werden.[326] Die Mitgliedstaaten können diesen Schutz allerding davon abhängig machen, dass neue Finanzierungen im Restrukturierungsplan bestätigt bzw. Zwischenfinanzierungen einer Ex ante-Kontrolle unterzogen wurden.[327] Zudem steht es im Umsetzungsermessen der nationalen Gesetzgeber, Zwischenfinanzierungen, welche nach Eintritt der Zahlungsunfähigkeit gewährt werden, von diesem Schutz auszuschließen.[328] Weiterhin können die Mitgliedstaaten den Vorrang neuer Finanzierungen und Zwischenfinanzierungen zumindest gegenüber ungesicherten Gläubigern vorsehen.[329]

209 Die EU-Kommission hat zudem am 14.3.2018 den Entwurf einer Richtlinie für Kreditservicer, Kreditkäufer und außergerichtlichen Realisierung von Sicherheiten vorgelegt[330], mit welcher die Verwertung von Sicherheiten für Unternehmenskredite erleichtert werden soll und welche nach ihren Erwägungsgründen ausdrücklich im Zusammenhang mit der künftigen Insolvenz-RL steht.

210 Aus Investorensicht va relevant ist, dass in den Restrukturierungsplan auch die **Gesellschafter** einbezogen werden und durch Abstimmung in Klassen überstimmt werden können, sodass ein **Debt-Equity-Swap** gegen den Willen der Gesellschafter nach Umsetzung der Richtlinie auch **ohne Insolvenzverfahren** umgesetzt werden könnte. Zu bedauern ist allerdings, dass es den Mitgliedsstaaten freigestellt werden soll, ob die Gesellschafter in den Sanierungsplan einbezogen werden können (Art. 12 Abs. 2); dass die Mitgliedsstaaten sicherstellen sollen, dass die Gesellschafter nicht „ohne Grund" die Planannahme verhindern können, ist wenig Trost.

---

323 Artikel 9 Abs. 6 Richtlinie.
324 Artikel 11 Richtlinie.
325 Artikel 6 Richtlinie.
326 Artikel 17 Abs. 1 Richtlinie.
327 Artikel 17 Abs. 2 Richtlinie.
328 Artikel 17 Abs. 3 Richtlinie.
329 Artikel 17 Abs. 4 Richtlinie. Für einen Vorrang vor den sonstigen Masseverbindlichkeiten des § 55 InsO „Supervorrang" sowie die Möglichkeit einer vor- bzw. erstrangigen Besicherung an bereits belastetem Vermögen *Parzinger* ZIP 2019, 1748; für einen Vorrang allenfalls vor ungesicherten Gläubigern hingegen *Hoegen/Wolf* in Flöther, Sanierungsrecht, 2019, F. Rz. 598.
330 *Proposal for a directive on credit servicers, credit purchasers and the recovery of collateral* v. 14.3.2018 – COM(2018) 135 (abrufbar unter https://ec.europa.eu/info/law/better-regulation/initiatives/com-2018-135_en)).

Für **grenzüberschreitende Restrukturierungsverfahren** fehlt außerdem eine Regel zur **Anerkennung** der Wirkungen des Restrukturierungsplans. Dies kann nur erreicht werden, indem entweder die Mitgliedsstaaten ihre jeweiligen auf Grundlage der RL erlassenen Umsetzungsgesetze als Verfahren iSd Annex A der EuInsVO melden oder die RL um ein eigenes Anerkennungsregime ergänzt wird[331]. **211**

3. Passive Strategien – Yield to Maturity

Als passive Strategien werden typischerweise Buy-and-Hold Strategien bezeichnet, die sich in solche mit kurzfristigem und solche mit langfristigem Charakter untergliedern lassen. In Anbetracht des Umstandes, dass passive Investoren kein eigenes Engagement in den Restrukturierungsprozess einbringen wollen, lassen sich drei Strategien dieses opportunistischen Ansatzes unterscheiden: **212**

- **Wertorientierte Strategie:** Der Investor geht davon aus, dass Fehlbewertungen mit Bezug zum inneren Wert in der maßgeblichen Anlageklasse bestehen, mithin die Fremdkapitalpositionen unter ihrem tatsächlichen Wert gehandelt werden, sodass die Möglichkeit einer Renditeerzielung besteht.
- **Ereignisorientierte Strategie:** Der Investor geht davon aus, dass der Wert der Investition steigt, wenn (mindestens) ein bestimmtes Ereignis (bspw. der Einstieg eines weiteren aktiven Investors) erfolgt. Mangels eigener Einflussmöglichkeit des passiven Investors auf den Eintritt des Ereignisses ist dieser Ansatz sehr risikobehaftet.
- **Kapitalstruktur-Arbitrage:** Der Investor versucht, relative Fehlbewertungen innerhalb einer von zwei verschiedenen Anlageklassen der Kapitalstruktur des Krisenunternehmens auszunutzen.[332]

a) Aktive Strategien – New Money Investment (Sanierungskredit). Eine nachhaltige Sanierung des Krisenunternehmens ist zumeist nur durch eine Kombination von Sanierungsmaßnahmen realisierbar. Diese umfassen operative Sanierungsmaßnahmen, mithin die leistungswirtschaftliche Sanierung, und finanzwirtschaftliche Sanierungsbeiträge. Hier kann unterschieden werden zwischen Finanzierungsmaßnahmen, die allein auf eine Bereinigung der Passivseite gerichtet sind, und solchen, die dem Krisenunternehmen neue Liquidität zuführen. Die oft auch kurzfristig nötige Bereitstellung neuer Liquidität – meist in Form von Fremdkapital – *(„New Money Investment")* ist für eine nachhaltige Sanierung oftmals sogar unentbehrlich.[333] **213**

aa) Motivation im Zusammenhang mit Distressed Debt Investments. Als New Money Investoren kommen zunächst Investoren in Betracht, die zuvor weder als Fremd- noch als Eigenkapitalgeber am Krisenunternehmen beteiligt sind. Solche New Money Investments können zunächst einmal wegen der möglicherweise günstigen Konditionen aus sich selbst heraus attraktiv sein, sie können aber auch vom Bestreben getragen sein, sich einen Überblick über das Krisenunternehmen aus Gläubigerperspektive zu verschaffen, um die nachfolgende Entscheidung über eine umfassendere Beteiligung (sei es über eine **„Distressed-to-Control"**-Strategie nach Fälligkeit des Darlehens, sei es über ein Distressed Equity Investment) auf eine breitere Wissensgrundlage zu stellen. Eine solche Strategie wird dann als ***„Loan-to-own"***-Strategie bezeichnet.[334] **214**

[331] Eine Anerkennung nach Art. 36 EuGVVO dürfte wg. der Ausnahme in deren Anwendungsbereich in Art. 1 Abs. 2 lit. d (Konkurse, Vergleiche und ähnliche Verfahren) ausscheiden und käme allenfalls für gerichtlich bestätigte Restrukturierungspläne in Betracht.

[332] Zum Ganzen: *Knecht* in Buth/Hermanns, Restrukturierung, Sanierung, Insolvenz, 4. Aufl. 2014, § 19 Rn.

[333] Vgl. *Häuser* in Schimansky/Bunte/Lwowski, Bankrechts-Handbuch, § 85 Rn. 57; *Wittig* NZI 1998, 49 (52).

[334] *Moyer/Martin* in Baker/Filbeck/Kiymaz, Private Equity (2015), S. 108. In der deutschen Lit. hingegen wird der Begriff synonym verwandt für die hier als *„Distressed-to-Control"* bezeichnete Investmentstrategie, vgl. etwa *Brinkmann* WM 2017, 1033.

215 In der Vielzahl der Fälle treten als New Money Investoren hingegen Altgläubiger und Gesellschafter des Krisenunternehmens auf, die durch die Gewährung neuer Liquidität einen Sanierungsbeitrag leisten.[335] Eine Unterart sind New Money Investments von nachrangig besicherten oder unbesicherten Altgläubigern *(„fulcrum security"),* die über ein – dann meist vorrangiges – New Money Investment Einflussmöglichkeiten auf den Sanierungsprozess erlangen wollen. In jüngster Zeit wurden New Money Investments von Altgläubigern auch als **„roll-up financing"** ausgestaltet, bei dem die Altforderungen denselben Vorrang erhalten wie die übernommenen New Money-Kredite[336]. Das Konzept stammt aus dem US-Insolvenzrecht. Danach ist die Elevierung von Insolvenzforderungen in Masseverbindlichkeiten bzw. deren entsprechende Besicherung durch das Gericht zulässig, wenn die Konditionen des New Money vorteilhafter sind als die alternativer Finanzierungsangebote, die Benachteiligung der anderen Insolvenzgläubiger durch die Vorteile des New Money aufgewogen wird und die Inanspruchnahme generell vorteilhafter ist als die Nichtinanspruchnahme.

216 **bb) Überbrückungs- und Sanierungskredit.** Abzugrenzen sind zunächst Überbrückungs- von Sanierungskrediten.

217 Als **Überbrückungskredite** („Bridge-Loans") werden Kredite bezeichnet, die Liquiditätslücken zur vorläufigen Fortführung des Unternehmens für den Zeitraum der Prüfung der Sanierungsfähigkeit des Krisenunternehmens und der Erstellung eines Sanierungskonzepts überbrücken sollen.[337] Das Bedürfnis für die Gewährung einer solchen Überbrückungsfinanzierung beruht darauf, dass sich Unternehmen in der Praxis erst spät dem Sanierungsbedarf stellen und somit wegen des fortgeschrittenen Liquiditätsengpasses ein Fortbestand bis zur Erstellung des Sanierungskonzepts ohne externe Liquiditätsbereitstellung nicht gewährleistet wäre, andererseits aber die Voraussetzungen des Sanierungskredits mangels Sanierungskonzepts noch nicht eingehalten werden können.[338] Aus dem Zweck des Überbrückungskredits lassen sich zugleich dessen wesentlichen Parameter ableiten:[339]

- Die Gewährung erfolgt von vorherein **zeitlich befristet** auf den **Überbrückungszeitraum** (dazu sogleich).
- Es erfolgt eine – wie auch immer ausgestaltete – Verknüpfung mit der Verpflichtung des Krisenunternehmens, einen externen fachmännischen Dritten mit der Erstellung eines den Anforderungen der Rechtsprechung entsprechenden Sanierungskonzepts zu beauftragen.
- Der Überbrückungskredit muss den avisierten Zeitraum abdecken.
- Die Sanierung darf nicht von vornherein aussichtslos erscheinen.

218 Eine starre **Begrenzung** des höchstzulässigen **Zeitraums** ist abzulehnen: Weder kann in Anlehnung an § 15a InsO eine dreiwöchige Grenze formuliert[340] noch entsprechend § 270b Abs. 1 S. 2 InsO eine Maximaldauer von drei Monaten gefordert werden.[341] Vielmehr besteht schon aus praktischen Gründen das Bedürfnis, den Zeitbedarf für die zu ermöglichende Prüfung und Erstellung eines Restrukturierungskonzepts an den einzelfallspezifischen Umständen auszurichten. Maßgeblich sind neben der Größe des Unterneh-

[335] Für Kreditinstitute soll sich die Frage einer sanierungsunterstützenden Kreditgewährung sogar nur bei bereits bestehender Kreditbeziehung stellen, vgl. *Huber* NZI 2015, 447; zu weiteren Sanierungshilfen, vgl. *Cranshaw* ZinsO 2008, 421 (423); *Häuser* in Schimansky/Bunte/Lwowski, Bankrechts-Handbuch, § 85 Rn. 5.

[336] zB der Massekredit des kroatischen Lebensmittelkonzerns Agrokor.

[337] Statt vieler *Längsfeld/Meyer-Löwy/Nardi* WM 2016, 1269 (1269); *Häuser* in Schimansky/Bunte/Lwowski, Bankrechts-Handbuch, § 85 Rn. 8.

[338] Vgl. *Huber* NZI 2016, 521 (521).

[339] Vgl. hierzu die zahlreichen Nachweise bei *Huber* NZI 2016, 521 (522, dort Fn. 11).

[340] So aber der 24. Zivilsenat des KG Urt. v. 4.11.2015 – 24 U 112/14, NZI 2016, 546 (4. Leitsatz); anders hingegen kurze Zeit später der 14. Zivilsenat des KG Urt. v. 15.12.2015 – 14 U 79/14, NZI 2016, 552, der eine Laufzeit zwischen einem und drei Monaten sowie eine Verlängerungsoption unter denselben Voraussetzungen wie für die erstmalige Ausreichung anerkannt hat.

[341] BGH Beschl. v. 7.3.2017 – IX ZR 571/15, NZI 2017, 507.

mens die Finanzierungsstruktur, die relevanten Jurisdiktionen, die Anzahl der zu koordinierenden Gläubigergruppen, der Gläubiger in den einzelnen Gruppen sowie die Mehrheitsfindungsmechanismen.[342] Bei größeren Unternehmen ist die Erstellung eines Sanierungskonzeptes mit erheblichem Zeitaufwand verbunden[343] und zudem zu berücksichtigen, dass eine Fälligstellung des Überbrückungskredits unmittelbar im Anschluss an die (prognostizierte) Vorlage des Sanierungskonzeptes häufig zu Liquiditätsengpässen führt. Aus diesem Grund wird in der Literatur vorgeschlagen, den Unwägbarkeiten über eine vertragliche Verlängerungsoption oder eine längere ursprüngliche Laufzeit mit Kündigungsmöglichkeit zu begegnen.[344] Allerdings sei darauf hingewiesen, dass zumindest die zuletzt genannte Gestaltungsoption nicht als sicherer Weg betrachtet werden kann: Zumindest für die Konstellation einer einjährigen Laufzeit mit Kündigungsmöglichkeit hat der BGH die Entscheidung des KG vom 4.11.2015 bestätigt, derzufolge es dem Kreditgeber nicht um die Überbrückung eines kurzfristigen Liquiditätsengpasses, sondern von vornherein um die Bereitstellung von Finanzmitteln gegangen sei, die in einer mittleren Frist das Überleben der Gesellschaft gewährleisten sollten.[345] Vor diesem Hintergrund erscheint die Formulierung einer klaren zeitlichen Grenze bis zur Vorlage des Sanierungskonzepts als vorzugswürdiger Weg, wenngleich durch die Entscheidung die in der Literatur und Rechtspraxis erhoffte Klarstellung mittels Aufzeigens konkreter Abgrenzungskriterien nicht erfolgt ist.

Der **Sanierungskredit** zielt darauf ab, den laufenden Liquiditätsbedarf des Unterneh- **219** mens während der Sanierungsphase zu decken.[346] In der Literatur wird der Sanierungskredit als „darlehensweise Zuführung von finanziellen Mitteln durch Banken oder andere Kreditgeber an sanierungsbedürftige Unternehmen mit dem Ziel, die Insolvenzgründe zu beseitigen und die wirtschaftliche Leistungsfähigkeit wiederherzustellen" definiert.[347] Folge einer Einstufung eines Kredits als Sanierungskredit ist

- eine eingeschränkte Kündigungsmöglichkeit und
- eine erhöhte Haftungsgefahr.

Das bloße **Stillhalten** ist daher grundsätzlich nicht als Gewährung eines Sanierungs- **220** kredits anzusehen, da es im freien Ermessen des Kreditgebers steht, „ob und gegebenenfalls wann [er] ein notleidendes Unternehmen, dem [er] Kredit gegeben hat, fallen lassen will."[348] Ausnahmen gelten hingegen dann, wenn

- im Rahmen des Stillhaltens weitere Sicherheiten genommen werden,
- der Kreditgeber sich aktiv in die Bemühungen um neue Geschäftspartner einschaltet und dabei billigend in Kauf nimmt, dass diese über den drohenden Zusammenbruch des Unternehmens getäuscht werden (Gläubigertäuschung);
- die Insolvenzantragstellung so lange herausgezögert werden soll, dass die Sicherheiten des Kreditgebers insolvenzanfechtungsfest werden, oder
- ein Eingriff in die Geschäftsführung des Schuldners erfolgt.[349]

---

[342] zutr. *Längsfeld/Meyer-Löwy/Nardi* WM 2016, 1269 (1273).

[343] Vgl. dazu *Waldburg* ZInsO 2014, 1405 (1406), der hervorhebt, dass bei großen Konzerngruppen und strukturierten Buy-Out-Finanzierungen die Prüfungs- und Aushandlungsphase sowie die Implementierung der Sanierungsfinanzierung in der Praxis weit länger als drei Monate in Anspruch nehmen kann.

[344] Dazu *Längsfeld/Meyer-Löwy/Nardi* WM 2016, 1269 (1273); zur Verlängerungsoption *Waldburg* ZInsO 2014, 1405 (1408); *Huber* NZI 2015, 447 (449).

[345] BGH Beschl. v. 7.3.2017 – IX ZR 571/15, NZI 2017, 507.

[346] *Waldburg* ZInsO 2014, 1405 (1412).

[347] Vgl. *Häuser* in Schimansky/Bunte/Lwowski, Bankrechts-Handbuch, § 85 Rn. 8; *Urlaub/Kamp* ZIP 2014, 1465.

[348] BGH Urt. v. 29.5.2001 – VI ZR 114/00, NZI 2001, 541 (542); vgl. auch die zustimmenden Nachweise bei *Urlaub/Kamp* ZIP 2014, 1465 (1471 dort Fn. 82).

[349] Vgl. BGH Urt. v. 16.3.1995 – IX ZR 72/94, ZIP 1995, 630 (zur weiteren Sicherheitennahme); Urt. v. 29.5.2001 – VI ZR 114/00, NZI 2001, 541 (542) (zur Gläubigertäuschung); Urt. v. 10.2.2005 – IX ZR 211/02, ZIP 2005, 494 (498) (zur Hinauszögerung des Insolvenzantrags); BGH Urt. v. 14.4.1964 – VI ZR 219/62, WM 1964, 671 (673).

221 In diesen Fällen macht sich der Kreditgeber gegenüber Drittgläubigern **schadensersatzpflichtig** (§ 826 BGB; ggf. §§ 823 Abs. 2 BGB iVm 15a InsO). Eventuelle neubestellte **Sicherheiten** sind **unwirksam** (§ 138 BGB).

222 Eine Kreditvergabe im Zeitpunkt der Insolvenzreife kann daher ohne Haftungsrisiko nur **zum Zwecke der Sanierung** erfolgen[350].

223 Den **Nachweis** der subjektiven **Zweckrichtung** erbringt der Kreditgeber durch Nachweis der (objektiv verifizierbaren) Sanierungsbedürftigkeit und der Sanierungsfähigkeit des Kreditnehmers. Die Sanierungsfähigkeit setzt nach der Rechtsprechung des BGH die Zugrundelegung eines schlüssigen Konzepts voraus, das von erkannten und erkennbaren tatsächlichen Gegebenheiten ausgeht, nicht offensichtlich undurchführbar und in seinen Anfängen bereits umgesetzt ist.

224 **cc) Exkurs: Anforderungen an ein Sanierungskonzept.** Wegen der besonderen Bedeutung eines Sanierungskonzepts als Grundlage einer rechtssicheren Gewährung von Sanierungskrediten werden im Folgenden die besonderen durch die Rechtsprechung formulierten Anforderungen kursorisch dargestellt.

225 Die Rechtsprechung hat folgende Anforderungen an die Privilegierung der Kreditgewährung aufgrund eines schlüssigen, von den tatsächlichen Gegebenheiten ausgehenden Sanierungskonzepts, das mindestens in den Anfängen schon in die Tat umgesetzt ist und die ernsthafte und begründete Aussicht auf Erfolgt rechtfertigt,[351] formuliert:

- das Konzept geht von den erkannten und erkennbaren tatsächlichen Gegebenheiten aus und ist nicht offensichtlich undurchführbar – insofern ist auf die Beurteilung eines unvoreingenommenen (nicht notwendigerweise unbeteiligten) branchenkundigen Fachmanns mit Zugang zu den vorgeschriebenen oder üblichen Buchhaltungsunterlagen abzustellen;[352]
- das Konzept analysiert die wirtschaftliche Lage des Schuldners im Rahmen seiner Wirtschaftsbranche und erfasst die Krisenursachen sowie die Vermögens-, Ertrags- und Finanzlage;[353]
- das Unternehmen ist nach der pflichtgemäßen Einschätzung im Zeitpunkt der Kreditentscheidung objektiv sanierungsfähig und die zur Sanierung in Angriff genommenen Maßnahmen sind zusammen geeignet, das Unternehmen in überschaubarer Zeit dauerhaft zu sanieren,[354] und
- der Sanierungsversuch ist bereits fachgerecht eingeleitet,[355] bzw. „mindestens in den Anfängen schon in die Tat umgesetzt worden"[356] und vom Fortführungswillen der Organe getragen.

226 In seiner Entscheidung vom 12.5.2016 hat der BGH erstmals deutlich hervorgehoben, dass für eine positive Sanierungsaussage eine positive Fortführungsprognose vorliegen muss, also weder (drohende) Zahlungsunfähigkeit noch Überschuldung eintreten noch andere rechtliche oder tatsächliche Gegebenheiten der Annahme der Unternehmensfortführung im Prognosezeitraum entgegenstehen dürfen *und* darüber hinausgehend die Rentabilität der unternehmerischen Tätigkeit wieder hergestellt werden kann.[357] Des Weiteren hat der BGH

---

[350] Es ist unklar, ob bereits die drohende Zahlungsunfähigkeit (§ 18 InsO) erfasst ist; vgl. *Urlaub/Kamp* ZIP 2014, 1465 (1466) mwN

[351] Vgl. hierzu BGH Urt. v. 14.6.2018 – IX ZR 22/15, NZI 2018, 840 (mAnm *Riewe*); BGH Urt. v. 12.5.2016 – IX ZR 65/14, NZI 2016, 636 (637) mwN (mAnm *Lenger*).

[352] BGH Urt. v. 4.12.1997 – IX ZR 47/97, NJW 1998, 1561 (1563 f.).

[353] BGH Urt. v. 4.12.1997 – IX ZR 47/97, NJW 1998, 1561 (1564).

[354] BGH Urt. v. 21.11.2005 – II ZR 277/03, NZI 2006, 604 (605).

[355] BGH Urt. v. 4.12.1997 – IX ZR 47/97, NJW 1998, 1561 (1564).

[356] BGH Urt. v. 21.2.2013 – IX ZR 52/10, NZI 2013, 500 (501).

[357] BGH Urt. v. 12.5.2016 – IX ZR 65/14, NZI 2016, 636 (639); im Einzelnen *Steffan* ZIP 2016, 1712 (1713). Der maßgebliche Zeitraum für die Überschuldungsprognose umfasst das laufend und das folgende Geschäftsjahr, wohingegen hinsichtlich der Rentabilität der gesamte Sanierungszeitraum von drei bis fünf Jahren maßgeblich sein soll, vgl. *Steffan* ZIP 2016, 1712 (1713). Ergänzend fordert der IDW S 6 Standard eine positive Prognose hinsichtlich der Wettbewerbsfähigkeit des Unternehmens und dessen Attraktivität

in besagter Entscheidung explizit zur erforderlichen Wahrscheinlichkeit Stellung bezogen und insofern eine nachvollziehbar erscheinende positive Prognose ausreichen lassen.

Diese Anforderungen an den Prüfungsgegenstand gelten grundsätzlich unabhängig von der Größe des Unternehmens, wohingegen das Ausmaß der Prüfung der Größe des Unternehmens und der verfügbaren Zeit angepasst werden kann.[358] Sind all diese Anforderungen gewahrt, bleiben Maßnahmen, die Teil eines ernsthaften Sanierungsversuchs sind, selbst dann privilegiert, wenn er letztlich scheitert.[359] **227**

In der Praxis werden Sanierungskonzepte nach dem vom Institut für Wirtschaftsprüfer eV entwickelten sog. IDW S 6-Standard erstellt, allerdings ist dies nicht zwingend.[360] Wegen der inhaltlichen Anlehnung des Standards an die BGH-Rechtsprechung hat sich die Orientierung an dessen Vorgaben indes in der Praxis durchgesetzt. Es bestehen aber auch Unterschiede; so verlangt der IDW S 6 die Wiederherstellung der Wettbewerbsfähigkeit, die Rechtsprechung des BGH lässt einfache Rentabilität ausreichen. **228**

(1) Zivil- und strafrechtliche Aspekte. (a) Sittenwidriger eigennütziger Sanierungskredit. Soweit ein Sanierungskredit oder ein Überbrückungskredit gewährt werden soll, droht bei Nichteinhaltung der Vorgaben der Rechtsprechung nicht nur eine Nichtigkeit des Kreditvertrags, sondern auch etwaiger Sicherheitenverträge nach § 138 Abs. 1 BGB. Die größte Praxisrelevanz kommt insofern den Fallgruppen der Gläubigerbenachteiligung bzw. der Gläubigergefährdung sowie der Insolvenzverschleppung zu, die sich mitunter überschneiden.[361] **229**

Die erstgenannte Fallgruppe ist einschlägig, wenn einem insolvenzreifen Unternehmen ein Sanierungskredit gewährt und dadurch bewirkt wird, dass möglicherweise Dritte über die Kreditwürdigkeit des Unternehmens getäuscht und dadurch geschädigt werden.[362] Die zweite Fallgruppe umfasst Konstellationen, in denen der Kreditgeber die Kreditvergabe in rücksichtsloser und eigennütziger Weise allein deshalb vornimmt, um seiner Stellung im Hinblick auf den in Kürze zu erwartenden Zusammenbruch auf Kosten anderer Gläubiger zu verbessern.[363] Hierzu ist eine Gesamtwürdigung unter Berücksichtigung sämtlicher Einzelfallumstände erforderlich. Als grobe Orientierung für eine Abgrenzung zwischen einem wirksamen Sanierungskredit und einer sittenwidrigen Kreditgewährung kann auf die Eigennützigkeit bzw. Uneigennützigkeit abgestellt werden: Stehen dem Kreditgeber noch Forderungen aus früheren Krediten zu, so liegt eine eigennützige Kreditgewährung vor, wenn die Kreditgewährung allein von dem Gedanken getragen ist, ohne die Neugewährung werde der Schuldner die früheren Kredite nicht zurückzahlen können. Erfolgt demgegenüber eine Einräumung ungesicherter Kredite und die Zulassung der Wiederinanspruchnahme einer zurückgeführten Kreditlinie, soll dies grundsätzlich für die Uneigennützigkeit streiten.[364] **230**

Trotz Vorliegen auch eigennütziger Motive kann ein Kredit gewährt werden, wenn er einem Zwecke der Sanierung erfolgt. Als Nachweis dieses subjektiven Zwecks dient die **231**

---

für Kapitalgeber, mithin als Mindestvoraussetzung das Vorliegen einer nachhaltigen branchenüblichen Rendite und einer angemessenen Eigenkapitalausstattung am Ende des Sanierugnszeitraums; vgl. IDW S 6 Rn. 90.

358 BGH Urt. v. 4.12.1997 – IX ZR 47/97, NJW 1998, 1561(1564).

359 BGH Urt. v. 12.11.1992 – IX ZR 236/91, NJW-RR 1993, 238; BGH Urt. v. 5.3.2009 – IX ZR 85/07, NZI 2009, 372; BGH Urt. v. 21.2.2013 – IX ZR 52/10, NZI 2013, 500; BGH Urt. v. 12.5.2016 – IX ZR 65/14, NZI 2016, 636 (637) (mAnm *Lenger*).

360 BGH Urt. v. 12.5.2016 – IX ZR 65/14, NZI 2016, 636 (4. Leitsatz) (mAnm *Lenger*).

361 BGH Urt. v. 30.10.1990 – IX ZR 9/90, WM 1991, 88 (90); BGH Urt. v. 12.4.2016 – XI ZR 305/14, NZG 2016, 796 (799).

362 BGH Urt. v. 9.7.1953 – IV ZR 242/52, NJW 1953, 1665 (1666); BGH Urt. v. 9.3.1977 – VIII ZR 178/75, NJW 1977, 2261; BGH Urt. v. 16.3.1995 – IX ZR 72/94, NJW 1995, 1668 (1669); BGH Urt. v. 19.3.1998 – IX ZR 22/97, NJW 1998, 2592.

363 BGH Urt. v. 9.12.1969 – VI ZR 50/68, NJW 1970, 657 (659); BGH Urt. v. 16.3.1995 – IX ZR 72/94, NJW 1995, 1668 (1669); BGH Urt. v. 12.4.2016 – XI ZR 305/14, NZG 2016, 796 (798).

364 *Obermüller*, Insolvenzrecht in der Bankpraxis, Rn. 5.95 f. mwN.

Vorlage eines Sanierungskonzepts. Nicht erforderlich ist insofern, dass der Gläubiger das Sanierungskonzept selbst fachmännisch überprüft oder durch Sachverständige überprüfen lässt. Vielmehr darf er sich auf schlüssige Angaben verlassen, solange er keine (erheblichen) Anhaltspunkte dafür hat, dass er getäuscht werden soll oder der Sanierungsplan keine Aussicht auf Erfolg hat.[365]

232 **(b) Haftung nach § 826 BGB.** Im Fall Sittenwidrigkeit des Sanierungskredits droht überdies eine Schadensersatzpflicht des Kreditgebers gegenüber anderen Gläubigern des Schuldners wegen vorsätzlicher sittenwidriger Schädigung gem. § 826 BGB.[366]

233 Zwischen der Nichtigkeit nach § 138 Abs. 1 BGB und der deliktsrechtlichen Haftung bestehen zwar Überschneidungspunkte, allerdings auch gewisse Unterschiede: Während bei § 138 Abs. 1 BGB der Vertragsinhalt im Fokus steht, bildet für § 826 BGB das Verhalten des Kreditgebers gegenüber den übrigen Gläubigern des Schuldners den maßgeblichen Anknüpfungspunkt.[367] Zudem muss für eine Haftung wegen sittenwidriger vorsätzlicher Schädigung kumulativ ein Schaden der Gläubiger des Schuldners eintreten sowie hinsichtlich des Schadenseintritts zumindest bedingter Schädigungsvorsatz aufseiten des Kreditgebers (und ggf. Sicherheitennehmers) vorliegen. Vorsätzliche sittenwidrige Schädigung in Gestalt der Insolvenzverschleppung ist demnach beispielsweise dann zu bejahen, wenn der Kreditgeber bei Gewährung des Sanierungskredits eigennützig handelt, mithin die Kreditgewährung nicht mehr der Behebung einer überwindbaren Krise dient, sondern allein darauf abzielt, den Zusammenbruch des Unternehmens um des eigenen Vorteils willens heraus zu zögern, sodass der Finanzierungszweck sich darauf reduziert, den als unabwendbar erkannten „wirtschaftlichen Todeskampf (künstlich) zu verlängern", um die eigene Stellung auf Kosten der anderen Gläubiger zu verbessern.[368] Nicht ausreichend für die Schadensersatzpflicht – wohl aber für die Sittenwidrigkeit – soll hingegen sein, dass sich der Kreditgeber aus grober Nachlässigkeit der Erkenntnis der Folgen einer Gläubigergefährdung verschlossen hat, indem er es unterlässt, die wirtschaftliche Lage des Schuldners zu überprüfen.[369]

234 Auch die Haftung nach § 826 BGB scheidet indes in jedem Fall aus, wenn der Kreditgeber nicht eigennützig handelt oder aber vernünftigerweise vom Erfolg der Sanierungsbemühungen ausgegangen ist, da es insofern an der Sittenwidrigkeit einer etwaigen Schädigung der anderen Gläubiger fehlt. Auch unter diesem Gesichtspunkt wird die zentrale Bedeutung eines schlüssigen Sanierungskonzepts zur Haftungsvermeidung offenkundig.

235 **(c) Strafbarkeit wegen Insolvenzverschleppung (§ 15a InsO).** Neben der zivilrechtlichen Haftung droht dem Kreditgeber auch eine strafrechtliche Verantwortlichkeit wegen Insolvenzverschleppung nach § 15a Abs. 4 und 5 InsO.[370] § 15a Abs. 1 InsO begründet für die Mitglieder des Vertretungsorgans[371] und die Abwickler einer juristischen Person

---

365 BGH Urt. v. 12.5.2016 – IX ZR 65/14, NZI 2016, 636 (639) (mAnm *Lenger*).

366 Hinsichtlich der Schadensermittlung ist zwischen Alt- und Neugläubigern zu differenzieren: Während sich der Schaden der Altgläubiger auf den Unterschiedsbetrag zwischen der Insolvenzquote, die im Fall der rechtzeitigen Insolvenzeröffnung erzielt worden wäre, und der tatsächlichen Insolvenzquote beschrankt (sogenannter Quotenschaden), können Neugläubiger den Schaden ersetzt verlangen, der dadurch entsteht, dass der vertragliche Neugläubiger neue Mittel im Vertrauen auf die Solvenz des Krisenunternehmens zur Verfügung gestellt hat, sodass sich der Schaden auf den gesamten Ausfall erstreckt; zur Geltendmachung: *Obermüller,* Insolvenzrecht in der Bankpraxis, Rn. 5.158 f.

367 Vgl. BGH Urt. v. 9.12.1969 – VI ZR 50/68, NJW 1970, 657 (658).

368 BGH Urt. v. 9.12.1969 – VI ZR 50/68, NJW 1970, 657 (658).

369 OLG Köln Urt. v. 25.10.1985 – 19 U 75/82, ZIP 1985, 1472; *Obermüller,* Insolvenzrecht in der Bankpraxis, Rn. 5.153.

370 Wegen des Schutzgesetzcharakters des § 15a InsO können Verstöße auch eine zivilrechtliche Haftung gem. § 823 Abs. 2 BGB iVm § 15a InsO begründen, unabhängig davon, ob daneben auch die Voraussetzungen des § 826 BGB erfüllt sind.

371 Im Fall der Führungslosigkeit einer GmbH trifft die Pflicht auch auch die Gesellschafter, im Fall der Führungslosigkeit einer AG oder Genossenschaft auch die Mitglieder des Aufsichtsrats; § 15a Abs. 3 InsO.

oder eine Gesellschaft ohne Rechtspersönlichkeit, bei der kein persönlich haftender Gesellschafter eine natürliche Person ist, die Pflicht, ohne schuldhaftes Zögern, spätestens aber drei Wochen nach Eintritt des Zahlungsunfähigkeit (§ 17 InsO) oder der Überschuldung (§ 19 InsO) einen Antrag auf Eröffnung des Insolvenzverfahrens zu stellen.[372] Vorsätzliche oder fahrlässige Verstöße gegen diese Pflicht können eine Strafbarkeit der pflichtigen Personen begründen(§ 15a Abs. 4–6 InsO). Trotz des Sonderdeliktscharakters kommt eine strafrechtliche Verantwortlichkeit auch nicht antragspflichtiger Personen als Anstifter oder Gehilfe (§§ 26, 27 StGB), in Betracht. Für Kreditgeber ist insbesondere die Beihilfe von Relevanz, die einen kausalen Gehilfenbeitrag zu einer vorsätzlichen, rechtswidrigen Haupttat sowie den „doppelten" Gehilfenvorsatz in Bezug auf die Haupttat und den eigenen Gehilfenbeitrag voraussetzt. Da insbesondere eine Kreditgewährung in der Krise dazu führen kann, dass der Insolvenzantrag entgegen § 15a InsO zu spät oder gar nicht gestellt wird, ist für New Money Investoren besondere Vorsicht geboten. Maßgeblich ist, ob die Kreditgewährung noch als sozialadäquat anzusehende Bereitstellung von Kreditmitteln qualifiziert werden kann oder insbesondere über das „bankübliche" Verhalten hinausgeht.[373] In jedem Fall überschreitet nur die aktive Gewährung eines Sanierungsbeitrags, nicht hingegen das bloße „Stillhalten" einen strafrechtlichen Anknüpfungspunkt.[374] Als Beihilfehandlung ist insbesondere die Ausreichung eines Sanierungskredits in dem Wissen zu bewerten, dass er nicht geeignet sein wird, den bestehenden Insolvenzgrund zu beseitigen, sondern allein zu einem Hinausschieben der erforderlichen Stellung eines Eröffnungsantrags führt. Gleiches gilt, wenn durch die Kreditvergabe zwar die gegenwärtige Zahlungsunfähigkeit des Schuldners beseitigt wird, nicht aber seine Überschuldung.[375] Auch vor diesem Hintergrund ist die Ausreichung eines Sanierungskredits nur auf Grundlage eines den Anforderungen des BGH genügenden Sanierungsgutachtens angezeigt.

(d) Insolvenzanfechtung. Anfechtungsrisiken im Zusammenhang mit der Gewährung von Sanierungskrediten bestehen vornehmlich mit Blick auf erfolgte Rückzahlungen oder Sicherheitenbestellungen, soweit über das Vermögen des Schuldners im Anschluss das Insolvenzverfahren eröffnet wird. In diesem Fall droht eine Rückzahlungspflicht hinsichtlich der erhaltenen Zahlungen sowie ein Verlust des Sicherungsrechts, sodass der Kreditgeber hinsichtlich seines Rückzahlungsanspruchs als unbesicherte Insolvenzforderung auf die Insolvenzquote verwiesen ist. **236**

Als Anfechtungstatbestände sind insbesondere die Deckungsanfechtung (§§ 130f. InsO) und die Vorsatzanfechtung (§ 133 InsO) in den Blick zu nehmen. Die Anfechtung wegen der Stellung des Kreditgebers als Gesellschafter oder gesellschafterähnliche Person wird im Anschluss separat behandelt. **237**

Wird der Sanierungskredit auf Grundlage eines schlüssigen Sanierungskonzepts ausgereicht, kann sich der Kreditnehmer nach ganz überwiegender Auffassung aus dem Vermögen des Krisenunternehmens Sicherheiten bestellen lassen, ohne sich im Fall der nachfolgenden Verfahrenseröffnung der Gefahr einer Anfechtung auszusetzen, soweit die nachfolgend angeführten Voraussetzungen des Bargeschäftsprivilegs nach § 142 InsO erfüllt sind: Zum einen müssen der ins Vermögen des Krisenunternehmens geflossene Kreditbetrag und die hierfür weggegebenen Sicherheiten objektiv gleichwertig sein und zum anderen die Bestellung der Sicherheiten im engen zeitlichen Zusammenhang mit der Valutierung des Kredits erfolgen.[376] In diesem Fall droht weder eine Kongruenzanfechtung gem. § 130 InsO noch die Vorsatzanfechtung nach § 133 Abs. 1 InsO: Schon nach **238**

---

[372] Die bloß drohende Zahlungsunfähigkeit iSd § 18 InsO begründet hingegen keine Antragspflicht.
[373] *Klöhn* in MüKoInsO § 15a Rn. 337; *Dannecker/Knierim/Hagemeier,* Insolvenzstrafrecht, § 4 Rn. 1342ff.
[374] *Neuhof* NJW 1998, 3225 (3227); *Schultze* in Cranshaw/Paulus/Michel, Bankenkommentar zum Insolvenzrecht, § 19 Rn. 17f.
[375] Vgl. die Nachweise bei *Urlaub/Kamp* ZIP 2014, 1465 (1471).
[376] Vgl. nur *Kirchhof* in MüKoInsO § 142 Rn. 13c; *Richter* in Langenbucher/Bliesener/Spindler, Bankrechts-Kommentar, 31. Kap., Rn. 88.

bisheriger Rechtslage war eine Anfechtung nach § 130 InsO *expressis verbis* ausgeschlossen und es fehlte in den vorgenannten Fällen an der Kenntnis des Kreditgebers von einem etwaigen Gläubigerbenachteiligungsvorsatz des Schuldners. Insofern hat der BGH hervorgehoben, dass die Kenntnis von der (drohenden) Zahlungsunfähigkeit ihre Bedeutung als Beweisanzeichen (§ 133 Abs. 1 S. 2 InsO) für den Benachteiligungsvorsatz des Schuldners und die Kenntnis des Gläubigers hiervon verliere, wenn die angefochtene Rechtshandlung Teil eines ernsthaften, letztlich aber fehlgeschlagenen Sanierungsversuchs sei, mithin Tatsachen vorlagen, aufgrund derer die Beteiligten zu der Erwartung berechtigt waren, es werde zu Erfolg versprechenden Bemühungen um die Rettung des Unternehmens kommen.[377] In diesen Konstellationen sei die Rechtshandlung von einem anfechtungsrechtlich unbedenklichen Willen geleitet und das Bewusstsein der Benachteiligung anderer Gläubiger trete in den Hintergrund.[378] Durch die jüngste Novellierung des Insolvenzanfechtungsrechts wurde die Möglichkeit einer Vorsatzanfechtung von Bargeschäften für ab dem 5.4.2017 eröffnete Insolvenzverfahren sogar noch weiter zurückgedrängt: Nach § 142 Abs. 1 InsO setzt die Vorsatzanfechtung über die Kenntnis vom Gläubigerbenachteiligungsvorsatz des Schuldners (§ 133 Abs. 1 InsO) hinausgehend kumulativ die Kenntnis von dessen „Unlauterkeit" voraus. Unabhängig von der noch ausstehenden Konkretisierung dieses unbestimmten Rechtsbegriffs durch die Rechtsprechung, bietet insofern die Durchführung einer ordnungsgemäßen Sanierungsfähigkeitsprüfung, welche den aufgezeigten Anforderungen des BGH an ein Sanierungskonzept genügt, dem Kreditgeber erst recht hinreichenden Schutz vor einer Vorsatzanfechtung.[379]

239 Demgegenüber besteht das Risiko einer Anfechtung der Sicherheitenbestellung, soweit jene nicht nur den Sanierungskredit betrifft, sondern überdies bestehende Kreditforderungen nachbesichert werden sollen. Eine solche Nachbesicherung ist nicht als Bargeschäft zu qualifizieren und somit nicht nach § 142 InsO privilegiert.[380]

240 Werden die Sicherheiten durch Dritte gestellt, besteht überdies die Gefahr einer Anfechtung, sollte das Insolvenzverfahren über das Vermögen dieses Dritten eröffnet werden. Insofern droht die Anfechtung wegen unentgeltlicher Leistung im Vierjahreszeitraum nach § 134 Abs. 1 InsO, soweit der Sicherungsnehmer keine ausreichende Gegenleistung zu erbringen hat, mithin die Erbringung eines eigenen Vermögensopfers unterbleibt. Als Gegenleistung kommen in Betracht das Stehenlassen eines Kredits oder die Auszahlung eines (neuen) Kredits an den Schuldner oder einen Dritten. Das Stehenlassen des Kredits ist aber keine Gegenleistung, unabhängig davon ob die Rückführung des stehengelassenen Kredits hätte durchgesetzt werden können oder nicht.[381] Eine Gegenleistung kann ferner in der Auszahlung des Kredit an den Sicherungsgeber oder einen Dritten liegen.[382] Werden diese Vorgaben zur zeitlichen Abfolge von Sicherheitenbestellung und Darlehensausreichung beachtet, sieht sich die Drittbesicherung bei Wahrung der

[377] Vgl. BGH Urt. v. 26.3.1984 – II ZR 171/83, NJW 1984, 1893 (1899); BGH Urt. v. 12.11.1992 – IX ZR 236/91, ZIP 1993, 276 (279); BGH Urt. v. 4.12.1997 – IX ZR 47/97, NJW 1998, 1561 (1563 f.); BGH Urt. v. 1.4.2004 – IX ZR 305/00, ZIP 2004, 957 (959); BGH Urt. v. 8.12.2011 – IX ZR 156/09, WM 2012, 146 (147); BGH Urt. v. 21.2.2013 – IX ZR 52/10, WM 2013, 763 (764 f.); BGH Urt. v. 12.5.2016 – IX ZR 65/14, NZI 2016, 636 (637) (mAnm *Lenger*).

[378] Vgl. BGH Urt. v. 8.12.2011 – IX ZR 156/09, WM 2012, 146; BGH Urt. v. 21.2.2013 – IX ZR 52/10, WM 2013, 763; BGH Urt. v. 12.5.2016 – IX ZR 65/14, NZI 2016, 636 (637) (mAnm *Lenger*).

[379] Dies verdeutlicht die Gesetzesbegründung, BT-Drs. 18/7054, 19, der zufolge Unlauterkeit eine gezielte Schädigung anderer Gläubiger, die Vermögensverschleuderung oder vergleichbare Handlungen voraussetzen soll.

[380] Insbesondere wird mit dem bloßen „Stehenlassen" der Darlehensforderung keine Gegenleistung iSd § 142 InsO erbracht, da dem Schuldner kein neuer Vermögenswert zugewandt wird; vgl. BGH Urt. v. 29.11.2007 – IX ZR 30/07, NJW 2008, 430; *Häuser* in Schimansky/Bunte/Lwowski, BankR-HdB, § 85 Rn. 87b.

[381] Vgl. nur BGH Urt. v. 7.5.2009 – IX ZR 71/08, NJW 2009, 2065 (2065 f.); offengelassen noch in BGH Urt. v. 1.6.2006 – IX ZR 159/04, NJW-RR 2006, 1281 (1282).

[382] So BGH Urt. v. 20.12.2012 – IX ZR 21/12, NZI 2013, 258 (260): (nur) die Sicherheitenbestellung nach Ausreichung des Darlehens konnte somit die Unentgeltlichkeit begründen.

Anforderungen an ein Sanierungskonzept keinen weitergehenden Anfechtungsrisiken ausgesetzt.

(e) Gesellschafter(ähnliche) Stellung (§§ 39 Abs. 1 Nr. 5, 135 InsO). Wie bereits 241
dargelegt, können sowohl Überbrückungs- als auch Sanierungskredite nicht nur von Dritten, sondern auch von Gesellschaftern des Schuldners begeben werden. Unabhängig von den vorgenannten Risiken sehen sich derartige Kreditgewährungen weitergehenden Risiken ausgesetzt, sollte über das schuldnerische Vermögen nachfolgend das Insolvenzverfahren eröffnet werden. Die maßgeblichen Regelungen der Insolvenzordnung knüpfen indes nicht ausschließlich an eine formelle Gesellschafterstellung an, sondern erstrecken sich auch auf „gesellschafterähnliche" Personen, sodass eine nähere Betrachtung auch für Distressed Debt Investoren, die keine formelle Gesellschafterposition einnehmen, angezeigt ist. Insofern ist – anders als für die Fallgruppen der faktischen Darlehensgewährung an Stelle des Gesellschafters (bspw. bei verbundenen Unternehmen oder Strohmanngeschäften), der Gewährung durch nahestehende Personen oder der atypischen stillen Beteiligung – insbesondere die gesellschafterähnliche Stellung eines Kreditgebers aufgrund von Financial Covenants umstritten (dies gilt insbesondere für die der in der LMA-Dokumentation vorgesehenen Vereinbarung von Informationsrechten und unternehmerischen Mitentscheidungsrechten).[383] In Anknüpfung an die in der „Pfandgläubigerentscheidung" des BGH formulierten Voraussetzungen für die Bejahung einer gesellschafterähnlichen Stellung, namentlich das Vorliegen eines Gewinn- und Kontrollelements,[384] dürfte zumindest das Fehlen des Gewinnelements entgegenstehen, solange nicht besondere Bezugsrechte („Warrants"), Kaufoptionen („Call-Options") oder hybride Instrumente vorgesehen sind.

Wie bereits dargestellt, sind Forderungen auf Rückgewähr eines Gesellschafterdarlehens 242
oder aus Rechtshandlungen, die einem solchen Darlehen wirtschaftlich entsprechen, gem. § 39 Abs. 1 Nr. 5 InsO nachrangig gegenüber „normalen" sowie sonstigen nachrangigen Insolvenzforderungen. Zu beachten ist, dass weder eine Qualifizierung des gewährten Kredits als Überbrückungskredit noch die Stützung eines Sanierungskredits auf ein schlüssiges Sanierungskonzept Einfluss auf den Nachrang haben, da der Gesetzgeber keinen Spielraum für eine Anknüpfung an die Motivlage oder den (zu missbilligenden) Zweck gelassen hat.[385]

(2) Regulatorische Aspekte. (a) Erlaubnispflichtigkeit der Kreditgewährung. Das 243
Ausreichen eines Darlehens bzw. der Erwerb von nicht vollständig valutierten Darlehensforderungen stellt unter deutschem Recht ein Bankgeschäft in Form des Kreditgeschäfts (§ 1 Abs. 1 S. 2 Nr. 1 KWG) dar, welches eine Zulassung als Kreditinstitut in Deutschland bzw. im Europäischen Wirtschaftsraum erfordert (§ 32 Abs. 1 KWG). Investoren haben daher auf verschiedene Behelfskonstruktionen zurückgegriffen wie Ausgabe des Darlehens als Inhaberschuldverschreibung[386], den Einsatz sogenannter „Fronting-Banken" oder Rückgriff auf die „reverse solicitation"-Ausnahme unter der europarechtlichen passiven Dienstleistungsfreiheit.

---

383 Vgl. dazu *Ehricke* in MüKoInsO § 39 Rn. 52 mwN. Ein Vermögensopfer kann im Stehenlassen allenfalls dann liegen, wenn die Forderung vollwertig und durchsetzbar gewesen wäre.

384 So BGH Urt. v. 13.7.1992 – II ZR 251/91, NJW 1992, 3035 (3036).

385 Insbesondere kann sich der Gesellschafter – anders als unter dem alten Eigenkapitalersatzrecht – nicht mehr darauf berufen, dass ein kurzfristiger Überbrückungskredit vom Anwendungsbereich des Gesellschafterdarlehensrechts auszunehmen ist: Nach der Rechtsprechung des BGH zum Eigenkapitalersatzrecht waren kurzfristige Gesellschafterkredite, mit deren Rückzahlung innerhalb von drei Wochen gerechnet werden konnte, bei Nichtvorliegen der Insolvenzreife als nicht eigenkapitalersetzend zu qualifizieren; bspw. BGH Beschl. v. 31.5.2010 – II ZR 6/09, NZG 2010, 905 (908). Wegen des bewussten Verzichts auf das Merkmal „kapitalersetzend" ist für eine solche Differenzierung nach heutiger Rechtslage kein Raum mehr; so ausdrücklich: BGH Urt. v. 7.3.2013 – IX ZR 7/12, NZI 2013, 483 (484). Zum Ganzen: *Dahl* NJW-Spezial 2017, 21 (21).

386 Die Ausgabe als Namensschuldverschreibung kann als Einlagengeschäft (§ 1 Abs. 1 S. 2 Nr. 1 KWG) gewertet werden und zu einer Erlaubnispflicht des Darlehensnehmers führen.

244 Die zuletzt genannte Ausnahme beruht darauf, dass die europarechtliche Dienstleistungsfreiheit dem potenziellen Darlehensnehmer ermöglichen muss, von einem potenziellen Darlehensgeber mit Sitz im europäischen Ausland ein Angebot hinsichtlich der Darlehensgewährung anzufragen. Als Marktstandard hat sich deshalb etabliert, genau zu dokumentieren, in welcher Form der potenzielle Darlehensnehmer mit den Investoren Kontakt aufgenommen hat und von diesen oder ihren Vertretern eine schriftliche Bestätigung des Sachverhalts einzuholen.[387]

245 **(b) Erleichterung der Kreditgewährung durch Kreditfonds.** Das KWG hat bereits vor Inkrafttreten des OGAW-V-Umsetzungsgesetz[388] den Ankauf, das Halten und die Einziehung vollständig ausgereichter Gelddarlehensforderungen durch Alternative Investmentfonds ermöglicht. Durch das OGAW-V-Umsetzungsgesetz sind indes weitere Erleichterungen insbesondere hinsichtlich der Kreditausreichung geschaffen worden.

246 Mit dem OGAW-V-Umsetzungsgesetz hat der deutsche Gesetzgeber nicht nur die europäische OGAW-V-Richtlinie umgesetzt, sondern auch Regeln zur Darlehensvergabe und Restrukturierung von Darlehensforderungen durch alternative Investmentfonds (AIF)[389] implementiert (§§ 20 Abs. 8, 9 und 10, 261 Abs. 1 Nr. 8, 282 Abs. 2 S. 3, 284 Abs. 5, 285 Abs. 2 KAGB). AIF-Kapitalverwaltungsgesellschaften dürfen nun unter bestimmten Voraussetzungen für Rechnung von geschlossenen Spezial-AIF Gelddarlehen vergeben, also „Kreditfonds" auflegen, ohne den regulatorischen Anforderungen des KWG unterworfen zu sein. Insbesondere dürften damit die bisherigen Lösungsansätze in der Praxis, namentlich der Rückgriff auf sogenannte „Fronting-Banken" oder die Strukturierung als Sekundärerwerb an Bedeutung verlieren.

247 Die Zulassung der Darlehensvergabe durch AIF beruht auf der Erwägung, dass nichtbankgestützte Finanzierungsformen wie eine Kreditvergabe durch AIF einen wichtigen Beitrag für die Finanzierung der Realwirtschaft bilden und eine sinnvolle Erweiterung der mittelbaren Investitionsmöglichkeiten für bestimmte Anlegergruppen bieten. Da eine Gelddarlehensvergabe außerhalb des Anwendungsbereichs des KWG jedoch mit erheblichen Risiken verbunden sein kann, hat der Gesetzgeber der Darlehensvergabe enge Grenzen gesetzt: So ist eine Gelddarlehensvergabe nur für Rechnung von geschlossenen Spezial-AIF zulässig, also geschlossenen AIF, deren Anteile nur von professionellen und semiprofessionellen Anlegern erworben werden dürfen. Zudem bestehen besondere Zulässigkeitsvoraussetzungen wie die Begrenzung der zulässigen Kreditaufnahme durch den Spezial-AIF auf 30 % ihres Kapitals. Darüber hinaus ist aus Gründen der Risikostreuung die Darlehensvergabe pro Kreditnehmer auf 20 %des AIF-Kapitals begrenzt. Schließlich hat die AIF-Kapitalverwaltungsgesellschaft, die für Rechnung eines Spezial-AIF Darlehen vergibt, besondere Risikomanagementanforderungen einzuhalten.

248 Weitergehende Erleichterungen bestehen für Gesellschafterdarlehen, da bspw. die Kreditaufnahmegrenze von 30 % des AIF-Kapitals nicht eingehalten werden muss. Die Qualifizierung als Gesellschafterdarlehen setzt dreierlei voraus:

- der Darlehensnehmer ist ein Tochterunternehmen des AIF;

---

[387] *von Einem/Schlote* WM 2015, 1925 (1926); *Hanten/von Tiling* WM 2015, 2122 (2126).

[388] Gesetz zur Umsetzung der Richtlinie 2014/91/EU des Europäischen Parlaments und des Rates vom 23.7.2014 zur Änderung der Richtlinie 2009/65/EG zur Koordinierung der Rechts- und Verwaltungsvorschriften betreffend bestimmte Organismen für gemeinsame Anlagen in Wertpapiere (OGAW) im Hinblick auf die Aufgabe der Verwahrstelle, die Vergütungspolitik und Sanktionen, BGBl. I S. 348.

[389] Unter AIF werden sämtliche Investmentvermögen gefasst, die keine OGAW (Organismen für gemeinsame Anlagen in Wertpapieren) sind. Als OGAW werden Investmentvermögen qualifiziert, deren ausschließlicher Zweck es ist, beim Publikum beschaffte Gelder für gemeinsame Rechnung nach dem Grundsatz der Risikostreuung in Wertpapieren oder anderen liquiden Finanzanlagen zu investieren und deren Anteile auf Verlangen der Anteilinhaber unmittelbar oder mittelbar zulasten des Vermögens dieses Organismus zurückgenommen oder ausgezahlt werden. Einem AIF steht es somit offen, auch in illiquide Assets, wie unverbriefte Darlehensforderungen zu investieren.

- es handelt sich um ein nachrangiges Darlehen; und
- die Darlehen überschreiten nicht das Zweifache der Anschaffungskosten der an dem Unternehmen gehaltenen Beteiligungen.

Darüber hinaus dürfen nur 50% des AIF-Kapitals für Gesellschafterdarlehen verwendet 249 werden. Die Privilegierung wird damit begründet, dass für Private Equity- und Venture-Kapital-Fonds ein praktisches Bedürfnis nach einem flexiblen Element der Unternehmensfinanzierung bestehe.

Als weitere Erleichterung ist die ausdrückliche Klarstellung in § 20 Abs. 9 S. 2 KAGB 250 mit Bezug zur Restrukturierung von Darlehensforderungen zu nennen. Bereits vor Inkrafttreten des OGAW-V-Umsetzungsgesetzes war es AIF-Kapitalverwaltungsgesellschaften gestattet, für Rechnung von AIF unverbriefte Darlehensforderungen zu erwerben. Soweit indes eine adäquate Reaktion auf Leistungsstörungen auf Seiten des Darlehensnehmers erforderlich war, konnten erfolgreichen Restrukturierungsbemühungen bis zur Änderung der Verwaltungspraxis der BaFin im Mai 2016 erhebliche Hindernisse entgegenstehen: Hiernach waren Prolongationen, Änderungen der Tilgungsbestimmungen und Zinslasten mittels nachträglicher Änderung der Darlehensbedingungen unter Umständen als Kreditvergabe im Sinne des KWG zu werten und konnten damit nicht von einer AIF-Kapitalverwaltungsgesellschaft vorgenommen werden. Dieses Hindernis wurde durch die Änderung in der Praxis der BaFin adressiert und mittels nachfolgender gesetzlicher Klarstellung, dass Restrukturierungen nicht als Darlehensvergabe anzusehen sind, auf rechtssichere Basis gestellt.[390]

V. Portfolio Transactions

Unter *Portfolio Transactions* wird die Investition in ein Darlehensforderungs-Portfolio ver- 251 standen. Ein solches Portfolio entsteht durch Bündelung von (regelmäßig sub- und nonperforming) Krediten durch Banken mit dem Ziel der Veräußerung zur Entledigung des Ausfallrisikos. Zu einem Portfolio werden typischerweise nicht Unternehmenskredite, sondern Verbraucherkredite, Immobilienkredite, Schiffsfinanzierungen oder sonstige Kredite mit homogener Kreditnehmer- und/oder Sicherheiterstruktur-Krediten zusammengefasst.

1. Transaktionsstrukturen – *True Sale* / Umwandlungsmodell

Portfolio Transactions können grundsätzlich auf zwei Wegen[391] umgesetzt werden: 252

- Mittels Einzelrechtsnachfolge durch Verkauf und Abtretung der Forderungen bzw. Vertragsübernahme (sog.“*True Sale*“)
- Mittels partieller Gesamtrechtsnachfolge durch Umwandlungsvorgang („Umwandlungsmodell“)

In der Praxis hat sich (va bei gemischten Portfolios aus *sub-* und *non-performing loans*) das 253 Umwandlungsmodell durchgesetzt.[392] Eine umwandlungsrechtliche Spaltung erfolgt nach § 123 ff. UmwG mittels Aufspaltung (§ 123 Abs. 1 UmwG), Abspaltung (§ 123 Abs. 2 UmwG) oder Ausgliederung (§ 123 Abs. 3 UmwG). In der Praxis erfolgt in einem ersten Schritt eine Abspaltung oder Ausgliederung zur Neugründung, durch die das Forderungsportfolio auf eine neu gegründete Gesellschaft übertragen wird. Im zweiten Schritt erwirbt der Käufer die Anteile an dieser Gesellschaft. Der Vorteil des Umwandlungsmodells besteht darin, dass aufgrund der partiellen Gesamtrechtsnachfolge (§ 131 Abs. 1 Nr. 1 UmwG) sämtliche Rechte, Pflichten und Schuldverhältnisse *uno actu* auf den übernehmenden

[390] Vgl. die Gesetzesbegründung, BT-Drs. 18/6744, 46.

[391] Nicht behandelt werden hier synthetische Transaktionsstrukturen über Kreditderivate und Unterbeteiligungen, bei denen der Veräußerer im Außenverhältnis Partei des Kreditnehmers bleibt und lediglich das Ausfallrisiko übertragen wird.

[392] *Jessen/Lohbeck/Strüber* CFL 2012, 183 (188)

Rechtsträger übergehen. Darüber hinaus greifen seit der Streichung von § 132 UmwG eventuelle Abtretungsverbote nicht ein.[393]

2. Rechtliche Aspekte

254 **a) Bankgeheimnis und Datenschutz.** Besondere Beachtung haben bei Forderungsverkäufen Datenschutz, Bankgeheimnis und bei öffentlich-rechtlichen Kreditinstituten die Amtsverschwiegenheit (§ 203 StGB) erfahren. Im Nachgang zu den ersten Portfolio Transactions wurde vom OLG Frankfurt aus Bankgeheimnis und Datenschutz ein stillschweigend vereinbartes (§ 399 Alt. 2 BGB) und gesetzliches Abtretungsverbot (§ 134 BGB) gefolgert.[394] Mittlerweile ist höchstrichterlich entschieden, dass die Forderungsabtretung selbst bei einem (unterstellten) Verstoß gegen das Bankgeheimnis oder das BDSG wirksam ist; allenfalls kommen Schadensersatzansprüche des Kreditnehmers in Betracht.[395] Ebenso wenig begründet die Abtretung an eine Nichtbank (und damit ein möglicher Verstoß gegen § 32 KWG) die Unwirksamkeit der Abtretung.[396]

255 Da Verstöße gegen das BDSG allerdings eine Ordnungswidrigkeit oder Straftat darstellen (§§ 43, 44 BDSG), wird – sofern der Kreditnehmer nicht wirksam[397] seine Zustimmung zur Übermittlung erteilt hat – in der Praxis auf Lösungen zurückgegriffen, bei denen die personenbezogenen Daten der Kreditnehmer beim Veräußerer verbleiben und dieser den Einzug der Forderungen (sog. „Servicing") übernimmt. Der Zugang zu den Daten wird bei einem Treuhänder hinterlegt, der befugt ist, diese im Fall des Ausfalls oder Wechsels des Servicers auf einen neuen Servicer zu übertragen.[398]

256 **b) Kündigungsrecht des Kreditnehmers.** Bei der Übertragung ungekündigter Darlehen ohne wirksame (antizipierte) Zustimmung des Kreditnehmers kann dem Kreditnehmer ein Kündigungsrecht aus wichtigem Grund (§ 314 BGB) zustehen, wenn ihm die Fortsetzung des Kreditverhältnisses mit dem Erwerber unzumutbar ist.[399] Praktisch wird dies nur relevant, wenn der Kreditnehmer sich vollständig refinanzieren kann. Dem Investor entgehen dann die Zinsen bis zum vereinbarten Laufzeitende, da auch keine Vorfälligkeitsentschädigung geschuldet ist. Eine Unzumutbarkeit folgt nicht bereits daraus, dass der Erwerber keine Bankerlaubnis (§ 32 KWG) hat und ihm deswegen eine Restrukturierung des Darlehens aufsichtsrechtlich untersagt ist.[400]

257 **c) § 613a BGB.** Ferner ist § 613a Abs. 1 S. 1 BGB im Blick zu behalten, der einen automatischen Übergang der Arbeitsverhältnisse statuiert, sofern der betreffende Arbeitnehmer nicht widerspricht (§ 613a Abs. 6 BGB). Der Anwendungsbereich ist eröffnet, soweit ein rechtsgeschäftlicher Übergang eines Betriebs oder Betriebsteils auf einen neuen Betriebsinhaber erfolgt. Unter den rechtsgeschäftlichen Übergang fallen grundsätzlich auch umwandlungsrechtliche Sachverhalte wie bspw. die Spaltung. Somit erlangt die Frage entscheidende Bedeutung, ob bzw. unter welchen Umständen es sich bei einem Forderungsportfolio um einen Betrieb oder Betriebsteil handelt. Maßgeblich ist insofern, ob es sich um eine auf Dauer angelegte organisierte Gesamtheit von Personen und Sachen zur Ausübung einer wirtschaftlichen Tätigkeit mit eigener Zielsetzung handelt, wobei der Übergang identitätswahrend erfolgen muss. Ob die übergehenden Betriebsmittel identitäts-

[393] BGH Urt. v. 22.9.2016 – VII ZR 298/14, NJW 2017, 71 Rn. 29.
[394] OLG Frankfurt a. M. Urt. v. 25.5.2004 – 8 U 84/04, NJW 2004, 3266 (3267).
[395] BGH Urt. v. 27.10.2009 – XI ZR 225/08, NJW 2010, 361 (zu § 203 StGB); BGH Urt. v. 27.7.2007 – XI ZR 195/05, NJW 2007, 2106 (zu Bankgeheimnis und Datenschutz).
[396] BGH Urt. v. 19.4.2011 – XI ZR 256/10, BKR 2011, 327 (329).
[397] Bei einer Zustimmung in AGB sind §§ 305 ff. BGB zu beachten (dazu *Hofmann* BKR 2008, 241); außerdem muss die Zustimmung § 4a BDSG genügen.
[398] *Jessen/Lohbeck/Strüber* CFL 2012, 183 (188).
[399] OLG Karlsruhe Urt. v. 25.6.2001 – 9 U 143/00, NJW-RR 2001, 1492 (1493).
[400] *Jessen/Lohbeck/Strüber* CFL 2012, 183 (186); aA *Nobbe* ZIP 2008, 97 (99).

bildend in diesem Sinne sind, bestimmt sich nach der jeweiligen Branche. Diese Merkmale wird die bloße Übertragung eines Portfolios in der Praxis kaum erfüllen, soweit nicht ausnahmsweise neben den Forderungen auch gleichzeitig die Arbeitsorganisation, die Betriebsprozesse und/oder besonders fachkundige Mitarbeiter vom Erwerber übernommen werden.[401]

d) Steuerliche Aspekte. Hinsichtlich zahlungsgestörter Forderungen, für die das Ausfallrisiko durch den Erwerber übernommen wird, wird durch den Verkäufer eine steuerfreie Leistung gem. § 4 Nr. 8 Buchstabe c UStG erbracht.[402] Wenn die Übernahme zahlungsgestörter Forderungen ohne das Ausfallrisiko erfolgt, liegt eine wirtschaftliche Tätigkeit des Erwerbers (Factoring) vor, soweit dieser den Forderungseinzug übernimmt.[403] **258**

Beim Erwerb von Kreditportfolien, die sowohl zahlungsgestörte als auch nicht zahlungsgestörte Forderungen enthalten, ist nach der Finanzverwaltung für umsatzsteuerliche Zwecke eine Aufteilung vorzunehmen.[404] Es ist daher bei Erwerb von Kreditportfolien zu raten, eine Kaufpreisaufteilung vorzunehmen, da es sich bei den nicht-zahlungsgestörten Forderungen um umsatzsteuerbare Factoringleistungen handeln kann.[405] **259**

Weiterhin sind in bestimmten Szenarien Haftungsfragen nach § 13c UStG (va bei Abtretung von Handelsforderungen) sowie im Falle ausländischer Erwerber Betriebsstättenrisiken zu beachten.[406] **260**

C. Distressed Equity Investments

Der klassische Fall des Unternehmenserwerbs ist nach wie vor der Erwerb der Gesellschaftsanteile oder von Betriebsmitteln eines Unternehmens. Dies gilt auch bei Unternehmen in der Krise. **261**

I. Erwerb Unternehmensträger (Share Deal) / Unternehmen (übertragende Sanierung) (Asset Deal)

Wie beim Kauf gesunder Unternehmen wird unterschieden zwischen dem Erwerb von Gesellschaftsanteilen *am* Unternehmensträger von den Altgesellschaftern (Share Deal) oder dem Erwerb des (Teil-)Unternehmens *vom* Unternehmensträger (Asset Deal). Beim Debt-Equity-Swap erfolgt der Erwerb von Gesellschaftsanteilen hingegen idR durch eine (Sach-)kapitalerhöhung. Eine Sonderform ist der Erwerb mittels Auf- oder Abspaltung (§§ 123 UmwG). Dieser wird aufgrund der mindestens fünfjährigen[407] gesamtschuldnerischen Nachhaftung (§ 133 Abs. 3 UmwG) regelmäßig für Distressed M&A-Transaktionen ausscheiden[408]. **262**

II. Rahmenbedingungen für Akquisitionen

1. Motivation des Erwerbers

Unternehmen in der Krise erwirtschaften regelmäßig Verluste oder gar einen negativen Cash Flow, so dass ein Investment in die Eigenkapitalposition zunächst widersinnig **263**

[401] Vgl. Vorauflage, S. 721.
[402] vgl. UStAE 2.4 Abs. 8 S. 7.
[403] vgl. UStAE 2.4 Abs. 8 S. 1 ff.
[404] vgl. UStAE 2.4 Abs. 8 S. 6.
[405] Vgl. *Burmeister/M. Link* in BeckM&A-HdB, 2017, § 65 Rn. 88.
[406] Vgl. *Burmeister/M. Link* in BeckM&A-HdB, 2017, § 65 Rn. 89 ff.
[407] Zehn Jahre für Pensionsverbindlichkeiten (§ 133 Abs. 3 S. 2 UmwG).
[408] *Laufersweiler/Taupitz* in Theiselmann, Praxishandbuch des Restrukturierungsrechts, 3. Aufl. 2016, Kap. 8, Rn. 55

erscheint. Die Kaufpreise sind daher oft niedrig (nicht selten nur ein symbolischer Euro) oder in einigen Fällen sogar negativ, dh der Veräußerer macht dem Erwerber eine finanzielle „Mitgift“. Beides macht ein Investment aus Risiko-Rendite-Gesichtspunkten attraktiv. Ist der Erwerber in der Lage ist, den „Turnaround“ zu schaffen und das Unternehmen wieder profitabel zu machen, sind sehr hohe Gewinne auf das eingesetzte Kapital möglich. Welche Maßnahmen hierzu notwendig sind, hängt von den Krisenursachen ab. Liegt eine reine Finanzierungskrise vor, so kann der Erwerber versuchen, mit den Finanzierungsgläubigern Zugeständnisse auszuhandeln, zB eine Laufzeitverlängerung oder Forderungsverzichte. Die Finanzierungsgläubiger werden hierzu bereit sein, wenn seinerseits der Erwerber Beiträge zur Finanzierung des Unternehmens leistet und bei der Alternative – regelmäßig Insolvenz – ein schlechteres Ergebnis absehbar ist. Bei operativen Krisen kann ein Erwerber das Geschäftsmodell ändern; dies verlangt einen – verglichen mit einem Private Equity-Investment in ein gesundes Unternehmen – deutlich erhöhten Einsatz von Managementkapazitäten und eine gute Branchenkenntnis. Es gibt zahlreiche Private-Equity-Fonds, die sich auf Equity Investments speziell in Turnaround-Situationen spezialisiert haben.

264 Größte Zäsur aus Sicht eines Investors in ein Krisenunternehmen ist die Insolvenzeröffnung: Die regelmäßig mit dem Verlust der Weisungsbefugnisse gegenüber der Geschäftsführung des Unternehmens einhergehende wirtschaftliche Entwertung der Gesellschaftsanteile macht einen Share Deal für den Käufer sinnlos. Diese Wirkung tritt idR bereits mit Insolvenzantrag ein, da das Insolvenzgericht im Regelverfahren nahezu immer einen vorläufigen Insolvenzverwalter mit Zustimmungsvorbehalt oder gar Verfügungsbefugnis bestellt (§ 21 Abs. 2 S. 1 Nr. 2 InsO) und bei Eigenverwaltung sogar der Ausschluss der Weisungsrechte gesetzlich angeordnet wird (§ 276a InsO). Im Folgenden wird daher unterschieden zwischen Unternehmenserwerben im Vorfeld eines Insolvenzantrags, dh vor Befassung eines Insolvenzgerichts („out of court“) und Unternehmenserwerben nach Insolvenzantrag („in court“).

2. Motivation des Veräußerers

265 Die Motivation auf Veräußererseite ist unterschiedlich, je nachdem, ob sich der der Verkäufer oder das Unternehmen in der Krise befinden. Veräußerer in der Krise haben häufig einen Liquiditätsbedarf, der durch den Unternehmensverkauf befriedigt werden soll *(„fire sale“)*. Befindet sich das zu verkaufende Unternehmen in der Krise, geht es dem Veräußerer oft darum, eigene Managementkapazitäten, die nicht auf die Lenkung von Krisenunternehmen ausgelegt sind, zu entlasten. Viele Veräußerer, va Konzerne, Finanzinvestoren und Unternehmerfamilien, wollen außerdem aus Reputationsgründen nicht mit einer Krise oder Insolvenz des Unternehmens in Verbindung gebracht werden; teilweise werden hier sogar „negative Kaufpreise“ angeboten, dh der Veräußerer stattet das Unternehmen noch mit einer Mitgift aus. Regelmäßig wird aber der Investor selbst zunächst das Unternehmen finanzieren müssen.

266 Ist der Veräußerer oder das Krisenunternehmen kreditfinanziert und können die Kredite aus dem Kaufpreis nicht voll befriedigt werden, nehmen außerdem die Kreditgeber eine maßgebliche Rolle ein, insbesondere, wenn sie Sicherheiten am Kaufgegenstand haben. Zumeist, aber nicht immer ist das Handeln der besicherten Kreditgeber am Erhalt des Unternehmens ausgerichtet.

III. Out of Court (Investition im Vorfeld der Insolvenz)

267 Der Vorteil eines Unternehmenserwerbs im Vorfeld der Insolvenz gegenüber einem in der Insolvenz ist die – wenn auch aufgrund der Krise besonderen rechtlichen Restriktionen unterliegende – freie Dispositionsbefugnis der Beteiligten und die Vertraulichkeit des Verkaufsprozesses. Des Weiteren führt das Stigma der Insolvenzantragstellung praktisch immer zu einem Wertverfall des zu verkaufenden Unternehmens, selbst bei reiner Veräußererinsolvenz.[409]

1. Asset Deal und Share Deal

Beim Erwerb eines Krisenunternehmens treten zu den zahlreichen Kriterien für die Entscheidung zur Strukturierung eines Unternehmenserwerb als Share Deal oder Asset Deal weitere Überlegungen. Gerät ein Unternehmen in die Krise oder gar Insolvenz, unterliegen seine Stakeholder – Gesellschafter, Geschäftsführer, Geld- und Warenkreditgeber, ggf. Insolvenzverwalter oder Sachwalter – besonderen rechtlichen Pflichten, welche die Entscheidungsfindung beeinflussen. Zu nennen sind insbesondere die strafbewehrte Pflicht der Geschäftsführer zur Insolvenzantragstellung (§ 15a InsO), Bankrottdelikte (§ 283 ff. StGB), Zahlungsverbote (§ 64 GmbHG), Gläubiger- bzw. Insolvenzanfechtung (§ 1 AnfG; §§ 129 ff. InsO), das Verbot von die Rechte eines Insolvenzverwalters nach §§ 103 ff. InsO einschränkenden Vereinbarungen (sog. Lösungsklauseln) (§ 119 InsO) sowie von der Rechtsprechung hergeleitete Pflichten wie bspw. die Pflicht zur Prüfung der Sanierungsfähigkeit vor Vergabe eines Sanierungskredits.[410] 268

Aber auch zahlreiche Vorschriften aus dem Arbeits- (§ 613a BGB), Steuer- (§§ 69, 75 AO) und Handelsrecht (§ 25 HGB) gewinnen im Zusammenhang mit dem Erwerb eines Krisenunternehmens eine gesteigerte Bedeutung. 269

2. Rechtliche Risiken für Erwerber

a) Insolvenzspezifische Risiken. An insolvenzspezifischen Risiken bestehen für den Erwerber von einem Krisenunternehmen bzw. eines Krisenunternehmens vornehmlich (Insolvenz-)Anfechtungsrisiken und das Risiko der Erfüllungsablehnung durch einen späteren Insolvenzverwalter des Veräußerers. 270

aa) (Insolvenz-)Anfechtung. Hauptrisiko für den Erwerber ist die spätere Anfechtung des Erwerbs. Die insoweit relevantere Insolvenzanfechtung dient der Rückführung von Vermögensabflüssen beim Verkäufer in einem bestimmten Zeitraum vor Insolvenzantragstellung (zwischen einem Monat und zehn Jahren), um das abgeflossene Vermögen wieder sämtlichen Gläubigern zur anteiligen Befriedigung zur Verfügung zu stellen. Sie dient der Umsetzung des insolvenzrechtlichen Ziels der Gläubigergleichbehandlung *(par condicio creditorum)*. Daneben gibt es noch die Einzelgläubigeranfechtung nach dem Anfechtungsgesetz (AnfG). Diese dient der Befriedigung von Gläubigern mit titulierten Forderungen, welche erfolglos versucht haben, in das Vermögen des Schuldners zu vollstrecken. Wesentlicher Unterschied zur Insolvenzanfechtung ist, dass die Veräußerung nicht rückabgewickelt wird, sondern nur gegenüber dem anfechtenden Gläubiger relativ unwirksam ist, dh nur zugunsten des Gläubigers das Eigentum des Veräußerers „fingiert" wird. 271

(1) Gläubigerbenachteiligung als Grundvoraussetzung. Gemeinsame Voraussetzung einer Insolvenzanfechtung ist die Gläubigerbenachteiligung (§ 129 InsO). Unterschieden wird zwischen mittelbarer und unmittelbarer Gläubigerbenachteiligung: Für die mittelbare Gläubigerbenachteiligung reicht es aus, dass ein Gegenstand entzogen wurde, ohne dass es auf eine Gegenleistung ankäme. Bei der unmittelbaren Gläubigerbenachteiligung wird die Gegenleistung einbezogen. 272

Eine Gläubigerbenachteiligung scheidet aus, wenn der veräußerte Gegenstand den Insolvenzgläubigern ohnehin nicht zur Verfügung gestanden hätte. Dies ist zB der Fall, wenn an den veräußerten Gegenständen wirksame Sicherheiten (zB ein Pfandrecht an den 273

---

409 *Laufersweiler/Taupitz* in Theiselmann, Praxishandbuch des Restrukturierungsrechts, 3. Aufl. 2016, Kap. 8, Rn. 5 f.

410 Dazu vorstehend → Rn. 229 ff.

Geschäftsanteilen des veräußerten Unternehmens) bestanden. Der bloße Verlust gesetzlicher Kostenbeiträge nach § 170 InsO begründet keine Gläubigerbenachteiligung.[411] Es ist daher von Vorteil, wenn der Verkauf auf Betreiben (insolvenzfest) besicherter Gläubiger erfolgt.

274 **(2) Rechtsfolge der Insolvenzanfechtung.** Die Schärfe gewinnt die Insolvenzanfechtung aus ihrer Rechtsfolge: Während der Erwerber den Kaufgegenstand (Unternehmen) zurück gewähren muss und für Verschlechterung haftet, ist der Anspruch auf Rückgewähr der Gegenleistung (Kaufpreis) idR eine Insolvenzforderung (§ 38 InsO), dh nur anteilig neben allen anderen Gläubigern des Veräußerers aus der freien Masse zu befriedigen, wenn nicht – wie praktisch nie – ausnahmsweise der Kaufpreis noch unterscheidbar in der Masse vorhanden ist oder diese bereichert ist (§ 143 InsO).

275 **(3) Kongruenzanfechtung (§ 130 InsO).** Anfechtbar sind Erfüllungshandlungen (also die dingliche Übertragung *(Closing),* nicht der Abschluss des zugrundeliegenden Kaufvertrags *(Signing)*), welche in einem Zeitraum von drei Monaten vor Insolvenzantragstellung erfolgten, wenn der Erwerber die Zahlungsunfähigkeit des Veräußerers kannte. Zahlungsunfähigkeit (§ 17 InsO) bedeutet, dass er Veräußerer am Tag der Veräußerung nicht in der Lage ist, mindestens 90 % seiner fälligen Verbindlichkeiten zu bezahlen und dies auch innerhalb von drei Wochen nicht können wird. Im Rahmen der Insolvenzanfechtung greift eine Beweiserleichterung, wonach Zahlungsunfähigkeit vermutet wird, wenn am Tag der Veräußerung eine nicht unwesentliche fällige Forderung unbezahlt war und bis zur Insolvenzeröffnung nicht bezahlt wurde. Die Kenntnis der Zahlungsunfähigkeit wird vermutet, wenn der Erwerber Umstände kennt, die zwingend auf Zahlungsunfähigkeit schließen lassen (§ 130 Abs. 2 InsO).

276 Einem Erwerber, der die Zahlungsunfähigkeit des Veräußerers kennt, ist zu raten, den Kaufvertrag nur zu vollziehen, wenn der Zeitpunkt der Veräußerung nach § 140 InsO mehr als drei Monate zurückliegend fingiert wird[412] oder aber wenn er davon ausgeht, dass ein Bargeschäft (§ 142 InsO) vorliegt[413].

277 **(4) Inkongruenzanfechtung (§ 131 InsO).** Anfechtbar sind Erfüllungshandlungen innerhalb von einem bis drei Monaten vor Insolvenzantragstellung, wenn der Erwerber auf die Leistung keinen Anspruch oder einen Anspruch nicht in dieser Art hatte (sog. Inkongruenz) und die Handlung innerhalb von einem Monat vor Antrag vorgenommen wurde oder der Veräußerer zahlungsunfähig war oder der Erwerber wusste, dass andere Gläubiger möglicherweise nicht mehr voll befriedigt werden könnten. In der Praxis werden inkongruente Leistungen im Rahmen eines Unternehmenskaufs selten vorkommen. Allerdings ist zu beachten, dass eine Erfüllung inkongruent werden kann, wenn der zugrundeliegende Unternehmenskaufvertrag wirksam angefochten wurde.

278 **(5) Unmittelbar nachteilige Rechtshandlung (§ 132 InsO).** § 132 InsO ermöglicht unter den gleichen Voraussetzungen wie § 130 InsO (Zahlungsunfähigkeit des Veräußerers und Kenntnis des Erwerbers; Vornahme innerhalb von drei Monaten vor Antragstellung) die Anfechtung von Rechts*geschäften* des Veräußerers. Zusätzlich ist eine unmittelbare Gläubigerbenachteiligung möglich. Dadurch kann der Abschluss eines Kaufvertrags angefochten werden, bei denen der Wert von Leistung und Gegenleistung nicht gleichwertig ist.[414]

[411] BGH Urt. v. 26.4.2012 – IX ZR 67/09, NJW 2012, 2517 Rn. 28.
[412] Dazu → Rn. 285 ff.
[413] Dazu → Rn. 282 ff.
[414] *Sinhart* in Picot, Unternehmenskauf und Restrukturierung, 4. Aufl. 2013, § 16 Rn. 34; *Laufersweiler/Tauptiz* in Theiselmann, Praxishandbuch des Restrukturierungsrechts, 3. Aufl. 2016, Kap. 8, Rn. 185.

(6) Vorsatzanfechtung (§ 133 Abs. 1 InsO). Schärfster Anfechtungstatbestand ist die Vorsatzanfechtung.[415] Die Anfechtungsfrist beträgt zehn Jahre, bei Erfüllungsgeschäften *(Closing)* immer noch vier Jahre vor Insolvenzantrag. Anfechtbar ist jede mit Gläubigerbenachteiligungsvorsatz vorgenommene Rechtshandlung des Veräußerers, wenn der Erwerber diesen Vorsatz kannte. Diese Kenntnis wird vermutet, wenn der Erwerber die drohende Zahlungsunfähigkeit des Schuldners kannte. Da eine drohende Zahlungsunfähigkeit (§ 18 InsO) bei nahezu jeder Krise des Veräußerers vorliegen wird, kann letztlich bereits die Kenntnis der Krise des Veräußerers zu einem Anfechtungsrisiko führen. Wenn die angefochtene Erfüllungshandlung kongruent ist, gilt die Kenntnis des Gläubigerbenachteiligungsvorsatzes allerdings nur als fingiert, wenn der Käufer die eingetretene Zahlungsunfähigkeit (§ 17 InsO) kannte. **279**

Der Käufer kann außerdem die Fiktion der Kenntnis des Gläubigerbenachteiligungsvorsatzes widerlegen, wenn die Veräußerung Teil eines plausiblen, in Anfängen bereits umgesetzten Sanierungskonzepts war. Hierzu ist erforderlich, dass der Käufer darlegt, wieso er davon ausgehen konnte, dass nach der Veräußerung alle Gläubiger des Veräußerers befriedigt werden können. Der Käufer kann sich dabei auf die Angaben des Schuldners verlassen, muss aber bei Unklarheiten nachfragen[416]. In der Praxis ist es deshalb üblich, dass sich der Käufer ein Sanierungskonzept (meist nach IDW S 6) vorlegen lässt, das unter der Annahme der Durchführung der Transaktion eine nachhaltige Sanierung des Veräußerers vorsieht. **280**

(7) Schenkungsanfechtung (§ 134 InsO). Praktisch selten relevant ist die Schenkungsanfechtung, da der Leistungsaustausch im Rahmen eines gegenseitigen Vertrags regelmäßig kein unentgeltliches Geschäft darstellt. Lediglich bei einem vereinbarten Kaufpreis weit unter dem Marktwert kann eine teilunentgeltliche Leistung angenommen werden. Ist der zugrundeliegende Kaufvertrag unwirksam, ist die dingliche Übertragung (Closing) allerdings eine unentgeltliche Leistung, die aufgrund der vierjährigen Anfechtungsfrist länger durchsetzbar ist als ein Bereicherungsanspruch. **281**

(8) Bargeschäftsprivileg (§ 142 InsO). Die meisten Anfechtungstatbestände entfallen, wenn die angefochtene Rechtshandlung Teil eines Bargeschäfts (§ 142 InsO) war. Hierzu muss eine gleichwertige Gegenleistung in unmittelbarer zeitlicher Nähe – maximal vier Wochen – erfolgen. Wenn beim Closing volle Kaufpreiszahlung und Unternehmensübergang gleichzeitig erfolgen, ist das Merkmal des zeitlichen Zusammenhangs unproblematisch. Wenn allerdings ein Teil des Kaufpreises einbehalten oder auf ein Treuhandkonto (Escrow) gezahlt wird, ist keine Unmittelbarkeit mehr gegeben.[417] Hier muss der Erwerber also Anfechtungs- gegen Gewährleistungsrisiken abwägen. **282**

Zum Nachweis der gleichwertigen Gegenleistung sollte sich der Erwerber eine unabhängige Bewertung geben lassen. Sofern der Erwerber dies nicht auf eigene Kosten erbringen kann oder will und der Veräußerer vor Closing nicht bereit ist, ein evtl. Bewertungsgutachten zur Verfügung zu stellen, kann vereinbart werden, dass der Veräußerer das Bewertungsgutachten nach Closing übergibt oder bei einem Treuhänder verwahrt, von dem der Erwerber im Falle der Verkäuferinsolvenz Herausgabe verlangen kann. **283**

Das Bargeschäftsprivileg gilt nicht für die Inkongruenzanfechtung (§ 131 InsO).[418] Bei der Vorsatzanfechtung (§ 133 Abs. 1 InsO) ist das Bargeschäftsprivileg nicht anwendbar, wenn der Erwerber erkannte, dass der Veräußerer unlauter handelte; da eine Unlauterkeit **284**

[415] Eine gewisse Entschärfung hat der zuvor durch die Rspr. ausgedehnte Anwendungsbereich durch das Gesetz zur Verbesserung der Rechtssicherheit bei Anfechtungen (BGBl. 2017 I S. 654) erfahren, das auf alle nach dem 5.4.2017 eröffnete Insolvenzverfahren Anwendung findet. Die Ausführungen richten sich nach dieser neuen Rechtslage.

[416] Hierzu ausführlich *Pape* ZInsO 2017, 114.

[417] *Laufersweiler/Taupitz* in Theiselmann, Praxishandbuch des Restrukturierungsrechts, 3. Aufl. 2016, Kap. 8, Rn. 190; *Sinhart* in Picot, Unternehmenskauf und Restrukturierung, 4. Aufl. 2013, § 16 Rn. 31 f.; *Blech* in Meyer-Sparenberg/Jäckle Beck'sches M&A-HdB § 61 Rn. 55.

[418] HM, vgl. BGH Urt. v. 13.4.2006 – IX ZR 158/05, NJW 2006, 2701 (2703), Rn. 28 mwN.

selten nachzuweisen sein wird, werden jetzt auch kongruente Deckungshandlungen im Rahmen der Vorsatzanfechtung privilegiert.

285 **(9) Zeitpunkt der Vornahme der angefochtenen Rechtshandlung (§ 140 InsO).** Einen weiteren Schutz kann der Erwerber durch Vorverlagerung des anfechtungsrechtlich relevanten Zeitraums für den Erwerb erlangen. Bei einer aufschiebend bedingten Übertragung des Unternehmens ist bereits der Zeitpunkt des dinglichen Verfügungsgeschäfts maßgeblich (§ 140 Abs. 3 InsO), jedoch nur, wenn die Rechtsstellung des Erwerbers bereits so gesichert ist, dass sie ihm nicht mehr entzogen werden kann. Sämtliche *Closing conditions,* auf deren Erfüllung nur der Veräußerer Einfluss hat, sind daher schädlich. *Closing conditions,* deren Eintritt von einem Dritten abhängt (zB Kartellfreigabe) sollten hingegen unschädlich sein.[419]

286 Praktisch setzt dies jedoch voraus, dass der Veräußerer bereit ist, mit dem Erhalt der Kaufpreiszahlung bis zum Ablauf der relevanten Fristen (idR drei Monate) zu warten.

287 **bb) Nichterfüllungswahl (§ 103 InsO).** Wird über den Veräußerer nach Signing und vor Closing (oder gar nach Closing) ein Insolvenzverfahren eröffnet und ist der Kaufvertrag von beiden Seiten noch nicht vollständig erfüllt, kann der Insolvenzverwalter wählen, ob er an dem Kaufvertrag festhält oder Nichterfüllung wählt; in letzterem Fall sind die Ansprüche des Erwerbers nur Insolvenzforderungen (§ 103 InsO). Abweichungen, die dieses Recht unterlaufen (etwa ein Rücktrittsrecht des Käufers bei Insolvenzantrag des Veräußerers) bergen ein hohes Risiko der Undurchsetzbarkeit (§ 119 InsO)[420]. „Nicht vollständig erfüllt" ist ein Unternehmenskaufvertrag jedenfalls vor Closing; da der Kaufpreis aber idR noch nicht entrichtet ist, trägt der Erwerber hier nur das Risiko des Insolvenzstigmas des Unternehmens. Aber auch nach Closing kann ein Kaufvertrag noch „nicht vollständig erfüllt" sein, wenn etwa ein Teil des Kaufpreises einbehalten wurde oder auf einem Treuhandkonto liegt. Eventuelle Garantien oder *post-closing covenants* des Veräußerers hingegen hindern nicht die vollständige Erfüllung hinsichtlich der Unternehmensübertragung; allerdings kann der Insolvenzverwalter hier teilweise Nichterfüllung wählen (§ 105 InsO).

288 **b) Allgemeine Risiken (nur Asset Deal).** Die nachfolgenden Risiken sind nicht insolvenzspezifisch, sondern treffen jeden Erwerber von Betrieben oder bestimmten Gegenständen. Die Risikoverteilung erfolgt üblicherweise durch Freistellungen des Veräußerers. Da im Fall der Insolvenz des Veräußerers die Freistellung jedoch wertlos ist, ist hierauf beim Asset Deal mit einem Veräußerer in der Krise besonders zu achten.

289 **aa) § 613a BGB.** Der Erwerber eines Betriebs haftet mit Betriebsübergang für alle Pflichten aus dem Arbeitsverhältnis der übergehenden Arbeitnehmer. Zudem gehen sämtliche zum Betrieb gehörenden Arbeitsverhältnisse über; der Erwerber kann nicht auswählen, welche Arbeitsverhältnisse er übernehmen will. Als Betrieb gilt „eine ihre Identität bewahrende Einheit im Sinne einer organisierten Zusammenfassung von Ressourcen zur Verfolgung eines wirtschaftlichen Zwecks". Deren Vorliegen wird anhand einer Gesamtwürdigung vorgenommen. Wesentliches Merkmal ist bei produzierenden Unternehmen der Übergang der Betriebsmittel. Bei betriebsmittelarmen Betrieben (Dienstleistern) kann aber auch schon der Übergang von Immaterialgüterrechten ausreichen.[421] In der Praxis werden zwar im Innenverhältnis zwischen Veräußerer und Erwerber Ausgleichsansprüche vereinbart, falls mehr Arbeitnehmer übergehen als gewollt, diese sind in der Insolvenz des Veräußerers aber nur noch als Insolvenzforderungen durchsetzbar.

---

[419] *Laufersweiler/Taupitz* in Theiselmann, Praxishandbuch des Restrukturierungsrechts, 3. Aufl. 2016, Kap. 8, Rn. 194.

[420] *Blech* in Meyer-Sparenberg/Jäckle Beck'sches M&A-HdB § 61 Rn. 69 ff.

[421] *Henssler* in Picot, Unternehmenskauf und Restrukturierung, 4. Aufl. 2013, § 12 Rn. 8 ff.

bb) § 75 AO. Der Erwerber eines Betriebs haftet für betriebsbezogene Steuern (insbesondere GewSt. und USt.), die seit Beginn des letzten vor Betriebsübergang liegenden Kalenderjahres entstanden sind und bis zum Ablauf eines Jahres nach Anmeldung des Betriebsübergangs beim Finanzamt festgesetzt oder angemeldet wurden. Auch hier sind die in der Praxis im Innenverhältnis vereinbarten Ausgleichsansprüche zwischen Erwerber und Veräußerer in der Insolvenz des Veräußerers aber nur noch als Insolvenzforderungen durchsetzbar. **290**

cc) § 25 HGB. Der Erwerber haftet bei Firmenfortführung für alle im Unternehmen begründeten Verbindlichkeiten, wenn er nicht einen Haftungsausschluss vereinbart und dieser im Handelsregister eingetragen wird. **291**

dd) § 4 BBodSchG. Der Erwerber eines Grundstücks haftet neben dem Veräußerer und dem Verursacher für Altlasten (§ 4 Abs. 2, 3 BBodSchG). Die Behörden sind bei der Auswahl des in Anspruch zu nehmenden Verantwortlichen frei, so dass sie bei Insolvenz des Veräußerers sich an den solventen Erwerber wenden werden. Im Innenverhältnis vereinbarte Ausgleichsansprüche sind wiederum nur Insolvenzforderungen. **292**

ee) Beihilfe- und kartellrechtliche Nachhaftung. (1) Haftung des Erwerbers im Rahmen eines *asset deals* für die Rückforderung unionsrechtswidriger Beihilfen. **293** Ein Haftungsrisiko für den Erwerber eines Krisenunternehmens – sowohl im Falle des Erwerbs aus der Insolvenz als auch vorinsolvenzlich – kann sich auch aus der vormaligen Gewähr unionsrechtswidriger[422] Beihilfen ergeben. Zwar erfolgt die Rückforderung auf Anordnung der Kommission durch die zuwendende nationale Körperschaft und richtet sich grundsätzlich nach nationalem Recht, mithin nach §§ 49a, 48 VwVfG oder ihren landesrechtlichen Entsprechungen.[423] Folglich ist grundsätzlich der Zuwendungsempfänger, also der Veräußerer, Schuldner des Rückgewähranspruchs.[424] Doch ist im Grundsatz anerkannt, dass auch wenn nur Vermögensgegenstände des Rückforderungsschuldners übertragen werden, der Erwerber der Vermögensgegenstände ebenfalls als Rückforderungsschuldner in Betracht kommt.[425] Eine Rückforderung auch vom Erwerber nur der Vermögenswerte ist nämlich gerechtfertigt, wenn der Erwerber selbst durch die unionsrechtswidrige Beihilfe noch begünstigt ist.[426] Denn die Rückforderung der unionsrechtswidrigen Beihilfe bezweckt grundsätzlich die Abschöpfung des vorhandenen Wettbewerbsvorteils.[427] Damit ist eine Abschöpfung auch beim Erwerber zur effektiven Durchsetzung des Unionsrechts geboten, wenn durch den Erwerb der Vermögensgegen-

---

[422] Art. 107 ff. AEUV. Dies gilt insbesondere für sog. Sanierungsbeihilfen, da Beihilfen zum Zwecke der Sanierung nicht von der Allgemeinen Gruppenfreistellungsverordnung umfasst sind, vgl. *Möhlenkamp* ZIP 2014, Beilage zu Heft 44, 1 (3) mwN Als grundsätzlich mit dem Markt vereinbar im Sinne des Art. 107 Abs. 3 AUV und damit nicht als Beihilfe, sieht die Kommission aber regelmäßig solche staatlichen Hilfen für Krisenunternehmen an, die im Einklang mit den Leitlinien der Kommission zu Rettungs- und Umstrukturierungsbeihilfen, vgl. Mitteilung der Kommission 2014/C 249/01 sowie hierzu *Möhlenkamp*,ZIP 2014, Beilage zu Heft 44, 1 (4 ff.).

[423] BVerwG Urt. v. 16.12.2010 – 3 C 44.09, EuZW 2011, 269 Rn. 14; vgl. auch *Sachs* in Stelkens/Bonk/Sachs, Verwaltungsverfahrensgesetz, 9. Aufl. 2018; § 49a Rn. 90 f. Vgl. zum Verlust der VA-Befugnis nach Insolvenzeröffnung zur Festsetzung des Rückforderungsbetrags *Birkemeyer/Meyer* NJW 2015, 2300 (2301) sowie (2302 ff.) zur grundsätzlichen Qualifikation des Rückforderungsanspruchs als Insolvenzforderung gem. § 38 InsO jeweils mwN Vgl. auch BGH Urt. v. 5.7.2007 – IX ZR 256/06, NJW-RR 2008, 429 (431 f.) zur Anfechtbarkeit bereits rückgezahlter Beihilfen.

[424] Vgl. EuGH Urt. v. 20.9.2001 – C-390/98, BeckRS 2004, 76970 Rn. 75 ff. – Banks; EuGH Urt. v. 29.4.2004 – C-277/00, NZI 2004, 392 Rn. 80 – SMI.

[425] EuGH Urt. v. 29.4.2004 – C-277/00, NZI 2004, 392 Rn. 86 – SMI; EuG Urt. v. 19.10.2005 – T-324/00, BeckRS 2005, 70816; *Arhold* EuZW 2006, 42 (43 ff.;.); *Koenig/Wetzel* EuZW 2006, 653 (655 ff.); *Quardt* ZInsO 2014, 20 (21 ff. mwN) aus der Entscheidungspraxis der Kommission. Weitergehend nunmehr auch für die Haftung des Zweiterwerbers EuG Urt. v. 24.9.2019 – T-121/15, BeckRS 2019, 22867, dazu *Jüchser* NZI 2015, 596. Zum Verhältnis der Haftung von Veräußerer und Erwerber *Borchardt* ZIP 2001, 1301 (1308 ff.).

[426] EuGH Urt. v. 29.4.2004 – C-277/00, NZI 2004, 392 Rn. 86 – SMI.

[427] *Koenig/Wetzel* EuZW 2006, 653 (655 f.); *Jüchser* NZI 2015, 596.

stände der unionsrechtswidrige Wettbewerbsvorteil Gegenstand des Erwerbervermögens wird.

294 Nach der Entscheidungspraxis der Kommission ist maßgebliches Kriterium dafür, ob ein unionsrechtswidriger Wettbewerbsvorteil mit dem *asset deal* in das Erwerbervermögen übergegangen und damit auch der Erwerber Rückforderungsschuldner ist, die **wirtschaftliche Identität** des veräußerten mit dem fortgeführten Betrieb.[428]

295 Ob der fortgeführte Betrieb mit den veräußerten Vermögenswerten wirtschaftlich identisch ist, beurteilt sich nach einer im Einzelfall vorzunehmenden Gesamtschau folgender Kriterien[429]:

296 • Gegenstand der Übertragung (insbes. Fortbestand der Belegschaft, Bündelung der Aktiva, Personenidentität der Geschäftsführung, Fortbestand der Unternehmensstrategie)

297 • Übertragung zum Marktpreis (insbes. Veräußerung der Unternehmensgegenstände in einem offenen, transparenten, bedingungs- und diskriminierungsfreien Bieterverfahren unter Geltung des Grundsatzes der Gesamtpreismaximierung[430]

298 • Zeitpunkt der Veräußerung, dh Veräußerung unmittelbar vor der Rückforderungsentscheidung indiziert Umgehungsversuch und kann Erwerberhaftung begründen

299 • Identität der Anteilseigner des Veräußerers und Erwerbers

300 • Ökonomische Folgerichtigkeit der Vermögensübertragung (insbes., ob die Vermögensübertragung dem Ziel der Art. 107 ff. AEUV – Wiederherstellung des Wettbewerbs – entgegensteht).

301 Leitend dürfte dabei der Grundgedanke des Ausgleichs erlangter Wettbewerbsvorteile sein sowie die Vermeidung von Versuchen, der Rückforderung durch Vermögensübertragung zu entgehen.[431] Doch kann von einer konsistenten Entscheidungspraxis der Kommission noch nicht gesprochen werden.[432] Zweckmäßig erscheint daher für den Erwerber eine (wenngleich rechtlich unverbindliche) Auskunft der Kommission zur erwirken, um seine Haftungsrisiken besser abschätzen und gegebenenfalls vertraglich Vorsorge treffen zu können.[433]

302 **(2) Haftung des Erwerbers im Rahmen eines *asset deals* für Bußgelder aufgrund wettbewerbswidriger Absprachen.** Ein nunmehr mit der 9. GWB-Novelle verschärftes[434] Haftungsrisiko besteht beim Erwerb von Vermögensgegenständen eines (Krisen-) Unternehmens, welches wettbewerbswidrig Absprachen zum Marktverhalten getroffen hat.[435] Denn gleich dem europäischen Wettbewerbsrecht[436] kann ebenfalls bei nationalen Sachverhalten der Erwerber auch nur der Vermögensgegenstände eines Kartellanten gem. § 81 Abs. 3c GWB iVm § 30 Abs. 1 und 2 OWiG selbst bußgeldpflichtig werden, wenn der Erwerber der „wirtschaftliche Nachfolger" des Kartellanten[437] ist. Ausreichend für eine eigene Bußgeldpflichtigkeit des Erwerbers dürfte sogar sein, wenn nur die wirtschaftliche Nachfolge in die Vermögensgegenstände der mit der Neuregelung ebenfalls gem. § 81

---

428 Beschluss (EU) 2015/1826 der Kommission v. 15.10.2014 zu der von der Slowakei durchgeführten staatlichen Beihilfe SA. 33797 – (2013/C) (ex 2013/NN) (ex 2011/CP) zugunsten von NCHZ, (Rn. 129), Celex 32015D1826.

429 Vgl. ausführlich *Quardt* ZInsO 2014, 20 (21 ff.); *Jüchser* NZI 2015, 596 (597 ff.); *Koenig/Wetzel* EuZW 2006, 653 (655 f.).

430 *Jüchser* NZI 2015, 596 (597 f.).

431 EuGH Urt. v. 29.4.2004 – C-277/00, NZI 2004, 392 Rn. 86 – SMI; ähnlich *Koenig/Wetzel* EuZW 2006, 653 (655 f.).

432 *Jüchser* NZI 2015, 596 (599); *Quardt* ZInsO 2014, 20 (25).

433 *Rhein* in Eilers/Koffka/Mackensen, Pivate Equity, 2. Aufl. 2012, S. 236 Rn. 25.

434 *Seeliger/Gürer* BB 2017, 195 (196 f.); *Seeliger/de Crozals* ZRP 2017, 37 (39).

435 *Rhein* in *Eilers/Koffka/Mackensen,* Private Equity, 2. Aufl. 2012, S. 236 Rn. 26. Im Anwendungsbereich der VO (EG) 1/2003 kann nach Art. 23 VO (EG) 1/2003 ein entsprechendes Kartellbußgeld verhängt werden.

436 *Gronemeyer/Slobodenjuk* DB 2017, 1010 (1016 mwN); vgl. auch RegE BT-Drs. 18/10207, 94.

437 In der Insolvenz des Kartellanten dürfte die Bußgeldforderung als nachrangige Forderung im Sinne des § 39 Abs. 1 Nr. 3 InsO anzusehen sein, vgl. *Paulus* ZIP 2014, 905 (907 ff.).

Abs. 3a GWB iVm § 30 Abs. 1 OWiG respektive § 81a GWB bußgeldpflichtigen Konzernmuttergesellschaft einer wettbewerbswidrig handelnden Tochter erfolgt.[438] Nach Auffassung des Gesetzgebers orientiert sich der Begriff der wirtschaftlichen Kontinuität dabei am europäischen Wettbewerbsrecht.[439] In Übereinstimmung mit dem vorstehend zum Beihilferecht Ausgeführten, kann also eine Erwerberhaftung insbesondere dann bestehen, wenn *„der ursprünglich verantwortliche Betreiber rechtlich fortfällt oder wirtschaftlich nicht mehr existent"* ist und der *„Erwerber, der die Wirtschaftsgüter der juristischen Person oder Personenvereinigung, deren Leitungsperson, die Ordnungswidrigkeit begangen hat, vollständig oder in Teilen übernimmt und die Geschäftstätigkeit im Wesentlichen fortsetzt"*.[440] Im Unterschied zum europäischen Wettbewerbsrecht, in dem die Höhe der etwaigen Buße auf 10 % des Gesamtumsatzes des erworbenen Unternehmens beschränkt ist[441], kennt das neue nationale Kartellbußgeldrecht eine solche Kappungsgrenze nicht.[442]

Unbesehen der verfassungsrechtlichen Bedenken gegen die Neuregelung[443] besteht also ein nicht zu vernachlässigendes Haftungsrisiko des Erwerbers von (Krisen-) Unternehmen für Kartellbußen.[444] Gerade in kartellanfälligen Branchen sollte der Aspekt etwaiger Kartellverstöße daher einer eingehenden Due Diligence Prüfung unterzogen werden.[445] Weiter scheint zweckmäßig, den Erwerb der Vermögensgegenstände durch eine eigene Tochtergesellschaft durchzuführen, um eine etwaig abgrenzbare Bemessungsgrundlage für Kartellbußen zu schaffen, wenn das Risiko einer Erwerberhaftung nach der Due Diligence nicht ausgeschlossen werden kann.[446] **303**

ff) Haftung für Arbeitnehmererfindungsvergütung (§ 27 ArbnErfG). Hat ein Unternehmen patent- und gebrauchsmusterfähige Erfindungen (§ 2 ArbnErfG) oder technische Verbesserungsvorschläge (§ 3 ArbnErfG), die ein Arbeitnehmer während der Dauer des Arbeitsverhältnisses gemacht hat, in Anspruch genommen (§ 6 ArbnErfG), so steht dem Arbeitnehmer eine angemessene Vergütung zu (§ 9 Abs. 1 ArbnErfG). Diesen Vergütungsanspruch kann der Arbeitnehmer – unabhängig davon, ob sein Arbeitsverhältnis mit übergeht[447] – für die Zeit ab Eröffnung des Insolvenzverfahrens gegen den Erwerber des Betriebs geltend machen, sofern die Inanspruchnahme vor Eröffnung erfolgte (§ 27 Nr. 1 ArbnErfG). **304**

3. Rechtliche Risiken für Veräußerer

a) Anfechtung von Zahlungen auf Gesellschafterdarlehen. Beim Share Deal werden üblicherweise Forderungen des Veräußerers gegen das Unternehmen *(Shareholder Loans)* mit veräußert. Für den Veräußerer besteht in diesem Fall das Risiko, dass der Erwerber die Forderungen einzieht und das Unternehmen später insolvent wird. Zahlungen auf Gesellschafterdarlehen oder diesen gleichgestellte Forderungen, die innerhalb eines Jahres vor Insolvenzantragstellung erfolgen, sind nach § 135 Abs. 1 InsO gegenüber dem Gläubiger anfechtbar. Hat der Gläubiger diese Forderung von einem Altgesellschafter erworben, **305**

[438] *Mäger/v. Schreitter* NZKart 2017, 264 (267).
[439] RegE BT-Drs. 18/10207, 94.
[440] RegE BT-Drs. 18/10207, 94.
[441] EuG Urt. v. 14.7.2016 – T-146/09, NZKart 2016, 434 Rn. 168. – Marineschläuche II (Parker Hannifin).
[442] *Mäger/v. Schreitter* NZKart 2017, 264 (268;); aA wohl *Seeliger/Gürer* BB 2017, 195 (198).
[443] Vgl. *Mäger/v. Schreitter* NZKart 2017, 264 (273 ff. mwN).
[444] Ob und unter welchen Voraussetzungen auch eine Erwerberhaftung für Kartellschadensersatz nach § 33a GWB besteht, ist derzeit soweit ersichtlich ungeklärt. Gegenstand der Diskussion zur Schadensersatzpflichtigkeit nach § 33a GWB ist soweit ersichtlich bislang nur die Konzernhaftung, vgl. *Könen* NZKart 2017, 15 (15 ff.); *Schaber/Stauber* NZKart 2017, 279 (279 f.).
[445] *Rhein* in Eilers/Koffka/Mackensen, Pivate Equity, 2. Aufl. 2012, S. 236 Rn. 26.
[446] *Rhein* in Eilers/Koffka/Mackensen, Pivate Equity, 2. Aufl. 2012, S. 236 Rn. 26.
[447] LG Düsseldorf Urt. v. 10.8.2010 – 4a O 132/09, NZI 2012, 627 (mAnm *Kunzmann*); *Bartenbach/Volz/Kunzmann* in FK-InsO 9. Aufl. 2018 Anh. I § 27 ArbnErfG.

haftet der Altgesellschafter gesamtschuldnerisch mit.[448] Zum Schutz des Veräußerers werden verschiedene Gestaltungen vorgeschlagen:

- Patronatserklärungen, Belassungsverpflichtungen oder Freistellungen des Erwerbers

  Bei dieser auf der Hand liegenden Lösung trägt der Veräußerer allerdings das Solvenzrisiko des Erwerbers.

- Rückzahlung vor Closing durch Gesellschaft

  Hier trägt der Veräußerer zwar ebenfalls ein Anfechtungsrisiko, allerdings hat er immerhin den Betrag zuvor vereinnahmt. Allerdings wird die Liquidität des Unternehmens meistens keine volle Rückzahlung erlauben.

- „Cash Cycle"

  Dies ist eine Erweiterung der vorstehenden Lösung. Bei dieser Lösung zahlt das Unternehmen vor Closing die Forderungen (falls die Liquidität nicht ausreicht, aus Mitteln, die der Erwerber oder ein Dritter zur Verfügung gestellt hat) an den Veräußerer zurück. Der Veräußerer zahlt darauf hin „vorab" auf den Anfechtungsanspruch die Gelder sofort wieder an die Gesellschaft zurück. Die Rechtsprechung hat derlei „Vorauszahlungen" auf den Anfechtungsanspruch aus § 135 InsO anerkannt.[449] Da aber soweit ersichtlich noch keine Rechtsprechung zu dieser Konstellation vorliegt, besteht ein rechtliches Risiko.

- Rückzahlung bei Closing durch Erwerber

  Der Erwerber zahlt als Dritter (§ 267 BGB) für das Unternehmen das Darlehen zurück. Den hierfür erforderlichen Betrag zieht er vom Kaufpreis für die Anteile ab. Diese Lösung ist also nur praktikabel, wenn der Unternehmenswert den Nennwert der Forderung übersteigt.

  Diese Lösung hat den Vorteil, dass keine Leistung des Unternehmens und damit keine Gläubigerbenachteiligung (§ 129 InsO) vorliegt. Die Leistung des Käufers als Dritten benachteiligt allerdings die Gläubiger des Unternehmens, wenn das Unternehmen einen Anspruch gegen den Erwerber auf Ablösung der Forderungen hatte („Anweisung auf Schuld").[450] Aus Sicht des Veräußerers ist daher darauf zu achten, dass der Erwerber als Dritter zahlt, ohne dass das Unternehmen einen Anspruch hierauf hat („Anweisung auf Kredit").

- Einlage der Forderung in die freien Rücklagen

  Der Veräußerer legt die Forderung vor Veräußerung in die freien Rücklagen des Unternehmens ein (§ 272 Abs. 2 Nr. 4 HGB). Ist die Forderung nicht mehr voll werthaltig, dh das Unternehmen zur Rückzahlung nicht in der Lage, ist diese Lösung allerdings nur gangbar, wenn der Konfusionsgewinn aus der Differenz zwischen Nenn- und Teilwert durch steuerliche Verluste des laufenden Geschäftsjahres kompensiert werden kann.[451]

306 **b) Bankrottstraftaten.** Für den Veräußerer besteht außerdem das Risiko, durch Weggabe von Vermögen in der Krise Bankrottstraftaten zu begehen.[452] Voraussetzung hierfür ist allerdings stets die spätere Eröffnung des Insolvenzverfahrens über den Veräußerer (§ 283 Abs. 6 StGB). In Betracht kommen bei Unternehmensveräußerungen die §§ 283 Abs. 1 Nr. 1, 3 und 8 StGB. Danach ist strafbar, wer

- Vermögensgegenstände beiseite schafft (§ 283 Abs. 1 Nr. 1 Alt. 1 StGB),
- in einer anderen, den Anforderungen einer ordnungsgemäßen Wirtschaft grob widersprechenden Weise seinen Vermögensstand verringert (§ 283 Abs. 1 Nr. 8 Alt. 1 StGB), oder

[448] BGH Urt. v. 21.2.2013 – IX ZR 32/12, NJW 2013, 2283.
[449] BGH Urt. v. 4.7.2013 IX ZR 229/12, NJW 2013, 3031.
[450] BGH Urt. v. 28.1.2016 – IX ZR 185/13, NJW 2016, 2115 Rn. 26.
[451] *Greven* BB 2014, 2309 (2312 f.).
[452] Ist der Veräußerer eine juristische Person, trifft die Strafbarkeit deren Geschäftsführer (§ 14 StGB).

- auf Kredit beschaffte Waren oder Wertpapiere erheblich unter ihrem Wert in einer den Anforderungen einer ordnungsgemäßen Wirtschaft widersprechenden Weise veräußert oder sonst abgibt (§ 283 Abs. 1 Nr. 3 StGB),

wenn er drohend zahlungsunfähig, zahlungsunfähig oder überschuldet[453] ist oder durch eine dieser Handlungen seine Zahlungsunfähigkeit oder Überschuldung herbeiführt (§ 283 Abs. 2 StGB).

Ein Beiseiteschaffen kann in einer Veräußerung unter Wert liegen. Umgekehrt scheidet eine Strafbarkeit aus, wenn der Veräußerer eine gleichwertige Gegenleistung erhält.[454] Damit deckt sich die Straflosigkeit teilweise mit dem Bargeschäft (§ 142 InsO)[455]; auch der Veräußerer sollte daher auf eine sachgemäße Bewertung achten. 307

Ist die Unternehmensveräußerung inkongruent und der Veräußerer bereits zahlungsunfähig, liegt bloß eine Gläubigerbegünstigung (§ 283c StGB) vor. Der Erwerber kann als Teilnehmer (§ 27 StGB) strafbar sein, wenn seine Mitwirkung an der inkongruenten Handlung über die bloße Entgegennahme der Leistung hinaus geht.[456] 308

IV. In Court (Investition nach Stellung des Insolvenzantrags)

Anders als in vielen anderen Rechtsordnungen wird durch den Insolvenzantrag das Insolvenzverfahren idR nicht sofort eröffnet. Vielmehr schließt sich an den Antrag das sog. „Insolvenzeröffnungsverfahren" an, dass bei Unternehmen mit Arbeitnehmern regelmäßig drei Monate dauert, um den Insolvenzgeldzeitraum voll auszunutzen. 309

Im eröffneten Insolvenzverfahren geht die Verfügungsbefugnis auf den Insolvenzverwalter über (§ 80 InsO). Die Handlungen des Insolvenzverwalters sind nicht anfechtbar. Lediglich bei sog. „insolvenzzweckwidrigen" Rechtsgeschäften droht die Nichtigkeit. 310

1. Investition im Insolvenzeröffnungsverfahren

a) Asset Deal und Share Deal. Ein Share Deal über die Anteile eines Unternehmens, das sich im Insolvenzeröffnungsverfahren befindet, ist ganz regelmäßig nicht sinnvoll. Ausnahmsweise kann ein Share Deal sinnvoll sein, wenn eine Beseitigung der Insolvenzgründe *vor* Verfahrenseröffnung sichergestellt sind. Eine Rücknahme des Insolvenzantrags ist nämlich bis zur Eröffnung des Insolvenzverfahrens oder Ablehnung des Antrags zulässig (§ 13 Abs. 2 InsO). 311

Regelmäßig wird bereits im Insolvenzeröffnungsverfahren ein Unternehmensverkauf als Asset Deal strukturiert. Grundsätzlich soll das Unternehmen zwar bis zur Entscheidung der Gläubigerversammlung über eine Veräußerung oder Stilllegung im Berichtstermin fortgeführt werden (§ 158 Abs. 1 InsO); in der Praxis ist die frühere Veräußerung, meist unmittelbar nach Verfahrenseröffnung, aber der Regelfall.[457] 312

b) Rechtliche Risiken für Erwerber. Im Insolvenzeröffnungsverfahren trifft das Insolvenzgericht sog. **Sicherungsanordnungen (§ 21 InsO),** darunter regelmäßig die Bestellung eines vorläufigen Insolvenzverwalters[458]. Der vorläufige Insolvenzverwalter wird meist als sog. **„schwacher" vorläufiger Insolvenzverwalter** bestellt, der keine Verfügungsmacht über das Vermögen des Unternehmens hat, sondern Verfügungen des Unternehmens lediglich zustimmen muss (§ 21 Abs. 2 Nr. 2 Alt. 2 InsO). Vor diesem Hintergrund handelt 313

---

453 Obwohl die Begriffe den §§ 17–19 InsO entsprechen, werden diese im Insolvenzstrafrecht teilweise unterschiedlich ausgelegt; vgl. *Niesert/Hohler* NZI 2010, 127 (128).

454 *Niesert/Hohler* NZI 2010, 127 (130).

455 Dazu → Rn. 282 ff.

456 *Niesert/Hohler* NZI 2010, 127 (130).

457 *Denkhaus/Ziegenhagen,* Unternehmenskauf in Krise und Insolvenz, 3. Aufl. 2016, Rn. 281, 1052.

458 Die folgenden Ausführungen gelten auch für Verfügungen des Schuldnerunternehmens im vorläufigen Eigenverwaltungsverfahren, bei dem nur ein vorläufiger Sachwalter bestellt wird (§ 270a Abs. 1 S. 2 InsO).

es sich bei Verfügungen im Insolvenzeröffnungsverfahren mit Zustimmung des vorläufigen Insolvenzverwalters stets um Verfügungen des Schuldners, die grundsätzlich denselben (und aufgrund des bekannten Insolvenzantrags sogar höheren)[459] Risiken unterliegen wie vor Insolvenzantrag. Insbesondere kann der Insolvenzverwalter Verfügungen **anfechten,** denen er als vorläufiger Insolvenzverwalter zugestimmt hat, wenn nicht der Vertragspartner ausnahmsweise schutzwürdiges Vertrauen geltend machen kann.[460] Verfügungen, die ein sog. „starker" vorläufiger Insolvenzverwalter (§§ 21 Abs. 2 Nr. 2 Alt. 1, 22 InsO) vornimmt, also auf den die Verfügungsbefugnis über das Unternehmen übergegangen ist, sind hingegen Masseverbindlichkeiten (§ 55 Abs. 2 InsO) und damit unanfechtbar. In der Praxis werden für besonders kritische Geschäfte sog. **Einzelermächtigungen** erteilt, mit denen der schwache vorläufige Insolvenzverwalter vom Insolvenzgericht für bestimmte Rechtsgeschäfte zur Begründung von Masseverbindlichkeiten ermächtigt wird.[461] Der Erwerber eines Unternehmen im Insolvenzeröffnungsverfahren sollte somit auf einem Beschluss des Insolvenzgerichts, mit dem der „schwache" vorläufige Insolvenzverwalter „erstarkt" wird, oder zumindest auf Erteilung einer Einzelermächtigung bestehen, um das Anfechtungsrisiko zu vermeiden.

314 Der vorläufige Insolvenzverwalter ist außerdem grundsätzlich **nicht** zur **Veräußerung des Unternehmens**[462] berechtigt, da dies eine Verwertungshandlung darstellt, die dem eröffneten Verfahren vorbehalten ist. Ausnahmsweise ist eine Veräußerung mit Zustimmung des Insolvenzgerichts möglich[463]; vorsorglich sollte aber noch die Zustimmung des vorläufigen Gläubigerausschusses und sogar des Schuldners eingeholt werden. Eine fehlende Zustimmung lässt die Wirksamkeit des Unternehmensverkaufs jedoch (außer im Fall einer Insolvenzzweckwidrigkeit[464]) unberührt.[465]

315 Im Übrigen bestehen beim Kauf vom „schwachen" vorläufigen Insolvenzverwalter dieselben Risiken wie beim Kauf vom Veräußerer vor Insolvenzantrag. Die Anfechtungsproblematik ist bei fehlender Einzelermächtigung sogar verschärft, da etliche Anfechtungstatbestände auf die Kenntnis vom Insolvenzantrag oder der Zahlungsunfähigkeit abstellen. Im Insolvenzeröffnungsverfahren greifen auch die zahlreichen „Insolvenzprivilegien" anderer Haftungstatbestände des Asset Deal[466] nicht ein.

2. Investition nach Verfahrenseröffnung

316 **a) Unternehmenskauf im eröffneten Insolvenzverfahren. aa) Verfahrensablauf.** Dem Insolvenzeröffnungsverfahren schließt sich, sofern eine die Verfahrenskosten deckende Masse vorhanden ist, regelmäßig etwa drei Monate nach Insolvenzantrag[467] die Eröffnung

---

[459] *Denkhaus/Ziegenhagen,* Unternehmenskauf in Krise und Insolvenz, 3. Aufl. 2016, Rn. 85.

[460] BGH Urt. v. 9.12.2004 – IX ZR 108/04, NZI 2005, 218.

[461] *Denkhaus/Ziegenhagen,* Unternehmenskauf in Krise und Insolvenz, 3. Aufl. 2016, Rn. 104; *T. Schneider* in Schluck-Amend, Unternehmenskauf in Krise und Insolvenz, Kap. X, Rn. 23.

[462] Die Veräußerung ist abzugrenzen von der Betriebsstilllegung, welche nach § 22 Abs. 1 S. 2 Nr. 2 InsO (wohl nur) der Zustimmung des Insolvenzgerichts bedarf; die Veräußerung ist im Vergleich zur Betriebsstilllegung kein *minus,* sondern ein *majus,* da bei der Betriebsstilllegung die Vermögenswerte in der künftigen Insolvenzmasse bleiben, so zutreffend *Vallender* in Uhlenbruck, InsO, 14. Aufl. 2015, § 22 Rn. 39.

[463] BGH Beschl. v. 12.2.2006 – IX ZB 127/04, NZI 2006, 235 Rn. 24.

[464] → Rn. 331.

[465] Vgl. BAG Urt. v. 27.10.2005 – 6 AZR 5/05, NZI 2006, 310 Rn. 15 zur Wirksamkeit einer Betriebsstilllegung ohne Zustimmung des Insolvenzgerichts.

[466] Dazu → Rn. 317 ff.

[467] Die drei Monate erklären sich daraus, dass dies der Zeitraum ist, für den längstens Insolvenzgeld (§§ 165 ff. SGB III) gezahlt wird. Da das Insolvenzgeld durch Nichtzahlung von Gehältern vor Insolvenz*eröffnung* ausgelöst wird, stellen die vorläufigen Insolvenzverwalter bzw. der Schuldner nach Insolvenz*antrag* regelmäßig Lohnzahlungen ein. Damit die Arbeitnehmer weiterarbeiten, wird der Zeitraum während des Eröffnungsverfahrens durch eine sog. Insolvenzgeldvorfinanzierung überbückt, bei welcher die Arbeitnehmer mit Zustimmung der Bundesagentur für Arbeit ihre (künftigen) Insolvenzgeldforderungen an die finanzierende Bank abtreten.

des Insolvenzverfahrens an. Nach Eröffnung des Insolvenzverfahrens bestimmt das Insolvenzgericht den Berichtstermin (§§ 29 Abs. 1 Nr. 1, 156 InsO), der nicht später als sechs Wochen nach Eröffnung angesetzt werden soll. Zwar soll erst im Berichtstermin die Gläubigerversammlung über einen Unternehmensverkauf abstimmen (§ 157 InsO). In der Praxis ist aufgrund der idR verlustreichen Fortführung nach Eröffnung eine Entscheidung meistens schon vor dem Berichtstermin, oft sogar am Tag der Verfahrenseröffnung nötig. Mit Zustimmung des vorläufigen Gläubigerausschusses kann das Unternehmen daher bereits vor dem Berichtstermin veräußert werden (§ 158 Abs. 1 InsO).

bb) Vorteile des Erwerbs vom Insolvenzverwalter / eigenverwaltenden Schuldner. Mit Insolvenzverfahrenseröffnung geht die Verwaltungsbefugnis über das Vermögen des Schuldners auf den Insolvenzverwalter über (§ 80). Der eigenverwaltende Schuldner behält die Verfügungsbefugnis über sein Vermögen (§ 270 Abs. 1 InsO); auf Antrag der Gläubigerversammlung oder eines Gläubigers kann das Insolvenzgericht anordnen, dass bestimmte Rechtshandlungen nur mit Zustimmung des Sachwalters wirksam sind (§ 277 InsO). 317

(1) Keine Geltung von § 25 HGB. Nach stRspr gilt § 25 HGB nicht beim Unternehmenserwerb vom Insolvenzverwalter, da anderenfalls eine übertragende Sanierung unmöglich wäre.[468] Dasselbe gilt beim Erwerb vom eigenverwaltenden Schuldner.[469] 318

(2) Kein Anfechtungsrisiko). Es besteht kein Anfechtungsrisiko, da nur Handlungen vor Insolvenzeröffnung angefochten werden können (§ 129 Abs. 1 InsO).[470] 319

(3) § 613a BGB beschränkt auf Verbindlichkeiten nach Insolvenzeröffnung. Eine Besonderheit ist die von der Rechtsprechung des BAG entwickelte teleologische Reduktion des Anwendungsbereichs des § 613a BGB. Danach gehen nur solche Verbindlichkeiten aus Arbeitsverhältnissen auf den Betriebserwerber über, die nach Insolvenzeröffnung entstanden sind.[471] Dies vermeidet insbesondere die Übernahme von vor Insolvenzeröffnung erdienten Versorgungsanwartschaften und laufenden Versorgungsleistungen. Für diese steht bei Arbeitnehmern unter bestimmten Voraussetzungen und Grenzen der Pensionssicherungsverein (PSV) ein (§ 7 Abs. 1 BetrAVG), auf den diese Ansprüche im Wege der *cessio legis* übergehen (§ 9 Abs. 2 BetrAVG). Das BAG hat seine Rechtsprechung zur telelogischen Reduktion des § 613a BGB in Bezug auf Pensionsverbindlichkeiten jüngst allerdings selbst infrage gestellt und dem EuGH zur Stellungnahme zu deren Vereinbarkeit mit der Betriebsübergangs-Richtlinie[472] und der Insolvenzschutz-Richtlinie[473] vorgelegt.[474] Je nach Ausgang des Verfahrens drohen hier einem Betriebserwerber also wieder erhebliche Haftungsrisiken für Altverbindlichkeiten. 320

Eine Rückausnahme gilt für Ansprüche auf **Urlaub**[475] und **Urlaubsgeld**[476]; diese sind grundsätzlich auch für vor der Insolvenzeröffnung liegende Zeiträume durch den Erwerber zu erfüllen. 321

---

468 BGH Urt. v. 23.10.2013 – VIII ZR 423/12, NZI 2014, 81 Rn. 17.

469 LAG Hamm Urt. v. 6.4.2016 – 2 Sa 1395/15, NZI 2016, 854 (mAnm *Juratzek*).

470 Vgl. Rn. 331 ff. zur möglichen Unwirksamkeit von Handlungen des Insolvenzverwalters wegen Insolvenzzweckwidrigkeit.

471 StRspr seit BAG Urt. v. 20.6.2002 – 8 AZR 459/01, NZA 2003, 318.

472 RL 2001/23/EG v. 12.3.2001 zur Angleichung der Rechtsvorschriften der Mitgliedstaaten über die Wahrung von Ansprüchen der Arbeitnehmer beim Übergang von Unternehmen, Betrieben oder Unternehmens- oder Betriebsteilen (ABl EG L 82 v. 22.3.2001, 16)

473 RL 2008/94/EG v. 22.10.2008 über den Schutz der Arbeitnehmer bei Zahlungsunfähigkeit des Arbeitgebers (ABl EU L 283 v. 28.10.2008, 36)

474 BAG Vorlagebeschl. vom 16.10.2018 – 3 AZR 139/17 (A), ZIP 2018, 2179

475 BAG Urt. v. 18.11.2003 – 9 AZR 347/03, NZA 2004, 654.

476 LAG Hamm Urt. v. 15.9.2004 – 18 Sa 389/04, NZA-RR 2006, 65

322 **(4) Insolvenzrechtliche Gestaltungsmöglichkeiten).** Im eröffneten Insolvenzverfahren hat der Insolvenzverwalter außerdem zahlreiche Möglichkeiten, das zu verkaufende Unternehmen durch die schnellere Beendigung belastender Dauerschuldverhältnisse attraktiver zu machen.

323 **(a) Kündigung von Mietverhältnissen.** Der Insolvenzverwalter kann Immobilienmieten unabhängig von der vereinbarten Laufzeit mit einer Frist von drei Monaten kündigen (§ 109 Abs. 1 S. 1 InsO). Der Vermieter kann seinen Schaden nur als Insolvenzforderung geltend machen. Der Schaden entspricht der entgangenen Miete bis zur nächsten vertraglichen Kündigungsmöglichkeit abzgl. ersparter Aufwendungen; außerdem trifft den Vermieter eine Schadensminderungspflicht, dh er muss sich um eine Neuvermietung bemühen. Bei anderweitig schwer vermietbaren Immobilien stellt allein schon dieses Recht ein wirksames Druckmittel für Nachverhandlungen mit dem Vermieter dar.

324 **(b) Kündigung von Arbeitsverhältnissen.** Der Insolvenzverwalter kann Arbeitsverhältnisse unabhängig von sonst geltenden längeren Kündigungsfristen mit einer Frist von drei Monaten kündigen (§ 113 InsO). Der allgemeine Kündigungsschutz gilt aber weiter, dh bei Anwendbarkeit des KSchG muss für jeden gekündigten Arbeitnehmer ein Kündigungsgrund vorliegen und die Sozialauswahl muss fehlerfrei sein. Da gerade die Sozialauswahl oft mit den Anforderungen des Erwerbers an die Struktur der künftigen Belegschaft in Konflikt gerät, schränkt die InsO den Kündigungsschutz jedoch an anderen Stellen ein.

325 Bei einer Betriebsänderung, insbesondere Betriebs(teil)stilllegung, kann auf Antrag des Insolvenzverwalters von der Durchführung eines Einigungsstellenverfahrens abgesehen werden, wenn ein Interessenausgleich und Sozialplan nicht innerhalb von drei Wochen zustande kommt (§ 122 InsO). Kommt ein Interessenausgleich nicht zustande, kann der Insolvenzverwalter beim Arbeitsgericht die Feststellung beantragen, dass für bestimmte Arbeitnehmer ein Kündigungsgrund vorliegt; die Sozialauswahl ist dann nur eingeschränkt überprüfbar (§ 126 InsO). Kommt ein Interessenausgleich mit Namensliste zustande, so wird das Vorliegen eines Kündigungsgrunds bei den betroffenen Arbeitnehmern vermutet und die Sozialauswahl ist wiederum nur eingeschränkt nachprüfbar (§ 125 InsO).

326 Die Besonderheit ist, dass der Insolvenzverwalter diese Rechte bereits im Hinblick auf erst künftige Betriebsänderungen durch einen Erwerber vornehmen kann (**„Kündigung nach Erwerberkonzept"**, § 128 InsO). Das Konzept muss allerdings bereits greifbare Formen angenommen haben[477].

327 In der Praxis häufiger für Personalmaßnahmen in der Insolvenz genutzt wird die **Transfergesellschaft** (§ 110 ff. SGB III). Hierbei handelt es sich um eine idR neugegründete Auffanggesellschaft, die mit den Arbeitnehmern des insolventen Unternehmens einen neuen, idR auf 12 Monate befristeten Arbeitsvertrag schließt; gleichzeitig schließt der Arbeitnehmer mit dem insolventen Unternehmen einen Aufhebungsvertrag. Die Arbeitnehmer erhalten von der Transfergesellschaft Transferkurzarbeitergeld (§ 111 SGB III) – idR zwischen 60–67% ihres bisherigen Gehalts und sonstige Förderung (§ 110 SGB III). Der Unterschiedsbetrag zum bisherigen Gehalt sowie Leistungen, die nicht vom Transferkurzarbeitergeld abgedeckt sind (zB Sozialversicherung, Urlaubsgeld und anderen Gratifikationen) (sog. **„Remanenzkosten"**) werden vom Insolvenzverwalter übernommen, der aber regelmäßig vom Unternehmenserwerber einen finanziellen Beitrag erwarten wird oder aber diese Kosten gedanklich von einem gebotenen Unternehmenskaufpreis wieder abziehen wird. Aus Sicht des Erwerbers ist insbesondere auf das **Risiko** einer **Unwirksamkeit** der **Aufhebungsverträge** wegen **Umgehung** des **§ 613a BGB** zu achten. Nach stRspr ist ein Aufhebungsvertrag unwirksam, wenn bei Abschluss

[477] BAG Urt. v. 20.3.2003 – 8 AZR 97/02, NJW 2003, 3506 (3507).

den Arbeitnehmern verbindlich in Aussicht gestellt wurde, dass zumindest ein Teil der Belegschaft übernommen werden würde. Eine solche verbindliche Aussicht liege auch dann vor, wenn der Arbeitnehmer an einem Losverfahren mit einer Wahrscheinlichkeit von 77,9 % der Auswahl teilnimmt. Die Aufhebung muss sich für den Arbeitnehmer als „Risikogeschäft" darstellen, der Aufhebungsvertrag auf ein endgültiges Ausscheiden aus dem Betrieb gerichtet sein. [478] Sofern der Insolvenzverwalter das Risiko des § 613a BGB nicht im Unternehmenskaufvertrag übernimmt, sollte der Erwerber auf einer engen Überwachung der Kommunikation des Insolvenzverwalters mit den Arbeitnehmern bestehen und selbstredend keine eigenen festen Einstellungszusagen abgeben.

cc) Rechtliche Risiken des Erwerbs vom Insolvenzverwalter. (1) Zustimmung der 328
Gläubigerorgane. Eine **Veräußerung des Unternehmens** oder eines **Betriebs** bedarf grundsätzlich folgender Zustimmungen:

- regelmäßig des (vorläufigen) **Gläubigerausschusses** oder – nur falls kein (vorläufiger) Gläubigerausschuss bestellt ist – der Gläubigerversammlung (§ 160 Abs. 2 Nr. 1 InsO);
- bei Veräußerung an sog. **„Insider"** oder **Gläubiger** mit mehr als 20 % Forderungen der **Gläubigerversammlung** (§ 162 InsO). „Insider" in diesem Zusammenhang ist, wer entweder selbst oder mit mindestens 20 % am Erwerber beteiligt eine dem Schuldner nahestehende Person (§ 138 InsO) ist. „Nahestehende Person" ist bei einem Schuldner, der nicht natürliche Person ist,
  - jedes Organmitglied (Geschäftsführer/Vorstand und Aufsichtsrat);
  - jeder Gesellschafter mit mehr als 25 % Anteil;
  - jede Person, die sich aufgrund einer vergleichbaren gesellschaftsrechtlichen oder dienstvertraglichen Verbindung über die wirtschaftlichen Verhältnisse des Schuldners informieren können (zB leitender kaufmännischer Angestellter; Steuerberater des Schuldners);
  - jede Person, die mit einer der vorgenannten Personen:
    - verheiratet ist oder bis vor weniger als einem Jahr war;
    - verwandt ist (oder mit deren Ehegatten) in auf-/absteigender Linie oder als Geschwister (und jeweils deren Ehegatten);
    - bis vor weniger als einem Jahr in häuslicher Gemeinschaft gelebt hat.

Das Fehlen der Zustimmung führt aber nicht zur Unwirksamkeit (§ 164 InsO). In der 329
Praxis werden die Unternehmenskaufverträge trotzdem regelmäßig zwar vor Zustimmung geschlossen, aber unter der aufschiebenden Bedingung von deren Erhalt.

Muss die Gläubigerversammlung zustimmen, so stellt dies wegen der mindestens drei- 330
tägigen **Einberufungsfrist** (§§ 4 InsO iVm 217 ZPO) unter Hinzurechnung der Zweitagesfrist bei der öffentlichen Bekanntmachung (§ 9 Abs. 1 S. 3 InsO) bisweilen bereits ein logistisches Problem dar, va wenn die Veräußerung schnell nach Eröffnung erfolgen muss. Die Zustimmung der Gläubigerversammlung erfolgt mit einfacher Summenmehrheit (§ 76 Abs. 2 InsO). Ein überstimmter Gläubiger kann gegen den Beschluss der Gläubigerversammlung Antrag auf Aufhebung durch das Insolvenzgericht (§ 78 InsO) und bei (wie regelmäßig) Ablehnung des Antrags **sofortige Beschwerde** erheben. Die sofortige Beschwerde gegen die Ablehnung der Aufhebung hat zwar keine aufschiebende Wirkung, dh der Beschluss und somit der Unternehmenskaufvertrag können (und werden in der Praxis auch) vollzogen werden (§§ 6, 4 InsO iVm 570 Abs. 1 ZPO).[479] Im Unternehmenskaufvertrag sollte der Erwerber dennoch darauf achten, dass aufschiebende Bedingung nur der Zustimmungsbeschluss selbst und nicht dessen formelle Rechtskraft ist.

[478] BAG Urt. v. 25.10.2012 – 8 AZR 575/11, NZA 2013, 203; zu Transfergesellschaften ausführlich *Thum* BB 2013, 1525; *Heckschen* in Reul/Heckschen/Wienberg, Insolvenzrecht in der Gestaltungspraxis, 2. Aufl. 2018, Rn. 1444 ff. mwN.

[479] *Plathner* in KölnerKommInsO § 78 Rn. 19.

331 **(2) Insolvenzzweckwidrigkeit.** Handlungen des Insolvenzverwalters (oder eigenverwaltenden Schuldners[480]), die gegen die Zwecke des Insolvenzverfahrens (§ 1 S. 1 InsO), insbesondere die *par condicio creditorum,* verstoßen, sind **unwirksam,** wenn

- die **Zweckwidrigkeit** des Handelns des Insolvenzverwalters **evident** ist und
- dem Geschäftspartner sich dies ohne weiteres **aufdrängen** musste[481].

332 Die Unwirksamkeit erstreckt sich auf Verpflichtungs- und Verfügungsgeschäft. Im Wesentlichen betrifft diese Rechtsprechung Fälle, in denen der Insolvenzverwalter Vereinbarungen trifft, die einem Beteiligten ohne entsprechende Gegenleistung einen Vorteil zukommen lassen, der diesem eine bessere Befriedigung ermöglicht, als ihm ohne diese Vereinbarung zugestanden hätte. Beispielsfälle sind[482]:

- Handeln im Eigeninteresse (Vereinbarung von Vergütungszahlungen oder „kick-backs"; Vergabe von Aufträgen an verbundene Unternehmen)
- Schenkungen aus oder „Verschleudern" der Insolvenzmasse
- Spekulationsgeschäfte
- Anerkennung nicht bestehender Rechte
- Vergleich trotz klarer Rechtslage ohne ausgleichendes Entgegenkommen[483] oder bei „völlig krassem" Hinwegsetzen über eine eindeutige Rechtslage[484]
- Ablösung nicht werthaltiger Rechte („Lästigkeitsprämie")[485]
- Abtretung einer Masseforderung ohne kompensierende Gegenleistung
- Verzicht auf Masseforderung (Ausnahme: Erkannte Mittellosigkeit des Anspruchsgegners) [486]

333 Bei einem Unternehmenskauf, dem ein Auktionsverfahren vorangegangen ist, dürfte eine Insolvenzzweckwidrigkeit von vorneherein ausscheiden. Anders kann es sein, wenn im Zusammenhang damit stehende Vereinbarungen geschlossen werden, etwa ein Anfechtungsverzicht oder eine Verrechnung von Kaufpreisforderung und Masseverbindlichkeit. Hier ist insbesondere auf eine sorgfältige Dokumentation der erbrachten Gegenleistung zu achten.

334 **b) Investment über Insolvenzplan. aa) Strukturierung.** Soll der Unternehmensträger erhalten bleiben, ist ein Eigenkapital-Investment ohne Mitwirkung der Gesellschafter bei einem Unternehmen deutscher Rechtsform[487] nur über einen Insolvenzplan möglich.[488] Seit Einbeziehung der Altgesellschafter als Beteiligte in das Insolvenzplanverfahren durch das ESUG kann im Insolvenzplan „jede Regelung getroffen werden, die gesellschaftsrechtlich zulässig ist" (§ 225a Abs. 3 InsO). Zur Erlangung einer Gesellschafterstellung durch den Erwerber sind folgende Durchführungswege möglich:

- Kapitalerhöhung gegen Sach- oder Bareinlage (idR kombiniert mit einem vorherigen Kapitalschnitt auf Null[489] und einem Bezugsrechtsausschluss);

---

480 OLG Karlsruhe Urt. v. 14.6.2016 – 8 U 44/15, ZInsO 2016, 1469 (1471); *Pape* in Kübler/Prütting/Bork, InsO, Stand: 74. EL Nov. 2017, § 276 Rn. 21.

481 BGH Urt. v. 25.4.2002 – IX ZR 313/99, ZInsO 2002, 577 (579); nach aA ist keine Evidenz, jedoch grobe Fahrlässigkeit auf Seiten des Geschäftspartners erforderlich, vgl. *Mock* in Uhlenbruck, InsO, 14. Aufl. 2015, § 80 Rn. 82.

482 Vgl. *Pape* ZInsO 2016, 2149; *Smid* FS Pannen, 2015, 691; *Mock* in Uhlenbruck, InsO, 14. Aufl. 2015, § 80 Rn. 82 ff.

483 OLG Karlsruhe Urt. v. 12.8.2013 – 9 U 55/13, NZI 2014, 121 (mAnm *Ganter*).

484 OLG Düsseldorf Urt. v. 20.10.1994, – 6 U 80/94, ZIP 1995, 55.

485 BGH Beschl. v. 20.3.2008 – IX ZR 68/06, NZI 2008, 365.

486 BGH Urt. v. 13.1.1983 – III ZR 88/81, NJW 1983, 2018.

487 Da das Gesellschaftsstatut sich auch im Insolvenzverfahren idR nach dem Gründungsrecht richtet, müssen dessen Vorgaben beachtet werden. Bei Unternehmen ausländischer Rechtsformen kommen deren jeweilige Entschuldungsverfahren (in England zB *Scheme of Arrangement, CVA* → Rn. 156 ff.) in Betracht.

488 Auch mit Mitwirkung der Gesellschafter wird oftmals ein Insolvenzplan oa Entschuldungsverfahren zur Sanierung des Unternehmensträgers erforderlich sein.

489 Bei außerinsolvenzlichen Sanierungskapitalmaßnahmen wird den Altgesellschaftern bei der Kapitalherabsetzung oft ein kleiner Anteil (1–5 %) belassen, um deren Zustimmung zu fördern. Im Insolvenzplan ist

- Übertragung existierender Gesellschaftsanteile (§ 225a Abs. 3 InsO)[490];
- Umwandlungsmaßnahmen (zB Ausgliederung von Unternehmensteilen auf Erwerber; Rechtsformwechsel[491]); oder
- Übertragungsplan *(„liquidating plan"):* Verkauf und Übertragung des Unternehmens durch Insolvenzplan statt Kaufvertrag

In den Fällen, in denen der Rechtsträger erhalten bleiben soll, muss zusätzlich ein **Fortsetzungsbeschluss** gefasst werden, da mit Eröffnung des Insolvenzverfahrens der Rechtsträger als aufgelöst gilt (§§ 60 Abs. 1 Nr. 4 GmbHG / 262 Abs. 2 Nr. 1 AktG). **335**

Praktisch am häufigsten wird ein Eigenkapitalinvestment im Rahmen eines Insolvenzplans über eine Kapitalerhöhung gegen Sach- oder Bareinlagen unter Kapitalschnitt durchgeführt. Anders als beim Debt-Equity-Swap wird ein Equity Investment im Insolvenzplan regelmäßig über eine Barkapitalerhöhung durchgeführt, sodass sich keine Bewertungs- und daran anknüpfende Haftungsfragen stellen. Die Barkapitalerhöhung dient dann – ggf. mit parallel gewährten Darlehen – zugleich als Startliquidität für das restrukturierte Unternehmen.[492] **336**

Der **Erwerber** ist als solcher **nicht Beteiligter** des Insolvenzplanverfahrens. Er hat somit auch kein Anwesenheits- oder Stimmrecht in der Gläubigerversammlung und grundsätzlich auch kein Einsichtsrecht in die Insolvenzakte (§§ 4 InsO iVm 299 ZPO). In der Praxis kommt es allerdings häufig vor, dass potenzielle Investoren Forderungen erwerben, um so zumindest denselben Informationsstand wie Insolvenzgläubiger zu haben, oder aber über ein **Massedarlehen** bereits als New Money-Investor investiert sind. Darüber hinaus wird der Investor im Rahmen des Investorenprozesses darauf bestehen, wie bei einer übertragenden Sanierung eine Due Diligence durchführen zu können. **337**

Dokumentiert wird das Eigenkapitalinvestment im Rahmen eines Insolvenzplans regelmäßig in einer **Investmentvereinbarung** zwischen Investor und Schuldner/Insolvenzverwalter, welche regelmäßig folgende Regelungen enthält: **338**

- Inhalt bzw. Eckpunkte des Insolvenzplans. Meistens wird es sich dabei um einen sog. „Cash Out"-Insolvenzplan[493] handeln, in welchem die Insolvenzgläubiger eine feste Quotenzahlung auf ihre festgestellten Insolvenzforderungen erhalten;
- Verpflichtungen des Schuldners/Insolvenzverwalters im Hinblick auf die Fortführung des Unternehmens bis zum Vollzug des Insolvenzplans *(„pre-closing covenants");*
- Verpflichtung des Investors zum Abschluss einer notariellen Übernahmevereinbarung (§ 55 GmbHG)/schriftlichen Zeichnungsscheins (§ 185 AktG) bzgl. der neuen Anteile (Übernahmeverpflichtung)[494]; diese ist dem Insolvenzplan als Anlage beizufügen (§ 230 Abs. 2 InsO);

---

dies regelmäßig nicht möglich, soll der „cram-down" zur Verfügung stehen (§ 245 Abs. 2 Nr. 2 InsO), da aufgrund der Nachrangigkeit das alte Eigenkapital keinen Wert erhalten darf.

[490] Praktisch dürfte dieser Umsetzungsweg auf Fälle von börsennotierten Gesellschaften beschränkt bleiben, wenn die Börsennotierung erhalten werden soll, da die Gefahr unerkannter Belastungen der Geschäftsanteile durch Rechte von nicht am Insolvenzverfahren Beteiligten besteht; vgl. *Brünkmans* ZIP 2014, 1857 (1863).

[491] Rechtsgeschichte schrieb hier das Verfahren „Suhrkamp", in welchem der Insolvenzplan als einzige Maßnahme den Wechsel der Rechtsform von einer KG in eine AG mit vinkulierten Aktien und genehmigtem Kapital bei voller Befriedigung der Insolvenzgläubiger vorsah, vgl. BGH Beschl. v. 17.7.2014 – IX ZB 13/14, NZI 2014, 751 (755).

[492] Vgl. *Blech* in Meyer-Sparenberg/Jäckle Beck'sches M&A-HdB § 62 Rn. 98.

[493] Begriff nach *Harmann* in Brünkmans/Thole, HdB Insolvenzplan, 1. Aufl. 2016, § 6 Rn. 49.

[494] Alternativ wird zT vorgeschlagen (vgl. *Brünkmans* ZIP 2014, 1857 (1864)), dass die Übernahmevereinbarung unmittelbar bereits vom Investor unterzeichnet und die Bedingungen dort aufgenommen werden (sog. vorgezogene Übernahmeerklärung). Aus Sicht des Investors ist davon abzuraten. Ohnehin ist die Zulässigkeit von Bedingungen (mit Ausnahme einer Befristung der Wirksamkeit) bei GmbH-Übernahmeverträgen umstritten (vgl. *Hermanns* in Michalski/Heidinger/Leible/J. Schmidt, GmbHG, 3. Aufl., GmbHG, 3. Aufl. 2017 § 55 Rn. 17 mwN). Bei der AG führen sie zur Nichtigkeit (§ 185 Abs. 2 Alt. 2 AktG).

- Bedingungen, unter denen der Investor zum Abschluss der Übernahmevereinbarung (§ 55 GmbHG)/Zeichnungsschein (§ 185 AktG) bereit ist. Übliche Bedingungen sind:[495]
  - Rechtskraft des Bestätigungsbeschlusses zum Insolvenzplan und Aufhebung des Insolvenzverfahrens (§ 258 InsO) (ggf. innerhalb eines bestimmten Zeitraums);
  - ggf. Freigabe von Sicherheiten oder Verlängerung von Krediten absonderungsberechtigter Gläubiger;
  - ggf. weitere Sanierungsbeiträge Dritter;
  - ggf. Kartellfreigabe;
  - ggf. Erhalt von verbindlichen Auskünften zur steuerlichen Behandlungen von Sanierungsgewinne;
  - ggf. Erhalt/Umschreibung behördlicher Genehmigungen;
  - ggf. vorherige operative Umstrukturierungsmaßnahmen;
  - Nachweise zur Höhe bzw. Erfüllung von Masseverbindlichkeiten (insbesondere Gerichtskosten und Insolvenz-/Sachwaltervergütung)
  - ggf. Nichterfüllungswahl bestimmter belastender Dauerschuldverhältnisse (§ 103 InsO).
- Garantien werden in der Investorenvereinbarung üblicherweise keine abgegeben. Der Investor kann sich allenfalls indirekt über einen Einbehalt seiner Investitionssumme absichern, der erst nach Ablauf der Verjährungsfristen für Forderungen sog. „Nachzügler" (dazu sogleich) frei gegeben wird.
- Ggf. Regelungen zur Abwicklung des Insolvenzverfahrens durch den Insolvenzverwalter (Quotenauszahlung)

339 Zum Ablauf des Insolvenzplanverfahrens selbst vgl. → Rn. 144 ff.

340 **bb) Rechtliche Risiken.** Das größte rechtliche Risiko für den Eigenkapitalinvestor in einem „Cash Out"-Insolvenzplan besteht im Auftauchen von unbekannten Insolvenzgläubigern (sog. **„Nachzügler"**) mit wesentlichen Forderungen oder in der **nachträglichen Feststellung** zuvor bestrittener Forderungen. Hintergrund ist, dass die Regelungen im Insolvenzplan für alle Insolvenzgläubiger verbindlich sind, auch wenn diese keine Forderung angemeldet haben (§§ 254 Abs. 1, 254b Alt. 1 InsO); umgekehrt können solche Gläubiger aber auch die im Insolvenzplan für ihre Gruppe vorgesehene Leistung fordern. Da es im deutschen Insolvenzrecht anders als in anderen Jurisdiktionen keine Ausschlussfrist für die Forderungsanmeldung *(„bar date")* gibt, können Insolvenzgläubiger jederzeit ihre Forderung nachmelden. Wenn der Planersteller bei Vorbereitung des Insolvenzplans nicht mit der Anmeldung dieser Forderungen gerechnet hat, kann es sein, dass die vom Investor zur Verfügung gestellten Mittel nicht ausreichen, um die Planquote zu erfüllen; es droht dann **Verzug** mit der Planerfüllung (§ 255 InsO), die bei Fehlen einer abweichenden Regelung im Plan sogar zum Wiederaufleben der gesamten ursprünglichen Insolvenzforderung führt.

341 **Ausschlussklauseln** im Insolvenzplan, die von den gesetzlichen Bestimmungen abweichen, insbesondere einen Untergang der Insolvenzplan für Nachzügler vorsehen, sind unwirksam[496]. Zulässig sind lediglich Klauseln, welche den Nachzügler für die Durchsetzung der im Insolvenzplan vorgesehenen Leistung analog § 189 InsO auf den Weg der Leistungsklage statt einer Tabellenfeststellungsklage verweisen[497]. Durch das ESUG wurde allerdings der Schutz des Unternehmens vor Nachzüglern zumindest in einigen Punkten gestärkt:

---

495 *Brünkmans in* Brünkmans/Thole, HdB Insolvenzplan, 1. Aufl. 2016, § 33 Rn. 31.

496 BGH Beschl. v. 7.5.2015 – IX ZB 75/14, NZI 2015, 697 (mAnm *Madaus.*). Der BGH entschied sich damit gegen die Auffassung, die auf Grundlage der Rechtsprechung des BVerfG zu § 14 GesO eine Ausschlussregelung für zulässig hielt, solange eine Wiedereinsetzung möglich war, wenn die Anmeldung ohne Verschulden versäumt wurde.

497 BAG Urt. v. 19.11.2015 – 6 AZR 559/14, NZA 2016, 314.

- *Verkürzte Verjährungsfrist:* Insolvenzforderungen, die nicht bis zum Abstimmungstermin angemeldet wurden, **verjähren** spätestens innerhalb von einem Jahr nach Fälligkeit der Forderung und Rechtskraft des Insolvenzplans (§ 259b InsO). Da der Schutz allerdings an die Fälligkeit anknüpft, greift er nicht bei bedingten oder betagten Forderungen wie zB Gewährleistungen oder Produkthaftung; zT wird sogar vertreten, dass Körperverletzungsschäden bei unverschuldeter Unkenntnis des Insolvenzverfahrens vom Anwendungsbereich des § 259b InsO ausgenommen sein sollen.
- *Vollstreckungsschutz:* Auf Antrag des Schuldners kann das Insolvenzgericht für maximal drei Jahre **Vollstreckungsschutz** hinsichtlich der Leistungen aus dem Insolvenzplan gewähren, wenn anderenfalls die Durchführung des Insolvenzplans gefährdet wäre (§ 259a InsO). Das Unternehmen kann sich so Zeit kaufen, um die Finanzierung der Planleistungen an den Nachzügler sicherzustellen. Bei hohen Nachzüglerforderungen wird dies allerdings
- *Ausschluss des Wiederauflebens:* Der Insolvenzplan kann außerdem vorsehen, dass von der Grundregel des § 255 Abs. 1 InsO abweichend ein erheblicher Verzug mit einer Insolvenzplanleistung **nicht** zu einem **Wiederaufleben** der ursprünglichen Insolvenzforderung führt (§ 255 Abs. 1 S. 1 InsO). Der Investor sollte darauf bestehen, dass eine entsprechende Klausel im Insolvenzplan aufgenommen wird.

Ein weiterer (begrenzter) Schutz kann dadurch erreicht werden, dass die **Quotenauszahlung** an die Insolvenzgläubiger **in zwei Stufen** erfolgt. So kann vorgesehen werden, dass vor Aufhebung des Verfahrens nur ein Teil des vorgesehenen Investmentbetrags und der Rest erst nach Ablauf der Einjahresfrist des § 259b InsO ausgezahlt wird. Umstritten ist hingegen, ob ein Plan auch **flexible Quoten** (auch „Gesamtabgeltungsklauseln" genannt[498]) vorsehen kann, dh nicht die Höhe der Quotenzahlung, sondern nur die Höhe des für die Quotenzahlung auf die dann festgestellten Forderungen zur Verfügung stehenden Betrags angeben kann. Obwohl § 224 InsO einer solchen Regelung nach seinem Wortlaut nicht entgegen steht, hat das AG Hannover einen entsprechenden Insolvenzplan – und später auch den korrigierten Insolvenzplan, der eine Quote „von mindestens 20 %" vorsah – zurückgewiesen, da der Inhalt der Regelungen eines Insolvenzplans einen vollstreckungsfähigen Inhalt erfordere[499]. 342

Falls Anhaltspunkte für mögliche unerkannte Insolvenzforderungen in erheblicher Höhe bestehen (zB Altlasten; deliktische Schäden), sollte der Investor angesichts der vorstehenden Nachzüglerproblematik ein Eigenkapitalinvestment in das Investment allenfalls über einen Asset Deal in Betracht ziehen. 343

cc) Rechtliche Vorteile. Der wesentliche Vorteil des Eigenkapitalinvestments über einen Insolvenzplan verglichen mit einer Investition über einen Asset Deal liegt im **Erhalt des Rechtsträgers** des Unternehmens[500]. Die beim Asset Deal notwendige Zustimmung von Kunden oder Lieferanten zur Vertragsübertragung entfällt; wirtschaftlich vorteilhafte Verträge, die nicht nach §§ 103 ff. InsO oder aufgrund wirksamer Kündigung beendet sind, bleiben erhalten. Der Gesellschafterwechsel berechtigt die Vertragspartner nicht zur Kündigung; entgegenstehende Klauseln („change of control"-Klauseln) sind unwirksam (§ 225a Abs. 4 InsO)[501]. Etwaige rechtsträgerbezogene **öffentlich-rechtliche Genehmigungen** bleiben ebenfalls erhalten (§ 12 GewO). 344

Ein weiterer Vorteil besteht in den insolvenzrechtlichen Gestaltungsmöglichkeiten bzgl. belastender Verträge (§§ 103–116 InsO) und arbeitsrechtlicher Maßnahmen (§ 120 ff. InsO). Da Insolvenzplanverfahren mittlerweile regelmäßig (nicht immer) in Eigenverwaltung 345

498 Begriff nach *Weber* ZInsO 2017, 255.

499 AG Hannover Beschl. v. 30.9.2016 – 902 IN 607/14, ZIP 2016, 2081 mwN; aA *Spliedt* in K. Schmidt, InsO, 19. Aufl. 2016, § 224 Rn. 3; *Weber* ZInsO 2017, 255; *Körner/Rendels* EWiR 2017, 23 unter Hinweis auf BGH Urt. v. 1.12.2011 – III ZR 56/11, ZIP 2012, 1359 Rn. 10.

500 Vgl. *Blech* in Meyer-Sparenberg/Jäckle Beck'sches M&A-HdB, § 62 Rn. 67.

501 Vgl. dazu *Längsfeld* NZI 2014, 734.

(§ 217 ff. InsO) geführt werden, kann der Schuldner so selbst die operative Restrukturierung durchführen, die einen Neustart ermöglichen kann.

346 **c) Ausblick: Europäischer präventiver Restrukturierungsrahmen.** Sofern dies im deutschen Umsetzungsgesetz so vorgesehen wird, wird nach Umsetzung der Richtlinie zur Einführung eines präventiven Restrukturierungsrahmens ein Eigenkapitalinvestment auch über einen Restrukturierungsplan möglich sein.[502]

[502] Vgl. dazu → Rn. 206 ff.

§ 30 Real Estate Investments

Übersicht

Literatur (Buchbeiträge, Aufsätze, Monographien)

Baetge, Jörg/Winkeljohann, Norbert/Haenelt, Timo: Die Bilanzierung des gesellschaftsrechtlichen Eigenkapitals von Nicht-Kapitalgesellschaften nach der novellierten Kapitalabgrenzung des IAS 32 (rev. 2008), DB 2008, S. 1518 ff.

Beermann, Albert/Gosch, Dietmar (Hrsg.): Abgabenordnung/Finanzgerichtsordnung, Kommentar, Loseblattsammlung, Köln (Stand: 144. Ergänzungslieferung Februar 2019).

Bendlinger, Stefan/Görl, Maximilian/Paaßen, Karl-Heinz/Remberg, Meinhard: Neue Tendenzen der OECD zur Ausweitung des Betriebsstättenbegriffs und deren Beurteilung aus Sicht des Maschinen- und Anlagenbaus, IStR 2004, S. 145 ff.

Beutel, David/Oppel, Florian: Mehr Fragen als Antworten nach dem neuen BMF-Schreiben zu § 50d Abs. 3 EStG, DStR 2018, S. 1469 ff.

Birk, Dieter (Hrsg.): Transaktionen Vermögen Pro Bono, Festschrift zum zehnjährigen Bestehen von P+P Pöllath und Partners, München 2008

Blümich, Walter/Ebling, Klaus (Hrsg.): EStG, KStG, GewStG: Einkommensteuer, Körperschaftsteuer, Gewerbesteuer, Kommentar, München (Stand: 145. Ergänzungslieferung Dezember 2018).

Boruttau, Ernst Paul/Loose, Matthias, Grunderwerbsteuergesetz, Kommentar, 19. Auflage, München 2019

Bron, Jan-Frederik: Betriebsbegriff und beschränkte Steuerpflicht im Rahmen der Zinsschrankenregelung der §§ 4h EStG und 8a KStG, IStR 2008, S. 14 ff.

Bron, Jan Frederik: Geänderte Besteuerung von gewerblichen Immobilieneinkünften beschränkt Steuerpflichtiger, DB 2009, S. 592 ff.

Cloer, Adrian/Hagemann, Tobias/Lichel, Andreas/Schmitt, Gerhard: Änderungen für Einkünfte mit Bezug zu deutschem Grundbesitz im Rahmen der beschränkten Steuerpflicht – Entwurf eines Jahressteuergesetzes 2008 – Teil I, BB 2018, S. 1686 ff.

Dörfler, Harald/Vogl, Andreas: Unternehmenssteuerreform 2008: Auswirkung der geplanten Zinsschranke anhand ausgewählter Beispiele, BB 2007, S. 1084 ff.

Dörr, Ingmar/Fehling, Daniel: Gestaltungsmöglichkeiten zum Öffnen der Zinsschranke, Ubg 2008, S. 345 ff.

Dötsch, Ewald/Pung, Alexandra/Möhlenbrock, Rolf (Hrsg.): Kommentar zum Körperschaftsteuergesetz, Umwandlungssteuergesetz und zur internationalen Gewinnabgrenzung, Loseblattsammlung, Stuttgart (Stand: 95. Ergänzungslieferung Februar 2019)

Ernst & Young (Hrsg.): Körperschaftsteuergesetz, Kommentar, Loseblattsammlung, Bonn (Stand: 135. Ergänzungslieferung November 2018)

Farinato, Enrico: Gesetzgeber scheitert erneut am EuGH – was wird aus § 50d Abs. 3 EStG?, jM 2019, S. 68 ff.

Fischer, Hardy/Wagner, Thomas: Das BMF-Schreiben zur Zinsschranke – Überblick/Bewertung/Verbleibende Gestaltungen, BB 2008, S. 1872 ff.

Gebbers, Harald: Betriebsstätte bei Grundstücksvermietung oder –verpachtung, RIW 1975, S. 876 ff.

Glanegger, Peter/Güroff, Georg/Selder, Johannes/Wagner, Ludwig: Gewerbesteuergesetz GewStG, 9. Auflage, München 2017

Gosch, Dietmar: Körperschaftsteuergesetz, 4. Auflage, München 2019

Gosch, Dietmar: Über das Treaty Overriding, Bestandsaufnahme – Verfassungsrecht – Europarecht, IStR 2008, S. 413 ff.

Grotherr, Siegfried: Außensteuerrechtliche Bezüge im Jahressteuergesetz 2007, RIW 2006, S. 898 ff.

Günkel, Manfred/Lieber, Bettina: Ausgewählte Zweifelsfragen im Zusammenhang mit der verschärften Holdingregelung in § 50d Abs. 3 EStG i. d. F. des JStG 2007, Ubg 2008, S. 383 ff.

Hoffmann, Wolf-Dieter: Die Zinsschranke bei mitunternehmerischen Personengesellschaften, GmbHR 2008, S. 113 ff.

Hofmann, Ruth/Hofmann, Gerda: Grunderwerbsteuergesetz, Kommentar, 11. Auflage, Herne 2017

Huschke, Christian/Hartwig, Sybille: Das geplante Jahressteuergesetz 2009: Auswirkungen auf Vermietungseinkünfte beschränkt steuerpflichtiger Kapitalgesellschaften, IStR 2008, S. 745 ff.

Hübschmann, Walter/Hepp, Ernst/Spitaler, Armin: Abgabenordnung und Finanzgerichtsordnung, Kommentar, Loseblattsammlung, Köln (Stand: 251. Ergänzungslieferung März 2019)

Kessler, Wolfgang/Eicke, Rolf: Ausschluss der Kapitalertragsteuererstattung gemäß § 50d Abs. 1a EStG 1990 für „Briefkasten"-Gesellschaften – Anmerkung zu BFH, Urteil vom 29.1.2008, I R 26/06, IStR 2008, S. 364 ff.

Kessler, Wolfgang/Eicke, Rolf: Neue Gestaltungshürden in der Anti-Treaty-Shopping-Regelung des § 50d Abs. 3 EStG, DStR 2007, S. 781 ff.

Kirchhof, Paul (Hrsg.): EStG, Kommentar, 18. Auflage, Köln 2009

Kreft, Michael/Schmitt-Homann, Fabian: Der Rückgriff als schädliche Gesellschafterfremdfinanzierung unter der Zinsschranke, BB 2008, S. 2099 ff.

Kröner, Ilse/Bolik, Andreas: Die Anwendung der Zinsschranke bei vermögensverwaltenden und gewerblichen Personengesellschaften, DStR 2008, S. 1308 ff.

Kußmaul, Heinz/Pfirmann, Armin/Meyering, Stephan/Schäfer, René: Ausgewählte Anwendungsprobleme der Zinsschranke, BB 2008, S. 135 ff.

Lenski, Edgar/Steinberg, Wilhelm/Sarrazin, Viktor: Kommentar zum Gewerbesteuergesetz, Loseblattsammlung, Köln (Stand: 126. Ergänzungslieferung März 2019)

Lieber, Bettina/Wagner, Thomas: Inbound-Investitionen in deutsches Immobilienvermögen aus steuerlicher Sicht, Ubg 2012, S. 229 ff.

Löhr, Dirk: Grundsteuerreform: Abschaffung der Umlagefähigkeit?, BB 2019, S. 91 ff.

Lüdenbach, Norbert/Hoffmann, Wolf-Dieter: Der IFRS-Konzernabschluss als Bestandteil der Steuerbemessungsgrundlage für die Zinsschranke nach § 4h EStG-E, DStR 2007, S. 636 ff.

Lüdicke, Jürgen: Anmerkung zu BMF Schreiben vom 10.7.2007 IV B 1 – S 2411/07/0002 – Entlastungsberechtigung ausländischer Gesellschaften (§ 50d Abs. 3 EStG) bei mehrstufigen Beteiligungsstrukturen, IStR 2007, S. 555 f.

Mensching, Oliver/Tyarks, Marco: Grunderwerbsteuerrechtliche Einführung einer Konzernklausel durch das Wachstumsbeschleunigungsgesetz, BB 2010, S. 87 ff.

Mensching, Oliver: Neufassung des § 49 Abs. 1 Nr. 2 Buchst. f EStG durch das Jahressteuergesetz 2009 – Auswirkungen auf beschränkt steuerpflichtige Investoren, DStR 2009, S. 96 ff.

Pahlke, Armin/Koenig, Ulrich: Abgabenordnung, §§ 1 bis 368 – Kommentar, 2. Auflage, München 2009

Renger, Stefan: Substanzanforderungen des BFH an Zwischengesellschaften erfordern neue Gestaltungen – Anmerkung zu BFH Urteil vom 29.1.2008 – Az.: I R 26/06, BB 2008, S. 1379 f.
Schmidt, Ludwig/Weber-Grellet, Heinrich (Hrsg.): Einkommensteuergesetz (EStG) Kommentar, 38. Auflage, München 2019
Schmitz-Herscheidt, Fabian: Zinsschranke und Gesellschafterfremdfinanzierung bei nachgeordneten Mitunternehmerschaften, BB 2008, S. 699 ff.
Schnitger, Arne: Urteil in den Rs. Deister Holding und Juhler Holding – das Ende des § 50d Abs. 3 EStG, IStR 2018, S. 169 ff.
Tipke, Klaus/Kruse, Heinrich Wilhelm: Abgabenordnung, Finanzgerichtsordnung, Loseblattsammlung, Köln (Stand: 155. Ergänzungslieferung März 2019)
Töben, Thomas/Lohbeck, Allit/Fischer, Hardy: Aktuelle steuerliche Fragen im Zusammenhang mit Inbound-Investitionen in deutsches Grundvermögen, FR 2009, S. 151 ff.
van Lishaut, Ingo/Schumacher, Andreas/Heinemann, Peter: Besonderheiten der Zinsschranke bei Personengesellschaften, DStR 2008, S. 2341 ff.
Wagner, Thomas/Fischer, Hardy: Anwendung der Zinsschranke bei Personengesellschaften, BB 2007, S. 1811 ff.
Wagner, Thomas/Fischer, Hardy: Ausschluss der Kapitalertragssteuererstattung gemäß § 50d Abs. 1a EStG 1990 i. d. F. des StBMG; Durchleitung inländischer Einnahmen durch eine ausländische Basisgesellschaft; Gestaltungsmissbrauch, FR 2008, S. 672 ff.
Watrin, Christoph/Leukefeld, Robert: § 50d Abs. 3 EStG i. d. F. des BeitrRLUmsG ist unionsrechtswidrig – Überarbeitungsbedarf bei der deutschen Anti-Treaty-Shopping Vorschrift (§ 50d Abs. 3 EStG), FR 2018, S. 813 ff.
Winkler, Hartmut/Käshammer, Daniel: Betrieb und Konzern im Sinne der Zinsschranke (§ 4h EStG) – Überlegungen zur Abgrenzung des für die Zinsschranke relevanten Konsolidierungskreises (§ 4h EStG), Ubg 2008, S. 478 ff.

A. Vorbemerkung

Die Bedeutung von Immobilien als Anlageklasse ist nicht zu unterschätzen. Der Immobilienmarkt ist nach den Krisenjahren 2008/2009 bedingt durch das niedrige Zinsniveau der Kreditmärkte schnell zu einem Wachstumstreiber geworden. Das Transaktionsvolumen des Immobilienmarkts lag in Deutschland im Jahr 2017 bei rund 237,7 Mrd. EUR[1]. 1

Seit 2010 sind die Immobilienpreise stark gestiegen, wobei sich seit Ende 2018 erste Marktkorrekturen bereits abzeichnen. 2

Da die Besteuerung des im Wortsinn „unbeweglichen" Vermögens für den Gesetzgeber attraktiv ist und gerade für Kommunen auch eine Hauptfinanzierungsquelle ist, ist die steuerliche Betrachtung regelmäßig einen Schwerpunkt von Immobilieninvestitionen. 3

Die Besteuerung hat maßgeblichen Einfluss auf die Rendite des Investors. Sie bestimmt daher ua auch den Kaufpreis, den ein Investor bereit ist, zum Beispiel in einem Bieterverfahren für ein Immobilienportfolio zu zahlen. Somit muss jede Strukturierung einer Investition von vornherein steuerliche Aspekte berücksichtigen. 4

Aus steuerlicher Perspektive gibt es vier wesentliche Schwerpunkte bei Immobilieninvestitionen in Deutschland: 5

- die laufende Besteuerung des Investments. Hierbei soll ein Schwerpunkt auf (a) die Abzugsfähigkeit von Fremdfinanzierungsaufwendungen, (b) die Besteuerung von Veräußerungsgewinnen sowie (c) die Erstattung/Freistellung von Kapitalertragsteuer (unter Abschnitt B) gelegt werden,
- die Gewerbesteuerpflicht der Erträge in Deutschland und damit insbesondere die Frage, ob im Rahmen der Investition eine Betriebstätte des Investors in Deutschland begründet wird (dazu unter Abschnitt C),
- die Grunderwerbsteuer als ein wichtiger, durch Strukturierung gegebenenfalls vermeidbarer Kostenfaktor, die allerdings erheblichen politischen Veränderungen unterliegt (dazu unter Abschnitt D) und
- Besteuerung ausländischer Investoren, insbesondere ausländischer Immobilienobjektgesellschaften (dazu Abschnitt E).

[1] ZIA Immobilienmarktbericht 2017.

6 Daneben ist die Diskussion über die laufende Objektbesteuerung von Grundvermögen nach der Bundesverfassungsgerichtsentscheidung vom 10.4.2018, mit der die Vorschriften zur Einheitsbewertung für die Bemessung der Grundsteuer als verfassungswidrig erklärt und dem Gesetzgeber bis zum 31.12.2019 eine Neuregelung aufgegeben wurde, voll entbrannt.[2]

B. Schwerpunkt Nr. 1: Laufende Besteuerung/Abzug von Fremdfinanzierungsaufwendungen/Besteuerung von Veräußerungsgewinnen/Kapitalertragsteuer

I. Grundlagen der laufenden Besteuerung von Inbound-Immobilieninvestitionen

7 Ausländische Investoren setzen aus verschiedensten Gründen in der Regel ausländische Kapitalgesellschaften als Akquisitionsgesellschaften ein. Diese Kapitalgesellschaften erwerben unmittelbar, zum Teil aber auch mittelbar über zwischengeschaltete in- oder ausländische Personengesellschaften, das Immobilienvermögen in Deutschland. Im Folgenden soll von dem Grundfall des direkten Erwerbs der Immobilien durch eine ausländische Kapitalgesellschaft ausgegangen werden, sofern nicht ausdrücklich andere Konstellationen beschrieben werden.

1. Steuerpflicht

8 Die nach ausländischem Recht gegründeten und im Ausland verwalteten Kapitalgesellschaften sind mangels Sitz und/oder Ort der Geschäftsleitung mit ihrem Welteinkommen nicht unbeschränkt körperschaftsteuerpflichtig in Deutschland (vgl. § 1 Abs. 1 KStG). Der Ort der Geschäftsleitung befindet sich gemäß § 10 AO am Mittelpunkt der geschäftlichen Oberleitung, dh bei im Ausland gegründeten und dort verwalteten Kapitalgesellschaften regelmäßig im Ausland. Der Finanzverwaltung ist gegebenenfalls eine steuerliche Ansässigkeitsbescheinigung der ausländischen Finanzverwaltung vorzulegen, da diese Indizwirkung für einen im Ausland gelegenen Geschäftsleitungsort entfalten soll.[3]

9 Die Einkünfte aus Vermietung und Verpachtung inländischen Grundbesitzes unterliegen in Deutschland seit 2009

- einer beschränkten Steuerpflicht gemäß § 49 Abs. 1 Nr. 2 lit. f EStG iVm § 15 EStG oder subsidiär
- einer beschränkten Steuerpflicht gemäß § 49 Abs. 1 Nr. 6 EStG iVm § 21 EStG (als Überschusseinkünfte).

10 Einkünfte aus der Veräußerung des Grundbesitzes sind gegebenenfalls als gewerbliche Einkünfte (§ 49 Abs. 1 Nr. 2 lit. f EStG iVm § 15 EStG) oder als private Veräußerungsgeschäfte (§ 49 Abs. 1 Nr. 8 lit. f EStG iVm § 22 Nr. 2 EStG) beschränkt steuerpflichtig.

11 Hierbei ist zu beachten, dass bei denjenigen ausländischen Kapitalgesellschaften, die deutschen Kapitalgesellschaften vergleichbar sind,[4] stets gewerbliche Einkünfte aus der Vermietung/Verpachtung oder Veräußerung fingiert werden (§ 49 Abs. 1 Nr. 2 lit. f S. 2

[2] BVerfG Urt. v. 10.4.2018 – 1 BVL 11/14 ua, NJW 2018, 4904; zur Diskussion bezüglich der Anpassung der Grundsteuer vgl. nur *Löhr* BB 2019, 91. In welche Richtung sich die Reform der Grundsteuer bewegt, war im Zeitpunkt der Drucklegung nicht absehbar.

[3] So ausdrücklich OFD Nordrhein-Westfalen Verfügung v. 5.9.2017 – S 1300 -2010/0007-St 122, BeckVerw NRW 346310. Hiernach sollen ferner durch die Finanzämter Ermittlungen zum Ort der Geschäftsleitung und zum Ort der Verwaltung des Grundbesitzes unter Zuhilfenahme der Erkenntnisse der Informationszentrale für steuerliche Auslandsbeziehungen beim Bundeszentralamt für Steuern (IZA) durchgeführt werden.

[4] Siehe hierzu die Tabelle 1 im Anhang von Bundesministerium der Finanzen: Schreiben betreffend Grundsätze der Verwaltung für die Prüfung der Aufteilung der Einkünfte bei Betriebstätten international tätiger Unternehmen (Betriebstätten-Verwaltungsgrundsätze) v. 24.12.1999 – IV B 4 – S 1300 – 111/99, BStBl. I 1999 S. 1076 (1114 ff.).

EStG). Diese sind als Gewinneinkünfte (§ 2 Abs. 2 Nr. 1 EStG) zu ermitteln.[5] Dabei kann die Gewinnermittlung entweder nach § 4 Abs. 3 EStG als Einnahmenüberschussrechnung oder, sofern eine rechtliche Verpflichtung zur Bilanzierung besteht bzw. eine freiwillige Bilanzierung erfolgt, durch Bestandsvergleich nach § 4 Abs. 1 EStG ermittelt werden. Dabei ist zweifelhaft, ob auch die für die ausländische Kapitalgesellschaft anzuwendenden ausländischen Rechnungslegungsvorschriften eine zwingende Bilanzierung verlangen.[6]

Unklar ist jedoch seit 2009, ob die Regelung zur Folge hat, dass eine einheitliche **12** Ermittlung der Vermietungs- und der Veräußerungseinkünfte zu erfolgen hat oder ob es bei einer getrennten Ermittlung verbleibt.[7] Jedenfalls ist bei den laufenden Einkünften aus der Vermietung[8] ab 2009 ein AfA-Satz von 3% anzuwenden und es besteht unter Umständen die Möglichkeit zur Vornahme von Teilwertabschreibungen bei dauernder Wertminderung. Die Übertragung stiller Reserven auf Reinvestitionsgüter bzw. die Bildung einer Rücklage nach §§ 6b, 6c EStG erscheint indes mangels Betriebsstätte zweifelhaft.[9]

Höchstumstritten war der Umfang des fiktiven Betriebsvermögens ausländischer Kapital- **13** gesellschaften mit inländischem Grundbesitz. Nach Auffassung der Finanzverwaltung sollte hier eine umfassende Auslegung folgen, dass Passivpositionen im Zusammenhang mit dem Erwerb des Immobilienvermögens fiktives Betriebsvermögen sind und Buchgewinne aus der Abzinsung oder dem Verzicht ebenfalls steuerlich zu erfassen sind.[10] Dem haben sich nicht nur die Literatur,[11] sondern auch der Bundesfinanzhof in seiner Entscheidung vom 7.12.2016 entgegengestellt.[12] Der Gesetzgeber hat sich entschieden, diese Situation mit Wirkung für Wertveränderungen in anderen Wirtschaftsgütern nach dem 31.12.2018 zugunsten der Rechtsauffassung mit Einfügung eines neuen S. 4 in § 49 Abs. 1 Nr. 2 lit. f EStG, wonach Wertveränderungen von Wirtschaftsgütern, die mit dem inländischen unbeweglichen Vermögen in wirtschaftlichem Zusammenhang stehen, ebenfalls zu erfassen sind, zu klären.[13]

Für den Fall, dass die Immobilien nicht direkt, sondern vielmehr Anteile an in Deutsch- **14** land ansässigen, bestandshaltenden Immobilienkapitalgesellschaften erworben werden, besteht ebenfalls in der Regel eine beschränkte Steuerpflicht des ausländischen Investors (siehe hierzu die Ausführungen zum Kapitalertragsteuereinbehalt unter → Rn. 43 ff.).

2. Asset vs. Share Deal/Abschreibung

Das zu versteuernde Einkommen wird bei Immobilieninvestitionen maßgeblich durch die **15** steuerlich wirksamen Abschreibungen für Gebäude bestimmt. Die Höhe dieser Abschreibungen hängt von den Anschaffungskosten ab. Bei einem Erwerb des Grundvermögens

---

[5] St. RSp. BFH Urt. v. 5.6.2002 – I R 81/00, BStBl. II 2004 S. 344; BFH Urt. v. 28.1.2004 – I R 73/02, BStBl. II 2005 S. 550; BFH Urt. v. 22.8.2006 – I R 6/06, BFH/NV 2007, 127; zuletzt BFH Urt. v. 7.12.2016 – I R 76/14, BStBl. II 2017 S. 704.

[6] Bejahend OFD Nordrhein-Westfalen Verfügung v. 5.9.2017 – S 1300 -2010/0007-St 122, IStR 2017, 996; Zweifelnd BFH Beschl. v. 15.10.2015 – II BN 93/15, BStBl. II 2016 S. 66; diese Rechtsfrage ist gegenwärtig beim Bundesfinanzhof unter Az. I R 81/16 anhängig, so dass etwaige Einspruchsverfahren bei Hinweis auf vorstehendes Revisionsverfahren ruhen.

[7] so (anscheinend nur für eine Übergangszeit iE) BMF Schreiben v. 16.5.2011 – IV C 3 – S 2300/08/10016, BStBl. I 2011 S. 530; *Gosch* in Kirchhof, Einkommensteuergesetz, EStG § 49 Rn. 46 aE; *Töben/Lohbeck/Fischer* FR 2009, 151 (154); *Mensching* DStR 2009, 96 (98); aA *Reimer* in Blümich EStG/KStG/GewStG EStG § 49 Rn. 191; *Huschke/Hartwig* IStR 2008, 745 (749).

[8] BMF Schreiben v. 16.5.2011 – IV C 3-S 2300/08/10014, BStBl. I 2011 S. 530 Rn. 12.

[9] *Huschke/Hartwig* IStR 2008, 745 (749); *Bron* DB 2009, 592 (594); Kritisch indes *Gosch* in Kirchhof EStG § 49 Rn. 46; Verneinend *Reimer* in Blümich EStG/KStG/GewStG EStG § 49 Rn. 191.

[10] BMF Schreiben v. 16.5.2011 – IV C 3 – S 2300/08/10014, BStBl. I 2011 S. 530 Rn. 9; OFD NRW Verfügung v. 5.9.2017 – S 1300 – 2010/0007 – St 12, IStR 2017, 996 Rn. 3.1.

[11] *Reimer* in Blümich EStG/KStG/GewStG EStG § 49 Rn. 191; *Gosch* in Kirchhof, Einkommensteuergesetz, EStG § 49 Rn. 46; *Lieber/Wagner* Ubg 12, 229.

[12] BFH Urt. v. 7.12.2016 – I R 76/14, BStBl. II 2017 S. 704 mit umfassender Begründung.

[13] Gesetz zur Vermeidung von Umsatzsteuerausfällen beim Handel mit Waren im Internet und zur Änderung weiterer steuerlicher Vorschriften; BGBl. 2018 I Nr. 45.

(Asset Deal) – oder von Anteilen an immobilienhaltenden Personengesellschaften – kann der Erwerber in der Regel einen sog. „Step up" geltend machen (mit der Folge einer erhöhten Abschreibungsbasis, generiert durch die aktuellen Anschaffungskosten). Werden hingegen „nur" die Anteile an einer immobilienhaltenden Kapitalgesellschaft erworben (Share Deal), übernimmt der Erwerber die bisherigen Buchwerte bei der erworbenen Kapitalgesellschaft. Überdies geht ein Share Deal mit dem ertragsteuerlichen Nachteil des Erwerbs latenter Steuerlasten (und latenter Risiken) einher. Käufer sind deshalb häufig nicht bereit, für einen Share Deal einen dem Asset Deal vergleichbaren Kaufpreis zu zahlen.

II. Abzug von Fremdfinanzierungsaufwendungen – Zinsschranke

16 Immobilieninvestitionen durch Private-Equity-Investoren sind unter Ausnutzung des Leverage-Effekts regelmäßig zu einem hohen Anteil fremdfinanziert. 80–95 %-ige Fremdfinanzierungen waren jedenfalls bis zur Finanzmarktkrise keine Seltenheit. Eine derartige Fremdfinanzierung ist betriebswirtschaftlich unproblematisch, wenn stetige Mietzinserlöse zu gut planbaren Cash-flow-Strömen führen, die den entsprechenden Zinsaufwand kompensieren. Jedoch ist eine solche Vorgehensweise nur denkbar, solange auch der Steueraufwand vorhersehbar ist.

17 Mit der Einführung der Zinsschranke im Rahmen der Unternehmensteuerreform 2008 wurde indes eine grundlegende Beschränkung der Abzugsfähigkeit von Zinsaufwendungen etabliert. Folge dieser Neuregelung sind unberechenbare und ungewisse Steuerzahllasten, die die Planbarkeit erschweren und die Bedingungen nicht nur für Inbound-Immobilieninvestitionen in Deutschland im internationalen Vergleich verschlechtert haben.

1. Grundregel der Zinsschranke

18 Nach der Grundregel der Zinsschranke sind Zinsaufwendungen eines „Betriebs" (Einzelunternehmer, Mitunternehmer-Personengesellschaft, Kapitalgesellschaft) in Höhe des Zinsertrags – jeweils bezogen auf ein Wirtschaftsjahr – unbegrenzt steuerlich abziehbar. Sind die Zinsaufwendungen höher als die Zinserträge, darf der überschießende Betrag in Höhe des verrechenbaren EBITDA als steuerlich abzugsfähige Ausgabe geltend gemacht werden. Verrechenbar sind 30 % des steuerlichen Gewinns/Einkommens vor Abschreibungen, Zinsaufwendungen und Zinserträgen (steuerliches EBITDA). Sofern das verrechenbare EBITDA die zu verrechnenden Nettozinsaufwendungen übersteigt, kann es als EBITDA-Vortrag in die folgenden fünf Wirtschaftsjahre vorgetragen werden und dient in diesen Jahren als weiteres Abzugspotential.[14]

19 Die Zinsschranke soll gemäß § 8a Abs. 1 S. 4 KStG auch Anwendung finden auf beschränkt steuerpflichtige Kapitalgesellschaften mit inländischen Überschusseinkünften, obwohl es sich bei diesen grundsätzlich nicht um einen „Betrieb" handelt.[15]

20 Die Zinsschranke erfasst anders als ihre Vorgängerregelung jede Art der Fremdfinanzierung, also auch Bankdarlehen. Die Finanzverwaltung vertritt dabei eine sehr weite Auslegung des Begriffs der Zinsaufwendung und erfasst ua auch Damnum, Disagio sowie Provisionen und Gebühren an den Fremdkapitalgeber als Zinsaufwand iSd der Zinsschrankenregelung.[16]

21 Nicht zum Abzug zugelassene Zinsaufwendungen können in die darauf folgenden Jahren vorgetragen werden. Der Zinsvortrag (sowie ein EBITDA-Vortrag) gehen jedoch bei Auf-

[14] Das Konzept des verrechenbaren EBITDA/EBITDA-Vortrags wurde mit Wirkung ab 2010 durch das Wachstumsbeschleunigungsgesetz vom 22.12.2009 (BGBl. 2009 I S. 3950) eingeführt. Nach der Gesetzeslage sind auch rückwirkend für die Jahre 2007–2009 fiktiv zu berechnende EBITDA-Vorträge ab 2010 verrechenbar.

[15] *Dötsch/Pung* in Dötsch/Jost/Pung/Witt § 8a KStG (URefG 2008), Rn. 31; Förster in Gosch KStG § 8a Rn. 20.

[16] Bundesministerium der Finanzen: Schreiben betreffend Zinsschranke (§ 4h EStG; § 8a KStG) v. 4.7.2008 – IV C 7 – S 2742 – a/07/10001 Rn. 15, BStBl. I 2008 S. 718.

gabe oder Übertragung des „Betriebs" voll und bei Ausscheiden eines Mitunternehmers anteilig unter. Bei Kapitalgesellschaften folgt entsprechend der Regelung des § 8c KStG zu Verlustvorträgen bei einem Übergang von mehr als 50 % der Anteile ein vollumfänglicher Untergang eines Zinsvortrages. Allerdings ist zu berücksichtigen, dass die Regelung des fortführungsgebundenen Verlustvortrags nach § 8d KStG künftig auch für den Zinsvortrag anzuwenden ist. Daher kann bei Kapitalgesellschaften im gleichen Maße wie Verlustvorträge unter den weiteren Voraussetzungen des § 8d KStG ein Untergang verhindert werden.

Die Zinsschranke schlägt auf die Gewerbesteuer durch, dh die nichtabzugsfähigen Zinsaufwendungen sind auch bei der Ermittlung des Gewerbeertrages nicht abzugsfähig. Entgelte für Schulden sind demnach nur noch insoweit der gewerbesteuerlichen Bemessungsgrundlage zu 25 % hinzuzurechnen (§ 8 Nr. 1 lit. a GewStG), als sie bei der Ermittlung des Gewinns abgesetzt wurden. Die wegen der Zinsschranke steuerlich nicht geltend gemachten Zinsen unterliegen dagegen nicht dieser Hinzurechnung. **22**

2. Ausnahmen von der Zinsschranke

Grundsätzlich existieren drei Ausnahmen, bei denen die Zinsschranke keine Anwendung findet und welche – teilweise nur unter zusätzlichen Voraussetzungen – auch von Körperschaften in Anspruch genommen werden können. **23**

a) Ausnahme Nr. 1 – Freigrenze. Die Zinsschranke ist gemäß § 4h Abs. 2 S. 1 lit. a EStG nicht anzuwenden, wenn die Nettozinsaufwendungen eines Betriebs weniger als drei Millionen Euro betragen. In diesem Fall sind alle Zinsen steuerlich abzugsfähig. Auch Zinsaufwendungen, die aus einem aufgebauten Zinsvortrag stammen und daher zeitlich versetzt zum Abzug gebracht werden sollen, sind nach Ansicht der Finanzverwaltung[17] für die Freigrenze zu berücksichtigen. Dies führt dazu, dass ein Betrieb mit laufenden Zinsaufwendungen, sofern er einmal die Freigrenze überschritten hatte, regelmäßig nicht die Chance bekommen wird, diese Grenze in nachfolgenden Jahren zu unterschreiten. **24**

Eine mehrfache Nutzung der Freigrenze mittels Erwerb durch mehrere Gesellschaften (und damit „Betriebe") ist zulässig und sollte auch nicht zu einem Gestaltungsmissbrauch führen.[18] **25**

b) Ausnahme Nr. 2 – Keine Konzernzugehörigkeit. Nach der zweiten Ausnahme ist die Zinsschranke nicht anzuwenden, wenn der Betrieb keinem Konzern angehört (§ 4h Abs. 2 S. 1 lit. b EStG). Diese Ausnahme gilt für Körperschaften jedoch nur, sofern keine schädliche Gesellschafterfremdfinanzierung im Sinne des § 8a Abs. 2 KStG vorliegt (dazu → Rn. 36). **26**

Ein Betrieb gehört zu einem Konzern, wenn er mit einen oder mehreren anderen Betrieben konsolidiert wird oder – falls kein Konzernabschluss vorgenommen wird – konsolidiert werden könnte (§ 4h Abs. 3 S. 5 EStG). Die Konsolidierung richtet sich nach IFRS-Rechnungslegungsstandards oder nachrangig nach dem Standard gemäß dem Handelsrecht eines EU-Mitgliedsstaates oder nach US-GAAP. Eine Konzernzugehörigkeit ist gemäß § 4h Abs. 3 S. 6 EStG auch anzunehmen, wenn die Finanz- und Geschäftspolitik des Betriebs mit einem oder mehreren anderen Betrieben einheitlich bestimmt werden kann (IAS 27). **27**

Eine Konzernzugehörigkeit im Sinne der Zinsschranke soll nach der Gesetzesbegründung auch bereits für die von einer natürlichen Person als Gesellschafter gehaltenen und beherrschten Kapitalgesellschaften angenommen werden können.[19] Die Finanzverwaltung **28**

---

[17] Bundesministerium der Finanzen: Schreiben betreffend Zinsschranke (§ 4h EStG; § 8a KStG) v. 4.7.2008 – IV C 7 – S 2742 – a/07/10001 Rn. 46, BStBl. I 2008 S. 718.

[18] *Dörr/Fehling* Ubg 2008, 345 (351 f.); *Fischer/Wagner* BB 2008, 1872 (1876); im Ergebnis auch Bundesministerium der Finanzen: Schreiben betreffend Zinsschranke (§ 4h EStG; § 8a KStG) v. 4.7.2008 – IV C 7 – S 2742 – a/07/10001, BStBl. I 2008 S. 718 Rn. 6

[19] BR-Drs. 220/07, 79.

will diesen Ansatz auch auf vermögensverwaltende Gesellschaften als Konzernspitzen von solchen sog. Gleichordnungskonzernen erstrecken.[20]

29 Ein Organkreis gilt als ein „Betrieb" im Sinne der Zinsschranke (§ 15 S. 1 Nr. 3 KStG). Der Organträger sowie die Organgesellschaften sind damit nicht als konzernzugehörige Gesellschaften zu betrachten, wenn der handelsrechtliche Konsolidierungskreis mit dem Organkreis übereinstimmt.

30 **c) Ausnahme Nr. 3 – Konzernzugehörigkeit/Keine schädliche -Eigenkapitalquote.** Der dritte Ausnahmefall bezieht sich auf einen „Betrieb" im Konzern. In dieser Konstellation ist die Zinsschranke gemäß § 4h Abs. 2 S. 1 lit. c EStG nicht anzuwenden, wenn der Eigenkapitalquotenvergleich gelingt, dh wenn die Eigenkapitalquote (EK-Quote) des Betriebs gleich oder besser ist als die des Konzerns (mit einer Toleranz von zwei Prozentpunkten).[21] Eine Körperschaft kann nur dann den Eigenkapitalquotenvergleich durchführen, wenn gemäß § 8a Abs. 3 KStG kein konzernzugehöriger Rechtsträger schädlich gesellschafterfremdfinanziert ist (dazu → Rn. 36).

31 Im Grundsatz soll sich die Berechnung der EK-Quoten zunächst anhand der Ausgangsgrößen in IFRS-Abschlüssen richten. Es können auch nachrangig unter bestimmten Voraussetzungen Abschlüsse nach dem Handelsrecht eines EU-Mitgliedsstaates oder nach US-GAAP verwendet werden.

32 Um eine Vergleichbarkeit der Eigenkapitalquoten zwischen Betrieb und Konzern herzustellen, muss grundsätzlich jeweils derselbe Rechnungslegungsstandard zu Grunde gelegt werden. Wenn dies nicht der Fall ist oder wenn für den Betrieb kein handelsrechtlicher Jahresabschluss vorliegt, ist für den Nachweis der Eigenkapitalquote des Betriebs eine Überleitungsrechnung ausreichend, aber auch erforderlich. Diese Überleitungsrechnung ist einer „prüferischen Durchsicht" zu unterziehen (IDW PS 900).

33 Bei sog. Gleichordnungskonzernen sollen nur die beherrschten Betriebe bei der Berechnung der maßgeblichen Vergleichsgröße (Konzern-EK-Quote) zu berücksichtigen sein.[22]

34 Wahlrechte sind im Konzernabschluss und im Einzelabschluss des Betriebs einheitlich auszuüben. Vermögenswerte und Schulden sind einheitlich und bei gesellschaftsrechtlichen Kündigungsrechten ist mindestens das HGB-Eigenkapital anzusetzen.[23]

35 Um die Vergleichbarkeit der EK-Quoten zwischen Einzel- und Konzernabschluss herzustellen, existieren weitere Sonderregelungen (§ 4h Abs. 2 S. 1 lit. c S. 5 und 6 EStG): So ist das Eigenkapital des Betriebs um einen im Konzernabschluss enthaltenen auf den Betrieb entfallenden Firmenwert zu erhöhen. Handelsbilanziell ausgewiesene Sonderposten mit Rücklageanteil sind dem Eigenkapital des Betriebs zur Hälfte hinzuzurechnen. Anteile an anderen Konzerngesellschaften sind bei der Ermittlung des Eigenkapitals des Betriebs zu kürzen. Um Gestaltungen zu unterbinden, werden außerdem Einlagen aus den letzten sechs Monaten vor dem Abschlussstichtag, soweit ihnen Entnahmen oder Ausschüttungen innerhalb von sechs Monaten nach dem Abschlussstichtag gegenüberstehen, kürzend beim Eigenkapital angesetzt. Die Bilanzsumme des Betriebs ist schließlich um Kapitalforderungen zu kürzen, die nicht im konsolidierten Konzernabschluss enthalten sind und denen Verbindlichkeiten (jeder Art) in mindestens gleicher Höhe gegenüberstehen.

---

[20] Bundesministerium der Finanzen: Schreiben betreffend Zinsschranke (§ 4h EStG; § 8a KStG) v. 4.7.2008 – IV C 7 – S 2742 – a/07/10001 Rn. 60, BStBl. I 2008 S. 718.

[21] Die Toleranzschwelle wurde durch das Wachstumsbeschleunigungsgesetz vom 22.12.2009 (BGBl. 2009 I S. 3950) von einem auf zwei Prozentpunkte erhöht.

[22] Bundesministerium der Finanzen: Schreiben betreffend Zinsschranke (§ 4h EStG; § 8a KStG) v. 4.7.2008 – IV C 7 – S 2742 – a/07/10001, BStBl. I 2008 S. 718 Rn. 60.

[23] Diese Regelung wurde notwendig, weil deutsche Personengesellschaften wegen IAS 32.18 regelmäßig kein Eigenkapital nach IFRS ausweisen würden. Mittlerweile wurde eine Neufassung von IAS 32 vom International Accounting Standards Board verabschiedet, welche die Klassifizierung als Eigenkapital bei deutschen Personengesellschaften auch unter IFRS ermöglichen würde (vgl. hierzu *Baetge/Winkeljohann/Haenelt* DB 2008, 1518 ff.).

3. Keine schädliche Gesellschafterfremdfinanzierung

Die oben genannten Ausnahmen *„Keine Konzernzugehörigkeit“* (→ Rn. 23) und *„Konzernzugehörigkeit/Keine schädliche Eigenkapitalquote“* (→ Rn. 26) sind für Körperschaften nur dann anwendbar, wenn keine schädliche Gesellschafterfremdfinanzierung im Sinne von § 8a Abs. 2 und 3 KStG vorhanden ist. **36**

Eine solche schädliche Fremdfinanzierung liegt vor, wenn Vergütungen für Fremdkapital **37**

- einem unmittelbar oder mittelbar zu mehr als einem Viertel am Grund- oder Stammkapital beteiligten Anteilseigner,
- einer diesem nahe stehenden Person (§ 1 Abs. 2 AStG) oder
- einem Dritten, der auf die zuvor genannten Personen zurückgreifen kann,

geschuldet werden und diese Vergütungen mehr als 10 % der Nettozinsaufwendungen **38** der Körperschaft betragen („10 %-Test“). Im Konzernfall muss nicht nur die steuerpflichtige Körperschaft, sondern weltweit jeder dem Konzern zugehörige Rechtsträger den 10 %-Test erfüllen. Liegt bei irgendeinem konzernzugehörigen Rechtsträger eine schädliche Gesellschafterfremdfinanzierung vor, führt dies zur Nichtanwendbarkeit des EK-Quotenvergleichs und damit zum beschränkten Zinsabzug bei den in Deutschland steuerpflichtigen Einkünften aus dem Immobilienvermögen. Für Zwecke des 10 % -Tests sind im Rahmen des § 8a Abs. 3 KStG jedoch nur die Fremdfinanzierungen zu beachten, die von außerhalb des Konzerns erfolgen bzw. bei denen auf Personen außerhalb des Konzerns Rückgriff genommen werden kann (§ 8a Abs. 3 S. 2 EStG).

Bei der Finanzierung durch Dritte ist wegen des weiten Rückgriffsbegriffs eine erhebliche Verschärfung eingetreten. Nach der Gesetzesbegründung soll ein schädlicher Rückgriff bereits dann anzunehmen sein, wenn der Anteilseigner oder die ihm nahestehende Person dem Darlehensgeber gegenüber faktisch für die Erfüllung der Schuld einsteht. Neben Back-to-back-Finanzierungen sollen eine Vielzahl von Gestaltungen getroffen werden.[24] Nach Ansicht der Finanzverwaltung soll darüber hinaus auch die schlichte Anteilsverpfändung zum Rückgriff führen.[25] **39**

4. Probleme bei der Zinsschranke/Offene Fragen

Die Anwendung der Zinsschranke ist begleitet von einer Vielzahl von Unsicherheiten. Im Folgenden sollen nur einige der zahlreichen Probleme exemplarisch aufgezählt werden: **40**

a) Die Frage nach den relevanten Voraussetzungen für die Konzernzugehörigkeit ist nicht beantwortet. Die Konzernzugehörigkeit und der Umfang des Konzerns sind jedoch bei einer auf Eigenkapitalquoten abstellenden Regelung essentiell. In der Literatur wird versucht, eine zweckgemäße Auslegung der einschlägigen § 4h Abs. 3 S. 5 und 6 EStG zu erreichen.[26] Unsicherheit entsteht jedoch insbesondere durch das oben erwähnte, durch die Finanzverwaltung eingebrachte steuerliche Konzern-Konzept des Gleichordnungskonzerns. Diese soll vorliegen, wenn die Finanz- und Geschäftspolitik eines Betriebs mit einem oder mehreren anderen Betrieben einheitlich bestimmt werden könne. Daher könne ein Konzern somit auch vorliegen könne, wenn eine natürliche Person an der Spitze des Konzerns steht und die Beteiligungen an den beherrschten Rechtsträgern im Privatvermögen gehalten werden; auch eine vermögensverwaltend tätige Gesellschaft könne Konzernspitze sein.

---

[24] BR-Drs. 220/07, 124.

[25] Bundesministerium der Finanzen: Schreiben betreffend Zinsschranke (§ 4h EStG; § 8a KStG) v. 4.7.2008 – IV C 7 – S 2742 – a/07/10001, BStBl. I 2008 S. 718 Rn. 83. Zur Kritik an dieser Regelung vgl. ua *Kreft/Schmidt-Hohmann* BB 2008, 2099 ff., die eine Zurückführung des Rückgriffsbegriffs auf zivilrechtliche Dimensionen fordern.

[26] *Lüdenbach/Hoffmann* DStR 2007, 636 ff.; *Dörfler/Vogl* BB 2007, 1084 (1085 ff.); *Hoffmann* GmbHR 2008, 113 ff.; *Winkler/Käshammer* Ubg 2008, 478 (480 ff.).

b) Unklar und umstritten ist, inwieweit die Regelung des § 49 Abs. 1 Nr. 2 lit. f EStG ab 2009 zu einer Fiktion der Betriebseigenschaft im Sinne der Zinsschranke führt.[27]
c) Unsicherheiten entstehen ferner für unterjährige Veränderungen im Konzern. Die Finanzverwaltung versucht zwar Hilfen zu geben zur Auslegung der Konzernzugehörigkeit, zum maßgeblichen Zeitpunkt etc,[28] erfasst jedoch nicht alle Konstellationen befriedigend.[29]
d) Schließlich ist die Anwendung der Zinsschranke auf Personengesellschaften in vielerlei Hinsicht ungeklärt. Fragen im Zusammenhang mit der entsprechenden Anwendung von § 8a KStG (§ 4h Abs. 2 S. 2 EStG), der Aufteilung des Zinsvortrages auf Mitunternehmer oder der Anwendung der Zinsschranke bei ausländischen Tochterpersonengesellschaften seien hier nur beispielhaft genannt.[30]

5. Verfassungsrechtliche Fragestellungen

41 Mit Beschluss vom 18.12.2013 hat der I. Senat des BFH in einem Aussetzungsverfahren entschieden, dass es ernstlich zweifelhaft ist, ob die Einschränkung des Betriebsausgabenabzugs für Zinsaufwendungen durch die Zinsschranke mit Art. 3 Abs. 1 GG vereinbar ist.[31] Durch Beschluss vom 14.10.2015 hat derselbe Senat die Frage der Verfassungsmäßigkeit dem Bundesverfassungsgericht vorgelegt.[32]

42 Für Kapitalgesellschaften und anderen Körperschaften ist allerdings zu berücksichtigen, dass durch den Anwendungsvorrang der ATAD-Richtlinie der Europäischen Union[33] eine Verletzung der Grundrechte infolge des Anwendungsvorrangs des Europarechts nicht mehr geltend gemacht werden kann.

III. Kapitalertragsteuer (§ 50d Abs. 3 EStG)

1. Grundlagen

43 Soweit Immobilien nicht direkt von ausländischen Erwerbsgesellschaften gehalten werden, sondern indirekt über Beteiligungen an deutschen Kapitalgesellschaften, erhalten die Investoren ihre Rendite maßgeblich durch Ausschüttungen aus den erworbenen Gesellschaften. Auch mit diesen Ausschüttungen (und damit nicht nur bei direktem Halten der Immobilien) sind sie im Inland beschränkt körperschaftsteuerpflichtig (§ 49 Abs. 1 Nr. 5 lit. a EStG). Die Körperschaftsteuer gilt gemäß § 32 Abs. 1 Nr. 2 KStG für die Einkünfte eines beschränkt Steuerpflichtigen jedoch als abgegolten, wenn ein Steuerabzug in Gestalt der Kapitalertragsteuer erfolgt.

---

[27] Bejahend Bundesministerium der Finanzen, Schreiben betreffend Einkünfte aus Vermietung und Verpachtung nach § 49 Abs., 1 Nummer 2 Buchstabe f Doppelbuchstabe aa und § 49 Abs. 1 Nummer 6 EStG v. 16.5.2016 – IV C 3 – S 2300/08/10014, BStBl. I 2016 S. 530 Rn. 9; Verneinend *Gosch* in Kirchhof EStG § 49 Rn. 46 m. Vielzahl v. N.

[28] Bundesministerium der Finanzen: Schreiben betreffend Zinsschranke (§ 4h EStG; § 8a KStG) v. 4.7.2008 – IV C 7 – S 2742 – a/07/10001, BStBl. I 2008 S. 718 Rn. 68, 70.

[29] Unklar ist etwa die Anwendung der Bilanzierungs-/Konsolidierungsmaßstäbe für die Frage der Konzernzugehörigkeit bei ausländischen Objektkapitalgesellschaften, die Überschusseinkünfte erzielen oder beispielsweise welche Kriterien im Rahmen von § 8a KStG bei der Abgrenzung der Konzernzugehörigkeit greifen, sofern unterjährige Veränderungen stattfinden.

[30] *Hoffmann* GmbHR 2008, 113 ff. (183 ff.); *Schmitz-Herscheidt* BB 2008, 699 ff.; *Kröner/Bolig* DStR 2008, 1309 ff.; *Wagner/Fischer* BB 2007, 1811 ff.; *Bron* IStR 2008, 14 ff.; *Kußmaul/Pfirmann/Meyering/Schäfer* BB 2008, 135 ff.; *Kröner/Bolik* DStR 2008, 1209 ff., *van Lishaut/Schumacher/Heinemann* DStR 2008, 2341 ff.

[31] BFH Beschl. v. 18.12.2013 – I B 85/13, BFHE 244, 320, BStBl. II 2014 S. 947; dazu Nichtanwendungserlass der Finanzverwaltung Bundesministerium der Finanzen, 13.11.2014 – IV C 2-S 2742-a/07/10001:009, BStBl. II 2014 S. 1516.

[32] BFH Vorlagebeschluss v. 14.10.2015 – I R 20/15, BFHE 252, 44, BStBl. II 2017 S. 1240; anhängig beim BVerfG unter Az. 2 BvL 1/16.

[33] Richtlinie (EU) 2016/1164 des Rates vom 12.7.2016 mit Vorschriften zur Bekämpfung von Steuervermeidungspraktiken mit unmittelbaren Auswirkungen auf das Funktionieren des Binnenmarkts, OJ L 193, 19.7.2016, S. 1–14.

Die Pflicht zum Abzug/Einbehalt von Kapitalertragsteuer auf eine Ausschüttung durch die erworbene Gesellschaft ergibt sich aus §§ 43 Abs. 1 S. 1 Nr. 1 EStG iVm § 20 Abs. 1 Nr. 1 S. 1 EStG, da ein inländischer Kapitalertrag vorliegt. Die Kapitalertragsteuer beträgt 25 % (zuzüglich 5,5 % Solidaritätszuschlag hierauf) der Bruttoausschüttung (§ 43a Abs. 1 S. 1 Nr. 1 EStG). Nach § 44a Abs. 9 EStG besteht jedoch für Dividendenzuflüsse hinsichtlich 2/5 der einbehaltenen Kapitalertragsteuer (= 10 %-Punkte) ein Erstattungsanspruch für die Erwerbergesellschaft als beschränkt steuerpflichtige Körperschaft. Gemäß § 43b EStG wird die Kapitalertragsteuer bei einer Dividende an eine EU-Mutterkapitalgesellschaft zudem nicht erhoben, wenn die Beteiligung an den ausschüttenden Gesellschaften für 12 Monate mindestens 10 % beträgt. Im Grundsatz kommt es dann zu einer Absenkung der Körperschaftsteuer-Belastung auf 0 %.[34] **44**

Allerdings führen weder § 44a Abs. 9 EStG noch § 43b EStG zu einem schlichten Verzicht auf den Einbehalt von Kapitalertragsteuer. Verfahrenstechnisch sind vielmehr gemäß § 50d Abs. 1 EStG der Einbehalt von Kapitalertragsteuer und die spätere Erstattung an den Gläubiger (Erwerbergesellschaft) der nach §§ 43b, 44a Abs. 9 EStG nicht zu erhebenden/zu erstattenden Steuer vorgesehen. Voraussetzung ist dabei ein Antrag des Gläubigers auf amtlich vorgeschriebenem Vordruck beim Bundeszentralamt für Steuern. Gemäß § 50d Abs. 2 EStG kann in den Fällen des § 43b EStG[35] durch die Vorlage einer ebenfalls beim Bundeszentralamt für Steuern zu beantragenden Bescheinigung die Freistellung vom Kapitalertragsteuereinbehalt erreicht werden. **45**

2. Voraussetzungen und Folgen des § 50d Abs. 3 EStG

Problematisch ist indes, dass § 50d Abs. 3 EStG die Entlastungsberechtigung (entweder durch Erstattung nach § 50d Abs. 1 EStG oder durch Freistellung nach § 50d Abs. 2 EStG) in Fällen einer Ausschüttung an eine zwischengeschaltete Auslandsgesellschaft unter bestimmten Voraussetzungen versagt, so dass dann 25 % Kapitalertragsteuer (zuzüglich Solidaritätszuschlag) definitiv, dh ohne Möglichkeit zur Erstattung/Freistellung, erhoben werden würde. **46**

§ 50d Abs. 3 EStG versagt die Entlastung von Kapitalertragsteuer einer ausländischen Gesellschaft unter folgenden Umständen: Sind an der antragstellenden ausländischen Gesellschaft nur entlastungsberechtigte Gesellschafter beteiligt, so ist auch die Gesellschaft vollumfänglich entlastungsberechtigt. Soweit dies nicht der Fall ist, dh soweit nicht entlastungsberechtigte Personen beteiligt sind, kann es zu einer Versagung der Entlastung von Kapitalertragsteuer kommen, sobald nur eine der in § 50d Abs. 3 S. 1 Hs. 2 EStG geregelten Bedingungen eintritt: **47**

- die von der ausländischen Gesellschaft erzielten Bruttoerträge stammen nicht aus einer eigenen Wirtschaftstätigkeit.
- Es bestehen keine wirtschaftlichen oder sonst beachtliche Gründe für die Einschaltung der ausländischen Gesellschaft (§ 50d Abs. 3 S. 1 Nr. 1 EStG).
- Die ausländische Gesellschaft nimmt nicht mit einem für ihren Geschäftszweck angemessen eingerichteten Geschäftsbetrieb am allgemeinen wirtschaftlichen Verkehr teil (§ 50d Abs. 3 S. 1 Nr. 3 EStG).

Mit anderen Worten: Eine ausländische Gesellschaft ist nur dann entlastungsberechtigt, wenn an ihr ausschließlich entlastungsberechtigte Personen beteiligt sind oder sie nachweist, dass die Tatbestandsvoraussetzungen des § 50d Abs. 3 S. 1 Hs. 2 (kumulativ) nicht vorliegen. Falls an der ausländischen funktionslosen Gesellschaft ihrerseits eine (Mutter-) **48**

---

[34] Neben den genannten nationalen Normen kann sich eine Quellensteuerreduktion auch über ein DBA ergeben.

[35] Sowie in qualifizierten DBA-Fällen (Mindestbeteiligung 10 % und Steuerpflicht der Mutterkapitalgesellschaft im anderen Vertragsstaat).

Gesellschaft beteiligt ist, ist entscheidend, ob letzterer die Entlastungsberechtigung zustehen kann.[36]

49 **a) Keine eigene Wirtschaftstätigkeit (§ 50d Abs. 3 S. 1 Hs. 2 EStG).** Soweit Erträge auf Personen entfallen, die nicht entlastungsberechtigt wären, ist weiterhin zu prüfen, ob diese aus einer eignen Wirtschaftstätigkeit stammen. An einer eigenen Wirtschaftstätigkeit fehlt es, soweit die ausländische Gesellschaft ihre Bruttoerträge aus der Verwaltung von Wirtschaftsgütern erzielt oder ihre wesentlichen Geschäftstätigkeiten auf Dritte überträgt, § 50d Abs. 3 S. 3 EStG. Im Ergebnis wirft die Frage der eignen Wirtschaftstätigkeit eine Vielzahl von Abgrenzungsfragen auf, die immer ausgehend vom Einzelfall zu beurteilen sind.[37]

50 **b) Keine wirtschaftlichen oder sonst beachtliche Gründe (§ 50d Abs. 3 S. 1 Nr. 1 EStG).** Wirtschaftlich oder sonst beachtliche Gründe liegen vor, wenn die Einschaltung der antragstellenden ausländischen Gesellschaft nicht lediglich formaler Natur ist. Es kommen nach Auffassung der Finanzverwaltung ua rechtliche, politische oder auch religiöse Gründe in Betracht.

51 Ein wirtschaftlicher Grund fehlt insbesondere, wenn die Gesellschaft überwiegend der Sicherung von Inlandsvermögen in Krisenzeiten dient oder für eine künftige Erbregelung oder für den Aufbau der Alterssicherung der Gesellschafter eingesetzt werden soll. Gründe, die sich aus den Verhältnissen des Konzernverbunds ergeben, wie zB Koordination, Organisation, Aufbau der Kundenbeziehung, Kosten, örtliche Präferenzen oder gesamtunternehmerische Konzeption, sollen nach Auffassung der Finanzverwaltung ebenfalls unbeachtlich sein.[38]

52 **c) Angemessen eingerichteter Geschäftsbetrieb (§ 50d Abs. 3 S. 1 Nr. 3 EStG).** Zur Erfüllung der zweiten Voraussetzung muss die Gesellschaft über einen angemessen eingerichteten Geschäftsbetrieb verfügen, dh es muss ein „greifbares Vorhandensein" nachgewiesen werden (qualifiziertes Personal, Geschäftsräume und technische Kommunikationsmittel).[39] Der Umfang an Substanz, der erforderlich ist, um über einen angemessen eingerichteten Geschäftsbetrieb zu verfügen, soll sich dabei nach dem Geschäftszweck richten. Speziell bei Holdinggesellschaften mit Kapitalanlage- und Finanzierungsfunktionen darf dabei nach Ansicht der neueren Rechtsprechung kein Ausmaß an Substanz gefordert werden, welches für den Betrieb des Geschäfts nicht erforderlich ist.[40]

3. Europarechtskonformität von § 50d Abs. 3 EStG

53 Als zu weit geratene Anti-Treaty-/Directive Shopping Vorschrift stand § 50d Abs. 3 EStG immer unter der Kritik, eine durchgehend europarechtswidrige Norm dazustellen.[41]

54 Die Änderung des Abs. 3 im Jahr 2012 und die damit einhergehende Streichung der 10%-Regel des § 50d Abs. 3 S. 1 Nr. 2 EStG aF konnte daran nichts ändern und nach Vorlage des FG Köln entschied der EuGH schließlich in den Rechtssachen „Deister Holding" und

[36] Bundesministerium der Finanzen: Schreiben betreffend Entlastungsberechtigung ausländischer Gesellschaften (§ 50d Abs. 3 EStG) bei mehrstufigen Beteiligungsstrukturen v. 10.7.2007 – IV B 1 – S 2411/07/0002, IStR 2007, 555 f., mit Anmerkung *Lüdicke.*

[37] Vgl. insoweit ausführlich *Luckey* in ERNST & YOUNG, KStG, 1. Aufl. 1996, 135. Lieferung, § 50d Abs. 3 EStG Rn. 144 ff.

[38] Bundesministerium der Finanzen: Schreiben betreffend Entlastungsberechtigung ausländischer Gesellschaften; Anwendung des § 50d Abs. 3 EStG in der Fassung des Jahressteuergesetzes 2007 v. 3.4.2007 – IV B 1 – S 2411/07/0002, BStBl. I 2007 S. 446 Rn. 5, 9.

[39] Bundesministerium der Finanzen: Schreiben betreffend Entlastungsberechtigung ausländischer Gesellschaften; Anwendung des § 50d Abs. 3 EStG in der Fassung des Jahressteuergesetzes 2007 v. 3.4.2007 – IV B 1 – S 2411/07/0002, BStBl. I 2007 S. 446 Rn. 8.

[40] BFH Urt. v. 29.1.2008 – I R 26/06, FR 2008, 672 ff. mAnm *Wagner/Fischer.*

[41] § 50d Abs. 3 EStG ist nach herrschender Meinung europarechtswidrig, vgl. ua *Heinicke* in Schmidt EStG Rn. 48; *Wied* in Blümich EStG § 50d Rn. 56a; *Kessler/Eicke* DStR 2007, 781 (782); *Kessler/Eicke* IStR 2008, 366 f.; *Grotherr* RIW 2006, 898 (908); *Gosch* IStR 2008, 415.

„Juhler Holding A/S"[42], dass die Regelung des § 50d Abs. 3 S. 1 aF mit der Niederlassungsfreiheit aus Art. 49 AEUV nicht vereinbar war und gegen Sekundärrecht in Gestalt der Richtlinie 90/435/EWG des Rates (Mutter-Tochter-Richtlinie in alter Fassung)[43] verstieß. Er hebt hervor, dass mitgliedschaftliche Regelungen, die die Niederlassungsfreiheit und die Quellensteuerentlastung betreffen zwar zulässig, aber auf die Bekämpfung von Missbrauch beschränkt sind.[44] Die Anforderungen an solche Regelungen bleiben hoch, ein Missbrauch darf nicht pauschal vermutet und dem Steuerpflichtigen muss Gelegenheit zum Gegenbeweis gegeben werden. Dem entspricht § 50d Abs. 3 nicht, die Regelung ist aus Sicht des EuGH zu unspezifisch und unterstellt den Steuerpflichtigen unwiderlegliche Missbrauchsabsichten. Aus den Voraussetzungen des § 50d Abs. 3 EStG allein könne kein Vorliegen einer künstlichen, jeder wirtschaftlichen Realität baren Konstruktion gefolgert werden.[45] Insbes. müsse auch der Gesamtkonzern und nicht allein die in Rede stehende Gesellschaft betrachtet werden.[46] Dies ist gerade mit § 50d Abs. 3 S. 2 EStG nicht vereinbar.

Mit derselben Begründung schloss sich der EuGH am 14.6.2018 den Zweifeln an der Vereinbarkeit mit Unionsrecht im Rahmen einer erneuten Vorlage des FG Köln zur aktuellen Fassung des § 50d Abs. 3 EStG an.[47] Diese steht aus Sicht des EuGH Art. 1 Abs. 2 der neugefassten Mutter-Tochter-Richtlinie[48] und der Niederlassungsfreiheit entgegen. Die Neufassung beseitige weder den pauschalen Missbrauchsverdacht noch sei eine Rechtfertigung der Beeinträchtigung der Niederlassungsfreiheit des Art. 49 AEUV, die in der durch die versagte Quellensteuerbefreiung mögliche Abhaltung der Geschäftsaufnahme in Deutschland zu sehen ist, gegeben.[49] **55**

Aus Sicht des BMF ist nach dieser Entscheidung § 50d Abs. 3 EStG bisher grds. weiter anwendbar, ausgenommen ist § 50d Abs. 3 S. 2 EStG für Veranlagungszeiträume ab 2012[50]. § 50d Abs. 3 S. 1 EStG gelte jedoch nur für Einkünfte, die dem Abzug nach § 50a EStG (va Lizenzgebühren) unterliegen, Entlastungen nach DBA sowie in Fällen des § 44a Abs. 9 EStG.[51] Dagegen wendet sich der Großteil der Literatur, die § 50d Abs. 3 wegen der aufgezeigten Verstöße gegen die Niederlassungsfreiheit als insgesamt unionsrechtswidrig ansehen und daher eine Streichung/grundlegende Reform fordern.[52] **56**

4. Gestaltungen ohne Anwendung von § 50d Abs. 3 EStG

Unter bestimmten Voraussetzungen greifen die Rechtsfolgen von § 50d Abs. 3 EStG jedoch nicht ein. Auf zwei Varianten soll im Folgenden hingewiesen werden: **57**

§ 50d Abs. 3 EStG kann im Ergebnis nicht zu einem definitiven Kapitalertragsteuereinbehalt führen, wenn die Anteile an der grundbesitzhaltenden Kapitalgesellschaft durch eine inländische gewerbliche Personengesellschaft gehalten werden.[53] Im Rahmen der Ver- **58**

---

42 EuGH Urt. v. 20.12.2017 – C504/16, C-613/16, DStR 2018, 119.

43 v. 23.7.1990 über das gemeinsame Steuersystem der Mutter- und Tochtergesellschaften verschiedener Mitgliedstaaten in der durch Richtlinie 2006/98/EG des Rates v. 20.11.2011 geänderten Fassung.

44 EuGH Urt. v. 20.12.2017 – C504/16, C-613/16 Rn. 61 f., DStR 2018, 119.

45 EuGH Urt. v. 20.12.2017 – C504/16, C-613/16 Rn. 73, DStR 2018, 119.

46 EuGH Urt. v. 20.12.2017 – C504/16, C-613/16 Rn. 74, DStR 2018, 119.

47 EuGH Urt. v. 14.6.2018 – C-440/17, DStR 2018, 1479.

48 Richtlinie 2011/96/EU des Rates v. 30.11.2011 über das gemeinsame Steuersystem der Mutter- und Tochtergesellschaften verschiedener Mitgliedstaaten in der durch Richtlinie 2013/13/EU des Rates v. 13.5.2013 geänderten Fassung.

49 EuGH Urt. v. 14.6.2018 – C-440/17 Rn. 48 ff. u. 72 ff., DStR 2018, 1479.

50 Bundesministerium der Finanzen, Schreiben betreffend die Entlastung vom Steuerabzug vom Kapitalertrag bei ausländischen Gesellschaften v. 4.4.2018, BStBl. I 2018 S. 589.

51 *Farinato* jM 2019, 73; Umkehrschluss aus Bundesministerium der Finanzen, Schreiben betreffend die Entlastung vom Steuerabzug vom Kapitalertrag bei ausländischen Gesellschaften v. 4.4.2018, BStBl. I 2018 S. 589.

52 *Beutel/Oppel* DStR 2018, 1469 (1475); *Schnitger* IStR 2018, 169 (174); *Warin/Leukefeld* FR 2018, 813 (819); *Farinato* jM 2019, 73 mwN.

53 Für Gewinne aus der Veräußerung der Anteile an der erworbenen Gesellschaft wird dagegen durch die Zwischenschaltung der Personengesellschaft gegebenenfalls die Steuerpflicht in Deutschland erst begrün-

anlagung auf der Ebene der Personengesellschaft wird auf den steuerpflichtigen Betrag (§ 8b Abs. 3, 5 KStG) die von der Tochterkapitalgesellschaft einbehaltene Kapitalertragsteuer angerechnet bzw. erstattet. Hierfür genügt es, dass eine gewerblich tätige oder gewerblich geprägte Personengesellschaft mit Geschäftsleitung im Inland vorliegt und die Kapitalgesellschaftsbeteiligung der Personengesellschaft rechtlich zugewiesen ist. Eine funktionale Zuordnung der Beteiligung an der Kapitalgesellschaft nach DBA-rechtlichen Maßstäben sollte regelmäßig nicht erforderlich sein.[54]

59 Weiterhin führt ein (disproportionaler) Anteilsrückkauf durch die Kapitalgesellschaft nicht zur Einbehaltungspflicht von Kapitalertragsteuer, sofern die Gesellschaft einen fremdvergleichstauglichen Kaufpreis für den Erwerb der eigenen Anteile schuldet.[55] Eine verdeckte Gewinnausschüttung (und damit Kapitalertragsteuer[56]) kann nach der älteren Rechtsprechung des BFH nur angenommen werden, wenn ein proportionaler Anteilsrückkauf von allen Gesellschaftern erfolgt mit der Folge, dass sich die wirtschaftlichen Anteilsverhältnisse an der Kapitalgesellschaft nicht ändern.[57] Es ist unklar, ob diese Einschränkung heute noch anzuwenden ist, denn nach herrschender Meinung wird mittlerweile jeder Anteilsrückkauf zu einem angemessenen Preis nicht als verdeckte Gewinnausschüttung qualifiziert.[58] Jedenfalls dürfte ein disproportionaler Rückkauf nicht zu einer verdeckten Gewinnausschüttung führen.

C. Schwerpunkt Nr. 2: (Keine) Gewerbesteuer/Betriebstätte

60 Ein weiterer Schwerpunkt bei der steuerlichen Behandlung bzw. Strukturierung von Private-Equity-Investitionen in deutsches Grundvermögen liegt bei der Gewerbesteuer.

I. Grundlagen

61 Ausländische Investoren unterliegen mit ihrer Investition deutscher Gewerbesteuer, wenn im Wesentlichen zwei Voraussetzungen gegeben sind.

62 Es muss

- ein Gewerbebetrieb im Sinne des Gewerbesteuerrechts vorliegen, der
- in einer Betriebstätte in Deutschland verfolgt wird.

63 In der Regel ist davon auszugehen, dass die erste Voraussetzung – Gewerbebetrieb – mit dem Akquisitionsvehikel erfüllt ist. Ausländische Kapitalgesellschaften, die deutschen Kapitalgesellschaften vergleichbar sind, sind nach der Rechtsprechung sowie nach Ansicht der Finanzverwaltung kraft Rechtsform als Gewerbebetrieb im Sinne des GewStG anzusehen (vgl. § 2 Abs. 2 S. 1 GewStG).[59] Ein Erlass aus neuerer Zeit der OFD Münster speziell zu Inbound-Immobilieninvestitionen relativiert jedoch diese bisherige Sichtweise und stellt zusätzlich auf die Gewerblichkeit ausländischer Kapitalgesellschaften ab.[60]

64 In jedem Fall ist für eine Gewerbesteuerpflicht zudem eine Betriebstätte in Deutschland erforderlich (§ 2 Abs. 2 GewStG iVm § 12 AO).

---

det (beschränkte Steuerpflicht nach § 49 Abs. 1 Nr. 2 lit. a EStG; 5 % nichtabzugsfähige Betriebsausgaben, § 8b Abs. 3 KStG).

[54] *Günkel/Lieber* Ubg 2008, 383 (388).

[55] *Renger* BB 2008, 1379 (1380).

[56] Auch bei verdeckten Gewinnausschüttungen ist grundsätzlich Kapitalertragsteuer einzubehalten (BFH Urt. v. 20.8.2008 – I R 29/07, DStR 2008, 2259). Hiervon nimmt die Finanzverwaltung Abstand, sofern die Besteuerung im Inland gesichert ist (OFD Münster Verfügung v. 7.11.2007 – S 2408a – 1 – S. 22–31, FR 2008, 47–48).

[57] BFH Urt. v. 27.3.1979 – VIII R 95/76, BStBl. II 1979 S. 553.

[58] Bundesministerium der Finanzen, 27.11.2013 – IV C 2-S 2742/07/10009, BStBl. I 2013 S. 1615 Rn. 12.

[59] BFH Urt. v. 28.7.1982 – I R 196/79, BStBl. II 1983 S. 77; § 13 Abs. 2 GewStR; *Güroff* in Glanegger/Güroff GewStG § 2 Rn. 466.

[60] OFD Münster: Verfügung v. 24.7.2008 – S 1300 – 169 – St 45-32, GmbHR 2008, 1007 (1008).

II. Betriebstätte bei Inbound-Immobilieninvestitionen

1. Anknüpfung an § 12 AO

In Konkretisierung von § 12 S. 1 AO definiert der BFH in ständiger Rechtsprechung eine Betriebstätte dergestalt, dass eine feste Geschäftseinrichtung oder Anlage mit einer festen Beziehung zur Erdoberfläche bestehen muss, die von gewisser Dauer ist, der Tätigkeit des Unternehmens dient und über die der Steuerpflichtige nicht nur vorübergehende Verfügungsmacht hat.[61] § 12 S. 2 AO sieht darüber hinaus bestimmte, enumerativ aufgezählte Fälle vor, bei denen eine Betriebstätte vorliegt, beispielsweise wenn sich die Geschäftsleitung als Mittelpunkt der geschäftlichen Oberleitung in Deutschland befindet (§ 12 S. 2 Nr. 1 iVm § 10 AO). 65

2. Keine Betriebstätte durch schlichte Vermietung/Veräußerung

Ein in Deutschland belegenes und vermietetes Grundstück als solches vermittelt dem Grundstückseigentümer grundsätzlich keine in Deutschland belegene Betriebstätte für die Vermietungseinkünfte. Hierin sind sich Rechtsprechung,[62] Finanzverwaltung[63] und steuerliches Schrifttum[64] einig. Dies gilt unabhängig von der Größe, Anzahl oder Qualität der Grundstücke. Selbst wenn die Grundstücksvermietung die einzige Tätigkeit des ausländischen Unternehmens ist, entsteht daraus nicht zwangsläufig eine Betriebstätte in Deutschland.[65] 66

Darüber hinaus wird nach Ansicht der Rechtsprechung (FG München) auch durch die Veräußerung von Grundstücken keine Betriebstätte am Belegenheitsort des Grundbesitzes vermittelt. Das FG München hat bestätigt, dass selbst bei Annahme gewerblichen Grundstückshandels (aufgrund Überschreitens der maßgeblichen Anzahl von veräußerten Objekten innerhalb des kritischen Zeitraums) keine Betriebstätte am Belegenheitsort der Objekte durch die Veräußerung als solche begründet wird.[66] 67

3. Zusatzleistungen vor Ort/Subunternehmer/Kontrolle

Vermietetes Grundvermögen kann jedoch als Betriebstätte des Grundstückseigentümers in Deutschland zu qualifizieren sein, sofern neben der schlichten Vermietung Zusatzleistungen durch den Vermieter (oder durch ihn beauftragtes Personal) vor Ort erbracht werden.[67] 68

Als Beispiel in diesem Zusammenhang wird häufig die Vermietung von Ferienwohnungen angeführt.[68] Eine solche Vermietung führt in der Regel zu einer Betriebstätte, weil der Vermieter selbst vor Ort Zusatzleistungen wie Reinigung, Frühstück etc erbringt. 69

Bei üblichen Vermietungen jedoch sollte die Erbringung von Zusatzleistungen – insbesondere mit Hilfe von durch den Grundstückseigentümer beauftragten Subunternehmern (etwa Hausmeister- oder Reinigungsunternehmen) – regelmäßig nicht zur Betrieb- 70

[61] Siehe ua BFH Urt. v. 3.2.1993 – I R 80–81/91, BStBl. II 1993 S. 462. Die in DBA verwendete engere Definition findet keine Anwendung, da die Abkommen regelmäßig Deutschland das Besteuerungsrecht im Hinblick auf die Einkünfte aus in Deutschland belegenen Immobilien zuweisen.

[62] BFH Urt. v. 30.6.2005 – III R 47/03, BFH/NV 2005, 2087; BFH Urt. v. 10.12.1998 – III R 50/95, BStBl. II 1999 S. 607; BFH Urt. v. 10.2.1988 – VIII R 159/84, BStBl. II 1988 S. 653; BFH Urt. v. 28.8.1986 – V R 20/79, BStBl. II 1987 S. 162; BFH Urt. v. 10.3.1982 – I R 1/79, BStBl. II 1982 S. 562; BFH Urt. v. 19.3.1981 – IV R 49/77, BFHE 133, 144; RFH Urt. v. 27.5.1941 – 112/41, RStBl. 1941 S. 393.

[63] OFD Münster: Verfügung v. 24.7.2008 – S 1300 – 169 – St 45-32 GmbHR 2008, 1007 (1008).

[64] *Güroff* in Glanegger/Güroff GewStG § 2 Rn. 623; Lenski/Steinberg GewStG § 2 Rn. 2552; *Buciek* in Beermann/Gosch AO § 12 Rn. 22.

[65] BFH Urt. v. 28.10.1977 – III R 77/75, BStBl. II 1978 S. 116; Buciek in Beermann/GoschAO § 12 Rn. 22; *Kruse* in Tipke/Kruse AO § 12 Rn. 15.

[66] FG München Urt. v. 17.2.1995 – 8 K 2061/93, (unveröffentlicht).

[67] *Güroff* in Glanegger/Güroff GewStG § 2 Rn. 623; Lenski/Steinberg GewStG § 2 Rn. 2555 vgl. auch → Rn. 2563; BFH Beschl. v. 18.3.1965 – IV B 411/62 U, BStBl. II 1965 S. 324.

[68] Rn. 22 Abs. 6 S. 15 und 16 GewStR.

stätte führen, auch wenn diesen Unternehmen Räume in den betreffenden Objekten durch den Vermieter zur Verfügung gestellt werden.

71 Zwar soll nach einer älteren Ansicht im Schrifttum eine Betriebstätte vor Ort durch den Einsatz solcher Subunternehmer zu Lasten des Auftraggebers unter Umständen begründbar sein.[69] Ferner sollen nach Tz. 22 Abs. 5 und 6 GewStR die Aktivitäten eines ständigen Vertreters an einem Ort, über den der Grundstückseigentümer Verfügungsgewalt besitzt, eine Betriebstätte des Grundstückseigentümers begründen können.

72 Nach überwiegender Auffassung des Schrifttums[70] und der Rechtsprechung[71] kann eine Betriebstätte durch einen unabhängigen Subunternehmer am Belegenheitsort der Grundstücke jedoch nur dann angenommen werden, wenn dieser Subunternehmer regelmäßig vor Ort durch den Auftraggeber kontrolliert und überwacht wird. Die Rechtsprechung hat in diesem Zusammenhang sogar ausdrücklich festgestellt, dass ein ständiger Vertreter als solcher keine Betriebstätte begründet und die GewStR insofern überholt sind.[72] Vielmehr bedarf es immer einer Tätigkeit des Auftraggebers (Grundstückseigentümers) vor Ort (zB regelmäßige Überwachung), um dort eine Betriebstätte für ihn zu begründen. Allerdings kann für den Arbeitgeber (Auftragnehmer) der vor Ort tätigen Personen (zB Hausmeister als Angestellte des Auftragnehmers) am Belegenheitsort der Immobilie eine Betriebstätte entstehen.

73 Selbst wenn – beispielsweise wegen regelmäßiger Kontrolle/Überwachung von Subunternehmern vor Ort – eine Betriebstätte am Immobilienstandort für den Grundstückseigentümer anzunehmen ist, bedarf es einer Aufteilung der aus diesem Grundstück erzielten Einnahmen. Werden beispielsweise Zusatzleistungen vor Ort durch einen regelmäßig dort überwachten ständigen Vertreter an die Mieter erbracht, sollte nur der Teil der Einkünfte, der auf diese Zusatzleistungen entfällt, dieser Betriebstätte zurechenbar sein und damit einer Gewerbesteuerpflicht unterliegen. In solchen Fällen unterfallen damit vor allem Veräußerungseinkünfte nicht der Gewerbesteuer, vorausgesetzt der vor Ort überwachte Subunternehmer erbringt dort keine Leistungen im Zusammenhang mit der Veräußerung. Sollte die im Ausland ansässige Eigentümergesellschaft mehrere Objekte in Deutschland vermieten, so können ferner einer Betriebstätte (Immobilie), regelmäßig auch nicht die Einkünfte, die durch andere Immobilien generiert werden, zugerechnet werden.[73]

4. Geschäftsleitungs-Betriebstätte durch Asset/Property Manager?

74 In Bezug auf die Verwaltung von Immobilien in Deutschland durch Subunternehmer (Asset/Property-Manager) ist weiterhin sicherzustellen, dass sich die Geschäftsleitung – und damit eine Geschäftsleitungs-Betriebstätte – der im Ausland ansässigen Akquisitionsgesellschaft nicht nach Deutschland verlagert und damit gewerbesteuerlich eine Betriebstätte anzunehmen ist (vgl. § 12 S. 2 Nr. 1 AO).[74]

75 Die Stätte der Geschäftsleitung ist definiert als der *„Mittelpunkt der geschäftlichen Oberleitung"* (§ 10 AO). Dies ist der Ort, an dem dauerhaft die für die Geschäftsführung nötigen Maßnahmen von einiger Wichtigkeit angeordnet werden.[75] Der Ort der geschäftlichen

[69] *Gebbers* RIW 1985, 876 (877 ff.).

[70] *Musil* in Hübschmann/Hepp/Spitaler AO § 12 Rn. 23; *Koenig* in Pahlke/Koenig AO § 12 Rn. 18; vgl. auch *Bendlinger/Görl/Paaßen/Remberg* IStR 2004, 146; *Buciek* in Beermann/Gosch AO § 12 Rn. 20; *Güroff* in Glanegger/Güroff GewStG § 2 Rn. 624; *Töben/Lohbeck* in Birk, Transaktionen – Vermögen – Pro Bono (Festschrift zum zehnjährigen Bestehen von P+P Pöllath+Partners), 211 (225 ff.).

[71] BFH Urt. v. 13.6.2006 – I R 84/05, BFH/NV 2006, 2334; FG Hamburg Urt. v. 28.10.2003 – VI 216/01, EFG 2004, 582.

[72] BFH Urt. v. 26.7.2017 – III R 4/16, BFH/NV 2018, 233; BFH Urt. v. 30.6.2005 – III R 76/03, BStBl. II 2006 S. 87; FG Hessen Urt. v. 22.4.1997 – 6 K 3417/94, EFG 1997, 1063.

[73] Siehe hierzu: *Töben/Lohbeck* in Birk, Transaktionen – Vermögen – Pro Bono (FS zum zehnjährigen Bestehen von P+P Pöllath+Partners), 211 (230 ff.).

[74] Eine solche Geschäftsleitungs Betriebstätte für Gewerbesteuerzwecke führt nicht zwangsläufig zur unbeschränkten Körperschaftsteuerpflicht der Akquisitionsgesellschaft in Deutschland (§ 1 Abs. 1 KStG), da die Aufzählung in § 12 S. 2 AO nur beispielhaft den Betriebstättenbegriff in § 12 S. 1 AO ergänzt.

[75] BFH Urt. v. 17.7.1968 – I 121/64, BStBl. II 1968 S. 695.

Oberleitung bestimmt sich danach, wo tatsächlich der für die Geschäftsführung maßgebende Wille gebildet wird. Unerheblich ist, wo die getroffenen Entscheidungen ausgeführt oder die Willenserklärungen wirksam werden. Bei juristischen Personen befindet sich der Ort der Geschäftsleitung dort, wo das Geschäftsführungsorgan bzw. der faktische Geschäftsführer überwiegend tätig wird. Ausschlaggebend ist, an welchem Ort nachhaltig und am häufigsten die für die laufende Unternehmenstätigkeit bedeutsamsten Entscheidungen fallen. Hierfür kommt es grundsätzlich allein auf die kaufmännische, also geschäftliche Leitung, nicht jedoch auf die technische Betriebsleitung an.[76]

Ein Asset/Property Manager, der für die Verwaltung des Grundvermögens engagiert **76** wird, wird regelmäßig eine auf Beratung des Grundstückseigentümers ausgerichtete Tätigkeit entfalten. Die wichtigen Geschäftsführungsentscheidungen (Grundstückskauf/-verkauf; Abschluss, Änderung, Kündigung von Mietverträgen; Finanzierungsentscheidungen etc) hingegen sollten allein der ausländischen Gesellschaft als Grundstückseigentümerin obliegen. Der Asset/Property Manager kann unterstützend tätig werden, mithin Entscheidungen vorbereiten, diese umsetzen oder die Überwachung der Umsetzung übernehmen. Derartige vorbereitende bzw. überwachende Dienstleistungen beziehen sich auf die bloße Unterstützung und Beratung hinsichtlich der im Ausland getroffenen Entscheidungen. Eine Geschäftsleitungs-Betriebstätte in Deutschland kann dadurch nicht begründet werden.

D. Schwerpunkt Nr. 3: Grunderwerbsteuer

Ein weiterer Schwerpunkt liegt in grunderwerbsteuerlichen Fragestellungen. Die Grund- **77** erwerbsteuer in Höhe von 3,5 % bzw. 6,5 % bezogen auf den Wert der Gegenleistung für den Erhalt des Grundstücks bzw. bezogen auf die Grundbesitzwerte iSd § 151 Abs. 1 S. 1 Nr. 1 BwG des Grundstücks ist inzwischen zu einem erheblichen Kostenfaktor geworden.

I. Asset Deal

Bei einem Asset Deal ist die Rechtslage grunderwerbsteuerlich vergleichsweise einfach. **78** Jeder Rechtsträgerwechsel in Bezug auf die Eigentümerstellung – sei es kraft Einzel- oder Gesamtrechtsnachfolge – führt zu einem grunderwerbsteuerlich relevanten Tatbestand, der nur unter bestimmten Voraussetzungen einer Grunderwerbsteuerbefreiung unterliegt.[77]

II. Share Deal

Ein Share Deal hingegen, bei dem der Grundbesitz durch den Erwerb der Anteile an **79** grundstückshaltenden Gesellschaften mittelbar akquiriert wird, eröffnet verschiedene Gestaltungsoptionen in grunderwerbsteuerlicher Hinsicht. Möglich ist beispielsweise ein grunderwerbsteuerfreier Erwerb durch den Investor. Aber auch die Möglichkeit eines grunderwerbsteuerfreien Weiterverkaufs bedarf von vornherein der „richtigen" Akquisitionsstruktur. Letzteres gilt im Übrigen auch für den Erwerb mittels Asset Deal.

1. Grundregel

Die Grundregel in Bezug auf den Erwerb grundstückshaltender Gesellschaften beinhaltet, **80** dass keine Grunderwerbsteuer anfällt, wenn weniger als 95 % der Anteile an der bestandshaltenden Gesellschaft unmittelbar oder mittelbar übertragen werden. Die weiteren Konkretisierungen dieser Grundregel führen jedoch zu mitunter kompliziertesten Strukturen, deren Sinnhaftigkeit nicht immer nahe liegt.

[76] Pahlke/König AO § 10 Rn. 6 f. mwN

[77] Insbesondere wenn Personengesellschaften (Gesamthandschaften) als erwerbende/veräußernde Rechtsträger beteiligt sind (§§ 5, 6 GrEStG).

81 Hier soll nachstehend nur eine Darstellung der Grundprinzipien auf Basis der geltenden Rechtslage erfolgen:

2. Erwerb von grundbesitzhaltenden Kapitalgesellschaften

82 Bei einem Erwerb von grundbesitzhaltenden Kapitalgesellschaften ist gemäß § 1 Abs. 3 GrEStG entscheidend, dass nicht 95 % oder mehr der Anteile an der grundbesitzhaltenden Kapitalgesellschaft in der Hand des Erwerbers oder in der Hand von herrschenden und abhängigen Unternehmern (Organkreis gemäß § 1 Abs. 4 GrEStG) vereinigt werden. Ein Erwerber kann deshalb in solchen Fällen unmittelbar nur weniger als 95 % der Anteile an der grundbesitzhaltenden Kapitalgesellschaft erwerben.

83 Für die Zwecke der 95 %-Schwelle sind auch mittelbare Anteilserwerbe zu berücksichtigen. Dies mündet sodann häufig in der Frage, ob mittelbar gehaltene Anteile über eine grunderwerbsteuerliche Organschaft dem Erwerber zuzurechnen sind (§ 1 Abs. 4 GrEStG). Eine Überprüfung im Hinblick auf grunderwerbsteuerliche Organschaft wird inzwischen nicht nur bei grundbesitzhaltenden Kapitalgesellschaften relevant, auch Personengesellschaften kommen als abhängige Personen im Sinne des § 1 Abs. 4 Nr. 2 lit. a GrEStG in Betracht und können als solche zugerechnet werden.[78]

84 Erfolgt der Erwerb von Anteilen an einer Kapitalgesellschaft, die ihrerseits – nicht bei ihr vereinigte – Anteile an der bestandshaltenden Kapitalgesellschaft hält, führt eine finanzielle, organisatorische und wirtschaftliche Eingliederung der erworbenen Gesellschaft beim Erwerber zu einer Zurechnung der insofern mittelbar erworbenen Anteile an der grundbesitzhaltenden Kapitalgesellschaft.[79] Wird hingegen ein Anteil an einer Personengesellschaft erworben, die wiederum einen Anteil an der grundbesitzhaltenden Kapitalgesellschaft hält, ist eine grunderwerbsteuerliche Zurechnung über Organschaftsregeln nicht möglich, solange nur ein anderer unabhängiger Mitgesellschafter in der Personengesellschaft verbleibt. Denn dadurch wird die gesamthänderische Mitberechtigung am Gesellschaftsvermögen auf zwei Köpfe verteilt, so dass eine Zurechnung an den Mehrheitsgesellschafter der Personengesellschaft ausscheidet.[80] Sobald allerdings eine Herausgabepflicht einer natürlichen Person als verbleibenden Gesellschafters besteht, findet eine Zurechnung ohnehin statt. Insofern läuft der Begriff der „Abhängigkeit" leer, solche Gesellschafter sind entweder verpflichtet oder unterliegen keinen Weisungen.[81]

3. Erwerb von grundbesitzhaltenden Personengesellschaften

85 Wird eine grundbesitzhaltende Personengesellschaft erworben, gilt zusätzlich eine zu beachtende Fünfjahresfrist. Grunderwerbsteuer fällt an, wenn unmittelbar oder mittelbar innerhalb von fünf Jahren 95 % oder mehr der Anteile an der grundbesitzhaltenden Personengesellschaft übergehen (§ 1 Abs. 2a GrEStG). Entscheidend ist damit der Übergang von 95 % oder mehr innerhalb von fünf Jahren als solches.[82]

86 Ein Erwerber muss insofern genau prüfen, welche Veränderungen der Gesellschafterstruktur innerhalb der letzten fünf Jahre erfolgten. Ein Altgesellschafter muss mit mindestens 5 % seit mehr als fünf Jahren Gesellschafter bzw. Gründungsgesellschafter der grundbesitzhaltenden Personengesellschaft sein. Mittelbare Übertragungen sind zu berücksichti-

---

[78] *Meßbacher-Hönsch* in Boruttau GrEStG § 1 Rn. 1121; Hofmann GrEStG § 1 Rn. 166.

[79] Siehe insbes. gleichlautender Ländererlass v. 19.9.2018, BStBl. I 2018 S. 1056 f. Hiernach liegt uU auch bei einer finanziellen Eingliederung (mehr als 50 % der Stimmrechte) keine Organschaft vor, wenn die organisatorische Eingliederung (mittels Geschäftsführung) zeitlich der finanziellen Eingliederung nachfolgt (15 Monate).

[80] BFH Urt. v. 8.8.2001 – II R 66/98, BFH/NV 2001, 1672; vgl. *Meßbacher-Hönsch* in Boruttau GrEStG § 1 Rn. 10; Hofmann GrEStG § 1 Rn. 142 und 173 f. mwN

[81] *Meßbacher-Hönsch* in Boruttau GrEStG § 1 Rn. 1122, Hofmann GrEStG § 1 Rn. 175.

[82] Nur in seltenen Ausnahmefällen kommt es darauf an, ob mehr als 95 % der Anteile einer Personengesellschaft (mittelbar) in einer Erwerberhand vereinigt werden, § 1 Abs. 3 GrEStG (Hofmann GrEStG § 1 Rn. 143).

gen. Bei Kapitalgesellschaften als Gesellschafter der bestandshaltenden Personengesellschaft erfordert dies, dass selbst 95 % oder mehr der Anteile an der Kapitalgesellschaft übergehen müssen, bevor der durch die Kapitalgesellschaft gehaltene Anteil an der Immobilien-Personengesellschaft als übergegangen gilt.[83] Bei Übergang von Anteilen an Personengesellschaften, die wiederum Gesellschafter der bestandshaltenden Personengesellschaft sind, gilt die 95 %-Grenze nicht, sondern es erfolgt eine direkte Durchrechnung in Bezug auf die Anteile an der immobilienhaltenden Personengesellschaft.[84]

III. Steuervergünstigung für konzerninterne Umstrukturierungen

Mit Wirkung ab 2010 wurde durch das Wachstumsbeschleunigungsgesetz eine Steuervergünstigung für konzerninterne Umstrukturierungen in § 6a GrEStG eingeführt. Hiernach wird Grunderwerbsteuer nicht erhoben, die aufgrund von Verschmelzungsvorgängen, Spaltungen oder Vermögensübertragungen im Sinne des Umwandlungsgesetzes (oder vergleichbarer Vorgänge aufgrund des Rechts im EU/EWR-Ausland) gemäß § 1 Abs. 1 Nr. 3, Abs. 2a oder Abs. 3 GrEStG entsteht.[85] Voraussetzung ist jedoch, dass konzerninterne Umwandlungsvorgänge vorliegen. Das Gesetz sieht als Erfordernis eine Konzernmuttergesellschaft vor, die mindestens 95 % an den an der Umwandlung beteiligten Gesellschaften hält. Die Beteiligung muss bereits vor der Umwandlung seit fünf Jahren ununterbrochen bestanden haben und auch nach der Umwandlung noch weitere fünf Jahre ununterbrochen bestehen, um in den Genuss der Steuervergünstigung zu kommen. Diese vor- und nachgelagerte Konzernzugehörigkeitsfrist in Bezug auf die an der Umwandlung beteiligten Konzerngesellschaften schränkt den Anwendungsbereich des § 6a GrEStG erheblich ein und führen zu teilweise sinnwidrigen Ergebnissen.[86] 87

IV. Mögliche Verschärfung des Grunderwerbsteuerrechts im Hinblick auf Anteilsübertragungen

Hinzuweisen ist an dieser Stelle bereits auf eine mögliche Rechtsänderung des Grunderwerbsteuergesetzes, deren konkrete Ausgestaltung und zeitliche Anwendung gegenwärtig noch nicht abschließend beurteil werden können. 88

Ausgehend vom Koalitionsentwurf der Bundesregierung vom 14.3.2018 soll eine „Abschaffung" der als missbräuchlich angesehenen grunderwerbsteuerfreien Share-Deals erfolgen. Dazu hat im Jahr 2018 die Finanzministerkonferenz basierend auf Vorarbeiten der Länder Hessen und Nordrhein-Westfalen einen ersten Maßnahmenkatalog beschlossen. Zu den wesentlichen gegenwärtig bekannten Entwicklungen gehören: 89

- grundsätzliche Herabsetzung der grunderwerbsteuerrelevanten Schwelle in den §§ 1 Abs. 2a, Abs. 3 und Abs. 3a GrEStG von 95 % auf 90 %,[87]
- Verlängerung von maßgeblichen steuerlichen Fristen von fünf auf zehn Jahre und
- Einfügung eines neuen Grunderwerbsteuertatbestands, wenn mindestens 90 % der Anteile an einer Kapitalgesellschaft innerhalb von zehn Jahren auf neue Anteilseigner übergehen.

---

[83] Gleichlautender Ländererlass v. 26.2.2003, BStBl. I 2003 S. 271 Rn. 4.1, 4.2.3; Hofmann GrEStG § 1 Rn. 144 ff.

[84] *Meßbacher-Hörsch* in Boruttau GrEStG § 1 Rn. 1000; Hofmann GrEStG § 1 Rn. 120 f.

[85] Die Frage der Europarechtskonformität wurde nach acht Jahren mit der Entscheidung des EuGH v. 19.12.2018 – (C-374/17, DStR 2019, 49) zum Vorlagebeschluss des BFH v. 30.5.2017 – (II R 62/14, DStR 2017, 1324 m. Anm. *Schmid*) dahingehend beantwortet, dass es sich nicht um eine Beihilfe iSv Art. 107 AEUV handelt.

[86] Beispielsweise beim Erlöschen des übertragenden Rechtsträgers mit der Umwandlung, so dass die nachgelagerte Konzernzugehörigkeitsfrist nicht erfüllbar ist. Siehe dazu *Mensching/Tyarks* BB 2010, 87 (91), die eine teleologische Reduktion der Norm befürworten.

[87] Oder ggf. sogar zwischen 75 % und 90 %, so die Auffassung der Fraktion der SPD im Bundestag am 15.2.2019.

90 Es ist zu erwarten, dass die Maßnahmen zeitnah umgesetzt werden und auch Auswirkungen auf bestehende Strukturen haben werden. Auch wenn die Absenkung der Schwelle auf 90% nicht so ins Gewicht fällt, in Kombination mit der Verlängerung der Haltefristen können sich daraus erhebliche wirtschaftliche Nachteile im Vergleich zur jetzigen Rechtslage ergeben. Diesen Nachteilen kann aber zukünftig durch ein erneuertes Verständnis des Minderheitsgesellschafters begegnet werden.

E. Schwerpunkt Nr. 4 Besteuerung von ausländischen Immobilienkapitalgesellschaften

91 Aus diversen Gründen investieren ausländische Investoren über ausländische Vehikel, die dann unmittelbar inländischen Grundbesitz halten. Diese Gesellschaften, zumeist in Luxemburg oder den Niederlanden ansässige Kapitalgesellschaften, unterliegen mit ihren Einkünften aus inländischem Grundbesitz der deutschen Körperschaftsteuer, während Gewerbesteuer mangels inländischer Betriebsstätte regelmäßig nicht anfällt.

92 Sofern indes Anteile an den betreffenden ausländischen Kapitalgesellschaften veräußert werden, sind die Veräußerungsgewinne bis zum 1.1.2019 mangels Besteuerungsgrundlage nicht in Deutschland steuerpflichtig gewesen.

93 Mit Wirkung zum 1.1.2019 wurde § 49 Abs. 1 Nr. 2 lit. e EStG um eine Regelung ergänzt,[88] wonach Anteilsverkäufe eines steuerlich im Inland ansässigen Gesellschafters, der zu irgendeinem Zeitpunkt in den letzten fünf Jahren zu mindestens 1% an einer ausländischen Kapitalgesellschaft beteiligt war, dann im Inland steuerpflichtig sind, wenn deren Anteilswert zu irgendeinem Zeitpunkt während der 365 Tage vor der Veräußerung unmittelbar oder mittelbar zu mehr als 50 Prozent auf inländischem unbeweglichem Vermögen beruhte und die Anteile dem Veräußerer zu diesem Zeitpunkt zuzurechnen waren; für die Ermittlung dieser Quote sind die aktiven Wirtschaftsgüter des Betriebsvermögens mit den Buchwerten, die zu diesem Zeitpunkt anzusetzen gewesen wären, zugrunde zu legen.[89]

94 Damit setzt Deutschland die Veränderung des OECD-Musterabkommens um, die eine Besteuerung von Anteilsverkäufen im Belegenheitsstaat des Grundvermögens einer Kapitalgesellschaft vorsieht.

95 Allerdings ist zu berücksichtigen, dass die Folgen in einiger Hinsicht weniger gravierend sein dürften, als auf den ersten Blick erkennbar:

- es werden nur Wertsteigerungen erfasst, die nach dem 31.12.2018 gebildet wurden, § 52 Abs. 45a S. 1 EStG.
- bei der Veräußerung der Anteile durch eine Kapitalgesellschaft ohne inländische Betriebsstätte greift die vollständige Steuerbefreiung des § 8b Abs. 2 KStG ohne dass die Schachtelstraße des § 8b Abs. 3 KStG eingreift. [90]
- bei natürlichen Personen als Veräußerer greift das Teileinkünfteverfahren, wonach 60% des Veräußerungsgewinns der Besteuerung unterliegen.

96 Im Ergebnis ist mithin nur bei direkt bzw. mittelbar über Personengesellschaft beteiligten natürlichen Personen eine weitere Steuerbelastung gegeben.

---

[88] Gesetz zur Vermeidung von Umsatzsteuerausfällen beim Handel mit Waren im Internet und zur Änderung weiterer steuerlicher Vorschriften; BGBl. 2018 I Nr. 45.

[89] Hierzu *Cloer/Hagemann/Lichel/Schmitt* BB 2018, 1686 ff.

[90] BFH Urt. v. 31.5.2017 – I R 37/15, BStBl. II 2018 S. 144.

§ 31 Infrastructure Investments

Übersicht

A. Vorbemerkung

Investitionen in Infrastruktur haben sich auch in Deutschland als **eigene Anlageklasse** etabliert. Vorreiter im Markt für Infrastrukturinvestitionen waren Finanzinvestoren aus Australien und den USA. Inzwischen gibt es eine Reihe internationaler und heimischer Fonds, deren Anlagestrategie auf Infrastrukturinvestitionen unter anderem in Deutschland ausgerichtet ist. 1

Deutschland mag im internationalen Vergleich überdurchschnittlich gut mit Infrastruktur ausgestattet sein. Dieser Standortvorteil droht jedoch verloren zu gehen, wenn in den kommenden Jahren nicht in die Instandhaltung und Erneuerung der Infrastruktur investiert wird. McKinsey kam im Jahr 2016 zu dem Ergebnis, dass Deutschland jährlich zusätzlich 0,4 % des Bruttoinlandsprodukts investieren müsste, um den Bedarf bis 2030 zu decken (kumuliert 160 Mrd. Euro).[1] Das Deutsche Institut für Wirtschaftsforschung eV (DIW Berlin) betitelte den Wochenbericht 43/2015 mit „Kommunale Infrastruktur fährt auf Verschleiß".[2] Angesichts dieser Situation könnte man meinen, dass das Interesse an privatem Kapital groß sein sollte. Öffentliche Infrastruktur wird jedoch in Deutschland auch weiterhin überwiegend staatlich finanziert. Die Öffentlich-Privaten Partnerschaften sind nur vereinzelt für Private-Equity-Investoren attraktiv. Insofern liegt deren Fokus häufig eher auf privater oder auch „ökonomischer" Infrastruktur. 2

[1] Bridging Global Infrastructure Gaps, McKinsey Global Institute, Juni 2016: https://www.mckinsey.de/files/mgi_bridging-global_infrastructure_gaps_june_2016.pdf.

[2] https://www.diw.de/documents/publikationen/73/diw_01.c.517387.de/15-43-3.pdf.

B. Infrastruktur als Anlageklasse

I. Charakteristik von Infrastruktur-Investitionen

3 Allgemein lässt sich Infrastruktur definieren als Unternehmen, Anlagen, Einrichtungen und Netzwerke, die der Erfüllung von Grundbedürfnissen der Gesellschaft und der Wirtschaft eines Landes dienen.[3] Dabei wird häufig eingeteilt in

- **Verkehrsinfrastruktur bzw. Transport** (zB Mautstraßen, -tunnel und -brücken, Wasserstraßen, See- und Flughäfen, Schienennetze, öffentlicher Nahverkehr, Fähren),
- **Ver- und Entsorgungsinfrastruktur** (zB Energieerzeugung, Transport und Verteilung von Energieträgern und Energie Öl- und Gaslagerung, Wasserversorgung und Abwasserentsorgung, Müllentsorgung und -verwertung),
- **Kommunikationsinfrastruktur** (zB Telefon- und Kabelnetze, Mobilfunknetze, Satelliten) und
- **Soziale Infrastruktur** (zB Krankenhäuser, Kindergärten, Schulen, öffentlicher Wohnungsbau, Gefängnisse, Stadien).

  Die ersten drei Bereiche werden häufig als „ökonomische Infrastruktur" zusammengefasst.

  Diese Kategorien sind nicht abschließend. Aus Sicht derer, die in Infrastruktur investieren, kommt es weniger auf die Verwendung oder den Zweck der jeweiligen Anlage an, als dass eine möglichst hohe Anzahl folgender Kriterien erfüllt sind:[4]

- **Monopolartige Stellung.** Aufgrund hoher Eintrittsbarrieren für den relevanten Markt, Konzessionen oder regulatorischer Abschottung gibt es keinen oder nur begrenzten Wettbewerb. Eine monopolartige Stellung ist vielfach die Folge der erheblichen Anschaffungskosten und des relativ niedrigen Kapitalbedarfs über die Lebensdauer des Anlageguts. Ein Beispiel hierfür sind die Stromübertragungsnetze in Deutschland: Der Aufbau neuer Netze, die in Konkurrenz zu bestehenden Netzen treten könnten, ist schon aufgrund des hohen Kapitalbedarfs wirtschaftlich nicht sinnvoll. Investitionen in den Erwerb und Ausbau der bestehenden Netze sind damit langfristig gegen Wettbewerb abgeschottet. Hohe Eintrittsbarrieren können sich auch aufgrund langwieriger Genehmigungsverfahren für bestimmte Anlagen ergeben, zB bei der Müllverbrennung.
- **Relativ unelastische Nachfrage.** Die Nachfrage ist weitgehend unabhängig von der Preisentwicklung und von der konjunkturellen Entwicklung. Infrastruktur erfüllt häufig Grundbedürfnisse ihrer Nutzer und es gibt keine oder nur eine sehr eingeschränkte Alternative.
- **Lange Lebensdauer.** Der Zeitraum zwischen der Anfangsinvestition und ersten wesentlichen Wartungs- und Erneuerungsinvestitionen ist bei Infrastrukturgütern in der Regel besonders lang, mitunter beträgt er Jahrzehnte.
- **Hoher Regulierungsgrad.** Aufgrund der Bedeutung für Gesellschaft und Wirtschaft oder zum Zwecke der Förderung sind viele Sektoren staatlich reguliert, wie zB Energieversorgung und Telekommunikation. Infrastrukturinvestoren schätzen an der Regulierung, dass sie die Eintrittsbarrieren erhöhen und die Rentabilität sichern kann. So hat der Gesetzgeber zur Förderung der erneuerbaren Energien eine Abnahmeverpflichtung der Stromnetzbetreiber mit einer festen Mindestvergütung kombiniert und damit Marktrisiken für den Anlagenbetreiber weitgehend ausgeschaltet.

4 Diese Charakteristika führen dazu, dass Infrastrukturanlagen in der Regel stabile und gut prognostizierbare *Cash Flows* aufweisen. Mit der Konjunkturunabhängigkeit geht einher, dass die Einnahmen in der Regel limitiert sind. Die Nachfrage lässt sich nicht steigern. Preissteigerungen können in regulierten Bereichen nur eingeschränkt durchgesetzt werden,

---

[3] *Rickards* in Davis, Infrastructure Finance: Trends and Techniques, London, 2008, S. 25.

[4] Vgl. *Rickards* in Davis, Infrastructure Finance: Trends and Techniques, London, 2008, S. 27 ff.

zB weil diese wie in § 3 des Fernstraßenbauprivatfinanzierungsgesetzes an die Kosten für Bau, Erhaltung und Betrieb gekoppelt sind. Es sind daher oft nur langfristige Investitionen sinnvoll, da kurzfristige Wertsteigerungen kaum realisierbar sind. Dies macht **regelmäßige Ausschüttungen** erforderlich, da die Eigenkapitalrendite, anders als zB beim *Leveraged Buy-Out,* nicht über eine Wertsteigerung bis zum Exit generiert werden kann.

Die hier dargestellte Charakteristik von Infrastrukturinvestitionen wird häufig auch als „Core Infrastructure" bezeichnet und stellt den ursprünglichen Ansatz dieser Anlageklasse dar. Daneben haben sich eine Vielzahl von Fonds etabliert, die in Infrastruktur oder infrastrukturnahe Assets investieren, deren Strategie aber eher der klassischer Buy-Out-Fonds entspricht. 5

II. Rendite und Risikoprofil

Infrastrukturinvestitionen sind also durch geringe Volatilität, hohe Stabilität und gute Prognostizierbarkeit gekennzeichnet. Sie konnten vor der Finanzkrise mit einem hohen **Fremdkapitalanteil** von teilweise 95 % und mehr finanziert werden, wodurch hohe *Leverage*-Effekte erzielt wurden. Nach einem vorübergehenden Rückgang des Fremdkapitalanteils aufgrund der Verwerfungen an den Finanzmärkten sind mittlerweile wieder Fremdkapitalquoten von 80 % und mehr anzutreffen.[5] 6

Die Renditeerwartung bei Infrastruktur-Investitionen liegt in der Regel zwischen 5 und 12 % p. a.[6] Die Renditeerwartungen von Fonds sind dabei auch durch zunehmende Direktinvestitionen institutioneller Investoren (insbesondere Versicherungen, Versorgungswerke und Pensionsfonds) unter Druck geraten, nicht zuletzt auch befördert durch eine Änderung der Anlagenverordnung im Jahr 2015. Dies war zum Beispiel bei Onshore-Windkraftprojekten zu beobachten, nachdem die Bau- und Technologierisiken mit zunehmender Erfahrung abgenommen hatten. Bei Investitionen mit höheren Risiken, insbesondere Länderrisiken oder Projektentwicklungsrisiken, können die Renditeerwartungen anspruchsvoller sein. Die Entwicklung der Investition ist weitgehend unabhängig von den Trends an den Aktien- und Rentenmärkten. Insbesondere bei Beteiligungen im Bereich von Öffentlich Privaten Partnerschaften *(Public Private Partnerships)* steht dem Investor mit dem Staat eine kreditwürdige und zuverlässige Vertragspartei gegenüber. Im Ergebnis weisen Infrastrukturinvestitionen für Anleger damit ein attraktives Rendite-Risiko-Profil auf. 7

Das **Risikoprofil** einzelner Projekte innerhalb der Anlageklasse „Infrastruktur" fällt sehr heterogen aus. Der Reifegrad eines Infrastrukturguts *(Maturity)* spielt eine wesentliche Rolle. Eine Investition in der Entwicklungs- oder Bauphase eines Infrastrukturprojekts birgt höhere Risiken (insbesondere Konstruktions- und Baurisiken), Chancen auf hohen Kapitalzuwachs, zunächst einen eher niedrigen Fremdkapitalanteil und häufig noch keinen prognostizierbaren Einnahmenstrom. Entsprechend haben solche sog. *Greenfield*-Projekte einen niedrigeren Wert als fertig entwickelte Infrastrukturgüter, die sehr viel geringere Risiken bergen. Investoren, die einen stabilen Einnahmenfluss und niedrige Volatilität suchen, werden in der Regel in bereits entwickelte Infrastrukturgüter investieren.[7] Teilweise wird die Heterogenität einzelner Investitionen aber auch zur **Risikostreuung** genutzt. Dieser Ansatz ist zum Beispiel beim Aufbau von Windparkportfolios gängig. Hier kann auf eine Mischung aus Entwicklungsprojekten und fertig entwickelten Windparks gesetzt werden, um einen optimalen Risiko-Rendite-Mix zu erzeugen. 8

Rechtlich geht es insbesondere um die Absicherung der monopolartigen Stellung. Der 9
regulatorische Rahmen kann sich über die lange Laufzeit der Investition ändern, zB

[5] 2011/2012 lag der Fremdkapitalanteil global bei 80 %, vgl. *Hahn* in *Kleine/Schulz/Krautbauer,* Infrastrukturinvestments S. 180 f.

[6] Die australische Investmentgesellschaft Macquarie Bank Group gibt die erwartete Rendite ihres ersten Infrastrukturfonds Nr. 1 GmbH & Co. KG für private Anleger in Deutschland mit 11 Prozent p. a. an (nach IRR-Methode): http://www.macquarie.com/de/en/acrobat/infrafund1_prospectus.pdf.

[7] Vgl. *Rickards* in Davis, Infrastructure Finance: Trends and Techniques, London, 2008, S. 21.

können Märkte liberalisiert werden. Solche Änderungen sind häufig politisch initiiert und daher schwer vorherzusehen, stoßen aber unter Umständen an verfassungsrechtliche Grenzen, zB aufgrund der Eigentumsgarantie nach Artikel 14 des Grundgesetzes.

10 Neben einer Deregulierung oder Liberalisierung muss auch der **technologische und gesellschaftliche Wandel** berücksichtigt werden. Dies hat sich in den vergangenen Jahren insbesondere im Telekommunikationsbereich gezeigt, wo Mobilfunknetze neben Kabelnetze und Internetbasierte Telefonie *(Voice-over-IP)* neben die klassischen analogen und digitalen Telefonverbindungen getreten sind und vormalige Monopolisten auch dadurch Marktanteile eingebüßt haben. Auch demographischer Wandel ist aufgrund des langen Anlagehorizonts relevant, da sich zB das Verkaufsaufkommen auf einer Mautstraße oder einem Tunnel im Falle eines Bevölkerungsrückgangs in der jeweiligen Region reduzieren kann.

11 Viele Infrastrukturgüter bieten eine gewisse Unabhängigkeit von der **konjunkturellen Entwicklung,** da Grundbedürfnisse der Gesellschaft oder Wirtschaft erfüllt werden. Auch in dieser Hinsicht gibt es unterschiedliche Risikoprofile. So wird ein Seehafen zwar immer benötigt, der Umschlag und damit der Umsatz hängen aber von der konjunkturellen Lage ab. Stromnetze wiederum sind aufgrund der detaillierten Entgeltregulierung in Deutschland weitgehend von der konjunkturellen Entwicklung abgekoppelt.

III. Politische und gesellschaftliche Akzeptanz

12 Aufgrund der Bedeutung von Infrastrukturgütern für die Allgemeinheit müssen private Infrastrukturinvestoren politisch und gesellschaftlich akzeptiert sein. Das gilt vor allem bei Öffentlich Privaten Partnerschaften und bei der Privatisierung von Infrastruktur.[8] Großinvestitionen im Verkehrs- und Energiesektor trafen zuletzt auf erheblichen **politischen und gesellschaftlichen Widerstand.** Ein anschauliches Beispiel bietet der Hamburger Hafen. Nachdem in den Jahren 2006 und 2007 monatelang über den anteiligen Verkauf an einen Großinvestor verhandelt wurde und Finanzinvestoren und strategische Interessenten ihre Konzepte vorgestellt hatten, entschied sich die Stadt für den Verkauf von 30% der Anteile über die Börse. Die Beschäftigten der städtischen Hamburger Hafen und Logistik AG hatten gegen die Verkaufspläne opponiert. Der Verkauf der Leipziger Stadtwerke an den französischen Energiekonzern Gaz de France, welcher 1998 Anteile an dem Berliner Erdgasunternehmen Gasag übernommen hatte, scheiterte im Januar 2008, als bei einem Bürgerentscheid rund 87% der Einwohner gegen die Teilprivatisierung stimmten. Da der Bundespräsident das Gesetz zur Neuregelung der Flugsicherung nicht unterzeichnete, wurde der geplante Verkauf von 74,9% der Deutschen Flugsicherung an private Investoren vorerst nicht weiter verfolgt. Bereits im Bundestag hatten sich einige Abgeordnete wegen verfassungsrechtlicher Bedenken gegen eine Privatisierung ausgesprochen.

13 Durch die Finanzkrise 2008/09 erhielten etatistische und der Privatwirtschaft feindlich gegenüberstehende politische und gesellschaftliche Strömungen in Deutschland erheblichen Aufwind.[9] Die niedrigen Zinsen läuteten eine Phase der Rekommunalisierung ein.[10] Eine Reihe privatwirtschaftlicher Unternehmen kamen durch Ankauf seitens der Kommunen oder anderer öffentlicher Träger in staatliche Hand. Beispiele hierfür sind die Energieversorger Thüga (Erwerb durch ein Stadtwerkekonsortium 2009), EnBW (Erwerb durch das Land Baden-Württemberg 2010) und Steag (Erwerb durch ein Stadtwerkekonsortium

---

[8] *Hüther/Voigtländer* in vdp, Immobilien-Banking, 2007/2008, S. 47, http://www.hypverband.de/d/bcenter.nsf/0/DF9272281C112CE8C12573630050F752/$FILE/DE%20_IMFB2007.pdf sehen zB das größte Problem für Öffentlich Private Partnerschaften in der geringen Akzeptanz der Kommunen gegenüber privatwirtschaftlichen Lösungen.

[9] Sog. „Renaissance des Staates", kritisch Schwan, zeit-online v. 22.12.2008: http://www.zeit.de/online/2008/52/schwan-de; euphorisch Engartner, Die Zeit 44/2016 v. 3.11.2016: http://www.zeit.de/2016/44/rekommunalisierung-kommunen-rueckkauf-wohnungen-muellabfuhr-privatisierung.

[10] Vgl. *Lichter,* Rekommunalisierung zwischen Wunsch und Wirklichkeit (2015); Bundeskartellamt, Rekommunalisierung von Strom- und Gasnetzen: http://www.bundeskartellamt.de/DE/Wirtschaftsbereiche/Energie/Rekommunalisierung/rekommunalisierung_node.html.

2011/2014). Der Verfall der Energiepreise hat inzwischen bei vielen rekommunalisierten Unternehmen zur finanziellen Schieflage geführt.[11]

C. Investoren

I. Infrastrukturfonds und strategische Investoren

Eine Vorreiterrolle im Bereich der Infrastrukturinvestitionen nehmen australische Investmentgesellschaften ein. Einige Finanzinvestoren aus den USA sind ebenfalls auf Infrastruktur spezialisiert. Ferner haben seit 2005 eine Reihe von Private Equity-Gesellschaften, deren Schwerpunkt *Buy-outs* sind, Infrastruktur-Fonds aufgelegt. 14

Neben den Finanzinvestoren gibt es eine Reihe strategischer Investoren, die sich an der privaten Finanzierung von Infrastruktur beteiligen. Hierzu zählen zB Infrastrukturunternehmen wie Flug- und Seehafenbetreiber sowie Energieversorger. Große Bauunternehmen haben im Bereich des öffentlichen Hochbaus nicht nur Planung, Bau und Betrieb, sondern auch die Finanzierung der Projekte übernommen. 15

II. Unterschiede zwischen Private-Equity-Fonds und Infrastrukturfonds

Infrastrukturfonds weisen viele Gemeinsamkeiten mit Private-Equity-Fonds auf. Allerdings haben klassische Infrastrukturfonds einen langen **Anlagehorizont** (in der Regel 20 bis 30 Jahre) im Vergleich zu der für Private Equity-Investitionen charakteristischen Halteperiode von drei bis sieben Jahren (im Jahr 2013 trennten sich die Private-Equity-Fonds im Durchschnitt nach fünf Jahren von ihren Beteiligungen).[12] *Buy-Out*-Fonds zielen darauf, ihre Rendite mit der Veräußerung der Beteiligung zu erzielen. Die Rendite wird allenfalls in geringem Umfang durch laufende Dividendenerträge erzielt. Stattdessen wird die Steigerung des Unternehmenswerts während der Haltezeit angestrebt.[13] Mittlerweile haben sich aber eine Reihe von Fonds etabliert, die Infrastruktur mit einer dem Buy-Out-Fonds vergleichbaren Strategie investieren. Damit haben Private Equity-Häuser insbesondere auf sinkende Renditen bei der klassischen Infrastruktur, insbesondere im streng regulierten Bereich, reagiert. 16

Beim klassischen Infrastrukturfonds kann die Rendite in der Regel nur über **Dividendenerträge** erzielt werden, da eine kurzfristige Wertsteigerung aufgrund der begrenzten Wachstums- und Optimierungsmöglichkeiten nur sehr eingeschränkt möglich und die Anlage insgesamt nicht sonderlich liquide ist. Viele Infrastrukturfonds sind daher als sog. Evergreen-Fonds ohne feste Laufzeit konzipiert.[14] 17

Den *Buy-Out*-Fonds ähnlicher sind Investitionen in Infrastrukturprojekte in der Entwicklungs-, Planungs- oder Bauphase mit dem Ziel, diese nach Erreichen der Betriebsphase mit Gewinn weiter zu veräußern. Hier übernimmt der Investor die höheren Risiken in einem frühen Projektstadium und will im Gegenzug an der in diesem Zeitraum überdurchschnittlichen Wertsteigerung der Anlage partizipieren. Regelmäßig gibt es in dieser Projektphase keine laufenden Dividendenerträge. Diese Art der Investition wird von klassischen Infrastrukturfonds zum Teil ergänzend zur Anlage in reifere Infrastrukturprojekte gewählt, um das eigene Risiko-Rendite-Profil zu optimieren (dann allerdings häufig ohne die Notwendigkeit eines Exits bei Erreichen der Betriebsphase), teils haben sich Investoren 18

[11] PriceWaterhouseCoopers, Energie- und Versorgungsunternehmen im Spannungsfeld zwischen Ertrag, Investitionen und Verschuldung. Eine Kennzahlenanalyse, Mai 2014.

[12] Vgl. Preqin Studie „Private Equity Spotlight 2013“: https://www.preqin.com/docs/newsletters/PE/Preqin_Private_Equity_Spotlight_May_2013.pdf, S. 9 f.

[13] *Gündel/Katzorke,* Private Equity, 2007, S. 35.

[14] Ein gutes Beispiel hierfür ist die an der London Stock Exchange notierte 3i Infrastructure plc, die letztlich über eine permanente Kapitalbasis verfügt

aber auch auf diese Frühphase spezialisiert. Ein Sekundärmarkt für Projekte in der Betriebsphase hat sich in vielen Bereichen wie zB der Windenergie mittlerweile etabliert.

19 Die für Infrastrukturfonds anfallenden Gebühren ähneln denen im Buy-Out-Bereich. Die Vergütung der Managementgesellschaft beträgt in der Regel 1 % bis 1,5 % des verwalteten Kapitals,[15] die Gewinnbeteiligung beläuft sich auf 5 % bis 20 %[16] und die Hurdle Rate liegt zwischen 4 % und 10 %.[17]

III. Akquisitionskontrolle für ausländische Investoren

20 § 4 Abs. 1 des Außenwirtschaftsgesetzes in Verbindung mit §§ 55 ff. der Außenwirtschaftsverordnung (AWV) sieht die Möglichkeit vor, den Erwerb gebietsansässiger Unternehmen oder Anteilen hieran durch gemeinschaftsfremde Erwerber zu beschränken, wenn infolge des Erwerbs die **öffentliche Ordnung oder Sicherheit** der Bundesrepublik Deutschland **gefährdet** ist. Dies setzt voraus, dass eine tatsächliche und hinreichend schwere Gefährdung vorliegt, die ein Grundinteresse der Gesellschaft berührt. Mittlerweile sind hier Betreiber Kritischer Infrastrukturen im Sinne des Gesetzes über das Bundesamt für Sicherheit in der Informationstechnik ausdrücklich als Sektor aufgeführt, in dem eine solche Gefährdung vorliegen kann.

21 Diese Möglichkeit zur Kontrolle des Erwerbs inländischer Unternehmen durch ausländische Erwerber wurde im Frühjahr 2009 in das Außenwirtschaftsgesetz aufgenommen.[18] Der Wunsch nach einem Kontroll- und Steuerungsinstrument des Staates war anlässlich des geplanten Verkaufs von Gas- und Stromnetzen und der verstärkten Investitionstätigkeit von Staatsfonds *(Sovereign Wealth Funds)* aufgekommen. Die Bundesregierung befürchtete insbesondere, dass ausländische Mächte über Staatsfonds oder Staatsunternehmen Kontrolle über wesentliche Infrastrukturanlagen erhalten und hierüber politischen Einfluss ausüben könnten.

22 Die Beschränkungsmöglichkeit ist nicht auf den Erwerb von Infrastruktur beschränkt, sondern allgemein gehalten. Eine Gefährdung der öffentlichen Ordnung oder Sicherheit ist beim Erwerb von Infrastrukturgütern denkbar, da diese häufig Grundbedürfnisse der Gesellschaft decken. Die Rechtsbegriffe sind derart unbestimmt, dass Beschränkungen oder Untersagungen nicht sicher ausgeschlossen werden können. Deshalb wird die Praxis von der Möglichkeit Gebrauch machen, eine **Undenklichkeitsbescheinigung** (§ 58 AWV) vor Abschluss der Transaktion oder parallel zur Zusammenschlusskontrolle einzuholen.

23 Die früher eher liberale Haltung des deutschen Staates gegenüber ausländischen Investoren ist vor allem aufgrund der Sorge vor einem „Ausverkauf der Republik" sowie der Möglichkeit der Einflussnahme fremder Staaten einer restriktiveren Haltung gewichen. Das Bundeswirtschaftsministerium hat mittlerweile von seinen Prüfrechten nach § 55 AWV in einer Vielzahl von Verfahren Gebrauch gemacht. Auch wenn Untersagungen nach wie vor eine absolute Ausnahme darstellen, stellt die Transaktionsunsicherheit für ausländische Investoren zunehmend einen Nachteil in wettbewerbsintensiven Bieterverfahren dar. Auch auf europäischer Ebene gibt es mittlerweile Bestrebungen, ausländische Direktinvestitionen

---

[15] Probitas Partners Infrastructure Institutional Investor Trends for 2016 Survey, S. 17: http://probitaspartners.com/wp-content/uploads//2016/09/probitas_partners_Infra_Survey_2016.pdf; Preqin Infrastructure Spotlight Nov. 2015, S. 2: https://www.preqin.com/docs/newsletters/inf/Preqin-Infrastructure-Spotlight-November-2015.pdf.

[16] Probitas Partners Infrastructure Institutional Investor Trends for 2016 Survey, S. 17, http://probitaspartners.com/wp-content/uploads//2016/09/probitas_partners_Infra_Survey_2016.pdf.

[17] Preqin Infrastructure Spotlight Nov. 2013, S. 4: https://www.preqin.com/docs/newsletters/inf/Preqin_Infrastructure_Spotlight_November_2013.pdf; Probitas Partners Infrastructure Institutional Investor Trends for 2016 Survey, S. 18: http://probitaspartners.com/wp-content/uploads//2016/09/probitas_partners_Infra_Survey_2016.pdf.

[18] 13. Gesetz zur Änderung des Außenwirtschaftsgesetzes und der Außenwirtschaftsverordnung v. 18.4.2009, BGBl. I S. 770.

ganz allgemein stärker zu kontrollieren. [19] Diese Entwicklung zielt nicht primär auf den Infrastruktursektor, ist aber für diesen aus den oben genannten Gründen besonders relevant.

D. Investitionsstrukturen

I. Direktinvestition

Direkte Investitionen in Infrastruktur unterscheiden sich in ihrer Struktur nicht grundsätzlich von anderen Private Equity-Investitionen. Die Errichtung neuer und der Erwerb bestehender Infrastruktur erfolgt in der Regel über eine **Zweckgesellschaft,** der die Investoren Eigenkapital über Einlagen und Gesellschafterdarlehen zur Verfügung stellen. Die Fremdfinanzierung erfolgt in der Regel auf der Ebene der Zweckgesellschaft.[20] 24

Die Investition erfolgt häufiger in **Konsortien,** in denen Finanzinvestoren oft auch **Minderheitsbeteiligungen** eingehen. Damit können zum einen hohe Investitionsbeträge finanziert werden und die Finanzkraft von Infrastrukturfonds kann mit dem Know-How strategischer Investoren gebündelt werden. Hier wird neben der gesellschaftsrechtlichen Gestaltung regelmäßig eine Gesellschaftervereinbarung *(Shareholders' oder Joint Venture Agreement)* erforderlich sein, die die üblichen Regelungen zu *Governance,* Zustimmungspflichten, Auflösung von Pattsituationen sowie *Tag-* und *Drag-Along*-Regelungen enthält. Hier sind in der Praxis häufig unterschiedliche Anlageziele der Konsorten zum Ausgleich zu bringen. 25

1. Steuerliche Aspekte

Unterschiede zu anderen Private Equity-Investitionen ergeben sich vor allem aufgrund des langfristigen Anlagehorizonts. Dieser erfordert **regelmäßige Ausschüttungen** an die Investoren, was bei der gesellschaftsrechtlichen und steuerlichen Strukturierung insbesondere wegen eines **Steuerabzugs auf Dividendenerträge** in Deutschland (Quellensteuer) zu beachten ist. Der Fonds wird üblicherweise über eine oder mehrere Zwischengesellschaften im europäischen Ausland in die deutsche Zweckgesellschaft investieren, meist Gesellschaften mit Sitz in Luxemburg oder den Niederlanden. Aufgrund der sog. Mutter-Tochter-Richtlinie[21] kann hier zwar eine Entlastung von der Kapitalertragssteuer in Betracht kommen (vgl. §§ 43b, 50d EStG). Dabei kommt es jedoch auf die Tätigkeit der Zwischengesellschaft sowie auf deren unmittelbare und mittelbare Gesellschafter an. Eine ausländische Gesellschaft hat gemäß § 50d Abs. 3 EStG keinen Anspruch auf vollständige oder teilweise Entlastung, soweit an ihr Personen beteiligt sind, denen die Erstattung oder Freistellung nicht zustände, wenn sie die Einkünfte direkt erzielten, und die von der ausländischen Gesellschaft im betreffenden Wirtschaftsjahr erzielten Bruttoerträge nicht aus eigener Wirtschaftstätigkeit stammen, sowie 26

- in Bezug auf diese Erträge für die Einschaltung der ausländischen Gesellschaft wirtschaftliche oder sonst beachtliche Gründe fehlen oder
- die ausländische Gesellschaft nicht mit einem für ihren Geschäftszweck angemessen eingerichteten Geschäftsbetrieb am allgemeinen wirtschaftlichen Verkehr teilnimmt.

Diese Frage stellt sich nicht, sofern die deutsche Zweckgesellschaft eine originär gewerblich tätige Personengesellschaft ist (§ 15 Einkommensteuergesetz (EStG)). Daher wird im 27

[19] Vorschlag für eine Verordnung des Europäischen Parlaments und des Rates zur Schaffung eines Rahmens für die Überprüfung ausländischer Direktinvestitionen in der Europäischen Union (COM/2017/0487 final – 2017/0224 (COD)).

[20] → Rn. 38 ff.

[21] Richtlinie 90/435/EWG des Rates vom 23.7.1990 über das gemeinsame Steuersystem der Mutter- und Tochtergesellschaften verschiedener Mitgliedstaaten (ABl. 1990 L 225, S. 6; ABl. L 266, S. 20; ABl. 1997 L 16, S. 98), zuletzt geändert durch die Richtlinie (EU) 2015/121 des Rates vom 27.1.2015 (ABl. EU 2015 L 21, S. 1)

Infrastrukturbereich häufig über eine originär gewerblich tätige GmbH & Co. KG investiert, die die Anlagegüter ganz oder teilweise selbst betreibt und verwaltet.

28 Sofern die Investition nicht in Infrastrukturunternehmen wie Flughafenbetreiber erfolgt, hat diese in der Regel Projektcharakter. Der Erwerb eines Projekts in einer späteren Phase führt häufig zum **Wegfall von Verlustvorträgen** (§ 10d EStG, § 8c Körperschaftsteuergesetz, § 10a Gewerbesteuergesetz), die gerade in der Entwicklungs- und Bauphase sowie im ersten Teil der Betriebsphase anfallen. Diese unerwünschte Folge kann unter Umständen durch die Verwendung von Mezzanine-Finanzierung[22] vermieden werden, wobei allerdings die steuerliche (hybride) Strukturierung mit solchen Mezzanine-Finanzierung von der Finanzverwaltung erheblich erschwert wurde.

29 Die im Immobilienbereich üblichen Grunderwerbsteuerstrukturen[23] können auch für Investitionen in immobilienlastige Infrastruktur sinnvoll sein.

2. Managementbeteiligungen

30 Ferner erschwert ein langfristiger Anlagehorizont eine **Beteiligung des Managements** *(Management Equity),* über die das Management im Private Equity-Bereich vor allem an der Wertsteigerung des Unternehmens zwischen Akquisition und Verkauf *(Exit)* partizipiert. Dies ist bei Investition in Infrastruktur nur dann möglich, wenn diese Buy-Out-ähnlich strukturiert und auf einen kurz- oder mittelfristigen Verkauf angelegt sind. Beim Erwerb von Infrastrukturanlagen befinden sich Infrastrukturfonds teilweise im Wettbewerb zu klassischen Private Equity Investoren, die für das Management aufgrund einer möglichen Beteiligung an kurzfristigen Wertsteigerungen unter Umständen interessanter scheinen. Vor allem aufgrund dieses Wettbewerbsdrucks haben einige Infrastrukturfonds auch Formen der Managementbeteiligung an Infrastrukturinvestitionen entwickelt. Alternativ kommen in der Privatwirtschaft übliche Anreizsysteme wie zB zielbasierte Boni in Betracht.

II. Mittelbare Beteiligung an Infrastruktur

31 Das Produktspektrum der mittelbaren Anlage von Eigenkapital in Infrastruktur ist groß. Neben Aktien und Zertifikaten sind offene, geschlossene und börsennotierte Fonds auf dem Markt. Neben den allgemein auf Infrastruktur fokussierten Fonds gibt es eine Reihe von Fonds, die sich auf einzelne Unterbereiche wie zB erneuerbare Energien spezialisiert haben. Ferner ist zwischen Fonds, die unmittelbar in Infrastrukturanlagen oder –projekte investieren, und solchen, die ihrerseits in Infrastrukturunternehmen investieren sowie zwischen Investitionen in Eigen- oder Fremdkapital zu unterscheiden.

32 Im Bereich der nicht börsennotierten Fonds überwiegen die **geschlossenen Fonds** (zumeist in der Rechtsform einer Gesellschaft bürgerlichen Rechts, Kommanditgesellschaft oder ausländischen Personengesellschaft).

33 Der Erwerb von Anteilen an **börsennotierten Infrastrukturunternehmen** ähnelt dem Erwerb von Immobilienaktien und bietet den Vorteil hoher Liquidität. Nachteilig sind jedoch die hohe Volatilität und die erhöhte Korrelation zum Aktienmarkt. Eines der bekanntesten Beispiele[24] deutscher börsennotierter Infrastrukturunternehmen ist die Fraport AG, die Betreibergesellschaft des Flughafens Frankfurt am Main, welche zwischen 2001 und 2005 privatisiert wurde.

---

[22] Vgl. § 22 Mezzanine Investments.

[23] Vgl. § 25 Real Estate Investments.

[24] Weitere Beispiele börsennotierter Bundesunternehmen im Infrastruktursektor und der Stand ihrer Privatisierung finden sich auf der Zusammenstellung Veräußerung/Verwertung von Bundesunternehmen, Stand März 2017: http://www.bundesfinanzministerium.de/Content/DE/Standardartikel/Themen/Bundesvermoegen/Privatisierungs_und_Beteiligungspolitik/Privatisierungspolitik/privatisierungspolitik-anlage-2-uebersicht-privatisierungen-des-bundes.pdf;jsessionid=0F173343DEACB193B279E7037065D0C3?__blob=publicationFile&v=4.

E. Öffentlich Private Partnerschaften

Als Vehikel für die Planung, Finanzierung und den Betrieb öffentlicher Infrastruktur stehen in Deutschland die sog. Öffentlich Privaten Partnerschaften **(„ÖPP")** zur Verfügung, mittels derer Private die Erfüllung von Aufgaben der öffentlichen Hand übernehmen können. **34**

Bereits in den siebziger Jahren wurden kommunale Vorfinanzierungsmodelle in Form von Forfaitierungsmodellen, kommunalem Leasing oder geschlossenen Immobilienfonds zur Realisierung von Projekten der öffentlichen Hand genutzt.[25] Die heutigen ÖPP-Projekte beschränken sich jedoch nicht auf die Errichtung und Finanzierung, sondern umfassen den gesamten Lebenszyklus einer Infrastrukturanlage, dh auch den Betrieb und – in Abhängigkeit vom Organisationsmodell – die Verwertung. Folglich lässt sich eine Öffentlich Private Partnerschaft definieren als „[...] langfristige, vertraglich geregelte **Zusammenarbeit zwischen der öffentlichen Hand und [der] Privatwirtschaft** zur Erfüllung öffentlicher Aufgaben, bei der die erforderlichen Ressourcen (z. B. Know-how, Betriebsmittel, Kapital, Personal) in einen gemeinsamen Organisationszusammenhang eingestellt und vorhandene Projektrisiken entsprechend der Risikomanagementkompetenz der Projektpartner angemessen verteilt werden [...]".[26] Dabei wird die Risikomanagementkompetenz aus dem Grundsatz abgeleitet, dass derjenige Partner ein Risiko übernehmen sollte, der es am besten beherrschen kann.[27] **35**

ÖPP sind dadurch legitimiert, dass Effizienzgewinne erzielt werden wodurch im Vergleich zu traditionellen Beschaffungsmethoden und der Eigenrealisierung durch den Staat Kosten eingespart werden. Finanzierungs- und Liquiditätsengpässe waren demgegenüber in der politischen Diskussion nachrangig,[28] könnten je nach Wirtschafts- und Haushaltslage aber an Bedeutung gewinnen. Die **Effizienzgewinne** werden mit 5% bis 25% und im Durchschnitt mit 16% beziffert.[29] Beim ersten erfolgreich gestarteten kommunalen PPP-Bundes- und ersten PPP-Landespilotprojekt in Sachsen-Anhalt konnten nach Angaben der PPP Task Force im Vergleich zur konventionellen Beschaffung bei Schulen Effizienzvorteile von 19% (ca. 44 Mio. Euro) und bei Kindertagesstätten von 12% (ca. 4 Mio. Euro) erzielt werden.[30] In letzter Zeit ist die Wirtschaftlichkeit von ÖPP-Projekten jedoch wiederholt in Frage gestellt worden. Die Rechnungshöfe des Bundes und der Länder haben die Auffassung vertreten, dass ÖPP „eine wertneutrale Beschaffungsvariante zu konventionellen Bau- und Finanzierungsmodellen darstellt", deren „Vorteilhaftigkeit ... in jedem Einzelfall objektiv und transparent nachgewiesen" werden müsse. [31] Insgesamt gibt es in Deutschland – anders als etwa in Großbritannien – kein wirkliches Commitment der öffentlichen Hand für die private Finanzierung öffentlicher Infrastruktur in größerem Maßstab. **36**

Für Infrastrukturinvestoren aus dem Private Equity-Sektor sind ÖPP-Projekte in Deutschland auch aus anderen Gründen häufig unattraktiv: Die eher kleinen Equity-Tickets (auch aufgrund einer sehr hohen Fremdfinanzierungsquote) stehen in einem **37**

---

25 Boll, Investitionen in PPP-Projekte, 2007, S. 20 mit weiteren Nachweisen.

26 Gutachten „PPP im öffentlichen Hochbau", 2003, Band I Kap. 2: http://www.bauindustrie-bayern.de/fileadmin/docs_pub/akppp/pdf/Band_I_Leitfaden.pdf.

27 *Engel* GewArch 2006, 179 (180).

28 Vgl. Entwurf eines Gesetzes zur Beschleunigung der Umsetzung von Öffentlich Privaten Partnerschaften und zur Verbesserung gesetzlicher Rahmenbedingungen für Öffentlich Private Partnerschaften vom 14.6.2005, BT-Drs. 15/5668, 10.

29 Vgl. Rede Staatssekretär Großmann (BMVBS) anlässlich der Verleihung des PPP-Innovationspreises am 22.4.2008, Nr. 90/2008: http://www.bmvbs.de/dokumente/-,302.1034926/Pressemitteilung/dokument.htm.

30 PPP Task Force im BMVBS, Newsletter 04/08, S. 2: http://www.bmvbs.de/Anlage/original_1045510/Ausgabe-04–08-deutsch.pdf.

31 Gemeinsamer Erfahrungsbericht zur Wirtschaftlichkeit von ÖPP-Projekten, herausgegeben von den Präsidentinnen und Präsidenten der Rechnungshöfe des Bundes und der Länder am 14.9.2011.

schlechten Verhältnis zu den eher hohen Transaktionskosten. Aufgrund der rechtlich zwingend sehr formal geführten Prozesse sind die Erfolgschancen für ein konkretes Projekt auf Bieterseite zudem häufig nur sehr schwer abschätzbar. Interessanter sind ÖPP-Projekte für Baukonzerne und Konzessionsbetreiber wie Hochtief oder Vinci. Eine Ausnahme stellen ggf. Konzessionsmodelle zB im Netzbereich oder bei Autobahnraststätten dar.

F. Fremdfinanzierung

I. Kreditfinanzierung

38 Der nach wie vor überwiegende Teil der Fremdfinanzierung von Infrastrukturprojekten wird durch Kredite gewährleistet. Im Jahr 2012 entfielen mehr als zwei Drittel der weltweiten Fremdfinanzierung von Infrastrukturprojekten auf Bankkredite, 15 % auf Kredite der öffentlichen Hand einschließlich der Förderbanken und lediglich 12 % (in Europa weniger als 5 %) auf Anleihen.[32]

39 Für die Finanzierung des Baus neuer Infrastruktur haben sich mit der Projektfinanzierung Marktstandards etabliert. Fremdmittel werden dabei über ein Darlehen an die Zweckgesellschaft bereitgestellt. Die Rückzahlung erfolgt ausschließlich durch die in der Betreiberphase erwirtschafteten Cash-Flows.[33] Als Sicherheit dienen grundsätzlich nur die Aktiva der Zweckgesellschaft. Ein Haftungsdurchgriff auf das Vermögen der Gesellschafter erfolgt entweder gar nicht *(non-recourse)* oder nur eingeschränkt *(limited recourse)*,[34] zum Beispiel im Rahmen einer summenmäßig begrenzten Garantie für Kostenüberschreitungen *(Cost Overrun Guarantee)*. Die Bank trägt damit das Risiko der Bonität der Zweckgesellschaft und des Projekts.

40 Bei der Finanzierung der Akquisition von Infrastruktur haben sich im Vergleich zur Akquisitionsfinanzierung beim *Leveraged Buy-Out* einige Besonderheiten herausgebildet, um den besonderen Charakteristika Rechnung zu tragen. Elemente der Projektfinanzierung wurden dabei in die Finanzierung von *Leveraged Buy-Outs* integriert.[35] Zum einen ist die Laufzeit des Darlehens sehr viel länger, wenngleich sie sich nicht unbedingt mit dem Anlagehorizont des Eigenkapitalinvestors decken muss (dann sind während der Laufzeit der Investition Refinanzierungen erforderlich). In Abhängigkeit von bestimmten Finanzkennzahlen sind regelmäßige Dividendenzahlungen an die Eigenkapitalinvestoren in einem definierten Umfang zulässig, da andernfalls keine Eigenkapitalrendite generiert werden kann. Die Banken erhalten häufig mehr Kontrolle über die *Cash Flows* des Unternehmens bzw. Projekts, zB über definierte *Cash Waterfalls* und dedizierte Rücklagenkonten und es werden detaillierte Reportingpflichten und ggf. auch Zustimmungserfordernisse etabliert.

II. Sicherheiten

41 Im Vergleich zur Akquisitionsfinanzierung im *Leveraged Buy-Out*-Bereich[36] erhalten Banken im Infrastrukturbereich häufig **weitreichendere Sicherheiten.** Als Sicherheiten sind insbesondere die Verpfändung der Anteile an der Zweckgesellschaft, Grundschulden, eine Sicherungsübereignung beweglicher Sachen sowie eine Sicherungsabtretung von Forderungen üblich. Sofern ein konkretes Infrastrukturprojekt finanziert wird und nicht ein Infrastrukturunternehmen, stellen sich die *Upstream Security*- und *Financial Assistance*- Themen[37]

---

[32] *Mahmudova,* Debt Outlook 2013, IJGlobal 18.4.2013: https://ijglobal.com/articles/85141/debt-outlook-2013-the-changing-face-of-lending.

[33] *Patt/Eilbacher/Effenberger,* Immobilien & Finanzierung 2009, 390.

[34] *Knütel* in Siebel/Röver/Knütel, Rechtshandbuch Projektfinanzierung und PPP, S. 500 mwN.

[35] Vgl. *Jacques Bertran de Balanda,* Infrastructure Acquisition Finance – An encounter of the third kind?, Infrastructure Journal, Juni 2007, 74 ff.

[36] Vgl. § 12 Fremdfinanzierung.

[37] Vgl. § 12 Fremdfinanzierung.

in der Regel nicht, da die Zweckgesellschaft sowohl Darlehensnehmer ist als auch die finanzierten Anlagegüter hält.

Bei der Projektfinanzierung ist es üblich, den Banken **Eintrittsrechte** *(Step-In Rights)* in die wesentlichen Projektverträge zu gewähren, insbesondere in den Generalunternehmervertrag, Wartungs- und Betriebsführungsverträge sowie in Miet-, Pacht- und andere Nutzungsverträge. Damit soll die Bank im Sicherungsfall in die Lage versetzt werden, das Projekt im Wege der Einzelrechtsübertragung auf sich oder eine weitere, dann neu gegründete Zweckgesellschaft zu übertragen. Entsprechende Eintrittsklauseln sollten sowohl insolvenzfest gestaltet werden als auch den Anforderungen an allgemeine Geschäftsbedingungen (§§ 305 ff. BGB) genügen. Der Insolvenzverwalter kann Wahlrechte (§§ 103 ff. InsO) unter Umständen vor einer Übertragung des Vertragsverhältnisses ausüben. Dem kann durch dreiseitige Vereinbarungen zwischen der Zweckgesellschaft, dem Vertragspartner und der finanzierenden Bank entgegnet werden. Dies ist aber nicht praktikabel, wenn die finanzierende Bank bei Abschluss der Verträge noch nicht feststeht. Sofern die Eintrittsklausel für eine Vielzahl von Verträgen vorformuliert ist und von der Zweckgesellschaft einseitig gestellt wird (allgemeine Geschäftsbedingung), muss sie den Anforderungen der §§ 305 ff. BGB genügen. Dies ist zB bei Nutzungsverträgen für Standorte, Überstreichflächen und Zuwegungen für Windenergieanlagen regelmäßig der Fall. Hier stellt sich die Frage, ob der eintretende Dritte namentlich bezeichnet werden muss,[38] damit die Klausel nicht wegen unangemessener Benachteiligung unwirksam ist (§ 307 BGB). § 309 Nr. 10 BGB sieht dies nur für Kauf-, Darlehens-, Dienst- und Werkverträge vor und findet im Verkehr mit Unternehmern jedenfalls nicht unmittelbar Anwendung (§ 310 Abs. 1 BGB). Hier ist darauf abzustellen, ob der Wechsel des Vertragspartners die berechtigten Interessen des anderen Teils beeinträchtigt.[39] Dies darf jedenfalls für Nutzungsverträge beim Wechsel von einer insolventen auf eine solvente Zweckgesellschaft bezweifelt werden. Vorsichtshalber sollte der eintretende Dritte in der Klausel aber so konkret wie möglich beschrieben werden, insbesondere wenn das Eintrittsrecht nicht nur bei Insolvenz der Zweckgesellschaft ausgeübt werden darf. 42

III. Andere Fremdfinanzierungsquellen

Während in den _USA ein ausdifferenzierter und professioneller Markt für Project Bonds besteht, werden in Deutschland Anleihen für Infrastrukturinvestitionen vornehmlich bei der Refinanzierung etablierter Investments emittiert.[40] 43

Eine Ausnahme stellen die von der Politik als Bürgeranleihen[41] bezeichneten nachrangigen und laufzeitlosen Anleihe des niederländischen Übertragungsnetzbetreibers TenneT dar, mit denen ein Teil des Netzausbaus in Deutschland finanziert wird.[42] 44

Bei einigen Infrastruktur-Investitionen sind die Ertragsströme so regelmäßig, dass sie sich in Form von *Asset-Backed Securities* verbriefen lassen. Seit der Zeit vor der Finanzkrise gibt es hierfür Beispiele aus dem Ausland.[43] 45

---

[38] Alternativ käme ein Lösungsrecht des Vertragspartners in Betracht, was jedoch dem Zweck der Eintrittsklausel zuwider liefe.

[39] *Palandt/Grüneberg* § 309 Rn. 93.

[40] ZB bei der Refinanzierung von Techem, vgl. „Techem geht wieder an den Kapitalmarkt", Handelsblatt vom 18.9.2012: http://www.handelsblatt.com/finanzen/maerkte/anleihen/unternehmensanleihe-techem-geht-wieder-an-den-kapitalmarkt/7150624.html.

[41] „Bürgeranleihe für Energiewende noch 2013", Frankfurter Allgemeine Zeitung vom 11.11.2012: http://www.faz.net/aktuell/wirtschaft/fuenf-prozent-zinsen-buergeranleihe-fuer-energiewende-noch-2013–11957277.html.

[42] Vgl. Hinweise von TenneT auf deren Internetseite (abgerufen im Mai 2017): http://www.tennet.eu/de/unser-netz/onshore-projekte-deutschland/westkuestenleitung/buergerleitung/.

[43] Bowman, Infrastructure securitization: Asset class builds momentum, Euromoney Juli 2006: http://www.euromoney.com/Article/1041960/Infrastructure-securitization-Asset-class-builds-momentum.html; *Narendran,* Toll Roads Securitisation in India, Infrastructure Today Juni 2015: http://www.infrastructure-today.co.in/News.aspx?nid=MpCVN7Xq12Sj6seU5CdN7g==; „China encourages asset securitization in

46 In Deutschland sind solche Versuche vereinzelt geblieben, auch wenn es an Befürwortern nicht fehlt.[44] 2011 half eine Verbriefung bei der Finanzierung des Erwerbs des Übertragungsnetzbetreibers Amprion (vormals RWE Transportnetz Strom) durch einen Fonds.[45]

PPP infrastructure projects" in China Daily 26.12.2016: http://www.chinadaily.com.cn/china/2016-12/26/content_27781926.htm.

[44] True Sale International, Infrastrukturfinanzierung und Verbriefung 18.8.2014: https://www.true-sale-international.de/abs-regulierung/tsi-fachnews-verbriefungen-und-kreditfonds/tsi-fachnews-verbriefungen-und-kreditfonds-detailseite/infrastrukturfinanzierung-und-verbriefung.

[45] *Husung* in Kleine/Schulz/Krautbauer, Infrastrukturinvestments, S. 299.

§ 32 Biotechnology Investments

Übersicht

Literaturverzeichnis

Bundesverband der Pharmazeutischen Industrie e. V. (Hrsg.), Pharma-Daten 2016
Ernst & Young (Hrsg.), Deutscher Biotechnologie-Report 2017
Europäische Kommission, Final Report on the Pharmaceutical Sector Inquiry, http://ec.europa.eu/competition/sectors/pharmaceuticals/inquiry/communication_de.pdf
Meyer-Sparenberg/Jäckle, Beck'sches M&A-Handbuch, 2017
Mietzsch, Andreas (Hrsg.), Biotechnologie Jahrbuch 2017
Münchener Vertragshandbuch Band 4 Wirtschaftsrecht III, 7. Auflage 2012
Ohly, Ansgar, Der Geheimnisschutz im deutschen Recht: heutiger Stand und Perspektiven, GRUR 2014, 1 ff.
Schöwerling, Christian, Die Geheimhaltungsvereinbarung: (K)ein Auslaufmodell?, GRUR-Prax 2015, 52 ff.
Stief/Bromm, Vertragshandbuch Pharma und Life Sciences, 2015
Schüler, Die Biotechnologie-Industrie, 2016
Weitnauer, Handbuch Venture Capital, 5. Auflage 2016
Weitnauer/Mennenöh, Life Science Agreements in Germany, 2014

A. Einleitung

1 Der Fokus dieses Kapitels liegt auf jungen, kleinen und mittleren Gesellschaften, die schwerpunktmäßig Arzneimittel, Diagnostika und Medizinprodukte auf biotechnologischer Basis erforschen, entwickeln und ggf. vermarkten. Big Pharmaunternehmen und der in Deutschland umfangreich vertretene Pharmamittelstand bleiben hier außen vor, da die betreffenden Rechtsthemen in anderen Kapiteln dieses Handbuchs bearbeitet sind.

2 Die Besonderheiten, die Biotechnology Investments im hier verstandenen Sinn aufweisen, beruhen im Wesentlichen zum einen darauf, dass es sich dabei um relativ junge Unternehmen handelt, die auf dem – und das ist das zweite Charakteristikum – jahrelangen und mit dem ständigen Risiko des Scheiterns behafteten Weg der Erforschung und Entwicklung von Arzneimitteln erst ein Stück vorangekommen sind. Typisch für diese Art Unternehmen ist somit neben der Branche „medizinische Biotechnologieprodukte und -dienstleistungen" der große zeitliche Abstand und der hohe Kapitalaufwand, der erforderlich ist, um letztendlich ein erfolgreiches Endverbraucherprodukt auf den Markt zu bringen. Dieser Kapitalaufwand bis zur Zulassung wird derzeit mit ca. 1,2–1,8 Milliarden US-Dollar veranschlagt[1]. Größeren, arrivierten Unternehmen aus Big Pharma und Pharmamittelstand sind diese Themen zwar auch beileibe nicht fremd, sie sind in aller Regel jedoch in der Lage, den entsprechenden Aufwand bzw. die Risiken mittels anderer, bereits erfolgreich kommerzialisierter Produkte zu kompensieren.

3 In der Biotechnologiebranche wird zudem landläufig zwischen der „roten", dh der medizinischen, der „weißen", dh industriellen und der „grünen", dh der Pflanzenbiotechnologie unterschieden. Abgesehen von kaum verallgemeinerungsfähigen Spezialfällen spielen aus der Sicht sowohl von Private Equity-/Venture Capital- als auch strategischer Investoren „Targets" aus der medizinischen Biotechnologie sicher mit Abstand die Hauptrolle. Deshalb sind diese Unternehmen auch vorrangig das Modell für die Ausführungen in diesem Kapitel.

I. Bedeutung von Biopharmazeutika im Gesamtpharmamarkt

4 Im Jahr 2016 wurde in Deutschland mit Biopharmazeutika ein Umsatz von über 9 Milliarden Euro erwirtschaftet, was gegenüber dem Jahr 2015 eine Steigerung von etwa 13,5 % darstellt[2]. Der Anteil von Biopharmazeutika am Gesamtpharmamarkt in Deutschland betrug im Jahr 2016 rund 25 % gegenüber knapp 23 % im Vorjahr und 15 % in 2007. Biopharmazeutika tragen damit ganz wesentlich zum Wachstum des deutschen Gesamtpharmamarktes bei, der insgesamt im Jahr 2016 um etwa 3,5 % gewachsen ist. In einzelnen Indikationsgebieten erreichen gentechnisch hergestellte Medikamente bereits deutlich höhere Umsatzanteile, zB in der Immunologie mit 76 % des Umsatzes, in der Behandlung von Krankheiten der Sinnesorgane (vor allem Augenleiden) mit 48 % oder bei der Therapie von Krebserkrankungen mit 42 %. Die hohen Anteile der Biopharmazeutika in diesen Indikationsgebieten spiegeln den Bedarf an innovativen Therapeutika wider, da in diesen Indikationsgebieten bisher keine bzw. nur unzureichende „konventionelle" Therapiemöglichkeiten vorhanden sind. Diesem Bedarf begegnen gentechnisch hergestellte Medikamente.

1 Siehe hierzu die instruktive Übersicht in Schüler, Die Biotechnologieindustrie, 2016, 168 ff.

2 Die Daten zur Situation der pharmazeutischen Biotechnologie in Deutschland sind entnommen aus dem Biotech Report der *Boston Consulting Group:* „Medizinische Biotechnologie in Deutschland 2016", abrufbar über die Internetseiten des Verband forschender Arzneimittelhersteller unter www.vfa.de/de/presse/publikationen; weitere Informationen können dem vom *Bundesverband der Pharmazeutischen Industrie eV (BPI)* herausgegebenen Bericht „Pharma-Daten 2016", dem „Deutschen Biotechnologie-Report 2017" von *EY* sowie dem von *Andreas Mietzsch* herausgegebenen „Biotechnologie Jahrbuch 2017" entnommen werden.

Die hohe Relevanz von Biopharmazeutika wird auch am Anteil der Biopharmazeutika bei den Neuzulassungen im Jahr 2016 deutlich. Von 38 im Jahr 2016 in Deutschland neu zugelassenen Medikamenten mit neuen Wirkstoffen waren bereits rund 40% – nämlich genau 15 – Biopharmazeutika. Damit bestätigt sich ein Trend der letzten Jahre, in denen Biopharmazeutika im Schnitt – wenn auch mit Schwankungen – 20 bis 30% aller Neuzulassungen stellten. Da zudem Biopharmazeutika einen hohen Anteil der in der Produktpipeline befindlichen Entwicklungskandidaten bei in der medizinischen Biotechnologie tätigen Unternehmen ausmachen, ist zu erwarten, dass dieser Anteil in Zukunft mindestens gleich bleiben, eher jedoch steigen wird. Insgesamt waren im Jahr 2016 in Deutschland 252 Biopharmazeutika zugelassen, die unterschiedlichsten Gruppen wie monoklonale Antikörper, Hormonen (Insuline, Epoetine usw), Enzymen oder Impfstoffen gegen Infektionskrankheiten angehören. Zu nennen ist beispielweise ein Impfstoff zur Prophylaxe von H5N1 (Vogelgrippe), sowie ein Gentherapeutikum zur Behandlung einer angeborenen Immunschwäche und Krebsbegleittherapie bei Stammzelltransplantation. 5

Ein Blick auf die Produktpipeline der in der medizinischen Biotechnologie tätigen Unternehmen macht deutlich, dass die Anzahl und Vielfalt der Biopharmazeutika künftig noch weiter zunehmen dürfte. Die Zahl der Entwicklungskandidaten in der klinischen Entwicklung ist im Jahr 2016 auf bereits hohem Niveau weiter leicht gestiegen. In den zurückliegenden Jahren hat sich die Anzahl der Entwicklungskandidaten von 251 (2005) auf 636 (2016) mehr als verdoppelt. Auffällig und erfreulich ist dabei vor allem die „solide" Verteilung der Kandidaten über die frühen und späteren Phasen der klinischen Entwicklung. Diese klinische Entwicklung geht der Zulassung eines neuen Arzneimittels zwingend voraus. Sie beginnt in der Regel mit einem Test an wenigen (dh einer kleinen zweistelligen Anzahl) gesunden Probanden („Phase I"), der noch nichts über die Wirksamkeit des neuen Pharmazeutikums sondern lediglich die Verträglichkeit prüfen soll. In der klinischen Prüfung der „Phase II", wird das neue Mittel dann Patienten verabreicht, um zum einen erste Hinweise zur Wirksamkeit am Menschen und zum anderen zur passenden Dosierung zu erhalten. Im Rahmen der – umfangreichen und daher teuren – Phase III geht es schließlich um die Wirksamkeit an einer großen Zahl, oft hohen dreistelligen Zahl von Patienten[3]. Neben 125 Projekten in Phase III, die unmittelbar einem Zulassungsantrag vorausgeht, der dann meist bei der European Medicines Agency (EMA) oder der US-amerikanischen Food and Drug Administration (FDA) eingereicht wird, waren 2016 254 Kandidaten in der „mittleren" klinischen Phase II. 6

Obwohl die prozentualen Steigerungsraten seit 2011 abgeflacht sind, was den hohen Entwicklungskosten, aber sicher auch der Zurückhaltung der deutschen Venture-Capital-Branche gegenüber Investments in solche hochrisikoreichen Arzneimittelentwicklungen geschuldet ist, ist damit zu rechnen, dass sich der Siegeszug der Biotechnologie fortsetzt und weiterhin für Nachschub in den Produktpipelines der Pharmaunternehmen sorgt. Insgesamt stellen damit Beteiligungen an Biotechnologieunternehmen eine zwar nach wie vor risikoreiche, aber durchaus auch hohe Renditen versprechende Investitionsalternative für entsprechend „konditionierte" Anleger dar. 7

II. Bedeutung von Investitionen in Biotechnologieunternehmen aus Sicht der Beteiligten

Die Bedeutung eines Investments in ein Biotechnologieunternehmen und die Motivation für ein solches Investment sind aus Sicht des Biotechnologieunternehmens bzw. dessen Gesellschaftern anders zu beurteilen als aus Sicht des potentiellen Investors. Aber auch die Art des potentiellen Investors führt zu einer differenzierten Betrachtung der Motive und Ziele, die er mit einem Investment in ein Biotechnologieunternehmen verfolgt. 8

[3] Vgl. auch hierzu die Übersicht und Erläuterung bei *Schüler* Die Biotechnologieindustrie, 168 ff., 169.

9 Aus Sicht des Biotechnologieunternehmens und dessen Altgesellschaftern steht bei der Suche nach einem Investor die Finanzierung des Unternehmens und damit der Finanzierung der weiteren Entwicklung eines Biopharmazeutika-Portfolios bzw. einer biotechnologischen Technologie im Vordergrund. In dieser Situation gibt es im Wesentlichen zwei Arten potentieller Investoren: Zum einen können Venture-Capital-Investoren an einer Beteiligung interessiert sein, mit dem Ziel, mit dem von ihnen eingesetzten Risikokapital (je früher, je lieber) durch den Wiederverkauf ihrer Beteiligung oder einen anderweitigen „Exit" eine hohe Rendite zu erwirtschaften. Zum anderen kann ein strategischer Investor, der aus einer branchenverwandten Industrie kommt (zB ein pharmazeutisches Großunternehmen), an einer Beteiligung interessiert sein, um die langfristige und solide Entwicklung der Produkte und Technologien des Biotechnologieunternehmens sicherzustellen und in das eigene Portfolio zu integrieren.

10 Als strategische Investoren kommen vor allem große Pharmaunternehmen in Betracht, die damit konfrontiert sind, dass ihre eigenen, am Markt eingeführten und erfolgreichen Produkte wegen ablaufender Patente auf erhöhten Wettbewerb durch Generika stoßen, die nach Ablauf des Patentschutzes, dh in der Regel (ua in Deutschland) 20 Jahre nach Anmeldung[4], auf den Markt drängen. Dies führt regelmäßig zu massivem Preisdruck und entsprechenden Umsatzeinbrüchen bei den Originalpräparaten. Nach dem Ergebnis einer 2009 abgeschlossenen Sektoruntersuchung des europäischen Pharmamarktes durch die Europäische Kommission führt der Verlust der Exklusivität durch Ablauf von Patenten zu einer Preisreduktion von durchschnittlich 25 % im ersten Jahr und von durchschnittlich 40 % im zweiten Jahr nach Verlust der Exklusivität, während der Marktanteil der Generika im ersten Jahr durchschnittlich 30 % und nach zwei Jahren durchschnittlich 45 % beträgt[5].

11 Neben diesem Druck durch Generika sehen sich die großen Pharmaunternehmen auch damit konfrontiert, dass der Nachschub an neuen Produkten aus der eigenen Produktpipeline nicht ausreicht, um damit Umsatzeinbußen durch den Verlust von Marktanteilen an Generikahersteller ausgleichen zu könnten. Bei vielen großen Pharmaunternehmen sind insbesondere neue Produkte, die sich bereits in Phase III der klinischen Entwicklung oder sogar schon im Zulassungsverfahren befinden, Mangelware. Da die Entwicklung neuer Produkte, die sich noch in den klinischen Phasen I und II oder sogar der präklinischen Entwicklung befinden, mehrere Jahre in Anspruch nimmt, besteht für große Pharmaunternehmen ein starker Anreiz, sich Entwicklungskandidaten von Biotechnologieunternehmen zu sichern, um diese dann später selbst vermarkten zu können.

12 Dabei wird sich auch ein strategischer Investor nicht auf eine reine Beobachterrolle in der Zielgesellschaft beschränken, sondern wird Einfluss auf Entscheidungen der Zielgesellschaft nehmen wollen, um sicherzustellen, dass sein eigenes Geschäft von der Liaison mit dem Biotechnologieunternehmen profitiert. Dieser strategische Ansatz wird zwar in den letzten Jahren von einigen als strategische Investoren aktiven Big-Pharmaunternehmen hinterfragt und zum Teil zugunsten größerer Freiheitsgrade der Biotech-Gesellschaft bzw. geringerer Einfluss- und Kontrollmöglichkeiten des Investors etwas aufgeweicht. Letztendlich liegt aber nach wie vor der Fokus des strategischen Investors auf dem Zugang zu den Produkten und Technologien des Biotechnologieunternehmens, in deren Entwicklung er eingebunden werden bzw. auf die er Zugriff haben möchte. Er strebt daher in vielen Fällen nicht nur eine gesellschaftsrechtliche Beteiligung an der Zielgesellschaft, sondern auch eine Forschungs- und Entwicklungskooperation an, von der beide Seiten, das Biotechnologieunternehmen und das große Pharmaunternehmen, profitieren.

13 Demgegenüber ist ein Venture-Capital-Investor seinen Geldgebern gegenüber für die Erwirtschaftung einer möglichst hohen Rendite verantwortlich und hat regelmäßig keine langfristigen Interessen an der Beteiligung an der Zielgesellschaft, die über das Erwirt-

[4] § 16 PatG bzw. Art. 63 EPÜ.

[5] *Europäische Kommission* „Final Report on the Pharmaceutical Sector Inquiry", abrufbar unter http://ec.europa.eu/competition/sectors/pharmaceuticals/inquiry/communication_de.pdf (in deutscher Sprache).

schaften dieser Rendite hinausgehen. Daraus ergibt sich auch, dass für Venture-Capital-Investoren potentielle Exit-Strategien eine wichtigere Rolle spielen als für strategische Investoren.

In der Praxis fordern Venture-Capital-Investoren daher meist die Aufnahme umfangreicher Kontroll- und Vorzugsrechte in den Beteiligungsvertrag. Solche Kontroll- und Vorzugsrechte umfassen zB Regelungen zum Schutz vor einer Verwässerung der Anteile oder für die mögliche Liquidation bzw. Veräußerung der Zielgesellschaft. Ein strategischer Investor wird auf diese Regelungen zwar nicht völlig verzichten, aber sein Verhandlungsspielraum ist – bedingt durch sein langfristiges Interesse an der Zielgesellschaft – größer, so dass die Altgesellschafter durchaus die genaue Ausgestaltung der Regelungen zu Verwässerungsschutz, Liquidations-/Veräußerungsvorzug, Verfügungsbeschränkungen usw verhandeln können. **14**

Umgekehrt wird ein strategischer Investor, anders als ein Venture-Capital-Investor, vor einer Beteiligung an einem Biotechnologieunternehmen sehr darauf achten, dass die Zielgesellschaft nicht bereits in Kooperationen mit Wettbewerbern des großen Pharmaunternehmens als strategischem Investor zusammenarbeitet, da sonst aus Sicht des strategischen Investors die Gefahr besteht, dass seine Wettbewerber von der Entwicklung der Produkte und Technologien der Zielgesellschaft profitieren, die er durch seine Beteiligung (mit)finanziert hat. Das bedeutet natürlich gleichzeitig, dass das Biotech-Unternehmen als Übernahme- oder Beteiligungsziel für Konkurrenten seines Gesellschafters potentiell weniger attraktiv wird; teilweise wird es sogar bereits schwieriger, sich als Kooperationspartner eines solchen Konkurrenten zu positionieren. De facto wird daher der Einstieg eines strategischen Investors bereits als teilweise Veräußerung des Unternehmens, dh als vorweggenommener Exit, angesehen. **15**

B. Geheimhaltungsvereinbarung

Nur insoweit, als im Zuge der Anbahnung des betreffenden Kontaktes ein allererster Austausch, etwa auf einer Messe oÄ stattfindet, sollte dieser auf allgemein zugängliche, nicht vertrauliche Informationen gestützt werden. Diese finden sich häufig in kurzen Zusammenfassungen zum Unternehmen, den Entwicklungsprojekten bzw. der proprietären Technologie. Die Erstellung derartiger, sogenannter „Teaser" ist neben ihrer Funktion als Erstinformation für potentielle Investoren auch insofern nützlich, als sie die Gründer bzw. sonstigen Vertreter des Unternehmens, das sich um neue Gesellschafter bemüht, zu einer Befassung mit und Entscheidung darüber veranlasst, welche Informationen unkritisch und welche geheimhaltungsbedürftig sind. **16**

Über diese kurze Phase hinaus sollte bereits die Aufnahme von (Vor-)Gesprächen mit potentiellen Investoren im Interesse aller Beteiligten mit dem Abschluss einer Geheimhaltungsvereinbarung verbunden sein. Der Abschluss einer Geheimhaltungsvereinbarung ist in der Praxis auch nahezu selbstverständlich, allerdings fristet deren Gestaltung häufig ein Schattendasein. Dabei ist die richtige, fallbezogen „passgenaue" Gestaltung gerade für Biotechnologieunternehmen von großer Bedeutung. Daran ändert sich weder durch bestehende gesetzliche Schutzmechanismen noch durch die am 15.6.2016 in Kraft getretene EU-Richtlinie zum Schutz von Know-how und Geschäftsgeheimnissen[6] etwas. **17**

Unternehmensgegenstand von Biotechnologieunternehmen ist zumeist die Entwicklung neuer Technologien, auf deren Basis dann neue Biopharmazeutika zur Zulassung gebracht und vermarktet werden sollen. Ein öffentliches Bekanntwerden der Technologie vor ihrer Patentierung ist neuheitsschädlich und steht dem angestrebten Patentschutz entgegen. Eine **18**

[6] Richtlinie (EU 2016/943 des EP und des ER vom 8.6.2016 über den Schutz vertraulichern Know-hows und vertraulicher Geschäftsinformationen (Geschäftsgeheimnisse) vor rechtswidrigem Erwerb sowie rechtswidriger Nutzung und Offenlegung, abrufbar unter http://eur-lex.europa.eu/legal-content/DE/ALL/?uri=CELEX%3A32016L0943;vgl. *Schöwerling* GRUR Prax 2015, 52 ff.; *Ohly* GRUR 2014, 1 ff.

Rettung ist dann nur noch über den Missbrauchstatbestand in § 3 Abs. 4 Nr. 1 PatG möglich, nach dem die offensichtlich missbräuchliche Offenbarung einer Erfindung nicht neuheitsschädlich ist. Da der Missbrauchstatbestand jedoch die Verletzung einer gesetzlichen oder vertraglichen Pflicht durch den Offenbarenden voraussetzt, ist § 3 Abs. 4 Nr. 1 PatG nur anwendbar, wenn eine Geheimhaltungsvereinbarung besteht.

19 Um sich vor dem Verlust der Chance auf Patentschutz zu schützen, sollte die Zielgesellschaft daher vor Beginn der Verhandlungen Geheimhaltungsvereinbarungen mit dem Investor und dessen Beratern abschließen. Um zu einem späteren Zeitpunkt nachweisen zu können, welchen (natürlichen) Personen konkret eine Geheimhaltungspflicht obliegt, sollte auch eine Liste derjenigen Beteiligten (Mitarbeiter, Berater usw) angelegt bzw. vereinbart werden, die in den Bereich der Geheimhaltungsvereinbarungen fallen und denen geheimhaltungsbedürftige Informationen zugänglich gemacht werden.

20 Neben schutzrechtsfähigen Erfindungen können im Rahmen von Verhandlungen mit potentiellen Investoren auch allgemeine Betriebsgeheimnisse der Zielgesellschaft offenbart werden. Die Zielgesellschaft ist dann daran interessiert, dass diese Betriebsgeheimnisse nicht von potentiellen Investoren selbst genutzt oder anderen Portfolio-Unternehmen zugänglich gemacht werden, jedenfalls dann nicht, wenn der „Deal" mit der Zielgesellschaft nicht zustande kommt. Ein Unterlassungsanspruch bzw. ein Anspruch auf Schadensersatz kommt nach den relevanten Vorschriften des BGB und des UWG nur dann in Betracht, wenn der Dritte sich die Betriebsgeheimnisse unbefugt verschafft oder verwendet hat. Hat der Dritte hingegen in zulässiger Weise Kenntnis von den Betriebsgeheimnissen erlangt und unterliegt er keiner vertraglichen oder vertragsähnlichen Treuepflicht, handelt er nicht unbefugt und darf die Betriebsgeheimnisse nutzen. Hieraus ergibt sich, dass es für die Zielgesellschaft wesentlich ist, Geheimhaltungsvereinbarungen abzuschließen, um dadurch die „Unbefugtheit" des Dritten bei einer nicht erwünschten Nutzung der Betriebsgeheimnisse zu begründen bzw. zu dokumentieren.

C. Term Sheet: Unverbindliche Absichtserklärung oder Vorvertrag?

21 Abgesehen von – hoffentlich durch eine gut ausformulierte Geheimhaltungsvereinbarung abgesicherten – ersten Sondierungsgesprächen ist der nächste rechtlich relevante, dokumentierte Schritt eines Investors sowie der anderen Beteiligten, dh des meist als Kapitalgesellschaft organisierten Unternehmens und seiner Gesellschafter, in Richtung Beteiligung ein „Term Sheet"; dieses wird oft auch als „Letter of Intent" überschrieben. Hierunter wird hier die formelle Zusammenfassung der Rahmenbedingungen einer Gesellschaftsbeteiligung verstanden, auf die sich die Beteiligten geeinigt haben, ohne jedoch bereits die gesamte übrige Dokumentation wie Beteiligungsvertrag/Gesellschaftervereinbarung, Satzung etc (→ Rn. 31) ausverhandelt zu haben. Unbedingt erforderlich ist der Zwischenschritt eines Term Sheets nicht, gerade im Umfeld von Engagements von Private Equity/ Venture Capital – Investoren jedoch üblich.

I. Üblicher Inhalt des Term Sheet

22 Im Term Sheet werden, in von Fall zu Fall unterschiedlicher Ausführlichkeit, die wichtigen Eckpunkte für die Beteiligung und der Weg dorthin zusammengefasst. Aus rechtlicher Sicht sind die Parteien bezüglich des Inhaltes flexibel und können auch objektiv wichtige Themen den Verhandlungen über das endgültige Vertragswerk überlassen[7].

23 Festgelegt wird standardmäßig ein Zeit- und Ablaufplan für die durchzuführende Due Diligence, die weiteren Verhandlungen, sowie der rechtliche Rahmen des Beteiligungserwerbs. Das Investment selbst, dh der Erwerb der Anteile an der Zielgesellschaft, erfolgt

[7] *Weitnauer* in Weitnauer, Venture Capital-HdB, 5. Aufl. 2016, Teil F Rn. 23 ff. zu Letter of Intent bzw. Vorvertrag.

meist in Form einer Kapitalerhöhung, bei der der Investor gegen die Ausgabe der neuen Anteile eine entsprechende Einlage bzw. sonstige Zahlungen zu leisten hat. Auch deren rechtliche und zeitliche Ausgestaltung ist in der Regel im Term Sheet festgehalten, wo es Bestimmungen darüber gibt, inwieweit die Zahlung als Einlage auf das „Stammkapital" (GmbH) bzw. „Grundkapital" (Aktiengesellschaft/SE) oder als Agio bzw. „sonstige Zuzahlung" zu leisten ist. Meist wird auch nicht der gesamte für die neuen Anteile zu zahlende Betrag sofort fällig, sondern ist jeweils anteilig erst dann der Gesellschaft sukzessive zur Verfügung zu stellen, wenn diese ihre Projekte vorangebracht und bestimmte Entwicklungserfolge (Meilensteine) erreicht hat.

Zentrales Thema des Term Sheet ist natürlich auch die Bewertung des Unternehmens vor der neuen Kapitaleinzahlung, die über den prozentualen Anteil entscheidet, den der Investor erwirbt und um den die Anteile der Altgesellschafter entsprechend „verwässert" werden. Dabei sind die Gesellschaftsanteile, die der Investor bei der Kapitalerhöhung erwirbt, meist mit Vorzugsrechten für den Fall einer Liquidation des Unternehmens oder auch einer Veräußerung seiner Vermögensgegenstände („Liquidationspräferenz") und einer Absicherung gegen die Anteilsverwässerung durch weitere, nachfolgende Kapitalerhöhungen („Verwässerungsschutz") ausgestaltet. Neben weiteren Vorabfestlegungen für die später verbindlich zu vereinbarende Beteiligung (zB Garantien der Altgesellschafter) gibt es schließlich eine Geheimhaltungsklausel, die alle Beteiligten zur vertraulichen Behandlung von Informationen, insbesondere betriebsgeheimen Know-hows, verpflichtet. 24

II. Verbindliche Klauseln im „unverbindlichen" Term Sheet

Theoretisch ist eine Festlegung möglich, nach der die im Term Sheet enthaltenen Regelungen bereits verbindlich werden, womit die Parteien verpflichtet sind, unter Einschluss der Term-Sheet-Bestimmungen den späteren Beteiligungsvertrag auch tatsächlich abzuschließen. Das Term Sheet hat dann den Charakter eines rechtsverbindlichen Vorvertrages. Meist ist jedoch – mit wenigen Ausnahmen einzelner Klauseln – im Gegenteil die Unverbindlichkeit des Term Sheet vorgesehen. Insbesondere der am „längeren Hebel" sitzende Investor vermeidet es gerne, sich in diesem frühen Stadium bereits bindend festzulegen. Rechtsverbindlichen Charakter erhalten dann nur wenige Bestimmungen wie zB die gegenseitige Geheimhaltungsverpflichtung. 25

III. Verhandlungs-/Abschlussexklusivität

Probleme bereitet dem Unternehmen oft der Wunsch des prospektiven Investors, ihm – auch dies rechtsverbindlich – für einen bestimmten Zeitraum Exklusivität für die Verhandlungen zuzusichern, dh während dieser Zeit nicht mit Dritten parallel zu verhandeln bzw. sogar mit ihnen abzuschließen. Aus Sicht des Investors ist dieses Ansinnen zunächst durchaus nachvollziehbar, verursachen die anstehende Due Diligence sowie die darauf folgenden Verhandlungen doch erhebliche Kosten. Dabei möchte sich der Investor verständlicherweise dagegen absichern, von den übrigen Beteiligten im Rahmen eines „Bieterwettbewerbs" aus dem Rennen geworfen zu werden, nachdem der vorgenannte Aufwand (inklusive Kosten) zumindest teilweise schon angefallen ist. Im Übrigen geht es natürlich auch schlicht um die Durchsetzung einer günstigen Verhandlungsposition. 26

Andererseits ist die Zusicherung von Exklusivität für das Unternehmen sowie seine bisherigen Anteilseigner umso problematischer, je dringlicher das Unternehmen auf die Zuführung frischer Liquidität angewiesen ist. Reichen etwa die liquiden Mittel ab Unterschrift des Term Sheet (und damit ab Geltungsbeginn der Exklusivitätsverpflichtung) noch sechs Wochen, begibt sich das Unternehmen damit rein faktisch in die Hand des prospektiven Investors, der sich selbst aber meist alles offen hält: Springt der Investor ab, muss das Unternehmen Insolvenz anmelden, wenn nicht ganz kurzfristig doch noch flüssige Mittel von dritter Seite beschafft werden können. 27

28 Um zum einen den wirtschaftliche Wert einer solchen Exklusivität zu reflektieren und zum anderen das Unternehmen dagegen abzusichern, dass der potentielle Investor schließlich doch – und aus ggf. nicht in der Sphäre des Unternehmens liegenden, opportunistischen Gründen – abspringt, ist etwa an die Vereinbarung einer entsprechenden Breakup Fee zu denken. Im hier betrachteten Umfeld von Biotechnologieinvestitionen sind solche Regelungen allerdings kaum anzutreffen, da die Verhandlungsposition der Biotechs doch wesentlich schwächer ist als die des prospektiven Investors.

IV. Sorgfaltspflicht des Investors

29 Damit hat der Investor zumindest moralisch und – je nach Gestaltung bzw. Ausformulierung des Term Sheets – auch rechtlich eine gesteigerte Sorgfaltspflicht. Das Term Sheet ist nämlich bezüglich der Beschreibung der gegenseitigen Rechte und Pflichten nicht ohne weiteres abschließend, wobei dieser abschließende Charakter allerdings meistens durch eine sogenannte „Entire Agreement"-Klausel herbeigeführt wird; mit einer solchen Bestimmung wird der Inhalt des Term Sheet als vollständige Aufzählung der bisher getroffenen Vereinbarungen unter Ausschluss aller anderen potentiellen rechtlichen Verpflichtungen festgelegt. Inwieweit nach deutschem Recht eine solche Klausel höchstrichterlich Bestand hat, wenn damit auch elementare Treuepflichten ausgehebelt werden, wie sie dem deutschen Zivilrecht immanent sind, steht aber dahin.

30 Im Rahmen des „vorvertraglichen Rechtsverhältnisses" ist der prospektive Investor jedenfalls verpflichtet, seine Verhandlungspartner nicht unnötig zu schädigen, indem er zum Beispiel die Verhandlungen grundlos oder leichtfertig beendet und damit uU letztlich das Unternehmen in die Insolvenz treibt. Dies wäre etwa dann der Fall, wenn der prospektive Investor zunächst auf verbindlicher Zusicherung von Exklusivität sowie darauf besteht, dass die Kontakte zu anderen Beteiligungsinteressenten abgebrochen werden, und sich danach selbst unter Berufung auf bereits von Anfang an bekannte Aspekte von dem Projekt zurückzieht. In solchen Fällen kann der sich zurückziehende Investor möglicherweise den Altgesellschaftern der dann insolvent werdenden Gesellschaft zum Schadensersatz verpflichtet sein. Zuzugeben ist dabei allerdings, dass die betreffenden schadensverursachenden Umstände und auch der Umfang des entstandenen Schadens aus Sicht der Geschädigten meist schwer nachzuweisen sein werden, weil es hierüber kaum Schriftwechsel und ähnliche Dokumentation gibt; gegebenenfalls ist eine solche Dokumentation auch lediglich informell, nicht rechtlich ausformuliert und daher interpretationsfähig.

V. Regelungen zugunsten der Zielgesellschaft bzw. Altgesellschafter

31 Im Vorhinein bleibt der Zielgesellschaft und ihren (Alt-)Gesellschaftern nur, zu versuchen, dem prospektiven Investor entweder keine Exklusivität zuzusichern, oder doch für die Einräumung der Exklusivität einen Ausgleich zB in der Weise durchzusetzen, dass der prospektive Investor zumindest im Fall eines Rückzuges aufgrund bei ihm (und nicht dem Unternehmen) liegenden Ursachen eine pauschale Break-Up Fee zahlt. Damit kann sich das Unternehmen die nötige Luft für eine erfolgversprechende Wiederaufnahme der Suche nach alternativen Investoren verschaffen.

D. Besonderheiten bei der Due Diligence vor dem Erwerb einer Beteiligung an einem Biotechnologieunternehmen

I. Was unterscheidet die Due Diligence im Bereich der Biotechnologie von anderen Bereichen?

Bei Beteiligungen und Investments im Bereich der Biotechnologie stellt das Intellectual Property der Zielgesellschaft deren „Kronjuwelen“ dar. Das Intellectual Property ist das wirtschaftliche Kernziel der Transaktion, in dessen Entwicklung die Zielgesellschaft oft hohe Millionenbeträge gesteckt hat. Aus diesem Intellectual Property sollen durch Weiterentwicklung vermarktungsfähige Produkte entwickelt werden, die den Wert der Zielgesellschaft und damit auch den Wert der Beteiligung des Investors steigern. Deshalb sind die Rechtsverhältnisse des Intellectual Property im Rahmen der Due Diligence besonders intensiv zu durchleuchten. 32

Gleichzeitig sind die Immaterialgüterrechte, die das Intellectual Property ausmachen, nicht körperlich greifbar, sondern bestehen aus mitunter hochkomplexen und – auf den ersten Blick – mitunter diffus erscheinenden Rechtspositionen. Diese leiten sich oft über eine umfangreiche Kette vertraglicher Vereinbarungen von einem ursprünglichen Erfinder (zB Universitätsprofessor) über diverse weitere Inhaber als Zwischenstationen ab, bevor sie schließlich – meist in veränderter Form – bei der Zielgesellschaft gelandet sind. 33

Dabei sind die Verträge, aus denen sich die Berechtigung der Zielgesellschaft zur Nutzung des Intellectual Property ergibt, nicht immer reine Lizenzverträge und mitunter auch nicht unmittelbar als solche zu erkennen. Vielmehr finden sich Lizenzen in einer Vielzahl von Verträgen, die eine Zusammenarbeit auf dem Gebiet der Forschung und Entwicklung zum Gegenstand haben (zB Kooperationsverträge oder Research Agreements)[8]. 34

II. Due Diligence bei Beteiligungen an Biotechnologieunternehmen

Beteiligungen an Unternehmen sind vielfach mit letztlich nicht vollständig abschätzbaren Risiken verbunden. Daher ist die sorgfältige Ermittlung der für das Investment maßgeblichen Entscheidungsgrundlage wesentlich für den Erfolg des Investments. Um Klarheit über Inhalt, Umfang und Wert der Beteiligung an der Zielgesellschaft zu erhalten, wird in der Praxis daher regelmäßig eine Due Diligence (sorgfältige Unternehmensprüfung) durchgeführt, mit dem Ziel, die rechtlichen und wirtschaftlichen Gegebenheiten sowie Chancen und Risiken zu analysieren. 35

Die Due Diligence zur Prüfung einer Beteiligung an einem Biotechnologieunternehmen unterscheidet sich grundsätzlich nicht von der Due Diligence beim Erwerb einer Beteiligung an einem „normalen“ Unternehmen. Aufgrund der oben dargestellten Besonderheit, dass sich bei Biotechnologieunternehmen der Wert der Zielgesellschaft und damit auch der Wert der Beteiligung aus dem bei der Zielgesellschaft vorhandenen, körperlich nicht greifbaren Intellectual Property ergibt, und die Rechte an diesem geistigen Eigentum häufig über Vertragsketten an die Zielgesellschaft übertragen wurden, muss sich die Due Diligence bei einer Beteiligung an einem Biotechnologieunternehmen auf die Prüfung des Intellectual Property und den diesem zugrunde liegenden Verträgen fokussieren. 36

Bei dieser Vertragsprüfung ist auf bestimmte „Standardklauseln“ (dazu → Rn. 49), Klauseln zur Bestimmung des Umfangs und Werts des Intellectual Property (dazu → Rn. 54) sowie auf versteckte Gefahrenquellen in den dem Intellectual Property zugrunde liegenden Verträgen (dazu → Rn. 57) besonders zu achten. 37

8 Vgl. umfassend *Stief/Bromm*, Vertragshandbuch Pharma und Life Sciences, 2015, 93 ff.; *Weitnauer/Mennenöh*, Life Science Agreements in Germany, 2014

1. Standardklauseln

38 **a) Change of Control-Klauseln.** Lizenz- und Kooperationsverträge können so genannte „Change of Control-Klauseln" enthalten, die den Vertragspartner der Zielgesellschaft berechtigen, eine Anpassung des Vertrags zu verlangen oder diesen sogar zu kündigen, wenn die Inhaberschaft an der Zielgesellschaft wechselt.

39 Stößt der Investor im Rahmen der Due Diligence auf solche Klauseln, so hat er zunächst zu prüfen, ob seine geplante Beteiligung ihrer Höhe nach das Anpassungs- oder Kündigungsrecht des Vertragspartners überhaupt auslöst. Sollte die Beteiligung des Investors zu einem Inhaberwechsel bei der Zielgesellschaft führen und damit das Anpassungs- oder Kündigungsrecht des Vertragspartners auslösen, ist es empfehlenswert, noch vor Abschluss des Beteiligungsvertrags die Erklärung des Vertragspartners einzuholen, ob und in welcher Weise er seine Rechte ausüben möchte oder darauf verzichtet und der Transaktion vorab zustimmt.

40 Gleiches gilt auch dann, wenn die Beteiligung zwar nicht sofort zu einem Inhaberwechsel führt, aber der Investor sich im Rahmen des Beteiligungsvertrags bereits Optionen auf Erwerb weiterer Anteile an der Zielgesellschaft einräumen lässt, oder eine Aufstockung der Beteiligung des Investors automatisch beim Erreichen bestimmter Meilensteine durch die Zielgesellschaft erfolgen soll, und erst die Aufstockung der Beteiligung zu einem Inhaberwechsel bei der Zielgesellschaft führt. Auch in diesen Fällen ist es für den Investor sinnvoll, sich frühzeitig Klarheit über die Absichten und das voraussichtliche Verhalten des Dritten zu verschaffen.

41 **b) Wettbewerbsverbote, die das Geschäft der Zielgesellschaft beschränken.** Im Rahmen der Due Diligence sollten insbesondere strategische Investoren prüfen, ob bestehende Verträge der Zielgesellschaft mit Dritten Wettbewerbsverbote enthalten, die der Zielgesellschaft untersagen, in bestimmten Bereichen tätig zu werden. Im Bereich der pharmazeutischen Biotechnologie betreffen solche Wettbewerbsverbote häufig bestimmte Indikationen und werden meist deshalb vereinbart, weil der jeweilige Vertragspartner der Zielgesellschaft selbst die an die Zielgesellschaft lizenzierte Technologie für Entwicklungen in diesen Indikationsbereichen nutzen will.

42 Diese Wettbewerbsverbote sind insbesondere für einen strategischen Investor dann nachteilig, wenn nach seinen Vorstellungen die Zielgesellschaft zukünftig gerade in den vom Wettbewerbsverbot erfassten Bereichen tätig werden soll, etwa weil er eigene Entwicklungen in diesem Bereich in die Zielgesellschaft auslagern oder diese in bereits bestehende Aktivitäten einbeziehen möchte.

43 **c) Kündigungsklauseln.** Die von der Zielgesellschaft abgeschlossenen Lizenz- und Kooperationsverträge können auch Kündigungsklauseln enthalten, die den Lizenzgeber bzw. Kooperationspartner zur Kündigung des Vertrags beim Vorliegen bestimmter Voraussetzungen berechtigen.

44 Im Bereich der pharmazeutischen Biotechnologie spielen für Investoren besonders Kündigungsklauseln eine Rolle, die den Vertragspartner der Zielgesellschaft zur Kündigung des Vertrags mit der Zielgesellschaft berechtigen, wenn die Zielgesellschaft bestimmte Meilensteine bei der Entwicklung von Produkten oder Technologien nicht erreicht. In der Praxis kommt es dabei vor, dass diese Meilensteine bereits in der Vergangenheit nicht zeitgerecht von der Zielgesellschaft erreicht wurden, der Vertragspartner aber bisher dies nicht zum Anlass für eine Kündigung genommen hat, sondern – aufgrund des Vertrauensverhältnisses zur Zielgesellschaft – diese Zeitverzögerung toleriert hat. Erwirbt nun ein Investor eine Beteiligung an der Zielgesellschaft und ist der Dritte an einer (mittelbaren) Zusammenarbeit mit dem Investor nicht interessiert, kann er versucht sein, auf bereits bestehende Kündigungstatbestände zurückzugreifen, um dem Investor den Zugriff auf die lizenzierte Technologie zu entziehen.

Sollte dem Investor daher im Rahmen der Due Diligence auffallen, dass der Vertragspartner der Zielgesellschaft möglicherweise zur Kündigung berechtigt ist, empfiehlt es sich, eine Erklärung vom Dritten zu verlangen, dass er sein Kündigungsrecht auf Grund ihm bereits bekannter Sachverhalte nicht ausüben wird, bzw. die Beschaffung einer solchen Verzichtserklärung zu einer der Bedingungen für die Realisierung der Beteiligung zu machen. 45

d) Mindestlizenzgebühren; Mindestabnahmeverpflichtungen. Soweit die Zielgesellschaft im Rahmen von Lizenz- oder Kooperationsverträgen zur Zahlung von Lizenzgebühren verpflichtet ist, ist ein besonderes Augenmerk im Rahmen der Due Diligence darauf zu richten, ob – neben umsatzabhängigen Lizenzgebühren – auch Mindestlizenzgebühren bzw. Mindestabnahmeverpflichtungen (so genannte „Take or pay-Klauseln") vereinbart sind. 46

Die Mindestlizenzgebühren und Take or pay-Klauseln stellen sicher, dass der Lizenzgeber unabhängig vom Umsatz des Lizenznehmers eine Mindestvergütung für das Zurverfügungstellen seines geistigen Eigentums erhält. Gleichzeitig übernimmt damit der Lizenznehmer das Risiko, ob ein bestimmter Mindestumsatz überhaupt erzielt wird. Dementsprechend stellen solche Klauseln ein Risiko für die Zielgesellschaft als Lizenznehmer und damit auch für den Investor und den Wert seiner Beteiligung dar. 47

Im umgekehrten Fall, wenn die Zielgesellschaft selbst Lizenzgeber ist und mit seinen Lizenznehmern eine solche Mindestentschädigung vereinbart hat, stellen diese Klauseln eine gewisse, allerdings von der Bonität des Lizenznehmers abhängige, Garantie für bestimmte Lizenzgebühren dar. 48

2. Bestimmung von Umfang und Wert des Intellectual Property anhand von Vertragsklauseln

a) Umfang des lizenzierten Intellectual Property. Wenn das Biotechnologieunternehmen bei seinen Aktivitäten seinerseits Schutzrechte Dritter nutzt und insoweit auf eine Lizenz angewiesen ist, wird bei der Due Diligence die Untersuchung der betreffenden Lizenzverträge daraufhin einen Schwerpunkt ausmachen, in welchem Umfang der Lizenzgeber der Zielgesellschaft Rechte an seinem geistigen Eigentum einräumt. Diese Fallkonstellation ist keineswegs ungewöhnlich. Gerade bei Ausgründungen aus Universitäten erhalten die Gründer die von ihnen als Universitätsangehörige (Professoren, Doktoranden etc) erarbeiteten Schutzrechte oft nicht zu Eigentum übertragen, sondern lediglich zur Nutzung lizenziert. 49

Insoweit ist zunächst anhand der Vertragsklauseln festzustellen, an welchen Patenten, Know-how oder Daten die Zielgesellschaft Rechte erhalten hat. Weiterhin ist zu prüfen, in welchen Anwendungsbereichen die Zielgesellschaft die lizenzierten Rechte nutzen darf. Im besten Fall ist die Zielgesellschaft berechtigt, die lizenzierten Rechte umfassend für die Erforschung und Entwicklung von Produkten zu nutzen, um diese dann nach eigener Entscheidung herzustellen und zu vermarkten, und sie ist auch berechtigt, diese Tätigkeiten durch Dritte vornehmen zu lassen. Bei jedem dieser Punkte sind aber Einschränkungen möglich, die im Rahmen der Due Diligence aufgedeckt werden sollten, da die Reichweite der Nutzungsberechtigung sehr wertrelevant sein kann. 50

Der Umfang der Nutzung der lizenzierten Rechte durch die Zielgesellschaft wird zunächst dadurch bestimmt, ob die Zielgesellschaft eine exklusive oder einfache Lizenz erhalten hat. Am umfangreichsten ist naturgemäß eine Exklusivlizenz. Liegt nur eine einfache, nicht-exklusive Lizenz vor, muss der Investor sich bewusst sein, dass der Lizenzgeber zum einen weiterhin berechtigt ist, die Technologie selbst zu nutzen und zu vermarkten, und zum anderen weitere Lizenzen, auch an Konkurrenten des Investors, zu erteilen. Zwischen einer Exklusiv- und einer einfachen Lizenz sind wiederum vielfältige Abstufungen vorstellbar, zB co-exklusive Lizenzen oder teilexklusive Lizenzen, die Ausnahmen von der Exklusivität für bestimmte Fälle vorsehen. 51

52 Eine weitere Beschränkung des Nutzungsumfangs für die Zielgesellschaft kann sich aus der Definition des Vertragsgebiets ergeben. Häufig sehen auch exklusive Lizenzverträge vor, dass der Lizenznehmer die exklusiven Nutzungsrechte nur für bestimmte Territorien, meist einzelne Länder oder Gruppen von Ländern, dort allerdings exklusiv, erhält. Dann ist der Lizenznehmer nicht berechtigt, die auf Basis der lizenzierten Rechte entwickelten Produkte in Ländern außerhalb seines Territoriums zu vertreiben, da der Lizenzgeber für diese Länder meist Exklusivlizenzen an Dritte vergeben hat oder in diesen Ländern die Vermarktung selbst vornimmt.

53 Neben einer territorialen Beschränkung der Lizenz kann auch der sachliche Anwendungsbereich, für den die Zielgesellschaft die lizenzierten Rechte nutzen darf, eingeschränkt sein. Im Bereich der pharmazeutischen Biotechnologie kommt dabei vor allem in Betracht, dass die Zielgesellschaft die einlizenzierte Technologie oder etwa ein einlizenziertes Protein nur zur Entwicklung von Biopharmazeutika für bestimmte Indikationen nutzen darf. Solche Einschränkungen finden sich ua dann, wenn der Lizenzgeber die Technologie oder das Protein entweder selbst zur Entwicklung von Biopharmazeutika für andere Indikationen nutzt oder Dritten Lizenzen für eine derartige Nutzung für andere Indikationen erteilt hat bzw. erteilen will.

54 **b) Zahlungsverpflichtungen.** Neben dem Umfang der Lizenz ist bei der Due Diligence von Lizenzverträgen, die die Zielgesellschaft als Lizenznehmer mit Dritten abgeschlossen hat, auch auf darin enthaltene Zahlungsverpflichtungen zu achten.

55 Zahlungsverpflichtungen können sich bei Lizenzverträgen vielfältig ergeben. So genannte „Upfront Payments" verpflichten den Lizenznehmer zu einem bestimmten Zeitpunkt, regelmäßig bei Abschluss bzw. Inkrafttreten des Vertrags, dh zB nach Einräumung der Nutzungsrechte, bestimmte Zahlungen an den Lizenzgeber zu leisten. Im weiteren Verlauf der Entwicklung werden dann häufig so genannte „Milestone Payments" fällig, also Zahlungen des Lizenznehmers, die beim Erreichen bestimmter Ziele („Meilensteine") fällig werden. Im Bereich der pharmazeutischen Biotechnologie stellt meist das Erreichen bestimmter klinischer Entwicklungsphasen bzw. des Zulassungsverfahrens solche Meilensteine dar.

56 Ist das Produkt dann entwickelt und wird von der Zielgesellschaft vermarktet, sind – meist umsatzabhängige – Lizenzgebühren fällig. Auf die Besonderheit von Mindestlizenzgebühren wurde bereits unter → Rn. 49 hingewiesen.

57 **c) Weiterentwicklungen, Unterlizenzen.** Ein wichtiger Punkt, der ebenfalls im Rahmen der Due Diligence vom Investor geprüft werden sollte, ist, inwiefern Weiterentwicklungen der lizenzierten Technologien von der Lizenz erfasst werden. Da Lizenzverträge regelmäßig für eine (unbestimmt) lange Dauer eingegangen werden, ist es nicht auszuschließen, dass der Lizenzgeber während der Laufzeit des Lizenzvertrags die lizenzierten Technologien weiterentwickelt. Sind diese Weiterentwicklungen nicht Bestandteil der Lizenz, partizipiert die Zielgesellschaft nicht an ihnen, was den Wert der lizenzierten Technologien schmälert. Umgekehrt kann es natürlich sein, dass die Zielgesellschaft verpflichtet ist, dem Lizenzgeber eigene, von ihr entwickelte Verbesserungen der lizenzierten Technologie zugänglich zu machen bzw. deren Nutzung zu gestatten. Auch das muss nicht unbedingt im Sinn eines an einer Beteiligung an der Biotech-Gesellschaft interessierten Investors sein.

58 Ist mit der Lizenz auch das Recht eingeräumt, Unterlizenzen an Dritte zu vergeben, stellt sich die Frage, ob und ggf. in welchem Umfang das bereits geschehen ist. Derartige Unterlizenznehmer können ja, je nach Fallgestaltung, durchaus potentielle oder sogar aktuelle Wettbewerber der Zielgesellschaft sein.

3. Besondere „Gefahrenquellen" in Lizenz- und Kooperationsverträgen

Neben den vorgenannten Aspekten einer Due Diligence bei Biotechnologieunternehmen können bestehende Lizenz- und Kooperationsverträge auch besondere „Gefahrenquellen" enthalten, deren Entdeckung teilweise nicht einfach ist. Einige sind im Folgenden dargestellt. 59

a) Unterbrechung der Vertragskette. Die bestehenden Verträge über das Intellectual Property der Zielgesellschaft sind im Rahmen der Due Diligence auch daraufhin genau zu prüfen, ob die Zielgesellschaft überhaupt und im erforderlichen Umfang Inhaber bzw. Nutzungsberechtigte „ihrer" Technologie ist. Besonders bei Vertragsketten, dh Rechtseinräumungen über mehrere Stufen, bei denen sich die Rechte der Zielgesellschaft nicht direkt vom ursprünglichen Rechteinhaber (Erfinder) ableiten, können Bestand und Umfang der Rechte bei jedem vertraglichen Zwischenschritt verändert worden sein. 60

Solche Vertragsketten bestehen etwa, wenn die der Technologie zugrunde liegende Erfindung zunächst vom Erfinder, zB einem Universitätsprofessor oder der Universität, an eine Verwertungsgesellschaft übertragen und von dieser dann – ggf. noch über einen oder mehrere weitere Zwischeninhaber – an die Zielgesellschaft lizenziert wird. Der Bestand und Umfang der Rechte kann sich durch die einzelnen Übertragungen fundamental ändern, im Extremfall können sich die Rechte an der Technologie sogar vollständig „verflüchtigt" haben, so dass sie nicht mehr bestehen. 61

So kann etwa die Rechtsunwirksamkeit eines der vorgeschalteten Lizenzverträge dazu führen, dass der Lizenznehmer dieses unwirksamen Lizenzvertrags nicht Inhaber der Rechte an der Technologie wurde, und daher auch nicht über diese Rechte im Wege einer weiteren Lizenzeinräumung verfügen konnte. Alle von ihm ausgehenden weiteren Lizenzen – auch die an die Zielgesellschaft vergebene – wären damit gegenstandslos und hätten, da ein gutgläubiger Erwerb von Rechten jedenfalls nach deutschem Zivilrecht nicht möglich ist, nicht dazu geführt, dass die Zielgesellschaft irgendwelche Rechte an der Technologie erhalten hat. 62

Neben der Unwirksamkeit eines Glieds der Vertragskette kann auch der Ablauf der Vertragslaufzeit bei einem der Verträge zum Wegfall der lizenzierten Rechte führen. Dies ist etwa der Fall, wenn einer der Lizenzverträge automatisch mit Ablauf des längstlebenden Patents endet, ohne dass für die Zeit danach eine fortdauernde Lizenz an dem mitlizenzierten Know-how gewährt wird. Dann endet mit dem Ablauf des längstlebenden Patents auch das Recht zur Nutzung des Know-how. Dies ist umso schwerwiegender, je mehr das Know-how notwendiger Bestandteil der betreffenden Technologie ist. 63

Im Rahmen der Due Diligence muss es vor diesem Hintergrund darum gehen, derartige Risiken soweit als möglich zu identifizieren und die betreffenden Sachverhalte vor Abschluss der Transaktion entweder zu heilen oder ihre Auswirkungen zumindest durch entsprechende Vertragsregelungen, dh Garantien etc, abzumildern. 64

b) Know-how besonders gefährdet. Bei Vertragsketten ist zudem besondere Vorsicht im Hinblick auf geheimhaltungsbedürftiges Know-how geboten. Gelangen die Rechte an der Technologie über mehrere Verträge an die Zielgesellschaft, so erhöht sich mit jedem vertraglichen Zwischenschritt die tatsächliche Anzahl der Personen, denen das geheim zu haltende Know-how zugänglich gemacht wurde. Kenntnis vom Know-how erhalten auf diese Weise insbesondere die Mitarbeiter der an den Verträgen beteiligten Parteien. 65

Mit der Anzahl der „Mitwisser" steigt zum einen die Gefahr, dass das Know-how oder wesentliche Teile davon, trotz größtmöglicher Sorgfalt und vertraglicher Geheimhaltungsklauseln, an die Öffentlichkeit gelangen, wodurch das Know-how seinen exklusiven Charakter einbüßt. Zum anderen wird im Streitfall in tatsächlicher Hinsicht durch die „Vermischung" mit anderweitigen Kenntnissen der Nachweis immer schwieriger, was das Know-how originär ausmacht, wer wirklich über es verfügt und wem es gehört. 66

67 **c) Altverträge zu Lasten des Investors.** Auch aus Verträgen, die die Zielgesellschaft vor der anstehenden Transaktion eingegangen ist, zB Kooperationen mit Dritten, können sich Stolpersteine bzw. fortbestehende Belastungen für die Nutzungsmöglichkeiten ergeben:

68 Im Rahmen der Due Diligence ist insoweit zu prüfen, welche derartigen „Altverträge" über die Technologie mit Dritten bestehen und welche weitergeltenden Verpflichtungen sich daraus für die Zielgesellschaft ergeben. Bestandteil von Kooperationsverträgen etwa ist häufig die Bildung eines „Joint Steering Committees" durch die Kooperationspartner. Der Investor kann sich dadurch nach Erwerb der Beteiligung in der Lage wieder finden, dass er mit dem Kooperationspartner der Zielgesellschaft, möglicherweise einem Konkurrenten, in einem „Joint Steering Committee" zusammen arbeiten und Informationen austauschen muss.

69 Auch können Kooperationsverträge Regelungen enthalten, die die Durchführung bestimmter Maßnahmen von der Zustimmung des Kooperationspartners abhängig machen, zB die Aufnahme oder Einstellung spezieller Forschungs- und Entwicklungsaktivitäten, die Beschäftigung mit bestimmten Indikationen oder die Vermarktung in bestimmten Territorien. Weiterhin kann der Kooperationspartner der Zielgesellschaft Zutritts- oder Inspektionsrechte haben, die auch ihrem Umfang nach in der Due Diligence zu prüfen sind.

70 **d) „Iceberg Provisions".** Besonders trickreich und schwer auffindbar sind so genannte „Iceberg Provisions". Unter Iceberg Provisions sind Vertragsbestimmungen zu verstehen, die in bestehenden Verträgen der Zielgesellschaft mit Dritten (Lizenzgebern, Kooperationspartnern usw) enthalten sind, und die bei einer Beteiligung des Investors an der Zielgesellschaft zu unvorhergesehenen und unangenehmen Verpflichtungen oder anderen Nachteilen beim Investor führen.

71 **aa) Wettbewerbsverbote.** Als Klassiker einer solchen „Infektion" kann das Wettbewerbsverbot in einem Altvertrag gelten, in dem die beteiligten Parteien, ua die Zielgesellschaft, sich verpflichtet haben, Produkte für bestimmte Indikationsbereiche nicht zu entwickeln.

72 Eine Gefahr für den Investor geht von solchen Wettbewerbsverboten dann aus, wenn auch „Affiliates" der Zielgesellschaft ihnen unterliegen. Da als „Affiliate" häufig definiert ist, wer zB mindestens mit einem signifikanten Anteil (meist 50 %) an einer Vertragspartei beteiligt ist, unterliegt der Investor als Gesellschafter der Zielgesellschaft dem Wettbewerbsverbot aus dem Altvertrag, wenn seine Beteiligung die definierte Schwelle übersteigt und der Altvertrag keine Ausnahmeregelung für Erwerber der Zielgesellschaft enthält.

73 Die Auswirkungen des „erworbenen" Wettbewerbsverbots können gravierend sein, etwa wenn der Investor selbst oder Unternehmen, an denen er beteiligt ist, in dem vom Wettbewerbsverbot erfassten Bereich tätig sind oder tätig werden wollen. Im Rahmen der Due Diligence ist dabei zu beachten, dass Wettbewerbsverbote nicht immer auch als solche ausdrücklich gekennzeichnet sind. Häufig sind sie in den Regelungen zum Umfang der Lizenz „versteckt", zB wenn eine exklusive Lizenz durch ergänzende Vereinbarungen eingeschränkt wird, die einem Wettbewerbsverbot gleichkommen.

74 **bb) Zugriff Dritter auf Intellectual Property des Investors.** Ebenfalls negative Überraschungen für den Investor können bestehende Kooperations- oder Lizenzverträge der Zielgesellschaft enthalten, in denen die Zielgesellschaft Dritten eine (exklusive) Lizenz an einer bestimmten Technologie gewährt.

75 Häufig anzutreffen sind etwa Klauseln, die den Umfang einer exklusiven Lizenz wie folgt bestimmen:

„Target grants Partner and its Affiliates an exclusive license, under Target Technology to make, have made, use, sell, offer to sale, have sold, import, export, research, develop, distribute or promote Licensed Compounds for use in the Field in the Territory."

76 Verfügt nun auch der Investor über ein Forschungsprogramm im Bereich der (ggf. entsprechend breit definierten) Licensed Compounds, oder nimmt er zukünftig ein solches

Forschungsprogramm auf, dann können zahlreiche und ggf. sogar alle nach dem Investment in die Zielgesellschaft gefundenen Verbindungen (compounds) unter die exklusive Lizenz an den Dritten fallen, wenn sie die Definition des Licensed Compound erfüllen. Dadurch hat der Lizenznehmer der Zielgesellschaft plötzlich auch Zugriff auf einen Großteil des Intellectual Property des Investors.

cc) Fortbestand der Lizenz nach Ablauf des Lizenzvertrags. Lizenzverträge enthalten **77** häufig Regelungen, nach denen der Lizenzvertrag mit dem Ablauf des längstlebenden Patents endet. Enthält der Vertrag dann keine Zusatzregelung, die ein Fortbestehen der Lizenz für den Zeitraum nach dem Ablauf des längstlebenden Patents vorsieht, fallen auch das mitlizenzierte Know-how und anderes, nicht-patentabhängiges geistiges Eigentum an den Lizenzgeber zurück.

Dies kann im Bereich der Entwicklung von Arzneimitteln zu Nachteilen für die Zielge- **78** sellschaft als Lizenznehmer und damit auch für den Investor führen. Hat die Zielgesellschaft zum Beispiel Rechte zur Entwicklung und Vermarktung eines Produkts von einem Dritten einlizenziert, so erstreckt sich die Lizenz üblicherweise auch auf die Nutzung von Daten aus klinischen Studien und Prüfungen, die der Lizenzgeber bereits vor der Lizenzvergabe an die Zielgesellschaft durchgeführt hat. Die Nutzung dieser Daten ist für die Zielgesellschaft zum einen im Rahmen des Zulassungsverfahrens notwendig, zum anderen kann die Zielgesellschaft die Daten auch danach noch für regulatorische Zwecke nutzen wollen bzw. hierfür benötigen. Endet die Laufzeit des Lizenzvertrags nun mit dem Ablauf des letzten einlizenzierten Patents, dann verliert die Zielgesellschaft mit dem Ablauf der Lizenzlaufzeit auch das Recht, die Daten der bereits vom Lizenzgeber durchgeführten Studien oder Prüfungen zu nutzen, wenn der Lizenzvertrag eine entsprechende Fortdauer der Lizenz zur Nutzung der Daten nach Ablauf des längstlebenden Patents nicht vorsieht.

e) Verstoß gegen europäisches Wettbewerbsrecht? Bei der Due Diligence von beste- **79** henden Lizenzverträgen der Zielgesellschaft sollte auch geprüft werden, ob diese gegen Normen des europäischen Wettbewerbsrechts (Art. 101, 102 des Vertrages über die Arbeitsweise der Europäischen Union/AEUV) verstoßen. Praktisch alle Lizenz- und Kooperationsverträge enthalten Klauseln, die nach Lesart des EU-Rechts grundsätzlich gegen das Verbot wettbewerbswidriger Absprachen verstoßen. Zu diesem, gerade im EU-Recht sehr weitgefassten Verbot gibt es jedoch zahlreiche Ausnahmen. Ob und inwieweit solche Ausnahmen eingreifen, ist jedoch nicht nur im Zeitpunkt des Vertragsabschlusses zu prüfen, sondern verändert sich ggf. mit dem Marktgewicht der Beteiligten und den sonstigen Marktgegebenheiten.

Dementsprechend können Lizenzverträge der Zielgesellschaft im Zeitpunkt ihres Ab- **80** schlusses, der möglicherweise schon Jahre zurückliegt, seinerzeit durchaus unter eine der einschlägigen Ausnahmebestimmungen, zB die Gruppenfreistellungsverordnung Nr. 316/2014 (GVO-TT) für Technologietransfer-Vereinbarungen gefallen und deshalb unproblematisch gewesen sein. Allerdings ist die Beurteilung, ob ein Lizenzvertrag gegen Normen des europäischen Wettbewerbsrechts verstößt, nicht statisch nur auf den Zeitpunkt seines Abschlusses, sondern dynamisch auch während der Vertragslaufzeit und damit zu späteren Zeitpunkten vorzunehmen. Eine wichtige Voraussetzung für eine fortdauernde Freistellung nach der GVO-TT ist insbesondere, dass bestimmte Marktanteilsschwellen von den am Vertrag beteiligten Unternehmen nicht überschritten werden (30% gemäß Art. 3 Abs. 2 GVO-TT). Das bedeutet, dass Verträge, die ursprünglich zB aufgrund des Unterschreitens der Marktanteilsschwellen gemäß Art. 3 GVO-TT trotz wettbewerbsbeschränkender Vereinbarungen nach Art. 2 GVO-TT freigestellt waren, zu einem späteren Zeitpunkt bei Überschreiten der Marktanteilsschwellen nicht mehr freigestellt sind und damit dann möglicherweise wettbewerbswidrig werden (Art. 3, 8 VO-TT).

Plant ein Investor eine Beteiligung an einem Biotechnologieunternehmen, besteht damit **81** zum einen das Risiko, dass der Vertragspartner der Zielgesellschaft sich auf eine – möglicherweise schon länger – bestehende Wettbewerbswidrigkeit des Lizenzvertrags beruft, um auf diese Weise aus dem Vertrag herauszukommen, wenn er nicht mit dem Investor zusammenarbeiten möchte. Zum anderen werden der Investor und die Zielgesellschaft, wenn mehr als die Hälfte der Stimmrechte erworben wird, zu „verbundenen Unternehmen" (Art. 2 Abs. 2 GVO-TT) werden. Die Marktanteile sind dann zusammenzurechnen, und der zuvor noch freigestellte Vertrag fällt nach dem Einstieg des Investors uU aus der Gruppenfreistellung heraus.

82 Dieses potentielle Problem bestand zwar auch schon in der Vergangenheit, allerdings wurde – bzw. wird immer noch – bei Verträgen von Biotechnologieunternehmen häufig eine Prüfung aus wettbewerbsrechtlicher Sicht vernachlässigt, da das Kartellrecht in der europarechtlichen Systematik den beteiligten Parteien nicht entsprechend bewusst war. Durch die Sektoruntersuchung des Pharmamarktes durch die Europäische Kommission, die hierzu am 8.7.2009 ihren finalen Report vorgelegt hat[9], hat sich dies aber geändert. Zu rechnen ist jedenfalls damit, dass das Kartellrecht sowohl als öffentlich-rechtliches Eingriffsinstrument als auch als Argumentationsbasis in den Verhandlungen der Vertragspartner weiter an Bedeutung gewinnt – die Vertragspartner des Biotechnologieunternehmens werden wohl verstärkt nach wettbewerbsrechtlichen „Schlupflöchern" suchen, um sich ungeliebter Verträge zu entledigen.

E. Beteiligungsvertrag

83 Nachdem das Term Sheet – wenn auch weitgehend unverbindlich – im Wesentlichen bereits den rechtlichen Weg in die Beteiligung an der Zielgesellschaft, die geplanten Beteiligungsverhältnisse, die Unternehmensausrichtung und vor allem auch die Bestimmungsrechte wie Sitz und Stimme in Gremien (Vorstand/Geschäftsführung, Aufsichtsrat, Beirat) vorgezeichnet hat, setzt der Beteiligungsvertrag dieses zunächst unverbindliche Programm nunmehr rechtlich bindend um. Bei Investments in Biotechnologieunternehmen spielen dabei aus rechtlicher Sicht zum einen die Bewertung der Zielgesellschaft vor der Kapitalzuführung des Investors („Pre-Money-Bewertung"), die Gestaltung der Einzahlungen als projektfortschrittsabhängige Meilensteinzahlungen sowie bestimmte Absicherungsgestaltungen zugunsten des Investors (Verwässerungsschutz, Liquidationspräferenz) eine Rolle bzw. werfen mitunter Probleme auf.

I. Pre-Money-Bewertung

84 Die Bewertung des Unternehmens ergibt sich im Wesentlichen aus der Summe der Werte seiner Produktpipeline. Junge Biotech-Gesellschaften haben in aller Regel selbst keine Produkte am Markt, sondern arbeiten an deren Erforschung bzw. Entwicklung. Ein etwaiges Eigengeschäft, etwa durch die Erbringung von Serviceleistungen, fällt wertmäßig meist nicht entscheidend ins Gewicht.

85 Bezüglich der Evaluierung dieser Produktpipeline, dh der einzelnen Forschungs- bzw. Entwicklungsprojekte, gibt es aber eine große Unsicherheit. Selbst bei sehr aussichtsreich erscheinenden Projekten ist rein statistisch das Risiko eines Scheiterns bis zur Marktzulassung auch dann noch ganz erheblich, wenn die Entwicklung bereits ein fortgeschrittenes Stadium (zB klinische Phase II oder III) erreicht hat. Dies gilt bereits für die nur produktbezogenen Faktoren wie zB die Wirksamkeit der betreffenden Substanz als Arzneimittel oder mögliche Nebenwirkungen. Hinzu kommt das Risiko, dass in der langen Zeit bis zur Marktreife Wettbewerbsprodukte auf den Markt kommen, die den Umsatz mit dem eigenen Produkt schmälern, selbst wenn dieses die Ziellinie der Zulassung erreicht. Dieses Risiko ist in Deutschland umso größer, weil die Finanzierungsmöglichkeiten zur Sicherstellung einer zügigen Entwicklung begrenzter sind als insbesondere in den USA. Damit

[9] *Europäische Kommission* „Final Report on competition inquiry into the pharmaceutical sector", abrufbar unter http://ec.europa.eu/competition/sectors/pharmaceuticals/inquiry/index.html.

besteht die Gefahr, dass selbst aussichtsreiche deutsche Projekte von der meist weitaus kapitalkräftigeren Konkurrenz schlicht überholt werden.

Aufgrund dieser Unsicherheiten ist jede Pre-Money-Bewertung, auf der sich ja der Preis für die bei der Kapitalrunde vom Investor zu erwerbenden Anteile ergibt, zu einem Großteil Spekulation. Dies macht die Verhandlungen, die der Einigung auf eine bestimmte Bewertung vorausgehen, mitunter extrem schwierig. Zu dem rein sachlichen, finanziellen Konflikt über den heutigen fiktiven Geldwert der Zielgesellschaft kommt dabei meist noch der emotionale Aspekt, dass die Gründer durch eine aus ihrer Sicht zu niedrige Bewertung ihr großes Engagement nicht adäquat gewürdigt sehen. Zudem schlagen sich die genannten Unwägbarkeiten in einigen Besonderheiten bei der Vertragsgestaltung nieder, die in dieser Ausprägung vor allem in Beteiligungsverträgen über Investments in Biotechnologieunternehmen anzutreffen sind. **86**

II. Meilensteinzahlung

Um zum einen dem geschilderten hohen Risiko eines Verlustes Rechnung zu tragen, und zum anderen den Anteilserwerb durch zwischenzeitliche Zinseinkünfte zu verbilligen, werden die als „Kaufpreis" für die Anteile zu entrichtenden Beträge meist erst dann gezahlt, wenn bei der Zielgesellschaft konkreter Liquiditätsbedarf besteht, zB wenn für die vereinbarten Projekte der nächste kostenträchtige Schritt ansteht, wie etwa eine klinische Prüfung; ohnehin ist ja die Kapitaleinzahlung des Investors in aller Regel nicht dafür vorgesehen, den bisherigen Gesellschaftern Anteile abzukaufen, sondern die Fortsetzung der Entwicklungsprojekte durch die Gesellschaft zu finanzieren. Die rechtliche Gestaltung erfolgt dabei in der Regel so, dass der auf das zu erhöhende Stammkapital (GmbH) bzw. Grundkapital (Aktiengesellschaft/SE) entfallende, meist relativ kleine Betrag, sowie gegebenenfalls ein geringfügiger Teil des Agio sofort fällig sind, während weitere Raten oder „Meilensteinzahlungen" jeweils bei Projektfortschritt als „sonstige Zuzahlung" in die Kapitalrücklage zu leisten sind. **87**

Während dies bei der Beteiligung an einer Gesellschaft in der Rechtsform der GmbH weitestgehend unkritisch ist, bestimmt für die Aktiengesellschaft § 36a Abs. 1 AktG, dass, soweit im Rahmen einer Kapitalmaßnahme Bareinlagen zu leisten sind, ein Agio stets sofort zu entrichten ist. Interpretiert man daher aus Sicht der Zielgesellschaft auch die späteren Meilensteinzahlungen als Teil des Agio im Sinne des § 36a AktG, was, da es sich letztlich um den „Kaufpreis" für die Aktien handelt, jedenfalls nicht unplausibel erscheint, kann die zeitliche Staffelung der Zahlungen die gesamte Kapitalerhöhung nichtig machen. Der Investor hätte daher seine Kapitaleinlage rechtsgrundlos geleistet und könnte diese später zurückfordern; andererseits hat er dann auch keine rechtlich abgesicherte Position als Aktionär. All diese rechtlichen Unsicherheiten können darüber hinaus aus Sicht des Unternehmens höchst unangenehme Auswirkungen haben, wenn sie etwa im Rahmen einer Due Diligence im Vorfeld einer weiteren Transaktion (Unternehmensverkauf, IPO) ans Tageslicht kommen. **88**

Diesen Risiken kann man jedoch dadurch begegnen, dass die Aktiengesellschaft selbst nicht Partei des Beteiligungsvertrages wird und auch sonst keinen Anspruch auf die Zuzahlung erhält, sondern nur im Rahmen der Kapitalerhöhung auf den auf das erhöhte Grundkapital entfallenden Betrag plus den sofort fälligen Agiobetrag. Diesen Anspruch auf Leistung an die Aktiengesellschaft haben dann im Sinne eines unechten Vertrages zugunsten Dritter nur die Partner des Beteiligungsvertrages, dh die anderen Gesellschafter. In diesem Fall kann eine spätere „sonstige Zuzahlung" nicht als verdecktes Agio ausgelegt werden, und ein Verstoß gegen § 36a AktG kommt nicht in Betracht. **89**

III. Verwässerungsschutz

90 Das große Risiko eines Verlustes des Investments führt dazu, dass sich die Kapitalgeber wenigstens vertraglich höchst komfortabel absichern lassen. Zum Ausdruck kommt dies etwa in einem rechtlich sehr weit gehenden Verwässerungsschutz, wobei dem neuen Investor für spätere Finanzierungsrunden eine Art „Meistbegünstigung" zugesichert wird: Sollten später Gesellschaftsanteile für einen geringeren Preis ausgegeben werden, als ihn der Investor heute für seine Anteile bezahlt, ist der Investor nachträglich so zu stellen, als habe er seine Anteile auch zu diesem niedrigeren Preis erworben. Im Ergebnis erhält er dann ohne nennenswerte zusätzliche Zahlungen weitere Anteile und wird somit jedenfalls durch die Tatsache, dass die neuen Anteile in der „Down Round" preiswerter ausgegeben werden, nicht verwässert[10].

IV. Liquidationspräferenz

91 Eine weitere Absicherung des Investors ist die im Bereich Biotechnologie besonders weitgehend ausgestaltete Liquidationspräferenz[11]. Danach erhält der Geldgeber bei einer Auflösung der Gesellschaft vor allen anderen Gesellschaftern, dh insbesondere den Alt- und Gründungsgesellschaftern, das von ihm eingezahlte Kapital sowie eine Verzinsung in mitunter durchaus komfortabler Höhe zurück.

92 Zu einer aus Investorensicht attraktiven Einrichtung wird eine solche Liquidationspräferenz aber erst dadurch, dass sie nicht nur für den Grundfall einer Auflösung der Gesellschaft infolge einer Insolvenz oder aufgrund Gesellschafterbeschlusses gilt, sondern auch für den „Trade Sale", dh die Veräußerung aller oder aller wesentlichen Assets der Gesellschaft. Dass in solchen Fällen dann die Altgesellschafter – meist für sie überraschend, da sie sich unter „Liquidationspräferenz" nicht den Erfolgsfall eines Trade Sale vorgestellt haben – uU nichts oder wenig bekommen, lässt sich allenfalls mit dem ganz erheblichen Verlustrisiko begründen, das der Investor mit seinem Anteilserwerb eingeht.

F. Exit

93 Unter „Exit" wird das wirtschaftliche und rechtliche Ausscheiden des Investors aus der Gesellschaft, verbunden mit der Realisierung eines möglichst ansehnlichen Gewinns zusätzlich zu dem ursprünglich investierten Betrag, verstanden[12]. Der Exit aus einer Beteiligung an einem Biotechnologieunternehmen spielt naturgemäß vornehmlich für Venture-Capital-Investoren eine große Rolle. Diese Investoren streben vor allem eine hohe Rendite ihres Investments an und sind daher nicht so sehr an einer langfristigen Beteiligung, sondern vielmehr an einem schnellen Exit zur Optimierung ihrer Rendite interessiert.

I. Exitvarianten

94 Grundsätzlich stehen auch bei Investments in Biotechnologieunternehmen verschiedene Exitstrategien zur Verfügung: Das Biotechnologieunternehmen kann im Rahmen eines IPO an die Börse gebracht werden, der Venture-Capital-Investor kann seine Beteiligung an einen Investor aus der Biotechnologie- oder Pharmaindustrie verkaufen („Trade Sale"), er kann sie auch an einen weiteren Venture-Capital-Investor veräußern („Secondary Purchase") oder die Altgesellschafter erwerben die Anteile des Venture-Capital-Investors im Rahmen eines „Buy Back" zurück. Als letzte – und aus Renditesicht schlechteste – Möglichkeit zum Deinvestment kommt die Liquidation der Zielgesellschaft in Betracht.

10 Vgl. *Nolte* in BeckM&A-HdB § 53 Rn. 107 ff., 112.
11 Hierzu iE *Weitnauer* in Weitnauer, Venture Capital-HdB, 5. Aufl. 2016, Teil F, Rn. 192 ff.
12 Vgl. *Richter* in BeckM&A-HdB § 55 Rn. 136 ff.

II. Vor allem: Trade Sale

Neben einem IPO, das aus Sicht des Venture-Capital-Investors aufgrund der zu erwartenden hohen Rendite und der Flexibilität bei der Wahl des Zeitpunkts des Börsengangs sicherlich das bevorzugte Exitszenario darstellt, ist im Bereich der Biotechnologie vor allem der Trade Sale[13] eine für Venture-Capital-Investoren interessante und gängige Alternative. **95**

Bei einem Trade Sale veräußert der Venture-Capital-Investor seine Beteiligung an der Zielgesellschaft an ein Unternehmen aus der Industrie, also im Falle eines Biotechnologieinvestments regelmäßig an ein großes Pharmaunternehmen. Die Motivation des Pharmaunternehmens für einen Trade Sale ist meist identisch mit der einleitend dargestellten Interessenlage für ein Investment in ein Biotechnologieunternehmen. Durch den Erwerb der Anteile des Venture-Capital-Investors will das Pharmaunternehmen sich Zugang zur Produktpipeline der Zielgesellschaft verschaffen. Der Trade Sale kann entweder als Share Deal oder als Asset Deal gestaltet werden. **96**

Um einen für den Venture-Capital-Investor lukrativen Trade Sale auch gegen den Willen der Altgesellschafter durchführen zu können bzw. um an einer Veräußerung von Geschäftsanteilen der Altgesellschafter an Dritte partizipieren zu können, ist für Venture Capital-Investoren die Vereinbarung von Tag-Along und Drag-Along-Rights im Beteiligungsvertrag wesentlich. Durch solche Bestimmungen werden die Altgesellschafter verpflichtet, ihre Anteile mitzuverkaufen, wenn der Investor seine Beteiligung veräußern möchte, bzw. dann, wenn der Altgesellschafter selbst einen Interessenten für seine Anteile gefunden hat, für einen Mitverkauf auch der Investorenanteile zu sorgen. **97**

III. Auslizenzierung als Alternativlösung

Sollte weder ein IPO noch ein Trade Sale realisierbar sein, kommt für den Investor ein Technologietransfer in Form einer Lizenz als Alternative in Betracht. **98**

Aus Sicht des Lizenznehmers, meist einem Pharmaunternehmen, das auch als Käufer im Rahmen eines Trade Sales in Betracht gekommen wäre, hat ein Lizenzvertrag gegenüber einem Trade Sale erhebliche Vorteile. Bei einem Trade Sale müssen sich die Parteien abschließend über die Höhe des Kaufpreises und dessen zeitnahe Bezahlung einigen, auch wenn natürlich auch hier denkbar ist, einen Teil des Kaufpreises über eine von künftigen Betriebsergebnissen/Gewinnen abhängige Earn-Out-Regelung in die Zukunft zu verlagern. **99**

Da jedoch, zumindest solange das Biotechnologieunternehmen noch kein zugelassenes Produkt am Markt hat, das Risiko besteht, dass die Produktentwicklung etwa aufgrund auftretender Nebenwirkungen ausgesetzt oder beendet wird, sind Pharmaunternehmen häufig nicht bereit, das Biotechnologieunternehmen komplett zu erwerben. Außerdem sind Pharmaunternehmen in vielen Fällen lediglich an den Technologie- und Produktrechten des Biotechnologieunternehmens interessiert, nicht aber an dessen gesamten Geschäftsbetrieb und den Mitarbeitern. Diesen Interessen des Pharmaunternehmens kommt ein Lizenzvertrag entgegen. Das Biotechnologieunternehmen räumt dem Pharmaunternehmen im Wege einer exklusiven Lizenz das Recht ein, die Technologie bzw. das Know-how des Biotechnologieunternehmens zur weiteren Produktentwicklung und zur späteren Vermarktung von Produkten nutzen zu dürfen. **100**

Neben der Lizenz bietet sich, insbesondere wenn es sich um einen „Early-Stage-Deal" handelt, die Produktentwicklung also noch in der präklinischen oder frühen klinischen Phase steckt, die Vereinbarung einer Forschungs- und Entwicklungskooperation an, in deren Rahmen das Biotechnologieunternehmen mit dem Pharmaunternehmen an der weiteren Produktentwicklung zusammenarbeitet. **101**

---

[13] *Richter* in BeckM&A-HdB § 55 Rn. 145–147.

102 Als Gegenleistung für die Lizenzgewährung erhält das Biotechnologieunternehmen eine Vergütung vom Pharmaunternehmen. Diese Vergütung setzt sich in der Praxis im Wesentlichen aus bei Vertragsabschluss fälligen Einmalzahlungen („Upfront Payments"), Meilensteinzahlungen, die beim Erreichen bestimmter Entwicklungsfortschritte fällig werden, und Lizenzgebühren bei der späteren Vermarktung der dann zugelassenen Biopharmazeutika zusammen. Um den mit der weiteren Produktentwicklung verbundenen Unsicherheiten Rechnung zu tragen, ist zwischen den einzelnen Vergütungsbestandteilen ein Kompromiss zwischen garantierten Zahlungen (meist Upfront Payments) an das Biotechnologieunternehmen und erfolgs- bzw. umsatzabhängigen Vergütungsbestandteilen (Meilensteinzahlungen, Lizenzgebühren) zu erzielen.

IV. Strukturierte Übernahme durch ein Pharmaunternehmen

103 In der Praxis ist neben die bisher dargestellten Formen auch die vereinzelt anzutreffende strukturierte Übernahme durch ein Pharmaunternehmen getreten. Wirtschaftlich stellt das eine Zwischenform dar, die Elemente des Lizenzdeals mit einem Anteilserwerb (Trade Sale) kombiniert.

104 Bei einer strukturierten Übernahme erwirbt das Pharmaunternehmen dementsprechend zunächst eine (geringe) Beteiligung an einem Biotechnologieunternehmen, an dessen in der Entwicklung befindlichem Produkt es interessiert ist. Bereits im Beteiligungsvertrag, mit dem das Pharmaunternehmen seine erste Beteiligung erwirbt, werden feste, an die erfolgreiche Produktentwicklung gekoppelte Meilensteine vereinbart, bei deren Erreichen das Pharmaunternehmen jeweils weitere Anteile am Biotechnologieunternehmen erwirbt. Bei Erreichen eines bestimmten Entwicklungsstands, zB Erreichen der klinischen Phase-III oder Zulassung als Arzneimittel, erwirbt das Pharmaunternehmen dann sämtliche noch ausstehenden Anteile und wird alleiniger Gesellschafter des Biotechnologieunternehmens.

105 Eine strukturierte Übernahme hat für Investoren, die an dem Biotechnologieunternehmen beteiligt sind, gegenüber der bloßen Auslizenzierung den Vorteil, dass sie ihre Beteiligung an dem Biotechnologieunternehmen schrittweise, zu festgelegten Konditionen, an das Pharmaunternehmen veräußern können, während sie bei einer Auslizenzierung weiterhin Gesellschafter des Biotechnologieunternehmens bleiben. Andererseits wird diese Exitvariante von Venture Capital-Investoren ebenso wie Lizenztransaktionen weniger geschätzt und wird nur als Notlösung akzeptiert, weil sie dann zunächst Gesellschafter bleiben und ggf. die vorgesehene Laufzeit ihres Fonds im Verhältnis zu ihren Geldgebern nicht einhalten können.

8. Teil. Länderberichte

§ 33 USA

Übersicht

Schrifttum

A. Rechtsprechung

I. Ausländische Gerichte

Delaware Chancery Court; In re IBP Inc. Shareholders Litigation. 789 A.2d 14, 68(Del.Ch. 2001),

Delaware Chancery Court, Hexion Specialty Chemicals, Inc. v. Huntsman Corp. 789 A.2d 14, 68 (Del.Ch. 2008).

II. Europäischer Gerichtshof/EU-Kommission

EU Richtlinie 2011/61/EU vom 8. Juni 2011 über die Verwalter alternativer Investmentfonds, Amtsblatt EU L 174 vom 1. Juli 2011

EU Richtlinie 2016/1164 vom 12. Juli 2016 mit Vorschriften zur Bekämpfung von Steuervermeidungspraktiken mit unmittelbaren Auswirkungen auf das Funktionieren des Binnenmarktes, Amtsblatt EU L 193 vom 19. Juli 2016

EU Richtlinie 2017/952 des Rates vom 29. Mai 2017 zur Änderung der Richtlinie 2016/1164 bezüglich hybrider Gestaltungen mit Drittstaaten, Amtsblatt EU L 144 vom 7. Juni 2017

B. Verwaltungsvorschriften und sonstige Stellungnahmen der öffentlichen Hand

OECD (2013) Action Plan on Base Erosion and Profit Shifting, OECD Publishing. http://dx.doi.org/10.1787/9789264202719-en

Verordnung über die Anlage des Sicherungsvermögens von Pensionskassen, Sterbekassen und kleine Versicherungsunternehmen (Anlageverordnung) vom 18. April 2016 (BGBl I 2016, S. 769)

Verordnung betreffend die Aufsicht über Pensionsfonds und über die die Durchführung reiner Beitragszusagen in der betrieblichen Altersversorgung vom 18. April 2016 (BGBl I 2016, S. 3214)

C. Literatur (Buchbeiträge, Aufsätze, Monographien)

van Helvoirt/Cornet/Hopka: Niederlande:Gesetzesänderungen und Entwicklungen 2018, IStR-LB 2017, S. 94 (95)

Linn, Die US-Steuerreform und ihre Auswirkungen auf das deutsche Unternehmensteuerrecht, DStR 2018, 321 ff.

Schümmer/Leusder/Weinrich, Implikationen der US-Steuerreform auf die Hinzurechnungsbesteuerung nach dem AStG, IStR 2018, 397 ff.

Ehlermann/Köhler, US-Steuerreform leitet neue Runde im globalen Steuerwettbewerb ein, ISR 2018, 37 ff.

Hess, Implikationen der US-Steuerreform auf Investitionen in die USA, IStR 2019, 11 ff.

A. Private-Equity-Fonds-Strukturen und zentrale Fondsbedingungen

I. Fondstypen, Investmentstrategien, Struktur

1 Die Private Equity Industrie ist in den USA seit den 1980er Jahren eine feste Größe des Finanzsektors, und der US Markt ist sowohl in Hinblick auf die Höhe des eingeworbenen Kapitals als auch die Anzahl der Fonds immer noch führend. So haben laut Preqin im Jahr 2018 circa 583 US Private Equity Firmen über 272 Milliarden Dollar an Kapital für 734 Investmentfonds eingeworben. In diesem Umfeld sind die Fondsstrukturen, die Investmentstrategien und die rechtlichen Rahmenbedingungen für Private Equity weitgehend etabliert und standardisiert.

1. Fondstypen

2 Am US Markt werden im Grundsatz zwei Arten von Fondsvehikeln angeboten: Private-Equity-Fonds und Hedge Fonds. Beim (klassischen) Private-Equity-Fonds investieren die Anleger ihr Kapital über einen festgelegten Anlagezeitraum von drei bis sechs Jahren und stellen das Kapital verteilt über den Anlagezeitraum zur Verfügung, wenn und soweit Kapitalabrufe erfolgen. Der Private-Equity-Fonds investiert dieses Kapital in Unternehmensbeteiligungen oder andere, vorwiegend illiquide Vermögensanlagen. Erträge werden zumeist durch Veräußerung der Vermögensanlagen realisiert und die Erlöse werden dann an den Anleger ausgekehrt. Eine Reinvestition der realisierten Erträge durch den Fonds ist üblicherweise ausgeschlossen. Auch der Anleger kann sein Kapital für gewöhnlich nicht abziehen. Private-Equity-Fonds haben üblicherweise eine *Fundraising* Periode von zwischen sechs und 18 Monaten, nach deren Beendigung keine weiteren Anleger mehr in den Fonds aufgenommen werden. Das führt dazu, dass Private-Equity-Fonds Sponsoren alle vier bis sechs Jahre einen neuen Fonds auflegen müssen, da dann das Kapital des Vorgängerfonds investiert ist. Mit sogenannten *Evergreen*-Strukturen wird versucht, die Notwendigkeit eines wiederholten *Fundraising* zu vermeiden; allerdings haben sich diese Strukturen bislang nicht durchgesetzt, da es schwierig ist, den grundsätzlich illiquiden Charakter eines klassischen Private Equity Investments mit den Liquiditätsanforderungen der Anleger in einem Fonds mit unbegrenzter Laufzeit zu vereinbaren.

3 Hedge Fonds unterscheiden sich in mehreren Aspekten von den klassischen Private-Equity-Fonds. Zum einen investiert den Anleger in einem Hedge Fonds sein Kapital üblicherweise in Gänze beim Eintritt in den Fonds. Der Hedge Fonds investiert dieses Kapital dann vorwiegend in liquide Vermögensgegenstände, wie zB in börsennotierte Wertpapiere. Der Einstieg in einen Hedge Fonds ist laufend zu bestimmten Einstiegsterminen möglich (monatlich, quartalsweise oder jährlich). Erlöse, die der Hedgefonds aus seinen Investments erzielt, werden nicht ausgeschüttet, sondern wieder angelegt, und der Anleger erzielt seine Erträge aus dem Fonds, indem er die Fondsanteile an den Fonds zurückgibt und dafür vom Fonds eine Vergütung in Höhe des Fondsanteilswertes erhält.

Die Aussagen in den folgenden Abschnitten sind auf das Modell des (klassischen) Private-Equity-Fonds beschränkt. 4

2. Investmentstrategien

Die Investmentstrategien von Private-Equity-Fonds sind vielfältig. Typischerweise werden die Anlagestrategien in den Fondsprospekten und in den in der Fondsdokumentation enthaltenen Anlagerichtlinien beschrieben. Verbreitete Investmentstrategien sind Wagniskapital *(Venture Capital), Leveraged Buy-Outs,* Investitionen in Schuldinstrumente, Investitionen in notleidende Kapitalanlagen *(Distressed)* oder sektorspezifische Investitionen wie Anlagen in bestimmte Industrien oder Wirtschaftsbereiche, wie Energie, Infrastruktur, Real Estate oder Bodenschätze. Daneben fokussieren sich manche Private Equity Sponsoren auf den Zweitmarkt und kaufen bestehende Fondsbeteiligungen *(Secondary Funds)* oder das Dachfondsgeschäft *(Fund of Funds),* bei dem Investoren in Dachfonds zusammengefasst werden, die wiederum in andere Fonds investieren. 5

Obwohl die grundsätzlichen Elemente eines Private-Equity-Fonds weitgehend einheitlich sind, unterscheiden sich die Fonds in ihren Anlagebedingungen und manchmal auch in ihrer Struktur entsprechend ihrer Anlageziele und Investorenbasis. Die Fondskonzeption muss deswegen aus rechtlicher, steuerlicher und kommerzieller Sicht auf die Investmentstrategie und die entsprechenden Bedürfnisse der Investoren ausgerichtet sein. 6

3. Struktur

Private-Equity-Fonds in den USA werden üblicherweise als Personengesellschaften errichtet, zumeist als *Limited Partnership* nach dem Recht des Bundesstaates Delaware, da das Delaware Recht im Bereich Gesellschaftsrecht und Unternehmensrecht besonders weit entwickelt ist. Die Geschäftsführung der Personengesellschaft übernimmt der Komplementär *(General Partner),* der üblicherweise in der Rechtsform einer *Limited Liability Company* (LLC) aufgesetzt wird. Daneben gibt es häufig noch eine Gesellschaft, die als *Investment Manager* oder *Investment Adviser* für den Fonds agiert; diese Gesellschaft ist dann auch für gewöhnlich die Einheit, die als *Registered Investment Advisor* bei der US Finanzaufsicht, der *U. S. Securities and Exchange Commission* (SEC), registriert wird. 7

Die Anleger eines Private-Equity-Fonds treten der Personengesellschaft als beschränkt haftende Kommanditisten *(Limited Partner)* bei. Der Personengesellschaftsvertrag regelt dabei die rechtlichen und wirtschaftlichen Verhältnisse zwischen den Kommanditisten, die dem Fonds den weit überwiegenden Teil des Kapitals zur Verfügung stellen und dem Komplementär und dem *Investment Manager/Adviser,* denen die Geschäftsführung des Fonds sowie das Betreiben des Investmentgeschäfts obliegt. Je nach geographischer und sachlicher Ausrichtung der Investmenttätigkeit des Fonds und abhängig von der Zusammensetzung der Investorenbasis kann es notwendig sein, dass der Fonds mehrere parallele oder vor- oder nachgeschaltete Fondsvehikel aufsetzt, um vor allem den jeweiligen steuerlichen Bedürfnissen seiner Anleger Rechnung zu tragen. So wird ein in den USA investierender Privat Equity Fonds üblicherweise ein außerhalb der USA errichtetes Parallelvehikel für nicht aus den USA stammende Investoren anbieten, mit dem Ziel, die unmittelbare US Steuerpflicht für solche Investoren zu vermeiden. Der Kosten/Nutzen Effekt solcher Strukturen bedarf allerdings immer einer Analyse im Einzelfall, da die Parallelstrukturen oftmals zu erhöhten Steuerkosten innerhalb der Struktur führen. 8

Eine Registrierung des *Investment Managers* als *Registered Investment Adviser* bei der SEC ist gemäß dem *US Investment Advisers Act* von 1940 generell notwendig, wenn der Private-Equity-Fonds Kapitalzusagen von über USD 150 Millionen einwirbt. Als *Registered Investment Adviser* unterliegt der Fonds Manager bestimmten gesetzlichen Mindestanforderungen und einer regemäßigen Prüfung durch die SEC. 9

II. Zentrale Fondsbedingungen

1. Einlageverpflichtung

10 Mit dem Eintritt in die Personengesellschaft als Kommanditist übernimmt der Anleger eine Einlageverpflichtung in bar, die über die Investitionsperiode des Private-Equity-Fonds je nach Kapitalbedarf des Fonds abgerufen wird. Die Einlage der Kommanditisten wird für Investitionen und zur Begleichung von Aufwendungen des Fonds genutzt. Der Personengesellschaftsvertrag umreißt üblicherweise die Arten an Investitionen, die der Private-Equity-Fonds tätigen darf, sowie die Aufwendungen, die der Fonds aus den Einlagen bestreiten kann. Wenn der Anleger seiner Einlageverpflichtung im Falle eines Kapitalabrufs nicht nachkommt, sieht der Personengesellschaftsvertrag eine Reihe von Sanktionen vor, die von der Erhebung eines Verzugszinses über den Einbehalt von Auszahlungen bis zur Einziehung des Kommanditanteils reichen können.

2. Managementgebühr

11 Dem Fondsmanager wird aus dem Fondsvermögen üblicherweise eine Vergütung bezahlt, die als Managementgebühr bezeichnet wird. Diese Gebühr dient dazu, die laufenden Ausgaben des Fonds zu decken, einschließlich der Gehälter der Fondsmitarbeiter. Mit der Managementgebühr werden auch die Ausgaben des Fonds für das Auffinden von Investments und die laufende Betreuung der Investments gedeckt.

12 Die Managementgebühr wird üblicherweise vierteljährlich fällig und wird aus entsprechenden Kapitalabrufen bezahlt. Die Zahlung auf die Managementgebühr wird typischerweise auf die Einlageverpflichtung der Investoren angerechnet, obwohl es auch Private-Equity-Fonds gibt, bei denen die Verpflichtung zur Zahlung der Managementgebühr die Kapitalzusage nicht reduziert. Während des Investitionszeitraums des Fonds wird die Managementgebühr für gewöhnlich als jährlicher prozentualer Betrag gemessen an der Kapitalzusage der Kommanditisten berechnet. Je nach Fondsgröße variiert dieser Prozentsatz zwischen 1 % und 2.5 %. Nach Ende des Investitionszeitraums wird die Managementgebühr meist automatisch reduziert.

13 Gelegentlich rechnen mit den Fondsmanagern verbundene Beratungsgesellschaften gegenüber den Portfoliounternehmen des Private-Equity-Fonds Transaktions- oder laufende Beratungsgebühren ab. Solche Transaktions- oder Beratungsgebühren werden zumeist teilweise oder vollständig auf die Managementgebühr angerechnet und reduzieren diese. Üblicherweise werden zwischen 50 % und 100 % der sonst erzielten Gebühren angerechnet, wobei der volle Ausgleich mittlerweile die Norm ist. In manchen Fällen gibt es auch eine Rückerstattung von Managementgebühren an die Investoren am Ende der Fondslaufzeit, wenn die während der Laufzeit des Fonds erzielten Transaktions- oder Beratungsgebühren die Managementgebühren übersteigen.

3. Carried Interest

14 Der General Partner (und damit indirekt die an dem General Partner beteiligten leitenden Mitarbeiter des Fonds) erhält für seine Rolle im Fonds eine Übergewinnbeteiligung an den Erträgen des Fonds, die als *Carried Interest* bezeichnet wird. Der *Carried Interest* beträgt bei typischen Buy Out-Fonds in der Regel 20 % der Gewinne des Fonds und fällt erst an, wenn die Fondsinvestoren ihr eingesetztes Kapital vollständig zurückerhalten haben, zuzüglich einer Mindestrendite, die zumeist bei 8 % liegt. *(Hurdle Rate).*

15 In US Markt findet man insbesondere bei etablierten Fondssponsoren sogenannte *Deal-by-Deal* Strukturen, bei denen der *Carried Interest* auf Grundlage jeder einzelnen Transaktion berechnet und auch an den General Partner ausgezahlt wird. Für den Fall, dass die Gesamtperformance des Fonds am Ende der Laufzeit hinter den für den *Carried Interest* gesetzten Hürden zurückbleibt, sehen Fonds mit einer *Deal-by-Deal* Struktur Rückzahlungsrege-

lungen vor, die den General Partner zur Rückzahlung von *Carried Interest* verpflichten. Im europäischen Markt herrschen sogenannte *Whole of Fund* Strukturen vor, bei denen der *Carried Interest* erst am Ende der Laufzeit auf Basis der Gesamtperformance des Fonds berechnet und ausgezahlt wird.

Während die 20 % *Carried Interest* Rate im Bereich der Buy Out Fonds überwiegt, gibt es **16** Fonds, die höhere oder niedrigere *Carried Interest* Raten vorsehen, jeweils abhängig von der Investmentstrategie und der Renditeerwartung. So sehen zB Infrastrukturfonds oder *Fund-of-Funds* oft niedrigere *Carried Interest* Raten vor, während besonders rentable Fonds auch höhere Gewinnbeteiligungen vorsehen können. Auch die *Hurdle Rates* können entsprechend variieren.

Der *Carried Interest* wird auf Ebene eines in den USA steuerpflichtigen Fondsmitarbeiters **17** als langfristiger Veräußerungsgewinn *(Long Term Capital Gain)* behandelt, der in der höchsten Einkommensstufe mit lediglich 20 % besteuert wird, und nicht als Arbeitslohn oder Entgelt für Dienstleistungen, die nach dem normalen Einkommensteuertarif besteuert werden (Steuersatz bislang bis zu 39,6 %; unter der US Steuerreform 2018[1] auf 37 % abgesenkt). Die begünstigte Besteuerung des *Carried Interest* steht auch in den USA immer wieder in der Kritik und es wird von verschiedenen Seiten regelmäßig deren Abschaffung gefordert. Auch US Präsident Donald Trump hatte sich im Wahlkampf ursprünglich kritisch zu der privilegierten Besteuerung des *Carried Interest* geäußert. Im Rahmen der von der Trump Administration initiierten US Steuerreform 2018 ist im Bereich der *Carried Interest* Besteuerung allerdings lediglich eine Mindesthaltefrist von drei Jahren als Voraussetzung für die Qualifikation der als *Carried Interest* ausgezahlten Veräußerungsgewinne als *Long Term Capital Gain* eingeführt worden (gegenüber einer einjährigen Haltefrist, die ansonsten für die Qualifikation als *Long Term Capital Gain* notwendig ist).

4. Key Man-Regelungen

Private-Equity-Fonds sind typischerweise sogenannte *Blind Pool* Fonds. Das bedeutet, dass **18** bei Aufsetzen des Fonds dessen zukünftige Investments noch nicht bekannt sind und der Investor auch während der Laufzeit des Fonds keinen Einfluss darauf hat, welche Investments getätigt werden. Deswegen wird sich der Investor bei seiner Entscheidung für ein Investment in einen Private-Equity-Fonds auf die Expertise der leitenden Fondsmitarbeiter und deren Track Record stützen. Vor diesem Hintergrund enthält die Fondsdokumentation oftmals sogenannte *Key Man*-Regelungen, die vorsehen, dass bestimmte leitende Mitarbeiter des Fondssponsors den jeweiligen Fonds und dessen Investments über die Laufzeit des Fonds betreuen. Bei Verstoß gegen derartige *Key Man*-Regelungen ist der Fonds üblicherweise verpflichtet, die Investitionstätigkeit solange auszusetzen, bis die Investoren einer Alternativbesetzung des Fondsmanagements zugestimmt haben.

5. Clawback-Regelungen

Clawback-Regelungen in Bezug auf die Investoren erlauben es dem *General Partner,* an die **19** Investoren ausgeschüttete Erträge zurückzufordern, sofern dies für Begleichung von Fondsaufwendungen oder zur Erfüllung von Freistellungsverpflichtungen notwendig ist. Dabei ist die Haftung der Investoren grundsätzlich auf den Betrag der bereits ausgeschütteten Erträge sowie zusätzlich auf einen Prozentsatz der jeweiligen Einlageverpflichtung des Limited Partners beschränkt. Des Weiteren ist das Rückforderungsrecht in zeitlicher Hinsicht meist auf zwei oder drei Jahre ab Verteilung der Erträge oder Beendigung des Fonds limitiert.

---

[1] *An Act to provide for reconciliation pursuant to titles II and V of the concurrent resolution on the budget for fiscal year 2018, P. L. 115-97 („Tax Cuts And Jobs Act")* vom 22.12.2017.

6. Investorenrechte

20 In der Regel dürfen Kommanditisten in einer nach dem Recht des Bundesstaates Delaware errichteten Personengesellschaft keine weitreichenden Mitwirkungsrechte beim Management der Personengesellschaft haben, da sie ansonsten ihren Status als beschränkt haftender Gesellschafter nach Delaware Recht gefährden. Unter anderem aus diesem Grund sehen die Personengesellschaftsverträge nur beschränkte Mitwirkungs- und Einflussrechte für Investoren vor. Dazu zählen vor allem Kündigungs- und Informationsrechte. Darüber hinaus sehen manche Fonds die Errichtung eines Investorenbeirats *(Limited Partner Advisory Committee)* vor.

21 Der Investorenbeirat ist ein Ausschuss bestehend aus Vertretern der Investoren, der vom *General Partner* in bestimmten, in dem Personengesellschaftsvertrag vorgeschriebenen Fällen konsultiert werden muss. Der Investorenbeirat hat meist zwischen drei und sieben Mitglieder, abhängig von der Größe des Fonds und der Anzahl der Investoren. Typische Themen, bei denen der Investorenbeirat konsultiert werden muss, sind Änderungen des Personengesellschaftsvertrages und Verzichte auf bestimmte vertragliche Beschränkungen. Darüber hinaus kann dem Investorenbeirat die Überprüfung und Genehmigung der jährlichen Bewertungen obliegen. Die genauen Befugnisse des Investorenbeirates sind letztlich das Ergebnis der Verhandlungen zwischen Fondssponsor und den Investoren, genau wie die Frage, welche Investoren einen Sitz im Investorenbeirat erhalten.

22 Manche Fondsverträge sehen vor, dass die Investoren unter bestimmten Umständen das Recht haben, die Investitionstätigkeit des Fonds zu beenden oder auszusetzen und den General Partner zu ersetzen. Dieses Recht kann im Falle der Verletzung einer *Key Man*-Bestimmung gegeben sein (s. o.) oder im Falle einer schwerwiegenden Pflichtverletzung durch den General Partner, aber auch ohne (wichtigen) Grund, sogenannte *No Fault*-Kündigungsrechte. Die dafür notwendigen (regelmäßig hohen) Stimmmehrheiten schwanken von Fonds zu Fonds.

23 Schließlich sehen die Fondsbestimmungen regelmäßig umfangreiche Informationsrechte für die Investoren vor. Dazu gehören die regelmäßige Vorlage von Geschäftsberichten des Fonds sowie oftmals die Vorlage von testierten Jahresabschlüssen und Informationen über die jeweiligen Portfoliounternehmen. Die Einzelheiten hinsichtlich der in die Berichte einbezogenen Informationen sowie die zeitliche Taktung des Reporting variieren beträchtlich von Fonds zu Fonds.

III. Marketing

24 Das Einwerben von Investoren für den Fonds *(Marketing)* wird von den Fondssponsoren oftmals mit Hilfe eines *Placement Agent* durchgeführt. Zu den Aufgaben des *Placement Agent* zählt unter anderem, Kontakte zu potentiellen Investoren herzustellen, Hinweise zu den am Markt für den jeweiligen Fonds durchsetzbaren Fondsbedingungen zu geben und den Fondssponsor bei Strukturierungsfragen und der Beantwortung von Due Diligence-Fragen von Investorenseite zu unterstützen. Für seine Tätigkeit im Rahmen des Fondsmarketing erhält der *Placement Agent* von dem Fonds eine Gebühr, die sich nach der Höhe des eingeworbenen Kapitals richtet. Typischerweise liegen die Gebühren für einen *Placement Agent* dabei zwischen 1 und 2.5 % des eingeworbenen Kapitals. Sofern die Kosten des *Placement Agent* vom Fonds getragen werden, reduzieren sie zumeist spätere *Management Fees* an den General Partner.

25 Nach Festlegung der Struktur und der grundlegenden Fondsbestimmungen erstellt der Fondssponsor eine Reihe von Marketingmaterialien, zu denen auch ein Fondsprospekt, das sogenannte *Private Placement Memorandum* (PPM)gehört. Der Fondsprospekt liefert möglichen Investoren sowohl wirtschaftliche als auch rechtliche Angaben über die Fondssponsoren und den zukünftigen Fonds einschließlich früherer Geschäftsverläufe (bei Folgefonds), einer Erörterung des geplanten Geschäftsmodells und Angaben im Hinblick auf mögliche

Risiken, die ein Investment in den Fonds für Investoren bergen. Der Fondsprospekt wird an potentielle Investoren verteilt, um deren Interesse an einem Investment zu wecken. Die Reaktion der Investoren hilft, die mögliche Größe des Fonds zu bestimmen und die finalen Konditionen festzulegen, die dann in der Fondsdokumentation vereinbart werden.

In den USA wird ein Private-Equity-Fonds gewöhnlich gemäß den Regeln der *Regulation D*[2] aufgesetzt, was es dem Fonds erlaubt, um bestimmte Investoren (sogenannte *Accredited Investors*[3]) im Wege eines *Private Placement* zu werben. Dabei ist es dem Fonds untersagt, für den Fonds in der Öffentlichkeit zu werben (beispielsweise im Wege von Werbeanzeigen); die möglichen Investoren müssen vielmehr individuell angesprochen werden. Wenn der Fonds an Investoren in Jurisdiktionen außerhalb der USA vertrieben werden soll, muss den jeweiligen Vertriebsbestimmungen dieser Jurisdiktionen gefolgt werden, so beispielsweise in Mitgliedsländern der EU den jeweiligen Vertriebsbestimmungen, die diese Länder in Umsetzung der EU Richtlinie für Alternative Investmentfonds-Manager (AIFMD) erlassen haben[4]. In Deutschland können US Private-Equity-Fonds an professionelle und semiprofessionelle Investoren gemäß dem Anzeigeverfahren gemäß § 330 des Kapitalanlagegesetzbuches vertrieben werden, solange der unter der AIFMD vorgesehene Vetriebspass für Drittstaatenfonds noch nicht eingeführt ist. Das Anzeigeverfahren erfordert es, dass der US Private-Equity-Fonds eine Vertriebsmeldung an die deutsche Regulierungsbehörde BaFin macht, welche umfangreiche Informationen über den Private-Equity-Fonds und seine Manager beinhaltet, eine deutsche Verwahrstelle bestimmt und sich zur Erfüllung bestimmter fortlaufender Berichtspflichten an die BaFin verpflichtet. Sobald der Vertriebspass für Drittstaaten eingeführt ist und vorausgesetzt, die USA wird von der EU als geeignete Jurisdiktion für den Vertriebspass eingestuft, kann der Vertrieb von US Private-Equity-Fonds in Deutschland nur noch gemäß dem Drittstaatenpass-System erfolgen. Danach muss der amerikanische Private-Equity-Fonds Manager vollumfänglich als Alternativer Investmentfonds-Manager in einer EU-Jurisdiktion lizensiert sein, bevor er seine Fonds an professionelle und semiprofessionelle deutsche Investoren vertreiben kann. **26**

Im Anschluss an die Verteilung des Fondsprospekts wird der Fondssponsor die operativen Dokumente für den Fonds an diejenigen potenziellen Investoren ausgeben, die ihr Interesse an dem Fonds bekundet haben. Zu diesen Dokumenten zählen insbesondere der Personengesellschaftsvertrag und die Zeichnungsdokumentation *(Subscription Booklet)*. Die Zeichnungsdokumentation beinhaltet eine Reihe von Zusicherungen von Seiten des Investors betreffend seines Status als *Accredited Investor* und weitere Qualifikationen unter dem *US Securities Act*, dem *US Investment Company Act* und der anwendbaren Geldwäschebestimmungen. Zusätzlich zeigen Investoren ihren steuerlichen Status an. Auf der Grundlage dieser Angaben ermittelt der Fonds, ob und in welcher Form der Investor in den Fonds investieren kann und insbesondere, ob der Fonds die Klassifizierung als Investmentgesellschaft unter dem *US Investment Company Act* vermeiden kann. Die zwei von Private-Equity-Fonds am häufigsten genutzten Ausnahmen von einer Registrierungspflicht als *Investment Company* sind in § 3(c)(1) und § 3(c)(7) des *Investment Company Acts* von 1940 zu finden. Ein sogenannter „3(c)(1)" Fonds muss auf weniger als 100 Anleger beschränkt sein. Eine Fondsstruktur, die sich auf die Ausnahme in § 3(c)(7) stützt, darf nicht mehr als 2000 Investoren haben, wobei all diese Investoren als *Qualified Purchaser*[5] qualifizieren müssen. **27**

---

2 *Title 17 of the Code of Federal Regulations, part 230, Sections 501 through 508.*

3 Der Begriff des *Accredited Investor* schließt natürliche Personen ein, die bestimmte Vermögens- oder Einkommensschwellen erfüllen (im Allgemeinen 1 Million US Dollar Nettovermögen oder jährliche Einkünfte von über 200.000,- US Dollar), sowie Gesellschaften, die über ein Mindestnettovermögen von fünf Millionen US Dollar verfügen müssen. Zu den Einzelheiten siehe *Title 17 of the Code of Federal Regulations, part 230, Sections 501 through 508.*

4 Richtlinie 2011/61/EU des Europäischen Parlaments und des Rates vom 8.6.2011 über die Verwalter alternativer Investmentfonds, Amtsblatt EU L 174 vom 1. Juli 2011.

5 Der Begriff *Qualified Purchaser* schließt natürliche Personen und Gesellschaften ein, die über Investitionen im Wert von mindestens 5 Millionen US Dollar verfügen. Einzelheiten sind *Section 2(a) (51) Investment Company Act* sowie den entsprechenden Verlautbarungen der SEC zu entnehmen.

28 Investoren können im Rahmen der Zeichnungsverhandlungen mit dem Sponsor Einfluss auf die Gestaltung der Fondsdokumentation und insbesondere des Personengesellschaftsvertrages nehmen. Sofern eine Änderung der Fondsdokumentation selbst nicht erreicht werden kann, ist es für die Investoren möglich, bestimmte Sonderrechte in Nebenvereinbarungen zu vereinbaren *(Side Letter)*. Oft werden individuell vereinbarte Sonderrechte über *Most Favourite Nation*-Klauseln anderen Investoren, die über eine vergleichbare Interessenlage und mindestens die gleiche Investitionssumme haben, ebenfalls zugänglich gemacht.

29 Nach Aushandlung der operativen Dokumente reicht der Investor die unterschriebenen Zeichnungsdokumente beim Fondssponsor ein und es kommt nach Erreichen einer bestimmten, vom Fondssponsor festgelegten Zielgröße an eingeworbenem Capital zu einem sogenannten *First Closing*, infolge dessen der Fonds seine Investitionstätigkeit aufnimmt. Manche Fonds halten innerhalb des ersten Jahres nach dem ersten *Closing* noch weitere *Closings* ab, um weitere Investoren zu gewinnen.

B. Private Equity Transaktionsstrukturierung und wichtige Vertragsbedingungen in Unternehmenskäufen

I. Transaktionsstrukturierung

30 Unternehmskäufe durch Private-Equity-Fonds in den USA werden üblicherweise entweder als *Asset Deal, Share Deal* oder als *Reverse Triangular Merger* strukturiert. Zur Durchführung dieser Transaktionen setzt der US Private-Equity-Fonds gewöhnlich eine Akquisitionsgesellschaft auf, meist eine *Limited Liability Company* (LLC), die dann entweder die Beteiligung an der Zielgesellschaft *(Share Deal)* oder deren Vermögensgegenstände *(Asset Deal)* erwirbt. In einem *Reverse Triangular Merger* errichtet der Private-Equity-Fonds eine zweistufige Erwerbsstruktur bestehend aus einer Holdinggesellschaft und einer Mergergesellschaft *(Merger Entity)*. Die Mergergesellschaft wird dann im Zuge der Transaktion auf die Zielgesellschaft verschmolzen.

31 Beim Erwerb einer Zielgesellschaft außerhalb der USA errichtet ein US Private-Equity-Fonds für gewöhnlich ausländische Holdingstrukturen. Im Falle von europäischen Erwerben werden diese Holdingstrukturen oftmals innerhalb einer zentralen europäischen Holdingjurisdiktion wie beispielsweise Luxemburg oder den Niederlanden errichtet, mit einer lokalen Akquisitionsgesellschaft, die in der Jurisdiktion der Zielgesellschaft ansässig ist und von einer Gesellschaft in der Holdingjurisdiktion gehalten wird. Die lokale Akquisitionsgesellschaft erwirbt dann die Beteiligung an der Zielgesellschaft oder deren Vermögenswerte. Die Hauptgründe für das Errichten einer Holdingstruktur in einer zentralen europäischen Holdingjurisdiktion sind folgende: (i) der Wunsch, die Holdingtätigkeit für europäische Investments in einer europäischen Jurisdiktion zu konzentrieren, die ein geeignetes rechtliches, regulatorisches und steuerliches Umfeld sowie eine entsprechendes Angebot an lokalen Dienstleistern (ua Anwälte, Wirtschaftsprüfer, Geschäftsführer) vorzuweisen hat, (ii) die Haftungsabschirmung durch das Einziehen einer Holdingebene zwischen der individuellen Zielgesellschaft und dem Fonds und (iii) die Minimierung von Steuerkosten in der Holdingstruktur, ohne Notwendigkeit des Rückgriffs auf die individuelle steuerliche Abkommensberechtigung der einzelnen Fondsinvestoren. Eine zentrale Holdinggesellschaft in einem EU-Land kann, sofern sie bestimmte steuerliche Substanzanforderungen erfüllt, über die steuerliche Abkommensberechtigung unter dem jeweiligen Doppelbesteuerungsabkommen zwischen dem Land des Holdingstandortes und der Zieljurisdiktion verfügen sowie zu einer Quellensteuerreduktion unter der EU Mutter-Tochter-Richtlinie berechtigt sein. Darüber hinaus bieten luxemburgische Holdingstrukturen die Möglichkeit über die Verwendung von Hybridinstrumenten (wie zB CPECs *(Convertible Preferred Equity Certificates)* oder über die Gestaltung von Anteilsklassen (sogenannte *Alphabet*

Shares), Gewinne ohne das Auslösen luxemburgische Quellensteuer auf Dividenden in die USA zu transferieren. Einen ähnlichen Vorteil (keine niederländische Quellensteuer auf Ausschüttungen) bietet grundsätzlich die Nutzung des niederländischen Gesellschaftsformats der Genossenschaft *(Coöperatie),* obwohl es hier in jüngster Zeit auf niederländischer Seite zu erheblichen Verschärfungen der Substanzanforderungen auf Ebene der Genossenschaft gekommen ist[6]. Insgesamt ist zu erwarten, die Steuereffizienz der Nutzung europäischer Holdingstrukturen für US Fonds durch die zahlreichen Anti-Mißbrauchs Regelungen, die im Zuge der OECD BEPS Initiative[7] und den europäischen Anti-Mißbrauchs-Richtlinien[8] auf nationaler Ebene bereits umgesetzt sind oder deren Umsetzung zu erwarten ist, weiter eingeschränkt wird und es ist nicht auszuschließen, dass in Zukunft zur Erreichung einer steuereffizienten Transaktionsstrukturierung vermehrt auf die jeweilige Abkommensberechtigung des individuellen Fondsinvestors zurückgegriffen werden muss.

II. Wichtige Vertragsbedingungen bei Unternehmenskaufverträgen

Obwohl die Private Equity Industrie mittlerweile eine globalisierte Industrie mit teilweise 32
weltweit geltenden Standards ist, gibt es noch erhebliche Unterschiede hinsichtlich der Bedingungen, zu denen Unternehmenskäufe in den verschiedenen Rechtsordnungen abgewickelt werden. Folgende wichtige Vertragsbedingungen finden sich typischerweise in US Unternehmenskaufverträgen.

1. Completion Accounts/Locked Box Mechanismus

Private Equity Deals in den USA und Europa unterscheiden sich häufig hinsichtlich des 33
Mechanismus, mit dem sich ein Käufer vor Vermögensverschiebungen auf Ebene der Zielgesellschaft zwischen Unterzeichnung und Vollzug des Unternehmenskaufvertrages schützt, bzw. der Frage der Abbildung solcher Vermögensverschiebungen bei der Kaufpreisberechnung.

In US Kaufverträgen wird dieses Problem üblicherweise durch das Vorsehen eines *Com-* 34
pletion Accounts-Mechanismus gelöst. Bei dieser Methode wird der bei Vertragsunterzeichnung ermittelte vorläufige Kaufpreis auf der Grundlage einer Stichtagsbilanz auf den Vollzugstag *(Completion Accounts)* in Hinblick auf bestimmte Kennzahlen nach Vollzug des Kaufvertrages angepasst. Im Rahmen dieses Verfahrens partizipiert der Veräußerer bis zum Vollzug des Unternehmenskaufvertrages an Wertsteigerungen des Unternehmens und trägt gleichzeitig das Risiko von Wertminderungen. Damit wird für den Verkäufer ein Anreiz geschaffen, das Geschäft der Zielgesellschaft bis zum tatsächlichen Eigentümerwechsel bestmöglich zu führen. Der Nachteil dieses Mechanismus besteht in seiner Komplexität und der Streitanfälligkeit, da die Parteien nach dem Vollzugstag eine Stichtagsbilanz aufstellen und sich auf diese einigen müssen.

In europäischen Transaktionen ist der *Locked Box*-Ansatz vorherrschend, der bei US 35
Transaktionen sehr selten verwendet wird. Bei der Verwendung des *Locked Box* Mechanismus wird der Kaufpreis für die Zielgesellschaft unter Abstellen auf einen vor der Unterzeichnung des Kaufvertrages liegenden Stichtag (meist der letzte Bilanzstichtag) unter der Verwendung der dann bereits vorliegenden Bilanz ermittelt. Dabei sind die Gewinne und Verluste der Gesellschaft bis zum Stichtag wirtschaftlich dem Verkäufer und ab dem Stichtag dem Käufer zuzurechnen. Der Verkäufer wird verpflichtet, die Geschäfte der

---

6 *Vgl.van Helvoirt/Cornet/Hopka,* Niederlande:Gesetzesänderungen und Entwicklungen 2018, IStR-LB 2017, 94 (95).

7 OECD (2013) Action Plan on Base Erosion and Profit Shifting, OECD Publishing. http://dx. doi.org/10.1787/9789264202719-en.

8 Richtline (EU) 2016/1164 des Rates vom 12.7.2016 mit Vorschriften zur Bekämpfung von Steuervermeidungspraktiken mit unmittelbaren Auswirkungen auf das Funktionieren des Binnenmarktes, ABl. EU L 193 vom 19. Juli 2016, sowie Richtlinie (EU) 2017/952 des Rates vom 29.5.2017 zur Änderung der Richtlinie 2016/1164 bezüglich hybrider Gestaltungen mit Drittstaaten, ABl. EU L 144 vom 7. Juni 2017

Gesellschaft ab dem Stichtag bis zum Vollzugstag ordnungsgemäß weiterzuführen. Der Vorteil des *Locked Box* Mechanismus besteht vor allem darin, dass der Kaufpreis auf der Grundlage einer allen Parteien bei Vertragsabschluss bekannten Bilanz ermittelt wird und eine spätere Kaufpreisanpassung vermieden wird.

2. Gewährleistungen, Freistellungen und Rechtsfolgen bei Verletzung

36 Die Gewährleistungsregelungen, Freistellungen sowie die Rechtsfolgen einer Verletzung dieser Bestimmungen sind die Regelungen des Anteilskaufvertrages, die am intensivsten verhandelt werden und bei denen es in der Praxis auch die größte Bandbreite an Regelungen gibt. Generell ist der Gewährleistungskatalog in einem US Kaufvertrag umfangreicher und detaillierter als beispielsweise in einem Unternehmenskaufvertrag nach deutschem Recht. Darüber hinaus sehen US Verträge häufig vor, dass die bei Unterzeichnung des Kaufvertrages vom Verkäufer abgegebenen Gewährleistungen zum Vollzugstag als zusätzliche Vollzugsbedingung nochmal bestätigt werden müssen *(Warranty Bring Down)*. Schließlich findet man in US Kaufverträgen auch häufig ein sogenanntes *Sandbagging*-Konzept, nach dem auch die Kenntnis des Käufers von einer Gewährleistungsverletzung bei Unterzeichnung oder Vollzug des Vertrages einen Anspruch des Käufers aus Gewährleistungsverletzung nicht ausschließt.

37 Der Anspruch eines Käufers aus einer Gewährleistungsverletzung ist meist durch eine *De Minimis*-Regelung, sowie Freigrenzen und eine an dem Kaufpreis orientierte Haftungsobergrenzen beschränkt. Ansprüche aus Verletzungen von allgemeinen Garantien und Freistellungen sind häufig auf eine Höhe zwischen 10 und 20% des Kaufpreises limitiert, wohingegen die Haftung aus der Verletzung von fundamentalen Garantien, Zusicherungen und Entschädigungszusagen in der Regel auf den Betrag des gesamten Kaufpreises beschränkt sind. Insbesondere in Fällen, in denen der Verkäufer selbst ein Private-Equity-Fonds ist, kommen auch immer häufiger Gewährleistungsversicherungen (*Reps and Warranty-Insurance*) zum Einsatz. In diesen Fällen übernimmt dann die Gewährleistungsversicherung den aus einer Gewährleistungsverletzung entstehenden Schaden. Das hat für den verkaufenden Private-Equity-Fonds den Vorteil, dass er keine (oder nur eine geringe) Haftungsrückstellung bilden muss und den erhaltenen Kaufpreis zeitnah an seine Investoren verteilen kann.

3. Material Adverse Change-Klauseln

38 US Unternehmenskaufverträge sehen oft eine *Material Adverse Change*-Klausel vor, die dem Käufer das Recht einräumt, auch nach der Vertragsunterzeichnung von der Transaktion ohne Vertragsstrafe zurücktreten zu können, wenn im Zeitraum zwischen Unterzeichnung und Vollzug schwerwiegende nachteilige Veränderungen entweder in dem maßgeblichen Markt oder beim Zielunternehmen selbst eintreten. Die Einzelheiten solcher Klauseln und insbesondere die Sachverhalte, die einen *Material Adverse Change* darstellen, sind regemäßig Gegenstand der Vertragsverhandlung. In der Praxis tendieren US Gerichte dazu, *Material Adverse Change* Klauseln eng auszulegen[9], so dass aus Käufersicht eine möglich präzise Formulierung anzustreben ist.

4. Financing Out-Klauseln

39 In US Unternehmenskaufverträgen sind *Financing Out*-Klauseln weiterhin verbreitet und kommen insbesondere bei Private Equity Transaktionen häufig zum Einsatz. Eine *Financing Out*-Klausel erlaubt es dem Käufer, von dem Kaufvertrag zurückzutreten, wenn es ihm nicht gelingt, die für die Finanzierung des Kaufpreises benötigte Fremdfinanzierung ab-

[9] Vgl. hierzu die Entscheidungen des Delaware Chancery Court in: In re. IBP Inc. Shareholders Litigation. 789 A.2d 14, 68(Del.Ch. 2001), sowie Hexion Specialty Chemicals, Inc. v. Huntsman Corp. 789 A.2d 14, 68 (Del.Ch. 2008).

zuschließen. Das Rücktrittsrecht ist dann meist mit einer Vertragsstrafe für den Käufer verbunden, deren Höhe in der Regel zwischen 4 und 7 % des Kaufpreises liegt.

In europäischen Transaktionen werden *Financing Out*-Klauseln sehr selten verwendet. Hier herrscht meist das *Certain Funds*-Konzept vor, bei dem der Käufer das Vorhandensein einer Finanzierung bereits zur Vertragsunterzeichnung nachweisen muss. **40**

5. Managementbeteiligung

US Private Equity Sponsoren bieten gewöhnlich ein Management-Beteiligungsprogramm für das Management des Zielunternehmens an. Die möglichen Ausgestaltungen solcher Programme sind vielfältig und reichen von echten Beteiligungsprogrammen, bei denen der Manager Gesellschaftsanteile erhält, über virtuelle Beteiligungsprogramme *(Phantom Stock)* zu klassischen (Aktien-)Optionsprogrammen. Die steuerliche Behandlung der Erträge aus solchen Beteiligungsprogramme für die Manager hängt von der konkreten Ausgestaltung ab. Der Ausübungsgewinn unter einem Optionsprogramm oder eine Auszahlung auf ein *Phantom Stock*-Programm führt für gewöhnlich zu Arbeitslohn, der mit dem normalen Einkommensteuertarif besteuert wird. Zeichnen die Manager im Rahmen eines Beteiligungsprogramms Gesellschaftsanteile, so wird nur der Vorteil aus einem etwaig verbilligten Erwerb als Arbeitslohn versteuert, während ein späterer Veräußerungsgewinn als *Long Term Capital Gain* vergünstigt besteuert wird, sofern die Mindesthaltefrist von einem Jahr erreicht ist. Für US Steuerzwecke wird der Wert eines Gesellschaftsanteils bei Erwerb durch den Manager auf Grundlage des Liquidationswertes der erworbenen Beteiligung ermittelt (ohne Berücksichtigung zukünftiger Wertsteigerungschancen), was insbesondere bei mit Fremdkapital finanzierten Erwerbsvehikeln zu niedrigen Einstiegswerten führt. Der Einstiegswert wird für US Steuerzwecke durch die Einreichung einer sogenannten *83b-Election* bei den US Steuerbehörden festgeschrieben, womit dann auch Rechtssicherheit über die spätere steuerliche Behandlung des Veräußerungsgewinns erlangt wird. **41**

C. Wichtige Aspekte für deutsche Investoren in US Private-Equity-Fonds

I. US Steuerpflicht und Blocker Strukturen

US Private-Equity-Fonds bieten für ihre nicht in den USA ansässigen Investoren häufig sogenannte Blocker Strukturen an, entweder in Form von Parallelfonds- oder Feederstrukturen *(Offshore-Fund)* oder auch in Form von Blocker Gesellschaften, die unterhalb des Hauptfonds eingezogen werden. Ziel dieser Blocker Strukturen ist es, die Entstehung von in den USA steuerpflichtigen Einkünften (sog. *Effectively Connected Income,* „ECI“) auf Ebene der nicht in den USA ansässigen Investoren zu verhindern. **42**

Soweit der US Private-Equity-Fonds in Vermögenswerte in den USA investiert, besteht die Möglichkeit, dass diese US Investments für nicht in den USA ansässige Fondsinvestoren zu in den USA steuerpflichtigen Einkünften führen. Dies gilt insbesondere dann, wenn die vom PE Fonds verwendete Holdingstruktur für US steuerliche Zwecke transparent ausgestaltet ist, entweder durch die Verwendung von Personengesellschaften oder durch die Ausübung von steuerlichen Wahlrechten (sogenannte *Check-the-Box election*). In diesen Fällen erzielt auch ein nicht in den USA ansässiger Fondsinvestor aufgrund der transparenten Struktur in den USA steuerpflichtige operative Einkünfte, deren Besteuerung auch nicht durch Doppelbesteuerungsabkommen ausgeschlossen werden kann. Hinzu kommt, dass ein über eine für US Steuerzwecke transparente Personengesellschaft investierter Investor hinsichtlich des ihm zuzuordnenden ECI einer US Quellensteuer unterliegt[10]. Diese Quellensteuer wird dann im Rahmen der jährlichen Veranlagung angerechnet. Üblicherweise versuchen nicht in den USA ansässige Investoren eine solche US **43**

---

[10] Die Quellensteuer beträgt nach den Änderungen der US Steuerreform 2018 entsprechend den neuen Höchststeuersätzen 21 % für Kapitalgesellschaften und 37 % für natürliche Personen.

Steuerpflicht zu vermeiden, unter anderem, weil sie mit der Verpflichtung einhergeht, während der Laufzeit des Fundinvestments in den USA jährliche Steuererklärungen abzugeben.

44 Durch Blocker Strukturen kann die US Steuerpflicht vermieden werden. Zahlreiche US PE Fonds bieten zu diesem Zwecke einen *Onshore Fund* und einen *Offshore Fund* an. Der *Onshore Fund* ist für in den USA ansässige steuerpflichtige Investoren gedacht, während der *Offshore Fund* für nicht in den USA ansässige Investoren errichtet wird. Sowohl der *Onshore-* als auch der *Offshore Fund* münden dann als Feeder in den Hauptfonds, oder investieren parallel (Parallelfondstruktur). Der *Onshore Fund* wird entsprechend für US Steuerzwecke transparent ausgestaltet, während der *Offshore Fund* für US Steuerzwecke als intransparent ausgestaltet wird. Für diese Zwecke wird dann meist eine Cayman Islands Gesellschaft gewählt, die für US Steuerzwecke zur Behandlung als Kapitalgesellschaft optiert. Die US Steuerpflicht auf ECI fällt dann auf Ebene der Blocker Gesellschaft an, mit der Folge, dass die Blocker Gesellschaft die US Steuerlast zu tragen hat und auch die US Steuererklärungen abgibt. Insofern wird das Ziel, die ausländischen Fonds Investoren von einer direkten US Steuerpflicht zu entlasten, erreicht. Allerdings kann eine solche Blocker Struktur auch zu einer insgesamt höheren Steuerlast für die ausländischen Investoren führen, so dass hier jeweils eine Analyse im Einzelfall angezeigt ist.

45 Soweit der Blocker direkt ECI erwirtschaftet, zahlt er darauf US Steuer (unter den infolge der US Steuerreform 2018 gesenkten Körperschaftsteuersätzen 21 % plus US-Bundesstaatensteuer). Wenn der Blocker für deutsche Steuerzwecke als Personengesellschaft qualifiziert, müssten die in den USA erzielten Einkünfte dann als US Betriebsstätteneinkünfte nach dem DBA in Deutschland auf der Ebene des deutschen Investors freigestellt werden. Wenn der Blocker für deutsche Steuerzwecke als Kapitalgesellschaft qualifiziert, würde eine Ausschüttung aus dem Blocker als Dividende qualifizieren, die in Deutschland der Besteuerung als Kapitalertrag unterliegt. Zu beachten ist, dass der kombinierte US Körperschaftsteuersatz (Bundessteuer plus Bundesstaatensteuer) infolge der Senkung der Bundessteuer im Rahmen der US Steuerreform 2018 in einigen US Bundesstaaten unter die vom deutschen Außensteuerrecht vorgesehene Niedrigbesteuerungsschwelle von 25 % fallen kann, mit der Folge, dass, soweit in dem ECI aus solchen Bundesstaaten passive Einkünfte enthalten sind, auf Ebene eines deutschen Investors gegebenenfalls die Hinzurechnungsbesteuerung greift.[11]

46 Eine weitere Alternative zur Vermeidung der US Steuerpflicht sind *Deal-by-Deal Blocker,* bei denen ECI sensitive Investoren ein Wahlrecht haben, (nur) für ECI Investments unterhalb des Fonds in Blocker Vehikeln zusammengefasst zu werden. Solche Blocker Vehikel werden dann soweit möglich mit Darlehen finanziert, um die US Ertragsbesteuerung auf Ebene des Blockers möglichst gering zu halten. Bei solchen Gestaltungen ist zu beobachten, wie sich die mit der US Steuerreform 2018 eingeführte Zinsschrankenregelung – die ähnlich der deutschen Regelung eine Beschränkung des Zinsabzuges auf einen Betrag in Höhe von 30 % des steuerpflichtigen EBITDA (bis 2021) bzw. EBIT (ab 2022) vorsieht – auf die Gesamtsteuerkosten solcher Strukturen auswirkt. Da allerdings die US Zinsschrankenregelung erst bei Gesellschaften mit Bruttoerträgen in Höhe von 25 Millionen US Dollar pro Jahr im Drei Jahresdurchschnitt greift, dürfte dieses Thema nur für große Blocker Gesellschaften relevant werden. Im Ergebnis erzielen die deutschen Investoren dann aus den geblockten ECI Investments Zinseinkünfte.

47 In Hinblick auf *Secondaries* (also den Verkauf von PE Fondsanteilen durch einen Investor) ist im Rahmen der US Steuerreform 2018 eine Quellensteuerpflicht für den Verkauf von Personengesellschaftsanteilen, die ECI vermitteln, geschaffen worden. Die Neuregelung sieht vor, dass der Käufer bei einem Verkauf von Personengesellschaftsbeteiligungen, die US

[11] Hinsichtlich der Auswirkungen der US-Steuerreform auf die deutsche Hinzurechnungsbesteuerung siehe weiterführend *Linn* DStR 2018, 321 ff.; *Schümmer/Leusder/Weinrich* IStR 2018, 397 ff.; *Ehlermann/Köhler* ISR 2018, 37 ff.; *Hess* IStR 2019, 11 ff.

ECI generieren, 10% des Kaufpreises für den Personengesellschaftsanteil einbehalten und an den US Fiskus abführen muss, wenn ihm der Verkäufer nicht nachweist, dass er in den USA steuerlich ansässig ist. Wird diese Abführungsverpflichtung vom Käufer nicht eingehalten, muss die Personengesellschaft den nicht abgeführten Betrag aus zukünftigen Ausschüttungen an den Käufer einbehalten. Der Verkäufer kann im Rahmen seiner US Steuererklärung eine Rückerstattung der abgeführten Quellensteuer verlangen, soweit der Quellensteuerbetrag die US Steuer auf den Gewinn, der anteilig auf die das ECI generierenden Vermögensgegenstände entfällt, übersteigt. Da die gesetzliche Regelung keine *De Minimis*-Ausnahme vorsieht, greift sie dem Wortlaut nach schon bei einem sehr geringen ECI Anteil und könnte in vielen Fällen überschießende Wirkung entfalten. Auch diese Quellensteuerproblematik für einen ausländischen Investor kann durch die Verwendung einer Blocker Struktur und den Verkauf der Anteile an dem Blocker in einem *Secondary* vermieden werden.

II. Notwendige Informationsrechte für deutsche Investoren aus steuerlicher Sicht

Grundsätzlich stellt ein US Private-Equity-Fonds seinen Investoren die unter US Steuerrecht erforderlichen und nach US steuerrechtlichen Grundsätzen ermittelten Informationen zu Verfügung, also insbesondere einen *Schedule K1* (wenn es sich bei dem US Fond um eine Personengesellschaft handelt) und Bescheinigungen über einbehaltene US Quellensteuer. Der *Schedule K1* enthält Angaben über die nach US Steuerrecht ermittelten Einkünfte des jeweiligen Investors aus der US Personengesellschaft. Diese Informationen sind für die Zwecke der steuerlichen Einkünfteermittlung auf der Ebene eines deutschen Investors nur eingeschränkt verwendbar. Aus diesem Grund sollten deutsche Investoren, sofern keine gesonderte und einheitliche Gewinnfeststellung nach deutschen steuerlichen Grundsätzen gemäß § 180 AO erfolgt, sich das Recht einräumen lassen, von dem *General Partner* des US Fonds diejenigen Informationen zu verlangen, die sie für eine Überleitung der in dem K1 gemachten Angaben in deutsche Einkünfte benötigen. Ein solches Informationsrecht wird üblicherweise in einer Nebenvereinbarung zu der Fondsdokumentation, dem *Sideletter,* festgehalten. 48

1. Gesonderte und einheitliche Gewinnfeststellung

Wenn der US Fonds als Personengesellschaft ausgestaltet ist, unterliegt er, bzw. seine deutschen Investoren, den in Deutschland allgemein für Personengesellschaften geltenden steuerlichen Regelungen[12]. Soweit an dem US Fonds mindestens zwei deutsche Investoren beteiligt sind, besteht grundsätzlich die gesetzliche Verpflichtung, für den US Fonds jährlich eine einheitliche und gesonderte Gewinnfeststellung gemäß § 180 AO zu erstellen. Diese Verpflichtung ist eine gesetzliche Verpflichtung der deutschen Investoren; eine gesetzliche Verpflichtung des US Fonds oder des *General Partners* zur Erstellung einer einheitlichen und gesonderten Gewinnfeststellung besteht (anders als bei dem Komplementär einer deutschen Personengesellschaft) nicht, da weder der US Fonds noch der *General Partner* den Bestimmungen der deutschen Abgabenordnung unterliegen. Allerdings sind auch US Fonds in letzter Zeit vermehrt dazu übergegangen, sich in einem *Sideletter* gegenüber deutschen Investoren zu verpflichten, die Erstellung einer gesonderten und einheitlichen Gewinnfeststellung durch einen deutschen Steuerberater zu veranlassen. Die Kosten für die Erstellung der gesonderten und einheitlichen Gewinnfeststellung werden 49

[12] Insbesondere ist der als Personengesellschaft aufgesetzte Private-Equity-Fonds in der seit dem 1.1.2018 geltenden Neufassung des Investmentsteuergesetzes vollständig aus dem Anwendungsbereich des Investmentsteuerrechts herausgelöst worden (§ 1 Abs. 3 Nr. 2 InvStG). Unter dem Investmentsteuergesetz in der bis zum 31.12.2017 geltenden Fassung unterfielen Private-Equity-Fonds in der Form einer Personengesellschaft (Personen-Investitionsgesellschaften) zwar den Regelungen des Investmentsteuergesetzes, die Besteuerung unterlag aber auch hier den allgemeinen Regeln der Personengesellschaftsbesteuerung (§ 18 InvStG, aF).

dabei üblicherweise auf die deutschen Investoren umgelegt. Alternativ können sich auch die deutschen Investoren zusammentun und selbst die Erstellung einer gesonderten und einheitlichen Gewinnfeststellung durch einen deutschen Steuerberater in Auftrag geben. Dafür benötigen die Investoren dann zumindest die Zusicherung des *General Partners,* dass dem beauftragten Steuerberater von Fondsseite die Informationen zugänglich gemacht werden, die er für die Erstellung der gesonderten und einheitlichen Gewinnfeststellung benötigt.

2. Außensteuerrecht

50 Die Investition in einen US PE Fonds kann für deutsche Investoren zu passiven Einkünften nach dem Außensteuergesetz führen, die in Deutschland gesondert (und bei einer Mehrzahl deutscher Fondinvestoren einheitlich) zu erklären und zu versteuern sind. Dies kommt insbesondere dann in Betracht, wenn der US PE Fond in seine Holdingstruktur Kapitalgesellschaften aus Offshore Jurisdiktionen (zB eine Cayman Islands Limited) einbaut, oder in den USA LLCs verwendet, die für deutsche Zwecke als Kapitalgesellschaften qualifizieren, aber für US Steuerzwecke als transparent behandelt werden und damit in den USA keiner Besteuerung unterliegen. Infolge der im Rahmen der US Steuerreform 2018 erfolgten Senkung des Körperschaftsteuersatzes auf Bundesebene auf 21 % kommt eine Hinzurechnungsbesteuerung ab 2018 auch in Hinblick auf regulär besteuerte US-Kapitalgesellschaften in Frage, wenn diese in einem US-Bundesstaat angesiedelt sind, der entweder keine (zB Wyoming) oder nur eine geringe Bundestaatensteuer (zB North Carolina mit lediglich 3 %) erhebt. Damit die deutschen Fondsgesellschafter die Höhe etwaiger passiver Einkünfte und ihre gegebenenfalls bestehende Steuererklärungspflicht unter dem Außensteuersetz erfüllen können, benötigen sie die entsprechenden Informationen über die Fondsstruktur und die Einkünfte des Fonds. Ein solches Informationsrecht lässt sich in einem *Side Letter* vereinbaren. Darüber hinaus wird vermehrt auch vereinbart, dass der PE Fonds auf Kosten der deutschen Gesellschafter die passiven Einkünfte ermittelt und die Erstellung einer gesonderten (und gegebenenfalls einheitlichen) Steuererklärung für Außensteuerzwecke veranlasst.

III. Zeichnungsdokumentation

51 Die Ausfertigung der umfangreiche Zeichnungsdokumentation *(Subscription Booklet)* erfolgt üblicherweise im Dialog mit den Rechtsberatern des US Fonds und erfordert gegebenenfalls die Einschaltung eigener US Berater. So werden zahlreiche im US Wertpapierrecht oder Aufsichtsrecht verortete Einordnungen und Zusicherungen abgefragt, zusätzlich zu den Geldwäscheabfragen und den Zusicherungen, die sich aus den EU Marketingbeschränkungen ergeben. Darüber hinaus wird bei Fonds, die ggf. ECI generieren und keinen *Offshore* Feeder/Parallelfonds vorsehen, üblicherweise ein Wahlrecht zum „Blocken" von ECI angeboten.

IV. Besondere Aspekte für deutsche Investoren, die dem Versicherungsaufsichtsrecht unterliegen

52 Deutsche Investoren, die dem Versicherungsaufsichtsgesetz unterliegen, also insbesondere Versicherungsgesellschaften und Pensionskassen, unterliegen bei ihren Investitionen in Private-Equity-Fonds für das Deckungsvermögen einer Vielzahl von aufsichtsrechtlichen Beschränkungen und Auflagen. Dazu zählen für große Versicherungsgesellschaften die Vorgaben der Solvency II-Richtlinie (Richtlinie 2009/138/EG) und der Solvency II-Durchführungsverordnung (DVO (EU) 2015/35) und für kleine Versicherungsgesellschaften, Versorgungswerke, Pensionskassen, Sterbekassen und Pensionsfonds die entsprechenden Anlageverordnungen[13]. Während die Solvency II unterliegenden Versicherungen ihre Investitionen in US Private Fonds einer den Vorgaben von Solvency II unterliegenden Solvabilitätskapital- und Risikobeurteilung unterwerfen müssen und in insoweit keiner strikten Produktregulierung unterliegen, sind kleine Versicherungsunternehmen, Pensionskassen, Sterbekassen und Pensionsfonds an die Vorgaben der (insoweit identischen) Anlageverordnungen und die dort aufgeführten Asset-Klassen gebunden. Die Anlageverordnungen sehen zwar die grundsätzliche Möglichkeit von Investitionen in nicht-EU Private-Equity-Fonds vor (§ 1 Abs. 2 Ziff. 13b AnlV), beschränkt diese aber auf OECD Fonds, so dass ein direktes Investment in die von US Fonds oftmals verwendeten Cayman Islands Offshore Feeder ohne zusätzliche (EWR oder OECD) Feeder Konstruktionen nicht möglich ist. Auch ein Investment über die Klausel für alternative Anlagen (§ 2 Abs. 1 Ziff. 17 AnlV) ist nur über in EU bzw. EWR Fonds, die von einer EU bzw. EWR Kapitalverwaltungsgesellschaft verwaltet werden, möglich, was eine direkte Investition in US Private-Equity-Fonds im Rahmen der Klausel für alternative Anlagen ausschließt. Diese Beschränkungen können dazu führen, dass Versicherungsgesellschaften und andere dem Versicherungsaufsichtsrecht unterliegende Investoren in bestimmten Fällen direkte Investments in US Private-Equity-Fonds vermeiden und stattdessen Verbriefungslösungen gewählt werden, bei denen der Anteil an dem Private-Equity-Fonds von einem Verbriefungsvehikel gehalten wird, welches wiederum ein Wertpapier an die Versicherungsgesellschaft ausgibt.

13 Verordnung über die Anlage des Sicherungsvermögens von Pensionskassen, Sterbekassen und kleinen Versicherungsunternehmen (Anlageverordnung) vom 18.4.2016 (BGBl. 2016 I S. 769) sowie Verordnung betreffend die Aufsicht über Pensionsfonds und über die die Durchführung reiner Beitragszusagen in der betrieblichen Altersversorgung vom 18.4.2016 (BGBl. 2016 I S. 3214).

§ 34 UK[1]

Übersicht

A. Einführung

1 Nach der jährlichen Private Equity Auswertung von Pitchbook für das Jahr 2018 lag der Gesamtwert der Private Equity Deals in Großbritannien bei 42,3 Mrd. GBP und war damit geringer als im Jahr zuvor (58,6 Mrd. GBP). Die Anzahl der Private Equity Deals betrug im Jahr 2018 988, ebenfalls ein Rückgang im Vergleich zum Jahr 2017 mit 1.092 Deals.[2] Es gibt wenig Zweifel unter Fachleuten, dass dieser Rückgang zu großen Teilen auf das gegenwärtig von großer Unsicherheit geprägte politische Umfeld in Großbritannien zurückzuführen ist. Diese Unsicherheit resultiert überwiegend aus der Entscheidung Großbritanniens im Juni 2016, die Europäische Union zu verlassen (**„Brexit“**). Die Ungewissheit, ob Großbritannien die Europäische Union mit oder ohne Vertrag verlassen wird (und die damit zusammenhängende Übergangszeit), bedeutet, dass es für Investoren zurzeit schwierig ist, sich im Investitionsumfeld Großbritanniens zurechtzufinden. Bis es wieder größere politische Stabilität gibt, werden weiterhin viele Transaktionen mit Fokus auf Großbritannien entweder ganz auf Eis gelegt oder wesentlich langsamer durchgeführt. Globale Unternehmen, die in geringerem Maße vom europäischen oder britischen Wirtschaftsmarkt abhängig sind, insbesondere in den Bereichen Pharma, Technologie, Öl und Gas, sind wahrscheinlich weniger vom aktuellen politischen Klima betroffen.

2 Ungeachtet des politischen Klimas profitiert der Transaktionsmarkt in Großbritannien weiterhin von der Bereitschaft der Darlehensgeber, Fremdkapital zu wettbewerbsfähigen Konditionen bereitzustellen. Der britische Private Equity Markt profitiert zudem von

---

[1] Von GIBSON DUNN (Nicholas Aleksander (Tax), Sandy Bhogal (Tax), Panayiota Burquier (Tax), Amy Kennedy (Finance), Tamas Lorinczy (Corporate), Dr. Markus Nauheim, LL. M. (Duke) (Corporate), Dr. Hans Martin Schmid (Tax), Josh Tod (Funds) und Nick Tomlinson (Corporate).

[2] https://pitchbook.com/news/reports/2018-annual-european-pe-breakdown, Pitchbook, 2018 Annual European PE Breakdown, 6.2.2019.

erheblichem *„dry powder"* (dh Kapital, das für Investitionen unmittelbar zur Verfügung steht).

Dieses Kapitel soll einen umfassenden Überblick über die in Großbritannien typische (i) Private-Equity-Fondsstruktur sowie (ii) Transaktionsstruktur und den entsprechenden Transaktionsprozess geben. Der Überblick über die Transaktionsstruktur umfasst Überlegungen zu Eigenkapitalinvestitionen, zur Akquisitionsfinanzierung (sowie zu diesbezüglichen steuerlichen Fragen), zur Möglichkeit des Managements, sich an einer Transaktion zu beteiligen, und zu möglichen Exit-Strategien. Außerdem werden die Herausforderungen und Chancen des Brexit kurz beleuchtet. Schließlich gehen wir kurz auf eine wichtige Entscheidung des Bundesfinanzhofs (BFH) zur Besteuerung deutscher Investoren bei einem Investment in einen britischen Private-Equity-Fonds ein. 3

B. Fondsstrukturen

I. Typische Struktur

Wie in anderen Jurisdiktionen sind *limited partnerships* aufgrund ihrer organisatorischen Flexibilität, ihrer Steuertransparenz und der beschränkten Haftung der Investoren auch bei britischen Private-Equity-Fonds das Investmentvehikel der Wahl. Eine britische *limited partnership* (**„BLP"**) ist eine Gesellschaft, die als solche in dem *Registrar of Companies* nach dem *Limited Partnerships Act 1907* (**„LP Act"**) eingetragen ist. Sie unterliegt den speziellen Vorschriften des LP Act und dem allgemeinen Partnerschaftsrecht. Dies schließt sowohl britisches *common law* als auch den *Partnership Act 1890* ein. Eine BLP hat keine eigenständige Rechtspersönlichkeit (im Gegensatz zu einer schottischen *limited partnership* (siehe Abschnitt *„Wesentliche Dokumente"* zur typischen Nutzung von schottischen *limited partnerships* in Private-Equity-Fondsstrukturen)). BLPs haben zwei Kategorien von Partnern: 4

- *General partner:* Jede BLP hat einen oder mehrere *general partner* (vergleichbar mit einem Komplementär einer deutschen Kommanditgesellschaft), die für die Geschäftsführung der BLP verantwortlich sind und unbeschränkt für die Schulden und Verbindlichkeiten der BLP haften. Der *general partner* der BLP ist für das Management eines als BLP strukturierten Private-Equity-Fonds (**„Fonds"**) verantwortlich. Der Betrieb eines Fonds ist eine regulierte Tätigkeit. Wenn der Fonds aus Großbritannien betrieben wird, muss er von einer sog. autorisierten Person *(„authorised person")* nach dem britischen *Financial Services and Markets Act 2000* (**„FSMA"**) geleitet werden (siehe Abschnitt *„Regulierung"* zur regulatorischen Behandlung von Fonds in Großbritannien). Es ist daher üblich, dass Fonds, die aus Großbritannien verwaltet werden, so strukturiert sind, dass eine *general partner*-Zweckgesellschaft ihre Verwaltungsbefugnis auf eine FSMA-autorisierte Person (den **„Manager"**) überträgt. Durch diese Struktur wird der Manager vor einer unbeschränkten Haftung geschützt, die er bei unmittelbarem Auftreten als *general partner* übernehmen würde.
- *Limited partner:* Eine BLP hat einen oder mehrere *limited partner* (vergleichbar mit Kommanditisten einer deutschen Kommanditgesellschaft), die Kapital in den Fonds investieren und beschränkt in Höhe desjenigen Betrages haften, den sie dem Fonds zugesagt haben. Dies setzt voraus, dass sie nicht aktiv am Management des Fonds beteiligt sind (vorbehaltlich gewisser gesetzlicher *„safe harbour"* Regelungen für den Fall, dass die BLP als *„private fund limited partnership"* registriert ist (siehe unten)).

Der LP Act wurde im Juli 2017 durch die *Legislative Reform (Private Fund Limited Partnerships) Order 2017* (**„LRO"**) geändert, um die Wettbewerbsfähigkeit der BLPs im Vergleich zu *limited partnerships* anderer Jurisdiktionen zu erhöhen. Dazu wurden der administrative Aufwand und die Komplexität von BLPs reduziert. Die LRO führte eine neue Form der *limited partnership,* die *„private fund limited partnership"* (**„PFLP"**), ein. Eine PFLP ist im Vergleich zu herkömmlichen BLPs, die nicht als PFLP strukturiert sind und auf die 5 weiterhin das frühere Gesetz vollumfänglich Anwendung findet, einer vereinfachten und klareren rechtlichen Regelung unterworfen. Die Bezeichnung als PFLP ist freiwillig und offen für bestehende und neue BLPs. Eine bestehende BLP kann sich also dafür entscheiden, eine PFLP zu werden, indem sie bei dem *Companies House* einen entsprechenden Antrag einreicht, wobei folgende Bedingungen erfüllt sein müssen:

- Die PFLP ist durch einen schriftlichen Vertrag konstituiert; und
- Die PFLP ist ein *collective investment scheme,* wie in Section 235 FSMA definiert (Fonds werden in nahezu allen Fällen diese Definition erfüllen (siehe hierzu unten den Abschnitt *„Regulierung"* zur regulatorischen Behandlung von Fonds in Großbritannien)).

6 Neben anderen Neuerungen hat die LRO vor allem zwei zentrale Bereiche des früher auf BLPs anwendbaren Rechts im Hinblick auf PFLPs geändert:

- Die *White List:* Ein Problembereich nach bisherigem Recht war die Unsicherheit über den Umfang derjenigen erlaubten Tätigkeiten, die ein *limited partner* ausüben durfte, ohne als am Management einer BLP beteiligt angesehen zu werden und damit seine beschränkte Haftung zu verlieren. Während die Grundkonzeption unverändert bleibt (wenn ein *limited partner* sich am Management beteiligt, verliert er seine beschränkte Haftung), führte die LRO eine *White List* von erlaubten Aktivitäten ein, die ein *limited partner* übernehmen darf, ohne befürchten zu müssen, so behandelt zu werden, als hätte er eine aktive Management-Rolle in der BLP. Mit der Aufnahme dieser *White List* passt sich der LP Act an gleichartige *limited partnership* Regelungen in anderen Jurisdiktionen wie Jersey, Guernsey und Luxemburg an. Die *White List* schließt (unter anderem) die folgenden Aktivitäten ein:
  1. Konsultation und Beratung des *general partners* oder des Managers in Bezug auf Angelegenheiten oder Konten der *limited partnership;*
  2. Leistung einer Sicherheit oder Auftreten als Garant für die *limited partnership;*
  3. Beteiligung an Entscheidungen über personelle Veränderungen bei den für das Tagesgeschäft der *limited partnership* verantwortlichen Personen;
  4. Beteiligung an Entscheidungen über die Veräußerung oder Akquisition eines Unternehmens durch die *limited partnership;*
  5. Auftreten oder Bevollmächtigung einer Person als Direktor, Mitglied, Angestellter, *officer* bei einem oder Gesellschafter oder Partner eines *general partners,* Manager oder Berater der *limited partnership* (unter der Bedingung, dass dies nicht dazu führt, dass der *limited partner* aktiv an der Geschäftsführung der *partnership* teilnimmt); und
  6. Ernennung oder Nominierung eines Ausschussvertreters, zB für einen Beirat.[3]
- *Capital Contributions:* Nach bisher geltendem Recht waren alle *limited partner* verpflichtet, bei Aufnahme in die BLP Kapitaleinlagen (oder sonstige Sacheinlagen) an die BLP zu leisten. Wenn solche Beiträge während der Laufzeit der BLP an den *limited partner* zurück gezahlt wurden, dann war der *limited partner* bis zur Höhe des rückgezahlten Betrages für Verbindlichkeiten und Verpflichtungen der BLP haftbar. In der Praxis wurden den Einlagen der *limited partner* Darlehens- und Kapitalkonten zugewiesen, was eine frühere Rückzahlung des Darlehensbestandteils ohne negative Konsequenzen für die *limited partner* erlaubte. Nach neuem Recht sind *limited partner* einer PFLP nunmehr nicht verpflichtet, bei Aufnahme Kapital in die *limited partnership* einzuzahlen und können später beliebig die an die PFLP geleistete Kapitaleinlage zurückerhalten, ohne dass eine Haftung für den zurückgezahlten Betrag entsteht.[4]

---

[3] Die *White List* ist eine nicht abschließende Liste von Aktivitäten. Dies hat zur Folge, dass die Bestimmung, ob ein *limited partner* bei einer nicht aufgelisteten Aktivität aktiv am Management des Unternehmens beteiligt ist (und daher für alle Verbindlichkeiten und Verpflichtungen der *limited partnership* haftet, als wäre er ein *general partner*), weiterhin der Ergänzung und Auslegung durch die Rechtsprechung unterliegt.

[4] Die Möglichkeit, Kapitaleinlagen ohne Haftung zurückzuerhalten, gilt nicht für (i) vor dem 6.4.2017 geleistete Kapitaleinlagen oder (ii) wenn die Kapitaleinlage vor der Umwandlung der *limited partnership* in eine PFLP geleistet wurde.

Mit der Straffung der Verwaltung der *limited partnership* und der Angleichung der Regelungen bezüglich der unbeschränkten Haftung der *limited partner* an vergleichbare *limited partnership* Regelungen wie etwa in Jersey, den Cayman Islands und Luxemburg erhofft man sich, die BLP als Investmentvehikel attraktiver zu machen. Die vorgenannten Jurisdiktionen haben in den letzten Jahren Reformen zur effizienteren Strukturierung und Verwaltung von Private-Equity-Fonds eingeführt. 7

II. Regulierung

Die in Großbritannien oder aus Großbritannien heraus erbrachten Management-, Beratungs- und Vermittlungsdienstleistungen für einen Fonds oder seine Anleger sind regulierte Tätigkeiten nach Section 19 FSMA und der *Financial Services and Markets Act 2000 (Regulated Activities) Order 2001 (RAO)*, die, sofern keine Ausnahme vorliegt, nur von FSMA-autorisierten Personen ausgeführt werden dürfen. Darüber hinaus wäre ein britischer Fondsmanager, dessen Geschäftstätigkeit unter die Definition des *alternative investment funds manager* nach Artikel 4(1)(w) der EU Alternative Investment Fund Managers Directive (**„AIFMD“**) fällt, als *alternative investment fund manager* im Sinne der AIFMD anzusehen (ein **„AIFM“**). Dementsprechend ist ein in Großbritannien ansässiger *general partner* (wenn er den Fonds verwaltet) oder Manager in der Regel eine *„authorised person“* im Sinne des FSMA und als AIFM den Anforderungen der AIFMD unterworfen. 8

Fonds werden grundsätzlich eingeteilt in (i) *unregulated Collective Investment Schemes* im Sinne des FSMA[5] und (ii) *Alternative Investment Funds* im Sinne der AIFMD. In Großbritannien werden Fonds in der Regel im Rahmen einer Privatplatzierung vermarktet, um zu verhindern, dass die Anforderungen der Prospektrichtlinie, welche bei einem öffentlichen Angebot gelten würde, eingehalten werden müssen. Zudem muss die Markteinführung in Einklang mit dem FSMA (speziell den britischen *Financial Promotions* Regelungen) und den britischen Regelungen zur Umsetzung der AIFMD erfolgen. 9

III. Wesentliche Dokumente

Wie bei vergleichbaren Fonds in anderen Jurisdiktionen werden die *Governance* und die wirtschaftlichen Bedingungen eines britischen Fonds im Gesellschaftsvertrag, dem *limited partnership agreement* (**„LPA“**) geregelt, welches oftmals im Zeitpunkt der Gründung des Fonds zwischen dem *general partner* und den *limited partners* verhandelt wird. Die wesentlichen wirtschaftlichen Bedingungen eines britischen Fonds sind grundsätzlich mit Fonds 10

[5] (1) Der Term *„collective investment scheme“* bezieht sich auf jede Art von vertraglicher Vereinbarung in Bezug auf einen beliebigen Eigentumsgegenstand, einschließlich von Geld, welche darauf abzielt, dass die Vertragsparteien (egal ob durch Erlangung von Eigentum am gesamten Gegenstand oder nur eines Teils oder auf sonstige Weise) die Möglichkeit erhalten, an den Erträgen oder Einnahmen zu partizipieren oder Erträge oder Einnahmen zu erhalten, die durch den Erwerb, das Halten, Verwalten bzw. Veräußern dieses Eigentumsgegenstandes oder Mittel, die aus solchen Erträgen oder Einnahmen stammen, generiert werden.
(2) Die vertraglichen Vereinbarungen müssen dahingehend getroffen werden, dass die Begünstigten keinen Einfluss auf das tägliche Management des Eigentumsgegenstandes haben, unabhängig davon, ob sie mit einem entsprechenden „Beiratsmandat“ ausgestattet sind oder nicht.
(3) Die vertraglichen Vereinbarungen müssen zusätzlich eines oder beide der folgenden Merkmale aufweisen:
(a) die Beiträge der Vertragsparteien und die Gewinne oder Einnahmen, aus denen Zahlungen an die Vertragsparteien geleistet werden sollen, werden gebündelt; und/oder
(b) der Eigentumsgegenstand wird insgesamt von oder im Namen des Betreibers des *investment schemes* verwaltet.
(4) Wenn die vertraglichen Vereinbarungen eine solche Bündelung wie in Unterziffer (3)(a) erwähnt im Hinblick auf separate Teile des Eigentumsgegenstands vorsehen, können diese vertraglichen Vereinbarungen nicht als Bestandteil eines einzelnen *investment schemes* angesehen werden, es sei denn, dass die Vertragsparteien dazu berechtigt sind, Rechte an einem Teil mit Rechten an einem anderen Teil auszutauschen.

anderer Jurisdiktionen vergleichbar. Es gelten aber auch bestimmte Besonderheiten bei zentralen Bestandteilen:

- Inanspruchnahmen von Investorenkapital zum Erwerb von Investments und Zahlung von Aufwendungen erfolgen auf einer Bedarfsbasis. Wie oben beschrieben haben britische Fonds vor der Einführung der PFLP typischerweise die überwiegende Mehrheit einer Investorenzusage als „Darlehen" (zB 99.99 Prozent) und die Differenz (0.01 Prozent) als „Kapitaleinlage" qualifiziert, um Section 4(3) des LP Acts zu umgehen. Dort ist geregelt, dass, soweit ein *limited partner* einen Teil seiner Kapitaleinlage vor Auflösung der *partnership* zurückerhält, er bis zur Höhe des rückgezahlten Betrages für Schulden und Verbindlichkeiten der BLP haftet. Viele britische Fonds weisen weiterhin diese Struktur auf.
- Im Falle eines Verzugs eines Anlegers bei der Erfüllung seiner Zahlungsverpflichtungen können strenge Sanktionen verhängt werden (obgleich die Durchsetzbarkeit von solchen Sanktionen in Großbritannien wegen der *common law* Regeln in Bezug auf *„penalties"* unsicher ist).
- Der *„distribution waterfall"* sieht die Zahlung von *Carried Interest* an den *general partner* vor (oder an einen *limited partner,* der mit einem *general partner* als *„special limited partner"* verbunden ist). Dies setzt jedoch voraus, dass ein sogenannter *Preferred Return* für die sonstigen Investoren erreicht wird. Der sogenannte *Fund-as-a-whole-Waterfall*-Ansatz (auch bekannt als *„European"*) ist das am häufigsten verwendete Modell britischer Fonds, wobei ein *Deal-by-Deal*-Ansatz (auch bekannt als *„American"*) oder Mischversionen dieser Modelle auch im Markt vorkommen. Britische Fonds strukturieren den *special limited partner* oftmals als schottische Partnerschaft, weil schottische *limited partnerships* eine eigene Rechtspersönlichkeit besitzen. Dies vermeidet die Notwendigkeit, Geschäftsanteile und ihre Übertragung (sowohl auf der Ebene der *special limited partnership* als auch auf der Ebene des Fonds) beim *Companies House* registrieren zu müssen, was im britischen Partnerschaftsrecht aufgrund der fehlenden eigenen Rechtspersönlichkeit der BLP ansonsten erforderlich wäre.
- Es wird eine jährliche Managementgebühr erhoben, die an den *general partner*/Manager gezahlt wird und typischerweise aus den Gesamtverpflichtungen während der Investmentperiode und den bis dahin nicht realisierten Investitionen berechnet wird. In Großbritannien wird die Managementgebühr für gewöhnlich als *priority profit share* ausgestaltet. Dies gibt dem *general partner* eine Beteiligung am Gewinn des Fonds (was wiederum notwendig ist für die Existenz einer BLP unter dem LP Act). Überschüssige Managementgebühren (dh der nach der Zahlung der laufenden operativen Kosten des Sponsors verbleibende Überschuss) können eine wesentliche Einnahmequelle für den Fonds-Sponsor sein. Normalerweise fallen 20% Umsatzsteuer auf Managementgebühren in Großbritannien an, eine *priority profit share* sollte allerdings von der britischen Umsatzsteuer ausgenommen sein.

11 Zusätzlich zum LPA werden Investoren in der Regel gebeten, einen Zeichnungsvertrag *(subscription agreement)* zu unterschreiben, der verschiedene regulatorische oder kommerziell getriebene Gewährleistungen enthält. Der Zeichnungsvertrag enthält zudem Mechanismen für die Aufnahme des Investors in den Fonds. Der Gebrauch von Nebenabreden *(side letters),* die die Vereinbarung ergänzen oder Bedingungen des LPA modifizieren, ist in britischen Fonds (in Übereinstimmung mit den globalen Marktregeln) üblich. Diese unterliegen im Allgemeinen einer Meistbegünstigungsklausel im LPA, welche die Wahl bestimmter Vorteile erlaubt, die von anderen *limited partners* über eine Nebenabrede ausgehandelt wurden.

12 Wie in anderen Rechtssystemen ist das wichtigste Vertriebsdokument eines Fonds das *Offering Memorandum,* das verschiedene Haftungsausschlüsse, Handels- und Marketingabschnitte, eine Zusammenfassung der wesentlicher Bestimmungen des Entwurfs der LPAs, die Offenlegung der Risikofaktoren und von Interessenkonflikten sowie eine Legende der Zielanlegerländer enthält.

IV. Steuerliche Überlegungen hinsichtlich der Fondsebene

13 Hauptmerkmal einer BLP aus steuerlicher Sicht ist, dass sie für britische Steuerzwecke transparent ist. Dies bedeutet, dass Fondsanleger in Bezug auf das Halten ihrer proportionalen Beteiligung an den Einkünften und Gewinnen des Fonds so behandelt werden wie es im *profit-sharing agreement* festgelegt ist. Steuerpflichtige Anleger zahlen Steuern auf ihre Beteiligung am Fonds nach ihrer persönlichen Steuerposition. Generell gilt für in Großbritannien steuerpflichtige Anleger, dass sie auf Ausschüttungen besteuert werden, die sie von den zugrunde liegenden Investments des Fonds erhalten, so dass Veräußerungsgewinne nach dem *capital treatment* und andere Einkünfte nach dem *income treatment* besteuert werden. Besondere Regeln gelten für die Empfänger von *Carried Interest,* siehe nachstehend.

14 Sofern der Fonds für britische Steuerzwecke als vermögensverwaltend *(investing)* und nicht als gewerblich *(trading)* behandelt wird, sollten nicht in Großbritannien ansässige Anleger in Großbritannien keine Steuer hinsichtlich ihrer proportionalen Beteiligung an den Einkünften und Gewinnen des Fonds zu zahlen haben, es sei denn, die Fondsbeteiligung dient gewerblichen Zwecken in Großbritannien mittels einer Niederlassung, Vertretung oder Betriebsstätte. Ab April 2019 müssen nicht in Großbritannien ansässige Anleger und Holdingvehikel in Fondstrukturen in Großbritannien direkte und bestimmte indirekte Veräußerungen von britischem Grundvermögen versteuern. Es gibt keine Übergangsregelung für bereits bestehende Strukturen; deshalb ist eine sorgsame Steuerplanung erforderlich, um sicherzustellen, dass Pensionskassen, ausländische Vorsorgeeinrichtungen und andere steuerbefreite Anleger keinen zusätzlichen Steuern unterliegen und dass der Verkauf einer einzelnen Immobilie in Großbritannien in mehrstöckigen Beteiligungsstrukturen nicht mehrmals Steuern auslöst.

15 Britische Steuer kann möglicherweise an der Einkommensquelle in Großbritannien, aus der der Fonds Einkünfte erzielt (bspw. Zinszahlungen auf Darlehen an Portfoliogesellschaften), einbehalten werden. Investoren, die nicht in Großbritannien steuerlich ansässig sind, sind gegebenenfalls in Bezug auf Steuern, die auf ihre anteilsmäßige Beteiligung an Einkünften aus Quellen in Großbritannien anfallen, zu einem reduzierten Kapitalertragsteuersatz unter einem anwendbaren Doppelbesteuerungsabkommen zwischen ihrem Heimatland und Großbritannien berechtigt.

16 *Carried Interest und überschüssige Managementgebühr*

Die Geschäftsführung des Fonds erhält typischerweise eine Beteiligung an überschüssigen Managementgebühren *(surplus management fee income)* des *general partners* und einen *Carried Interest* (in Form von Eigenkapital oder einem *limited partnership interest*) am *general partner* oder *special limited partner.*

17 Ist der Geschäftsführer ein britischer Angestellter des Fonds-Managers (oder eines verbundenen Unternehmens), dann stellt der *Carried Interest* in der Regel eine *„employment related security"* nach britischem Steuerrecht dar. Wenn die Zahlung einem *Vesting* unterliegt, gilt der Betrag des steuerpflichtigen Arbeitseinkommens als in dem Zeitpunkt zugeflossen, in dem die Prämie *„gevested"* ist oder bei Realisierungen. Die Empfänger des *Carried Interest* können jedoch in sog. *restricted share elections* eintreten. Wählt man eine *restricted share election,* dann wird die Wertsteigerung im *Carried Interest* als Veräußerungsgewinn und nicht als Arbeitseinkommen behandelt. Bei einer *restricted share election* wird der Empfänger so behandelt, als realisiere er Arbeitseinkommen beim Erhalt des *Carried Interest* in Höhe der Differenz zwischen der Zahlung für den *Carried Interest* (sofern gegeben) und seinem *„unrestricted"* Marktwert (der Wert des *Carried Interest* unter der Annahme, dass er im Zeitpunkt der Zuteilung vollständig *„gevested"* ist). Die *British Venture Capital Association* hat mit der britischen Finanzbehörde *HM Revenue & Customs* (**„HMRC"**) in diesem Zusammenhang ein *memorandum of understanding* (**„MoU"**) abgeschlossen. Danach behandelt HMRC (vorausgesetzt bestimmte Bedingungen sind erfüllt) den Wert eines *Carried*

Interest als vernachlässigbar, wenn sich der Wert des *Carried Interest* innerhalb eines im MoU bestimmten *safe harbours* bewegt.

18 Ist der Empfänger des *Carried Interest* kein Angestellter, zum Beispiel, wenn er Mitglied einer *limited partnership* innerhalb der Gruppe des Fonds-Sponsors ist, treffen die *„disguised investment management fee"* (**„DIMF"**) Regelungen und die *„Income Based Carried Interest"* (**„IBCI"**) Regelungen Bestimmungen dazu, inwieweit Einkünfte aus der Teilhabe am *general partner's priority profit share* und am *Carried Interest* als steuerpflichtiges Einkommen behandelt werden. Diese Regelungen sind komplex. Die durchschnittliche Haltedauer des Fonds für ein Investment bestimmt jedoch in der Regel, inwieweit der *Carried Interest* als steuerbares IBCI Einkommen gilt. Wenn die durchschnittliche Haltedauer des Fonds mehr als 40 Monate beträgt, ist der steuerpflichtige Anteil gleich null. Hierbei ist zu beachten, dass diese Regelungen davon ausgehen, dass der Empfänger des *Carried Interest* in Großbritannien ansässig ist. Ferner ist anzumerken, dass die *Carried Interest*-Arrangements britischer Private Equity Investoren oft aus regulatorischen Gründen offshore strukturiert werden.

C. Transaktionsprozess und Struktur

I. Prozess

19 Angesichts der Vielzahl von Fonds in Großbritannien mit verfügbarer Liquidität besteht häufig ein starker Wettbewerb um qualitativ hochwertige Anlagegegenstände. Wenn eine nicht-öffentliche Zielgesellschaft zum Verkauf angeboten wird, ist häufig ein umkämpfter Auktionsprozess die Folge, bei dem Private Equity Investoren auf der Verkäufer- oder Käuferseite stehen können. Dieser Auktionsprozess wird normalerweise von Investmentbanken oder Finanzberatern geleitet. Der Verkäufer kontrolliert den Auktionsprozess von Anfang bis Ende, wobei er oftmals Bietern in einer Vertraulichkeitsvereinbarung untersagt, miteinander oder mit den Darlehensgebern zu kommunizieren, sofern und solange dies nicht ausdrücklich erlaubt ist.

20 In der Regel umfasst der Prozess eine erste Runde von indikativen Geboten. Sind diese Angebote akzeptabel, wird eine ausgewählte Gruppe von Bietern in die nächste Runde eingeladen. Diese *second round bidders* erhalten Zugang zu *Vendor Due Diligence* Berichten (vorausgesetzt, dass *„non-reliance confirmations"* ausgestellt werden), einem elektronischen oder physischen Datenraum sowie die Möglichkeit, an Management-Präsentationen teilzunehmen und entsprechende Due-Diligence-Anfragen zu stellen. In dieser Runde werden *second round bidders* in der Regel auch aufgefordert, den auf dem Angebotsentwurf basierenden Kaufvertrag (*share purchase agreement,* **„SPA"**) zu prüfen und einen *mark-up* vorzubereiten. Am Ende dieser zweiten Runde werden die Bieter aufgefordert, ihre aktualisierten Angebote zusammen mit ihrer Überarbeitung des SPAs sowie den Einzelheiten der geplanten Finanzierung und ihrer Besicherung einzureichen. Wesentliche Bedingungen für ein *Management Equity Programm* werden mit dem Angebot eingereicht, welches dann mit Unterzeichnung finalisiert und bei Vollzug in Kraft tritt (vgl. → Rn. 54 ff.). In einem effizient koordinierten Prozess kann ein Verkäufer innerhalb weniger Tage danach den Kaufvertrag mit seinem ausgewählten Käufer unterzeichnen.

21 Im Gegensatz hierzu können *„proprietary"* Transaktionen außerhalb eines Auktionsprozesses stattfinden, bei dem ein Private Equity Käufer Exklusivität (entweder rechtlich oder faktisch) zugesichert erhalten kann. Auch *„public to private"* -Transaktionen sind denkbar, bei denen ein Private Equity Käufer allein oder in einem Konsortium für ein börsennotiertes Unternehmen bietet, welches dann den einschlägigen Übernahmevorschriften und -regelungen unterliegt. Solche *„public to private"* Transaktionen werden in diesem Kapitel nicht behandelt.

Obwohl Private Equity Buy-Outs gelegentlich gleichzeitig unterschrieben und vollzogen werden, kann dies bei anderen Transaktionen aus verschiedenen Gründen nicht möglich sein, beispielsweise wenn behördliche Genehmigungen erforderlich sind. Käufer und Verkäufer werden unter solchen Umständen versuchen, das Risiko über den Abschnitt *„conditions"* im SPA zu verteilen. So kann zB in einem Wettbewerbsverfahren ein Verkäufer vom Käufer eine Verpflichtung *„hell or high water"* bezüglich etwaiger Wettbewerbsgenehmigungen verlangen. Dies verpflichtet den Käufer, allen Schritten zuzustimmen, die eine Regulierungsbehörde als Bedingung für die Erteilung der Genehmigung für die Transaktion fordert. Sobald die notwendigen Bedingungen dann erfüllt sind, kann es zum Vollzug kommen. Bei oder nach Vollzug der Transaktion stellen die Kreditgeber dem Käufer ihre Finanzierung zur Verfügung, die Zielgesellschaft wird erworben und der Fonds (und gegebenenfalls das Management entweder direkt oder durch *„rollover"* einer früheren Investition) zeichnen Eigenkapital in der obersten Holding-Gesellschaft (**„TopCo"**). Es kann nach Vollzug der Transaktion zu bestimmten weiteren Schritten kommen, wie zB Anmeldungen beim britischen *Companies House* oder der Restrukturierung der Holdinggesellschaften in der Akquisitionsstruktur. 22

II. Struktur

1. Überblick

Private Equity Buy-Outs werden in der Regel entweder als *„primary transactions"* durchgeführt, bei der ein Unternehmen zum ersten Mal von einem Fonds übernommen wird, oder als *„secondary transaction"*, bei der die Zielgesellschaft von einem Fonds an einen anderen verkauft wird. Buy-Outs werden häufig von einem Fonds über eine neu gegründete Holding-Gesellschaft oder Unternehmensgruppe strukturiert. Bei einer typischen Struktur errichtet der Fonds eine TopCo, an der das Management (als Minderheitsgesellschafter) Anteile halten kann. Die TopCo hält typischerweise eine Tochtergesellschaft (**„BidCo"**), die die Anteile der Zielgesellschaft kauft. Zudem kann es abhängig von der Finanzierungs- und Steuerstruktur eine Reihe von Zwischenholdings zwischen TopCo und BidCo geben (oft als **„MidCos"** bezeichnet). Die Jurisdiktionen dieser zwischengeschalteten Gesellschaften werden häufig aufgrund steuerlicher Anforderungen des Fonds, des Managements (sofern erforderlich) sowie der Kreditgeber ausgewählt. 23

24 Eine typische Struktur nach Transaktionsvollzug sieht wie folgt aus:

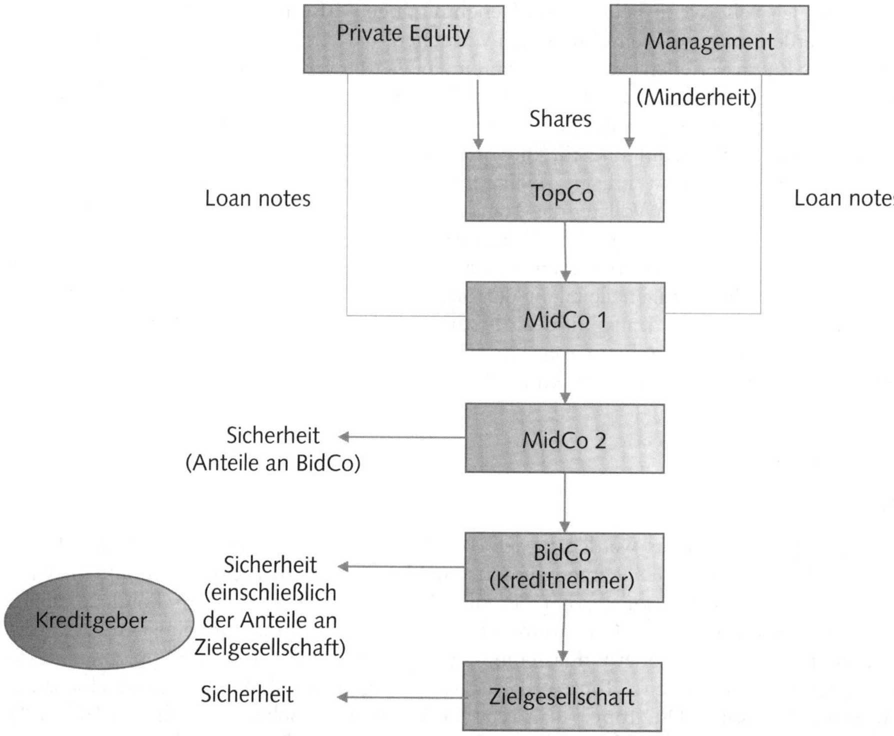

Der Kaufpreis für die Akquisition wird in der Regel aus einer Mischung aus Eigenkapital des Fonds (Barmittel), Eigenkapital des Managements als Minderheitsgesellschafter (Barmittel oder ggf. *„roll-over"* aus der aktuellen Holdingstruktur oder eine Kombination von beidem) und einer Fremdfinanzierung durch Banken oder andere Finanzdienstleister bestehen.

25 Unabhängig davon kann es Fälle geben, in denen der Fonds bestimmten Investoren, typischerweise den *limited partners,* die bereits in den Fonds investiert haben, die Möglichkeit bietet, neben dem Fonds und dem Management ein Co-Investment zu tätigen und auch eine Minderheitsbeteiligung an der TopCo zu erlangen. Im Gegensatz zur Investition eines *limited partner* in den Fonds zahlen solche Co-Investments selten *Management Fees* oder *Carried Interest.* Zudem sind solche Co-Investments typischerweise passive, nicht kontrollierende Investments. Aus Sicht des Fonds kann ein solches Co-Investment die Möglichkeit bieten, eine größere Investition zu tätigen, ohne zu viel Kapital des Fonds auf eine einzelne Transaktion zu verwenden. Zudem kann ein solches Co-Investment die Beziehungen mit den *limited partner* verfestigen.

2. Equity Investment

26 Für eine Akquisition investieren Fonds typischerweise in eine Holding-Struktur mit Eigenkapital (in Form von Stamm- und Vorzugsaktien an der TopCo) und Gesellschafterdarlehen (in der Regel *loan notes* und *„payment in kind" notes,* ausgegeben von einer Tochtergesellschaft der TopCo). Der Vorteil der Verwendung von darlehensähnlichen *loan notes* gegenüber gesellschaftsrechtlichen Vorzugsaktien besteht darin, dass *loan notes* eine größere Zinszahlungs- und Rückzahlungsflexibilität bieten. Beispielsweise kann es Fälle geben, in denen

nicht genügend ausschüttungsfähige Rücklagen für die Zahlung einer Dividende auf die Vorzugsaktien zur Verfügung stehen. Für *loan notes* gelten solche Beschränkungen nicht. Außerdem bieten *loan notes* im Vergleich zu Vorzugsaktien eine größere Flexibilität bei der Rückzahlung. Die Vorzugsaktien eröffnen hingegen einen gewissen Spielraum bei Dividendenzahlzungen, bspw. bei *fixed dividends* (eine feste Dividende, die in der Regel anderen vorhandenen Anteilen vorgeht), *cumulative dividends* (bei der sich eine Dividende im Laufe der Zeit akkumuliert, wenn sie nicht bei Fälligkeit ausgezahlt wird) und *participating dividends* (wo ein Recht besteht, sich an den Ausschüttungen an Stammaktionäre zu beteiligen, normalerweise auf anteiliger Basis).

Zinszahlungen auf die *loan notes* sind bei der Ermittlung der steuerlichen Bemessungs- **27**
grundlage der zahlenden Gesellschaft mitunter nicht vollständig abzugsfähig. Verrechnungspreisbestimmungen und Regelungen zur Gesellschafterfremdfinanzierung *(thin capitalization considerations)* begrenzen den Umfang des zulässigen Zinsabzugs. Hinzu kommt, dass Großbritannien erst kürzlich Fremdfinanzierungsaufwendungen auf maximal 30 % des EBITDA eines Konzernkreises beschränkt hat. Die Einzelheiten sind komplex und müssen im jeweiligen Einzelfall untersucht werden, um ihre Auswirkungen zu bestimmen.

Jährliche Zinszahlungen aus einer britischen Einkommensquelle unterliegen zudem einer **28**
20 %-igen Kapitalertragsteuer, sofern keine Ausnahme nach britischem innerstaatlichem Recht eingreift oder eine Befreiung nach einem Doppelbesteuerungsabkommen möglich ist. Ausnahmen nach britischem innerstaatlichem Recht wären bspw. Zinszahlungen an eine britische Bank oder Zweigniederlassung, Zinszahlungen an eine andere britische juristische Person, die britischer Steuer unterliegt, oder Zinszahlungen auf einen börsennotierten Eurobond *(„Quoted Eurobond Exemption“)*.

Großbritannien besitzt ein sog. *„double tax treaty passport“* (**„DTTP“**) Verfahren, welches **29**
es einfacher macht, eine Befreiung *(direction)* der HMRC zu erhalten, Zinsen ohne Quellensteuer auszuzahlen. Nach dem DTTP Verfahren kann sich ein ausländischer Darlehensgeber, der sich auf ein Doppelbesteuerungsabkommen mit Großbritannien berufen kann, für einen *„treaty passport“* bewerben. Sobald die HMRC den treaty passport ausgestellt hat, übermittelt der ausländische Darlehensgeber bei Abschluss des Darlehensvertrags seine Passdaten an den Darlehensnehmer. Der Darlehensnehmer informiert dann die HMRC über die Einzelheiten des Darlehens, welche die HMRC verwendet, um eine Befreiung von Quellensteuern auf Zinszahlungen an den ausländischen Darlehensgeber auszustellen. Normalerweise stellt HRMC die Befreiung innerhalb von 30 Tagen nach Erhalt der notwendigen Formulare aus, was einen erheblichen zeitlichen Vorteil gegenüber Erstattungsregelungen nach einem anwendbaren Doppelbesteuerungsabkommen darstellt. Eine Liste der Inhaber der DTTPs ist im Internet veröffentlicht.

Im Fall von Darlehen, die nicht von der Zahlung der britischen Kapitalertragsteuer auf **30**
Zinszahlungen ausgenommen sind (was auch verbundene Unternehmen als Darlehensgeber einschließt), wäre an eine Umwandlung des Darlehens in eine Anleihe, die an einer anerkannten Börse gelistet werden kann, zu denken, mit der Folge, dass die Anleihe unter die *„Quoted Eurobond“* Befreiung fällt. Sowohl die Börse der Channel Islands als auch die der Cayman Islands haben ein vereinfachtes Verfahren zur Börsennotierung von Unternehmensanleihen, wobei es nicht erforderlich ist, dass die Anleihe sich im Streubesitz befindet oder aktiv gehandelt wird.

Darlehensvereinbarungen haben typischerweise *„grossing up“* Bestimmungen, nach denen **31**
der Darlehensnehmer dem Darlehensgeber den Kapitalertragsteuerabzug ausgleichen muss (wodurch die Finanzierungskosten um 20 % erhöht werden). Daher sollten Private-Equity-Fonds bereits zu Beginn des Investments Finanzierungsvereinbarungen und insbesondere Themen in Bezug auf die Kapitalertragsteuer bedenken.

Viele Akquisitionen von Private-Equity-Fonds enthalten sog. *„rollover equity“*. *Rollover* **32**
equity entsteht, wenn bestimmte Anteilsinhaber an der Zielgesellschaft (einschließlich der Gründungsmitglieder und wichtiger Manager) einen Teil ihres Eigenkapitals in die neue Eigenkapitalstruktur, die durch den übernehmenden Private Equity Fond geschaffen wur-

de, einbringen anstatt sich diesen Teil auszahlen zu lassen (siehe Abschnitt „*Management Beteiligung*“ zu weiteren Einzelheiten).

3. Akquisitionsfinanzierung

33 In der Vergangenheit wurde die Finanzierung einer Akquisition durch mehrere Arten von Fremdkapital mit unterschiedlich ausgeprägten Rückzahlungsbedingungen, Verzinsungen und Risikoprofilen bewerkstelligt. Da die Liquidität an den Kreditmärkten nach der Finanzkrise von 2008 abnahm, entwickelte sich der Trend seither hin zu komplett vorrangigen *(senior)* oder, wenn vorrangige Darlehen und Private Equity Finanzierung für die Gesamtinvestitionssumme nicht ausreichen, kombiniert vorrangigen und nachrangigen *(junior)*/Mezzanine-Strukturen oder in manchen Fällen *high yield* Finanzierungen. In zunehmendem Maße setzen sich Unitranche-Finanzierungen durch, die aus einem Laufzeitkredit mit einer einzigen Finanzierungstranche *(single tranche term loan)* bestehen, der vorrangige und nachrangige Fremdkapitalkomponenten mit einem einheitlichen Zinssatz kombiniert. Diese Unitranche-Finanzierungen werden oft von spezialisierten Kreditfonds oder anderen Darlehensgebern aus dem Nicht-Bankenbereich bereitgestellt.

34 Eine Akquisitionsfinanzierung umfasst in der Regel Laufzeitkredite, die von der BidCo zur Zahlung des Kaufpreises und weiterer Transaktionskosten genutzt werden. Sie kann daneben auch revolvierende Kreditlinien enthalten, die als Betriebsmittel und für allgemeine Unternehmenszwecke des Konzerns nach der Akquisition zur Verfügung stehen. Jedes Mezzanine- oder nachrangige Kapital wird hinsichtlich seiner Rückzahlungspriorität vertraglich dem vorrangigen Fremdkapital untergeordnet und kann auch strukturell nachrangig an eine Muttergesellschaft der BidCo gewährt werden. Die Laufzeit der vorrangigen Darlehen variiert typischerweise zwischen fünf und sieben Jahren, wobei die Laufzeit etwaiger nachrangiger Darlehen oft außerhalb dieses Zeitraums liegt.

35 Die vorrangigen Darlehen werden üblicherweise durch alle Vermögenswerte der BidCo (einschließlich der Anteilsverpfändungen an den BidCo-Anteilen durch ihre unmittelbare Holdinggesellschaft) und nach Erwerb durch die Vermögenswerte (oder alle wesentlichen Vermögenswerte) des Zielkonzerns besichert. In der Vergangenheit konnte die Gewährung von Garantien oder Sicherheiten durch Gesellschaften des Zielkonzerns, die der Sicherung des von der BidCo aufgenommenen und zum Erwerb der Zielgesellschaft verwendeten Fremdkapitals diente, als rechtswidrige finanzielle Unterstützung *(financial assistance)* gewertet werden. Das Verbot, dass ein nicht börsennotiertes Unternehmen vor oder gleichzeitig mit der Akquisition finanzielle Unterstützung für den Erwerb seiner eigenen Anteile oder der Anteile an seiner Holdinggesellschaft gewährt, wurde am 1.10.2008 aufgehoben. Es ist jedoch einem börsennotierten Unternehmen (und/oder seinen nicht börsennotierten Tochtergesellschaften) nach wie vor absolut verboten, finanzielle Unterstützung für den Erwerb von Anteilen an einem börsennotierten Unternehmen zu gewähren. Dementsprechend ist der Zielkonzern bei einem *public to private*-Deal oder, falls sich eine nicht börsennotierte Aktiengesellschaft in der Konzernstruktur des Zielunternehmens befindet, vor der Neuregistrierung der Zielgesellschaft als nicht börsennotiertes Unternehmen nicht in der Lage, Upstream-Sicherheiten oder Garantien zur Besicherung des von der BidCo aufgenommenen Akquisitionskapitals zu begeben.

36 Im britischen Markt gibt es normalerweise keine Vollzugsbedingungen im SPA dergestalt, dass der Käufer eine ausreichende Fremdfinanzierung sichergestellt hat. In einem Szenario mit mehreren Bietern wird aber normalerweise der Käufer bevorzugt, der die größte Transaktionssicherheit gewährleistet, dh die wenigsten Bedingungen stellt oder nach Unterzeichnung des SPAs die geringste Unsicherheit hinsichtlich eines erfolgreichen Vollzugs der Akquisition mit sich bringt (natürlich immer neben dem „richtigen“ Preis). Es ist daher von entscheidender Bedeutung, dass zum Zeitpunkt der Unterzeichnung des SPAs die Finanzierung so „sicher“ wie möglich sein sollte, sei es durch verbindliche Verpflichtungserklärung oder vollumfänglich ausgefertigte Vertragsdokumentation. Dementsprechend

sollten die Voraussetzungen für die Zurverfügungstellung der Finanzmittel bereits erfüllt sein (zB Abschluss der Due Diligence, Erfüllung der bankenseitigen Know-Your-Customer-Anforderungen, Zustimmung des Kreditausschusses sowie keine geschäfts- oder marktbedingten nachteiligen Veränderungen), oder der Fonds sollte diese zumindest unter Kontrolle haben. Dies gibt sowohl dem Fonds als auch dem Verkäufer die Sicherheit, dass die erforderlichen Finanzmittel bei Vollzug der Transaktion zur Verfügung stehen.

III. Wesentliche Transaktionsdokumente

1. Überblick

Die wesentlichen Transaktionsdokumente in einem Private Equity Buy-Out (ohne die oben genannten Finanzierungsdokumente) umfassen üblicherweise: **37**

1. das SPA zwischen dem Käufer und dem/den Verkäufer(n) einschließlich bestimmter Gewährleistungen, die von dem/den Verkäufer(n) gegenüber dem Käufer abgegeben werden;
2. gegebenenfalls eine separate Gewährleistungsurkunde *(warranty deed)* zwischen den veräußernden Managern und dem Käufer einschließlich der Gewährleistungen bezüglich der Struktur und des operativen Betriebs des Zielkonzerns;
3. die Gewährleistungen im SPA und der Gewährleistungsurkunde vorbehaltlich der Offenlegungen in einem Offenlegungsschreiben *(disclosure letter)*. Die Kombination aus Gewährleistungen und Offenlegungen (neben der Due Diligence) ermöglichen dem Käufer, belastbare Informationen in Bezug auf die Zielgesellschaft zu erhalten;
4. eine Steuerurkunde, in der der Käufer und der Verkäufer vereinbaren, wie das Risiko im Hinblick auf die in dem Zielkonzern entstandenen Steuerverbindlichkeiten vor Transaktionsvollzug verteilt wird;
5. ein sog. *Equity Commitment Letter* für den Fall, dass Vertragsunterzeichnung und -vollzug zeitlich auseinander fallen, und in dem die Bedingungen festgelegt werden, unter denen sich der Fonds verpflichtet, TopCo mit Eigenkapital auszustatten, um den Erwerb der Zielgesellschaft zu finanzieren;
6. der Gesellschaftsvertrag der TopCo einschließlich detaillierter Regelungen zu Gesellschafterrechten und dergleichen;
7. eine Investitionsvereinbarung oder Gesellschaftervereinbarung zwischen dem Fonds, dem Management und der TopCo;
8. die Dokumente, die gegebenenfalls einen *„rollover"* des Managements bewirken;
9. die *loan note* Instrumente (soweit diese eingesetzt werden); und
10. mögliche Dienstverträge für die Geschäftsleitung des Zielkonzerns.

Nach Vollzug der Transaktion übt der Fonds in der Regel über die Mechanismen der Investitionsvereinbarung oder Gesellschaftervereinbarung sowie mit Hilfe des Gesellschaftsvertrags der TopCo die Kontrolle über die Geschäftsführung aus. Der Umfang der Kontrolle hängt im Einzelnen von den Vertragsverhandlungen ab, umfasst jedoch typischerweise: (i) die Vertretung und Beschlussfähigkeit der Geschäftsführung; (ii) Informationsrechte (in Bezug auf die Performance der Zielgesellschaft und die Überwachung von Finanzkennzahlen); (iii) Zustimmungsrechte (einschließlich bestimmter Handlungen, bei denen die Zustimmung des Fonds erforderlich ist, wie zB Erwerb und Veräußerung von Beteiligungen und Vermögenswerten, Erhöhung der Verschuldung und Änderung von gesellschaftsrechtlichen Schlüsseldokumenten der Zielgesellschaft); sowie (iv) Exits. Allgemein lässt sich sagen, dass der Fonds die Kontrolle hat, während das Management zum Zweck des Schutzes seines Investments lediglich über Minderheitsrechte verfügt. **38**

2. Anteilskaufvertrag (Share Purchase Agreement)

39 In einem robusten Markt, der von Verkäufern beherrscht wird (und insbesondere in einem Bieterverfahren), konzentriert sich der Schutz des Käufers in erster Linie auf die rechtliche, finanzielle, steuerliche und kommerzielle Due Diligence, da die Gewährleistungen typischerweise stärker eingeschränkt sind. Eine sog. *„locked box"* Kaufpreisstruktur, die keine Kaufpreisanpassung nach Vollzug der Transaktion vorsieht, ist mittlerweile Standard im Private Equity Bereich. Dieses Kapitel soll keinen detaillierten Überblick über ein SPA nach britischem Recht verschaffen, aber einige Merkmale herausstellen, die als für den britischen Private Equity Markt spezifisch gelten.

40 *Preisgestaltung: Locked-Box vs. Stichtagsbilanz*

Wie bereits erwähnt, hat sich im britischen Private Equity Markt ein *„locked-box"*-Preismechanismus als Standard etabliert, bei dem der Kaufpreis anhand vereinbarter spezifischer Anpassungen bestimmter Bilanzpositionen berechnet wird (die *„locked-box"* Bilanzpositionen). Diese werden zu einem Zeitpunkt vor dem Abschluss der Transaktion erstellt und festgelegt, ohne dass eine spätere Anpassung nach Vollzug der Transaktion erfolgt. Faktisch wird die vom Enterprise Value (auf den in den *„locked-box"* Bilanzpositionen verwiesen wird) ausgehende Kaufpreisanpassung, mit der der Equity Value (durch die vorab vereinbarten Anpassungen, zB aufgrund von Schulden und anderen identifizierten Verpflichtungen) ermittelt wird, zu einem Zeitpunkt vor Vertragsvollzug (manchmal sechs bis acht Monate vorher) vorgenommen. Sodann wird bestimmt, dass die Gewinne des Unternehmens, die ab dem Datum der *„locked-box"* Bilanzpositionen anfallen, bis zum Vollzug der Transaktion im Unternehmen verbleiben. Wegen der Sicherheit, die diese Struktur schaffen kann, und der Möglichkeit, konkurrierende Angebote besser vergleichen zu können, bevorzugen Private Equity Verkäufer tendenziell diese Struktur. Da dieser Mechanismus keine weitere Preisanpassung zwischen dem oft weit vor Vertragsschluss in der Vergangenheit liegenden Datum der *„locked-box"* Bilanzpositionen und dem Transaktionsvollzug (mit Ausnahme eines täglichen sog. „ticker" Zinssatzes, wie nachfolgend beschrieben) zulässt, wird jeglicher unzulässiger Wertabfluss *(leakage)* an die Gesellschafter (oder die mit ihnen verbundenen Unternehmen oder ihnen nahestehenden Personen) anhand einer im SPA bestimmten Liste von während dieses Zeitraums unzulässigen Transaktionen beschränkt. Durch eine Entschädigungsklausel im SPA wird der Käufer im Falle eines unzulässigen Wertabflusses durch den Verkäufer für den Wert, der abgeflossen ist, entschädigt. Die Verjährungsfrist beträgt normalerweise sechs bis neun Monate nach Vollzug der Transaktion. Die einzige Kaupreisanpassung, die üblicherweise vereinbart wird, ist ein täglicher sog. „ticker" Zinssatz, der sich auf den Equity Value bezieht, beginnend ab dem Datum der „locked-box" Bilanzpositionen bis zum Vollzugstag (oder auch Stichtag). Dieser soll die vom Verkäufer aufgewendeten Kapitalkosten sowie den Umstand reflektieren, dass dem Käufer die in diesem Zeitraum erwirtschafteten Gewinne zu Gute kommen. Der prozentuale Zinssatz hängt üblicherweise von den Vertragsverhandlungen im Zusammenhang mit dem Cashflow des Zielunternehmens ab und wird vor Vertragsabschluss ermittelt.

41 Ein alternativer Kaufpreismechanismus, der außerhalb des Private Equity Marktes üblicher ist, ist eine Stichtagsbilanz-Methode *(completion accounts)*, bei der der endgültige Kaufpreis erst rückwirkend nach Vollzug der Transaktion (Stichtag) und unter Bezugnahme auf die Höhe der Nettoverschuldung *(net debt)*, des Nettoumlaufvermögens *(net working capital)* und in einigen Fällen des Nettovermögens *(net assets)* berechnet wird. Dies wird durch die Aufstellung einer Stichtagsbilanz des Zielkonzerns zum Vollzugsdatum nach Maßgabe spezifisch vereinbarter Bilanzierungsgrundsätze, historischer Bewertungswahlrechte sowie GAAP/IFRS umgesetzt. Die Anpassung wird typischerweise auf Basis der zum Zeitpunkt der Vertragsunterzeichnung vereinbarten Schätzungen vorgenommen. Grundsätzlich gilt der *„locked-box"* Mechanismus im Vergleich zum Ansatz mittels Stichtagsbilanz als insgesamt verkäuferfreundlicher. Stichtagsbilanzen bleiben aber nach wie vor ein wichtiger Kaufpreisanpassungsmechanismus und sind ein bedeutender Schutz für Käufer, da sie auf der Grund-

lage einer konkreten Darstellung der Finanzsituation des Zielkonzerns zum Vollzugstag eine Anpassung des Kaufpreises ermöglichen.

Gewährleistungen und Schadenersatz; Versicherung 42

Bei einer *primary transaction* versuchen Fonds in der Regel, sich durch Gewährleistungen und Schadenersatzregelungen sowohl gegenüber dem Verkäufer im SPA (das auch das Management umfassen kann) als auch, soweit anwendbar, gegenüber dem Management in der Investitionsvereinbarung oder der Gesellschaftervereinbarung und zusätzlich eventuell in einer separaten Gewährleistungsurkunde abzusichern. In dem Umfang, in dem das Management Gewährleistungen zur Geschäftstätigkeit (also solche, die sich auf das Handels- und operative Geschäft des Zielunternehmens und nicht auf das Eigentum an den Geschäftsanteilen und dergleichen beziehen) abgibt, können diese einem allgemeinen Wissensvorbehalt sowie relativ niedrigen Haftungsobergrenzen unterstellt werden. Umgekehrt kann dadurch die Offenlegung hilfreicher und aussagekräftiger Informationen erwirkt werden.

Sofern es sich bei der Transaktion um eine *secondary transaction* handelt, bei der der 43 Verkäufer ein Fonds ist, wird der Umfang der Gewährleistungen zugunsten des Käufers üblicherweise auf die vom Management gewährten Gewährleistungen beschränkt, da Private Equity Verkäufer in der Regel nicht bereit sind, mehr als „Grundsatzgewährleistungen" (dh Gewährleistungen in Bezug auf das Eigentum an den Geschäftsanteilen sowie die Fähigkeit und Berechtigung zur Durchführung der Transaktion) abzugeben.

Da das Management sich üblicherweise im Rahmen der Transaktion nur auf sehr geringe 44 Haftungsobergrenzen einlassen wird (die oftmals nur 1–2 Prozent des zu zahlenden Kaufpreises abdecken), entsteht eine potenzielle Haftungslücke, die der Käufer oft dadurch schließt, dass er auf *Warranty & Indemnity*-Versicherungslösungen zurück greift. *Warranty & Indemnity*-Versicherungslösungen bieten in der Regel Schutz vor Verlusten, die im Zusammenhang mit Gewährleistungs- und Schadenersatzansprüchen erlitten werden und über einen bestimmten Selbstbehalt (der häufig an die mit dem Management vereinbarte Haftungsobergrenze angepasst ist) hinausgehen.

Die Versicherung kann entweder vom Verkäufer oder vom Käufer abgeschlossen werden. 45 Bei einer Verkäuferversicherung macht der Käufer Ansprüche aus dem SPA auf dem üblichen Weg gegen den Verkäufer geltend und hat keinen direkten Anspruch gegen die Versicherung. Der Verkäufer haftet weiterhin für die Forderung gegenüber dem Käufer, aber die Versicherung übt die Kontrolle über die Verteidigung oder die Beilegung des Rechtsstreits aus.

Bei einer Käuferversicherung hingegen, die bei einem Private Equity Deal fast immer 46 anzutreffen ist, geht der Käufer typischerweise bis zu einer im SPA vereinbarten Haftungsobergrenze gegen den Verkäufer vor und macht dann gegen die eigene Versicherung die über diese Haftungsobergrenze hinaus gehenden Ansprüche geltend (die Haftungsobergrenze wird zwischen dem Käufer und dem Verkäufer ausgehandelt und kann in bestimmten Transaktionen sogar nur ein Britisches Pfund betragen).

Bei einem Verkauf durch einen Fonds wird im Rahmen des Bieterverfahrens von diesem 47 häufig eine *Warranty & Indemnity*-Versicherung in Form einer indikativen Käuferversicherung und einem Bericht eines Versicherungsmaklers angeboten. Dies ermöglicht einen sauberen Exit, so dass der Fonds unmittelbar die Verteilung des Verkaufserlöses vornehmen kann. In der Regel übernimmt eine *Warranty & Indemnity*-Versicherung keine oder nur eine begrenzte Haftung für (i) bekannte Tatsachen oder Angelegenheiten, die in der Due Diligence-Prüfung vom Käufer identifiziert oder in sonstiger Weise vom Verkäufer offengelegt worden sind, (ii) auf die Zukunft gerichtete Gewährleistungen, wie zB die Erreichung von Gewinnzielen der Zielgesellschaft nach Vertragsvollzug, und (iii) bestimmte Kategorien von Gewährleistungen, wie zB Umweltgarantien oder Themen in Bezug auf nachrangige Haftung. Im heutigen britischen Markt wird die Prämie als Prozentsatz des Gesamtversicherungsumfangs berechnet – üblich sind derzeit rund 0,9 Prozent bis zu 1,5

Prozent der benötigten Deckung. Ein Versicherer kann jedoch je nach den Umständen des Einzelfalles und den bestehenden Risiken eine höhere Prämie verlangen.

48 *Einschränkende Vertragspflichten (Restrictive Covenants)*

Sog. restrictive covenants (oft auch als *„non-competes"* bezeichnet) beschränken die Art und Weise, in der eine Vertragspartei zukünftig handeln kann. In einem SPA werden *restrictive covenants* typischerweise wie folgt kategorisiert:

1. Abwerbeverbote in Bezug auf Kunden, um für einen bestimmten Zeitraum nach dem Verkauf der Zielgesellschaft zu verhindern, dass der Verkäufer an die Kunden der Zielgesellschaft herantritt;
2. Abwerbeverbote (oder ein striktes Einstellungsverbot) von Mitarbeitern, um für einen bestimmten Zeitraum nach dem Verkauf der Zielgesellschaft zu verhindern, dass der Verkäufer an die Mitarbeiter der Zielgesellschaft herantritt; und
3. Wettbewerbsverbote, um zu verhindern, dass der Verkäufer für einen bestimmten Zeitraum und innerhalb eines bestimmten Bereichs mit der Zielgesellschaft auf einem bestimmten Markt konkurriert.

49 Es ist zu beachten, dass die Partei, die die Durchsetzung eines *restrictive covenant* bewirken möchte, nachweisen muss, dass (i) sie ein rechtmäßiges und schützenswertes Eigen- oder Geschäftsinteresse besitzt und (ii) der angestrebte Schutz auf das angemessene Maß beschränkt ist (unter Berücksichtigung der Interessen der Vertragsparteien und des öffentlichen Interesses). Im Private Equity Kontext werden Private Equity Gesellschaften auf Käuferseite ein vollständiges Bündel an *restrictive covenants* vom Verkäufer und von etwaigen Management-Verkäufern verlangen. Andererseits wird eine Private Equity Gesellschaft als Verkäufer nur bereit sein, selbst ein Abwerbeverbot in Bezug auf Schlüsselmitarbeiter zu akzeptieren, wenn das Management weitergehende *restrictive covenants* im SPA, der Gesellschaftervereinbarung oder in ihren Anstellungsverträgen übernimmt.

50 *Bedingungen für den Vertragsvollzug / Kündigungsrechte*

Der Vollzug einer *secondary transaction* unterliegt in der Regel nur zwingend erforderlichen Zustimmungen Dritter. Es ist nicht üblich, dass *secondary transactions* eine *„material adverse change"* oder eine *„material adverse event"* Klausel oder eine Regelung in Bezug auf wesentliche Gewährleistungsverletzungen oder andere Bestimmungen enthalten, nach denen der Käufer den Vollzug der Transaktion verweigern kann. Gelegentlich, wenn keine anderen Zustimmungen erforderlich sind, kann für den Vollzug der Transaktion ein bestimmtes Datum kurz nach der Unterzeichnung des SPA festgelegt werden, damit der Fonds Finanzmittel von seinen *limited partners* abrufen kann.

51 *Stempelsteuer (Stamp Taxes)*

Der Erwerb von Anteilen an einer in Großbritannien gegründeten Gesellschaft unterliegt der Stempelsteuer *(stamp taxes)* in Höhe von 0,5 Prozent des gesamten Kaufpreises, der für die Anteile gezahlt wurde. Weitergehende Erwägungen müssen angestellt werden, wenn die Gegenleistung nicht-monetäre Elemente enthält, zB die Übernahme eines Kredits oder die Gewährung/Übertragung von Anteilen. Vorsicht ist auch geboten, um sicherzustellen, dass beim Erwerb von Anteilen an einer nicht in Großbritannien eingetragenen Gesellschaft keine Stempelsteuer anfällt.

52 Das Gesetz über die Stempelsteuer bestimmt nicht ausdrücklich den primären Steuerschuldner der Stempelsteuer. In der Regel wird die Stempelsteuer vom Käufer bezahlt, obwohl dies Verhandlungssache zwischen den Parteien ist und eine Verlagerung der Zahlungsverantwortung durch vertragliche Vereinbarungen möglich ist.

53 Eine *Stamp Duty Reserve Tax* entsteht, wenn eine Übertragung von Anteilen als Teil des Kaufpreises vereinbart wird. Die *Stamp Duty Reserve Tax* wird jedoch wieder annulliert, wenn (sehr allgemein gehalten) die Stempelsteuer für die gleiche Übertragung gezahlt wird (siehe oben).

D. Management-Beteiligung

Management-Incentivierungsprogramme können ua als Aktienoptionen und als verschiedene andere, vom HMRC genehmigte oder nicht genehmigte Programme strukturiert werden. Nachstehend soll lediglich ein kurzer Überblick über die in Großbritannien typischen Management-Beteiligungsprogramme gegeben werden. 54

Rollover

Einer der wichtigsten Vorteile des Verkaufs an einen Private-Equity-Fonds (im Vergleich zu einem strategischen Käufer) ist die Möglichkeit, Verkäufern und dem Management ein größeres Upside auf die Beteiligung am Eigenkapital anzubieten. Ein Private-Equity-Fonds wird das Management-Team des Zielunternehmens einladen (und häufig von dem Management-Team auch verlangen), einen Teil ihrer Kapitalbeteiligung oder einen verkaufsseitigen Transaktionsbonus in die TopCo einzubringen (oft bezeichnet als *rollover equity*). Das Hauptziel eines Rollovers ist die Angleichung der Anreize zwischen dem Private-Equity-Fonds und den Verkäufern, die nach Closing an der Zielgesellschaft beteiligt sind. Viele Private-Equity-Fonds sehen vor, dass das Rollover-Eigenkapital in den meisten Fällen „pari passu" (gleich hoch) zum Eigenkapital des Fonds ist. Verweise auf einen „Pari-Passu-Rollover" implizieren in der Regel wirtschaftliche Gleichheit (dh keine Liquidationspräferenz für den Private-Equity-Fonds in Bezug auf seine Beteiligung). Das Eigenkapital des Fonds kann weitere Rechte haben, die Bestimmungen wie „good leaver" und „bad leaver" widerspiegeln oder eine Kontrolle des Vorstands und „drag-along" Rechte festlegen. 55

Sweet (oder „Sweat") Equity 56

Der Verbleib und die Incentivierung des Managements sind in der Regel ein wichtiger Bestandteil eines Private Equity Buy-Outs. Dem Management wird dabei angeboten, Anteile an der TopCo zu erwerben, wodurch die Manager pro rata an der zukünftigen Wertsteigerung des Unternehmens partizipieren können. Dies wird als *„sweet equity"* (oder manchmal auch als *„sweat equity"*) bezeichnet. Die Bedingungen dieser Beteiligung sind Bestandteil eines Management-Beteiligungsprogramms oder Management Equity Plans, der in der Investitionsvereinbarung oder der Gesellschaftervereinbarung dokumentiert wird. Die Höhe der Beteiligung an der TopCo, die dem *„sweet equity"* zugeordnet wird, hängt von der Größe des Unternehmens ab und unterliegt in der Regel einem *Vesting-Plan,* bestimmten *„good leaver"*- und *„bad leaver"*-Regelungen (wie unten beschrieben) sowie bestimmten Übertragungsbeschränkungen.

Ratchets 57

Die Inhaber von *„sweet equity"* können auch durch die Vereinbarung eines *„ratchet"* Mechanismus weiter incentiviert werden, wonach sie eine höhere wirtschaftliche Beteiligung erhalten, wenn bestimmte Leistungsziele und/oder Exit-Messgrößen erreicht werden. Als Bezugspunkt wird häufig der interne Zinsfuß (oder „IRR") des Fonds zugrunde gelegt.

Good Leaver und Bad Leaver Regelungen 58

„Good leaver"- und *„bad leaver"*-Regelungen sind im Wesentlichen zwingende Übertragungs- und Kompensationsbestimmungen, die eingreifen, wenn ein eine Beteiligung haltender Manager ausscheidet. Der Fonds (und – soweit vorhanden – die anderen eine Beteiligung haltenden Manager) werden nicht anstreben, dass der ausscheidende Manager weiterhin als Gesellschafter an der TopCo beteiligt ist und über Gesellschafterbeschlüsse mit abstimmen oder von einer zukünftigen Wertsteigerung nach seinem Ausscheiden noch weiter profitieren kann. Sie werden daher typischerweise von dem Manager verlangen, dass er seine Anteile zu einem vorab bestimmten Preis an die anderen Gesellschafter (oder einen Dritten) überträgt.

Sinn und Zweck des Konzepts *„good leaver"* und *„bad leaver"* ist es, festzulegen, welcher Preis für die Anteile des ausscheidenden Gesellschafters gezahlt werden soll. Eine typische 59

Fallkonstellation ist, dass ein *„good leaver"* den jeweils höheren Betrag von Marktwert und seinen „Kosten" (also den Preis, den der ausscheidende Manager ursprünglich für die Beteiligung bezahlt hat) für seine Anteile erhält, ein *„bad leaver"* hingegen nur den jeweils geringeren Betrag von Marktwert und seinen Kosten. Dies ist jedoch häufig Gegenstand intensiver Verhandlungen.

60 Ein Manager kann unter anderem dann als *„bad leaver"* eingestuft werden, wenn er aus wichtigem Grund entlassen wird (zB weil er eine Straftat begeht oder seinen Anstellungsvertrag verletzt) oder die Zielgesellschaft freiwillig verlässt. Ein *„good leaver"* ist typischerweise ein Manager, der verstirbt, dauerhaft arbeitsunfähig wird, oder nicht aus wichtigem Grund entlassen wird oder in beiderseitigem Einvernehmen das Unternehmen verlässt.

61 *Mitveräußerungsrechte und –pflichten (Drag-Along und Tag-Along Rights)*

Ein *„drag-along"* ist ein Mechanismus, der dazu dient, sicherzustellen, dass die übrigen Anteilseigner zum Verkauf ihrer Anteile zu gleichwertigen Bedingungen gezwungen werden können, wenn ein bestimmter Prozentsatz der Anteilsinhaber (in der Regel der Fonds) beschließt, seine Anteile zu verkaufen. Ein *„tag-along"* ist demgegenüber ein Mechanismus, der dem Minderheitenschutz dient und sicherstellt, dass, wenn eine wesentliche Anzahl von Anteilseignern ein akzeptables Angebot (in der Regel vorbehaltlich eines bestimmten Mindestpreises) von einem Dritten erhält, diese Anteilseigner dafür sorgen müssen, dass der Dritte sein Angebot zu gleichwertigen Bedingungen auch den anderen Anteilseignern macht.

62 *Steuerliche Überlegungen*

Für britische Steuerzahler besteht ein Hauptziel jedes Management-Incentivierungsplans darin, eine Veräußerungsgewinnbesteuerung zu erreichen.

63 Dies ist ein komplexer Bereich, aber allgemein gesprochen gilt Folgendes: Um von der Veräußerungsgewinnbesteuerung zu profitieren, kann die Person, die Eigenkapital erhält, mittels einer *restricted share election* die Besteuerung der Differenz (falls vorhanden) zwischen dem für die Anteile gezahlten Betrag und ihrem „uneingeschränkten" Marktwert wählen (dh der Wert der Anteile für Steuerzwecke unter Nichtbeachtung der Ausübungs- und Verfallsbedingungen). Der Vorteil einer solchen Wahl besteht darin, dass bei einem endgültigen Ausstieg die Ausstiegserlöse selbst nach der Regelung zur Veräußerungsgewinnbesteuerung besteuert werden. Sobald der Einzelne sein Eigenkapital erhält, muss die *restricted share election* innerhalb von 14 Tagen erfolgen. Aber selbst wenn eine solche *restricted share election* nicht erfolgt, führt dies lediglich dazu, dass ein Teil des Verkaufserlöses für steuerliche Zwecke als Einkommen behandelt wird, und zwar die Differenz zwischen dem von dem Einzelnen für seine Anteile gezahlten Betrag (Originalzeichnung) und dem uneingeschränkten Marktwert der Anteile zum Zeitpunkt des Erhalts. Wenn der Einzelne zum Zeitpunkt des Erhalts tatsächlich den uneingeschränkten Marktwert für seine Anteile gezahlt hat, kann (ungeachtet des Fehlens einer *restricted share election*) der gesamte Verkaufserlös weiterhin als Veräußerungsgewinn behandelt werden.

E. Exit-Strategien

64 Ein Fonds in Großbritannien würde in der Regel nach drei bis fünf Jahren nach seinem ursprünglichen Investment einen Exit anstreben. Zu den üblichen Formen des Exits gehören: (i) ein Börsengang (bei dem der Fonds normalerweise einen Teil seiner Anteile behält und diese Anteile dann häufig einer Haltefrist *(„lock-up")* unterliegen, die in dem mit den Banken abgeschlossenen Emissionsübernahmevertrag vereinbart wird); (ii) ein Trade Sale; (iii) eine *secondary buy-out transaction* mit einem anderen Fonds; (iv) ein Asset-Deal (der allerdings nicht so üblich ist und in der Regel allenfalls aus verschiedenen kommerziellen und steuerlichen Gründen oder Gründen der Haftungsvermeidung vereinbart wird); oder (v) als Teil-Exit über eine fremdkapitalfinanzierte Rekapitalisierung, gefolgt von einer Dividendenausschuttung an die Gesellschafter.

Wenn die Investition des Fonds nicht erfolgreich war, sind die zur Verfügung stehenden Optionen begrenzter. Der Fonds kann seine Beteiligung mit Verlust verkaufen, die Zielgesellschaft kann insolvent werden oder es kann einen sog. *„pre-packaged"*-Deal geben, bei dem ein Verkauf ausgehandelt wird, bevor ein Insolvenzverwalter ernannt wird. Wie in → Rn. 39 ff. beschrieben ist es wichtig zu beachten, dass ein Käufer den Private Equity Verkäufer bei einem Trade Sale oder einem *secondary buy-out* wahrscheinlich nur sehr begrenzt in Regress wird nehmen können. **65**

Verkäufe werden normalerweise so strukturiert, dass die Anteile an der TopCo veräußert werden – wodurch ein Veräußerungsgewinn sowohl bei dem Fonds als auch bei den eine Beteiligung haltenden Managern realisiert wird. Unter der Annahme, dass der Fonds steuerlich transparent ist (so wie eine BLP), wird jeder in den Fonds investierte Investor auf Basis seines Anteils an den Verkaufserlösen abhängig von seinem eigenen Status besteuert. **66**

F. Base Erosion and Profit Shifting

Das *Base Erosion and Profit Shifting* (BEPS) Projekt der Organisation für wirtschaftliche Zusammenarbeit und Entwicklung (OECD) ist eine wichtige internationale Steuerinitiative, die im Jahr 2013 ins Leben gerufen wurde. Das Projekt resultierte aus Befürchtungen, dass die internationalen Steuersysteme nicht mit der Entwicklung internationaler Geschäftsstrukturen und fließender Kapitalbewegungen Schritt halten konnten, und dass Lücken und Unstimmigkeiten aufgetreten sind, die von den Steuerzahlern in einer Art und Weise ausgenutzt werden können, die bei der Erschaffung der Steuersysteme nicht beabsichtig war. **67**

Das BEPS-Projekt umfasst 15 Maßnahmen. Eine detaillierte Übersicht über die 15 Maßnahmen geht über den Umfang dieses Kapitels hinaus, aber nachstehend befindet sich eine Auswahl, um zu zeigen, wie sich die Initiativen auf Private-Equity-Fonds auswirken können: **68**

1. Maßnahme 4 des BEPS-Projekts zielt darauf ab, den Betrag des Nettozinsaufwands zu begrenzen, den ein Unternehmen von steuerpflichtigen Gewinnen abziehen kann. In den meisten Ländern (dies schließt Großbritannien ein) sind Zinsaufwendungen auf 30 % des steuerpflichtigen Ergebnisses vor EBITDA begrenzt.
2. Maßnahme 6 des BEPS befasst sich mit der Verhinderung des Missbrauchs von Doppelbesteuerungsabkommen, ein Bereich, der Auswirkungen hat für Länder, in denen Private-Equity-Fonds investiert haben, sowie Länder, in denen die Fonds aufgesetzt oder verwaltet werden.
3. Maßnahme 7 des BEPS-Projekts soll die künstliche Vermeidung einer Betriebsstätte verhindern.
4. Die Maßnahmen 8, 9 und 10 des BEPS-Projekts zielen darauf ab, die Verrechnungspreise an die Wertschöpfung anzupassen.

BEPS erhöht das Steuer-, Regulierungs- und Reputationsrisiko für Private-Equity-Fonds, und es wird nötig sein, BEPS von der Gründung an bis zum Fundraising und darüber hinaus zu berücksichtigen. **69**

G. Brexit

Ungeachtet des bevorstehenden Brexit verfügt Großbritannien weiterhin über den größten Private Equity Markt in Europa. Die makroökonomischen Auswirkungen des Brexit bleiben jedoch noch abzuwarten, da Großbritannien die Europäische Union noch nicht verlassen hat. Die Verhandlungen laufen, und es ist weiterhin noch unbestimmt, welche Form der Brexit letzten Endes annehmen wird. Dies ist für Fonds beunruhigend, und der **70**

Austritt Großbritanniens aus der Europäischen Union hat eine Reihe von potenziellen Herausforderungen für die britische Private Equity Industrie zur Folge.

71 Es gibt eine Vielzahl möglicher Konsequenzen, aber eine der für die Private Equity Branche relevantesten Folgen ist etwa, dass Großbritannien keinen Zugang mehr zu den Mitteln des Europäischen Investitionsfonds (EIF) haben könnte, welcher ein bedeutender Investor in Fonds ist und mehr als ein Drittel der Investitionen in britische Venture Capital Fonds ausmacht. Großbritannien ist möglicherweise auch nicht mehr in der Lage, Einfluss auf neue Rechtsakte oder Überarbeitungen der AIFMD zu nehmen, was sich auf die Fähigkeit britischer Fonds auswirken könnte, Zugang zu institutionellen und Retail-Investmentmärkten in der Europäischen Union zu erhalten. Auf der Ebene der Portfoliounternehmen werden sich Fonds auf die Folgen von sektorspezifischen Veränderungen konzentrieren.

72 Umgekehrt könnte der Brexit Großbritannien die Möglichkeit geben, seine eigenen Richtlinien für die Tätigkeit der Private Equity Branche zu entwickeln, etwa durch Lockerung der Regeln für staatliche Beihilfen, um so Private Equity Investitionen in bestimmten Bereichen zu fördern. Großbritannien könnte auch in der Lage sein, den regulatorischen Aufwand für Unternehmen zu lockern, was es Portfoliounternehmen erleichtern würde, Effizienzeinsparungen zu erzielen. Demnach ist nicht auszuschließen, dass die britische Private Equity Branche neben den vielen Herausforderungen, die der Brexit mit sich bringen dürfte, im Verlauf der Zeit auch bestimmte für sie vorteilhafte Entwicklungen erleben könnte. Auch sollte hervorgehoben werden, dass Großbritannien weiterhin in beträchtlichem Umfang Talente aus der ganzen Welt anzieht und ein sehr günstiges Steuerregime, ein hoch entwickeltes Rechts- und Justizsystem sowie ein relativ wirtschaftsfreundliches regulatorisches Umfeld besitzt. Darüber hinaus sind viele Kommentatoren davon überzeugt, dass London weiterhin das wichtigste Finanzzentrum in Europa sein wird – unabhängig von den Ergebnissen des Brexit.

H. Steuerliche Implikationen für deutsche Investoren und Initiatoren[6]

73 Mit der Investition deutscher Investoren in einen britischen Fonds hatte sich der BFH in einer vielbeachteten Entscheidung aus dem Jahr 2011 zu befassen.[7]

74 In seiner Entscheidung bestätigte der BFH zunächst, dass die Beteiligung an einer BLP, die in Großbritannien für Steuerzwecke als transparent behandelt wird, aufgrund des Rechtstypenvergleichs mit einer Beteiligung an einer Personengesellschaft deutschen Rechts vergleichbar ist. Bei den Beteiligungseinkünften deutscher Investoren handele es sich im Streitfall aus abkommensrechtlicher Sicht aber nicht um solche vermögensverwaltender Art, für die Deutschland das Besteuerungsrecht hat, sondern aus Gewerbebetrieb, für die das Besteuerungsrecht nach Art. III Abs. 1 S. 2 und Abs. 3 DBA-Großbritannien 1964/1970 Großbritannien zugewiesen ist. Abkommensrechtlich sei für die Zuordnung allein die tatsächlich verwirklichte Einkunftsart maßgebend. Entscheidend sei, ob der Fonds „originär" gewerbliche Einkünfte erwirtschaftet hat.

75 Die Frage, ob der britische Fonds originär gewerblich tätig ist, richte sich nach Auffassung des BFH im Kern nach denselben Abgrenzungskriterien, wie sie von der Rechtsprechung insbesondere zum Wertpapierhandel aufgestellt wurden. Der An- und Verkauf von Beteiligungen stelle dann einen Gewerbebetrieb dar, wenn der Fonds sich wie ein

[6] Es sei verwiesen auf die früheren Anmerkungen von Hans Martin Schmid.

[7] BFH Urt. v. 24.8.2011 – I R 46/10, BStBl. 2014 II S. 764; vgl. hierzu auch *Süß/Mayer* DStR 2011, 2276; Anm. *Mihm* BB 2011, 2982; Anm. *Wassermeyer* IStR 2011, 931. Das FG Münster hat im Jahr 2017 die Entscheidung des BFH in einem ähnlich gelagerten Fall zu einem britischen PE-Fonds bestätigt und in den Entscheidungsgründen die Ausführungen des BFH weitestgehend übernommen (FG Münster Urt. v. 28.4.2017 – 10K 3435/13F, BeckRS 2017, 112995). Beide Urteile ergingen zum DBA-Großbritannien 1964/1970, beanspruchen aber in Teilen auch unter Geltung des aktuellen DBA-Großbritannien 2010 weiterhin Gültigkeit.

„Wertpapierhändler" verhält. Beweisanzeichen hierfür seien der Umfang der Geschäfte, das Unterhalten eines Büros oder Organisation zur Durchführung der Geschäfte, das Ausnutzen eines Marktes unter Einsatz beruflicher Erfahrung, das Anbieten von Wertpapiergeschäften gegenüber einer breiteren Öffentlichkeit oder andere für eine private Vermögensverwaltung ungewöhnliche Verhaltensweisen.

Auf Grundlage jener Abgrenzungskriterien zum Wertpapierhandel kam der BFH für den **76** Streitfall zu dem Ergebnis, dass der britische Fonds nach dem Gesamtbild der Verhältnisse gewerbliche Einkünfte erzielte. Ohne im Einzelnen auf die Kriterien zur Abgrenzung zwischen Vermögensverwaltung und Gewerbebetrieb nach dem sogenannten PE-Erlass[8] einzugehen, zweifelt der BFH in seinem Urteil an, ob den im PE-Erlass von der Finanzverwaltung genannten Merkmalen für eine vermögensverwaltende Tätigkeit uneingeschränkt zu folgen ist. Da der Fonds im entschiedenen Fall zudem über eine in Großbritannien belegene Betriebsstätte iSv Art. II Abs. 1 Buchst. I (i) DBA-Großbritannien 1964/1970 verfügte, der die gewerblichen Einkünfte zuzurechnen waren, lag das Besteuerungsrecht auf die Einkünfte des Fonds in Großbritannien. In Deutschland waren die Einkünfte von der Besteuerung freizustellen.

Der Freistellung in Deutschland stand im vorliegenden Fall auch nicht entgegen, dass **77** Großbritannien sein abkommensrechtlich zugewiesenes Besteuerungsrecht aufgrund nationaler Vorschriften nicht ausübte. Nach englischem nationalen Recht unterliegen beschränkt Steuerpflichtige – wie die deutschen Investoren – mit den von ihnen erzielten Veräußerungsgewinnen nicht der dortigen Besteuerung. Für einen Besteuerungsrückfall nach Deutschland hätte es eine Rückfallklausel erfordert. Da im Streitfall aber weder die abkommensrechtliche noch die unilaterale Rückfallfallklausel des § 50d Abs. 9 S. 1 Nr. 1 EStG 2002 Anwendung fanden, blieben die Einkünfte der deutschen Investoren im Ergebnis sowohl in Großbritannien als auch in Deutschland unversteuert (sog. *„weiße Einkünfte"*).

Eine solche Freistellung in Deutschland von in Großbritannien nicht besteuerten Be- **78** triebsstätteneinkünften eines britischen Fonds wäre nach aktuell geltender Rechtslage nicht mehr möglich. Für britische Fonds ist nunmehr das DBA-Großbritannien 2010 zu beachten, das in Art. 23 Abs. 1 lit. a DBA-Großbritannien 2010 eine *subject-to-tax* Klausel enthält, wonach das Besteuerungsrecht nach Deutschland fällt, wenn die Einkünfte in Großbritannien tatsächlich nicht besteuert werden. Die gleiche Rechtsfolge ergäbe sich nunmehr auch aus der unilateralen Rechtsfallklausel des § 50d Abs. 9 S. 1 Nr. 2 EStG.

Droht eine Gewerblichkeit des Fonds, mag dies je nach Investorenklasse unterschiedliche **79** Auswirkungen haben. Institutionelle Investoren, die bereits gewerblich Einkünfte erzielen, dürften keine Nachteile erleiden. Vermögensverwaltende Personengesellschaften werden gewerblich infiziert. Bei privaten Anlegern käme es darauf an, wann die Beteiligung erworben wurde und ob im Einzelfall die Anwendung des Abgeltungssteuerregimes oder des Teileinkünfteverfahrens steuerlich günstiger ist. Für in Deutschland ansässige Initiatoren können sich bei einer Umqualifikation der Einkunftsart des Fonds steuerliche Nachteile für ihren *Carried Interest* ergeben, da für dessen steuerliche Vergünstigungen die vermögensverwaltende Tätigkeit des Fonds vorausgesetzt wird (§§ 18 Abs. 1 Nr. 4, 3 Nr. 40a EStG). Allerdings hat nunmehr der BFH in seinem Urteil vom 11.12.2018[9] entschieden, dass ein *Carried Interest* bei einem gewerblichen Private-Equity-Fonds keine verdeckte Tätigkeitsvergütung, sondern einen disproportionalen Ergebnisanteil darstellt, auf den das Teileinkünfteverfahren anzuwenden ist, soweit in dem *Carried Interest* Veräußerungsgewinne oder Dividenden enthalten sind. Wie die Finanzverwaltung auf das BFH-Urteil vom 11.12.2018 reagiert, bleibt abzuwarten.

---

8 BMF Schreiben v. 16.12.2003 – IV A6 – S 2240 – 153/03, BStBl. I 2004 S. 40.

9 BFH Urt. vom 11.12.2018 – VIII R 11/16, BB 2019, 1826 (m. Anm. Stöber)

§ 35 Volksrepublik China

Übersicht

A. Overview

1 The Chinese private equity market used to be dominated by growth capital-style investments where the private equity investors tend to hold minority stakes. However, there has been an increase in the popularity and number of buyout transactions in China. A variety of factors contributed to the increase of buy-out deals, including: (i) increased competition among investors who are chasing fewer growth capital deals; (ii) the ever increasing fund size of private equity investors; and (iii) the increasing need of company founders, when reaching the retirement age, facing succession planning issues. Notable transactions in 2017 include the privatization of Belle International Holdings Ltd., China's largest shoe retailer, by a consortium led by Hillhouse Capital Group and CDH Investments, and the privatization of NYSE-listed Zhaopin Limited, a career platform in China, by SEEK International Investments, Hillhouse Capital Management and FountainVest Partners.

B. Fund structures

I. RMB funds

2 RMB funds play a dominant role in domestic transactions. Compared with USD funds, RMB funds are treated as domestic investors and therefore are not subject to any foreign exchange restrictions when they made RMB investments in Chinese assets. RMB funds are typically structured as Chinese limited liability partnerships (LLP).

3 In 2011, the Shanghai local government launched a pilot scheme (Qualified Foreign Limited Partner (QFLP) scheme) which for the first time allows international fund managers to raise RMB funds. Under the QFLP scheme, an international fund manager can through its Chinese subsidiary set up a domestic LLP and raise money from both domestic and international investors to invest in Chinese assets.

The main advantage of the QFLP fund is that it is accorded more favourable treatment to international investors with respect to foreign exchange settlement. Specifically, the QFLP fund receives a foreign exchange quota under which it can complete its foreign exchange settlement in one transaction and subsequently make multiple domestic investments over time within the aggregate investment quota amount. **4**

Since launching the Shanghai Pilot Program in January 2011, Beijing, Tianjin and Shenzhen also introduced their own QFLP programs. Among these programs, the Shenzhen program took the most liberal approach. In the Shenzhen program, the minimum capital requirement for the QFLP fund manager is lowered to USD 2 million and a foreign investor only needs to have USD 5 million net assets in order to be able to invest in QFLP. By the date of this article, iinternational fund managers such as Carlyle, TPG and Blackstone have all set up their own QFLP funds in China. **5**

For QFLP funds, the challenge that remains to be resolved is the fact that as long as the general partner is foreign-owned, the QFLP fund will still be deemed a „foreign investor" for the purposes of foreign ownership restrictions. A number of hot sectors for private equity investment (e. g. internet, healthcare and education) are subject to foreign ownership restrictions. QFLP funds managed by international fund managers are restricted from investing in these sectors. In practice, the number of investments made by QFLP funds in China is still limited. **6**

II. USD funds

Despite the restrictions that offshore USD-denominated funds face when making investments in China, including being subject to foreign ownership restrictions and dealing with foreign exchange restrictions, USD funds are the primary conduit by which private equity fund managers are able to access the capital of large institutional limited partners, including capital from U. S. and European pension funds and insurance companies, sovereign wealth funds and non-Chinese family offices. As a result, there are a number of domestic and international private equity firms managing USD funds that can make or focus on making investments in China. **7**

The types of private equity funds actively making investments in China include the following main categories: **8**

- *Pan-Asia Funds* – These funds have historically been managed by the major global private equity firms, including TPG, Carlyle, Warburg Pincus, KKR, Bain Capital, CVC and others. There are now a number of Asia-based managers operating in this space as well, including PAG, Baring and Affinity. Although these funds employ a pan-Asia strategy and have capacity to make investments across multiple jurisdictions in Asia, many of these funds have a significant target allocation to investments in China.
- *China-Focused Funds* – Although a number of global private equity firms have raised China-focused funds, this space is dominated by local private equity managers including Boyu Capital, CITIC, CDH and Hillhouse.
- *Sector-Focused Funds* – In recent years, the market has seen an increase in specialization and corresponding rise in the number of sector-focused funds, including prominent examples in the healthcare, real estate and TMT sectors.

USD funds making investments in China are typically structured as Cayman Islands exempted limited partnerships. Fund managers will also typically set up an advisory company in Hong Kong and/or the PRC which employ the investment professionals working on the ground. **9**

The general mechanics of USD funds investing in China are similar to funds investing in the U. S. or in European markets, but the economic, governance and other fund terms vary greatly based on the manager's track record, whether the manager is local or part of a global private equity firm, the profile of the manager's limited partners and the fund's investment strategy. **10**

III. Parallel funds

11 A parallel fund consists of an onshore RMB fund invested by Chinese investors and an offshore USD fund invested by international investors. The two funds are managed by one fund manager. Many Chinese private equity funds have parallel funds under management.

12 The challenge of parallel funds is that it is sometimes difficult to make use of the dry powder in both funds in accordance with a pre-determined split. This can result from regulatory reasons. For example, for investments in China, there are certain foreign ownership restrictions. For investments outside China, the RMB fund will need to go through a regulatory process in China to obtain approvals. The deal dynamic may not allow both funds to make investment at the same time. If there remains a disproportionate use of dry powder in the RMB fund and the USD fund, it will be a concern of investors on both sides.

C. Investment structures

I. Onshore transactions

13 International private equity funds can invest directly in target companies in China. Following foreign investment, the portfolio company will become a foreign-invested enterprise. If there remains any Chinese ownership in the company, it will become a Sino-foreign joint venture.

14 The inbound acquisition of Chinese business used to be heavily regulated in China. Every acquisition requires governmental approval. In addition to ownership restrictions, there are stringent rules applicable to valuation and payment. In recent years, the Chinese government has gradually relaxed regulations on foreign investments. Other than investments into sectors that are on the PRC government's negative list (e. g. weapons manufacturing, TV and broadcast, primary and second education), all other inbound acquisitions are no longer subject to case-by-case approvals.

15 That said, two issues remain to be resolved for onshore transactions. First, there are foreign ownership restrictions in many sectors that attract private equity investment. Foreign ownership in, for example, financial institutions, schools, hospitals and internet companies, are subject to caps. In addition, there are often qualification requirements too. For example, in order to invest in a Chinese school, the foreign investor must be an education institution itself.

16 Second, the Chinese company law remains rather inflexible from a financial investor's perspective. Some of the investment terms commonly used in mature markets like tag and drag, anti-dilution and redemption rights remain largely untested under Chinese law.

17 In order to address these issues, international private equity funds often invest through red-chip structures, i. e. through an offshore vehicle.

II. Offshore structures

18 Under an offshore structure, the Chinese owner of the target business will set up an offshore holding company (typically a Cayman Island or British Virgin Island company) which will acquire an interest in the onshore business in China. In order to circumvent foreign ownership restrictions in China, the nexus between the offshore holding company and the target business in China is often a contractual arrangement instead of an equity ownership. These contractual arrangements often include an exclusive service or licence agreement, a voting proxy agreement, a share pledge agreement, a loan agreement and an option agreement. Following a transfer of control and economic interest of the target business to the offshore holding company under such contractual arrangements (so-called variable interest

entity or „VIE“ structure), the offshore holding company will be able to, under international accounting standards, consolidate the financials of the target business.

International private equity funds will then invest in the offshore holding company. 19
Investments in Cayman or BVI companies offer much greater flexibility to international private equity funds to structure their investment terms. Any disposal of interest in the Cayman or BVI company will not be subject to foreign exchange regulations in China.

A typical VIE structure is illustrated as follows: 20

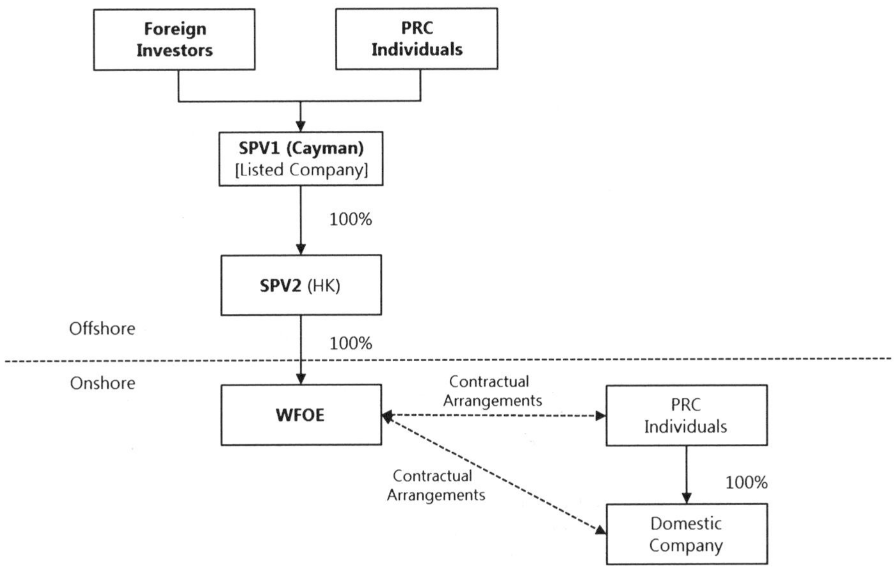

The legality of the VIE structure under Chinese law remains untested. No PRC 21
governmental agencies have explicitly endorsed the structure, nor have they taken affirmative actions to prohibit or close down businesses that operate under a VIE structure. Some of the most well-known technology companies in China such as Alibaba and Tencent operate under their own VIE structure (or often a multitude of such structures) with significant foreign investment (and usually private equity investment) in them.

D. Key features of PE transactions in China

I. Investment types

One of the main differences between the Chinese market and more mature markets is that 22
venture capital and growth capital-style investments, where PE investors tend to acquire a minority stake, have been the dominant type of PE investments in China. According to recent research conducted by the Asian Venture Capital Journal (AVCJ), investments at expansion and growth stages and venture capital deals in 2016 accounted for 62 % of the total investment volume in China.

Although buy-out transactions still account for a minority portion of the total deal 23
volume, their popularity is increasing. According to AVCJ, the total deal value of China buy-out deals reached USD 15 billion in 2015 or 22 percent of total investment value, from just USD 2 billion in 2010 or 3 percent of total investment value in 2010. The growth was supported by a wave of going-private transactions between 2012 and 2014 in which a large number of Chinese companies listed in the US delisted themselves in order to seek a relisting in China or Hong Kong for better liquidity and valuation. Notable examples

include advertising company Focus Media, pharmaceutical company Wuxi Pharma, internet company Qihoo 360.

24 Growth capital deals and minority investments also featured heavily during the early stage of market development in the U. S. and Europe, only giving way to leverage supported control-oriented transactions at a later stage[1]. As the Chinese economy becomes more mature, it is expected that the share of buy-out transactions will increase. Chinese companies have started to accept the private equity value proposition and are increasingly willing to give investors more control and real influence in exchange for value creation.

II. Debt financing

25 Many of the early stage Chinese private equity transactions were done with no leverage. One of the main reasons is that for growth fund-type minority investments without control, lenders would not be comfortable in providing acquisition financing. However, there have been certain cases where lenders, especially Chinese lenders, have taken a commercial view and financed minority investments on the strength of the Chinese private equity house concerned.

26 Recently, there have been more buyout deals on the market. Some of these involve taking privates of Chinese businesses listed overseas as well as the disposal of Chinese operations of multinational companies. The presence of control in such deals, as well as the more recent ability for Chinese subsidiaries to grant upstream guarantees and external security to offshore lenders permitted under China's more liberalized foreign exchange control regime, have enabled lenders to take security over a controlling stake in the target business thus increasing the value of the security significantly. This has facilitated the use of leverage in financing such deals.

27 Most of the leverage provided to support private equity investments is from commercial banks, by a mixture of foreign and Chinese banks. Over the last two to three years, Chinese banks, such as Ping An Bank and China Merchant Bank, significantly stepped up their efforts in developing their leveraged finance businesses. Whilst the Chinese banks have adopted some of the common principles and tools from international leveraged financing transactions, it is not uncommon for Chinese banks to adopt an approach that is „more suitable to the Chinese market". For example, the security package demanded may be less extensive and documentation may take a lighter touch than what could be expected from international banks. Whilst some Chinese banks are willing to lend on a 100% non-recourse basis, other Chinese banks are more conservative and demand additional credit enhancement measures which may sometimes involve the issue of parent guarantees or other form of security.

E. Exit options

28 Due to the structure of their investment funds, private equity investors aim to realize the return on their investment after a period of investment, typically between three to seven years after the original transaction.

29 This need to exit the investment in a timely fashion makes it part of the life-cycle of every private equity transaction. Planning for a potential exit opportunity begins from the early stages of a transaction.

30 Several exit methods are available to private equity investors with IPOs, trade sales and secondary sales being the most common in China.

[1] The Chinese private equity and venture capital market and its implications for European fund managers, published by The British Private Equity and Venture Capital Association in July 2011.

I. IPO exit

One of the main exit options for Chinese private equity transactions is to seek an initial public offering („IPO") of the company.[2] 31

An IPO involves the company's shares getting listed on an stock exchange for the first time. Typically, the company will raise funds at the time of the IPO and allow some existing shareholders to sell its shares in the offering. When the market conditions are supportive, private equity investors can achieve higher returns on investment compared to private sales with concerns about ongoing liquidity. 32

1. Listing Process

Before a company can list its shares, it must satisfy the applicable regulatory and disclosure requirements. This can make an IPO an expensive and time-consuming proposition. 33

IPOs involve extensive regulatory scrutiny, the preparation of disclosure documents and a thorough due diligence process. Depending on the company, the listing venue and the status of the industry, the listing process can take from 3 months to more than a year. 34

Regulators take different approaches on ensuring regulatory compliance. Generally speaking, the United States follows a disclosure-based regime backed by an active plaintiffs' bar and the threat of class-action lawsuits, while Hong Kong and Chinese regulators require applicants to demonstrate that they are suitable for listing. For Chinese private equity investments, these different approaches can impact how basic structuring decisions are made – e. g. whether VIE structures will be allowed. 35

2. Venue

Choosing the venue for an IPO exit will significantly affect how the private equity investor structures its investments. Views on liquidity and valuation evolve over time with China, Hong Kong and the United States being favored exit venues. China's stock exchanges in Shenzhen and Shanghai have offered compelling valuations but ownership restrictions and tight controls on which companies can list have limited the availability for direct private equity exits. In China, an A-share IPO can offer higher valuation but is subject to more uncertainties. For example, in 2013, there was a year-long IPO moratorium in the Chinese A-share market. It usually takes a couple of years for a company to prepare for an A-share IPO in China whilst a U. S. or Hong Kong IPO usually only takes a few months. 36

In recent years, the New York Stock Exchange and NASDAQ have attracted a large number of China-based companies as the founders and pre-IPO investors (including private equity investors) have been able to adopt weighted voting rights structures which allow them to control voting on most corporate actions. Historically, the UK, China and Hong Kong have not allowed weighted voting rights. However, the Stock Exchange of Hong Kong Limited announced in late 2017 its intention to allow weighted voting rights structures for certain „innovative" companies. The rules are expected to come into effect during 2018. Those „innovative" companies will likely include, amongst others, Xiaomi, a Chinese smartphone maker. 37

3. Achieving an exit

While it may be an involved process over many months, achieving a listing does not necessarily result in an exit for the private equity investor. Depending on regulatory restrictions (including minimum ownership thresholds, ownership continuity and lock-up requirements), private equity investors may only be able to exit their investment significant- 38

[2] According to a PwC China report, the PE/VC-backed deals exit volume in 2016 amounted to 221 deals of which 165 deals were IPO exits, 44 deals were trade sales, 10 deals were open market sales, and 2 deals were secondary buyouts.

ly after the IPO. The private equity investor will need to develop a plan for timely sales noting that it will be exposed to market risk if it is not able to completely sell down during the IPO.

II. Trade sale

39 Another common exit option for PE funds is a trade sale. A trade sale involves a private equity investor selling its entire stake to a third party – often to a „strategic" buyer operating in the same industry. A key advantage of a trade sale is that it provides the private equity investor with a complete and immediate exit from its investment.

40 A trade sale can also involve a more efficient process compared to an IPO as negotiations are limited to the individual parties with limited regulatory involvement. In these transactions, the seller can also control the sales process (e. g. by using an auction process and controlling the terms on which buyers can bid). This can result, depending on market conditions, in achieving a higher value and more importantly a complete exit even compared to the IPO exit route.

41 Trade sales face challenges and risks. The management of the company may resist any trade sale to competitors as management changes are likely in those circumstances. Engaging in discussions with competitors also involves business risks relating to recruitment and the sharing of confidential information.

III. Other exit options

42 While more prevalent in the United States and Europe, other private equity exit options such as secondary buy-outs and leveraged re-capitalisations are relatively uncommon in China.

F. Outlook

43 From more sophisticated deal terms to sector-specific funds, the private equity industry in the PRC has matured and grown leaps and bounds over the past two decades. As the country attracting the most capital among markets in the Asia-Pacific region from 2011 to 2016, China is now the largest private equity market in Asia and will likely seek to consolidate its position in the coming years.

44 One of the driving forces behind the growth of the private equity industry in recent years is China's shift towards encouraging companies to diversify their capital sources to include private equity investments.

45 Looking ahead, key factors that will impact the level of deal-making activities and investment patterns in the PRC in the near future include the extent to which China will maintain its economic growth, the regulatory landscape and the effectiveness of the government's monetary policies in stabilising the exchange rate of China's currency, the yuan.

§ 36 Kaimaninseln

Übersicht

A. Kaimaninseln

I. Überblick

Die Kaimaninseln sind ein britisches Überseegebiet, das 1962 errichtet wurde und etwa 740 km südlich von Miami (Florida) und 269 km nordwestlich von Jamaica im Karibischen Meer liegt. Ihr Staatswesen ist demokratisch und basiert auf dem britischen Westminster-Modell. Die Unabhängigkeit der Gerichte auf den Kaimaninseln stellt einen Grundpfeiler des Staatssystems dar und ist verfassungsmäßig geschützt.[1] 1

[1] The Cayman Islands Constitution Order 2009 (Order über die Verfassung der Kaimaninseln 2009), S. I. 2009 Nr. 1379, in Kraft getreten am 6.11.2009.

2 Die Kaimaninseln sind die weltweit führende Rechtsordnung für die Errichtung von Investmentfonds aller Art. Die Kaimaninseln haben sich an der Spitze der innovativen Entwicklung der internationalen Fondsindustrie gehalten und sind daher nach wie vor imstande, Qualitätsdienstleister für die Fondsindustrie zu gewinnen und zu halten. Das auf Kosteneffizienz, steuerlicher Neutralität und fachlicher Leistungsfähigkeit basierende Fondsmodell der Kaimaninseln wurde von Rechts- und Steuerberatern für Manager und Anleger weltweit eingehend geprüft. Es gilt als bewährtes Modell, das robust genug ist, um wirtschaftlichen und rechtlichen Herausforderungen standzuhalten.

3 Die jüngsten von der Cayman Islands Monetary Authority **(CIMA),** der örtlichen Finanzaufsichtsbehörde, veröffentlichten Zahlen zeigen, dass zum 30.6.2018 10.708 regulierte Fonds (einschließlich Masterfonds) auf den Kaimaninseln registriert waren.[2] Die Registrierung eines Fonds ist vorgeschrieben, wenn der Fonds unter die Definition des Begriffs „Mutual Fund" gemäß dem Mutual Funds Law (Gesetz über die Mutual Funds) (Fassung 2015) fällt. Das Hauptelement dieser Definition ist, dass der Fonds offen ist. Das heißt, dass die Anleger ihren Anteil am Fonds nach freiem Ermessen zurückgeben können. Private-Equity-Fonds sind ihrer Art nach während der Laufzeit nicht offen, sondern geschlossen. Daher sind Fonds, die eine Private-Equity-Strategie verfolgen, typischerweise nicht nach dem Mutual Funds Law reguliert. Die typische Struktur für Private-Equity-Fonds ist die Exempted Limited Partnership (befreite Kommanditgesellschaft). Abbildung 1 zeigt die Anzahl der jährlich neu gegründeten befreiten Kommanditgesellschaften. Die Beliebtheit des Private-Equity-Fonds-Modells, die Kaimaninseln als Rechtsordnung für die Fondserrichtung und die Flexibilität der Struktur der befreiten Kommanditgesellschaft haben zu einer stetigen Zunahme der auf den Kaimaninseln registrierten Kommanditgesellschaften geführt.

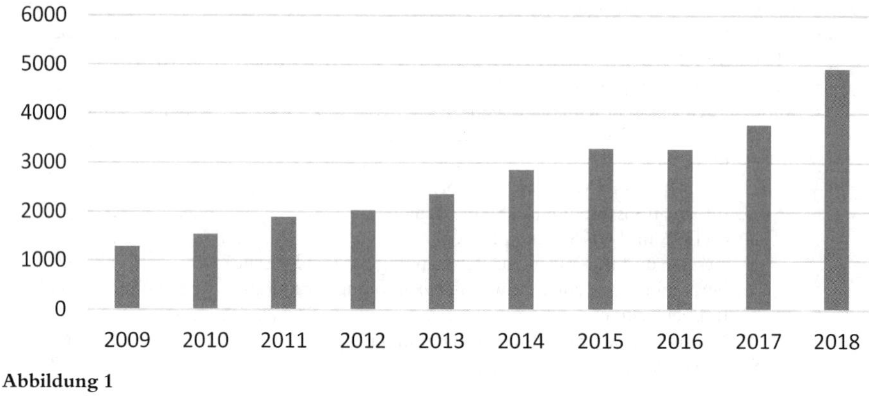

Abbildung 1

4 Ferner sind die Kaimaninseln eine führende Rechtsordnung für die Errichtung von strukturierten Finanzvehikeln, Projektfinanzierungsgesellschaften und Versicherungsgesellschaften. Nach dem Recht der Kaimaninseln gegründete Companies (Kapitalgesellschaften), Partnerships (Personengesellschaften) und Trusts werden für internationale Geschäfte und Joint Ventures genutzt und sind an den Börsen der Welt (zB der LSE, Börse Frankfurt, AIM, NYSE, NASDAQ, TSX und HKSE) notiert.

[2] Quelle: http://www.cimoney.com.ky/regulated_sectors/.

B. Überlegungen zur Strukturform für einen Private-Equity-Fonds

I. Überlegungen zur Strukturform

Die Kaimaninseln werden vorrangig für drei Hauptstrukturformen genutzt: die Exempted Company (befreite Kapitalgesellschaft) **(„Kapitalgesellschaft")**, die Exempted Limited Partnership (befreite Kommanditgesellschaft) **(„ELP")** und den Trust (insbesondere den Unit Trust). Laut Zahlen des Cayman Islands Registry waren am 30.9.2018 89.552 Kapitalgesellschaften, 22.346 ELPs und 1.721 Trusts registriert.[3] Im Juli 2016 kam ein neues Vehikel hinzu – die Limited Liability Company (Gesellschaft mit beschränkter Haftung) **(„LLC")** der Kaimaninseln. Dies war die Reaktion der Regierung der Kaimaninseln auf den Wunsch von Interessenten nach einem weiteren Strukturierungsangebot, das eng an einer Limited Liability Company nach dem Recht von Delaware ausgerichtet ist. Im ersten Jahr der LLCs (bis zum 30.9.2018) wurden 1.520 gegründet und registriert, was das Interesse an dieser alternativen Möglichkeit demonstriert. 5

(a) Das Companies Law (Gesetz über die Kapitalgesellschaften) (Fassung 2018) **(„Companies Law")** regelt die Errichtung von Kapitalgesellschaften und erlaubt die Gründung von Ordinary Companies (ordentliche Kapitalgesellschaften), Exempted Companies (befreite Kapitalgesellschaften), Companies Limited by Guarantee (Kapitalgesellschaften mit beschränkter Nachschusspflicht), Companies with No Par Value (Kapitalgesellschaften ohne Nennwert), Companies with Unlimited Liability (Kapitalgesellschaften mit unbeschränkter Haftung) und Segregated Portfolio Companies (Kapitalgesellschaften mit segregierten Portfolios). Kapitalgesellschaften, die für Fonds- und internationale Geschäftszwecke genutzt werden, werden ausnahmslos mit beschränkter Haftung gegründet, wobei die Haftung eines Gesellschafters auf den vertraglichen einzuzahlenden Betrag beschränkt ist. Befreite Kapitalgesellschaften dürfen kein Geschäft innerhalb der Kaimaninseln betreiben, es sei denn zur Förderung ihres außerhalb der Inseln betriebenen Geschäfts. Sie müssen auch keine jährliche Liste der eingetragenen Gesellschafter einreichen und können von den Behörden der Kaimaninseln eine zwanzigjährige Steuerbefreiung erhalten und unter Wahrung ihrer Identität (by way of continuation) in eine anerkannte ausländische Rechtsordnung wechseln. Die überwiegende Mehrzahl der Kapitalgesellschaften gibt auch Nennwertanteile – normalerweise mit einem erheblichen Agio – aus, um die Flexibilität zu maximieren, die das Companies Law für die Verwendung der Agio-Rücklage zur Zahlung von Dividenden und anderen Ausschüttungen zulässt. Im Gegensatz zu Personengesellschaften oder Trusts hat eine Kapitalgesellschaft eine eigene Rechtspersönlichkeit, die häufig einen wichtigen Faktor bei der Gesellschaftsstrukturierung darstellt. Während einige Manager eine Kapitalgesellschaft verwenden, um eine geschlossene Fondsstruktur zu gründen, sind die überwiegende Mehrzahl der von Managern genutzten Finanzierungsvehikel ELPs.

(b) Eine ELP wird nach dem Exempted Limited Partnership Law (Gesetz über die befreiten Kommanditgesellschaften), 2018 **(„ELP Law")** registriert. Das Konzept der Kommanditgesellschaft entspricht im Großen und Ganzen dem der Vereinigten Staaten und das ELP Law basiert in der Tat im Wesentlichen auf dem Modell der Kommanditgesellschaft von Delaware mit der Ausnahme, dass eine ELP nach dem Recht der Kaimaninseln nicht als Person mit eigener Rechtspersönlichkeit gilt. Dies bedeutet jedoch nicht, dass eine ELP nach den Gesetzen einer anderen Rechtsordnung nicht als eigene juristische Person gelten kann. Eine ELP wird durch Registrierung einer Kommanditgesellschaft entsprechend dem ELP Law nach Unterzeichnung eines Gesellschaftsvertrages über die Errichtung einer befreiten Kommanditgesellschaft zwischen dem unbeschränkt persönlich haftenden Komplementär oder Gesellschafter und einem oder mehreren Komman-

[3] Quelle: http://www.ciregistry.gov.ky/.

ditisten gegründet. ELPs stellen die bevorzugte Finanzierungs- und Vermögensstruktur für Private-Equity-Fonds dar und haben üblicherweise eine begrenzte Anzahl an Investoren.

(c) Die Hauptmerkmale der neu hinzugekommenen LLC sind, dass es sich um eine juristische Person mit eigener Rechtspersönlichkeit (wie eine Kapitalgesellschaft) handelt und ihre Gesellschafter beschränkt haftbar sind, während die LLC auch flexible Unternehmensführungsvereinbarungen und Kapitalkontomechaniken ähnlich einer ELP ermöglicht. Das Limited Liability Companies Law (Gesetz über die Gesellschaften mit beschränkter Haftung), (Fassung 2018) (das **„LLC Law"**) regelt die Gründung und Registrierung von LLCs, und die Kombination dieser Merkmale bedeutet, dass eine LLC das bevorzugte Vehikel für einige Arten von Transaktionen sein kann, wie zB geschlossene Fonds (einschließlich alternativer Investmentvehikel), die eine eigene Rechtspersönlichkeit benötigen, Vehikel für unbeschränkt haftende Gesellschafter und Joint-Ventures, bei denen andernfalls ein Gesellschaftervertrag zur Ergänzung der gesetzlich vorgeschriebenen Articles of Association einer Kapitalgesellschaft nötig wäre. Eine LLC ermöglicht auch eine einfachere und flexiblere Verwaltung, als für den Betrieb einer Kapitalgesellschaft erforderlich ist. Insbesondere bietet eine LLC unkompliziertere Verfahren zur Verfolgung oder Berechnung des Werts der Beteiligung eines Gesellschafters an der LLC (da die detaillierten Regeln in Bezug auf das Gesellschaftskapital, die im Kontext einer Kapitalgesellschaft relevant sind, nicht gelten), und das LLC Law gibt den Gesellschaftern der LLC beträchtliche Flexibilität, die internen Abläufe und Managementmodalitäten der LLC in einer Art und Weise zu regeln, die generell mehr Spielraum zulässt als die Common-Law-Regelungen, die für Kapitalgesellschaften gelten. Die Haftung aller Gesellschafter ist generell auf den Betrag beschränkt, den ein Gesellschafter in die LLC einzubringen sich (unabhängig davon, ob im LLC-Gesellschaftsvertrag oder anderweitig) vertraglich verpflichtet hat.

(d) Der Unit Trust ist seit Langem ein beliebtes Vehikel für Mutual Funds, insbesondere in Commonwealth-Ländern und Japan. Das Trust-Recht der Kaimaninseln folgt dem englischen Trust-Recht und verwendet in rechtlichen Analysen die umfangreiche englische Rechtsprechung. Das Konzept des Unit Trusts besteht darin, dass die Zeichner eine Einlage in den Fonds leisten, die von einem Treunehmer verwahrt wird (der faktisch ein Verwahrer ist, auch wenn der Treunehmer einen separaten Verwahrer beauftragen kann), während die Einlagen vom Investmentmanager zugunsten der als Anteilinhaber (unitholders) bezeichneten Anleger verwaltet werden. Jeder Anteilinhaber hat Anspruch auf einen anteiligen Betrag am Vermögen des Trusts entsprechend dem Treuhandvertrag, der den Unit Trust regelt. Unit Trusts werden häufig (anstelle von Kapitalgesellschaften) für Anleger in Rechtsordnungen genutzt, in denen die Beteiligung an einem Unit Trust akzeptabler oder attraktiver ist als das Halten von Anteilen an einer Kapitalgesellschaft. In bestimmten Situationen kann das Angebot von Anteilen an einem Unit Trust in Rechtsordnungen, die das Trust-Konzept nicht kennen, weniger stark reguliert sein als das Angebot von Anteilen an einer Kapitalgesellschaft. Daher gelten in manchen Rechtsordnungen Anteile an einem Unit Trust im Sinne der internen Rechtsvorschriften des Landes nicht als „Wertpapiere". Bisweilen führen Anteile an einem Unit Trust zu einer günstigeren Steuerbehandlung für den Anleger.

C. Sonstige Überlegungen zur Strukturierung eines Private-Equity-Fonds

I. Vehikelwahl

6 ELPs bleiben das Vehikel der Wahl für die meisten geschlossenen Private-Equity-Fonds, da das Kommanditgesellschaft-Konzept im Wesentlichen das gleiche wie in den Vereinigten

Staaten ist. Der grundlegende Unterschied einer ELP der Kaimaninseln besteht darin, dass sie ein Vertragsverhältnis zwischen meistens nur einem Gesellschafter und einem oder mehreren Kommanditisten darstellt und keine eigene juristische Person ist. Aus diesem Grund ist die ELP nicht rechtsfähig und muss durch ihren oder ihre unbeschränkt haftenden Gesellschafter handeln, die die Verträge im Namen der ELP schließen. Gemäß § 16 ELP Law werden jegliche Rechte und Sachwerte einer ELP von ihrem unbeschränkt haftenden Gesellschafter bzw. ihren unbeschränkt haftenden Gesellschaftern treuhänderisch als Vermögenswert der ELP gehalten bzw. gelten als entsprechend gehalten. Zudem können Gerichtsverfahren von einer ELP oder gegen eine ELP gemäß § 33 ELP Law nur vom oder gegen den unbeschränkt haftenden Gesellschafter angestrengt werden. Dies unterscheidet sie deutlich von einer nach deutschem Recht gegründeten Kommanditgesellschaft, da die Kommanditgesellschaft selbst Rechte erwerben und Verbindlichkeiten eingehen und vor Gericht unter ihrem Namen klagen und verklagt werden kann, denn § 124 HGB ist über § 161 Abs. 2 HGB auf die KG anwendbar. Im Gegensatz zu Hedgefondsstrukturen ist es oft üblich, dass die Investmentmanager den unbeschränkt haftenden Gesellschafter direkt betreiben. Es gibt aber auch eine Delegierung an einen Investmentmanager insbesondere wenn der Gesellschafter der ELP nicht eine auf den Kaimaninseln errichtete Kapitalgesellschaft, des LLC oder Kommanditgesellschaft ist. Die meisten Investmentmanager führen angesichts der geschlossenen Struktur und der typischerweise begrenzten Anlegerzahl auch die Verwaltungsunterlagen. Für Fonds mit einer größeren Anlegerbasis sowie angesichts der zahlreichen neuen Anforderungen im Hinblick auf Regulierung und Geldwäschebekämpfung werden jedoch zunehmend auch externe Verwaltungsdienstleister eingesetzt.

II. Mindestanlage

Angesichts ihrer Anlagestrategien und ihres Anlagehorizonts stellen Private-Equity-Fonds (**„PE-Fonds"**) eine langfristige, illiquide Anlage dar, die sich nur für finanziell versierte Anleger eignet. Daher sind die Mindestanlagebeträge wesentlich höher (häufig 5.000.000 USD und mehr) und die Zeichnungs- und Gründungsdokumente für den Fonds sind verhältnismäßig komplex und auf die Branche zugeschnitten. PE-Fonds verfolgen unzählige Anlagestrategien und sind häufig die wesentliche Kapitalquelle für neue Technologien (zB Elektroautos, Solar, Mobilfunktürme) und Infrastruktur, insbesondere in Entwicklungsländern. 7

III. Kapitalausstattung

Im Gegensatz zu Hedgefonds werden PE-Fonds von den Anlegern bei der Zeichnung der Anteile nicht mit dem vollen Kapital ausgestattet. Die übliche Struktur hierbei ist, dass Anleger beim Closing (Neuerrichtung) des Fonds Gelder zusagen, auf die der Fonds dann über einen längeren Zeitraum bei Bedarf ganz oder teilweise zugreift, um Investitionen zu tätigen. Der übliche Anlagezeitraum ist gegenüber dem ersten Jahrzehnt dieses Jahrhunderts gestiegen und beträgt nunmehr meist zwischen drei und fünf Jahren. Sobald ein Anleger „zugesagt" hat, in den PE-Fonds zu investieren, ist er verpflichtet, den zugesagten Betrag dem Fonds auf Abruf zur Verfügung zu stellen. Die Gelder werden dann entsprechend der Anlagestrategie (unter wesentlicher Einbeziehung des Managementteams) investiert, bis der Fonds (normalerweise durch Verkauf an Dritte oder Börsengang (IPO)) aus der Investition aussteigt. Die den Managern gezahlte Gewinnbeteiligung, das sogenannte „Carry" oder „Carried Interest" (normalerweise im Bereich von 15 % bis 20 %), ist vom Nettogesamterfolg des PE-Fonds abhängig, nachdem er aus seiner gesamten Investition ausgestiegen ist, und häufig unterliegt der von den Anlegern zugesagte Betrag einer Vorzugsrendite (Preferred Return) (normalerweise im Bereich von 8 % bis 10 %), die die Kapitalkosten widerspiegelt. Die Manager erhalten auch eine vergleichsweise geringe Managementgebühr (normalerweise im Bereich von 1,5 % bis 2 %) während der gesamten Laufzeit des PE-Fonds. 8

IV. Grenzübergreifende Strukturen

9 Wie bei Hedgefonds ist eine auf den Kaimaninseln errichtete Private-Equity-Fondsstruktur normalerweise Teil einer größeren vom Investmentmanager errichteten grenzüberschreitenden Fondsstruktur. Die auf den Kaimaninseln errichtete Komponente ist grundsätzlich als Ergänzung jedes anderen einschlägigen Onshore-Fondsvehikels geeignet. Je nach Anlagestrategie werden auf der Anlageseite in der Rechtsordnung, in der die Anlagen getätigt werden, vom PE-Fonds häufig geeignete Anlagevehikel errichtet, um unnötige Steuerfolgen zu minimieren und die örtlichen Vorschriften zu erfüllen. Diese Finanzierungs- und Anlagevehikel sind entweder steuerlich transparent oder intransparent, um eine geeignete steuerliche Behandlung für die Anlage, den PE-Fonds oder bestimmte Anleger sicherzustellen. Abbildung 2 zeigt ein Beispiel für eine grenzübergreifende Finanzierungs- und Anlagestruktur, die eine irische Investmentgesellschaft nutzt.

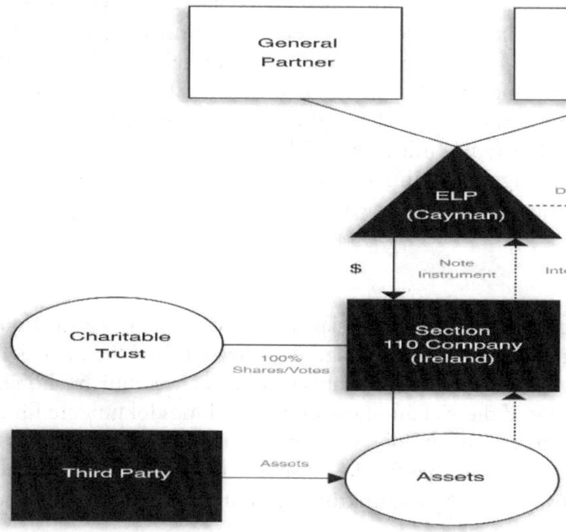

Abbildung 2

10 Diese Struktur enthält einen Fonds der Kaimaninseln, typischerweise eine ELP, die eine irische Investmentgesellschaft hält, welche die zugrunde liegenden Anlagen hält. Die irische Kapitalgesellschaft wird generell so gegründet, dass sie entweder, wie in Abbildung 2 dargestellt, unter die günstige irische Steuerregelung nach § 110 (eine **„Kapitalgesellschaft nach § 110"**) oder die irische Steuerregelung für Holdinggesellschaften (eine **„irische Holdinggesellschaft"**) fällt. Die ELP beschafft Kapital von Anlegern aus den USA und anderen Ländern. Je nachdem, welche Art einer irischen Kapitalgesellschaft gewählt wird, finanziert die ELP die Kapitalgesellschaft, indem sie einen Schuldschein (Loan Note) oder Gesellschaftskapital zeichnet. Die irische Kapitalgesellschaft nutzt die Einnahmen zum Erwerb von Anlagen und gibt die Anlageerlöse je nach Vorschrift an die ELP zurück. Die ELP verteilt die Anlageerträge entsprechend ihrem Gesellschaftsvertrag an die Anleger.

11 Die Kapitalgesellschaft nach § 110 eignet sich für das Halten verschiedenster Investitionen. In jüngster Zeit wurden Kapitalgesellschaften nach § 110 genutzt, um notleidende europäische Schuldtitel, Aktien, Darlehens- und Leasingportfolios, Rohstoffe, US-amerikanische Lebensversicherungspolicen, Beteiligungen an Fluggesellschaften sowie Infrastruktur-Aktiva zu halten. Im Gegensatz dazu wird eine irische Holdinggesellschaft typischerweise genutzt, wenn große Aktienbeteiligungen an operativen Gruppen häufig von großen

internationalen Private-Equity-Gesellschaften, die in europäische oder asiatische Konzerne investieren, gehalten werden.

Die irische Kapitalgesellschaft hält in beiden Fällen das zugrunde liegende Vermögen. Die irische Kapitalgesellschaft wird in Irland gegründet und hat ihren steuerlichen Sitz in Irland. Als Mitglied der Europäischen Union (**„EU"**) und der Organisation für wirtschaftliche Zusammenarbeit und Entwicklung (**„OECD"**) hat Irland fast 70 internationale Doppelbesteuerungsabkommen abgeschlossen und profitiert auch von EU-Gesetzen und Richtlinien, die Anlegern viele Vorteile bieten. Je nach den Vorschriften des Landes, in dem sich die Investition befindet, können diese internationalen Gesetze die Steuer auf die zugrunde liegende Investition verringern oder ganz eliminieren. Dies verbessert die wirtschaftliche Rendite für die Anleger des Fonds und kann den Fonds davor schützen, eine Rückstellung für das Steuerrisiko nach „Fin 48" bilden zu müssen. Der Status Irlands als EU- und OECD-Mitglied mit einem weiten Netz internationaler Doppelbesteuerungsabkommen kann auch wichtig sein. **12**

V. Körperschaftliche Private-Equity-Strukturen

Wie bereits erwähnt, sind die meisten PE-Fonds als ELPs strukturiert. Angesichts der aktuellen Popularität der Private-Equity-Anlagestrategien haben körperschaftliche Private-Equity-Strukturen jedoch zugenommen, um der Nachfrage von Anlegern nachzukommen, die mit einer körperschaftlichen Struktur besser vertraut sind oder den Steuerstatus einer körperschaftlichen Struktur benötigen. **13**

Die Strukturierung eines körperschaftlichen PE-Fonds hat von PE-Fonds-Managern bisher verlangt, maßgeschneiderte Dokumente auszuarbeiten, mit denen marktübliche Private-Equity-Konzepte von Personengesellschaften realisiert werden. Dies lässt sich für eine Kapitalgesellschaft häufig nur schwer umsetzen. Auch die Auflagen des Companies Law für körperschaftliche Strukturen, insbesondere die Kapitalerhaltungsdoktrin (die für eine ELP nicht gilt), erfordern sorgfältige Überlegungen bei der Strukturierung eines körperschaftlichen PE-Fonds. Außerdem hat das Zusammenspiel zwischen verschiedenen Finanzierungsstrukturen insbesondere in einem grenzübergreifenden Kontext bei der Ausarbeitung der Dokumente häufig komplexe Lösungen für praktische Fragen verlangt. Beispiele hierfür sind Catch-up-Bestimmungen für Anleger, die bei späteren Closings zugelassen werden, und die Bestimmungen für den Umgang mit säumigen Anlegern. **14**

Die Einführung der LLC bietet eine wesentlich weniger komplexe Lösung für die Mehrzahl dieser Probleme, da die meisten in Kommanditgesellschaftsstrukturen zu findenden Konzepte mit nur minimalen Anpassungen im Kontext einer LLC genutzt werden können. Insbesondere sind die Ausschüttungs- und Kapitalverbuchungsmechanismen im Vergleich zu den für befreite Kapitalgesellschaften geltenden gesetzlichen Vorschriften stark vereinfacht und entsprechen weitgehend der Behandlung befreiter Kommanditgesellschaften. Des Weiteren enthält das LLC Law eine ausdrückliche Anerkennung der Durchsetzbarkeit von Vertragsstrafenklauseln gegen säumige Gesellschafter, sodass eine Berücksichtigung von Common-Law-Grundsätzen nicht erforderlich ist. Auch wenn es wohl einige Zeit dauern wird, bis sich der Markt an die LLC der Kaimaninseln gewöhnt hat, ist davon auszugehen, dass diese Vorteile dazu führen werden, dass sie sich zum bevorzugten körperschaftlichen Vehikel für PE-Fonds entwickeln wird. **15**

VI. Anlageunterlagen für PE-Fonds

Anleger, die normalerweise in Hedgefonds investieren, werden feststellen, dass sich die Anlageunterlagen und die Anlageterminologie für einen PE-Fonds wesentlich von den ihnen gewohnten unterscheiden. Im Gegensatz zu Hedgefonds, bei denen das Mutual Funds Law grundsätzlich bestimmte Mindestanforderungen vorschreibt, existieren keine Vorschriften für den Inhalt von Privatplatzierungsmemoranda von PE-Fonds. Die Tatsache, **16** dass für PE-Fonds keine speziellen Offenlegungsvorschriften existieren, bedeutet jedoch nicht, dass die Anleger keine einklagbaren Rechte haben. Es besteht zwar keine ausdrückliche gesetzliche Pflicht zum fairen Geschäftsgebaren, doch das ELP Law schreibt vor, dass ein unbeschränkt haftender Gesellschafter jederzeit nach Treu und Glauben und, vorbehaltlich des Gesellschaftsvertrages, im Interesse der Kommanditgesellschaft handeln muss und diese Verpflichtung nicht vertraglich ausschließen kann. Ähnlich haben die Manager einer LLC eine gesetzliche Treuepflicht, von der nicht abgewichen werden darf.

17 Von Anlegern werden angesichts eines vorsichtigeren Investitionsansatzes und ihres Fokus auf Transparenz zunehmend Rechtsgutachten zur Einklagbarkeit von Fondsunterlagen (einschließlich Nebenvereinbarungen) eingeholt. Dies ist eine der deutlicheren Folgen der Ereignisse der Finanzkrisen von 2008.

D. Registrierung einer befreiten Kommanditgesellschaft

I. Gründung

18 (a) Eine ELP wird nach dem ELP Law gegründet. Der Hauptaspekt der Registrierung nach dem ELP Law besteht darin, dass die Haftung der Kommanditisten, ähnlich wie die der Inhaber von Anteilen an Kapitalgesellschaften mit beschränkter Haftung, entsprechend den Bedingungen des Gesellschaftsvertrages der befreiten Kommanditgesellschaft ab dem Datum der Registrierung nach dem ELP Law beschränkt ist.

(b) Eine ELP wird von einem unbeschränkt haftenden Gesellschafter und mindestens einem Kommanditisten gegründet, indem sie einen Gesellschaftsvertrag schließen und der unbeschränkt haftende Gesellschafter eine Registrierungserklärung in Kurzform mit den grundlegenden Angaben zur Personengesellschaft beim Registrar of Exempted Limited Partnerships (Register der befreiten Kommanditgesellschaften) einreicht. Obwohl die Registrierungserklärung zusammen mit allen Hinzufügungen öffentlich zur Einsichtnahme zur Verfügung steht, wirkt sich eine Unterlassung des unbeschränkt haftenden Gesellschafters, die vorgeschriebenen Aktualisierungen der Registrierungserklärung einzureichen, nicht auf die Haftungsbeschränkung der Kommanditisten aus. In den meisten Fällen wird der ursprüngliche Kurzform-Gesellschaftsvertrag durch einen ausführlicheren Gesellschaftsvertrag, der die für die ELP spezifischen geschäftlichen Bedingungen enthält, geändert oder neu formuliert. Diese privaten und kommerziellen Dokumente stehen nicht öffentlich zur Einsichtnahme zur Verfügung und müssen über den Gesellschafter oder Investment Manager beantragt werden. Der unbeschränkt haftende Gesellschafter muss die Registrierungserklärung jedoch um alle Änderungen aktualisieren, die sich aus der Annahme eines neuen Gesellschaftsvertrages ergeben.

(c) Gemäß § 4(4) ELP Law muss mindestens ein unbeschränkt haftender Gesellschafter eine natürliche Person mit Wohnsitz auf den Kaimaninseln, eine auf den Kaimaninseln gegründete Kapitalgesellschaft oder LLC oder im Falle einer ausländischen Kapitalgesellschaft eine als solche gemäß Teil IX des Companies Law registrierte oder im Falle einer Personengesellschaft eine befreite Kommanditgesellschaft oder eine gemäß § 42 ELP Law registrierte ausländische Kommanditgesellschaft sein. Eine Limited oder Unlimited Liability Company (Kapitalgesellschaft mit beschränkter oder unbeschränkter Haftung) oder eine General oder Limited Partnership (offene Handelsgesellschaft oder Kommanditgesellschaft) kann unbeschränkt haftender Gesellschafter oder Kommanditist sein. Ein unbeschränkt haftender Gesellschafter kann auch separat einen Kommanditanteil zeichnen. Je nach den kommerziellen Vereinbarungen mit den Kommanditisten muss der Investmentmanager gegebenenfalls auch eine Kapitaleinlage in die ELP leisten, um seine Interessen mit denen der Kommanditisten gleichzurichten. Eine solche Kapitaleinlage kann direkt durch den Investmentmanager oder über eine verbundene Person, einschließlich des unbeschränkt haftenden Gesellschafters, erfolgen.

II. Zeitrahmen

Registrierungen können wie bei Kapitalgesellschaften am gleichen Tag abgeschlossen werden und erfolgen normalerweise elektronisch, sofern der Gründungsbevollmächtigte elektronischen Zugang zum Registrierungsportal des Registrar of Exempted Limited Partnerships hat. Die Registrierungsurkunde steht im Allgemeinen innerhalb von drei bis fünf Geschäftstagen nach Registrierung zur Verfügung, sofern der Standard-Registrierungsdienst genutzt wird. Für dringende Registrierungen kann wie für Kapitalgesellschaften ein Expressdienst gegen eine Zusatzgebühr genutzt werden. Wenn eine Kapitalgesellschaft als unbeschränkt haftender Gesellschafter gegründet oder eine LLC, eine ausländische Kapitalgesellschaft oder Kommanditgesellschaft registriert wird, um als unbeschränkt haftender Gesellschafter zu fungieren, kann die Gründung oder Registrierung des unbeschränkt haftenden Gesellschafters parallel zur Registrierung der ELP erfolgen. Die üblichen Gründungsgebühren für eine ELP bei einer Anwaltskanzlei mit Sitz auf den Kaimaninseln liegen im Dezember 2020 normalerweise bei ca. 4.600 USD zuzüglich einer zusätzlichen Gebühr von 982 USD für eine Expressregistrierung. Außerdem betragen die Registrierungsgebühren für den unbeschränkt haftenden Gesellschafter je nach Art und Registrierung des unbeschränkt haftenden Gesellschafters normalerweise ca. 3.800 USD bis 4.600 USD. **19**

III. Hauptmerkmale

Zu den Hauptmerkmalen von Personengesellschaften, die nach dem ELP Law registriert sind, gehören: **20**

(a) Das ELP Law schreibt vor, dass die unbeschränkt haftenden Gesellschafter zu jeder Zeit nach Treu und Glauben und, vorbehaltlich ausdrücklicher gegenteiliger Bestimmungen im Gesellschaftsvertrag, im Interesse der ELP handeln müssen. Der oder die unbeschränkt haftenden Gesellschafter müssen die Partei sein, die alle Erklärungen, Verträge oder Vereinbarungen im Namen der ELP schließt. Es ist auch festzuhalten, dass sowohl das Common Law als auch das Partnership Law (Gesetz über die Personengesellschaften) (Fassung 2013) Regeln festlegen, wie die Gesellschafter im Verhältnis zur Personengesellschaft handeln müssen.

(b) Ein Kommanditanteil kann (vorbehaltlich des Gesellschaftsvertrages) jederzeit zurückgekauft werden, ohne dass die Kommanditgesellschaft aufgelöst werden muss. Bei einer Insolvenz kann es jedoch zu bestimmten Rückforderungen kommen. Sofern Kommanditanteile nach freiem Ermessen der Kommanditisten rückgabefähig sind, gilt die ELP als offen und muss gegebenenfalls nach dem Mutual Funds Law reguliert werden.

(c) Ein Kommanditist darf sich nicht an der Führung des Geschäfts der ELP beteiligen. Es gibt jedoch wie im Recht des US-Bundesstaats Delaware bestimmte Handlungen, die ein Kommanditist vornehmen darf, ohne Gefahr zu laufen, sich an der Führung des Geschäfts der ELP zu beteiligen und damit als unbeschränkt haftender Gesellschafter behandelt zu werden.

(d) Die Änderungen des ELP Law, die im Juli 2014 verabschiedet wurden, stellen jetzt klar, dass Kommanditisten der ELP oder einem anderen Gesellschafter vorbehaltlich ausdrücklicher gegenteiliger Bestimmungen im Gesellschaftsvertrag bei der Ausübung ihrer Rechte oder Befugnisse oder bei der Erfüllung ihrer Pflichten aus dem Gesellschaftsvertrag keine Treuepflicht schulden.

(e) Es ist nicht gesetzlich vorgeschrieben, dass die vorherige schriftliche Zustimmung eines unbeschränkt haftenden Gesellschafters für die Übertragung eines Kommanditanteils einzuholen ist. Daher darf und sollte ein Gesellschaftsvertrag, falls erforderlich, ausdrücklich alle speziellen Bedingungen oder Beschränkungen der Übertragung von Gesellschaftsanteilen enthalten.

(f) Das ELP Law enthält einen Mechanismus, der einer außerhalb der Kaimaninseln gegründeten Personengesellschaft ermöglicht, sich auf den Kaimaninseln als befreite Kommanditgesellschaft erneut registrieren zu lassen. Eine solche Personengesellschaft kann unter Wahrung ihrer Identität (by way of continuation) in die Rechtsordnung der Kaimaninseln wechseln, indem sie ihren Gesellschaftsvertrag so ändert, dass er dem ELP Law entspricht, und beim Registrar of Exempted Limited Partnerships eine Registrierungserklärung einreicht.

(g) Eine ELP und deren Gesellschafter müssen einen eingetragenen Sitz auf den Kaimaninseln unterhalten. Ein Verzeichnis der Kommanditisten, in dem auch ihre Einlagen angegeben sind, muss vom unbeschränkt haftenden Gesellschafter am eingetragenen Sitz der ELP auf den Kaimaninseln (oder an einem anderen Ort auf den Kaimaninseln oder im Ausland, den der unbeschränkt haftende Gesellschafter festlegt) geführt werden. Das Verzeichnis der Gesellschafter steht allen Gesellschaftern (und anderen Personen mit Zustimmung des unbeschränkt haftenden Gesellschafters) während der normalen Geschäftszeiten zur Einsichtnahme zur Verfügung, wobei der Gesellschaftsvertrag die Anforderung für die Zustimmung des unbeschränkt haftenden Gesellschafters zur Einsichtnahme durch Gesellschafter und andere Personen normalerweise erweitert. Wird das Verzeichnis der Gesellschafter im Ausland geführt, kann die Cayman Islands Tax Information Exchange Authority verlangen, dass es am eingetragenen Sitz auf den Kaimaninseln zur Verfügung gestellt wird.

(h) Ein Verzeichnis der Pfandrechte, in dem alle von Kommanditisten gegebenenfalls über ihre Kommanditanteile gewährten Sicherungsrechte angegeben sind, muss vom unbeschränkt haftenden Gesellschafter am eingetragenen Sitz der ELP auf den Kaimaninseln geführt werden. Die Ränge solcher Sicherungsrechte richten sich nach dem Datum, an dem die schriftlichen Meldungen der Sicherungsrechte von den Sicherungsnehmern am eingetragenen Sitz der ELP eingehen. Das Verzeichnis der Pfandrechte steht während der normalen Geschäftszeiten nach Zustimmung des unbeschränkt haftenden Gesellschafters zur Einsichtnahme zur Verfügung. Nach dem ELP Law müssen Kommanditisten Sicherungsrechte, die sie Dritten über ihren Kommanditanteil gewährt haben, nicht offenlegen. Es wäre jedoch unvorstellbar, dass ein Kommanditist, der seinen Anteil an einen Dritten verkaufen möchte, die Existenz eines Sicherungsrechts nicht offenlegt. Ein umsichtiger Käufer eines solchen Anteils würde entsprechende Erkundigungen einholen und sich entsprechende Gewährleistungen geben lassen, bevor er den Kauf eines Kommanditanteils vollzieht.

(i) § 22 ELP Law berechtigt jeden Kommanditisten vorbehaltlich ausdrücklicher oder implizierter Bedingungen des Gesellschaftsvertrages, den tatsächlichen Verhältnissen entsprechende und vollständige Informationen über die Geschäfts- und Finanzlage der ELP vom unbeschränkt haftenden Gesellschafter zu verlangen und zu erhalten. Außerdem sieht § 21 vor, dass der unbeschränkt haftende Gesellschafter ordnungsgemäße Geschäftsbücher, gegebenenfalls einschließlich Unterlagen, die entsprechenden Aufzeichnungen zugrunde liegen, zB Verträge und Rechnungen, führen oder führen lassen (und mindestens 5 Jahre lang aufbewahren) muss, und zwar im Hinblick auf:
   (i) alle Einnahmen und Ausgaben der ELP sowie alle Angelegenheiten, in Bezug auf die die Einnahmen oder Ausgaben erfolgen;
   (ii) alle Verkäufe und Käufe von Waren durch die ELP und
   (iii) die Vermögenswerte und Verbindlichkeiten der ELP.

(j) Die Liquidation und Auflösung der ELP unterliegt den in § 36 ELP Law enthaltenen Bestimmungen und vorgeschriebenen Verfahren. Dazu gehört Folgendes:
   (i) Außer wenn diese Bestimmungen nicht mit dem ELP Law vereinbar sind, finden die Bestimmungen von Teil V des Companies Law auf die Liquidation und Auflösung einer ELP Anwendung (wobei auf freiwillige Liquidationen nur ausgewählte Bestimmungen des Companies Law Anwendung finden). Der unbeschränkt haf-

tende Gesellschafter oder der Liquidator (sofern ein solcher bestellt wurde) muss bestimmte Unterlagen beim Registrar of Exempted Limited Partnerships einreichen und eine Mitteilung in die Cayman Islands Gazette setzen lassen, um die Liquidation und Auflösung der ELP wirksam werden zu lassen.

(ii) Vorbehaltlich jeglicher ausdrücklicher oder implizierter gegenteiliger Bestimmungen des Gesellschaftsvertrages wird die ELP an dem Tag („Tag der automatischen Auflösung") unmittelbar aufgelöst, der neunzig Tage nach dem Tag der Zustellung einer Mitteilung durch den unbeschränkt haftenden Gesellschafter (oder seinen rechtlichen Vertreter) an alle Kommanditisten liegt, welche sie über (a) den Tod, (b) die Einleitung eines Liquidations- oder Insolvenzverfahrens oder (c) die Rücknahme, den Widerruf oder Erlass einer Liquidations- oder Auflösungsanordnung in Bezug auf den alleinigen oder letzten verbleibenden unbeschränkt haftenden Gesellschafter informiert, (oder ein anderes Datum oder Ereignis, das im Gesellschaftsvertrag festgelegt ist). Wenn eine im Gesellschaftsvertrag festgelegte bestimmte Mehrheit der für die Wahl eines neuen unbeschränkt haftenden Gesellschafters entsprechend den Bestimmungen des Gesellschaftsvertrages stimmberechtigten Gesellschafter vor dem Tag der automatischen Auflösung einen oder mehrere neue unbeschränkt haftende Gesellschafter wählt, kann das Geschäft der ELP, wie im Gesellschaftsvertrag oder in einem Folgevertrag vorgesehen, wieder aufgenommen und weitergeführt werden.

(iii) Anstelle des formalen Liquidationsverfahrens nach § 36 ELP Law ist es unter bestimmten Umständen auch möglich, eine ELP gemäß § 41 ELP Law vom Register abzumelden.

IV. Vertrieb registrierter Fonds der Kaimaninseln

Die Errichtung und der Vertrieb von Mutual Funds ist auf Investmentmanager und Anleger ausgerichtet. Die Mehrzahl der auf den Kaimaninseln regulierten Mutual Funds wird von Nordamerika oder Europa aus verwaltet. 21

Für die von Nordamerika aus verwalteten Fonds ist es Standardpraxis, eine Struktur der Kaimaninseln zu errichten, die auf US-amerikanisches steuerbefreites und nicht-US-amerikanisches Anlegerkapital zielt. Zu den steuerbefreiten US-amerikanischen Organisationen gehören Pensionspläne (einschließlich ERISA-Altersversorgungsplänen), Stiftungen und individuelle Altersvorsorgekonten. Diese sind eine wesentliche Kapitalquelle für Investmentmanager. Geschäftserträge ohne Bezug zum steuerbefreiten Zweck einer Organisation (Unrelated Business Income) können nach dem US Internal Revenue Code (Steuergesetz der USA) dazu führen, dass ein steuerbefreiter US-amerikanischer Anleger ungeachtet seines steuerbefreiten Status auf diese steuerpflichtigen Erträge Einkommen- bzw. Körperschaftsteuer zahlen muss. Ebenso werden nicht-US-amerikanische Anleger angesichts des potenziellen Risikos des US-amerikanischen Steuer-, Regulierungs- und Rechtssystems nicht direkt in eine US-amerikanische Feeder-Struktur investieren wollen. 22

Schließlich werden angesichts des nicht an Kleinanleger gerichteten Vertriebs von Private-Equity-Fonds in verschiedenen Rechtsordnungen anwendbare Systeme des Vertriebs auf Initiative des Anlegers (Reverse Solicitation) und der Privatplatzierung für die Vermarktung und den Vertrieb von Mutual Funds genutzt. Wie der Abschnitt der Verkaufsbeschränkungen in den Angebotsdokumenten zeigt, ist die Navigation durch die länderspezifischen Vertriebsregeln bisweilen ein mühseliges Unterfangen. 23

Die Möglichkeit, Mutual Funds der Kaimaninseln gegenüber Anlegern im Europäischen Wirtschaftsraum (EWR) zu vermarkten, wurde durch die europäische Richtlinie über die Verwalter alternativer Investmentfonds (AIFM-Richtlinie), die von den Mitgliedstaaten der Europäischen Union am 22.7.2013 umgesetzt wurde, beeinträchtigt. Die AIFM-Richtlinie wirkt sich unter anderem auf Manager von Mutual Funds der Kaimaninseln aus, die im 24

EWR tätig sind oder Anleger aus dem EWR haben. Die CIMA hat mit der Mehrzahl der Mitglieder der Europäischen Union ein Memorandum of Understanding **(„MOU“)** geschlossen, ua auch mit der BaFin am 22.11.2013. Infolge der Unterzeichnung der MOUs dürfen Mutual Funds der Kaimaninseln mit nichteuropäischen Managern ihre Wertpapiere in diesen europäischen Ländern weiterhin über Privatplatzierungsverfahren (sofern solche zur Verfügung stehen) vermarkten, sodass sie nicht der vollen Regulierung nach der AIFM-Richtlinie unterliegen und die Vermarktung in der EU nicht mit einem AIFM-„Pass“ betreiben müssen.

V. Vertrieb registrierter Fonds der Kaimaninseln in Deutschland

25 Die Existenz des MOU zwischen der CIMA und der BaFin stellt sicher, dass Mutual Funds / Private-Equity-Fonds der Kaimaninseln deutschen Anlegern nach dem Abschluss eines Registrierungsverfahrens bei der BaFin offenstehen, sofern der Nicht-EU-Manager des Fonds (der „Nicht-EU-AIFM“) auch aus einer Rechtsordnung stammt, die mit der BaFin ein MOU abgeschlossen hat. Der Nicht-EU-AIFM muss bei der BaFin einen Antrag nach dem deutschen nationalen Privatplatzierungssystem (National Private Placement Regime, NPPR) einreichen und auf die Genehmigung warten, bevor er mit der Vermarktungstätigkeit beginnen darf. Die mit dem Antrag einzureichenden Informationen variieren je nachdem, ob der Nicht-EU-AIFM den Fonds an professionelle und/oder semiprofessionelle Anleger vermarkten möchte. Auch wenn der Zeitrahmen für die Registrierung je nach Umständen variiert, kann der Antrag im Allgemeinen innerhalb von drei bis sechs Monaten nach Einreichung von der BaFin bearbeitet werden. Soll ein Fonds, der kein Feeder ist, ausschließlich an professionelle Anleger vertrieben werden, ist sogar nur eine Bearbeitungszeit von zwei Monaten ab Eingang einer vollständigen Vertriebsanzeige vorgesehen. Vertriebsanzeigen sind stets in deutscher Sprache einzureichen.

26 Die Mindestanforderungen auf EU-Ebene für die Registrierung gemäß dem NPPR für Nicht-EU-AIFM sind in Artikel 42 der AIFM-Richtlinie beschrieben. Es ist jedoch zu beachten, dass in Deutschland zusätzliche Anforderungen für die Registrierung nach dem NPPR gelten. Für die Beurteilung der für die Registrierung geltenden Anforderungen muss daher das Kapitalanlagegesetzbuch, insbesondere § 330 KAGB, beachtet werden. Die Hauptanforderung der ergänzenden nationalen Bestimmungen (Goldplating) ist die Bestellung einer sogenannten „Verwahrstelle light“, die bestimmte Funktionen einer Verwahrstelle im Auftrag des Fonds, dh Vermögensverwahrung und Cashflow-Überwachung, erfüllt. Außerdem gelten die grundlegenden Anforderungen aus Artikel 42 der AIFM-Richtlinie. So müssen zB die Offenlegungen gegenüber den Anlegern, die im Allgemeinen in Form eines Wrappers für das Privatplatzierungsmemorandum (PPM) für Anleger in der EU erstellt werden, an die BaFin zur Prüfung eingereicht werden.

27 In Bezug auf die laufenden Anforderungen nach der Registrierung ähneln die in Deutschland geltenden Pflichten denen anderer EU-Mitgliedstaaten. Der Nicht-EU-AIFM muss innerhalb von sechs Monaten nach Ende des Geschäftsjahres des Fonds einen Jahresbericht für den Fonds vorlegen. Der Bericht, der an die BaFin eingereicht werden muss, sollte in Übereinstimmung mit Artikel 22 der AIFM-Richtlinie erstellt werden. In der Praxis bedeutet dies, dass zusätzliche Informationen im Jahresbericht offengelegt werden müssen, die im Jahresbericht eines Fonds der Kaimaninseln normalerweise nicht enthalten wären. Außerdem muss der Nicht-EU-AIFM regelmäßig regulatorische Berichte an die BaFin einreichen. Dies wird als Anhang-IV-Berichterstattung bezeichnet und ähnelt Form PF in den Vereinigten Staaten.

28 Schließlich sollte vor der Vermarktung eines Fonds der Kaimaninseln in Deutschland auf jeden Fall der Steuerberater konsultiert werden, um zu prüfen, welche Schritte im Zusammenhang mit der Offenlegung steuerrelevanter Informationen und der steuerrechtlichen Berichterstattung gegebenenfalls nötig sind.

E. Closing eines Private-Equity-Fonds

I. Erstes Closing

Normalerweise werden Anleger in einen Private-Equity-Fonds im Rahmen eines „ersten Closings" des Fonds zum Fonds zugelassen. Häufig umfasst ein Fonds-Closing das gleichzeitige Closing einer Reihe von Fonds in mehreren Rechtsordnungen, in denen Anleger je nach ihrem individuellen Steuer- und Regulierungsstatus zugelassen sind. Je nach den beim ersten Closing eingeworbenen Mitteln und den Bedingungen des Kommanditgesellschaftsvertrages kann ein Fonds mehr als ein Closing haben. Daher könnten in der Zukunft weitere Anleger hinzukommen. 29

II. Zeichnungsvereinbarungen

(a) Zeichnungsvereinbarungen dienen bei PE-Fonds einer Reihe von Funktionen, von denen die meisten nicht speziell nur auf PE-Fonds der Kaimaninseln zutreffen. 30
(b) Die Hauptfunktion der Zeichnungsvereinbarung ist zum Beispiel die Begründung eines bindenden Vertrages zwischen einem Anleger und dem PE-Fonds, eine Anlage in den Fonds zu tätigen. Im Kontext des PE-Fonds handelt es sich dabei normalerweise um eine Zusage des Anlegers, im Laufe der Zeit einen bestimmten Geldbetrag, wenn dieser vom Fonds eingefordert wird, in den Fonds zu investieren.
(c) Zweitens dienen die Zeichnungsvereinbarungen der Einholung von Informationen. Dies wird dadurch erreicht, dass der Anleger verschiedene Zusicherungen zu seinem Status und seiner Eignung, in den Fonds zu investieren, gibt, in einem Anlegerfragebogen obligatorische Angaben zu seiner finanziellen Leistungsfähigkeit, seiner Anlageerfahrung und seinem regulatorischen Status macht und seine Identität nachweist (in erster Linie, um die Rechtsvorschriften zur Bekämpfung der Geldwäsche zu erfüllen).
(d) Eine Zeichnungsvereinbarung kann jedoch auch bestimmten wichtigen Funktionen dienen, die bei Private-Equity-Fonds der Kaimaninseln erforderlich sind.
(e) Bei einer ELP oder LLC ist die Zeichnungsvereinbarung das Dokument, mit dem der Anleger als Kommanditist bzw. Gesellschafter aufgenommen wird und zustimmt, an die Bedingungen des Gesellschaftsvertrages der Kommanditgesellschaft bzw. der LLC gebunden zu sein. Da der Gesellschaftsvertrag der Kommanditgesellschaft bzw. der LLC eine separate vertragliche Vereinbarung darstellt, muss ein Anleger die nötigen Formalitäten erfüllen, damit er an die Bedingungen des Vertrages gebunden ist. Im ELP-Kontext wird dies normalerweise auf verschiedene Weise erreicht:
  (i) Die Zeichnungsvereinbarung wird vom Anleger und vom unbeschränkt haftenden Gesellschafter für sich selbst und (gegebenenfalls) im Namen der anderen Anleger in den Fonds als Urkunde unterschrieben. Dadurch wird zwischen ihnen allen ein Vertrag begründet, der bestätigt, dass der Anleger zustimmt, dass er an den Gesellschaftsvertrag gebunden ist. Die Zeichnungsvereinbarung kann auch vorsehen, dass die Bedingungen des Gesellschaftsvertrages vollständig in sie einbezogen sind;
  (ii) die Zeichnungsvereinbarung enthält eine Vollmacht zugunsten des unbeschränkt haftenden Gesellschafters, die es ihm unter anderem erlaubt, den Gesellschaftsvertrag im Namen des Anlegers zu unterzeichnen; und
  (iii) die Zeichnungsvereinbarung enthält eine separate Unterschriftenseite zum Gesellschaftsvertrag und eine Vereinbarung, dass der unbeschränkt haftende Gesellschafter diese als Gegenstück zum Gesellschaftsvertrag verwenden kann.
(f) Die obigen Möglichkeiten schließen sich nicht gegenseitig aus und sind oft alle in der Zeichnungsvereinbarung enthalten. Dies gibt dem unbeschränkt haftenden Gesellschafter größere Gewissheit, dass der Anleger an den Gesellschaftsvertrag gebunden sein wird. Der angewendete Mechanismus kann davon abhängen, an welcher Stelle im

Kapitaleinwerbungszyklus der Fonds sich befindet. Wenn er noch aufzulegen (und daher der Gesellschaftsvertrag noch zu unterschreiben) ist, ist die Unterzeichnung einer Unterschriftenseite sowie der Vollmacht zweifellos hilfreich. Wenn der Fonds aufgelegt und der Kommanditgesellschaftsvertrag unterschrieben (und eine Neuunterzeichnung des Vertrages nicht vorgesehen) ist, könnte die obige Lösung (a) die geeignetste sein.

(g) Dieser technische Punkt hat immer für Unsicherheit zwischen den Rechtsanwälten der Kaimaninseln gesorgt, da sie sich über das angemessene Verfahren, wie der Anleger an den Kommanditgesellschaftsvertrag zu binden ist, nicht einig waren, insbesondere wenn der Fonds aufgelegt und der Gesellschaftsvertrag bereits unterschrieben ist. Auf diesen Punkt wurde daher in der Fassung des ELP Law von 2014 eingegangen, um zu versuchen, die Unsicherheit zu beseitigen.

(h) § 32(3) ELP Law sieht vor:
„Wenn die im Gesellschaftsvertrag enthaltenen Anforderungen oder Bedingungen für eine Aufnahme erfüllt wurden oder, soweit nach dem Gesellschaftsvertrag zulässig, auf sie verzichtet wurde, gilt eine Person unabhängig davon, wie sie aufgenommen wurde, als dem Gesellschaftsvertrag beigetreten und ihre Zustimmung, an dessen Bedingungen gebunden zu sein, als gegeben, ohne dass weitere Handlungen oder Formalitäten erforderlich sind, und hat die Person die Rechte und unterliegt den Pflichten, die im Gesellschaftsvertrag und in diesem Gesetz enthalten sind, als ob die Person und alle vorhandenen Gesellschafter den Gesellschaftsvertrag gemeinsam ordnungsgemäß unterzeichnet und übergeben hätten."
Daher gilt ein Anleger, solange er die im Gesellschaftsvertrag beschriebenen Bedingungen für die Aufnahme erfüllt, als an die Bedingungen des Gesellschaftsvertrages gebunden.

(i) Bei einem als Kapitalgesellschaft strukturierten Fonds zeichnet der Anleger Anteile als Gesellschafter, wenn er seine Anlage tätigt, und ist als Gesellschafter automatisch an das Memorandum und die Articles of Association des Fonds gebunden. Wenn an den Anleger keine Anteile ausgegeben wurden oder wenn er keine Anteile mehr hält, ist er nicht mehr an das Memorandum und die Articles of Association des Fonds gebunden. Die Zeichnungsvereinbarung wird daher zu einem wichtigen vertraglichen Instrument für den Fonds, wenn der Anleger kein Gesellschafter mehr ist und die Articles of Association des Fonds gegen ihn nicht durchgesetzt werden können. Zu solchen Instrumenten gehören zB die Umsetzung von Säumnisbestimmungen, wenn sich der Anleger weigert, Kapital zu investieren, nachdem er dazu aufgefordert wurde, Rückforderungsbestimmungen, wenn der Anteil vom Fonds voll an den Anleger zurückgezahlt wurde, sowie die üblichen von Anlegern gewährten Freistellungen.

(j) Auch die Form der Zeichnungsvereinbarungen wurde an die neuen Regulierungsvorschriften der Kaimaninseln, zuletzt insbesondere an jene zum automatischen Austausch von Finanzinformationen angepasst.

(k) Die Kaimaninseln haben zwei zwischenstaatliche Abkommen zur Verbesserung der internationalen Steuerehrlichkeit und des Informationsaustauschs geschlossen – eines mit den Vereinigten Staaten und eines mit dem Vereinigten Königreich. Zusammen mit über 80 weiteren Ländern haben die Kaimaninseln auch eine mehrseitige Vereinbarung zwischen den zuständigen Behörden unterzeichnet, um den OECD-Standard für den automatischen Austausch von Finanzinformationen – Common Reporting Standard (gemeinsamer Meldestandard) (alle zusammen: die „AEOI-Anforderungen") umzusetzen.

(l) Zur Umsetzung der AEOI-Anforderungen wurden Verordnungen der Kaimaninseln erlassen (zusammen: die „AEOI Regulations"). Alle „Finanzinstitute" der Kaimaninseln müssen die Registrierungs-, Sorgfalts- und Meldepflichten gemäß den AEOI Regulations erfüllen, es sei denn, sie können sich auf eine Befreiung stützen. Die meisten PE-Fonds sind Finanzinstitute, für die diese Pflichten gelten. Im Rahmen der Sorgfaltsprüfung müssen die Anleger wahrscheinlich Selbstzertifizierungsformulare und eventuell US-amerikanische Steuerformulare ausfüllen. Diese Formulare sind nun zusammen mit den Fragebögen für regulatorische Zwecke und zur Bekämpfung der Geldwäsche üblicherweise Teil des Zeichnungspakets.

III. Nebenvereinbarungen

(a) PE-Fonds-Manager und die Fonds selbst gehen jetzt häufig Nebenvereinbarungen mit den Anlegern ein. Früher wurden nur bestimmten bedeutenden potenziellen Anlegern Nebenvereinbarungen angeboten, um sie davon zu überzeugen, in den Fonds zu investieren. Heute sind sie bei allen Arten von Anlegern häufiger anzutreffen und können insbesondere aufgrund der zunehmenden Nutzung von „Meistbegünstigungsklauseln" in Nebenvereinbarungen sehr umfangreich sein. 31

(b) Allgemein formuliert bezeichnet der Begriff „Nebenvereinbarung" (a) im Kontext einer ELP einen Vertrag zwischen dem unbeschränkt haftenden Gesellschafter der ELP (in seinem eigenen Namen und/oder im Namen der ELP) und einem zukünftigen Kommanditisten und (b) im Kontext einer Kapitalgesellschaft einen Vertrag zwischen der Kapitalgesellschaft und einem zukünftigen Gesellschafter. In beiden Fällen ist es nicht unüblich, dass der Fondsmanager auch Vertragspartei ist. In einer Nebenvereinbarung wird der zukünftige Anleger versuchen, Sonderbedingungen vom Fonds zu erhalten, die speziell für diesen Anleger gelten.

(c) Die Bedingungen von Nebenvereinbarungen können alle möglichen Fragen behandeln, sie fallen jedoch tendenziell in die folgenden Kategorien: (a) vom Fonds, vom unbeschränkt haftenden Gesellschafter und/oder vom Fondsmanager gegebene Zusicherungen; (b) Bestätigung, wie ein unbeschränkt haftender Gesellschafter oder Fondsmanager bei der Führung/Verwaltung des Fonds von seinem Ermessen Gebrauch machen wird; (c) Bereitstellung von Informationen oder Berichten, die dem Anleger andernfalls gemäß den Fondsdokumenten nicht zur Verfügung stünden; (d) Auskunftsrechte des Anlegers (außerhalb der Geheimhaltungsanforderungen des Fonds); (e) Übertragungsrechte; (f) Befreiungsrechte (gemäß denen Anleger nicht verpflichtet sind, sich an bestimmten von Fonds getätigten Investitionen zu beteiligen); und (g) besondere Managementgebühr- oder Carried-Interest-Vereinbarungen. Während einige Nebenvereinbarungen die Fondsdokumente ergänzen, dienen andere Bedingungen dazu, die Fondsdokumente in Bezug auf den Anleger abzuändern.

(d) Nebenvereinbarungen sind mit einer Reihe rechtlicher, vertraglicher und treuhänderischer Überlegungen für Fonds der Kaimaninseln und ihre Betreiber verbunden. Damit eine Nebenvereinbarung wirksam und für einen Fonds verbindlich ist, müssen der unbeschränkt haftende Gesellschafter bzw. bei einer Kapitalgesellschaft die Direktoren im Kommanditgesellschaftsvertrag oder in den Articles of Association die Befugnis haben, eine solche Nebenvereinbarung einzugehen. In den Angebotsunterlagen des Fonds sollten auch die Befugnis des Fonds, Nebenvereinbarungen einzugehen, und die spezielle Art ihres geplanten Inhalts offengelegt sein. Wenn in den Angebotsunterlagen, im Gesellschaftsvertrag der ELP oder in den Articles of Association der Kapitalgesellschaft gegenüber anderen Anlegern nicht offengelegt wird, dass mit einzelnen Anlegern Nebenvereinbarungen eingegangen werden können, kann es zu Problemen wegen Falschdarstellung oder Nichtoffenlegung kommen.

(e) Eine Nebenvereinbarung darf grundsätzlich nicht gegen das Recht der Kaimaninseln verstoßen und darf die Bedingungen des Gesellschaftsvertrages des Fonds nicht verletzen oder abändern, es sei denn, im Gesellschaftsvertrag ist ausdrücklich vorgesehen, dass eine entsprechende Abänderung des Gesellschaftsvertrages zulässig ist. Es ist zu beachten, dass eine Nebenvereinbarung die Bedingungen des Gesellschaftsvertrages nur für die jeweiligen Kommanditisten, die Parteien der Nebenvereinbarung sind, und nicht für alle Kommanditisten ändert. Selbst wenn der Gesellschaftsvertrag dem unbeschränkt haftenden Gesellschafter oder Fondsmanager ausdrücklich eine weitgehende Befugnis zum Eingehen von Nebenvereinbarungen gewährt, sind der unbeschränkt haftende Gesellschafter und der Fondsmanager dennoch an eine allgemeine Treuepflicht gebunden, nach Treu und Glauben und, vorbehaltlich ausdrücklicher gegenteiliger Bestimmungen des Gesellschaftsvertrages, im Interesse der ELP zu handeln. Ob der unbeschränkt haftende Gesellschafter oder ein Fondsmanager beim Eingehen einer bestimmten Bedingung in einer Nebenvereinbarung seine Befugnis ordnungsgemäß ausgeübt hat, ist im Einzelfall zu entscheiden.

(f) Im Kontext einer Kapitalgesellschaft ist eine Nebenvereinbarung, die in Bezug auf den Anleger eine Verletzung oder Abänderung der Bedingungen der Articles of Association des Fonds enthält, nach dem Recht der Kaimaninseln nicht durchsetzbar, da die Articles of Association einer Kapitalgesellschaft der Kaimaninseln nur durch einen Sonderbeschluss der stimmberechtigten Gesellschafter geändert werden können. Außerdem müssen die Direktoren des Fonds gemäß ihren Treuepflichten handeln, wenn sie beschließen, welche Bedingungen sie einem Anleger gewähren.

(g) Eine Verletzung der vorstehenden Anforderungen kann zur Nichtdurchsetzbarkeit der Nebenvereinbarung führen oder den unbeschränkt haftenden Gesellschafter oder den Fonds in eine Lage versetzen, in der er die Bedingungen der Nebenvereinbarung oder des Kommanditgesellschaftsvertrages (oder der Articles of Association im Fall einer Kapitalgesellschaft) verletzt. In Extremfällen könnten ein unbeschränkt haftender Gesellschafter bzw. Direktoren einer Kapitalgesellschaft wegen Pflichtverletzung haften müssen, wenn der Fonds nachweisen kann, dass der Schaden auf entsprechendes Handeln zurückzuführen ist.

(h) Außerdem könnte ein unbeschränkt haftender Gesellschafter eine Nebenvereinbarung in einer Art und Weise eingehen, die, selbst wenn sie die ELP nicht bindet, da ihm die nötige Befugnis fehlt, dazu führt, dass der beschränkt haftende Gesellschafter dennoch in seiner individuellen Funktion an die Bedingungen der Nebenvereinbarung gebunden und daher für eine Verletzung der Bedingungen der Nebenvereinbarungen persönlich ohne Rückgriff auf das Vermögen der Kommanditgesellschaft haftbar sein könnte. Ähnliche Überlegungen gelten für einen Fondsmanager oder die Direktoren einer Kapitalgesellschaft im Kontext eines Fonds, seiner maßgeblichen Dokumente und des Managementvertrages.

(i) Anleger holen zusätzlich zu den üblichen Rechtsgutachten zum Fonds-Closing, die mittlerweile zum Standard gehören, zunehmend Rechtsgutachten zur Unterstützung der Durchsetzung von Nebenvereinbarungen ein. Dies erfordert eine sorgfältige Prüfung der Bedingungen der Fondsdokumente und der Nebenvereinbarungen, um sicherzustellen, dass die erforderliche Befugnis in den Fondsdokumenten enthalten ist und dass die Bedingungen der Nebenvereinbarung nicht zu Problemen im Hinblick auf das Recht der Kaimaninseln führen.

(j) Es ist auch wichtig, dass die relevanten Parteien die Nebenvereinbarung unterzeichnen, insbesondere wenn diese dem Recht der Kaimaninseln unterliegt. Die Rechtsdoktrin der Kaimaninseln von der Privity of Contract bedeutet, dass ein Vertrag, wie zB eine Nebenvereinbarung, nur zwischen den Vertragsparteien durchsetzbar ist[4]. Daher müssen Anleger, die über eine Mittelsperson investieren oder deren Vermögen von einem Fondsmanager verwaltet wird, sicherstellen, dass der verzeichnete Anleger Partei der Nebenvereinbarung ist (als jener, für den die maßgeblichen Dokumente des Fonds gelten). Dies bedeutet auch, dass der eigentliche Anleger gegebenenfalls nicht imstande ist, die Nebenvereinbarung durchzusetzen, wenn sie nur von einer Mittelsperson oder

[4] Das Cayman Islands Contracts (Rights of Third Parties) Law (Gesetz der Kaimaninseln über Verträge zugunsten Dritter), 2014 sieht vor, dass bestimmte Verträge von Dritten erlaubt werden können, aber der zugrunde liegende Vertrag muss dieses Recht ausdrücklich vorsehen.

einem Manager unterzeichnet ist. Eine einfache Lösung besteht darin, dass alle beteiligten Personen die Vereinbarung unterschreiben, wodurch alle an ihre Bedingungen gebunden werden.

F. Anlegerrechte

I. Überblick

Wie die meisten anderen Anlageprodukte sind alternative Investmentfondsprodukte mit ihren eigenen speziellen Risiken für die Anleger verbunden. Die an die Anleger verteilten Angebotsdokumente enthalten normalerweise sehr detaillierte Risikoangaben, die auf die Struktur, die Anlagestrategie und die Marktfaktoren eingehen. Die Performance- und Rückgaberechte können unter anderem aufgrund der extremen Marktvolatilität (wie zB im Jahr 2008) beeinträchtigt sein. Wenn Anleger einen unerwarteten Verlust erleiden oder Schwierigkeiten haben, ihre Anteile zurückzugeben, kann der Rechtsweg eine Möglichkeit darstellen. 32

II. Basis eines Klagegrunds

Anleger stützen ihre Klage häufig auf die Behauptung, der Investmentmanager habe falsche Angaben gemacht oder die Anlage schlecht verwaltet, dh er habe das Fondsvermögen nicht gemäß den gegenüber den Anlegern im Angebotsdokument gemachten Angaben investiert. Alternativ behaupten manche Anleger, dass das Board of Directors oder Gesellschafter seine Pflichten gegenüber dem Fonds verletzt habe (zB indem bevorzugte Rücknahmen erlaubt, „Seitentaschen" geschaffen und nicht alle Anleger fair behandelt worden seien). Gleichermaßen sind Anleger bisweilen der Ansicht, dass ein Dienstleister des Fonds, zB ein Manager oder ein Verwalter, unkorrekt gehandelt habe. Im Allgemeinen gehören entsprechende Ansprüche jedoch eigentlich der Gesellschaft selbst, und nicht den jeweiligen Anlegern. Wenn jedoch die vermeintlichen Täter die Gesellschaft kontrollieren, steht dem Anleger möglicherweise eine „abgeleitete Klage" zu, die ihm ermöglicht, einen Anspruch im Namen der Gesellschaft zu verfolgen. 33

Die Feststellung, ob ein tragfähiger Klagegrund besteht, ist ein spezielles Unterfangen, das eine detaillierte Prüfung der Angebots- und Gründungsdokumente des Fonds (dh Articles of Association, Gesellschaftsvertrag der Kommanditgesellschaft bzw. Unit-Trust-Urkunde), aller Nebenabreden sowie des zugrunde liegenden Sachverhalts erfordert. 34

Eine wichtige praktische Überlegung, die die Anleger auch anstellen sollten, besteht in der Prüfung der Art und der Auswirkung der Freistellungen, die für die Dienstleister und Direktoren des Fonds gelten. Sehr häufig wirken diese Freistellungen in der Art und Weise, dass alle Verfahrenskosten, die den Dienstleistern (oder den Direktoren) bei der Abwehr einer Klage von Anlegern oder Dritten entstehen, vom Fonds gezahlt werden, es sei denn, es wird nachgewiesen, dass Freistellungsausschlüsse (dh Betrug, vorsätzliche Pflichtverletzung und bisweilen grobe Fahrlässigkeit) Anwendung finden. Je nach den Bedingungen der Freistellung kann es sein, dass die Anwendbarkeit von Ausschlüssen erst festgestellt wird, nachdem der Rechtsstreit abgeschlossen ist. Dies bedeutet, dass der Fonds in der Zwischenzeit möglicherweise die Kosten eines langwierigen Rechtsstreits trägt. 35

Auch wenn Anleger, die Anlageverluste erlitten haben oder Fondsanteile halten, sich vielleicht geschädigt fühlen und gegen den Fonds oder seine Dienstleister vorgehen möchten, ist eine detaillierte Betrachtung der Tatsachen, aller relevanten Unterlagen und der potenziellen Abhilfen vor Beschreitung des Klageweges von wesentlicher Bedeutung. 36

G. Sonstige regulatorische Überlegungen

I. Internationale Zusammenarbeit und Transparenz

1. Überblick

37 Die Kaimaninseln haben staatlicherseits viele aktive Schritte unternommen, um ihre Zusammenarbeit sowohl mit den USA als auch mit der EU und anderen internationalen Regulierungsgremien zu verbessern, internationale „Best-Practice"-Standards einzuführen und ihre Regulierungsstruktur zur Bekämpfung der Geldwäsche, des Terrorismus, der Kriminalität und des Steuerbetruges zu stärken. Die Regierung arbeitet mit der OECD, der FATF, dem IWF und den Regierungen vieler Onshore-Staaten (einschließlich der USA und des Vereinigten Königreichs) zusammen, um sicherzustellen, dass die Kaimaninseln nicht zur Hinterziehung der Steuern des jeweiligen Sitzlandes genutzt werden können. Die Kaimaninseln haben eine Reihe von Gesetzen erlassen, um mit ausländischen Regierungen, Behörden und Gerichten zusammenarbeiten und diese durch die Erteilung von Auskünften über Informationen, die auf den Kaimaninseln geführt werden, zu unterstützen. Diese Gesetze haben Vorrang vor jeglichen gesetzlichen oder aus der Rechtsprechung abgeleiteten Geheimhaltungspflichten, die ansonsten bestünden.

38 Die Kaimaninseln sind auch Mitglied der Steuerungsgruppe des Globalen Forums der OECD, die die Umsetzung der Steuerpolitik der OECD unterstützt. Die Kaimaninseln haben zudem die beiden Phasen des OECD-Länderprüfungsprozesses (Peer Review Process) absolviert. Dabei wurde festgestellt, dass der Rechts- und Regulierungsrahmen der Kaimaninseln den internationalen Standards der Transparenz und des Informationsaustausches entspricht. Die Kaimaninseln werden sich weiterhin an globalen Steuer- und Transparenzinitiativen beteiligen. Dazu gehört auch ein starkes Engagement sowohl in der Steuerungs- als auch der Peer-Review-Gruppe des Global Forums. Im April 2013 bat die Regierung um die Teilnahme am G5-Pilotversuch zum multilateralen automatischen Informationsaustausch (an dem sich bislang 17 EU-Mitgliedstaaten beteiligen) und im Juni 2013 verpflichtete sich die Regierung, das Übereinkommen der OECD zur gegenseitigen Amtshilfe in Steuerangelegenheiten anzuwenden.

2. Cayman Island Monetary Authority

39 Die CIMA ist Vollmitglied der Internationalen Vereinigung der Wertpapieraufsichtsbehörden **(„IOSCO")** und der Offshore-Gruppe von Bankenaufsichtsbehörden und hat eine Reihe von Vereinbarungen (Memoranda of Understanding) und Verpflichtungserklärungen mit entsprechenden Regulierungsbehörden im Ausland, einschließlich des US-Finanzministeriums, der US-Notenbank, der US-Wertpapier- und Börsenaufsichtsbehörde **(„SEC")** sowie der US-Aufsichtsbehörde für den Warenterminhandel **(„CFTC")** unterzeichnet. Die CIMA hat mit der ESMA zusammengearbeitet, um die Vereinbarungen über die aufsichtsrechtliche Zusammenarbeit mit 26 der 28 EU-Regulierungsbehörden, wie von der EU-Richtlinie über die Verwalter alternativer Investmentfonds gefordert, umzusetzen. Die CIMA hat am 22.11.2013 mit der BaFin ein Memorandum of Understanding **(„MOU")** unterzeichnet. Die CIMA hat auch bilaterale und multilaterale MOUs und Verpflichtungserklärungen mit Regulierungsbehörden in den Vereinigten Staaten von Amerika, Kanada, der Karibik, Mittel- und Südamerika, dem Vereinigten Königreich und Europa geschlossen. Hierzu gehören Vereinbarungen mit führenden Behörden, wie der Wertpapier- und Börsenaufsichtsbehörde (SEC) und der Aufsichtsbehörde für den Warenterminhandel (CFTC) in den USA, der britischen Finanzmarktaufsichtsbehörde (FSA) und der Internationalen Vereinigung der Wertpapieraufsichtsbehörden (IOSCO).

40 Mit der Einführung eines Statement of Guidance on Corporate Governance for Regulated Mutual Funds (Leitlinie für die Corporate Governance für regulierte Mutual Funds)

kam die CIMA auch der Forderung nach guter Corporate Governance nach. Auch der private Sektor reagierte im gleichen Zusammenhang auf die Forderung nach unabhängigen Direktoren, sodass nahezu 80 % der in der Maples-Trendanalyse beobachteten neuen Fonds über unabhängige Direktoren verfügen.[5]

Die aktive Mitwirkung der Kaimaninseln in internationalen Organisationen stellt sicher, 41
dass die Kaimaninseln mit den Entwicklungen, die sich auf Offshore-Finanzplätze auswirken, Schritt halten und eine aktive Rolle in der Entwicklung der internationalen Regulierung spielen.

3. Informationsaustausch in Steuersachen

Die Kaimaninseln führten 2005 das Tax Information Authority Law (Gesetz über die 42
Steuerinformationsbehörde) (aktuelle Fassung von 2017) **(„Tax Information Law")** ein, um einen geeigneten Rahmen für Abkommen über den Informationsaustausch in Steuersachen **(„TIEAs")** zu schaffen und die Tax Information Authority (Steuerinformationsbehörde) als zuständige Behörde für die Bearbeitung ausländischer Auskunftsersuchen im Rahmen der TIEAs einzurichten. Die Kaimaninseln haben bisher über 30 bilaterale Abkommen über den Informationsaustausch in Steuersachen, die in Kraft sind, **(„TIEAs")** unterzeichnet und sind auch Unterzeichner des Übereinkommens zur gegenseitigen Amtshilfe in Steuerangelegenheiten. Die Kaimaninseln haben am 27.5.2010 ein TIEA mit Deutschland unterzeichnet, das am 20.8.2011 in Kraft trat.

Ein TIEA zwischen den Kaimaninseln und den USA wurde 2001 geschlossen und 2013 43
in Verbindung mit der Unterzeichnung des zwischenstaatlichen Abkommens der Kaimaninseln und der USA zum US-amerikanischen Foreign Account Tax Compliance Act (Gesetz über die Steuerehrlichkeit bezüglich Auslandskonten) („FATCA") aktualisiert. Darauf wird im Folgenden noch näher eingegangen.

Im Jahr 2005 setzten die Kaimaninseln das Reporting of Savings Income Information 44
(European Union) Law (Gesetz über die Meldung von Zinserträgen (Europäische Union)) (Fassung 2014) und die zu diesem Gesetz erlassene Verordnung (die („Rechtsvorschriften der Kaimaninseln zur EU-Zinsrichtlinie") um. Die Rechtsvorschriften der Kaimaninseln zur EU-Zinsrichtlinie ähneln der EU-Zinsrichtlinie. Ungeachtet der Außerkraftsetzung der EU-Zinsrichtlinie bleiben die Rechtsvorschriften der Kaimaninseln zur EU-Zinsrichtlinie in Kraft. Es wird jedoch erwartet, dass sie nach Einführung des Common Reporting Standard (gemeinsamer Meldestandard), der im Folgenden näher erörtert wird, ebenfalls außer Kraft gesetzt werden.

4. FATCA und CRS

Die Kaimaninseln haben zwei zwischenstaatliche Abkommen zur Verbesserung der interna- 45
tionalen Steuerehrlichkeit und des Informationsaustauschs geschlossen – eines mit den Vereinigten Staaten und eines mit dem Vereinigten Königreich (das „US-IGA" und das „UK-IGA"). Zusammen mit über 100 weiteren Ländern haben die Kaimaninseln auch eine mehrseitige Vereinbarung zwischen den zuständigen Behörden unterzeichnet, um den OECD-Standard für den automatischen Austausch von Finanzinformationen – Common Reporting Standard (gemeinsamer Meldestandard) („CRS" und zusammen mit dem US-IGA und dem UK-IGA: „AEOI") umzusetzen.

Zur Umsetzung des US-IGA, des UK-IGA und des CRS wurden Verordnungen erlassen 46
(zusammen: die „AEOI Regulations"). Die Cayman Islands Tax Information Authority (die „TIA") hat entsprechend den AEOI Regulations Leitlinien zur Anwendung des US-IGA, des UK-IGA und des CRS veröffentlicht. Aufgrund der Überlappung mit dem CRS ist die UK-IGA, die zugehörige Verordnung und die entsprechenden Bestimmungen in den Leitlinien 2017 ausgelaufen und seit 2018 durch den CRS ersetzt worden. Die TIA hat

[5] „Trends: Cayman Islands Hedge Funds, Key Features 2010–2013", © Maples and Calder.

bestätigt, dass Finanzinstitute der Kaimaninseln, die ab dem 1.1.2016 meldende Finanzinstitute werden und die Anzeige- und Meldepflichten des CRS erfüllen, so behandelt werden, als ob sie die Anzeige- und Meldepflichten gemäß UK FATCA erfüllen.

47 Alle „Finanzinstitute" der Kaimaninseln müssen die Registrierungs-, Sorgfalts- und Meldepflichten aus den AEOI Regulations erfüllen, sofern sie sich nicht auf eine Befreiung stützen können, die es ihnen ermöglicht, ein „nicht meldendes Finanzinstitut" (gemäß Definition in den relevanten AEOI Regulations) in Bezug auf ein oder mehrere AEOI-Regelungssysteme werden. In diesem Fall wäre nur die Registrierungspflicht gemäß dem CRS maßgeblich.

48 Die AEOI Regulations schreiben unter anderem vor, dass der Fonds (i) sich beim Internal Revenue Service („IRS") registrieren lässt, um eine Global Intermediary Identification Number (nur im Zusammenhang mit dem US-IGA) zu erhalten, (ii) sich bei der TIA registrieren lässt und die TIA damit über seinen Status als „meldendes Finanzinstitut" informiert, (iii) schriftliche Richtlinien und Verfahren einführt und umsetzt, die beschreiben, wie er seine Verpflichtungen aus dem CRS zu erfüllen gedenkt, (iv) eine Sorgfaltsprüfung seiner Konten durchführt, um festzustellen, ob Konten als „meldepflichtige Konten" gelten, und (v) Informationen zu solchen meldepflichtigen Konten an die TIA meldet. Die TIA wird die ihr gemeldeten Informationen an die für ein meldepflichtiges Konto zuständige ausländische Finanzbehörde (bei einem an die USA meldepflichtigen Konto zB an den IRS) jährlich automatisch übermitteln.

5. Gesetze und Initiativen zur Bekämpfung der Geldwäsche

49 Die Kaimaninseln sind Mitglied der Caribbean Financial Action Task Force (Karibische Arbeitsgruppe „Finanzielle Maßnahmen gegen die Geldwäsche", „CFATF"), seit diese 1992 gegründet wurde. Die CFATF ist eine Organisation mit 25 Mitgliedstaaten, die von der Financial Action Task Force (Arbeitsgruppe „Finanzielle Maßnahmen gegen die Geldwäsche", „FATF") als regionale Beobachtergruppe anerkannt ist und den Auftrag hat, im Namen der FATF und anderer entsprechender Behörden Peer-Evaluationen durchzuführen. Die Vereinigten Staaten, das Vereinigte Königreich, Kanada, Frankreich, Mexiko, Spanien und die Niederlande sind Länder, die die CFATF unterstützen. Die Kaimaninseln nehmen in der gesamten karibischen Region eine führende Stellung in der Entwicklung von Programmen zur Bekämpfung der Geldwäsche ein. Sie haben den Vorsitz der CFATF geführt und den Nachbarstaaten in der Region erhebliche Hilfe geleistet. Sie haben bei der Strafverfolgung kooperiert und mehrere schwere Betrugs- und Geldwäschefälle aufgedeckt, die den Behörden in den FATF-Mitgliedstaaten andernfalls nicht zur Kenntnis gelangt wären.

50 Im November 2017 wurde das System der Kaimaninseln zur Bekämpfung der Geldwäsche und Terrorismusfinanzierung gerade seiner jüngsten Prüfung durch die CFATF unterzogen. Die letzte Prüfung erfolgte im Juni 2007. Damals gehörten dem CFATF-Evaluierungsteam auch ein Vertreter der Strafverfolgungsbehörde des US-Finanzministeriums FinCEN und ein Vertreter der kanadischen RCMP an. Der Beurteilungsbericht wurde im Dezember 2007 herausgegeben und bestätigte, dass die Kaimaninseln 38 der 40 FATF-Empfehlungen zur Bekämpfung der Geldwäsche und 9 Empfehlungen zur Bekämpfung der Terrorismusfinanzierung (gemeinsam: die „Empfehlungen") einhalten oder weitgehend einhalten. Die Empfehlungen stellen die internationalen Standards für die Bekämpfung der Geldwäsche/Terrorismusfinanzierung dar und wurden seitdem überarbeitet und auf 40 komprimiert.

51 Die Ergebnisse dieser Beurteilung folgen der ausgezeichneten Bewertung, die der IWF 2003 den Kaimaninseln bei seiner Beurteilung der Bekämpfung der Geldwäsche/Terrorismusfinanzierung mit Hilfe der gleichen Methoden erteilte. In seinem Bericht erklärte der IWF, dass in der Wirtschaft der Kaimaninseln eine hohe Sensibilität für die Bekämpfung der Geldwäsche und Terrorismusfinanzierung vorhanden sei. Basierend auf den von der FATF

in der vierten Runde bislang durchgeführten Evaluierungen rangieren die Kaimaninseln gegenwärtig weltweit unter den führenden zehn Staaten, die die Bewertung „konform" oder „weitgehend konform" mit den Empfehlungen erhalten haben.

Wie andere Finanzzentren der Welt haben die Kaimaninseln Gesetze zur Bekämpfung 52 der Geldwäsche und Terrorismusfinanzierung erlassen. Hierbei handelt es sich in erster Linie um das Misuse of Drugs Law (Drogenmissbrauchgesetz) (Fassung 2017), das Proceeds of Crime Law (Gesetz über Erträge aus Straftaten) (Fassung 2018), das Terrorism Law (Terrorismusgesetz) (Fassung 2018) und das Anti-Corruption Law (Antikorruptionsgesetz) (Fassung 2018). Das Misuse of Drugs Law wurde 1973, das Proceeds of Crime Law 1996 (damals unter dem Namen Proceeds of Criminal Conduct Law) und das Terrorism Law 2003 erlassen. Im Einklang mit UN-, FATF- und OECD-Standards definieren diese Gesetze eine Reihe von Tätigkeiten, die mit der Geldwäsche oder Terrorismusfinanzierung im Zusammenhang stehen, als Straftaten.

Die Anti-Money Laundering Regulations (Verordnung zur Geldwäschebekämpfung), 53 (Fassung 2018) (die **„Regulations"**) sind die jüngste Fassung einer Verordnung, deren ursprüngliche Version 2000 nach dem Proceeds of Criminal Conduct Law erlassen wurde. Sie führen verpflichtende Verfahren zur Bekämpfung der Geldwäsche und der Terrorismusfinanzierung für alle Personen ein, die ein einschlägiges Finanzgeschäft auf den Kaimaninseln oder von den Kaimaninseln aus betreiben. Die Tätigkeiten, die unter die Definition einschlägiger Finanzgeschäfte fallen, sind vielfältig und umfassen sowohl die Ausübung einer Geschäftstätigkeit als ein von der CIMA regulierter Fonds als auch nicht regulierte Unternehmen, die Mittel oder Gelder im Auftrag anderer Personen investieren oder verwalten. Die CIMA führte 1999 einen branchenweiten Verhaltenskodex zur Bekämpfung der Geldwäsche ein. Dieser wurde 2001 durch die Guidance Notes on the Prevention and Detection of Money Laundering in the Cayman Islands (Leitlinien zur Verhinderung und Aufdeckung der Geldwäsche auf den Kaimaninseln) (die „Guidance Notes") ersetzt, um transparente Leitlinien für die Auslegung und Umsetzung der Regulations zu schaffen. Den Guidance Notes wird seitdem beweiserhebliches Gewicht beigemessen, da sie nunmehr bei der Prüfung, ob eine Person die Regulations eingehalten hat, berücksichtigt werden. Die Regulations wurden vor kurzem aktualisiert, um die jüngsten FATF-Empfehlungen zu berücksichtigen, und die Guidance Notes dürften ihrerseits in Kürze aktualisiert werden.

6. Verpflichtungen zur Geldwäschebekämpfung für Private-Equity-Fonds

Nach der Verabschiedung der Verordnung am 2.10.2017 fallen Private-Equity- und andere 54 nicht regulierte Investmentgesellschaften mit Sitz auf den Kaimaninseln jetzt direkt in den Anwendungsbereich des Systems der Kaimaninseln zur Bekämpfung der Geldwäsche (AML). Ursprünglich unterlagen Investmentfonds, die sich nicht bei der CIMA registrieren lassen mussten und die normalerweise einen geschlossenen Private-Equity-Fonds umfassten oder die gemäß den Befreiungen entsprechend dem Mutual Funds Law tätig waren, nicht den formellen AML-Anforderungen aus den Regulations, es sei denn, bestimmte Umstände trafen zu. Die Überlegung hinter diesem Ansatz war, dass man ursprünglich davon ausging, dass der illiquide, langfristige Charakter einer Anlage in einen Private-Equity-Fonds das Waschen von Geldern aus kriminellen Tätigkeiten mit einer solchen Struktur für den Straftäter grundsätzlich unattraktiv machen würde. Außerdem konnten Investmentmanager angesichts der anfangs begrenzten Zahl und der Art der Private-Equity-Anleger dieses Risiko wirksam managen. Auf jeden Fall führten umsichtige Investmentmanager freiwillig gewisse „Know-your-Client"- und andere Geldwäschebekämpfungsverfahren ein. Die weltweite Zunahme von Private-Equity-Fonds-Managern, zugehörigen Investmentfonds und Anlegern, die in die Private-Equity-Strategie investieren, sowie die Entstehung sekundärer Märkte für Kommanditanteile haben natürlich zu einer Änderung des ursprünglichen Ansatzes geführt.

55 Daher müssen jetzt alle Investmentfonds der Kaimaninseln folgende Verfahren einhalten (gemeinsam als „AML-Verfahren" bezeichnet):

- Ermittlung der Anleger und Unterziehung einer Due-Diligence-Prüfung (gegebenenfalls einschließlich der wirtschaftlichen Eigentümer, der kontrollierenden Personen, der bevollmächtigten Personen und der Vermittler, die im Auftrag der Anleger handeln) und
- laufende Verfolgung eines risikobasierten Ansatzes zur Ermittlung und Bewertung der Risiken der Geldwäsche und Terrorismusfinanzierung (zB Sanktionsscreening), Führung von Aufzeichnungen, Umsetzung interner Kontrollen und Ernennung eines Geldwäschebeauftragten, eines Geldwäschemeldebeauftragten und eines Stellvertreters.

56 Wie es bei CIMA-registrierten Investmentfonds bereits der Fall war, können alle Investmentfonds die Durchführung der AML-Verfahren an einen geeigneten Vertreter delegieren. Es ist auch vorgeschrieben, dass alle bereits vorher bestehenden Fonds der Kaimaninseln in Bezug auf die Anleger eine nachträgliche „Know-your-Client"-Prüfung (dh Nachholung der Prüfung) gemäß dem AML-System der Kaimaninseln durchführen müssen.

57 Die Einführung der neuen AML-Verfahren und die Ernennung der entsprechenden Beauftragten muss für alle bestehenden Investmentfonds bis zum 31.12.2018 durchgeführt sein. Für Verstöße gegen das AML-System nach diesem Datum ist die CIMA befugt, Bußgelder zu verhängen.

7. Bußgeldsystem

58 Das Monetary Authority (Amendment) Law, 2016 [Gesetz über die Finanzaufsichtsbehörde (Änderung) von 2016] (das „MA Law") und die Monetary Authority (Administrative Fines) Regulations, 2017 [Verordnung über die Finanzaufsichtsbehörde (Geldbußen) von 2017] (die „MA Regulations") traten beide im Dezember 2017 in Kraft. Das MA Law erteilt der CIMA die Befugnis, Geldbußen für Verstöße juristischer oder natürlicher Personen gegen Regulierungsgesetze der Kaimaninseln (einschließlich der CIMA-Regeln) und die AML Regulations zu verhängen. Damit erhält die CIMA Befugnisse, die jenen von Onshore-Regulierungsbehörden entsprechen.

59 Verstöße werden als „geringfügig", „schwerwiegend" oder „sehr schwerwiegend" eingestuft. Es gibt eine Staffelung der Bußgelder von 5.000 KYD für geringfügige Verstöße bis 100.000 KYD für natürliche Personen und 1 Million für juristische Personen für sehr schwerwiegende Verstöße. Für fortdauernde geringfügige Verstöße können in Abständen fortlaufend Bußgelder bis zu einer Obergrenze von 20.000 KYD verhängt werden.

60 Die CIMA hat, nachdem sie von einem geringfügigen Verstoß Kenntnis erlangt oder Informationen erhalten hat, aus denen das Vorliegen eines Verstoßes nach vernünftigem Ermessen gefolgert werden kann, sechs Monate, um eine Geldbuße zu verhängen. Für die Verhängung von Geldbußen für schwerwiegende oder sehr schwerwiegende Verstöße besteht eine Frist von zwei Jahren.

61 Selbst wenn der entsprechende Verstoß keine Straftat darstellt, kann eine Geldbuße verhängt werden. Falls ein Verstoß jedoch auch eine Straftat darstellt, schließt die Verhängung einer Geldbuße die Verfolgung der Straftat nicht aus (bzw. wird die Verfolgung der Straftat nicht durch die Geldstrafe für die Straftat beschränkt). Ebenso schließt eine Strafverfolgung die Verhängung von Geldbußen oder Geldstrafen nicht aus.

62 Die Verfahren zur Verhängung von Geldbußen und die Arten der Gesetze/Bestimmungen, für die Geldbußen verhängt werden können, sind in den MA Regulations festgelegt. Die MA Regulations beschreiben unter anderem:

- die Kriterien, die die CIMA bei der Ausstellung von Verstoßbescheiden, bei der Prüfung oder, wenn es einen Grund dafür gibt, der Neuprüfung von Angelegenheiten sowie bei der Auferlegung dem Ermessen unterliegender Geldbußen anwenden muss;

- wann eine Partei, die einen Bescheid über eine feste Geldbuße erhalten hat, beim Management Committee der CIMA eine Überprüfung der ursprünglichen Entscheidung beantragen kann; und
- wann eine Partei, die einen Bescheid über eine dem Ermessen unterliegende Geldbuße erhalten hat, beim Grand Court Berufung gegen die ursprüngliche Entscheidung einlegen kann.

Anhang 1 der MA Regulations legt die vorgeschriebenen regulierungsrechtlichen Bestimmungen und die entsprechenden Verstoßkategorien fest. In der Anfangsphase sind im Anhang nur Bestimmungen der AML Regulations enthalten. Dies bedeutet, dass die Befugnisse der CIMA gegenwärtig auf die Verhängung von Geldbußen für Verstöße gegen die AML Regulations beschränkt sind. Es wird erwartet, dass dies in Zukunft um Verstöße gegen andere Regulierungsgesetze und Nebenvorschriften erweitert wird. **63**

8. Register der wirtschaftlichen Eigentümer

Im November 2017 führten die Kaimaninseln ein neues System zur Erhebung, Pflege und Weitergabe (innerhalb strenger Grenzen) von Informationen über die eigentlichen wirtschaftlichen Eigentümer von Kapitalgesellschaften der Kaimaninseln und Limited Liability Companies der Kaimaninseln sowie darüber, wer letztlich die Kontrolle über sie ausübt, ein (das „BOR Regime"). Das BOR Regime wurde in das Companies Law und das LLC Law aufgenommen. Zusätzliche Verordnungen (die Beneficial Ownership (Companies) Regulations, 2017 [Verordnung über das wirtschaftliche Eigentum an Kapitalgesellschaften von 2017] (die „Company Regulations") und die Beneficial Ownership (Limited Liability Companies) Regulations, 2017 [Verordnung über das wirtschaftliche Eigentum an Limited Liability Companies von 2017] (die „LLC Regulations"; gemeinsam mit den Company Regulations: die „BOR Regulations")) bieten eine Orientierungshilfe, wie die wirtschaftlichen Eigentümer zu ermitteln sind. Es ist zu beachten, dass das BOR Regime dadurch, dass eine Exempted Limited Partnership keine separate juristische Person ist, für sie nicht gilt und stattdessen auf den unbeschränkt haftenden Gesellschafter gerichtet ist, der letztlich entweder eine Kapitalgesellschaft oder eine LLC ist, die die Partnership tatsächlich kontrolliert. **64**

Jede Kapitalgesellschaft oder LLC, die nicht von diesem Regime befreit ist, muss „angemessene Schritte" unternehmen, um ihre wirtschaftlichen Eigentümer und bestimmte Zwischenholdinggesellschaften (im Regime jeweils als ein „relevantes Rechtssubjekt" bezeichnet) zu ermitteln, und an ihrem eingetragenen Sitz auf den Kaimaninseln bei einem zugelassenen und regulierten Corporate Service Provider („CSP") ein Register der wirtschaftlichen Eigentümer (Beneficial Ownership Register, „BOR") führen. Im BOR müssen grundsätzlich Angaben zu den natürlichen Personen, die letztlich mehr als 25 % der Kapitalbeteiligungen, Stimmrechte oder Rechte zur Bestellung oder Abberufung von Direktoren der Kapitalgesellschaft oder Managern der LLC besitzen oder kontrollieren, sowie Angaben zu Zwischenholdinggesellschaften, über die diese Beteiligungen gehalten werden, verzeichnet sein. Außerdem müssen im BOR die Fortschritte der von einer Kapitalgesellschaft oder LLC durchgeführten Untersuchungen zur Ermittlung ihrer registrierungspflichtigen Personen und zur Erhebung der vorgeschriebenen Angaben zu diesen Personen verzeichnet sein. **65**

CSPs müssen den Zugang zu bestimmten Informationen aus dem BOR (sowie bestimmten Informationen bezüglich befreiter Rechtssubjekte) mittels einer vertraulichen digitalen Suchplattform („Beneficial Ownership Digital Search" oder „BODS") erleichtern, die von einer von der Regierung der Kaimaninseln bestimmten zuständigen Behörde (die „zuständige Behörde") betrieben wird. Die Informationen werden weder in einem Zentralregister der Regierung der Kaimaninseln oder der zuständigen Behörde gehalten noch werden sie öffentlich zugänglich oder suchbar sein. Nur bestimmte Behörden der Kaimaninseln und des Vereinigten Königreiches werden berechtigt sein, mithilfe einer BODS-Suche, die von **66** der zuständigen Behörde ausschließlich auf individuelle (und nicht automatische) Anfrage durchgeführt wird, Auskünfte zu verlangen. Weder der entsprechende CSP noch die juristische oder natürliche Person, in Bezug auf die eine Suche durchgeführt wird, wird darüber informiert, dass ein Auskunftsersuchen eingegangen ist. Die in BODS verfügbaren Informationen können von den britischen Behörden bereits aus vorhandenen Informationsaustausch-Gateways abgefragt werden, sodass das neue Regime im Wesentlichen lediglich den Prozess straffen soll, um für eine raschere, diskretere Suchverfügbarkeit zu sorgen.

II. Steuerwesen

67 Auf den Kaimaninseln gibt es keine direkte Form der Besteuerung natürlicher oder juristischer Personen. Durch diese Steuerneutralität werden sie zum idealen Ort für Pooling-Vehikel in der Fondsindustrie. Stattdessen werden Einfuhrzölle zu verschiedenen Sätzen[6] auf importierte Waren erhoben. Außerdem werden von den Kaimaninseln Gebühren für die Errichtung und Aufrechterhaltung der auf den Kaimaninseln errichteten Strukturen erhoben. Die Gebühren, die rein an die Regierung der Kaimaninseln zu zahlen sind, betragen normalerweise zwischen 740 USD und 2.500 USD je nachdem, welche Struktur gegründet oder aufrechterhalten wird.

68 Die Kaimaninseln erheben eine Stempelsteuer auf bestimmte Dokumente und rechtliche Urkunden. Die Stempelsteuer fällt an, wenn bestimmte Kategorien von Dokumenten oder Urkunden auf den Kaimaninseln unterzeichnet werden oder Originale nach Unterzeichnung (zB zu Vollstreckungszwecken) auf die Kaimaninseln gebracht werden. Für die typischen Dokumente, die bei internationalen Transaktionen verwendet werden, sind diese Steuerbeträge jedoch oft nur gering.

69 Häufig beantragen Investmentfonds unabhängig davon, ob sie als Mutual Funds registriert sind oder nicht, bei der Regierung der Kaimaninseln eine schriftliche Zusicherung, dass sie keiner direkten Besteuerung unterworfen werden, falls die Kaimaninseln in der Zukunft staatlicherseits beschließen sollten, eine generelle Besteuerung einzuführen. Die Gültigkeitsdauer einer solchen Zusicherung (in Form einer Steuerbefreiungsbescheinigung) beträgt für eine Kapitalgesellschaft normalerweise 20 Jahre (ab dem Datum der Zusicherung) und für einen Unit Trust oder eine Limited Partnership (Kommanditgesellschaft) normalerweise 50 Jahre (ab dem Datum der Zusicherung).

[6] Die Zollsätze reichen von 7 % bis 102 %.

§ 37 Luxemburg

Übersicht

A. Einführung

Luxemburgs Erfolgsgeschichte als einer der weltweit führenden Fondsstandorte begann 1
bereits in den 1980er Jahren mit der Umsetzung der ersten OGAW[1]-Richtlinie. Es wäre jedoch ein Trugschluss, daraus ableiten zu wollen, dass sich das Luxemburger Fondsuniversum hauptsächlich aus Publikumsfonds und liquiden Assetklassen zusammensetzt. Geschlossene Fonds, insbesondere solche, welche in Private Equity Anlagen und verwandte Strategien investieren, gehören seit langem zum Alltagsgeschäft in der Luxemburger Fondspraxis. Bereits im Jahre 1991 verabschiedete der Luxemburger Gesetzgeber das Gesetz zu Vermögensanlagen, welche nicht einem öffentlichen Angebot unterliegen, als Vorgänger des heutigen SIF-Gesetzes. Im Jahre 2004 kam sodann das SICAR-Gesetz hinzu, welches Initiatoren von Private-Equity-Fonds mit Buyout- oder Venture Capital-Strategien weiteren Gestaltungsspielraum eröffnete. 2013 war ein weiteres Schlüsseljahr in der Entwick-

[1] sog. Organismen zur gemeinsamen Anlage in Wertpapieren.

lung der luxemburgischen alternativen Investmentfondslandschaft: zum einen durch die Umsetzung der AIFM-Richtlinie und zum anderen aufgrund der Schaffung eines neuen Gesellschaftstypus, der speziellen Kommanditgesellschaft (SCSp). Beide Entwicklungen führten zu einem deutlichen Paradigmenwechsel bei Fondsinitiatoren und Investoren bezüglich der von ihnen genutzten luxemburgischen Fondsstrukturen. Wenngleich in der Vergangenheit regelmäßig regulierte Fondsvehikel nachgefragt wurden, so werden Private-Equity-Fonds in Anlehnung an seit langem bestehende Gepflogenheiten im angelsächsischem Raum nunmehr immer öfter als nichtregulierte Fondsstrukturen aufgesetzt. Dieser Trend wurde 2016 durch die Schaffung des sog. reservierten alternativen Investmentfonds verstärkt. Dabei handelt es sich um einen unregulierten alternativen Investmentfonds, welcher auf Produktebene keiner direkten Aufsicht durch die luxemburgische Aufsichtsbehörde, der Commission de Surveillance du Secteur Financier (CSSF), unterliegt. Dadurch entfällt insbesondere die zeitintensive Prüfung der Fondsdokumente durch die CSSF und die Zeit bis zur Vertriebsreife wird dadurch erheblich verkürzt. In diesem Zusammenhang gilt es jedoch zu beachten, dass lediglich die Fondsvehikel selbst unreguliert sind; die Verwalter solcher Vehikel unterliegen hingegen zwingend einer Aufsicht, so dass die vorangegangen Überlegungen zur Zeitersparnis nur gelten, falls der Verwalter bereits über eine entsprechende behördliche Genehmigung verfügt. Aber auch bei den regulierten Investmentvehikel befindet sich Luxemburg weiterhin im europäischen Spitzenfeld.[2]

2 Des Weiteren wurden immer öfter Luxemburger Fondsstrukturen von amerikanischen Fondsinitiatoren als Parallelstrukturen zu bestehenden US Fonds aufgesetzt, wobei seit einiger Zeit nun auch eine rein Luxemburgische Fondsstruktur für US Fondsinitiatoren und ihre Investoren ein gangbarer Weg zu sein scheint.

3 Darüber hinaus entwickelt sich Luxemburg allem Anschein nach zum Weltmarktführer für Kreditfonds im außeramerikanischen Raum.[3] Dies ist ua der frühen Stellungnahme der CSSF zur Zulässigkeit der originären Darlehensgewährung durch (unregulierte) Fonds geschuldet, was zu einer erhöhten Rechtssicherheit und Marktakzeptanz geführt hat.

4 Nachstehend werden die gängigsten Luxemburger Fondsvehikel anhand ihrer regulatorischen Anforderungen von stark bis nicht reguliert dargestellt. Neben dem spezialisierten Investmentfonds (fonds d'investissement spécialisé (SIF)) und der Investmentgesellschaft zur Anlage in Risikokapital (société d'investissement en capital à risque (SICAR)), gilt besondere Aufmerksamkeit dem reservierten alternativen Investmentfonds (fonds d'investissement alternatifs réservés (RAIF)) und den unregulierten Kommanditgesellschaften (société en commandite simple (SCS)) und société en commandite spéciale (SCSp)).

B. Gängige Fondsstrukturen

5 Luxemburgische Fondsvehikel lassen sich anhand gängiger Abgrenzungskriterien, wie beispielsweise der Unternehmensform, der Kapitalstruktur, der Anlage- und Ausschüttungspolitik, der Anlagegegenstände und des Anlegerkreises einteilen.[4] Basierend auf den genauen Strukturierungsmerkmalen der jeweiligen Fondsvehikel, kann man diese zudem in unterschiedliche Kategorien unterteilen, so dass Organismen zur gemeinsamen Anlage in Wertpapieren (OGAW), sog. Teil-II-Fonds[5] und SIF aufgrund der gesetzlich vorgeschrie-

[2] EFAMA Quarterly Statistical Release – März 2018 Nr. 72. Elektronisch abrufbar unter: http://www.efama.org/Publications/Statistics/Quarterly/Quarterly%20Statistical%20Reports/Quarterly%20Statistical%20Release%20Q4%202017.pdf.

[3] ALFI Loan Fund Survey 2017. Elektronisch abrufbar unter: http://www.alfi.lu/sites/alfi.lu/files/ALFI-KPMG-Loan-Fund-Survey-2017.pdf.

[4] Zu den möglichen Abgrenzungskriterien, s. *Förster/Hertrampf,* Das Recht der Investmentfonds, Europarechtlicher Rahmen und nationale Gesetzgebung, 3. Aufl., Rn. 8 ff.

[5] OGAW und Teil-II-Fonds wurden hier der Vollständigkeit halber aufgeführt, sind allerdings ungeeignet für die Strukturierung von Private-Equity-Fonds.

benen Risikostreuung als Investmentfonds im engeren Sinne bezeichnet werden, wohingegen SICAR als Investmentgesellschaften und in Ermangelung des Erfordernisses der Risikostreuung, keine Investmentfonds in engeren Sinne darstellen. Daneben (und teilweise überlappend) käme auch noch eine Einordnung als alternativer Investmentfonds in Betracht, da grundsätzlich alle vorgenannten Fondstypen, bis auf OGAW, die Kriterien zur AIF-Qualifizierung erfüllen können.[6]

In der Beratungspraxis zeigt sich, dass für die Initiatoren von Investmentfonds, neben der 6
Frage des Anlegerkreises und der zulässigen Anlagegegenstände, insbesondere die Flexibilität und die Schnelligkeit der Gründung entscheidende Kriterien sind.

Die maßgeblichen rechtlichen Grundlagen der in diesem Beitrag behandelten Fonds- 7
vehikel basieren dabei im Wesentlichen auf fünf Haupt-Regelwerken in den jeweils aktuellen Fassungen: dem Gesetz vom 19.8.1915[7] betreffend Handelsgesellschaften (nachfolgend das „luxemburgische Handelsgesetzbuch"), dem Gesetz vom 15.6.2004[8] betreffend Investmentgesellschaften in Risikokapital (das „SICAR-Gesetz")[9], dem Gesetz vom 13.4.2007[10] betreffend spezialisierte Investmentfonds (das „SIF-Gesetz"), dem Gesetz vom 12.7.2013[11] über die Verwalter alternativer Investmentfonds und dem Gesetz vom 23.7.2016[12] über reservierte alternative Investmentfonds (das „RAIF-Gesetz").

Anders als beispielsweise in Deutschland, sind die einzelnen Fondsvehikel nicht in einem 8
einzigen Regelwerk, wie dem Kapitalanlagegesetzbuch (KAGB), kodifiziert. Prägendes Charakteristikum des rechtlichen Regelungsrahmens in Luxemburg ist das Bestehen separater, aber teils ineinandergreifender Einzelgesetze, deren Fundament das Luxemburgische Handelsgesetzbuch bildet, soweit gesellschaftsrechtliche Aspekte nicht im Sinne einer „lex specialis" in entsprechenden Einzelgesetzen abweichend oder ergänzend geregelt sind. Hauptausnahme stellen die sog. *Fonds Commun de Placement* (FCP) dar, welche ein vertraglich vereinbartes Sondervermögen darstellen.

I. Spezialisierte Investmentfonds (SIF)

1. Allgemeines

Der Spezialisierte Investmentfonds ist ein reguliertes Vehikel, das unter der Aufsicht der 9
CSSF steht. Der SIF kann sowohl die Form eines FCP wie auch die Form einer Gesellschaft mit variablem (SICAV) oder fixem (SICAF) Kapital annehmen. Sowohl SICAV und SICAF können wiederum in den unterschiedlichen vom Gesetz vorgesehenen Personen- und Kapitalgesellschaftsformen gegründet werden.

Es besteht ferner die Möglichkeit, Umbrella-Strukturen aufzusetzen sowie innerhalb 10
solcher Strukturen Überkreuz-Anlagen eines Teilfonds in einen anderen Teilfonds derselben Struktur zu tätigen.

2. Spezifische Charakteristika

Der SIF kann in jegliche Vermögenswerte investieren, muss lediglich die Risikostreuungs- 11
prinzipien aus dem CSSF Rundschreiben 07/309[13] beachten und darf daher in der Regel

[6] Zur weiteren Vertiefung und dogmatischen Abgrenzung sei verwiesen auf *Annunziata,* Collective Investment Undertakings in the EU: How to frame a Definition after the AIFMD, RTDF 2017, 72 ff.

[7] Mémorial A n°90, 1915, S. 925.

[8] Mémorial A n°95, 2004.

[9] Auch wenn die SICAR mangels Risikodiversifizierung kein Investmentfonds ist, soll sie aufgrund der Regelungsnähe zu diesen berücksichtigt werden; ausgeklammert werden jedoch die Verbriefungsvehikel, die im Gesetz vom 22.3.2004 kodifiziert wurden, Mémorial A n°46, 2004.

[10] Mémorial A n°13, 2007.

[11] Mémorial A n°119, 2013.

[12] Mémorial A n°140, 2016.

[13] Rundschreiben der CSSF v. 3.8.2007 betreffend die Risikostreuung im Zusammenhang mit spezialisierten Investmentfonds.

nicht mehr als 30 % seiner Vermögenswerte oder Kapitalzusagen in Wertpapiere desselben Typs, die von ein und demselben Emittenten ausgegeben werden, investieren. Sein Vertrieb darf sich ausschließlich an sachkundige Anleger[14] richten.

12 Das aufsichtsrechtliche Mindestkapital, welches von den gesellschaftsrechtlichen Mindestkapitalanforderungen unabhängig ist, beträgt 1.250.000,- EUR. Dieser Betrag muss innerhalb von 12 Monaten nach der Genehmigung der CSSF erreicht sein.

13 Der bei Gründung erforderliche Betrag hängt von der gewählten Rechtsform ab: für die Aktiengesellschaft (S. A.) beträgt das erforderliche Mindestkapital 30.000,- EUR und für die Gesellschaft mit beschränkter Haftung (S.à r. l.) 12.000,- EUR.

3. Besteuerung

14 Der SIF unterliegt einer jährlichen Zeichnungssteuer *(taxe d'abonnement)* iHv 0,01 % des Nettovermögenswerts des Fonds. Dagegen ist er weder Subjekt der Körperschaft-, der Vermögen-, der Gewerbesteuer noch einer luxemburgischen Quellensteuer. Sollte eine einfache oder spezielle Kommanditgesellschaft, welche an sich als Personengesellschaft steuertransparent ist, für die Auflage des SIFs gewählt werden, fällt die besagte Zeichnungssteuer gleichermaßen an.

II. Investmentgesellschaft zur Anlage in Risikokapital (SICAR)

1. Allgemeines

15 Die Investmentgesellschaft zur Anlage in Risikokapital wurde konzipiert, um für den Private Equity Sektor eine Möglichkeit zu schaffen, Investitionen mit erhöhtem Risiko zu tätigen und damit den Zugang zu Wagniskapital für sachkundige Anleger unter Wahrung der Steuerneutralität des Fondsvehikels zu gewährleisten. Demgemäß besteht der gesetzlich festgelegte Zweck einer SICAR darin, die ihr zur Verfügung stehenden Mittel in Risikokapital anzulegen und ihre Anleger an dem Ergebnis der Verwaltung dieser Vermögenswerte teilhaben zu lassen. Die SICAR untersteht wie der SIF der Aufsicht durch die CSSF.

16 Die SICAR kann dabei sowohl in der Form einer Kapitalgesellschaft als auch in der Form einer Personengesellschaft ausgestaltet werden. Eine Ausgestaltung als FCP ist allerdings ausgeschlossen. In der Praxis am häufigsten angetroffen wird die Kommanditgesellschaft auf Aktien (SCA). Sie bietet insbesondere gegenüber der Gesellschaft mit beschränkter Haftung (S.à r. l.) den Vorteil, dass die Anzahl der Gesellschafter nicht auf 100 beschränkt ist und die gesellschaftsrechtlich verankerte Stellung des Komplementärs stets eine gewisse strukturelle Kontrolle durch den Projektinitiator gewährleistet.

17 Die SICAR kann sowohl mit variablem als auch mit fixem Kapital ausgestattet werden und es besteht, wie bei einem RAIF und einem SIF die Möglichkeit, Umbrella-Strukturen mit Teilfonds aufzulegen.

2. Spezifische Charakteristika

18 Da das Gesetz vom 15.6.2004 den Begriff des Risikokapitals sehr weit fasst, hat die CSSF in ihrem Rundschreiben 06/241 die Auslegung dahingehend konkretisiert, dass insbesondere zwei Elemente kumulativ vorliegen müssen, die den Begriff des Risikokapitals prägen. Einerseits ein erhöhtes Risiko und andererseits der Wille, mit dem Investment zu einer weiteren Entwicklung der Zielgesellschaft(en) beizutragen.

[14] Gemäß Art. 2 Abs. 1 des SIF-Gesetzes sind sachkundige Anleger institutionelle, professionelle oder solche, die schriftlich bestätigen, dass sie den Status eines sachkundigen Anlegers haben und mindestens 125.000 EUR investieren oder über eine Einstufung eines Kreditinstituts, einer Investmentgesellschaft oder einer OGAW-Verwaltungsgesellschaft verfügen, die ihre Expertise, Erfahrung und Kenntnis zur notwendigen Einschätzung der Investition in den SIF belegt und bescheinigt.

Die CSSF geht dabei davon aus, dass das Merkmal des erhöhten Risikos dem Investment in junge Unternehmen, sog. Start-Ups, oder generell in Unternehmen mit geringer Liquidität, die sich in der Gründungsphase befinden, ohnehin inhärent ist. Das Risiko solcher Investments erschöpft sich nämlich nicht lediglich im allgemeinen Marktrisiko, sondern beinhaltet (–) im Gegensatz zu bereits am Markt agierenden Unternehmen (–) das Risiko, überhaupt keinen oder keinen nachhaltigen Zugang zum Markt zu erhalten. Aber auch etablierte Unternehmen, die einer Restrukturierung oder ähnlichen Maßnahmen unterworfen werden, können ausreichende Risikoelemente aufweisen, um sie als taugliche SICAR Zielinvestments zu qualifizieren. **19**

Unter dem Willen zur Entwicklung der Zielgesellschaft versteht die CSSF im Allgemeinen jegliche Wertsteigerung derselben, wie beispielsweise Anstrengungen zur Erlangung der Börsenreife oder umfangreiche Strukturierungsmaßnahmen. **20**

Aufgrund des besonderen Risikos hat der luxemburgische Gesetzgeber den Erwerb von Anteilen an einer SICAR ab initio auf sachkundige Anleger beschränkt. Im Unterschied zu Investmentfonds unterliegt die SICAR keiner Pflicht zur Risikostreuung, was sich bereits aus ihrem Wesen ergibt, da sie ohnehin nur in besonders risikoreiche Anlagen investieren darf. Demzufolge wäre auch die Anlage in ein einziges Zielobjekt denkbar. Die Tätigkeit darf sich jedoch nicht in der einer bloßen Holding-Gesellschaft erschöpfen. **21**

Die Mindestkapitalisierung beträgt eine Million Euro. Dieser Betrag muss innerhalb von 12 Monaten nach der Genehmigung der CSSF erreicht sein. **22**

Der bei Gründung erforderliche Betrag hängt wiederrum von der gewählten Gesellschaftsform ab. **23**

3. Besteuerung

Da die SICAR, insbesondere mangels Risikostreuung, kein Investmentfonds im engeren Sinne ist, unterliegt sie weder einer Zeichnungssteuer noch einer Vermögensteuer. Soweit die SICAR die Form einer Kapitalgesellschaft gewählt hat, unterliegt sie grundsätzlich der Körperschaftsteuer und der Gewerbesteuer, wobei bestimmte Investitionen in Risikokapital steuerbefreit sind. In diesem Fall fiele dann lediglich die Mindestvermögenssteuer an. **24**

III. Reservierte Alternative Investmentfonds (RAIF)

1. Allgemeines

Mit dem RAIF-Gesetz hat der Luxemburger Gesetzgeber die bestehende Produktpalette um einen Fondstypus erweitert, dessen Dokumentation nicht dem Genehmigungsvorbehalt und dessen Betrieb nicht der Aufsicht der CSSF unterliegen. Dadurch entfällt insbesondere die zeitintensive Prüfung der Fondsdokumente durch die CSSF und die *time-to-market* wird erheblich beschleunigt. Zudem bietet der RAIF im Gegensatz zu den nicht regulierten Kommanditgesellschaften den Vorteil, dass gem. Art. 49 Abs. 1 des RAIF-Gesetzes Teilfondsvermögen mit jeweils abgeschirmter Haftung gebildet werden können. **25**

Der RAIF kann dabei sowohl in vertraglicher Form, dh in der Form eines Sondervermögens (FCP), als auch in gesellschaftsrechtlicher Form[15] mit variablem Kapital[16] oder fixem Kapital[17] ausgestaltet sein. **26**

---

[15] Denkbar sind als Kapitalgesellschaften die *Société Anonyme* (S. A.), die *Société à responsabilité limitée* (S.à. r. l.) und die *Société en commandite par actions* (SCA) und als Personengesellschaften *die Société en commandite simple* (SCS) und die *Société en commandite spéciale* (SCSp).

[16] *Société d'investissement à capital variable* (SICAV), deren Gesellschaftskapital zu jedem Zeitpunkt dem Nettoinventarwert entspricht und deren Vorteil darin liegt, das eine Erhöhung des Gesellschaftskapital keine Satzungsänderung voraussetzt.

[17] *Société d'investissement à capital fixe* (SICAF).

27 Mit der Einführung dieses Fondstypus wurde eine echte Gestaltungslücke in der Fondspraxis geschlossen. Dies zeigt sich an der sehr hohen Akzeptanz der Marktteilnehmer, welche derzeit 324 RAIFs aufgelegt haben.[18]

28 Der RAIF vereint dabei die Vorteile der unregulierten alternativen Investmentfonds mit den Vorteilen, die bisher den regulierten alternativen Investmentfonds vorbehalten waren. Dabei wird die fehlende Aufsicht durch die CSSF regulatorisch dadurch kompensiert, dass der RAIF gemäß Art. 4 Abs. 1 des RAIF-Gesetzes extern durch einen zugelassenen Verwalter alternativer Investmentfonds (AIFM) verwaltet werden muss. Eine interne Verwaltung ist dagegen, anders als beim SIF, nicht möglich. Das ergibt sich daraus, dass andernfalls ein völlig unreguliertes Vehikel entstünde, würde man den RAIF weder der Aufsicht durch die CSSF, noch der Verwaltung durch einen regulierten AIFM unterstellen.

29 Weitere allgemeine Formalitäten ergeben sich aus Art. 34 des RAIF-Gesetzes. Nach Art. 34 Abs. 1 des RAIF-Gesetzes muss die Gründung des Fonds innerhalb von fünf Tagen in einer notariellen Urkunde bestätigt werden. Die Bestätigung in Form des sog. *constat de constitution* wird sowohl bei der beurkundungspflichtigen Gründung einer Kapitalgesellschaft als auch bei der privatschriftlichen Gründung einer Personengesellschaft benötigt. Des Weiteren muss gemäß Art. 34 Abs. 2 des RAIF-Gesetzes die Gründung innerhalb von 15 Arbeitstagen beim luxemburgischen Handelsregister angemeldet werden. Abschließend wird der RAIF gem. Art. 34 Abs. 3 des RAIF-Gesetzes innerhalb von 20 Arbeitstagen[19] nach der Anmeldung in eine vom Handelsregister geführte RAIF-Liste eingetragen.

2. Spezifische Charakteristika des RAIF

30 Im Übrigen entspricht der RAIF weitestgehend dem Spezialisierten Investmentfonds (SIF), was nicht erstaunt, da das Gesetz im Wesentlichen die Bestimmungen des SIF-Gesetzes übernommen hat mit Ausnahme auf die Verweise auf eine Aufsicht durch die CSSF. So dürfen nur „sachkundige" Anleger[20] in den RAIF investieren, die aufsichtsrechtliche Mindestkapitalanforderung beträgt 1.250.000 EUR[21] und es gibt keine Einschränkungen bezüglich der Assetklassen, in die der RAIF investieren darf.[22] Allerdings ist gemäß Art. 1 Abs. 1 lit. b des RAIF-Gesetzes der Grundsatz der Risikostreuung zu beachten. Zudem geht aus der Gesetzesbegründung hervor, dass aufgrund der Vergleichbarkeit des RAIF mit dem SIF auch die bezüglich des SIF erlassenen Risikostreuungsprinzipien aus dem CSSF Rundschreiben 07/309[23] Anwendung finden.[24] Infolgedessen sollte in der Beratungspraxis darauf geachtet werden, dass das Emissionsdokument bzw. der Gesellschaftsvertrag / die Satzung den Grundsatz enthält, dass der Fonds idR nicht mehr als 30 % seiner Vermögens-

[18] Stand 15.3.2018. Die offizielle RAIF-Liste ist beim Luxemburger Handelsregister elektronisch einsehbar: https://www.rcsl.lu/mjrcs/jsp/webapp/static/mjrcs/fr/mjrcs/pdf/listeFIAR.pdf?pageTitle=menu.item.geninfoFIAR&time=1521387049210.

[19] Die Praxis zeigt, dass die CSSF den Zeitraum von 20 Tagen häufig nicht voll ausgeschöpft.

[20] Gemäß Art. 2 Abs. 1 des RAIF-Gesetzes sind sachkundige Anleger institutionelle, professionelle oder solche, die schriftlich bestätigen, dass sie den Status eines versierten Anlegers haben und mindestens 125.000 EUR investieren oder über eine Einstufung eines Kreditinstituts, einer Investmentgesellschaft, einer OGAW-Verwaltungsgesellschaft oder eines zugelassenen AIFM verfügen, die ihre Expertise, Erfahrung und Kenntnis zur notwendigen Einschätzung der Investition in den RAIF belegt.

[21] Art. 20 *(fonds commun de placement)*, Art. 25 *(Société d'investissement à capital variable)* und Art. 32 *(andere Rechtsformen)*.

[22] Zwar hatte der luxemburgische Gesetzgeber 2016 einen Gesetzentwurf vorgelegt, der den Vertrieb von sog. „atypischen" Assetklassen, wie zB Wein, Kunst, Automobile, etc. an gewisse Investorentypen einschränken sollte, allerdings liegt dieser nun schon seit einiger Zeit brach. Französischer Originaltext des Gesetzentwurfs elektronisch abrufbar unter: http://chd.lu/wps/PA_RoleDesAffaires/FTSByteServingServletImpl?path=40E3323AFCCCE7B940980AAFD32C27ED54AA60660CA61C52476F2A3C496AFDBB77C7EAE5C6EA9868D26156BEE04C6471$1F7F0607C9E680E6CF97B82C2383F032.

[23] Rundschreiben der CSSF v. 3.8.2007 betreffend die Risikostreuung im Zusammenhang mit spezialisierten Investmentfonds.

[24] Doc. Parl. No. 6929, Chambre des Députés, Session ordinaire 2015/2016, projet de loi relative aux fonds d'investissement alternatifs reservées, S. 5.

werte oder Kapitalzusagen in Wertpapiere desselben Typs, die von demselben Emittenten ausgegeben werden, anlegen darf.[25] Allerdings gilt es zu beachten, dass diese nur auf RAIFs Anwendung findet, welche eine dem SIF entsprechende Anlagestrategie verfolgen. Folgerichtig wird im Einklang mit den für den SIF geltenden Regeln eine gewisse Anlaufzeit anerkannt, während der der RAIF die Risikostreuungsregeln nicht beachten muss (sog. Ramp-Up Phase). Bei RAIFs, welche eine SICAR ähnliche Anlagestrategie verfolgen, ist keine Risikostreuung erforderlich.

3. Besteuerung

Der RAIF wird in Luxemburg steuerlich entweder wie ein SIF oder eine SICAR behandelt. Bei fehlender Klarstellung in der Fondsdokumentation wird die Funktionsweise und Besteuerung, welche auf einen SIF anwendbar sind, unterstellt. **31**

Wird der RAIF wie ein SIF behandelt, so fällt lediglich eine jährliche Zeichnungssteuer iHv 0,01 % des Nettovermögens des RAIF an (Art. 46 Abs. 1 des RAIF-Gesetzes). **32**

Investiert der RAIF ausschließlich in Risikokapital[26], besteht das Recht, das SICAR-Besteuerungsregime zu wählen. Dann entfällt zwar die Zeichnungssteuer, der RAIF[27] oder der Gesellschafter[28] wird jedoch Subjekt der Körperschaft-/Einkommensteuer und der Gewerbesteuer. Dagegen unterliegen die Erlöse und Gewinne aus dem investierten Risikokapital nicht der Besteuerung (Art. 48 Abs. 2 des RAIF-Gesetzes). Die Risikokapitalqualifikation der gehaltenen Investments wird ein Mal pro Jahr von dem Wirtschaftsprüfer des Fonds festgestellt und bestätigt. **33**

IV. Reform der Investmentbesteuerung in Deutschland

Mit dem Investmentsteuerreformgesetz 2018 (InvStRefG) hat der deutsche Gesetzgeber das Investmentsteuerrecht grundlegend reformiert. Insoweit wurde die Differenzierung in Investmentfonds einerseits und Investitionsgesellschaften andererseits aufgegeben. Anders als nach vormaliger Rechtslage werden Investmentfonds, die in der Rechtsform einer Personengesellschaft strukturiert sind, nicht mehr vom Anwendungsbereich des InvStRefG erfasst und es gelten hier die allgemeinen Grundsätze der Steuertransparenz. **34**

In- und ausländische Investmentfonds, die in der Rechtsform einer Kapitalgesellschaft strukturiert sind (zB RAIF-SA),[29] werden nach den neuen investmentsteuerlichen Regeln grundsätzlich als sog. Publikums-Investmentfonds besteuert. Die Besteuerung der Einkünfte aus einem Publikums-Investmentfonds lässt sich – überblicksmäßig –wie folgt zusammenfassen: **35**

Die Ausschüttungen aus einem solchen Publikums-Investmentfonds sind grundsätzlich steuerpflichtig; die Beteiligungsertragsbefreiungen gem. §§ 3 Nr. 40 EStG, § 8b KStG finden keine Anwendung. Gleiches gilt für Gewinne aus der Veräußerung von Anteilen an Publikums-Investmentfonds. Erfüllt der Publikums-Investmentfonds jedoch bestimmte Voraussetzungen und qualifiziert entweder als „Aktienfonds", „Mischfonds" oder „Immobilienfonds", so kommen auf Ebene bestimmter Anleger sog. Teilfreistellungen auf die aus dem Publikums-Investmentfonds bezogenen Einkünfte zur Anwendung. Eine ggf. zusätzliche Besteuerung nach dem AStG ist unter dem InvStRefG jedoch nicht mehr vorgesehen. **36**

---

[25] Im Zeichnungszeitraum gibt es eine Ausnahme von der 30 % Regel, da in dieser Phase der Wert der Vermögenswerte dynamisch ist.

[26] Siehe CSSF Rundschreiben 06/241 v. 5.4.2006 zum Begriff des Risikokapitals iSd Gesetzes über die SICAR.

[27] Wenn in Form einer Kapitalgesellschaft. Ebenfalls fällt die Mindestvermögensteuer an.

[28] Transparente Besteuerung im Falle der Rechtsform einer Personengesellschaft.

[29] Dies gilt auch für Investmentfonds, die als FCP in Luxemburg aufgelegt werden.

V. Nicht regulierte Kommanditgesellschaften

1. Allgemeines

37 Insgesamt bieten nicht regulierte Kommanditgesellschaften in der Form einer einfachen Kommanditgesellschaft oder einer speziellen Kommanditgesellschaft die höchste Gestaltungsfreiheit. Gesetzliche Grundlage dieser Rechtsform sind die Art. 310 und 320 des Luxemburgischen Handelsgesetzbuches.

38 Die Flexibilität der Kommanditgesellschaften ergibt sich einerseits daraus, dass sie nicht der Aufsicht der CSSF unterliegen und andererseits daraus, dass per Gesellschaftsvertrag die wesentlichen Merkmale des Investmentvehikels, wie Kapitaleinlagen, Stimmrechte oder die Auflösungsbedingungen, weitestgehend frei bestimmt werden können.

2. Spezifische Charakteristika

39 Die nicht regulierten Kommanditgesellschaften benötigen kein Mindestkapital und dürfen in alle Arten von Vermögenswerten investieren. Grundsätzlich stehen die Kommanditgesellschaften sämtlichen Anlegerkreisen zur Verfügung, ungeachtet von etwaigen Vertriebsbeschränkungen, welche sich aus der AIFM-Richtlinie ergeben können.

40 Ihre Gründung kann mangels notarieller Beurkundungspflicht privatschriftlich erfolgen. Die Publikationspflichten beschränken sich darauf, dass lediglich Teile des Gesellschaftsvertrags für die Öffentlichkeit einsehbar sind. Eine Pflicht, die Namen der Kommanditisten offen zu legen, besteht nicht.

41 Es ist jedoch nicht möglich, Umbrella-Strukturen mit Teilsondervermögen aufzulegen, da die Kommanditisten das Vermögen zur gesamten Hand halten und die Abspaltung einzelner, im Innenverhältnis rechtlich selbstständiger, Teilfonds gesetzlich nicht vorgesehen ist.

42 Die einfache Kommanditgesellschaft und die spezielle Kommanditgesellschaft unterscheiden sich wiederum darin, dass letztere keine eigene Rechtspersönlichkeit hat, und beispielsweise geringere Buchhaltungs- und Hinterlegungspflichten zu beachten sind.

3. Besteuerung

43 Nicht regulierte Kommanditgesellschaften unterliegen dem steuerlichen Transparenzprinzip. Steuersubjekt ist daher nicht die Kommanditgesellschaft selbst, sondern deren jeweilige Gesellschafter. Das gilt für die Zwecke der Körperschaftsteuer und der Vermögensteuer. Auch wenn die Kommanditgesellschaft tatsächlich keine gewerbliche Tätigkeit ausübt, kann eine Gewerbesteuerpflicht im Wege einer sog. gewerblichen Prägung ausgelöst werden. Eine solche wird angenommen, wenn der Komplementär, in der Rechtsform einer Kapitalgesellschaft, mit einer Beteiligung von mindestens 5 % an der Kommanditgesellschaft beteiligt ist. Dagegen unterliegen „Ausschüttungen" oder Zinszahlungen an die Gesellschafter in Luxemburg keiner Kapitalertragsteuer.

C. Ausgewählte Aspekte aus der Gestaltungspraxis

I. Kapitaleinlage

44 Kapitaleinlagen können in unterschiedlichster Weise erbracht werden. Grundsätzlich können Kapitaleinlagen in Form von Bareinlagen oder Sacheinlagen erbracht werden. Je nach Gesellschaftstyp bedürfen die Sacheinlagen einer Werthaltigkeitsbescheinigung durch einen zugelassenen Wirtschaftsprüfer. Kapitalerhöhungen bedürfen bei Kapitalgesellschaften grundsätzlich der notariellen Form. Ausnahme von dieser Regel ist die Kapitalerhöhung bei regulierten Vehikeln und RAIFs mit variablem Kapital, bei denen ein Beschluss der Geschäftsführung genügt. Weitere praktische Erleichterungen gelten für Kapitalerhöhungen

mittels genehmigten Kapitals. In der Praxis wird oft auch die Kapitaleinlage per Einlage ins Agio gewählt, welche aus buchhalterischer Sicht dem Gesellschaftskapital gleichgestellt ist und grundsätzlich nur existierenden Gesellschaftern möglich ist. Auch sonstige Einlagen (sog. *apport en industrie*)[30] sind unter gewissen Umständen möglich.

II. Ergebnisverwendung / Ausschüttungen

45 Bei Ausschüttungen bietet das luxemburgische Gesellschaftsrecht ebenfalls erheblichen Gestaltungsspielraum. Auch hier ist zunächst die Frage zu stellen, ob es sich um ein reguliertes Vehikel bzw. um einen RAIF handelt oder ob die üblichen Regeln des allgemeinen Gesellschaftsrechts Anwendung finden. In letzterem Fall werden Ausschüttungen durch die Hauptversammlung als zuständiges Organ unter Berücksichtigung der ausschüttbaren Rücklagen und unter Einhaltung der anwendbaren Kapitalerhaltungsregeln beschlossen. Bei SIFs, SICARs und RAIFs liegt die Entscheidungsbefugnis erneut bei der Geschäftsführung. Dies gilt nicht nur für Ausschüttungen, sondern auch für Kapitalherabsetzungen und Aktieneinziehungen. Falls gesellschaftsvertraglich nichts Anderes vorgesehen ist, werden Ausschüttungen grundsätzlich an jeden Gesellschafter pro rata gemessen an seiner jeweiligen Beteiligung am Kapital verteilt. Eine weitere, in der Praxis doch weniger einschneidende Beschränkung bzgl. Ausschüttungen als von vielen Marktteilnehmern zunächst befürchtet, ergibt sich im Hinblick auf Zielgesellschaften aus den Asset Stripping-Regeln der AIFMD. Im Ergebnis werden dadurch die auf europäischer Gesetzgebung beruhenden Kapitalerhaltungsregeln auf sämtliche Gesellschaftstypen erweitert, selbst wenn dies aufgrund nationaler Rechtslage bisher nicht der Fall war. Dies setzt allerdings voraus, dass ein von einem EU-AIFM verwalteter AIF (bzw. ein von einem Nicht-EU-AIFM in Europa vertriebener AIF) Kontrolle über eine entsprechende Zielgesellschaft erlangt. Bei nicht börsennotierten Gesellschaften ist dabei die Schwelle von mehr als 50% der Stimmrechte zu beachten und bei börsennotierten Gesellschaften die Schwelle von 33 1/3.[31]

III. Management Fees und Umsatzsteuer

46 Ungeachtet der Vielzahl an Möglichkeiten für die Ausgestaltung der Vergütung des AIFM, wird diese in der Marktpraxis häufig anhand eines prozentualen Anteils[32] an den Kapitalzusagen der Investoren bzw. des investierten Kapitals des Fonds berechnet. Darüber hinaus können für bestimmte einmalige oder wiederkehrende Tätigkeiten Vergütungsansprüche entstehen, sofern dies im Verwaltungsvertrag geregelt sind. Management-Dienstleistungen, die gegenüber Investmentfonds erbracht werden, sind in Luxemburg von der Umsatzsteuer befreit.[33] Die Umsatzsteuerbefreiung umfasst nach derzeitiger Rechtslage insbesondere die Verwaltung von SICAVs, SICARs, SIFs, FCPs, (R)AIFs, Verbriefungsgesellschaften, Pensionsfonds und interner Kollektivfonds von Lebensversicherungen. Die Umsatzsteuerbefreiung gilt unter gewissen Voraussetzungen auch für an Dritte übertragene Fondsverwaltungstätigkeiten und aktive Vermittlungstätigkeiten beim Vertrieb von Fondsanteilen. Ebenso umsatzsteuerbefreit sind Anlageberatungsleistungen, welche im Zusammenhang mit Fondsverwaltungsleistungen stehen sowie das Fonds-Risikomanagement.

---

30 Vergleichbar mit dem aus dem angelsächsischen Raum bekanntem „Sweat Equity".

31 Die Schwelle für börsennotierte Gesellschaften ist von Mitgliedstaat zu Mitgliedstaat unterschiedlich und ist in einigen Ländern geringer als der in Luxemburg geltende Schwellenwert.

32 Im Durchschnitt beträgt diese 2% des zugesagten bzw. investierten Kapitals. Allerdings hängt dies sehr stark von der zugrundeliegenden Anlagestrategie ab.

33 Nicht mit hinreichender Sicherheit kann das für Investmentfonds, in denen das Kapitalvermögen verschiedener Altersvorsorgesysteme zum Zweck der Vermögensanlage zusammengelegt wird, infolge des EuGH Urteils v. 7.3.2013 (C-424/11 – Wheels Common Investment Fund Trustees), behauptet werden.

IV. Carried Interest

47 Die Vereinbarung eines Carried Interest ist ein bedeutendes Steuerungsinstrument im Hinblick auf die Zusammenführung der Interessen der Anleger und des Managements des Fonds. Technisch handelt es sich dabei um eine erfolgsabhängige Vergütung, die das Management aus den Erlösen der Veräußerung von Vermögengegenständen des Fonds erhält. Insofern dient der Carried Interest als wichtiger Anreiz für das Management, zuverlässige, geeignete und profitable Investments zu finden und diese möglichst gewinnbringend zu veräußern.

48 Die erfolgsabhängige Vergütung kann dabei als Einmalzahlung am Ende der Laufzeit des Fonds erfolgen oder auf *deal-by-deal* Basis und wird im Fall der ersten Variante typischerweise daran angeknüpft, ob die Nettorendite des Fonds am Ende eine von den Beteiligten festgelegte *hurdle rate* überschreitet. [34]In diesem Fall erhält der Manager dann eine prozentuale Beteiligung der Nettoerlöse aus der Liquidation der Vermögenswerte des Fonds.

V. Liquidation

49 Die Liquidation einer luxemburgischen Gesellschaft vollzieht sich üblicherweise in 3 Schritten, beginnend mit einer Gesellschafterversammlung vor einem luxemburgischen Notar, der die Gesellschaft auflöst und das Liquidationsverfahren einleitet. In dieser Gesellschafterversammlung wird ein Liquidator bestimmt.

50 Anschließend beruft der Liquidator eine zweite Gesellschafterversammlung ein. Dort bestätigen die Gesellschafter den Liquidationsbericht, legen die Verteilung des Erlöses fest und benennen einen sog. Liquidationsprüfer *(commissaire à la liquidation)*.

51 In einer dritten und letzten Gesellschafterversammlung wird der Bericht des Liquidationsprüfers bestätigt und das Liquidationsverfahren abgeschlossen.[35]

52 Für den Fall, dass es einen Alleingesellschafter gibt, kann das Liquidationsverfahren vereinfacht werden, indem der Alleingesellschafter alle Vermögenswerte und Verbindlichkeiten der Gesellschaft per notarieller Urkunde übernimmt. Dies erfordert allerdings die Vorlage von entsprechenden Bescheinigungen, ua von der Steuerbehörde und Rentenversicherung, dahingehend, dass keine offenen Ansprüche bestehen.

53 Unter Exit Gesichtspunkten bietet eine Liquidation den Vorteil, dass die Liquidationserlöse nicht der Kapitalertragsteuer iHv 15 % unterliegen.

VI. Investorenbeirat

54 Der Investorenbeirat ist rein beratend tätig und unterstützt den AIFM oder, falls vorhanden, auch den Komplementär zu Fragen von übergeordneter Bedeutung. Auch gewisse Zustimmungsvorbehalte können vertraglich vorgesehen werden, ohne dass dabei die von Gesetzes wegen beschränkte Haftung der Kommanditisten gefährdet wird. Er verfügt selbst über kein Initiativrecht bezüglich einzelner Anlage- oder Verkaufsentscheidungen und setzt sich aus Anlegern und / oder externen sachkundigen Personen zusammen. Der Willensbildungsprozess des Beirats wird in den Gründungsdokumenten des Fonds geregelt. Dabei steht den Beteiligten mangels gesetzlicher Regelungen über die Einrichtung und Ausgestaltung eines Investorenbeirats ein nicht unerheblicher Gestaltungsspielraum zu.

[34] In der Praxis ist überwiegend eine Hurdle Rate von 8 % p. a. und ein Carried Interest (inklusive Catch-Up) von 20 % zu beobachten.

[35] Bei regulierten Investmentvehikeln wie dem SIF oder SICAR sind lediglich zwei Hauptversammlungen notwendig, wobei die zweite und letzte die Vorlage eines Prüfberichtes eines Wirtschaftsprüfers voraussetzt.

D. Transaktionsstrukturen

I. Beteiligungsvertrag / SPA

Die Gestaltungspraxis bei luxemburgischen Beteiligungsverträgen ist mannigfaltig. Oft unterliegen die Verträge einem fremden Recht, so dass sich der Inhalt – insbesondere Gewährleistung und Zusicherungen – an den Marktusancen des anwendbaren Rechts orientiert. Ergänzend werden dann oft noch die dinglichen Übertragungsaspekte (wie zB Eintragung ins Anteilsregister) getrennt per Share Transfer Form dokumentiert. Unterliegt das SPA luxemburgischem Recht, schlägt sich dies in der Praxis regelmäßig in dem zu erwartenden Seitenumfang nieder, welcher deutlich geringer als beim „klassischen" US-amerikanischen SPA ausfällt. Gemein ist allen, dass den Haftungsregeln und Zusicherungen auf Verkäuferseite entscheidende Bedeutung zukommt. Gegenstand der Verträge sind regelmäßig die Anteile einer luxemburgischen Zielgesellschaft mittels Share Deals, wobei auch gelegentlich Asset Deals in Betracht kommen. Die Übertragung der Anteile im Rahmen eines Share Deals bedarf aus luxemburgischer Sicht keiner notariellen Form. 55

Regelmäßig werden die Akquisitionen zu einem gewichtigen Teil mit Fremdmitteln finanziert. Die größte Tranche des Fremdkapitals wird dabei regelmäßig von Kreditinstituten als Senior Lenders gestemmt. Nachranging kommen ergänzende Fremdfinanzierungen (in Form von Mezzanine-Darlehen) durch alternative Kreditgeber in Betracht. In diesem Zusammenhang sei auf die wachsende Bedeutung von Kreditfonds als alternative bzw. zusätzliche Finanzierungsquelle hingewiesen. Unterkapitalisierungsregeln (Thin-Cap-Rules) im strengen Sinne bestehen in Luxemburg nicht, wobei allerdings bei der Kapitalisierung der Akquisitionsstruktur auch steuerrechtliche Überlegungen eine Rolle spielen. 56

1. Einschränkung und Ausschluss der Übertragbarkeit von Anteilen

In Luxemburg sind die Anteile an einer Aktiengesellschaft oder einer Kommanditgesellschaft auf Aktien frei übertragbar. Die Einschränkung der Übertragbarkeit durch drag along, tag along oder Vorkaufsrechtsklauseln ist zulässig und üblich. Der Ausschluss der Übertragbarkeit dagegen nur, wenn er zeitlich begrenzt wird. Diesbezüglich wird von den luxemburgischen Gerichten ein Zeitraum zwischen fünf und zehn Jahren als angemessen erachtet, wenn außerdem dem Ausschluss der Übertragbarkeit ein berechtigtes wirtschaftliches Interesse zugrunde liegt. 57

Anteile an einer Gesellschaft mit beschränkter Haftung konnten bis vor kurzem von Gesetzes wegen nur mit vorheriger Zustimmung einer Kapitalmehrheit von mindestens 75 % übertragen werden. Die in 2016 in Kraft getretene Gesellschaftsrechtsnovelle hat dieses Erfordernis aufgeweicht und es den Gesellschaftern ermöglicht, per Satzung niedrigere Schwellenwerte (ab 50 %) zu vereinbaren. Für den Fall, dass auch diese Schwelle nicht erreicht wird, können die Gesellschafter unter bestimmten Umständen die Anteile dennoch veräußern. Insbesondere, wenn die nicht zustimmenden Gesellschafter die Anteile nicht innerhalb von drei Monaten selbst erwerben. 58

2. Effektive Durchsetzbarkeit von drag along Klauseln

In der Praxis ist die Sicherstellung der effektiven Vollstreckbarkeit einer drag along Klausel von höchster Wichtigkeit und bereits bei Vereinbarung selbiger Klausel zu bedenken. Denn insbesondere wenn Vereinbarungen unter Gesellschaftern nicht dem luxemburgischen Recht unterliegen, kann die Vollstreckung der mit ihnen verbundenen Rechte nicht von ausländischen Gerichten mit Rechtswirkungen in Luxemburg angeordnet werden. Etwas anderes gilt für Vereinbarungen, die nach dem Recht eines anderen Mitgliedsstaats der Europäischen Union getroffen wurden. Hier ermöglicht die EU-Verordnung Nr. 1215/2012 über die gerichtliche Zuständigkeit und die Anerkennung und Vollstreckung von 59

Entscheidungen in Zivil- und Handelssachen auch deren Durchsetzbarkeit in Luxemburg. Dadurch wird insbesondere die Vollstreckung von Geldforderungen erleichtert. Die Vollstreckbarkeit anderer Forderungen hängt jedoch weiterhin von der Rechtsauffassung der luxemburgischen Gerichte ab. Um höchstmögliche Effektivität zu gewährleisten und den Exit nicht der Gefahr erheblicher Verzögerungen durch die Minderheitsgesellschafter auszusetzen, sollten die Vereinbarungen daher stets dem luxemburgischen Recht unterliegen sowie ausdrücklich in den Gesellschaftsvertrag oder die Satzung aufgenommen werden. Bei Vereinbarungen, welche lediglich zwischen zwei Gesellschaftern getroffen werden und nicht in der Satzung oder im Gesellschaftsvertrag gespiegelt werden, besteht ein nicht zu vernachlässigendes Risiko der Nichtvollstreckbarkeit.

II. Exit

60 Luxemburgische Beteiligungsstrukturen bestehen häufig aus mehreren Ebenen, die sich über der eigentlichen Zielgesellschaft befinden. So beteiligt sich ein Fonds beispielsweise an einer übergeordneten luxemburgischen Gesellschaft (sog. TopCo), diese beteiligt sich wiederrum an einer weiteren luxemburgischen Gesellschaft (sog. SubCo), die dann schließlich die direkte Beteiligung an der Zielgesellschaft hält. Die Anzahl der Ebenen hängt zumeist davon ab, aus welchen Rechtsordnungen die Investoren oder Co-Investoren stammen, welche Anforderungen ihr Investment in der jeweiligen Rechtsordnung erfüllen muss und insbesondere auch davon, wie sich ein zukünftiger Exit gestalten lässt.

61 Demgemäß lassen sich zwei Arten eines Exits unterscheiden:

Zum einen auf Ebene der TopCo und zum anderen auf der Ebene unterhalb der TopCo. Auf Ebene unter der TopCo gibt es wiederum zwei denkbare Möglichkeiten. Entweder der Interessent erwirbt die Zielgesellschaft indirekt über den Erwerb der Anteile an der SubCo oder er erwirbt die Anteile der Zielgesellschaft selbst. Auf beiden Ebenen sollte der reibungslose Ablauf eines Exits mit Hilfe von drag along rights gesichert werden.

62 Im Regelfall werden Käufer kein Interesse an der TopCo haben. Das ergibt sich daraus, dass die TopCo bei ihrer Gründung den Interessen der ursprünglichen Investoren angepasst wurde. Ein Exit geschieht daher meist auf der Ebene unterhalb der TopCo. Das bedeutet, dass die TopCo als Alleingesellschafterin die Anteile an der SubCo veräußert oder die SubCo die Anteile an der Zielgesellschaft selbst veräußert.

63 Um die Kosten des Verkaufsprozesses zu minimieren, werden unter Abschluss von non disclosure agreements (NDAs) meist zeitgleich mehrere Verkaufsverhandlungen mit potentiellen Käufern geführt. Die Verhandlungen müssen jedoch jeweils mit dem ernsthaften Willen stattfinden, letztlich einen Kaufvertrag abschließen zu wollen. Andernfalls besteht nach luxemburgischen Recht das Risiko, einem potentiellen Käufer zum Schadensersatz verpflichtet zu sein, dessen Umfang zumindest sein negatives Interesse (Anwalts- und sonstige Beratungskosten) abdecken würde.

64 Da die Berechnung konkreter Schäden meist zeitaufwendig ist, werden in der Praxis Vertragsstrafen für den Fall eines grundlosen Abbruchs der Verhandlungen vereinbart und dadurch die Geltendmachung selbiger erheblich erleichtert. Die Angemessenheit der Höhe ist vom Gericht voll überprüfbar und liegt in der Praxis zwischen 1% und 3% des Transaktionswerts.

III. Besteuerung

65 Veräußerungsgewinne aus dem Verkauf der Beteiligung oder Dividenden, die eine luxemburgische Gesellschaft erhält, unterfallen grundsätzlich der Körperschaftsteuer, sowie der Abgabe für den Arbeitnehmerfonds, und der Gewerbesteuer (6,75% in Luxemburg Stadt). Daraus ergibt sich ein effektiver Steuersatz von 19,16% für steuerpflichtige Gewinne, welche einen Betrag von 15.000,- EUR übersteigen. Dividendenausschüttungen werden grundsätzlich mit einer Kapitalertragsteuer in Höhe von 15% besteuert.

Ausnahmen der Besteuerung von Veräußerungsgewinnen oder Dividenden können sich uU in einer Mutter-Tochter Konstellation ergeben, vergleichbar mit dem deutschen Schachtelprivileg des § 8b Abs. 1, 2 und 4 KStG. Auf der Grundlage des luxemburgischen Schachtelprivilegs sind Gewinne aus der Veräußerung von qualifizierenden Kapitalgesellschaftsbeteiligungen sowie Dividendenbezüge ebenfalls unter bestimmten Voraussetzungen freigestellt. Unter anderem muss die luxemburgische Kapitalgesellschaft zum Zeitpunkt des Zufließens des Veräußerungsgewinns bzw. der Dividende die qualifizierende Beteiligung während eines ununterbrochenen Zeitraums von mindestens 12 Monaten gehalten haben, oder sich gegenüber der Steuerverwaltung verpflichten, die Beteiligung so lange zu halten. Außerdem darf während dieses gesamten Zeitraums die Höhe der Beteiligung nicht unter eine Schwelle von 10 %, oder der Anschaffungswert nicht unter 6 Mio. EUR (für Dividenden 1.2 EUR Mio.) fallen. **66**

Gegebenenfalls kann die Finanzierung des Kaufs mittels Fremdkapital vorteilhaft sein. So können uU die gezahlten Zinsen für die Gesellschafterdarlehen als Betriebsausgaben abgezogen werden. Zudem unterliegen die Zinszahlungen an die Gesellschafter bei Einhaltung des in der Praxis zu beachtenden Verhältnisses zwischen Fremd- und Eigenkapital grundsätzlich keiner Kapitalertragsteuer. **67**

Auch die Schaffung sog. Alphabet Share-Klassen wurde bislang bei der Exit-Planung genutzt. Dabei handelte es sich um verschiedene (in der Regel auf zehn begrenzte) Anteilsklassen, welche bei einem teilweisen Exit vollständig zurückgezahlt und gelöscht wurden. Dieser Vorgang wurde in der Praxis der (teilweisen) Ausschüttung eines Liquidationserlöses gleichgestellt und dementsprechend steuerlich behandelt. Diese Gestaltungspraxis wird allerdings zukünftig aufgrund Änderungen in der Verwaltungspraxis kaum noch relevant sein. **68**

IV. Ausblick

Die Aussichten für Anlagen in alternative Assetklassen bieten weltweit Anlass für Optimismus. So wird derzeit eine Verdopplung des Investmentvolumens in alternative Assetklassen bis 2025 prognostiziert.[36] Luxemburg dürfte in diesem weiterhin positiven Marktumfeld weiter an Attraktivität als Fondsstandort gewinnen. **69**

Luxemburg hat nicht zuletzt durch die Einführung des RAIF einmal mehr bewiesen, dass entsprechend den Anforderungen des Marktes mit pragmatischen Lösungen reagiert wird. Dies hat der luxemburgische Gesetzgeber auch bereits in der Vergangenheit, beispielsweise bei der Umsetzung der AIFM-Richtlinie, unter Beweis gestellt. Der stetige Austausch zwischen den Markteilnehmer und dem Gesetzgeber führt zu schnellen Reaktionsmöglichkeiten und zu einer dynamischen Anpassung und Erweiterung der vielfältigen luxemburgischen Produktpalette. **70**

[36] PwC Report– „Asset & Wealth Management Revolution: Embracing Exponential Change" (2017). Elektronisch abrufbar unter: https://www.pwc.com/gx/en/asset-management/asset-management-insights/assets/awm-revolution-full-report-final.pdf.

Stichwortverzeichnis

Die fetten Ziffern bezeichnen die §§, die mageren Ziffern bezeichnen die Randnummern.